CULINÁRIA PROFISSIONAL

Fotografias

de

J. Gerard Smith

CULINÁRIA PROFISSIONAL

sexta edição

Wayne Gisslen

Com Apresentação de André J. Cointreau, Presidente, Le Cordon Bleu®

Com receitas criadas e testadas pela
Le Cordon Bleu®

Manole

Título original em inglês: *Professional Cooking, 6th edition*
Copyright © 2007 John Wiley & Sons, Inc. Todos os direitos reservados.
Publicado mediante acordo com a John Wiley & Sons, Inc., Hoboken, New Jersey.

Este livro contempla as regras do Acordo Ortográfico da Língua Portuguesa de 1990, que entrou em vigor no Brasil.

Tradução: Lorecy Scavarazzini (Caps. 21 a 35 e Índice remissivo)
    Maria Augusta R. Tedesco (Caps. 0 a 9, 19, Apêndices e Índice de receitas)
    Marlene Deboni (Caps. 10 a 18, 20, Glossário e Vocabulário)

Revisão técnica: Elisa Duarte Teixeira
    Graduada em Linguística pela Universidade de São Paulo e em *Culinary Arts* pelo El Centro College, Dallas, TX, EUA
    Especialista em Tradução - Inglês pela Universidade de São Paulo (USP)
    Mestre e Doutora em Língua Inglesa, com foco na Tradução Culinária, pelo Programa de Estudos Linguísticos
    e Literários em Inglês do Departamento de Letras Modernas da Universidade de São Paulo (USP)
    Pesquisadora, tradutora e autora nas áreas de Tradução Culinária, Linguística de Corpus e Terminologia

Revisão: Depto. editorial da Editora Manole
Diagramação: Luargraf Serviços Gráficos Ltda. – ME
Capa: Depto. de arte da Editora Manole
Imagem da capa: FoodCollection/Latinstock

Dados Internacionais de Catalogação na Publicação (CIP)
(Câmara Brasileira do Livro, SP, Brasil)

Gisslen, Wayne
  Culinária profissional / Wayne Gisslen ;
[tradução Lorecy Scavarazzini, Maria Augusta R.
Tedesco, Marlene Deboni ; revisão técnica de Elisa
Duarte Teixeira]. -- Barueri, SP :
Manole, 2012.

  Título original: Professional cooking
  6. ed. norte-americana
  ISBN 978-85-204-2946-4

  1. Cozinha profissional 2. Culinária
3. Gastronomia 4. Receitas 5. Serviço de
alimentação I. Título.

11-14005   CDD-641.57

Índices para catálogo sistemático:
1. Culinária profissional 641.57

Aviso legal: Embora o autor e a editora tenham aplicado todos os esforços necessários na elaboração deste livro, eles não endossam nem dão garantias com respeito à acurácia ou integralidade de seu conteúdo e, especificamente, não reconhecem nenhuma garantia implícita de comerciabilidade ou adequação a propósitos particulares. Nenhuma garantia pode ser criada ou concedida por representantes de vendas ou materiais de publicidade impressos. As dicas e estratégias presentes nesta obra podem não ser adequadas para o seu contexto de uso. Consulte um profissional sempre que necessário. Nem o autor nem a editora poderão ser responsabilizados por perdas financeiras ou por quaisquer outros prejuízos comerciais, incluindo (mas não restringindo-se a estes exemplos) danos especiais, incidentais, consequenciais ou quaisquer outros.

Todos os direitos reservados.
Nenhuma parte deste livro poderá ser reproduzida, por qualquer processo, sem a permissão expressa dos editores.
É proibida a reprodução por xerox.
A Editora Manole é filiada à ABDR – Associação Brasileira de Direitos Reprográficos.

Edição brasileira – 2012

Direitos em língua portuguesa adquiridos pela:
Editora Manole Ltda.
Av. Ceci, 672 – Tamboré
06460-120 – Barueri – SP – Brasil
Tel.: (11) 4196-6000 – Fax: (11) 4196-6021
www.manole.com.br
info@manole.com.br

Impresso no Brasil
Printed in Brazil

Dedico

este

livro

a todos

os

chefs instrutores que estão preparando uma nova geração de profissionais da culinária.

Dedico

este

livro

a todos

os

chefs instrutores que estão preparando uma nova geração de profissionais da culinária

Sumário

Sumário de receitas xii
Sobre a Le Cordon Bleu xxiv
Apresentação xxv
Prefácio xxvi
Sobre o autor xxix
Agradecimentos xxix

CAPÍTULO 1 O SETOR DE SERVIÇOS ALIMENTÍCIOS 2

História do setor de serviços alimentícios moderno 4
    Quadro lateral: Dois importantes livros de receitas 6
    Quadro lateral: Caterina de Medici 8
Organização das cozinhas modernas 8
Padrões de profissionalismo 11

CAPÍTULO 2 HIGIENE E SEGURANÇA 14

Higiene 16
  Perigos alimentares 16
  Higiene pessoal 25
  Armazenamento de alimentos 26
  Manipulação e preparo de alimentos 28
  Equipamentos de higienização 30
  Controle de insetos e roedores 32
  Como organizar um sistema de segurança de alimentos 32
Segurança 35
  Ambiente de trabalho seguro 35
  Prevenção de cortes 35
  Prevenção de queimaduras 36
  Prevenção de incêndio 36
  Prevenção de lesões em máquinas e equipamentos 37
  Prevenção de quedas 37
  Prevenção de torções e lesões ao erguer objetos 38

CAPÍTULO 3 FERRAMENTAS E EQUIPAMENTOS 40

Introdução aos equipamentos da cozinha profissional 42
Equipamentos de cozinha 43
Equipamentos de processamento 50
Equipamentos de conservação e armazenamento 52
Panelas, frigideiras e recipientes 53
Instrumentos de medição 56
Facas, ferramentas manuais e equipamentos pequenos 57

CAPÍTULO 4 PRINCÍPIOS BÁSICOS DE CULINÁRIA 62

Calor e alimentos 64
  Efeitos do calor nos alimentos 64
  Transferência de calor 66
  Tempos de cozimento 67
Métodos de cozimento 68
  Métodos de calor úmido 68
  Métodos de calor seco 70
  Métodos de calor seco que utilizam gordura 72
  Cozimento por micro-ondas 74
  Resumo dos termos de cozimento 75
A construção do sabor 76
  A construção de perfis de sabor 76
    Quadro lateral: Combinações clássicas de sabor 78
  Ingredientes para temperar e condimentar 78
  Uso de ervas e especiarias 84

CAPÍTULO 5 MENUS, RECEITAS E GESTÃO DE CUSTOS 86

Formas e funções do menu 88
Criação do menu 90
A receita escrita 95
Medidas 99
Conversão de receitas 103
Cálculo do custo do alimento 107
Controle de custo dos alimentos 112

VII

Sumário

CAPÍTULO 6 NUTRIÇÃO 116

Nutrientes   118
  Quadro lateral: Calorias e calorias   119
  Quadro lateral: Ácidos graxos essenciais   121
  Quadro lateral: Mais Química: lipoproteínas   122
  Quadro lateral: Fitoquímicos   122
Dieta balanceada   122
Como preparar refeições saudáveis   125

CAPÍTULO 7 MISE EN PLACE 128

Planejamento e organização da produção   130
Como usar a faca   133
Cozimento preliminar e uso de condimentos   140
Preparação para fritar   142
Como lidar com alimentos semiprontos   144

CAPÍTULO 8 FUNDOS E MOLHOS 148

Fundos   150
  Ingredientes   150
  Procedimentos   153
  Reduções e glaces   158
  Fundos industrializados   159
Molhos   159
  Introdução aos molhos   160
  Roux   161
  Outros agentes espessantes   164
  Técnicas de finalização   166
  Famílias de molhos   167
  Produção   171
    Quadro lateral: *Gastrique*   174
    Quadro lateral: *Curries* tailandeses   194

CAPÍTULO 9 SOPAS 204

Introdução às sopas   206
  Classificação das sopas   206
  Como servir sopas   207
Sopas claras   209
  Caldos   209
  Consomê   210
  Sopas de vegetais   214
  Outras sopas claras   217
Sopas espessas   221
  Sopas-creme   221
  Sopas em purê   229
  Bisques   237
  Chowders   238
Sopas típicas   241

CAPÍTULO 10 INTRODUÇÃO A CARNES E CAÇA 256

Composição, estrutura e quesitos básicos de qualidade   258
  Composição   258
  Textura   259
  Inspeção e classificação   260
  Maturação   261
Introdução aos cortes básicos   262
  Quadro lateral: Classificações IMPS/NAMP   262
  Formas disponíveis: carcaça, meia-carcaça, cortes primários e cortes comerciais   263
    Quadro lateral: Terminologia de cortes de carne   267
  Estrutura óssea   267
  Cortes de boi, cordeiro, vitela e suíno   268
  Como selecionar carnes para uso   270
Preparo e manuseio de carnes   271
  Maciez e métodos apropriados de cozimento   271
    Quadro lateral: Nutrição à base de leite, cereais ou pastagem   272
  Ponto de cozimento   275
  Como preparar miúdos   278
  Caça de pelo e outras carnes especiais   281
    Quadro lateral: Estrutura óssea da caça   282
    Quadro lateral: Pendurar a caça   283
  Armazenamento de carnes   284

CAPÍTULO 11 PREPARO DE CARNES E CAÇA DE PELO 286

Assar   288
Assar no dourador, grelhar na grelha e na frigideira   305
Saltear, fritar em pouca gordura e chapear   313
Cozinhar em fogo brando   324
Brasear   331

CAPÍTULO 12 INTRODUÇÃO ÀS AVES DOMÉSTICAS E DE CAÇA 350

Composição e estrutura   352
Inspeção e classificação   354
Classificação e formas de comercialização   354
Manipulação e armazenamento   358
Ponto de cozimento   358
Métodos para amarrar   359
Como cortar frangos   360

CAPÍTULO 13 PREPARO DE AVES DOMÉSTICAS E DE CAÇA 364

Assar 366
Assar no dourador e grelhar 376
    Quadro lateral: Frango *Tandoori* 381
Saltear, fritar em pouca gordura e fritar por imersão 383
    Quadro lateral: *Teriyaki* 396
Cozinhar em fogo brando e escalfar 399
    Quadro lateral: Métodos de cocção em pratos chineses 407
    Quadro lateral: *Mole poblano* 409
Brasear 410
    Quadro lateral: *Confit* de pato e de ganso 422
Farofas, virados e recheios 423

CAPÍTULO 14 INTRODUÇÃO AOS PEIXES E FRUTOS DO MAR 426

Peixes de barbatanas 428
    Composição e estrutura 428
    Problemas específicos no preparo de peixes 428
    Como cortar peixes 429
    Variedades e características 432
    Manuseio e armazenamento 439
Frutos do mar 441
    Moluscos 441
    Cefalópodes 446
    Crustáceos 447
    Outros frutos do mar 454

CAPÍTULO 15 PREPARO DE PEIXES E FRUTOS DO MAR 456

Assar 458
Assar no dourador e grelhar 464
    Quadro lateral: *Escabeche* 467
Saltear e fritar em pouca gordura 470
Fritar por imersão 479
    Quadro lateral: *Tempura* 481
Escalfar e cozinhar em fogo brando 482
    Quadro lateral: *Cuisson* 483
Cozinhar no vapor e técnicas mistas de preparo 492
Frutos do mar servidos crus 498
    Quadro lateral: *Sushi* – um clássico japonês 501

CAPÍTULO 16 INTRODUÇÃO AOS VEGETAIS 504

Como controlar mudanças na qualidade durante o preparo 506
    Como controlar as mudanças de textura 506
    Como controlar as mudanças de sabor 507
    Como controlar as mudanças de cor 508
    Como controlar as perdas de nutrientes 510
    Regras gerais para o preparo de vegetais 511
    Padrões de qualidade em vegetais cozidos 512
        Quadro lateral: Alimentos orgânicos 512
Como manipular vegetais 512
    Vegetais frescos 512
    Vegetais processados 536
    Problemas de produção e manutenção no preparo em grandes quantidades 539
    Armazenagem 540

CAPÍTULO 17 O PREPARO DE VEGETAIS 542

Cozinhar em água e no vapor 544
Saltear e fritar em pouca gordura 556
Brasear 559
Assar 565
Grelhar e assar no dourador 573
Fritar por imersão 575

CAPÍTULO 18 BATATAS 580

Introdução às batatas 582
Como preparar batatas 585

CAPÍTULO 19 LEGUMINOSAS, GRÃOS, MASSAS E OUTROS AMIDOS 606

Leguminosas secas 608
Cereais 617
Macarrões e outras massas secas e frescas 635
    Quadro lateral: Macarrão de Cingapura 650

CAPÍTULO 20 PREPARO DE RECEITAS VEGETARIANAS 654

Introdução às dietas vegetarianas 656
    Quadro lateral: Aminoácidos 658
Menus para dietas vegetarianas 658
    Quadro lateral: *Enchiladas* 666

Sumário

CAPÍTULO 21 SALADAS E MOLHOS PARA SALADA 672

Saladas 674
    Tipos de saladas 674
    Ingredientes 675
    Montagem e apresentação 684
    Receitas e técnicas 687
Molhos para salada 720
    Ingredientes 720
        Quadro lateral: *Balsamico tradizionale* (vinagre balsâmico tradicional) 721
    Emulsões em molhos para salada 722
    Molhos para salada à base de óleo e vinagre 723
    Molhos para salada emulsificados 726
    Outros molhos 730

CAPÍTULO 22 SANDUÍCHES 734

    Pães 736
    Manteiga, maionese, patês e outras pastas 736
    Recheios 737
    Tipos de sanduíches 738
        Quadro lateral: *Panini* 740
    Como preparar sanduíches 740
        Quadro lateral: Associazione Verace Pizza Napoletana 753

CAPÍTULO 23 HORS D'OEUVRE 754

    Como servir *hors d'oeuvre* 756
    Canapés 756
        Quadro lateral: "Fora do serviço" 757
    Cocktails 760
    Relishes 760
    Patês 761
    Hors d'oeuvre variados 763
        Quadro lateral: A tradição das *tapas* na Espanha 765

CAPÍTULO 24 CAFÉ DA MANHÃ E BRUNCH 784

Ovos 786
    Introdução aos ovos 786
    Como preparar ovos 790
Pães, cereais e carnes no café da manhã ou *brunch* 800
    Panquecas americanas e *waffles* 800
    Torrada francesa 802
    Cereais 804
    Carnes no café da manhã 804

CAPÍTULO 25 LATICÍNIOS E BEBIDAS 806

Laticínios 808
    Leite e creme de leite 808
    Manteiga 810
    Queijo 811
Café e chá 819
    Café 819
    Chá 822

CAPÍTULO 26 EMBUTIDOS E OUTROS ALIMENTOS CURADOS 824

Cura e defumação 826
Embutidos 831

CAPÍTULO 27 PATÊS, TERRINAS E OUTROS ALIMENTOS FRIOS 846

Preparo e serviço de pratos frios 848
Aspic e *chaud-froid* 849
Pratos especiais com *forcemeat* 854
Galantinas 862
Terrinas à base de *mousseline* 863
Terrinas e outros enformados à base de gelatina 865
Foie gras, patês de fígado e *rillettes* 871

CAPÍTULO 28 APRESENTAÇÃO E DECORAÇÃO DO PRATO 876

Apresentação de pratos quentes 878
    Princípios básicos da apresentação de pratos 878
    Guarnição 882
Apresentação de pratos frios e serviço de bufê 884
    Organização e aparência do bufê 885
    Apresentação de pratos frios 887
    Pratos quentes para bufês 889

CAPÍTULO 29 PANIFICAÇÃO E CONFEITARIA: PRINCÍPIOS BÁSICOS E INGREDIENTES 890

Princípios básicos da panificação 892
    Fórmulas e medidas 892
    Métodos de mistura e desenvolvimento do glúten 895
    O processo de assar 896
    Envelhecimento 896
Ingredientes 897
    Farinhas e amidos 897
    Gorduras 899
    Açúcar 900
    Líquidos 902

Ovos 903
Agentes de fermentação 903
Sal, condimentos e especiarias 905

CAPÍTULO 30 PRODUTOS LEVEDADOS 908

Introdução aos produtos levedados 910
Tipos de produtos levedados 910
Métodos de mistura 910
Etapas de produção da massa levedada 911
Fórmulas e técnicas 916
Fórmulas de pão 916
Massas laminadas: folhados e *croissants* 920
Técnicas de modelagem 924

CAPÍTULO 31 PÃES RÁPIDOS 930

Métodos de mistura e produção 932
Tipos de massa 932
Formação de glúten em pães rápidos 932
Método *biscuit* 933
Modelagem de *biscuits* 933
Método *muffin* 933
Resumo: métodos *biscuit* e *muffin* 934
Fórmulas 935

CAPÍTULO 32 BOLOS, COBERTURAS E RECHEIOS 938

Introdução ao preparo de bolos 940
Métodos básicos de mistura 940
Tipos de fórmula de bolo 942
Como pesar e enformar 943
Como assar e resfriar 944
Ajustes de altitude 946
Fórmulas de bolo 948
Método cremoso 948
Método cremoso para massas úmidas 950
Método pão de ló 951
Coberturas: produção e aplicação 953
Como produzir e manipular os tipos básicos 953
Como montar e cobrir bolos 958

CAPÍTULO 33 BISCOITOS E COOKIES 962

Características dos biscoitos e suas causas 964
Métodos de mistura 965
Tipos e métodos de modelagem 966
Como preparar a forma, assar e resfriar 968

CAPÍTULO 34 TORTAS E MASSAS 976

Tortas 978
Massas para torta 978
Como montar e assar 982
Recheios 984
Folhados, merengues e sobremesas de frutas 992
Massa folhada 992
Massa de bomba 997
Merengue 999
Sobremesas com frutas 1001

CAPÍTULO 35 CREMES, PUDINS, SOBREMESAS GELADAS E CALDAS 1004

O cozimento do açúcar 1006
Cremes à base de gemas 1007
Pudins 1010
Bavaroises, chiffons, musses e suflês doces 1013
Sobremesas geladas 1021
Caldas e cremes para sobremesas 1023

APÊNDICE 1 FATORES DE CONVERSÃO MÉTRICA 1026

APÊNDICE 2 TAMANHOS-PADRÃO DAS LATAS NORTE-AMERICANAS 1026

APÊNDICE 3 VALOR APROXIMADO EM VOLUME PARA INGREDIENTES SECOS 1027

APÊNDICE 4 EXEMPLOS DE CÁLCULOS MATEMÁTICOS 1028

APÊNDICE 5 OVOS E SEGURANÇA ALIMENTAR 1030

Bibliografia 1031
Glossário 1033
Vocabulário de culinária francês–português 1041
Índice remissivo 1047
Índice de receitas 1050

Sumário de receitas

♥ = receitas saudáveis para o coração

As receitas destacadas em azul foram criadas e testadas pela Le Cordon Bleu.

V = receitas vegetarianas

CAPÍTULO 8 FUNDOS E MOLHOS

♥ Fundo claro básico   155
    Fundo de vegetais   155
♥ Fundo escuro básico   157
♥ *Fumet* de peixe   158
V Molho *béchamel*   171
    Béchamel leve   171
    Béchamel grosso   171
Molhos semiderivados   171
    Molho *crème*   171
    Molho Mornay   171
    Molho Mornay para glacear ou gratinar   171
    Molho de queijo *cheddar*   171
    Molho de mostarda   171
    Molho *soubise*   171
    Molho *soubise* com tomate   171
    Molho *nantua*   171
♥ Molho *velouté* (vitela, frango ou peixe)   172
Molho *au vin blanc*   172
Molho *suprême*   172
Molho *allemande*   173
Molhos semiderivados   173
    Poulette   173
    Aurore   173
    Hongroise   173
    Albufera   173
    Curry   173
    Champignon   173
    Bercy   173
    Ervas   173
    Normande   173
    Anchova   173
    Camarão   173
    Veneziano   173
    Raiz-forte   173
♥ Molho *espagnole* ou espanhol   174
♥ *Fond lié*   174
♥ *Demi-glace*   175
Molhos semiderivados   175
    Bordelaise   175
    Marchand de vin   175

    Robert   175
    Charcutière   175
    Chasseur   175
    Diable (*deviled*)   175
    Madeira   175
    Perigueux   175
    Poivrade   175
    Vinho do Porto   175
    Molho italiano   175
    Champignon   175
    Bercy   175
    Piquante   175
    Lyonnaise   175
    Bigarade   175
♥ Molho de tomate I   176
    Molho de tomate II (vegetariano)   176
Molho de tomate III   176
Molhos semiderivados   176
    Portugaise (português)   176
    Espagnole (espanhol)   176
    Creole   176
V *Coulis* de tomate fresco com alho   177
V Manteiga *maître d'hôtel*   179
    Manteiga de anchova   179
    Manteiga de alho   179
    Manteiga para *escargot*   179
    Manteiga de camarão   179
    Manteiga de mostarda   179
    Manteiga de ervas   179
    Manteiga de cebolinha ou chalota   179
    Manteiga de *curry*   179
V *Beurre blanc*   180
    Molho de manteiga com ervas   180
    Beurre rouge (molho de manteiga vermelho)   180
Molho de manteiga e vinho tinto para peixe   180
V Molho *hollandaise* I   182
V Molho *hollandaise* II   182
V Molhos semiderivados   183
    Maltaise   183
    Mousseline   183
V Molho *béarnaise*   183
Molhos semiderivados   183
    Foyot   183
    Choron   183
♥ V *Jus* de cogumelo   188
♥ *Coulis* de pimentão   189
    Coulis de pimentão e tomate   189
♥ V Purê de milho-verde e pimenta fresca   189

XII

Sumário de receitas XIII

V Purê de feijão-branco 189
Molho cremoso de *chipotle* 190
    Molho cremoso de ervas 190
❤ V *Salsa verde cocida* 190
    Salsa roja 190
    Caldo de tomate para *chiles rellenos* 190
❤ V *Salsa cruda* 191
❤ Molho de *chile ancho* 191
V Molho *chimichurri* 191
V *Relish* de vegetais e alcaparras 192
❤ V *Chutney* de tomate e uva-passa 192
❤ V *Chutney* de abacaxi 193
❤ V *Raita* de pepino 193
❤ *Nuoc cham* (molho de mesa vietnamita) 193
Molho de *curry* vermelho tailandês 194
    Molho de *curry* verde tailandês 194
V *Curry* vermelho tailandês 194
V *Curry* verde tailandês 195
V Molho indonésio de amendoim 195
❤ *Dashi* 195
    Dashi vegetariano 195
❤ V Molho *yakitori* 196
❤ Molho *ponzu* 196
V Molho de missô e gergelim 196
Molho cremoso de vinho branco para peixe 197
Molho de creme de leite azedo e iogurte 197
V Molho *vierge* 197
Molho de vinho do Porto 198
❤ V Compota de maçã 198
❤ V Molho *barbecue* 198
❤ Molho *barbecue* picante 199
V Molho *barbecue* de *shoyu* 199
❤ V *Salsa* de frutas 199
V Óleo de chalota 200
    Óleo de gengibre fresco, de raiz-forte ou de alho 200
    Óleo de limão ou laranja 200
    Óleo de alecrim, de sálvia, de tomilho ou de orégano 200
    Óleo de canela, de cominho, de *curry*, de gengibre em pó ou de páprica 200
    Óleo de manjericão, de salsinha, de cerefólio ou de coentro 200
Molho tártaro 200
    Molho *rémoulade* 200
V *Aïoli* I 201
V Molho de raiz-forte 201
❤ Molho *cocktail* 201
❤ V Molho *mignonette* 202
❤ V *Chutney* de limão e gengibre 202
❤ V Compota de figo 202

CAPÍTULO 9 SOPAS

❤ Caldo de carne 210
❤ Consomê 212
    Consomê duplo 213
    Consomê de frango 213
    Consomê frio gelatinizado 213

    Consomê *madrilène* 213
    Consomê essência de salsão 213
    Consomê ao Porto 213
    Consomê ao xerez 213
Consomês guarnecidos 213
    Consomê *brunoise* 213
    Consomê *julienne* 213
    Consomê *printanière* 213
    Consomê *paysanne* 213
    Consomê com sagu 213
    Consomê *vermicelli* 213
❤ Consomê de frango e salsão 214
Sopa clara de vegetais 215
    Sopa de arroz e vegetais 215
    Canja 215
    Sopa de carne e vegetais 215
    Sopa de carne, vegetais e cevada 215
Sopa picante de vegetais com grão-de-bico 216
    Sopa picante de vegetais e alho assado 216
❤ Sopa de cevada e cogumelo 216
❤ Sopa de frango com macarrão 217
    Sopa de carne com macarrão 217
    Sopa de frango ou carne com macarrão e vegetais 217
❤ Sopa Brunswick 217
Bouillon de frango e tomate com pesto 218
    Bouillon de frango e tomate com arroz 218
    Bouillon frio de frango e tomate 218
Sopa de rabo de boi 219
Sopa asiática de camarão com flor de ovos 220
Sopa-creme de salsão (sopa-creme, método 1) 223
    Creme de aspargo 223
    Creme de brócolis 223
    Creme de cenoura 223
    Creme de couve-flor 223
    Creme de milho 223
    Creme de pepino 223
    Creme de cogumelo 223
    Creme de ervilha 223
    Creme de espinafre 223
    Creme de agrião 223
    Creme de frango 223
    Cremes frios 223
Sopa-creme de cogumelo (sopa-creme, método 2) 224
    Creme de aspargo 224
    Creme de brócolis 224
    Creme de cenoura 224
    Creme de couve-flor 224
    Creme de salsão 224
    Creme de milho 224
    Creme de pepino 224
    Creme de ervilha 224
    Creme de espinafre 224
    Creme de agrião 224
    Creme de frango 224
Sopa-creme de brócolis (sopa-creme, método 3) 225
Sopa-creme de tomate 226
Sopa de arroz selvagem e cogumelo 227
Sopa de brócolis e *cheddar* de Wisconsin 228
Sopa de ervilha fresca com creme de hortelã 229

XIV Sumário de receitas

Sopa em purê de cenoura (*potage crècy*) 230
  Sopa em purê de couve-flor (*purée dubarry*) 230
  Sopa em purê de salsão ou aipo-rábano 230
  Sopa em purê de alcachofra-de-jerusalém 230
  Sopa em purê de batata (*potage parmentier*) 230
  Sopa em purê de batata e alho-poró 230
  Sopa em purê de nabo 230
  Sopa em purê de agrião 230
  Sopa em purê de vegetais 230
  Potage solferino 230
Sopa em purê de ervilha seca 231
  Sopa em purê de feijão-branco 231
  Sopa em purê de ervilha seca amarela 231
  Sopa em purê de lentilha 231
  Sopa em purê de feijão escuro 231
  Sopa em purê de feijão-preto 231
  Purê *Mongole* 231
  Sopas de feijão em grão 231
Sopa de abóbora com maçãs caramelizadas 232
Sopa em purê de vegetais da primavera 233
Sopa em purê de agrião (*potage cressonière*) 233
Sopa de feijão-branco 234
Sopa de maçã e pastinaca com creme de Calvados 234
Sopa de batata e alho-poró com azedinha 235
Sopa picante de feijão-preto 235
Sopa fria de batata e alho-poró com saladinha de camarão e erva-doce 236
  Vichyssoise 236
Bisque de camarão 237
  Bisque de lagosta 237
Chowder de batata 238
  Chowder de milho 238
Chowder de siri e milho com manjericão 239
Clam chowder de New England 240
  Clam chowder de Manhattan 240
  Chowder de peixe de New England 240
Soupe à l'ognion (sopa francesa de cebola gratinada) 241
Sopa de alho assado com *crostini* de azeitona preta 242
Caldo de vegetais à moda vienense 242
Borscht 243
  Borscht frio 243
Gulyas 243
Gumbo de frutos do mar 244
  Gumbo de frango e linguiça *andouille* 244
Pho Bo (sopa vietnamita de carne e macarrão de arroz) 245
Sopa chinesa azedinha e picante 246
♥ Sopa fria de tomate e manjericão 247
V Sopa equatoriana de amendoim e quinoa 247
Sopa de *tortilla* 248
Sopa de vegetais e tomate defumado 249
V Sopa de lentilha vermelha e damasco 249
♥ Sopa clara japonesa com camarão 250
  Misoshiru 250
Caldo verde 251
Sopa de mexilhão com leve toque de açafrão 251
Velouté Agnes Sorel (sopa de frango e alho-poró) 252
Zuppa di ceci e riso (sopa de grão-de-bico e arroz) 252
Minestrone 253
Caldo escocês 253

V *Gazpacho* 254
♥ V Sopa gelada de melões e hortelã 255

CAPÍTULO 11 PREPARO DE CARNES E CAÇA DE PELO

Assado de costela bovina *au jus* 291
  Filé de costela, coxão mole, alcatra completa (com picanha e maminha) ou contrafilé assado 291
  Carne assada com molho integral 291
♥ Molho de carne assada 292
  Jus lié 292
Carré de porco assado com sálvia e maçãs 293
  Lombo ou *carré* de vitela assado com sálvia e maçã 293
Assado de paleta de cordeiro recheada 294
  Paleta de cordeiro desossada assada 294
  Pernil de cordeiro assado 294
  Pernil de cordeiro assado *à la boulangère* 294
Carré de cordeiro assado 296
  Carré de cordeiro *aux primeurs* (com legumes da primavera) 296
  Carré de cordeiro *persillé* 296
  Persillade 296
Paleta de porco defumada e assada 298
  Paleta de javali defumada e assada 298
V Mistura de especiarias I 298
Costelinha de porco com molho *barbecue* 299
V Mistura de especiarias II 299
Assado de filezinho de porco com alho-poró e molho de mostarda em grão 300
Lombo de porco assado com gengibre 300
Bisteca de porco ao forno recheada com ameixa 301
Tênder glaceado com molho de sidra 302
  Tênder com molho *espagnole* de sidra 302
  Tênder glaceado com frutas 302
Bolo de carne estilo caseiro 303
  Bolo de carne bovina estilo caseiro 303
  Bolo de carne à moda italiana 303
  Hambúrguer à Salisbury 303
  Almôndegas ao forno 303
Lombo ou *carré* de cervo *grand veneur* 304
  Pernil de cervo *grand veneur* 304
Marinada de vinho tinto para caça de pelo 304
Lombo de coelho assado com risoto 305
Contrafilé grelhado à *maître d'hôtel* 307
  Bisteca de cordeiro assada no dourador 307
London broil 308
  London broil ao estilo *teriyaki* 308
Fajitas de carne 309
Bisteca de porco defumada com feijão-branco e rúcula abafada 309
Filé-mignon suíno grelhado com purê de batata-doce e molho quente de *chipotle* 310
"Bifinhos" grelhados de cordeiro moído com alecrim e pinhole 311
  "Bifinhos" grelhados de carne bovina moída com manjerona 311
Shish kebab 311
Rim de cordeiro grelhado com bacon 312

Sumário de receitas XV

Cervo grelhado com manteiga de limão 312
Lombo de alce grelhado 312
Scaloppine de vitela à milanesa 315
    Scaloppine de vitela salteado com *gruyère* 315
    Schnitzel à la holstein 315
    Scaloppine de vitela à vienense (*wiener schnitzel*) 315
    Vitela *alla parmigiana* 315
    Vitela *cordon bleu* 315
    Scaloppine de porco à milanesa 315
Scaloppine de vitela *alla* Marsala 316
    Scaloppine de vitela com xerez 316
    Scaloppine de vitela *à la crème* 316
    Scaloppine de vitela com limão-siciliano 316
    Scaloppine de vitela com cogumelo e creme de leite 316
Tournedos Vert-Pré 317
    Tournedos béarnaise 317
    Tournedos bordelaise 317
    Tournedos chasseur 317
    Tournedos rossini 317
Bisteca de porco *charcutière* 318
    Bisteca de porco Robert 318
    Bisteca de porco picante 318
    Bisteca de vitela 318
Curry verde tailandês com carne de porco e vegetais 318
Entrecôte sauté bordelaise (contrafilé da costela com vinho tinto e molho de chalota) 319
Côte de veau grandmère (bistecas de vitela com bacon, cogumelo e cebola) 319
Medalhão de cordeiro com creme de tomilho e alho 320
Filé de cordeiro com *jus* de hortelã e coentro 321
Fígado de vitela *lyonnaise* 321
Medalhão de cervo *poivrade* com cassis 322
    Medalhão de javali *poivrade* com cassis 322
Moleja de vitela salteada com *shiitake* e molho de vinho do porto 322
Refogado chinês de carne com pimentão verde 323
Costolette di vitello ripiene alla valdostana 323
    Costolette alla milanese 323
Peito bovino cozido em fogo brando (*boiled beef*) 325
    Paleta de porco cozida em fogo brando com repolho 325
New England *boiled dinner* (cozido de carne da Nova Inglaterra) 325
Blanquette de vitela 326
    Blanquette de cordeiro 326
    Blanquette de porco 326
Ensopado de cordeiro à moda irlandesa 327
Tripes à la mode de Caen 327
Pérolas chinesas 328
    Bolinho frito de carne de porco 328
    Wontons 328
Carnitas (carne de porco desfiada) 328
    Picadillo 328
    Picadillo simplificado 328
Dillkött (cozido sueco de carne com endro) 329
    Dillkött på Lamm 329
Tajine de cordeiro com grão-de-bico 329
Filé-mignon escalfado com ravióli de costeleta bovina em consomê de cogumelo Morel 330

Carne braseada 334
    Carne braseada *jardinière* 334
    Paleta de cordeiro braseada 334
Costela braseada 335
    Bife de panela 335
    Bife de panela ao molho de tomate 335
    Bife de panela com creme de leite azedo 335
    Bife de panela ao molho de vinho tinto 335
    Rabada braseada 335
    Músculo de cordeiro braseado 335
Carne ensopada 336
    Carne ensopada com vinho tinto 336
    Boeuf bourguignon 336
    Navarin de cordeiro (ensopado escuro de cordeiro) 336
    Vitela ensopada em fundo escuro 336
    Vitela ensopada em fundo escuro e vinho branco 336
    Pot pie de carne 336
Boeuf à la mode 337
    Carne ensopada com cenouras 337
Lombatine di maiale alla napoletana 338
    Pollo con peperoni all'abruzzese 338
Chili com carne 339
    Chili com feijão 339
    Chili de carne de caça 339
Texas *red* (*chili* à moda texana) 339
    Costela à moda do Texas 339
Carne braseada com *chili ancho* 340
Lombo de porco braseado com azeitona 341
Daube d'agneau provençale (cordeiro braseado à provençal) 342
Fricassée de vitela 342
Fricassée de carne de porco 342
Ossobuco de vitela com laranja 343
Goulash húngaro (de vitela, vaca ou porco) 344
Coelho com mostarda 344
Sauerbraten 345
    Sauerbraten com molho de creme de leite azedo 345
Moleja braseada 346
Almôndegas suecas 346
Vitela ao *curry* com manga e castanha-de-caju 347
    Cordeiro ao *curry* 347
Saltimbocca alla romana 348
Carbonnade à la flammande 348

CAPÍTULO 13 PREPARO DE AVES DOMÉSTICAS E DE CAÇA

Frango assado em pedaços 367
    Frango assado com ervas 367
    Frango assado com alecrim 367
    Frango assado com parmesão 367
Frango assado *au jus* 368
    Frango assado com ervas 368
    Frango assado com molho 368
    Frango assado com molho cremoso 368
Peru assado com molho integral de miúdos 370
    Frango grande ou capão assado 370
    Peru, frango ou capão assado com molho cremoso 370
Pato jovem assado com maçã caramelizada 372

XVI **Sumário de receitas**

Pato jovem com páprica   373
Pombo assado com ervas   373
Peito de frango defumado e assado com *salsa* de frutas   374
Codorna assada com *prosciutto* e ervas   375
Frango grelhado   377
  Frango grelhado, método para grandes
    quantidades   377
  Galeto grelhado   377
  Frango grelhado com estragão   377
Paillard de frango com vegetais grelhados   377
Galeto grelhado com crosta de mostarda   378
Pombo às especiarias grelhado com cuscuz marroquino e
  compota de figo   379
  Galeto às especiarias grelhado   379
Frango grelhado com alho e gengibre   380
  Frango grelhado *Southwestern*   380
  Frango grelhado condimentado ao estilo *barbecue*   380
  Frango grelhado ao estilo oriental   380
  Frango grelhado marinado em iogurte e especiarias   380
Codorna grelhada marinada em molho *barbecue* de *shoyu*   381
Ema ou avestruz grelhados com especiarias   381
Hambúrguer de peru com especiarias   382
Frango frito em pouca gordura   384
  Frango frito à moda *country*   384
Peito de frango salteado com molho de cogumelos   385
Frango frito por imersão   386
  Frango frito Maryland   386
  Tiras de peito de frango fritas   386
Escalope de peru com *shiitake* e chalota caramelizada   387
Codorna glaceada no balsâmico   388
Codorna com mistura de especiarias *creole*   389
Frango salteado com tomate e cogumelo   390
Peito de pato marinado em suco de tangerina   391
Peito de frango salteado com capim-limão e três pimentões   392
Frango *Pojarski Princesse*   393
Goujons de frango ao gergelim com alface e cenoura
  glaceada   394
Frango refogado à chinesa com nozes   395
Frango *teriyaki*   396
Peito de frango ao parmesão   397
Refogado vietnamita de frango com pimenta fresca   398
Galinha cozida   400
  Frango ou peru cozido em fogo brando   400
Peito de frango escalfado *princesse*   401
  Peito de frango escalfado *florentine*   401
Pot pie de frango ou peru   402
  Ensopado de frango ou peru   402
Blanquette de frango I   403
  Blanquette de frango II   403
  Blanquette de frango à *l'ancienne* (à moda antiga)   403
  Blanquette de frango *brunoise*   403
  Blanquette de frango Argenteuil   403
Peito de frango recheado Doria   404
Ensopado de frango com azedinha   405
Oyako donburi   406
  Tendon   406
Frango cozido à moda chinesa   407
Pato defumado no chá   408
  Pato crocante   408
Mole poblano de *pollo* ou de *guajolote*   409

Fricassée de frango   410
  Fricassée de frango com estragão   410
  Fricassée de frango à *l'indienne*   410
  Fricassée de asa de peru   410
  Fricassée de vitela   410
  Fricassée de carne de porco   410
  Fricassée à *l'ancienne*   410
  Fricassée *Brunoise*   410
  Fricassée Argenteuil   410
Frango *chasseur*   411
  Frango *bercy*   411
  Frango *portugaise*   411
  Frango *hongroise*   411
Pato braseado com chucrute   412
  Pato braseado com repolho   412
Frango com páprica   413
Poulet sauté basquaise (frango à moda basca)   414
Poulet sauté au vinaigre (frango estilo *lyonnaise* com tomate e
  vinagre)   414
Faisão *en cocotte*   415
Fricassée de volaille Vallée d'Auge (*fricassée* de frango com maçãs
  e sidra)   416
Frango *en cocotte* com Côte du Rhône   417
Ballotine de poulet grandmère (coxa de frango desossada
  recheada com cogumelo, cebola e bacon)   418
Salmis de perdiz   419
Coq au vin   420
Arroz *con pollo* (arroz com frango à espanhola)   421
Confit de pato   422
Farofa úmida de pão   424
  Farofa úmida de pão com linguiça   424
  Farofa úmida de pão com castanha-portuguesa   424
  Farofa úmida de pão com cogumelo   424
  Farofa úmida de pão com miúdos   424
  Farofa úmida de pão de milho   424

CAPÍTULO 15 PREPARO DE PEIXES E FRUTOS DO MAR

Bacalhau fresco assado *à la portugaise*   459
Peixe ao forno com tomates e cogumelos   460
  Peixe assado *à la menagère*   460
Cavala recheada ao forno   461
Mariscos *oreganata* ao forno   461
Filé de salmão defumado e assado com salada de pimentão   462
Rolinhos de tamboril com presunto cru   463
Ostras assadas com vinagre balsâmico, rúcula e pinhole   463
Posta de peixe *à la maître d'hôtel*   465
Atum grelhado com molho *vierge* e espinafre   465
Dourado grelhado com *salsa* de frutas   466
Posta de tubarão assada com vinagrete de alho dourado   466
Escabeche de salmão assado   467
Lagosta grelhada   468
  Cauda de lagosta assada   468
Camarão grelhado ao alho e limão   469
  Brochete de camarão   469
  Vieiras ao forno   469
  Posta ou filé de peixe assado com alho e limão   469

Ostras *casino*   470
  Mariscos *casino*   470
Filé de linguado *à la meunière*   472
  Filé de peixe a dorê   472
  Truta *à la meunière*   472
  Peixe salteado a *amandine*   472
  Peixe salteado a *grenobloise*   472
  Siri mole salteado   472
Vieiras salteadas com tomate, alho e salsinha   473
  Camarão salteado   473
Escalope de salmão com azedinha   473
Salmão com crosta de amêndoas   474
Bolinho de siri com *rémoulade* de pimentão assado   474
Siri mole com crosta de fubá, panqueca alta de fubá e tomate assado   475
Hadoque em crosta de pimenta com purê de batata ao alho e molho de salsinha   475
  Hadoque em crosta de pimenta com purê de feijão   475
Camarão (ou vieira) picante   476
Camarão e pepino ao *curry* vermelho tailandês   477
Raia com manteiga de alcaparra   477
Bagre frito em pouca gordura com *etouffée* de camarão   478
Filé de peixe à milanesa   479
  Vieiras à milanesa   479
  Camarão à milanesa   479
  Ostras ou mariscos fritos   479
Bolinhos de bacalhau fresco   480
  Bolinhos de salmão ou atum   480
Lula frita com molho de tomate picante e *aïoli*   480
Tempura de camarão e vegetais   481
Court-bouillon para peixe   484
♥ Peixe inteiro escalfado   485
  Posta de peixe escalfada   485
  Frutos do mar escalfados (lagosta, siri, camarão)   485
Linguado *vin blanc* (filé de linguado escalfado em molho de vinho branco)   486
  Peixe glaceado escalfado   487
  Peixe escalfado *bonne femme*   487
  Peixe escalfado Dugléré   487
  Peixe escalfado Mornay   487
  Peixe escalfado *florentine*   487
  Frutos do mar *à la nage*   487
Iscas de salmão e pregado escalfadas com açafrão e *julienne* de vegetais   488
Salmão escalfado com lentilha ao molho cremoso   488
Pesce con salsa verde   489
Filé de linguado cozido no vapor de *Beaujolais*   489
Bourride de tamboril   490
Zuppa di vongole   491
  Zuppa di cozze   491
  Zuppa di frutti di mare   491
  Zuppa di pesce   491
Lagosta *à l'americaine*   493
  Lagosta *Newburg*   493
  Camarão *à l'americaine* ou Camarão *Newburg*   493
Moules marinière (mexilhões cozidos)   494
  Mexilhões cozidos sem vinho   494
  Mexilhões ao creme de leite   494
Cavala *en papillote*   495

Robalo cozido no vapor com alho e gengibre   496
Frutos do mar *Newburg*   496
  Frutos do mar ao *curry*   496
Caldeirada do pescador   497
Caçarola de frutos do mar *au gratin*   498
  Caçarola de salmão ou atum   498
Tartar de robalo e salmão   499
♥ V Arroz para *sushi*   500
  Nigirizushi   500
  Kappa-maki (rolinho de pepino)   500
  Tekka-maki (rolinho de atum)   500
  Chirashizushi (*sushi* espalhado)   500
Ceviche de vieiras   502
Carpaccio de atum com queijo de ovelha   503

CAPÍTULO 17 O PREPARO DE VEGETAIS

V Ervilha, cenoura e cebola-pérola com manteiga de estragão   546
  Vegetais na manteiga   546
  Vegetais com ervas   546
  Amandine   546
  Hollandaise   546
  Polonaise   546
V Purê de abóbora   547
  Purê de rutabaga ou nabo amarelo   547
V Espinafre ao creme   547
  Vegetais ao creme   547
V Brócolis Mornay   548
  Brócolis com molho *cheddar*   548
♥ V *Tagliatelle* de vegetais   548
V Couve-flor gratinada   549
V Vagem *basquaise*   549
V Miscelânea de vegetais com ervas   550
Vagem com molho de gergelim   550
  Molho de missô e gergelim   550
Vagem com pimentão assado e bacon   551
  Vagem com noz-pecã e chalota dourada   551
♥ V Compota de cenoura e cebola   551
Couve com joelho de porco defumado   552
Couve-de-bruxelas *paysanne*   552
V Alcachofra *gribiche*   553
V Alcachofra Clamart   553
♥ V Tubérculos glaçados   554
V Cenouras glaçadas (cenouras *vichy*)   554
Spinaci alla romana   555
  Spinaci alla piemontese   555
♥ V *Cipolline in agrodolce*   555
Berinjela com molho de tomate   557
  Berinjela frita à moda *creole*   557
  Berinjela *parmigiana*   557
V Abobrinha salteada *provençale*   557
  Abobrinha ralada com chalota   557
  Abobrinha com tomate   557
  Abobrinha com creme de leite   557
V Cogumelo salteado   558
  Cogumelo ao creme   558
  Duxelles   558

XVIII **Sumário de receitas**

V Milho com pimentão *poblano* 558
  Gratinado de milho e pimentão *poblano* 558
  Milho e pimentão *poblano* ao creme de leite 558
Vegetais variados refogados à chinesa 559
Repolho-roxo braseado 560
  Repolho-verde ou branco braseado 560
♥ *Sauerkraut* 561
  Choucroute Garni 561
♥ V Chucrute 561
Petits poas à la Française 562
Salsão braseado 562
  Bulbo de salsão braseado 562
  Salsão braseado com molho *espagnole* 562
  Aipo-rábano braseado 562
  Alface braseada 562
V Cenoura com laranja e cominho 563
  Purê de cenoura com laranja e cominho 563
V *Ratatouille* 563
Berinjela ao estilo de Sichuan 564
Lecsó 564
Erva-doce braseada 565
♥ V Abóbora assada 566
  Abóbora com gengibre 566
  Purê de abóbora 566
V Vegetais assados 567
  Cebola assada 567
  Vegetais da horta assados 567
V Alho assado 567
♥ V Batata-doce glaçada 568
V *Timbale* de espinafre 568
Assado de milho e feijão-rajado à moda *Southwestern* 569
V *Confit* de vegetais provençais 569
V Berinjela *Bayaldi* 570
V *Tian* de tomate e abobrinha 571
V *Elote con queso* 571
Moussaka 572
V Rodelas de tomate assadas 573
  Tomate assado com ervas 573
  Tomate assado com parmesão 573
V Miscelânea de vegetais grelhados 574
V Espetinhos de vegetais grelhados 574
V Anéis de cebola 576
  Massa com cerveja 576
  Massa com *buttermilk* 576
  Outros vegetais fritos 576
V Folhas de salsão empanadas 576
V Bolinhos de ervilha com gergelim 577
V Bolinhos de vegetais 577
  Bolinhos de frutas 577
Chiles rellenos 578

CAPÍTULO 18 BATATAS

♥ V Batatas cozidas (*pommes natures*) 586
  Batata cozida no vapor (*pommes vapeurs*) 586
  Batata com salsinha 586
  Batatas novas 586
  Batata ao creme 586

Batata húngara 587
  Batatas *bouillon* 587
V Colcannon 587
V Ensopado de batata e berinjela com coentro 588
V Purê de batata 589
  Purê de batata com alho 589
  Purê de batata com pimenta *ancho* 589
V Batata *duchesse* 590
♥ V *Baked potato* (batata assada) 592
V *Baked potato* recheada 593
  Batata *macaire* 593
♥ V Batata ao forno 593
V Batatas novas ao forno com ervas e alho 594
V *Gratin dauphinoise* I 594
V *Gratin dauphinoise* II 595
  Batata *savoyarde* 595
V Batata gratinada 595
  Batata gratinada com cebola 595
  Batata gratinada com queijo 595
  Batata gratinada com presunto 595
Batata *à la boulangère* 596
V Batata *au gratin* 596
V Batata Anna 597
  Batata *voisin* 597
V *Hash browns* 598
  Batatas *Rösti* 598
  Hash browns lyonnaise 598
V Batatas *rissolé* ou *cocotte* 599
  Batata *noisette* e *parisienne* 599
  Batata *château* 599
V Batata *lyonnaise* 599
  Batata frita à americana ou à moda da casa 599
  Batata O'Brien 599
V Panqueca de batata 600
V Batata com grão-de-bico e *jalapeño* 601
V Batata frita 603
  Batata *pont-neuf* 603
  Batata *allumette* (batata palito) 603
  Batata palha 603
  Batata frita *steakhouse* 603
  Batata *chips* 603
  Batata *waffle* ou *gaufrette* 603
V Croquete de batata 604
  Batata Berny 604
  Batata Lorette 604
  Batata Dauphine 604
V Bolinhas de batata com pimentão 605

CAPÍTULO 19 LEGUMINOSAS, GRÃOS, MASSAS E OUTROS AMIDOS

New England *baked beans* (feijão cozido no forno) 611
  Baked beans de Michigan 611
Frijoles de la olla (feijão ao estilo mexicano) 611
  Frijoles refritos 611
  Versão vegetariana 611
Feijão-branco ao estilo Bretão 612
V Bolinho de feijão-preto com *salsa* 612

Sumário de receitas XIX

Lentilhas ao molho cremoso   613
V Purê de feijão com alho   613
      Feijão com rúcula   613
Pasta e *fagioli*   614
♥ *Hoppin' John* (arroz com feijão)   615
V *Masoor Dal* (lentilha laranja com especiarias)   615
V Feijão com aspargo   616
V Grão-de-bico em molho de tomate condimentado   617
♥ **V** Arroz cozido em água e no vapor   622
Arroz *pilaf*   625
      Pilaf de tomate   625
      Arroz espanhol   625
      Pilaf turco   625
      Pilaf de trigo partido   625
      Pilaf de *orzo*   625
      Pilaf de cevada   625
Risotto alla Parmigiana   626
      Risotto Milanese   626
      Risoto de cogumelos   626
      Risi bisi   626
Arroz oriental básico   628
♥ *Pilaf* de triguilho com limão-siciliano   628
Arroz mexicano   629
      Arroz verde mexicano   629
Cevada com cogumelo selvagem e presunto   629
V Trigo em grão com noz-pecã e pimentão *poblano*   630
      Arroz integral, cevada, trigo-espelta ou triguilho com
          noz-pecã e pimentão *poblano*   630
Paella espanhola   631
♥ **V** Polenta   632
      Polenta *con sugo di pomodoro*   632
      Polenta *con salsicce*   632
      Polenta *al burro e formaggio*   632
      Polenta frita ou *grigliata*   632
      Polenta *grassa*   632
      Polenta *pasticciata*   632
V *Grits* com queijo *cheddar*   633
V *Farrotto* com queijo *pecorino*   634
Pilaf de *kasha* com ovos   634
V Molho de tomate para massas   639
      Molho de carne   639
      Molho *rosé*   639
      Molho de tomate com linguiça   639
      Molho de tomate com linguiça e berinjela   639
      Molho de tomate com presunto e alecrim   639
V Massa fresca com ovos   640
      Massa de espinafre   640
      Outras massas coloridas   640
      Macarrão de trigo integral   640
      Massa de trigo-sarraceno   640
V Ravióli com recheio de queijo   641
V *Fettuccine* Alfredo   642
      Fettuccine com vegetais I (*fettuccine* primavera)   642
      Fettuccine com vegetais II   642
      Fettuccine com frutos do mar   642
      Fettuccine com gorgonzola   642
♥ *Spaghettini a puttanesca*   643
Linguine com molho branco de mariscos   643
Lasanha de ricota   644

Pesto (molho de manjericão fresco)   644
V Ravióli de vegetais em caldo de capim-limão   645
Rigatoni ou *penne* com linguiça e mariscos   646
      Rigatoni ou *penne* com linguiça, pimenta e tomate   646
V *Macaroni and cheese* (macarrão assado com molho de
   queijo)   646
Fettuccine com *chiles* e frango grelhado   647
V *Pizzoccheri*   648
V *Maltagliate* de trigo integral com *porcini* e ervilha fresca   649
Macarrão de arroz de Cingapura   650
V *Dumplings* de batata   651
V *Spätzle*   651
V *Gnocchi* de batata com molho de tomate   652

CAPÍTULO 20 PREPARO DE RECEITAS VEGETARIANAS

V *Curry* de ervilha amarela e vegetais com arroz de especiarias e
  raita de pepino   663
      Curry vegano de ervilha seca e vegetais   663
V Macarrão com vegetais salteados, *tofu* e amendoim   664
V Lasanha de abobrinha e berinjela   665
V *Enchiladas* de feijão   666
V *Chili* de três feijões com *tostaditas*   667
V Arroz com feijão *azuki*, espinafre com molho de *tofu* e
  dengaku de berinjela   668
V Panqueca vietnamita de vegetais   669
V Gratinado de vegetais com queijo *feta* e *pilaf* de triguilho   670
V *Falafel*   671

CAPÍTULO 21 SALADAS E MOLHOS PARA SALADA

♥ **V** Salada verde mista   688
Salada de espinafre   688
Salada *Caesar* (método 1: preparada na frente do cliente)   689
      Salada *Caesar* (método 2: preparada na praça de *garde
        manger*)   689
      Salada *Caesar* com frango grelhado   689
♥ **V** Salada da horta   690
Coleslaw (salada de repolho)   691
      Coleslaw de repolho-verde e roxo   691
      Coleslaw com cenoura   691
      Garden slaw   691
      Coleslaw com frutas   691
V Salada de repolhos variados e maçã   692
V Salada de pimentão à moda basca   692
♥ **V** Salada de pepino com endro e iogurte   693
V Salada de feijão-branco   693
V Cogumelos *à la grecque*   694
Salada de cenoura ralada com maionese   695
      Salada de cenoura com uva-passa branca   695
      Salada de cenoura com abacaxi   695
      Salada de cenoura com salsão   695
      Salada de salsão   695
Salada de rosbife da Costa do Pacífico   696
Salada de macarrão com legumes   697

XX Sumário de receitas

V Salada de tomate *heirloom*   697
    Insalata caprese   697
Salada de vegetais com feijão e provolone   698
V Salada de feijões com azeitonas e tomate   698
V Salada de quinoa com pimentão   699
V *Panzanella*   699
V Salada de lentilha   700
Salada de brócolis, presunto cru e semente de girassol   700
V Tabule   701
V Salada de grãos de trigo com hortelã   701
Maionese de legumes com nabo   703
Salada de frango ou peru com maionese   703
    Salada de ovo cozido   703
    Salada de atum ou salmão   703
Salada de batata   704
V Salada de batata à francesa   705
    Salada quente de batata à moda alemã   705
Salada de camarão e endro com maionese   705
    Salada de lagosta ou siri com maionese   705
    Siri, camarão ou lagosta com molho Louis   705
    Salada de arroz e camarão com maionese   705
    Salada de arroz, *curry* e camarão com maionese   705
Salada Waldorf   706
V Salada de rúcula, cítricos e erva-doce   707
❤ Salada tailandesa de papaia e manga   707
Chef's salad   708
V *Rohkostsalatteller* (salada alemã de vegetais crus)   709
V Salada de beterraba assada com gorgonzola   710
Salada *niçoise*   711
Salada de peito de frango com nozes e queijo *roquefort*   712
Salada de vieiras grelhadas com *vinaigrette* oriental   713
Salada de endívia e frango defumado com *vinaigrette* de mostarda   713
Salada de endívia, vieiras e nozes   714
V Salada com queijo de cabra morno   714
Tomate recheado *à chinoise*   715
Salada com *tacos*   716
Salada colorida de frutas com gelatina   718
❤ Gelatina com frutas básica   719
V *Vinaigrette* básico   723
    Vinaigrette de mostarda   723
    Vinaigrette com ervas   723
    Vinaigrette de limão   723
    Vinaigrette balsâmico   723
    Molho italiano para salada   723
    Molho *piquant* para salada   723
    Molho *chiffonade* para salada   723
    Molho de abacate para salada   723
    Vinaigrette de queijo azul ou *roquefort*   723
V *Vinaigrette* de ervas e nozes   724
V Molho *gribiche*   724
Molho de *ketchup* para salada   725
V *Vinaigrette* oriental   725
Vinaigrette com baixo teor de gordura   726
❤ V *Vinaigrette* sem gordura   726
    Vinaigrette sem gordura com alho assado   726
V Maionese   728
Molhos para salada à base de maionese   728
    Molho *thousand island* para salada   728

Molho Louis para salada   728
Molho russo para salada   728
Molho chantili para salada   728
Molho de queijo azul para salada   728
Molho *ranch* para salada   728
Aïoli II   728
Molho para salada *Caesar*   729
V Molho francês para salada   729
Molho de creme de leite azedo para saladas com frutas   730
    Molho de iogurte para saladas com frutas   730
❤ V Molho cozido para salada   730
❤ Molho de mel e limão para salada   731
    Molho cremoso de mel para salada   731
    Molho de mel e limão Taiti para salada   731
❤ V Molho cremoso para salada de fruta   731
❤ V Molho *light* de iogurte para salada   732

CAPÍTULO 22 SANDUÍCHES

California burger   742
    California cheeseburger   742
    Cheeseburger (básico)   742
    Cheeseburger com bacon   742
    California cheeseburger deluxe   742
Submarine sandwich   743
Club sandwich   743
    BLT (sanduíche de bacon, alface e tomate)   743
V Sanduíche de queijo quente   744
    Sanduíche quente de presunto e queijo suíço   744
    Sanduíche quente de bacon e queijo   744
Reuben *sandwich*   744
Sanduíche Monte Cristo   745
Sanduíche de carne fatiada com molho *barbecue*   745
Wrap de peito de peru com bacon, alface e tomate   746
V *Wrap* vegetariano com feijão-branco   746
V *Falafel* com vegetais assados no pão sírio   747
    Falafel tradicional no pão sírio   747
❤ V Molho de iogurte com *tahini*   747
Sanduíche de salmão grelhado com abacate e tomate   748
❤ V Marinada de *chili*   748
Panini de presunto defumado e queijo *taleggio*   749
V *Panini* de berinjela, pimentão assado e queijo Fontina   750
V Sanduíche de vegetais grelhados com queijo de cabra e tomate seco   750
V Sanduíche de *portobello* grelhado e *boursin*   751
    Sanduíche de *portobello* grelhado com tomate   751
Sanduíche de frango grelhado com *aïoli*, tomate e abacate   751
V Pizza *Margherita*   752
    Pizza Marinara   752

CAPÍTULO 23 HORS D'OEUVRE

Patê de queijo azul   761
    Patê de queijo *cheddar*   761
    Patê de queijo e alho   761
    Patê de queijo e bacon   761
    Patê de queijo e pimenta   761

Sumário de receitas XXI

V Molho *romesco*   762
V *Homus* (patê de grão-de-bico)   762
    Babaganouj   762
V *Guacamole*   763
    Patê de abacate e creme de leite azedo   763
V *Börek* de espinafre   766
V Cogumelo recheado com queijo   767
Rolinhos de salmão defumado   767
Asas de frango empanadas fritas   768
V Caviar de berinjela   768
❤ Bolinha de melão e presunto cru   769
❤ Fatias de maçã com *curry* de frango e manga   769
Trouxinhas de frango defumado com tomate seco   770
V Crepes   770
Satay de frango   771
Espetos de carne *teriyaki*   771
Rolinhos de truta e salmão defumado em pão
    pumpernickel   772
Pacotinhos de presunto cru, queijo azul e nozes   772
Rodelas de pepino com patê de truta defumada   773
Chorizo feuilleté   773
Beignet de siri com *chutney* de limão e gengibre   774
Cogumelo recheado com *tapenade*   774
Ovos *à la diable*   775
V *Gougère* (minicarolina de queijo)   775
Rolinho primavera   776
Patê de fígado de frango   778
V *Quesadillas* de feijão-preto   778
Brandade de Morue   779
V *Bruschetta*   780
    Bruschetta com tomate e manjericão   780
    Bruschetta com queijo parmesão   780
    Bruschetta com feijão-branco e *prosciutto*   780
Empanadas de carne   781
    Empanadas com pimentão *poblano* assado e
        queijo   781
V *Pakoras* de couve-flor   782

CAPÍTULO 24 CAFÉ DA MANHÃ E BRUNCH

Ovos *benedict*   791
    Ovos *florentine*   791
    Ovos Bombay   791
V *Huevos rancheros*   793
V *Frittata* de abobrinha, espinafre e alho-poró   797
V Suflê de queijo   798
    Suflê de espinafre   798
    Suflê de presunto e espinafre   798
    Suflê de cogumelo   798
    Suflês de outros vegetais   798
    Suflê de salmão em conserva   798
V *Quiche au fromage* (torta de queijo)   799
    Quiche Lorraine   799
    Quiche de cebola   799
    Quiche de espinafre   799
    Quiche de cogumelo   799
    Quiche de frutos do mar   799
V Panquecas americanas de *buttermilk*   801

V *Waffles*   801
❤ Panqueca americana de trigo-sarraceno   802
V *Cinnamon raisin french toast* (torrada francesa de pão com
    passas e canela)   803

CAPÍTULO 25 LATICÍNIOS E BEBIDAS

V *Welsh rabbit* (torrada com creme de *cheddar* e cerveja)   817
V *Sirniki* (bolinhos russos de queijo)   817
V *Fondue* de queijo   818
V Biscoito salgado de queijo   818
    Palitos de queijo   818

CAPÍTULO 26 EMBUTIDOS E OUTROS ALIMENTOS CURADOS

Gravlax   829
Salmão defumado   830
Truta defumada   830
Pato defumado   831
    Peru ou frango defumado   831
V *Quatre épices* I   839
V *Quatre épices* II   839
Linguiça de porco   839
    Linguiça Toulouse   839
    Crêpinettes   839
Linguiça francesa de alho   840
Linguiça italiana picante   840
    Linguiça italiana suave   840
    Linguiça de alho condimentada   840
Linguiça de vitela ou carne bovina   840
    Linguiça de cervo   840
Bratwurst fresca   841
Linguiça de cordeiro   841
    Linguiça de cordeiro com ervas   841
Linguiça de pato   841
Boudin blanc (salsicha branca francesa)   842
Mortadela   843
    Bologna   843
Linguiça defumada à moda *cajun*   844
    Andouille   844
Linguiça de alho defumada   845
    Linguiça curada com alho   845

CAPÍTULO 27 PATÊS, TERRINAS E OUTROS ALIMENTOS FRIOS

Chaud-froid clássico   851
Mayonnaise collée   851
Forcemeat de porco básica   856
    Forcemeat de vitela   856
    Forcemeat de frango I   856
    Forcemeat de frango II   856
    Forcemeat de pato, faisão ou outra caça   856
Pâte à pâté   857

Sumário de receitas

Terrina de vitela e presunto   861
   Terrina de vitela e presunto com *foie gras*   861
   Terrina de vitela e língua   861
   Terrina de coelho   861
   Terrina de caça   861
   Terrina de pato   861
   Terrina campestre   861
Galantina de frango   862
Forcemeat mousseline básica   863
Terrina de vegetais com *mousseline* de frango   864
   Terrina de frutos do mar com vegetais   864
Jambon persillé (presunto com salsinha em *aspic*)   866
❤ Terrina de vegetais e frango em *aspic*   867
   Terrina de vegetais com *foie gras* em *aspic*   867
❤ Terrina de lentilha e alho-poró com peru defumado e
   presunto cru   868
Terrina tricolor de vegetais   869
Musse salgada de presunto   870
Musse de *foie gras*   870
Patê de *foie gras*   873
Patê de fígado de frango   874
Rillettes de salmão, hadoque ou hadoque defumado   874
Rillettes de carne de porco   875
   Rillettes de pato, ganso, coelho, peru ou frango   875

CAPÍTULO 30 PRODUTOS LEVEDADOS

❤ V Pãozinho de casca crocante   916
❤ V Pãozinho de casca macia   916
❤ V Pão francês   917
❤ V Pão de forma branco   917
   Pão de trigo integral   917
❤ V Pão de centeio   918
❤ V *Focaccia*   918
   Focaccia de alecrim   918
   Focaccia de azeitona   918
V Brioche   919
V Massa de pãozinho doce   919
   Donuts   919
V Folhado doce   920
V *Croissants*   920
❤ V Açúcar e canela   922
V *Streusel* (cobertura crocante)   922
   Streusel de nozes   922
❤ V Geleia de brilho para folhados e outros itens doces   922
❤ V Recheio de tâmara, ameixa ou damasco   923
V Recheio de amêndoa   923
V Recheio de ricota   923

CAPÍTULO 31 PÃES RÁPIDOS

V *Biscuits*   935
   Biscuit de *buttermilk*   935
   Biscuit de queijo   935
   Biscuit de uva-passa de Corinto   935
   Biscuit de ervas   935
V Pão rápido de banana   935

V *Muffin* simples   936
   Muffin de especiarias e uva-passa   936
   Muffin de nozes e tâmaras   936
   Muffin de mirtilo   936
   Muffin de trigo integral   936
   Muffin de milho   936
   Muffin de farelo de trigo   936
   Pão rápido doce com farofa crocante   936
V *Popovers*   936
V Massa de *corn bread*   937
V Pão rápido de laranja e nozes   937

CAPÍTULO 32 BOLOS, COBERTURAS E RECHEIOS

V Bolo amarelo amanteigado   948
V Bolo de açúcar mascavo e especiarias   948
   Bolo de cenoura e nozes   948
V Bolo de chocolate amanteigado   949
V Bolo quatro quartos tradicional   949
   Bolo quatro quartos com uva-passa   949
   Bolo quatro quartos de chocolate   949
   Bolo quatro quartos marmorizado   949
V Bolo branco   950
   Bolo amarelo   950
V *Devil's food cake*   950
V *Génoise*   951
   Génoise de chocolate   951
   Rocambole   951
V Pão de ló com leite e manteiga   951
❤ V Pão de ló para rocambole   952
V Bolo *chiffon* branco   952
   Bolo *chiffon* de chocolate   952
❤ V *Angel food cake* (bolo de massa merengada)   952
   Angel food cake de chocolate   952
V Creme de manteiga simples   954
   Creme de manteiga para confeitar   954
   Cobertura de *cream cheese*   954
V Creme de manteiga merengado   954
V Creme de manteiga francês   955
   Creme de manteiga sabor chocolate   955
   Creme de manteiga sabor café   955
❤ V Glacê simples de açúcar e água   956
V Cobertura *fudge* sabor caramelo   956
V *Fudge* branco rápido   956
   Fudge rápido de chocolate   956
V *Fudge* de cacau em pó   957
   Cobertura *fudge* sabor baunilha   957

CAPÍTULO 33 BISCOITOS E COOKIES

V *Chocolate chip cookies* (biscoito com gotas de chocolate)   969
   Cookie de açúcar mascavo e nozes   969
V *Cookies* de aveia e uva-passa   969
V Biscoitinhos amanteigados de pingar   970
   Biscoitinho amanteigado de amêndoa   970
   Biscoitinho amanteigado recheado   970
   Biscoitinho amanteigado de chocolate (de pingar)   970

Sumário de receitas XXIII

V Biscoito champanhe 970
V *Macaroons* de coco 971
V Biscoito doce simples 971
      Biscoito de açúcar mascavo 971
      Biscoito de chocolate 971
V Biscoito amanteigado 971
V Biscoito de canela 972
      Biscoito de chocolate e canela 972
V Biscoito de especiarias e uva-passa 972
V Biscoito de manteiga de amendoim 973
V Biscoito amanteigado de massa gelada 973
      Biscoito amanteigado de caramelo 973
      Biscoito amanteigado de chocolate (de massa
        gelada) 973
      Biscoito amanteigado de nozes 973
V *Brownies* 974
      Brownies de caramelo ou *blondies* 974
V *Biscotti* de amêndoa 975

CAPÍTULO 34 TORTAS E MASSAS

V Massa crocante para torta 980
V Massa arenosa para torta 980
Massa de biscoito moído para tortas 981
V Massa amanteigada para torta doce 981
♥ **V** Recheio para torta de maçã (fruta em conserva) 986
      Recheio para torta de maçã holandesa 986
      Recheio para torta de cereja 986
      Recheio para torta de pêssego 986
      Recheio para torta de abacaxi 986
♥ **V** Recheio para torta de mirtilo (fruta congelada) 987
      Recheio para torta de maçã congelada 987
      Recheio para torta de cereja congelada 987
♥ **V** Recheio para torta de morango fresco 987
♥ **V** Recheio para torta de ruibarbo 988
      Recheio para torta de maçã fresca 988
♥ **V** Recheio para torta de uva-passa 988
♥ **V** Recheio tradicional para torta de maçã 989
♥ **V** Recheio para torta à base de ovos e leite 990
      Recheio para torta cremosa de coco 990
♥ **V** *Pumpkin pie* (recheio para torta de abóbora-moranga) 991
      Recheio de batata-doce para torta 991
      Recheio de abóbora para torta 991
V *Pecan pie* (recheio para torta de noz-pecã) 991
V Massa folhada clássica 993
V Folhado rápido 995
V *Pâte à choux* (massa de bomba) 998
♥ **V** Merengue 1000
V *Cobbler* de frutas 1001
V *Betty* de maçã 1001
V *Crisp* de maçã 1002
      Crisp de pêssego, cereja ou ruibarbo 1002
♥ **V** Peras escalfadas 1002
      Pera ao vinho 1002
      Pêssegos escalfados 1002
      Pêssegos ao vinho 1002
Framboesa ou cereja *au gratin* 1003

CAPÍTULO 35 CREMES, PUDINS, SOBREMESAS GELADAS E CALDAS

V *Crème anglaise* (creme inglês ou creme de baunilha) 1008
      Crème anglaise de chocolate 1008
V Creme de confeiteiro sabor baunilha 1009
      Creme de confeiteiro sabor chocolate 1009
      Creme de confeiteiro sabor café 1009
      Recheio cremoso de baunilha 1009
      Recheio cremoso de coco 1009
      Recheio cremoso de banana 1009
      Recheio cremoso de chocolate I 1009
      Recheio cremoso de chocolate II 1009
      Recheio cremoso sabor caramelo 1009
      Recheio à base de ovos para torta de limão-
        -siciliano 1009
      Flan de baunilha 1009
      Flan de coco 1009
      Flan de banana 1009
      Flan de chocolate I e II 1009
      Flan de caramelo 1009
V Pudim de leite 1010
      Pudim de leite com calda de caramelo (*crème
        caramel*) 1010
V Manjar branco à moda inglesa 1011
V *Rice pudding* (arroz-doce de forno) 1012
      Rice pudding com passas 1012
V Pudim de pão amanteigado 1012
      Cabinet pudding 1012
Bavaroise 1015
      Bavaroise de chocolate 1015
      Bavaroise de café 1015
      Bavaroise de morango 1015
      Bavaroise de framboesa 1015
♥ Sobremesa ou recheio *chiffon* de morango 1016
      Sobremesa ou recheio *chiffon* de framboesa 1016
      Sobremesa ou recheio *chiffon* de abacaxi 1016
      Musse nevada de morango ou framboesa 1016
♥ Sobremesa ou recheio *chiffon* de chocolate 1017
      Recheio *chiffon* cremoso para torta de chocolate 1017
♥ Sobremesa ou recheio *chiffon* de limão-siciliano 1018
      Sobremesa ou recheio *chiffon* de limão Taiti 1018
      Sobremesa ou recheio *chiffon* de laranja 1018
      Musse gelada de limão 1018
♥ Sobremesa ou recheio *chiffon* de abóbora 1019
      Creme *chiffon* de abóbora 1019
V Suflê doce de baunilha 1020
      Suflê de chocolate 1020
      Suflê de limão 1020
      Suflê de licor 1020
      Suflê de café 1020
V Musse de chocolate 1021
V Calda de chocolate 1024
V Calda de caramelo 1024
      Calda quente de caramelo 1024
      Calda de caramelo transparente 1024

Sobre a Le Cordon Bleu

Com mais de 25 escolas em cinco continentes e um corpo discente formado por alunos de mais de 70 nacionalidades, a Le Cordon Bleu é muito conhecida e prestigiada no mundo da gastronomia. Seu nome e corpo docente são reconhecidos por sua tradição em excelência na arte culinária e na gestão hoteleira e se dedicam a conquistar ainda mais o reconhecimento entre os apreciadores da boa mesa e do entretenimento. Envolvida atualmente na prestação de consultoria e na promoção de uma série de produtos culinários, a Le Cordon Bleu tem estabelecido parcerias de sucesso em todo o mundo com os maiores centros de formação profissional em gastronomia e hotelaria, bem como com a indústria de cruzeiros.

Endereços da Le Cordon Bleu

Le Cordon Bleu Paris
8, rue Léon Delhomme
75015 Paris
França
Tel: 33 1 5368-2250
Fax: 33 1 4856-0396
E-mail: paris@cordonbleu.edu

Le Cordon Bleu Ottawa
453 Laurier Avenue East
Ottawa, Ontário
K1N 6R4 Canadá
Tel: 1 613 236-2433
Fax: 1 613 236-2460
E-mail: ottawa@cordonbleu.edu

Le Cordon Bleu Yokohama
2-18-1, Takashima, Nishi-Ku
Yokohama-Shi Kanagawa
Japão
Tel: 81 45 440-4720
Fax: 81 440-4722
E-mail: tokio@cordonbleu.edu

Le Cordon Bleu Estados Unidos
Escritório Central
40 Enterprise Ave
Secaucus, New Jersey 07094
USA
Tel: 1 201 617-5221
Fax: 1 201 617-1914
E-mail: info@cordonbleu.edu

Le Cordon Bleu Londres
114 Marylebone Lane
Londres, W1U 2HH
Reino Unido
Tel: 44 20 7935-3503
Fax: 44 20 7935-7621
E-mail: London@cordonbleu.edu

Le Cordon Bleu Tóquio
Roob-1, 28-13 Sarugaku-Cho
Daikanyama, Shibuya-Ku
Tóquio
Japão
Tel: 81 3 5489-0141
Fax: 81 3 5489-0145
E-mail: tokyo@cordonbleu.edu

Le Cordon Bleu Kobe
The 45th 6F, 45 Harima-cho
Chuo-Ku, Kobe-shi
Hyogo 650-0036
Japão
Tel: 81 78 393-8221
Fax: 81 78 393-8222
E-mail: kobe@cordonbleu.edu

Le Cordon Bleu Austrália
Days Road, Regency Park
South Australia 5010
Austrália
Tel: 61 8 8346-3700
Fax: 61 8 8346-3755
E-mail: austrália@cordonbleu.edu

Le Cordon Bleu Peru
Av. Nunez de Balboa, 530
Miraflores, Lima 18
Peru
Tel: 51 1 242-8222
Fax: 51 1 242-9209
E-mail: info@cordonbleu.edu

Le Cordon Bleu Líbano
Rectorat B.P. 446
USEK University – Kalslik
Jounieh
Líbano
Tel: 961 964-0664/0665
Fax: 961 964-2333
E-mail: liban@cordonbleu.edu

Le Cordon Bleu México
Universidad Anahuac del Sur
Avenida de las Torres #131, Col.
Olivar de los Padres
C.P. 01780
Del Álvaro Obregon, Mexico D.F.
Tel: 52 55 5628-8800
Fax: 52 55 5628-8837
E-mail: mexico@cordonbleu.edu

http:www.cordonbleu.edu
info@cordonbleu.edu

Escolas nos Estados Unidos

Arizona
Scottsdale Culinary Institute
8100 E. Camelback Road
Scottsdale, Arizona 85251
Tel: (480) 990-3773

Califórnia
California Culinary Academy
625 Polk Street
San Francisco, California 94102
Tel: (415) 771-3500

California School of Culinary Arts
521 East Green Street
Pasadena, California 91101
Tel: (626) 403-8490

Flórida
Le Cordon Bleu College of Culinary
Arts – Miami
3221 Enterprise Way
Miramar, FL 33025
Tel: (954) 438-8882

Orlando Culinary Academy
8511 Commodity, Circle
Orlando, Florida 32819
Tel: (407) 888-4000

Geórgia
Le Cordon Bleu College of Culinary
Arts – Atlanta
1957 Lakeside Parkway, Suite 515
Tucker, Georgia 30084
Tel: (770) 938-4711

Illinois
Culinary and Hospitality Institute of
Chicago
361 West Chestnut
Chicago, Illinois 60610
Tel: (312) 944-0882

Minnesota
Le Cordon Bleu College of Culinary
Arts – Minneapolis/St. Paul
1440 Northland Drive
Mendota Heights, Minnesota 55120
Tel: (651) 905-3400

Nevada
Le Cordon Bleu College of Culinary
Arts – Las Vegas
1451 Center Crossing Road
Las Vegas, Nevada 89144
Tel: (702) 365-7690

New Hampshire
Atlantic Culinary Academy
23 Cataract Avenue
Dover, New Hampshire 03820
Tel: (603) 742-1234

Oregon
Western Culinary Institute
921 SW Morrison Street Suite 400
Portland, Oregon 97205
Tel: (800) 848-3202

Pensilvânia
Pennsylvania Culinary Institute
71 Liberty Avenue
Pittsburg, Pennsylvania 15222

Texas
Texas Culinary Academy
11400 Burnet Road Suite 2100
Austin, Texas 78758
Tel: (512) 837-2665

www.lecordonbleuschoolusa.com

Apresentação

A Le Cordon Bleu teve um enorme prazer em trabalhar novamente com o autor Wayne Gisslen nesta sexta edição do *Culinária profissional*. Essa parceria de longa data reforça a importância do serviço prestado pela técnica culinária francesa à gastronomia mundial. Sempre foi parte da filosofia da Le Cordon Bleu que, ao dominar as técnicas, processos e metodologias da culinária francesa e compreender sua importância, os alunos desenvolvem habilidades e ganham a confiança necessária para criarem seu próprio estilo. Para a Le Cordon Bleu, esta sexta edição do *Culinária profissional* continua sendo uma ferramenta indispensável, que equilibra tradição e inovação.

Fundada em Paris em 1895, a Le Cordon Bleu é, atualmente, uma rede de mais de 26 escolas e centros em quinze países, com mais alunos pelo mundo que qualquer outra escola de gastronomia. A Le Cordon Bleu mantém estreita relação com a indústria culinária e se beneficia de seu reconhecimento internacional, ditando padrões de excelência. Conhecida por sua cozinha francesa clássica, a Le Cordon Bleu continua a ensinar as celebradas tradições culinárias e, ao mesmo tempo, inova seu repertório balanceado, harmonioso e saboroso, que inclui as cozinhas internacionais contemporâneas.

A autoridade da Le Cordon Bleu no ensino e aprimoramento das técnicas culinárias é reconhecida e sustentada por importantes instituições, como o Ministério de Turismo de Shangai, China e o governo da Austrália. Além disso, a Le Cordon Bleu oferece treinamento em culinária francesa para *chefs* de muitas organizações, como o Club Managers Association of America e o Regent Seven Seas Cruises.

A cada ano, os *chefs* da Le Cordon Bleu transmitem seu conhecimento e experiência para grupos de alunos de mais de cinquenta nacionalidades, compartilhando sua *expertise* e sua arte em vários festivais anuais e eventos culinários em todo o mundo. Selecionados por sua excelência e experiência profissional, nossos *chefs* vêm desde restaurantes estrelados do Guia Michelin aos restaurantes dos melhores hotéis, tendo sido premiados em diversos concursos internacionais. Com mais de 75 *chefs* em todo o mundo, nossos alunos são expostos a vários estilos, paladares e filosofias, o que constitui uma experiência única de aprendizado. Com os talentos combinados de nossos *chefs*, a Le Cordon Bleu é a única escola de culinária a operar um restaurante CAA/AAA Five Diamond na América do Norte.

Com sua expansão global, a Le Cordon Bleu respondeu à crescente necessidade do setor hoteleiro estabelecendo avançados programas de gestão que refletem o mesmo nível de excelência de nossos programas de culinária. Foram criados níveis de Graduação, Bacharelado e Mestrado de acordo com a demanda do setor.

Culinária profissional tem sido uma obra indispensável nas universidades e escolas profissionalizantes de gastronomia dos Estados Unidos. Vem sendo usado para treinar centenas de milhares de *chefs* e cozinheiros, muitos dos quais continuam usando o livro em seu trabalho. Criado pelo talentoso Wayne Gisslen, o texto ensina, com seu estilo claro, fotos e receitas precisas, que é preciso primeiro compreender para depois executar – uma visão realista do trabalho em culinária profissional.

Wayne Gisslen balanceou seu conhecimento prático com uma abordagem direta, pedagógica e consistente, fazendo deste livro uma referência para a vida toda. O formato versátil de *Culinária profissional* é a razão pela qual consideramos o melhor livro-texto para promover a teoria e a boa prática na área, além de poder ser utilizado em todo o mundo. Trata-se de uma ferramenta necessária em qualquer cozinha, seja no trabalho ou em casa. Nesta sexta edição, os *chefs* da Le Cordon Bleu e Wayne Gisslen se uniram, novamente, para combinar seu conhecimento e experiência, resultando em um texto que é referência definitiva sobre o assunto.

André J. Cointreau
Presidente e CEO
Le Cordon Bleu International

Prefácio

Esta edição do *Culinária profissional* foi extensamente revisada. Os leitores das edições anteriores encontrarão informações novas em praticamente todos os capítulos. Ao mesmo tempo, o livro manteve o material básico que fez dele, por mais de 20 anos, a principal ferramenta de referência e aprendizado em sua área. A edição anterior havia introduzido um novo e moderno projeto gráfico que tornou o livro não apenas mais bonito, mas também mais fácil de usar. A variedade de materiais novos da sexta edição, adicionada ao moderno projeto gráfico, faz desta obra a mais abrangente e útil sobre arte culinária até o momento.

O QUE HÁ DE NOVO

Muitas inclusões importantes foram feitas no *Culinária profissional*, tornando o livro ainda mais útil e versátil. Essas mudanças foram feitas, em grande parte, em retribuição ao estímulo de instrutores, alunos e outros leitores. A comunicação com os leitores é sempre muito valiosa para que o texto se adeque às necessidades dos usuários. Entre as adições e alterações mais importantes estão as seguintes:

- Um novo capítulo dedicado ao vegetarianismo e ao preparo de vários tipos de dietas vegetarianas foi adicionado. Além disso, as receitas adequadas para a dieta vegetariana são indicadas por um símbolo em todo o livro. Há mais informações sobre o uso desse símbolo na página 661.
- Novas informações sobre tópicos que variam desde informações nutricionais até o histórico cultural das novas receitas de cozinhas internacionais foram inseridas em quadros laterais.
- O material sobre a história do setor de serviços alimentícios moderno foi ampliada.
- Conceitos de elaboração de sabor e seus perfis foram acrescentados à discussão dos princípios básicos de culinária.
- As informações sobre menus, receitas e gestão de custos agora têm seu próprio capítulo.
- Agora, em um capítulo exclusivo, as informações nutricionais foram atualizadas para incorporar novas diretrizes nutricionais, além da nova pirâmide alimentar.
- Os capítulos sobre vegetais foram ampliados e revisados, incorporando ingredientes e preparos que se tornaram tendência nos últimos anos.
- As informações sobre batatas e seu preparo agora têm um capítulo exclusivo, e o preparo de legumes, grãos, massas e outros amidos é abordado separadamente.
- O preparo do café da manhã, assim como os laticínios e bebidas, agora têm capítulos à parte.
- O capítulo sobre apresentação e guarnição de pratos foi revisado para refletir as ideias atuais sobre o preparo e a apresentação de receitas.
- Receitas de várias cozinhas regionais e internacionais foram inseridas ao longo do livro.
- Mais de 100 novas receitas foram acrescentadas, totalizando 1.200 no livro todo.
- Muitas fotos novas foram inseridas em todas as seções do livro, ilustrando com mais clareza as técnicas e os procedimentos necessários na cozinha moderna. Foram inseridas também novas fotos de identificação dos principais ingredientes.
- Este símbolo vermelho indica receitas desenvolvidas e testadas pelo autor.
- Este símbolo azul indica receitas que foram desenvolvidas e testadas pela Le Cordon Bleu.

AS RECEITAS

As receitas deste livro são planejadas e organizadas para reforçar as habilidades básicas que o aluno está aprendendo. Em cada caso, receitas específicas seguem uma discussão de teorias, diretrizes e procedimentos gerais aplicáveis a uma determinada categoria de alimento e/ou métodos de preparo. Os alunos são encorajados, por meio da variação das receitas, a ver como podem aplicar esses procedimentos a outros ingredientes, além de reconhecer as similaridades e diferenças entre os preparos.

A atenção aos princípios básicos é a principal característica do livro. Como o objetivo é ensinar técnicas culinárias fundamentais, torna-se importante ilustrar essas técnicas – e permitir que o aluno as experimente – com receitas básicas e objetivas, que conectam a teoria geral à aplicação específica da forma mais direta possível. Muitas receitas novas foram adicionadas a esta edição com o intuito de atualizar e oferecer alternativas para atingir esse objetivo.

Embora os preparos básicos que ilustram os princípios fundamentais sejam o cerne da coleção de receitas, o livro se baseia nessas técnicas primárias para incluir estilos mais avançados de preparo. Receitas mais desafiadoras, muitas delas novas nesta edição, permitem que os leitores refinem suas técnicas e preparem pratos cada vez mais sofisticados. As mais de 90 receitas desenvolvidas e testadas pelos *chefs* da Le Cordon Bleu, que apareceram pela primeira vez na edição anterior, ajudam de forma imensurável a enriquecer a experiência de aprendizado dos alunos. Essas receitas são usadas regularmente pelos *chefs* da Le Cordon Bleu nos cinco continentes com o objetivo de treinar os alunos para trabalhar nas cozinhas dos mais sofisticados restaurantes do mundo.

O que faz um prato parecer moderno é tanto a apresentação quanto os ingredientes ou as instruções da receita. A forma como um item é apresentado no prato, em conjunto com a guarnição e o molho, pode fazê-lo parecer rústico ou elegante, simples ou elaborado, tradicional ou moderno. As fotos que acompanham as receitas ilustram uma variedade de estilos de preparo e organização do prato. Como mostram as fotos, um simples item como um peito de frango *sautée* pode ter tanto estilo quanto um prato complicado que requer ingredientes exóticos ou caros.

É recomendado aos leitores estudar o Capítulo 5, "Menus, receitas e gestão de custos", antes de preparar qualquer receita. Isso os ensinará a usar as receitas deste livro, além de fazê-los entender a estrutura e as limitações das muitas receitas que utilizarão ao longo de sua carreira.

Embora todo programa culinário possua diferentes requisitos, as receitas deste livro se adaptam a qualquer propósito. A maioria das principais receitas é escrita para 24 ou 25 porções, uma quantidade que pode ser facilmente aumentada ou diminuída, se necessário. As receitas que requerem ingredientes mais caros, as que são geralmente feitas de acordo com o pedido ou aquelas mais complexas são escritas para rendimentos menores, como 10, 12 ou 16 porções. Além disso, as variações geralmente indicam substituições de ingredientes, de forma que as receitas se adéquem a diferentes orçamentos e a diferentes sabores locais ou regionais.

INFORMAÇÃO NUTRICIONAL

Cozinheiros e *chefs* estão cada vez mais conscientes da importância de aprender a preparar pratos saudáveis. Para auxiliar nesse esforço, foram incluídas análises nutricionais para cada receita principal. Essas análises foram desenvolvidas com o *software* Genesis R&D 6.00, que calcula os nutrientes com base nos ingredientes. É importante perceber que os nutrientes reais de um prato variam de acordo com vários fatores; da mesma forma, o sabor, a textura e a aparência de um prato variam de acordo com a habilidade do cozinheiro e a qualidade dos ingredientes. Os seguintes fatores também devem ser levados em conta ao ler as análises nutricionais:

- Quando o tamanho de uma porção estiver indicado na receita, a análise é por porção. Quando não houver o tamanho da porção, como nas receitas de caldos e molhos, assim como na maioria das receitas dos capítulos sobre panificação e confeitaria, a análise normalmente é feita por onça (28,35 g); na maior parte das vezes, a análise das receitas de *hors d'oeuvre* é feita por item.

- Os seguintes ingredientes não estão incluídos na análise: ingredientes descritos como "a gosto" ou "o necessário"; ingredientes em sachês e *bouquets garnis*; ingredientes opcionais e guarnições, como ramos de salsinha.

- Os caldos são ajustados considerando a remoção de ossos, *mirepoix* e outros ingredientes sólidos.

- Os ingredientes do *mirepoix* não são incluídos, exceto uma pequena quantidade de sódio.

- Se houver variação na quantidade de algum ingrediente, o menor número será usado na análise.

- São feitos ajustes em receitas nas quais a gordura é removida total ou parcialmente do alimento. A quantidade de gordura remanescente varia, dependendo do cuidado com que o procedimento é realizado.

- Em alimentos fritos na frigideira e por imersão, a gordura foi adicionada com base em uma porcentagem do peso total. A quantidade de gordura realmente absorvida varia de acordo com a temperatura da gordura, o tempo de preparo e a área de superfície do alimento.

- Em alimentos marinados, 10% da marinada são incluídos na análise, a menos que a marinada seja usada para fazer um molho. Nesse caso, toda a marinada será, certamente, incluída.

- A quantidade de gordura usada para saltear foi estimada para a análise.

- Os números de cada nutriente são arredondados de acordo com as regras da Food and Drug Administration para rotulagem de alimentos.

- A informação "(% cal.)" após o conteúdo de gordura em cada análise refere-se à porcentagem de calorias referente à gordura e é necessária para determinar se uma receita pode ou não ser rotulada como *low in fat* (baixo teor de gordura) de acordo com a FDA. Isso não pode ser utilizado para determinar a porcentagem de gordura na dieta total.

Para ajudá-lo a saber o conteúdo de gordura de vários pratos, os que têm teores mais baixos de gordura aparecem destacados por um símbolo especial à direita do título da receita. *Baixo teor de gordura* significa, de acordo com as normas de rotulagem da FDA, que o alimento contém 3 gramas ou menos de gordura por valor de referência (ou tamanho da porção indicada na análise), se o valor de referência for maior que 30 gramas (aproximadamente 29 mililitros). Se o valor de referência for 30 gramas ou menos, o conteúdo de gordura também deve ser de 3 gramas de gordura ou menos por 50 gramas do alimento. Isso serve para evitar que os alimentos pareçam ter pouca gordura apenas reduzindo o tamanho da porção. Itens de pratos principais e refeições devem conter 3 gramas de gordura ou menos por cada 100 gramas, e não mais que 30% das calorias provenientes de gordura.

OBJETIVOS E ORGANIZAÇÃO DESTE LIVRO

Este livro tem dois objetivos: *compreensão* – ou seja, o entendimento da teoria da culinária, de como cozinhar; e *desempenho* – ou seja, especialização em uma série de habilidades manuais e capacidade de aplicá-las em uma ampla variedade de estilos e produtos de culinária.

A revisão atual mantém a estrutura e a organização básicas da obra, as quais criaram a versatilidade que a tornou adaptável a qualquer sequência de estudo. Os métodos básicos de preparo (calor seco, calor úmido e assim por diante) foram inseridos logo no início. Assim, em cada um dos principais capítulos subsequentes, o material está organizado por método de preparo.

Para as grades curriculares organizadas segundo o método de preparo, será simples selecionar as seções apropriadas – por exemplo, métodos de calor úmido – dos capítulos de carnes, aves, peixes e vegetais. Ao mesmo tempo, a organização dos capítulos por tipo de produto permite que o instrutor enfatize como os métodos básicos de preparo diferem quando são aplicados a diferentes produtos.

O novo *Culinária profissional* enfoca, assim como as edições anteriores, o desenvolvimento de habilidades diversas, que são essenciais para o sucesso de uma carreira em culinária. O setor de serviços alimentícios está evoluindo rapidamente. Existe uma enorme variedade de estabelecimentos em cena atualmente, desde um restaurante executivo a uma cafeteria de escola, da mais simples lanchonete expressa até o mais exclusivo restaurante ou clube, das cozinhas que utilizam extensivamente alimentos semiprontos até aquelas que preparam somente produtos frescos. O aluno graduado que entende o funcionamento dos alimentos e a interação dos ingredientes, os métodos de preparo, os fatores relacionados ao custo e outros elementos consegue atuar com sucesso em qualquer tipo de operação de serviço alimentício.

O PAPEL DO INSTRUTOR-CHEF

Certamente, nenhum livro didático é capaz de substituir a experiência prática em uma cozinha. Mais do que isso, um livro não substitui um experiente instrutor-*chef*, que pode dar demonstrações práticas, supervisionar o trabalho dos alunos, responder perguntas e dar conselhos e assistência quando necessário. Todo instrutor possui uma experiência única e técnicas e procedimentos especiais. Muitos *chefs*, na realidade, discordam entre si em várias questões. Embora este livro apresente métodos e receitas amplamente utilizados e aceitos, muitos instrutores preferem procedimentos que diferem de alguns dos explicados aqui, e podem querer complementar as receitas com suas próprias. O instrutor é encorajado a complementar o material ao longo de todo o livro. A exposição a várias receitas e técnicas apenas enriquece o aprendizado dos alunos e amplia a sua experiência.

RECURSOS

Glossário e vocabulário

Como as pessoas que trabalham com alimentos precisam se comunicar entre si, as definições dos termos introduzidas ao longo do texto estão resumidas em um glossário ao final do livro. Além disso, o vocabulário de culinária francês-português permite que os leitores consultem de maneira prática os principais termos franceses utilizados na área.

Ilustrações

Mais de 175 novas fotos coloridas, claras e concisas ilustram as técnicas manuais básicas do ponto de vista de quem está preparando o alimento. Fotos adicionais ilustram centenas de ingredientes e pratos prontos.

Projeto gráfico

Este livro foi desenvolvido para ser útil e fácil de ler. Seu projeto gráfico enfatiza e destaca os principais pontos em negrito, itálico e sequências numeradas, para que as informações básicas possam ser localizadas e revistas de maneira prática.

Procedimentos realistas

Embora alicerçados pelas discussões sobre a teoria da culinária, os procedimentos fornecidos aqui se baseiam em práticas reais do setor. A atenção é dada não só à produção em quantidade, mas também aos problemas especiais do preparo de pedidos. A apresentação e o serviço do produto finalizado são considerados em detalhes, assim como o pré-preparo, ou *mise en place* – tão essencial à organização de um restaurante em funcionamento. Ao mesmo tempo, a maior ênfase está na qualidade, com frequência negligenciada na busca por conveniência.

Nem mesmo um livro tão abrangente como este é capaz de conter todas as informações que um cozinheiro precisa saber. Outras informações que de alguma forma têm influência direta no trabalho realizado na cozinha foram incluídas. Informações mais especializadas, como habilidades de gerência e supervisão, tiveram que ser omitidas. Finalmente, embora muito do que falamos seja fortemente influenciado pela culinária de outras nações, especialmente da França, as práticas discutidas referem-se às do setor de serviços alimentícios norte-americano.

Sobre o autor

Wayne Gisslen é o autor de uma série de livros *best-sellers* de culinária, entre eles *Panificação e Confeitaria Profissionais* e *Culinária Profissional*, ambos publicados pela Editora Manole.

Formado pelo Instituto Americano de Culinária, tem experiência como *chef* de cozinha, supervisor de desenvolvimento de produtos e consultor.

Agradecimentos

O fotógrafo Jim Smith tem sido meu grande parceiro há 25 anos. Suas centenas de fotos representam parte indispensável do *Culinária profissional* e valiosas ferramentas de ensino. Jamais poderei agradecer-lhe o suficiente. Agradeço também a Anne Smith por todo o apoio e assistência ao longo dos anos, e a Ryan Basten, por seu trabalho no estúdio de Jim.

Durante uma longa e produtiva sessão de fotos e testes de receitas para esta edição, tive a sorte de ter a assistência especializada dos instrutores-*chefs* Rick Forpahl e David Eisenreich, do Hennepin Technical College, Gil Gaitan, da Le Cordon Bleu, Myros Billy, Rose Scaramuzza, Jeff Bieniek, Jason Riedel, Jessica Entzel, Jane Jost, Liz McCormick, Stephanie O'Connor, Steve Goldschmidt, Martina Cameron e Jennifer Peck. Minha esposa Meg prestou assistência à equipe da cozinha e, além disso, auxiliou na pesquisa de muitas das revisões do livro. Agradeço a cada uma dessas pessoas pelo apoio. Foi um prazer trabalhar com elas.

A quarta edição do *Culinária profissional* viu o início da participação da Le Cordon Bleu no desenvolvimento do texto, uma participação que permaneceu na terceira e na quarta edição do *Panificação e confeitaria profissionais* e na quinta e agora na sexta edição do *Culinária profissional*. Minha mais profunda gratidão vai para André J. Cointreau, presidente da Le Cordon Bleu, e aos *chefs* Patrick Lebouc, Patrick Terrien, Michel Cliché, MOF, Jean-Claude Boucheret, Gregory Steneck e Andrew Males.

Christin Loudon, que fez as análises nutricionais da quarta e da quinta edição, mais uma vez contribuiu com sua *expertise* e seu conhecimento culinário fornecendo as análises para as novas receitas desta edição, pelo que lhe agradeço calorosamente. Também gostaria de agradecer a Drew Appleby que, com muito conhecimento, colaborou significativamente na elaboração do material de apoio deste livro.

Como os melhores ingredientes são essenciais para uma boa culinária, gostaria de agradecer especialmente a Jay e Jane Bunting, da Wayzata Bay Spice Company e Blue River Gourmet, por me ajudarem a obter temperos de alta qualidade para o teste das receitas. E também a Jay Flattum, proprietário da Lofton Ridge Deer and Bison Farm, pela prontidão no fornecimento de carnes especiais. Acrescento um caloroso agradecimento para Larry DeVries, Instrutor-*chef* da Crocus Plains Regional Secondary School em Brandon, Manitoba, pelo apoio contínuo, aconselhamento e amizade.

A lista de profissionais de culinária e hotelaria que ofereceram apoio, orientação, aconselhamento e críticas construtivas para todas as seis edições desta obra cresceu tanto que é impossível mencionar todos. Espero apenas não ter omitido muitos deles na lista de revisores a seguir. Também gostaria de agradecer a todas as pessoas que se corresponderam comigo ao longo dos anos apontando erros e oferecendo sugestões.

Wiley CulinarE-Companion™ não teria feito parte desta nova edição sem o esforço em equipe. Obrigado a Lisa Brefere e Brad Barnes pela consultoria em cada etapa do caminho para desenvolver o novo *software*. Agradeço também aos que dedicaram seu tempo para testar o programa: Patrick Beach, Tom Beckman, Amy Carter, Steve Cornelius, Ross Headlee, Susan Hendee, Anne Jachim, John Kane, James Paul, Mario Ramsay, Robert Salzmann, Jeremy Sledge, Will Thornton.

Por fim, gostaria de agradecer a todos da John Wiley & Sons, que trabalharam tão arduamente neste projeto: Jennifer Mazurkie, Brent Savage, Fred Bernardi, Diana Cisek, Julie Kerr, Tzviya Siegman, Lynne Marsala, Nick Lewis, Michael Mukhoyan, Alexey Zhukov, Vladimir Karpukhin, Pavel Ivchenkov, Maxim Mukhoyan, Oleg Solovyov, Sergey Semin, Mauna Eichner, Lee Fukui e, especialmente, a minha editora e amiga, Melissa Oliver.

Revisores

Gostaria de agradecer aos seguintes instrutores que contribuíram nesta obra ao longo de suas seis edições, sugerindo alterações e inclusões, e também por terem respondido os questionários.

George Akau
Clark College
Vancouver, WA

Erik Anderson
Camosun College
Victoria, British Columbia

Angela M. Anderson
Miami Dade Community College
Miami, FL

Robert Anderson
Des Moines Area Community College
Ankeny, IA

Alan Argulski
Genesee Community College
Batavia, NY

Kirk Bachman
Le Cordon Bleu Schools
North America
Hoffman Estates, IL

Moses Ball
Atlantic Vocational-Technical Center
Coconut Creek, FL

Carl A. Behnke
Purdue University
West Lafayette, IN

Joseph L. Belvedere Jr.
Paul Smith's College
Paul Smiths, NY

Perry Bentley
Okanagan University College
Kelowna, British Columbia

Claire A. Berg
Brookdale Community College
Howell, NJ

Nancy Berkoff
Los Angeles Trade Technical College
Los Angeles, CA

Leslie Bilderback
California School of Culinary Arts
South Pasadena, CA

George Bissonette
Pikes Peak Community College
Colorado Springs, CO

Peter Blakeman
George Brown College
Toronto, Ontario

LeRoy Blanchard
Los Angeles Trade Technical College
Los Angeles, CA

Roy Blundell
College Lasalle
Montreal, Quebec

Pete Bordi
Penn State University
University Park, PA

Kenneth P. Bourgoin
Valencia Community College
Orlando, FL

Roy Butterworth
New Brunswick Community College
Moncton, New Brunswick

Alfredo Cabaccingan
Kapiolani Community College
Honolulu, HI

Harska Chacko
University of New Orleans
New Orleans, LA

Daniel Charna
Ashland College
Ashland, OH

Albert D. Cipryk
Niagara College
Niagara Falls, Ontario

Jesse Clemons
State Technical Institute at Memphis
Memphis, TN

Alec O. Cline
American Culinary Federation, Inc.
Redwood City, CA

Michael M. Collins
San Jacinto College
Pasadena, TX

Randall Colman
Sullivan County Community College
Loch Sheldrake, NY

Steven Cornelius
Sinclair Community College
Dayton, OH

Mike Costello
St. Cloud Area Vocational-Technical
  Institute
St. Cloud, MN

Chris Cutler
Georgian College
Barrie, Ontario

William J. Daly
State University of New York at
  Cobleskill
Cobleskill, NY

Juanita M. Decker
Waukesha County Technical Institute
Pewaukee, WI

Bob Demers
Niagara College
Niagara Falls, Ontario

Larry DeVries
Brandon School District
Brandon, Manitoba

Marian Dobbins
Tucson, AZ

Brendan Dolan
Atlantic Culinary Academy
Dover, NH

Bob Dowden
Nova Scotia Community College
Kentville, Nova Scotia

Dominique and Cindy Duby
DC Duby School
Richmond, British Columbia

Revisores XXXI

Dale Dunham
Oklahoma State University
Okmulgee, OK

Michael Durrer
Algonquin College
Nepean, Ontario

Michael A. Elliott
Liason College
Toronto, Ontario

Evan Enowitz
Grossmont College
El Cajon, CA

Daniel Esposito
Canadore College
North Bay, Ontario

Guy Ethier
Canadian Federation of Chefs and Cooks
Surrey, British Columbia

Mark Facklam
The Cooking and Hospitality Institute
of Chicago
Chicago, IL

Fred T. Faria
Johnson and Wales University
Providence, RI

Alan Fleming
Algonquin College
Ottawa, Ontario

Robyn L. Flipse
Brooksdale Community College
Lincroft, NJ

Sandra Flowerday
Educational Consultant
Charlotte, MI

Sandra Foley
Gogebic Community College
Ironwood, MI

Willard L. Geach
Long Beach City College
Long Beach, CA

Joan W. Geerken
State University of New York at Cobleskill
Cobleskill, NY

Dave Gibson
Niagara College
Niagara Falls, Ontario

Gilles Godin
Nova Scotia Community College
Stellarton, Nova Scotia

James Goering
El Centro College
Dallas, TX

Jeff Graves
Purdue University
West Lafayette, IN

Michael Graves
Atlantic Culinary
Dover, NH

Nancy Graves
University of Houston
Houston, TX

Juliet Groux
West Liberty State College
West Liberty, WV

Robert Harrington
Nichols State University
Thibodaux, LA

Robert S. Haynes
Lambton College
Sarnia, Ontario

John D. Hedley
Los Angeles Trade-Technical College
Los Angeles, CA

Rosemary L. Hedlund
Des Moines Area Community College
Ankeny, IA

Iris Helveston
State of Florida Department of Education
Tampa, FL

Maynard G. Hemmah
Moorhead Area Vocational-Technical
Institute
Moorhead, MN

Margaret A. Howard
Sheridan Vocational-Technical Center
Hollywood, FL

Russ Hudson
North Island College
Courtenay, British Columbia

Lynn Huffman
Texas Tech University
Lubbock, TX

Anne L. Jachim
Moraine Valley Community College
Palos Hills, IL

Daniel K. Jeatran
Milwaukee Area Technical College
Milwaukee, WI

Frank F. Johnson Jr.
University of South Florida
Tampa, FL

Roosevelt Johnson
Sidney North Colver Vocational-
Technical Institute
New Orleans, LA

Todd Jones
Mattatuck Community College
Waterbury, CT

Mike Jung
Hennepin Technical Center
Brooklyn Park, MN

Sandy Kapoor
Cal Poly Pomona
Pomona, CA

Tom King
Cabrillo College
Aptos, CA

Suzanne Little, M.S., R.D.
San Jacinto College
Pasadena, TX

Shirley Lotze
Western Wisconsin Technical Institute
LaCrosse, WI

Robert M. Lyna
Southern Maine Vocational-Technical
Institute
South Portland, ME

George Macht
College of DuPage
Glen Ellyn, IL

Merle Maerz
Selkirk College
Nelson, British Columbia

Sylvia Marple
University of New Hampshire
Durham, NH

Valeria S. Mason
State Department of Education
Gainesville, FL

John McDonald
St. Augustine Technical Center
St. Augustine, FL

Terence F. McDonough
Erie Community College
Buffalo, NY

Marcia W. McDowell
Monroe Community College
Rochester, NY

Linda McDuffie
North Seattle Community College
Seattle, WA

Robert McLean
The Fay School
Southboro, MA

Ann Miglio
Williamsport Area Community College
Williamsport, PA

XXXII Revisores

Harold O. Mishoe
Southern Maine Vocational-Technical Institute
South Portland, ME

Ken W. Myers
University of Minnesota-Crookston
Crookston, MN

Kathy Niemann
Portland State University
Portland, OR

William T. Norvell
William Rainey Harper College
Palatine, IL

Andrew Ormiston
Brandon, Manitoba

Gary Page
Grand Valley State College
Allendale, MI

Michael Palmer
Western Culinary Institute
Portland, OR

Philip Panzarino
New York City Technical College
Brooklyn, NY

Jayne Pearson
Manchester Community College
Manchester, CT

Richard Petrello
Withlacoochee Vocational-Technical Center
Inverness, FL

William F. Petsch
Pinellas Vocational Technical Institute
Clearwater, FL

Michael PiccZinino
Shasta College
Redding, CA

Tony Rechsteiner
Northern Lights College
Dawson Creek, British Columbia

John Reimers
Red River College
Winnipeg, Manitoba

Larry Richardson
Hinds Junior College-Jackson Branch
Jackson, MI

Neil Rittenaur
North Dakota State College of Science
Wahpeton, ND

Hubert E. Robert
Holyoke Community College
Holyoke, PA

Richard Roberts
Wake Technical Community College
Raleigh, NC

Vance Roux
Delgado Community College
New Orleans, LA

Ricardo G. Saenz
Renton Vocational-Technical Institute
Renton, WA

Robert R. Santos
Maui Community College
Kahului, HI

Frank Schellings
Diablo Valley College
Pleasant Hill, CA

David Schneider
Macomb Community College
Mt. Clemens, MI

Charlotte Schwyn
Delta College
Stockton, CA

Roy John Sharp
Portland Community College
Portland, OR

Settimio Sicoli
Vancouver Community College
Vancouver, British Columbia

Diane Sinkinson
Cape Fear Community College
Wilmington, NC

Norman C. Smith
Sir Sanford Fleming College
Peterborough, Ontario

Reuel J. Smith
Truckee Meadows Community College
Reno, NV

William Sprowl
Mt. San Jacinto College
San Jacinto, CA

Nancy S. Steryous
St. Petersburg Vocational-Technical Institute
St. Petersburg, FL

Siegfried Stober
Joliet Junior College
Joliet, IL

Peter Sugameli
Wayne Community College
Detroit, MI

Julia Sullivan
Copiah-Lincoln Junior College
Wesson, MI

William Thornton
St. Phillips College
San Antonio, TX

Sheila A. Tillman
Asheville-Buncombe Technical Community College
Asheville, NC

S.W. (Stan) Townsend
Northern Alberta Institute of Technology
Edmonton, Alberta

Robin W. Turner
State University of New York at Delhi
Delhi, NY

Jerry L. Vincent
Johnson County Community College
Overland Park, KS

Barbara Vredeveld
Iowa Western Community College
Council Bluffs, IA

D. Michael Wallace
North Island College
Courtenay, British Columbia

R.G. Werth
Asheville-Buncombe Technical Community College
Asheville, NC

Eberhard Werthman
St. Paul Technical College
St. Paul, MN

J. William White
Pinellas County School System
St. Petersburg, FL

Doris Wilkes
Florida Hospitality Education Program
The Florida State University
Tallahassee, FL

Wes J. Wilkinson
Lambton College
Sarnia, Ontario

Ronald S. Wolf
Florida Community College
Jacksonville, FL

Ron Wong
Northern Alberta Institute of Technology
Edmonton, Alberta

Tony Wood
Hospitality Industry Education Advisory Committee
Surrey, British Columbia

Ronald Zabkiewicz
South Technical Education Center
Boynton Beach, FL

Mike Zema
Elgin Community College
Elgin, IL

Ronald Zwerger
Elgin Community College
Elgin, IL

CULINÁRIA PROFISSIONAL

sexta edição

CAPÍTULO 1

CAPÍTULO 1

O setor de serviços alimentícios

O momento atual é propício para iniciar uma carreira no setor de serviços alimentícios. O interesse pela gastronomia e a curiosidade por novos tipos de alimentos estão maiores do que nunca. Novos restaurantes são abertos a cada ano. Muitos restaurantes ficam lotados todas as noites, e as redes de restaurantes estão entre as maiores corporações. O *chef*, antes considerado um empregado doméstico, hoje é respeitado como artista e hábil artesão.

O crescimento do setor de serviços alimentícios cria uma demanda por milhares de profissionais qualificados a cada ano. Muitas pessoas são atraídas por essa carreira desafiadora e interessante e, acima de tudo, que oferece a chance de encontrar a verdadeira satisfação de realizar um bom trabalho.

Infelizmente, muitas pessoas enxergam apenas o lado glamouroso desse setor e deixam de perceber que essa é apenas uma pequena parte da realidade. O público nem sempre se dá conta dos anos de treinamento, das longas horas de trabalho e da enorme pressão por trás de cada sucesso.

Antes de iniciar seus estudos práticos, abordados nos próximos capítulos, é bom conhecer um pouco sobre a profissão que você está escolhendo. Este capítulo fornece uma visão geral do setor de serviços alimentícios moderno, incluindo informações sobre como alcançou sua posição atual e sobre perspectivas futuras.

Após ler este capítulo, você deverá ser capaz de:

1. Citar e descrever os quatro maiores acontecimentos que mudaram de maneira significativa o setor de serviços alimentícios no século XX.

2. Identificar as sete principais praças em uma cozinha clássica.

3. Explicar como o tamanho e o tipo de operação influenciam a organização da cozinha moderna.

4. Identificar e descrever três níveis de qualificação da brigada de cozinha.

5. Identificar oito características comportamentais que os profissionais do setor de serviços alimentícios devem desenvolver e manter para alcançar os mais altos padrões de profissionalismo.

HISTÓRIA DO SETOR DE SERVIÇOS ALIMENTÍCIOS MODERNO

O valor da história consiste em nos ajudar a entender o presente e o futuro. No setor de serviços alimentícios, o conhecimento da nossa herança profissional nos ajuda a ver por que fazemos as coisas da maneira que fazemos, como as técnicas culinárias utilizadas atualmente foram desenvolvidas e aperfeiçoadas, e como podemos continuar a nos desenvolver e inovar no futuro.

Uma importante lição da história é que a maneira como cozinhamos hoje é o resultado do trabalho realizado por inúmeros *chefs* de cozinha ao longo de centenas de anos. A culinária é tanto uma ciência quanto uma arte. As técnicas culinárias não se baseiam em regras arbitrárias que alguns *chefs* desenvolveram tempos atrás. Elas se baseiam na compreensão de como os diferentes alimentos reagem quando aquecidos de várias formas, quando combinados em várias proporções, e assim por diante. Os *chefs* do passado já fizeram grande parte desse trabalho por nós, de modo que não precisamos recomeçar do zero.

Isso não significa que não exista espaço para inovação e experimentação, ou que nunca devamos desafiar velhas ideias. Significa que muito conhecimento foi adquirido ao longo dos anos e que nós devemos ser inteligentes para tirar proveito do que já foi aprendido. Além disso, como podemos desafiar velhas ideias sem saber quais são elas? O conhecimento é o melhor ponto de partida para a inovação.

AS ORIGENS DAS COZINHAS CLÁSSICA E MODERNA

O preparo de alimentos em grandes quantidades existe há milhares de anos, a partir do momento em que grandes grupos de pessoas precisaram ser alimentados, como os exércitos. Porém, diz-se que o setor de serviços alimentícios moderno teve início logo após meados do século XVIII. Nessa época, a produção de alimentos na França era controlada por confrarias. Fornecedores de refeições prontas, confeiteiros, churrasqueiros e açougueiros especializados em carne de porco tinham licença para preparar itens específicos. Para servir as refeições aos hóspedes, os donos de hospedarias tinham que comprar os diversos itens do cardápio desses fornecedores licenciados. Os hóspedes tinham pouca ou nenhuma opção – simplesmente comiam o que havia disponível para aquela refeição.

Em 1765, um parisiense chamado Boulanger começou a divulgar na placa de seu estabelecimento que servia sopas, que ele chamava de *restaurants* ou *restoratives* (literalmente, a palavra significa "restauradores"). De acordo com a história, um dos pratos que ele servia era pata de carneiro em um molho à base de creme de leite. A confraria de produtores de sopas o processou, mas Boulanger ganhou a causa alegando que não se tratava de uma sopa de pata de carneiro, mas sim de uma pata de carneiro ensopada. Ao desafiar as regras das confrarias, Boulanger involuntariamente mudou o curso da história do serviço alimentício.

As novas descobertas do setor receberam um grande estímulo como resultado da Revolução Francesa, iniciada em 1789. Antes dessa época, os grandes *chefs* eram empregados nas casas da nobreza francesa. Com a revolução e o final da monarquia, muitos deles, repentinamente sem trabalho, abriram restaurantes em Paris e nas redondezas para sobreviver. Além disso, o governo revolucionário aboliu as confrarias. Restaurantes e hospedarias podiam servir refeições que refletissem o talento e a criatividade de seus *chefs*, em vez de serem forçados a contar apenas com os fornecedores licenciados para supri-las. No início da Revolução Francesa, havia cerca de 50 restaurantes em Paris. Dez anos mais tarde, havia aproximadamente 500.

Outra invenção importante que mudou a organização das cozinhas no século XVIII foi o fogão, *potager* em francês, que proporcionou aos cozinheiros uma fonte de aquecimento mais prática e controlável que o fogo aberto. Logo as cozinhas comerciais se dividiram em três setores: a rotisseria, sob comando do cozinheiro de assados e grelhados ou *rôtisseur*; o forno, sob comando do cozinheiro confeiteiro ou *pâtissier*; e o fogão, sob comando do cozinheiro ou *cuisinier*. O cozinheiro de assados e grelhados e o confeiteiro se reportavam ao *cuisinier*, que também era conhecido como *chef de cuisine*, que significa "chefe de cozinha".

CARÊME

Todas as mudanças que ocorreram no mundo da culinária ao longo dos anos 1700 levaram, pela primeira vez, a uma diferença entre as culinárias caseira e profissional. Uma forma de tentar entender essa diferença é observar o trabalho do maior *chef* do período pós-Revolução Francesa, **Marie-Antoine Carême** (1784-1833). Ainda jovem, Carême aprendeu rapidamente todos os ramos da culinária e dedicou sua carreira a refinar e organizar suas técnicas. Seus inúmeros livros contêm os primeiros registros sistemáticos dos princípios da culinária, receitas e preparo de menus.

Em uma época em que interessantes avanços na culinária aconteciam nos restaurantes, Carême trabalhava como *chef* para patrões abonados, reis e chefes de Estado. Ele foi, talvez, o primeiro *chef* a se tornar de fato uma celebridade, e ficou famoso pelos elaborados e elegantes pratos e sobremesas que criava, os ancestrais dos nossos modernos bolos de casamento, esculturas de açúcar, glacês e *tallow carvings* (esculturas em gordura/sebo). Mas foi o trabalho prático e teórico de Carême como autor e inventor de receitas que, em grande parte, foi responsável por promover a culinária da Idade Média ao período moderno.

Carême enfatizava o procedimento e a ordem. Seu objetivo era criar mais leveza e simplicidade. A complexa cozinha da aristocracia – chamada *Grande Cuisine* – ainda não era muito diferente das cozinhas da Idade Média e não possuía nada de simplicidade e leveza. Os esforços de Carême representaram um grande avanço em direção à simplicidade moderna. Os métodos explicados em seus livros eram complexos, mas seu objetivo era puramente os resultados. Ele acrescentou temperos e outros ingredientes, não somente para somar novos sabores, mas para enfatizar os sabores dos ingredientes principais. Seus molhos eram criados para realçar, e não encobrir, o sabor dos alimentos. Carême era um *chef* meticuloso e, quando mudava uma receita clássica, tinha o cuidado de explicar as razões para fazê-lo.

Com Carême, desenvolveu-se um estilo de culinária que pode ser verdadeiramente chamado de internacional, pois esses mesmos princípios ainda são usados por cozinheiros profissionais em todo o mundo. Os estilos mais antigos da culinária, assim como muito da cozinha caseira atual, baseiam-se na tradição. Em outras palavras, um cozinheiro faz uma refeição de determinada forma porque é assim que sempre foi feita. Por outro lado, na *Grande Cuisine* de Carême e na culinária profissional desde então, um cozinheiro prepara um prato de determinada forma porque os princípios e métodos de preparo mostram que aquela é a melhor maneira de obter os resultados desejados. Por exemplo, por centenas de anos, os cozinheiros ferviam as carnes antes de assá-las. Mas quando os *chefs* começaram a questionar e experimentar, em vez de simplesmente aceitar a tradição de ferver a carne antes de assá-la, perceberam que braseá-la ou assá-la ainda crua eram opções melhores.

Marie-Antoine Carême
L'Art de la Cuisine Française au Dix-Neuvième Siècle. Paris: L'auteur, 1833-1844. Cortesia de Rare Manuscript Collections, Biblioteca da Universidade de Cornell.

ESCOFFIER

Georges-Auguste Escoffier (1847-1935), o maior *chef* de seu tempo, ainda hoje é reverenciado pelos *chefs* e *gourmets* como pai da culinária do século XX. Suas duas principais contribuições foram (1) a simplificação da cozinha clássica e do menu clássico e (2) a reorganização da cozinha.

Escoffier rejeitou o que chamava de "confusão geral" dos antigos menus, nos quais apenas a quantidade parecia ser o fator mais importante. Em vez disso, preconizou a ordem e a diversidade, e enfatizou a seleção cuidadosa de um ou dois pratos por refeição, que deviam seguir-se harmoniosamente e ser apreciados por sua delicadeza e simplicidade.

Os livros e as receitas de Escoffier continuam sendo referências importantes para os *chefs* profissionais. Os métodos e preparos básicos estudados hoje se apoiam em seu trabalho. Seu livro *Le Guide Culinaire*, largamente utilizado até hoje, organiza as receitas em um sistema simples baseado no ingrediente principal e no método de preparo, simplificando consideravelmente o sistema mais complexo transmitido por Carême. O aprendizado da culinária clássica, de acordo com Escoffier, começa pelo conhecimento de alguns poucos procedimentos e ingredientes básicos.

A segunda maior realização de Escoffier, a reorganização da cozinha, resultou em um local de trabalho funcional, mais adequado para produzir os pratos e menus simplificados que instituiu. O sistema de organização que estabeleceu é usado até hoje, especialmente em grandes hotéis e restaurantes de serviço completo, como será discutido mais adiante neste capítulo.

TECNOLOGIA MODERNA

As cozinhas de hoje são muito diferentes das cozinhas da época de Escoffier, muito embora nossos princípios básicos de culinária sejam os mesmos. Além disso, os pratos que comemos mudaram gradualmente graças às inovações e à criatividade dos *chefs* modernos. O processo de simplificação e refinamento, para o qual Carême e Escoffier fizeram grandes contribuições, ainda permanece, adaptando a culinária clássica às condições e aos sabores modernos.

Antes de discutir as mudanças nos diferentes estilos de preparo dos alimentos ao longo do século XX, serão apresentados alguns avanços tecnológicos que afetaram a culinária.

Dois importantes livros de receitas

Na Idade Média, a culinária consistia basicamente em assar carnes em espetos em frente ao fogo e suspender potes em ganchos sobre a chama aberta. Os fornos, que eram usados na Roma antiga, haviam desaparecido; portanto, o processo de assar no forno não existia. As carnes e aves assadas eram normalmente fervidas antes de serem colocadas no espeto, e a maior parte dos alimentos era muito condimentada. Os fornos começaram a ser usados de novo após o século XIII, quando ensopados e molhos começaram a aparecer às mesas de jantar.

Talvez o primeiro livro importante de receitas que surgiu no final da Idade Média tenha sido o *Le Viandier* ("O cozinheiro"), escrito por Guillaume Tirel, normalmente conhecido por Taillevent, nascido em 1310.

Taillevent inventou muitos pratos, especialmente molhos e sopas. Refinou receitas antigas com o intuito de depender menos do uso indiscriminado de especiarias e mais dos sabores dos próprios alimentos. Ele escreveu seu livro antes da invenção da imprensa, e cópias manuscritas permaneceram em uso por mais de cem anos, até que em 1490 sua obra tornou-se, provavelmente, o primeiro livro de receitas impresso.

No século XVII, as práticas culinárias ainda não tinham avançado muito além da época de Taillevent. Provavelmente, o outro livro de receitas mais importante depois do de Taillevent tenha sido o *Le Cuisinier François* ("O cozinheiro francês"), de François-Pierre de La Varenne (1615-1678). Esse livro, publicado em 1651, era um resumo das práticas de culinária nos lares da aristocracia. Foi um dos primeiros livros a apresentar receitas e técnicas de forma ordenada, ao contrário das coleções não sistemáticas existentes. *Le Cuisinier François* foi uma das principais referências dos cozinheiros ao longo de mais de 150 anos.

Esses dois *chefs* são hoje lembrados pelo nome de duas importantes instituições culinárias. Taillevent é o nome de um restaurante parisiense que há muito tempo é considerado um dos mais sofisticados da França, e La Varenne é o nome de uma reconhecida escola de culinária em Borgonha, na França.

Desenvolvimento de novos equipamentos

Equipamentos tão básicos como fogões e fornos a gás ou elétricos e refrigeradores elétricos são corriqueiros para nós hoje em dia. Contudo, mesmo essas ferramentas essenciais não existiam até pouco tempo atrás. O aquecimento facilmente controlado dos equipamentos de cozinha modernos, além de cortadores e misturadores motorizados e outros equipamentos de processamento, simplificaram de forma significativa a produção dos alimentos.

Pesquisa e tecnologia continuam produzindo ferramentas sofisticadas para a cozinha. Alguns desses produtos, como frigideiras basculantes e caldeirões a vapor, podem realizar muitas tarefas e são populares em muitas cozinhas. Outros podem desempenhar tarefas especializadas com rapidez e eficiência, mas sua utilidade depende do volume, pois são desenvolvidos para realizar apenas alguns trabalhos.

Equipamentos modernos permitiram que muitos estabelecimentos da indústria alimentícia mudassem seus métodos de produção. Com sofisticados equipamentos de resfriamento, congelamento e aquecimento, é possível preparar alguns alimentos com antecedência e em grandes quantidades. Alguns estabelecimentos grandes e com várias unidades preparam seus alimentos em uma cozinha central. A refeição é preparada em grande quantidade, embalada, resfriada ou congelada, e então aquecida ou cozida de acordo com o pedido nas unidades individuais.

Desenvolvimento e disponibilidade de novos alimentos

A refrigeração moderna e o rápido transporte geraram mudanças revolucionárias nos hábitos alimentares. Pela primeira vez, alimentos frescos de todos os tipos – carnes, peixes, vegetais e frutas – tornaram-se disponíveis durante todo o ano. Hoje, iguarias exóticas podem ser despachadas de qualquer lugar do mundo e chegam frescas e prontas para consumo.

O desenvolvimento de técnicas de conservação de alimentos – não apenas a refrigeração, mas também os processos de congelar, enlatar, congelar a vácuo, embalar a vácuo e irradiar – aumentou a disponibilidade da maioria dos alimentos e tornou acessíveis alguns alimentos antes considerados raros e caros.

As técnicas de conservação de alimentos tiveram outro efeito. Tornou-se possível pré-preparar e processar os alimentos, parcial ou totalmente, antes de enviá-los para o estabelecimento que os serviria. Assim, passaram a existir os alimentos processados, que hoje representam uma parcela crescente do mercado total de alimentos.

Alguns desenvolvimentos na ciência e na agricultura são controversos. A irradiação, mencionada acima, causou muita controvérsia quando foi introduzida, pois expõe os alimentos à radioatividade para livrá-los de organismos que causam deterioração e doenças. Contudo, como os cientistas afirmam que os traços de radioatividade não permanecem nos alimentos, o procedimento passou a ser mais largamente utilizado.

Uma técnica ainda mais controversa é a engenharia genética, que envolve a alteração artificial da estrutura do gene de um alimento, atribuindo-lhe algum traço desejado, como resistência a doenças, estiagens ou danos por insetos. As reações dos cozinheiros e do público a esse e outros avanços mudaram a maneira como muitos *chef*s pensam os alimentos e os menus.

Conscientização sobre higiene e nutrição

O desenvolvimento de ciências como a microbiologia e a nutrição teve um grande impacto nos serviços alimentícios. Há cem anos, pouco se conhecia sobre as causas da intoxicação alimentar e a deterioração dos alimentos. As práticas de manipulação de alimentos evoluíram muito desde os dias de Escoffier.

Além disso, até recentemente pouco se sabia sobre princípios nutricionais. Hoje em dia, a nutrição é uma parte importante do treinamento de um cozinheiro. Os clientes também estão mais conscientes e, portanto, mais predispostos a solicitar menus saudáveis e balanceados. Infelizmente, a ciência da nutrição muda com frequência. Dietas consideradas saudáveis em um ano tornam-se padrões alimentares a serem evitados poucos anos mais tarde. Dietas da moda vêm e vão, e os *chef*s com frequência se esforçam para manter o menu atualizado. Mais do que nunca, os cozinheiros têm de se manter informados sobre as últimas tendências nutricionais.

A CULINÁRIA NOS SÉCULOS XX E XXI

Todos esses avanços ajudaram a mudar os estilos de preparo dos alimentos, menus e hábitos alimentares. A evolução da culinária, que já está em andamento há centenas de anos, continua. As mudanças ocorrem não somente em razão dos avanços tecnológicos, como os que acabamos de descrever, mas também por causa de nossas reações às tradições culinárias.

Duas forças opostas podem ser observadas atuando ao longo da história da culinária. Uma é a preconização da simplicidade, a favor da eliminação da complexidade e da ornamentação para enfatizar os sabores naturais e verdadeiros de ingredientes básicos e frescos. A outra é a necessidade de inventar, de enfatizar a criatividade do *chef*, com um destaque para apresentações e procedimentos mais complexos e exuberantes. As duas forças são válidas e saudáveis; elas atualizam e renovam continuamente a arte da culinária.

Na geração após Escoffier, o *chef* mais influente em meados do século XX foi Fernand Point (1897-1955). Trabalhando de maneira quieta e constante em seu restaurante La Pyramide, em Viena, na França, Point simplificou e deu leveza à cozinha clássica. Ele era perfeccionista e às vezes trabalhava em um prato durante anos antes de sentir que estava bom o suficiente para colocá-lo no menu. "Não sou difícil de agradar", dizia. "Eu me satisfaço com o melhor". Point insistia que cada refeição deveria ser "uma pequena maravilha".

Sua influência estendeu-se muito além de sua própria existência. Muitos de seus aprendizes, como Paul Bocuse, Jean e Pierre Troisgros, e Alain Chapel, tornaram-se algumas das maiores estrelas da culinária moderna. Juntamente com outros *chefs* de sua geração, seus discípulos tornaram-se mais conhecidos nos anos 1960 e início dos anos 1970 por um estilo de culinária chamado **nouvelle cuisine**. Em reação ao que consideravam uma cozinha clássica pesada, indigesta e excessivamente complicada, esses *chefs* levaram a abordagem mais leve de Point ainda mais longe. Rejeitaram muitos princípios tradicionais, como a dependência da farinha para engrossar molhos, e encorajaram sabores e preparos mais simples e naturais, com molhos e temperos mais leves e tempos de preparo menores. Na cozinha clássica tradicional, muitos pratos eram servidos no salão por garçons. A *nouvelle cuisine*, por sua vez, deu grande ênfase à apresentação habilidosa dos pratos feita pelo *chef* na cozinha.

Muito rapidamente, contudo, esse estilo "mais simples" tornou-se extravagante e complicado, tendo ficado famoso pelas combinações estranhas de alimentos e arranjos detalhistas e exagerados. Nos anos 1980, a *nouvelle cuisine* era assunto de piadas. Mesmo assim, suas melhores realizações conquistaram lugar permanente na tradição clássica. Ao mesmo tempo, muitos dos seus excessos foram esquecidos. Parece justo dizer que as melhores ideias e as conquistas mais duradouras foram aquelas dos *chefs* treinados pela cozinha clássica e com sólidos fundamentos.

Nova ênfase aos ingredientes

Os avanços na agricultura e na conservação de alimentos tiveram suas vantagens e desvantagens. Todos nós estamos familiarizados com frutas e vegetais insípidos e duros, desenvolvidos para serem transportados e durarem mais tempo, sem levar em consideração a qualidade na alimentação. Muitas pessoas, incluindo *chefs*, começaram a questionar não apenas o sabor, mas também o valor nutricional e os efeitos ambientais de alimentos geneticamente modificados, produtos cultivados com pesticidas e fertilizantes químicos, e animais criados com antibióticos e outros medicamentos e hormônios.

Um marco na história da culinária norte-americana moderna foi a abertura do restaurante Chez Panisse, de Alice Waters, em Berkeley, Califórnia, em 1971. A filosofia de Waters é de que a boa comida depende de bons ingredientes. Assim, dedicou-se a descobrir fontes confiáveis para vegetais, frutas e carnes da melhor qualidade e como prepará-los de formas mais simples. Nas décadas que se seguiram, muitos *chefs* e donos de restaurantes do país a acompanharam, buscando os melhores produtos da estação que fossem cultivados organicamente por um produtor local. Alguns anos mais tarde, Larry Forgione adotou o lema dos ingredientes e da cozinha locais em seu restaurante An American Place, na cidade de Nova York. Outros *chefs* rapidamente o acompanharam e, logo, *chefs* de todo o continente fizeram nome, pelo menos em parte, enfatizando os ingredientes locais de boa qualidade. Meio século atrás, quase todos os *chefs* mais respeitados que trabalhavam nos Estados Unidos e no Canadá procediam da Europa. O movimento iniciado nos anos 1970 e 1980 por esses *chefs* pioneiros que privilegiavam a qualidade fomentou o surgimento de vários *chefs* criativos, nascidos na América do Norte, que estão hoje entre os mais respeitados do mundo.

O público se beneficiou muito com esses esforços. Hoje em dia, em supermercados e restaurantes, existe uma variedade muito maior de alimentos de alta qualidade do que há 40 ou 50 anos. Muitos *chefs* modificaram seu estilo para realçar os sabores e as texturas naturais dos ingredientes; por essa razão, seus menus em geral são mais simples atualmente.

Influências internacionais

Após a primeira metade do século XX, à medida em que viajar se tornou mais fácil e imigrantes chegaram à Europa e à América do Norte vindos de todo o mundo, aumentou a

Capítulo 1 • O setor de serviços alimentícios

Caterina de Medici

Os Medici eram uma poderosa família italiana que governou Florença do século XIV ao XVI e que originou, além dos governantes de Florença, três papas e duas rainhas da França.

Até recentemente, a história aceita e contada com frequência é a de que, quando Caterina de Medici foi à França em 1533 para casar-se com o futuro rei Henrique II, levou consigo uma equipe de cozinheiros como parte da mudança. Supostamente, essa introdução de práticas culinárias italianas na França mudou e modernizou não apenas a culinária da França, mas de toda a Europa Ocidental. De acordo com essa história, Caterina e seus cozinheiros italianos deviam receber o crédito por promoverem a cozinha moderna.

Entretanto, quando os livros de receitas e outros escritos de culinária do período são analisados, parece que a culinária francesa não começa a se modernizar até pelo menos um século depois. Por cerca de cem anos após a chegada de Caterina na França, nenhum livro de receitas novo ou importante foi escrito. Não há sinais de uma revolução na culinária. De fato, os menus de banquetes remanescentes daquele período não são muito diferentes dos menus da Idade Média.

(continua)

conscientização e o gosto por pratos internacionais. Os *chefs* tornaram-se mais conhecedores não somente das cozinhas tradicionais de outras partes da Europa, mas também da Ásia, da América Latina e de outros lugares. Muitos dos *chefs* mais criativos foram inspirados por essas cozinhas e utilizam algumas de suas técnicas e ingredientes. Por exemplo, muitos *chefs* franceses e norte-americanos, buscando formas de tornar seus pratos mais leves e elegantes, encontraram ideias na cozinha japonesa. No sudoeste dos Estados Unidos, vários *chefs* transformaram as influências mexicanas em um estilo requintado e original. Em toda a América do Norte, pratos tradicionais e especialidades regionais combinam as tradições dos imigrantes que ali se instalaram e os ingredientes nativos de uma terra farta. Por muitos anos, os críticos argumentaram que os menus da maioria dos restaurantes da América do Norte ofereciam a mesma comida monótona e medíocre. Em décadas recentes, no entanto, os cozinheiros americanos e canadenses redescobriram os pratos norte-americanos tradicionais.

O uso de ingredientes e técnicas de mais de uma cozinha regional ou internacional em um único prato é conhecido como **cozinha fusion**. As primeiras tentativas da cozinha *fusion* com frequência produziam maus resultados, pois os pratos não condiziam com nenhuma cultura e eram muito misturados. E isso foi acentuado especialmente nos anos 1980, quando a ideia da cozinha *fusion* era recente. Os cozinheiros combinavam ingredientes e técnicas sem saber exatamente como funcionariam juntos. Algumas vezes o resultado era uma bagunça. Contudo, os *chefs* que dedicaram seu tempo para estudar a fundo as cozinhas e suas culturas trouxeram novos estímulos à culinária e aos menus dos restaurantes.

Atualmente, os *chefs* fazem bom uso de todos os ingredientes e técnicas disponíveis. É praticamente um hábito dos *chefs* norte-americanos dar profundidade extra ao caldo da carne assada acrescentando pimenta Ancho mexicana, por exemplo, ou incluir manjericão tailandês e capim-limão a uma salada de frutos do mar. Nas seções de receitas deste livro, pratos clássicos de muitas regiões do mundo estão incluídos entre as receitas mais familiares da culinária dos Estados Unidos. Para ajudá-lo a entender essas receitas e as cozinhas de onde elas vêm, muitas estão acompanhadas de informações históricas.

A culinária e seus estilos continuam mudando. A tecnologia continua avançando rapidamente em nosso setor, e são necessários homens e mulheres que se adaptem a essas mudanças e respondam aos novos desafios. Embora a automação e os alimentos processados certamente continuem crescendo em importância, *chefs* inventivos que criem novos pratos e desenvolvam novas técnicas e estilos sempre serão necessários, assim como cozinheiros qualificados capazes de aplicar tanto as técnicas antigas quanto as novas para produzir pratos de alta qualidade em todos os tipos de instalações, de restaurantes e hotéis a escolas e hospitais.

ORGANIZAÇÃO DAS COZINHAS MODERNAS

A BASE DA ORGANIZAÇÃO DA COZINHA

O objetivo da organização da cozinha é atribuir ou alocar tarefas para que elas possam ser realizadas de forma eficiente e adequada e para que todos os funcionários saibam quais são suas responsabilidades.

A maneira como uma cozinha é organizada depende de vários fatores.

1. **O menu**

   Os tipos de pratos a serem produzidos obviamente determinam os trabalhos que serão realizados. O menu é, na realidade, a base de toda a operação. Em razão de sua importância, devotou-se um capítulo inteiro a seu estudo (Cap. 5).

2. **O tipo de estabelecimento**

   Os principais tipos de estabelecimentos de serviços alimentícios são:

   - Hotéis
   - Cozinhas institucionais
       - Escolas
       - Hospitais, casas de repouso e outras instituições de assistência à saúde
       - Refeitórios para funcionários
       - Serviço de refeições para companhias aéreas
       - Serviços alimentícios para as forças armadas
       - Penitenciárias
   - Serviços de bufê e banquete

- Restaurantes do tipo *fast-food*
- Fornecedores de refeições prontas
- Restaurantes de serviço completo

3. **O tamanho da operação (o número de clientes e o volume de refeições servidas)**

4. **As instalações físicas, incluindo os equipamentos em uso**

A BRIGADA CLÁSSICA

Como visto anteriormente neste capítulo, uma das importantes realizações de Escoffier foi a reorganização da cozinha. Essa reorganização dividiu a cozinha em praças, ou partidas, com base nos tipos de alimentos produzidos. Havia um chefe de partida responsável por cada praça. Em uma operação pequena, o chefe de partida pode ser o único a trabalhar na praça. Mas em uma cozinha grande, cada um pode ter vários assistentes.

Com muitas variações, esse sistema é usado até hoje, especialmente em grandes hotéis com tipos de serviço alimentício tradicionais. Os principais cargos são:

1. O **chef** é a pessoa responsável pela cozinha. Em estabelecimentos grandes, ele detém o título de **chefe executivo de cozinha**. Ele é o gerente responsável por todos os aspectos da produção dos pratos, como planejamento do menu, compras, controle de custos, planejamento do cronograma de trabalho e contratação e treinamento de pessoal.

2. Se um estabelecimento de serviço alimentício é grande, com muitos departamentos (p. ex., um salão de jantar formal, um salão de jantar casual ou um departamento de bufês e banquetes), ou possui várias unidades em diferentes locais, cada cozinha pode ter um **chefe de cozinha**, *chef de cuisine* em francês. O chefe de cozinha se reporta ao chefe executivo de cozinha.

3. O **sous chef**, ou subchefe de cozinha, é diretamente responsável pela produção e trabalha como assistente do chefe executivo de cozinha ou chefe de cozinha (a palavra "*sous*" em francês quer dizer "sub"). Como as responsabilidades do chefe executivo de cozinha podem requerer muito tempo no escritório, o subchefe assume o comando da produção de fato e a supervisão da equipe minuto a minuto.

4. Os **chefes de partida** (*chefs de partie*, em francês), ou chefes de estação, são responsáveis por áreas de produção específicas. A seguir, são apresentados os chefes de partida mais importantes.

   - O *cozinheiro de molhos*, ou **saucier**, prepara molhos, ensopados, *hors d'oeuvres* quentes e alimentos salteados de acordo com os pedidos. Normalmente, essa é a posição mais alta de todas as praças.

   - O *cozinheiro de peixes*, ou **poissonier**, prepara os pratos de pescados. Em algumas cozinhas, essa praça é responsabilidade do *saucier*.

   - O *cozinheiro de legumes*, ou **entremetier**, prepara vegetais, sopas, guarnições e pratos com ovos. As cozinhas grandes podem dividir essas tarefas entre um cozinheiro de legumes, um de frituras e um de sopas.

   - O *cozinheiro de assados e grelhados*, ou **rôtisseur**, prepara carnes assadas, refogadas e seus molhos, e grelha carnes e outros itens de acordo com os pedidos. Uma cozinha grande pode ter um churrasqueiro separado, ou **grillardin**, para preparar os grelhados. O *grillardin* também pode preparar carnes e peixes fritos.

   - O **cozinheiro garde manger** é responsável pelos pratos frios, incluindo saladas e seus molhos, patês, *hors d'oeuvres* frios e itens de bufê.

   - O *confeiteiro*, ou **pâtissier**, prepara tortas e biscoitos doces e sobremesas.

   - O *cozinheiro folguista*, ou **tournant**, substitui os *chefs* de outras praças quando necessário.

   - O **aboyeur** é responsável pela ordem de preparação dos pratos pedidos pelo restaurante. Ele também exige a finalização dos pratos no tempo apropriado e inspeciona cada um deles antes de entregá-los aos garçons. Em muitos restaurantes, essa posição é assumida pelo chefe de cozinha ou pelo *sous chef*.

5. *Cozinheiros* e *auxiliares* de cozinha de cada praça ou partida ajudam com as tarefas a elas atribuídas. Por exemplo, o auxiliar do *entremetier* pode lavar, descascar e limpar os vegetais. Adquirindo experiência, podem ser promovidos a cozinheiros de partida e depois a chefes de partida.

Os banquetes da Idade Média eram como enormes bufês, mas com as pessoas sentadas. A cada etapa da refeição, a mesa era atulhada com enormes quantidades de carnes, aves e peixes, em geral muito condimentados, e uma variedade de guarnições e doces. Em geral, as pessoas comiam apenas o que estava ao seu alcance. Então, os pratos eram retirados e outros pratos, também de carnes e guarnições, eram colocados sobre a mesa. Mais uma vez, cada pessoa comia apenas uma fração dos pratos presentes na mesa, dependendo do que podia alcançar.

A ideia moderna de um menu em que todos na mesa comessem os mesmos pratos na mesma ordem não aparece até os anos 1700.

Portanto, historicamente, não é correto atribuir à princesa italiana Caterina o crédito por modernizar a cozinha francesa. Por outro lado, é justo dizer que ela e seus descendentes levaram modos mais refinados e elegância às salas de jantar europeias. As inovações italianas incluíam o uso do garfo, além de mais limpeza em geral. Uma outra contribuição italiana foi a invenção de sofisticados artigos de confeitaria e sobremesas.

ORGANIZAÇÃO DA COZINHA MODERNA

Como é possível observar, somente um estabelecimento de grande porte precisa de uma equipe como a brigada clássica descrita anteriormente. Na realidade, alguns hotéis possuem uma equipe ainda maior, com outras posições, como *sous chefs* diferentes para dia e noite, assistente de *chef*, *chef* banqueteiro, açougueiro de cozinha, padeiro (ou masseiro) e assim por diante.

A maioria dos estabelecimentos modernos, por outro lado, é menor. O tamanho da brigada clássica pode ser reduzido simplesmente combinando dois ou mais cargos quando a carga de trabalho permitir. Por exemplo, o *segundo cozinheiro* pode combinar as tarefas dos cozinheiros de molhos, de peixes, de sopas e de legumes.

Um estabelecimento típico de médio porte pode empregar um *chef*, um segundo cozinheiro, um *grillardin*, um cozinheiro *garde manger* e alguns ajudantes de cozinha.

Um **chef operacional** é responsável por estabelecimentos que não são grandes o suficiente para terem um chefe executivo de cozinha. Além de ser responsável pela cozinha, o *chef* operacional também assume uma das praças. Por exemplo, ele pode ser responsável pela praça de salteados, montar os pratos na hora de servir e ajudar outras praças quando necessário.

Cozinhas pequenas podem possuir apenas um *chef*, um ou dois cozinheiros e talvez um ou dois auxiliares de cozinha para cuidar de tarefas simples como lavar e descascar vegetais. Os cozinheiros que preparam ou finalizam pratos quentes *à la carte* conforme são pedidos em um restaurante podem ser chamados de **cozinheiros de linha**. Diz-se que os cozinheiros de linha estão na "linha de frente" ou, simplesmente, "na linha".

Em muitos estabelecimentos pequenos, o **cozinheiro de preparo rápido** é a espinha dorsal da cozinha na hora de servir. Esse cozinheiro pode ser responsável pela produção de grelhados, frituras, sanduíches e até mesmo alguns itens salteados. Em outras palavras, a responsabilidade do cozinheiro de preparo rápido são os alimentos preparados rapidamente de acordo com o pedido.

Por outro lado, estabelecimentos como cantinas de escolas podem não fazer nenhum preparo por pedido. As praças e atribuições baseiam-se nas especificações do preparo em quantidade, mais do que no preparo por pedido.

NÍVEIS DE QUALIFICAÇÃO

A discussão anterior é necessariamente genérica, pois existem muitos tipos de organização de cozinhas. As funções também variam. As responsabilidades do denominado *segundo cozinheiro*, por exemplo, não são necessariamente as mesmas em todos os estabelecimentos. O sistema padronizado de Escoffier evoluiu em muitas direções.

Um cargo geralmente confundido e pouco compreendido é o de *chef*. O público em geral tende a se referir a qualquer pessoa com chapéu branco por *chef*, e as pessoas que gostam de cozinhar para convidados em casa referem-se a si próprias como *chefs* amadores.

Estritamente, o termo *chef* é reservado para a pessoa *responsável pela cozinha* ou parte dela. A palavra *chef* significa "chefe" ou "cabeça" em francês. Estudar este livro não fará de você um *chef*. O título deve ser adquirido pela experiência não apenas em preparar pratos, mas também em gerenciar uma equipe e planejar a produção. Novos cozinheiros que almejam evoluir na carreira sabem que sempre devem usar a palavra *chef* com respeito.

As qualificações exigidas da brigada de cozinha variam não apenas com o nível do cargo, mas também com o estabelecimento e o tipo de alimento preparado. O diretor da cozinha de um hospital e o *chef* de um restaurante luxuoso precisam ter habilidades diferentes. As habilidades necessárias para um cozinheiro de preparo rápido em uma lanchonete não são exatamente as mesmas de um funcionário que serve grandes volumes na cantina de uma escola. No entanto, as habilidades podem ser agrupadas em três categorias gerais.

1. **Supervisão**

   O chefe de uma cozinha de serviços alimentícios, chamado de *chefe executivo de cozinha*, *chef principal*, *chef operacional* ou *diretor de alimentos*, deve ter habilidades de gerenciamento e supervisão, além de profundo conhecimento da produção de alimentos. Posições de liderança requerem que a pessoa tenha conhecimentos de organização e motivação de pessoal, planejamento de menus e procedimentos de produção, controle de custos e gestão de orçamentos, compra de suprimentos e equipamentos de cozinha. Mesmo que o *chef* não cozinhe, ele deve ser um cozinheiro experiente para programar a produção, instruir os funcionários e controlar a qualidade. Acima de tudo, o *chef* deve ser hábil em trabalhar com pessoas, até mesmo sob extrema pressão.

2. Habilidade e técnica

Enquanto o *chef* é a cabeça de um estabelecimento, os cozinheiros são a espinha dorsal. Eles conduzem a produção dos pratos. Assim, devem ter conhecimento e experiência em técnicas culinárias, pelo menos dos pratos preparados em seu setor. Além disso, devem interagir bem com os colegas de trabalho e cooperar com os outros setores. A produção de alimentos é uma atividade em equipe.

3. Iniciantes

Os cargos iniciantes em serviços alimentícios geralmente não requerem nenhuma habilidade ou experiência específica. As pessoas nesses cargos lavam vegetais e preparam saladas verdes. À medida que adquirem mais conhecimento e experiência, podem receber tarefas mais complexas e, por fim, tornarem-se cozinheiros qualificados. Muitos chefes executivos de cozinha iniciaram a carreira como lavadores de pratos que tinham a chance de descascar batatas quando a pia estava vazia.

Começar como iniciante e adquirir experiência é o método tradicional de evolução em uma carreira no setor de serviços alimentícios. Hoje em dia, entretanto, muitos cozinheiros são graduados em escolas e programas de culinária. Porém, mesmo com essa instrução, muitos recém-formados começam em cargos iniciantes. É assim que deve ser e, certamente, isso não deve ser visto como algo desencorajador. As escolas ensinam os conhecimentos gerais da culinária, enquanto cada estabelecimento de serviço alimentício requer habilidades específicas, de acordo com seu próprio menu e seus próprios procedimentos. Experiência e conhecimento teórico são necessários para a pessoa se adaptar às situações profissionais da vida real. No entanto, alunos que estudaram e aprenderam devem ser capazes de progredir mais rapidamente do que iniciantes sem nenhum conhecimento.

PADRÕES DE PROFISSIONALISMO

O que é preciso para ser um bom profissional do setor de serviços alimentícios?

A ênfase de uma educação em serviços alimentícios está em aprender uma série de habilidades. Entretanto, de muitas formas, *atitudes* são mais importantes que habilidades, pois uma boa atitude ajuda não só a aprender as habilidades, mas também a perseverar e superar as muitas dificuldades que irão surgir.

Um profissional bem-sucedido nessa área segue um código não escrito de comportamento e um conjunto de atitudes chamado de **profissionalismo**. Serão analisadas algumas das qualidades que esse profissional deve ter.

ATITUDE POSITIVA EM RELAÇÃO AO TRABALHO

Para ser um bom cozinheiro profissional, é preciso gostar de cozinhar e querer fazê-lo bem. Ser sério no trabalho não significa que você não possa sentir prazer em trabalhar. Contudo, o prazer vem da satisfação de fazer bem o seu trabalho e fazer tudo fluir tranquilamente.

Todo *chef* experiente conhece o estímulo da pressa. No momento mais movimentado da noite, os pedidos chegam tão depressa que dificilmente é possível acompanhá-los, e cada milésimo de segundo é importante – portanto, quando todos mergulham no trabalho juntos e tudo está em sintonia, há uma verdadeira excitação presente no ar. Mas ela surge apenas quando se trabalha para isso.

Um cozinheiro com uma atitude positiva trabalha de forma rápida, eficiente, impecável e segura. Os profissionais têm orgulho do seu trabalho e querem ter a certeza de que ele seja algo de que possam se orgulhar.

Ter orgulho do trabalho e da profissão é importante, mas humildade também é, especialmente quando se está começando. Às vezes, recém-formados em culinária entram para o mercado de trabalho achando que sabem tudo. Lembre-se de que aprender a cozinhar e aprender a administrar uma cozinha são processos para uma vida inteira e que você ainda não está qualificado para ser um chefe executivo de cozinha.

A importância de ter uma atitude profissional começa até mesmo antes do início no primeiro emprego. O conselho padrão para uma entrevista de trabalho bem-sucedida se aplica também aos cozinheiros, não só aos profissionais de escritório: vista-se e comporte-se não de acordo com o grupo ao qual você pertence, mas de acordo com o grupo ao qual quer se juntar. Apresente-se impecável, limpo, vestido adequadamente e na hora marcada. Seja notado pelas razões certas. Mantenha essa mesma atitude em todos os dias de trabalho.

PODER DE PERMANÊNCIA

O setor de serviços alimentícios requer vigor físico e mental, boa saúde e disposição para o trabalho árduo. O trabalho é de fato duro. A pressão pode ser intensa e as horas, longas e cansativas. Pode ser que você tenha que trabalhar à noite e aos finais de semana enquanto todo mundo está se divertindo. E o trabalho pode ser monótono. Você pode pensar que é penoso fazer à mão duas ou três dúzias de pãezinhos para a aula de panificação, mas espere até conseguir aquele ótimo trabalho em um grande hotel e ter que fazer 3.000 canapés para uma festa.

Para superar essas dificuldades é preciso ter senso de responsabilidade e dedicação pela profissão, pelos colegas de trabalho e pelos clientes. Dedicação também significa permanecer em um trabalho, e não pular de cozinha em cozinha a cada dois ou três meses. Permanecer em um trabalho por pelo menos um ano ou dois mostra aos empregadores em potencial que você é sério em relação ao seu emprego e é alguém em quem se pode confiar.

HABILIDADE PARA LIDAR COM PESSOAS

Poucas pessoas trabalharão em um estabelecimento tão pequeno a ponto de serem o único funcionário. No setor de serviços alimentícios, o trabalho funciona em equipe e, por esse motivo, é fundamental trabalhar bem em equipe e cooperar com os colegas. O profissional dessa área não pode se dar ao luxo de deixar que problemas de ego, ciúmes, rivalidades entre departamentos ou sentimentos em relação a outras pessoas interfiram no trabalho. Antigamente, muitos *chef*s ficavam famosos por seus ataques de raiva. Felizmente, o autocontrole é mais valorizado hoje em dia.

VONTADE DE APRENDER

Há mais a ser aprendido sobre a culinária do que é possível aprender ao longo de uma vida. Os maiores *chef*s do mundo são os primeiros a admitir que têm muito a aprender, e continuam trabalhando, experimentando e estudando. O setor de serviços alimentícios está mudando tão rapidamente que é vital estar aberto a novas ideias. Não importa quão boas sejam suas técnicas, você pode aprender um jeito ainda melhor.

Continue a estudar e a ler. Busque trabalhos extras que ofereçam a oportunidade de aprender com pessoas mais experientes. Por exemplo, se estiver trabalhando na linha de frente de um restaurante, pergunte ao *pâtissier* se você poderia chegar mais cedo para ajudá-lo e, no processo, adquirirá novos conhecimentos e experiência.

Muitas escolas e programas de culinária têm programas de educação continuada que podem ajudá-lo a aprender novas habilidades. Associações profissionais como a American Culinary Federation (ACF) e a International Association of Culinary Professionals (IACP) oferecem oportunidades para aprender e fazer contato com outros profissionais.

DIVERSIDADE DE HABILIDADES

Muitas pessoas que se tornam cozinheiros profissionais o fazem porque gostam de cozinhar. Essa é uma importante motivação, mas é importante também desenvolver e manter outras habilidades necessárias para a profissão. Para ter sucesso, um cozinheiro deve entender e administrar o custo dos alimentos e outras questões financeiras, gerenciar e manter um estoque adequado, lidar com fornecedores e entender de gestão de pessoas.

EXPERIÊNCIA

Um dos mais respeitados *chef*s afirmou: "Você não sabe fazer um prato de verdade até tê-lo feito mil vezes".

Não há substituto para anos de experiência. Estudar os princípios da culinária nos livros e nas escolas pode fazer sua carreira decolar mais rapidamente. Você pode aprender mais sobre as teorias básicas da culinária com seus instrutores do que aprenderia em vários anos lavando legumes. Mas, se você quer se tornar um cozinheiro completo, precisa de prática, prática e mais prática. Um diploma não faz de você um *chef*.

DEDICAÇÃO À QUALIDADE

Muitas pessoas pensam que apenas uma categoria especial de comida pode ser chamada de *gourmet*. É difícil dizer exatamente o que isso significa. Aparentemente, a única coisa que as chamadas comidas *gourmet* têm em comum são os preços altos.

A única distinção que vale a pena fazer é entre um alimento bem preparado e um alimento mal preparado. Há o pato assado *à l'orange* bom e há o pato assado *à l'orange* ruim. Há hambúrgueres com batata frita bons e há hambúrgueres com batata frita ruins.

Seja trabalhando em um restaurante de luxo, em um *fast-food*, em uma cantina de colégio ou em um bufê, você pode fazer bem o seu trabalho, ou não. A escolha é sua.

Alta qualidade não significa necessariamente preço alto. Cozinhar vagens adequadamente não custa mais do que cozinhá-las em excesso. Entretanto, para produzir alimentos de boa qualidade é preciso querer. Simplesmente saber como se faz não é suficiente.

BOA COMPREENSÃO DOS PRINCÍPIOS BÁSICOS

Experimentação e inovação na culinária são a ordem do dia. *Chef*s brilhantes estão quebrando velhas barreiras e inventando pratos que seriam inimagináveis anos atrás. Parece não haver limites para o que pode ser experimentado.

No entanto, os *chef*s que parecem ser mais revolucionários são os primeiros a insistir na importância de um conhecimento sólido das técnicas básicas e dos métodos clássicos praticados desde os dias de Escoffier. Para inovar, é preciso saber por onde começar.

Para o iniciante, conhecer os princípios básicos ajudará a tirar maior proveito da experiência. Quando você observa um cozinheiro experiente enquanto trabalha, entende melhor o que está vendo e sabe que perguntas fazer. Para ser um bom pianista, primeiro é preciso aprender a tocar escalas e fazer exercícios.

É disso que trata este livro. Não se trata de um curso de culinária francesa, americana, *gourmet* ou para lanchonetes. É um curso de princípios básicos. Ao concluir o livro, você não saberá tudo. Mas deverá estar pronto para aproveitar os vários anos de experiências recompensadoras que terá pela frente no setor de serviços alimentícios.

■ TERMOS PARA REVISÃO

Marie-Antoine Carême	*chef* de cozinha	*rôtisseur*	*chef* operacional
Georges-Auguste Escoffier	*sous chef*	*grillardin*	cozinheiro de linha
nouvelle cuisine	chefe de partida	cozinheiro *garde manger*	cozinheiro de preparo rápido
cozinha *fusion*	*saucier*	*pâtissier*	profissionalismo
chef	*poissonier*	*tournant*	
chefe executivo de cozinha	*entremetier*	*aboyeur*	

■ QUESTÕES PARA DISCUSSÃO

1. Escoffier é, às vezes, chamado de pai da gastronomia moderna. Quais foram suas realizações mais importantes?

2. Discuta as várias formas pelas quais a tecnologia moderna mudou o setor de serviços alimentícios.

3. Discuta como a ênfase em ingredientes de alta qualidade que se iniciou no final do século XX influenciou os cozinheiros e estilos de cozinha.

4. O que é a cozinha *fusion*? Discuta como os *chef*s bem-sucedidos fazem uso das influências internacionais.

5. Qual é o objetivo da organização da cozinha? O sistema clássico de organização desenvolvido por Escoffier é o melhor para todos os tipos de cozinha? Por que sim ou por que não?

6. Verdadeiro ou falso: o cozinheiro responsável pela praça de molhos e salteados em um grande hotel precisa ter habilidades de supervisão e culinárias. Explique sua resposta.

7. Verdadeiro ou falso: se um aluno de culinária de uma escola profissional estudar bastante, trabalhar com afinco, obtiver boas notas e mostrar verdadeira dedicação, ele estará qualificado para ser *chef* tão logo se formar. Explique sua resposta.

CAPÍTULO 2

CAPÍTULO 2

Higiene e segurança

O capítulo anterior tratou do profissionalismo em serviços alimentícios. Profissionalismo é uma atitude que reflete o orgulho que a pessoa tem pela qualidade do seu trabalho. Uma das formas mais importantes de demonstrar orgulho pela profissão está na área de higiene e segurança. O orgulho pela qualidade se reflete na aparência e nos hábitos de trabalho. Falta de higiene e de cuidado pessoal, aparência desleixada e hábitos de trabalho negligentes certamente não são motivo de orgulho.

Ainda mais importante: a falta de higiene e de segurança podem custar muito caro. Procedimentos ineficientes na manipulação de alimentos e cozinhas sujas resultam em doenças, clientes insatisfeitos e até mesmo multas, intimações e processos judiciais. A deterioração do alimento aumenta seu custo. A falta de segurança na cozinha ocasiona danos, despesas médicas e faltas no trabalho. Por fim, maus hábitos de higiene e de segurança demonstram falta de respeito pelos clientes, pelos colegas de trabalho e por si mesmo.

Neste capítulo, serão estudadas as causas das doenças transmitidas por alimentos (DTAs) e dos acidentes de trabalho na cozinha, além de formas de preveni-los. Prevenção, certamente, é a coisa mais importante a se aprender. Saber o nome das bactérias que causam doenças não é mais importante do que saber prevenir sua proliferação nos alimentos.

HIGIENE*

As regras de higiene pessoal e manipulação de alimentos não foram inventadas apenas para dificultar a sua vida. Há boas razões por trás de todas elas. Em vez de iniciarmos este capítulo com listas de regras, primeiro discutiremos as causas das doenças transmitidas por alimentos. Assim, quando chegarem as regras, você entenderá por que elas são importantes. Isso fará com que fique mais fácil memorizá-las e colocá-las em prática.

As regras apresentadas neste capítulo são apenas diretrizes básicas. As secretarias de saúde locais possuem regulamentos mais detalhados.** *Todos os manipuladores de alimentos devem conhecer esses regulamentos e demais disposições legais específicas de sua cidade e estado.*

As informações apresentadas aqui são práticas e teóricas. Elas não devem ser apenas memorizadas, mas colocadas em prática sistematicamente. Um sistema efetivo que os estabelecimentos de serviços alimentícios podem utilizar para assegurar a segurança dos alimentos é a Análise de Perigos e Pontos Críticos de Controle (APPCC). Esse prático programa identifica possíveis pontos de perigo e define procedimentos de ações corretivas. A APPCC será discutida mais adiante neste capítulo.

Após ler este capítulo, você deverá ser capaz de:

1. Descrever as etapas para prevenir a intoxicação alimentar e as doenças transmitidas por alimentos nas seguintes áreas: higiene pessoal; técnicas de manipulação e armazenamento de alimentos; técnicas de limpeza e higienização; e controle de pragas.

2. Demonstrar os hábitos de um local de trabalho seguro com relação à prevenção de: cortes, queimaduras, uso de máquinas e equipamentos e carregamento de peso.

3. Identificar hábitos de trabalho seguros que minimizem a probabilidade de incêndios e quedas.

PERIGOS ALIMENTARES

A prevenção de doenças transmitidas por alimentos é um dos maiores desafios enfrentados pelos profissionais de serviços alimentícios. Para evitá-las, é preciso conhecer suas fontes.

A maior parte das doenças transmitidas por alimentos é resultado do consumo de algum alimento **contaminado**. Dizer que um alimento está contaminado significa dizer que ele contém substâncias prejudiciais que não estavam presentes originalmente nele. Em outras palavras, alimento contaminado é o alimento que não está puro. Nesta seção, serão discutidas, primeiramente, as várias substâncias que podem contaminar os alimentos e causar doenças. Em seguida, será avaliado como essas substâncias chegam aos alimentos e os contaminam e como os profissionais da área podem evitar essa contaminação e impedir que alimentos contaminados sejam servidos.

Qualquer substância presente no alimento que pode causar danos ou doenças é chamada de **perigo**. Há três tipos de perigos alimentares:

1. Perigos biológicos
2. Perigos químicos
3. Perigos físicos

Note que foi dito que *a maioria* das doenças transmitidas por alimentos é causada pela ingestão de alimentos que foram contaminados por substâncias externas. Algumas doenças são causadas não por agentes contaminadores, mas por substâncias que ocorrem naturalmente nos alimentos. Entre elas estão as toxinas das plantas (*toxina* significa "veneno") que ocorrem naturalmente em alguns alimentos, como as substâncias químicas em cogumelos venenosos, e alguns componentes naturais dos alimentos aos quais algumas pessoas são alérgicas. Esta seção considera todos esses tipos de perigos alimentares.

PATÓGENOS

O tipo mais importante de perigo biológico a se considerar são os micro-organismos. Um **micro-organismo** é um organismo minúsculo, normalmente unicelular, que pode ser visto apenas por microscópio. Um micro-organismo que pode causar doenças é chamado de **patógeno**. Embora esses organismos ocorram, algumas vezes, em grupos grandes o suficiente para serem vistos a olho nu, em geral eles não são visíveis. Essa é uma das razões pela qual podem ser tão perigosos. Um alimento não é seguro simplesmente por ter uma boa aparência.

Quatro tipos de micro-organismos podem contaminar os alimentos e causar doenças:

1. Bactérias

---

*N.E.: Para mais informações sobre o tema, consulte o livro "As armadilhas de uma cozinha", de Roberto Martins Figueiredo, publicado pela Editora Manole.
**N.R.: No Brasil, a Agência Nacional de Vigilância Sanitária é responsável por esses regulamentos.

2. Vírus
3. Fungos
4. Parasitas

A maioria das doenças transmitidas por alimentos é causada por bactérias, portanto, boa parte da nossa atenção neste capítulo se voltará a elas, embora os outros tipos de micro-organismos também possam ser perigosos. Muitas das medidas adotadas para proteger os alimentos das bactérias também ajudam a prevenir os outros três tipos.

Bactérias

As **bactérias** estão por toda parte – no ar, na água, no solo, nos alimentos, na nossa pele e dentro do nosso corpo. Os cientistas têm várias formas de classificar e descrever essas bactérias. Como profissionais do setor alimentício, estamos interessados em uma maneira de classificá-las que seja menos científica e mais prática para o nosso trabalho.

1. Bactérias inofensivas

A maioria das bactérias insere-se nesta categoria. Não são nem úteis nem prejudiciais para nós. Não são motivo de preocupação na higienização dos alimentos.

2. Bactérias benéficas

São bactérias úteis para nós. Por exemplo, muitas delas vivem no trato intestinal, onde combatem as bactérias prejudiciais, auxiliam na digestão dos alimentos e produzem nutrientes específicos. Na indústria alimentícia, as bactérias benéficas são usadas na fabricação de diversos alimentos, como queijos, iogurtes e chucrutes.

3. Bactérias indesejáveis

São as bactérias responsáveis pela deterioração dos alimentos. Elas causam acidez, putrefação e decomposição. Podem ou não causar doenças, mas oferecem um fator de segurança inerente: anunciam sua presença por meio de odores azedos, superfícies pegajosas ou viscosas e descoloração. Se usar o bom-senso e seguir a regra que diz "na dúvida, jogue fora", estará relativamente seguro em relação a esse tipo de bactéria.

Essas bactérias preocupam por duas razões:

- A deterioração dos alimentos dá gastos.
- A deterioração dos alimentos é um sinal de manipulação e armazenamento inadequados. Isso significa que o próximo tipo de bactéria pode estar presente.

4. Bactérias que causam doenças, ou patógenos

São as bactérias que causam a maioria das doenças transmitidas por alimentos, as que mais devem nos preocupar.

Os patógenos não deixam necessariamente odores ou sabores detectáveis nos alimentos. Em outras palavras, não se pode dizer se o alimento está contaminado simplesmente pelo odor, pelo sabor ou pela aparência. A única forma de proteger os alimentos das bactérias patogênicas é utilizar as técnicas adequadas de higiene e limpeza na sua manipulação e no seu armazenamento.

Cada tipo de bactéria patogênica causa doenças de um destes três tipos:

1. Intoxicações são causadas por venenos (toxinas) que as bactérias produzem enquanto se desenvolvem no alimento. São esses venenos, e não as bactérias em si, que causam as doenças.

2. Infecções são causadas por bactérias (ou outros organismos) que entram no trato intestinal e atacam o organismo humano. A doença é causada pelas bactérias à medida que elas se multiplicam no corpo.

3. *Infecções mediadas por toxinas* também são causadas por bactérias que entram no organismo e se desenvolvem. A doença é causada por toxinas que as bactérias produzem à medida que crescem e se multiplicam. A maioria das doenças transmitidas por alimentos são infecções mediadas por toxinas.

Crescimento bacteriano

As bactérias se multiplicam dividindo-se ao meio. Sob condições de crescimento ideais, seu número pode duplicar a cada 15 ou 30 minutos. Isso significa que uma única bactéria pode se multiplicar um milhão de vezes em menos de 6 horas!

Condições de crescimento

1. **Alimento**

   As bactérias requerem algum tipo de alimento para crescer. Elas gostam de muitos dos alimentos que preparamos. Os alimentos com quantidades suficientes de proteína são os mais propícios para o crescimento bacteriano. Entre eles estão as carnes, aves, peixes, laticínios e ovos, além de alguns grãos e vegetais.

2. **Umidade**

   As bactérias precisam de água para absorver o alimento. Portanto, o crescimento bacteriano não ocorre em alimentos secos. Alimentos com alto teor de sal ou açúcar também são relativamente seguros, pois esses ingredientes impedem que as bactérias utilizem a umidade presente.

3. **Temperatura**

   As bactérias se desenvolvem melhor em temperaturas quentes. *As temperaturas entre 5 e 57°C promovem o crescimento das bactérias que causam doenças.* Esse intervalo de temperatura é chamado de **Zona de Perigo**.

4. **Acidez ou alcalinidade**

   Em geral, as bactérias que produzem doenças gostam de um ambiente neutro, nem ácido nem alcalino (ou básico). A acidez ou alcalinidade de uma substância é indicada por uma medida chamada *pH*. A escala varia de 0 (altamente ácido) a 14 (altamente alcalino). Um pH 7 é neutro. A água pura possui pH 7.

5. **Oxigênio**

   Algumas bactérias necessitam de oxigênio para crescer. Elas são chamadas de **aeróbias**. Outras são **anaeróbias**, o que significa que podem crescer apenas se não houver ar presente, como em enlatados. O botulismo, uma das formas mais perigosas de intoxicação alimentar, é causado por bactérias anaeróbias. Uma terceira categoria de bactérias pode crescer com ou sem oxigênio. Elas são chamadas de **facultativas**. A maioria das bactérias que causam doenças presentes nos alimentos é facultativa.

6. **Tempo**

   Quando as bactérias são introduzidas em um novo ambiente, elas precisam de tempo para se ajustar aos arredores antes de começarem a crescer. Esse tempo é chamado de **fase de latência**. Se as outras condições forem boas, a fase de latência pode durar aproximadamente 1 hora ou um pouco mais.

   Se não fosse pela fase de latência, haveria muito mais doenças transmitidas por alimentos. Esse período permite que os alimentos permaneçam à temperatura ambiente *por períodos muito curtos de tempo* para que possamos prepará-los.

Alimentos potencialmente perigosos

Os alimentos que oferecem um ambiente adequado para o crescimento de micro-organismos causadores de doenças são chamados de **alimentos potencialmente perigosos**. Analisando novamente a lista de condições para o crescimento de bactérias, percebe-se que os alimentos proteicos com umidade suficiente e pH neutro são os que têm maior probabilidade de hospedar bactérias causadoras de doenças. Das condições listadas, a *temperatura* é mais fácil de ser controlada.

Os alimentos potencialmente perigosos podem ser divididos em duas categorias gerais, mais três itens específicos que não se encaixam nessas categorias. Todos esses alimentos, e qualquer receita preparada com qualquer um deles, são potencialmente perigosos:

1. Qualquer alimento de origem animal ou qualquer alimento que contenha produtos desse tipo, incluindo carnes, aves, peixes, frutos do mar, ovos e laticínios.

2. Qualquer alimento de origem vegetal que tenha sido cozido, parcialmente cozido ou tratado com calor. Essa categoria inclui não apenas vegetais cozidos, mas também itens como massas cozidas, arroz cozido e tofu (queijo de soja).

3. Brotos de grãos crus.

4. Melões e melancias fatiados (porque a parte comestível pode ser contaminada por organismos presentes no exterior da casca, que fica em contato com o solo).

5. Misturas de alho e óleo (como o óleo isola o alho do ar, promove o crescimento de bactérias anaeróbias, conforme já explicado).

Os alimentos que não são potencialmente perigosos são os secos ou desidratados, alimentos altamente ácidos e alimentos processados comercialmente que ainda estão em seus recipientes originais lacrados.

Locomoção

A única forma de as bactérias se locomoverem é serem levadas de um lugar para outro. Elas não se movem por conta própria.

Os alimentos podem ser contaminados por qualquer um dos seguintes meios:

Mãos	Ar
Tosses e espirros	Água
Outros alimentos	Insetos
Equipamentos e utensílios	Ratos e camundongos

Proteção contra bactérias

Visto que sabemos como e por que as bactérias crescem, devemos aprender a impedir seu crescimento. Visto que também sabemos como as bactérias são transportadas, devemos saber como impedir seu acesso aos alimentos.

A seguir, são descritos três princípios básicos de proteção dos alimentos contra as bactérias. Tais princípios são as razões por trás de quase todas as técnicas de higienização que serão discutidas no restante deste capítulo.

1. **Evite que as bactérias se espalhem**

   Não deixe que os alimentos entrem em contato com nada que possa conter bactérias causadoras de doenças e proteja-os das bactérias presentes no ar.

2. **Impeça que as bactérias cresçam**

   Remova as condições que estimulam o crescimento das bactérias. Na cozinha, a melhor arma é a temperatura. *A forma mais efetiva de impedir o crescimento de bactérias é manter os alimentos numa temperatura abaixo de 5°C ou acima de 57°C.* Essas temperaturas não, necessariamente, matam as bactérias; apenas desaceleram seu crescimento de forma considerável.

3. **Elimine as bactérias**

   A maioria das bactérias causadoras de doenças é eliminada se exposta a uma temperatura de 77°C por 30 segundos ou a temperaturas mais altas por períodos menores. Isso nos permite tornar o alimento seguro por meio do cozimento ou da desinfecção de louças e equipamentos com o uso do calor. O termo **desinfetar**, ou sanitizar, significa matar as bactérias que causam doenças.

   Alguns produtos químicos também matam as bactérias. Eles podem ser utilizados para desinfetar os equipamentos.

Doenças bacterianas

A Tabela 2.1 descreve algumas das doenças bacterianas mais comuns. Em cada doença, dê atenção especial à forma como ela se espalha, aos alimentos envolvidos e aos meios de prevenção. Práticas e procedimentos gerais de prevenção de doenças transmitidas por alimentos serão discutidos em outra seção.

Vírus

Os vírus são ainda menores que as bactérias. Eles consistem em material genético envolto por uma camada de proteína. Ao contrário das bactérias, eles não conseguem se reproduzir ou multiplicar a menos que estejam dentro de uma célula viva, mas podem ser transportados em quase qualquer superfície e sobreviver por dias ou até meses. Os vírus ficam inativos ou dormentes até adentrarem uma célula viva. Então, usam essa célula para produzir mais vírus e liberá-los no organismo. Os novos vírus entram em novas células e continuam a se multiplicar.

Como os vírus não se multiplicam nos alimentos como as bactérias, as doenças de origem viral transmitidas por alimentos são normalmente causadas pela contaminação de pessoas, superfícies de contato com o alimento ou, no caso de frutos do mar, água contaminada.

A Tabela 2.2 identifica as principais doenças de origem viral transmitidas por alimentos.

Capítulo 2 • Higiene e segurança

Tabela 2.1
Doenças bacterianas

Doença bacteriana	Causa/características	Fonte de bactérias	Alimentos normalmente envolvidos	Prevenção
Botulismo	Causado por toxinas produzidas pela bactéria *Clostridium botulinum*, o **botulismo** ataca o sistema nervoso e em geral é *fatal*, mesmo que apenas uma pequena quantidade de alimento contaminado seja ingerida. As bactérias são anaeróbias (não se desenvolvem no ar) e não crescem em alimentos muito ácidos. A maior parte dos casos é causada por técnicas de envase inadequadas. A toxina (embora não as bactérias) é destruída quando fervida (100°C) por 20 minutos.	detritos do solo em vegetais e outros alimentos	vegetais de baixa acidez envasados em casa (muito raros em alimentos enlatados comercialmente)	Use apenas alimentos enlatados comercialmente. Descarte *sem provar* qualquer lata danificada ou inchada, ou alimentos com odores indesejáveis.
Intoxicação alimentar por estafilococo	Causada por toxinas produzidas em alimentos pela bactéria *Staphylococcus aureus*, a intoxicação alimentar por **estafilococo** é, provavelmente, a mais comum, caracterizada por náusea, vômito, cólicas estomacais, diarreia e prostração.	em geral, manipuladores de alimentos	cremes à base de gemas e sobremesas que levam laticínios, saladas de batata, saladas ricas em proteínas, presunto, molho holandês e vários outros alimentos com alto teor proteico	Tenha bons hábitos de higiene e de trabalho. Não manipule alimentos se estiver com alguma doença ou infecção. Limpe e desinfete todos os equipamentos. Mantenha os alimentos abaixo de 5°C ou acima de 57°C.
Escherichia coli	Essa bactéria causa doença grave, seja na forma de intoxicação ou infecção. Dor abdominal aguda, náusea, vômito, diarreia e outros sintomas resultam da intoxicação por **E. coli**. Na forma de infecção, a *E. coli* causa inflamação intestinal e sangue nas fezes. Normalmente, a doença dura de um a três dias, mas, em alguns casos, pode tornar-se crônica.	trato intestinal de humanos e alguns animais, especialmente gado bovino; água contaminada	carnes vermelhas cruas ou malpassadas, laticínios não pasteurizados, às vezes peixes de água contaminada, alimentos preparados como purê de batata e tortas com recheios cremosos	Cozinhe os alimentos, incluindo carnes vermelhas, criteriosamente; evite contaminação cruzada. Pratique uma boa higiene.
Salmonelose	A infecção alimentar causada pelas bactérias **salmonella** exibe sintomas similares aos da intoxicação por estafilococo, embora a doença possa durar mais. A maioria das aves carrega essa bactéria.	carnes e aves contaminadas; contaminação fecal por manipuladores de alimentos	carnes, aves, ovos, recheios de aves, molhos à base de caldo de carne, alimentos crus e frutos do mar provenientes de águas poluídas	Pratique boa higiene pessoal, armazenamento e manipulação adequados dos alimentos e controle de insetos e roedores. Lave as mãos e desinfete todos os equipamentos e superfícies de corte após a manipulação de aves cruas. Utilize frutos do mar de origem segura.
Clostridium perfringens	Essa é outra infecção caracterizada por náusea, cólicas, dor estomacal e diarreia. É difícil destruir essas bactérias, pois nem sempre são eliminadas no cozimento.	solo, carnes frescas, portadores humanos	carnes e aves, molhos à base de caldo de carne e outros molhos reaquecidos ou não refrigerados	Mantenha os alimentos quentes (acima de 57°C) ou gelados (abaixo de 5°C).
Infecções por estreptococo	Os sintomas dessa doença são febre e dor de garganta.	tosses, espirros, manipuladores de alimentos infectados	qualquer alimento contaminado por tosses, espirros ou manipuladores de alimentos infectados e servido sem cozimento	Não manipule alimentos se estiver infectado. Proteja alimentos descobertos (bufê de salada, carrinho de doces etc.) de tosses e espirros de clientes.

Doença bacteriana	Causa/características	Fonte de bactérias	Alimentos normalmente envolvidos	Prevenção
Shigelose	Causada por várias espécies de bactérias *Shigella*. Os sintomas dessa doença são diarreia, dor abdominal, febre, náusea, vômito, cólicas, calafrios e desidratação. A doença pode durar de 4 a 7 dias ou mais, se não for tratada.	trato intestinal humano, moscas e água contaminada por fezes	saladas e outros alimentos crus ou preparados sem cozimento, laticínios, aves	Mantenha uma boa higiene pessoal. Utilize boas práticas sanitárias na manipulação dos alimentos. Controle os insetos. Use alimentos de origem conhecida e confiável.
Listeriose	Causada pelas bactérias *Listeria monocytogenes*. Essa doença possui muitos sintomas, como náusea, vômito, diarreia, dor de cabeça, febre, calafrios, dor nas costas e inflamação nos tecidos ao redor do cérebro e da espinha dorsal. Pode causar aborto espontâneo em gestantes. A doença pode não aparecer por dias ou até semanas após a ingestão do alimento contaminado e pode durar indefinidamente se não for tratada de forma adequada. Pode ser fatal em pessoas com sistema imunológico debilitado.	solo, água e ambientes úmidos; instalam-se no trato intestinal de humanos e animais, particularmente aves	laticínios não pasteurizados; vegetais e carnes cruas; frutos do mar; alimentos prontos para consumo contaminados e não cozidos depois	Use boas práticas sanitárias na manipulação dos alimentos para evitar a contaminação cruzada; use laticínios pasteurizados; mantenha os equipamentos e utensílios limpos e secos.
Bacillus cereus Gastrenterite	Causada por *Bacillus cereus*. Os sintomas incluem náusea, vômito, diarreia e cólicas ou dor estomacal. Em geral, essa doença dura menos de um dia.	solo e poeira, grãos e cereais	grãos e amidos, incluindo massas e alimentos com espessantes à base de amido; carnes, leite, vegetais e peixes	Controle de temperatura: cozinhe os alimentos a temperaturas internas adequadas; congele alimentos rápida e adequadamente.
Campilobacteriose	Causada por *Camphylobacter jejuni*. Essa doença normalmente dura de 2 a 5 dias, ou até 10 dias, e causa diarreia, febre, náusea, vômito, dor abdominal, muscular e de cabeça.	gado leiteiro e de corte e aves	laticínios não pasteurizados; aves cruas; água contaminada	Cozinhe os alimentos a temperaturas internas adequadas; use laticínios pasteurizados; use boas práticas sanitárias na manipulação dos alimentos para evitar contaminação cruzada; evite o uso de água contaminada.
Vibrião Gastrenterite e Septicemia	Causada por duas espécies da bactéria *Vibrio*. Os sintomas incluem diarreia, náusea, vômito, cólicas estomacais e dor de cabeça. Casos graves da doença podem apresentar calafrios, febre, feridas na pele, queda da pressão arterial e septicemia (contaminação sanguínea). A doença dura de 1 a 8 dias e pode ser fatal em pessoas com sistema imunológico debilitado.	frutos do mar, especialmente do Golfo do México	frutos do mar crus ou malcozidos	Evite comer frutos do mar crus ou malcozidos; evite contaminação cruzada.
Yersinose	Causada pela bactéria *Yersinia enterocolitica*. Essa doença dura de poucos dias a várias semanas e é caracterizada por febre e dor abdominal aguda e, às vezes, dor de cabeça e de garganta, vômito e diarreia.	porcos domésticos, solo, água contaminada, roedores	carnes, especialmente suínas; peixes, ostras, leite não pasteurizado, tofu, água não tratada	Cozinhe as carnes, especialmente a suína, a temperaturas internas adequadas; evite contaminação cruzada; use procedimentos de higienização e manipulação de alimentos apropriados; evite água contaminada.

Capítulo 2 • Higiene e segurança

Tabela 2.2
Vírus

Vírus	Causa/características	Fonte de contaminação	Alimentos normalmente envolvidos	Prevenção
Hepatite A	Essa é uma doença grave que pode durar muitos meses.	água ou gelo contaminado, frutos do mar de águas poluídas, frutas e vegetais crus, laticínios, manipuladores de alimentos infectados	frutos do mar ingeridos crus, qualquer alimento contaminado por uma pessoa infectada	Pratique bons hábitos de saúde e higiene. Use somente frutos do mar provenientes de águas seguras.
Gastrenterite por vírus Norwalk	Essa doença afeta o trato digestório, causando náusea, vômito, cólicas estomacais, diarreia e febre.	trato intestinal humano, água contaminada	água, frutos do mar de águas poluídas, frutas e vegetais crus	Pratique bons hábitos de saúde e higiene. Use somente frutos do mar provenientes de águas seguras. Use água limpa e clorada. Cozinhe os alimentos a temperaturas internas seguras.
Gastrenterite por rotavírus	Os sintomas dessa doença são vômito e diarreia, dor abdominal e febre moderada. Em todo o mundo, as infecções por rotavírus são a principal causa de doenças do trato digestório em bebês e crianças. A doença dura de 4 a 8 dias.	trato intestinal humano e água contaminada	água e gelo, alimentos crus e preparados sem cozimento, como saladas	Pratique bons hábitos de saúde e higiene. Use água limpa e clorada. Cozinhe os alimentos a temperaturas internas seguras.

Parasitas

Parasitas são organismos que só conseguem sobreviver em contato com a parte externa ou dentro de outro organismo. O organismo no qual o parasita vive e do qual se alimenta é chamado de *hospedeiro*. Parasitas podem passar de um organismo hospedeiro para outro e completar um estágio do seu ciclo de vida em cada organismo. Os parasitas humanos são, geralmente, transmitidos ao homem por hospedeiros animais.

Normalmente, os parasitas humanos são muito pequenos e, embora possam ser microscópicos, são maiores que as bactérias. Em geral, podem ser eliminados por cozimento ou congelamento adequado.

As principais doenças causadas por parasitas humanos que são transmitidas por alimentos estão na Tabela 2.3.

Fungos

Bolor e levedura são exemplos de fungos. Esses organismos estão mais associados à deterioração dos alimentos do que a doenças transmitidas por alimentos. A maior parte dos bolores e leveduras, mesmo aqueles que causam deterioração, não é perigosa para a maioria dos seres humanos. Na verdade, alguns são benéficos e responsáveis pelos veios azuis no *blue cheese* e pela fermentação da massa do pão, por exemplo.

Alguns fungos, entretanto, produzem toxinas que podem causar reações alérgicas e doenças graves em pessoas suscetíveis. Por exemplo, alguns bolores produzem uma toxina chamada *aflatoxina* em alguns alimentos, como o amendoim e outras oleaginosas, milho, algodão e leite. Essa toxina pode causar doença hepática grave em algumas pessoas.

Outros perigos biológicos

Além dos perigos biológicos associados a bactérias e outros organismos, discutidos na seção anterior, alguns perigos ocorrem naturalmente nos alimentos e não são resultado de contaminação. Esses perigos incluem toxinas de plantas, toxinas de frutos do mar e alérgenos.

Toxinas de plantas

Colocado de forma simples, algumas plantas são naturalmente tóxicas aos seres humanos. A única maneira de prevenir suas toxinas é evitar as plantas que as contêm, além dos produtos feitos delas. Em alguns casos, as toxinas podem ser transferidas para o leite por vacas que tenham ingerido a planta (como a erva-do-diabo ou o mata-pasto) ou para o mel, por abelhas que tenham colhido o néctar da planta (como o louro-americano).

Tabela 2.3
Parasitas

Parasita	Causa/características	Fonte de contaminação	Alimentos normalmente envolvidos	Prevenção
Triquinose	A princípio, essa doença é muito confundida com a gripe, mas pode durar um ano ou mais. A **triquinose** é causada por um verme muito pequeno que se aloja nos músculos de porcos.	carne suína infectada por porcos que ingeriram lavagem não processada. As fazendas modernas eliminaram esse problema em grande parte, mas não totalmente	produtos suínos	Os organismos da triquinose são eliminados se mantidos a uma temperatura de 58°C por 10 segundos. Por segurança, cozinhe a carne suína a uma temperatura interna de pelo menos 65°C. Algumas autoridades recomendam uma temperatura mais alta (74°C). A carne suína canadense é considerada livre da triquinose e não precisa ser cozida a essas temperaturas.
Anisaquíase	Como a triquinose, essa doença é causada por um minúsculo verme cilíndrico. Os sintomas são sensação de formigamento na garganta, vômito de vermes, dor abdominal e náusea.	peixes de água salgada, especialmente os detritívoros (que se alimentam de matéria depositada no fundo do mar)	peixes crus ou malcozidos, como bacalhau, hadoque, solha, arenque, linguado, tamboril e salmão	Cozinhe o peixe adequadamente. Para ser ingerido cru, o peixe deve ser congelado a –20°C ou menos por 7 dias ou a –1°C ou menos por 15 horas em um *freezer* de congelamento rápido.
Giardíase	Essa doença é causada por um protozoário (um tipo de organismo unicelular) que invade o trato intestinal. Os sintomas incluem fadiga, náusea, gases, cólicas, sensação de fraqueza e perda de peso. Em geral, os sintomas duram de 1 a 2 semanas, mas o hospedeiro humano pode permanecer com a infecção por vários meses.	animais domésticos; animais selvagens, especialmente ursos e castores; trato intestinal humano	água e gelo; saladas e outros vegetais crus	Utilize água tratada com cloro; tenha bons hábitos de higiene pessoal; lave bem os alimentos crus.
Toxoplasmose	Como a giardíase, essa doença é causada por um protozoário. Algumas vezes, o hospedeiro humano não tem sintomas, mas a doença pode causar linfonodos aumentados, dor muscular aguda, dores de cabeça e erupção cutânea. Gestantes e pessoas com sistema imunológico debilitado são mais afetadas.	fezes de animais, mamíferos e aves	carne crua ou malpassada contaminada	Faça uma boa higiene pessoal; cozinhe carnes a temperaturas internas adequadas.
Ciclosporíase intestinal	Outra doença causada por protozoário. Os sintomas incluem diarreia, perda de peso, inapetência, gases, cólicas, náusea, vômito, dor muscular e fadiga. Pode durar de alguns dias a mais de um mês, e pode haver reincidência a cada um ou dois meses.	trato intestinal humano, água contaminada	água, peixes de água salgada, frutas e vegetais crus e leite não pasteurizado	Faça uma boa higiene pessoal. Use fontes seguras de água. Lave os produtos adequadamente.
Criptosporidiose intestinal	Causada por um protozoário. Essa doença pode durar de 4 dias a 3 semanas. O hospedeiro pode não apresentar sintoma nenhum ou ter diarreia severa. Pode ser duradoura e muito grave, até mesmo fatal, em pessoas com sistema imunológico debilitado.	trato intestinal de humanos e gado; água contaminada por dejetos provenientes de fazendas ou frigoríficos	água, frutas e vegetais crus e leite	Faça uma boa higiene pessoal; lave os produtos adequadamente; use fontes seguras de água.

As toxinas de plantas mais conhecidas são aquelas encontradas em alguns cogumelos selvagens. Existem muitos tipos de cogumelos venenosos, e sua ingestão causa sintomas que variam de desconforto intestinal moderado à morte dolorosa. Algumas toxinas de cogumelos atacam o sistema nervoso, outras atacam e destroem o sistema digestório e outras ainda atacam outros órgãos internos.

Outras plantas tóxicas que devem ser evitadas são ruibarbo, cicuta, sementes de damasco e erva-moura.

Toxinas de frutos do mar

Algumas toxinas ocorrem em peixes ou frutos do mar que tenham ingerido algum tipo de alga que contém essas toxinas. Como essas toxinas não são destruídas pelo cozimento, o único método de proteção contra elas é comprar peixes e frutos do mar de fornecedores aprovados que possam certificar sua origem de águas seguras.

Alguns peixes contêm toxinas naturalmente. A toxina de peixe mais conhecida é a do baiacu, conhecido por *fugu* em japonês. O *fugu* cru é considerado uma iguaria no Japão, mas deve ser preparado somente por *chefs* certificados, que tenham sido treinados para retirar as glândulas que produzem a toxina sem perfurá-las, para não contaminar a carne do peixe. Essa toxina ataca o sistema nervoso e pode ser fatal.

Outras espécies de peixes, como as moreias, contêm toxinas naturais e, por isso, devem ser evitadas.

Alérgenos

Um **alérgeno** é uma substância que causa uma reação alérgica. Os alérgenos afetam apenas algumas pessoas, as quais são consideradas *alérgicas* a uma substância específica. Nem todos os alérgenos são perigos biológicos, mas os mais importantes são e, portanto, serão discutidos nesta seção.

Reações alérgicas a alimentos podem ocorrer tão logo o alimento é ingerido ou, em alguns casos, simplesmente tocado, ou podem não ocorrer até horas após sua ingestão. Sintomas comuns de reações alérgicas a alimentos incluem coceira, erupção cutânea ou urticária, falta de ar, edema de glote e inchaço dos olhos e da face. Em casos graves, as reações alérgicas podem levar à inconsciência ou à morte.

Alimentos aos quais algumas pessoas são alérgicas incluem produtos à base de trigo, soja, amendoim e outras oleaginosas, ovos, leite e seus derivados, peixes e frutos do mar. Alérgenos não biológicos incluem aditivos alimentares como os nitritos, usados em carnes curadas, e o glutamato monossódico (MSG), geralmente usado em comidas orientais.

Como esses produtos são comuns e perfeitamente seguros para a maioria das pessoas, é difícil evitar servi-los. Para segurança das pessoas sensíveis a esses alimentos, os funcionários do restaurante, principalmente os garçons, devem estar bem informados sobre os ingredientes de todos os itens do menu e informá-los aos clientes quando necessário. Se um membro da equipe não souber responder se um prato contém algum alérgeno, ele deve informar ao cliente e procurar alguém que possa dar a resposta, ou então sugerir ao cliente que peça um prato diferente.

PERIGOS QUÍMICOS E FÍSICOS

Alguns tipos de intoxicação química são causados pelo uso de equipamentos inadequados ou com defeito, ou que tenham sido manuseados incorretamente. As toxinas a seguir (exceto o chumbo) causam sintomas que surgem rapidamente, em geral 30 minutos após o consumo do alimento contaminado. Por outro lado, os sintomas da contaminação por chumbo podem levar anos para aparecer. Para evitar tais doenças, não utilize materiais que contenham essas substâncias.

1. **Antimônio**
   Causada por armazenamento ou cozimento de alimentos ácidos em utensílios de cozinha esmaltados e lascados.

2. **Cádmio**
   Causada por forminhas de gelo galvanizadas com cádmio.

3. **Cianeto**
   Causada por polidores de prata contendo cianeto.

4. **Chumbo**
   Causada por tubulação de água feita ou soldada com chumbo, ou utensílios contendo chumbo.

5. **Cobre**
   Causada por utensílios de cobre sujos ou corroídos, alimentos ácidos cozidos em utensílios de cobre não revestidos ou bebidas gaseificadas em contato com canos de cobre.

6. **Zinco**
   Causada pelo cozimento de alimentos em utensílios galvanizados com zinco.

Outras contaminações químicas podem resultar da exposição dos alimentos a produtos químicos usados em estabelecimentos comerciais de serviços alimentícios. Alguns exemplos incluem componentes de limpeza e polimento, e inseticidas. Para evitar a contaminação, esses itens devem ser mantidos fisicamente separados dos alimentos e não devem ser usados perto deles. Os recipientes devem ser adequadamente rotulados. Antes do uso, é importante enxaguar os equipamentos por completo.

Contaminação física é a contaminação de alimentos por objetos que não são tóxicos, mas que podem causar ferimento ou desconforto. Exemplos incluem pedaços de vidro de um recipiente quebrado, pedaços de metal de uma lata aberta incorretamente, pedras em feijão mal escolhido, terra em vegetais mal lavados, insetos ou partes de insetos e fios de cabelo. É necessário uma manipulação adequada dos alimentos para evitar a contaminação física.

HIGIENE PESSOAL

No início deste capítulo, dissemos que a maior parte das doenças transmitidas por alimentos é causada por bactérias. Agora, vamos mudar um pouco essa afirmação dizendo que *a maioria das doenças transmitidas por alimentos é causada por bactérias espalhadas por manipuladores de alimentos*.

No início do capítulo, definimos *contaminação* como substâncias prejudiciais não presentes originalmente no alimento. A contaminação pode ocorrer antes de recebermos o alimento, o que significa que procedimentos adequados de compra e recebimento são partes importantes de um programa de higiene e segurança alimentar. Contudo, a maior parte das contaminações alimentares ocorre como resultado de **contaminação cruzada**, que pode ser definida pela transferência de substâncias perigosas, principalmente micro-organismos, de um alimento para outro ou de uma superfície para outra, como equipamentos, mesas de trabalho ou mãos. Alguns exemplos de situações em que a contaminação cruzada pode ocorrer são:

- Misturar sobras de comida contaminada com algum alimento recém-preparado.
- Manipular alimentos prontos para consumo com as mãos sujas. Manipular tipos diferentes de alimentos sem lavar as mãos entre um e outro.
- Cortar frango cru e depois utilizar a mesma tábua, sem lavá-la, para cortar vegetais.
- Colocar alimentos prontos para comer na prateleira inferior do refrigerador e permitir que o caldo do peixe ou da carne crua caia sobre eles de uma prateleira superior.
- Limpar superfícies de trabalho com um pano sujo.

Para o profissional da área, o primeiro passo para prevenir doenças transmitidas por alimentos é ter bons hábitos de higiene pessoal. Mesmo quando estamos saudáveis, temos bactérias na pele, no nariz e na boca. Algumas dessas bactérias, se tiverem a chance de crescer em um alimento, causarão doenças nas pessoas.

1. Não trabalhe com alimentos se estiver com alguma doença ou infecção transmissível.
2. Tome banho diariamente.
3. Vista uniforme e avental limpos.
4. Mantenha o cabelo bem cuidado e limpo. Use sempre toque ou rede de cabelo.
5. Mantenha o bigode e a barba aparados e limpos. Melhor ainda se não usar barba ou bigode.
6. Lave as mãos e as partes expostas dos braços antes de trabalhar e sempre que necessário durante o trabalho, por exemplo:
   - Depois de comer, beber ou fumar.
   - Após usar o toalete.
   - Após tocar ou manipular qualquer coisa que possa estar contaminada com bactérias.
7. Cubra tosses e espirros e depois lave as mãos.

8. Mantenha as mãos longe da face, dos olhos, cabelos e braços.
9. Mantenha as unhas limpas e curtas. Não use esmalte.
10. Não fume nem masque chiclete durante o trabalho.
11. Cubra cortes ou feridas com bandagens limpas.
12. Não sente nas mesas de trabalho.

Procedimento para lavar as mãos

1. Molhe as mãos com água quente corrente. Use a água o mais quente possível, desde que você possa suportar confortavelmente, mas pelo menos a 38°C.
2. Aplique sabão suficiente para fazer bastante espuma.
3. Esfregue as mãos cuidadosamente por 20 segundos ou mais, lavando não só as mãos, mas os punhos e a parte inferior dos antebraços.
4. Com uma escovinha de unha, limpe entre as unhas e entre os dedos.
5. Enxágue bem as mãos com água quente corrente. Se possível, use uma toalha de papel limpa para desligar a torneira e evitar contaminar as mãos pelo contato.
6. Enxugue as mãos com toalhas de papel descartáveis ou secador de mão com ar quente.

USO DE LUVAS

Se usadas corretamente, as luvas podem ajudar a proteger os alimentos da contaminação cruzada. Se usadas incorretamente, entretanto, podem espalhar a contaminação da mesma forma que as mãos. A secretaria de saúde de algumas localidades exige o uso de algum tipo de barreira entre as mãos e os alimentos prontos para consumo – ou seja, os alimentos que serão servidos sem mais nenhum tipo de cozimento. Luvas, pinças e outros instrumentos para servir, e papel pardo podem ser usados como barreira. Para utilizar as luvas corretamente, observe as seguintes orientações.

Orientações para o uso de luvas descartáveis

1. Lave as mãos antes de vestir as luvas ou trocá-las por outro par. As luvas não substituem a adequada lavagem das mãos.
2. Retire e descarte as luvas, lave as mãos e vista um par de luvas limpo após manusear um alimento e antes de começar a trabalhar em outro. Em particular, nunca deixe de trocar as luvas depois de manusear carnes, aves ou peixes e frutos do mar crus. As luvas são de uso único. Lembre-se de que o objetivo de usar as luvas é evitar a contaminação cruzada.
3. Troque as luvas sempre que elas rasgarem, sujarem ou se contaminarem pelo contato com alguma superfície que não esteja desinfetada.

ARMAZENAMENTO DE ALIMENTOS

As seguintes regras de armazenamento seguro de alimentos têm dois objetivos:

1. Evitar a contaminação dos alimentos.
2. Evitar a proliferação de bactérias que possam já estar nos alimentos.

O controle da temperatura é um fator importante no armazenamento de alimentos. Alimentos perecíveis devem ser mantidos fora da Zona de Perigo – 5 a 57°C – o máximo possível, pois essas temperaturas promovem o crescimento bacteriano. A Figura 2.1 apresenta um gráfico de temperaturas importantes.

REGRA DAS QUATRO HORAS

O alimento é manipulado em vários estágios desde o momento em que é recebido até ser finalmente servido. Esse processo, chamado de fluxo do alimento, será discutido mais adiante em outra seção. Em cada estágio, o alimento pode permanecer na Zona de Perigo por algum tempo. Para proteger o alimento e mantê-lo seguro, siga a **regra das quatro horas**: não deixe que o alimento permaneça na Zona de Perigo por um total acumulado de mais de 4 horas, desde o recebimento até o momento de servi-lo.

Por exemplo, imagine um alimento que é deixado na plataforma de carga por 30 minutos antes de ser colocado sob refrigeração, removido do armazenamento e deixado na mesa de trabalho por uma hora antes de ser preparado e, finalmente, cozido em baixa temperatura, levando 3 horas para atingir uma temperatura interna segura (ver p. 29). Esse alimento permaneceu um total de 4 horas e 30 minutos na Zona de Perigo e não deve ser considerado seguro para consumo.

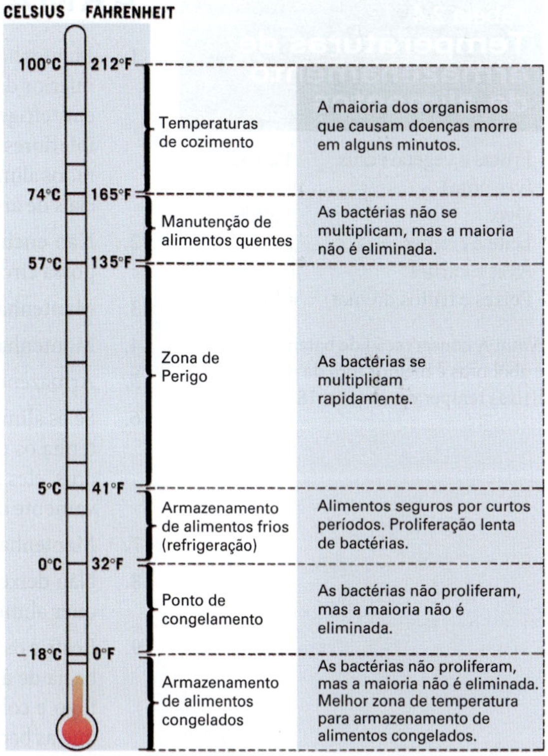

RECEBIMENTO

1. A manipulação segura de alimentos começa no momento em que o alimento é descarregado do caminhão de entrega. Na realidade, começa ainda mais cedo, com a seleção de fornecedores de boa reputação. Mantenha a área de recebimento limpa e bem iluminada.

2. Inspecione todas as entregas. Tente programá-las fora das horas de pico para ter tempo suficiente de inspecionar os itens. Pela mesma razão, tente programar as entregas para que cheguem uma de cada vez.

3. Rejeite mercadorias ou partes de mercadorias que estejam danificadas ou fora da temperatura adequada. Alimentos congelados não devem apresentar sinais de terem sido descongelados e congelados novamente.

4. Rotule todos os itens com a data de entrega ou de validade.

5. Transfira os itens imediatamente para o local de armazenamento correto.

ARMAZENAMENTO DE ALIMENTOS EM ESTOQUE SECO

O armazenamento de alimentos em estoque seco é usado para matérias-primas que, em geral, não são propícias ao crescimento bacteriano em seu estado normal. Esses alimentos incluem

  Farinha

  Açúcar e sal

  Cereais, arroz e outros grãos

  Ervilhas e feijões secos

  Cereais processados

  Pães e biscoitos salgados

  Óleos e gorduras vegetais

  Alimentos enlatados, envasados e engarrafados (não abertos)

1. Armazene os alimentos secos em local fresco e sem umidade, longe do chão e da parede e nunca abaixo de um encanamento de esgoto.

2. Mantenha todos os recipientes bem fechados para protegê-los de insetos, roedores e poeira. Os alimentos secos podem ser contaminados, mesmo não precisando de refrigeração.

ARMAZENAMENTO NO FREEZER

1. Mantenha os alimentos congelados a –18°C ou menos.

2. Mantenha todos os alimentos congelados bem embalados ou empacotados para evitar queimaduras do *freezer*.

3. Rotule e date todos os itens.

4. Descongele os alimentos adequadamente. Não descongele à temperatura ambiente, pois a temperatura da superfície atingirá 5°C antes que o interior descongele, resultando em crescimento bacteriano. Os seguintes métodos podem ser usados:

   • No refrigerador

   • Sob água corrente fria

   • Em um forno de micro-ondas, se o item for passar por cozimento ou for servido imediatamente

Figura 2.1
Temperaturas importantes para a sanitização e segurança dos alimentos.

Capítulo 2 • Higiene e segurança

Tabela 2.4
Temperaturas de armazenamento de alimentos

Frutas e vegetais crus (ver nota)	4 a 7°C
Ovos	3 a 4°C
Leite e cremes	2 a 4°C
Aves e carnes	0 a 2°C
Peixes e frutos do mar	–1 a 1°C

Nota: A conservação de batatas, cebolas e abóboras é melhor fora da geladeira, a baixas temperaturas (10 a 18°C).

ARMAZENAMENTO EM REFRIGERADOR

1. Mantenha todos os alimentos perecíveis devidamente refrigerados. Note que o limite inferior da Zona de Perigo (5°C) nada mais é que o limite superior do armazenamento em refrigerador. A maior parte dos alimentos se mantém ainda melhor a temperaturas inferiores. As principais exceções são as frutas e os vegetais frescos, que não são considerados alimentos potencialmente perigosos. Veja na Tabela 2.4 as temperaturas preferenciais de armazenamento de vários alimentos.

2. Não encha demais os refrigeradores. Deixe espaço entre os itens para que o ar frio possa circular.

3. Mantenha a porta do refrigerador fechada, exceto ao retirar ou guardar alimentos.

4. Mantenha as prateleiras e o interior do refrigerador limpos.

5. Armazene itens crus e cozidos separadamente, se possível.

6. Se os alimentos crus e cozidos tiverem que ser mantidos no mesmo refrigerador, mantenha os cozidos acima dos crus. Se os alimentos cozidos forem mantidos abaixo dos crus, eles podem ser contaminados por vazamentos. Assim, se não forem cozidos novamente antes de serem servidos, podem ser perigosos.

7. Mantenha alimentos refrigerados embalados ou tampados e em recipientes higienizados.

8. Não deixe que superfícies não higienizadas, como a base do recipiente, toquem qualquer alimento.

9. Resfrie os alimentos o mais rápido possível sobre gelo ou coloque-os imersos em uma bacia de água gelada antes de levá-los ao refrigerador. Um galão de caldo retirado do fogo e colocado no refrigerador pode levar 10 horas para atingir 5°C, possibilitando que as bactérias tenham bastante tempo para crescer.

10. Ao manter alimentos como saladas ricas em proteínas em banho-maria invertido ou em mesa refrigerada para servir, não os empilhe acima do nível do recipiente. Acima desse nível, os alimentos não se mantêm suficientemente refrigerados.

MANUTENÇÃO DE ALIMENTOS QUENTES

1. Para manter os alimentos quentes ao servir, use um carro térmico ou outros equipamentos que mantenham todas as partes de todos os alimentos sempre acima de 57°C.

2. Mantenha os alimentos tampados.

3. Leve os alimentos à temperatura ideal de conservação o mais rápido possível usando fornos, panelas, frigideiras ou outros equipamentos de cozinha. Não aqueça alimentos frios colocando-os diretamente no carro térmico. Eles demorarão muito para ficar aquecidos e as bactérias terão tempo para crescer.

4. Não deixe que alimentos prontos para consumo entrem em contato com qualquer superfície contaminada.

MANIPULAÇÃO E PREPARO DE ALIMENTOS

Existem dois problemas importantes de higiene durante a manipulação e o preparo de alimentos. O primeiro é a *contaminação cruzada*, definida na página 25.

O segundo problema é que, ao trabalharmos com o alimento, normalmente ele está a uma temperatura entre 5 e 57°C, ou na Zona de Perigo. A fase de latência no crescimento das bactérias (p. 18) ajuda um pouco, mas, para ter segurança, é necessário manter os alimentos fora da Zona de Perigo sempre que possível.

1. Comece usando alimentos limpos e saudáveis, de fornecedores idôneos. Sempre que possível, compre carnes, aves, peixes, laticínios e ovos inspecionados pelo governo.

2. Manipule os alimentos o mínimo possível. Quando possível, use pinças, espátulas ou outros utensílios em vez das mãos.

3. Use equipamentos e mesas de trabalho limpos e desinfetados.

4. Limpe e desinfete as superfícies e os equipamentos de corte depois de manipular aves, carnes, peixes e frutos do mar ou ovos crus e antes de trabalhar com outro alimento.

5. Limpe continuamente. Não deixe para o final do expediente.

6. Lave frutas e vegetais crus cuidadosamente.

7. Ao retirar os alimentos do refrigerador, não retire mais do que conseguir processar em uma hora.

8. Mantenha os alimentos cobertos, a menos que estejam sendo utilizados naquele momento.

9. Controle o tempo em que os alimentos ficam na Zona de Perigo. Observe a regra das quatro horas (p. 26).

10. Cozinhe os alimentos até atingirem as Temperaturas de Segurança (ver próxima seção).

11. Prove os alimentos adequadamente. Usando uma concha ou outro utensílio para servir, transfira uma pequena quantidade do alimento para um prato pequeno. Então, prove essa amostra com uma colher limpa. Depois de provar, não use o prato e a colher novamente. Mande-os para a praça de lavagem de louças ou, se estiver usando descartáveis, jogue-os fora.

12. Ferva sobras de molhos, molhos de carne, sopas e vegetais antes de servi-los.

13. Não misture as sobras com alimentos recém-preparados.

14. Resfrie todos os ingredientes das saladas contendo proteínas e/ou batatas *antes* de misturá-los.

15. Resfrie os alimentos rápida e corretamente, conforme descrito na seção a seguir. Resfrie cremes à base de gemas, recheios com creme de leite e outros alimentos perigosos o mais rápido possível, despejando-os em formas rasas e limpas, tampando-os e refrigerando-os. Não empilhe as formas.

TEMPERATURA INTERNA MÍNIMA DE SEGURANÇA

Temperatura interna mínima de segurança é a temperatura interna de um determinado alimento na qual os micro-organismos são eliminados. O produto deve ser mantido a essa temperatura por um período específico para que seja considerado seguro. Veja a Tabela 2.5.

Tabela 2.5
Temperatura interna mínima de segurança

Produto	Temperatura e tempo
Peixes; frutos do mar; vitela; cordeiro; carneiro; carne de porco; carne de porco assada e curada (p. ex.: presunto defumado); ovos inteiros crus para uso imediato (exceções: qualquer peixe e carne mencionados na sequência)	63°C por 15 segundos
Carne bovina moída, ratitas (p. ex.: avestruz, ema); carnes injetadas; peixes e frutos do mar ou carnes moídas (p. ex.: suína, bovina); ovos crus que não foram preparados para uso imediato; animais de caça inspecionados	68°C por 15 segundos
Aves; caças; peixes recheados; carnes recheadas; massas recheadas; aves recheadas, ratitas recheadas (avestruz, ema); recheios contendo peixes e frutos do mar, carnes, aves ou ratitas; qualquer prato contendo alimentos previamente cozidos	74°C por 15 segundos
Todos os alimentos crus de origem animal cozidos em forno micro-ondas	74°C. Vire ou mexa o alimento na metade do processo de cozimento, cubra-o para reter a umidade e mantenha-o coberto por dois minutos após o cozimento para deixar que o calor aumente.
Carne assada (peça inteira), bovina ou de porco e presunto com osso	Qualquer uma das seguintes combinações de tempo e temperatura: 54°C por 112 minutos 55°C por 89 minutos 56°C por 56 minutos 57°C por 36 minutos 58°C por 28 minutos 59°C por 18 minutos 60°C por 12 minutos 61°C por 8 minutos 62°C por 5 minutos 63°C por 4 minutos

Meça a temperatura interna em pelo menos dois ou três lugares, sempre inserindo o termômetro nas partes mais espessas do alimento. Use termômetros higienizados com exatidão de 1°C.

PROCEDIMENTOS DE RESFRIAMENTO

Se os alimentos cozidos não forem servidos imediatamente ou mantidos aquecidos, devem ser resfriados rapidamente para não passarem muito tempo na Zona de Perigo. A velocidade com que o alimento resfria depende do seu volume total em relação à área de superfície que possui para dissipar o calor. Em outras palavras, um recipiente grande de alimento é resfriado mais lentamente porque possui menor área de superfície por unidade de volume. Um dos perigos de cozinhar alimentos em grandes volumes é que demoram tanto para esfriar que podem acabar passando muito tempo na Zona de Perigo.

Para ajudar a avaliar o tempo necessário para resfriar grandes quantidades de alimentos com segurança, use o **método de resfriamento em dois estágios** ou o **método de resfriamento em um estágio**.

Para o método de resfriamento em dois estágios, resfrie os alimentos de 57 a 21°C num período inferior a 2 horas e, em seguida, de 21 a 4°C em no máximo mais 4 horas, o que resulta num tempo total de resfriamento inferior a 6 horas.* A variação de temperatura entre 21 e 52°C é a parte mais perigosa da Zona de Perigo. Esse método garante que o alimento fique o mínimo de tempo nesse intervalo de temperatura. Se o alimento não for resfriado até 21°C em 2 horas, deve ser reaquecido a 74°C e mantido a essa temperatura por pelo menos 15 segundos e, em seguida, resfriado novamente.

No método de resfriamento em um estágio, resfrie os alimentos até atingirem uma temperatura inferior a 5°C dentro de 4 horas. Se o alimento não atingir essa temperatura em 4 horas, ele deve ser reaquecido até 74°C e mantido a essa temperatura por pelo menos 15 segundos e, em seguida, resfriado novamente.

Orientações para resfriar alimentos

1. Nunca coloque alimentos quentes diretamente no refrigerador. Além de resfriarem muito lentamente, elevam a temperatura dos outros alimentos.
2. Se estiverem disponíveis, utilize unidades ou câmaras de resfriamento rápido antes de transferi-los para a câmara fria ou o refrigerador.
3. Use imersão em gelo para baixar rapidamente a temperatura de alimentos quentes.
4. Mexa o alimento enquanto ele esfria para redistribuir o calor e fazer com que esfrie mais rápido.
5. Divida o conteúdo de recipientes grandes em recipientes menores. Isso aumenta a área de superfície em relação ao volume do alimento, permitindo que esfrie mais rápido. Despejar o alimento em uma forma rasa e plana também aumenta a área de superfície e a velocidade de resfriamento.

*N.R.: Na legislação brasileira, o alimento deve ser resfriado de 21 a 4°C em um período igual ou inferior a 4 horas, após ter sido resfriado de 55 a 21°C em, no máximo, 2 horas.
**N.R.: A higienização compreende a limpeza e a desinfecção ou sanitização.

EQUIPAMENTOS DE HIGIENIZAÇÃO

Limpar significa remover detritos visíveis. *Desinfetar*, ou *sanitizar*, significa eliminar as bactérias que causam doenças.** As duas formas de erradicar as bactérias são o *calor* e os *produtos químicos*.

LAVAGEM DE LOUÇA MANUAL

A Figura 2.2 mostra a configuração de uma pia com três compartimentos para lavar louças, copos e talheres manualmente.

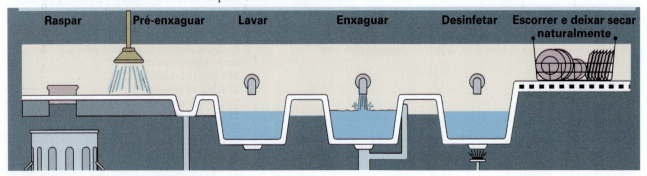

Figura 2.2
Configuração de uma pia com três compartimentos para lavagem de louça manual.

Procedimento para lavagem de louça manual

1. Raspar e enxaguar

O objetivo dessa etapa é manter a água de lavagem limpa por mais tempo.

2. Lavar

Use água quente a 43-49°C e um bom detergente. Esfregue bem com uma escova para remover todos os detritos e gorduras.

3. Enxaguar

Use água morna e limpa para enxaguar o detergente. Troque a água com frequência ou use água corrente, como mostra a Figura 2.2.

4. Desinfetar

Coloque os utensílios em um suporte e submerja-os em água quente a 77°C por 30 segundos (é necessário um aquecedor a gás ou elétrico para manter a água nessa temperatura).

5. Escorrer e deixar secar naturalmente

Não enxugue com pano de prato. Isso pode contaminar os utensílios novamente. Não toque nas superfícies de louças, copos e talheres higienizados que vão entrar em contato com o alimento.

LAVAGEM DE LOUÇAS MECÂNICA

As etapas para a lavagem de louças à máquina são as mesmas da lavagem manual, exceto pelo fato de que é a máquina que faz a lavagem, o enxágue e a sanitização.

HIGIENIZAÇÃO DE UTENSÍLIOS E EQUIPAMENTOS DE COZINHA

1. Use a mesma configuração da pia de três compartimentos e o mesmo procedimento de lavagem manual.

2. Não utilize sapólio nem palha de aço. Eles criam ranhuras nas quais as bactérias podem se alojar. Além disso, pedaços de palha de aço podem se desprender e permanecer no utensílio, misturando-se com a comida.

3. Os utensílios com alimentos aderidos devem ser raspados e enxaguados, deixados de molho no primeiro compartimento para soltar o que estiver aderido e, então, raspados e enxaguados novamente.

4. Os equipamentos de cozinha podem ser sanitizados com *desinfetantes químicos* em vez de calor. Use um desinfetante aprovado e siga as instruções do rótulo.

Procedimento para higienização mecânica de louças

1. Raspe e enxágue.

2. Coloque cada louça no seu lugar adequado para que a água da lava-louças atinja todas as superfícies.

3. Ligue a máquina no ciclo completo.

4. Temperaturas de higienização:

   82°C para máquinas que higienizam com calor

   49°C para máquinas que higienizam com desinfetantes químicos

5. Deixe enxugar naturalmente e inspecione as louças. Não toque nas superfícies de contato com o alimento.

HIGIENIZAÇÃO DE EQUIPAMENTOS E SUPERFÍCIES DE TRABALHO

1. Tire o equipamento da tomada antes de limpá-lo. Você pode sofrer ferimentos graves se encostar acidentalmente no botão e o equipamento ligar enquanto você estiver limpando-o.

2. Desmonte o equipamento quando possível (obviamente, isso não se aplica a equipamentos como mesas de trabalho). Todas as partes que podem ser imersas em água devem ser limpas e desinfetadas como os demais utensílios de cozinha.

3. Lave todas as superfícies que têm contato com alimento usando detergente e panos limpos.

4. Higienize todas as superfícies com uma solução desinfetante concentrada e panos limpos usados somente para esse fim.*

5. Deixe secar naturalmente.

6. Monte o equipamento novamente.

*N.R.: De acordo com a legislação brasileira, o enxágue das superfícies que entrarão em contato com alimento é obrigatório.

CONTROLE DE INSETOS E ROEDORES

Ratos, camundongos, moscas e baratas podem espalhar doenças contaminando os alimentos e as superfícies que entram em contato com os alimentos. Qualquer sinal de infestação de roedores ou insetos é geralmente considerado uma séria violação dos códigos de saúde.

Existem quatro métodos básicos para o controle integrado de pragas. Começaremos pelo mais importante e eficaz.

IMPEÇA O ACESSO DAS PRAGAS

1. Bloqueie qualquer possível entrada de roedores, incluindo defeitos estruturais na construção.
2. Coloque telas em todas as janelas e portas.
3. Verifique se todas as portas têm fechamento automático ou instale ventiladores ou cortinas de ar.
4. Inspecione os produtos que chegam para verificar se há sinais de infestação de insetos.

ELIMINE REFÚGIOS E CRIADOUROS

1. Conserte buracos e quaisquer defeitos estruturais em paredes e pisos.
2. Elimine espaços estreitos atrás de equipamentos, balcões e outros aparelhos fixos, ou entre eles, bem como espaços vazios criados por fundos falsos em balcões, armários etc.
3. Armazene alimentos e suprimentos longe do chão.
4. Vede todas as rachaduras e fendas. Conserte ladrilhos soltos, revestimentos etc.
5. Elimine todos os criadouros de moscas dentro e fora da cozinha: latas de lixo, sobras de comida e sujeiras em geral.

ELIMINE SUPRIMENTOS DE COMIDA

1. Mantenha todos os alimentos bem tampados ou embalados.
2. Mantenha as lixeiras bem tampadas e use lixeiras de metal (à prova de ratos).
3. Limpe alimentos derramados.
4. Mantenha a higiene geral: limpe e desinfete pisos, paredes e equipamentos.

EXTERMINE

Contrate profissionais especializados no controle de vetores e pragas urbanas que sejam qualificados e licenciados, saibam como utilizar venenos, inseticidas e armadilhas. A maioria dos venenos não pode ser usada em estabelecimentos de produção de alimentos, portanto, é melhor não tentar fazer isso sozinho.

A exterminação é apenas uma solução temporária. Para se livrar permanentemente de roedores e insetos, você deve contar com os outros métodos de controle.

COMO ORGANIZAR UM SISTEMA DE SEGURANÇA DE ALIMENTOS

Uma vez aprendidas as informações da primeira parte deste capítulo, você deve aplicá-las na cozinha.

Muitos estabelecimentos de serviços alimentícios desenvolveram sistemas de segurança de alimentos que permitem aos profissionais manter uma verificação rigorosa de todos os itens sempre que houver risco de contaminação ou proliferação de patógenos. Nos sistemas mais eficientes, nada é deixado ao acaso. Em cada etapa de produção e armazenamento, os profissionais consultam diretrizes que explicam o que se almeja e que ações tomar se os padrões não forem alcançados. Diretrizes por escrito ajudam todos a evitar erros que podem custar caro.

O SISTEMA APPCC

Um sistema eficaz de segurança de alimentos é chamado *Análise de Perigos e Pontos Críticos de Controle*, ou **APPCC**. Versões desse sistema têm sido amplamente adotadas em todo o setor de serviços alimentícios.*

A discussão a seguir é uma breve introdução aos conceitos básicos do APPCC. Para obter uma explicação mais detalhada, consulte outros materiais publicados em inglês que estão listados na Bibliografia (pp. 1031-1032). A discussão abaixo se baseia em informações apresentadas nesses livros.

*N.R.: A versão mais atual desse sistema em voga no Brasil é o PAS – Programa Alimentos Seguros.

Etapas do sistema APPCC

O objetivo do APPCC é identificar, monitorar e controlar os perigos de contaminação dos alimentos. O sistema compreende sete etapas:

1. Avaliar os perigos.
2. Identificar pontos críticos de controle (PCC).
3. Definir padrões ou limites para os pontos críticos de controle.
4. Definir procedimentos de monitoramento dos pontos críticos de controle.
5. Estabelecer ações corretivas.
6. Definir um sistema de manutenção de registros.
7. Verificar se o sistema está funcionando.

Essas etapas são a base da discussão a seguir.

O fluxo do alimento

O APPCC tem como ponto de partida um conceito denominado **diagrama de fluxo**. Esse termo se refere à passagem do alimento por um estabelecimento de serviço alimentício, desde o seu recebimento, passando pelos vários estágios de armazenamento, preparo e serviço, até chegar ao consumidor final.

O diagrama de fluxo é diferente para cada item a ser preparado. Alguns itens do menu envolvem várias etapas. Por exemplo, um prato de frango ao molho de creme de leite com legumes e arroz pode ter as seguintes etapas:

Receber os ingredientes crus (frango, vegetais, creme de leite, arroz etc.)	Cozinhar
	Manter aquecido e servir
Armazenar os ingredientes crus	Resfriar e armazenar as sobras
Pré-preparar os ingredientes (lavar, cortar, limpar etc.)	Reaquecer, manter aquecido e armazenar as sobras

Até mesmo os itens mais simples passam por várias etapas. Por exemplo, um bolo comprado pronto em uma padaria para ser servido como sobremesa passará por, pelo menos, estas etapas no trajeto até o cliente:

Receber	Armazenar	Servir

Perigos e pontos críticos de controle

Em cada uma dessas etapas, à medida que os alimentos passam pelo estabelecimento, alguns riscos podem levar a condições danosas, chamadas *perigos*. Esses perigos podem ser divididos em três categorias:

1. *Contaminação*, como contaminação cruzada por uma superfície de corte suja, embalagem rasgada que possibilita a infestação de insetos, trabalhar com o alimento sem lavar as mãos, derramar produtos de limpeza no alimento.
2. *Proliferação de bactérias e outros patógenos* em decorrência de condições como refrigeração ou armazenamento inadequados e manutenção de alimentos quentes abaixo de 57°C.
3. *Sobrevivência de patógenos ou presença contínua de toxinas*, normalmente pelo cozimento ou aquecimento inadequados ou higienização inapropriada de equipamentos e superfícies.

Note que esses perigos correspondem às técnicas de higienização discutidas na página 19 (evitar que as bactérias se espalhem, impedir que cresçam e eliminá-las). A diferença importante é que os perigos abordados pelo APPCC incluem perigos químicos e outros perigos, além de organismos que causam doenças. Entretanto, é natural que muitos dos perigos com os quais nos preocupemos sejam aqueles que afetam os *alimentos potencialmente perigosos* (ver p. 18).

Em cada etapa em que há risco de algum desses perigos ocorrer, é possível adotar ações que o eliminem ou o reduzam ao mínimo. Essas etapas são chamadas de **pontos críticos de controle**, ou PCC. Em linguagem simples, a definição de um sistema APPCC começa pela revisão do diagrama de fluxo do alimento para descobrir onde pode acontecer algo errado, e então decidir o que pode ser feito em relação a isso. Na linguagem do APPCC, essas etapas compreendem a *avaliação dos perigos* e *identificação dos pontos críticos de controle*.

Definição de padrões e acompanhamento dos procedimentos

O próximo passo para o desenvolvimento de um sistema de segurança do alimento APPCC é definir os procedimentos a serem adotados para os pontos críticos de controle. Em cada ponto crítico de controle, os profissionais do setor alimentício precisam saber que padrões devem ser alcançados, que procedimentos devem ser seguidos para alcançar esses padrões e o que fazer quando eles não são alcançados. Para reduzir as chances de erros, esses padrões e procedimentos são registrados por escrito. Quando possível, eles devem ser incluídos nas receitas do estabelecimento. No Capítulo 5, você verá como os PCC são incorporados em uma receita-padrão.

Alguns procedimentos são gerais e incluem as regras de higienização discutidas anteriormente neste capítulo. Por exemplo, lavar as mãos antes de manipular alimentos e após manusear alimentos crus; preservar os alimentos acima de 57°C ou abaixo de 5°C. Outros se aplicam a itens específicos. Por exemplo, assar a carne bovina a uma temperatura interna de pelo menos 63°C e cuidar para que essa temperatura se mantenha por pelo menos 3 minutos. As Temperaturas de Segurança discutidas na página 29 são uma parte importante dos padrões de um sistema APPCC.

É necessária uma observação cuidadosa para saber quando os padrões são obedecidos. Com frequência, isso envolve mensurações. A única forma de saber, por exemplo, se um assado atingiu a temperatura interna necessária é medindo-a com um termômetro limpo e desinfetado.

Os administradores devem cuidar para que todos os funcionários sejam treinados para seguir os procedimentos e tenham os equipamentos necessários para fazer seu trabalho.

Uma vez desenvolvidos esses procedimentos, etapas adicionais para implementar um sistema APPCC são importantes para garantir mais eficácia: monitorar os pontos críticos de controle, adotar ações corretivas se os procedimentos não forem seguidos, manter registros de todos os aspectos do sistema e verificar se o sistema está funcionando.

Como essa breve introdução ao APPCC indica, definir um sistema como esse para controlar todos os aspectos da produção de alimentos requer mais informações do que este capítulo pode oferecer. Consulte a bibliografia para obter informações mais detalhadas.

COMO APRENDER MAIS SOBRE SEGURANÇA DE ALIMENTOS

É importante entender que higiene e segurança de alimentos são assuntos extensos e complexos. A primeira metade deste capítulo é apenas uma introdução ao estudo da segurança de alimentos. Para evoluir em uma carreira no serviço alimentício, você terá que demonstrar conhecimento detalhado do assunto, muito além do que pode ser apresentado neste curto espaço. Livros inteiros são dedicados à segurança e higiene na cozinha. Muitas organizações, incluindo departamentos e organizações de saúde locais e regionais, como a Associação Nacional de Restaurantes, patrocinam programas de treinamento que concedem certificados em segurança de alimentos. Nos Estados Unidos, algumas legislações locais ou estaduais podem exigir esse certificado de funcionários do setor alimentício em cargos de supervisão. No Canadá, muitas províncias possuem seus próprios regulamentos de segurança, e os operadores de serviços alimentícios devem estar familiarizados com esses regulamentos, além dos regulamentos federais. A saúde e a segurança de sua clientela dependem do estudo diligente desses regulamentos.

SEGURANÇA

O trabalho na cozinha é, em geral, considerado uma ocupação relativamente segura, pelo menos em comparação a muitos trabalhos na indústria. No entanto, a cozinha possui muitos perigos. Danos menores como cortes e queimaduras são comuns, mas danos mais graves também podem ocorrer. A quantidade de equipamentos quentes e maquinários potentes, combinada a um ritmo acelerado e, às vezes, frenético torna importante para todos trabalhar com cuidado e atenção constante às regras de segurança.

Nos Estados Unidos, a Occupational Safety and Health Administration (OSHA) estabeleceu conjuntos de regras que regem a segurança no trabalho. Os funcionários devem seguir essas regras e diretrizes. No Canadá, o Canadian Centre for Occupational Health and Safety (CCOHS) fornece informações sobre a legislação comparada, tanto nacional quanto nas províncias.*

*N.R.: No Brasil, a Secretaria de Segurança e Saúde no Trabalho, SSST, é o órgão de âmbito nacional competente para coordenar, orientar, controlar e supervisionar as atividades relacionadas com a segurança e medicina do trabalho, e ainda a fiscalização do cumprimento dos preceitos legais e regulamentares em todo o território nacional.

AMBIENTE DE TRABALHO SEGURO

A maior parte desta seção é voltada para formas como os profissionais podem evitar certos tipos de acidentes, como cortes, queimaduras e quedas. No entanto, é muito mais fácil desenvolver e praticar hábitos que previnem acidentes quando existe segurança no local de trabalho.

A administração de um estabelecimento de serviço alimentício deve cuidar para que as instalações e os equipamentos tenham os recursos de segurança necessários.

1. Instalações, equipamentos e fiação elétrica em boas condições.
2. Iluminação adequada nas superfícies de trabalho e nos corredores.
3. Piso antiderrapante.
4. Saídas bem sinalizadas.
5. Equipamentos com os dispositivos de segurança necessários.
6. Extintores de incêndio ativados por calor sobre os equipamentos de cozimento, especialmente fritadeiras de imersão.
7. Equipamentos de emergência situados em locais adequados, como extintores de incêndio, mantas antichama e *kits* de primeiros socorros.
8. Números de telefones de emergência bem localizados.
9. Procedimentos de emergência bem sinalizados, incluindo a manobra de Heimlich para vítimas de choque. Um ou mais funcionários devem receber treinamento formal nesse procedimento. Além disso, é uma boa ideia treinar um ou mais funcionários em ressuscitação cardiopulmonar (RCP).
10. Padrões de tráfego regular para evitar colisões entre funcionários.

PREVENÇÃO DE CORTES

1. Mantenha as facas afiadas. Uma faca afiada é mais segura do que uma faca cega, pois requer menos pressão e tem menos chance de escorregar.
2. Use uma tábua de cortar. Não corte em uma superfície de metal. Coloque uma toalha úmida embaixo da tábua para evitar que ela escorregue.
3. Preste atenção no que está fazendo quando usar uma faca ou equipamento de corte.
4. Corte em direção oposta a si mesmo e a outros funcionários.
5. Use as facas somente para cortar, e não para outras tarefas como abrir garrafas.
6. Não tente pegar uma faca quando ela estiver caindo. Afaste-se e deixe que ela caia.
7. Não coloque facas dentro da pia, sob a água, ou em qualquer outro lugar onde não possam ser vistas.
8. Limpe as facas com cuidado, mantendo o fio da lâmina longe de você.

9. Guarde as facas em local seguro, como em um armário, quando não estiverem em uso.

10. Carregue as facas adequadamente. Segure a faca junto ao corpo, apontando para baixo, com a parte afiada voltada para trás e em direção contrária à sua perna. Não balance os braços. Quando possível, carregue as facas em um estojo. Avise as pessoas quando estiver passando por elas com uma faca na mão.

11. Mantenha itens quebráveis, como louças e copos, fora da área de produção.

12. Não coloque itens quebráveis dentro da pia.

13. Varra – não pegue com a mão – vidro quebrado.

14. Descarte louças e copos lascados ou rachados.

15. Use recipientes especiais para louças e copos quebrados. Não os descarte no lixo comum.

16. Se houver copo quebrado dentro da pia, escoe a água antes de tentar retirá-lo.

17. Retire todos os pregos e grampos ao abrir engradados e caixas de papelão e descarte-os.

PREVENÇÃO DE QUEIMADURAS

1. Sempre considere que a alça da panela está quente. Não pegue-a sem proteção nas mãos.

2. Use luvas ou panos secos para segurar panelas quentes. Se estiverem molhados, podem gerar vapor e queimar você.

3. Mantenha cabos e alças de panelas longe da passagem para que as pessoas não batam neles. Além disso, mantenha-os longe da chama, nos fogões a gás.

4. Não encha demais as panelas para que a comida quente não transborde.

5. Peça ajuda quando for mover recipientes pesados contendo comida quente.

6. Abra a tampa da panela de forma que o vapor escape com segurança para longe de você.

7. Tome cuidado ao abrir fornos combinados a vapor.

8. Verifique se o gás está bem ventilado antes de tentar acender o forno ou a chama-piloto. Acenda o fósforo antes de ligar o gás. Além disso, acenda-o riscando em direção contrária a seu corpo.

9. Vista manga longa e uma jaqueta de *chef* de peito duplo para se proteger de derramamentos ou respingos de comida ou gordura quente. Além disso, vista sapatos de couro resistentes e com o calcanhar fechado.

10. Enxugue os alimentos antes de colocá-los na gordura para fritar, senão a gordura quente pode respingar em você.

11. Ao colocar alimentos na gordura quente, deposite-os com cuidado e apontando em direção oposta a seu corpo para não espirrar gordura em você.

12. Mantenha líquidos longe da fritadeira. Quando um líquido é derramado dentro da fritadeira, o vapor se precipita de repente e pode espirrar gordura quente nas pessoas que estão por perto.

13. Sempre avise as pessoas ao passar atrás delas com panelas quentes ou quando estiver passando atrás de alguém que esteja trabalhando com itens quentes.

14. Avise os garçons quando os pratos estiverem quentes.

PREVENÇÃO DE INCÊNDIO

1. Saiba onde estão localizados os extintores de incêndio e como usá-los.

2. Use o tipo de extintor correto. Há três classes de incêndio, e os extintores devem ser rotulados de acordo com o tipo de incêndio para o qual podem ser usados.

   • Incêndios de **Classe A**: madeira, papel, tecido e combustíveis comuns.

- Incêndios de **Classe B**: líquidos inflamáveis, como gordura animal, óleo, gasolina e solventes.
- Incêndios de **Classe C**: interruptores, motores, equipamentos elétricos etc.

Nunca use água ou um extintor de incêndio de Classe A em um incêndio com gordura ou eletricidade. Isso apenas espalha o fogo.

3. Mantenha um suprimento de sal ou bicarbonato de sódio à mão para apagar incêndios em fogões.
4. Mantenha coifas e outros equipamentos longe de acúmulos de gordura.
5. Não deixe gordura quente sem supervisão no fogão.
6. Fume somente nas áreas destinadas para isso. Não deixe cigarros acesos sem supervisão.
7. Se soar o alarme de incêndio e você tiver tempo, desligue todos os aparelhos a gás e elétricos antes de sair do local.
8. Mantenha as portas de incêndio fechadas.
9. Mantenha as saídas livres de obstáculos.
10. Estabeleça e divulgue um plano de evacuação de emergência, identificando claramente as rotas e saídas. O plano deve incluir procedimentos para evacuar clientes e outras pessoas que não sejam funcionários.

PREVENÇÃO DE LESÕES EM MÁQUINAS E EQUIPAMENTOS

1. Não use um equipamento a menos que saiba como ele funciona.
2. Use todas as proteções e dispositivos de segurança do equipamento. Deixe todas as máquinas de fatiar no zero (lâmina fechada) quando não estiverem em uso.
3. Não toque nem retire alimentos de qualquer tipo de equipamento que esteja em funcionamento, nem mesmo com uma colher ou espátula.
4. Tire os equipamentos elétricos da tomada antes de desmontá-los ou limpá-los.
5. Verifique se o botão liga/desliga está desligado antes de colocar o equipamento na tomada.
6. Não toque nem segure equipamentos elétricos, incluindo os botões, se suas mãos estiverem molhadas ou se você estiver pisando em água.
7. Use roupas apropriadas e mantenha as cordas dos aventais curtas para evitar que se prendam em engrenagens.
8. Utilize os equipamentos apenas para os fins a que se destinam.
9. Empilhe panelas e outros equipamentos adequadamente em bancadas ou prateleiras para que fiquem estáveis e não caiam.

PREVENÇÃO DE QUEDAS

1. Limpe alimentos derramados imediatamente.
2. Jogue sal nos pontos escorregadios para torná-los menos escorregadios enquanto um rodo é providenciado.
3. Mantenha os corredores e as escadas limpos e desobstruídos.
4. Não carregue objetos muito grandes. Você tem que conseguir enxergar por cima deles.
5. Ande, não corra.
6. Use uma escada segura, não cadeiras ou caixas empilhadas, para alcançar prateleiras altas ou para limpar equipamentos altos.

PREVENÇÃO DE TORÇÕES E LESÕES AO ERGUER OBJETOS

1. Erga objetos com os músculos das pernas, não das costas. A Figura 2.3 demonstra a técnica adequada para erguer objetos.
2. Não vire ou torça as costas enquanto ergue um objeto e verifique se o apoio dos pés está seguro.
3. Use um carrinho para mover objetos pesados por longas distâncias ou peça ajuda.

Figura 2.3
Técnica apropriada para erguer objetos.

(a) Agache-se sobre um joelho, depois levante com os músculos das pernas.

(b) Não incline para frente para não erguer o objeto usando as costas.

Segurança 39

■ TERMOS PARA REVISÃO

higiene	anaeróbia	parasita	método de resfriamento em
contaminado	facultativa	triquinose	um estágio
perigo	fase de latência	alérgeno	APPCC
micro-organismo	alimentos potencialmente	contaminação física	diagrama de fluxo
patógeno	perigosos	contaminação cruzada	pontos críticos de controle
bactéria	desinfetar	regra das quatro horas	segurança
intoxicação	botulismo	Temperatura interna	incêndios de classes A, B e C
infecção	estafilococo	mínima de segurança	
Zona de Perigo	*E. coli*	método de resfriamento em	
aeróbia	*salmonella*	dois estágios	

■ QUESTÕES PARA DISCUSSÃO

1. Verdadeiro ou falso: conservar alimentos em um balcão térmico acima de 57°C mata as bactérias que causam doenças e elimina o problema de intoxicação alimentar. Explique sua resposta.

2. Verdadeiro ou falso: envasar alimentos elimina o ar, assim as bactérias que causam doenças não conseguem crescer. Explique sua resposta.

3. Quais dos seguintes alimentos podem ser contaminados por organismos que causam doenças?

Bomba de chocolate	Pãezinhos
Salada de batata	Aperitivo de camarão
Carne assada	Balas de menta
Alface	Biscoitos *cream cracker*
Sanduíche de peru	Arroz-doce

4. Com que frequência você deve lavar as mãos ao trabalhar com alimentos?

5. Por que o controle da temperatura é uma das armas mais eficazes contra o crescimento bacteriano? Quais são algumas temperaturas importantes para memorizar?

6. Qual é a importância de limpar e desinfetar equipamentos e tábuas de corte imediatamente após trabalhar com frango cru?

7. Você está fazendo uma salada de ovos e acabou de cozinhá-los. Qual procedimento você executa antes de picar os ovos e misturá-los com os outros ingredientes? Por quê?

8. É possível um prato estar limpo, mas não desinfetado? Higienizado, mas não limpo?

9. Explique os conceitos de *perigos* e *pontos críticos de controle*. Dê pelo menos três exemplos de cada.

10. Quais são as três categorias gerais de alimentos potencialmente perigosos? Dê exemplos de cada categoria. Dê exemplos de alimentos que não são potencialmente perigosos.

11. Verdadeiro ou falso: o limite inferior da Zona de Perigo é a temperatura de refrigeração própria para alimentos perecíveis. Discuta.

12. Quais são as sete etapas do APPCC?

CAPÍTULO 3

CAPÍTULO 3
Ferramentas e equipamentos

Um amplo conhecimento dos equipamentos é essencial para o sucesso em uma cozinha. Poucos estabelecimentos de serviços alimentícios dependem exclusivamente de forno, fogão, algumas panelas e frigideiras, facas e outras ferramentas manuais. As tecnologias modernas continuam desenvolvendo mais e mais ferramentas especializadas e tecnicamente avançadas para reduzir o trabalho na cozinha.

Muitos desses equipamentos são tão complexos ou tão sofisticados que somente com orientação e prática é possível operá-los com eficiência e segurança. Outros itens, especialmente ferramentas manuais, são simples e não precisam de explicação, mas requerem muita prática para desenvolver boas habilidades manuais.

Hoje em dia, existe uma ampla variedade de equipamentos especializados para a cozinha. Seria necessário um livro extenso, e não apenas um breve capítulo, para descrever os inúmeros itens com os quais você terá contato ao longo de sua carreira – como máquinas para fazer macarrão, crepes, hambúrgueres, pães, bebidas, biscoitos, churrasco grego, para glacear *donuts*, fritadeiras etc. Nesta era tecnológica, quase todos os anos surgem novas ferramentas para simplificar várias tarefas.

Este capítulo é uma introdução aos equipamentos mais comuns usados nas cozinhas profissionais. Ele não pode, neste curto espaço, servir de manual de instruções para todos os modelos de todas as máquinas que serão utilizados. Tampouco substitui a demonstração do seu instrutor ou a experiência prática.

Após ler este capítulo, você deverá ser capaz de identificar o que fazer e o que não fazer em relação à utilização segura e eficaz dos equipamentos mais comuns de uma cozinha, equipamentos de processamento, equipamentos de conservação e armazenamento, aparelhos de medida, facas, ferramentas manuais e equipamentos pequenos.

INTRODUÇÃO AOS EQUIPAMENTOS DA COZINHA PROFISSIONAL

Antes de analisar itens específicos, deve-se considerar algumas questões relacionadas ao uso de equipamentos em geral.

EQUIPAMENTOS DE COZINHA PODEM SER PERIGOSOS

Os equipamentos modernos de cocção e processamento de alimentos possuem uma grande capacidade de queimar, cortar, esmagar, mutilar e amputar partes do delicado corpo humano. Pode parecer uma maneira rude de iniciar um capítulo; contudo, a intenção não é intimidá-lo ou assustá-lo, e sim inspirar um respeito saudável pela importância de procedimentos apropriados de operação e segurança.

Não utilize um equipamento até estar totalmente familiarizado com sua operação e todos os seus recursos. É preciso aprender também a reconhecer quando uma máquina não está operando corretamente. Quando isso acontecer, desligue-a imediatamente e informe o problema a um supervisor.

NEM TODOS OS MODELOS SÃO IGUAIS

Cada fabricante introduz pequenas variações em equipamentos básicos. Ao mesmo tempo em que todos os fornos de convecção operam com os mesmos princípios básicos, cada modelo é um pouco diferente, mesmo que apenas na localização dos botões. É importante ler o manual de instruções fornecido com cada item ou aprender com alguém que já conheça bem e tenha operado o equipamento.

A LIMPEZA FAZ PARTE DO PROCEDIMENTO OPERACIONAL

Uma limpeza regular e cuidadosa de todos os equipamentos é fundamental. A maioria dos equipamentos pode ser parcialmente desmontada para limpeza. Mais uma vez, todo modelo é um pouco diferente dos outros. Os manuais de instruções devem descrever esses procedimentos em detalhes. Se não houver um manual disponível, obtenha informações com alguém que conheça o equipamento.

Ao adquirir um equipamento, procure por modelos que tenham sido testados e aprovados por agências reconhecidas que certificam produtos e criam padrões de certificação para alimentos, água, ar e bens de consumo. Três agências reconhecidas são a NSF International (www.nsf.org; anteriormente chamada National Sanitation Foundation), a CSA International (www.csa-international.org; anteriormente chamada Canadian Standards Association) e a Underwriter Laboratory (www.ul.com). Essas três agências são reconhecidas internacionalmente. Os produtos que satisfazem seus requisitos de teste recebem seu selo (Fig. 3.1). Existem critérios para avaliar fatores como *design* e construção (p. ex., juntas e emendas vedadas), materiais utilizados (p. ex., materiais não tóxicos, superfícies lisas e de fácil limpeza) e testes de desempenho.

**Figura 3.1
Marca de certificação da NSF International.**
Cortesia da NSF International.

Logo da CSA International.
Cortesia da Canadian Standard Association.

Logo da Underwriters Laboratory.
Reproduzido com a permissão da Underwriters Laboratory, Inc.

CONSERVAÇÃO DE ENERGIA

Antigamente, era um procedimento-padrão o *chef* ligar os fornos e fogões logo no início da manhã e mantê-los ligados durante todo o dia. Nos dias de hoje, os altos custos de energia encareceram essa prática. Felizmente, os equipamentos modernos levam menos tempo para aquecer.

Conheça o tempo de preaquecimento de todos os equipamentos de cozinha para não ligá-los antes do momento necessário. Planeje a produção de forma que os equipamentos que requerem muita energia não fiquem ligados por longos períodos quando não estiverem em uso.

AS MÃOS SÃO AS MELHORES FERRAMENTAS

O objetivo das máquinas é a economia de mão de obra. No entanto, a utilidade dos equipamentos de processamento especializados em geral depende do volume de alimento que ele suporta. Leva menos tempo para um cozinheiro cortar alguns gramas de cebola à mão do que montar o equipamento, passar as cebolas por ele, desmontá-lo e limpá-lo. Por isso, é importante desenvolver boas habilidades manuais.

EQUIPAMENTOS DE COZINHA

FOGÕES

O fogão continua sendo a peça mais importante entre os equipamentos de cozinha, embora muitas das suas funções tenham sido assumidas por outras ferramentas, como estufas e caldeiras a vapor, frigideiras basculantes e fornos.

Tipos de fogão de mesa

1. **Elementos abertos** (queimadores), com espirais elétricas ou chamas a gás. Esses fogões são os que aquecem mais rapidamente e podem ser desligados após utilização rápida. Entretanto, seu espaço é limitado a uma panela por queimador.
2. **Fogão de chapa francesa** (pesos leves). Queimadores cobertos por uma chapa de aço. Mais espaço para cozinhar. Suporta pesos moderadamente pesados.
3. **Chapa francesa para serviços pesados**. Queimadores cobertos por aço fundido pesado. Suporta várias panelas pesadas. Uma superfície mais espessa requer um preaquecimento mais longo. Ajuste os queimadores em graus diferentes e controle a temperatura de cozimento posicionando as panelas em pontos diferentes da superfície.
4. **Fogões de mesa por indução**. Um tipo relativamente novo de fogão, o fogão de mesa por indução está aos poucos ocupando espaço nas cozinhas comerciais. A superfície em si não fica quente. Em vez disso, funciona agitando magneticamente as moléculas de panelas de aço ou ferro, aquecendo-as. Como resultado, muito menos energia é usada e a cozinha fica mais fresca, pois somente as frigideiras e panelas e seus conteúdos são aquecidos. Não há superfícies quentes ou chamas abertas. Além disso, não é necessário preaquecimento. O fogão de mesa por indução pode ser ligado ou desligado instantaneamente. Há fogões por indução pequenos e portáteis no mercado. Eles são úteis para serviços de bufê externos e até para aquecer e cozinhar ao lado da mesa de jantar. A desvantagem desse fogão é que somente panelas de aço ou ferro podem ser usadas. Panelas de alumínio e cobre tradicionais não funcionam nele. Alguns fabricantes de panelas responderam à nova demanda produzindo frigideiras e panelas de alumínio recobertas por camadas de aço inoxidável. Dessa forma, as boas qualidades de condução de calor do alumínio são preservadas e também adaptadas a essa nova tecnologia.

O que fazer e o que não fazer

1. Verifique se a chama-piloto do gás está acesa antes de ligar os queimadores. Se os queimadores não acenderem, desligue o gás e deixe que o ambiente ventile antes de tentar acender as chamas-piloto ou os queimadores novamente.

Fogão a gás com queimador aberto e chapa bifeteira
Cortesia da Vulcan Hart Company.

Fogão de chapa francesa
Cortesia da Vulcan Hart Company.

2. Ajuste a entrada de ar para que as chamas do gás fiquem azuis e com a ponta branca, a fim de obter o máximo aquecimento.
3. Não deixe fogões do tipo chapa francesa em alta temperatura, a menos que haja algum item sendo cozido neles. Isso pode causar danos à superfície do fogão.

FORNOS

O forno e o fogão são os dois burros de carga da cozinha tradicional, e é por isso que são combinados num mesmo equipamento com tanta frequência. Fornos são espaços fechados em que o alimento é aquecido, normalmente com ar quente ou, em alguns tipos de fornos mais recentes, por micro-ondas ou raios infravermelhos.

Além de assar, os fornos podem fazer muitas das tarefas normalmente feitas pelo fogão. Muitos alimentos podem ser ensopados, cozidos, refogados ou escalfados no forno, liberando o fogão e a atenção dos *chefs* para outras tarefas.

Existem vários tipos de fornos além dos discutidos aqui, mas, em geral, são destinados a usos especializados ou de grandes volumes. Entre eles estão os **fornos de esteira**, que transportam os alimentos através do forno em uma esteira de aço; **carros-estufa**, desenvolvidos para manter vários tipos de alimentos à temperatura certa para servir por longos períodos sem ressecá-los ou cozinhá-los demais (essa categoria inclui fornos que também cozinham os alimentos e alternam automaticamente para a temperatura de conservação do alimento aquecido); e **fornos de grande porte**, com portas que vão até o chão, permitindo que carros de assadeiras inteiros sejam inseridos facilmente em seu interior.

Fornos convencionais

Fornos convencionais operam simplesmente aquecendo o ar em um espaço fechado. Os fornos mais comuns são parte integrante do fogão, embora unidades de forno separadas ou fornos combinados com salamandras também estejam disponíveis. Os **fornos de lastro** são unidades que consistem em prateleiras individuais ou módulos organizados um acima do outro. As formas são colocadas diretamente no lastro ("chão" do forno) e não em grades. As temperaturas são ajustáveis para cada módulo.

Fornos de lastro
Copyright Blodgett Corporation.

O que fazer e o que não fazer

Muitos dos seguintes pontos também se aplicam a outros tipos de forno.

1. Preaqueça os fornos, mas não mais do que o necessário, para evitar o uso excessivo de energia.
2. Para evitar grandes perdas de energia e interrupção do cozimento, não abra a porta do forno além do necessário.
3. Deixe espaço entre os itens para que o ar possa circular.
4. Verifique se a chama-piloto está ligada antes de acender fornos a gás.

Fornos de convecção

Os fornos de convecção contêm ventoinhas que fazem o ar circular, distribuindo o calor rapidamente por todo o interior. Por causa da circulação forçada do ar, os alimentos cozinham com mais rapidez a temperaturas mais baixas. Além disso, as grades podem ser colocadas mais próximas umas das outras do que nos fornos convencionais, sem que o fluxo do calor seja bloqueado.

O que fazer e o que não fazer

1. Para a maioria dos produtos a serem preparados, ajuste a temperatura cerca de 15 a 30°C abaixo da que seria usada em um forno convencional. Verifique as recomendações do fabricante.
2. Observe atentamente os tempos de cozimento. A circulação forçada de calor cozinha os alimentos com mais rapidez e tende a ressecá-los excessivamente caso sejam cozidos em demasia. Os assados encolhem mais do que nos fornos convencionais.
3. Muitos modelos de forno de convecção não devem ser operados com a ventoinha desligada, em razão do risco de queima do motor.
4. A circulação forçada do ar no forno de convecção pode deformar itens mais macios. A massa de bolo, por exemplo, desenvolve ondulações. Verifique as recomendações do fabricante.

Forno de convecção
Cortesia da Vulcan Hart Company.

Fornos rotativos

Fornos rotativos são grandes câmaras que contêm várias prateleiras ou bandejas em um mecanismo giratório semelhante a uma roda gigante.* Esse forno elimina o problema de pontos quentes ou de assamento irregular, pois o mecanismo faz com que os alimentos circulem por todo o interior do forno.

Os fornos rotativos são utilizados em padarias e em estabelecimentos com grande volume de operações.

*N.R.: No Brasil, esse tipo de forno possui um sistema vertical de rotação, fazendo com que o carrinho, que é inserido dentro do forno já carregado de formas, gire sobre seu próprio eixo durante o assamento.

Fornos para cozinhar lentamente e conservar os alimentos aquecidos

O forno tradicional não é nada além de uma caixa aquecida equipada com um termostato. Alguns fornos modernos possuem recursos mais sofisticados, como controles eletrônicos computadorizados e sondas especiais que percebem quando um alimento está no ponto e avisam o forno para que mude da temperatura de cozimento para a de manutenção do calor.

Muitos desses fornos são especialmente desenvolvidos para assar carnes em baixa temperatura (ver p. 288). Os controles sensíveis possibilitam cozinhar a temperaturas estáveis e confiáveis de 95°C ou menos e manter os alimentos aquecidos a 60°C por longos períodos. Cortes grandes de carne levam muitas horas para assar em uma temperatura baixa como 95°C. Ajustando os controles antes, o operador pode até deixar a carne assando durante a noite, sem supervisão.

Esses fornos estão disponíveis como fornos de convecção e como fornos regulares de ar estacionário.

Fornos combinados

O **forno combinado**, também chamado de *combi oven* em inglês, é um tipo relativamente novo que pode ser operado de três formas: como forno de convecção, para cozimento no vapor (ver p. 49) e, com as duas funções de uma vez, como um forno de alta umidade. Injetar umidade em um forno ao assar carnes ajuda a minimizar o encolhimento e o ressecamento.

Forno combinado
Cortesia da Vulcan Hart Company.

Churrasqueiras-defumadoras

Churrasqueiras-defumadoras são como fornos convencionais, mas com uma diferença importante: produzem fumaça pela queima de madeira, que envolve o alimento e agrega-lhe sabor enquanto assa. Nos Estados Unidos, lenhas especiais como a de castanheira, algarobeira ou de árvores frutíferas (como a macieira e a cerejeira) são adicionadas à parte do forno destinada à defumação, de acordo com as instruções do fabricante. Em geral, esse dispositivo nada mais é que uma fonte de calor elétrica que aquece pequenos tocos ou lascas de madeira até ficarem quentes o suficiente para produzirem fumaça, mas não o bastante para entrarem em combustão.

Dependendo do modelo, existem vários recursos de cozimento. Assim, as churrasqueiras-defumadoras podem ter ciclos para assar sem fumaça, defumar a frio (com o elemento para defumar ligado, mas com o forno desligado), manter o alimento aquecido e dourar.

Uma churrasqueira-defumadora que utiliza fumaça de madeira não deve ser confundida com um defumador, utilizado para fazer alimentos defumados a frio e a quente, conforme será discutido no Capítulo 26. O interior de um defumador é exibido na página 837.

Fornos infravermelhos

As unidades com infravermelho contêm tubos ou placas de quartzo que geram intenso calor infravermelho. Esses fornos são usados principalmente para reconstituir alimentos congelados. Eles trazem grandes quantidades de alimentos à temperatura própria para servir em um curto período de tempo. O calor é uniforme e controlável.

Fornos a lenha

Os fornos antigos eram feitos de alvenaria, tijolo ou barro e aquecidos por uma fogueira dentro deles. Nesse tipo de forno, o tijolo absorve o calor intenso do fogo e cozinha os alimentos por bastante tempo após o fogo se apagar e as cinzas serem removidas. Itens como pães e pizzas são assados diretamente no assoalho do forno, assim como nos fornos de lastro. Os fornos a lenha voltaram a ser largamente utilizados nos Estados Unidos, sobretudo em restaurantes especializados em carnes assadas, pizzas e itens similares. Os alimentos absorvem um pouco do sabor e do aroma agradáveis da fumaça da lenha.

Forno de micro-ondas
Cortesia da Vulcan Hart Company.

Como o forno a lenha tradicional não possui um botão para controlar a temperatura, é preciso ter certa experiência para produzir alimentos assados de qualidade consistente. Para acender o forno, é feita uma fogueira diretamente dentro dele. A chaminé e a porta são mantidas abertas para que a fumaça possa sair. Depois que a chama se apaga, as cinzas e as brasas são varridas para fora. A porta e a chaminé são fechadas para que o calor se torne uniforme dentro da cúpula do forno. Nesse ponto, a temperatura inicial dentro do forno pode chegar a 450°C. Pizzas podem ser assadas a essa temperatura. Para carnes e pães, o forno permanece como está até que a temperatura caia gradualmente aos níveis desejados. Outra alternativa é manter a fogueira acesa na parte de trás do forno enquanto os alimentos são assados na frente, com a chaminé aberta.

Fornos a lenha combinados são mais controláveis. Podem funcionar a gás, a lenha ou usando as duas fontes de calor.

Fornos de micro-ondas

Nesses fornos, tubos especiais geram radiação por micro-ondas que, por sua vez, criam calor dentro do alimento. O cozimento por micro-ondas será discutido detalhadamente no Capítulo 4.

DOURADORES E SALAMANDRAS

Às vezes, o dourador é chamado de **dourador superior** para não ser confundido com a grelha. Os douradores geram calor na parte de cima do equipamento e os alimentos são colocados em uma grade abaixo da fonte de calor. Essa é a forma preferida dos *chefs* norte-americanos de preparar filés, costeletas, frango e outros itens diversos.

Douradores de alta temperatura produzem calor muito alto e consomem muita energia. Diz-se que os queimadores de alguns douradores chegam a 1.100°C.

Os alimentos devem ser atentamente acompanhados para não queimarem. A temperatura de cozimento é ajustada elevando-se ou abaixando-se a grade que sustenta o alimento.

Grelha a gás
Cortesia da Vulcan Hart Company.

Salamandra (acima do fogão)
Cortesia da Vulcan Hart Company.

Dourador de alta temperatura
Cortesia da Vulcan Hart Company.

Salamandras são pequenos douradores usados principalmente para dourar ou caramelizar a superfície de alguns itens. Elas também podem ser usadas para dourar pequenas quantidades de alimento fora das horas de pico. Normalmente, são montadas acima do fogão, conforme ilustra a foto. A foto do fogão a gás com queimador aberto na página 43 também mostra uma salamandra localizada abaixo da chapa bifeteira.

GRELHAS

As grelhas, também conhecidas por *char broilers*, são usadas para as mesmas tarefas que os douradores, exceto pelo fato de que a fonte de calor vem de baixo da grade que sustenta o alimento, e não de cima. Muitas pessoas gostam de alimentos grelhados pelo sabor defumado criado pela fumaça da gordura da carne que pinga sobre a fonte de calor.

Embora a fumaça da gordura da carne dê o sabor que as pessoas associam aos alimentos grelhados, um sabor verdadeiro de fumaça proveniente de madeiras como a castanheira ou a algarobeira pode ser adicionado se essas madeiras forem queimadas na grelha sob o alimento. Para tanto, é preciso usar uma grelha desenvolvida para esse fim.

Tipos

Há muitos modelos de grelha. As principais diferenças de funcionamento desses modelos se devem às diversas fontes de calor – gás, eletricidade ou carvão.

Para operar, ajuste áreas da grelha a temperaturas diferentes e coloque os alimentos nas áreas com a temperatura de cozimento desejada. Mantenha as grelhas limpas, pois as altas temperaturas podem facilmente atear fogo nos resíduos de gordura.

CHAPAS BIFETEIRAS

Chapas bifeteiras são superfícies planas, lisas e aquecidas nas quais o alimento é cozido por contato direto. Nos Estados Unidos, panquecas, *french toast*, hambúrgueres e outras carnes, ovos e batatas são os itens mais preparados nessas chapas. As chapas bifeteiras estão disponíveis como unidades independentes ou como parte integrante do fogão.

Limpe a superfície da chapa bifeteira após cada utilização para que funcione de forma eficiente. Faça um polimento com uma esponja ou pano especial para limpar chapas até que a superfície fique brilhando, ou verifique as instruções do fabricante. Siga o sentido do metal para não arranhá-lo.

Condicione as chapas após cada limpeza, ou antes de cada utilização, para criar uma superfície antiaderente e evitar ferrugem. Procedimento: espalhe uma fina camada de óleo sobre a superfície e a aqueça a 200°C. Limpe e repita até que a chapa fique com a superfície lisa e antiaderente.

ASSADORES

Os assadores cozinham frangos, carnes e outros alimentos girando-os lentamente em frente a uma fonte de calor a gás ou elétrica. Embora a teoria clássica da culinária categorize o cozimento em espetos como assar, esses fornos se assemelham mais aos douradores, pois os alimentos são cozidos pelo calor infravermelho dos elementos.

Embora sejam especialmente adequados para frango e outras aves, os assadores podem ser usados para cozinhar qualquer carne (como no churrasco grego) ou outro alimento que possa ser colocado no espeto ou em qualquer um de seus vários utensílios e acessórios.

Existem assadores embutidos (como um forno) e abertos. Os equipamentos pequenos têm capacidade de aproximadamente 8 frangos, e os tamanhos variam até os modelos grandes, com capacidade para 70 frangos.

Como os elementos de aquecimento estão dos lados (ou às vezes acima), a gordura e o suco não caem nas chamas, como acontece com as grelhas. Existem formas que armazenam esse suco, que pode ser usado para regar o alimento ou fazer molhos.

FRITADEIRAS

A fritadeira tem apenas uma utilidade: cozinhar alimentos em gordura quente. Em razão da popularidade das frituras, essa função é considerada muito importante.

Fritadeiras-padrão funcionam a gás ou a eletricidade e possuem controles termostáticos que mantêm a gordura a temperaturas predefinidas.

Fritadeiras automáticas retiram o alimento da gordura automaticamente após um tempo predefinido.

Fritadeiras de pressão são caldeirões com tampa para fritar alimentos sob pressão. Os alimentos cozinham com mais rapidez, mesmo com a gordura a baixa temperatura.

O que fazer e o que não fazer

Os procedimentos de fritura e os cuidados com a gordura serão discutidos detalhadamente no Capítulo 4. Os pontos a seguir estão relacionados à operação dos equipamentos.

Fritadeira
Cortesia da Vulcan Hart Company.

Frigideira basculante
Cortesia da Vulcan Hart Company.

1. Ao encher o reservatório com gorduras sólidas, ajuste o termostato a 120°C até que a gordura derreta o suficiente para cobrir os elementos de aquecimento.
2. Mantenha os reservatórios cheios até a linha indicada.
3. Verifique se a válvula de drenagem está fechada antes de adicionar gordura ao reservatório vazio.
4. Verifique a acurácia do termostato regularmente, medindo a temperatura da gordura com um termômetro.

Limpeza

Os procedimentos de limpeza diferem muito dependendo do modelo. Este é um procedimento geral.

1. Desligue o equipamento.
2. Drene a gordura, passando-a por um filtro, para um recipiente seco (a menos que vá descartá-la). Antes, certifique-se de que o recipiente é grande o suficiente para conter toda a gordura.
3. Drene as partículas de comida acumuladas nas laterais e no fundo do reservatório usando um pouco da gordura quente.
4. Lave o reservatório com uma solução suave de detergente. Caso não seja possível retirá-lo, ligue a fritadeira e aqueça a solução de detergente até quase ferver (cuidado com a espuma que se forma na superfície). Esfregue com uma escova de cerdas firmes.
5. Escorra e enxágue bem com água limpa.
6. Enxugue o reservatório, os elementos de aquecimento e as cestas cuidadosamente.
7. Coloque gordura nova ou filtrada.

FRIGIDEIRA BASCULANTE

A **frigideira basculante** é um equipamento eficiente e versátil. Pode ser usada como chapa, frigideira, panela, caldeirão, panela a vapor, banho-maria ou balcão térmico.

A frigideira basculante é uma panela grande, rasa e de fundo plano. Observando de outra forma, é uma chapa com laterais de 15 cm de altura e uma tampa. Possui um mecanismo basculante que permite que os líquidos sejam despejados com facilidade. Pode ser elétrica ou a gás.

Limpe-a imediatamente após cada utilização, antes que a comida resseque dentro dela. Adicione água, ligue para aquecer e esfregue com cuidado.

Caldeirão basculante a vapor
Cortesia da Vulcan Hart Company.

CALDEIRÕES A VAPOR

Caldeirões a vapor são, às vezes, considerados meros caldeirões normais que aquecem não apenas no fundo, mas também nas laterais. Essa concepção está correta apenas em parte. Os caldeirões a vapor aquecem muito mais rapidamente e proporcionam um calor mais uniforme e controlável do que um caldeirão comum.

Tipos

Os caldeirões a vapor variam de 2 a 100 galões (7 a 400 litros) de capacidade. Alguns caldeirões de grande porte têm capacidade de até 4.000 galões (15.000 litros). Os **caldeirões basculantes** podem ser inclinados para a retirada do alimento, seja por meio de um mecanismo giratório ou por uma alavanca. Os **caldeirões de piso** são esvaziados por meio de uma torneira e um ralo na base. O calor é controlado regulando-se o fluxo de vapor ou ajustando-se o termostato. O vapor pode vir de uma fonte externa ou pode ser autogerado. *Tenha cuidado sempre que operar equipamentos a vapor. O vapor pode causar queimaduras graves.*

Limpe o caldeirão a vapor imediatamente após o uso para evitar que os alimentos ressequem na superfície. Desencaixe a torneira e o ralo e limpe-os com uma escova cilíndrica.

Caldeirão a vapor de piso
Cortesia da Vulcan Hart Company.

FORNOS A VAPOR

Os fornos a vapor são ideais para cozinhar vegetais e muitos outros alimentos com rapidez e perda mínima de nutrientes e sabor. Por essa razão, estão se tornando mais comuns em cozinhas grandes e pequenas.

Tipos

Os **fornos de pressão** cozinham os alimentos sob uma pressão de 1 kg/cm² (fornos de alta pressão) ou 200 a 400 g/cm² (fornos de baixa pressão). Eles são operados por um cronômetro, que desliga o equipamento após um período predefinido. A porta não pode ser aberta até que a pressão retorne a zero.

Os **fornos de convecção a vapor** ou *steamers* não funcionam sob pressão. Jatos de vapor são direcionados para o alimento a fim de acelerar a transferência de calor, assim como a ventoinha em um forno de convecção, que acelera o cozimento. A porta pode ser aberta a qualquer momento durante o cozimento.

Todos os fornos usam formas de medida-padrão (12 x 20 polegadas ou 32,5 x 53 cm) ou suas frações. Sua capacidade varia de uma a várias formas.

O modo de operar um forno varia muito, dependendo do modelo. Verifique o manual de instruções para entender bem cada modelo antes de tentar utilizá-lo.

Deve-se ter cuidado com todos os equipamentos a vapor, pois há perigo de queimaduras graves.

Forno de pressão
Cortesia da Vulcan Hart Company.

Forno de convecção a vapor
Cortesia da Vulcan Hart Company.

EQUIPAMENTOS DE PROCESSAMENTO

BATEDEIRAS

As batedeiras planetárias são ferramentas importantes e versáteis para muitos tipos de trabalhos de mistura e processamento, tanto em confeitarias como em cozinhas.

Tipos

Batedeiras de mesa variam de 5 a 20 litros de capacidade. Os modelos de piso têm capacidade para até 140 litros. Anéis adaptadores permitem que vários tamanhos de tigelas sejam usados em uma mesma batedeira. A maioria delas possui três velocidades.

Batedores

Existem três tipos principais de batedores, também chamados de misturadores, além de alguns acessórios especializados. O **batedor raquete** é uma pá chata e vazada para misturas em geral. O **batedor globo** é utilizado para tarefas como bater creme de leite e ovos e fazer maionese. O **batedor gancho** ou **espiral** é usado para bater e misturar massas fermentadas.

Batedeira planetária de mesa
Cortesia da Hobart Corporation.

Acessórios de batedeiras: (esquerda) globo, (centro) raquete, (direita) gancho
Cortesia da Hobart Corporation.

Batedeira planetária de piso
Cortesia da Hobart Corporation.

O que fazer e o que não fazer

1. Verifique se a tigela e os acessórios estão firmemente encaixados antes de ligar a batedeira.
2. Verifique se você está usando o acessório correto para o tamanho da tigela. Usar uma espátula de 40 litros com uma tigela de 30 litros, por exemplo, pode causar sérios danos. As medidas estão marcadas nas laterais das tigelas grandes e na base dos acessórios.
3. Desligue a batedeira antes de retirar a tigela ou inserir nela uma colher, uma pá ou a mão. O motor das batedeiras é potente e pode causar ferimentos graves.
4. Desligue a batedeira antes de mudar a velocidade.

PREPARADOR DE ALIMENTOS

O preparador de alimentos, mais conhecido como ***buffalo chopper*** nos Estados Unidos, é um equipamento comum, usado para picar alimentos em geral. Vários acessórios (descritos na próxima seção) fazem dele uma ferramenta versátil.

Operação geral

O alimento é colocado em uma tigela giratória, que o leva até um par de facas que giram rapidamente sob uma tampa. A espessura do corte depende do tempo que o alimento é deixado na máquina.

Preparador de alimentos
Cortesia da Hobart Corporation.

O que fazer e o que não fazer

1. Verifique sempre se a máquina está totalmente montada antes de usá-la.
2. Trave a tampa, senão a máquina não irá ligar.
3. Nunca coloque as mãos sob a tampa da tigela enquanto a máquina estiver em funcionamento.
4. Para um corte uniforme, coloque todo o alimento na tigela de uma vez.
5. Mantenha as facas afiadas. Facas cegas machucam o alimento em vez de cortá-lo uniformemente.

ACESSÓRIOS PARA BATEDEIRAS E PROCESSADORES

A seguir estão os acessórios mais comuns dos muitos desenvolvidos para o processador de alimentos e a batedeira planetária.

1. O **moedor** é usado principalmente para moer carnes, embora outros alimentos úmidos também possam ser moídos. O alimento é inserido por um tubo até atingir uma hélice, que empurra o alimento através de uma placa com orifícios, onde é então cortado por uma lâmina giratória. O tamanho dos orifícios controla a textura final do produto moído.

    Verifique se a lâmina giratória está acoplada corretamente (a extremidade cortante voltada para fora) ao montar o moedor.

2. O **fatiador/cortador** consiste em um tubo angulado que possui uma tampa com uma alavanca, que empurra o alimento contra um disco ou outro cortador giratório. O alimento é fatiado ou cortado pela lâmina e cai em um recipiente colocado sob o acessório. A lâmina pode ser ajustada para cortar em várias espessuras.

3. O acessório para **cortar cubos** força o alimento através de uma lâmina em forma de grade, cortando-o em cubos perfeitos. Podem ser usadas lâminas de diferentes tamanhos.

Moedor de carnes (em motor separado)
Cortesia da Hobart Corporation.

Acessório para fatiar/cortar
Cortesia da Hobart Corporation.

FATIADOR DE FRIOS

O fatiador ou cortador de frios é uma máquina valiosa, pois fatia alimentos de maneira mais uniforme e regular do que à mão. Portanto, é útil para controlar porções e reduzir perdas no corte.

Tipos

Os fatiadores mais modernos possuem lâminas em ângulo. As fatias caem longe das lâminas, quebrando e dobrando menos do que nos fatiadores com lâminas verticais.

Nas máquinas manuais, o operador deve mover o carrinho para frente e para trás para fatiar. As máquinas automáticas movem o carrinho usando um motor elétrico.

O que fazer e o que não fazer

1. Verifique se o fatiador foi montado corretamente antes de usá-lo.
2. Sempre use a aba protetora dentada para pressionar o alimento contra a lâmina. Isso protege a mão de cortes graves e proporciona uma pressão mais uniforme sobre o alimento, resultando em fatias mais regulares.
3. Deixe o botão de controle de espessura no zero quando o fatiador não estiver em uso ou durante a limpeza.
4. Sempre desligue o fatiador antes de desmontá-lo e limpá-lo.
5. Mantenha a lâmina afiada usando o amolador fornecido com o fatiador.

CUTTER VERTICAL

O *cutter* vertical (VCM) é como um liquidificador grande, potente e de alta velocidade. É utilizado para picar e misturar grandes quantidades de alimentos rapidamente. Também pode ser usado para preparar pastas e cremes (p. ex., sopas) e misturar líquidos.

Fatiador de frios
Cortesia da Hobart Corporation.

Processador de alimentos
Cortesia da Hobart Corporation.

Tipos

Os *cutters* verticais variam de 15 a 80 litros de capacidade. Os modelos menores possuem um componente auxiliar operado manualmente, que empurra os alimentos em direção às lâminas. Nas máquinas maiores, esses componentes são automáticos.

O que fazer e o que não fazer

1. Observe atentamente o tempo de processamento. O tempo que o equipamento leva para cortar é tão curto que um segundo extra pode fazer da salada de repolho uma sopa.
2. Verifique se a máquina está montada corretamente antes de usá-la.
3. Após desligar a máquina, aguarde até as lâminas pararem completamente de girar antes de abrir a tampa.
4. Mantenha as lâminas afiadas. Lâminas cegas "machucam" o alimento.

PROCESSADOR DE ALIMENTOS

Os processadores já eram utilizados nas cozinhas comerciais muito antes de os modelos domésticos serem introduzidos no mercado. Os modelos profissionais são de 2 a 4 vezes maiores que os maiores modelos domésticos. Eles consistem num motor em uma base pesada, sobre a qual fica apoiada uma tigela cilíndrica que contém uma lâmina em forma de S. Os processadores são usados para picar ou preparar alimentos pastosos, incluindo carnes cruas e cozidas, e misturar ou emulsificar itens como molhos e manteigas aromatizadas. Com discos especiais no lugar da lâmina-padrão, eles também podem fatiar, ralar e cortar em tiras alimentos sólidos, como os vegetais.

Em termos de desenho e funcionamento, o processador é similar a um VCM. Deve-se observar as mesmas recomendações de o que fazer e o que não fazer.

LIQUIDIFICADOR

Como o VCM e o processador de alimentos, o liquidificador consiste em um motor em uma base, sobre a qual há um recipiente com uma lâmina giratória. No entanto, como seu recipiente é alto e estreito, ele é mais adequado para misturar e preparar itens pastosos do que para picar alimentos sólidos. Na cozinha comercial, o liquidificador é utilizado para misturar, preparar pastas e emulsificar líquidos, como sopas, molhos e massas. Também é usado em bares e lanchonetes para preparar algumas bebidas.

O motor do liquidificador pode ter de 2 a 10 velocidades ou mais. Os recipientes são feitos de aço inoxidável, vidro ou plástico. A lâmina na base do recipiente pode ser desmontada para limpeza.

TRITURADOR

Um **triturador**, ou *mixer*, consiste em uma lâmina de liquidificador protegida por um anteparo preso na extremidade de um bastão ou cabo longo, que contém um motor na outra extremidade. Com ele, o cozinheiro pode fazer purês ou misturar alimentos frios e quentes em qualquer recipiente sem ter que transferi-los para o copo de um liquidificador. Isso possibilita misturar alimentos quentes na própria panela em que foram cozidos. Os trituradores maiores são longos o suficiente para serem usados em caldeirões a vapor de grande porte.

EQUIPAMENTOS DE CONSERVAÇÃO E ARMAZENAMENTO

EQUIPAMENTOS PARA CONSERVAÇÃO DE ALIMENTOS QUENTES

Vários tipos de equipamentos são utilizados para conservar alimentos quentes para servir. Esses equipamentos são desenvolvidos para conservar os alimentos acima de 57°C e impedir o crescimento de bactérias que podem causar doenças. Como o alimento continua em cozimento a essa temperatura, ele deve ser mantido no equipamento o mínimo possível.

1. **Balcões, carros ou bufês térmicos** são os principais equipamentos de conservação de temperatura para restaurantes. Bandejas próprias de tamanho-padrão contendo os alimentos são encaixadas nas cubas. Tampas planas ou convexas podem ser usadas para cobrir as bandejas.

    Verifique periodicamente o nível de água dos balcões térmicos para evitar que seque. Há também balcões elétricos – aquecidos a seco – sem vapor.

2. Um **banho-maria** é um reservatório contendo água quente. O recipiente com o alimento é colocado sobre uma grade que fica dentro desse reservatório contendo um pouco de água, que é aquecida a gás, vapor ou eletricidade. O banho--maria é mais usado na área de produção, ao passo que o balcão térmico é usado na área em que são servidas as refeições.

3. **Lâmpadas infravermelhas** são instaladas acima do local onde os pratos prontos são colocados antes de serem retirados pelos garçons. Elas também são usadas para manter os assados grandes aquecidos.

    Os alimentos ressecam rapidamente sob essas lâmpadas. Isso não é vantajoso para quase nenhum alimento, exceto batatas fritas e outras frituras, que perdem a crocância se mantidas úmidas.

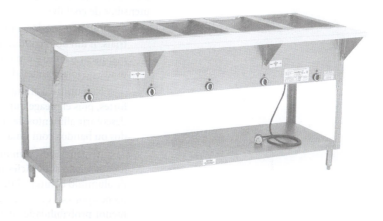

Balcão térmico
Cortesia da Hobart Corporation.

EQUIPAMENTOS PARA ARMAZENAMENTO DE ALIMENTOS FRIOS

A qualidade do alimento a ser servido depende em grande parte dos equipamentos de refrigeração. Ao manter os alimentos frios, normalmente abaixo de 5°C, o refrigerador (ou câmara fria) os protege contra a deterioração e a proliferação de bactérias.

Os **congeladores**, ou *freezers*, são usados para conservar os alimentos por períodos mais longos ou para armazenar alimentos comprados congelados.

Há tantos tamanhos, modelos e desenhos de equipamentos de refrigeração que seria inútil tentar descrever todos eles aqui.

Para que os refrigeradores e congeladores funcionem com toda a sua eficiência, observe as seguintes regras:

1. Coloque os itens separados um do outro e longe das paredes internas do refrigerador para que o ar possa circular. Os congeladores, por outro lado, funcionam melhor quando estão cheios.
2. Mantenha a porta fechada o máximo possível. Ao armazenar ou retirar um item, faça-o rapidamente e feche a porta.
3. Mantenha os alimentos armazenados bem embalados ou tampados para evitar que ressequem e transfiram odores. As carnes são uma exceção a essa regra (ver p. 284).
4. Mantenha os refrigeradores perfeitamente limpos.

PANELAS, FRIGIDEIRAS E RECIPIENTES

METAIS E CONDUTIVIDADE

Um bom utensílio de cozinha distribui o calor de forma regular e uniforme. Um utensílio de cozinha ruim desenvolve pontos quentes que podem queimar ou tostar o alimento que está sendo preparado. Dois fatores afetam a capacidade de uma panela cozinhar de maneira uniforme:

1. *Espessura do metal.* Uma panela pesada cozinha mais uniformemente do que uma de metal fino. A espessura é mais importante na base.

2. *Tipo de metal.* Metais diferentes possuem condutividades diferentes, que ditam a velocidade com que transferem ou dispersam calor. Os seguintes materiais são usados nos utensílios de cozinha:

- O *alumínio* é usado na maioria dos utensílios das cozinhas comerciais e industriais. É um bom condutor, e sua leveza torna as panelas e frigideiras fáceis de manusear. Como é um metal relativamente maleável, não deve ser batido ou usado de forma indevida.

  Não utilize o alumínio para armazenamento ou cozimento longo de ácidos fortes, pois ele reage quimicamente com muitos alimentos. Além disso, tende a descolorir alimentos de cor clara, como molhos, principalmente se forem mexidos ou batidos com uma colher de metal ou batedor de arame.

  As panelas de *alumínio anodizado*, vendidas com nomes como Calphalon, possuem superfícies mais fortes e resistentes à corrosão do que as panelas de alumínio comuns. Embora não sejam, de modo estrito, antiaderentes, são menos porosas que as de alumínio não tratado, portanto, os alimentos têm menor probabilidade de grudar nessas panelas. Além disso, são mais resistentes aos ácidos que as de alumínio comum e não descolorem alimentos de cor clara. Suas desvantagens são o fato de serem mais caras e não tão duráveis quanto as de alumínio comum.

- *Cobre*, o melhor condutor de calor, já foi muito utilizado em utensílios de cozinha. Contudo, é muito caro e requer muito cuidado. Além disso, é muito pesado. Hoje em dia, é usado principalmente para decoração, embora alguns restaurantes de ponta também o utilizem para cozinhar.

  O cobre reage quimicamente com muitos alimentos, criando componentes nocivos, portanto, as panelas de cobre devem ser revestidas com outro metal, como aço inoxidável ou estanho.

- O *aço inoxidável* não é um bom transmissor de calor. As panelas e frigideiras fabricadas com esse material tendem a queimar os alimentos com facilidade, pois o calor não se dispersa por toda a panela de maneira rápida e uniforme. O aço inoxidável é ideal para recipientes de armazenamento, pois não reage com alimentos como o alumínio. Ele também é usado em equipamentos de cozimento ou conservação de baixa temperatura, como panelas a vapor e bandejas para balcões térmicos, nas quais os pontos mais quentes ou a formação de crostas não são um problema.

  Existem panelas e frigideiras de aço inoxidável com uma pesada camada de cobre ou alumínio colada na base. As panelas de alumínio pesadas também podem ser revestidas de aço inoxidável por dentro ou por dentro e por fora. Esse recurso proporciona as vantagens do aço inoxidável (resistência, durabilidade, não reatividade aos alimentos ácidos e não descoloração de molhos claros) com as qualidades de condução de calor do cobre ou do alumínio. Geralmente, essas panelas são caras.

- O *ferro fundido* é o material favorito de muitos *chefs* em razão de sua capacidade de distribuir o calor de maneira uniforme e manter altas temperaturas por longos períodos. É usado em chapas e em frigideiras pesadas. O ferro fundido racha facilmente quando cai. Ele enferruja rápido, a menos que seja "temperado" (ver p. 795) e enxuto corretamente.

- *Panelas esmaltadas* não devem ser usadas. Na realidade, são proibidas por alguns departamentos de saúde. Elas arranham e lascam com facilidade, criando bons esconderijos para as bactérias. Além disso, alguns tipos de esmalte cinza podem causar intoxicação alimentar se lascados.

- Os *revestimentos de plástico antiaderente*, conhecidos pelo nome de marcas, como Teflon, oferecem um acabamento liso, mas requerem muito cuidado, pois arranham com facilidade. Não utilize colheres ou espátulas de metal nesses equipamentos. Muitos *chefs* mantêm um conjunto de frigideiras antiaderentes para ovos, utilizando-as apenas para esse propósito.

  Considerando-se que cada vez mais clientes exigem alimentos com pouca gordura, a popularidade dos revestimentos antiaderentes está crescendo. Eles permitem que os cozinheiros salteiem os alimentos com pouca ou nenhuma gordura.

- O *vidro* e a *cerâmica* têm utilização limitada nas cozinhas comerciais, pois quebram com facilidade. Conduzem pouco calor, porém, são resistentes à corrosão e à acidez dos alimentos.

PANELAS, FRIGIDEIRAS E SEUS USOS

1. **Caldeirão**
   Uma panela grande, profunda e com a lateral reta para preparar caldos e cozinhar lentamente grandes quantidades de líquidos. Caldeirões com torneira permitem que o líquido seja escoado sem precisar interferir no conteúdo sólido ou virar a panela. Tamanhos: 8 a 200 litros.

Caldeirão   Caldeirão com torneira

2. **Caçarola hotel funda**
   Uma panela circular de profundidade média. Similar ao caldeirão, porém mais rasa, sendo mais fácil de mexer ou misturar. Usada para sopas, molhos e outros líquidos. Tamanhos: 6 a 60 litros.

3. **Caçarola hotel rasa**
   Uma panela circular, larga, rasa e pesada, com lateral reta. Usada para dourar, ensopar e cozinhar carnes. Tamanhos: 11 a 30 litros.

Caçarola hotel funda   Caçarola hotel rasa

Caçarola cônica

4. **Caçarola com cabo (*saucier*)**
   Similar a uma caçarola pequena, rasa e leve, mas com um cabo longo em vez de duas alças. Pode ter os lados retos ou inclinados (caçarola cônica). Serve para uso geral no fogão. Tamanhos: 1,5 a 15 litros.

5. **Frigideira reta (*sautoir*)**
   Similar a uma panela rasa, com lado reto, porém, mais pesada. Utilizada para dourar, saltear e fritar. Em decorrência de sua ampla área de superfície, a frigideira é usada no preparo de molhos e outros líquidos quando é necessária a redução rápida. Tamanhos: 6,5 a 13 cm profundidade; 16 a 40 cm de diâmetro.

Frigideira reta (*sautoir*)

6. **Frigideira cônica (*sauteuse*)**
   Utilizada para saltear e fritar carnes, peixes, vegetais e ovos. Os lados inclinados permitem que o cozinheiro arremesse e revolva os alimentos sem utilizar a espátula, além de facilitarem o acesso ao alimento quando a espátula é utilizada. Tamanhos: 16 a 36 cm de diâmetro na parte superior.

Frigideira cônica (*sauteuse*)

7. **Frigideira de ferro fundido**
   Frigideira muito pesada, com o fundo grosso. Usada para fritar em pouca gordura quando se quer obter um calor regular e uniforme.

Frigideira de ferro fundido

8. **Panela banho-maria**
   Uma panela com duas repartições. A parte inferior, similar a um caldeirão, mantém a água fervendo. Na parte de cima fica o alimento que deve ser cozido a baixas temperaturas e que não pode estar em contato direto com o calor. Tamanho da panela superior: 4 a 36 litros.

Panela banho-maria

9. **Assadeira rasa**
   Uma forma retangular e rasa (2,5 cm de profundidade) usada para assar bolos, bisnagas e biscoitos ou grelhar alguns tipos de carne e peixe. Tamanhos: forma inteira*, 66 x 46 cm; meia forma**, 46 x 33 cm.

Assadeira estampada

10. **Assadeira estampada**
    Uma forma retangular de aproximadamente 5 cm de profundidade. Usada para assados em geral. Disponível em vários tamanhos.

Assadeira rasa

11. **Assadeira funda**
    Uma forma retangular grande, mais profunda e pesada que uma forma. Usada para assar carnes e aves.

Cuba gastronômica

12. **Cuba gastronômica**
    Uma forma retangular, normalmente de aço inoxidável. Desenvolvida para servir os alimentos nos bufês. Também usada para assar, cozinhar no vapor e, em seguida, servir. Utilizada também para armazenamento. Tamanho-padrão: 50 x 30 cm. Frações desse tamanho (½, ⅓ etc.) também podem ser encontradas. Profundidade-padrão: 6,5 cm†. Há também modelos mais profundos (a medida-padrão externa é de 53 x 32,5 cm).

Assadeira retangular hotel

Molheiras

---

*N.R.: No Brasil, é chamada de assadeira para padaria, tem 4 cm de profundidade.
**N.R.: No Brasil, a assadeira de tamanho mais próximo é a de n° 5 (45 x 32 x 6 cm).
†N.R.: No Brasil, a profundidade padrão é 10 cm.

Balança

13. **Molheiras**
    Recipientes altos e cilíndricos de inox*. Usados para armazenar e conservar alimentos em banho-maria. Tamanhos: 1 a 36 litros.

14. **Tigela de aço inoxidável**
    Tigela de base arredondada. Usada para misturar, bater e preparar *hollandaise*, maionese, chantili e claras em neve. Sua constituição arredondada possibilita alcançar todas as áreas ao bater. Disponível em vários tamanhos.

INSTRUMENTOS DE MEDIÇÃO

Os equipamentos a seguir serão apresentados de acordo com o sistema de medida norte-americano. Medidas no Sistema Internacional de Unidades também estão disponíveis.

1. **Balanças**. A maioria dos ingredientes utilizados nas receitas é medida em peso, portanto, balanças precisas são muito importantes. As **balanças de Roberval** (sistema de pratos e pesos) são usadas para medir porções de ingredientes e alimentos prontos para servir. A **balança com tara** será discutida no Capítulo 29.

2. As **jarras medidoras** usadas para líquidos possuem bico para facilitar na hora de despejar. As medidas em geral são em mililitros, xícaras e litros. No modelo apresentado na figura, cada sulco nas laterais representa ¼ da medida total.

3. As **xícaras de medida-padrão** estão disponíveis nos tamanhos 1, ½, ⅓ e ¼ de xícara. Podem ser usadas para medir ingredientes líquidos e secos.**

Jarra medidora

4. As **colheres de medida-padrão** são usadas para medir volumes muito pequenos: 1 colher de sopa, 1 colher de chá, ½ colher de chá e ¼ de colher de chá. Em geral, são mais usadas para especiarias e temperos.

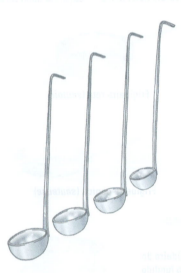
Conchas

5. As **conchas** são usadas para medir líquidos. O tamanho da concha é definido pelo diâmetro do receptáculo, por exemplo, a concha n° 12 tem 12 cm de diâmetro e comporta 450 mL.

6. As **colheres-medida com extrator**, *scoop* em inglês, vêm em tamanhos-padrão e possuem uma alavanca para liberação mecânica do conteúdo. Nos EUA, são muito utilizadas para medir porções de alimentos pastosos e estão disponíveis para compra nos tamanhos listados na Tabela 3.1. O número da colher-medida indica quantas vezes é preciso encher a medida para obter um quarto de galão (950 mL). Na prática, uma colher mais cheia é mais prática do que uma rasa, portanto, os pesos reais variam.

Colher-medida com extrator

7. Os **termômetros** medem as temperaturas. Existem vários tipos para vários propósitos.

Termômetros de leitura instantânea

- O **termômetro de carne** indica a temperatura interna das carnes. É inserido antes e permanece durante todo o processo de cozimento.
- O **termômetro instantâneo** fornece a leitura em alguns segundos depois de inserido em um alimento. Ele marca de 0 a 100°C. Muitos *chefs* levam esse termômetro no bolso do paletó, como uma caneta, tendo-o à disposição sempre que necessário. Os termômetros instantâneos não devem ser deixados nas carnes durante o cozimento, pois podem quebrar.
- **Termômetros de gordura** e **termômetros para calda** (caramelômetros) testam a temperatura de gorduras para fritar e xaropes de açúcar. Eles leem até 200°C.
- Termômetros especiais são usados para testar a exatidão do termostato do forno, do refrigerador e do congelador.

Termômetro de carne

---

*N.R.: No Brasil, também disponíveis em alumínio.
**N.R.: Nos EUA, uma xícara tem 237 mL (¼ do quarto de galão, ou *quart*). Nos países que utilizam o Sistema Internacional de Unidades, a xícara tem 250 mL (¼ de litro).

Tabela 3.1
Tamanhos de colheres-medida com extrator*

*N.R.: No Brasil essas colheres não são tão populares.

Sistema de medidas norte-americano		
Número da colher-medida	Volume	Peso aproximado
6	⅔ de xícara (160 mL)	5 oz (140 g)
8	½ xícara (120 mL)	4 oz (110 g)
10	3 fl oz (90 mL)	3–3 ½ oz (85-100 g)
12	⅓ de xícara (80 mL)	2 ½–3 oz (70-85 g)
16	¼ de xícara (60 mL)	2–2 ½ oz (60-70 g)
20	1 ½ fl oz (45 mL)	1 ¾ oz (50 g)
24	1 ⅓ fl oz (40 mL)	1 ⅓ (40 g)
30	1 fl oz (30 mL)	1 oz (30 g)
40	0,8 fl oz (24 mL)	0,8 oz (23 g)
60	½ fl oz (15 mL)	½ oz (15 g)

Observação: os pesos variam muito de acordo com a consistência do alimento. O ideal é pesar uma colher-medida cheia do item antes de fazer.

FACAS, FERRAMENTAS MANUAIS E EQUIPAMENTOS PEQUENOS

MATERIAIS DAS FACAS

O metal de que é feita a lâmina da faca é muito importante, pois deve ser capaz de manter um fio de ângulo muito agudo.

1. Por muitos anos, o **aço carbono** foi o metal preferido, pois pode ser afiado até se obter um fio muito delgado. Sua desvantagem é a facilidade de corrosão e descoloração, especialmente quando utilizado com alimentos ácidos e cebolas. Além disso, ele descolore alguns alimentos (como ovos cozidos) e pode deixar um sabor metálico. Por essas desvantagens, o aço carbono deu lugar ao aço inoxidável rico em carbono (descrito no item 3, abaixo), atualmente o material preferido para as melhores facas.

2. As **ligas de aço inoxidável tradicionais** não enferrujam nem corroem, porém, são muito mais duras para afiar do que o aço carbono. O aço inoxidável é utilizado principalmente em facas leves de baixo custo.

3. O **aço inoxidável rico em carbono** é uma liga relativamente nova que combina os melhores aspectos do aço carbono e do aço inoxidável. Ele corta tão bem quanto o aço carbono e não enferruja, corrói ou descolore. As facas feitas desse material são muito valorizadas e relativamente caras.

CABO DAS FACAS

O **espigão** ou espiga é o prolongamento da lâmina que fica dentro do cabo. As facas mais duráveis e de maior qualidade são aquelas em que o espigão ocupa *toda a extensão* do cabo (chamadas de ***full tang*** em inglês).

FACAS E SEUS USOS

Faca do chef

Faca Santoku

Faca de uso geral

Faca para desossar

Faca para filetar

Faca de açougueiro

Faca para bife

Faca para ostras

Faca para moluscos

Descascador de legumes

Chaira

1. **Faca do *chef***
   A faca mais usada na cozinha para cortar, fatiar, cortar em cubos etc. A lâmina é larga na base, afunilando até a ponta. O comprimento da lâmina de 26 cm é mais popular para uso geral. As facas maiores servem para cortes mais pesados. As lâminas menores servem para serviços mais delicados.
   Essa é a sua ferramenta mais importante, portanto, você deve aprender a manuseá-la e cuidar bem dela. O Capítulo 7 explica seu uso em detalhes.

2. **Faca Santoku**
   Uma faca de lâmina larga que está se tornando cada vez mais popular como substituta da faca do *chef*. As lâminas têm, normalmente, 13 ou 18 cm de comprimento.

3. **Faca de uso geral**
   Uma faca estreita e pontuda de 16 a 20 cm de comprimento. Usada principalmente em pratos frios, para cortar e preparar alface, frutas etc. É útil também para trinchar frango e pato assados.

4. **Faca para legumes**
   Possui uma pequena lâmina pontuda de 5 a 10 cm de comprimento. Usada para limpar e aparar vegetais e frutas.

   Faca para legumes

5. **Faca para desossar**
   Possui uma lâmina fina e pontuda de aproximadamente 16 cm de comprimento. Utilizada para desossar carnes e aves cruas. As lâminas mais rígidas são usadas para trabalhos mais pesados. As lâminas flexíveis são usadas para trabalhos mais leves e para filetar peixes.

6. **Faca para filetar**
   Possui uma lâmina longa, delgada e flexível de até 36 cm de comprimento. Utilizada para trinchar e fatiar carnes cozidas.

7. **Faca de pão**
   Também chamada de faca para fiambres, é semelhante à faca para filetar, mas com serra na lâmina. Utilizada para cortar pães, bolos e itens similares.

   Faca de pão

8. **Faca de açougueiro**
   Possui uma lâmina pesada, larga e levemente curvada. Utilizada para cortar, seccionar e limpar carnes cruas no açougue.

9. **Faca para bife**
   Possui uma lâmina curva e pontuda. Usada para cortar filés com exatidão.

10. **Cutelo**
    Possui uma lâmina muito pesada e larga. Usada para cortar ossos.

    Cutelo

11. **Faca para ostras**
    Uma faca pequena, rígida de ponta arredondada e lâmina sem corte. Usada para abrir ostras.

12. **Faca para moluscos**
    Uma faca pequena, rígida, de lâmina larga e extremidade pontiaguda. Usada para abrir moluscos.

13. **Descascador de legumes**
    Ferramenta curta, com uma lâmina fixa ou giratória. Usada para descascar vegetais e frutas.

14. **Chaira**
    Não é uma faca, mas um utensílio fundamental nos estojos de cutelaria. Usada para assentar e manter o fio das facas (não para afiá-las – ver Cap. 7).

15. Tábua de cortar
Uma importante parceira da faca. As tábuas de madeira são as preferidas de muitos *chefs*. As tábuas emborrachadas ou de plástico rígido parecem ser mais higiênicas, porém, há evidências de que as bactérias sobrevivem por mais tempo no plástico e na borracha do que na madeira. Devem ser mantidas sempre muito limpas.

Observação: em alguns locais, as tábuas de madeira são proibidas pelas normas sanitárias.

FERRAMENTAS MANUAIS E EQUIPAMENTOS PEQUENOS

1. **Boleador**
A lâmina é uma pequena meia-esfera. Usado para cortar frutas e vegetais em formato de bola.

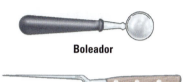
Boleador

2. **Garfo trinchante**
Um garfo de dois dentes, pesado e com cabo comprido. Usado para erguer e virar carnes e outros itens. Deve ser forte o suficiente para sustentar itens pesados.

Garfo trinchante

3. **Espátula de confeiteiro**
Uma lâmina longa e flexível com extremidade arredondada. Usada principalmente para misturar e espalhar glacê sobre bolos e raspar tigelas.

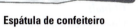
Espátula de confeiteiro

4. **Espátula para patê**
Uma espátula curta e robusta. Usada para espalhar recheios e pastas em sanduíches.

Espátula para patê

5. **Espátula para hambúrguer**
Possui uma lâmina larga e angulada para manter a mão longe de superfícies quentes. Utilizada para virar e pegar hambúrgueres, ovos e outros itens em chapas, grelhas, assadeiras etc. É também usada como raspador para limpar bancadas e chapas.

Espátula para hambúrguer

6. **Espátula de borracha**
Espátula larga e flexível, de borracha ou plástico, com cabo longo. Usada para raspar tigelas e panelas. Utilizada também para incorporar claras em neve e chantili a outras misturas.

Espátula de borracha

7. **Espátula de bolo**
Similar a uma espátula para hambúrguer, mas em formato triangular. Usada para erguer pedaços de torta e pizza de assadeiras.

Espátula de bolo

8. **Rapa**
Uma peça de metal larga e rígida com cabo de madeira em uma extremidade. Usada para cortar pedaços de massa e raspar bancadas de trabalho.

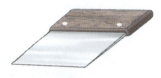
Rapa

Cortador de massa ou de pizza

9. **Cortador de massa ou de pizza**
Uma lâmina redonda e giratória presa a um cabo. Usado para cortar massas em geral e pizza.

10. **Colheres: vazada, perfurada e sólida**
Colheres grandes de aço inoxidável com capacidade para aproximadamente 90 mL. Usadas para misturar, mexer e servir. As colheres vazadas e perfuradas são usadas para separar o líquido de itens sólidos.

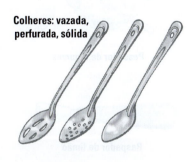
Colheres: vazada, perfurada, sólida

11. **Escumadeira**
Um disco perfurado, com leve formato de concha, e um cabo longo. Usada para separar a espuma de líquidos e remover pedaços sólidos de sopas, caldos e outros líquidos.

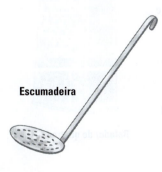
Escumadeira

12. **Pegadores**
Ferramentas com mecanismo de pinça ou tesoura usadas para pegar e transportar alimentos.

Pegador

13. Batedor de arame
Também chamado de *fouet*, consiste em varas de aço inoxidável presas a um cabo. Há dois tipos de batedor de arame:
- O batedor de arame tipo pera é mais reto, rígido e possui relativamente poucas varas. É usado principalmente para misturar, mexer e bater líquidos pesados.
- O batedor de arame tipo balão possui muitas alças flexíveis. É usado para bater ovos, creme de leite e *hollandaise* e para misturar líquidos menos espessos.

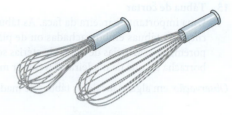
Batedores de arame

14. Coador cônico
Coador em forma de cone. Usado para coar caldos, sopas, molhos e outros líquidos. O formato pontudo permite que o líquido coado possa ser direcionado para dentro de uma abertura relativamente pequena.

Coador cônico

15. Chinois
Coador cônico com uma malha muito fina. Usado quando é necessária uma grande transparência ou homogeneidade em um líquido.

Chinois

16. Coador
Ferramenta côncava de base arredondada feita de uma rede telada ou metal perfurado. Usado para escorrer massas, vegetais, entre outros.

Coador

17. Peneira
Uma rede telada presa a uma estrutura de metal circular. Usada para peneirar farinha e outros ingredientes secos.

Peneira

18. Escorredor de macarrão
Uma tigela grande e perfurada feita de aço inoxidável ou alumínio. Usado para escorrer vegetais lavados ou cozidos, verduras, massas e outros alimentos.

Escorredor de macarrão

19. Passador de legumes
Ferramenta com uma lâmina que é girada manualmente, forçando os alimentos através de um disco perfurado. Os discos podem ser trocados para produzir diferentes espessuras. Usado para fazer purês e cremes.

Passador de legumes

20. Ralador
Uma caixa de metal de quatro faces com orifícios sobressalentes de vários tamanhos. Usado para cortar em tiras e ralar vegetais, queijos, cascas de frutas cítricas e outros alimentos.

21. Raspador de limão
Pequena ferramenta manual para retirar a parte colorida da casca de frutas cítricas em forma de raspas.

Raspador de limão

22. Faca decorativa em v
Uma pequena ferramenta manual utilizada principalmente para trabalhos decorativos.

Ralador de quatro faces

Faca decorativa em v

23. *Mandoline*
Instrumento manual para fatiar que consiste em lâminas de metal plano encaixadas numa estrutura de plástico ou madeira. Pés dobráveis posicionam o *mandoline* na mesa de trabalho a um ângulo de 45 graus. Botões reguladores permitem que as lâminas sejam ajustadas para controlar a espessura das fatias. Um *mandoline* tradicional possui uma lâmina lisa e outra ondulada. Lâminas adicionais podem ser utilizadas em combinação à lâmina lisa para cortar em *julienne* e *batonnet*. A lâmina ondulada é utilizada para cortar fatias ao estilo *gaufrette* ou *waffle*.

Por segurança, uma proteção destacável acompanha o utensílio. A proteção segura o alimento e permite que ele seja fatiado sem que os dedos cheguem próximo às lâminas.

Mandoline

24. Saco de confeiteiro e bicos
Cone de lona ou plástico com a extremidade aberta onde são encaixados bicos de metal de vários formatos e tamanhos. Utilizado para dar forma e decorar itens como glacê de bolo, chantili, batatas *duchesse* e massas macias.

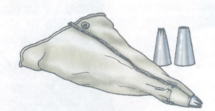
Saco de confeiteiro e bicos

25 Pincel
Usado para pincelar itens com gema de ovos, glacê etc.

Pincel

26. Abridor de lata
Abridores de lata para trabalhos pesados são montados na extremidade das mesas de trabalho. Devem ser cuidadosamente limpos e higienizados todos os dias para evitar a contaminação dos alimentos. Substitua lâminas gastas, pois elas podem deixar pedaços de metal no alimento.

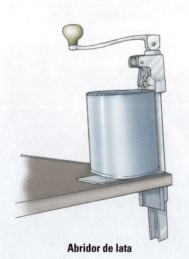
Abridor de lata

CAPÍTULO 4

CAPÍTULO 4

Princípios básicos de culinária

Nenhuma receita é 100% exata. Independentemente do cuidado com que é escrita, o bom-senso do cozinheiro ainda é considerado o fator mais importante para o resultado de um prato. E esse bom-senso baseia-se na experiência, no conhecimento das matérias-primas disponíveis e na compreensão dos princípios básicos de culinária.

Este capítulo discute princípios básicos. Você aprenderá o que acontece com o alimento quando ele é aquecido, os diferentes métodos de cozimento utilizados e as regras para temperar e condimentar. É importante entender a teoria para obter bons resultados ao colocá-la em prática na cozinha.

CALOR E ALIMENTOS

Cozinhar um alimento significa aquecê-lo com o objetivo de alterá-lo de alguma forma. Cozinheiros experientes sabem exatamente as alterações que desejam e o que devem fazer para consegui-las. Para adquirir essas habilidades culinárias, é importante saber por que os alimentos se comportam de uma determinada forma quando aquecidos. Para tanto, é necessário estudar a teoria.

É possível que, a princípio, nem todas as partes desta seção tenham sentido para você. Contudo, elas ficarão mais claras à medida que você refletir sobre as técnicas específicas que serão demonstradas pelo seu instrutor. No futuro, ao aprender a preparar carnes, peixes, vegetais e outros alimentos, volte a esta seção ocasionalmente. Você não apenas a entenderá melhor, mas ela também o ajudará a compreender os procedimentos aprendidos e praticados.

EFEITOS DO CALOR NOS ALIMENTOS

Os alimentos são compostos de proteínas, gorduras, carboidratos e água, além de pequenas quantidades de outros componentes, como minerais (incluindo sal), vitaminas, pigmentos (agentes corantes) e elementos de sabor. É importante entender como esses componentes reagem quando são aquecidos ou misturados com outros alimentos. Dessa forma, você estará mais bem equipado para corrigir falhas no cozimento quando elas ocorrerem e antecipar os efeitos de mudanças nos métodos de cozimento, nas temperaturas ou na proporção de ingredientes.

Em outras palavras, quando se entende por que um alimento se comporta de uma determinada forma, é possível fazê-lo comportar-se do modo desejado.

A discussão a seguir apresentará as reações físicas e químicas que afetam os componentes de um alimento. Os aspectos nutricionais desses componentes serão discutidos no Capítulo 6.

CARBOIDRATOS

1. Amidos e açúcares são carboidratos. Esses dois componentes estão presentes nos alimentos de muitas formas. São encontrados em frutas, vegetais, grãos, feijões e oleaginosas. Carnes e peixes também contêm uma pequena quantidade de carboidratos.
2. Para o cozinheiro, as duas mudanças mais importantes causadas pelo calor nos carboidratos são a caramelização e a gelatinização.
   - **Caramelização** é o cozimento dos açúcares até que fiquem dourados. A coloração adquirida pelos vegetais salteados e o dourado na casca do pão são exemplos de caramelização.
   - **Gelatinização** ocorre quando os amidos absorvem água e incham. Esse é um princípio essencial ao engrossar molhos e produzir pães e massas.

   Os ácidos inibem a gelatinização. Um molho engrossado com farinha de trigo ou amido ficará mais ralo se contiver algum ácido.

FIBRAS DE FRUTAS E VEGETAIS

1. **Fibra** é o nome dado a um grupo de substâncias complexas que dão estrutura e firmeza às plantas. A fibra não pode ser digerida.
2. O amolecimento das frutas e vegetais durante o cozimento é, em parte, a quebra das fibras.
3. O açúcar torna a fibra mais firme. Uma fruta cozida com açúcar mantém melhor seu formato do que uma fruta cozida sem açúcar.
4. O bicarbonato de sódio (e outros itens alcalinos) torna as fibras mais macias. Os vegetais não devem ser cozidos com bicarbonato de sódio, pois desse modo eles amolecem e perdem vitaminas.

Após ler este capítulo, você deverá ser capaz de:

1. Nomear os componentes mais importantes dos alimentos e descrever o que acontece quando são cozidos.
2. Nomear e descrever as três formas como o calor é transferido ao alimento para cozinhá-lo.
3. Listar os três fatores que afetam o tempo de cozimento.
4. Explicar as diferenças entre os métodos de cozimento com calor úmido, calor seco e calor seco na presença de gordura.
5. Descrever cada método básico de cozimento utilizado na cozinha comercial.
6. Identificar as cinco propriedades que determinam a qualidade de uma fritura.
7. Explicar a diferença entre um tempero e um condimento e dar exemplos de cada um deles.
8. Identificar o momento apropriado para acrescentar temperos ao cozimento a fim de obter os resultados ideais.
9. Identificar o momento apropriado para acrescentar condimentos ao cozimento a fim de obter os resultados ideais.
10. Citar as onze diretrizes de utilização de ervas e especiarias no preparo de alimentos.

PROTEÍNAS

1. A proteína é o principal componente de carnes, aves, peixes, ovos, leite e laticínios. Está presente em menor quantidade em oleaginosas, feijões e grãos.

2. **Coagulação**. As proteínas consistem em longas cadeias de componentes chamados aminoácidos. Normalmente, essas cadeias formam espirais rígidas. À medida que as proteínas são aquecidas, as espirais se desenrolam gradualmente. Nesse momento, diz-se que a proteína foi **desnaturada**.

   Para o cozinheiro, o fato importante sobre a desnaturação é que, quando as espirais da proteína se desenrolam, elas são atraídas umas pelas outras formando ligações. Essa ligação é chamada de coagulação. As proteínas coaguladas formam uma rede sólida dessas ligações, tornando-se firmes. À medida que a temperatura aumenta, as proteínas encolhem, tornam-se mais firmes e perdem mais umidade. A exposição das proteínas ao calor excessivo faz com que elas enrijeçam e ressequem. A maioria das proteínas completa a coagulação ou cozinha entre 71 e 85°C.

3. Muitos alimentos proteicos, como as carnes, contêm pequenas quantidades de carboidratos. Quando as proteínas são aquecidas a aproximadamente 154ºC, os aminoácidos nas cadeias de proteínas reagem com as moléculas de carboidrato e passam por uma complexa reação química. Como resultado, elas caramelizam-se e desenvolvem sabores mais ricos. Essa reação é chamada **reação de Maillard**. É o que acontece quando a carne adquire uma coloração dourada. Em função da alta temperatura necessária, essa reação ocorre apenas na superfície seca. Por causa da umidade, o interior da carne não atinge essa temperatura.

4. **Tecidos conjuntivos** são proteínas especiais presentes nas carnes. As carnes com grande quantidade de tecido conjuntivo são rígidas, mas alguns tecidos conjuntivos se dissolvem quando cozidos lentamente na presença de umidade. Portanto, cozinhando-se adequadamente as carnes duras, elas ficam mais macias. Essas técnicas serão explicadas no Capítulo 10.

5. *Ácidos*, como suco de limão, vinagre e produtos de tomate, têm dois efeitos sobre as proteínas:
   - Aceleram a coagulação.
   - Ajudam a dissolver alguns tecidos conjuntivos.

GORDURAS

1. As gorduras estão presentes em carnes, aves, peixes, ovos, laticínios, oleaginosas, grãos integrais e, em menor quantidade, em vegetais e frutas. As gorduras também são importantes como meio de cozimento, por exemplo, nas frituras.

2. Elas podem ser sólidas ou líquidas à temperatura ambiente. As gorduras líquidas são chamadas de **óleos**. Quando aquecidas, as gorduras sólidas derretem, mudam do estado sólido para o líquido. O ponto de fusão das gorduras sólidas varia.

3. Quando aquecidas, as gorduras começam a se quebrar. Quando estão quentes o bastante, deterioram-se rapidamente e começam a produzir fumaça. A temperatura em que isso acontece é denominada **ponto de fumaça** e varia de acordo com o tipo de gordura. Uma gordura estável – com um ponto de fumaça elevado – é essencial nas frituras por imersão.

4. Muitos componentes de sabor são solúveis em gordura, portanto, as gorduras são importantes portadoras de sabor. Quando derretem e se desprendem do alimento, alguns sabores, além de algumas vitaminas, são perdidos com as gorduras.

5. Para conhecer as funções das gorduras nos assados, veja a página 899.

MINERAIS, VITAMINAS, PIGMENTOS E COMPONENTES DE SABOR

1. Minerais e vitaminas são importantes para a qualidade nutricional do alimento, enquanto pigmentos e componentes de sabor são essenciais para a aparência e o sabor de um alimento, podendo determinar se ele é apetitoso o suficiente para ser ingerido. Portanto, é fundamental preservar todos esses elementos.

2. Alguns desses componentes são solúveis em água, outros são solúveis em gordura. Todos podem ser extraídos do alimento durante o cozimento ou dissolver-se.

3. Vitaminas e pigmentos também podem ser destruídos pelo calor, pelo cozimento longo e por outros elementos presentes durante o cozimento.

4. É importante, portanto, selecionar métodos de cozimento que preservem ao máximo os nutrientes, o sabor e a aparência de um alimento. Esse fato será abordado sempre que as técnicas culinárias forem explicadas ao longo deste livro.

ÁGUA

1. Praticamente todos os alimentos contêm água. Alimentos secos podem conter a fração mínima de 1% de água, porém carnes, peixes, frutas e vegetais frescos constituem-se, em grande parte, de água.

2. A água existe em três estados – sólido (gelo), líquido e gasoso (vapor de água). Ao nível do mar, a água líquida pura se solidifica, ou congela, a 0°C, e passa para o estado gasoso a 100°C. Quando as moléculas de água passam para o estado gasoso e escapam com energia para a atmosfera, diz-se que a água ferveu.

3. A água também pode passar do estado líquido para o gasoso a baixas temperaturas. Quando a água passa para o estado gasoso a qualquer temperatura, o processo é chamado de **evaporação**. Quanto menor a temperatura, mais lenta é a evaporação. A evaporação é responsável pelo ressecamento dos alimentos. O ressecamento da superfície dos alimentos à medida que eles cozinham faz com que eles dourem.

4. Muitos minerais e outros componentes se dissolvem na água, portanto, a água pode ser uma portadora de sabor e valor nutricional.

5. Quando a água carrega componentes dissolvidos, como sal e açúcar, seu ponto de congelamento é reduzido, e seu ponto de fervura, elevado.

TRANSFERÊNCIA DE CALOR

Para que o alimento seja cozido, o calor deve ser transferido de uma fonte de calor (como a chama do gás ou um elemento elétrico) para o alimento e através dele. Conhecer as formas como e a velocidade com que o calor é transferido ajuda o cozinheiro a controlar o processo de cozimento.

O calor é transferido de três formas: por condução, por convecção e por radiação. É importante lembrar que, durante o processo de cozimento, mais de um desses métodos de transferência pode acontecer ao mesmo tempo. Por exemplo, em uma grelha, o alimento pode ser aquecido por condução – pelo contato com o metal quente da grelha –, por convecção – pelo ar quente que sai do queimador ou do carvão – e por radiação – pela incandescência do queimador ou da brasa.

CONDUÇÃO

A **condução** ocorre de duas formas:

1. Quando o calor passa diretamente de um item para algo que está em contato com ele – por exemplo, da superfície do fogão para uma panela de sopa colocada sobre essa superfície, da panela para o caldo dentro dela e do caldo para os itens sólidos suspensos nesse caldo.

2. Quando o calor se move de uma parte de algum item para a parte adjacente do mesmo item – por exemplo, do exterior para o interior de um assado, ou de uma frigideira para seu cabo.

Materiais diferentes conduzem calor a velocidades diferentes. O calor se move rapidamente no cobre e no alumínio, mais lentamente no aço inoxidável, e mais lentamente ainda no vidro e na porcelana. O ar não é um bom condutor de calor.

CONVECÇÃO

A **convecção** ocorre quando o calor é disperso pelo movimento do ar, do vapor ou do líquido (incluindo gordura quente). Há dois tipos de convecção:

1. **Natural**

   Os líquidos e gases quentes se elevam, enquanto os frios descem. Logo, em qualquer forno, caldeirão cheio de líquido ou fritadeira por imersão, uma circulação natural e constante distribui o calor.

2. **Mecânica**

   Em fornos de convecção e fornos combinados, ventoinhas aceleram a circulação do calor. Assim, ele é transferido mais rapidamente para o alimento que, por sua vez, cozinha mais rápido.

   O ato de mexer é uma forma de convecção mecânica. Líquidos espessos não circulam tão rápido quanto os líquidos ralos, portanto, o ritmo da convecção natural é mais lento. Isso explica, em parte, por que é tão fácil queimar sopas e molhos espessos. O calor não é transportado da base da panela com rapidez suficiente, ficando concentrado no fundo, queimando o alimento. Mexer redistribui o calor e ajuda a evitar que o alimento queime (usar panelas pesadas feitas de materiais que sejam bons condutores de calor também ajuda a evitar que o alimento queime, pois a panela conduz o calor de forma mais rápida e uniforme no fundo e nas laterais).

   A convecção é o processo que transporta o calor da fonte de calor até o alimento. Uma vez que o portador de calor (ar ou líquido) entra em contato com o alimento, o calor é transferido para o alimento pela condução.

RADIAÇÃO

A **radiação** ocorre quando a energia é transferida, por ondas, de uma fonte para o alimento. As ondas em si não são exatamente calor, mas transformam-se em calor quando atingem o alimento em cozimento (ondas de luz, ondas de rádio e raios X são exemplos de radiação não utilizados na culinária).

Dois tipos de radiação são usados na cozinha:

1. **Infravermelha**

   O exemplo mais comum de cozimento infravermelho é a caramelização. Em uma salamandra, um elemento elétrico ou cerâmico aquecido a gás fica tão quente que libera radiação infravermelha, cozinhando o alimento. Fornos infravermelhos de alta potência são desenvolvidos para aquecer o alimento rapidamente.

2. **Micro-ondas**

   No cozimento por micro-ondas, a radiação gerada pelo forno penetra parcialmente no alimento, onde agita as moléculas de água. A fricção causada por essa agitação gera calor, cozinhando o alimento.

   - Como a radiação por micro-ondas afeta apenas as moléculas de água, um material totalmente desprovido de água não é aquecido em um forno de micro-ondas. Os pratos ficam quentes somente quando o calor é *conduzido* para eles pelos alimentos quentes.
   - Como a maioria das micro-ondas não penetra mais do que 50 mm nos alimentos, o calor é transferido para o centro de pedaços grandes por *condução*, assim como ocorre nos assados.

   O cozimento por micro-ondas será discutido em detalhes mais adiante neste capítulo.

TEMPOS DE COZIMENTO

Aquecer um alimento até a temperatura desejada, ou seja, a temperatura em que o alimento fica "ao ponto" (o que significa que as alterações desejadas aconteceram) demanda tempo. Esse tempo é afetado por três fatores:

1. **Temperatura de cozimento**

   Representa a temperatura do ar no forno, da gordura na fritadeira, da superfície de uma chapa ou do líquido em que um alimento está sendo cozido.

2. **A velocidade da transferência de calor**

   Cada método de cozimento transfere calor a uma taxa diferente, como mostram estes exemplos:

   O ar não é um bom condutor de calor, enquanto o vapor é muito eficiente. Um jato de vapor (100°C) queima a mão com facilidade, porém é possível colocar a mão dentro de um forno a 260°C. É por isso que demora mais assar batatas do que cozinhá-las no vapor.

Um forno de convecção cozinha mais rápido do que um forno convencional, mesmo que ambos estejam ajustados para a mesma temperatura. O movimento forçado do ar transfere o calor com mais rapidez.

3. **Tamanho, temperatura e características individuais do alimento**
   Por exemplo:

   Um rosbife pequeno cozinha mais rápido do que um rosbife grande.

   Um bife congelado leva mais tempo para grelhar do que um bife à temperatura ambiente.

   Geralmente, peixes cozinham mais rápido que carnes.

Como existem muitas variáveis, é difícil, se não impossível, determinar o tempo exato de cozimento para a maior parte das receitas. Cada forno a gás, fritadeira ou forno combinado, por exemplo, pode transferir calor com mais ou menos eficiência ou ter diferentes tempos de recuperação de temperatura. Tabelas de tempo de cozimento para vários cortes de carne podem ser utilizadas apenas como orientação, e o cozinheiro deve usar seu bom-senso para determinar o ponto certo. Os tempos de cozimento serão discutidos novamente no próximo capítulo.

MÉTODOS DE COZIMENTO

Os métodos de cozimento podem ser divididos em dois tipos: calor úmido ou calor seco.

Os **métodos de calor úmido** são aqueles em que o calor é conduzido até o alimento pela água ou por líquidos à base de água, como fundos e molhos, ou pelo vapor.

Os **métodos de calor seco** são aqueles em que o calor é conduzido sem umidade – ou seja, ar quente, metal quente, radiação ou gordura quente. Em geral, dividimos os métodos de calor seco em duas categorias: com e sem gordura.

Métodos de cozimento diferentes servem para tipos de alimentos diferentes. Por exemplo, algumas carnes são ricas em tecido conjuntivo e ficam duras, a menos que esse tecido seja quebrado lentamente pelo calor úmido. Outras carnes são pobres em tecido conjuntivo e naturalmente macias. Elas ficam melhores e mais suculentas quando cozidas em calor seco até ficarem malpassadas ou ao ponto.

Muitos outros fatores devem ser considerados ao escolher o método de cozimento para carnes, peixes e vegetais, como o sabor e a aparência produzidos pela caramelização, o sabor produzido pelas gorduras e a consistência ou fragilidade do produto. Esses fatores serão discutidos nos outros capítulos sobre alimentos específicos.

Os métodos de cozimento básicos estão resumidos aqui. Sua aplicação prática aos alimentos será discutida em detalhes no restante do livro e reforçada pelas demonstrações de seu instrutor e sua própria experiência e prática.

MÉTODOS DE CALOR ÚMIDO

ESCALFAR, COZINHAR EM FOGO BRANDO E FERVER

Escalfar, cozinhar em fogo brando e ferver significam cozinhar um alimento em água ou em um líquido temperado ou condimentado. A temperatura do líquido dá nome ao método.

1. **Ferver** significa cozinhar em um líquido que está borbulhando rapidamente e em agitação. A água ferve a 100°C ao nível do mar. Mesmo se a potência do queimador for aumentada, a temperatura do líquido não subirá mais.

   O método de ferver em geral é reservado para vegetais e amidos. A alta temperatura enrijece as proteínas de carnes, peixes e ovos, e o borbulhar rápido despedaça alimentos delicados.

2. **Cozinhar em fogo brando,** ou *simmer* (do inglês), significa cozinhar em um líquido que está borbulhando lentamente a uma temperatura de aproximadamente 85 a 96°C.

A maioria dos alimentos cozidos em líquido é cozida em fogo brando. As temperaturas mais altas e a agitação intensa da fervura rápida são prejudiciais para a maioria dos alimentos. Em inglês, o termo *boiled* (fervido) é às vezes usado em menus para designar itens que, na verdade, foram cozidos pelo método da fervura branda (*simmer*), como no caso dos *boiled eggs* (ovos cozidos).

3. **Escalfar** significa cozinhar em uma pequena quantidade de líquido quente, mas não exatamente fervente. A temperatura fica em torno de 71 a 82ºC.

    O método de escalfar é utilizado para cozinhar alimentos delicados, como peixes e ovos sem casca. É também usado para cozinhar parcialmente alimentos como os miúdos, a fim de eliminar sabores indesejados e firmar o produto antes do cozimento final.

4. Uma regra prática: seja para cozinhar em fogo brando ou para ferver, o líquido geralmente é aquecido antes até levantar fervura. Isso compensa a diminuição da temperatura que ocorre com a adição do alimento. Em seguida, a fonte de calor é ajustada para manter a temperatura estável.

5. **Branquear** significa cozinhar um item parcial e brevemente, em geral em água, mas, algumas vezes, por outros métodos (p. ex., batatas fritas são branqueadas na gordura).

    Há duas formas de branquear em água:

    - Coloque o item em água fria, deixe levantar fervura e depois cozinhe em fogo brando por alguns instantes. Resfrie o item mergulhando-o em água gelada.

        Objetivo: dissolver sangue, sal ou impurezas de carnes e ossos.

    - Coloque o item em água fervente e deixe que a água volte a ferver. Retire o item e resfrie-o em água gelada.

        Objetivo: preservar a cor e destruir enzimas prejudiciais em vegetais, ou soltar a pele de tomates, pêssegos e itens similares para facilitar o trabalho de descascar.

6. Observação sobre a altitude: o ponto de ebulição da água diminui à medida que aumenta a altitude. A 1.500 metros acima do nível do mar, a água ferve a aproximadamente 95°C. Portanto, o cozimento de alimentos pela fervura até o ponto ideal leva mais tempo em grandes altitudes, pois a temperatura é mais baixa.

COZINHAR NO VAPOR

Cozinhar no vapor significa cozinhar os alimentos expondo-os diretamente ao vapor.

1. No caso de grandes quantidades, o método de cozinhar no vapor normalmente é conduzido em fornos a vapor especiais, desenvolvidos para receber recipientes de tamanhos padronizados. Esse método também pode ser aplicado utilizando-se uma grade ou suporte para manter o alimento acima da água fervente. No entanto, ele é mais trabalhoso e utilizado apenas ocasionalmente nos estabelecimentos comerciais. Cozinhar em um caldeirão a vapor não é o mesmo que cozinhar no vapor, pois o vapor não entra em contato direto com o alimento.

2. O termo *cozinhar no vapor* também se refere ao ato de cozinhar um item bem embrulhado ou bem vedado em uma panela tampada, de forma que cozinhe no vapor advindo de sua própria umidade. Esse método é utilizado no cozimento de itens **en papillote**, ou seja, embalados em papel-manteiga (ou alumínio). Batatas assadas embaladas em papel-alumínio são, na verdade, cozidas no vapor.

3. A temperatura do vapor à pressão normal é de 100°C, a mesma temperatura da água em ebulição. Entretanto, ele transporta muito mais calor do que a água fervente e cozinha os alimentos muito rápido. Os tempos de cozimento devem ser cuidadosamente controlados para evitar que o alimento passe do ponto.

4. Um *forno de pressão* é um forno de vapor que mantém o vapor sob pressão. Assim, a temperatura do vapor fica acima de 100°C, como mostra o quadro a seguir:

Pressão	*Temperatura do vapor*
5 psi (libras por polegada quadrada)	106°C (227°F)
10 psi	116°C (240°F)
15 psi	121°C (250°F)

    Por causa dessas temperaturas, o método de cozimento no vapor sob pressão é extremamente rápido e deve ser controlado e cronometrado com cuidado.

5. O cozimento no vapor é largamente utilizado para vegetais. Esse método os cozinha rapidamente, sem agitação, e minimiza a perda de nutrientes que ocorre quando os vegetais são fervidos.

BRASEAR

Brasear significa cozinhar com a panela tampada, em pouco líquido, geralmente depois de refogar até dourar. Em quase todos os casos, o líquido é servido como molho.

Com frequência, brasear é referido como uma *combinação de métodos de cozimento*, pois o produto é primeiro dourado com calor seco antes de ser cozido em um líquido. No entanto, na maior parte dos casos, o calor úmido é responsável por grande parte do processo de cozimento, e o dourar pode ser considerado uma técnica preliminar. O objetivo da etapa de dourar não é tanto cozinhar o item, mas desenvolver cor e sabor.

Alguns materiais de referência descrevem os métodos de brasear e **ensopar** como dois métodos de cozimento diferentes. O termo *brasear* é utilizado para cortes grandes de carne, e *ensopar*, ou **guisar**, é utilizado para itens menores. Neste livro, entretanto, utiliza-se o termo *brasear* para os dois métodos, pois o procedimento básico é o mesmo em ambos os casos – primeiro dourar com calor seco e depois cozinhar com calor úmido (observe que o termo *ensopar* também é utilizado para cozinhar em fogo brando com pouco líquido, sem dourar previamente).

1. Em geral, as carnes braseadas são primeiro douradas pelo método de calor seco, assim como no método de refogar. Isso proporciona a aparência e o sabor desejados ao produto e ao molho.

2. Brasear também se refere a cozinhar alguns vegetais, como alface ou repolho, a baixa temperatura, em uma pequena quantidade de líquido, sem refogar em gordura, ou apenas com uma leve salteada inicial.

3. Em geral, os alimentos braseados não são totalmente cobertos pelo líquido do cozimento. Na verdade, a parte superior do produto é cozida pelo vapor que fica dentro da panela tampada. Itens assados na panela, por exemplo, são cozidos em um líquido que cobre um ou dois terços de sua dimensão. A quantidade exata depende da quantidade de molho necessária para servir. Esse método rende um molho saboroso e concentrado.

4. Em alguns preparos, especialmente de aves e peixes, nenhum líquido é acrescentado. Esse processo ainda é considerado brasear, pois o vapor fica preso pela tampa e o item cozinha em sua própria umidade e na umidade de outros ingredientes, como vegetais.

5. O método de brasear pode ser realizado no fogão ou no forno. Há três vantagens importantes para se brasear no forno:

   - Cozimento uniforme. O calor atinge a caçarola por todos os lados, não apenas na base.
   - Menos atenção é necessária. Os alimentos braseiam a uma temperatura baixa e estável, sem a necessidade de serem verificados constantemente.
   - O fogão fica livre para outras tarefas.

MÉTODOS DE CALOR SECO

ASSAR

Assar significa cozinhar os alimentos envoltos em ar quente e seco, normalmente no forno. Cozinhar em um espeto em frente ao fogo aberto também pode ser considerado assar.

No inglês é feita uma distinção: o termo *roasting* normalmente se aplica a carnes e aves. O termo *baking* em geral se aplica a pães, massas, vegetais e peixes. É um termo mais genérico do que *roasting*, embora, na prática, não exista, ou exista pouca diferença na técnica, e os termos sejam com frequência intercambiáveis (exceto no caso de pães e massas).

Recentemente nos EUA, virou moda utilizar nos menus o termo *roasted* para uma ampla variedade de alimentos, incluindo carnes, aves, peixes e vegetais, que não são de fato assados, mas salteados, fritos ou braseados.

1. É fundamental *não cobrir* o alimento ao assar. Ao cobri-lo, aprisiona-se o vapor, mudando o processo de calor seco para calor úmido, como acontece ao se brasear ou cozinhar no vapor.

2. Normalmente, a carne é assada sobre uma grade (ou, se for uma costela, em sua grade natural de ossos). Isso impede que a carne cozinhe lentamente em seu próprio suco e gordura. Também possibilita que o ar quente circule em torno do produto.

3. Ao assar em um forno convencional, o cozinheiro deve compensar a irregularidade da temperatura mudando a posição do produto ao longo do cozimento. A parte de trás do forno fica mais quente porque o calor se dispersa pela porta.

4. **Assar em churrasqueira** significa cozinhar com calor seco criado pela queima da lenha ou do carvão. Em outras palavras, o churrasco é uma técnica de assar ou grelhar que requer fogo proveniente de madeira.*

    Nos EUA, o autêntico e tradicional *barbecue* é feito em fornos ou churrasqueiras-defumadoras a lenha, porém, esses equipamentos não são práticos para um restaurante médio que quer acrescentar esses itens ao menu. Portanto, hoje em dia, a maioria dos itens vendidos como *barbecue* é feita em defumadores especialmente desenvolvidos. Em princípio, eles funcionam como uma grelha comum, exceto pelo fato de também possuírem um dispositivo que aquece pequenos pedaços de lenha para produzir fumaça. Os alimentos devem ficar suspensos ou ser colocados em grades para que a fumaça possa ter contato com toda a superfície do alimento.

    Tecnicamente, alimentos cozidos dessa forma não podem ser considerados *barbecue*, pois o calor é gerado por queimadores elétricos ou a gás. No entanto, em razão da fumaça da madeira, os resultados podem ser praticamente idênticos.

5. **Assar por defumação** é um procedimento que pode ser realizado no fogão, em um recipiente fechado, utilizando lascas de madeira para fazer fumaça. Utilize esse procedimento em itens pequenos, macios e de cozimento rápido, como filés de peixe, pedaços macios de carne ou ave e alguns vegetais.

    Para defumar, coloque uma camada de lascas de madeira no fundo de uma bandeja (ver Fig. 4.1). Bandejas descartáveis podem ser usadas para uma defumação leve. Coloque uma grade na bandeja, sobre as lascas, e o item temperado sobre a grade. Tampe bem com outra bandeja ou papel-alumínio. Coloque-a sobre a chama do fogão (verificando se a coifa está aberta!) sob calor moderado. A fumaça começará a se desprender das lascas de madeira. Depois de aproximadamente 5 minutos, retire o alimento do defumador e, se necessário, complete o cozimento no forno. Deixar o alimento na fumaça por muito tempo pode resultar em um sabor forte e amargo.

*N.R.: A principal diferença entre o churrasco brasileiro e o *barbecue* norte-americano é o sabor defumado deste último. Por isso, os equipamentos nos EUA possuem tampa e compartimentos especiais para a adição de lascas de madeira para a produção de fumaça.

Figura 4.1
Defumação no fogão

(a) Coloque lascas de madeira ou serragem em uma bandeja descartável. Leve ao fogo médio-alto e aqueça até que a madeira comece a fazer fumaça.

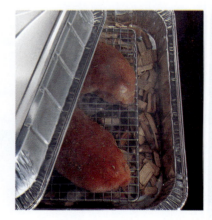

(b) Coloque os itens a serem cozidos na grade e ajuste-a sobre as lascas, de forma que o alimento não as toque. Tampe bem com outra bandeja e cozinhe pelo tempo desejado.

ASSAR NO DOURADOR

Assar no dourador significa cozinhar com calor irradiado de cima, gerado pelo dourador superior.

Observação: os termos *assar*, *grelhar* e *chapear* às vezes são confundidos. O ato de grelhar (ver abaixo) frequentemente é chamado de *assar*, e *chapear* é chamado de *grelhar*. Este livro adota os termos que se referem ao equipamento utilizado. Portanto, para assar no dourador, utiliza-se um dourador superior (ou *broiler*); para grelhar, utiliza-se uma grelha (ou *char broiler*); e para chapear, utiliza-se uma chapa bifeteira.

1. Cozinhar no dourador é um método de cozimento rápido, com calor intenso, usado principalmente para carnes macias, aves e peixes, além de alguns vegetais.

2. Observe as seguintes regras desse método:
    - *Coloque a fonte de calor na potência máxima.* A temperatura de cozimento é regulada movendo-se a grade para longe ou para perto da fonte de calor.
    - *Use fogo mais baixo para itens maiores e mais grossos e para os itens que devem ficar bem passados.* Use fogo mais alto para peças mais delgadas e para itens que devem ficar malpassados. Isso é feito para que o interior e o exterior sejam cozidos ao ponto desejado ao mesmo tempo. É preciso ter prática e experiência para cozinhar alimentos de diferentes espessuras até eles atingirem o ponto certo na parte interna, com a quantidade desejada de caramelização da superfície.
    - *Preaqueça o dourador.* Isso ajuda a selar rapidamente o alimento, evitando que os sucos se percam.
    - Os alimentos podem ser imersos em óleo para evitar que grudem e minimizar o ressecamento (isso pode ser desnecessário se o alimento for rico em gordura). Deve-se ter cuidado, pois óleo demais sob um dourador quente pode produzir fogo.
    - Vire o alimento apenas uma vez para cozinhar dos dois lados, evitando a manipulação desnecessária.

3. Um dourador de baixa intensidade chamado salamandra é utilizado para gratinar ou derreter a superfície de alguns itens antes de servir.

Capítulo 4 • Princípios básicos de culinária

GRELHAR, CHAPEAR E GRELHAR NA FRIGIDEIRA

Grelhar, chapear e grelhar na frigideira são métodos de cozimento com calor seco. A fonte de calor vem de baixo.

1. Para **grelhar**, é utilizada uma grelha vazada apoiada sobre uma fonte de calor, que pode ser carvão, eletricidade ou gás. A temperatura de cozimento é regulada movendo-se os itens para os lugares mais ou menos quentes da grelha. As carnes grelhadas devem ser viradas para se obter as marcas desejadas da grelha.

2. Para **chapear**, é utilizada uma superfície sólida, chamada chapa, com ou sem pequenas quantidades de gordura para evitar que os alimentos grudem. A temperatura é ajustável e bem inferior (em torno de 177°C) à de uma grelha. Além de carnes, itens como ovos e panquecas podem ser cozidos em uma chapa.

   Chapas frisadas possuem uma superfície sólida com ranhuras. São desenvolvidas para cozinhar como as grelhas, mas com menos fumaça. As carnes cozidas em chapas frisadas não possuem o sabor do carvão transmitido pela fumaça gerada pela queima da gordura nas grelhas.

3. **Grelhar na frigideira** é como chapear, exceto pelo fato de que faz uso de uma frigideira simples ou basculante em vez da superfície da chapa. A gordura deve ser retirada para não acumular, senão o processo passa a ser a fritura em pouca gordura. Nenhum líquido é adicionado, e a panela não é tampada para o item não cozinhar no vapor.

MÉTODOS DE CALOR SECO QUE UTILIZAM GORDURA

SALTEAR

Saltear, ou refogar, significa cozinhar rapidamente em uma pequena quantidade de gordura.

1. O termo francês *sauter* significa "saltar", referindo-se à ação de agitar pequenos pedaços de alimento em uma frigideira própria para saltear (ver Fig. 17.1). Contudo, alimentos maiores, como bifes e filés de frango ou carne, são salteados sem ser agitados.

2. Observe estes dois princípios importantes:
   - Preaqueça a frigideira antes de acrescentar o alimento a ser salteado. O alimento deve começar a cozinhar em alta temperatura, ou então será cozido lentamente em seu próprio suco.
   - Não encha demais a frigideira. Isso reduz demais a temperatura e, da mesma forma, o alimento começa a cozinhar no próprio suco.

3. Frequentemente, as carnes salteadas são polvilhadas com farinha para não grudarem e para que fique mais fácil dourarem por igual.

4. Depois que o alimento é salteado, um líquido, como vinho ou fundo, é agitado na frigideira para dissolver os sucos e fragmentos caramelizados do alimento que aderiram à base. Isso se chama **deglacear**. O líquido se torna parte do molho servido com o item salteado.

5. O método *stir-fry*, muito utilizado na culinária chinesa, é uma variação do saltear. Consulte as páginas 313 e 314 para ver a explicação.

FRITAR

Fritar, ou fritar na frigideira, significa cozinhar em quantidade moderada de gordura em uma frigideira, com calor moderado.

1. O método de fritar é similar ao de saltear, exceto pelo fato de o processo de fritar utilizar mais gordura e o tempo de cozimento ser mais longo. O método é usado para pedaços maiores de alimento, como costeletas e pedaços de frango, e os itens não são agitados na frigideira, como acontece no saltear.

Métodos de cozimento **73**

2. O método de fritar é, normalmente, feito em fogo mais baixo do que no método de saltear, em razão do tamanho maior dos pedaços de alimento.

3. A quantidade de gordura depende do alimento que será cozido. Apenas uma pequena quantidade é usada para ovos, por exemplo, enquanto 2,5 cm de profundidade ou mais podem ser usados para frango.

4. A maior parte dos alimentos deve ser virada pelo menos uma vez para se obter um cozimento uniforme. Alguns alimentos maiores podem ser retirados da frigideira e finalizados no forno para evitar que sua superfície doure em excesso. Esse método de finalização no forno também é utilizado para simplificar a produção, quando grandes quantidades do alimento devem ser fritas.

FRITAR POR IMERSÃO

Fritar por imersão significa cozinhar o alimento submerso em gordura quente. A qualidade de uma fritura é caracterizada pelas seguintes propriedades:

Mínima absorção de gordura

Mínima perda de umidade (ou seja, o item não é cozido em excesso)

Cor dourada atrativa

Superfície ou revestimento crocantes

Nenhum sabor estranho proveniente da gordura da fritura

Muitos alimentos são empanados ou passados em uma massa mole antes da fritura. Isso forma uma barreira de proteção entre o alimento e a gordura e ajuda a dar mais crocância, cor e sabor ao produto. Obviamente, a qualidade da massa afeta a qualidade do produto final (ver Cap. 7, pp. 142 a 144).

Orientações para fritar por imersão

1. **Frite a temperaturas apropriadas**

A maioria dos alimentos é frita entre 175 e 190ºC. O excesso de gordura nas frituras em geral é causado por temperaturas muito baixas.

2. **Não sobrecarregue as cestas**

Isso reduz a temperatura da gordura.

3. **Utilize gordura de boa qualidade**

A melhor gordura para fritar possui um alto ponto de fumaça (a temperatura à qual a gordura começa a gerar fumaça e a se quebrar rapidamente).

4. **Substitua cerca de 15 a 20% da gordura usada por gordura fresca após cada dia de utilização**

Isso estende o tempo de utilização da gordura.

5. **Descarte a gordura usada**

Gorduras velhas perdem a capacidade de fritar, douram em excesso e fazem os alimentos perderem sabor.

6. **Evite fritar alimentos de sabor forte e suave na mesma gordura, se possível**

Batatas fritas não devem ter sabor de peixe frito.

7. **Frite o mais próximo possível da hora de servir**

Não deixe os alimentos na cesta, acima da fritadeira, nem sob lâmpadas de calor por mais de alguns minutos. A umidade do alimento faz com que a massa ou a parte externa fiquem encharcadas.

8. **Proteja a gordura de seus inimigos:**

Calor. Desligue a fritadeira ou reduza a temperatura (95 a 120˚C) quando ela não estiver em uso.

Oxigênio. Mantenha a gordura tampada entre os turnos e tente aerá-la o mínimo possível ao filtrá-la.

Água. Remova o excesso de umidade dos alimentos antes de fritá-los. Enxugue bem as cestas e a fritadeira após limpá-las. Mantenha os líquidos longe da fritadeira para evitar derramamentos acidentais.

Sal. Nunca coloque sal no alimento quando ele estiver na gordura.

Partículas de alimentos. Retire o excesso de massa de itens empanados antes de colocá-los na gordura. Escume e coe a gordura com frequência.

Detergente. Enxágue bem as cestas e a fritadeira após a limpeza.

Fritar por pressão

Fritar por pressão significa fritar em uma fritadeira tampada especial que detém o vapor gerado pelos alimentos em cozimento, aumentando a pressão dentro da fritadeira.

Em uma fritadeira-padrão, embora a gordura possa estar a 175°C, a temperatura dentro do alimento não vai além de 100°C – o ponto de ebulição da água. Assim como no forno de pressão, uma fritadeira de pressão eleva a temperatura e cozinha o alimento mais rapidamente sem dourar demais a superfície. Ao mesmo tempo, a temperatura da gordura pode ser menor, 165°C ou menos.

Fritar por pressão requer o controle exato do tempo, pois o produto não pode ser visto enquanto cozinha.

COZIMENTO POR MICRO-ONDAS

O cozimento por micro-ondas se refere mais ao uso de um equipamento específico do que a um método de cozimento básico com calor seco ou úmido. O forno de micro-ondas é utilizado principalmente para aquecer alimentos preparados e para descongelar itens crus ou cozidos. No entanto, também pode ser usado para cozimento primário.

Os modelos de fornos de micro-ondas variam em potência de 500 até 2.000 watts. Quanto maior a potência, mais intensa a energia que o forno gera e mais rápido ele aquece os alimentos. A maioria dos modelos possui botões que permitem cozinhar em diferentes potências.

Uma das vantagens mais importantes do forno de micro-ondas no cozimento *à la carte* é que ele permite aquecer porções individuais de muitos alimentos de acordo com os pedidos de forma rápida e uniforme. Em vez de manter esses alimentos, como ensopados quentes, na mesa de vapor, onde vão gradualmente cozinhando além do ponto, é possível mantê-los refrigerados (em porções grandes ou individuais) e reaquecer cada pedido conforme a necessidade. Talvez essa seja a principal razão pela qual a maioria dos restaurantes possui um ou mais fornos de micro-ondas, embora talvez não os utilize para cozimento primário.

Como o forno de micro-ondas é um equipamento único nos estabelecimentos alimentícios, o cozinheiro deve observar os seguintes pontos especiais em relação a seu uso:

1. Pequenos itens não douram em um forno de micro-ondas comum. Assados grandes podem dourar um pouco com o calor gerado por eles mesmos. Alguns modelos possuem douradores que utilizam calor convencional.

2. Observe o tempo criteriosamente. O excesso de cozimento é o erro mais comum no uso do micro-ondas. Altos níveis de energia cozinham itens pequenos com muita rapidez.

3. Itens grandes devem ser virados uma ou duas vezes para cozinhar uniformemente.

4. Em geral, um ciclo que liga e desliga automaticamente é utilizado para itens grandes para que haja tempo suficiente de o calor ser conduzido para o interior.

5. Se seu equipamento possuir um ciclo de descongelamento (que muda o forno para uma potência menor), use esse ciclo em vez da potência total para descongelar alimentos. A potência menor permite que o item seja descongelado de maneira mais uniforme, com menos probabilidade de cozinhar parcialmente. Se seu forno não possuir esse recurso, utilize o ciclo que liga e desliga automaticamente.

6. Carnes fatiadas cozidas e outros itens que podem ressecar no micro-ondas devem ser protegidos – embale-os em plástico ou papel-manteiga ou cubra-os com um molho.

7. Como as micro-ondas atuam apenas nas moléculas de água, os alimentos com alto conteúdo de água, como os vegetais, são aquecidos mais rapidamente do que alimentos mais densos e secos, como as carnes cozidas.

8. Os alimentos próximos à extremidade do prato são aquecidos mais rapidamente do que os alimentos no centro. Isso ocorre porque são atingidos pelos raios refletidos pelas paredes do forno, além dos raios que vêm diretamente da fonte de energia. Portanto:

   - Faça uma indentação no centro de recipientes que contêm mais comida para que o centro fique com menos alimento do que as beiradas. Isso o ajudará a aquecer de maneira mais uniforme.

   - Ao aquecer vários alimentos de uma vez em um prato, coloque os itens úmidos que aquecem rápido, como os vegetais, no centro e os itens mais densos e de aquecimento mais lento nas extremidades.

9. Como as micro-ondas não penetram no metal, o papel-alumínio e outros metais servem como escudo para o alimento, protegendo-o da energia irradiada. Por exemplo, uma batata embalada em papel-alumínio não cozinha em um forno de micro-ondas.

Nos modelos mais antigos, a regra geral era não colocar nenhum metal no forno, pois a radiação poderia refletir no metal e danificar o magnetron (gerador do forno). Nos modelos mais novos, é possível aquecer alimentos em recipientes de alumínio e proteger certas partes do alimento, cobrindo-o com pedaços de papel-alumínio, para que não aqueçam demais. Siga os procedimentos recomendados pelo fabricante.

Como as micro-ondas cozinham muito rápido, elas não quebram os tecidos conjuntivos das carnes menos macias. Um cozimento lento e em meio úmido é necessário para dissolver esses tecidos.

Quanto maior a quantidade de alimento colocada no forno de micro-ondas ao mesmo tempo, maior o tempo de cozimento. Logo, a principal vantagem do cozimento no forno de micro-ondas – a rapidez – é perdida no caso de assados grandes e grandes quantidades de alimento.

RESUMO DOS TERMOS DE COZIMENTO

A seguir há uma lista em ordem alfabética dos termos que descrevem as maneiras de aplicar calor nos alimentos. Os métodos básicos de cozimento descritos anteriormente estão incluídos, além de suas aplicações mais específicas.

assar. Cozinhar alimentos envolvendo-os em ar quente e seco.

assar em churrasqueira. (1) Cozinhar com calor seco criado pela queima de lenha ou carvão. (2) De maneira geral, significa cozinhar sobre carvão em brasa, sobre a grelha ou no espeto, podendo os itens ser marinados ou regados com molho.

assar no dourador. Cozinhar com calor irradiado de cima.

branquear. Cozinhar parcialmente e por pouco tempo em água fervente ou em gordura quente. Costuma ser uma técnica de pré-preparo utilizada para soltar a pele de vegetais, frutas e oleaginosas, cozinhar parcialmente batatas fritas ou outros alimentos antes de finalizá-los, preparar um ingrediente para congelamento ou remover sabores indesejáveis.

brasear. (1) Cozinhar com pouco líquido, em geral depois de refogar até dourar. (2) Cozinhar certos vegetais lentamente com pouco líquido, sem refogar previamente.

chapear. Cozinhar em uma superfície plana e sólida chamada *chapa*.

cozinhar em fogo brando. Também chamado de *simmer*, é cozinhar em água ou outro líquido em fervura branda, em torno de 85 a 96ºC.

cozinhar no vapor. Cozinhar pelo contato direto com o vapor.

defumar na panela. Cozinhar com calor seco na presença de fumaça, como quando se usa uma grade acima de lascas de madeira em uma panela tampada.

deglacear. Agitar um líquido em uma frigideira, assadeira ou outra panela para dissolver partículas do alimento cozido caramelizadas no fundo.

dourar. Caramelizar a superfície de um alimento rapidamente a uma temperatura elevada.

ensopar. Também chamado de guisar, é cozinhar em fogo brando ou brasear um alimento em pouca quantidade de líquido, o qual é depois servido como molho com o alimento.

escaldar. Cozinhar parcialmente em líquido fervente ou cozinhar em fogo brando com pouco líquido.

escalfar. Cozinhar lentamente em água ou outro líquido quente, mas não fervente, à temperatura de 71 a 82ºC.

ferver. Cozinhar em água ou outro líquido borbulhante à temperatura de 100ºC ao nível do mar e sob pressão normal.

fritar. Cozinhar em gordura quente.

fritar na frigideira. Cozinhar em quantidade moderada de gordura em uma panela destampada.

fritar por imersão. Cozinhar um item imerso em gordura quente.

glacear. Dar brilho à superfície de um alimento aplicando molho, *aspic*, açúcar ou glacê e/ou dourando-o ou derretendo-o sob um dourador ou salamandra, ou em um forno.

grelhar. Cozinhar em uma grelha vazada apoiada sobre uma fonte de calor.

grelhar na frigideira. Cozinhar sem tampa em uma frigideira, sem gordura.

métodos de cozimento com calor seco. Métodos em que o calor é conduzido aos alimentos sem o uso de umidade.

métodos de cozimento com calor úmido. Métodos em que o calor é conduzido até os alimentos através da água ou outro líquido (exceto gordura) ou do vapor.

(*en*) *papillote*. Método de embalar o alimento em papel-vegetal (ou papel-alumínio) para que seja cozido no vapor por sua própria umidade.

pré-cozer. Cozinhar parcialmente utilizando qualquer método.

reduzir. Cozinhar em fogo brando ou ferver até diminuir a quantidade de líquido; em geral usado para concentrar os sabores.

saltear. Cozinhar rapidamente em uma pequena quantidade de gordura, sacudindo a frigideira para virar o alimento dentro dela durante o processo.

stir-fry. Cozinhar rapidamente em uma pequena quantidade de gordura, usando uma *wok* ou outra panela rasa, mexendo o alimento cortado em pedaços pequenos com espátulas ou utensílios similares.

suar. Também chamado de abafar, é cozinhar lentamente em gordura sem dourar, às vezes com a panela tampada.*

> *N.R.: Em português, o verbo refogar pode ser usado tanto como tradução de *stir-fry* quanto de *sauté* (saltear) e *sweat* (suar), dependendo do contexto. A diferença é que, no caso de *sauté*, o alimento deve ser sacudido dentro da frigideira; no caso do *stir-fry*, mexe-se o alimento dentro da *wok* ou outra panela, e a temperatura deve ser muito alta e, no caso de *sweat*, refoga-se em fogo brando, sem dourar o alimento.

A CONSTRUÇÃO DO SABOR

As pessoas comem porque apreciam os sabores de uma boa refeição, não apenas porque devem encher o estômago para continuarem vivas. Aparência, textura e nutrição são importantes também, mas o sabor agradável é a primeira marca da boa cozinha. O aprimoramento e o ajuste dos sabores estão entre as tarefas essenciais de um cozinheiro e requerem experiência e bom-senso.

Os sabores mais importantes de um determinado preparo são os dos ingredientes principais. Um filé-mignon grelhado deve ter sabor de filé, ervilhas devem ter sabor de ervilha, sopa de tomate deve ter, primordialmente, sabor de tomate. Os alimentos em seu estado natural, entretanto, normalmente são um pouco insossos e unidimensionais, por isso, é tarefa do cozinheiro agregar interesse combinando ingredientes para desenvolver uma profundidade de sabor. A harmonia criada entre os sabores e aromas dos ingredientes pelo cozinheiro ao combiná-los com sua experiência às vezes é chamada de **perfil de sabor**.

A CONSTRUÇÃO DE PERFIS DE SABOR

Os alimentos proporcionam experiências complexas aos sentidos. Ao compor um novo prato, o cozinheiro deve, em primeiro lugar, entender que é preciso considerar mais do que simplesmente o sabor. A visão, o olfato, o paladar e o tato também entram em ação. O quinto sentido, a audição, também tem seu papel, como quando reagimos ao chiado do filé na frigideira ou à crocância da batata frita, mas esse sentido tem menos importância para o cozinheiro do que os outros quatro. Considere como percebemos essas características em um prato:

- Aparência (cor e contraste de cor, formato, brilho, organização do prato)
- Aroma
- Sabor
- Sensação na boca (textura, umidade, maciez ou crocância) e temperatura

Todos esses fatores são importantes para tornar um prato atrativo para a pessoa que vai saboreá-lo. A discussão desta seção, entretanto, está concentrada principalmente no aroma e no sabor. Por que não apenas no sabor? As papilas gustativas da língua percebem apenas quatro sensações básicas: salgado, doce, amargo e azedo. O que interpretamos como sabor é uma combinação de sabor e aroma. Quando falta o sentido do olfato, como quando se está resfriado, por exemplo, os alimentos parecem ter pouco sabor.

Os sabores de um prato podem ser divididos em sabores primários e secundários, ou de fundo. Os primários são os sabores dos principais ingredientes. Por exemplo, o **sabor primário** em uma *Blanquette* de vitela (p. 326) é a vitela; os sabores primários do Fígado de vitela *lyonnaise* (p. 321) são o fígado e as cebolas, e os sabores primários em um Ensopado de cordeiro à moda irlandesa (p. 327) são o cordeiro, as cebolas, o alho-poró e as batatas. Esses são os sabores que predominam. Ao degustar cada um desses pratos, os primeiros sabores encontrados são os dos principais ingredientes. Outros sabores, que podem ser chamados de **sabores secundários,** dão suporte e aprimoram os sabores primários dos ingredientes principais.

Analisar como o perfil de sabor é construído em uma receita clássica e relativamente simples pode ajudá-lo a começar a entender alguns dos princípios gerais envolvidos.

Exemplo de construção de sabor

Vamos olhar mais de perto a receita de *blanquette* de vitela mencionada anteriormente. A vitela, por si só, não possui um sabor forte ou pronunciado. Ao contrário de carnes como a de boi ou cervo, a vitela possui um sabor suave e sutil. Nessa receita, ela é cozida em fogo brando para que o sabor fique ainda mais suave do que ficaria se a carne fosse dourada pelos métodos de assar, saltear ou brasear. Por essa razão, ao escolher temperos e outros sabores secundários, devem-se evitar sabores fortes que mascarem o delicado sabor da vitela. Utilizar fundo de vitela como meio de cozimento reforça e potencializa o sabor primário. Poderíamos utilizar água, mas o resultado seria um prato menos saboroso. O fundo escuro seria muito forte para esse objetivo e mudaria completamente a característica do prato. O fundo de galinha seria um substituto aceitável, mas também não reforçaria o sabor da vitela. A cebola e o *bouquet garni* são acrescentados ao fundo para proporcionar mais profundidade e plenitude ao sabor.

Continuando com os ingredientes finais, encontramos *roux*, liga fina de creme e ovos, suco de limão, noz-moscada e pimenta-do-reino branca. O *roux* atua como espessante e contribui principalmente com a textura, embora sua manteiga também enriqueça o sabor. A liga fina é utilizada para dar textura e sabor, agregando riqueza e cremosidade. O creme e a vitela cozida em fogo brando formam um casamento clássico de sabores que, juntos, funcionam bem em muitos pratos. No entanto, o excesso de gordura combinado à suavidade da vitela pode tornar o prato enjoativo. A acidez do suco de limão corta a riqueza do creme e das gemas, proporciona um sabor mais balanceado e estimula as papilas gustativas. Apenas uma quantidade suficiente de limão é utilizada para equilibrar a untuosidade do creme de leite e dos ovos, porém não a ponto de deixar o prato com sabor de limão. Por fim, uma pitada mínima de noz-moscada e de pimenta-do-reino branca geram uma complexidade prazerosa ao sabor final, sem que possam ser identificadas. Se uma das primeiras coisas identificadas é a noz-moscada, significa que você colocou demais.

Se o prato é bem composto, todos esses sabores, primários e secundários, combinam-se para formar um todo complexo, porém unificado, identificado como sendo o sabor de uma *blanquette* de vitela.

CONCEITOS GERAIS
DE CONSTRUÇÃO DE SABOR

Não existem regras fixas para combinar sabores, mas o exemplo discutido acima sugere alguns princípios gerais. Ao desenvolver ou modificar uma receita, pense nos seguintes pontos:

Todo ingrediente deve ter um propósito. Comece pelos ingredientes principais e, em seguida, pense no que pode funcionar bem com eles. Continue construindo o sabor, utilizando apenas os ingredientes de que precisa.

Os ingredientes podem funcionar juntos, em harmonia ou contraste. No exemplo acima, o sabor rico da liga fina e o sabor suave da vitela se harmonizam. A aspereza do limão, por outro lado, contrasta com o creme de leite.

Quando dois ingredientes são contrastantes, certifique-se de que estão equilibrados. Por exemplo, acrescente suco de limão à *blanquette* o suficiente apenas para balancear o creme de leite, nem mais, nem menos.

Considere não apenas os componentes da receita, mas também os outros itens que serão servidos no mesmo prato. Por exemplo, pense em como o limão foi utilizado para equilibrar a untuosidade do creme de leite na *blanquette*. É possível usar a mesma ideia para equilibrar a gordura de um patê ou linguiça de porco, servindo-os acompanhados de uma mostarda ácida ou um *chutney*. Em outras palavras, pense na construção do perfil de sabor do prato como um todo. Planeje molhos, acompanhamentos e guarnições para se equilibrarem, aprimorarem e contrastarem com o item principal e entre si, assim como fazem os sabores em uma receita individual.

Combinações clássicas de sabor

Estas são apenas algumas das muitas combinações de sabor tradicionais ao redor do mundo. Tenha em mente que, embora somente uma ou duas combinações sejam descritas para cada país ou região mencionados, não são as únicas combinações usadas nesses locais. Estes são meramente exemplos para estimular seu pensamento.

Creme de leite azedo, páprica, alcaravia (Hungria)

Creme de leite azedo ou mostarda, endro (Escandinávia)

Alcaravia, cebola, vinagre (Alemanha)

Maçã, suco de maçã ou conhaque de maçã, creme de leite (França - Normandia)

Chalota, alho, salsinha (França - Borgonha)

Tomate, manjericão, azeite de oliva (Itália)

Azeite de oliva, alho, anchova (Itália)

Limão, orégano (Grécia)

Canela, oleaginosas, mel (leste e sul do Mediterrâneo, Oriente Médio)

Gengibre, cebola, alho (Índia)

Molho de peixe (*nam pla*), talo de capim-limão, pimenta vermelha fresca (Tailândia)

Gengibre, molho de soja (Japão)

Molho de soja, saquê ou saquê mirin, bonito seco (Japão)

Gengibre, alho, cebolinha (China)

Simplicidade e complexidade

Em geral, quanto mais simples, melhor. Alguns cozinheiros pensam erroneamente que adicionar mais ingredientes é sempre preferível a acrescentar poucos ingredientes. Contudo, quanto mais sabores forem combinados, mais você terá que trabalhar para equilibrá-los todos. Além disso, quanto mais os sabores competem entre si, mais cuidado é necessário para que os sabores primários dos ingredientes principais não se percam.

Isso é verdade tanto no planejamento dos ingredientes de uma receita individual quanto no planejamento dos componentes de um prato. Alguns cozinheiros são tentados a colocar muitas coisas no prato. Quando se tem uma carne sobre camadas de três ou quatro vegetais e amidos diferentes, com guarnições adicionais e dois ou três molhos, o resultado em geral é uma confusão.

Seria incorreto, no entanto, dizer que mais simples é *sempre* melhor. Pratos clássicos de muitas regiões do mundo possuem perfis de sabor complexos. Observe qualquer coleção de receitas da Índia, China ou México e você descobrirá pratos que levam um grande número de especiarias e outros ingredientes de condimento. A receita de *mole poblano* à página 409 é um exemplo. Quando essas receitas funcionam, todos os ingredientes se misturam bem. Em um bom *curry*, por exemplo, é difícil, se não impossível, saborear cada uma das especiarias.

Perfis de sabor clássicos

Como saber quais sabores funcionam juntos? Talvez a melhor forma de começar é estudar receitas tradicionais de todo o mundo, além das receitas da cozinha clássica transmitidas desde Escoffier. São pratos que sobreviveram à prova do tempo. Sabemos que as combinações de sabor funcionam porque elas vêm sendo utilizadas por décadas e décadas, ou até mesmo séculos.

Já foram vistas algumas combinações de sabor clássicas na discussão sobre a *blanquette* de vitela. A união de carne branca, creme de leite e limão com uma pitadinha de noz-moscada forma um quarteto de sabores que você verá repetidamente em pratos clássicos e regionais.

Pratos internacionais ou étnicos são outro exemplo. No norte da Índia, muitos pratos são baseados em uma mistura de cebola, alho e gengibre fresco, amassados juntos e fritos em pouco óleo. O estudo dessas receitas sugere que esses três sabores podem ser usados juntos em novos pratos também. Da mesma forma, a combinação de gengibre e molho de soja do Japão, páprica e presunto cru da Espanha, alho, tomate e salsinha da Provença, e azeitonas e anchovas do Mediterrâneo são todas misturas de sabor bem-sucedidas que se aprende a usar quando se estudam pratos clássicos.

Para os *chefs* que desejam criar seus próprios pratos, o estudo das receitas clássicas é um bom ponto de partida.

INGREDIENTES PARA TEMPERAR E CONDIMENTAR

A discussão anterior sobre construção de sabor compreende todos os ingredientes que agregam ou alteram o sabor de um prato. Neles estão incluídos os ingredientes primários e os secundários, ou de fundo. O restante deste capítulo abrange principalmente as ervas e especiarias, além de ingredientes comuns, como a cebola, o alho e a mostarda.

Para repetir o conceito mais importante de condimento, os principais ingredientes são as fontes primárias de sabor. Utilize ingredientes principais de boa qualidade, manuseie todos os alimentos com cuidado e empregue procedimentos de cozimento corretos. Lembre-se de que as ervas e especiarias têm apenas um papel de suporte. Alimentos mal preparados não podem ser resgatados pelo acréscimo, no último minuto, de ervas e especiarias.

Embora nem sempre os *chefs* utilizem os termos desta forma, pode-se dizer que existe uma diferença entre temperar e condimentar. **Temperar** significa aprimorar o sabor natural de um alimento sem alterar significativamente seu gosto. O sal é o mais importante ingrediente de tempero. **Condimentar** significa adicionar um novo sabor ao alimento, alterando ou modificando o sabor original.

A diferença entre temperar e condimentar em geral é sutil. Por exemplo, o sal normalmente é usado para temperar, não para condimentar. Contudo, no caso de batatas fritas ou *pretzels*, o sal é tão predominante que pode ser considerado um sabor adicional. Por outro lado, a noz-moscada normalmente é utilizada por seu sabor distinto, mas uma pitadinha pode avivar o sabor de um molho à base de creme de leite sem que seja detectado pela maioria das pessoas.

TEMPERAR

1. O momento mais adequado para se temperar alimentos líquidos é no final do processo de cozimento.

   A última etapa na maior parte das receitas, escritas ou não, é "tempere a gosto". Isso significa que é necessário experimentar e avaliar o produto em primeiro lugar. E, em seguida, decidir o que deve ser feito, se necessário, para incrementar o sabor. Em geral, um pouco de sal em um ensopado ou algumas gotas de suco de limão espremido na hora em um molho é suficiente.

   A capacidade de avaliar e corrigir sabores requer experiência, e é uma das habilidades mais importantes que um cozinheiro pode desenvolver.

2. Sal e outros temperos também são adicionados no início do cozimento, particularmente quando se cozinha alimentos em pedaços grandes, pois os temperos acrescentados ao final não seriam absorvidos ou incorporados, permanecendo apenas na superfície.

3. Adicionar algum tempero durante o cozimento também auxilia na avaliação do sabor ao longo do processo.

4. Não adicione muito tempero se o sabor for se concentrando durante o cozimento, como no caso da redução de um líquido.

CONDIMENTAR

Os ingredientes de condimento podem ser adicionados no início, no meio ou no final, dependendo do tempo de cozimento, do processo de cozimento utilizado e do condimento em si.

1. Apenas alguns condimentos podem ser acrescentados com sucesso ao final do processo. Entre eles estão ervas frescas (não desidratadas), xerez ou conhaque flambado e condimentos como mostarda preparada e molho inglês.

2. A maioria dos condimentos precisa do calor para liberar seus sabores e de tempo para os sabores se dispersarem. Especiarias inteiras levam mais tempo. Especiarias moídas liberam sabores mais rapidamente e, portanto, não requerem tempo de cozimento tão longo.

3. O excesso de cozimento resulta em perda de sabor. A maioria dos sabores, seja em especiarias ou ingredientes principais, é **volátil**, o que significa que evapora quando aquecida. Por isso é possível sentir o aroma do alimento em cozimento.

Pode-se concluir que as ervas e especiarias devem ser cozidas com os alimentos o tempo suficiente para liberarem seus sabores, mas não por muito tempo, para esses sabores não se perderem. Se o tempo de cozimento é curto, geralmente pode-se adicionar as ervas e especiarias no início ou na metade do tempo de cozimento. Se o tempo de cozimento é longo, em geral é melhor acrescentá-las da metade para o final do tempo de cozimento.

Observação: especialistas norte-americanos em segurança de alimentos recomendam acrescentar ervas e especiarias desidratadas pelo menos 30 minutos antes do final do cozimento, a fim de destruir os micro-organismos que elas possam conter.

TEMPEROS E CONDIMENTOS COMUNS

Qualquer alimento pode ser usado como condimento, até mesmo as carnes (p. ex., quando o bacon é adicionado à batata salteada ou quando cubos de toucinho são incluídos no *mirepoix*). Os próprios molhos, que são preparações complexas com muitos condimentos, são usados para dar sabor a carnes, peixes, vegetais.

Certamente, não se pode discutir todos os possíveis ingredientes de condimento aqui, mas serão abordados alguns dos mais importantes. Uma lista de ervas e especiarias é apresentada na Tabela 4.1, páginas 80 a 82. Os ingredientes mais utilizados na panificação e na confeitaria serão discutidos no Capítulo 29.

80 Capítulo 4 • Princípios básicos de culinária

Tabela 4.1
Ervas e especiarias

Produto	Formas de comercialização	Descrição	Exemplos de uso
Açafrão (espanhol)	Inteiro (pistilos) ou moído	Estigma vermelho da flor do açafrão; dá forte cor amarela aos alimentos; sabor suave e distinto; muito caro	Deve ficar de molho em líquido quente antes do uso. Pratos com arroz, aves, peixes e frutos do mar, *bouillabaisse*, assados
Alcaravia	Inteira	Sementes curvas, marrom-escuras; tempero comum do pão de centeio	Pão de centeio, repolho, chucrute, carne de porco, pasta de queijo, pratos do Leste Europeu
Alecrim	Fresco, seco	Folhas verde-claras que lembram folhas de pinheiro	Cordeiro, carnes e aves braseadas, sopas, molhos de tomate e carne
Alho	Fresco: cabeças inteiras; desidratado: granulado, em pó, e misturado com sal	Membro da família das cebolas de sabor forte e aromático; bulbos frescos compostos de muitos dentes	Grande variedade de alimentos
Anis	Inteiro, moído	Pequena semente; sabor de alcaçuz	Biscoitos, massas, pães
Anis-estrelado	Inteiro, quebrado ou moído	Fruto seco em forma de estrela, com sabor parecido com o do anis (mas sem parentesco com o anis), e mais aromático	Pratos chineses braseados
Canela	Em pau, moída	Casca aromática de duas árvores, canela ou cássia	Bolos e biscoitos, pães, sobremesas, frutas cozidas, presunto, batatas-doces, bebidas quentes
Capim-limão*	Talos frescos	Gramínea tropical de caule levemente bulboso e aroma de limão	Utilizado em pratos do sudeste asiático e em pratos com influência da cozinha asiática
Cardamomo	Baga inteira, semente moída	Minúsculas sementes marrons dentro de uma baga branca ou verde; doces e aromáticas; caras	Conservas, pães doces, *curries*
Cebolinha-francesa	Fresca, desidratada, congelada	Erva com aparência de grama, com sabor de cebola	Saladas, pratos com ovos e com queijos, peixes, sopas
Cerefólio	Desidratado	Erva com suave sabor de salsinha e estragão	Sopas, saladas, molhos, pratos com ovos e com queijos
Coentro	Folhas frescas	Planta de textura delicada; inconfundíveis sabor e aroma de erva; as folhas lembram as da salsinha	Muito usado na culinária asiática, mexicana, do sudoeste norte-americano e em pratos com várias influências étnicas
Cominho	Inteiro, moído	Pequena semente que lembra a de alcaravia, mas de cor mais clara	Ingrediente do *curry* e do pó para *chili*; linguiças e carnes vermelhas, pratos com ovos e com queijos
Cravo-da-índia	Inteiro, em pó	Botões de flor secos de uma árvore tropical; sabor doce e pungente	Inteiro: marinadas, fundos, molhos, carnes braseadas, tênder, picles Moído: bolos, massas, frutas
Cúrcuma**	Moída	Raiz de cor amarela intensa da família do gengibre; sabor apimentado suave, porém distinto	Ingrediente básico do *curry* em pó; picles, conservas, saladas, ovos, arroz
Curry em pó	Mistura moída	Uma mistura de 16 a 20 especiarias, incluindo pimenta vermelha, cúrcuma, cominho, coentro, gengibre, cravo-da-índia, canela, pimenta-do-reino; as marcas variam muito em sabor e picância	Pratos com *curry* e com ovos, vegetais, peixes, sopas, arroz

*N.R.: Também chamado de erva-cidreira, usado para fazer chá no Brasil.

**N.R.: Também chamada (erroneamente) de açafrão-da-terra no português brasileiro.

A construção do sabor

Produto	Formas de comercialização	Descrição	Exemplos de uso
Endro/*dill*	Folhas desidratadas (chamadas anetos), semente inteira	Erva e semente que dão sabor peculiar a certos picles; a semente é mais pungente que a erva	Semente: picles, chucrute, sopas Erva: saladas, pratos com queijos, peixes e frutos do mar, alguns vegetais
Erva-de-santa--maria/*epazote*	Folhas frescas e desidratadas	Uma erva pungente com folhas de textura rústica	Utilizada na culinária mexicana; em geral cozida com feijões
Estragão	Folhas desidratadas	Erva verde delicada com sabor ao mesmo tempo de menta e alcaçuz	Molho *béarnaise*, vinagre de estragão, frango, peixe, saladas e molhos, ovos
Gengibre	Em pedaços, moído (também fresco, em conserva ou cristalizado)	Raiz bege e nodosa da planta de mesmo nome	Bolos e biscoitos e sobremesas, frutas, pratos com *curry*, carnes braseadas; fresco em pratos chineses e outros pratos asiáticos
Gergelim	Inteira, com ou sem a casca	Pequena semente amarelada com sabor similar ao da noz; comum na decoração do pão de hambúrguer; alto conteúdo de óleo	Decoração de pães doces e salgados
Hortelã/menta	Folhas	Erva aromática com sabor refrescante e familiar; duas variedades: hortelã e menta	Cordeiro, frutas, chás e sucos de frutas, vagens, cenouras, batatas
Junípero/zimbro	Bagas inteiras	Frutos roxos, levemente macios, com um sabor que lembra o do pinheiro; principal saborizante do gim	Marinadas, pratos com caça, chucrute
Louro	Inteiro	Folhas firmes, verde-escuras e alongadas; aroma pungente	Uma das ervas mais importantes para fundos, molhos, ensopados e carnes braseadas
Macis	Inteira (arilo), moída	Revestimento externo alaranjado da noz-moscada; sabor similar, porém mais suave	Bolos e biscoitos, sobremesas, frutas, linguiças, carne de porco, peixe, espinafre, abóbora, outros vegetais
Manjericão	Fresco, desidratado	Folha aromática; membro da família da hortelã	Tomates e pratos que levam tomate, pesto (molho italiano de manjericão), pratos com ovos, costeletas de cordeiro, berinjela, ervilha, abóbora
Manjerona	Folhas desidratadas	Erva verde-acinzentada com aroma agradável e sabor levemente mentolado; similar ao orégano, porém bem mais suave	Patês e carnes moídas, carnes braseadas, molhos, cordeiro assado, aves e recheios de aves
Noz-moscada	Inteira, moída	Semente doce e aromática do fruto da moscadeira	Sopas, molhos cremosos, frango, vitela, vários vegetais (espinafre, cogumelos, abóbora, batatas), sobremesas, pudins, pães doces e salgados
Orégano	Folhas frescas e desidratadas	Erva pungente conhecida como "o sabor da pizza"	Pratos italianos e mexicanos, produtos de tomate
Páprica	Moída	Versão moída de um pimentão vermelho desidratado. A variedade espanhola é mais colorida e suave no sabor; a húngara é mais escura e pungente	Espanhola: usada (ou excessivamente usada) sobretudo como decoração em alimentos de cor clara; húngara: *goulash*, carnes e aves braseadas, molhos
Pimenta fresca (vermelha)	(ver Pimenta-caiena)		
Pimenta Sichuan	Grãos inteiros	Baga de semente marrom, em geral parcialmente aberta; sabor apimentado e condimentado, mas sem parentesco com a pimenta-do-reino	Pratos picantes de carnes e aves
Pimenta-caiena (pimenta vermelha)	Moída	Forma moída da pimenta vermelha; parece páprica, mas é extremamente picante	Em pequenas quantidades, em muitos molhos, sopas e pratos com carnes, peixes, ovos e queijos (ver a seguir)
Pimenta--da-jamaica	Inteira, moída	Pequeno grão marrom; o sabor lembra uma mistura de canela, cravo--da-índia e noz-moscada	Linguiças e carnes braseadas, peixes escalfados, frutas em calda, tortas, pudins

Produto	Formas de comercialização	Descrição	Exemplos de uso
Pimenta-do-reino, preta e branca	Inteira (em grãos); moída fina, média ou grossa	Pequeno fruto duro, preto ou creme; sabor e aroma pungentes	Especiaria mais utilizada na cozinha (ver p. 82)
Pimenta-rosa	Inteira	Semente ou fruto desidratado de um rosa vivo; sabor pungente e floral; sem parentesco com a pimenta-do-reino	Uso limitado em pratos de carne, ave e peixe; decoração de molhos; usada em misturas de grãos de pimenta
Pó para *chili*	Mistura moída	Mistura de especiarias, incluindo cominho, pimenta vermelha, orégano e alho	*Chili* e outros pratos mexicanos, pratos com ovos, entradas, carne moída
Salsinha	Fresca: ramos, em maços; desidratada: em flocos	Erva mais utilizada na cozinha; folhas verde-escuras, crespas ou lisas, com sabor doce e delicado	Quase todos os alimentos
Sálvia	Fresca, desidratada, em folha ou moída	Erva pungente verde-acinzentada com folhas aveludadas	Carne de porco, aves, recheios para assados, linguiça, feijões, tomates
Segurelha	Fresca, desidratada	Erva perfumada da família da hortelã; nos climas temperados, a de verão é preferida à de inverno	Vários pratos com carnes, aves, peixes, ovos e vegetais
Semente de aipo/salsão	Inteira, moída, moída misturada com sal (sal de aipo)	Minúsculas sementes marrons com forte sabor de salsão	Saladas, molhos para salada, produtos de tomate
Semente de coentro	Inteira, moída	Semente oca, arredondada, marrom-clara, com sabor levemente doce e perfumado	Picles, linguiça, carne de porco, pratos com *curry*, pão de gengibre
Semente de erva-doce	Semente inteira	Sementes marrom-esverdeadas similares em sabor ao anis, porém maiores	Linguiça italiana, molho de tomate, peixe
Semente de mostarda	Inteira, moída (também mostarda preparada; ver p. 83)	Semente muito pungente, em duas variedades: branca ou amarela e marrom – a marrom é mais forte	Pratos com queijos e ovos, picles, carnes, molhos
Semente de papoula	Inteira	Minúsculas sementes preto-azuladas com sabor suave, porém distinto	Decoração de pães doces e salgados, macarrão na manteiga; moída: em recheio de pães doces
Tomilho	Folhas desidratadas, moído	Minúsculas folhas verde-amarronzadas; muito aromáticas	Uma das ervas mais importantes e versáteis; fundos, sopas, molhos, carnes, aves, tomates

Manjericão

Cerefólio

Cebolinha-francesa

1. O *sal* é o mais importante ingrediente de tempero. Não use demais. Sempre se pode adicionar mais, porém, uma vez adicionado, não é possível retirá-lo.
2. A *pimenta-do-reino* pode ser encontrada em três formas: branca, preta e verde. Na realidade, todas são o mesmo fruto processado de formas diferentes (a preta é colhida quando ainda não está madura; a branca é colhida madura e descascada; a verde é colhida quando ainda não está madura e transformada em conservada antes de escurecer).
   - A *pimenta-do-reino preta* inteira e moída grosseiramente é utilizada principalmente como tempero e condimento para fundos e molhos e, às vezes, em carnes vermelhas. Quando moída, é utilizada na mesa, pelo cliente.
   - A *pimenta-do-reino branca* moída tem uma importância maior como tempero para cozinhas comerciais. Seu sabor é levemente diferente do da pimenta-do-reino preta e ela se mistura bem (em pequenas quantidades) com muitos alimentos. A cor branca a torna visualmente indetectável em alimentos de cor clara.
   - A *pimenta-do-reino verde* em grão é relativamente cara e utilizada em receitas especiais, sobretudo em restaurantes de luxo. Os tipos conservados em água, salmoura ou vinagre (em água ou salmoura têm sabor melhor) são suaves. As embalagens de grãos secos são perecíveis. Os grãos conservados em água duram apenas alguns dias no refrigerador após abertos, enquanto os outros duram mais tempo. Há também grãos de pimenta-do-reino verde desidratados.
3. A *pimenta-caiena* ou *pimenta vermelha* seca moída não tem nenhum parentesco com a pimenta-do-reino preta e branca. Ela pertence à mesma família dos pimentões, como

A construção do sabor 83

Nirá

Coentro

Endro

Erva-de-santa-maria/
epazote

os que são usados na páprica, e das pimentas frescas. Usada em pouquíssimas quantidades, proporciona um sabor condimentado e picante a molhos e sopas, sem de fato influir no sabor. Em maiores quantidades, proporciona picância e sabor a muitos alimentos condimentados, como os provenientes do México e da Índia.

4. O *suco de limão* é um tempero importante, particularmente para realçar o sabor de molhos e sopas.
5. As *ervas frescas* são quase sempre superiores às ervas desidratadas. Devem ser utilizadas sempre que o custo e a disponibilidade permitirem. Não muito tempo atrás, as únicas ervas frescas disponíveis em muitas áreas da América do Norte eram a salsinha, a cebolinha e, às vezes, a hortelã e o endro. Hoje em dia, entretanto, a maioria delas está disponível em sua forma fresca. As fotos ilustram as ervas frescas mais utilizadas, além de alguns ingredientes de condimento frescos pouco comuns.
6. *Cebola, alho, chalota* e outros membros da família das liliáceas, além da cenoura e do salsão, são utilizados como condimentos em quase todas as praças da cozinha e até mesmo na panificação. Procure evitar o uso de cebola e alho desidratados, exceto como componentes de misturas de especiarias. Eles têm menos sabor, e o produto fresco está sempre disponível.
7. *Vinho, conhaque* e outras bebidas alcoólicas são usados para dar sabor a molhos, sopas e vários pratos principais. O conhaque deve ser fervido ou flambado para eliminar a alta porcentagem de álcool, que seria desagradável no prato finalizado. Vinhos de mesa em geral precisam de algum cozimento ou redução (separadamente, ou com outros ingredientes) para produzir os sabores desejados. Vinhos fortificados como xerez e Madeira, por outro lado, podem ser acrescentados para dar sabor no final do cozimento.
8. A *mostarda preparada* é uma mistura de semente de mostarda moída, vinagre e outras especiarias. É utilizada para dar sabor a carnes, molhos e como condimento de mesa. Para a maioria dos usos, as do tipo europeu como Dijon (francesa) ou Düsseldorf (alemã) funcionam melhor, enquanto a de cor amarela forte, como a norte-americana, é mais apropriada como condimento de mesa do que como ingrediente de preparo. Um estilo rústico em grão às vezes é usado em receitas típicas.
9. A *casca de laranja* e *limão* ralada é utilizada em molhos, carnes e aves (como pato *à l'orange*), além de itens de panificação e confeitaria. Somente a parte externa colorida, chamada *raspa*, que contém os saborosos óleos, é utilizada. A parte branca é amarga.
10. O *GMS*, ou *glutamato monossódico*, é um realçador de sabor muito utilizado na culinária asiática. Na realidade, ele não altera o sabor do alimento, mas atua nas papilas gustativas. Tem má reputação por causar dores de cabeça e dores no peito em algumas pessoas.

Gengibre comum
e gengibre jovem

Talo de capim-limão

Manjerona

Hortelã

Estragão · Sálvia · Salsinha crespa · Tomilho · Alecrim

Orégano · Salsinha comum

USO DE ERVAS E ESPECIARIAS

DEFINIÇÕES

Ervas são as folhas de certas plantas que normalmente crescem em climas temperados.

Especiarias são os botões, frutas, flores, cascas, sementes e raízes de plantas e árvores, muitos dos quais crescem em climas tropicais.

Essa distinção é confundida com frequência, mas saber quais condimentos são especiarias e quais são ervas não é tão importante quanto saber usá-los.

Orientações para utilizar ervas e especiarias

1. Familiarize-se com o aroma, o sabor e o efeito no alimento de cada especiaria. Ao observar um quadro de especiarias, incluindo o deste livro, pode-se concluir que não existe substituto para a familiaridade com o produto em si.
2. Armazene as ervas e especiarias desidratadas em recipientes opacos, bem tampados e em local fresco. Calor, luz e umidade fazem com que as ervas e especiarias se deteriorem rapidamente.
3. Não use ervas e especiarias envelhecidas e não compre mais do que conseguirá utilizar em seis meses. Especiarias inteiras duram mais do que as moídas, mas ambas perdem o sabor após seis meses.
4. Tenha cuidado após substituir especiarias velhas. Os produtos mais frescos são mais potentes, portanto, a quantidade utilizada antes pode ser excessiva agora.
5. Use ervas e especiarias de boa qualidade. Não vale a pena economizar nesse caso. A diferença de custo é apenas uma fração de centavo por porção.
6. As especiarias inteiras levam mais tempo para liberar o sabor do que as moídas, portanto, verifique o tempo de cozimento adequado.
7. Para dar sabor a um líquido, as ervas e especiarias inteiras são amarradas sem apertar em um pedaço de pano fino ou gaze (chamado sachê) para facilitar a remoção.
8. Quando estiver em dúvida, acrescente menos do que acha que precisa. Sempre se pode adicionar mais, mas é difícil retirar o que já foi adicionado.
9. Exceto em pratos com *curry* ou *chili*, as especiarias não devem predominar. Em geral, elas não devem nem mesmo estar evidentes. Se for possível identificar a noz-moscada no creme de espinafre, provavelmente há noz-moscada demais.
10. As ervas e especiarias adicionadas a alimentos não cozidos, como saladas e seus molhos, precisam de várias horas para que seus sabores sejam liberados e absorvidos.
11. Quando possível, experimente o alimento antes de servi-lo. O que mais pode ser feito para ajustar o tempero?

A Tabela 4.1 não substitui a familiaridade com os produtos em si. Você deve ser capaz de identificar qualquer especiaria na prateleira pelo aroma, sabor e aparência, sem olhar no rótulo. As fotos que as acompanham ilustram algumas especiarias inteiras.

Linha superior, da esquerda para a direita: grãos de pimenta-do-reino preta, grãos de pimenta-do-reino verde e grãos de pimenta-rosa. **Linha inferior, da esquerda para a direita:** grãos de pimenta-do-reino branca, grãos de pimenta Sichuan.

Linha superior, da esquerda para a direita: cravo-da-índia, noz-moscada, pimenta-da-jamaica e canela em pau. **Linha inferior, da esquerda para a direita:** junípero, cardamomo, açafrão (espanhol) e anis-estrelado.

Linha superior, da esquerda para a direita: semente de aipo/salsão, semente de endro/*dill*, semente de coentro e semente de alcaravia. **Linha inferior, da esquerda para a direita:** semente de erva-doce, semente de cominho e semente de anis.

TERMOS PARA REVISÃO

caramelização	radiação	ensopar	fritar por imersão
gelatinização	infravermelha	guisar	fritar por pressão
fibra	micro-ondas	assar	perfil de sabor
coagulação	métodos de calor úmido	assar em churrasqueira	sabor primário
desnaturada	métodos de calor seco	assar por defumação	sabor secundário
reação de Maillard	ferver	assar no dourador	temperar
tecidos conjuntivos	cozinhar em fogo brando	grelhar	condimentar
óleos	escalfar	chapear	volátil
ponto de fumaça	branquear	grelhar na frigideira	ervas
evaporação	cozinhar no vapor	saltear	especiarias
condução	*en papillote*	deglacear	
convecção	brasear	fritar	

QUESTÕES PARA DISCUSSÃO

1. Seu dourador acabou de assar um filé de bacalhau, mas ele ressecou, encolheu e ficou borrachudo. Explique o que aconteceu.

2. Por que o fato de adicionar algum produto de tomate a uma carne ensopada deixa a carne mais macia?

3. Você está assando uma grande quantidade de patos novos e deve utilizar os fornos convencionais e o forno de convecção. Você ajusta todos os fornos para a mesma temperatura, mas percebe que no forno de convecção os patos ficam prontos antes. Por que isso acontece?

4. Organize os métodos de cozimento a seguir em três grupos – método de calor úmido, método de calor seco sem gordura ou método de calor seco com gordura: brasear, assar, fritar por imersão, saltear, escalfar, cozinhar no vapor, assar no dourador, fritar por pressão, grelhar, cozinhar em fogo brando.

5. Quais são algumas das vantagens de brasear uma carne no forno em vez de no fogão?

6. Um cozinheiro do seu restaurante está assando vários frangos. Ele acha que os frangos estão dourando muito rápido e cobre as assadeiras com papel laminado para impedir que os frangos dourem mais. O que ele está fazendo de errado?

7. Você está salteando tiras de filé-mignon para o estrogonofe e, de repente, descobre que a carne está cozinhando lentamente em líquido em vez de saltear. O que você fez de errado?

8. Seus clientes reclamam de que as batatas fritas estão muito engorduradas e encharcadas. Como você pode corrigir o problema?

9. Descreva a diferença entre sabor primário e sabor secundário. Selecione uma receita de sua preferência e explique a função de cada ingrediente, indicando quais são os sabores primários e quais são os secundários.

10. O que quer dizer a frase "tempere a gosto"?

11. O que há de errado em adicionar semente de alcaravia integral a uma porção de *goulash* pouco antes de servi-lo?

CAPÍTULO 5

CAPÍTULO 5

Menus, receitas e gestão de custos

Um menu, também chamado cardápio, ementa ou carta, é uma lista de pratos servidos, ou disponíveis para servir, em uma refeição. Mas ele também é mais que isso. É uma importante ferramenta de gestão. Quase todos os aspectos operacionais de um estabelecimento de serviço alimentício dependem do menu. Na realidade, é justo dizer que ele é o documento mais importante do estabelecimento. A compra, a produção, a venda, a contabilização de custos, a gestão de mão de obra e até mesmo a escolha do *layout* da cozinha de uma nova instalação e seus equipamentos se baseiam no menu.

Pode-se dizer que as receitas são os elementos estruturais do menu. Cada item do menu pode ser representado pela receita ou procedimento usado para prepará-la. Portanto, as receitas, como os menus, são ferramentas de gestão importantes. Elas indicam os ingredientes a serem adquiridos e armazenados e fornecem instruções de medida e preparo à equipe da cozinha.

Adicionalmente, as receitas são ferramentas importantes para o cozinheiro, pois são uma forma de registrar e passar adiante informações essenciais. Aprender a cozinhar sem saber consultar receitas seria como aprender a tocar piano sem usar partituras.

Este capítulo aborda menus e receitas da forma como eles são utilizados nas cozinhas comerciais. Como é possível desenvolver um menu que promova as vendas, oferecendo as melhores opções para o cliente e, ao mesmo tempo, proporcione eficiência e produtividade? Como se deve ler e compreender as receitas? Como se deve medir ingredientes e porções, converter receitas para rendimentos diferentes e calcular o custo do alimento com o auxílio de receitas escritas?

FORMAS E FUNÇÕES DO MENU

O menu deve ser planejado visando às pessoas que irão consumir os pratos nele contidos. Essa parece ser uma regra simples, mas é negligenciada com frequência. Nunca se esqueça que o cliente é a principal razão para se estar nesse ramo.

Essa regra significa que, na maior parte dos estabelecimentos, o sabor e as preferências dos cozinheiros ou *chefs* têm pouca importância ao se planejar um menu. É verdade que alguns dos restaurantes mais famosos existem primordialmente para serem vitrine do talento artístico do próprio *chef*. Contudo, esses restaurantes representam apenas uma pequena porcentagem entre todos os estabelecimentos de serviços alimentícios. Ao contrário, o paladar e as preferências da clientela é que devem ter total prioridade para o sucesso de um estabelecimento. O tipo de clientela que o estabelecimento atende influencia a forma do menu.

A CLIENTELA

Tipo de instituição

Cada tipo de estabelecimento possui um menu diferente porque serve às necessidades de uma clientela diferente.

Os *hotéis* devem oferecer uma variedade de serviços aos clientes, desde turistas atentos ao orçamento até homens e mulheres de negócios em conta de pessoa jurídica; desde cafés da manhã rápidos e sanduíches no balcão até salões elegantes para jantares e banquetes.

Os *hospitais* devem satisfazer às necessidades alimentares dos pacientes.

As *escolas* devem considerar a idade dos alunos, além do paladar e das necessidades nutricionais.

Os *refeitórios para funcionários* precisam de menus que sirvam alimentos substanciais, porém rápidos e a preços razoáveis aos trabalhadores.

Os *bufês* dependem de menus que sejam facilmente preparados para um grande número de pessoas, mas luxuosos o suficiente para atender a festas e ocasiões especiais.

Os *estabelecimentos de serviço rápido e de entrega* requerem menus limitados com alimentos baratos, facilmente preparados e servidos para pessoas apressadas.

Os *restaurantes de serviço completo* variam de restaurantes simples e descontraídos de bairro até restaurantes elegantes e caros. Certamente, os menus devem ser planejados de acordo com as necessidades dos clientes. Um menu com pratos caros e luxuosos num café de um bairro de classe operária provavelmente não fará sucesso.

Preferências do cliente

Mesmo os estabelecimentos que têm público cativo, como as cantinas de escolas e as cozinhas de hospitais, devem produzir alimentos atrativos aos clientes e com variedade suficiente para evitar que eles fiquem entediados com as mesmas coisas de sempre. Reclamar da comida é o esporte favorito dos alunos, mas, pelo menos, isso pode ser reduzido a um mínimo.

Os restaurantes têm uma tarefa ainda mais árdua, pois os clientes não só reclamam quando não gostam das opções. Eles não voltam mais. As pessoas estão cada vez mais interessadas em experimentar comidas diferentes, especialmente as étnicas. No entanto, os sabores variam de acordo com a região, o bairro, a faixa etária e o histórico social e étnico. Alimentos apreciados por algumas pessoas são completamente rejeitados por outras.

Os preços devem estar de acordo com a capacidade e a disposição dos clientes em pagar por eles. Os preços certamente impõem limites ao tipo de alimento a ser oferecido.

TIPO DE REFEIÇÃO

Os menus variam não só por tipo de estabelecimento, mas também por refeição.

Café da manhã

Os menus de café da manhã são praticamente padronizados em cada país. Na América do Norte, por exemplo, um restaurante oferece a seleção usual de frutas, sucos, ovos, cereais, pães, panquecas, *waffles*, carnes específicas para o café da manhã e especialidades regionais,

---

Após ler este capítulo, você deverá ser capaz de:

1. Explicar como o desenvolvimento de um menu depende do tipo de refeição e da instituição que o utiliza.
2. Descrever as diferenças entre menus com estratégia de giro fixa e cíclica e entre menus *à la carte* e *table d'hôte*.
3. Relacionar, na ordem usual, os vários pratos que podem aparecer nos menus modernos.
4. Planejar menus balanceados que contenham uma variedade adequada de alimentos e possam ser preparados de forma eficiente e econômica.
5. Descrever os problemas e as limitações das receitas escritas e a importância de se usar o bom-senso ao cozinhar.
6. Discutir a estrutura e as funções das receitas padronizadas.
7. Utilizar e entender as receitas deste livro para praticar as técnicas básicas de culinária.
8. Medir ingredientes e porções.
9. Utilizar as medidas do Sistema Internacional de Unidades.
10. Converter receitas para rendimentos maiores ou menores.
11. Fazer análises de custo/rendimento.
12. Calcular o custo bruto do alimento.

pois é isso que os clientes desejam e esperam. Adicionalmente, pode apresentar um ou dois itens pouco comuns no menu para atrair mais clientes – como um *muffin* inglês coberto com carne de siri cremosa e um ovo pochê, um tipo especial de presunto artesanal ou uma variedade de molhos ou xaropes de frutas frescas para panquecas e *waffles*. Os menus de café da manhã devem apresentar alimentos que possam ser preparados rapidamente e consumidos por pessoas apressadas.

Almoço

Os fatores a seguir são importantes ao planejar menus de almoço.

1. **Rapidez**

   Assim como os clientes do café da manhã, os clientes do almoço normalmente estão com pressa. Em geral, são trabalhadores com tempo limitado para a refeição. Os alimentos devem ser preparados com rapidez e serem fáceis de servir e comer. Sanduíches, sopas e saladas são itens importantes em muitos menus de almoço.

2. **Simplicidade**

   Há menos opções no menu. Em muitos casos, os clientes escolhem apenas um prato. Os pratos do dia – combinações de dois ou três itens, como uma sopa e um sanduíche ou um omelete e uma salada, servidos a um preço único – satisfazem à necessidade de simplicidade e rapidez.

3. **Variedade**

   Apesar do menu reduzido e da simplicidade das opções, os menus de almoço devem ser variados. Isso ocorre porque muitos clientes vão ao mesmo restaurante várias vezes na semana ou até mesmo diariamente. A fim de manter o menu reduzido, muitos estabelecimentos oferecem vários pratos do dia, assim, há sempre algo novo no menu.

Jantar

Nos Estados Unidos, o jantar é a principal refeição do dia, consumida de forma mais calma e vagarosa do que o café da manhã e o almoço. É claro que alguns têm pressa à noite também, mas, em geral, as pessoas vão ao restaurante para relaxar enquanto saboreiam uma refeição substanciosa. Os menus de jantar oferecem mais opções. Não é de surpreender que os preços e o consumo médio também sejam maiores que no almoço.

TIPOS DE MENU

Menu com estratégia de giro fixa e cíclica

Um **menu com estratégia de giro fixa** oferece os mesmos pratos todos os dias. Ele é usado em restaurantes e outros estabelecimentos nos quais a clientela muda diariamente, ou quando há itens suficientes no menu para oferecer variedade. Um menu desse tipo pode permanecer indefinidamente ou mudar a intervalos regulares, como a cada estação, a cada mês ou até mesmo a cada semana [caso em que é chamado de menu rotativo].

Alguns restaurantes utilizam um menu que contém partes fixas e partes variáveis. Isso significa que possuem um menu básico preparado diariamente e os pratos do dia para oferecer variedade sem gerar muita tensão na cozinha. Os pratos do dia podem tirar proveito de produtos sazonais e outros alimentos disponíveis ocasionalmente no atacado.

Um **menu com estratégia de giro cíclica** muda diariamente durante um período; após esse período, os menus diários se repetem na mesma ordem. Por exemplo, um menu cíclico de sete dias possui uma opção diferente para cada dia da semana e se repete toda semana. Esse tipo de menu é utilizado em estabelecimentos como escolas e hospitais, onde o número de opções deve ser reduzido. O menu cíclico é uma forma de oferecer variedade.

Menu *à la carte* e *table d'hôte*

Um menu **à la carte** (Fig. 5.1) é um menu no qual cada item é apresentado separadamente, com seu próprio preço. O cliente escolhe opções de vários pratos e acompanhamentos para formar uma refeição completa (observação: o termo *à la carte* também é utilizado para se referir ao preparo de acordo com o pedido, em oposição ao preparo antecipado de grandes quantidades).

Table d'hôte originalmente significava um menu fixo, sem opções – como uma refeição servida na casa de alguém se você fosse convidado para o jantar. O menu dos banquetes

Capítulo 5 • Menus, receitas e gestão de custos

Entradas

SOPA DO DIA

PIADINA COM FRUTAS ASSADAS, MEL DE SÁLVIA E QUEIJO
ROQUEFORT ARTESANAL
R$ 21,00

SALADA DA CASA COM FOLHAS TENRAS, VINAGRETE
BALSÂMICO E QUEIJO MANCHEGO
R$ 14,00

SALADA DE TRUTA DEFUMADA *STAR PRAIRIE* COM ALFACE-
-LISA E MOLHO MORNO DE RAIZ-FORTE/*CRÈME FRAICHE*
R$ 21,00

CAESAR SALAD CLÁSSICA COM MINIALFACE ROMANA,
PARMESÃO E *CROÛTONS* DE SEMOLINA
R$ 17,00

COM ANCHOVAS ESPANHOLAS CONSERVADAS EM ÓLEO,
ACRÉSCIMO DE
R$ 2,00

SASHIMI DE ATUM COM MINIRRÚCULA, ABACAXI EM
CONSERVA E HORTELÃ FRESCA
R$ 25,00

LULAS BISTRÔ AO MOLHINHO TAILANDÊS
R$ 16,00

PIZZA RÚSTICA DO JP COM BACON DEFUMADO, PESTO DE
CASTANHA DE CAJU/GROSELHA E QUEIJO PECORINO ROMANO
R$ 22,00

PIZZA COM MOLHO DE TOMATE SAN MARZANO, MANJERICÃO
E MUSSARELA FRESCA DA CASA
R$ 21,00

PIZZA DO DIA

FOIE GRAS DE MINNESOTA CHAPEADO COM CHALOTAS
CARAMELIZADAS E *CONFIT* DE MARMELO
R$ 30,00

ACOMPANHAMENTOS

PURÊ DE BATATA *YUKON GOLD* $ 9,00 OU ARROZ DE JASMIM
COZIDO NO VAPOR R$ 7,00

BATATA FRITA COM PÁPRICA DEFUMADA OU
LEGUMES DO DIA
R$ 9,00

TIGELA DE AZEITONAS R$ 7,00

TAXA ADICIONAL PARA DIVIDIR O PRATO R$ 2,00

Pratos principais

FETTUCINI CASEIRO COM *CONFIT* DE FRANGO,
BRÓCOLIS ORGÂNICO, MOLHO *HARISSA* E PARMESÃO
R$ 37,00

NHOQUE DE BATATA COM VAGENS ORGÂNICAS,
CRÈME FRAICHE COM AVELÃS TOSTADAS E AZEITE DE
CEBOLINHA-FRANCESA R$ 35,00

RISOTO CARNAROLI COM COGUMELOS SELVAGENS,
CEBOLAS DOCES E *GREMOLATA*
R$ 45,00

BADEJO GRELHADO NA PANELA, SERVIDO COM PURÊ
DE BATATA *YUKON GOLD*, ESPINAFRE COM *BEURRE
NOISETTE* E *RELISH* DE LARANJA SANGUÍNEA
R$ 45,00

RAVIOLI DE *CONFIT* DE PATO SELVAGEM COM *DEMI-
GLACE* DE SUMO DE MAÇÃ, LASCAS DE MAÇÃ E
SÁLVIA FRITA
R$ 39,00

RIB-EYE GRELHADO AO *CURRY* VERDE TAILANDÊS
SERVIDO COM CONSERVA DE ABACAXI DA CASA E
SALADA DE *JICAMA* COM CEBOLA-ROXA
R$ 57,00

BIFE DE CERVO ASSADO NA PANELA COM PURÊ DE
BATATA *YUKON GOLD*, COUVE-DE-BRUXELAS ASSADA
E REDUÇÃO DE VINHO TINTO E *CRANBERRY*
R$ 65,00

LOMBO DE PORCO COM OSSO BRASEADO COM
MAÇÃ, CEBOLA E *CURRY* DOCE, SERVIDO COM *RELISH*
DE PIMENTÃO VERMELHO E UVA-PASSA BRANCA
R$ 50,00

PEITO DE PATO ASSADO LENTAMENTE COM *CONFIT*
DE PERNA DE PATO, SALADA DE ESPINAFRE/MANGA E
VINAGRETE DE MISSÔ COM LARANJA
R$ 57,00

PRATO DO DIA

Figura 5.1
Exemplo de um menu *à la carte* de um restaurante de luxo.
Cortesia de JP American Bistro, Minneapolis, MN

é um exemplo clássico desse tipo de menu. O termo também passou a representar um menu que oferece uma seleção de refeições completas a preços definidos. Em outras palavras, o cliente pode escolher entre várias opções, e cada uma inclui um prato principal e acompanhamentos, além de outros pratos, como entrada, salada e sobremesa. Cada opção de refeição completa possui um preço único.

Muitos restaurantes utilizam uma combinação de opções *à la carte* e *table d'hôte*. Por exemplo, um restaurante de carnes pode incluir saladas, batatas, legumes e bebidas com o prato principal, enquanto pratos adicionais, como entradas e sobremesas, podem ser oferecidos a um custo extra.

Muito parecido com o *table d'hôte* é o menu **prix fixe**, ou menu fixo, que significa um menu a um "preço fixo". Em um menu *prix fixe* tradicional, somente um preço é fornecido. O cliente pode escolher uma opção de cada prato oferecido, e a refeição total custa o preço único indicado. Em geral, nesses tipos de menu, alguns itens com ingredientes caros carregam uma despesa extra chamada *adicional*. O adicional normalmente está indicado entre parênteses após a lista. É melhor limitar o número de adicionais ao mínimo possível. O excesso de despesas extras em um menu do tipo *prix fixe* pode deixar os clientes frustrados e irritados.

Uma variedade especial do menu *prix fixe* algumas vezes usada em restaurantes de luxo é o **menu-degustação**, também conhecido pelo nome francês, *menu dégustation*. O menu-degustação (Fig. 5.2) é servido além do menu regular e oferece aos clientes a chance de experimentar um número maior de criações do *chef*. Ele pode apresentar 5 ou 6, ou até mesmo 10 ou 12 pratos individuais servidos em pequenas porções. Em razão da complexidade do serviço, o restaurante pode exigir que o menu-degustação seja servido somente se todas as pessoas da mesa o pedirem. Os menus-degustação podem mudar diariamente, dependendo das escolhas do *chef* e da disponibilidade dos ingredientes.

CRIAÇÃO DO MENU

Um **prato** é um alimento ou grupo de alimentos servidos juntos ou destinados a serem saboreados ao mesmo tempo. Em um restaurante, os pratos são servidos em sequência, dando tempo suficiente para que cada um seja saboreado antes de o próximo ser servido. Em uma lanchonete, os clientes podem selecionar todos os pratos de uma vez – entrada, salada, prato principal, acompanhamentos e sobremesa, por exemplo –, mas saboreá-los em uma ordem específica.

Nas páginas seguintes, serão discutidos os princípios que se aplicam ao planejamento dos pratos que constituem o menu. O principal objetivo desses princípios é proporcionar variedade e interesse a uma refeição. Não são regras arbitrárias que você deve seguir sem nenhuma razão.

O MENU CLÁSSICO

Os menus atuais descendem dos elaborados menus dos banquetes do século XIX e início do século XX. Esses menus tinham 12 ou mais pratos, e a sequência em que eram servidos era estabelecida pela tradição.

A sequência de pratos a seguir é típica de um grande banquete do início do século XX.

1. **_Hors d'oeuvre_ frios**
   entradas pequenas e saborosas

2. **Sopa**
   sopa transparente, sopa espessa ou caldo

3. **_Hors d'oeuvre_ quentes**
   entradas quentes pequenas

4. **Peixe**
   qualquer peixe ou fruto do mar

5. **Prato principal ou _pièce de resistance_**
   uma peça grande de carne assada ou braseada, normalmente carne bovina, de cordeiro ou cervo, acompanhada de preparações elaboradas de vegetais

6. **Prato principal quente**
   porções individuais de carne de boi ou ave, grelhada, braseada, frita etc.

7. **Prato principal frio**
   carnes frias de boi, ave, peixe, patê de miúdos etc.

8. **_Sorbet_**
   um leve _sorbet_ ou _sherbet_, às vezes feito de vinho, para refrescar o paladar antes do próximo prato

9. **Assado**
   em geral uma ave assada, acompanhada ou seguida de salada

10. **Vegetais**
    uma preparação especial de vegetais, como alcachofras ou aspargos, ou um vegetal mais raro, como o cardo

11. **Doce**
    o que chamamos de _sobremesa_ – bolos, tortas, pudins, suflês etc.

12. **Sobremesa**
    frutas e queijos e, algumas vezes, bolachinhas ou _petits fours_*

MENU-DEGUSTAÇÃO DE VEGETAIS

Barigoule de alcachofra com _tapenade_ de pimentão assado e salada de ervas

Purê de feijão-branco com escarola, tomate assado e _confit_ de limão

Tubérculos assados com _soubise_ e vinagrete de trufas

Bolo de fubá grosso com figos e verduras abafadas

Tart tatin de cogumelos

Introdução à sobremesa

Sobremesa-degustação

Petits-fours

75

Menus-degustação requerem a participação de todas as pessoas presentes na mesa

---

MENU-DEGUSTAÇÃO DE OUTONO

Torchon de _foie gras_ com figos, pistache e hortelã

Vieira com salsifi, _Sauternes_ e baunilha

Rodovalho com lentilhas, repolho-crespo, tubérculos e vinho tinto

Bacon fresco braseado com mostarda e nabos glaceados no mel de castanha

Carré de cordeiro com alcachofras, tomate e azeitona gratinados

Introdução à sobremesa

Sobremesa-degustação

Petits fours

90

Menus-degustação requerem a participação de todas as pessoas presentes na mesa

Figura 5.2
Exemplo de dois menus-degustação de um restaurante de luxo.
Gramercy Tavern, New York, NY

MENUS MODERNOS: PRATOS E ORGANIZAÇÃO

Menus tão extensos quanto o clássico são raramente servidos hoje em dia. Até mesmo banquetes grandes e elegantes que contêm muitos pratos normalmente são mais curtos do que o menu que acabamos de descrever. Contudo, ao analisar aquele menu, é possível observar o padrão básico dos menus modernos oculto entre todos aqueles pratos.

O prato principal é a peça central da refeição moderna. Se a refeição consiste em apenas um prato, este é considerado o prato principal, mesmo que seja uma salada ou um prato de sopa. Em geral, há apenas um prato principal, embora os grandes banquetes ainda possam ter mais de um, como um prato de ave seguido de um prato de carne bovina.

Um ou mais pratos podem ser servidos antes do prato principal. Normalmente, eles são leves para que o cliente não se satisfaça antes do prato principal.

Analise o exemplo de um menu moderno a seguir e compare-o ao cardápio clássico. As observações que se seguem explicam vários aspectos que podem ser surpreendentes. Nas seções seguintes, discute-se como selecionar opções específicas para cada prato até chegar a um menu balanceado.

*N.R.: Em inglês, o termo _petits fours_ é mais usado para referir-se a um tipo de confeito à base de bolo recheado em camadas bem finas, cortado em pedaços pequenos e muitas vezes coberto com chocolate ou _fondant_ e minuciosamente decorado.

O menu moderno

Primeiros pratos	Entrada
	Sopa
	(Peixe)
	Salada
Prato principal	Carne de boi, ave ou peixe
	Acompanhamento de vegetais
Pratos de sobremesa	Salada
	Frutas e queijos
	Doces

Observações

- Entrada, sopa e salada são os três pratos normalmente servidos antes do prato principal. Um, dois ou os três podem ser servidos e, em geral, nessa ordem. Portanto, as refeições podem ter os seguintes pratos:

Entrada	Sopa	Salada
Prato principal	Prato principal	Prato principal

Entrada	Sopa	Entrada
Sopa	Salada	Salada
Prato principal	Prato principal	Prato principal

Entrada
Sopa
Salada
Prato principal

- Em jantares mais formais, pode-se incluir um prato de peixe após a entrada e a sopa. Deve ser uma porção relativamente pequena, e o prato principal não deve conter peixe também.

- As saladas podem ser servidas antes ou após o prato principal (mas nunca antes e depois). Em refeições mais tradicionais, elas são servidas após o prato principal para refrescar o paladar antes dos queijos e doces. Servir a salada antes do prato principal é um desdobramento relativamente recente.

- Algumas vezes, um ou mais dos primeiros pratos são servidos juntamente com o prato principal, até mesmo num único prato. Isso é mais comum em menus de almoço, em que se deseja um serviço rápido. Portanto, é possível ver combinações de sopa e sanduíche, salada e omelete e assim por diante.

- Se forem servidos queijos e doces para a sobremesa, eles podem ser servidos em qualquer ordem. Os menus ingleses têm queijo após o doce, enquanto os franceses geralmente servem os doces por último.

VARIEDADE E EQUILÍBRIO

Balancear um menu significa oferecer variedade e contraste suficientes para que a refeição prenda a atenção do primeiro ao último prato. Para balancear um menu, deve-se desenvolver uma sensibilidade para buscar alimentos que se complementem ou ofereçam contrastes prazerosos. Além disso, deve-se evitar repetir sabores e texturas sempre que possível.

Esses princípios se aplicam seja no planejamento de um menu para um banquete, em que as pessoas não têm opções; um menu de cantina de escola, em que os alunos têm apenas algumas opções; ou um grande menu *à la carte*, em que os clientes têm muitas opções.

Certamente, com um menu *à la carte*, as escolhas dos clientes determinam se as refeições são balanceadas ou não. Não há nada de errado em listar um prato à base de creme de leite entre as entradas e outro entre os pratos principais. No entanto, é necessário oferecer opções suficientes para que os clientes possam selecionar refeições balanceadas com facilidade, caso desejem. Em outras palavras, se metade das entradas e metade das opções de prato principal são servidas com molho à base de creme de leite, não há variedade suficiente.

Os fatores a seguir devem ser considerados ao balancear um menu.

1. **Sabores**

   Não repita alimentos com sabores iguais ou similares. Isso se aplica a qualquer sabor predominante, seja do ingrediente principal, das especiarias, do molho etc. Por exemplo:

   - Não sirva tomates grelhados cortados ao meio no prato principal se a entrada tiver molho de tomate.
   - Não sirva uma entrada picante com alho e um prato principal picante com alho. Por outro lado, não faça tudo suave demais.
   - A menos que o restaurante seja especializado em carnes ou frutos do mar, equilibre o menu entre carnes (boi, porco, cordeiro, vitela etc.), aves e peixes.
   - Alimentos ácidos ou azedos são servidos, em geral, como acompanhamento para alimentos gordurosos, pois ajudam a amenizar o sabor da gordura. É por isso que purê de maçã e carne de porco, molho de hortelã e cordeiro e molho de laranja e pato são combinações tão clássicas.

2. **Texturas**

   A textura se refere à maciez ou firmeza dos alimentos, à sensação que provocam na boca, se são servidos ou não com molho etc. Não repita alimentos com texturas iguais ou similares. Por exemplo:

   - Sirva uma sopa transparente em vez de cremosa se o prato principal for servido com um molho cremoso. Por outro lado, uma sopa cremosa é uma boa opção antes de um item simples salteado ou grelhado.
   - Não sirva muitos purês e cremes, a menos que seja dono de um restaurante para bebês.
   - Não sirva muitos alimentos pesados e ricos em amido.

3. **Aparência**

   Sirva alimentos de cores e formatos variados. Vegetais coloridos são especialmente valiosos para realçar a aparência de carnes, aves, peixes e amidos, que tendem a ser mais brancos ou marrons (no Cap. 28 discutiremos como criar alimentos atrativos).

4. **Nutrientes**

   A importância de um menu balanceado em termos nutricionais é óbvia no caso de hospitais e casas de repouso, por exemplo. Mas mesmo os menus *à la carte* dos restaurantes devem oferecer variedade nutricional suficiente para que os clientes possam selecionar refeições de nutrição balanceada. A saúde alimentar e a nutrição serão abordadas em detalhe no Capítulo 6.

Há tantas combinações possíveis de alimentos que é impossível estabelecer regras que cubram todas elas. Além disso, *chefs* criativos estão sempre experimentando novas combinações, quebrando velhas regras e revelando menus instigantes. Anos de experiência, entretanto, são necessários para desenvolver esse tipo de criatividade e a sensibilidade de perceber o que faz certas combinações funcionarem. Enquanto isso, preste bastante atenção nos princípios discutidos.

HABILIDADES NA COZINHA E DISPONIBILIDADE DE ALIMENTOS

As condições físicas impõem limitações ao menu. Dependendo dos equipamentos, da mão de obra e dos alimentos disponíveis, alguns itens serão inadequados, difíceis ou até mesmo impossíveis de servir.

Limitação dos equipamentos

Saiba qual é a capacidade dos equipamentos e planeje os menus de acordo com isso. Se a capacidade da grelha é de 200 bifes por hora e você planeja um banquete para 400 pessoas, incluindo camarão grelhado de entrada e filés grelhados como prato principal, você tem um grande problema.

Distribua a carga de trabalho de maneira uniforme entre os equipamentos. Se você possui fornos, grelha e fritadeira, equilibre os itens assados, grelhados e fritos. Não deixe a grelha ociosa enquanto os pedidos lotam a fritadeira. Além disso, utilizar métodos de cozimento diversos agrega variedade de sabor e textura ao menu.

Limitação de pessoal

Distribua a carga de trabalho de maneira uniforme entre os funcionários. Assim como os equipamentos, você não quer que a pessoa responsável pelas frituras assuma mais do que consegue, enquanto a pessoa responsável pela grelha tenha pouca coisa a fazer.

Distribua a carga de trabalho ao longo do dia. Equilibre itens feitos de acordo com o pedido com itens que podem ser feitos com antecedência, assim não será necessário fazer tudo no último minuto.

Ofereça itens que os cozinheiros saibam preparar. Não coloque no menu itens que estejam acima do nível de qualificação da equipe.

Disponibilidade de alimentos

Utilize produtos da estação. Alimentos fora de época são caros e, em geral, de baixa qualidade, e seu fornecimento não é confiável. Não coloque aspargos no menu se não consegue comprar aspargos de boa qualidade.

Utilize produtos disponíveis localmente. Frutos do mar frescos são um exemplo óbvio de um alimento difícil de obter em algumas regiões, a menos que você – e seus clientes – estejam dispostos a pagar preços muito elevados.

MENUS E CONTROLE DE CUSTOS

O custo dos alimentos representa uma parcela importante das despesas de qualquer estabelecimento de serviço alimentício. Assim como dinheiro, você não pode se dar ao luxo de desperdiçar alimentos. Deve-se planejar a utilização total dos alimentos nos menus. A realização desse planejamento pode determinar a prosperidade ou a falência de um estabelecimento.

O controle de custos requer não apenas planejamento, mas também cálculos cuidadosos. Veja nas páginas 107 a 112 uma discussão sobre a matemática na cozinha, além de outros fatores de controle de custos, incluindo o papel do menu.

TERMINOLOGIA E PRECISÃO DO MENU

Após selecionar os itens que deseja incluir no menu, você se depara com a dificuldade de nomeá-los. Décadas atrás, quando a cozinha clássica de Escoffier era a oferta normal nos restaurantes finos, havia uma terminologia-padrão. Todos sabiam o que eram *Tournedos Chasseur*, *Suprême de Volaille Orly* e *Sole Nantua*, e esses termos representavam os mesmos pratos em qualquer menu. Hoje em dia, entretanto, há pouca padronização. Os *chefs* se sentem obrigados a fornecer o máximo possível de informação no menu para descrever os pratos corretamente aos clientes. Como resultado, é comum as pessoas verem descrições que listam quase todos os ingredientes de um prato, inclusive a fazenda que forneceu os ingredientes.

Provavelmente, é melhor fornecer informações demais do que de menos. O importante é dar informações suficientes para que o cliente entenda a característica básica do prato e não tenha nenhuma surpresa desagradável. Uma alternativa é treinar os garçons para que conheçam suficientemente os pratos a ponto de esclarecer quaisquer dúvidas do cliente.

O menu é uma ferramenta de venda, portanto, é compreensível tentar fazer com que todo prato pareça ser o mais atraente possível. No entanto, são necessárias descrições precisas e verdadeiras. Dar nomes enganosos aos itens do menu não é apenas desonesto e injusto com o cliente. Na verdade, é ilegal em algumas localidades que adotam as leis de veracidade do menu (*truth-in-menu*), e você pode ser processado por fraude. Além disso, os clientes que se sentem confusos ou enganados podem não voltar.

Chamar de salada de frango uma salada feita de peru, dar nome de fatias de vitela a fatias de carne de porco ou dizer que uma cobertura artificial é creme de leite são enganos tão óbvios que dificilmente podem ser acidentais. No entanto, alguns tipos de imprecisões no menu resultam não de erro intencional, mas de um simples mal-entendido. Em particular, observe estes tipos de problemas nas descrições:

1. **Local de origem**
   Se o menu inclui "lagostas de Maine", elas devem ser de Maine. O molho roquefort deve ser feito de queijo roquefort de Roquefort, França. Batatas Idaho devem ser de Idaho. Por outro lado, nomes geralmente aceitos ou nomes que indicam tipo em vez de origem podem ser utilizados. Por exemplo, queijo suíço, pão francês e almôndegas suecas.

2. **Classificação ou qualidade**

   U.S. Choice nos Estados Unidos e *Canada A* no Canadá são nomes de classificações para carnes, e é melhor que você esteja utilizando a carne que diz estar. Coincidentemente, a palavra *prime* em *prime rib* indica um corte, não a classificação *prime*. Mas se você disser *U.S. Prime Rib*, você está falando de uma classificação.

3. **Método de cozimento**

   Um item do menu descrito como "grelhado" deve ser preparado pelo método indicado. Descrever um item frito na panela como "grelhado" porque soa melhor no menu é uma forma errônea de representar o item e corre-se o risco de desapontar o cliente.

4. **"Fresco"**

   Se um item é chamado de **fresco**, ele deve ser fresco, e não congelado, enlatado ou reidratado. "Fresco congelado" não existe.

5. **"Importado"**

   Um item rotulado como **importado** deve vir de outro país.

6. **"Caseiro"**

   A palavra "**caseiro**" significa que o item foi feito no estabelecimento. Adicionar algumas cenouras frescas a uma sopa de legumes enlatada não faz dela uma sopa caseira.

7. **"Orgânico"**

   Para um alimento ser rotulado como **orgânico**, ele deve ser produzido sem o uso de hormônios, antibióticos, pesticidas sintéticos, componentes irradiados, organismos geneticamente modificados ou água de esgoto reprocessada. Em alguns países, como os Estados Unidos, o uso da palavra *orgânico* nos rótulos é definido por lei (p. 512).

8. **Tamanho da porção**

   Se o tamanho de uma porção é indicado no menu, a porção deve ser servida no tamanho indicado (dentro das tolerâncias aceitas). Um "filé de 300 gramas" deve pesar pelo menos 300 gramas antes do cozimento (290 gramas estariam dentro da tolerância permitida). "Camarão jumbo" não é apenas um camarão grande. Ele tem um tamanho específico.

Eis outros exemplos de violações comuns:

Incluir "xarope de bordo" e servir xarope com essência de bordo.

Relacionar um produto, como uma bebida gasosa, pelo nome da marca e servir outra marca.

Indicar "manteiga" e servir margarina.

Incluir café ou cereal "com creme" no café da manhã e servir leite.

Listar "patinho moído" e servir outra carne moída.

Por último, use um dicionário. Infelizmente, é comum ver menus repletos de erros de ortografia. Esses erros têm reflexo negativo no restaurante. Os clientes podem pensar que se um restaurante não se importa nem mesmo com a grafia correta das palavras no menu, também não deve se preocupar em cozinhar os alimentos corretamente.

A RECEITA ESCRITA

Uma **receita** é um conjunto de instruções para produzir um determinado prato. Para reproduzir um preparo desejado, é necessário ter um registro preciso dos ingredientes, suas quantidades e a forma como são combinados e cozidos. Esse é o objetivo de uma receita.

Apesar de sua importância, as receitas escritas têm muitas limitações. Não importa o nível de detalhe de uma receita, ela sempre assume que você já possui certo conhecimento – que você entende a terminologia, por exemplo, e sabe como medir os ingredientes.

USOS E LIMITAÇÕES DAS RECEITAS

Muitas pessoas acreditam que aprender a cozinhar significa simplesmente aprender receitas. Cozinheiros experientes, por outro lado, conseguem preparar alimentos sem receitas escritas se for necessário, pois têm uma boa compreensão das técnicas e dos princípios básicos. Uma receita é uma forma de aplicar técnicas básicas a ingredientes específicos.

Se você leu o Capítulo 4 ou folheou casualmente as páginas deste livro, sabe que ele não é apenas um livro de receitas. Embora haja centenas de receitas, elas ocupam uma parte relativamente pequena do livro. A principal preocupação aqui é ensinar técnicas e procedimentos aplicáveis a qualquer receita.

Contudo, o principal objetivo ao aprender os princípios básicos de culinária não é cozinhar sem receitas, mas entender as receitas que você utiliza. Como comentado no início deste capítulo, cada receita assume que você possui certo conhecimento para entender e seguir as instruções corretamente.

Algumas receitas fornecem poucas informações, outras fornecem muitas. Independentemente do seu nível de detalhe, uma receita escrita não pode dizer tudo; um pouco de bom-senso por parte do cozinheiro é sempre necessário. Existem várias razões para isso:

1. **Os alimentos não são uniformes**

   Os alimentos são produtos naturais, portanto, não são uniformes como parafusos, canetas esferográficas ou folhas sulfite. Um tomate pode estar mais maduro que o outro, uma cenoura mais tenra ou doce que a outra, uma ostra mais salgada que a outra. Essas variações podem afetar a maneira como os ingredientes são manuseados, seu tempo de cozimento, as proporções adequadas e a quantidade de tempero.

2. **As cozinhas não possuem os mesmos equipamentos**

   Panelas diferentes distribuem calor de forma diferente. Chapas diferentes aquecem a temperaturas distintas. O líquido evapora de panelas largas com mais rapidez do que de panelas altas e estreitas, e assim por diante.

3. **É impossível dar instruções exatas para muitos processos**

   Como ajustar a chama se as instruções pedem "cozinhe em fogo médio"? O quão espesso é um molho "espesso"? Por quanto tempo se deve grelhar um filé malpassado?

   A diferença entre um cozinheiro experiente e um iniciante é a habilidade em fazer julgamentos sobre essas variáveis.

RECEITAS PADRONIZADAS

1. **Definição**

   Uma **receita padronizada** ou ficha técnica é um conjunto de instruções que descreve a forma como um estabelecimento específico prepara um determinado prato. Em outras palavras, é uma receita personalizada desenvolvida por um estabelecimento para uso de seus próprios cozinheiros, com seus próprios equipamentos, para ser servida para seus clientes.

2. **A estrutura de uma receita padronizada**

   O formato das receitas varia de um estabelecimento para outro, mas praticamente todas tentam incluir informações tão precisas quanto possível. Os seguintes detalhes podem ser descritos:

   - Nome da receita.
   - Rendimento, como rendimento total, número de porções e tamanho da porção.
   - Ingredientes e quantidades exatas, relacionados na ordem de utilização.
   - Equipamentos necessários, como equipamentos de medida, tamanho das panelas, equipamentos de porcionamento e assim por diante.
   - Orientações de como preparar o prato. As orientações são as mais simples possíveis.
   - Tempos de pré-preparo e cozimento.
   - Orientações para porcionar, pratear e guarnecer.
   - Orientações para desmontar a praça, limpar e armazenar sobras.

3. **O papel das receitas padronizadas**

   As receitas próprias de um estabelecimento são usadas para controlar a produção. Elas fazem isso de duas formas:

   - Controlam a qualidade. Receitas padronizadas são detalhadas e específicas. Isso serve para assegurar que o produto seja o mesmo sempre que for preparado e servido, independentemente de quem o prepara.
   - Controlam a quantidade. Em primeiro lugar, indicam as quantidades precisas de cada ingrediente e como elas devem ser medidas. Depois, indicam os rendimentos exatos, o tamanho das porções e como elas devem ser medidas e servidas.

4. Limitações das receitas padronizadas

As receitas padronizadas têm os mesmos problemas de todas as receitas – os problemas discutidos anteriormente sobre variações nos alimentos, nos equipamentos e na precisão das instruções. Esses problemas podem ser reduzidos, mas não eliminados, se a receita é anotada com cuidado. Mesmo que um estabelecimento utilize boas receitas padronizadas, um funcionário novo normalmente deve ser supervisionado ao preparar um prato pela primeira vez, a fim de garantir que ele interprete as instruções da mesma forma que os demais. Essas limitações não invalidam as receitas padronizadas. No mínimo, aumentam a importância de instruções exatas e demonstram que a experiência e o conhecimento ainda são muito importantes.

A Tabela 5.1 apresenta um exemplo de uma receita padronizada baseada em uma receita deste livro. Compare e observe as diferenças entre esta receita e a receita da página 397, uma receita instrucional (explicada na seção seguinte). Em particular, observe as seguintes diferenças:

- Não há medidas no Sistema Internacional de Unidades. Como esta receita é feita para uma cozinha nos Estados Unidos, apenas algumas medidas são necessárias.
- O procedimento aparece abaixo dos ingredientes, e não em uma coluna à direita. Um estabelecimento pode escolher qualquer formato de receita, mas o que utiliza esta receita deseja enfatizar que todos os ingredientes sejam reunidos e medidos antes de se iniciar o preparo.
- A receita inclui Pontos Críticos de Controle. O estabelecimento que utiliza esta receita definiu um Sistema APPCC. Instruções de segurança dos alimentos fazem parte da receita padronizada (leia ou revise a seção sobre APPCC, pp. 33–34, se necessário).

RECEITAS INSTRUCIONAIS

As receitas deste livro *não* são receitas padronizadas. Lembre-se de que uma receita padronizada é específica de um determinado estabelecimento. As receitas deste livro certamente não são.

O objetivo de uma receita padronizada é direcionar e controlar a produção de um alimento. As orientações devem ser as mais completas e exatas possíveis.

O objetivo das receitas instrucionais deste livro é ensinar técnicas básicas de culinária. Elas dão a oportunidade de praticar, com ingredientes específicos, os procedimentos gerais aprendidos.

Ao olhar rapidamente qualquer receita deste livro, é possível ver que ela não contém todas as características de uma receita padronizada, conforme descrito na seção anterior. Em particular, as seguintes diferenças podem ser observadas:

1. Instruções de preparo

Na maioria dos casos, as receitas deste livro seguem alguns procedimentos básicos. As receitas são exemplos desse procedimento geral e proporcionam a experiência de aplicar o que foi aprendido. As informações fornecidas nas instruções da receita têm o principal objetivo de encorajá-lo a pensar e aprender uma técnica, não apenas apresentar um produto final. Consulte seu instrutor quando tiver alguma dúvida sobre um procedimento.

2. Variações e ingredientes opcionais

Muitas receitas são seguidas de variações. Na verdade, essas variações são receitas completas fornecidas de forma abreviada. É possível escrevê-las como receitas separadas e completas (recomenda-se fazer isso antes de se preparar uma variação, como experiência de aprendizado).

Fornecer receitas como variações em vez de receitas separadas o encorajará a ver os padrões por trás de cada uma delas. Mais uma vez, você está aprendendo técnicas, não apenas receitas. Você desenvolve muito mais conhecimento sobre o que está fazendo se vir o arroz espanhol e o *pilaf* turco, por exemplo, ou a torta de creme de coco e o pudim de chocolate, como variações das mesmas técnicas básicas, em vez de receitas separadas sem nenhuma relação.

Os instrutores podem ter variações próprias ou fazer alterações nas receitas básicas a fim de ensinar-lhe alguns pontos. Ao contrário das receitas padronizadas, as receitas instrucionais não são "gravadas na pedra".

Capítulo 5 • Menus, receitas e gestão de custos

Tabela 5.1
Peito de frango ao parmesão

Tamanho da porção: 1 peito de frango, 120 g   Rendimento total: 12 porções

Quantidade	Ingredientes	Equipamentos
4 oz	Farinha	2 cubas gastronômicas médias
1 ¼ colher (chá)	Sal	1 tigela de inox de 2 qt
½ colher (chá)	Pimenta-do-reino branca moída	1 batedor de arame
5	Ovos inteiros grandes	1 martelo de carne
3 ½ oz	Queijo parmesão ralado	4 frigideiras para saltear de 12 in
1 ½	Leite integral	Concha de 1 oz
12	Peito de frango desossado, sem pele, de 120 g cada	Pegadores
4 oz	Manteiga clarificada	Filme plástico
		Termômetro de leitura instantânea, higienizado

■ M o d o   d e   p r e p a r o

Pré-preparo:

PCC   1. Separe e meça todos os ingredientes. *Mantenha ovos, queijos, leite e frango a 40ºF ou menos até a hora de usá-los.*

      2. Separe todos os equipamentos.

      3. Coloque a farinha na cuba. Tempere com sal e pimenta-do-reino branca.

      4. Quebre os ovos na tigela de inox e descarte as cascas. Bata com o batedor de arame até formar espuma. Acrescente o queijo ralado e o leite. Misture com o batedor.

PCC   5. *Cubra a tigela com filme plástico e mantenha refrigerada abaixo de 40ºF até a hora de usar.*

      6. Com o martelo, bata os peitos de frango com cuidado até ficarem com espessura de ½ polegada. Coloque-os na outra cuba.

PCC   *Cubra com filme plástico. Mantenha refrigerado abaixo de 40ºF até a hora de cozinhar.*

PCC   7. *Limpe e higienize o martelo e a superfície de trabalho. Lave bem as mãos.*

Cozimento:

      8. Coloque uma das frigideiras para saltear em fogo médio. Deixe aquecer por 2 minutos.

      9. Coloque 1 oz de manteiga clarificada na frigideira.

PCC   10. Mergulhe 3 peitos de frango na farinha temperada, um por vez, até que fiquem completamente cobertos dos dois lados. Tire o excesso da farinha. Mergulhe-os na mistura de ovos. Cubra os dois lados completamente. *Coloque o frango e a mistura de ovos restantes no refrigerador.*

PCC   11. Coloque os 3 peitos na frigideira. *Lave as mãos após manusear o frango cru e antes de manusear o alimento cozido.*

PCC   12. Cozinhe o frango em fogo médio até que fique bem dourado na parte de baixo. Com o pegador, vire o frango e continue cozinhando *até que a temperatura interna atinja de 165ºF a 175ºF. Verifique a temperatura interna com o termômetro instantâneo higienizado.*

PCC   13. Repita o processo com os peitos de frango restantes, utilizando frigideiras limpas. *Se seu trabalho for interrompido antes da conclusão, cubra o frango e a mistura de ovos e leve ao refrigerador.*

PCC   14. *Se o frango não for servido imediatamente, coloque-o em uma gaveta de aquecimento para manter a temperatura interna a 145ºF.*

PCC   15. *Descarte as sobras da mistura de ovos e da farinha temperada. Não utilize em nenhum outro produto. Limpe e higienize todos os equipamentos.*

COZINHAR COM BOM-SENSO

Ao preparar uma receita pela primeira vez, você deve aplicar seu conhecimento e pensar na receita considerando as habilidades que possui. Em particular, você deve determinar os seguintes pontos:

1. **Quais são os métodos básicos de cozimento?**

    Quando você ler a receita *Sauerbraten* (p. 345), logo descobrirá que o método de cozimento utilizado é o de brasear (mesmo que a palavra *brasear* não seja usada nem uma vez na receita). Então, você deve rever mentalmente tudo o que sabe sobre os procedimentos básicos para brasear.

2. **Quais são as características dos ingredientes?**

    Se a receita de *sauerbraten* pede coxão duro, por exemplo, você deve se perguntar: "O que eu sei a respeito de coxão duro? É uma carne magra ou gorda? Dura ou macia? Como essas características afetam o cozimento?"

3. Quais são as funções dos ingredientes?

O que o vinagre faz na receita do *sauerbraten*? E os vegetais? E o creme de leite azedo na variação?

Adquirindo mais experiência, você conseguirá responder essas perguntas com facilidade. Você saberá quais ingredientes contribuem com sabor, textura ou consistência e como o fazem.

4. Quais são os tempos de cozimento?

A maior parte das receitas deste livro não fornece os tempos de cozimento, exceto como orientação geral para ajudá-lo a planejar a produção. Isso ocorre porque os tempos de cozimento variam muito para serem afirmados com exatidão.

Em vez disso, você deve aprender a testar o ponto observando as mudanças no produto. É preciso saber julgar quando um produto atingiu a temperatura certa, a textura ou consistência apropriada ou o sabor desejado.

Quando você aprender a cozinhar com bom-senso, será capaz de preparar a maior parte das receitas, até mesmo aquelas que não são bem redigidas. Você saberá o que pode acontecer de errado com uma nova receita antes de experimentá-la e fazer os ajustes necessários. Saberá também como substituir ingredientes ou utilizar equipamentos diferentes. Você conseguirá até criar novas receitas.

Lembre-se que foi mencionado que algumas receitas fornecem poucas informações e dependem em grande parte do conhecimento do cozinheiro. Com a experiência, você saberá até mesmo preparar receitas como a que se segue, uma receita completa de filé de linguado a Bercy, retirada na íntegra de *Le Répertoire de la Cuisine*, um livro que é referência entre os *chefs* da culinária clássica francesa: "Escalfado com chalotas e salsinha picada, vinho branco e fundo de peixe. Reduza o fundo, acrescente a manteiga e passe no peixe; glaceie".

MEDIDAS

Muitos restaurantes planejam um lucro de 10% ou menos. Isso significa que um sanduíche de R$ 3,00 gera um lucro de apenas 30 centavos. Se um cozinheiro colocar 15 g de carne a mais no sanduíche, provavelmente o estabelecimento perderá dinheiro com ele. Não é de estranhar que tantos restaurantes fechem.

A medida precisa é um dos fatores mais importantes da produção de alimentos. É importante para ter uma qualidade consistente sempre que a receita é preparada e servida. E é importante para o controle de custo.

Existem dois tipos de medição importantes na cozinha:

1. Medição dos ingredientes
2. Medição ou controle das porções

MEDIÇÃO DOS INGREDIENTES

Peso

O peso é o método mais exato para medir ingredientes. É o método utilizado para a maioria dos ingredientes sólidos.

Para pesar, são necessárias balanças precisas. As balanças pequenas são as mais utilizadas na cozinha por sua conveniência. As balanças de alta precisão são mais utilizadas em padarias (ver procedimento de uso da tara na p. 893).

Procedimento para pesar ingredientes em uma balança com tara

1. Coloque o recipiente, se houver, na balança.
2. Ajuste a tara da balança para zero.
3. Coloque o item a ser pesado no recipiente (ou na balança, se não houver recipiente) até que a balança leia o peso desejado.

Para pesar os ingredientes, é preciso observar a diferença entre PB (peso bruto) e PL (peso limpo).

O **PB** é o peso do item ao ser comprado, antes de qualquer limpeza ou preparo.

O **PL** é o peso obtido após todas as partes não comestíveis ou impróprias para consumo serem descartadas.

Algumas vezes, as receitas especificam o peso ao qual estão se referindo. Quando não o fazem, é necessário julgar a partir das instruções.

1. Se uma receita pede "1 kg de batata" e a primeira instrução é "lave, descasque e retire os olhos das batatas", você sabe que se está pedindo o peso bruto.

2. Se a receita pede "1 kg de batata descascada, em cubos", você sabe que se está pedindo o peso limpo. Será necessário mais de 1 kg de peso bruto.

Volume

Medidas de volume são utilizadas para líquidos. Em geral, medir um líquido pelo volume é mais rápido do que pesá-lo, e a precisão é boa.

Ingredientes sólidos normalmente não são medidos por volume, pois não podem ser medidos com exatidão por esse método. Um litro de cebolas picadas varia consideravelmente em peso, dependendo do tamanho que as cebolas são cortadas e se a medida de volume está mais ou menos cheia.

Ingredientes secos, como farinha ou açúcar, em geral são pesados em padarias. Entretanto, às vezes são medidos por volume na cozinha, quando a velocidade é mais importante do que a precisão. Para medir ingredientes secos por volume, preencha uma medida de volume seco até que o ingrediente preencha todo o recipiente. Em seguida, nivele-o com uma espátula ou outro objeto semelhante.

Quantidades muito pequenas, como ¼ de colher de chá de sal, são medidas por volume quando a quantidade é muito pequena para ser pesada.

Contagem

A medida de ingredientes por contagem é realizada nas seguintes circunstâncias:

1. Quando as unidades têm tamanhos relativamente padronizados. *Exemplos:* 6 ovos grandes para a massa da panqueca; 8 talos de salsinha para o fundo.

2. Quando as porções são determinadas por número de unidades. *Exemplos:* 1 maçã assada por porção; 6 camarões fritos por porção.

CONTROLE DE PORÇÃO

O **controle de porção** é a medição das porções para garantir que a quantidade correta seja servida. Para controlar a porção, os cozinheiros e garçons devem estar cientes do seu tamanho. Esses dados normalmente são indicados nas receitas caseiras e no menu utilizado na cozinha e no salão do restaurante.

Controle de porção no preparo

Na realidade, o controle da porção começa na medição dos ingredientes. Se ela não for feita corretamente, o rendimento da receita ficará comprometido.

Quando as porções são determinadas por contagem – 1 hambúrguer, 2 fatias de tomate, 1 fatia de torta – as unidades devem ser medidas ou cortadas de acordo com as instruções: 120 gramas de carne por hambúrguer; fatias de tomate extra AA de 0,5 cm; 8 fatias iguais por torta.

Controle de porção ao montar e servir o prato

O controle de porção ao servir pode ser conduzido pelo cozinheiro, como no caso de um restaurante rápido, ou pelo pessoal que serve, como em um refeitório. As seguintes técnicas e ferramentas são utilizadas:

1. **Contagem**
   Exemplos: 1 fatia de presunto por pedido; 5 camarões por pedido. Essa forma é precisa se o corte e outros pré-preparos forem realizados corretamente.

2. **Peso**
   Exemplo: 120 gramas de presunto fatiado por pedido. Deve haver uma balança de precisão disponível na praça de serviço para realizar esse método de controle da porção.

Medidas 101

3. **Volume**

Conchas, colheres-medida com extrator e colheres de cozinha vêm em tamanhos padronizados e são utilizadas para porcionar. O tamanho exato da concha ou colher-medida com extrator deve ser determinado antes e indicado nas instruções para pratear.

As colheres de cozinha, sólidas ou perfuradas, não são tão exatas para porcionar, mas são utilizadas por sua conveniência e rapidez. É preciso saber julgar pelo olhar o quanto se deve encher a colher (bem cheia, rasa etc.). Pese uma colher cheia em uma balança de precisão de tempos em tempos para confirmar se você está sendo consistente.

4. **Divisão uniforme**

Exemplos: cortar uma torta em 8 fatias iguais; cortar uma assadeira de lasanha em 4 por 6 para fazer 24 porções iguais.

5. **Volume-padrão**

Travessas, xícaras ou copos de tamanho-padrão são preenchidos até um determinado nível usando-se a observação visual. Exemplo: um copo de suco de laranja. Na verdade, essa é uma forma de medida de volume.

UNIDADES DE MEDIDA

O sistema de medidas utilizado nos Estados Unidos é complicado. Mesmo utilizando o sistema durante toda a vida, as pessoas ainda têm dificuldade para lembrar quantas onças fluidas há em um quarto de galão ou quantos pés há em uma milha.

A Tabela 5.2 relaciona as abreviações das medidas norte-americanas. A Tabela 5.3 descreve os equivalentes entre as unidades de medida norte-americanas. É interessante memorizá-las para não ter de perder tempo fazendo cálculos simples.

SISTEMA INTERNACIONAL DE UNIDADES

Os Estados Unidos são o único país de grande porte que utiliza o complexo sistema de medidas descrito anteriormente. No Canadá, esse sistema também é utilizado, pelo menos em certos momentos, embora o Sistema Internacional de Unidades já tenha sido introduzido. Outros países utilizam o **Sistema Internacional de Unidades (SI)**, que é muito mais simples. É útil saber ler e utilizar receitas de todo o mundo nesta era das influências internacionais na culinária. Portanto, é uma boa ideia se familiarizar com ambos os sistemas.

Unidades básicas

No Sistema Internacional de Unidades, há uma unidade básica para cada tipo de medida:

O **grama** é a unidade básica de peso.

O **litro** é a unidade básica de volume.

O **metro** é a unidade básica de comprimento.

O **grau Celsius** é a unidade básica de temperatura.

As unidades maiores ou menores são encontradas simplesmente multiplicando-se ou dividindo-se por 10, 100, 1.000 etc. Essas divisões são expressas por *prefixos*. Os prefixos que você precisa saber são:

quilo- = 1.000

deci- = $\frac{1}{10}$

centi- = $\frac{1}{100}$

mili- = $\frac{1}{1.000}$

Uma vez que você conhece essas unidades básicas, não há mais necessidade de tabelas complicadas, como a Tabela 5.3. A Tabela 5.4 resume as unidades métricas que é preciso conhecer em uma cozinha. (Observação: o prefixo deci- raramente é utilizado no Canadá [e no Brasil, embora seja muito usado nas receitas portuguesas], apesar de o decilitro ser uma unidade de volume regularmente utilizada na Europa.)

Tabela 5.2 — Abreviações do sistema de medidas norte-americano

libra (454 g)	lb
onça (28,35 g)	oz
galão (3,87 L)	gal
quarto de galão (946 mL)	qt
quartilho (473 mL)	pt
xícara de chá (237 mL)	cup (não há abreviação)*
onça líquida (29,6 mL)	fl. oz ou oz
colher de sopa (15 mL)	tbsp
colher de chá (5 mL)	tsp
polegada (2,54 cm)	in.

*N.R.: No Brasil, bem como em outros países que utilizam o Sistema Internacional de Unidades, uma xícara tem, em tese, ¼ de litro, ou seja, 250 mL. Mas, se consideramos que cada xícara de chá padrão tem 16 colheres de sopa padrão de 15 mL, sua capacidade é de 240 mL (aprox. ¼ de quartilho). Portanto, fique sempre atento à capacidade da medida-padrão que está usando ao preparar suas receitas e fazer conversões.

Tabela 5.3 — Equivalência entre as unidades do sistema de medidas norte-americano

Peso	
1 libra	= 16 onças
Volume	
1 galão	= 4 quartos de galão
1 quarto de galão	= 2 quartilhos ou 4 xícaras ou 32 onças líquidas
1 quartilho	= 2 xícaras ou 16 onças líquidas
1 xícara	= 8 onças líquidas
1 onça líquida	= 2 colheres de sopa
1 colher de sopa	= 3 colheres de chá
Comprimento	
1 pé	= 12 polegadas

Observação: uma onça líquida (normalmente chamada simplesmente de *onça*) de água pesa uma onça. Um quartilho de água pesa uma libra.

Tabela 5.4
Unidades métricas

Unidades básicas		
Grandeza	**Unidade**	**Abreviação**
peso	grama	g
volume	litro	L
comprimento	metro	m
temperatura	grau Celsius	°C
Divisões e múltiplos		
Prefixo/exemplo	**Significado**	**Abreviação**
quilo-	1.000	k
quilograma	1.000 gramas	kg
mili-	$^1/_{1.000}$	m
mililitro	0,001 litro	mL
centi-	$^1/_{100}$	c
centímetro	0,01 metro	cm
mili-	$^1/_{1.000}$	m
milímetro	0,001 metro	mm

Conversão para o Sistema Internacional de Unidades

A maioria dos norte-americanos acha o Sistema Internacional de Unidades (SI) muito mais difícil de aprender do que ele realmente é. Isso acontece porque a pessoa pensa as unidades métricas em unidades americanas; por exemplo, 28,35 gramas é o equivalente a uma onça e, dessa forma, se convence de que jamais será capaz de aprendê-las.

Na maioria das vezes, *você não precisa se preocupar em ser capaz de converter as unidades de medida usadas pelos norte-americanos para as do SI e vice-versa.* Esse é um ponto importante a ser lembrado, especialmente se você usa um dos sistemas e considera o outro difícil de aprender.

A razão para isso é simples. Em geral, você irá trabalhar em um sistema ou no outro. Raramente, se não nunca, você terá de converter de um para outro (uma exceção pode ser se você tiver equipamentos em um sistema, mas quiser usar uma receita em outro sistema). Se as cozinhas norte-americanas mudarem para o Sistema Internacional de Unidades, todos utilizarão balanças em gramas e quilogramas, medidores de volume em litros e mililitros e termômetros que indicam graus Celsius. E todos utilizarão receitas que indicam essas unidades. Ninguém terá de se preocupar com quantos gramas há em uma onça. Tudo o que deve ser lembrado são as informações da Tabela 5.4.

Para trabalhar no Sistema Internacional de Unidades, é útil ter uma noção da sua grandeza. Os equivalentes a seguir podem ser utilizados para ajudá-lo a visualizar as unidades métricas. Não são fatores de conversão exatos (caso precise de fatores de conversão exatos, veja o Apêndice 1).

Um *quilograma* é um pouco mais de 2 libras.

Um *grama* é aproximadamente ⅓₀ onça (½ colher de chá de farinha pesa um pouco menos de 1 grama).

Um *litro* é um pouco mais que 1 quartilho.

Um *decilitro* (100 mililitros) é um pouco menos que ½ xícara.

Um *centilitro* (10 mililitros) é aproximadamente 2 colheres de chá.

Um *metro* é um pouco mais que 3 pés.

Um *centímetro* é aproximadamente ⅜ polegada.

0°C é o ponto de congelamento da água (32°F).

100°C é o ponto de ebulição da água (212°F).

Um aumento ou diminuição de *1 grau Celsius* é equivalente a aproximadamente 2 graus Fahrenheit.

Receitas no Sistema Internacional de Unidades

Muitos escritores de receitas nos Estados Unidos imprimem equivalentes métricos exatos em suas receitas. Como resultado, há receitas com 454 gramas de batata, 28,35 gramas de manteiga ou uma temperatura para assar de 191°C. Não é de se estranhar que tantos americanos tenham medo do Sistema Internacional de Unidades!

As cozinhas dos países que utilizam o SI não trabalham com números tão impraticáveis como os cozinheiros dos Estados Unidos que, normalmente, utilizam números como 1 lb 1 ¼ oz de batata, 2,19 oz de manteiga ou uma temperatura para assar de 348°F. Isso interferiria no objetivo do SI de ser simples e prático. Num livro de receitas que usa o SI, os números são redondos, como 1 kg, 200 g e 400 mL (as abreviações usadas pelos países que utilizam o Sistema Internacional de Unidades pode variar. No Canadá, por exemplo, diferentemente do que ocorre na Europa, a abreviação de litro é representada por um *L* maiúsculo).

Os equivalentes métricos nas receitas deste livro foram arredondados. Mas eles não foram sempre arredondados da mesma forma. É possível ver 1 libra arredondada para 500 gramas em alguns lugares e para 450 gramas em outros. O objetivo é manter as proporções e

Conversão de receitas 103

o rendimento total o mais próximo possível e, ao mesmo tempo, empregar medidas práticas. Infelizmente, nem sempre é possível manter as proporções exatamente iguais, pois o sistema dos EUA não é decimal como o Sistema Internacional de Unidades. Em alguns casos, as quantidades métricas podem produzir resultados um pouco diferentes como consequência dessa variação de proporções, mas essas diferenças são pequenas. Quando você estiver preparando uma receita escrita no sistema de medidas norte-americano, use equipamentos de medida americanos, quando o sistema usado for o métrico, use equipamentos feitos para esses sistema. As conversões entre os sistemas podem ser imprecisas e/ou tornar a medição complexa demais.

CONVERSÃO DE RECEITAS

A menos que você trabalhe em um estabelecimento que utiliza apenas suas próprias receitas padronizadas, com frequência você terá de converter receitas para diferentes quantidades. Por exemplo, você pode ter uma receita que rende 50 porções de bife a milanesa, mas precisa de apenas 25 porções.

A conversão de receitas é uma técnica importante. É um conhecimento que, provavelmente, você terá de utilizar muitas vezes neste livro. Não existe um rendimento "ideal" para se escrever receitas, pois todo estabelecimento, escola ou indivíduo tem necessidades diferentes.

Instintivamente, quase todos sabem dobrar uma receita ou dividi-la pela metade. Parece mais complicado, entretanto, alterar uma receita de 10 para 18 porções ou de 50 para 35. Na verdade, o princípio é exatamente o mesmo: multiplicar cada ingrediente por um número chamado **fator de conversão**.

Para esclarecer melhor esses procedimentos, será analisada a conversão de uma receita completa para praticar as equações. Os exemplos a seguir estão no Sistema Internacional de Unidades. Para ver mais exemplos no Sistema Internacional de Unidades, consulte o Apêndice 4, página 1028.

Procedimento para converter o rendimento total

1. Divida o rendimento desejado pelo rendimento original da receita:

$$\frac{\text{novo rendimento}}{\text{rendimento antigo}} = \text{fator de conversão}$$

2. Multiplique cada quantidade de ingrediente pelo fator de conversão:

$$\text{fator de conversão} \times \text{quantidade antiga} = \text{nova quantidade}$$

Para fazer isso no sistema de medidas norte-americano, é preciso converter todos os pesos para onças e todos os volumes para onças líquidas (isso não é necessário no Sistema Internacional de Unidades).

Exemplo 1: Você tem uma receita para dez porções de Brócolis Mornay que requer 3 lb (peso bruto) de brócolis e $2^{1}/_{2}$ xícaras de molho Mornay. Converta para 15 porções.

$$\frac{\text{novo rendimento}}{\text{rendimento antigo}} = \frac{15}{10} = 1,5$$

Brócolis: 3 lb = 48 oz

48 oz x 1,5 = 72 oz = 4 lb 8 oz

Molho: $2\,^{1}/_{2}$ xícaras = 20 fl. oz

20 fl. oz x 1,5 = 30 fl. oz = $3\,^{3}/_{4}$ xícaras

Exemplo 2: Você tem uma receita para dez porções de Brócolis Mornay que requer 1.500 gramas (peso bruto) de brócolis e 600 mL de molho Mornay. Converta para 15 porções.

$$\frac{\text{novo rendimento}}{\text{rendimento antigo}} = \frac{15}{10} = 1,5$$

Brócolis: 1.500 g $\times$ 1,5 = 2.250 g

Molho: 600 mL $\times$ 1,5 = 900 mL

104 Capítulo 5 • Menus, receitas e gestão de custos

Procedimento para alterar o tamanho de porções

Se uma receita rende, por exemplo, 20 porções de 125 gramas cada e você precisa de 30 porções de 150 gramas cada, é preciso adicionar mais etapas ao processo de conversão.

1. Determine o rendimento total da receita multiplicando o número de porções pelo tamanho da porção:

   porções × tamanho da porção = rendimento total (antigo)

2. Determine o rendimento total desejado multiplicando o número de porções desejado pelo tamanho da porção desejado:

   porções desejadas × tamanho da porção desejada = rendimento total (novo)

3. Divida o rendimento desejado pelo rendimento original da receita para obter o fator de conversão:

   $$\frac{\text{rendimento total (novo)}}{\text{rendimento total (antigo)}} \times \text{fator de conversão}$$

4. Multiplique cada ingrediente pelo fator de conversão:

   fator de conversão × quantidade antiga = nova quantidade

Observação: às vezes, o fator de conversão pode ser 1. Nesse caso, o rendimento total obviamente é o mesmo, e a receita não precisa ser alterada.

Na primeira coluna há uma lista de ingredientes para um prato de filé salteado. Como você pode ver, as quantidades fornecidas na segunda coluna são suficientes para preparar 8 porções de 250 gramas cada.

Ponta de filé-mignon ao molho cremoso de cogumelos
Porções: 8
Tamanho da porção: 250 g

Manteiga	60 g
Cebola	125 g
Farinha	1 colher (sopa)
Cogumelos	250 g
Filé-mignon	1.250 g
Vinho branco	½ xícara (chá)
Mostarda preparada	2 colheres (chá)
Molho escuro	750 mL
Creme de leite sem soro	1 xícara (chá)
Sal	a gosto
Pimenta-do-reino	a gosto

Serão necessárias, por exemplo, 18 porções em vez de 8. Para descobrir o fator de conversão, divide-se o novo rendimento pelo rendimento da receita original:

$$\frac{\text{novo rendimento}}{\text{rendimento da receita original}} = \frac{18}{8} = 2,25$$

Para converter a receita para 18 porções, multiplica-se simplesmente cada quantidade de ingrediente pelo fator de conversão de 2,25.

Em primeiro lugar, para facilitar, devemos mudar de xícaras e colheres para gramas e mililitros, quando possível, utilizando os números da Tabela 5.2. Por exemplo, para alterar a medida do vinho, multiplique ½ (0,5) por 250 mL (medida da xícara) para obter 125 mL.

Os equivalentes necessários para essa receita seguem abaixo:

1 xícara (chá) é igual a 250 mL

1 colher (sopa) é igual a 15 mL

1 colher (chá) é igual a 5 mL

Em seguida, multiplicam-se todas as quantidades de ingredientes pelo fator de conversão para se obter as quantidades necessárias para as 18 porções. Analise todos os cálculos para se certificar de que está acompanhando o raciocínio. As quantidades de sal e pimenta-do-reino certamente continuarão indicadas como "a gosto".

Agora suponha que queira encontrar as quantidades necessárias para 40 porções de 175 gramas cada. Como o tamanho da porção também muda, deve-se utilizar o segundo proce-

Exemplo 1

Ingrediente	Quantidade	Vezes	Fator de conversão	Igual	Nova quantidade (arredondada)
Manteiga	60 g	×	2,25	=	135 g
Cebola	125 g	×	2,25	=	280 g
Farinha	15 mL	×	2,25	=	35 mL
Cogumelos	250 g	×	2,25	=	560 g
Filé-mignon	1.250 g	×	2,25	=	2,8 kg
Vinho branco	125 mL	×	2,25	=	280 mL
Mostarda preparada	10 mL	×	2,25	=	22,5 mL
Molho escuro	750 mL	×	2,25	=	1,7 L
Creme de leite sem soro	250 mL	×	2,25	=	560 mL

Exemplo 2

Ingrediente	Quantidade	Vezes	Fator de conversão	Igual	Nova quantidade (arredondada)
Manteiga	60 g	×	3,5	=	210 g
Cebola	125 g	×	3,5	=	440 g
Farinha	15 mL	×	3,5	=	50 mL
Cogumelos	250 g	×	3,5	=	900 g
Filé-mignon	1.250 g	×	3,5	=	4.375 g
Vinho branco	125 mL	×	3,5	=	450 mL
Mostarda preparada	10 mL	×	3,5	=	35 mL
Molho escuro	750 mL	×	3,5	=	2.600 g
Creme de leite sem soro	250 mL	×	3,5	=	900 mL

dimento explicado anteriormente. Em primeiro lugar, para descobrir o rendimento total da receita original, multiplica-se o número de porções pelo tamanho da porção:

8 (porções) × 250 g = 2 kg

Faça o mesmo cálculo para o rendimento desejado:

40 (porções) × 175 g = 7 kg

Quando se divide o rendimento novo pelo antigo (7 dividido por 2), chega-se ao fator de conversão de 3,5. No exemplo 2, fizemos as conversões utilizando o novo fator de 3,5.

PROBLEMAS NA CONVERSÃO DE RECEITAS

Para grande parte das pessoas, esses procedimentos de conversão funcionam bem. No entanto, quando se faz conversões muito grandes – de 10 para 400 porções, por exemplo, ou de 500 para 6 –, é possível haver problemas.

Pode ser necessário fazer alterações significativas nos equipamentos, por exemplo, de uma caçarola funda de 2 litros para um caldeirão a vapor grande. Consequentemente, é preciso ajustar as técnicas e, algumas vezes, até mesmo os ingredientes. A rapidez da evaporação pode ser diferente, os agentes espessantes talvez tenham que ser aumentados ou diminuídos, os temperos e as especiarias talvez tenham de ser reduzidos. Ou, às vezes, as quantidades podem ser muito grandes ou muito pequenas para se misturar adequadamente.

Esse é apenas mais um exemplo da importância de cozinhar com bom-senso. *Chefs* experientes desenvolvem sensibilidade para lidar com esses problemas ao longo dos anos. Quando fizer esse tipo de ajuste em receitas convertidas, anote-os para futura referência.

Embora não existam regras fixas para esses ajustes, é possível citar os tipos de problemas mais comuns para você ficar alerta ao fazer conversões. Em geral, a maioria das armadilhas recai em uma das seguintes categorias.

Medida

Em geral, a medida é um problema quando o objetivo é expandir receitas pequenas, por exemplo, quando se deseja utilizar uma receita para quatro porções e adaptá-la a um estabelecimento de alto volume, como um refeitório grande. Muitas das receitas utilizam medidas de volume para sólidos e líquidos. Como explicamos antes, as medidas de volume não são precisas para medir sólidos. Certamente, pequenas imprecisões podem se tornar grandes quando uma receita é multiplicada. Portanto, é preciso ter cuidado e fazer um teste cuidadoso ao se converter uma receita que utiliza medidas de volume para ingredientes sólidos.

Esse problema é praticamente evitado quando todos os ingredientes sólidos são medidos pelo peso. Porém, itens como especiarias e temperos podem estar em quantidades pequenas demais para serem medidos por peso com exatidão. Por essa razão, normalmente é uma boa ideia reduzir as especiarias e o sal da receita convertida. É sempre possível adicionar mais ao se experimentar o produto e decidir que é necessário mais tempero.

Superfície e volume

Se você estudou geometria, deve se lembrar que um cubo com volume de 1 metro cúbico possui uma área de superfície superior de 1 metro quadrado. Mas se você dobra o volume do cubo, a área da superfície superior não dobra. Na verdade, ela fica apenas em torno de 1 vez e meia maior.

Você deve estar se perguntando o que é que isso tem a ver com culinária. Considere o seguinte exemplo.

Suponha que você possui uma boa receita de 2 litros de sopa cremosa que, normalmente, prepara em um pequeno caldeirão de sopa. Você quer fazer 64 litros dessa sopa, portanto, multiplica todos os ingredientes pelo fator de conversão 32 e faz a sopa em um caldeirão a vapor. Para sua surpresa, não só a sopa rende mais do que você esperava, mas fica um pouco rala e aguada. O que aconteceu?

Para começar, a receita convertida tem 32 vezes mais volume, mas a área de superfície não aumentou tanto. Como a razão entre a área da superfície e o volume é menor, há menos evaporação. Isso significa que há menos redução e espessamento, e os sabores não ficam tão concentrados. Para corrigir esse problema, você teria de utilizar menos caldo e, de preferência, um caldo mais concentrado.

Em vez disso, suponha que você fez a receita em uma frigideira basculante. Nesse caso, há tanta área de superfície que o líquido evapora rápido demais, resultando em uma sopa muito grossa e temperada.

As diferenças na área da superfície e no volume podem causar outros problemas também. Os estabelecimentos de serviços alimentícios têm de ter mais cuidado do que os cozinheiros domésticos em relação à deterioração do alimento e à Zona de Perigo (Cap. 2), pois grandes volumes de alimento esfriam e aquecem muito mais lentamente do que volumes pequenos.

Pela mesma razão, um padeiro doméstico se preocupa em manter a massa do pão quente para ela fermentar, mas um padeiro comercial se preocupa em manter a massa fria o suficiente para ela não fermentar rápido demais. Isso ocorre porque uma grande quantidade de massa tem tanto volume em comparação à sua área de superfície que ela tende a reter o calor em vez de efriar rapidamente até atingir a temperatura ambiente.

Equipamentos

Quando se muda o tamanho de uma receita, em geral é preciso mudar os equipamentos também. Essa mudança significa que a receita não funciona da mesma forma. Os cozinheiros devem usar seu bom-senso para prever esses problemas, modificando os procedimentos a fim de evitá-los. O exemplo mencionado acima, de cozinhar uma grande quantidade de sopa em um caldeirão a vapor ou em uma frigideira basculante, está entre os tipos de problemas que podem surgir ao se trocar de equipamento.

Outros problemas podem surgir por causa das batedeiras e outros equipamentos de processamento. Por exemplo, se você diminuir uma receita de molho de salada para fazer apenas uma pequena quantidade, pode descobrir que há tão pouco líquido no equipamento que os batedores não misturam os ingredientes adequadamente.

Ou você pode ter uma receita de massa de *muffin* que normalmente faz em pequenas quantidades e mistura a massa à mão. Quando você aumenta muito a receita, descobre que é muita massa para misturar à mão. Então, opta por usar uma batedeira, mantendo o mesmo tempo de mistura. Como a batedeira é muito eficiente, a massa é misturada em excesso e os *muffins* ficam ruins.

Muitas tarefas de misturar e mexer podem ser feitas à mão. Isso é fácil com pequenas quantidades, mas difícil com grandes quantidades. Com frequência, o resultado é um produto inferior. Por outro lado, alguns produtos feitos à mão ficam melhores quando feitos em grandes quantidades. É difícil, por exemplo, fazer uma quantidade muito pequena de massa folhada porque não é possível abrir e dobrar a massa corretamente.

Tempo

Algumas pessoas cometem o erro de pensar que, ao dobrar uma receita, também é preciso dobrar o tempo de cozimento. É possível mostrar que isso é um erro por meio de um simples exemplo. Suponha que leve 15 minutos para cozinhar um bife em uma grelha. Se você colocar dois bifes na grelha, ainda assim levará 15 minutos para dourá-los, não 30 minutos.

Se todas as outras coisas forem iguais, o tempo de cozimento permanecerá o mesmo quando a receita for convertida. No entanto, surgem problemas porque nem sempre as outras coisas são iguais. Por exemplo, uma caçarola grande cheia de líquido demora mais para ferver do que uma pequena. Portanto, o tempo de cozimento total é maior.

Por outro lado, um caldeirão grande de sopa de legumes que você está fazendo para o almoço do dia seguinte demora mais para esfriar do que uma caçarola pequena. Enquanto isso, os vegetais continuam cozinhando no calor retido durante o resfriamento. Para evitar esse excesso, você pode cozinhar um lote grande por menos tempo.

Nos casos em que o tempo de cozimento deve ser aumentado, você pode descobrir que tem de aumentar a quantidade de ervas e especiarias. Isso ocorre porque os sabores são voláteis (ver p. 79) e se perdem em função do maior tempo de cozimento (outra forma de resolver esse problema é acrescentar as especiarias depois).

Mudar o tamanho das receitas pode afetar não apenas o tempo de cozimento, mas também o tempo necessário para misturar. A melhor forma de evitar esse problema é não se basear nos tempos de cozimento e mistura impressos, e sim em seu julgamento e em suas habilidades para saber quando um produto está devidamente cozido ou misturado.

Problemas na receita

Muitas receitas têm falhas, seja nas quantidades ou tipos de ingredientes, seja nos procedimentos de cozimento. Quando o item é feito em pequenas quantidades, essas falhas podem não ser notadas, ou o cozinheiro pode, quase que inconsciente ou automaticamente, fazer ajustes durante a produção. Quando a receita é multiplicada, entretanto, as falhas podem ficar aparentes, reduzindo a qualidade do produto. A única solução é testar com cuidado as receitas e ter uma boa compreensão dos princípios básicos de culinária.

CÁLCULO DO CUSTO DO ALIMENTO

Os estabelecimentos de serviços alimentícios são negócios. Isso significa que alguém no estabelecimento tem de se preocupar com orçamentos, contabilidade de custos, faturas e lucros. Normalmente, esse é o trabalho do gerente, enquanto o cozinheiro cuida da produção dos alimentos.

No entanto, os cozinheiros têm uma grande responsabilidade no controle de custo dos alimentos. Eles devem estar sempre atentos às medidas exatas, ao controle das porções e ao processamento, preparo e manipulação dos alimentos para evitar o excesso de perdas na limpeza, a diminuição do volume e o desperdício.

O gerente, por outro lado, deve se preocupar em determinar orçamentos, calcular lucros e despesas e assim por diante. Não é possível abordar esses assuntos aqui, uma vez que este é um livro sobre preparo de alimentos. Mas é possível que você venha a encontrá-los futuramente em seus estudos ou em sua carreira.

Entretanto, todo cozinheiro deve entender três áreas da contabilidade de custos: fazer análises de rendimento, calcular o custo bruto dos alimentos ou o custo da porção e utilizar porcentagens de custo do alimento.

PORCENTAGEM DE CUSTO DO ALIMENTO

A porcentagem de custo do alimento de um estabelecimento em geral é determinada pelo orçamento. O *chef* deve ficar atento a esses números porque eles determinam se os preços do menu estão alinhados aos custos de cada item.

A **porcentagem de custo do alimento** de um item do menu é igual ao custo bruto do alimento, ou custo da porção, dividido pelo preço do menu:

$$\text{porcentagem de custo} = \frac{\text{custo do alimento}}{\text{preço do menu}}$$

É possível utilizar esse número de duas formas:

1. Se você conhece o preço do menu e quer saber qual seria o custo do alimento para ficar dentro do orçamento, multiplique o preço do menu pela porcentagem:

custo do alimento = preço do menu x porcentagem

Exemplo: O preço do menu é R$ 6,75 e a porcentagem de custo do alimento é 35%.

35% = 0,35
6,75 × 0,35 = R$ 2,36

2. Se você conhece o custo do alimento e quer determinar qual deve ser o preço do menu a uma porcentagem específica, divida o custo pela porcentagem:

$$\text{preço do menu} = \frac{\text{custo do alimento}}{\text{porcentagem}}$$

Exemplo: O custo do alimento é R$ 1,60 e a porcentagem de custo é 40%.

$$\frac{R\$\ 1,60}{40\%} = \frac{R\$\ 1,60}{0,40} = R\$\ 4,00$$

ANÁLISE DO CUSTO POR PORÇÃO CRUA

Para calcular o custo por porção das receitas, deve-se, em primeiro lugar, determinar o custo dos ingredientes. Para muitos ingredientes, isso é relativamente fácil. Basta observar as faturas ou listas de preços dos fornecedores.

No entanto, muitas receitas especificam o peso do alimento já limpo e não o peso que você paga de fato. Por exemplo, uma sopa pode pedir 1 kg de cebola fatiada. Vamos dizer que você paga 70 centavos por 1 kg de cebola-branca e, para obter 1 kg de cebola-branca fatiada, você precisa de 1,125 kg de cebolas inteiras não limpas. Para calcular o custo da receita corretamente, você deve descobrir quanto realmente pagou pelas cebolas. Nesse caso, o custo real é de 79 centavos (1,125 kg × R$ 0,70 por kg), e não 70 centavos (1 kg × R$ 0,70 por kg).

Há duas abreviações frequentemente utilizadas que você deve saber:

Tabela 5.5
Formulário de teste de rendimento cru

Item .... Número do teste .... Data ....

Fornecedor .... Preço por kg .... Custo total ....

Peso bruto (1)... Preço kg (2) .... Custo total (3) ....

Limpeza, aproveitamento e perda:

Item	Peso	Valor/kg	Valor total (kg × valor)
(4)			
(5)			
(6)			
(7)			
(8)			
(9)			
(10)			
Peso total (4 a 10) (11)		Valor total (4 a 10) (12)	

Rendimento total do item (13) ....

Custo do peso limpo (3 menos 12) (14) _____

Custo por kg (14 dividido por 13) (15) _____

Fator de correção (15 dividido por 2) (16) _____

Cálculo do custo do alimento **109**

- PB quer dizer *peso bruto*. Significa a quantidade não limpa, da forma como vem do fornecedor. É a quantidade que você compra.
- PL quer dizer *peso limpo*. Significa a quantidade crua, não cozida, depois de toda a limpeza e pré-preparo, ou peso líquido. Essa é a quantidade realmente utilizada para cozinhar.

No caso das frutas e dos vegetais, a melhor forma de determinar o PB para uso no custeio das receitas é fazer uma anotação ao preparar o item. As tabelas de fatores de correção de rendimento após a limpeza de frutas e vegetais contidas nos Capítulos 16 e 19 também ajudam (o Cap. 16 explica como utilizar esses números).

No caso de ingredientes como carnes e peixes, descobrir o custo pode ser um pouco mais complicado. Se você compra bifes de carne bovina ou filés de peixe prontos para o uso e os utiliza da forma como os recebe, os custos de PB e PL são os mesmos. Mas se você compra peças inteiras de carne bovina ou peixes inteiros para você mesmo cortar, é necessário fazer uma análise do fator de rendimento para determinar os custos reais.

Apresentamos a seguir alguns exemplos de como calcular esses fatores de rendimento. Para ver mais exemplos, consulte o Apêndice 4, páginas 1028 e 1029.

Teste de rendimento cru

Suponha que você trabalha em um restaurante que serve escalope de vitela. O restaurante compra as pernas inteiras de vitela. É sua tarefa desossá-las, limpar toda a gordura e o tecido conjuntivo, separar os músculos nos sulcos e cortar os pedaços grandes em escalopes.

Suponha que uma perna inteira de vitela pesa 15 kg e custa R$ 10,00/kg, dando um custo total de R$ 150,00. Depois de limpar e cortar, você descobre que tem 9 kg de escalope de vitela. Como você descobre o custo por kg dessa carne?

O exemplo mais simples seria se você jogasse fora todos os retalhos, ossos e recortes. Então, você saberia que seus 9 kg de vitela custaram R$ 150,00. Dividindo-se R$ 150 por 9 kg, você tem um custo por kg de R$ 16,66.

No entanto, no seu restaurante não se descartam os retalhos. Você faz fundos com os ossos, mói os retalhos pequenos para fazer almôndegas, utiliza os retalhos maiores para fazer ensopado de vitela e vende a gordura para o coletor, que compra toda a gordura não aproveitada uma vez por semana. Agora é necessário que você faça um **teste de rendimento** para descobrir seus custos.

Tabela 5.6
Formulário de teste de rendimento cru preenchido

Item	perna de vitela para escalope	Número do teste	3	Data	6/5/02
Fornecedor	ABC Carnes	Preço por kg	R$ 10,00	Custo total	R$ 150,00
Peso bruto (1)	15 kg	Preço kg (2)	R$ 10,00	Custo total (3)	R$ 150,00

Limpeza, aproveitamento e perda:

	Item	Peso	Valor/kg	Valor total (kg × valor)
(4)	gordura	1,25 kg	R$ 0,24	R$ 0,30
(5)	osso	1,65 kg	R$ 0,76	R$ 1,25
(6)	carne de vitela moída	1,06 kg	R$ 9,78	R$ 10,36
(7)	carne para ensopado	1,50 kg	R$ 10,58	R$ 15,87
(8)	retalho não aproveitado	0,40 kg	0	0
(9)	perda no corte	0,90 kg	0	0
(10)				
	Peso total (4 a 10) (11)	5,950 kg	Valor total (4 a 10) (12)	R$ 27,78

Rendimento total do item (13)   9,050 kg

Custo do peso limpo (3 menos 12)   (14)   R$ 122,22

Custo por kg (14 dividido por 13)   (15)   R$ 13,50

Fator de correção (15 dividido por 2)   (16)   1,35 (135%)

A Tabela 5.5 mostra um formulário típico usado para teste de rendimento. Para simplificar, os espaços em branco no formulário são de dois tipos. As linhas pontilhadas devem ser preenchidas com o valor das faturas e o peso obtido nos testes de rendimento de fato. As linhas cheias devem ser preenchidas com o resultado dos cálculos indicados.

Observe que na Tabela 5.6 o formulário foi preenchido com os resultados de um teste de rendimento de perna de vitela. O formulário será analisado passo a passo.

O *chef* executivo desse restaurante preenche as duas primeiras linhas com base na fatura, passa o formulário para você e pede que você faça o teste. Você deve preencher o restante do formulário, começando pelo espaço em branco (1) da terceira linha, e proceder da seguinte forma:

1. Pese a perna de vitela inteira e anote o peso no espaço (1). Copie o preço por kg e o custo total nos espaços (2) e (3).

     Observe que o espaço (3) também pode ser calculado multiplicando-se o peso pelo preço por kg. No entanto, suponha que a vitela foi deixada no refrigerador por vários dias e ressecou um pouco. Então, o peso pode ser 14,750 kg. Multiplicando-se 14,750 por R$ 10,00 você obtém um custo total de R$ 147,50. Mas como o preço que você pagou de fato foi R$ 150, é importante utilizar esse número e não preencher o espaço com o resultado da multiplicação.

2. Separe a vitela em todos os componentes e registre o peso dos retalhos e sobras, começando pelo espaço (4). Nesse caso, há apenas seis itens: gordura, ossos, pequenos retalhos de carne para moer, carne para ensopado, sobras não aproveitadas e perdas no corte.

     Registre o peso do escalope finalizado no espaço (13).

     O que é **perda no corte**? Não é algo que se possa realmente pesar. Entretanto, há sempre alguma perda de peso por causa das partículas de carne e gordura que aderem à tábua de corte, ressecamento e outros fatores.* Assim, ao somar todos os pesos, você descobre que pesam menos de 15 kg. Para determinar a perda no corte, some os pesos registrados nos espaços (4) a (8) mais o espaço 13. Subtraia esse total da linha (1).

3. Anote o valor de mercado por kg para os retalhos, o que foi aproveitado e as perdas nas linhas (4) a (10). Nesse caso, esses números são fornecidos pelo *chef* executivo a partir das faturas. Por exemplo:

    - O coletor de gordura paga 24 centavos por quilo de gordura.

    - Ossos extras para fazer fundo custam 76 centavos por quilo, portanto, é isso que valem para você. É esse o número utilizado também quando se faz o custo da receita do fundo. Se você não fez o fundo e descartou os ossos, deixe zero nesse espaço.

    - Da mesma forma, os valores inseridos para carne de vitela moída e para ensopado são os preços que você teria que pagar se os comprasse.

    - Os retalhos não aproveitados e as perdas no corte não têm valor, portanto, deixe zero.

4. Calcule o valor total de cada item nas linhas (4) a (10) multiplicando o peso obtido pelo valor por quilo. Observe que esse formulário específico informa como fazer todos os cálculos.

5. Some os pesos das linhas (4) a (10) e anote o total no espaço (11). Some os valores totais das linhas (4) a (10) e anote esse número no espaço (12).

6. Subtraia o valor total de todos os recortes (espaço 12) do preço que você pagou pela vitela (espaço 3). Isso fornecerá o custo do peso limpo dos 9 kg de escalope cru.

7. Para descobrir o custo por kg do escalope, divida o custo líquido (espaço 14) pelo rendimento total do item (espaço 13). Esse é o número que você utilizará para saber o custo dessa carne nas receitas que usam escalope de vitela.

8. O fator de correção (FC) na última linha é determinado dividindo-se o custo por quilo limpo (espaço 15) pelo preço por quilo da perna inteira (espaço 2). Esse número pode ser usado como se segue:

     Suponha que na semana seguinte você compre outra perna de vitela do mesmo fornecedor, mas o preço do quilo subiu para R$ 10,58. Em vez de fazer outro teste de rendimento, você pode simplesmente multiplicar esse novo preço pelo fator de correção (R$ 10,58 $\times$ 1,35), para obter o custo por kg atualizado de R$ 14,28.

Índice de cocção dos alimentos

Duas abreviações importantes foram introduzidas anteriormente, PB (peso bruto) e PL (peso limpo). Uma terceira expressão às vezes utilizada é IC, que significa **índice de cocção**. Quando alimentos como frutas são servidos crus, o peso da porção servida pode ser o mesmo que o PL. Mas se o alimento é cozido, esses pesos são diferentes.

*N.R.: Em alguns casos, a carne é pesada já embalada (por exemplo, carnes maturadas). O peso do saco plástico e do sangue dentro da embalagem são considerados como perdas.

Cálculo do custo do alimento 111

Tabela 5.7
Formulário de cálculo do índice de cocção

Item .... Número do teste .... Data ....

Preço bruto por kg ....

Temperatura de cozimento ....

Peso do alimento cru limpo (1) .... Custo por kg limpo (2)...................

Custo do peso limpo total (3)...........

Peso ao servir (4) ....

Custo do alimento cozido por kg (3 dividido por 4) (5) ....

Perda (1 menos 4) (6) ....

Índice de cocção (6 dividido por 1) (7) ....

Porcentagem total de aumento de custo (5 dividido pelo preço de PB por kg) (8) ....

Tabela 5.8
Formulário de cálculo do índice de cocção preenchido

Item .... pernil fresco assado .... Número do teste .... 2 .... Data .... 6/5/02 .....

Preço bruto por kg .... R$ 6,98 ....

Temperatura de cozimento .... 190°C ....

Peso do alimento cru limpo (1) .... 6 kg .... Custo por kg limpo (2) .... R$ 7,86 ....

Custo do peso limpo total (3) .... R$ 47,16 ....

Peso ao servir (4) .... 3,85 kg ....

Custo do alimento cozido por kg (3 dividido por 4) (5) .... R$ 12,25 ....

Perda (1 menos 4) (6) .... 2,15 kg ....

Índice de cocção (6 dividido por 1) (7) .... 36% ....

Porcentagem total de aumento de custo (5 dividido pelo preço de PB por kg) (8) .... 175% ....

No caso do escalope de vitela, as porções da receita e, portanto, o custo das porções são baseados no peso bruto. Por exemplo, sua receita pode pedir 150 gramas de carne crua por porção.

Por outro lado, em alguns casos as porções podem se basear no peso do alimento pronto. Em geral, isso ocorre com os assados. Por exemplo, suponha que você compra, desossa e limpa um pernil fresco inteiro e o serve assado em fatias de 175 gramas por porção. Para chegar ao custo, você terá de fazer um teste de rendimento do alimento cozido, conforme ilustrado nas Tabelas 5.7 e 5.8 (esse formulário pode ser impresso na mesma folha do formulário de teste de rendimento do alimento cru, de forma que o estabelecimento possa ter uma análise de custo completa em um formulário).

Esse formulário foi preenchido com os resultados de um teste de rendimento do alimento cozido feito com um pernil fresco desossado e assado. Assume-se que esse mesmo pernil já tenha passado pelo teste de rendimento do alimento cru.

A primeira metade do formulário, até o espaço (3), é preenchida antes do início do teste. Os números dos espaços (1), (2) e (3) são retirados do formulário de teste de rendimento do alimento cru, mas é necessário pesá-lo mais uma vez antes de assá-lo.

Insira o peso total do pernil cozido servido no espaço (4). Chega-se a esse número registrando o número total de porções servidas multiplicado pelo tamanho da porção. Suponha que 22 porções são servidas, com 175 gramas cada. Isso dá um total de 3.850 gramas (22 × 175) ou 3,85 kg.

Você pode ficar tentado a simplesmente pesar o assado inteiro após o cozimento e a limpeza. Lembre-se, entretanto, que haverá perda – restos no fatiador ou na tábua de cortar, perda de sucos e assim por diante. É mais preciso registrar o peso vendido de fato.

Capítulo 5 • Menus, receitas e gestão de custos

Exemplo: Como definir o custo de uma receita
Item: Arroz cozido

Ingrediente	Quantidade	Quantidade da receita	Preço	Total
Arroz, grão longo	2 kg	2 kg	R$ 1,24/kg	R$ 2,48
Manteiga	350 g	350 g	R$ 3,94/kg	R$ 1,38
Cebolas	0,5 kg	0,5 kg	R$ 0,72/kg	R$ 0,36
Fundo de galinha	4 L	4 L	R$ 0,25/L	R$ 1,00
Sal	30 g	30 g	R$ 0,30/kg	R$ 0,01
		Custo total:		R$ 5,23
		Número de porções:		50
		Custo por porção:		R$ 0,105

Observação: o custo do fundo de galinha é determinado pela receita de fundo de galinha do estabelecimento.

Se ele tivesse sido assado com osso, você teria outra razão para trinchar a carne antes de pesá-la, pois não poderia incluir o peso do osso nas porções servidas.

Os espaços em branco restantes no formulário são preenchidos pelos cálculos, da mesma forma que os cálculos do teste de rendimento do alimento cru.

CUSTO DA PORÇÃO

Custo da porção, ou *custo do alimento cru*, é o custo total de todos os ingredientes de uma receita dividido pelo número de porções servidas:

$$\text{custo da porção} = \frac{\text{custo dos ingredientes}}{\text{número de porções}}$$

Aqui é apresentado um exemplo de custo de uma receita para demonstrar como o procedimento funciona. Em primeiro lugar, observe os seguintes pontos e tenha-os em mente ao calcular o custo da porção. Muitos erros de custo são causados quando se esquece um destes pontos:

1. Os custos devem se basear no PB (peso bruto), embora seja comum as receitas fornecerem as quantidades em PL (peso limpo). Esses termos foram explicados na seção anterior.

2. Inclua *tudo*. Isso significa a fatia de limão e os ramos de salsinha usados para decorar o filé de peixe, o adoçante e o açúcar para o café e o óleo utilizado para fritar a berinjela. Algumas vezes esses são chamados **custos ocultos**.

   Temperos e especiarias são um exemplo típico de custos ocultos, difíceis de calcular. Alguns estabelecimentos somam o custo de todos os temperos utilizados em um ano e dividem-no pelo custo total dos alimentos preparados para obter uma porcentagem. Essa porcentagem é somada a cada item. Por exemplo, se o custo de um item é R$ 2,00 e a porcentagem de custo do tempero é 5%, o custo total é R$ 2,00 mais 5% de R$ 2,00, ou R$ 2,10.

   Outros custos ocultos podem ser calculados da mesma forma. Por exemplo, pode-se descobrir a porcentagem de custo da gordura utilizada nas frituras e adicionar essa porcentagem a todos os alimentos fritos por imersão.

   Alguns restaurantes utilizam um número arbitrário para todos os custos ocultos, normalmente de 8 a 12%, e somam esse valor a todos os itens do menu.

3. Registre o número de porções *realmente servidas*, não apenas o número de porções da receita. Se o assado encolheu mais do que o esperado durante o cozimento, ou se você deixou cair um pedaço no chão, esses custos também devem ser considerados.

Procedimento para calcular o custo da porção

1. Relacione os ingredientes e as quantidades da receita, conforme ela foi preparada.
2. Converta as quantidades da receita para as quantidades em PB (peso bruto).
3. Determine o preço de cada ingrediente (a partir das faturas, listas de preços etc.). As unidades nessa etapa e na etapa 2 devem ser as mesmas para que se possa fazer o cálculo.
4. Calcule o custo total de cada ingrediente multiplicando o preço por unidade pelo número de unidades necessárias.
5. Some os custos dos ingredientes para obter o custo total da receita.
6. Divida o custo total pelo número de porções servidas para obter o custo por porção.

CONTROLE DE CUSTO DE ALIMENTOS

Calcular o custo dos alimentos é uma parte crítica no negócio de venda e serviço alimentício. A seção anterior explicou os métodos matemáticos básicos para determinar esses custos. No entanto, o controle de custos é muito mais do que calcular custos com base em receitas escritas. Ele começa pelo planejamento do menu e envolve cada fase da produção, desde a compra dos insumos até o momento de servir.

PLANEJAMENTO DO MENU

Um menu bem planejado se preocupa em utilizar ingredientes de forma eficiente e evitar desperdícios. Ao escrever um menu, considere as seguintes diretrizes para a utilização total dos alimentos.

Controle de custo de alimentos 113

1. **Aproveite todas as sobras possíveis**

   A menos que você utilize apenas carnes, aves e peixes previamente porcionados e vegetais congelados e enlatados, haverá sobras que podem ser aproveitadas. Pode-se descartá-los e considerá-los como perda ou utilizá-los e lucrar com eles.

   Planeje receitas que utilizem essas sobras e insira-as no menu. Por exemplo:
   - Utilize pequenos retalhos de carne para sopas, picadinhos de carne, patês, pratos em forma de purê e croquetes.
   - Utilize os retalhos maiores em sopas, ensopados e itens braseados.
   - Utilize os ossos em fundos e sopas.
   - Utilize sobras de vegetais para fazer purês, sopas, ensopados, fundos e recheios para omeletes e crepes.
   - Utilize pães adormecidos para recheios, empanados, rabanadas, *croûtons* e farofas para carnes.

2. **Não acrescente um item ao menu a menos que possa utilizar as sobras**

   Este item é idêntico ao anterior, mas visto do ângulo oposto. Em outras palavras, não coloque batatas torneadas no menu a menos que também planeje servir um item que utiliza as sobras, como purê de batata ou croquete.

3. **Planeje a produção para evitar sobras**

   A melhor forma de utilizar as sobras é não criá-las em primeiro lugar. Manusear o alimento duas vezes – uma vez como item fresco e uma vez como sobra – é mais caro e consome mais tempo do que manuseá-lo apenas uma vez, e quase sempre resulta em perda de qualidade. Menus limitados – ou seja, com menos opções – diminuem a probabilidade de sobras.

4. **Planeje antecipadamente a utilização das sobras**

   O planejamento cuidadoso da produção pode limitar as sobras a um mínimo. Porém, algumas sobras são quase inevitáveis e, para os custos, é melhor utilizá-las em vez de descartá-las.

   Quando colocar no menu um item que pode se tornar uma sobra, tenha uma receita pronta para utilizar essa sobra. Isso é melhor do que se surpreender com as sobras e não saber o que fazer com elas.

   Por exemplo, se você serviu frango assado no jantar, pode planejar uma salada de frango para o almoço do dia seguinte.

   Lembre-se de manipular todas as sobras de acordo com os procedimentos de higiene adequados.

5. **Evite ingredientes de utilização mínima perecíveis**

   Ingredientes de utilização mínima são aqueles utilizados em apenas um ou dois itens do menu. Por exemplo, um estabelecimento pode servir peito de frango com cogumelos salteados e não utilizar os cogumelos em nenhum outro item. Quando o ingrediente é perecível, o resultado é uma alta porcentagem de deterioração ou perda.

   Essa situação pode ser remediada de uma das seguintes formas:
   - Mude a receita para eliminar o ingrediente de utilização mínima.
   - Elimine o item do menu.
   - Acrescente ao menu outros itens que utilizem o ingrediente.

   No entanto, tenha cuidado para não desequilibrar o menu utilizando um ingrediente em muitos pratos. Tente evitar os dois extremos.

COMPRA

Gestão de estoque

Estoque mínimo é o estoque de mercadorias que um estabelecimento precisa para continuar operando entre uma entrega de mercadoria e outra. É importante manter um estoque mínimo adequado para evitar ficar sem itens essenciais. Por outro lado, é custoso manter um estoque maior que o necessário. Isso se dá, em parte, porque o capital operacional fica vinculado a um estoque não utilizado. Em segundo lugar, o excesso de estoque de itens perecíveis pode levar à deterioração e, portanto, à perda. A previsão exata das negociações futuras com base no estudo criterioso das negociações passadas é fundamental para administrar o estoque e estabelecer o estoque mínimo adequado.

Escreva as especificações de cada item comprado com exatidão. Compare o preço e a qualidade oferecidos por vários fornecedores, a fim de obter a melhor qualidade pelo melhor preço. Solicite cotações e listas de preços atualizadas.

RECEBIMENTO

Preste bastante atenção aos procedimentos de recebimento:

- Programe os recebimentos de forma que o funcionário possa devotar total atenção à verificação das remessas, sem pressa. Tente programar as entregas para que não cheguem na mesma hora. Se o funcionário que recebe as mercadorias também possui tarefas a realizar na cozinha, programe as entregas fora dos horários de pico para que haja tempo suficiente para verificá-las.
- Verifique a entrega imediatamente, enquanto o motorista ainda está no estabelecimento. Não deixe que o motorista descarregue a entrega e vá embora, deixando o pedido na plataforma de carga.
- Compare a fatura de entrega com o formulário do pedido para checar se os produtos corretos estão sendo entregues.
- Compare a fatura de entrega com os produtos recebidos de fato, para garantir o recebimento de toda a mercadoria pela qual está pagando. Uma balança deve estar presente na área de recebimento para pesar os itens entregues.
- Cheque a qualidade da entrega:
  - Verifique a temperatura dos produtos refrigerados.
  - Verifique a temperatura dos produtos congelados, assim como sinais de descongelamento e recongelamento.
  - Verifique o frescor dos produtos perecíveis.
  - Verifique danos em caixas e embalagens.
- Transfira imediatamente todos os produtos para o local de armazenamento adequado.

ARMAZENAMENTO

O armazenamento adequado é fundamental para evitar deterioração e perda de produtos. Os princípios básicos de armazenamento de alimentos secos, refrigerados e congelados estão detalhados no Capítulo 2 (ver pp. 26–28). Além disso, o armazenamento de categorias específicas de alimentos, como carnes, aves, frutos do mar, hortifrutis e laticínios, está incluído nas discussões de cada categoria de alimento. Consulte o sumário para obter mais referências.

MEDIÇÃO

Como discutido anteriormente neste capítulo, o conceito de medição se aplica a duas áreas principais: medidação dos ingredientes no preparo das receitas e medição das porções a serem servidas, também conhecida como controle de porção. Os princípios básicos dos dois tipos de medição estão explicados em seções anteriores deste capítulo (ver pp. 99–101) e não precisam ser repetidos aqui.

As medidas são indispensáveis para um funcionamento adequado da cozinha. Pense na medição como parte dos procedimentos básicos de culinária e não como algo separado. Todos os procedimentos de culinária, incluindo a medição, combinam-se para controlar os custos dos alimentos, pois ajudam a evitar os desperdícios advindos de alimentos preparados de forma imprópria. Por exemplo, a falta de atenção na praça de grelhados em geral resulta em carnes devolvidas pelo cliente por estarem muito cozidas. O descarte e a substituição de alimentos mal preparados aumenta muito o seu custo.

SERVIR

Toda a atenção do cozinheiro à medição e ao controle da porção de nada vale se o garçom derrubar o prato no caminho até o salão. Uma equipe bem treinada é uma parte importante do controle de custo do alimento. Os garçons devem ser treinados nas técnicas de servir e no controle da porção de itens como sobremesas e saladas quando eles forem os responsáveis por servir esses itens. Os garçons devem conhecer bem o menu para poder explicar cada item aos clientes e evitar devolução de pratos. O *chef* pode querer vender mais de alguns itens do que de outros para equilibrar os estoques e os custos, portanto, os garçons também devem ser treinados para serem vendedores eficientes e agradáveis. Quando o *chef* e o gerente de atendimento cooperam com o treinamento da equipe de garçons, seu trabalho fica muito mais eficiente.

Controle de custo de alimentos · 115

■ TERMOS PARA REVISÃO

menu com estratégia de giro fixa
menu com estratégia de giro cíclica
à la carte
table d'hôte
prix fixe
menu-degustação
prato
fresco
importado

caseiro
orgânico
receita
receita padronizada
peso bruto (PB)
peso limpo (PL)
controle de porção
Sistema Internacional
   de Unidades (SI)

grama
litro
metro
grau Celsius
quilo-
deci-
centi-
mili-
fator de conversão

porcentagem de custo do alimento
teste de rendimento
perda no corte
índice de cocção (IC)
custo da porção
custo oculto
ingrediente de utilização mínima
estoque mínimo

■ QUESTÕES PARA DISCUSSÃO

1. Qual é o papel dos pratos favoritos do *chef* quando o menu é escrito?

2. Quais são as principais diferenças entre os menus de café da manhã, almoço e jantar?

3. Quais dos seguintes estabelecimentos têm maior probabilidade de ter um menu com estratégia de giro fixa?

    Restaurante *fast-food*   Refeitório do exército
    Cantina de escola   Restaurante francês
    Refeitório para funcionários

4. Os menus seguintes são compostos de pratos preparados a partir de receitas deste livro. Avalie cada um deles quanto à variedade e ao equilíbrio.

Sopa clara de vegetais
Salada verde com molho
  francês
Fricassê de frango
   Couve-flor *au gratin*
	Sopa creme de cogumelo
	Salada Waldorf
	Escalope de vitela *à la crème*
	   Brócolis Mornay
	   Pilaf de arroz

Caldo escocês
Salada de pepino e tomate
Carré de cordeiro
  assado com vegetais
  da primavera
	Sopa de rabada
	Salada de repolho
	Carne assada
	  Repolho-verde braseado
	  Batatas Bouillon

Ostras Casino
Vichyssoise
Bife grelhado
Batata assada
Vagem na manteiga
	Gaspacho
	Salada de tomate e abacate
	Frango Pojarski
	  Abóbora-moranga assada
	  Batata Duchesse

5. Qual é a melhor solução para o problema de utilização de sobras? Qual é a segunda melhor solução?

6. Cite algumas das razões pelas quais as receitas escritas não são 100% exatas e dependem do bom-senso do cozinheiro. Selecione duas ou três receitas (deste livro ou de qualquer outro) e tente determinar onde elas dependem do bom-senso do cozinheiro.

7. Qual é o objetivo de uma receita padronizada?

8. Quais são as três formas básicas de medição de ingredientes? Qual é o método utilizado para a maioria dos ingredientes sólidos? Por quê?

9. Qual é o primeiro passo no controle de porções? Relacione quatro técnicas de controle de porção.

10. Faça as seguintes conversões no sistema de medida norte-americano:

    $3\frac{1}{2}$ libras = _____ onças

    6 xícaras = _____ quartilhos

    $8\frac{1}{2}$ quartos de galão = _____ onças fluidas

    $\frac{3}{4}$ xícara = _____ colheres de sopa

    46 onças = _____ libras

    $2\frac{1}{2}$ galões = _____ onças fluidas

    5 libras 5 onças divididas por 2 = _____

    10 colheres de chá = _____ onças fluidas

11. Faça as seguintes conversões no Sistema Internacional de Unidades:

    1,4 quilograma = _____ gramas

    53 decilitros = _____ litros

    15 centímetros = _____ milímetros

    2.590 gramas = _____ quilogramas

    4,6 litros = _____ decilitros

    220 centilitros = _____ decilitros

12. Veja a receita de Almôndegas suecas na página 346. Converta-a para um rendimento de 35 porções.

13. Discuta os principais tipos de problemas que podem ser encontrados ao converter receitas para novos rendimentos.

14. Qual é a diferença entre peso bruto e peso limpo ou líquido? Explique como esses termos estão relacionados ao cálculo do custo por porção de itens do menu.

15. Os problemas a seguir são cálculos com porcentagens de custo do alimento, custo da porção e preço do menu. Para cada problema, dois desses números são dados. Descubra o valor em branco.

Porcentagem de custo do alimento	Custo da porção	Preço do menu
a. ____	R$1,24	R$4,95
b. 40%	____	R$2,50
c. 30%	R$2,85	____

CAPÍTULO 6

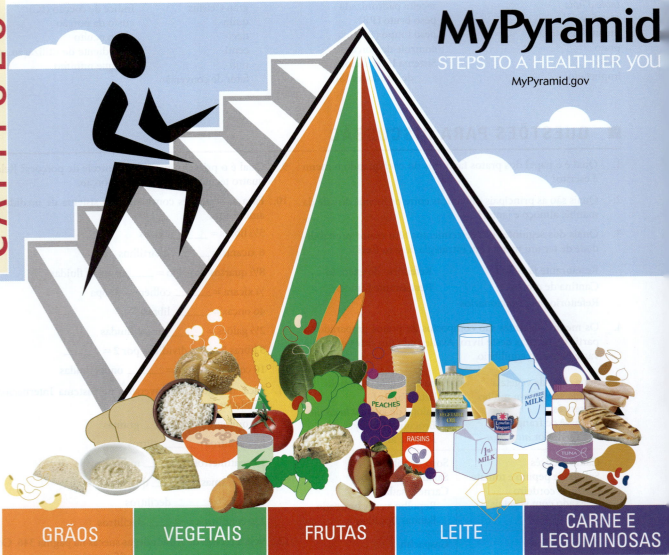

Cortesia do U.S. Department of Agriculture

CAPÍTULO 6

Nutrição

As pessoas que desenvolvem os menus devem ter um conhecimento básico de nutrição, pois o corpo humano necessita de alimentos variados para funcionar e ter saúde.

A responsabilidade de um profissional do serviço alimentício em oferecer menus nutritivos e balanceados depende, em parte, do estabelecimento. Certamente, os refeitórios das escolas e hospitais devem planejar o menu visando a satisfazer de forma criteriosa a necessidades nutricionais básicas. Em geral, esses tipos de estabelecimentos requerem um nutricionista qualificado.

O comprometimento dos *restaurateurs* é mais sutil. Como estão no negócio para vender alimentos, devem oferecer produtos que atraiam os clientes. As pessoas que planejam os menus têm a preocupação tanto de apresentar alimentos atrativos e saborosos quanto de servir alimentos nutritivos. Além disso, se o menu é à *la carte*, não há como garantir que o cliente peça itens que componham uma refeição balanceada em termos nutricionais.

Mas os *restaurateurs* têm a obrigação de oferecer opções. Isso significa que os menus devem ser planejados de forma que os clientes possam pedir refeições balanceadas, se desejarem. As pessoas estão cada vez mais preocupadas com o condicionamento físico e a saúde, portanto, um menu nutricionalmente balanceado pode até ajudar a atrair clientes.

Após ler este capítulo, você deverá ser capaz de:

1. Relacionar e descrever as seis categorias de nutrientes, explicar suas funções no organismo e nomear alguns alimentos que contêm cada uma delas.
2. Definir o termo *caloria* e descrever a relação entre caloria e ganho de peso.
3. Relacionar e descrever as oito diretrizes para manter uma dieta saudável.
4. Descrever as maneiras pelas quais os cozinheiros podem incorporar princípios de nutrição no preparo de alimentos e no desenvolvimento do menu.

NUTRIENTES

Nutrientes são compostos químicos presentes nos alimentos que realizam uma ou mais das seguintes funções:

- Fornecem energia para as funções do organismo.
- Constituem e renovam as células que constituem os tecidos do corpo.
- Regulam os processos do organismo.

Existem seis categorias de nutrientes:

- Carboidratos
- Gorduras
- Proteínas
- Vitaminas
- Minerais
- Água

CALORIAS

A **caloria** é uma unidade de medida de energia. É definida como a quantidade de calor necessária para aumentar a temperatura de 1 quilograma de água em 1°C.

Lembre-se que uma das funções dos nutrientes é suprir o organismo de energia. A caloria é utilizada para medir a quantidade de energia que certos alimentos fornecem para as funções do corpo. Em uma sociedade superalimentada, as calorias passaram a ser vistas como algo a ser evitado. No entanto, sem energia alimentar suficiente, não é possível viver.

Carboidratos, proteínas e gorduras podem ser utilizados pelo organismo para gerar energia.

1 grama de carboidrato fornece 4 calorias
1 grama de proteína fornece 4 calorias
1 grama de gordura fornece 9 calorias

Há uma conexão direta entre a ingestão de calorias, a atividade física e o ganho de peso. Simplificando, se você consumir mais calorias do que queimar, ganhará peso. Se consumir menos calorias do que queimar, perderá peso. Todos os esquemas e as formas de dieta no mundo – pelo menos aquelas com orientação médica – podem ser reduzidos a isso. Em outras palavras, para perder peso é necessário ingerir menos calorias, queimar mais calorias por meio do exercício ou, de preferência, ambos.

Para perder peso e manter uma boa saúde e uma boa nutrição, é preciso evitar **calorias vazias** o máximo possível e ingerir principalmente alimentos com alta **densidade de nutrientes**. Alimentos de caloria vazia são aqueles que fornecem poucos nutrientes por caloria. Açúcares refinados e amidos são exemplos de calorias vazias. Os alimentos de alta densidade de nutrientes são aqueles que têm relativamente muitos nutrientes por caloria. Frutas, vegetais e grãos integrais são exemplos de alimentos com alta densidade de nutrientes.

TIPOS DE NUTRIENTES E SUA IMPORTÂNCIA

Cada um dos nutrientes enumerados possui certas características e funções no organismo. Elas serão discutidas a seguir em termos gerais. Para obter um resumo dos nutrientes individuais e dos alimentos em que são encontrados, consulte a Tabela 6.1.

Muitas dietas da moda enfatizam as boas ou as más qualidades de um nutriente em particular. Por exemplo, uma dieta específica para perder peso pode aconselhar a ingerir alimentos ricos em proteínas e eliminar ao máximo os carboidratos. Contudo, como todos os nutrientes são essenciais, essas dietas podem levar a desequilíbrios nutricionais. Portanto, é necessário entender a função e a importância de todos os nutrientes.

A quantidade diária necessária de cada nutriente varia de pessoa para pessoa, dependendo de fatores como idade, gênero, saúde geral e nível de atividade.

Carboidratos

Carboidratos são compostos de átomos de carbono, hidrogênio e oxigênio ligados em cadeias de comprimentos variados.

Açúcares são carboidratos simples. Açúcares simples, como a glucose, são pequenos compostos com 6 átomos de carbono. O açúcar de mesa, ou sucrose, é uma molécula de açúcar maior, com 12 átomos de carbono. Os açúcares são encontrados em doces e, em menor quantidade, em frutas e vegetais.

Amidos são carboidratos complexos que consistem em longas cadeias de açúcares simples interligados. São encontrados em alimentos como grãos, pães, leguminosas e em muitos vegetais e frutas.

Os carboidratos são a principal fonte de energia alimentar do organismo. As gorduras e as proteínas também podem ser queimadas para a obtenção de energia, mas o organismo utiliza os carboidratos primeiro. Quando não há carboidratos disponíveis, o organismo queima a gordura. No entanto, quando as gorduras são queimadas sem nenhum carboidrato presente, são produzidos compostos tóxicos chamados **corpos cetônicos**. O acúmulo excessivo de corpos cetônicos causa uma condição chamada **cetose**, o que impossibilita o sangue de transportar oxigênio adequadamente. O resultado pode ser fatal. Portanto, uma das funções importantes dos carboidratos é ajudar o organismo a queimar a gordura de forma correta. São necessários cerca de 50 a 100 gramas de carboidratos por dia para evitar a cetose.

Muitas autoridades acreditam que os carboidratos complexos, principalmente aqueles de grãos integrais e alimentos não refinados, são melhores do que os carboidratos simples. Isso se dá, em parte, porque os alimentos ricos em amido também possuem muitos outros nutrientes, enquanto os doces possuem poucos nutrientes. Além disso, há evidências de que muito açúcar na dieta pode levar a doenças cardíacas e circulatórias. Açúcares simples e amidos refinados são a principal fonte de calorias vazias.

Outra razão pela qual os carboidratos de grãos integrais e alimentos não refinados são preferíveis àqueles contidos em açúcares e amidos refinados é que os alimentos não refinados são fontes de fibras. O termo **fibra** se refere a um grupo de carboidratos que não podem ser absorvidos e utilizados pelo organismo. Portanto, a fibra não fornece energia alimentar. No entanto, é importante para o funcionamento adequado do trato intestinal e a eliminação dos resíduos do organismo. Além disso, há evidências de que as fibras alimentares, em quantidade suficiente, ajudam a prevenir alguns tipos de câncer e reduzir o colesterol do sangue. Frutas e vegetais, especialmente crus, e grãos integrais fornecem fibra alimentar.

A fibra pode ser classificada como solúvel ou insolúvel. A **fibra solúvel** absorve água e forma um tipo de gel. É encontrada dentro e ao redor das células das plantas. A **fibra insolúvel** também absorve água, mas em menor quantidade, e faz volume no intestino. É encontrada nas paredes das células e em outras partes estruturais das plantas.

Gorduras

As gorduras fornecem energia para o organismo de forma altamente concentrada. Além disso, alguns ácidos graxos são necessários para regular certas funções do corpo. As gorduras também atuam como transportadoras de vitaminas lipossolúveis (vitaminas A, D, E e K). Em razão dessas funções importantes, as gorduras não podem ser eliminadas da dieta.

As gorduras podem ser classificadas como **saturadas**, **monoinsaturadas** ou **poli-insaturadas**. Esses termos refletem as diferenças químicas na composição das gorduras. Os cozinheiros não precisam conhecer a estrutura química das gorduras, mas devem entender suas características nutricionais e saber em que alimentos são encontradas. Muitos alimentos contêm uma combinação dos três tipos, sendo um deles predominante.

As gorduras saturadas são sólidas à temperatura ambiente. Produtos animais – carnes, aves, peixes, ovos e laticínios – e gorduras vegetais sólidas são a maior fonte de gorduras saturadas. Óleos de plantas tropicais, como óleo de coco e óleo de semente de palma, também são ricos em gorduras saturadas. Os profissionais da saúde acreditam que essas gorduras contribuem de maneira significativa para doenças cardíacas e outros problemas de saúde.

As gorduras poli-insaturadas e monoinsaturadas são líquidas à temperatura ambiente. Embora uma quantidade excessiva de qualquer tipo de gordura não seja saudável, essas gorduras são consideradas mais saudáveis do que as gorduras saturadas. As gorduras poli-insaturadas são encontradas em óleos vegetais, como óleo de milho, óleo de açafroa, óleo

---

Calorias e calorias

Na terminologia científica, a quantidade de calor necessária para elevar a temperatura de 1 quilograma de água em 1°C é chamada de *quilocaloria*, às vezes escrita como *Caloria* (com a letra C maiúscula) e abreviada como *kcal*. Quando escrito com a letra *c* minúscula, o termo *caloria* se refere a uma unidade de medida de energia que é 1.000 vezes menor – a quantidade de calor necessária para elevar a temperatura de 1 grama de água em 1°C.

No entanto, em discussões sobre nutrição, a palavra *quilocaloria* é normalmente substituída por *caloria*. Lembre-se apenas que, quando vir a palavra *caloria* associada a alimentos, o significado real é *Caloria* (ou *quilocaloria*).

120 Capítulo 6 • Nutrição

Tabela 6.1
Principais nutrientes

Nutriente	Principais fontes alimentares		Funções no organismo
Carboidratos	Grãos (incluindo pães e massas) Feijões secos	Batata Milho Açúcar	Principal fonte de energia (calorias) para todas as funções do organismo. Necessários para a adequada utilização das gorduras. Carboidratos não refinados fornecem fibra, importante para a adequada eliminação de resíduos.
Gorduras	Carnes, aves e peixes Laticínios Ovos	Óleos e gorduras vegetais Molhos de salada	Fornecem energia alimentar (calorias). Fornecem ácidos graxos essenciais. Transportam vitaminas lipossolúveis.
Proteínas	Carnes, aves e peixes Leite e queijos Ovos	Ervilhas e feijões secos Oleaginosas	Principal material de desenvolvimento de todos os tecidos do organismo. Fornecem energia (calorias). Ajudam a constituir enzimas e hormônios, que regulam as funções do organismo.
Vitamina A	Fígado Manteiga e creme de leite Gema de ovo	Vegetais e frutas verdes e amarelos	Ajuda a pele e as membranas mucosas a resistirem à infecção. Mantém os olhos saudáveis e possibilita a visão noturna.
Tiamina (vitamina B$_1$)	Carne de porco Grãos integrais e fortificados	Oleaginosas Legumes Vegetais verdes	Necessária para a utilização dos carboidratos como energia. Promove um apetite normal e um sistema nervoso saudável. Previne o beribéri.
Riboflavina (vitamina B$_2$)	Miúdos Laticínios	Grãos integrais e fortificados	Necessária para a utilização de carboidratos e outros nutrientes. Mantém a pele e os olhos saudáveis.
Niacina (uma vitamina B)	Fígado Carnes, aves e peixes	Legumes	Necessária para a utilização de alimentos energéticos. Mantém o sistema nervoso, a pele e a digestão saudáveis. Previne a pelagra.
Vitamina B$_{12}$	A maioria dos produtos animais e laticínios		Mantém o sangue e o sistema nervoso saudáveis.
Vitamina C (ácido ascórbico)	Frutas cítricas Tomate Batata Verduras de folha verde-escuras	Pimentão, repolho e brócolis Melão Frutas vermelhas	Fortalece os tecidos do corpo. Promove a cura e a resistência à infecção. Previne o escorbuto.
Vitamina D	Laticínios fortificados	Formada na pele quando exposta à luz do sol	Necessária para a utilização de cálcio e fósforo a fim de manter os ossos, os dentes e os tecidos musculares saudáveis.
Vitamina E	Gorduras insaturadas (óleos vegetais, oleaginosas, grãos integrais etc.)		Protege outros nutrientes.
Cálcio	Laticínios Verduras de folha	Peixes enlatados com ossos	Forma ossos e dentes. Necessário para músculos e nervos saudáveis.
Ferro	Fígado e carne vermelha Uva-passa e ameixa seca Gema de ovo	Verduras de folha Feijões secos Grãos integrais	Necessário para a formação das células vermelhas do sangue.

de semente de girassol e óleo de algodão. Altos níveis de gorduras monoinsaturadas são encontrados no azeite de oliva e no óleo de canola. Os dois tipos de gordura insaturada também são encontrados em outras plantas, incluindo grãos integrais, oleaginosas e algumas frutas e vegetais.

Um grupo de gorduras saturadas que merece atenção especial são as **gorduras trans**. Essas gorduras ocorrem naturalmente apenas em pequenas quantidades. A maior parte das gorduras trans na dieta provém de gorduras manufaturadas, que passam por um processo chamado *hidrogenação*. As *gorduras hidrogenadas* são gorduras que passam do estado líquido para o sólido pela adição de átomos de hidrogênio às moléculas de gordura. Esse é o processo utilizado para fazer produtos como gordura vegetal sólida e margarina. As gorduras trans merecem atenção porque limitam a capacidade do organismo de se livrar do colesterol que se forma nas paredes das artérias (ver quadro lateral, p. 122).

As gorduras são membros de um grupo de compostos chamados **lipídeos**. Outro lipídeo encontrado no organismo é o **colesterol**, uma substância gordurosa que está intimamente relacionada a doenças cardíacas, pois se acumula nas paredes das artérias e bloqueia o fluxo sanguíneo até o coração e outros órgãos vitais. É encontrado apenas em produtos animais e é especialmente alto na gema de ovo, na manteiga e em carnes de órgãos, como fígado e miolos. Além disso, o corpo humano pode fabricar seu próprio colesterol, de modo que nem todo colesterol no sangue vem necessariamente dos alimentos. Embora certa quantidade de colesterol seja necessária para as funções do organismo, ele não é considerado um nutriente porque o corpo é capaz de fabricar todo o colesterol de que precisa. Em geral, os especialistas concordam que é melhor manter o colesterol o mais baixo possível na dieta.

Pesquisas recentes sugerem que a gordura monoinsaturada pode, de fato, reduzir os níveis dos tipos mais prejudiciais de colesterol no organismo. Isso pode explicar a baixa incidência relativa de doenças cardíacas nas regiões mediterrâneas, onde o azeite de oliva é a gordura mais utilizada. Essa pesquisa ajudou a popularizar o uso do azeite de oliva em outras partes do mundo, especialmente na América do Norte.

Lembre-se, entretanto, de que *o excesso de gordura de qualquer tipo é ruim para a saúde*. Não cometa o erro de pensar que as gorduras monoinsaturadas são boas e podem ser utilizadas em excesso.

Proteínas

As proteínas são conhecidas como blocos estruturais do organismo. São essenciais para o crescimento, a formação dos tecidos e as funções básicas do organismo. Também podem ser usadas como fonte de energia quando a dieta não contém carboidratos e gorduras suficientes.

As proteínas consistem em substâncias chamadas *aminoácidos*. O organismo é capaz de produzir muitos deles, mas existem nove aminoácidos que ele não produz e precisa obter dos alimentos. Uma proteína alimentar que contém os nove aminoácidos essenciais é chamada de **proteína completa**. Carnes, aves, peixes, ovos e laticínios contêm proteínas completas.

As proteínas que não possuem um ou mais desses aminoácidos essenciais são chamadas de *proteínas incompletas*. Os alimentos ricos em proteínas incompletas incluem oleaginosas, grãos, feijões secos e outras leguminosas. Os alimentos que, *se ingeridos juntos*, fornecem todos os aminoácidos são chamados de **proteínas complementares**. Por exemplo, as *tortillas* de farinha de milho servidas com *chili beans* fornecem a proteína completa, pois o milho supre os aminoácidos que faltam aos feijões. Arroz e feijão são outro exemplo de combinação alimentar contendo proteínas complementares.

As proteínas complementares têm o interesse especial dos vegetarianos, principalmente dos veganistas, e serão discutidas com mais detalhes no Capítulo 20.

Um adulto precisa, em média, de 50 a 60 gramas de proteína por dia. Para a maioria das pessoas, obter uma quantidade suficiente de proteína diariamente não é um problema; a maior parte ingere duas vezes a quantidade necessária. Uma dieta com excesso de proteína pode levar a vários problemas de saúde, como danos aos rins e ao fígado.

Vitaminas

As **vitaminas** estão presentes nos alimentos em quantidades muito pequenas, mas são essenciais para regular as funções do organismo. Ao contrário das proteínas, gorduras e carboidratos, elas não fornecem energia, mas algumas delas devem estar presentes para que a energia seja utilizada de forma adequada pelo organismo. Além disso, a falta de certas vitaminas causa *doenças de deficiência*.

As vitaminas são classificadas em *hidrossolúveis* (solúveis em água) e *lipossolúveis* (solúveis em gordura). As vitaminas hidrossolúveis (B e C) não são armazenadas pelo organismo

---

Ácidos graxos essenciais

As gorduras são constituídas de compostos menores chamados *ácidos graxos*. Dois deles são chamados **ácidos graxos essenciais**, pois não são produzidos pelo organismo. Os ácidos graxos essenciais são o *ácido linoleico* e o *ácido alfa-linoleico*. O ácido linoleico é membro de um grupo de compostos chamados *ácidos graxos ômega-6* (o termo se refere à sua estrutura química). É encontrado em óleos vegetais e geralmente abundante nas dietas.

O ácido alfa-linoleico é membro do grupo de **ácidos graxos ômega-3**. O organismo pode transformar o ácido alfa-linoleico em outros ácidos graxos ômega-3, chamados DHA e EPA. Todos eles são nutrientes importantes, com papel vital no crescimento, no sistema imunológico, na visão e na estrutura das células. O ácido alfa-linoleico é encontrado em alguns óleos vegetais. O DHA e o EPA, além de serem produzidos pelo organismo, também são encontrados em alguns peixes gordurosos como salmão, cavala, atum e sardinha. Ao contrário dos ácidos graxos ômega-6, os ácidos ômega-3 não são abundantes nas dietas, portanto, é importante conhecer os alimentos que os fornecem.

122 Capítulo 6 • Nutrição

Mais Química: lipoproteínas

Lipoproteínas são combinações de proteína e gordura que transportam colesterol e gordura através da corrente sanguínea. Dois desses componentes são preocupantes. A *lipoproteína de baixa densidade* (LDL, *low-density lipoprotein*) é o principal portador do colesterol. Embora exerça uma função necessária, se estiver presente em grande quantidade, deposita o excesso de colesterol nas artérias, bloqueando o fluxo sanguíneo. A lipoproteína de alta densidade (HDL, *high-density lipoprotein*), por outro lado, ajuda a remover o colesterol do sangue, eliminando-o do organismo. Por essa razão, o HDL é visto como um componente importante na prevenção de doenças cardíacas.

A presença de algumas gorduras saturadas chamadas *gorduras trans* (ver texto) na dieta é considerada muito ruim pois, aparentemente, elas interferem na ação do HDL, aumentando os níveis de colesterol no sangue.

Fitoquímicos

Um fitoquímico é qualquer um das centenas de componentes encontrados nos alimentos em minúsculas quantidades e pode ajudar a reduzir a chance de câncer ou doença cardíaca. A lista de fitoquímicos inclui flavonoides, isoflavonoides, fenóis, licopeno, indóis, ditiolionas e sulforafane. Esses produtos químicos ainda não são bem compreendidos; por isso, as pesquisas continuam. Os fitoquímicos são encontrados em maior quantidade em grãos integrais, frutas e vegetais.

e devem ser ingeridas diariamente. Os alimentos que contêm essas vitaminas devem ser manuseados de forma a evitar que as vitaminas sejam dissolvidas e perdidas na água do cozimento (conforme discutido no Cap. 16).

As vitaminas lipossolúveis (A, D, E e K) podem ser armazenadas pelo organismo, portanto, não precisam ser ingeridas diariamente, desde que a quantidade total ingerida com o tempo seja suficiente. O consumo diário excessivo de uma vitamina hidrossolúvel, como acontece às vezes quando as pessoas ingerem muitos suplementos vitamínicos, pode resultar em níveis tóxicos de vitaminas armazenadas nos tecidos.

Mais detalhes sobre as vitaminas, suas funções e suas fontes podem ser encontrados na Tabela 6.1.

Minerais

Os minerais, assim como as vitaminas, são consumidos em quantidades muito pequenas e são essenciais para regular certos processos do corpo. Os minerais que devem ser consumidos em quantidades relativamente grandes – mais de 100 miligramas por dia – são chamados de **macronutrientes**, ou macrominerais, e incluem o cálcio, o cloro, o magnésio, o fósforo, o enxofre, o sódio e o potássio. Os minerais que devem estar presentes em quantidades menores são chamados de **micronutrientes**, ou oligoelementos. Eles incluem o cromo, o cobre, o fluoreto, o iodo, o ferro, o manganês, o molibdênio, o selênio e o zinco. Pouco se sabe sobre as funções de alguns micronutrientes. É importante entender, entretanto, que embora pequenas quantidades sejam necessárias ao organismo, o excesso de qualquer mineral pode ser prejudicial.

O sódio, componente do sal de mesa, é reconhecidamente um problema de saúde. Acredita-se que o excesso de sódio causa pressão alta. Autoridades da saúde têm se esforçado para convencer as pessoas a reduzirem o sódio na dieta, principalmente salgando menos os alimentos.

Água

O corpo humano adulto é composto de 50 a 60% de água por peso. A água atua em todas as funções do organismo, como no metabolismo e em outras funções celulares, digestão, distribuição de nutrientes, remoção de resíduos, regulação da temperatura e lubrificação e proteção de articulações e tecidos.

A água constitui uma grande parte da maioria dos alimentos e bebidas ingeridos. O corpo é capaz de regular seu próprio conteúdo de água e nos diz quando precisamos de mais água fazendo-nos sentir sede. Esse sinal não deve ser ignorado. Melhor ainda é ingerir quantidades de líquidos suficientes para *evitar* a sede. O consumo diário necessário de água varia muito de pessoa para pessoa, dependendo da idade, do nível de atividade e de fatores ambientais, como o calor. A recomendação comum de 8 copos de água por dia não é suficiente para algumas pessoas, como atletas e outras pessoas que se exercitam bastante, e é demais para outras pessoas, como adultos mais velhos e sedentários.

DIETA BALANCEADA

Para manter a saúde, é preciso ter uma dieta variada que contenha todos os nutrientes essenciais. Além disso, é importante limitar a ingestão de alimentos que possam ser prejudiciais em grandes quantidades. Embora os pesquisadores ainda tenham muito a aprender sobre nutrição e o conhecimento esteja constantemente mudando, há fortes evidências sobre os padrões corretos de alimentação. De acordo com as agências governamentais de saúde, as diretrizes a seguir são sugeridas para a manutenção de uma dieta saudável. Deve-se observar que estas são apenas recomendações gerais para pessoas que já são saudáveis e querem permanecer assim. Não são, necessariamente, para aqueles que precisam de dietas especiais para doenças ou outras condições anormais.

1. **Obtenção de nutrientes adequados dentro das necessidades calóricas**
   Quanto maior a variedade de alimentos e bebidas ricos em nutrientes de um ou mais grupos de alimentos básicos consumirmos, maior a probabilidade de obtermos todos os nutrientes necessários. Escolher alimentos ricos em nutrientes e evitar calorias vazias é necessário para ter uma nutrição adequada sem o consumo de muitas calorias no processo. Escolha alimentos que limitem a ingestão de gorduras trans e saturadas, colesterol, açúcares adicionais, sal e álcool.

2. **Controle de peso**

Para manter um peso corporal saudável, é preciso equilibrar as calorias consumidas com as calorias queimadas. As pessoas que estão muito acima do peso têm maior propensão a desenvolver certas doenças crônicas, como pressão alta, doença cardíaca e derrame. Pessoas que consomem mais calorias do que queimam ganham peso.

Para prevenir o ganho gradual de peso, é preciso fazer pequenas reduções nas calorias consumidas e aumentar a atividade física. Em vez de depender de dietas drásticas, é melhor perder peso lenta e gradualmente, desenvolver hábitos alimentares mais saudáveis e aumentar a atividade física. Para obter todos os nutrientes necessários e, ao mesmo tempo, cortar as calorias, reduza os alimentos muito calóricos e pobres em nutrientes, sobretudo gorduras, alimentos gordurosos, açúcar, doces e álcool.

3. **Prática de atividade física**

A prática de uma atividade física regular promove saúde, bem-estar psicológico e peso corporal saudável. Para a saúde geral e a redução do risco de doenças crônicas, pelo menos 30 minutos de exercícios moderados ao dia são desejáveis; exercícios mais vigorosos e longos podem ser ainda mais benéficos. Para evitar o ganho de peso, os adultos devem tentar fazer 60 minutos de exercícios na maioria dos dias da semana e, ao mesmo tempo, não consumir muitas calorias. Para aqueles que querem perder peso gradualmente, são necessários 60 a 90 minutos de exercícios em vários dias da semana, também limitando a ingestão de calorias.

4. **Seleção dos grupos alimentares corretos**

Frutas, vegetais, grãos integrais e leite ou laticínios com baixa ou nenhuma gordura são os alimentos com a maior densidade de nutrientes. Esses alimentos devem ser fortemente enfatizados em uma dieta saudável. Em particular, uma pessoa que consome 2.000 calorias por dia deve tentar ingerir diariamente:

- 2 xícaras (4 porções) de frutas variadas.
- 2 ½ xícaras (5 porções) de vegetais, incluindo o maior número possível de grupos dos vegetais básicos: vegetais verde-escuros, vegetais alaranjados, leguminosas, vegetais ricos em amido e outros.
- 3 porções de grãos integrais.
- 3 xícaras de leite com pouca ou nenhuma gordura ou seus equivalentes em outros laticínios, como iogurte e queijo.

Nos Estados Unidos, esses grupos alimentares, juntamente com outros que incluem carnes, aves e peixes, constituem o que é conhecido como **pirâmide alimentar**. A Figura 6.1a exibe a pirâmide-padrão desenvolvida pelo United States Department of Agriculture (USDA). Embora ela reflita o formato de pirâmide das versões anteriores do guia alimentar, o diagrama atual é apenas um símbolo generalizado de padrões alimentares saudáveis, mostrando uma pessoa subindo a escada para representar a atividade física. Cada faixa colorida representa um dos cinco grupos alimentares básicos: grãos, vegetais, frutas, leite e carne e leguminosas. A faixa estreita entre as frutas e o leite representa as gorduras. A espessura de cada faixa representa a proporção relativa de cada grupo a ser incluída na dieta. A imagem não contém informações sobre porções e seus tamanhos. Em vez disso, a intenção é orientar os consumidores na busca de fontes como o site www.mypyramid.gov, no qual pirâmides diferentes podem ser personalizadas de acordo com a idade, o gênero e o nível de atividade.

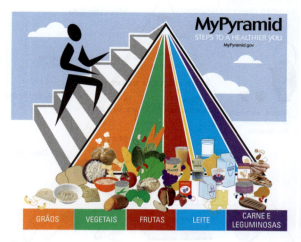

Figura 6.1a
Pirâmide alimentar.

Figura 6.1b
A tradicional e saudável pirâmide alimentar do Mediterrâneo.

© 2000 Oldways Preservation & Exchange Trust. www.oldwayspt.org.

124   Capítulo 6 • Nutrição

Figura 6.1c
A tradicional e saudável pirâmide alimentar asiática.
© 2000 Oldways Preservation & Exchange Trust. www.oldwayspt.org.

Figura 6.1d
A tradicional e saudável pirâmide alimentar da América Latina.
© 2000 Oldways Preservation & Exchange Trust. www.oldwayspt.org.

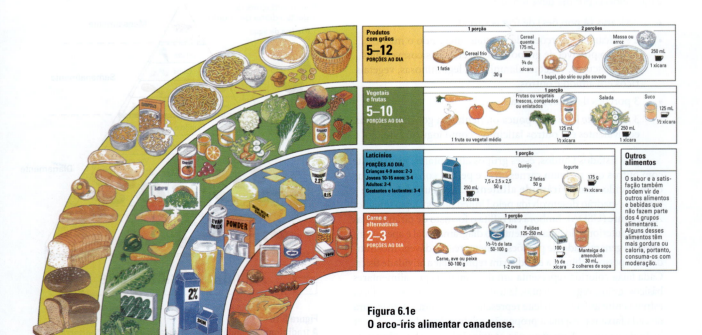

Figura 6.1e
O arco-íris alimentar canadense.

Especialistas em nutrição do Canadá conceberam o "Food Guide to Healthy Eating", normalmente referido como **arco-íris alimentar** por seu formato (Fig. 6.1e). O número de porções diárias de cada grupo e as informações sobre tamanhos-padrão de porção estão indicados no arco-íris canadense.

5. **Controle do consumo de gorduras**

Mantenha a ingestão total de gordura entre 20 e 35% das calorias, sendo a maior parte de fontes de ácidos graxos poli-insaturados e monoinsaturados, como peixes, oleaginosas e óleos vegetais. Isso significa que, para uma dieta de 2.000 calorias ao dia, cerca de 400 a 700 calorias devem vir da gordura.

Por que não menos de 20%? Lembre-se que alguns ácidos graxos são nutrientes essenciais, e as gorduras também contêm vitaminas solúveis em gordura. Consumir menos gordura do que os 20% preconizados diariamente pode não ser saudável.

Mantenha o consumo das gorduras saturadas, especialmente das gorduras trans, o mais baixo possível. Consuma menos de 10% das calorias vindas de ácidos graxos saturados.

Consuma menos de 300 mg de colesterol por dia.

Ao selecionar e preparar carnes, aves, feijões secos e leite ou laticínios, escolha opções magras, com baixo teor de gordura ou nenhuma.

É importante lembrar que a alta ingestão de gordura, especialmente de gorduras saturadas e colesterol, está associada a condições como doença cardíaca e pressão alta. Embora outros fatores também sejam responsáveis por causar essas doenças, como hereditariedade e fumo, seguir essa recomendação alimentar aumenta as chances de uma vida saudável.

6. **Controle do consumo de carboidratos**

Escolha frutas, vegetais e grãos integrais ricos em fibras. Esses alimentos são a fonte dos carboidratos mais saudáveis. Evite alimentos preparados com altos teores de açúcar.

A redução de açúcares e amidos refinados na dieta tem o benefício adicional de ajudar a reduzir as cáries.

7. **Controle do consumo de sódio e potássio**

Consuma menos de 2.300 mg de sódio ao dia (aproximadamente 1 colher de chá ou 5 mL de sal). O sódio, como observado anteriormente, parece contribuir para a pressão alta. Para pessoas que já têm pressão alta, é especialmente importante reduzir o sódio da dieta. A melhor maneira de fazer isso é diminuir o uso de sal na cozinha e na mesa e limitar a ingestão de alimentos preparados que são ricos em sal, como batatas fritas, nozes salgadas, *pretzels*, alimentos em conserva, carnes curadas e condimentos salgados como o molho de soja.

Reduza os efeitos prejudiciais do sódio ingerindo alimentos ricos em potássio, como frutas e vegetais.

8. **Controle do consumo de bebidas alcoólicas**

As pessoas que optam por ingerir bebidas alcoólicas devem fazê-lo com sabedoria e moderação – isto é, não exceder o consumo de até um drinque por dia para mulheres e até dois drinques por dia para homens.

As bebidas alcoólicas são ricas em calorias e pobres em outros nutrientes. O consumo em excesso pode causar várias doenças graves. O consumo moderado – um ou dois drinques ao dia – parece ser pouco prejudicial e pode, na realidade, ter algum benefício.

Muitas pessoas, como crianças e adolescentes, gestantes e lactantes, pessoas fazendo uso de medicações que interagem com o álcool e pessoas com certas condições médicas não devem consumir álcool. Além disso, as bebidas alcoólicas devem ser evitadas por pessoas em atividades que requerem atenção, habilidade manual ou coordenação, como dirigir ou operar máquinas.

COMO PREPARAR REFEIÇÕES SAUDÁVEIS

Restaurateurs e *chefs* estão cada vez mais atentos à saúde das pessoas e aos cuidados com a dieta. Muitos deles estão repensando os menus, modificando as práticas culinárias e acrescentando itens novos e saudáveis ao menu. Alguns desenvolveram novos menus especialmente planejados para se aproximar o máximo possível das oito recomendações descritas acima.

A conscientização cada vez maior com a saúde afetou a forma de pensar o alimento e os métodos de cozimento. Cozinheiros profissionais estão preparando alimentos mais saudáveis de várias formas:

1. **Usando menos gordura no preparo**

   Os métodos de cozimento que não requerem gordura, como cozinhar em fogo brando, escalfar, assar, cozinhar no vapor e grelhar podem ser considerados os mais saudáveis.

   Para saltear, panelas antiaderentes estão sendo muito utilizadas por necessitarem pouca ou nenhuma gordura. Com as panelas comuns, deve-se ter cuidado em utilizar o mínimo de gordura possível.

   O método de grelhar é popular porque pode ser realizado sem a necessidade de cobrir o alimento de gordura. Contudo, deve-se ter cuidado para não deixar o alimento ressecar.

   Utilizar menos gordura no cozimento também significa utilizar ingredientes com menos gordura. O excesso de gordura externa pode ser retirado das carnes e aves. Molhos com pouca gordura, como *salsas* e purês de vegetais, podem ser usados no lugar de molhos mais gordurosos. As receitas podem ser modificadas de forma a reduzir as quantidades de ingredientes ricos em gordura, como manteiga, queijo e bacon.

2. **Usando gorduras insaturadas**

   Quando utilizar gorduras, tente substituir as gorduras saturadas pelas monoinsaturadas, como azeite de oliva ou óleo de canola, quando possível.

3. **Enfatizando o sabor**

   O sabor é o fator mais importante ao preparar alimentos nutritivos. O alimento mais rico em vitaminas não fará bem a ninguém se não for consumido porque não é gostoso. O preparo de alimentos saborosos requer conhecimento dos princípios da culinária. Não se pode basear simplesmente nas informações nutricionais.

   Confie mais nos sabores naturais dos alimentos e menos no sal e em outros aditivos que devem ser reduzidos na dieta.

4. **Usando os alimentos mais frescos e da mais alta qualidade possível**

   Para preparar alimentos deliciosos com pouco ou nenhum sal e com menos dependência de molhos e condimentos ricos em gordura e sódio, é importante utilizar ingredientes naturais de alta qualidade em seu pico de sabor. Um preparo saudável significa permitir que os sabores verdadeiros dos alimentos predominem.

   Para realçar os sabores naturais sem adicionar sal, os cozinheiros estão utilizando mais ervas frescas, temperos fortes como pimentas de vários tipos, gengibre e ingredientes saborosos como alho, cebolas caramelizadas e vinagres aromatizados.

5. **Armazenando os alimentos corretamente**

   Os alimentos armazenados perdem nutrientes à medida que envelhecem. No entanto, a perda de nutrientes pode ser desacelerada pelo armazenamento adequado. Isso se aplica particularmente à refrigeração. Para cada categoria de alimento perecível discutida neste livro, preste atenção à forma como os alimentos devem ser armazenados.

6. **Modificando tamanhos de porções**

   Não é necessário servir fatias grossas de carne para oferecer uma refeição satisfatória. Porções menores de carne, ave ou peixe bem limpos, habilmente balanceadas no prato com uma variedade de vegetais frescos e atrativos e carboidratos complexos, têm maior probabilidade de serem saudáveis.

   Os molhos, em geral, recebem a culpa por acrescentar calorias à refeição, mas se um molho é saboroso, não é necessária uma grande quantidade. Faça um molho melhor e sirva uma quantidade pequena. Além disso, se um molho não é tão espesso, ele não adere tanto ao alimento e se espalha melhor.

7. **Oferecendo aos clientes uma opção saudável**

   Ofereça um menu com alimentos variados, de forma que os clientes possam escolher uma refeição bem balanceada e adequada às suas necessidades e desejos. Não é necessário cozinhar somente "alimentos dietéticos", mas um menu que oferece batatas fritas como único amido não está bem balanceado.

   Dê mais ênfase a frutas, vegetais e grãos integrais. Ofereça um menu com opções de todos os grupos da pirâmide alimentar, com uma variedade maior de opções para os grupos de alimentos cujo consumo deve ser maior.

   Seja flexível na cozinha. Um bom *chef* deve estar disposto a modificar os itens do menu para satisfazer requisitos alimentares e atender a solicitações especiais dos clientes.

Como preparar refeições saudáveis 127

8. Treinando os garçons

Alguns restaurantes oferecem "menus *light*" especiais além do menu regular, ou destacam itens "saudáveis" com um símbolo especial. Infelizmente, essa abordagem pode sugerir a algumas pessoas que os itens destacados são "alimentos saudáveis" desinteressantes, enquanto os outros itens não são saudáveis por não estarem sinalizados. Consequentemente, muitos *chefs* preferem treinar os garçons para responder às perguntas dos clientes sobre o menu e oferecer sugestões quando solicitados.

9. Utilizando informações nutricionais

Estude o conteúdo nutricional dos alimentos para planejar menus saudáveis. Há muitas publicações com o conteúdo nutricional de alimentos comuns. Alguns restaurantes até contrataram nutricionistas para analisar o menu e prestar consultoria a fim de torná-lo mais saudável.

Certamente, contratar um nutricionista não é viável para qualquer estabelecimento. Por outro lado, um conhecimento básico de nutrição ajuda qualquer profissional a minimizar a gordura, o colesterol e o sódio, bem como a maximizar o conteúdo nutricional e o equilíbrio dos alimentos que serve.

■ TERMOS PARA REVISÃO

caloria	fibra solúvel	ácido graxo ômega-3	vitamina
caloria vazia	fibra insolúvel	gordura trans	macronutriente
densidade de nutrientes	gordura saturada	lipídeo	micronutriente
carboidrato	gordura monoinsaturada	colesterol	pirâmide alimentar
corpo cetônico	gordura poli-insaturada	proteína completa	arco-íris alimentar
cetose	ácido graxo essencial	proteína complementar	
fibra			

■ QUESTÕES PARA DISCUSSÃO

1. Descreva a diferença entre alimentos com calorias vazias e alimentos com alta densidade de nutrientes. Dê exemplos de alimentos em cada categoria.

2. Por que os carboidratos não refinados são mais saudáveis do que os amidos e açúcares refinados?

3. Por que é necessário ter gordura na dieta?

4. Quais vitaminas são solúveis em água? Quais são solúveis em gordura? Qual dos dois grupos é mais importante incluir na dieta diária? Por quê?

5. De acordo com a recomendação das agências de saúde governamentais, em média, quais grupos de alimentos devem ser mais consumidos do que o são atualmente? Quais alimentos devem ser consumidos em menor quantidade?

6. Discuta e compare as qualidades saudáveis ou não das gorduras saturadas, poli-insaturadas e monoinsaturadas. Dê exemplos de cada tipo.

7. De que formas você, como cozinheiro, pode reduzir a gordura e o sódio dos itens do menu?

8. Como você pode assegurar um menu de nutrição equilibrada sem calcular o conteúdo nutricional de cada item?

CAPÍTULO 7

CAPÍTULO 7

Mise en place

Para serem bem-sucedidos no setor de serviços alimentícios, os cozinheiros precisam de mais do que a habilidade de preparar alimentos deliciosos, atrativos e nutritivos. É preciso também ter talento para a organização e a eficiência. Em toda cozinha, várias tarefas devem ser realizadas dentro de um determinado período por um número limitado de funcionários. Não importa quando essas tarefas são realizadas, contanto que sejam finalizadas antes de um momento crucial: a hora de servir. Somente com um preparo antecipado, criterioso e sistemático o atendimento fluirá tranquilamente.

Bons *chefs* se orgulham do esmero e da qualidade do preparo antecipado, ou **mise en place**. Esse termo francês, que significa "tudo em seu devido lugar", tornou-se quase que uma senha profissional nas cozinhas, pois os profissionais de serviços alimentícios entendem sua importância para o sucesso do estabelecimento.

Este capítulo discute os conceitos básicos do *mise en place* e os procedimentos específicos que normalmente fazem parte dele.

PLANEJAMENTO E ORGANIZAÇÃO DA PRODUÇÃO

Até mesmo no nível mais simples, o pré-preparo é necessário. Se você for preparar apenas uma receita simples é preciso, em primeiro lugar:

- Organizar os equipamentos e utensílios.
- Organizar os ingredientes.
- Lavar, limpar, cortar, pré-preparar e medir os ingredientes crus.
- Preparar os equipamentos e utensílios (preaquecer o forno, forrar as assadeiras etc.).

Somente depois disso pode-se iniciar o preparo de fato.

Na cozinha comercial, onde são preparados muitos itens, a situação é muito mais complexa. Saber lidar com essa complexidade é a base da organização da cozinha.

Após ler este capítulo, você deverá ser capaz de:

1. Definir *mise en place* e explicar por que se deve ter cuidado em seu planejamento.
2. Descrever as cinco etapas gerais utilizadas ao planejar o *mise en place*.
3. Explicar a diferença entre os requisitos de preparo do serviço de refeição com horário marcado e do serviço de refeição com horário estendido.
4. Relacionar as cinco orientações a serem observadas ao amolar a faca do *chef*.
5. Demonstrar as principais técnicas de corte necessárias no pré-preparo dos alimentos.
6. Descrever os procedimentos básicos para pré-cozinhar e marinar.
7. Preparar e utilizar o procedimento básico para empanar.
8. Definir alimentos semiprontos no contexto do *mise en place* e relacionar as oito diretrizes para seu uso.

O PROBLEMA

Todo estabelecimento de serviço alimentício enfrenta um conflito básico entre dois fatores inevitáveis:

1. Há muito trabalho a ser feito em uma cozinha para deixá-lo para o último minuto, portanto, parte dele deve ser feita com antecedência.
2. A maior parte dos alimentos está em seu pico de qualidade imediatamente após o preparo e começa a se deteriorar quando conservada.

A SOLUÇÃO

Para lidar com esse conflito, o *chef* deve planejar o pré-preparo com cuidado. Em geral, o planejamento segue as seguintes etapas:

1. **Dividir cada item do menu em estágios de produção.**
   Verifique qualquer receita deste livro. Observe que os procedimentos são divididos em uma sequência de etapas que devem ser realizadas em certa ordem para se chegar ao produto final.

2. **Determinar quais estágios podem ser realizados antecipadamente.**
   - A primeira etapa de uma receita, escrita ou não, é sempre parte de um preparo antecipado: *montar e preparar os ingredientes*. Isso inclui a limpeza e o corte de frutas e vegetais, a limpeza e o corte de carnes e o preparo de empanados e massas moles para fritar.
   - As etapas seguintes da receita podem ser realizadas com antecedência *se os alimentos puderem ser conservados sem perder a qualidade*.
   - O cozimento final deve ser realizado o mais perto possível da hora de servir para garantir o máximo de frescor.

   Normalmente, partes da receita, como um molho ou um recheio, são preparadas antes, e o prato é montado no último minuto.

   Em geral, itens cozidos pelos métodos de calor seco, como filé grelhado, peixe salteado e batata frita, vão perdendo a qualidade depois de prontos. Os assados grandes são uma importante exceção a essa regra. Os itens cozidos por calor úmido, como bife braseado, sopas e ensopados, são mais adequados para reaquecer ou conservar em um balcão térmico. Itens muito delicados sempre devem ser cozidos perto da hora de servir.

3. **Determinar a melhor forma de conservar cada item no estágio final do pré-preparo. Temperatura de conservação é a temperatura em que o produto é conservado para ser servido ou armazenado. A temperatura de conservação de todos os alimentos potencialmente perigosos deve estar fora da Zona de Perigo.**
   - Em geral, molhos e sopas são conservados quentes, acima de 57ºC, em balcões térmicos ou outros equipamentos de conservação. Alimentos como vegetais, entretanto, devem ser conservados quentes apenas por curtos períodos, pois passam do ponto de cozimento rapidamente.

Planejamento e organização da produção **131**

- A temperatura do refrigerador, abaixo de 5°C, é melhor para conservar a qualidade da maioria dos alimentos, principalmente carnes, peixes e vegetais perecíveis, antes do cozimento final ou reaquecimento.

4. **Determinar quanto tempo leva o preparo de cada estágio das receitas. Planejar um cronograma de produção começando pelos preparos que levam mais tempo.**
Muitos procedimentos podem ser realizados ao mesmo tempo, pois não requerem total atenção o tempo todo. Um fundo pode levar de 6 a 8 horas para ser preparado, mas não é preciso observá-lo durante todo esse tempo.

5. **Analisar se as receitas podem ser alteradas para obter melhor eficiência e qualidade ao servir.**
Por exemplo:

- Em vez de preparar um lote total de vagens e conservá-las em um balcão térmico, você pode branqueá-las e resfriá-las e, em seguida, aquecer as porções de acordo com os pedidos em uma frigideira para saltear ou em um forno a vapor ou micro-ondas.

- Em vez de conservar um lote grande de escalope de vitela ao molho de cogumelos em um balcão térmico, você pode preparar o molho e conservá-lo quente, saltear a vitela de acordo com os pedidos, combinar a carne com uma porção do molho e servir tudo fresco, direto da panela.

Cuidado: A menos que você seja responsável pela cozinha, não mude uma receita sem a autorização do supervisor.

O OBJETIVO

O objetivo do pré-preparo é fazer com antecedência a maior parte possível do trabalho *sem perda de qualidade*. No momento certo, toda a energia pode ser voltada para a finalização de cada item imediatamente antes de servi-lo, com total atenção à qualidade e ao frescor.

Muitas técnicas de preparo de uso comum são desenvolvidas para a conveniência dos cozinheiros à custa da qualidade. Lembre-se que a qualidade sempre deve ter prioridade.

COMO ADAPTAR O PREPARO AO ESTILO DO ESTABELECIMENTO

A forma como você planeja a produção e realiza o *mise en place* depende em grande parte do estilo do estabelecimento. A discussão a seguir sobre **serviço de refeição com horário marcado** e **serviço de refeição com horário estendido** ilustra as diferenças básicas.

Serviço de refeição com horário marcado

- Todos os clientes comem ao mesmo tempo.
- Em geral é chamado de *preparo em quantidade*, pois grandes lotes são preparados com antecedência.
- Exemplos: cantinas de escolas, banquetes, refeitórios para funcionários.

O método tradicional de preparo do serviço com horário marcado, ainda muito utilizado, é preparar toda a quantidade de cada item em um único grande lote e mantê-lo aquecido por todo o período em que durar o atendimento. Esse método possui duas desvantagens:

- Deterioração da qualidade em consequência do longo período de conservação.
- Grandes quantidades de sobras.

Equipamentos modernos de alta velocidade, como fornos de pressão, de convecção, infravermelhos e de micro-ondas, possibilitam um sistema chamado *preparo em pequenos lotes*. As quantidades necessárias são divididas em lotes menores, colocadas em panelas prontas para o cozimento ou aquecimento final e, em seguida, cozidas conforme a necessidade. As vantagens desse sistema são:

- Alimentos mais frescos, pois não são mantidos por tanto tempo.
- Menos sobras, pois só se cozinha o necessário.

O preparo em pequenos lotes também acomoda itens preparados com antecedência e armazenados congelados ou resfriados.

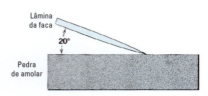

Figura 7.1
Ao amolar uma faca, mantenha a lâmina a um ângulo de 20° com relação à pedra.

Figura 7.2
Como utilizar uma pedra de amolar.

(a) Segure a faca com firmeza. Comece com a ponta da faca encostada na pedra, como mostra a foto, mantendo a base a um ângulo de 20° em relação à pedra. Utilize a mão de apoio para manter uma pressão uniforme sobre a lâmina.

(b) Comece a arrastar a faca sobre a pedra. Pressione delicadamente a lâmina.

(c) Mantenha o movimento regular, com pressão leve e uniforme.

(d) Arraste a faca ao longo da pedra até a base da lâmina.

Serviço de refeição com horário estendido

- Os clientes comem em momentos diferentes.
- É chamado de *preparo à la carte*, pois os clientes selecionam os itens em um menu escrito (*carte*, em francês).
- Exemplos: restaurantes, bares de restaurantes de serviço rápido.

Itens individuais são preparados de acordo com o pedido e não antecipadamente, mas o pré-preparo é extenso, até o estágio de cozimento final.

O cozinheiro de preparo rápido, por exemplo, deve ter tudo pronto para uso: carnes frias, tomates e outros ingredientes do sanduíche já fatiados e organizados, molhos preparados e prontos, carne de hambúrguer no formato correto, guarnições preparadas e assim por diante. Se o cozinheiro tiver que parar durante o atendimento para fazer qualquer uma dessas coisas, os pedidos ficarão atrasados.

Um bife que leva 10 minutos para grelhar pode ser previamente cortado e limpo, mas deve ser grelhado 10 minutos antes de ser servido.

Certamente, se a última etapa da receita é brasear o item por 1 hora e 30 minutos, não é possível esperar até receber o pedido para começar a braseá-lo. Um cozinheiro experiente consegue estimar quantos pedidos serão necessários durante o período da refeição e preparar o lote que, idealmente, terminará de brasear assim que começar o atendimento.

Observe as diferenças entre esses dois métodos no Frango à caçadora. Nos dois casos, o produto final é o frango em um molho escuro com cogumelos, chalotas, vinho branco e tomates.

1. **Método de quantidade – Frango à caçadora:**

    Doure o frango em gordura; reserve.

    Salteie as chalotas e os cogumelos na mesma gordura.

    Acrescente farinha de trigo para fazer um *roux*.

    Acrescente o vinho branco, os tomates, o fundo escuro e os temperos; cozinhe em fogo brando até engrossar.

    Acrescente o frango; braseie até o ponto desejado.

2. **Método *à la carte* — Frango à caçadora:**

    Prepare o molho à caçadora com antecedência; conserve em banho-maria.

    Para cada pedido:

    Doure o frango em uma frigideira para saltear; finalize o cozimento no forno.

    Deglace a frigideira com vinho branco; reduza.

    Acrescente uma porção de molho; acrescente o frango e cozinhe brevemente em fogo brando; sirva.

MISE EN PLACE: TAREFAS NECESSÁRIAS

Até este ponto, foi discutido o planejamento do cronograma de produção. Esse planejamento ajuda a determinar quais tarefas devem ser realizadas antes do início do cozimento final feito durante o período de atendimento. Os *chefs* se referem às tarefas preliminares como "fazer o *mise en place*". Em muitos restaurantes, especialmente os grandes, o *mise en place* é extenso. Inclui o preparo de fundos, molhos, empanados e massas moles, além do corte e limpeza de carnes, aves, peixes e vegetais que o *chef* estima servir durante o período de atendimento. Grande parte do dia de trabalho do cozinheiro é dedicada ao *mise en place*. Isso significa que aprender a cozinhar é, em grande parte, aprender a fazer o *mise en place*. De fato, grande parte deste livro é devotada a essas tarefas de preparo. Existem muito mais tarefas como estas, porém, não é possível incluí-las em um único capítulo.

O restante deste capítulo discute as habilidades mais básicas e gerais necessárias para o *mise en place*. A mais básica de todas é a habilidade com a faca. Princípios básicos de como segurar a faca do *chef*, mantê-la afiada e fazer cortes básicos serão ilustrados. Técnicas mais específicas para determinados produtos estão explicadas nos capítulos pertinentes do livro. Por exemplo, as técnicas de limpeza de vegetais são discutidas no primeiro capítulo sobre vegetais, enquanto os métodos para cortar frango são apresentados no primeiro capítulo sobre aves.

COMO USAR A FACA

Existem muitos tipos de ferramentas e equipamentos que poupam o trabalho de cortar, picar e fatiar alimentos frescos. O Capítulo 3 apresentou os tipos básicos.

A faca do *chef* ou de cozinha, entretanto, ainda é a ferramenta de corte mais importante e versátil para o cozinheiro. A faca é mais precisa que a máquina. A menos que você vá cortar grandes quantidades, a faca pode ser até mais rápida. A limpeza de um equipamento grande leva tempo.

Para aproveitar a faca ao máximo, *é necessário aprender a mantê-la afiada e manuseá-la corretamente*.

COMO MANTER A LÂMINA AFIADA

A pedra de amolar

A pedra é a melhor ferramenta para amolar a faca do *chef*. Os melhores amoladores elétricos fazem um trabalho excelente, mas muitos modelos desgastam demais facas caras sem deixar a lâmina boa. Pode ser que você não tenha tanta sorte de encontrar um bom amolador elétrico, portanto, é importante saber amolar a faca na pedra.

Siga as seguintes orientações:

1. Segure a lâmina a um ângulo constante de 20º com relação à pedra, como mostra a Figura 7.1.
2. Faça movimentos leves e uniformes, o mesmo número em cada lado da lâmina.
3. Amole apenas em uma direção para obter uma lâmina regular e uniforme.
4. Não amole demais.
5. Finalize com alguns movimentos na chaira (ver próxima seção) e, por último, limpe a lâmina.

A Figura 7.2 ilustra um entre vários métodos de amolar. Existem outros métodos bons também, e seu instrutor pode preferir um método não ilustrado aqui.

A chaira

Essa ferramenta, também chamada de fuzil, é utilizada não para amolar, mas para *alisar a lâmina* (ajustá-la ou acertar irregularidades) e *conservá-la* (mantê-la afiada à medida que é utilizada).

Observe as orientações abaixo para o uso da chaira:

1. Mantenha a lâmina a um ângulo constante de 20º da chaira, assim como na pedra (Fig. 7.2). Um ângulo menor é ineficaz. Um ângulo maior a deixará sem fio.
2. Faça movimentos leves. Não force a faca contra a chaira.
3. Faça movimentos uniformes e regulares. Alterne os movimentos, primeiro de um lado da lâmina, depois do outro.
4. Faça não mais que cinco ou seis movimentos de cada lado da lâmina. O excesso de movimento pode deixar a lâmina sem fio.
5. Use a chaira com frequência. Assim, raramente você terá que amolar a faca na pedra.

A Figura 7.3 ilustra um entre vários métodos de utilização da chaira. Este é popular, mas há vários outros igualmente corretos. Observe com atenção a demonstração do método preferido de seu instrutor.

COMO MANUSEAR A FACA

A empunhadura

A empunhadura correta permite o controle máximo da faca, aumenta a precisão e a rapidez do corte, evita deslizes e reduz a chance de acidentes. O tipo de empunhadura a ser utilizada depende, em parte, do trabalho que será realizado e do tamanho da faca.

A empunhadura ilustrada na Figura 7.4 é uma das mais utilizadas para cortar e fatiar. Muitos *chefs* acreditam que o ato de segurar a lâmina com o polegar e o indicador desta maneira proporciona maior controle.

Figura 7.3
Como utilizar a chaira.

(a) Segure a chaira e a faca longe do corpo. Com a faca em posição vertical e a 20º da chaira, encoste a base da lâmina na chaira.

(b) Passe a faca levemente ao longo da chaira, trazendo a lâmina para baixo em um movimento de arco.

(c) Complete o movimento. Não deixe que a ponta da lâmina atinja o cabo da chaira.

(d, e, f) Repita o movimento do outro lado da lâmina.

Figura 7.4
Segurar a lâmina da faca entre o polegar e o indicador proporciona maior controle da lâmina.

Figura 7.5
Posição da mão de apoio, que segura o item a ser cortado ou fatiado e também guia a lâmina, vista de duas perspectivas.

Segurar a faca pode parecer estranho no início, mas a prática tornará o processo natural. Observe o instrutor demonstrar as empunhaduras que ele utiliza e pratique sob sua supervisão.

Mão de apoio

Enquanto uma mão controla a faca, a outra controla o produto que está sendo cortado. O posicionamento adequado da mão tem três objetivos:

1. **Segurar o item que está sendo cortado**
   Na Figura 7.5, o item é segurado firmemente para não escorregar.

2. **Guiar a faca**
   Observe que a lâmina da faca escorrega apoiada nos nós dos dedos. A posição da mão controla o corte.

3. **Proteger a mão de cortes**
   A ponta dos dedos fica virada para dentro, fora do trajeto da lâmina.

CORTES E FORMATOS BÁSICOS

O corte de produtos em tamanhos e formatos uniformes é importante por duas razões:

1. Garante o cozimento uniforme.
2. Realça a aparência do produto.

A Figura 7.6 mostra os formatos comuns, com os nomes e as dimensões.
Os termos a seguir descrevem outras técnicas de corte:

Picar: cortar em pedaços irregulares.

Concasser: picar grosseiramente.

Picar miúdo: picar em pedaços bem finos.

Emincer: cortar em fatias bem finas (diferente de "picar miúdo").

Cortar em tiras finas/ralar: cortar em tiras finas, seja usando o ralo grosso (manual ou automático) ou a faca do *chef*.

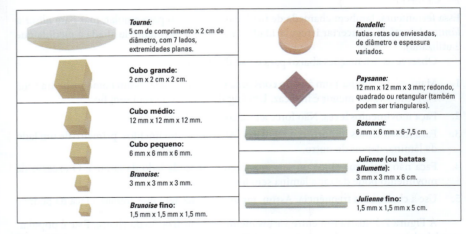

Figura 7.6
Cortes e formatos básicos.
(a) *Tourné*: 5 cm de comprimento x 2 cm de diâmetro, com 7 lados, extremidades planas.
(b) Cubo grande: 2 cm x 2 cm x 2 cm.
(c) Cubo médio: 12 mm x 12 mm x 12 mm.
(d) Cubo pequeno: 6 mm x 6 mm x 6 mm.
(e) *Brunoise*: 3 mm x 3 mm x 3 mm.
(f) *Brunoise* fino: 1,5 mm x 1,5 mm x 1,5 mm.
(g) *Rondelle*: fatias retas ou enviesadas, de diâmetro e espessura variados.
(h) *Paysanne*: 12 mm x 12 mm x 3 mm; redondo, quadrado ou retangular (também podem ser triangulares).
(i) *Batonnet*: 6 mm x 6 mm x 6-7,5 cm.
(j) *Julienne* (ou batatas *allumette*): 3 mm x 3 mm x 6 cm.
(k) *Julienne* fino: 1,5 mm x 1,5 mm x 5 mm.

TÉCNICAS DE CORTE

Diferentes partes da lâmina são apropriadas para diferentes propósitos, como mostra a Figura 7.7. (*Observação*: abrir tampa de garrafa não é função de nenhuma parte da faca.)

Figura 7.7
Utilizando as diferentes partes da lâmina da faca.

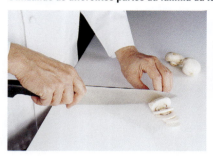

(a) A ponta da faca, onde a lâmina é mais fina e estreita, é utilizada para trabalhos delicados e itens pequenos.

(b) O centro da lâmina é utilizado para trabalhos mais gerais.

(c) A base da lâmina é utilizada para trabalhos pesados e grosseiros, especialmente quando é necessário aplicar mais força.

1. **Fatiar**

    Duas técnicas básicas de fatiar são ilustradas nas Figuras 7.8 e 7.9. Quando a cenoura e itens similares são cortados em rodelas como mostra a figura, o corte é chamado de **rondelle**.

Figura 7.8
Técnica de cortar em rodelas 1.

(a) Mantenha a faca em ângulo reto, com a ponta sobre a tábua de cortar.

(b) Mova a faca para a frente e para baixo para fatiar a cenoura.

(c) Termine o corte com a lâmina toda apoiada sobre a tábua. Para a segunda fatia, eleve a base da faca e puxe-a para trás, de forma que a ponta sempre fique sobre a tábua.

Figura 7.9
Técnica de cortar em rodelas 2.

(a) Mantenha a lâmina a um ângulo de 45°, com a ponta sobre o alimento e a lateral da lâmina encostada nos nós dos dedos da mão de apoio.

(b, c) Fatie deslizando a faca para baixo e para a frente.

2. **Cortar em cubos, *brunoise*, *batonnet*, *allumette* e *julienne***

   A Figura 7.10 mostra as etapas para cortar em cubo utilizando uma batata para ilustrar. Observe na Figura 7.10c que o processo para cortar em cubo requer um primeiro corte em bastão, como o *batonnet*. Portanto, essa ilustração demonstra o método utilizado para cortar não só em cubo e em *brunoise* (cubinhos), mas também em *batonnet*, *allumette* e *julienne*.

Figura 7.10
Como cortar batata em cubos.

(a) Pegue uma batata descascada e sem olhos e corte uma fatia de cada lado, formando um quadrado. Utilize os retalhos para fazer purê de batata ou sopa.

(b) Corte o quadrado de batata em fatias uniformes, com a espessura desejada. Aqui se está fazendo cubos de 6 mm, portanto, as fatias têm 6 mm de espessura.

(c) Empilhe as fatias e corte-as mais uma vez em fatias uniformes de 6 mm. As batatas encontram-se em *batonnet*, um pouco menores que a batata frita tradicional. Fatias com espessura de 3 mm geram batatas *allumette*.

(d) Olhando por este ângulo, é possível ver como as fatias foram empilhadas.

(e) Empilhe os *batonnets* e corte-os em fatias de 6 mm. Cubos perfeitos de 6 mm são obtidos.

3. **Como cortar em *paysanne***

   Paysanne são cortes quadrados finos ou grossos. O procedimento começa da mesma forma que no corte de cubos médios. Porém, na última etapa, os palitos de 12 mm de espessura são cortados em fatias finas em vez de cubos. A Figura 7.11 ilustra o processo.

4. **Como cortar em *losanges***

   Este é um corte em forma de losango, como mostra a Figura 7.12.

Figura 7.11
Corte o legume em palitos de 12 mm de espessura. Para cortar os palitos em *paysanne*, corte-os no sentido do comprimento em fatias finas.

Figura 7.12
Para cortar em *losanges*, primeiro corte o legume em fatias finas, depois corte essas fatias no sentido do comprimento em tiras de 1 cm de largura. Corte as tiras em ângulo para obter o formato de losango.

5. **Como cortar a cebola em cubos**

    O corte da cebola em cubos apresenta um problema especial, pois ela é composta de camadas, e não de um pedaço sólido. A técnica é ilustrada na Figura 7.13.

Figura 7.13
Como cortar a cebola em cubos.

(a) Corte a cebola descascada ao meio, no sentido do comprimento, até a extremidade onde está a raiz. Coloque uma metade na tábua de cortar, com o lado cortado para baixo.

(b) Com a extremidade da raiz virada para a direção oposta à da mão que segura a faca, faça uma série de cortes verticais no sentido do comprimento. Não corte até a extremidade da raiz. Quanto mais próximos forem os cortes, menores serão os cubos.

(c) Segurando a cebola cuidadosamente pela parte superior, faça alguns cortes horizontais em direção à raiz (mas não vá até o fim), que tem a função de manter as camadas da cebola unidas.

(d) Finalmente, fatie a cebola para separá-la em cubos. Novamente, quanto mais próximos forem os cortes, menores serão os cubos.

(e) Continue fatiando até quase chegar na raiz. A extremidade da raiz pode ser picada grosseiramente e usada para fazer *mirepoix* para fundos, molhos e assados.

6. **Como picar vegetais para o *mirepoix***

    O *mirepoix* é uma mistura de vegetais picados grosseiramente, sobretudo cebola, cenoura e salsão, utilizado para dar sabor a fundos, molhos e outros itens, conforme explicado no Capítulo 8. Como o *mirepoix* quase nunca é servido, e sim peneirado do produto antes de servir, o capricho no corte não é importante. Os produtos são cortados grosseiramente em pedaços de tamanhos aproximadamente uniformes – pedaços pequenos se o tempo de cozimento for curto e pedaços maiores se o tempo de cozimento for mais longo. A Figura 7.14 ilustra o corte dos ingredientes para o *mirepoix*.

Figura 7.14
Para picar os ingredientes para o *mirepoix*, corte a cebola, o salsão e a cenoura grosseiramente em pedaços de dimensão parecida. O tamanho exato depende da utilização do *mirepoix*.

7. **Como picar ervas**

    Esta técnica de picar é utilizada para cortar um produto quando não é necessário nenhum formato específico. A Figura 7.15 ilustra uma pessoa picando salsinha.

    No caso da cebolinha e da cebolinha-francesa, utiliza-se um corte mais regular, similar ao utilizado para fatiar itens maiores, como cenoura. A Figura 7.16 ilustra esse procedimento.

Figura 7.15
Como picar com a faca do *chef*. Com a ponta da faca apoiada sobre a tábua de cortar, faça movimentos rápidos para cima e para baixo com a faca. Ao mesmo tempo, mova-a gradualmente para frente e para trás para cortar todo o produto. Após vários cortes, redistribua o item e comece de novo. Continue até que o produto esteja picado na espessura desejada.

Figura 7.16
Empilhe a cebolinha e corte transversalmente em fatias bem finas.

8. **Como cortar em *parisienne***

O boleador é mais utilizado para cortar batatas que outros vegetais. As batatas cortadas em bolas grandes (em torno de 3 cm) são chamadas **parisienne**. Quando são cortadas em bolas menores (2,5 cm), são chamadas **noisette**. Certamente, outros legumes como o nabo, além de muitas frutas, podem ser cortados da mesma forma. O procedimento é ilustrado na Figura 7.17.

Figura 7.17
Como cortar batatas *parisienne*.

  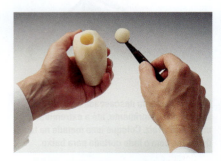

(a) Coloque o boleador sobre a batata como mostra a figura.

(b) Com o polegar, pressione o boleador firmemente contra a batata para que penetre o máximo possível.

(c) Levante o cabo do boleador para cima, gire-o e remova a bola.

9. **Como cortar vegetais em *tourné***

Cortar um vegetal em *tourné* é cortá-lo em um formato oval, de sete lados idênticos, como ilustra a Figura 7.18. Muitas raízes, como cenouras e nabos, são cortadas dessa forma. Quando se corta batatas em *tourné*, elas são chamadas de acordo com o tamanho. Batatas **cocotte** têm aproximadamente 4 cm de comprimento. Batatas **château** têm aproximadamente 5 cm de comprimento.

Figura 7.18
Como cortar batatas e outras raízes em *tourné*.

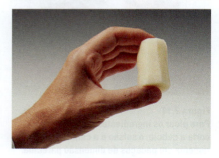 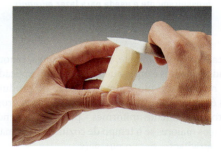 

(a) Corte a batata grosseiramente em retângulos um pouco maiores do que o tamanho final desejado. Corte as duas pontas da batata para que fiquem planas e paralelas.

(b) Segure a batata entre o polegar e o indicador e apoie a lâmina da faca para legumes na ponta superior e o polegar da mão que corta na parte inferior da batata. Sua mão deve ficar longe o suficiente da lâmina para manter um controle estável.

(c) Corte em direção ao polegar fazendo um movimento curvo com a lâmina.

 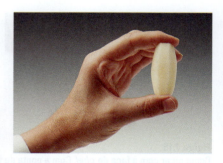

(d) Gire um pouco a batata (um sétimo de volta, para ser exato) e repita o movimento.

(e) O produto final. Se feita corretamente, a batata fica com sete lados (mas os clientes raramente os contam).

10. Como descascar laranjas

Esta técnica, como mostra a Figura 7.19, também pode ser utilizada para descascar nabo amarelo ou outros legumes e frutas arredondados de casca grossa.

Figura 7.19
Como descascar uma laranja.

(a) Corte as extremidades da laranja e coloque-a sobre uma base plana para ficar estável. Fatie uma parte da casca, seguindo o contorno da fruta.

(b) Tome cuidado para que toda a casca seja retirada, mas sem desperdiçar a fruta.

(c) Continue fatiando em torno da fruta até retirar toda a casca.

(d) Fatie ou seccione a fruta (esprema a polpa restante para fazer suco).

11. *Chiffonade*

Esse termo se refere ao corte de folhas em tiras finas. É aplicado com mais frequência em verduras de folha e manjericão. Para cortar em *chiffonade*, descarte os veios mais grossos das folhas, enrole-as em um cilindro apertado e fatie transversalmente em tiras finas, como mostra a Figura 7.20.

Figura 7.20
Como cortar azedinha em *chiffonade*.

(a) Enrole as folhas no formato de um cilindro.

(b) Corte transversalmente em tiras finas.

12. **Como cortar raspas de frutas cítricas**

    Com uma faca para legumes, corte tiras da casca da fruta, retirando apenas a parte colorida, não a parte branca abaixo dela. Em seguida, com uma faca de *chef*, corte a casca em tiras finas ou *julienne*, como mostra a Figura 7.21b. Um método alternativo é utilizar um utensílio próprio para esse fim, como mostra a Figura 7.21c.

Figura 7.21
Como cortar raspas de frutas cítricas.

(a) Utilize uma faca para legumes para cortar tiras finas da casca, tomando cuidado para cortar somente a parte colorida, e não a parte branca.

(b) Corte as tiras da casca em *julienne*.

(c) Outra opção é usar um utensílio próprio para extrair raspas de cítricos.

COZIMENTO PRELIMINAR E USO DE CONDIMENTOS

O preparo antecipado em geral requer certo pré-cozimento e o uso de condimentos nos ingredientes para deixá-los prontos para uso na receita final.

É óbvio que, se uma receita de salada de frango pede frango cozido em cubos, é necessário cozinhar o frango antes de preparar a receita. Nesse caso, um procedimento de cozimento completo faz parte do *mise en place* ou pré-preparo.

BRANQUEAR E PRÉ-COZER

O cozimento parcial é uma parte significativa do preparo antecipado. Requer um nível de habilidade culinária e julgamento para determinar quando e quanto cozimento é necessário ou desejável.

O cozimento parcial pode ser realizado por qualquer método de calor úmido ou seco. Os mais utilizados são cozinhar em fogo brando ou ferver (escaldar), cozinhar no vapor e fritar por imersão (especialmente batatas). O termo **branquear** pode significar qualquer um desses métodos, porém, normalmente implica um cozimento *muito breve*.

Há quatro razões principais para branquear ou pré-cozer:

1. **Aumentar a qualidade da conservação**

    O calor ajuda a conservar os alimentos:

    - Destrói as bactérias que causam deterioração.
    - Destrói as enzimas que descolorem os alimentos (como quando as batatas ficam marrons) e contribuem para a deterioração.

2. **Economizar tempo**

    Leva menos tempo finalizar vegetais escaldados do que crus. É possível branquear e congelar lotes grandes de alimentos e depois finalizar as porções individuais de acordo com o pedido.

    Itens como pato assado, que levam muito tempo para cozinhar completamente, em geral são assados até a metade ou três quartos e finalizados à medida que os pedidos são recebidos.

3. **Eliminar sabores indesejados**
   Alguns miúdos e certos vegetais de sabor forte, como a rutabaga, às vezes são branqueados para ficarem com sabor mais suave e agradável para os clientes.

4. **Permitir que o produto seja processado posteriormente**
   Por exemplo, vegetais e frutas como tomates e pêssegos, além de algumas oleaginosas, são branqueados para soltar a pele antes de serem descascados.
   Miolos são branqueados para ficarem firmes o suficiente para serem fatiados, empanados ou utilizados em outros tipos de preparação.

MARINAR

Marinar significa mergulhar um alimento em um líquido temperado para:

1. Dar sabor ao produto.
2. Amaciar o produto.

O efeito amaciador dos ácidos nas marinadas é relativamente pequeno. Ainda assim é essencial associar o corte de carne adequado com as técnicas adequadas de cozimento para se obter maior maciez.

As marinadas também podem servir como meio de cozimento e se tornar parte do molho. Vegetais marinados, chamados *vinaigrettes*, são servidos frios com vegetais em saladas ou em canapés, sem nenhum cozimento ou processamento adicional.

As marinadas podem conter três categorias de ingredientes:

1. **Óleos e azeites**
   O óleo ajuda a preservar a umidade da carne. Às vezes é omitido, principalmente em marinações longas, quando o óleo ficaria na superfície sem contato com o produto.
   Óleos vegetais sem sabor são utilizados quando se deseja um sabor neutro. Óleos especiais, como o azeite de oliva, são utilizados para adicionar sabor ao item que está sendo marinado.

2. **Ácido proveniente de vinagre, suco de limão ou vinho**
   O ácido ajuda a amaciar alimentos proteicos.
   Ele transmite sabor (o seu próprio e os sabores diluídos de especiarias e ervas).
   Tenha cuidado ao utilizar ácidos fortes, como vinagre e suco de limão. Uma marinada muito ácida coagula parcialmente a proteína da carne, fazendo-a parecer parcialmente cozida. Quando a carne é cozida, sua textura não fica muito atrativa. Ácidos fortes podem ser usados em marinadas se for em pequenas quantidades ou se a carne for marinada apenas por algumas horas.

3. **Condimentos – especiarias, ervas, vegetais**
   Há muitas opções, dependendo do objetivo.
   Especiarias integrais liberam sabores mais lentamente, por isso são mais adequadas para marinações longas.

Tipos de marinada

1. **Cozidas**
   Utilizadas quando é importante manter a qualidade por mais tempo. A refrigeração moderna reduziu a utilização das marinadas cozidas. Uma vantagem das marinadas cozidas é que as especiarias liberam mais sabor na marinada quando cozidas.

2. **Cruas**
   Mais utilizadas para marinação longa sob refrigeração. Por exemplo, veja a receita de *Sauerbraten* (p. 345). A Figura 7.22 mostra uma carne crua sendo marinada.

Figura 7.22
Acém em marinada crua de vinho tinto, vinagre de vinho, especiarias e vegetais aromáticos.

Figura 7.23
Marinada seca em uma peça de costela.

3. **Instantâneas**
A variedade de sabores e propósitos é ampla. Usadas para marinar de poucos minutos a várias horas ou durante a noite. Por exemplo, veja a receita de *London broil* (p. 308).

4. **Secas**
Uma marinada seca, chamada de *dry rub* em inglês, é uma mistura de sal, especiarias e ervas secas que é esfregada na superfície de carnes, aves ou peixes. Em alguns casos, um pouco de óleo ou algum ingrediente úmido, como alho esmagado, é misturado ao preparado para formar uma pasta. O item é refrigerado para que tenha tempo de absorver os sabores. A mistura pode ser deixada no item ou retirada antes do cozimento. Essa técnica é amplamente utilizada no *barbecue*, o churrasco norte-americano. Como exemplo de marinada seca, veja a página 374. A Figura 7.23 mostra a aplicação de uma marinada seca em uma peça de carne.

As marinadas secas são eficientes para dar sabor às carnes. Naturalmente, como uma marinada seca em geral não contém ácido, não se pode esperar que ela produza o efeito de amaciamento das marinadas líquidas que contêm ácidos.

Orientações para marinar

1. Marine sob refrigeração (a menos que o produto vá ser cozido em alguns minutos).
2. Lembre-se: quanto mais volumoso o produto, mais tempo leva para a marinada penetrar.
3. Utilize um recipiente que resista à corrosão do ácido, como os feitos de inox, vidro, barro ou certos tipos de plástico.
4. Amarre as especiarias em um sachê de gaze, caso seja importante descartá-las com facilidade.
5. Cubra completamente o produto com a marinada. Ao marinar itens pequenos por pouco tempo, é possível utilizar menos líquido, porém, é necessário virar o produto com frequência para que a marinada penetre uniformemente.

PREPARAÇÃO PARA FRITAR

Alimentos fritos por imersão, com exceção da batata e alguns outros itens, recebem antes uma camada de proteção de uma massa para empanar ou massa mole. Essa camada tem quatro objetivos:

1. Ajuda a reter a umidade e o sabor do produto.
2. Protege a gordura da umidade e do sal do alimento, que aceleram sua deterioração.
3. Protege o alimento da absorção excessiva de gordura.
4. Dá mais crocância, sabor e boa aparência ao produto.

EMPANAR

Empanar significa revestir o produto com farinha de rosca ou outras farinhas finas ou grossas antes de fritar por imersão, fritar na frigideira ou saltear. O método mais utilizado para aplicar essa camada é chamado **procedimento básico para empanar**.

As três etapas do Procedimento básico para empanar

1. **Farinha de trigo**
Ajuda a massa a aderir ao produto.

2. **Ovos batidos**
Uma mistura de ovos e líquido, normalmente leite ou água. Quanto maior o número de ovos, maior o poder de ligação, porém, maior o custo. Uma pequena quantidade de óleo pode ser adicionada aos ovos batidos.

3. **Farinha de rosca**

    Combina-se aos ovos batidos, criando uma camada crocante e dourada quando frita. A farinha de rosca fina comum é a mais utilizada e dá bons resultados. A farinha de rosca grossa ao estilo japonês, chamada de **panko** ("migalha de pão", em japonês), também é popular. As migalhas dessa farinha são mais rústicas e dão uma textura mais agradável às frituras. Outros produtos utilizados são farinha de rosca feita com pão fresco, flocos triturados de milho ou outro cereal, biscoitos moídos, farinha de milho e fubá.

    Para itens pequenos como escalopes e ostras, o empanado pode ser feito com o auxílio de cestas de metal colocadas na farinha, nos ovos e nas migalhas, em vez de fazer tudo à mão. O procedimento é o mesmo, exceto pelo fato de que as cestas são utilizadas para suspender e agitar pequenas quantidades do produto e transferi-las para a próxima cesta.

    Para manter uma mão seca durante o processo, utilize a mão direita (se for destro; senão, inverta o procedimento) somente para manusear o produto nas farinhas. Utilize a outra mão para manusear o produto quando ele estiver molhado.

Procedimento para fazer farinha de rosca

1. Para fazer farinha de rosca fresca, utilize um pão envelhecido por pelo menos um ou dois dias. Se o pão estiver fresco, sua umidade dificultará a formação das migalhas, resultando em pedaços grudentos de pão. Para fazer farinha de rosca de pão seco, toste levemente o pão em forno quente até que esteja seco, mas não dourado. Não utilize pão velho, pois ele tem um sabor desagradável.
2. Descarte a casca dos pães para fazer uma farinha de rosca mais clara e uniforme.
3. Corte ou fatie o pão em pedaços pequenos.
4. Dependendo da quantidade, coloque os pedaços aos poucos em um processador ou liquidificador. Processe até que a farinha atinja a textura desejada.
5. Para obter uma farinha de rosca seca de textura uniforme, passe-a por uma peneira depois de processar (ver p. 60).

Procedimento para empanar corretamente

A Figura 7.24 ilustra a configuração adequada para o procedimento básico para empanar.
1. Seque o produto para obter uma camada fina e uniforme de farinha.
2. Tempere o produto – ou, para um melhor resultado, tempere a farinha (etapa 3). Não tempere a farinha de rosca. O sal em contato com a gordura da fritura ajuda a quebrar suas moléculas, encurtando sua vida útil.
3. Passe o produto na farinha para formar uma camada uniforme. Retire o excesso.
4. Mergulhe nos ovos batidos, revestindo-o completamente. Suspenda. Deixe o excesso escorrer para que a camada de farinha de rosca fique uniforme.
5. Passe na farinha de rosca. Cubra bem, pressionando a farinha delicadamente contra o produto. Verifique se está totalmente coberto. Suspenda. Retire o excesso com cuidado.
6. Frite imediatamente ou mantenha resfriado até o preparo.
7. Para servir posteriormente, coloque uma única camada em uma assadeira ou grade metálica e leve à geladeira. Não prepare itens muito úmidos, como mariscos ou ostras, com antecedência. O empanado encharca rapidamente.
8. Coe os ovos batidos e peneire as farinhas de trigo e de rosca sempre que necessário para eliminar os grumos que se formam.

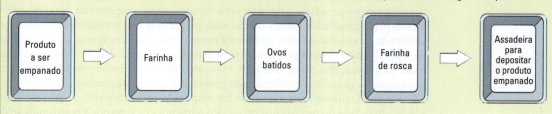

Figura 7.24
Configuração necessária para aplicar os procedimentos básicos para empanar. Cozinheiros destros trabalham da esquerda para a direita. Cozinheiros canhotos trabalham da direita para a esquerda.

POLVILHAR COM FARINHA DE TRIGO

Objetivo

O objetivo de polvilhar um alimento com farinha é formar uma camada fina e uniforme sobre o produto.

Carnes a serem salteadas ou fritas na frigideira em geral são polvilhadas para se obter uma cor dourada uniforme e evitar que grudem.

Vegetais como palitos de abobrinha são, às vezes, passados apenas na farinha de trigo antes de fritar para se obter uma leve cor dourada e uma casquinha muito fina.

Modo de preparo

Siga as etapas 1 a 3 do Procedimento básico para empanar (p. 142).

MASSAS MOLES

Massas moles são misturas semilíquidas que contêm farinha de trigo ou outro amido. São utilizadas na fritura por imersão para proporcionar uma camada dourada crocante e saborosa ao redor dos alimentos. Há muitas fórmulas e variações de massa mole.

1. Muitos líquidos podem ser utilizados, como leite, água ou cerveja.

2. Ovos podem ser usados ou não.

3. Massas moles mais consistentes resultam em camadas mais grossas. Uma massa espessa demais resulta em uma camada pesada e não palatável.

4. Às vezes são utilizados agentes de fermentação para se obter um produto mais leve. Eles podem ser:
   - Fermento em pó químico
   - Claras em neve
   - Carbonação da cerveja ou da água gasosa utilizada na massa mole

Três receitas básicas de massa mole são fornecidas na receita de Anéis de cebola (p. 576). Essas massas podem ser utilizadas em uma grande variedade de produtos.

COMO LIDAR COM ALIMENTOS SEMIPRONTOS

Os alimentos semiprontos têm um papel cada vez mais significativo no setor de serviços alimentícios. Sua utilização tornou-se tão importante que nenhum aluno de culinária profissional pode se dar ao luxo de viver sem conhecê-los.

Um **alimento semipronto** pode ser definido como *qualquer produto que tenha sido parcial ou totalmente preparado ou processado pelo fabricante*. Em outras palavras, ao comprar um produto semipronto, o fabricante já fez parte ou toda a preparação para você.

Certamente, é preciso pagar por esse serviço, o que está refletido no preço do produto. Embora um produto semipronto provavelmente custe mais do que os produtos *in natura*, você economiza em eficiência na cozinha. Como você deve se lembrar do Capítulo 5, os custos da mão de obra e dos alimentos devem estar refletidos nos preços do menu.

Os alimentos processados para restaurantes e outras instituições variam desde itens parcialmente preparados, que podem ser utilizados como componentes das receitas, como filés de peixe congelados, batatas descascadas, preparados concentrados para fundos e massa folhada congelada, até itens totalmente prontos que precisam apenas ser reconstituídos ou servidos, como pratos prontos, tortas e massas congeladas. Alguns itens, como batatas fritas congeladas, têm maior aceitação, enquanto outros totalmente preparados continuam enfrentando a resistência do cliente e do profissional de serviço alimentício.

Em geral, quanto mais o produto for preparado pelo fabricante, menos ele refletirá a individualidade do profissional de serviço alimentício – e menor a oportunidade de os cozinheiros darem sua própria característica e qualidade ao produto.

Orientações para lidar com alimentos semiprontos

1. Manuseie com o mesmo cuidado dispensado aos ingredientes frescos e crus.

Grande parte da perda de qualidade dos alimentos semiprontos vem do fato de as pessoas assumirem que eles são à prova de danos e podem ser tratados de forma negligente.

2. Examine assim que receber.

Em especial, verifique os alimentos congelados – com um termômetro – para certificar-se de que não descongelaram durante o transporte. Armazene-os imediatamente.

3. Armazene corretamente.

Alimentos congelados devem ser mantidos a -18°C ou menos. Verifique o congelador regularmente com um termômetro. Alimentos refrigerados devem ser mantidos abaixo de 5°C para retardar a deterioração. Alimentos que não necessitam de refrigeração (produtos secos, enlatados etc.) são estáveis apenas quando armazenados adequadamente, em local fresco e seco e bem fechados.

4. Conheça o prazo de validade de cada produto.

Nada dura para sempre, nem mesmo os alimentos semiprontos (alguns, como batatas descascadas, são até mais perecíveis do que ingredientes não processados). Utilize o princípio "o primeiro que vence é o primeiro que sai" de giro de estoque. E não estoque mais do que o necessário.

5. Descongele os alimentos corretamente.

O ideal é descongelar em uma caixa térmica entre -2 e -1°C ou, na falta dela, no refrigerador a 5°C ou menos. Isso requer planejamento antecipado, pois os itens grandes levam vários dias para descongelar.

Se estiver sem tempo, a segunda melhor forma para descongelar os alimentos é sob água fria corrente, na embalagem original.

Nunca descongele à temperatura ambiente ou em água morna. As altas temperaturas encorajam o crescimento bacteriano e a deterioração.

Não recongele alimentos descongelados. A qualidade se deteriora significativamente.

Alguns alimentos, como batatas fritas congeladas e alguns pratos individuais preparados, são desenvolvidos para serem preparados sem descongelamento.

6. Saiba como e até que ponto o produto foi preparado.

Alimentos parcialmente cozidos necessitam de menos aquecimento no preparo final do que alimentos crus. Alguns cozinheiros preparam pata de caranguejo cozida congelada, por exemplo, como se estivesse crua e, no momento em que é servida ao cliente, ela está cozida demais, ressecada e sem sabor. Se os vegetais congelados vierem branqueados, por exemplo, só precisam ser aquecidos brevemente.

Os fabricantes têm prazer em fornecer todas as orientações e sugestões de como servir seus produtos. Você deve, pelo menos, ler as instruções da embalagem.

7. Utilize métodos de preparo adequados.

Seja flexível. Os equipamentos mais modernos foram desenvolvidos especialmente para os alimentos semiprontos. Não se restrinja aos fogões e fornos convencionais se os fornos combinados, de convecção ou de micro-ondas fazem um trabalho melhor.

8. Trate os alimentos semiprontos como se você, e não o fabricante, tivesse feito o pré-preparo.

Aproveite as oportunidades para usar a criatividade e servir a melhor qualidade possível. O preparo final, a organização e a decoração do prato devem receber o mesmo cuidado que você teria se estivesse preparando o alimento desde o início.

146 Capítulo 7 • *Mise en place*

Um fundo preparado desde o início é melhor do que um preparado a partir de um caldo semipronto? A maior parte dos *chefs* preocupados com a qualidade provavelmente diria "sim!". No entanto, a resposta correta é "não, se o fundo caseiro for mal preparado". Não importam os produtos utilizados, não há substituto para a qualidade e o cuidado. O produto fresco é potencialmente melhor, mas não se for mal armazenado ou manuseado. Os alimentos semiprontos também necessitam de manipulação adequada para manter a qualidade.

O fundamental para entender e manipular alimentos semiprontos é considerá-los produtos normais com parte do pré-preparo concluído, em vez de tipos de produtos totalmente diferentes das matérias-primas normais. *Os produtos semiprontos não substituem o conhecimento e a habilidade culinária.* Eles devem ser uma ferramenta para o bom cozinheiro e não uma muleta para o mau cozinheiro. É preciso ter tanto conhecimento dos princípios básicos de culinária para lidar com produtos semiprontos quanto com ingredientes crus e frescos, principalmente se você quer que o produto semipronto tenha um sabor o mais próximo possível dos alimentos frescos.

Como lidar com alimentos semiprontos 147

■ TERMOS PARA REVISÃO

mise en place
temperatura
   de conservação
serviço de refeição com
   horário marcado
serviço de refeição com
   horário estendido
picar
concasser

picar miúdo
emincer
cortar em tiras finas/ralar
rondelle
cubos
brunoise
batonnet
allumette
julienne

paysanne
parisienne
noisette
cocotte
château
chiffonade
branquear
marinar

procedimento básico
   para empanar
panko
massa mole
alimento semipronto

■ QUESTÕES PARA DISCUSSÃO

1. Qual é a diferença no preparo do serviço de refeição com horário marcado e do serviço de refeição com horário estendido?

2. Foi dito que o preparo *à la carte*, ou preparo de acordo com o pedido, não é nada além do preparo em pequenos lotes levado ao extremo. Com base no que você sabe sobre pré-preparo, o que acha que significa essa afirmação?

3. Por que é importante aprender a cortar alimentos de forma precisa e uniforme?

4. Cite seis cortes básicos de vegetais e dê suas dimensões.

5. Dê seis exemplos de alimentos que podem ser branqueados ou pré-cozidos durante o pré-preparo e dê uma razão para cada.

6. Descreva detalhadamente o procedimento básico para empanar e como utilizá-lo para empanar fatias finas de vitela.

7. A gerente do restaurante em que você trabalha como cozinheiro(a) decidiu tentar utilizar camarão empanado congelado em vez de pedir para você prepará-lo, mas está preocupada com a aceitação do cliente e pede a sua ajuda. Como você lidaria com o novo produto?

CAPÍTULO 8

CAPÍTULO 8

Fundos e molhos

A importância dos fundos na cozinha é indicada pelo termo francês para fundo: *fond*, que significa "fundamento" ou "base". Na cozinha clássica, a habilidade de preparar bons fundos é a mais básica de todas, pois grande parte do trabalho de toda a cozinha depende deles. Um bom fundo é a base de sopas, molhos e da maior parte dos alimentos braseados e ensopados.

Nas cozinhas modernas, os fundos perderam muito da importância de antigamente. Em primeiro lugar, o aumento da utilização de carnes de porção controlada fez com que os ossos, usados para fazer o fundo, se tornassem uma raridade na maioria dos estabelecimentos. Além disso, o preparo de fundos requer trabalho extra, do qual a maioria dos restaurantes não consegue dispor nos dias de hoje. Por fim, há mais alimentos sendo servidos sem molho hoje em dia, portanto, os fundos não são mais considerados tão necessários.

No entanto, as cozinhas mais finas ainda dependem de sopas e molhos à base de fundos de alta qualidade. Dessa forma, seu preparo continua sendo uma habilidade essencial a ser aprendida desde o início do treinamento na cozinha. Fundos e molhos raramente são servidos sozinhos, e sim como componentes de muitos outros preparos. Você precisará voltar a consultar este capítulo várias vezes ao estudar outros assuntos.

FUNDOS

O preparo de fundos foi simplificado de muitas formas desde os dias de Escoffier, embora isso não signifique que demanda menos cuidado ou habilidade. Poucos *chefs* se preocupam hoje em amarrar os vegetais em um sachê ou maço, por exemplo. Eles serão peneirados, de qualquer forma. A quantidade e a variedade de ingredientes já não são tão grandes quanto antes. Nem se cozinha mais o fundo por tantas horas, como se costumava fazer antigamente. Todos esses detalhes serão retomados um a um nesta seção.

Um **fundo** pode ser definido como um líquido transparente, ralo (i. e., não engrossado) e com sabor das substâncias solúveis extraídas de carnes, aves, peixes e seus ossos, vegetais e temperos nele contidos. Nosso objetivo ao preparar fundos é selecionar os ingredientes adequados e extrair deles os sabores desejados – em outras palavras, combinar os ingredientes certos com o procedimento certo.

Após ler este capítulo, você deverá ser capaz de:

1. Preparar um *mirepoix* básico.
2. Dar sabor a líquidos usando um sachê de ervas ou especiarias.
3. Preparar fundos claros de carne de vitela ou vaca, fundo de frango, fundo de peixe e fundo escuro.
4. Resfriar e armazenar fundos corretamente.
5. Preparar *glaces* de carne, frango e peixe.
6. Avaliar a qualidade de fundos concentrados industrializados e saber como usá-los.
7. Explicar as funções dos molhos e relacionar as cinco qualidades que o molho acrescenta ao alimento.
8. Preparar *roux* claro, amarelo e escuro e utilizá-los para engrossar líquidos.
9. Preparar e utilizar *beurre manié*.
10. Engrossar líquidos com amido de milho e outros amidos.
11. Preparar e utilizar uma liga fina de gema e creme de leite.
12. Finalizar um molho com manteiga (*monter au beurre*).
13. Preparar os cinco molhos básicos: *béchamel*, *velouté*, molho espanhol ou *espagnole*, molho de tomate e *hollandaise*.
14. Preparar molhos derivados dos molhos básicos.
15. Identificar e preparar cinco molhos simples à base de manteiga.
16. Preparar manteigas compostas e citar seus usos.
17. Preparar molhos a partir do suco do cozimento.
18. Preparar outros molhos quentes e frios.

INGREDIENTES

OSSOS

Os ossos são o principal ingrediente dos fundos (exceto a água, é claro). Grande parte do sabor e da consistência dos fundos é proporcionada por ossos de vaca, vitela, frango, peixe e, às vezes, cordeiro, porco, pernil e caças (os fundos de vegetais, uma exceção, extraem todo o seu sabor de vegetais; ver p. 153).

O tipo de osso utilizado determina o tipo do fundo.

O *fundo de frango*, obviamente, é feito com ossos de frango.

O *fundo claro* é preparado com ossos de vaca, vitela ou uma combinação dos dois. Às vezes, ossos de frango ou até de porco são adicionados em pequena quantidade.

O *fundo escuro* é feito com ossos de vaca ou vitela dourados no forno.

O *fundo de peixe* é preparado com os ossos e os retalhos que sobram do peixe após a retirada dos filés. Os ossos dos peixes brancos e magros produzem os melhores fundos. Em geral, não se usa peixes gordos para fundos. O termo *fumet* é usado com frequência para se referir a um fundo de peixe saboroso, especialmente aquele feito com vinho. Veja a observação no início da receita de *Fumet* de peixe (p. 158).

Fundos de cordeiro, caças, peru e outros têm usos especializados.

No Capítulo 4, foi apresentado um grupo de proteínas chamadas *tecido conjuntivo*. Você deve se lembrar que algumas dessas proteínas são dissolvidas quando cozidas em calor brando e úmido. O Capítulo 10, "Introdução a carnes e caças", oferece mais informações sobre essas substâncias. Há dois fatos básicos que você deve saber e entender:

1. Quando alguns tecidos conjuntivos (chamados de *colágeno*) se quebram, formam gelatina. Isso dá consistência ao fundo, uma importante característica de qualidade. Um fundo bem feito engrossa ou até se solidifica quando resfriado.
2. A cartilagem é a melhor fonte de gelatina nos ossos. Animais mais jovens possuem mais cartilagem no esqueleto. À medida que envelhecem, a cartilagem enrijece e se transforma em osso sólido, que é mais difícil de dissolver nos fundos. Os *ossos das juntas* possuem muita cartilagem nas articulações dos ossos maiores e, por isso, são valorizados no preparo de fundos. Os ossos do pescoço e da canela também são bastante utilizados.

Corte os ossos grandes em pedaços de aproximadamente 8 cm. Isso expõe mais a área de superfície e ajuda na extração. Além disso, facilita a manipulação dos ossos.

CARNES

Em razão de seu custo, a carne raramente é utilizada no preparo de fundos (com exceção do coração e da moela de frango, que são usados com frequência no fundo de frango).

Por vezes, um caldo é produzido como resultado do cozimento lento da carne de vaca ou frango, por exemplo, quando aves são cozidas para preparar pratos com carne desfiada.

Esse caldo do cozimento pode ser utilizado como fundo. Porém, o frango é considerado o objetivo principal nesse caso. O caldo é apenas um subproduto.

Neste livro, a palavra **caldo** é utilizada para referir-se a um líquido saboroso obtido do cozimento em fogo lento de carnes e/ou vegetais.

MIREPOIX

Os vegetais aromáticos são o segundo ingrediente de sabor mais importante nos fundos (no caso do fundo de vegetais, são o mais importante).

Mirepoix é uma combinação de cebola, cenoura e salsão. É um preparado básico para dar sabor utilizado em todas as áreas da culinária, não apenas em fundos, mas também em molhos, sopas, carnes, aves, peixes e vegetais. O *mirepoix* clássico de décadas atrás continha uma variedade mais ampla de ingredientes, que às vezes incluía pernil ou bacon, alho-poró e outros vegetais e uma ou mais ervas frescas. A versão moderna é consideravelmente simplificada.

Conheça bem as proporções da Tabela 8.1. O *mirepoix* é um preparado básico que você usará ao longo de toda a sua carreira.

O *mirepoix claro*, feito sem cenoura, é utilizado quando se deseja manter o fundo o mais incolor possível. Pode-se incluir sobras de champignons frescos no *mirepoix* claro. Quando o custo permite, é uma boa ideia incluir também o alho-poró no lugar de parte da cebola. Ele proporciona um excelente sabor.

Nos fundos de vegetais, uma variedade de vegetais é utilizada além de ou no lugar do *mirepoix* tradicional (ver breve discussão na página 153).

Como cortar os legumes para o *mirepoix*

Pique os vegetais de forma grosseira, em pedaços de tamanhos relativamente uniformes. Como o *mirepoix* raramente é servido, em geral, não é necessário cortá-lo de forma impecável.

O tamanho depende do tempo de cozimento. Se o *mirepoix* será cozido por bastante tempo, como ocorre com o fundo de carne, corte os vegetais em pedaços grandes (3 a 5 cm). Para que os vegetais liberem os sabores mais rapidamente, como no caso do fundo de peixe, é necessário cortá-los em pedaços menores.

PRODUTOS ÁCIDOS

Os ácidos, como observado no Capítulo 4 (p. 65), ajudam a dissolver os tecidos conjuntivos. Portanto, às vezes são utilizados no preparo de fundos para extrair sabor e consistência dos ossos.

Os *produtos à base de tomate* fornecem sabor e um pouco de ácido aos fundos escuros. Eles não são usados em fundos claros, pois proporcionariam uma cor indesejada. Da mesma forma, ao preparar fundos escuros, tome cuidado para não acrescentar muito extrato de tomate, uma vez que ele pode deixar o fundo turvo.

Às vezes se utiliza *vinho*, em especial em fundos de peixe. Sua contribuição para o sabor talvez seja mais importante do que a acidez.

APARAS E SOBRAS

Em algumas cozinhas, um caldeirão é mantido no fogo o dia todo, e as sobras vão sendo jogadas dentro dele. Essa pode ou não ser uma boa ideia.

As aparas podem ser usadas nos fundos se estiverem *limpas, frescas e forem adequadas para o fundo em questão*. Se feito de forma correta, o preparo do fundo é uma boa forma de utilizar sobras que seriam descartadas. É preferível guardar as aparas e utilizá-las de forma planejada a jogá-las no fundo aleatoriamente.

O caldeirão do fundo não é uma lata de lixo. O qualidade do produto final será proporcional à qualidade dos ingredientes usados e ao cuidado dedicado ao preparo.

TEMPEROS E ESPECIARIAS

Em geral, não se adiciona *sal* no preparo de fundos. Os fundos nunca são usados na sua forma original. São reduzidos, concentrados e combinados a outros ingredientes. Se fosse adicionado sal, ele poderia tornar-se muito concentrado. Alguns *chefs* salgam ligeiramente os fundos, pois acreditam que isso ajuda a extrair sabor.

Tabela 8.1 *Mirepoix*	
Para fazer:	**400 gramas**
Cebola	200 g
Salsão	100 g
Cenoura	100 g

Figura 8.1
Para fazer um sachê, coloque as ervas e especiarias no centro de um pedaço de pano fino ou gaze limpos. Una as pontas e amarre-as com um barbante. Para preparar um fundo, use um barbante comprido o suficiente para ser amarrado na alça do caldeirão e retirado com facilidade.

Figura 8.2
Amarre as ervas e os vegetais aromáticos em um maço, formando um *bouquet garni*. Para prender as ervas pequenas firmemente, insira-as entre os dois talos de alho-poró.

Ervas e especiarias devem ser utilizadas com moderação. Elas nunca devem predominar no fundo ou ter um sabor pronunciado.

As ervas e especiarias podem ser colocadas dentro de um saquinho de pano fino ou gaze chamado **sachê**. O sachê (Fig. 8.1) é amarrado por um barbante na alça do caldeirão para que possa ser retirado facilmente a qualquer momento.

O **bouquet garni** é uma variedade de ervas frescas e outros ingredientes aromáticos amarrados em forma de maço por um barbante. O *bouquet garni* básico contém pedaços de alho-poró e salsão, ramos de tomilho, folhas de louro e talos de salsinha (ver Fig. 8.2). Os ingredientes podem ser alterados para se adequarem às receitas. Escoffier incluía apenas salsinha, tomilho e folha de louro no *bouquet garni* clássico.

Os temperos a seguir, em quantidades variadas, são normalmente utilizados nos fundos:

Tomilho
Folhas de louro
Grãos de pimenta-do-reino
Talos de salsinha
Cravos-da-índia inteiros
Alho (opcional)

PROPORÇÃO DE INGREDIENTES

As proporções das Tabelas 8.2, 8.3 e 8.4 são básicas, eficazes e muito utilizadas, mas não são uma regra fixa. Quase todo *chef* usa algumas variações.

Muitos cozinheiros utilizam porcentagens que os ajudam a lembrar das proporções básicas:

Ossos — 50%
Mirepoix — 10%
Água — 100%

Tabela 8.2
Fundo claro (incluindo fundo de frango)

Para fazer:	4 litros
Osso	2,5 a 3 kg
Mirepoix	500 g
Água	5 a 6 L
Sachê	1

Tabela 8.3
Fundo escuro

Para fazer:	4 litros
Osso	2,5 a 3 kg
Mirepoix	500 g
Produto de tomate	250 g
Água	5 a 6 L
Sachê	1

Tabela 8.4
Fundo de peixe

Para fazer:	4 litros
Osso	2 a 3 kg
Mirepoix	250 g
Água	4 L
Vinho branco	250 mL
Sachê	1

INGREDIENTES PARA FUNDOS DE VEGETAIS

Os fundos de vegetais, preparados sem qualquer produto animal, têm um papel importante na culinária vegetariana e também são utilizados nas cozinhas mais tradicionais em resposta às solicitações dos clientes por pratos mais leves e saudáveis. Os ingredientes básicos dos fundos de vegetais são vegetais, ervas, especiarias, água e, algumas vezes, vinho.

Os ingredientes e as proporções podem variar bastante. Se você quer que algum sabor específico predomine, utilize uma quantidade maior desse vegetal. Por exemplo, se quer que um caldo tenha primordialmente um sabor de aspargo, utilize uma grande quantidade de aspargo e uma quantidade menor de vegetais mais neutros (como cebola e salsão) para equilibrar o sabor. Para obter um fundo de vegetal mais neutro para diversos usos, evite vegetais de sabor forte e utilize proporções mais balanceadas dos vários ingredientes.

Eis algumas orientações adicionais para preparar fundos ou caldos de vegetais:

1. Vegetais ricos em amido, como batata, batata-doce e abóbora, tornam o fundo turvo. Utilize-os apenas se a transparência não for importante.

2. É melhor evitar alguns vegetais, sobretudo os de sabor forte. Couve-de-bruxelas, couve-flor e alcachofra podem predominar no fundo com sabor ou odor forte. As verduras de folhas verde-escuras, principalmente o espinafre, desenvolvem um sabor desagradável quando cozidas por muito tempo. A beterraba deixa o fundo vermelho.

3. Cozinhe por tempo suficiente para extrair os sabores, mas não por um tempo tão longo a ponto de dissipar os sabores. O melhor tempo de cozimento está entre 30 e 45 minutos.

4. Suar os vegetais com uma pequena quantidade de óleo antes de adicionar água produz um sabor mais suave, mas essa etapa pode ser omitida. A manteiga pode ser utilizada se não for necessário evitar produtos de origem animal.

PROCEDIMENTOS

À primeira vista, o preparo do fundo pode parecer um procedimento simples. Contudo, muitas etapas estão envolvidas, cada uma com um conjunto relativamente complicado de justificativas. Se você deseja preparar fundos bons e de qualidade consistente, precisa entender não apenas o que fazer, mas também o porquê de estar fazendo.

O resumo a seguir descreve os procedimentos para preparar fundos básicos e o que justifica cada etapa. Depois de aprender esses procedimentos e verificar com o instrutor se há necessidade de alguma modificação ou variação, você poderá se dedicar às receitas individuais, nas quais as etapas são fornecidas de novo, mas sem explicações.

COMO BRANQUEAR OS OSSOS

No Capítulo 4, foi dito que as proteínas coagulam quando aquecidas. Muitas proteínas se dissolvem em água fria, mas se solidificam em pequenas partículas ou em espuma ou escuma quando aquecidas. São essas partículas que tornam o fundo turvo. Grande parte da técnica de preparo dos fundos envolve evitar que ocorra a turvação para que se possa produzir um fundo transparente.

O objetivo ao branquear os ossos é livrá-los de algumas impurezas que causam a turvação. Os ossos de *animais jovens*, especialmente de vitela e frango, são mais ricos em sangue e outras impurezas que deixam os fundos turvos e sem cor.

Os *chefs* discordam sobre a importância do branqueamento. Muitos o consideram importante para produzir fundos transparentes. Outros acham que o branqueamento faz com que sabores valiosos se percam. De qualquer modo, os ossos dos peixes não são branqueados em decorrência do curto tempo de cozimento do fundo.

Procedimento para branquear ossos

1. **Lave os ossos em água fria.**

   Esse processo limpa o sangue e outras impurezas da superfície. É muito importante se os ossos não forem totalmente frescos.

2. **Coloque os ossos em um caldeirão simples ou a vapor e cubra-os com água fria.**

   As impurezas se dissolvem mais rapidamente na água fria. A água quente retarda a extração.

3. **Aqueça a água até ferver.**

   À medida que a água aquece, as impurezas se solidificam (coagulam) e sobem para a superfície em forma de espuma.

4. **Escorra e enxágue bem os ossos.**

   Agora eles estão prontos para serem usados no fundo.

COMO PREPARAR FUNDOS CLAROS

Um bom fundo claro possui sabor rico e marcante, tem uma leve textura, é transparente e possui pouca ou nenhuma cor. Os fundos de frango podem ter coloração levemente amarelada.

Procedimento para preparar fundos claros

1. Corte os ossos em pedaços de 8 a 10 cm de comprimento.

   Isso expõe mais a área de superfície e ajuda na extração. Utiliza-se uma serra fita de açougueiro para cortar os ossos mais duros de vitela e vaca. Os ossos de peixe e frango não precisam ser cortados, mas carcaças inteiras devem ser picadas para facilitar a manipulação.

2. Lave os ossos em água fria (se desejar, branqueie os ossos de frango, vitela ou vaca).

   Isso remove algumas impurezas que deixam o fundo turvo ou, no caso de ossos velhos, dão um sabor indesejado.

3. Coloque os ossos em um caldeirão simples ou a vapor e cubra-os com água fria.

   A água fria acelera a extração. Começar com água quente retarda o processo porque muitas proteínas são solúveis em água fria, mas não em água quente.

4. Aqueça. Assim que ferver, abaixe o fogo para o mínimo. Retire a espuma que for subindo para a superfície com uma escumadeira ou colher perfurada.

   Esse procedimento é importante para o fundo claro, pois, se a escuma (gordura e proteína coaguladas) for quebrada e misturada novamente ao líquido, o fundo ficará turvo.

5. Acrescente o *mirepoix* picado, as ervas e especiarias.

   Lembre-se que o tamanho em que o *mirepoix* deve ser cortado depende do tempo de cozimento.

6. Não deixe o fundo ferver até borbulhar. Cozinhe-o em fogo lento.

   A fervura torna o fundo turvo, pois quebra os sólidos em partículas minúsculas que se misturam ao líquido.

7. Escume a superfície sempre que necessário durante o cozimento.

8. Mantenha o nível da água acima dos ossos. Acrescente mais se o fundo reduzir abaixo desse nível.

   Os ossos cozidos escurecem quando expostos ao ar e, consequentemente, alteram a cor do fundo. Além disso, eles não liberam o sabor na água se a água não estiver em contato com eles.

9. Cozinhe em fogo brando pelo tempo recomendado:

   Ossos de vaca e vitela – 6 a 8 horas
   Ossos de frango – 3 a 4 horas
   Ossos de peixe – 30 a 45 minutos

   A maioria dos *chefs* da atualidade não cozinha os fundos em fogo brando tanto quanto as gerações de *chefs* anteriores. É verdade que o cozimento mais longo extrai mais gelatina, mas a gelatina não é o único fator importante em um bom fundo. Os sabores começam a se dissipar ou degenerar com o tempo. Os tempos acima são considerados ideais para se obter um fundo com bastante sabor e, ao mesmo tempo, com uma porção generosa de gelatina.

10. Escume a superfície e coe o fundo em um *chinois* forrado com várias camadas de gaze.

    A adição de um pouco de água fria ao fundo antes de escumá-lo interrompe o cozimento e traz mais gorduras e impurezas para a superfície.

11. Resfrie o fundo o mais rápido possível usando esse método:

    - Coloque o caldeirão na cuba da pia sobre blocos, uma grade ou algum outro objeto. Essa técnica é chamada de **ventilar** e permite que a água fria circule por baixo e ao redor da panela.
    - Encha a pia de água fria, mas sem deixar que ela fique acima do nível do alimento, senão o caldeirão ficará instável. Um ladrão mantém a água fria no nível correto e permite a circulação constante (ver Fig. 8.3).
    - Mexa o alimento de vez em quando para que resfrie de maneira uniforme. Pendure uma concha no caldeirão para mexer rapidamente sempre que passar pela pia, sem ter que despender tempo extra para isso.

    É importante resfriar o fundo de forma rápida e correta. Um fundo resfriado de forma incorreta pode se deteriorar em 6 a 8 horas, pois é um terreno fértil para as bactérias que causam doenças alimentares e deterioração.

    Não deixe o fundo quente no refrigerador. O calor e o vapor sobrecarregam o refrigerador e podem danificar outros alimentos perecíveis, além de danificar o equipamento.

12. Quando estiver frio, leve-o à geladeira em recipientes tampados. O fundo dura de 2 a 3 dias se refrigerado adequadamente. Ele também pode ser congelado por vários meses.

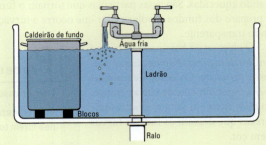

Figura 8.3
Método de resfriamento de fundos em banho de água fria.

Fundo claro básico

Rendimento: 8 L

Quantidade	Ingredientes
5–6 kg	Ossos: frango, vitela ou vaca
10–12 L	Água fria
	Mirepoix:
500 g	Cebola picada
250 g	Cenoura picada (opcional)
250 g	Salsão picado
	Sachê:
1	Folha de louro seca
¼ de colher (chá)	Tomilho desidratado
¼ de colher (chá)	Grãos de pimenta-do-reino
6–8	Talos de salsinha
2	Cravos-da-índia inteiro

Por 30 g:
Calorias, 2; Proteínas, 0,1 g; Gorduras, 0 g (0% cal.); Colesterol, 1 mg; Carboidratos, 0 g; Fibras, 0 g; Sódio, 2 mg.

Modo de preparo

1. Reveja as instruções para preparar fundos (pp. 153–154).
2. Se os ossos de vaca ou vitela estiverem inteiros, corte-os em pedaços de 8 a 10 cm de comprimento com uma serra fita. Lave os ossos em água fria.
3. Branqueie os ossos: coloque em um caldeirão, cubra com água fria e aqueça até ferver. Escorra e enxágue.
4. Coloque os ossos de volta no caldeirão e cubra com água fria e leve ao fogo. Assim que ferver, reduza o fogo para o mínimo e retire a espuma da superfície com cuidado.
5. Acrescente o *mirepoix* e os temperos (amarrados num sachê).
6. Cozinhe em fogo brando pelo tempo recomendado, escumando a superfície quando necessário.
   Vaca e vitela: 6 a 8 horas
   Frango: 3 a 4 horas
   Acrescente água, se preciso, para manter os ossos submersos.
7. Coe em um *chinois* forrado com várias camadas de gaze.
8. Resfrie mergulhando o caldeirão em água fria, ventilado, e leve à geladeira.

VARIAÇÕES

Prepare fundo claro de cordeiro, peru ou pernil de acordo com o procedimento básico, substituindo os ossos.

Fundo de vegetais
Exclua os ossos. Reduza a água para 9 L. Acrescente os seguintes ingredientes: 15 g de alho picado; 250 g de alho-poró; 125 g de cogumelos fatiados; 125 g de nabo fatiado; 60 g de erva-doce fatiada. Refogue a cebola, o alho, o alho-poró e o nabo em 45 mL de azeite antes de acrescentar os demais ingredientes. Cozinhe o fundo por 30 a 45 minutos.

COMO PREPARAR FUNDOS ESCUROS

A diferença entre os fundos escuros e claros é que nos escuros os ossos e o *mirepoix* são assados até dourarem por igual. Isso gera algumas complicações, como você verá. Fora isso, o procedimento é essencialmente o mesmo.

Abaixo são fornecidos dois métodos para dourar.

Procedimento para preparar fundos escuros

1. Corte ossos em pedaços de 8 a 10 cm de comprimento, como no fundo claro. Nos fundos escuros são utilizados ossos de vitela e/ou de vaca.
2. Não lave nem branqueie os ossos. A umidade impede que dourem.
3. Coloque os ossos em uma assadeira, em apenas uma camada, e doure no forno a 190°C ou mais. Os ossos devem ficar bem dourados para dar cor suficiente ao fundo. Isso leva mais de uma hora. Alguns *chefs* preferem untar levemente os ossos antes de dourá-los.
4. Quando os ossos estiverem bem dourados, retire-os da assadeira e coloque-os no caldeirão. Cubra com água fria e cozinhe em fogo brando.
5. Escorra e reserve a gordura da assadeira. Junte um pouco de água e vá mexendo sobre a chama do fogão até que os resíduos se dissolvam e se soltem do fundo da assadeira. Adicione esse líquido ao caldeirão.
6. Enquanto o fundo começa a cozinhar, coloque o *mirepoix* na mesma assadeira com um pouco da gordura que foi reservada e doure bem os vegetais no forno (veja procedimento alternativo abaixo).
7. Quando a água do caldeirão levantar fervura, escume e continue o procedimento como no fundo claro.
8. Acrescente os vegetais dourados e o produto de tomate ao caldeirão. Se desejar, acrescente-os apenas quando faltarem 2 a 3 horas para o final do cozimento.
9. Continue como no procedimento do fundo claro.

Figura 8.4
Como preparar fundos escuros.

(a) Asse os ossos em forno médio-alto até que dourem por igual.

(b) Coloque os ossos no caldeirão e acrescente a quantidade de água necessária.

(c) Enquanto o fundo começa a cozinhar, doure o *mirepoix* na mesma assadeira, no fogão ou forno. Acrescente o *mirepoix* caramelizado ao caldeirão.

(d) Deglaceie a assadeira com água. Acrescente o líquido ao caldeirão.

(e) Esse fundo cozinhou em fogo brando por 8 horas. Observe que o sachê está amarrado na alça do caldeirão para poder ser retirado com facilidade.

(f) Coe o fundo em um *chinois* forrado com gaze ou um pano fino.

Procedimento alternativo

O *mirepoix* pode ser dourado com os ossos. Quando os ossos estiverem parcialmente dourados, acrescente o *mirepoix* à assadeira e continue assando até que os ossos e os vegetais estejam dourados. O tomate pode ser adicionado no final desse processo, mas tenha cuidado, pois ele queima com facilidade.

Alguns *chefs* utilizam esse método porque ele elimina algumas etapas. Outros preferem dourar o *mirepoix* separadamente para que possa ser acrescentado ao fundo no final do cozimento.

REMOUILLAGE

Remouillage é um fundo feito de ossos previamente utilizados para fazer fundo. O significado literal desse termo em francês é "remolhagem". Como nem todo o sabor e a gelatina são extraídos dos ossos ao se fazer um fundo, o *remouillage* permite que o *chef* extraia um pouco mais de valor desses ossos. O líquido resultante não será tão transparente ou saboroso quanto o fundo original, mas tem algumas utilidades. O *remouillage* pode ser usado em sopas, pratos braseados e no lugar da água no preparo de fundos. Também pode ser reduzido a um *glace* e utilizado para enriquecer molhos, sopas e líquidos para braseados.

Para fazer *remouillage*, descarte o *mirepoix* e o sachê de temperos depois de coar o fundo pronto. Acrescente *mirepoix* e sachê frescos aos ossos, cubra com água fria e cozinhe em fogo brando por 4 horas. Escorra e resfrie como no fundo tradicional.

Fundo escuro básico

Rendimento: 8 L

Quantidade	Ingredientes
5–6 kg	Ossos: vitela ou vaca
10–12 L	Água fria
	Mirepoix:
500 g	Cebola picada
250 g	Cenoura picada
250 g	Salsão picado
500 g	Tomate ou polpa de tomate
	Sachê:
1	Folha de louro seca
¼ de colher (chá)	Tomilho desidratado
¼ de colher (chá)	Grãos de pimenta-do-reino
6–8	Talos de salsinha
2	Cravos-da-índia inteiros

Por 30 g:
Calorias, 2; Proteínas, 0,2 g; Gorduras, 0,1 g (43% cal.); Colesterol, 1 mg; Carboidratos, 0,1 g; Fibras, 0 g; Sódio, 2 mg.

■ Modo de preparo

1. Reveja as instruções para preparar fundos escuros (p. 156).
2. Se os ossos estiverem inteiros, corte-os em pedaços de 8 a 10 cm de comprimento com uma serra fita.
3. Coloque os ossos em uma assadeira, leve-os ao forno a 200°C e doure-os bem.
4. Retire os ossos da assadeira e coloque num caldeirão. Cubra com água e cozinhe em fogo brando. Escume e deixe cozinhando em fogo brando.
5. Escorra e reserve a gordura da assadeira. Deglaceie com água e acrescente ao caldeirão.
6. Misture o *mirepoix* com um pouco da gordura que foi reservada e doure bem no forno.
7. Acrescente o *mirepoix* caramelizado, o produto de tomate e o sachê ao caldeirão.
8. Deixe cozinhar em fogo brando por 6 a 8 horas, escumando a superfície quando necessário. Acrescente água, se preciso, para manter os ossos submersos.
9. Coe em um *chinois* forrado com várias camadas de gaze.
10. Resfrie mergulhando o caldeirão em água fria, ventilado, e leve à geladeira.

VARIAÇÃO

Prepare fundo escuro de cordeiro e caça de acordo com o procedimento básico, substituindo os ossos.

Fumet de peixe

O fundo de peixe pode ser feito com a mesma receita do fundo claro. O método a seguir rende um fundo um pouco mais saboroso porque o *mirepoix* e os ossos são previamente suados na manteiga e adiciona-se vinho.

Rendimento: 4 L

Quantidade	Ingredientes
30 g	Manteiga
	Mirepoix:
125 g	Cebola bem picada
60 g	Salsão bem picado
60 g	Cenoura bem picada (opcional)
60 g	Aparas de cogumelo (opcional)
2–3 kg	Ossos de peixe magro
250 mL	Vinho branco (seco)
	Sachê:
½	Folha de louro
¼ de colher (chá)	Grãos de pimenta-do-reino
6–8	Talos de salsinha
1	Cravo-da-índia inteiro
4 L	Água fria

Por 30 g:
Calorias, 4; Proteínas, 0,4 g; Gorduras, 0,2 g (36% cal.);
Colesterol, 0,5 mg; Carboidratos, 0,1 g;
Fibras, 0 g; Sódio, 3 mg.

Modo de preparo

1. Unte com manteiga o fundo de um caldeirão ou caçarola funda pesada. Coloque o *mirepoix* e, por cima, os ossos. Cubra com um círculo de papel-manteiga.
2. Aqueça em fogo baixo e deixe suar por cerca de 5 minutos, até que os ossos fiquem opacos e comecem a soltar sucos.
3. Acrescente o vinho, aqueça até quase ferver e então adicione o sachê e água até cobrir.
4. Aqueça novamente até quase ferver, escume e deixe cozinhar em fogo brando por 30 a 45 minutos.
5. Coe em um *chinois* forrado com várias camadas de gaze.
6. Resfrie mergulhando o caldeirão em água fria, ventilado, e leve à geladeira.

REDUÇÕES E GLACES

Os fundos ficam concentrados quando fervidos ou cozidos em fogo brando até parte da água evaporar. Isso se chama fazer uma **redução** ou *reduzir*.

A redução é uma técnica importante no preparo de molhos e em muitas outras áreas da culinária, pois gera um produto mais saboroso, por ser concentrado. Um fundo reduzido também é mais encorpado, visto que a gelatina fica concentrada.

O QUE SÃO GLACES?

Um **glace** é um fundo reduzido até cobrir a parte de trás de uma colher. É tão concentrado – reduzido até um quarto ou mais – que fica sólido e borrachudo quando gelado.

Os *glaces* são utilizados para dar sabor a molhos e algumas carnes, aves, peixes e vegetais. Como são muito concentrados, apenas pequenas quantidades são necessárias.

Um *glace* diluído até a concentração original não tem o mesmo sabor do fundo original. O cozimento longo altera os sabores de alguma forma.

TIPOS DE GLACES

1. *Glace* de carne, ou **glace de viande** – feito de fundo escuro.
2. *Glace* de frango, ou **glace de volaille** – feito de fundo de frango.
3. *Glace* de peixe, ou **glace de poisson** – feito de fundo de peixe.

Procedimento para preparar *glaces*

1. Reduza o fundo em fogo médio.
2. Escume a superfície com frequência.
3. Quando reduzido pela metade ou em dois terços, coe dentro de uma caçarola pesada menor e continue reduzindo em fogo baixo até formar um xarope espesso o bastante para cobrir as costas de uma colher.
4. Despeje em recipientes, resfrie, tampe e leve à geladeira.
5. Os *glaces* duram várias semanas ou mais se armazenados corretamente. Também podem ser congelados.

FUNDOS INDUSTRIALIZADOS

O custo, tanto em relação ao tempo quanto aos ingredientes, para preparar fundos nas cozinhas modernas levou ao uso difundido de produtos industrializados semiprontos conhecidos por fundos/caldos concentrados. Eles são diluídos em água, formando líquidos saborosos similares aos fundos.

Os *glaces* podem ser considerados fundos concentrados e, na verdade, eram utilizados para esse fim bem antes de os fabricantes atuais começarem a produzir caldos semiprontos.

COMO JULGAR A QUALIDADE

Os caldos concentrados variam muito em qualidade. Os melhores são compostos principalmente de extratos de carne. São produtos perecíveis e devem ser mantidos sob refrigeração.

No entanto, muitos deles são feitos principalmente de sal – uma maneira cara de comprar sal, é preciso admitir. *Leia a lista de ingredientes.* Evite produtos que têm o sal como ingrediente principal. A melhor forma de julgar a qualidade de um caldo concentrado é diluí-lo e comparar seu sabor com o de um fundo bem feito.

COMO UTILIZAR CALDOS CONCENTRADOS

Os preparados para fundo podem ser incrementados com pouco trabalho, cozinhando o produto diluído ou pronto em fogo brando por um período curto, com um pouco de *mirepoix*, um sachê de temperos e alguns ossos ou aparas de carne, se possível. Isso ajuda a dar um sabor mais fresco e natural a um produto altamente processado.

Esses produtos também são adicionados aos fundos para aumentá-los quando há apenas uma pequena quantidade à disposição.

Às vezes, são adicionados a fundos fracos para dar mais sabor, mas essa não é uma prática tão boa quanto preparar o fundo de forma adequada já na primeira vez.

A utilização de caldos concentrados requer o uso do paladar e de bom-senso, assim como em outras áreas da culinária. Se utilizados sem cuidado ou restrição, podem depreciar a qualidade da comida. Porém, se usados com critério, podem ser ferramentas valiosas em algumas situações. Experimente e avalie sempre ao cozinhar.

Não há substituto para um fundo bem feito. É verdade também que um bom caldo concentrado pode ser melhor do que um fundo mal preparado. Tudo vai depender das habilidades que você está aprendendo agora.

MOLHOS

Assim como os fundos, os molhos perderam um pouco da importância que possuíam nas cozinhas comerciais – exceto, é claro, nos melhores restaurantes, que servem o que pode ser considerada uma cozinha de luxo. Parte desse declínio se deve às mudanças nos hábitos alimentares e ao aumento dos custos de mão de obra.

Mas muito dessa mudança se deve também a equívocos. Quantas vezes você já ouviu alguém dizer: "Eu não gosto de todo aquele molho por cima de tudo. Gosto de comida simples e boa". É bem provável de que essa pessoa coloque *ketchup* – que é um molho de tomate adocicado – no hambúrguer, molho de carne no purê de batata e molho tártaro no peixe frito.

O equívoco surge dos molhos mal preparados. Ninguém gosta de molhos espessos e pastosos sobre legumes ou molhos escuros e insípidos, embora muito salgados, sobre uma carne. No entanto, não é só porque alguns cozinheiros preparam molhos ruins que há razão para se rejeitar qualquer tipo de molho.

De fato, muitos *chefs* acreditam que bons molhos são o ponto máximo da culinária, tanto pela habilidade que requerem quanto pelo interesse e estímulo que podem agregar ao prato. Com frequência, a parte mais memorável de uma refeição realmente requintada é o molho que realça uma carne ou peixe.

O molho funciona como um tempero. Ele realça e acentua o sabor do alimento, e não deve dominar ou ocultar o alimento.

Um bom cozinheiro sabe que os molhos são tão valiosos quanto o sal e a pimenta. Um simples bife grelhado fica ainda melhor quando tem um toque adicional, algo tão simples quanto uma fatia de manteiga temperada derretendo sobre ele, ou tão refinado quanto uma colherada de molho *béarnaise*.

Não importa onde você trabalha, as técnicas de preparo de molhos são habilidades básicas das quais você vai precisar em todos os seus preparos. Alguns tipos de croquete, suflês e musses têm como base um molho, quase todos os alimentos braseados são servidos com molhos feitos a partir do suco do seu cozimento, e os molhos feitos com o caldo acumulado em assadeiras e panelas, muito apreciados em toda parte, são feitos com as mesmas técnicas dos molhos clássicos.

INTRODUÇÃO AOS MOLHOS

FUNÇÕES DOS MOLHOS

Um **molho** pode ser definido como um líquido saboroso, geralmente engrossado, usado para temperar, dar sabor e realçar outros alimentos.

O molho acrescenta as seguintes qualidades aos alimentos:

Umidade

Sabor

Untuosidade

Aparência (cor e brilho)

Interesse e apelo ao apetite

ESTRUTURA DOS MOLHOS

Os principais molhos considerados neste livro são feitos a partir de três tipos de ingredientes.

1. Um líquido, o corpo do molho
2. Um agente espessante
3. Ingredientes adicionais de sabor e condimentação

Para entender o preparo de molhos, você deve primeiro aprender a preparar esses componentes e, em seguida, combiná-los para formar o molho final.

Líquido

O ingrediente líquido é o corpo ou a base da maioria dos molhos. A maior parte dos molhos clássicos é desenvolvida tendo por base um dos cinco líquidos ou bases a seguir. Os molhos resultantes são chamados **molhos básicos** ou **molhos-mãe**.

Fundo claro (frango, vitela ou peixe) – para molhos *velouté*

Fundo escuro – para molho espanhol

Leite – para molho *béchamel*

Tomate e fundo – para molho de tomate

Manteiga clarificada – para molho *hollandaise*

Os molhos mais utilizados são os feitos a partir dos fundos. A qualidade desses molhos depende das técnicas de preparo de fundos que você aprendeu na seção anterior.

Agentes de ligação ou espessantes

O molho deve ser espesso o suficiente para aderir levemente ao alimento. Caso contrário, ele escorre e forma uma poça no prato. Isso não significa que ele deva ser pesado e pastoso.

Os amidos ainda são os agentes espessantes mais utilizados, embora sejam usados menos hoje do que no passado. Os amidos e outros agentes espessantes serão discutidos a seguir em detalhe.

Outros ingredientes de sabor

Embora o líquido que constitui grande parte do molho forneça o sabor básico, outros ingredientes são adicionados para criar variações dos temas básicos e dar a característica final ao molho.

A adição de ingredientes de sabor específicos a molhos básicos é fundamental para toda a lista de molhos clássicos. A maior parte das centenas de molhos relacionados nos repertórios-padrão é feita adicionando-se um ou mais ingredientes de sabor a um dos cinco molhos-mãe ou básicos.

Como em toda a culinária, o preparo de molhos é, em grande parte, uma questão de aprender alguns conceitos básicos e ampliá-los.

ROUX

AMIDOS COMO ESPESSANTES

1. Os amidos são os espessantes mais comuns e úteis no preparo de molhos. A farinha de trigo é o principal amido. Outros amidos que podem ser utilizados pelos *chefs* incluem amido de milho, araruta, amido de milho modificado, amido instantâneo, também chamado de pré-gelatinizado, farinha de rosca e outros vegetais e grãos, como o amido da batata e a farinha do arroz.* Falaremos sobre eles mais adiante.

2. Os amidos engrossam por meio da *gelatinização* que, conforme discutido no Capítulo 4, é o processo pelo qual os grãos de amido absorvem a água e aumentam em muitas vezes seu tamanho original.

    Outro ponto importante mencionado no Capítulo 4 é que os ácidos inibem a gelatinização. Quando possível, não adicione ingredientes ácidos aos molhos até que o amido esteja totalmente gelatinizado.

3. Os grânulos do amido devem ser dispersados antes de aquecidos no líquido para não empelotarem. Se isso não for feito, ocorrerá a formação de grumos, porque a parte externa do amido se gelatiniza rapidamente, formando uma camada que impede o líquido de atingir a parte interna do amido.

    Os grânulos de amido podem ser separados de duas formas:
    - *Misture o amido com gordura.* Esse é o princípio do *roux*, que será discutido a seguir, e da *beuree manié*, que será discutida na próxima seção.
    - *Misture o amido com um líquido frio.* Esse é o princípio utilizado com amidos como o de milho. É possível utilizá-lo também com a farinha de trigo, mas, como será discutido mais à frente, o resultado é um molho inferior. A mistura de amido cru e líquido frio é chamada de **ligação de amido** (ou *slurry*, em inglês).

*N.R.: No Brasil, as farinhas de mandioca e milho também são bastante utilizadas como espessantes.

INGREDIENTES DO ROUX

O **roux** é uma mistura cozida de partes iguais em peso de gordura e farinha de trigo.

Gordura

As gorduras utilizadas para fazer *roux* são:

Manteiga clarificada – é a mais utilizada em molhos mais finos em razão de seu sabor. A manteiga é clarificada (p. 178) porque o conteúdo de umidade da manteiga integral tende a gelatinizar parte do amido, dificultando o trabalho com o *roux*.

Margarina – é amplamente usada no lugar da manteiga pelo seu baixo custo. No entanto, seu sabor é inferior ao da manteiga, não produzindo um molho tão refinado. A qualidade da margarina varia de marca para marca.

Gorduras de origem animal – como a gordura de frango, a gordura resultante do cozimento da carne e a banha, são utilizadas quando seu sabor é adequado ao molho. Assim, a gordura do frango pode ser utilizada no *velouté* de frango, e a gordura do cozimento da carne pode ser utilizada no molho de carne. Quando utilizadas de maneira correta, as gorduras animais podem realçar o sabor de um molho.

Óleo vegetal e gordura hidrogenada – podem ser utilizados no *roux*, mas, como não agregam sabor, não são muito usados. A gordura hidrogenada também tem a desvantagem de ter um alto ponto de fusão, proporcionando uma sensação engordurada e desagradável na boca. Ela tem mais utilidade na padaria e na fritadeira.

Hoje em dia, os molhos engrossados com *roux* são condenados por razões de saúde, em decorrência de seu teor de gordura. É importante lembrar, entretanto, que quando um molho *velouté* ou espanhol à base de *roux* é preparado corretamente, grande parte da gordura é liberada e escumada antes de o molho ser servido.

Farinha de trigo

O poder espessante da farinha de trigo depende, em parte, do seu teor de amido. A farinha especial para pão possui menos amido e mais proteína do que a farinha especial para bolo. Oito partes (qualquer medida) de farinha especial para bolo têm o mesmo poder espessante que 10 partes de farinha especial para pão.

A farinha especial para pão possui usos mais genéricos nas cozinhas comerciais, embora tenha menor poder espessante do que a farinha para bolo ou a farinha especial para biscoito. A maioria das receitas de molho deste livro, e de outros livros também, têm por base a farinha especial para pão ou a farinha de trigo comum, com poder espessante similar. Se outra farinha for utilizada, a proporção de *roux* e líquido deve ser ajustada.

Algumas vezes, a farinha seca é dourada no forno para ser utilizada no *roux* escuro. Uma farinha bem dourada tem apenas um terço do poder espessante da mesma farinha crua.

Além do amido, a farinha de trigo também contém proteínas e outros componentes. À medida que um molho engrossado com *roux* é cozido em fogo brando, esses componentes sobem para a superfície em forma de espuma. Portanto, podem ser escumados. Em geral, os molhos são cozidos em fogo brando por um tempo depois que o amido é totalmente gelatinizado, assim, essas "impurezas" podem ser eliminadas pelo cozimento. Isso melhora a textura, o brilho e a clareza do molho. Quando uma farinha rica em proteína como a especial para pão é utilizada no *roux*, o molho deve ser cozido por mais tempo e escumado com mais frequência para atingir uma boa transparência.

Proporção dos ingredientes

As quantidades corretas de gordura e farinha – *partes iguais em peso* – são importantes para um bom *roux*. Deve haver gordura suficiente para cobrir todos os grânulos de amido, mas não em excesso. Na realidade, Escoffier utilizava menos gordura do que nossas proporções padrão (8 partes de gordura para 9 partes de farinha).

Um bom roux é firme, e não fluido e mole. Um *roux* com muita gordura é chamado de *roux* fraco. Além de aumentar o custo do *roux* de forma desnecessária, o excesso de gordura deposita-se na superfície do molho, deixando-o engordurado caso não seja escumada.

COMO PREPARAR O ROUX

O *roux* deve ser preparado de forma que o molho final não tenha o sabor de amido cru da farinha. Os três tipos de *roux* diferem quanto ao tempo de cozimento.

O **roux claro** é cozido apenas o suficiente para eliminar o sabor da farinha crua. O cozimento é interrompido tão logo o *roux* fique com aparência espumante e levemente granulosa, antes de começar a pegar cor. O *roux* claro é utilizado no molho *béchamel* e em outros molhos brancos à base de leite. Apesar de ser chamado também de *roux* branco (do francês, *roux blanc*), o *roux* claro é, na verdade, levemente amarelado, porque é feito de manteiga e (em geral) farinha não branqueada. A Figura 8.5 ilustra a preparação do *roux* claro.

O **roux amarelo** é cozido por um pouco mais de tempo, até que comece a pegar uma cor um pouco mais dourada. Ele é utilizado nos *veloutés*, molhos à base de fundo claro. Esses molhos têm uma cor de marfim pálida.

O **roux escuro** ou marrom é cozido até ficar com uma cor marrom-dourada e aroma de nozes. O cozimento deve ocorrer em fogo baixo para que o *roux* doure de maneira

Figura 8.5
Preparação do *roux* claro.

Molhos 163

Procedimento básico para preparar *roux*

1. Derreta a gordura.
2. Adicione a quantidade correta de farinha e mexa até que a gordura e a farinha estejam bem misturadas.
3. Cozinhe o tempo necessário para fazer o *roux* claro, amarelo ou escuro.

   O cozimento é feito em uma panela funda sobre o fogão, mexendo sempre para que o cozimento seja uniforme. Use fogo baixo para o *roux* escuro e fogo médio para o *roux* claro ou amarelo. Grandes quantidades podem ser cozidas no forno. Alguns restaurantes preparam lotes grandes o suficiente para durar de vários dias a uma semana.

uniforme sem queimar. Para obter um *roux* ainda mais escuro, a farinha pode ser torrada no forno antes de ser adicionada à gordura. Um *roux* muito marrom tem apenas um terço do poder espessante do *roux* claro, mas fornece sabor e cor aos molhos escuros.

COMO INCORPORAR O ROUX

Misturar o *roux* e o líquido para obter um molho liso e sem grumos é uma habilidade que exige muita prática. É uma boa ideia praticar as várias técnicas com água, sob a orientação do instrutor, para entender o que está fazendo antes de começar a trabalhar com fundos valiosos.

Princípios gerais

O líquido pode ser adicionado ao *roux*, ou o *roux* pode ser adicionado ao líquido.

O líquido pode estar quente ou frio, mas não gelado. Um líquido muito frio solidifica a gordura do *roux*.

Procedimentos para incorporar o *roux*

Método 1: Adicionar o líquido ao *roux*

Esse método é utilizado quando o *roux* é feito especificamente para o molho ou sopa que está sendo preparado.

1. Utilize uma caçarola funda e de fundo grosso para não queimar o *roux* nem o molho.
2. Quando o *roux* estiver cozido, retire a panela do fogo por alguns minutos para que esfrie um pouco.
3. Despeje o líquido devagar, batendo vigorosamente com um batedor de arame para evitar a formação de grumos.

   Se o líquido estiver quente (como o leite fervente para o molho *béchamel*), é preciso bater vigorosamente, pois o amido pode se gelatinizar muito rápido.

   Se o líquido estiver frio, pode-se adicionar uma pequena quantidade, bater para dissolver o *roux*, e então adicionar o restante do líquido, quente ou frio.
4. Leve o líquido de volta ao fogo, mexendo sem parar. O *roux* não atinge todo o seu poder espessante até chegar próximo ao ponto de ebulição.
5. Cozinhe o molho em fogo brando, mexendo de vez em quando, até que o sabor de amido cru da farinha tenha desaparecido.

   Isso leva pelo menos 10 minutos, mas o sabor e a consistência do molho ficam melhores se ele for cozido por mais tempo. Muitos *chefs* consideram 20 minutos de cozimento lento o mínimo necessário. Outros cozinham alguns molhos por uma hora ou mais.
6. Quando o molho estiver pronto, pode ser mantido quente em banho-maria ou resfriado para uso posteriormente. De qualquer forma, deve ser tampado ou coberto com uma camada fina de manteiga derretida para evitar a formação de uma película na superfície.

Método 2: Adicionar o *roux* ao líquido

Muitos restaurantes preparam grandes lotes de *roux* para durar o dia ou até mesmo a semana toda. O método a seguir pode ser usado nesses casos:

1. Numa caçarola pesada, aqueça o líquido em fogo brando até ferver.
2. Adicione uma pequena quantidade de *roux* e bata vigorosamente com um batedor de arame para quebrar todos os grumos.
3. Continue incorporando pequenas quantidades de *roux* ao líquido fervente até atingir a consistência desejada. Lembre-se que o *roux* precisa ser cozido em fogo brando por um certo tempo até engrossar completamente, portanto, não adicione *roux* muito rapidamente, senão o molho ficará espesso demais.
4. Continue cozinhando em fogo brando até que o *roux* esteja cozido e não reste nenhum sabor de amido cru.
5. Caso seja preciso cozinhar o molho por muito tempo, engrosse-o menos, pois ele engrossará à medida que for reduzindo.

O *roux* pode estar morno ou frio, mas não fervendo. Acrescentar um líquido quente a um *roux* muito quente pode causar respingos e, possivelmente, formar grumos.

Dentro dessas orientações gerais, há espaço para muitas variações. Duas delas são descritas aqui. Como o uso bem-sucedido do *roux* é, em grande parte, uma questão de experiência, aconselha-se tirar o máximo proveito da experiência de seu instrutor quando ele estiver demonstrando essas técnicas ou quaisquer outros métodos de sua preferência.

Observação sobre os equipamentos: panelas de aço inoxidável são melhores para os molhos brancos. O uso do batedor de arame na panela de alumínio faz com que o molho fique cinza.

PROPORÇÕES DE ROUX E LÍQUIDO

A Tabela 8.5 indica as quantidades de *roux* necessárias para engrossar 4 litros de líquido a uma consistência rala, média ou grossa.

Tabela 8.5
Proporção de *roux* em molhos

Molho	Manteiga	Farinha de trigo	*Roux*	Líquido
Leve/ralo	190 g	190 g	375 g	4 L
Médio	250 g	250 g	500 g	4 L
Grosso/espesso	375 g	375 g	750 g	4 L

Quão espesso é um molho espesso? É claro que esses termos não são precisos ou científicos para serem definidos facilmente. A experiência é o único professor nesse caso. Essa é outra boa razão para praticar com *roux* e água. Com a experiência, você conseguirá produzir a consistência exata que deseja.

Você também tem à disposição as técnicas de diluição e redução para ajustar a consistência de um molho (ver p. 166), e aprenderá a utilizar a *beurre manié* e outros agentes espessantes.

OUTROS AGENTES ESPESSANTES

AMIDOS

1. **Beurre manié** – partes iguais de manteiga crua em temperatura ambiente e farinha de trigo amassadas juntas até formar uma mistura homogênea. É utilizada para engrossar rapidamente ao final do cozimento, para finalizar o molho. A manteiga crua adiciona sabor e dá brilho ao molho quando derretida.

   Para utilizá-la, acrescente pedaços muito pequenos a um molho em cozimento lento e mexa com um batedor de arame até o molho ficar homogêneo. Repita o processo até alcançar a consistência desejada. Cozinhe em fogo brando por mais alguns minutos para cozinhar a farinha e, em seguida, retire o molho do fogo.

2. **Ligação de água** ou *whitewash* é uma mistura rala de farinha de trigo e água fria. Os molhos feitos com ligação de água não têm um sabor tão bom e nem a textura tão lisa quanto os feitos com *roux*. *Seu uso não é recomendado.*

3. O *amido de milho* produz um molho quase transparente, de textura brilhante.

   Para utilizá-lo, misture-o com água fria ou outro líquido frio até ficar homogêneo. Incorpore ao líquido quente, mexendo. Assim que ferver, abaixe o fogo e cozinhe até o líquido ficar transparente e sem sabor de amido cru. Não ferva por muito tempo senão o amido pode desandar e o líquido perderá a consistência. Os molhos engrossados com amido de milho podem perder a consistência se mantidos no balcão aquecido por longos períodos. O amido de milho é utilizado extensivamente em molhos adocicados para acompanhar certas carnes, além de sobremesas e caldas. Ele possui cerca de duas vezes o poder espessante da farinha.

4. A *araruta* é utilizada como o amido de milho, mas o resultado é um molho ainda mais transparente. Seu uso é limitado pelo alto custo. No entanto, por sua qualidade, é o amido de preferência para engrossar *jus lié*. Em comparação ao amido de milho, tem menor probabilidade de desandar quando aquecida por muito tempo.

5. O *amido de milho modificado* é utilizado em molhos que serão congelados. A farinha de trigo e outros amidos desandam e perdem seu poder espessante quando congelados. Esse tipo de amido, não. Ele é utilizado da mesma maneira que o amido de milho.
6. Os *amidos pré-gelatinizados ou instantâneos* foram cozidos, ou gelatinizados, e depois ressecados. Portanto, podem engrossar um líquido frio sem aquecer. Em raros casos, esses amidos são utilizados no preparo de molhos, mas são usados com mais frequência em padarias.
7. A *farinhas de rosca* e outros tipos de farinha de pão engrossam o líquido rapidamente porque são pré-cozidas, assim como os amidos instantâneos. A farinha de rosca pode ser utilizada quando não se deseja uma textura homogênea. Um exemplo clássico é o uso de biscoito de gengibre moído para engrossar o molho *sauerbraten*.
8. *Purês de vegetais, oleaginosas moídas e outros ingredientes sólidos moídos* também podem ser utilizados. Um molho de tomate simples é basicamente um purê temperado. O molho obtém sua textura da consistência do ingrediente principal. Nenhum espessante adicional é necessário.

   Usando esse mesmo princípio, pode-se adicionar corpo ou textura aos molhos acrescentando-se um purê homogêneo de vegetais, ou batendo-se o molho com o *mirepoix* ou outros vegetais até obter-se um purê. Outros ingredientes em forma de purê ou bem moídos, como oleaginosas moídas, adicionam textura e sabor ao molho.

Figura 8.6
Adição de liga fina ao molho.

(a) Incorpore um pouco do molho quente (*velouté* de frango nesta foto) aos poucos na mistura de creme de leite fresco e gema para aquecê-la e diluí-la.

(b) Incorpore a liga fina morna ao molho restante.

LIGA FINA (LIAISON)

Na culinária clássica, a liga fina ou **liaison** é uma mistura de gema e creme de leite utilizada para enriquecer e engrossar levemente um molho ou outro líquido. A gema tem o poder de engrossar o molho porque as proteínas coagulam quando aquecidas.

Deve-se ter cuidado ao engrossar com gema de ovo pelo perigo de ela coalhar. Isso acontece quando as proteínas coagulam demais e se separam do líquido.

A gema pura coagula a cerca de 60-70°C. Por essa razão, ela é batida com creme de leite fresco antes do uso. Isso eleva a temperatura de coagulação para 82-85°C (observe que essa temperatura ainda está bem abaixo do ponto de ebulição). O creme de leite fresco também acrescenta consistência e sabor ao molho.

A gema tem apenas um leve poder espessante. A liga fina é usada principalmente para enriquecer o sabor e melhorar a textura do molho mas, também, como espessante leve. Além disso, em razão da instabilidade da gema, ela é utilizada somente como uma técnica de finalização. A incorporação da liga fina é ilustrada na Figura 8.6.

Procedimento para utilizar a liga fina

1. Bata a gema com o creme de leite em uma tigela de inox. As proporções comuns são 2 a 3 partes de creme de leite para 1 parte de gema.
2. Adicione muito lentamente um pouco do líquido quente à liga fina, batendo sem parar. O nome desse procedimento é *temperagem*.
3. Fora do fogo, adicione a liga fina morna e diluída ao restante do molho, batendo bem enquanto despeja.
4. Leve o molho ao fogo baixo novamente para aquecê-lo ligeiramente, mas não deixe que a temperatura ultrapasse os 82°C ou a mistura irá coagular. O molho não deve ferver em nenhuma circunstância.
5. Conserve acima de 69°C por razões sanitárias, mas abaixo de 82°C.

EMULSIFICAÇÃO DA GEMA DE OVO

A gema é usada como agente espessante no molho *hollandaise* e em outros molhos similares, mas, neste caso, o princípio é totalmente diferente. O procedimento completo será discutido com detalhes quando chegarmos à família do molho *hollandaise*, na página 179.

REDUÇÃO

Cozinhar um molho em fogo brando para fazer com que parte da água evapore o torna espesso porque somente a água evapora, e não os componentes sólidos. À medida que estes ficam mais concentrados, o molho fica mais espesso. Essa técnica sempre foi importante para finalizar molhos (ver próxima seção) e passou a ser ainda mais importante como técnica básica para engrossar à medida que os *chefs* modernos passaram a utilizar menos amido como espessante.

166 Capítulo 8 • Fundos e molhos

Tenha cuidado ao reduzir molhos à base de fundos. Se for reduzido demais, a concentração de gelatina pode resultar em uma textura pegajosa ou grudenta, e o molho se gelatinizará em forma de placas. Além disso, o molho pode ficar com um sabor de cozido demais, que não é tão atrativo quanto o sabor mais fresco e vibrante de um fundo que não foi cozido em excesso.

TÉCNICAS DE FINALIZAÇÃO

Lembre-se de que os três elementos básicos de um molho finalizado são o líquido, o agente espessante e os temperos e condimentos adicionais. Já foi discutida em detalhe a forma como os líquidos são combinados aos agentes espessantes para formar molhos básicos. Na seção seguinte, analisaremos como as famílias de molhos são criadas a partir dessas bases pela adição de ingredientes de sabor.

Os molhos podem ser modificados ou combinados de várias formas. Entre elas, algumas são técnicas básicas utilizadas repetidamente para preparar molhos. Antes de estudar a estrutura das famílias de molhos, será útil analisar essas técnicas básicas de finalização.

REDUÇÃO

1. **Como utilizar a redução para concentrar sabores básicos.**
   Se um molho for cozido em fogo brando por longo período, parte da água evapora. O molho se torna mais concentrado, e o produto resultante fica mais saboroso. Essa é a mesma técnica usada para fazer *glaces* a partir de fundos. Certa redução ocorre em quase todos os molhos, dependendo do tempo do cozimento.

2. **Como usar a redução para ajustar texturas.**
   Concentrar um molho por meio da redução também o engrossa porque apenas a água evapora, não o *roux* ou outros elementos sólidos. Um *chef* de molhos experiente utiliza a redução e a diluição para proporcionar ao molho a textura exata. Se um molho estiver muito ralo, ele pode ser cozido lentamente até atingir a consistência desejada. Ou pode-se adicionar uma grande quantidade de fundo ou outro líquido a um molho espesso para diluí-lo e, então, cozinhá-lo em fogo brando mais uma vez para reduzi-lo até a consistência certa. Com isso, o molho também adquire mais sabor.

3. **Como usar a redução para adicionar novos sabores.**
   Se é possível adicionar um líquido a um molho e depois reduzi-lo para concentrá-lo, por que não reduzir o líquido primeiro e depois adicioná-lo ao molho?

   Na verdade, essa é uma das técnicas mais importantes no preparo de molhos. Já foi mencionado que os *glaces* – fundos reduzidos – são usados para dar sabor aos molhos. A redução de outros líquidos, principalmente vinho tinto e branco, é muito utilizada dessa forma.

   Verifique a receita do molho *bordelaise* (p. 175). Observe como o vinho tinto é cozido com a chalota, a pimenta e as ervas até um quarto do seu volume original. O sabor do vinho é concentrado, e o sabor das outras especiarias, extraído. Essa redução é um saborizante poderoso que proporciona ao molho *bordelaise* o seu sabor distinto. A redução permite acrescentar bastante sabor a um molho sem adicionar muito líquido.

Terminologia

Reduzir à metade significa cozinhar até reduzir metade do volume, mantendo a outra metade.

Reduzir a um quarto significa cozinhar até reduzir três quartos do volume, de forma que permaneça apenas um quarto.

Reduzir **au sec** significa reduzir até ficar seco ou quase seco.

COAR

Se você aprendeu a usar o *roux* corretamente, é provável que consiga preparar um molho homogêneo e sem grumos. Contudo, para elevar a textura de um molho à perfeição e criar a sensação aveludada importante para um bom molho, é necessário coá-lo. Até mesmo a mais invisível granularidade pode ser sentida na língua.

Coar em um *chinois* forrado com um pano fino ou várias camadas de gaze é um processo eficaz. Existem também várias peneiras de malha bem fina para peneirar molhos. Em geral, esse processo é realizado antes do ajuste final do tempero.

DEGLACEAR

Deglacear significa agitar um líquido em uma frigideira ou outro tipo de recipiente para desprender os resíduos caramelizados durante o cozimento que permanecem grudados no fundo.

Esse termo foi discutido na técnica básica de saltear, no Capítulo 4, e novamente na produção de fundo escuro. Essa também é uma técnica importante para finalizar molhos que acompanham itens salteados.

Um líquido, como vinho ou fundo, é utilizado para deglacear uma frigideira e, em seguida, é reduzido à metade ou a um quarto. Essa redução, com a adição de sabor dos resíduos caramelizados dissolvidos, é acrescentada ao molho que será servido com o item.

ENRIQUECER COM MANTEIGA E CREME DE LEITE

1. **Liga fina.**
   Além de ser um agente espessante, a liga fina (ou *liaison*) de gema e creme de leite é utilizada para finalizar molhos, proporcionando-lhes untuosidade e cremosidade extras.

2. **Creme de leite.**
   O creme de leite é usado há muito tempo para dar sabor e untuosidade aos molhos. O exemplo mais óbvio é a adição de creme de leite ao molho *béchamel* básico para fazer o molho *crème*.

3. **Manteiga.**
   Uma técnica útil para enriquecer, tanto na culinária clássica quanto na moderna, é chamada de **monter au beurre**, *ou montar com manteiga*.
   Para montar um molho com manteiga, simplesmente adicione alguns pedaços de manteiga amolecida ao molho quente e mexa até derreter. O molho deve ser servido imediatamente, senão a manteiga pode se separar.
   Essa técnica proporciona brilho e suavidade extras, além de agregar o sabor rico e fresco da manteiga crua.

TEMPERAR

Não importa se um molho foi enriquecido ou não no final com liga fina, creme de leite ou manteiga, é preciso checar o tempero antes de servi-lo. Lembre-se que a última etapa em qualquer receita, esteja ela escrita ou não, é "verifique o tempero".

1. O *sal* é o tempero mais importante nos molhos. O *suco de limão* também é importante. Esses dois temperos realçam os sabores que já estão lá ao estimular as papilas gustativas. A *pimenta-caiena* e a *pimenta-do-reino branca* são, talvez, a terceira e a quarta em importância.

2. *Xerez* e *Madeira* às vezes são usados como condimentos de finalização. Esses vinhos são acrescentados ao final do cozimento (ao contrário dos vinhos de mesa tinto e branco, que devem ser cozidos junto com o molho), pois seu sabor evapora facilmente com o calor.

FAMÍLIAS DE MOLHOS

MOLHOS BÁSICOS

Mais uma vez, vamos analisar os três componentes básicos no preparo de molhos, mas desta vez de um ângulo um pouco diferente.

Líquido + agente espessante = molho básico

Molho básico + condimentos adicionais = molho derivado

168 **Capítulo 8 • Fundos e molhos**

Já foram citados os cinco líquidos básicos para molhos: leite, fundo claro, fundo escuro, polpa de tomate (com fundo) e manteiga clarificada. Destes, obtêm-se os cinco **molhos básicos**, também conhecidos como *molhos-mãe*, exibidos no Quadro 8.1.

Quadro 8.1
Molhos básicos

Líquido	Agente espessante	Molho básico
leite	+ *roux* claro	= molho *béchamel*
fundo claro (vitela, frango, peixe)	+ *roux* claro ou amarelo	= *velouté* (de vitela, frango, peixe)
fundo escuro	+ *roux* escuro	= molho *espagnole*
tomate com fundo	+ (*roux* opcional)	= molho de tomate
manteiga	+ gema de ovo	= molho *hollandaise*

Observação: o *roux* não é usado em todos os molhos de tomate, uma vez que a polpa de tomate é naturalmente espessa.

A esses cinco molhos acrescenta-se mais um: **fond lié**, que significa "fundo engrossado". Às vezes, ele é usado no lugar do molho espanhol.

fundo escuro + araruta ou amido de milho = *fond lié*

É preciso entender que esses quadros estão bastante simplificados. A maior parte desses molhos possui alguns outros ingredientes de sabor. Mesmo assim, conhecer essa estrutura básica é essencial para o preparo de molhos.

MOLHOS DERIVADOS

Os molhos básicos principais – *béchamel*; *veloutés* de vitela, frango e peixe; e molho espanhol – são raramente usados sozinhos como molhos. São mais importantes como base para outros molhos, chamados **molhos derivados**. O molho de tomate e o molho *hollandaise* são usados sozinhos, mas também são importantes como base para os molhos derivados.

O quadro das famílias de molhos será expandido em uma geração a mais para incluir exemplos de molhos semiderivados e mostrar os parentescos (ver Quadro 8.2).

É provável que o Quadro 8.2 seja um pouco mais complicado do que você esperava pelas setas adicionais e a categoria extra de molhos básicos secundários. Eles são relativamente fáceis de explicar.

1. **Molhos básicos secundários claros.**

   Estes três molhos – *allemande*, *suprême* e *au vin blanc* – são, na verdade, molhos finais, como os demais molhos derivados. Mas eles são usados com tanta frequência para desenvolver outros molhos derivados que são classificados em uma categoria especial.

   Por exemplo, para fazer molho *suprême*, adiciona-se creme de leite ao *velouté* de frango.

   Para fazer molho Albufera, pode-se adicionar *glace de viande* (carne) ao molho *suprême*. Ou, se você não tem molho *suprême*, pode fazê-lo adicionando creme de leite e *glace de viande* ao *velouté* de frango. É por isso que há dois grupos de setas no quadro.

   Allemande, *suprême* e *au vin blanc* também são conhecidos como *molhos derivados principais*. Se o conceito de molho básico secundário claro parece confuso a princípio, você pode simplesmente pensar nele como um molho derivado a mais. O que importa é entender como os molhos derivam uns dos outros.

2. *Demi-glace.*

   - O **demi-glace** é definido como metade molho espanhol e metade fundo escuro reduzido à metade. Muitos *chefs* preferem o *demi-glace* ao molho espanhol sozinho como base para molhos derivados, porque ele é mais concentrado e tem sabor mais desenvolvido.

     Observação: é possível fazer molhos derivados diretamente do molho espanhol, mas eles não serão tão refinados.

   - Alguns *chefs* modernos acham o molho espanhol muito pesado para os sabores modernos, que requerem molhos mais leves. Esses *chefs* preparam *demi-glace* a partir de *fond lié,* reduzindo-o com *mirepoix*, vinho branco e temperos, ou sim-

Quadro 8.2
Molhos derivados

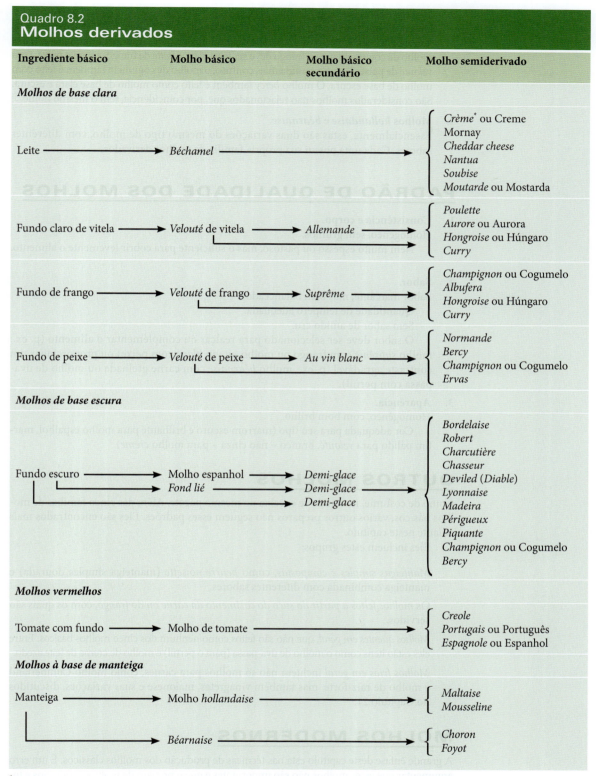

*N.R.: A maioria dos materiais de referência da área em português inclui o molho *aurore* (assim como o *curry*) nesta família.

plesmente reduzindo à metade um fundo escuro saboroso. Em outras palavras, o *demi-glace* pode ser considerado um fundo escuro saboroso, reduzido à metade (*demi* significa "metade") e engrossado com *roux* ou outro amido, ou não engrossado (exceto pela gelatina natural).

3. **Molhos derivados listados duas vezes.**
Observe, por exemplo, que o molho de cogumelo aparece em *velouté* de frango e de peixe. Isso significa que é preciso usar o fundo do produto que você está servindo com o molho. O molho de cogumelo para o frango deve ser feito com *velouté* de frango, e para o peixe, com *velouté* de peixe. Para ficar ainda mais confuso, o molho de cogumelo também é feito com molho de base escura. O molho *bercy* também é feito como molho de base clara e escura. São considerados molhos não relacionados que, por coincidência, têm o mesmo nome.

4. **Molhos *hollandaise* e *béarnaise*.**
Essencialmente, estas são duas variações do mesmo tipo de molho, com diferentes sabores. Cada uma possui sua própria família de molhos derivados.

PADRÃO DE QUALIDADE DOS MOLHOS

1. **Consistência e corpo.**
Homogêneo, sem grumos.
Nem muito espesso ou pastoso, mas o suficiente para cobrir levemente o alimento.

2. **Sabor.**
Sabor marcante, mas bem balanceado.
Quantidade de tempero adequada.
Sem sabor de amido cru.
O sabor deve ser selecionado para realçar ou complementar o alimento (p. ex.: molho *suprême* com frango ou molho *au vin blanc* com peixe) ou proporcionar um contraste agradável (p. ex.: molho *béarnaise* com carne grelhada ou molho de uva-passa com pernil).

3. **Aparência.**
Homogêneo, com bom brilho.
Cor adequada para seu tipo (marrom escuro e brilhante para molho espalhol, marfim pálido para *velouté*, branco – não cinza – para molho *crème*).

OUTROS MOLHOS

Como de costume, nem tudo se encaixa no mesmo pacote. Além das cinco famílias de molhos básicos, vários outros preparos não seguem esses padrões. Eles são encontrados mais adiante neste capítulo.
Eles incluem estes grupos:

Manteigas simples e compostas, como *beurre noisette* (manteiga simples dourada) e manteiga combinada com diferentes sabores.

Os *molhos feitos a partir do suco do cozimento da carne ou do frango*, com os quais são servidos.

Molhos quentes em geral, que não são feitos como nenhum dos cinco molhos básicos. Entre eles estão itens como o molho de uva-passa (para o pernil) e molho de creme de leite azedo.

Molhos frios em geral incluem não só molhos para carnes, como molho Cumberland e molho de raiz-forte, mas também vinagretes, maionese e suas variações, discutidos no Capítulo 21.

MOLHOS MODERNOS

A grande ênfase deste capítulo está nas técnicas de produção dos molhos clássicos. É um erro argumentar que esses molhos não são importantes e que o preparo de molhos modernos é totalmente diferente. Os molhos modernos ainda dependem das técnicas básicas clássicas, embora a ênfase possa ter mudado. Por exemplo, um *chef* de uma cozinha moderna pode preparar um molho para uma carne salteada no último minuto deglaceando a frigideira com um pouco de vinho, acrescentando fundo escuro reduzido e finalizando o molho com um pouco de manteiga. Como você pode ver, são todas técnicas utilizadas na produção de molhos clássicos. Aprender a preparar molhos clássicos é uma base importante para aprender a culinária moderna.
Enquanto muitas das receitas deste livro, sobretudo as tradicionais, incorporam molhos preparados com antecedência, muitas outras, em especial as mais modernas, incorporam molhos feitos no último minuto.

PRODUÇÃO

BÉCHAMEL

A versão clássica do molho branco padrão, o **béchamel**, era preparada com carne de vitela magra, ervas e especiarias cozidas lentamente com o molho por uma hora ou com fundo claro de vitela adicionado ao molho e depois reduzido. Em raros casos isso é feito hoje.

No entanto, o *béchamel* simples usado atualmente – leite e *roux* – pode ser aprimorado cozinhando-se lentamente o molho com cebola e especiarias. Esses ingredientes podem ser omitidos, é claro, mas o molho terá menos sabor.

Molho *béchamel*

Rendimento: 4 L

Quantidade	Ingredientes
	Roux:
250 g	Manteiga clarificada
250 g	Farinha especial para pão
4 L	Leite
1	Folha de louro pequena
1	Cebola pequena inteira descascada
1	Cravo-da-índia inteiro
a gosto	Sal
a gosto	Noz-moscada
a gosto	Pimenta-do-reino branca

Por 30 g:
Calorias, 40; Proteínas, 1 g; Gorduras, 3 g (63% cal.); Colesterol, 10 mg; Carboidratos, 3 g; Fibras, 0 g; Sódio, 30 mg.

Modo de preparo

1. Reveja as instruções para preparar e incorporar o *roux* (p. 163).
2. Em uma caçarola pesada funda, aqueça a manteiga em fogo baixo. Acrescente a farinha e faça um *roux* claro. Deixe o *roux* esfriar um pouco.
3. Em outra caçarola funda, escalde o leite. Adicione-o ao *roux* de forma gradual, batendo sem parar.
4. Aqueça o molho até ferver, mexendo sempre. Reduza a chama e deixe cozinhar em fogo lento.
5. Espete a folha de louro na cebola usando o cravo-da-índia e junte ao molho. Cozinhe em fogo brando por pelo menos 15 minutos ou, se possível, por 30 minutos ou mais, mexendo de vez em quando.
6. Ajuste a consistência com mais leite quente, se necessário.
7. Tempere com um pouco de sal, noz-moscada e pimenta-do-reino branca. O sabor das especiarias não deve predominar.
8. Passe o molho por um *chinois* forrado com um pano fino. Cubra ou espalhe manteiga derretida na superfície para impedir a formação de película. Conserve quente em banho-maria ou resfrie em banho-maria de água gelada para usar posteriormente.

VARIAÇÕES

Béchamel leve
Use 375 g de *roux*.

Béchamel grosso
Use 750 g de *roux*.

Molhos semiderivados

Para cada um dos molhos a seguir, acrescente os ingredientes indicados a 1 L de *molho béchamel*. Tempere a gosto.

Molho *crème*
125–250 mL de creme de leite fresco, aquecido ou faça a temperagem com um pouco do molho quente.

Molho Mornay
125 g de queijo Gruyère ralado e 60 g de queijo parmesão, mexa até derreterem. Para finalizar, apague o fogo e acrescente 60 g de manteiga crua. Torne-o mais ralo com um pouco de leite quente, se necessário, ou use um fundo ou caldo adequado ao prato que está sendo preparado.

Molho Mornay para glacear ou gratinar
Finalize o molho Mornay com liga fina de 2 gemas e 60 mL de creme de leite fresco.

Molho de queijo *cheddar*
250 g de queijo *cheddar*, ½ colher (chá) de mostarda em pó, 2 colheres (chá) (10 mL) de molho inglês.

Molho de mostarda
125 g de mostarda preparada.

Molho *soubise*
500 g de cebola em cubinhos, cozidos lentamente em 60 g de manteiga, sem dourar. Cozinhe em fogo brando com o molho por 15 minutos e passe por uma peneira fina.

Molho *soubise* com tomate
Adicione 500 mL de polpa de tomate espessa a 1 L de molho *soubise*.

Molho *nantua*
175 g de manteiga de camarão (p. 179), 125 mL de creme de leite fresco.
(*Observação*: o molho *nantua* clássico é feito com lagostim, nem sempre disponível em algumas regiões.)

VELOUTÉ

Os três molhos **velouté** são a base de muitas variações. As instruções dos molhos derivados indicam qual dos três usar. Se for oferecido mais de um, a escolha depende do que você estiver servindo com ele.

Observação: na América do Norte, o *velouté* de frango é muito mais usado do que o de vitela. Muitos dos molhos antes feitos com fundo de vitela hoje são feitos com fundo de frango.

Molho *velouté* (vitela, frango ou peixe)

Rendimento: 2 L

Quantidade	Ingredientes
	Roux:
125 g	Manteiga clarificada
125 g	Farinha especial para pão
2,5 L	Fundo claro, quente (vitela, frango ou peixe)

Por 30 g:
Calorias, 25; Proteínas, 0 g; Gorduras, 2 g (82% cal.); Colesterol, 5 mg; Carboidratos, 1 g; Fibras, 0 g; Sódio, 20 mg.

VARIAÇÃO

Aqueça a manteiga para o *roux* em uma caçarola funda pesada. Adicione 30 g de cebola, 30 g de alho-poró e 30 g de salsão. Abafe até ficarem macios. Não deixe dourar. Acrescente farinha de trigo para fazer o *roux*. Continue com a etapa 3 do procedimento.

Modo de preparo

1. Reveja as instruções para preparar e incorporar o *roux* (p. 163).
2. Aqueça a manteiga em uma caçarola pesada funda em fogo baixo. Acrescente a farinha e faça um *roux* amarelo. Deixe o *roux* esfriar ligeiramente.
3. Aos poucos, adicione o fundo quente ao *roux*, batendo sem parar. Aqueça até ferver, mexendo sempre. Reduza o fogo para o mínimo.
4. Cozinhe em fogo bem baixo por 1 hora. Mexa de vez em quando e escume a superfície quando necessário. Acrescente mais fundo para ajustar a consistência, se for preciso.
5. Não tempere o *velouté*, uma vez que ele é usado como ingrediente para outros preparos.
6. Passe o molho por um *chinois* forrado com um pano fino. Cubra ou espalhe manteiga derretida na superfície para impedir a formação de película. Conserve quente em banho-maria ou resfrie em banho-maria de água gelada para usar posteriormente.

Molho *au vin blanc*

Rendimento: 2 L

Quantidade	Ingredientes
250 mL	Vinho branco (seco)
2 L	*Velouté* de peixe
250 mL	Creme de leite fresco, quente
60 g	Manteiga
a gosto	Sal
a gosto	Pimenta-do-reino branca
a gosto	Suco de limão

Por 30 g:
Calorias, 45; Proteínas, 0 g; Gorduras, 4 g (85% cal.); Colesterol, 10 mg; Carboidratos, 1 g; Fibras, 0 g; Sódio, 30 mg.

Modo de preparo

1. Reduza o vinho à metade em uma panela funda.
2. Acrescente o *velouté* e cozinhe em fogo brando para reduzir até a consistência desejada.
3. Incorpore aos poucos o creme de leite quente (ou temperado).
4. Retire do fogo, coloque a manteiga crua cortada em pedaços e mexa.
5. Tempere a gosto com sal, pimenta-do-reino branca e gotas de suco de limão.
6. Coe em pano fino.

VARIAÇÃO

Em vez de adicionar o creme de leite fresco quente ou temperado, faça uma liga fina com 5 gemas e 250 mL de creme de leite fresco frio. Incorpore ao molho usando o procedimento descrito na página 165. Em seguida, siga a receita a partir da etapa 4.

Molho *suprême*

Rendimento: 2 L

Quantidade	Ingredientes
2 L	*Velouté* de frango
500 mL	Creme de leite fresco
60 g	Manteiga
a gosto	Sal
a gosto	Pimenta-do-reino branca
a gosto	Suco de limão

Modo de preparo

1. Coloque o *velouté* em uma panela funda e cozinhe em fogo médio até reduzi-lo em um quarto. Mexa de vez em quando.
2. Despeje o creme de leite em uma tigela de inox e faça a temperagem adicionando lentamente um pouco do molho quente. Despeje essa mistura de volta na panela e continue cozinhando em fogo brando.
3. Incorpore a manteiga crua em pedaços. Tempere a gosto com sal, pimenta-do-reino branca e gotas de suco de limão.
4. Coe em pano fino.

Por 30 g:
Calorias, 50; Proteínas, 1 g; Gorduras, 5 g (79% cal.); Colesterol, 20 mg; Carboidratos, 2 g; Fibras, 0 g; Sódio, 30 mg.

Molho *allemande*

Rendimento: 2 L

Quantidade	Ingredientes
2 L	*Velouté* de vitela (ver Observação)
	Liga fina:
4	Gemas
250 mL	Creme de leite fresco
15 mL	Suco de limão
a gosto	Sal
a gosto	Pimenta-do-reino branca

Por 30 g:
Calorias, 40; Proteínas, 1 g; Gorduras, 3,5 g (72% cal.);
Colesterol, 25 mg; Carboidratos, 2 g; Fibras, 0 g; Sódio, 20 mg.

Modo de preparo

1. Reveja as instruções para incorporar a liga fina (p. 165).
2. Coloque o *velouté* em uma panela funda e cozinhe em fogo médio por alguns minutos até reduzi-lo um pouco.
3. Bata a gema com o creme de leite em uma tigela de inox.
4. Faça a temperagem da liga incorporando lentamente cerca de um terço do molho quente, batendo sem parar. Despeje devagar essa mistura na panela do molho, mexendo sempre.
5. Reaqueça até chegar próximo do ponto de fervura. Não ferva.
6. Adicione o suco de limão, o sal e a pimenta-do-reino branca a gosto e coe em pano fino.

Observação: o molho *allemande*, especificamente, deve ser feito com *velouté* de vitela. Porém, como o *velouté* de frango é muito mais comum na América do Norte, o molho *allemande* e os molhos dele derivados em geral são feitos com *velouté* de frango.

Molhos semiderivados

Para cada um dos molhos a seguir, acrescente os ingredientes necessários a 1 L de *velouté de vitela, frango ou peixe, molho suprême, molho allemande ou molho de vinho branco*, conforme indicado. Tempere a gosto.

Poulette
Ao preparar o molho *allemande*, junte 250 g de cogumelo-paris ou sobras de cogumelo ao *velouté* antes de reduzir. Finalize a preparação do *allemande*, coe e junte 2 colheres de sopa (30 mL) de salsinha picada e suco de limão a gosto.

Aurore
Acrescente 175 g de polpa de tomate a 1 L de *velouté de vitela ou frango, molho suprême ou molho allemande*.

Hongroise
Sue 60 g de cebola picada e 1 colher de sopa de páprica em 25 g de manteiga até murchar. Acrescente ½ xícara (125 mL) de vinho branco e reduza à metade. Adicione 1 L de *velouté de vitela* ou *frango*, cozinhe em fogo brando por 10 minutos e coe.

Albufera
Adicione 60 g de *glace de viande* (carne) a 1 L de *molho suprême*.

Curry
Cozinhe 125 g de *mirepoix* cortado em *brunoise* em 25 g de manteiga até ficar macio, mas não dourado. Adicione 1 colher de sopa (15 mL) de *curry* em pó, 1 dente de alho amassado, 1 pitada de tomilho desidratado, ½ folha de louro e 2 a 4 talos de salsinha e cozinhe por mais 1 minuto. Adicione 1 L de *velouté de vitela, frango ou peixe*. Cozinhe em fogo brando por 20 minutos, adicione ½ xícara (125 mL) de creme de leite, coe e tempere com sal e suco de limão.

Champignon
Salteie 125 g de cogumelos-paris frescos fatiados em 25 g de manteiga, adicionando 1 colher de sopa (15 mL) de suco de limão para que não escureçam. Junte ao *molho suprême, allemande ou au vin blanc*, ou ao *velouté* apropriado.

Bercy
Reduza a um terço 60 g de chalota picada e ½ xícara (125 mL) de vinho branco. Adicione 1 L de *velouté de peixe*, reduza ligeiramente e finalize com 60 g de manteiga crua, 2 colheres de sopa de salsinha picada e suco de limão a gosto.

Ervas
Ao *molho au vin blanc* acrescente salsinha, cebolinha e estragão picados a gosto.

Normande
Para 1 L de *velouté de peixe*, adicione 125 mL de líquido do cozimento de cogumelos (ou 125 g de sobras de cogumelo) e 125 mL de líquido de ostra ou *fumet* de peixe. Reduza a dois terços. Finalize com *liaison* de 4 gemas de ovo e 1 xícara (250 mL) de creme de leite. Coe e incorpore 75 g de manteiga crua.

Anchova
Siga as instruções de preparo do molho *normande*, mas substitua a manteiga crua por 175 g de manteiga de anchova ao finalizar o molho.

Camarão
Acrescente 125 g de manteiga de camarão e uma pitadinha de pimenta-caiena a 1 L de *molho au vin blanc*. Se desejar, guarneça com 125 g de camarão cozido em cubinhos.

Veneziano
Misture ½ xícara (125 mL) de vinho branco, ½ xícara (125 mL) de vinagre de estragão, 15 g de chalota picada e 2 colheres de chá de cerefólio fresco picado. Reduza a um terço. Adicione 1 L de *molho au vin blanc* e cozinhe em fogo brando por 2 a 3 minutos. Coe. Acrescente estragão fresco a gosto.

Raiz-forte
Adicione 60 g de raiz-forte preparada escorrida, ½ xícara (125 mL) de creme de leite fresco e 2 colheres de chá (10 mL) de mostarda em pó dissolvida em 30 mL de vinagre a 1 L de *velouté* feito de fundo de carne ou vitela ou caldo de carne (p. 325).

> ### Gastrique
>
> Uma técnica clássica para acrescentar um toque equilibrado de doçura e acidez a um molho é adicionar **gastrique** – açúcar caramelizado dissolvido em vinagre. Por exemplo, é o *gastrique* que dá o sabor adocicado e ácido necessário ao molho *bigarade*, o molho de laranja clássico servido com pato assado.
>
> O *gastrique* pode ser preparado com antecedência em quantidades maiores e armazenado para ser usado quando necessário. Aqueça 120 g de açúcar até derreter e caramelizar, adquirindo uma cor dourada clara. Espere esfriar ligeiramente. Adicione 90 mL de vinagre de vinho e cozinhe em fogo brando até que o caramelo tenha dissolvido.

MOLHO ESPAGNOLE OU ESPANHOL

Observando o procedimento de preparo do **molho espanhol** é possível saber que ele é mais complicado que o *béchamel* ou o *velouté*. Como ele é o ponto de partida para os molhos encorpados e saborosos que acompanham as carnes vermelhas, é necessário dar sabor e riqueza extras com o *mirepoix*. Alguns *chefs* até acrescentam mais ossos assados e cozinham o molho tanto quanto o fundo.

Observe como o *roux* é feito na receita de molho espanhol. Embora o *mirepoix* também seja cozido na gordura, o princípio básico é o mesmo de quando se faz um *roux* simples em uma panela separada.

Fond lié

Em sua forma mais simples, o *fond lié*, ou *jus lié*, é um fundo escuro ligeiramente engrossado com araruta ou amido de milho. Entretanto, sua qualidade pode ser aprimorada aplicando-se a técnica utilizada para fazer molho espanhol. Ou seja, reduzir o fundo escuro com *mirepoix* caramelizado e polpa ou massa de tomate. Em seguida, engrossar com ligação de amido (*slurry*) e coar. Pode-se usar a mesma proporção de fundo e *mirepoix* do molho espanhol.

MOLHO DE TOMATE

O molho de tomate clássico, de acordo com Escoffier, é preparado com *roux*, mas dificilmente isso é feito hoje nas cozinhas modernas. A textura da polpa de tomate é suficiente para dar ao molho a consistência adequada, mesmo quando nenhum espessante à base de amido é usado.

Esse tipo de molho pode ser chamado de **coulis**, termo francês usado nas cozinhas modernas para se referir a um purê de vegetais ou frutas usado como molho. Há uma receita de *Coulis* de pimentão na página 189.

Molho *espagnole* ou espanhol

Rendimento: 4 L

Quantidade	Ingredientes
	Mirepoix:
500 g	Cebola em cubos médios
250 g	Cenoura em cubos médios
250 g	Salsão em cubos médios
250 g	Manteiga
250 g	Farinha especial para pão
6 L	Fundo escuro
250 g	Polpa de tomate
	Sachê:
½	Folha de louro
¼ colher (chá)	Tomilho seco
6-8	Ramos de salsinha

■ Modo de preparo

1. Refogue o *mirepoix* na manteiga até ficar bem dourado.
2. Acrescente a farinha e mexa para fazer o *roux*. Cozinhe até ficar dourada.
3. Acrescente o fundo escuro e a polpa de tomate aos poucos, batendo sem parar, até levantar fervura.
4. Abaixe o fogo para o mínimo e escume a superfície. Adicione o sachê e continue cozinhando por cerca de 2 horas, até que o molho seja reduzido a 4 L. Escume quando necessário.
5. Passe por um *chinois* forrado com várias camadas de pano fino. Pressione levemente o *mirepoix* para extrair os sucos.
6. Tampe ou espalhe manteiga derretida na superfície para impedir a formação de película. Conserve quente em banho-maria ou resfrie em um recipiente de água fria para usar posteriormente.

Por 30 g:
Calorias, 25; Proteínas, 1 g; Gorduras, 1,5 g (53% cal.); Colesterol, 5 mg; Carboidratos, 2 g; Fibras, 0 g; Sódio, 20 mg.

Fond lié

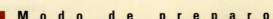

Rendimento: 1 L

Quantidade	Ingredientes
1 L	Fundo escuro
30 g	Amido de milho ou araruta

Por 30 g:
Calorias, 5; Proteínas, 0 g; Gorduras, 0 g (0% cal.); Colesterol, 0 mg; Carboidratos, 1 g; Fibras, 0 g; Sódio, 0 mg.

■ Modo de preparo

1. Aqueça o fundo em uma panela funda até ferver. Reduza o fogo para o mínimo.
2. Dissolva o amido ou a araruta em uma pequena quantidade de fundo ou água frios. Incorpore à panela com o fundo, mexendo.
3. Continue cozinhando até engrossar e ficar transparente.

VARIAÇÃO

Para adicionar sabor, o fundo pode ser reduzido com *mirepoix* caramelizado e tomate (como no molho espanhol) antes de ser engrossado. Ossos assados também podem ser adicionados.

Demi-glace

Rendimento: 4 L

Quantidade	Ingredientes
4 L	Molho espanhol
4 L	Fundo escuro

Por 30 g:
Calorias, 25; Proteínas, 1 g; Gorduras, 1,5 g (53% cal.); Colesterol, 5 mg; Carboidratos, 2 g; Fibras, 0 g; Sódio, 20 mg.

■ **Modo de preparo**

1. Misture o molho e o fundo em uma panela funda e cozinhe em fogo brando até reduzir à metade.
2. Passe por um *chinois* ou coador cônico normal forrado com gaze. Tampe para evitar a formação de película. Conserve quente em banho-maria ou resfrie em banho-maria de água gelada para usar posteriormente.

Molhos semiderivados

Para cada um dos molhos a seguir, acrescente os ingredientes necessários a 1 L de *demi-glace*.

Bordelaise
Reduza a um quarto de 1 xícara (250 mL) de vinho tinto seco, 60 g de chalota picada, ¼ de colher de chá de pimenta-do-reino moída grosseiramente, uma pitada de tomilho desidratado e ½ folha de louro. Adicione 1 L de *demi-glace*, cozinhe em fogo brando por 15 a 20 minutos e coe. Incorpore 60 g de manteiga crua cortada em pedaços, mexendo. Guarneça com tutano de boi em cubinhos ou fatiado, escalfado em água salgada.

Marchand de vin
Reduza 200 mL de vinho tinto e 60 g de chalota picada a um quarto. Adicione 1 L de *demi-glace*, cozinhe em fogo brando e coe.

Robert
Refogue 125 g de cebola picada na manteiga sem dourar. Acrescente 1 xícara (250 mL) de vinho branco e reduza a um terço. Adicione 1 L de *demi-glace* e cozinhe em fogo brando por 10 minutos. Coe e acrescente 2 colheres de chá (10 mL) de mostarda em pó e uma pitada de açúcar dissolvidos em um pouco de suco de limão.

Charcutière
Guarneça o molho *robert* com picles cortado em *julienne*.

Chasseur
Refogue 175 g de cogumelo fatiado e 60 g de chalota picada em 60 g de manteiga. Acrescente 1 xícara (250 mL) de vinho branco e reduza a um quarto. Adicione 1 L de *demi-glace* e 250 g de tomate em cubos. Cozinhe em fogo brando por 5 minutos e acrescente 2 colheres de chá de salsinha picada.

Diable (deviled)
Reduza a um terço 250 mL de vinho branco, 125 g de chalota picada e ½ colher de chá de pimenta-do-reino moída grosseiramente. Adicione 1 L de *demi-glace* e cozinhe em fogo brando por 20 minutos. Tempere com pimenta-caiena a gosto e coe.

Madeira
Reduza 1 L de *demi-glace* até perder cerca de ½ xícara (100 mL). Acrescente 100 mL de vinho Madeira.

Perigueux
Guarneça o molho madeira com trufas em cubos bem pequenos.

Poivrade
Doure 500 g de *mirepoix* na manteiga. Acrescente 125 mL de vinho tinto e 750 mL de Marinada de vinho tinto para caça (p. 304) e reduza à metade. Adicione 1 L de *demi-glace* e reduza a dois terços em fogo baixo. Acrescente ½ colher de chá (2 mL) de pimenta-do-reino moída grosseiramente e cozinhe em fogo brando por 10 minutos. Coe.

Vinho do Porto
Siga as instruções do molho madeira, utilizando vinho do Porto em vez de Madeira.

Molho italiano
Refogue 500 g de cogumelo bem picado e 15 g de chalota picada em 60 g de manteiga até que toda a umidade evapore. Acrescente 1 xícara (250 mL) de vinho branco e reduza à metade. Adicione 30 g de massa de tomate e 1 L de *demi-glace* e cozinhe em fogo brando por 10 minutos. Acrescente 2 colheres de sopa de salsinha picada.

Champignon
Refogue 250 g de cogumelo fatiado e 30 g de chalota picada em 60 g de manteiga até dourar. Adicione 1 L de *demi-glace* e cozinhe em fogo brando por cerca de 10 minutos. Acrescente 60 mL de xerez e gotas de suco de limão.

Bercy
Reduza a um quarto 1 xícara (250 mL) de vinho branco seco e 125 g de chalota picada. Adicione 1 L de *demi-glace* e cozinhe em fogo brando por 10 minutos.

Piquante
Reduza a um terço 125 g de chalota picada, 125 mL de vinagre de vinho e 125 mL de vinho branco. Acrescente 1 L de *demi-glace* e cozinhe em fogo brando até reduzir ligeiramente. Adicione 60 g de alcaparra, 60 g de picles cortado em *brunoise*, 1 colher de sopa de salsinha picada e ½ colher de chá de estragão desidratado.

Lyonnaise
Refogue 125 g de cebola em 60 g de manteiga até dourar ligeiramente. Acrescente ½ xícara (125 mL) de vinagre de vinho branco e reduza à metade. Adicione 1 L de *demi-glace* e cozinhe em fogo brando por 10 minutos.

Bigarade
Prepare um *gastrique* (p. 174) com 180 g de açúcar e 125 mL de vinagre de vinho. Acrescente 250 mL de suco de laranja, 90 mL de suco de limão, 1 L de *demi-glace* e, se disponíveis, os sucos de um pato assado. Cozinhe em fogo brando, reduzindo até a consistência desejada. Guarneça com raspa de laranja cortada em *julienne* e branqueada.

Três técnicas principais são usadas para triturar vegetais e outros ingredientes para o *coulis*:

1. Transformar em purê usando um processador de alimentos ou liquidificador
2. Passar pelo passador de legumes
3. Passar por uma peneira fina

Desses três métodos, o terceiro em geral produz o purê mais homogêneo, mas também é o mais demorado. Se você quer um purê homogêneo, mas é difícil passar o produto diretamente pela peneira, use um dos outros dois métodos primeiro e depois passe pela peneira, para deixar o produto mais homogêneo.

Molho de tomate I

Rendimento: 4 L

Quantidade	Ingredientes
125 g	Barriga de porco salgada
250 g	Cebola em cubos médios
250 g	Cenoura em cubos médios
4 L	Tomate, em lata ou fresco, picado grosseiramente
2 L	Polpa de tomate enlatada
500 g	Osso de pernil ou ossos de porco assados
	Sachê:
2 dentes	Alho amassado
1	Folha de louro
¼ de colher (chá)	Tomilho desidratado
¼ de colher (chá)	Alecrim desidratado
¼ de colher (chá)	Grãos de pimenta-do-reino, moídos grosseiramente
a gosto	Sal
a gosto	Açúcar

Por 30 g:
Calorias, 20; Proteínas, 1 g; Gorduras, 1 g (35% cal.); Colesterol, 0 mg; Carboidratos, 3 g; Fibras, 1 g; Sódio, 120 mg.

■ Modo de preparo

1. Aqueça a barriga de porco em uma caçarola funda até a gordura derreter, mas sem deixar dourar.
2. Adicione a cebola e a cenoura e salteie até ficarem ligeiramente macias, mas sem dourar.
3. Acrescente o tomate e seu suco, a polpa de tomate, os ossos e o sachê. Assim que ferver, reduza o fogo para o mínimo e cozinhe (ver Observação) por 1 hora e 30 minutos a 2 horas, reduzindo até obter a consistência desejada.
4. Retire o sachê e os ossos. Coe o molho ou passe-o por um passador de legumes.
5. Acerte o tempero com sal e um pouco de açúcar.

VARIAÇÃO

Molho de tomate II (vegetariano)
Exclua a barriga de porco salgada. Refogue os vegetais em 60 mL de azeite de oliva, sem deixar dourar. Exclua os ossos.

Observação: o molho de tomate queima com facilidade, portanto, o fogo deve permanecer bem baixo. Ele também pode ser cozido no forno baixo (150°C), coberto mas sem vedar, para não queimar.

Molho de tomate III

Ver Molho de tomate para massas, página 639.

Molhos semiderivados

Para cada um dos molhos a seguir, acrescente os ingredientes necessários a 1 L de molho de tomate, conforme indicado.

Portugaise (português)
Refogue 125 g de cebola cortada em *brunoise* em 30 mL de óleo. Acrescente 500 g de tomate *concassé* (ver p. 533) e 1 colher de chá de alho amassado. Cozinhe em fogo brando até reduzir em cerca de um terço. Acrescente 1 L de molho de tomate, acerte o tempero e adicione 2 a 4 colheres de sopa de salsinha picada.

Espagnole (espanhol)
Refogue ligeiramente em óleo, sem dourar, 175 g de cebola em cubos pequenos, 125 g de pimentão verde em cubos pequenos e 1 dente de alho bem picado. Adicione 125 g de cogumelo fatiado e refogue mais um pouco. Acrescente 1 L de molho de tomate e tempere a gosto com sal, pimenta-do-reino e molho de pimenta vermelha.

Creole
Refogue em óleo 125 g de cebola em cubos pequenos, 125 g de salsão fatiado, 60 g de pimentão verde em cubos pequenos e 1 colher de chá de alho picado. Adicione 1 L de molho de tomate, 1 folha de louro, 1 pitada de tomilho desidratado e ½ colher de chá de raspas de limão-siciliano. Cozinhe em fogo brando por 15 minutos. Descarte a folha de louro e tempere a gosto com sal, pimenta-do-reino e pimenta-caiena.

Coulis de tomate fresco com alho

Rendimento: 500 mL

Quantidade	Ingredientes
90 g	Chalota bem picada
6	Dentes de alho bem picados
60 mL	Azeite de oliva
750 g	Tomate picado, sem pele e sem semente
a gosto	Sal
a gosto	Pimenta-do-reino branca

■ **M o d o   d e   p r e p a r o**

1. Cozinhe a chalota e o alho no azeite de oliva até ficarem macios.
2. Acrescente o tomate e cozinhe até que o excesso de líquido evapore e o molho fique espesso.
3. Tempere a gosto.

Por 30 g:
Calorias, 45; Proteínas, 1 g; Gorduras, 3,5 g (66% cal.); Colesterol, 0 mg; Carboidratos, 3 g; Fibras, 1 g; Sódio, 5 mg.

MOLHOS À BASE DE MANTEIGA

O quinto molho básico é o *hollandaise*. O molho *hollandaise* e seu primo, o *béarnaise*, são diferentes dos molhos estudados até agora, porque seu principal ingrediente não é fundo nem leite, e sim, manteiga.

Antes de discutirmos as complexidades do molho *hollandaise*, serão analisados os preparos mais simples de manteiga usados como molhos.

1. **Manteiga derretida.**
   Este é o preparo de manteiga mais simples de todos e um dos mais usados, principalmente como molho para vegetais.
   A *manteiga sem sal* tem um sabor mais fresco e é ideal para o preparo de molhos.

2. **Manteiga clarificada.**
   A manteiga consiste em gordura, água e sólidos do leite. A **manteiga clarificada** é a gordura da manteiga purificada, sem a água e os sólidos do leite (ver Fig. 8.7). É necessária em muitos preparos. Ela é utilizada para saltear, porque os sólidos do leite da manteiga não clarificada queimariam a temperaturas tão altas. É utilizada para fazer molho *hollandaise*, pois a água da manteiga não clarificada alteraria a consistência do molho.

3. **Manteiga *noisette*.**
   Conhecida como **beurre noisette** na França, consiste em manteiga integral derretida e aquecida até ficar levemente dourada e exalar um aroma de noz. Em geral, é preparada no último minuto e servida sobre peixes, carnes brancas, ovos e vegetais.
   Deve-se ter cuidado para não queimar a manteiga, pois o calor da panela continua dourando-a mesmo depois de a panela ser retirada do fogo.

4. **Manteiga escura.**
   A manteiga escura, ou *beurre noir*, é feita como a manteiga dourada, mas aquecida até ficar um pouco mais escura; também recebe algumas gotas de vinagre. Às vezes, são adicionadas alcaparras e/ou salsinha picada.
   Para evitar que o vinagre espirre ao ser acrescentado na manteiga quente, muitos *chefs* despejam a manteiga sobre o alimento e depois deglaceiam a panela com o vinagre e despejam-no sobre o alimento.

5. **Manteiga *meunière*.**
   A *beurre meunière* é servida com peixe *à la meunière* (ver p. 470). A manteiga escura é temperada com suco de limão e despejada sobre o peixe já polvilhado com salsinha picada.
   Assim como a manteiga escura, pode espirrar quando o líquido é adicionado à manteiga quente. Para evitar isso, os cozinheiros despejam o suco de limão diretamente sobre o peixe antes de regá-lo com a manteiga escura.

6. **Manteigas compostas.**
   Manteigas compostas são feitas amolecendo-se manteiga crua e adicionando-se vários condimentos. Essa mistura é então enrolada em papel-manteiga em forma de cilindro.
   As manteigas compostas têm duas utilidades importantes:
   - Fatias da manteiga firme são colocadas sobre itens grelhados quentes na hora de servir. A manteiga derrete sobre o item e forma um molho.
   - Pequenas porções são misturadas a molhos para finalizá-los e dar um sabor extra.

Procedimento para clarificar manteiga

Método 1
1. Derreta a manteiga em uma panela funda e pesada, em fogo médio.
2. Escume a espuma da superfície.
3. Com cuidado, despeje a manteiga derretida em outro recipiente, deixando o líquido leitoso no fundo da panela.

Método 2
1. Derreta a manteiga em uma panela funda e pesada, em fogo médio.
2. Escume a espuma da superfície.
3. Deixe a panela no fogo e continue escumando a superfície de tempos em tempos. A água do fundo irá ferver e evaporar gradualmente.
4. Quando a manteiga estiver transparente e não estiver mais formando espuma na superfície, coe-a em pano fino dentro de outro recipiente.

São necessários 625 g de manteiga crua para fazer 500 g de manteiga clarificada; 500 g de manteiga crua rendem cerca de 400 g de manteiga clarificada.

Figura 8.7
Como clarificar a manteiga.

(a) Escume a espuma da superfície da manteiga derretida.

(b) Retire a gordura transparente derretida com uma concha.

(c) Continue até que reste somente o líquido leitoso no fundo da panela.

Fáceis de fazer, as manteigas compostas podem transformar um simples filé grelhado em uma refeição muito especial.

A manteiga composta mais usada para carnes grelhadas é a *maître d'hôtel*. Variações são fornecidas após a receita (p. 179).

7. ***Beurre blanc.***
Beurre blanc é um molho feito por meio da incorporação de uma grande quantidade de manteiga crua a uma pequena quantidade de uma redução saborosa de vinho branco e vinagre, de forma que a manteiga derreta e forme uma emulsão com a redução. Essa técnica é basicamente a mesma da usada para montar com manteiga (*monter au beurre*, p. 167), exceto pelo fato de que a proporção de manteiga em relação ao líquido é muito maior.

A *beurre blanc* pode ser feita de forma fácil e rápida adicionando-se a manteiga fria de uma vez e batendo-se vigorosamente em fogo médio-alto. A temperatura da manteiga mantém o molho suficientemente frio para impedir que se separe. Lembre-se de retirá-lo do fogo antes que toda a manteiga derreta; continue batendo. É melhor tirar o molho do fogo antes da hora do que tarde demais, pois ele sempre pode ser reaquecido se necessário. A Figura 8.8 ilustra esse procedimento.

Alguns *chefs* preferem usar fogo baixo e adicionar a manteiga aos poucos, para reduzir as chances de o molho aquecer demais e se separar. O processo demora um pouco mais, mas o resultado é o mesmo.

A *beurre blanc* deve ser mantida morna, não quente, e mexida ou batida de tempos em tempos para que a gordura e o líquido não se separem. Para misturas mais estáveis de gordura e líquido – chamadas *emulsões* –, veja a introdução ao molho *hollandaise* da página 180.

Molhos enriquecidos com manteiga

Como já foi observado, a técnica de preparo da *beurre blanc* é a mesma usada para montar com manteiga (*monter au beurre*), exceto pelo fato de que a proporção de manteiga é bem maior. Essa

Figura 8.8
Como preparar *beurre blanc*.

(a) Reduza os líquidos (em geral vinho e vinagre) com chalota picada.

(b) Bata na manteiga crua até que a manteiga derreta e forme um molho homogêneo.

(c) Deixe a chalota no molho ou passe por uma peneira. A *beurre blanc* coada tem uma textura leve, homogênea e cremosa.

mesma técnica pode ser usada para finalizar uma grande variedade de molhos, normalmente molhos brancos, embora os escuros também possam ser finalizados da mesma forma.

Para improvisar uma versão enriquecida com manteiga de um molho branco clássico, consulte as variações de molhos na página 173. Em vez de 1 L de *velouté* ou outra base de molho branco, substitua por 500 mL de fundo claro concentrado. Combine com os condimentos indicados na variação. Reduza até a consistência de calda rala. Incorpore 250 g de manteiga crua, batendo, e coe.

Muitos outros molhos para carne, frango ou peixe salteados podem ser improvisados com a mesma técnica. Deglaceie a frigideira com vinho, fundo ou outro líquido, adicione os ingredientes de sabor desejado, reduza e finalize incorporando uma quantidade generosa de manteiga crua. Tempere e coe.

Manteiga *maître d'hôtel*

Rendimento: 500 mL

Quantidade	Ingredientes
500 g	Manteiga
¼ de xícara (chá)	Salsinha picada
50 mL	Suco de limão
pitada	Pimenta-do-reino branca

Por 30 g:
Calorias, 45; Proteínas, 1 g; Gorduras, 3,5 g (66% cal.); Colesterol, 0 mg; Carboidratos, 3 g; Fibras, 1 g; Sódio, 5 mg.

■ **Modo de preparo**

1. Em uma batedeira com o misturador raquete, bata a manteiga em baixa velocidade até ficar homogênea e cremosa.
2. Acrescente os demais ingredientes e bata lentamente até ficarem bem misturados.
3. Enrole a manteiga em forma de um cilindro de cerca de 2,5 cm de espessura usando uma folha de papel-manteiga. Resfrie até ficar firme.
4. Para servir, corte fatias de 0,5 cm de espessura e coloque sobre itens grelhados antes de servir.

V A R I A Ç Õ E S

Para cada tipo de manteiga temperada, acrescente aos 500 g de manteiga os ingredientes listados, em vez da salsinha, suco de limão e pimenta-do-reino.

Manteiga de anchova
60 g de filés de anchova, amassados até formar uma pasta.

Manteiga de alho
30 g de alho, amassado até formar uma pasta (ver p. 518).

Manteiga para *escargot*
Manteiga de alho mais ½ xícara de salsinha picada, sal e pimenta-do-reino branca.

Manteiga de camarão
250 g de camarão com casca, cozido e moído bem fino. Passe a manteiga de camarão por uma peneira bem fina para descartar os pedaços da casca.

Manteiga de mostarda
100 g de mostarda Dijon.

Manteiga de ervas
Ervas frescas picadas a gosto.

Manteiga de cebolinha ou chalota
60 g de cebolinha ou chalota bem picadas.

Manteiga de *curry*
4 a 6 colheres de chá de *curry* em pó aquecido ligeiramente com 30 g de manteiga e, em seguida, resfriado.

Beurre blanc

Rendimento: 500 mL

Quantidade	Ingredientes
250 mL	Vinho branco seco
50 mL	Vinagre de vinho branco
30 g	Chalota picada
500 g	Manteiga gelada
a gosto	Sal

Por 30 g:
Calorias, 210; Proteínas, 0 g; Gorduras, 23 g (94% cal.); Colesterol, 60 mg; Carboidratos, 1 g; Fibras, 0 g; Sódio, 240 mg.

■ **Modo de preparo**

1. Misture o vinho com o vinagre e a chalota em uma panela funda. Reduza até restar cerca de 30 mL do líquido.
2. Corte a manteiga em pedaços pequenos.
3. Acrescente a manteiga à redução quente. Leve ao fogo médio-alto e bata vigorosamente. Quando a manteiga estiver quase toda derretida e incorporada, retire do fogo e continue batendo até ficar homogênea.
4. Tempere a gosto. A chalota pode ser coada ou deixada no molho.
5. Mantenha o molho em local morno, não quente, até servir. Mexa ou bata de tempos em tempos.

V A R I A Ç Õ E S

Molho de manteiga com ervas
Adicione suas opções de ervas frescas picadas à *beurre blanc* finalizada ou use uma manteiga composta de ervas em vez da manteiga crua normal para fazer a *beurre blanc*.

Beurre rouge (molho de manteiga vermelho)
Use vinho tinto seco em vez de vinho branco para fazer a redução. Para obter uma cor bonita, use um vinho tinto jovem, de cor viva e clara.

Molho de manteiga e vinho tinto para peixe

Rendimento: 600 mL

Quantidade	Ingredientes
1 L	Vinho tinto
100 g	Chalota bem picada
200 mL	Fundo de peixe
500 g	Manteiga gelada
a gosto	Sal
a gosto	Pimenta-do-reino branca

Por 30 g:
Calorias, 200; Proteínas, 0 g; Gorduras, 18 g (81% cal.); Colesterol, 50 mg; Carboidratos, 2 g; Fibras, 0 g; Sódio, 190 mg.

■ **Modo de preparo**

1. Misture o vinho tinto e a chalota em uma panela funda. Reduza até quase evaporar completamente.
2. Acrescente o fundo de peixe. Reduza a um terço.
3. Corte a manteiga em pedaços pequenos.
4. Acrescente a manteiga à redução quente. Coloque em fogo médio-alto e bata vigorosamente. Quando a manteiga estiver quase toda incorporada, retire do fogo e continue batendo até ficar homogênea.
5. Tempere a gosto. A chalota pode ser coada ou deixada no molho.

MOLHOS HOLLANDAISE E BÉARNAISE

O *hollandaise* é considerado um molho engrossado com ovos, mas o ovo não engrossa pela coagulação, como no caso da liga fina (*liaison*) ou do creme de gemas. Em vez disso, ele age pela emulsificação.

Uma **emulsão** é uma mistura uniforme de dois líquidos que não se misturam. No caso do molho *hollandaise*, os dois líquidos são manteiga derretida e água (incluindo a água da redução do suco de limão ou vinagre). Os dois líquidos permanecem misturados e espessos porque a manteiga é batida até se dividir em gotículas e a gema mantém essas gotículas suspensas. A emulsão será discutida novamente na apresentação do preparo de maionese e de outros molhos de salada no Capítulo 21.

Duas receitas de molho *hollandaise* são fornecidas aqui. A primeira é a versão clássica, condimentada com limão e redução de vinagre (ver Fig. 8.9). A segunda, condimentada apenas com suco de limão, é usada com mais frequência hoje em dia por ser mais rápida e fácil de fazer.

Como conservar o molho *hollandaise*

O molho *hollandaise*, assim como outros molhos dessa família, apresenta um problema do ponto de vista sanitário. Deve ser conservado morno para servir, porém abaixo de 60ºC,

Molhos 181

Figura 8.9
Como preparar o molho *hollandaise*.

(a) Misture a gema de ovo e a redução em uma tigela de inox.

(b) Coloque a bacia sobre um recipiente contendo água quente e comece a bater.

(c) Continue batendo até engrossar e clarear.

(d) Incorpore a manteiga bem lentamente, batendo sem parar (apoie a tigela sobre uma panela coberta com um pano de prato para mantê-la estável).

(e) O molho final deve ser espesso, mas fácil de despejar.

Orientações para preparar molhos *hollandaise* e *béarnaise*

Os alunos tendem a ter medo do molho *hollandaise* porque ele tem a reputação de ser um molho difícil de preparar. A verdade é que é preciso precaução para evitar cozinhar demais os ovos e obter a consistência certa. Se você seguir criteriosamente as instruções da receita e tê-las em mente, não deverá ter problemas.

Muitas dessas regras têm um objetivo comum: não cozinhar demais as gemas de ovo para que elas não percam a capacidade de emulsificar.

1. Resfrie a redução antes de acrescentar as gemas, senão elas cozinharão demais.
2. Utilize os ovos mais frescos possíveis para obter a melhor emulsificação.

    Por razões de segurança, recomendam-se ovos pasteurizados (ver pp. 788 e 1030).

3. Bata as gemas sobre água quente.

    Um cozinheiro experiente é capaz de batê-las sobre o fogo direto, com cuidado, sem fazer ovos mexidos. Até adquirir confiança, é mais seguro utilizar banho-maria com água quente.

4. Utilize uma tigela de inox de fundo redondo.

    O batedor deve alcançar toda a mistura para bater os ovos de forma homogênea. Além disso, o inox não irá descolorir o molho ou dar a ele um sabor metálico.

5. Mantenha a manteiga morna, mas não quente, senão ela pode cozinhar demais os ovos. Se ela estiver muito fria, pode se solidificar.
6. Adicione a manteiga lentamente no início do preparo.

    As gemas só conseguem absorver uma pequena quantidade de cada vez. Acrescente algumas gotas no início do preparo e bata bastante antes de adicionar mais. Se você adicionar a manteiga mais rápido do que ela pode ser absorvida, a emulsão pode se separar.

7. Não acrescente mais manteiga do que as gemas de ovo conseguem absorver.

    Lembre-se da proporção padrão:

    6 gemas para 450 g de manteiga clarificada.

8. O molho *hollandaise* separado ou talhado pode ser recuperado.

    Primeiro, tente acrescentar uma colher de chá de água fria e bata vigorosamente. Se não funcionar, comece de novo com algumas gemas e repita o procedimento da etapa 6 da receita, adicionando o molho talhado como você faria com a manteiga.

para os ovos não coagularem. Infelizmente, as bactérias crescem rapidamente nessa zona de temperatura. Portanto, deve-se ter cuidado extra para evitar doenças alimentares.

Os seguintes procedimentos de higienização devem ser observados para evitar o perigo de intoxicação alimentar:

1. Verifique se todos os equipamentos estão perfeitamente limpos.
2. Conserve o molho por não mais que 1 hora e 30 minutos. Faça apenas o suficiente para servir na ocasião e descarte as sobras.

Molho *hollandaise* I

Rendimento: 1 L

Quantidade	Ingredientes
1.125 g	Manteiga crua
¼ de colher (chá)	Grãos de pimenta--do-reino moídos grosseiramente
¼ de colher (chá)	Sal
175 mL	Vinagre branco ou vinagre de vinho
120 mL	Água fria
12	Gemas (ver Observação após Molho *hollandaise* II)
30–60 mL	Suco de limão
a gosto	Sal
a gosto	Pimenta-caiena

Por 30 g:
Calorias, 280; Proteínas, 1 g; Gorduras, 31 g (99% cal.); Colesterol, 155 mg; Carboidratos, 0 g; Fibras, 0 g; Sódio, 310 mg.

■ Modo de preparo

1. Reveja as orientações para preparar molho *hollandaise* e *béarnaise* (p. 181).
2. Clarifique a manteiga (ver p. 178). Você deve obter aproximadamente *900 g de manteiga clarificada*. Mantenha a manteiga morna, mas não quente.
3. Misture os grãos de pimenta-do-reino com o sal e o vinagre em uma panela funda e reduza até ficar quase seco (*au sec*). Retire do fogo e adicione a água fria.
4. Coe a redução diluída em uma peneira de malha fina dentro de uma tigela de inox. Utilize uma espátula de borracha limpa para transferir todo o conteúdo para a tigela.
5. Adicione a gema à tigela e bata bem.
6. Mantenha a tigela sobre um recipiente contendo água quente e continue batendo as gemas até ficarem espessas e cremosas.
7. Retire a tigela da fonte de calor. Com uma concha, vá incorporando lenta e gradualmente a manteiga clarificada morna, batendo sem parar. A princípio, adicione a manteiga gota por gota. Se o molho ficar muito espesso antes de toda a manteiga ser adicionada, coloque um pouco de suco de limão.
8. Quando toda a manteiga tiver sido adicionada, acrescente suco de limão a gosto e ajuste o tempero com sal e pimenta-caiena. Se necessário, dilua o molho com algumas gotas de água morna.
9. Coe em pano fino, se necessário, e mantenha morno (não quente) para servir. Conserve por não mais que 1 hora e 30 minutos (ver acima).

Molho *hollandaise* II

Rendimento: 1 L

Quantidade	Ingredientes
1.125 g	Manteiga
12	Gemas (ver Observação)
60 mL	Água fria
100 mL	Suco de limão
a gosto	Sal
a gosto	Pimenta-caiena

Por 30 g:
Calorias, 280; Proteínas, 1 g; Gorduras, 31 g (99% cal.); Colesterol, 155 mg; Carboidratos, 0 g; Fibras, 0 g; Sódio, 300 mg.

Observação: por razões de segurança, recomenda-se o uso de ovos pasteurizados.

■ Modo de preparo

1. Reveja as orientações para preparar molho *hollandaise* e *béarnaise* (p. 181).
2. Clarifique a manteiga (ver p. 178). Você deve obter aproximadamente *900 g de manteiga clarificada*. Mantenha a manteiga morna, mas não quente.
3. Coloque a gema de ovo e a água fria em uma tigela de inox e bata bem. Coloque algumas gotas de suco de limão e continue batendo.
4. Apoie a tigela sobre um recipiente contendo água quente e vá batendo até que a gema fique espessa e cremosa.
5. Retire a tigela da fonte de calor. Com uma concha, vá incorporando lenta e gradualmente a manteiga morna, batendo sem parar. A princípio, adicione a manteiga gota por gota. Se o molho ficar muito espesso antes de toda a manteiga ser adicionada, coloque um pouco de suco de limão.
6. Quando toda a manteiga tiver sido adicionada, acrescente suco de limão a gosto e ajuste o tempero com sal e pimenta-caiena. Se necessário, dilua o molho com algumas gotas de água morna.
7. Mantenha morno (não quente) para servir. Conserve por não mais de 1 hora e 30 minutos (ver acima).

Molhos semiderivados

Maltaise
Para 1 L de molho *hollandaise*, adicione 60 a 125 mL de suco de laranja (laranja-de-sangue, se possível) e 2 colheres de chá de raspas de laranja. Sirva com aspargos.

Mousseline
Bata 1 xícara (250 mL) de creme de leite fresco até ficar bem firme e junte a 1 L de molho *hollandaise*.

Molho *béarnaise*

Rendimento: 1 L

Quantidade	Ingredientes
1.125 g	Manteiga
60 g	Chalota picada
250 mL	Vinagre de vinho branco
2 colheres (chá)	Estragão desidratado
1 colher (chá)	Grãos de pimenta--do-reino moídos grosseiramente
12	Gemas (ver Observação)
a gosto	Sal
a gosto	Pimenta-caiena
a gosto	Suco de limão
2 colheres (sopa)	Salsinha picada
1 colher (chá)	Estragão desidratado

Por 30 g:
Calorias, 280; Proteínas, 1 g; Gorduras, 31 g (97% cal.); Colesterol, 155 mg; Carboidratos, 1 g; Fibras, 0 g; Sódio, 300 mg.

■ Modo de preparo

1. Reveja as orientações para preparar molho *hollandaise* e *béarnaise* (p. 181).
2. Clarifique a manteiga (ver p. 178). Você deve obter aproximadamente *900 g de manteiga clarificada*. Mantenha a manteiga morna, mas não quente.
3. Misture a chalota com o vinagre, o estragão e a pimenta-do-reino em uma panela funda e reduza a um quarto. Retire do fogo e deixe resfriar um pouco.
4. Para facilitar ao bater com o batedor de arame, é melhor transferir essa redução para uma tigela de inox. Use uma espátula limpa para transferir todo o líquido. Espere a redução esfriar um pouco.
5. Junte a gema à tigela e bata bem.
6. Apoie a tigela sobre um recipiente contendo água quente e continue batendo as gemas até ficarem espessas e cremosas.
7. Retire a tigela da fonte de calor. Com uma concha, vá incorporando lenta e gradualmente a manteiga clarificada morna, batendo sem parar. A princípio, adicione a manteiga gota por gota. Se o molho ficar muito espesso antes de toda a manteiga ter sido adicionada, junte um pouco de suco de limão ou água morna.
8. Coe o molho em pano fino.
9. Tempere a gosto com sal, pimenta-caiena e algumas gotas de suco de limão. Acrescente a salsinha e o estragão.
10. Mantenha morno (não quente) para servir. Conserve por não mais de 1 hora e 30 minutos (ver p. 182).

Observação: por razões de segurança, recomenda-se o uso de ovos pasteurizados.

Molhos semiderivados

Foyot
Adicione 60 g de *glace* de carne (*glace de viande*) derretido a 1 L de molho *béarnaise*.

Choron
Acrescente 60 g de massa de tomate a 1 L de *béarnaise*.

3. Nunca misture um lote de molho velho com um novo.
4. Nunca conserve molho *hollandaise* ou *béarnaise* – ou qualquer outro produto ácido – em alumínio. Use recipientes de inox.

MOLHOS INTEGRAIS

Um **molho integral** – ou **jus lié** em francês, *gravy* em inglês – é um molho feito a partir dos sucos liberados durante o cozimento de carnes, aves, peixes ou vegetais (*jus de rôti*). A maior parte dos molhos discutidos até agora não é integral. Ou seja, são feitos separada e independentemente

184 Capítulo 8 • Fundos e molhos

Procedimento básico para preparar um molho integral

O método 2 tem menos etapas, mas o método 1 é, na verdade, mais rápido para grandes quantidades e oferece maior controle da consistência final.

Método 1

1. Retire o assado da assadeira.

   Se você não acrescentou o *mirepoix* durante o cozimento, pode fazê-lo agora.

2. Clarifique a gordura.

   Coloque a assadeira em fogo alto e cozinhe até que toda a umidade tenha evaporado, restando somente a gordura, o *mirepoix* e o caldo marrom (caramelizado). Retire da assadeira, reservando a gordura.

3. Deglaceie a assadeira.

   Despeje o fundo ou outro líquido na assadeira. Sacuda sobre o fogo até os sucos caramelizados dissolverem.

4. Junte ao fundo e cozinhe em fogo brando.

   Despeje o líquido deglaceado, com o *mirepoix*, em uma caçarola grande com a quantidade de fundo desejada. Cozinhe em fogo brando até o *mirepoix* ficar bem cozido. Escume bem a superfície para remover a gordura e a espuma.

5. Faça um *roux* ou uma ligação de araruta ou amido de milho e água.

   Para o *roux*, meça uma quantidade suficiente da gordura reservada na etapa 2 para fazer a quantidade correta de *roux* para o volume de molho em preparação. Faça um *roux* amarelo ou escuro, o que desejar. Para a ligação de amido, ver página 161.

6. Engrosse com o *roux* ou a ligação de amido.

7. Coe.

8. Acerte o tempero.

Método 2

1. Retire o assado da assadeira.

2. Clarifique a gordura.

3. Acrescente farinha à assadeira e faça um *roux*.

4. Adicione fundo. Mexa até que esteja espesso e a assadeira deglaceada.

5. Coe. Escume o excesso de gordura.

6. Se necessário, ajuste a consistência com mais fundo ou mais *roux*.

7. Tempere.

dos itens com os quais serão servidos. Um molho integral, por outro lado, não pode ser feito separadamente, visto que incorpora os sucos do cozimento do item com o qual será servido.

A técnica mais importante para o preparo de molhos integrais é a de deglacear (ver pp. 72 e 167). Os sucos liberados pelas carnes salteadas e assadas são reduzidos e caramelizados no fundo da panela ou assadeira durante o cozimento. O processo de deglacear dissolve esses sucos caramelizados e os incorpora ao molho desejado. Para dar um exemplo simples, se você saltear peito de frango, deglacear a frigideira com um pouco de fundo e temperar o líquido resultante, você produzirá um molho integral que poderá ser servido com o frango.

Os molhos integrais mais básicos e conhecidos são o **jus lié** (ou *gravy*, em inglês) e o *jus de rôti*, ou simplesmente *jus*. O *jus lié* é um molho feito com os sucos desprendidos da carne ou do frango com o qual será servido. Nesse sentido, é similar aos molhos de base escura, tais como o *fond lié*. Contudo, em vez de terem o molho espanhol ou o *demi-glace* como base, são feitos com os sucos da assadeira mais *roux*, fundo ou água e, às vezes, leite ou creme de leite.

Jus de rôti ou **jus** são os sucos não engrossados de um assado. Quando o assado é servido com esses sucos transparentes e naturais, diz-se que ele é servido **au jus**, que significa "com suco". Normalmente, acrescenta-se fundo aos sucos da assadeira para obter uma quantidade suficiente para servir.

O preparo do *jus lié* e do *jus* faz parte do preparo da carne. Receitas e procedimentos detalhados estão incluídos nos capítulos específicos sobre carnes e aves. Da mesma forma, as receitas de todos os molhos integrais estão incluídas como parte das receitas de carnes, peixes ou vegetais nos capítulos pertinentes.

As principais receitas estão na página 292 (Molho de carne assada) e na página 370 (Peru assado com molho integral de miúdos). O preparo do *gravy* também está incorporado nas receitas de assado de paleta de cordeiro recheada (p. 294), *Carré* de porco assado com sálvia e maçãs (p. 293) e Frango assado *au jus* (p. 368).

Agora que você estudou detalhadamente o preparo de molhos, leia os procedimentos gerais de preparo de molhos integrais para ver como ele é similar ao preparo do molho espanhol e como as mesmas técnicas que você acabou de aprender são aplicadas a um produto diferente.

MOLHOS MODERNOS

Conforme sugerido na introdução deste capítulo, o preparo de molhos mudou muito desde os dias de Escoffier. Embora os métodos básicos de preparo de muitos molhos da cozinha moderna sejam derivados da cozinha clássica, os detalhes mudaram. Talvez a mudança mais importante tenha sido o fato de os *chefs* se basearem menos no *roux* e mais na redução para encorpar um molho (ver p. 166). Quando os amidos são usados, em geral são amidos mais puros, como a araruta.

Os *chefs* também foram influenciados por outras cozinhas, por exemplo, da Ásia e da América Latina, e emprestaram ingredientes e procedimentos de muitos países e regiões para aumentar o seu repertório de molhos.

Em decorrência da constante experimentação e do desenvolvimento de novos molhos, é difícil classificá-los e defini-los exatamente da forma como Escoffier fez no século passado. Porém, é possível descrever grupos gerais nos quais muitos dos molhos populares atualmente se encaixam. As demais receitas deste capítulo incluem exemplos desses tipos de molhos.

Vários outros molhos populares, como o *barbecue*, que não recaem em nenhuma das categorias descritas nas seções a seguir, também estão incluídos neste capítulo. Outras receitas de molhos foram incluídas nos demais capítulos do livro, em geral como componentes de outras receitas. Entre as mais importantes estão as variações de vinagrete e maionese. Elas são tradicionalmente usadas como molhos de salada, mas também podem ser usadas como molho para carnes, frutos do mar e vegetais.

As receitas a seguir, de outros capítulos, aparecem nas páginas indicadas.

Molho de carne assada, página 292

Jus lié, página 292

Molho de tomate para massas, com variações, página 639

Pesto (molho de manjericão fresco), página 644

Mole poblano, página 409

Salsa verde, página 489

Vinaigrette básico e variações, página 723

Molho de *ketchup* para salada, página 725

Vinaigrette oriental, página 725

Maionese e variações, página 728

Caldos e *jus*

No início da *nouvelle cuisine*, na década de 1970, os *chefs* buscavam formas de eliminar os espessantes à base de amido dos molhos para torná-los mais leves. A técnica de redução para concentrar um molho foi a ferramenta mais importante nesse sentido. Contudo, a redução não foi uma panaceia. Em primeiro lugar, alguns dos sabores mais frescos e leves de um molho se perdem quando um líquido está sujeito ao longo tempo de cozimento necessário para a redução. Além disso, molhos reduzidos às vezes se tornam tão gelatinosos que se solidificam quando esfriam – o que não é muito apetitoso.

No entanto, nós nos desacostumamos a molhos espessos envolvendo toda a superfície de carnes, aves e frutos do mar. Atualmente, é possível que os molhos, geralmente em menores quantidades, sejam servidos com maior frequência sob ou ao redor de um alimento do que sobre ele. Alguns *chefs* chegaram ao extremo de servir itens com um pouco de caldo no lugar do molho. Há muito tempo essa técnica é popular com frutos do mar, como no caso dos Frutos do mar à *la nage* (p. 487), porém, está se tornando mais comum com as carnes também. O resultado é algo semelhante a um consomê com guarnição (pp. 212–213), mas com muito pouco consomê e uma porção completa de carne e guarnição. A receita da página 330 é um exemplo.

Para que um caldo funcione bem como substituto do molho, deve ser bem saboroso e aromático. Experimente o caldo e, se necessário, reduza-o para concentrar o sabor, depois verifique os temperos.

Um *jus* é muito parecido com um caldo, exceto pelo fato de ser mais concentrado, embora não encorpado. O termo *jus* tem duas acepções:

1. Sucos naturais e não encorpados desprendidos de um assado. Esse é o significado mais tradicional de *jus* (ver p. 184). Para fazer um *jus* tradicional, os caldos do assado são

186 Capítulo 8 • Fundos e molhos

Procedimento para preparar *jus* de carne ou ave

1. Corte retalhos da carne ou ave desejados em pedaços pequenos. Coloque-os em uma caçarola pesada em fogo médio.

2. Cozinhe até ficarem bem dourados de todos os lados. Um pouco de líquido será liberado. Se os retalhos começarem a cozinhar nesses sucos em vez de dourar, deixe-os cozinhando até que o líquido evapore e o fundo da panela doure.

3. Deglaceie com uma pequena quantidade de vinho branco ou fundo. Continue cozinhando até que o líquido seja reduzido e os sucos caramelizem de novo no fundo.

4. Adicione uma quantidade suficiente de fundo para cobrir a carne ou ave. Mexa até dissolver os sucos caramelizados no fundo da panela. Cozinhe em fogo brando até o líquido ficar completamente reduzido e caramelizado.

5. Mais uma vez, adicione uma quantidade suficiente de fundo para cobrir a carne. Mexa para soltar as raspas de sucos caramelizados. Cozinhe em fogo lento por 10 a 15 minutos. Coe e retire o excesso de óleo.

deglaceados com fundo ou outro líquido, ligeiramente reduzidos, temperados, coados e servidos sem engrossar.

Para preparar um *jus* de carne ou ave sem fazer um assado, siga o procedimento acima.

2. Um líquido não encorpado que carrega o sabor concentrado de um ingrediente específico. Esse tipo de *jus* é feito com vegetais e, às vezes, é chamado de *essência*. Para preparar uma essência de vegetais, os vegetais são cozidos em fogo brando com fundo ou caldo até que o líquido esteja concentrado e saboroso. A receita de *Jus* de cogumelo (p. 188, também chamado *essência de cogumelo*) é um exemplo desse tipo de preparo.

Purês

Os purês de vegetais são usados como molho há muito tempo. O molho de tomate é um exemplo clássico. Quase todo vegetal pode ser transformado em purê e usado como molho, desde que seja saboroso, esteja temperado corretamente e tenha uma consistência adequada. O purê de vegetais também é chamado de *coulis*.

Os purês de vegetais ricos em amido, como a abóbora e os feijões secos, talvez precisem ser diluídos, adicionando-se fundo, caldo ou água. Até mesmo o purê de batata pode ser afinado e usado como molho, em geral enriquecido com um pouco de manteiga crua. Além disso, o purê de batata e outros purês encorpados são usados como espessantes para outros molhos.

Alguns vegetais, como o aspargo, resultam em um purê aguado. Esses purês podem ser reduzidos para engrossar, mas deve-se ter cuidado para que o vegetal fresco não perca o sabor e a cor. Em especial, isso deve ser evitado no caso de vegetais verdes, que perdem a cor muito rapidamente (ver p. 509). Embora os purês de vegetais ralos possam ser engrossados com um amido, é mais comum deixá-los ralos ou ligá-los ligeiramente, finalizando-os com manteiga crua (*monter au beurre*, p. 167) ou reduzindo-os com um pouco de creme de leite até que adquiram a consistência desejada.

Reduções com creme de leite

Na era da *nouvelle cuisine*, os molhos à base de creme de leite reduzido se tornaram um substituto popular para os molhos brancos engrossados com *roux*. Quando o creme de leite fresco é reduzido, ele fica um pouco mais espesso. Uma falha comum nos molhos reduzidos com creme de leite é reduzi-lo demais, dando-lhe uma textura pesada. Se for reduzido além desse ponto, ele pode talhar e a gordura da nata pode se separar. Para obter uma textura leve e atraente, reduza o creme de leite até ficar com cerca de dois terços do volume original.

Um molho com redução de creme de leite é uma mistura de creme de leite reduzido e um fundo saboroso e concentrado. O fundo claro é o mais usado, embora seja possível preparar molhos de creme de leite escuros com fundo escuro. Para obter bons resultados, o fundo deve ser reduzido a aproximadamente um quarto. Molhos de diversos sabores podem ser feitos reduzindo-se um fundo com determinados condimentos, como na receita de Molho cremoso de *chipotle* da página 190.

Podem ser usados dois métodos:

1. Reduzir o creme de leite até a consistência desejada e adicioná-lo à redução de fundo.

2. Adicionar creme de leite fresco à redução de fundo e reduzir essa mistura até a consistência desejada.

Muitos *chefs* acham o primeiro método mais fácil de controlar. Veja o procedimento a seguir.

Procedimento para preparar um molho com redução de creme de leite

1. Reduza o fundo claro ou escuro a um quarto, ou até que esteja concentrado e saboroso.
2. Meça a redução. Para cada 500 mL de redução, use aproximadamente 750 mL de creme de leite fresco.
3. Coloque o creme de leite em uma panela funda e pesada, em fogo médio, e reduza até engrossar ligeiramente ou até reduzir em cerca de um terço. Mexa de vez em quando com um batedor de arame.
4. Cozinhe a redução de fundo em fogo brando em uma panela funda. Incorpore-a à redução de creme de leite.
5. Verifique a consistência. Encorpe reduzindo mais, se necessário, ou dilua com mais creme de leite fresco.
6. Tempere e coe.

Vinagretes, *salsas, relishes* e *chutneys*

Diz-se que, nos Estados Unidos, a *salsa* se tornou ainda mais popular do que o *ketchup*. A *salsa* a que se referem é, certamente, a mistura mexicana de tomate, cebola, pimenta fresca, ervas e outros ingredientes picados. Na realidade, *salsa* é a palavra espanhola e italiana para "molho", portanto, se refere a muitos tipos de preparo, tanto crus quanto cozidos, e não apenas a esse *relish* mexicano. Contudo, nos países de língua inglesa, a palavra **salsa** em geral se refere a uma mistura crua ou cozida de vegetais picados, ervas e, às vezes, frutas.*

*N.R.: No Brasil, a palavra "vinagrete" é às vezes usada para referir-se a esse tipo de preparação.

As *salsas* podem ser improvisadas com facilidade. Selecione uma mistura adequada de vegetais e/ou frutas e pique-os fina ou grosseiramente, conforme sua preferência. Misture com ervas frescas picadas e tempere a gosto. O sal extrai os sucos dos ingredientes, proporcionando umidade à mistura. Adicione suco de cítricos ou vinagre se faltar acidez na mistura. A acidez deve balancear o sabor adocicado das frutas, pois as *salsas* em geral são destinadas a acompanhar pratos condimentados, não são sobremesas.

As palavras *relish* e *chutney* não têm definição exata. Um significado de *relish* é qualquer vegetal cru ou em conserva, tipo picles, servido como entrada (ver p. 760). Por exemplo, um prato de talos de salsão, palitos de cenoura e azeitonas às vezes é chamado de *relish*, sendo, por muitos anos, uma entrada tradicional em restaurantes especializados em carnes e outros restaurantes. Quando usado em uma discussão sobre molhos, **relish** significa uma mistura de vegetais picados (e às vezes frutas), sendo, pelo menos um deles, em conserva à base de vinagre ou sal. De acordo com essa definição, a *salsa* pode ser considerada um tipo de *relish*, especialmente se contiver um ácido, como o vinagre ou um suco de fruta cítrica.

A palavra **chutney** é originária da Índia, onde se refere a vários tipos de condimentos ou *relishes* picantes, incluindo as misturas doces e ácidas bem picantes de frutas ou vegetais cozidos, além das misturas cruas ou parcialmente cozidas de ervas e vegetais picados, também picantes, podendo conter pimentas frescas. Quase todos os *chutneys* contêm um ingrediente ácido. Cozinheiros ocidentais foram especialmente inspirados pelos tipos doces e ácidos de *chutney*, portanto, quando a palavra *chutney* aparece em um menu, na maior parte das vezes se refere a um condimento de fruta ou vegetal cozido, adocicado, picante e forte.

Vários exemplos de *salsas, relishes* e *chutneys* estão incluídos neste capítulo.

Molhos asiáticos

Os molhos de muitas cozinhas asiáticas, incluindo a japonesa, a tailandesa, a vietnamita e a indiana, entraram no repertório dos cozinheiros ocidentais nos últimos anos. Certamente, a Ásia é um continente enorme e seriam necessários vários anos de estudos para se familiarizar com todas as suas variadas tradições culinárias. Este capítulo irá apenas dar início a esse processo de familiarização, oferecendo uma seleção de receitas populares com quadros que apresentam informações históricas sobre ingredientes e técnicas.

A cozinha chinesa tem relativamente poucos molhos independentes. Os molhos de pratos refogados, por exemplo, são feitos como parte do processo de cozimento, adicionando-se líquidos e espessantes à carne e aos vegetais à medida que são cozidos. Condimentos prontos, como o molho de ostras e o *hoisin sauce* (tempero chinês à base de soja fermentada), também são usados.

Ao adotar molhos asiáticos na cozinha ocidental, os cozinheiros devem ter alguma familiaridade com a cozinha regional da qual estão emprestando o molho e com a forma como os molhos são usados naquela cozinha. A menos que o cozinheiro seja cuidadoso, misturar molhos asiáticos com pratos ocidentais pode gerar resultados estranhos.

Óleos aromáticos

Os óleos aromáticos são uma alternativa leve e interessante para substituir vinagretes e outros molhos e podem ser utilizados em uma grande variedade de pratos. Em especial, são adequados para acompanhar itens simples cozidos no vapor, salteados ou grelhados, mas podem ser usados também em pratos frios. Normalmente, quando usado como molho, o óleo é despejado ao redor ou sobre o item no prato. Uma colher de sopa (15 mL) por porção, em geral, é suficiente.

A maneira mais simples de aromatizar um óleo é adicionar alguns ingredientes de sabor a ele e deixar que permaneçam ali até o óleo adquirir sabor suficiente. Para a maioria dos ingredientes, entretanto, essa não é a melhor forma de extrair sabor. Pode ser necessário realizar algum tipo de preparo prévio. Por exemplo, as especiarias desidratadas desenvolvem mais sabor quando aquecidas ligeiramente com um pouco do óleo antes de serem adicionadas ao óleo.

Recomenda-se manter os óleos aromáticos sob refrigeração. Como você deve se lembrar do Capítulo 2, o botulismo é causado por um tipo de bactéria que se desenvolve na ausência de ar. Como o óleo impede que o ar atinja os ingredientes de sabor, se qualquer bactéria do botulismo estiver presente neles (isso pode acontecer especialmente com raízes cruas frescas), essa bactéria pode crescer enquanto imersa no óleo se não for mantida sob refrigeração.

O procedimento a seguir descreve o método básico de preparo de óleos aromáticos, dependendo do tipo de ingrediente. A menos que esteja indicado de outra forma, utilize um óleo suave e sem sabor, como óleo de açafroa, canola, milho ou semente de uva. Em alguns casos, como o do alho, o sabor vai bem com azeite de oliva, mas normalmente o objetivo é ter o sabor puro do ingrediente, sem que seja mascarado pelo sabor do óleo.

Procedimento para preparar óleos aromáticos

1. Prepare o ingrediente de sabor de uma das seguintes formas:
   - Pique as raízes frescas (raiz-forte, alho, chalota e gengibre) ou ervas de sabor forte (alecrim, sálvia, tomilho e orégano) à mão ou em um processador.
   - Rale a casca das frutas cítricas.
   - Branqueie as ervas suaves (salsinha, manjericão, estragão, cerefólio e coentro) em água fervente por 10 segundos. Escorra imediatamente e resfrie em água gelada. Seque bem.
   - Aqueça em fogo brando as especiarias desidratadas e moídas (canela, cominho, *curry* em pó, gengibre, mostarda e páprica) em uma pequena quantidade de óleo até começarem a exalar aroma.
2. Coloque o ingrediente em um vidro ou outro recipiente que possa ser hermeticamente fechado. Acrescente o óleo.
3. Tampe e mexa bem. Deixe descansar 30 minutos à temperatura ambiente e leve à geladeira.
4. O óleo estará pronto para ser consumido tão logo tenha adquirido o sabor desejado, o que pode ocorrer dentro de uma hora, dependendo do ingrediente. Após dois dias, passe o óleo por um *chinois* forrado com filtro de café de papel. Armazene no refrigerador.

Jus de cogumelo

Rendimento: 2 L

Quantidade	Ingredientes
1,5 kg	Cogumelo limpo, picado grosseiramente
8 L	Água
8 L	Água
8 L	Água

Por 30 g:
Calorias, 5; Proteínas, 1 g;
Gorduras, 0 g (0% cal.); Colesterol, 0 mg;
Carboidratos, 1 g; Fibras, 0 g; Sódio, 0 mg.

Modo de preparo

1. Coloque o cogumelo e a primeira quantidade de água em um caldeirão.
2. Deixe ferver. Diminua o fogo e cozinhe até quase todo o líquido evaporar.
3. Acrescente a segunda quantidade de água e repita o processo de redução.
4. Adicione a terceira quantidade de água. Reduza a um quarto.
5. Passe por um coador cônico forrado com pano fino, pressionando os cogumelos para extrair o máximo de líquido possível.
6. Para usar ou finalizar como molho, consulte Variações.

Variações

O *jus* pode ser usado como está, temperado com sal e pimenta-do-reino. Uma pequena quantidade de araruta ou outro amido pode ser usada para dar uma leve liga ao molho. Como alternativa, finalize com creme de leite (ver p. 186 para informações sobre reduções de creme de leite) ou manteiga (ver p. 178).

O *jus* pode ser adicionado como ingrediente de sabor a caldos de carne ou ave e ao *demi-glace*; também pode ser usado como líquido para deglacear.

Molhos 189

Coulis de pimentão

Rendimento: 1,25 L

Quantidade	Ingredientes
2 kg	Pimentão vermelho ou amarelo
60 mL	Azeite de oliva
60 g	Chalota picada
125 mL	Fundo de frango, fundo de vegetais ou água
30–125 mL	Fundo ou água adicionais
a gosto	Sal
a gosto	Pimenta-do-reino branca

Por 30 g:
Calorias, 25; Proteínas, 0 g; Gorduras, 1,5 g (53% cal.); Colesterol, 0 mg; Carboidratos, 3 g; Fibras, 1 g; Sódio, 0 mg.

■ **M o d o   d e   p r e p a r o**

1. Corte os pimentões ao meio no sentido do comprimento. Retire a polpa, as sementes e a membrana. Pique-os grosseiramente.
2. Em fogo baixo, aqueça o azeite em um caldeirão.
3. Acrescente a chalota e o pimentão. Tampe e deixe suar em fogo baixo até que os vegetais estejam macios (cerca de 20 minutos).
4. Junte o fundo ou água. Cozinhe em fogo brando por 2 a 3 minutos.
5. Usando um liquidificador, bata os vegetais e o líquido e, em seguida, peneire.
6. Ajuste a textura acrescentando mais água ou fundo.
7. Tempere com sal e pimenta-do-reino branca a gosto.

V A R I A Ç Õ E S

Coulis de pimentão e tomate
Combine o *coulis* de pimentão com a mesma quantidade de purê de tomate.

Purê de milho-verde e pimenta fresca

Rendimento: 500 mL

Quantidade	Ingredientes
30 mL	Óleo
125 g	Cebola bem picada
2	Dentes de alho bem picados
2	*Chiles* serranos picados e sem semente
500 g	Milho-verde fresco ou congelado
125 g	Água
a gosto	Sal

Por 30 g:
Calorias, 50; Proteínas, 1 g; Gorduras, 2 g (36% cal.); Colesterol, 0 mg; Carboidratos, 7 g; Fibras, 1 g; Sódio, 5 mg.

■ **M o d o   d e   p r e p a r o**

1. Aqueça o óleo numa frigideira.
2. Acrescente a cebola, o alho e a pimenta fresca. Salteie em fogo médio até a cebola ficar macia, mas não dourada.
3. Acrescente o milho. Cozinhe, mexendo algumas vezes, até o milho ficar quente.
4. Adicione a água. Cozinhe em fogo brando por 3 minutos.
5. Transfira a mistura para um processador de alimentos e bata até a mistura ficar homogênea.
6. Ajuste a textura, se necessário, adicionando mais água ou voltando a mistura para a panela e reduzindo ligeiramente. A textura desejada pode variar, dependendo da utilização do molho. Para obter uma textura mais homogênea, passe por um passador de legumes. Isso reduz o rendimento para cerca de 405-435 mL.
7. Acrescente sal a gosto.

Purê de feijão-branco

Rendimento: 750 mL

Quantidade	Ingredientes
500 g	Feijão-branco cozido (se encontrar, use *navy* ou *cannellini*)
2	Dentes de alho bem amassados
4 colheres (chá)	Massa de tomate
30 mL	Suco de limão
4 colheres (chá)	Páprica
½ colher (chá), ou a gosto	Pimenta-caiena
125 mL	Água
125 mL	Azeite de oliva
a gosto	Sal

Por 30 g:
Calorias, 70; Proteínas, 2 g; Gorduras, 5 g (58% cal.); Colesterol, 0 mg; Carboidratos, 6 g; Fibras, 2 g; Sódio, 10 mg.

■ **M o d o   d e   p r e p a r o**

1. Coloque o feijão, o alho, a massa de tomate, o suco de limão, a páprica, a pimenta-caiena e a água no processador de alimentos. Processe até formar uma pasta homogênea.
2. Com o processador ligado, despeje o azeite aos poucos.
3. O purê resultante deve ter a consistência de um molho moderadamente espesso. Se ficar muito espesso, junte um pouco mais de água.
4. Tempere com sal a gosto.

Molho cremoso de *chipotle*

Rendimento: 375 mL

Quantidade	Ingredientes
1 L	Fundo escuro
2	Pimenta *chipotle* inteira, desidratada
375 mL	Creme de leite fresco
a gosto	Sal
a gosto	Pimenta-do-reino branca

Por 30 g:
Calorias, 110; Proteínas, 1 g; Gorduras, 11 g (93% cal.); Colesterol, 45 mg; Carboidratos, 0 g; Fibras, 1 g; Sódio, 20 mg.

Modo de preparo

1. Misture o fundo com o *chipotle* em uma caçarola funda.
2. Cozinhe em fogo brando até reduzir a um quarto.
3. Enquanto isso, coloque o creme de leite em outra caçarola funda e reduza a dois terços.
4. Incorpore a redução de creme de leite à redução de fundo. Se necessário, ajuste a consistência do molho, reduzindo um pouco mais para encorpar ou adicionando creme de leite fresco para diluir. O molho deve ter a consistência do creme de leite fresco. Isso vai depender do conteúdo de gelatina do fundo e do teor de gordura do creme de leite.
5. Tempere a gosto com sal e pimenta-do-reino branca.
6. Coe. Descarte o *chipotle*.

VARIAÇÕES

O fundo escuro pode ser substituído por fundo claro, de frango ou de vegetais.

Molho cremoso de ervas
Use fundo claro ou de frango em vez de fundo escuro. Exclua o *chipotle*. Acrescente as ervas frescas picadas de sua preferência (p. ex., salsinha, estragão, cerefólio e manjericão) ao molho depois de coado.

Salsa verde cocida

Rendimento: 500 mL

Quantidade	Ingredientes
4	Latas de 368 g de *tomatillos* (tomates verdes mexicanos) inteiros
60 g	Cebola picada
4	Dentes de alho picados
60–125 g	Pimenta-verde, como *jalapeño* ou *serrano*, em lata ou fresca
30 g	Folhas de coentro fresco (opcional)
30 mL	Óleo
a gosto	Sal

Por 30 g:
Calorias, 25; Proteínas, 2 g; Gorduras, 1 g (27% cal.); Colesterol, 0 mg; Carboidratos, 4 g; Fibras, 1 g; Sódio, 55 mg.

Modo de preparo

1. Escorra os *tomatillos*.
2. Coloque no liquidificador com a cebola, o alho, a pimenta e o coentro. Bata até obter um purê homogêneo.
3. Aqueça o óleo em uma panela funda e grande. Adicione o purê e cozinhe por 4 a 5 minutos, até encorpar um pouco.
4. Tempere com sal a gosto.

VARIAÇÕES

Salsa roja
Substitua os *tomatillos* por 1 kg de tomate maduro e sem pele ou tomate pelado enlatado. A cebola pode ser excluída para criar um sabor um pouco diferente.

Caldo de tomate para *chiles rellenos*
Use o mesmo procedimento da *Salsa roja*, utilizando a cebola, mas omitindo a pimenta e o coentro. Depois da etapa 3, adicione 1,5 L de fundo de carne de porco – incluindo o líquido do cozimento resultante do preparo do *picadillo* (p. 328) para o recheio do *chile* – e/ou fundo de frango. Acrescente também um sachê com 6 cravos-da-índia inteiros, 10 grãos de pimenta-do-reino, 2 folhas de louro e 1 rama de canela em pau pequena. Cozinhe em fogo brando até adquirir a consistência de um caldo espesso ou molho ralo.

Molhos 191

Salsa cruda

Rendimento: 1 L

Quantidade	Ingredientes
600 g	Tomate fresco
175 g	Pimenta-verde fresca, como *jalapeño* ou *serrano*
175 g	Cebola
15–30 g	Folha de coentro fresca, picada
1 colher (sopa)	Suco de limão Taiti ou vinagre
60–125 mL	Água ou suco de tomate, gelados
1 ½ colher (chá)	Sal

Por 30 g:
Calorias, 10; Proteínas, 0 g; Gorduras, 0 g (0% cal.); Colesterol, 0 mg; Carboidratos, 2 g; Fibras, 0 g; Sódio, 110 mg.

Modo de preparo

1. Pique o tomate em pedaços bem finos (se desejar, pode pelá-lo, mas não é necessário).
2. Descarte o cabinho da pimenta. Pique em pedaços bem pequenos.
3. Pique a cebola em pedaços bem pequenos.
4. Misture o tomate, a pimenta, a cebola, o coentro e o suco de limão ou vinagre. Acrescente água ou suco de tomate até obter um molho espesso e granuloso.
5. Acrescente sal a gosto.

Esse molho é usado como condimento de mesa para acompanhar muitas refeições, como ovos, carnes grelhadas, *tacos*, *tortillas* e feijões. É melhor quando consumido dentro de algumas horas.

Molho de *chile ancho*

Rendimento: 750 mL

Quantidade	Ingredientes
8	Pimentas *ancho* desidratadas
60 g	Cebola picada
3	Dentes de alho picados
1 colher (chá)	Cominho moído
½ colher (chá)	Orégano seco
500 mL	Água ou fundo de frango
30 mL	Óleo
a gosto	Sal

Por 30 g:
Calorias, 30; Proteínas, 1 g; Gorduras, 1,5 g (46% cal.); Colesterol, 0 mg; Carboidratos, 3 g; Fibras, 1 g; Sódio, 5 mg.

Modo de preparo

1. Toste as pimentas levemente em uma frigideira seca até ficarem macias. Corte-as ao meio. Descarte a semente e a polpa.
2. Deixe de molho por cerca de 30 minutos em água quente suficiente para cobri-las. Escorra.
3. Coloque as pimentas, a cebola, o alho, o cominho, o orégano e a água ou fundo no liquidificador. Bata até formar um purê homogêneo.
4. Aqueça o óleo em uma panela funda e acrescente o purê. Cozinhe em fogo brando por 2 a 3 minutos.
5. Tempere com sal a gosto.

VARIAÇÃO

Junte 250 g de tomate picado ao liquidificador na etapa 3.

Molho *chimichurri*

Rendimento: 500 mL

Quantidade	Ingredientes
180 mL	Suco de limão
240 mL	Azeite de oliva
60 g	Salsinha picada
45 g	Cebola bem picada
1 colher (sopa)	Alho bem picado
1 colher (sopa)	Pimenta vermelha em flocos
a gosto	Sal
a gosto	Pimenta-do-reino

Por 30 g:
Calorias, 130; Proteínas, 0 g; Gorduras, 14 g (94% cal.); Colesterol, 0 mg; Carboidratos, 2 g; Fibras, 0 g; Sódio, 0 mg.

Modo de preparo

1. Misture todos os ingredientes e mexa bem.
2. Sirva como molho para carnes grelhadas.

Relish de vegetais e alcaparras

Rendimento: 500 g

Quantidade	Ingredientes
30 mL	Azeite de oliva
60 g	Cenoura cortada em *brunoise*
120 g	Abobrinha (somente a parte de fora, sem as sementes) cortada em *brunoise*
60 g	Erva-doce cortada em *brunoise*
30 g	Chalota cortada em *brunoise*
90 g	Pimentão vermelho assado e sem pele (p. 529), cortado em *brunoise*
60 g	Pepino sem casca e sem semente, cortado em *brunoise*
30 g	Alcaparras pequenas, escorridas
60 mL	Vinagre de vinho
a gosto	Sal

■ Modo de preparo

1. Em uma frigideira, aqueça o azeite de oliva em fogo baixo.
2. Acrescente a cenoura, a abobrinha, a erva-doce e a chalota. Refogue até os vegetais ficarem ligeiramente macios, sem dourar.
3. Em uma tigela, misture os vegetais refogados com o pimentão vermelho, o pepino, as alcaparras e o vinagre. Mexa bem.
4. Tempere com sal a gosto.
5. Leve à geladeira por várias horas, ou de um dia para o outro, antes de servir.

Por 30 g:
Calorias, 25; Proteínas, 0 g; Gorduras, 2 g (69% cal.); Colesterol, 0 mg; Carboidratos, 2 g; Fibras, 0 g; Sódio, 55 mg.

Chutney de tomate e uva-passa

Rendimento: 1 L

Quantidade	Ingredientes
1,2 kg	Tomate fresco (ver Observação)
60 g	Alho picado grosseiramente
30 g	Gengibre fresco, sem casca, picado grosseiramente
120 g	Vinagre de vinho tinto
180 g	Vinagre de vinho tinto
240 g	Açúcar
1 colher (chá)	Sal
2 colheres (sopa)	Pimenta-verde fresca picada
45 g	Uva-passa branca

■ Modo de preparo

1. Mergulhe o tomate em água fervente por 10 segundos para soltar a pele. Retire a pele e descarte o umbigo.
2. Corte o tomate em quatro.
3. Coloque o alho, o gengibre e a primeira quantidade de vinagre no liquidificador e bata até a mistura ficar homogênea.
4. Coloque o tomate, a mistura de alho, a segunda quantidade de vinagre, o açúcar e o sal numa panela funda de inox.
5. Ferva a mistura, mexendo para dissolver o açúcar.
6. Cozinhe em fogo bem baixo, mexendo de vez em quando, até engrossar. Devem restar aproximadamente 750 mL.
7. Adicione a pimenta fresca e a uva-passa. Cozinhe em fogo brando por mais 5 a 10 minutos. Retire do fogo e deixe esfriar.
8. Experimente e adicione mais sal, se necessário.

Por 30 g:
Calorias, 70; Proteínas, 1 g; Gorduras, 0 g (0% cal.); Colesterol, 0 mg; Carboidratos, 17 g; Fibras, 1 g; Sódio, 125 mg.

Observação: caso não encontre tomate maduro de boa qualidade, substitua por 900 g de tomate sem casca em lata com o suco.

Molhos 193

Chutney de abacaxi

Rendimento: 440 g

Quantidade	Ingredientes
125 mL	Vinagre de vinho
45 g	Açúcar
500 g	Abacaxi fresco, cortado em cubos de 6 mm
1	*Jalapeño*, sem sementes e bem picado
15 g	Gengibre fresco, sem casca e ralado
½ colher (chá)	Cominho moído
¼ de colher (chá)	Cardamomo moído
½ colher (chá)	Canela em pó
¼ de colher (chá)	Pimenta-do-reino branca moída

Por 30 g:
Calorias, 30; Proteínas, 0 g; Gorduras, 0 g (0% cal.); Colesterol, 0 mg; Carboidratos, 8 g; Fibras, 1 g; Sódio, 0 mg.

■ **Modo de preparo**

1. Coloque o vinagre e o açúcar em uma panela funda de inox que seja grande o suficiente para conter o abacaxi. Aqueça em fogo brando até ferver, mexa e deixe cozinhar até o açúcar dissolver.
2. Adicione o abacaxi. Cozinhe em fogo brando até que a fruta fique macia.
3. Coe. Coloque o suco de volta na panela e reserve o abacaxi.
4. Acrescente a pimenta, o gengibre e as especiarias ao suco na panela. Cozinhe em fogo brando até reduzir e atingir uma consistência de calda.
5. Misture o suco condimentado com o abacaxi escorrido.
6. Leve à geladeira.

VARIAÇÕES

Outras frutas, como pêssego, pera ou manga, podem ser preparadas da mesma forma.

Raita de pepino

Rendimento: 750 mL

Quantidade	Ingredientes
½ colher (chá)	Semente de cominho
250 g	Pepino
500 mL	Iogurte natural
1 colher (chá)	Sal
⅛ de colher (chá)	Pimenta-do-reino preta
⅛–¼ de colher (chá)	Pimenta-caiena

Por 30 g:
Calorias, 15; Proteínas, 1 g; Gorduras, 1 g (53% cal.); Colesterol, 0 mg; Carboidratos, 1 g; Fibras, 0 g; Sódio, 105 mg.

■ **Modo de preparo**

1. Em uma frigideira pequena seca, toste a semente de cominho em fogo médio até ficar aromática e adquirir uma cor ligeiramente mais escura. Retire do fogo e passe por um moedor de especiarias.
2. Descasque o pepino e rale no ralo grosso.
3. Coloque o iogurte em uma tigela e bata até ficar homogêneo.
4. Acrescente o cominho moído, o pepino ralado, o sal, a pimenta-do-reino preta e a pimenta-caiena. Mexa bem.

Nuoc cham (molho de mesa vietnamita)

Rendimento: 450 mL

Quantidade	Ingredientes
2	Dentes de alho picados
2–4	Pimentas verdes frescas, de preferência tailandesas, sem sementes e picadas
3 colheres (sopa)	Açúcar
125 mL	Suco de limão Taiti
125 mL	*Nuoc nam* (molho de peixe vietnamita) ou *nam pla* (molho de peixe tailandês)
125 mL	Água
30 g	Cenoura cortada em *julienne* fina

Por 30 g:
Calorias, 20; Proteínas, 1 g; Gorduras, 0 g (0% cal.); Colesterol, 0 mg; Carboidratos, 4 g; Fibras, 0 g; Sódio, 740 mg.

■ **Modo de preparo**

1. Triture o alho, a pimenta fresca e o açúcar em um pilão até formar uma pasta.
2. Transfira para uma tigela e junte o suco de limão, mexendo até o açúcar dissolver.
3. Acrescente os demais ingredientes e mexa bem.

Molho de *curry* vermelho tailandês

Rendimento: 550 mL

Quantidade	Ingredientes
30 mL	Óleo vegetal
45 mL	*Curry* vermelho tailandês (ver quadro a seguir)
60 mL	Água ou fundo
410 mL	Leite de coco
45 mL	*Nam pla* (molho de peixe tailandês)

Por 30 g:
Calorias, 60; Proteínas, 1 g; Gorduras, 7 g (89% cal.); Colesterol, 0 mg; Carboidratos, 1 g; Fibras, 0 g; Sódio, 190 mg.

Modo de preparo

1. Em fogo médio, aqueça o óleo em uma panela funda.
2. Adicione a pasta de *curry* e cozinhe até ficar aromática.
3. Acrescente a água ou o fundo, mexa e espere levantar fervura.
4. Adicione o leite de coco e o *nam pla*. Espere levantar fervura novamente e cozinhe em fogo brando por vários minutos, para misturar bem os sabores.

VARIAÇÕES

Molho de *curry* verde tailandês
Substitua o *curry* vermelho tailandês pelo verde.

Curries tailandeses

Na cozinha tailandesa, os molhos de *curry* são tipicamente feitos como molhos integrais (ver p. 183). Com uma variedade de pastas de *curry* prontas à disposição, fica fácil saltear a carne, ave ou os frutos do mar desejados, preparar um molho com a pasta de *curry* e ensopar a carne com os vegetais desejados.

Nas cozinhas europeia e norte-americana, por outro lado, os molhos de *curry* em geral são preparados separadamente e adicionados ao prato na hora de servir. As receitas incluídas neste livro podem ser utilizadas das duas formas. Para usar a receita de molho de *curry* no preparo de um molho integral, coloque a pasta de *curry* na panela em que salteou a carne, ave ou o peixe. Finalize o molho conforme a receita e coloque a carne de volta no molho para terminar o cozimento.

As pastas de *curry* tailandesas podem ser compradas prontas. Se não encontrar, utilize as receitas incluídas neste livro. As pastas comerciais em geral são de excelente qualidade e contêm ingredientes difíceis de se obter no ocidente. As receitas de *curry* tailandês deste livro são úteis quando as pastas comerciais e os ingredientes asiáticos incomuns não estão disponíveis.

Curry vermelho tailandês

Rendimento: 560 g

Quantidade	Ingredientes
60 g	Galanga sem casca, picada (ver Observação)
180 g	Chalota picada
60 g	Alho picado
90 g	Raiz de coentro fresco (ver Observação)
2 colheres (sopa)	Raspas de limão Taiti
5 colheres (sopa)	Pimenta-caiena
4	Talos de capim-limão, somente a parte branca, picados
90 mL	Óleo vegetal

Por 30 g:
Calorias, 50; Proteínas, 4 g; Gorduras, 4,5 g (77% cal.); Colesterol, 0 mg; Carboidratos, 3 g; Fibras, 1 g; Sódio, 0 mg.

Modo de preparo

1. Coloque todos os ingredientes em um processador. Bata até a mistura formar uma pasta homogênea.
2. Conserve sob refrigeração e utilize quando necessário para preparar molhos de *curry*.

Observação: a galanga é uma raiz que lembra o gengibre fresco em aparência, mas tem um sabor ligeiramente diferente. Caso não encontre, utilize gengibre fresco.
A raiz de coentro é a raiz do coentro fresco comum que, em geral, é descartada. Lave bem e use neste preparo. Caso não encontre, use os talos do coentro.

Molhos 195

 ### *Curry* verde tailandês

Rendimento: 475 g

Quantidade	Ingredientes
15	Chiles serranos sem sementes, picados
60 g	Chalota picada
60 g	Alho picado
4	Talos de capim-limão, somente a parte branca, picados
60 g	Raiz de coentro picada (ver Observação do *Curry* vermelho tailandês)
60 g	Folhas de coentro picadas
15 g	Galanga sem casca, picada (ver Observação do *Curry* vermelho tailandês)
2 colheres (sopa)	Raspas de limão Taiti
1 colher (chá)	Noz-moscada
90 mL	Óleo vegetal

■ **Modo de preparo**

1. Coloque todos os ingredientes em um processador. Bata até a mistura formar uma pasta homogênea.
2. Conserve sob refrigeração e utilize quando necessário para preparar molhos de *curry*.

Por 30 g:
Calorias, 60; Proteínas, 1 g; Gorduras, 6 g (77% cal.); Colesterol, 0 mg; Carboidratos, 3 g; Fibras, 1 g; Sódio, 195 mg.

 ### Molho indonésio de amendoim

Rendimento: 500 mL

Quantidade	Ingredientes
250 g	Manteiga de amendoim
250 mL	Água quente
4–6	Dentes de alho bem amassados
2–3	Pimentas-verdes frescas, sem sementes, bem picadas
1 colher (sopa)	Gengibre fresco, sem casca, bem picado
1 colher (sopa)	Açúcar mascavo
1 colher (sopa)	Suco de limão Taiti
2 colheres (sopa)	Molho de soja

■ **Modo de preparo**

1. Coloque todos os ingredientes em um processador. Bata até a mistura formar um molho homogêneo.
2. Conserve em geladeira.

Por 30 g:
Calorias, 90; Proteínas, 4 g; Gorduras, 7 g (66% cal.); Colesterol, 0 mg; Carboidratos, 4 g; Fibras, 1 g; Sódio, 190 mg.

 ### *Dashi*

Rendimento: 2 L

Quantidade	Ingredientes
2,25 L	Água fria
60 g	*Kombu* (alga japonesa)
50 g	*Katsuobushi* (flocos de bonito desidratados)

■ **Modo de preparo**

1. Coloque a água em uma caçarola e acrescente o *kombu*. Leve ao fogo médio-alto.
2. Assim que a água ferver, retire o *kombu*.
3. Retire do fogo e acrescente os flocos de bonito imediatamente. Espere os flocos assentarem no fundo. Isso leva de 1 a 2 minutos.
4. Passe o líquido por um coador cônico forrado com pano fino. Consuma o *dashi* dentro de 1 dia.

Por 30 g:
Calorias, 2; Proteínas, 0 g; Gorduras, 0 g (0% cal.); Colesterol, 0 mg; Carboidratos, 0 g; Fibras, 0 g; Sódio, 3 mg.

VARIAÇÕES

***Dashi* vegetariano**
Exclua os flocos de bonito e utilize somente o *kombu*. Uma versão instantânea do *dashi* também está disponível comercialmente. Tem qualidade boa o suficiente para pratos cozidos em fogo brando e para *misoshiru*, mas não para preparar sopas bem transparentes. Siga as instruções da embalagem.

Molho yakitori

Rendimento: 300 mL

Quantidade	Ingredientes
240 mL	Molho de soja
90 mL	Saquê comum
60 mL	Saquê *mirin* (versão mais adocicada)
90 g	Açúcar

Modo de preparo

1. Coloque todos os ingredientes numa panela funda. Cozinhe em fogo brando até o açúcar dissolver e o líquido reduzir aproximadamente em um quarto.

Por 30 g:
Calorias, 70; Proteínas, 2 g; Gorduras, 0 g (0% cal.); Colesterol, 0 mg; Carboidratos, 13 g; Fibras, 0 g; Sódio, 1.650 mg.

Molho ponzu

Rendimento: 900 mL

Quantidade	Ingredientes
60 mL	Saquê *mirin* (versão mais adocicada do saquê)
375 mL	Molho de soja
375 mL	Suco de limão
150 mL	Vinagre de arroz
15 g	*Katsuobushi* (flocos de bonito desidratados)
1 pedaço quadrado de aproximadamente 6 cm	*Kombu* (alga japonesa)

Modo de preparo

1. Aqueça o saquê em uma panela funda pequena. Incline a panela em direção ao fogo para atear fogo à bebida (ou acenda com fósforo) e deixe o álcool queimar.
2. Junte aos demais ingredientes. Deixe no refrigerador de um dia para o outro.
3. Coe. Esprema bem para extrair todo o líquido.

Por 30 g:
Calorias, 15; Proteínas, 1 g; Gorduras, 0 g (0% cal.); Colesterol, 0 mg; Carboidratos, 3 g; Fibras, 0 g; Sódio, 650 mg.

Molho de missô e gergelim

Rendimento: 360 mL

Quantidade	Ingredientes
60 g	Semente de gergelim
240 g	Missô vermelho (ver p. 660)
75 g	Açúcar
60 mL	Saquê *mirin* (versão mais adocicada do saquê)

Modo de preparo

1. Em fogo baixo, toste o gergelim em uma frigideira até que fique aromático e ligeiramente dourado.
2. Moa em um pilão ou moedor.
3. Misture com os demais ingredientes. Mexa bem.

Por 30 g:
Calorias, 110; Proteínas, 3 g; Gorduras, 3 g (26% cal.); Colesterol, 0 mg; Carboidratos, 15 g; Fibras, 1 g; Sódio, 680 mg.

Molho cremoso de vinho branco para peixe

Rendimento: 750 mL

Quantidade	Ingredientes
60 g	Chalota picada
400 mL	Vinho branco seco
800 mL	Fundo de peixe
400 mL	Creme de leite fresco
125 g	Manteiga
45 g	Salsinha picada
a gosto	Sal
a gosto	Pimenta-do-reino

Por 30 g:
Calorias, 105; Proteínas, 1 g; Gorduras, 10 g (83% cal.); Colesterol, 35 mg; Carboidratos, 1 g; Fibras, 0 g; Sódio, 50 mg.

Modo de preparo
1. Coloque a chalota e o vinho branco em uma panela funda. Reduza até quase secar.
2. Adicione o fundo de peixe e reduza a um terço.
3. Acrescente o creme de leite e reduza ligeiramente.
4. Monte com manteiga (*monter au beurre*).
5. Acrescente a salsinha picada. Tempere a gosto.

Molho de creme de leite azedo e iogurte

Rendimento: 600 mL

Quantidade	Ingredientes
1 colher (sopa)	Manteiga
100 g	Chalota bem picada
150 mL	Vinho branco
700 mL	Fundo de frango
250 g	Creme de leite azedo*
250 g	Iogurte natural

Por 30 g:
Calorias, 45; Proteínas, 1 g; Gorduras, 3,5 g (65% cal.); Colesterol, 10 mg; Carboidratos, 2 g; Fibras, 0 g; Sódio, 20 mg.

Modo de preparo
1. Derreta a manteiga em uma panela e refogue a chalota até ficar macia, mas sem dourar.
2. Acrescente o vinho e reduza à metade, depois adicione o fundo de frango e reduza mais uma vez até adquirir uma consistência de calda.
3. Coe dentro de uma panela limpa.
4. Deixe esfriar um pouco antes de acrescentar o creme de leite azedo e o iogurte. Reaqueça ligeiramente e tempere.

*N.R.: Para obter uma preparação de sabor semelhante, junte 1 colher de sopa de suco de limão para cada 150 mL de creme de leite fresco; mexa e espere engrossar.

Molho *vierge*

Rendimento: 500 mL

Quantidade	Ingredientes
200 mL	Azeite de oliva
110 mL	Suco de limão
2 colheres (chá)	Alho picado
1 colher (sopa)	Manjericão picado
160 g	Tomate sem pele, sem semente, em cubos
50 g	Azeitona preta em cubinhos
a gosto	Sal
a gosto	Pimenta-do-reino
a gosto	Molho de pimenta vermelha

Por 30 g:
Calorias, 120; Proteínas, 0 g; Gorduras, 13 g (94% cal.); Colesterol, 0 mg; Carboidratos, 2 g; Fibras, 0 g; Sódio, 30 mg.

Modo de preparo
1. Aqueça o azeite.
2. Adicione o suco de limão, o alho, o manjericão, o tomate e a azeitona.
3. Tempere a gosto com sal, pimenta-do-reino e molho de pimenta vermelha.
4. Sirva morno.

Molho de vinho do Porto

Rendimento: 550 mL

Quantidade	Ingredientes
1,25 L	Vinho do Porto do tipo Ruby
125 mL	*Glace de viande*
o necessário	Amido de milho ou araruta
a gosto	Sal
a gosto	Pimenta-do-reino branca
60 g	Manteiga

Por 30 g:
Calorias, 60; Proteínas, 1 g; Gorduras, 3 g (40% cal.); Colesterol, 10 mg; Carboidratos, 4 g; Fibras, 0 g; Sódio, 55 mg.

Modo de preparo

1. Em uma caçarola funda de inox, reduza o vinho do Porto a um quarto em fogo médio.
2. Acrescente o *glace de viande*.
3. Se desejar, encorpe um pouco com ligação de amido de milho ou araruta e água fria.
4. Tempere a gosto com sal e pimenta-do-reino branca.
5. Antes de servir, monte com a manteiga crua (*monter au beurre*).

Compota de maçã

Rendimento: 1 L

Quantidade	Ingredientes
2 kg	Maçã (ver Observação)
a gosto	Açúcar (ver etapa 4)
a gosto	Suco de limão

Por 30 g:
Calorias, 25; Proteínas, 0 g; Gorduras, 0 g (0% cal.); Colesterol, 0 mg; Carboidratos, 6 g; Fibras, 1 g; Sódio, 0 mg.

Observação: use maçãs ácidas próprias para cozinhar, como a Granny Smith e a Golden Delicious. Não use Red Delicious.

Modo de preparo

1. Corte as maçãs em quatro e descarte as sementes. Pode manter a casca porque ela será peneirada posteriormente (a casca vermelha dá a cor rosada ao molho). Corte as maçãs em cubos grandes.
2. Coloque em uma panela funda e pesada com cerca de 60 mL de água. Tampe.
3. Leve ao fogo baixo e cozinhe lentamente até a maçã ficar bem macia. Mexa de vez em quando.
4. Adicione açúcar a gosto. A quantidade necessária depende do quão doce a maçã é, mas o molho deve ser ácido, não muito doce.
5. Acrescente suco de limão a gosto.
6. Passe o molho por um passador de legumes.
7. Se ficar muito ralo ou aguado, deixe cozinhar em fogo brando, sem tampar, até engrossar.
8. Sirva morno ou frio, com carne de porco ou pato assado.

Molho *barbecue*

Rendimento: 2 L

Quantidade	Ingredientes
1 L	Polpa de tomate
500 mL	Água
150 mL	Molho inglês
125 mL	Vinagre de maçã
125 mL	Óleo vegetal
250 g	Cebola bem picada
4 colheres (chá)	Alho bem picado
60 g	Açúcar
1 colher (sopa)	Mostarda em pó
2 colheres (chá)	Pó para *chili*
1 colheres (chá)	Pimenta-do-reino preta
a gosto	Sal

Modo de preparo

1. Coloque todos os ingredientes em uma panela funda e pesada e aqueça. Assim que ferver, diminua o fogo e cozinhe por cerca de 20 minutos, até reduzir ligeiramente e os sabores ficarem bem misturados. Mexa de vez em quando durante o cozimento para o molho não grudar no fundo.
2. Ajuste o tempero.

Por 30 g:
Calorias, 25; Proteínas, 0 g; Gorduras, 2 g (60% cal.); Colesterol, 0 mg; Carboidratos, 3 g; Fibras, 0 g; Sódio, 30 mg.

Observação: esse molho não é feito para ser consumido puro, mas cozido com outros alimentos. Veja a receita de Costelinha de porco com molho *barbecue* (p. 299) e de Sanduíche de carne de porco com molho *barbecue* (p. 745).

Molho *barbecue* picante

Rendimento: 1,25 L

Quantidade	Ingredientes
750 mL	Molho *chili*
250 mL	Molho de soja
60 g	Açúcar mascavo escuro
45 mL	Molho inglês
500 mL	Água
175 mL	Suco de limão
1 colher (sopa)	Molho de pimenta vermelha
2	Pimentas chipotle inteiras
3 colheres (sopa)	Pó para *chili*

Modo de preparo

1. Coloque todos os ingredientes em uma panela funda e pesada. Aqueça até ferver.
2. Cozinhe em fogo brando por 15 minutos.
3. Coe.
4. Ajuste o tempero com sal, se necessário (é improvável que precise de mais sal; o molho de soja já é salgado).

Por 30 g:
Calorias, 35; Proteínas, 1 g; Gorduras, 0 g (0% cal.); Colesterol, 0 mg; Carboidratos, 8 g; Fibras, 1 g; Sódio, 620 mg.

Molho *barbecue* de *shoyu*

Rendimento: 1 L

Quantidade	Ingredientes
375 mL	Molho de soja tradicional
125 mL	Açúcar mascavo
250 mL	Saquê ou xerez seco
250 mL	Água
175 mL	Suco de limão
30 mL	Gengibre fresco picado
15 mL	Alho picado
250 mL	Óleo vegetal

Modo de preparo

1. Em uma caçarola funda, coloque todos os ingredientes, exceto o óleo.
2. Cozinhe em fogo brando. Reduza a dois terços.
3. Coe.
4. Acrescente o óleo. Antes de usar, misture bem para emulsificar (pode ser feito mais facilmente no liquidificador).

Por 30 g:
Calorias, 90; Proteínas, 1 g; Gorduras, 7 g (66% cal.);
Colesterol, 0 mg; Carboidratos, 5 g; Fibras, 0 g; Sódio, 610 mg.

Salsa de frutas

Rendimento: 1 kg

Quantidade	Ingredientes
250 g	Melão Honeydew [conhecido também como *orange*] sem semente e sem casca
250 g	Mamão papaia sem casca e sem semente
250 g	Manga sem casca e sem caroço
125 g	Pimentão vermelho sem semente e sem a parte branca
30 g	*Jalapeño* sem semente
90 g	Cebola-roxa cortada em *brunoise*
125 mL	Suco de limão Taiti
2 colheres (sopa)	Coentro picado
a gosto	Sal

Modo de preparo

1. Pique o melão, o mamão, a manga, o pimentão e o *jalapeño* em cubinhos. Reserve os sucos liberados.
2. Em uma tigela, misture as frutas picadas e seu suco, o pimentão e a pimenta com a cebola, o suco de limão e o coentro.
3. Tempere a gosto com sal.
4. Conserve em geladeira até servir.

Por 30 g:
Calorias, 15; Proteínas, 0 g; Gorduras, 0 g (0% cal.); Colesterol, 0 mg; Carboidratos, 3 g; Fibras, 0 g; Sódio, 0 mg.

Óleo de chalota

Rendimento: 500 mL

Quantidade	Ingredientes
2-3 colheres (sopa)	Chalota picada
500 mL	Óleo sem sabor, como de canola, milho, açafroa ou semente de uva

Por 30 g:
Calorias, 240; Proteínas, 0 g; Gorduras, 27 g (100% cal.); Colesterol, 0 g; Carboidratos, 0 g; Fibras, 0 g; Sódio, 0 mg.

Modo de preparo

1. Coloque a chalota picada e o óleo em um vidro. Mexa bem.
2. Deixe descansar por 30 minutos. Leve à geladeira.
3. O óleo estará pronto para uso quando adquirir o sabor desejado, o que pode ocorrer em 1 a 2 horas. Após 2 dias, coe o óleo em um filtro de café de papel. Armazene no refrigerador.

VARIAÇÕES

Óleo de gengibre fresco, de raiz-forte ou de alho
Substitua a chalota por gengibre, raiz-forte ou alho na receita básica. Para obter melhores resultados, pique bem o gengibre ou a raiz-forte em um processador de alimentos ou rale no ralo fino. Para o óleo de alho, substitua o óleo sem sabor pelo azeite de oliva.

Óleo de limão ou laranja
Substitua a chalota por 3 a 4 colheres de sopa (30 g) de raspas de limão ou laranja na receita básica.

Óleo de alecrim, de sálvia, de tomilho ou de orégano
Substitua a chalota por 100 g de alecrim, sálvia, tomilho ou orégano frescos picados na receita básica.

Óleo de canela, de cominho, de *curry*, de gengibre em pó ou de páprica
Substitua a chalota por 3 colheres de sopa de uma das especiarias acima, seca e moída, na receita básica. Em uma panela pequena, misture a especiaria com uma quantidade de óleo suficiente para fazer uma pasta fina. Aqueça um pouco até a especiaria começar a exalar aroma. Tenha cuidado para não queimá-la. A páprica, em especial, escurece rapidamente. Adicione ao óleo restante. Deixe descansar, leve à geladeira e filtre, como na receita básica.

Óleo de manjericão, de salsinha, de cerefólio ou de coentro
Separe a quantidade desejada de uma das ervas frescas acima. Coloque em água fervente. Branqueie por 10 segundos. Escorra e mergulhe em água gelada. Escorra mais uma vez e seque, batendo com uma toalha. Coloque no liquidificador e acrescente uma pequena quantidade de azeite. Bata até formar uma pasta. Meça o volume da pasta obtida e acrescente 4 vezes esse volume em azeite. Misture e deixe descansar. Leve à geladeira e coe, como na receita básica.

Molho tártaro

Rendimento: 1 L

Quantidade	Ingredientes
125 g	Pepinos em conserva (picles)
60 g	Cebola
60 g	Alcaparra
1 L	Maionese
2 colheres (sopa)	Salsinha picada

Por 30 g:
Calorias, 200; Proteínas, 0 g; Gorduras, 22 g (98% cal.); Colesterol, 15 mg; Carboidratos, 1 g; Fibras, 0 g; Sódio, 240 mg.

Modo de preparo

1. Pique bem o picles e a cebola. Pique a alcaparra se ela for grande ou deixe-a inteira, se for pequena.
2. Coloque o picles e a alcaparra em uma peneira fina e aperte bem para extrair o suco, ou esprema em um pedaço de pano fino para deixem o molho muito líquido.
3. Coloque todos os ingredientes em uma tigela de inox e misture bem.

VARIAÇÕES

Molho *rémoulade*
Adicione 1 colher de sopa de pasta de anchova ou anchova amassada ao molho tártaro.

 Aïoli I

Rendimento: 600 mL

Quantidade	Ingredientes
10	Dentes de alho
⅛ de colher (chá)	Sal
3	Gemas
500 mL	Azeite de oliva
1-2 colheres (sopa)	Suco de limão

Por 30 g:
Calorias, 200; Proteínas, 1 g; Gorduras, 22 g (99% cal.); Colesterol, 30 mg; Carboidratos, 1 g; Fibras, 0 g; Sódio, 15 mg.

Modo de preparo

1. Amasse o alho com o sal, formando uma pasta lisa.
2. Acrescente a gema e bata até que estejam bem misturados.
3. Comece a adicionar o azeite de oliva, gota por gota, batendo sem parar. Não coloque o azeite mais rápido do que ele pode ser absorvido.
4. Após adicionar quase metade do azeite, a mistura deve estar bem espessa. Neste momento, adicione algumas gotas de suco de limão.
5. Continue adicionando o restante do azeite aos poucos. De tempos em tempos, adicione mais algumas gotas de suco de limão. O *aïoli* pronto deve ficar como uma maionese firme. Ajuste o tempero com sal, se necessário.

Molho de raiz-forte

Rendimento: 500 mL

Quantidade	Ingredientes
250 mL	Creme de leite fresco
60 mL	Raiz-forte preparada, escorrida
a gosto	Sal

Por 30 g:
Calorias, 50; Proteínas, 0 g; Gorduras, 6 g (93% cal.); Colesterol, 20 mg; Carboidratos, 1 g; Fibras, 0 g; Sódio, 10 mg.

Modo de preparo

1. Bata o creme de leite até ficar firme, mas não bata demais.
2. Misture a raiz-forte com um pouco do creme de leite batido, depois junte ao restante do creme de leite batido.
3. Tempere com sal a gosto.

Observação: esse molho deve ser preparado perto do momento de servir.

Molho *cocktail*

Rendimento: 2 L

Quantidade	Ingredientes
1 L	Kechup
2 ½ xícaras (chá)	Molho *chili*
1 xícara (chá)	Raiz-forte preparada
½ xícara (chá)	Suco de limão
2 colheres (sopa)	Molho inglês
algumas gotas	Molho de pimenta vermelha

Por 30 g:
Calorias, 30; Proteínas, 1 g; Gorduras, 0 g (0% cal.); Colesterol, 0 mg; Carboidratos, 7 g; Fibras, 0 g; Sódio, 330 mg.

Modo de preparo

1. Misture todos os ingredientes e mexa bem.
2. Leve à geladeira.

Observação: sirva como molho de mesa para acompanhar camarão, siri, lagosta, marisco cru ou ostra crua.

Molho *mignonette*

Rendimento: 1 L

Quantidade	Ingredientes
1 L	Vinagre de vinho
250 g	Chalota cortada em *brunoise*
1 colher (chá)	Sal
1 colher (chá)	Pimenta-do-reino branca
2 colheres (chá)	Estragão desidratado

Modo de preparo

1. Misture todos os ingredientes.
2. Leve à geladeira.
3. Sirva 30 mL por porção, como molho para acompanhar ostras ou mariscos na concha.

Por 30 g:
Calorias, 5; Proteínas, 0 g; Gorduras, 0 g (0% cal.); Colesterol, 0 mg; Carboidratos, 1 g; Fibras, 0 g; Sódio, 75 mg.

Chutney de limão e gengibre

Rendimento: 400 g

Quantidade	Ingredientes
4	Limões Taiti
50 g	Uva-passa
30 mL	Conhaque
100 g	Cebola bem picada
1	Dente de alho bem picado
25 g	Gengibre fresco ralado
pitadinha	Açafrão
1	Folha de louro
2	Cravos-da-índia
100 mL	Vinagre de vinho branco
60 mL	Suco de limão
175 mL	Suco de laranja
75 g	Açúcar mascavo
1 colher (chá)	Massa de tomate

Modo de preparo

1. Rale a casca do limão, depois descasque e separe em gomos, sem a pele. Corte cada um em 4 ou 5 pedaços.
2. Coloque a uva-passa de molho no conhaque.
3. Em uma panela funda de inox, misture as raspas de limão, a uva-passa, a cebola, o alho, o gengibre, o açafrão, a folha de louro, o cravo-da-índia, o vinagre de vinho branco, o suco de limão, o suco de laranja, o açúcar mascavo e a massa de tomate. Cozinhe em fogo brando até quase secar. Deixe esfriar.
4. Adicione os segmentos do limão e misture.
5. Sirva imediatamente, ou conserve por 2 a 3 semanas em um vidro esterilizado.

Por 30 g:
Calorias, 50; Proteínas, 1 g; Gorduras, 0 g (0% cal.); Colesterol, 0 mg; Carboidratos, 13 g; Fibras, 1 g; Sódio, 5 mg.

Compota de figo

Rendimento: 625 g

Quantidade	Ingredientes
500 g	Figo seco, de preferência claro
125 mL	Suco de limão
250 mL	Água
2 colheres (sopa)	Açúcar
¼ de colher (chá)	Cominho moído
¼ de colher (chá)	Canela
⅛ de colher (chá)	Cravo-da-índia em pó
⅛ de colher (chá)	Pimenta-caiena

Modo de preparo

1. Limpe o figo descartando o cabo.
2. Corte em cubos médios.
3. Coloque todos os ingredientes em uma panela funda.
4. Aqueça até ferver. Diminua o fogo e cozinhe até o líquido evaporar.
5. Sirva morna ou fria.

Por 30 g:
Calorias, 60; Proteínas, 1 g; Gorduras, 0 g (0% cal.); Colesterol, 0 mg; Carboidratos, 17 g; Fibras, 2 g; Sódio, 0 mg.

TERMOS PARA REVISÃO

fundo	*glace de poisson*	deglacear	manteiga clarificada
caldo	molho	*monter au beurre*	*beurre noisette*
mirepoix	ligação de amido	molho básico	manteiga composta
sachê	*roux*	*fond lié*	emulsão
bouquet garni	*roux* claro	molho derivado	molho integral
ventilar	*roux* amarelo	*demi-glace*	*jus lié*
remouillage	*roux* escuro	*béchamel*	*jus*
redução	*beurre manié*	*velouté*	*au jus*
glace	ligação de água	molho espanhol	*salsa*
glace de viande	*liaison*	*gastrique*	*relish*
glace de volaille	*au sec*	*coulis*	*chutney*

QUESTÕES PARA DISCUSSÃO

1. Que ossos produzem um fundo mais gelatinoso, de boi ou de vitela?

2. O caldeirão de fundo é considerado uma boa maneira de usar retalhos de carnes e vegetais. Você concorda? Explique.

3. Como devem ser cortados os vegetais para preparar o *mirepoix*?

4. Explique a importância de branquear os ossos antes de preparar fundos.

5. Por que o fundo não deve ser fervido? O caldeirão deve ser tampado? Por quê?

6. Explique o procedimento para resfriar fundos. Por que isso é importante?

7. Por que é importante entender de fundos mesmo que você trabalhe em um estabelecimento que utiliza somente misturas comerciais para fundo?

8. Você acabou de preparar um molho *suprême*, mas seu supervisor diz que está muito ralo. Ele deve ser servido em cinco minutos. O que você pode fazer para corrigi-lo?

9. Quais são os dois métodos usados para preparar amidos para que possam ser incorporados a líquidos quentes? Por que eles são necessários e como eles funcionam?

10. Por que é necessário saber como engrossar um molho com *roux* sem deixar grumos se o molho vai ser peneirado de qualquer forma?

11. Você está preparando um *jus lié* para um lote de filés que será congelado e utilizado posteriormente. Qual agente espessante você utilizará?

12. Cite os cinco molhos básicos e seus principais ingredientes. Relacione pelo menos dois molhos derivados feitos a partir de cada um.

13. Que precauções devem ser tomadas ao finalizar e conservar um molho *allemande*?

14. Quais são as similaridades entre o molho espanhol e o *jus lié*? E as diferenças?

15. Quais precauções são necessárias ao preparar o molho *hollandaise* para evitar cozinhar demais os ovos ou talhar o molho?

CAPÍTULO 9

CAPÍTULO 9

Sopas

A popularidade das sopas hoje em dia pode ser o resultado de uma maior conscientização sobre nutrição, do anseio por refeições mais simples e leves ou da maior compreensão do quão apetitosas e satisfatórias as sopas podem ser. Seja qual for a razão, fica clara a importância de se conhecer as técnicas de preparo de sopas.

Se você estudou o preparo de fundos e molhos no Capítulo 8, tem à sua disposição as principais técnicas de preparo de sopas. Você já sabe como fazer fundos e como utilizar agentes espessantes como o *roux* e a liga fina.

É preciso dominar mais algumas técnicas para poder preparar todos os tipos de sopas populares na atualidade. Como no preparo de molhos, as técnicas básicas constituem a base a partir da qual se pode criar uma grande variedade de sopas apetitosas.

INTRODUÇÃO ÀS SOPAS

Sopa, de acordo com o dicionário, é um alimento líquido derivado de carnes, aves, peixes ou vegetais. Essa definição é válida até certo ponto, pois ela deixa muitas dúvidas. Será um fundo, saído diretamente do caldeirão, uma sopa? O líquido da carne ensopada pode ser chamado de sopa?

Neste livro, há um interesse maior nas técnicas de produção do que nas definições. Contudo, mais algumas definições são necessárias para que se possa entrar na cozinha e falar a mesma linguagem. Definições não são regras, portanto, não se preocupe se vir outros livros ou *chefs* utilizarem esses termos de formas diferentes. O importante é que você aprenda as técnicas e consiga adaptá-las a vários usos.

CLASSIFICAÇÃO DAS SOPAS

As sopas podem ser divididas em três categorias básicas: sopas leves ou não encorpadas; sopas espessas; e sopas especiais, que não se encaixam nas duas primeiras categorias.

A maioria dessas sopas, independentemente dos ingredientes finais, baseia-se em um fundo. Portanto, a qualidade da sopa depende da habilidade do cozinheiro no preparo de fundos, discutido no Capítulo 8.

SOPAS CLARAS

As **sopas claras** são feitas a partir de um caldo ou fundo transparente, não engrossado. Devem ser servidas puras ou guarnecidas com vegetais e carnes.

1. **Caldo e bouillon** são dois termos usados de várias formas. Em geral, ambos se referem a sopas simples e leves, sem ingredientes sólidos. Já definimos caldo (Capítulo 8) como um líquido saboroso obtido do cozimento lento de carnes e/ou vegetais. Os caldos serão abordados com mais detalhes na página 209.

2. **Sopa clara de vegetais** é um fundo ou caldo leve, temperado, com o acréscimo de um ou mais vegetais e, algumas vezes, carne ou ave e amidos.

3. **Consomê**, ou *consommé* em francês, é um fundo ou caldo substancioso e saboroso, previamente clarificado para ficar bem claro e transparente. O processo de clarificação é uma técnica que será estudada em detalhes.

    Longe de ser apenas um bom e velho prato de caldo, um consomê bem preparado é uma das melhores sopas. Sua clareza cintilante é um deleite para os olhos, e seu sabor rico, substancioso e marcante e sua textura fazem dele um início perfeito para um jantar elegante.

SOPAS ESPESSAS

Ao contrário das sopas leves, as sopas espessas são opacas. Elas são engrossadas com um agente espessante, como o *roux*, ou com um purê de um ou mais dos ingredientes para proporcionar uma consistência mais grossa.

1. **Sopas-creme** são sopas encorpadas com *roux*, *beurre manié*, liga fina ou outros agentes espessantes, acrescidas de leite e/ou creme de leite. São similares aos molhos *velouté* e *béchamel* – na verdade, podem ser feitas diluindo-se e adicionando-se sabor a qualquer um desses dois molhos básicos. Normalmente, as sopas-creme são nomeadas de acordo com seu principal ingrediente, como sopa cremosa de frango ou creme de aspargo.

2. **Sopas em purê** são sopas engrossadas naturalmente com um purê feito a partir de um ou mais ingredientes da sopa. Não são tão homogêneas e cremosas quanto as sopas-creme.

    Em geral, as sopas em purê são feitas à base de ingredientes ricos em amido. Podem ser feitas com legumes secos (p. ex.: sopa de ervilha seca) ou vegetais frescos misturados

---

Após ler este capítulo, você deverá ser capaz de:

1. Descrever as três categorias básicas de sopas.
2. Identificar porções padrão para sopas servidas como entrada e como prato principal.
3. Descrever os procedimentos para manter as sopas quentes e servi-las na temperatura adequada.
4. Preparar consomê clarificado.
5. Preparar sopas de vegetais e outras sopas claras.
6. Preparar sopas-creme.
7. Preparar sopas em purê.
8. Preparar *bisques, chowders,* sopas especiais e sopas típicas.

com um ingrediente rico em amido, como batata ou arroz. As sopas em purê podem conter leite ou creme de leite.

3. **Bisques** são sopas espessas de frutos do mar. Em geral, são preparadas como as sopas--creme e quase sempre são finalizadas com creme de leite. O termo *bisque* às vezes é usado nos menus para designar sopas de vegetais. Nesses casos, trata-se mais de uma jogada de marketing do que do uso do termo técnico, portanto, é impossível dar uma definição que abranja todos os usos.

4. **Chowders** são sopas substanciosas feitas de peixes, frutos do mar e/ou vegetais. Embora possam ser feitas de várias formas, normalmente contêm leite e batata.

5. **Potage** é um termo às vezes associado a certas sopas encorpadas e substanciosas, mas, na verdade, é um termo geral para designar sopas. Uma sopa clara é chamada de *potage clair* em francês.

SOPAS ESPECIAIS E SOPAS TÍPICAS

Esta é uma categoria genérica que inclui sopas que não se encaixam nas principais categorias, além de sopas típicas de países ou regiões específicas.

As sopas especiais são diferenciadas por usarem ingredientes ou métodos incomuns, como a sopa de tartaruga, o *gumbo* (sopa típica da região de Louisiana, EUA, contendo quiabo), a sopa de amendoim africana ou uma sopa fria de frutas.

As sopas frias podem ser consideradas sopas especiais e, de fato, algumas delas são. Porém, muitas outras sopas frias populares, como o consomê gelatinizado, a sopa-creme fria de pepino e a *vichyssoise*, são simplesmente versões frias de sopas básicas claras e espessas.

SOPAS VEGETARIANAS E SOPAS LEVES

Uma grande variedade de sopas à base de vegetais é adequada para menus vegetarianos. Para planejar menus vegetarianos, consulte os tipos de vegetarianismo discutidos na página 656. As sopas de vegetais para veganos não devem conter carne ou qualquer outro produto de origem animal e devem ser feitas com água ou fundo de vegetais. Para fazer a ligação das sopas espessas, use uma ligação de água e amido ou um *roux* feito com óleo em vez de manteiga. Lacto-vegetarianos, por outro lado, consomem sopas contendo manteiga, leite ou creme de leite.

Como as sopas de vegetais vegetarianas dependem inteiramente do frescor e da qualidade dos vegetais, e não da riqueza dos fundos de carnes, tenha um cuidado especial, selecionando ingredientes de alta qualidade, e evite cozinhá-los em excesso.

Sopas leves são especialmente adequadas para pessoas que buscam alimentos com baixo teor de gordura. Consomês e sopas leves de vegetais são praticamente livres de gordura, em especial se os vegetais não forem refogados em gordura antes de serem cozidos.

As sopas espessas podem ter pouca gordura se forem encorpadas com ligação de amido (como araruta, amido de batata ou amido de milho) e água fria em vez de *roux*. Nas sopas--creme, reduza ou exclua o creme de leite e, no lugar dele, utilize leite desnatado evaporado. As sopas em purê normalmente são mais adaptáveis às dietas de baixo teor de gordura do que as sopas-creme, pois o purê de vegetais dá corpo e riqueza à sopa, sem a necessidade de se adicionar gordura. Um pouco de iogurte ou leite desnatado evaporado podem ser utilizados para dar cremosidade às sopas em purê. Até mesmo guarnecer uma porção de sopa com uma colher de chá de creme de leite batido proporciona uma sensação de riqueza com apenas um ou dois gramas de gordura.

COMO SERVIR SOPAS

PORÇÕES PADRÃO

Porção para entrada: 200 a 250 mL

Porção para prato principal: 300 a 350 mL

TEMPERATURA

As sopas quentes devem ser servidas quentes, em pratos ou tigelas quentes.

As sopas frias devem ser servidas frias, em tigelas geladas ou até mesmo acomodadas dentro de uma tigela maior contendo gelo triturado.

COMO MANTER QUENTE PARA SERVIR

Mesmo parecendo estranho, alguns *chefs* que tomam o maior cuidado para não cozinhar demais as carnes ou os vegetais são capazes de manter um caldeirão de sopa no balcão térmico o dia todo. É possível imaginar uma sopa de vegetais após quatro ou cinco horas a essas temperaturas.

1. O preparo em pequenos lotes se aplica a sopas e outros alimentos. Aqueça pequenos lotes com frequência para repor o balcão térmico com sopa fresca.

2. Os consomês e outras sopas claras podem ser mantidos aquecidos por períodos mais longos se a guarnição de vegetais for aquecida separadamente e adicionada na hora de servir.

GUARNIÇÃO

As guarnições para sopas podem ser divididas em três grupos:

1. **Guarnições incorporadas na sopa.**

   Os principais ingredientes, como os vegetais de uma sopa clara de vegetais, em geral são considerados uma guarnição. Esse tipo de guarnição também inclui carnes, aves, frutos do mar, massas e grãos, como a cevada ou o arroz. Elas são consideradas parte do preparo ou da receita em si e não um produto adicionado.

   Em geral, os consomês recebem seu nome de acordo com a guarnição, como consomê *brunoise*, que contém vegetais cortados em *brunoise* (cubinhos de 3 mm).

   Sopas-creme de vegetais são guarnecidas com pedaços cuidadosamente picados dos vegetais de que são feitas.

   Uma forma elegante de servir sopa com uma guarnição sólida é arrumar a guarnição de maneira atrativa no fundo de um prato de sopa quente. Esse prato é preparado antecipadamente. No momento de servir, o garçom utiliza uma concha para despejar o caldo, que está em uma terrina.

2. **Finalizações.**

   Em geral, as sopas claras são servidas sem finalizações, para que a atratividade do caldo transparente e os vegetais cuidadosamente picados falem por si. Exceções ocasionais são finalizações de salsinha ou cebolinha picada.

   As sopas espessas, especialmente as de uma cor só, podem ser decoradas com uma finalização. As finalizações devem ser colocadas na sopa na hora de servir para não afundarem ou perderem a aparência fresca. Seu sabor deve ser apropriado para a sopa.

   Não coloque finalizações demais. O alimento deve ser atrativo por si só.

   Sugestões de finalização para sopas espessas:

   Ervas frescas (como a salsinha e a cebolinha-francesa) picadas

   Ervas e vegetais fritos, como salsinha-crespa, sálvia, cerefólio, folhas de salsão e alho-poró cortado em *julienne*

   Julienne fina de vegetais

   Amêndoas fatiadas torradas

   Queijos ralados

   Gemas de ovo cozidas passadas pela peneira

   Claras de ovo picadas ou passadas pela peneira

   Croûtons

   Bacon esmigalhado

Páprica

Manteigas compostas

Óleos aromáticos

Creme de leite azedo, *crème fraîche** ou creme de leite batido, puro ou aromatizado com ervas e especiarias

3. Acompanhamentos.
Nos Estados Unidos, as sopas são tradicionalmente servidas com *crackers*, um biscoito salgado leve e crocante. Outros acompanhamentos salgados crocantes são:

Torradas de pão branco ou integral

Chips de milho

Breadsticks

Palitos de queijo

Profiteroles (bombinhas sem recheio)

Wafers integrais

*N.R.: Especialidade francesa, é um creme de leite fresco levemente ácido e com alto teor de gordura (cerca de 40%).

SOPAS CLARAS

CALDOS

A diferença entre um caldo e um fundo é que o caldo, de acordo com a definição mais comum, é feito cozinhando-se carne e vegetais, enquanto o fundo é feito cozinhando-se ossos e vegetais. Por essa diferença, um fundo bem-feito geralmente é mais rico em gelatina do que um caldo, pois a gelatina é extraída da cartilagem e do tecido conjuntivo. Um caldo, por outro lado, tem um sabor de carne ou ave mais pronunciado do que um fundo. Um sabor mais neutro é desejado no fundo, que é utilizado como base para muitos molhos, além de sopas. Um caldo, por outro lado, é uma opção excelente de base para sopa quando um sabor distinto de carne é desejado.

No entanto, os caldos nem sempre são feitos cuidadosamente nos estabelecimentos de serviço alimentício. O custo da carne os torna caros, a menos que a carne possa ser utilizada para outro propósito ou que o restaurante tenha um bom suprimento de aparas de carne que seriam, de outra forma, descartados. Em vez disso, normalmente o caldo é um subproduto do cozimento da carne ou da ave. As receitas de Peito bovino cozido em fogo brando (*boiled beef*) (p. 325) e Galinha cozida (p. 400) produzem não só a carne ou ave cozidas, mas também caldos saborosos que podem ser servidos como sopa quando devidamente temperados e guarnecidos.

Observe que os caldos resultantes das duas receitas são claros. Para preparar um caldo de carne escuro, siga o procedimento da receita de Peito bovino cozido em fogo brando (p. 325), mas doure bem a carne e o *mirepoix* antes de acrescentar a água. Cortes saborosos, como músculo, acém e pescoço, são bons para preparar caldos.

Para os estabelecimentos que determinam que o preparo de caldos, especialmente para as sopas, deve ser de baixo custo, uma receita de caldo de carne é fornecida a seguir.

Os caldos podem ser servidos puros, apenas com temperos e/ou talvez acompanhados de uma guarnição leve. Por exemplo, o caldo de frango simples em geral é servido como alimento restaurador para pessoas doentes. Com mais frequência, entretanto, os caldos são usados no lugar dos fundos nas sopas de vegetais e outras sopas leves, conforme discutido na seção do início da página 214.

Assim como o fundo, o caldo pode ser feito com água. Para os caldos especialmente ricos e saborosos, use fundo no lugar de água na receita do caldo.

Caldo de carne

Rendimento: 6 L

Quantidade	Ingredientes
5 kg	Carne de vaca: músculo, pescoço, acém, rabo, costela, aparas diversas ou uma mistura de todos eles
60 mL	Óleo vegetal
8 L	Água, fundo de carne ou *remouillage* (p. 157)
	Mirepoix:
500 g	Cebola picada
250 g	Cenoura picada
250 g	Salsão picado
30 mL	Óleo vegetal
250 g	Tomate, em lata ou fresco
	Sachê:
1	Folha de louro
¼ de colher (chá)	Tomilho seco
¼ de colher (chá)	Grãos de pimenta-do-reino
6–8	Talos de salsinha
2	Cravos-da-índia inteiros
a gosto	Sal
se desejar	Carne, vegetais ou outra guarnição para sopa

■ Modo de preparo

1. Em um caldeirão, doure a carne na primeira quantidade de óleo.
2. Adicione a água ou o fundo e deixe ferver em fogo brando. Escume a superfície retirando toda a espuma.
3. Continue cozinhando em fogo brando por 2 horas.
4. Doure o *mirepoix* na segunda quantidade de óleo.
5. Acrescente-o ao caldeirão, juntamente com o tomate.
6. Com um pouco de água, deglaceie a panela utilizada para dourar o *mirepoix* e adicione o líquido ao caldeirão.
7. Continue cozinhando em fogo brando por mais 30 minutos.
8. Acrescente o sachê. Cozinhe em fogo brando por mais 30 a 45 minutos.
9. Coe o caldo. Descarte o sachê, os vegetais e os retalhos de carne não aproveitáveis. Reserve os pedaços bons para guarnecer o caldo ou para outro uso.
10. Para servir como sopa, tempere e guarneça a gosto.

Por porção:
Calorias, 130; Proteínas, 8 g; Gorduras, 11 g (3% cal.); Colesterol, 26 mg; Carboidratos, 1 g; Fibras, 0 g; Sódio, 55 mg.

CONSOMÊ

Quando se define consomê como um fundo ou caldo clarificado, esquece-se da parte mais importante da definição. A palavra *consomê* significa, literalmente, "finalizado" ou "concentrado". Em outras palavras, um consomê é um fundo ou caldo forte e concentrado. Na cozinha clássica, isso era tudo de que um fundo precisava para ser chamado de consomê. Na verdade, dois tipos eram reconhecidos: consomê normal (ou não clarificado) e consomê clarificado.

A *regra número um* no preparo de consomês é que o fundo ou caldo deve ser forte, rico e saboroso. A clarificação é a segunda coisa mais importante depois do sabor forte. Um bom consomê, com aroma suave mas distinto e uma textura bem encorpada (proveniente da gelatina natural) que você pode sentir na boca é um dos grandes prazeres da cozinha requintada. No entanto, a clarificação é um procedimento caro e demorado e, para falar a verdade, não vale o trabalho se for para a sopa ficar rala e aguada.

COMO FUNCIONA A CLARIFICAÇÃO

A coagulação das proteínas foi um assunto importante na discussão do preparo de fundos, pois uma das maiores preocupações era impedir que as proteínas coaguladas produzissem um fundo turvo. Estranhamente, esse mesmo processo de **coagulação** nos permite clarificar fundos até adquirirem a transparência perfeita.

Lembre-se de que algumas proteínas, especialmente as chamadas *albuminas*, dissolvem-se em água fria. Quando a água é aquecida, elas se solidificam aos poucos, ou coagulam-se, e sobem para a superfície. Controlando esse processo com cuidado, essas proteínas coletam todas as minúsculas partículas que deixam o fundo turvo e as levam para a superfície. Assim, o fundo fica totalmente transparente.

Se, por outro lado, não houver cuidado, essas proteínas se quebram à medida que coagulam e turvam ainda mais o líquido, assim como pode acontecer no preparo de um fundo.

INGREDIENTES BÁSICOS

A mistura de ingredientes utilizados para clarificar um fundo é chamada, em inglês, de **clearmeat**.

1. *Carne moída magra* é uma das principais fontes de proteína, que permite à *clearmeat* fazer seu trabalho. Ela também fornece sabor para o consomê. A carne deve ser magra porque a gordura não é desejada em um consomê. O músculo do boi é a carne mais indicada porque é rica em albumina e gelatina, além de ser saborosa e bastante magra.

   A carne de vaca e/ou frango é utilizada para clarificar o consomê de frango. Obviamente, a carne não é usada para fazer consomê de peixe. Pode-se usar um peixe magro moído, mas é comum omitir toda a carne e usar apenas claras de ovo.

2. A *clara de ovo* é incluída na *clearmeat*, pois, sendo em grande parte albumina, ela potencializa seu poder clarificante.

3. O *mirepoix* e outros ingredientes de tempero e sabor normalmente são incluídos, pois agregam sabor ao consomê pronto. Na realidade, eles não auxiliam na clarificação,

(O texto continua na p. 213.)

Figura 9.1
Como preparar consomê

Procedimento para preparar consomê

1. Comece com um fundo ou caldo forte, gelado e bem saboroso. Se o fundo estiver fraco, reduza-o até ficar concentrado, resfrie-o antes de continuar ou planeje-se para cozinhar o consomê por mais tempo para reduzir enquanto clarifica.

2. Escolha um caldeirão pesado ou uma caçarola funda, de preferência com uma torneira na base. A torneira permite extrair o consomê pronto sem ter que movimentar o tampão.

3. Coloque os ingredientes da *clearmeat* na panela e mexa vigorosamente.

4. Etapa opcional: junte uma pequena quantidade de água ou fundo gelados – aproximadamente 250 a 500 mL por kg de carne – e deixe repousar por 30 a 60 minutos. Isso favorecerá a dissolução das proteínas responsáveis pela clarificação, que são extraídas da carne.

   Observação: os *chefs* discordam sobre a importância desta etapa. Alguns deixam a mistura no refrigerador por uma noite. Outros omitem este passo. Consulte o seu instrutor.

5. Aos poucos, adicione o fundo gelado e desengordurado e misture bem com a *clearmeat*.

   O fundo deve estar gelado para não cozinhar as proteínas em contato com ele.

   O ato de misturar distribui as proteínas dissolvidas por todo o fundo para que coletem todas as impurezas com mais facilidade.

6. Leve ao fogo médio-baixo e deixe que levante fervura bem lentamente.

7. Mexa de vez em quando para que a *clearmeat* circule por todo o líquido e não queime no fundo da panela.

8. Quando o ponto de levantar fervura estiver se aproximando, pare de mexer imediatamente. A *clearmeat* subirá para a superfície e ficará em suspensão, formando o tampão.

9. Abaixe o fogo para o mínimo para manter o líquido em cozimento lento. Não tampe. A fervura despedaça o tampão, deixando o consomê turvo. O mesmo princípio se aplica ao preparo de fundos.

10. Deixe cozinhar em fogo brando por 1 hora e 30 minutos, sem mexer.

11. Passe o consomê por um coador cônico forrado com várias camadas de gaze ou um pano fino.

    Caso não esteja utilizando um caldeirão com torneira, vá retirando o consomê com uma concha, com cuidado, para não desmanchar o tampão.

    Deixe o líquido escorrer pelo pano fino pela ação da gravidade. Não force o líquido pelo *chinois*, senão as partículas podem passar, deixando o consomê turvo.

12. Desengordure.

    Retire todos os traços de gordura da superfície. Passar tiras de papel pardo limpas pela superfície é um método eficaz para coletar os restos de gordura sem absorver muito consomê.

13. Acerte o tempero.

    O sal *Kosher* é mais indicado que o sal de mesa comum, pois não tem impurezas nem aditivos que possam turvar o fundo.

(a) O fundo é bem misturado com os ingredientes de clarificação e colocado no fogo para começar a aquecer.

(b) As impurezas começam a subir para a superfície.

(c) O tampão está quase completamente formado. O consomê continua em cozimento lento pelo total de 1 hora e 30 minutos.

Procedimentos de emergência

1. **Como clarificar um fundo quente.**

   Caso não tenha tempo para resfriar o fundo adequadamente antes de clarificá-lo, pelo menos resfrie o máximo que puder. Até mesmo 10 minutos em uma bacia de água gelada ajudam. Em seguida, misture cubos de gelo ou gelo triturado com a *clearmeat*. Isso ajuda a impedir que coagule quando entrar em contato com o fundo quente. Continue como no método básico.

   Por último, reveja o planejamento de produção para evitar essa emergência no futuro.

2. **Como clarificar sem carne.**

   É possível clarificar um fundo apenas com clara de ovo. Use pelo menos 3 ou 4 claras para cada 4 litros de fundo, além de *mirepoix*, se possível.

   É preciso tomar bastante cuidado, pois a suspensão fica mais frágil e pode se quebrar com facilidade.

   A mistura de claras e *mirepoix* é bastante usada para clarificar fundo de peixe.

3. **Falha na clarificação.**

   Se a clarificação falhar porque foi fervida, ou por alguma outra razão, ela ainda pode ser recuperada, mesmo que não haja tempo para outra clarificação completa.

   Coe o consomê, deixe resfriar o máximo possível e, em seguida, despeje lentamente sobre uma mistura de cubos de gelo e clara de ovo. Com cuidado, cozinhe de novo em fogo brando, como no método básico, e continue a clarificação.

   Isso só deve ser feito em caso de emergência. Os cubos de gelo diluem o sabor do consomê, e a clarificação com clara de ovo é arriscada.

4. **Pouca cor.**

   O consomê de carne ou vitela, feito com fundo escuro, deve ter cor âmbar. Ele não é marrom-escuro como o da versão enlatada. O consomê de frango tem cor âmbar pálida.

   É possível corrigir um consomê pálido acrescentando algumas gotas de corante caramelo à sopa pronta. Porém, para obter um resultado melhor, verifique a cor do fundo antes da clarificação. Se estiver muito pálido, corte uma cebola ao meio e coloque-a com o lado cortado virado para baixo em uma chapa até ficar preta ou chamusque-a em um dourador. Adicione à *clearmeat*. O açúcar caramelizado da cebola dará cor ao fundo.

Consomê

Rendimento: 4 L	Tamanho da porção:
Porções: 16, 20	250 mL, 200 mL
Quantidade	Ingredientes
500 g	Carne bovina magra moída, de preferência músculo dianteiro
	Mirepoix picado em pedaços pequenos
250 g	Cebola
125 g	Salsão
125 g	Cenoura
250 g	Clara
250 g	Tomate em lata ligeiramente batido
6–8	Talos de salsinha picados
pitada	Tomilho seco
1	Folha de louro
2	Cravos-da-índia inteiros
½ colher (chá)	Grãos de pimenta-do-reino moídos grosseiramente
5 L	Fundo de carne ou vitela, gelado (escuro ou claro)

Modo de preparo

1. Reveja as informações sobre o preparo de consomês na página 211.
2. Coloque a carne, o *mirepoix*, a clara de ovo, o tomate, as ervas e as especiarias em um caldeirão fundo e pesado. Misture os ingredientes vigorosamente com uma espátula de madeira ou batedor de arame duro.
3. Acrescente cerca de 500 mL de fundo gelado e mexa bem. Deixe repousar por aproximadamente 30 minutos (etapa opcional: ver p. 211 para explicação).
4. Aos poucos, junte o fundo gelado restante, batendo. Certifique-se de que o fundo está bem misturado aos demais ingredientes.
5. Leve ao fogo médio-baixo e deixe levantar fervura bem lentamente, mexendo de vez em quando.
6. Quando o ponto de levantar fervura estiver se aproximando, pare de mexer.
7. Abaixe o fogo para o mínimo e cozinhe bem lentamente por cerca de 1 hora e 30 minutos. Não mexa no tampão que se formará na superfície.
8. Com muito cuidado, coe o consomê em um coador cônico forrado com várias camadas de gaze ou um pano fino.
9. Desengordure.
10. Tempere a gosto.

Por porção:
Calorias, 30; Proteínas, 3 g; Gorduras, 1 g (31% cal.); Colesterol, 15 mg; Carboidratos, 2 g; Fibras, 0 g; Sódio, 75 mg.

Sopas claras 213

VARIAÇÕES

Consomê duplo
Use duas vezes a quantidade de carne da receita básica. Adicione 250 g de alho-poró ao *mirepoix*.

Consomê de frango
Use fundo de frango em vez de fundo de carne ou vitela. Adicione à *clearmeat* 250 g de aparas de frango (p. ex.: ponta da asa e pescoço) picadas e douradas no forno. Exclua o tomate e acrescente 30 mL de suco de limão.

Consomê frio gelatinizado
Adicione gelatina sem sabor ao consomê para deixá-lo com a consistência gelatinosa. A medida depende da quantidade de gelatina do fundo e de quão firme se quer a consistência. Classicamente, o consomê gelado é apenas parcialmente gelatinizado, sua consistência é mais parecida com a de um xarope. Algumas pessoas, entretanto, preferem um conteúdo de gelatina suficiente para solidificar o consomê. Nas orientações a seguir, utilize a quantidade menor de gelatina para uma sopa parcialmente gelatinizada e a quantidade maior para uma sopa gelatinizada por completo. Além disso, no consomê de tomate (*madrilène*), aumente um pouco a quantidade de gelatina, pois a acidez do tomate a enfraquece.

1. Se o fundo ficar ralo quando frio, acrescente de 30 a 60 g de gelatina para cada 4 L.
2. Se o fundo ficar levemente gelatinizado e com consistência de xarope quando frio, acrescente de 15 a 30 g de gelatina para cada 4 L.
3. Se o fundo ficar gelatinizado quando frio, não é necessário adicionar gelatina. Acrescente até 15 g para cada 4 L se desejar uma consistência mais firme.

A gelatina pode ser adicionada à *clearmeat* (na etapa 2 da receita). Esse é o melhor método porque não há perigo de turvar o consomê. Ela também pode ser adicionada ao consomê pronto depois de dissolvida em água fria. Ver página 717 para obter instruções sobre o uso da gelatina.

Consomê *madrilène*
Aumente a quantidade de tomate na receita básica para 750 g. Use fundo de carne, vitela ou frango. Sirva quente ou gelatinizado.

Consomê essência de salsão
Aumente a quantidade de salsão na receita básica para 500 g.

Consomê ao Porto
Acrescente sabor ao consomê pronto usando de 200 a 250 mL de vinho do Porto para cada 4 L.

Consomê ao xerez
Acrescente sabor ao consomê pronto usando de 200 a 250 mL de xerez para cada 4 L.

CONSOMÊS GUARNECIDOS

Nos consomês a seguir, prepare e cozinhe a guarnição separadamente. Na hora de servir, acrescente de 1 a 2 colheres de sopa da guarnição por porção. Ver a página 134 para obter a descrição dos cortes.

Consomê *brunoise*
Cebola ou alho-poró, cenoura, salsão e nabo (opcional) cortados em *brunoise*. Refogue ligeiramente na manteiga e cozinhe em fogo brando em um pouco de consomê até ficarem macios.

Consomê *julienne*
Cebola ou alho-poró, cenoura e salsão cortados em *julienne*. Prepare da mesma forma que o consomê *brunoise*.

Consomê *printanière*
Cubos pequenos de vegetais frescos: cenoura, nabo, salsão, vagem. Prepare da mesma forma que o consomê *brunoise*.

Consomê *paysanne*
Fatias finas de alho-poró, cenoura, salsão, nabo e repolho. Prepare da mesma forma que o consomê *brunoise*.

Consomê com sagu
Sagu cozido.

Consomê *vermicelli*
Vermicelli (espaguete bem fino) quebrado e cozido.

---

exceto pelo fato de contribuirem para a aglutinação das impurezas em suspensão. As impurezas em suspensão, chamadas às vezes de **tampão**, são a *clearmeat* coagulada, que flutua em forma de massa compacta na superfície do consomê.

O *mirepoix* deve ser cortado em cubos pequenos para que possa flutuar com as impurezas.

Uma grande quantidade de um vegetal específico pode ser adicionada se esse sabor, em especial, for desejado; por exemplo, um consomê essência de salsão.

4. *Ingredientes ácidos* (produtos de tomate para o consomê de carne ou frango, suco de limão ou vinho branco para o consomê de peixe) são sempre adicionados, pois a acidez ajuda a coagular a proteína. Eles não são imprescindíveis – o calor coagulará a proteína de qualquer forma –, mas muitos *chefs* gostam de usá-los.

Consomê de frango e salsão

Rendimento: 4 L
Porções: 16
Tamanho da porção: 250 mL

Quantidade	Ingredientes
1,2 kg	Carne de coxa de frango picada ou moída grosseiramente
12	Claras
600 g	Salsão cortado, como no *mirepoix*
15 g	Sal
15 g	Grãos de pimenta-do-reino preta moídos grosseiramente
3	Ramos de tomilho
2	Folhas de louro
20	Talos de salsinha
5,5 L	Fundo de frango
300 g	Peito de frango
conforme necessário	Fundo de frango
180 g	Salsão cortado em *julienne*

Por porção:
Calorias, 35; Proteínas, 4 g; Gorduras, 1 g (27% cal.); Colesterol, 15 mg; Carboidratos, 2 g; Fibras, 0 g; Sódio, 460 mg.

■ Modo de preparo

1. Coloque o frango picado, a clara, o salsão, o sal, a pimenta e as ervas em uma caçarola funda.
2. Despeje o fundo, mexa bem e leve ao fogo médio. Mexa de vez em quando, prestando especial atenção para que os ingredientes não grudem nem queimem no fundo da panela.
3. Quando estiver quase no ponto de levantar fervura, pare de mexer e continue cozinhando lentamente por mais 30 minutos.
4. Coe o consomê em um coador cônico forrado com várias camadas de gaze ou um pano fino. Escume e desengordure completamente. Transfira para uma caçarola limpa.
5. Escalfe o peito de frango em quantidade necessária de fundo de frango por 10 minutos.
6. Resfrie o frango imerso no fundo para reter os sucos e depois corte em cubos.
7. Na hora de servir, reaqueça a sopa e sirva em tigelas quentes. Salpique cada porção com os cubos de frango e a *julienne* de salsão.

SOPAS DE VEGETAIS

As sopas claras de vegetais são feitas de fundo ou caldo claro, não necessariamente clarificado, com a adição de um ou mais vegetais e, algumas vezes, carne ou ave e/ou macarrão ou grãos. A maioria das sopas de vegetais é feita de fundo ou caldo de carne ou ave. As sopas sem carne ou vegetarianas são feitas com caldo de vegetais ou água.

Orientações para preparar sopas de vegetais

Os procedimentos para preparar essas sopas não são complicados. O preparo da maior parte delas é bem simples: os vegetais são lentamente cozidos no fundo até ficarem no ponto. Mesmo assim, é preciso cuidado e atenção aos detalhes para produzir uma sopa de alta qualidade.

1. **Comece com um fundo ou caldo claro e saboroso.**
   Essa é uma das razões da importância de se saber preparar fundos transparentes, e não turvos.
2. **Selecione vegetais e outros ingredientes cujos sabores combinem.**
   Não apenas jogue tudo o que tem. O bom-senso, juntamente com a experiência, devem ser usados para criar uma combinação prazerosa. Em geral, cinco ou seis vegetais são suficientes. Mais do que isso pode resultar em bagunça.
3. **Corte os vegetais em tamanhos uniformes.**
   Um corte cuidadoso e preciso é sinônimo de cozimento uniforme e aparência atrativa. O tamanho dos cortes também é importante. Os pedaços devem ser grandes o suficiente para serem identificados, porém pequenos o bastante para caberem confortavelmente em uma colher.
4. **Refogue os vegetais lentamente em um pouco de manteiga antes de combiná-los com o líquido para realçar seu sabor, tornando-o mais rico e suave.**
5. **Cozinhe separadamente os amidos, como grãos e massas, e adicione-os à sopa depois.**
   Se os amidos forem cozidos na sopa, ela ficará turva. Às vezes, a batata é cozida diretamente na sopa, porém picada e lavada antes para retirar o excesso de amido, a fim de manter a sopa o mais transparente possível.
6. **Observe as diferenças nos tempos de cozimento.**
   Acrescente os vegetais de cozimento mais longo primeiro e os vegetais de cozimento mais rápido perto do final. Alguns vegetais, como o tomate, devem ser adicionados à sopa quente somente depois que ela for retirada do fogo.
7. **Não cozinhe demais.**
   Alguns cozinheiros acham que as sopas devem ser cozidas por um longo período para o líquido extrair os sabores. No entanto, você já deve ter feito isso ao preparar o fundo. Os vegetais da sopa não devem estar mais cozidos do que os vegetais servidos como acompanhamento, em especial porque a sopa provavelmente passará mais tempo no balcão térmico.

Sopa clara de vegetais

Rendimento: 6 L
Porções: 24   Tamanho da porção: 250 mL

Quantidade	Ingredientes
125 g	Manteiga ou gordura de frango
750 g	Cebola em cubos pequenos
500 g	Cenoura em cubos pequenos
500 g	Salsão em cubos pequenos
375 g	Nabo em cubos pequenos
6 L	Fundo de frango
500 g	Tomate em lata escorrido, picado grosseiramente
a gosto	Sal
a gosto	Pimenta-do-reino branca
375 g	Ervilha congelada, em temperatura ambiente

Por porção:
Calorias, 80; Proteínas, 3 g; Gorduras, 4,5 g (46% cal.); Colesterol, 15 mg; Carboidratos, 9 g; Fibras, 2 g; Sódio, 125 mg.

■ Modo de preparo

1. Aqueça a manteiga em uma caçarola funda e pesada em fogo médio-baixo.
2. Acrescente a cebola, a cenoura, o salsão e o nabo. Refogue os vegetais na manteiga, em fogo baixo, até ficarem parcialmente cozidos. Não deixe dourar.
3. Adicione o fundo. Deixe ferver e escume com cuidado. Cozinhe em fogo brando até que os vegetais fiquem parcialmente cozidos.
4. Acrescente o tomate e cozinhe em fogo brando por mais 5 minutos.
5. Desengordure e tempere com sal e pimenta-do-reino branca.
6. Na hora de servir, acrescente a ervilha.

VARIAÇÕES

Outros vegetais podem ser usados além de (ou no lugar de) um ou mais vegetais da receita básica. Adicione os vegetais refogados na manteiga:

Alho-poró	Repolho-verde
Rutabaga	Pastinaca

Adicione à sopa em cozimento, controlando o tempo para colocá-los de forma que todos fiquem no ponto ao mesmo tempo:

Batata	Feijão-de-lima
Vagem	Milho

Outros cortes podem ser feitos em vez de cubos pequenos, como *batonnet*, *julienne* ou *paysanne* (ver p. 134).

Sopa de arroz e vegetais
Acrescente 1 ½ a 2 xícaras de chá de arroz cozido à sopa pronta.

Canja
Acrescente 375 g de frango cozido em cubos à sopa de arroz e vegetais.

Sopa de carne e vegetais
Use fundo de carne em vez de fundo de frango. Acrescente 375 g de carne cozida em cubos quando adicionar o tomate. Adicione também o suco do tomate.

Sopa de carne, vegetais e cevada
Acrescente 1 ½ a 2 xícaras de chá de cevada cozida à sopa de carne e vegetais.

Sopa leve de vegetais com feijão *cranberry*

Sopa picante de vegetais com grão-de-bico

Rendimento: 6 L
Porções: 24   Tamanho da porção: 250 mL

Quantidade	Ingredientes
60 mL	Óleo vegetal
625 g	Cebola-roxa em cubos pequenos
1 colher (sopa)	Alho picado
500 g	Pimentão verde em cubos pequenos
60–125 g	*Jalapeño* ou outra pimenta-verde fresca, cortada em *brunoise*
5 L	Fundo de frango ou vegetais
625 g	Tomate sem pele e sem semente, picado
625 g	Grão-de-bico cozido
250 g	Milho-verde congelado ou fresco
250 g	Vagem cozida até ficar macia e cortada em pedaços de 1 cm
a gosto	Sal
a gosto	Pimenta-do-reino branca
a gosto	Molho de pimenta vermelha (opcional)
	Guarnição:
375 g	Queijo *cheddar* ralado
75 mL	Coentro picado ou folhas de coentro inteiras

Por porção:
Calorias, 160; Proteínas, 8 g; Gorduras, 8 g (45% cal.); Colesterol, 20 mg; Carboidratos, 14 g; Fibras, 3 g; Sódio, 105 mg.

Modo de preparo

1. Em fogo médio, aqueça o óleo em uma caçarola funda.
2. Acrescente a cebola, o alho, o pimentão e a pimenta fresca. Refogue em fogo baixo até ficarem parcialmente cozidos. Não deixe dourar.
3. Adicione o fundo. Aqueça até ferver, em fogo brando, escumando com cuidado. Continue cozinhando lentamente até que os vegetais fiquem parcialmente cozidos.
4. Acrescente o tomate, o grão-de-bico e o milho. Cozinhe em fogo lento por mais 5 minutos.
5. Um pouco antes de servir, adicione a vagem cozida (a vagem deve ser cozida separadamente e adicionada no final, para que sua cor não seja danificada pela acidez do tomate).
6. Acrescente sal e pimenta-do-reino branca a gosto. Adicione molho de pimenta vermelha se desejar.
7. Ao servir, coloque uma concha de sopa no prato e polvilhe com queijo ralado e um pouco de coentro picado.

VARIAÇÃO

Sopa picante de vegetais e alho assado
Asse 1 cabeça de alho, conforme explicado na página 567. Separe e descasque os dentes. Acrescente-os à sopa na etapa 4.

Sopa de cevada e cogumelo

Rendimento: 6 L
Porções: 24   Tamanho da porção: 250 mL

Quantidade	Ingredientes
250 g	Cevada
300 g	Cebola cortada em *brunoise*
150 g	Cenoura cortada em *brunoise*
150 g	Nabo branco cortado em *brunoise*
60 g	Manteiga ou gordura de frango
5 L	Fundo de frango
1 kg	Cogumelo em cubinhos
125 g	Manteiga ou gordura de frango
a gosto	Sal
a gosto	Pimenta-do-reino branca

Por porção:
Calorias, 60; Proteínas, 3 g; Gorduras, 1 g (15% cal.);
Colesterol, 20 mg; Carboidratos, 10 g;
Fibras, 3 g; Sódio, 75 mg.

Modo de preparo

1. Cozinhe a cevada em água fervente até ficar macia. Escorra.
2. Em uma caçarola funda e pesada, ou caldeirão, refogue os vegetais na gordura até ficarem parcialmente cozidos. Não deixe dourar.
3. Acrescente o fundo de frango. Aqueça até ferver, em fogo brando. Reduza o fogo para o mínimo e cozinhe até que os vegetais fiquem macios.
4. Enquanto a sopa cozinha, salteie o cogumelo ligeiramente na gordura, sem deixar dourar.
5. Adicione o cogumelo e a cevada cozida e escorrida à sopa. Cozinhe em fogo lento por mais 5 minutos.
6. Desengordure a sopa. Tempere a gosto com sal e pimenta-do-reino.

OUTRAS SOPAS CLARAS

Além das sopas de vegetais, muitas outras sopas claras ou não engrossadas são conhecidas em várias cozinhas. Elas variam de simples caldos a elaboradas misturas de carnes, vegetais, amidos e outros ingredientes. Embora muitas contenham vegetais, não são classificadas como sopas de vegetais, pois os outros ingredientes geralmente são mais pronunciados.

Sopa de frango com macarrão

Rendimento: 6 L
Porções: 24   **Tamanho da porção:** 250 mL

Quantidade	Ingredientes
300 g	Macarrão com ovos
300 g	Carne de frango cozida
6 L	Fundo de frango
a gosto	Sal
a gosto	Pimenta-do-reino branca
se desejar	Salsinha picada

Por porção:
Calorias, 70; Proteínas, 6 g; Gorduras, 1,5 g (21% cal.); Colesterol, 25 mg; Carboidratos, 7 g; Fibras, 0 g; Sódio, 20 mg.

Observação: ver Capítulo 13 (p. 400) para aprender como se prepara galinha cozida e caldo para sopas. Sobras de frango cozido também podem ser utilizadas.

Modo de preparo

1. Cozinhe o macarrão em água fervente com sal (ver Como cozinhar massas, p. 638). Escorra e enxágue em água fria.
2. Corte o frango em cubos pequenos.
3. Aqueça o fundo em fogo brando até levantar fervura. Tempere a gosto com sal e pimenta-do-reino branca. Caso o fundo esteja insípido, acrescente mais fundo e reduza para concentrar o sabor.
4. Antes de servir, adicione o frango e o macarrão ao fundo. Aqueça bem.
5. Guarneça cada porção com um pouco de salsinha picada.

VARIAÇÕES

Sopa de carne com macarrão
Prepare como a receita básica, usando carne e fundo de carne.

Sopa de frango ou carne com macarrão e vegetais
Antes de acrescentar o frango e o macarrão, cozinhe em fogo brando 300 g de cenoura em cubos e 150 g de salsão em cubos no fundo até ficarem macios.

Sopa Brunswick

Rendimento: 6 L
Porções: 24   **Tamanho da porção:** 250 mL

Quantidade	Ingredientes
300 g	Cebola em cubos pequenos
30 g	Manteiga ou óleo
5 L	Fundo de frango
600 g	Tomate *concassé*
600 g	Feijão-de-lima fresco congelado
600 g	Quiabo fresco ou congelado, cortado em rodelas de 0,5 cm
475 g	Milho-verde congelado
600 g	Carne e miúdos de frango em cubos pequenos, cozidos
a gosto	Sal
a gosto	Pimenta-do-reino branca

Por porção:
Calorias, 120; Proteínas, 10 g; Gorduras, 3 g (23% cal.); Colesterol, 40 mg; Carboidratos, 13 g; Fibras, 3 g; Sódio, 45 mg.

Modo de preparo

1. Em uma caçarola pesada, refogue a cebola na manteiga até ficar parcialmente cozida. Não deixe dourar.
2. Adicione o fundo de frango e aqueça até ferver. Abaixe o fogo e cozinhe lentamente por 10 minutos.
3. Acrescente os vegetais restantes e o frango. Cozinhe em fogo brando até os vegetais ficarem macios (cerca de 10 a 15 minutos).
4. Tempere a gosto com sal e pimenta-do-reino branca.

Bouillon de frango e tomate com pesto

Rendimento: 6 L
Porções: 24   Tamanho da porção: 250 mL

Quantidade	Ingredientes
6 L	Fundo de frango
2 L	Suco de tomate
250 g	Salsão picado
250 g	Cebola picada
1 ½ colher (chá)	Manjericão seco
½ colher (chá)	Tomilho seco
a gosto	Sal
a gosto	Pimenta-do-reino
pitada	Açúcar
375 mL	*Pesto* (p. 644) diluído com azeite de oliva

Por porção:
Calorias, 210; Proteínas, 3 g; Gorduras, 21 g (87% cal.); Colesterol, 10 mg; Carboidratos, 4 g; Fibras, 1 g; Sódio, 410 mg.

■ Modo de preparo

1. Coloque o fundo, o suco de tomate, o salsão, a cebola, o manjericão e o tomilho em uma caçarola funda. Aqueça até ferver.
2. Cozinhe em fogo brando por aproximadamente 45 minutos, até que os vegetais estejam macios e os sabores estejam bem misturados.
3. Coe e tempere com sal, pimenta-do-reino e uma pitada de açúcar.
4. Guarneça cada porção com 1 colher de sopa de pesto ligeiramente misturado na sopa.

VARIAÇÕES

Bouillon de frango e tomate com arroz
Acrescente 2 xícaras de arroz cozido na hora de servir.

Bouillon frio de frango e tomate
Resfrie a sopa e adicione gotas de suco de limão a gosto. Sirva cada porção com uma colherada de creme de leite azedo.

Bouillon de frango e tomate com pesto

Sopa de rabo de boi

Rendimento: 6 L
Porções: 24   Tamanho da porção: 250 mL

Quantidade	Ingredientes
2,7 kg	Rabo de boi
	Mirepoix:
300 g	Cebola em cubos médios
150 g	Cenoura em cubos médios
150 g	Salsão em cubos médios
6 L	Fundo escuro (ver Observação)
	Sachê:
1	Folha de louro
pitada	Tomilho seco
6	Grãos de pimenta-do-reino preta
2	Cravos-da-índia inteiros
1	Dente de alho
600 g	Cenoura em cubos pequenos
600 g	Nabo em cubos pequenos
300 g	Alho-poró, apenas a parte branca, cortado em *julienne*
125 g	Manteiga
300 g	Tomate (enlatado) escorrido, picado grosseiramente
60 mL	Xerez (opcional)
a gosto	Sal
a gosto	Pimenta-do-reino

Por porção:
Calorias, 240; Proteínas, 24 g; Gorduras, 11 g (45% cal.);
Colesterol, 90 mg; Carboidratos, 6 g; Fibras, 2 g; Sódio, 220 mg.

Observação: pode-se usar água no lugar do fundo.
Caso utilize água, doure aproximadamente 2 kg de osso de boi ou vitela com o rabo e cozinhe tudo na sopa em fogo brando. Dobre a quantidade de *mirepoix*.

Modo de preparo

1. Com uma faca de *chef* pesada, corte o rabo de boi nas articulações em pedaços menores.
2. Coloque os pedaços em uma forma e doure no forno a 230ºC. Quando estiverem parcialmente dourados, junte o *mirepoix* e asse até dourar.
3. Coloque os pedaços de rabo de boi e o *mirepoix* em um caldeirão, juntamente com o fundo.
4. Descarte a gordura da forma em que o rabo foi dourado. Deglaceie a forma com um pouco de fundo e adicione ao caldeirão.
5. Aqueça até ferver. Reduza o fogo e escume bem. Acrescente o sachê.
6. Cozinhe em fogo brando até a carne ficar macia (aproximadamente 3 horas). Se necessário, acrescente um pouco de água durante o cozimento para manter a carne completamente coberta.
7. Retire os pedaços de rabo do caldo. Separe a carne do osso e corte-a em cubos. Coloque a carne em uma panela pequena com um pouco do caldo. Mantenha a sopa aquecida se for ser servida imediatamente, ou leve-a à geladeira para servir depois.
8. Coe o caldo. Desengordure bem.
9. Refogue a cenoura, o nabo e o alho-poró na manteiga até ficarem parcialmente cozidos.
10. Adicione o caldo. Cozinhe em fogo brando até que os vegetais fiquem macios.
11. Acrescente o tomate e a carne reservada. Cozinhe em fogo brando por mais 1 minuto.
12. Adicione o xerez, se desejar. Tempere a gosto com sal e pimenta-do-reino.

VARIAÇÃO

Em geral, a sopa de rabo de boi é clarificada. Resfrie o caldo após a etapa 7 e clarifique como no consomê. Ver o procedimento na página 211.

Sopa asiática de camarão com flor de ovos

Rendimento: 3 L
Porções: 12   Tamanho da porção: 250 mL

Quantidade	Ingredientes
1,5 kg	Camarão pequeno
1,5 kg	Casca de siri (ver Observação)
60 mL	Óleo de gergelim torrado
450 g	Cebola descascada e picada
300 g	Talo de salsão em cubos médios
1	Cabeça de alho cortada ao meio no sentido horizontal
190 g	Pimentão vermelho sem semente, em cubos médios
30 g	Grãos de pimenta-do-reino preta moídos grosseiramente
30 g	Sal marinho
75 g	Gengibre fresco sem pele, em cubinhos
6	Talos de capim-limão picados grosseiramente
4,5 L	Fundo de frango
190 g	Pimentão vermelho em cubos pequenos
300 g	Carne de frango magra picada
1	Talo de capim-limão picado
30 g	Talo de endro
1	Folha de limão *kaffir* (opcional; ver Observação)
2	Anises-estrelados
1 colher (sopa)	Massa de tomate
2 colheres (sopa)	Açafrão em pó
3	Claras
	Guarnição:
3	Claras
125 g	Camarão pequeno sem casca, cozido
8 colheres (chá)	Cebolinha-francesa picada
8 colheres (chá)	Raminhos de endro
8 colheres (chá)	Gengibre fatiado em conserva (gari)

Modo de preparo

1. Em um pilão, soque o camarão e a casca de siri.
2. Aqueça o óleo de gergelim em uma caçarola rasa em fogo médio. Adicione o camarão com a casca de siri, a cebola, o salsão, o alho e o pimentão. Frite até dourar, mexendo.
3. Acrescente os grãos de pimenta-do-reino, o sal marinho, o gengibre e os talos de capim-limão à caçarola e mexa bem.
4. Junte o fundo de frango, mexa e aqueça até ferver. Cozinhe em fogo baixo, sem tampar, por 1 hora. Deixe esfriar e leve à geladeira de um dia para o outro, se quiser desenvolver um sabor mais forte.
5. Coe o fundo dentro de uma caçarola funda limpa. Aqueça até ficar morno, e não quente.
6. Em um processador ou liquidificador, bata o pimentão, a carne de frango, o talo de capim-limão, o endro, a folha de limão *kaffir*, os anises-estrelados, a massa de tomate e o açafrão.
7. Acrescente a clara de ovo e misture bem.
8. Adicione essa mistura ao fundo morno. Bata sem parar, em fogo médio. Quando estiver quase fervendo, uma crosta espumante irá se formar. Pare de bater.
9. Faça um pequeno orifício no centro da crosta com uma colher, experimente a sopa que está embaixo e tempere-a pelo orifício.
10. Cozinhe em fogo brando por 20 minutos e coe em um coador cônico forrado com pano fino.
11. Na hora de servir, reaqueça a sopa.
12. Bata a clara de ovo para desmanchá-la, mas sem formar espuma. Despeje na sopa devagar e sem interromper o fluxo, mexendo o líquido lentamente com um garfo para criar o efeito de um fio fino.
13. Sirva a sopa em tigelas aquecidas, guarnecida com o camarão cozido, a cebolinha-francesa, os raminhos de endro e o gengibre em conserva.

Por porção:
Calorias, 120; Proteínas, 13 g; Gorduras, 7 g (50% cal.); Colesterol, 120 mg; Carboidratos, 3 g; Fibras, 0 g; Sódio, 1.250 mg.

Observação: se não encontrar casca de siri, substitua pela metade do peso de um camarão pequeno inteiro ou uma casca de camarão. As folhas de limão *kaffir* podem ser encontradas em mercados orientais ou indianos.

Sopas espessas **221**

SOPAS ESPESSAS

SOPAS-CREME

Aprender a cozinhar profissionalmente, como você já deve ter ouvido, não se trata apenas de aprender receitas, e sim de aprender técnicas básicas que podem ser aplicadas a necessidades específicas.

As técnicas básicas do preparo de molhos foram discutidas no Capítulo 8. Se for dito que as sopas-creme são simplesmente molhos *velouté* ou *béchamel* diluídos, com o sabor do ingrediente que lhe deu o nome, pode ser que você consiga preparar uma sopa-creme de salsão sem instruções.

Não é *tão* simples assim. Existem algumas complicações, mas, em grande parte, essas complicações são uma questão de detalhes. Você já conhece as técnicas básicas.

AS SOPAS-CREME CLÁSSICAS

Nas grandes cozinhas de décadas atrás, as sopas-creme eram exatamente como acabaram de ser descritas: molhos diluídos com um determinado sabor. De fato, o que hoje chamamos de sopa-creme era dividido em dois grupos (*veloutés* e cremes).

1. As sopas *velouté* consistiam em:

Molho *velouté*

Ingrediente de sabor em forma de purê

Fundo claro para diluir

Liga fina para finalizar

2. As sopas-creme consistiam em:

Molho *béchamel*

Ingrediente de sabor em forma de purê

Leite (ou fundo claro) para diluir

Creme de leite para finalizar

Esses métodos eram comuns para as grandes cozinhas, que sempre tinham quantidades de molhos *velouté* e *béchamel* à mão. Preparar uma sopa era simplesmente uma questão de finalizar um molho.

Os cozinheiros modernos consideram esses métodos complicados e, por isso, acabaram desenvolvendo outros métodos que parecem mais simples. Porém, várias etapas do preparo de molhos estão envolvidas – ainda é preciso engrossar o líquido com *roux* (ou outro amido), cozinhar, fazer um purê com os ingredientes e acrescentar leite ou creme de leite.

Aprender o método clássico continua sendo importante. Ele permite versatilidade, produz sopas excelentes e, em última análise, não chega a ser mais difícil ou longo. Além disso, serão explicados dois outros métodos muito usados hoje em dia.

No entanto, em primeiro lugar, será apresentado um problema frequente encontrado nas sopas-creme.

COAGULAÇÃO

Como as sopas-creme contêm leite, creme de leite ou ambos, a coagulação – quando o leite talha – é um problema comum. O calor do cozimento e a acidez de outros ingredientes da sopa são as causas da coagulação.

Por sorte, é possível apoiar-se em um fato para evitar que a sopa talhe: *o roux e outros espessantes de amido estabilizam o leite e o creme de leite.* Mesmo assim, ainda é necessário ter cuidado, pois as sopas são relativamente ralas e não contêm a quantidade necessária de amido para que sejam totalmente à prova de coagulação.

Observe as seguintes orientações para prevenir que a sopa talhe:

1. Não misture o leite na sopa em cozimento sem a presença de roux ou outro amido. Siga uma destas diretrizes:

- Engrosse a sopa antes de adicionar o leite.
- Engrosse o leite antes de adicioná-lo à sopa.

2. Não adicione leite ou creme de leite frio à sopa em cozimento. Escolha uma destas opções:

- Aqueça o leite em uma outra panela.
- Amorne o leite adicionando gradualmente um pouco da sopa quente. Em seguida, junte essa mistura ao restante da sopa.

3. Não deixe a sopa ferver depois de adicionar o leite ou o creme de leite.

PADRÕES DE QUALIDADE PARA AS SOPAS-CREME

1. **Densidade.**
   A consistência deve ser semelhante à do creme de leite fresco. Não muito grossa.
2. **Textura.**
   Homogênea; sem granulosidades ou pedaços (exceto a guarnição, é claro).
3. **Sabor.**
   Sabor distinto do ingrediente principal (aspargo no creme de aspargo etc.). Sem sabor de amido cru (do *roux*).

Procedimentos básicos para preparar sopas-creme

Os seguintes métodos se aplicam à maioria das sopas-creme. Ingredientes individuais podem requerer variações.

Método 1

1. Prepare o molho *velouté* (p. 172) ou o molho *béchamel* (p. 171), usando *roux* para engrossar.
2. Prepare os principais ingredientes de sabor. Corte os vegetais em pedaços pequenos. Refogue na manteiga por aproximadamente 5 minutos, para desenvolver o sabor. Não deixe dourar. Os vegetais de folhas verdes devem ser branqueados antes de serem suados na manteiga. Corte aves e frutos do mar em pedaços pequenos para cozinhar em fogo lento.
3. Adicione os ingredientes de sabor da etapa 2 ao *velouté* ou *béchamel* e cozinhe-os lentamente até ficarem macios. Exceção: usa-se polpa de tomate temperada para preparar sopa-creme de tomate; não é necessário cozinhá-la mais.
4. Escume as impurezas que subirem à superfície da sopa com cuidado.
5. Faça um purê usando um passador de legumes (Fig. 9.2), um mixer ou um liquidificador (Fig. 9.3), e passe por um *chinois*. Também é possível apenas coar em um coador cônico de malha fina, pressionando os ingredientes sólidos para extrair o líquido e parte da polpa. A sopa deve ser bem homogênea. Aves e frutos do mar podem ser transformados em purê ou reservados para guarnecer.
6. Acrescente fundo claro ou leite quente para deixar a sopa com a consistência desejada.
7. Acerte o tempero.
8. Na hora de servir, finalize com liga fina (p. 165) ou creme de leite fresco.

Método 2

1. Refogue os vegetais (exceto tomate) na manteiga; não deixe que dourem.
2. Adicione farinha de trigo. Mexa bem para fazer um *roux*. Cozinhe por alguns minutos, mas sem deixar dourar.
3. Acrescente o fundo claro, batendo com um batedor de arame à medida que despeja lentamente.
4. Acrescente os vegetais, outros ingredientes sólidos ou de sabor que não foram refogados na etapa 1.
5. Cozinhe em fogo brando até que todos os ingredientes fiquem macios.
6. Escume a gordura que subir para a superfície.
7. Triture e/ou coe (como no Método 1).
8. Acrescente fundo claro ou leite quente para deixar a sopa com a consistência desejada.
9. Acerte o tempero.
10. Na hora de servir, finalize com creme de leite fresco ou liga fina.

Método 3

1. Ferva o fundo claro.
2. Acrescente os vegetais e outros ingredientes de sabor. Se desejar, cozinhe lentamente alguns ou todos os vegetais na manteiga por alguns minutos para concentrar os sabores.
3. Cozinhe em fogo brando até que todos os ingredientes fiquem macios.
4. Engrosse com *roux*, *beurre manié* ou outro amido.
5. Cozinhe em fogo brando até que não reste mais sabor de amido cru.
6. Escume a gordura da superfície.
7. Triture e/ou coe (como no Método 1).
8. Acrescente leite e/ou creme de leite quente ou amornado. Se desejar, use um molho cremoso leve para evitar que a sopa fique rala ou que o leite talhe.
9. Acerte o tempero.

Figura 9.2
Como usar o passador de legumes.
(a) Faça um purê com os alimentos macios girando a manivela para forçá-los contra os pequenos orifícios.

(b) Colete o purê acumulado na parte de baixo do passador depois que todo o alimento tiver sido forçado pelos orifícios.

Figura 9.3
Como usar o mixer para transformar a sopa em purê.

Sopa-creme de salsão (sopa-creme, método 1)

Rendimento: 6 L
Porções: 24 **Tamanho da porção:** 250 mL

Quantidade	Ingredientes
1,5 kg	Salsão em cubos pequenos
375 g	Cebola em cubos pequenos
90 g	Manteiga
4,5 L	Molho *velouté*, feito com fundo de frango ou vitela (ver Observação)
1,5 L	Leite ou fundo claro quente
a gosto	Sal
a gosto	Pimenta-do-reino branca
750 mL	Creme de leite fresco quente
	Guarnição opcional:
175 g	Salsão cozido, cortado em *julienne*

Por porção:
Calorias, 320; Proteínas, 5 g; Gorduras, 27 g (75% cal.);
Colesterol, 90 mg; Carboidratos, 15 g; Fibras, 1 g; Sódio, 240 mg.

Modo de preparo

1. Reveja as orientações sobre o preparo de sopas-creme e o Método 1 (p. 222).
2. Refogue o salsão e a cebola na manteiga em uma caçarola funda e pesada até ficarem parcialmente macios. Não deixe dourar.
3. Acrescente o *velouté*. Cozinhe em fogo brando até que os vegetais fiquem bem macios.
4. Escume a gordura da sopa.
5. Passe por um passador de legumes para fazer um purê.
6. Passe o purê por um *chinois* ou pano fino.
7. Acrescente fundo ou leite quente para deixar a sopa na consistência desejada.
8. Aqueça a sopa novamente, mas não deixe ferver.
9. Tempere a gosto.
10. Na hora de servir, acrescente o creme de leite. Adicione guarnição, se desejar.

Observação: o *béchamel* pode ser usado no lugar do *velouté*, se desejar. Em geral, isso é feito em menus vegetarianos.

VARIAÇÕES, MÉTODO 1

Nas sopas-creme a seguir, faça as substituições na receita básica conforme indicado. Pode-se utilizar vegetais congelados e enlatados, quando apropriado, no lugar dos frescos. Além disso, sobras podem ser usadas, se estiverem limpas e forem de boa qualidade, como a haste do aspargo e o talo do brócolis.

Creme de aspargo
Use 1,5 kg de talo de aspargo no lugar do salsão. Guarnição opcional: pontas de aspargo cozidas.

Creme de brócolis
Use 1,5 kg de brócolis no lugar do salsão. Guarnição opcional: pequenos buquês de brócolis cozido.

Creme de cenoura
Use 1,5 kg de cenoura no lugar do salsão. Guarnição: salsinha picada.

Creme de couve-flor
Use 1,5 kg de couve-flor no lugar do salsão. Guarnição opcional: pequenos buquês de couve-flor cozida.

Creme de milho
Use 1,5 kg de milho-verde (fresco, congelado ou enlatado) no lugar do salsão. Não refogue o milho com a cebola. Em vez disso, refogue-a sozinha, acrescente o *velouté* e depois o milho. Guarnição: grãos de milho.

Creme de pepino
Use 1,5 kg de pepino sem casca e sem semente no lugar do salsão. Guarnição opcional: pepino cozido em cubos pequenos.

Creme de cogumelo
Use 750 g de cogumelo no lugar do salsão. Guarnição opcional: cogumelos cozidos cortados em *julienne*, *brunoise* ou fatias.

Creme de ervilha
Use 1,5 kg de ervilha fresca congelada no lugar do salsão. Não refogue a ervilha com a cebola. Adicione-a depois de adicionar o *velouté*.

Creme de espinafre
Use 1,5 kg de espinafre fresco ou 900 g de espinafre congelado no lugar do salsão. Não refogue o espinafre com a cebola. Branqueie, escorra bem e acrescente ao *velouté* na etapa 3.

Creme de agrião
Use 750 g de agrião no lugar do salsão.

Creme de frango
Reduza o salsão para 175 g e acrescente 175 g de cenoura (observe que, junto com a cebola, forma-se um *mirepoix* de 750 g). Use um molho *velouté* feito com um fundo de frango encorpado e saboroso. Depois de coar a sopa, acrescente 175 g de carne de frango cozida, cortada em *julienne* ou cubos finos.

Cremes frios
A maior parte dos cremes é tão deliciosa fria quanto quente. Por exemplo, o creme de pepino frio é perfeito para o verão.
Procedimento:

1. Leve a sopa à geladeira após a etapa 9 da receita.
2. Adicione o creme de leite frio quando a sopa estiver bem gelada.
3. Dilua com leite, mais creme de leite ou fundo extra se a sopa ficar muito espessa.
4. Tempere com cuidado. Os alimentos frios requerem mais temperos.

Sopa-creme de cogumelo (sopa-creme, método 2)

Rendimento: 6 L
Porções: 24   Tamanho da porção: 250 mL

Quantidade	Ingredientes
375 g	Manteiga
375 g	Cebola bem picada
750 g	Cogumelo picado
275 g	Farinha de trigo
4,5 L	Fundo claro, de frango ou vitela, quente
1,5 L	Leite quente
a gosto	Sal
a gosto	Pimenta-do-reino branca
750 mL	Creme de leite fresco quente
	Guarnição opcional:
175 g	Cogumelo cortado em *brunoise* salteado na manteiga

Modo de preparo

1. Reveja as orientações sobre o preparo de sopa-creme e o Método 2 (p. 222).
2. Aqueça a manteiga em uma caçarola funda e pesada em fogo médio.
3. Adicione a cebola e o cogumelo. Refogue sem deixar dourar.
4. Acrescente farinha de trigo e mexa para fazer um *roux*. Cozinhe por alguns minutos, mas não deixe o *roux* dourar.
5. Despeje o fundo gradualmente, batendo sem parar. Aqueça em fogo brando até ferver, mexendo com o batedor de arame até o líquido encorpar.
6. Cozinhe em fogo brando até que os vegetais fiquem bem macios.
7. Escume a gordura da superfície com cuidado.
8. Passe a sopa por um passador de legumes para fazer um purê.
9. Passe o purê por um *chinois* ou pano fino.
10. Acrescente uma quantidade suficiente de leite quente para deixar a sopa na consistência desejada.
11. Aqueça a sopa novamente, mas sem deixar ferver.
12. Tempere a gosto.
13. Na hora de servir, acrescente o creme de leite. Adicione guarnição, se desejar.

Por porção:
Calorias, 300; Proteínas, 5 g; Gorduras, 25 g (75% cal.);
Colesterol, 85 mg; Carboidratos, 14 g; Fibras, 1 g; Sódio, 170 mg.

VARIAÇÕES, MÉTODO 2

Para cada variação, substitua o cogumelo pelo vegetal na quantidade indicada. Veja a observação sobre as variações da Sopa-creme de salsão na página 223.

Creme de aspargo
1,5 kg de aspargo

Creme de brócolis
1,5 kg de brócolis

Creme de cenoura
1,5 kg de cenoura

Creme de couve-flor
1,5 kg de couve-flor

Creme de salsão
1,5 kg de salsão

Creme de milho
1,5 kg de milho-verde

Creme de pepino
1,5 kg de pepino sem casca e sem semente

Creme de ervilha
1,5 kg de ervilha fresca congelada. Acrescente após a etapa 5.

Creme de espinafre
1,5 kg de espinafre fresco ou 900 g de espinafre congelado. Branqueie, escorra e adicione após a etapa 5.

Creme de agrião
750 g de agrião.

Creme de frango
175 g de salsão e 175 g de cenoura. Use um fundo de frango encorpado. Acrescente à sopa pronta, depois de coada, 175 g de carne de frango cozida, cortada em *julienne* ou cubos finos.

Sopa-creme de brócolis (sopa-creme, método 3)

Rendimento: 6 L
Porções: 24   Tamanho da porção: 250 mL

Quantidade	Ingredientes
4,5 L	Fundo claro de frango ou vitela
1,5 kg	Brócolis picado (fresco ou congelado)
375 g	Cebola bem picada
275 g	Manteiga clarificada
275 g	Farinha de trigo
1,5 L	Leite quente
a gosto	Sal
a gosto	Pimenta-do-reino branca
750 mL	Creme de leite fresco quente
	Guarnição opcional:
175 g	Pequenos buquês de brócolis cozidos

Modo de preparo

1. Ferva o fundo em uma caçarola funda e pesada.
2. Acrescente o brócolis e a cebola. (*Opcional:* os vegetais podem ser refogados na manteiga antes para concentrarem o sabor).
3. Cozinhe em fogo brando até que os vegetais fiquem macios. Não cozinhe demais, pois o brócolis pode perder a cor verde fresca.
4. Junte a manteiga e a farinha de trigo em uma panela funda para fazer o *roux*. Cozinhe por alguns minutos, mas não deixe dourar. Resfrie ligeiramente. (*Observação*: pode-se usar *beurre manié* em vez de *roux*).
5. Bata o *roux* na sopa. Cozinhe em fogo brando até que não reste sabor de amido cru.
6. Passe a sopa por um passador de legumes, depois por um *chinois* ou pano fino.
7. Acrescente leite quente suficiente para deixar a sopa na consistência desejada.
8. Aqueça a sopa novamente, mas não deixe ferver.
9. Tempere a gosto.
10. Na hora de servir, acrescente o creme de leite fresco. Adicione guarnição, se desejar.

Por porção:
Calorias, 280; Proteínas, 6 g; Gorduras, 22 g (69% cal.); Colesterol, 75 mg; Carboidratos, 16 g; Fibras, 2 g; Sódio, 150 mg

VARIAÇÕES, MÉTODO 3

Para outras sopas-creme, substitua o brócolis por 1,5 kg de qualquer um dos seguintes ingredientes:

Aspargo	Salsão	Ervilha fresca
Cenoura	Milho	Espinafre
Couve-flor		

Sopa-creme de tomate

Rendimento: 6 L
Porções: 24   **Tamanho da porção:** 250 mL

Quantidade	Ingredientes
125 g	Barriga de porco salgada em cubos
125 g	Cebola em cubos médios
60 g	Cenoura em cubos médios
60 g	Salsão em cubos médios
60 g	Farinha de trigo
3 L	Fundo claro
1 kg	Tomate em lata
1 kg	Polpa de tomate
	Sachê:
1	Folha de louro
pitada	Tomilho seco
1	Cravo-da-índia inteiro
2	Grãos de pimenta-do-reino moídos grosseiramente
2 L	Molho *crème*
a gosto	Sal
a gosto	Pimenta-do-reino branca

Por porção:
Calorias, 210; Proteínas, 5 g; Gorduras, 15 g (64% cal.); Colesterol, 45 mg; Carboidratos, 14 g; Fibras, 1 g; Sódio, 230 mg.

■ Modo de preparo

1. Em uma caçarola funda e pesada, aqueça a carne de porco salgada em fogo médio para derreter a gordura.
2. Adicione a cebola, a cenoura e o salsão. Refogue até ficarem ligeiramente macios.
3. Acrescente a farinha de trigo e mexa bem para fazer um *roux*. Cozinhe por alguns minutos.
4. Despeje o fundo lentamente, batendo sem parar. Aqueça em fogo brando até ferver, mexendo até o líquido encorpar.
5. Adicione o tomate, a polpa de tomate e o sachê. Cozinhe em fogo brando por aproximadamente 1 hora.
6. Coe em um coador cônico. Pressione os sólidos com uma concha para forçar todos os sucos e um pouco da polpa. (*Método alternativo*: passe por um passador de legumes, depois coe no *chinois*).
7. Se a sopa for feita com antecedência, leve a base de tomate à geladeira e execute a próxima etapa apenas na hora de servir.
8. Coloque a base de tomate de volta na caçarola e aqueça em fogo brando novamente até ferver.
9. Incorpore o molho *crème* quente batendo.
10. Se a sopa ficar muito espessa, acrescente um pouco de fundo.
11. Tempere a gosto com sal e pimenta-do-reino.

VARIAÇÕES

Ao analisar esta receita, você verá que a primeira parte (até a etapa 6) é basicamente um molho de tomate:

A receita pode ser dividida em três:

1 parte	Molho de tomate
1 parte	Fundo
1 parte	Molho *crème*

Com essa fórmula, também é possível fazer um creme de tomate com a receita de Molho de tomate I (p. 176) ou com um molho de tomate em lata. É possível fazê-lo também a partir da polpa de tomate em lata, cozinhando-a em fogo brando com ervas, temperos e *mirepoix*. Cheque todos os temperos e sabores cuidadosamente ao usar produtos prontos temperados.

Sopa de arroz-selvagem e cogumelo

Rendimento: 4 L
Porções: 16 *Tamanho da porção: 250 mL*

Quantidade	Ingredientes
180 mL	Arroz-selvagem lavado e escorrido
540 mL	Água
180 g	Manteiga
180 g	Cebola bem picada
180 g	Cenoura cortada em *brunoise*
135 g	Farinha de trigo
2,25 L	Fundo de frango quente
60 g	Manteiga
375 g	Cogumelo em fatias
750 mL	Leite quente
a gosto	Sal
a gosto	Pimenta-do-reino branca
375 mL	Creme de leite fresco quente
conforme necessário	Salsinha picada

Modo de preparo

1. Coloque o arroz-selvagem e a água em uma panela funda e pesada. Aqueça até ferver. Reduza o fogo, tampe bem e cozinhe até o arroz ficar macio. Reserve.
2. Aqueça a manteiga em uma caçarola funda e pesada em fogo médio.
3. Acrescente a cebola e a cenoura e cozinhe lentamente por alguns minutos, até os vegetais começarem a ficar macios.
4. Adicione a farinha. Mexa bem para fazer o *roux*. Cozinhe por alguns minutos, mas não deixe dourar.
5. Aos poucos, junte o fundo batendo com um batedor de arame para misturá-lo ao *roux* até a mistura ficar homogênea. Aqueça em fogo brando até ferver, mexendo com o batedor até o fundo encorpar.
6. Cozinhe em fogo brando até que os vegetais estejam completamente macios e a sopa não esteja mais com sabor de farinha crua.
7. Escume a gordura da superfície com cuidado.
8. Enquanto a sopa cozinha, aqueça a manteiga em uma frigideira. Salteie o cogumelo.
9. Depois de escumar a sopa, acrescente o cogumelo.
10. Incorpore o leite quente à sopa batendo bem.
11. Acrescente o arroz-selvagem cozido. Cozinhe em fogo brando por 2 a 3 minutos.
12. Tempere a gosto com sal e pimenta-do-reino branca.
13. Na hora de servir, acrescente o creme de leite.
14. Guarneça cada porção com salsinha picada.

Por porção:
Calorias, 380; Proteínas, 7 g; Gorduras, 29 g (68% cal.);
Colesterol, 90 mg; Carboidratos, 24 g; Fibras, 2 g; Sódio, 160 mg.

Sopa de brócolis e *cheddar* de Wisconsin

Rendimento: 3 L
Porções: 12   Tamanho da porção: 250 mL

Quantidade	Ingredientes
250 g	Manteiga
180 g	Cebola bem picada
125 g	Salsão bem picado
250 g	Talo de brócolis picado grosseiramente
125 g	Cogumelo picado
140 g	Farinha de trigo
2,25 L	Fundo claro
500 mL	Leite quente
375 g	Buquê de brócolis cozido
500 g	Queijo *cheddar* (de preferência *sharp cheddar*) ralado
250 mL	Creme de leite fresco quente
a gosto	Sal
a gosto	Pimenta-do-reino branca

Modo de preparo

1. Aqueça a manteiga em uma caçarola funda e pesada em fogo médio.
2. Acrescente a cebola, o salsão, o brócolis e o cogumelo. Refogue os vegetais sem deixar dourar.
3. Acrescente a farinha de trigo e mexa para fazer um *roux*. Cozinhe por alguns minutos, mas não deixe dourar.
4. Despeje o fundo gradualmente, batendo bem. Aqueça em fogo brando até ferver, mexendo até o caldo encorpar.
5. Cozinhe em fogo brando até que os vegetais fiquem bem macios.
6. Escume a gordura da superfície com cuidado.
7. Passe a sopa por um passador de legumes para fazer um purê.
8. Passe o purê por um coador cônico de malha fina ou *chinois*.
9. Adicione o leite quente à sopa.
10. Aqueça novamente, mas não a deixe ferver.
11. Separe os buquês de brócolis em pedaços pequenos o bastante para caberem numa colher de sopa. Adicione à sopa.
12. Se a sopa for ser servida imediatamente, passe para a próxima etapa. Senão, resfrie-a em uma bacia de água gelada e mantenha sob refrigeração até a hora de servir. Reaqueça até começar a levantar fervura branda, quando estará pronta para ser finalizada.
13. Adicione o queijo à sopa e mexa até derreter completamente.
14. Reaqueça a sopa cuidadosamente, sem deixar ferver, pois o queijo pode talhar ou se separar.
15. Adicione o creme de leite fresco e mexa.
16. Tempere a gosto com sal e pimenta-do-reino branca.

Por porção:
Calorias, 460; Proteínas, 13 g; Gorduras, 38 g (75% cal.); Colesterol, 115 mg; Carboidratos, 15 g; Fibras, 2 g; Sódio, 410 mg

Sopa de brócolis e *cheddar* de Wisconsin

SOPAS EM PURÊ

TÉCNICAS

As sopas em purê são feitas cozinhando-se em fogo brando vegetais frescos ou secos, especialmente os ricos em amido, em fundo ou água, e depois preparando-se um purê com esses ingredientes. Portanto, são relativamente fáceis de preparar. As sopas em purê não são tão homogêneas e refinadas quanto as sopas-creme, porém são mais substanciosas e grossas em termos de textura e sabor.

As técnicas variam muito, dependendo dos ingredientes e do resultado desejado.

Procedimento básico para preparar sopas em purê

1. Refogue o *mirepoix* ou outros vegetais frescos na gordura.
2. Acrescente o líquido.
3. Adicione os vegetais secos ou ricos em amido.
4. Cozinhe em fogo brando até que fiquem macios. Os vegetais frescos devem ser totalmente cozidos, porém não devem cozinhar demais nem desmanchar.
5. Faça um purê passando a sopa por um passador de legumes ou usando um mixer ou liquidificador.
   Variação: Algumas sopas feitas com legumes secos, como a sopa de feijão, não são servidas em purê, mas com os grãos inteiros, ou levemente amassados.
6. Geralmente, as sopas em purê não são ligadas com amido adicional, mas contam com o que está presente nos vegetais. No entanto, alguns purês de vegetais frescos se separam. Eles podem ser homogeneizados com um pouco de amido, se desejar.
7. Acrescente creme de leite, se necessário.
8. Acerte o tempero.

Sopa de ervilha fresca com creme de hortelã

Rendimento: 6 L
Porções: 24 — Tamanho da porção: 250 mL

Quantidade	Ingredientes
60 g	Manteiga
175 g	Cebola em cubos pequenos
4 L	Fundo de frango
3 kg	Ervilha fresca ou congelada
a gosto	Sal
a gosto	Pimenta-do-reino branca
250 mL	Creme de leite fresco
375 mL	Guarnição: Creme de leite fresco
¼ de xícara (chá)	Folha de hortelã bem picada

Modo de preparo

1. Aqueça a manteiga em uma caçarola funda e pesada em fogo médio-baixo.
2. Adicione a cebola e refogue sem deixar dourar.
3. Acrescente o fundo e deixe ferver em fogo brando.
4. Adicione a ervilha. Cozinhe em fogo brando até que ela fique macia (aproximadamente 5 minutos).
5. Faça um purê passando a sopa por um passador de legumes ou usando um mixer ou liquidificador.
6. Retorne ao fogo brando. Coloque mais fundo, se necessário, para chegar à consistência desejada.
7. Acerte o tempero.
8. Na hora de servir, aqueça o creme de leite fresco e incorpore à sopa.
9. Bata o creme de leite até ele formar picos moles. Junte a hortelã picada.
10. Ao servir, coloque 1 colher de sopa do creme de hortelã em cada porção (em alguns minutos, o creme de leite batido se transformará em uma espuma salpicada de hortelã).

Por porção:
Calorias, 200; Proteínas, 7 g; Gorduras, 11 g (50% cal.); Colesterol, 40 mg; Carboidratos, 18 g; Fibras, 6 g; Sódio, 40 mg.

Sopa em purê de cenoura (*potage crècy*)

Rendimento: 6 L
Porções: 24　　**Tamanho da porção:** 250 mL

Quantidade	Ingredientes
125 g	Manteiga
2 kg	Cenoura em cubos pequenos
500 g	Cebola em cubos pequenos
5 L	Fundo de frango ou fundo claro de vitela
500 g	Batata em cubos pequenos
a gosto	Sal
a gosto	Pimenta-do-reino branca
	Opcional:
350–500 mL	Creme de leite quente

Por porção:
Calorias, 90; Proteínas, 2 g; Gorduras, 4,5 g (40% cal.);
Colesterol, 15 mg; Carboidratos, 13 g; Fibras, 3 g; Sódio, 95 mg.

Modo de preparo

1. Aqueça a manteiga em uma caçarola funda e pesada em fogo médio-baixo.
2. Adicione a cenoura e a cebola e refogue até ficarem parcialmente cozidas. Não deixe dourar.
3. Acrescente o fundo e a batata. Aqueça até ferver.
4. Cozinhe em fogo brando até que os vegetais fiquem macios.
5. Faça um purê passando a sopa por um passador de legumes ou usando um mixer ou liquidificador.
6. Aqueça a sopa novamente em fogo brando até começar a ferver. Se necessário, adicione mais fundo para diluir.
7. Tempere a gosto.
8. Se desejar, finalize com creme de leite quente na hora de servir.

VARIAÇÕES

É possível utilizar arroz em vez de batata como agente de ligação na receita acima ou em qualquer variação abaixo, exceto no purê de tomate, no purê de batata e alho-poró e no purê de agrião. Use 250 g de arroz cru no lugar de 500 g de batata. A sopa deve ser cozida em fogo brando até que o arroz fique bem macio.

Sopa em purê de couve-flor (*purée dubarry*)
Use 2 kg de couve-flor no lugar da cenoura.

Sopa em purê de salsão ou aipo-rábano
Use 2 kg de salsão ou aipo-rábano [também conhecida como raiz de salsão] no lugar da cenoura.

Sopa em purê de alcachofra-de-jerusalém*
Use 2 kg de alcachofra-de-jerusalém no lugar da cenoura.

Sopa em purê de batata (*potage parmentier*)
Exclua a cenoura da receita básica, adicione 300 g de alho-poró à cebola e aumente a batata para 2,5 kg.

Sopa em purê de batata e alho-poró
Use 1 kg de alho-poró no lugar da cenoura. Aumente a batata para 1,25 kg.

Sopa em purê de nabo
Use 2 kg de nabo branco no lugar da cenoura.

Sopa em purê de agrião
Prepare como a sopa em purê de batata, mas acrescente 2 maços pequenos de agrião picados quando a batata estiver quase macia.

Sopa em purê de vegetais
Reduza a cenoura para 600 g. Acrescente 300 g de salsão, 300 g de nabo, 300 g de alho-poró e 300 g de repolho.

Potage solferino
Junte partes iguais de sopa em purê de batata e alho-poró e sopa-creme de tomate.

*N.R.: Tubérculo da planta *Helianthus tuberosus*, é conhecida também por girassol-batateiro e tupinambo, entre outros nomes.

Sopa em purê de ervilha seca

Rendimento: 6 L

Porções: 24   Tamanho da porção: 250 mL

Quantidade	Ingredientes
175 g	Barriga de porco salgada
	Mirepoix:
300 g	Cebola em cubos pequenos
150 g	Salsão em cubos pequenos
150 g	Cenoura em cubos pequenos
6 L	Fundo de pernil (ver Observação)
1	Osso de pernil ou joelho de porco defumado (opcional)
1,5 kg	Ervilha seca
	Sachê:
1	Folha de louro
2	Cravos-da-índia inteiros
6	Grãos de pimenta-do-reino
a gosto	Sal
a gosto	Pimenta-do-reino

Por porção:
Calorias, 230; Proteínas, 13 g; Gorduras, 7 g (26% cal.);
Colesterol, 5 mg; Carboidratos, 32 g; Fibras, 12 g; Sódio, 590 mg.

■ Modo de preparo

1. Corte a barriga de porco salgada em cubos pequenos ou passe por um moedor.
2. Em uma caçarola funda e pesada, aqueça a barriga de porco lentamente para derreter a gordura. Não deixe dourar.
3. Acrescente o *mirepoix* e refogue na gordura até os vegetais ficarem ligeiramente macios.
4. Adicione o fundo e o osso de pernil. Aqueça até ferver.
5. Lave a ervilha em água fria. Escorra bem e adicione ao fundo. Adicione também o sachê.
6. Tampe e cozinhe em fogo brando até a ervilha ficar macia (aproximadamente 1 hora).
7. Retire o osso e o sachê da panela.
8. Passe a sopa por um passador de legumes.
9. Retorne ao fogo brando. Se ficar muito espessa, ajuste a consistência com um pouco de fundo ou água.
10. Tempere a gosto.
11. Caso tenha usado joelho de porco defumado, separe a carne do osso. Corte-a em cubos e coloque na sopa.

Observação: utilize água se não tiver o fundo de pernil. Nesse caso, o osso de pernil ou joelho de porco opcionais devem ser usados para dar sabor. Cozinhe a água e o osso juntos em fogo brando por 1 hora ou mais antes de preparar a sopa, para extrair mais sabor.

VARIAÇÕES

Outras leguminosas secas podem ser utilizadas com o mesmo procedimento. A maior parte dos feijões secos deve ser deixada de molho em água fria de um dia para outro para reduzir o tempo de cozimento (a ervilha seca pode ser deixada de molho, mas seu cozimento é bem rápido, mesmo sem ficar de molho).

Sopa em purê de feijão-branco
Use 1,5 kg de feijão-branco. Deixe-o de molho durante a noite. Utilize fundo de frango ou vitela no lugar do fundo de pernil.

Sopa em purê de ervilha seca amarela
Substitua a ervilha seca verde pela amarela.

Sopa em purê de lentilha
Use 1,5 kg de lentilha marrom. Deixe de molho de um dia para o outro. Use fundo de pernil ou fundo claro. Guarneça com bacon ou presunto cozido em cubos, ou salsicha alemã fatiada.

Sopa em purê de feijão escuro
Use 1,5 kg de feijão *kidney* (se encontrar), ou então feijão-jalo, feijão-vermelho ou feijão-roxo. Deixe-o de molho de um dia para o outro. Use fundo claro e acrescente 600 mL de vinho tinto à sopa quando o feijão estiver quase macio. Guarneça com *croûton* salteado na manteiga.

Sopa em purê de feijão-preto
Use 1,5 kg de feijão-preto. Deixe-o de molho de um dia para o outro. Use fundo claro e o osso de pernil opcional. Acrescente 250 mL de vinho madeira ou xerez à sopa pronta. Guarneça com fatias de limão e ovo cozido picado.

Purê *Mongole*
Junte 3 L de sopa em purê de ervilha seca e 2 L de polpa de tomate. Dilua até a consistência desejada com cerca de 1 a 2 L de fundo claro. Guarneça com ervilha fresca cozida e *julienne* de cenoura e alho-poró cozidos.

Sopas de feijão em grão
Prepare qualquer uma das sopas anteriores conforme a receita, mas faça o purê com apenas um quarto do feijão. Acrescente esse purê à sopa como agente espessante.

Sopa de abóbora com maçãs caramelizadas

Rendimento: 6 L
Porções: 24   Tamanho da porção: 250 mL

Quantidade	Ingredientes
250 g	Pão francês
60 g	Manteiga
60 g	Manteiga
250 g	Cebola em cubos pequenos
250 g	Alho-poró em cubos pequenos
375 g	Cenoura em cubos pequenos
2 kg	Abóbora (preferencialmente abóbora-menina), em cubos médios
5 L	Fundo de frango
1 ½ colher (chá)	Sal
½ colher (chá)	Pimenta-do-reino branca
½ colher (chá)	Pimenta-da-jamaica moída
½ colher (chá)	Gengibre moído
24	Croûtons (ver modo de preparo)
750 g	Maçã ácida e firme, própria para cozinhar
30 g	Manteiga
60 g	Açúcar mascavo
375 mL	Creme de leite fresco (opcional)
conforme necessário	Creme de leite fresco adicional ou *crème fraîche** para guarnecer, se desejar

Modo de preparo

1. Corte o pão em fatias de 1 cm de espessura.
2. Frite na manteiga até dourar (se desejar, prepare *croûtons* adicionais para guarnecer ao mesmo tempo; ver etapa 8).
3. Aqueça a manteiga em uma caçarola funda e pesada em fogo médio-baixo.
4. Acrescente a cebola, o alho-poró e a cenoura. Refogue até ficarem parcialmente cozidos. Não deixe dourar.
5. Adicione a abóbora, o fundo e o pão dourado da etapa 2. Cozinhe em fogo brando até os vegetais ficarem macios.
6. Faça um purê passando a sopa por um passador de legumes ou usando um mixer ou liquidificador.
7. Aqueça a sopa novamente até começar a ferver. Experimente e ajuste o tempero.
8. Prepare *croûtons* dourando fatias de pão francês na manteiga como nas etapas 1 e 2. Para uma melhor aparência, use um filão fino para os *croûtons* não ficarem muitos grandes.
9. Descasque e retire a semente da maçã. Corte em cubos pequenos.
10. Leve a manteiga ao fogo em uma frigideira e acrescente a maçã e o açúcar. Cozinhe em fogo médio até a maçã dourar e caramelizar.
11. Na hora de servir, aqueça o creme de leite fresco (se estiver usando) e acrescente-o à sopa.
12. Sirva cada porção em um prato de sopa grande. Decore com creme de leite fazendo uma espiral, se desejar. Coloque uma colherada generosa da maçã sobre um *croûton* e coloque-o cuidadosamente na sopa.

Por porção:
Calorias, 150; Proteínas, 3 g; Gorduras, 6 g (34% cal.);
Colesterol, 20 mg; Carboidratos, 23 g; Fibras, 4 g; Sódio, 280 mg.

*N.R.: Especialidade francesa, é um creme de leite fresco levemente ácido e com alto teor de gordura (cerca de 40%).

Sopas espessas

Sopa em purê de vegetais da primavera

Rendimento: 6 L

Porções: 24 *Tamanho da porção: 250 mL*

Quantidade	Ingredientes
60 g	Manteiga
1 kg	Alho-poró, somente a parte branca, em cubos pequenos
1 kg	Batata nova, sem casca, em cubos pequenos
500 g	Salsão em cubos pequenos
500 g	Ervilha fresca, congelada ou não
¼ de xícara (chá)	Salsinha picada
1 colher (sopa)	Estragão fresco picado
6 L	Fundo de vegetais leve ou fundo de frango
250 mL	Creme de leite fresco
a gosto	Sal
a gosto	Pimenta-do-reino branca
	Guarnição:
250 mL	Creme de leite fresco
2 colheres (sopa)	Cebolinha picada

Por porção:
Calorias, 160; Proteínas, 4 g; Gorduras, 10 g (53% cal.); Colesterol, 35 mg; Carboidratos, 16 g; Fibras, 3 g; Sódio, 65 mg.

■ Modo de preparo

1. Aqueça a manteiga em uma caçarola funda e pesada em fogo baixo.
2. Acrescente o alho-poró, a batata e o salsão. Refogue em fogo baixo até ficarem parcialmente macios (cerca de 10 a 15 minutos).
3. Acrescente a ervilha, a salsinha e o estragão. Refogue por mais 5 minutos.
4. Adicione o fundo. Cozinhe em fogo brando por 10 minutos ou mais, até que os vegetais estejam macios, mas não cozidos demais.
5. Passe a sopa por um passador de legumes para fazer um purê. Caso utilize um mixer ou liquidificador, passe a sopa por um passador de legumes ou peneira depois de fazer o purê para descartar as fibras do salsão.
6. Aqueça o creme de leite e incorpore à sopa.
7. Acerte o tempero com sal e pimenta-do-reino branca.
8. Bata o creme de leite até formar picos moles. Junte a cebolinha.
9. Na hora de servir, guarneça cada porção com uma colherada do creme de cebolinha. (Em alguns minutos, o creme de leite batido derrete e se transforma em uma espuma salpicada de cebolinha).

Sopa em purê de agrião (*potage cressonière*)

Rendimento: 4 L

Porções: 16 *Tamanho da porção: 250 mL*

Quantidade	Ingredientes
3 maços	Agrião
500 g	Alho-poró, somente a parte branca
100 g	Manteiga
3 L	Fundo de frango ou água
1,2 kg	Batata sem casca cortada em pedaços grandes
200 g	*Crème fraîche* *
a gosto	Sal
a gosto	Pimenta-do-reino branca

Por porção:
Calorias, 170; Proteínas, 4 g; Gorduras, 10 g (51% cal.); Colesterol, 30 mg; Carboidratos, 18 g; Fibras, 2 g; Sódio, 90 mg.

■ Modo de preparo

1. Lave o agrião e separe as folhas dos talos. Reserve algumas folhas mais bonitas para a guarnição. Pique grosseiramente os talos e reserve.
2. Branqueie as folhas rapidamente em água fervente salgada e resfrie em água com gelo. Quando estiverem totalmente frias, escorra. Esprema as folhas para tirar todo o excesso de água e pique-as bem.
3. Fatie bem o alho-poró e refogue na manteiga com os talos do agrião. Cozinhe lentamente até ficarem macios e todo o líquido evaporar.
4. Acrescente o fundo de frango ou a água e a batata. Aqueça até ferver.
5. Reduza o fogo e cozinhe por 30 minutos, ou até a batata ficar macia. Adicione o *crème fraîche* e, em seguida, o agrião branqueado.
6. Bata em um liquidificador até ficar homogêneo, depois coe. Tempere a gosto.
7. Sirva em uma tigela de sopa rasa, guarnecida com as folhas de agrião frescas.
8. Essa sopa também pode ser servida fria.

*N.R.: Especialidade francesa, é um creme de leite fresco levemente ácido e com alto teor de gordura (cerca de 40%).

Sopa de feijão-branco

Rendimento: 6 L
Porções: 24 *Tamanho da porção:* 250 mL

Quantidade	Ingredientes
1 kg	Feijão-branco seco (de preferência *navy*)
125 g	Bacon em cubos
125 g	Cebola em cubos pequenos
250 g	Cenoura em cubos pequenos
250 g	Salsão em cubos pequenos
125 g	Alho-poró fatiado
3	Dentes de alho picados
5 L	Fundo ou água
1	Joelho de porco defumado
1	Folha de louro
½ colher (chá)	Tomilho seco
½ colher (chá)	Pimenta-do-reino
1 L	Tomate em lata, picado grosseiramente, com o suco

Por porção:
Calorias, 180; Proteínas, 10 g; Gorduras, 4 g (19% cal.); Colesterol, 5 mg; Carboidratos, 28 g; Fibras, 7 g; Sódio, 510 mg.

■ Modo de preparo

1. Deixe o feijão de molho de um dia para o outro em água fria.
2. Coloque o bacon em uma caçarola funda e pesada em fogo médio. Derreta a gordura, mas não deixe dourar.
3. Adicione os vegetais e cozinhe em fogo baixo até ficarem macios.
4. Acrescente o fundo ou a água e o joelho de porco. Aqueça até ferver.
5. Escorra o feijão e adicione-o à panela. Adicione também a folha de louro, o tomilho e a pimenta-do-reino.
6. Tampe e cozinhe em fogo brando até o feijão ficar macio.
7. Acrescente o tomate e cozinhe em fogo brando por mais 15 minutos. Descarte a folha de louro.
8. Retire o joelho de porco da sopa. Separe e corte a carne em cubos, e adicione à sopa. Descarte os ossos.
9. Amasse o feijão ligeiramente com uma espátula ou passe aproximadamente um quarto da sopa por um passador de legumes. Despeje esse purê de volta na panela para encorpar a sopa.
10. Se a sopa ficar muito espessa, acrescente um pouco de fundo.
11. Acerte o tempero.

Sopa de maçã e pastinaca com creme de Calvados

Rendimento: 6 L
Porções: 24 *Tamanho da porção:* 250 mL

Quantidade	Ingredientes
180 g	Manteiga
670 g	Cebola em fatias finas
1 kg	Pastinaca* sem casca, em cubos grandes
1 kg	Maçã para cozinhar, sem casca e sem semente, em cubos grandes
6 L	Fundo de frango
a gosto	Sal
a gosto	Pimenta-do-reino branca
1,2 L	Creme de leite fresco
360 mL	Calvados**

Por porção:
Calorias, 160; Proteínas, 1,5 g; Gorduras, 12 g (68% cal.); Colesterol, 45 mg; Carboidratos, 7 g; Fibras, 1 g; Sódio, 46 mg.

■ Modo de preparo

1. Aqueça a manteiga em uma caçarola funda e pesada em fogo médio-baixo. Adicione a cebola e refogue sem deixar dourar.
2. Acrescente a pastinaca e a maçã, mexendo bem.
3. Adicione o fundo e aqueça até ferver. Cozinhe em fogo brando até a pastinaca e a maçã ficarem macias (aproximadamente 30 minutos).
4. Passe a sopa por um passador de legumes ou bata no liquidificador. Em seguida, passe por um coador cônico.
5. Despeje em uma caçarola funda limpa e deixe ferver em fogo brando.
6. Se a sopa ficar muito espessa, acrescente um pouco de fundo. Tempere a gosto com sal e pimenta-do-reino branca.
7. Bata o creme de leite até encorpar um pouco, mas sem ficar muito firme. Não bata demais. Incorpore o Calvados ao creme de leite. Isso fará com que o creme de leite fique mais encorpado, formando picos moles.
8. Na hora de servir, guarneça cada porção com uma colherada do creme. Coloque um pouco sob a salamandra ou no dourador para gratinar levemente o creme. Sirva imediatamente.

*N.R.: Também conhecida como cenoura-branca e chirivia.
**N.R.: Aguardente francesa de maçã.

Sopas espessas

Sopa de batata e alho-poró com azedinha

Rendimento: 6 L
Porções: 24
Tamanho da porção: 250 mL

Quantidade	Ingredientes
140 g	Manteiga
600 g	Cebola em fatias finas
600 g	Alho-poró, somente a parte branca, em fatias finas
2,4 kg	Batata sem casca, em cubos grandes
4,8 L	Fundo de frango
a gosto	Sal
a gosto	Pimenta-do-reino branca
360 g	Folha de azedinha fresca

■ M o d o   d e   p r e p a r o

1. Aqueça a manteiga em uma caçarola funda e grande em fogo médio-baixo. Adicione a cebola e o alho-poró. Refogue sem deixar dourar.
2. Adicione a batata e mexa.
3. Acrescente o fundo, tempere e aqueça até ferver. Cozinhe em fogo brando até que os vegetais fiquem bem macios.
4. Faça um purê com a sopa usando um liquidificador, processador ou mixer, depois passe por um coador cônico, se necessário.
5. Despeje em uma caçarola funda limpa e deixe ferver em fogo brando.
6. Se a sopa ficar muito espessa, acrescente um pouco de fundo.
7. Lave a azedinha, descartando os talos mais grossos. Corte em tirinhas e acrescente à sopa ao servir.

Por porção:
Calorias, 150; Proteínas, 3 g; Gorduras, 5 g (30% cal.);
Colesterol, 20 mg; Carboidratos, 23 g; Fibras, 3 g; Sódio, 70 mg.

Sopa picante de feijão-preto

Rendimento: 6 L
Porções: 24
Tamanho da porção: 250 mL

Quantidade	Ingredientes
1 kg	Feijão-preto miúdo
50 mL	Azeite de oliva
250 g	Cebola em cubos pequenos
4	Dentes de alho picados
60 g	*Jalapeño* ou outra pimenta-verde fresca picada
60 mL	Pó para *chili*
1 ½ colher (chá)	Cominho moído
1 ½ colher (chá)	Semente de coentro moída
1	Folha de louro
5 L	Fundo claro, fundo de vegetais ou água
500 g	Tomate em lata, escorrido e picado
a gosto	Sal
a gosto	Molho de pimenta vermelha
	Guarnição:
250 g	Abacate em cubos médios
250 g	Tomate em cubos médios

■ M o d o   d e   p r e p a r o

1. Deixe o feijão de molho de um dia para o outro em água fria.
2. Aqueça o azeite de oliva em uma caçarola funda e pesada em fogo médio.
3. Acrescente a cebola, o alho e o *jalapeño*. Cozinhe em fogo baixo até ficarem parcialmente macios.
4. Adicione o pó para chili, o cominho, a semente de coentro e a folha de louro. Mexa bem.
5. Acrescente o fundo ou a água. Escorra o feijão e adicione-o à caçarola.
6. Tampe e cozinhe em fogo brando até o feijão ficar macio.
7. Acrescente o tomate. Continue cozinhando por mais 15 a 30 minutos, até o feijão ficar completamente macio e os sabores bem misturados.
8. Acrescente sal e molho de pimenta vermelha a gosto.
9. Misture os cubos de abacate e tomate com cuidado. Guarneça cada porção de sopa com uma colherada dessa mistura.

Por porção:
Calorias, 170; Proteínas, 10 g; Gorduras, 4,5 g (22% cal.);
Colesterol, 5 mg; Carboidratos, 25 g; Fibras, 9 g; Sódio, 55 mg.

Sopa picante de feijão-preto

Sopa fria de batata e alho-poró com saladinha de camarão e erva-doce

Rendimento: 3 L, mais a guarnição

Porções: 12   Tamanho da porção: 250 mL, mais a guarnição

Quantidade	Ingredientes
750 g	Alho-poró, somente a parte branca
750 g	Batata sem casca
60 mL	Azeite de oliva
2,25 L	Fundo de frango
a gosto	Sal
a gosto	Pimenta-do-reino branca
375 g	Bulbo tenro de erva-doce limpo (ver Observação)
20 mL	Suco de limão
30 mL	Azeite de oliva
a gosto	Sal
a gosto	Pimenta-do-reino
36	Camarões pequenos cozidos (ver Observação)
250 mL	Creme de leite fresco
250 mL	Buttermilk*

Por porção:
Calorias, 240; Proteínas, 8 g; Gorduras, 15 g (55% cal.); Colesterol, 55 mg; Carboidratos, 22 g; Fibras, 3 g; Sódio, 90 mg.

Observação: a erva-doce deve ser nova e tenra, pois é ingerida crua. Se houver apenas bulbos grandes disponíveis, use a parte interna e guarde as camadas externas para outro uso.
  Camarões grelhados ficam especialmente bons com esta sopa.

Modo de preparo

1. Corte o alho-poró e a batata em rodelas finas.
2. Refogue o alho-poró no azeite de oliva sem deixar dourar.
3. Adicione o fundo e a batata e aqueça até ferver. Cozinhe em fogo brando até que os vegetais fiquem macios.
4. Passe a sopa por um passador de legumes.
5. Se a sopa ficar muito espessa, acrescente um pouco de fundo para obter a consistência desejada.
6. Resfrie a sopa.
7. Acrescente sal e pimenta-do-reino branca a gosto.
8. Enquanto a sopa esfria, prepare a guarnição. Corte a erva-doce ao meio no sentido do comprimento, partindo da base, depois corte, no mesmo sentido, em fatias finas como papel (pode-se utilizar fatiador para isso). Em seguida, separe as fatias da base de modo a obter palitos do tamanho de um *julienne* grosso.
9. Misture a erva-doce com o suco de limão, depois junte metade do azeite de oliva. Acrescente sal e pimenta-do-reino a gosto.
10. Misture o camarão com o azeite de oliva restante.
11. Incorpore o creme de leite fresco e o *buttermilk* na sopa fria.
12. Arrume a salada de erva-doce no centro de pratos de sopa grandes. Coloque 3 camarões sobre cada porção.
13. Coloque o prato em frente ao cliente e, com uma concha, pegue uma porção de sopa, colocada em uma terrina, e despeje no prato.

VARIAÇÕES

A guarnição de erva-doce e camarão pode ser excluída no caso de uma apresentação mais simples. Pode-se utilizar água no lugar do fundo. O alho-poró é saboroso o bastante para fazer uma sopa deliciosa mesmo sem o fundo.

Vichyssoise
Substitua o azeite de oliva por manteiga. Exclua o *buttermilk* e aumente o creme de leite fresco para 500 a 600 mL. Exclua a guarnição de erva-doce e camarão. Guarneça com cebolinha-francesa picada.

Sopa fria de batata e alho-poró com saladinha de camarão e erva-doce

*N.R.: Produto não comercializado no Brasil; originalmente, o soro que sai da nata quando ela é batida e transformada em manteiga (leitelho). Pode ser substituído por uma mistura em partes iguais de leite e iogurte natural.

BISQUES

Bisque é uma sopa-creme feita com frutos do mar. Tempos atrás, as *bisques* eram engrossadas com arroz, mas as versões mais modernas são engrossadas com *roux*. As *bisques* são basicamente feitas como as outras sopas-creme, entretanto, parecem mais complexas em razão da manipulação dos frutos do mar e da variedade dos ingredientes de sabor utilizados. Caras para preparar e ricas em sabor, são consideradas sopas de luxo.

O termo *bisque* passou a ser utilizado para uma grande variedade de sopas, principalmente porque a palavra soa bem. Neste livro, o termo foi reservado para sopas-creme de frutos do mar.

Bisque de camarão

Rendimento: 2 L

Porções: 10   Tamanho da porção: 200 mL

Quantidade	Ingredientes
30 g	Manteiga
60 g	Cebola cortada em *brunoise*
60 g	Cenoura cortada em *brunoise*
500 g	Camarão pequeno com casca
pedaço pequeno	Folha de louro
pitada	Tomilho seco
4	Talos de salsinha
30 g	Massa de tomate
60 mL	Conhaque flambado (ver Observação)
200 mL	Vinho branco
1 L	*Velouté* de peixe
500 mL	Fundo de peixe
250 mL	Creme de leite fresco quente
a gosto	Sal
a gosto	Pimenta-do-reino branca

■ Modo de preparo

1. Aqueça a manteiga em uma panela funda em fogo médio.
2. Adicione a cebola e a cenoura. Salteie até ficarem levemente douradas.
3. Acrescente o camarão, a folha de louro, o tomilho e os talos de salsinha. Salteie até o camarão ficar rosado.
4. Adicione a massa de tomate e mexa bem.
5. Acrescente o conhaque flambado e o vinho. Cozinhe em fogo brando até reduzir à metade.
6. Retire o camarão. Descasque-o e limpe-o. Coloque a casca de volta na panela.
7. Corte o camarão em cubos pequenos e reserve para guarnecer.
8. Adicione o *velouté* e o fundo de peixe à panela. Cozinhe em fogo brando por 10 a 15 minutos.
9. Coe. Coloque a sopa de volta na panela e deixe levantar fervura novamente em fogo brando.
10. Na hora de servir, adicione o creme de leite quente e o camarão em cubos. Tempere a gosto.

Por porção:

Calorias, 220; Proteínas, 8 g; Gorduras, 17 g (70% cal.); Colesterol, 110 mg; Carboidratos, 6 g; Fibras, 0 g; Sódio, 180 mg.

Observação: conhaque flambado é o conhaque aquecido em uma panela funda ao qual se ateia fogo (cuidadosamente) para evaporar o álcool.

VARIAÇÕES

Essa receita é baseada no Método 1 de preparo de sopas-creme (p. 222), pois tem o *velouté* como base. Você também pode utilizar somente fundo de peixe em vez de *velouté* e encorpar a sopa de outras formas:

1. Incorpore *beurre manié* à sopa (p. 164), aos poucos, após a etapa 8, até encorpar o suficiente.
2. Acrescente uma ligação de amido (amido de milho em água fria), aos poucos, e batendo até engrossar.
3. Cozinhe 60 g de arroz em 500 mL de fundo até que o arroz esteja totalmente cozido. Bata no liquidificador ou passe por uma peneira fina para fazer um purê, e adicione-o à sopa (esse é o método clássico).

Para reduzir o custo, pode-se diminuir a quantidade de camarão e adicionar mais casca de camarão para dar sabor. Ou, em vez de usar todo o camarão cozido na guarnição, guardá-lo para outro uso.

Pode-se utilizar páprica em vez de massa de tomate para dar cor e sabor às *bisques*. Substitua 30 g de massa de tomate por 1 colher de sopa de páprica-espanhola.

Bisque de lagosta

No lugar do camarão, use a lagosta viva cortada como mostra a Figura 14.12. (Como alternativa para reduzir o custo, use a casca da lagosta triturada ou a cauda.)

CHOWDERS

Chowders (sopas típicas da região nordeste dos EUA) são sopas de textura irregular e substanciosas tão cheias de coisas boas que, às vezes, lembram mais um ensopado que uma sopa. Muitos tipos de *chowder* são simplesmente sopas-creme ou sopas em purê, exceto pelo fato de que não se faz o purê, mantém-se os pedaços inteiros. Assim como outras sopas típicas, as *chowders* resistem à categorização. Entretanto, a maioria delas tem como base peixes e frutos do mar ou vegetais, contém batata e leite ou creme de leite.

Chowder de batata

Rendimento: 6 L
Porções: 24
Tamanho da porção: 200 mL

Quantidade	Ingredientes
250 g	Barriga de porco salgada
375 g	Cebola em cubos médios
90 g	Salsão em cubos médios
125 g	Farinha de trigo
3,5 L	Fundo de frango
1,5 kg	Batata em cubos médios
1,5 L	Leite quente
250 mL	Creme de leite fresco quente
a gosto	Sal
a gosto	Pimenta-do-reino branca
conforme necessário	Salsinha picada

Modo de preparo

1. Moa a barriga de porco salgada ou corte-a em cubos bem pequenos.
2. Derreta a gordura da barriga de porco em uma caçarola funda e pesada.
3. Adicione a cebola e o salsão. Cozinhe-os na gordura, em fogo médio, até ficarem parcialmente macios. Não deixe dourar.
4. Adicione a farinha. Misture com a gordura para fazer o *roux*. Cozinhe o *roux* lentamente por 4 a 5 minutos, mas não deixe dourar.
5. Com um batedor de arame, incorpore lentamente o fundo. Aqueça até ferver, batendo para que o líquido fique bem homogêneo.
6. Acrescente a batata. Cozinhe em fogo brando até que os vegetais fiquem macios.
7. Incorpore o leite e o creme de leite quentes batendo com um batedor de arame.
8. Tempere a gosto com sal e pimenta-do-reino branca.
9. Guarneça cada porção com um pouco de salsinha picada.

Por porção:
Calorias, 210; Proteínas, 5 g; Gorduras, 14 g (58% cal.); Colesterol, 35 mg; Carboidratos, 18 g; Fibras, 1 g; Sódio, 180 mg.

VARIAÇÕES

Chowder de milho

Versão 1. Prepare como na receita básica, mas diminua a batata para 1,1 kg. Quando os vegetais estiverem macios, adicione 1,5 kg de milho-verde congelado ou enlatado escorrido (se for usar milho em lata, substitua parte do fundo de frango pelo líquido do milho).

Versão 2. Prepare como na receita básica, mas diminua a batata para 750 g. Adicione 1,5 kg de creme de milho em lata* quando os vegetais estiverem macios.

*N.R.: No original, *cream-style corn*, milho-verde bem doce com um líquido espesso, pegajoso e já temperado.

Chowder de siri e milho com manjericão

Rendimento: 6 L
Porções: 24   Tamanho da porção: 250 mL

Quantidade	Ingredientes
90 mL	Óleo vegetal
375 g	Cebola em cubos médios
2	Dentes de alho picados
90 g	Farinha de trigo
3,5 L	Fundo de peixe suave ou fundo de frango
250 mL	Vinho branco seco
1 kg	Batata em cubos médios (ver Observação)
2	Folhas de louro
1 kg	Milho-verde congelado ou fresco
½ xícara (chá)	Folha de manjericão fresca e desfiada
1 kg	Siri
500 mL	Leite quente
250 mL	Creme de leite fresco quente
a gosto	Sal
a gosto	Pimenta-do-reino branca

Por porção:
Calorias, 220; Proteínas, 12 g; Gorduras, 9 g (36% cal.); Colesterol, 45 mg; Carboidratos, 22 g; Fibras, 2 g; Sódio, 160 mg.

Observação: para uma cor atrativa, use batatas pequenas de casca vermelha e não as descasque.

Modo de preparo

1. Aqueça o óleo em uma caçarola funda e pesada em fogo médio.
2. Adicione a cebola e o alho.
3. Refogue em fogo médio até ficarem parcialmente macios. Não deixe dourar.
4. Adicione a farinha. Misture com gordura para fazer o *roux*. Cozinhe o *roux* lentamente por 4 a 5 minutos, mas não deixe dourar.
5. Com um batedor de arame, incorpore lentamente o fundo. Aqueça até ferver, mexendo para que o líquido fique homogêneo. Acrescente o vinho.
6. Adicione a batata e as folhas de louro. Cozinhe em fogo brando até a batata ficar macia.
7. Acrescente o milho e o manjericão cortado em tirinhas. Aqueça a sopa até começar a ferver novamente.
8. Acrescente o siri.
9. Despeje, mexendo o leite quente e o creme de leite.
10. Tempere a gosto com sal e pimenta-do-reino.

Variação

Caso deseje uma sopa mais espessa, aumente a farinha para 125 g e o óleo para 125 mL.

Chowder de siri e milho com manjericão

Clam chowder de New England

Rendimento: 6 L
Porções: 24   Tamanho da porção: 250 mL

Quantidade	Ingredientes
2 L	Marisco enlatado picado, com o suco, ou marisco fresco limpo, com o suco (ver Observação)
1,5 L	Água
300 g	Barriga de porco salgada, moída ou cortada em cubos finos
500 g	Cebola em cubos pequenos
125 g	Farinha de trigo
1 kg	Batata em cubos pequenos
2,5 L	Leite quente
250 mL	Creme de leite fresco quente
a gosto	Sal
a gosto	Pimenta-do-reino branca

Modo de preparo

1. Escorra os mariscos, reservando o suco. Se estiver usando mariscos frescos, pique-os, coletando os sucos.
2. Coloque o suco e a água em uma panela funda. Deixe ferver em fogo brando.
3. Retire do fogo e mantenha o líquido quente para a etapa 7.
4. Em uma caçarola funda e pesada ou caldeirão, derreta a gordura da barriga de porco salgada em fogo médio.
5. Adicione a cebola e cozinhe lentamente até ela ficar macia, mas sem dourar.
6. Acrescente a farinha de trigo e mexa para fazer um *roux*. Cozinhe o *roux* lentamente por 3 a 4 minutos, mas não deixe dourar.
7. Com um batedor de arame, incorpore lentamente o líquido do marisco e a água ao *roux*. Deixe ferver em fogo brando, mexendo constantemente para que o líquido fique homogêneo.
8. Acrescente a batata. Cozinhe em fogo brando até ela ficar macia (se estiver usando mariscos grandes e duros para o *chowder*, passe-os por um moedor e adicione-os junto com a batata).
9. Incorpore os mariscos, o leite e o creme de leite quentes. Aqueça em fogo brando, mas sem deixar ferver.
10. Tempere a gosto com sal e pimenta-do-reino branca.

Por porção:
Calorias, 300; Proteínas, 16 g; Gorduras, 17 g (52% cal.); Colesterol, 65 mg; Carboidratos, 19 g; Fibras, 1 g; Sódio, 350 mg.

Observação: caso utilize mariscos inteiros na casca, serão necessários cerca de 8 a 10 L. Esfregue-os bem. Coloque em um caldeirão com 1,5 L de água e cozinhe em fogo brando até as conchas se abrirem. Retire os mariscos da casca e pique. Coe o líquido.

VARIAÇÕES

Clam chowder de Manhattan
Substitua a barriga de porco salgada por 125 mL de óleo ou 125 g de manteiga. Adicione 300 g de salsão em cubos pequenos; 300 g de cenoura em cubos pequenos; e 1 colher de chá de alho picado à cebola, na etapa 5. Exclua a farinha. Em vez de leite, use 2,5 L de tomate em lata picado com o suco. Exclua o creme de leite.

Chowder de peixe de New England
Siga o procedimento do *chowder* de marisco de New England, mas exclua o marisco e a água. Use 3 L de fundo de peixe em vez da mistura do suco do marisco e da água na etapa 7. Retire toda a pele e o osso de 625 g de filés de hadoque. Corte os filés em pedaços de 2 cm. Adicione à sopa pronta e mantenha quente (sem ferver) até o peixe cozinhar (aproximadamente 5 minutos).

SOPAS TÍPICAS

Soupe à l'ognion (sopa francesa de cebola gratinada)

Rendimento: 7,5 L
Porções: 24   Tamanho da porção: 300 mL

Quantidade	Ingredientes
125 g	Manteiga
2,5 kg	Cebola em rodelas finas
6,5 L	Fundo de carne, ou metade de carne e metade de frango
a gosto	Sal
a gosto	Pimenta-do-reino
125–175 mL	Xerez (opcional)
conforme necessário	Pão francês (ver modo de preparo)
750 g	Queijo *gruyère* ou suíço, ou uma mistura dos dois, ralado grosso

Por porção:
Calorias, 320; Proteínas, 15 g; Gorduras, 15 g (42% cal.);
Colesterol, 50 mg; Carboidratos, 31 g; Fibras, 3 g;
Sódio, 410 mg.

■ **Modo de preparo**

1. Aqueça a manteiga em um caldeirão em fogo médio. Acrescente a cebola e cozinhe até dourar bem. Mexa de vez em quando.
   Observação: a cebola deve cozinhar lentamente e dourar de forma homogênea. Esse é um processo lento que leva cerca de 30 minutos. Não doure muito rápido nem use fogo alto.
2. Acrescente o fundo e aqueça até ferver. Cozinhe a cebola em fogo brando até ela ficar bem macia e os sabores se misturarem (aproximadamente 20 minutos).
3. Tempere a gosto com sal e pimenta-do-reino. Adicione xerez, se desejar.
4. Mantenha a sopa quente para servir.
5. Corte o pão em fatias de aproximadamente 1 cm. Serão necessárias 1 ou 2 fatias por porção, ou apenas o suficiente para cobrir a superfície da sopa no recipiente refratário em que será servida.
6. Torre as fatias ligeiramente no forno ou no dourador.
7. Para cada porção, encha um recipiente refratário individual, de preferência de cerâmica, com a sopa quente. Coloque 1 ou 2 fatias da torrada na superfície e cubra com queijo. Coloque no dourador até o queijo começar a borbulhar e dourar ligeiramente. Sirva logo em seguida.

V A R I A Ç Ã O

A sopa de cebola pode ser servida sem gratinar, acompanhada de *croûtons* de queijo preparados separadamente. Torre ligeiramente o pão, como na receita básica. Coloque-o em uma assadeira. Pincele com um pouco de manteiga e polvilhe com queijo ralado (pode-se misturar parmesão aos outros queijos). Doure no dourador. Guarneça cada porção com 1 *croûton* de queijo. (Esse método é mais barato porque utiliza menos queijo).

Soupe à l'ognion

Sopa de alho assado com *crostini* de azeitona preta

Rendimento: 3 L
Porções: 12 *Tamanho da porção: 250 mL*

Quantidade	Ingredientes
90 g	Manteiga
6	Cabeças de alho inteiras, separadas em dentes e descascadas
900 g	Cebola descascada e picada
900 g	Batata descascada, em cubos
1,5 L	Leite
1,5 L	Fundo de frango
a gosto	Sal
a gosto	Pimenta-do-reino
200 mL	Azeite de oliva
200 g	Azeitona preta sem caroço, bem picada
12 fatias	Pão francês

■ **Modo de preparo**

1. Aqueça a manteiga em uma caçarola funda e pesada em fogo médio. Cozinhe os dentes de alho até dourarem, mexendo para que fiquem com uma cor homogênea. Se desejar, comece o cozimento no fogão e termine no forno a 190ºC, mexendo de vez em quando.
2. Acrescente a cebola e mexa por 2 a 3 minutos. Adicione a batata e refogue a mistura sem deixar que os vegetais dourem, mexendo para evitar que a batata grude. Cozinhe até a cebola ficar macia.
3. Adicione o leite e o fundo. Aqueça até ferver. Cozinhe em fogo brando até a batata ficar macia o bastante para ser amassada (cerca de 30 a 40 minutos).
4. Passe a sopa por um passador de legumes ou bata no liquidificador para fazer um purê. Despeje em uma caçarola funda e limpa e tempere a gosto com sal e pimenta-do-reino.
5. Adicione o azeite de oliva às azeitonas picadas para ligá-las, formando uma pasta grossa para espalhar.
6. Torre as fatias de pão francês dos dois lados. Espalhe a mistura de azeitona de um lado.
7. Na hora de servir, aqueça a sopa até ferver, em fogo brando. Se necessário, dilua a sopa com um pouco de fundo para obter a consistência correta. Sirva 1 *crostini* por pessoa com a sopa.

Por porção:
Calorias, 470; Proteínas, 10 g; Gorduras, 29 g (54% cal.); Colesterol, 35 mg; Carboidratos, 45 g; Fibras, 4 g; Sódio, 430 mg.

Caldo de vegetais à moda vienense

Rendimento: 6 L
Porções: 24 *Tamanho da porção: 250 mL*

Quantidade	Ingredientes
100 g	Manteiga
200 g	Cebola cortada em *brunoise*
200 g	Nabo cortado em *brunoise*
200 g	Cenoura cortada em *brunoise*
4,5 L	Fundo de frango
200 g	Vagem nova e tenra cortada em *brunoise* ou rodelas finas
200 g	Alho-poró cortado em *brunoise*
200 g	Abobrinha cortada em *brunoise*
45 g	Salsinha picada
1 colher (sopa)	Folha de manjerona fresca bem picada (ver Observação)
1 ½ colher (chá)	Tomilho fresco (ver Observação)
400 mL	Creme de leite fresco
4	Gemas

■ **Modo de preparo**

1. Aqueça a manteiga em uma caçarola funda em fogo médio. Adicione a cebola, o nabo e a cenoura e refogue sem deixar corar.
2. Adicione o fundo e aqueça até ferver. Acrescente a vagem, o alho-poró e a abobrinha. Cozinhe em fogo brando por 5 minutos.
3. Acrescente as ervas. Tempere a gosto.
4. Na hora de servir, misture o creme de leite com as gemas de ovo para fazer uma liga fina. Junte lentamente um pouco da sopa quente à liga fina e, em seguida, junte essa mistura amornada à sopa. Reaqueça a sopa com cuidado, sem ferver. Sirva imediatamente.

Por porção:
Calorias, 130; Proteínas, 2 g; Gorduras, 12 g (79% cal.); Colesterol, 75 mg; Carboidratos, 5 g; Fibras, 1 g; Sódio, 65 mg.

Observação: se não houver manjerona e tomilho frescos à disposição, use um terço da quantidade dessas ervas secas.

Sopas típicas 243

Borscht

Rendimento: 6 L
Porções: 24 Tamanho da porção: 250 mL

Quantidade	Ingredientes
1 kg	Peito ou músculo de boi (ver Observação)
3,5 L	Água ou fundo de carne
125 g	Manteiga
250 g	Cebola em rodelas finas
250 g	Alho-poró, parte branca e aproximadamente 1 cm da parte verde, cortado em *julienne*
250 g	Repolho em tiras finas
1,7 kg	Beterraba sem casca, ralada no ralo grosso ou bem picada (ver Observação)
125 g	Polpa de tomate
125 mL	Vinagre
2 colheres (sopa)	Açúcar
a gosto	Sal
a gosto	Pimenta-do-reino branca
conforme necessário	Creme de leite azedo

Por porção:
Calorias, 150; Proteínas, 9 g; Gorduras, 9 g (53% cal.); Colesterol, 40 mg; Carboidratos, 9 g; Fibras, 1 g; Sódio, 250 mg.

Observação: sobras de carne cozida podem ser utilizadas. Nesse caso, use de 500 a 625 g de carne cozida e fundo, não água. Se dispuser de beterraba pré-cozida, misture-a, ralada no ralo grosso com os demais ingredientes no passo 6.

Modo de preparo

1. Cozinhe a carne na água ou fundo, em fogo brando, até ficar macia.
2. Retire a carne cozida do caldo e corte-a em cubos pequenos.
3. Meça o caldo e, se necessário, adicione água até obter 3 L.
4. Coloque a carne de volta no caldo.
5. Aqueça a manteiga em uma caçarola pesada. Acrescente a cebola, o alho-poró, o repolho e a beterraba espremida (reserve o suco). Cozinhe lentamente na manteiga por cerca de 5 minutos.
6. Adicione a mistura de cebola, alho-poró, repolho e beterraba, o suco reservado, a polpa de tomate, o vinagre e o açúcar à carne com o caldo.
7. Aqueça até ferver e cozinhe em fogo brando até que os vegetais fiquem macios.
8. Tempere a gosto com sal, pimenta-do-reino branca e mais vinagre, se desejar.
9. Sirva cada porção com uma colherada de creme de leite azedo.

VARIAÇÃO

Borscht frio
Exclua a carne. Passe a sopa por um coador cônico, pressionando os vegetais para extrair todo o suco. Resfrie e adicione suco de limão a gosto. Sirva com creme de leite azedo.

Gulyas

Rendimento: 3 L
Porções: 12 Tamanho da porção: 250 mL

Quantidade	Ingredientes
60 g	Toucinho ou bacon
250 g	Cebola em cubos médios
750 g	Acém, pescoço ou músculo de boi
2	Dentes de alho bem picados
½ colher (chá)	Semente de alcaravia
2 colheres (sopa)	Páprica-húngara
1 colher (sopa)	Massa de tomate
2,5 L	Água ou fundo escuro quente
500 g	Batata sem casca, em cubos médios
a gosto	Sal
a gosto	Pimenta-do-reino

Por porção:
Calorias, 210; Proteínas, 12 g; Gorduras, 14 g (60% cal.); Colesterol, 40 mg; Carboidratos, 9 g; Fibras, 1 g; Sódio, 45 mg.

Modo de preparo

1. Moa ou corte o toucinho ou bacon em cubinhos. Derreta a gordura em uma caçarola pesada. Quando a gordura derreter, retire os pedaços de carne com uma colher perfurada e descarte, ou reserve para outro uso.
2. Adicione a cebola à gordura e refogue. Não deixe dourar.
3. Corte a carne em cubos médios. Junte à cebola e refogue em fogo baixo por 10 minutos.
4. Acrescente o alho, as sementes de alcaravia, a páprica e a massa de tomate. Mexa bem.
5. Adicione o líquido. Cozinhe em fogo brando até a carne ficar parcialmente macia. Isso pode levar 1 hora ou mais, dependendo do tipo e da qualidade da carne.
6. Acrescente a batata e cozinhe em fogo brando até ficar no ponto.
7. Tempere a gosto com sal e pimenta-do-reino.

Gumbo de frutos do mar

Rendimento: 5 L
Porções: 16
Tamanho da porção: 300 mL mais 45 g de arroz

Quantidade	Ingredientes
90 g	Óleo vegetal
180 g	Cebola em cubos pequenos
120 g	Salsão em cubos pequenos
120 g	Pimentão verde em cubos pequenos
30 g	Alho bem picado
1 ½ colher (chá)	Tomilho seco
1 ½ colher (chá)	Manjericão desidratado
1 colher (chá)	Orégano desidratado
2	Folhas de louro
1 colher (chá)	Pimenta-caiena
1 colher (chá)	Pimenta-do-reino preta
2 colheres (chá)	Páprica
4 L	Fundo de peixe quente
250 g	*Roux* amarelo (p. 162)
300 g	Tomate em lata, picado
500 g	Quiabo limpo em rodelas de 2 cm
500 g	Camarão pequeno limpo e sem casca
500 g	Siri
1 colher (sopa)	Pó para gumbo "filé"*
a gosto	Sal
750 g	Arroz cozido

Por porção:
Calorias, 290; Proteínas, 18 g; Gorduras, 14 g (44% cal.); Colesterol, 80 mg; Carboidratos, 22 g; Fibras, 2 g; Sódio, 580 mg.

*N.R.: Folhas de sassafrás secas e moídas.

Modo de preparo

1. Aqueça o óleo em um caldeirão ou caçarola pesada. Acrescente a cebola, o salsão, o pimentão verde, o alho, as ervas e as especiarias. Cozinhe em fogo baixo até os vegetais ficarem macios.
2. Adicione o fundo. Aqueça até ferver.
3. Incorpore o *roux* à sopa usando um batedor de arame, mexendo até engrossar.
4. Acrescente o tomate. Cozinhe em fogo brando por 10 minutos.
5. Acrescente o quiabo. Cozinhe em fogo brando até o quiabo ficar macio (cerca de 10 a 15 minutos, ou mais).
6. Adicione o camarão e o siri. Cozinhe em fogo brando por 10 minutos.
7. Polvilhe o pó para gumbo sobre a sopa e mexa bem. Cozinhe em fogo brando por mais 2 minutos.
8. Retire do fogo e tempere a gosto com sal.
9. Para servir, coloque aproximadamente 45 g de arroz cozido no centro de um prato de sopa grande. Usando uma concha, coloque 300 mL da sopa sobre ou ao redor do arroz.

VARIAÇÕES

Substitua parte da carne de siri por filé de peixe branco em cubos (p. ex., garoupa, vermelho ou tamboril). Adicione 375 g de ostras sem a concha.

Gumbo de frango e linguiça *andouille***

Substitua o fundo de peixe por fundo de frango. Exclua o camarão e o siri. No lugar deles, use 750 g de carne de frango crua em cubos e 250 g de linguiça *andouille* em rodelas. Doure o frango em um pouco de óleo e acrescente-o à sopa, juntamente com a linguiça, na etapa 6. Cozinhe em fogo brando até que o frango esteja completamente cozido.

**N.R.: Tipo de linguiça de origem francesa típica da região de Louisiana, é feita de carne de porco em pedaços grandes, temperada com bastante pimenta, cebola, vinho e outras especiarias, e defumada.

Gumbo de frutos do mar

Pho Bo (sopa vietnamita de carne e macarrão de arroz)

Rendimento: 3 L
Porções: 12
Tamanho da porção: 250 mL de caldo, mais a guarnição

Quantidade	Ingredientes
3 L	Caldo de carne
12 fatias	Gengibre fresco
3	Talos de capim-limão, picados grosseiramente
180 g	Chalota em fatias finas
1	Canela em pau
90 mL	*Nuoc nam* (molho de peixe vietnamita) ou *nam pla* (molho de peixe tailandês)
a gosto	Sal
750 g	Filé-mignon ou outra carne macia
750 g	Macarrão de arroz (*bifum* - ver p. 638)
	Guarnições:
se desejar	Chalota em fatias finas
se desejar	Broto de feijão
se desejar	Folha de hortelã fresca
se desejar	Folha de coentro fresco
se desejar	Pimenta vermelha fresca, sem semente, em rodelas finas
se desejar	Limão Taiti em cunhas
se desejar	*Sambal oelek* (pasta tailandesa de pimenta vermelha e alho)

Modo de preparo

1. Misture o caldo, o gengibre, os talos de capim-limão, a chalota e a canela em pau em um caldeirão. Cozinhe em fogo brando por 30 minutos.
2. Coe. Descarte os sólidos.
3. Acrescente o molho de peixe.
4. Prove e adicione mais sal, se necessário.
5. Congele parcialmente a carne para facilitar o trabalho de fatiar.
6. Fatie a carne em fatias bem finas.
7. Pouco antes de servir, jogue o macarrão de arroz na água fervente. Assim que a água começar a ferver, escorra imediatamente.
8. Para servir, aqueça o caldo novamente até ferver.
9. Coloque cada guarnição em uma tigela e arrume-as na mesa de jantar.
10. Coloque 60 g de fatias de carne crua no fundo de cada tigela.
11. Com uma concha, coloque 250 mL de caldo fervente sobre as fatias de carne. Ele cozinhará a carne em instantes.
12. Acrescente o macarrão de arroz à tigela.
13. Deixe os clientes se servirem das guarnições como desejarem.

Por porção:
Calorias, 380; Proteínas, 23 g; Gorduras, 25 g (58% cal.); Colesterol, 105 mg; Carboidratos, 17 g; Fibras, 1 g; Sódio, 800 mg.

Pho Bo

Sopa chinesa azedinha e picante

Rendimento: 3 L

Quantidade	Ingredientes
8	Cogumelos *shiitake* secos
16	Cogumelos orelha-de-pau desidratados
conforme necessário	Água fervente
2,5 L	Fundo de frango
250 g	Carne de porco magra cortada em *julienne* (ver Observação)
180 g	Broto de bambu cortado em *julienne*
80 g	Molho de soja
2 colheres (chá)	Pimenta-do-reino branca
8 colheres (sopa)	Amido de milho
250 mL	Água fria
90 mL	Vinagre de arroz ou vinagre de vinho
10 mL	Óleo de gergelim torrado
2	Ovos ligeiramente batidos
1	Cebolinha em rodelas finas
2 colheres (sopa)	Coentro picado

Modo de preparo

1. Coloque os dois tipos de cogumelo em tigelas separadas. Acrescente água fervente suficiente para cobri-los. Deixe de molho até que fiquem macios.
2. Escorra, espremendo levemente. Reserve o líquido.
3. Descarte o talo do *shiitake*. Corte o chapéu em tiras finas.
4. Descarte os talos mais grossos e duros do cogumelo orelha-de-pau. Corte o restante em pedaços de 1 cm.
5. Coloque o fundo e o líquido reservado dos cogumelos em uma caçarola funda. Aqueça até ferver.
6. Adicione os cogumelos, a carne de porco, o broto de bambu, o molho de soja e a pimenta-do-reino branca.
7. Cozinhe em fogo brando por 3 minutos.
8. Misture o amido de milho na água até que esteja bem dissolvido.
9. Adicione essa mistura à sopa, mexendo sem parar.
10. Cozinhe até que o líquido fique levemente espesso.
11. Adicione o vinagre e o óleo de gergelim.
12. Despeje o ovo batido na sopa em fio fino, mexendo delicadamente, mas sem parar, de modo que o ovo coagule em tiras finas.
13. Na hora de servir, coloque algumas rodelas de cebolinha e um pouco de coentro picado em cada porção.

Por porção:
Calorias, 170; Proteínas, 11 g; Gorduras, 5 g (27% cal.); Carboidratos, 20 g; Colesterol, 50 mg; Fibras, 5 g; Sódio, 710 mg.

Observação: para cortar a carne de porco crua em *julienne* com mais facilidade, congele-a parcialmente.

Sopa chinesa azedinha e picante

Sopas típicas 247

 ## Sopa fria de tomate e manjericão

Rendimento: 2,5 L   Tamanho da porção: 250 mL
Porções: 10

Quantidade	Ingredientes
2 kg	Tomate maduro
1 colher (sopa)	Azeite de oliva
7 g	Alho picado
1,5 L	Caldo de frango
2 colheres (chá)	Pimenta fresca, verde ou vermelha, sem semente e picada
1 colher (chá)	Raspas de limão
30 g	Manjericão fresco cortado em *chiffonade* (p. 139)
60 mL	Suco de limão
a gosto	Sal
se desejar	Guarnição: Manjericão fresco cortado em *chiffonade*

Por porção:
Calorias, 60; Proteínas, 2 g; Gorduras, 2 g (27% cal.);
Colesterol, 5 mg; Carboidratos, 10 g;
Fibras, 2 g; Sódio, 25 mg.

■ **M o d o   d e   p r e p a r o**

1. Retire a pele e as sementes do tomate e pique (ver p. 533), reservando o suco e as sementes.
2. Passe as sementes e o suco por uma peneira. Reserve o suco e descarte as sementes.
3. Aqueça o azeite de oliva em uma caçarola funda e pesada em fogo médio. Adicione o alho e refogue até ficar macio, mas sem dourar.
4. Acrescente o tomate, o suco de tomate reservado e o caldo de frango. Aqueça até ferver, abaixe o fogo para o mínimo e cozinhe por 20 minutos.
5. Acrescente a pimenta fresca e as raspas de limão. Cozinhe em fogo brando por mais 5 minutos.
6. Resfrie completamente.
7. Em um processador ou liquidificador, bata a sopa até obter um purê homogêneo.
8. Transfira para uma tigela, molheira ou outro recipiente não corrosivo. Junte o manjericão e o suco de limão e mexa bem.
9. Leve à geladeira.
10. Acrescente sal a gosto.
11. Na hora de servir, coloque um pouco de manjericão em *chiffonade* em cada porção.

V A R I A Ç Ã O

Como alternativa vegetariana, substitua o fundo de frango por fundo de vegetais ou água. Se desejar, guarneça cada porção com uma colherada de iogurte ou creme de leite azedo.

 ## Sopa equatoriana de amendoim e quinoa

Rendimento: 3 L   Tamanho da porção: 250 mL
Porções: 12

Quantidade	Ingredientes
30 g	Manteiga
15 g	Semente de urucum inteira
30 g	Manteiga
300 g	Cebola bem picada
15 g	Alho bem picado
2,25 L	Água
250 g	Quinoa bem lavada e escorrida
300 g	Batata em cubos médios
150 g	Amendoim torrado, sem sal e sem pele
500 mL	Leite
45 mL	Coentro fresco picado
a gosto	Sal

Por porção:
Calorias, 230; Proteínas, 8 g;
Gorduras, 12 g (46% cal.); Colesterol, 15 mg;
Carboidratos, 24 g; Fibras, 3 g; Sódio, 55 mg.

■ **M o d o   d e   p r e p a r o**

1. Prepare a manteiga de urucum: derreta a manteiga e acrescente as sementes de urucum. Aqueça por 10 minutos em fogo baixo. Coe, descartando as sementes.
2. Aqueça a segunda quantidade de manteiga em uma caçarola funda e pesada. Adicione a cebola e o alho. Refogue até que os vegetais fiquem macios.
3. Junte a manteiga de urucum, mexendo.
4. Acrescente a água, a quinoa e a batata. Cozinhe em fogo brando por 25 a 30 minutos, até que a quinoa e a batata fiquem bem macias.
5. Moa o amendoim em um processador de alimentos até obter um pó. Não processe o amendoim por muito tempo, ou ele se transformará em manteiga de amendoim.
6. Adicione o amendoim, o leite e o coentro à sopa. Cozinhe em fogo brando por mais 15 minutos.
7. Acrescente sal a gosto.

V A R I A Ç Ã O

O amendoim pode ser excluído, se desejar, alterando o nome da sopa para Sopa equatoriana de quinoa.

Sopa de *tortilla*

Rendimento: 3 L
Porções: 12
Tamanho da porção: 250 mL de caldo, mais a guarnição

Quantidade	Ingredientes
375 g	Tomate inteiro maduro
375 g	Cebola picada
1 ½ colher (sopa)	Alho picado
30 mL	Óleo vegetal
3 L	Fundo ou caldo de frango
a gosto	Sal
500 g	Guarnições na sopa: Queijo fresco e suave, como o queijo fresco mexicano ou *cotija*, ou *Monterey jack*, esfarelado ou ralado
12	*Tortillas* de milho, em tiras de 6 mm de largura, fritas por imersão até ficarem crocantes
se desejar	Guarnições servidas à parte: Pimenta *pasilla* desidratada, frita e esfarelada Limão Taiti em cunhas Abacate em cubos Creme de leite azedo ou *crema* mexicana*

■ Modo de preparo

1. Coloque o tomate em uma assadeira forrada com papel-alumínio e leve ao dourador preaquecido. Asse até o tomate ficar macio e a pele rachar e escurecer.
2. Retire a pele e as sementes do tomate.
3. Em um processador, faça um purê com o tomate, a cebola e o alho.
4. Aqueça o óleo em uma caçarola funda e pesada em fogo médio-alto.
5. Acrescente a pasta de tomate. Cozinhe, mexendo sempre, até que a mistura fique espessa e a cor bem mais escura.
6. Adicione o fundo ou caldo, mexendo para fazer uma mistura homogênea. Cozinhe em fogo brando por 30 minutos.
7. Tempere com sal a gosto.
8. Coloque um pouco do queijo ralado ou esfarelado no fundo de cada tigela de sopa (aproximadamente 40 g por porção) e cubra com as tiras de *tortilla*.
9. Despeje a sopa sobre as tiras *tortillas*.
10. Sirva imediatamente, com as guarnições restantes à parte, em tigelinhas.

VARIAÇÃO

Para obter uma sopa mais encorpada e proteica, adicione aproximadamente 60 g de frango cozido desfiado por porção.

Por porção:

Calorias, 250; Proteínas, 13 g; Gorduras, 10 g (37% cal.); Colesterol, 20 mg; Carboidratos, 26 g; Fibras, 2 g; Sódio, 440 mg

*N.R.: Tipo de creme de leite fresco azedo típico da cozinha mexicana.

Sopa de *tortilla*

Sopa de vegetais e tomate defumado

Rendimento: 2 L
Porções: 8   Tamanho da porção: 250 mL

Quantidade	Ingredientes
250 g	Tomate-roma
45 mL	Azeite de oliva
125 g	Pimentão vermelho bem picado
125 g	Pimentão amarelo bem picado
125 g	Pimentão laranja bem picado
125 g	Abobrinha bem picada
90 g	Cenoura bem picada
30 g	Alho bem picado
2 L	Fundo de frango ou vegetais
⅛ de colher (chá)	Pimenta-caiena
1 colher (sopa)	Salsinha fresca picada
1 colher (sopa)	Manjericão fresco picado
a gosto	Sal
250 g	Macarrão *orzo/risoni** cozido, ou outra massa seca bem miúda
se desejar	Molho *romesco* (p. 762; opcional)

Modo de preparo

1. Defume o tomate até ficar macio (p. 71).
2. Retire a pele e pique grosseiramente. Reserve.
3. Aqueça o azeite de oliva em uma caçarola funda e pesada em fogo baixo.
4. Adicione os pimentões, a abobrinha, a cenoura e o alho. Refogue os vegetais até que fiquem macios.
5. Adicione o fundo de frango, a pimenta-caiena, a salsinha e o manjericão. Aqueça até ferver. Cozinhe em fogo brando por 15 a 20 minutos.
6. Junte o tomate e mexa. Cozinhe em fogo brando por mais 10 minutos.
7. Acrescente sal a gosto.
8. Na hora de servir, reaqueça a sopa e acrescente o macarrão cozido.
9. Sirva acompanhada de uma tigelinha de molho romesco ao lado, para que o cliente possa adicioná-lo à sopa.

Por porção:
Calorias, 120; Proteínas, 3 g; Gorduras, 6 g (44% cal.); Colesterol, 6 mg; Carboidratos, 14 g; Fibras, 2 g; Sódio, 25 mg.

*N.R.: Nomes grego e italiano, respectivamente, para macarrão em formato de arroz.

Sopa de lentilha vermelha e damasco

Rendimento: 3 L
Porções: 12   Tamanho da porção: 250 mL

Quantidade	Ingredientes
30 mL	Óleo vegetal
180 g	Cebola em cubos pequenos
15 g	Alho bem picado
3 L	Fundo de vegetais
600 g	Lentilha vermelha, escolhida, lavada e escorrida
	Sachê:
1	Folha de louro
¼ de colher (chá)	Tomilho seco
4	Grãos de pimenta-do-reino
2	Cravos-da-índia inteiros
⅛ de colher (chá)	Pimenta-caiena
150 g	Tomate *concassé*
375 g	Damasco seco, picado grosseiramente
30 mL ou a gosto	Suco de limão-siciliano
a gosto	Sal

Modo de preparo

1. Aqueça o óleo em uma caçarola funda e pesada em fogo médio.
2. Adicione a cebola e o alho. Refogue até ficarem macios.
3. Adicione o fundo. Deixe ferver em fogo brando.
4. Acrescente a lentilha, o sachê e a pimenta-caiena. Cozinhe em fogo brando por 15 minutos.
5. Adicione o tomate e o damasco. Continue cozinhando até a lentilha e o damasco ficarem totalmente macios.
6. Descarte o sachê.
7. Tempere a gosto com suco de limão e sal.

Por porção:
Calorias, 280; Proteínas, 14 g; Gorduras, 3,5 g (11% cal.); Colesterol, 0 mg; Carboidratos, 49 g; Fibras, 13 g; Sódio, 15 mg.

Sopa clara japonesa com camarão

Porções: 10 Tamanho da porção: 200 mL

Quantidade	Ingredientes
2 L	*Dashi* (p. 195)
a gosto	Sal
15 mL	Molho de soja japonês
	Guarnição:
1–2	Tiras de casca de limão
15	Ervilhas-tortas
10	Camarões médios

Por porção:
Calorias, 15; Proteínas, 2 g; Gorduras, 0 g (0% cal.); Colesterol, 10 mg; Carboidratos, 1 g; Fibras, 0 g; Sódio, 115 mg.

Modo de preparo

1. Aqueça o *dashi* em fogo brando até levantar fervura. Com cuidado, adicione sal a gosto.
2. Adicione o molho de soja (a sopa deve estar bem transparente).
3. Corte a casca de limão em *julienne* bem fina.
4. Limpe e lave a ervilha-torta. Corte-a na diagonal, em ângulo, para obter pedaços em formato de losango. Branqueie por 1 minuto em água fervente. Coe e resfrie.
5. Descasque e limpe o camarão. Branqueie em água fervente até cozinhar, mas não mais que 1 minuto. Escorra.
6. Enxágue as tigelas de sopa em água quente para amorná-las. Em cada tigela, coloque 1 camarão, alguns pedaços de ervilha-torta e algumas raspas de limão.
7. Verifique se a sopa está bem quente – quase no ponto de fervura – e coloque 200 mL em cada tigela. Sirva em seguida.

VARIAÇÕES

Guarnição: As guarnições das sopas claras podem variar bastante. Use sempre poucos itens, escolhidos a dedo. Não encha demais a tigela. O efeito deve ser de uma pequena e elegante natureza morta vista através da sopa perfeitamente cristalina. Todos os cortes devem ser feitos com cuidado e perfeição. Entre as guarnições possíveis estão:

Tofu cortado em cubos pequenos

Lombo de porco ou peito de frango cozido, em cubos pequenos, em *batonnet* ou *julienne*

Cauda de lagosta em fatias finas

Peixe cozido separado em flocos (use um peixe que forme flocos grandes e firmes, como o vermelho ou o bacalhau fresco)

Mariscos pequenos e sem casca cozidos no vapor (o caldo pode ser clarificado, diluído e usado como base para a sopa em vez do *dashi*)

Cenoura cortada em *julienne*

Cogumelo-paris fresco em fatias finas

Shiitake desidratado, deixado de molho, cozido e cortado em *julienne*

Wakame (um tipo de alga marinha), deixada de molho até ficar macia, cortada em pedaços pequenos, sem as nervuras e cozida na sopa por 2 minutos, em fogo brando

Acelga em tiras

Folhas de agrião

Gengibre fresco em tiras finas (somente algumas tiras por porção)

Broto de bambu em fatias finas

Rabanete em fatias finas ou tiras

Misoshiru
A sopa de missô ou *misoshiru* é feita simplesmente dissolvendo-se o missô (pasta fermentada de soja, cevada e/ou arroz) em *dashi*. As duas principais categorias de missô são o *missô branco* que, na verdade, é amarelo-claro e tem sabor doce e suave, e o *missô vermelho* ou *escuro*, que tem vários tons de marrom-avermelhado e é mais forte e salgado. As proporções gerais para a sopa são: 4 colheres de sopa de missô vermelho ou 6 colheres de sopa de missô branco por litro de *dashi*. Coloque o missô em uma tigela pequena e misture cuidadosamente uma concha cheia de *dashi* quente. Mexa até não restar nenhum grumo. Acrescente uma quantidade suficiente de *dashi*, de modo que o missô fique ralo e fácil de despejar (não adicione o missô diretamente na sopa, senão ele não irá se misturar de forma adequada). Incorpore com cuidado o missô dissolvido no *dashi* quente restante. Tempere a gosto e, se desejar, adicione de 1 a 2 colheres de chá (5 a 10 mL) de molho de soja. Acrescente a guarnição desejada, como na sopa clara, exceto pelo fato de que a guarnição pode ser adicionada diretamente ao caldeirão. Como esta é uma sopa mais encorpada, em geral ela é guarnecida com tofu e vegetais, em vez de frutos do mar mais delicados. Mexa antes de servir, pois o missô se deposita no fundo.

Caldo verde

Porções: 16 Tamanho da porção: 300 mL

Quantidade	Ingredientes
60 mL	Azeite de oliva
350 g	Cebola bem picada
1 dente	Alho bem picado
1,8 kg	Batata descascada, em fatias
4 L	Água
450 g	Linguiça portuguesa (ver Observação)
a gosto	Sal
a gosto	Pimenta-do-reino
900 g	Couve

Por porção:
Calorias, 270; Proteínas, 10 g; Gorduras, 15 g (48% cal.); Colesterol, 25 mg; Carboidratos, 26 g; Fibras, 3 g; Sódio, 370 mg.

Modo de preparo

1. Aqueça o azeite em uma caçarola funda. Adicione a cebola e o alho. Cozinhe lentamente até ficarem macios, mas não deixe dourar.
2. Acrescente a batata e a água. Cozinhe em fogo brando até a batata ficar bem macia.
3. Faça um purê ou, para obter uma textura mais rústica, simplesmente amasse a batata na caçarola.
4. Corte a linguiça em rodelas finas. Aqueça-a lentamente em uma frigideira para extrair uma parte da gordura. Escorra.
5. Adicione a linguiça à sopa. Cozinhe em fogo brando por 15 minutos. Tempere a gosto.
6. Retire a nervura rígida do centro da couve. Pique as folhas o mais fino possível, quase como um fio.
7. Adicione à sopa. Cozinhe em fogo brando por 5 minutos. Acerte o tempero.
8. Essa sopa deve ser acompanhada de pedaços de pão rústico.

Observação: se não encontrar a linguiça portuguesa, use *chorizo* espanhol ou italiano ou calabresa defumada.

Sopa de mexilhão com leve toque de açafrão

Rendimento: aproximadamente 3,25–3,51 L
Porções: 12 Tamanho da porção: 300 mL

Quantidade	Ingredientes
4 L	Mexilhão
80 g	Chalota picada
3	Dentes de alho amassados
70 g	Salsão
1	*Bouquet garni* (ver p. 152)
800 mL	Vinho branco
100 g	Cenoura cortada em *julienne*
100 g	Alho-poró cortado em *julienne*
80 g	Salsão cortado em *julienne*
50 g	Manteiga
600 mL	*Crème fraîche**
4 pontas de faca	Açafrão espanhol em pó (ver Observação)
18	Gemas
a gosto	Pimenta-do-reino
20 g	Cebolinha-francesa picada

Por porção:
Calorias, 510; Proteínas, 30 g; Gorduras, 32 g (58% cal.); Colesterol, 420 mg; Carboidratos, 13 g; Fibras, 1 g; Sódio, 660 mg.

Observação: para medir algo tão precioso quanto o açafrão espanhol em pó, use a ponta de uma faca limpa e seca. Se estiver usando pistilos de açafrão em vez de pó, coloque uma pitada generosa.

Modo de preparo

1. Limpe bem o mexilhão.
2. Coloque o mexilhão, a chalota, o alho, o salsão, o *bouquet garni* e o vinho branco em uma caçarola com tampa. Cozinhe até o mexilhão abrir.
3. Retire o mexilhão com uma colher perfurada. Retire o mexilhão da casca e, se necessário, arranque as barbas restantes do mexilhão. Descarte a casca.
4. Coe o líquido do cozimento em um pano fino, despejando com cuidado para que a areia fique na panela.
5. Refogue os vegetais em *julienne* na manteiga até ficarem macios. Reserve para guarnecer a sopa.
6. Meça o líquido do cozimento e adicione fundo de peixe suficiente para obter 3 L. Aqueça até ferver. Reduza em 30 a 50%, dependendo da quantidade de sal do líquido.
7. Coloque metade do *crème fraîche* em uma tigela pequena. Incorpore um pouco do caldo quente no creme, depois junte essa mistura ao caldo. Acrescente o açafrão e deixe levantar fervura de novo.
8. Misture a gema com o *crème fraîche* restante. Amorne com um pouco da sopa quente, depois acrescente a mistura à sopa. Aqueça ligeiramente em fogo baixo, sem deixar ferver.
9. Experimente e tempere com um pouco de pimenta-do-reino e, se necessário, sal. (Como o mexilhão é salgado, provavelmente não será necessário adicionar mais sal; experimente antes.)
10. Para servir, coloque os vegetais cortados em *julienne* e o mexilhão no fundo de pratos de sopa aquecidos, usando aproximadamente 25 g de vegetais e 70 g de mexilhão por porção. Despeje a sopa quente nos pratos. Polvilhe com a cebolinha-francesa.

*N.R.: Especialidade francesa, é um creme de leite fresco levemente ácido e com alto teor de gordura (cerca de 40%).

Velouté Agnes Sorel (sopa de frango e alho-poró)

Rendimento: 3–3,5 L mais guarnição
Porções: 12
Tamanho da porção: 250 mL, mais 75 g de guarnição

Quantidade	Ingredientes
2	Frangos de 1,5 kg
2	Cenouras médias
2	Cebolas médias
2	Talos de salsão
1	Alho-poró
5 L	Água
1	Bouquet garni (ver p. 152)
400 g	Alho-poró, somente a parte branca
500 g	Cogumelo-paris fresco
100 g	Manteiga
100 g	Farinha de arroz (ver Observação)
150 g	Crème fraîche*
150 g	Crème fraîche*
4	Gemas
150 g	Língua de boi curada e cozida

Por porção:
Calorias, 300; Proteínas, 15 g; Gorduras, 21 g (63% cal.); Colesterol, 145 mg; Carboidratos, 13 g; Fibras, 1 g; Sódio, 230 mg.

Observação: se não dispuser da farinha de arroz (também chamada de creme de arroz ou Arrozina®), substitua pelo mesmo peso de fécula de batata.

Modo de preparo

1. Limpe os frangos e os vegetais.
2. Coloque os frangos na água com os vegetais inteiros e o *bouquet garni*. Cozinhe em fogo brando por 30 minutos.
3. Retire os frangos do caldeirão. Coe o caldo.
4. Fatie o alho-poró em rodelas bem finas.
5. Lave o cogumelo. Corte a parte branca do chapéu em *julienne* até obter 200 g. Reserve para a guarnição. Fatie o restante.
6. Refogue o cogumelo fatiado e o alho-poró na manteiga.
7. Adicione 3 L do líquido do cozimento do frango. Cozinhe em fogo lento por 30 minutos.
8. Dissolva a farinha de arroz em um pouco do líquido quente e incorpore, aos poucos, ao caldo. Cozinhe por alguns minutos em fogo brando até encorpar.
9. Transfira para um liquidificador ou processador e bata até ficar homogêneo.
10. Misture o *crème fraîche*, depois passe por uma peneira fina.
11. Misture a segunda quantidade do *crème fraîche* e a gema em uma tigela pequena. Acrescente um pouco do líquido quente para amornar e mexa bem.
12. Incorpore essa *liaison* à sopa em fogo bem baixo. Não deixe a sopa ferver e nem a gema de ovo talhar.
13. Retire a carne do peito dos frangos. Reserve as coxas para outro uso. Corte o peito em *julienne*. Da mesma forma, corte a língua curada em *julienne*.
14. Salteie ligeiramente o cogumelo cortado em *julienne* reservado em manteiga suficiente para cobrir apenas o fundo da frigideira.
15. Para servir, coloque a guarnição em *julienne* no fundo de uma tigela e despeje a sopa quente por cima.

*N.R.: Ver nota da página anterior.

Zuppa di ceci e riso (sopa de grão-de-bico e arroz)

Porções: 16
Tamanho da porção: 175 mL

Quantidade	Ingredientes
90 mL	Azeite de oliva
1	Dente de alho picado
1 ½ colher (chá)	Alecrim bem picado
450 g	Tomate pelado enlatado, triturado ou picado
2,5 L	Fundo claro (frango, vitela ou porco)
175 g	Arroz cru
700 g	Grão-de-bico cozido e escorrido
a gosto	Sal
a gosto	Pimenta-do-reino
3 colheres (sopa)	Salsinha picada

Modo de preparo

1. Aqueça o azeite em fogo médio. Adicione o alho e o alecrim. Refogue por alguns segundos.
2. Acrescente o tomate. Aqueça até ferver, depois cozinhe em fogo brando até evaporar grande parte do caldo.
3. Adicione o fundo e o arroz. Cozinhe em fogo brando por 15 minutos.
4. Acrescente o grão-de-bico e continue cozinhando em fogo brando até o arroz ficar macio e os sabores bem misturados.
5. Tempere a gosto com sal e pimenta-do-reino.
6. Guarneça cada porção com um pouco de salsinha picada.

Por porção:
Calorias, 170; Proteínas, 6 g; Gorduras, 7 g (36% cal.); Colesterol, 5 mg; Carboidratos, 22 g; Fibras, 4 g; Sódio, 55 mg.

Sopas típicas 253

Minestrone

Rendimento: 6 L
Porções: 24 **Tamanho da porção:** 250 mL

Quantidade	Ingredientes
125 mL	Azeite de oliva
500 g	Cebola em rodelas finas
250 g	Salsão em cubos pequenos
250 g	Cenoura em cubos pequenos
2 colheres (chá)	Alho picado
250 g	Repolho cortado em tirinhas (ver técnica na p. 531)
250 g	Abobrinha em cubos médios
500 g	Tomate em lata triturado
5 L	Fundo claro
1 colher (sopa)	Manjericão seco
175 g	Massa curta seca, como o macarrão argolinha
750 g	Feijão *cannellini* ou outro feijão branco cozido e escorrido
¼ de xícara (chá)	Salsinha picada
a gosto	Sal
a gosto	Pimenta-do-reino
conforme necessário	Queijo parmesão ralado

Modo de preparo

1. Aqueça o azeite em uma caçarola pesada em fogo médio.
2. Adicione a cebola, o salsão, a cenoura e o alho. Refogue até ficarem parcialmente macios. Não deixe dourar.
3. Acrescente o repolho e a abobrinha. Misture bem. Continue a refogar por mais 5 minutos.
4. Adicione o fundo, o tomate e o manjericão. Aqueça até ferver, reduza o fogo para o mínimo e cozinhe até os vegetais ficarem quase cozidos (não cozinhe muito – a sopa continuará cozinhando quando o macarrão for adicionado).
5. Adicione o macarrão e continue cozinhando em fogo brando até o macarrão ficar cozido.
6. Acrescente o feijão e deixe a sopa ferver de novo.
7. Coloque a salsinha. Tempere a gosto com sal e pimenta-do-reino.
8. Antes de servir, incorpore o queijo parmesão à sopa ou sirva-o separadamente.

Por porção:
Calorias, 150; Proteínas, 7 g; Gorduras, 7 g (40% cal.); Colesterol, 10 mg; Carboidratos, 17 g; Fibras, 3 g; Sódio, 200 mg.

Caldo escocês

Rendimento: 6 L
Porções: 24 **Tamanho da porção:** 250 mL

Quantidade	Ingredientes
6 L	Fundo claro de cordeiro
125 g	Cevada
750 g	Paleta ou perna magra de cordeiro, sem osso, cortada em cubos pequenos
125 g	Manteiga
375 g	Cebola cortada em *brunoise*
250 g	Cenoura cortada em *brunoise*
250 g	Salsão cortado em *brunoise*
125 g	Alho-poró cortado em *brunoise*
125 g	Nabo cortado em *brunoise*
a gosto	Sal
a gosto	Pimenta-do-reino branca
conforme necessário	Salsinha picada

Modo de preparo

1. Ferva 1 L de fundo em uma panela funda.
2. Adicione a cevada e tampe a panela. Cozinhe em fogo brando até a cevada ficar macia.
3. Ferva os 5 L de fundo restantes em outra panela.
4. Acrescente o cordeiro e tampe. Cozinhe em fogo brando até a carne ficar parcialmente macia.
5. Aqueça a manteiga em uma caçarola pesada em fogo médio. Adicione os vegetais e refogue até ficarem quase macios.
6. Acrescente o cordeiro com o fundo da etapa 4. Cozinhe em fogo brando até a carne e os vegetais ficarem macios.
7. Adicione a cevada cozida e o fundo da etapa 2. Cozinhe em fogo brando por cerca de 5 minutos, até os sabores ficarem bem misturados.
8. Tempere a gosto com sal e pimenta-do-reino.
9. Ao servir, polvilhe um pouco de salsinha picada sobre cada porção.

Por porção:
Calorias, 120; Proteínas, 8 g; Gorduras, 7 g (51% cal.); Colesterol, 50 mg; Carboidratos, 7 g; Fibras, 2 g; Sódio, 80 mg.

Gazpacho

Rendimento: 2,5 L
Porções: 12   Tamanho da porção: 200 mL

Quantidade	Ingredientes
1,2 kg	Tomate sem pele, bem picado
500 g	Pepino sem casca, bem picado
250 g	Cebola sem casca, bem picada
125 g	Pimentão verde sem semente, bem picado
½ colher (chá)	Alho amassado
60 g	Miolo de pão branco fresco
500 mL	Água ou suco de tomate gelados
90 mL	Vinagre de vinho tinto
125 mL	Azeite de oliva
a gosto	Sal
a gosto	Pimenta-do-reino
a gosto	Molho de pimenta vermelha
a gosto	Suco de limão ou vinagre
	Guarnição:
60 g	Cebola em cubos pequenos
60 g	Pepino em cubos pequenos
60 g	Pimentão verde em cubos pequenos

■ Modo de preparo

1. Se dispuser de um liquidificador, bata todos os ingredientes até obter um líquido homogêneo.
2. Caso contrário, misture todos os ingredientes, exceto o azeite de oliva. Passe por um passador de legumes. Caso deseje uma sopa mais homogênea, passe também por uma peneira fina. Esprema os ingredientes contra a peneira para formar um purê. Coloque a mistura em uma tigela de inox. Com um batedor de arame, incorpore lentamente o azeite de oliva na mistura.
3. Adicione sal, pimenta-do-reino e molho de pimenta vermelha a gosto.
4. Se necessário, ajuste a acidez adicionando um pouco de suco de limão ou vinagre.
5. Leve a sopa à geladeira.
6. Misture os ingredientes da guarnição em uma tigela pequena ou molheira.
7. Na hora de servir, coloque 200 mL de *gazpacho* em tigelas de sopa geladas. Coloque 1 a 2 colheres de sopa da guarnição de vegetais em cada tigela. Se desejar, o *gazpacho* pode ser servido com cubos de gelo.

Por porção:
Calorias, 130; Proteínas, 2 g; Gorduras, 10 g (63% cal.); Colesterol, 0 mg; Carboidratos, 11 g; Fibras, 2 g; Sódio, 36 mg.

Gazpacho

Sopas típicas

Sopa gelada de melões e hortelã

Rendimento: 3 L
Porções: 12
Tamanho da porção: 250 mL

Quantidade	Ingredientes
1,4 kg	Melão-gália (ver Observação)
1,6 kg	Melão *Charentais* (ver Observação)
1,9 kg	Melão *Honeydew*
600 g	Melancia
a gosto	Suco de limão
a gosto	Açúcar
60 g	Folha de hortelã bem picada
	Guarnição:
conforme necessário	Ramos de hortelã

■ Modo de preparo

1. Corte os melões em quatro. Retire as sementes dos melões. Retire o máximo possível de sementes da melancia. Corte bolas de melão e melancia com um boleador e coloque em uma tigela. Cubra e leve à geladeira.
2. Descasque o resto das frutas. Coloque em um processador e faça um purê (não use liquidificador, a menos que você retire todas as sementes da melancia, senão elas serão moídas). Coe para separar as sementes da melancia.
3. Experimente e, se necessário, adicione suco de limão e açúcar a gosto.
4. Adicione a hortelã picada e misture bem. Despeje sobre as bolas de melão e leve novamente à geladeira por pelo menos 2 horas.
5. Na hora de servir, coloque em tigelas geladas e guarneça com ramos de hortelã.

Por porção:
Calorias, 60; Proteínas, 1 g; Gorduras, 0 g (0% cal.); Colesterol, 0 mg; Carboidratos, 15 g; Fibras, 1 g; Sódio, 15 mg.

Observação: se não encontrar o melão-gália, use outro melão de polpa amarela; se não encontrar o melão *Charentais*, use outro de polpa alaranjada.

Sopa gelada de melões e hortelã

■ TERMOS PARA REVISÃO

sopa clara
sopa clara de vegetais
consomê
sopa-creme
sopa em purê
bisque
chowder
potage
coagulação
clearmeat
tampão

■ QUESTÕES PARA DISCUSSÃO

1. Você tem 12 litros de sopa de vegetais preparados pelo cozinheiro do turno da manhã. Você servirá a sopa à noite, e o horário de funcionamento é das 6 às 10 h da noite. Como você deve preparar a sopa para servir?
2. Quais são as características mais importantes de um bom consomê?
3. Por que é importante não ferver o consomê durante a clarificação?
4. Qual é a função da clara de ovo na *clearmeat*? E a do *mirepoix*? E a dos produtos de tomate?
5. Em que ordem você colocaria os seguintes itens em uma sopa de vegetais durante o cozimento?

   Cenoura   Repolho em tiras   Tomate
   Cevada   Carne cozida em cubos

6. Usando o Método 1 ou 2, descreva como você prepararia uma sopa-creme de agrião.

CAPÍTULO 10

10

CAPÍTULO

Introdução a carnes e caça

A carne é o tecido muscular de animais domésticos (p. ex., boi, porco e carneiro) ou de animais de caça (p. ex., cervo). Trabalhando como cozinheiro, *chef* de cozinha ou profissional do setor de serviços alimentícios, você irá gastar mais tempo e dinheiro com carnes do que com qualquer outro tipo de alimento.

Por esse motivo, é importante conhecer bem as carnes para poder prepará-las da melhor maneira possível. Por que algumas carnes são macias e outras duras? Como fazer para distinguir os cortes dentro de uma variedade tão grande? Como escolher a melhor maneira de preparar cada corte?

Para responder perguntas como essas, vale a pena começar pelos elementos mais básicos, como a composição e a estrutura da carne. Depois serão discutidas a classificação e a inspeção, os cortes básicos e os métodos apropriados de cozimento e armazenamento. Serão apresentadas ainda as características dos miúdos e carnes de caça mais conhecidos. Só depois disso você estará mais bem preparado para abordar os diferentes métodos de cozimento e as receitas apresentadas nos capítulos que se seguem.

257

COMPOSIÇÃO, ESTRUTURA E QUESITOS BÁSICOS DE QUALIDADE

COMPOSIÇÃO

O tecido muscular é formado por três componentes principais: água, proteína e gordura.

ÁGUA

A água corresponde a aproximadamente 75% do tecido muscular. Com uma porcentagem tão alta de água, é possível perceber por que o *encolhimento* pode se caracterizar como um grande problema no preparo da carne. Perda exagerada de umidade pode significar carne ressecada, perda de peso e prejuízo.

PROTEÍNA

A proteína é um nutriente importante e constitui a maior parte do material sólido da carne. Cerca de 20% do tecido muscular é formado por proteína.

Como você aprendeu no Capítulo 4, a proteína **coagula** quando aquecida. Isso significa que ela se torna mais firme e perde umidade. A coagulação está ligada ao ponto de cozimento da carne. Quando a proteína atinge um certo limite de coagulação, diz-se que a carne está "ao ponto". O ponto de cozimento da carne será discutido mais adiante neste capítulo.

Depois que a proteína coagula, ela *enrijece* com a aplicação de calor adicional.

GORDURA

A gordura representa até 5% do tecido muscular. Obviamente, uma porção maior de gordura pode ser encontrada entre os músculos. Uma carcaça de boi pode chegar a conter 30% de gordura.

Por razões de saúde e dieta, muitos animais para abate estão sendo produzidos e criados com uma porcentagem mais baixa de gordura do que no passado. No entanto, é desejável que haja uma certa quantidade de gordura na carne por três razões:

1. **Suculência.**
   O **marmoreio**, ou gordura entremeada, é a gordura depositada dentro do tecido muscular. A suculência que agrada na carne bovina bem marmorizada é mais em razão da gordura do que da umidade.
   A gordura superficial protege as carnes — especialmente os assados — do ressecamento durante o cozimento e também durante o armazenamento. O procedimento de acrescentar camadas de gordura à carne nos locais onde ela é inexistente é chamado de **bardear**.

2. **Maciez.**
   O marmoreio separa as fibras do músculo, tornando-as mais fáceis de mastigar.

3. **Sabor.**
   Talvez a maior fonte de sabor da carne seja a gordura. Um filé bem marmorizado tem mais sabor de "carne bovina" do que o mesmo filé com uma quantidade de gordura menor.

CARBOIDRATOS

A carne contém uma quantidade bem pequena de carboidratos. Do ponto de vista da nutrição, sua quantidade é tão pequena que se torna insignificante. Contudo, é importante porque exerce um papel indispensável na complexa reação de Maillard (ver p. 65), que ocorre quando a superfície da carne é caramelizada ao ser assada, grelhada ou salteada. Sem esses

---

Após ler este capítulo, você deverá ser capaz de:

1. Descrever a composição e a estrutura da carne e explicar como esses atributos ajudam a determinar a escolha do corte e os métodos de cozimento adequados.

2. Explicar o uso da inspeção federal da carne e o sistema de classificação para a escolha e a compra de carnes.

3. Explicar o efeito da ação do tempo sobre a carne e identificar os dois métodos primários de maturação.

4. Identificar os cortes primários de carne de boi, de cordeiro, de vitela e de porco e relacionar os cortes mais importantes que são manufaturados a partir desses cortes primários.

5. Selecionar métodos de cozimento corretos para os principais cortes de carne, com base na sua maciez e em outras características.

6. Pré-preparar miúdos.

7. Identificar as características das carnes de caça e selecionar os métodos corretos de cozimento para cada uma.

8. Determinar o ponto de cozimento da carne.

9. Armazenar carne fresca e congelada para obter a maior durabilidade possível.

carboidratos, não se obteriam a aparência dourada e o sabor esperados nas carnes preparadas por esses métodos.

TEXTURA

FIBRAS MUSCULARES

A carne magra é composta por fibras musculares longas e finas que se agrupam em feixes. Elas determinam a *textura* ou o *sentido das fibras* de um pedaço de carne. A carne de textura delicada é composta de fibras pequenas agrupadas em pequenos feixes. A carne de textura mais rústica possui fibras grossas.

Sinta a superfície cortada de um bife de filé-mignon e compare sua textura macia com a superfície mais áspera da ponta de agulha ou do coxão duro.

TECIDO CONJUNTIVO

As fibras musculares unem-se por uma rede de proteínas chamada **tecido conjuntivo.** Cada fibra muscular também é coberta por uma capa de tecido conjuntivo.

É importante que o cozinheiro compreenda a natureza do tecido conjuntivo por uma razão básica: *o tecido conjuntivo é rijo.* Para preparar bem as carnes, é preciso saber:

- Quais carnes possuem um alto teor de tecido conjuntivo e quais possuem um baixo teor.
- Quais são as melhores maneiras de tornar macias as carnes duras.

1. **As carnes têm um alto teor de tecido conjuntivo se:**
- Forem procedentes de músculos que são mais exercitados. Os músculos das pernas, por exemplo, têm mais tecido conjuntivo do que os músculos do dorso.
- Forem procedentes de animais mais velhos. A carne de vitela é mais macia que a carne de um novilho, que, por sua vez, é mais macia do que a carne de um touro ou de uma vaca (animais novos também possuem tecido conjuntivo, mas ele se torna mais rígido à medida que o animal envelhece).

2. **Carnes com alto teor de tecido conjuntivo podem se tornar mais macias com o uso de técnicas de cozimento apropriadas.**
   Existem dois tipos de tecido conjuntivo: o colágeno, que possui cor branca, e a elastina, que é amarela.

- **Colágeno**.
  O cozimento lento e prolongado combinado com umidade quebra ou dissolve o colágeno, transformando-o em gelatina e água. Como o tecido muscular contém cerca de 75% de água, é óbvio que a umidade está sempre presente quando as carnes são cozidas. No entanto, com exceção de assados muito grandes, um cozimento prolongado usando-se um método de calor seco pode fazer evaporar muito dessa umidade, ressecando a carne. Portanto, *métodos de cozimento que usam calor úmido e temperaturas baixas são os mais favoráveis para fazer com que carnes com alto teor de tecido conjuntivo se transformem em um produto final macio e suculento.*
  Existem outros fatores que também ajudam a amaciar o colágeno:

  Os *ácidos* ajudam a dissolver o colágeno. Marinar carnes em uma mistura ácida ou acrescentar uma substância ácida, como tomate ou vinho, ao líquido de cozimento ajuda a amaciá-la.

  As *enzimas* estão naturalmente presentes na carne. Elas quebram o tecido conjuntivo e outras proteínas à medida que a carne sofre o processo de maturação (ver "Maturação," pp. 261-262). Essas enzimas permanecem inativas à temperatura de congelamento, pouco ativas sob refrigeração, ativas em temperatura ambiente e são destruídas pelo calor acima de 60°C.

  Os *amaciantes* de carne são enzimas como a papaína (extraída do mamão), que são acrescentadas à carne pelo cozinheiro ou injetadas no animal antes do abate. É preciso cuidado ao usar amaciantes enzimáticos para carne. Uma exposição muito demorada à temperatura ambiente pode tornar a carne pastosa, o que não é desejável.

- **Elastina**.
  Os animais mais velhos possuem uma proporção mais elevada de elastina do que os mais novos.
  A elastina não se dissolve com o cozimento. Para tornar a carne macia é preciso *remover a elastina* (retirar os tendões) ou promover o rompimento mecânico dessas fibras
  - Pelo amaciamento mecânico ou pelo corte da carne em cubos (como nos ensopados)
  - Pela moagem da carne (como no hambúrguer)
  - Pelo fatiamento bem fino da carne cozida no sentido contrário ao das fibras (como no lagarto)

INSPEÇÃO E CLASSIFICAÇÃO

Cozinheiros e profissionais do setor de serviços alimentícios são auxiliados na avaliação da carne por sistemas de inspeção e classificação federal.

INSPEÇÃO

1. A **inspeção** é uma *garantia de salubridade*, não de qualidade ou maciez. Significa que o animal não tinha nenhuma doença e que a carne está limpa e apta para o consumo humano.
2. Demonstra que a carne passou por inspeção como indica, no caso dos Estados Unidos, o carimbo redondo (Fig. 10.1), onde lê-se "INSP'D & P'S'D", que significa *inspected and passed* (inspecionado e aprovado).
3. A inspeção é exigida por lei. Todas as carnes devem ser inspecionadas.

CLASSIFICAÇÃO DA QUALIDADE

1. A classificação é uma designação de *qualidade*.
2. A classificação, nos EUA, é indicada por um carimbo em forma de escudo (Fig. 10.2).
3. A classificação *não é exigida pelas leis norte-americanas* (alguns fabricantes usam um sistema privado de classificação e dão designações comerciais diferentes para classes diferentes de carnes. A confiabilidade de classificações privadas depende da integridade do frigorífico).

A classificação de qualidade é baseada na textura, na firmeza e cor da carne magra, na idade ou maturidade do animal e no marmoreio** (a gordura intramuscular).

Todos esses fatores precisam ser considerados em conjunto. Por exemplo, uma carne dura, procedente de animal velho, pode ter marmoreio, mas receberia um grau de qualidade baixo por causa dos outros fatores. A Tabela 10.1 faz um resumo dos graus de qualidade propostos pelo Departamento de Agricultura dos Estados Unidos (USDA).

CLASSIFICAÇÃO DE RENDIMENTO

Além da classificação de qualidade, o boi e o cordeiro são classificados nos EUA de acordo com a proporção de carne aproveitável que possuem em relação à quantidade de gordura. A isso se dá o nome de **classificação de rendimento**. O grau de maior quantidade de carne é o *Yield Grade 1* (Grau de Rendimento 1). O rendimento menor (muita gordura exterior) é o *Yield Grade 5* (Grau de Rendimento 5).

Nos EUA, o porco possui uma classificação de rendimento de 1 a 4, mas a maior parte da carne de porco é vendida já cortada e limpa.

A vitela, que tem pouca gordura, não possui classificação de rendimento.

Figura 10.1
Selo de inspeção de carnes do USDA.*

*N.R.: Sigla do órgão norte-americano United States Department of Agriculture, responsável pela inspeção de carnes nesse país.

Figura 10.2
Selo de classificação de carnes do USDA.

**N.R.: No Brasil, os atributos que determinam a qualidade da carne são idade, sexo e acabamento e conformação do animal, que interferem na maciez, na suculência, na cor, no aroma e no sabor da carne. Os parâmetros foram definidos pelo Dipoa (Departamento de Inspeção de Produtos de Origem Animal), por meio da Portaria Ministerial n. 612, de 05/10/1989.

Composição, estrutura e quesitos básicos de qualidade **261**

Tabela 10.1
Graus de qualidade de carne segundo o USDA

Características	Boi	Vitela	Cordeiro	Porco
Qualidade mais alta, preço mais alto, suprimento limitado.	*Prime*	*Prime*	*Prime*	A carne de porco usada no setor de serviços alimentícios norte-americano é consistente na qualidade e não possui sistema de classificação. É inspecionada quanto à salubridade e classificada por seu rendimento.
Qualidade alta, carne geralmente macia e suculenta. Suprimento abundante. Muito usada no setor de serviços alimentícios e no varejo.	*Choice*	*Choice*	*Choice*	
Carne magra, não tão suculenta ou macia. Econômica. Pode ser macia e saborosa se for preparada com cuidado. Usada em muitas operações de serviço alimentício institucionais.	*Select*	*Good*	*Good*	
A menos usada no setor de serviços alimentícios. O grau mais alto é às vezes usado nos serviços alimentícios institucionais. O mais baixo é usado para processamento e produção de alimentos enlatados (*canning*).	*Standard Commercial Utility Cutter Canner*	*Standard Utility Cull*	*Utility Cull*	

Observação: a qualidade varia dentro dos graus. Por exemplo, a melhor carne do grau *Choice* está muito próxima do grau *Prime*, enquanto a carne mais baixa do grau *Choice* está bem próxima do grau *Select*.

MATURAÇÃO

CARNE VERDE

Logo após o abate, os músculos do animal enrijecem, em razão de mudanças químicas na carne. Essa rigidez, chamada *rigor mortis*, desaparece aos poucos. A maleabilidade demora de três a quatro dias para acontecer na carne bovina e menos tempo para carcaças menores como vitela, cordeiro e porco. Essa maleabilidade é causada por enzimas presentes na carne.

Carne verde é a carne que não teve tempo suficiente para ficar maleável. Ela é dura e relativamente sem sabor. Como demora vários dias para as carnes chegarem do abatedouro até a cozinha, a carne verde raramente se apresenta como um problema entre as carnes disponíveis comercialmente, exceto quando a carne é congelada enquanto ainda está verde. Esse problema pode acontecer com caça abatida para consumo caseiro, se o caçador cortar e congelar a carne enquanto ela ainda estiver muito fresca.

CARNE MATURADA

A ação enzimática continua no tecido muscular mesmo depois que a carne não está mais verde. Esse processo amacia a carne ainda mais e propicia mais sabor. Manter carnes refrigeradas sob condições controladas para proporcionar tempo para esse amaciamento natural é um processo que recebe o nome de **maturação.**

As carnes de boi e de cordeiro podem ser maturadas porque carcaças de alta qualidade possuem uma capa de gordura para protegê-las de bactérias e do ressecamento. A vitela não possui capa de gordura, por isso não é maturada. A carne de porco não requer maturação.

Maturação não significa apenas estocar a carne no refrigerador. *Existe uma diferença entre carne maturada e carne velha.* As condições precisam ser controladas com muito cuidado, para que a carne se torne naturalmente macia, mas sem estragar. Existem dois métodos básicos usados para a maturação.

Capítulo 10 • Introdução a carnes e caça

Classificações IMPS/NAMP

Nos Estados Unidos, o sistema IMPS/NAMP* atribui uma série de números para cada categoria principal de carne, conforme detalhado na Tabela 10.2. A carne bovina, por exemplo, é a série 100. Isso significa que todos os cortes grandes de carne bovina, da carcaça integral aos cortes primários e cortes maiores, recebem um número de três dígitos de 100 a 199. Porções ou cortes menores de carne, como bifes ou cortes de carne para ensopados, recebem um número de quatro dígitos, também começando pelo número 1. Por exemplo, uma costela inteira (*whole beef rib*), pronta para ser assada, recebe o número 109; já o *beef rib steak bone in* (similar à chuleta) é 1103.

Observe que miúdos e produtos cárneos processados, como carnes, linguiças ou salsichas curadas ou defumadas e embutidos também são numerados (ver Tab. 10.2).

*N.R.: IMPS é acrônimo de Institutional Meat Purchase Specifications (Especificações para Compra Institucional de Carnes) e NAMP é acrônimo de North American Meat Processors Association (Associação Norte-Americana dos Produtores de Carne).

**N.R.: No Brasil, a Abiec (Associação Brasileira das Indústrias Exportadoras de Carnes) produziu um material semelhante, o Catálogo Brasileiro de Cortes Bovinos, disponível para compra no site da organização. No entanto, contém apenas cortes bovinos, ao passo que o material produzido pela NAMP dá conta também da carne de cordeiro, porco e frango.

---

1. **Maturação a vácuo.**

   Hoje, muitas carcaças de carne no atacado são separadas em cortes menores, colocados em embalagens a vácuo. Essas embalagens plásticas de poliolefínico são conhecidas por nomes comerciais como **Cryovac®**. A embalagem, à prova de ar e umidade, protege a carne de bactérias e mofo e evita a perda de peso provocada pelo ressecamento. Contudo, carnes maturadas nesse tipo de embalagem perdem mais peso durante o preparo do que as carnes maturadas a seco. Carnes embaladas a vácuo precisam ser refrigeradas.

2. **Maturação a seco.**

   Maturação a seco é o processo de estocar carnes, geralmente cortes grandes, sob condições cuidadosamente controladas. A carne não é embalada ou embrulhada, fica exposta ao ar por todos os lados. A temperatura, a umidade e a circulação do ar são controladas com precisão para prevenir perdas. Luzes ultravioleta podem ser usadas em câmaras de maturação para eliminar bactérias.

   A carne maturada a seco pode perder até 20% de seu peso pela evaporação da umidade, dependendo do tamanho do corte e do tempo que foi maturada. Consequentemente, a maturação a seco é um processo mais dispendioso do que a maturação úmida. Nos Estados Unidos, carnes maturadas a seco costumam ser vendidas apenas por fornecedores especializados e a um preço mais elevado do que as carnes maturadas a vácuo. Lá, muitos consumidores mostram-se propensos a pagar um valor maior por carnes nobres maturadas a seco porque elas são consideradas as melhores em relação ao sabor e à textura.

   A maturação aumenta a maciez e o sabor. A falta de sabor não é característica de uma carne maturada. *Se uma carne tiver cheiro ou gosto de estragada, provavelmente está*. Às vezes, carnes embaladas a vácuo podem apresentar um cheiro de mofo assim que o pacote é aberto, mas ele desaparece rapidamente.

   A maturação custa dinheiro. Custos de armazenamento, perda de peso em razão do ressecamento e limpeza mais profunda exigida pela descoloração ou ressecamento da superfície aumentam o preço da carne maturada (embora a maturação a vácuo custe menos que a maturação a seco). Ao comprar carnes, você terá de decidir entre o custo e o benefício para o seu próprio negócio.

INTRODUÇÃO AOS CORTES BÁSICOS

A descrição de cortes de carne a seguir enfoca as quatro categorias principais de carne no comércio atacadista e varejista: boi, cordeiro, vitela e porco. Contudo, é importante lembrar que os animais de caça de pelo, discutidos mais adiante neste capítulo, possuem a mesma estrutura ósseo-muscular e geralmente são divididos nos mesmos cortes ou em cortes similares aos dos animais domésticos.

Os cortes de carne são baseados em dois fatores:

1. A estrutura óssea e muscular da carne.
2. Os usos e métodos de cozimento apropriados das várias partes do animal.

Os **fornecedores** do setor de serviços alimentícios nos Estados Unidos seguem uma série de especificações denominadas **Institutional Meat Purchase Specifications** (IMPS). As IMPS's, incluindo números e nomes de cortes, são equivalentes à classificação da North American Meat Processors Association, ou NAMP.** Todos os cortes são descritos detalhadamente e ordenados por números. Isso simplifica a compra, pois é possível fazer os pedidos pelos números e obter exatamente o corte desejado.

FORMAS DISPONÍVEIS: CARCAÇA, MEIA-CARCAÇA, CORTES PRIMÁRIOS E CORTES COMERCIAIS

As carnes de boi, cordeiro, vitela e porco podem ser compradas nas formas a seguir. Nos EUA, as carnes de carneiro/ovelha e de bode/cabra/cabrito também recebem números de classificação da NAMP, como informa a Tabela 10.2, mas não têm muita importância no setor de serviços alimentícios e, por isso, não foram tratadas nesta obra.

CARCAÇAS

Entende-se por carcaça o animal inteiro, menos as entranhas, a cabeça, as patas e o couro (exceto o porco, do qual se remove apenas as entranhas e a cabeça).* As carcaças inteiras raramente são compradas pelos profissionais do setor de serviços alimentícios por causa da habilidade e do trabalho que o serviço de corte exige e por causa do problema da utilização total.

MEIA-CARCAÇA, QUARTOS DIANTEIRO E TRASEIRO

Esses cortes representam o primeiro passo da divisão de uma carcaça.

Reafirmando, peças maiores não são usadas com frequência no setor de serviços alimentícios. Muito poucos estabelecimentos cortam suas próprias carnes atualmente.

1. A carcaça do boi é dividida primeiramente pela espinha dorsal em duas metades. Nos EUA, as duas meias-carcaças são divididas entre a 12ª e a 13ª costelas em quarto dianteiro e quarto traseiro.**

2. Também nos EUA, a vitela e o cordeiro não são divididos em meias-carcaças, mas sim em cortes transversais, em duas metades: *foresaddle* (dianteiro) e *hindsaddle* (traseiro). Na vitela, o corte é feito entre a 11ª e a 12ª vértebras. No cordeiro, o corte é feito entre a 12ª e a 13ª vértebras ou depois da 13ª, dependendo do estilo do corte.[†] Para mais informações, ver os quadros na página 269.

3. As carcaças suínas não são divididas desse modo. Elas são cortadas diretamente em cortes primários (ver abaixo).[††]

CORTES PRIMÁRIOS OU CORTES PARA VENDA NO ATACADO

Estas são as primeiras divisões das carcaças e dos quartos dianteiro e traseiro. Esses cortes, denominados **cortes primários,** ainda são usados com certa frequência no setor de serviços alimentícios, porque:

1. São pequenos o bastante para serem manejados em muitas cozinhas comerciais.

2. São suficientemente grandes para permitir uma variedade de cortes para usos e necessidades diversos.

3. São mais fáceis de serem completamente utilizados do que os quartos ou as meias-carcaças.

Cada corte primário pode ser **manufaturado** ou cortado e aparado de diversas maneiras. Os cortes primários são sempre o ponto inicial para os cortes menores. Por essa razão, é útil saber identificar cada um. As Figuras 10.3 a 10.6. mostram os cortes primários norte-americanos para as carnes bovina, ovina e suína (observe que o quadro do cordeiro na Fig. 10.5 mostra os cortes tradicionais, e não os novos cortes mencionados anteriormente).[‡] Aprenda os nomes dos cortes primários, sua localização na carcaça e os cortes mais importantes que se originam deles. Depois, quando for trabalhar com um pedaço de carne, tente identificá-lo e localizá-lo com precisão no corte primário.

(O texto continua na p. 267)

Tabela 10.2
Categorias de carne da IMPS/NAMP

Número de Série	Nome
100	Carne bovina fresca
200	Carne de cordeiro e de carneiro fresca
300	Carne de vitela e de novilho fresca
400	Carne de porco fresca
500	Produtos suínos curados, curados e defumados e pré-cozidos
600	Produtos bovinos curados, secos e defumados
700	Miúdos e seus subprodutos comestíveis
800	Linguiças, salsichas e outros embutidos
11	Carne de bode/cabra/cabrito fresca

*N.R.: No Brasil, de acordo com o Decreto n. 30.691, de 1997, "entende-se por carcaça bovina o animal abatido, sangrado, esfolado, eviscerado, desprovido de cabeça, patas (mocotós), rabada, glândulas mamárias (nas fêmeas), verga (exceto suas raízes) e testículos (machos), a ser subdividido em meias-carcaças. A cabeça é separada da carcaça entre o osso occipital e a primeira vértebra cervical, chamada de atlas. Após a divisão em meias-carcaças, retiram-se ainda os rins, gorduras perirrenal e inguinal, medula espinhal, diafragma e seus pilares". A carcaça suína é de: "animal sangrado, depilado, eviscerado, dividido longitudinalmente em duas meias-carcaças, desprovido de rins, gordura perirrenal e unto, submetido a toalete, com retirada das unhas, cabeça, permanecendo a cauda na meia-carcaça esquerda".

**N.R.: No Brasil, as meias-carcaças são divididas em quarto dianteiro (considerado carne de segunda) e quarto traseiro (considerado carne de primeira) por um corte feito entre a 5ª e a 6ª costelas. O quarto traseiro total subdivide-se ainda em costilhar e serrote, por um corte longitudinal a uma distância média de 20 cm da coluna vertebral.

[†]N.R.: No Brasil há várias propostas de corte da carne de cordeiro, inclusive separando a carcaça ao meio pela coluna vertebral, como se faz com a bovina, e em seguida cortando-se o *pernil* (ou perna) e o *lombo*, considerados carnes de primeira, a *paleta*, considerada carne de segunda, e o *peito* (ou fralda/costela), o *carré* (ou costeleta) e o *pescoço*, considerados carnes de terceira.

[††]N.R.: No Brasil, as carcaças suínas são subdivididas também em meias-carcaças e, em seguida, nos cortes primários: *pernil com osso e sem couro, paleta sem osso e sem couro, copa e carré*.

[‡]N.T.: Há muitas diferenças entre os cortes de carne no Brasil e nos Estados Unidos. No Brasil, as divisões são mais anatômicas e privilegiam os músculos inteiros, ao passo que nos EUA os cortes são mais retilíneos e os pedaços de carne são maiores. Essa diferença se deve aos custos de mão de obra especializada e ao grau de mecanização dos dois países – mais elevados nos EUA. Os frigoríficos norte-americanos, para minimizar o trabalho e maximizar a produção, usam meios mecânicos de corte – como, por exemplo, serras de fita –, produzindo cortes que não respeitam a anatomia do animal. Já no contexto brasileiro, privilegiam-se os cortes produzidos "à mão" a partir de peças inteiras. Como não há equivalência entre os cortes na maioria dos casos, foram indicadas algumas possíveis intersecções, mas a maioria dos nomes foi mantida no original.

Figura 10.3 Carne bovina.

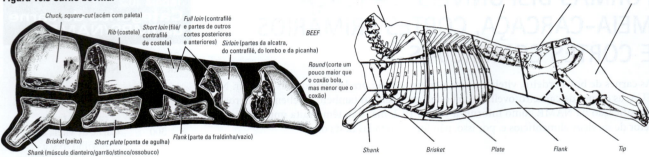

Figura 10.3a
Cortes primários de carne bovina à venda nos EUA.
Cortesia do National Livestock and Meat Board

Figura 10.3b
Cortes primários de carne bovina à venda nos EUA e sua estrutura óssea.
Cortesia do National Livestock and Meat Board

Chuck (acém) sem osso, separado em *blade*, *clod* e *arm*.*

*N.R.: O corte *chuck* compreende vários músculos e, algumas vezes, o osso da paleta (também chamada de pá ou braço), do acém e do pescoço bovinos que, conforme o corte, recebem diferentes nomes em português, entre eles: raquete/ganhadora (similar ao *top blade*), peixinho, capa e miolo da paleta.

Rib roast (costela-janela)

Rib steak (bisteca/chuleta)

Short loin (parte anterior do lombo)

Porterhouse steak (contrafilé com pouco filé-mignon)

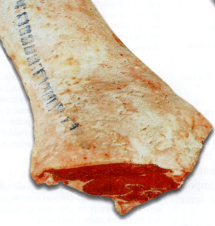

Loin (contrafilé)

T-bone steak (Tibone – mais filé-mignon que o *porterhouse*)

Tenderloin (filé-mignon), com cordão

Introdução aos cortes básicos 265

Boneless strip loin (contrafilé)

Outside/bottom round (coxão duro com lagarto)*
*N.R.: Corte conhecido também como "ponta de alcatra".

Beef round steak (bife de coxão bola com osso – inclui lagarto, coxão duro e coxão mole)

Beef inside/top round (coxão mole)

Beef knuckle (patinho), com capa de gordura

Beef shank (músculo com osso/ossobuco), corte transversal

Flank steak (bife do vazio/pacu)**
**N.R.: O corte conhecido como *thin flank* é similar à "fraldinha" brasileira.

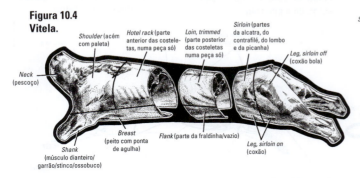

Figura 10.4 Vitela.

**Figura 10.4a
Cortes primários de vitela à venda nos EUA.**
Cortesia do National Livestock and Meat Board

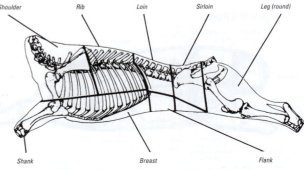

**Figura 10.4b
Cortes primários de vitela à venda nos EUA e suas estruturas ósseas.**
Cortesia do National Livestock and Meat Board

Veal rib roast (costela de vitela com contrafilé e capa)

Veal breast (peito de vitela)

Figura 10.5 Cordeiro

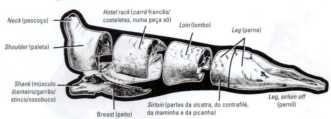

Figure 10.5a Cortes primários de cordeiro à venda nos EUA.
Cortesia do National Livestock and Meat Board

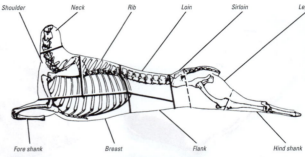

Figura 10.5b Cortes primários de cordeiro à venda nos EUA e suas estruturas ósseas.
Cortesia do National Livestock and Meat Board

Loin roast (lombo de cordeiro com osso)

Arm chop (paleta de cordeiro fatiada)

Shoulder blade chop (paleta de cordeiro fatiada, sem osso)

Rib chop (costeleta de cordeiro)

Loin chop (lombo de cordeiro com osso, fatiado)

Square-cut shoulder, whole (parte da paleta de cordeiro, com osso)

Whole leg (perna de cordeiro)

Paleta de cordeiro desossada, enrolada e amarrada

Foreshank (músculo dianteiro/garrão/ ossobuco/stinco de cordeiro)

Figura 10.6 Porco

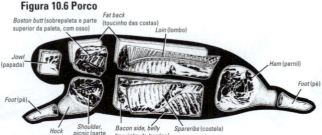

Figura 10.6a Cortes de carne suína à venda nos EUA.
Cortesia do National Livestock and Meat Board

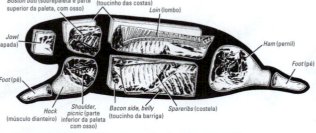

Figura 10.6b Cortes primários de carne suína à venda nos EUA e suas estruturas ósseas.
Cortesia do National Livestock and Meat Board

Tenderloin (filé-mignon/ filezinho suíno)

Shoulder butt (sobrepaleta e parte superior da paleta suína)

Full loin (lombo suíno com osso)

Loin chops (bistecas suínas)

Rib half e *loin half roast* (costeletas/*carré* e bistecas suínas, com osso, numa peça só)

CORTES FRACIONADOS

Os cortes primários são fracionados, ou manufaturados, em cortes menores para assados e bifes, costeletas, bistecas, carne para ensopados, carne moída e outros, de acordo com as exigências individuais do consumidor e, se for o caso, de acordo com as especificações dos órgãos fiscalizadores.

A quantidade de aparas e especificações exatas pode variar bastante. Por exemplo, nos EUA, o corte primário *rib* (costela) pode ser limpo e pré-preparado para assar de pelo menos nove maneiras diferentes.

Cortes fracionados são cortes de carne prontos para serem preparados de acordo com as especificações do comprador. Bifes e costeletas ou bistecas são pedidos pelo peso de cada peça ou pela espessura da carne. Cortes fracionados são os que exigem menos trabalho do cozinheiro dentre todos os tipos de cortes de carne. São também os mais caros.

> **Terminologia de cortes de carne**
>
> A indústria de carnes usa termos específicos para identificar cada parte do processamento da carne. **Processar carnes** significa abater, limpar e subdividir o animal em peças. **Fracionar carnes** significa separar essas peças maiores de carne crua em pedaços menores ou cortes.
>
> Um terceiro termo, **trinchar**, também significa cortar carnes, mas depois de preparadas.

ESTRUTURA ÓSSEA

Conhecer a estrutura óssea dos animais de abate é essencial para:

1. **Identificar os cortes de carne.**
   As formas distintas dos ossos são uma boa pista para a identificação de um corte. Observe como os ossos nas fotos e nas Figuras 10.3 a 10.6 ajudam nesse reconhecimento.

2. **Desossar e cortar carnes.**
   Os ossos, em geral, estão encobertos pela carne. É preciso saber onde estão mesmo quando não estão visíveis.

3. **Trinchar carnes prontas.**
   Mesma razão do item 2.

Estude o quadro do esqueleto bovino na Figura 10.7 e aprenda os nomes dos principais ossos. Depois compare os quadros das Figuras 10.3 a 10.6. Observe que as estruturas ósseas de todos os animais são idênticas (exceto os suínos, que possuem mais de 13 costelas). Até os nomes são os mesmos.

Figura 10.7
Estrutura óssea bovina.

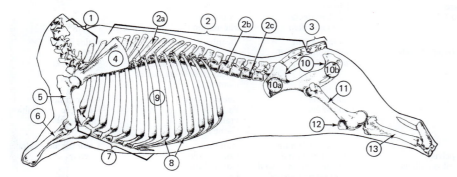

1. Vértebras cervicais
2. Espinha dorsal
   2a. Processo espinhoso (prolongamento superior da vértebra)
   2b. Processo transverso (prolongamentos laterais da vértebra)
   2c. Corpo da vértebra
3. Vértebras caudais
4. Escápula
5. Osso do braço (úmero)
6. Ossos do antebraço (rádio e ulna)
7. Esterno
8. Cartilagens costais
9. Costelas
10. Ossos do quadril
    10a. Ílio
    10b. Ísquio
11. Osso da coxa (fêmur)
12. Osso do joelho (patela)
13. Ossos da canela (tíbia e fíbula)

As fotos das Figuras 10.3 a 10.6 descrevem cortes primários e comerciais norte-americanos típicos do boi, do cordeiro, da vitela e do porco. (Cortesia do National Livestock and Meat Board e National Pork Producers Council.)

CORTES DE BOI, CORDEIRO, VITELA E SUÍNO

Cortes bovinos primários e fracionados*

Primários	Ossos principais	Cortes fracionados comuns nos EUA	Cortes brasileiros aproximados**	Métodos básicos de cozimento
Quarto dianteiro***				
Acém, corte quadrado – com paleta e pescoço (*chuck, square cut*)	Costelas 1 a 5 Escápula Espinha dorsal (incluindo o corpo e o processo espinhoso das vértebras torácicas) Vértebras cervicais Osso do braço (úmero)	*Shoulder clod* *Triangle* *Boneless inside chuck* *Chuck tender* *Chuck short ribs* *Cubed steak* *Stew meat* *Ground chuck*	Miolo da paleta pá Raquete/ganhadora, peixinho Costela do dianteiro Acém em cubos Acém moído Pescoço	Calor úmido
Peito com parte da ponta de agulha (*brisket*)	Ossos da costela (até a quinta) Cartilagem costal Esterno	*Boneless brisket* e *corned beef brisket* *Ground beef*	Peito Ponta do peito Ponta de agulha Costela ponta de agulha/minga	Calor úmido
Músculo dianteiro (*shank*)	Ossos do antebraço (rádio e ulna)	*Stew meat* *Ground beef*	Braço/garrão dianteiro/ossobuco Músculo dianteiro moído e em cubos	Calor úmido
Observação: o corte quadrado contendo o acém, a ponta de agulha e o músculo dianteiro, em uma peça, é conhecido em inglês como *cross-cut chuck*.				
Costela	Ossos da costela (6 a 12) Espinha dorsal (o corpo e o processo espinhoso das vértebras torácicas)	*Rib roast (prime rib)* *Rib steaks* *Short ribs*	Filé de costela Costela janela Bisteca/chuleta Costela de ripa	Calor seco Calor úmido
Ponta de agulha	Ossos da costela Ponta do esterno Cartilagens costais	*Short ribs* *Stew meat* *Ground beef*	Costela ponta de agulha/minga Fraldinha Carne para ensopar Carne moída	Calor úmido
Quarto traseiro				
Lombo (*full loin*)		*Full tenderloin*	Filé-mignon inteiro (para obter o filé-mignon em uma peça só, é preciso tirá-lo antes que o lombo seja separado da alcatra)	Calor seco
Parte anterior do lombo – com filé e contrafilé de costela (*short loin*)	Costela 13 Espinha dorsal [corpo e processos espinhoso e transverso das vértebras lombares (ver Observação 1)]	*Club steaks* *T-bone steaks* *Porterhouse steaks* *Strip loin* *Strip loin steaks* *Short tenderloin*	Filé de lombo Filé de costela Capa de filé Bife *T-bone*/tibone Contrafilé Filé-mignon	Calor seco
Alcatra completa (*sirloin*)	Espinha dorsal Osso do quadril (parte da pélvis)	*Top sirloin butt* *Bottom sirloin butt* *Butt tenderloin*	Picanha Alcatra Ponta de alcatra/maminha Miolo/coração de alcatra Contrafilé	Calor seco
Vazio	Ponta da costela 13	*Flank steak* *Ground beef*	Bife do vazio Pacu Fraldinha Carne moída	Calor úmido (exceção: fraldinha grelhada)
Traseiro especial – com coxão bola	Coxa (perna) Ísquio (parte da pélvis) Ossos da canela (tíbia e fíbula) Vértebra caudal	*Knuckle (sirloin tip)* *Inside (top) round* *Outside (bottom) round* *Eye of round (part of outside round)* *Rump* *Hind shank*	Patinho Coxão mole Coxão duro Lagarto Músculo traseiro	Calor úmido e calor seco

Observação 1: em inglês, dá-se o nome de *finger bones* aos processos transversos das vértebras lombares, isto é, os prolongamentos laterais que se projetam horizontalmente de cada um dos lados do corpo desses ossos. Correspondem à haste ou risco vertical da letra "T" do osso dos *T-bones*.

*N.R.: Não há equivalência linha a linha entre as colunas, isto é, o osso da primeira linha da coluna 2 não é, necessariamente, o osso contido no corte da primeira linha da coluna 3 que, por sua vez, pode não ser o equivalente direto do corte da primeira linha da coluna 4.

**N.E.: Coluna incluída na edição brasileira, para auxiliar na compreensão dos cortes de carne norte-americanos.

***N.R.: Como já foi dito anteriormente, no Brasil o quarto traseiro começa na sexta costela. O traseiro-serrote vai da sexta à décima-segunda costela – porção incluída no quarto dianteiro do corte norte-americano.

Introdução aos cortes básicos 269

Cortes primários e fracionados de cordeiro*

Primários	Ossos principais	Cortes fracionados comuns nos EUA	Cortes brasileiros aproximados	Métodos básicos de cozimento
Dianteiro				
Paleta	Costelas 1 a 4 ou 1 a 5 (ver Observação 2) Braço Escápula Espinha dorsal (corpo e processo espinhoso das vértebras torácicas) Vértebras cervicais	*Shoulder roasts* *Shoulder chops* *Stew meat* *Ground lamb*	Paleta completa (com e sem osso) Coxão da paleta Paleta fatiada (com e sem osso) Carne para ensopados Carne moída	Calor úmido e calor seco
Peito e perna dianteira	Costelas Cartilagens Esterno Ossos do antebraço	*Riblets* *Breast* *Stew meat* *Ground lamb*	Peito Pata dianteira/mão Braço fatiado Costela (com e sem osso) Ponta de costela Costeleta Carne para ensopados Carne de cordeiro moída	Calor úmido (exceção: costela/costeleta na brasa)
Sela/*carré*	Costelas 5 a 12 ou 6 a 13 (ver Observação 2) Espinha dorsal	*Rib roasts (rack)* *Crown roast* *Ribs chops*	Sela/*carré* completa Fatiado de sela/*carré* Sela/*carré* desossada Raque Raque francês Assado de coroa Costeletas (fatiada/dupla/à francesa)	Calor seco
Traseiro				
Lombo (com ou sem o vazio)	Costela 13 (opcional; ver Observação 2) Espinha dorsal (corpo e processos espinhoso e transverso das vértebras lombares)	*Loin roast* *Loin chops*	Lombo inteiro (com e sem osso, simples ou duplo) Fatiado de lombo (com e sem osso, simples ou duplo) *Noisette*	Calor seco
Pernil	Espinha dorsal Vértebras caudais Pélvis (ílio e ísquio) Osso da coxa (fêmur) Ossos da canela (tíbia e fíbula)	*Leg roast* *Leg chops* *Sirloin chops* *Shank*	Pernil (duplo, inteiro, francês, baixo, americano, combinado) Centro do pernil (inteiro/fatiado) Picanha (com e sem osso; inteira, fatiada ou em cubos) Músculo traseiro (ossobuco/garrão/stinco)	Calor seco e calor úmido

Observação 2: existem dois estilos de corte para carcaças de cordeiro nos Estados Unidos. No estilo A, a carcaça é dividida entre a 4ª e a 5ª vértebras e novamente entre a 12ª e a 13ª vértebras. No estilo B, os cortes são feitos entre a 5ª e a 6ª vértebras e, mais uma vez, antes da 13ª vértebra. Ambos os tipos rendem 8 raques de costeletas. O estilo B produz um raque de costelas com um músculo mais uniforme ao longo do comprimento do raque.

*N.R.: Vide nota do revisor sobre o corte da carcaça ovina no Brasil na página 263.

Cortes primários e fracionados de vitela**

Primários	Ossos principais	Cortes fracionados comuns nos EUA	Cortes brasileiros aproximados	Métodos básicos de cozimento
Dianteiro				
Paleta com acém (*shoulder, square cut*)	Costelas 1 a 4 ou 1 a 5 (ver Observação 3) Escápula Espinha dorsal (corpo e processo espinhoso das vértebras torácicas) Vértebras cervicais Osso do braço (úmero)	*Shoulder roasts* *Shoulder chops* *Shoulder clod steaks* *Cubed steaks* *Stew meat* *Ground veal*	Paleta inteira (com e sem osso) Bifes de miolo de paleta Carne em cubos Carne para ensopados Carne de vitela moída	Calor úmido e calor seco
Peito com ponta de agulha (*breast*)	Costelas Cartilagens da costela Esterno	*Boneless breast* *Cubed steaks* *Ground veal*	Peito sem osso Carne em cubos Carne de vitela moída	Calor úmido
Músculo dianteiro (*shank*)	Ossos do antebraço (rádio e ulna)	*Shank cross-cuts* (ossobuco)	Cortes transversais de músculo dianteiro (ossobuco/garrão)	Calor úmido
Carré/sela (*hotel rack*)	Costelas 5 a 11 ou 6 a 11 (ver Observação 3) Espinha dorsal (corpo e processo espinhoso das vértebras lombares)	*Rib roast* *Rib chops*	Costela para assar Costeletas	Calor seco e calor úmido
Traseiro				
Lombo (com ou sem o vazio)	Costelas 12 e 13 Espinha dorsal (corpo e processos espinhoso e transverso das vértebras lombares)	*Saddle (loin roast)* *Loin chops*	Sela/*carré* (lombo com osso para assar) Cortes de lombo com osso Bisteca	Calor úmido e seco
Pernil	Espinha dorsal Vértebras caudais Ossos do quadril (ísquio e ílio) Osso da coxa (fêmur) Ossos da canela (tíbia e fíbula)	*Leg roast* *Scaloppine* ou *cutlets* *Shank cross-cut* (ossobuco)	Pernil de vitela para assar *Scaloppine* ou costeletas Cortes transversais de músculo com osso (ossobuco)	Calor seco Calor úmido

Observação 3: nos Estados Unidos, a paleta pode ser separada das costelas entre a 4ª e a 5ª vértebras, para render um raque com 7 costelas, ou entre a 5ª e a 6ª vértebras, rendendo um raque de 6 costelas.

**N.R.: No Brasil, os cortes de carne de vitela têm os mesmos nomes e as mesmas subdivisões dos cortes de carne bovina, ao passo que nos EUA seguem um padrão mais semelhante ao dos cortes de cordeiro.

Cortes primários e cortes fracionados de suíno*

Primários	Ossos principais	Cortes fracionados comuns nos EUA	Cortes brasileiros aproximados	Métodos básicos de cozimento
Dianteiro				
Parte inferior da paleta, com osso (*shoulder picnic*)	Osso do braço (úmero) Ossos do antebraço (rádio e ulna)	*Fresh* e *smoked picnic* *Hocks* *Ground pork* *Sausage meat*	Paleta/pá (inteira/em cubos) Músculo dianteiro Carne de porco moída	Calor úmido
Sobrepaleta e parte superior da paleta, com osso (*Boston butt*)	Escápula (a costela e as vértebras dorsais e cervicais são retiradas)	*Butt steaks* *Shoulder roasts* *Daisy (smoked)* *Ground pork* *Sausage meat*	Paleta fatiada Paleta com osso Acém Carne em cubos Carne moída	Calor úmido e seco
Lombo	Ossos da costela (ver Observação 4) Espinha dorsal (vértebras torácicas, lombares e sacrais) Osso do quadril (ílio)	*Loin roast* *Loin* e *rib chops* *Boneless loin* *Country-style ribs* *Canadian-style bacon (smoked)*	Lombo (inteiro e fatiado, com e sem osso) Costela Costelinha Bisteca Costeletas Lombinho canadense (defumado)	Calor úmido e seco
Pernil	Osso do quadril (ísquio) Osso da coxa (fêmur) Ossos do joelho posterior (patela)	*Fresh ham* *Smoked ham* *Ham steaks*	Pernil fresco Presunto defumado Bifes de pernil Jarrete/joelho	Calor úmido e seco
Barriga	Nenhum	Bacon	Bacon	Calor úmido e seco
Costelas	Costelas Esterno	*Spareribs*	Costelas Costelinhas	Calor úmido
Toucinho	Nenhum	*Fresh* e *salt fatback* *Salt pork* *Lard*	Toucinho fresco e salgado Bacon Banha	(Usado como gordura para cozinhar)
Papada	Nenhum	*Jowl bacon*	Toucinho Banha	Calor úmido e seco
Pata	Ossos do pé		Pé	Calor úmido

Observação 4: o porco tem mais de 13 costelas (diferente do boi, do cordeiro e da vitela) em razão do melhoramento genético de raça para a produção de lombos mais compridos.

*N.R.: Vide nota do revisor sobre as subdivisões da carcaça suína no Brasil na página 263.

COMO SELECIONAR CARNES PARA USO

OS MELHORES TIPOS DE CARNE PARA COMPRAR

A decisão de comprar carcaças inteiras, cortes fracionados ou ambos depende de quatro fatores:

1. A habilidade para cortar carnes que você ou sua equipe possuem.
2. A área de trabalho e o espaço de armazenamento disponíveis.
3. Se você vai usar ou não todos os cortes e aparas das carnes no preparo de seu menu.
4. Qual opção fornece o melhor custo por porção depois que todos os gastos envolvidos no processo forem calculados.

Os fornecedores de carne geralmente cortam as carnes de maneira mais econômica que os profissionais do setor de serviços alimentícios, pois lidam com volumes grandes. As carcaças ou cortes primários custam menos por quilo do que os cortes fracionados, mas a perda é maior (gordura e ossos) e exigem mais trabalho (que custa dinheiro). No entanto, alguns estabelecimentos ainda preferem manufaturar uma porcentagem de seus cortes, dependendo das respostas que dão às quatro perguntas acima. Eles acham que fabricar seus próprios cortes garante um controle maior da qualidade.

Algumas escolhas podem ser feitas. Se você deseja a qualidade de um filé cortado na hora, por exemplo, pode comprar contrafilé sem osso numa peça só e cortar seus próprios filés conforme o pedido. Não é necessário comprar filé-mignon para se servir uma carne de qualidade cortada na hora.

ESPECIFICAÇÕES

Nos Estados Unidos, quando se compra carne, é preciso indicar as seguintes especificações:

1. **Nome da peça.**
   Incluir o número do IMPS/NAMPS*, se necessário.
   Exemplo: 171C *Beef Eye of Round* (lagarto bovino)

2. **Classificação.**
   Exemplo: U.S. Choice**
   Também é possível especificar a divisão da classificação, como *U.S. Choice* de qualidade superior (quase *Prime*) ou inferior (quase *Select*).

3. **Faixa de peso dos cortes para assar e peças grandes.**
   Peso ou espessura da porção (um ou outro) para filés ou costeletas.

4. **Temperatura de refrigeração.**
   Gelada ou congelada.

5. **Valor limite da capa de gordura, ou sua espessura média.**
   Exemplo: 2 cm em média, 2,5 cm no máximo.
   (Isso não se aplica à carne de vitela).

Compradores de carne também podem precisar escolher entre adquirir carne irradiada ou não. **Irradiação** é o processo de expor alimentos à radiação para exterminar bactérias, parasitas e outros organismos potencialmente perigosos. A irradiação não prejudica a carne, não a torna radioativa e não muda sua textura, sabor ou valor nutricional. Alimentos tratados com irradiação precisam ter uma etiqueta com essa informação. Nos Estados Unidos, por exemplo, o *Food and Drug Administration* (FDA), órgão fiscalizador, exige que alimentos tratados com irradiação apresentem uma etiqueta com a afirmação "tratado com/por irradiação" e o símbolo internacional de irradiação, a radura (Fig. 10.8).

Alguns estabelecimentos se recusam a comprar alimentos irradiados porque eles ou seus clientes se preocupam com os efeitos desse método sobre a saúde. O procedimento já gerou muita controvérsia por outras razões também. Por exemplo, alguns enxergam nesse processo uma desculpa para evitar os procedimentos normais de higienização. Contudo, até hoje não há evidências de que esses alimentos sejam perigosos para o ser humano.

*N.R.: Vide quadro lateral na página 262 e Tabela 10.2 na página 263.

**N.R.: Vide Tabela 10.1 na página 261.

Figura 10.8
A radura é o símbolo internacional para a irradiação.

PREPARO E MANUSEIO DE CARNES

MACIEZ E MÉTODOS APROPRIADOS DE COZIMENTO

O tipo de calor do cozimento afeta a maciez das carnes de duas maneiras:

1. Amacia o tecido conjuntivo, se houver umidade e se o processo de cozimento for lento.
2. Endurece a proteína. Até carnes com baixo teor de tecido conjuntivo podem ficar duras e secas se forem expostas ao calor excessivo durante muito tempo.

O PRINCÍPIO DO PREPARO EM FOGO BAIXO

1. O fogo alto endurece e encolhe a proteína, resultando em perda excessiva de umidade. Portanto, o preparo em fogo baixo se apresenta como a prática padrão para a maioria dos métodos de cozimento.

2. Grelhar parece ser uma contradição a essa regra. A razão pela qual a carne cuidadosamente grelhada ou assada no dourador fica macia é porque esse processo é feito rapidamente. O calor demora a ser conduzido para o interior da carne, que nunca chega a ficar muito quente. Carnes grelhadas até ficarem bem-passadas, por outro lado, tendem a ficar ressecadas.

3. Assados preparados em temperaturas baixas têm melhor rendimento do que os preparados em fogo alto. Isto é, eles encolhem menos e perdem menos umidade.

4. Como o líquido e o vapor são melhores condutores de calor do que o ar, o calor úmido penetra na carne mais rapidamente. Portanto, para evitar o cozimento excessivo, a carne deve ser cozida em fogo brando, nunca fervida.

QUEBRA DO TECIDO CONJUNTIVO

Lembre-se de que o tecido conjuntivo está mais presente em músculos que são frequentemente exercitados e em animais de mais idade.

Observe novamente os métodos básicos de cozimento (última coluna) na tabela de cortes de carne (p. 268). É possível detectar um padrão: cortes macios são cozidos por calor seco; cortes um pouco menos macios são cozidos ora por calor seco, ora por calor úmido; e os cortes menos macios de todos quase sempre são cozidos por calor úmido.

O conceito de cozimento em calor úmido necessita de uma explicação mais detalhada, já que ele se aplica à quebra do tecido conjuntivo da carne. A explicação comum do efeito do calor úmido no tecido conjuntivo é que o calor quebra o colágeno na presença de umidade. Contudo, a carne contém aproximadamente 75% de água, portanto, *a umidade está sempre presente*. O colágeno é quebrado por causa do cozimento longo e lento, independentemente do método usado.

O segredo é que, para cortes pequenos de carne, os métodos de cozimento por calor seco são geralmente rápidos e de curta duração. O cozimento precisa ser breve, em parte porque a exposição muito prolongada ao calor seco resulta em perda excessiva de umidade do produto. Os termos *método de cozimento por calor úmido* e *método de cozimento por calor seco* referem-se à maneira pela qual o calor é transferido da fonte de calor para o alimento ("seco" significa ar quente ou radiação, e "úmido" significa vapor ou cozimento brando em meio líquido). Como o produto fica envolto em umidade ao ser cozido em fogo brando, no vapor ou na caçarola, os métodos de cozimento úmidos promovem a retenção da umidade, e não a sua perda. Por isso, o tempo de cozimento pode ser o quão longo se desejar.

Um filé de carne dura assado na grelha ou no forno não tem tempo suficiente para tornar-se macio antes de ressecar. Por outro lado, cortes grandes de carne menos macia podem ser assados com sucesso porque são muito grandes para ressecar durante o tempo que levam para assar. Um assado de coxão bola bovino com cerca de 18 kg fica macio porque leva horas para cozinhar, mesmo para chegar ao estágio malpassado. Porém, um bife cortado do mesmo coxão pode ficar duro se for grelhado.

Resumindo, o cozimento longo e lento amacia o colágeno. Métodos de cozimento em calor úmido são mais adequados para cozimentos longos e lentos. Métodos de calor seco geralmente usam calor intenso e são de curta duração, adequados apenas para cortes macios, exceto quando peças maiores são assadas durante um tempo relativamente mais longo.

1. **Cortes da costela e do lombo.**
   Esses são os cortes mais macios, geralmente usados para assados, filés e costeletas.

   Carne bovina e de cordeiro. Como estas carnes são sempre servidas malpassadas ou ao ponto, a costela e o lombo são usados quase exclusivamente para assar no forno, no dourador ou na grelha.

   Vitela e porco. Em geral, o porco e a vitela são servidos bem-passados, embora muitos prefiram a vitela ligeiramente rósea no centro. Por essa razão, essas carnes às vezes são braseadas, não para estimular sua maciez, mas para ajudar a preservar seus sucos. Costeletas de vitela, que possuem uma quantidade bem pequena de gordura, podem ser douradas desde que se tome cuidado para não cozinhá-las demais e ressecá-las. Uma escolha mais segura seria usar um método com gordura, como saltear ou refogar na panela, ou um método de calor úmido.

Nutrição à base de leite, cereais ou pastagem

As propriedades da carne são determinadas, em parte, pela dieta dos animais. A maior parte da carne consumida na América do Norte provém de bovinos alimentados por cereais, ainda que a pastagem seja a dieta natural do gado. O uso de grãos na alimentação do gado permite que ele seja criado e engorde para o abate de forma mais rápida em comparação ao pastoreio. A carne de bovinos nutridos com cereais é macia, contém mais marmoreio do que a de bovinos que pastam e é preferida pela maior parte dos consumidores norte-americanos. A carne de bovinos que se alimentam de pastagem é percebida como menos macia e menos suculenta, embora contenha menos gordura saturada e seja mais benéfica para a saúde. É descrita como uma carne com "mais sabor de carne" do que a carne de bovinos em dieta de grãos. A carne de bovinos que pastam é comum em países como a Argentina, grande consumidor e exportador de carne. Na América do Norte, produtores de carne bovina à base de pastoreio estão fazendo campanhas para uma maior divulgação entre os consumidores.

O efeito da dieta pode ser visto em outros tipos de carnes.

(continua)

2. **Perna ou coxão bola**

    Carne bovina. Os cortes do coxão bola não são muito macios e tendem a ser mais usados para brasear.

    Classificações de qualidade mais alta, como *U.S. Prime* e *U.S. Choice* nos Estados Unidos, e *Canada Prime* e *Canada AAA* no Canadá, também podem ser usadas para assados. Os assados são tão grandes que, se ficarem no forno sob temperaturas baixas por muito tempo, o próprio suco da carne ajudará a dissolver o colágeno. O coxão mole é o preferido para assados por causa de seu tamanho e relativa maciez.

    Coxão duro, coxão mole e lagarto são carnes bem magras. Ficam melhores malpassadas, se assadas. A falta de gordura fará com que fiquem ressecadas se forem bem-passadas.

    Vitela, cordeiro e porco. Estas carnes são de animais jovens e, portanto, suficientemente macias para assar.

    Pernis se prestam a excelentes assados porque os músculos grandes, com poucos sulcos e fibras com sentido uniforme, permitem um fatiamento fácil, resultando em porções atraentes.

    A Figura 10.9 mostra os músculos do coxão bola em uma secção transversal. Um pernil de carne bovina, de cordeiro, de vitela ou de porco tem os mesmos músculos.

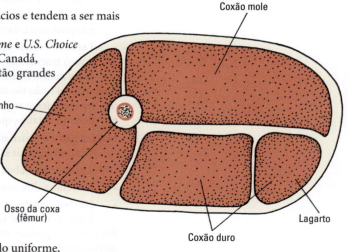

Figura 10.9
Localização dos músculos em um corte transversal de uma perna traseira de boi, vitela, cordeiro ou porco.

3. **Acém ou paleta.**

    Carne bovina. O acém bovino é um corte mais rijo, geralmente usado para brasear. Embora não seja a melhor escolha para braseados caso se deseje obter fatias uniformes, produz pratos de excelente qualidade se cozido dessa forma. O tecido conjuntivo deste corte de carne é facilmente quebrado pelo cozimento úmido, resultando em pratos de carne suculenta, macia e com bastante gelatina.

    Vitela, cordeiro e porco. Em geral, o acém e a paleta destes animais são braseadas, mas como são produtos de animais novos, podem ser assadas ou cortadas em porções menores e assadas no dourador. Assados de paleta não são recomendáveis porque contêm muitos pequenos músculos dispostos em várias direções. Portanto, não produzem fatias homogêneas e vistosas.

4. **Músculo, peito, ponta de agulha e vazio.**

    Esses são os cortes menos macios, até mesmo em animais novos, e quase sempre são cozidos por calor úmido.

    Os músculos são bons para brasear e para cozimento em fogo brando porque seu alto teor de colágeno é convertido em gelatina, que dá corpo ao líquido do cozimento e uma ótima qualidade para a carne preparada.

    Bifes do vazio, como a fraldinha, podem ser grelhados se forem malpassados e cortados em fatias finas no sentido contrário ao das fibras. Essa técnica corta o tecido conjuntivo em pedaços mastigáveis (ver amaciamento mecânico, p. 260).

5. **Carne moída, carne em cubos e em tiras.**

    Estes cortes podem ser feitos com quaisquer peças dos cortes primários. Em geral são feitos das aparas, embora o acém inteiro seja usado para moer. A carne moída e em tiras pode ser cozida em calor seco ou úmido porque já foi amaciada mecanicamente. A carne em cubos é para ser cozida em calor úmido.

OUTROS FATORES DETERMINANTES PARA A ESCOLHA DOS MÉTODOS DE COZIMENTO

1. **Teor de gordura.**

    As carnes com alto teor de gordura, como a carne bovina de classificação *Prime* ou a carne de cordeiro, são geralmente preparadas sem a adição de gordura, ou seja, são assadas no forno ou no dourador.

    As carnes com baixo teor de gordura, como a vitela, em geral são preparadas com a adição de gordura, para evitar o ressecamento. No caso das costeletas, é preferível saltear, refogar ou brasear a grelhar ou assar no dourador; e devem ser feitas bem-passadas.

Tradicionalmente, a vitela da mais alta qualidade é a chamada vitela de leite, que se alimenta de uma fórmula de aleitamento. Sua carne é rosada e macia, com um sabor delicado. Os bezerros que recebem dieta sólida, ou que podem pastar, possuem carne mais escura e avermelhada, com um sabor mais parecido com o da carne bovina. Existem controvérsias éticas a respeito da criação de vitelas usando essa fórmula de aleitamento porque os animais ficam enjaulados e não podem se movimentar. Quanto ao sabor da vitela nutrida com leite ou com pastagem, isso é um assunto de preferência pessoal.

O cordeiro mais novo é chamado, em inglês, de *spring lamb* ("cordeiro de primavera"). É abatido antes de iniciar uma dieta de sólidos, sua carne é clara e seu sabor, delicado. A carne de cordeiros mais velhos é mais escura e tem um sabor mais pronunciado. Após um ano de idade, o animal não é mais chamado cordeiro e sim carneiro ou ovelha, e tem carne ainda mais escura e sabor mais forte. As carnes de carneiro e ovelha não são muito consumidas nos Estados Unidos.

A gordura pode ser adicionada a carnes magras por meio de dois métodos:

- **Bardear**: prender tiras finas de gordura, como toucinho, à superfície de carnes que não possuam cobertura natural de gordura, a fim de protegê-las enquanto assam.
- **Lardear**: inserir tiras de gordura com uma agulha de lardear nas carnes com pouco marmoreio.

Essas duas técnicas foram desenvolvidas na Europa quando as carnes eram muito mais magras e não tão macias. Não são muito usadas nas carnes mais macias de hoje em dia, especialmente as provenientes de animais alimentados com grãos. Essas técnicas são úteis, no entanto, quando se cozinha carne de caça magra, como a de cervos.

2. **Maciez não é o único objetivo do cozimento.**

Outros objetivos são:

- Aprimorar o sabor.
- Prevenir a diminuição excessiva de volume e a perda de nutrientes.
- Dar boa aparência.

É preciso ajustar todos os objetivos para se chegar a um resultado equilibrado. Por exemplo, grelhar um assado em fogo alto pode diminuir seu volume, mas pode ser aconselhável para alguns cortes a fim de incrementar o sabor e a aparência.

DOURAR E "SELAR"

Dourar

Dourar carnes em fogo alto tem por finalidade criar o sabor e a cor desejáveis por meio do cozimento rápido das superfícies. Sempre se acreditou que o douramento da superfície da carne "sela os poros", mantendo os sucos no interior.

Não é bem isso que acontece. A carne não possui poros, mas sim uma rede aberta de fibras. Imagine a superfície de um filé como se fosse a ponta de uma corda grossa cortada. Não há poros para vedar. É verdade que a carne bem corada apresenta uma espécie de crosta na superfície, mas esta não é mais impermeável do que uma superfície não corada.

É fácil demonstrar isso. Coloque um bife ou uma costeleta em uma grelha quente e doure bem. Vire e continue o processo. À medida que a carne grelha, você verá os sucos da carne saindo por cima da superfície previamente dourada. Você continua ouvindo um som de fritura, que é o da umidade escapando da carne e se transformando rapidamente em vapor. Tire a carne pronta da grelha e deixe-a descansar por alguns minutos; uma pequena porção de líquido se formará. Qualquer pessoa que já fritou um bife sabe que dourar ou tostar a carne não faz com que sua superfície seja vedada.

Os assados preparados em baixas temperaturas desde o início retêm mais líquido do que os assados inicialmente dourados em altas temperaturas.

Bifes, costeletas e filés altos de carne preparados por cozimento rápido em fogo alto retêm maior umidade no princípio porque o calor intenso evapora os sucos da superfície da carne instantaneamente, forçando o líquido interno a migrar para centro do corte. Isso permite que a carne fique dourada, uma vez que a umidade, se escapasse, iria criar vapor e inibir o processo de dourar. No entanto, qualquer carne cozida em excesso fica seca, quer tenha sido inicialmente dourada ou não.

Branquear e "selar"

Mergulhar a carne em água fervendo também não veda os poros. O que acontece neste caso é: muitas proteínas se dissolvem em água fria. Ao serem aquecidas, essas proteínas coagulam-se e viram espuma na superfície da água. Quando a carne é colocada em água fervente, parte da proteína coagula dentro da carne e um pouco é levada para fora, junto com a umidade que se perde. Um cozimento prolongado faz a carne encolher, quer ele tenha sido iniciado em água fervente ou em água fria.

COZIMENTO DE CARNES CONGELADAS

Algumas fontes recomendam o preparo de alguns tipos de carnes no estado congelado, sem descongelar, para não ter a perda de sucos que ocorre durante o descongelamento. No entanto, é sempre melhor descongelar antes do cozimento por causa das seguintes razões:

1. Carnes congeladas não perdem umidade no descongelamento, mas perdem mais durante o cozimento. A perda total é quase a mesma das carnes descongeladas. Além disso, a percepção de suculência depende tanto quanto ou mais do teor de gordura do que do de umidade.

2. O cozimento de carnes congeladas complica o processo e requer reajustes no procedimento. Pode acontecer de os assados ficarem cozidos por fora, mas ainda congelados por dentro. Filés congelados também são mais difíceis de cozinhar por igual do que os descongelados. Carnes descongeladas, por outro lado, podem ser trabalhadas como carnes frescas.

3. Para cozinhar carnes congeladas é preciso energia extra, e a energia é cara. Um assado congelado pode levar três vezes mais tempo para cozinhar do que um descongelado.

PONTO DE COZIMENTO

DEFINIÇÕES

O significado da expressão **ponto de cozimento** depende do uso de calor seco ou úmido no método de cozimento.

1. **Calor seco.**
   A carne está "ao ponto" quando a proteína chega ao grau desejado de coagulação (ver p. 65), indicada pela temperatura interna.

2. **Calor úmido.**
   A carne está "ao ponto" quando os tecidos conjuntivos estiverem dissolvidos o suficiente para a carne ficar palatável. Com raras exceções, a carne preparada por calor úmido fica sempre bem-passada.

COZIMENTO POR CALOR SECO

O objetivo do cozimento por calor seco é atingir o grau desejado de cozimento (coagulação da proteína) ao mesmo tempo em que a maciez e a suculência são preservadas.

Graus do ponto de cozimento

À medida que a carne cozinha, os pigmentos mudam de cor. Essas mudanças de cor indicam os graus do ponto de cozimento.

Carne vermelha (boi e cordeiro) muda de vermelho para rosa ou marrom acinzentado.

- Malpassada: superfície dourada; camada externa fina de carne cozida (cinza); interior vermelho.
- Ao ponto: camada externa cinza mais grossa; parte interna rosada.
- Bem-passada: camada externa e interior cinzas.

   (Obviamente há estágios entre esses graus.)

Carne branca (vitela e suíno): muda de rosa ou rosa acinzentado para branco ou esbranquiçado. Em geral deve ser bem-passada, embora muitos cortes de vitela possam ser considerados ao ponto quando ainda estiverem ligeiramente rosados no centro.

Como foi explicado na página 23, a triquinose é uma doença causada por um parasita que vive no tecido muscular de porcos e de alguns animais silvestres. Nos países em que essa doença é um problema, o porco precisa ser cozido o suficiente para eliminar o perigo. Esse parasita é eliminado a 58ºC, mas, por segurança, o porco precisa ser cozido até atingir pelo menos 66 a 68°C. Nesse estágio, a carne de porco só pode ser ao ponto, ou ao ponto para bem-passada. Algumas pessoas apreciam consumir carne de porco ainda rósea no centro, mas a maioria prefere-a um pouco mais bem-passada. Por outro lado, não é necessário cozinhar a carne de porco a 85°C, como se sugeria antigamente. A esta temperatura, a carne de porco fica cozida em excesso e seca. Para os que evitam a coloração rosada na carne de porco, talvez o melhor ponto de cozimento esteja entre 71 e 77°C.

Como testar o ponto de cozimento

Determinar o ponto de cozimento é um dos aspectos mais difíceis e críticos do cozimento da carne. Qualquer um pode colocar um filé na grelha ou um assado no forno. Porém, é preciso experiência e habilidade para retirá-los na hora certa.

O cozinheiro não pode usar a mudança de cor para testar o ponto de cozimento porque seria necessário cortar a carne. Furar a carne para examinar a cor dos sucos não é um método confiável.

Temperatura interna

O método mais preciso para testar o ponto de cozimento de carnes é examinar a temperatura do interior da carne usando um termômetro apropriado. Há dois tipos de termômetro para carne: os termômetros-padrão, que são inseridos no assado antes de levá-lo ao forno e deixados lá até o final do cozimento; e os *termômetros de leitura instantânea*, que podem ser inseridos a qualquer momento na carne e lidos assim que a agulha para de se mover. Qualquer que seja o tipo de termômetro utilizado, certifique-se de que esteja *limpo* e *sanitizado* antes de inseri-lo na carne.

A ponta do termômetro deve ser inserida no centro da parte mais grossa da carne, sem tocar a gordura ou o osso. A Tabela 10.3 fornece a temperatura interna de carnes nos diferentes pontos de cozimento.

Em geral, tradições regionais de comer carnes bem-passadas ou cozidas em excesso estão diminuindo, e cada vez mais as pessoas estão comendo carne malpassada. Durante décadas, as carnes cozidas a uma temperatura interna de 60°C eram chamadas de malpassadas, mas para os padrões de hoje, essa temperatura é mais considerada ao ponto. As preferências atuais estão refletidas nas temperaturas dadas na Tabela 10.3.

É preciso dizer que as agências de vigilância sanitária reforçam que as carnes podem conter bactérias e parasitas prejudiciais à saúde. Embora ainda estejam sendo feitos estudos, agências como o USDA (United States Drug Administration) dos Estados Unidos sugerem que as carnes sejam cozidas a pelo menos 63°C para ficarem completamente fora de perigo. Este órgão exige que a carne bovina pré-cozida para venda no setor de serviços alimentícios (como rosbifes pré-cozidos para sanduíches) seja aquecida a uma temperatura interna de pelo menos 65°C quando for processada.

Lembre-se que, conforme apresentado no Capítulo 2, o cozimento de alimentos a temperaturas mais baixas pode torná-los seguros. Observe, porém, que de acordo com a Tabela 2.3 na página 29, quanto mais baixa for a temperatura interna final, mais tempo o produto deve ser mantido naquela temperatura. Assim, um assado pode ser cozido, por exemplo, até atingir uma temperatura interna de apenas 54°C, mas só poderá ser considerado seguro se for mantido nessa temperatura por pelo menos 112 minutos.

É claro que não é possível manter um filé malpassado na sua temperatura final por 112 minutos antes de servi-lo. Portanto, de acordo com os padrões de segurança de órgãos como o USDA, os bifes malpassados não são considerados seguros. Aqueles que preferem bifes malpassados, porém, não estão propensos a mudar de opinião por esse argumento, e irão continuar a pedir carnes cozidas ao ponto que apreciam mais. O profissional de serviços alimentícios tem que decidir se quer agradar esses clientes ou seguir as orientações de segurança para preparo dos alimentos.

De qualquer modo, se 63°C (145°F) é ou não a temperatura segura mais baixa para o cozimento da maioria das carnes, não é correto usá-la como referência para a carne "malpassada".

Tabela 10.3
Temperatura interna de carnes e pontos de cozimento

Carne	Malpassada	Ao ponto	Bem-passada
Bovina	54°C	60-63°C	71°C
Cordeiro	54°C	63°C	71°C
Vitela	—	63-66°C	71°C
Suína	—	—	74-77°C

Cozimento residual

A temperatura interna continua a subir até mesmo depois que a carne é retirada do forno. Isso porque a parte externa do assado está mais quente do que a parte interna. Esse aquecimento continua a ser conduzido para o interior da carne até que o calor fique homogêneo por todo o assado.

O **cozimento residual** pode elevar a temperatura interna de um assado de 3°C, para cortes pequenos, a 14°C, para peças bem grandes, como um coxão bola. A faixa usual é de 6 a 8°C para assados médios. A mudança exata de temperatura depende do tamanho da peça e da temperatura do forno.

Retire os assados do forno quando a temperatura interna estiver entre 6 a 8°C abaixo do grau desejado. Deixe o assado descansar por 15 a 30 minutos antes de fatiar. Por exemplo, um assado de costela malpassado deve ser retirado do forno quando o termômetro estiver marcando de 46 a 49°C. O cozimento residual fará com que a temperatura suba para 54°C depois que o assado tiver descansado por 30 minutos.

Tato

O tamanho reduzido de filés, bistecas e costeletas torna o uso do termômetro impraticável. O cozinheiro terá que confiar em seu tato.

A carne se torna mais firme durante o cozimento. Se você pressioná-la levemente com o dedo, perceberá seu ponto de cozimento. Pressione o centro da parte magra, não a gordura.

Malpassada. Carne mole, que cede à pressão, porém não tão mole e gelatinosa como a carne crua.

Ao ponto. Carne moderadamente firme e elástica, oferece certa resistência quando é pressionada.

Bem-passada. Carne firme, que não cede à pressão.

O coeficiente tempo-peso

Existem muitas tabelas que dão o tempo de cozimento por quilo de carne. Contudo, fornecem um valor meramente aproximado, e devem ser usadas apenas para estimar e planejar o tempo de preparo, não para determinar o ponto de cozimento.

Muitos outros fatores além do peso e da temperatura do forno determinam o tempo de cozimento:

1. A temperatura da carne antes de ser assada.

2. A quantidade de gordura que cobre a carne (a gordura age como um isolante).

3. Os ossos (eles conduzem o calor mais rápido do que a carne, portanto, assados sem osso cozinham mais devagar do que assados com osso com o mesmo peso).

4. O tamanho do forno, seu tipo e o número de itens sendo assados ao mesmo tempo.

5. O número de vezes que a porta do forno é aberta.

6. O formato do corte (um corte chato, longo ou delgado cozinha mais rapidamente do que um corte redondo e compacto).

Como você pode ver, assar carnes exige experiência e bom-senso. Para ser realmente precisa e útil, uma tabela completa de tempo de cozimento de assados, que levasse todas as variáveis em consideração – incluindo todos os cortes de carne, tamanhos, temperatura do forno etc. – teria que ter o tamanho de um livrinho.

O ponto 6 acima é crucial. É a *espessura* de um corte e *não o seu peso* que determina o tempo de cozimento – o tempo necessário para que o calor penetre no centro da peça. Meio lombo de porco leva o mesmo tempo para assar que um lombo de porco inteiro, mesmo que pese a metade. A espessura é a mesma.

Talvez as tabelas de tempo de cozimento mais úteis sejam as que você mesmo faz. Se você assar os mesmos cortes regularmente, da mesma maneira e com o mesmo equipamento, e perceber que sempre demoram o mesmo tempo, você pode usar esses tempos como indicadores do ponto de cozimento. Muitos profissionais da área desenvolveram tabelas baseadas em suas próprias práticas, e o tempo correto está indicado nas fichas técnicas de cada receita-padrão.

COZIMENTO EM CALOR ÚMIDO

A carne cozida em calor úmido é sempre bem-passada, ou melhor, mais que bem-passada. O ponto de cozimento é indicado pela maciez, não pela temperatura.

Para testar o ponto de cozimento, fura-se a carne com um garfo. Quando os dentes do garfo entram e saem com facilidade, a carne está no ponto.

Temperaturas baixas – fogo brando – são essenciais para evitar o enrijecimento da proteína da carne no cozimento com calor úmido. Temperaturas de 120 a 150°C são suficientes para manter o líquido em fervura branda.

SUCULÊNCIA

Três fatores principais determinam a suculência de uma carne pronta – ou, mais precisamente, a *percepção* de suculência. Apesar dos mitos sobre regar o assado com fundo ou "selar os sucos", os fatores a seguir são os únicos que têm efeito significativo sobre a suculência.

1. **Gordura interna.**

   A gordura faz com que a carne seja percebida como suculenta. É por isso que carnes com bastante marmoreio parecem ser mais suculentas que as carnes magras. Sabemos dos efeitos do excesso de gordura na dieta sobre a saúde, mas está fora de discussão que o alto teor de gordura faz com que a carne fique mais suculenta. Quando carnes magras são cozidas, outras medidas (como o uso de molhos e, principalmente, o cuidado para não cozinhar demais) são tomadas para aumentar sua palatabilidade.

2. **Gelatina.**
Esse fator é muito importante em carnes braseadas. A gelatina, proveniente da dissolução do tecido conjuntivo, ajuda a aglutinar moléculas de água e mantê-las dentro da carne. A textura da gelatina também melhora a textura da carne na boca. Por esse motivo, um músculo braseado tem um sabor muito mais suculento do que um coxão duro feito do mesmo modo.

3. **Coagulação da proteína.**
Como se sabe, quando a proteína coagula ou cozinha, ela se rompe e começa a perder água. Quanto mais se cozinha, mais ela se contrai e perde umidade. Por mais que você tente dourar a carne para "selar os sucos", essa umidade se perde. A única maneira de minimizar a perda de umidade é evitar o cozimento excessivo.

COMO PREPARAR MIÚDOS

Miúdos, também conhecidos como *vísceras*, compreendem vários órgãos, glândulas e outras partes do animal que não fazem parte da carcaça trabalhada.

Dentro da culinária, pode-se dividir os miúdos em dois grupos:

Glândulas	*Músculos*
Fígado	Coração
Rins	Língua
Moleja	Bucho
Miolo	Rabo

Glândulas não são compostas de tecido muscular como as outras carnes, são órgãos internos. Esse fato é importante por duas razões.

Primeiramente, porque isso significa que não apresentam feixes de fibras musculares, de modo que sua textura é diferente das outras carnes. Por não serem um tecido muscular, são naturalmente macias e não necessitam de cozimento prolongado e lento, como os miúdos constituídos de músculos. Se esses órgãos ou glândulas ficarem secos e duros, em geral é porque foram cozidos em excesso.

Em segundo lugar, porque as glândulas são muito mais perecíveis do que as carnes provenientes de músculos. Enquanto estas, principalmente no caso da carne bovina, são beneficiadas pela maturação, os órgãos precisam ser bem frescos para apresentar melhor qualidade. O fígado, a moleja (timo) e os miolos (cérebro) precisam ser usados em um dia ou dois depois de comprados. Se precisarem ser conservados por mais tempo, deverão ser branqueados conforme procedimento descrito abaixo, para que durem mais um ou dois dias.

O coração, a língua, o rabo e o bucho são constituídos de tecido muscular, como as outras carnes da carcaça. Porém, são duros e precisam ser cozidos por bastante tempo em fogo brando, ou braseados, para ficarem macios.

FÍGADO

O fígado de vitela é o mais apreciado por causa de seu sabor suave e delicado. É facilmente reconhecido em razão de sua cor pálida e rósea. Quase sempre o fígado de vitela é servido frito em pouco óleo, salteado ou dourado.

O fígado de boi é mais escuro (ver foto), tem sabor mais forte e é mais duro que o fígado de vitela. Também deve ser frito em pouco óleo ou assado no dourador, mas é mais comumente braseado.

Existe também o fígado de porco, mas é mais usado em patês e embutidos.

Fatia de fígado de vitela (a clara) e fatia de fígado de boi (a escura).

Pré-preparo
- Retire a película externa.
- Corte fatias de 0,5 cm de espessura, na diagonal. É mais fácil fatiar se o fígado estiver parcialmente congelado.
- Descarte as membranas duras.

Cozimento
- Cozinhe de acordo com o pedido. Não cozinhe antecipadamente.

- Para assar no dourador: pincele com (ou mergulhe em) óleo ou manteiga derretida. Doure de acordo com os procedimentos básicos usados para assar carnes no dourador.
- Para fritar, grelhar ou saltear: passe em farinha de trigo temperada. Frite na gordura de sua preferência, em fogo alto.
- *Não cozinhe em excesso*, a não ser que o cliente exija a carne bem-passada. Para não ficar ressecado, o fígado precisa ficar ligeiramente rosado por dentro. O fígado bem-passado fica muito seco.
- Sirva com bacon, batata frita, cebola refogada ou manteiga temperada.

RINS

Rins de vitela e de cordeiro são os mais populares, especialmente em restaurantes luxuosos. Em geral, são salteados ou assados no dourador. Rins de boi são mais duros e possuem sabor forte. Na maior parte das vezes, são braseados e servidos em pratos especiais, como a tradicional *steak and kidney pie* – uma torta fechada de carne e rim. Rins de porco não são muito usados.

Rins de vitela pesam de 225 a 350 g cada. Rins de cordeiro são bem pequenos, com aproximadamente 40 a 85 g cada. Se você comprar carcaças inteiras de cordeiro ou vitela, encontrará um par de rins dentro da cavidade, presos na parte final das costas, na região do filé-mignon, e circundados por uma camada grossa de gordura ou sebo.

À esquerda: rim de cordeiro. À direita: rim de vitela.

Pré-preparo

Se o rim estiver coberto de gordura, afaste-a da superfície do órgão à mão e use uma faca para cortá-la da área central onde os canais surgem de dentro do rim.

Rins de cordeiro, em geral, são assados no dourador e servidos dois ou três por porção, ou como parte de um grelhado misto. Abra-os em forma de borboleta, partindo-os quase ao meio a partir do lado curvo ou do lado convexo. Mantenha-os abertos com o auxílio de um espeto para que permaneçam assim durante o cozimento.

Rins de vitela podem ser assados no dourador como os rins de cordeiro, mas quase sempre são picados, salteados e servidos com um molho. Ao fazer o pré-preparo para saltear, abra-os ao meio primeiro. Descarte os canais brancos da parte central. Depois corte em cubos grandes ou fatias grossas.

Cozimento

Existem duas grandes armadilhas no preparo de rins. Primeira: eles ficam duros e borrachudos se forem cozidos em excesso. Cozidos da maneira certa, ficam rosados no meio, macios e suculentos. O tempo de cozimento é muito curto.

Segunda: seu alto teor de umidade pode interferir no processo de saltear. Certifique-se de que a frigideira esteja bem quente antes de colocar os rins, e não a encha demais. Se isso acontecer, o rim cozinhará em seu próprio suco em vez de ser salteado.

Para evitar o excesso de cozimento ao saltear o rim, não tente dourar muito a carne. Doure ligeiramente e tire da frigideira quando ainda estiverem um pouco malpassados. Deixe-os descansar enquanto deglaceia a frigideira e prepara o molho. Enquanto isso, algum suco escorrerá dos rins. Coloque esse suco no molho se o desejar, ou descarte-o se achar que o sabor é muito forte. Por fim, coloque os rins de volta no molho e aqueça levemente. Não deixe no fogo por muito tempo. Sirva em seguida.

MOLEJAS

Molejas são o timo de vitelas e bezerros. A glândula desaparece gradualmente à medida que o animal cresce. São consideradas uma iguaria e possuem um preço elevado. São suaves no sabor e delicadas na textura. Em geral são braseadas ou empanadas e salteadas na manteiga.

Antes do cozimento, as molejas devem ser preparadas de acordo com o seguinte procedimento (ver Fig. 10.10):

1. Coloque de molho em água fria por várias horas, ou de um dia para outro. Troque a água de tempos em tempos. Isso retira o sangue, que pode escurecer a carne durante o cozimento.
2. Branqueie em água salgada, em fogo brando, por 10 minutos. Alguns *chefs* gostam de acrescentar um pouco de suco de limão ou vinagre à água para preservar a cor branca da carne e deixá-la mais firme.
3. Resfrie sob água corrente e retire as membranas e o tecido conjuntivo.
4. Coloque entre duas assadeiras, com um peso leve em cima, e leve à geladeira por várias horas. Se preferir, enrole em um pano fino antes de apertar, como mostra a Figura 10.10.

Figura 10.10 Como preparar molejas.

(a) Moleja crua.

(b) Depois de branquear, retire a membrana da moleja.

(c) Enrole a moleja em um pano fino limpo.

(d) Amarre bem as pontas.

(e) Coloque em uma assadeira e apoie outra assadeira por cima.

(f) Coloque um peso sobre a assadeira e leve à geladeira por várias horas.

5. Pré-prepare a moleja para o cozimento:
   - Para brasear, deixe-a inteira ou corte em cubos grandes.
   - Para empanar e saltear, divida ao meio, no sentido horizontal. Passe pelo procedimento padrão de empanar ou por farinha de trigo apenas.

MIOLOS

Os miolos não são muito populares, mas têm sabor e textura delicados. Os de vitela são os mais usados.

Miolos são muito perecíveis e devem ser cozidos o quanto antes. Também são frágeis e precisam ser manuseados com cuidado.

Os miolos precisam ser pré-preparados de acordo com os passos a seguir. Em seguida, podem ser servidos quentes com manteiga *noisette* (p. 177) ou resfriados e depois mergulhados em massa mole, fritos por imersão e servidos com molho de tomate.

1. Coloque os miolos de molho em água fria, como as molejas.
2. Retire a membrana externa (isso pode ser feito antes ou depois de escalfar).
3. Escalfe por 20 minutos em um *court bouillon* feito com 25 mL de suco de limão ou vinagre e um *bouquet garni* para cada 500 mL de água salgada.
4. Retire da água e sirva imediatamente, ou esfrie em água fria corrente.

CORAÇÃO

O *coração*, geralmente de vitela ou de boi, é muito duro e magro. Pode ser braseado ou cozido em fogo brando, ou moído e misturado com carne bem picada para o preparo de assados ou recheios de carne.

Antes do cozimento, limpe as fibras mais grosseiras e as veias das partes interna e superior.

LÍNGUA

A *língua* de boi cozida é conhecida nos Estados Unidos como uma carne fria, geralmente fatiada e usada no preparo de sanduíches. Pode ser comprada fresca, curada ou defumada. Língua de vitela e de cordeiro também estão disponíveis.

A língua é quase sempre cozida em fogo brando. Depois do cozimento lento, retire a pele e apare a cartilagem na base da língua antes de fatiar.

RABO

O *rabo* contém uma carne saborosa e um alto teor de gelatina, tornando-o muito apropriado para o preparo de sopas e ensopados.

Para separar o rabo em pedaços, faça um corte nas juntas com uma faca de *chef* ou de açougueiro. Não use cutelo, pois ele pode lascar os ossos.

BUCHO

Bucho é o forro muscular do estômago dos animais de abate. Embora se possa encontrar bucho de cordeiro, bode e porco, o bucho de boi é muito mais usado. Como o boi tem quatro estômagos, existem quatro tipos de bucho. O bucho com estrutura de colmeia, do segundo estômago, é o mais fácil de ser encontrado nos EUA. Os outros tipos também podem substituir esse tipo de bucho nas receitas. Na França, outro tipo de bucho de boi, conhecido como **gras-double**, é mais popular; sua estrutura é lisa, e não em forma de colmeias.

A maioria dos buchos comercializados nos EUA foi parcialmente cozida, mas mesmo assim requerem várias horas de cozimento em fogo brando para ficarem macios. O bucho malcozido fica borrachudo, mas o cozido em fogo baixo por tempo suficiente é macio, com uma textura gelatinosa e agradável.

Para preparar, primeiro descarte as pelotas de gordura, puxando-as ou cortando-as. Em seguida, branqueie o bucho, se desejar. Embora já esteja parcialmente cozido quando é comprado, o processo de branqueamento reaviva seu frescor. Coloque-o em uma panela com água salgada e fria. Aqueça até ferver e então cozinhe em fogo brando por 5 a 10 minutos; escorra e enxague em água fria.

OUTROS MIÚDOS

Tripa

O uso mais comum das tripas é como envoltório para embutidos. Esse assunto é discutido no Capítulo 26.

As tripas de porco são tratadas como o bucho. São branqueadas ou cozidas em fogo brando, depois braseadas ou fritas. Nos Estados Unidos, as tripas de porco são vendidas em baldes de 4,5 kg. Como encolhem bastante ao serem cozidas, essa quantidade rende apenas 1,3 kg ou menos.

Peritônio

O **peritônio** de porco, também conhecido como *véu*, *renda* e *coifa*, é uma membrana adiposa que recobre o interior do estômago do animal. Parece uma peça delicada de renda – daí um de seus nomes populares. É usado principalmente para forrar terrinas e embrulhar recheios de carne e outros alimentos, com o intuito de manter sua forma durante o cozimento e de impedir que ressequem. Os *crêpinettes* (*crépine* é a palavra francesa para peritônio) são uma iguaria francesa que consiste em um hambúrguer de carne suína envolvido em peritônio (ver p. 839). A vantagem do uso do peritônio em vez do toucinho para forrar terrinas é que essa é tão fina que derrete quase que completamente durante o cozimento.

Pés

Os pés são excepcionalmente ricos em gelatina. Por essa razão, são usados em sopas, ensopados e caldos, para dar-lhes sabor e textura encorpada. Na verdade, alguns cozidos feitos com pés, como o bucho *à la mode de Caen*, podem ficar tão substanciosos com a gelatina que não só se tornam sólidos quando esfriam, mas também podem até ser desenformados e servidos como se fossem embutidos.

Pés de porco são fáceis de encontrar no comércio varejista. Pés de vitela e de boi também podem ser encontrados, mas frequentemente apenas no comércio atacadista. Os pés de animais mais velhos têm menos gelatina. Se uma receita pedir um pé de vitela e não for possível comprá-lo, na maioria dos casos é possível substituí-lo por dois pés de porco.

CAÇA E OUTRAS CARNES ESPECIAIS

O termo **caça** é usado para se referir a animais de pelo e de pena normalmente encontrados no meio silvestre. Porém, a maioria dos animais "silvestres" de caça, que se tornaram populares nos menus de alguns restaurantes, na verdade são animais criados em fazendas. Fazendas de cervos, em especial, tornaram-se numerosas e produtivas nos Estados Unidos, suprindo uma demanda crescente.

Aves de caça criadas em fazendas serão discutidas com outras aves, no Capítulo 12. Esta seção está voltada para animais de caça de pelo.

Embora uma grande variedade de animais de caça, grandes e pequenos, possa ser encontrada na mesa dos caçadores, o suprimento de caça para o mercado de restaurantes e para o varejo é mais limitado. O cervo, que é a caça mais popular no Hemisfério Norte, é o principal assunto desta seção. Outros produtos, como o javali e a lebre, também podem

Estrutura óssea da caça

As estruturas óssea e muscular dos animais de caça de pelo, como o cervo e o alce, são iguais às das carnes mais conhecidas, como a do boi e a do cordeiro. As carcaças também são retalhadas e manufaturadas da mesma maneira. Depois que você se familiarizar com os quadros e diagramas das páginas 264 a 267, você poderá aplicar os mesmos conhecimentos para os cortes de cervo e de outras caças de pelo grandes.

O coelho, no entanto, é cortado de maneira diferente dos animais de caça maiores e, por essa razão, ilustrações adicionais são fornecidas nesta seção, começando na página 283.

---

ser encontrados esporadicamente. Além disso, o coelho doméstico será mencionado aqui, embora sua carne tenha pouca coisa em comum com uma carne de animal de caça.

Os termos franceses para as carnes de caça são sempre usados nos menus e em manuais e obras de referência culinárias. Para esclarecer esses termos, segue uma lista dos mais usados:

Chevreuil: frequentemente traduzido como "cervo", refere-se especificamente ao cabrito montanhês (*roe deer*, em inglês), a variedade europeia mais apreciada deste animal.

Cerf: veado vermelho, geralmente criado em fazendas.

Daim: gamo, geralmente criado em fazendas.

Marcassin: javali novo, especialmente o javali abaixo de seis meses de idade.

Sanglier: javali.

Lapin: coelho.

Lapereau: coelho novo.

Lièvre: lebre.

Levraut: lebre nova.

Venaison: de grafia muito semelhante ao termo em inglês *venison* (que significa "cervo"), pelo qual geralmente é traduzido, na verdade se refere à carne de qualquer animal de caça.

CERVO

Nos Estados Unidos, diversas variedades de veado são criadas em fazendas para abate, incluindo o veado vermelho e o pequeno gamo. A carne de veado é genericamente denominada *carne de cervo*. Uma grande vantagem do cervo criado em fazendas, além de sua disponibilidade durante todo o ano, é que o cozinheiro pode ter certeza de que a carne provém de animais jovens, macios. Na selva, animais jovens com menos de dois anos costumam ter carne macia, mas a carne endurece rapidamente quando o animal fica adulto ou mais velho. A tradição de manter a carne de caça por vários dias em marinadas fortes de vinho se origina, em grande parte, nos esforços de amaciá-la o suficiente para torná-la palatável.

Marinação, sabor e maciez

A primeira coisa a ser dita sobre o cervo criado em fazendas é que ele tem um sabor mais suave do que o cervo caçado. Tem pouco, ou quase nada, do forte sabor de caça geralmente associado a animais de caça silvestres. Na verdade, o sabor de um bife de cervo criado em fazenda lembra o sabor de um corte magro e saboroso de carne bovina. Os amantes dos sabores fortes da carne de caça podem até achar o cervo criado em fazenda um pouco insípido. Embora surta certo efeito amaciante, a marinação não é necessária para cervos produzidos comercialmente, porque a carne já é macia. Contudo, a marinação é uma técnica muito usada para dar sabor e aroma. Grande parte do sabor tradicionalmente associado ao cervo, na verdade, é devido não tanto à sua condição de animal de caça, mas às marinadas de vinho tinto que sempre foram usados em seu preparo.

Para reter mais do sabor natural da carne, prepare-a sem marinar, ou deixe-a tomar gosto por um período bem curto (de 30 minutos a 3 ou 4 horas) com os ingredientes desejados de tempero e condimento. As marinadas rápidas e modernas são bem simples e contêm muito poucos ingredientes.

Teor de gordura

O cervo, assim como outros animais de caça, possui pouquíssima gordura. Isso o torna especialmente popular entre os frequentadores de restaurantes zelosos com a saúde. O fato de ter pouca gordura também tende a deixar a carne ressecada, a não ser que o cozinheiro fique bem atento.

O lombo e o pernil, desde que estejam macios, ficam melhores se preparados por métodos de calor seco e servidos malpassados ou ao ponto. Se forem cozidos por mais tempo, irão ressecar. Asse esses cortes inteiros, com ou sem osso, ou corte-os em bifes, postas ou medalhões e use os métodos indicados para saltear, fritar em pouca gordura ou assar no dourador, ficando atento para não deixar a carne passar do ponto.

Existem no comércio pernas inteiras de cervo, desossadas, amarradas e embaladas a vácuo. O peso varia entre 2 e 4,5 kg. Lombos inteiros com osso pesam de 2,3 a 9 kg, enquanto lombos desossados e aparados pesam aproximadamente a metade disso.

Cortes mais duros, principalmente paleta, pescoço e peito, são braseados, ensopados, moídos ou usados para fazer embutidos. Esses cortes também são magros, mas como possuem mais tecido conjuntivo e gelatina, ficam melhores em ensopados e braseados.

Resumindo, cervo criado na fazenda pode ser tratado como carne bovina bem magra. Fique atento para não deixar o cozimento atingir o ponto de ressecamento.

JAVALI

O **javali** é um tipo de porco selvagem. Sua carne é semelhante à do porco, porém é mais magra, com sabor mais marcante e untuoso. O javali é produzido comercialmente hoje em dia em algumas fazendas, e se encontra disponível em quantidades limitadas.

    O javali é um pouco mais difícil de cozinhar do que o cervo e outros animais de caça porque, como o porco, precisa ser cozido até ficar bem passado. Ao mesmo tempo, é mais magro e menos macio do que o porco doméstico, portanto, tende a ficar um pouco ressecado ou borrachudo. É preciso ter muito cuidado para prepará-lo adequadamente sem cozinhar em excesso. Como o javali costuma ser mais rijo do que o cervo criado em fazendas, sua perna ou pernil ficam melhores assados em panela ou no forno brando, enquanto o lombo pode ser usado para assados normais ou cortados em medalhões a serem salteados.

    Tradicionalmente, o javali é trabalhado como o cervo, e receitas típicas pedem marinadas de vinho tinto. Embora pareça estranho marinar uma carne branca em vinho tinto à primeira vista, esse tratamento funciona muito bem com o javali. O vinho tinto acentua o sabor mais pronunciado do javali (comparado com o do porco) e faz com que ele tenha mais gosto de caça.

OUTROS ANIMAIS DE CAÇA GRANDES

Várias outras carnes de caça podem ser encontradas em cozinhas profissionais. O *alce*, o *caribu*, o *alce americano* e o *antílope* são parecidos com o cervo e trabalhados da mesma maneira. Os três primeiros, principalmente o alce americano, são maiores do que o veado, portanto, pode ser necessário aumentar o tempo de cozimento quando forem usadas receitas de cervo para eles.

    O *bisão americano*, tipo de búfalo criado em ranchos no oeste dos Estados Unidos e do Canadá, tem carne magra, que é manuseada como a do boi. As características de sabor e cozimento são semelhantes às da carne bovina, mas a carne é mais rica em sabor e tem menos gordura e colesterol do que a carne bovina.

Pendurar a caça

Grande parte do sabor forte associado com a carne de caça vem da prática de pendurar o animal abatido. Os caçadores, ao usarem a caça para consumo próprio, costumam deixar a carcaça eviscerada pendurada por mais tempo do que o necessário para amolecer a carne (ver "carne verde" p. 261), ou o tempo suficiente para ficar com um cheiro forte ou quase de carne estragada.

A caça criada em fazendas, mencionada aqui e usada em cozinhas comerciais, não é pendurada. Por isso, seu sabor é mais suave.

COELHO

O coelho doméstico é uma carne versátil que pode ser preparada, em grande parte, da mesma maneira que o frango. Na verdade, em alguns países a carne entra na categoria de classificação das aves. No Capítulo 11, foram incluídas algumas receitas típicas de coelho, mas quase todas as receitas para frango podem ser usadas para preparar coelho também. Além disso, muitas receitas para vitela ou porco podem ser adaptadas para coelho.

    A carne leve e delicada do coelho é sempre comparada à do frango, mas existem diferenças. É um pouco mais saborosa do que a carne de frango, com um gosto suave, mas distinto, que não é exatamente igual ao de outras aves ou carnes. Também é uma carne muito

Figura 10.11
Como cortar o coelho para ensopar e saltear.

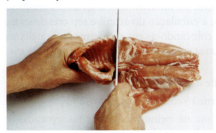

(a) Corte as pernas traseiras, separando-as na junção do quadril.

(b) Corte as pernas dianteiras com um talho embaixo da escápula.

(c) Corte o osso do quadril.

(d) Faça um corte transversal na espinha para separar as costelas do lombo ou sela.

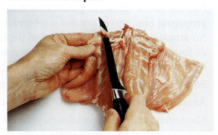

(e) Separe cuidadosamente as costelas flutuantes, descartando-as. A sela pode então ser cortada transversalmente, através da espinha, se desejar.

(f) Este é o coelho cortado, com as patas dianteiras e as costelas, à esquerda, a sela ao centro e as pernas traseiras e o quadril, à direita.

magra (mais semelhante ao peito de frango ou peru do que às suas pernas) e pode ficar dura se cozida em excesso.

O coelho se presta muito bem à marinação, embora também possa ser preparado sem esse procedimento. Em ambos os casos, pode ser preparado por cozimento longo, lento e sob fogo brando, braseado ou ensopado; ou pode ser salteado, grelhado ou assado.

A estrutura do coelho, obviamente, é igual à de outros mamíferos e não à das aves. Os métodos de corte dividem as pernas traseiras que possuem mais carne, as pernas dianteiras que possuem mais ossos, e a sela ou secção da costas (*râble*, em francês). A carcaça inteira, cortada, é usada para ensopados e salteados, enquanto a sela sozinha é usada para assar. Pode ser preparada com osso ou desossada (ver Fig. 10.11).

Coelhos pequenos, com 1,5 kg ou menos, são os melhores para preparar. Coelhos adultos com aproximadamente 2 kg tendem a ser duros e mais secos.

LEBRE

A **lebre** é uma parente selvagem do coelho. Observe que coelhos e lebres são animais diferentes (o *jackrabbit* americano, por exemplo, é uma lebre de fato, não um coelho). Ao contrário do coelho doméstico, que tem uma carne de cor clara e delicada, a lebre tem uma carne escura, de vermelha para marrom, e gosto e cheiro de caça.

As lebres com sete a oito meses e aproximadamente 2,7 kg são as de melhor qualidade. As maiores, com mais de 3,6 kg, tendem a ser duras e fibrosas.

Como tem a mesma estrutura do coelho, a lebre é cortada da mesma maneira.

Sela de lebre assada

Como outras carnes de caça, a lebre é bem magra e, portanto, fica dura se cozida em excesso. Se for assada, deve ser retirada do forno quando ainda estiver malpassada ou pelo menos ainda rosada. A lebre malpassada tem uma cor vermelha forte e atrativa. A seguir, um preparo típico e clássico de sela de lebre será apresentado. Observe que esse também é o processo clássico usado para assar cervos.

1. Coloque a sela da lebre em uma marinada de vinho tinto (como a marinada para cervo da p. 304).

2. Doure-a no fogão e asse-a no forno a 220°C por 15 minutos, até ficar ao ponto.

3. Retire o lombo do osso e corte em fatias finas no sentido do comprimento. Retire o filé-mignon da parte de baixo da sela e deixe-o inteiro, ou fatie conforme a preferência.

4. Sirva a carne com Molho *poivrade* (p. 175).

ARMAZENAMENTO DE CARNES

A qualidade do produto final depende não só da seleção e do cozimento apropriados das carnes, mas também do armazenamento adequado. A carne fresca é muito perecível. Em razão do alto custo da carne, é essencial evitar desperdícios.

CARNES FRESCAS

1. Verifique as compras na hora em que chegarem para garantir que a carne recebida é de boa qualidade.

2. Não embale a carne em pacotes ou recipientes herméticos. As bactérias e o mofo se propagam em lugares úmidos e estagnados; a circulação do ar inibe seu crescimento. Ao armazenar, deixe espaço entre as peças, colocando-as em assadeiras ou prateleiras de forma que o ar possa circular entre elas, mas cubra as superfícies cortadas para evitar o ressecamento excessivo.

3. Só abra carnes embaladas a vácuo na hora de usá-las.

4. Armazene a temperaturas de 0° a 2°C. A carne só congela depois de −2°C.

5. Mantenha as carnes separadas na geladeira (ou, até melhor, em geladeiras separadas) e na mesa de trabalho, para evitar a contaminação cruzada.

6. Use assim que possível. Carnes frescas permanecem em bom estado somente por dois a quatro dias. A carne moída se deteriora mais cedo porque tem muito mais área de

Preparo e manuseio de carnes **285**

superfície exposta à ação de bactérias. Produtos curados ou defumados podem durar até uma semana.

É melhor optar por entregas frequentes do que por longos períodos de estocagem.

7. Não tente recuperar carnes que estão deterioradas congelando-as. O congelamento não melhora a qualidade da carne estragada.

8. Mantenha os refrigeradores limpos.

CARNES CONGELADAS

1. Empacote bem as carnes congeladas para evitar a queimadura de *freezer*.

2. Armazene a -18°C ou mais frio.

3. Faça a rotação do estoque – o primeiro que vence é o primeiro que sai. Carnes congeladas não podem ser guardadas indefinidamente. A duração recomendada do armazenamento a -18°C para carne de boi, de vitela e de cordeiro é de 6 meses; para porco, 4 meses (a gordura de porco fica facilmente rançosa no congelador).

4. Descongele com cuidado. É melhor deixar descongelar no refrigerador. O descongelamento em temperatura ambiente estimula o crescimento de bactérias.

5. Não recongele carnes descongeladas. O recongelamento acelera a perda de qualidade.

6. Mantenha os congeladores limpos.

■ TERMOS PARA REVISÃO

coagular	maturação	processar carnes	miúdos
marmoreio	Cryovac®	fracionar carnes	moleja
tecido conjuntivo	maturação a seco	trinchar	bucho
colágeno	Institutional Meat Purchase	irradiação	*gras-double*
elastina	Specifications	bardear	peritônio
inspeção	cortes primários	lardear	caça
classificação de rendimento	manufaturado	ponto de cozimento	javali
carne verde	cortes fracionados	cozimento residual	lebre

■ QUESTÕES PARA DISCUSSÃO

1. Muitos defendem que quanto mais magra for uma carne, melhor ela será. Você concorda? Explique.

2. O que é tecido conjuntivo? Por que é importante para o cozinheiro entender o que é tecido conjuntivo?

3. A fraldinha (carne bovina) tem alto teor de tecido conjuntivo, no entanto é frequentemente grelhado e servido em fatias finas. Como isso é possível?

4. Você é o responsável pelo setor de alimentos de um grande hospital. Que cortes de carne bovina escolheria para fazer uma carne de panela ou um ensopado?

5. Por que carnes porcionadas são usadas no serviço alimentício se seu custo por quilo é maior?

6. Você pode explicar por que o lombo de vitela, um corte macio, às vezes é braseado, enquanto a paleta do mesmo animal, um corte menos macio, pode ser assada no forno?

7. Para quais dos seguintes cortes você usaria o método de brasear? Quais você assaria no forno?

Acém bovino	Ponta de agulha
Músculos de cordeiro	Carne de porco moída
Costela de vitela	Contrafilé bovino
Costela bovina	Perna de cordeiro
Paleta de porco	

8. A Tabela 10.3 indica a temperatura interna da carne bovina malpassada como 54°C (130°F). Por que então você teria que tirar uma costela assada do forno quando a temperatura do termômetro estivesse registrando 46°C (115°F)?

9. Por que os quadros que determinam o tempo para assar de acordo com o peso da carne não são adequados para determinar o ponto de cozimento?

10. Descreva o teor de gordura de carnes de caça como o cervo, o javali e o alce. Explique como o teor de gordura afeta a maneira de manusear e cozinhar carnes de caça.

11. Como a carne de cervo criado em fazendas difere da carne de cervo silvestre?

CAPÍTULO 11

CAPÍTULO 11

Preparo de carnes e caça de pelo

Este capítulo apresentará os métodos básicos de cozimento que se aplicam às carnes de boi, cordeiro, vitela, porco e caça de pelo. É importante que você tenha lido e compreendido a matéria básica do Capítulo 10, especialmente as seções a respeito da associação dos cortes aos métodos apropriados de cozimento e da verificação do ponto de cozimento. Se necessário, faça uma revisão dessas partes, bem como da discussão dos métodos básicos de cozimento no Capítulo 4.

Os procedimentos dados aqui são gerais. Lembre-se que eles podem ser ligeiramente modificados em receitas específicas. No entanto, os princípios básicos permanecem. Além disso, seus instrutores podem querer lhe mostrar variações ou métodos diferentes dos apresentados aqui.

As receitas que seguem cada um dos procedimentos de assar, saltear, brasear e outros têm a finalidade de ilustrar as técnicas básicas. Cada vez que preparar uma dessas receitas, você terá de pensar não só nos produtos, mas nas técnicas que serão usadas e como elas poderão ser aplicadas para outros produtos. É recomendável comparar as receitas de cada seção para ver as semelhanças e as diferenças entre elas. Dessa maneira, você aprenderá a cozinhar, e não só a seguir receitas.

ASSAR

Lembre-se da definição de *assar* do Capítulo 4: preparar alimentos envolvendo-os com ar quente e seco, geralmente em um forno. Assar é um método de calor seco. Não se usa água, e a carne não é coberta, portanto, o vapor pode escapar. Em inglês, apesar de haver dois termos para assar – *roast* e *bake*, não existe uma distinção clara entre eles. Ambos são usados para o mesmo procedimento, embora a palavra *bake* seja mais usada para cortes pequenos de carne, bem como vegetais, peixe, pães doces e salgados.

Em princípio, assar carnes é um procedimento simples. O corte de carne preparado é colocado no forno a uma determinada temperatura e retirado quando está pronto. O que poderia ser mais fácil?

No entanto, existem muitas variáveis, e os *chefs* com frequência discordam sobre os procedimentos apropriados para assar, especialmente quando se deseja excelência de qualidade. Nesta seção, você irá aprender um modo de preparo para assados que pode ser aplicado para a maioria das carnes. Contudo, primeiramente serão discutidos com mais detalhes os diversos pontos de discordância e algumas das possíveis variações.

Após ler este capítulo, você deverá ser capaz de:

1. Assar carnes.
2. Cozinhar carnes no dourador, na grelha e na frigideira.
3. Saltear, fritar e chapear carnes.
4. Cozinhar carnes em fogo brando.
5. Brasear carnes.
6. Preparar miúdos.

TEMPERO

O sal acrescentado na superfície da carne um pouco antes de assar penetra apenas um centímetro na carne durante o cozimento. O mesmo acontece com o sabor de ervas, especiarias e aromatizantes. No caso de cortes menores de carne, como filé-mignon de boi ou *carré* de cordeiro, a crosta dourada e temperada que se forma durante o assamento constitui uma parte importante do sabor do prato pronto. Embora as opiniões variem, muitos *chefs* defendem que é melhor temperar esses cortes na hora de levar ao forno, para que o sal não tenha tempo de trazer umidade para a superfície, o que impediria a carne de ficar dourada.

No caso de assados grandes, como costela e pernil, forma-se uma crosta tão pequena em relação à carne que temperar antes de assar produz muito pouco efeito. Além disso, se a superfície do assado for coberta por gordura ou osso, eles não serão consumidos, de modo que temperá-los quase não faz diferença.

Existem outras duas alternativas que podem ser usadas com assados de qualquer tamanho em vez de tempero logo antes de assar:

- Marinar a carne ou aplicar temperos bem antes, para dar tempo dos sabores penetrarem. A página 141 apresenta uma discussão sobre marinadas e temperos secos.
- Servir a carne com um molho saboroso ou com o próprio suco, engrossado ou não. O molho serve de tempero e condimento para a carne.

Outra maneira de acrescentar sabor a carnes assadas é defumá-las e assá-las ao mesmo tempo. Fornos comerciais para defumar assam carnes da mesma maneira que os fornos convencionais, com a exceção de que eles também têm um dispositivo gerador de fumaça que a faz circular pela câmara do forno, aromatizando os alimentos enquanto eles assam. O aroma de fumaça de madeira em carnes assadas tornou-se tão popular nos Estados Unidos que alguns restaurantes chegaram a instalar fornos a lenha para assar carnes, além de pizza e outros itens.

Defumar e assar no fogão são uma alternativa para quando não há fornos defumadores disponíveis. Esse procedimento foi explicado na página 71. Embora não haja receitas para carnes defumadas e assadas neste capítulo, exemplos de peixes ou aves defumados e assados podem ser encontrados nas páginas 374 e 462.

TEMPERATURA

Assar em temperatura baixa

Conforme discutido na página 274, antes se pensava que colocar um assado no forno em temperatura alta "selava os poros" pelo douramento da superfície, preservando os sucos dentro da carne.

Hoje se sabe que não é bem assim. Inúmeros testes têm mostrado que carnes *assadas por longos períodos em temperatura baixa* produzem um resultados superiores com

1. Menor diminuição de volume.
2. Maior sabor, suculência e maciez.
3. Maior uniformidade no ponto de cozimento de fora para dentro.
4. Maior facilidade para trinchar.

A temperatura baixa para assados geralmente varia entre 120 e 160°C, dependendo do

1. Tamanho do corte. Quanto maior a peça, mais baixa deve ser a temperatura. Isso garante que a parte externa não cozinhe em excesso antes que a parte interna esteja ao ponto.
2. Horário de funcionamento do estabelecimento. Temperaturas mais baixas requerem tempos de cozimento mais longos, que podem ou não ser convenientes para um determinado estabelecimento.

Dourar

Se uma superfície bem dourada e caramelizada for desejada pela aparência, por exemplo, no caso de um assado que será trinchado no salão do restaurante, o assamento pode ser iniciado a uma temperatura elevada (200 a 230°C), mantida até que a carne fique dourada. Em seguida, deve-se reduzir à temperatura planejada e a carne deve permanecer no forno até o término do cozimento, do mesmo modo que se faz ao assar em temperatura baixa.

Assar em temperatura alta

Para deixar pedaços de carne muito pequenos malpassados, pode-se levá-los ao forno a uma temperatura alta (190 a 230°C). O efeito é semelhante ao efeito de assar no dourador: exterior bem dourado e caramelizado e interior malpassado. A carne fica no forno por um tempo tão curto que há pouca diminuição do volume. Exemplos de cortes que podem ser assados em temperatura alta são o *carré* de cordeiro e o filé-mignon de boi.

Fornos de convecção

Se for usar um forno de convecção para assar, a temperatura deverá ser reduzida em 25°C. Muitos *chefs* preferem não usar fornos de convecção para assados grandes porque o ar forçado produz um efeito ressecante que pode causar grande diminuição de volume. Por outro lado, fornos de convecção são eficazes para dourar e bons para assar em temperatura alta.

GORDURA PARA CIMA OU PARA BAIXO

A gordura dos assados virada para cima rega constantemente a carne à medida que derrete e escorre pelas laterais. Esse método é preferido provavelmente pela maioria dos *chefs*, embora não haja consenso.

Neste livro, será usado o método da gordura para cima. Na sala de aula, você deve orientar-se pela sugestão de seu instrutor.

REGAR

Não é necessário regar a carne se ela tiver uma cobertura natural de gordura e for assada com a gordura para cima. Tratando-se de carnes magras, *bardear* produz o mesmo efeito. Bardear é cobrir a superfície da carne com uma camada fina de gordura, como toucinho ou bacon fatiado.

Se for regar o assado com o caldo da assadeira, use apenas a gordura. A gordura protege o assado do ressecamento, enquanto a umidade lava a gordura protetora e permite que a carne seque. Os sucos usados para regar não penetram na carne.

Regar com o caldo da assadeira ou com sucos é uma técnica que pode ser usada para aguçar o apetite pelo assado porque realça a cor dourada. A gelatina e outros elementos sólidos dissolvidos nos sucos são depositados na superfície da carne, ajudando a formar uma crosta bem dourada e saborosa. Porém, isso não aumenta a suculência. Alguns livros de culinária afirmam que o processo de regar forma uma camada impermeável que sela os sucos dentro da carne, mas não é bem isso que acontece.

A técnica de regar às vezes produz carnes mais macias por uma razão inesperada: regar frequentemente interrompe e diminui o cozimento. Todas as vezes que a porta do forno é aberta, a temperatura interna do forno cai consideravelmente, aumentando o tempo de cozimento e quebrando uma quantidade maior de tecido conjuntivo. Portanto, não é o ato de regar, mas sim a temperatura mais baixa, que aumenta a maciez.

O USO DO MIREPOIX

O *mirepoix* é sempre adicionado na última parte do tempo de cozimento para aromatizar o assado e acrescentar sabores extras ao caldo da assadeira.

290 Capítulo 11 • Preparo de carnes e caça de pelo

No entanto, muitos *chefs* sentem que o *mirepoix* acrescenta muito pouco, ou nenhum, sabor ao assado e que, na verdade, é prejudicial, porque a umidade dos vegetais cria vapor em volta do assado. É mais fácil acrescentar o *mirepoix* quando se está preparando um molho com o suco da assadeira. Se não houver nenhum molho para servir com a carne, não há necessidade de usar o *mirepoix*.

O uso de *mirepoix* é mais importante para carnes brancas – vitela e porco – que, como são sempre bem-passadas, perdem mais sucos e precisam de um bom molho para lhes conferir umidade e sabor.

JUS E MOLHOS INTEGRAIS

N.R.: Jus lié em francês, gravy em inglês.

Os procedimentos gerais para fazer molhos integrais*, i.e., molhos que usam o suco do assado, são dados no Capítulo 8 (p. 183). Leia ou faça uma revisão dessa seção, se necessário. O procedimento para fazer *jus*, dado aqui na receita de Assado de costela bovina *au jus*, é o mesmo, com a exceção de que nenhum *roux* ou outros agentes espessantes são usados. Em outras palavras, use os métodos indicados para fazer molhos integrais (p. 184), mas elimine as etapas 5 e 6 do método 1 e a etapa 3 do método 2.

Procedimentos básicos para assar carnes

1. Reúna todos os equipamentos e ingredientes. Escolha assadeiras que tenham laterais baixas (para que a umidade do vapor não se precipite em volta do assado) e sejam do tamanho exato da peça de carne. Se as assadeiras forem muito grandes, os sucos irão se espalhar muito e queimar.

2. Prepare ou limpe a carne para assar. Camadas grossas de gordura devem ser aparadas para ficarem com uma espessura de cerca de 1 cm.

3. Se preferir, tempere a carne com várias horas de antecedência ou no dia anterior.

4. Coloque a carne com a gordura para cima sobre uma grade dentro da assadeira. A grade impede que o assado entre em contato com o suco que cai da carne. Pode-se usar ossos se não houver uma grade. Filés de costela com ossos não precisam de grade porque os ossos funcionam como uma grade natural.

5. Insira um termômetro para carne (limpo e sanitizado) no centro do assado, sem tocar o osso ou a gordura. (Omita esta etapa se for usar um termômetro de leitura instantânea.)

6. Não cubra a assadeira nem acrescente água. Assar é um método de cozimento por calor seco.

7. Coloque a carne no forno, que já deve estar preaquecido à temperatura desejada.

8. Asse até o ponto de cozimento desejado, considerando a continuação do cozimento após a retirada do forno.

9. Se preferir, adicione mirepoix à assadeira durante a segunda metade do cozimento.

10. Retire o assado do forno e deixe descansar em um lugar aquecido por 15 a 30 minutos. Isso permite que os sucos sejam redistribuídos pela carne para que se percam menos quando a carne for fatiada. Além disso, descansar a carne torna a tarefa de fatiar mais fácil.

11. Se não for servir a carne imediatamente, coloque-a no forno ou em uma estufa com temperatura igual ou menor que a temperatura interna do assado.

12. Enquanto o assado estiver descansando, prepare o *jus* ou *jus lié* (molho integral) com os resíduos que ficaram na assadeira. O *mirepoix* pode ser acrescentado ao suco agora, se não foi adicionado na etapa 8.

13. Fatie o assado o mais próximo possível do momento de servir. Em quase todos os casos, fatie a carne no sentido contrário ao das fibras, para obter maciez.

Assado de costela bovina *au jus*

Rendimento: 4,5 kg de carne sem osso e limpa
Porções: 25   Tamanho da porção: 175 g
*   20   Tamanho da porção: 225 g*
*   50 mL de jus*

Quantidade	Ingredientes
9 kg	1 costela janela (uma costela de tamanho médio)
	Mirepoix:
250 g	Cebola
125 g	Cenoura
125 g	Salsão
2 L	Fundo escuro
a gosto	Sal
a gosto	Pimenta-do-reino

Por 156 g:
Calorias, 810; Proteínas, 52 g; Gorduras, 65 g (74% cal.); Colesterol, 180 mg; Carboidratos, 0 g; Fibras, 0 g; Sódio, 150 mg.

Modo de preparo

1. Coloque a carne com a gordura para cima em uma assadeira.
2. Insira um termômetro de modo que a haste fique no centro da carne, sem tocar o osso nem a gordura.
3. Leve a carne ao forno preaquecido a 150°C. Asse até que esteja malpassada ou quase ao ponto, como preferir, *considerando que a carne continua a cozinhar depois que sai do forno.*
   Leituras do termômetro:
   Malpassada: 49°C (120°F)
   Ao ponto 54°C (130°F)
   (As fatias ficarão mais assadas por fora do que por dentro.)
   O tempo de cozimento será de pelo menos 3 a 4 horas.
4. Retire a carne da assadeira e deixe descansar em um lugar aquecido durante 30 minutos antes de trinchar.
5. Descarte aproximadamente 100 g da gordura da assadeira. Tenha cuidado para reter os sucos. Adicione o *mirepoix* (ver Fig. 11.1).
6. Coloque a assadeira em fogo alto na chama do fogão e cozinhe até que o *mirepoix* esteja bem dourado e a umidade tenha evaporado, restando somente a gordura, o *mirepoix* e os resíduos caramelizados do caldo.
7. Retire o excesso de gordura.
8. Despeje aproximadamente 500 mL do fundo na assadeira para deglacear. Mexa sobre o fogo até que os resíduos grudados na assadeira se dissolvam.
9. Despeje o líquido deglaceado e o *mirepoix* em uma caçarola funda e junte o fundo restante. Cozinhe em fogo brando até que o *mirepoix* fique macio e o líquido tenha reduzido cerca de um terço.
10. Coe em um *chinois* forrado com pano fino dentro de um recipiente em banho-maria. Retire a gordura da superfície cuidadosamente. Tempere a gosto com sal e pimenta-do-reino.
11. Para servir, apoie o assado sobre sua porção mais larga e corte rente aos ossos para liberar a carne. Fatie a carne no sentido contrário ao das fibras.
12. Sirva cada porção com 50 mL de *jus*.

VARIAÇÕES

Filé de costela, coxão mole, alcatra completa (com picanha e maminha) ou contrafilé assado
Esses cortes podem ser assados pelo mesmo procedimento; use uma assadeira com grade.

Carne assada com molho integral
Asse o corte bovino que escolheu de acordo com a receita básica. Prepare o molho integral com o suco liberado pelo assado de acordo com a receita seguinte.

Figura 11.1
Como preparar *jus*.

(a) Depois de tirar a carne da assadeira, descarte o excesso de gordura. Adicione o *mirepoix* e doure na chama do fogão ou no forno.

(b) Deglaceie com fundo escuro.

(c) Despeje o *mirepoix* e o líquido em uma panela funda. Cozinhe em fogo brando pelo tempo desejado.

(d) Coe em um *chinois* ou em um coador cônico forrado com pano fino.

Molho de carne assada

Rendimento: aproximadamente 1,5 L
Porções: 25   Tamanho da porção: 60 mL

Quantidade	Ingredientes
conforme necessário	Sucos de carne assada (receita anterior)
	Mirepoix:
250 g	Cebola
125 g	Cenoura
125 g	Salsão
2 L	Fundo escuro
125 g	Polpa de tomate
125 g	Farinha de trigo
a gosto	Sal
a gosto	Pimenta-do-reino
a gosto	Molho inglês

Por porção:
Calorias, 35; Proteínas, 1 g; Gorduras, 1,5 g (40% cal.); Colesterol, 5 mg; Carboidratos, 4 g; Fibras, 0 g; Sódio, 10 mg.

Modo de preparo

1. Depois de tirar o assado, acrescente o *mirepoix* ao suco da carne que ficou na assadeira.
2. Coloque a assadeira em fogo alto e cozinhe até que o *mirepoix* esteja bem dourado e a umidade tenha evaporado, deixando somente a gordura, o *mirepoix* e as raspas caramelizadas (ver Fig. 11.1).
3. Escorra a gordura e reserve.
4. Deglaceie a assadeira com um pouco do fundo. Despeje o líquido e o *mirepoix* em uma caçarola funda e junte o fundo restante. Acrescente a polpa de tomate. Assim que ferver, abaixe o fogo para o mínimo.
5. Faça um *roux* escuro com a farinha e 125 g da gordura reservada. Esfrie o *roux* ligeiramente e incorpore ao fundo, em fogo brando, para engrossá-lo.
6. Cozinhe em fogo brando por 15 a 20 minutos, até que o gosto de farinha crua desapareça e o líquido tenha reduzido ligeiramente.
7. Coe em um chinois dentro de um recipiente em banho-maria.
8. Tempere a gosto com sal, pimenta-do-reino e molho inglês.

VARIAÇÃO

Jus lié
Exclua a polpa de tomate e o *roux*. Engrosse o líquido com 50 g de amido de milho ou araruta misturados com cerca de ½ xícara (100 mL) de água fria ou fundo.

Carré de porco assado com sálvia e maçãs

Porções: 25   Tamanho da porção: 1 bisteca com osso de aproximadamente 175 g
60 mL de molho integral

Quantidade	Ingredientes
6,6 kg	*Carré* de porco (lombo de porco, corte central, com osso)
1 colher (chá)	Sal
½ colher (chá)	Pimenta-do-reino
1 colher (sopa)	Sálvia seca
	Mirepoix:
250 g	Cebola
125 g	Cenoura
125 g	Salsão
250 g	Maçã, sem casca e sem sementes, em cubos
2,5 L	Fundo de frango, de vitela ou de porco
150 g	Farinha de trigo
a gosto	Sal
a gosto	Pimenta-do-reino
8	Maçãs ácidas
60 g	Manteiga
1 colher (sopa)	Açúcar

Por porção:
Calorias, 420; Proteínas, 40 g; Gorduras, 22 g (48% cal.); Colesterol, 105 mg; Carboidratos, 13 g; Fibras, 2 g; Sódio, 210 mg.

■ Modo de preparo

1. Com uma serra de fita, separe os ossos das vértebras do assado para que o lombo possa ser trinchado em costeletas depois de assado.
2. Esfregue sal, pimenta-do-reino e sálvia na carne.
3. Coloque os ossos das vértebras em uma assadeira. Coloque o lombo em cima, com a gordura virada para cima. Insira um termômetro de carne na parte mais grossa do músculo.
4. Leve ao forno a 165°C e asse durante 1 hora.
5. Coloque o *mirepoix* e as maçãs na assadeira e continue assando até que o termômetro marque 70°C. O tempo total de cozimento é de aproximadamente 2 a 2 horas e 30 minutos.
6. Retire a carne da assadeira e mantenha em local aquecido.
7. Coloque a assadeira em fogo médio e cozinhe até que a umidade tenha evaporado e o *mirepoix* esteja bem dourado. Escorra a gordura e reserve.
8. Deglaceie a assadeira com o fundo e transfira para uma caçarola funda. Escume bem.
9. Faça um *roux* escuro com a farinha e 150 g da gordura reservada. Engrosse o molho com o *roux* e cozinhe em fogo brando por 15 minutos, até encorpar e reduzir ligeiramente.
10. Enquanto o molho cozinha em fogo brando, tire as sementes das maçãs. Se preferir, descasque-as. Corte as maçãs em rodelas de 1 cm de espessura. Salteie em um pouco de manteiga, em fogo médio. Polvilhe com o açúcar enquanto estão cozinhando. Continue refogando de ambos os lados até que fiquem douradas e caramelizadas.
11. Coe o molho e acerte o tempero.
12. Corte o assado em bistecas separando entre as vértebras. Sirva cada porção com 60 mL de molho. Guarneça com as fatias de maçã caramelizadas.

Variações

Outros cortes suínos podem ser assados como na receita básica: lombo inteiro com ou sem osso, partes finais do lombo, pernil fresco e paleta.

Lombo ou *carré* de vitela assado com sálvia e maçã
Substitua o porco por *carré* ou lombo de vitela na receita básica. Use fundo escuro em vez de claro.

Assado de paleta de cordeiro recheada

*Porções: 10   Tamanho da porção: 150 g de carne e recheio
60 mL de molho integral*

Quantidade	Ingredientes
	Recheio:
125 g	Cebola em cubos pequenos
1 colher (chá)	Alho bem picado
60 mL	Azeite de oliva, óleo *ou* manteiga
100 g	Miolo de pão fresco esmigalhado
⅓ de xícara (chá)	Salsinha picada
½ colher (chá)	Alecrim seco
¼ de colher (chá)	Pimenta-do-reino preta
½ colher (chá)	Sal
1	Ovo, batido
1	Paleta de cordeiro sem osso, com cerca de 1,8 kg
conforme necessário	Óleo
conforme necessário	Sal
conforme necessário	Pimenta-do-reino
conforme necessário	Alecrim seco
	Mirepoix:
125 g	Cebola picada
60 g	Cenoura picada
60 g	Salsão picado
60 g	Farinha de trigo
1 L	Fundo escuro de carne bovina ou fundo de cordeiro
125 g	Tomate em lata
a gosto	Sal
a gosto	Pimenta-do-reino

Por porção:
Calorias, 390; Proteínas, 31 g; Gorduras, 25 g (57% cal.); Colesterol, 120 mg; Carboidratos, 11 g; Fibras, 1 g; Sódio, 275 mg.

Modo de preparo

1. Salteie a cebola e o alho no óleo até ficarem macios. Retire do fogo e espere esfriar.
2. Junte a cebola e o alho aos demais ingredientes do recheio e mexa ligeiramente.
3. Coloque a paleta de cordeiro estendida sobre a superfície de trabalho, com o lado da gordura virado para baixo.
4. Espalhe o recheio sobre a carne e enrole. Amarre o rolo bem apertado.
5. Esfregue óleo, sal, pimenta-do-reino e alecrim na carne.
6. Coloque na assadeira, sobre uma grade. Insira um termômetro de carne na parte mais grossa da peça (mas não dentro do recheio).
7. Leve ao forno a 165°C. Asse por aproximadamente 1 hora e 30 minutos.
8. Coloque o *mirepoix* na assadeira. Regue a carne com a gordura liberada e continue a assar até que o termômetro indique 70°C. O tempo total de cozimento é de aproximadamente 2 horas e 30 minutos.
9. Retire a carne da assadeira e mantenha aquecida.
10. Coloque a assadeira na chama do fogão, em fogo alto, para clarificar a gordura e terminar de dourar o *mirepoix*. Escorra aproximadamente três quartos da gordura.
11. Acrescente a farinha à assadeira para fazer um *roux*, cozinhando até ficar corado.
12. Acrescente o fundo de carne ou cordeiro e os tomates, mexendo sempre até ferver. Cozinhe em fogo brando, sem parar de mexer, até que o molho encorpe e reduza a aproximadamente 750 mL.
13. Coe e retire o excesso de gordura da superfície.
14. Tempere a gosto com sal e pimenta-do-reino.
15. Corte fatias transversais, para que cada uma contenha um pouco do recheio. Tome cuidado para que não quebrem. Sirva cada porção com 60 mL do molho.

VARIAÇÕES

Paleta de cordeiro desossada assada
Paleta de cordeiro sem osso, amarrada e assada como na receita básica, sem o recheio.

Pernil de cordeiro assado
Prepare o pernil de cordeiro para assar como mostra a Figura 11.2. Esfregue com óleo, sal, pimenta-do-reino, alecrim e alho. Asse como na receita básica (sem recheio) até ficar malpassado, ao ponto ou bem-passado. O pernil de cordeiro pode ser servido com os sucos naturais da própria carne (*au jus*) em vez do molho integral engrossado (*jus lié*), se preferir. Rendimento aproximado: um pernil de cordeiro de 3,6 kg PB (peso bruto) rende aproximadamente 1,6 kg de carne cozida. O rendimento será menor se a carne for bem-passada. A Figura 11.3 apresenta a técnica de trinchar.

Pernil de cordeiro assado *à la boulangère*
Cerca de 1 hora e 30 minutos antes de o cordeiro ficar ao ponto, coloque a carne e a grade sobre uma assadeira forrada de batatas *à la boulangère* (p. 596) e termine o cozimento.

Assar 295

Figura 11.2
Como preparar um pernil de cordeiro para assar. Pernil de porco fresco pode ser preparado usando-se a mesma técnica básica.

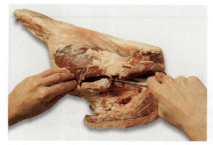
(a) Comece retirando os ossos do quadril e do rabo.

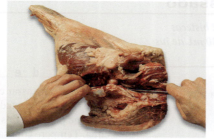
(b) Com uma faca de ponta afiada, corte ao longo do osso do quadril para separar o osso da carne. Corte sempre rente ao osso.

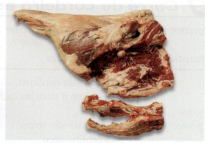
(c) Continue até retirar todos os ossos do quadril e do rabo. Veja na figura a junta arredondada do final do osso da perna, no centro da carne.

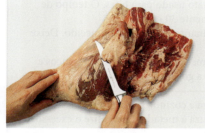
(d) Apare o excesso de gordura externa, deixando uma camada fina.

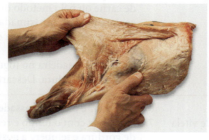
(e) Retire a pele ou couro da parte externa do pernil.

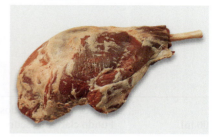
(f) Pernil inteiro de cordeiro, pronto para assar. A ponta do osso da canela e a extremidade do músculo em volta foram retirados.

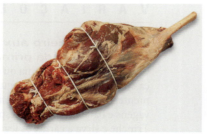
(g) O pernil pode ser amarrado para adquirir uma forma mais compacta.

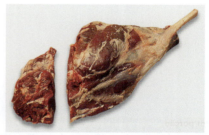
(h) A porção contendo a picanha e a alcatra pode ser cortada e usada para outros fins, por exemplo, *shish kebabs*.

Figura 11.3
Como trinchar um pernil de cordeiro. Pernil de porco e outros pernis assados podem ser trinchados usando-se a mesma técnica básica mostrada aqui.

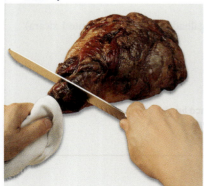
(a) Coloque o assado em uma tábua limpa e sanitizada. Comece fazendo um corte vertical até o osso a aproximadamente 2,5 cm da parte final da carne da canela. O pequeno colar de carne forma um anteparo para proteger a mão caso a faca escorregue.

(b) Com movimentos largos e contínuos, corte fatias finas fazendo uma leve inclinação, como mostra a figura.

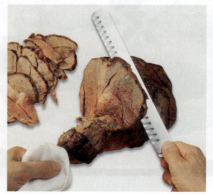
(c) Se as fatias começarem a ficar muito grandes, mude o ângulo da faca. Quando a superfície do assado tiver sido completamente fatiada, vire-o e repita o procedimento na parte de baixo.

Carré de cordeiro assado

Porções: 8
Tamanho da porção: 2 bistecas
30 mL de jus

Quantidade	Ingredientes
2	*Carrés* de cordeiro, com 8 costelas cada um
a gosto	Sal
a gosto	Pimenta-do-reino
a gosto	Tomilho seco
2	Dentes de alho picados
500 mL	Fundo claro ou escuro de vitela

Por porção:
Calorias, 280; Proteínas, 19 g; Gorduras, 22 g (72% cal.); Colesterol, 75 mg; Carboidratos, 0 g; Fibras, 0 g; Sódio, 70 mg.

Modo de preparo

1. Prepare o *carré* para assar como mostra a Figura 11.4.
2. Coloque os ossos descartados no fundo de uma assadeira. Coloque a carne por cima dos ossos, com o lado da gordura virado para cima. Tempere com sal, pimenta-do-reino e tomilho.
3. Coloque no forno quente (230°C) e asse ao ponto de cozimento desejado. O *carré* de cordeiro geralmente é servido malpassado ou ao ponto. Teste o ponto de cozimento com um termômetro de carne ou pelo método do tato usado para bifes. O tempo de cozimento é de aproximadamente 30 minutos.
4. Retire a carne da assadeira e mantenha em local aquecido. Deixe os ossos na assadeira.
5. Coloque a assadeira no fogo médio para caramelizar os sucos e clarificar a gordura. Descarte a gordura.
6. Acrescente o alho na assadeira e cozinhe por 1 minuto.
7. Deglaceie com o fundo e reduza à metade. Coe, retire o excesso de gordura e tempere a gosto.
8. Corte a carne entre as costelas em costeletas. Sirva 2 por porção com 30 mL do *jus*.

VARIAÇÕES

Carré de cordeiro *aux primeurs*
(com legumes da primavera)
Coloque os *carrés* em uma ou duas travessas preaquecidas. Guarneça com uma variedade de legumes da primavera, cozidos separadamente: cenouras torneadas, nabos torneados, ervilhas na manteiga, vagens e batatas coradas. Despeje o *jus* em uma molheira aquecida. Trinche e sirva a carne, os legumes e o *jus* no salão do restaurante.

Carré de cordeiro *persillé*
Prepare como na receita básica. Misture os ingredientes para a *persillade*, listados abaixo. Antes de trinchar e servir, espalhe 15 g de manteiga amolecida no lado da gordura de cada *carré*. Espalhe a *persillade* na superfície apertando bem e doure sob a salamandra.

Persillade
4 dentes de alho bem picados
60 g de miolo de pão fresco esmigalhado (aproximadamente 1 xícara)
⅓ de xícara de salsinha picada

Carré de cordeiro assado; feijão-branco bretão; e folhas de couve-de-bruxelas no vapor

Figura 11.4
Como preparar o *carré* de cordeiro para assar.

(a) Comece fazendo um corte de ambos os lados dos ossos da coluna.

(b) Se tiver uma serra de carne à mão, vire o *carré* para cima e corte as costelas no ponto em que se ligam às vértebras.

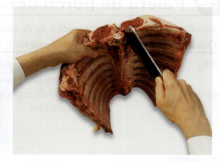

(c) Se não tiver uma serra de carne, use um cutelo. Coloque a peça de pé e vá cortando as costelas no ponto em que elas se unem à coluna. Isso irá separar um dos *carré*.

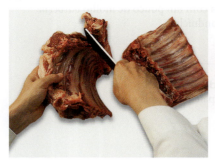

(d) Repita o procedimento no outro lado.

(e) As duas metades separadas dos ossos da coluna.

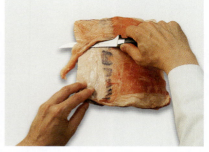

(f) Apare o excesso de gordura da superfície da carne, deixando uma camada fina de proteção. Durante essa etapa, retire também a cartilagem da escápula que está inserida na camada de gordura.

(g) Para aparar a gordura e a carne das pontas dos ossos (expondo-os, à moda francesa), primeiramente corte a gordura em linha reta até os ossos a aproximadamente 2,5 cm da borda do olho do lombo.

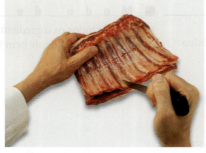

(h) Risque a membrana que cobre a parte de dentro das costelas com a faca. Corte, retirando a camada de gordura e carne que recobre a ponta dos ossos.

(i) A peça está limpa e pronta para ser assada.

Paleta de porco defumada e assada

Rendimento: aproximadamente 2 kg de carne limpa, sem osso

Quantidade	Ingredientes
4 kg	Paleta ou sobrepaleta suína com osso
60 g, ou conforme necessário	Mistura de especiarias I (abaixo)

Por porção:
Calorias, 60; Proteínas, 7 g; Gorduras, 3 g (49% cal.); Colesterol, 25 mg; Carboidratos, 0 g; Fibras, 0 g; Sódio, 140 mg.

■ Modo de preparo

1. Limpe o excesso de gordura externa da carne.
2. Esfregue a mistura de especiarias na carne de modo que fique completamente coberta com uma camada fina.
3. Deixe a carne na geladeira de um dia para o outro.
4. Cozinhe a carne sobre uma grade em defumador comercial a 120-135°C até ficar bem macia (aproximadamente 6 horas). Quando pronta, a carne deve estar cozida ao ponto de poder ser desfiada com um garfo.
5. A carne pode ser separada dos ossos e fatiada ou cortada em pedaços e servida com molho *barbecue* como acompanhamento, ou então desfiada, temperada com um pouco de molho *barbecue* e usada como recheio para sanduíche.

VARIAÇÃO

Paleta de javali defumada e assada
Substitua a paleta de porco pela paleta de javali.

Mistura de especiarias I

Rendimento: aproximadamente 180 g

Quantidade	Ingredientes
45 g	Páprica
30 g	Pimenta Novo México em pó*
2 colheres (sopa)	Orégano seco
2 colheres (sopa)	Tomilho seco
4 colheres (chá)	Sementes de coentro moídas
4 colheres (chá)	Cominho moído
60 g	Sal
2 colheres (sopa)	Pimenta-do-reino preta

Por porção:
Calorias, 60; Proteínas, 7 g; Gorduras, 3 g (49% cal.); Colesterol, 25 mg; Carboidratos, 0 g; Fibras, 0 g; Sódio, 140 mg.

■ Modo de preparo

1. Misture todos os ingredientes e mexa bem.
2. Guarde em recipiente bem vedado e ao abrigo da luz.

*N.R.: Também conhecida como *anaheim*, é uma pimenta alongada, com 15-20 cm de comprimento e grau de picância médio-baixo. Se não encontrar, use pó para *chili*.

Assar 299

Costelinha de porco com molho *barbecue*

Porções: 24   Tamanho da porção: 300 g

Quantidade	Ingredientes
8,5 kg	Costelinha de porco
180 g, ou conforme necessário	Mistura de especiarias I ou II
2,5 L	Molho *barbecue* (p. 198) ou Molho *barbecue* picante (p. 199)

Por porção:
Calorias, 730; Proteínas, 47 g; Gorduras, 54 g (68% cal.); Colesterol, 190 mg; Carboidratos, 11 g; Fibras, 2 g; Sódio, 1.010 mg.

■ Modo de preparo

1. Pese as costelinhas e corte-as em porções de 350 g.
2. Passe a mistura de especiarias na carne de modo que fique completamente coberta com uma camada fina.
3. Deixe na geladeira de um dia para outro.
4. Coloque em uma assadeira com a parte côncava virada para baixo.
5. Asse em um defumador comercial ou em forno convencional a 150°C por 1 hora.
6. Descarte a gordura da assadeira.
7. Com uma colher, espalhe aproximadamente 500 mL de molho *barbecue* sobre as costelinhas, cobrindo-as com uma camada fina. Vire-as do outro lado e espalhe mais molho.
8. Asse por mais 45 minutos. Vire a parte da carne novamente para cima e cubra com o molho restante.
9. Asse até ficarem macias, por mais 30 a 60 minutos.
10. Sirva as porções inteiras ou corte entre as costelinhas, para facilitar a degustação.

Costelinha de porco com molho *barbecue*

Mistura de especiarias II

Rendimento: aproximadamente 200 g

Quantidade	Ingredientes
45 g	Páprica
45 g	Pó para *chili*
2 colheres (chá)	Mostarda em pó
2 colheres (sopa)	Cebola em pó
1 colher (chá)	Semente de aipo
2 colheres (chá)	Tomilho seco
30 g	Açúcar
60 g	Sal
2 colheres (sopa)	Pimenta-do-reino preta

Por porção:
Calorias, 60; Proteínas, 7 g; Gorduras, 3 g (49% cal.); Colesterol, 25 mg; Carboidratos, 0 g; Fibras, 0 g; Sódio, 140 mg.

■ Modo de preparo

1. Misture todos os ingredientes e mexa bem.
2. Guarde em recipiente bem vedado e ao abrigo da luz.

Assado de filezinho de porco com alho-poró e molho de mostarda em grão

Porções: 12   Tamanho da porção: aproximadamente 250 g de carne
                                   60 mL de molho

Quantidade	Ingredientes
1,8 kg	Alho-poró, apenas a parte branca, cortado em *julienne*
100 g	Manteiga
2,4 kg	Lombo de porco
a gosto	Sal
a gosto	Pimenta-do-reino
conforme necessário	Óleo
100 g	Chalotas picadas
150 mL	Vermute seco
600 mL	*Crème fraîche*
75 g	Mostarda em grão
	Guarnição:
conforme necessário	Ramos de cerefólio

Por porção:
Calorias, 640; Proteínas, 46 g; Gorduras, 37 g (53% cal.); Colesterol, 160 mg; Carboidratos, 26 g; Fibras, 4 g; Sódio, 300 mg.

■ Modo de preparo

1. Abafe o alho-poró na manteiga. Tempere a gosto. Cubra e mantenha aquecido.
2. Limpe os filés de porco e tempere com sal e pimenta-do-reino.
3. Doure em um pouco óleo. Transfira para o forno preaquecido a 250°C, por 10 minutos.
4. Retire os filés de porco do forno, cubra com papel-alumínio e reserve. Descarte quase toda a gordura da assadeira.
5. Acrescente as chalotas à assadeira. Refogue as chalotas sem dourar e depois deglaceie com o vermute seco. Reduza a um terço.
6. Acrescente o *crème fraîche*. Assim que ferver, coe em uma peneira fina.
7. Tempere a gosto e adicione a mostarda. Depois de acrescentar a mostarda, não deixe a mistura ferver.
8. Corte o lombo em fatias. Coloque colheradas de alho-poró no centro dos pratos e arrume as fatias de lombo em volta. Coloque 60 mL de molho ao redor da carne. Guarneça com raminhos de cerefólio.

*N.R.: Especialidade francesa, é um creme de leite fresco levemente ácido e com alto teor de gordura (cerca de 40%).

Lombo de porco assado com gengibre

Porções: 12   Tamanho da porção: 1 bisteca de aproximadamente 190 g com osso
                                   60 mL de molho

Quantidade	Ingredientes
3,6 kg	*Carré* suíno (lombo de porco, corte central, com osso)
100 mL	Óleo
100 mL	Molho de soja
75 g	Gengibre fresco em cubos pequenos
a gosto	Sal
a gosto	Pimenta-do-reino
350 g	Cebola em cubos
100 g	Cenoura em cubos
12	Dentes de alho inteiros, sem casca
25 g	Massa de tomate
1 L	Fundo de frango
100 mL	Mel (de preferência mel de Acácia)
200 mL	Vinagre de maçã
a gosto	Sal
a gosto	Pimenta-do-reino

Por porção:
Calorias, 410; Proteínas, 45 g; Gorduras, 18 g (40% cal.); Colesterol, 100 mg; Carboidratos, 15 g; Fibras, 1 g; Sódio, 170 mg.

■ Modo de preparo

1. Limpe o excesso de gordura e os nervos do *carré* de porco. Com uma serra de carne, separe os ossos das vértebras do assado para que o lombo possa ser trinchado em costeletas depois de assado. Limpe as pontas dos ossos, se preferir (ver Fig. 11.4). O lombo limpo e separado da coluna deverá pesar aproximadamente 2,8 kg. Reserve os retalhos de carne (menos a gordura).
2. Misture o óleo, o molho de soja, o gengibre e os temperos. Deixe o lombo de porco e os retalhos marinarem nessa mistura por pelo menos 1 hora.
3. Retire o *carré* de porco da marinada, descole os pedaços de gengibre que possam ter aderido à carne. Coloque em uma assadeira untada com óleo e leve ao forno preaquecido a 175°C.
4. Depois de assar por 10 minutos, acrescente os ossos e os retalhos, a cebola, a cenoura e os dentes de alho. Continue assando até que a carne fique ao ponto, cerca de 1 hora e 20 minutos a no máximo 1 hora e 50 minutos.
5. Retire a carne da assadeira e mantenha em local aquecido.
6. Coloque a assadeira na chama do fogão. Acrescente a massa de tomate e cozinhe por alguns minutos; depois acrescente o fundo de frango. Cozinhe por 15 minutos.
7. Coe. Reserve os dentes de alho. Retire a gordura da superfície.
8. Misture o mel com o vinagre em uma panela funda e leve ao fogo até ficar ligeiramente caramelizado.
9. Junte o líquido do cozimento coado e cozinhe por alguns minutos, depois, coloque os dentes de alho. Reduza até que o molho encorpe o suficiente para cobrir as costas de uma colher. Coe, apertando bem os dentes de alho. Tempere a gosto.
10. Sirva o lombo fatiado, com o molho em volta.

Observação: a mistura de açúcar caramelizado e vinagre é chamada de *gastrique*. É usada como base para o preparo de muitos molhos agridoces, como o molho de laranja para pato assado e outros molhos com frutas, já que oferece um bom equilíbrio entre o doce e o azedo.

Bisteca de porco ao forno recheada com ameixa

Porções: 25   Tamanho da porção: 1 bisteca
60 mL de molho integral

Quantidade	Ingredientes
25	Ameixas, sem caroço
750 g	Farofa úmida de pão (p. 424)
25	Bistecas de porco, cortadas grossas (pelo menos 2 cm)
conforme necessário	Óleo
a gosto	Sal
a gosto	Pimenta-do-reino
250 mL	Água ou vinho branco
1,75 L	Molho *espagnole* ou *demi-glace*
60 mL	Xerez (opcional)

■ Modo de preparo

1. Coloque as ameixas de molho em água quente por 15 minutos. Coe e espere esfriar.
2. Prepare a farofa e junte as ameixas. Mantenha sob refrigeração até a hora de usar.
3. Faça um corte nas bistecas de porco como mostra a Figura 11.5.
4. Recheie as aberturas com a farofa de ameixas, usando 1 ameixa por bisteca. Feche com palitos de dente ou de churrasco.
5. Coloque as bistecas em uma assadeira untada. Pincele com óleo e tempere com sal e pimenta-do-reino.
6. Leve ao dourador até as bistecas ficarem levemente coradas.
7. Transfira a assadeira para o forno preaquecido a 175°C e asse por aproximadamente 30 minutos, até que estejam bem cozidas.
8. Retire as bistecas da assadeira e coloque-as em uma travessa. Descarte os palitos.
9. Deglaceie a assadeira com a água ou o vinho, retire o excesso de óleo e coe o líquido dentro do molho *espagnole* aquecido.
10. Deixe ferver e reduza ligeiramente para obter uma boa consistência.
11. Acrescente o xerez (se for usar) e acerte o tempero.
12. Sirva 1 bisteca por porção com 60 mL de molho.

Por porção:
Calorias, 500; Proteínas, 49 g; Gorduras, 26 g (47% cal.);
Colesterol, 125 mg; Carboidratos, 16 g; Fibras, 1 g; Sódio, 290 mg.

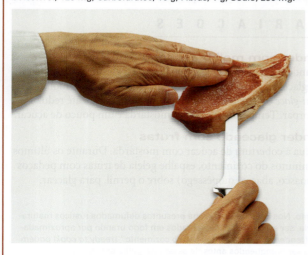

Figura 11.5
Para preparar bistecas de porco recheadas, faça um corte nas bistecas como mostra a figura.

Tênder glaceado com molho de sidra

Porções: 25 Tamanho da porção: 150 g pernil
                               60 mL de molho

Quantidade	Ingredientes
7 kg	Presunto tênder com osso
3-4 colheres (sopa)	Mostarda preparada
175 g	Açúcar mascavo
¼ de colher (chá)	Cravo-da-índia em pó
1,5 L	Sidra de maçã
250 g	Uva-passa preta, sem semente (opcional)
100 g	Açúcar mascavo
⅓ de colher (chá)	Noz-moscada
1 colher (chá)	Raspas de limão-siciliano
50 g (6 colheres de sopa)	Amido de milho
a gosto	Sal

■ Modo de preparo

1. Coloque o presunto em um caldeirão fundo com água suficiente para cobri-lo. Assim que ferver, abaixe o fogo e cozinhe em fogo brando durante 1 hora. Descarte o líquido.
2. Tire a pele e o excesso de gordura. Deixe uma camada de gordura com aproximadamente 1 cm de espessura. Risque a gordura com a ponta de uma faca.
3. Coloque o pernil com a gordura virada para cima em uma assadeira funda. Cubra com uma camada fina de mostarda preparada. Misture o açúcar com o cravo-da-índia e polvilhe sobre o pernil.
4. Asse a 175°C por aproximadamente 1 hora. (*Cuidado*: o açúcar pode queimar facilmente, por isso verifique o pernil depois de 30 a 45 minutos.)
5. Junte a sidra de maçã, as uvas-passas, o açúcar, a noz-moscada e as raspas de limão-siciliano em uma panela funda e cozinhe em fogo brando por 5 minutos.
6. Misture o amido de milho com um pouco de água fria ou sidra fria e incorpore ao molho. Cozinhe em fogo brando até encorpar.
7. Acrescente sal a gosto.
8. Fatie o pernil (como no Pernil de cordeiro, Fig. 11.3). Sirva porções de 150 g acompanhadas de 60 mL de molho.

VARIAÇÕES

Tênder com molho *espagnole* de sidra
Quando o pernil estiver assado, descarte a gordura da assadeira e deglaceie com 750 mL de sidra. Acrescente 1,5 L de molho *demi-glace* ou *espagnole* e cozinhe em fogo brando até reduzir e encorpar. Tempere a gosto com mostarda e um pouco de açúcar.

Tênder glaceado com frutas
Exclua a cobertura de açúcar com mostarda. Durante os últimos 30 minutos do cozimento, espalhe geleia de frutas com pedaços (damasco, abacaxi ou pêssego) sobre o pernil, para glacear.

Por porção:
Calorias, 300; Proteínas, 32 g; Gorduras, 7 g (21% cal.); Colesterol, 70 mg; Carboidratos, 25 g; Fibras, 1 g; Sódio, 1.680 mg.

Observação: o tempo de cozimento necessário depende do tipo de presunto. Nos Estados Unidos, há presuntos defumados rústicos maturados (*aged country ham*) que precisam ficar de molho 24 horas em água fria, ser escovados e aferventados em fogo brando por aproximadamente 40 minutos por cada cuilo. Pernis etiquetados como "amaciados" (*tenderized*) ou "prontos para o cozimento" (*ready to cook*) podem ser assados sem afervertar (começando com a etapa 2) ou podem apenas ser branqueados antes de assar (mergulhe em água fria, espere ferver e descarte o líquido).

Bolo de carne estilo caseiro

Porções: 25   Tamanho da porção: 125 g

Quantidade	Ingredientes
500 g	Cebola em cubos pequenos
250 g	Salsão em cubos pequenos
60 mL	Óleo
375 g	Miolo de pão fresco esmigalhado
375 mL	Suco de tomate, fundo ou leite
1,25 kg	Carne bovina moída
1,25 kg	Carne de porco moída
1,25 kg	Carne de vitela moída
5	Ovos, ligeiramente batidos
1 colher (sopa)	Sal
½ colher (chá)	Pimenta-do-reino preta
1,5 L	Molho de tomate, *espagnole*, creole ou molho de creme de leite azedo

Por porção:
Calorias, 360; Proteínas, 27 g; Gorduras, 21 g (53% cal.); Colesterol, 135 mg; Carboidratos, 16 g; Fibras, 2 g; Sódio, 680 mg.

Modo de preparo

1. Refogue a cebola e o salsão no óleo até ficarem macios. Retire da frigideira e espere esfriar completamente.
2. Em uma tigela grande, coloque o pão fresco esmigalhado de molho no suco de tomate, fundo ou leite.
3. Adicione os vegetais salteados, as carnes, os ovos, o sal e a pimenta-do-reino. Misture delicadamente até que tudo fique bem incorporado. Não amasse em excesso.
4. Molde a mistura em 2 ou 3 cilindros em uma assadeira, ou distribua entre formas de bolo inglês.
5. Asse a 175°C por aproximadamente 1 a 1 hora e 30 minutos, até ficar cozido. Com um termômetro de carne, verifique se a temperatura interna chega a 74°C.
6. Para servir, corte em fatias de 125 g. Sirva com 60 mL de molho por porção.

Variações

Bolo de carne bovina estilo caseiro
No lugar da mistura de carnes bovina, suína e de vitela, use 3,75 kg de carne bovina.

Bolo de carne à moda italiana
Adicione os seguintes ingredientes à mistura básica:
  4 colheres (chá) de alho picado, refogado com a cebola
  30 g de queijo parmesão
  ⅔ de xícara (chá) de salsinha picada
  1 ½ colher (chá) de manjericão
  1 colher (chá) de orégano

Hambúrguer à Salisbury
Divida a mistura de carne em porções de 175 g. Molde hambúrgueres ovais e grossos e coloque em uma assadeira rasa. Asse a 175°C durante aproximadamente 30 minutos.

Almôndegas ao forno
Divida a mistura básica de carne ou a mistura à moda italiana em porções de 75 g cada (use uma colher com extrator, se tiver). Enrole formando bolas e coloque em assadeira rasa. Asse a 175°C. Podem ser servidas cobertas com molho de tomate.

Lombo ou *carré* de cervo *grand veneur*

Porções: 8 Tamanho da porção: ¼ de lombo ou *carré* (2 bistecas)

Quantidade	Ingredientes
2	Lombos ou *carrés* de cervo (1,1 a 1,4 kg cada)
2 L	Marinada de vinho tinto para caça de pelo (abaixo)
350 g	Toucinho de porco para bardear (quantidade aproximada)
500 mL	Molho *poivrade* (p. 175)
30 g	Geleia de groselha
90 mL	Creme de leite fresco sem soro
480 g	Purê de castanha-portuguesa (fresco ou enlatado), com textura fina, diluído com um pouco de molho *demi-glace* e creme de leite

Modo de preparo

1. Limpe o cervo, retirando todos os nervos. Como o cervo é bem magro, haverá pouca gordura para retirar.
2. Marine o cervo durante 2 dias, usando marinada suficiente para cobrir a carne por completo. (A quantidade indicada é aproximada.)
3. Corte o toucinho em fatias finas em um fatiador de frios. Bardeie o cervo cobrindo a carne com as fatias de toucinho e prendendo-as no lugar.
4. Asse a 230°C por aproximadamente 30 a 45 minutos, para que fique malpassada.
5. Quando estiver pronta, deixe a carne descansar em local aquecido por 15 minutos. Retire o excesso de óleo da assadeira e deglaceie com um pouco da marinada. Reduza levemente e coe dentro do molho *poivrade*.
6. Aqueça o molho, junte a geleia e aqueça até que ela derreta e incorpore-se ao molho.
7. Faça a temperagem do creme de leite adicionando uma pequena quantidade de molho, depois junte essa mistura ao restante.
8. Corte a carne em bistecas ou então separe a carne dos ossos em uma peça só e depois corte em medalhões.
9. Sirva cada porção com 60 mL de molho e guarneça com 60 g do purê de castanha.

VARIAÇÃO

Pernil de cervo *grand veneur*
O pernil de cervo pode ser preparado e servido da mesma maneira. Um pernil inteiro de cervo com aproximadamente 2 kg rende 8 a 10 porções. Essa peça maior deve ser marinada durante um pouco mais de tempo, por 2 a 3 dias.

Por porção:
Calorias, 990; Proteínas, 67 g; Gorduras, 65 g (60% cal.); Colesterol, 345 mg; Carboidratos, 8 g; Fibras, 1 g; Sódio, 200 mg.

Marinada de vinho tinto para caça de pelo

Rendimento: 2 L

Quantidade	Ingredientes
125 g	Cenoura bem picada
125 g	Cebola bem picada
4	Dentes de alho amassados
25	Talos de salsinha
2 colheres (chá)	Tomilho seco
4	Folhas de louro
2 colheres (chá)	Sálvia moída
1 colher (chá)	Grãos de pimenta-do-reino moídos grosseiramente
4	Cravos-da-índia
250 mL	Vinagre de vinho tinto
2 L	Vinho tinto

Modo de preparo

1. Misture todos os ingredientes em um recipiente não corrosivo (p. ex., inox, vidro e plástico; não use alumínio).
2. Marine a carne como desejar ou como indicado na receita. O tempo pode variar de algumas horas a vários dias. Depois de marinar, use o líquido como meio de cozimento e como base para molhos.

Por porção:
Calorias, 25; Proteínas, 0 g; Gorduras, 0 g (0% cal.); Colesterol, 0 mg; Carboidratos, 23 g; Fibras, 5 g; Sódio, 200 mg.

Lombo de coelho assado com risoto

Porções: 8   Tamanho da porção: 140-160 g de coelho e 125 g de risoto, mais o molho e a guarnição

Quantidade	Ingredientes
1,1–1,3 kg	Sela de coelho sem osso
conforme necessário	Óleo
60 g	Chalota bem picada
60 g	Cenoura bem picada
125 g	Cogumelo bem picado
1	Dente de alho bem picado
125 g	Vermute branco ou vinho branco secos
500 mL	Fundo de coelho ou frango, bem temperado e concentrado
a gosto	Sal
1 kg	Risotto alla parmigiana (p. 626)
conforme necessário	Espinafre cozido no vapor, passado na manteiga
conforme necessário	Cenoura em cubos pequenos, cozida, quente
conforme necessário	Abobrinha em cubos pequenos, cozida, quente,

Modo de preparo

1. Limpe a carne, se necessário, deixando as selas inteiras.
2. Aqueça o óleo em uma frigideira que possa ir ao forno. Coloque a carne de coelho e doure de todos os lados.
3. Transfira para o forno preaquecido a 230°C e asse por 5 a 10 minutos, até ficar ao ponto (ligeiramente rosada no centro). Retire a carne da frigideira e mantenha aquecida.
4. Acrescente a chalota, a cenoura, o cogumelo e o alho à frigideira. Doure ligeiramente.
5. Acrescente o vermute ou o vinho branco e reduza pela metade.
6. Acrescente o fundo e reduza pela metade.
7. Coe. Tempere a gosto com sal.

8. Coloque uma porção de risoto no centro de cada prato.
9. Corte a carne de coelho em fatias grossas e arranje ao redor do risoto.
10. Arrume porções de espinafre entre as fatias de carne.
11. Coloque alguns pedaços de cenoura e abobrinha no prato.
12. Coloque algumas colheradas do molho em volta da carne.

Por porção:
Calorias, 510; Proteínas, 38 g; Gorduras, 24 g (42% cal.); Colesterol, 105 mg; Carboidratos, 33 g; Fibras, 5 g; Sódio, 280 mg.

ASSAR NO DOURADOR, GRELHAR NA GRELHA E NA FRIGIDEIRA

Assar no dourador e grelhar são métodos de cozimento de calor seco que usam aquecimento muito alto para cozinhar carnes de maneira acelerada. Carnes grelhadas corretamente têm uma crosta bem corada e saborosa na parte externa, e o interior é cozido ao ponto de cozimento desejado, conservando a suculência.

É melhor pensar em assar no dourador e grelhar como técnicas para dourar em vez de técnicas de cozimento. Isso porque as melhores carnes assadas suculentas são aquelas preparadas no estágio malpassado ou ao ponto. Por causa do intenso aquecimento, é difícil dourar carnes ao estágio bem-passado e mantê-las suculentas. As carnes de porco e de vitela, que costumam ser consumidas bem-passadas, em geral ficam melhores na chapa, salteadas ou braseadas, e não assadas no dourador ou grelhadas. (A vitela pode ser assada com êxito se o cliente preferi-la um pouco rosada por dentro.)

Para obter melhores resultados, apenas cortes macios de alta qualidade, com um bom teor de gordura, devem ser assados no dourador.

CONTROLE DA TEMPERATURA

A finalidade da técnica de assar no dourador não é só cozinhar a carne no ponto de cozimento desejado, mas também formar uma crosta dourada, saborosa e crocante.

O objetivo do churrasqueiro que usa um dourador é criar a quantidade certa de crosta no assado – nem muita, nem pouca – no momento em que o interior da carne estiver no ponto de cozimento desejado. Para conseguir isso, é preciso preparar a carne na temperatura certa.

Em geral, quanto mais curto for o tempo de cozimento, maior deverá ser a temperatura, senão a carne não terá tempo de dourar. Quanto mais longo for o tempo de cozimento, mais baixa deverá ser a temperatura, senão a carne irá dourar muito antes de o interior atingir o término do cozimento.

O tempo de cozimento depende de dois fatores:
1. Ponto de cozimento desejado.
2. Espessura do corte.

Em outras palavras, um filé bem-passado deve ser cozido em uma temperatura mais baixa que um filé malpassado. Um filé fino malpassado precisa ser dourado a uma temperatura mais alta que um filé grosso malpassado.

Para controlar a temperatura de cozimento de um dourador, eleve ou rebaixe a grelha, aproximando-a ou distanciando-a da fonte de calor. Em uma grelha, estabeleça áreas para temperaturas diferentes e grelhe as carnes na área apropriada.

TEMPERO

Quando se trata de assar, os *chefs* discordam sobre o melhor momento para temperar. Alguns acham que as carnes não devem ser temperadas antes de serem douradas. Isso porque o sal puxa a umidade para a superfície e retarda a formação da crosta caramelizada. Outros acham que temperar antes de grelhar melhora o gosto da carne, porque os temperos se tornam parte da casca dourada em vez de serem simplesmente ingredientes polvilhados por cima depois.

Procedimento para assar no dourador ou grelhar carnes

Em um dourador, a fonte de calor está acima do alimento. Em uma grelha, o calor vem de baixo. Com exceção dessa diferença, o modo básico de preparo é o mesmo para ambos.
Certifique-se de que você sabe verificar o ponto de cozimento de carnes grelhadas (p. 275) antes de começar.

1. Reúna e prepare todos os equipamentos e ingredientes. Limpe o excesso de gordura das carnes para evitar labaredas que possam chamuscar muito a carne e cobri-la com resíduos de fuligem. Se for necessário, faça cortes nas beiradas das carnes que contêm gordura para evitar que fiquem retorcidas.
2. Preaqueça o dourador ou a grelha.
3. Se necessário, passe uma escova de aço na grelha para tirar partículas de alimentos chamuscados.
4. Pincele a carne com óleo ou mergulhe-a no óleo deixando o excesso escorrer. Coloque a peça de carne no dourador ou grelha. O óleo ajuda a evitar a aderência e mantém o produto umedecido. Isso pode não ser preciso para carnes com alto teor de gordura. Usar muito óleo pode fazer a gordura pegar fogo. Outra maneira seria untar a grelha com uma toalha embebida em óleo antes de colocar a carne.
5. Quando um lado estiver corado e a carne estiver no meio do cozimento, vire-a com um garfo (perfurando apenas a gordura, nunca a carne, ou os sucos podem se perder) ou usando um pegador. A Figura 11.6 ilustra a técnica de grelhar bifes e outras carnes deixando marcas da grelha.
6. Grelhe o outro lado até que a carne esteja cozida ao ponto de cozimento desejado.
Se a carne tiver que ser pincelada com um glace ou molho, como molho *barbecue*, geralmente é melhor esperar até que o produto esteja parcialmente assado em ambos os lados antes de aplicar a primeira camada. Muitos glaces ou molhos queimam se forem assados durante muito tempo. Depois que um produto tiver sido assado de ambos os lados e estiver à metade ou a três quartos do ponto final de cozimento, pincele a superfície com uma leve camada do molho. Vire a peça e repita conforme necessário.
7. Retire do dourador ou grelha e sirva imediatamente.

Figura 11.6
Bifes com marcas da grelha.

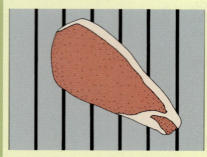

(a) Coloque a carne em uma grelha pré-aquecida no ângulo mostrado.

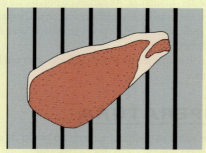

(b) Quando a carne estiver a um quarto do ponto de cozimento, gire-a a 60 ou 90°, como mostra a figura. Não vire a carne de lado.

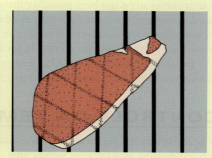

(c) Quando a carne estiver na metade do cozimento, vire-a para o outro lado. As marcas da grelha irão aparecer como mostra a figura.

Geralmente, se você possuir um dourador profissional que tenha sido preaquecido de maneira adequada, não é difícil dourar carnes que foram salgadas previamente. Por outro lado, douradores mais fracos, como os usados em cozinhas domésticas, não atingem temperaturas tão elevadas. Nesses casos, é melhor salgar depois de dourar.

Uma maneira de contornar esse problema é servir a carne com *manteiga saborizada* (p. 179). Outra opção seria marinar a carne com óleo temperado 30 minutos ou mais antes de dourar. Lembre-se de secar bem as carnes marinadas antes de colocá-las no dourador.

MOLHOS E ACOMPANHAMENTOS PARA CARNES GRELHADAS E ASSADAS NO DOURADOR

Muitos tipos de molhos e acompanhamentos são apropriados para carnes grelhadas, inclusive manteigas compostas e molhos à base de manteiga, como o molho *béarnaise*; variações do molho *espagnole*, como o molho Bercy, o molho de cogumelos e o molho *bordelaise*; variações do molho de tomate; *salsas* e *relishes*. Para mais exemplos, ver as receitas desta seção. Observe que, ao contrário dos molhos feitos com o líquido deglaceado de frigideiras e assadeiras (ver p. 313), todos esses molhos são preparados com antecedência, porque, quando se assa no dourador ou na grelha, não há um recipiente para deglacear.

Parte da boa aparência de carnes assadas no dourador e na grelha é a sua superfície dourada e crocante. Por essa razão, é melhor não cobrir a carne com o molho. Além disso, costuma-se servir uma menor quantidade de molho com produtos grelhados do que com produtos salteados. Sirva o molho ao lado ou em volta da carne ou, no máximo, em uma faixa fina transversal sobre a carne.

Do mesmo modo, vegetais e acompanhamentos para carnes douradas e grelhadas não precisam vir com muito molho. Vegetais grelhados são sempre uma boa escolha como acompanhamentos.

 ### Contrafilé grelhado à *maître d'hôtel*

Rendimento: 10 porções

Quantidade	Ingredientes
10	Bifes de contrafilé de 300–350 g cada
a gosto	Sal
a gosto	Pimenta-do-reino preta
conforme necessário	Óleo vegetal
150 g	Manteiga *maître d'hôtel* (p. 179)

Modo de preparo

1. Limpe os bifes, deixando uma camada de gordura na borda.
2. Tempere a gosto com sal e pimenta-do-reino. Pincele ligeiramente com óleo.
3. Coloque os bifes em uma grelha ou no dourador preaquecido.
4. Quando o bife estiver a um quarto do término do cozimento, gire-o aproximadamente 60 a 90º para alternar as marcas da grelha (ver Figura 11.6).
5. Quando o bife estiver quase pronto, vire-o do outro lado e complete o cozimento até o ponto desejado. Se for virar com um garfo, espete na gordura, não na carne, para não perder os sucos.
6. Retire os bifes do fogo e coloque-os imediatamente em um prato aquecido. Coloque uma fatia de 15 g de manteiga aromatizada sobre cada bife.

Por 230 g:
Calorias, 550; Proteínas, 60 g; Gorduras, 33 g (55% cal.); Colesterol, 185 mg; Carboidratos, 0 g; Fibras, 0 g; Sódio, 250 mg.

VARIAÇÕES

Há outros tipos de bifes que podem ser feitos pelo mesmo método, como bisteca, filé de costela, filé-mignon, *entrecôte*, chuleta, *T-bone* e alcatra. Hambúrgueres de carne moída também podem ser preparados de acordo com essa receita.

Outras manteigas aromatizadas e molhos combinam bem com carnes grelhadas, tais como:

Manteiga com alho, molho *Chasseur*, molho escuro de cogumelos, molho *béarnaise*
Manteiga com anchovas, molho madeira, molho *bercy* escuro, molho *foyot*
Molho *bordelaise*, molho *perigueux*, molho *lyonnaise*, molho *choron*
Molho *marchand de vin*

Bisteca de cordeiro assada no dourador
Prepare como bifes grelhados, usando chuletas, bisteca ou sobrepaleta de cordeiro fatiado ou paleta fatiada.

GRELHAR NA FRIGIDEIRA

Dourar filés bem finos (bifes) até ficarem malpassados é difícil porque o calor não é suficientemente alto para formar uma crosta dourada sem cozinhar demais o interior do bife. Grelhar em uma frigideira de ferro pesada é uma solução possível para esse problema.

Procedimento para grelhar carnes na frigideira

1. Preaqueça uma frigideira de ferro sobre fogo alto até que esteja bem quente. Não adicione gordura. (Obviamente, a frigideira deverá estar bem "temperada".)
2. Proceda como se fosse grelhar. Descarte a gordura que se acumular durante o cozimento, se necessário.

London broil

Porções: 24   Tamanho da porção: 150 g

Quantidade	Ingredientes
4,75 kg	Bife-do-vazio/pacu (5 peças)
	Marinada:
500 mL	Óleo vegetal
60 mL	Suco de limão-siciliano
2 colheres (chá)	Sal
2 colheres (chá)	Pimenta-do-reino preta
1 colher (chá)	Tomilho seco
1,5 L	Molho *champignon* (escuro) (p. 175)

Por porção:
Calorias, 520; Proteínas, 41 g; Gorduras, 37 g (65% cal.); Colesterol, 110 mg; Carboidratos, 3 g; Fibras, 0 g; Sódio, 370 mg.

Observação: o bife do vazio deve ser feito malpassado. Se preparado ao ponto, fica duro e seco.

■ Modo de preparo

1. Limpe toda a gordura e o tecido conjuntivo da carne.
2. Misture os ingredientes da marinada em uma cuba gastronômica. Coloque as peças de carne na bandeja e vire para que fiquem cobertas de tempero. Tampe e leve ao refrigerador por pelo menos 2 horas.
3. Retire a carne da marinada e coloque em um dourador ou grelha preaquecida. Grelhe em fogo alto por aproximadamente 3 a 5 minutos de cada lado, até que fiquem bem dourados por fora, mas malpassados por dentro (ver Observação).
4. Retire a carne do fogo e deixe descansar por 2 minutos antes de fatiar.
5. Corte em fatias bem finas, em ângulo agudo, contra o sentido das fibras (ver Fig. 11.7).
6. Pese porções de 150 g. Sirva cada porção com 60 mL de molho.

VARIAÇÕES

Bifes grossos de coxão bola ou de acém são às vezes usados para fazer o *London broil*.

London broil ao estilo teriyaki

Coloque as peças em uma marinada com os seguintes ingredientes: 2 ½ xícaras (600 mL) de molho de soja japonês, 200 mL de óleo vegetal, 125 mL de xerez, 175 g de cebola picada, 2 colheres de sopa (30 g) de açúcar, 2 colheres de chá (10 mL) de gengibre, 1 dente de alho amassado. Deixe marinar por pelo menos 4 horas ou, de preferência, de um dia para o outro. Grelhe como na receita básica.

Figura 11.7
Como fatiar o bife-do-vazio para *London broil*.

(a) Segurando a faca em ângulo agudo, corte fatias bem finas da carne no sentido contrário ao das fibras. Use um garfo de mesa ou de cozinha para segurar a carne firmemente. Alguns chefs cortam as fatias em direção ao garfo.

(b) Outros preferem cortar em direção oposta ao garfo. O resultado é o mesmo.

Assar no dourador, grelhar na grelha e na frigideira 309

Fajitas de carne

Porções: 12   Tamanho da porção: 150 g mais a guarnição

Quantidade	Ingredientes
90 mL	Óleo vegetal
180 mL	Suco de limão
4 colheres (chá)	Cominho em pó
4 colheres (chá)	Pó para chili
4	Dentes de alho bem picados
4 colheres (chá)	Sal
2 colheres (chá)	Pimenta-do-reino
1,9 kg	Diafragma ou bife-do-vazio, sem gordura
30 mL	Óleo vegetal
700 g	Pimentões, cores variadas, em tirinhas
700 g	Cebola em rodelas grossas
24, ou conforme necessário	*Tortillas* de farinha, aquecidas no vapor, para ficarem macias
conforme necessário	Guarnições: Guacamole ou abacate fatiado Creme de leite azedo Alface cortada em tiras Tomate em cubos *Salsa cruda* (p. 191)

■ Modo de preparo

1. Para fazer a marinada, misture o óleo, o suco de limão, o cominho, o pó para chili, o alho, o sal e a pimenta-do-reino.
2. Coloque a carne em um recipiente não corrosivo e junte a marinada, virando para que fique coberta com o tempero por todos os lados. Leve à geladeira por 2 a 4 horas.
3. Retire a carne da marinada. Grelhe de ambos os lados em uma grelha ou dourador até que fique levemente caramelizada por fora e malpassada ou quase ao ponto por dentro, como desejar.
4. Enquanto a carne grelha, aqueça o óleo em uma frigideira grande em fogo alto.
5. Adicione os pimentões e salteie um pouco, deixando-os ligeiramente crocantes.
6. Retire os pimentões da frigideira e salteie a cebola da mesma maneira.
7. Quando a carne estiver ao ponto, tire da grelha e deixe descansar por 5 minutos.
8. Fatie no sentido contrário ao das fibras em fatias finas.
9. Sirva as tiras de carne e os vegetais em um prato ou travessa aquecidos. Sirva acompanhado das *tortillas* e das guarnições em recipientes separados. Os clientes farão seus próprios tacos enrolando porções de carne, vegetais e sua escolha de guarnições nas *tortillas*.

Por porção:
Calorias, 740; Proteínas, 44 g; Gorduras, 22 g (27% cal.); Colesterol, 60 mg; Carboidratos, 88 g; Fibras, 6 g; Sódio, 830 mg.

Bisteca de porco defumada com feijão-branco e rúcula abafada

Porções: 15   Tamanho da porção: 1 bisteca, 250 g
                aproximadamente 150 g de vegetais

Quantidade	Ingredientes
15	Bistecas suínas defumadas com osso de aproximadamente 250 g cada
conforme necessário	Óleo vegetal
2,2 kg	Feijão-branco com rúcula abafada (ver Observação)

■ Modo de preparo

1. Pincele as bistecas com um pouco de óleo. Leve à grelha ou ao dourador preaquecido até ficarem com a marca da grelha em ambos os lados e aquecidas de maneira uniforme. A bisteca de porco defumada já vem completamente cozida, então só é necessário aquecê-la bem.
2. Sirva cada bisteca com 150 g de feijão-branco com rúcula abafada.

Por porção:
Calorias, 620; Proteínas, 57 g; Gorduras, 26 g (39% cal.);
Colesterol, 110 mg; Carboidratos, 26 g; Fibras, 9 g; Sódio, 3.110 mg.

Observação: a quantidade de feijão-branco com rúcula necessária para esta receita é a mesma do rendimento da receita da p. 613.

Bisteca de porco defumada com feijão-branco e rúcula abafada

Filé-mignon suíno grelhado com purê de batata-doce e molho quente de *chipotle*

Porções: 10 Tamanho da porção: 150 g de carne

Quantidade	Ingredientes
2 kg	Filé-mignon de porco (filezinho)
60 g	Cebola bem picada
1	Dente de alho bem picado
2 colheres (sopa)	Pimenta Novo México* em pó (ver Observação)
1 colher (chá)	Sal
½ colher (chá)	Orégano desidratado
¼ de colher (chá)	Cominho moído
⅛ de colher (chá)	Canela
60 mL	Suco de limão
30 mL	Azeite de oliva
1	Dente de alho, sem casca
500 g	Tomate italiano ou outro tomate pequeno
2	Pimentas *chipotle* inteiras em *adobo* (enlatadas)
½ colher (chá)	Sal
2-3 colheres (chá)	Molho da pimenta *chipotle* enlatada
1,5 kg	Batata-doce de polpa alaranjada
a gosto	Sal

Por porção:
Calorias, 410; Proteínas, 41 g; Gorduras, 10 g (22% cal.); Colesterol, 110 mg; Carboidratos, 38 g; Fibras, 5 g; Sódio, 630 mg.

Observação: caso não encontre a pimenta Novo México em pó, ou caso deseje obter um sabor um pouco diferente, use uma mistura comum de pó para chili.

Modo de preparo

1. Limpe a gordura e as membranas do filé-mignon (ver Fig. 11.8).
2. Misture a cebola, o alho, a pimenta em pó, o sal, o orégano, o cominho, a canela, o suco de limão e o azeite.
3. Cubra a carne com essa mistura. Vede bem e mantenha refrigerado por várias horas ou de um dia para o outro.
4. Asse o alho e o tomate no forno preaquecido a 230°C por 10 minutos.
5. Retire a pele dos tomates e a casca do alho. Coloque-os em um liquidificador.
6. Abra as pimentas *chipotle* cuidadosamente. Raspe e descarte as sementes. Pique as pimentas.
7. Adicione as pimentas *chipotle*, o sal e o molho da pimenta ao liquidificador. Bata até formar um purê grosso. Acrescente mais sal, se necessário.
8. Asse a batata-doce a 200°C até ficar macia. Corte ao meio e, com uma colher, retire toda a polpa. Passe por um passador de legumes para fazer um purê. Tempere com um pouco de sal e pimenta.
9. Raspe a cebola e o alho da carne (para evitar que queimem).
10. Grelhe a carne até ficar bem-passada. Tome cuidado para não cozinhar demais, ou a carne ficará seca.
11. Para servir, coloque 90 g de purê de batata-doce no prato. Fatie a carne no sentido contrário ao das fibras em medalhões. Coloque 150 g de carne sobre o purê de batata-doce. Regue com 45 mL do molho de tomate e *chipotle*.

Filé-mignon suíno grelhado com purê de batata-doce e molho quente de pimenta *chipotle*.

Figura 11.8 Como limpar um filé-mignon de porco.

*N.R.: Também conhecida como *anaheim*, é uma pimenta alongada, com 15-20 cm de comprimento e grau de picância médio-baixo.

Assar no dourador, grelhar na grelha e na frigideira 311

 ## "Bifinhos" grelhados de cordeiro moído com alecrim e pinhole

Porções: 25 *Tamanho da porção: 150 g*

Quantidade	Ingredientes
175 g	Cebola bem picada
60 g	Óleo vegetal sem sabor
3,25 kg	Carne de cordeiro moída
250 g	Miolo de pão fresco esmigalhado
250 g	Pinhole torrado
300 mL	Leite
½ xícara (chá)	Salsinha picada
2 colheres (chá)	Alecrim
2 ½ colheres (chá)	Sal
1 colher (chá)	Pimenta-do-reino branca
25	Fatias de bacon

Por porção:
Calorias, 460; Proteínas, 25 g; Gorduras, 37 g (72% cal.); Colesterol, 95 mg; Carboidratos, 7 g; Fibras, 1 g; Sódio, 520 mg.

Observação: os bifinhos podem ser dourados sob o dourador, colocados em uma assadeira baixa, e finalizados no forno a 190°C.

Modo de preparo

1. Refogue a cebola no óleo até ficar macia. Não deixe dourar. Espere esfriar bem.
2. Misture todos os ingredientes, exceto o bacon, em uma tigela. Amasse delicadamente até que tudo fique bem incorporado. Não amasse demais.
3. Pese a carne em porções de 150 g. Molde em forma de hambúrgueres grossos, com aproximadamente 2 cm de espessura.
4. Enrole uma tira de bacon em volta de cada um e prenda com palitos.
5. Grelhe ou doure os hambúrgueres em fogo moderado até o final do cozimento, virando uma vez apenas (ver Observação).
6. Descarte os palitos antes de servir.

VARIAÇÕES

Em vez de cordeiro, pode-se usar carne bovina ou de vitela moídas.

"Bifinhos" grelhados de carne bovina moída com manjerona
Substitua a carne de carneiro por carne bovina moída. Substitua o alecrim por manjerona. Não coloque pinholes.

 ## Shish kebab

Porções: 25 *Tamanho da porção: 175 g*

Quantidade	Ingredientes
4,5 kg	Pernil de cordeiro, sem osso, limpo
	Marinada:
1 L	Azeite de oliva, ou parte de azeite de oliva e parte de óleo vegetal
125 mL	Suco de limão-siciliano
5	Dentes de alho amassados
4 colheres (chá)	Sal
1 ½ colher (chá)	Pimenta-do-reino
1 colher (chá)	Orégano seco

Por porção:
Calorias, 280; Proteínas, 37 g; Gorduras, 14 g (46% cal.); Colesterol, 115 mg; Carboidratos, 0 g; Fibras, 0 g; Sódio, 125 mg.

Modo de preparo

1. Com um dia de antecedência, limpe a carne descartando a gordura e o tecido conjuntivo. Corte em cubos de 2,5 cm. Corte todos os cubos do mesmo tamanho para obter um cozimento uniforme.
2. Misture os ingredientes da marinada em uma cuba gastronômica e junte a carne. Mexa bem. Deixe na geladeira de um dia para o outro.
3. Escorra a carne e pese porções de 175 g. Enfie cada porção em um espeto.
4. Coloque os espetos na grelha ou sob o dourador e asse em fogo médio até a carne ficar ao ponto, virando de lado uma vez no meio do cozimento.
5. Para servir, coloque cada porção sobre uma porção de Arroz *pilaf* (p. 625). Os espetos devem ser retirados pelo garçom no salão ou pelo cozinheiro na cozinha.

Observação: shish kebabs podem ser feitos com legumes ou vegetais (cebola, pimentão verde, tomate-cereja e cogumelo) no mesmo espeto que a carne. Contudo, é mais fácil controlar os tempos de cozimento se os vegetais forem grelhados em espetos separados. Além disso, evita-se que a carne cozinhe no vapor criado pela umidade dos legumes.

Rim de cordeiro grelhado com bacon

Porções: 10	Tamanho da porção: 2 rins, 2 tiras de bacon
Quantidade	**Ingredientes**
20	Fatias de bacon
20	Rins de cordeiro
conforme necessário	Manteiga derretida ou óleo
a gosto	Sal
a gosto	Pimenta-do-reino

Por porção:
Calorias, 410; Proteínas, 26 g; Gorduras, 33 g (73% cal.); Colesterol, 515 mg; Carboidratos, 1 g; Fibras, 0 g; Sódio, 580 mg.

Modo de preparo

1. Cozinhe o bacon na chapa, ou no forno em uma assadeira baixa, até ficar crocante. Descarte a gordura e mantenha aquecido.
2. Divida os rins ao meio longitudinalmente e retire a gordura branca e a cartilagem no centro.
3. Enfie os rins em espetos – quatro metades por espeto.
4. Pincele bem com a manteiga derretida ou óleo e tempere com sal e pimenta-do-reino.
5. Asse os rins no dourador em fogo alto, virando uma vez, até ficarem corados por fora, mas ainda ligeiramente malpassados. (Faça um teste pressionando com o dedo, como se faz com bifes.)
6. Sirva imediatamente, com duas fatias de bacon por porção. Rins são servidos geralmente com mostarda.

Cervo grelhado com manteiga de limão

Porções: 8	Tamanho da porção: 90 a 125 g
Quantidade	**Ingredientes**
1 kg	Carne de cervo, sem osso, limpa (ver etapa 1)
1 colher (chá)	Grãos de pimenta Sichuan torrados
30 mL	Suco de limão
a gosto	Sal
60 g	Manteiga
½ colher (chá)	Grãos de pimenta Sichuan, torrados e moídos
2 colheres (chá)	Raspas de limão
2 mL	Suco de limão
a gosto	Sal

Por porção:
Calorias, 190; Proteínas, 26 g; Gorduras, 9 g (43% cal.); Colesterol, 110 mg; Carboidratos, 1 g; Fibras, 0 g; Sódio, 115 mg.

Modo de preparo

1. Escolha um ou mais pedaços de carne de cervo adequados para grelhar e fatiar como o *London broil*. Retire bem todas as membranas da carne.
2. Esfregue os grãos de pimenta Sichuan na carne. Regue com suco de limão e polvilhe com sal. Deixe marinar por 30 minutos.
3. Amoleça a manteiga e junte a pimenta triturada, as raspas e o suco de limão e o sal. Leve à geladeira até o momento de usar.
4. Grelhe ou asse o cervo no dourador até ficar malpassado ou quase ao ponto. Retire do fogo e deixe descansar por alguns minutos.
5. Corte em ângulo, no sentido contrário ao das fibras, em fatias finas, como no *London broil*.
6. Arranje as fatias em pratos. Coloque uma pequena fatia de manteiga de limão (aproximadamente 1 ½ colher de chá – 8 g) sobre cada porção.

Lombo de alce grelhado

Porções: 12	Tamanho da porção: 150 a 180 g
Quantidade	**Ingredientes**
250 mL	Vinho tinto
60 mL	Óleo vegetal
60 g	Chalotas em rodelas
1 colher (sopa)	Raspas de limão-siciliano
¼ de colher (chá)	Pimenta-caiena
1 colher (sopa)	Sal
1 colher (chá)	Pimenta-do-reino preta
12	Bifes, 150 a 180 g cada, cortados de lombo de alce desossado e limpo

Por porção:
Calorias, 180; Proteínas, 33 g; Gorduras, 45 g (75% cal.); Colesterol, 80 mg; Carboidratos, 0 g; Fibras, 0 g; Sódio, 115 mg.

Modo de preparo

1. Misture o vinho, o óleo, as chalotas, as raspas de limão, a pimenta-caiena, o sal e a pimenta-do-reino em um recipiente não corrosivo que comporte os bifes de alce.
2. Coloque os bifes no recipiente, virando-os para ficarem bem cobertos com a marinada.
3. Mantenha sob refrigeração por 2 horas. Os bifes devem ficar na marinada o tempo suficiente para pegarem um leve sabor.
4. Retire os bifes da marinada e seque-os com papel-toalha.
5. Coloque-os no dourador ou na grelha até ficarem malpassados ou ao ponto.

SALTEAR, FRITAR EM POUCA GORDURA E CHAPEAR

Se você revisar as definições gerais de saltear, fritar em pouca gordura e chapear no Capítulo 4, verá que as diferenças entre esses métodos são basicamente uma questão de grau. Para saltear, é preciso fogo alto e uma pequena quantidade de gordura; em geral, é o método usado para pedaços pequenos de alimento. Para fritar em pouca gordura, é necessário fogo médio e uma quantidade moderada de gordura; normalmente é empregado para pedaços maiores, como bistecas. Contudo, em que ponto o fogo moderado se torna fogo alto e uma pequena quantidade de gordura se torna uma quantidade moderada de gordura? É impossível traçar uma linha divisória exata entre saltear e fritar em pouca gordura.

Cada vez que você prepara uma peça de carne, é preciso decidir a quantidade de calor e a quantidade de gordura que irá usar para executar a tarefa da melhor maneira possível. Isso depende do tipo de carne e do tamanho das peças. Aqui vão algumas indicações para ajudá-lo a tomar a decisão mais acertada.

Instruções para saltear, fritar em pouca gordura e chapear

1. Use apenas cortes macios para saltear.

2. Pedaços de carne menores ou mais delgados exigem fogo mais alto. O objetivo é dourar ou caramelizar a carne durante o tempo que ela leva para chegar ao ponto de cozimento. Pedaços muito pequenos ou finos atingem o cozimento em poucos minutos.

3. Se peças grandes ou grossas forem douradas em fogo alto, pode ser necessário terminar o processo em calor mais baixo para não queimar a carne.

4. A quantidade de gordura necessária é a quantidade exigida para conduzir o calor por todos os lados, de modo que a peça tenha um cozimento uniforme. Peças achatadas precisam de muito menos gordura que pedaços com formas irregulares, como pedaços de frango.
   Para saltear pedaços de carne pequenos é preciso pouca gordura, porque eles são mexidos ou revirados de modo que todos os lados entrem em contato com a frigideira quente.

5. Ao saltear pequenas quantidades de alimento, não encha demais a frigideira e não sacuda ou revire o alimento mais que o necessário. Isso diminui muito a temperatura, fazendo com que a carne seja cozida em fogo brando em seus próprios sucos em vez de ser salteada.

6. Use manteiga clarificada ou óleo ou uma mistura dos dois para saltear. A manteiga crua queima facilmente.

7. A técnica de passar as carnes na farinha proporciona um dourado uniforme e ajuda a evitar que grudem. Enfarinhe as carnes bem na hora do cozimento, não antecipadamente, senão a farinha ficará pastosa. Além disso, tire o excesso de farinha antes de colocar a carne na frigideira.

8. As carnes usadas para fritar em pouca gordura geralmente são empanadas. Faça uma revisão do Procedimento básico para empanar, na página 142.

9. Quando for fritar várias levas de carne, coe ou retire os resíduos da gordura entre uma leva e outra. Caso contrário, partículas queimadas de lotes anteriores poderão estragar a aparência da carne.

10. Chapear e fritar em pouca gordura são preferíveis a assar no dourador ou grelhar no preparo de bistecas de porco e de vitela porque temperaturas mais baixas mantêm essas carnes mais úmidas quando são preparadas bem-passadas. Hambúrgueres bem-passados também ficam mais úmidos se forem preparados em uma chapa.

COMO DEGLACEAR A FRIGIDEIRA

Carnes salteadas são frequentemente acompanhadas por um molho feito com os resíduos caramelizados da frigideira. **Deglacear** significa agitar um líquido em uma frigideira ou outro tipo de recipiente para soltar os resíduos caramelizados pelo cozimento que permanecem no fundo. (Reveja as discussões sobre deglacear no Cap. 4, p. 72, e no Cap. 8, p. 156 e 167). O líquido resultante pode ser usado para dar sabor a um molho de duas maneiras:

1. Junte o líquido reduzido a um molho pronto. Ele acrescentará sabor e cor ao molho.

2. Use o líquido para preparar um molho novo, feito na hora. Acrescente fundo ou outros líquidos e condimentos e ingredientes espessantes e finalize o molho como indicado na receita.

REFOGAR À CHINESA

A técnica chinesa de refogar, *stir-frying* em inglês, é bem parecida com a de saltear, com a diferença de que, no método de saltear, os ingredientes são virados com movimentos rápidos da frigideira, enquanto, no método de refogar à chinesa, a frigideira fica imóvel e os ingredientes são virados com espátulas ou outros utensílios. Embora o método de refogar à chinesa genuíno seja feito em uma panela de fundo arredondado chamada *wok*, sobre um queimador especial, pode-se usar a mesma técnica com uma frigideira padrão.

314 Capítulo 11 • Preparo de carnes e caça de pelo

Procedimentos gerais para saltear e fritar carnes em pouca gordura

Os procedimentos a seguir são apresentados lado a lado para que você possa compará-los. Lembre-se que estes são os dois extremos e que muitas receitas exigem um modo de preparo que fica entre os dois.

O procedimento para fritar em pouca gordura também se aplica à técnica de chapear, embora apenas uma quantidade mínima de gordura seja usada em uma chapa.

Saltear

1. Reúna todos os equipamentos e ingredientes.

2. Prepare as carnes conforme a necessidade. Isso pode incluir empanar com farinha de trigo.

3. Aqueça uma frigideira com uma pequena quantidade de gordura até ficar bem quente.

4. Coloque a carne na frigideira. Não encha demais.

5. Doure a carne de todos os lados, fazendo-a saltar ou revirar na frigideira o suficiente para que atinja um cozimento uniforme.

6. Retire a carne da frigideira. Escorra o excesso de gordura, se houver.

7. Acrescente os ingredientes do molho para serem salteados, como chalotas ou cogumelos, conforme indicado na receita. Salteie todos os ingredientes.

8. Junte um líquido para deglacear, como vinho ou fundo. Cozinhe em fogo brando enquanto mexe e raspa a frigideira para soltar as partículas de alimento do fundo, dissolvendo-as no líquido. Reduza.

9. Acrescente um molho pronto ou outros ingredientes próprios para a receita e finalize o molho conforme indicado.

10. Sirva a carne com o molho, ou coloque-a de volta no molho da frigideira para reaquecê-la rapidamente e cobri-la de molho. Não deixe a carne cozinhar no molho. Sirva.

Fritar em pouca gordura

1. Reúna todos os equipamentos e ingredientes.

2. Prepare as carnes conforme necessário. Isso pode incluir empanar com farinha de rosca ou polvilhar com farinha de trigo.

3. Aqueça uma quantidade moderada de gordura em uma frigideira comum ou de ferro fundido até ficar bem quente.

4. Coloque a carne na frigideira.

5. Doure a carne em um lado. Vire-a com uma espátula e doure do outro lado. Pedaços maiores podem precisar ser finalizados em fogo moderado depois de dourar. Se necessário, finalize o cozimento, sem tampar, no forno.

6. Sirva imediatamente.

Procedimento básico para refogar

1. Aqueça uma panela *wok* ou frigideira em fogo alto até ficar bem quente.

2. Coloque uma pequena quantidade de óleo para esquentar.

3. Acrescente temperos para aromatizar o óleo — um ou mais destes: sal, alho, gengibre e cebolinha.

4. Se ingredientes como carne, aves ou frutos do mar fizerem parte do prato, adicione-os neste ponto. Assim como no método de saltear, não sobrecarregue a panela. Para dourar os pedaços de alimento, deixe-os fritar sem mexer por alguns minutos. Depois, mexa e revire-os com uma espátula para que fiquem caramelizados e cozinhem de maneira uniforme.

5. Se for usar algum tempero líquido na carne, como molho de soja, acrescente-o neste momento, mas apenas em pequenas quantidades, para que a carne continue a fritar e não comece a cozinhar em fogo brando ou ensopar.

6. Tire a carne da panela ou não, dependendo da receita. Se for usar uma pequena quantidade de vegetais de cozimento rápido, a carne pode ser deixada na panela e os vegetais podem ser cozidos com ela. Caso contrário, tire a carne quando ela estiver quase ao ponto e deixe-a à parte enquanto cozinha os vegetais.

7. Repita as etapas 2 e 3 se necessário.

8. Coloque os vegetais na panela e refogue-os. Se mais de um vegetal for usado, coloque primeiro aqueles que demoram mais para cozinhar e por último aqueles que cozinham mais rapidamente.

9. Alguns pratos são fritos a seco, isto é, são preparados sem líquido ou molho. Neste caso, simplesmente coloque a carne de volta na panela para reaquecê-la com os vegetais. Depois sirva. Caso contrário, siga o próximo passo.

10. Adicione ingredientes líquidos, como fundo ou água, e continue a refogar e mexer até que os vegetais estejam quase cozidos.

11. Acrescente a carne reservada na etapa 6 à panela para aquecê-la de novo.

12. Etapa opcional, mas amplamente utilizada: junte uma mistura de amido de milho e água à panela e cozinhe até o molho ficar ligeiramente espesso.

13. Sirva em seguida.

Scaloppine de vitela à milanesa

Porções: 24 — Tamanho da porção: 125 g

Quantidade	Ingredientes
3 kg	24 bifes de vitela (*scaloppine*) de 125 g cada (ver Fig. 11.9 para preparação da vitela)
a gosto	Sal
a gosto	Pimenta-do-reino
	Procedimento padrão para empanar (ver Observação):
125 g	Farinha de trigo
4	Ovos
250 mL	Leite
750 g	Farinha de rosca, ou pão fresco esmigalhado
250 mL	Óleo ou manteiga clarificada, ou uma mistura de óleo e manteiga
375 g	Manteiga

Por porção:
Calorias, 550; Proteínas, 31 g; Gorduras, 38 g (63% cal.); Colesterol, 165 mg; Carboidratos, 19 g; Fibras, 1 g; Sódio, 380 mg.

Observação: as quantidades dadas para os ingredientes de empanar são apenas diretrizes. Pode ser necessário mais ou menos, dependendo do formato dos pedaços de carne, do cuidado ao empanar e de outros fatores. De qualquer maneira, é preciso ter uma quantidade suficiente para empanar com facilidade e por completo até o último pedaço.

Modo de preparo

1. Bata ligeiramente cada fatia de vitela com um martelo de carne. Não bata muito forte para não rasgar a carne.
2. Tempere a carne com sal e pimenta-do-reino e use o Procedimento padrão de empanar (ver p. 142).
3. Aqueça aproximadamente 0,5 cm de óleo ou manteiga em uma frigideira grande. Coloque os bifes e frite até ficarem bem dourados. Vire e doure o outro lado. Transfira para pratos aquecidos.
4. Aqueça a manteiga em uma panelinha funda ou frigideira até ficar ligeiramente dourada. Despeje 15 g de manteiga corada sobre cada porção.

Variações

Scaloppine de vitela salteado com *gruyère*
Cubra cada bife com 1 ou 2 rodelas finas de tomate e uma fatia de queijo *gruyère*. Coloque sob um dourador para derreter o queijo. Sirva com molho de tomate sob a carne ou formando uma faixa (*cordon*) em volta da carne.

Schnitzel à la holstein
Cubra cada porção com um ovo frito e 4 filés de anchovas colocados em volta da borda do ovo.

Scaloppine de vitela à vienense (*wiener schnitzel*)
Cubra cada bife com uma rodela de limão-siciliano sem casca e um filé de anchova enrolado em volta de uma alcaparra. Decore o prato com claras de ovo cozido picadas, gemas cozidas passadas pela peneira e salsinha picada.

Vitela *alla parmigiana*
Cubra cada bife com 60 mL de molho de tomate, uma fatia de mussarela e 2 colheres (sopa) de queijo parmesão. Coloque sob um dourador para derreter o queijo.

Vitela *cordon bleu*
Use 2 bifes finos (60 g) por porção. Coloque 1 fatia fina de presunto e 1 fatia fina de queijo suíço entre os 2 bifes de vitela. Bata as bordas levemente com o martelo de carne para vedar. Empane e frite como na receita básica.

Scaloppine de porco à milanesa
Bifes finos de pernil ou lombo de porco podem ser empanados e fritos como a vitela. Precisam ser bem-passados.

Scaloppine de vitela à vienense

Scaloppine de vitela *alla* Marsala

Porções: 10	Tamanho da porção: 125 g
Quantidade	Ingredientes
1,25 kg	*Scaloppines* pequenos de vitela: 20 bifes de 60 g cada (ver Fig. 11.9 para preparação da vitela)
a gosto	Sal
a gosto	Pimenta-do-reino branca
para polvilhar	Farinha de trigo
60 mL	Óleo
125 mL	Vinho Marsala
250 mL	Fundo claro forte de vitela ou frango (ver Observação)
60 g	Manteiga cortada em pedaços
2 colheres (sopa)	Salsinha picada

Por porção:
Calorias, 360; Proteínas, 27 g; Gorduras, 26 g (65% cal.); Colesterol, 115 mg; Carboidratos, 2 g; Fibras, 0 g; Sódio, 120 mg.

Modo de preparo

1. Bata ligeiramente cada fatia de vitela com um martelo de carne. Não bata muito forte para não rasgar a carne.
2. Seque a carne, tempere com sal e pimenta-do-reino branca e polvilhe com farinha de trigo. Tire o excesso de farinha (só execute esta etapa imediatamente antes da hora de fritar.)
3. Aqueça o óleo em uma frigideira grande até ficar bem quente. Coloque a vitela e salteie em fogo alto só até ficar levemente dourada de ambos os lados. (Se necessário, salteie a carne em vários lotes.)
4. Retire a carne da frigideira e escorra o excesso de óleo.
5. Adicione o Marsala à frigideira e deglaceie.
6. Acrescente o fundo e reduza à metade, em fogo alto.
7. Junte os pedaços de manteiga e gire a frigideira, inclinando-a levemente, até que eles derretam e misturem-se ao molho.
8. Coloque a vitela de volta na frigideira e deixe cozinhar em fogo brando. Vire a carne para ficar coberta com o molho.
9. Sirva imediatamente, dois pedaços por porção, polvilhados com a salsinha picada.

Observação: pode-se usar molho *espagnol* em vez do fundo claro. No entanto, o fundo resulta em um produto mais delicado, sem mascarar o sabor da vitela.

VARIAÇÕES

Scaloppine de vitela com xerez
Substitua o Marsala por xerez.

Scaloppine de vitela *à la crème*
Prepare igual à receita básica, mas exclua o vinho. Deglaceie a frigideira com um pouco do fundo. Adicione 1 xícara (250 mL) de creme de leite sem soro e reduza até ficar espesso. Exclua a manteiga. Tempere o molho com gotas de suco de limão. Verifique o sal.

Scaloppine de vitela com limão-siciliano
Substitua 125 mL do vinho por 90 mL de suco de limão. Depois da preparação do prato, cubra cada *scalopinne* com 1 rodela de limão-siciliano e polvilhe com salsinha picada.

Scaloppine de vitela com cogumelo e creme de leite
Prepare da mesma forma que o *Scaloppine* de vitela *à la crème*, mas salteie 250 g de cogumelos fatiados na manteiga da frigideira antes de deglacear.

Figura 11.9 Como limpar e cortar a vitela para *scaloppines*.

(a) Retire todos os tendões e o tecido conjuntivo (membrana) da vitela. Enfie a ponta de uma faca fina de desossar sob a membrana. Angule a lâmina da faca para cima, contra a membrana, e corte-a cuidadosamente, sem cortar a carne.

(b) Segurando a lâmina da faca inclinada para fazer fatias maiores, corte no sentido contrário ao das fibras da carne, como mostra a figura, em fatias finas.

(c) Fatias maiores podem ser cortadas de pedaços de carne mais estreitos, usando-se a técnica de corte borboleta. Corte a fatia quase até o fim da carne, mas ...

(d) ... deixe-a presa ao corte.

(e) Depois corte uma segunda fatia do mesmo modo, porém corte até o fim.

(f) Um *scalopinne* cortado no estilo borboleta fica duas vezes maior do que uma fatia simples. Infelizmente, fica uma junção no centro que prejudica a aparência do prato final, a não ser que a vitela seja à milanesa ou seja coberta com alguma coisa.

(g) Se desejar, bata as fatias finas com um martelo de carne para igualar a espessura. Isso ajuda a disfarçar a junção das fatias do corte borboleta.

Figura 11.10 Como limpar uma peça de filé-mignon.

(a) Peça inteira de filé-mignon, sem limpeza.

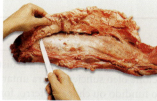
(b) Puxe a gordura grossa da parte externa do filé-mignon, liberando-a com uma faca, se necessário.

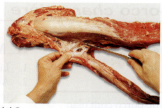
(c) Separe o cordão de carne fibrosa da lateral do filé. Use essa parte para moer.

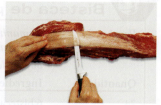
(d) Retire a membrana cuidadosamente.

(e) Filé-mignon inteiro e completamente limpo antes de ser cortado.

(f) Corte em pedaços, no tamanho desejado.

(g) Este filé-mignon foi cortado em uma variedade de pedaços para demonstração. Da esquerda para a direita: quatro filés, dois pedaços grandes para *chateaubriand*, dois *tournedos*, quatro filézinhos. Na frente: os retalhos das duas pontas.

Tournedos Vert-Pré

Porções: 1 *Tamanho da porção: 150 a 175 g*

Quantidade	Ingredientes
30 g	Manteiga clarificada
2	*Tournedos* (medalhões – ver Observação) de 75–90 g cada
2 fatias	Manteiga *maître d'hôtel* (p. 179)
conforme necessário	Batatas *allumette* (p. 603)
conforme necessário	Agrião

Por porção:
Calorias, 640; Proteínas, 27 g; Gorduras, 59 g (83% cal.); Colesterol, 185 mg; Carboidratos, 0 g; Fibras, 0 g; Sódio, 410 mg.

Observação: tournedos (singular: *tournedos* – um *tournedos*) são medalhões de filé-mignon com aproximadamente 4 cm de altura. A mesma receita pode ser usada para filés, que são maiores, mas mais baixos. A Figura 11.10 mostra como cortar o filé-mignon.

■ **M o d o   d e   p r e p a r o**

1. Aqueça a manteiga em uma frigideira pequena, em fogo alto.
2. Coloque os *tournedos* na frigideira e frite até ficarem bem dourados na superfície e cozidos pela metade.
3. Vire a carne e continue o cozimento até que ela fique malpassada ou ao ponto, conforme o pedido do cliente.
4. Coloque os tournedos em um prato aquecido e coloque uma fatia de manteiga *maître d'hôtel* sobre cada um. Guarneça o prato com uma porção de batatas *allumette* e uma porção generosa de agrião. Sirva imediatamente, enquanto a manteiga ainda está derretendo.

V A R I A Ç Õ E S

Tournedos béarnaise
Frite os *tournedos* como na receita básica e sirva com o molho *béarnaise*.

Tournedos bordelaise
Frite como na receita básica. Coloque 1 fatia de tutano bovino escalfado e um pouco do molho *bordelaise* sobre cada *tournedos*.

Tournedos chasseur
Frite como na receita básica. Coloque os *tournedos* em pratos e deglaceie a frigideira (sem a gordura do cozimento) com 15 mL de vinho branco. Adicione 60 mL de molho *chasseur*, aqueça em fogo brando e coloque ao redor dos *tournedos*.

Tournedos rossini
Frite como na receita básica. Coloque os *tournedos* sobre *croûtons* (fatias redondas de pão, cortadas do mesmo tamanho que os *tournedos* e fritas em manteiga até dourar). Coloque 1 fatia de patê de fígado de ganso e 1 fatia de trufa (se disponível) sobre cada *tournedos*. Regue com um pouco de molho Madeira.

***Tournedos rossini*; batatas Berny; alface braseada**

Bisteca de porco *charcutière*

Porções: 24
Tamanho da porção: 6 bistecas de 175 g
60 mL de molho

Quantidade	Ingredientes
24	6 bistecas de porco com osso sobressalente (corte francês) de 175 g cada
conforme necessário	Óleo
1,5 L	Molho *charcutière* (p. 175)

Por porção:
Calorias, 260; Proteínas, 28 g; Gorduras, 13 g (46% cal.); Colesterol, 90 mg; Carboidratos, 4 g; Fibras, 0 g; Sódio, 180 mg.

■ Modo de preparo

1. Limpe o excesso de gordura das bistecas, se necessário.
2. Adicione óleo suficiente para untar uma frigideira comum, de ferro fundido ou chapa de ferro, formando uma camada bem fina. Aqueça em fogo médio.
3. Coloque as bistecas na frigideira ou chapa quente e frite até ficarem douradas e atingirem metade do cozimento. Vire-as e frite até ficarem bem-passadas e douradas do outro lado.
4. Coloque as bistecas em pratos aquecidos (ou coloque-as em uma cuba gastronômica, se não for servir imediatamente).
5. Com uma colher, despeje uma faixa de molho (60 mL) em volta de cada bisteca.

VARIAÇÕES

Bisteca de porco Robert
Use o molho Robert no lugar do molho *charcutière*.

Bisteca de porco picante
Use o molho *piquante*.

Bisteca de vitela
Pode ser preparada pelo mesmo método básico e servida com um molho apropriado, como um *demi-glace* bem temperado, ou uma mistura de *demi-glace* e creme de leite. Outras sugestões: molho albufera, molho húngaro, molho (branco) de cogumelos e molho aurora.

Bisteca de vitela salteada; Abobrinha com tomate

Curry verde tailandês com carne de porco e vegetais

Porções: 12 *Tamanho da porção:* 200 g

Quantidade	Ingredientes
60 mL	Óleo vegetal
1 kg	Lombo de porco sem osso, cortado em fatias finas
500 g	*Bok choy**, cortado em pedaços de 2,5 cm
300 g	Abobrinha-amarela, em rodelas
250 g	Pimentão verde, em cubos médios
180 g	Cogumelos *shiitake*, sem o cabo, em fatias
1 colher (sopa)	Alho picado
12	Cebolinhas fatiadas
550 mL	Molho de *curry* verde tailandês (p. 194), quente

■ Modo de preparo

1. Aqueça metade do óleo em uma frigideira grande ou *wok*.
2. Em fogo alto, refogue o lombo só até ele perder a cor rosada. Se necessário, refogue em vários lotes. Retire a carne da frigideira.
3. Adicione o óleo restante na frigideira.
4. Com a frigideira ainda em fogo alto, acrescente o *bok choy*, a abóbrinha, o pimentão, o cogumelo, o alho e a cebolinha. Refogue por alguns minutos, deixando os vegetais ainda crocantes.
5. Coloque a carne de porco de volta na panela e adicione o molho. Cozinhe em fogo brando até que esteja totalmente cozida.
6. Sirva imediatamente com arroz cozido no vapor.

Por porção:
Calorias, 250; Proteínas, 18 g; Gorduras, 19 g (64% cal.); Colesterol, 40 mg; Carboidratos, 6 g; Fibras, 2 g; Sódio, 310 mg.

Observação: este método de preparar *curry* destina-se ao pré-preparo antecipado dos ingredientes para o cozimento rápido de última hora. Um método mais tradicional é fazê-lo como um molho integral. Refogue a carne e os vegetais, adicione a pasta de *curry* (ver receita do molho, p. 173) e cozinhe até ficar aromático. Acrescente o leite de coco, outros líquidos, os condimentos e os outros ingredientes indicados na receita do molho e finalize o cozimento.

***Curry* verde tailandês com carne de porco e vegetais**

*N.R.: Verdura oriental, também chamada de acelga chinesa.

Entrecôte sauté bordelaise (contrafilé da costela com vinho tinto e molho de chalota)

Porções: 12 Tamanho da porção: 1 filé, 175 g
                            95 mL de molho

Quantidade	Ingredientes
12	Bifes de contrafilé da costela* de 180-200 g cada
150 mL	Óleo
90 g	Manteiga
600 g	Chalota bem picada
600 mL	Vinho tinto
1,2 L	Fundo escuro
a gosto	Sal
a gosto	Pimenta-do-reino
50 g	Manteiga (opcional)
150 g	Tutano de boi, escalfado e cortado em cubos (opcional)
30 g	Salsinha picada

Modo de preparo

1. Tempere os bifes e doure-os em uma frigideira com o óleo. Cozinhe até que fiquem malpassados e deixe descansar em local aquecido. Descarte o excesso de óleo da frigideira.
2. Para o molho, coloque a primeira quantidade de manteiga na frigideira e salteie a chalota com cuidado até ficar ligeiramente dourada. Adicione o vinho e reduza a 10% do volume original. Acrescente o fundo e continue reduzindo até a metade.
3. Tempere o molho a gosto com sal e pimenta-do-reino e, se preferir, junte a segunda quantidade de manteiga para dar brilho.
4. Reaqueça os bifes e coloque-os em pratos aquecidos com o molho em volta. Coloque os cubos de tutano aquecidos em cima dos bifes e guarneça com salsinha picada.

Por porção:
Calorias, 400; Proteínas, 29 g; Gorduras, 27 g (61% cal.); Colesterol, 90 mg; Carboidratos, 9 g; Fibras, 0 g; Sódio, 135 mg.

*N.R.: Também conhecido por *noix*, bife ancho e *entrecôte*.

Côte de veau grandmère (bistecas de vitela com bacon, cogumelo e cebola)

Porções: 12 Tamanho da porção: 1 bisteca,
                            150 g de guarnição de vegetais

Quantidade	Ingredientes
650 g	Cebola-pérola
30 g	Manteiga
1 colher (sopa)	Açúcar
550 g	Bacon em pedaço
30 g	Manteiga
30 g	Manteiga
650 g	Cogumelo-paris fresco
1,8 kg	Batata
250 mL	Óleo
45 g	Manteiga
a gosto	Sal
12	Bistecas de vitela de 200–250 g cada
conforme necessário	Óleo
conforme necessário	Manteiga
900 mL	Fundo escuro
a gosto	Sal
a gosto	Pimenta-do-reino
a gosto	Suco de limão
3 colheres (sopa)	Salsinha picada

Modo de preparo

1. Descasque as cebolas e coloque-as em uma caçarola grande, em uma camada só.
2. Adicione a manteiga e o açúcar e acrescente água suficiente para cobrir. Cubra com um disco de papel-vegetal e cozinhe até que toda a água tenha evaporado e as cebolas estejam cobertas com um *glace* fino. Continue o cozimento, mexendo sempre, até que as cebolas fiquem coradas por igual.
3. Corte o bacon em cubinhos. Branqueie em água fervente e escorra.
4. Doure na manteiga derretida.
5. Aqueça a manteiga e cozinhe os cogumelos até que o líquido evapore. Coe e reserve.
6. Torneie as batatas em forma de azeitonas. Enxágue e seque.
7. Frite-as em óleo bem quente, mexendo sempre. Depois de 5 minutos, acrescente a manteiga para terminar o cozimento. (Se acrescentar a manteiga muito cedo, as batatas ficarão moles e grudarão na panela, quebrando-se.) Escorra o excesso de óleo e tempere com sal.
8. Misture as cebolinhas, o bacon, o cogumelos e a batata.
9. Frite as bistecas de vitela em um pouco de óleo e manteiga.
10. Retire a carne da frigideira e mantenha aquecida.
11. Descarte o óleo e deglaceie a panela com um pouco do fundo. Reduza até engrossar e cobrir as costas de uma colher.
12. Tempere com sal, pimenta-do-reino e algumas gotas de suco de limão.
13. Sirva a bisteca no centro do prato e coloque em volta colheradas da mistura de vegetais e bacon. Cubra a bisteca com o molho e jogue salsinha picada por cima.

Por porção:
Calorias, 740; Proteínas, 29 g; Gorduras, 52 g (64% cal.); Colesterol, 150 mg; Carboidratos, 37 g; Fibras, 4 g; Sódio, 510 mg.

Medalhão de cordeiro com creme de tomilho e alho

Porções: 8
Tamanho da porção: ½ carré de cordeiro

Quantidade	Ingredientes
40	Dentes de alho, descascados
300 mL	Leite
300 g	Crème fraîche*
a gosto	Sal
a gosto	Pimenta-do-reino branca
4	Carrés de cordeiro (com 8 costelas cada)
conforme necessário	Azeite de oliva
2 colheres (sopa)	Folhas de tomilho fresco
	Ingredientes opcionais (ver etapa 6):
conforme necessário	Óleo
150 g	Cenoura picada
150 g	Cebola picada
2 talos	Salsão picado
2 dentes	Alho picado
500 g	Tomate picado
1	Bouquet garni
100 mL	Vinho branco (opcional)
conforme necessário	Água
a gosto	Sal
a gosto	Pimenta-do-reino
90 mL	Óleo
60 mL	Manteiga
8 porções	Tian de tomate e abobrinha (p. 571; opcional)

Por porção:
Calorias, 470; Proteínas, 20 g; Gorduras, 40 g (76% cal.); Colesterol, 105 mg; Carboidratos, 8 g; Fibras, 0 g; Sódio, 150 mg.

Modo de preparo

1. Em fogo brando, cozinhe os dentes de alho no leite por 3 a 4 minutos.
2. Acrescente o *crème fraîche* e cozinhe em fogo brando até ficarem macios (os dentes de alho devem ceder com facilidade ao serem pressionados com as costas de uma colher).
3. Bata no liquidificador até formar uma mistura homogênea. Tempere a gosto.
4. Desosse os *carrés* de cordeiro. Limpe a carne do excesso de gordura e tecido conjuntivo.
5. Passe azeite de oliva na carne e cubra com um pouco de tomilho fresco. Deixe marinar por várias horas, ou de um dia para o outro.
6. Se tiver um fundo escuro de cordeiro acessível, cozinhe 1 L em fogo brando até reduzir a um molho forte e com consistência de xarope e reserve. Se não tiver fundo de cordeiro, use os ossos dos *carrés* para fazer o *jus*, seguindo as etapas 7 a 11.
7. Corte os ossos. Aqueça um pouco de óleo em uma panela funda. Acrescente os ossos e os retalhos de carne e deixe dourar.
8. Adicione os vegetais, o tomate e o *bouquet garni*. Mexa, envolvendo bem com o óleo. Cozinhe por alguns minutos.
9. Deglaceie com o vinho branco ou água, mexendo para dissolver os resíduos caramelizados. Cozinhe até quase secar.
10. Abaixe o fogo e cozinhe por mais 30 minutos, retirando as impurezas da superfície. Se o *jus* reduzir muito rapidamente, acrescente mais água.
11. Coe e retire o excesso de óleo novamente, se necessário. Continue reduzindo até ficar com a consistência de um melado.
12. Tempere o cordeiro com sal e pimenta-do-reino.
13. Doure a carne no óleo e na manteiga, em uma frigideira. Termine o cozimento em fogo brando ou, para um cozimento mais uniforme, no forno preaquecido a 200°C, por aproximadamente 6 minutos, até ficar malpassado ou ao ponto. Deixe descansar por 10 minutos. Fatie cada peça em 6 medalhões.
14. Para servir, coloque um pouco do molho cremoso de alho no prato e, sobre o molho, disponha três medalhões. Regue com um pouco do *jus* de cordeiro. Sirva cada prato com uma porção de *Tian* como acompanhamento.

*N.R.: Especialidade francesa, é um creme de leite fresco levemente ácido e com alto teor de gordura (cerca de 40%).

Saltear, fritar em pouca gordura e chapear 321

Filé de cordeiro com *jus* de hortelã e coentro

Porções: 12   Tamanho da porção: 185 g de carne
                              70 mL de molho

Quantidade	Ingredientes
4,5 kg	Espinafre
500 g	Tomates grandes
4	*Carrés* de cordeiro (com 8 costelas cada)
conforme necessário	Óleo
6	Chalotas grandes picadas
1,5 L	Fundo escuro de vitela
a gosto	Sal
30 g	Coentro fresco picado
30 g	Hortelã fresca picada
100 mL	Óleo de avelã
300 g	Pinhole torrado

Modo de preparo

1. Escolha as folhas de espinafre e lave-as cuidadosamente. Escorra bem. Reserve.
2. Retire a pele e as sementes dos tomates e pique-os. Reserve.
3. Retire o olho do lombo dos *carrés* de cordeiro. Limpe bem. Reserve os ossos para fazer fundo, se desejar.
4. Salteie o olho do lombo (filés) ligeiramente no óleo até ficar rosado, corando de todos os lados. Tire a carne da frigideira e mantenha em local aquecido.
5. Descarte o excesso de óleo da frigideira. Acrescente as chalotas e salteie ligeiramente antes de acrescentar o fundo. Reduza a aproximadamente 850 mL e tempere a gosto. Finalize com o coentro e a hortelã picados.
6. Aqueça uma frigideira limpa. Coloque o óleo de avelã e refogue o espinafre rapidamente até murchar. Escorra e tempere.
7. Para cada porção, coloque um aro de metal de 6 a 8 cm de diâmetro no centro do prato. Arrume o espinafre dentro e levante o anel.
8. Fatie os filés de cordeiro que estavam descansando e arrume-os sobre o espinafre. Coloque em volta o *jus* de ervas e salpique com os tomates picados e o pinhole.

Filé de cordeiro com *jus* de hortelã e coentro

Por porção:
Calorias, 390; Proteínas, 27 g; Gorduras, 26 g (57% cal.); Colesterol, 40 mg; Carboidratos, 17 g; Fibras, 9 g; Sódio, 240 mg.

Fígado de vitela *lyonnaise*

Porções: 10   Tamanho da porção: 1 bife de fígado
                              50 g de guarnição de cebola

Quantidade	Ingredientes
1 kg	Cebola
90 g	Manteiga
250 mL	*Demi-glace* ou fundo escuro forte
a gosto	Sal
a gosto	Pimenta-do-reino
10	Bifes de fígado de vitela de 6 mm de espessura, com aproximadamente 125 g cada
conforme necessário	Sal
conforme necessário	Pimenta-do-reino
conforme necessário	Farinha de trigo
conforme necessário	Manteiga clarificada ou óleo

Modo de preparo

1. Descasque as cebolas e corte-as em rodelas.
2. Aqueça a manteiga em uma frigideira e acrescente as cebolas. Refogue até ficarem macias e bem douradas.
3. Acrescente o *demi-glace* ou fundo e cozinhe por alguns minutos, até que fiquem glaceadas. Tempere a gosto.
4. Coloque em banho-maria e mantenha aquecido para servir.
5. Tempere o fígado e passe na farinha. Tire o excesso.
6. Frite na manteiga ou no óleo, em fogo moderado, até que ambos os lados estejam dourados e a carne esteja ligeiramente firme ao toque. Não cozinhe em excesso nem use fogo alto.
7. Sirva cada porção com 50 g da guarnição de cebola.

Por porção:
Calorias, 310; Proteínas, 24 g; Gorduras, 19 g (54% cal.); Colesterol, 445 mg; Carboidratos, 13 g; Fibras, 1 g; Sódio, 250 mg.

Medalhão de cervo *poivrade* com cassis

Porções: 8
Tamanho da porção: 2 medalhões, 60 a 90 g cada

Quantidade	Ingredientes
16	Medalhões de cervo, cortados do lombo, com 2 cm de espessura e 60–90 g cada
a gosto	Sal
a gosto	Pimenta-do-reino
conforme necessário	Manteiga ou óleo
125 mL	Fundo de frango
375 mL	Molho *poivrade* (p. 175)
30 mL	Licor de cassis

Por porção:
Calorias, 260; Proteínas, 26 g; Gorduras, 11 g (39% cal.); Colesterol, 120 mg; Carboidratos, 4 g; Fibras, 2 g; Sódio, 150 mg.

Modo de preparo

1. Tempere a carne com sal e pimenta-do-reino. Salteie na manteiga ou no óleo, deixando malpassada.
2. Retire a carne da frigideira e reserve em local aquecido.
3. Descarte o excesso de óleo da frigideira. Deglaceie com o fundo de frango e reduza à metade.
4. Acrescente o molho e o licor de cassis à frigideira e deixe cozinhar em fogo brando. Coe.
5. Sirva 2 medalhões por porção. Coloque colheradas de molho em volta da carne, usando 45 mL por porção. Guarneça o prato com vegetais da estação apropriados.

VARIAÇÃO

Medalhão de javali *poivrade* com cassis
Prepare como na receita básica, substituindo o lombo de cervo por lombo de javali. Cozinhe a carne até ficar quase bem-passada, mas ainda um pouco rosada por dentro. Tome cuidado para não cozinhar demais, senão a carne ficará seca.

Moleja de vitela salteada com *shiitake* e molho de vinho do porto

Porções: 10
Tamanho da porção: 125 g de molejas, mais o molho e a guarnição

Quantidade	Ingredientes
1,25 kg	Moleja (timo) de vitela, branqueada, limpa e prensada de acordo com o modo de preparar da página 279
a gosto	Sal
a gosto	Pimenta-do-reino
conforme necessário	Farinha de trigo
conforme necessário	Manteiga clarificada
conforme necessário	Manteiga clarificada
625 g	Cogumelos *shiitake*, apenas o chapéu, cortado em tiras
a gosto	Sal
a gosto	Pimenta-do-reino
500 mL	Molho de vinho do Porto (p. 175)

Por porção:
Calorias, 330; Proteínas, 23 g; Gorduras, 16 g (43% cal.); Colesterol, 340 mg; Carboidratos, 17 g; Fibras, 1 g; Sódio, 270 mg.

Modo de preparo

1. Corte as molejas ao meio, horizontalmente.
2. Tempere com sal e pimenta-do-reino. Passe na farinha, tirando o excesso.
3. Aqueça a manteiga em uma frigideira, em fogo médio. Salteie as molejas até ficarem douradas de ambos os lados. Transfira para pratos aquecidos.
4. Adicione mais manteiga na frigideira e salteie rapidamente os cogumelos em fogo alto até ficarem macios, por aproximadamente 1 minuto. Acrescente sal e pimenta-do-reino a gosto.
5. Coloque colheradas de molho em volta (e não em cima) das molejas. Distribua os cogumelos por cima do molho.
6. Sugestão de acompanhamento: legumes verdes, como a vagem francesa, são um ótimo acompanhamento adicional para o prato.

VARIAÇÃO

Em vez de passar as molejas em farinha, empane-as usando o procedimento básico para empanar (p. 143). Exclua o molho de vinho do Porto e regue cada porção com um pouco de *beurre noisette*.

Refogado chinês de carne com pimentão verde

Porções: 16 *Tamanho da porção: 125 g*

Quantidade	Ingredientes
1,2 kg	Bife-do-vazio (pacu)
125 mL	Molho de soja
30 mL	Xerez ou vinho Shaoxing*
5 colheres (chá)	Amido de milho
6	Pimentões verdes
4 fatias	Gengibre fresco
1-2	Dentes de alho fatiados
60 g	Cebolinhas fatiadas
90-125 mL	Óleo
½ colher (chá)	Sal
60 mL	Fundo de frango

Por porção:
Calorias, 180; Proteínas, 16 g; Gorduras, 11 g (54% cal.); Colesterol, 35 mg; Carboidratos, 5 g; Fibras, 1 g; Sódio, 525 mg.

*N.R.: Vinho de arroz chinês original da região de Shaoxing.

■ Modo de preparo

1. Corte a carne longitudinalmente (no sentido das fibras) em tiras de 5 cm de largura. Depois corte as tiras na transversal em tirinhas bem finas (esse processo fica mais fácil se a carne estiver parcialmente congelada.)
2. Misture a carne com o molho de soja, o xerez e o amido de milho. Deixe marinar por 30 minutos ou mais.
3. Descarte as sementes dos pimentões. Corte em cubos grandes.
4. Coloque o gengibre, o alho e a cebolinha em um recipiente separado.
5. Refogue a carne em três ou mais lotes, dependendo do tamanho da panela ou *wok*. Use um pouco do óleo para cada leva.
6. À medida que os lotes de carne forem sendo cozidos, tire da panela e reserve.
7. Aqueça o óleo restante na panela e acrescente o sal, o gengibre, o alho e a cebolinha. Refogue por alguns segundos para desenvolver o aroma.
8. Acrescente os pimentões e refogue até ficarem levemente cozidos, mas ainda crocantes.
9. Adicione o fundo de frango e revire os vegetais algumas vezes.
10. Coloque a carne na frigideira novamente. Misture até que tudo esteja aquecido e bem misturado. Sirva em seguida.

Variações

Outros legumes ou vegetais podem ser usados em vez de pimentões, como salsão, brócolis, ervilha-torta, vagem, aspargos, cogumelos e *bok choy* (acelga chinesa). Ou então, use 2 ou 3 vegetais frescos, com castanha-d'água e/ou broto de bambu em conserva.

Carne de frango ou porco podem ser usadas no lugar da carne bovina. Se usar frango, corte em cubos médios ou em *batonnet*. Além disso, reduza a quantidade de molho de soja para não alterar a cor suave da carne de frango.

Costolette di vitello ripiene alla valdostana

Porções: 16 *Tamanho da porção: 1 bisteca*

Quantidade	Ingredientes
16	Bistecas de vitela
350 g	Queijo Fontina
a gosto	Sal
a gosto	Pimenta-do-reino branca
1 ½ colher (chá)	Alecrim seco
	Procedimento padrão para empanar alimentos:
conforme necessário	Farinha de trigo
conforme necessário	Ovos batidos
conforme necessário	Farinha de rosca
conforme necessário	Manteiga

Por porção:
Calorias, 500; Proteínas, 35 g; Gorduras, 30 g (56% cal.); Colesterol, 185 mg; Carboidratos, 19 g; Fibras, 1 g; Sódio, 530 mg.

■ Modo de preparo

1. Retire os ossos da coluna vertebral de modo que apenas o osso da costela permaneça em cada bisteca.
2. Faça uma incisão em cada uma, como mostra a Figura 11.5 (p. 301).
3. Bata ligeiramente com um martelo de carne para aumentar o diâmetro da bisteca. Tome cuidado para não fazer buracos na carne.
4. Corte o queijo em fatias finas.
5. Recheie as bistecas com o queijo, verificando se todo o queijo ficou dentro da carne, sem nada vazando para fora. Pressione as bordas, juntando-as, e bata de leve com o martelo para vedar bem. Se isso for feito com cuidado, não há necessidade de colocar um palito para fechá-las.
6. Tempere as bistecas com sal e pimenta-do-reino branca.
7. Arrume os ingredientes para empanar. Esmigalhe o alecrim e misture-o com a farinha de rosca.
8. Empane as bistecas.
9. Salteie na manteiga e sirva imediatamente.

Variação

Costolette alla milanese

Exclua o recheio de queijo e o alecrim. Não faça aberturas na carne. Achate as bistecas com um martelo de carne até ficarem com a metade da espessura original. Empane e salteie como na receita básica.

COZINHAR EM FOGO BRANDO

As carnes geralmente não são cozidas em fogo brando. Uma das razões para isso pode ser o fato de que elas não ficam com aquele sabor da carne dourada pelo calor seco.

No entanto, o cozimento em fogo brando é eficaz para cortes menos macios, que não são apropriados para dourar, ou quando esse não é o objetivo. Exemplos conhecidos de carnes cozidas em fogo brando são os produtos curados, como o presunto, carnes fatiadas, como o lagarto, língua fresca ou curada, carne bovina desfiada e cozidos claros como *blanquette* de vitela.

O termo **ensopar** significa preparar pequenos pedaços de carne por meio do cozimento lento ou braseado (um método composto que inclui duas técnicas: dourar e cozinhar em fogo brando). Os ensopados braseados serão discutidos na próxima seção.

Uma diferença entre ensopados e outras carnes com cozimento lento é que os ensopados são servidos com um molho integral feito com o líquido do cozimento.

LÍQUIDOS E CONDIMENTOS PARA CARNES COZIDAS EM FOGO BRANDO

O tipo de carne a ser cozida determina o tipo e a quantidade de líquido de cozimento que se deve usar, bem como os tipos de condimentos e temperos.

- Para carnes frescas, use líquido suficiente para cobrir a carne completamente, mas não use uma quantidade demasiada para não diluir demais os sabores. A água é o principal líquido de cozimento, mas outros líquidos, como o vinho, podem ser adicionados para dar sabor à carne. Use ervas, especiarias e uma quantidade generosa de *mirepoix* para imprimir um bom sabor à carne.

- Para carnes curadas, especialmente carnes que são muito salgadas ou defumadas, use bastante água, para ajudar a tirar o excesso de sal ou de sabor de fumaça da carne. Em alguns casos, como as carnes de porco salgada, a água pode até ter que ser trocada durante o cozimento para tirar o excesso de sal. Carnes curadas muito condimentadas, como o *corned beef* (carnes conservadas em salmoura), em geral são cozidas em água pura sem tempero, mas carnes curadas menos fortes podem ser cozidas com *mirepoix* e ervas. Porém, não acrescente sal, pois as carnes curadas já contêm uma grande quantidade de sal.

Procedimentos básicos para cozinhar carnes em fogo brando

1. Reúna todos os equipamentos e ingredientes.

2. Prepare a carne para o cozimento. Isso pode incluir cortar, limpar ou amarrar.

3. Prepare o líquido do cozimento:
   - Para carnes frescas, comece fervendo o líquido, geralmente temperado.
   - Para carnes curadas e defumadas, comece com o líquido frio, sem sal, para ajudar a tirar um pouco do sal das carnes.
   - Para ambos os tipos de carne, use líquido suficiente para cobrir a carne por completo.
   - Acrescente *mirepoix* e temperos, como desejar. (Ver a explicação sobre temperos e condimentos acima.)

4. Coloque a carne no líquido do cozimento e aqueça até ferver.

5. Abaixe o fogo e cozinhe em fogo muito brando, retirando as impurezas da superfície. A carne jamais deve ferver. O cozimento em fogo brando produz uma carne mais macia e suculenta que a fervura.

6. Cozinhe em fogo brando até que a carne esteja macia, escumando as impurezas ou gorduras da superfície quando necessário. Para testar o ponto de cozimento, espete a carne com um garfo. A carne estará pronta quando o garfo puder ser retirado facilmente. Em inglês, esse ponto é chamado de *fork tender*.

7. Se a carne for servida fria, deixe-a esfriar no líquido de cozimento para reter a umidade. Resfrie rapidamente em banho-maria invertido, como se faz com os fundos.

Cozinhar em fogo brando 325

Peito bovino cozido em fogo brando (*boiled beef**)

Porções: 25   Tamanho da porção: 125 g

Quantidade	Ingredientes
5 kg	Peito bovino, bem limpo
	Mirepoix:
250 g	Cebola grosseiramente picada
125 g	Cenoura grosseiramente picada
125 g	Salsão grosseiramente picado
2	Dentes de alho
1	Folha de louro
½ colher (chá)	Grãos de pimenta-do-reino
2	Cravos-da-índia inteiros
6	Talos de salsinha
a gosto	Sal

Por porção:
Calorias, 280; Proteínas, 35 g; Gorduras, 15 g (49% cal.); Colesterol, 110 mg; Carboidratos, 0 g; Fibras, 0 g; Sódio, 90 mg.

■ Modo de preparo

1. Coloque a carne em um caldeirão com uma quantidade suficiente de água fervente para cobri-la. Assim que a água ferver novamente, reduza a chama e cozinhe em fogo brando, escumando a superfície cuidadosamente.
2. Adicione o *mirepoix* e os temperos.
3. Cozinhe em fogo brando até que a carne esteja macia ao ser espetada com um garfo.
4. Transfira a carne para uma cuba gastronômica e adicione caldo suficiente para cobri-la (para manter a umidade da carne), ou resfrie a carne com um pouco do caldo em banho-maria invertido e leve à geladeira.
5. Para servir, corte a carne em fatias finas contra o sentido das fibras. Fatie em um ângulo que permita obter fatias maiores. Sirva cada porção com Molho de raiz-forte (p. 173), raiz-forte preparada ou mostarda, e legumes ou vegetais cozidos, como cenouras, batatas ou nabos.
6. Coe o caldo e reserve para sopas ou molhos. Se preferir, use um pouco do caldo para fazer o molho de raiz-forte para acompanhar a carne.

VARIAÇÕES

Língua de vaca (fresca, curada ou defumada), músculo com osso, vários cortes de acém bovino, costeletas, pernil de porco fresco ou defumado, paleta de porco e paleta ou pernil de cordeiro podem ser cozidos usando-se o mesmo método.

Paleta de porco cozida em fogo brando com repolho
Cozinhe a paleta ou sobrepaleta de porco fresca ou defumada como na receita básica. Corte 2,3 kg de repolho (para 25 porções) em cunhas e cozinhe em fogo brando em um pouco do caldo do cozimento. Sirva cada porção de carne com uma cunha de repolho. Para 25 porções, de 125 g cada, use aproximadamente 7,5 kg de paleta, com o osso e o couro.

Paleta de porco cozida no fogo brando; repolho-roxo braseado, *pilaf* **de trigo-sarraceno tostado com salsinha, cebolas assadas**

*N.R.: Embora o prato chame *boiled beef* em inglês, ele é cozido em fogo brando (*simmered*, em inglês), e não aferventado, que seria a tradução de *boiled*.

New England *boiled dinner* (cozido de carne da Nova Inglaterra)

Porções: 16   Tamanho da porção: 90 g de carne, mais vegetais variados

Quantidade	Ingredientes
2,75 kg	Corned beef*
2	Repolhos
1 kg	Nabo
1 kg	Cenoura
30	Cebolas-pérolas
30	Minibeterrabas
30	Batatas-bolinha de casca rosada
conforme necessário	Molho de raiz-forte (p. 173) ou raiz--forte preparada

Por porção:
Calorias, 560; Proteínas, 31 g; Gorduras, 24 g (38% cal.); Colesterol, 85 mg; Carboidratos, 57 g; Fibras, 12 g; Sódio, 400 mg.

■ Modo de preparo

1. Limpe o excesso de gordura da carne, se necessário.
2. Coloque a carne em um caldeirão comum num caldeirão a vapor. Cubra com água fria.
3. Aqueça até ferver. Abaixe o fogo e cozinhe lentamente até que a carne esteja macia ao ser espetada com um garfo. O tempo total de cozimento é de aproximadamente 2 a 3 horas.
4. Para manter quente e servir, coloque a carne cozida em uma cuba gastronômica do balcão térmico e acrescente um pouco do líquido do cozimento para mantê-la úmida.
5. Prepare os vegetais. Corte cada repolho em 8 cunhas; apare o nabo e a cenoura e corte--os em bocados; descasque a cebola; escove a beterraba e a batata.
6. Cozinhe o repolho, o nabo, a cenoura, a cebola e a batata separadamente em um pouco do líquido do cozimento da carne.
7. Cozinhe a beterraba no vapor e descasque-a.
8. Para servir, corte a carne em fatias no sentido contrário ao das fibras, segurando a faca em um ângulo inclinado para obter fatias mais largas. Sirva com molho de raiz--forte ou raiz-forte preparada.

VARIAÇÃO

Para servir a carne fria, resfrie-a com um pouco do líquido do cozimento para mantê-la úmida, em banho-maria invertido. Quando esfriar, tire do líquido e leve à geladeira, tampada. A carne fria pode ser reaquecida no líquido do cozimento.

*N. R.: Peito bovino conservado em salmoura. Se não encontrar, substitua por carne seca magra do dianteiro, dessalgada.

Blanquette de vitela

Porções: 25 Tamanho da porção: 150 g

Quantidade	Ingredientes
5 kg	Peito, paleta ou músculo de vitela, sem osso e limpos
1	Cebola média espetada com 2 cravos-da-índia
1	*Bouquet garni*
4 colheres (chá)	Sal
2,5 L (aproximadamente)	Fundo claro de vitela
	Roux:
125 g	Manteiga clarificada
125 g	Farinha de trigo
	Liaison:
5	Gemas
500 mL	Creme de leite fresco sem soro
a gosto	Suco de limão
pitada	Noz-moscada
pitada	Pimenta-do-reino branca

Por porção:
Calorias, 350; Proteínas, 35 g; Gorduras, 21 g (55% cal.); Colesterol, 230 mg; Carboidratos, 4 g; Fibras, 0 g; Sódio, 550 mg.

Observação: o branqueamento elimina as impurezas que descoram o molho. Essa etapa pode ser excluída, mas o produto terá uma aparência menos atrativa.

■ Modo de preparo

1. Corte a vitela em cubos de 2,5 cm.
2. Branqueie a carne. Coloque em uma caçarola funda e cubra com água fria. Assim que ferver, escorra e lave a carne sob água corrente fria (ver Observação).
3. Coloque a carne na caçarola e acrescente a cebola espetada com os cravos-da-índia, o *bouquet garni* e o sal.
4. Adicione fundo suficiente para cobrir a carne.
5. Aqueça até ferver, escume a gordura e as impurezas da superfície, tampe e diminua a chama para cozinhar em fogo brando.
6. Cozinhe até a carne ficar macia, por aproximadamente 1 hora e 30 minutos. Retire a espuma da superfície quando necessário.
7. Coe o fundo em outra panela. Reserve a carne e descarte a cebola e o *bouquet garni*.
8. Reduza o fundo para aproximadamente 1,25 L.
9. Enquanto isso, prepare um *roux* claro com a manteiga e a farinha de trigo. Adicione ao fundo, batendo, para obter um molho *velouté* e cozinhe em fogo brando até engrossar e até que não reste gosto de farinha crua.
10. Retire o molho do fogo. Bata as gemas de ovo com o creme de leite, faça a temperagem com um pouco do molho quente e acrescente essa mistura ao restante do molho, mexendo sempre.
11. Junte a carne ao molho. Aqueça em fogo brando, mas não deixe ferver.
12. Tempere a gosto com gotas de suco de limão, uma pitada de noz-moscada e uma de pimenta-do-reino branca e mais sal, se necessário.

VARIAÇÕES

Blanquette de cordeiro
Prepare como na receita básica, usando paleta ou músculo de cordeiro. Se preferir, use fundo claro de cordeiro.

Blanquette de porco
Prepare como na receita básica, usando paleta ou sobrepaleta de porco. Se preferir, use fundo claro de porco.

Ensopado de cordeiro à moda irlandesa

Porções: 16 Tamanho da porção: 250 g de carne, vegetais e caldo

Quantidade	Ingredientes
1,75 kg	Paleta ou músculo de cordeiro, magros, sem osso
1,5 L (aproximadamente)	Água ou fundo claro de cordeiro
1	Cebola pequena espetada com 2 cravos-da-índia
	Sachê
1	Folha de louro
1	Dente de alho
4	Grãos de pimenta-do-reino
6	Talos de salsinha
¼ de colher (chá)	Tomilho seco
a gosto	Sal
500 g	Cebola em rodelas finas
250 g	Alho-poró, apenas a parte branca, fatiado
1 kg	Batata, sem casca, em rodelas finas
conforme necessário	Salsinha picada

Por porção:
Calorias, 200; Proteínas, 18 g; Gorduras, 7 g (33% cal.); Colesterol, 60 mg; Carboidratos, 14 g; Fibras, 2 g; Sódio, 55 mg.

Modo de preparo

1. Corte a carne em cubos de 2,5 cm.
2. Ferva a água em uma caçarola funda grande e pesada. Acrescente o cordeiro. Deve haver quantidade de líquido suficiente para cobrir a carne; adicione mais líquido se necessário.
3. Assim que ferver novamente, reduza a chama e cozinhe em fogo brando, escumando a superfície cuidadosamente.
4. Acrescente a cebola fincada com os cravos-da-índia, os ingredientes do sachê atados em um pedaço de pano fino e sal a gosto. Cozinhe em fogo brando por 1 hora.
5. Acrescente a cebola em rodelas, o alho-poró e a batata. Continue cozinhando em fogo brando até que a carne fique macia e os vegetais estejam cozidos. As batatas devem começar a desmanchar para deixar o ensopado mais espesso.
6. Descarte o sachê e a cebola fincada com os cravos-da-índia. Corrija o tempero.
7. Guarneça cada porção com salsinha picada.

VARIAÇÃO

Cenouras e nabos podem ser cozidos com o ensopado ou separadamente e servidos como guarnição.

Tripes à la mode de Caen

Rendimento: aproximadamente 2,4 kg   Porções: 8   Tamanho da porção: 300 g

Quantidade	Ingredientes
2,2 kg	Bucho de boi
2	Pés de vitela (ver Observação)
250 g	Cebola em cubos médios
185 g	Cenoura em rodelas
185 g	Alho-poró fatiados
	Sachê:
12	Grãos de pimenta-do-reino quebrados
2	Folhas de louro
12	Talos de salsinha
½ colher (chá)	Tomilho seco
4	Cravos-da-índia inteiros
1 L	Vinho branco seco
500 mL	Fundo claro de carne
a gosto	Sal
90 mL	Calvados (destilado de maçã)

Modo de preparo

1. Limpe toda a gordura do bucho. Coloque-o em uma caçarola com água fria e aqueça até ferver. Cozinhe em fogo brando por 5 minutos. Escorra e enxágue em água fria. Corte o bucho em quadrados de 4 cm.
2. Com a serra de carne, corte os pés em pedaços, para que caibam na panela.
3. Misture todos os ingredientes, exceto o *Calvados*, em uma caçarola para brasear ou em uma caçarola pesada grande. Junte um pouco de sal. Aqueça até ferver, tampe bem e coloque no forno a 160°C. Cozinhe por 5 horas ou mais, até que o bucho esteja bem macio.
4. Retire e desosse os pés. Corte a carne e a pele em cubos e coloque de volta na caçarola. Descarte os ossos, a gordura e o tecido conjuntivo.
5. Adicione o *Calvados* e mexa. Acerte o tempero. Cozinhe em fogo brando por alguns minutos para harmonizar o sabor do *Calvados*.
6. Sirva com batatas cozidas.

Por porção:
Calorias, 640; Proteínas, 159 g; Gorduras, 28 g (40% cal.); Colesterol, 345 mg; Carboidratos, 8 g; Fibras, 1 g; Sódio, 200 mg.

Observação: se não encontrar pé de vitela, substitua por pé de porco, dobrando a quantidade. Não exclua esse item, senão o ensopado não terá gelatina suficiente para adquirir a textura adequada.
Este prato é da região francesa da Normandia, famosa, entre outras coisas, pelas maçãs. A receita tradicional pede sidra, mas vinho branco é um substituto aceitável.

Pérolas chinesas

Rendimento: aproximadamente 40 pedaços

Quantidade	Ingredientes
2 xícaras (chá)	Arroz glutinoso
3 colheres (sopa)	Amido de milho
30 mL	Água fria
900 g	Carne de porco moída
4	Ramos de cebolinha, picados
8	Castanhas-d'água, picadas
2 colheres (chá)	Gengibre fresco picado
2	Ovos batidos
30 mL	Molho de soja
30 mL	Xerez ou vinho Shaoxing*
2 colheres (chá)	Açúcar
1 ½ colher (chá)	Sal

Por pedaço:
Calorias, 70; Proteínas, 5 g; Gorduras, 3,5 g (49% cal.); Colesterol, 25 mg; Carboidratos, 3 g; Fibras, 0 g; Sódio, 145 mg.

*N.R.: Ver nota da página 323.

■ Modo de preparo

1. Lave o arroz várias vezes em água fria. Escorra. Acrescente água fria até 2,5 cm acima do arroz. Deixe de molho por cerca de 30 minutos.
2. Misture o amido de milho com a água.
3. Junte aos ingredientes, exceto o arroz glutinoso, e misture bem.
4. Enrole bolinhas de carne com aproximadamente 30 g cada.
5. Escorra o arroz. Passe as bolinhas de carne no arroz cobrindo toda a superfície.
6. Forre uma grade ou uma panela perfurada para cozimento a vapor com um pano fino. Arranje as almôndegas na panela, deixando um espaço de aproximadamente 1 a 2 cm entre elas.
7. Cozinhe no vapor por 30 a 45 minutos, até que o arroz fique translúcido e o porco esteja completamente cozido.

VARIAÇÕES

Bolinho frito de carne de porco
Exclua a cobertura de arroz e frite as almôndegas por imersão.

Wontons
A mistura de carne de porco pode ser usada para rechear *wontons*. Coloque uma colher pequena de carne no centro de uma massinha de *wonton*. Umedeça as bordas com ovo batido e dobre a massa ao meio formando um triângulo (ou, se estiver usando massas redondas de *wonton*, um semicírculo), encapsulando o recheio. Umedeça as duas pontas mais distantes (na borda dobrada) com ovo e depois torça o *wonton* para juntar os dois cantos, formando uma espécie de *cappelletti*. Pressione os cantos juntos para selar. É possível fazer 60 ou mais *wontons*, dependendo do tamanho. *Wontons* podem ser cozidos em fogo brando, no vapor, ou fritos por imersão. Também podem ser servidos num caldo de frango como sopa de *wonton*.

Carnitas (carne de porco desfiada)

Rendimento: aproximadamente 1,6 kg

Quantidade	Ingredientes
2,8 kg	Paleta ou sobrepaleta de porco, com osso
1	Cebola média cortada ao meio
1	Dente de alho picado
1 colher (sopa)	Sal
¼ de colher (chá)	Pimenta-do-reino
1 colher (chá)	Orégano seco
1 colher (chá)	Sementes de cominho

Por 30 g:
Calorias, 390; Proteínas, 31 g; Gorduras, 28 g (67% cal.); Colesterol, 120 mg; Carboidratos, 0 g; Fibras, 0 g; Sódio, 590 mg.

■ Modo de preparo

1. Retire a maior parte da gordura do porco, deixando um pouco. Corte a carne em tiras de 2,5 x 5 cm.
2. Coloque em uma caçarola grande com os demais ingredientes. Acrescente uma quantidade suficiente de água para cobrir a carne.
3. Assim que ferver, abaixe o fogo e cozinhe em fogo brando, sem tampar, até que todo o líquido evapore. Neste momento, a carne deve estar macia. Se não estiver, acrescente mais água e continue cozinhando até ficar macia.
4. Descarte a cebola.
5. Abaixe o fogo e deixe a carne fritar na gordura derretida, mexendo de vez em quando, até que fique dourada e bem macia. Desfie a carne ligeiramente.
6. Sirva como petisco, entrada ou recheio para *tortillas*, pura ou umedecida com qualquer molho do Capítulo 8 ou com guacamole.

VARIAÇÕES

Picadillo
Adicione um pouco mais de água à receita básica para que sobre um pouco de líquido quando a carne estiver macia. Escorra, retire o excesso de óleo do líquido e use-o para fazer Caldo de tomate para *chiles rellenos* (p. 190). Aqueça 90 g de óleo ou banha e refogue 175 g de cebola em cubos médios e 4 dentes de alho picados. Junte a carne e um sachê com 10 grãos de pimenta-do-reino, 1 canela em pau e 6 cravos-da-índia e doure bem lentamente. Acrescente 125 g de uva-passa preta, 125 g de amêndoa em lascas e 900 g de tomate sem pele e sem semente, picado. Cozinhe lentamente até quase secar. Sirva assim ou use como recheio para *Chiles rellenos* (p. 578).

Picadillo simplificado
Em vez de preparar a carne de porco desfiada, use 2,3 kg de carne de porco moída. Refogue a carne com a cebola e o alho como na receita de *picadillo* e, depois, continue como indicado na receita principal.

Dillkött (cozido sueco de carne com endro)

Porções: 16 Tamanho da porção: 175 g

Quantidade	Ingredientes
3,2 kg	Peito, paleta ou músculo de vitela, sem osso e limpo.
1	Cebola média espetada com 2 cravos-da-índia
	Sachê:
1	Folha de louro
5-6	Talos de salsinha
6	Grãos de pimenta-do-reino
2 L	Água
1 colher (sopa)	Sal
2 colheres (sopa)	Endro fresco, picado (ver Observação)
	Roux:
60 g	Manteiga
60 g	Farinha de trigo
30 mL	Suco de limão ou vinagre de vinho
1 ½ colher (chá)	Açúcar mascavo
2 colheres (sopa)	Endro fresco, picado
2 colheres (sopa)	Alcaparra, escorrida

Modo de preparo

1. Corte a vitela em cubos de 2,5 cm.
2. Coloque a carne em uma caçarola com a cebola, o sachê, a água e o sal. Aqueça até ferver e escumando bem a superfície.
3. Abaixe o fogo e acrescente a primeira quantidade de endro. Cozinhe em fogo brando até a carne ficar macia, por 1 hora e 30 minutos a 2 horas.
4. Coe o caldo em outra panela. Descarte a cebola e o sachê.
5. Reduza o caldo em fogo alto até obter 1 L.
6. Faça um *roux* amarelo com a farinha de trigo e a manteiga. Engrosse o caldo com ele.
7. Adicione o suco de limão, o açúcar mascavo, o endro restante e a alcaparra. Acerte o tempero.

VARIAÇÃO

Dillkött på Lamm
Substitua a vitela por paleta ou músculo de cordeiro.

Por porção:
Calorias, 280; Proteínas, 36 g; Gorduras, 12 g (41% cal.); Colesterol, 165 mg; Carboidratos, 3 g; Fibras, 0 g; Sódio, 640 mg.

Observação: se não tiver endro fresco, substitua por um terço da quantidade de endro seco.

Tajine de cordeiro com grão de bico

Porções: 12 Tamanho da porção: 285 g de carne, vegetais e molho

Quantidade	Ingredientes
90 mL	Óleo vegetal
240 g	Cebola bem picada
15 g	Alho espremido
1 colher (chá)	Gengibre moído
1 colher (chá)	Cúrcuma
30 g	Coentro fresco picado
2 colheres (chá)	Sal
1 colher (chá)	Pimenta-do-reino
2,5 kg	Paleta de cordeiro, sem osso e sem gordura, cortada em pedaços de 4 cm
500 mL	Água
675 g	Grão de bico, cozido, sem caldo
675 g	Cenouras, cortadas em pedaços de 2,5 cm
180 g	Azeitonas pretas temperadas, sem caroço
90 mL	Suco de limão
a gosto	Sal

Modo de preparo

1. Em uma panela pesada de brasear ou caçarola, misture o óleo, a cebola, o alho, o gengibre, a cúrcuma, o coentro, o sal e a pimenta-do-reino.
2. Acrescente o cordeiro à caçarola e mexa bem para cobrir a carne com os temperos.
3. Adicione a água. Aqueça até ferver e depois tampe bem. Cozinhe em fogo brando ou no forno a 165°C por 1 hora e 30 minutos.
4. Acrescente o grão de bico e a cenoura à caçarola. Se necessário, adicione um pouco mais de água quando o *tajine* começar a ficar seco.
5. Coloque de volta no fogo e cozinhe até a cenoura e a carne ficarem bem macias.
6. Acrescente as azeitonas e o suco de limão e mexa. Cozinhe em fogo brando por mais 5 minutos.
7. Retire a carne e os vegetais da panela com uma escumadeira.
8. Retire o excesso de óleo do líquido do cozimento.
9. Reduza em fogo médio até adquirir uma consistência de molho bem espesso.
10. Tempere com sal, se necessário. Despeje sobre a carne e os vegetais.

Por porção:
Calorias, 620; Proteínas, 43 g; Gorduras, 40 g (57% cal.); Colesterol, 145 mg; Carboidratos, 24 g; Fibras, 7 g; Sódio, 640 mg.

Filé-mignon escalfado com raviólI de costeleta bovina em consomê de cogumelo Morel

Porções: 16   Tamanho da porção: 125 g de carne, 90 g de raviólI, 3 cogumelos, 90 mL de consommé

Quantidade	Ingredientes
1 kg	Carne limpa da receita de Costela braseada (p. 335)
½ xícara (chá)	Salsinha picada
¼ de xícara (chá)	Queijo parmesão ralado
1 kg	Massa fresca com ovos (p. 640)
48	Cogumelos Morel desidratados
conforme necessário	Água quente
1,5 L	Consomê (p. 212)
2 kg	Filé-mignon, completamente limpo de gordura e membranas em 1 ou 2 peças
a gosto	Sal
a gosto	Pimenta-do-reino
4 L	Fundo escuro

Por porção:
Calorias, 680; Proteínas, 46 g; Gorduras, 40 g (55% cal.); Colesterol, 210 mg; Carboidratos, 29 g; Fibras, 1 g; Sódio, 180 mg.

Modo de preparo

1. Prepare o recheio do raviólI. Desfie a costela e coloque em uma tigela. Adicione a salsinha e o queijo. Misture bem.
2. Se a mistura ficar seca, umedeça com um pouco do líquido do cozimento da costela ou fundo escuro.
3. Abra a massa e, usando a mistura de carne como recheio, faça os raviólIs seguindo o modo de preparo ilustrado na página 641.
4. Se preferir, cozinhe os raviólIs com antecedência. Cozinhe em fogo brando, em água com sal, até ficarem *al dente*. Escorra. Enxágue rapidamente com água fria para interromper o cozimento. Regue com um fio de óleo e mexa para evitar que grudem. Deixe na geladeira em recipiente tampado, até o momento de usar.
5. Coloque os cogumelos em uma tigela e acrescente água quente até cobrir. Deixe de molho até ficarem macios.
6. Retire os cogumelos da água, espremendo delicadamente. Coe o líquido e reserve.
7. Misture este líquido com a mesma quantidade do consomê. Cozinhe os cogumelos nesse líquido, em fogo brando, até ficarem macios.
8. Retire os cogumelos do líquido. Coe novamente e acrescente o consomê restante.
9. Tempere a carne com sal e pimenta-do-reino.
10. Ferva o fundo em uma caçarola grande o bastante para conter o fundo e a carne.
11. Junte a carne. Cozinhe em fogo brando até que atinja o ponto desejado de cozimento, determinado por um termômetro de carne. A temperatura no centro da carne deve ser de 49°C (120°F) para malpassada e 54°C (130°F) para ao ponto. O tempo de cozimento deve ser de 20 a 30 minutos para carne malpassada e ligeiramente maior para carne ao ponto.
12. Retire a carne do líquido e deixe descansar em local aquecido por aproximadamente 15 minutos.
13. Reserve o fundo para outro uso, por exemplo, consomê.
14. Enquanto a carne está cozinhando, aqueça o consomê até ferver, abaixe o fogo e mantenha quente.
15. Se os raviólIs já estiverem cozidos, aqueça-os novamente mergulhando-os em água fervente. Escorra. Caso contrário, cozinhe-os em fogo brando em água com sal até ficarem macios.
16. Corte a carne em fatias. Coloque em pratos de sopa aquecidos com o raviólI e o cogumelo Morel. Com uma concha, adicione 90 mL do consomê em cada prato

BRASEAR

Brasear é uma combinação dos métodos de cozimento por calor seco e por calor úmido. As carnes são primeiramente douradas ou caramelizadas em gordura ou no forno quentes e depois cozidas em fogo brando em um líquido condimentado até ficarem macias.

A popularidade de braseados bem feitos se deve ao sabor conferido pelo douramento e pelo molho feito do líquido do braseado. Evidentemente, a qualidade de uma carne braseada depende muito da qualidade do fundo no qual a carne é cozida. Entre outros líquidos usados no braseado estão o vinho, marinadas, produtos com tomate e, às vezes, água.

TIPOS DE PRATO COM CARNES BRASEADAS

1. **Cortes grandes.**

   Cortes grandes de carne braseados inteiros, fatiados e servidos com um molho são, às vezes, chamados de **carne de panela**.

2. **Cortes porcionados individuais.**

   As carnes podem ser cortadas em porções individuais antes em vez de depois de brasear. Quando cortes porcionados de coxão bola são braseados em molho escuro, o processo pode ser chamado de *swissing* (brasear à moda suíça) em inglês, e o produto é chamado **Swiss steak** [semelhante à "carne de panela"].

   Outras carnes porcionadas para braseados incluem costeleta, músculo de cordeiro e bistecas de porco.

3. **Ensopados.**

   Ensopados são feitos de carnes cortadas em pedaços ou cubos. A maioria dos ensopados é feita com o método de brasear, mas alguns empregam apenas o cozimento lento, sem dourar ou caramelizar a carne antes.

   Os ensopados costumam ser feitos com líquido ou molho suficientes para cobrir a carne por completo enquanto ela está cozinhando. Contudo, os chamados refogados são braseados em seu próprio suco ou em muito pouco líquido adicional.

   Ensopados escuros são feitos dourando-se bem a carne antes do cozimento em fogo brando. **Fricassées** são ensopados feitos cozinhando-se carne branca em gordura usando fogo baixo, sem dourar, e depois adicionando-se um líquido. Compare esse procedimento com os **blanquettes**, que são ensopados brancos feitos com a carne cozida em fundo em fogo brando sem fritá-la antes em gordura. O método de cozimento para os *blanquettes*, portanto, é o cozimento em fogo brando, e não o braseado.

   Observação: esse uso do termo *fricassée* é a acepção tradicional ou clássica. Hoje em dia, o termo é comumente usado para muitos outros tipos de ensopados.

   Muitos outros pratos podem ser classificados como ensopados braseados, mesmo não se pensando neles desta maneira. O *chili*, por exemplo, é um prato braseado feito de carne de porco picadinha ou moída. Até mesmo o molho de carne para massas (p. 639) é, na verdade, uma carne braseada, ou um ensopado.

   Muitos *chefs* preferem usar o termo *brasear* somente para cortes grandes de carne e usar o termo *ensopar* para cortes pequenos. No entanto, o método básico de cozimento — usando primeiro calor seco e depois calor úmido — é o mesmo tanto para cortes pequenos quanto grandes.

332 Capítulo 11 • Preparo de carnes e caça de pelo

Orientações para brasear carnes

O princípio básico de brasear é uma combinação de dourar ou caramelizar seguida de cozimento em fogo brando. Esse processo realiza duas tarefas: cozinhar a carne e produzir um molho (você usará algumas técnicas de preparo de molhos quando for brasear carnes.)

Antes de falar sobre o modo básico de preparo que se aplica às mais carnes braseadas mais populares, serão discutidos os fatores que afetam a qualidade do produto final.

1. Tempero.

A carne pode ser temperada antes de ser dourada ou pode receber os temperos do líquido de cozimento enquanto está sendo braseada. Contudo, lembre-se que sal na superfície da carne retarda o processo de dourar. Além disso, as ervas podem queimar no fogo alto, necessário para dourar.

Marinar a carne por várias horas ou mesmo vários dias antes de dourar é uma maneira efetiva de temperar, porque os temperos têm tempo de penetrar. A marinada costuma ser incluída como parte do líquido do braseado.

2. Dourar.

Seque completamente a carne antes de dourar. Pedaços pequenos para ensopados podem ser passados em farinha de trigo para adquirirem um dourado mais uniforme. Em geral, carnes vermelhas adquirem um dourado bem escuro; carnes brancas adquirem uma coloração mais suave, literalmente dourada.

3. Quantidade de líquido para brasear.

A quantidade de líquido a ser acrescentada depende do tipo de preparação e da quantidade de molho necessária para servir. Não use mais líquido que o necessário, senão o tempero ficará menos saboroso e menos concentrado.

Carnes de panela precisam de 60 mL de molho por porção, e isso determina a quantidade de líquido necessária. O tamanho da panela usada deve permitir que o nível de líquido cubra um ou dois terços da carne.

Ensopados geralmente exigem líquido suficiente para cobrir toda a carne.

Algumas carnes são braseadas sem nenhum líquido extra. Elas são douradas, depois tampadas, e cozinham em sua própria umidade, que é mantida pela tampa da panela. Bistecas de porco são frequentemente cozidas desse modo. Se carnes assadas, salteadas ou fritas forem tampadas durante o cozimento, elas se transformarão em carnes braseadas.

4. Guarnição de legumes ou vegetais.

Os legumes ou vegetais que serão servidos com a carne podem ser cozidos juntos com a carne, ou separadamente e adicionados depois de prontos.

Se o primeiro método for usado, os vegetais devem ser adicionados no tempo certo que levam para serem cozidos antes do final do cozimento da carne, para que fiquem prontos sem passar do ponto.

5. Ajuste da consistência do molho.

Os líquidos do braseado podem ser encorpados com um *roux* antes do cozimento (Método 2) ou depois do cozimento (Método 1). Em algumas preparações, o líquido não é engrossado ou já é espesso por natureza, como o molho de tomate.

De qualquer modo, a consistência do molho pode precisar de um ajuste extra por meio de:

- Redução.
- Espessamento com *roux* ou *beurre manié*, ou outro agente espessante.
- Adição de um molho pronto, como o *demi-glace* ou o *velouté*.

Procedimentos básicos para brasear carnes

Método 1: Brasear com líquido não engrossado

1. Reúna todos os equipamentos e ingredientes.
2. Corte ou limpe a carne conforme necessário. Seque-a completamente. Para ensopados, a carne pode ser passada na farinha de trigo.
3. Doure a carne completamente de todos os lados em uma panela pesada, com uma pequena quantidade de gordura, ou no forno.
4. Retire a carne da panela e doure o *mirepoix* na gordura que ficou na panela.
5. Coloque a carne de volta na panela e adicione a quantidade necessária de líquido.
6. Acrescente o sachê ou outros temperos e condimentos.
7. Aqueça o líquido até começar uma fervura branda, tampe bem a panela, e cozinhe em fogo brando ou no forno até a carne ficar macia.

   Brasear no forno garante um aquecimento mais uniforme. Temperaturas de 120 a 150°C são suficientes para manter um cozimento brando. Não deixe ferver.
8. Retire a carne da panela e mantenha-a aquecida.
9. Prepare um molho com o líquido do braseado. Isso geralmente inclui os seguintes passos:
   - Retire a gordura da superfície.
   - Prepare um *roux* escuro com essa gordura ou com outra gordura de sua preferência.
   - Engrosse o líquido do braseado com o *roux*. Cozinhe em fogo brando até o *roux* ficar completamente cozido.
   - Coe e acerte o tempero.
10. Junte a carne (fatiada ou inteira) ao molho.

Método 2: Brasear com líquido engrossado

1. Reúna todos os equipamentos e ingredientes.
2. Prepare a carne para o cozimento, conforme necessário.
3. Doure a carne completamente em uma panela pesada com gordura ou em um forno quente.
4. Retire a carne da panela (se necessário) e doure o *mirepoix* na gordura que ficou no fundo.
5. Acrescente farinha de trigo para fazer um *roux*. Doure o *roux*.
6. Acrescente fundo para fazer um molho engrossado. Adicione os temperos e condimentos.
7. Coloque a carne de volta na panela. Tampe e cozinhe em fogo brando, no fogão ou em forno baixo, até que a carne esteja macia.
8. Ajuste o molho conforme a necessidade (coe, tempere, reduza, dilua etc.).

Método 3: *Fricassées* clássicos

1. Siga o método 2, mas:
   - Não doure a carne. Refogue-a ligeiramente na gordura, sem dourar.
   - Acrescente farinha de trigo à carne e faça um *roux* claro.
2. Finalize o molho com uma *liaison* de gemas e creme de leite.

Carne braseada

Porções: 25   Tamanho da porção: 125 g de carne
                                   60 mL de molho

Quantidade	Ingredientes
5 kg	Coxão duro bovino ou lagarto, bem limpo (ver Observação)
125 mL	Óleo
	Mirepoix:
250 g	Cebola em cubos médios
125 g	Salsão em cubos médios
125 g	Cenoura em cubos médios
175 g	Polpa de tomate
	ou
375 g	Tomate sem pele em lata
2,5 L	Fundo escuro
	Sachê:
1	Folha de louro
pitada	Tomilho seco
6	Grãos de pimenta-do-reino
1	Dente de alho
125 g	Farinha de trigo especial para pão

Por porção:
Calorias, 320; Proteínas, 38 g; Gorduras, 15 g (45% cal.); Colesterol, 90 mg; Carboidratos, 4 g; Fibras, 0 g; Sódio, 70 mg.

Observação: outros cortes bovinos do coxão bola, do acém ou do peito, podem ser usados. O lagarto fornece fatias mais uniformes, mas costuma ser seco. O acém e o peito são mais úmidos quando braseados, porque têm um teor mais alto de gordura.

Para um cozimento mais rápido e uniforme e um manuseio mais fácil, corte as carnes para brasear em pedaços de 2 a 3 kg.

Modo de preparo

1. Seque a carne para que doure mais facilmente. Aqueça o óleo em uma caçarola rasa em fogo alto e doure bem a carne de todos os lados. Retire a carne da caçarola. (*Método alternativo*: doure a carne em forno bem quente.)
2. Acrescente o *mirepoix* à caçarola e doure.
3. Adicione a polpa de tomate, ou tomates, o fundo e os ingredientes do sachê amarrados em um pano fino. Espere ferver, tampe e coloque em forno preaquecido a 150°C, ou numa temperatura suficiente para manter um cozimento lento e longo.
4. Braseie a carne até ficar macia, por aproximadamente 2 a 3 horas.
5. Retire a carne da panela e mantenha quente para servir em uma cuba gastronômica tampada. Descarte o sachê. (Ver método alternativo de servir sugerido abaixo.)
6. Retire a gordura da superfície do líquido do braseado, reservando 125 g dessa gordura.
7. Faça um *roux* escuro com a farinha e os 125 g de gordura reservada. Espere esfriar ligeiramente.
8. Aqueça o líquido do braseado até quase ferver e junte o *roux*, batendo. Cozinhe em fogo brando por pelo menos 15 a 20 minutos, até ficar espesso e levemente reduzido.
9. Coe o molho e ajuste o tempero.
10. Fatie a carne no sentido contrário ao das fibras. As fatias não devem ser muito grossas. Sirva cada porção com 60 mL de molho.

VARIAÇÕES

Método alternativo de servir: Esfrie a carne assim que estiver pronta. Para servir, fatie a carne fria em um fatiador de frios e coloque em cubas gastronômicas. Acrescente o molho, tampe e reaqueça no forno ou no vapor. Porções individuais também podem ser reaquecidas no molho, sob pedido.

Carne braseada *jardinière*
Guarneça o produto final com 500 g de cenoura, 500 g de salsão e 500 g de nabo, cortados em *batonnet* e cozidos separadamente, e 500 g de cebola-pérola, cozida e salteada até ficar dourada.

Paleta de cordeiro braseada
Prepare a paleta de cordeiro desossada e amarrada de acordo com a receita básica. Use fundo escuro comum ou fundo de cordeiro escuro.

Costela braseada

Porções: 25   Tamanho da porção: 300 g de carne com osso
                                  60 mL de molho

Quantidade	Ingredientes
25	Pedaços de costela de 300 g cada
250 mL	Óleo
300 g	Cebola cortada em *brunoise*
150 g	Salsão cortado em *brunoise*
150 g	Cenoura cortada em *brunoise*
150 g	Farinha de trigo especial para pão
2,5 L	Fundo escuro
150 mL	Polpa de tomate
2	Folhas de louro
a gosto	Sal
a gosto	Pimenta-do-reino

Por porção:
Calorias, 299; Proteínas, 29 g; Gorduras, 17 g (52% cal.);
Colesterol, 55 mg; Carboidratos, 6 g; Fibras, 0 g;
Sódio, 70 mg.

Figura 11.11
Amarre a peça de costela como mostra a figura, para que a carne permaneça no osso durante o cozimento.

Modo de preparo

1. Amarre as peças de costela como mostra a Figura 11.11.
2. Seque a carne para que doure mais facilmente.
3. Aqueça o óleo em uma frigideira pesada até ficar bem quente. Doure bem dos dois lados. Transfira para uma caçarola ou assadeira.
4. Acrescente a cebola, o salsão e a cenoura à gordura que ficou na frigideira e salteie até ficarem ligeiramente dourados.
5. Coloque a farinha, mexendo sempre, para fazer o *roux*. Cozinhe até o *roux* ficar dourado.
6. Adicione o fundo e a polpa de tomate, mexendo sem parar, e cozinhe em fogo brando até o molho ficar espesso. Acrescente as folhas de louro e tempere a gosto com sal e pimenta-do-reino.
7. Despeje o molho por cima da carne. Tampe e braseie no forno a 150°C até ficar macia, por aproximadamente 2 horas.
8. Transfira os pedaços de carne para uma cuba gastronômica para servir.
9. Coe o molho (opcional). Retire o excesso de óleo. Ajuste o tempero e a consistência e despeje sobre a carne.

VARIAÇÕES

A costela e suas variações podem ser braseadas em molho *espagnole* pronto, em vez de molho especialmente feito para esse fim. Exclua as etapas 4, 5 e 6.
Se preferir, use 500 g de tomate em lata picado no lugar da polpa de tomate.

Bife de panela
No lugar da costela, use coxão bola fatiado, aproximadamente 150 g por porção. Exclua o salsão e a cenoura, se preferir.

Bife de panela ao molho de tomate
Reduza a farinha para 75 g. Para o líquido do braseado, use 1,25 L de fundo escuro, 1,25 kg de tomate em lata picado, com o suco, e 625 g de polpa de tomate. Tempere com folhas de louro, orégano e manjericão. Depois de tirar os bifes já cozidos, reduza o molho à consistência desejada. Não coe. Guarneça cada porção com salsinha picada.

Bife de panela com creme de leite azedo
Prepare como na primeira receita de bife de panela. Quando os bifes estiverem cozidos, finalize o molho com 500 mL de creme de leite azedo, 75 mL de molho inglês e 2 colheres (sopa) de mostarda preparada.

Bife de panela ao molho de vinho tinto
Prepare como na primeira receita de bife de panela, mas acrescente 500 mL de vinho tinto seco ao líquido do braseado.

Rabada braseada
Calcule 500 g de rabada por porção. Corte em pedaços pelas juntas.

Músculo de cordeiro braseado
Calcule 1 fatia de músculo por porção. Acrescente alho picado ao *mirepoix*, se desejar.

Carne ensopada

Porções: 25 Tamanho da porção: 250 g

Quantidade	Ingredientes
3 kg	Acém bovino, sem osso e sem gordura
125 mL	Óleo
500 g	Cebola em cubos pequenos
2 colheres (sopa)	Alho picado
125 g	Farinha de trigo
250 g	Polpa de tomate
2 L	Fundo escuro
	Sachê:
1	Folha de louro
pitada	Tomilho
raminho	Folhas de salsão
500 g	Salsão, PL (peso limpo)
750 g	Cenoura, PL
500 g	Cebola-pérola, PL
250 g	Tomate, em lata, escorrido e picado grosseiramente
250 g	Ervilha congelada, descongelada
a gosto	Sal
a gosto	Pimenta-do-reino

■ Modo de preparo

1. Corte a carne em cubos de 2,5 cm.
2. Aqueça o óleo em uma caçarola rasa até ficar bem quente. Coloque a carne e doure bem, mexendo para caramelizar todos os lados. Se necessário, doure a carne em várias etapas para não encher muito a panela.
3. Adicione a cebola e o alho à caçarola e continue refogando até que a cebola fique levemente dourada.
4. Acrescente farinha de trigo e mexa, para fazer um *roux*. Continue cozinhando em fogo alto até que o *roux* esteja levemente dourado.
5. Acrescente a polpa de tomate e o fundo, mexendo sempre, até levantar fervura. Mexa com uma colher de grande enquanto o molho engrossa.
6. Acrescente o sachê. Tampe a caçarola e coloque no forno a 165°C. Cozinhe em fogo brando até a carne ficar macia, aproximadamente 1 hora e 30 minutos a 2 horas.
7. Corte o salsão e a cenoura em cubos grandes.
8. Cozinhe o salsão, a cenoura e a cebola separadamente em água fervente com sal até ficarem macios.
9. Quando a carne estiver macia, tire o sachê e acerte o tempero. Descarte o excesso de óleo do molho.
10. Acrescente o salsão, a cenoura, a cebola e o tomate ao ensopado.
11. Adicione a ervilha na hora de servir. Outra opção é guarnecer cada porção com as ervilhas. Tempere com sal e pimenta-do-reino.

Por porção:
Calorias, 240; Proteínas, 27 g; Gorduras, 9 g (34% cal.); Colesterol, 60 mg; Carboidratos, 13 g; Fibras, 2 g; Sódio, 150 mg.

Observação: para uma apresentação mais elegante, tire a carne cozida do molho antes de acrescentar a ela os vegetais. Coe o molho e despeje sobre a carne e os vegetais.

VARIAÇÕES

Os vegetais para a guarnição podem ser variados, como desejar.

Carne ensopada com vinho tinto
Prepare como na receita básica, mas use 1,25 L de vinho tinto seco e 750 mL de fundo escuro em vez de 2 L de fundo escuro.

Boeuf bourguignon
Prepare o ensopado de carne com vinho tinto, usando banha de porco salgado (toucinho) derretida ou bacon em vez de óleo (corte o toucinho de porco em *batonnet*, salteie até ficar crocante e reserve para guarnecer.) Aumente o alho para 2 colheres (sopa). Exclua a guarnição de vegetais (salsão, cenouras, cebolas-pérolas, tomates e ervilhas) indicados na receita básica e substitua pelo toucinhos (ou pedaços de bacon), pequenos cogumelos dourados na manteiga e cebolas-pérolas cozidas e douradas na manteiga. Sirva com macarrão de ovos.

Navarin de cordeiro (ensopado escuro de cordeiro)
Prepare como na receita básica, usando paleta de cordeiro em vez de acém de boi. Aumente o alho para 2 colheres (sopa).

Vitela ensopada em fundo escuro
Prepare como na receita básica, usando paleta ou músculo de vitela.

Vitela ensopada em fundo escuro e vinho branco
Prepare a vitela ensopada em fundo escuro, substituindo 500 mL do fundo da receita por vinho branco.

Pot pie de carne
Encha pratos refratários individuais com o ensopado e a guarnição de vegetais. Cubra com uma massa para torta fechada (p. 980). Asse em forno quente (200–225°C) até a crosta ficar dourada.

Boeuf à la mode

Porções: 15   Tamanho da porção: 175 g de carne
               60 mL de molho

Quantidade	Ingredientes
600 g	Toucinho
50 mL	Conhaque
a gosto	Sal
a gosto	Pimenta-do-reino
4 kg	Miolo de alcatra (em um ou mais pedaços)
conforme necessário	Óleo
800 g	Cenoura em cubos
200 g	Salsão em cubos
70 g	Alho em cubos
500 g	Tomate cortado em quatro
15 mL	Massa de tomate
30 mL	Conhaque
300 mL	Vinho branco
1 L	Fundo escuro de vitela
1 L	Água
1	*Bouquet garni* (ver p. 152)
1	Pé de vitela, branqueado (ver Observação)
a gosto	Sal
a gosto	Pimenta-do-reino
20 g	Salsinha picada

Por porção:
Calorias, 740; Proteínas, 56 g; Gorduras, 51 g (63% cal.);
Colesterol, 190 mg; Carboidratos, 8 g;
Fibras, 2 g; Sódio, 150 mg.

Observação: a finalidade do pé de vitela é fornecer gelatina para dar corpo e textura ao molho. Se não encontrar o pé de vitela, use 2 pés de porco.

■ Modo de preparo

1. Corte o toucinho em tiras finas e compridas para serem usadas com uma agulha de lardear (Fig. 11.12). Marine no conhaque e tempere com sal e pimenta-do-reino.
2. Limpe bem a carne, tirando o máximo possível de gorduras e tendões. Reserve as aparas.
3. Lardeie o assado, inserindo 3 fileiras no sentido do comprimento. As tiras de gordura deverão estar a aproximadamente 3 a 4 cm de distância. Intercale as fileiras para que a gordura fique bem distribuída.
4. Aqueça um pouco de óleo em uma caçarola baixa e doure a carne junto com as aparas.
5. Quando estiver dourada por igual, tire a carne da panela e acrescente a cenoura, o salsão e o alho. Refogue por alguns minutos, sem dourar.
6. Adicione o tomate e a massa de tomate. Cozinhe por alguns minutos.
7. Deglaceie com o conhaque e o vinho branco. Reduza à metade. Adicione o fundo de vitela e a água.
8. Coloque a carne de volta na caçarola, acrescente o *bouquet garni* e os pés de vitela branqueados. Aqueça até ferver, depois tampe e coloque no forno a 175°C. Cozinhe por aproximadamente 3 horas. (Se o líquido evaporar muito rapidamente, acrescente mais água.)
9. Quando a carne estiver cozida, tire da panela e reserve. Retire o pé de vitela, desosse e corte a carne e a pele em cubinhos.
10. Coe o líquido do braseado, descartando os sólidos. Reduza até que o molho fique espesso o suficiente para cobrir as costas de uma colher. Tempere a gosto, depois adicione a vitela em cubos.
11. Sirva a carne fatiada, coberta com o molho e polvilhada com um pouco de salsinha picada.

VARIAÇÃO

Carne ensopada com cenouras
Exclua o toucinho e o conhaque. Use acém bovino, cortado para ensopado, em vez de miolo de alcatra. Acrescente 1,2 kg de cebola picada com o salsão e a cenoura e reduza o alho para 15 g. Use metade da quantidade do fundo e exclua a água. Braseie como na receita básica. Sirva com Cenouras glaçadas (p. 554), torneadas em vez de cortadas em fatias.

Figura 11.12
Como lardear carne usando uma agulha.

(a) Corte uma tira de toucinho de forma que caiba na agulha.

(b) Insira a agulha na carne. Puxe a agulha, segurando a tira de toucinho para que ela permaneça dentro da carne.

Lombatine di maiale alla napoletana

Porções: 16   Tamanho da porção: 1 bisteca, 90 a 125 g de vegetais

Quantidade	Ingredientes
6	Pimentões italianos, ou pimentões comuns, vermelhos ou verdes
700 g	Cogumelo
1,4 kg	Tomate
175 mL	Azeite de oliva
2	Dentes de alho amassados
16	Bistecas de porco
a gosto	Sal
a gosto	Pimenta-do-reino

Por porção:
Calorias, 430; Proteínas, 45 g; Gorduras, 23 g (49% cal.); Colesterol, 125 mg; Carboidratos, 9 g; Fibras, 2 g; Sódio, 100 mg.

Observação: tostar e pelar os pimentões é opcional, mas melhora o sabor, além de descartar a casca, que pode se soltar durante o cozimento tornando a mistura de vegetais menos atrativa.

■ Modo de preparo

1. Chamusque os pimentões sobre a chama do fogão até que a casca fique preta. Esfregue sob água corrente para tirar a pele. Descarte as sementes, cortando os pimentões em *batonnet* (ver Observação).
2. Fatie os cogumelos.
3. Retire a pele e as sementes dos tomates e pique.
4. Aqueça o azeite em uma frigideira grande ou caçarola baixa. Acrescente os dentes de alho. Salteie até ficarem levemente dourados, depois descarte o alho.
5. Tempere as bistecas com sal e pimenta-do-reino. Doure-as no azeite. Quando estiverem bem douradas, tire da panela e reserve.
6. Acrescente o pimentão e o cogumelo e salteie ligeiramente, até que fiquem murchos.
7. Adicione os tomates e ponha as bistecas de volta na caçarola. Tampe e cozinhe no fogão ou em forno baixo até que as bistecas fiquem ao ponto. Os vegetais vão deixar escapar umidade suficiente para brasear as bistecas, mas verifique a panela de vez em quando para ver se o líquido não secou.
8. Quando as bistecas estiverem ao ponto, retire-as da caçarola e coloque em local aquecido. Se houver muito líquido na caçarola, reduza em fogo alto até que haja o suficiente para formar um pouco de molho para os vegetais.
9. Acerte o tempero. Sirva as bistecas com os vegetais em cima.

Variação

Pollo con peperoni all'abruzzese
Dobre as quantidades de pimentões. Aumente os tomates para 2 kg. Exclua os cogumelos e o alho. Acrescente 450 g de cebolas em rodelas, salteadas com os pimentões. Em vez de porco, use 3,6 a 4,5 kg de frango em pedaços. Tempere com um pouco de manjericão. Se preferir, reduza a quantidade de frango sugerida e acrescente um pouco de linguiça calabresa.

Lombatine di maiale alla napoletana

Brasear 339

 ### *Chili* com carne

Porções: 24   *Tamanho da porção: 250 g*

Quantidade	Ingredientes
1,25 kg	Cebola em cubos pequenos
625 g	Pimentão verde em cubos pequenos
30 g	Alho picado
125 g	Óleo
2,5 kg	Carne bovina moída
2,9 kg	Tomates sem pele em lata, com o suco
300 g	Massa de tomate
1,25 L	Fundo escuro
90 g	Pó para *chili*
a gosto	Sal
a gosto	Pimenta-do-reino

Por porção:
Calorias, 310; Proteínas, 20 g; Gorduras, 19 g (54% cal.); Colesterol, 55 mg; Carboidratos, 16 g; Fibras, 4 g; Sódio, 380 mg.

■ **M o d o d e p r e p a r o**

1. Refogue a cebola, o pimentão e o alho em óleo, em uma caçarola funda e pesada, até ficarem macios, mas sem dourar. Retire da caçarola.
2. Acrescente a carne e doure em fogo alto, separando a carne com uma colher enquanto ela doura. Escorra o óleo.
3. Coloque os vegetais de volta na caçarola e acrescente os ingredientes restantes.
4. Cozinhe em fogo brando, sem tampar, até que o molho tenha reduzido e atingido a espessura desejada, por aproximadamente 45 a 60 minutos. Mexa de vez em quando durante o cozimento.

V A R I A Ç Õ E S

Chili **com feijão**
Adicione 2 kg de feijão *kidney*, ou outro feijão marrom de grãos graúdos, cozido e sem o caldo, aproximadamente 15 minutos antes do fim do cozimento.

Chili **de carne de caça**
Em vez de carne bovina moída, use carne moída de bisão, cervo, alce, rena selvagem ou javali.

 ### Texas *red* (*chili* à moda texana)

Rendimento: 3 kg   *Porções: 12*   *Tamanho da porção: 250 g*

Quantidade	Ingredientes
2,75 kg	Carne bovina magra, de preferência acém ou músculo, bem limpa
60 mL	Óleo vegetal
30 g	Alho bem picado
140 g	Pó para *chili*
1 ½ colher (sopa)	Cominho moído
1 ½ colher (sopa)	Orégano seco
1 a 2 colheres (chá)	Pimenta-caiena
2 L	Fundo escuro ou caldo de carne
60 g	Fubá ou *masa harina**
120 mL	Água fria
a gosto	Sal

Por porção:
Calorias, 380; Proteínas, 46 g; Gorduras, 16 g (38% cal.); Colesterol, 90 mg; Carboidratos, 12 g; Fibras, 5 g; Sódio, 200 mg.

*N.R.: Ingrediente típico da cozinha mexicana, é uma espécie de fubá mimoso pré-cozido em água com soda cáustica, o que lhe confere o sabor característico.

■ **M o d o d e p r e p a r o**

1. Corte a carne em cubos de 2,5 cm.
2. Em uma caçarola rasa, doure a carne no óleo vegetal em fogo alto. Doure um pouco de cada vez para não sobrecarregar a panela.
3. Adicione o alho, o pó para *chili*, o cominho, o orégano e a pimenta-caiena à carne em fogo médio. Mexa e cozinhe por alguns minutos, até que as especiarias soltem aroma.
4. Adicione o fundo. Aqueça até ferver, tampe e coloque no forno a 165°C por 1 hora e 30 minutos a 2 horas, ou até a carne ficar macia.
5. Retire o excesso de óleo do líquido de cozimento com cuidado.
6. Misture o fubá ou *masa harina* com a água fria formando uma massa homogênea.
7. Despeje essa mistura aos poucos na carne, mexendo sempre.
8. Cozinhe em fogo brando por 30 minutos para engrossar o líquido do cozimento.
9. Tempere a gosto com sal.

V A R I A Ç Ã O

Costela à moda do Texas
Em vez de carne magra, use 3,4 kg de costela bovina. Depois que a carne estiver macia, tire-a do líquido do braseado e, cuidadosamente, retire o excesso de óleo do molho. Acrescente apenas a quantidade suficiente de fubá ou *masa harina* para deixar o líquido ligeiramente mais espesso, aproximadamente a metade da quantidade da receita básica.

Texas *red*

Carne braseada com *chili ancho*

Rendimento: 1,7 kg   Porções: 10   Tamanho da porção: 170 g de carne, 60 mL de jus

Quantidade	Ingredientes
2,75 kg	Acém de boi, bem limpo, em pedaços grandes
conforme necessário	Óleo vegetal
900 g	Cebola em rodelas
120 g	Bacon, em um pedaço só
4	Pimentas *chili ancho* secas e inteiras, sem talo e sem sementes (ver Observação)
30 g	Alho picado grosseiramente
¼ de colher (chá)	Cominho moído
¼ de colher (chá)	Tomilho seco
¾ de colher (chá)	Orégano seco
60 g	Massa de tomate
1,5 L	Fundo claro
1 colher (sopa)	Sal
1 colher (chá)	Pimenta-do-reino

Modo de preparo

1. Doure bem a carne em uma caçarola baixa, em óleo vegetal. Doure um pouco da carne de cada vez para não encher demais a caçarola. Retire a carne da caçarola.
2. Usando mais óleo, se necessário, refogue a cebola em fogo médio até ficar bem dourada, mas sem queimar.
3. Coloque a carne na caçarola e acrescente os ingredientes restantes.
4. Aqueça até ferver, tampe e coloque no forno a 165°C. Braseie até a carne ficar bem macia, por aproximadamente 2 horas.
5. Retire a carne do líquido do braseado e mantenha-a aquecida. Descarte o bacon.
6. Retire o excesso de óleo do líquido de cozimento.
7. Retire o chili do líquido. Coloque-o, com a pele virada para baixo, em uma tábua de cortar e raspe a polpa interna amolecida com cuidado. Descarte a pele fina e transparente. Misture a polpa ao líquido de cozimento.
8. Reduza o líquido em fogo médio para aproximadamente 700 mL.
9. Prove e acrescente mais sal e pimenta-do-reino, se precisar.

Por porção:
Calorias, 410; Proteínas, 56 g; Gorduras, 16 g (36% cal.); Colesterol, 110 mg; Carboidratos, 9 g; Fibras, 3 g; Sódio, 920 mg.

Observação: se não encontrar chilis inteiros, ou se for preciso poupar o trabalho de raspar os chilis depois do cozimento (etapa 7), substitua-os por 2 ½ colheres de sopa de chili ancho moído.

Dueto de carne de boi e milho: carne de boi braseada com chili ancho sobre polenta de canjiquinha com *cheddar*, acompanhados de filé grelhado fatiado sobre milho com pimentão *poblano*, guarnecidos com abóbora em cubos assada.

Lombo de porco braseado com azeitona

Porções: 12   Tamanho da porção: 1 bisteca, de aproximadamente 190 g, com osso 60 mL de molho

Quantidade	Ingredientes
3,6 kg	Lombo de porco, corte central, com osso (*carré*)
conforme necessário	Óleo
a gosto	Sal
a gosto	Pimenta-do-reino
150 g	Cenoura picada
150 g	Cebola picada
450 g	Tomate picado
60 g	Azeitona preta, sem caroço, fatiada
60 g	Azeitona verde, sem caroço, fatiada
2 ½ colheres (sopa)	Farinha de trigo
450 mL	Vinho branco
1,5 L	Fundo escuro de vitela
1	*Bouquet garni* (ver p. 152)
a gosto	Sal
a gosto	Pimenta-do-reino
60 g	Azeitona preta, sem caroço, cortada em rodelas e branqueada
60 g	Azeitona verde, sem caroço, em rodelas e branqueada
2 colheres (sopa)	Salsinha picada

■ Modo de preparo

1. Limpe o excesso de gordura e nervos do *carré* de porco. Com uma serra de carne, corte os ossos das vértebras para que o lombo possa ser trinchado em bistecas depois de assado. Limpe as pontas dos ossos se preferir (ver Fig. 11.4). O lombo limpo deverá pesar aproximadamente 2,8 kg. Reserve as aparas.
2. Tempere o *carré* e doure-o com as aparas. Retire a carne da panela e reserve.
3. Aqueça um pouco de óleo em uma caçarola baixa.
4. Coloque a cenoura e a cebola e refogue, sem dourar. Acrescente o tomate e a azeitona fatiada.
5. Junte a farinha e cozinhe por alguns minutos. Deglaceie com o vinho branco e reduza até quase secar.
6. Acrescente o fundo de vitela, os *carrés* de porco, as aparas e o *bouquet garni*. Aqueça até ferver, depois tampe e coloque no forno a 175°C para cozinhar durante 1 hora e 30 minutos a 2 horas, até a carne ficar macia.
7. Retire os *carrés* da panela e reserve. Coe o líquido do braseado, descartando os sólidos.
8. Reduza o líquido até ele cobrir as costas de uma colher, depois, tempere a gosto.
9. Acrescente as azeitonas em rodelas branqueadas.
10. Corte o *carré* em bistecas. Sirva-as cobertas com o molho e polvilhadas com salsinha picada.

Por porção:
Calorias, 510; Proteínas, 51 g; Gorduras, 30 g (54% cal.); Colesterol, 150 mg; Carboidratos, 6 g; Fibras, 1 g; Sódio, 415 mg.

Daube d'agneau provençale (cordeiro braseado à provençal)

Porções: 12   Tamanho da porção: 125 g
                                 60 mL de molho

Quantidade	Ingredientes
3,8 kg	Paleta de cordeiro (ver Observação)
a gosto	Sal
a gosto	Pimenta-do-reino
conforme necessário	Óleo
125 g	Cenoura em cubos grandes
90 g	Cebola em cubos grandes
45 g	Chalota em cubos grandes
30 g	Dente de alho cortado ao meio
2 colheres (chá)	Manjerona seca
4 colheres (chá)	Manjericão seco
4 colheres (chá)	Alecrim seco
1,5 L (2 garrafas)	Vinho tinto encorpado
300 g	Cebola bem picada
30 g	Alho bem picado
50 mL	Azeite de oliva
800 g	Tomates, sem pele e sem sementes, em cubos
1 colher (chá)	Massa de tomate
125 g	Azeitonas pretas bem picadas
a gosto	Sal
a gosto	Pimenta-do-reino

■ Modo de preparo

1. Limpe o excesso de gordura e nervos da paleta de cordeiro.
2. Tempere com sal e pimenta-do-reino. Doure em óleo quente em uma caçarola baixa.
3. Adicione a cenoura, a cebola, a chalota e o alho. Refogue os vegetais sem dourar.
4. Acrescente as ervas. Deglaceie a caçarola com o vinho tinto, tampe e coloque no forno para cozinhar a 175°C, por 2 horas e 30 minutos a 3 horas.
5. Retire a carne da caçarola e coe o líquido do cozimento.
6. Refogue a cebola e o alho em azeite de oliva, sem dourar. Adicione os tomates e a massa de tomate. Mexa bem e cozinhe por alguns minutos. Adicione a azeitona picada, tempere e cozinhe até engrossar.
7. Retire o excesso de óleo do líquido de cozimento do cordeiro. Junte à mistura de tomate. Cozinhe por alguns minutos para mesclar os aromas.
8. Acerte o tempero.
9. Sirva o cordeiro fatiado, coberto com o molho.

Por porção:
Calorias, 370; Proteínas, 34 g; Gorduras, 17 g (41% cal.); Colesterol, 80 mg; Carboidratos, 11 g; Fibras, 2 g; Sódio, 190 mg.

Observação: esta receita se destina à paleta de cordeiro com osso. O cordeiro é fatiado sem o osso depois do cozimento. Se desejar, substitua por 2 kg de paleta de cordeiro limpa, sem osso, para facilitar o manuseio. Porém, o resultado será um pouco menos saboroso, porque os ossos contribuem para o sabor e a textura do molho.

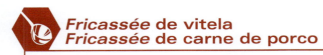

Fricassée de vitela
Fricassée de carne de porco

Ver variações de *Fricassée* de frango, página 410.

Ossobuco de vitela com laranja

Porções: 12   Tamanho da porção: 250 g (peso depois de pronto)
70 mL de molho

Quantidade	Ingredientes
100 mL	Óleo
30 g	Manteiga
12	Ossobucos de vitela, em fatias grossas de aproximadamente 320–350 g cada
350 g	Cenoura picada
350 g	Cebola picada
90 g	Alho picado
250 g	Tomate cortado em quatro
2 ½ colheres (chá)	Farinha de trigo
300 mL	Vinho branco
600 mL	Fond lié (p. 174) ou molho espagnole
1	Bouquet garni (ver p. 152)
50 g	Açúcar
60 mL	Vinagre de vinho
20 g	Casca de laranja cortada em brunoise branqueada
20 g	Casca de limão-siciliano cortada em brunoise branqueada
30 g	Cenoura cortada em brunoise
30 g	Cebola cortada em brunoise
1 colher (sopa)	Salsinha picada

Modo de preparo

1. Aqueça o óleo e a manteiga. Tempere e doure a vitela. Retire e reserve.
2. Acrescente a cenoura, a cebola, o alho e o tomate à panela. Refogue ligeiramente, sem dourar.
3. Adicione a farinha e cozinhe por alguns minutos. Deglaceie com o vinho branco. Reduza até quase secar.
4. Acrescente o *fond lié* e o *bouquet garni*.
5. Coloque a vitela de volta na caçarola. Tampe e leve ao forno a 175°C por 1 hora e 15 minutos a 1 hora e 45 minutos, até a vitela ficar macia.
6. Retire a carne da panela. Coe o líquido do braseado e retire a gordura da superfície.
7. Misture o açúcar e o vinagre em uma panela de inox. Cozinhe até ficar ligeiramente caramelizado. Assim que corar, pare o cozimento adicionando o líquido de cozimento peneirado. Reduza até que cubra as costas de uma colher.
8. Coe e acrescente as cascas de laranja e de limão branqueadas, a cenoura e a cebola. Cozinhe em fogo brando por alguns minutos. Tempere a gosto e acrescente a salsinha picada antes de servir.

Por porção:
Calorias, 470; Proteínas, 62 g; Gorduras, 15 g (29% cal.); Colesterol, 170 mg; Carboidratos, 17 g; Fibras, 2 g; Sódio, 310 mg.

Ossobuco de vitela com laranja

Goulash húngaro (de vitela, boi ou porco)

Porções: 25 Tamanho da porção: 250 g

Quantidade	Ingredientes
3,75 kg	Carne magra, sem osso: vitela (paleta, músculo dianteiro ou peito), boi (acém) ou porco (paleta ou sobrepaleta)
150 mL	Óleo, banha ou gordura de vaca derretida
1,25 kg	Cebola em cubinhos
5 colheres (sopa)	Páprica húngara
2 colheres (chá)	Alho espremido
½ colher (chá)	Sementes de alcaravia
300 g	Tomate em lata picado, escorrido, ou polpa de tomate
2,5 L	Fundo claro
1,25 kg	Batata em cubos médios
a gosto	Sal

Modo de preparo

1. Corte a carne em cubos de 2,5 cm.
2. Aqueça a gordura em uma caçarola baixa e salteie a carne até ficar ligeiramente tostada de todos os lados.
3. Acrescente a cebola e refogue em fogo médio, sem dourar. Continue cozinhando até reduzir a maior parte do líquido que se formou.
4. Acrescente a páprica, o alho e as sementes de alcaravia e misture bem.
5. Adicione os tomates e o fundo, tampe e cozinhe lentamente até que a carne fique quase macia, aproximadamente 1 hora no forno a 165°C ou no fogão.
6. Coloque a batata e continue cozinhando até que a carne e a batata estejam macias.
7. A batata deixará o molho um pouco mais espesso, mas, se necessário, reduza-o ligeiramente. Retire o excesso de gordura e tempere a gosto.
8. Sirva com *spaetzle* ou macarrão.

Por porção:
Calorias, 250; Proteínas, 27 g; Gorduras, 10 g (35% cal.); Colesterol, 35 mg; Carboidratos, 14 g; Fibras, 2 g; Sódio, 120 mg.

Coelho com mostarda

Porções: 8 Tamanho da porção: aproximadamente 250 g, incluindo o molho

Quantidade	Ingredientes
2 kg	Coelho
conforme necessário	Óleo
15 g	Manteiga
30 g	Chalota picada
60 g	Mostarda preparada estilo Dijon, ou em grãos
a gosto	Sal
a gosto	Pimenta-do-reino
¼ colher (chá)	Tomilho seco
250 mL	Vinho branco
250 mL	Fundo de frango
250 mL	Creme de leite fresco sem soro

Modo de preparo

1. Limpe e corte o coelho em pedaços para ensopar.
2. Doure em óleo, em uma panela pesada.
3. Retire a carne da panela e mantenha-a aquecida. Descarte o excesso de óleo da panela.
4. Acrescente a manteiga. Refogue a chalota, sem dourar.
5. Adicione a mostarda, o sal, a pimenta-do-reino, o tomilho, o vinho e o fundo à panela e coloque a carne. Tampe e braseie lentamente em fogo baixo ou no forno até que a carne esteja cozida.
6. Retire a carne do líquido e reserve.
7. Reduza o líquido do cozimento em aproximadamente um terço. Retire o excesso de gordura da superfície.
8. Faça a temperagem do creme de leite sem soro e junte-o ao líquido reduzido. Cozinhe em fogo brando e reduza até que o molho fique ligeiramente espesso. Acerte o tempero. Coloque os pedaços de coelho de volta no molho.

Por porção:
Calorias, 450; Proteínas, 30 g; Gorduras, 28 g (58% cal.); Colesterol, 150 mg; Carboidratos, 2 g; Fibras, 0 g; Sódio, 260 mg.

Sauerbraten

Porções: 25   Tamanho da porção: 125 g
                              60 mL de molho

Quantidade	Ingredientes
5 kg	Coxão duro bovino, bem limpo (ver Observação)
	Marinada:
1 L	Vinagre de vinho tinto
1 L	Água
500 g	Cebola fatiada
250 g	Cenoura fatiada
2	Dentes de alho picados
60 g	Açúcar mascavo
2	Folhas de louro
3	Cravos-da-índia inteiros
1 colher (chá)	Grãos de pimenta-do-reino moídos grosseiramente
2 colheres (chá)	Sal
conforme necessário	Óleo vegetal, se necessário, para dourar a carne
250 mL	Vinho tinto
125 g	*Gingersnaps** triturados

Por porção:
Calorias, 260; Proteínas, 37 g; Gorduras, 8 g (32% cal.); Colesterol, 80 mg; Carboidratos, 4 g; Fibras, 0 g; Sódio, 110 mg.

Observação: se for preparar este prato em grandes quantidades e estiver usando o coxão duro com lagarto (chamado de *gooseneck* – pescoço de ganso – em inglês), separe o lagarto do coxão duro e corte o coxão duro ao meio no sentido do comprimento, de modo que as duas partes fiquem do tamanho do lagarto. Peito ou pescoço também podem ser usados para o *sauerbraten*. Eles não proporcionam fatias atrativas, mas a qualidade, em termos de sabor, será muito boa.

*N.R.: Biscoito doce e muito crocante de gengibre e melado.

■ Modo de preparo

1. Coloque a carne limpa em um recipiente de louça ou outro material não metálico.
2. Adicione os ingredientes da marinada. Se a carne não estiver completamente coberta pelo líquido, acrescente partes iguais de vinagre e água até cobrir. Tampe.
3. Deixe na geladeira por 3 a 4 dias. Vire a carne na marinada todos os dias.
4. Retire a carne da marinada. Seque completamente com papel-toalha.
5. Doure de todos os lados. Isso pode ser feito em uma frigideira de ferro no fogão, em uma chapa bem quente, sob um dourador ou em uma caçarola baixa, em forno quente.
6. Coloque a carne em uma caçarola baixa. Coe a marinada. Acrescente os vegetais e líquido suficiente para cobrir a carne até a metade. Tampe e braseie no forno a 150°C até que fique macia, por aproximadamente 2 a 3 horas.
7. Retire a carne do líquido do braseado e transfira para uma cuba gastronômica. Reserve.
8. Coe 2 L do líquido braseado em uma panela funda e retire a gordura da superfície. Aqueça até ferver. Reduza para aproximadamente 1,5 L.
9. Adicione o vinho e ferva por mais 2 a 3 minutos.
10. Abaixe o fogo para o mínimo e junte o biscoito triturado, mexendo. Cozinhe em fogo brando por 3 a 4 minutos. Retire do fogo e deixe descansar por 5 minutos para permitir que o biscoito seja completamente absorvido.
11. Fatie a carne no sentido contrário ao das fibras. Sirva 125 g de carne por porção, sobrepondo as fatias no prato. Com uma concha, coloque 60 mL do molho sobre a carne.

VARIAÇÃO

Sauerbraten com molho de creme de leite azedo
Marine e braseie a carne como na receita básica. Prepare o molho até a etapa 8. Engrosse com um *roux* feito com 125 g de manteiga ou gordura de vaca, 125 g de farinha de trigo e 60 g de açúcar. Cozinhe o *roux* até ficar bem escuro e use-o para engrossar o molho. Exclua o vinho e acrescente 250 mL de creme de leite azedo.

Moleja braseada

Porções: 10 Tamanho da porção: 100 g de molejas (peso depois de prontas)
60 mL de molho

Quantidade	Ingredientes
1,5 kg	Moleja de vitela
60 g	Manteiga
	Mirepoix:
175 g	Cebola em cubos médios
90 g	Cenoura em cubos médios
90 g	Salsão em cubos médios
750 mL	*Demi-glace* quente

Por porção:
Calorias, 500; Proteínas, 21 g; Gorduras, 42 g (75% cal.); Colesterol, 350 mg; Carboidratos, 10 g; Fibras, 1 g; Sódio, 340 mg.

Modo de preparo

1. Prepare (branqueie e limpe) as molejas, de acordo com o modo de preparo da página 280. Deixe-as inteiras ou corte em pedaços uniformes.
2. Aqueça a manteiga em uma frigideira grande (de laterais retas). Acrescente o *mirepoix* e refogue em fogo médio até dourar levemente.
3. Coloque as molejas sobre o *mirepoix* e adicione o *demi-glace*.
4. Tampe bem e leve ao forno a 165°C até que as molejas estejam bem macias e condimentadas com o molho, por aproximadamente 45 a 60 minutos.
5. Retire as molejas do molho e coloque-as em uma cuba gastronômica.
6. Ferva o molho e reduza um pouco. Coe e acerte o tempero. Despeje sobre as molejas.

Almôndegas suecas

Porções: 25 Tamanho da porção: 3 almôndegas, 150 g (peso depois de prontas)
60 mL de molho

Quantidade	Ingredientes
300 g	Cebola bem picada
60 mL	Óleo
300 g	Farinha de rosca
500 mL	Leite
10	Ovos, batidos
2,5 kg	Carne bovina moída
625 g	Carne de porco moída
2 ½ colheres (chá)	Endro seco
½ colher (chá)	Noz-moscada
½ colher (chá)	Pimenta-da-jamaica
2 colheres (sopa)	Sal
2 L	Molho *espagnole*, quente
625 mL	Creme de leite fresco *light*, quente
1 colher (chá)	Endro seco

Por porção:
Calorias, 440; Proteínas, 27 g; Gorduras, 29 g (61% cal.); Colesterol, 180 mg; Carboidratos, 15 g; Fibras, 1 g; Sódio, 810 mg.

Modo de preparo

1. Refogue a cebola no óleo até ficar macia, mas não dourada. Espere esfriar bem.
2. Misture a farinha de rosca com o leite e o ovo e deixe de molho por 15 minutos.
3. Adicione a cebola refogada e a mistura de farinha de rosca à carne em uma tigela. Junte as especiarias e o sal e misture delicadamente até ficar homogêneo.
4. Divida a carne em porções de 60 g (use uma colher-medida com extrator para facilitar o trabalho). Enrole as almôndegas e coloque em uma assadeira rasa.
5. Leve ao forno quente (200°C) até dourarem.
6. Transfira as almôndegas para uma assadeira funda formando uma camada só.
7. Junte o creme de leite quente e o endro ao molho *espagnole* e despeje sobre as almôndegas.
8. Tampe e asse a 165°C por 30 minutos, até que as almôndegas estejam cozidas por dentro.
9. Retire a gordura da superfície do molho.
10. Sirva 3 almôndegas e 60 mL de molho por porção.

Vitela ao *curry* com manga e castanha-de-caju

Porções: 25   *Tamanho da porção:* 250 g

Quantidade	Ingredientes
4,5 kg	Vitela magra, sem osso (paleta, músculo ou peito)
250 mL	Óleo
1,25 kg	Cebola em cubos médios
2 colheres (sopa)	Alho picado
5 colheres (sopa)	*Curry* em pó (ver Observação)
1 colher (sopa)	Semente de coentro moída
2 ½ colheres (chá)	Páprica
1 colher (chá)	Cominho moído
1 colher (chá)	Pimenta-do-reino
½ colher (chá)	Canela
2	Folhas de louro
2 colheres (chá)	Sal
125 g	Farinha de trigo
2 L	Fundo claro
300 g	Tomate *concassé*
250 mL	Creme de leite fresco sem soro, quente
4-5	Mangas
conforme necessário	Arroz branco cozido sem refogar
250 g	Castanha-de-caju grosseiramente picada
½ xícara (chá)	Salsinha picada

Por porção:
Calorias, 430; Proteínas, 31 g; Gorduras, 26 g (64% cal.); Colesterol, 95 mg; Carboidratos, 18 g; Fibras, 2 g; Sódio, 330 mg.

Observação: se desejar, aumente o *curry* em pó a gosto e exclua as outras especiarias (exceto a folha de louro).

Modo de preparo

1. Corte a vitela em cubos de 2,5 cm.
2. Aqueça o óleo em uma caçarola baixa, em fogo médio, e adicione a carne. Frite a carne no óleo, mexendo de vez em quando, até ficar selada de todos os lados, mas apenas levemente dourada.
3. Acrescente a cebola e o alho. Refogue até ficarem macios, sem dourar.
4. Adicione os condimentos e o sal e mexa bem. Cozinhe por 1 minuto.
5. Acrescente a farinha e mexa para fazer um *roux*, cozinhando por mais 2 minutos.
6. Adicione o fundo claro e o tomate. Aqueça até ferver, sem parar de mexer.
7. Tampe e cozinhe em fogo brando, no forno a 150°C ou no fogão, até a carne ficar macia, durante 1 hora a 1 hora e 30 minutos.
8. Retire o excesso de óleo, descarte as folhas de louro e acrescente o creme de leite. Acerte o tempero.
9. Descasque as mangas com uma faca ou descascador de legumes. Corte a polpa em fatias grossas. Depois corte em cubos médios.
10. Para servir, coloque uma camada de arroz no prato. Coloque colheradas de *curry* no centro do arroz. Coloque cubinhos de manga por cima. Polvilhe com castanhas-de-caju e salsinha.

VARIAÇÕES

Em vez de manga e castanha-de-caju, sirva a carne ao *curry* com uma variedade de outros acompanhamentos, como uvas-passas, *chutney*, amendoim, cebolinha ou cebola picadas, abacaxi, banana e/ou maçãs cortados em cubos, coco ralado e/ou *poppadums*.

Cordeiro ao *curry*
Substitua a vitela por paleta sem osso, peito ou pernil de cordeiro.

Saltimbocca alla romana

Porções: 16 Tamanho da porção: 2 pedaços

Quantidade	Ingredientes
32	*Scalopinne* de vitela de aproximadamente 45-60 g cada
a gosto	Sal
a gosto	Pimenta-do-reino branca
32	Fatias finas de *prosciutto*, com o mesmo diâmetro dos *scalopinne*
32	Folhas de sálvia fresca
125 g	Manteiga
350 mL	Vinho branco

Modo de preparo

1. Bata os *scaloppine* com um martelo de carne. Tempere com sal e pimenta-do-reino branca. Coloque 1 fatia de *prosciutto* e 1 folha de sálvia em cima de cada um e prenda com um palito.
2. Salteie rapidamente na manteiga de ambos os lados.
3. Adicione o vinho e continue cozinhando até que a carne fique cozida e o vinho, parcialmente reduzido, não mais que 5 minutos.
4. Tire a carne da frigideira e sirva, com o lado do presunto virado para cima e uma colherada do suco da frigideira por cima.

Por porção:
Calorias, 320; Proteínas, 28 g; Gorduras, 21 g (60% cal.); Colesterol, 115 mg; Carboidratos, 0 g; Fibras, 0 g; Sódio, 800 mg.

Carbonnade à la flammande

Porções: 16 Tamanho da porção: 175–200 g

Quantidade	Ingredientes
1,4 kg	Cebola
conforme necessário	Gordura de vaca ou óleo vegetal
175 g	Farinha de trigo
2 colheres (chá)	Sal
1 colher (chá)	Pimenta-do-reino
2,3 kg	Pescoço bovino em cubos de 2,5 cm
1,25 L	Cerveja preta
1,25 L	Fundo escuro
	Sachê:
2	Folhas de louro
1 colher (chá)	Tomilho seco
8	Talos de salsinha
8	Grãos de pimenta-do-reino
15 mL	Açúcar

Modo de preparo

1. Descasque a cebola. Corte em cubos grandes.
2. Cozinhe em fogo médio em um pouco de gordura até dourar. Retire do fogo e reserve.
3. Tempere a farinha com sal e pimenta-do-reino. Passe a carne na farinha, tirando o excesso.
4. Doure bem a carne em uma frigideira. Faça um pouco de cada vez para não encher demais a frigideira. À medida que cada lote estiver dourado, coloque em uma caçarola funda juntamente com a cebola.
5. Deglaceie a frigideira com a cerveja e adicione à caçarola. Acrescente o fundo escuro, o sachê e o açúcar.
6. Aqueça até ferver, tampe e transfira para o forno a 160°C. Cozinhe até a carne ficar bem macia, por aproximadamente 2 a 3 horas.
7. Retire o excesso de óleo. Ajuste a consistência do molho. Se estiver muito ralo, reduza em fogo médio. Se estiver muito espesso, dilua com fundo escuro.
8. Acerte o tempero. Sirva com batatas cozidas em água e sal.

Por porção:
Calorias, 450; Proteínas, 30 g; Gorduras, 29 g (52% cal.); Colesterol, 100 mg; Carboidratos, 19 g; Fibras, 1 g; Sódio, 290 mg.

Brasear 349

■ TERMOS PARA REVISÃO

deglacear carne de panela *fricassée*
ensopar *swiss steak* *blanquette*

■ QUESTÕES PARA DISCUSSÃO

1. Cite quatro vantagens de se assar carnes em temperatura baixa.

2. Quando temperaturas altas podem ser usadas para assar carnes?

3. Qual é a finalidade de se regar um assado?

4. Na receita de Bolo de carne estilo caseiro (p. 303), por que os vegetais refogados são resfriados depois do cozimento na etapa 1?

5. Quais bifes exigem calor mais forte no dourador, os grossos ou os finos? Os malpassados ou os bem-passados?

6. Por que é importante não encher demais a frigideira quando se está salteando carnes?

7. Por que o nome do prato *boiled beef* não é correto?

CAPÍTULO 12

CAPÍTULO 12

Introdução às aves domésticas e de caça

A versatilidade, a popularidade e o custo relativamente baixo das aves em geral as tornam ideais para qualquer tipo de estabelecimentos da indústria alimentícia, desde restaurantes elegantes até lanchonetes e restaurantes *fast-food*. Além disso, o frango e o peru são populares entre as pessoas preocupadas com a dieta porque possuem teor de gordura e de colesterol mais baixo do que o de outras carnes.

Aves de caça, como a codorna, também estão crescendo em popularidade e disponibilidade porque agora são criadas em cativeiro por muitos produtores. Aves de caça criadas em fazendas são semelhantes aos frangos em muitos aspectos, portanto, aprender técnicas de preparo e manipulação de frangos também ensina bastante como manipular essas outras aves.

Adquirir conhecimentos sobre aves é, de certo modo, mais fácil do que adquirir conhecimentos sobre as carnes de boi e de cordeiro. Como o frango, o peru e outras aves são animais muito menores, não são subdivididos em tantas partes.

Contudo, as aves têm seus próprios problemas de cozimento, por isso é importante observar as semelhanças e as diferenças entre a carne vermelha e a das aves.

Após ler este capítulo, você deverá ser capaz de:

1. Explicar as diferenças entre carne branca e carne escura e descrever como essas diferenças afetam o cozimento.
2. Descrever as quatro técnicas que ajudam a manter o peito de frango ou de peru úmidos enquanto assam.
3. Definir os seguintes termos usados para classificar aves: tipo, classe e forma de comercialização.
4. Identificar tipos conhecidos de aves de caça criadas em cativeiro e os métodos de cozimento apropriados para seu preparo.
5. Armazenar aves.
6. Determinar o ponto de cozimento no preparo de aves, seja em aves grandes assadas, seja em aves menores.
7. Amarrar aves para o cozimento.
8. Cortar frangos em pedaços.

COMPOSIÇÃO E ESTRUTURA

A carne de aves domésticas e de caça é constituída de tecido muscular, assim como a carne de boi, cordeiro, vitela e porco. Sua composição e estrutura são essencialmente as mesmas da carne vermelha. Reveja a seção sobre a composição e estrutura da carne (Cap. 10, p. 258-260). Lembre-se de que o tecido muscular é composto de:

Água (aproximadamente 75%)
Proteína (aproximadamente 20%)
Gordura (até 5%)
Outros elementos, inclusive carboidratos, em pequenas quantidades.

Lembre-se de que os músculos consistem em *fibras musculares* mantidas juntas em feixes pelo *tecido conjuntivo*.

MATURIDADE E MACIEZ

Aprendemos no Capítulo 10 que a maciez de um pedaço de carne – ou de ave – está ligada ao *tecido conjuntivo*, e que este aumenta com:

- O uso ou o exercício do músculo.
- A maturidade ou a idade do animal.

1. O uso ou o exercício é menos importante quando se trata de aves. A maioria das aves de abate é tão jovem que, em geral, toda a sua carne é relativamente macia. No entanto, existem algumas diferenças entre a **carne branca** e a **carne escura**, que serão discutidas na próxima seção.
2. A **maturidade** é um fator importante na seleção de aves. Aves jovens e macias são preparadas tanto com métodos de calor seco, como assar no dourador ou na grelha, fritar e assar no forno, quanto com métodos de cozimento de calor úmido. Aves mais velhas e rijas precisam de calor úmido e lento para ficarem mais palatáveis.

A maturidade é o fator de maior importância na classificação de aves (ver p. 354).
A cor da pele é determinada pela dieta das aves e não tem relação com o sabor ou a maciez.

FRANGO CAIPIRA

A maior parte dos frangos disponíveis para compra é produzida por grandes granjas que mantêm suas aves em ambientes fechados muito bem controlados e alimentadas por dietas cientificamente monitoradas. Esse processo permite à indústria criar frangos saudáveis rapidamente e em quantidades enormes para atender à grande demanda. Muitas pessoas acham que esses frangos não têm sabor por não terem liberdade para mover-se em ambientes externos. Em resposta, alguns fazendeiros oferecem o frango **caipira**, ou colonial, que pode mover-se livremente e comer em um ambiente externo mais natural.

É importante observar que não existe uma definição legal para *frango caipira* e que eles são consideravelmente mais caros que os frangos comuns. Muitas pessoas, no entanto, sentem que o frango caipira é muito mais saboroso e vale o custo extra. Como a qualidade varia de produtor para produtor, é necessário fazer um teste de degustação cuidadoso para determinar se você quer mesmo comprar frango caipira para seu estabelecimento.

Um termo relacionado a *caipira* é **orgânico**, que foi recentemente definido pelo USDA (United States Department of Agriculture) como alimento produzido sem o uso dos pesticidas convencionais, fertilizantes feitos com ingredientes sintéticos ou sedimentação de esgoto, bioengenharia ou radiação iônica. A página 512 apresenta informações adicionais sobre alimentos orgânicos.

Composição e estrutura 353

CARNE BRANCA E CARNE ESCURA

As aves não são divididas em inúmeros cortes como as carnes vermelhas. Considera-se que o frango e o peru, no entanto, podem ser divididos em duas partes, dependendo da cor da carne. Essas diferenças de cores refletem outras diferenças:

"Carne branca" – peito e asas

Menos gordura

Menos tecido conjuntivo

Cozimento mais rápido

"Carne escura" – pernas (coxas e sobrecoxas)

Mais gordura

Mais tecido conjuntivo

Cozimento mais demorado

O pato, o ganso e o pombo têm a carne escura, mas as mesmas diferenças em termos de tecido conjuntivo prevalecem.

A cor da carne escura se dá em razão da presença de uma proteína chamada *mioglobina*. Essa proteína armazena oxigênio para os músculos usarem em períodos de grande atividade. Os músculos do peito das aves são usados para voar e, como o frango e o peru raramente voam, esses músculos não precisam de uma grande quantidade de mioglobina. Em aves que voam, como os patos, os músculos do peito possuem mais mioglobina e, por isso, sua carne é mais escura. Músculos ativos, além de serem mais escuros, também possuem mais tecido conjuntivo.

O cozinheiro precisa observar essas diferenças ao preparar aves.

1. **Preparo de aves inteiras.**
   Todos já experimentaram um peito de frango ou de peru tão seco a ponto de ficar difícil de engolir. Na verdade, a carne branca é cozida em excesso com mais frequência porque fica pronta mais rápido do que as pernas, atingindo o término do cozimento antes. Além disso, o peito tem menos gordura do que as pernas, portanto fica mais seco quando é cozido (ou cozido em excesso).

   Uma das maiores dificuldades ao assar aves é atingir o ponto de cozimento das pernas sem cozinhar demais o peito. Os *chefs* inventaram muitas técnicas para resolver esse problema. Aqui estão algumas delas.

   - Assar o frango com o peito virado para baixo durante uma parte do tempo do preparo. A gravidade leva a umidade e a gordura para o peito.

   - Regar apenas com gordura, e não com água ou fundo. A gordura protege contra o ressecamento, mas a umidade retira a gordura protetora.

   - Bardear ou cobrir o peito com fatias finas de toucinho. Isso costuma ser feito com aves de caça magras.

   - Separar o peito das pernas e assar cada parte em tempos diferentes. Isso é geralmente feito com perus grandes.

2. **Preparo de aves em pedaços.**
   Muitas receitas foram criadas especialmente para determinadas partes das aves, como asas, coxas e peitos de frangos desossados. Essas receitas levam em consideração as diferentes características de cozimento de cada parte. Por exemplo, bifes de peito de frango desossado podem ser salteados rapidamente e permanecerem suculentos e macios. Asas de peru, quando braseadas, liberam gelatina suficiente para fazer um molho saboroso.

   Muitos desses itens são bastante atrativos para os clientes, especialmente o peito de frango desossado, e são servidos nos mais elegantes restaurantes.

   Diversas receitas de frango e de peru do Capítulo 13 são para partes específicas. As que usam frangos inteiros cortados podem ser adaptadas facilmente para as partes específicas. Por exemplo, é possível comprar frangos inteiros, brasear as pernas e reservar os peitos para outras preparações.

INSPEÇÃO E CLASSIFICAÇÃO

Assim como as carnes vermelhas, as aves estão sujeitas a inspeção federal e classificação. *Observação:* ao contrário das carnes vermelhas, os selos de inspeção e classificação das aves não são carimbados nas aves, mas impressos em etiquetas e nas caixas de embalagem.

INSPEÇÃO

1. Uma garantia de salubridade (adequado ao consumo humano).
2. Indicada, nos EUA, por um carimbo circular (Fig. 12.1).
3. Exigida pela legislação.

Figura 12.1
Selo de inspeção de aves do USDA, United States Department of Agriculture.

CLASSIFICAÇÃO

1. Baseada na qualidade.
2. Indicada, nos EUA, por um carimbo em forma de escudo contendo a classificação por letra (Fig. 12.2).
3. Não exigida pela legislação.

As classificações, nos EUA, são A, B e C, sendo A a melhor. São baseadas em

Conformação da carcaça (sem defeitos)	Penas em desenvolvimento (presentes ou ausentes)
Quantidade de carne	Carne exposta (cortes, dilaceramentos e ossos quebrados)
Quantidade de gordura	Descoloração da pele, manchas e contusões

A maioria das aves usadas no setor de serviços alimentícios é de Classificação A. Classificações mais baixas são usadas por produtores de enlatados e produtos processados.

Figura 12.2
Selo de classificação de aves do USDA, United States Department of Agriculture.

CLASSIFICAÇÃO E FORMAS DE COMERCIALIZAÇÃO

Os seguintes termos são usados para classificar aves:

Tipo — a espécie, como frango, peru ou pato.

Classe — a subdivisão do tipo, dependendo da idade e do sexo.

Forma de comercialização — a quantidade de limpeza e processamento.

Vivas: raramente compradas no setor de serviços alimentícios.

Abatidas: sangradas e depenadas. Também são raramente vistas no setor de serviços alimentícios.

Carcaças: depenadas e evisceradas, desprovidas de miúdos, cabeça e pés.*

- Inteiras.
- Cortadas em meias-carcaças ou em partes.

Refrigeração — gelada ou congelada.

A Tabela 12.1 descreve os tipos e as classes de aves domésticas. O *frango* é o tipo de ave mais comum na cozinha. Como indicado na tabela, a idade ou a maturidade determina as diferenças entre as várias classes de frangos. Os **frangos de leite** (também chamados de galetos) são tenros e têm sabor suave, sendo apropriados para saltear, além de assar no dourador ou na grelha e fritar. Já os *frangos jovens* e os **capões** são maiores, sendo apropriados para assar. **Galinhas** e *galos* (raramente comercializados) precisam ser cozidos em fogo brando ou braseados para ficarem macios.

*N.R.: No Brasil, normalmente as carcaças de frango padrão são comercializadas nas faixas de peso de 1,1, 1,2 e 1,3 kg. Existe ainda uma classificação especial de 1,8 kg, que contempla o mercado de frangos assados. Para o mercado externo (o Brasil é o segundo exportador de frango do mundo), são produzidos o *frango griller* (sem miúdos) e o *frango broiler* (com miúdos).

Classificação e formas de comercialização 355

Tabela 12.1
Classes e características de aves domésticas

Tipo/classe	Descrição	Idade	Faixa de peso
Frango			
Frango de leite/galeto	Frangos jovens, muito macios e delicados.	6 semanas ou menos	450–800 g
Frango jovem/padrão	Frangos e frangas jovens. Carne macia e cartilagem flexível. Pele lisa.	6–12 semanas	Para assar no dourador/grelha: 700 g–1,1 kg Para fritar: 1,1–1,6 kg
Frango gordo	Frangos e frangas jovens. Carne macia e pele lisa, com cartilagem menos flexível.	3–5 meses	1,6–2,5 kg
Capão	Frango castrado. Carne muito macia e saborosa. Peito grande. Preço elevado.	Abaixo de 8 meses	2,5–5 kg
Galinha	Fêmea adulta. Carne dura e pele grossa. Cartilagem do peito endurecida.	Acima de 10 meses	1,6–2,7 kg
Galo	Macho adulto. Pele grossa. Carne escura e dura.	Acima de 10 meses	1,8–2,7 kg
Peru*			
Peru novo/jovem de 24 semanas (para fritar e/ou assar)	Aves jovens de ambos os sexos. Carne macia, pele lisa e cartilagem flexível.	Abaixo de 24 semanas	1,8–4 kg
Peru jovem	Perus e peruas jovens com carne macia, mas cartilagem mais firme.	5–7 meses	3,6–10 kg
Peru de um ano	Peru completamente desenvolvido. Razoavelmente macio.	Abaixo de 15 meses	4,5–14 kg
Peru adulto ou velho	Peru velho, com carne dura e pele grossa.	Acima de 15 meses	4,5–14 kg
Pato			
Pato jovem** (para assar no dourador/grelha ou fritar)	Pato jovem macio com bico e traqueia moles.	Abaixo de 8 semanas	0,9–1,8 kg
Pato jovem (para assar)	Pato jovem com bico e traqueia moles, começando a endurecer.	Abaixo de 16 semanas	1,8–2,7 kg
Pato adulto	Pato velho, com carne rija e bico e traqueia endurecidos.	Acima de 6 meses	1,8–2,7 kg
Ganso			
Ganso jovem	Ave jovem, com carne macia.	Abaixo de 6 meses	2,7–4,5 kg
Ganso adulto	Ave velha, rija.	Acima de 6 meses	4,5–7,3 kg
Galinha-d'angola			
Galinha-d'angola jovem	Parente domesticada do faisão. Macia.	3–6 meses	0,34–0,7 kg
Galinha-d'angola adulta	Rija.	Até 12 meses	0,45–0,9 kg
Pombo			
Pombo jovem	Pombos muito jovens, com carne clara e macia.	3–4 semanas	0,45 kg
Pombo adulto	Pombos mais velhos, com carne dura e escura.	Acima de 4 semanas	0,45–0,9 kg

*N.R.: O peso do peru varia também conforme a raça. A preferência dos consumidores brasileiros é pelo peru de 3,5–5 kg, quando assado inteiro. Perus com mais de 8 kg, chamados de "peru tipo banquete", são mais usados em estabelecimentos comerciais.
**N.R.: Conhecido como *caneton*, em francês, e como *ducking*, em inglês.

O frango bem jovem, com 450 g ou menos (chamado de frango de leite ou **galeto**, *poussin* em francês), tem preço bastante alto por causa das técnicas especiais exigidas para sua produção.

Perus são aves maiores que geralmente são assadas, embora a preparação de partes do peru esteja se tornando cada vez mais comum. Por exemplo, as pernas podem ser ensopadas ou braseadas para o preparo de pratos especiais (p. ex., *Mole Poblano*, p. 409), enquanto os peitos são cortados em bifes bem finos, ou *scaloppine*, e salteados como fatias finas de vitela.

Patos e *gansos* também são assados, embora pedaços de patos possam ser cozidos separadamente. O peito de pato desossado pode ser salteado ou assado no dourador ou na grelha e servido malpassado, fatiado em pequenos medalhões, e as pernas podem ser braseadas. Patos e gansos têm uma camada grossa de gordura debaixo da pele. Comparados aos frangos e aos perus, eles têm um rendimento baixo. Por exemplo, um pato de 2 kg rende aproximadamente 0,5 kg de carne magra crua, e um frango de 2 kg rende aproximadamente 1 kg de carne magra crua.

A maioria dos patos comercializados na América do Norte é da raça **White Pekin**, que inclui o famoso pato de Long Island. Um tipo de corte especial disponível em alguns estabelecimentos comerciais é o **magret**, que é o peito desossado do pato da raça **Moulard**. É mais grosso e carnudo do que o peito de pato comum.

As **galinhas-d'angola** são descendentes do faisão criadas domesticamente. Têm o sabor de frango e geralmente são preparadas e manuseadas como os frangos jovens.

Pombos jovens são pombos criados domesticamente, com menos de 450 g. Sua carne forte e escura, que geralmente é preparada malpassada para evitar ressecamento, tem um ligeiro sabor de caça que combina muito bem com molhos escuros bem temperados.

AVES DE CAÇA

A disponibilidade de aves, como a codorna e o faisão, tem crescido muito recentemente. Por essa razão, essas aves são vistas com frequência nos menus dos restaurantes. Embora as aves discutidas nesta seção sejam classificadas como aves de caça, na verdade, são criadas domesticamente. Faisões e perdizes criados em cativeiro não possuem o sabor de caça de seus primos

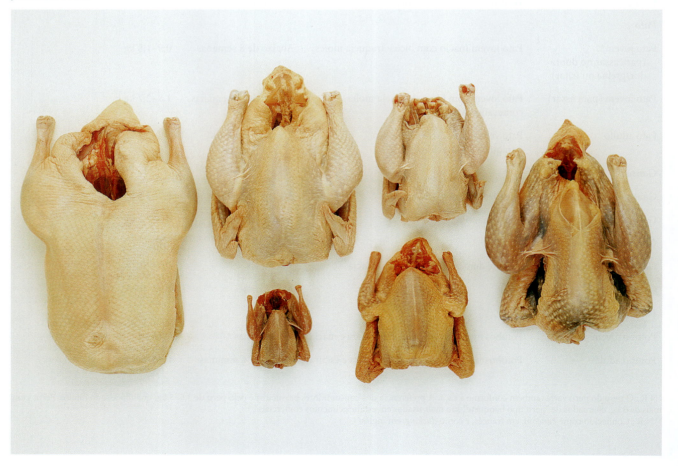

Sentido horário a partir da esquerda: pato jovem, frango caipira, frango de leite/galeto, galinha-d'angola, pombo jovem e codorna.

selvagens, porém, possuem um gosto mais forte e parecido com o de caça em comparação ao frango. Com os frangos de granja dominando o mercado, cozinheiros e consumidores estão cada vez mais se voltando para aves mais exóticas e dispostos a pagar preços mais altos.

A caça verdadeira é tradicionalmente pendurada para que mature antes de ser depenada e eviscerada. O objetivo é o mesmo da maturação da carne bovina, isto é, deixar que as enzimas naturais da carne a amaciem e desenvolvam seu sabor. Muitas vezes, a caça é pendurada até ficar com cheiro forte, a ponto de a carne estragada ser confundida com a carne maturada. Atualmente, com o hábito de criar aves de caça em cativeiros, esse procedimento não é apropriado. De qualquer maneira, muitos consumidores preferem um sabor fresco a um sabor forte de caça.

As **codornas** são pequenas e pesam aproximadamente 110 a 140 g. Uma porção normal é constituída de duas aves. Elas possuem um peito carnudo para seu tamanho, mas não têm muita carne nas pernas. As codornas são saborosas, mas não lembram o sabor da caça. Seu nome em francês é *caille*.

As **perdizes** são do tamanho de um galeto, pesando aproximadamente 450 g. É importante escolher aves jovens e macias porque perdizes adultas tendem a ser duras. Possuem um sabor excelente, porém não tão delicado quanto o do pombo ou do faisão. Os nomes franceses são *perdreau* (perdiz jovem) e *perdrix* (perdiz adulta).

O **faisão** é uma ave de caça famosa, o criado em cativeiro é fácil de ser encontrado. A maioria dos faisões vendidos pesa de 900 a 1.200 g, mas também existem faisões jovens com 450 g ou menos. Essa ave tem carne delicada, de cor clara, com um sabor sutil semelhante ao do frango. A maioria das receitas para frangos também serve para faisões, mas as preparações mais simples são, em geral, as melhores, pois o sabor da ave em si já é bom e pode facilmente ser encoberto pelo excesso de temperos. O faisão pode ficar seco se for cozido demais. Seu nome em francês é *faisan*.

Muitas variedades de *pato selvagem* são consumidas, mas a *Mallard* é a mais comum. Patos *Mallard* criados em cativeiro pesam de 700 a 1.400 g. Ao contrário do pato doméstico, o pato selvagem é muito magro. Sua carne é escura e saborosa.

A manipulação de aves de caça é fácil se você se lembrar que sua estrutura é basicamente igual à do frango. Todas as técnicas de cortar e amarrar utilizadas para o frango podem ser aplicadas a essas outras aves.

Como as aves de caça de criadouro são, em geral, jovens e macias, elas podem ser assadas no forno, salteadas, grelhadas e assadas na brasa. A coisa mais importante para se lembrar sobre elas é que, geralmente, são muito magras. Portanto, ficam melhores servidas levemente malpassadas. Se forem preparadas bem-passadas, ficarão ressecadas. Isso se aplica principalmente ao pato selvagem, que fica impossível de ser comido se for cozido em excesso. O pato selvagem, geralmente, é feito mais malpassado do que as outras aves descritas aqui. Sua carne fica então mais vermelha e suculenta.

O faisão também fica muito seco se for bem-passado. Sua carne de cor clara se torna melhor ainda se estiver ligeiramente rosada perto do osso. A codorna não fica muito seca, mas ela também adquire um sabor melhor se estiver ligeiramente rosada perto do osso.

Outra categoria de aves criadas em cativeiro que está crescendo em popularidade é a conhecida tecnicamente como **ratitas**. O **avestruz** e a **ema** são os membros mais conhecidos dessa categoria. A carne dessas aves pode ser facilmente encontrada. Ela é magra e vermelha e, na aparência, assemelha-se à carne do cervo ou à carne bovina bem magra, embora seja ligeiramente mais clara na cor do que a do cervo.

Como o avestruz e a ema são muito magros, ficam melhores quando preparados malpassados ou quase ao ponto, para evitar ressecamento. A temperatura interna recomendada é de 68 a 71°C. Grelhar, saltear e fritar em pouca gordura são os melhores métodos de cozimento para cortes pequenos e macios, enquanto os cortes grandes e macios podem ser assados. Os métodos de cozimento em calor úmido, especialmente o método de brasear, podem ser usados para cortes menos macios, mas isso frequentemente resulta em uma carne excessivamente seca, por ser muito magra. Tome cuidado para evitar o excesso de cozimento se for brasear avestruz ou ema. Outra opção é moer os cortes menos macios. Misturada com temperos e umidificada, a carne moída de ema ou de avestruz produz excelentes hambúrgueres, almôndegas e bolos de carne.

O avestruz e a ema ficam ótimos quando preparados como as outras carnes magras e vermelhas ou as de caça. As receitas para cervo, em especial, são excelentes para usar com essas carnes, bem como as receitas para carne bovina grelhada ou salteada. Alguns produtores de avestruz recomendam cozinhar esse produto como a vitela. Isso pode ser um pouco enganoso, porque a vitela é sempre cozida ao ponto ou bem-passada. No entanto, receitas de vitela grelhada, salteada e assada também podem ser usadas para o avestruz e a ema, contanto que a carne não seja cozida em excesso. No Capítulo 13, foram incluídas duas receitas desenvolvidas especificamente para avestruz e ema, como exemplo. Para outras ideias de cozimento, escolha receitas apropriadas no Capítulo 11, baseadas nas instruções dadas anteriormente.

MANIPULAÇÃO E ARMAZENAMENTO

AVES FRESCAS

1. Aves frescas são extremamente perecíveis. Elas devem ser transportadas no gelo e mantidas nele até serem usadas.

2. O ideal seria usar as aves dentro de 24 horas após o recebimento. Nunca ultrapasse 4 dias.

3. As aves podem ser portadoras da bactéria salmonela. Lave todos os equipamentos e superfícies de trabalho depois de lidar com as aves para evitar a contaminação de outros alimentos.

AVES CONGELADAS

1. Armazene aves congeladas a –18°C ou menos até o momento do descongelamento.

2. Descongele na embalagem original, na geladeira, deixando 1 a 2 dias para frangos e 2 a 4 dias para aves maiores. Se estiver pressionado pelo tempo, descongele sob água corrente fria, na embalagem original.

3. Não congele novamente aves que já foram descongeladas.

PONTO DE COZIMENTO

Na maior parte das vezes, as aves domésticas são cozidas bem-passadas (exceto pombos jovens e peito de pato salteado ou grelhado). Muitos cozinheiros, no entanto, não sabem dizer a diferença entre bem-passado e passado do ponto. O frango e o peru têm baixo teor de gordura, por isso ficam rapidamente secos e intragáveis quando passam do ponto. Até mesmo a carne de pato e de ganso, que são bem gordas, ficam seca e fibrosas quando cozidas em excesso.

Chefs hábeis, com anos de experiência, sabem distinguir o ponto de cocção de um frango ou peru assado simplesmente olhando para eles. Até você ganhar essa experiência, é preciso se basear em outros métodos.

PARA AVES GRANDES ASSADAS

Uma *temperatura interna* de 82°C, testada com um termômetro, é a indicação mais precisa. O termômetro deve ser inserido no músculo mais grosso da parte interna da sobrecoxa, longe do osso.

É preferível testar a sobrecoxa em vez do peito porque ela é a última parte da ave a atingir o ponto de cozimento ideal.

PARA AVES MENORES PREPARADAS POR QUALQUER MÉTODO

O ponto de cocção de aves menores é determinado da seguinte maneira:

1. Relaxamento das articulações. A perna pode ser deslocada com facilidade pela junta.

2. Sucos claros. Os sucos acumulados dentro da cavidade de uma ave assada têm coloração amarelo-clara; nunca são turvos, vermelhos ou rosados.

3. Carne separada do osso. Os músculos começam a se separar dos ossos, especialmente dos ossos do peito e das pernas. Carnes excessivamente encolhidas são um sinal de que passaram do ponto de cozimento e estão secas.

4. Firmeza ao toque. Teste pressionando com o dedo, como sugerido para testar filés (ver p. 276). Esse método é especialmente útil para peito de frango sem osso salteado.

Não se recomenda testar a carne espetando bem fundo com um garfo e girando. Sucos preciosos poderão se perder.

MÉTODOS PARA AMARRAR

Amarrar significa atar as pernas e as asas contra o corpo para compor uma unidade compacta e sólida. Esse método tem dois objetivos principais:

1. Cozimento uniforme. Pernas e asas não amarrados assam muito rapidamente.
2. Uma aparência mais atraente, especialmente quando a ave é apresentada ou servida inteira ou trinchada no salão do restaurante.

Um dos muitos métodos de amarrar são ilustrados na Figura 12.3. Seu instrutor pode querer mostrar-lhe outros.

Figura 12.3
Como amarrar um frango.

(a) Coloque o frango com o peito para cima e o lado da extremidade do pescoço virada para você. Enfie a primeira articulação das asas atrás da coxinha da asa.

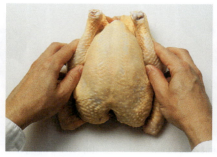

(b) Pressione as pernas para frente e para baixo, contra o corpo do frango.

(c) Passe o centro de um pedaço de barbante sob o osso do quadril logo acima do rabo.

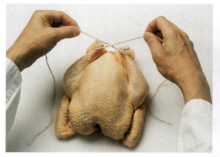

(d) Traga o barbante para cima pela lateral, cruzando sobre as pontas das coxas.

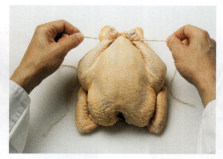

(e) Passe o barbante por baixo das pontas das coxas, como mostra a figura, e puxe firme.

(f) Traga as pontas do barbante em direção ao pescoço da ave pela lateral. Puxe o barbante firmemente, pressionando a porção do peito com os polegares, como mostra a figura.

(g) Amarre o barbante com força, sob a ponta do pescoço.

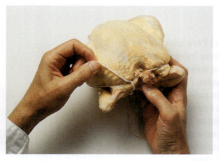

(h) O toco do pescoço segura o barbante no lugar, evitando que escorregue para trás das costas.

(i) O frango amarrado.

COMO CORTAR FRANGOS

Existem muitas formas de cortar frangos. Cada *chef* tem seu método preferido. Alguns desses métodos estão ilustrados, passo a passo, nas Figuras 12.4 a 12.6. Elas mostram como abrir um frango para grelhar e como cortar um frango inteiro em quatro e oito partes, com osso e sem osso.

Como acontece com as carnes, é importante conhecer a estrutura óssea do frango para cortá-lo em pedaços. A melhor maneira para aprender é praticando.

Figura 12.4
Como abrir um frango para grelhar.

(a) Segure o frango com o rabo apontando para cima. Faça uma incisão em um dos lados da coluna vertebral, até atingir o pescoço.

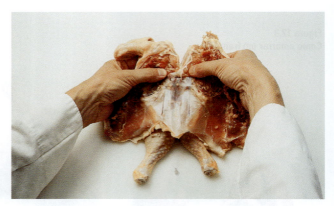

(b) Abra o frango.

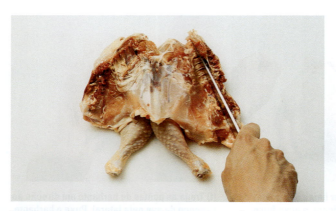

(c) Corte e retire a coluna vertebral, como mostra a figura.

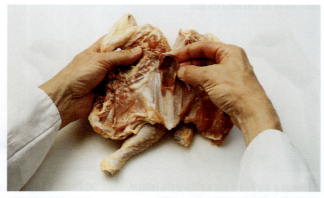

(d) Tire o osso do peito ou carena. Isso ajuda o frango a ficar estendido e grelhar uniformemente.

(e) Para uma porção de meio frango, corte-o ao meio pelo centro do peito. Faça uma incisão na pele abaixo da perna e encaixe a ponta da perna nessa incisão, como mostra a figura, para manter a forma do frango.

(f) Os galetos podem ser deixados inteiros para compor uma porção.

Figura 12.5
Como cortar o frango em quatro ou oito pedaços com ossos.

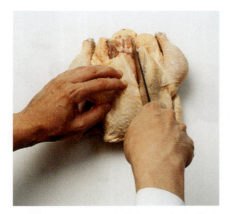

(a) Coloque o frango na tábua de cortar com o peito para cima. Divida o frango ao meio pelo centro do peito com uma faca pesada, como mostra a figura.

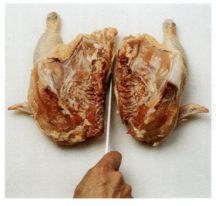

(b) Abra o frango e faça um corte através dos ossos em um lado da coluna.

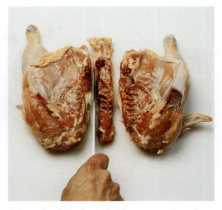

(c) Corte e retire a coluna vertebral. Reserve para caldos.

(d) Faça um corte na pele entre a perna e o peito.

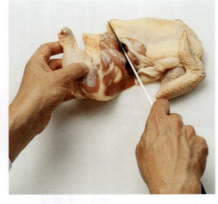

(e) Puxe a perna para o lado e separe a coxa e a sobrecoxa do peito. Repita com a outra metade. O frango está cortado em quatro agora.

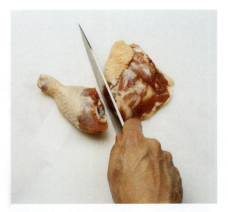

(f) Para cortar em oito pedaços, separe a sobrecoxa da coxa, cortando pela articulação.

(g) Corte o peito em dois pedaços do mesmo tamanho, como mostra a figura. (Outro método é simplesmente cortar a asa.)

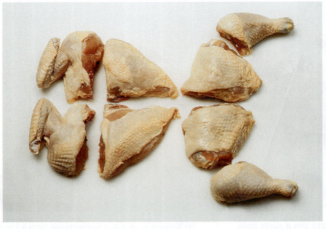

(h) O frango cortado em oito pedaços. Observe que a primeira junta de cada asa foi retirada.

Figura 12.6
Como cortar frangos e desossar parcialmente.

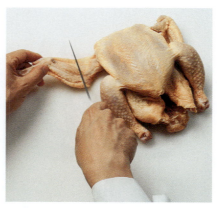

(a) Corte as asas pela segunda articulação. Reserve para caldos.

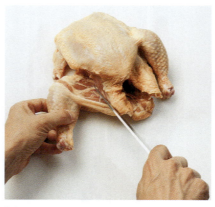

(b) Faça um corte na pele entre a perna e o corpo do frango.

(c) Vire o frango de lado e puxe a perna para trás. Cuidadosamente, comece a desprender a carne da sobrecoxa do osso, certificando-se de que pegou os dois pequenos pedaços de carne macia na concavidade do osso do quadril. Corte os ligamentos da articulação do quadril.

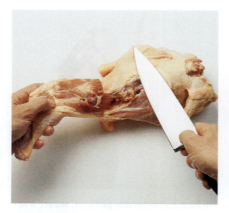

(d) Segure o frango firmemente com a faca e puxe a perna para fora. Repita com a outra perna.

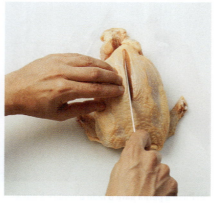

(e) Vire o peito para cima. Passe a lâmina da faca ao longo do osso central para separar a carne do osso do peito.

(f) Continue cortando ao longo do ossinho da sorte até a articulação da asa.

(g) Segure o frango pela asa e corte pela articulação que une a asa ao corpo.

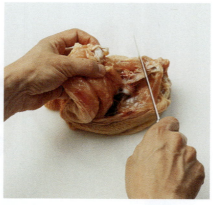

(h) Segure a carcaça firmemente com a faca e puxe a carne da asa e do peito para trás.

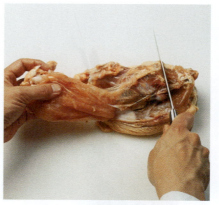

(i) Puxe a carne do peito para fora do osso. Certifique-se de que está segurando o filezinho (sassami) da parte interna do peito para que ele não se separe do resto da carne. Faça o mesmo com o outro lado.

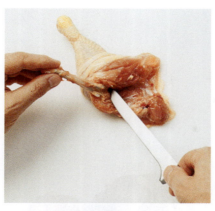

(j) Se desejar, descarte o fêmur. Deslize a faca por ambos os lados do osso para separá-lo da carne.

(k) Levante o osso e corte-o pela articulação.

(l) Para obter uma aparência mais limpa, corte a ponta do osso da asa com a base da lâmina da faca.

(m) O frango cortado em pedaços. A partir da esquerda: porções do peito com e sem a coxinha da asa; porções da perna com e sem o fêmur; asas e carcaça para fundos de caldos. A coxa e a sobrecoxa (com ossos) podem ser separadas pela junta, como mostra a Figura 12.5.

■ TERMOS PARA REVISÃO

carne branca	forma de comercialização	pato	perdiz
carne escura	refrigeração	White Pekin	faisão
maturidade	frango de leite	*magret*	ratita
caipira	capão	Moulard	avestruz
orgânico	galinha	galinha-d'angola	ema
tipo	galeto	pombo jovem	amarrar
classe	peru	codorna	

■ QUESTÕES PARA DISCUSSÃO

1. Por que galinhas e galos não são assados em cozinhas comerciais?
2. Por que o peito fica quase sempre seco quando frangos inteiros ou perus são assados? Que sugestões você daria para remediar esse problema?
3. Faça uma descrição breve de cada uma das seguintes classes de aves. Mencione a maciez relativa e o tamanho aproximado.

Capão	Peru jovem
Pato jovem	Galeto
Frango jovem	Peru de um ano
Frango gordo	Galinha ou galo

4. Como se deve armazenar aves frescas e congeladas?
5. Descreva cinco métodos para determinar o ponto de cozimento de aves.
6. Qual é a finalidade de se amarrar aves?
7. Por que a maioria das aves de caça fica melhor se não for cozida até ficar bem-passada?

CAPÍTULO 13

CAPÍTULO 13

Preparo de aves domésticas e de caça

Os tecidos musculares de aves domésticas e de caça, como dito anteriormente, têm basicamente a mesma textura do tecido muscular de animais de carne vermelha. Em particular, a carne do peito de frango ou de peru é tão semelhante à da vitela que são intercambiáveis em muitas receitas.

Cozinheiros criativos percebem que mesmo quando duas carnes são bem diferentes – frango e boi, por exemplo – pratos novos e interessantes podem ser feitos com substituições consideradas incomuns. Exemplificando, é possível fazer um *chili* delicioso de carne de frango ou de peru, uma preparação que tem a vantagem extra de oferecer um custo mais baixo do que o *chili* de carne bovina.

Como os métodos básicos de cozimento para aves são os mesmos das carnes vermelhas, eles não serão repetidos aqui. Porém, se desejar, faça uma revisão antes de prosseguir com as receitas deste capítulo. Reveja também a discussão sobre carne branca e carne escura (p. 353) no capítulo anterior, bem como os métodos para testar pontos de cozimento (p. 358).

Após ler este capítulo, você deverá ser capaz de:

1. Assar aves no forno.
2. Assar aves no dourador e na grelha.
3. Saltear aves, fritar em pouca gordura e fritar por imersão.
4. Cozinhar aves em fogo brando e escalfá-las.
5. Brasear aves.
6. Identificar os aspectos práticos, de segurança e de qualidade relacionados ao preparo de farofas e recheios.
7. Relacionar os ingredientes básicos para farofas e recheios.
8. Preparar farofas e recheios.

ASSAR

O procedimento padrão para assar aplicado a carnes vermelhas também se aplica a aves, como ilustrado pelas receitas que se seguem. Contudo, há algumas diferenças na maneira de trabalhar com as aves. Leia as instruções a seguir.

Lembre-se que as aves precisam ser servidas sempre bem-passadas (exceto pombos e aves de caça).

COMO TEMPERAR E REGAR

1. Temperos e, se for de sua preferência, um *mirepoix* ou *bouquet garni* pequeno podem ser colocados dentro da cavidade das aves. Tempere a pele somente se for servir e consumi-la, pois os temperos não penetram na pele.
2. Unte a pele antes de assar para ajudar a dourar e proteger do ressecamento. A pele pode ser regada *apenas com gordura* durante o cozimento, mas isso se torna desnecessário se a ave for assada com o peito virado para baixo (e virado para cima apenas no final do período de cozimento, para dourar).

   Regar é útil no caso de perus grandes, que precisam ficar sob o calor seco durante várias horas. Se você for regar aves grandes durante o assamento, faça-o a cada 20 ou 30 minutos. Regar com muita frequência resulta em perda de uma grande quantidade de calor do forno porque a porta é aberta várias vezes.
3. Não é necessário regar patos e gansos, porque eles possuem uma grande quantidade de gordura sob a pele. Por esta razão, essas aves costumam ser assadas com o peito virado para cima.

TEMPERATURA

A temperatura depende do produto a ser assado.

1. *Assar em baixa temperatura* é melhor para aves grandes, como perus e capões. O resultado é um produto macio e suculento. Reveja as páginas 272 e 288 para se informar sobre o uso da temperatura baixa para assar.

   Perus grandes podem ser assados a 120 até 165°C. Para a maioria dos estabelecimentos, no entanto, tempos de cozimento na extremidade menor dessa faixa são considerados muito longos. Além disso, se um peru for recheado (ver p. 423–424), não é aconselhável assar em temperatura muito baixa porque a temperatura interna levará muito tempo para se elevar, propiciando um terreno fértil para bactérias.

   Algumas receitas pedem para começar a assar o peru em temperatura alta por 15 a 30 minutos, para dourá-lo. Isso não é necessário porque ele irá dourar durante o tempo de cozimento.

   Aves menores, como frangos gordos, próprios para assar, são assadas a 165 até 190°C. Produtos menores assados a temperaturas baixas podem não ficar bem dourados até o término do cozimento. Nesses casos, o calor pode ser aumentado por alguns minutos quando estiverem quase chegando ao término do cozimento, para ficarem dourados.

2. Para frangos com menos de 2 kg e para frango assado em pedaços, pode-se usar o método de *selar* a carne. Isto é, comece a assar no forno a 230°C durante 15 minutos, depois reduza a temperatura para 120 a 160°C. Esses itens pequenos cozinham tão rapidamente que temperaturas baixas e contínuas douram muito pouco.

   Patos e gansos também podem ser colocados sob altas temperaturas para derreter um pouco da densa camada de gordura que possuem sob a pele, tornando-a dourada e crocante.

3. *Assar em alta temperatura* é recomendado para itens pequenos como pombos e aves de caça, que são sempre servidos malpassados. Galetos e outras aves com menos de 1,35 kg também podem ser grelhados a temperaturas bem altas. Porém, é necessário ter muita atenção ao assar em temperaturas altas, porque as aves podem passar do ponto rapidamente se forem deixadas no forno alguns minutos a mais. Por exemplo, um frango ou galinha d'angola de 1,2 kg assados a 230°C podem ficar perfeitamente assados e dourados depois de 45 minutos no forno, mas passados do ponto e secos se forem deixados no forno por mais 10 minutos.

Patos também podem ser assados em temperaturas altas constantes de 200 a 220°C porque seu teor de gordura os protege contra o ressecamento. Contudo, deve-se ficar muito atento para prevenir o excesso de cozimento, porque isso acontece muito rapidamente a essas temperaturas. (O ganso não deve ser assado em temperaturas altas contínuas por causa de seu tamanho grande e do tempo que leva para assar.)

AVES ASSADAS

Cortar o frango em pedaços não muda o método de cozimento. Pedaços de frango ou de peru assados são tratados da mesma maneira que aves inteiras assadas.

Pedaços de frango podem ser cobertos com farinha de rosca temperada ou farinha de trigo e passados na gordura, antes de serem assados. Muitas vezes, diz-se, erroneamente, que esses produtos foram *fritos no forno*, por causa de sua semelhança com o frango empanado frito por imersão.

Frango assado em pedaços

Porções: 24 *Tamanho da porção: ¼ frango*

Quantidade	Ingredientes
250 g	Farinha de trigo
5 colheres (chá)	Sal
½ colher (chá)	Pimenta-do-reino branca
2 colheres (chá)	Páprica
½ colher (chá)	Tomilho seco
7 kg	Pedaços ou quartos de frango jovem (ver Observação)
500 g	Manteiga derretida, óleo ou uma mistura de manteiga e óleo

Por porção:
Calorias, 450; Proteínas, 38 g; Gorduras, 30 g (61% cal.); Colesterol, 150 mg; Carboidratos, 6 g; Fibras, 0 g; Sódio, 590 mg.

Observação: se você tiver em mãos frangos inteiros, corte-os em quatro ou oito partes, como mostra a Figura 12.5. Quaisquer pedaços de frango podem ser usados nesta receita. Por exemplo, você pode assar apenas as pernas e usar o peito e as asas para outros pratos.

Modo de preparo

1. Misture a farinha e os temperos em uma assadeira.
2. Seque os pedaços de frango com papel-toalha, se estiverem molhados. Passe na farinha temperada.
3. Passe o frango na gordura de modo que todos os lados fiquem embebidos. Deixe o excesso escorrer.
4. Arrume os pedaços de frango em uma assadeira rasa ou em assadeira comum, com a pele virada para cima. Se estiver usando pedaços de carne branca e escura, coloque-os em assadeiras separadas.
5. Asse a 175°C por aproximadamente 1 hora.

Variações

Frango assado com ervas
Acrescente 1 colher de sopa de estragão seco, 1 colher de chá de manjerona seca, 2 colheres de sopa de cebolinha-francesa fresca e 2 colheres de sopa de salsinha desidratada à mistura de farinha. Não use a páprica.

Frango assado com alecrim
Prepare como na receita básica. Depois de colocar os pedaços de frango nas assadeiras, polvilhe com alecrim seco, aproximadamente 4 colheres de chá para 24 porções. Quinze minutos antes do fim do cozimento, umedeça com 90–125 mL de suco de limão.

Frango assado com parmesão
Em vez de farinha para empanar, use 1 xícara (100 g) de queijo parmesão misturado com 1½ xícara de farinha de rosca fina. Tempere como na receita básica.

Frango assado *au jus*

Porções: 24   Tamanho da porção: ¼ frango
60 mL de jus

Quantidade	Ingredientes
6	Frangos de 1,4–1,6 kg cada
a gosto	Sal
a gosto	Pimenta-do-reino
conforme necessário	Óleo ou manteiga
	Mirepoix:
175 g	Cebola em cubos médios
90 g	Cenoura em cubos médios
90 g	Salsão em cubos médios
3 L	Fundo forte de frango
60 g	Amido de milho ou araruta
60 mL	Água ou fundo, frio
a gosto	Sal
a gosto	Pimenta-do-reino

Por porção:
Calorias, 350; Proteínas, 45 g; Gorduras, 17 g (45% cal.); Colesterol, 105 mg; Carboidratos, 2 g; Fibras, 0 g; Sódio, 140 mg.

Modo de preparo

1. Retire os miúdos dos frangos. Verifique se as cavidades internas estão bem limpas. Reserve os miúdos para outros usos.
2. Tempere a parte interna dos frangos com sal e pimenta-do-reino.
3. Amarre os frangos (ver Figura 12.3).
4. Unte a parte externa dos frangos com óleo ou manteiga (a manteiga intensifica o douramento). Tempere a pele com sal e pimenta-do-reino, já que ela será servida com a carne.
5. Coloque o *mirepoix* em uma assadeira. Coloque uma grelha sobre o *mirepoix*, depois coloque os frangos com os peitos virados para baixo sobre a grelha.
6. Leve ao forno preaquecido a 230°C. Depois de 15 minutos (não mais que isso), reduza a temperatura para 165°C.
7. Depois de 45 a 60 minutos que os frangos estiverem no forno, vire-os, deixando o peito para cima. Regue com a gordura da assadeira e termine de assar. O tempo total de cozimento é de aproximadamente 1 hora e 30 minutos.
8. Retire os frangos da assadeira e mantenha em local aquecido até a hora de servir.
9. Coloque a assadeira em fogo alto e doure bem o *mirepoix*, sem deixar queimar. Retire a gordura.
10. Deglaceie a assadeira com o fundo. Ferva até que o molho reduza em cerca de um terço. Retire o excesso de óleo cuidadosamente (ver Figura 13.1).
11. Misture o amido com água fria ou fundo. Despeje no molho, mexendo sempre. Aqueça até ferver e então cozinhe em fogo brando até engrossar.
12. Coe em uma molheira, usando um *chinois* forrado com um pano fino. Tempere bem com sal e pimenta-do-reino.
13. Corte os frangos em quatro ou trinche-os como mostra a Figura 13.2. Sirva um quarto de frango com 60 mL de molho por porção.

VARIAÇÕES

Frango assado com ervas
Coloque 3–4 talos de salsinha, uma pitada de estragão e uma pitada de manjerona na cavidade de cada ave.
Depois de virar o peito do frango para cima na assadeira, esfregue a pele com salsinha, estragão e manjerona picados.

Frango assado com molho
Reserve 125 g da gordura retirada da assadeira e faça um *roux* claro com 125 g de farinha de trigo especial para pão. Incorpore o *roux* aos sucos, batendo, e cozinhe em fogo brando até engrossar.

Frango assado com molho cremoso
Prepare como na receita básica, mas use apenas 1,5 L de fundo de frango. Ferva até reduzir para 1 L e coe (etapa 9). Adicione 1 L de leite quente e engrosse com 250 g de *roux* claro. Termine com 125 mL de creme de leite fresco.

Frango assado *au jus*; purê de batata, tubérculos glaceados, alho assado e ervilhas

Assar 369

Figura 13.1
Como preparar molho com os sucos da assadeira.

(a) Retire a grelha com as aves assadas da assadeira.

(b) Se o *mirepoix* ainda não estiver dourado, leve-o ao fogo para dourar. Retire o excesso de óleo da assadeira.

(c) Deglaceie a assadeira com o fundo.

(d) Cozinhe em fogo brando até reduzir em um terço. Adicione o amido misturado com água ou *roux* para engrossar. Cozinhe em fogo brando até conseguir a textura desejada.

(e) Coe o molho.

Figura 13.2
Como trinchar frango assado.

(a) Coloque o frango em uma tábua de cortar limpa e higienizada. Faça um corte na pele que fica entre a perna e o peito.

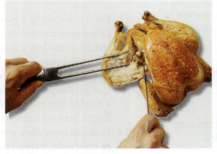
(b) Puxe, separando a perna do corpo do frango com o garfo. Usando a faca, corte pela junta do fêmur com o quadril para separar completamente a perna.

(c) Segure o frango firmemente prendendo o dorso com o garfo. Faça um corte no meio do peito em um dos lados do esterno.

(d) Retire a carne do peito do osso. Com a faca, corte e separe a articulação que une a coxinha da asa ao corpo do frango. Separe completamente o peito e a asa da carcaça. Repita as etapas (a) a (d) no outro lado do frango.

(e) Separe as asas do peito e as coxas das sobrecoxas.

Peru assado com molho integral de miúdos

Rendimento: aproximadamente 3,5 kg de carne fatiada

Porções:	22	Tamanho da porção:	150 g
	28		125 g
	36		100 g

Quantidade	Ingredientes
1	Peru inteiro (com os miúdos) de 10 kg
a gosto	Sal
a gosto	Pimenta-do-reino
conforme necessário	Óleo
	Mirepoix:
250 g	Cebola em cubos médios
125 g	Cenoura em cubos médios
125 g	Salsão em cubos médios
3 L	Fundo de frango, quente
175 g	Farinha de trigo especial para pão
a gosto	Sal
a gosto	Pimenta-do-reino

Por 150 g:
Calorias, 460; Proteínas, 68 g; Gorduras, 16 g (33% cal.); Colesterol, 135 mg; Carboidratos, 6 g; Fibras, 0 g; Sódio, 170 mg.

Observação: em razão da dificuldade de se manusear perus grandes, muitos *chefs* não usam grelhas. Além disso, perus grandes são mais fáceis para virar se forem colocados primeiro apoiados em um dos lados, depois no outro, em vez de colocados com o peito virado para baixo.

Para um cozimento mais uniforme, separe a coxa e a sobrecoxa do peito. Se muitos perus estiverem sendo preparados, asse as carnes escuras e brancas em assadeiras separadas. Retire cada parte do forno ao término do cozimento.

Modo de preparo

1. Retire os miúdos da cavidade do peru. Verifique se as cavidades internas estão bem limpas. Acomode as asas torcendo as pontas para trás da coxinha da asa.
2. Tempere a cavidade interna do peru com sal e pimenta-do-reino. Esfregue bem a pele com óleo.
3. Coloque o peru de lado em uma assadeira, se possível sobre uma grelha (ver Observação).
4. Leve ao forno preaquecido a 165°C. (Temperaturas mais baixas são preferíveis se o esquema de produção permitir; ver pág. 366 para explicação.)
5. Asse por 1 hora e 30 minutos. Vire o peru do outro lado. Asse por mais 1 hora e 30 minutos. Regue com líquido da assadeira (só a gordura) a cada 30 minutos.
6. Enquanto o peru estiver assando, coloque o coração, a moela e o pescoço em uma panela funda (reserve o fígado para outro uso, ou acrescente-o à Farofa de pão*). Cubra os miúdos com água e cozinhe em fogo brando até ficarem bem macios, por aproximadamente 2 a 3 horas. Reserve o caldo e os miúdos para preparar o molho.
7. Vire o peito do peru para cima. Coloque o *mirepoix* na assadeira.
8. Coloque o peru no forno e continue assando. Regue o peru de vez em quando com colheradas da gordura da assadeira.
9. O peru estará assado quando um termômetro inserido na parte mais grossa da sobrecoxa chegar a 82°C (180°F). O tempo total é de aproximadamente 5 horas. (Ver Capítulo 12 para uma discussão sobre a determinação do ponto de cozimento.)
10. Retire o peru da assadeira e coloque-o em local aquecido por pelo menos 15 minutos antes de trinchar.
11. Escorra e reserve a gordura da assadeira.
12. Leve a assadeira com o *mirepoix* e os sucos do assado ao fogo para reduzir a umidade e dourar o *mirepoix*. Doure levemente se desejar um molho claro. Doure bastante se desejar um molho escuro.
13. Deglaceie a assadeira com aproximadamente 1 L de fundo de frango. Despeje em uma panela funda com o restante do fundo e o caldo dos miúdos (da etapa 6). Cozinhe em fogo brando. Retire bem o excesso de óleo.
14. Faça um *roux* claro com a farinha e 175 g da gordura da assadeira reservada. Acrescente ao molho, mexendo até engrossar.
15. Cozinhe em fogo brando por pelo menos 15 minutos, até que o molho fique liso e sem gosto de farinha crua. Coe e tempere.
16. Pique os miúdos em pedaços ou cubos bem pequenos e acrescente ao molho.
17. Fatie o peru e sirva a porção desejada com 60 mL do molho. A Figura 13.3 mostra as técnicas de fatiar. Para servir muitas porções simultaneamente, veja o modo de preparo demonstrado na Figura 13.4.

*N.R.: Prato típico do Dia de Ação de Graças norte-americano (*Thanksgiving*), o peru é tradicionalmente servido com um molho integral de miúdos, ou *gravy*, e uma farofa molhada, uma espécie de virado, feito com pão amanhecido, gordura do assado, fundo de peru ou frango e temperos, em especial a sálvia.

VARIAÇÕES

Frango grande ou capão assado
Prepare como o peru assado. Reduza o tempo de forno, dependendo do tamanho da ave. Uma ave de 2,7 kg necessita de aproximadamente 3 horas de cozimento a 165°C.

Peru, frango ou capão assado com molho cremoso
Prepare como na receita básica, mas use metade do fundo de frango e metade leite para o molho, em vez de usar todo o fundo. Quando o molho estiver pronto, acrescente 250 mL de creme de leite fresco.

Assar 371

Figura 13.3 Como trinchar peru assado.

(a) Coloque o peru em uma tábua de cortar limpa e higienizada. Faça um corte na pele entre a perna e o corpo do peru. Separe a perna do corpo com um garfo. A perna deve se soltar com facilidade, mas use a faca, se necessário, para separar a sobrecoxa do quadril.

(b) Separe a coxa da sobrecoxa, cortando na articulação. Faça o mesmo com a outra perna.

(c) Corte a carne da coxa e sobrecoxa em fatias finas.

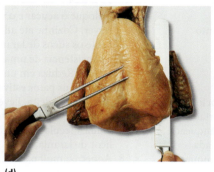

(d) Faça um corte horizontal logo acima da asa, cortando até chegar aos ossos da cavidade abdominal. Este corte faz com que as fatias do peito se separem de maneira uniforme.

(e) Com movimentos longos e homogêneos, corte o peito em fatias finas.

(d)

(e)

(f) Se as fatias ficarem muito grandes, mude ligeiramente o ângulo da faca, como mostra a figura. Continue até que ambos os lados do peito estejam completamente fatiados.

(g) Um método alternativo é retirar a metade do peito em um pedaço inteiro. Depois este pedaço pode ser fatiado, como mostra a figura. Corte contra o sentido das fibras, segurando a faca em um ângulo que proporcione fatias maiores.

(f)

(g)

Figura 13.4
Quantidade de peru assado e farofa de pão* para ser servida.

(a) Usando uma colher-medida com extrator, coloque porções de farofa de pão em cubas gastronômicas ou assadeiras.

(b) Coloque porções iguais de fatias de carne escura em cima dos montinhos de farofa.

(c) Coloque por último as fatias de carne branca, usando as fatias mais vistosas para terminar. Cubra as assadeiras. Leve à geladeira se elas precisarem ser guardadas para serem servidas mais tarde. Para servir, despeje algumas conchas de fundo de frango sobre as porções para mantê-las úmidas e reaqueça-as, tampadas, em forno moderado. Coloque uma concha (60 mL) de molho sobre cada porção ao servir.

*N.R.: Ver nota da página 370.

Pato jovem assado com maçã caramelizada

Porções: 12   Tamanho da porção: ¼ de pato jovem
                60 mL de molho

Quantidade	Ingredientes
3	Patos jovens de aproximadamente 2 kg cada
a gosto	Sal
a gosto	Pimenta-do-reino
30 g	Raspas de laranja
conforme necessário	Óleo
75 g	Açúcar
150 mL	Vinagre de vinho tinto
275 mL	Suco de laranja
75 mL	Suco de limão
1 L	Fundo escuro
4 colheres (chá)	Fécula de batata
30 mL	Licor de laranja (opcional)
45 g	Casca de laranja cortada em *julienne*, branqueada
25 g	Casca de limão cortada em *julienne*, branqueada
1,2 kg	Maçãs
90 g	Manteiga clarificada
60 g	Açúcar

■ Modo de preparo

1. Limpe bem os patos. Tempere-os por dentro e por fora com sal e pimenta-do-reino. Coloque as raspas de laranja dentro das cavidades.
2. Amarre os patos.
3. Leve um pouco de óleo ao fogo em uma assadeira funda. Doure bem os patos de todos os lados. Leve ao forno preaquecido a 220°C. Asse por 45 minutos, ou até ficar pronto.
4. Coloque o açúcar e o vinagre em uma caçarola e aqueça até ferver. Cozinhe até adquirir uma cor de caramelo claro.
5. Junte os sucos de laranja e de limão. Reduza até ficar com a consistência de uma calda. Adicione dois terços do fundo escuro. Reduza em um terço.
6. Quando os patos estiverem assados, descarte o excesso de gordura da assadeira. Leve a assadeira ao fogo e deglaceie usando o fundo escuro restante. Junte esse líquido ao molho.
7. Dilua a fécula de batata com um pouco de água e, se desejar, o licor de laranja.
8. Aqueça o molho até ferver e acrescente um pouco à fécula de batata diluída. Depois, junte essa mistura ao resto do molho e cozinhe em fogo brando até engrossar.
9. Tempere e coe. Junte as cascas cortadas em *julienne*.
10. Descasque, tire as sementes e corte as maçãs em fatias finas.
11. Aqueça a manteiga clarificada em uma frigideira. Junte as maçãs e vire-as até ficarem bem cobertas. Polvilhe com o açúcar e cozinhe até ficarem ligeiramente caramelizadas.
12. Retire o barbante dos patos e trinche-os. Sirva a carne fatiada com as maçãs dispostas decorativamente no prato. Coloque colheradas de molho em volta.

Por porção:
Calorias, 740; Proteínas, 40 g; Gorduras, 52 g (63% cal.); Colesterol, 145 mg; Carboidratos, 28 g; Fibras, 2 g; Sódio, 200 mg.

Assar

Pato jovem com páprica

Porções: 12 *Tamanho da porção: ¼ de pato jovem*
60 mL de molho

Quantidade	Ingredientes
3	Patos jovens de aproximadamente 2 kg cada
4 colheres (chá)	Páprica
a gosto	Sal
a gosto	Pimenta-do-reino
90 mL	Óleo
125 g	Cebola em cubos
125 g	Cenoura em cubos
75 g	Salsão em cubos
1 colher (chá)	Páprica
300 mL	Vinho branco (ver Observação)
1,2 L	Fundo escuro
a gosto	Sal
a gosto	Pimenta-do-reino

Modo de preparo

1. Limpe bem os patos. Esfregue-os com a páprica e tempere por dentro e por fora com sal e pimenta-do-reino. Reserve quaisquer aparas, inclusive o pescoço, o coração e a moela.
2. Leve um pouco de óleo ao fogo em uma assadeira funda. Doure bem os patos. Leve ao forno preaquecido a 220°C. Asse por 45 minutos ou até ficarem prontos, regando de vez em quando.
3. Retire os patos da assadeira e reserve. Escorra a maior parte da gordura.
4. Coloque a assadeira na chama do fogão e acrescente a cebola, a cenoura, o salsão e as aparas e miúdos. Doure os vegetais e escorra o excesso de gordura completamente.
5. Junte a páprica. Mexa bem e cozinhe por alguns minutos.
6. Deglaceie com o vinho branco e reduza por alguns minutos antes de adicionar o fundo escuro. Reduza até engrossar e cobrir as costas de uma colher. Retire a gordura da superfície. Coe e tempere.
7. Trinche os patos e sirva com o molho em volta.

Por porção:
Calorias, 630; Proteínas, 40 g; Gorduras, 49 g (71% cal.); Colesterol, 130 mg; Carboidratos, 1 g; Fibras, 0 g; Sódio, 135 mg.

Observação: se não quiser usar vinho nesta receita, substitua por água ou fundo ao deglacear. Acerte o tempero do molho pronto com um pouco de suco de limão fresco.

Pombo assado com ervas

Porções: 8 *Tamanho da porção: 1 pombo*
30 mL de caldo de cozimento

Quantidade	Ingredientes
2 colheres (sopa)	Salsinha fresca picada
2 colheres (sopa)	Estragão fresco picado
2 colheres (sopa)	Cerefólio fresco picado
125 g	Manteiga amolecida
a gosto	Sal
a gosto	Pimenta-do-reino
8	Pombos
60 mL	Óleo

Modo de preparo

1. Misture as ervas picadas com a manteiga amolecida e tempere com sal e pimenta-do-reino.
2. Limpe os pombos, separando as pontas das asas, e reserve. Solte a pele dos pombos, com cuidado para não rompê-la. Usando um saco de confeiteiro, introduza uma pequena quantidade da mistura de ervas e manteiga sob a pele. Com a ponta dos dedos, espalhe a manteiga uniformemente embaixo da pele. Amarre para assar.
3. Leve ao fogo um pouco de óleo em uma caçarola rasa ou assadeira funda. Doure os pombos e termine o cozimento no forno a 220°C. Comece pela lateral e asse por aproximadamente 5 minutos, depois, vire para o outro lado e asse por mais 5 minutos. Por fim, coloque os pombos com o peito para cima e termine o cozimento em 10 a 20 minutos. O tempo total de cozimento do pombo é de aproximadamente 20 a 30 minutos, dependendo do tamanho. A carne do peito deve estar rosada por dentro, senão ficará seca. Retire os pombos da assadeira e coloque em local aquecido.

Quantidade	Ingredientes
75 g	Cenoura picada
75 g	Cebola picada
60 g	Salsão picado
2-3	Dentes de alho picados
125 mL	Vinho branco
750 mL	Água
1	*Bouquet garni* (ver p. 152)
a gosto	Sal
a gosto	Pimenta-do-reino

4. Retire o excesso de óleo da assadeira e acrescente as aparas da limpeza, a cenoura, a cebola, o salsão e o alho. Leve ao fogo até ficarem ligeiramente dourados.
5. Deglaceie com vinho branco, depois adicione a água e o *bouquet garni*. Reduza a um terço. Coe e retire a gordura da superfície. Tempere a gosto.
6. O pombo pode ser servido cortado ao meio ou inteiro, mas, em ambos os casos, retire a coluna vertebral primeiro, usando uma tesoura.

Por porção:
Calorias, 1.120; Proteínas, 64 g; Gorduras, 94 g (76% cal.); Colesterol, 335 mg; Carboidratos, 1 g; Fibras, 0 g; Sódio, 310 mg.

Peito de frango defumado e assado com *salsa* de frutas

Porções: 12 Tamanho da porção: 1 peito de frango
90 g de guarnição de vegetais
60 g de *salsa*

Quantidade	Ingredientes
2 colheres (sopa)	Páprica
1 ½ colher (chá)	Cominho moído
¾ de colher (chá)	Tomilho seco
1 ½ colher (chá)	Sementes de coentro moídas
1 ½ colher (chá)	Sal
¾ de colher (chá)	Pimenta-do-reino
12	Peitos de frango sem osso e sem pele de aproximadamente 150 g cada
conforme necessário	Óleo vegetal

Modo de preparo

1. Misture a páprica com o cominho, o tomilho, a semente de coentro, o sal e a pimenta-do-reino.
2. Cubra os peitos de frango com a mistura de especiarias.
3. Pincele levemente com óleo. Deixe marinar, na geladeira, por 3 a 4 horas.
4. Monte um sistema para defumar no fogão como mostra a Figura 4.1. Leve a assadeira com as lascas de madeira ou pó de serra ao fogo e aqueça até começar a aparecer fumaça. Coloque o peito de frango na grade colocada sobre a fumaça, tampe e ajuste o fogo para baixo a médio. Defume por 10 minutos.
5. Transfira a assadeira para o forno preaquecido a 200°C e continue assando por mais 10 minutos.

1,1 kg	Trigo em grão com noz-pecã e pimentão *poblano* (p. 630)
725 g	*Salsa* de frutas (p. 199)
conforme necessário	Ramos de coentro para guarnecer

6. Para cada prato, coloque uma porção de 90 g de trigo em grão no centro do prato. Fatie um peito de frango na diagonal e arrume as fatias, sobrepondo-as em cima dos grãos de trigo. Com uma colher, coloque 60 g da *salsa* em volta do frango e dos grãos de trigo. Guarneça com o coentro fresco.

Por porção:
Calorias, 200; Proteínas, 29 g; Gorduras, 6 g (27% cal.); Colesterol, 80 mg; Carboidratos, 7 g; Fibras, 1 g; Sódio, 360 mg.

Codorna assada com *prosciutto* e ervas

Porções: 8 *Tamanho da porção: 2 codornas*

Quantidade	Ingredientes
60 g	Manteiga
4 colheres (chá)	Sálvia seca, esmigalhada
1 colher (chá)	Alecrim seco, esmigalhado
2 colheres (sopa)	Salsinha picada
a gosto	Sal
a gosto	Pimenta-do-reino
16	Codornas inteiras
16 fatias	*Prosciutto* fatiado bem fino
60 mL	Vinagre balsâmico ou vinagre de vinho tinto
125 mL	Fundo de frango

Por porção:
Calorias, 500; Proteínas, 47 g; Gorduras, 34 g (61% cal.); Colesterol, 185 mg; Carboidratos, 1 g; Fibras, 0 g; Sódio, 900 mg.

■ Modo de preparo

1. Derreta a manteiga. Junte as ervas e os temperos.
2. Pincele as codornas com essa mistura. Enrole uma fatia de *prosciutto* em volta do peito de cada uma.
3. Coloque as codornas em uma panela que possa ir ao forno grande o bastante para acomodar todas elas. Tampe e asse a 200°C por aproximadamente 30 minutos.
4. Quando estiverem assadas, retire as codornas da panela e mantenha-as aquecidas. Sem desengordurar, deglaceie a assadeira com o vinagre e reduza *au sec*. Junte o fundo de frango e aqueça até ferver.
5. Coloque 1 colher de sopa do molho em cada prato e 2 codornas em cima. Guarneça com o acompanhamento de legumes ou vegetais de sua preferência.

VARIAÇÕES

Frangos, pombos e galinhas-d'angola podem ser preparados usando esta receita. Corte-os em pedaços, pincele cada pedaço com a manteiga de ervas e enrole com uma fatia de *prosciutto*. Se preferir, a pele pode ser retirada antes de pincelar os pedaços com a manteiga de ervas.

ASSAR NO DOURADOR E GRELHAR

Aves macias e jovens podem ser preparadas na grelha ou no dourador, usando o mesmo modo de preparo dos filés e das bistecas.

Use temperaturas mais baixas do que as usadas para carnes vermelhas. A parte externa pode queimar-se facilmente antes que o interior esteja completamente cozido. A pele do frango, em especial, doura com facilidade e depois queima. Para produção em quantidade, o frango grelhado pode ser finalizado no forno, em assadeiras rasas, de preferência apoiadas sobre grelhas.

Inicialmente, deixe a pele das aves viradas para baixo. Isso ajuda a evitar que os sucos que mantêm o sabor saiam da carne. Pincele bem com manteiga derretida ou outra gordura antes e durante o tempo em que estiver grelhando ou dourando.

Como a pele do frango grelhado muitas vezes é consumida, ela pode ser temperada antes do cozimento.

- Não é aconselhável assar no dourador ou grelhar aves grandes inteiras ou pedaços grandes de aves porque o calor demora muito para penetrar no centro da carne e cozinhá-la completamente. Por exemplo, sobrecoxas de peru podem ser grelhadas se o calor for mantido mais baixo, mas, na prática, isso quase nunca é feito. Por outro lado, se elas forem desossadas ou ligeiramente achatadas com um martelo de carnes, ficarão mais apropriadas para serem preparadas assim.

- Carnes e aves grelhadas constituem pratos relativamente simples e rápidos, sem a variedade de ingredientes e componentes encontrados, por exemplo, nos ensopados. Contudo, existem várias maneiras de trazer variedade para aves grelhadas:

1. **Coloque em marinadas ou esfregue-as com temperos antes do cozimento.**
   Não se esqueça que alguns ingredientes de marinadas, como o açúcar e o tomate, queimam com facilidade, portanto, use-os com cuidado. Ervas na superfície das aves também queimam com facilidade. Alecrim chamuscado pode dar um aroma agradável ao prato, mas ervas como salsinha, se forem usadas em grande quantidade e queimarem, podem ficar com gosto de queimado.

2. **Regue com manteiga temperada, marinada ou outros condimentos durante o tempo em que estiverem no dourador ou grelha.**
   Mais uma vez, tome cuidado com ingredientes que se queimam facilmente. Use-os apenas no final do cozimento.

3. **Sirva com um molho apropriado ou manteiga temperada.**
   Manteigas temperadas podem ser colocadas na superfície de aves grelhadas, mas os molhos devem ficar embaixo ou ao lado para não prejudicarem a pele crocante e dourada.

4. **Selecione guarnições de vegetais que tragam variedade e despertem o interesse.**
   Guarnições bem escolhidas e cuidadosamente dispostas no prato fazem parte da apresentação como um todo, não são somente alguma coisa servida como acompanhamento.

Assar no dourador e grelhar 377

 Frango grelhado

Porções: 10   *Tamanho da porção: ½ frango*

Quantidade	Ingredientes
5	Frangos jovens de aproximadamente 900 g cada
125 mL	Manteiga derretida (ou óleo)
a gosto	Sal
a gosto	Pimenta-do-reino

Por porção:
Calorias, 600; Proteínas, 59 g; Gorduras, 39 g (60% cal.); Colesterol, 215 mg; Carboidratos, 0 g; Fibras, 0 g; Sódio, 270 mg.

Modo de preparo

1. Divida os frangos ao meio e prepare-os para grelhar, como mostra a Figura 12.4.
2. Pincele de ambos os lados com a manteiga derretida ou óleo. Tempere com sal e pimenta-do-reino.
3. Coloque com a pele virada para baixo na grade do dourador (ou na grelha). Grelhe em fogo baixo a médio até que os frangos estejam parcialmente cozidos e bem dourados de um lado.
4. Vire. Use pegadores ou um garfo, mas tome cuidado para não furar a carne. Continue a grelhar até que os frangos estejam assados (sem pontos rosados perto do fêmur) e bem dourados no outro lado. (Ver primeira variação abaixo para a versão que usa o forno.)
5. Retire do dourador ou grelha. Para servir, coloque meio frango no prato, com a pele virada para cima.

VARIAÇÕES

Frango grelhado, método para grandes quantidades
Para grandes quantidades, ou para frangos grandes (cortados em quatro em vez de divididos ao meio), use fogo um pouco mais forte (coloque a grade do dourador mais para cima) e grelhe até ficarem dourados de ambos os lados, como na receita básica. Retire do dourador ou grelha e coloque em assadeiras. Termine o cozimento no forno a 165-175°C.

Galeto grelhado
Retire a coluna vertebral dos galetos e prepare-os para grelhar (ver Figura 12.4). Grelhe como na receita básica para todas as variações. Sirva 1 galeto por porção.

Frango grelhado com estragão
Antes de pincelar com manteiga derretida, esfregue cada metade de frango com ¼ de colher de chá de estragão seco e 1 a 2 colheres de chá de salsinha fresca picada. Grelhe como na receita básica.

 Paillard de frango com vegetais grelhados

Porções: 12   *Tamanho da porção: 1 peito de frango, de aproximadamente 175 g*

Quantidade	Ingredientes
12	Peitos de frango, sem osso e sem pele, de aproximadamente 175 g cada
3	Dentes de alho picados
1 colher (sopa)	Alecrim fresco picado
1 ½ colher (chá)	Sal
½ colher (chá)	Pimenta-do-reino
90 mL	Suco de limão
90 mL	Azeite de oliva
conforme necessário	Miscelânea de vegetais grelhados (p. 574)
12	Raminhos de alecrim fresco

Modo de preparo

1. Coloque cada peito de frango entre dois pedaços de filme plástico. Com um martelo de carne, bata cuidadosamente até atingir uma espessura uniforme de cerca de 0,5 cm.
2. Misture o alho, o alecrim, o sal e a pimenta-do-reino. Esfregue ligeiramente o peito de frango, de ambos os lados, com essa mistura. Regue ambos os lados com um pouco de suco de limão e azeite de oliva. Deixe marinar por 2 a 4 horas na geladeira.
3. Preaqueça a grelha ou o dourador até ficarem bem quentes. Coloque os peitos de frango na grelha, com o lado da pele virado para baixo (i. e., o lado que estava com a pele) e grelhe até chegar a um quarto do ponto final de cozimento. Gire o filé na grelha, como mostra a Figura 11.6, para fazer as marcas. Continue a grelhar até a metade do tempo de cozimento. Vire do outro lado e continue a grelhar até o término do cozimento.
4. Arrume no prato e sirva imediatamente, com vegetais grelhados variados. Guarneça cada porção com um raminho de alecrim.

Por porção:
Calorias, 250; Proteínas, 34 g; Gorduras, 11 g (41% cal.); Colesterol, 95 mg; Carboidratos, 1 g; Fibras, 0 g; Sódio, 370 mg.

Galeto grelhado com crosta de mostarda

Porções: 10 Tamanho da porção: 1 galeto
40 mL de molho

Quantidade	Ingredientes
10	Galetos de aproximadamente 450 g cada
250 g	Manteiga derretida
a gosto	Sal
a gosto	Pimenta-do-reino
225 g	Mostarda Dijon
125 g	Miolo de pão branco fresco esmigalhado
5	Tomates cortados ao meio e grelhados
300 g	Cogumelo grelhado

Por porção:
Calorias, 920; Proteínas, 81 g; Gorduras, 60 g (59% cal.); Colesterol, 300 mg; Carboidratos, 12 g; Fibras, 2 g; Sódio, 1.630 mg.

■ Modo de preparo

1. Levante a pele do pescoço de cada frango e retire o ossinho da sorte, raspando a carne do osso com uma faca pequena afiada. Remova a coluna vertebral e abra o frango, como mostra a Figura 12.4. Encaixe a ponta da asa atrás da coxinha da asa como mostra a figura. Atravesse um espeto da parte intermediária da asa, passando pelo peito até a asa do outro lado. Coloque outro espeto cruzando de uma sobrecoxa à outra. Coloque em uma assadeira untada, com a pele virada para cima.
2. Pincele com manteiga (reserve a manteiga restante para a etapa 4) e tempere com sal e pimenta-do-reino.
3. Leve ao dourador e core a pele levemente, em temperatura baixa. Transfira para o forno a 180°C e asse durante 30 minutos.
4. Após 30 minutos, espalhe a mostarda uniformemente sobre a pele. Polvilhe com o pão esmigalhado e salpique com a manteiga restante. Leve ao dourador em temperatura alta para corar e crestar.
5. Retire o frango do dourador, descarte os espetos e coloque um frango inteiro num prato raso, com a pele virada para cima. Guarneça com metade de 1 tomate grelhado e 30 g de cogumelo grelhado.

Pombo às especiarias grelhado com cuscuz marroquino e compota de figo

Porções: 12 *Tamanho da porção: 1 pombo, mais guarnição*

Quantidade	Ingredientes
12	Pombos inteiros
1 colher (sopa)	Sal
1 colher (sopa)	*Quatre épices* (p. 839)
¾ de colher (chá)	Tomilho seco
¾ de colher (chá)	Pimenta-do--reino preta
conforme necessário	Azeite de oliva
750 mL	Água
1 ½ colher (chá)	Sal
375 g	Cuscuz marroquino instantâneo (cru)
500 g	Salada de folhas mistas tenras e novas
175 mL	*Vinaigrette* básico (p. 723), feito com vinagre de vinho tinto e azeite de oliva
36	Tomates-cereja, cortados ao meio
360 g	Compota de figo (p. 202)

Modo de preparo

1. Abra os pombos pelas costas para grelhar, como mostra a Figura 12.4, deixando as aves em uma peça.
2. Misture o sal, o *quatre épices*, o tomilho e a pimenta-do-reino. Esfregue a mistura de especiarias nos pombos. Leve à geladeira por várias horas.
3. Pincele os pombos ligeiramente com azeite. Coloque na grelha ou dourador, com a pele virada para baixo. Grelhe ou doure, virando de vez em quando, até que o peito esteja malpassado.
4. Misture a água e o sal em uma panela e aqueça até ferver. Desligue o fogo, adicione o cuscuz e mexa. Tampe e deixe descansar por 5 minutos. Retire a tampa e afofe com um garfo.
5. Lave e escorra as folhas para a salada. Tempere com o vinagrete. Coloque uma porção de folhas verdes em cada prato. Coloque em cima os tomates-cereja cortados ao meio.
6. Na parte inferior ao centro de cada prato, coloque uma pequena quantidade de cuscuz. No centro do prato, acima do cuscuz, coloque 30 g de compota de figo.
7. Divida os pombos ao meio. Coloque uma metade de pombo de cada lado do cuscuz.

VARIAÇÃO

Galeto às especiarias grelhado
Prepare e grelhe os galetos usando o mesmo modo de preparo da receita básica, mas certifique-se de que o frango esteja completamente cozido.

Por porção:
Calorias, 1.300; Proteínas, 69 g; Gorduras, 94 g (68% cal.); Colesterol, 325 mg; Carboidratos, 42 g; Fibras, 5 g; Sódio, 1.180 mg.

Frango grelhado com alho e gengibre

Porções: 8   Tamanho da porção: aproximadamente 375 g, com osso

Quantidade	Ingredientes
2,8-3,6 kg	Pedaços ou metades de frango, ou galetos inteiros
180 mL	Suco de limão-siciliano ou Taiti
60 mL	Óleo vegetal
30 g	Gengibre fresco ralado
2 colheres (chá)	Alho bem picado
a gosto	Sal
a gosto	Pimenta-do-reino
conforme necessário	Manteiga derretida
a gosto	Óleo de gengibre fresco (p. 200), opcional

Modo de preparo

1. Corte os frangos em pedaços ou ao meio para grelhar. Se estiver usando galetos, abra pelas costas e achate, ou corte ao meio.
2. Misture o suco de limão, o óleo, o gengibre, o alho, o sal e a pimenta-do-reino para fazer um marinada.
3. Deixe os frangos marinando por 3 a 4 horas.
4. Retire os frangos da marinada. Grelhe ou asse no dourador. Regue várias vezes com a marinada durante o cozimento.
5. Um pouco antes do fim do cozimento, pincele os pedaços 1 ou 2 vezes com manteiga derretida.
6. Se desejar, pingue algumas gotas de óleo de gengibre em volta dos frangos depois de colocá-los no prato.

Por porção:
Calorias, 430; Proteínas, 42 g; Gorduras, 27 g (59% cal.); Colesterol, 140 mg; Carboidratos, 1 g; Fibras, 0 g; Sódio, 150 mg.

VARIAÇÕES

Substitua os pedaços de frango da receita acima, ou em alguma variação dela, por um dos itens abaixo:

Brochettes de frango ou de peru (cubos de carne sem osso em espetinhos)
Peito de frango sem osso
Filés de peito de peru
Paillards de peru (bifes finos de peito de peru, batidos com o martelo de carne)
Sobrecoxas de frango ou de peru, sem osso ou levemente batidas com martelo

Frango grelhado *Southwestern**

Substitua a marinada da receita básica pelos seguintes ingredientes:

120 g	Polpa de tomate
4 colheres (chá)	*Jalapeño* bem picado
4 colheres (sopa)	Coentro fresco picado
90 mL	Vinagre de vinho tinto

Frango grelhado condimentado ao estilo *barbecue*

Substitua a marinada da receita básica pelos seguintes ingredientes. Mexa os pedaços de frango com a mão para que fiquem bem cobertos.

60 mL	Molho inglês
30 mL	Vinagre de vinho tinto
4 colheres (chá)	Páprica
2 colheres (chá)	Pó para *chili*
1 colher (chá)	Mostarda em pó
1 colher (chá)	Alho espremido
½ colher (chá)	Pimenta-do-reino preta
1 colher (chá)	Sal

*N.R.: Frango grelhado ao estilo da região sudoeste norte-americana.

Frango grelhado ao estilo oriental

Substitua a marinada da receita básica pelos seguintes ingredientes. Pincele o frango com a marinada frequentemente durante o cozimento.

250 mL	Molho de soja
60 mL	Xerez ou vinho de arroz
60 mL	Fundo de frango ou água
30 mL	Suco de limão
2 colheres (chá)	Açúcar
4 colheres (chá)	Gengibre fresco ralado

Frango grelhado marinado em iogurte e especiarias

Substitua a marinada da receita básica pelos ingredientes a seguir. Deixe o frango marinar de um dia para o outro.

250 g	Iogurte natural
60 g	Cebola ralada
½ colher (chá)	Alho espremido
½ colher (chá)	Gengibre fresco ralado
1 colher (chá)	Cominho moído
½ colher (chá)	Cardamomo moído
1 pitada	Macis
½ colher (chá)	Pimenta-caiena
½ colher (chá)	Pimenta-do-reino preta
1 colher (chá)	Sal

Frango *Tandoori*

Tandoor é um forno de barro muito difundido no norte da Índia. Usando madeira ou carvão como combustível, ele cozinha refeições com rapidez a temperaturas altas. *Frangos tandoori* são muito populares em restaurantes indianos, especialmente nos Estados Unidos e na Europa. Na versão original, os frangos inteiros são marinados em iogurte e especiarias, geralmente coloridos com um forte corante vermelho e depois colocados em espetos e assados no *tandoor*. As cozinhas ocidentais copiam este prato, assando o frango em grelhas ou em fornos bem quentes.

A marinada do Frango grelhado marinado em iogurte e especiarias (p. 380) é semelhante às marinadas típicas usadas para o frango *tandoori*, mas sem o corante vermelho.

Codorna grelhada marinada em molho *barbecue* de *shoyu*

Porções: 12　　Tamanho da porção: 2 codornas

Quantidade	Ingredientes
24	Codornas
1 L	Molho *barbecue* de *shoyu* (p. 199)

Por porção:
Calorias, 790; Proteínas, 58 g; Gorduras, 53 g (81% cal.); Colesterol, 215 mg; Carboidratos, 14 g; Fibras, 0 g; Sódio, 1.780 mg.

Modo de preparo

1. Retire a coluna vertebral das codornas e achate-as, como mostra a Figura 12.4. Mantenha as codornas inteiras.
2. Deixe as codornas marinarem no molho *barbecue* de *shoyu* por 2 horas. Escorra o líquido.
3. Coloque as codornas em um dourador ou grelha preaquecidos. Asse, virando quando necessário, até que fiquem douradas e a carne do peito esteja quase ao ponto. Não asse demais, para não ressecar a carne.

Ema ou avestruz grelhados com especiarias

Porções: 8　　Tamanho da porção: 125 g

Quantidade	Ingredientes
	Condimentos secos para temperar:
1 colher (sopa)	Pimenta *ancho* ou *pasilla* em pó
½ colher (chá)	Sal
¼ de colher (chá)	Orégano seco
¼ de colher (chá)	Cominho moído
¼ de colher (chá)	Pimenta-do-reino preta
8	Bifes ou filés de ema ou avestruz de 125 g cada

Modo de preparo

1. Misture os condimentos para o tempero. (*Observação*: as quantidades dadas são suficientes para deixar a carne levemente apimentada. Se quiser um produto mais picante, dobre as quantidades.)
2. Esfregue as especiarias de ambos os lados dos bifes, cobrindo-os uniformemente.
3. Leve à geladeira por 1 hora ou mais.
4. Coloque para assar no dourador ou grelhar até ficarem quase ao ponto. A temperatura interna mínima de segurança é de 68°C (ver p. 29).
5. Corte em fatias finas contra o sentido das fibras.

Por porção:
Calorias, 130; Proteínas, 25 g; Gorduras, 3 g (21% cal.); Colesterol, 85 mg; Carboidratos, 0 g; Fibras, 0 g; Sódio, 230 mg.

Hambúrguer de peru com especiarias

Porções: 10   *Tamanho da porção:* 150 g

Quantidade	Ingredientes
180 g	Cebola bem picada
1 colher (sopa)	Óleo vegetal
1,5 kg	Carne de peru moída
1 colher (sopa)	Sal
1 colher (sopa)	Curry em pó
1 ½ colher (chá)	Raspas de limão
½ colher (chá)	Pimenta-do-reino
¼ de colher (chá)	Canela
½ colher (chá)	Semente de coentro moída
¼ de colher (chá)	Cominho moído
¼ de colher (chá)	Cardamomo moído
125 mL	Água
a gosto	*Chutney* de tomate e uva-passa (p. 192), ou outro *chutney*
a gosto	Microfolhas ou folhas de coentro

Por porção:
Calorias, 250; Proteínas, 27 g; Gorduras, 14 g (52% cal.); Colesterol, 100 mg; Carboidratos, 2 g; Fibras, 1 g; Sódio, 800 mg.

Modo de preparo

1. Refogue a cebola no óleo, sem dourar, até ficar macia. Espere esfriar bem.
2. Coloque a cebola, o peru, o sal, as especiarias e a água em uma tigela. Mexa delicadamente até ficarem bem misturados.
3. Divida em porções de 150 g (ou como desejar). Enrole cada porção no formato de um hambúrguer alto.
4. Grelhe ou asse no dourador até ficar bem-passado, mas evite cozinhar demais, para não ressecar o hambúrguer.
5. Coloque os hambúrgueres no prato. Cubra cada um com uma colher de chutney e uma pequena porção de folhas verdes. (Outra possibilidade é servir o hambúrguer e a guarnição como sanduíche, em pão integral.)

Hambúrguer de peru com especiarias; *chutney* **de tomate e passas; óleo de** *curry*

SALTEAR, FRITAR EM POUCA GORDURA E FRITAR POR IMERSÃO

Como o frango e o peru são carnes macias, o cozimento em gordura é uma maneira comum e conveniente de prepará-los. Os métodos de saltear e fritar em pouca gordura usados para carnes também se aplicam ao frango. Observe ainda as instruções abaixo, que se aplicam mais às aves em geral e às aves de caça.

Carnes de caça macias e aves especiais podem ser preparadas pelos métodos de saltear e fritar em pouca gordura, ou frigir. No entanto, apenas o peito da maioria das aves de caça é preparado por esses métodos. As pernas são pequenas e têm muito tecido conjuntivo, portanto, exigem cozimento mais demorado. Geralmente, são braseadas ou assadas até ficarem macias e servidas junto com o peito, com ou sem osso.

Quando se trata de carnes magras, como o pombo, a perdiz e a codorna, os peitos ficam mais saborosos se forem tirados antes de ficarem bem-passados, com a carne ainda rosada por dentro ou até mesmo malpassada, para preservar a umidade. Peitos de faisão e galinha--d'angola também podem ser servidos com a carne um pouco rosada no seu interior, apesar de serem carnes muito semelhantes à do frango e, por esse motivo, muitos preferirem-na bem-passada.

Filés de aves de carne vermelha-escura, como o avestruz, a ema e o peito de pato, também são magros e, na maioria das vezes, são servidos ao ponto para malpassados. Lembre-se, no entanto, que a temperatura de segurança mínima para o avestruz e a ema é de 68°C (ver p. 29). Peitos de pato são apropriados para fritar em pouca gordura, por causa da camada grossa de gordura que há entre a pele e a carne. Os peitos de pato devem começar a ser fritos com a pele virada para baixo até a gordura derreter e a pele ficar crocante. Isso levará bastante tempo, ou a maior parte do tempo de cozimento. Para terminar, eles são virados e fritos com a pele virada para cima por alguns minutos, até chegarem ao ponto desejado de cozimento.

SALTEAR

1. Peitos de frango sem osso, fatias finas de peito de peru e outros produtos de cozimento rápido são ideais para saltear.

2. Pedaços maiores como frangos cortados em oito pedaços, não desossados, são mais difíceis de saltear, porque precisam de um tempo maior de cozimento. Esses produtos precisam ser salteados até dourar e depois finalizados com outro método, como assar ou brasear. Peitos de aves de caça, por outro lado, podem ser feitos malpassados ou ao ponto e, por isso, podem ser facilmente preparados do começo ao fim na chama do fogão.

3. Na cozinha clássica, existem preparações para frango chamadas de salteadas, mas muitas delas na verdade são braseadas. Usa-se o modo básico de preparo para saltear carnes, porém o frango é preparado apenas parcialmente por esse método. Depois é terminado pelo cozimento lento no molho resultante da deglaçagem da frigideira. As receitas para esse tipo de preparação estão incluídas na seção "Brasear", página 410.

FRITAR EM POUCA GORDURA

1. O frango frito em pouca gordura geralmente é empanado com farinha de rosca ou de trigo antes do cozimento, para dourar e ficar crocante de maneira uniforme.

2. Coloque aproximadamente 0,5 cm de gordura na frigideira para fritar o frango.

3. O lado que for ficar para cima no prato é o que deve ser dourado primeiro, para se obter uma aparência melhor. Esse é chamado o lado de apresentação. Em frangos em pedaços, geralmente é o lado da pele.

4. Depois de dourar todos os lados no fogo moderadamente alto, abaixe o fogo para que o frango chegue ao término do cozimento sem corar demais. Fritar o frango em pouca gordura leva aproximadamente 30 a 45 minutos.

FRITAR POR IMERSÃO

1. O modo de preparo para fritar por imersão é o mesmo usado para fritar em pouca gordura, mas, neste caso, não é preciso virar o frango porque ele está submerso na gordura quente. Revise a página 73 para mais informações sobre como fritar por imersão.
2. Frangos pequenos (com menos de 1 kg) em pedaços são melhores para fritar por imersão. Pedaços muito grandes exigem um tempo de cozimento tão longo que a superfície pode ficar corada demais.

    Se necessário, termine o cozimento do frango frito no forno.
3. Frite o frango entre 160 e 175°C para obter um cozimento uniforme.

Frango frito em pouca gordura

Porções: 24 Tamanho da porção: ½ frango
48 ¼ frango

Quantidade	Ingredientes
12	Frangos de 1,1 kg cada
450 g	Farinha de trigo
5 colheres (chá)	Sal
1 colher (chá)	Pimenta-do-reino branca
conforme necessário	Óleo

Para metade de um frango:
Calorias, 820; Proteínas, 75 g;
Gorduras, 51 g (57% cal.); Colesterol, 235 mg;
Carboidratos, 11 g; Fibras, 0 g; Sódio, 580 mg.

Modo de preparo

1. Corte os frangos em 8 pedaços, como mostra a Figura 12.5.
2. Coloque a farinha em uma cuba gastronômica pequena e tempere com sal e pimenta-do-reino.
3. Coloque aproximadamente 0,5 cm de óleo em frigideiras de fundo grosso de modo que caibam todos os pedaços de frango em uma camada só. Aqueça em fogo não muito alto.
4. Passe os pedaços de frango na farinha temperada e retire o excesso.
5. Coloque no óleo quente, com a pele virada para baixo. Tenha cuidado para evitar que espirre óleo quente em você.
6. Frite o frango até ficar dourado na parte de baixo. Vire os pedaços com pegadores e doure o outro lado.
7. Abaixe um pouco o fogo para evitar que corem demais. Continue a fritar, virando o lado 1 ou 2 vezes mais, até o término do cozimento. A carne do peito cozinha mais rápido do que a carne da perna – retire-a quando estiver cozida. O tempo total de cozimento é de 20 a 40 minutos, dependendo do tamanho do frango e da temperatura da gordura.
8. Retire o frango da frigideira e escorra bem a gordura. Coloque em pratos rasos aquecidos ou reserve até o momento de servir em balcão térmico. Não tampe as bandejas nem demore muito para servir, senão o frango perde sua crocância.

VARIAÇÕES

Para o frango ficar mais crocante e mais dourado, molhe-o no leite antes de empanar.

Método alternativo, para grandes quantidades: doure os frangos em óleo quente, como na receita básica. Coloque em assadeiras com a pele virada para cima e termine o cozimento em um forno a 175°C.

Frango frito à moda *country*

Frite os frangos como na receita básica. Para 24 porções: tire a gordura da frigideira, deixando 125 g. Acrescente 125 g de farinha de trigo e faça um *roux* claro. Adicione 2,5 L de leite, mexendo até ferver. Continue mexendo até que o molho engrosse. Cozinhe em fogo brando por alguns minutos para eliminar o gosto de farinha crua e tempere com sal e pimenta-do-reino branca. Ajuste a consistência com fundo, água ou leite, se necessário. Coe. Sirva o frango com molho e purê de batatas.

Peito de frango salteado com molho de cogumelos

Porções: 10 Tamanho da porção: 1 peito de frango, de aproximadamente 125 g
60 mL de molho

Quantidade	Ingredientes
60 g	Manteiga clarificada
10	Peitos retirados de 5 frangos, de 1,6 kg cada, sem osso e sem pele
a gosto	Sal
a gosto	Pimenta-do-reino branca
60 g	Farinha de trigo para polvilhar
300 g	Cogumelos (brancos), fatiados
30 mL	Suco de limão
600 mL	Molho *suprême*, quente

Por porção:
Calorias, 360; Proteínas, 36 g; Gorduras, 20 g (51% cal.); Colesterol, 145 mg; Carboidratos, 8 g; Fibras, 1 g; Sódio, 200 mg.

■ Modo de preparo

1. Adicione uma quantidade suficiente de manteiga clarificada apenas para cobrir o fundo de uma frigideira com uma camada bem fina. Leve ao fogo médio.
2. Enquanto a frigideira esquenta, tempere os peitos de frango e passe na farinha. Tire o excesso.
3. Coloque os peitos na frigideira quente, com o lado de apresentação (i. e., o lado da pele) virado para baixo.
4. Salteie em fogo médio até ficarem ligeiramente dourados e parcialmente cozidos. O fogo precisa ser regulado para que o frango não doure muito rapidamente.
5. Vire o frango e complete o cozimento.
6. Retire da frigideira e coloque em pratos rasos aquecidos para servir. Mantenha aquecido.
7. Junte os cogumelos à frigideira e salteie rapidamente. Depois de alguns segundos, antes que os cogumelos comecem a escurecer, junte o suco de limão. Vire os cogumelos na frigideira enquanto estão sendo salteados.
8. Acrescente o molho *suprême* à frigideira e cozinhe em fogo brando por alguns minutos até reduzir à consistência apropriada (os sucos dos cogumelos diluem o molho).
9. Coloque uma concha (60 mL) de molho sobre cada porção e sirva imediatamente.

Variações

Método alternativo (rápido): Salteie o frango como na receita básica. Arrume no prato e acrescente uma concha (60 mL) de Molho de *champignon* pronto (p. 173, feito usando o molho *suprême* como base) sobre cada porção.

Outros molhos feitos com fundo de frango podem ser usados no lugar do molho de cogumelos para servir com peitos de frango salteados, como o *suprême*, o aurora, o húngaro e o *albufera*.

Peito de frango salteado com molho *albufera*, brócolis e batatas parisienses

Frango frito por imersão

Porções: 24 Tamanho da porção: ½ frango

Quantidade	Ingredientes
12	Frangos de aproximadamente 900 g cada
	Procedimento padrão para empanar (ver Observação):
250 g	Farinha de trigo
2 colheres (chá)	Sal
1 colher (chá)	Pimenta-do-reino branca
2	Ovos
600 mL	Leite
750 g	Farinha de rosca

Por porção:
Calorias, 880; Proteínas, 63 g; Gorduras, 58 g (61% cal.); Colesterol, 205 mg; Carboidratos, 22 g; Fibras, 1 g; Sódio, 520 mg.

Observação: as quantidades dadas para farinha de pão para empanar são apenas diretrizes. Você pode precisar de mais ou menos, dependendo do formato dos pedaços de frango, do cuidado usado ao empanar e outros fatores. De qualquer maneira, você precisará ter uma quantidade suficiente para que até mesmo o último pedaço possa ser empanado completamente com facilidade.

■ Modo de preparo

1. Corte os frangos em 8 pedaços, como mostra a Figura 12.5.
2. Arrume os ingredientes para empanar: farinha temperada, ovos batidos e farinha de rosca (ver p. 143).
3. Passe o frango pelo procedimento básico para empanar.
4. Aqueça a gordura em uma fritadeira entre 165 e 175°C.
5. Frite o frango até ficar dourado e cozido por igual. Frite pedaços de carne branca e de carne escura em cestas separadas, pois a carne branca cozinha mais rapidamente.
6. Retire da gordura, escorra bem e sirva imediatamente.

V A R I A Ç Õ E S

Método alternativo: para frangos maiores ou para servir grandes quantidades, doure o frango na fritadeira. Escorra, coloque em uma assadeira rasa e termine o cozimento no forno a 175°C.

Frango frito Maryland
Frite o frango como na receita básica. Sirva cada porção com o seguinte molho e guarnição:
  60 mL de molho de creme de leite, molho *suprême* ou molho de raiz-forte feito com *béchamel*, colocado no prato embaixo do frango
  2 tiras de bacon crocante (p. 804), colocadas em cruz sobre o frango
  2 bolinhos de milho (p. 577)
  2 quartos de banana empanada e frita

Tiras de peito de frango fritas
Corte peitos de frango sem pele e sem osso em tiras de 2 cm de largura. Empane e frite como na receita básica. Sirva com um molho de sua preferência à parte, para molhar a ponta das tiras, como molho *barbecue* ou molho de gorgonzola.

Escalope de peru com *shiitake* e chalota caramelizada

Porções: 10   Tamanho da porção: 125 g, mais a guarnição

Quantidade	Ingredientes
1,25 kg	Peito de peru sem pele e sem osso
450 g	Cogumelos *shiitake*, apenas os chapéus
a gosto	Sal
a gosto	Pimenta-do-reino branca
para polvilhar	Farinha de trigo
60 mL	Óleo
15 g	Manteiga
30	Chalotas assadas (preparadas como na receita de Vegetais assados, p. 567)

Por porção:
Calorias, 280; Proteínas, 31 g;
Gorduras, 11 g (36% cal.); Colesterol, 85 mg;
Carboidratos, 13 g; Fibras, 1 g; Sódio, 140 mg.

■ Modo de preparo

1. Corte o peito de peru, no sentido contrário ao das fibras, em 20 escalopes com aproximadamente 60 g cada, seguindo as instruções para cortar vitela (Figura 11.9).
2. Bata ligeiramente cada fatia de peru com um martelo de carne.
3. Conserve sob refrigeração até a hora de preparar.
4. Fatie os chapéus de cogumelo em tiras de aproximadamente 0,5 cm de largura.
5. Seque a carne, tempere com sal e pimenta-do-reino e passe na farinha de trigo. Tire o excesso (só faça isso na hora de fritar.)
6. Aqueça o óleo em uma frigideira grande para saltear até ficar bem quente. Coloque as fatias de peru em uma camada só e salteie em fogo alto até ficarem levemente douradas de ambos os lados. Se necessário, salteie a carne em várias etapas.
7. Retire a carne da frigideira e mantenha-a aquecida. Descarte o excesso de óleo da frigideira.
8. Coloque a manteiga na frigideira. Quando estiver quente, acrescente os cogumelos e salteie durante um minuto, até ficarem cozidos. Ajuste o tempero.
9. Coloque a carne em pratos rasos aquecidos e cubra-a com os cogumelos. Coloque 3 chalotas assadas em cada prato.

Escalope de peru com *shiitake* e chalota caramelizada

Codorna glaceada no balsâmico

Porções: 12 (ver Observação)
Tamanho da porção: 1 codorna, mais a guarnição

Quantidade	Ingredientes
500 mL	Vinagre balsâmico
½ colher (chá)	Alecrim seco
500 g	Feijão-fradinho seco
90 mL	Azeite de oliva
45 mL	Suco de limão
a gosto	Sal
a gosto	Pimenta-do-reino
30 mL	Azeite de oliva
4	Dentes de alho picados
750 g	Acelga suíça, apenas a parte verde (reserve os talos grossos para outro uso)
a gosto	Pimenta-caiena
a gosto	Sal
a gosto	Pimenta-do-reino
12	Codornas
a gosto	Sal
a gosto	Pimenta-do-reino
90 mL	Óleo
125 mL	Vinagre balsâmico
375 mL	*Coulis* de pimentão (p. 189)

Por porção:
Calorias, 600; Proteínas, 37 g; Gorduras, 36 g (54% cal.); Colesterol, 110 mg; Carboidratos, 33 g; Fibras, 5 g; Sódio, 200 mg.

Observação: uma codorna por porção é suficiente como entrada. Para o prato principal, use 2 codornas por porção.

Modo de preparo

1. Misture o vinagre balsâmico e o alecrim em uma panela de inox. Reduza a aproximadamente 60 mL, até ficar grosso. Coe.
2. Coloque o feijão-fradinho de molho e cozinhe em fogo brando até ficar bem cozido. Ver página 610 para informação sobre cozimento de feijões secos. O feijão-fradinho pode ser cozido antes e resfriado.
3. Aqueça o azeite de oliva em uma panela funda. Junte o feijão e esquente bem. Junte o suco de limão. Tempere a gosto com sal e pimenta-do-reino.
4. Em outra panela funda ou frigideira, aqueça o azeite de oliva e adicione o alho. Refogue rapidamente.
5. Adicione as folhas de acelga suíça. Mexa em fogo alto para que as folhas murchem e a umidade excessiva evapore. Refogue só até ficarem macias.
6. Tempere a gosto com pimenta-caiena, sal e pimenta-do-reino.
7. Corte cada codorna em quatro partes parcialmente desossadas, como mostra a Figura 12.6. Mantenha a terceira articulação da asa ligada ao peito. Tempere com um pouco de sal e pimenta-do-reino.
8. Aqueça o óleo em frigideiras. Acrescente as pernas e frite até dourarem bem e ficarem levemente crocantes por fora.
9. Quando estiverem quase cozidas, acrescente os peitos, com a pele virada para baixo, e frite até ficarem malpassados, virando quando necessário para dourar de ambos os lados.
10. Retire as codornas da frigideira e descarte o excesso de óleo. Coloque-as de volta na frigideira e adicione o vinagre balsâmico (não o vinagre reduzido da etapa 1). Cozinhe em fogo médio, virando os pedaços até ficarem ligeiramente caramelizados.
11. Para cada porção, forre o centro do prato com uma camada de acelga suíça. Cubra com feijão-fradinho. Arrume 2 porções de pernas e 2 porções de peito de codorna em cima do feijão.
12. Espalhe 30 mL do *coulis* em volta da montagem. Depois espalhe 1 colher de chá do balsâmico reduzido em volta da montagem.

Codorna com mistura de especiarias *creole*

Porções: 12 como entrada
6 como prato principal

Tamanho da porção: 1 codorna, 60 g de vegetais, 45 g de arroz
2 codornas, 125 g de vegetais, 90 g de arroz

Quantidade	Ingredientes
12	Codornas
1 ½ colher (chá)	Páprica
¼ de colher (chá)	Pimenta-caiena
¼ de colher (chá)	Orégano seco
¼ de colher (chá)	Tomilho seco
¼ de colher (chá)	Pimenta-do-reino
½ colher (chá)	Sal
20 mL	Óleo vegetal
180 g	Cebola bem picada
1	Dente de alho bem picado
125 g	Salsão em cubos pequenos
125 g	Pimentão verde em cubos pequenos
500 g	Tomate em lata, picado, com o suco
30 g	Polpa de tomate
1 colher (chá)	Tomilho seco
2 colheres (sopa)	Salsinha picada
a gosto	Sal
a gosto	Pimenta-do-reino
550 g	Arroz branco cozido no vapor

Por porção:
Calorias, 300; Proteínas, 23 g; Gorduras, 16 g (48% cal.); Colesterol, 85 mg; Carboidratos, 16 g; Fibras, 2 g; Sódio, 221 mg.

■ Modo de preparo

1. Retire a coluna vertebral das codornas, abra as aves e achate-as como ilustra a Figura 12.4f.
2. Misture a páprica, a pimenta-caiena, o orégano, o tomilho, a pimenta-do-reino e o sal.
3. Coloque as codornas com a pele virada para cima e espalhe toda a mistura de condimentos sobre elas.
4. Aqueça o óleo em uma ou mais frigideiras para saltear em fogo médio. Frite as codornas em pouco óleo de ambos os lados até ficarem douradas e cozidas.
5. Retire as codornas da frigideira e mantenha-as aquecidas.
6. Descarte a gordura da frigideira, deixando apenas 30 mL.
7. Junte a cebola, o alho, o salsão e os pimentões verdes. Salteie em fogo médio até a cebola começar a dourar.
8. Junte o tomate picado, a polpa de tomate e o tomilho. Cozinhe por 10 minutos em fogo brando, até os sucos se reduzirem e o molho engrossar.
9. Junte a salsinha e mexa.
10. Acrescente sal e pimenta-do-reino a gosto.
11. Para servir, coloque uma porção de arroz quente em um prato raso. Coloque o molho com vegetais em volta do arroz. Apoie a codorna no monte de arroz.

Codorna com mistura de especiarias *creole*

Frango salteado com tomate e cogumelo

Porções: 12
Tamanho da porção: ¼ de frango

Quantidade	Ingredientes
3	Frangos de aproximadamente 1,3 kg cada
a gosto	Sal
a gosto	Pimenta-do-reino
conforme necessário	Óleo vegetal
60 g	Manteiga
120 g	Chalota bem picada
4	Dentes de alho bem picados
700 g	Cogumelo fatiado ou cortado em quatro (ver Observação)
280 mL	Vinho branco
700 g	Tomate *concassé*
360 mL	*Demi-glace*
2 colheres (sopa)	Salsinha picada
a gosto	Sal

Modo de preparo

1. Corte cada frango em 8 pedaços, como mostra a Figura 12.5.
2. Tempere com um pouco de sal e pimenta-do-reino.
3. Coloque aproximadamente 3 mm de óleo em uma ou mais frigideiras para saltear em fogo médio.
4. Salteie os pedaços de frango até que fiquem completamente cozidos. Regule o fogo para que o frango doure bem, sem queimar.
5. Retire o frango da frigideira e mantenha-o aquecido. (Método alternativo: doure bem o frango na frigideira, transfira para uma assadeira rasa ou cubas gastronômicas, sem juntar muito os pedaços, e termine o cozimento em um forno a 190°C.)
6. Descarte o óleo das frigideiras. Acrescente a manteiga, em fogo não muito alto.
7. Acrescente a chalota, o alho e o cogumelo. Salteie até ficarem macios e ligeiramente dourados.
8. Junte o vinho. Reduza pela metade.
9. Coloque os tomates e o *demi-glace* e mexa. Deixe a mistura ferver.
10. Junte a salsinha picada e mexa. Tempere com sal a gosto.
11. Coloque colheradas do cogumelo com tomate nos pratos e, por cima, ponha o frango (se o frango esfriar, pode ser reaquecido no molho de cogumelo com tomate, mas não deixe cozinhar demais).

Por porção:
Calorias, 470; Proteínas, 72 g; Gorduras, 28 g (53% cal.); Colesterol, 140 mg; Carboidratos, 9 g; Fibras, 2 g; Sódio, 370 mg.

Observação: use cogumelos brancos ou uma mistura de cogumelos, como *shiitake*, *portobello* e cremini.

Frango salteado com tomate e cogumelo

Peito de pato marinado em suco de tangerina

Porções: 12 Tamanho da porção: 180 g

Quantidade	Ingredientes	Modo de preparo
12	Metades de peito de pato, sem osso e com pele, de aproximadamente 180 g cada	1. Com uma faca afiada, risque a pele do pato, formando losangos. Corte a pele até chegar na camada de gordura, mas sem cortar a carne.
45 g	Chalota bem picada	2. Em um recipiente não corrosivo, misture a chalota, o molho de soja, o suco e as raspas de tangerina, a canela e o anis-estrelado.
30 mL	Molho de soja	3. Coloque os peitos de pato nessa mistura, cobrindo de ambos os lados. Leve à geladeira por 2 a 4 horas.
120 mL	Suco de tangerina	
½ colher (chá)	Raspas de tangerina	4. Retire a carne da marinada. Enxugue com toalhas limpas. Descarte a marinada e os pedaços de anis-estrelado que tiverem grudado na carne.
¼ de colher (chá)	Canela em pó	
¼ de colher (chá)	Anis-estrelado triturado	5. Em uma frigideira, frite o peito em pouco óleo, com a pele virada para baixo, em fogo não muito alto, por aproximadamente 6 minutos, até que esteja bem dourada e crestada e que grande parte da gordura tenha derretido. Vire e frite por mais 4 minutos. Os peitos devem ficar malpassados.
		6. Retire da frigideira e deixe descansar por 5 minutos em local aquecido.
720 g	Trigo em grão com noz-pecã (p. 630, preparado sem o pimentão *poblano*)	7. Coloque 60 g do trigo em grãos com noz-pecã em cada prato.
		8. Corte cada peito de pato em fatias finas, na diagonal. Coloque as fatias no prato, em forma de leque, encostando-as no monte de grãos de trigo.
conforme necessário	Microfolhas	9. Cubra os grãos de trigo com uma pequena porção de microfolhas.
360 mL	*Vinaigrette* oriental (p. 725), opcional	10. Se desejar, espalhe um pouco de vinagrete em volta do peito de pato.

Por porção:
Calorias, 320; Proteínas, 31 g; Gorduras, 15 g (43% cal.); Colesterol, 165 mg; Carboidratos, 13 g; Fibras, 2 g; Sódio, 280 mg.

Peito de frango salteado com capim-limão e três pimentões

Porções: 12
Tamanho da porção: 1 peito de frango
125 g de guarnição de vegetais
75 mL de molho

Quantidade	Ingredientes
2	Talos de capim-limão/capim-santo
50 mL	Azeite de oliva
350 g	Pimentão amarelo cortado em *brunoise*
350 g	Pimentão verde cortado em *brunoise*
350 g	Pimentão vermelho cortado em *brunoise*
30 g	Alho bem picado
200 g	Cebola bem picada
40 g	Gengibre fresco bem picado
50 g	Coentro fresco bem picado
4 colheres (chá)	Mostarda em pó
600 mL	Fundo de frango
12	Peitos de frango, sem osso, de aproximadamente 200 g cada
a gosto	Sal
a gosto	Pimenta-do-reino
90 g	Manteiga clarificada
150 g	Manteiga de amendoim
150 mL	Óleo de amendoim ou gergelim
a gosto	Sal
a gosto	Pimenta-do-reino

■ Modo de preparo

1. Corte as bases dos talos (a parte inferior, 5 a 7 cm) do capim-limão; descarte as pontas. Amasse e pique bem fino. Amarre em um quadrado de pano fino (ver Observação).
2. Aqueça o azeite em uma panela funda em fogo médio. Acrescente os pimentões. Salteie rapidamente.
3. Junte o alho, a cebola, o gengibre, o coentro fresco e o sachê de capim-limão. Salteie rapidamente.
4. Junte a mostarda em pó e o fundo de frango, mexendo bem. Cozinhe em fogo brando por 20 minutos.
5. Passe por uma peneira, reservando tanto os vegetais quanto o líquido do cozimento. Descarte o capim-limão.
6. Tempere os peitos de frango com sal e pimenta-do-reino.
7. Frite em manteiga clarificada, em fogo médio, até ficarem bem dourados e completamente cozidos. (Outra possibilidade é dourá-los no fogão e terminar o cozimento no forno quente.)
8. Coloque o líquido de cozimento reservado na etapa 5 em um liquidificador. Acrescente a manteiga de amendoim e bata bem.
9. Adicione o óleo e bata até emulsificar. Acrescente sal e pimenta-do-reino a gosto.
10. Para servir, faça 3 *quenelles*, de aproximadamente 40 g cada, com os vegetais reservados (ver Figura 13.5) e coloque no prato. Corte os peitos de frango em fatias e abra-as em leque logo abaixo, finalizando com um pouco de molho.

Por porção:
Calorias, 610; Proteínas, 48 g; Gorduras, 41 g (61% cal.); Colesterol, 140 mg; Carboidratos, 12 g; Fibras, 2 g; Sódio, 230 mg.

Observação: o talo do capim-limão é muito fibroso para ser ingerido, por isso precisa ser descartado depois de usado como tempero. Se você tiver em mãos um talo do capim-limão tenro e macio, simplesmente pique-o bem fino e junte às demais ervas picadas.

Peito de frango salteado com capim-limão e três pimentões

Figura 13.5
Como fazer *quenelles* com duas colheres.

(a) Pegue uma porção do alimento com uma das colheres. Posicione a segunda colher como mostra a figura.

(b) Colete a mistura com a segunda colher. Se a mistura for de consistência firme, pressione levemente uma colher contra a outra para dar forma à *quenelle*.

(c) Colete a mistura novamente com a primeira colher para completar a forma.

Frango *Pojarski Princesse*

Porções: 12   Tamanho da porção: 2 pedaços, 55 g cada

Quantidade	Ingredientes
1 kg	Peito de frango sem pele e sem osso
450 mL	Creme de leite fresco
a gosto	Sal
a gosto	Pimenta-do-reino
200 g	Miolo de pão branco fresco esmigalhado
conforme necessário	Manteiga clarificada ou óleo
350 g	Pontas de aspargos, cozidas

Por porção:
Calorias, 190; Proteínas, 4 g; Gorduras, 16 g (75% cal.); Colesterol, 50 mg; Carboidratos, 8 g; Fibras, 1 g; Sódio, 80 mg.

■ Modo de preparo

1. Verifique se o frango está bem limpo e sem nenhum tendão. Pique bem fininho, à mão ou na máquina de moer carne usando disco e navalha para moer grosso. Não use um processador de alimentos, pois ele não irá criar a textura apropriada.
2. Misture o creme de leite com o frango, adicionando um pouco de cada vez, na medida em que for sendo absorvido. Tempere bem com sal e pimenta-do-reino. A mistura ficará bem macia. Mantenha-a fria. Teste o tempero fritando um pouquinho e provando.
3. Divida a mistura em 24 porções iguais e passe-as no pão esmigalhado até cobrir completamente. Molde-as, enquanto ainda estão no pão esmigalhado, formando fatias finas.
4. Frite com cuidado no óleo ou manteiga clarificada até ficarem bem douradas.
5. Sirva 2 fatias por pessoa, guarnecidas com as pontas de aspargos.

Goujons de frango ao gergelim com alface e cenoura glaceada

Porções: 12   Tamanho da porção: 125 g de carne
                               80 g salada/guarnição

Quantidade	Ingredientes
1,6 kg	Peito de frango sem pele e sem osso
275 mL	Óleo de gergelim
40 mL	Vinagre de maçã
20 mL	Molho de soja
100 g	Gengibre, descascado, bem picado
12	Dentes de alho amassados
	Molho:
3	Dentes de alho
60 g	Gengibre, descascado, bem picado
300 mL	Molho de soja *light*
175 mL	Óleo de gergelim
1 pitada	Açúcar
500 g	Cenoura cortada em *batonnet*
20 mL	Mel
300 g	Farinha de trigo, temperada com sal e pimenta-do-reino
3	Ovos, batidos
300 g	Semente de gergelim
2 pés	Alface-lisa
conforme necessário	Ramos de coentro, para guarnecer

Por porção:
Calorias, 600; Proteínas, 33 g; Gorduras, 41 g (61% cal.);
Colesterol, 80 mg; Carboidratos, 27 g; Fibras, 4 g;
Sódio, 1.280 mg.

■ Modo de preparo

1. Prepare o frango cortando-o em tiras (*goujons*, em francês).
2. Misture o óleo de gergelim, o vinagre, o molho de soja, o gengibre e o alho em uma tigela. Acrescente as tiras de frango e mexa bem para cobrir. Tampe e deixe marinar enquanto prepara os outros ingredientes.
3. Bata todos os ingredientes do molho em um liquidificador ou processador de alimentos até a mistura ficar homogênea.
4. Para a guarnição, coloque a cenoura em uma panela e adicione água somente até cobrir. Acrescente o mel e cozinhe em fogo brando até a água evaporar e as cenouras ficarem macias e ligeiramente caramelizadas. Deixe esfriar.
5. Retire as tiras de frango da marinada e seque-as com papel-toalha.
6. Passe na farinha temperada, nos ovos batidos e depois nas sementes de gergelim.
7. Frite por imersão em óleo quente.
8. Separe as folhas de alface e lave. Tempere a alface com um pouco de molho e coloque no centro de pratos individuais. Coloque por cima o molho restante, os palitos de frango fritos e a cenoura. Guarneça com o coentro fresco.

Goujons de frango ao gergelim com alface e cenoura glaceada

Frango refogado à chinesa com nozes

Porções: 12 *Tamanho da porção:* 175 g

Quantidade	Ingredientes
1,2 kg	Carne de frango sem pele e sem osso
450 g	Pimentão verde ou vermelho
450 g	Cebolinha
3 colheres (sopa)	Amido de milho
125 mL	Molho de soja
125 g	Noz picada (ou amendoim sem sal)
¼ de colher (chá)	Gengibre em pó
⅛ de colher (chá)	Pimenta-caiena
350 mL	Caldo de frango ou água
60 mL	Óleo

Por porção:
Calorias, 270; Proteínas, 22 g; Gorduras, 16 g (53% cal.); Colesterol, 60 mg; Carboidratos, 10 g; Fibras, 2 g; Sódio, 610 mg.

■ Modo de preparo

1. Tire toda a gordura do frango. Corte a carne em cubos de 1 cm.
2. Corte os pimentões ao meio; tire o miolo e as sementes. Corte em tiras de 0,5 cm de largura.
3. Corte as raízes e pontas murchas da parte verde da cebolinha. Divida-as ao meio no sentido do comprimento e corte em pedaços de 2,5 cm. Misture com os pimentões.
4. Misture o amido de milho com o molho de soja até dissolver bem.
5. Deixe os demais ingredientes prontos, em recipientes separados. Tudo precisa estar pronto antes de se começar a cozinhar, porque o cozimento leva apenas alguns minutos.
6. Leve ao fogo metade do óleo, em uma frigideira *wok*, de saltear ou de ferro até ficar bem quente, quase saindo fumaça.
7. Acrescente o pimentão e a cebolinha e salteie rapidamente por cerca de 2 minutos, até os vegetais ficarem ligeiramente cozidos. Retire da frigideira.
8. Adicione o óleo restante à frigideira e deixe esquentar bem novamente.
9. Acrescente o frango e salteie rapidamente até perder a cor rosada. Se o frango aderir à frigideira, use uma espátula para desgrudar.
10. Adicione as nozes, o gengibre e a pimenta-caiena e salteie por mais um minuto.
11. Dê uma mexida rápida na mistura de amido de milho (o amido sedimenta) e adicione-a, juntamente com o caldo ou água, à frigideira. Mexa para deglacear e abaixe o fogo para o mínimo.
12. Adicione os vegetais salteados e cozinhe em fogo brando até ficarem aquecidos. Acerte o tempero.
13. Sirva imediatamente com arroz cozido no vapor.

Frango *teriyaki*

Porções: 16 *Tamanho da porção: 1 peito de frango ou sobrecoxa*

Quantidade	Ingredientes
	Molho *Teriyaki*:
75 mL	Saquê comum
175 mL	Molho de soja
150 mL	Saquê *mirin* (vinho doce de arroz)
2 colheres (sopa)	Açúcar
conforme necessário	Óleo vegetal
16	Peitos de frango ou sobrecoxas sem osso, com ou sem pele

Por porção:
Calorias, 280; Proteínas, 31 g; Gorduras, 11 g (38% cal.); Colesterol, 85 mg; Carboidratos, 6 g; Fibras, 0 g; Sódio, 780 mg.

■ Modo de preparo

1. Misture os saquês, o molho de soja e o açúcar. Aqueça em fogo brando para dissolver o açúcar. Deixe esfriar.
2. Aqueça um fio de óleo em uma frigideira. Acrescente os pedaços de frango, com a pele virada para baixo. Frite até ficarem dourados e parcialmente cozidos. Vire e doure do outro lado.
3. Tire o frango e descarte o excesso de óleo da frigideira.
4. Deglaceie a frigideira com o molho *teriyaki* e aqueça até ferver.
5. Coloque o frango de volta na frigideira. Vá virando na frigideira até ficar bem coberto com o molho.
6. Tire o frango da frigideira e reserve o molho. Corte cada pedaço de frango em tiras de 1 cm de largura, na diagonal.
7. Arrume o frango no prato, recompondo cada pedaço à sua forma original. Coloque uma colherada de molho por cima.

VARIAÇÕES

Outros ingredientes, como bifes pequenos, filés de peixe e vieiras podem ser preparados desta maneira. No caso de filés de peixe, conserve a pele do peixe e, se possível, use o lado da pele como o lado de apresentação.

Teriyaki

A palavra japonesa *yaki* é normalmente traduzida como "grelhado", embora seja menos específica em japonês e também seja usada para se referir a assado na panela ou na chapa. *Teriyaki* pode ser traduzido como "glaceado-grelhado". No Ocidente, o termo se refere a uma carne ou peixe que foi marinado em uma mistura de molho de soja antes de ser cozido e que pode até ser cozido nesse molho em fogo brando. No Japão, porém, o ingrediente não é marinado e o molho *teriyaki* é aplicado apenas no final do cozimento, para dar ao prato uma aparência brilhante, atrativa e saborosa.

A comida japonesa, em geral, é temperada com delicadeza. Os paladares ocidentais, no entanto, costumam exigir mais tempero. Por exemplo, poucos japoneses encharcariam uma tigela de arroz branco com molho de soja, como os ocidentais costumam fazer em restaurantes asiáticos.

Para um *teriyaki* em estilo mais ocidental, pode-se marinar o frango na receita de molho *teriyaki* por várias horas ou de um dia para o outro antes de fritar. O resultado, porém, não será tão autêntico.

Peito de frango ao parmesão

Porções: 10 *Tamanho da porção: 1 peito de frango, aproximadamente 125 g*

Quantidade	Ingredientes
90 g	Farinha de trigo
1 colher (chá)	Sal
½ colher (chá)	Pimenta-do-reino branca
4	Ovos
90 g	Queijo parmesão
30 mL	Leite
10	Peitos (de 5 frangos) de 1,6 kg cada, sem osso e sem pele
125 mL	Manteiga clarificada
20	Rodelas de limão

Por porção:
Calorias, 350; Proteínas, 40 g; Gorduras, 18 g (47% cal.); Colesterol, 190 mg; Carboidratos, 5 g; Fibras, 0 g; Sódio, 510 mg.

■ Modo de preparo

1. Coloque a farinha em uma cuba gastronômica pequena e tempere com sal e pimenta-do-reino branca.
2. Bata os ovos em uma tigela e acrescente o parmesão e o leite. Coloque a tigela perto da farinha temperada quando tiver tudo pronto para começar.
3. Bata ligeiramente o peito de frango com um martelo de carne.
4. Se estiver cozinhando para um pedido, selecione uma frigideira grande o bastante para conter todas as porções em uma camada só. Se for cozinhar todos os peitos de frango de uma vez, use uma frigideira bem grande ou várias frigideiras de saltear para que os peitos caibam em uma camada única.
5. Coloque a frigideira ou frigideiras em fogo médio com manteiga clarificada suficiente para cobrir apenas o fundo.
6. Passe os peitos de frango na farinha e retire o excesso. Mergulhe-os no ovo com queijo, virando os pedaços para cobrir de ambos os lados.
7. Frite em fogo médio até a parte de baixo ficar dourada. Vire do outro lado. Abaixe o fogo e continue fritando até que o frango esteja totalmente cozido. Ele deve ficar firme ao toque quando estiver cozido.
8. Coloque cada porção em um prato aquecido e guarneça com duas rodelas de limão. Sirva imediatamente.

VARIAÇÃO

Método alternativo: assim que o primeiro lado ficar dourado, vire os filés, tampe as frigideiras e coloque no forno a 175°C por 8 a 10 minutos. Esse modo de preparo exige menos atenção do cozinheiro, uma vantagem em cozinhas muito movimentadas.

Refogado vietnamita de frango com pimenta fresca

Porções: 10   Tamanho da porção: 180 g de frango e vegetais, 180 g de macarrão de arroz

Quantidade	Ingredientes
1,4 kg	Peito de frango sem pele e sem osso
180 mL	*Nuoc nam* (molho de peixe vietnamita) ou *nam pla* (molho de peixe tailandês)
3	Dentes de alho bem picados
½ colher (chá)	Pimenta-do-reino preta
450 g	Macarrão de arroz (p. 638)
120 mL	*Nuoc cham* (p. 193)
90 mL	Óleo vegetal
6	Pimentas-verdes tailandesas ou pimentas *serrano* frescas, sem sementes, em fatias finas
12	Cebolinhas fatiadas
240 g	Ervilha-torta, limpa e branqueada
180 g	Tomate *concassé*
2 colheres (sopa)	Semente de gergelim, torrada
500 mL	*Nuoc cham* (p. 193)

Modo de preparo

1. Corte o peito de frango em cubos de 2,5 cm.
2. Em uma tigela, tempere o frango com o molho de peixe, o alho e a pimenta-do-reino. Deixe marinar por 15 a 20 minutos.
3. Coloque o macarrão de arroz de molho em água morna por 20 minutos. Escorra.
4. Jogue o macarrão de arroz em água fervente. Assim que a água ferver novamente, escorra.
5. Misture o macarrão de arroz com o *nuoc cham*. Mantenha aquecido enquanto cozinha o frango.
6. Aqueça o óleo em uma frigideira de saltear ou *wok* em fogo alto.
7. Escorra o frango, reservando a marinada. Coloque o frango na frigideira. Refogue até ficar parcialmente cozido.
8. Junte a pimenta fresca, a cebolinha e a marinada reservada. Continue refogando até o frango ficar quase pronto.
9. Acrescente a ervilha-torta e refogue por 1 minuto, até ficarem cozidas, mas ainda crocantes.
10. Acrescente o tomate. Refogue até aquecer.
11. Coloque o macarrão de arroz no centro de pratos rasos.
12. Coloque a mistura de frango em cima.
13. Polvilhe com sementes de gergelim.
14. Sirva acompanhado de mais *nuoc cham*, em tigelinhas separadas.

Por porção:
Calorias, 410; Proteínas, 38 g; Gorduras, 16 g (35% cal.); Colesterol, 110 mg; Carboidratos, 28 g; Fibras, 2 g; Sódio, 3.320 mg.

Refogado vietnamita de frango com pimenta fresca

COZINHAR EM FOGO BRANDO E ESCALFAR

Cozinhar em fogo brando e escalfar são métodos de cozimento em meio líquido. A maior diferença está na temperatura. No cozimento em fogo brando, o líquido fica um pouco abaixo do ponto de ebulição, borbulhando suavemente. Na técnica de escalfar, a temperatura fica mais baixa ainda e o líquido não borbulha. Além disso, usa-se menos líquido para escalfar.

COZINHAR EM FOGO BRANDO

1. O método de cozimento em fogo brando, *simmer* em inglês, é usado para cozinhar aves e outros itens duros que exigem cozimento longo em calor úmido para ficarem mais macios. O tempo de cozimento é de aproximadamente 2 horas e 30 minutos.

2. O líquido de cozimento geralmente é água temperada com sal e, muitas vezes, *mirepoix* e ervas.

3. Aves cozidas em fogo brando produzem um caldo rico e saboroso. A carne pode ser usada para sopas, cremes, recheios, saladas e preparações semelhantes.

4. Comece o cozimento em *água fria* se o principal objetivo for produzir um caldo saboroso. Comece com água quente para reter mais sabor na própria carne.

ESCALFAR

1. Escalfar é um método usado para cozinhar aves macias de modo que retenham a umidade e desenvolvam um sabor, sutil. O tempo de cozimento em geral é curto, porque o produto é naturalmente macio.

2. O líquido de cozimento geralmente é um fundo, que pode ser complementado com vinho e outros condimentos e temperos. O líquido frio é adicionado à ave já na panela, cobrindo-a pela metade, e a panela deve ser tampada para reter o vapor. A tampa também ajuda a prevenir o ressecamento e a descoloração.

3. Depois do cozimento, o líquido pode ser usado para fazer um molho, como o molho *suprême*, para servir com o produto cozido.

4. É importante escorrer bem as aves depois do cozimento, uma vez que qualquer líquido remanescente pode prejudicar a aparência do molho no prato.

5. É possível escalfar no fogão ou no forno. Escalfar no forno proporciona um aquecimento mais uniforme.

Galinha cozida

Esse prato e as variações que o acompanham normalmente não são servidos assim. Na verdade, são a base para várias outras receitas nesta seção que levam frango ou peru cozido, fundo de frango ou de peru ou ainda *velouté*. A carne cozida também pode ser usada para saladas de frango ou peru.

Rendimento: aproximadamente 2 a 2,3 kg de carne cozida

Quantidade	Ingredientes
3	Galinhas, de aproximadamente 2,3 kg cada
	Mirepoix:
250 g	Cebola grosseiramente picada
125 g	Salsão grosseiramente picado
125 g	Cenoura grosseiramente picada
	Sachê:
1	Folha de louro
6	Talos de salsinha
¼ de colher (chá)	Grãos de pimenta-do-reino
2	Cravos-da-índia inteiros
1 colher (chá)	Sal

Por 30 g:
Calorias, 70; Proteínas, 10 g; Gorduras, 2,5 g (36% cal.); Colesterol, 30 mg; Carboidratos, 0 g; Fibras, 0 g; Sódio, 65 mg.

Modo de preparo

1. Amarre as aves. Esta etapa é opcional, mas é recomendada porque evita que o frango se despedace, especialmente se mais de um frango está sendo cozido no caldeirão.
2. Coloque as aves em um caldeirão.
3. Acrescente água fervente até cobrir e aqueça até começar a ferver novamente. Retire a gordura da superfície cuidadosamente.
4. Acrescente o *mirepoix* e o sachê.
5. Diminua a chama e cozinhe em fogo brando até sentir que as aves estão macias quando pressionadas na sobrecoxa, aproximadamente 2 horas e 30 minutos.
6. Se for usar a carne e o caldo imediatamente para outra preparação, retire a galinha do líquido. Coloque em outra panela e mantenha tampada até a hora de usar. Coe o caldo.
7. Se não for usar a carne e o caldo na hora, deixe as aves no caldo e resfrie rapidamente em banho-maria invertido, como se faz para esfriar fundos (p. 154). Quando estiver completamente frio, retire as galinhas do caldo e leve à geladeira, tampadas. Coe o caldo e leve à geladeira.
8. Para usar, separe os frangos pelas juntas, descarte todos os ossos e a pele e corte em cubos ou da maneira que for preciso.

VARIAÇÕES

Frango ou peru cozido em fogo brando
Cozinhe frangos ou perus jovens em fogo brando como na receita básica. Podem ser inteiros ou em pedaços. Um frango de 1,4 kg leva aproximadamente 45 a 60 minutos. Um peru leva aproximadamente 1 hora e 30 minutos a 3 horas, dependendo do tamanho. Não cozinhe demais as aves jovens e não deixe o líquido ferver.

Peito de frango escalfado *princesse*

Porções: 24   *Tamanho da porção:* ½ peito de frango, 60 mL de molho, mais guarnição

Quantidade	Ingredientes
24	Peitos (de 12 frangos, de 1,2 kg cada), sem osso e sem pele
conforme necessário	Manteiga
conforme necessário	Sal
conforme necessário	Pimenta-do-reino branca
60 mL	Suco de limão
1,5 L (aproximadamente)	Fundo de frango, frio
	Beurre manié:
90 g	Manteiga amolecida
90 g	Farinha de trigo
600 mL	Creme de leite fresco, quente
a gosto	Sal
72	Pontas de aspargo cozidas, quentes

Por porção:
Calorias, 330; Proteínas, 37 g; Gorduras, 17 g (47% cal.); Colesterol, 140 mg; Carboidratos, 6 g; Fibras, 1 g; Sódio, 140 mg.

Modo de preparo

1. Escolha uma assadeira grande o bastante para conter os peitos de frango em uma camada só. Unte o interior com manteiga.
2. Tempere o frango com sal e pimenta-do-reino. Coloque na assadeira, com o lado de apresentação (i. e., o lado da pele) virado para cima.
3. Regue com o suco de limão e acrescente fundo de frango suficiente para quase cobrir o frango.
4. Tampe com um pedaço de papel-manteiga ou vegetal untado com manteiga.
5. Aqueça na chama do fogão até quase ferver. Termine escalfando no forno a 165°C ou no fogão, em fogo baixo. O tempo de cozimento é de 5 a 10 minutos.
6. Retire o frango do líquido. Coloque em uma cuba gastronômica, tampe e mantenha aquecido.
7. Reduza o líquido do cozimento em fogo alto a aproximadamente 1 L.
8. Amasse a manteiga com a farinha para fazer o *beurre manié* (p. 164).
9. Com um batedor de arame, incorpore o *beurre manié* ao caldo do cozimento para engrossá-lo. Cozinhe em fogo brando por 1 minuto, para eliminar o gosto de amido.
10. Acrescente o creme de leite quente ao molho. Tempere a gosto.
11. Coloque cada peito de frango, bem escorrido, em um prato e cubra com 60 mL do molho. Guarneça com 3 pontas de aspargos. Sirva imediatamente.

VARIAÇÕES

Método alternativo: escalfe o frango como na receita básica. Coloque imediatamente no prato e cubra com o molho *suprême* previamente preparado. Reserve o líquido do cozimento para uso futuro.

Outros molhos podem ser usados para cobrir peitos de frango escalfados, como:
Allemande
Aurore
Hongroise
Albufera
Champignon

Peito de frango escalfado *florentine*
Escalfe o frango como na receita básica. Coloque cada porção sobre uma camada de espinafre passado na manteiga (bem escorrido). Cubra com molho Mornay. Opcional: polvilhe com queijo parmesão e coloque no dourador para corar.

Pot pie de frango ou peru

Porções: 25
Tamanho da porção: 90 g de carne
60 g de vegetais
125 mL de molho

Quantidade	Ingredientes
2,3 kg	Carne de frango ou peru (carne branca e escura) cozida
350 g	Batata em cubos médios
350 g	Cenoura em cubos médios
350 g	Cebola-pérola, descascada
350 g	Ervilha fresca
3 L	*Velouté* de frango
a gosto	Sal
a gosto	Pimenta-do-reino
2 colheres (chá)	Estragão seco
25	Discos de massa arenosa (p. 980)

Por porção:
Calorias, 520; Proteínas, 25 g; Gorduras, 32 g (55% cal.); Colesterol, 80 mg; Carboidratos, 34 g; Fibras, 5 g; Sódio, 430 mg.

Modo de preparo

1. Corte o frango ou peru em cubos de 1 cm.
2. Cozinhe os vegetais separadamente em água fervente com sal. Coe e resfrie.
3. Tempere o *velouté* a gosto com sal e pimenta-do-reino. Adicione o estragão.
4. Prepare a massa podre e corte em discos grandes o bastante para tampar refratários fundos individuais. Será preciso aproximadamente 60 g de massa folhada por porção.
5. Divida a carne branca e escura entre os refratários (90 g por porção).
6. Divida os vegetais entre os refratários (aproximadamente 15 g de cada vegetal por porção).
7. Coloque uma concha (125 mL) de *velouté* em cada refratário.
8. Cubra cada um com um disco de massa folhada. Faça orifícios no centro da massa para permitir que o vapor escape.
9. Coloque os refratários em uma assadeira rasa. Asse a 200°C, até a massa ficar bem dourada.

Variações

Os vegetais podem ser bem variados, conforme o gosto. Outros vegetais que podem ser usados são: salsão, cogumelos (sem o cabo) e feijão-de-lima (também conhecido como feijão-fava).

Ensopado de frango ou peru
Prepare a carne, os vegetais e o *velouté* como na receita básica. Exclua a massa folhada. Misture os ingredientes em uma caçarola funda e cozinhe em fogo brando. Mantenha quente para servir.

Blanquette de frango I

Porções: 25 *Tamanho da porção: 150 g*

Quantidade	Ingredientes
2,5 kg	Carne de frango cozida, em cubos de 2,5 cm
1,1 L	*Velouté* de frango
	Liaison:
5	Gemas
500 mL	Creme de leite fresco
a gosto	Suco de limão
1 pitada	Noz-moscada
1 pitada	Pimenta-do-reino branca
1 pitada	Sal

Por porção:
Calorias, 240; Proteínas, 21 g; Gorduras, 16 g (60% cal.); Colesterol, 135 mg; Carboidratos, 3 g; Fibras, 0 g; Sódio, 160 mg.

■ Modo de preparo

1. Misture o frango com o molho e cozinhe em fogo brando.
2. Retire do fogo. Bata as gemas de ovos com o creme. Faça a temperagem com um pouco do molho quente e adicione essa mistura ao restante do molho, mexendo para agregar.
3. Coloque novamente a panela no fogo e cozinhe em fogo bem baixo. Não deixe ferver.
4. Tempere a gosto com algumas gotas de suco de limão e uma pitada de noz-moscada, pimenta-do-reino branca e sal.

VARIAÇÕES

Blanquette de frango II
Siga a receita de *Blanquette* de vitela da página 326. Use 6 kg de frango cortado pelas juntas (cru) no lugar dos 5 kg de vitela. Use fundo de frango em vez de fundo de vitela.

Blanquette de frango à l'ancienne (à moda antiga)
Guarneça cada porção com 2 cebolas-pérolas cozidas e um chapéu de cogumelo cozido, torneado, se possível (ver p. 524).

Blanquette de frango *brunoise*
Adicione ao molho 125 g de cada um dos seguintes vegetais: cenoura, salsão e alho-poró ou cebola, cortados em *brunoise* e ligeiramente salteados na manteiga.

Blanquette de frango Argenteuil
Guarneça cada porção com 3 pontas de aspargo cozidas.

Peito de frango recheado Doria

Porções: 12
Tamanho da porção: 1 peito de frango recheado
50 mL de molho

Quantidade	Ingredientes
100 g	Chalota bem picada
60 g	Manteiga
500 g	Carne de coxa e sobrecoxa de frango
2	Claras
200 mL	Crème fraîche*
25 g	Ervas frescas bem picadas
50 g	Pão branco fresco esmigalhado
12	Peitos de frango, sem osso, de aproximadamente 175 g cada
2	Pepinos
1 colher (sopa)	Manteiga
600 mL	Molho de creme de leite azedo e iogurte (p. 197)
conforme necessário	Cebolinha-francesa picada, para guarnecer

Modo de preparo

1. Para fazer o recheio, refogue a chalota na manteiga até ficar macia, sem dourar. Deixe esfriar.
2. Coloque a carne escura de frango em um processador de alimentos e bata por alguns segundos.
3. Junte a chalota fria, a clara, o *crème fraîche*, as ervas e o pão esmigalhado. Aperte o botão pulsar algumas vezes para misturar. Tempere e leve à geladeira.
4. Bata os peitos de frango e os filezinhos com um martelo de carne. Faça uma abertura em cada peito e preencha com o recheio. Isso pode ser feito com facilidade colocando-se o recheio em um saco de confeiteiro.
5. Use o filezinho para tampar a abertura. Embrulhe cada peito em papel-alumínio ou manteiga, fechando as pontas com um barbante.
6. Coloque numa panela, cubra com o caldo e escalfe em fogo baixo por 20 a 25 minutos. Mantenha o frango no caldo quente.
7. Corte os pepinos em pedaços de 4 cm de comprimento e depois em quatro, descartando as sementes. Corte em formato de caroço de azeitona (*tourné*) (ver Fig. 7.18).
8. Branqueie em água fervente por 1 a 2 minutos, depois escorra e resfrie em água gelada. Escorra e reserve.
9. Salteie os pepinos na manteiga até ficarem macios, sem dourar.
10. Desembrulhe o frango e corte em fatias. Arranje em pratos, com colheradas do molho ao redor. Guarneça com o pepino e a cebolinha-francesa.

Por porção:
Calorias, 410; Proteínas, 45 g; Gorduras, 21 g (47% cal.);
Colesterol, 165 mg; Carboidratos, 7 g; Fibras, 1 g; Sódio, 220 mg.

Peito de frango recheado Doria

*N.R.: Especialidade francesa, é um creme de leite fresco levemente ácido e com alto teor de gordura (cerca de 40%).

Ensopado de frango com azedinha

Porções: 12   Tamanho da porção: ¼ de frango
                                75 mL de molho
                                guarnição de vegetais

Quantidade	Ingredientes
36	Minicenouras
36	Mininabos
36	Minialhos-poró
36	Cebolas-pérolas
36	Ervilhas-tortas
conforme necessário	Fundo de frango
36	Tomates-cereja
200 g	Azedinha
30 g	Manteiga
3	Frangos, de aproximadamente 1,5 kg cada
2 L	Fundo de frango
150 mL	Creme de leite fresco, quente
	Liaison:
150 mL	Creme de leite fresco
5	Gemas
a gosto	Sal
a gosto	Pimenta-do-reino

Por porção:
Calorias, 620; Proteínas, 50 g; Gorduras, 37 g (53% cal.); Colesterol, 270 mg; Carboidratos, 24 g; Fibras, 5 g; Sódio, 320 mg.

■ Modo de preparo

1. Limpe e descasque os minivegetais. Escalfe com a cebola-pérola e a ervilha-torta no fundo de frango. Deixe esfriar. Reserve os vegetais e o caldo.
2. Retire a pele dos tomates-cereja (opcional).
3. Corte a azedinha em tiras finas. Cozinhe na manteiga até murchar.
4. Corte cada frango em 8 pedaços, como mostra a Figura 12.5.
5. Cozinhe em fogo brando no fundo de frango até ficar macio.
6. Retire o frango do fundo e mantenha aquecido.
7. Coe o fundo e meça 750 mL, reservando o restante para outros usos.
8. Acrescente a primeira quantidade de creme de leite quente ao fundo quente e cozinhe em fogo brando.
9. Misture as gemas com a segunda quantidade de creme de leite para fazer o *liaison*. Faça a temperagem com um pouco da mistura quente, e depois junte tudo ao fundo. Acrescente também a azedinha. Cozinhe em fogo baixo até engrossar ligeiramente, mas não deixe ferver. Tempere a gosto.
10. Reaqueça os tomates e os minivegetais em seu próprio caldo, depois escorra.
11. Coloque o frango no prato e cubra com uma camada fina do molho. Arrume os vegetais em volta do frango.

Oyako donburi

Porções: 16   Tamanho da porção: ver modo de preparo

Quantidade	Ingredientes
2 L	Dashi (p. 195)
150 mL	Molho de soja
150 g	Açúcar
60 mL	Saquê (opcional)
3 L	Arroz japonês de grão curto, cru
725 g	Carne de frango, sem pele e sem osso
16	Cebolinhas
16	Ovos

Por porção:
Calorias, 570; Proteínas, 23 g; Gorduras, 8 g (13% cal.); Colesterol, 240 mg; Carboidratos, 98 g; Fibras, 4 g; Sódio, 600 mg.

Observação: o nome desse prato, *oyako*, significa "mãe e filho", referindo-se ao frango e aos ovos. *Donburi* é um tipo de tigela para servir, e esta palavra também se refere aos pratos servidos neste tipo de tigela, geralmente arroz com ingredientes variados e um molho.

Modo de preparo

1. Misture o *dashi*, o molho de soja, o açúcar e o saquê em uma panela funda. Aqueça em fogo brando para dissolver o açúcar. Retire do fogo e reserve.
2. Cozinhe o arroz seguindo as etapas 1 a 4 da receita para Arroz de sushi (p. 500). Mantenha aquecido.
3. Corte o frango em tiras de 2,5 cm de largura, depois corte fatias de 0,5 cm, na diagonal.
4. Descarte as raízes e as folhas mais duras das cebolinhas, deixando a parte macia intacta. Corte na diagonal em pedaços de 1 cm.
5. Para cada porção, coloque 45 g de frango, 1 cebolinha fatiada e 125 mL da mistura de *dashi* em uma frigideira de saltear pequena. Cozinhe em fogo brando até o frango ficar quase pronto.
6. Quebre 1 ovo em uma tigela. Mexa ligeiramente, sem bater.
7. Despeje o ovo por toda a volta do frango na frigideira. Continue cozinhando em fogo brando até o ovo atingir metade do cozimento.
8. Coloque 1½ xícara (375 mL) de arroz quente em uma tigela de sopa grande e funda.
9. Quando o ovo estiver quase pronto, misture o ovo delicadamente no caldo do frango e despeje o conteúdo da frigideira sobre o arroz.

VARIAÇÃO

Tendon

Exclua o frango, a cebolinha e o ovo na receita acima. Reduza o *dashi* para 1 L e dobre a quantidade de saquê. Coloque por cima de cada tigela de arroz um *Tempura* de camarão e vegetais (p. 481) e dois *tempuras* de legumes. Coloque aproximadamente 75 mL da mistura quente de *dashi* sobre o arroz e sirva. (O nome deste prato vem das primeiras sílabas de "tempura" e "donburi".)

Frango cozido à moda chinesa

Porções: 16   *Tamanho da porção: ⅛ de frango*

Quantidade	Ingredientes
2	Frangos de aproximadamente 1,8 kg cada
2 unidades	Anis-estrelado
3 fatias	Gengibre fresco
1 colher (sopa)	Grãos de pimenta Sichuan
250 mL	Molho de soja
1 L	Água ou fundo de frango
30 g	Açúcar
2	Cebolinhas
60 mL	Xerez ou vinho Shaoxing*

■ Modo de preparo

1. Corte cada frango em 8 pedaços.
2. Faça um sachê com o anis-estrelado, o gengibre e a pimenta Sichuan.
3. Misture o molho de soja e a água ou fundo em uma caçarola e acrescente o sachê de especiarias, o açúcar, a cebolinha e o xerez. Aqueça até ferver.
4. Coloque o frango. Cozinhe em fogo brando até ficar macio.
5. Sirva o frango quente ou frio. Se for servir frio, espere esfriar e guarde imerso no líquido de cozimento. O líquido pode ser usado novamente para outra leva.

VARIAÇÕES

O anis-estrelado e a pimenta Sichuan em grão podem ser excluídos em uma versão mais simples deste prato.

Outras carnes (usando cortes apropriados para cozimento lento) podem ser preparadas desta maneira, como carne de porco, de vaca, bucho e pato.

Por porção:
Calorias, 260; Proteínas, 29 g; Gorduras, 14 g (49% cal.); Colesterol, 90 mg; Carboidratos, 3 g; Fibras, 0 g; Sódio, 990 mg.

*N.R.: Vinho de arroz chinês original da região de Shaoxing.

Métodos de cocção em pratos chineses

Uma concepção errônea muito difundida no ocidente sobre a culinária chinesa é de que praticamente todos os pratos são refogados. Uma vantagem importante do processo de refogar, se o combustível para cozinhar for escasso, é que, embora o tempo de preparação seja longo, em razão de todo o procedimento de cortar e fatiar, o tempo de cozimento é curto. Quando se faz o pré-preparo, pratos refogados podem ser enviados para a mesa em questão de minutos.

Embora a técnica de refogar seja importante na China, muitas outras técnicas de cozimento também são usadas, especialmente o cozimento lento e o cozimento no vapor.

Duas receitas nesta seção, Pato defumado no chá e Frango cozido à moda chinesa, são exemplos típicos de métodos de cozinhar no vapor e cozinhar em fogo lento.

Embora ambas as receitas comecem com aves inteiras, elas são cortadas em pedaços menores antes de serem servidas. Em uma refeição chinesa típica, carnes, peixes e vegetais não são necessariamente o prato principal, mas podem ser o acompanhamento do arroz ou, às vezes, do macarrão. O tamanho das porções de proteína é pequeno, e os pratos são servidos em grandes travessas, no centro da mesa. Cada pessoa se serve de uma pequena quantidade dos pratos desejados para comer entre um bocado de arroz e outro.

Como a China é muito grande e tem uma variedade de climas, não existe um estilo único de culinária. Os estilos de Pequim no norte, do Cantão no sudoeste e de Sichuan no interior talvez sejam tão diferentes quanto os estilos da Alemanha, da França e da Itália.

Pato defumado no chá

Rendimento: 1 pato

Quantidade	Ingredientes
3 colheres (sopa)	Sal grosso
1 colher (sopa)	Grãos de pimenta Sichuan
1	Pato de aproximadamente 2,3 kg
6	Cebolinhas, limpas
4 fatias	Gengibre fresco
90 g	Arroz cru
½ xícara	Folhas de chá preto ou outro chá escuro
60 g	Açúcar

Por ⅙ da receita
Calorias, 520; Proteínas, 30 g; Gorduras, 43 g (75% cal.); Colesterol, 130 mg; Carboidratos, 2 g; Fibras, 1 g; Sódio, 2.969 mg.

Modo de preparo

1. Toste o sal e os grãos de pimenta Sichuan em uma frigideira seca, em fogo moderado, até que os grãos comecem a liberar o aroma.
2. Deixe a mistura esfriar e depois triture com um rolo de macarrão.
3. Limpe bem o pato, retirando o excesso de gordura. Achate o pato levemente pressionando o osso do peito para baixo, para quebrá-lo.
4. Esfregue a mistura de sal e pimenta, por dentro e por fora.
5. Coloque em uma cuba gastronômica, com um peso por cima, e deixe na geladeira por 1 a 2 dias.
6. Enxágue o pato.
7. Coloque a cebolinha e as fatias de gengibre na cavidade.
8. Cozinhe o pato no vapor por 1 hora a 1 hora e 30 minutos, até ficar macio.
9. Forre uma *wok* grande ou outra panela de fundo grosso com papel-alumínio.
10. Misture o arroz cru, as folhas de chá e o açúcar. Coloque a mistura no fundo da *wok*.
11. Coloque o pato em uma grelha apoiada sobre essa mistura e tampe bem a panela.
12. Coloque a panela em fogo alto por 5 minutos, depois, em fogo médio por 20 minutos. Desligue o fogo e deixe descansar por mais 20 minutos sem tirar a tampa.
13. Resfrie o pato. Pique em pedaços de 3 a 5 cm, com osso. Outra maneira é desossar e cortar a carne em tiras de 2,5 cm de largura. Este prato geralmente é servido em temperatura ambiente.

VARIAÇÕES

Se quiser um pato mais condimentado, acrescente 1 colher de chá de pó de cinco especiarias à mistura de sal e pimenta depois de tostar.

Pato crocante
Esta variedade pode ser feita com pato defumado ou com pato ao vapor sem defumar (etapa 8). Quando o pato estiver frio, corte-o em quatro. Se preferir, desosse, mas mantenha sua forma original. Frite por imersão até a pele ficar crocante. Escorra, corte em pedaços menores e sirva imediatamente (etapa opcional: esfregue amido de milho na pele antes de fritar por imersão).

Mole poblano de pollo ou de guajolote

Porções: 16   Tamanho da porção: 90 mL de molho
              quantidade variável de frango ou peru

Quantidade	Ingredientes
15	Pimentas secas *mulato* (ver Observação)
45 g	Sementes de gergelim
125 g	Amêndoas
3	*Tortillas*
175 g	Banha ou gordura de frango, de peru ou de porco derretida
¼ de colher (chá)	Cravo-da-índia em pó
½ colher (chá)	Canela em pó
½ colher (chá)	Pimenta-do-reino preta
¼ de colher (chá)	Semente de coentro em pó
225 g	Tomate, em lata ou fresco
4	Dentes de alho picados
30 g	Chocolate amargo (sem açúcar), ralado ou em pedaços
4,5–6,5 kg	Frango (*pollo*) ou peru (*guajolote*), cortado pelas juntas
175 g	Cebola picada
60 g	Cenoura picada
1	Dente de alho
8	Grãos de pimenta-do-reino
4 colheres (chá)	Sal
conforme necessário	Água
conforme necessário	Banha
a gosto	Sal

Por porção:
Calorias, 510; Proteínas, 38 g; Gorduras, 36 g (63% cal.); Colesterol, 120 mg; Carboidratos, 9 g; Fibras, 4 g; Sódio, 420 mg.

Observação: em vez de pimentas secas *mulato*, pode-se usar pimenta seca *ancho* ou *pasilla*, ou uma mistura de vários tipos. Se não tiver nenhuma delas, substitua por aproximadamente 1 xícara (125 g) de pó para *chili*.

Modo de preparo

1. Retire e descarte as sementes e os cabinhos da pimenta. Moa até obter um pó.
2. Moa as sementes de gergelim em um moedor de especiarias ou soque em um pilão. Reserve. Faça o mesmo com as amêndoas.
3. Frite as *tortillas* na gordura por aproximadamente 30 segundos. Escorra e reserve a gordura para a etapa 6. Quebre as *tortillas* em pedaços.
4. Coloque o gergelim e as amêndoas trituradas, as *tortillas*, o cravo-da-índia, a canela, a pimenta-do-reino e a semente de coentro no copo do liquidificador.
5. Tire a pele dos tomates, se forem frescos. Coloque, juntamente com o alho, no liquidificador. Bata até obter uma mistura homogênea. Se estiver muito grossa para bater, ponha um pouco de caldo de frango, de peru ou água.
6. Aqueça a gordura reservada na etapa 3 em uma caçarola funda, em fogo moderado. Junte a pimenta seca em pó e cozinhe por aproximadamente 30 segundos. Tenha cuidado para não deixar queimar.
7. Adicione a mistura do liquidificador. Cozinhe por 5 minutos, sem parar de mexer. O molho ficará bem grosso.
8. Adicione o chocolate. Mexa sem parar até o chocolate ser totalmente incorporado. O molho pode ser preparado até este ponto com 1 a 2 dias de antecedência e guardado na geladeira.
9. Coloque o frango ou peru, a cebola, a cenoura, o alho, a pimenta-do-reino e o sal em um caldeirão grande. Adicione água até cobrir.
10. Cozinhe em fogo brando até ficarem macios.
11. Retire do caldo e reserve, mantendo aquecidos.
12. Coe o caldo. Meça 1,5 L e junte ao molho de pimenta e tomate preparado, mexendo sempre. Cozinhe em fogo brando por 30 a 45 minutos, até que os sabores se misturem e o molho adquira uma consistência leve (reserve o caldo restante para outro uso).
13. Aqueça a banha em uma frigideira e doure ligeiramente os pedaços cozidos de carne (esta etapa é opcional).
14. Junte ao molho e cozinhe em fogo brando por alguns minutos, até ficarem bem quentes.
15. Acerte o tempero com sal, se necessário, e sirva.

Mole poblano

Os pratos mais conhecidos da culinária mexicana no cenário internacional – *enchiladas*, *burritos*, *tacos* e *tamales* – representam apenas uma pequena parte da variedade de estilos de preparo do México. Além desses pratos típicos, o *mole poblano* é um dos poucos pratos mais conhecidos fora do país.

A palavra espanhola *salsa* significa literalmente "molho", e designa uma grande variedade de molhos e condimentos cozidos ou não. Na cozinha mexicana, um *mole* é um tipo especial de molho, que é cozido, contém pimenta seca e outros condimentos, e geralmente é engrossado com milho, sementes ou oleaginosas moídas. É uma preparação mais complexa do que a maioria das *salsas*. O *mole* mais conhecido, *mole poblano* (que significa mole da cidade de Puebla), contém chocolate amargo, além de outros temperos.

Mole não significa molho de chocolate, e simplesmente colocar chocolate em um molho não faz dele um *mole*. Há muitos *moles* que não contêm chocolate.

BRASEAR

Esse método de cozimento em calor úmido pode ser usado para amaciar carnes mais duras de aves. Além disso, como no caso da vitela e da carne de porco, ele pode conferir umidade e sabor às carnes de ave macias. *Coq au vin*, o famoso frango braseado em vinho tinto, era originalmente feito com galos velhos e duros (*coq*), mas hoje a mesma receita é aplicada para frangos jovens e tenros.

As aves são braseados usando-se o mesmo modo de preparo utilizado para carnes, mas o *mirepoix* é muitas vezes omitido. Outros ingredientes de sabor podem ser usados, dependendo da receita. Os métodos 1 e 2 (p. 333) são usados quando o objetivo é obter um produto final dourado.

Fricassée de frango

Porções: 24
Tamanho da porção: ¼ de frango
90 mL de molho

Quantidade	Ingredientes
6	Frangos de 1,1–1,4 kg cada
a gosto	Sal
a gosto	Pimenta-do-reino branca
175 g	Manteiga
350 g	Cebola cortada em *brunoise*
175 g	Farinha de trigo
3 L (aproximadamente)	Fundo de frango
	Sachê:
1	Folha de louro
1	Pedaço pequeno de salsão
4	Talos de salsinha
¼ de colher (chá)	Tomilho
	Liaison:
5	Gemas, batidas
500 mL	Creme de leite fresco
2 colheres (sopa)	Suco de limão
a gosto	Sal
a gosto	Pimenta-do-reino branca
a gosto	Noz-moscada

Por porção:
Calorias, 440; Proteínas, 39 g; Gorduras, 27 g (56% cal.); Colesterol, 175 mg; Carboidratos, 8 g; Fibras, 0 g; Sódio, 180 mg.

Modo de preparo

1. Corte cada frango em 8 pedaços. Tempere com sal e pimenta-do-reino branca.
2. Derreta a manteiga em uma caçarola rasa, em fogo médio.
3. Junte o frango e a cebola. Salteie ligeiramente de modo que o frango fique selado de todos os lados, mas sem dourar.
4. Acrescente a farinha de trigo e mexa para misturar bem com a gordura e fazer um *roux*. Deixe no fogo por mais 2 minutos, sem deixar dourar.
5. Devagar e mexendo sempre, adicione fundo de frango, até cobrir o frango. Cozinhe em fogo brando, mexendo, até o molho engrossar.
6. Adicione as ervas, atadas em um pano fino (sachê).
7. Tampe e coloque no forno a 150°C, ou mantenha em fogo bem baixo no fogão. Cozinhe até o frango ficar macio, por aproximadamente 30 a 45 minutos.
8. Retire o frango do molho e mantenha aquecido em uma cuba gastronômica com tampa.
9. Tire o excesso de gordura do molho. Reduza em fogo alto até atingir uma consistência apropriada. Você deve obter cerca de 2 L de molho. Coe em pano fino.
10. Misture as gemas com o creme de leite. Faça a temperagem com um pouco do molho quente e acrescente esta mistura ao molho. Abaixe bem o fogo. Não deixe ferver.
11. Tempere a gosto com suco de limão, sal, pimenta-do-reino branca e noz-moscada. Despeje o molho sobre o frango.

VARIAÇÕES

Fricassée de frango com estragão
Adicione 1 colher de sopa de estragão seco ao sachê.

Fricassée de frango à l'indienne
Adicione 4 colheres de sopa (60 mL) de *curry* em pó ao fazer o *roux*.

Fricassée de asa de peru
Prepare como na receita básica, usando 1 ou 2 asas de peru por porção, dependendo do tamanho. Corte asas grandes em 2 pedaços.

Fricassée de vitela
Prepare como na receita básica, usando 4,5 kg de paleta de vitela sem osso, cortada em cubos grandes. Use fundo claro de vitela.

Fricassée de carne de porco
Use 4,5 kg de carne de porco sem osso cortada em cubos e fundo de porco, de vitela ou de frango.

Fricassée à l'ancienne
Fricassée brunoise
Fricassée Argenteuil
Use as mesmas guarnições das variações de *Blanquette* de frango (p.403)

O método 3 (p. 333) é usado para *fricassée* e molhos brancos nos quais o frango é salteado sem dourar.

PRATOS "SALTEADOS" BRASEADOS

Ao revisar o modo de preparo para saltear carnes (p. 314), você verá que, se o produto não estiver completamente cozido ao ser dourado na etapa 5 e depois for terminado por cozimento lento no próprio molho na etapa 10, o resultado será um item braseado. Este modo de preparo pode ser usado para os clássicos "sautés", que frequentemente são itens braseados. Outro método é terminar o cozimento do frango ou da carne em uma panela tampada, no forno, enquanto você prepara o molho. Isso também é brasear porque a tampa segura a umidade.

Frango *chasseur*

Porções: 10   Tamanho da porção: ½ frango
                              90 mL de molho

Quantidade	Ingredientes
5	Frangos de 0,9–1 kg cada (ver Observação)
a gosto	Sal
a gosto	Pimenta-do-reino
60 mL	Óleo
60 g	Chalota ou cebola cortada em *brunoise*
250 g	Cogumelo laminado
250 mL	Vinho branco
750 mL	*Demi-glace* (p. 175)
250 g	Tomate *concassé*, fresco ou
125 g	Tomates em lata picados e escorridos
a gosto	Sal
a gosto	Pimenta-do-reino
2 colheres (sopa)	Salsinha picada

Modo de preparo

1. Corte o frango em 8 pedaços. Tempere com sal e pimenta-do-reino.
2. Aqueça o óleo em uma frigideira grande ou uma caçarola baixa. Doure bem a carne de todos os lados.
3. Retire os frangos da caçarola. Coloque em recipiente tampado e mantenha aquecido.
4. Junte a chalota e o cogumelo à caçarola e salteie ligeiramente, sem dourar.
5. Adicione o vinho branco e reduza a um quarto, em fogo alto.
6. Acrescente o *demi-glace* e o tomate, mexendo até ferver. Reduza ligeiramente. Tempere com sal e pimenta-do-reino.
7. Coloque o frango de volta no molho. Tampe e cozinhe em fogo brando ou no forno a 165°C, por aproximadamente 20 a 30 minutos, ou até ficar pronto.
8. Quando o frango estiver pronto, tire do molho e reduza ligeiramente em fogo alto. Adicione a salsinha e verifique o tempero.
9. Sirva ½ frango (2 pedaços de carne escura e 2 pedaços de carne branca) por porção. Coloque 90 mL de molho por cima.

Por porção:
Calorias, 780; Proteínas, 76 g; Gorduras, 47 g (55% cal.); Colesterol, 250 mg; Carboidratos, 72 g; Fibras, 1 g; Sódio, 290 mg.

Observação: se preferir, use frangos grandes. Para frangos de 1,6 kg, use ¼ de frango por porção (1 pedaço de carne escura e 1 pedaço de carne branca).

Variações

Método alternativo: doure os frangos como na receita básica. Escorra o excesso de gordura. Adicione 1 L de molho *chasseur* e termine o cozimento dos frangos como no método básico.

Frango *bercy*
Método 1: prepare como na receita básica, mas exclua os cogumelos e o tomate.
Método 2: doure os frangos como na receita básica. Adicione 1 L de molho *bercy* previamente preparado e cozinhe os frangos em fogo brando até o término do cozimento.

Frango *portugaise*
Método 1: prepare como na receita básica, mas exclua os cogumelos e o vinho. Use 125 g de cebola cortada em *brunoise* e acrescente 1 colher (chá) de alho picado. Substitua o *demi-glace* por molho de tomate.
Método 2: doure os frangos como na receita básica. Adicione 1 L de molho *portugaise* e cozinhe os frangos em fogo brando até o término do cozimento.

Frango *hongroise*
Prepare como na receita básica, mas salteie os frangos ligeiramente. Não deixe dourar. Exclua os cogumelos e o vinho. Use o molho *hongroise* (húngaro) em vez do *demi-glace*. Quando o frango estiver cozido, adicione 125 a 175 mL de creme de leite fresco (faça a temperagem ou aqueça) ao molho. Exclua a guarnição de salsinha. Sirva com arroz branco.

Pato braseado com chucrute

Porções: 12
Tamanho da porção: ¼ de pato
125 g de chucrute

Quantidade	Ingredientes
3	Patos jovens de 2,2 kg cada
60 mL	Óleo
1	Sachê:
½ colher (chá)	Folha de louro
6–8	Tomilho seco
	Talos de salsinha
½ receita (aproximadamente 1,5 kg)	Chucrute (p. 561), braseado

Por porção:
Calorias, 680; Proteínas, 45 g; Gorduras, 53 g (71% cal.); Colesterol, 145 mg; Carboidratos, 4 g; Fibras, 2 g; Sódio, 600 mg.

■ Modo de preparo

1. Corte os patos em 8 pedaços, pelas juntas, como se corta um frango (ver Fig. 12.5). Limpe todo o excesso de gordura.
2. Aqueça o óleo em uma frigideira alta ou caçarola baixa. Coloque os pedaços de pato com a pele virada para baixo e doure em fogo moderadamente alto até corar bem a pele. Uma grande quantidade de gordura irá derreter.
3. Vire os pedaços e continue dourando de todos os lados.
4. Escorra toda a gordura da frigideira. Vire os pedaços de pato, deixando a pele para cima.
5. Amarre as ervas em um sachê de pano fino e coloque na frigideira com o pato.
6. Tampe a frigideira e coloque no forno para cozinhar a 165°C, por aproximadamente 30 minutos. Não adicione líquido. O pato irá cozinhar nos seu próprio suco.
7. Enquanto o pato estiver cozinhando, prepare o chucrute, mas cozinhe-o por apenas 30 minutos.
8. Retire o pato da frigideira e mergulhe-o no chucrute parcialmente cozido. Retire o excesso de óleo da frigideira cuidadosamente, sem perder os sucos. Espalhe os sucos sobre o pato e o chucrute.
9. Tampe e continue braseando o pato e o chucrute por mais uma hora.
10. Quando estiver cozido, tire o pato e coloque em uma cuba gastronômica ou travessa. Tire o chucrute com uma colher perfurada e coloque em outro recipiente, ou em volta do pato na travessa.
11. Tire o excesso de gordura dos sucos. Espalhe um pouco dos sucos sobre o pato e o chucrute.

V A R I A Ç Ã O

Pato braseado com repolho
Prepare como na receita básica, mas substitua ½ receita de chucrute por ½ receita de Repolho-roxo braseado (p. 560), verde ou branco.

Frango com páprica

Porções: 24 *Tamanho da porção: ¼ de frango*
  90 mL de molho

Quantidade	Ingredientes
125 mL	Óleo
6	Frangos cortados pelas juntas de 1,4–1,6 kg cada
700 g	Cebola bem picada
450 g	Pimentão verde em cubos pequenos
60 g	Farinha de trigo
90 mL	Páprica húngara
500 mL	Fundo de frango
450 g	Tomate em lata, picado
2 colheres (chá)	Sal
500 mL	Creme de leite azedo

Por porção:
Calorias, 440; Proteínas, 46 g; Gorduras, 24 g (50% cal.); Colesterol, 120 mg; Carboidratos, 8 g; Fibras, 1 g; Sódio, 370 mg.

Modo de preparo

1. Aqueça o óleo em uma frigideira e doure levemente o frango de todos os lados.
2. Tire o frango da frigideira e coloque em uma caçarola.
3. Junte a cebola e o pimentão à gordura. Salteie até ficarem macios, mas sem dourar.
4. Acrescente farinha de trigo e mexa para fazer um *roux*. Cozinhe em fogo baixo por alguns minutos.
5. Adicione a páprica e mexa para misturar bem.
6. Junte o fundo de frango, o tomate e o sal, mexendo sempre. Aqueça até ferver. O molho se torna bem espesso neste ponto.
7. Espalhe o molho sobre o frango. Tampe e cozinhe em fogo bem baixo, ou no forno a 165°C, até o frango ficar macio, por aproximadamente 30 a 40 minutos.
8. Quando o frango estiver cozido, tire do molho e coloque em uma cuba gastronômica.
9. Tire o excesso de gordura do molho. Adicione o creme de leite azedo e mexa. Cozinhe em fogo brando por 1 minuto, mas não deixe ferver. Acerte os temperos.
10. Espalhe o molho sobre o frango na cuba.
11. Sirva com macarrão feito com ovos, *Spätzle* (p. 651), ou arroz.

Poulet sauté basquaise (frango à moda basca)

Porções: 12 Tamanho da porção: ¼ de frango ou 2 pedaços (aproximadamente 250 g)

Quantidade	Ingredientes
3	Frangos de aproximadamente 1,3 kg cada
a gosto	Sal
a gosto	Pimenta-do-reino
conforme necessário	Óleo
150 mL ou conforme necessário	Azeite de oliva
600 g	Cebola
800 g	Pimentão verde
800 g	Pimentão vermelho
9	Dentes de alho picados
750 g	Tomate, sem pele e sem sementes, cortado em quatro
300 mL	Vinho branco
250 g	Presunto cru em *batonnet*
conforme necessário	Manteiga

■ Modo de preparo

1. Corte cada frango em 8 pedaços (ver Fig. 12.5) e tempere com sal e pimenta-do-reino.
2. Aqueça o óleo em uma frigideira grande e salteie, em vários lotes, primeiramente com a pele virada para baixo até ficarem ligeiramente dourados.
3. Retire o frango da frigideira e escorra em papel-toalha. Descarte o excesso de gordura.
4. Coloque a frigideira em fogo baixo e adicione azeite. Refogue ligeiramente a cebola, os pimentões, o alho e o tomate. Cozinhe por 10 minutos, sem tampar.
5. Adicione o vinho e cozinhe por mais 30 minutos.
6. Coloque os pedaços de frango dourados de volta na frigideira e cozinhe em fogo brando até o final do cozimento. Verifique se os sucos do frango estão claros. Ajuste o tempero.
7. Frite o presunto cru ligeiramente na manteiga.
8. Sirva o frango coberto com o molho e salpicado com o presunto cru e o caldinho amanteigado da frigideira.

Por porção:
Calorias, 570; Proteínas, 48 g; Gorduras, 33 g (52% cal.); Colesterol, 125 mg; Carboidratos, 16 g; Fibras, 3 g; Sódio, 610 mg.

Poulet sauté au vinaigre (frango estilo *lyonnaise* com tomate e vinagre)

Porções: 12 Tamanho da porção: ¼ de frango

Quantidade	Ingredientes
3	Frangos de aproximadamente 1,2 kg cada
a gosto	Sal
a gosto	Pimenta-do-reino
100 mL	Óleo
600 mL	Vinagre com estragão
90 g	*Beurre manié*
1,7 kg	Tomate, sem pele e sem sementes, picado
conforme necessário	Raminhos de estragão, para guarnecer

■ Modo de preparo

1. Corte cada frango em 8 pedaços. Tempere com sal e pimenta-do-reino.
2. Aqueça o óleo em uma frigideira grande e salteie os pedaços de frango até ficarem bem dourados, primeiramente com a pele virada para baixo. Talvez seja necessário fazer isso em vários lotes. Escorra o excesso de óleo da frigideira.
3. Adicione metade do vinagre ao frango, na frigideira, e cozinhe em fogo brando, tampado, por 10 minutos. Vire os pedaços e cozinhe por mais 10 minutos. O frango estará cozido quando o suco sair claro ao ser espetado com um garfo.
4. Enquanto o frango está cozinhando, aqueça o resto do vinagre em uma segunda frigideira e ferva por 4 minutos.
5. Bata o *beurre manié* com o vinagre reduzido. Adicione à frigideira com o frango, juntamente com os tomates. Cozinhe em fogo brando por 10 minutos. Acerte o tempero.
6. Sirva o frango em pratos aquecidos e espalhe o molho sobre a carne. Guarneça com o estragão. Este prato deve ser servido com arroz.

Por porção:
Calorias, 450; Proteínas, 38 g; Gorduras, 28 g (56% cal.); Colesterol, 125 mg; Carboidratos, 12 g; Fibras, 2 g; Sódio, 150 mg.

Faisão *en cocotte*

Porções: 4 Tamanho da porção: ½ faisão (ver Observação)

Quantidade	Ingredientes
110 g	Minicebolas brancas
220 g	Batata-bolinha nova
15 g	Manteiga
2	Faisões de 900 g cada (ver Observação)
a gosto	Sal
a gosto	Pimenta-do-reino
25 g	Manteiga
25 g	Conhaque (opcional)
110 mL	Fundo escuro ou *demi-glace*

Por porção:
Calorias, 850; Proteínas, 92 g; Gorduras, 46 g (49% cal.); Colesterol, 305 mg; Carboidratos, 14 g; Fibras, 1 g; Sódio, 250 mg.

Observação: faisões muito pequenos, de 0,5 kg, podem ser servidos como uma porção.

■ **Modo de preparo**

1. Descasque as cebolas e as batatas.
2. Doure na manteiga, tampe e deixe abafar em fogo baixo até ficarem parcialmente cozidas. Elas terminarão de cozinhar com o faisão.
3. Tempere os faisões com sal e pimenta-do-reino. Amarre-os.
4. Em uma caçarola grande o bastante para conter as aves, doure bem os faisões na manteiga, em fogo médio, certificando-se de que todos os lados estão sendo dourados.
5. Se a manteiga queimar durante o processo, limpe a caçarola ou transfira as aves para uma caçarola limpa e adicione um pouco mais de manteiga fresca.
6. Adicione o conhaque, se for usar. Adicione também as cebolas e as batatas reservadas. Tampe bem e leve ao forno a 190°C. Asse por aproximadamente 30 a 45 minutos, ou 15 a 30 minutos se forem usados faisões "de leite". No meio do tempo do cozimento, tire a tampa e regue com a manteiga. Recoloque a tampa.
7. Quando o faisão estiver ao ponto, tire-o da caçarola e mantenha-o aquecido. Deglaceie a caçarola com o fundo e reduza levemente.
8. O faisão, com a guarnição de vegetais e o molho, pode ser sevido na própria caçarola, para ser trinchado e colocado nos pratos pelos garçons. Outro modo de servir seria trinchá-los como frangos (ver p. 369) e empratá-los na cozinha. Arrume o faisão com a guarnição de vegetais e coloque uma colher do molho por cima.

VARIAÇÕES

Outras aves, como perdizes, galinhas-d'angola e franguinhos de leite ou galetos, podem ser preparados usando esta receita.

Outras guarnições podem ser usadas no lugar da cebola e da batata, como:
   Cogumelos
   Repolho, branqueado e salteado com um pouco de gordura de porco
   Castanhas-portuguesas inteiras, cozidas separadamente
   Ervilha fresca
   Fundo de alcachofra fatiado

Fricassée de volaille Vallée d'Auge*
(fricassée de frango com maçãs e sidra)

Porções: 12   Tamanho da porção: ¼ de frango
                                  125 g de molho e cogumelos

Quantidade	Ingredientes
3	Frangos de aproximadamente 1,3 kg cada
a gosto	Sal
a gosto	Pimenta-do-reino
75 mL	Óleo
75 g	Manteiga
200 mL	Calvados**
150 g	Chalotas
1,5 L	Sidra fermentada (ver Observação)
500 g	Cogumelo
50 g	Manteiga
750 mL	Creme de leite fresco
600 g	Maçã Golden Delicious
150 g	Manteiga clarificada
40 g	Salsinha picada

■ Modo de preparo

1. Corte cada frango em 8 pedaços e tempere com sal e pimenta-do-reino.
2. Aqueça o óleo em uma frigideira grande, acrescente a manteiga e salteie o frango em várias levas, com a pele virada para baixo, até ficar ligeiramente dourado. Descarte o excesso de gordura.
3. Acrescente o *Calvados* ao frango, na frigideira, e ateie fogo para flambar.
4. Acrescente a chalota e cozinhe ligeiramente até ficarem macias. Em seguida, adicione a sidra. Tampe e cozinhe em fogo brando por 20 a 25 minutos. Vire os pedaços de frango depois de 15 minutos.
5. Salteie os cogumelos na manteiga em outra panela, tampada, por 5 minutos.
6. Cinco minutos antes do final do cozimento do frango, adicione os cogumelos e seu suco ao frango.
7. Acrescente o creme de leite.
8. Quando estiver cozido, tire o frango da panela e mantenha-o aquecido. Reduza até que o molho cubra as costas de uma colher. Ajuste o tempero, coloque os pedaços de frango de volta na panela e cozinhe em fogo brando até que estejam completamente aquecidos.
9. Para preparar as maçãs, tire as sementes, mas sem cortá-las ou descascá-las. Corte em rodelas de aproximadamente 0,25 a 0,5 cm de espessura, no sentido da largura, e frite na manteiga clarificada até dourarem de ambos os lados. Sirva com o frango e guarneça com a salsinha.

Por porção:
Calorias, 890; Proteínas, 43 g; Gorduras, 63 g (63% cal.);
Colesterol, 260 mg; Carboidratos, 22 g; Fibras, 2 g; Sódio, 330 mg.

Observação: se não tiver sidra fermentada, substitua por 1 L de suco de maçã fresca (sem açúcar) mais 500 mL de vinho branco seco.

*N.R.: Vallée d'Auge é uma região da Normandia, na França.
**N.R.: Aguardente de maçã típica da região da Normandia, na França.

Brasear 417

Frango *en cocotte* com Côte du Rhône

Porções: 12 *Tamanho da porção: ¼ de frango*
75 mL de molho

Quantidade	Ingredientes
3	Frangos de aproximadamente 2 kg cada
a gosto	Sal
a gosto	Pimenta-do-reino
50 g	Manteiga clarificada
75 g	Chalota
20 g	Farinha de trigo
650 mL	Vinho tinto, de preferência Côte du Rhône
1 L	Fundo de frango
125 mL	Creme de leite, quente
3 colheres (sopa)	Purê de azeitonas pretas
2 colheres (sopa)	Manjericão fresco, picado
3 colheres (sopa)	Manteiga
a gosto	Sal
a gosto	Pimenta-do-reino
conforme necessário	Folhas de manjericão, para guarnição

■ Modo de preparo

1. Corte cada frango em 8 pedaços. Tempere com sal e pimenta-do-reino.
2. Doure o frango na manteiga clarificada. Retire da frigideira.
3. Acrescente a chalota à frigideira. Abafe, depois polvilhe com a farinha e misture bem para fazer um *roux*. Cozinhe por alguns minutos.
4. Deglaceie com o vinho tinto. Reduza a um terço, depois acrescente o fundo de frango.
5. Coloque os pedaços de frango de volta na frigideira, tampe e leve ao forno a 200°C até o frango terminar de cozinhar.
6. Retire o frango do líquido do cozimento e coe. Tire a gordura da superfície e reduza até cobrir as costas de uma colher.
7. Adicione o creme de leite e reduza novamente.
8. Junte o purê de azeitonas e metade do manjericão e misture.
9. Acrescente a manteiga aos poucos, balançando a frigideira em movimentos circulares (*monter au beurre*), e acerte o tempero.
10. Antes de servir, misture o restante do manjericão.
11. Decore com folhas de manjericão.

Por porção:
Calorias, 630; Proteínas, 67 g; Gorduras, 33 g (48% cal.); Colesterol, 190 mg; Carboidratos, 4 g; Fibras, 0 g; Sódio, 290 mg.

Ballotine de poulet grandmère
(coxa de frango desossada recheada com cogumelo, cebola e bacon)

Porções: 12   Tamanho da porção: 1 coxa e sobrecoxa de frango
                                   195 g de molho e vegetais

Quantidade	Ingredientes
12	Jogos de coxa e sobrecoxa de frango de aproximadamente 300 g cada, com a pele
90 g	Chalota bem picada
45 g	Cenoura cortada em *brunoise*
45 g	Salsão cortado em *brunoise*
60 g	Manteiga
175 g	Pão branco fresco esmigalhado
3 (aproximadamente)	Ovos batidos
a gosto	Sal
a gosto	Pimenta-do-reino
12 pedaços	Peritônio de porco, aproximadamente 375 g no total (ver Observação)
60 mL	Óleo
350 g	*Mirepoix* em cubos pequenos
150 mL	Vinho branco (ver Observação)
45 g	Massa de tomate
1,5 L	Fundo escuro
150 g	*Beurre manié*
a gosto	Sal
a gosto	Pimenta-do-reino
350 g	Bacon, em um pedaço só
300 g	Cebola-pérola
500 g	Cogumelo-paris
conforme necessário	Ramos de salsinha, para guarnecer

Por porção:
Calorias, 680; Proteínas, 46 g; Gorduras, 46 g (61% cal.); Colesterol, 205 mg; Carboidratos, 19 g; Fibras, 2 g; Sódio, 610 mg.

■ Modo de preparo

1. Retire os ossos da coxa e sobrecoxa do frango cuidadosamente, seguindo o procedimento mostrado na Figura 13.6. Retire também toda a cartilagem. Pique, reservando os ossos.
2. Abafe a chalota, a cenoura e o salsão na manteiga até ficarem macios. Deixe esfriar. Misture com o pão esmigalhado, juntando ovo suficiente para dar liga e adquirir uma consistência macia, mas não muito úmida. Tempere.
3. Preencha os sulcos deixados pelos ossos da coxa e sobrecoxa do frango com esse recheio, depois enrole, formando um cilindro. Se encontrar o peritônio de porco, enrole e amarre bem os rolos de frango com ele. Se não encontrar, apenas amarre os rolinhos bem firme.
4. Aqueça o óleo em uma frigideira grande e rasa e doure os rolinhos recheados. Retire da frigideira.
5. Junte os ossos de frango, picados, e o *mirepoix* à frigideira. Refogue até dourar.
6. Deglaceie com o vinho e reduza a 10%. Acrescente a massa de tomate e o fundo. Aqueça até ferver e engrosse levemente com o *beurre manié*.
7. Coloque os rolinhos de frango de volta na frigideira, certificando-se de que fiquem mergulhados no líquido apenas até a metade. Aqueça até ferver, depois continue o cozimento no forno a 180°C, sem tampar, por aproximadamente 30 minutos. Durante esse tempo, regue com o líquido do braseado para que a pele fique glaceada.
8. Retire o frango do líquido e mantenha aquecido. Coe em uma cuba gastronômica limpa e retire o excesso de óleo; tempere com sal e pimenta-do-reino, ajustando a consistência, se necessário.
9. Prepare a guarnição: corte o bacon em *lardons* (em *batonnet*). Branqueie começando com água fria e aquecento até ferver; cozinhe por 5 minutos no total. Frite em seguida, até dourar. Salteie as cebolas e os cogumelos na gordura do bacon até ficarem glaceados e dourados. Misture os três.
10. Tire o barbante dos rolinhos de frango, corte-os em fatias uniformes e sirva em pratos aquecidos com o molho em volta. Espalhe a guarnição misturada sobre o frango e decore com raminhos de salsinha.

Observação: o peritônio é uma membrana de gordura fina e rendilhada que recobre a cavidade abdominal de porcos e outros animais. Quando usado como envoltório, ajuda a manter a forma do ingrediente e evita que o recheio escape; durante o cozimento ele derrete quase por completo. Se não encontrar, simplesmente exclua.

Se não quiser usar vinho nesta receita, substitua por água ou fundo para deglacear. Ajuste o tempero do molho terminado com um pouco de suco de limão espremido na hora.

Ballotine de poulet grandmère

Figura 13.6. Como desossar e rechear coxa e sobrecoxa de frango.

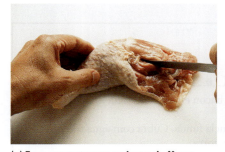

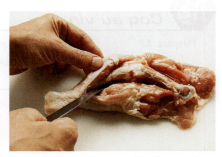

(a) Faça um corte raso ao longo do fêmur.

(b) Deslize a faca pelas laterais do osso para separá-lo da carne.

(c) Continue a cortar no sentido do comprimento total da perna para expor todo o osso.

(d) Retire todo o osso da carne.

(e) Coloque uma porção do recheio preenchendo o sulco deixado na carne pelo osso e enrole como um cilindro para segurar o recheio.

(f) Amarre firme.

Salmis de perdiz

Porções: 4   Tamanho da porção: 1 perdiz

Quantidade	Ingredientes
4	Perdizes de aproximadamente 450 g cada (ver variações)
conforme necessário	Sal
conforme necessário	Pimenta-do-reino
conforme necessário	Manteiga derretida
30 g	Chalota
15 g	Manteiga
3–4	Grãos de pimenta-do-reino, moídos grosseiramente
300 mL	Vinho tinto
180 mL	*Demi-glace*
a gosto	Sal
60 g	Manteiga

Por porção:
Calorias, 920; Proteínas, 118 g; Gorduras, 21 g (26% cal.); Colesterol, 435 mg; Carboidratos, 5 g; Fibras, 0 g; Sódio, 390 mg.

Observação: o *salmis* é um prato de aves de caça parcialmente assado no forno e parcialmente cozido em um molho. O molho geralmente é feito com vinho branco ou tinto e temperado com os sucos da carcaça ou pelo cozimento lento da carcaça no molho. A carne pode então ser simplesmente reaquecida no molho ou cozida por um período maior.

Modo de preparo

1. Tempere as aves com sal e pimenta-do-reino e pincele com manteiga derretida.
2. Asse em forno quente a 250°C, deixando-as malpassadas.
3. Corte as pernas. Coloque no dourador por alguns minutos, com o lado de dentro virado para o calor, e grelhe até ficar ao ponto.
4. Cuidadosamente, retire cada lado do peito da carcaça em uma peça. Reserve, mantendo aquecidos.
5. Pique as carcaças.
6. Salteie as carcaças picadas e a chalota na manteiga por alguns minutos.
7. Acrescente grãos de pimenta-do-reino e o vinho tinto. Reduza a um terço.
8. Acrescente o *demi-glace* e deixe ferver. Coe em uma peneira fina, pressionando os sólidos para extrair o máximo de líquido possível.
9. Junte os peitos ao molho em uma caçarola e leve ao fogo brando até que a carne fique aquecida e cozida ao ponto desejado. A carne deve ficar rosada por dentro.
10. Coe o molho novamente. Tempere com sal. Finalize o molho em fogo brando adicionando manteiga e balançando a caçarola com movimentos circulares (*monter au beurre*).
11. Sirva os peitos com o molho, acompanhados das pernas grelhadas.

VARIAÇÕES

Esta receita pode ser preparada com outras aves em vez das perdizes. O número de aves a ser usado depende do seu tamanho.

Faisão   Pombo jovem   Pato selvagem   Galinha-d'angola

Coq au vin

Porções: 12   Tamanho da porção: ¼ de frango
                                 75 mL de molho

Quantidade	Ingredientes
350 g	Toucinho ou bacon em pedaço
30 mL	Óleo
3	Frangos de 1,6 kg cada, cortados em 8 pedaços
24	Minicebolas brancas, sem pele e aferventada
700 g	Chapéu de cogumelo pequeno
1 L	Vinho tinto seco
500 mL	Fundo de frango
	Sachê:
½ colher (chá)	Tomilho seco
1	Folha de louro
4	Dentes de alho grande, amassados
	Beurre manié:
60 g	Manteiga amolecida
60 g	Farinha de trigo
a gosto	Sal
conforme necessário	Salsinha picada

Por porção:
Calorias, 690; Proteínas, 50 g; Gorduras, 41 g (54% cal.); Colesterol, 165 mg; Carboidratos, 10 g; Fibras, 2 g; Sódio, 480 mg.

Modo de preparo

1. Corte o toucinho ou bacon em tirinhas (*batonnet*) de 2 x 0,5 x 0,5 cm.
2. Coloque em uma panela funda. Cubra com água fria. Aqueça até ferver e escorra.
3. Aqueça o óleo em fogo brando em uma frigideira para saltear grande. Quando estiver quente, coloque o bacon branqueado. Salteie até ficar levemente dourado. Retire com uma colher perfurada e reserve.
4. Aumente o fogo. Coloque o frango na gordura que ficou na frigideira e doure bem de todos os lados. Retire da frigideira.
5. Acrescente a cebolas e o cogumelo e salteie até ficarem ligeiramente dourados. Retire com uma colher perfurada e reserve com os pedaços de bacon. Escoe a gordura da frigideira.
6. Acrescente o vinho e o fundo e leve ao fogo até ferver.
7. Adicione o tomilho, a folha de louro e o alho amarrados em um pedaço de pano fino.
8. Coloque o frango de volta na frigideira. Aqueça até ferver. Tampe e cozinhe em fogo bem baixo, ou no forno a 150°C, até o frango ficar macio, por aproximadamente 30 a 40 minutos.
9. Retire o frango do líquido do cozimento e coloque-o em uma cuba gastronômica aquecida ou em uma travessa para servir. Guarneça com os cogumelos, as cebolas e os pedaços de bacon.
10. Retire o excesso de óleo do líquido de cozimento com cuidado.
11. Leve ao fogo alto e ferva até reduzir a 1 L.
12. Misture a manteiga com a farinha para fazer o *beurre manié*. Acrescente o *beurre manié* aos poucos, batendo, em quantidade suficiente para engrossar ligeiramente o molho.
13. Acrescente sal a gosto.
14. Coe o molho sobre o frango e guarneça.
15. Ao servir, espalhe um pouco de salsinha sobre cada porção.

Coq au vin

Brasear 421

 Arroz *con pollo* (arroz com frango à espanhola)

Porções: 24   *Tamanho da porção: ¼ de frango*

Quantidade	Ingredientes	Modo de preparo
6	Frangos de 1,4 kg cada	1. Corte cada frango em 8 pedaços.
90 mL	Azeite de oliva	2. Aqueça o azeite em uma frigideira grande própria para saltear. Doure bem o frango de todos os lados. Transfira para uma caçarola rasa. Descarte aproximadamente um terço da gordura da frigideira.
500 g	Cebola em cubos pequenos	3. Coloque a cebola, o pimentão verde e o alho na frigideira em que o frango foi dourado. Refogue em fogo brando até os vegetais ficarem quase macios.
500 g	Pimentão verde em cubos médios	
4 colheres (chá)	Alho bem picado	
2 colheres (chá)	Páprica	4. Adicione a páprica e o arroz e mexa até os grãos ficarem cobertos de gordura.
1 L	Arroz de grão longo, cru	
1,5 L	Fundo de frango	5. Adicione o fundo de frango e o tomate. Aqueça até ferver. Tempere a gosto com sal e pimenta-do-reino.
900 g	Tomate fresco em cubos de 2,5 cm ou	
700 g	Tomates em lata, em cubos	6. Despeje o conteúdo da frigideira sobre o frango na caçarola rasa. Tampe e leve ao forno a 165°C até o arroz e o frango estarem cozidos, por aproximadamente 20 a 30 minutos.
a gosto	Sal	
a gosto	Pimenta-do-reino	
600 g	Ervilha congelada, descongelada	7. Na hora de servir, acrescente a ervilhas, mexa e guarneça com as tirinhas de *pimiento*.
125 g	*Pimiento**, em tiras finas	

Por porção:
Calorias, 580; Proteínas, 49 g; Gorduras, 26 g (41% cal.); Colesterol, 145 mg; Carboidratos, 35 g; Fibras, 3 g; Sódio, 160 mg.

*N.R.: Pimentão vermelho usado para fazer a páprica, é arredondado e de carne mais adocicada e perfumada que a variedade comum.

Confit de pato

Porções: 8 (ver Observação)

Quantidade	Ingredientes
3,6 kg	Pato cortado em pedaços; coxa e sobrecoxa, de preferência
30 g	Sal
1 colher (chá)	Pimenta-do-reino branca
½ colher (chá)	Noz-moscada
½ colher (chá)	Louro em pó
1 pitada	Cravo-da-índia em pó
conforme necessário	Banha de pato extra

Por porção:
Calorias, 620; Proteínas, 35 g; Gorduras, 52 g (77% cal.); Colesterol, 155 mg; Carboidratos, 0 g; Fibras, 0 g; Sódio, 1.480 mg.

Observação: o peso exato do confit pronto pode variar bastante.

Modo de preparo

1. Limpe o excesso de gordura do pato e reserve.
2. Se estiver usando pernas de pato (parte ideal para esta receita), não separe a sobrecoxa da coxa.
3. Esfregue os pedaços de pato com o sal e as especiarias. Deixe na geladeira de um dia para o outro.
4. Derreta a gordura reservada e junte a quantidade de banha de pato que for necessária para cobrir totalmente os pedaços de pato.
5. Coloque o pato e a gordura derretida em uma caçarola rasa, em uma panela grande funda ou em um refratário. Cozinhe em fogo brando no fogão, ou leve ao forno baixo a 150°C até a carne ficar bem macia, por aproximadamente 1 hora e 30 minutos a 2 horas.
6. Tire o pato da gordura e guarde em uma travessa de barro esterilizada ou outro recipiente. Despeje a gordura derretida sobre a carne, cobrindo-a completamente, mas cuidado para não deixar cair o suco da carne (o suco, livre do excesso de gordura, pode ser usado para outras finalidades, como o cozimento de feijões).
7. Vá retirando os pedaços de pato e usando conforme a necessidade. Para um armazenamento correto, guarde os pedaços que sobrarem sempre submersos na gordura. Para servir, o *confit* é geralmente dourado em um pouco de gordura até ficar totalmente aquecido e a pele ficar crocante. Sirva com acompanhamentos como repolho braseado, feijão-branco cozido, batatas salteadas com alho ou ainda sobre uma cama de folhas verdes.

Confit de pato e de ganso

Confit significa "conserva". Os *confit* de pato e de ganso originaram-se como um subproduto da produção do *foie gras*, como uma maneira de utilizar e preservar a carne das aves que são criadas e alimentadas por causa do seu fígado aumentados e gordos. Depois de cozinhar as partes de acordo com o modo de preparo da receita desta página, elas são guardadas em recipientes de barro nos quais se coloca gordura até cobrir completamente e selar, impedindo a entrada de ar e, assim, conservando a carne por um certo tempo.

Hoje em dia, obviamente, a refrigeração tornou este método de conservação desnecessário. Contudo, o *confit* continua mais popular do que nunca em decorrência da maciez e do sabor que este método de cozimento produz na carne. No caso dos patos, as pernas são geralmente usadas para o *confit*, enquanto os peitos sem osso são reservados para serem fritos e servidos malpassados. Uma raça especial de pato chamada *moulard*, com um peito grande e carnudo, é usada para a produção de *foie gras*. Tradicionalmente, é das pernas deste pato que se faz o *confit*. No entanto, as pernas de quaisquer patos domésticos podem ser usadas nesta receita.

FAROFAS, VIRADOS E RECHEIOS

Rechear frangos e perus não é uma tarefa muito prática para cozinhas comerciais. Assar o recheio separadamente produz melhores resultados pelas seguintes razões:

1. **Segurança.**
   Rechear o interior de uma ave cria um terreno ideal para a produção de bactérias que causam intoxicação alimentar.

2. **Qualidade.**
   É necessário um tempo adicional de assamento para aquecer o recheio por completo. O resultado pode ser aves assadas em excesso.

3. **Eficiência.**
   Rechear aves e retirar o recheio depois de assar não é prático, consome muito tempo e faz muita sujeira.

O recheio, *stuffing* em inglês, quando é assado separadamente tem o nome de *dressing* (uma espécie de farofa úmida, ou virado, geralmente à base de pão).

As aves devem ser recheadas? Sim. Aves pequenas servidas inteiras, para uma ou duas porções, podem ser recheadas e frequentemente o são. Galetos ou pequenas aves de caça, como codornas, recheados são pratos bastante procurados.

INGREDIENTES BÁSICOS DAS FAROFAS ÚMIDAS DE PÃO

1. Base de amido, como farinha de mandioca, de milho, pão ou arroz.

2. Vegetais aromáticos, geralmente cebola e salsão.

3. Gordura, como a manteiga ou gordura de frango, para saltear os vegetais e fornecer mais sabor.

   Farofas e virados para frangos e perus, que são magros, podem necessitar de mais gordura que farofas para pato e ganso, que são gordurosos.

4. Líquidos, geralmente fundos, para fornecer umidade.

5. Temperos, ervas e especiarias.

6. Ovos, que podem ser acrescentados como liga, porém não obrigatoriamente.

7. Outros ingredientes para dar sabor, imprimir uma característica ou dar corpo, como:

Linguiça	Castanha-portuguesa
Ostras	Frutas
Miúdos	Nozes

Orientações para fazer farofas úmidas de pão

1. Todos os ingredientes que exigem cozimento precisam ser cozidos completamente antes de serem misturados aos demais ingredientes. Eles irão cozinhar muito pouco durante o tempo em que permanecerem no forno ou na grelha.

2. Esfrie todos os ingredientes antes de misturá-los para evitar a proliferação de bactérias nocivas.

3. Nunca deixe farofas assadas ou sem assar ficarem na Zona de Perigo (5 a 57°C) por mais de 1 hora.
   - Leve à geladeira farofas sem assar se não for assá-las imediatamente.
   - Mantenha farofas assadas acima de 57°C para serem servidas ou esfrie-as o mais rápido possível.
   - Reaqueça farofas assadas rapidamente no forno ou no vapor a uma temperatura interna de 82°C.

4. Asse as farofas em assadeiras rasas com 5 cm de profundidade para um cozimento rápido, a fim de tirá-las da Zona de Perigo rapidamente.

5. Não mexa farofas de pão em demasia, senão elas ficarão pastosas. Misture os ingredientes delicadamente.

6. Para obter uma textura delicada, não aperte a farofa na assadeira deixe-a mais soltinha.

7. Se for rechear as aves em vez de assar a farofa separadamente, encha-as sem compactar o recheio. Não aperte. Os recheios se expandem durante o cozimento.

Farofa úmida de pão

Rendimento: aproximadamente 2 kg

Quantidade	Ingredientes
500 g	Cebola em cubos pequenos
250 g	Salsão em cubos pequenos
250 g	Gordura, como manteiga, gordura de frango ou gordura de bacon
1 kg	Pão branco amanhecido, de 2 dias
30 g	Salsinha fresca picada
1 colher (chá)	Sálvia
½ colher (chá)	Tomilho seco
½ colher (chá)	Manjerona seca
½ colher (chá)	Pimenta-do-reino branca
2 colheres (chá)	Sal
0,5–1 L	Fundo de frango, frio

Por 30 g:
Calorias, 70; Proteínas, 1 g; Gorduras, 3,5 g (47% cal.); Colesterol, 10 mg; Carboidratos, 8 g; Fibras, 0 g; Sódio, 175 mg.

Modo de preparo

1. Salteie ligeiramente a cebola e o salsão na gordura até ficarem macios, mas não dourados. Deixe esfriar bem.
2. Corte o pão em cubinhos. Se preferir, as cascas podem ser descartadas antes.
3. Misture o pão e os vegetais cozidos em uma tigela grande de inox. Acrescente as ervas e os temperos, mexendo delicadamente até que todos os ingredientes estejam bem misturados.
4. Acrescente o fundo de frango, aos poucos, misturando o recheio ligeiramente depois de cada adição. Adicione o suficiente para deixar o recheio ligeiramente úmido, sem ficar seco nem encharcado. Acerte o tempero.
5. Coloque em uma assadeira untada e asse a 190°C, até ficar quente no centro, por aproximadamente 1 hora.

VARIAÇÕES

Farofa úmida de pão com linguiça
Cozinhe 500 g de linguiça de porco, escorra e deixe esfriar. Use um pouco da gordura escorrida para cozinhar os vegetais para o recheio. Junte a linguiça cozida à farofa antes de acrescentar o fundo.

Farofa úmida de pão com castanha-portuguesa
Reduza o pão para 750 g. Acrescente 500 g de castanhas-portuguesas cozidas picadas grosseiramente à farofa antes de colocar o fundo de frango.

Farofa úmida de pão com cogumelo
Cozinhe 1 kg de cogumelos fatiados com a cebola e o salsão. Proceda como na receita básica.

Farofa úmida de pão com miúdos
Acrescente 250 g de moela e coração de frango ou de peru cozidos e picados à farofa antes de acrescentar o fundo.

Farofa úmida de pão de milho
Substitua todo o pão branco ou parte dele por pão de milho na receita original ou na farofa com linguiça.

■ QUESTÕES PARA DISCUSSÃO

1. Descreva os três métodos de assar que foram discutidos neste capítulo: assar em temperatura baixa, assar no dourador e assar em temperatura alta. Quando cada um é usado?

2. Verdadeiro ou falso: o frango deve ser grelhado em temperatura mais baixa que os filés. Explique sua resposta.

3. Qual é o significado do termo "lado de apresentação"?

4. Por que é difícil cozinhar pedaços grandes de frango usando o método de fritar por imersão? Como é possível resolver esse problema?

5. Quais são as diferenças entre cozinhar em fogo lento e escalfar no que diz respeito às aves?

6. Dê três razões para assar a farofa em uma assadeira separada em vez de rechear as aves antes de assá-las.

CAPÍTULO 14

CAPÍTULO 14

Introdução aos peixes e frutos do mar

Houve um tempo em que peixes frescos eram saboreados apenas em áreas limitadas – ao longo da costa marítima e, em menor quantidade, perto de lagos e rios. Hoje em dia, graças à moderna tecnologia de refrigeração e congelamento, os peixes e frutos do mar podem ser saboreados em muitas outras áreas.

Para o cozinheiro, as dificuldades de compreender a natureza de peixes e frutos do mar são, de certa forma, opostas às dificuldades das carnes em geral. Em relação à carne, temos diante de nós alguns animais, mas uma grande quantidade de cortes para cada um. Em relação aos peixes, existem apenas alguns cortes, mas centenas de espécies, cada uma com sua característica própria e particularidades quanto ao método correto de cozimento.

Por essa razão, é especialmente importante que os alunos aprendam os princípios básicos de composição, manuseio e cozimento para que possam utilizar as inúmeras variedades de peixes e frutos do mar de maneira sistemática.

Os peixes e frutos do mar são divididos em duas categorias: **peixes de barbatanas**, ou peixes com barbatanas e esqueletos internos, e **frutos do mar**, com conchas externas, sem estrutura óssea. Como eles são muito diferentes entre si, é melhor analisá-los separadamente, como faremos neste capítulo.

PEIXES DE BARBATANAS

COMPOSIÇÃO E ESTRUTURA

A parte comestível de pescados, assim como a de animais de carne vermelha e de aves, consiste em água, proteínas, gorduras e pequenas quantidades de minerais, vitaminas e outras substâncias. No entanto, as diferenças são, talvez, mais importantes do que as semelhanças.

O peixe tem uma quantidade muito pequena de tecido conjuntivo. Essa é uma das mais importantes diferenças entre o peixe e a carne vermelha e de aves. Isso significa que:

1. *O peixe cozinha muito rápido*, mesmo em fogo baixo (apenas com calor suficiente para coagular as proteínas);
2. *O peixe é naturalmente macio.* A rigidez é resultante não do tecido conjuntivo, mas do endurecimento da proteína pelo fogo alto;
3. *Os métodos de cozimento em calor úmido* são usados não para criar maciez, mas para preservar a umidade e proporcionar versatilidade;
4. *O peixe cozido precisa ser manuseado com muito cuidado* para não se fragmentar.

PROBLEMAS ESPECÍFICOS NO PREPARO DE PEIXES

PONTO DE COZIMENTO E SEPARAÇÃO EM LASCAS

Quando o peixe está cozido, a carne se separa em seus segmentos naturais, denominados **lascas**. Muitos livros, de maneira enganosa, dizem que o peixe está cozido quando se separa *facilmente* em lascas. Infelizmente, alguns cozinheiros interpretam isso como "quase desmanchando". Como o peixe continua cozinhando no calor que retém mesmo depois que é retirado do fogo, costuma chegar ao cliente cozido além do ponto, lamentavelmente. *Os peixes são muito delicados e podem passar do ponto de cozimento com muita facilidade.*

Observe estes testes para determinar o ponto de cozimento:

1. O peixe *apenas se separa* em lascas, isto é, começa a lascar, mas não se desfaz facilmente.
2. Se houver espinha, a carne se separa dela, e a espinha perde a coloração rosada.
3. A carne translúcida torna-se opaca (geralmente branca, dependendo do tipo de peixe).

Lembre-se de que a pior falha na preparação de peixes é o *cozimento em excesso*.

COMO COZINHAR PEIXES DE CARNE MAGRA E GORDA

O teor de gordura dos peixes varia de 0,5 a 20%.

Peixes de carne magra ou magros são aqueles com baixo teor de gordura. Exemplos: solha, linguado, bacalhau, vermelho, robalo, perca, alabote e lúcio.

Peixes de carne gorda ou gordos são aqueles com alto teor de gordura. Exemplos: salmão, atum, truta, peixe-manteiga e cavala.

Após ler este capítulo, você deverá ser capaz de:

1. Explicar como as características de cozimento dos peixes são afetadas por sua falta de tecido conjuntivo.
2. Determinar o ponto de cozimento na preparação de peixes.
3. Demonstrar os métodos de cozimento apropriados para peixes de carne gorda e magra.
4. Citar sete formas de comercialização básicas para pescados.
5. Eviscerar e extrair filés de peixes redondos e chatos.
6. Relacionar e descrever variedades de peixes de barbatana de água salgada e de água doce usados no setor de serviços alimentícios norte-americanos.
7. Identificar as características do peixe fresco e contrastá-las com as características de peixes não muito frescos.
8. Armazenar pescados e seus produtos.
9. Conhecer as variedades mais apreciadas de frutos do mar e relacionar suas características.
10. Descrever os procedimentos especiais para um manuseio e preparo seguro para frutos do mar.
11. Abrir mariscos e ostras, cortar lagostas e descascar e limpar camarões.

Como cozinhar peixes magros

Como o peixe magro quase não contém gordura, ele pode facilmente ficar ressecado, sobretudo se for cozido em demasia. É sempre servido com molho para realçar a umidade e proporcionar maior sabor.

Métodos de calor úmido. Peixes magros são bastante apropriados para serem escalfados. Este método conserva a umidade.

Métodos de calor seco. Se forem grelhados ou assados, os peixes magros devem ser regados com manteiga ou óleo. Tome muito cuidado para não assar demais, senão o peixe ficará seco.

Métodos de calor seco com gordura. Peixes magros podem ser fritos ou salteados. Os peixes ganham palatabilidade com o acréscimo de gordura.

Como cozinhar peixes gordos

A gordura nesses peixes faz com que tolerem mais calor sem ficarem ressecados.

Métodos de calor úmido. Tanto os peixes gordos quanto os magros podem ser cozidos por calor úmido. Salmão e truta escalfados são muito apreciados.

Métodos de calor seco. Peixes gordos são bastante apropriados para serem grelhados ou assados. O calor seco ajuda a eliminar a oleosidade excessiva.

Métodos de calor seco com gordura. Peixes gordos e grandes, como o salmão, e peixes de sabor mais forte, como a anchova e a cavala, podem ser cozidos em gordura, mas com cuidado para evitar oleosidade excessiva. Peixes menores como a truta são geralmente fritos em pouca gordura. Escorra bem a gordura do peixe antes de servi-lo.

COMO CORTAR PEIXES

FORMAS DE COMERCIALIZAÇÃO

Os peixes são comercializados em várias formas, como ilustra a Figura 14.1. Ou podem ser cortados pelo cozinheiro nestas formas, dependendo da maneira como serão preparados.

COMPRAR PEIXES LIMPOS E CORTADOS OU LIMPAR E CORTAR VOCÊ MESMO

Muitos estabelecimentos do setor de serviços alimentícios norte-americano compram peixes já nas formas em que pretendem prepará-los. Consideram menos dispendioso pagar o fornecedor para fazer os cortes do que contratar e treinar pessoal para tal, além de destinar local de armazenamento e espaço de trabalho para realizar esse processo no estabelecimento.

Alguns restaurantes ainda compram peixes inteiros. Aqui estão algumas razões pelas quais eles fazem isso:

1. A clientela assim exige. Alguns restaurantes luxuosos, de preços altos, atribuem sua reputação ao fato de apenas usarem os ingredientes mais frescos e diretos do distribuidor, sem processamento. Conseguem cobrar um preço suficiente para cobrir os altos custos da mão de obra especializada.
2. Estão no coração de um mercado de peixe, onde peixes frescos inteiros, recebidos diariamente, são uma opção econômica. Conseguem aproveitar a vantagem de ofertas sazonais.
3. São restaurantes especializados com um volume alto de vendas e acham mais econômico limpar seus próprios peixes e acompanhar os melhores preços do mercado todos os dias.
4. Fazem fundos de peixe e utilizam as aparas para tal.
5. Servem peixes inteiros. Exemplos: truta inteira salteada ou escalfada; peixes inteiros escalfados em serviços de bufê frio.

Suas decisões de compra irão depender do que você planeja fazer com o peixe e das formas mais econômicas para essas finalidades.

Figura 14.1
Formas de comercialização de pescados.

(a) Inteiro: totalmente intacto, como foi pescado.

(b) Eviscerado: sem a barrigada.

(c) Limpo: barrigada, escamas, cabeça, rabo e barbatanas retiradas.

(d) Postas: fatias transversais, cada uma com um pedaço da espinha dorsal.

(e) Filés: porções laterais sem a espinha do peixe, com ou sem pele.

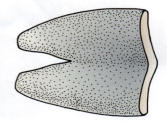
(f) Filés borboleta: ambos os lados do peixe unidos, mas com a espinha removida.

(g) Iscas: fatias transversais de filés.

Figura 14.2
Como limpar peixes.

(a) Escame o peixe. Coloque o peixe estendido sobre a superfície de trabalho. Passe um escamador ou o lado cego de uma faca no sentido contrário ao das escamas, do rabo em direção à cabeça. Repita até que todas as escamas sejam arrancadas. Enxágue. (Exceções: As trutas, que têm escamas muito pequenas, e peixes sem escama, como o bagre, não são escamados.)

COMO LIMPAR E CORTAR FILÉS

Embora muitos profissionais trabalhem com pescados prontos para o uso, é necessário saber como limpar e fazer filés de peixes inteiros.

1. **Como limpar**
   A Figura 14.2 ilustra como limpar um peixe inteiro.

2. **Como cortar filés**
   Existem duas formas básicas de peixe: **peixes chatos**, achatados ou planos (como a solha e o linguado) e **peixes redondos**, ou roliços (como o bacalhau e a truta). Cada forma é cortada de maneira diferente. Peixes chatos rendem quatro filés; peixes redondos rendem dois. As Figuras 14.3 e 14.4 mostram os dois métodos de retirada de filés desses peixes.

(b) Retire as vísceras. Faça um corte na barriga do peixe e puxe a barrigada para fora. Enxágue a cavidade.

(c) Corte o rabo e as barbatanas. Uma tesoura facilita bem este trabalho.

(d) Tire a cabeça. Faça um corte na carne logo atrás das guelras. Corte ou quebre a espinha dorsal no local do corte e retire a cabeça.

(e) O peixe está limpo.

Peixes de barbatanas 431

Figura 14.3
Como cortar filés de peixes chatos.

(a) Use uma faca de lâmina fina e flexível. Corte a cabeça, atrás das guelras. (Esta etapa é opcional.)

(b) Faça um corte da cabeça até o rabo de um dos lados da linha central, até a espinha dorsal.

(c) Vire a faca para que fique quase paralela à mesa. Com cortes longos e homogêneos, passe a faca horizontalmente contra a espinha dorsal em direção à borda externa do peixe. Separe o filé do osso delicadamente

(d) Retire completamente o filé. Repita o procedimento para fazer os três filés restantes.

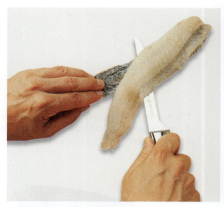

(e) Para tirar a pele, coloque o filé com a pele virada para baixo sobre a superfície de trabalho, com o lado do rabo apontando em sua direção. Segure a pele na ponta onde estava o rabo e deslize a faca entre a pele e a carne, pressionando a faca contra a pele para não entrar no filé. *Observação*: costuma-se tirar a pele do linguado antes de fazer os filés. Faça um corte na pele perto do rabo. Segurando o rabo com uma mão, puxe a pele em direção à cabeça. *Atenção*: Nunca faça isso com a solha; você pode rasgar a carne.

Figura 14.4
Como cortar filés de peixes redondos.

(a) Faça um corte na parte superior do peixe ao longo da espinha dorsal, da cabeça ao rabo. Corte em direção à espinha, fazendo movimentos leves com a faca, para separar a carne da espinha.

(b) Corte a carne por baixo em direção ao rabo; separe-a.

(c) Corte acompanhando as espinhas curvas e termine de separar o filé na extremidade da cabeça. Vire o peixe para o outro lado e repita para fazer o segundo filé. Passe os dedos pelo lado da carne dos filés para verificar se ficou alguma espinha. Retire-as, se encontrar. Tire a pele dos filés usando a técnica ilustrada para os peixes chatos.

*N.R.: Não há equivalentes em português do Brasil para a maioria desses nomes de peixe. Em muitos casos, usamos o equivalente em português de Portugal, uma vez que muitos desses peixes são típicos do hemisfério norte.

VARIEDADES E CARACTERÍSTICAS*

Centenas de tipos de peixes são consumidos pelo mundo todo. No entanto, relativamente poucas espécies são usadas no setor de serviços alimentícios nos Estados Unidos e no Canadá. Abaixo estão as variedades mais comuns usadas como peixe fresco. Algumas estão ilustradas nas fotos que se seguem.

Existe uma diferença significativa de sabor entre o peixe de água doce e o peixe de água salgada, porque o peixe de água salgada, como é de se esperar, tem mais sal na carne. A relação de variedades de peixe a seguir divide-os nessas duas categorias básicas. No entanto, alguns peixes podem passar uma parte de sua vida no oceano e outra parte na água doce. O salmão, por exemplo, vive no oceano, mas migra rio acima para *desovar*. Os peixes que vivem em água salgada, mas desovam em água doce, são chamados de **anádromos**. O sável e o salvelino-ártico são dois outros exemplos de peixes anádromos. Por outro lado, peixes que vivem na água doce, mas que nadam com a correnteza para desovar no oceano, são chamados de **catádromos**. A enguia é um peixe catádromo.

Na lista a seguir, os peixes são classificados pelo lugar onde passam a maior parte de sua vida adulta. Assim, peixes anádromos, como o salmão, são agrupados com os de água salgada, enquanto os peixes catádromos, como a enguia, são agrupados com os de água doce.

PEIXES DE ÁGUA SALGADA — PEIXES CHATOS

Esses peixes são populares em cozinhas comerciais. Os peixes chatos têm carne branca e magra, com um sabor suave e delicado. São todos muito achatados, de formato oval, com ambos os olhos em um dos lados da cabeça.

É importante observar que, em águas norte-americanas, não existem linguados (*sole*, em inglês) verdadeiros. Todos os peixes comercializados como *sole*, por exemplo, *lemon sole*, *gray sole* e *Pacific Dover sole*, na verdade são tipos de *flouder* (solha). O linguado-legítimo (*Dover sole*, em inglês) é originário das águas do Atlântico na Europa.**

**N.R.: No Brasil, outros nomes pelos quais os diversos tipos de linguado são conhecidos são: lixa, rodovalho e tapa.

Solha

Solha

Tipo: magro.

Variedades: solha-de-inverno (*winter flounder*), solha-limão (*lemon sole*), solhão-americano (*gray sole*), solha-de-Dover (*Pacific Dover sole*), solha-da-areia-da-Nova-Zelândia (*sand dab*).

Características: carne branca; lascas pequenas; sabor suave e delicado.

Peso: 0,2 a 2,3 kg.

Linguado-legítimo

Linguado-legítimo

Tipo: magro.

Características: mais estreito e mais alongado do que a solha. A carne é semelhante à da solha, mas de textura mais firme. É um dos peixes mais apreciados, e seu preço é elevado.

Peso: 0,5 a 1 kg.

Alabote

Tipo: magro.

Características: parece uma solha gigante, com volume maior de carne e sabor delicado. É cortado em postas e filés.

Peso: 2 a 45 kg, ou mais.

Pregado

Tipo: magro.

Características: peixe chato grande e largo. Carne branca, firme e delicada.

Peso: 0,5 a 11 kg.

PEIXES DE ÁGUA SALGADA — PEIXES REDONDOS

Anchova

Tipo: gordo.

Características: carne saborosa e gordurosa, azulada quando está crua e acinzentada quando cozida. Peixe abundante no hemisfério norte e de preço baixo.

Peso: 0,5 a 4,5 kg.

Anchova

Arenque

Tipo: gordo.

Características: peixe pequeno, bastante saboroso e gorduroso. A maioria dos arenques vendidos para o setor de serviços alimentícios e varejo é conservado ou defumado, mas também é possível encontrá-lo fresco. Arenques frescos ficam excelentes cortados em borboleta ou deixados inteiros e grelhados. Como possuem um alto teor de gordura, não duram muito tempo, por isso precisam ser cuidadosamente verificados em relação ao frescor ao comprá-los.

Peso: até 240 g.

Atum

Tipo: gordo.

Variedades: o atum-amarelo/albacora/albacora-de-lage e o atum-azul/albacora-azul/atum-verdadeiro têm carne vermelha, que fica cinza quando cozida. O atum-voador (mais encontrado em lata do que fresco) tem carne rosada, que fica esbranquiçada quando cozida. Existem outras variedades também.

Características: textura e aparência de carne vermelha. Os cortes da barriga são bem mais gordurosos do que os do dorso ("lombo"). As variedades com carne de cor mais vermelha costumam ser servidas cruas como *sashimi* ou *sushi*. Quando é servido cozido, costuma ser cortado em postas e grelhado. Não deve ser feito bem-passado, pois fica muito seco.

Peso: depende da variedade, pode pesar mais de 100 kg.

Bacalhau

Tipo: magro.

Variedade: o bacalhau pequeno e jovem é chamado de *scrod* nos Estados Unidos.

Características: carne magra, branca e de sabor delicado, com lascas grandes. Um dos peixes mais consumidos na América do Norte. Muitas iscas de peixe frito ou itens similares são feitas de bacalhau.

Pesos: bacalhau jovem: 0,5 a 1 kg. Bacalhau adulto: 1 a 11 kg, ou mais.

Bacalhau

Cavala/sarda/serra

Tipo: gordo.

Variedades: a sororoca, ou serra espanhola, e o Boston *mackerel* são as variedades pequenas mais comuns nos Estados Unidos. A cavala-verdadeira é maior, geralmente cortada em postas.

Características: carne gorda e firme, com sabor intenso e cor ligeiramente escura.

Peso: 0,2 a 2,3 kg.

Boston *mackerel*

Sororoca

Cavala-wahoo/serra-da-Índia

Tipo: gordo.

Características: carne firme semelhante em textura à da cavala e do atum, dos quais é parente. Carne rosa-pálido que fica branca quando cozida. A biologia deste peixe não é muito bem conhecida, e existe uma preocupação em relação a sua pesca predatória. Trata-se de um peixe muito conhecido na pesca esportiva.

Peso: 5 a 35 kg, mas pode ser bem maior.

Dourado

Dourado

Também conhecido como *mahi-mahi* e *dolphinfish* em inglês (sem parentesco com o mamífero chamado *dolphin* = golfinho).

Tipo: magro.

Características: carne firme e rosada, com textura fina, de sabor intenso e adocicado. Fica muito seco quando cozido em demasia, portanto, é melhor prepará-lo com calor úmido, com gordura ou servir com um molho.

Peso: 2,3 a 18 kg.

Escolar-preto

Tipo: gordo.

Características: um peixe de carne gorda e firme, contém um tipo de gordura que não é metabolizada pelo corpo humano. Algumas pessoas podem se sentir mal ao ingerir este peixe, por causa dessa gordura que parece agir como um laxante. Nos Estados Unidos, a agência que controla o uso de alimentos e medicamentos (FDA – Food and Drug Administration) baniu o escolar-preto em 1990, mas sua venda foi permitida novamente. É considerado legal no Canadá, apesar de o governo ter emitido uma advertência. Os profissionais da indústria alimentícia que servem esse peixe precisam avisar os clientes sobre seus perigos potenciais.

Peso: 30 a 35 kg.

Garoupa

Garoupa

Tipo: magro.

Características: muitas variedades com formas e cores diversas. Peixe de carne branca e firme, de textura e sabor semelhantes ao do vermelho. Pele grossa.

Peso: até 300 kg, mas a maioria das garoupas comercializadas pesa 2,3 a 7 kg.

Hadoque

Tipo: magro.

Variedade: *finnan haddie* é o nome dado, na Escócia, ao hadoque defumado, não é um tipo diferente de peixe.

Características: semelhante ao bacalhau, mas geralmente menor.

Peso: 0,5 a 2,3 kg.

Marlin*

Tipo: gordo.

Características: peixe muito grande e gordo, com textura densa e consistente, sem lascas. Alto rendimento. Geralmente vendido em postas. Preço elevado.

Peso: até 450 kg.

Merluza-negra

Tipo: gordo.

Variedades: apesar de seu nome em inglês ser *Chilean sea bass* (cuja tradução literal seria robalo chileno) este peixe não é um robalo; o termo é apenas o nome comercial da merluza-negra, ou merlonga-negra. Em razão de sua popularidade, ele foi pescado em excesso e tornou-se dramaticamente escasso. Sua pesca é muito regulamentada, e as importações para a América do Norte precisam ser etiquetadas como pesca legal, embora exista muito peixe ilegal sendo comerciali-

---

*N.R.: Peixe de grande porte com "nariz" em forma de espada fina e pontiaguda, não deve ser confundido com o peixe-espada, cujo corpo pequeno, achatado e longilíneo lembra a lâmina de uma espada.

Peixes de barbatanas 435

zado. Muitos *chefs* concordaram em parar de servir este peixe para diminuir ou parar a pesca ilegal que ameaça a sua sobrevivência.

Características: carne branca, oleosa com lascas grandes, textura firme e sabor suave.

Peso: geralmente em torno de 9 kg, embora possa ser muito maior.

Olho-de-vidro-laranja

Tipo: magro.

Características: peixe do sul do Pacífico cada vez mais disponível no comércio norte-americano. Textura e sabor semelhantes ao do vermelho.

Peso: 0,3 a 1 kg.

Pampo, sereia-camochilo

Tipo: gordo.

Características: peixe pequeno, com carne de sabor intenso e adocidado. Preço elevado. Uma variedade de xaréu (ver p. 437).

Peso: 0,3 a 1 kg.

Pampo

Pargo

Tipo: magro.

Características: peixe pequeno e oval. De sabor adocicado e suave, mas com muitas espinhas.

Peso: até 1 kg.

Peixe-galo

Também conhecido como galo-negro e como St. Peter *fish* e St. Pierre em inglês.

Tipo: magro.

Características: identificado pela pinta preta ("a digital do polegar de São Pedro") de cada lado do corpo atrás da cabeça. Carne branca, firme e de sabor adocicado, com lascas pequenas; filés largos e delgados.

Peso: aproximadamente 900 g, em média.

Pargo

Peixe-paleta-camelo

Tipo: magro.

Características: carne branca, firme, adocicada, suave e rosada, quando está crua. Muito usado para postas, mas os menores podem ser cortados em filés ou escalfados inteiros.

Peso: 1,8 a 3,6 kg.

Peixe-paleta-camelo

Peixe-porco

Tipo: magro.

Características: peixe de pele grossa com carne firme e densa, de coloração branca a acinzentada. Rendimento baixo por causa da cabeça grande.

Peso: em média, 900 g.

Perca de água salgada

Tipo: magro.

Variedades: muitas. As variedades com pele vermelha (peixe-vermelho/cantarilho) são bastante conhecidas e de preço mais elevado.

Características: suave, com muitas espinhas.

Peso: depende da variedade, mas tipicamente cerca de 0,5 kg.

Peixe-porco

Pescada-amarela

Também chamada de corvinata-real em português, e de *sea trout* (truta do mar) em inglês, mas não tem parentesco com a truta.

Tipo: magro.

Características: carne de sabor suave, cinza-clara, com textura macia.

Peso: até 4,5 kg.

Pescada-amarela

436 Capítulo 14 • Introdução aos peixes e frutos do mar

Pescada-branca

Pescada-branca

Tipo: magro.

Características: carne branca frágil, com sabor suave. Os filés precisam ser manuseados com cuidado para não se despedaçarem.

Peso: 0,1 a 1,4 kg.

Raia

Também conhecida como arraia.

Tipo: magro.

Características: podem ser vendidas inteiras, mas geralmente apenas as asas triangulares são comercializadas. O esqueleto é de cartilagem, sem ossos; pele grossa, cinzenta na parte superior e branca na parte inferior. A carne é formada por tiras de carne branca, adocicada e gelatinosa, que se estendem pela largura das asas; dois filés por asa, um acima e um abaixo da cartilagem.

Peso: algumas variedades pesam até uma tonelada, mas as que são vendidas como pescado pesam 0,5 a 2 kg por asa.

Asas da raia, vista de cima (à esquerda) e vista de baixo (à direita)

Robalo-muge

Tipo: magro.

Variedades: o robalo-muge silvestre é muito apreciado, mas só tem sido encontrado em pequena quantidade nos últimos anos. Robalos-muge criados em cativeiro, em resposta à demanda, são produto de um cruzamento entre o robalo-americano e o robalo-muge silvestre.

Características: peixe de carne firme, branca e de sabor delicado, com lascas grandes.

Peso: 0,5 a 4,5 kg.

Robalo-muge

Salmão

Tipo: gordo. Anádromo.

Variedades: salmão-do-Atlântico, salmão-real, salmão-vermelho, salmão-prateado, salmão-cão e salmão-rosa.

Características: carne de cor rosa-escura para vermelho, com textura e sabor que lembram levemente a carne bovina. Um dos peixes mais apreciados. Também é vendida enlatada ou defumada.

Peso: 2 a 11 kg.

Salmão

Salmonete*

Conhecido por *red mullet*, *rouget barbet* e *rouget* em inglês.

Tipo: magro.

Variedades: pertence à família dos salmonetes. Além da variedade mediterrânea discutida aqui, são encontradas variedades semelhantes em águas norte-americanas.

Características: peixe mediterrâneo que parece um pequeno vermelho. Sabor intenso com um leve gosto de camarão ou lagosta. Sempre cozido com a pele, porque grande parte do sabor é proveniente dela.

Peso: geralmente 350 g, ou menos.

Salmonete

*N.R.: Algumas variedades de peixe contendo *mullet* no nome, em inglês, são conhecidos em português por tainha/curimã.

Salvelino-ártico

Tipo: gordo. Anádromo.

Características: semelhante ao salmão e à truta, com os quais tem parentesco. A carne parece a do salmão, mas com menos gordura, apesar de ter mais gordura do que a truta.

Peso: geralmente em torno de 1,8 kg, mas pode alcançar 11 kg.

Sardinha

Ver Arenque. As verdadeiras sardinhas são parentes próximos do arenque, mas estão escassas. A maioria dos peixes vendidos como sardinhas são, na verdade, arenques pequenos. Geralmente vendidas em lata.

Sável

Tipo: gordo. Anádromo.

Características: gordo, com sabor intenso e muitas espinhas em diversas camadas de cada filé. Suas ovas (ovários) são muito apreciadas. O sável fresco é bastante sazonal (de fevereiro a junho, no hemisfério norte).

Peso: 0,7 a 2,3 kg.

Serrano-estriado

Tipo: magro.

Características: peixe pequeno, de pele escura, com carne branca, firme e de sabor delicado e adocicado.

Peso: até 1,5 kg.

Serrano-estriado

Tamboril

Também conhecido como peixe-diabo, peixe-sapo e tamboril-sovaco-preto.

Tipo: magro.

Características: peixe grande e feio, mas apenas seu rabo é usado. Carne branca, muito firme e com textura fina, um pouco parecida com a da lagosta.
Muito saboroso. Combina bem com sopas e ensopados, mas fica seco facilmente se for cozido sem gordura.

Peso: 2,3 a 23 kg.

Tubarão

Tipo: gordo.

Variedades: o tubarão-anequim-preto é a variedade mais usada nos EUA.

Características: textura firme, semelhante à textura do marlin, mas é mais macio e um pouco mais úmido, além de ter fibras mais finas; preço menos elevado. Tem esqueleto de cartilagens, sem ossos. Geralmente é cortado em postas.

Peso: 11 a 18 kg.

Tamboril

Vermelho

Tipo: magro.

Características: carne branca firme, delicada e de sabor adocicado, com lascas grandes. Espinhas grandes e rústicas. A pele é vermelha. Muito apreciado; popular em restaurantes.

Peso: 0,5 a 7 kg.

Vermelho

Xaréu

Tipo: gordo.

Variedades: os membros da família xaréu/charros incluem o papa-terra, o xaréu-azul, o xaréu-de-rabo-amarelo, o olhete e o falso-besugo-doirado. O xaréu mais conhecido nos EUA é o pampo, ou sereia-camochilo, listado separadamente.

Xaréu-azul

Xaréu

Características: pele lisa e brilhante; carne firme e gordurosa; sabor forte. Algumas variedades têm sabor mais forte do que as outras.

Peso: varia muito, dependendo da variedade.

PEIXES DE ÁGUA DOCE

Bagre

Corégono

Bagre

Tipo: gordo para magro, dependendo da origem.

Variedades: o peixe-gato é semelhante, mas não é da mesma espécie.

Características: carne firme, com bastante sabor. Camada de gordura diretamente sob a pele. O bagre não tem escamas e geralmente sua pele é tirada antes de fritar ou refogar. Bagres criados em cativeiro são mais suaves e geralmente mais magros do que o bagre-silvestre.

Peso: 0,5 a 3,6 kg.

Corégono

Tipo: gordo.

Características: carne branca, que se parte em lascas com facilidade, de sabor um pouco adocicado.

Peso: 0,7 a 2,7 kg.

Enguia

Tipo: gordo.

Características: peixe comprido, fino como uma cobra, com pele escorregadia. A carne é firme, suave e gordurosa. Precisa estar viva até a hora de ser cozida, senão a carne ficará sem consistência. Tire a pele antes do cozimento e corte em filés ou em pedaços de 4 cm de comprimento. Popular em restaurantes japoneses (onde é chamada de *unagi*), é servida em filés grelhados, regados com um *glace* à base de molho de soja.

Peso: geralmente de 900 g a 1,8 kg, mas pode ser bem menor ou maior.

Lúcio

Tipo: magro.

Variedades: o lúcio (*Esox lucius*) é muito comum na América do Norte.

Características: carne branca e firme semelhante à da perca, mas não tão carnuda e com muitas espinhas pequenas.

Peso: 1 a 5,4 kg.

Lucioperca (ver Perca de água doce)

Perca de água doce

Tipo: magro.

Variedades: a perca-americana (*yellow perch*) é a mais comum nos Estados Unidos. O lucioperca (inglês: *zander*, francês: *sandre*) é uma perca europeia bastante conhecida nos EUA que, às vezes, é erroneamente denominada *European welleyed* (picão-verde europeu), embora seja diferente e possua preços menos elevados do que o verdadeiro picão-verde.

Características: carne branca de sabor suave que se parte em lascas com facilidade, textura firme e fibras finas.

Peso: 0,2 a 2,3 kg.

Tilápia

Tilápia

Tipo: magro.

Características: quase sempre provenientes de criadouros, porque a tilápia silvestre costuma ter gosto de lama. Carne branca, firme e suave.

Peso: até 1,4 kg; geralmente 700 g.

Truta

Tipo: gordo.

Variedades: salvelino-lacustre, truta comum, truta-das-fontes (*Salvelinus fontinalis*), truta-arco-íris, *steelhead trout*, que é uma variação anádroma da truta-arco-íris, e muitas outras variedades.

Características: carne macia, de textura fina, com sabor untuoso e delicado. A cor da carne pode ser branca, rosada ou avermelhada.

Peso: salvelino-lacustre: 2 a 4,5 kg. Outras: 0,2 a 1,4 kg.

Truta

MANUSEIO E ARMAZENAMENTO

Os peixes e os frutos do mar são alguns dos alimentos mais perecíveis que você irá manusear. É muito importante armazená-los com cuidado e usá-los logo. O sabor forte de peixe que afasta as pessoas é, na verdade, sinal de decomposição. Peixe fresco deve ter sabor e cheiro agradáveis.

As instruções para verificar a qualidade do peixe estão resumidas na Tabela 14.1.

COMO ARMAZENAR PEIXE FRESCO

Objetivos

1. Manter à temperatura de –1 a 1°C.
2. Manter o peixe umedecido.
3. Evitar que o cheiro e o sabor do peixe sejam transferidos para outros ingredientes.
4. Evitar que a carne delicada do peixe seja rasgada ou amassada.

Tabela 14.1.
Lista para verificar o frescor do peixe

Características	Peixe fresco	Peixe não muito fresco
Odor	Fresco e ameno, sem odor de estragado	Forte cheiro de peixe
Olhos	Claros, brilhantes e salientes	Turvos, afundados
Guelras	Vermelhas ou rosadas	Cinzas ou marrons
Textura da carne	Firme, elástica	Mole, amassa com facilidade
Escamas	Brilhantes, bem presas à pele	Soltas, sem brilho

Observação: como muitos peixes não são comprados inteiros ou apenas eviscerados, mas sim na forma de filés, postas ou outros tipos de porcionamento, o odor tem que ser a sua primeira referência para detectar o frescor.

Métodos

1. Em gelo triturado – o método preferido. Use cubas gastronômicas com orifícios para a drenagem do gelo derretido. Troque o gelo diariamente. Tampe o recipiente ou armazene em compartimentos separados dos outros alimentos.

    Peixes inteiros devem ser **eviscerados** (i. e., ter a barrigada removida; ver Fig. 14.1) o mais cedo possível porque as vísceras se deterioram rapidamente. Peixes inteiros ou eviscerados não são embalados. Peixes cortados (filés, postas e porções) devem ser embalados ou deixados em seu pacote original à prova de umidade.

2. Em compartimentos refrigerados, à temperatura de –1 a 1°C — se não tiver estoque de gelo triturado disponível ou fácil de obter. Embale todos os peixes ou deixe na embalagem original à prova de umidade.

Tempo de armazenamento

Peixes frescos podem ser armazenados por 1 ou 2 dias. Se tiverem que ser armazenados por mais tempo, pode-se (1) embalar e congelar imediatamente, ou (2) cozinhar e então refrigerar para uso posterior em receitas que pedem peixe cozido.

Verifique o frescor de peixes armazenados antes de usá-los. Mesmo se estavam frescos quando recebidos, podem não estar frescos depois de alguns dias armazenados.

PEIXES CONGELADOS, ENLATADOS E PROCESSADOS

Inspeção Federal

Nos Estados Unidos, a National Oceanic and Atmospheric Administration (Administração Nacional Oceânica e Atmosférica - NOAA) e o Department of Commerce (Departamento de Comércio) realizam programas de inspeção de peixes e frutos do mar para garantir a

Figura 14.5
Selo PUFI para frutos do mar (EUA)

Figura 14.6
Selo de qualidade para frutos do mar (EUA)

*N.R.: Partes ressecadas e esbranquiçadas nos alimentos congelados causadas pela exposição prolongada ao ar do *freezer*, resultando em desidratação e cheiro desagradável.

segurança quando processados. Os processadores que desejam participar dos programas precisam pagar pelo serviço, mas depois podem usar os selos oficiais nas embalagens de seus produtos e nas propagandas, incluindo o selo PUFI (Processed Under Federal Inspection – Processado Sob Inspeção Federal; Fig. 14.5) e o selo de qualidade U.S. Grade A (Fig. 14.6). O selo PUFI indica que o produto foi embalado sob inspeção federal e que é seguro e adequado ao consumo humano, de boa qualidade e corretamente etiquetado. Além disso, as empresas que operam com um programa de gerenciamento de qualidade escrito APPCC (ver p. 33) podem se utilizar do programa de inspeção baseado no APPCC do Department of Commerce.

Pescados congelados

Hoje em dia, a quantidade de pescados congelados consumida é maior do que a de produtos frescos. Se não fosse pela grande disponibilidade de produtos congelados, as cozinhas comerciais iriam servir muito menos pescados do que servem.

Como verificar a qualidade

1. Os produtos congelados devem estar congelados, e não em processo de descongelamento, quando recebidos.
2. Certifique-se de que o produto tem odores frescos e agradáveis, ou nenhum odor. Odor forte de peixe significa manipulação incorreta.
3. Os itens devem estar bem embalados, sem "queimaduras de *freezer*".*
4. Alguns peixes congelados vêm com uma *camada fina de gelo* para evitar o ressecamento. Verifique se a superfície está brilhante e se a camada de gelo não derreteu ou evaporou.

Armazenagem

1. Armazene a –18°C ou mais frio.
2. Mantenha bem embalado para prevenir queimaduras de *freezer*.
3. Tempo máximo de armazenamento:
   Peixes gordos: 2 meses.
   Peixes magros: 6 meses.
4. Faça a rotação do estoque — os primeiros que entram são os primeiros que saem.

Como descongelar e manipular

1. *Pescados congelados crus.*
   - Descongele dentro da geladeira, nunca em temperatura ambiente. Deve demorar de 18 a 36 horas, dependendo do tamanho. Método alternativo, se estiver pressionado pelo tempo: mantenha a embalagem original à prova de umidade e descongele sob água fria corrente.
   - Pedaços pequenos (filés, postas e porções) de até 250 g podem ser cozidos congelados para facilitar o manuseio e evitar perda excessiva de sabor. Peixes grandes devem ser descongelados para um cozimento mais uniforme, da superfície para o interior.
   - Filés ou outras porções para serem feitos à milanesa ou preparados de outra maneira antes do cozimento podem ser parcialmente descongelados (por exemplo, por alguns segundos em um micro-ondas), depois preparados e cozidos logo em seguida. Será mais fácil manuseá-los do que se estivessem completamente descongelados.
   - Trabalhe com o peixe descongelado como você trabalharia com o peixe fresco.
   - Não congele novamente.
2. *Peixes à milanesa e cobertos com massa mole, peixe pronto para servir e outros pratos congelados contendo peixes.*
   - Leia e siga as instruções da embalagem.
   - Muitos desses itens são cozidos ou aquecidos ainda congelados, geralmente na fritadeira, no forno, no micro-ondas ou no vapor.

Peixe enlatado

1. Verifique se as latas não têm sinal de avarias. Descarte latas dilatadas (ou devolva-as ao fornecedor).
2. Armazene, como outros produtos enlatados, em um lugar fresco e seco.
3. O peixe de uma lata que foi aberta deve ser colocado em um recipiente tampado, etiquetado com o conteúdo e a data e levado à geladeira. Pode ser conservado por 2 ou 3 dias.

FRUTOS DO MAR

Os frutos do mar se distinguem dos peixes de barbatanas pelas suas conchas externas duras e pela ausência de espinhas ou esqueletos internos.

Há duas classificações para os frutos do mar:

1. **Moluscos** são animais marinhos moles que compreendem três categorias principais:
   - **Bivalves**, que possuem um par de conchas com dobradiças (como os mariscos e as ostras).
   - **Univalves**, que possuem uma única concha (como o abalone e o caracol-do-mar).
   - **Cefalópodes** (como o polvo, a lula e a sépia).

   Do ponto de vista científico, existem outros moluscos também, mas eles não são relevantes para este livro.

2. Os **crustáceos** são animais com conchas segmentadas e pernas articuladas.

MOLUSCOS

Os moluscos mais importantes em cozinhas comerciais são as ostras, os mariscos, os mexilhões, as vieiras, as lulas e os polvos.

OSTRAS

Características

1. As ostras possuem conchas grosseiras e irregulares. A concha inferior tem uma forma ligeiramente arredondada. A concha superior é chata.
2. A carne das ostras é extremamente mole e delicada, e contém uma alta porcentagem de água.
3. Existem ostras disponíveis o ano todo, mesmo nos meses de verão, mas são melhores no outono, no inverno e na primavera.
4. Existem quatro variedades principais nos Estados Unidos e Canadá, conforme a sua origem. Observe que as dezenas de variedades de ostras da costa leste da América do Norte são todas da mesma espécie; no entanto, todas têm sabores diferentes, dependendo do ambiente em que cresceram.

   Costa leste: conhecidas por vários nomes locais, dependendo do seu lugar de origem, como *Bluepoint* (Long Island), *Box* (Long Island), *Chesapeake Bay*, *Chincoteague* (Virginia), *Cotuit* (Nantucket), *Kent Island* (Maryland), *Malpeque* (Prince Edward Island, Canadá), *Patuxent* (Maryland), *Apalachicola* (Florida), *Breton Sound* (Louisiana) e *Wellfleet* (Massachusetts).

   Olympia: bem pequena, da costa do Pacífico.

   Belon: ostra europeia agora cultivada na América do Norte. As conchas são mais chatas do que as das ostras da costa leste. São mais apropriadamente chamadas de *ostras-planas-europeias*, deixando o termo *Belon* para as ostras planas crescidas perto da foz do rio Loire, na França. Apreciadas por causa do seu sabor salgado intenso.

   Japonesa ou Pacific (ostras-gigantes): geralmente ostras grandes da costa do Pacífico. A ostra *kumamoto*, que é bem menor, é da mesma espécie.

Ostras do rio St. James

Ostras de *Pine Island*

Formas de comercialização

1. Vivas, dentro das conchas.
2. Sem as conchas – frescas ou congeladas. Nos Estados Unidos, as ostras fora das conchas são classificadas por tamanho, como se segue.

Classificação	Número por galão (3,8 litros)
Extra large/counts (extra grandes/a granel)	160 ou menos
Large/extra selects (grandes/extra selecionadas)	161 a 210

Figura 14.7
Como abrir ostras.

(a) Examine a casca para verificar se está completamente fechada, indicativo de que a ostra está viva. Enxágue bem a casca sob água fria corrente. Segure a ostra na mão esquerda, como mostra a figura (ou na mão direita, se você for canhoto). Segure a faca de abrir ostras perto da ponta como mostra a figura. Insira a faca entre as conchas, perto da dobradiça (ou umbo).

(b) Gire a faca para quebrar a dobradiça.

(c) Deslize a faca sob a superfície superior e corte o músculo adutor (que fecha as conchas) preso à concha superior. Tente não cortar a carne da ostra, para que não vaze. Retire a concha superior.

(d) Cuidadosamente, corte a parte inferior do músculo junto à concha inferior para soltar a carne. Retire quaisquer partículas de concha das ostras antes de servi-las, se houver.

Medium/selects (médias/selecionadas)	211 a 300
Small/standards (pequenas/tamanho padrão)	301 a 500
Very small (muito pequenas)	Acima de 500

3. Enlatadas — raramente usadas no setor de serviços alimentícios.

Como verificar o frescor

1. Ostras dentro das conchas precisam estar vivas para serem boas para o consumo. Conchas bem fechadas, ou conchas que se fecham quando são tocadas, indica que a ostra está viva. Descarte as ostras mortas.
2. Ostras vivas ou fora das conchas devem ter um cheiro suave e agradável. Cheiros fortes indicam que está estragada.

Como abrir ostras

1. Lave bem as conchas com uma escova antes de abrir.
2. As ostras que serão servidas cruas precisam ser abertas de uma maneira que deixe a concha inferior intacta e a delicada carne sem danos. A técnica ilustrada na Figura 14.7 é uma maneira de abrir ostras. Seu instrutor pode querer lhe mostrar outro método.
3. Se as ostras vão ser cozidas, espalhe-as em uma assadeira rasa e leve-as ao forno quente para que as conchas se abram. Retire as ostras das conchas e cozinhe imediatamente. Descarte as que não se abrirem.

Armazenagem

1. Mantenha ostras vivas nas caixas ou sacos em que vieram, em lugar úmido e frio. Elas costumam durar pelo menos 1 semana.
2. Armazene ostras frescas fora da concha no recipiente original, na geladeira, a −1 a 1°C. Elas duram até 1 semana.
3. Mantenha ostras congeladas no *freezer*, a −18°C ou mais frio, até o momento de usar. Descongele na geladeira por 24 horas ou mais, dependendo do tamanho do recipiente.

Como cozinhar ostras

1. Cozinhe apenas o suficiente para aquecer bem e manter as ostras suculentas e roliças. Se cozidas em excesso, ficam enrugadas e secas.
2. Métodos de cozimento: escalfar, fritar por imersão, assar na concha inferior com coberturas, cozinhar em sopas e ensopados.

MARISCOS

Características

Existem duas espécies principais de mariscos na costa leste da América do Norte: mariscos de concha dura e mariscos de concha mole. A costa oeste também tem algumas variedades locais.

1. Mariscos de concha dura (*hard-shell clams* ou *quahogs*, em inglês). Estes mariscos recebem nomes diferentes, dependendo do tamanho.

   Littlenecks são os menores. Os mais macios, para serem comidos crus ou para cozinhar no vapor.

   Cherrystones são mariscos de tamanho médio e talvez os mais comuns. Podem ser comidos crus e são bons para cozinhar no vapor, embora sejam mais duros do que os *littlenecks*.

   Chowders, os maiores, também chamados *quahogs* no nordeste americano. Um pouco duros, são picados e cozidos em sopas de mariscos (como a típica *clam chowder*) ou cortados em tiras e fritos.

2. **Mariscos de concha mole**. Também são chamados de *longnecks* (pescoço comprido) por causa da protuberância que sai das conchas. Têm conchas muito finas que não se fecham completamente.

Também são conhecidos por *steamers*, porque a maneira usual de servi-los é cozinhar no vapor (*steam*) e servir no próprio suco, com manteiga derretida como molho.

3. **Vôngoles**. Na verdade, estes são de uma família diferente da dos mariscos, embora pareçam uma miniatura deles; geralmente não têm mais que 2,5 cm de largura. Podem ser cozidos como mariscos e quase sempre são servidos com a casca.

Formas de comercialização (mariscos de concha dura)

1. Vivos, dentro das conchas.
2. Sem as conchas – frescos ou congelados.
3. Enlatados, inteiros ou picados.

Mariscos, em sentido horário, a partir de cima, à esquerda: *steamers*, *littlenecks*, *cherrystones* e *chowders*.

Como verificar o frescor

Mesmo procedimento usado para as ostras. Mariscos dentro das conchas precisam estar vivos. Tanto os mariscos vivos quanto os sem concha devem ter cheiro agradável.

Como abrir mariscos

1. Lave e esfregue bem as conchas antes de abrir.
2. Mariscos de conchas duras podem conter areia dentro, e mariscos de conchas moles quase sempre contêm. Podem ser limpos da seguinte forma:
   - Faça uma salmoura, usando ⅓ de xícara (chá) de sal e 4 L de água.
   - Coloque os mariscos de molho na salmoura por 20 minutos.
   - Escorra e repita até tirar toda a areia dos mariscos.

Vôngoles

Figura 14.8
Como abrir mariscos.

(a) Examine a casca para verificar se está completamente fechada, indicativo de que o marisco está vivo. Enxágue a casca sob água fria corrente. Evite mexer muito neles, pois eles poderão se fechar mais ainda. Segure o marisco na mão esquerda, como mostra a figura (ou na mão direita, se você for canhoto). Coloque a borda afiada da faca de abrir moluscos na fresta existente entre as conchas.

(b) Force a faca entre as conchas, pressionando com os dedos da mão esquerda.

(c) Mude o ângulo da lâmina, como mostra a figura, e deslize a faca contra a concha superior para cortar os músculos adutores (mariscos têm dois; ostras têm apenas um). Tome cuidado para não furar ou cortar a carne do marisco.

(d) Abra o marisco e termine de separar a carne da concha superior.

(e) Corte os músculos rentes à concha inferior para liberar o marisco completamente. Descarte a concha superior. Retire quaisquer partículas de concha dos mariscos antes de servir.

- Alguns *chefs* colocam fubá na salmoura e deixam na geladeira por um dia. Os mariscos comem o fubá e expelem a areia.
- Enxágue em água corrente antes de usar.

3. Abrir mariscos com conchas duras é diferente de abrir ostras. Essa técnica é ilustrada na Figura 14.8.
4. Assim como as ostras, se os mariscos serão cozidos, pode-se abri-los espalhando-os em uma assadeira rasa e levando-os ao forno quente *somente* até as conchas começarem a se abrir. Descarte os que não se abrirem, porque é possível que eles já estivessem mortos antes do cozimento.

Armazenagem
Igual a das ostras.

Como cozinhar mariscos

1. Os mariscos ficam duros e borrachudos se cozidos em excesso. Cozinhe apenas o suficiente para aquecê-los bem.
2. Ao cozinhar mariscos no vapor, dentro das conchas, cozinhe apenas até as conchas se abrirem.
3. Métodos de cozimento: cozinhar no vapor, escalfar, fritar por imersão, assar em uma concha com coberturas, cozinhar em fogo brando em sopas diversas e *chowders*.

MEXILHÕES

Características

Os mexilhões (ou sururus) mais comuns têm a aparência de pequenos mariscos pretos ou azuis-escuros. Suas conchas não são tão pesadas como as dos mariscos. Sua carne é de cor amarelada para laranja e firme, porém fica macia quando cozida. Os mexilhões são pescados no mundo todo e também são criados em cativeiro.

Os mexilhões New Zealand *green lips*, endêmicos da Nova Zelândia e do sudoeste da Ásia, são maiores e têm a concha cinza claro ou marrom, com uma borda verde. Seu preço é sempre elevado.

Mexilhões, da esquerda para a direita: verdes, azuis (silvestres) e azuis (criados em cativeiro).

Formas de comercialização
Os mexilhões costumam ser vendidos vivos, dentro da concha. Muitos também são vendidos sem a concha, embalados em salmoura.

Como verificar o frescor

1. Como as ostras e os mariscos, os mexilhões devem estar vivos para serem bons para o consumo. Verifique se as conchas estão bem fechadas ou se fecham ao serem tocadas.
2. Descarte os mexilhões muito leves ou que parecem ocos. Também descarte os que estão muito pesados — provavelmente estão cheios de areia.

New Zealand *green lips*

Como limpar

1. Limpe bem as conchas:
   - Lave-as bem, esfregando sob água corrente.
   - Raspe as cracas, se houver, com uma faca para moluscos.
   - Retire as barbas, um apêndice fibroso que sai de dentro das conchas (ver Fig. 14.9). Faça isso bem na hora do cozimento, pois isso pode matar os mexilhões.

Figura 14.9
Ao limpar mexilhões, retire as barbas existentes entre as conchas.

2. Os mexilhões podem conter areia na parte interna se não forem criados comercialmente. Para eliminar a areia, pode-se colocá-los de molho em salmoura e farinha ou fubá, como se faz com os mariscos (ver seção anterior).

Armazenagem

Mantenha-os sob refrigeração entre 0 e 2°C e protegidos da luz. Armazene-os na embalagem original e mantenha-os umedecidos.

Como cozinhar mexilhões

Ao contrário de ostras e mariscos, os mexilhões quase nunca são servidos crus. Geralmente são cozidos no vapor e servidos no caldo do cozimento, em sopas, ou resfriados e servidos com molhos à base de maionese. Cozinhe só até as conchas se abrirem e os mexilhões ficarem totalmente quentes. Não cozinhe em excesso. Descarte os que não se abrirem depois do cozimento.

VIEIRAS

Características

1. As vieiras, na maior parte das vezes, são vendidas sem as conchas. A única parte normalmente consumida é o *músculo adutor*, que fecha as conchas. Se conseguir adquirir vieiras vivas dentro da concha, deixe o coral laranja em forma de lua preso ao músculo adutor ao tirá-las da concha.
2. Nos Estados Unidos, há dois tipos principais de vieiras:

    Bay scallops: pequenas, com sabor e textura delicados; preço elevado; 70 a 88 unidades por quilo, em média.

    Sea scallops: maiores, não tão delicadas quanto as *bay scallops*, mas ainda macias, a não ser que sejam cozidas em excesso; 22 a 33 unidades por quilo, em média.
3. As vieiras têm uma cor branca cremosa e um sabor agradável.
4. É possível encontrar vieiras o ano inteiro.

Formas de comercialização

1. Frescas, sem a concha. Vendidas por volume ou peso.
2. Congeladas.
    - IQF (Individually Quick Frozen – Congelamento Rápido Individual).
    - Blocos congelados.

Vieiras com ovas ou coral

Como verificar o frescor

Um cheiro suave e agradável é sinal de frescor.
Odor forte de peixe ou coloração amarronzada é sinal de produto envelhecido para consumo ou em deterioração.

Manuseio

1. Vieiras fora das conchas podem ser cozidas sem maiores preparações. No entanto, elas ficam melhores se o pequeno nervo ou tendão duro que existe em cada lado for retirado.
2. Vieiras grandes podem ser cortadas em pedaços pequenos antes de serem cozidas.

Armazenagem

Mantenha as vieiras tampadas e refrigeradas à temperatura de –1 a 1°C. Não coloque as vieiras diretamente no gelo, para não perderem o sabor e ficarem aguadas.

Como cozinhar vieiras

As vieiras são preparadas de quase todas as maneiras utilizadas para preparar peixes. Os métodos mais comuns são saltear, fritar por imersão, grelhar e escalfar.

CEFALÓPODES

O termo **cefalópode** significa "pés-na-cabeça", se referindo ao fato de esses animais terem tentáculos, ou "pernas", presos à cabeça, em volta da boca. Os cefalópodes mais importantes na cozinha são a lula e o polvo. Um terceiro tipo, a sépia, é semelhante à lula, mas sua comercialização geralmente é limitada.

LULAS

As **lulas** – às vezes mencionadas em cardápios pelo seu nome italiano, **calamari** – são classificadas como moluscos, apesar de não possuírem concha externa. São animais invertebrados que se assemelham ao polvo, mas que possuem 10 tentáculos, sendo 2 deles mais compridos do que os outros.

As lulas precisam ser evisceradas, e sua pele precisa ser retirada. A cabeça, o "bico" e a "pena" interna, parecida com um pedaço de plástico duro, devem ser descartados. O corpo oco e os tentáculos são comestíveis. A Figura 14.10 mostra como limpar lulas.

Como são um pouco borrachudas, as lulas são cortadas e fritas rapidamente, ou então cozidas em fogo brando por aproximadamente 45 minutos, em líquido temperado ou molho. *Observação*: a **sépia**, que se parece com a lula, tem um corpo mais curto e grosso do que ela. Em vez da pena interna fina e transparente, ele tem uma concha interna calcária.

POLVOS

Os polvos variam em tamanho, de menos de 30 gramas até muitos quilos. Todos os tamanhos possuem textura firme, até borrachuda, mas os polvos maiores costumam ser muito duros para serem consumidos. Em razão de sua textura, os polvos precisam de um amaciamento mecânico (como bater com martelo de carne) ou cozimento longo e lento em um *court bouillon*.

Assim como a lula, para limpar o polvo é preciso cortar seus tentáculos, descartar sua cabeça e "bico" e eviscerar a cavidade corporal. Puxe a pele do corpo e dos tentáculos; pode ser necessário escaldar o polvo por alguns minutos para que ele solte a pele. A pele é cinza-avermelhada e se torna vermelho-arroxeada quando cozida.

Figura 14.10
Como limpar lulas.

(a) Puxe a cabeça. Os órgãos internos sairão junto.

(b) Puxe a pele.

(c) Retire a pena, parecida com um plástico, de dentro do corpo. Enxágue cuidadosamente para ficar bem limpo.

(d) Corte os tentáculos logo acima dos olhos. Descarte a cabeça e os órgãos.

(e) Não se esqueça de retirar o bico duro, que se encontra no centro do feixe de tentáculos, mostrado pela ponta da faca nesta foto.

(f) O corpo pode ser deixado inteiro para ser recheado ou cortado em anéis e frito, salteado ou ensopado.

CRUSTÁCEOS

Os crustáceos mais importantes nas cozinhas comerciais são as lagostas, os lagostins ou *langoustes*, camarões, caranguejos e siris.

LAGOSTAS

Características

1. A lagosta americana (*Homarus americanus*) é talvez a mais apreciada de todos os frutos do mar. Ela tem uma cauda grande e flexível, quatro pares de pernas e duas garras grandes e volumosas. Sua couraça exterior é azul-escura ou verde-azulada, mas fica vermelha quando cozida.

2. A carne da cauda, das garras e das pernas é consumida. É branca e adocicada, com um sabor distinto. A carne da garra é especialmente saborosa. O **coral** (ovas ou ovos), que é verde-escuro quando cru e vermelho quando cozido, e o **fígado** verde, que fica no tórax, ou corpo, da lagosta, também são consumidos.

3. Nos Estados Unidos, as lagostas são classificadas de acordo com o peso.

Chickens	450 g
Quarters	575 g
Selects	675 a 1.025 g
Jumbos	acima de 1.130 g

4. Lagostas com mais de 9 kg já foram capturadas, mas são raras.

Figura 14.11
Como cortar uma lagosta para grelhar.

(a) Coloque a lagosta de costas em uma tábua de cortar. Usando uma faca de chef, faça um corte no meio da cabeça, entre as duas antenas, com um golpe firme.

(b) Continue cortando em direção à cauda, mas sem separar a lagosta em duas metades.

(c) Com as mãos, quebre a parte de trás da couraça, abrindo a lagosta ao meio.

(d) Puxe e descarte o estômago, uma bolsa que fica logo atrás dos olhos.

(e) Se desejar, tire o fígado e use para preparar uma farofa de pão.

(f) Com o lado cego da faca, golpeie as garras para rachá-las.

(g) A lagosta está pronta para ser grelhada. Se for grelhar assim, a ponta da cauda deve ser pressionada para baixo com um peso para evitar que se enrole.

(h) Também é possível dividir a ponta da cauda até o fim e enrolar os dois lados, como mostra a figura. Nesta posição, não é necessário colocar um peso. Observe que as garras foram separadas do corpo e colocadas ao lado da lagosta.

448 Capítulo 14 • Introdução aos peixes e frutos do mar

Figura 14.12
Como cortar uma lagosta para saltear e preparar ensopados.

(a) Coloque a lagosta em uma tábua de cortar. Com um golpe firme e certeiro da ponta da faca, faça um corte na cabeça, entre as antenas, para matar a lagosta rapidamente.

5. Rendimento: Uma lagosta de 500 g rende aproximadamente 125 g de carne cozida.
6. Alguns clientes pedem lagostas fêmeas para consumir o coral, por isso é necessário saber distinguir fêmeas de machos. Observe os pares de perninhas sob a cauda. Se o par mais perto do cefalotórax for mole e flexível, ela é fêmea. Se for duro, é macho.

Formas de comercialização

1. Viva.
2. Carne pré-cozida, fresca ou congelada.

Como verificar o frescor

1. A lagosta precisa estar viva até o momento de ser cozida. Isso é indicado pelo movimento das pernas e das garras e pela cauda completamente enrolada.
2. Se a lagosta estiver morta ao ser cozida, a carne se desfaz. Se estiver viva, a carne fica firme e a cauda volta a se enrolar se for endireitada.
3. Lagostas que estão quase morrendo devem ser cozidas imediatamente para que a carne ainda possa ser usada.
4. A carne de lagosta pré-cozida (fresca ou descongelada) deve ter cheiro fresco e suave.

(b) Separe as pernas e as garras do corpo.

(c) Separe a cauda do tórax, torcendo-a até quebrar ou inserindo a faca por baixo da couraça do tórax, como mostra a figura, e cortando a carne.

(d) Corte o tórax ao meio no sentido do comprimento.

(e) Puxe e descarte o estômago, uma bolsa que fica logo atrás dos olhos.

(f) Retire o fígado e o coral para usar no molho que acompanha a lagosta.

(g) Corte a cauda nas partes em que os segmentos se unem. Esta é uma lagosta pequena. Caudas grandes devem ser cortadas em mais pedaços (pelo menos quatro ou cinco) para que eles não fiquem muito grandes.

(h) A lagosta cortada, pronta para ser cozida.

Manuseio

1. As lagostas são cozidas vivas ou cortadas antes do cozimento (para grelhar ou saltear). As lagostas vivas podem ser mergulhadas em água fervente para que morram instantaneamente. Depois são aferventadas por 5 a 6 minutos para cada 500 g de peso. Se forem servidas quentes, devem ser bem escorridas e divididas ao meio, com as garras rachadas.
2. É necessário dividir a lagosta ao meio e cortá-la ainda viva para certos pratos. A Figura 14.11 mostra como dividir uma lagosta para grelhar. A Figura 14.12 mostra como cortá-la para saltear e preparar ensopados. Observe que os métodos são um pouco diferentes.
3. O tórax contém três partes que você precisa reconhecer. A Figura 14.13 mostra sua localização.
   - O estômago, ou bolsa, localizado logo atrás dos olhos, quase sempre contém areia e deve ser descartado.
   - O fígado, ou *tomalley*, é verde-claro. Pode ser servido puro ou retirado, picado e adicionado aos molhos que acompanham a lagosta.
   - O coral, ou ova, é vermelho quando cozido e verde-escuro quando está cru. Só existe nas fêmeas. Assim como o fígado, é considerado uma iguaria.
   - O canal intestinal pode ser removido da lagosta dividida se contiver material escuro, mas costuma ser deixado se estiver limpo.

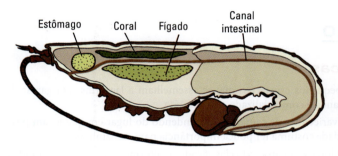

Figura 14.13
Corte transversal de uma lagosta fêmea mostrando a localização do estômago, do fígado, do coral e do canal intestinal.

Armazenagem

1. As lagostas vivas podem ser armazenadas de duas maneiras:
   - Embaladas em algas marinhas úmidas, ou em papel grosso e úmido, e mantidas em lugar fresco.
   - Em água salgada. Em restaurantes são usados tanques especiais para expor as lagostas e permitir que os clientes escolham a que desejarem. É preciso oxigenar a água do tanque para mantê-las vivas.
2. A carne cozida da lagosta precisa ser tampada e mantida sob refrigeração à temperatura de –1 a 1°C. É muito perecível e deve ser consumida dentro de 1 ou 2 dias.

Como cozinhar lagostas

1. A carne de lagosta fica dura se for cozida a uma temperatura muito alta ou por muito tempo. Ferver durante muito tempo também fará com que a carne fique dura. A lagosta inteira geralmente é cozida jogando-a em água fervente e depois cozida em fogo brando durante 5 a 6 minutos para cada 500 g de peso. Para lagostas grandes, reduza ligeiramente o tempo de cozimento.
2. Lagostas inteiras ou cortadas em pedaços podem ser cozidas em fogo brando em água, em *court bouillon*, em molhos ou em sopas, bem como salteadas, assadas ou grelhadas.

LAGOSTAS COMUNS*

Características

1. As lagostas comuns (*rock lobsters* ou *spiny lobsters*, em inglês; *langoustes*, em francês) são parentes de águas quentes das lagostas americanas, mas sem as garras. Apenas suas caudas são comercializadas como *cauda de lagosta*.
2. A carne da cauda da lagosta comum é semelhante à da *Maine lobster* (lagosta da região de Maine, no nordeste norte-americano), mas é mais seca e rústica, com menos sabor.

*N.T.: Palinurídeos ou lagostas sem garras da ordem dos decapoda. Possuem espinhos curtos ao longo da cauda e do corpo.

Figura 14.14
Como descascar e limpar camarões.

(a) Arranque as pernas com o dedo indicador.

(b) Solte e retire a casca, como mostra a figura.

(c) Para camarões fritos por imersão e grelhados, deixe a casca do segmento mais próximo do rabo intacta, para enfeitar. Isso também possibilita segurar o camarão para mergulhá-lo em massa mole.

3. A cauda da lagosta comum pesa de 60 a 340 g.
4. O **lagostim***, ou **pitu**, é um parente menor da lagosta comum. Quando estão fora da couraça, se parecem com o camarão, mas o sabor é mais suave e adocicado do que o dos camarões. O termo **scampi** (plural de *scampo*) se refere não ao camarão, mas a uma variedade de lagostim de águas italianas. O termo *scampi* é muito usado no inglês, incorretamente, para se referir a camarões grandes grelhados com manteiga e alho.

Formas de comercialização

Praticamente todas as caudas de lagosta comum são vendidas na forma IQF (congelamento rápido individual)

Preparo e manuseio

1. As lagostas comuns são manuseadas e preparadas da mesma forma que as lagostas americanas. Os métodos mais usados são o cozimento no vapor, no fogo brando e na grelha.
2. As caudas de lagosta que serão grelhadas ficam mais úmidas se forem escalfadas por 5 minutos antes de serem divididas ao meio e grelhadas.
3. Caudas de lagosta inteiras cozidas no vapor ou em fogo brando precisam ser servidas com as cascas abertas para a conveniência do cliente.

CAMARÃO

Características

1. **Camarões** são pequenos crustáceos que se assemelham a lagostins sem garras. Em geral, apenas a cauda é comercializada e consumida.
2. Existem muitas variedades de camarões, dependendo do lugar em que foram pescados, mas a variedade costuma ter pouca importância para o cozinheiro.
3. Nos Estados Unidos, os camarões são classificados conforme a quantidade de unidades por cada libra (meio quilo) de peso – quanto mais alta for a contagem, menor será o camarão. Por exemplo, 16/20 significa que há 16 a 20 camarões por cada 500 gramas). Os sistemas de classificação divergem dependendo do comércio local. Isto é, em mercados diferentes, um determinado tamanho de camarão pode ter nomes diferentes.
4. Camarões grandes têm preços mais elevados, mas requerem menos trabalho para serem descascados e limpos.
5. Rendimento: 500 gramas de camarão cru (somente a cauda), com a casca, rendem 250 gramas de camarão sem casca, cozido.
6. Nos Estados Unidos, o termo **prawn** pode ser usado para designar camarões grandes e, às vezes, lagostins (ver acima). O uso do termo varia de região para região.

*N.R.: No Brasil há também a cavaquinha, ou lagosta-sapateira, encontrada no litoral do Rio de Janeiro e de São Paulo. É pequena, de carapaça marrom, não possui antena ou espinhas dorsais e sua carne tem sabor delicado.

(d) Para a maioria das outras preparações, retire toda a casca, inclusive a que envolve o rabo.

(e) Com uma faca pequena, faça um corte raso no dorso do camarão e puxe o canal intestinal, que fica logo abaixo da superfície.

(f) Para o corte borboleta do camarão, faça o corte do passo (e) mais profundo, para que o camarão possa ser aberto como um livro.

Formas de comercialização

1. Camarões crus com a casca.

   Frescos: não são muito fáceis de serem encontrados, exceto perto da fonte de abastecimento.

   Congelados: em blocos de 2,3 kg.

2. Sem casca, limpos: em geral na forma IQF (congelamento rápido individual).

3. Sem casca, limpos e cozidos: em geral na forma IQF (congelamento rápido individual)

   Observação: camarões IQF em geral são cobertos com uma fina camada de gelo para manter a umidade e proteger.

Como verificar o frescor

1. Camarões congelados devem estar totalmente sólidos quando forem recebidos.

2. Camarões cobertos com uma camada protetora de gelo devem estar brilhantes, sem queimaduras de *freezer*.

3. Todos os camarões precisam ter cheiro fresco e suave. Um cheiro forte de peixe ou de iodo indica produto envelhecido para consumo ou em deterioração.

Armazenamento

1. Como os outros peixes congelados, os camarões devem ser mantidos congelados a –18°C ou menos até o momento de serem usados.

2. Descongele na geladeira, com folga suficiente de tempo.

3. Camarões frescos ou descongelados com casca são armazenados em gelo triturado, como os peixes inteiros.

4. Camarões sem casca perdem nutrientes solúveis e sabor quando são armazenados diretamente no gelo. Precisam ser embalados antes de serem colocados no gelo, ou simplesmente tampados e mantidos na geladeira.

Manuseio

1. Os camarões servidos quentes precisam estar sem a casca e limpos antes de serem cozidos. A Figura 14.14 mostra como fazer isso.

2. Os camarões servidos frios podem ser descascados depois do cozimento para preservar o sabor.

3. Camarões grandes podem ser divididos ao meio, estilo borboleta, como mostra a Figura 14.14(f). Isso é feito por causa da aparência (faz o camarão parecer maior, com área maior para empanar) e para apressar o cozimento, já que reduz a espessura.

Como preparar o camarão

Como a maioria dos frutos do mar, o camarão fica duro e borrachudo quando cozido em alta temperatura. O camarão pode ser preparado em fogo brando, frito por imersão, salteado, grelhado e assado.

CARANGUEJOS E SIRIS

Existem vários tipos de caranguejos e siris importantes nas cozinhas comerciais. Nos Estados Unidos, os mais conhecidos são:

1. **Caranguejo-real (*Alaskan king crab*).**
   O maior dos caranguejos, com 2,7 a 9 kg. A carne pode ser tirada em pedaços grandes, tornando-o atraente para servir em restaurantes. Tem preço elevado.

2. **Caranguejo-das-neves (*Alaskan snow crab*).**
   É menor que o caranguejo-real. Costuma ser usado como um substituto dele de preço menos elevado.

3. **Caranguejo-peludo (*dungeness crab*).**
   Outro caranguejo da costa oeste norte-americana, com 0,7 a 1,8 kg. A carne é bem doce.

4. **Siri-azul (*blue crab*)**
   Pequeno siri da costa leste norte-americana, com aproximadamente 150 g. A maioria das carnes de siri congeladas vendidas nos EUA é de siris-azuis.

Siri-azul (*blue crab*)

Caranguejo-peludo (*dungeness crab*)

Patas de caranguejo-real (*Alaskan king crab*)

Patas de caranguejo-das-neves (*Alaskan snow crab*)

5. **Siri-mole ou caranguejo-de-casca-mole** (*soft-shell crab*).
   Na verdade trata-se do siri-azul em processo de troca do exosqueleto, pescado antes da casca nova endurecer. É salteado ou frito e comido com casca e tudo; apenas as guelras e a cabeça (que fica na porção frontal do corpo) são retiradas.

   Os siris-moles devem ser limpos antes de serem cozidos. O procedimento é ilustrado na Figura 14.15.

6. **Caranguejo-de-pedra** (*stone crab*)
   Comum no sudoeste norte-americano. Apenas as patas são comidas.

Formas de comercialização

1. Vivos. Os caranguejos e siris têm um sabor melhor quando estão frescos, mas, nos EUA, muito poucos (exceto os siris-de-casca-mole) são comprados vivos, por causa do trabalho que dá para tirar a carne. Um caranguejo-azul médio rende menos de 30 g de carne.
2. Cozidos, congelados, com casca.
   Patas de caranguejo-real, inteiras e divididas.
   Garras de caranguejo-da-pedra e de caranguejo-das-neves.
   Siris-moles, inteiros.
3. Carne cozida, congelada. Todas as variedades.

Frescor e armazenamento

1. Caranguejos vivos devem ser mantidos assim até o momento do preparo. São embalados em algas marinhas úmidas e mantidos em local fresco.
2. Carne de caranguejo congelada deve ser tratada como o peixe congelado. É muito perecível quando descongelada.

Manuseio e preparo

1. Caranguejos com casca dura são tirados de sua carapaça depois de cozidos.
   - Cozinhe em fogo brando por 10 a 15 minutos em água salgada (2 colheres de sopa de sal por litro). Esfrie rapidamente em água gelada.
   - Quebre a concha pontiaguda do lado de baixo (chamada em inglês de *apron*, que significa avental) e retire a concha superior.
   - Descarte as guelras esponjosas e o estômago, que fica logo abaixo dos olhos.
   - Tire a carne de dentro do corpo.
   - Quebre as pernas e as patas com um martelo de carne ou o lado cego de uma faca pesada e retire a carne.
2. Siris-moles.
   - Com uma faca ou tesoura, corte a cabeça, que é a parte logo atrás dos olhos.
   - Levante os cantos pontiagudos externos da "concha" superior e arranque as guelras esponjosas.

Figura 14.15
Como limpar siri-mole.

(a) Siri-mole, visto de baixo e de cima.

(b) Corte fora a cabeça, logo atrás dos olhos.

(c) Puxe a bolsa do estômago.

(d) Levante um lado da concha mole superior, expondo a guelra.

(e) Arranque a guelra. Coloque a concha mole de volta em seu lugar. Repita do outro lado.

(f) Vire o siri e corte a carapaça da parte inferior (*apron*). Essa parte ampla indica que se trata de um siri fêmea. Os machos têm a carapaça inferior mais estreita.

- Corte fora a pequena aba pontiaguda na parte inferior do corpo (*apron*).
- Passe o caranguejo na farinha de trigo para saltear, empane à milanesa, ou passe na massa mole para fritar por imersão.

3. Carne de siri congelada.
- A carne de siri congelada costuma ser aguada. Pode ser preciso espremer o excesso de umidade antes do cozimento. Sempre que possível, reserve o líquido para usar em molhos e sopas.
- A carne de siri congelada já é cozida. Só precisa ser aquecida antes do preparo para servir.

LAGOSTIM

O lagostim (*crayfish*, em inglês) é um parente de água doce da lagosta (ver p. 450 para mais informações). Nos Estados Unidos, não muito tempo atrás, eles eram usados quase que exclusivamente na cozinha regional do sul do país (onde o termo *crawfish* é preferido) e nos restaurantes franceses. Com a popularização dessa cozinha, com pratos ao estilo *creole* e *cajun*, eles se tornaram mais conhecidos em outros lugares do país.

Os lagostins são comercializados vivos e congelados (carne da cauda sem a casca ou inteiros).

OUTROS FRUTOS DO MAR

Vários outros frutos do mar desempenham seu papel nas cozinhas do setor alimentício. Eles são classificados nessa categoria, apesar de alguns deles passarem parte de suas vidas em terra, como as rãs e os caracóis.

Caracóis ou *escargots* são *hors d'oeuvres* muito apreciados quando assados em suas conchas com uma manteiga bem temperada. Caracóis frescos requerem cozimento lento e demorado antes de serem assados com a manteiga de *escargot*, mas caracóis enlatados já vem cozidos e prontos para serem preparados. É possível melhorar o sabor dos caracóis enlatados cozinhando-os em vinho branco e temperos no fogo brando.

As *pernas de rã* são sempre comparadas ao frango em sabor e textura (mas, muitas outras carnes também o são). Apenas as pernas traseiras são usadas, vendidas aos pares. Podem ser salteadas, fritas por imersão ou escalfadas e servidas com um molho.

Kani-kama, ou *surimi*, é um produto feito com carne branca e barata de peixe magro moída e temperos. Pode ser encontrada em vários formatos. As formas mais comuns são os bastões de imitação de carne de siri e a imitação de carne de siri desfiada. Outros itens, como pedaços em forma de garras de lagosta, também podem ser encontrados. É necessário a adição de cores para uma aparência real. Originário do Japão, o *kani-kama* encontra aceitação crescente no mercado por causa da boa qualidade do produto e do alto custo do siri e da lagosta.

Frutos do mar **455**

■ TERMOS PARA REVISÃO

peixes de barbatanas	eviscerado	vôngole	pitu
frutos do mar	moluscos	lula	*scampi*
lascas	bivalve	*calamari*	camarão
peixes de carne magra e gorda	univalve	sépia	*prawn*
peixe chato	cefalópode	coral	siri-mole
peixe redondo	crustáceos	fígado	*kani-kama*
anádromo	músculo adutor	lagostim	
catádromo	mariscos de concha mole		

■ QUESTÕES PARA DISCUSSÃO

1. O peixe tem pouco tecido conjuntivo. Como isso afeta a maneira de manuseá-lo e prepará-lo?

2. Baseado no que você aprendeu sobre peixes de carne gorda e magra e sobre espécies de peixes, você pode sugerir pelo menos um método de cozimento para cada um dos seguintes peixes?

Cavala	Salmão
Bacalhau	Perca
Solha	Marlin
Truta	Tilápia
Vermelho	Alabote

3. Cite e descreva as formas de comercialização mais importantes para peixes frescos.

4. Quais são as diferenças entre fazer filés de peixes chatos e de peixes redondos? Descreva ou demonstre.

5. Você acaba de receber uma entrega de vermelhos inteiros e frescos e filés de bacalhau frescos. O que você precisa verificar antes de aceitar a entrega? Depois de aceitar o peixe, o que você deve fazer com ele?

6. Você está fazendo uma caldeirada de camarões com um molho Newburg previamente preparado e camarões cozidos congelados por IQF. Quando você adicionou o camarão congelado ao molho, ele deixou o molho tão ralo que não será mais possível usá-lo. Por que isso aconteceu e como você poderia ter prevenido isso?

7. Qual é a indicação de frescor mais importante em ostras, mariscos, lagostas e caranguejos frescos? Descreva como você poderia preservar esse frescor.

8. Em que a abertura de ostras difere da abertura de mariscos e em que é semelhante?

9. O que acontece com muitos tipos de frutos do mar quando são cozidos em excesso?

CAPÍTULO 15

CAPÍTULO 15

Preparo de peixes e frutos do mar

Como a maioria dos peixes e frutos do mar possui pouco tecido conjuntivo, os procedimentos para cozinhá-los são ligeiramente diferentes daqueles usados para cozinhar carnes vermelhas e aves. Ao se cozinhar carnes, frequentemente objetiva-se o amaciamento do produto. No entanto, os pescados são naturalmente macios, e o cozimento – em especial o excesso de cozimento – tende a promover a rigidez e o ressecamento dos produtos.

Neste capítulo, aplicamos os princípios básicos de cozimento no preparo de receitas com peixes e frutos do mar. Nosso objetivo é cozinhar o produto no ponto exato, para preservar a umidade e a textura, assim como reter e intensificar os sabores naturais.

É óbvio que o estudo desses procedimentos depende do conhecimento das informações básicas sobre peixes apresentadas no capítulo anterior. Reveja, em especial, as partes que testam o ponto certo de cozimento e as que apresentam as diferenças entre peixe gordo e magro e seus respectivos métodos apropriados de cozimento.

ASSAR

Peixes inteiros ou em pedaços podem ser assados no forno. Embora peixes grandes inteiros também possam ser assados, esse procedimento não é prático para serviços alimentícios de grande volume. O método é mais usado para postas, filés e peixes pequenos. Assar também é um método bastante empregado para preparar frutos do mar, como mariscos e ostras com coberturas diversas.

O método de assar é combinado, com frequência, com outros métodos de cozimento. Por exemplo, um peixe parcialmente grelhado pode ter seu cozimento terminado no forno. Assados de peixe gratinados costumam ser feitos com peixe já cozido.

Peixes inteiros ou em porções assados no forno não podem ser chamados de grelhados, palavra muito na moda atualmente. O termo assar pode ser aplicado tanto para o preparo básico de assar no forno (sem líquidos) quanto para procedimentos que assam com líquidos, como explicado a seguir.

Após ler este capítulo, você deverá ser capaz de:

1. Assar peixes e frutos do mar.
2. Grelhar peixes e frutos do mar e assá-los no dourador.
3. Saltear peixes e frutos do mar e fritá-los em pouca gordura.
4. Fritar peixes e frutos do mar por imersão.
5. Escalfar peixes e frutos do mar em *court bouillon*.
6. Escalfar peixes e frutos do mar em *fumet* e vinho.
7. Cozinhar peixes e frutos do mar usando técnicas mistas de cozimento.
8. Preparar pratos feitos com peixes de água salgada e frutos do mar crus.

Orientações para assar peixes

1. Peixes gordos são melhores para assar porque estão menos sujeitos ao ressecamento.
2. Peixes magros podem ser assados com êxito desde que se tome muito cuidado para não passarem do ponto. Regar com manteiga ou com óleo ajuda a prevenir o ressecamento.
3. Na maioria dos casos, as temperaturas de forno ideais são de 175 a 200°C. Peixes grandes assam melhor e mais uniformemente nas temperaturas mais baixas dessa escala (175°C). Também é possível assar filés finos ou fatias de filés (cortados como escalopes) em temperaturas bem altas. Neste caso, é preciso tomar muito cuidado porque o peixe pode assar em 1 minuto ou menos, e alguns segundos a mais poderão arruinar o preparo. O efeito das temperaturas altas é quase igual ao efeito de grelhar, e as instruções usuais para grelhar filés finos de peixe devem ser seguidas, conforme será explicado na próxima seção.
4. Não é possível fornecer tempos específicos de assamento porque o peixe varia muito em forma e composição. Ingredientes e tipos de assadeiras diferentes também afetam o tempo para assar. A indicação a seguir pode servir como ajuda. Meça a espessura do peixe na parte mais grossa. A 200°C, o tempo de permanência no forno é de aproximadamente 10 minutos por cada 2,5 cm de espessura.
5. O peixe assado pode ser servido com um molho ou manteiga temperada para realçar sua umidade e melhorar o sabor. Servir com limão também ajuda a realçar o peixe.
6. Se o peixe for assado com uma cobertura úmida ou molho, em tese, ele não está mais sendo cozido por um método de calor seco. No entanto, como o modo de preparo básico é o mesmo, trataremos como se o fosse.

Procedimento para assar peixes

1. Reúna todos os equipamentos e ingredientes.
2. Prepare e tempere o peixe (inteiro, em postas ou filés), como indicado na receita.
3. Coloque o peixe em assadeiras untadas com óleo ou manteiga. Pincele a parte superior dos peixes com óleo ou manteiga.

    Método alternativo: mergulhe o peixe em óleo ou manteiga derretida para cobrir ambos os lados. Coloque em assadeiras.
4. Aplique coberturas, se desejar. Por exemplo, farinha de rosca temperada, fatias de limão-siciliano, guarnição de cogumelos ou outros vegetais e molhos.
5. Asse a 175–200°C até o final do cozimento. Se o peixe for magro e não tiver coberturas úmidas, regue-o com óleo ou manteiga durante o assamento.

ASSAR COM LÍQUIDOS OU BRASEAR

Como observamos acima, se o peixe for assado com ingredientes úmidos ou com líquidos, o método não é mais rigorosamente um método de calor seco, embora esse tipo de preparo esteja incluído nesta seção. Na culinária francesa, o processo de assar peixes – geralmente peixes inteiros ou pedaços grandes – com vegetais e líquidos é chamado de brasear. No entanto, para evitar confusão com o método de brasear usado para as carnes, evitamos usar este termo e preferimos nos referir a estes pratos como *assados*.

Esse modo de preparo é o mesmo do método básico para assar peixes descrito anteriormente, com as seguintes particularidades:

1. A assadeira deve ser do tamanho do peixe, para que não seja necessário adicionar muito líquido.

2. O fundo da assadeira deve ser untado com óleo ou manteiga e depois coberto com uma camada de vegetais fatiados ou picados, como cenouras, cebolas, chalota e cogumelos. Os vegetais podem ser crus ou levemente salteados em manteiga ou óleo. O peixe é colocado em cima dos vegetais.

3. Pode-se colocar uma pequena quantidade de líquido, como partes iguais de vinho e caldo de peixe. Deve-se usar uma quantidade de líquido apenas suficiente para cobrir o peixe até a metade ou menos. Durante o assamento, o peixe deve ser regado com esse líquido.

4. O peixe pode ser assado sem tampa ou parcialmente tampado. Não se aconselha tampá-lo totalmente, porque o líquido precisa reduzir um pouco para ficar mais concentrado e saboroso. Lembre-se que mais líquido sairá do peixe, diluindo o caldo do cozimento.

5. O peixe deve ser retirado da assadeira para ser servido. O líquido precisa ser coado, desengordurado, reduzido e finalizado, o que pode ser feito de diversas maneiras, por exemplo, com a adição de manteiga, creme de leite ou molho *velouté*.

Como você pode ver, esse procedimento é uma combinação de técnicas. Como esse método sempre usa vinho e outros líquidos, ele se assemelha um pouco ao método de escalfar no vinho, explicado na página 483.

Bacalhau fresco assado *à la portugaise*

Porções: 24 *Tamanho da porção: 150 g de peixe*
60 mL de molho

Quantidade	Ingredientes
24	Filés de bacalhau fresco de cerca de 150 g
75 mL	Suco de limão
250 mL	Manteiga derretida ou óleo
a gosto	Sal
a gosto	Pimenta-do-reino branca
1,5 L	Molho *portugaise* (p. 176)

Por porção:
Calorias, 170; Proteínas, 16 g; Gorduras, 10 g (53% cal.); Colesterol, 60 mg; Carboidratos, 4 g; Fibras 1 g; Sódio, 250 mg.

■ Modo de preparo

1. Coloque os filés de bacalhau em uma assadeira rasa bem untada, com a parte da carne virada para cima (i. e., com a pele virada para baixo).

2. Pincele ligeiramente os filés com suco de limão. Em seguida, pincele generosamente com manteiga ou óleo e tempere com um pouco de sal e pimenta-do-reino.

3. Coloque a assadeira em forno preaquecido a 175°C até que os filés estejam assados, aproximadamente 10 a 15 minutos.

4. Na metade do tempo de cozimento, verifique o peixe. Se a superfície apresentar sinais de ressecamento, pincele com mais manteiga ou óleo.

5. Sirva cada porção com 60 mL do molho. Despeje o molho passando por cima do centro do filé. Não cubra toda a superfície do peixe com o molho.

VARIAÇÕES

Muitos outros peixes podem ser assados usando esta receita básica, tais como:

Hadoque (filés ou postas)	Lúcio (filés)	Alabote (postas ou filés)	Salmão (filés ou postas)
Vermelho (filés)	Perca (filés)	Anchova (filés)	Marlin (postas)
Robalo (filés)	Solha ou linguado (filés)	Cavala (filés)	Corégono (filés)

Outros molhos apropriados podem ser usados, tais como:

Manteiga derretida	Molho de tomate e molhos à base de tomate como o *creole* (não para salmão ou para peixes muito delicados, como a solha e o linguado)
Beurre noisette	Mostarda (apenas para peixes de sabor acentuado, como cavala ou anchova)
Manteiga *maître d'hôtel*	*Curry* (não para o salmão ou outros peixes gordos)

Peixe ao forno com tomates e cogumelos

Porções: 10 Tamanho da porção: 1 peixe

Quantidade	Ingredientes
10	Peixes pequenos, inteiros, de aproximadamente 375 g (ver Observação)
a gosto	Sal
a gosto	Pimenta-do-reino
1 pitada	Tomilho seco
10	Ramos de salsinha
conforme necessário	Azeite de oliva
250 g	Cebola em cubos pequenos
30 g	Chalota picada
250 g	Cogumelo picado
500 g	Tomate *concassé*
250 mL	Vinho branco seco

Modo de preparo

1. Escame e limpe os peixes, deixando as cabeças. Tempere por dentro e por fora com sal e pimenta-do-reino e coloque uma pitada de tomilho e um ramo de salsinha na cavidade de cada peixe.
2. Use quantas assadeiras forem necessárias para colocar os peixes em uma só camada. Unte-as com um pouco de azeite de oliva.
3. Salteie as cebolas e as chalota em um pouco de azeite de oliva por cerca de 1 minuto. Junte os cogumelos e salteie ligeiramente.
4. Espalhe os vegetais salteados e o tomate no fundo da assadeira.
5. Coloque os peixes por cima. Regue com um pouco de azeite. Adicione o vinho.
6. Asse a 200°C até o peixe ficar cozido. O tempo varia, mas em média são 15 a 20 minutos. Regue várias vezes com o líquido da assadeira durante o assamento.
7. Retire os peixes e mantenha-os aquecidos até o momento de servir.
8. Retire os vegetais da assadeira com uma colher perfurada e acerte o tempero. Monte os pratos, colocando uma colherada de vegetais ao lado de cada peixe, ou embaixo deles.
9. Coe, retire o excesso de óleo e reduza ligeiramente o líquido do cozimento. Um pouco antes de servir, umedeça cada porção com 1 a 2 colheres de sopa (15 a 30 mL) do líquido.

VARIAÇÃO

Peixe assado *à la menagère*
Use manteiga no lugar de azeite de oliva. Substitua parte da cebola ou toda ela por fatias de alho-poró. Exclua os tomates. Adicione 125 g de cenoura fatiada e cozinhe-a com o alho-poró. Corte os cogumelos em lâminas em vez de picá-los e coloque-os na assadeira ainda crus. Coloque 1 xícara (250 mL) de caldo de peixe com o vinho. Depois de coar e reduzir o líquido do cozimento na etapa 9, engrosse-o ligeiramente com um pouco de *beurre manié*. Finalize o molho com um pouco de manteiga ou creme de leite fresco.

Por porção:
Calorias, 350; Proteínas, 55 g; Gorduras, 9 g (24% cal.); Colesterol, 120 mg; Carboidratos, 6 g; Fibras 1 g; Sódio, 210 mg.

Observação: muitos tipos de peixe podem ser usados, como o robalo, o vermelho, o pargo, a perca e a truta. Como alternativa, use postas altas ou pedaços grossos de filé de peixes maiores, como o bacalhau fresco.

Assar 461

Cavala recheada ao forno

Porções: 10 *Tamanho da porção: 1 peixe, com recheio*

Quantidade	Ingredientes
10	Cavalas de aproximadamente 250–375 g, ou outro peixe pequeno
250 g	Pão branco esmigalhado
90 mL	Manteiga derretida
1 colher (sopa)	Salsinha picada
½ de colher (chá)	Tomilho seco
1	Ovo batido
¼ de colher (chá)	Raspas de limão-siciliano
60 mL	Suco de limão-siciliano
a gosto	Sal
conforme necessário	Manteiga derretida ou óleo

Por porção:
Calorias, 600; Proteínas, 43 g; Gorduras, 41 g (63% cal.); Colesterol, 165 mg; Carboidratos, 12 g; Fibras, 1 g; Sódio, 330 mg.

■ **M o d o   d e   p r e p a r o**

1. Corte os peixes em filés (ver p. 431, Fig. 14.4), mas deixe a pele.
2. Coloque o pão esmigalhado, a manteiga e as ervas em uma tigela. Mexa ligeiramente para misturar os ingredientes.
3. Misture o ovo batido com as raspas de limão e o suco de limão. Junte à mistura de pão e mexa delicadamente. Tempere a gosto.
4. Coloque 10 filés (i. e., metade de cada peixe) em uma assadeira bem untada, com a pele virada para baixo.
5. Cubra cada filé com 50 g do recheio. Molde o recheio de acordo com o comprimento dos peixes.
6. Coloque o segundo filé por cima e pressione ligeiramente.
7. Pincele com manteiga derretida ou óleo.
8. Asse a 175ºC até que esteja cozido, por aproximadamente 15 a 20 minutos.

Mariscos *oreganata* ao forno

Porções: 10 *Tamanho da porção: 3 mariscos (porção para entrada)*

Quantidade	Ingredientes
30	Mariscos médios (como o *cherrystone*)
60 mL	Azeite de oliva
30 g	Cebola, chalota ou cebolinha bem picadas
1 colher (chá)	Alho bem picado
30 mL	Suco de limão
300 g	Pão branco esmigalhado
1 colher (sopa)	Salsinha picada
¾ de colher (chá)	Orégano seco
⅛ de colher (chá)	Pimenta-do-reino branca
⅓ de xícara (chá)	Queijo parmesão
conforme necessário	Páprica
10	Cunhas de limão-siciliano

Por porção:
Calorias, 180; Proteínas, 10 g; Gorduras, 8 g (41% cal.); Colesterol, 20 mg; Carboidratos, 16 g; Fibras, 1 g; Sódio, 230 mg.

■ **M o d o   d e   p r e p a r o**

1. Abra os mariscos (ver técnica na Fig. 14.8). Colete o suco em uma tigela.
2. Retire os mariscos da concha. Coloque-os em um coador sobre a tigela que contém o suco. Deixe por 15 minutos na geladeira. Reserve as 30 conchas maiores e mais bonitas.
3. Pique os mariscos em pedaços pequenos.
4. Aqueça o azeite em uma frigideira. Adicione a cebola e o alho. Salteie por aproximadamente 1 minuto, sem dourar.
5. Adicione metade do suco dos mariscos e reduza a um terço em fogo alto.
6. Retire do fogo e adicione o suco de limão, o pão esmigalhado, a salsinha, o orégano e a pimenta-do-reino branca. Mexa delicadamente para que a mistura não fique pastosa.
7. Experimente e acerte o tempero, se necessário (mariscos costumam ser bem salgados).
8. Deixe esfriar. Junte os mariscos picados.
9. Encha as 30 conchas de mariscos com essa mistura. Polvilhe com queijo parmesão e apenas com um pouquinho de páprica.
10. Coloque em uma assadeira rasa e conserve em geladeira até o momento de servir.
11. Para cada pedido, asse 3 conchas em forno preaquecido a 230°C até ficarem quentes e com a superfície corada.
12. Guarneça com a cunha de limão.

Observação: mariscos e ostras costumam ser assados em uma cama de sal grosso para mantê-los firmes no lugar. O sal grosso também ajuda a manter o calor.

Filé de salmão defumado e assado com salada de pimentão

Porções: 12   Tamanho da porção: 125 g de peixe
                                125 g de guarnição

Quantidade	Ingredientes
1,5 kg	Filé de salmão
30 mL	Óleo vegetal
¾ de colher (chá)	Sementes de coentro moídas
¾ de colher (chá)	Cominho em pó
¼ de colher (chá)	Cravo-da-índia em pó
½ colher (chá)	Erva-doce moída
½ colher (chá)	Pimenta-do-reino preta
1 colher (chá)	Sal
1,5 kg	Salada de pimentão à moda basca (p. 692)

Modo de preparo

1. Corte os filés de salmão em porções de 125 g.
2. Pincele ligeiramente com óleo.
3. Misture os condimentos e o sal. Polvilhe sobre os pedaços de peixe, envolvendo-os em com uma camada fina e homogênea.
4. Monte um sistema para defumar no fogão, como mostra a Figura 4.1. Leve ao fogo a assadeira com lascas de madeira ou pó de serra até começar a fazer fumaça. Coloque os filés de salmão na grelha, tampe e ajuste o fogo para médio a baixo. Defume por 2 minutos.
5. Transfira a assadeira para o forno preaquecido a 200°C e continue assando por mais 8 a 10 minutos, até que o peixe esteja completamente cozido.
6. Arrume os filés de salmão e a salada de pimentão nos pratos. Sirva imediatamente.

Por porção:
Calorias, 370; Proteínas, 22 g; Gorduras, 29 g (70% cal.); Colesterol, 70 mg; Carboidratos, 6 g; Fibras, 2 g; Sódio, 250 mg.

Filé de salmão defumado e assado com salada de pimentão

Assar 463

 Rolinhos de tamboril com presunto cru

Porções: 12   Tamanho da porção: 175 g de peixe
                                  70 g de relish

Quantidade	Ingredientes
175 g	Açúcar
300 mL	Água
1½	Limão-siciliano, apenas as raspas
3	Ramos de alecrim fresco
2,2 kg	Filé de tamboril
500 g	Presunto cru fatiado
conforme necessário	Azeite de oliva
150 g	Azeitona preta, sem caroço, picada grosseiramente
375 g	Tomate picado, sem pele e sem sementes
125 g	Alcaparra
1 colher (sopa)	Cebolinha-francesa picada
200 mL	Azeite de oliva
conforme necessário	Cebolinha-francesa inteira, para guarnecer

■ **Modo de preparo**

1. Para preparar uma calda, dissolva o açúcar na água em fogo baixo, aqueça até ferver e retire do fogo. Acrescente as raspas de limão e os raminhos de alecrim. Deixe esfriar.
2. Pincele o tamboril com essa calda e coloque-o sobre uma fatia de presunto cru. Enrole o presunto no peixe e amarre bem com um barbante.
3. Pincele com azeite de oliva e asse sob um dourador ou salamandra. Termine o cozimento no forno médio, a 190°C. Retire do forno e deixe descansar por alguns minutos.
4. Prepare um *relish* misturando as azeitonas, os tomates, as alcaparras, a cebolinha-francesa e o azeite de oliva.
5. Corte o tamboril em fatias grossas, tipo *tournedos*, calculando 3 por pessoa. Coloque nos pratos. Coloque uma colherada de *relish* em volta do peixe. Guarneça com cebolinhas-francesas inteiras, formando uma cruz.

Por porção:
Calorias, 460; Proteínas, 36 g; Gorduras, 29 g (55% cal.); Colesterol, 70 mg; Carboidratos, 17 g; Fibras, 1 g; Sódio, 1.260 mg.

Rolinhos de tamboril com presunto cru

 Ostras assadas com vinagre balsâmico, rúcula e pinhole

Porções: 12   Tamanho da porção: 3 ostras (porção para entrada)

Quantidade	Ingredientes
36	Ostras
15 mL	Vinagre balsâmico
30 g	Rúcula picada
30 g	Pinhole torrado
45 mL	Azeite de oliva

■ **Modo de preparo**

1. Abra as ostras como mostra a Figura 14.7. Arrume-as em uma assadeira rasa.
2. Pingue algumas gotas de vinagre balsâmico sobre cada ostra e, em seguida, coloque um pouco de rúcula picada, pinhole e, por fim, cerca de ¼ de colher (chá) de azeite. Se as ostras não estiverem suficientemente salgadas, adicione um pouco de sal.
3. Asse a 230°C por alguns minutos, só até as ostras ficarem quentes. Sirva imediatamente.

Por porção:
Calorias, 70; Proteínas, 3 g; Gorduras, 6 g (77% cal.); Colesterol, 15 mg; Carboidratos, 2 g; Fibras, 0 g; Sódio, 75 mg.

ASSAR NO DOURADOR E GRELHAR

Peixes e frutos do mar grelhados e assados no dourador, assim como as como carnes, estão se tornando cada vez mais populares. Os clientes percebem que, preparados dessa maneira, eles ficam mais simples e mais saudáveis e, por serem preparados rapidamente, ajustam-se ao ritmo da vida moderna.

Pratos grelhados são, na sua forma mais pura, simples e despretensiosos, mas permitem uma grande variedade de apresentações. Variando o molho, os acompanhamentos de legumes e as guarnições, é possível oferecer uma grande diversidade de pescados grelhados no cardápio. Além disso, como o molho e os acompanhamentos geralmente são preparados com antecedência, esses pratos ainda são de preparo rápido, mesmo tendo uma apresentação elaborada.

Uma superfície ligeiramente crocante, corada ou marcada pela grelha é importante para o visual do peixe grelhado ou assado no dourador. Não cubra o peixe com molho, e não sirva com muito molho. Um pedaço de manteiga temperada ou algumas gotas de molho ou condimento bem temperado podem ser usados para decorar a superfície do peixe. Em geral, é melhor colocar o molho ao lado. Entre os molhos mais saudáveis estão o *coulis* de vegetais e o molho tipo *salsa*. Para pratos mais ricos, o *beurre blanc* é um bom acompanhamento, especialmente para peixes magros como o linguado.

Outra maneira bastante apreciada de servir o peixe é sem molho, a não ser por um pouquinho de condimento forte, como um *relish* ou *chutney*, e complementar com uma variedade atrativa de vegetais.

Orientações para grelhar peixes ou assá-los no dourador

1. Como a temperatura da grelha e do dourador é muito elevada, é preciso tomar cuidado para não cozinhar o peixe em excesso.

2. Selecione o peixe apropriado para grelhar ou assar no dourador. Fatias pequenas e filés finos são muito delicados para serem colocados diretamente na grade do dourador ou na grelha. Arrume-os em assadeiras rasas untadas, travessas ou outros refratários e coloque-os sob o dourador. Peixes inteiros ou fatias grossas de peixes firmes como o salmão, o tubarão e o marlin podem ser colocados diretamente na grelha, com cuidado para não se partirem. Verifique se a grelha está limpa e untada para evitar que grudem.

3. Peixes gordos são melhores para grelhar porque não ficam tão secos como os peixes magros. Todavia, todos os peixes, sejam gordos ou magros, devem ser untados com gordura antes de serem grelhados para reduzir o ressecamento.

4. Peixes magros podem ser empanados em farinha de trigo antes de serem imersos em óleo ou manteiga derretida. A farinha ajuda a criar uma saborosa crosta dourada.

5. Em vez de serem empanados com farinha de trigo, os peixes podem ser envoltos em gordura e depois passados na farinha de rosca ou fubá. Tenha cuidado, porém, porque a farinha de rosca queima com muita facilidade. Use esta técnica apenas com itens que cozinham rapidamente.

6. Se o peixe tiver uma pele atraente (como o vermelho e o serrano-estriado), a pele não precisa ser tirada e pode ser usada como lado de apresentação. Este procedimento realça a aparência e também ajuda a manter a delicada carne do peixe no lugar. Certifique-se de que as escamas foram completamente retiradas. Para que o peixe não se parta durante o cozimento, sulque a pele com uma faca afiada, fazendo uma série de cortes paralelos transversais, ou cortes em forma de losango para peixes maiores. Para filés pequenos, não é preciso fazer sulcos.

7. Grelhe o peixe conforme o pedido e sirva imediatamente.

8. O peixe grelhado pode ser salpicado com um pouco de páprica, se desejar imprimir mais cor ao prato. Mas não se exceda na quantidade. Um erro comum em peixes grelhados ou assados é envolvê-los com uma camada grossa de páprica, o que pode estragar seu sabor delicado.

9. Cortes mais grossos devem ser virados uma vez quando estão grelhando para obter um cozimento uniforme. Pedaços pequenos podem ser arrumados em uma assadeira untada e grelhados apenas de um lado. A lagosta também é grelhada sem necessidade de virar.

Procedimento para grelhar peixes ou assá-los no dourador

1. Reúna todos os equipamentos e ingredientes.

2. Prepare o peixe conforme a necessidade: tempere e unte com óleo ou manteiga, passe na farinha de trigo e, depois, na gordura, ou na gordura e depois na farinha de rosca ou fubá.

3. Preaqueça o dourador ou grelha.

4. Com uma escova de aço, retire as partículas de alimentos queimadas ou chamuscadas das grades do dourador ou da grelha. Passe um pano untado com óleo nas grades para formar um filme fino de gordura.

5. Grelhe os cortes grossos de ambos os lados, virando uma vez. Grelhe pedaços finos apenas de um lado.

6. Sirva imediatamente, com o molho e a guarnição apropriados.

Assar no dourador e grelhar 465

 Posta de peixe *à maître d'hôtel*

Porções: conforme necessário   Tamanho da porção: 150–175 g

Quantidade	Ingredientes
conforme necessário	Posta de peixe de 150–175 g (ver Observação)
a gosto	Sal
a gosto	Pimenta-do-reino branca
conforme necessário	Manteiga derretida ou óleo
conforme necessário	Manteiga *maître d'hôtel*
conforme necessário	Cunha de limão-siciliano

Por porção:
Calorias, 320; Proteínas, 27 g; Gorduras, 22 g (63% cal.); Colesterol, 105 mg; Carboidratos, 2 g; Fibras, 1 g; Sódio, 2.460 mg.

Observação: postas de salmão, atum e marlin são ideais para grelhar, mas seu preço é elevado. Outras postas de peixes que podem ser grelhadas são de bacalhau fresco, hadoque, alabote-do-Atlântico, serra-real e anchovas grandes.
Filés também podem ser grelhados usando-se esta receita, se forem grossos e firmes o bastante para não se partirem na grelha.

■ **M o d o   d e   p r e p a r o**

1. Tempere as postas com sal e pimenta-do-reino.
2. Coloque a manteiga derretida ou o óleo em uma assadeira pequena. Passe ambos os lados das postas no óleo para ficarem completamente untadas.
3. Coloque as postas na grade de um dourador preaquecido. Grelhe em calor médio até atingir a metade do cozimento. Vire de lado com uma espátula. Neste ponto, pode ser necessário pincelá-las com mais óleo ou manteiga, caso estejam ficando secas.
4. Complete o cozimento no segundo lado.
5. Arrume o peixe no prato. Coloque uma fatia de manteiga temperada em cima de cada posta. Guarneça cada prato com uma cunha de limão. Sirva imediatamente.

V A R I A Ç Ã O

Para peixes magros (p. ex., alabote-do-Atlântico, bacalhau fresco etc.), passe-os na farinha de trigo, tirando o excesso, antes de mergulhar na manteiga derretida ou óleo. Grelhe como na receita básica.
Outros tipos de manteiga composta podem ser usados no lugar da manteiga *maître d'hôtel*.
Para peixes gordos, exclua a manteiga e sirva com uma pequena quantidade de vinagrete bem saboroso.

 Atum grelhado com molho *vierge* e espinafre

Porções: 12   Tamanho da porção: 150 g de atum
125 g de espinafre
40 mL de molho

Quantidade	Ingredientes
200 mL	Azeite de oliva
20 g	Alho picado
10 g	Manjericão picado
1	Pimenta fresca pequena, como pimenta--malagueta, grosseiramente picada
a gosto	Sal
a gosto	Pimenta-do-reino
12	Postas de atum de 150 g cada
1,5 kg	Espinafre cozido, passado na manteiga
500 mL	Molho *vierge* (p. 197)

■ **M o d o   d e   p r e p a r o**

1. Misture o azeite de oliva, o alho, o manjericão, a pimenta fresca, o sal e a pimenta-do-reino para fazer uma marinada.
2. Deixe o atum na marinada por 1 hora.
3. Grelhe as postas de atum deixando-as malpassadas.
4. Para cada porção, coloque 125 g de espinafre quente no prato. Coloque a posta de atum sobre o espinafre. Coloque colheradas do molho em volta.

Por porção:
Calorias, 500; Proteínas, 35 g; Gorduras, 39 g (68% cal.); Colesterol, 75 mg; Carboidratos, 6 g; Fibras 3 g; Sódio, 210 mg.

Atum grelhado com molho *vierge* e espinafre

Dourado grelhado com *salsa* de frutas

Porções: 12   *Tamanho da porção:* 180 g

Quantidade	Ingredientes
90 mL	Suco de limão
1 colher (chá)	Sal
¼ de colher (chá)	Pimenta-do-reino branca
⅛ de colher (chá)	Pimenta-caiena
12	Filés de dourado de 180 g
125 mL ou o necessário	Óleo vegetal
600 g	*Salsa* de frutas (p. 199)

Modo de preparo

1. Em um recipiente não corrosivo, misture o suco de limão, o sal, a pimenta-do-reino branca e a pimenta-caiena.
2. Coloque os filés de peixe nessa mistura, virando-os para cobrir todos os lados. Deixe descansar por 15 minutos.
3. Retire o peixe da marinada. Mergulhe os filés no óleo e retire, deixando o excesso escorrer.
4. Asse na grelha ou dourador untados e preaquecidos até estar cozido. Tome cuidado para não assar demais, senão o peixe ficará seco.
5. Arrume os filés no prato. Ao lado de cada filé, coloque 50 g da *salsa* de fruta.

Por porção:
Calorias, 210; Proteínas, 32 g; Gorduras, 6 g (27% cal.); Colesterol, 125 mg; Carboidratos, 5 g; Fibras, 1 g; Sódio, 170 mg.

Posta de tubarão assada com vinagrete de alho dourado

Porções: 10   *Tamanho da porção:* 175 g

Quantidade	Ingredientes
15–20	Dentes de alho
250 mL	Azeite de oliva
10	Postas de tubarão-anequim-preto de aproximadamente 175 g cada
a gosto	Sal
a gosto	Pimenta-do-reino
125 mL	Azeite de oliva
60 mL	Vinagre de vinho tinto
a gosto	Sal
a gosto	Pimenta-do-reino
2 colheres (sopa)	Salsinha picada

Modo de preparo

1. Corte os dentes de alho em rodelas grossas.
2. Aqueça o azeite em uma frigideira pequena, em fogo médio. Junte o alho e salteie delicadamente até ficar levemente dourado. Não deixe o alho ficar muito escuro, senão ficará amargo.
3. Retire com uma colher perfurada. Reserve o alho e o óleo separadamente.
4. Pincele as postas de tubarão com aproximadamente metade do azeite de alho reservado. Tempere a gosto com sal e pimenta-do-reino.
5. Coloque as postas em uma grelha ou dourador preaquecidos e grelhe até ficarem ao ponto. Tome cuidado para não assar demais, senão ficarão secas.
6. Bata o restante do azeite da etapa 3 com a segunda quantidade de azeite e o vinagre para fazer um vinagrete básico. Tempere a gosto com sal e pimenta-do-reino.
7. Arrume as postas de tubarão nos pratos e coloque por cima o alho dourado. Coloque aproximadamente 30 mL do vinagrete em volta dos peixes. Salpique com a salsinha picada.

VARIAÇÃO

Substitua o tubarão por postas de outros peixes, como o marlin ou o atum.

Por porção:
Calorias, 530; Proteínas, 36 g; Gorduras, 42 g (71 % cal.); Colesterol, 85 mg; Carboidratos, 2 g; Fibras, 0 g; Sódio, 135 mg.

Escabeche de salmão assado

Porções: 12 *Tamanho da porção:* 150–180 g

Quantidade	Ingredientes
120 mL	Suco de limão
1 colher (chá)	Sal
½ colher (chá)	Pimenta-do-reino
½ colher (chá)	Cominho em pó
½ colher (chá)	Pimenta-da-jamaica em pó
12	Postas de salmão, 150–180 g cada
60 mL	Óleo vegetal
360 g	Cebola em rodelas de 3 mm de espessura
6	Dentes de alho sem casca cortados ao meio
4	*Jalapeño* em conserva, fatiado
	Sachê:
6	Cravos-da-índia
½ colher (chá)	Grãos de pimenta-da-jamaica
1 colher (chá)	Grãos de pimenta-do-reino
½ colher (chá)	Semente de cominho
3	Folhas de louro, rasgadas
1 colher (chá)	Orégano seco
1	Pau de canela de 2–3 cm
180 mL	Vinagre de maçã
500 mL	Água
conforme necessário	Óleo vegetal
conforme necessário	Folha de coentro fresco

Por porção:
Calorias, 260; Proteínas, 31 g; Gorduras, 12 g (43% cal.); Colesterol, 80 mg; Carboidratos, 5 g; Fibras, 0 g; Sódio, 150 mg.

Modo de preparo

1. Em um recipiente não corrosivo, misture o suco de limão, o sal, a pimenta-do-reino, o cominho e a pimenta-da-jamaica.
2. Coloque as postas de salmão na mistura, virando-as para cobrir bem de todos os lados.
3. Leve à geladeira por 30 a 60 minutos.
4. Aqueça o óleo em uma frigideira, em fogo médio.
5. Junte a cebola. Salteie até ficar levemente dourada.
6. Junte o alho e o *jalapeño*. Salteie por 2 a 3 minutos.
7. Coloque o sachê, o vinagre e a água. Cozinhe em fogo brando até reduzir à metade.
8. Retire as postas de salmão da marinada e seque-as com toalhas limpas.
9. Mergulhe as postas no óleo e deixe o excesso escorrer.
10. Asse na grelha ou dourador untados e preaquecidos até estarem cozidas. Tome cuidado para não assar demais, senão o peixe ficará seco.
11. Sirva cada posta com aproximadamente 45 mL da mistura de cebola, especiarias e vinagre. Decore com algumas folhas de coentro fresco.

VARIAÇÃO

Para um *escabeche* mais tradicional, coloque o peixe na mistura de vinagre quente e espere esfriar. Depois de 1 hora, leve à geladeira. Para servir, reaqueça à temperatura ambiente ou um pouco mais quente.

Escabeche

A palavra *escabeche* é um termo espanhol para "salmoura", e *en escabeche* significa "conservado em salmoura". Muitos pratos *en escabeche* são populares nas cozinhas do México, especialmente frutos do mar e vegetais. O método se originou como uma maneira de preservar alimentos conservando-os em vinagre e condimentos. Hoje em dia, com o advento da refrigeração, esses pratos são apreciados mais por seu sabor do que por sua durabilidade.

Em um *escabeche* verdadeiro, o alimento é deixado na mistura de vinagre por certo tempo em temperatura ambiente ou refrigerado durante o tempo suficiente para adquirir um gosto de alimento conservado em salmoura. Depois é servido em temperatura ambiente ou reaquecido. O peixe preparado deste modo costuma ser frito em pouca gordura antes de ser colocado no líquido da conserva. A receita acima é uma variação do método tradicional com um sabor mais suave. O peixe é grelhado, em vez de ser frito, e a mistura de vinagre e condimentos é servida com o peixe como se fosse um molho, em vez de servir para conservá-lo.

Lagosta grelhada

Porções: 1
Tamanho da porção: 1 lagosta

Quantidade	Ingredientes
1	Lagosta viva de aproximadamente 450–700 g
1 colher (chá)	Chalota bem picada
1 colher (sopa)	Manteiga
30 g	Farinha de rosca
3 colheres (sopa)	Salsinha picada
a gosto	Sal
a gosto	Pimenta-do-reino
conforme necessário	Manteiga derretida
60 mL	Manteiga derretida
conforme necessário	Cunha de limão

Por porção:
Calorias, 760; Proteínas, 12 g; Gorduras, 71 g (82% cal.); Colesterol, 210 mg; Carboidratos, 22 g; Fibras, 1 g; Sódio, 1.090 mg.

■ Modo de preparo

1. Abra a lagosta como mostra a Figura 14.11. Retire e descarte o estômago (bem atrás dos olhos) e a veia que corre pela cauda. O fígado e o coral podem ser deixados ou retirados e adicionados ao recheio (etapa 3), como desejar.
2. Salteie a chalota na manteiga até começar a ficar macia.
3. Etapa opcional: pique o coral e o fígado da lagosta e acrescente à frigideira. Salteie até ficarem firmes, aproximadamente 10 a 20 segundos.
4. Adicione a farinha de rosca e doure levemente na manteiga. Retire do fogo.
5. Coloque a salsinha. Tempere a mistura com sal e pimenta-do-reino.
6. Coloque a lagosta, com a carcaça virada para baixo, em uma assadeira rasa. Encha a cavidade do cefalotórax da lagosta com a farofa. Não coloque a mistura sobre a carne da cauda.
7. Pincele bem a cauda com a manteiga derretida.
8. Coloque algumas pernas sobre o recheio. Se a lagosta foi partida pelo primeiro método mostrado na Figura 14.11(g), coloque um peso na ponta da cauda para evitar que se enrole.
9. Coloque a lagosta sob o dourador pelo menos 15 cm longe da fonte de calor. Grelhe até a farinha de rosca ficar bem dourada.
10. Neste ponto, a lagosta poderá não estar completamente cozida, a não ser que seja muito pequena e a temperatura do dourador esteja bem baixa. Coloque a assadeira com a lagosta no forno quente para terminar o cozimento.
11. Retire a lagosta do forno e sirva imediatamente guarnecida com uma tigelinha de manteiga derretida e cunhas de limão.

V A R I A Ç Ã O

Cauda de lagosta assada

A lagosta comum costuma ficar ressecada se for grelhada como a lagosta americana. Um método melhor é escalfá-la na água salgada (ver p. 482) apenas até estar cozida. Depois, abra as caudas, pincele com manteiga e coloque sob o dourador por 1 a 2 minutos.

Camarão grelhado ao alho e limão

Porções: 10 *Tamanho da porção:* 125 g

Quantidade	Ingredientes
50	Camarões, de 32-40 peças por quilo
175 g	Manteiga
½ xícara (chá)	Óleo, de preferência azeite de oliva (ver Observação)
1 colher (sopa)	Alho bem picado
30 mL	Suco de limão
2 colheres (sopa)	Salsinha picada
a gosto	Sal
a gosto	Pimenta-do-reino

■ Modo de preparo

1. Descasque, limpe e abra os camarões em borboleta, como mostra a Figura 14.14. Deixe as cascas das caudas.
2. Coloque os camarões em refratários individuais ou em uma assadeira rasa, com as cauda virada para cima e o lado do corte para baixo (os camarões se enrolam quando cozidos, por isso as caudas devem ficar para cima quando são grelhados)
3. Mantenha na geladeira até o momento de usar.
4. Aqueça a manteiga e o azeite em uma panela funda até a manteiga derreter.
5. Junte o alho, o suco de limão, a salsinha, o sal e a pimenta-do-reino.
6. Despeje esse molho sobre os camarões.
7. Leve ao dourador em temperatura média. Grelhe até a superfície ficar levemente dourada (não se preocupe se as pontas das caudas se queimarem um pouco; é normal).
8. Transfira os camarões para o forno por alguns minutos para terminar o cozimento.

Por porção:
Calorias, 250; Proteínas, 7 g; Gorduras, 25 g (88% cal.); Colesterol, 95 mg; Carboidratos, 1 g; Fibras, 0 g; Sódio, 210 mg.

Observação: pode-se usar somente manteiga em vez de uma mistura de manteiga e óleo. Ou, se você estiver usando um azeite de oliva de boa qualidade, use mais azeite e menos manteiga, ou apenas azeite.
Sirva este prato com arroz ou uma porção generosa de pão, para molhar na manteiga temperada.

V A R I A Ç Õ E S

Os camarões podem ser marinados por 1 a 2 horas no óleo, alho picado, suco de limão e temperos. Adicione a manteiga durante o cozimento. Ou exclua a manteiga durante o cozimento e sirva pequenas porções de manteiga com alho como acompanhamento.

Brochete de camarão
Deixe os camarões marinarem como indicado acima. Coloque-os em espetinhos e grelhe, regando várias vezes com a marinada e a manteiga derretida.

Vieiras ao forno
Coloque as vieiras em refratários individuais (150 a 175 g por porção). Cubra cada porção com 1 colher de sopa de farinha de rosca. Despeje o molho de manteiga sobre as vieiras e grelhe como na receita básica.

Posta ou filé de peixe assado com alho e limão
Use filés ou postas de qualquer peixe que seja magro e branco. Coloque os peixes em assadeiras rasas e proceda como indicado na receita de Vieiras ao forno, usando a farinha de rosca.

Ostras *casino*

Porções: 12 Tamanho da porção: 3 ostras (porção para entrada)

Quantidade	Ingredientes
36	Ostras
225 g	Manteiga
60 g	Pimentão verde bem picado
30 g	*Pimiento** bem picado
30 g	Chalota bem picada
¼ de xícara (chá)	Salsinha picada
30 mL	Suco de limão
a gosto	Sal
a gosto	Pimenta-do-reino branca
9 tiras	Bacon fatiado

Por porção:
Calorias, 610; Proteínas, 26 g; Gorduras, 51 g (75% cal.); Colesterol, 230 mg; Carboidratos, 12 g; Fibras, 0 g; Sódio, 860 mg.

Observação: mariscos e ostras costumam ser assados em uma cama de sal grosso para mantê-los firmes no lugar.

*N.R.: Tipo de pimentão pequeno e de carne delicada típico da culinária espanhola. É vendido já grelhado e sem pele, em conserva.

Modo de preparo

1. Abra as ostras como mostra a Figura 14.7. Descarte as conchas superiores.
2. Coloque as ostras em uma assadeira rasa (ver Observação).
3. Coloque a manteiga na tigela de uma batedeira e bata com a raquete até ficar leve e fofa.
4. Adicione o pimentão verde, o *pimiento*, a chalota, a salsinha e o suco de limão. Bata até que tudo fique bem misturado. Tempere a gosto com sal e pimenta-do-reino (a manteiga *casino* pode ser enrolada em papel-manteiga, refrigerada ou congelada e fatiada na hora de ser usada).
5. Asse o bacon no forno ou na chapa até ficar parcialmente cozido. Escorra.
6. Corte cada tira em 4 pedaços.
7. Coloque aproximadamente 2 colheres (chá) da manteiga temperada sobre cada ostra.
8. Coloque um pedaço de bacon em cima da manteiga.
9. Coloque as ostras sob o dourador, até o bacon ficar dourado e as ostras, quentes. Não cozinhe em excesso.

VARIAÇÃO

Mariscos *casino*
Prepare como na receita básica, usando mariscos médios e macios (como os tipos *cherrystones* ou *littleneck*).

SALTEAR E FRITAR EM POUCA GORDURA

Assim como no preparo de carnes, a distinção exata entre saltear e fritar peixe em pouca gordura é difícil de ser definida. Em muitos casos, os dois termos são intercambiáveis.

O método clássico para saltear peixes é chamado de **à la meunière**. Neste preparo, o produto é passado na farinha de trigo e salteado em manteiga clarificada ou óleo. Depois é arrumado no prato, polvilhado com salsinha picada, algumas gotas de suco de limão e, por fim, regado com manteiga quente, dourada na hora (*beurre noisette*). Quando a manteiga quente entra em contato com o suco de limão, forma-se uma espuma. O peixe deve ser servido imediatamente.

Outros tipos de peixe salteado podem recorrer ao procedimento básico para empanar (p. 143), ou empanar o peixe com produtos diferentes da farinha, como o fubá. Guarnições variadas podem ser usadas também.

Os modos de preparo e variações descritos acima se aplicam para a maioria das receitas mais conhecidas de peixe salteado ou frito em pouca gordura. Como, em geral, os peixes são delicados, especialmente se forem cortados em filés, não se prestam a uma variedade muito grande de frituras. A variedade é criada mais pelo acompanhamento, molho e guarnições. Por outro lado, frutos do mar firmes, como o camarão e as vieiras, são fáceis de saltear, e existe uma variedade maior de receitas para eles.

Saltear e fritar em pouca gordura 471

Orientações para saltear e fritar peixes e frutos do mar em pouca gordura

1. Peixes magros são muito apropriados para saltear porque esse método de cozimento supre o teor de gordura que falta no peixe. Peixes gordos também podem ser salteados, contanto que você não os deixe muito engordurados.

2. Peixes salteados geralmente são cobertos por uma camada de farinha de trigo, ou empanados com farinha de rosca ou algum outro produto que contenha amido, antes de serem salteados. Isso forma uma casca dourada atraente, que realça o sabor e ajuda a manter o peixe firme, além de evitar que grude na frigideira.

3. Os peixes podem ser deixados de molho no leite por alguns minutos antes de serem empanados com farinha de trigo. Isso ajuda a farinha a formar uma boa crosta.

4. Manteiga clarificada e óleo são as gorduras preferidas para saltear e fritar em pouca gordura. A manteiga integral pode queimar, a não ser que os pedaços de peixe sejam pequenos.

5. Use a menor quantidade possível de gordura, aproximadamente 3 mm ou conforme necessário para cobrir o fundo da frigideira.

6. Observe as instruções do procedimento básico para saltear (p. 314). Certifique-se, principalmente, de que a frigideira esteja quente antes de colocar o peixe. Assim que o peixe começar a fritar, ajuste o fogo conforme a necessidade. Itens pequenos, como camarões e vieiras, são salteados em fogo bem alto. Itens maiores, como peixes inteiros ou postas grossas, exigem fogo mais baixo para cozinharem por igual.

7. Peixes muito grandes podem ser dourados na gordura e depois terminarem o cozimento no forno, sem tampa.

8. Doure o lado mais atraente – o lado de apresentação – primeiro. Para os filés, este é o lado da carne ou o lado perto da espinha, não o lado da pele.

9. Manuseie o peixe com cuidado durante e depois do cozimento para evitar despedaçar a carne ou a crosta.

10. Salteie ou frite na hora e sirva imediatamente.

Procedimento para preparar peixe *à la meunière*

1. Reúna todos os equipamentos e ingredientes.

2. Aqueça um pouco de manteiga clarificada em uma frigideira.

3. Tempere o peixe e passe na farinha de trigo. Tire o excesso de farinha.

4. Coloque o peixe na frigideira, com o lado de apresentação virado para baixo.

5. Salteie o peixe, virando uma vez com uma espátula, até que ambos os lados estejam corados e o peixe esteja cozido.

6. Retire o peixe da frigideira com uma espátula e coloque em um prato raso, com o lado de apresentação virado para cima.

7. Pingue algumas gotas de suco de limão e salpique com salsinha picada.

8. Aqueça um pouco de manteiga crua em uma frigideira até ficar levemente dourada. Despeje imediatamente sobre o peixe.

9. Sirva em seguida.

Filé de linguado *à la meunière*

Porções: 10
Tamanho da porção: 125 g

Quantidade	Ingredientes
20	Filés de linguado de 60 g
a gosto	Sal
a gosto	Pimenta-do-reino branca
90 g	Farinha de trigo
175 g	Óleo ou manteiga clarificada, ou uma mistura de óleo e manteiga
30 mL	Suco de limão
¼ de xícara (chá)	Salsinha picada
150 g	Manteiga
20	Rodelas de limão sem casca

Por porção:
Calorias, 370; Proteínas, 20 g; Gorduras, 29 g (71% cal.); Colesterol, 130 mg; Carboidratos, 7 g; Fibras, 0 g; Sódio, 370 mg.

■ Modo de preparo

1. Tenha todos os ingredientes à mão, mas não tempere nem empane o peixe até a hora de fritar.
2. A não ser que esteja atendendo a um pedido, use o número de frigideiras necessário para colocar todos os filés em uma só camada, ou frite-os em várias etapas. Leve a frigideira ao fogo médio para que esteja pronta no momento em que o peixe for empanado.
3. Tempere os filés com sal e pimenta-do-reino. Coloque a manteiga clarificada nas frigideiras quentes para aquecer. Empane os peixes com farinha de trigo, tirando o excesso. Coloque os filés de peixe nas frigideiras, com o lado de apresentação virado para baixo.
4. Salteie os filés até ficarem levemente dourados. Vire os peixes com uma espátula e doure do outro lado, com cuidado para não despedaçar na hora de virar.
5. Retire os filés da frigideira com uma espátula, tomando cuidado para não quebrá-los. Coloque em pratos rasos aquecidos.
6. Pingue algumas gotas de suco de limão sobre os filés e salpique com salsinha.
7. Aqueça a manteiga em uma panela funda pequena ou frigideira até ficar levemente dourada (*beurre noisette*).
8. Despeje a manteiga sobre os peixes.
9. Coloque uma fatia de limão em cima de cada filé e sirva imediatamente.

VARIAÇÕES

Filés de outros peixes, bem como frutos do mar como vieiras e camarões, podem ser preparados do mesmo modo.
Colocar o peixe no leite antes de passar na farinha de trigo ajuda a formar uma crosta bem dourada e atraente. Contudo, o peixe precisa estar bem seco antes de ser empanado, senão a cobertura com farinha pode ficar pesada e pastosa.

Filé de peixe a dorê
Salteie o peixe conforme a receita básica, mas sem o suco de limão, salsinha picada e *beurre noisette*. Guarneça o prato com limão-siciliano e ramos de salsinha (a dorê vem do francês *doré*, que significa "dourado").

Truta *à la meunière*
Prepare as trutas inteiras, evisceradas, como na receita básica. Mergulhe o peixe no leite antes de empanar na farinha de trigo para formar uma crosta mais atraente.

Peixe salteado a *amandine*
Prepare como na receita básica. Doure amêndoas fatiadas na manteiga usada para a *beurre noisette*. Exclua a guarnição de fatias de limão e decore o prato com cunhas de limão.

Peixe salteado a *grenobloise*
Prepare como na receita básica. Guarneça o peixe com alcaparras, gomos de limão-siciliano sem pele cortados em cubos, e salsinha picada antes de despejar a *beurre noisette*.

Siri mole salteado
Prepare como na receita básica. Sirva 2 siris por porção. A salsinha picada e as fatias de limão podem ser omitidas.

Vieiras *à la meunière*

Saltear e fritar em pouca gordura 473

Vieiras salteadas com tomate, alho e salsinha

Porções: 10   Tamanho da porção: 125 g

Quantidade	Ingredientes
1,25 kg	Vieira grande ou média (como as vieiras-da-baía ou vieiras-americanas)
60 mL	Azeite de oliva
60 mL	Manteiga clarificada
2 colheres (chá)	Alho bem picado
125 g	Tomate fresco ou em lata (escorrido), picado
¼ de xícara (chá)	Salsinha picada
a gosto	Sal

Por porção:
Calorias, 160; Proteínas, 9 g; Gorduras, 13 g (73% cal.); Colesterol, 35 mg; Carboidratos, 2 g; Fibras, 0 g; Sódio, 310 mg.

■ Modo de preparo

1. Se você estiver usando vieiras muito grandes, corte-as ao meio ou em quatro. Seque as vieiras com papel-toalha.
2. Aqueça o azeite e a manteiga em uma frigideira grande até ficarem bem quentes.
3. Coloque as vieiras na frigideira e salteie rapidamente. Sacuda a frigideira de vez em quando, para que as vieiras não grudem.
4. Quando as vieiras estiverem parcialmente cozidas, junte o alho. Continue salteando até que fiquem levemente douradas.
5. Acrescente o tomate e a salsinha e salteie ligeiramente, o suficiente para aquecer o tomate.
6. Acrescente sal a gosto e sirva imediatamente.

VARIAÇÕES

Exclua os tomates para fazer um prato um pouco diferente e tão bom quanto este.

Camarão salteado
Use camarões descascados e limpos. Salteie como na receita básica.

Escalope de salmão com azedinha

Porções: 12   Tamanho da porção: 115–120 g de salmão
                                   60 mL de molho

Quantidade	Ingredientes
1 kg	Azedinha
15 g	Manteiga
500 mL	Creme de leite fresco sem soro
500 mL	Fundo de peixe
a gosto	Sal
a gosto	Pimenta-do-reino
1,5 kg	Filé de salmão, sem espinhas e sem pele
conforme necessário	Óleo

Por porção:
Calorias, 380; Proteínas, 23 g; Gorduras, 28 g (66% cal.); Colesterol, 130 mg; Carboidratos, 10 g; Fibras, 1 g; Sódio, 95 mg.

Figura 15.1
Como cortar escalopes de salmão.

■ Modo de preparo

1. Lave a azedinha e descarte os talos. Corte em *chiffonade*.
2. Cozinhe a azedinha na manteiga, em fogo brando, até ficar bem macia, aproximadamente 2 a 5 minutos.
3. Adicione o creme de leite e cozinhe em fogo brando por 1 minuto. Reserve.
4. Reduza o fundo de peixe a um quinto (100 mL). Adicione à mistura de azedinha e creme de leite.
5. Coloque essa mistura no liquidificador e bata até obter um creme liso. Coe em uma panela funda e reaqueça. Tempere a gosto e mantenha o molho aquecido.
6. Corte os filés de salmão em escalopes finos com cerca de 125 g cada (ver Figura 15.1).
7. Aqueça um pouco de óleo em uma frigideira em fogo alto. Salteie as fatias de salmão por aproximadamente 1 a 2 minutos de cada lado. Retire e escorra rapidamente em papel-toalha para absorver o excesso de óleo.
8. Para servir, cubra o fundo de um prato quente com o molho e coloque o escalope de salmão em cima.

(a) Segurando a faca em ângulo agudo, corte uma fatia fina do filé, indo em direção à cauda ou parte mais fina.

(b) A fatia cortada. Pese para verificar o peso e depois continue fazendo outras fatias.

Salmão com crosta de amêndoas

Porções: 12 *Tamanho da porção:* 165 g

Quantidade	Ingredientes
100 g	Amêndoas moídas
100 g	Pão branco esmigalhado
30 g	Salsinha picada
2	Ovos batidos
125 g	Manteiga amolecida
a gosto	Sal
a gosto	Pimenta-do-reino branca
1,8 kg	Filé de salmão
90 g	Manteiga clarificada
600 mL	Molho de manteiga e vinho tinto para peixe (p. 180)

Por porção:
Calorias, 770; Proteínas, 33 g; Gorduras, 62 g (72% cal.); Colesterol, 250 mg; Carboidratos, 9 g; Fibras, 1 g; Sódio, 590 mg.

Modo de preparo

1. Misture as amêndoas com o pão esmigalhado e a salsinha picada. Adicione os ovos e mexa delicadamente.
2. Adicione a manteiga amolecida e mexa até incorporar.
3. Tempere a gosto com sal e pimenta-do-reino branca.
4. Corte os filés de salmão em porções de 150 g.
5. Frite o salmão em pouca manteiga, primeiro com o lado da carne virado para baixo. Doure ligeiramente. Vire e continue o processo com o lado da pele virado para baixo. Não cozinhe o peixe completamente, pois ele ainda será cozido com a crosta de amêndoas. O salmão deve estar um tanto malpassado por dentro.
6. Espalhe uma camada da mistura de amêndoas sobre o salmão.
7. Coloque sob uma salamandra ou sob o dourador para corar a crosta e terminar o cozimento do salmão. Ajuste a altura da grade do dourador para que a crosta não fique muito dourada antes de o salmão ficar cozido.
8. Coloque o salmão no prato. Despeje uma concha de molho em volta do peixe, não sobre ele.

VARIAÇÕES

Esta receita funciona bem com outros peixes de carne firme.

Bolinho de siri com *rémoulade* de pimentão assado

Porções: 16 *Tamanho da porção:* 125 g

Quantidade	Ingredientes
1,4 kg	Carne de siri
125 g	Pão branco esmigalhado
175 g	Maionese
4	Ovos batidos
2 colheres (chá)	Mostarda preparada
2 colheres (chá)	Molho inglês
2 colheres (chá)	Sal
½ colher (chá)	Pimenta-do-reino branca
3 colheres (sopa)	Salsinha picada
8	Cebolinhas bem picadas
conforme necessário	Manteiga clarificada, para fritura
90 g	Pimentão vermelho assado, sem pele e sem sementes (ver Fig. 16.12)
500 mL	Molho *rémoulade* (p. 200)
16	Cunhas de limão

Modo de preparo

1. Apalpe a carne de siri, retirando quaisquer pedaço de casca.
2. Misture o pão esmigalhado, a maionese, os ovos, a mostarda, o molho inglês, o sal, a pimenta-do-reino, a salsinha e a cebolinha. Incorpore à carne de siri.
3. Faça bolinhos redondos com as mãos, achatando ligeiramente. Para cada porção, faça um bolinho grande, de aproximadamente 125 g, ou 2 bolinhos pequenos de aproximadamente 60 g cada (ver Observação).
4. Frite os bolinhos em pouca manteiga até ficarem dourados e cozidos de ambos os lados.
5. Corte os pimentões assados em *brunoise*. Misture ao *rémoulade*.
6. Sirva cada bolinho de siri com 30 mL do molho e uma cunha de limão.

Por porção:
Calorias, 440; Proteínas, 21 g; Gorduras, 36 g (72% cal.); Colesterol, 145 mg; Carboidratos, 7 g; Fibras, 0 g; Sódio, 1.070 mg.

Observação: esta mistura leva muito pouco pão, portanto, pode ser um pouco difícil manuseá-la. Se desejar, adicione mais pão para fazer uma mistura mais firme e facilitar o processo de fazer os bolinhos. A textura da carne de siri também pode afetar a textura dos bolinhos e a quantidade de pão necessária.

Saltear e fritar em pouca gordura 475

Siri mole com crosta de fubá, panqueca alta de fubá e tomate assado

Porções: 10 *Tamanho da porção:* 1 siri, 1 panqueca alta, 2 metades de tomate

Quantidade	Ingredientes
10	Tomates italianos
10	Panquecas americanas de *buttermilk* (p. 801), feitas sem açúcar e com metade farinha de trigo e metade fubá
10	Siris moles
250 mL	Leite
150 g	Fubá grosso
125 mL	Óleo
175 g	Manteiga
a gosto	Sal
150 mL	Molho *rémoulade* (p. 200)

Por porção:
Calorias, 420; Proteínas, 16 g; Gorduras, 27 g (57% cal.); Colesterol, 120 mg; Carboidratos, 30 g; Fibras, 2 g; Sódio, 500 mg.

■ **M o d o   d e   p r e p a r o**

1. Corte os tomates ao meio no sentido do comprimento. Aperte os tomates com cuidado para expelir as sementes. Coloque-os com a parte cortada virada para baixo em uma assadeira rasa untada. Asse a 120°C por 1 hora e 30 minutos, ou até eles ficarem macios e murchos, mas sem dourar.
2. Prepare as panquecas. Mantenha as panquecas e os tomates aquecidos.
3. Limpe os siris, como mostra a Figura 14.15.
4. Molhe os siris no leite. Escorra e depois passe no fubá. Descarte o leite que sobrar.
5. Leve ao fogo o óleo e a manteiga em frigideiras de tamanho suficiente para colocar os siris em uma única camada (ou divida em várias levas). Coloque os siris na frigideira, com as costas viradas para baixo, e frite em fogo médio até ficarem levemente dourados. Adicione sal enquanto cozinham. Vire e doure do outro lado. Retire da frigideira e escorra em papel-toalha para descartar o excesso de gordura.
6. Para cada porção, coloque 1 panqueca no centro do prato. Coloque em cima duas metades de tomates, com o lado do corte virado para cima. Ponha um siri em cima. Despeje 1 colher (sopa) (15 mL) do molho *rémoulade* no prato, ao lado do siri.

Hadoque em crosta de pimenta com purê de batata ao alho e molho de salsinha

Porções: 12 *Tamanho da porção:* 150 g, mais guarnição

Quantidade	Ingredientes
300 mL	Azeite de oliva
30 mL	Suco de limão
½ xícara (chá)	Salsinha picada
½ colher (chá)	Sal
1,8 kg	Filé de hadoque, em porções de 150 g
2 colheres (sopa)	Grãos de pimenta-do-reino moídos grosseiramente
1 colher (chá)	Sal
60 mL	Azeite de oliva
1,1 kg	Purê de batata com alho (p. 589)

Por porção:
Calorias, 480; Proteínas, 28 g; Gorduras, 33 g (62% cal.); Colesterol, 95 mg; Carboidratos, 17 g; Fibras, 2 g; Sódio, 420 mg.

■ **M o d o   d e   p r e p a r o**

1. Prepare o molho: coloque o azeite, o suco de limão, a salsinha e o sal no copo do liquidificador. Bata até obter um purê.
2. Cubra os filés de peixe com uma camada fina e uniforme de pimenta-do-reino. Tempere com sal.
3. Leve o azeite ao fogo em quantas frigideiras forem necessárias para colocar os peixes em uma única camada.
4. Coloque o peixes na frigideira, com o lado de apresentação virado para baixo, e salteie em fogo médio até ficarem levemente dourados e parcialmente cozidos. Vire e complete o cozimento.
5. Coloque uma porção de 90 g de purê de batata no centro de cada prato. Coloque um filé de peixe por cima. Regue com aproximadamente 30 mL do molho, fazendo um círculo em volta do peixe.

V A R I A Ç Õ E S

Outros peixes de carne branca firme, como bacalhau fresco, robalo, vermelho e garoupa podem ser usados.

Hadoque em crosta de pimenta com purê de feijão
Substitua a batata pelo Purê de feijão com alho (p. 613).

Hadoque em crosta de pimenta com purê de batata ao alho e molho de salsinha

Camarão (ou vieira) picante

Porções: 10 *Tamanho da porção: 125 g*

Quantidade	Ingredientes
1 colher (chá)	Páprica
¼ de colher (chá)	Pimenta-caiena
¼ de colher (chá)	Pimenta-do-reino preta
½ colher (chá)	Pimenta-do-reino branca
¼ de colher (chá)	Tomilho seco
¼ de colher (chá)	Manjericão seco
¼ de colher (chá)	Orégano seco
½ colher (chá)	Sal
1,25 kg	Camarão sem cascas, limpo, ou vieira sem concha
175 g	Cebola em rodelas
1	Dente de alho bem picado
conforme necessário	Manteiga clarificada

Por porção:
Calorias, 160; Proteínas, 18 g; Gorduras, 9 g (50% cal.); Colesterol, 185 mg; Carboidratos, 2 g; Fibras, 0 g; Sódio, 390 mg.

Modo de preparo

1. Misture as especiarias, as ervas e o sal.
2. Seque os camarões ou vieiras com papel-toalha, se estiverem molhados. Se estiver usando vieiras muito grandes, corte-as ao meio ou em quatro.
3. Passe os camarões ou vieiras nos temperos secos.
4. Salteie a cebola e o alho em um pouco de manteiga clarificada até ficarem macios e ligeiramente dourados. Retire da frigideira e reserve.
5. Coloque um pouco mais de manteiga na frigideira e salteie os frutos do mar até ficarem cozidos.
6. Coloque a cebola e o alho de volta na frigideira e mexa para misturar. Sirva imediatamente, acompanhado de arroz branco.

VARIAÇÃO

Se quiser fazer filés de peixe picantes, tempere-os bem com a mistura de temperos secos da receita básica. Depois passe-os na farinha de trigo e salteie como na receita *à la meunière*.

Camarões picantes; arroz cozido no vapor; abobrinha ralada refogada

Saltear e fritar em pouca gordura 477

Camarão e pepino ao *curry* vermelho tailandês

Porções: 12 Tamanho da porção: 180 g
Quantidade   Ingredientes

60 mL	Óleo vegetal
1,2 kg	Camarão, médio ou grande, sem casca e limpo
375 g	
550 mL	Pepino, sem casca e sem sementes, em cubos médios
	Molho de *curry* vermelho tailandês (p. 194)

Por porção:
Calorias, 200; Proteínas, 17 g; Gorduras, 16 g (65% cal.); Colesterol, 140 mg; Carboidratos, 2 g; Fibras, 2 g; Sódio, 450 mg.

Observação: este método de preparar *curry* destina-se ao preparo antecipado e cozimento rápido de última hora. Um método mais tradicional é fazer o molho integral. Refogue os camarões, adicione o *Curry* vermelho tailandês (ver receita à p. 194) e cozinhe até ficar aromático. Junte o leite de coco, os outros líquidos, condimentos e demais ingredientes indicados na receita do molho e finalize o cozimento do camarão.

■ Modo de preparo

1. Aqueça o óleo em uma frigideira de saltear ou *wok* em fogo bem alto.
2. Acrescente os camarões e refogue bem.
3. Acrescente o pepino e refogue por 1 minuto.
4. Acrescente o molho *curry* pronto. Cozinhe por mais alguns minutos, até os camarões ficarem completamente cozidos.
5. Sirva com arroz.

Camarão e pepino ao *curry* vermelho tailandês

Raia com manteiga e alcaparra

Porções: 12 Tamanho da porção: 125 g
Quantidade   Ingredientes

12	Filés de raia de 125 g cada
a gosto	Sal
a gosto	Pimenta-do-reino branca
90 mL	Óleo vegetal
90 mL	Manteiga clarificada
conforme necessário	Farinha de trigo
30 g	Chalota bem picada
180 mL	Vinho branco
30 mL	Suco de limão
¾ de xícara (12 colheres de sopa)	Alcaparra, escorrida
360 g	Manteiga em pedaços pequenos
a gosto	Sal

Por porção:
Calorias, 450; Proteínas, 2 g; Gorduras, 37 g (90% cal.); Colesterol, 115 mg; Carboidratos, 5 g; Fibras, 0 g; Sódio, 510 mg.

■ Modo de preparo

1. Tempere os filés com sal e pimenta-do-reino branca.
2. Aqueça o óleo e a manteiga clarificada em uma frigideira, em fogo médio.
3. Passe os filés na farinha de trigo, retirando o excesso.
4. Salteie, dourando ligeiramente de ambos os lados até que estejam cozidos.
5. Transfira os filés para pratos aquecidos.
6. Escorra a manteiga e o óleo da frigideira, deixando apenas uma camada fina no fundo.
7. Acrescente a chalota e salteie até ficar macia.
8. Acrescente o vinho. Reduza até restar aproximadamente 30 mL (2 colheres de sopa).
9. Junte o suco de limão e as alcaparras.
10. Vá juntando a manteiga crua aos poucos, sacudindo a frigideira sem parar, para fazer um *beurre blanc* (p. 179).
11. Tempere com sal a gosto.
12. Despeje o molho sobre os filés.

VARIAÇÃO

Para uma variação da manteiga com alcaparras, arrume a raia salteada no prato e cubra cada porção com 1 colher (sopa) de alcaparras. Coloque o *beurre noisette* quente sobre o peixe, usando 1 a 2 colheres de sopa (15 a 30 mL) por porção.

Bagre frito em pouca gordura com *etouffée*[*] de camarão

Porções: 12 Tamanho da porção: 125 g de bagre, 100 g de etouffée

Quantidade	Ingredientes
90 g	Manteiga
750 g	Camarão médio, sem casca e limpo
180 g	Cebola picada
90 g	Pimentão verde picado
90 g	Salsão picado
60 g	Cebolinha, em fatias finas
2	Dentes de alho picados
3 colheres (sopa)	Farinha de trigo
375 mL	Água ou fundo de peixe
¼ de colher (chá)	Tomilho seco
½ colher (chá)	Páprica
¼ de colher (chá)	Pimenta-caiena
¼ de colher (chá)	Pimenta-do-reino preta
1 colher (sopa)	Molho inglês
4 colheres (sopa)	Salsinha picada
a gosto	Sal
1 ½ colher (chá)	Sal
1 ½ colher (chá)	Páprica
¼ de colher (chá)	Pimenta-caiena
½ colher (chá)	Tomilho seco
¼ de colher (chá)	Pimenta-do-reino preta
¼ de colher (chá)	Pimenta-do-reino branca
1,4 kg	Filé de bagre
conforme necessário	Manteiga clarificada

Modo de preparo

1. Aqueça a manteiga em uma frigideira em fogo médio.
2. Acrescente os camarões. Salteie até ficarem rosados.
3. Retire os camarões da frigideira com uma colher perfurada, deixando a manteiga.
4. Retire a panela do fogo para que esfrie um pouco e então junte a cebola, o pimentão, o salsão, a cebolinha e o alho à frigideira. Retorne a panela ao fogo e salteie até ficarem macios.
5. Acrescente a farinha de trigo e mexa para fazer um *roux*. Cozinhe até o *roux* ficar marrom.
6. Adicione a água ou o fundo de peixe. Cozinhe em fogo brando, mexendo sem parar, até engrossar e perder o gosto de farinha crua.
7. Coloque os camarões de volta na panela e junte o tomilho, a páprica, a pimenta-caiena, a pimenta-do-reino preta e o molho inglês. Cozinhe em fogo brando por 3 a 4 minutos, até os camarões ficarem cozidos.
8. Junte a salsinha e mexa.
9. Acrescente sal a gosto.
10. Misture o sal com as especiarias.
11. Corte os filés de bagre em pedaços de 125 g.
12. Polvilhe com a mistura de especiarias de ambos os lados.
13. Salteie na manteiga clarificada até ficarem ligeiramente dourados dos dois lados e cozidos.
14. Para servir, divida o *etouffée* de camarão entre os pratos previamente aquecidos. Coloque por cima os filés de bagre.
15. Sirva com arroz.

Por porção:
Calorias, 270; Proteínas, 32 g; Gorduras, 13 g (44% cal.); Colesterol, 165 mg; Carboidratos, 5 g; Fibras, 1 g; Sódio, 560 mg.

[*]N.R.: Prato típico da região da Lousiana, Estados Unidos, é um cozido mais espesso do que o tradicional *gumbo*, da mesma região, em geral feito com frutos do mar e engrossado com um *roux* muito escuro (cor de chocolate), o que lhe dá a coloração marrom típica.

FRITAR POR IMERSÃO

Fritar por imersão talvez seja o método mais popular de preparar peixes nos Estados Unidos. Embora o peixe frito não seja um prato raro ou uma preparação muito refinada, ele pode ser de excelente qualidade se o peixe for fresco e não for cozido em excesso, se a gordura da fritura for de boa qualidade e se o peixe for servido imediatamente após o preparo.

Peixes magros – sejam eles inteiros e pequenos ou pedaços menores como filés ou iscas – e frutos do mar, como camarões, mariscos, ostras e vieiras, são os melhores para fritar por imersão.

O peixe deve ser empanado ou passado em massa mole para protegê-lo da gordura da fritura e para proteger a gordura da fritura do peixe. Além disso, o empanado ou a massa mole proporcionam uma cobertura crocante, saborosa e atraente.

Porções de peixe empanado congelado são muito usadas nos Estados Unidos. Devem ser fritas sem descongelar.

O peixe frito é sempre servido com limão e/ou um molho frio, como o molho tártaro, *rémoulade* ou de tomate frio como acompanhamento.

Os procedimentos para fritar e empanar foram discutidos em detalhes no Capítulo 7. Portanto, não há necessidade de repeti-los aqui, mas reveja essas seções, se necessário. As receitas de massa mole da página 577 são adequadas tanto para peixes e frutos do mar quanto para vegetais.

Filé de peixe à milanesa

Porções: 25 *Tamanho da porção: 125 g*

Quantidade	Ingredientes
	Procedimento básico para empanar (ver Observação):
125 g	Farinha de trigo
4	Ovos batidos
1 xícara (chá)	Leite
625 g	Farinha de rosca
25	Filés de peixe branco magro de 125 g, como hadoque, perca, robalo, linguado ou solha
a gosto	Sal
a gosto	Pimenta-do-reino branca
25	Ramos de salsinha
25	Cunhas de limão
750 mL	Molho tártaro (p. 200)

Por porção:
Calorias, 490; Proteínas, 25 g; Gorduras, 36 g (66% cal.); Colesterol, 115 mg; Carboidratos, 16 g; Fibras, 1 g; Sódio, 430 mg.

Observação: as quantidades dadas para farinha de rosca e similares para empanar são apenas diretrizes. Você pode precisar de mais ou menos, dependendo do formato dos pedaços de peixe, do cuidado empregado ao empanar e de outros fatores. De qualquer maneira, você precisará ter uma quantidade suficiente para empanar completamente até o último pedaço com facilidade.

Modo de preparo

1. Arrume os ingredientes para empanar (ver p. 143): coloque a farinha em uma assadeira, os ovos batidos com leite em uma tigela rasa e a farinha de rosca em outra assadeira.
2. Tempere o peixe levemente com sal e pimenta-do-reino branca.
3. Empane os filés passando-os pela farinha de trigo, pelos ovos batidos e pela farinha de rosca. Pressione bem a farinha de rosca (ver p. 143 para instruções detalhadas sobre empanar).
4. Frite os filés em bastante gordura, aquecida a 175°C, até ficarem bem dourados.
5. Escorra e sirva imediatamente. Guarneça cada porção com um ramo de salsinha e uma cunha de limão. Sirva cada filé acompanhado de 25 mL de molho tártaro.

VARIAÇÕES

Filés de peixe à milanesa também podem ser fritos em manteiga ou óleo (ver seção anterior).

Vieiras à milanesa
Prepare como na receita básica. Use cestas de arame ao empanar para simplificar o trabalho, como explicado na página 143.

Camarão à milanesa
Descasque, limpe e corte os camarões em borboleta, como mostra a Figura 14.14. Deixe a casca mais próxima da cauda. Empane e frite como na receita básica.

Ostras ou mariscos fritos
Prepare como as vieiras.

Bolinhos de bacalhau fresco

Porções: 25 — Tamanho da porção: 2 bolinhos, 75 g cada

Quantidade	Ingredientes
1,8 kg	Bacalhau fresco cozido
1,8 kg	Batata amassada (p. 588)
3	Ovos
2	Gemas
a gosto	Sal
a gosto	Pimenta-do-reino branca
1 pitada	Gengibre em pó
	Procedimento básico para empanar:
conforme necessário	Farinha de trigo
conforme necessário	Ovo batido
conforme necessário	Farinha de rosca
a gosto	Molho de tomate ou molho tártaro

Por porção:
Calorias, 280; Proteínas, 23 g; Gorduras, 6 g (19% cal.); Colesterol, 110 mg; Carboidratos, 33 g; Fibras, 2 g; Sódio, 360 mg.

Modo de preparo

1. Separe o peixe em lascas finas.
2. Misture com o purê de batata, os ovos e as gemas. Mexa bem.
3. Tempere com sal, pimenta-do-reino e um pouco de gengibre.
4. Pese a mistura em porções de 75 g. Faça bolinhos redondos, ligeiramente achatados.
5. Passe os bolinhos pelo procedimento básico para empanar.
6. Frite por imersão a 175°C até ficarem bem dourados.
7. Sirva 2 bolinhos por porção, acompanhados de molho de tomate ou molho tártaro.

VARIAÇÃO

Bolinhos de salmão ou atum
Prepare como na receita básica, usando salmão ou atum em lata escorridos. Se você tiver à mão uma mistura para batata *duchesse*, simplesmente junte partes iguais de peixe e batata *duchesse*. Não é preciso adicionar mais ovos, uma vez que a mistura já contém ovos.

Lula frita com molho de tomate picante e *aïoli*

Porções: 12 — Tamanho da porção: 175 g de lulas, 60 mL de cada molho

Quantidade	Ingredientes
2,25 kg	Lula pequena, limpa (ver Fig. 14.10)
125 mL	Suco de limão
500 g	Farinha de trigo
3 colheres (sopa)	Sal
750 mL	Molho de tomate para massas (p. 639)
a gosto	Molho de pimenta vermelha
750 mL	Aïoli I (p. 201) ou Aïoli II (p. 728)

Por porção:
Calorias, 700; Proteínas, 30 g; Gorduras, 50 g (64% cal.); Colesterol, 395 mg; Carboidratos, 33 g; Fibras, 2 g; Sódio, 1.710 mg.

Modo de preparo

1. Corte o corpo das lulas em anéis. Deixe os tentáculos inteiros, ou corte-os ao meio se forem grandes.
2. Misture a lula com o suco de limão e deixe marinar, na geladeira, por 2 a 3 horas.
3. Misture a farinha de trigo com o sal.
4. Escorra a lula e seque com toalhas limpas. Quando for o momento de fritar, passe as lulas pela farinha e sacuda dentro de uma peneira grande para retirar o excesso de farinha.
5. Frite por imersão a 175°C até ficarem levemente douradas. Retire da fritadeira e escorra.
6. Aqueça o molho de tomate e tempere a gosto com o molho de pimenta picante.
7. Coloque um montinho de lula frita no centro de pratos rasos e guarneça com 60 mL de cada molho, colocados em potes pequenos.

VARIAÇÃO

Para outras versões de lula frita, empane (ver Procedimento básico para empanar) ou mergulhe as lulas em massa mole, usando uma das receitas de massa para Anéis de cebola (p. 576); a receita de massa de cerveja é mais adequada. Siga as etapas 6 a 8 da receita de Anéis de cebola para a massa e a maneira de fritar.

Tempura de camarão e vegetais

Porções: 16   Tamanho da porção: 3 camarões, mais os vegetais

Quantidade	Ingredientes
48	Camarões grandes
4	Pimentões verdes
600 g	Batata-doce
32	Cogumelos pequenos (ou cogumelos grandes cortados ao meio ou em quatro)
750 g	Farinha de trigo especial para bolo ou outra farinha com baixo teor de glúten
750 mL	Água gelada
6	Gemas
750 mL	*Dashi* (p. 195)
150 mL	Molho de soja
100 mL	Saquê *mirin*
conforme necessário	Farinha de trigo para empanar
250 g	Nabo ralado (*daikon*)
3 colheres (sopa)	Gengibre fresco ralado

Por porção:
Calorias, 380; Proteínas, 11 g; Gorduras, 12 g (28% cal.); Colesterol, 115 mg; Carboidratos, 56 g; Fibras, 3 g; Sódio, 560 mg.

Modo de preparo

1. Descasque os camarões, deixando as caudas com a casca. Limpe e corte em borboleta.
2. Descarte as sementes e o miolo dos pimentões. Corte cada um no sentido do comprimento em 8 cunhas ou tiras.
3. Descasque a batata-doce. Corte em fatias de aproximadamente 4 mm de espessura.
4. Limpe os cogumelos e apare a ponta dos talos.
5. Peneire a farinha de trigo em uma tigela.
6. Misture a água e as gemas.
7. Misture esse líquido com a farinha até incorporar. Não se preocupe se empelotar. A massa deve ser um pouco mais grossa do que a massa de panqueca.
8. Faça um molho misturando o *dashi*, o molho de soja e o saquê *mirin*.
9. Divida os camarões e os vegetais em 16 porções. Empane os vegetais e os camarões em farinha de trigo, tirando o excesso; depois mergulhe na massa mole. Frite primeiramente os vegetais em gordura limpa a 175°C e, em seguida, os camarões. Frite até ficarem levemente dourados.
10. Escorra e sirva imediatamente. Pela tradição, o tempura é servido em uma bandeja de bambu forrada com uma folha limpa de papel-toalha. Sirva acompanhado de 60 mL do molho, colocado em uma tigela rasa. Coloque uma pequena porção de nabo e de gengibre ralados em cada bandeja. O cliente irá misturá-los a gosto no molho.

Tempura

Tempura não é um prato nativo dos japoneses, mas sim originário dos pratos fritos que os comerciantes e missionários portugueses introduziram no Japão no século XVI. Os cozinheiros japoneses transformaram o prato, aperfeiçoando uma massa especialmente leve e rendilhada e servindo-o com um molho de mesa à base de *dashi* (p. 195) e molho de soja e condimentado com gengibre ralado e nabo japonês (*daikon*).

ESCALFAR E COZINHAR EM FOGO BRANDO

Escalfar é cozinhar em meio líquido em fogo bem baixo. Filés e outros pedaços de peixes menores podem ser cozidos em pequenas quantidades de líquido, geralmente *fumet* de peixe e/ou vinho, e servidos com um molho feito desse líquido em que foi escalfado. Este modo de preparo é chamado de **escalfar em pouco líquido**, porque o produto é parcialmente submerso no líquido. Peixes inteiros e postas grossas podem ser cozidos completamente cobertos por um líquido temperado, chamado *court-bouillon*. O líquido não é usado para fazer um molho, e o peixe pode ser servido quente ou frio. Este modo de preparo é chamado de **escalfar em bastante líquido**. Como esses dois modos de preparo são distintos, vamos discuti-los separadamente.

Os dois métodos estão ilustrados em suas formas mais básicas nas receitas das páginas 485 e 486. Esta seção contém receitas que usam uma variedade de técnicas para preparar pratos com peixes cozidos em líquidos condimentados.

COMO COZINHAR PEIXES EM BASTANTE LÍQUIDO: ESCALFAR E COZINHAR EM FOGO BRANDO USANDO COURT-BOUILLON

O **court-bouillon** pode ser definido como uma água contendo condimentos, ervas e, geralmente, um ácido, que é usada para cozinhar peixes. O nome em francês significa "caldo curto", assim chamado porque é feito rapidamente, ao contrário dos fundos.

Nos estabelecimentos que servem refeições em grande quantidade, este método é mais usado para cozinhar peixes grandes inteiros que são decorados e servidos frios em um bufê. Para o cozimento lento de crustáceos, como lagostas, siris e camarões, são usadas temperaturas um pouco mais elevadas.

A famosa preparação denominada **truit au bleu** (truta azul) é feita escalfando-se trutas mantidas vivas até o momento do cozimento. Os peixes precisam estar vivos e não podem ser lavados, para ficarem azuis. Peixes vivos têm uma camada protetora escorregadia na pele, e a cor azul resulta da reação do vinagre presente no *court-bouillon* com essa camada.

Orientações para escalfar peixes em *court-bouillon*

1. Tanto o peixe gordo quanto o magro podem ser cozidos por este método.

2. O líquido temperado para cozinhar o peixe pode ser tão simples quanto água salgada. Muitas vezes, porém, ele contém condimentos como especiarias, ervas e *mirepoix*, bem como ingredientes ácidos como suco de limão, vinagre e vinho branco.

3. Cozinhe os condimentos no *court-bouillon* para extrair os aromas antes de cozinhar os peixes.

4. A temperatura de cozimento é de 70 a 80°C, bem abaixo do ponto de fervura. A temperatura de 70°C é suficiente para cozinhar os peixes, e reduz a probabilidade de cozimento excessivo. Temperaturas mais elevadas são prejudiciais para a textura e o sabor delicados do peixe. Lagostas, siris e camarões podem ser cozidos em fogo brando porque sua textura é menos frágil. Em inglês, os termos *boiled lobster* (lagosta fervida) e *boiled fish* (peixe fervido) são usados erroneamente. Lagostas e peixes nunca devem ser cozidos em fervura forte (*boiled*).

5. Para frutos do mar, peixes pequenos e pedaços pequenos, comece em líquido quente para preservar seu sabor. Para peixes grandes, comece em líquido frio, para cozinhar o peixe mais homogeneamente e evitar encolhimentos súbitos, que podem rachar a pele e prejudicar a aparência.

6. Panelas especiais contendo grades são as melhores para escalfar peixes. Elas permitem que o peixe seja retirado do líquido sem ser danificado. Se este utensílio não estiver disponível, embrulhe os peixes em gaze ou pano fino para que possam ser alçados facilmente, ou amarre o peixe, sem apertar, a uma tábua.

7. Sirva o peixe escalfado com um molho apropriado, como o holandês para peixes quentes, ou um molho à base de maionese para peixes frios. Vinagretes suaves combinam bem tanto com peixe escalfado quente como frio.

Procedimento para escalfar peixes em *court-bouillon*

1. Reúna todos os equipamentos e ingredientes.

2. Prepare o *court-bouillon*.

3. Coloque o peixe em uma panela adequada com líquido suficiente para cobri-lo.

   Inicie o cozimento de peixes pequenos e pedaços de peixe no líquido de cozimento já aquecido abaixo do ponto de fervura.

   Inicie o cozimento de frutos do mar no líquido fervente.

   Inicie o cozimento de peixes grandes no líquido frio.

4. Cozinhe os peixes abaixo do ponto de fervura lenta, entre 70 e 80°C. Lagostas, siris e camarões podem ser cozidos em fervura branda.

5. Se o peixe for servido quente, retire-o do líquido e sirva imediatamente.

6. Se o peixe for servido frio, pare o cozimento adicionando gelo ao líquido. Deixe o peixe esfriar no *court-bouillon* para reter a umidade.

COMO ESCALFAR EM POUCO LÍQUIDO

O modo de preparo para escalfar o peixe em pouco líquido é baseado em um dos grandes pratos da cozinha clássica: linguado ou outro peixe escalfado em *fumet* e vinho branco. Se for bem preparado, pode ser um dos pratos mais destacados do cardápio.

Este método de preparo funciona melhor para peixes brancos, magros e delicados, como o linguado, o alabote-do-Atlântico, o rodovalho, o hadoque, o bacalhau fresco, o lúcio e a perca. Também é usado para o salmão e a truta. O peixe é sempre servido com um molho feito do **cuisson** – isto é, o líquido em que foi escalfado.

O modo de preparo e a receita dados aqui são para filés de linguado *au vin blanc* (ao vinho branco). Esta é a preparação básica, e a maioria das outras receitas clássicas de peixe escalfado é uma variação dela. Muitas das variações envolvem apenas guarnições diferentes.

Em razão da delicadeza dos sabores, esta preparação requer um peixe de boa qualidade, um fundo bem feito e um bom vinho. Um vinho barato, de sabor ruim, irá estragar o prato.

O modo clássico de preparo básico será detalhado nesta seção. Usando este modo de preparo como padrão, a técnica de escalfar em pouco líquido também pode ser usada para outros peixes, substituindo o *fumet*, o vinho, o *velouté* e o creme de leite por outros líquidos de cozimento.

Cuisson

O significado básico da palavra francesa *cuisson* é "cozimento". Se você pedir um bife em um restaurante em Paris e lhe perguntarem como você quer o *cuisson*, querem saber se você quer a carne malpassada, ao ponto ou bem passada.

No contexto de escalfar ou cozinhar lentamente os alimentos, *cuisson* se refere ao líquido do cozimento, que pode ser usado como a base para um molho. Este termo é comumente usado em cozinhas de restaurantes dos dois lados do Atlântico.

Procedimento para escalfar peixe em *fumet* e vinho

1. Reúna todos os equipamentos e ingredientes. Escolha uma panela suficientemente grande para conter as porções de peixe em uma única camada. Isto fará com que você precise usar uma quantidade mínima de líquido para escalfar. Também é aconselhável usar uma panela com laterais baixas e inclinadas. Isso facilita na hora de retirar da panela o frágil peixe cozido.

2. Unte o fundo da panela com manteiga e polvilhe com chalota picada.

3. Arrume as porções de peixe na panela em uma camada só. Tempere levemente.

4. Adicione *fumet* de peixe e vinho branco suficientes para quase cobrir o peixe. Use apenas a quantidade de líquido necessária, para que o sabor fique mais concentrado e exija menos redução depois.

5. Cubra o peixe com um pedaço de papel-manteiga ou outro papel untado e tampe a panela. O papel retém o vapor para cozinhar a parte de cima do peixe. Essa etapa pode ser omitida se a panela tiver uma tampa hermética, mas ajuda o peixe a cozinhar por igual.

6. Aqueça o líquido até quase começar a ferver e termine de escalfar no forno, em calor moderado. Filés finos cozinham em apenas alguns minutos. O peixe pode ser escalfado no fogão, mas o forno proporciona um calor mais homogêneo e brando, tanto na superfície quanto na parte inferior.

7. Escorra o líquido em uma panela larga e mantenha o peixe aquecido. Depois de alguns minutos de descanso, o peixe soltará mais líquido. Acrescente ao restante.

8. Reduza o *cuisson* em fogo alto para aproximadamente um quarto de seu volume original.

9. Acrescente *velouté* de peixe e creme de leite fresco e aqueça até ferver. Acerte o tempero com sal, pimenta-do-reino branca e suco de limão.

10. Coe o molho.

11. Arrume o peixe em pratos rasos, cubra com o molho e sirva imediatamente.

Variações na produção do molho

Se for usado um *velouté* preparado, como no método-padrão dado anteriormente, a produção do molho torna-se muito rápida, e o modo de preparo pode ser usado facilmente conforme os pedidos forem saindo.

Um método alternativo pode ser usado se você não tiver *velouté* ou se uma quantidade grande de peixe estiver sendo escalfada para um banquete:

1. Use uma quantidade maior de *fumet* e vinho para o cozimento do peixe e reduza apenas à metade, dependendo da quantidade de molho que irá precisar.
2. Engrosse o líquido com um *roux* ou *beurre manié* e cozinhe em fogo brando até eliminar o gosto de amido cru.
3. Termine a preparação como no método básico.

Outro método popular não usa amido como espessante. Em vez disso, o líquido do cozimento reduzido é ligado ligeiramente com creme de leite fresco ou manteiga crua.

- Para ligar o molho com creme de leite, acrescente 60 mL de creme de leite fresco por porção ao líquido reduzido do cozimento e continue reduzindo até o molho engrossar levemente.
- Para ligar com manteiga, incorpore manteiga crua ao líquido do cozimento, batendo sem parar, como se faz para *monter au beurre* (p. 167). Use aproximadamente 15 g de manteiga ou mais por porção.

Outra variação é conhecida como **à la nage**, que significa "nadando". Para servir frutos do mar escalfados *à la nage*, reduza o líquido do cozimento ligeiramente, tempere e coe com cuidado. Se desejar, enriqueça o líquido com uma quantidade bem pequena de manteiga. Sirva os frutos do mar com o líquido, em um prato de sopa ou outro prato fundo o bastante para conter os sucos.

Em uma das receitas desta seção, o peixe é cozido no vapor acima do vinho em vez de ser escalfado nele. Mas o prato é terminado com um molho feito do vinho e *fumet* de uma maneira bem tradicional (apesar de o vinho ser tinto em vez de branco).

O modo de preparo usado para escalfar em pouco líquido usando vinho e *fumet* também pode ser adaptado para outras receitas. No lugar do *fumet* e do vinho da etapa 4, utilize outro líquido, conforme sugerir a receita. Para finalizar o molho, reduza o *cuisson* e, em vez de terminar o molho com *velouté* e creme de leite, use as instruções da receita.

GLACEAR

O peixe escalfado pode ser glaceado antes de ser servido. Isso é feito da seguinte maneira:

1. Seguindo a receita específica, misture o molho pronto com gema de ovo, molho *hollandaise* e/ou creme de leite ligeiramente batido. Outra opção seria juntar a redução do líquido de cozimento ao molho Mornay, em vez de *velouté* de peixe.
2. Cubra o peixe com o molho e coloque o prato ou travessa sob a salamandra ou dourador por alguns segundos, até o molho ficar bem dourado.

    Observação: é bom testar um pouco do molho na salamandra antes de cobrir o peixe com ele para ter certeza de que irá dourar.

Court-bouillon para peixe

Rendimento: 4 L

Quantidade	Ingredientes
4 L	Água
250 mL	Vinagre branco, vinagre de vinho ou suco de limão
250 g	Cebola fatiada
125 g	Salsão fatiado
125 g	Cenoura fatiada
60 g	Sal
¼ de colher (chá)	Grãos de pimenta-do-reino, moídos grosseiramente
1	Folha de louro
½ colher (chá)	Tomilho seco
10–12	Talos de salsinha

Modo de preparo

1. Misture todos os ingredientes em um caldeirão ou caçarola funda e aqueça até ferver.
2. Abaixe o fogo e cozinhe em fogo brando por 30 minutos.
3. Coe e resfrie.

Por 30 gramas:
Calorias, 0; Proteínas, 0 g; Gorduras, 0 g (0% cal.);
Colesterol, 0 mg; Carboidratos, 0 g; Fibras, 0 g;
Sódio, 170 mg.

Peixe inteiro escalfado

Porções: 10 *Tamanho da porção:* 125 g

Quantidade	Ingredientes
2,5 kg	Peixe eviscerado
	ou
2 kg	Peixe limpo sem cabeça e sem rabo (1 grande ou 2 ou mais peixes menores; ver Observação)
3 L ou conforme necessário	*Court-bouillon* frio
	Molhos sugeridos: *Hollandaise* *Mousseline* *Beurre noisette* Vinagrete com ervas

Por porção:
Calorias, 220; Proteínas, 47 g; Gorduras, 2 g (9% cal.); Colesterol, 140 mg; Carboidratos, 0 g; Fibras, 0 g; Sódio, 320 mg.

Observação: para uma apresentação atraente, como serviços de bufê, o peixe deve ser sempre escalfado com a cabeça.
Peixes sugeridos para serem escalfados inteiros:
Hadoque   Vermelho   Robalo-muge
Bacalhau   Salmão   Truta

■ Modo de preparo

1. Coloque o peixe limpo, eviscerado, inteiro ou sem cabeça e rabo sobre uma grade levemente untada, ou em uma panela para escalfar peixe. Se não tiver uma grade disponível, embrulhe o peixe em um pano fino ou amarre-o frouxamente a uma tábua para que possa ser retirado quando estiver cozido.
2. Coloque o peixe na panela de escalfar e despeje *court-bouillon* suficiente para cobrir o peixe completamente.
3. Leve a panela ao fogo baixo e deixe esquentar lentamente até quase atingir o ponto da fervura lenta.
4. Abaixe o fogo ao mínimo e cozinhe o peixe abaixo do ponto da fervura lenta até o término do cozimento. O peixe estará firme na parte mais grossa, sem se desfazer, e a espinha, se olhada pela cavidade, não estará mais rosada. O tempo total de cozimento varia de 5 a 20 minutos, dependendo do tamanho do peixe e da temperatura exata de cozimento. De modo geral, planeje aproximadamente 8 a 10 minutos por cada 2,5 cm de espessura na parte mais grossa do peixe.
5. Para servir quente, tire o peixe do líquido, escorra bem e sirva imediatamente com o molho escolhido.
Para servir frio, adicione gelo ao *court-bouillon* para parar o cozimento. Esfrie o peixe rapidamente dentro do líquido e leve à geladeira. Escorra quando estiver gelado.

VARIAÇÕES

Posta de peixe escalfada
Prepare como na receita básica, mas comece com *court-bouillon* fervente. Escorra o peixe depois de cozido, tire a pele e a espinha e sirva imediatamente, com o molho selecionado. As postas de peixe sugeridas são bacalhau fresco, hadoque, alabote-do-Atlântico, rodovalho e salmão.

Frutos do mar escalfados (lagosta, siri, camarão)
Prepare como as postas de peixe, usando água salgada, *court-bouillon* ou água acidulada (125 mL de suco de limão e 15 g de sal por litro de água). A água pode chegar ao ponto de fervura branda durante o cozimento de frutos do mar.

Linguado *vin blanc*
(filé de linguado escalfado em molho de vinho branco)

Porções: 25   Tamanho da porção: 125 g de peixe
                                60 mL de molho

Quantidade	Ingredientes
3 kg	Filé de linguado: 50 filés, 60 g cada
90 g	Manteiga
90 g	Chalota em cubos pequenos
300 mL	Vinho branco
2 ½ xícaras (chá) ou conforme necessário	Fundo de peixe
1,75 L	*Velouté* de peixe
3	Gemas
250 mL	Creme de leite fresco
60 g	Manteiga
a gosto	Sal
a gosto	Pimenta-do-reino branca
conforme necessário	Suco de limão

Por porção:
Calorias, 260; Proteínas, 25 g;
Gorduras, 14 g (51% cal.); Colesterol, 125 mg;
Carboidratos, 4 g; Fibras, 0 g; Sódio, 190 mg.

■ Modo de preparo

1. Dobre os filés ao meio ou enrole-os, começando com o lado mais largo (ver Fig. 15.2). O lado da pele do filé tem que ficar do lado de dentro da dobra ou rolinho (denominado *paupiette*).
2. Unte cubas gastronômicas rasas ou assadeiras baixas com manteiga. Polvilhe com a chalota. Coloque os filés em cima da chalota em uma única camada.
3. Despeje o vinho na assadeira e adicione fundo suficiente para quase cobrir o peixe.
4. Unte com manteiga um pedaço de papel-vegetal ou papel-manteiga do tamanho da assadeira. Cubra o peixe com o lado untado virado para baixo, vedando bem. Tampe as assadeiras.
5. Leve à chama do fogão e esquente até quase o ponto de fervura branda. Não deixe ferver.
6. Coloque a assadeira no forno quente (200°C) e cozinhe o peixe até quase ficar cozido, aproximadamente 5 minutos.
7. Escorra o líquido do escalfado em uma frigideira grande. Mantenha o peixe tampado em lugar aquecido, mas não muito quente. Se o peixe soltar mais líquido enquanto estiver descansando, adicione ao restante.
8. Reduza o *cuisson* em fogo alto para aproximadamente um quarto de seu volume original.
9. Adicione o *velouté* e deixe cozinhar em fervura branda. Reduza para aproximadamente 1 L.
10. Misture as gemas com o creme para fazer uma *liaison*.
11. Adicione um pouco do *velouté* quente, batendo, para fazer a temperagem da *liaison*. Coloque essa mistura de volta na panela e mexa.
12. Coloque pedaços de manteiga crua no molho e sacuda a panela para incorporar (*monter au beurre*). Tempere a gosto com sal, pimenta-do-reino e algumas gotas de suco de limão, se necessário.
13. Para servir, coloque 2 filés em um prato raso e cubra com 60 mL do molho.

Paupiettes de linguado Dugléré; espinafre passado na manteiga; batatas cozidas no vapor

Variações

Qualquer peixe branco pode ser escalfado usando-se esta receita ou alguma das variações abaixo, tais como:

Alabote	Bacalhau fresco	Perca
Pregado	Lúcio	Vieiras
Hadoque		

Para um molho menos gorduroso, exclua a liga fina (*liaison*) e o *monter au beurre* do final. Finalize o molho com a quantidade desejada de creme de leite fresco (175 a 350 mL).

Serviço *à la carte*, método rápido: escalfe o peixe como descrito na receita básica. Arrume o peixe no prato, assim que estiver cozido. Cubra com molho de vinho branco previamente preparado. O líquido do peixe escalfado pode ser usado novamente durante o período de atendimento e depois utilizado para se fazer o *velouté* para o molho do dia seguinte. Outros molhos à base de *velouté* de peixe ou *béchamel* podem ser usados em vez do molho branco:

Bercy	Normandie	Nantua
Ervas	Cogumelo	Mornay

Peixe glaceado escalfado
Prepare como na receita básica. Na hora de servir, incorpore 500 mL de molho *hollandaise* e 250 mL de creme de leite fresco batido ao molho. Despeje sobre o peixe e doure-o rapidamente sob a salamandra.

Peixe escalfado *bonne femme*
Adicione 700 g de cogumelos fatiados à chalota na panela de escalfar. Escalfe o peixe como na receita básica. Exclua as gemas. Não coe o molho.

Peixe escalfado Dugléré
Adicione 400 g de tomate *concassé* (p. 533) e 4 colheres de sopa de salsinha picada à panela quando for escalfar o peixe. Escalfe o peixe como na receita básica. Exclua a *liaison*, mas adicione 150 g de manteiga crua ao molho antes de servir. Não coe.

Peixe escalfado Mornay
Coe o líquido reduzido do peixe escalfado (depois da etapa 8) e adicione um pouco desse líquido a um molho Mornay para glacear ou gratinar (p. 171), apenas o suficiente para afiná-lo à consistência desejada. Cubra o peixe com o molho e doure rapidamente sob a salamandra.

Observação: vieiras são geralmente preparadas *à la* Mornay e servidas em sua própria concha com uma borda de batata *duchesse*. O prato tem o nome de *coquille St. Jacques* Mornay (*St. Jacques* é o termo francês para vieira, e *coquille* significa "concha").

Peixe escalfado *florentine*
Prepare como o peixe escalfado Mornay, mas coloque os peixes cozidos em camas de espinafre passado na manteiga antes de cobrir com o molho.

Frutos do mar *à la nage*
Dobre a quantidade de fundo de peixe. Exclua o *velouté*, a *liaison* e a manteiga final. Depois de escalfar, reduza levemente o líquido do cozimento. Tempere cuidadosamente e coe. Sirva os frutos do mar com o caldo.

Figura 15.2
Como enrolar e dobrar filés de linguado.

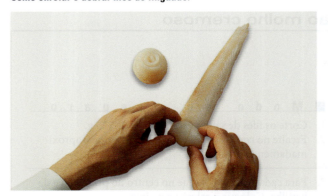

(a) Para fazer *paupiettes*, ou filés de linguado enrolados, coloque os filés na superfície de trabalho, com a pele virada para cima. Começando pela extremidade mais larga, enrole bem firme. Enquanto o peixe cozinha, o tecido conjuntivo do lado da pele encolhe, mantendo o rolo apertado. Se você enrolar o filé com o lado da pele virado para fora, ele desenrolará durante o cozimento.

(b) Se for escalfar os filés estendidos ou dobrados, primeiro faça uma série de cortes bem rasos no lado da pele, como mostra a figura. Isso ajuda a evitar que os tecidos encolham e deformem o filé. Dobre com o lado da carne virado para fora (o lado da pele para dentro).

Iscas de salmão e pregado escalfadas com açafrão e *julienne* de vegetais

Porções: 10   Tamanho da porção: 150 g de peixe
                                   60 mL de caldo

Quantidade	Ingredientes
250 g	Alho-poró
250 g	Cenoura
250 g	Salsão ou aipo-rábano
250 g	Cebola em rodelas finas
2,5 L	Água fria
a gosto	Sal
a gosto	Pimenta-do-reino
1 kg	Filé de pregado
1 kg	Filé de salmão
1 pitada generosa	Açafrão em pó
a gosto	Sal
a gosto	Pimenta-do-reino
30 g	Cebolinha-francesa picada

■ Modo de preparo

1. Corte o alho-poró, a cenoura e o salsão ou aipo-rábano em *julienne* e reserve as sobras.
2. Coloque as sobras em uma panela funda com a cebola e cubra com a água. Aqueça em fogo brando até ferver e escume a superfície para retirar as impurezas.
3. Cozinhe em fogo brando por 30 minutos, depois coe em uma panela rasa para escalfar e deixe em fogo mais brando ainda até reduzir para 1,5 L. Tempere.
4. Tire a pele dos filés. Corte-os em tiras de 2 x 6 cm e coloque no líquido de cozimento, juntamente com os vegetais e o açafrão.
5. Cozinhe em fogo lento por 5 minutos. Acerte o tempero. Sirva em pratos de sopa grandes, com o líquido do cozimento. Polvilhe com cebolinha-francesa.

Por porção:
Calorias, 280; Proteínas, 36 g; Gorduras, 11 g (37% cal.); Colesterol, 110 mg; Carboidratos, 7 g; Fibras, 2 g; Sódio, 240 mg.

Iscas de salmão e pregado escalfadas com açafrão e *julienne* de vegetais

Salmão escalfado com lentilha ao molho cremoso

Porções: 12   Tamanho da porção: 125 g de salmão
                                   150 g de lentilhas
                                   60 mL de molho

Quantidade	Ingredientes
1,5 kg	Filé de salmão
conforme necessário	*Court-bouillon*
1,8 kg	Lentilhas ao molho cremoso (p. 613)
750 mL	Molho cremoso de vinho branco para peixe (p. 197)

■ Modo de preparo

1. Corte os filés de salmão em porções de 125 g.
2. Escalfe no *court-bouillon* até ficarem cozidos, aproximadamente 10 minutos.
3. Para cada porção, coloque no centro do prato 150 g de lentilha. Coloque o salmão em cima.
4. Decore com o molho e sirva.

Por porção:
Calorias, 640; Proteínas, 31 g; Gorduras, 46 g (34% cal.); Colesterol, 175 mg; Carboidratos, 20 g; Fibras, 8 g; Sódio, 420 mg.

Pesce con salsa verde

Porções: 16
Tamanho da porção: 1 porção de peixe, mais 45 mL de molho

Quantidade	Ingredientes
	Court-bouillon:
125 g	Cebola fatiada
30 g	Salsão picado
6–8	Talos de salsinha
1	Folha de louro
¼ de colher (chá)	Semente de erva-doce
1 ½ colher (chá)	Sal
500 mL	Vinho branco
3 L	Água
	Salsa verde:
3 fatias	Pão branco, sem casca
125 g	Vinagre de vinho
50 g	Salsinha, apenas as folhas
1	Dente de alho
3 colheres (sopa)	Alcaparra, escorrida
4	Filés de anchova
3	Gemas cozidas, dura
500 mL	Azeite de oliva
a gosto	Sal
a gosto	Pimenta-do-reino
16	Postas ou filés de peixe, ou peixes pequenos inteiros

Modo de preparo

1. Misture os ingredientes do *court-bouillon* em uma caçarola. Cozinhe em fogo baixo por 15 minutos.
2. Coloque o pão de molho no vinagre por 15 minutos e depois esprema.
3. Misture a salsinha, o alho, as alcaparras e as anchovas em uma tábua de cortar e pique tudo muito bem.
4. Amasse as gemas com o pão espremido em uma tigela e depois acrescente a mistura de salsinha picada, mexendo até ficar bem incorporada.
5. Vá acrescentando o azeite bem devagar, batendo sem parar, como se estivesse fazendo maionese. Quando o azeite todo tiver sido acrescentado, o molho deverá ter uma textura cremosa, mas não tão espessa como a da maionese.
6. Tempere a gosto com sal e pimenta-do-reino.
7. Escalfe o peixe no *court-bouillon*.
8. Escorra bem. Coloque 45 mL do molho sobre cada porção e sirva imediatamente.

Por porção:
Calorias, 510; Proteínas, 20 g; Gorduras, 45 g (81% cal.);
Colesterol, 100 mg; Carboidratos, 4 g; Fibras, 0 g; Sódio, 340 mg.

Observação: alguns dos peixes que podem ser usados com esta receita são o alabote, o robalo, o robalo-muge, o vermelho, a anchova e o pargo.

Filé de linguado cozido no vapor de *Beaujolais*

Porções: 12
Tamanho da porção: 125 g de peixe
50 mL de molho

Quantidade	Ingredientes
1,5 kg	Filé de linguado: 24 filés, 60 g cada
750 mL	Vinho *Beaujolais*
750 mL	Fundo de peixe
300 g	Manteiga
a gosto	Sal
a gosto	Pimenta-do-reino
conforme necessário	Ramos de cerefólio, para guarnecer

Modo de preparo

1. Dobre os filés ao meio. Deixe o lado da pele dos filés do lado de dentro da dobra.
2. Coloque o vinho para ferver em uma panela grande. Coloque uma grade acima do vinho. Arrume o peixe na grade em uma única camada, tampe e cozinhe no vapor do vinho fervente (o lado do peixe exposto ao vapor adquirirá um ligeiro colorido).
3. Retire o peixe da panela e mantenha aquecido. Reduza o vinho até adquirir uma consistência de xarope.
4. Acrescente o fundo de peixe. Reduza até que o molho esteja grosso o bastante para cobrir as costas de uma colher. Junte aos poucos a manteiga, sacudindo a panela (*monter au beurre*). Coe. Tempere a gosto.
5. Para servir, coloque um pouco de molho no prato e o linguado no centro. Decore com raminhos de cerefólio.

Por porção:
Calorias, 300; Proteínas, 24 g; Gorduras, 21 g (64% cal.);
Colesterol, 110 mg; Carboidratos, 0 g; Fibras, 0 g; Sódio, 290 mg.

Bourride de tamboril

Porções: 12 Tamanho da porção: 150 g de peixe
                                 60 g de vegetais
                                 70 mL de molho

Quantidade	Ingredientes
2	Batatas para assar, grandes
5	Dentes de alho
a gosto	Sal
a gosto	Pimenta-do-reino
200 mL	Azeite de oliva
200 mL	Óleo de amendoim
125 g	Cebola cortada em *julienne*
250 g	Cenoura cortada em *julienne*
125 g	Alho-poró cortado em *julienne*
30 mL	Azeite de oliva
375 g	Ervilha
750 mL	Vinho branco
700 mL	Fundo de peixe
2,5 kg	Filé de tamboril, sem espinha e sem pele
conforme necessário	Manteiga
a gosto	Sal
a gosto	Pimenta-do-reino

Por porção:
Calorias, 750; Proteínas, 31 g; Gorduras, 64 g (77% cal.); Colesterol, 135 mg; Carboidratos, 10 g; Fibras, 2 g; Sódio, 110 mg.

Modo de preparo

1. Asse as batatas. Enquanto ainda estiverem quentes, descasque passe pelo espremedor ou passador de legumes para fazer um purê.
2. Descasque e pique o alho. Amasse com um pouco de sal e pimenta-do-reino até formar uma pasta lisa.
3. Misture o alho com o purê de batata.
4. Acrescente aos poucos o azeite e o óleo de amendoim à batata, batendo sem parar, como se estivesse fazendo uma maionese. É importante acrescentar só algumas gotas de cada vez para obter uma mistura homogênea.
5. Abafe a cebola, a cenoura e o alho-poró no azeite de oliva em fogo baixo, tampados, até ficarem macios. Reserve.
6. Cozinhe a ervilha em água fervente com sal até ficar macia. Escorra, mergulhe em água gelada, escorra de novo e reserve.
7. Reduza o vinho branco à metade e depois acrescente o fundo de peixe. Cozinhe em fogo baixo por 5 minutos.
8. Corte o tamboril em 48 pedaços iguais.
9. Unte com manteiga o interior de uma panela de brasear grande o suficiente para colocar o peixe em uma camada só. Tempere os filés e coloque nessa panela.
10. Despeje o fundo de peixe quente sobre o peixe e leve ao fogo baixo por 5 a 8 minutos, até cozinhar.
11. Retire o peixe da panela. Junte aos vegetais cortados em *julienne* e reserve.
12. Ferva o líquido do cozimento até reduzi-lo à metade (aproximadamente 600 mL), retirando a espuma de vez em quando.
13. Se o peixe estiver frio, aqueça-o com os vegetais dentro do líquido de cozimento reduzido. Coe novamente.
14. Adicione o líquido de cozimento à mistura de batata e alho da etapa 4, batendo sem parar. Acerte o tempero se for necessário. Coe em peneira fina.
15. Arrume o peixe, os vegetais cortados em *julienne* e a ervilha em pratos rasos (4 pedaços de peixe por porção) ou em uma travessa. Despeje o molho peneirado sobre o peixe.

Zuppa di vongole

Porções: 16

Quantidade	Ingredientes
7 kg	Mariscos pequenos
500 mL	Água
175 mL	Azeite de oliva
150 g	Cebola em cubos pequenos
3–5	Dentes de alho picados
6 colheres (sopa)	Salsinha picada
350 mL	Vinho branco
700 g	Tomate italiano em lata, com o caldo, picado grosseiramente

Por porção:
Calorias, 680; Proteínas, 93 g; Gorduras, 18 g (25% cal.); Colesterol, 240 mg; Carboidratos, 22 g; Fibras, 1 g; Sódio, 470 mg.

■ Modo de preparo

1. Escove os mariscos sob água fria corrente para retirar a areia e a sujeira das conchas.
2. Coloque os mariscos e a água em um caldeirão com tampa e leve ao fogo brando até os mariscos se abrirem. Reserve os mariscos. Coe e reserve o líquido.
3. Dependendo da maneira que for servir, você pode deixar os mariscos nas conchas ou separá-los, deixando 4 a 6 na concha, por porção, para serem usados como guarnição.
4. Leve o azeite ao fogo em uma caçarola grande. Salteie a cebola até ficar macia, sem dourar.
5. Acrescente o alho e cozinhe por 1 minuto.
6. Adicione a salsinha e o vinho e ferva por 1 minuto.
7. Acrescente o tomate e o caldo de mariscos reservado. Cozinhe em fogo baixo por 5 minutos.
8. Experimente o tempero e acerte, se necessário.
9. Junte os mariscos e aqueça novamente em fogo brando. Não cozinhe demais para os mariscos não ficarem duros.
10. Sirva com bastante pão fresco para molhar no caldo.

Variações

Zuppa di cozze
Substitua os mariscos por mexilhões.

Zuppa di frutti di mare
Use uma mistura de mariscos, mexilhões, lulas (cortadas) e camarões (descascados). Deixe todos os itens separados. Cozinhe os mariscos e os mexilhões como na receita básica. Acrescente as lulas com os tomates e o caldo. Cozinhe em fogo brando tampado, até ficar macia. Acrescente os camarões e cozinhe por apenas 1 minuto, antes de colocar os mariscos e os mexilhões.

Zuppa di pesce
Use uma mistura de frutos do mar e peixes, como desejar. Acrescente cada tipo de peixe no tempo certo que leva para cozinhar antes do término do cozimento para que cozinhe bem, sem passar do ponto.

COZINHAR NO VAPOR E TÉCNICAS MISTAS DE PREPARO

As receitas desta seção estão incluídas aqui porque são difíceis de classificar dentro de um dos métodos básicos de cozimento, embora todas tenham como base métodos de calor úmido. A maioria das receitas tem duas características em comum:

1. O ingrediente cozinha em seu próprio suco e, geralmente, uma pequena quantidade de líquido é acrescentada.

2. O ingrediente é servido com o líquido aromático resultante do cozimento.

Em alguns casos, acrescenta-se líquido suficiente apenas para cobrir o ingrediente e cozinhar em fogo brando. Em outros casos, pouco líquido é acrescentado, e o ingrediente cozinha no vapor retido pela tampa da panela.

O termo francês **étuver** é usado para esse tipo de preparo, no qual o ingrediente cozinha lentamente em muito pouco líquido. Essa palavra geralmente é traduzida como "ensopado", mas esta tradução pode dar uma impressão errada. Com mais precisão, significa "cozinhar um ingrediente em seu próprio líquido ou vapor que desprende" ou "abafar".

Observe que todas as variações de modo de preparo desta seção são de cozimentos em calor úmido, mas que os ingredientes não são submersos em líquido e sim cozidos no vapor, em um recipiente fechado. Por essa razão, modos simples de preparo a vapor também serão discutidos nesta seção.

Além disso, incluímos nesta seção duas receitas norte-americanas tradicionais de pratos feitos com frutos do mar cozidos.

COZINHAR EN PAPILLOTE

Uma versão incomum da terceira variação à esquerda é chamada de **cozinhar en papillote** ou no papel. O peixe, mais os condimentos e o molho, são fechados cuidadosamente em um pedaço de papel-vegetal para que o vapor não escape. Quando o embrulho é aquecido, o ingrediente cozinha no vapor de sua própria umidade. Todos os sucos, sabores e aromas são mantidos dento do papel, que só é aberto quando colocado na frente do cliente.

Pode-se usar um molho engrossado com amido para cozinhar o peixe *en papillote*. Neste caso, o peixe costuma ser pré-cozido (escalfado) para não exsudar sucos que poderiam diluir e arruinar o molho. O problema desse método é que o peixe quase sempre está excessivamente cozido quando chega ao cliente.

COZINHAR NO VAPOR NO FOGÃO

O método mais simples de cozinhar no vapor é colocar os ingredientes em uma grade sobre o líquido de cozimento, tampar a panela e cozinhar no vapor até o término do cozimento. Como não entram em contato com o líquido temperado ou a gordura durante o cozimento, os peixes e frutos do mar cozidos no vapor ficam com um sabor delicado, mais delicado do que quando são escalfados mergulhados em líquido. Por essa razão, esse método costuma ser usado quando o cozinheiro quer enfatizar o gosto puro e natural de peixes e frutos do mar da melhor qualidade.

Existem três métodos para temperar e realçar o sabor de peixes e frutos do mar cozidos no vapor.

1. Aplique sal e outros temperos diretamente no ingrediente.

2. Tempere o líquido de cozimento com ervas aromáticas e outros ingredientes. O vapor que sobe do líquido conduz um pouco do aroma para o peixe. Este método imprime apenas os aromas mais delicados ao peixe e é mais adequado para peixes e frutos do mar de sabor suave.

3. Sirva os frutos do mar com um molho apropriado. Acompanhamentos simples como manteiga derretida e cunhas de limão são acompanhamentos clássicos para peixes e frutos do mar cozidos no vapor.

CÂMARA DE VAPOR

Várias precauções precisam ser tomadas ao se cozinhar peixes ou frutos do mar em um forno a vapor.

1. Observe o tempo de cozimento com atenção. O peixe cozinha rapidamente, em especial na temperatura elevada de um forno a vapor, podendo cozinhar em excesso com facilidade.

Variações

Observe as três variações a seguir representadas pelas receitas desta seção.

1. O ingrediente é refogado em gordura, com *mirepoix* ou cebola, em fogo brando, por alguns minutos, para que seus sucos comecem a ser extraídos. Depois, acrescenta-se um pouco de líquido, tampa-se a panela, e o ingrediente é cozido. Exemplo: Caldeirada de peixes e frutos do mar.

2. O ingrediente é salteado em fogo alto. Depois outros ingredientes e líquidos são acrescentados, e o ingrediente principal é cozido, tampado, em fogo baixo. Exemplos: Lagosta *à l'americaine* e Fricassê de lagosta.

3. O ingrediente é simplesmente colocado em uma caçarola com líquido e temperos. A caçarola é tampada, e o ingrediente é cozido no vapor ou cozido em fogo lento, em pouco líquido. Exemplo: *Moules marinière*.

Cozinhar no vapor e técnicas mistas de preparo — 493

2. Evite cozinhar peixes e frutos do mar em fornos a vapor pressurizados, se possível. A temperatura elevada endurece a proteína do peixe rapidamente. Ingredientes como caudas de lagosta podem ficar borrachudas.
3. Use panelas não perfuradas se quiser reter os sucos, e use os sucos para fazer molhos e sopas.

Procedimento para cozinhar peixes e frutos do mar no vapor

1. Reúna todos os equipamentos e ingredientes. Escolha uma panela grande o bastante para abrigar os peixes e frutos do mar e a grade que irá mantê-los acima do líquido de cozimento.
2. Prepare o peixe ou frutos do mar para o cozimento. Limpe e porcione conforme a necessidade. Tempere a gosto.
3. Coloque a água ou outro líquido de cozimento na panela. Use o suficiente para durar todo o cozimento sem secar, mas não tanto que entre em contato com o alimento. Acrescente condimentos e temperos a gosto. Aqueça até ferver.
4. Coloque o peixe e frutos do mar na grade acima do líquido. Tampe a panela e cozinhe no vapor até o final do cozimento.
5. Retire o peixe os frutos do mar da grade. Sirva com o molho e acompanhamento de sua preferência.

Lagosta à l'americaine

Porções: 2 Tamanho da porção: ½ lagosta

Quantidade	Ingredientes
1	Lagosta viva de aproximadamente 700 g
30 g	Manteiga amolecida
60 mL	Óleo
1 colher (sopa)	Chalota bem picada
½ colher (chá)	Alho bem picado
60 mL	Conhaque
200 mL	Vinho branco
125 mL	Fundo de peixe
125 g	Tomate *concassé* ou
60 g	Polpa de tomate
1 colher (sopa)	Salsinha picada
¼ de colher (chá)	Estragão seco
1 pitada	Pimenta-caiena

Por porção:
Calorias, 340; Proteínas, 7 g; Gorduras, 26 g (67% cal.); Colesterol, 50 mg; Carboidratos, 5 g; Fibras, 1 g; Sódio, 230 mg.

Modo de preparo

1. Corte a lagosta, como mostra a Figura 14.12.
2. Retire o fígado e o coral (se houver). Amasse-os em uma tigela pequena com a manteiga.
3. Aqueça o óleo em uma frigideira e acrescente os pedaços de lagosta. Salteie em fogo alto até as cascas ficarem vermelhas.
4. Escorra o óleo, inclinando a frigideira e segurando a lagosta com a tampa.
5. Junte a chalota e o alho à frigideira. Salteie por alguns segundos.
6. Retire do fogo (para você não se queimar, caso a bebida pegue fogo) e adicione o conhaque. Retorne ao fogo e adicione o vinho, o fundo de peixe, o tomate, a salsinha, o estragão e a pimenta-caiena.
7. Tampe a frigideira e cozinhe em fogo brando até a lagosta ficar cozida, aproximadamente 10 a 15 minutos.
8. Retire a lagosta do líquido do cozimento e coloque-a em uma travessa aquecida ou em pratos de sopa grandes, para ser servida. A carne pode ser deixada na casca ou não, como desejar.
9. Reduza o líquido do cozimento em fogo alto para aproximadamente 175 mL.
10. Retire do fogo e acrescente a mistura de manteiga, fígado e coral da etapa 2, mexendo sempre. Aqueça o molho ligeiramente por 1 minuto, sem deixar ferver para não talhar. Ajuste o tempero.
11. Coe o molho e despeje-o sobre a lagosta. Sirva imediatamente.

VARIAÇÕES

Lagosta *Newburg*
(*Observação*: ver p. 496 para Frutos do mar *Newburg* usando frutos do mar pré-cozidos.) Prepare até a etapa 4. Exclua os outros ingredientes. No lugar deles, acrescente 1 colher de sopa (15 mL) de conhaque, 3 colheres de sopa (45 mL) de xerez ou vinho Marsala ou Madeira e 100 mL de fundo de peixe. Tampe e escalfe a lagosta como na receita básica. Retire e descarte as cascas da lagosta. Reduza o líquido do cozimento à metade e acrescente 1 xícara de chá (250 mL) de creme de leite fresco ou de um molho leve à base de creme de leite. Reduza ligeiramente e, por fim, acrescente a mistura de manteiga, fígado e coral (etapa 10 da receita básica). Se desejar, aromatize com mais xerez. Coloque o molho por cima da lagosta.

Camarão *à l'americaine* ou Camarão *Newburg*
Os camarões podem ser cozidos de acordo com a receita principal ou com a variação. Devem ser descascados antes de serem misturados com o molho final.

Moules marinière (mexilhões cozidos)

Porções: 10

Quantidade	Ingredientes
3,2 kg	Mexilhão, na concha
90 g	Cebola ou chalota bem picadas
6	Talos de salsinha
¼ de colher (chá)	Pimenta-do-reino
1 xícara (chá)	Vinho branco
¼ de xícara (chá)	Salsinha picada
90 g	Manteiga
a gosto	Sal
a gosto	Suco de limão

Por porção:
Calorias, 220; Proteínas, 20 g; Gorduras, 11 g (44% cal.); Colesterol, 65 mg; Carboidratos, 8 g; Fibras, 0 g; Sódio, 540 mg.

■ Modo de preparo

1. Esfregue bem a concha dos mexilhões com uma escova dura e retire as barbas. Limpe bem colocando de molho de acordo com o procedimento dado no Capítulo 14.
2. Coloque os mexilhões em um caldeirão ou caçarola grande. Acrescente a chalota ou cebola, os talos de salsinha, a pimenta-do-reino e o vinho.
3. Tampe e leve ao fogo médio-alto. Cozinhe até os mexilhões abrirem, aproximadamente 5 minutos.
4. Escorra, passando o líquido por um pano fino para dentro de uma panela larga. Aqueça até ferver.
5. Adicione a salsinha e a manteiga. Vá virando o líquido dentro da panela até a manteiga derreter. Tempere com sal e algumas gotas de suco de limão.
6. Para servir, retire as conchas superiores dos mexilhões (ou deixe-as, se desejar). Coloque-os em pratos de sopa grandes e despeje o molho por cima.

VARIAÇÕES

Mexilhões cozidos sem vinho
Substitua o vinho por água e acrescente 60 mL de suco de limão. Aumente a cebola ou chalota para 175 g e acrescente 90 g de salsão fatiado.

Mexilhões ao creme de leite
Prepare a receita básica. Reduza o líquido do cozimento à metade e acrescente 1 xícara de chá (250 mL) de creme de leite fresco ou uma *liaison* de 2 gemas e 1 xícara de chá (250 mL) de creme de leite fresco.

Moules marinière

Cavala *en papillote*

Porções: 1 *Tamanho da porção:* 125 g

Quantidade	Ingredientes
1	Filé de cavala de 125 g (ver Observação)
2 colheres (chá)	Manteiga derretida
a gosto	Sal
a gosto	Pimenta-do-reino branca
2 colheres (chá)	Salsinha picada
1 pitada	Manjerona seca
1 colher (chá)	Chalota bem picada
2	Rodelas finas de limão

Por porção:
Calorias, 290; Proteínas, 20 g; Gorduras, 23 g (71% cal.); Colesterol, 85 mg; Carboidratos, 1 g; Fibras, 0 g; Sódio, 150 mg.

Observação: pampo ou anchova também podem ser usados.

Modo de preparo

1. Corte um pedaço de papel-manteiga em forma de coração, como mostra a Figura 15.3 (pode-se usar papel-alumínio em vez de papel-manteiga). O pedaço de papel deve ser grande o suficiente para conter o peixe e ainda sobrar uma margem para dobrar. Unte o papel-manteiga e coloque em cima da superfície de trabalho, com o lado untado virado para baixo. Se estiver usando papel-alumínio, coloque o lado untado para cima.
2. Coloque o filé em um dos lados do coração. Pincele com manteiga e polvilhe com sal, pimenta-do-reino, a salsinha, a manjerona e a chalota. Coloque as fatias de limão por cima.
3. Dobre e faça pregas na borda do papel-vegetal, como mostra a foto, para fechar bem o peixe.
4. Coloque o pacote em uma frigideira ou, se muitos pedidos estiverem sendo preparados ao mesmo tempo, em uma assadeira rasa. Leve à chama do fogão para iniciar o cozimento.
5. Assim que o papel começar a estufar, transfira para o forno preaquecido a 230°C. Asse até o papel-vegetal ficar estufado e dourado, aproximadamente 5 a 8 minutos (se o papel não ficar dourado, leve-o ao dourador por um segundo.)
6. Sirva imediatamente. O papel deve ser aberto na frente do cliente.

VARIAÇÃO

Em vez da salsinha, chalota e fatias de limão, coloque por cima dos filés uma camada fina de *Duxelles* (p. 558).

Figura 15.3. Como preparar alimentos *en papillote*.

(a) Corte um pedaço de papel-manteiga em forma de coração, dobrando a folha ao meio e cortando meio coração na folha dobrada. Unte com óleo ou manteiga e coloque em cima da superfície de trabalho, com o lado untado virado para baixo.

(b) Coloque o filé de peixe ou outro ingrediente com o molho, cobertura ou tempero em um dos lados do coração.

(c) Dobre o outro lado do coração. Faça pequenas pregas na borda, começando na parte superior da dobra do coração, como mostra a figura.

(d) Continue pregueando em volta da borda do papel. Cada prega segura a anterior no lugar.

(e) Quando chegar à parte inferior do coração, dobre a ponta para baixo, para que não saia do lugar. O *papillote* está pronto para ser cozido.

Robalo cozido no vapor com alho e gengibre

Porções: 10 *Tamanho da porção:* 150–180 g

Quantidade	Ingredientes
10	Filés de robalo, com a pele, de 150–180 g
10	Cebolinhas, somente a parte mais branca, cortadas ao meio no sentido do comprimento
10 fatias finas	Gengibre, sem casca
4–5	Dentes de alho
5	Cebolinhas em fatias finas
150 mL	Molho de soja
150 mL	Óleo de amendoim

Modo de preparo

1. Com a ponta de uma faca afiada, risque levemente a pele do robalo, fazendo 3 ou 4 cortes diagonais nos filés.
2. Arrume a cebolinha na grade de uma panela para cozinhar a vapor.
3. Coloque os filés, com o lado da pele virado para cima, sobre a cebolinha.
4. Corte as fatias de gengibre em tirinhas.
5. Corte os dentes de alho em fatias finas como papel.
6. Espalhe o gengibre e o alho sobre os filés.
7. Coloque água no fundo da panela e aqueça até ferver.
8. Coloque a grade com o peixe na panela, tampe e cozinhe por aproximadamente 4 a 8 minutos, dependendo da espessura do peixe.
9. Retire o peixe e a cebolinha do vapor. Descarte a cebolinha.
10. Transfira os filés para pratos aquecidos.
11. Polvilhe com a cebolinha fatiada.
12. Coloque 1 colher de sopa (15 mL) de molho de soja sobre cada porção.
13. Leve ao fogo o óleo de amendoim até ficar bem quente, quase saindo fumaça.
14. Coloque 1 colher de sopa (15 mL) de óleo sobre cada porção.
15. Sirva imediatamente.

VARIAÇÃO

Em vez de finalizar com o molho de soja e o óleo quente, sirva com Molho *ponzu* (p. 196) ou *Vinaigrette* oriental (pág. 725).

Por porção:
Calorias, 280; Proteínas, 29 g; Gorduras, 17 g (54% cal.); Colesterol, 60 mg; Carboidratos, 4 g; Fibras, 1 g; Sódio, 1.130 mg.

Frutos do mar *Newburg*

Porções: 25 *Tamanho da porção:* 200 g

Quantidade	Ingredientes
1,2 kg	Vieiras cozidas
1,2 kg	Carne de siri cozida
600 g	Camarão sem casca, cozido
125 g	Manteiga
2 ½ colheres (chá)	Páprica
250 mL	Xerez
2,5 mL	Molho *crème* (de creme de leite, p. 171), quente
a gosto	Sal
a gosto	Pimenta-do--reino branca

Modo de preparo

1. Se estiver usando vieiras muito grandes, corte-as ao meio ou em quatro.
2. Apalpe a carne de siri para verificar se não há pedaços de cascas. Se houver pedaços grandes de carne, corte-os em cubos de 1 cm.
3. Corte os camarões ao meio no sentido do comprimento.
4. Aqueça a manteiga em uma panela funda ou em uma frigideira. Acrescente a páprica e os frutos do mar. Salteie em fogo moderado até aquecerem bem e ficarem ligeiramente cobertos de manteiga.
5. Adicione o xerez e cozinhe em fogo brando por 1 minuto.
6. Junte o molho de creme de leite e cozinhe em fogo brando. Tempere a gosto com sal e pimenta-do-reino branca.
7. Sirva com arroz ou em potinhos de massa folhada ou outra massa.

VARIAÇÃO

Proporções diferentes de frutos do mar podem ser usadas. Carne de lagosta também pode ser incluída.

Frutos do mar ao *curry*
Exclua a páprica e o xerez. Substitua o molho de creme de leite por molho *curry* (feito com *velouté* de peixe). Guarneça com amêndoa laminada torrada, se desejar.

Por porção:
Calorias, 330; Proteínas, 26 g; Gorduras, 19 g (53% cal.); Colesterol, 145 mg; Carboidratos, 11 g; Fibras 0 g; Sódio, 550 mg

Caldeirada do pescador

Porções: 10 *Tamanho da porção: ver etapa 9*
Quantidade **Ingredientes**

Quantidade	Ingredientes
900 g	Posta ou filé de peixe (ver Observação para sugestão de peixes)
10	Mariscos, na casca
20	Mexilhões, na casca (ou 10 mariscos a mais)
5	Caudas de lagosta pequena (ou use 10 camarões grandes)
125 mL	Azeite de oliva
250 g	Cebolas em rodelas
250 g	Alho-poró cortado em *julienne*
2 colheres (chá)	Alho picado
¼ de colher (chá)	Semente de erva-doce
350 g	Tomate *concassé* ou tomate em lata, escorrido e picado
2 L	Fundo de peixe
100 mL	Vinho branco (opcional, mas recomendado)
2	Folhas de louro
2 colheres (sopa)	Salsinha picada
¼ de colher (chá)	Tomilho seco
2 colheres (chá)	Sal
¼ de colher (chá)	Pimenta-do-reino
20–30	Fatias de pão francês, seco ou torrado

■ Modo de preparo

1. Corte o peixe em porções de 90 g.
2. Escove bem os mariscos e mexilhões.
3. Corte as caudas de lagosta ao meio, no sentido do comprimento, com uma faca pesada de *chef*. Retire a veia intestinal.
4. Leve o azeite ao fogo em uma caçarola pesada ou frigideira grande de laterais retas.
5. Acrescente a cebola, o alho-poró, o alho e as sementes de erva-doce. Refogue por alguns minutos, sem dourar.
6. Acrescente os pedaços de peixe e as caudas de lagosta (ou camarões). Tampe e cozinhe em fogo baixo por alguns minutos para começar a extrair os sucos.
7. Retire a tampa e acrescente os mariscos e mexilhões.
8. Junte o tomate, o fundo de peixe, o vinho, as folhas de louro, a salsinha, o tomilho, o sal e a pimenta-do-reino. Tampe e aqueça até ferver. Abaixe o fogo e cozinhe em fogo brando por aproximadamente 15 minutos, até os mariscos e mexilhões se abrirem.
9. Para servir, coloque 2 ou 3 fatias finas de pão francês no fundo de pratos de sopa. Para cada porção, coloque 1 pedaço de peixe, 1 marisco, 2 mexilhões e 1 metade de cauda de lagosta. Despeje 250 mL do caldo sobre o peixe.

Por porção:
Calorias, 470; Proteínas, 32 g; Gorduras, 26 g (51% cal.); Colesterol, 90 mg; Carboidratos, 25 g; Fibras, 2 g; Sódio, 910 mg.

Observação: qualquer peixe firme pode ser usado, como alabote, bacalhau fresco, hadoque, robalo ou robalo-muge, vermelho e cavala. Evite usar peixes delicados, como a solha ou o linguado, que se quebram facilmente durante o cozimento.
   Se desejar, reduza ou elimine os frutos do mar da receita e aumente a quantidade de peixe.

Caçarola de frutos do mar *au gratin*

Porções: 25 Tamanho da porção: 175 g

Quantidade	Ingredientes
1,7 kg	Bacalhau fresco ou outro peixe branco firme, cozido, separado em lascas
1,1 kg	Carne de siri cozida, camarões, vieiras ou carne de lagosta, ou uma mistura de qualquer um desses
125 g	Manteiga
2 L	Molho Mornay, quente
125 g	Queijo parmesão

Por porção:
Calorias, 330; Proteínas, 33 g; Gorduras, 18 g (51% cal.); Colesterol, 120 mg; Carboidratos, 6 g; Fibras, 0 g; Sódio, 520 mg.

■ **Modo de preparo**

1. Apalpe a carne dos peixes e dos frutos do mar para verificar se não há espinhas ou pedaços de casca.
2. Leve a manteiga ao fogo em uma caçarola pesada ou frigideira grande de laterais retas. Acrescente os peixes e frutos do mar. Salteie ligeiramente em fogo médio até o peixe ficar bem aquecido e envolto na manteiga.
3. Coloque o molho Mornay e aqueça até o ponto de fervura branda. Prove e acerte o tempero.
4. Usando uma concha, coloque porções de 175 g em refratários individuais. Polvilhe com queijo parmesão.
5. Leve ao dourador em temperatura baixa até a superfície ficar levemente dourada.

VARIAÇÕES

Combinações diferentes de peixes e frutos do mar podem ser usadas. Se desejar, use só peixe ou só frutos do mar.

Outros molhos podem ser usados em vez de Mornay, tais como:

Molho *crème* (de creme de leite)
Molho *cheddar cheese* (de queijo *cheddar*)
Molho *Nantua* (de lagostim ou camarão)
Molho *vin blanc* (de vinho branco)
Molho *champignon* (de cogumelos, feito de *velouté* de peixe)

Caçarola de salmão ou atum
Pode-se usar salmão ou atum em lata e molho de creme de leite, molho de queijo *cheddar* ou molho de cogumelos (feito com *velouté* de peixe) em vez do molho Mornay. Misture o queijo parmesão com uma quantidade igual de farinha de rosca misturada com manteiga antes de polvilhar sobre o peixe. Se desejar, prepare em uma assadeira em vez de refratários individuais.

FRUTOS DO MAR SERVIDOS CRUS

Ostras e mariscos crus são muito apreciados em restaurantes e lares de todo o mundo. O salmão defumado também é um produto muito popular, embora as pessoas não o considerem como peixe cru, porque foi processado.

Recentemente, com a popularidade do *sushi* e do *sashimi* japoneses, mais pessoas passaram a apreciar peixes crus, e os *chefs* estão experimentando novas maneiras de servir peixes e frutos do mar dessa maneira. No entanto, em decorrência do perigo de contaminação de regiões pesqueiras, autoridades de saúde norte-americanas aconselham não servir peixes e frutos do mar crus. Mesmo assim, a popularidade desses alimentos continua em alta. Se você optar por servir peixes e frutos do mar crus, observe as seguintes orientações:

1. Use somente os peixes mais frescos.
2. Compre o peixe de um provedor confiável.
3. Use somente produtos provenientes de águas salgadas limpas. Não use peixes de água doce, que têm maior probabilidade de conter parasitas do que peixes de água salgada. Para destruir possíveis parasitas em peixes de água salgada, congele e descongele antes de usar.
4. Siga os mais rigorosos procedimentos de higienização.
5. Mantenha o peixe gelado. Manuseie o mínimo possível.

Quatro tipos de receita de peixe cru estão incluídos neste capítulo. O **tartar** é uma mistura de peixe cru picado e vários condimentos e temperos. O **carpaccio** de peixe é um prato feito com fatias bem finas de peixe denso e firme, como o atum, servido com várias guarnições e geralmente com um molho picante, como um vinagrete. *Carpaccio* é uma palavra italiana para um prato feito com fatias finas de carne bovina crua, servidas da mesma maneira. **Ceviche** ou *seviche* é uma preparação típica da América Latina com frutos do mar crus, marinados em uma mistura ácida. O ácido coagula as proteínas de modo que a textura do peixe cru fica semelhante à do peixe cozido. É comum dizer que o ácido "cozinha" o peixe. Contudo, como o peixe não é submetido à ação do calor, é importante considerá-lo ainda como alimento cru, por razões de higiene. **Sushi** é o arroz japonês de grão curto temperado que costuma ser guarnecido com peixe cru, embora isso não seja uma regra.

O sushi tornou-se popular nos países ocidentais, mas existe muita confusão a respeito dele. A palavra *sushi* é sempre associada ao peixe cru, mas na verdade, o termo se refere ao arroz cozido e levemente temperado com vinagre. Esse arroz é servido com várias guarnições, que incluem não só peixe cru (a guarnição mais popular), mas também frutos do mar cozidos e muitos outros tipos de legumes e conservas.

Tartar de robalo e salmão

Rendimento: 1,5 kg Tamanho da porção: 125 g
Porções: 12

Quantidade	Ingredientes
600 g	Filé de salmão, sem pele e sem espinha
375 g	Filé de robalo, sem pele e sem espinha
90 mL	Suco de limão
75 g	Mostarda *Dijon*
100 g	Chalota picada
175 mL	Azeite de oliva
a gosto	Sal
a gosto	Pimenta-do-reino
7 colheres (sopa)	Salsinha fresca picada
4 colheres (sopa)	Cerefólio fresco picado
3 colheres (sopa)	Cebolinha-francesa fresca picada
375 g	Tomate, sem pele e sem semente
conforme necessário	Ramos de cerefólio

Por porção:
Calorias, 250; Proteínas, 16 g; Gorduras, 19 g (68% cal.); Colesterol, 40 mg; Carboidratos, 4 g; Fibras 1 g; Sódio, 190 mg.

Modo de preparo

1. Pique os peixes com uma faca. Conserve sob refrigeração até a hora de misturar e servir.
2. Bata o suco de limão com a mostarda e a chalota. Aos poucos, adicione o azeite, batendo sempre, até emulsionar. Tempere a gosto, depois junte as ervas picadas.
3. Misture ao peixe picado.
4. Corte os tomates em *brunoise*.
5. O *tartar* pode ser apresentado em *quenelles* (ver Figura 13.5.) ou enformados com um aro de metal (ver Figura 15.4). Guarneça o prato com o tomate e decore com raminhos de cerefólio.

***Tartar* de robalo e salmão**

Figura 15.4
Como dar formato a um alimento usando um aro.

(a) Coloque o aro no prato. Preencha com o alimento e alise a superfície com uma faca ou espátula.

(b) Levante o molde cuidadosamente.

Arroz para sushi

Rendimento: aproximadamente 1,1 kg

Quantidade	Ingredientes
3 xícaras (chá)	Arroz japonês de grão curto (ver Observação)
3 ½ xícaras (chá)	Água fria
100–125 mL	Vinagre para sushi (ver Observação)

Por 30 mL:
Calorias, 40; Proteínas, 1 g; Gorduras, 0 g (0% cal.); Colesterol, 0 mg; Carboidratos, 9 g; Fibras, 0 g; Sódio, 105 mg.

Observação: não confunda arroz japonês de grão curto com arroz glutinoso, que é um produto completamente diferente. O vinagre para *sushi* pode ser comprado pronto no comércio, mas também pode ser feito na cozinha. Misture 500 mL de vinagre de arroz japonês com 250 g de açúcar e 125 g de sal. Leve ao fogo e mexa até o açúcar e o sal dissolverem, depois resfrie.

Modo de preparo

1. Lave o arroz várias vezes em água fria. Escorra bem.
2. Coloque o arroz escorrido em uma panela funda e pesada e adicione a água. Tampe bem e deixe descansar por pelo menos 30 minutos.
3. Leve a panela tampada ao fogo alto e aqueça até ferver. Quando ferver, abaixe o fogo para médio e cozinhe até toda a água ser absorvida. Não tire a tampa para verificar, ouça o barulho. O ruído de água borbulhando irá parar e dar lugar a um som fraco de assobio.
4. Abaixe o fogo para o mínimo e cozinhe por mais 5 minutos. Depois, retire a panela do fogo e deixe descansar por pelo menos 15 minutos antes de tirar a tampa. Este é o arroz básico consumido nas refeições dos japoneses.
5. No Japão, a adição do vinagre é feita em recipientes especiais de madeira que são usados apenas para esta finalidade (para evitar que seja impregnado com outros sabores). A vantagem da madeira é que ela absorve o excesso de umidade. Se você usar uma tigela não absorvente, transfira o arroz para outra tigela limpa toda vez que ela começar a ficar coberta de umidade. Com o auxílio de uma espátula de plástico ou de madeira, mexa o arroz quente para desfazer todas as pelotas. Ao mesmo tempo, abane o arroz para esfriá-lo.
6. Quando o arroz estiver morno, comece a acrescentar o vinagre para sushi. Coloque um pouco de cada vez, mexendo delicadamente. O arroz estará pronto quando ficar com uma aparência glaceada e um sabor bem leve de vinagre. O arroz com vinagre deve ser usado dentro de 2 a 3 horas e não deve ser levado à geladeira.

VARIAÇÕES

Nigirizushi

1. Prepare o *wasabi* misturando o pó de *wasabi* com um pouco de água, para formar uma pasta grossa. Deixe descansar, tampado, por alguns minutos para permitir que o sabor se desenvolva.
2. Prepare as coberturas para o *sushi* cortando filés de peixe bem fresco (use peixes de água salgada ou salmão defumado) em fatias de aproximadamente 4 x 6 cm. O atum, o peixe mais popular para *sushi*, é macio e geralmente cortado com aproximadamente 6 mm de espessura. Outros peixes são cortados mais finos.
3. Umedeça as mãos com água fria, para o arroz não grudar, e pegue uma porção de aproximadamente 2 colheres de sopa de arroz para *sushi*. Molde em formato oval, com aproximadamente 4 cm de comprimento, apertando bem (ver Fig. 15.5). Pegue uma fatia de peixe em uma das mãos. Mergulhe um dedo da outra mão na pasta de wasabi e espalhe uma pequena quantidade no lado inferior da fatia de peixe. Coloque o peixe sobre o arroz, com o wasabi virado para baixo, para que fique em contato com o arroz, pressionando delicadamente, para firmar no lugar. Sirva acompanhado de molho de soja.

Kappa-maki (rolinho de pepino)

Para fazer rolinhos de sushi é preciso ter uma esteirinha especial de bambu chamada *sudare* (ver Figura 15.5). Pode-se usar também uma folha de papel-vegetal, mas é mais difícil enrolar.

1. Descasque o pepino. Corte ao meio e retire as sementes. Corte no sentido em *julienne*, no sentido do comprimento.
2. Corte uma folha de *nori* (alga marinha para *sushi*) ao meio, no sentido do comprimento. Toste-a, passando rapidamente na chama de do fogão, com cuidado para não queimar.
3. Coloque a esteira na sua frente com os palitos de bambu na horizontal. Coloque a metade da folha de nori na esteira, com o lado liso virado para baixo.
4. Preencha os dois terços da folha mais próximos a você com uma camada de arroz para sushi de aproximadamente 6 mm de espessura.
5. Espalhe uma faixa fina de wasabi da direita para a esquerda, no centro do arroz.
6. Coloque tiras de pepino sobre a faixa de *wasabi*.
7. Levante a borda da esteira que está mais próxima a você e enrole firmemente. A melhor maneira de fazê-lo é levantar a esteira com os polegares, segurando os pepinos no lugar com os outros dedos. Pressione o rolo com a esteira delicadamente, mas com firmeza, para ficar bem apertado.
8. Umedeça a lâmina de uma faca bem afiada e corte o rolo ao meio. Não faça o movimento de serrar. Faça um corte bem feito com um único movimento. Passe a lâmina da faca em um pano úmido depois de cada corte, cortando cada metade do rolo em 3 ou 4 rodelas grossas.

Tekka-maki (rolinho de atum)

Faça o *kappa-maki*, mas em vez de pepino, use atum cru cortado em tiras (*batonnet*).

Chirashizushi (sushi espalhado)

Encha uma tigela até a metade com arroz para *sushi*. Arrume em cima do arroz uma variedade de peixes crus, camarão cozido, carne de siri e vegetais bem cortados, como ervilha-torta, pepino, cenoura, cogumelo e gengibre em conserva, dispondo-os de maneira decorativa.

Frutos do mar servidos crus 501

Figura 15.5 Como fazer *sushi*.

(a) Para fazer *nigirizushi*, umedeça as mãos com água fria para o arroz não grudar. Faça um bastão oval com um pouco de arroz em uma das mãos.

(b) Com a outra, pegue uma fatia de peixe e passe um pouco de *wasabi* no lado inferior.

(c) Cubra o arroz com o peixe, colocando o lado do *wasabi* voltado para o arroz, e pressione contra a palma da mão com dois dedos da outra mão.

(d) Vire do outro lado e pressione novamente. Depois pressione as laterais com o polegar e o indicador para terminar.

(e) Para o *sushi* enrolado, coloque metade de uma folha de *nori* no *sudare* (esteira de bambu). Umedeça as mãos com água fria, para o arroz não grudar, e espalhe uma camada de arroz para *sushi* cobrindo dois terços do *nori*.

(f) Coloque tiras de recheio na parte central do arroz.

(g) Segure o recheio no lugar com os dedos, levante a borda da esteira com os polegares e enrole.

(h) Pressione toda a esteira firmemente para fazer um rolo bem apertado.

(i) Corte o rolo na metade com um movimento só, usando uma faca umedecida.

(j) Umedeça a lâmina da faca entre um corte e outro e corte cada metade do rolo em três ou quatro fatias.

Sushi – um clássico japonês

Peixe e arroz dominam a cozinha do Japão, e esses dois elementos são combinados no *sushi*, uma preparação clássica japonesa que é muito popular no Ocidente. O *sushi* originou-se há muitos anos como uma maneira de preservar o peixe salgando-o e guardando-o com arroz misturado com vinagre. Antes de consumir o peixe, o arroz era descartado.

No Japão, são muitos os anos de aprendizado para tornar-se um mestre do *sushi*, ou *itamae*. Um mestre tem a habilidade para preparar o arroz corretamente, moldá-lo no tamanho certo e compactá-lo na justa medida para o *nigirizushi* e, especialmente, para selecionar, analisar e cortar as variedades de peixes e frutos do mar frescos usados como guarnição.

Quando se come *nigirizushi*, é considerado impróprio molhar a bola de arroz no molho de soja. A grande quantidade de molho de soja absorvida pelo arroz mascara o sabor fresco das coberturas e faz o arroz se separar em grãos. Em vez disso, vire o *sushi* para baixo e mergulhe levemente o peixe ou fruto do mar no molho.

A título de curiosidade, na língua japonesa, um som inicial de s, como na palavra sushi, pode se transformar em som de z quando fica no meio de uma palavra composta, como em *nigirizushi*.

Ceviche de vieiras

Porções: 12
Tamanho da porção: 125 g

Quantidade	Ingredientes
1 kg	Vieira grande sem a concha (ver Observação)
250 mL	Suco de limão
125 g	Cebola-roxa bem picada
1	*Jalapeño* fresco, sem semente e bem picado
6 colheres (sopa)	Coentro fresco picado
2	Abacates em cubos médios
250 g	Tomate, sem pele e sem sementes, em cubos pequenos
a gosto	Sal
125 mL	Azeite de oliva
conforme necessário	Folhas de alface

■ Modo de preparo

1. Corte as vieiras em cubos de cerca de 0,5 cm.
2. Em um recipiente não corrosivo, misture as vieiras, o suco de limão e a cebola.
3. Leve à geladeira por aproximadamente 12 horas, até as vieiras adquirirem a textura de vieiras cozidas.
4. Coe as vieiras e a cebola, descartando o suco de limão.
5. Misture as vieiras delicadamente com o *jalapeño*, o coentro, o abacate e o tomate.
6. Acrescente sal a gosto.
7. Adicione o azeite de oliva e misture.
8. Para servir, forre tigelas pequenas ou cumbucas com folhas de alface e coloque colheradas de seviche dentro.

Por porção:
Calorias, 220; Proteínas, 14 g; Gorduras, 15 g (61% cal.); Colesterol, 25 mg; Carboidratos, 8 g; Fibras, 2 g; Sódio, 130 mg.

Observação: como uma alternativa para as vieiras grandes, use vieiras pequenas, mas deixe-as inteiras.

Ceviche de vieiras

Frutos do mar servidos crus — 503

Carpaccio de atum com queijo de ovelha

Porções: 12   Tamanho da porção: 150 g de atum
                                  70 g de guarnição
                                  45 mL de molho

Quantidade	Ingredientes
200 mL	Suco de limão
80 g	Chalota picada
375 mL	Azeite de oliva
a gosto	Sal
a gosto	Pimenta-do-reino
2 kg	Atum fresco
500 g	Queijo de leite de ovelha (ver Observação)
100 g	Pimentão vermelho
100 g	Pimentão verde
200 g	Cebolinha
20 g	Manjericão fresco

Por porção:

Calorias, 620; Proteínas, 50 g; Gorduras, 44 g (64% cal.); Colesterol, 120 mg; Carboidratos, 6 g; Fibras, 1 g; Sódio, 200 mg.

Observação: o queijo usado nesta receita é um queijo duro, com textura macia, cor dourada e sabor de nozes. É parecido com o sabor do Edam. Substitua por um queijo semelhante, se necessário.

Modo de preparo

1. Misture o suco de limão, a chalota e o azeite para fazer uma marinada. Tempere com sal e pimenta-do-reino.
2. Corte o atum em fatias finas como papel, usando uma máquina de cortar frios. Deixe marinar, na geladeira, por 2 horas.
3. Corte o queijo em fatias bem finas.
4. Corte os pimentões em *brunoise* pequeno. Branqueie e resfrie. Seque bem em papel-toalha.
5. Corte a cebolinha em fatias bem finas.
6. Pique o manjericão.
7. Escorra o atum, reservando a marinada. Corte círculos usando um cortador redondo. Faça o mesmo com o queijo. Arrume no prato em uma camada só, alternando o queijo com o atum, com os círculos se sobrepondo ligeiramente.
8. Polvilhe com a cebolinha, o pimentão e o manjericão.
9. Bata a marinada até emulsionar e regue com ela o *carpaccio*. Decore com folhas inteiras de manjericão.

■ TERMOS PARA REVISÃO

à la meunière	truit au bleu	étuver	carpaccio
escalfar em pouco líquido	cuisson	cozinhar *en papillote*	ceviche
escalfar em bastante líquido	à la nage	tartar	sushi
court-bouillon			

■ QUESTÕES PARA DISCUSSÃO

1. Qual é o maior cuidado a ser tomado ao se assar ou grelhar peixes magros?
2. Descreva o modo de preparo do peixe *à la meunière*.
3. Qual lado de um filé de peixe é o lado de apresentação?
4. Que técnicas você pode usar para alçar o peixe inteiro escalfado de dentro do *court-bouillon* sem quebrá-lo e sem prejudicar sua aparência?
5. Quais são as temperaturas mais indicadas para escalfar peixes?
6. Qual é a vantagem de se usar o forno para escalfar filés de peixe?
7. Descreva dois métodos para se fazer um molho usando o líquido de cozimento (*fumet* e vinho) em que foram escalfados filés de peixe.
8. Discuta as precauções que um cozinheiro precisa tomar para garantir que o peixe cru possa ser consumido com segurança.

CAPÍTULO 16

CAPÍTULO 16

Introdução aos vegetais

Os vegetais foram, por algum tempo, mal preparados, negligenciados e relegados a um papel secundário de acompanhamento sem importância, a ser consumido ou deixado na mesa, ou nem mesmo ser notado.

Nos dias de hoje, entretanto, os modestos vegetais são muito mais apreciados, não só por sua importância nutricional, mas também por sua variedade, sabor, apelo visual e até mesmo pela elegância e sofisticação que trazem para o cardápio. Os cozinheiros modernos têm, consigo mesmos e com seus clientes, a obrigação de compreender os vegetais e tratá-los com respeito e criatividade.

Pelo fato de serem tão perecíveis, os vegetais exigem cuidados extras desde o recebimento até serem servidos. O *frescor* é a qualidade que mais atrai e agrada, e é preciso muito cuidado para preservá-lo. O preparo adequado de vegetais tem por objetivo preservar e acentuar seu sabor fresco, sua textura e sua cor, para que se possa servir vegetais que não só sejam aceitos, mas procurados pelo cliente.

505

COMO CONTROLAR MUDANÇAS NA QUALIDADE DURANTE O PREPARO

Como cozinheiro, você pode escolher muitos tipos de vegetais e muitos métodos de cocção. Como era de se esperar, você também irá se deparar com a necessidade de aprender várias regras de cozimento de vegetais.

Muitos manuais para a cocção de vegetais simplesmente mostram uma lista longa de regras a serem memorizadas. Você irá compreender os princípios com maior facilidade se aprender primeiro como os vegetais mudam quando são cozidos e como controlar essas mudanças. Em outras palavras, sugerimos que você não só memorize o que tem que fazer, mas também por que tem que fazê-lo.

O cozimento afeta os vegetais de quatro maneiras. Ocorrem mudanças quanto às seguintes características:

1. Textura
2. Sabor
3. Cor
4. Nutrientes

A quantidade de mudanças que ocorre em relação a essas quatro características determina se o produto final será atraente e apetitoso para o cliente, ou se acabará indo para o lixo. Você pode controlar essas mudanças se entender como elas ocorrem.

Infelizmente, ainda há controvérsias legítimas entre *chefs* sobre técnicas apropriadas para o cozimento de vegetais. A tecnologia moderna ainda não resolveu problemas que *chefs* experientes têm de resolver na cozinha todos os dias.

COMO CONTROLAR AS MUDANÇAS DE TEXTURA

A mudança da textura é um dos propósitos principais do cozimento de vegetais.

FIBRAS

A textura das fibras dos vegetais (incluindo a celulose e a pectina) lhes dá forma e firmeza. O cozimento amolece alguns desses componentes.

A *quantidade de fibras* varia:

1. Nos diferentes vegetais. O espinafre e o tomate têm menos fibras do que a cenoura e o nabo, por exemplo.
2. Em exemplares diversos do mesmo vegetal. Cenouras velhas e duras possuem mais fibras do que cenouras novas e frescas.
3. No mesmo vegetal. As pontas tenras dos aspargos e dos brócolis possuem menos fibras do que seus talos mais duros.

A fibra fica *mais firme* pela ação de:

1. **Ácidos**
   Quando suco de limão, vinagre e produtos de tomate são adicionados aos vegetais, o tempo de cozimento é estendido.
2. **Açúcares**
   O açúcar fortalece a textura da célula. Este princípio deve ser usado primariamente no cozimento de frutas. Para obter maçãs e peras escalfadas firmes, por exemplo, cozinhe-as em uma calda grossa. Para preparar um purê de maçã, cozinhe as maçãs até ficarem macias, antes de adicionar açúcar.

Após ler este capítulo, você deverá ser capaz de:

1. Descrever os fatores que influenciam a textura, o sabor, a cor e as mudanças nutricionais que ocorrem durante o preparo de vegetais.
2. Cozinhar vegetais no seu ponto certo de cozimento.
3. Julgar a qualidade de vegetais cozidos baseando-se na cor, na aparência, na textura, no sabor, nos temperos e nas combinações adequadas com molhos ou outros vegetais.
4. Realizar o pré-preparo de vegetais frescos.
5. Calcular o rendimento baseado nas perdas ocorridas durante a limpeza.
6. Determinar a qualidade de vegetais congelados, enlatados e desidratados.
7. Preparar vegetais usando o método de cozimento por etapas e o método de branqueamento.
8. Armazenar vegetais frescos e processados.

A fibra é *amaciada* pela ação de:

1. **Calor**
   Em geral, cozimentos mais longos rendem vegetais mais macios.

2. **Alcalinos**
   Não adicione bicarbonato de sódio aos vegetais verdes. Além de destruir as vitaminas, ele deixa os vegetais com uma textura pastosa desagradável.

AMIDO

O amido é outro componente vegetal que afeta sua textura.

1. *Ingredientes secos que contêm amido*, como leguminosas desidratadas (p. ex., feijão, ervilha e lentilha), arroz e massas, precisam ser cozidos em água suficiente para os grânulos de amido absorverem a umidade e serem amaciados. Feijões secos geralmente são colocados de molho antes do cozimento para repor sua umidade.

2. *Vegetais úmidos que contêm amido*, como batata inglesa e batata-doce, possuem umidade natural, mas, mesmo assim, precisam ser cozidos até os grânulos de amido amolecerem.

PONTO DE COZIMENTO

Diz-se que um vegetal está cozido quando alcança o grau desejado de maciez. Esse estágio varia de vegetal para vegetal. Alguns, como a abóbora, a berinjela e o salsão braseado, são considerados adequadamente cozidos quando ficam bem moles. Muitos vegetais, no entanto, ficam melhores quando cozidos rapidamente, até ficarem macios mas crocantes, ou **al dente** (resistentes à mordida). Neste ponto de cozimento, eles não só adquirem uma textura agradável, mas também retêm o máximo de sabor, cor e nutrientes.

Orientações para cozinhar vegetais adequadamente

1. Não cozinhe demais.

2. Cozinhe o mais próximo possível da hora de servir. Manter os vegetais em um balcão térmico faz com que continuem cozinhando.

3. Se for preciso cozinhar os vegetais com antecedência, cozinhe por menos tempo, esfrie rapidamente em água gelada, escorra e leve à geladeira, depois reaqueça de acordo com o pedido.

4. Para obter um ponto de cozimento uniforme, corte os vegetais em pedaços de tamanho uniforme antes do cozimento.

5. Vegetais que contêm partes duras e macias precisam de tratamento especial para que as partes macias não fiquem cozidas em excesso até as partes duras ficarem prontas. Por exemplo:

   Descasque os caules lenhosos dos aspargos.

   Tire a pele ou parta os talos dos brócolis.

   Fure a base da couve-de-bruxelas com uma faca afiada.

   Descarte o miolo pesado do centro das alfaces antes de braseá-las.

6. Não misture lotes diferentes de vegetais cozidos. Eles podem ter sido cozidos em pontos ligeiramente diferentes.

COMO CONTROLAR AS MUDANÇAS DE SABOR

O COZIMENTO PROVOCA PERDA DE SABOR

Muitos sabores são perdidos durante o cozimento. Eles se dissolvem no líquido de cozimento e evaporam. Quanto mais um vegetal é cozido, mais ele perde sabor.

A perda de sabor pode ser controlada de várias maneiras:

1. Cozinhe pelo menor tempo possível.

2. Use água fervente com sal. Se o cozimento dos vegetais for iniciado em água fervente, seu tempo de cocção torna-se menor. A adição de sal ajuda a reduzir a perda de sabor.

3. Use apenas água suficiente para cobrir o vegetal, a fim de minimizar a dissolução dos sabores. Observe que esta regra contradiz a primeira regra, visto que, quando os vegetais são colocados em uma quantidade pequena de água, sua temperatura abaixa e aumenta o tempo de cozimento. Guarde suas perguntas para depois da leitura das seções a respeito das cores e das mudanças nutricionais.

4. Cozinhe os vegetais no vapor, quando possível. O cozimento a vapor reduz a dissolução do sabor e diminui o tempo de cozimento.

Vegetais de sabor forte

É desejável que alguns vegetais de sabor forte percam um pouco do sabor para ficarem mais agradáveis ao paladar. Entre eles estão a família das cebolas (cebola, alho, alho-poró e chalota), a família dos repolhos (repolho, couve-de-bruxelas, couve-flor e brócolis) e algumas raízes de vegetais (nabos e rutabagas).

Ao cozinhar vegetais de sabor forte, deixe a panela destampada, para permitir que os sabores escapem, e use quantidades maiores de água.

O COZIMENTO PROVOCA MUDANÇAS NO SABOR

Vegetais cozidos não têm o sabor de vegetais crus porque o cozimento gera transformações químicas. Contanto que os vegetais não passem do ponto de cozimento, essa mudança é desejável. Ela produz os sabores que se espera encontrar nos pratos contendo vegetais.

O excesso de cozimento produz transformações indesejáveis nos membros da família dos repolhos. Eles desenvolvem um sabor forte e desagradável. O repolho e seus congêneres devem ser cozidos rapidamente e destampados.

COZIMENTO E DOÇURA

Vegetais novos, colhidos há pouco tempo, possuem um teor de açúcar relativamente alto que faz com que eles tenham um sabor adocicado. Na medida em que amadurecem ou ficam armazenados, o açúcar aos poucos se transforma em amido. Isso pode ser notado especialmente no milho, na ervilha, na cenoura, no nabo e na beterraba.

Para servir vegetais com sabor adocicado:

1. Tente servir vegetais novos e frescos que tenham sido armazenados pelo menor tempo possível.

2. Para os vegetais mais velhos, especialmente os que acabamos de mencionar, adicione uma pequena quantidade de açúcar à água do cozimento para substituir a doçura perdida.

COMO CONTROLAR AS MUDANÇAS DE COR

É importante preservar a cor natural dos vegetais, o máximo possível, ao cozinhá-los. Como os clientes podem rejeitar ou consumir um vegetal com base na sua aparência, pode-se dizer que a qualidade visual é tão importante quanto o valor nutricional.

Pigmentos são compostos que dão cor aos vegetais. Pigmentos diferentes reagem de maneira diferente ao aquecimento e aos ácidos e outros elementos que podem estar presentes durante o cozimento, portanto, é necessário discutir cada um de forma separada. A Tabela 16.1 apresenta resumidamente esses dados.

VEGETAIS BRANCOS

Os pigmentos *brancos*, chamados **flavonas**, são os componentes primários de coloração da batata, da cebola, da couve-flor e do repolho-branco, bem como das partes brancas de vegetais como o salsão, o pepino e a abobrinha.

O pigmento branco permanece branco em um meio ácido. Para preservar a cor branca de vegetais como a couve-flor, adicione um pouco de suco de limão ou cremor tártaro à água do cozimento. Contudo, não coloque uma quantidade muito grande, pois isso pode endurecer o vegetal. Tampar a panela também ajuda a manter os ácidos dentro dela.

Como controlar mudanças na qualidade durante o preparo — 509

Tabela 16.1
Mudanças de cor em vegetais durante o cozimento

Cor	Exemplos de vegetais	Cozidos com ácido	Cozidos com álcali (base)	Cozidos em excesso
Branco	Batata, nabo, couve-flor, cebola e repolho-branco	Branco	Branco	Amarelado, Cinza
Vermelho	Beterraba e repolho-roxo (o tomate não, porque sua pigmentação é igual à dos vegetais amarelos)	Vermelho	Azul ou azul-esverdeado	Azul-esverdeado, desbotado
Verde	Aspargo, vagem, feijão-de-lima, brócolis, couve-de-bruxelas, ervilha, espinafre, pimentão verde, alcachofra, quiabo	Verde-oliva	Verde vibrante	Verde-oliva
Amarelo (e laranja)	Cenoura, tomate, rutabaga, batata-doce, abóbora e milho	Pouca mudança	Pouca mudança	Ligeiramente desbotado

Um período curto de cozimento, principalmente no vapor, ajuda a manter a cor dos vegetais, assim como seu sabor e nutrientes. O excesso de cozimento ou um período muito longo de permanência em um balcão térmico muda a cor dos vegetais brancos para amarelo opaco ou cinza.

VEGETAIS VERMELHOS

Os pigmentos *vermelhos*, chamados **antocianina**, são encontrados em poucos vegetais, principalmente no repolho-roxo e na beterraba. A cor dos mirtilos (*blueberries*) também é devida a esses pigmentos vermelhos. A cor vermelha do tomate e do pimentão vermelho é produzida pelo mesmo pigmento que dá a cor amarela ou laranja à cenoura.

Os pigmentos vermelhos reagem muito ativamente aos ácidos e bases.

Os *ácidos* deixam-nos vermelho vivo.

Os *álcalis* deixam-nos azuis ou verde-azulados (uma cor não muito apetitosa para o repolho-roxo).

Beterrabas vermelhas e repolho-roxo, portanto, apresentam sua melhor cor quando são cozidos com uma quantidade pequena de ácido. Os repolhos-roxos costumam ser cozidos com maçãs ácidas por essa razão.

Quando se quer um vegetal bem ácido, como na receita de *Harvard beets** ou de repolho-roxo braseado, adicione só um pouquinho de ácido no início. Os ácidos endurecem os vegetais e prolongam o tempo de cozimento. Adicione o restante quando os vegetais já estiverem macios.

Os pigmentos vermelhos se dissolvem facilmente na água. Isso significa que:

1. O tempo de cozimento deve ser curto. Vegetais vermelhos cozidos em excesso perdem muito da cor.

2. Use apenas a quantidade necessária de água.

3. Cozinhe as beterrabas inteiras com a casca, a raiz e um pedacinho do caule, para preservar a cor. A casca de beterrabas cozidas desliza e pode ser retirada facilmente.

4. Ao cozinhar no forno a vapor, use formas sólidas, em vez de perfuradas, para reter os sucos vermelhos.

5. Quando possível, sirva o líquido do cozimento como molho acompanhando o vegetal.

*N.R.: Beterrabas de Harvard – beterraba cozida servida quente com molho agridoce, em geral feito com vinagre ou suco de laranja, açúcar e especiarias, ligeiramente engrossado com amido de milho.

VEGETAIS VERDES

A cor *verde* ou **clorofila** está presente em todas as plantas verdes. Há muitos vegetais verdes na cozinha, portanto é importante compreender o manuseio especial exigido por este pigmento.

Os *ácidos* são inimigos dos vegetais verdes. Tanto o *ácido* quanto o *cozimento* prolongado deixam esses vegetais com uma cor verde-oliva pouco atraente.

Proteja a cor verde dos vegetais da seguinte forma:

1. Cozinhe sem tampar a panela para permitir que os ácidos da planta escapem.

2. Cozinhe pelo menor tempo possível. Vegetais verdes, adequadamente cozidos, são macios mas crocantes, não moles.

3. Cozinhe em pequenos lotes, em vez de manter os vegetais por longos períodos no balcão térmico.

O *cozimento no vapor* está se tornando o método preferido para cozinhar vegetais verdes. O vapor cozinha-os rapidamente, diminui a dissolução de nutrientes e de sabor e não despedaça vegetais delicados. No entanto, o excesso de cozimento pode ocorrer com rapidez no forno a vapor.

Não use bicarbonato de sódio para manter a cor verde. O sódio destrói as vitaminas e deixa os vegetais com uma textura pastosa e escorregadia desagradável.

Quanta água deve ser usada para cozinhar? Uma quantidade grande de água ajuda a dissolver os ácidos da planta, ajuda a preservar as cores e apressa o cozimento. Mas alguns cozinheiros acham que uma quantidade excessiva de nutrientes se perde. Veja a próxima seção para maiores detalhes sobre essa discussão.

VEGETAIS AMARELOS E ALARANJADOS

Os pigmentos *amarelo* e *laranja*, chamados **carotenoides**, são encontrados na cenoura, no milho, na abóbora, na rutabaga, na batata-doce alaranjada, no tomate e no pimentão vermelho. Esses pigmentos são muito estáveis. São pouco afetados pelos ácidos ou bases. No entanto, o cozimento prolongado pode deixar sua cor sem vida. O cozimento rápido não só protege a vivacidade da cor, mas também preserva as vitaminas e os sabores.

COMO CONTROLAR AS PERDAS DE NUTRIENTES

Os vegetais representam uma parte importante da nossa dieta porque fornecem uma variedade ampla de nutrientes essenciais. Eles constituem nossa maior fonte de vitaminas A e C e são ricos em muitas outras vitaminas e minerais. Infelizmente, muitos desses nutrientes se perdem com facilidade.

Seis fatores são responsáveis pela perda de nutrientes:

1. Temperatura elevada

2. Cozimento prolongado

3. Dissolução

4. Alcalinidade (p. ex., bicarbonato de sódio e água mineral)

5. Enzimas da própria planta (que estão ativas em temperaturas mornas e são destruídas em temperaturas altas)

6. Oxigênio

Algumas perdas de nutrientes são inevitáveis porque raramente é possível evitar todas essas condições ao mesmo tempo. Por exemplo:

- O cozimento no vapor com pressão diminui o tempo de cozimento, mas a temperatura elevada destrói algumas vitaminas.

- O braseamento é feito em temperatura baixa, mas o tempo de cozimento é mais longo.

- Assar elimina a dissolução de vitaminas e minerais, mas o cozimento longo e a temperatura elevada causam a perda de nutrientes.

- A fervura é mais rápida do que o cozimento lento, mas a temperatura mais elevada pode ser danosa e a atividade rápida pode despedaçar o vegetal delicado e aumentar a perda pela dissolução.

- Cortar os vegetais em pedaços pequenos diminui o tempo de cozimento, mas aumenta a dissolução porque cria mais superfície de exposição.

- Até o cozimento no vapor permite certa dissolução dos nutrientes pela umidade que se condensa nos vegetais e depois escorre.

COZIMENTO EM POUCO LÍQUIDO VERSUS EM MUITO LÍQUIDO

Esta é uma área de controvérsia com bons argumentos de ambos os lados.

1. O uso de muito líquido aumenta a perda de vitaminas pela dissolução. Use apenas a quantidade suficiente de líquido para cobrir os vegetais. Guarde o líquido do cozimento para reaquecê-los ou para usar em fundos ou sopas.
2. O uso de pouco líquido aumenta o tempo de cozimento. Quando os vegetais se misturam com a pequena quantidade de água fervente, a temperatura baixa muito e os vegetais precisam ficar mais tempo na água morna até ela esquentar de novo. Além disso, as enzimas da planta podem destruir algumas vitaminas antes mesmo que a água fique novamente quente o bastante para destruí-las.

Testes mostram que, por essas razões, quando os vegetais são cozidos em bastante água, a quantidade de nutrientes perdidos não é maior do que quando são cozidos em água suficiente apenas para cobri-los.

No cozimento de vegetais verdes, existe uma vantagem a mais para usar bastante água. Os ácidos da planta são mais rapidamente diluídos e liberados, preservando melhor a cor.

Os melhores métodos de cozimento, do ponto de vista nutricional, são geralmente aqueles que dão origem aos produtos mais atraentes e saborosos.

- Têm maior probabilidade de serem consumidos. Vegetais que são descartados não beneficiam ninguém, por mais nutritivos que sejam.
- Os fatores que destroem os nutrientes frequentemente são aqueles que também destroem a cor, o sabor e a textura.

REGRAS GERAIS PARA O PREPARO DE VEGETAIS

Agora que você sabe como os vegetais se transformam quando são cozidos, vamos resumir todas essas informações em algumas regras gerais. Você deve aprender a explicar as razões de cada uma destas regras.

- Não cozinhe demais.
- Cozinhe o mais próximo possível da hora de servir e em pequenas quantidades. Evite manter no balcão térmico por longos períodos de tempo.
- Se for necessário cozinhar os vegetais com antecedência, cozinhe por menos tempo e resfrie rapidamente. Na hora de servir, reaqueça.
- Nunca use bicarbonato de sódio em vegetais verdes.
- Corte os vegetais em pedaços do mesmo tamanho para obter um cozimento uniforme.
- Inicie o cozimento de vegetais verdes e outros vegetais que crescem acima do chão com água fervente com sal. O cozimento de raízes e tubérculos deve ser iniciado com água fria com sal, para um cozimento mais uniforme.
- Cozinhe vegetais verdes e vegetais de sabor forte sem tampar a panela.
- Para preservar a cor, cozinhe vegetais vermelhos e brancos em líquido ligeiramente ácido (não muito forte). Cozinhe vegetais verdes em líquido neutro.
- Não misture um lote de vegetais que acabou de ser cozido com um lote dos mesmos vegetais cozidos anteriormente e mantidos quentes num balcão térmico.

Alimentos orgânicos

Como observado primeiramente no Capítulo 5, as leis em muitos países, incluindo os Estados Unidos, regulam o uso do termo *orgânico**. Embora muitos produtos, como carnes e aves, possam também receber a etiqueta de alimento orgânico, os vegetais, frutas e outros produtos agrícolas orgânicos há muito tempo têm tido projeção no mercado.

Em primeiro lugar, para um alimento ou ingrediente em alimento pronto receber a etiqueta de orgânico nos Estados Unidos, ele não pode conter hormônios, antibióticos, pesticidas sintéticos, componentes irradiados, organismos geneticamente modificados ou água de esgoto reprocessada. Em segundo lugar, os produtos alimentícios podem ser etiquetados de quatro modos, dependendo de quão orgânicos são:

1. A etiqueta "100% orgânico" só pode ser usada nos produtos que contêm apenas ingredientes orgânicos.
2. A etiqueta "orgânico" pode ser usada nos produtos que contêm pelo menos 95% de ingredientes orgânicos por peso.
3. Se um produto tiver 70% ou mais de ingredientes orgânicos por peso, ele pode ser etiquetado como "feito com ingredientes orgânicos." Até três desses ingredientes podem ser citados na embalagem.
4. Se um produto tiver menos que 70% de ingredientes orgânicos por peso, esses ingredientes podem ser citados na tabela de informação nutricional, mas o produto não pode usar a palavra "orgânico" na embalagem.

Nos Estados Unidos, o selo verde e branco "USDA ORGANIC" pode ser usado apenas na embalagem dos produtos que se encaixam nas duas primeiras categorias.

*N.R.: No Brasil, os alimentos orgânicos são regulados pela Instrução Normativa nº 7 do Ministério da Agricultura, Pecuária e Abastecimento, publicada em maio de 1999.

PADRÕES DE QUALIDADE EM VEGETAIS COZIDOS

1. **Cor**
   Cores vivas, naturais.
   Os vegetais verdes, principalmente, devem ter uma cor verde viva e fresca, não verde-oliva.

2. **Aparência no prato**
   Cortados com cuidado e de maneira uniforme. Inteiros.
   Arrumados ou dispostos de maneira atraente no prato ou travessa.
   Não devem estar nadando na água do cozimento.
   Combinações e guarnições criativas e adequadas são sempre bem recebidas.

3. **Textura**
   Cozidos no ponto certo de cozimento.
   Os vegetais devem ser crocantes e macios, não devem estar cozidos demais e pastosos, mas também não podem estar duros ou lenhosos.
   Os vegetais que devem ficar moles (purê de batata, de abóbora, de batata-doce, de tomates e de vegetais) devem estar bem cozidos, com uma textura agradável e homogênea.

4. **Sabor**
   Sabor e doçura naturais, o que se poderia chamar de *sabor de vegetal colhido na horta*. Vegetais de sabor forte devem ser agradavelmente suaves, sem sabores estranhos ou amargos.

5. **Temperos.**
   Leves e adequadamente temperados. Os temperos não devem ser muito fortes para não mascarar os sabores naturais.

6. **Molhos**
   A manteiga e a manteiga temperada devem ser frescas e não podem ser usadas em demasia; os vegetais não podem estar engordurados.
   Molhos com creme de leite e outros molhos não podem ser muito espessos ou muito temperados. Assim como no caso dos temperos, os molhos devem realçar e não encobrir o sabor.

7. **Combinações de vegetais**
   Combinações interessantes atraem os clientes.
   Sabores, cores e formas devem se complementar de maneira agradável.
   Os vegetais devem ser cozidos separadamente e depois combinados para permitir que os tempos diferentes de cozimento sejam respeitados.
   Vegetais ácidos (como tomates), quando adicionados a vegetais verdes, os descolorem. Misture-os somente na hora de servir.

COMO MANIPULAR VEGETAIS

VEGETAIS FRESCOS

COMO LAVAR

1. Lave bem todos os vegetais.
2. Raízes que não são descascadas, como batatas para assar, devem ser muito bem esfregadas com uma escova de cerdas rígidas.
3. Lave os vegetais de folhas verdes em várias mudas de água fria. Levante as folhas da água para que a terra possa ir para o fundo. Se você despejar em um coador, a sujeira ficará presa nas folhas.
4. Depois de lavar, seque bem as verduras de folha e mantenha na geladeira, levemente tampadas. A finalidade da tampa é evitar o ressecamento, mas uma tampa bem vedada corta a circulação do ar. Isso pode ser um problema se o produto ficar armazenado por

mais de um dia, porque um espaço úmido e fechado propicia o crescimento de mofo. Use um dispositivo no recipiente de armazenagem para permitir a drenagem.

COMO DEIXAR DE MOLHO

1. Com algumas exceções, não coloque vegetais de molho por períodos longos. O sabor e os nutrientes se dissolvem.

2. O repolho, o brócolis, a couve-de-bruxelas e a couve-flor podem ser colocados de molho por 30 minutos em água fria com sal para eliminar insetos, se necessário.

3. Verduras de folhas murchas podem ser colocadas de molho por algum tempo em água fria para restaurar o viço.

4. Legumes desidratados geralmente são colocados de molho várias horas antes de cozinhar para repor a umidade perdida durante a secagem. Feijões secos absorvem seu peso em água.

COMO DESCASCAR E CORTAR

1. Descasque os vegetais o mais superficialmente possível. Muitos nutrientes se alojam logo abaixo da casca.

2. Corte os vegetais em pedaços do mesmo tamanho para obter um cozimento uniforme.

3. Descasque e corte os vegetais o mais perto possível da hora do cozimento para evitar ressecamento e perda de vitaminas pela oxidação.

4. Para corte mecânico, escolha os vegetais pela uniformidade de tamanho, para minimizar perdas.

5. Trate os vegetais que escurecem com facilidade (p. ex., batata, berinjela, alcachofras e batata-doce) com um ácido, como suco de limão, ou uma solução antioxidante, ou coloque de molho em água até a hora de usar (algumas vitaminas e minerais se perderão).

6. Guarde aparas limpas para fazer sopas, fundos e purês de vegetais.

PERDAS GERADAS POR CORTES: COMO CALCULAR O RENDIMENTO E AS QUANTIDADES NECESSÁRIAS

A **porcentagem de rendimento** de um vegetal indica, em média, quanto do **peso bruto** (**PB**; peso na compra) sobra depois da pré-preparação para produzir o ingrediente pronto para ser cozido, ou **peso limpo** (**PL**; peso da porção consumível). Esses números podem ser usados para a realização de dois cálculos básicos.

1. **Como calcular o rendimento**
   Exemplo: Você tem 5 kg (PB) de couve-de-bruxelas. O rendimento, depois da limpeza, é de 80%. Qual é o PL?
   Primeiramente, mude a porcentagem para um número decimal, movendo o ponto decimal duas casas à esquerda.

   $$80\% = 0,80$$

   Multiplique o decimal pelo peso PB para obter o rendimento PL.

   $$5 \text{ kg} \times 0,80 = 4 \text{ kg}$$

2. **Como calcular a quantidade necessária**
   Exemplo: Você precisa de 5 kg (PL) de couve-de-bruxelas. Que quantidade de couve-de-bruxelas sem limpar você precisará comprar?
   Mude a porcentagem para um número decimal.

   $$80\% = 0,80$$

   Divida o peso PL que você precisa por esse número para obter o peso PB.

   $$\frac{5 \text{ kg}}{0,80} = 6,25 \text{ kg}$$

COMO CLASSIFICAR OS VEGETAIS

Muitos se incomodam com o fato de que os tomates são mencionados como vegetais, já que, na realidade, são frutas. Sim, os tomates são frutas, as cenouras são raízes e o espinafre é uma folha, e todos eles são vegetais.

Para um botânico, o termo *fruta* se refere a uma parte específica de uma planta, como acontece com os termos caule, raiz e folha. A fruta é definida como o ovário maduro de uma planta com sementes, e ele contém as sementes. Em outras palavras, se tiver sementes, é uma fruta. Não podemos nos deixar levar pelo fato de que algumas frutas são doces. Muitas frutas na natureza, ou a maioria, não são nada doces. Alguns exemplos de frutas usadas como vegetais são tomates, berinjelas, pimentões, vagens, quiabos, pepinos, abóboras, ervilhas-tortas, nozes e abacates.

Há muitas maneiras de classificar os vegetais. Algumas são mais úteis para o cozinheiro do que outras. Colocar vegetais em grupos baseados em sua origem botânica nem sempre ajuda. Por exemplo, quiabo e berinjela são frutas, mas são manuseados e cozidos de maneira tão diferente que esta informação não contribui para nada.

As seguintes categorias de vegetais, em parte, são baseadas em como os vegetais são usados na cozinha. Por exemplo, os vegetais relacionados como raízes e tubérculos vêm de várias famílias que não são afins, mas todos têm uma textura uniforme e bem sólida e são manuseados de maneira semelhante. Esta classificação não é científica e não é a única maneira de agrupar vegetais.

Observe que as primeiras três categorias são frutas ou, em alguns casos, sementes de frutas.

- A família das cabaças: pepino, abóboras, abobrinhas e chuchu.
- Sementes e vagens: feijões, ervilhas, milho e quiabo.
- Outros vegetais de frutas macias: abacate, berinjela, pimentão, pimenta e tomate.
- Raízes e tubérculos: beterraba, cenoura, aipo-rábano, pastinaca, rabanete, nabo, rutabaga, alcachofra-de-jerusalém, batata, batata-doce e *jícama*.
- A família do repolho: repolho, brócolis, couve-flor, couve-de-bruxelas, couve-rábano e acelga.
- A família da cebola: cebola, cebolinha, alho-poró, alho e chalota.
- Verduras de folha: espinafre, folhas de beterraba, alface, endívia, chicória, acelga suíça, azedinha, agrião, couve-manteiga, couve-de-folhas e folhas de nabo (os três últimos também são membros da família do repolho).
- Caules, talos e brotos: alcachofra, aspargo, salsão, bulbo de erva-doce, broto de samambaia e broto de bambu.
- Cogumelos.

VEGETAIS FRESCOS: AVALIAÇÃO E PREPARO

Esta seção descreve os vegetais frescos, muitos deles mais comuns na cozinha norte-americana, incluindo produtos procedentes da cozinha asiática e latina, que se tornaram familiares. Dicas para a avaliação e limpeza dos produtos, bem como a média de rendimento após a limpeza, estão indicadas. Os vegetais estão relacionados em ordem alfabética e não pela classificação das espécies, para ser mais fácil encontrá-los.

Abacate

Identificação: fruta oval, com casca parecida com um couro, polpa macia de cor verde pálido e uma única semente ou caroço grande no centro.

Variedades: existem muitas variedades que se encaixam em duas categorias principais. (1) Os abacates mexicanos ou californianos, na sua maioria da variedade Hass, têm casca grossa e verde-escura que fica preta quando os abacates estão maduros. Esses abacates têm uma polpa de sabor forte e amanteigado com alto teor de gordura. (2) O tipo caribenho ou da Flórida* tem casca mais lisa, que permanece verde. São mais suculentos e contêm menos gordura.

Seleção: escolha os que têm aparência de frescos, pesados para o tamanho, sem manchas ou partes amassadas.

Preparo: deixe amadurecer em temperatura ambiente por 2 a 5 dias. Corte ao meio no sentido do comprimento e retire o caroço (ver Figura 16.1). Tire a casca (a casca sai com facilidade se estiver maduro). Regue ou esfregue com suco de limão imediatamente, para não ficar escuro.

Porcentagem de rendimento: 75%.

*N.R.: O mais conhecido e difundido no Brasil.

Figura 16.1
Como preparar abacates.

(a) Para retirar o caroço ou semente do abacate cortado, dê um golpe rápido (com cuidado) no caroço, com a base da faca de *chef*.

(b) Gire a faca levemente e levante o caroço.

Abóboras e morangas

Identificação: as abóboras e as morangas são membros maduros da família das cabaças, com casca grossa e sementes duras suspensas em uma cavidade oca. Possuem mais amido e menos umidade do que a abobrinha e, ao contrário desta, não podem ser consumidas cruas.

Variedades: existem muitos tipos de abóbora e de moranga, de todos os tamanhos e formas, tais como a abóbora-japonesa (também chamada de cabochá e outras variações deste nome), a abóbora-menina, a abóbora-paulista, o mogango liso, o mogango enrugado verde e a abóbora-chila. A abóbora-espaguete ou macarrão (*spagetti squash*) tem uma polpa fibrosa que, quando é cozida e raspada da casca, parece um emaranhado de fios de espaguete.

Seleção: pesada e firme. Casca dura. Sem machucados.

Preparo: lave. Corte ao meio. Raspe as sementes e as fibras. Corte em porções. Para fazer purês, cozinhe no vapor ou asse, depois tire a casca, ou descasque e depois cozinhe.

Porcentagem de rendimento: 65 a 85%.

Abobrinhas

Identificação: membros da família das cabaças com casca fina. Todos possuem sementes macias alojadas em uma cavidade bem preenchida, ao contrário das sementes duras encaixadas em uma rede fibrosa no centro oco das abóboras.

Variedades: as abobrinhas de casca verde são as mais conhecidas e populares. *Abobrinhas-amarelas* são semelhantes no sabor e no uso. A miniabóbora *pattypan* é redonda e achatada, lembrando a forma de um disco voador. É bem pequena. Pode ser amarela, verde-escura ou de um verde pálido. Existem muitos outros tipos, mas são menos comuns.

Seleção: escolha abobrinhas firmes, pesadas e tenras, com casca macia e sem machucados.

Preparo: lave ou esfregue bem. Apare as pontas.

Porcentagem de rendimento: 90%.

Abobrinha-italiana

Abobrinha-amarela   Abóbora-espaguete   Abóbora-menina   Mogango

Acelga suíça de talo vermelho

Acelga suíça de talo branco

Agrião

Acelga

Identificação: também chamada de couve chinesa, é uma cabeça de folhas verde-claro, tenras e crocantes, com talos largos e chatos na parte central. O sabor é suave e ligeiramente picante.

Variedades: existem duas variedades principais, com diferentes formatos de cabeça, embora o sabor e a textura sejam praticamente iguais. A cabeça da acelga é robusta e em forma de barril. Uma cabeça mais alongada e delgada é chamada de repolho chinês. Ver também *Bok Choy*, um repolho muito semelhante.

Seleção: escolha cabeças firmes, agrupadas de forma compacta, sem pontas secas ou escuras; devem ser viçosas, sem flacidez ou partes murchas.

Preparo: lave. Corte como quiser, descartando o miolo central.

Porcentagem de rendimento: 85%.

Acelga suíça

Identificação: verdura de folha verde aparentada com a beterraba. As folhas da acelga suíça se parecem com as folhas da beterraba no sabor e na aparência, mas os talos da acelga suíça são mais grossos.

Variedades: existem acelgas suíças com talos roxos, brancos e amarelos.

Seleção: frescas, de cor verde-escuro, sem partes murchas. Talos crocantes, sem partes murchas ou borrachudas.

Preparo: lave bem. Apare as pontas dos talos. Separe as folhas verdes cortando próximo ao talo, no centro da folha. Eles podem ser cozidos separadamente, como se cozinha aspargos.

Porcentagem de rendimento: 85%.

Agrião

Identificação: ver texto sobre verduras de folha para saladas no Capítulo 21.

Seleção: folhas verde-claro, viçosas e sem amassados.

Preparo: lave bem. Descarte talos grossos e folhas descoloridas.

Porcentagem de rendimento: 90%.

Aipo-rábano

Identificação: raiz redonda, polpuda e branca de uma variedade de salsão.

Seleção: escolha raízes firmes e pesadas. As grandes podem ser moles e esponjosas no centro.

Preparo: lave bem, descasque e corte como quiser.

Porcentagem de rendimento: 75%.

Alcachofra

Identificação: alcachofras são flores que não se abriram ou imaturas de um tipo de cardo. Elas variam em tamanho e coloração, mas em geral são redondas ou ligeiramente alongadas, de cor verde-clara ou um pouco mais escura, às vezes com matizes roxos.

Variedades: minialcachofras, na realidade, não são alcachofras jovens, mas vêm de um lugar diferente da planta e se apresentam no seu tamanho real. As minialcachofras jovens, em especial, podem ser tão macias que podem ser comidas inteiras e não necessitam de muita limpeza, a não ser a remoção das pontas das folhas.

Seleção: escolha alcachofras de folhas compactas e bem agrupadas, pesadas para seu tamanho, sem marcas marrons.

Preparo: lave. Retire 2 a 3 cm das pontas das folhas. Descarte o talo e as folhas inferiores. Raspe o miolo (centro espinhoso) com um boleador (antes ou depois do cozimento). Mergulhe imediatamente em suco de limão. Para preparar os fundos, ver Figuras 16.2 e 16.3.

Porcentagem de rendimento: 80% (inteira, limpa), 30% (apenas os fundos).

Figura 16.2
Como aparar fundos de alcachofra.

(a) Corte ou quebre o início do caule ligado ao fundo da alcachofra, como mostra a figura.

(b) Descarte as folhas externas.

(c) Outra opção é limpar as folhas externas com uma faca, como na ilustração, tomando cuidado para não cortar a base da alcachofra.

(d) Corte as folhas restantes logo acima da base.

(e) Com uma faca para descascar, descasque a pele verde externa para dar uma aparência lisa e limpa à base.

(f) Com um boleador ou colher de sopa, raspe o miolo ou barba.

(g) Um fundo de alcachofra limpo à esquerda; uma alcachofra inteira limpa à direita. Observe que as pontas das folhas foram cortadas e que o centro foi retirado.

Figura 16.3
Para evitar que o final do caule da alcachofra escureça durante o cozimento no vapor ou fervura, amarre uma rodela de limão contra a superfície cortada.

Alcachofra-de-jerusalém

Identificação: também conhecida como girassol-batateiro e tupinambo, entre outros nomes, é um tubérculo nodoso marrom com polpa crocante de um branco leitoso. Recentemente, passou-se a usar o termo *sunchoke* para designar a alcachofra-de-jerusalém nos EUA (originalmente *Jerusalem Artichoke*), criado porque o vegetal não é uma alcachofra e não tem nada a ver com Jerusalém.

Seleção: escolha as mais firmes, com casca limpa e marrom, sem pontos moles ou verdes e sem brotos.

Preparo: lave e descarte a casca marrom.

Porcentagem de rendimento: 80%.

Alface

Identificação: ver Capítulo 21 para descrição completa das verduras de folha para saladas.

Porcentagem de rendimento: 75%.

Alho

Identificação: membro da família da cebola de sabor marcante, o alho forma bulbos ou cabeças compostas de dentes presos a uma raiz e cobertos com uma película fina e seca como papel.

Variedades: existem muitas variedades, com casca branca ou arroxeada. Alguns têm sabor mais forte que outros. O alho elefante (também conhecido por alho gigante) tem o tamanho de uma maçã, com poucos dentes e grandes; é mais suave do que os outros tipos de alhos.

Seleção: a casca pode ser branca ou rosada. Não deve ter pontos marrons ou estar danificado; a casca deve ser seca, sem brotos verdes.

Preparo: separe os dentes que for usar ou golpeie o bulbo inteiro com a base da mão para separar os dentes. Para descascar, amasse o dente com a lâmina de uma faca pesada. Descasque e apare a ponta da raiz (ver Figura 16.4).

Porcentagem de rendimento: 88%.

Alho-poró

Identificação: também conhecido por alho-porro, é um membro longo e delgado da família das cebolas com um sabor distinto, mais suave do que o da cebola comum.

Variedades: o *alho-porro-bravo* (*Allium ampeloprasum*) é uma variedade selvagem com folhas largas e planas e bulbos que se parecem com a cebolinha. Possuem um sabor forte, semelhante ao do alho.

Seleção: escolha folhas verdes e frescas, com 5 a 8 cm de parte branca. A parte branca deve estar crocante e macia, não fibrosa.

Preparo: descarte as raízes e partes verdes. Faça um corte fundo na parte branca, separe as camadas ligeiramente e lave com cuidado para retirar a terra aí contida (ver Figura 16.5).

Porcentagem de rendimento: 50%.

Figura 16.4
Como descascar e amassar alho.

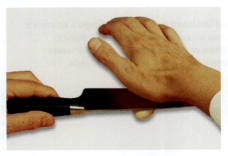

(a) Coloque o alho na mesa de trabalho. Apoie a lâmina de uma faca larga sobre ele, como na ilustração, e aperte firmemente com a palma da mão.

(b) Agora é possível descascar o alho com facilidade.

(c) Pique ou amasse o alho.

(d) Para fazer uma pasta de alho, polvilhe-o com sal e amasse firmemente com o lado cego da ponta da lâmina da faca.

Figura 16.5
Como limpar alho-poró.

(a) Apare a ponta da raiz e o tanto que quiser da parte verde.

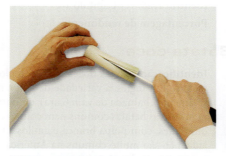
(b) Faça um ou dois cortes profundos a 2,5 cm da base a que se prendia a raiz.

(c) Separe as camadas, como mostra a figura. Lave com cuidado sob água corrente para tirar a sujeira acumulada.

Aspargo

Identificação: broto ou caule novo em forma de lança que sai das raízes da planta na primavera. As pontas dos brotos viram galhos quando crescem.

Variedades: os *aspargos brancos* e verdes são da mesma planta, mas quando o solo está elevado acima dos brotos, protegendo-os do sol, eles não ficam verdes. Na Europa, os aspargos brancos são mais comuns do que os verdes. O sabor é mais suave, embora os aspargos brancos norte-americanos costumem ser mais amargos do que os europeus. *Aspargos roxos* ficam verde-escuros quando são cozidos. São macios e doces.

Seleção: escolha pontas bem fechadas e caules firmes, não murchos. Quanto aos aspargos brancos, só compre produtos que tenham sido mantidos resfriados durante todo o tempo de armazenamento; aspargos brancos que não são mantidos sob refrigeração ficam fibrosos.

Preparo: corte as pontas inferiores que se apresentarem lenhosas. Descarte as "escamas" da parte mais dura, que podem reter areia, ou descasque a parte inferior do caule. A Figura 16.6 mostra um método alternativo. Corte as pontas em comprimentos iguais e/ou amarre-as em feixes para cozinhar. Os caules de aspargos brancos precisam ser descascados integralmente. Aspargos roxos não necessitam ser descascados; apenas apare as pontas inferiores.

Porcentagem de rendimento: 55% (verdes, descascados).

Azedinha

Identificação: folha verde macia com um gosto azedo e adstringente, é usada em pequenas quantidades, geralmente para dar sabor a molhos. A folha se parece com a do espinafre, mas é maior e de um verde mais claro.

Seleção: a mesma do espinafre.

Preparo: descarte os talos mais grossos. Lave bem em várias mudas de água, se tiver terra. Em geral, a azedinha é acrescentada às receitas cortada em *chiffonade* (p. 139).

Porcentagem de rendimento: 90%.

(c) Outro método usado por muitos chefs é quebrar primeiramente os talos...

Figura 16.6
Como limpar aspargos.

(a) Com um descascador de legumes, descasque o talo de aproximadamente 5 cm abaixo da ponta até a base.

(b) Corte ou quebre as pontas inferiores dos talos

(d) ...e depois descascá-los.

*N.R.: Variedade menos comum no Brasil.

**N.R.: No Brasil a batata-doce pode ter polpa branca, cor de creme, amarela, rosada, roxa ou branca com manchas roxas.

Batata-doce

Batata

Identificação: ver Capítulo 18.

Porcentagem de rendimento: 80%.

Batata-doce

Identificação: batatas-doces são tubérculos geralmente bulbosos e com as pontas afuniladas. Em inglês, a variedade de polpa mais úmida e alaranjada* é, às vezes, incorretamente chamada de *yam* (cará), embora a batata-doce não tenha parentesco algum nem com as batatas comuns nem com os carás e inhames, que são vegetais totalmente diferentes, com polpa branca e amilosa. Com exceção da variedade de polpa alaranjada, não são muito comuns na América do Norte, a não ser em alguns mercados de especialidades hispânicas.

Variedades: existem dois grupos básicos de batata-doce nos EUA, as que têm a polpa cor de creme ou amarelo pálido e as que têm a polpa alaranjada**. Essas variedades são intercambiáveis na maioria das receitas. A casca pode ser bege, laranja ou roxa, dependendo da variedade.

Seleção: escolha as de superfície limpa e seca. Devem ser firmes, sem partes murchas ou machucadas. As formas gordas e uniformes são preferidas por representarem uma perda menor na preparação e no porcionamento.

Preparo: escove, cozinhe em água ou no vapor, depois descasque. Podem ser descascadas antes do cozimento, mas precisam ser mergulhadas em água acidulada para evitar descoloração. O corte mecânico sofre muita perda com as formas irregulares.

Porcentagem de rendimento: 80%.

Berinjela

Identificação: berinjelas são membros da mesma família dos tomates, pimentões e batatas. Têm casca roxa, branca ou verde pálida e polpa firme mas esponjosa, de um branco-marfim, com sementes comestíveis.

Variedades: há dezenas de variedades pelo mundo todo. No Ocidente, a mais comum é a variedade grande, oblonga, de casca roxa. As variedades compridas e menores são chamadas de *berinjelas italianas*. As variedades de casca branca são redondas, ovais (daí a origem de seu nome em inglês, *eggplant* – planta-ovo) ou compridas e delgadas. As berinjelas japonesas são pequenas, compridas e finas, com haste roxa, em vez de verde. Os tipos asiáticos são pequenos e redondos, com casca verde, como a berinjela tailandesa que tem o tamanho de uma ervilha. A polpa dessas variedades é semelhante no sabor, variando na textura ou na densidade de mole para quase dura.

Seleção: as berinjelas devem ser firmes, nunca moles. As do tipo roxo comum devem ser brilhantes, roxo-escuras; pesadas e bojudas; sem marcas ou pontos moles.

Preparo: lave. Apare a ponta da haste. Descasque, se a casca for dura. Corte na hora de usar. Mergulhe em suco de limão ou alguma solução antioxidante para evitar a descoloração, se não for ser cozida dentro de alguns minutos depois de descascada e cortada.

Porcentagem de rendimento: 90% (75% se descascadas).

Berinjela italiana

Berinjela branca

Beterraba

Identificação: raiz macia, bulbosa, um pouco doce e geralmente vermelho escura. As folhas também podem ser cozidas como outras folhas verdes; manuseie e prepare as folhas da beterraba como as da acelga suíça (ver abaixo), que é da família da beterraba.

Variedades: as beterrabas possuem várias formas e cores além do vermelho, inclusive amarelo, rosa, laranja ou cor de tijolo e branca. A variedade italiana (*chioggia*) é listrada de vermelho e branco por dentro. As formas podem ser circular, oval alongada e cilíndrica.

Seleção: escolha as mais redondas, firmes e de tamanho uniforme, com a casca lisa. As folhas, quando houver, devem estar frescas ou moderadamente murchas, mas não amarelas ou deterioradas. Beterrabas grandes e nodosas geralmente são fibrosas.

Preparo: corte as folhas, deixando 2 a 3 cm de caule. Deixe as raízes, para evitar perda de cor e sucos durante o cozimento. Esfregue bem com uma escova. Cozinhe no vapor ou na água fervente, ou asse antes de tirar a casca.

Porcentagem de rendimento: 40 a 45% (75% se compradas sem as folhas).

Bok choy

Identificação: membro asiático da família do repolho, às vezes chamado de repolho chinês, é parente da couve chinesa, com a diferença de que o talo é mais grosso e polpudo e a parte verde é mais lisa e de cor mais escura. As folhas e os talos são tenros, crocantes e suculentos.

Variedades: diversas variedades têm forma de maços compactos e alongados. A variedade mais comum forma cabeças grandes ou maços com talos brancos. O *bok choy* de Xangai é menor, com talos na cor verde pálido. O *choy sum* pode ficar mais maduro, por isso o caule central ou miolo pode ser mais longo e pode haver pequenas flores amarelas entre as folhas.

Seleção: a aparência de todas as variedades deve ser verde e fresca, sem partes murchas ou desbotadas.

Preparo: corte ao meio no sentido do comprimento e lave em água corrente para remover a terra das dobras dos talos. Apare o fundo cortando uma fatia fina ou retire o miolo. Corte como desejar. As variedades pequenas podem ser cozidas inteiras.

Porcentagem de rendimento: 80%.

Bok choy

Brócolis

Identificação: vegetal verde da família do repolho que consiste em ramalhetes agrupados de pequenos botões de flores verdes em pedúnculos polpudos.

Variedades: o *brócolis japonês* ou ninja é verde claro e mais parecido com a couve-flor do que com o brócolis comum, ou ramoso; deve ser manipulado como a couve-flor. O *broccolini* é um híbrido relativamente novo do brócolis, com talos mais delgados e pequenos floretes soltos. O *broccoli rabe*, assim como o brócolis comum, têm talos mais delgados e floretes soltos, mas também possui folhas macias presas aos talos, que são ligeiramente nervurados e não lisos. O brócolis comum possui um sabor mais forte, que lembra o da mostarda. Muitas variedades de *brócolis chineses* são semelhantes ao brócolis *rabe*, tanto na forma quanto no sabor, porém, seus talos são mais lisos e carnudos.

Seleção: escolha os que têm floretes bem agrupados, de cor verde-escura, nos brócolis comuns e no brócolis japonês/ninja. O *broccoli rabe* e os tipos asiáticos devem ser verde-escuros, com folhas crocantes e viçosas.

Preparo: lave bem. Coloque de molho em água com sal por 30 minutos para retirar os insetos. Divida os talos grandes em pedaços menores na hora de porcionar. Corte talos mais grossos ao meio para obter um cozimento mais rápido, ou separe-os dos floretes. Os talos mais duros podem ser descascados (Figura 16.7).

Porcentagem de rendimento: 65 a 75%.

Figura 16.7
Prepare os caules duros dos brócolis tirando a pele fibrosa, como mostra a figura.

Broto de bambu

Identificação: brotos novos de várias espécies de bambu, colhidos assim que saem do chão. Têm o formato de cone, com casca marrom dura. O interior é cor de creme, crocante e macio.

Seleção: escolha brotos sólidos e pesados, sem partes moles ou rachaduras e sem cheiro azedo.

Preparo: descasque até chegar no miolo cor de creme ou branco amarelado, em forma de cone. Fatie e afervente em água com sal até ficar macio, depois corte como desejar para usar nas receitas.

Porcentagem de rendimento: varia bastante, dependendo do tamanho dos brotos, que vão de menos de 100 gramas até 500 gramas ou mais.

Broto de samambaia

Identificação: este vegetal de primavera é o broto novo da samambaia, geralmente a samambaia-do-campo, colhido assim que sai do solo. Consiste em uma haste bem encaracolada revestida com minúsculos brotos de folhas. Costuma ser manuseado e preparado como aspargos tenros.

Seleção: escolha brotos de cor verde-jade, firmes e resistentes, nunca murchos, com pontas bem enroladas e com aparência fresca, cabo abarado e pontas das folhas preservadas.

Preparo: apare as pontas onde foram cortados. Enxágue bem.

Porcentagem de rendimento: 85%.

Cambuquira

Identificação: brotos amarelos e novos de qualquer tipo de abobrinha.

Variedades: as flores fêmeas ficam presas nas pontas da abobrinha nova. Elas caem um ou dois dias depois que a abóbora brota, portanto, precisam ser colhidas a tempo, junto com os pequenos frutos. A flor macho contém o pólen e cresce em uma parte separada da mesma planta. Ambas são usadas, geralmente, para rechear, ou simplesmente picadas e salteadas.

Seleção: as inflorescências de abobrinha devem ser frescas, de cor amarelo vivo, nunca murchas. Ficam melhores quando usadas um ou dois dias depois de colhidas.

Preparo: abra as pétalas da flor delicadamente e enxágue com água.

Porcentagem de rendimento: 100%.

Castanha-d'água

Identificação: castanhas-d'água são cormos, isto é, a base de caules subterrâneos intumescidas, de plantas que crescem em ambientes quentes e úmidos. São pequenas e arredondadas, com casca marrom-escuro e polpa branca e crocante.

Seleção: escolha castanhas-d'água sólidas, sem partes moles, esmagadas, podres ou enrugadas. Estragam com facilidade.

Preparo: esfregue bem com uma escova, pois estão sempre enlameadas. Descasque com uma faca para legumes.

Porcentagem de rendimento: 75%.

Castanha-portuguesa

Identificação: são sementes oleaginosas de uma variedade de árvores que crescem originariamente na Europa. Possuem uma casca fina, dura e marrom-escura e uma pele interna amarga que envolve uma polpa macia contendo amido.

Seleção: escolha castanhas roliças e firmes, sem machucados na casca.

Preparo: a casca e a pele precisam ser retiradas antes do uso. Com a ponta da faca de legumes, corte um X na casca, no lado chato de cada castanha. Asse a 180°C por 15 minutos, ou branqueie em água fervente. Descasque enquanto ainda estiverem quentes.

Porcentagem de rendimento: 75%.

Cebola

Identificação: raiz bulbosa de sabor forte com muitas camadas. É a hortaliça mais usada da cozinha.

Variedades: existe uma enorme variedade de cebolas: pequeninas, como as cebolas-pérola brancas e roxas e as *cipolline* (cebola-pérola italiana), amarelas médias e grandes – as mais usadas na cozinha – e cebolas grandes roxas e brancas. Entre as variedades suaves (mais encontradas nos EUA), estão a Vidalia, a Walla-Walla e Maui. Estas são conhecidas em inglês como *sweet onions* (cebolas doces), mas não contêm mais açúcar do que as variedades comuns. O que elas têm em menor quantidade são os componentes químicos que deixam a cebola forte.

Seleção: escolha cebolas limpas, duras, bem proporcionadas, sem mofo ou fungos pretos e sem brotos verdes. A casca precisa estar bem seca.

Preparo: corte a raiz e a ponta. Descasque. Lave. Corte ou fatie conforme a necessidade (ver Figura 7.10).

Porcentagem de rendimento: 90%.

Cebolinha

Identificação: cebolas com bulbos não desenvolvidos, muito novas, vendidas com os talos. A cebolinha é quase sempre da variedade branca da cebola, embora existam variedades roxas.

Seleção: a cebolinha deve ser fresca, com a parte verde viçosa e com pouca ou nenhuma formação de bulbo na parte branca.

Preparo: corte as raízes e partes verdes murchas. A quantidade de parte verde a ser deixada varia com a receita ou com o uso.

Porcentagem de rendimento: 60 a 70%.

Cenoura

Identificação: raízes longas e pontiagudas de cor laranja. É um dos vegetais mais usados.

Seleção: escolha espécimes de cor laranja viva, tenras, retas e bem formadas, com superfície lisa. Cenouras grandes podem ser fibrosas.

Preparo: apare as pontas. Descasque-as com um descascador manual.

Porcentagem de rendimento: 75 a 80%.

Chalotas

Identificação: chalotas ou echalotas são pequenas cebolas de casca seca que crescem agrupadas, presas à raiz como dentes de alho. Possuem casca marrom-claro e polpa branca ou roxa. Seu sabor é mais suave do que o da cebola.

Seleção: a mesma das cebolas comuns.

Preparo: o mesma das cebolas comuns.

Porcentagem de rendimento: a mesma das cebolas comuns.

Cebola-amarela

Cebola-branca

Cebola-roxa

Cebola-pérola branca

Chalotas

Chuchu

Chuchu

Identificação: esse vegetal é um membro da família das cabaças ou abóboras e tem uma textura crocante e sabor suave que fica entre o da abobrinha e o do pepino. Tem a forma parecida com a da pera, embora seja mais arredondado, com uma casca fina, verde-amarelada e polpa de um branco cremoso.

Seleção: escolha chuchus firmes e densos, sem machucados.

Preparo: a casca pode ser deixada se for servido cru, mas descasque os que vão ser cozidos porque a casca endurece. A semente mole do centro também pode ser consumida.

Porcentagem de rendimento: 100% com casca; 85 a 90% sem casca.

Cogumelo-paris

Cogumelo-paris

Identificação: cogumelos são a frutificação de alguns fungos, isto é, a parte do fungo que produz esporos para a reprodução. [O cogumelo-paris é conhecido também como *champignon* em português.]

Seleção: escolha os de chapéu firme e branco, fechado rente ao cabo. Os cabos devem ser relativamente curtos. Não deve haver pontos escuros, machucados ou mofo.

Preparo: apare a ponta dos cabos. Na hora de preparar, lave rapidamente em água fria; escorra bem. Se quiser que os cogumelos se mantenham brancos, adicione um pouco de alguma substância ácida (p. ex., suco de limão, vinagre ou ácido ascórbico) à água do enxague. Para tornear cogumelos, ver Figura 16.8.

Porcentagem de rendimento: 90%.

Figura 16.8
Método básico para tornear cogumelos.

(a) Segurando a lâmina de uma faca para legumes, coloque o fio da faca no centro do chapéu do cogumelo em ângulo agudo.

(b) Faça o primeiro corte deslizando a faca para baixo fazendo um suave movimento em C, ao mesmo tempo em que gira o cogumelo contra a lâmina da faca, em movimento ascendente.

(c) Continue fazendo os sulcos em volta de todo o cogumelo.

(d) O chapéu torneado do cogumelo.

Cogumelos, outras variedades

Identificação: ver páginas 534 a 536.

Couve-de-bruxelas

Identificação: este parente do repolho tem a aparência de um repolho em miniatura. Os agrupamentos de folhas crescem em fileiras em volta de um talo grosso. O sabor é um pouco mais forte do que o do repolho-verde.

Variedades: há couves-de-bruxelas roxas (da cor do repolho-roxo), mas não são fáceis de encontrar porque seu sabor e textura são menos apetitosos para a maioria das pessoas.

Seleção: escolha as de folhas bem agrupadas, cor verde vivo e tamanho uniforme.

Preparo: apare as bases e descarte as folhas mais externas, amareladas (mas não corte muito o fundo para não perder muitas folhas). Para obter um cozimento uniforme, fure a base com a ponta de uma fac afiada. Enxágue bem. Coloque de molho em água com sal por 30 minutos para retirar os insetos.

Porcentagem de rendimento: 80%.

Couve-de-bruxelas

Couve-flor

Identificação: agrupamento compacto de florzinhas (floretes) brancas ou esbranquiçadas que saem de um talo central. Membro da família do repolho.

Variedades: o *brócolis japonês* ou ninja é um parente de cor verde que parece um cruzamento entre o brócolis e a couve-flor. Deve ser manuseado como a couve-flor comum.

Seleção: escolha as de cor branca, nunca amarela ou amarronzada; floretes bem granulados e bem agrupados; folhas verdes, frescas e bem aparadas.

Preparo: retire as folhas e apare a parte dura do talo. Descarte as partes desbotadas. Lave. Coloque de molho em água com sal por 30 minutos para retirar os insetos. Separe em floretes, deixando parte do talo central sem separar, para minimizar perdas. Se for cozinhá-la inteira, corte a parte central do talo para um cozimento mais uniforme.

Porcentagem de rendimento: 55%.

Couve-flor

Couve-rábano

Identificação: a couve-rábano, quando aparada, parece um tubérculo, mas na verdade é um talo aumentado. Membro da família do repolho, sua polpa branca crocante se assemelha, em textura e sabor, ao interior de um talo de brócolis. A casca é dura e precisa ser descartada.

Variedades: a couve-rábano de casca roxa, com exceção da cor da casca, é semelhante às espécies verdes mais comuns.

Seleção: escolha as verde-claras, com 5 a 8 cm de diâmetro, crocantes e firmes, nunca lenhosas.

Preparo: descasque como os nabos, retirando toda a espessura da casca.

Porcentagem de rendimento: 55%.

Couve-rábano

Erva-doce em bulbo

Identificação: maço ou agrupamento de talos que formam uma base bulbosa. O bulbo carnudo é branco, com um pálido matiz de verde, enquanto os talos são verde mais escuro. O aroma e o sabor lembram vagamente o do alcaçuz.

Variedades: também chamado de *funcho*, deve ser distinguido das variedades cultivadas como especiaria (semente) e como erva. É, às vezes, incorretamente chamado de *anis*, que é uma planta diferente.

Seleção: escolha os de cor verde pálida, sem pontos marrons. A parte superior deve ser fresca e verde, nunca murcha ou danificada. O bulbo deve ser compacto, pesado para seu tamanho.

Preparo: apare os talos e as folhas filiformes. Divida ao meio pela base. Se a erva-doce for grande, corte o miolo (como no repolho), principalmente se estiver fibroso ou duro.

Porcentagem de rendimento: 80%.

Erva-doce

Ervilha fresca em grão

Identificação: semente macia e imatura de uma leguminosa (ver Capítulo 19).

Seleção: escolha vagens tenras, moderadamente preenchidas. As ervilhas perdem a doçura logo após a colheita, portanto, as ervilhas recém-colhidas e plantadas da região são as melhores. Ervilhas congeladas tendem a ser mais doces do que as ervilhas que foram armazenadas por algum tempo depois de colhidas.

Preparo: debulhe e enxágue (as ervilhas não costumam ser compradas nas vagens pelos profissionais da indústria alimentícia por causa do trabalho que exigem para debulhar).

Porcentagem de rendimento: 40% (quando estão na vagem).

Ervilhas de vagem comestível

Identificação: ao contrário das ervilhas debulhadas (ver acima), cujas vagens são muito fibrosas para serem consumidas, estas ervilhas possuem vagens tenras, comestíveis e, por esse motivo, são servidas na vagem.

Variedades: as duas variedades principais são a ervilha-torta, com vagem chata e pequenas ervilhas não desenvolvidas, e a ervilha comum, com vagem roliça e ervilhas maiores.

Seleção: escolha as de cor verde viçosas, com vagens crocantes, sem machucados.

Preparo: retire a ponta do cabo. Puxe os fios nas veias laterais. Lave.

Porcentagem de rendimento: 90%.

Ervilha fresca na vagem

Ervilha-torta

Espinafre

Identificação: folha macia, verde-escura. É uma verdura de folha muito popular.

Variedades: há dois tipos principais: de folhas crespas e grandes e de folhas lisas.

Seleção: escolha folhas tenras, viçosas e verde-escuras. Nunca pegue folhas estragadas ou com lodo, ou muito esmagadas.

Preparo: retire talos mais grossos e folhas estragadas (Figura 16.9). Lave em várias mudas de água. Use uma grande quantidade de água e mexa o espinafre para cima e para baixo na água, para que a terra e a sujeira desçam para o fundo. Suspenda de dentro da água e escorra bem.

Porcentagem de rendimento: 50 a 70%.

Figura 16.9
Para aparar o talo do espinafre e outras verduras de folha, arranque a nervura grossa do centro junto com o talo

Fava fresca

Identificação: também chamada de *feijão-fava*. Ao contrário dos feijões comuns, que se originaram no Ocidente, as favas são do Velho Mundo. As vagens grandes contêm de quatro a seis feijões encapsulados em um revestimento branco e macio. Com formato achatado, eles se parecem com o feijão-de-lima, mas não possuem tanto amido. O sabor é sutil e lembra o das nozes.

Seleção: escolha vagens pequenas ou médias de cor verde fresco. Evite as muito grandes. Vagens que estão amarelando podem estar muito maduras. Algumas manchas nas vagens são normais.

Preparo: a preparação é um trabalho intensivo. Retire os feijões das vagens, escalde e depois tire a pele, ou folhelho, dos grão (Figura 16.10).

Porcentagem de rendimento: 15 a 20%.

Figura 16.10
Como preparar fava fresca.

(a) Abra as vagens e retire os feijões.

(b) Branqueie os feijões por alguns minutos. Isso cozinha os grãos e faz a pele se soltar. Retire a pele dos grãos e descarte. Os feijões com pele estão à esquerda e os feijões sem pele estão à direita.

Feijão-de-lima

Identificação: feijões chatos, de um verde pálido, contidos em vagens chatas ligeiramente felpudas, com três ou quatro feijões cada. Os maiores podem ter mais amido do que os minifeijões-de-lima.

Variedades: muitas variedades são plantadas, mas elas não costumam ser diferenciadas no comércio.

Seleção: os feijões devem ser roliços, com pele macia.

Preparo: debulhe, lave e escorra.

Porcentagem de rendimento: 40%

Feijão-soja (ver Soja)

Feijões na vagem

Identificação: são as versões frescas e úmidas de muitos tipos de feijões secos.

Variedades: embora muitos tipos de feijão sejam cultivados para serem retirados da vagem, a maioria deles é desidratada e, com exceção de feijões como o *cranberry* (feijão-rajado da Colômbia) e o *borlotti* (feijão-rajado italiano), as *southern peas* ou *cowpeas* (vagem-de-vaca) e o feijão-fradinho, poucas variedades são consumidas frescas. A soja e o feijão-de-lima serão tratados à parte, abaixo.

Seleção: escolha vagens firmes, frescas e mais cheias, que contenham sementes firmes, mas não duras. Evite vagens amarelas ou marrons, que podem estar maduras demais.

Preparo: debulhe e lave. Cozinhe antes de servir; feijões crus podem ser nocivos.

Porcentagem de rendimento: 40%.

Feijões secos (ver Capítulo 19)

Brotos de ervilhas

Folhas ou brotos de ervilhas

Identificação: são as pontas macias, e respectivas folhas, das trepadeiras das ervilhas, geralmente a ervilha-torta.

Seleção: escolha folhas viçosas, na cor verde, com talos tenros, não fibrosos.

Preparo: lave bem; apare a base dos talos, especialmente se forem duros. Cozinhe como o espinafre.

Porcentagem de rendimento: 90 a 95%.

Jícama

Identificação: tubérculo grande, redondo, com casca marrom fina e polpa crocante, suave, suculenta e de um branco cremoso, semelhante à da castanha-d'água.

Seleção: escolha as de casca lisa, quase brilhante, sem marcas.

Preparo: descasque. Corte como desejar.

Porcentagem de rendimento: 85%.

Jícama

Milho

Identificação: é um grão usado como vegetal quando não está maduro. Cresce em fileiras no lado de fora de uma espiga lenhosa e é coberto com uma camada de palha. As variedades plantadas para serem usadas como vegetais são mais doces do que as variedades usadas como cereais.

Seleção: escolha milhos com palhas frescas e úmidas, que não devem estar ressecadas; evite os que tiverem sinais de larvas; os grãos precisam estar bem inchados, tenros e cheios de leite ao serem furados.

Preparo: tire as palhas, descarte os cabelos e corte o toco da espiga. Corte em duas ou três partes, se for servir na espiga, ou retire os grãos da espiga. Mantenha sob refrigeração e use o mais breve possível.

Porcentagem de rendimento: 28% depois de tirar a palha e retirar da espiga.

Nabo

Identificação: ver Rabanetes e nabos e Rutabaga e nabo-roxo.

Nopales

Identificação: *nopales* são palmas almofadadas e macias do cacto figo-da-índia. Quando cozidos, sua textura fica escorregadia como a do quiabo e o sabor se assemelha ligeiramente ao do pimentão verde cozido, ou talvez ao da vagem, mas um pouco mais ácido.

Seleção: tente comprar palmas cujos espinhos já foram removidos. Escolha as encorpadas, firmes e viçosas, que não estejam moles ou murchas.

Preparo: se houver espinhos, use luvas de borracha para escová-los com força sob água corrente. Em seguida, com um descascador de legumes, retire os olhos que seguram os espinhos. Apare a base, se necessário. Corte como desejar. Podem ser salteados, cozidos em água fervente, no vapor ou grelhados.

Porcentagem de rendimento: 90%.

Pastinaca

Identificação: a pastinaca, também conhecida por cenoura branca, cherovia e chirívia, é uma raiz longa e cônica que se parece com uma cenoura, porém é mais afunilada e com a parte superior mais avolumada. Sua casca é marrom-claro e seu interior é bege amarelado, com um sabor doce e peculiar.

Seleção: escolha pastinacas firmes, lisas e bem proporcionadas, com cores claras e uniformes. As grandes são sempre fibrosas.

Preparo: se for mantida sob refrigeração por duas semanas, fica mais doce. Apare as pontas e descasque. Enxágue.

Porcentagem de rendimento: 70 a 75%.

Pastinaca

Pepino

Identificação: membro da família das cabaças, como a abóbora, o pepino tem casca fina e verde e polpa branca crocante, macia e suculenta.

Variedades: existem dois tipos de pepinos, os próprios para fatiar e os usados para fazer conservas. O pepino verde comum, próprio para fatiar, tem casca verde-escura e é o mais usado para fins alimentícios. O pepino comprido, fino e produzido em estufa, também chamado de pepino *sem semente* ou, em inglês, *burpless* (sem arroto), é outro pepino comumente usado para fatiar. Pepinos para conservas, também chamados *Kirbys* nos EUA, podem ter o tamanho de *gherkins* (minipepinos) ou podem ser grandes como os que são usados para fazer conservas com endro. São mais secos e um pouco mais saborosos do que os pepinos próprios para fatiar. A casca verde é um pouco mais clara e a superfície é cheia de saliências.

Seleção: escolha os firmes, crocantes, verde-escuros e bem proporcionados. A cor amarela significa que o pepino está muito maduro.

Preparo: lave. Apare as pontas. Descasque se a casca estiver dura ou estiver com parafina. A pele pode ser sulcada para produzir fatias decorativas (ver Figura 16.11).

Porcentagem de rendimento: 75 a 95%, dependendo da maneira que for descascado.

Figura 16.11
As guarnições com pepino podem tornar-se decorativas se ele for sulcado antes de ser fatiado ou cortado.

(a) Como fazer sulcos com um garfo.

(b) Como fazer sulcos com uma faca decorativa em v.

Pimentas frescas

Identificação: são parentes dos pimentões, mas contêm um composto chamado capsaicina, que as torna picantes. Em espanhol são chamadas de *chile*, também ortografado *chili* e *chilli*.)

Variedades: existem inúmeras variedades no mundo todo. A ardência de qualquer pimenta é determinada pela quantidade de capsaicina que ela contém, e isso é medido na escala de Scoville. Um *jalapeño* moderadamente picante contém em média 2.500 a 3.000 unidades, enquanto o *habanero*, que é extremamente picante, contém aproximadamente 200.000 unidades. As pimentas frescas mais usadas nos EUA, devido à grande influência da culinária mexicana, são: *jalapeño*, *serrano*, *poblano*, *California*, *Novo México*, *Thai green*, e pimenta-caiena.

Seleção: ver pimentões.

Preparo: as pimentas frescas maiores, como a *ancho*, a *mulato*, a Novo México e a *Anaheim*, costumam ser assadas e preparadas como os pimentões (ver adiante). As pimentas menores, como a pimenta-caiena, o *jalapeño* e o *serrano*, são geralmente picadas ou fatiadas e usadas como tempero. Descarte o miolo, as membranas e as sementes com cuidado; use luvas de borracha se for sensível aos óleos picantes e evite tocar seus olhos ou qualquer parte sensível da pele depois de trabalhar com as pimentas frescas.

Porcentagem de rendimento: 80 a 90%.

Pimenta-caiena verde   **Pimenta-americana**

Jalapeños e pimenta-cereja

Pimentões

Identificação: os pimentões são frutos de uma planta que tem parentesco com o tomate, a berinjela e a batata. O pimentão e a maioria das pimentas são membros da família *Capsicum*. Possuem uma cápsula carnuda e um interior oco, com um miolo cheio de sementes logo abaixo do cabo.

Variedades: os pimentões verdes, vermelhos e amarelos podem ser encontrados com facilidade, mas há também os de cor laranja e roxos.

Pimentão vermelho

Pimentão verde

Pimentão amarelo

Pimentão laranja

Seleção: cores brilhantes, bem proporcionados, sem pontos moles ou murchos.

Preparo: lave. Corte ao meio no sentido do comprimento e descarte o miolo, as sementes e as membranas brancas. Os pimentões destinados a serem cortados em *julienne* ou em cubos precisam ter suas saliências interiores aparadas. Também podem ser deixados inteiros (para serem recheados), cortando-se o miolo pela extremidade do cabo. Com frequência, os pimentões são assados e pelados para serem usados nas receitas (ver Figura 16.12).

Porcentagem de rendimento: 82%.

Quiabo

Identificação: o quiabo é uma vagem ou fruto de um membro da família das malvas. É longo e afinado na ponta, com arestas ao longo de seu comprimento. Dentro da vagem há sementes macias e uma goma grossa e viscosa. O sabor é muito suave.

Variedades: as variedades comuns de quiabo são verdes. Existem variedades vermelhas, que se tornam verdes quando cozidas, mas são raras.

Seleção: escolha quiabos macios e firmes, nunca secos ou murchos, de um verde mais escuro. As sementes devem ser moles e brancas. A cor deve ser uniforme.

Preparo: lave. Apare as pontas (ver Figura 16.13). Corte em rodelas ou deixe inteiro.

Porcentagem de rendimento: 82%.

Figura 16.13
Para preparar quiabos, corte as pontas dos cabos.

Figura 16.12
Como pelar pimentões.

(a) Asse os pimentões diretamente sobre a chama do fogão até a pele ficar preta. Para quantidades grandes, isso pode ser feito sob um dourador ou em forno quente. Neste caso, as peles não ficam tão escuras, mas mesmo assim podem ser retiradas.

(b) Embrulhe os pimentões em filme plástico enquanto ainda estão quentes. Isso ajuda a soltar as peles.

(c) Tire a pele solta. Isso pode ser feito sob água corrente, para lavar a pele chamuscada, mas parte dos nutrientes e do sabor podem se perder.

Rabanetes e nabos

Identificação: raízes crocantes e suculentas da família da mostarda, de sabor picante.

Variedades: na América do Norte e Europa Ocidental, a palavra *radish* geralmente indica o rabanete pequeno, redondo ou oblongo, de casca vermelha e polpa branca, e, às vezes, o nabo, branco e comprido. Outros rabanetes e nabos importantes são o *rabanete negro*, do tamanho do nabo-roxo, consumido cru ou cozido, e o enorme e comprido nabo japonês, ou *daikon* (o nome significa "raiz grande" em japonês), com casca e polpa brancas, que também pode ser servido cru ou cozido. Rabanetes e nabos cozidos são parecidos com a rutabaga, tanto no sabor quanto na textura.

Seleção: escolha rabanetes e nabos tenros e crocantes, com bom formato e boa cor.

Preparo: corte a raiz e a base onde se prendem as folhas. Lave. Cortes decorativos são mostrados na Figura 16.14.

Porcentagem de rendimento: 90%.

Rabanete

Repolho: verde, roxo e crespo

Identificação: repolhos são agrupamentos de folhas grandes em cabeças densas e redondas (as cabeças também podem ser achatadas ou alongadas, dependendo da variedade). O repolho e a mostarda fazem parte da mesma família, um parentesco que pode ser sentido em seu gosto ligeiramente picante.

Seleção: tanto para o repolho-verde quanto para o roxo, escolha cabeças firmes, pesadas para seu tamanho, com boa cor. Devem ter folhas crocantes, com nervuras bem delineadas. O repolho-crespo, também chamado de couve-lombarda e couve-de-saboia, não é tão pesado e possui folhas de um verde mais escuro e enrugadas.

Preparo: retire as folhas externas mais velhas e descoloridas. Descarte o talo do miolo e lave o repolho inteiro ou corte-o em quatro e então descarte a parte central (ver Fig. 16.15). Para cortar em cunhas, o talo do miolo deve ser deixado, e a base aparada, para manter as folhas juntas.

Porcentagem de rendimento: 80%.

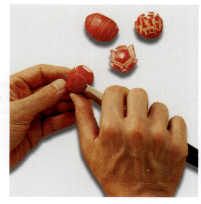
Figura 16.14
Os rabanetes podem ser cortados em muitas formas decorativas, como as mostradas aqui.

Repolho-roxo

Repolho-crespo

Repolho-verde

Figura 16.15
Como cortar o repolho em tiras bem finas.

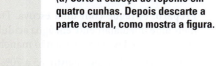
(a) Corte a cabeça do repolho em quatro cunhas. Depois descarte a parte central, como mostra a figura.

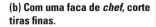
(b) Com uma faca de *chef*, corte tiras finas.

Rutabaga e nabo-roxo

Identificação: vegetais de raiz da família da mostarda, parentes do repolho.

Variedades: nabos-roxos têm a casca branca com uma faixa arroxeada em volta da base onde se prende o caule. A polpa é branca. Rutabagas, também chamadas de *nabos suecos*, são maiores e possuem polpa amarelo-alaranjada.

Seleção: escolha raízes firmes e pesadas, com boa cor e sem machucados. Nabos redondos acima de 6 a 7 cm de diâmetro podem estar lenhosos ou esponjosos.

Preparo: descarte uma fatia grossa da casca, à mão ou à máquina (ver Figura 16.16). Enxágue.

Porcentagem de rendimento: 75 a 80%.

Figura 16.16
Descasque rutabagas e nabos-roxos a uma profundidade suficiente para retirar toda a casca grossa, como mostra a ilustração.

Salsão

Identificação: também chamado de aipo, é um talo verde pálido que forma maços ou agrupamentos presos ao final por uma raiz. Um vegetal muito comum.

Seleção: escolha maços retos, compactos e bem aparados, de cor verde viçosa.

Preparo: corte a raiz. Separe os talos e lave bem. Reserve as folhas e os talos externos mais duros para fundos, sopas e *mirepoix*. As nervuras que ficam na parte externa dos talos podem ser retiradas para eliminar os fios.

Porcentagem de rendimento: 75%.

Salsifi

Identificação: também chamada de *cercefi*, barba-de-bode e barba-de-cabra, é uma planta hortense (*Tragopogon porrifolius*) de raízes delgadas, de polpa branco-marfim e sabor que lembra o da alcachofra, quando cozidas.

Variedades: o salsifi verdadeiro ou branco tem raízes brancas amarronzadas, sempre bifurcadas ou ramificadas, com numerosas extensões radiculares. O salsifi-negro, também conhecido por escorcioneira é reto, comprido e delgado, com casca marrom-escuro e polpa branco-marfim.

Seleção: escolha raízes de tamanho médio, pois as maiores podem ser fibrosas. Devem ser bem lisas.

Preparo: esfregue com uma escova. Descasque com um descascador de legumes e mergulhe imediatamente em água acidulada com suco de limão ou vinagre, para evitar descoloração. Use luvas para não manchar as mãos.

Porcentagem de rendimento: 65 a 70%.

Salsinha

Identificação: a salsinha, ou salsa, é a erva fresca mais comum na cozinha. É usada em tamanha quantidade que foi incluída aqui, com os vegetais.

Variedades: as duas variedades principais são a salsinha lisa e a salsinha-crespa.

Seleção: escolha as bem verdes, sem folhas murchas e sem sinais de deterioração.

Preparo: lave bem e escorra. Retire as folhas amarelas e os talos grossos (reserve para preparar fundos). Separe em raminhos para guarnição, ou pique as folhas.

Porcentagem de rendimento: 85%.

Soja verde

Identificação: grande parte da soja cultivada passa por maturação e secagem e é colhida e processada como grão. O uso da soja verde, tenra e imatura, conhecida como *edamame*, é uma prática popular na cozinha japonesa. As pequenas vagens felpudas geralmente carregam três feijões verde-claros arredondados.

Seleção: a mesma dos feijões debulhados.

Preparo: enxágue, cozinhe dentro da vagem, até que os feijões fiquem macios, e debulhe.

Porcentagem de rendimento: 50%.

Soja verde

Tomate

Identificação: um dos vegetais mais usados, o tomate é a fruta de uma planta da família das beladonas, parente da berinjela, da batata e dos pimentões.

Variedades: além do tomate vermelho comum e do tomate-cereja pequeno, existem dezenas de variedades de tomates produzidos e distribuídos comercialmente. Eles podem vir em vários tons de vermelho, rosa, amarelo e verde, todos com sabor ligeiramente diferente.

Seleção: firmes, mas não duros, com poucas sementes, não verdes. Lisos, sem amassados ou machucados, rachaduras ou descolorações. Se estiverem verdes, podem ficar dois ou três dias em temperatura ambiente. Não guarde na geladeira.

Preparo: para usar com a pele: lave, descarte as sementes. Para pelar: mergulhe em água fervente por 10 a 20 segundos (tomates mais maduros levam menos tempo). Esfrie imediatamente em água gelada. Puxe a pele e tire as sementes. Observação: muitos *chefs* tiram as sementes dos tomates e riscam um x na casca da base antes de branqueá-los em água fervente. Outros, que querem evitar qualquer perda de sabor e nutrientes da polpa exposta à água, primeiro branqueiam os tomates e depois tiram as sementes. Ver Figura 16.17 para outras técnicas.

Porcentagem de rendimento: 90% (sem pele)

Figura 16.17
Como preparar tomates *concassé*.

(a) Branqueie o tomate e tire a pele; corte-o ao meio no sentido da largura. Delicadamente, esprema-o para retirar as sementes, como mostra a ilustração.

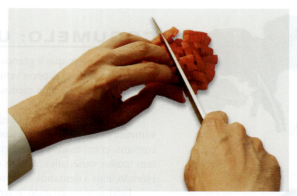

(b) Pique o tomate sem sementes em cubos, ou pique-o grosseiramente.

Tomatillo

Identificação: pequena fruta verde, semelhante a um tomate-cereja verde e grande. É coberto com uma película seca parecida com papel. Não é um tomate, embora pertença à mesma família dos tomates, berinjelas, pimentões e batatas. Muito usado na cozinha mexicana.

Seleção: escolha *tomatillos* firmes e secos, com a película bem presa junto à casca.

Preparo: retire a película seca e enxágue.

Porcentagem de rendimento: 95%.

Tomatillo

Tupinambo (ver Alcachofra-de-jerusalém)

Vagem

Vagem

Identificação: feijões-de-vagem frescos e outras variedades que estão na mesma família dos feijões, com a exceção de que são plantados para serem colhidos verdes por causa de suas vagens macias e comestíveis.

Variedades: as vagens verdes são as mais comuns. Algumas variedades, colhidas quando são bem pequenas e tenras, são conhecidas como vagem macarrão (*haricot vert* em francês). Outras variedades incluem a vagem amarela, a vagem roxa e a vagem chata tipo italiana (vagem-manteiga).

Seleção: procure vagens firmes e retas, com poucas pontas murchas; cor uniforme, sem marcas. Devem ser macias e suficientemente crocantes para quebrar se forem dobradas em um ângulo de 45°. As sementes internas devem ser pequenas, e não grandes e bojudas.

Preparo: lave. Corte ou quebre as pontas. Retire as manchas, se houver. Deixe-as inteiras ou corte no tamanho desejado.

Porcentagem de rendimento: 88%.

Verduras da família dos repolhos (couves lisa e crespa, couve-nabiça)

Couve-galega

Identificação: estas folhas verdes robustas e saborosas quase sempre são cozidas porque são muito duras para serem comidas cruas, a não ser que sejam muito novas. As variedades de couve possuem folhas verde-escuras (com exceção das variedades ornamentais, que podem ter toques de vermelho ou outras cores), lisas ou crespas. As folhas verdes da couve-nabiça se assemelham às folhas da rúcula ou da mostarda em relação ao tamanho. A couve-manteiga e a couve-galega são semelhantes, mas a primeira tem talos mais grossos e folhas mais arredondadas.

Seleção: evite folhas marrons, amareladas ou ressecadas. Escolha as folhas menores, que são verde-escuras e parecem úmidas ao toque.

Preparo: separe as folhas dos talos, se eles forem duros. Descarte as partes desbotadas. Lave bem em várias mudas de água.

Porcentagem de rendimento: 80%.

Couve-nabiça

Couve-crespa

COGUMELO: UM TÓPICO ESPECIAL

Considerando-se que é grande o interesse atual por cogumelos exóticos e que pode ser fatal comer alguma espécie venenosa de cogumelo silvestre, é importante que o cozinheiro esteja familiarizado pelo menos com as variedades mais conhecidas de cogumelos exóticos cultivados ou silvestres.

Embora centenas de variedades de cogumelo sejam comestíveis, até há pouco tempo, somente os *champignons* frescos, também chamados de cogumelos-paris, cultivados e mais comuns, eram usados com certa frequência nas cozinhas comerciais. Agora, porém, existem muitas variedades. Alguns desses cogumelos, especialmente os silvestres, são de preço elevado, mas a demanda sempre parece exceder o suprimento.

Estritamente falando, o termo silvestre deve ser usado apenas para os cogumelos que não são cultivados, mas encontrados e colhidos na natureza. Na cozinha e nos cardápios, no entanto, as variedades exóticas cultivadas costumam ser denominadas cogumelos silvestres porque são vistas como raras e incomuns, como os cogumelos verdadeiramente silvestres, e em geral são mais saborosas do que o cogumelo-paris.

Uma vantagem importante do cultivo de cogumelos exóticos é que eles estão disponíveis durante o ano todo, enquanto alguns cogumelos silvestres podem estar na estação apenas durante algumas semanas do ano.

Cogumelos exóticos cultivados

1. *Shiitake*
   Às vezes denominado *Black Forest mushroom* (cogumelo da Floresta Negra) e *golden oak mushroom* (cogumelo de carvalho dourado) em inglês, o *shiitake* também é comercializado desidratado com o nome de *Chinese black mushroom* (cogumelo preto

chinês) nos EUA. O cogumelo fresco pode ser de marrom-claro até marrom-escuro. Tem textura firme e carnuda e um chapéu amplo em forma de abóbada, com lamelas branco-cremosa. O cabo é um pouco duro, por isso é aparado e cortado bem fino ou usado em fundos.

2. *Pleurotus*

   Também chamado de cogumelo gigante, *hiratake* e *shiratake*, é um cogumelo marrom-claro ou cor de creme em forma de leque, com um cabo curto na base. Tenro e com sabor delicado, fica melhor quando preparado de forma simples, para que seu sabor suave não seja apagado por ingredientes com sabores fortes. Observação: o nome do cogumelo em inglês é *oyster mushroom*, uma referência à sua forma, parecida com a de uma ostra (*oyster*), e não ao seu sabor.

3. *Enoki*

   Também chamado *enokitake* ou *enokidake*, este cogumelo tem chapéu branco bem pequeno, cabo comprido e delgado e cresce em maços ou agrupamentos presos a uma base. A base deve ser aparada antes do uso. O cogumelo *enoki* possui uma textura crocante e um sabor frutado, ligeiramente ácido, porém adocicado. Costuma ser usado cru (p. ex., em saladas ou como guarnição) ou em sopas claras. Quando é usado em pratos cozidos, deve ser acrescentando no último minuto para não cozinhar em excesso.

4. *Cremini*

   Variedade do cogumelo branco ou cogumelo-paris comum, cultivado, mas de cor marrom ou marrom-clara. Pode ter um sabor ligeiramente mais robusto do que os cogumelos-paris cultivados.

5. *Portobello*

   Este cogumelo é um *cremini* maduro cuja cúpula se abriu, formando um guarda-chuva amplo e plano. Pode ter 15 cm ou mais de diâmetro. *Portobello* (observe a ortografia correta – ele é às vezes chamado erroneamente de *portabella*) são geralmente grelhados, pincelados com azeite de oliva, e servidos puros, como primeiro prato.

Cogumelos shiitake

Cogumelos silvestres

Entre as diversas variedades de cogumelos silvestres, ou selvagens, os que foram descritos aqui estão entre os mais procurados e mais prováveis de serem vistos em cardápios. Como regra, possuem preço elevado, e sua disponibilidade é limitada no comércio.

Os cogumelos silvestres devem ser cuidadosamente examinados para verificar se estão danificados ou infestados por insetos. Corte as partes danificadas.

As quatro variedades descritas aqui também são vendidas desidratadas (ver p. 538). Cogumelos desidratados têm preço elevado, mas são mais econômicos para usar do que os cogumelos silvestres frescos, porque são equivalentes a aproximadamente 7 ou 8 vezes o seu peso em cogumelos frescos. Além disso, possuem um sabor mais intenso e concentrado, portanto, um pouco vale por muito.

Atenção: Nunca coma nenhum cogumelo silvestre que não tenha sido identificado por um especialista. Muitos cogumelos são venenosos e alguns são letais. Muitas espécies são difíceis de identificar e algumas variedades venenosas se parecem com as comestíveis.

Cogumelos pleurotus

1. Morel

   Existem muitas variedades, incluindo o preto, o dourado e o quase branco. O cogumelo Morel tem a forma de uma esponja cônica, com uma superfície rugosa recobrindo um cabo liso. É completamente oco. Nos países de clima temperado, é o mais apreciado dos cogumelos da primavera e é geralmente salteado na manteiga ou cozido em um molho. Fica muito bom com creme de leite.

2. *Porcino* (plural: *porcini*)

   Outros nomes para este cogumelo são: *bolete* (inglês), *cep* ou *cèpe (francês) e steinpilz* (alemão). É um cogumelo de cúpula marrom com um cabo bulboso de cor clara. O interior da polpa é branco-cremoso. A parte de baixo da cúpula não tem lamelas, e sim pequenos poros. Possui uma textura carnuda e lisa e um rico sabor de terra. É sempre salteado ou braseado com alho e azeite ou manteiga. Nos países de clima temperado, pode ser encontrado desde o fim do verão até o outono.

Cogumelos cremini

3. *Chanterelle*

Também chamado de *girolle*, o *chanterelle* é amarelo ou laranja e tem a forma de um guarda-chuva virado para fora. A parte inferior da cúpula, em forma de cone, tem ranhuras em vez de lamelas. Tem um rico aroma de floresta, e seu sabor fica melhor quando é preparado com simplicidade, como salteado na manteiga, com alho ou não. Nos países de clima temperado, pode ser encontrado no verão e no outono.

4. **Trombeta negra**

Este cogumelo é muito próximo do *chanterelle*, mas tem cor preta e polpa bem mais delgada. Também é chamado de *chanterelle preto*, *horn of plenty* (cornucópia) e *trompette de la mort* (nome francês para trombeta-da-morte, por causa de sua cor preta). Apesar disso, é comestível e delicioso.

VEGETAIS PROCESSADOS

Existe um consenso de que a qualidade de vegetais congelados e enlatados nunca pode ser igual à dos produtos frescos da melhor qualidade no seu pico de maturidade, preparados adequadamente e cozidos quando ainda estão frescos. Todavia, em decorrência da alta perecibilidade do produto fresco, das variações sazonais na disponibilidade e no preço e da quantidade de trabalho exigida para manusear produtos frescos em cozinhas comerciais, o setor de serviços alimentícios conta, em grande parte, com vegetais processados. Por essa razão, é importante saber lidar adequadamente com alimentos processados. Seu objetivo deve ser torná-los o mais próximo possível dos melhores produtos frescos, no tocante à qualidade.

A qualidade de vegetais processados varia muito. Por exemplo, a couve-flor congelada nunca apresenta a textura crocante da couve-flor fresca cozida. Na verdade, muitos vegetais congelados são um pouco mais molengas do que os frescos porque as paredes das células se rompem durante o congelamento. Por outro lado, as ervilhas frescas congeladas são quase universalmente aceitas, não só por causa da conveniência, mas também por causa de sua alta qualidade em comparação com o produto fresco, altamente perecível.

Na seção do Capítulo 7 intitulada "Como lidar com alimentos semiprontos", aprendemos que refeições semiprontas são produtos que foram parcial ou totalmente preparados ou processados pelo fabricante. Isso significa que você deve tratar vegetais congelados ou enlatados como se fossem vegetais frescos parcial ou completamente cozidos e, portanto, com o mesmo cuidado para manusear, aquecer, temperar e apresentar.

COMO MANIPULAR VEGETAIS CONGELADOS

Como verificar a qualidade

Examine todos os produtos congelados no recebimento para certificar-se de que eles não sofreram perda de qualidade. Verifique particularmente o seguinte:

1. **Temperatura**

Verifique a temperatura interior do invólucro com um termômetro. Ainda está −18°C ou abaixo, ou os vegetais começaram a degelar durante o transporte?

2. **Cristais grandes de gelo**

Um pouco de gelo é normal, mas muito gelo significa manuseio inadequado.

3. **Sinais de vazamento na caixa de papelão**

Este é outro sinal óbvio de descongelamento.

4. **Queimaduras de congelador**

Abra uma embalagem e verifique os vegetais. A cor está viva e natural ou está meio amarelada ou seca na superfície?

Como cozinhar

Os vegetais congelados foram parcialmente cozidos, portanto, seu tempo de cozimento final é mais curto do que o de produtos frescos.

Cozinhe no estado congelado. Muitos vegetais não precisam ser descongelados. Podem ir diretamente para as panelas a vapor ou para a água fervente com sal.

Exceções: milho na espiga e vegetais que congelam em um bloco sólido, como o espinafre e a abóbora, devem ser descongelados na geladeira primeiro para obter um cozimento uniforme.

Como temperar: muitos vegetais congelados são ligeiramente salgados durante o processamento, por isso adicione menos sal do que você colocaria em produtos frescos.

COMO MANIPULAR VEGETAIS ENLATADOS

Como verificar a qualidade

1. **Rejeite latas danificadas no recebimento**
   Latas estufadas ou afundadas indicam avaria. Pequenos pontos amassados podem ser inofensivos, mas grandes áreas amassadas podem significar que a camada protetora da lata foi danificada. Rejeite latas enferrujadas ou que estejam vazando.

2. **Saiba qual é o peso drenado**
   Isso varia conforme a qualidade dos diferentes vegetais e precisa ser especificado no momento do pedido. A média de peso drenado é de 60 a 65% do conteúdo total. Você precisa conhecer o peso drenado para calcular o número de porções que a lata contém.

   Alguns produtos enlatados, como o molho e a massa de tomate, não possuem peso drenado porque todo o conteúdo será usado.

3. **Verifique a classificação**
   Classificações são determinadas por empacotadores ou por inspetores federais. São baseadas em fatores como cor, ausência de defeitos e **tamanho médio de cada item**. Verifique se recebeu a classificação que consta no pedido (e que foi paga).

Como cozinhar

1. Limpe bem a superfície da lata antes de abri-la. Use um abridor de lata limpo.

2. Escorra o líquido da lata e coloque metade do líquido em um caldeirão. Aqueça até ferver. Isso diminui o tempo de aquecimento do vegetal.

3. Adicione o vegetal e aqueça até atingir a temperatura de servir. *Não ferva por muito tempo*. Vegetais enlatados já estão completamente cozidos – na verdade, muitas vezes cozidos em excesso. Precisam apenas ser reaquecidos.

   Observação: autoridades de saúde norte-americanas recomendam manter os vegetais a 88°C por 10 minutos ou mais – 20 a 30 minutos para vegetais sem acidez como beterrabas, vagens ou espinafre – para eliminar o perigo de botulismo. Ver Capítulo 2.

4. Aqueça o mais próximo possível da hora de servir. Não mantenha no balcão térmico por períodos longos.

5. Tempere e complemente o sabor com criatividade. Vegetais enlatados exigem mais criatividade no preparo do que os frescos porque podem ser bem pouco sedutores quando servidos puros.

6. Tempere o líquido enquanto está aquecendo, antes de colocar o vegetal. Isso dará tempo para os sabores das ervas e condimentos se combinarem.

7. A manteiga realça o sabor de muitos vegetais e adquire os sabores de outros temperos que você quiser adicionar.

8. Acrescente aos vegetais outros sabores e guarnições, como alcaravia às beterrabas ou ao chucrute, bacon frito esmigalhado aos feijões-de-lima ou vagens, cebola picada salteada e pimentões verdes ou vermelhos ao milho, manteiga e estragão ou suco de laranja e açúcar mascavo às cenouras.

As combinações sugeridas no quadro da página 579 se aplicam a vegetais enlatados, frescos e congelados.

COMO MANIPULAR VEGETAIS DESIDRATADOS

Existem dois tipos básicos de vegetais desidratados.

Leguminosas secas

As leguminosas secas têm sido consumidas como alimento há milhares de anos e continuam sendo importantes até hoje. De fato, com o maior interesse por uma alimentação mais saudável e por vegetais de todos os tipos, muitas variedades interessantes de leguminosas estão amplamente disponíveis hoje, mais do que alguns anos atrás.

Embora sejam formas desidratadas de sementes vegetais, eles são duros, contêm amido e são manuseados mais como grãos (que também são sementes desidratadas). Grãos e feijões serão discutidos com mais detalhes no Capítulo 19.

Vegetais desidratados em freezers e outros tipos de vegetais desidratados

A desidratação sempre foi um método importante para conservar vegetais, especialmente antes do desenvolvimento de técnicas modernas de envase. A tecnologia moderna desenvolveu novos métodos para desidratar alimentos, portanto, existe uma grande variedade de produtos desidratados no mercado, como batatas, cebolas, cenouras, salsão, feijões, pimentões, tomates e cogumelos.

Siga as instruções do fabricante para reconstituir esses produtos. Muitos precisam ser colocados de molho em água fria ou morna por períodos específicos. Eles continuam a absorver água enquanto são cozidos em fogo brando.

Produtos desidratados instantâneos, em especial as batatas, exigem a adição de um líquido fervente e temperos para servir. Novamente, as instruções dos fabricantes variam conforme a marca.

Uma categoria importante de vegetais desidratados é a dos cogumelos. Muitos cogumelos silvestres saborosos ficam na estação por um curto período de tempo e têm suprimento limitado a preços altos. No entanto, estão disponíveis na forma desidratada o ano todo. Os tipos mais populares – Morel, *chanterelle* e *porcini* – são ilustrados junto com o *shiitake* desidratado, um cogumelo cultivado que se originou no Japão e na China.

Cogumelos desidratados, da esquerda para a direita, começando acima: Morel, porcini, shiitake e chanterelle

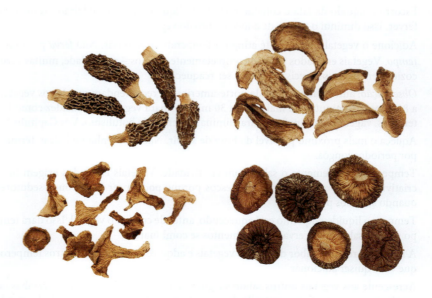

Cogumelos desidratados devem ser colocados de molho em água quente até ficarem macios, depois escorridos e levemente espremidos antes de serem cozidos. O líquido saboroso do molho é coado e usado como condimento para líquidos de cozimento e molhos.

PROBLEMAS DE PRODUÇÃO E MANUTENÇÃO NO PREPARO EM GRANDES QUANTIDADES

Enfatizamos neste capítulo que os vegetais devem ser cozidos o mais próximo possível da hora de servir. Eles perdem a qualidade rapidamente quando são mantidos em um balcão térmico.

No preparo de grandes quantidades, porém, raramente é possível cozinhar porções individuais de vegetais de acordo com os pedidos. Depois de 20 a 30 minutos na temperatura do balcão térmico, até vegetais preparados com cuidado ficam cozidos em excesso.

Dois sistemas foram criados para ajudar a resolver esse problema. O **cozimento de grandes quantidades** se adapta muito bem a serviços de refeições fixos, e o método de **branqueamento e resfriamento** é bastante apropriado para serviços de refeições estendidos. As necessidades variam de instituição para instituição, e você provavelmente achará ambas as técnicas úteis na cozinha.

COMO COZINHAR EM GRANDE QUANTIDADE

Em vez de cozinhar todos os vegetais em uma quantidade suficientemente grande para o serviço completo de refeição, este método (descrito no Cap. 7, p. 131) envolve a divisão em lotes menores e o cozimento em separado, conforme a necessidade.

MÉTODO DE BRANQUEAMENTO E RESFRIAMENTO

Em geral, é impraticável cozinhar os vegetais quando chega o pedido. Isso exige muito tempo. Mas, se os vegetais já estiverem parcialmente cozidos, o tempo necessário para terminá-los, após a chegada do pedido, é mais curto.

Do ponto de vista nutricional, o método de cozimento parcial, resfriamento e término não é tão bom quanto o cozimento na hora, porém é quase tão bom quanto. É certamente melhor do que manter os vegetais durante horas na temperatura de servir, e dá ao cozinheiro o controle completo do grau de cozimento quando for servido.

Procedimento para o preparo de grandes quantidades

1. Caldeirões a vapor e pequenos caldeirões reclináveis atrás da linha de serviço são os tipos de equipamentos mais úteis para o cozimento em grandes quantidades.

2. Divida cada vegetal em lotes do tamanho suficiente para serem servidos dentro de 20 a 30 minutos. Arrume em panelas para cozimento no vapor prontas para serem colocadas nos fornos a vapor ou em recipientes prontos para serem despejados nos caldeirões a vapor.

3. Mantenha os vegetais na geladeira até serem usados.

4. Cozinhe os lotes à medida que precisar. No planejamento, separe um tempo para carregar e descarregar os equipamentos, cozinhar, finalizar o produto com o tempero, molho ou guarnição desejados e levar para a linha de serviço.

5. Cozinhe um pouco menos se o vegetal precisar esperar antes de ser servido.

6. Tenha todos os temperos, molhos e guarnições prontos para terminar o prato.

7. Não misture lotes. Eles estarão cozidos em graus diferentes, e as cores e as texturas não irão combinar.

Procedimento para branquear e resfriar

1. Cozinhe o vegetal no vapor ou em fogo brando até ficar parcialmente cozido no ponto desejado (no caso de batatas fritas, branqueie fritando por imersão).

   O tempo de cozimento necessário depende do vegetal e do método pelo qual será reaquecido ou finalizado. Vegetais congelados necessitam de menos cozimento do que os frescos. Muitas vezes, eles precisam apenas ser descongelados.

2. Esfrie imediatamente em água gelada (não é preciso dizer que as batatas fritas são uma exceção).

3. Escorra e mantenha os vegetais resfriados até o momento de usar.

4. Termine o pedido pelo método desejado de cozimento.

   Por exemplo, uma ou mais porções podem ser colocadas em uma cesta e abaixadas rapidamente em uma panela pronta com água fervente.

   Saltear na manteiga é um método popular para finalizar ingredientes como ervilhas, vagens e cenouras.

   Croquetes de batatas são um exemplo de aplicação mais complicada do mesmo método. As batatas são cozidas em água fervente ou no vapor, transformadas em purê, temperadas e empanadas antes. Depois são fritas por imersão conforme o pedido.

ARMAZENAGEM

VEGETAIS FRESCOS

1. Batatas, cebolas, abóboras e morangas são armazenadas em temperaturas frias (10 a 18°C) em lugar seco e escuro.

2. Os outros vegetais precisam ser refrigerados. Para prevenir a desidratação, eles devem ser mantidos tampados ou embrulhados, ou a umidade da geladeira precisa ser grande. Deixe um pouco de ar circulando para ajudar a prevenir mofo.

3. Vegetais sem casca e cortados precisam de proteção extra contra a desidratação e oxidação. Tampe ou embale e use logo para evitar perdas. Batatas, berinjelas e outros vegetais, que ficam escuros quando cortados, devem ser tratados com substância ácida ou antioxidante. Como alternativa, eles podem ser branqueados para destruir as enzimas que os fazem escurecer. Batatas cruas cortadas são, às vezes, mantidas em água fria por um tempo curto.

4. Armazene todos os vegetais frescos pelo tempo mais curto possível. Eles perdem a qualidade rapidamente. Ervilhas e milho perdem a doçura até mesmo depois de poucas horas em estoque.

5. Mantenha a geladeira e áreas de estocagem limpas.

VEGETAIS CONGELADOS

1. Armazenar a –18°C ou mais frio, nos recipientes originais, até a hora de serem usados.

2. Não congele de novo vegetais descongelados. A qualidade irá reduzir consideravelmente.

VEGETAIS DESIDRATADOS

1. Armazene em um lugar frio (menos de 24°C), seco e bem ventilado.

2. Mantenha bem vedado e sem tocar o chão.

VEGETAIS ENLATADOS

1. Mantenha em um lugar fresco e seco, ao abrigo da luz solar e sem tocar o chão.

2. Descarte latas que mostrem sinais de estragos ou deterioração (latas amassadas, estufadas ou enferrujadas). Na dúvida, jogue fora.

SOBRAS

1. A melhor forma de utilizar as sobras é evitá-las, em primeiro lugar. Planejamento cuidadoso e cozimento em pequenos lotes reduzem as sobras.

2. Não misture lotes.

3. Armazene sobras de vegetais cremosos por apenas um dia. Depois use ou descarte. Antes de armazenar, esfrie rapidamente, mergulhando os recipientes em gelo.

■ TERMOS PARA REVISÃO

al dente	antocianinas	porcentagem de rendimento	tamanho médio de cada item
pigmentos	clorofila	peso bruto (PB)	cozimento de grandes quantidades
flavonas	carotenoides	peso limpo (PL)	branqueamento e resfriamento

■ QUESTÕES PARA DISCUSSÃO

1. Dê duas razões para não adicionar bicarbonato de sódio à água de cozimento para vegetais verdes.

2. Além da aparência, por que o corte apropriado e uniforme de vegetais é importante?

3. Quais são algumas das vantagens de cozinhar vegetais no vapor em vez de aferventá-los ou cozinhá-los em fogo brando?

4. Você está experimentando uma receita de *muffins* de mirtilo. Quando você parte um *muffin* pronto, você vê que a massa assada em volta de cada mirtilo está verde. O que cau-sou isso? Como você pode corrigir esse problema? (Dica: a massa é feita com soro de leite e levedada com bicarbonato de sódio. Embora as frutas vermelhas não tenham sido discutidas neste capítulo, as informações sobre a mudança de cores ajudarão a responder esta questão).

5. Discuta as razões para cozinhar vegetais verdes em uma grande quantidade de água e água suficiente apenas para cobrir.

6. Você irá preparar aspargos cozidos no vapor, passados na manteiga, e precisa produzir 50 porções de 90 g cada. Quanto de aspargos frescos você vai precisar?

CAPÍTULO 17

CAPÍTULO 17

O preparo de vegetais

Agora que você já estudou o como e o porquê das técnicas de cozimento de vegetais, você pode se dedicar à preparação propriamente dita com um maior entendimento do que está fazendo.

Este capítulo dá uma ideia geral dos métodos básicos de preparo de vegetais. Para ter um bom desempenho na execução destes métodos, você precisa usar o conhecimento dos princípios discutidos no capítulo anterior.

As receitas dadas aqui irão reforçar o seu entendimento por meio da prática. A ênfase está mais no método do que no vegetal específico, porque cada método pode ser aplicado a muitos vegetais. Por essa razão, as variações são colocadas depois das receitas básicas em vez de serem apresentadas como receitas completas separadas. Como nos outros capítulos, as receitas de molhos que aparecem no Capítulo 8 e que são usadas como componentes de preparos subsequentes não serão repetidas aqui.

A maioria das receitas se aplica a vegetais frescos, congelados ou enlatados, mesmo que as variações não estejam especificadas para cada tipo.

Batatas e outros alimentos que contêm amido, como arroz e massas, serão apresentados no próximo capítulo. Contudo, os métodos de cozimento básicos aqui apresentados também se aplicam às batatas e a outros vegetais.

COZINHAR EM ÁGUA E NO VAPOR

Quase todos os vegetais podem ser cozidos em água ou no vapor. Esses são os dois métodos mais usados porque são fáceis, econômicos e adaptáveis para uma grande variedade de preparações.

Cozinhar em água e no vapor são métodos básicos de cozimento. Na maioria dos casos, são necessários passos adicionais depois do cozimento básico, para deixar o prato pronto para ser servido. Esses passos incluem a adição de manteiga, temperos, condimentos e molhos.

A não ser que sejam servidos imediatamente, os vegetais cozidos em água fervente ou em fogo baixo devem ser escorridos assim que estiverem prontos e depois resfriados rapidamente em água gelada. Isso é chamado de resfriamento rápido ou choque térmico e evita que os vegetais cozinhem em excesso no calor que retêm. Em geral, depois são salteados rapidamente na manteiga ou em outra gordura, para reaquecer. Os temperos e molhos são acrescentados neste estágio. Classificamos esse método de cozimento como aferventar ou cozinhar em água fervente, mesmo que os vegetais sejam, ao final, salteados na hora de reaquecer. Esta seção inclui receitas para vegetais cozidos em água fervente finalizados com uma variedade de molhos, condimentos e temperos.

Em outros casos, o produto é cozido apenas parcialmente em água ou no vapor e finalizado com outro método de cozimento como saltear ou assar. Receitas desse tipo são incluídas na seção sobre o método final de cozimento.

Muitas vezes referimo-nos a esse método de cozimento como *aferventar*, embora em muitos casos *cozinhar em fogo lento* seja um termo mais apropriado. Em geral, vegetais verdes são fervidos para que cozinhem rapidamente, preservando a cor e os nutrientes. Em alguns casos, no entanto, a agitação e a temperatura alta da fervura forte rompem os vegetais delicados, casos em que o cozimento lento é mais apropriado.

O método de cozinhar vegetais no vapor tem sido cada vez mais usado, mesmo porque mais variedades de equipamentos modernos para essa finalidade estão surgindo. Pode ser um método ideal para cozinhar certos vegetais como brócolis, que se quebram facilmente ou ficam aguados ou pastosos quando cozidos em fogo brando.

Após ler este capítulo, você deverá ser capaz de:

1. Identificar vegetais adequados para os diferentes métodos de cozimento.
2. Cozinhar vegetais em água fervente e no vapor.
3. Saltear e fritar vegetais em pouca gordura.
4. Brasear vegetais.
5. Assar vegetais.
6. Grelhar vegetais e assá-los no dourador.
7. Fritar vegetais por imersão.

Procedimento para cozinhar vegetais em água fervente

1. Reúna todos os equipamentos e ingredientes.
2. Limpe, descasque e corte os vegetais conforme a necessidade. Veja as páginas 514 a 534 para informações sobre o pré-preparo de vegetais.
3. Coloque a quantidade necessária de água no caldeirão (caçarola funda, caldeirão a vapor, frigideira basculante ou outro equipamento que estiver usando).

    A maioria dos vegetais é cozida em água suficiente apenas para cobri-los, mas vegetais verdes e de sabor forte podem ser cozidos em grandes quantidades de água (2 ou 3 vezes mais que seu volume). Consulte a página 511 para ver a explicação.
4. Adicione sal (1 ½ a 2 colheres (sopa)/6-8 gramas por litro) e aqueça até ferver.
5. Coloque os vegetais na panela e espere a água ferver novamente.
6. Reduza o fogo para o mínimo e cozinhe os vegetais, com ou sem tampa, conforme indicado, até atingirem o ponto de cozimento.
    - Cozinhe vegetais verdes e de sabor forte sem tampa.
    - Os outros vegetais são cozidos com tampa.
7. Escorra os vegetais rapidamente para evitar cozimento excessivo.
8. Se for servir os vegetais imediatamente, finalize a receita e sirva.
9. Se não for servir os vegetais imediatamente, resfrie-os (exceto as batatas e vegetais que contêm amido) em água gelada, escorra assim que estiverem frios e mantenha-os refrigerados até o momento de usá-los.

Procedimento para cozinhar vegetais no vapor

Este método é usado tanto para fornos a vapor, pressurizados ou não, como para panelas para cozinhar no vapor sobre o fogão, que consistem em um cesto perfurado apoiado sobre um caldeirão de água fervente.

1. Conheça seus equipamentos. Leia todos os manuais de operação fornecidos. Cada modelo é um pouco diferente do outro.

2. Reúna todos os equipamentos e ingredientes.

3. Apare e corte os vegetais conforme a necessidade.

4. Preaqueça o equipamento de cozinhar no vapor.

5. Arrume os vegetais em assadeiras ou em cestas apropriadas para cozinhar no vapor. Faça camadas rasas e uniformes para obter um cozimento uniforme.

   • Use assadeiras perfuradas para facilitar a circulação do vapor.

   • Use assadeiras comuns se precisar reter o líquido do cozimento.

6. Coloque as assadeiras ou cestas no equipamento de cozinhar no vapor e feche a porta ou tampe.

7. Cozinhe no vapor pelo tempo necessário. Consulte as tabelas de tempo fornecidas com o seu modelo de equipamento.

8. Retire os vegetais do equipamento. Se for um forno pressurizado, a pressão precisa voltar a zero antes que se possa abrir a porta.

9. Finalize os vegetais de acordo com a receita e sirva imediatamente, ou resfrie rapidamente para uso posterior.

Vegetais que formam camadas compactas não cozinham bem no vapor. Como não permitem que o vapor circule, não cozinham por igual. Por exemplo, espinafre e outras folhas verdes, ervilha, grãos de milho e purês de vegetais congelados.

COMO FAZER PURÊ DE VEGETAIS

Purês de vegetais são servidos como acompanhamento ou guarnição e também são usados como ingredientes em outras receitas. Por exemplo, o purê de espinafre é um ingrediente do prato *Timbale* de espinafre (p. 568).

Os purês foram introduzidos na explicação sobre sopas no Capítulo 9. Os purês de vegetais que estamos discutindo aqui são semelhantes, embora, é claro, sejam mais espessos do que sopas. O modo de preparo dos purês varia, dependendo de qual vegetal está sendo usado e de como o purê será usado, mas algumas instruções gerais podem ser dadas:

Orientações para fazer purê de vegetais

1. Os vegetais devem ser cozidos até ficarem macios. Vegetais mal cozidos deixam o purê encaroçado. Cuidado para não cozinhar em excesso vegetais verdes, visto que eles perdem a cor fresca quando são cozidos por muito tempo.

   Exceção: alguns vegetais, como o tomate, são tão macios que podem ser triturados crus. O vegetal e o uso do purê determinam se eles devem ou não ser cozidos.

2. Vegetais para purês podem ser cozidos por qualquer método, mas os métodos mais usados são: cozinhar na água, cozinhar no vapor e assar. Assar é um método usado mais para vegetais que contêm amido, como batatas-doces e batatas comuns.

3. Os vegetais aferventados ou cozidos em fogo brando devem ser bem escorridos quando ficarem prontos. Se o objetivo for produzir um purê encorpado, pode ser necessário secar o vegetal cozido antes de amassá-lo. Coloque o escorredor com os vegetais escorridos em uma assadeira rasa e leve ao forno médio por alguns minutos, para secar.

4. Sempre amasse os vegetais cozidos para fazer purê enquanto ainda estiverem quentes. Vegetais frios são mais difíceis de amassar, dificultando a obtenção de um purê de textura lisa.

5. Escolha os utensílios adequados. Espremedores de batata, processadores, batedeiras, *cutters* verticais, passadores de legumes e peneiras podem ser usados para fazer purês. Passadores de legumes, espremedores de batatas e peneiras fazem purês sem grumos, mas podem produzir uma textura granulosa, dependendo do vegetal. Multiprocessadores, batedeiras e *cutters* verticais podem criar uma textura lisa, especialmente com vegetais que contêm amido, mas não eliminam as fibras vegetais e podem deixar alguns grumos. Se usar primeiramente um processador e depois passar o purê por um passador de legumes ou peneira, o resultado será uma textura mais lisa.

6. Tempere e finalize o purê como desejar. Manteiga ou creme de leite costumam ser usados para finalizar purês de vegetais. Outra possibilidade é usar o purê como ingrediente em outra receita, se for solicitado.

Ervilha, cenoura e cebola-pérola com manteiga de estragão

Porções: 15   Tamanho da porção: 100 g

Quantidade	Ingredientes
375 g	Cebola-pérola
500 g	Cenoura
750 g	Ervilha congelada
60 g	Manteiga
1 ½ colher (chá)	Estragão seco
1 colher (sopa)	Salsinha picada
a gosto	Sal
a gosto	Pimenta-do-reino branca

Por porção:
Calorias, 90; Proteínas, 3 g; Gorduras, 3,5 g (34% cal.); Colesterol, 10 mg; Carboidratos, 12 g; Fibras, 3 g; Sódio, 90 mg.

Modo de preparo

1. Branqueie as cebolas por 20 segundos em água fervente (o branqueamento facilita o processo de descascá-las). Escorra, esfrie em água gelada e escorra novamente. Descasque.
2. Aqueça água com sal em uma panela funda até ferver. Coloque as cebolas, espere ferver de novo, abaixe o fogo e cozinhe em fogo brando, até ficarem macias. Escorra, esfrie em água gelada e escorra novamente.
3. Descasque as cenouras e corte-as em *batonnet*.
4. Aqueça água com sal em uma panela funda até ferver. Coloque as cenouras, espere ferver de novo, abaixe o fogo e cozinhe em fogo brando, até ficarem macias. Escorra, esfrie rapidamente e escorra mais uma vez.
5. Aqueça uma terceira panela de água com sal até ferver. Coloque as ervilhas congeladas. Espere ferver de novo, abaixe o fogo e cozinhe em fogo brando até ficarem macias. Isso leva apenas alguns minutos. Ervilhas congeladas já foram branqueadas e precisam de muito pouco cozimento. Escorra, resfrie e escorra novamente.
6. Misture os três vegetais.
7. Aqueça a manteiga em quantas frigideiras forem necessárias para colocar os vegetais sem ficarem amontoados.
8. Coloque os vegetais e o estragão na frigideira. Sacuda sobre a chama até que fiquem quentes e envoltos na manteiga. Adicione a salsinha e sacuda a frigideira para misturar.
9. Tempere a gosto com sal e pimenta-do-reino branca.

Preparo de grandes quantidades: cozinhe os vegetais, escorra e coloque em uma bandeja no balcão térmico. Aqueça a manteiga com as ervas e despeje por cima dos vegetais com uma concha. Tempere e sirva.

Ervilha, cenoura e cebola-pérola com manteiga de estragão

VARIAÇÕES

As ervas podem ser omitidas em uma receita mais simples.

Vegetais na manteiga
Os vegetais abaixo podem ser cozidos pelo método de cozimento em água ou no vapor e temperados com manteiga para serem servidos, como na receita básica:

Aspargo	Repolho	Pastinaca
Vagem verde ou amarela	Cenoura	Ervilha na vagem
Feijão-de-lima	Couve-flor (ver Observação)	Rutabaga
Beterraba	Salsão	Espinafre
Brócolis (ver Observação)	Milho (na espiga ou grãos inteiros)	Nabo
Couve-de-bruxelas	Couve-rábano	

Observação: tempere cada porção de brócolis com manteiga apenas na hora de servir. A manteiga escorre muito rapidamente dos brócolis. Não salteie se o serviço for *à la carte*. Reaqueça em água fervente e depois acrescente a manteiga. Outros vegetais grandes, como a couve-flor, também podem ser preparados como os brócolis.

Vegetais com ervas
Tempere vegetais passados na manteiga com salsinha fresca picada ou outras ervas frescas ou secas (ver quadro na p. 579). Ervas secas têm de ser aquecidas por alguns minutos junto com o vegetal para liberar o sabor.

Amandine
Receita especial para vagens, brócolis, salsão e couve-flor. Para cada 900 g (PL) de vegetal, salteie 60 g de amêndoas laminadas ou em lascas em 60 a 90 g de manteiga até ficarem levemente douradas (*cuidado*: amêndoas escurecem rapidamente). Junte ao vegetal cozido.

Hollandaise
Receita especial para brócolis, aspargo, couve-flor, couve-de-bruxelas, alho-poró e corações ou fundos de alcachofra. Na hora de servir, cubra cada porção de vegetal com 60 mL de molho *hollandaise*.

Polonaise
Receita especial para couve-flor, brócolis, couve-de-bruxelas, aspargo e vagens. Para cada 2,3 kg (PL) de vegetais, salteie 750 mL de pão esmigalhado em aproximadamente 175 g de manteiga até dourar. Pique as claras e as gemas de 2 a 4 ovos, cozidos separadamente. Misture o pão torrado, os ovos picados e 4 colheres de sopa (60 mL) de salsinha picada. Polvilhe essa mistura sobre os vegetais cozidos na hora de servir.

Cozinhar em água e no vapor 547

 ### Purê de abóbora

Porções: 25 *Tamanho da porção: 90 g*

Quantidade	Ingredientes
3,5 kg	Abóbora
175 g	Manteiga
90 g	Açúcar mascavo
2 colheres (chá)	Sal
a gosto	Pimenta-do-reino branca
a gosto	Noz-moscada ou gengibre em pó

Por porção:
Calorias, 90; Proteínas, 1 g; Gorduras, 6 g (51% cal.); Colesterol, 15 mg; Carboidratos, 12 g; Fibras, 2 g; Sódio, 250 mg.

Observação: se a abóbora estiver muito úmida, seque um pouco da umidade em uma assadeira rasa, em forno médio.

■ **Modo de preparo**

1. Descasque a abóbora, corte ao meio e raspe as sementes. Corte em cubos grandes.
2. Coloque no recipiente perfurado de uma panela para cozinhar no vapor. Cozinhe no vapor até ficar macia. Método alternativo: coloque em uma caçarola pesada. Adicione 3 cm de água, tampe e cozinhe em fogo brando até ficar macia. Escorra bem.
3. Passe a abóbora por um passador de legumes para fazer um purê. Adicione a manteiga, o açúcar e os temperos. Bata até ficar leve, mas não bata demais, senão a abóbora pode ficar aguada.

VARIAÇÕES

Adicione 90 a 125 mL de creme de leite fresco aquecido. O açúcar pode ser reduzido ou omitido se a abóbora estiver bem saborosa.

Purê de rutabaga ou nabo amarelo
Prepare como na receita básica. Se desejar, adicione uma pequena quantidade de purê de batata batido.

 ### Espinafre ao creme

Rendimento: aproximadamente 500 g
Porções: 25 *Tamanho da porção: 100 g*

Quantidade	Ingredientes
4,5 kg	Espinafre fresco
1,2 L	Molho *crème*, quente
a gosto	Noz-moscada
a gosto	Sal
a gosto	Pimenta-do-reino branca

Por porção:
Calorias, 120; Proteínas, 6 g; Gorduras, 7 g (50% cal.); Colesterol, 20 mg; Carboidratos, 10 g; Fibras, 3 g; Sódio, 150 mg.

Observação: se for usar espinafre picado congelado, descongele parcialmente 2,2 kg. Cubra com água fervente temperada com sal e separe os grumos. Cozinhe apenas até ficar quente e escorra. Esprema o excesso de líquido e misture com o molho *crème*.

■ **Modo de preparo**

1. Limpe o espinafre e lave-o cuidadosamente em várias trocas de água. Escorra (ver Observação).
2. Coloque 5 cm de água em uma caçarola pesada, tampe e aqueça até ferver. Acrescente o espinafre. Mexa diversas vezes para cozinhar por igual.
3. Assim que o espinafre estiver murcho, passe por um escorredor, pressionando com as costas de uma colher para espremer o excesso de líquido.
4. Pique o espinafre grosseiramente.
5. Misture com o molho *crème* em uma cuba gastronômica. Tempere a gosto com noz-moscada, sal e pimenta-do-reino. O espinafre não deve ficar com gosto forte de noz-moscada.

VARIAÇÕES

Vegetais ao creme
Os vegetais abaixo, cortados em pedaços pequenos se necessário, podem ser cozidos em água ou no vapor e misturados com o molho *crème*, como na receita básica. Para 25 porções, use aproximadamente 2,5 kg (PL) de vegetais e 1,2 a 1,7 L de molho.

Aspargo	Repolho	Quiabo
Vagem verde ou amarela	Cenoura	Cebola-branca pequena
Feijão-de-lima	Couve-flor	Ervilha
Brócolis	Salsão	
Couve-de-bruxelas	Couve-rábano	

Brócolis Mornay

Porções: 24   Tamanho da porção: 100 g de brócolis
                                 60 mL de molho

Quantidade	Ingredientes
3,4 kg	Brócolis
1,5 L	Molho Mornay, quente

Por porção:
Calorias, 160; Proteínas, 9 g; Gorduras, 10 g (53% cal.); Colesterol, 30 mg; Carboidratos, 11 g; Fibras, 4 g; Sódio, 180 mg.

Observação: este método de cozimento em panela rasa é usado para não danificar os floretes de brócolis, que se quebram com facilidade. Outros vegetais delicados, como os aspargos, também podem ser cozidos em pouca água em cubas gastronômicas ou frigideiras de saltear.

Os brócolis podem ser cozidos no vapor, seguindo-se o método básico de cozimento no vapor.

Modo de preparo

1. Limpe e lave os brócolis. Separe os pedaços grandes em porções menores. Corte ou descasque os talos para um cozimento mais uniforme.
2. Arrume os brócolis em uma cuba gastronômica colocando os floretes na parte mais externa e os talos no centro.
3. Despeje água fervente com sal até cobrir parcialmente. Cubra com toalhas limpas molhadas e leve ao fogo.
4. Cozinhe em fogo brando até os floretes ficarem quase macios. Dobre a beirada das toalhas para trás, para deixar os floretes descobertos. Isso libera o vapor e ajuda a evitar o excesso de cozimento. Deixe os talos cobertos e continue cozinhando em fogo brando até que os talos fiquem tenros, mas ainda *al dente* ao serem espetados com uma faca. Escorra bem.
5. Na hora de servir, cubra cada porção com 60 mL de molho Mornay. Coloque o molho sobre os talos, sem cobrir os floretes.

Variações

Outros vegetais podem ser servidos com molho de queijo, como a couve-flor e a couve-de-bruxelas.

Brócolis com molho *cheddar*
Prepare como na receita básica, mas substitua o molho Mornay por molho de queijo *cheddar*.

Tagliatelle de vegetais

Porções: 16   Tamanho da porção: aproximadamente 125 g

Quantidade	Ingredientes
800 g	Abobrinha-italiana, limpa
800 g	Cenoura, descascada e aparada
800 g	Aipo-rábano, sem casca
60 g	Manteiga

Por porção:
Calorias, 70; Proteínas, 1 g; Gorduras, 3 g (40% cal.); Colesterol, 10 mg; Carboidratos, 9 g; Fibras, 3 g; Sódio, 100 mg.

Modo de preparo

1. Corte os vegetais, no sentido do comprimento, em fatias de aproximadamente 3 mm de espessura. Depois corte em tiras longas e estreitas para que os vegetais se assemelhem ao macarrão chato (*tagliatelle*, ou *fettuccine*).
2. Branqueie cada vegetal separadamente em água fervente com sal. Os vegetais devem ficar macios, mas ainda firmes. Resfrie em água gelada e escorra.
3. Na hora de servir, aqueça a manteiga em uma panela funda, em fogo médio. Acrescente os vegetais e passe-os na manteiga até que estejam quentes.

Couve-flor gratinada

Porções: 25 *Tamanho da porção:* 90 g de couve-flor
                                    45 g de molho e cobertura

Quantidade	Ingredientes
2,3 kg (PL)	Couve-flor
1 colher (sopa)	Suco de limão (ver Observação)
1,2 L	Molho *béchamel* ou Mornay, quente
45 g	Farinha de rosca
45 g	Queijo parmesão ralado
75 g	Manteiga derretida

Por porção:
Calorias, 60; Proteínas, 3 g; Gorduras, 3,5 g (50% cal.); Colesterol, 10 mg; Carboidratos, 5 g; Fibras, 2 g; Sódio, 80 mg.

Observação: adicionar suco de limão à água do cozimento ajuda a manter a cor branca dos vegetais brancos. Pode-se omitir também.

■ Modo de preparo

1. Separe a couve-flor em floretes.
2. Coloque a couve-flor e o suco de limão em água fervente com sal. Espere ferver novamente, abaixe o fogo e tampe. Cozinhe em fogo brando até começar a ficar macia. Não cozinhe demais, pois ela continuará cozinhando dentro do molho. Escorra.
3. Unte o fundo de uma assadeira ou cuba gastronômica com manteiga e coloque a couve-flor formando uma camada de aproximadamente 5 cm (pode-se também usar refratários individuais).
4. Cubra com o molho quente.
5. Misture a farinha de rosca com o queijo e polvilhe toda a superfície por igual. Regue com manteiga derretida.
6. Asse a 175°C por aproximadamente 20 minutos. Doure a superfície sob um dourador ou uma salamandra.

V A R I A Ç Õ E S

Substitua o *béchamel* ou Mornay por molho de queijo *cheddar* e use *cheddar* ralado em vez de parmesão para polvilhar.
Outros vegetais podem ser preparados assim, como o aspargo, a endívia, os brócolis, a couve-de-bruxelas, o salsão, o aipo-rábano, o alho-poró e o nabo-roxo.

Couve-flor gratinada

Vagem *basquaise*

Porções: 12 *Tamanho da porção:* 110 g

Quantidade	Ingredientes
800 g	Vagem, limpa
125 mL	Azeite de oliva
175 g	Pimentão verde cortado em *brunoise*
175 g	Pimentão vermelho cortado em *brunoise*
175 g	Pimentão amarelo cortado em *brunoise*
a gosto	Sal
a gosto	Pimenta-do-reino

■ Modo de preparo

1. Afervente a vagem em água com sal até ficar macia, porém firme. Escorra e resfrie sob água fria. Escorra.
2. Aqueça o azeite em fogo médio. Acrescente os pimentões e refogue sem dourar.
3. Acrescente a vagem e vá virando no azeite quente até aquecer.
4. Tempere com sal e pimenta-do-reino a gosto.

Por porção:
Calorias, 120; Proteínas, 2 g; Gorduras, 10 g (69% cal.); Colesterol, 0 mg; Carboidratos, 8 g; Fibras, 2 g; Sódio, 0 mg.

Miscelânea de vegetais com ervas

Porções: 16   Tamanho da porção: 125 g

Quantidade	Ingredientes
1 kg	Aspargo
600 g	Abobrinha-italiana
400 g	Aipo-rábano
400 g	Nabo-roxo
125 g	Manteiga
6	Chalotas picadas
45 mL	Suco de limão
30 mL	Água
a gosto	Sal
2 colheres (sopa)	Salsinha picada
2 colheres (sopa)	Cebolinha-francesa picada

Modo de preparo

1. Limpe e descasque os aspargos (ver Fig. 16.6). Cozinhe em água fervente com sal até ficarem macios, porém firmes. Resfrie em água gelada e reserve.
2. Limpe a abobrinha-italiana, o aipo-rábano e o nabo. Corte-os em *batonnet*.
3. Branqueie cada vegetal separadamente em água fervente com sal. Esfrie em água gelada e escorra.
4. Derreta a manteiga em uma frigideira grande. Acrescente a chalota, o suco de limão, a água e o sal. Cozinhe até a chalota ficar macia.
5. Acrescente os vegetais reservados. Quando estiverem quentes, coloque as ervas.

Por porção:
Calorias, 80; Proteínas, 2 g; Gorduras, 6 g (67% cal.); Colesterol, 15 mg; Carboidratos, 7 g; Fibras, 3 g; Sódio, 105 mg.

Vagem com molho de gergelim

Porções: 16   Tamanho da porção: 60 g

Quantidade	Ingredientes
1 xícara	Sementes de gergelim branco
50 mL	Molho de soja
30 g	Açúcar
60 mL	*Dashi* (p. 195) ou água
1 kg	Vagem
a gosto	Sal

Modo de preparo

1. Toste as sementes de gergelim em uma frigideira seca, mexendo, até ficarem douradas.
2. Moa em um moedor de especiarias ou soque em um pilão.
3. Misture com o molho de soja e o açúcar. Afine a pasta com *dashi* ou água. Reserve.
4. Lave as vagens e apare as pontas. Corte em palitos de 2,5 cm.
5. Cozinhe em água fervente com sal até ficar macia mas crocante. Escorra, resfrie em água fria corrente e escorra outra vez.
6. Misture as vagens com o molho.

Por porção:
Calorias, 80; Proteínas, 3 g; Gorduras, 4,5 g (48% cal.); Colesterol, 0 mg; Carboidratos, 8 g; Fibras, 3 g; Sódio, 150 mg.

VARIAÇÕES

Outros vegetais verdes macios, como o espinafre e o aspargo, podem ser servidos da mesma maneira.

Molho de missô e gergelim

Reduza as sementes de gergelim para ½ xícara (chá) (125 mL). Exclua o molho de soja e o açúcar e acrescente 125 g de missô branco ou vermelho. Use saquê *mirin* em vez de *dashi* ou água para afinar o molho. Utilize como molho para vegetais, da mesma maneira que o molho de gergelim original.

Vagem com molho de gergelim

Vagem com pimentão assado e bacon

Porções: 16 *Tamanho da porção:* 100 g

Quantidade	Ingredientes
1,35 kg	Vagem
a gosto	Sal
450 g	Pimentão vermelho
225 g	Bacon em um pedaço só
a gosto	Sal

Por porção:
Calorias, 90; Proteínas, 4 g; Gorduras, 6 g (53% cal.); Colesterol, 10 mg; Carboidratos, 8 g; Fibras, 3 g; Sódio, 115 mg.

■ Modo de preparo

1. Apare as extremidades das vagens.
2. Lave e escorra.
3. Afervente em um caldeirão com água e sal até ficarem macias. Escorra.
4. Enxágue as vagens sob água fria corrente para resfriar e parar o cozimento, ou mergulhe-as em água gelada. Escorra novamente. Mantenha sob refrigeração até o momento de usar.
5. Asse os pimentões e retire a pele (ver p. 529). Descarte os talos; retire as sementes e membranas internas.
6. Corte em *batonnet*.
7. Corte o bacon em *batonnets* de aproximadamente 2,5 cm de comprimento.
8. Em uma frigideira grossa, frite o bacon em fogo médio até ficar crocante.
9. Retire o bacon da frigideira com uma colher perfurada e reserve. Reserve aproximadamente 60 g da gordura na frigideira, descartando o restante.
10. Acrescente as vagens e os pimentões à gordura do bacon e mexa sobre a chama até aquecer.
11. Prove e adicione sal, se necessário. O sal do bacon pode ser suficiente.
12. Acrescente o bacon crocante e mexa para misturar.
13. Sirva imediatamente.

VARIAÇÃO

Vagem com noz-pecã e chalota dourada
Exclua o bacon e o pimentão. Doure 360 g de chalotas cortadas em rodelas finas na manteiga. Acrescente 360 g de noz-pecã triturada e continue cozinhando até as nozes ficarem aquecidas. Reaqueça as vagens em manteiga em vez de gordura de bacon; junte as chalotas e as nozes.

Compota de cenoura e cebola

Porções: 12 *Tamanho da porção:* 110–120 g

Quantidade	Ingredientes
1,6 kg	Cenoura
400 g	Cebola picada
1 colher (sopa)	Azeite de oliva
350 mL	Água
a gosto	Sal e pimenta-do-reino
a gosto	Gengibre ralado

Por porção:
Calorias, 80; Proteínas, 2 g; Gorduras, 1,5 g (16% cal.); Colesterol, 0 mg; Carboidratos, 16 g; Fibras, 4 g; Sódio, 80 mg.

■ Modo de preparo

1. Descasque e apare as cenouras. Corte-as ao meio no sentido do comprimento e depois corte em fatias.
2. Em uma panela grande, cozinhe a cebola em fogo baixo no azeite de oliva por aproximadamente 5 minutos.
3. Acrescente a cenoura e a água. Tempere com sal, pimenta-do-reino e um pouco de gengibre. Tampe e cozinhe em fogo médio por aproximadamente 20 minutos. Verifique de vez em quando para ver se o líquido não se evaporou e se os vegetais não estão queimando. Isso pode acontecer se a tampa não estiver bem vedada ou se o fogo estiver muito alto.
4. Retire a tampa e cozinhe por mais 5 a 10 minutos para deixar a umidade evaporar, mexendo de vez em quando, até alcançar a consistência desejada. Acerte o tempero, se necessário, e sirva.

Couve com joelho de porco defumado

Porções: 16 Tamanho da porção: 125 g

Quantidade	Ingredientes
1 kg	Joelho de porco defumado
3 kg	Couve
a gosto	Pimenta-do-reino preta
2 colheres (chá) ou a gosto	Molho de pimenta vermelha
conforme necessário	Vinagre de maçã

Por porção:
Calorias, 240; Proteínas, 20 g; Gorduras, 14 g (51% cal.); Colesterol, 60 mg; Carboidratos, 10 g; Fibras, 6 g; Sódio, 95 mg.

Observação: esta é uma receita tradicional típica do sul dos Estados Unidos que despreza todas as regras de cozimento de vegetais verdes e de preservação da cor.

■ Modo de preparo

1. Em fogo brando, cozinhe os joelhos de porco em água suficiente para cobri-los até a carne ficar macia, aproximadamente 1 hora e 30 minutos a 2 horas.
2. Retire-os da panela e reserve o líquido.
3. Retire a carne dos ossos e corte-a em cubos pequenos.
4. Apare os talos das folhas de couve. Lave-as várias vezes em água fria.
5. Acrescente as folhas ao caldo reservado. Cozinhe em fogo brando até as folhas ficarem bem macias, aproximadamente 45 a 60 minutos.
6. Escorra, reservando o líquido.
7. Pique as folhas grosseiramente.
8. Misture as folhas com a carne de porco picada.
9. Adicione uma quantidade suficiente de líquido do cozimento para umedecer bem as folhas. Reaqueça.
10. Acrescente pimenta-do-reino e molho de pimenta vermelha a gosto.
11. Sirva acompanhado de vinagre, para os clientes adicionarem a gosto no prato.

VARIAÇÕES

Folhas de nabo, de mostarda ou de qualquer tipo de couve podem ser usadas.

Couve-de-bruxelas *paysanne*

Porções: 24 Tamanho da porção: 175 g

Quantidade	Ingredientes
2 kg	Couve-de-bruxelas
600 g	Cenoura
600 g	Salsão
600 g	Alho-poró
600 g	Cebola
200 g	Presunto cru
150 g	Manteiga
3 colheres (sopa)	Salsinha picada
a gosto	Sal

Por porção:
Calorias, 130; Proteínas, 6 g; Gorduras, 7 g (41% cal.); Colesterol, 20 mg; Carboidratos, 17 g; Fibras, 5 g; Sódio, 310 mg.

■ Modo de preparo

1. Limpe a couve-de-bruxelas e cozinhe em água fervente com sal até ficar macia.
2. Corte os vegetais em *paysanne* da seguinte maneira: corte a cenoura e o salsão em fatias de 2 mm, no sentido do comprimento. Corte cada fatia em tiras de 6 mm de largura. Corte as tiras em triângulos. Corte o alho-poró e a cebola em triângulos do mesmo tamanho.
3. Corte o presunto cru em *julienne*.
4. Refogue os vegetais na manteiga, sem dourar. Depois de cozidos, adicione o presunto cru e a couve-de-bruxelas. Cozinhe por aproximadamente 10 minutos, depois acrescente a salsinha picada. Acerte o sal, se necessário.

VARIAÇÃO

Substitua o presunto cru por bacon. Cozinhe o bacon até dourar, depois use a gordura em vez de manteiga para refogar os vegetais.

Cozinhar em água e no vapor **553**

 ## Alcachofra *gribiche*

Porções: 10   Tamanho da porção: 1 alcachofra
                                   80 mL de molho

Quantidade	Ingredientes
10	Alcachofras
3	Limões-sicilianos
800 mL	Molho *gribiche* (p. 724)

Modo de preparo

1. Limpe as alcachofras para serem cozidas inteiras, como mostra a Figura 16.2.
2. Corte o limão em rodelas de 0,5 cm. Amarre uma fatia de limão-siciliano à base de cada alcachofra, para evitar que escureçam (ver Fig. 16.3).
3. Cozinhe em fogo brando até ficarem tenras, aproximadamente 30 a 40 minutos.
4. Sirva quentes ou frias, com o molho ao lado, para mergulhar.

Por porção:
Calorias, 480; Proteínas, 6 g; Gorduras, 45 g (82% cal.); Colesterol, 65 mg; Carboidratos, 16 g; Fibras, 7 g; Sódio, 310 mg.

Alcachofra Clamart

Porções: 10   Tamanho da porção: 1 coração de alcachofra
                                   30 g de ervilhas

Quantidade	Ingredientes
10	Alcachofras grandes
1	Limão-siciliano, cortado ao meio
30 g	Farinha de trigo
1,5 L	Água fria
50 mL	Suco de limão
1 colher (sopa)	Sal
300 g	Ervilha congelada
90 g	Manteiga
a gosto	Sal
a gosto	Pimenta-do-reino branca
1 pitada	Manjericão seco

Modo de preparo

1. Prepare os fundos de alcachofra, como mostra a Figura 16.2. Esfregue as superfícies cortadas com o limão cortado enquanto trabalha, para evitar que escureçam.
2. Misture a farinha com um pouco de água, depois junte ao restante da água em uma panela funda. Acrescente o suco de limão e o sal. Aqueça até ferver. Esta mistura é chamada de *blanc* e evita que as alcachofras escureçam enquanto cozinham.
3. Junte as alcachofras ao *blanc* e cozinhe em fogo brando até ficarem macias, aproximadamente 30 minutos. Escorra.
4. Coloque as ervilhas em uma panela funda com água fervente e sal e cozinhe em fogo brando até ficarem aquecidas. Escorra.
5. Leve 30 g de manteiga ao fogo em uma frigideira e salteie as ervilhas rapidamente. Tempere com sal, pimenta-do-reino e manjericão, mexendo rapidamente para que o manjericão possa liberar seu sabor.
6. Ao mesmo tempo, leve ao fogo o restante (60 g) de manteiga em outra frigideira. Coloque os fundos de alcachofra cozidos e salteie em fogo médio até ficarem quentes e bem envoltas na manteiga. Tempere com sal e pimenta-do-reino.
7. Arrume as alcachofras em uma cuba gastronômica e preencha as cavidades com as ervilhas. Não faça isso com antecedência, porque o suco de limão que está nas alcachofras pode desbotar as ervilhas.

VARIAÇÕES

Os fundos de alcachofra podem ser recheados com outros vegetais, como pontas de aspargos, pequenas cenouras torneadas, nabos torneados ou cogumelos. Também podem ser usados como "potinho" para colocar molhos servidos com carnes grelhadas. De qualquer modo, são usados mais como guarnição para carnes.

Por porção:
Calorias, 150; Proteínas, 6 g; Gorduras, 7 g (38% cal.); Colesterol, 20 mg; Carboidratos, 20 g; Fibras, 9 g; Sódio, 580 mg.

Tubérculos glaçados

Porções: 12	Tamanho da porção: 110-120 g
Porções: 25	Tamanho da porção: 90 g
Quantidade	**Ingredientes**
1,4 kg	Cenoura
600 g	Pastinaca
1 kg	Nabo-roxo
90 g	Manteiga
60 g	Açúcar
a gosto	Sal

Por porção:
Calorias, 90; Proteínas, 1 g; Gorduras, 3 g (30% cal.); Colesterol, 5 mg; Carboidratos, 15 g; Fibras, 4 g; Sódio, 85 mg.

■ Modo de preparo

1. Apare e descasque as cenouras, as pastinacas e os nabos. Tubérculos torneados (ver Fig. 7.18) costumam ser preparados usando este método.
2. Coloque os vegetais em uma panela funda com uma quantidade suficiente de água fervente com sal para cobri-los. Cozinhe em fogo brando até ficarem macios. Escorra.
3. Aqueça a manteiga em uma frigideira. Acrescente os vegetais e polvilhe com o açúcar. Tempere com sal a gosto. Salteie até os vegetais ficarem bem glaçados.

Variações

Vegetais sozinhos, bem como outras combinações de vegetais, podem ser glaçados usando este método, tais como aipo-rábano, cebola-pérola, rutabaga e castanha-portuguesa.

Cenouras glaçadas

Cenouras glaçadas (cenouras Vichy)

Porções: 25	Tamanho da porção: 90 g
Quantidade	**Ingredientes**
3 kg	Cenoura
conforme necessário	Água (ver Observação)
150 g	Manteiga
30 g	Açúcar
2 colheres (chá)	Sal
a gosto	Pimenta-do-reino branca
conforme necessário	Salsinha picada

Por porção:
Calorias, 100; Proteínas, 2 g; Gorduras, 5 g (43% cal.); Colesterol, 10 mg; Carboidratos, 13 g; Fibras, 2 g; Sódio, 240 mg.

Observação: se desejar, utilize água de Vichy (França) ou outra água mineral na receita.

■ Modo de preparo

1. Apare, descasque e corte as cenouras em rodelas.
2. Coloque-as em uma panela funda ou frigideira de lateral reta. Acrescente água até quase cobrir as cenouras. Junte a manteiga, o açúcar e o sal.
3. Aqueça até ferver. Abaixe o fogo e cozinhe em fogo brando até as cenouras ficarem macias e a água evaporar quase por completo. Se tudo for feito corretamente, essas duas etapas acontecerão ao mesmo tempo. Mexa as cenouras para que fiquem bem envoltas no glacê que se formou na panela.
4. Tempere com pimenta-do-reino. Salpique com a salsinha picada.

Spinaci alla romana

Porções: 16   *Tamanho da porção: 90 g*

Quantidade	Ingredientes
2,7 kg	Espinafre
45 mL	Azeite de oliva
45 g	Gordura de presunto cru ou toucinho em cubos pequenos
45 g	Pinhole
45 g	Uva-passa
a gosto	Sal
a gosto	Pimenta-do-reino

Por porção:
Calorias, 100; Proteínas, 5 g; Gorduras, 7 g (57% cal.); Colesterol, 5 mg; Carboidratos, 7 g; Fibras, 3 g; Sódio, 90 mg.

■ **M o d o   d e   p r e p a r o**

1. Apare e lave o espinafre. Cozinhe em uma pequena quantidade de água fervente até ficar murcho. Escorra, resfrie sob água corrente fria e escorra outra vez. Comprima o espinafre para tirar o excesso de água, mas não esprema até ficar seco.
2. Aqueça o azeite em uma frigideira. Adicione a gordura ou toucinho e derreta. Retire os pedaços sólidos da frigideira e descarte.
3. Junte o espinafre, o pinhole e a uva-passa. Refogue até ficarem aquecidos.
4. Tempere com sal e pimenta-do-reino.

VARIAÇÕES

O alho picado pode ser salteado na gordura antes de o espinafre ser colocado. Pode-se usar presunto cru magro cortado em fatias finas e depois em cubos.

Spinaci alla piemontese
Exclua o azeite, o toucinho, o pinhole e a uva-passa. Aqueça 8 filés de anchovas picados e 2 dentes de alho picados em 125 g de manteiga, depois acrescente o espinafre cozido em água e escorrido e refogue.

Cipolline in agrodolce

Porções: 16   *Tamanho da porção: 100 g*

Quantidade	Ingredientes
2 kg	Cebola-pérola
500 mL	Água
60 g	Manteiga
90 mL	Vinagre de vinho
45 g	Açúcar
1 ½ colher (chá)	Sal

Por porção:
Calorias, 120; Proteínas, 2 g; Gorduras, 3 (23% cal.); Colesterol, 10 mg; Carboidratos, 21 g; Fibras, 1 g; Sódio, 270 mg.

■ **M o d o   d e   p r e p a r o**

1. Branqueie as cebolas por 1 minuto. Escorra e descasque.
2. Coloque as cebolas em uma frigideira, em uma única camada. Adicione a água e a manteiga e cozinhe lentamente, sem tampa, por cerca de 20 minutos, até ficarem ligeiramente macias. Acrescente um pouco de água durante o cozimento, se necessário, para que a frigideira não seque. Mexa com cuidado de vez em quando.
3. Adicione o vinagre, o açúcar e o sal. Tampe parcialmente. Cozinhe em fogo baixo até as cebolas ficarem bem macias e o líquido engrossar, aproximadamente 30 minutos. Se necessário, retire a tampa no final do cozimento para que o líquido se reduza. As cebolas devem ficar ligeiramente douradas no final.

SALTEAR E FRITAR EM POUCA GORDURA

Lembre-se de que as principais diferenças entre saltear e fritar em pouca gordura estão na quantidade de gordura usada e no tempo de cozimento. Saltear significa cozinhar rapidamente em uma pequena quantidade de gordura. O ingrediente geralmente é sacudido ou jogado para cima na frigideira sobre fogo alto. Fritar em pouca gordura significa cozinhar em uma quantidade maior de gordura, geralmente por um tempo mais longo e sobre fogo mais baixo, sem sacudir ou jogar o ingrediente para cima. Na prática, os dois métodos são bastante similares, e a distinção entre eles é difícil de ser determinada.

Ambos os métodos podem ser usados para finalizar o cozimento de vegetais pré-cozidos ou branqueados, bem como para cozinhar completamente vegetais crus. O método de saltear na manteiga é muito usado para finalizar vegetais pré-cozidos e congelados que serão servidos na hora.

Refogar à chinesa, ou *stir-fry*, é uma técnica de cozimento rápido usada na culinária asiática. Na verdade, é semelhante ao saltear, mas a frigideira fica parada e os ingredientes são mexidos e virados na gordura quente com espátulas e outros utensílios. Para mais informações sobre o procedimento básico de refogar, veja a página 314. O procedimento geral descrito lá é usado para refogar todos os tipos de alimento, incluindo carnes. Para aplicar o procedimento a vegetais apenas, omita as etapas 4, 5 e 6.

Procedimento para saltear vegetais

Este método é usado para vegetais pré-cozidos ou branqueados e para vegetais tenros ou cortados em pedaços pequenos, que cozinham rapidamente.

1. Reúna todos os equipamentos e ingredientes.
2. Prepare os vegetais conforme a necessidade.
3. Coloque a frigideira no fogo alto.
4. Quando a frigideira estiver quente, adicione uma pequena quantidade de manteiga clarificada, óleo ou outra gordura, suficiente para cobrir o fundo da frigideira (a manteiga clarificada é usada porque os sólidos lácteos da manteiga integral se queimam rapidamente no fogo alto necessário para saltear).
5. Assim que a gordura esquentar, adicione o vegetal. Não encha demais a frigideira, para não abaixar muito a temperatura, fazendo com que os vegetais cozinhem em fogo brando em vez de serem salteados.
6. Depois que a frigideira voltar a ficar bem quente, sacuda rapidamente e por várias vezes a frigideira para lançar os vegetais para cima, revirando-os (ver Fig. 17.1). Coloque a frigideira sobre a chama outra vez.
7. Continue arremessando os vegetais o quanto for necessário para que cozinhem ou sejam aquecidos por igual e fiquem envoltos na gordura do cozimento. Não faça movimentos além do necessário. Pode ser divertido, e uma boa maneira de se mostrar, mas é uma perda de tempo e não atinge nenhum objetivo a não ser quebrar vegetais frágeis. O aquecimento também precisa de tempo para ser retomado entre as sacudidas.
8. Assim que os vegetais estiverem cozidos ou aquecidos por igual, se forem pré-cozidos, retire da frigideira e sirva. Uma cor dourada pode ou não ser bem-vinda, dependendo do vegetal e da receita.

Figura 17.1.
Para jogar os alimentos para cima em uma frigideira para saltear, dê uma guinada brusca para cima no cabo da frigideira com o punho. Volte a frigideira para trás a uma distância suficiente para pegar os ingredientes quando caírem.

Procedimento para fritar vegetais em pouca gordura

Observação: pode-se usar uma chapa bifeteira para este procedimento se apenas uma quantidade pequena de gordura for necessária.

1. Reúna todos os equipamentos e ingredientes.
2. Prepare os vegetais conforme a necessidade.
3. Coloque uma frigideira de saltear ou uma frigideira de ferro fundido em fogo moderadamente alto. Adicione a quantidade necessária de gordura à frigideira e deixe aquecer.
4. Coloque os vegetais na frigideira. Ajuste o fogo para que o produto fique bem cozido e com a cor desejada, mas sem queimar a parte exterior.
5. Vire os vegetais com uma espátula e continue cozinhando até o final do preparo.
6. Retire da frigideira. Se necessário, escorra em papel absorvente para eliminar o excesso de gordura.

Saltear e fritar em pouca gordura **557**

Berinjela com molho de tomate

Porções: 24   *Tamanho da porção:* 100 g de berinjela
                                     60 mL de molho

Quantidade	Ingredientes
3 kg	Berinjela
a gosto	Sal
	Para empanar:
175 g	Farinha de trigo
1 ½ colher (chá)	Sal
½ colher (chá)	Pimenta-do-reino branca
500 mL	Ovos batidos
600 g	Farinha de rosca
conforme necessário	Óleo para fritar
1,5 L	Molho de tomate

Por porção:
Calorias, 260; Proteínas, 7 g; Gorduras, 13 (44% cal.); Colesterol, 70 mg; Carboidratos, 30 g; Fibras, 4 g; Sódio, 490 mg.

■ **M o d o   d e   p r e p a r o**

1. Lave e apare as berinjelas. Descasque, se as cascas forem muito duras. Corte em rodelas de 0,5 cm.
2. Reserve, mergulhadas em água fria com bastante sal por 30 minutos (esta etapa pode ser omitida, mas ajuda a evitar o escurecimento das berinjelas e elimina o sabor amargo).
3. Prepare o procedimento para empanar, temperando a farinha com o sal e a pimenta-do-reino.
4. Escorra a berinjela e seque bem. Use o procedimento para empanar da página 143.
5. Leve ao fogo 0,5 cm de óleo em uma frigideira grossa de ferro fundido ou em uma frigideira de saltear. Frite a berinjela empanada de ambos os lados até ficar dourada. Retire da frigideira com uma escumadeira e escorra em papel absorvente.
6. Use 2 a 3 fatias por porção, dependendo do tamanho. Sirva cada porção com 60 mL de molho de tomate. Coloque uma concha de molho, formando uma faixa sobre as rodelas de berinjela; não as cubra completamente.

V A R I A Ç Õ E S

Em vez do procedimento básico para empanar, simplesmente passe as fatias de berinjela na farinha temperada e frite em pouco óleo.

Berinjela frita à moda *creole*
Use molho *creole* em vez de molho de tomate.

Berinjela *parmigiana*
Frite em pouco óleo como na receita básica. Cubra cada rodela frita com uma fatia fina de mussarela. Arrume em camadas em uma assadeira, cobrindo cada camada com molho de tomate, e polvilhe com queijo parmesão. Asse por 30 minutos a 175°C.

Abobrinha salteada *provençale*

Porções: 25   *Tamanho da porção:* 100 g

Quantidade	Ingredientes
2,7 kg	Abobrinha-italiana
175 mL	Azeite de oliva
175 g	Chalota ou cebola picada
4-6	Dentes de alho picados
a gosto	Salsinha picada
a gosto	Sal
a gosto	Pimenta-do-reino branca

Por porção:
Calorias, 80; Proteínas, 1 g; Gorduras, 7 g (72% cal.); Colesterol, 0 mg; Carboidratos, 5 g; Fibras, 1 g; Sódio, 5 mg.

■ **M o d o   d e   p r e p a r o**

1. Lave e apare as abobrinhas. Corte em rodelas finas.
2. Leve o azeite ao fogo em duas ou três frigideiras de saltear (ou salteie em vários lotes – não encha demais as frigideiras). Junte a chalota ou cebola e o alho. Salteie até ficarem macios, sem dourar.
3. Junte a abobrinha e salteie até ficar levemente dourada, mas ainda um pouco crocante.
4. Adicione a salsinha e misture bem. Tempere a gosto.

V A R I A Ç Õ E S

Corte a abobrinha em outras formas, mas que sejam pequenas para cozinhar rapidamente. Exemplos: *batonnet, julienne,* cubos e ralada no ralo grosso.

Abobrinha ralada com chalota
Rale a abobrinha no ralo grosso. Salteie com a chalota como na receita básica, mas sem dourar. Exclua o alho e a salsinha.

Abobrinha com tomate
Salteie como na receita básica. Quando estiver semipronta, adicione 1,2 L de tomate em lata, escorrido e picado, ou tomates frescos *concassé* (p. 533), e termine o cozimento. Tempere com orégano e manjericão.

Abobrinha com creme de leite
Rale a abobrinha. Salgue levemente e deixe escorrer em uma peneira por 30 minutos. Esprema o excesso de líquido. Salteie como na receita básica, mas sem dourar. Adicione 2 ½ xícaras (600 mL) de creme de leite fresco e cozinhe em fogo brando por 2 minutos.

Cogumelo salteado

Porções: 25   *Tamanho da porção:* 100 g

Quantidade	Ingredientes
3 kg	Cogumelo fresco
300 g	Manteiga clarificada, ou metade óleo, metade manteiga
a gosto	Sal
a gosto	Pimenta-do-reino

Por porção:
Calorias, 120; Proteínas, 2 g; Gorduras, 11 g (80% cal.); Colesterol, 30 mg; Carboidratos, 4 g; Fibras, 2 g; Sódio, 115 mg.

Observação: se for necessário manter cogumelos de cor clara, adicione suco de limão à frigideira ao colocar os cogumelos. Use aproximadamente 30 mL de suco de limão para cada 500 g de cogumelos.

Modo de preparo

1. Lave os cogumelos rapidamente e seque com toalhas. Apare as pontas dos cabos e fatie.
2. Leve a manteiga ao fogo alto em duas ou três frigideiras de saltear (ou salteie em vários lotes – não encha demais as frigideiras). Adicione os cogumelos e salteie em fogo alto até ficarem dourados. Não cozinhe em excesso, pois os cogumelos podem se contrair e perder grande parte da umidade.
3. Tempere com sal e pimenta-do-reino.

VARIAÇÕES

Guarneça com salsinha picada.

Em vez de fatiar, deixe os chapéus dos cogumelos inteiros ou corte em duas ou em quatro partes.

Cogumelo ao creme
Prepare como na receita básica, usando suco de limão para manter a cor clara. Misture 1,2 L de molho *crème* quente. Tempere com um pouco de noz-moscada.

Duxelles
Pique muito bem os cogumelos. Retire a umidade com o auxílio de uma toalha. Salteie na manteiga com 90 g de chalota ou cebola picadinha até secar. Tempere com sal, pimenta-do-reino e noz-moscada. Esta variação é usada para rechear vegetais ou carnes. Pode-se umedecer com creme de leite fresco ou aumentar com farinha de rosca.

Milho com pimentão *poblano*

Porções: 12   *Tamanho da porção:* 90 g

Quantidade	Ingredientes
360 g	Pimentão *poblano*
900 g	Milho-verde, fresco ou congelado
45 mL	Azeite de oliva
240 g	Cebola bem picada
1 colher (chá)	Orégano seco
a gosto	Sal
a gosto	Pimenta-do-reino

Por porção:
Calorias, 180; Proteínas, 6 g; Gorduras, 7 g (30% cal.); Colesterol, 0 mg; Carboidratos, 30 g; Fibras, 9 g; Sódio, 25 mg.

Modo de preparo

1. Asse e retire a pele dos pimentões como mostra a ilustração da página 529. Descarte o caule, as sementes e todas as membranas.
2. Corte em *batonnet*.
3. Se o milho estiver congelado, coloque em água fervente até descongelar e depois escorra.
4. Aqueça o azeite em uma frigideira em fogo moderadamente alto.
5. Acrescente a cebola e salteie até ficar macia e começar a dourar.
6. Junte o pimentão, o milho e o orégano. Salteie até ficarem quentes e bem misturados.
7. Acrescente sal e pimenta-do-reino a gosto.

VARIAÇÕES

Gratinado de milho e pimentão *poblano*
Prepare como na receita básica. Transfira para um refratário e cubra com uma camada generosa de queijo *Monterey Jack* ou outro queijo suave similar. Coloque para dourar em uma salamandra ou dourador até que o queijo tenha derretido e esteja levemente corado.

Milho e pimentão *poblano* ao creme de leite
Prepare como na receita básica, mas na etapa 6 adicione 360 mL de creme de leite fresco. Cozinhe em fogo brando até o creme de leite engrossar e ser reduzido a aproximadamente dois terços.

Vegetais variados refogados à chinesa

Porções: 16 *Tamanho da porção: 125 g*

Quantidade	Ingredientes
750 g	Acelga
16	Cogumelo *shiitake* seco
175 g	Broto de bambu, escorrido
125 g	Salsão
125 g	Cenoura
1 lata de 425 g	Minimilho
4	Cebolinhas
60-90 mL	Óleo
1	Dente de alho, amassado (opcional)
5 fatias	Gengibre
1 colher (chá)	Sal
350 mL	Fundo de frango ou água
30 mL	Molho de soja (opcional)
¼ xícara (chá)	Amido de milho
100 mL	Água fria
1 colher (chá)	Óleo de gergelim (opcional)

Por porção:
Calorias, 90; Proteínas, 2 g; Gorduras, 4 g (36% cal.); Colesterol, 0 mg; Carboidratos, 14 g; Fibras, 3 g; Sódio, 165 mg.

Modo de preparo

1. Descarte o miolo duro da acelga e separe as folhas. Separe o talo grosso central e depois corte-o no sentido da largura em pedaços de 5 cm. Corte a parte verde das folhas em tiras.
2. Coloque os cogumelos de molho em água fervente suficiente para cobri-los. Quando estiverem macios, escorra e esprema, reservando o líquido. Descarte os cabos e corte os chapéus em *julienne*.
3. Corte os brotos de bambu em fatias finas.
4. Corte o salsão em fatias finas, na diagonal.
5. Corte as cenouras em *julienne*.
6. Escorra o minimilho.
7. Corte a cebolinha bem fina, em diagonal.
8. Aqueça o óleo em uma frigideira grande ou *wok*.
9. Acrescente o alho e cozinhe por aproximadamente 15 segundos, para dar sabor ao óleo, depois retire e descarte.
10. Acrescente o gengibre e o sal e deixe cozinhar por aproximadamente 15 segundos.
11. Adicione os talos da acelga e refogue por 1 a 2 minutos.
12. Adicione os vegetais restantes, exceto a parte verde das folhas de acelga. Continue mexendo e cozinhando por mais 1 a 2 minutos. Acrescente a folha de acelga.
13. Junte o fundo de frango ou água e o molho de soja e continue refogando até os vegetais ficarem cozidos, mas ainda crocantes.
14. Misture o amido de milho com a água fria e acrescente aos poucos aos vegetais, mexendo sempre, para engrossar o molho. Não coloque tudo ao mesmo tempo, porque você pode não precisar de tudo. O molho não deve ser muito grosso, mas sim ter a consistência de um molho *velouté* leve.
15. Coloque o óleo de gergelim, mexa e sirva imediatamente.

Variações

Este é um modo básico de preparo para vegetais refogados à moda chinesa. Um ou dois vegetais, ou uma variedade harmoniosa de vegetais, podem ser cozidos usando-se a mesma receita, apenas substituindo-se os vegetais por outros.

BRASEAR

Brasear, como é do seu conhecimento, é um método lento de cozimento em calor úmido que usa uma pequena quantidade de líquido. Quando carnes são braseadas, são seladas ou douradas na gordura antes da adição do líquido. Vegetais braseados nem sempre são cozidos em gordura antes da adição do líquido, embora algum tipo de gordura seja usado na preparação.

O preparo de vegetais braseados tende a ser mais complexo do que o de vegetais cozidos em água ou no vapor, e o tempo de cozimento é mais longo. Infelizmente, existem tantas variedades de vegetais braseados que não é possível determinar um único modo básico de preparo. Por essa razão, vamos apresentar modos de preparo em termos gerais e usar receitas para ilustrá-los.

Características dos procedimentos para brasear vegetais

1. Coloca-se gordura em uma caçarola, assadeira ou panela funda para aquecer. Um *mirepoix* em cubos pequenos ou outros ingredientes para tempero podem ser cozidos rapidamente na gordura. A gordura contribui para a qualidade do tempero e do sabor.
2. O vegetal (branqueado ou cru) é colocado na caçarola. Pode ou não ser cozido na gordura antes da adição do líquido, dependendo da receita.
3. Acrescenta-se o líquido – fundo, água, vinho ou uma combinação de líquidos. Em geral, o líquido cobre o vegetal apenas parcialmente.
4. A caçarola é tampada e o vegetal é cozido lentamente no forno ou no fogão.
5. O vegetal é servido com o seu próprio líquido aromático de cozimento. O líquido também pode ser escorrido e reduzido em fogo alto para concentrar o sabor, antes de ser servido.

Repolho-roxo braseado

Porções: 25 *Tamanho da porção: 150 g*

Quantidade	Ingredientes
3 kg	Repolho-roxo
375 g	Bacon em cubos
500 g	Cebola em rodelas
30 g	Açúcar
750 mL	Fundo claro (frango, vitela ou porco) ou água
500 g	Maçã, com casca e sem sementes, em cubos
4	Cravos-da-índia
6	Grãos de pimenta-da-jamaica
1	Canela em pau
125 mL	Vinagre de maçã ou vinagre de vinho tinto
250 mL	Vinho tinto (ou mais vinagre)
a gosto	Sal
a gosto	Pimenta-do-reino

Por porção:
Calorias, 130; Proteínas, 3 g; Gorduras, 8 (54% cal.); Colesterol, 10 mg; Carboidratos, 11 g; Fibras, 3 g; Sódio, 110 mg.

Modo de preparo

1. Descarte as folhas externas do repolho e corte-o em quatro. Descarte o miolo e corte as folhas em tirinhas com uma faca (Fig. 16.15) ou fatiador elétrico. Não pique; o repolho deve ser cortado em tirinhas longas e finas.
2. Derreta o bacon em uma caçarola grossa e grande. Acrescente a cebola e o açúcar e cozinhe até a cebola ficar macia.
3. Junte o repolho e mexa até ficar envolto na gordura.
4. Acrescente o fundo, a maçã e as especiarias, amarradas em um saquinho de pano fino. Tampe e cozinhe em fogo brando até o repolho ficar quase macio, aproximadamente 30 minutos.
5. Adicione o vinagre e o vinho tinto e cozinhe em fogo brando por mais 10 minutos. Retire o saquinho de especiarias.
6. Prove e acerte o tempero. Se não estiver bem azedo ou se a cor não estiver bem roxa, adicione mais vinagre.

Variações

Substitua o bacon por banha, toucinho ou gordura de frango. Pode-se usar óleo vegetal, mas ele não acentua o sabor.

Exclua a canela, o cravo-da-índia e a pimenta-da-jamaica. Adicione 1 colher (sopa) de sementes de alcaravia à cebola quando for salteá-las.

Repolho-verde ou branco braseado

Prepare como na receita básica, mas tempere com 1 folha de louro, 6 a 8 talos de salsinha, 6 grãos de pimenta-do-reino e uma pitada de tomilho seco em vez de canela, cravo-da-índia e pimenta-da-jamaica. Exclua o açúcar, a maçã, o vinho e o vinagre. A manteiga pode ser usada como gordura para refogar, se desejar.

Repolho-roxo braseado

Sauerkraut

Porções: 25 Tamanho da porção: 125 g

Quantidade	Ingredientes
3 kg	Chucrute (repolho fermentado)
60 g	Banha ou bacon derretido
500 g	Cebola em rodelas
500 mL	Vinho branco seco (opcional)
1,5 L (aprox.)	Fundo de frango
5	Bagas de zimbro
2	Folhas de louro
2	Cravos-da-índia
1 colher (chá)	Alcaravia ou semente de cominho
2	Dentes de alho
a gosto	Sal

Por porção:
Calorias, 50; Proteínas, 2 g; Gorduras, 2,5 g (38% cal.); Colesterol, 5 mg; Carboidratos, 7 g; Fibras, 3 g; Sódio, 790 mg.

Modo de preparo

1. Enxágue o chucrute em água fria. Escorra e esprema bem para sair a água. Prove e lave de novo se ainda estiver muito salgado.
2. Leve a banha ao fogo em uma caçarola pesada e salteie a cebola até ficar macia. Adicione o chucrute, o vinho (se for usar) e fundo suficiente para cobrir três quartos do chucrute. Amarre os condimentos e o alho em um pano fino e adicione à caçarola.
3. Tampe e cozinhe em fogo brando por 1 hora e 30 minutos, no fogão ou em forno baixo a 150°C.
4. Retire o sachê de especiarias. Prove o chucrute e acerte o tempero.

VARIAÇÃO

Choucroute Garni
Dobre as quantidades por porção. Cozinhe uma variedade de carnes de porco defumadas, frescas, e salsichas no chucrute. Na hora apropriada, adicione cada ingrediente, para cozinhar durante o tempo certo. Sugestões: costeletas de porco frescas ou defumadas, fatias grossas de bacon, salsichas alemãs como a *Bratwurst* (salsichão) e *Frankfurten* (salsicha para cachorro-quente) e paleta de porco defumada. Sirva como prato principal, com batatas cozidas como acompanhamento.

Chucrute

Quantidade	Ingredientes
a gosto (ver etapa 1)	Repolho-verde
conforme necessário (ver etapa 5)	Sal *kosher*

Por 30 g:
Calorias, 5; Proteínas, 0 g; Gorduras, 0 g (0% cal.); Colesterol, 0 mg; Carboidratos, 2 g; Fibras, 1 g; Sódio, 280 mg.

Modo de preparo

1. O chucrute pode ser feito em grandes quantidades, dependendo do recipiente disponível. Para maior praticidade, é melhor começar com pelo menos 2,3 kg.
2. Limpe e descarte as folhas externas e as áreas danificadas do repolho.
3. Corte as cabeças em quatro. Descarte o miolo central.
4. Fatie o repolho em tiras bem finas, de preferência em um fatiador de frios.
5. Pese o repolho. Divida o peso por 40 para saber o peso de sal necessário (p. ex., 50 g para 2 kg de repolho).
6. Pese o sal e coloque no repolho desfiado, mexendo para misturar bem.
7. Arrume o repolho salgado em um ou mais recipientes não corrosivos, apertando bem. Vede a superfície do repolho com uma camada de filme plástico e coloque um peso em cima. Se o repolho estiver bem compactado, os sucos extraídos pelo sal devem ser suficientes para apenas cobrir o repolho. *Observação*: o sal começa a extrair os sucos minutos após ter sido misturado com o repolho.
8. Coloque o repolho em um lugar fresco para fermentar, a aproximadamente 15°C, de preferência. Depois de um dia ou dois, o repolho e o líquido começarão a formar bolhas, lentamente. Mantenha tampado e deixe fermentar até parar de fazer bolhas e o repolho exalar o cheiro característico de chucrute. A fermentação pode levar de vários dias a até 2 semanas, dependendo da temperatura.
9. Descarte as partes contendo repolho descolorido da primeira camada.
10. Mantenha sob refrigeração para coibir a fermentação. O chucrute está pronto para ser usado.

Petits poas à la Française

Porções: 16 *Tamanho da porção:* 90 g

Quantidade	Ingredientes
90 g	Manteiga
60 g	Cebola picada ou cebola-pérola inteira, descascada
1,1 kg	Ervilha congelada
225 g	Alface em tirinhas
2 colheres (sopa)	Salsinha picada
1 colher (chá)	Sal
2 colheres (chá)	Açúcar
125 mL	Fundo de frango ou água, quente
1 colher (sopa)	*Beurre manié*

Por porção:
Calorias, 100; Proteínas, 4 g; Gorduras, 5 g (43% cal.); Colesterol, 15 mg; Carboidratos, 11 g; Fibras, 4 g; Sódio, 250 mg.

Modo de preparo

1. Aqueça a manteiga em uma panela funda. Adicione a cebola e refogue ligeiramente.
2. Adicione a ervilha, a alface, a salsinha, o sal e o açúcar. Cozinhe em fogo médio, mexendo sempre, até os vegetais começarem a soltar vapor.
3. Junte o fundo ou a água. Aqueça até ferver, tampe e cozinhe em fogo brando ou no forno até as ervilhas ficarem macias.
4. Junte um pouco de *beurre manié* para engrossar o líquido do cozimento e cozinhe em fogo brando por mais 2 a 3 minutos. Ajuste o tempero (para quantidades maiores, escorra o líquido e engrosse separadamente).

Salsão braseado

Porções: 25 *Tamanho da porção:* 90 g

Quantidade	Ingredientes
3 kg	Salsão
125 g	Manteiga
1,5 L (aprox.)	Fundo escuro ou fundo de galinha
a gosto	Sal
a gosto	Pimenta-do-reino
conforme necessário	*Beurre manié* (opcional)

Por porção:
Calorias, 50; Proteínas, 1 g; Gorduras, 4 g (64% cal.); Colesterol, 10 mg; Carboidratos, 4 g; Fibras, 2 g; Sódio, 130 mg.

Modo de preparo

1. Apare e lave o salsão. Se estiver muito fibroso, descasque a parte externa das nervuras ou use os talos internos mais macios e reserve os mais fibrosos para *mirepoix*. Corte em pedaços de 4 cm de comprimento. Divida os pedaços maiores no sentido do comprimento para que todos fiquem aproximadamente do mesmo tamanho.
2. Aqueça a manteiga em uma caçarola e acrescente o salsão. Cozinhe em fogo médio até ele começar a ficar macio.
3. Adicione fundo suficiente para cobrir dois terços do salsão. Tempere a gosto com sal e pimenta-do-reino. Tampe e cozinhe lentamente, no forno ou no fogão, até ficar macio – aproximadamente 20 a 30 minutos.
4. Retire o salsão da panela e mantenha aquecido em uma cuba no balcão térmico. Reduza o caldo em fogo alto para aproximadamente 1,25 L. Se desejar, engrosse ligeiramente com *beurre manié*. Acerte o tempero e despeje sobre o salsão.

VARIAÇÕES

Pode-se usar gordura de bacon em vez de manteiga. Para obter mais sabor, adicione pequenos *mirepoix* em cubos pequenos à gordura da panela antes de acrescentar o salsão.

Bulbo de salsão braseado
Prepare como na receita básica, mas use bulbos intactos de salsão (os talos tenros mais internos, ligados ao miolo e à base da raiz) cortados em cunhas.

Salsão braseado com molho *espagnole*
Acrescente 1,25 L de molho *espagnole* ou *demi-glace* ao líquido de cozimento já reduzido e reduza novamente até obter a consistência desejada. Despeje sobre o salsão.

Aipo-rábano braseado
Prepare como na receita básica, usando aipo-rábano fatiado e branqueado.

Alface braseada
Branqueie a alface romana para que as folhas murchem. Dobre as folhas em porções bem-feitas formando trouxinhas. Arrume em cima de um *mirepoix* em cubos bem miúdos salteados e braseie como na receita básica, sem saltear a alface.

Brasear 563

 ## Cenoura com laranja e cominho

Porções: 12   *Tamanho da porção:* 100 g

Quantidade	Ingredientes
1,5 kg	Cenoura
100 g	Manteiga
1 g (⅛ de colher de chá)	Sementes de cominho
2 g (¼ de colher de chá)	Cominho moído
a gosto	Sal
a gosto	Pimenta-do-reino branca
300 mL	Suco de laranja

Por porção:
Calorias, 120; Proteínas, 2 g; Gorduras, 7 g (51% cal.); Colesterol, 20 mg; Carboidratos, 13 g; Fibras, 2 g; Sódio, 70 mg.

Modo de preparo

1. Descasque e apare as cenouras. Corte em rodelas finas.
2. Refogue a cenoura na manteiga por alguns minutos, sem dourar, depois junte o cominho, o sal e a pimenta-do-reino a gosto.
3. Acrescente o suco de laranja. Cozinhe, com a panela parcialmente tampada, em fogo baixo, até a cenoura ficar macia. Retire a tampa e continue cozinhando até que a maior parte do líquido tenha evaporado.

VARIAÇÃO

Purê de cenoura com laranja e cominho
Transfira as cenouras cozidas para o processador ou para um passador de legumes. Transforme em um purê liso. Leve ao fogo novamente para retirar o excesso de umidade. Acrescente 100 g de manteiga (*monter au beurre*). Acerte o tempero.

 ## Ratatouille

O método usado para esta receita não é igual ao dos outros vegetais braseados desta seção porque nenhum líquido é adicionado. A receita está classificada como braseada porque os vegetais são salteados na gordura primeiramente e depois cozidos em fogo brando em seu próprio suco.

Porções: 20   *Tamanho da porção:* 125 g

Quantidade	Ingredientes
500 g	Abobrinha-italiana
500 g	Berinjela
500 g	Cebola
4	Pimentões verdes
4	Dentes de alho
1 kg	Tomate (pode ser o em lata)
200 mL, ou conforme necessário	Azeite de oliva
½ xícara (chá)	Salsinha picada
1	Folha de louro
¼ de colher (chá)	Tomilho seco
a gosto	Sal
a gosto	Pimenta-do-reino

Por porção:
Calorias, 110; Proteínas, 1 g; Gorduras, 9 g (67% cal.); Colesterol, 0 mg; Carboidratos, 9 g; Fibras, 2 g; Sódio, 5 mg.

Modo de preparo

1. Prepare os vegetais. Corte as abobrinhas em rodelas de 1 cm. Descasque as berinjelas e corte em cubos grandes. Corte as cebolas em rodelas. Retire o miolo e as sementes dos pimentões e corte em cubos de 2,5 cm. Pique o alho. Retire a pele e as sementes dos tomates e corte em cubos grandes (no caso de tomates em lata, deixe-os inteiros, pois ele irão se dissolver durante o cozimento).
2. Salteie a abobrinha em um pouco de azeite até ficar parcialmente cozida. Retire da frigideira.
3. Salteie a berinjela no azeite até ficar parcialmente cozida. Retire da frigideira.
4. Salteie a cebola e o pimentão até ficarem parcialmente cozidos. Acrescente o alho e cozinhe por mais 1 minuto.
5. Misture todos os vegetais e temperos em uma panela de duas alças ou outra panela funda grossa. Tampe e cozinhe em forno baixo (160°C) por aproximadamente 30 minutos, até os vegetais ficarem macios e os sabores se misturarem bem. Se os vegetais soltarem muito suco, cozinhe sem tampa no fogão por alguns minutos para reduzir o líquido. Cuidado para não queimar os vegetais no fundo.
6. Acerte o tempero. Sirva quente ou frio.

Berinjela ao estilo de Sichuan

Porções: 16 Tamanho da porção: 60-75 g

Quantidade	Ingredientes
60 mL	Pasta de pimenta vermelha fresca com alho (pasta *Sichuan*)
30 mL	Molho de soja
60 mL	Xerez ou vinho *shaoxing**
30 mL	Vinagre de vinho tinto
1 colher (chá)	Açúcar
60 mL	Fundo de frango ou água
1,1 kg	Berinjela
4	Dentes de alho
1 colher (chá)	Gengibre
6	Cebolinhas
60-90 mL	Óleo
1 colher (sopa)	Óleo de gergelim

Por porção:
Calorias, 70; Proteínas, 1 g; Gorduras, 4,5 g (57% cal.); Colesterol, 0 mg; Carboidratos, 8 g; Fibras, 2 g; Sódio, 250 mg.

*N.R.: Vinho de arroz chinês original da região de Shaoxing.

Modo de preparo

1. Misture a pasta de pimenta com alho, o molho de soja, o vinho, o vinagre, o açúcar e o fundo ou água.
2. Descasque as berinjelas, se a casca for dura. Caso contrário, deixe a casca. Corte em cubos de 2,5 cm.
3. Pique o alho, o gengibre e a cebolinha.
4. Leve o óleo ao fogo em uma frigideira de saltear e salteie a berinjela até ficar levemente dourada.
5. Acrescente o alho, o gengibre e a cebolinha e salteie por mais 1 minuto.
6. Coloque a mistura de pimenta e mexa bem. Tampe e cozinhe em fogo baixo até a berinjela ficar macia, aproximadamente 15 a 20 minutos.
7. Destampe. O molho tem que estar bem grosso. Se for necessário, cozinhe sem tampa por alguns minutos para reduzir o líquido.
8. Junte o óleo de gergelim e sirva.

Lecsó

Porções: 16 Tamanho da porção: 125 g

Quantidade	Ingredientes
750 g	Cebola
1,5 kg	Pimentão verde
100 g	Tomate, bem maduro
20 g (3 colheres de sopa)	Banha
a gosto	Páprica húngara
1 pitada	Sal
1 a 2 pitadas	Açúcar (opcional)

Por porção:
Calorias, 110; Proteínas, 2 g; Gorduras, 6 g (46% cal.); Colesterol, 5 mg; Carboidratos, 14 g; Fibras, 3 g; Sódio, 10 mg.

Modo de preparo

1. Descasque as cebolas e corte em cubos pequenos.
2. Tire as sementes e o miolo dos pimentões. Corte em rodelas finas.
3. Retire a pele e as sementes dos tomates e pique-os.
4. Leve a banha ao fogo baixo. Acrescente a cebola e cozinhe lentamente por 5 a 10 minutos, até ficar bem macia.
5. Acrescente o pimentão e cozinhe por mais 5 a 10 minutos.
6. Acrescente o tomate e a páprica. Tampe e cozinhe em fogo brando por 15 a 20 minutos, até que os vegetais fiquem macios.
7. Tempere com sal a gosto. Adicione 1 a 2 pitadas de açúcar, se desejar.

VARIAÇÕES

Este prato pode ser usado como acompanhamento ou como antepasto, e pode ser servido com arroz ou macarrão. Pode-se servi-lo com salsichas defumadas, como um prato principal, ou com ovos preparados de várias maneiras. O tamanho da porção indicado é bem grande porque este prato pode ser servido como parte do prato principal. Se for uma porção para acompanhamento, pode ser reduzido para 75 a 100 g.

Erva-doce braseada

Porções: 12 *Tamanho da porção: 100 g*

Quantidade	Ingredientes
2 kg	Bulbo de erva-doce
360 g	Cebola (opcional)
90 g	Manteiga
1 colher (chá) ou a gosto	Sal
¼ de colher (chá) ou a gosto	Pimenta-do-reino branca
250 mL	Fundo de frango, fundo de vegetais ou água

■ **Modo de preparo**

1. Apare os talos e parte da base dos bulbos de erva-doce, mantendo os bulbos inteiros.
2. Corte em quatro no sentido do comprimento, isto é, da base em direção aos talos. Se os bulbos forem muito grandes, corte cada quarto em 2 cunhas.
3. Corte a cebola em rodelas finas.
4. Aqueça a manteiga em uma frigideira em fogo médio.
5. Acrescente a erva-doce e a cebola. Salteie por 2 a 3 minutos, virando a erva-doce para ficar envolta na manteiga.
6. Tempere com sal e pimenta-do-reino branca. Adicione o líquido.
7. Tampe bem. Cozinhe em fogo bem baixo ou no forno a 165ºC até a erva-doce ficar macia, aproximadamente 20 minutos. Verifique uma ou duas vezes durante o cozimento para ver se o líquido não secou. Adicione um pouco mais de líquido se for necessário, para manter a erva-doce úmida.
8. Quando a erva-doce estiver macia, o líquido deverá ter secado por completo. Caso contrário, coloque a frigideira em fogo médio, sem tampa, para reduzir o líquido.

| 125 g | Queijo parmesão ralado |

9. Transfira a erva-doce para refratários individuais ou para uma ou mais travessas refratárias.
10. Distribua o queijo ralado pela superfície da erva-doce.
11. Coloque sob o dourador ou a salamandra ou em forno quente até a superfície ficar dourada.

Por porção:
Calorias, 140; Proteínas, 6 g; Gorduras, 9 g (53% cal.); Colesterol, 20 mg; Carboidratos, 12 g; Fibras, 5 g; Sódio, 490 mg.

ASSAR

Para cozinhar cenouras, é possível colocá-las em uma caçarola de água fervente, levar a caçarola ao forno e assar até a cenoura ficar macia. No entanto, essa técnica de cozimento não é uma técnica diferente. É o velho e simples cozimento lento. Você apenas estaria usando o calor do forno em vez do calor do fogão para cozinhar em fogo brando.

Quando falamos em assar vegetais, queremos dizer uma ou duas coisas:

1. Cozinhar vegetais que contêm amido, como batata, abóbora e batata-doce, e outros vegetais úmidos com textura densa, como tomate, beterraba, berinjela, cebola e nabo, do estado cru ao cozimento completo no forno. Vegetais que contêm amido são assados porque o calor seco produz a textura ideal. A batata assada, por exemplo, não tem a mesma textura da batata cozida em água ou no vapor.

    Em algumas regiões dos Estados Unidos, está muito em moda referir-se a tais vegetais assados como sendo *roasted*.

    Em teoria, qualquer vegetal com umidade suficiente pode ser assado como a batata, mas os efeitos do ressecamento do forno e o longo tempo de cozimento tornam isso impossível para vegetais pequenos como a ervilha e a vagem.

2. Finalizar algumas combinações de vegetais, também conhecidas como "caçarolas" ou "assados". Os vegetais desses pratos geralmente são pré-cozidos por cozimento lento ou cozimento no vapor antes de irem para o forno.

    As caçarolas de vegetais são assadas por alguma das seguintes razões:

- O calor baixo por toda a volta do produto permite um cozimento homogêneo. A agitação e o processo de mexer que acontece na chama do fogão nem sempre é desejada. Feijões assados podem ser finalizados no fogão, mas ficarão mais pastosos e quebradiços. *Timbales* à base de ovos ficariam com a consistência de despejar, e não firmes.
- O calor seco produz efeitos bons, como dourar e caramelizar açúcares. Por exemplo, se você colocasse uma assadeira de batata-doce açucarada em um forno a vapor, o calor úmido não permitiria que ficassem caramelizadas.

Procedimento para assar vegetais

1. Reúna todos os equipamentos e ingredientes.
2. Prepare os vegetais conforme a necessidade.
3. Coloque em uma assadeira apropriada e leve ao forno preaquecido.
4. Asse até o ponto de cozimento desejado.

Abóbora assada

Porções: 24
Tamanho da porção: ½ abóbora

Quantidade	Ingredientes
12	Abóboras, pequenas
conforme necessário	Manteiga derretida
150 g	Açúcar mascavo
2 ½ colheres (chá)	Sal
60 mL	Xerez (opcional)

■ Modo de preparo

1. Lave e corte as abóboras ao meio no sentido da largura. Raspe as sementes. (Se as abóboras forem grandes demais, corte em porções menores.)
2. Pincele as superfícies cortadas e a cavidade com manteiga derretida. Coloque todas bem juntas em uma assadeira, com as partes cortadas viradas para baixo. (Isso ajuda a abóbora a cozinhar mais rápido sem secar, em decorrência da retenção do vapor.)
3. Asse a 175°C por aproximadamente 30 a 40 minutos, até ficarem quase macias.
4. Vire as abóboras colocando o lado cortado para cima e pincele com manteiga novamente. Polvilhe as cavidades com açúcar e sal. Acrescente algumas gotas de xerez em cada uma, se desejar.
5. Asse por mais 10 a 15 minutos, até a superfície ficar glaçada.

VARIAÇÕES

Quaisquer variedades de abóbora menores e com casca podem ser cortadas em porções e assadas como na receita básica.

Abóbora com gengibre
Misture 1 ½ colher (chá) de gengibre em pó com o açúcar da receita básica.

Purê de abóbora
Asse a abóbora cortada até ficar macia. Retire a polpa das cascas e transforme em purê usando um passador de legumes. Acrescente manteiga, sal e pimenta-do-reino a gosto.

Por porção:
Calorias, 130; Proteínas, 2 g; Gorduras, 2 g (13% cal.); Colesterol, 5 mg; Carboidratos, 28 g; Fibras, 3 g; Sódio, 270 mg.

Abóbora assada

Vegetais assados

Porções: 16 *Tamanho da porção: 125 g*

Quantidade	Ingredientes
375 g	Cenoura, sem casca
375 g	Aipo-rábano, sem casca
250 g	Nabo-roxo, sem casca
250 g	Pastinaca, sem casca
375 g	Batata cerosa (suculenta), sem casca
250 g	Abóbora, sem casca e em sementes
12	Chalotas, sem casca
12	Dentes de alho, sem casca
125 mL	Azeite de oliva
1 ½ colher (chá)	Tomilho seco
1 ½ colher (chá)	Sal grosso
1 colher (chá)	Grãos de pimenta-do-reino moídos grosseiramente

Por porção:
Calorias, 120; Proteínas, 1 g; Gorduras, 7 g (51% cal.); Colesterol, 0 mg; Carboidratos, 14 g; Fibras, 3 g; Sódio, 230 mg.

■ Modo de preparo

1. Corte a cenoura, o aipo-rábano, o nabo, a pastinaca, a batata e a abóbora em cubos de 2,5 cm.
2. Coloque esses vegetais cortados com a chalota e os dentes de alho em uma assadeira.
3. Despeje o azeite sobre os vegetais e polvilhe com o tomilho, o sal e a pimenta-do-reino. Revire ou mexa até os vegetais ficarem bem envoltos no azeite. Acrescente mais azeite, se necessário.
4. Asse a 190°C por aproximadamente 45 minutos, até os vegetais ficarem macios e levemente dourados. Vire ou mexa várias vezes enquanto estão no forno para que assem por igual. Não deixe que dourem muito, para não ficarem amargos.

VARIAÇÕES

As proporções de vegetais podem ser bem variadas, conforme o gosto. Outros vegetais, como batata-doce, talos de salsão, cebola e rutabaga, podem ser acrescentados.

Cebola assada
Substitua todos os vegetais da receita básica por 2 kg de cebolas cortadas em rodelas de 0,5 cm. Asse como na receita básica, até ficarem douradas e caramelizadas. A cebola perde muita umidade quando está sendo assada, por isso o rendimento total é de apenas 1,1 kg.

Vegetais da horta assados
Exclua a pastinaca, o nabo-roxo, o aipo-rábano e a abóbora. Substitua por uma variedade de vegetais mais leves, como berinjela, abobrinha, erva-doce, pimentão e tomate-cereja, nas proporções desejadas. Tempere com manjericão fresco picado e salsinha. Para outra versão de vegetais assados, ver *Confit* de vegetais provençais, página 569.

Alho assado

Rendimento: aproximadamente 175 g de polpa de alho

Quantidade	Ingredientes
6	Cabeças de alho, inteiras
30 mL	Azeite de oliva

Por 30 g:
Calorias, 90; Proteínas, 2 g; Gorduras, 5 g (48% cal.); Colesterol, 0 mg; Carboidratos, 10 g; Fibras, 1 g; Sódio, 5 mg.

■ Modo de preparo

1. Preaqueça o forno a 200°C.
2. Esfregue as cabeças de alho com azeite de oliva.
3. Leve ao forno, em uma assadeira rasa. Asse por aproximadamente 30 minutos, até o alho ficar macio.
4. Retire do forno e deixe esfriar um pouco.
5. Se quiser usar a polpa do alho assado, corte as cabeças ao meio, no sentido transversal, e esprema para extrair a polpa.
6. Se quiser usar o alho assado como guarnição, separe os dentes. Sirva com ou sem casca.

VARIAÇÃO

Para usar as cabeças de alho inteiras como guarnição, corte uma tampa na parte superior e descarte antes de passar o azeite.

Alho assado

Batata-doce glaçada

Porções: 25
Tamanho da porção: 150 g

Quantidade	Ingredientes
3,6 kg	Batata-doce alaranjada
conforme necessário	Manteiga
175 mL	Água
350 mL	Glucose de milho ou xarope de bordo (*maple syrup*)
175 g	Açúcar mascavo
250 mL	Suco de laranja
60 mL	Suco de limão
60 g	Manteiga
1 colher (chá)	Canela
¼ de colher (chá)	Cravo-da-índia em pó
½ colher (chá)	Sal

■ Modo de preparo

1. Escove bem as batatas-doces e cozinhe em água ou no vapor até ficarem quase macias. Não cozinhe em excesso.
2. Espalhe em uma assadeira rasa para esfriar.
3. Descasque quando as batatas-doces estiverem frias o bastante para serem manipuladas. Retire os pontos escuros. Corte em pedaços regulares e de tamanho uniforme para um porcionamento fácil. Arrume tudo em uma assadeira untada com manteiga.
4. Coloque a água, o xarope e o açúcar em uma panela funda. Leve ao fogo e mexa até o açúcar dissolver. Acrescente os demais ingredientes e ferva até a mistura se reduzir a 700 a 800 mL e formar um melado grosso.
5. Espalhe o melado sobre as batatas.
6. Asse a 175°C até as batatas ficarem completamente cozidas e glaçadas, aproximadamente 45 a 60 minutos. Regue com a calda várias vezes durante o assamento.

Por porção:
Calorias, 190; Proteínas, 2 g; Gorduras, 2 g (9% cal.); Colesterol, 5 mg; Carboidratos, 44 g; Fibras, 2 g; Sódio, 100 mg.

Timbale de espinafre

Porções: 15
Tamanho da porção: 90 g

Quantidade	Ingredientes
1 kg	Espinafre cozido
a gosto	Sal
a gosto	Pimenta-do-reino branca
a gosto	Noz-moscada
6	Ovos
125 mL	Creme de leite fresco
conforme necessário	Manteiga

■ Modo de preparo

1. Em um processador, faça um purê com o espinafre. Tempere a gosto com sal, pimenta-do-reino branca e noz-moscada.
2. Adicione os ovos e processe por mais alguns segundos para misturar bem.
3. Coloque o creme de leite e mexa.
4. Passe a mistura pelo disco fino do passador de legumes.
5. Unte formas de *timbale** de 125 mL de capacidade. Coloque 90 mL da mistura de espinafre em cada uma. Bata-as bem firme na mesa de trabalho para eliminar as bolhas de ar.
6. Coloque as formas em banho-maria quente e asse a 190°C até ficarem firmes, aproximadamente 25 a 40 minutos.
7. Quando estiverem firmes, retire do forno. Deixe descansar por 10 minutos para se acomodarem.
8. Os *timbales* podem ser mantidos quentes por algum tempo no banho-maria. Na hora de servir, desenforme e sirva imediatamente.

Por porção:
Calorias, 80; Proteínas, 4 g; Gorduras, 6 g (66% cal.); Colesterol, 100 mg; Carboidratos, 3 g; Fibras, 1 g; Sódio, 85 mg.

*N.R.: Forminhas semelhantes às de empada, mas fundas como um copo.

Assar 569

 ## Assado de milho e feijão-rajado à moda *Southwestern*

Porções: 10 *Tamanho da porção: 125 g*

Quantidade	Ingredientes
125 g	Cebola em cubos pequenos
60 mL	Óleo
1-2 colheres (sopa)	Pó para *chili*
125 g	Pimentão vermelho em cubos pequenos
125 g	Pimentão verde em cubos pequenos
500 g	Milho-verde em grão (ver Observação)
500 g	Feijão-rajado cozido e sem o caldo (ver Observação)
a gosto	Sal
a gosto	Pimenta-do-reino
conforme necessário	Água ou fundo de frango
125 g	Pão branco fresco esmigalhado

Por porção:
Calorias, 190; Proteínas, 6 g; Gorduras, 7 g (0% cal.);
Colesterol, 0 mg; Carboidratos, 29 g; Fibras, 6 g; Sódio, 70 mg.

Observação: use milho congelado (descongelado) ou milho fresco cortado da espiga. Se for usar feijão em lata, enxágue-o primeiro sob água corrente fria e escorra bem.

■ Modo de preparo

1. Refogue a cebola no óleo, em fogo baixo, até ficar macia, sem dourar.
2. Adicione o pó para *chili* e cozinhe por mais 1 minuto.
3. Acrescente os pimentões e continue refogando apenas até começarem a ficar macios.
4. Junte o milho e o feijão e mexa. Ajuste o tempero com sal e pimenta. Se a mistura estiver seca demais (já que os feijões podem absorver muita umidade), umedeça com um pouco de água ou fundo.
5. Transfira os vegetais para uma assadeira rasa ou travessa refratária. Cubra com uma camada fina de pão fresco esmigalhado.
6. Asse a 190°C até ficar bem quente e a superfície ficar ligeiramente dourada. Se necessário, doure levemente a superfície sob uma salamandra ou um dourador.

VARIAÇÃO

Substitua os pimentões ou uma parte deles por pimentões frescos mexicanos assados, como os *poblanos*, ou pimentas Novo México.

 ## *Confit* de vegetais provençais

Porções: 24 *Tamanho da porção: 125 g*

Quantidade	Ingredientes
450 g	Berinjela
625 g	Abobrinha-italiana
450 g	Pimentão vermelho, sem semente
200 g	Pimentão verde, sem semente
525 g	Bulbo de erva-doce
450 g	Tomate-cereja
725 g	Cebola-pérola, sem casca
90 g	Alho bem picado
100 g	Chalota picada
45 g	Manjericão fresco bem picado
2 colheres (sopa)	Tomilho fresco bem picado
300 mL	Azeite de oliva

Por porção:
Calorias, 160; Proteínas, 2 g; Gorduras, 12 (66% cal.); Colesterol, 0 mg; Carboidratos, 12 g; Fibras, 3 g; Sódio, 80 mg.

■ Modo de preparo

1. Corte as berinjelas, as abobrinhas, os pimentões e os bulbos de erva-doce em *batonnets* (descasque as berinjelas, se desejar).
2. Corte os tomates-cereja ao meio e reserve.
3. Misture os vegetais, exceto os tomates, com a cebola, o alho, a chalota, o manjericão e o tomilho. Espalhe tudo numa assadeira e regue com o azeite. Mexa bem os vegetais para ficarem envoltos no azeite.
4. Asse a 150°C durante 1 hora.
5. Acrescente o tomate e cozinhe em fogo brando por mais 10 minutos.
6. Tempere a gosto e sirva.

Berinjela *Bayaldi*

Porções: 24 como entrada
12 como prato principal vegetariano

Tamanho da porção: ½ berinjela, aprox. 250 g
1 berinjela

Quantidade	Ingredientes
12	Berinjelas pequenas de aproximadamente 250 g
a gosto	Sal
a gosto	Pimenta-caiena
a gosto	Azeite de oliva
100 g	Alho picado
50 mL	Azeite de oliva
50 g	Manjericão fresco picado
a gosto	Sal
a gosto	Pimenta-do-reino
125 g	Chalota
50 mL	Azeite de oliva
2 kg	Tomate picado, sem pele e sem semente
a gosto	Sal
a gosto	Pimenta-caiena
12	Tomates pequenos de aproximadamente 30 g
400 g	Queijo suíço ralado

Por porção:
Calorias, 200; Proteínas, 7 g; Gorduras, 14 g (60% cal.); Colesterol, 15 mg; Carboidratos, 14 g; Fibras, 4 g; Sódio, 55 mg.

▪ Modo de preparo

1. Corte as berinjelas ao meio no sentido do comprimento. Com uma faca, retire a polpa sem furar a casca. Reserve a polpa até obter aproximadamente 1,2 kg.
2. Coloque as cascas em uma assadeira. Tempere ligeiramente com sal e pimenta e regue com azeite. Asse por 5 a 10 minutos em forno preaquecido a 200°C. Elas devem manter a forma, mas ficar um pouco macias.
3. Refogue o alho no azeite de oliva sem dourar. Acrescente a polpa da berinjela reservada e cozinhe até ficar macia. Acrescente 3 colheres de sopa (20 g) de manjericão picado. Tempere a gosto com sal e pimenta.
4. Abafe as chalotas no azeite e acrescente os tomates. Cozinhe até engrossar, depois misture o restante do manjericão da etapa 3. Tempere a gosto com sal e pimenta-caiena.
5. Corte os tomates em fatias bem finas.
6. Espalhe um pouco do molho de tomate no fundo das cascas assadas das berinjelas. Encha com a polpa de berinjela cozida. Cubra com fatias de tomate levemente sobrepostas e polvilhe com o queijo ralado.
7. Coloque em forno quente até que o queijo derreta e doure.

Assar 571

 ### Tian de tomate e abobrinha

Porções: 12   *Tamanho da porção: 100 g*

Quantidade	Ingredientes
600 g	Abobrinha-italiana, grande
700 g	Tomate, pequeno (aproximadamente do mesmo diâmetro da abobrinha)
a gosto	Sal
a gosto	Pimenta-do-reino branca
60-90 mL	Azeite de oliva
40 g	Pão fresco esmigalhado

Por porção:
Calorias, 70; Proteínas, 1 g; Gorduras, 5 g (62% cal.); Colesterol, 0 mg; Carboidratos, 6 g; Fibras, 1 g; Sódio, 25 mg.

■ **M o d o d e p r e p a r o**

1. Apare as pontas das abobrinhas e corte em rodelas bem finas. Branqueie ligeiramente em água fervente com sal.
2. Tire as sementes dos tomates, mas não a pele. Corte em rodelas da mesma espessura da abobrinha.
3. Coloque 12 aros de metal redondos de 10 cm de diâmetro em uma assadeira untada (ver Observação). Alterne as rodelas de abobrinha e de tomate dentro das formas redondas, sobrepondo-as ligeiramente, em círculos, até chegar ao centro. Tempere com sal e pimenta e regue com azeite. Polvilhe com o pão esmigalhado. Retire os aros e asse os vegetais em forno prequecido a 180°C por 10 minutos.

Observação: se você possuir apenas um aro de metal, preencha conforme as instruções, levante o aro e repita o procedimento para as demais *tians*.

 ### Elote con queso

Porções: 16   *Tamanho da porção: 100 g*

Quantidade	Ingredientes
6	Pimentas frescas do tipo *anaheim* (ver Observação)
125 g	Cebola
60 g	Manteiga
1,2 kg	Milho-verde em grão (congelado ou fresco)
a gosto	Sal
300 g	Queijo *cheddar* ralado

Por porção:
Calorias, 160; Proteínas, 7 g; Gorduras, 9 g (48% cal.); Colesterol, 25 mg; Carboidratos, 15 g; Fibras, 2 g; Sódio, 150 mg.

Observação: pimentas *chile* em lata (300-350 g, drenadas), picadas em cubos, também podem ser usadas no lugar das pimentas *anaheim* frescas. Exclua as etapas 1 e 2 do modo de preparo.

■ **M o d o d e p r e p a r o**

1. Chamusque as pimentas diretamente na chama do fogão ou sob um dourador até a pele ficar preta. Esfregue sob água corrente para retirar a casca.
2. Retire e descarte as sementes e os cabos das pimentas. Corte-as em cubos médios.
3. Corte a cebola em cubos pequenos. Leve ao fogo brando com a manteiga, refogando até ficar macia. Não deixe dourar.
4. Adicione a pimenta em cubos e cozinhe por 5 minutos.
5. Acrescente o milho e cozinhe em fogo médio até descongelar (se estiver usando milho congelado) ou até ficar cozido (se estiver usando milho fresco).
6. Acrescente sal a gosto.
7. Coloque em uma assadeira rasa ou em refratários individuais e asse a 175°C, tampado, por 10 minutos.
8. Destampe e cubra com o queijo ralado. Asse até o milho ficar bem quente e o queijo derreter e borbulhar.

V A R I A Ç Õ E S

Se desejar, faça tudo no fogão. Simplesmente adicione o queijo ralado antes de servir.

Metade ou um terço da quantidade de milho pode ser substituída por abobrinha, cortada em cubos pequenos. Acrescente à cebola, junto com a pimenta.

Moussaka

Porções: 16 *Tamanho da porção: 250 g*

Quantidade	Ingredientes
450 g	Cebola em cubos pequenos
3	Dentes de alho, picados
60 mL	Azeite de oliva
1,6 kg	Carne bovina ou de cordeiro moída
1 kg	Tomate, em lata ou fresco, sem pele e picado, com o suco
100 mL	Vinho tinto
2 colheres (sopa)	Salsinha picada
1 ½ colher (chá)	Orégano seco
¼ de colher (chá)	Canela em pó
a gosto	Sal
a gosto	Pimenta-do-reino
1,8 kg	Berinjela
conforme necessário	Azeite de oliva
a gosto	Sal
1 L	Molho *béchamel*, frio
a gosto	Sal
a gosto	Pimenta-do-reino branca
a gosto	Noz-moscada
4	Ovos
conforme necessário	Azeite de oliva
conforme necessário	Farinha de rosca
60 g	Queijo parmesão ou pecorino romano, ralado

Por porção:
Calorias, 470; Proteínas, 24 g; Gorduras, 33 g (62% cal.); Colesterol, 140 mg; Carboidratos, 20 g; Fibras, 4 g; Sódio, 580 mg.

Modo de preparo

1. Refogue a cebola e o alho no azeite até ficarem macios. Retire com uma escumadeira.
2. Coloque a carne na panela e doure levemente.
3. Coloque a cebola e o alho de volta na panela e adicione o tomate, o vinho, a salsinha, o orégano e a canela. Cozinhe em fogo brando, sem tampar, até o líquido reduzir e a mistura ficar espessa.
4. Tempere a gosto com sal e pimenta-do-reino.
5. Descasque as berinjelas, se a casca for dura. Corte em rodelas de 1 cm.
6. Frite as fatias de berinjela no azeite até ficarem macias. Reserve, temperando com um pouco de sal.
7. Tempere o *béchamel* (que deve estar bem espesso quando frio) com um pouco de sal, pimenta-do-reino branca e noz-moscada.
8. Bata os ovos e incorpore ao *béchamel*.
9. Unte o fundo de uma cuba gastronômica ou assadeira de 30 x 50 cm com azeite de oliva. Polvilhe ligeiramente com farinha de rosca.
10. Arrume as fatias de berinjela na assadeira, cobrindo completamente o fundo. Force-as umas contra as outras se for necessário.
11. Coloque a mistura de carne sobre a berinjela formando uma camada uniforme.
12. Espalhe o *béchamel* por cima e polvilhe com o queijo ralado.
13. Asse a 175°C até a berinjela ficar bem quente e a superfície dourar, aproximadamente 45 a 60 minutos.
14. Corte em quadrados e sirva.

GRELHAR E ASSAR NO DOURADOR

Vegetais de cozimento rápido grelhados, como pimentões, abobrinhas, chapéus grandes de cogumelos e berinjelas, são bons acompanhamentos para carnes e aves grelhadas e assadas. Corte os vegetais em rodelas grossas, pincele com óleo e grelhe até cozinharem levemente e dourarem. Uma cor dourada muito escura pode produzir um gosto desagradável, de queimado. Vegetais grelhados costumam ser temperados com algum tipo de vinagrete.

Pode-se também usar o método de grelhar para finalizar vegetais cozidos ou parcialmente cozidos, dourando ou glaçando sua superfície. Farinha de rosca pode ser usada para dar uma cor dourada apetitosa e evitar que ressequem. Caçarolas, assados e gratinados que não douram o suficiente no forno podem ser corados por alguns segundos sob o dourador ou a salamandra.

Procedimento para grelhar ou assar vegetais

1. Reúna todos os equipamentos e ingredientes.
2. Prepare os vegetais como for preciso, cortando-os nas formas indicadas, temperando ou marinando.
3. Preaqueça o dourador ou grelha.
4. Se necessário, passe uma escova de aço na grelha para limpar ou remover as partículas de alimentos chamuscados.
5. Coloque os vegetais diretamente na grelha ou na grade do dourador. Outra possibilidade seria colocar vegetais macios em travessas ou assadeiras rasas e levar ao dourador. Doure os vegetais até atigirem o ponto de cozimento e a cor desejados, virando, se necessário.
6. Retire do dourador ou grelha e sirva imediatamente.

Rodelas de tomate assadas

Porções: 10   Tamanho da porção: aproximadamente 2 rodelas
100 g

Quantidade	Ingredientes
1,1 kg	Tomate
60 g	Manteiga derretida (ou azeite de oliva)
a gosto	Sal
a gosto	Pimenta-do-reino branca
	Cobertura (opcional)
100 g	Farinha de rosca
100 g	Manteiga derretida ou azeite de oliva
30 g	Cebola bem picada

Por porção:
Calorias, 60; Proteínas, 1 g; Gorduras, 5 g (65% cal.); Colesterol, 10 mg; Carboidratos, 5 g; Fibras, 1 g; Sódio, 55 mg.

■ **M o d o   d e   p r e p a r o**

1. Lave os tomates, tire as sementes e o miolo, e corte em rodelas de 1 cm.
2. Coloque as rodelas em uma camada só numa assadeira untada.
3. Regue com a manteiga derretida ou azeite e polvilhe com sal e pimenta-do-reino.
4. Coloque no dourador, a 10 cm da fonte de calor, e grelhe até borbulharem e ficarem bem quentes, mas ainda suficientemente firmes para manterem a forma.
5. Sirva 2 rodelas por porção, dependendo do tamanho.
6. Para acrescentar coberturas opcionais, cozinhe os tomates até a metade do ponto de cozimento. Misture os ingredientes da cobertura e polvilhe sobre os tomates. Leve ao dourador.

V A R I A Ç Õ E S

Tomate assado com ervas
Cubra os tomates com ¼ de xícara (chá) (60 mL) de salsinha picada e ½ colher (chá) de manjericão ou orégano secos antes de grelhar, ou uma mistura de ervas com farinha de rosca.

Tomate assado com parmesão
Acrescente ½ xícara (chá) de queijo parmesão ralado à cobertura de farinha de rosca.

Miscelânea de vegetais grelhados

Rendimento: aproximadamente 1,5 kg
Porções: 9   Tamanho da porção: 150 g

Quantidade	Ingredientes
1,5-1,75 kg	Vegetais variados
	Berinjela pequena
	Abobrinha-italiana
	Abobrinha-amarela
	Pimentão
	Radicchio
	Cebola grande
conforme necessário	Azeite de oliva
a gosto	Sal
conforme necessário	Vinagre balsâmico

Por porção:
Calorias, 180; Proteínas, 1 g; Gorduras, 16 g (78% cal.); Colesterol, 0 mg; Carboidratos, 9 g; Fibras, 2 g; Sódio, 10 mg.

Modo de preparo

1. Prepare os vegetais. Apare as pontas das berinjelas e corte-as em fatias grossas no sentido do comprimento. Se forem muito pequenas, corte-as apenas ao meio no sentido do comprimento. Apare as pontas das abobrinhas-italianas e amarelas. Corte-as no sentido do comprimento em fatias grossas. Retire as sementes e o miolo dos pimentões e corte-os em quatro no sentido do comprimento. Descarte as folhas externas estragadas do *radicchio* e corte-o ao meio ou em quatro partindo da base, deixando o miolo para segurar as folhas juntas. Corte a cebola em rodelas grossas, mantendo os anéis juntos com um espetinho de bambu.
2. Pincele os vegetais com azeite e polvilhe com sal.
3. Grelhe em fogo médio, virando conforme a necessidade, até que estejam macios e com uma marca leve da grelha. O tempo de cozimento varia de acordo com os vegetais. Regule o calor ou a distância da chama para que os vegetais cozinhem sem dourar muito.
4. Retire da grelha e pincele com um pouco de vinagre balsâmico e, se desejar, um pouco mais de azeite de oliva. Sirva morno.

VARIAÇÕES

Outros vegetais e combinações de vegetais podem ser grelhados da mesma maneira. Algumas sugestões: chapéus de cogumelos grandes, endívia, batata branqueada, bulbo de erva-doce, aspargo, alho-poró e cebolinha. Vegetais grelhados podem ser servidos com vários molhos, como o *aïoli*, molho *vierge*, *salsa cruda* e variações do vinagrete para salada.

Espetinhos de vegetais grelhados

Porções: 12   Tamanho da porção: 90 g

Quantidade	Ingredientes
180 g	Abobrinha-italiana, aparada
180 g	Abobrinha-amarela, aparada
180 g	Pimentão vermelho ou laranja em quadrados de 2,5 cm
360 g	Cebola-roxa em cubos grandes
12	Chapéus de cogumelos médios
360 mL	Azeite de oliva
15 g	Alho amassado
1 ½ colher (chá)	Alecrim seco
½ colher (chá)	Tomilho seco
2 colheres (chá)	Sal
½ colher (chá)	Pimenta-do-reino preta

Por porção:
Calorias, 50; Proteínas, 1 g; Gorduras, 3 g (53% cal.); Colesterol, 0 mg; Carboidratos, 5 g; Fibras, 1 g; Sódio, 40 mg.

Observação: se os espetinhos de bambu forem colocados de molho na água antes de serem usados, eles demorarão mais para ficar chamuscados.

Modo de preparo

1. Corte cada abobrinha em 12 rodelas iguais.
2. Arrume todos os vegetais em 12 espetinhos de bambu (ver Observação). Coloque o mesmo número de pedaços de vegetais em cada espetinho.
3. Coloque os espetinhos em uma camada única em uma cuba gastronômica.
4. Misture o azeite, o alho, as ervas, o sal e a pimenta-do-reino para fazer uma marinada.
5. Espalhe a marinada sobre os vegetais, virando-os para ficarem bem temperados.
6. Deixe marinar por 1 hora. Vire os espetinhos uma ou duas vezes enquanto estão marinando para garantir que o tempero fique bem espalhado.
7. Retire os espetinhos da marinada e deixe o excesso de azeite escorrer.
8. Grelhe até os vegetais ficarem levemente chamuscados na superfície, mas ainda um pouco crocantes no centro.
9. Sirva imediatamente.

VARIAÇÕES

Outras variedades de vegetais podem ser usadas, e os espetinhos podem ser maiores, se desejar. Os vegetais que você quiser que fiquem bem cozidos, como floretes da couve-flor, devem ser branqueados e resfriados antes de serem colocados no espetinho, pois não irão cozinhar completamente no espeto.

FRITAR POR IMERSÃO

Os princípios de fritar por imersão que você já aprendeu são também aplicáveis aos vegetais e outros alimentos.

- Reveja "Fritar por imersão", Capítulo 4, página 73.
- Reveja "Empanar" e "Massas moles", Capítulo 7, páginas 142 a 144.
- Reveja "*Tempura* de camarões e vegetais," Capítulo 15, página 481. Essa massa e esse modo básico de preparo podem ser usados para muitos vegetais.

Batatas (apresentadas no próximo capítulo) e anéis de cebola são vegetais fritos populares, mas muitos outros podem ser fritos também.

Os vegetais fritos por imersão podem ser divididos em cinco categorias:

1. Vegetais imersos em massa mole e fritos.
2. Vegetais empanados e fritos.
3. Vegetais fritos sem cobertura.

   As batatas são um exemplo óbvio. Outros vegetais que contêm amido, como a batata-doce, podem ser fritos sem empanar ou passar em massa mole se forem cortados em pedaços finos para reduzir o tempo de cozimento. O açúcar contido nesses vegetais se queima facilmente se forem fritos por muito tempo.

   Fatias finas e vegetais ralados no ralo grosso e fritos por imersão até ficarem leves e crocantes constituem uma guarnição interessante para muitos pratos. Raízes como a beterraba, o aipo-rábano e a pastinaca podem ser cortadas em fatias finas e fritas como batatas *chips* (fatie as raízes longas, como as pastinacas, no sentido do comprimento). Outros vegetais, como o alho-poró e o salsão, podem ser cortados em palitos compridos ou em *julienne* e fritos. Eles podem ser passados na farinha de trigo antes de serem fritos.

4. Vegetais pequenos ou em pedaços, misturados com uma massa mole e pingados com uma concha em gordura quente. O termo *fritter* é usado, em inglês, para designar este método de preparo, bem como o da categoria 1.

5. *Croquettes*: purês grossos de vegetais ou misturas de pedacinhos de vegetais e *béchamel* ou outra liga espessa, moldados de diversas formas, empanados e fritos.

Procedimento para fritar vegetais por imersão

1. Reúna todos os equipamentos e ingredientes.
2. Preaqueça a fritadeira na temperatura apropriada.

   A maioria dos vegetais é frita entre 160 e 175°C.
3. Prepare os ingredientes adequadamente. Empane ou passe na massa mole, se necessário.
4. Coloque a quantidade adequada na fritadeira. Não encha demais.
5. Frite até o ponto de cozimento desejado.
6. Retire o alimento da fritadeira e deixe a gordura escorrer.
7. Sirva imediatamente ou, se necessário, reserve destampado em um lugar aquecido, pelo menor tempo possível.

VEGETAIS APROPRIADOS PARA FRITAR POR IMERSÃO

Os vegetais que são suficientemente grandes para serem empanados ou passados em massa mole podem ser fritos. Vegetais tenros, que cozinham rápido, podem ser fritos crus. Outros podem ser pré-cozidos em fogo baixo ou no vapor para que se reduza o tempo de cozimento na fritadeira.

Vegetais crus para serem fritos empanados ou passados na massa mole:

Berinjela	Anéis de cebola	Tomate
Cogumelo	Pimentão	Abobrinha

Vegetais branqueados ou pré-cozidos para serem fritos empanados ou passados na massa mole:

Coração de alcachofra	Cenoura	Bulbo de erva-doce
Aspargo	Couve-flor	Quiabo
Vagem, verde ou amarela	Salsão	Pastinaca
Brócolis	Aipo-rábano	Nabo-roxo
Couve-de-bruxelas	Pepino	

576 | Capítulo 17 • O preparo de vegetais

Anéis de cebola

Porções: 20   Tamanho da porção: 8-10 anéis (90 g)

Quantidade	Ingredientes
2	Ovos batidos
500 mL	Leite
300 g	Farinha de trigo especial para bolo
2 colheres (chá)	Fermento em pó químico
½ colher (chá)	Sal
½ colher (chá)	Páprica (opcional: para dar cor)
1,4 kg	Cebola, grande
conforme necessário	Farinha de trigo

Por porção:
Calorias, 130; Proteínas, 3 g; Gorduras, 6 g (40% cal.); Colesterol, 20 mg; Carboidratos, 17 g; Fibras, 1 g; Sódio, 95 mg.

■ Modo de preparo

1. Bata os ovos com o leite em uma tigela.
2. Misture a farinha de trigo com o fermento em pó, o sal e a páprica e adicione ao ovo com leite. Mexa bem. A massa deve ter a consistência de uma massa grossa de panqueca.
3. Descasque as cebolas e corte em rodelas de 0,5 cm. Separe em anéis (reserve as sobras para outra finalidade).
4. Coloque a cebola em água gelada se não for usar imediatamente, para mantê-la crocante.
5. Escorra e seque bem.
6. Empane com farinha de trigo, tirando o excesso (esta etapa nem sempre é necessária, mas facilita a adesão da massa).
7. Mergulhe alguns anéis na massa e frite em bastante gordura (a 175°C) até ficarem bem dourados.
8. Escorra e sirva imediatamente.

VARIAÇÕES

Massa com cerveja
Substitua o leite por cerveja clara. Exclua o fermento em pó porque a carbonação da cerveja age como uma levedura.

Massa com *buttermilk**
Substitua o leite por *buttermilk* e use 1 colher (chá) de bicarbonato de sódio em vez de 2 de fermento em pó.

Outros vegetais fritos
Todos os vegetais da lista no início desta seção podem ser fritos passados nessas massas.

Anéis de cebola

*N.R.: Originalmente – e daí seu nome em inglês – o soro liberado pela nata ao ser transformada em manteiga. Produzido atualmente em escala comercial, o *buttermilk* consiste em leite fresco, geralmente magro, acidulado pela adição de bactérias lácticas. Uma mistura de sabor semelhante pode ser obtida combinando-se 1 colher (sopa) de vinagre ou suco de limão para cada xícara de leite e deixando repousar por pelo menos 10 minutos.

Folhas de salsão empanadas

Porções: 12   Tamanho da porção: aproximadamente 125 g

Quantidade	Ingredientes
250 g	Farinha de trigo
1 colher (chá)	Sal
80 mL	Manteiga derretida
400 mL	Água gelada
4	Claras, batidas em neve
96 (8 por porção)	Pontas de talos de salsão, com as folhas

Por porção:
Calorias, 130; Proteínas, 3 g; Gorduras, 8 g (55% cal.); Colesterol, 10 mg; Carboidratos, 12 g; Fibras 1 g; Sódio, 220 mg.

■ Modo de preparo

1. Misture a farinha de trigo, o sal e a manteiga derretida.
2. Adicione a água aos poucos até formar uma massa fina. Deve ter a consistência de uma massa de panqueca.
3. Incorpore as claras em neve.
4. Mergulhe os talos de salsão na massa e depois coloque na fritadeira preaquecida a 180°C.
5. Escorra e sirva imediatamente.

Bolinhos de ervilha com gergelim

Rendimento: aproximadamente 1 kg
Porções: 10   Tamanho da porção: 4 bolinhos de aproximadamente 25 g cada

Quantidade	Ingredientes
1,5 kg	Ervilha fresca ou congelada
20 g	Manteiga amolecida
3	Gemas
20 g (3 colheres de sopa)	Folha de hortelã fresca, bem picada
a gosto	Sal
a gosto	Pimenta-do-reino
175 g	Farinha de trigo
a gosto	Sal
a gosto	Pimenta-do-reino branca
3	Ovos, batidos
125 g	Semente de gergelim
125 g	Farinha de rosca
conforme necessário	Folhas de hortelã para guarnição

■ Modo de preparo

1. Ferva uma panela grande de água e cozinhe as ervilhas por 8 minutos, ou até ficarem macias. Escorra bem e bata em um processador ou liquidificador até obter uma pasta bem grossa. Passe por uma peneira fina para retirar as peles.
2. Bata a manteiga amolecida e as gemas com a pasta de ervilha e acrescente a hortelã picada. Tempere a gosto com sal e pimenta-do-reino e leve à geladeira até ficar firme.
3. Faça bolinhos com a mistura no formato de broinhas chatas de aproximadamente 5 cm de diâmetro.
4. Prepare um esquema para empanar, temperando a farinha de trigo com sal e pimenta-do-reino branca e misturando as sementes de gergelim com a farinha de rosca.
5. Empane os bolinhos. Leve à geladeira por 30 minutos.
6. Frite por imersão a 180°C, em vários lotes, até ficarem dourados. Escorra e sirva-os quentes, guarnecidos com folhas de hortelã

Por porção:
Calorias, 360; Proteínas, 13 g; Gorduras, 18 g (45% cal.); Colesterol, 115 mg; Carboidratos, 37 g; Fibras, 9 g; Sódio, 110 mg.

Bolinhos de vegetais

Porções: 20   Tamanho da porção: 90 g / 2 bolinhos

Quantidade	Ingredientes
	Massa mole:
6	Ovos, batidos
500 mL	Leite
500 g	Farinha de trigo
30 g	Fermento em pó químico
1 colher (chá)	Sal
30 g	Açúcar
700 g (PL)	Vegetais: escolha entre milho-verde, cenoura em cubo, feijão-de-lima *baby*, aspargo em pedaços, salsão ou aipo-rábano em cubos, nabo-roxo, berinjela, couve-flor, abobrinha, pastinaca

■ Modo de preparo

1. Bata os ovos com o leite.
2. Misture a farinha de trigo, o fermento em pó, o sal e o açúcar. Junte à mistura de leite com ovos e bata até obter uma massa lisa.
3. Deixe a massa descansar por várias horas na geladeira.
4. Junte os vegetais cozidos e frios à massa e mexa.
5. Pingue porções de 45 g na gordura quente a 175°C. Deixe a massa pingar da colher logo acima da gordura quente. Frite até ficarem bem dourados.
6. Escorra bem e sirva.

VARIAÇÕES

Para bolinhos mais leves, bata as claras em neve separadamente e incorpore à massa.

Bolinhos de frutas
Aumente o açúcar para 60 g. Use frutas frescas, congeladas ou enlatadas, como mirtilos, abacaxi ou maçã em cubos. As frutas precisam estar bem secas. Polvilhe cada porção com açúcar de confeiteiro ao servir (a massa pode ser temperada com canela, baunilha, conhaque ou outras especiarias apropriadas).

Por porção:
Calorias, 140; Proteínas, 4 g; Gorduras, 6 g (37% cal.); Colesterol, 45 mg; Carboidratos, 19 g; Fibras, 1 g; Sódio, 230 mg.

Chiles rellenos

Porções: 16 Tamanho da porção: 1 pimentão

Quantidade	Ingredientes
16	Pimentões *poblanos* (ver Observação)
1,4 kg (aprox.)	*Picadillo* (pág. 328; ver Observação)
12	Gemas
30 mL	Água
30 g	Farinha de trigo, peneirada
½ colher (chá)	Sal
12	Claras
conforme necessário	Farinha de trigo para empanar
1,5–2 L	Caldo de tomate para *chiles rellenos* (p. 190)

Por porção:
Calorias, 430; Proteínas, 24 g; Gorduras, 30 g (62% cal.); Colesterol, 210 mg; Carboidratos, 17 g; Fibras, 2 g; Sódio, 460 mg.

Observação: podem-se usar pimentas *anaheim* ou outra pimenta grande e suave, ou pimentão, adequados para fritar, se não dispuser de *poblanos*, mas o resultado não será tão saboroso. A quantidade exata de recheio necessária depende do tamanho dos pimentões.

Modo de preparo

1. Chamusque os pimentões na chama do fogão até que a casca fique preta. Esfregue sob água corrente para retirar a pele.
2. Faça uma pequena abertura na parte de cima de cada pimentão para retirar as sementes, tomando cuidado para deixá-los intactos.
3. Recheie os pimentões com o *picadillo*.
4. Bata ligeiramente as gemas com a água, depois junte a farinha de trigo e o sal.
5. Bata as claras em neve até que formem picos moles. Incorpore à mistura de gemas.
6. Com cuidado, polvilhe os pimentões recheados com farinha de trigo e depois mergulhe-os na massa de ovos. Frite em bastante gordura a 175°C até ficarem levemente dourados. *Dica*: coloque um pimentão de cada vez na gordura, com cuidado, deixando o lado aberto para cima. Se perceber que o pimentão está começando a vazar, coloque um pouco de massa sobre a abertura. Isso ajuda a manter a abertura selada e o recheio dentro do pimentão.
7. Para cada porção, despeje uma concha (90-125 mL) do caldo de tomate em uma tigela grande ou prato de sopa. Coloque um pimentão no centro do prato e sirva imediatamente.

VARIAÇÕES

Se quiser rechear os pimentões com queijo, use pedaços de queijo *munster* norte-americano* ou *Monterey Jack* em vez de *picadillo*.

Para preparar pimentões recheados assados, omita a massa de ovos e apenas asse os pimentões recheados em um refratário até ficarem bem quentes. Sirva com o caldo de tomate, como na receita básica.

Chiles rellenos

*N.R.: Também conhecido por *muenster* nos EUA, não tem muita semelhança com o *munster* europeu (região da Alsácia) que lhe deu origem. Tem um sabor bem mais suave, casca cor de laranja e polpa macia e amarelada.

Sugestões de temperos, condimentos e combinações de vegetais

Abóbora	Canela, noz-moscada, pimenta-da-jamaica, cravo-da-índia, gengibre; maçã, noz-pecã
Abobrinha	Cominho, manjericão, orégano, grão de mostarda, alecrim, alho, queijo parmesão, salsinha; tomate, cenoura (com abobrinha-italiana), cebola, amêndoa, nozes
Aspargo	Suco de limão, manteiga *noisette*, molho de mostarda, queijo parmesão; ovo cozido duro, ervilha, alcachofra, cogumelo
Batata-doce alaranjada	Pimenta-da-jamaica, canela, cravo-da-índia, noz-moscada, gengibre, conhaque, laranja, amêndoa, maçã, banana
Berinjela	Alho, manjerona, orégano, salsinha, queijo parmesão; tomate, nozes picadas
Beterraba	Limão, pimenta-da-jamaica, alcaravia, cravo-da-índia, endro, gengibre, raiz-forte, folhas de louro, laranja, creme de leite azedo, cebola
Brócolis	Limão, molho de mostarda, amêndoa, farinha de rosca tostada na manteiga, ovo cozido duro
Cebola	Noz-moscada, sálvia, tomilho, molho de queijo, creme de leite azedo; ervilha fresca
Cenoura	Salsinha, endro, erva-doce, estragão, gengibre, noz-moscada, folhas de louro, alcaravia, hortelã, laranja; salsão, ervilha, abobrinha
Cogumelo	Noz-moscada, salsinha, limão, páprica, endro, xerez, queijo parmesão, pimenta-caiena, creme de leite fresco; ervilha fresca, espinafre, alcachofra, vagem
Couve-de-bruxelas	Alcaravia, endro, queijo parmesão, queijo *cheddar*, castanha-portuguesa
Couve-flor	Endro, noz-moscada, mostarda, *curry*, queijo, molho de tomate; ovo cozido duro, ervilha, amêndoa
Ervilha fresca	Hortelã, manjericão, endro, sálvia; cogumelo, cebola-pérola, nabo-roxo, batata, cenoura, castanha-d'água, alcachofra-de-jerusalém, alcachofra
Espinafre	Noz-moscada, alho, creme de leite fresco; cogumelo, ovo cozido duro, queijo
Feijão-de-lima	Orégano, sálvia, tomilho, creme de leite azedo, queijo *cheddar*; milho, ervilha fresca, cebola, cogumelo, *pimiento*, bacon
Milho	Pó para *chili*, queijos *Monterey Jack* ou *cheddar* suaves, tomate, bacon, feijão-de-lima
Nabo-roxo	Salsinha, cebolinha-francesa, noz-moscada; cogumelo, batata, ervilha fresca
Pepino	Endro, alho, hortelã, estragão; ervilha
Quiabo	Alho, coentro, sálvia; tomate, milho
Repolho	Alcaravia, semente de aipo, endro, mostarda, noz-moscada, alho; bacon, presunto, cenoura, cebola
Salsão	Salsinha, estragão, cebola, pimentão verde ou vermelho, batata
Tomate	Manjericão, folha de louro, alho, semente de aipo, orégano, tomilho, alecrim, pó para *chili*; pimenta-do-reino, azeitona preta
Vagem	Endro, manjericão, estragão, orégano, alho, manteiga *noisette*, molho de soja; amêndoas, sementes de gergelim, cebola, tomate, salsão, cogumelo, bacon

■ QUESTÕES PARA DISCUSSÃO

1. Quais dos vegetais abaixo você cozinharia em fogo baixo, sem tampa?

Aspargo	Couve-flor
Vagem	Ervilha
Beterraba	Batata-doce
Couve-de-bruxelas	Rutabaga
Cenoura	Nabo-roxo

2. Por que folhas verdes como o espinafre não são adequadas para o cozimento em fornos a vapor?

3. Na receita Ervilha, cenoura e cebola-pérola com manteiga de estragão (p. 546), por que não é possível pular etapas e cozinhar os três vegetais juntos em uma panela só?

4. Por que é importante escorrer bem os vegetais antes de misturá-los com um molho de creme de leite?

5. Qual dos dois métodos para fazer tubérculos glaçados (ver Tubérculos glaçados, p. 554, e Cenouras glaçadas, p. 554) é mais apropriado para um serviço *à la carte*, ou de acordo com o pedido? Por quê?

6. Aprendemos que os vegetais verdes devem ser cozidos em um líquido neutro porque os ácidos destroem os pigmentos verdes. Mas a receita para alcachofras diz para cozinhá-las com suco de limão. O que acontece nesse caso?

7. Descreva brevemente como você faria anéis de cebola empanados e fritos em vez de anéis de cebola passados na massa crua.

CAPÍTULO 18

CAPÍTULO 18

Batatas

Os hábitos alimentares da maioria dos países depositam uma enorme importância em uma categoria de alimentos que denominamos *amidos*. Com efeito, para uma grande parcela da humanidade, o amido constitui o suporte da dieta e supre grande parte das calorias diárias. Na América do Norte e na Europa, as fontes mais importantes de amido são a batata, o arroz, as massas e o pão. É certo que não dependemos tanto destes alimentos ricos em carboidratos quanto os povos que comem carne em menor quantidade. No entanto, apesar das modas e tendências de dietas que chegam e passam, os amidos estão presentes em quase todas as nossas refeições.

Pelo fato de sermos consumidores usuais de alimentos que contêm amido e de termos criado tantas maneiras de prepará-los, os amidos exigem um estudo mais aprofundado, além daquele que dedicamos aos outros vegetais. Neste capítulo, dirigimos nossa atenção primeiramente ao preparo de um vegetal muito importante na cultura alimentar norte-americana, a batata. Os grãos e os outros tipos de amido serão discutidos no Capítulo 19.

INTRODUÇÃO ÀS BATATAS

Na cozinha clássica, a batata é um dos mais importantes ingredientes. Para muitos, nos dias de hoje, as batatas são consideradas um alimento comum e sem valor. Escoffier, no entanto, tratava a batata com muito respeito. Seu *Guide Culinaire* apresenta mais de 50 receitas para a batata, muito mais do que para quaisquer outros vegetais ou outros tipos de amido.

Considerando a importância da batata nas culinárias europeia e norte-americana, é surpreendente pensar que este vegetal só começou a ser usado amplamente na segunda metade do século XVIII. Embora a batata tivesse sido trazida para a Europa do Novo Mundo algumas centenas de anos antes, foi nessa época que um farmacêutico do exército chamado Antoine-Auguste Parmentier começou a estimular seu uso. Desde essa época, muitas receitas clássicas incluindo batatas trazem *Parmentier* no nome.

Em termos botânicos, a batata é um tubérculo que consiste em um rizoma de crescimento subterrâneo, com botões (ou "olhos") que se transformam em novos brotos. Os pratos principais tradicionais na culinária do Ocidente se caracterizam por um item de proteína, um ou mais vegetais e um ingrediente que contém amido. A batata é, obviamente, um vegetal, mas, em razão de seu alto teor de amido, ela costuma ter a mesma função no cardápio dos grãos e outros alimentos ricos em amido.

As batatas são tradicionalmente classificadas como variedades de baixa umidade (enxutas ou farinhentas) e variedades de alta umidade (suculentas ou cerosas). A seção seguinte fornecerá um resumo das principais características dessas duas categorias, bem como a utilização tradicional de cada uma. Hoje existem muitas variedades de batatas que, não muito tempo atrás, eram pouquíssimo conhecidas. Como sempre, os *chefs* adoram fazer experiências com novos ingredientes e encontrar novos usos para eles. Por exemplo, não se limitam a usar batatas *russets* para assar, por exemplo. Por isso, depois de ler sobre os dois tipos principais de batatas a seguir, passe para a seção seguinte para ter uma introdução de algumas das muitas variedades de batata disponíveis atualmente.

TIPOS

As batatas são classificadas de acordo com seu teor de amido. A quantidade de amido determina o uso para o qual são consideradas mais apropriadas. Lembre-se que estas categorias são apenas gerais. Dentro de cada grupo há uma variação de teor de amido e de umidade. Por exemplo, variedades diferentes de **batatas cerosas** têm teor de umidade diferente, dependendo não só da variedade da batata, mas também das condições de crescimento e armazenagem.

1. **Batatas cerosas.**
   Alto teor de umidade, alto teor de açúcar, baixo teor de amido.

   Geralmente pequenas e redondas na forma, mas algumas variedades podem ser grandes e algumas podem ser alongadas. A polpa é branca, amarela ou mesmo azulada ou roxa. A casca é branca, vermelha, amarela ou azulada.

   Mantêm a forma ao serem cozidas. Textura firme e úmida.

   Usadas para serem cozidas inteiras, em saladas, sopas, *hashed browns* (batata ralada dourada lentamente em pouca gordura) e outras preparações em que a batata precisa manter sua forma.

   Não são usadas para fritar por imersão. O alto teor de açúcar causa estrias escuras e textura ruim.

2. **Batatas maduras ou farinhentas.**
   Alto teor de amido, baixa umidade e pouco açúcar. Leves, secas e farinhentas quando cozidas.

Batatas cerosas, em sentido horário, a partir da esquerda, acima: batatas de casca rosada pequenas e grandes, batata de polpa branca, batatas de polpa amarelas grandes e pequenas.

Após ler este capítulo, você deverá ser capaz de:

1. Classificar as batatas em dois tipos básicos, descrever as propriedades gerais de cada um desses tipos e identificar o método de cozimento mais apropriado para cada um.
2. Identificar as características de batatas de boa qualidade e descrever como armazená-las.
3. Cozinhar batatas na água e no vapor.
4. Preparar batata amassada.
5. Assar, saltear e fritar batatas, em pouco óleo ou por imersão.

- **Russets** ou *Idahos*.

    Batatas alongadas, de formas regulares, com casca um pouco grossa.

    Escolha ideal para a tradicional *baked potato* norte-americana. Melhor batata para fritar, porque o alto teor de amido produz uma cor dourada homogênea e uma boa textura. Além disso, a forma regular significa pouca perda nas aparas.

    Pode ser transformada em purê, mas geralmente seu custo é muito elevado para ser usada para essa finalidade.

    Nos Estados Unidos, os tamanhos são indicados pelo número de batatas contidas em uma caixa de 50 libras. Por exemplo, 100 dão uma média de 0,5 libra (225 g) cada*.

- Outras **batatas farinhentas**

    Não são tão secas e farinhentas como as *russets*.

    Formato irregular. Custo mais baixo que as *russets*.

    Apropriadas para a maioria das finalidades, mas não costumam ser usadas para assar inteiras (*baked potato*) por causa do seu formato irregular. Muito útil para fazer purês e para ser amassada, ou para fazer preparações em que a forma da batata inteira não é importante.

    Observação: batatas muito nodosas causam desperdício quando colocadas em descascadores mecânicos.

Batatas farinhentas, da esquerda para a direita: batatas *russets*, outras batatas farinhentas.

*N.R.: No Brasil, as batatas são vendidas em sacas de 50 kg.

VARIEDADES**

Para muitos, escolher a batata certa para uma preparação específica significa escolher entre *russets*, outras batatas farinhentas e batatas rosadas ou brancas, boas para cozinhar em água, já que estes são os tipos normalmente encontrados nas cozinhas. Para as receitas básicas de batatas, então, a informação da seção anterior nos diz o que precisamos saber. Os *chefs* de hoje, no entanto, podem usar mais informação para obter vantagens das diversas variedades de batatas disponíveis no mercado, à medida que os produtores descobrem novas variedades e redescobrem variedades cultivadas com polinização livre. A seguir apresentaremos algumas das diversas batatas disponíveis.

Primeiramente, o termo **new potato** (batata nova, ou jovem) exige uma explicação. Nem todas as batatas pequenas são batatas novas e nem todas as batatas novas são pequenas. Normalmente, as batatas não são colhidas até que as ramas verdes fiquem marrons e sequem. Neste ponto, as batatas estão maduras. Sua casca está mais grossa e seu conteúdo de amido já está desenvolvido. Qualquer variedade de batata colhida antes de estar madura, enquanto suas folhas e talos ainda estão verdes, é considerada uma batata nova. Como não está madura, possui um teor baixo de amido, casca fina e tenra. Embora muitas batatas novas sejam pequenas, geralmente medindo menos de 4 cm de diâmetro, nem sempre isso acontece.

As batatas novas são distribuídas e vendidas assim que são colhidas. Por outro lado, as batatas que são colhidas maduras são mantidas sob temperatura e umidade controladas por aproximadamente duas semanas para que suas cascas endureçam mais e os cortes e outras avarias sejam reparados. Esse processo de cura dá às batatas uma maior durabilidade.

As batatas *russets*, quase sempre chamadas de *Idaho* porque a produção de batatas *russets* é muito grande no estado norte-americano de mesmo nome, são batatas ricas em amido, com forma alongada regular, cor marrom ou marrom-avermelhada, casca grossa e polpa branca. Essa é a escolha padrão para fazer *baked potato* e para fritar por imersão.

Outras batatas farinhentas também têm polpa branca. Têm um conteúdo moderado de amido e umidade moderada, o que as torna adequadas para muitos tipos de preparações, indicadas na seção anterior. As batatas de polpa branca também podem ser colhidas novas, quando têm mais umidade, menos amido e casca fina. As batatas brancas novas são usadas mais para cozinhar (na água).

Há muitas variedades de **batata de polpa amarela**. A *Yukon Gold*, por exemplo, é uma batata redonda, de tamanho médio, cuja polpa fica entre a cerosa e a farinhenta, dependendo da idade e das condições de crescimento. É usada para muitas finalidades, inclusive para assar. A variedade *Yellow Finn* também é usada para assar e tem uma textura lisa e cremosa quando preparada assim, diferente da textura granulosa e farinhenta das batatas *russets*. Outras batatas de polpa amarelas: *Bintje* (cerosa), *Butte* (meio farinhenta), *Concord* (cerosa), *Charlotte* (cerosa) e *Island Sunshine* (meio farinhenta).

**N.R.: A variedade de batatas disponíveis no Brasil aumenta a cada dia, com a introdução de novas cultivares nacionais – como a batata Ana, desenvolvida especialmente para ser frita. Algumas variedades vendidas no Brasil atualmente, além da batata-inglesa: Holandesa, Baronesa, Bintje, Atlantic, Monalisa, Asterix, Mondial, Baraka, Achat, Contenda, Catucha, Itararé, Santo Amor e Désirée.

Batatas de polpa azul (*All-Blue*)

Batatas *fingerling*

As variedades de **casca vermelha** podem ter polpa branca, rósea ou amarela. Muitas delas são do tipo cerosa. *Red Bliss* é uma das batatas cerosas mais populares nos EUA. Outras batatas de casca vermelha são *All-Red* (polpa rosa), *Early Ohio* (polpa branca), *Early Rose* (polpa branca) e *Rose Gold* (polpa amarela).

As variedades de **casca azul** e **polpa branca** são semelhantes às variedades de casca vermelha, mas suas cascas vão de azul-escuro-avermelhado até roxo. Quando são cozidas, as cascas podem manter a cor ou mudar para marrom, cinza ou outra cor, dependendo da variedade. Diversas variedades são produzidas nos EUA, como *Blue Pride*, a *Caribe* e a *Kerry Blue*.

As variedades de **polpa azul** ou **roxa** são a novidade em termos de batatas. Podem ser cerosas ou um pouco farinhentas, dependendo da variedade. As duas variedades de polpa roxa mais comuns são a *Peruvian Blue*, também chamada de *Purple Peruvian*, com polpa violeta-escuro, que fica mais clara quando cozida, e a *All-Blue*, com polpa roxa ou roxo-avermelhada, que fica cor de lavanda quando cozida.

Batatas **fingerling** são batatas pequenas, geralmente firmes e cerosas, com uma forma alongada e estreita. As mais populares têm casca amarela e polpa amarela, mas também existem batatas *fingerling* de casca vermelha e polpa amarela, batatas *fingerling* de casca vermelha e polpa rosa e batatas *fingerling* roxas. Entre as variedades existentes estão a *Austrian Crescent* (amarela), a *French Fingerling* (casca vermelha, polpa amarela), a *Russian Banana* (amarela), a *La Ratte* (amarela), a *Ruby Crescent* (casca amarelo-rosada e polpa amarela) e a *Red Thumb* (casca vermelha e polpa rosa).

Cada uma dessas diversas batatas tem sabor, textura e características de cozimento ligeiramente diferentes. Faça experiências com qualquer variedade que encontrar e adapte às preparações mais apropriadas.

COMO VERIFICAR A QUALIDADE

Procure pelas seguintes características em batatas de boa qualidade:

1. Firmes e lisas, sem partes moles ou murchas.
2. Casca seca.
3. Olhos rasos.
4. Sem brotações. Batatas brotadas são ricas em açúcar.
5. Ausência de cor verde. Áreas verdes são desenvolvidas em batatas que não foram armazenadas ao abrigo da luz. Essas áreas contêm uma substância chamada **solanina**, que tem um gosto amargo e é tóxica em grandes quantidades. Todas as partes verdes devem ser tiradas antes do cozimento.
6. Ausência de rachaduras, defeitos e partes podres.

ARMAZENAMENTO E MANUSEIO

Mantenha em um lugar frio, seco e escuro, preferencialmente entre 13 e 16°C. Se forem usadas rapidamente, é possível mantê-las em temperatura ambiente.

Não guarde na geladeira. Temperaturas abaixo de 7°C convertem o amido da batata em açúcar. Batatas mantidas sob refrigeração precisam ser armazenadas a 10°C por duas semanas para converter o açúcar em amido outra vez.

Batatas novas não duram muito. Compre apenas o suprimento usado em uma semana de cada vez.

As batatas começam a escurecer assim que são descascadas. Para evitar que isso ocorra, coloque as batatas em água fria assim que forem descascadas. As batatas podem ser descascadas com antecedência e mantidas por algum tempo na água, embora alguns nutrientes se percam.

Retire todas as partes verdes ao descascar as batatas (ver "Como verificar a qualidade" acima).

FORMAS DE COMERCIALIZAÇÃO

As exigências de tempo e trabalho fizeram com que os produtos processados à base de batatas se tornassem muito populares nos Estados Unidos, e lá existem muitas formas disponíveis no mercado. Muitos desses produtos são muito bons e não há dúvida de que poupam tempo. Contudo, para obter uma melhor qualidade, nada substitui as batatas frescas, *se forem bem preparadas.*

1. **Frescas, não processadas.**

2. **Descascadas. Tratadas para evitar o escurecimento.**
   Mantenha refrigeradas abaixo de 4°C por 5 a 7 dias.

3. **Inteiras, enlatadas, cozidas.**

4. **Batatas fritas. Branqueadas por imersão em gordura e congeladas.**
   Disponíveis em uma ampla variedade de tamanhos e cortes. Cozinhe no estado congelado. Existem batatas fritas refrigeradas também.

5. **Outros produtos congelados, preparados.**
   Disponíveis na forma de *hashed browns* (batata bem picada ou ralada no ralo grosso), *puffs* (semelhantes a uma bomba salgada, feita com batata), batatas assadas recheadas e croquetes de batata; caçarolas com molhos variados.

6. **Desidratadas.**
   Grânulos ou flocos de batata amassada para serem reconstituídos com água quente, leite e manteiga ou outros sabores desejados.
   Outros produtos: muitas variedades e preparações. Algumas precisam ficar de molho na água antes do cozimento.

COMO PREPARAR BATATAS

Algumas receitas de batata são simples, mas muitas são complexas e usam uma combinação de métodos de cocção. Por exemplo, para fazer croquetes de batata, é necessário primeiro cozinhar as batatas na água ou no vapor, depois transformar em purê e misturá-lo com outros ingredientes, enrolar, empanar e, por fim, fritar por imersão.

Os métodos de cozimento são essencialmente os mesmos usados para vegetais, explicados no capítulo anterior. Se necessário, reveja esses métodos antes de prosseguir com as receitas que se seguem.

COZINHAR BATATAS NA ÁGUA E NO VAPOR

Estes métodos de cozimento de batatas são dados na primeira receita desta seção. Batatas cozidas na água ou no vapor são servidas ao natural e também são a base para muitas outras preparações.

As batatas são descascadas ou não para serem cozidas na água ou no vapor. Para a maioria das finalidades, são descascadas. Descasque a batata inteira com um descascador de legumes e retire todos os olhos. Coloque-as imediatamente em um recipiente com água fria para prevenir o escurecimento.

Se as batatas forem cozidas com as cascas e descascadas depois do cozimento, é melhor descascá-las quando ainda estiverem quentes, porque as cascas saem com mais facilidade. As batatas novas costumam ser cozidas e servidas com as cascas. As batatas *fingerling* são descascadas depois do cozimento, se as cascas forem duras, ou podem ser servidas com as cascas, se forem macias.

Dois pontos devem ser observados:

1. As batatas cozidas em água devem iniciar o cozimento em água fria. Isso permite um cozimento mais uniforme e a penetração do calor de fora para dentro durante o longo tempo de cozimento necessário.

2. As batatas nunca devem ser resfriadas em água fria ou gelada, como a maioria dos vegetais. Isso pode deixá-las encharcadas.

Batatas cozidas (*pommes natures*)

Porções: 25 *Tamanho da porção:* 150 g

Quantidade	Ingredientes
4,5 kg	Batata

Por porção:
Calorias, 140; Proteínas, 3 g; Gorduras, 0 g (0% cal.); Colesterol, 0 mg; Carboidratos, 32 g; Fibras, 3 g; Sódio, 10 mg.

Observação: as batatas podem ser cortadas, torneadas ou aparadas a gosto. Podem ser deixadas em formas irregulares, mas simples, aparadas ou torneadas em tamanho grande, médio ou pequeno (ver Fig. 7.18), ou cortadas com um boleador (ver Fig. 7.17) para fazer as batatas cozidas *parisienne*. Há uma perda maior no corte quando são feitas batatas torneadas ou *parisienne*.

■ Modo de preparo

1. Descasque a batata e retire os olhos. Verifique se toda a casca foi removida.
2. Corte as batatas em 25 porções uniformes, sendo 1 ou 2 peças por porção. Apare os pedaços na forma desejada (ver Observação). Guarde as sobras para outros usos.
3. Coloque em uma panela com sal e uma quantidade suficiente de água para cobri-las. Aqueça até ferver, abaixe o fogo e cozinhe em fogo brando até ficarem macias.
4. Escorra e deixe as batatas secarem em seu próprio calor, no escorredor, por 1 minuto.
5. Sirva imediatamente ou coloque em uma cuba gastronômica, tampada com uma toalha limpa e umedecida, e mantenha quente até o momento de servir.

VARIAÇÕES

Batata cozida no vapor (*pommes vapeurs*)
Prepare como na receita básica, mas cozinhe no vapor, em uma panela com cesta perfurada.

Batata com salsinha
Prepare como na receita básica. Pincele ou despeje 125 mL de manteiga derretida nas batatas e salpique salsinha picada.

Batatas novas
Prepare como na receita básica, usando batatas novas pequenas. Lave bem com uma escova, mas não descasque. Sirva 1 a 3 por porção, dependendo do tamanho.
   Opcional: retire uma faixa estreita de casca ao redor da batata antes de cozinhar, para evitar que a casca rache.

Batata ao creme
Prepare batatas novas ou outra batata mais farinhenta como na receita básica. Corte ou fatie no tamanho desejado ou deixe as batatas (novas e pequenas) inteiras. Misture com 2 L de molho *crème* quente. Leve ao fogo baixo para aquecer, mas não deixe ferver. Mantenha quente até o momento de servir.

Batata húngara

Porções: 25
Tamanho da porção: 125 g

Quantidade	Ingredientes
125 g	Manteiga
250 g	Cebola picada
2 colheres (chá)	Páprica
500 g	Tomate, sem pele e sem semente, em cubos
2,5 kg	Batata, sem casca e em rodelas grossas
1 L (aproximadamente)	Fundo de frango ou de carne bovina, quente
a gosto	Sal
a gosto	Pimenta-do-reino
½ xícara (chá)	Salsinha picada

Por porção:
Calorias, 110; Proteínas, 2 g; Gorduras, 4 g (31% cal.); Colesterol, 10 mg; Carboidratos, 18 g; Fibras, 2 g; Sódio, 45 mg.

■ Modo de preparo

1. Aqueça a manteiga no fogo em uma panela grande. Adicione a cebola e a páprica. Cozinhe até a cebola ficar macia.
2. Adicione o tomate e a batata. Adicione uma quantidade de fundo suficiente para cobrir a batata. Acrescente uma pequena quantidade de sal (aproximadamente 2 colheres de chá), porém não salgue demais porque o líquido irá reduzir.
3. Cozinhe em fogo brando até a batata ficar cozida e quase todo o líquido evaporar ou ser absorvido. Mexa delicadamente de vez em quando.
4. Tempere a gosto.
5. Guarneça com salsinha picada na hora de servir.

V A R I A Ç Ã O

Batatas *bouillon*
Prepare como na receita básica, porém exclua a páprica e o tomate. Corte a cebola em rodelas em vez de picá-la e salteie 175 g de cenoura, cortada em *julienne*, com a cebola. Corte as batatas em pedaços do tamanho de uma porção, em vez de fatiá-las.

Colcannon

Porções: 16
Tamanho da porção: 150 g

Quantidade	Ingredientes
1,8 kg	Batata
900 g	Repolho
175 g	Alho-poró ou cebolinha
125 g	Manteiga
175 mL	Leite ou creme de leite fresco, quente
2 colheres (sopa)	Salsinha picada (opcional)
a gosto	Sal
a gosto	Pimenta-do-reino branca
conforme necessário	Leite ou creme de leite quente adicional

Por porção:
Calorias, 160; Proteínas, 3 g; Gorduras, 6 g (33% cal.); Colesterol, 15 mg; Carboidratos, 24 g; Fibras, 3 g; Sódio, 75 mg.

■ Modo de preparo

1. Descasque as batatas e retire os olhos. Corte em pedaços uniformes. Cozinhe em fogo brando, em água e sal, até ficarem macias.
2. Enquanto a batata cozinha, limpe o repolho e corte em cunhas. Cozinhe no vapor até ficar macio.
3. Cozinhe o alho-poró, ou cebolinha, lentamente em um pouco de manteiga até ficar macio.
4. Amasse a batata e adicione o alho-poró ou cebolinha e o restante da manteiga. Acrescente o leite ou creme de leite e a salsinha.
5. Pique o repolho bem fino e misture-o com a batata até ficar bem agregado. Tempere com sal e pimenta-do-reino branca.
6. Se a mistura ficar seca, acrescente mais leite ou creme de leite para adquirir uma consistência lisa e úmida.

Ensopado de batata e berinjela com coentro

Porções: 12 Tamanho da porção: 180 g

Quantidade	Ingredientes
60 mL	Óleo vegetal
2 colheres (chá)	Sementes de cominho
340 g	Cebola bem picada
2 colheres (sopa)	Alho bem picado
2 colheres (sopa)	Gengibre fresco ralado
½ colher (chá)	Cúrcuma
750 g	Berinjela, sem casca e em cubos médios
1 kg	Batata em cubos médios
500 g	Tomate em lata, picado, com o suco
180 mL	Água
4 colheres (sopa)	Coentro fresco picado
a gosto	Sal

Modo de preparo

1. Aqueça o óleo em uma caçarola grande, em fogo médio.
2. Junte o cominho. Cozinhe até as sementes liberarem aroma e começarem a escurecer, por aproximadamente 15 a 20 segundos.
3. Junte a cebola, o alho, o gengibre e a cúrcuma. Salteie até a cebola ficar macia e ligeiramente dourada.
4. Junte a berinjela e misture. Salteie por 2 minutos.
5. Adicione a batata, o tomate e a água. Cozinhe em fogo brando, com a caçarola tampada, até a batata ficar macia. Mexa de vez em quando, juntando um pouco mais de água se a batata ficar seca.
6. Adicione o coentro e mexa.
7. Tempere com sal.

Por porção:
Calorias, 140; Proteínas, 3 g; Gorduras, 5 g (31% cal.); Colesterol, 0 mg; Carboidratos, 22 g; Fibras, 4 g; Sódio, 55 mg.

BATATA AMASSADA

A batata amassada, ou em purê, é um produto importante nas cozinhas, mesmo que não seja servida como tal. É a base para muitas preparações comuns, como o purê de batata comum ou batido, as **batatas duchesse** e os croquetes de batatas. Observe que o uso do termo *potato purée* (purê de batatas) em inglês é diferente do uso clássico europeu*, no qual *purée de pommes de terre* é o nome do prato "purê de batatas", feito com batatas amassadas (ou "em purê"), batidas ou não.

As batatas farinhentas são geralmente usadas para fazer purê. A polpa das batatas farinhentas se esfarela facilmente e pode absorver grandes quantidades de manteiga, leite e outros ingredientes enriquecedores. As batatas moderadamente cerosas também podem ser transformadas em purê. No entanto, sua polpa não esfarela com tanta facilidade e, portanto, são mais difíceis de amassar. Além disso, não absorvem muita gordura ou líquido.

Evite mexer muito o purê de batata. Mexer ou bater muito pode danificar as paredes das células, liberando excesso de amido, o que torna a consistência do purê glutinosa**.

A seguir será apresentado o modo básico de preparo para purê de batata.

*N.R.: Semelhante ao uso do termo em português brasileiro.

**N.R.: Nos Estados Unidos, o purê fofo e aerado é mais apreciado que o purê cremoso ou de consistência mais glutinosa.

Como preparar purê de batata

1. Escolha batatas farinhentas ou moderadamente cerosas.
2. Lave, descasque e retire os olhos das batatas.
3. Corte em pedaços de tamanho parecido para obter um cozimento uniforme.
4. Cozinhe em fogo brando, em água ou no vapor, até ficarem macias. As batatas para purê precisam ser bem cozidas, para que o purê não fique granuloso. Porém, não podem cozinhar demais, senão ficarão encharcadas.
5. Escorra em um escorredor (se foram cozidas na água). Coloque o escorredor em uma assadeira rasa e leve ao forno por alguns minutos, para secar bem as batatas. Se as batatas ficarem muito úmidas, elas se esfarelarão muito durante a adição posterior de líquido.
6. Enquanto as batatas ainda estiverem quentes, passe-as pelo passador de legumes ou espremedor de batatas. Pode-se usar uma batedeira com o batedor raquete para amassar as batatas quando o objetivo for produzir um purê batido, mas não há garantia de que todas as pelotas serão desmanchadas.

    O equipamento usado para amassar as batatas não deve estar frio, para não esfriá-las demais. Passe o equipamento em água quente antes de usar.
7. Adicione os ingredientes restantes ao purê, como indicado na receita específica. Evite mexer excessivamente, para não deixar a consistência glutinosa.

Purê de batata

Porções: 25 *Tamanho da porção: 150 g*

Quantidade	Ingredientes
4 kg	Batata
175 g	Manteiga
250 mL	Creme de leite *light*, quente
conforme necessário	Leite quente
a gosto	Sal
a gosto	Pimenta-do-reino branca

Por porção:
Calorias, 190; Proteínas, 3 g; Gorduras, 8 g (36% cal.); Colesterol, 20 mg; Carboidratos, 29 g; Fibras, 3 g; Sódio, 65 mg.

■ Modo de preparo

1. Descasque a batata, retire os olhos e corte em pedaços de tamanho parecido. Leve ao fogo brando em água salgada suficiente para cobrir. Cozinhe até ficar macia.
2. Escorra bem e deixe que as batatas sequem em seu próprio vapor por alguns minutos.
3. Passe as batatas pelo passador de legumes ou espremedor e coloque na tigela da batedeira. Método alternativo: coloque as batatas na batedeira com o batedor raquete. Bata até ficarem bem amassadas. Substitua o raquete pelo batedor globo e bata até obter uma textura bem lisa. Não bata demais, senão pode ficar grudento.
4. Adicione a manteiga e, em seguida, o creme de leite; bata.
5. Adicione leite quente até dar uma consistência apropriada ao purê. Deve ser macio e úmido, porém suficientemente firme para manter a forma, sem escorrer.
6. Acrescente sal e pimenta-do-reino branca a gosto.
7. Se desejar, bata *um pouquinho* em velocidade alta até o purê ficar leve e aerado. Não bata demais.

Variações

Purê de batata com alho
Método 1: em fogo brando, cozinhe 6 a 8 dentes de alho inteiros com as batatas. Amasse o alho e a batata juntos.
Método 2: faça um purê com 1 ou 2 cabeças de alho assado (p. 567) e acrescente à batata antes de colocar o creme de leite.

Purê de batata com pimenta *ancho*
Acrescente o Molho de *chile ancho* (p. 191) a gosto ao purê batido antes de acrescentar o leite. Reduza a quantidade de leite para obter a consistência apropriada.

Batata *duchesse*

Porções: 25
Tamanho da porção: 100 g

Quantidade	Ingredientes
3 kg	Batata, descascada e cortada em quatro
100 g	Manteiga derretida
a gosto	Sal
a gosto	Pimenta-do-reino branca
a gosto	Noz-moscada
10	Gemas
conforme necessário	Ovo, batido (opcional)

Por porção:
Calorias, 150; Proteínas, 3 g; Gorduras, 6 g (34% cal.); Colesterol, 95 mg; Carboidratos, 23 g; Fibras, 2 g; Sódio, 45 mg.

Modo de preparo

1. Cozinhe as batatas no vapor ou em fogo brando em água e sal até ficarem macias. Escorra em um escorredor e deixe secar no forno por alguns minutos.
2. Passe as batatas pelo passador de legumes ou espremedor.
3. Adicione a manteiga e misture até obter uma pasta lisa. Tempere a gosto com sal, pimenta-do-reino branca e um pouquinho de noz-moscada (a batata não deve ficar com gosto forte de noz-moscada).
4. Se o purê ficar muito úmido, leve ao fogo baixo, mexendo, para secar. A consistência deve ser mais firme que a de um purê.
5. Adicione as gemas (fora do fogo) e bata até a textura ficar lisa.
6. Coloque a mistura em um saco de confeiteiro com um bico estrela e forme os desenhos que desejar em assadeiras, ou use para decorar as bordas de travessas (ver Fig. 18.1). Formas de cone em espirais são as mais usadas para fazer porções individuais.
7. Se desejar, pincele ligeiramente com ovo batido para obter uma cor dourada mais forte.
8. Na hora de servir, leve ao forno quente entre 200 e 230°C até dourar levemente. As bordas de travessas podem ser douradas sob a salamandra.

VARIAÇÃO

A mistura para batata *duchesse* também é usada como base para Croquete de batata (p. 604) e é considerada uma das preparações básicas mais usadas na cozinha clássica.

Figura 18.1
Como usar o saco de confeiteiro: batatas *duchesse*.

(a) Vire a borda do saco de confeiteiro para fora, como mostra a figura. Coloque sua mão embaixo dessa dobra e mantenha o saco aberto usando o polegar e o indicador enquanto enche com a mistura de batata *duchesse*.

(b) Vire a borda do saco para cima novamente e torça para vedar, como ilustrado. Mantenha o saco fechado entre o polegar e o indicador. Para forçar a saída da mistura, aperte a parte bojuda do saco com a palma da mão. Use a mão livre para guiar a ponta ou para segurar o item que está sendo feito ou decorado. Você pode fazer croquetes de batata bem rapidamente espremendo a mistura em forma de cilindros compridos, com a ajuda de um bico liso. Com uma faca, corte os cilindros em pedaços de 5 cm.

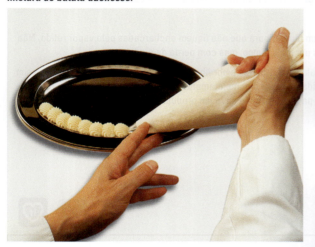

(c) Batatas *duchesse* são usadas para decorar travessas, como mostra a ilustração. Essa técnica também é usada para decorar bolos e sobremesas com glacê, creme *chantilly* ou suspiro.

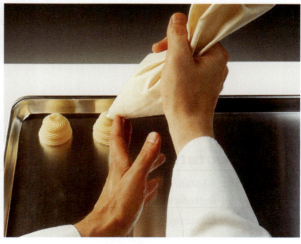

(d) Porções individuais de batatas *duchesse* geralmente são confeitadas em forma de uma espiral alta. Depois são douradas no forno.

(e) Batatas *dauphine* e *lorette* podem ser confeccionadas em vários formatos, como estes pequenos botões. Alguns biscoitos também são confeccionados assim.

ASSAR

Preparar batatas assadas do tipo *baked potato* é um procedimento muito simples que costuma ser bastante confundido e complicado sem necessidade. Batatas assadas adequadamente são brancas, aeradas, farinhentas e cheias de vapor. Batatas mal assadas, infelizmente comuns, são cinzentas e encharcadas.

As batatas *russets* são as mais usadas para se preparar batatas assadas desse tipo. No entanto, agora existem muitas variedades no mercado, algumas delas excelentes para assar, produzindo texturas e sabores diferentes. Não tenha medo de experimentar variedades diferentes listadas nas páginas 583-584.

Modo de preparo para batatas assadas do tipo *baked potato*

1. Escolha *russets* ou outras batatas do tipo farinhentas com formato regular.
2. Escove bem a casca e faça um furo nas extremidades com um garfo ou espeto para que o vapor possa escapar.
3. Para obter cascas crocantes, esfregue-as com um pouco de óleo. Para obter cascas macias, não use nada.
4. Coloque em assadeiras rasas ou em assadeiras com grades em um forno preaquecido a 200°C e asse até o final do cozimento, por aproximadamente 1 hora. Para testar o ponto de cocção, aperte delicadamente. Batatas assadas cedem a uma pressão suave.
   Observação: assadeiras com grades previnem a formação de uma parte dura no local em que a batata fica em contato com a assadeira.
5. Retire do forno.
6. Para reservar até o momento de servir, mantenha as batatas quentes, sem tampar para que não fiquem encharcadas pelo vapor retido. Não reserve por mais que 1 hora, se possível, embora possam ser reservadas por mais tempo, mas com perda de qualidade.

Observe que não há qualquer menção a embrulhar as batatas em papel-alumínio. Batatas embrulhadas em papel-alumínio não assam, e sim cozinham no vapor de sua própria umidade. A textura de uma batata cozida no vapor é completamente diferente da textura de uma batata assada. Poupe-se do trabalho e da despesa de embrulhar as batatas em papel-alumínio e sirva um produto melhor.

Baked potato (batata assada)

Tamanho da porção: 1 batata

Quantidade	Ingredientes
conforme necessário	Batata própria para assar inteira, ou *Idaho*
conforme necessário	Óleo vegetal (opcional)

Por porção:
Calorias, 130; Proteínas, 3 g; Gorduras, 0 g (0% cal.); Colesterol, 0 mg; Carboidratos, 31 g; Fibras, 3 g; Sódio, 10 mg.

Modo de preparo

1. Escove bem as batatas e faça um furo nas extremidades com um garfo ou espeto para que o vapor possa escapar.
2. Deixe as batatas secas ou unte-as ligeiramente com óleo, se desejar uma casca crocante.
3. Coloque em uma assadeira rasa no forno a 200°C. Asse até o final do cozimento, por aproximadamente 1 hora. Para testar o ponto de cozimento, aperte a batata delicadamente.

Baked potato recheada

Porções: 10 *Tamanho da porção: 1 batata*

Quantidade	Ingredientes
10	Batatas próprias para assar inteira, aproximadamente 200–225 g cada
60 g	Manteiga derretida
100 mL	Creme de leite *light* ou leite, quente
a gosto	Sal
a gosto	Pimenta-do-reino branca
3 colheres (sopa)	Farinha de rosca
3 colheres (sopa)	Queijo parmesão ralado
30 g	Manteiga derretida

Por porção:
Calorias, 270; Proteínas, 5 g; Gorduras, 10 g (32% cal.); Colesterol, 30 mg; Carboidratos, 42 g; Fibras, 4 g; Sódio, 140 mg.

Modo de preparo

1. Asse as batatas de acordo com o método básico.
2. Retire do forno. Faça uma abertura na parte superior da batata e tire um pouco da polpa, deixando uma camada de aproximadamente 0,5 cm de espessura rente à casca.
3. Passe a polpa pelo passador de legumes ou espremedor de batatas. Acrescente a manteiga e o creme de leite ou leite para fazer um purê liso, então bata. Tempere a gosto. (Observe que esta receita é basicamente a mesma do purê de batata batido.)
4. Encha as batatas com o purê, usando um saco de confeiteiro ou colher (o saco de confeiteiro é mais rápido e prático). Coloque em uma assadeira.
5. Misture a farinha de rosca e o parmesão e polvilhe sobre a batata. Regue com a manteiga derretida.
6. Leve ao forno quente a 200°C até a batata ficar completamente quente e com a superfície dourada, cerca de 15 minutos.

Variações

Para cada variação a seguir, adicione os ingredientes indicados à mistura de purê de batata. As proporções são para aproximadamente 1,1 a 1,4 kg de purê.
1. 60 g de queijo parmesão ralado
2. 225 g de cebola bem picada, salteada na manteiga
3. 100 g de presunto cozido, em cubos pequenos
   100 g de cogumelos, picados e salteados na manteiga
4. 225 g de bacon em cubos, frito até ficar crocante
   1 pimentão verde, picado e salteado na manteiga ou gordura de bacon

Batata *macaire*
Retire toda a polpa da batata e descarte a casca. Amasse com um garfo de cozinha ou na batedeira, com o batedor raquete. Exclua a manteiga derretida e o creme de leite ou leite. Substitua por 200 g de manteiga em temperatura ambiente. Tempere. Forme bolinhos e frite em pouca gordura usando manteiga clarificada até ficarem dourados de ambos os lados.

Batata ao forno

Porções: 25 *Tamanho da porção: 125 g*

Quantidade	Ingredientes
4,5 kg	Batata
conforme necessário	Óleo vegetal ou azeite de oliva
a gosto	Sal
a gosto	Pimenta-do-reino branca

Por porção:
Calorias, 160; Proteínas, 3 g; Gorduras, 2,5 g (14% cal.); Colesterol, 0 mg; Carboidratos, 32 g; Fibras, 3 g; Sódio, 10 mg.

Modo de preparo

1. Descasque a batata e retire os olhos. Corte em 25 porções iguais e apare os pedaços para ficarem uniformes. Guarde as sobras para outros usos.
2. Seque bem as batatas e esfregue-as com óleo. Coloque em uma assadeira e tempere com sal e pimenta-do-reino branca.
3. Leve ao forno a 200°C e asse até ficarem douradas e completamente cozidas, por aproximadamente 1 hora. Na metade do tempo de cozimento, vire-as e pincele com mais óleo.

Batatas novas ao forno com ervas e alho

Porções: 10	Tamanho da porção: 125 g
Quantidade	Ingredientes
1,5 kg	Batata nova, batata *fingerling* ou outro tipo de batata pequena
90 mL	Azeite de oliva
2 colheres (sopa)	Alecrim fresco, picado grosseiramente
15 mL	Tomilho fresco
2 colheres (sopa)	Alho bem picado
2 colheres (chá)	Sal

■ Modo de preparo

1. Lave as batatas, escorra e deixe secar.
2. Corte as batatas ao meio, se forem redondas, ou deixe-as inteiras, se estiver usando batatas *fingerling* pequenas.
3. Coloque em uma assadeira.
4. Regue as batatas com o azeite e salpique com as ervas, o alho e o sal. Agite a assadeira ou mexa bem para que todas as batatas fiquem envoltas no tempero.
5. Asse a 200°C até as batatas ficarem macias, por aproximadamente 45 minutos.

Por porção:
Calorias, 270; Proteínas, 5 g; Gorduras, 8 g (26% cal.); Colesterol, 0 mg; Carboidratos, 45 g; Fibras, 4 g; Sódio, 480 mg.

ASSAR "EM REFRATÁRIO"

Inúmeras receitas envolvem o preparo de batatas em assadeiras ou refratários, com ou sem a adição de um líquido. A mais conhecida é a batata gratinada. Uma característica da maioria dessas receitas é que são assadas sem tampa por pelo menos parte do tempo de preparo, para que se forme uma casca dourada na superfície. (Observe que duas versões de *Gratin Dauphinoise* estão incluídas aqui. A primeira é uma versão moderna, enquanto a segunda é a versão mais tradicional.)

Gratin dauphinoise I

Porções: 24	Tamanho da porção: 125 g
Quantidade	Ingredientes
2,5 kg	Batata de polpa firme
2 colheres (chá)	Sal
7 g	Alho picado
1 L	Creme de leite fresco
500 mL	Leite
a gosto	Pimenta-do-reino branca

■ Modo de preparo

1. Descasque as batatas e corte-as em fatias bem finas (como para *chips*). Não coloque as batatas fatiadas na água.
2. Misture as batatas com o sal e o alho e arrume-as em uma camada uniforme em uma cuba gastronômica grande untada com manteiga, ou em uma assadeira funda de tamanho equivalente.
3. Misture o creme de leite com o leite e tempere com um pouco de pimenta-do-reino branca. Aqueça até ferver.
4. Despeje sobre as batatas, depois leve a assadeira ao forno pré-aquecido a 200°C por aproximadamente 30 minutos, ou até as batatas ficarem macias e o molho, espesso.

Por porção:
Calorias, 300; Proteínas, 4 g; Gorduras, 23 g (67% cal.); Colesterol, 85 mg; Carboidratos, 21 g; Fibras, 2 g; Sódio, 490 mg.

Gratin dauphinoise I

Como preparar batatas 595

 ## Gratin dauphinoise II

Porções: 15 *Tamanho da porção: 150 g*

Quantidade	Ingredientes
1,4 kg	Batata
a gosto	Sal
a gosto	Pimenta-do-reino branca
a gosto	Noz-moscada
225 g	Queijo *gruyère* ralado
500 mL	Leite
250 mL	Creme de leite fresco
3	Gemas

Por porção:
Calorias, 220; Proteínas, 8 g; Gorduras, 13 g (53% cal.); Colesterol, 85 mg; Carboidratos, 18 g; Fibras, 1 g; Sódio, 80 mg.

■ Modo de preparo

1. Descasque a batata e retire os olhos. Corte em fatias bem finas.
2. Coloque uma camada de batatas em uma assadeira untada com manteiga. Tempere com sal, pimenta-do-reino e uma pitada de noz-moscada. Polvilhe com um pouco de queijo. Repita até usar toda a batata e aproximadamente três quartos do queijo.
3. Misture o leite e metade do creme de leite e leve ao fogo brando para aquecer. Bata as gemas com o creme de leite restante. Lentamente, adicione à mistura quente, mexendo.
4. Despeje a mistura de leite sobre as batatas. Cubra com o restante do queijo.
5. Asse sem tampar a 175°C por aproximadamente 45 a 60 minutos, até o final do cozimento.

VARIAÇÃO

Batata *savoyarde*
Prepare como a receita básica, mas use fundo de frango em vez de leite.

 ## Batata gratinada

Porções: 25 *Tamanho da porção: 150 g*

Quantidade	Ingredientes
2,5 L	Leite
90 g	Manteiga
90 g	Farinha de trigo
2 colheres (chá)	Sal
a gosto	Pimenta-do-reino branca
3,5 kg	Batata

Por porção:
Calorias, 200; Proteínas, 6 g; Gorduras, 6 g (27% cal.); Colesterol, 20 mg; Carboidratos, 31 g; Fibras, 2 g; Sódio, 80 mg.

Observação: pode-se usar leite em vez de molho branco ralo, mas o leite pode talhar. O *roux* ajuda a evitar que isso ocorra.

■ Modo de preparo

1. Faça um molho branco ralo (*béchamel*) usando os ingredientes listados (ver p. 171). Mantenha-o quente enquanto prepara a batata.
2. Descasque a batata e retire os olhos. Corte em fatias de 3 mm de espessura.
3. Coloque as batatas em uma assadeira untada com manteiga, fazendo várias camadas.
4. Despeje o molho branco. Levante um pouco as batatas para que o molho possa penetrar entre as camadas.
5. Cubra com papel-alumínio ou papel-manteiga e leve ao forno a 175°C por 30 minutos.
6. Tire o papel e continue a assar até que a superfície fique levemente dourada e as batatas estejam macias.

VARIAÇÕES

Batata gratinada com cebola
Adicione 600 g de cebola em rodelas à assadeira.

Batata gratinada com queijo
Adicione 500 g de queijo *cheddar* ralado à assadeira. Cubra com uma camada adicional de queijo antes de dourar.

Batata gratinada com presunto
Adicione 1,4 kg de presunto em cubos.

Batata *à la boulangère*

Porções: 25 Tamanho da porção: 150 g

Quantidade	Ingredientes
1,1 g	Cebola em rodelas
150 g	Manteiga ou gordura de assados (ver Observação)
3,5 kg	Batata, sem casca, em rodelas grossas
1 L	Fundo de frango ou de cordeiro (se houver), quente
a gosto	Sal
a gosto	Pimenta-do-reino

Por porção:
Calorias, 160; Proteínas, 3 g; Gorduras, 5 g (27% cal.); Colesterol, 15 mg; Carboidratos, 28 g; Fibras, 3 g; Sódio, 55 mg.

Observação: as batatas *à la boulangère* podem ser assadas separadamente, mas costumam ser preparadas junto com um assado, especialmente a paleta de cordeiro (ver p. 294).
   Se as batatas forem assadas junto com uma carne, precisam ser colocadas na assadeira no momento certo, para que fiquem prontas na mesma hora que a carne.

■ **Modo de preparo**

1. Salteie a cebola na manteiga ou gordura até ficar transparente e começar a dourar.
2. Coloque a batata e mexa para que fique envolta na gordura.
3. Coloque em uma assadeira rasa ou funda, sob um assado parcialmente cozido. Despeje o fundo quente e misture. Tempere.
4. Asse por 1 hora e 30 minutos a 175°C, ou na temperatura do cordeiro que está assando, até as batatas ficarem ao ponto. Coloque mais fundo durante o cozimento, se necessário, para evitar que ressequem.

Batata *au gratin*

Porções: 25 Tamanho da porção: 175 g

Quantidade	Ingredientes
3,5 kg	Batata
2 L	Molho de queijo *cheddar* (p. 171), quente
⅔ de xícara (chá)	Farinha de rosca
2 colheres (chá)	Páprica
60 g	Manteiga derretida (opcional)

Por porção:
Calorias, 190; Proteínas, 7 g; Gorduras, 6 g (29% cal.); Colesterol, 20 mg; Carboidratos, 26 g; Fibras, 2 g; Sódio, 150 mg.

Observação: o molho *crème* pode ser usado em vez de molho de queijo. Pode-se polvilhar queijo ralado (*cheddar* ou parmesão) sobre as batatas antes de cobri-las com a farinha de rosca.

■ **Modo de preparo**

1. Lave as batatas com uma escova e cozinhe em fogo brando, na água ou no vapor, até ficarem macias, porém firmes.
2. Escorra e espalhe em uma assadeira rasa para esfriar.
3. Quando as batatas estiverem frias o bastante para serem manuseadas, descasque-as e corte-as em cubos de 1 cm.
4. Misture com o molho de queijo quente em uma assadeira funda.
5. Misture a farinha de rosca com a páprica e polvilhe as batatas com essa mistura. Regue toda a superfície com a manteiga.
6. Asse a 175°C por aproximadamente 30 minutos, até a batata ficar bem quente e dourada.

Batata Anna

Porções: 10 *Tamanho da porção: 150 g*

Quantidade	Ingredientes
1,8 kg	Batata própria para cozinhar
350 g	Manteiga
a gosto	Sal
a gosto	Pimenta-do-reino branca

Modo de preparo

1. Escolha batatas redondas do mesmo tamanho. A aparência deste prato é importante, portanto, as fatias devem ser cortadas com muito esmero.
2. Descasque as batatas e retire os olhos, corte em fatias finas. Reserve em água fria até a hora de usar.
3. Clarifique a manteiga (ver p. 178).
4. Aqueça aproximadamente 0,5 cm de manteiga em uma frigideira de ferro fundido de 23 cm de diâmetro. O ferro da frigideira precisa estar bem temperado para que as batatas não grudem. Retire do fogo.
5. Escorra as batatas e seque-as bem. Selecione as fatias mais uniformes para a camada do fundo. Arrume-as em círculos no fundo da frigideira. Sobreponha-as ligeiramente e mude a direção a cada novo círculo. A Figura 18.2 ilustra essa técnica. Tempere essa camada com sal e pimenta-do-reino e coloque um pouco de manteiga clarificada por cima.
6. Continue fazendo camadas, temperando e cobrindo com manteiga, até usar todos os ingredientes. As batatas irão formar uma elevação na frigideira, mas, à medida que cozinharem, vão assentar. Uma grande quantidade de manteiga irá se juntar na frigideira, mas depois do cozimento ela será escorrida e poderá ser reusada.
7. Leve a frigideira ao fogo médio até começar a frigir. Balance a frigideira de leve para evitar que as batatas grudem.
8. Cubra com papel-alumínio e asse em forno quente a 230°C por aproximadamente 40 minutos, até as batatas ficarem macias. Para testar o ponto de cozimento, introduza uma faca no centro. Retire o papel-alumínio e asse por mais 10 minutos.
9. Escorra o excesso de manteiga (lembre-se que está quente) e, com cuidado, inverta as batatas em uma assadeira. Elas devem permanecer intactas, formando um bolo redondo. Se alguma fatia sair do lugar, coloque-a de volta. Caso seja necessário, coloque as batatas de novo no forno para obter um dourado mais uniforme.
10. Corte em fatias, como uma torta, ao servir.

VARIAÇÃO

Batata *voisin*
Prepare como na receita básica, mas polvilhe cada camada de batata com queijo suíço ralado.

Por porção:
Calorias, 260; Proteínas, 3 g; Gorduras, 14 g (47% cal.); Colesterol, 35 mg; Carboidratos, 32 g; Fibras, 3 g; Sódio, 150 mg.

Observação: pode-se usar formas pequenas, em vez da frigideira grande, para fazer porções individuais.

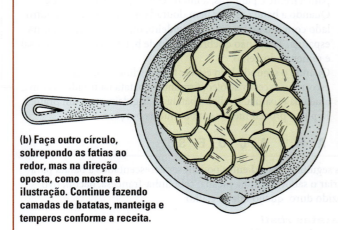

Figura 18.2 Batata Anna.

(a) Coloque uma fatia de batata no centro da frigideira preparada. Faça um círculo em volta dela sobrepondo as fatias.

(b) Faça outro círculo, sobrepondo as fatias ao redor, mas na direção oposta, como mostra a ilustração. Continue fazendo camadas de batatas, manteiga e temperos conforme a receita.

SALTEAR E FRITAR EM POUCA GORDURA

Os procedimentos para saltear e fritar batatas em pouca gordura são basicamente os mesmos usados para outros vegetais (p. 556).

Existem muitas receitas de batatas salteadas e fritas em pouca gordura. Algumas são feitas com batatas cruas, outras com batatas pré-cozidas ou branqueadas. Muitas dessas receitas são úteis porque são maneiras excelentes de utilizar sobras de batatas.

Este grupo de receitas pode ser dividido em duas categorias, com base na técnica de produção.

1. **Batatas mexidas ou agitadas durante o cozimento.**
   O procedimento para saltear vegetais da página 556 é usado para estas preparações. As batatas são cortadas em pedaços ou formatos especiais pequenos e fritas em uma pequena quantidade de gordura. São viradas e agitadas na frigideira para dourarem de todos os lados. Esta categoria inclui batatas *rissolé, parisienne, noisette, château* e batatas fritas à americana ou à moda da casa.

2. **Batatas fritas e servidas como bolos compactos.**
   O procedimento para fritar vegetais em pouca gordura (ver p. 556) é o método básico para estas preparações. As batatas não são mexidas durante o cozimento, porque são arrumadas em forma de bolos, para dourar de ambos os lados. Esta categoria inclui as *hash browns* (batata bem picada ou ralada cozida lentamente em pouca gordura) e variações, assim como panqueca de batata e Batata *macaire* (ver p. 593).

Hash browns

Porções: 25	Tamanho da porção: 125 g
Quantidade	Ingredientes
3,4 kg	Batata cozida, fria e sem casca
275 g	Óleo ou manteiga clarificada, ou uma mistura de óleo e manteiga clarificada
a gosto	Sal
a gosto	Pimenta-do-reino

Por porção:
Calorias, 180; Proteínas, 2 g; Gorduras, 7 g (35% cal.); Colesterol, 0 mg; Carboidratos, 27 g; Fibras, 2 g; Sódio, 5 mg.

■ Modo de preparo

1. Pique as batatas em pedaços pequenos.
2. Coloque uma camada fina de óleo ou manteiga em uma frigideira de ferro bem temperada de 15 cm de diâmetro e leve ao fogo alto. Pode-se usar também a chapa bifeteira para esta preparação.
3. Quando a gordura estiver quente, coloque 1 porção de batata e aperte-a para tomar a forma de um bolo. Balance a frigideira para a frente e para trás, a fim de evitar que a batata grude.
4. Quando a batata estiver bem dourada no fundo, vire do outro lado com um arremesso da frigideira, ou com a ajuda de uma espátula. Tente não quebrar o bolo de batata. Tempere com sal e pimenta-do-reino.
5. Quando o segundo lado estiver frito, incline a frigideira para escorrer o excesso de óleo, firmando a batata na frigideira com a ajuda da espátula. Deslize a batata da frigideira para um prato.
6. Repita o procedimento com as outras porções.

Variações

Os seguintes ingredientes podem ser acrescentados à batata para variar o sabor: salsinha picada, cebolinha-francesa, bacon, ovo cozido duro, queijo ralado e alho.

Batatas *rösti*
Rale as batatas cozidas na parte grossa de um ralador manual ou use um processador. Prepare como na receita básica. As batatas devem ficar bem crocantes. Esta batata também pode ser chamada de "*hash brown*", mas o prato *hash browns* deve ser feito com batatas picadas, pois *hash* significa "picar" em inglês.

Hash browns lyonnaise
Junte 600 g de cebola, picada e salteada na manteiga, com as batatas picadas ou raladas antes de fritar.

Como preparar batatas 599

Batatas *rissolé* ou *cocotte*

Porções: 25 *Tamanho da porção: 125 g*

Quantidade	Ingredientes
7 kg	Batata (ver Observação)
300 g	Manteiga clarificada
a gosto	Sal
a gosto	Pimenta-do-reino branca

Por porção:
Calorias, 290; Proteínas, 4 g; Gorduras, 11 g (34% cal.); Colesterol, 30 mg; Carboidratos, 45 g; Fibras, 4 g; Sódio, 125 mg.

Observação: a quantidade necessária de batata varia, dependendo do cuidado com que forem limpas. Guarde as sobras para purês ou outros usos.

■ **M o d o   d e   p r e p a r o**

1. Descasque as batatas e retire os olhos, apare ou torneie para obter formas ovais de aproximadamente 4 cm de comprimento (a Fig. 7.18 ilustra a técnica).
2. Coloque as batatas em uma panela funda, cubra com água salgada e aqueça até começar a ferver. Reduza o fogo e cozinhe por aproximadamente 7 a 8 minutos, ou o equivalente a três quartos do tempo total de cozimento.
3. Escorra e coloque em uma assadeira para terminarem o cozimento em seu próprio vapor e secarem.
4. Aqueça a manteiga clarificada em uma frigideira grande. Coloque as batatas e salteie em fogo médio até ficarem douradas e completamente cozidas (as batatas também podem ser douradas imersas em gordura se houver muita pressa para atender aos pedidos).
5. Tempere com sal e pimenta-do-reino branca.

V A R I A Ç Õ E S

Método alternativo: as batatas podem ser salteadas sem branqueamento prévio. Salteie em fogo baixo e mantenha a frigideira tampada durante a primeira metade ou três quartos do tempo de cozimento para que as batatas cozinhem completamente sem ficarem excessivamente coradas. As batatas preparadas dessa maneira absorvem mais manteiga do que as que são branqueadas previamente. Por isso são mais saborosas, mas também têm mais calorias.

Batata *noisette* e *parisienne*
Prepare como na receita básica, mas corte as batatas com um boleador de melão. As batatas *parisienne* são cortadas com um boleador de aproximadamente 3 cm de diâmetro. As batatas *noisette* são menores, com aproximadamente 2,5 cm. Branqueie por 3 a 5 minutos ou cozinhe-as cruas.

Batata *château*
Prepare como na receita básica, mas torneie as batatas em formatos maiores, de 5 cm de comprimento.

Batata *lyonnaise*

Porções: 25 *Tamanho da porção: 125 g*

Quantidade	Ingredientes
3 kg	Batata cozida, fria e sem casca
700 g	Cebola
225 g	Óleo vegetal ou manteiga clarificada, ou uma mistura de óleo e manteiga
a gosto	Sal
a gosto	Pimenta-do-reino branca

Por porção:
Calorias, 190; Proteínas, 2 g; Gorduras, 9 g (42% cal.); Colesterol, 25 mg; Carboidratos, 26 g; Fibras, 2 g; Sódio, 95 mg.

Observação: esta preparação pode ser feita em uma chapa bifeteira em vez da frigideira.

■ **M o d o   d e   p r e p a r o**

1. Corte as batatas em rodelas de aproximadamente 0,5 cm de espessura.
2. Descasque as cebolas, corte-as ao meio no sentido do comprimento e depois em *julienne*.
3. Leve metade da gordura ao fogo em uma frigideira e salteie as cebolas até ficarem douradas. Retire com uma escumadeira e reserve.
4. Coloque o resto da gordura na frigideira. Leve ao fogo alto e junte a batata.
5. Salteie, agitando-as na frigideira, até ficarem douradas de todos os lados.
6. Adicione a cebola e continue salteando por mais 1 minuto, até que a cebola e a batata se misturem bem e os sabores se mesclem.
7. Tempere a gosto.

V A R I A Ç Õ E S

Batata frita à americana ou à moda da casa
Prepare como na receita básica, mas exclua a cebola.

Batata O'Brien
Cozinhe 300 g de bacon em cubos até que esteja crocante. Retire da frigideira. Salteie 300 g de cebola em cubos pequenos e 300 g de pimentão verde em cubos pequenos na gordura do bacon. Salteie 3 kg de batata em cubos como na receita básica e junte os vegetais.
Junte o bacon crocante e 125 g de *pimiento* para finalizar e tempere a gosto.

Panqueca de batata

Porções: 20 **Tamanho da porção:** 2 panquecas de aproximadamente 60 g cada

Quantidade	Ingredientes
2,7 kg	Batata
450 g	Cebola
2	Limões-sicilianos
6	Ovos
¼ de xícara	Salsinha picada (opcional)
2 colheres (chá)	Sal
½ colher (chá)	Pimenta-do-reino branca
60 g ou mais	Farinha de trigo (ver Observação)
conforme necessário	Óleo para fritar

Por porção:
Calorias, 220; Proteínas, 5 g; Gorduras, 10 g (40% cal.); Colesterol, 65 mg; Carboidratos, 29 g; Fibras, 3 g; Sódio, 260 mg.

Observação: pode-se usar farinha de matzá ou fécula de batata em vez de farinha de trigo para ligar a massa.

Modo de preparo

1. Descasque as batatas e as cebolas. Rale as duas juntas em uma tigela de inox. Esprema o limão, junte o suco à batata, para prevenir a descoloração, e mexa bem para misturar.
2. Coloque as batatas em um coador cônico e escorra o excesso de líquido. Reserve o líquido, deixando o amido assentar. Escorra o líquido, reservando apenas o amido.
3. Coloque as batatas de volta na tigela de inox e junte o amido de batata reservado.
4. Junte os ovos, a salsinha, o sal e a pimenta-do-reino branca e bata.
5. Adicione farinha de trigo suficiente para dar liga à mistura. Se a massa estiver muito rala, as panquecas irão se partir na frigideira. Frite um pouquinho de massa para testar e acrescente mais farinha, se necessário.
6. Coloque aproximadamente 0,5 cm de óleo em uma frigideira grossa de ferro. Aqueça o óleo em fogo não muito alto. O óleo deve estar a 160°C.
7. Usando uma colher como medida, coloque porções da massa na frigideira para fazer panquecas individuais.
8. Frite, virando uma vez, até que ambos os lados fiquem dourados.
9. Retire da frigideira com uma escumadeira ou espátula e coloque para escorrer em papel absorvente.
10. Método alternativo: doure ligeiramente no óleo e coloque, em apenas uma camada, numa assadeira rasa. Termine o cozimento no forno a 190°C até as panquecas ficarem mais escuras e crocantes.

Batata com grão-de-bico e *jalapeño*

Porções: 12 *Tamanho da porção:* 125 g

Quantidade	Ingredientes
1,1 kg	Batata cozida, fria e sem casca
120 mL	Óleo vegetal
225 g	Cebola em cubos pequenos
10 g	Alho bem picado
1 colher (chá)	Semente de coentro moída
¼ de colher (chá)	Canela em pó
¼ de colher (chá)	Pimenta-do-reino
4	*Jalapeños*, sem sementes e fatiados
450 g	Grão-de-bico, cozido ou enlatado, sem caldo
15 mL	Suco de limão
a gosto	Sal

■ Modo de preparo

1. Corte as batatas em cubos grandes.
2. Aqueça o óleo em uma frigideira.
3. Junte a cebola, o alho, a semente de coentro, a canela e a pimenta-do-reino. Salteie até a cebola ficar levemente dourada.
4. Acrescente o *jalapeño* e salteie por mais 2 minutos.
5. Junte a batata e o grão-de-bico. Salteie até ficar quente e as batatas, levemente douradas.
6. Regue com o suco de limão e mexa.
7. Acrescente sal a gosto.

Batata com grão-de-bico e *jalapeño*

Por porção:
Calorias, 240; Proteínas, 5 g; Gorduras, 10 g (38% cal.); Colesterol, 0 mg; Carboidratos, 32 g; Fibras, 5 g; Sódio, 10 mg.

FRITAR POR IMERSÃO

Todas as regras para fritar por imersão que você aprendeu no Capítulo 4 se aplicam às batatas. Reveja a página 73 para refrescar sua memória.

Existem dois tipos de preparações para batatas fritas por imersão:

1. **Batatas cruas fritas.**

   Estas batatas são simplesmente cortadas de várias maneiras e fritas em grande quantidade de gordura até ficarem douradas e crocantes. Entre elas estão todas as variedades de batatas fritas, inclusive as batatas *chips*.

   As batatas *russets* ou *Idaho* são as mais apropriadas para fritar por causa de seu alto teor de amido e sua forma regular, que oferece menores perdas de corte.

2. **Batatas cozidas ou em purê fritas.**

   Muitos destas preparações são feitas da mistura de batatas *duchesse*, entre os quais temos as variações para croquete de batatas, batatas *Dauphine* e batatas *Lorette*.

   As batatas usadas para estas receitas são as farinhentas, assim como para as batatas *duchesse*, porque elas produzem um purê enxuto e granuloso.

BATATA FRITA

Como a batata frita, ou batata frita por imersão, é um dos itens mais populares no setor de serviços alimentícios atualmente, você precisa aprender a prepará-la bem. A maioria das batatas fritas servidas são feitas a partir de produtos congelados branqueados, mas também é importante saber fazê-las usando batatas frescas.

A receita da página 603 dá o procedimento completo para se preparar batatas fritas. Observe que elas são fritas em dois estágios. É possível prepará-las diretamente, mas isto é impraticável em um estabelecimento que produz em quantidade, em razão do longo tempo de cozimento. A prática mais comum é branqueá-las na gordura. Isso é feito em uma temperatura mais baixa, para que fiquem cozidas sem dourarem. Geralmente são escorridas e levadas à geladeira até o momento de finalizar e servir. As porções podem, então, ser terminadas, conforme o pedido, em poucos minutos.

Os produtos congelados já foram preparados até a etapa 5 da receita e depois congelados. Para usá-los, simplesmente comece na etapa 6.

Como preparar batatas 603

Batata frita

Porções: o necessário (1 kg PB de batata crua irá render aproximadamente 450 g de batata frita)

Quantidade	Ingredientes
conforme necessário	Batatas *Idaho*, ou outra batata farinhenta

Por 100 g:
Calorias, 290; Proteínas, 4 g; Gorduras, 15 g (46% cal.); Colesterol, 0 mg; Carboidratos, 36 g; Fibras, 3 g; Sódio, 200 mg.

■ Modo de preparo

1. Descasque a batata e retire os olhos.
2. Corte em bastões de 1 cm² de espessura e aproximadamente 7,5 cm de comprimento (a Fig. 7.10 mostra como cortar). Reserve as batatas cortadas em água fria até a hora de usar, para evitar que escureçam.
3. Forre assadeiras com várias camadas de papel-toalha e deixe-as prontas ao lado da fritadeira.
4. Escorra e seque bem as batatas. Frite por imersão em gordura aquecida a 160°C até começarem a ficar douradas. Neste ponto, devem estar completamente cozidas e macias.
5. Retire as batatas da fritadeira e coloque-as nas assadeiras em uma camada única, para escorrer. Leve à geladeira.
6. Na hora de servir, frite as batatas em pequenas quantidades, em gordura aquecida (175 a 190°C), até adquirirem uma cor bem dourada e ficarem crocantes.
7. Escorra bem. Salpique com um pouco de sal, fora da fritadeira, ou deixe que os clientes mesmos coloquem sal. Sirva imediatamente.

VARIAÇÕES

Batata *pont-neuf*
Prepare como na receita básica, mas corte as batatas em bastões mais grossos, de aproximadamente 1,25 cm² de diâmetro, ou um pouco mais grossos. O tempo de branqueamento será ligeiramente mais longo.

Batata *allumette* (batata palito)
Corte as batatas em bastões finos, um pouco mais finos do que 0,5 cm². Como elas são muito finas, costumam ser fritas em um estágio só (sem branquear em gordura), até ficarem bem crocantes.

Batata palha
Corte em tirinhas muito finas, de aproximadamente 3 mm de espessura. Frite em um estágio só, em gordura preaquecida a 190°C.

Batata frita *steakhouse*
Lave bem as batatas com uma escova, mas não descasque. Corte ao meio no sentido do comprimento, depois corte cada metade no sentido do comprimento em 4 a 6 cunhas ou gomos, dependendo do tamanho. Prepare como na receita básica.

Batata *chips*
Corte as batatas em fatias bem finas, com menos de 3 mm de espessura. Frite em um estágio só em gordura preaquecida a 190°C.

Batata *waffle* ou *gaufrette*
Monte um mandoline com a lâmina para cortar em *gaufrette*, regulando-o para cortar fatias bem finas. Corte as batatas em fatias, no sentido da largura, virando a batata a 90° entre uma fatia e outra para criar o efeito de *waffle* (ver Figura 18.3). Frite como as batatas *chips*.

Figura 18.3
Como cortar batatas *gaufrette*.

(a) Monte o mandoline com a lâmina para *gaufrette*, regulando-o para cortar fatias bem finas.

(b) Fatie, girando a batata a aproximadamente 90° graus entre uma fatia e outra para que as ranhuras dos dois lados de cada fatia fiquem cruzadas.

(c) Pode ser necessário ajustar a espessura do corte depois da primeira ou segunda fatia. As fatias devem ser finas o bastante para que haja buracos.

Croquete de batata

Observação: é feito com a mistura para batata *duchesse*. O procedimento para fazer batatas *duchesse* é repetido aqui, por conveniência.

Porções: 20   Tamanho da porção: 3 unidades de aproximadamente 40 g cada

Quantidade	Ingredientes
3 kg	Batata, descascada e cortada em quatro
100 g	Manteiga
a gosto	Sal
a gosto	Pimenta-do-reino branca
a gosto	Noz-moscada
10	Gemas
	Procedimento padrão para empanar alimentos:
conforme necessário	Farinha de trigo
conforme necessário	Ovos batidos
conforme necessário	Farinha de rosca

Modo de preparo

1. Cozinhe as batatas no vapor ou em fogo brando, em água e sal, até ficarem macias (é preferível cozinhar no vapor porque o resultado é um produto mais seco). Coloque em um escorredor (se tiverem sido cozidas em água) e deixe secar no forno por alguns minutos.
2. Passe as batatas pelo passador de legumes ou espremedor.
3. Adicione a manteiga e misture até formar uma pasta lisa. Tempere a gosto com sal, pimenta-do-reino branca e noz-moscada.
4. Leve ao fogo médio e mexa até secar bem.
   Se a mistura não estiver suficientemente seca, os croquetes ficarão disformes. Método alternativo: adicione amido de milho ou fécula de batata seca suficiente para absorver o excesso de umidade e endurecer a mistura.
5. Retire do fogo, adicione as gemas e bata bem.
6. Para enrolar os croquetes, existem dois métodos. (a) Espalhe a mistura em uma assadeira para esfriar, cubra com um plástico ou papel-manteiga, para evitar a formação de película, e leve à geladeira. Passe farinha de trigo nas mãos e enrole os croquetes de batata como cilindros, no formato de rolhas de aproximadamente 5 cm de comprimento. Cada um deve pesar aproximadamente 40 g. (b) Polvilhe uma assadeira com farinha. Coloque a mistura de batata quente em um saco de confeiteiro com um bico grande e liso. Esprema formando cilindros longos nas assadeiras (ver Figura 18.1). Com uma faca, corte os cilindros em pedaços de 5 cm de comprimento.
7. Prepare os ingredientes para empanar os croquetes (p. 143) e empane-os.
8. Na hora de servir, frite em bastante gordura a 175°C até ficarem bem dourados. Escorra bem.
9. Sirva imediatamente (3 unidades por porção).

Por porção:
Calorias, 443; Proteínas, 9 g; Gorduras, 20 g (42% cal.); Colesterol, 155 mg; Carboidratos, 54 g; Fibras, 3 g; Sódio, 315 mg.

VARIAÇÕES

Se desejar, molde em outros formatos.
Acrescente 225 g de um dos seguintes ingredientes à mistura de batata:
Queijo ralado   Cebola picada salteada   Cogumelos picados salteados   Presunto picado   Nozes moídas

Batata Berny
Enrole no formato de bolinhas. Empane com lâminas bem finas de amêndoas, em vez de farinha de rosca (na cozinha clássica, trufas picadas são adicionadas à mistura de batata).

Batata Lorette
Prepare como as batatas *dauphine* e acrescente 60 g de queijo parmesão ralado por quilo. Enrole como quiser (a forma clássica é uma pequena meia-lua) e frite sem empanar.

Batata Dauphine
Método 1: para cada 0,5 kg de massa de batata *duchesse* ou croquete, adicione 135 g de *Patê à choux* (p. 998), feita sem açúcar e com metade da quantidade de manteiga. Para fritar, use o saco de confeiteiro para fazer as formas que desejar sobre uma assadeira bem untada e depois transfira para a fritadeira usando uma espátula; ou use uma colher com extrator para depositar as bolinhas de massa diretamente na gordura quente. **Método 2:** segure o saco de confeiteiro acima da fritadeira. Aperte o saco para expelir a massa de batata e vá cortando pedaços curtos com o lado cego de uma faca, deixando cair na gordura quente.

Bolinhas de batata com pimentão

Rendimento: 36 unidades

Quantidade	Ingredientes
3	Pimentões vermelhos, pequenos
3	Pimentões verdes, pequenos
700 g	Batata, sem casca
25 g	Manteiga amolecida
1	Gema
	Procedimento padrão para empanar alimentos

Por porção:
Calorias, 270; Proteínas, 6 g; Gorduras, 12 g (40% cal.); Colesterol, 55 mg; Carboidratos, 34 g; Fibras, 2 g; Sódio, 240 mg.

■ **Modo de preparo**

1. Corte os pimentões vermelhos e verdes ao meio e coloque-os sob um grelhador preaquecido até a pele ficar preta e cheia de bolhas. Deixe esfriar.
2. Tire a pele e as sementes dos pimentões e corte em cubos de 0,5 cm.
3. Cozinhe as batatas e amasse-as usando o procedimento básico explicado na página 588.
4. Misture os pimentões, a manteiga e a gema delicadamente ao purê. Tempere bem.
5. Passe farinha de trigo nas mãos e enrole 36 bolinhas com a mistura. Prepare os ingredientes para o procedimento básico de empanar (p. 143), passe as bolinhas por ele.
6. Quase na hora de servir, frite por imersão a 175°C. Escorra bem.

■ TERMOS PARA REVISÃO

batata cerosa
russet
batata farinhenta
new potato
batata de polpa amarela
casca vermelha
casca azul, polpa branca
polpa azul ou roxa
fingerling
solanina
batata *duchesse*
hashed brown

■ QUESTÕES PARA DISCUSSÃO

1. Verdadeiro ou falso: batatas fritas feitas com batatas frescas são sempre melhores que batatas fritas feitas com batatas branqueadas e congeladas. Explique.
2. Quando maduras, as batatas farinhentas são as melhores para amassar (fazer purê, batata *duchesse* etc.), então por que não se usa *russets* ou *Idahos* para essa finalidade, se são as mais farinhentas?
3. Por que não é uma boa ideia colocar batatas *parisienne* no seu cardápio a não ser que você também sirva outros produtos à base de purê de batata?
4. Muitas receitas de batata deste capítulo não indicam que tipo de batata deve ser usada. Para cada uma dessas receitas, indique se você escolheria batatas farinhentas ou cerosas.

CAPÍTULO 19

CAPÍTULO 19

Leguminosas, grãos, massas e outros amidos

Este capítulo continua a discussão sobre alimentos ricos em amido. O capítulo anterior tratou de um vegetal fresco, a batata, um dos mais importantes amidos dos cardápios europeu e norte-americano. Este capítulo, por outro lado, aborda preparações à base de alimentos secos: leguminosas e grãos.

Em grande parte da história da humanidade – e da pré-história –, os grãos foram a principal fonte de nutrientes e calorias a dar sustentação à vida, o que continua sendo verdade até hoje em muitas partes do mundo. Por exemplo, em partes da Ásia, o arroz é ingerido praticamente em toda refeição. No Japão, os termos comuns para café da manhã, almoço e jantar podem ser traduzidos como "arroz da manhã", "arroz do almoço" e "arroz do jantar".

Em muitas regiões, os feijões secos, ingeridos juntamente com o arroz, são uma fonte mais comum de proteínas do que carnes e peixes. As leguminosas secas são, na verdade, versões maduras e desidratadas de alguns dos vegetais frescos discutidos em capítulos anteriores, mas que não são considerados, a princípio, como amidos. No entanto, têm alto conteúdo de amido e, por sua natureza seca, geralmente são tratadas como grãos.

Massas e macarrões são alimentos importantes à base de amido feitos a partir de grãos, em geral trigo, mas também arroz e outros grãos. Neste capítulo, iremos analisar especialmente os macarrões herdados da cozinha italiana, mas também aprenderemos sobre os macarrões típicos de outras cozinhas.

LEGUMINOSAS SECAS

Uma **leguminosa** é uma planta cujo fruto é uma vagem com sementes que, quando madura, divide-se longitudinalmente em duas. Entre as mais conhecidas estão o feijão, a ervilha e a lentilha. Na culinária, utilizamos a palavra para nos referir às sementes dessas vagens, especialmente quando estão maduras e secas (não confunda o significado de leguminosa com a palavra francesa *légume*, que é um termo genérico para "vegetal", assim como "legume" no português).

As ervilhas e os feijões secos têm sido consumidos como alimento há milhares de anos e continuam sendo importantes até hoje. De fato, com o crescente interesse por uma alimentação mais saudável e por vegetais de todos os tipos, além do maior conhecimento sobre as cozinhas de todo o mundo, muitas variedades interessantes de leguminosas são mais fáceis de encontrar hoje do que alguns anos atrás.

As leguminosas são ricas em proteína, portanto, são importantes nas dietas vegetarianas. São ricas também em vitaminas do complexo B e minerais. Algumas delas, como a soja, também são ricas em gordura.

TIPOS E VARIEDADES

Os três tipos mais importantes de leguminosas secas nas cozinhas ocidentais são o feijão, a ervilha e a lentilha. Além delas, existem várias outras, como o grão-de-bico, a fava, a soja e o feijão-de-lima, que têm um papel menos importante no cardápio. As descrições a seguir incluem os feijões mais comuns.

Feijões

A maior parte dos feijões coloridos das ilustrações ao lado são subtipos do feijão comum. Todos eles são variedades de uma única espécie de planta – a mesma planta que nos fornece a vagem verde comum. Os sabores e texturas variam ligeiramente, mas as características de preparo e manuseio são similares, embora alguns requeiram períodos mais longos de cozimento que outros.

Um subgrupo dessa família às vezes é chamado de **haricot** (a palavra francesa para "feijão"). Todos eles são variedades da vagem verde (*haricot vert*), que se desenvolvem até que as sementes estejam maduras e secas. Os membros desse grupo são os feijões brancos de vários tamanhos. Portanto, o termo feijão comum será utilizado para os demais feijões dessa família, que possuem cores diferentes da branca.

Alguns tipos conhecidos de feijão comum e feijão-branco estão resumidos na Tabela 19.1.

Ervilhas

As ervilhas secas ou partidas verdes e amarelas são as mesmas ervilhas que ingerimos frescas, porém, são deixadas no pé até ficarem maduras e secas. Normalmente, elas são partidas ao meio e descascadas, para acelerar o tempo de cozimento, embora também sejam encontradas na forma integral.

As ervilhas partidas sem casca cozinham rapidamente e não precisam ficar de molho.

O feijão-fradinho e o feijão-guandu são populares no sul dos Estados Unidos e em partes da África e do Caribe. Não estão relacionados às ervilhas verdes e amarelas nem aos feijões comuns, mas, assim como as ervilhas comuns, são vendidos frescos na vagem ou secos. O feijão-fradinho é pequeno, branco, tem formato de rim e um ponto preto onde o feijão fica preso à vagem. O feijão-guandu é pequeno e redondo ou oval, com a casca bege manchada de marrom.

Lentilhas

As **lentilhas** são leguminosas pequenas em formato de disco. Têm tempo de cozimento mais curto do que os feijões comuns, até mesmo as integrais, e não precisam ficar de molho. Se desejado, entretanto, podem ser deixadas de molho, resultando em um tempo de cozimento ainda menor.

As mais valorizadas são as pequenas lentilhas verdes, normalmente conhecidas por lentilhas francesas ou lentilhas de Puy, pois as melhores são produzidas em Le Puy, na França. (*Observação*: somente as lentilhas realmente produzidas em Le Puy devem receber esse nome. Quando produzidas em outro lugar, são simplesmente chamadas lentilhas francesas ou verdes.) Possuem uma casca verde-escura ou verde-acinzentada e, ao contrário das outras lentilhas, praticamente mantêm seu formato quando cozidas.

As lentilhas marrons maiores são as mais comuns nas cozinhas ocidentais. Variam de marrom-claro a marrom-esverdeado.

Após ler este capítulo, você deverá ser capaz de:

1. Distinguir os principais tipos de leguminosas secas.
2. Cozinhar leguminosas secas.
3. Distinguir os principais tipos de arroz.
4. Distinguir os outros tipos de grãos utilizados no setor de alimentos.
5. Preparar grãos pelo método de cozimento lento e pelos métodos *pilaf* e de risoto.
6. Distinguir os principais tipos e formatos de massas secas e determinar sua qualidade.
7. Preparar massas frescas e secas e descrever as etapas envolvidas no método de cocção alternativo usando o balcão térmico.

Leguminosas secas 609

Tabela 19.1
Famílias mais comuns nos Estados Unidos*

Nome	Descrição
Feijões brancos	
Navy	feijão branco, pequeno e oval
Pea bean	similar ao *navy*, porém, menor
Rice bean	feijão branco pequeno, ligeiramente maior que um grão de arroz cozido
Great northern	feijão branco, pequeno-médio
Cannellini	feijão grande, branco, em formato de rim
Soissons	feijão branco médio
Flageolet	feijão pequeno, verde-pálido, colhido ainda verde (não maduro) e depois desidratado
Feijões comuns	
Red kidney	feijão médio, vermelho-amarronzado escuro, de casca dura**
Pink kidney	feijão rosa-avermelhado, similar ao *red kidney*[†]
Pinto	feijão médio, de casca bege com manchas de um marrom rosado[††]
Feijão-preto	feijão pequeno, preto e oval
Cranberry ou *borlotti*	feijão médio, de casca rosa pálido com manchas vermelhas
Brown ou *swedish*	feijão pequeno, oval, de casca marrom
Calypso	feijão médio, oval, branco com manchas pretas
Appaloosa	feijão médio, em formato de rim, de casca preta e branca

*N.R.: Algumas variedades de feijão disponíveis no Brasil, além dos feijões-preto e o branco: carioca, jalo, rajado, vermelho, rosinha, roxinho, fradinho, carrapatinho, bolinha, comprido, mulatinho, gurutuba, miúdo, mineiro, macassar e feijão-de-corda.

**N.R.: Se for preciso substituir nas receitas, use feijão-jalo (de tamanho semelhante, mas de cor mais clara), feijão-vermelho ou feijão-roxinho (de cor mais escura, mas menores), conforme a característica do prato final.

[†]N.R.: O feijão-rosinha tem coloração semelhante, mas o grão é bem menor.

[††]N.R.: Os feijões brasileiros mais parecidos são o carioca, ou carioquinha, e o rajado, ou rajadinho.

Linha superior: feijão *navy*, grão-de-bico, feijão *great northern*. Linha inferior: feijão-de-lima, feijão *cannelini*, *rice bean*.

Linha superior: feijão-preto, fava seca. Linha inferior: feijão *brown/swedish*, feijão *calypso*, feijão *flageolet*.

Linha superior: feijão *red kidney*, feijão *pink kidney*, feijão *appaloosa*. Linha inferior: feijão *cranberry/borlotti*, feijão *Christmas* lima, feijão *pinto*.

Linha superior: ervilha seca amarela, lentilha francesa (de Puy), ervilha seca verde. Linha inferior: lentilha comum/marrom, lentilha laranja, feijão-fradinho.

Capítulo 19 • Leguminosas, grãos, massas e outros amidos

As lentilhas laranjas são consumidas na Índia há muito tempo, mas apenas recentemente tornaram-se populares no Ocidente. São lentilhas minúsculas, de cor salmão, cuja vagem escura é descartada depois de aberta. As lentilhas laranjas ficam amarelas quando cozidas e desmancham, formando um purê.

A lentilha amarela é pequena e similar à laranja, porém, mais rara.

Outras leguminosas

Várias outras leguminosas também são importantes.

O *feijão-de-lima*, também chamado de *fava branca*, é um feijão chato e largo, que varia da cor creme a verde pálido, com tamanhos grande a pequeno. Possui textura amilosa e sabor distinto de qualquer um dos feijões comuns. Assim como a ervilha, é colhido ainda verde e suculento, e ingerido como um vegetal fresco.

O *grão-de-bico*, chamado de *chick-pea* e *garbanzo* (do espanhol) em inglês, ou *ceci* em italiano, é redondo, duro, marrom-amarelado e aproximadamente duas vezes maior que a ervilha. Mais conhecido como o principal ingrediente do *Homus* (p. 762), ele permanece firme e íntegro quando cozido e possui um sabor de nozes. O grão-de-bico seco também é moído para fazer farinha.

As *favas* são feijões largos e chatos, a forma seca e madura do vegetal discutido na página 527. O verde brilhante do vegetal ainda não maduro adquire cor marrom-creme quando o feijão está seco. A casca da fava seca é dura e sua textura é amilosa.

A *soja* é um dos grãos mais importantes do mundo em razão de seu alto conteúdo de proteína, além do elevado teor de óleo. A soja fresca é usada como vegetal (p. 533). A soja seca é muito dura e requer um tempo de cozimento prolongado, mas nem sempre é cozida e ingerida diretamente. É usada para fazer uma variedade de outros alimentos, como molho de soja, pasta de soja ou missô e tofu ou queijo de soja. Esses produtos serão discutidos no Capítulo 20.

O *feijão-mungo* é pequeno, redondo, tem casca verde-escura e interior branco. Em geral, é germinado para fazer os brotos de feijão (*moyashi*), muito utilizados na culinária oriental. Como uma leguminosa seca, está disponível nas formas integral ou partido e sem a pele. A última tem um tempo de cozimento muito menor. O feijão-mungo partido desmancha quando cozido, formando um purê. Pertence à mesma família do feijão-guandu e do feijão-fradinho.

O feijão *azuki* é pequeno e oval e tem uma casca vermelha grossa. É consumido principalmente na culinária asiática, em pratos doces e salgados.

Dal, ou *dhal*, é o termo genérico para leguminosas secas na Índia. As leguminosas mais utilizadas na culinária indiana incluem *moong dal* (feijão-mungo), *masoor dal* (lentilha laranja), *urad dal* (uma pequena lentilha branca) e *chana* (semelhante ao grão-de-bico).

COMO PREPARAR LEGUMINOSAS SECAS

Assim como a ervilha partida, as lentilhas e os feijões desidratados são secos e duros, devendo ser reidratados, ou seja, devem absorver água para se tornarem comestíveis. Portanto, o principal método de cozimento utilizado para preparar leguminosas secas é o do cozimento lento. Uma vez cozidos e macios, podem ser finalizados de várias formas. As receitas desta seção são uma amostra das inúmeras formas de preparar leguminosas secas. Receitas adicionais estão incluídas no Capítulo 9 ("Sopas") e no Capítulo 21 ("Saladas e molhos para salada").

Procedimento para preparar leguminosas secas

1. Escolha a leguminosa, descartando as pedrinhas e partículas de sujeira. Enxágue bem.

2. Deixe de molho de um dia para o outro em três vezes o seu volume de água (as ervilhas e algumas lentilhas não precisam ficar de molho; verifique as instruções da embalagem).

3. Escorra. Coloque em uma caçarola e acrescente água fria sem sal até cobrir 2 a 5 cm acima do nível dos grãos.

4. Aqueça até ferver. Reduza o fogo e cozinhe, com a panela tampada, até ficar macio. Não deixe borbulhar, senão podem endurecer. Alguns feijões precisam de até três horas de cozimento.

5. Verifique o ponto de cozimento pela textura. Um feijão bem cozido tem a textura macia e cremosa, em vez de dura e granulosa. A menos que se deseje um purê ou uma sopa, os feijões devem permanecer intactos, não devem ser cozidos por tanto tempo a ponto de se desmancharem. Outras leguminosas formam um purê ou permanecem inteiras, dependendo do tipo.

6. Caso se esqueça de deixar o feijão de molho de um dia para o outro, um método alternativo pode ser usado. Coloque o feijão em uma caçarola com três vezes o seu volume de água fria. Aqueça até ferver. Quando a água começar a borbulhar, tampe bem e retire a panela do fogo. Deixe assim por 1 hora. Em seguida, continue com a etapa três acima.

Leguminosas secas 611

New England *baked beans* (feijão cozido no forno)

Porções: 20
Tamanho da porção: 125 g

Quantidade	Ingredientes
900 g	Feijão-branco seco, de preferência *navy* ou *great northern*
	Bouquet garni:
1	Folha de louro
6–8	Talos de salsinha
½ colher (chá)	Tomilho seco
	Algumas pontas de salsão
250 mL	Melado
60 g	Açúcar mascavo
1 colher (sopa)	Mostarda em pó
1 colher (sopa)	Sal
225 g	Toucinho salgado, em cubos médios

Por porção:
Calorias, 290; Proteínas, 10 g; Gorduras, 10 g (31% cal.); Colesterol, 10 mg; Carboidratos, 41 g; Fibras, 7 g; Sódio, 520 mg.

■ **M o d o   d e   p r e p a r o**

1. Deixe o feijão de molho de um dia para o outro em água suficiente para cobrir 5 cm acima do nível dos feijões.
2. Coloque o feijão e o líquido em um caldeirão e acrescente o *bouquet garni*. Aqueça até ferver e retire a espuma da superfície. Reduza o fogo. Tampe a panela e cozinhe por 45 minutos a 1 hora, ou até que o feijão esteja macio, mas não mole. Adicione mais água durante o cozimento, se necessário.
3. Escorra o feijão, reservando o líquido do cozimento. Descarte o *bouquet garni*.
4. Misture o melado, o açúcar mascavo, a mostarda em pó, o sal e 1 L do líquido do cozimento reservado. Se não houver líquido suficiente, adicione água.
5. Misture o feijão, a mistura de melaço e o toucinho salgado em uma caçarola ou assadeira funda com capacidade para 4 L.
6. Tampe e asse a 150ºC por 2 horas a 2 horas e 30 minutos. Adicione mais líquido durante o cozimento, se necessário.

V A R I A Ç Ã O

Baked beans de Michigan
Reduza o melado para ¼ de xícara (60 mL) e acrescente 2 xícaras (500 mL) de molho ou polpa de tomate.

Frijoles de la olla (feijão ao estilo mexicano)

Porções: 16–20
Tamanho da porção: 125 g

Quantidade	Ingredientes
750 g	Feijão *pinto* seco (ou substitua por feijão-rajado, carioca ou rosinha)
3 L	Água fria (ver Observação)
175 g	Cebola em rodelas finas
1–2	Dente de alho picado
1	*Jalapeño*, ou outra pimenta-verde fresca, picada (opcional)
60 g	Banha derretida
2 colheres (chá)	Sal

Por porção:
Calorias, 170; Proteínas, 8 g; Gorduras, 4 g (20% cal.); Colesterol, 5 mg; Carboidratos, 27 g; Fibras, 9 g; Sódio, 290 mg.

Observação: o feijão pode ficar de molho de um dia para o outro, se desejar, embora muitos especialistas em culinária mexicana achem que o resultado não é tão bom. Caso deixe o feijão de molho, reduza a água do cozimento para 750 mL.

■ **M o d o   d e   p r e p a r o**

1. Junte o feijão, a água, a cebola, o alho e o *jalapeño* em um caldeirão. Aqueça até ferver, diminua o fogo, tampe e cozinhe por 1 hora e 30 minutos. Verifique a panela periodicamente, adicionando mais água, se necessário, para manter o feijão sempre submerso.
2. Acrescente a banha e o sal. Continue o cozimento até o feijão ficar macio. Não deixe o feijão ressecar. Sempre deve haver um pouco de caldo. Acrescente água quente, se necessário.
3. O feijão pode ser mantido sob refrigeração por vários dias.

V A R I A Ç Õ E S

Frijoles refritos
Para a quantidade de feijão da receita básica, faça pelo menos 3 lotes. Amasse o feijão grosseiramente. Aqueça 60 g de banha em uma frigideira grande. Adicione 60 g de cebola picada e frite até ficar macia, sem dourar. Acrescente um terço do feijão cozido e amassado (aproximadamente 750 g, incluindo o caldo) à panela. Mexa e amasse o feijão no fogo até ele começar a secar e soltar das laterais da frigideira. Retire a massa pronta da frigideira virando-a, como uma omelete. Polvilhe com queijo ralado (*cheddar* suave ou *Monterey Jack*) e sirva com *chips* de *tortilla*.

Versão vegetariana
Exclua a banha ou gordura de porco da receita básica.

Feijão-branco ao estilo Bretão

Rendimento: aproximadamente 3 kg
Porções: 20 *Tamanho da porção:* 150 g

Quantidade	Ingredientes
1 kg	Feijão-branco seco
1	Cenoura pequena
1	Talo de salsão
1	Cebola pequena, sem casca
	Sachê (amarrado em pano fino):
1	Folha de louro
6–8	Talos de salsinha
3–4	Grãos de pimenta-do-reino
1	Cravo-da-índia
1 pitada	Tomilho seco
125 g	Manteiga
250 g	Cebola em cubos
2	Dentes de alho picados
500 g	Tomate em lata, com o suco, picado grosseiramente
conforme necessário	Suco do cozimento de cordeiro assado (opcional; ver observação)
a gosto	Sal
a gosto	Pimenta-do-reino

Modo de preparo

1. Deixe o feijão de molho de um dia para o outro em água fria.
2. Escorra e coloque em um caldeirão com água suficiente para cobrir 2,5 cm acima do nível dos feijões. Junte a cenoura, o salsão, a cebola e o sachê. Cozinhe lentamente até o feijão ficar macio, mas não mole ou desmanchando (1 a 3 horas, dependendo do feijão). Escorra, reservando o líquido. Descarte os vegetais e o sachê.
3. Aqueça a manteiga em uma caçarola grande ou panela de duas alças. Salteie a cebola e o alho até ficarem macios. Acrescente o tomate e cozinhe por alguns minutos para reduzir o líquido.
4. Acrescente o feijão a essa mistura e mexa com cuidado. Deixe cozinhar lentamente até aquecer e os sabores se misturarem. Se estiver muito seco, acrescente um pouco do líquido do cozimento reservado. Adicione os sucos do cozimento do cordeiro assado, se estiver usando. Tempere a gosto.

Por porção:
Calorias, 200; Proteínas, 11 g; Gorduras, 5 g (22% cal.); Colesterol, 10 mg; Carboidratos, 29 g; Fibras, 7 g; Sódio, 90 mg.

Observação: em geral, essa preparação é servida com pernil ou outra parte do cordeiro assada. Se for o caso, os sucos do cozimento podem ser utilizados para dar sabor ao feijão.

Bolinho de feijão-preto com *salsa*

Rendimento: 20 bolinhos, 60 g cada
Porções: 10 *Tamanho da porção:* 2 bolinhos, 45 mL de salsa

Quantidade	Ingredientes
30 mL	Azeite de oliva
500 g	Cebola em *brunoise*
2–4	Dentes de alho picados
1–2	*Jalapeño*, sem semente, cortado em *brunoise*
2 colheres (chá)	Cominho em pó
1 kg	Feijão-preto cozido (ver Observação)
1 colher (chá)	Orégano seco
a gosto	Sal
a gosto	Pimenta-do-reino
100 mL	Azeite de oliva
450 mL	Molho *Salsa cruda* (p. 191)

Modo de preparo

1. Aqueça o azeite em uma frigideira em fogo médio a baixo.
2. Adicione a cebola e o alho e refogue até ficarem bem macios. Não deixe dourar.
3. Acrescente o *jalapeño* e o cominho. Cozinhe lentamente por mais alguns minutos.
4. Acrescente o feijão e o orégano. Cozinhe até aquecer.
5. Transfira a mistura para um processador e bata até formar um purê grosso. A mistura deve ser grossa o suficiente para manter seu formato, porém, não muito seca. Se necessário, coloque um pouco de água.
6. Prove e acerte o tempero com sal e pimenta-do-reino.
7. Divida a mistura em porções de 60 g. Forme bolinhos achatados.
8. Em uma frigideira, doure ligeiramente os dois lados dos bolinhos em azeite de oliva quente. Eles ficarão bem macios – manuseie com cuidado.
9. Sirva 2 bolinhos por porção com 45 mL de *salsa*.

Por porção:
Calorias, 260; Proteínas, 9 g; Gorduras, 12 g (41% cal.); Colesterol, 0 mg; Carboidratos, 30 g; Fibras, 9 g; Sódio, 180 mg.

Observação: pode-se usar feijão-preto em lata, mas ele deve ser escorrido e lavado.

Lentilhas ao molho cremoso

Rendimento: 1,8 kg

Porções: 12   Tamanho da porção: 150 g

Quantidade	Ingredientes
600 g	Lentilha francesa/verde pequena (de Puy)
200 g	Cenoura em pedaços grandes
200 g	Cebola em pedaços grandes
200 g	Salsão em pedaços grandes
200 g	Bacon
6	Dentes de alho
1	*Bouquet garni*
60 g	Cebola em *brunoise*
60 g	Cenoura em *brunoise*
30 g	Salsão em *brunoise*
30 g	Manteiga clarificada
125 mL	Creme de leite fresco, quente
60 g	Manteiga
2 colheres (sopa)	Mostarda Dijon
30 g	Salsinha picada
a gosto	Sal
a gosto	Pimenta-do-reino

Modo de preparo

1. Branqueie e escorra a lentilha.
2. Coloque de volta na panela e junte água suficiente para cobrir pelo menos 5 cm acima do nível da lentilha.
3. Adicione a cenoura, a cebola, o salsão, o bacon, o alho e o *bouquet garni*.
4. Cozinhe lentamente até ficarem macias, mas ainda firmes. Escorra e reserve o líquido. Descarte os vegetais, o bacon e o *bouquet garni*.
5. Refogue a cebola, a cenoura e o salsão na manteiga clarificada, sem dourar.
6. Adicione a lentilha e 300 mL do líquido do cozimento. Aqueça até ferver e cozinhe por alguns minutos.
7. Adicione o creme de leite, diminua o fogo, coloque a manteiga e mexa; em seguida, coloque a mostarda e a salsinha. Tempere a gosto.

Por porção:
Calorias, 320; Proteínas, 12 g; Gorduras, 20 g (54% cal.); Colesterol, 40 mg; Carboidratos, 26 g; Fibras, 12 g; Sódio, 200 mg.

Purê de feijão com alho

Rendimento: 2 kg

Porções: 16   Tamanho da porção: 125 g

Quantidade	Ingredientes
750 g	Feijão *flageolet* seco, ou outro feijão-branco seco
1	Sachê de especiarias (p. 152)
1,5 L	Água ou fundo de vegetais de sabor suave
6–8	Dentes de alho, sem casca e picados
2 colheres (chá)	Sal
375 mL	Azeite de oliva
90 mL	Suco de limão
a gosto	Sal adicional
a gosto	Pimenta-do-reino

Modo de preparo

1. Lave e escorra o feijão. Deixe de molho de um dia para o outro em água fria suficiente para cobrir 5 cm ou mais acima do nível dos feijões.
2. Escorra. Adicione o sachê e a água ou fundo. Cozinhe em fogo brando até o feijão ficar macio, aproximadamente 45 minutos. Descarte o sachê.
3. Amasse o alho picado com as 2 colheres de chá de sal.
4. Escorra o feijão. Coloque no processador com o alho e o azeite. Bata até formar um purê.
5. Enquanto estiver batendo, despeje aos poucos o suco de limão. O purê deve ter a consistência de um purê de batata homogêneo.
6. Acerte o tempero a gosto com sal e pimenta-do-reino, se necessário.
7. Sirva quente como acompanhamento (reaqueça se necessário) ou frio como patê.

VARIAÇÕES

O feijão *flageolet* pode ser substituído por outros tipos de feijão.

Feijão com rúcula
Cozinhe o feijão como na receita básica, mas não faça o purê. Use 3 dentes de alho e 125 mL de azeite de oliva. Pique o alho e refogue no azeite. Adicione 500 g de rúcula picada grosseiramente e salteie até começar a murchar. Adicione essa mistura ao feijão quente sem caldo. Tempere a gosto.

Por porção:
Calorias, 320; Proteínas, 9 g; Gorduras, 22 g (60% cal.); Colesterol, 0 mg; Carboidratos, 24 g; Fibras, 8 g; Sódio, 290 mg.

Pasta e *fagioli*

Porções: 12 *Tamanho da porção:* 240 mL

Quantidade	Ingredientes
360 g	Feijão *cranberry* seco (ver Observação)
120 mL	Azeite de oliva
180 g	*Pancetta* (toucinho temperado italiano), moída ou bem picada
180 g	Cebola bem picada
90 g	Cenoura bem picada
90 g	Salsão bem picado
4	Folhas de sálvia fresca, picadas
1 colher (sopa)	Alecrim fresco picado
3 colheres (sopa)	Salsinha fresca picada
2,5 L	Água
30 g	Massa de tomate
a gosto	Sal
450 g	*Fettuccine* seco, quebrado
12 colheres (chá)	Queijo parmesão, ralado
90 mL	Azeite de oliva

Por porção:

Calorias, 440; Proteínas, 15 g; Gorduras, 22 g (44% cal.); Colesterol, 10 mg; Carboidratos, 48 g; Fibras, 9 g; Sódio, 350 mg.

Observação: use outro feijão branco, ou um feijão claro, como o jalo, se não encontrar o *cranberry*.

Modo de preparo

1. Escolha e lave o feijão. Deixe de molho em água fria de um dia para o outro.
2. Aqueça o azeite de oliva em uma caçarola funda e pesada em fogo médio. Adicione a *pancetta* e cozinhe, mexendo de vez em quando, até ficar crocante. Retire com uma escumadeira, deixando a gordura na panela.
3. Acrescente a cebola, a cenoura, o salsão, a sálvia, o alecrim e a salsinha à caçarola. Refogue até os vegetais começarem a ficar macios, sem dourar.
4. Escorra o feijão e junte à caçarola. Ao mesmo tempo, adicione a água. Aqueça até ferver, reduza a chama e cozinhe em fogo brando até o feijão ficar parcialmente macio, por aproximadamente 45 minutos.
5. Acrescente a massa de tomate. Continue o cozimento até o feijão ficar bem macio.
6. Passe metade da sopa por um passador de legumes para fazer um purê. Coloque o purê de volta na caçarola.
7. Tempere com sal a gosto.
8. Neste ponto, a sopa deve estar grossa, mas ainda líquida o suficiente para cozinhar o macarrão quando ele for adicionado. Se necessário, adicione um pouco mais de água.
9. Acrescente o *fettuccine* e cozinhe até ficar macio.
10. Junte a *pancetta* reservada e mexa.
11. Sirva cada porção com 1 colher (chá) de queijo ralado e um fio de azeite.

Pasta e *fagioli*

Leguminosas secas **615**

 ## *Hoppin' John* (arroz com feijão)

Porções: 12   Tamanho da porção: 180 g

Quantidade	Ingredientes
450 g	Feijão-fradinho seco
225 g	Bacon picado
225 g	Cebola bem picada
½ colher (chá)	Pimenta vermelha em flocos
conforme necessário	Água ou fundo de frango
450 g	Arroz de grão longo
a gosto	Sal

Por porção:
Calorias, 210; Proteínas, 9 g; Gorduras, 2 g (9% cal.); Colesterol, 5 mg; Carboidratos, 37 g; Fibras, 5 g; Sódio, 100 mg.

■ **M o d o   d e   p r e p a r o**

1. Limpe, deixe de molho e cozinhe o feijão de acordo com o procedimento básico para preparar leguminosas secas (p. 610). Escorra. Reserve o líquido do cozimento.
2. Derreta o bacon em uma caçarola funda e pesada, cozinhando até ficar crocante.
3. Retire o bacon com uma escumadeira e reserve.
4. Acrescente a cebola e a pimenta vermelha à caçarola. Cozinhe até a cebola ficar macia.
5. Meça o líquido do cozimento reservado na etapa 1. Adicione água ou fundo de frango até completar 2 L.
6. Adicione o líquido, o feijão cozido e o arroz à caçarola. Aqueça até ferver, diminua o fogo e tampe. Cozinhe lentamente até o arroz ficar macio, por aproximadamente 15 minutos, ou um pouco mais.
7. Retire a caçarola do fogo e deixe descansar, tampada, por 5 minutos.
8. Afofe o arroz com um garfo enquanto mistura o bacon reservado, mexendo. Adicione sal a gosto.

 ## *Masoor Dal* (lentilha laranja com especiarias)

Porções: 12   Tamanho da porção: 240 mL

Quantidade	Ingredientes
575 g	Lentilha laranja
2,5 L	Água
4	Dentes de alho picados
4 fatias finas	Gengibre fresco
2 colheres (sopa)	Coentro fresco picado
2 colheres (chá)	Açafrão
½ colher (chá)	Pimenta-caiena
45 mL	Suco de limão
a gosto	Sal
60 mL	Óleo vegetal
2 colheres (chá)	Semente de cominho

Por porção:
Calorias, 200; Proteínas, 12 g; Gorduras, 5 g (21% cal.); Colesterol, 0 mg; Carboidratos, 30 g; Fibras, 8 g; Sódio, 20 mg.

■ **M o d o   d e   p r e p a r o**

1. Escolha, lave e escorra a lentilha.
2. Coloque em uma caçarola funda com a água. Aqueça até ferver. Escume a espuma da superfície.
3. Adicione o alho, o gengibre, o coentro, o açafrão e a pimenta-caiena. Cozinhe em fogo brando por aproximadamente 1 hora e 30 minutos, até a lentilha ficar bem macia e desmanchar.
4. Acrescente o suco de limão e sal a gosto.
5. Para finalizar, aqueça o óleo em uma frigideira pequena. Quando estiver bem quente, adicione a semente de cominho e frite por alguns segundos, até começar a exalar aroma.
6. Despeje o óleo e as sementes no *dal* e mexa.

Feijão com aspargo

Porções: 12   *Tamanho da porção:* 150 g

Quantidade	Ingredientes
700 g	Aspargo
60 mL	Azeite de oliva
125 g	Chalota bem picada
7 g	Alho bem picado
1,4 kg	Feijão *cranberry*, ou outro feijão marrom-claro, cozido e sem caldo
2 colheres (sopa)	Salsinha fresca picada
1 colher (sopa)	Manjericão fresco picado
30 mL	Vinagre de vinho tinto
⅓ de xícara (chá)	Queijo parmesão ralado

Modo de preparo

1. Descasque e apare a base do aspargo (ver p. 519).
2. Cozinhe em água fervente com sal até ficar macio. Escorra, resfrie em água gelada e escorra mais uma vez.
3. Corte o aspargo em pedaços de aproximadamente 4 cm de comprimento.
4. Aqueça o azeite em uma frigideira em fogo médio.
5. Acrescente a chalota e o alho. Cozinhe até ficarem macios e ligeiramente dourados.
6. Coloque o feijão na frigideira. Mexa até aquecer.
7. Acrescente o aspargo e as ervas. Aqueça por mais 1 ou 2 minutos, até que o aspargo esteja quente.
8. Acrescente sal a gosto.
9. Antes de servir, coloque o vinagre e o queijo e misture bem.

Por porção:
Calorias, 180; Proteínas, 10 g; Gorduras, 5 g (24% cal.); Colesterol, 0 mg; Carboidratos, 25 g; Fibras, 10 g; Sódio, 50 mg.

Feijão com aspargo

Grão-de-bico em molho de tomate condimentado

Porções: 10 Tamanho da porção: 150 g

Quantidade	Ingredientes
250 g	Cebola picada
30 g	Alho picado
30 g	Gengibre fresco, descascado e bem picado
½ colher (chá)	Cardamomo moído
½ colher (chá)	Cravo-da-índia em pó
1 colher (chá)	Canela
1 colher (chá)	Pimenta-do-reino preta
½ colher (chá)	Pimenta-caiena
60 mL	Óleo vegetal
750 g	Tomate em lata, com o suco
1,5 kg	Grão-de-bico, cozido e sem caldo
a gosto	Sal

Por porção:
Calorias, 300; Proteínas, 13 g; Gorduras, 9 g (26% cal.); Colesterol, 0 mg; Carboidratos, 44 g; Fibras, 12 g; Sódio, 100 mg.

■ Modo de preparo

1. Coloque a cebola, o alho, o gengibre, o cardamomo, o cravo-da-índia, a canela, a pimenta-do-reino e a pimenta-caiena no copo do liquidificador. Bata até obter um purê homogêneo. Se necessário, adicione um pouco de água para ajudar na trituração.
2. Aqueça o óleo em uma frigideira em fogo médio.
3. Adicione o purê ao óleo quente (*cuidado*: fique com o rosto longe da frigideira para não se queimar com o vapor da cebola).
4. Cozinhe em fogo médio, mexendo, até que a mistura seja reduzida a uma pasta grossa marrom-dourada.
5. Em um liquidificador ou processador, faça um purê com o tomate e seu suco.
6. Incorpore o tomate à pasta de cebola.
7. Cozinhe em fogo brando, mexendo de vez em quando, até reduzir à metade e formar um molho de tomate bem grosso.
8. Acrescente o grão-de-bico. Mexa no fogo até aquecer.
9. Acrescente sal a gosto.

CEREAIS

O trigo e o arroz são, sem dúvida, os dois grãos mais importantes do mundo. Ao contrário do arroz, o trigo raramente é cozido e ingerido como um grão integral. Sua principal utilização é na forma de farinha para fazer pães e outros produtos assados. O uso das farinhas de cereais em assados é assunto dos últimos sete capítulos deste livro. Nesta seção, analisaremos outros usos dos cereais nas cozinhas comerciais.

TIPOS DE CEREAIS

Os cereais são as sementes comestíveis de vários membros da família das gramíneas. Cada grão consiste em quatro partes:

- Casca – camada externa fibrosa, não comestível, que é removida durante o processamento
- Endosperma – massa rica em amido que forma grande parte do grão
- Farelo – camada dura, mas comestível, que cobre o endosperma
- Germe – minúsculo embrião que forma a nova planta quando o grão brota

Um produto rotulado como cereal ou grão integral consiste em **endosperma**, **farelo** e **germe**. O grão pode ser polido ou moído para a retirada do farelo e do germe. O arroz branco e outros grãos polidos consistem apenas no endosperma.

Embora o arroz apareça nos cardápios com mais frequência do que outros amidos em grãos, vários outros grãos também podem ser servidos como acompanhamento para agregar variedade ao cardápio. Os cereais mais populares estão descritos logo após a seção sobre arroz.

Arroz

O **arroz branco comum** é beneficiado para remover o revestimento externo de farelo. Esse processo remove algumas vitaminas e minerais, mas produz um arroz branco, de textura mais leve, preferido pela maioria das pessoas. O arroz branco pode ser encontrado de várias formas:

Linha superior: arroz *basmati*, arroz glutinoso, arroz-agulhinha. **Linha inferior:** arroz japonês de grão curto, arroz-de-jasmim, arroz arbóreo.

Linha superior: arroz-selvagem silvestre, arroz-vermelho, arroz-selvagem cultivado. **Linha inferior:** arroz parboilizado, arroz-agulhinha integral.

O **arroz enriquecido** recebe uma camada de vitaminas para compensar a perda de alguns nutrientes durante o beneficiamento.

O **arroz de grão curto** e o **arroz de grão médio**, também chamado de cateto, têm sementes pequenas e redondas que grudam quando cozidas. São usados em receitas como a de arroz-doce e arroz enformado. Além disso, o arroz cozido comum usado diariamente na cozinha japonesa e também no preparo de *sushi* é um arroz de grão curto.

O **arroz de grão longo** ou agulhinha tem grãos compridos e finos que ficam soltos e fofos quando cozidos corretamente. É usado como acompanhamento, prato principal, para fazer arroz de forno etc.

O **arroz parboilizado** é um arroz de grão longo processado. Ele é parcialmente cozido sob pressão, reidratado e depois beneficiado ou polido. Esse processo resulta em maior conteúdo de vitaminas e minerais.

O arroz parboilizado é um dos mais utilizados nas cozinhas comerciais. Os grãos permanecem firmes, soltos e leves, além de conservarem bem em balcões térmicos, sem empapar ou grudar. Contudo, o sabor e a textura não são como os do arroz comum, portanto, nem sempre é o preferido dos clientes.

Esse arroz demanda um pouco mais de líquido e mais tempo para cozinhar.

O **arroz instantâneo** ou pré-cozido é cozido e desidratado para que possa ser preparado rapidamente. Ele não se mantém bom após o cozimento, e os grãos logo perdem o formato, ficando amolecidos.

O **arroz integral** é o arroz com a camada de farelo, que lhe rende uma cor marrom-clara, textura levemente rústica e crocante e sabor de nozes. O arroz integral está disponível nos grãos curto, médio ou longo. Em comparação ao arroz branco, ele demora aproximadamente o dobro de tempo para cozinhar.

O **arroz arbóreo** é uma das inúmeras variedades italianas de um tipo de arroz de grão curto essencial no preparo de risotos de alta qualidade (ver p. 623). É uma das variedades de arroz para risoto mais encontradas e, por isso, a mais pedida nas receitas deste livro. Duas outras variedades de arroz usadas em risotos, mas nem sempre disponíveis, são o *carnaroli* e o *vialone nano*.

O **arroz basmati** é um arroz de grão extralongo bastante usado na Índia e em países vizinhos. Tem um sabor de nozes distinto. O arroz *basmati* também está disponível na forma integral.

O **arroz-de-jasmim** é um arroz branco de grão longo da Tailândia e de outras partes do sudeste asiático. É muito perfumado, um pouco parecido com o arroz *basmati*, porém, mais delicado ou floral.

O **arroz-vermelho** é outro arroz aromático, de cor vermelha e sabor terroso rico.

O **arroz-selvagem pecã** é um arroz de grão longo cultivado, e não selvagem, da Louisiana, Estados Unidos. É aromático, com sabor de nozes, de onde vem o nome pecã.

O **arroz glutinoso** é um arroz de grão curto e sabor adocicado que fica bastante grudento e pegajoso quando cozido. É usado em vários pratos especiais das cozinhas chinesa e japonesa, incluindo sobremesas. Em geral, é deixado de molho e cozido no vapor em vez de fervido (ver receita na p. 668). Ao contrário do que se lê por aí, ele não é o arroz utilizado no *sushi*, que é feito com arroz japonês de grão curto comum.

O arroz-selvagem não é um tipo de arroz, mas uma gramínea sem nenhum parentesco com o arroz, portanto, será discutido juntamente com outros grãos especiais mais adiante.

Milho

Ao contrário dos outros grãos, que possuem uma casca cobrindo cada semente, o **milho** possui um conjunto de cascas (a palha) que envolve todo o invólucro de sementes, ou espiga. Também diferentemente dos outros grãos, o milho é consumido como um vegetal fresco, embora diferentes variedades sejam cultivadas para a produção de grãos e de milho-verde.

O milho destinado à produção de grãos nem sempre é cozido inteiro. Em geral, ele é moído para fazer **fubá** e cozido em mingaus, ou usado em produtos assados. O fubá pode ser definido como um grão grosseiramente moído, ao contrário da farinha de trigo, que é um grão moído bem fino. O fubá comum é amarelo ou branco, dependendo da variedade de milho de que é feito.

Em inglês, dá-se o nome de **polenta** ao fubá grosso usado para fazer o prato italiano de mesmo nome. Ele tornou-se popular na América do Norte apenas recentemente. Seu preparo e seus usos estão descritos e ilustrados nas páginas 632 e 633.

Canjica é o milho previamente tratado com soda cáustica. Quando quebrado em farinha grossa, é transformado em cereal (**grits**), popular no sul dos Estados Unidos e em qualquer lugar onde as comidas dessa região são apreciadas. A canjica na forma de grão integral, *hominy* em inglês, é conhecida na cozinha mexicana como **pozole**. Requer várias horas de cozimento lento.

O **milho-azul**, normalmente disponível na forma de fubá, é derivado das primeiras variedades de milho cultivadas pelos índios norte-americanos.

Trigo

O uso mais comum do trigo é na forma de farinha. O processo de beneficiamento da farinha de trigo separa o farelo do germe. O **germe** e o **farelo do trigo** podem ser adquiridos separadamente. Em geral, são utilizados como ingredientes em massas assadas e outros produtos para enriquecer o conteúdo nutricional e agregar sabor.

O grão de trigo integral quebrado em pedaços menores é chamado de **trigo partido**. Pode ser utilizado em pães e também pode ser cozido pelo método *pilaf* (ver p. 623).

O **trigo em grão** é o grão integral sem a casca. Na maior parte das vezes, é fervido ou cozido lentamente, mas o cozimento pode levar várias horas. Deixar de molho de um dia para o outro reduz o tempo de cozimento para cerca de 1 hora.

O **triguilho**, ou trigo para quibe, é um tipo de trigo quebrado e parcialmente cozido ou tostado. Nos Estados Unidos, é de cor mais clara (pois é feito de uma variedade diferente de trigo) e está disponível nas granulações grossa, média e fina. Seu tempo de cozimento é mais curto do que o do trigo partido comum e, de fato, as granulações mais finas podem ser preparadas simplesmente despejando-se água fervente sobre os grãos e deixando-os descansar por 30 minutos. Esse tipo de trigo pode ser servido frio, misturado com suco de limão, azeite de oliva, chalota picada e ervas frescas, por exemplo.

Linha superior: trigo verde egípcio, grão de trigo integral sem casca e polido. Linha inferior: cuscuz marroquino, *kasha* (trigo-sarraceno torrado), farro (trigo-espelta/vermelho).

O **trigo verde** ou imaturo é o trigo colhido ainda não maduro e desidratado. Pode ser cozido como o trigo rachado.

O **cuscuz marroquino,** ou *couscous*, não é bem um grão, embora pareça ser. Ele é feito de trigo de semolina, uma variedade de trigo rica em proteínas, e é um tipo de massa em forma de grãos. É deixado de molho e depois cozido no vapor, um processo que demanda bastante tempo. O cuscuz instantâneo é preparado simplesmente adicionando-se água quente ou fervente ao produto seco e deixando-o descansar por 5 minutos.

Outros grãos

O **arroz-selvagem** não é de fato um arroz, mas a semente de uma planta nativa do norte dos Estados Unidos e do Canadá. Os grãos são longos, finos, duros e marrom--escuros, ou quase pretos. Pelo seu sabor de noz único, sua escassez e seu alto preço, o arroz--selvagem é considerado um alimento de luxo.

Hoje, ele é largamente cultivado, mas o tipo cultivado é um pouco diferente daquele colhido diretamente na natureza. Os grãos do arroz-selvagem cultivado geralmente são maiores e mais firmes, mas a textura do arroz cozido é mais rústica e o sabor, menos complexo. No entanto, o cultivo ajudou a reduzir seu preço.

O **trigo-espelta**, ou *farro*, como é conhecido na Itália e em outras regiões, é um grão parecido com o trigo, e especula-se que é ancestral do trigo moderno. Foi utilizado na região mediterrânea por milhares de anos e ainda é amplamente conhecido na Toscana e em outras partes da Itália. O trigo-espelta tem sabor similar ao do trigo, mas é mais rico em proteínas e pode ser ingerido por pessoas alérgicas ao trigo. Na América do Norte, o *farro* é conhecido por *spelt*, embora o nome italiano esteja se tornando popular (algumas fontes afirmam que *spelt* e *farro* são grãos diferentes, mas, de acordo com o *International Plant Genetic Resources Institute*, "as únicas variedades registradas de farro pertencem à espécie *T. spelta*, ou *spelt*").

O **kamut**, assim como o trigo-espelta, é um ancestral do trigo. É similar a este em composição e sabor.

Tecnicamente, o **trigo-sarraceno** não é um grão, pois não é a semente de uma erva, mas de uma planta ramificada e de folhas largas em forma de seta. Normalmente, o trigo-sarraceno integral é moído para fazer farinha. Quando o grão é triturado em pedaços grosseiros, é chamado de "partido" e pode ser cozido como arroz. O trigo-sarraceno partido e torrado é chamado **kasha**. O processo de tostar lhe rende um sabor de nozes. O *kasha* é popular nas culinárias da Europa oriental e judaica. Ele também é cozido pelo método *pilaf* (p. 623).

A **cevada** normalmente é adquirida como cevadinha, que é a cevada beneficiada para remover as camadas externas de farelo. É usada em sopas, mas também pode ser cozida pelo método *pilaf* e servida como arroz, embora seu tempo de cozimento seja maior.

Linha superior: quinoa, triticale, cevadinha. Linha inferior: fubá de milho azul, canjica amarela, trigo para quibe.

A **aveia** é mais comum na América do Norte como alimento para o café da manhã. O farelo de aveia é o grão integral cortado em pedaços menores, lembrando o trigo rachado. Normalmente, é usado para fazer mingau. A **aveia em flocos** é o grão integral cozido no vapor até ficar macio e depois achatado em esteiras. Esse processo reduz consideravelmente o tempo de cozimento. Se for totalmente cozida e não apenas amaciada durante o processo de cozimento no vapor, torna-se **aveia instantânea**. A aveia instantânea não necessita cozimento adicional, apenas reconstituição com água fervente.

O **milheto** é um grão pequeno, redondo e amarelo, importante fonte alimentar em grande parte da África e da Ásia. Tem alto teor de proteínas e sabor suave. É muito utilizado na alimentação de pássaros na América do Norte. Ele pode ser cozido como o arroz.

A **quinoa** é um grão nativo dos Andes e apenas recentemente tornou-se um ingrediente ocasional nos cardápios norte-americanos. É rica em proteínas de alta qualidade e tem menor conteúdo de carboidratos do que os outros grãos. É um grão pequeno e redondo, de cor marfim e sabor suave e delicado. Quando cozida, o germe do grão se desprende, fazendo com que pareça que cada grão tem uma cauda. Antes de ser cozida, deve ser bem lavada e enxaguada para que se elimine uma camada de sabor amargo, natural do grão.

Triticale é um híbrido do trigo e do centeio, rico em proteínas. Em geral, é consumido em forma de farinha, mas também pode ser cozido inteiro, como arroz. Possui um sabor adocicado de nozes.

O **amaranto** é uma pequena semente marrom-amarelada com sabor um pouco picante que lembra o de noz quando cozido. Contém proteínas de alta qualidade e, portanto, é útil em dietas vegetarianas.

ARMAZENAMENTO E PREPARO DE GRÃOS E CEREAIS

Os grãos crus devem ser armazenados em temperatura ambiente, em local seco e escuro, em um recipiente totalmente fechado para protegê-los da umidade e de insetos. Os grãos beneficiados, como o arroz branco, cujo germe foi removido, duram vários meses. Os grãos integrais são um pouco mais perecíveis, pois o conteúdo de gordura do germe pode ficar rançoso.

Dependendo da origem, pode ser necessário "escolher" ou "catar" os grãos integrais, como acontece com o feijão seco (ver p. 610), para retirar sujeiras como pedras ou terra. Além disso, os grãos integrais devem ser lavados e escorridos antes do cozimento.

O arroz, o grão mais consumido, deve ser lavado em água fria antes de ser cozido em água ou no vapor. Isso elimina o excesso de amido que faz com que o arroz grude. A indústria do arroz recomenda *não* lavá-lo, pois isso destrói parte do revestimento de vitaminas do arroz enriquecido. Mas, provavelmente, esse é um preço pequeno a ser pago por um produto mais atrativo. Essa é uma decisão que você terá de tomar em seu próprio estabelecimento.

Não compre arroz de classificação baixa, pois ele tende a ser sujo, ou revestido de talco.

O arroz cozido pelo método *pilaf* (p. 623), isto é, refogado, não precisa ser lavado (a menos que esteja sujo), pois a proteção de gordura que envolve cada grão ajuda a mantê-los separados e reduz a possibilidade de grudarem.

O arroz parboilizado e o arroz instantâneo não precisam ser lavados.

COMO PREPARAR GRÃOS E CEREAIS

Grande parte dos grãos e cereais é cozida por um dos três métodos a seguir: o método de cozimento lento, o método *pilaf* e o método de risoto.

Métodos de cozimento lento

O método mais comum para cozinhar arroz* e outros grãos integrais é colocar o grão lavado em uma panela funda e pesada com a quantidade certa de água ou outro líquido para hidratá-lo, aquecer até ferver, tampar e cozinhar lentamente até toda a água ser absorvida. A quantidade exata de líquido varia consideravelmente, dependendo dos seguintes fatores:

> *N.R.: No Brasil, o método mais usado para preparar arroz é o *pilaf*, isto é, refoga-se o arroz e temperos, se estiver usando, na gordura, depois acrescenta-se o líquido de cozimento.

1. O tipo de grão, sua idade e seu conteúdo de água.
2. A perda de água durante o cozimento, dependendo de como a panela é tampada.
3. A umidade desejada no produto pronto.

Por esses fatores, é difícil ser preciso quanto à quantidade de líquido a ser usada. É melhor adicionar mais do que menos líquido. Com pouca umidade, o grão não fica macio. Se você adicionar muita água, retire a panela do fogo, mantendo-a bem tampada, e deixe descansar por alguns minutos. O líquido que fica no fundo da panela deve ser absorvido. Se houver líquido em excesso, escorra-o.

Um segundo método, usado no preparo de macarrão, pode ser usado. Nesse método, o item é cozido em uma grande quantidade de água e depois escorrido. Esse método é bom para preparar grãos bem definidos e soltos. Contudo, alguns nutrientes são perdidos na água. Por essa razão, os *chefs* discordam quanto ao valor desse método.

Procedimento para cozinhar arroz e outros grãos

1. Para grãos inteiros, lave-os em água fria. Escorra.
2. Junte o grão e a quantidade adequada de água ou outro líquido em uma caçarola funda e pesada. Aqueça até ferver. Mexa.
3. Tampe e cozinhe em fogo bem baixo pelo tempo necessário, dependendo do grão.
4. Prove para ver se já está cozido. Cozinhe por mais alguns minutos, se necessário.
5. Retire do fogo. Escorra o excesso de líquido, se necessário. Reserve, tampado, para que a umidade seja absorvida de maneira uniforme pelo grão.
6. Para o arroz e outros grãos que grudam, afofe-os com um garfo e despeje-os em uma cuba gastronômica para que o vapor escape e o cozimento seja interrompido.

Variação: método de cozimento do macarrão

1. Despeje o grão lavado e escorrido em uma caçarola grande com água fervente e sal.
2. Quando estiver macio, escorra bem em uma peneira.
3. Coloque em uma cuba gastronômica. Tampe e leve ao forno convencional por 5 a 10 minutos para secar, ou coloque sem tampa no forno a vapor.

Como cozinhar farinhas e outros cereais processados

Os procedimentos para cozinhar farinhas e outros cereais processados, como o fubá pré-cozido e a farinha de aveia, diferem um pouco dos procedimentos para cozinhar grãos integrais. Os cereais partidos ou em flocos, como a aveia em flocos, consistem em partículas grandes. Normalmente, eles são incorporados a água fervente. Em razão do tamanho das partículas, há pouco risco de se formarem grumos.

Arroz cozido em água e no vapor

Rendimento: aproximadamente 1,4 kg

Porções:		Tamanho da porção:
10		140 g
12		115 g
16		90 g

Quantidade	Ingredientes
	Arroz branco comum de grão longo
475 g	Arroz
1 L	Água
1 colher (chá)	Sal
30 g	Manteiga
	Arroz parboilizado de grão longo
475 g	Arroz
1,1 L	Água
1 colher (chá)	Sal
30 g	Manteiga
	Arroz branco de grão médio
525 g	Arroz
1 L	Água
1 colher (chá)	Sal
30 g	Manteiga
	Arroz integral
350 g	Arroz
1 L	Água
1 colher (chá)	Sal
30 g	Manteiga

Por porção de 140 g:
Calorias, 200; Proteínas, 4 g; Gorduras, 2,5 g (12% cal.); Colesterol, 5 mg; Carboidratos, 39 g; Fibras, 1 g; Sódio, 260 mg.

■ Modo de preparo

Fogão
1. Lave o arroz em água fria até a água ficar límpida (etapa opcional; ver nas pp. 620–621 a observação sobre como lavar arroz).
2. Junte todos os ingredientes em uma caçarola funda e pesada. Aqueça até ferver. Mexa. Tampe e cozinhe em fogo bem baixo.

   Tempos de cozimento:
   Grãos longo e médio:
   15–20 minutos
   Parboilizado: 20–25 minutos
   Integral: 40–45 minutos

3. Prove para ver se está cozido. Cozinhe por mais 2 a 4 minutos, se necessário.
4. Despeje o arroz em uma cuba gastronômica. Afofe-o com um garfo ou escumadeira para deixar o vapor escapar.

Forno
1. Lave o arroz em água fria até a água ficar límpida (etapa opcional; ver nas pp. 620–621 a observação sobre como lavar arroz).
2. Ferva água com sal. Junte todos os ingredientes em uma cuba gastronômica rasa para cozinhar no vapor. Cubra com papel-alumínio ou tampe, vedando muito bem. Leve ao forno a 175°C.

   Tempos de cozimento:
   Grãos longo e médio: 25 minutos
   Parboilizado: 30–40 minutos
   Integral: 1 hora

3. Prove para ver se está cozido. Cozinhe por mais 2 a 4 minutos, se necessário.
4. Afofe com um garfo ou escumadeira para deixar o vapor escapar.

Vapor
1. Lave o arroz em água fria até a água ficar límpida (etapa opcional; ver nas pp. 620–621 a observação sobre como lavar arroz).
2. Ferva água com sal. Junte todos os ingredientes em uma panela rasa para cozinhar no vapor. Coloque a panela destampada no forno a vapor pelo tempo recomendado pelo fabricante do equipamento.

   Tempos de cozimento:
   Depende do tipo de forno a vapor.

3. Prove para ver se está cozido. Deixe no vapor por mais 2 a 4 minutos, se necessário.
4. Afofe com um garfo ou escumadeira para deixar o vapor escapar.

As farinhas mais grossas, como o fubá grosso, podem ser adicionadas diretamente à água fervente, desde que se tome o cuidado de adicionar o grão de forma lenta, mexendo sem parar e vigorosamente, para evitar a formação de grumos. Veja a receita de polenta (p. 632). Outra opção é misturar a farinha com o líquido frio, mexer e levar ao fogo até ferver, mexendo sempre. Misturar a farinha com um líquido frio separa os grãos e impede a formação de grumos.

Procedimento para cozinhar farinhas e outros cereais processados

1. Coloque a quantidade de líquido correta em uma caçarola e aqueça até ferver.

2. Meça a quantidade correta da farinha ou do cereal.

3. Adicione lentamente ao líquido fervente, mexendo sem parar.

4. Mexa até engrossar um pouco. Dependendo do grão, mexa constante ou ocasionalmente. Alguns cereais, como a farinha de aveia, ficam pegajosos quando mexidos em excesso.

5. Diminua o fogo e cozinhe lentamente até o ponto e a consistência desejados.

6. Para evitar o ressecamento, mantenha a panela tampada até a hora de servir.

Variação:

O procedimento é igual ao descrito acima, exceto pelo fato de que o cereal é misturado ao líquido frio. Isso separa os grãos, evitando a formação de grumos. Coloque a mistura em uma caçarola, aqueça até ferver, mexendo, e cozinhe como no procedimento básico.

O método *pilaf*

O método *pilaf* é equivalente ao procedimento de brasear. Primeiro, o grão é salteado na gordura, e depois cozido em líquido – de preferência no forno, para aquecer uniformemente – até o líquido ser absorvido (ver Fig. 19.1). A gordura ajuda a manter os grãos separados e agrega sabor.

É normal medir o arroz por volume, e não por peso, ao fazer o *pilaf*, pois as proporções são baseadas em volumes. Um litro de arroz cru pesa aproximadamente 875 g, ou 1 kg tem aproximadamente 1,15 L. Para saber as medidas exatas, consulte a observação após a receita de *pilaf*.

Procedimento para cozinhar grãos pelo método *pilaf*

1. Aqueça a gordura desejada (p. ex., manteiga ou azeite de oliva) em uma panela funda. Adicione cebola picada ou outro vegetal aromático, se desejar, e salteie até ficarem macios, mas sem dourar.

2. Acrescente o grão. Mexa para envolver os grãos na gordura.

3. Cozinhe o grão na gordura, mexendo, para tostá-lo ligeiramente.

4. Adicione a quantidade adequada de líquido quente.

5. Aqueça em fogo baixo até começar a ferver, mexendo de vez em quando.

6. Tampe bem. Cozinhe no fogão ou, de preferência, no forno pelo tempo necessário, dependendo do grão.

7. Retire do fogo e reserve, tampado, para que a umidade seja absorvida de maneira uniforme pelo grão.

O método de risoto

Risoto é um preparo italiano clássico feito por um procedimento especial, que não é nem o método de fervura nem o método de *pilaf*. Depois de saltear o arroz, adicione uma pequena quantidade de fundo ou outro líquido e mexa até que seja absorvido. Repita esse procedimento até o arroz estar cozido, mas ainda firme. O risoto deve ser servido rapidamente, pois não fica bom por muito tempo. O produto final tem uma consistência cremosa em decorrência do amido extraído do arroz durante o cozimento. Os grãos não ficam soltos e separados.

A palavra risoto, de origem italiana, deriva de *riso*, que significa "arroz". Outros grãos podem ser cozidos pelo mesmo método, embora, estritamente falando, não devem ser chamados de risoto. Na Itália, o trigo-espelta, ou *farro*, cozido pelo método de risoto é chamado *farotto*, e o macarrão *orzo* cozido dessa forma é chamado de *orzotto*. Em outras línguas, entretanto, a palavra *risotto* é mais conhecida e utilizada nos cardápios, especificando-se o grão caso seja utilizado outro que não o arroz.

Procedimento para cozinhar grãos pelo método de risoto

1. Aqueça a gordura desejada (p. ex., manteiga ou azeite de oliva) em uma panela funda. Adicione cebola picada ou outro vegetal aromático, se desejar, e salteie até ficarem macios, mas sem dourar.
2. Acrescente o grão. Mexa para envolver os grãos na gordura.
3. Cozinhe o grão na gordura, mexendo, para tostá-lo ligeiramente.
4. Adicione uma pequena quantidade de líquido fervente. Cozinhe lentamente, mexendo, até o líquido ser absorvido pelo grão.
5. Acrescente uma segunda quantidade de líquido e repita o procedimento.
6. Continue adicionando o líquido, um pouco por vez, mexendo constantemente e aguardando até o líquido ser absorvido antes da próxima adição.
7. Pare de acrescentar líquido quando o grão estiver *al dente*, isto é, macio mas ainda firme. Ele deve ficar úmido e cremoso, mas não empapado.

Figura 19.1. Como preparar arroz *pilaf*.

(a) Refogue a cebola ou chalota.

(b) Adicione o arroz e dê uma refogada rápida.

(c) Despeje o fundo ou outro líquido quente.

(d) Aqueça até ferver e tampe. Cozinhe em fogo baixo, no fogão ou no forno, pelo tempo necessário.

(e) O *pilaf* pronto.

Arroz pilaf

Rendimento: aproximadamente 1,4 kg

Porções:	10	Tamanho da porção:	150 g
	12		125 g
	16		90 g

Quantidade	Ingredientes
60 g	Manteiga
90 g	Cebola em cubos pequenos
500 mL (ver Observação)	Arroz de grão longo
750 mL–1 L (ver Observação)	Fundo de frango ou água, fervente
a gosto	Sal

Por porção de 150 g:
Calorias, 190; Proteínas, 4 g; Gorduras, 5 g (23% cal.); Colesterol, 15 mg; Carboidratos, 33 g; Fibras, 1 g; Sódio, 50 mg.

■ Modo de preparo

1. Aqueça a manteiga em uma panela funda e pesada. Adicione a cebola e refogue até começar a ficar macia. Não deixe dourar.
2. Acrescente o arroz, sem lavar. Mexa no fogo até o arroz ficar completamente misturado com a manteiga.
3. Junte o líquido fervente e mexa. Aqueça até ferver. Prove e acerte o tempero; tampe bem.
4. Coloque no forno a 175°C e asse por 18 a 20 minutos, até o líquido ser absorvido e o arroz ficar seco e solto. Prove o arroz e, se não estiver cozido, coloque novamente no forno por mais 3 a 5 minutos.
5. Despeje-o em uma cuba gastronômica e afofe-o com um garfo. Isso libera o vapor e interrompe o cozimento. Mantenha quente para servir.
6. Se desejar, adicione manteiga crua ao arroz pronto e mexa.

Observação: o arroz para *pilaf* é medido por volume e não por peso. Use 1,5 a 2 vezes o seu volume em fundo ou água (1,75 vezes é a proporção normal para o arroz de grão longo). Por exemplo, use 900 mL de líquido para 450 mL de arroz se desejar um resultado mais úmido ou se estiver usando arroz parboilizado. Use 700 mL de líquido se desejar um resultado mais seco e se a panela estiver bem tampada a ponto de reter grande parte do vapor.

VARIAÇÕES

Pilaf de tomate
Prepare como na receita básica, usando 375 a 500 mL de fundo de frango e 700 g de tomate picado com o suco.

Arroz espanhol
Prepare como o *pilaf* de tomate, mas use gordura de bacon e salteie 175 g de pimentão verde em cubos, 1 dente de alho amassado e 1 colher (sopa) de páprica com a cebola.

Pilaf turco
Salteie ¼ de colher (chá) de cúrcuma com o arroz. No arroz pronto, adicione 125 g de tomate *concassé* ou tomate em lata picado e escorrido, 125 g de ervilha fresca cozida e 125 g de uva-passa (deixada de molho e escorrida). Deixe descansar por 10 a 15 minutos antes de servir.

Pilaf de trigo partido
Prepare como na receita básica, usando trigo partido em vez de arroz.

Pilaf de orzo
Prepare como na receita básica, usando *orzo* (massa em formato de arroz) em vez de arroz.

Pilaf de cevada
Prepare como na receita básica, usando cevadinha em vez de arroz.
Use 1,25 L de fundo e asse por 45 minutos.
Em geral, adiciona-se cogumelo ao *pilaf* de cevada.

Adições para o arroz pilaf

Pimiento (pimentão vermelho doce)	Ervilha fresca	Presunto em cubos ou cortado em *julienne*
Nozes picadas	Pimentão verde em cubos	Uva-passa ou passa de corinto
Salsão em cubos	Espinafre picado	Castanha-d'água
Cenoura em cubos ou ralada	Cogumelo	Bacon
Cebolinha	Azeitona picada ou fatiada	

Risotto alla Parmigiana

Porções: 10   *Tamanho da porção:* 150 g

Quantidade	Ingredientes
30 g	Manteiga
30 mL	Óleo vegetal
30 g	Cebola bem picada
450 g	Arroz arbóreo italiano
1,4 L (aproximadamente)	Fundo de frango quente
30 g	Manteiga
90 g	Queijo parmesão ralado
a gosto	Sal

Por porção:
Calorias, 260; Proteínas, 7 g; Gorduras, 11 g (38% cal.); Colesterol, 25 mg; Carboidratos, 34 g; Fibras, 3 g; Sódio, 210 mg.

■ Modo de preparo

1. Aqueça a manteiga e o óleo em uma frigideira grande com laterais retas. Adicione a cebola e refogue até ficar macia. Não deixe dourar.
2. Adicione o arroz e refogue até misturar bem com a gordura.
3. Usando uma concha, adicione 150 mL de fundo ao arroz. Mexa, em fogo médio, até o fundo ser absorvido e o arroz ficar quase seco.
4. Acrescente mais 150 mL de fundo e repita o procedimento. Não acrescente mais do que uma concha de fundo por vez.
5. Pare de acrescentar o fundo quando o arroz estiver macio, mas ainda firme por dentro (*al dente*). Ele deve ficar úmido e cremoso, mas não empapado. O cozimento deve levar aproximadamente 30 minutos.
6. Retire do fogo, coloque a manteiga crua e o queijo parmesão e mexa. Acrescente sal a gosto.

VARIAÇÕES

Método usado em restaurantes: prepare o *pilaf* básico (p. 624) com 500 g de arroz arbóreo italiano e 1 L de fundo de frango. Para finalizar e servir, coloque o número de porções desejadas em uma frigideira e umedeça com mais fundo. Cozinhe em fogo brando até ficar ligeiramente úmido e cremoso, como na receita básica. Finalize com manteiga crua e queijo parmesão.

Risotto Milanese
Prepare como na receita básica, mas, próximo ao final do cozimento, adicione ¼ a ½ colher (chá) de pistilos de açafrão deixados de molho em 1 xícara (200 mL) de fundo.

Risoto de cogumelos
Adicione 100 a 200 g de cogumelo picado e salteado na manteiga próximo ao final do cozimento.

Risi bisi
Adicione 450 g de ervilha fresca cozida e ¼ de xícara (60 mL) de salsinha picada ao risoto básico (este não é o autêntico *Risi Bisi*, que é considerado uma sopa espessa na Itália, mas é similar).

Risotto Milanese

Figura 19.2. Como preparar risoto.

(a) Salteie a cebola ou a chalota até ficarem macias.

(b) Adicione o arroz. Salteie até que esteja bem misturado com a gordura.

(c) Adicione uma concha cheia de fundo ao arroz. Mexa até o líquido ser absorvido.

(d) Continue adicionando fundo e mexendo até o arroz ficar cozido.

(e) Para o *Risotto Milanese*, adicione açafrão demolhado em fundo quente próximo ao final do cozimento.

(f) Para finalizar, incorpore queijo parmesão e manteiga.

Arroz oriental básico

Porções: 16   Tamanho da porção: 175 g

Quantidade	Ingredientes
1,8 kg	Arroz cozido frio
125–175 mL	Óleo
450 g	Carne cozida (cortada em tiras) ou frutos do mar (em pedaços pequenos ou fatias)
90 g	Cebolinha em fatias finas
450 g	Vegetais (ver variações) em tiras ou cubos pequenos
125–175 mL	Molho de soja (opcional)
a gosto	Sal
4–8	Ovos batidos

Por porção:
Calorias, 280; Proteínas, 11 g; Gorduras, 10 g (33% cal.); Colesterol, 70 mg; Carboidratos, 35 g; Fibras, 2 g; Sódio, 35 mg.

Modo de preparo

1. Separe quaisquer pelotas de arroz.
2. Divida o arroz e outros ingredientes em dois ou mais lotes, dependendo do tamanho da panela ou *wok*. Prepare não mais do que 0,5 a 1 kg de arroz por vez. Se você preparar muito de uma só vez, ele não fritará corretamente.
3. Aqueça uma pequena quantidade de óleo no *wok*. Adicione a carne e refogue por 1 a 2 minutos.
4. Acrescente a cebolinha e refogue por mais 1 minuto.
5. Junte os vegetais que estiverem crus e refogue até ficarem quase no ponto.
6. Adicione o arroz e refogue até ele aquecer e se misturar ligeiramente com o óleo.
7. Adicione os vegetais cozidos e mexa.
8. Adicione o molho de soja, se estiver usando, e o sal.
9. Acrescente o ovo batido e mexa. Refogue ligeiramente para cozinhar o ovo e sirva.

Variações

As quantidades fornecidas na receita básica são apenas uma orientação, mas o arroz deve ser o ingrediente predominante. É possível excluir a carne ou os frutos do mar. Para fazer apenas o arroz puro, pode-se descartar os vegetais também. Os ovos podem ser excluídos ou adicionados ao arroz frito de várias outras formas:

1. Retire a carne e os vegetais da panela quando estiverem cozidos. Adicione o ovo e mexa. Adicione o arroz, coloque a carne e os vegetais de volta na panela e continue com a receita.
2. Na etapa 9, espalhe o arroz para os lados da panela. Coloque o ovo no centro. Quando o ovo começar a cozinhar, misture-o gradualmente ao arroz.
3. Prepare os ovos separadamente e adicione ao arroz no final.
4. Misture o ovo cru batido e o arroz cozido frio antes do cozimento.

Ingredientes sugeridos

Carnes: porco, vaca, frango, pato, presunto, bacon ou linguiça chinesa cozidos

Frutos do mar: camarão (em cubos ou inteiro), siri, lagosta

Vegetais: broto de bambu, broto de feijão, salsão, ervilha, cogumelo, cebola, pimenta, castanha-d'água

Pilaf de triguilho com limão-siciliano

Porções: 12   Tamanho da porção: 75 g

Quantidade	Ingredientes
30 g	Manteiga ou óleo vegetal
125 g	Cebola bem picada
250 g	Trigo para quibe grosso
4 colheres (chá)	Raspas de limão
750 mL	Fundo de frango ou vegetais, quente
a gosto	Sal
a gosto	Pimenta-do-reino
4 colheres (sopa)	Cebolinha-francesa picada

Modo de preparo

1. Aqueça a manteiga em uma panela funda. Adicione a cebola picada e refogue ligeiramente, sem dourar, até a cebola ficar macia.
2. Acrescente o trigo. Mexa para misturá-lo com a manteiga. Mexa no fogo por 1 minuto para tostar levemente o grão.
3. Adicione as raspas de limão e misture.
4. Despeje o fundo quente e misture. Acrescente sal e pimenta-do-reino a gosto. Aqueça até levantar fervura.
5. Tampe a panela e cozinhe em fogo baixo ou no forno aquecido a 175ºC por aproximadamente 20 minutos, até o trigo ficar macio.
6. Destampe e afofe o grão com um garfo. Adicione a cebolinha e mexa.

Por porção:
Calorias, 90; Proteínas, 3 g; Gorduras, 2 g (20% cal.); Colesterol, 25 mg; Carboidratos, 15 g; Fibras, 4 g; Sódio, 25 mg.

Arroz mexicano

Porções: 16 Tamanho da porção: 125 g

Quantidade	Ingredientes
700 g	Arroz de grão longo
90 mL	Óleo
350 g	Polpa de tomate
90 g	Cebola bem picada
2	Dentes de alho, bem amassados
1,75 L	Fundo de frango
1 colher (sopa)	Sal

Por porção:
Calorias, 230; Proteínas, 4 g; Gorduras, 6 g (24% cal.); Colesterol, 5 mg; Carboidratos, 39 g; Fibras, 1 g; Sódio, 440 mg.

Modo de preparo

1. Lave bem o arroz para eliminar o excesso de amido. Deixe de molho em água fria por pelo menos 30 minutos. Escorra bem.
2. Aqueça o óleo em uma caçarola e adicione o arroz. Mexa em fogo médio até começar a dourar ligeiramente.
3. Junte a polpa de tomate, a cebola e o alho. Cozinhe até a mistura secar. Tome cuidado para não deixar queimar.
4. Acrescente o fundo de frango e o sal. Mexa. Cozinhe em fogo médio, com a panela destampada, até a maior parte do líquido ser absorvida.
5. Tampe, coloque no fogo bem baixo e cozinhe por 5 a 10 minutos, até o arroz ficar macio.
6. Retire do fogo e reserve, sem tirar a tampa, por 15 a 30 minutos antes de servir.

VARIAÇÃO

Arroz verde mexicano
Exclua a polpa de tomate. Bata a cebola e o alho no liquidificador com os seguintes ingredientes: 175 mL de água, 3 colheres (sopa) de folha de coentro fresco picada, ¾ de xícara (45 g) de salsinha picada e 90 g de pimenta-verde fresca (ou parte pimenta e parte pimentão verde). Use esta pasta no lugar da polpa de tomate. Reduza a quantidade de fundo para 1,5 mL. Pode-se usar água no lugar do fundo.

Arroz mexicano

Cevada com cogumelo selvagem e presunto

Porções: 10 Tamanho da porção: 110 g

Quantidade	Ingredientes
30 g	Cogumelo *porcini* seco
125 mL	Água quente
2 colheres (sopa)	Óleo
125 g	Cebola em cubos pequenos
125 g	Salsão em cubos pequenos
300 g	Cevada
600 mL	Fundo escuro, de frango ou de vegetais
125 g	Presunto cozido em cubos pequenos
a gosto	Sal

Por porção:
Calorias, 170; Proteínas, 7 g; Gorduras, 6 g (30% cal.); Colesterol, 10 mg; Carboidratos, 24 g; Fibras, 6 g; Sódio, 125 mg.

Modo de preparo

1. Deixe o cogumelo de molho na água quente até ficar macio. Escorra e esprema, reservando o líquido. Coe ou decante o líquido para descartar a sujeira. Pique o cogumelo.
2. Aqueça o óleo em uma caçarola funda. Adicione a cebola e o salsão. Salteie rapidamente.
3. Acrescente a cevada e refogue, como no arroz *pilaf*.
4. Adicione o fundo e o líquido do cogumelo. Aqueça até ferver. Coloque o cogumelo picado e o presunto e mexa. Acrescente sal a gosto.
5. Tampe bem. Cozinhe no fogão em fogo baixo, ou no forno a 160ºC, até a cevada ficar macia e o líquido ser absorvido, por aproximadamente 30 a 45 minutos.

VARIAÇÕES

Adicione outros vegetais à cevada, como cenoura, nabo-roxo, bulbo de erva-doce ou pastinaca em cubos. Acrescente-os junto com a cebola e o salsão, ou cozinhe-os separadamente e adicione ao final do cozimento.

Trigo em grão com noz-pecã e pimentão *poblano*

Porções: 12 Tamanho da porção: 125 g

Quantidade	Ingredientes
750 g	Trigo em grão integral, lavado e deixado de molho em água fria de um dia para o outro (ver Observação)
2 L	Água fria
60 mL	Azeite de oliva
90 g	Noz-pecã picada
90 g	Pimentão *poblano* assado, em cubos
a gosto	Sal

Por porção:
Calorias, 280; Proteínas, 8 g; Gorduras, 10 g (31% cal.); Colesterol, 0 mg; Carboidratos, 42 g; Fibras, 7 g; Sódio, 0 mg.

Observação: esta receita foi desenvolvida utilizando-se grãos de trigo integrais da variedade macia. Outros tipos de grão de trigo podem ser usados, mas o rendimento e o tempo de cozimento irão variar. Por exemplo, o grão de trigo integral (sem casca e polido) ilustrado na página 619 cozinha em menos de 30 minutos e rende 3 vezes mais do que seu peso seco (aproximadamente 2,25 kg para esta receita). Ao utilizar um novo tipo de produto, teste o tempo de cozimento e o rendimento com uma pequena quantidade antes de adaptá-lo à produção.

■ Modo de preparo

1. Escorra o grão de trigo. Adicione-o à água fria em uma caçarola. Aqueça até ferver. Reduza o fogo, tampe a panela e cozinhe lentamente até o trigo ficar macio, mas ainda ligeiramente crocante. Isso leva aproximadamente 1 hora. Retire a caçarola do fogo e deixe descansar, tampada, por 10 minutos. Escorra.

2. Aqueça o azeite de oliva em uma frigideira. Acrescente as nozes e o pimentão *poblano* em cubos. Salteie por cerca de 1 minuto.

3. Acrescente o trigo cozido. Mexa no fogo até a mistura aquecer. Tempere a gosto.

Variações

Substitua o pimentão *poblano* por qualquer tipo de pimenta fresca verde ou pimentão.

Arroz integral, cevada, trigo-espelta ou triguilho com noz-pecã e pimentão *poblano*
Substitua o trigo cozido por arroz integral, cevada ou trigo-espelta cozidos ou *pilaf* de triguilho grosso.

Trigo em grão com noz-pecã e pimentão *poblano*

Cereais 631

Paella espanhola

Porções: 16 *Tamanho da porção: ver modo de preparo*

Quantidade	Ingredientes
2	Frangos de 1,1 a 1,4 kg cada
conforme necessário	Azeite de oliva
225 g	Linguiça *chorizo* (ver Observação)
900 g	Carne de porco magra em cubos grandes
16	Camarão grande limpo e sem casca
900 g	Lula limpa (p. 446) cortada em anéis
2	Pimentão vermelho em cubos grandes
2	Pimentão verde em cubos grandes
16	Marisco pequeno
16	Mexilhão
250 mL	Água
conforme necessário	Fundo de frango
1 colher (chá)	Açafrão espanhol (em pistilos)
350 g	Cebola em cubos pequenos
6	Dentes de alho picados
900 g	Tomate picado
2 colheres (chá)	Alecrim seco
900 g	Arroz de grão curto, como o arbóreo italiano
2 colheres (chá)	Sal
a gosto	Pimenta-do-reino
125 g	Ervilha cozida
16	Cunhas de limão-siciliano

Por porção:
Calorias, 630; Proteínas, 52 g; Gorduras, 22 g (32% cal.); Colesterol, 260 mg; Carboidratos, 52 g; Fibras, 5 g; Sódio, 630 mg.

Modo de preparo

1. Corte cada frango em 8 pedaços.
2. Em uma frigideira grande, doure o frango no azeite de oliva. Retire e reserve.
3. Se precisar, adicione mais óleo para saltear ligeiramente o *chorizo*, a carne de porco, o camarão, a lula e os pimentões. Prepare cada ingrediente separadamente, em seguida, retire e coloque em recipientes separados.
4. Junte os mariscos, os mexilhões e a água em uma caçarola tampada. Cozinhe até as conchas se abrirem.
5. Retire as conchas do caldo e reserve. Coe o líquido e adicione fundo de frango até completar 2 L.
6. Adicione o açafrão à mistura de fundo e caldo de cozimento.
7. Na frigideira usada para dourar as carnes, refogue a cebola e o alho até ficarem macios. Coloque mais azeite de oliva, se necessário.
8. Adicione o tomate e o alecrim. Cozinhe até a maior parte do líquido evaporar e o tomate formar uma pasta ligeiramente seca.
9. Junte o arroz e mexa. Junte o frango, o *chorizo*, a carne de porco, a lula e os pimentões.
10. Ferva a mistura de fundo em uma caçarola à parte, adicione-a ao arroz e mexa. Acrescente sal e pimenta-do-reino a gosto.
11. Aqueça até ferver, tampe e coloque no forno aquecido a 175ºC por 20 minutos (tradicionalmente, este prato é preparado destampado no fogão, mas no forno é mais prático para os restaurantes porque requer menos atenção).
12. Retire a panela do forno. Verifique a umidade e adicione mais fundo, se necessário. O arroz deve estar bem úmido, mas não ensopado.
13. Espalhe as ervilhas sobre o arroz. Em seguida, arrume o camarão, o marisco e o mexilhão. Tampe e espere 10 minutos para aquecer os frutos do mar.
14. Para cada porção, sirva 225 g de arroz e vegetais, 1 camarão, 1 marisco, 1 mexilhão, 1 pedaço de frango e pelo menos 1 pedaço de carne de porco, *chorizo* e lula. Guarneça cada porção com 1 cunha de limão.

Observação: se não dispuser de chorizo espanhol, use calabresa ou outra linguiça apimentada e de textura firme. Você pode cortar a linguiça em pedaços de 15 g antes de refogá-la ou na hora de servir.

Paella espanhola

Polenta

Rendimento: aproximadamente 2,5 kg

Quantidade	Ingredientes
2,5 L	Água
1 colher (sopa)	Sal
500 g	Fubá grosso tipo italiano, próprio para polenta

Por 30 gramas:
Calorias, 20; Proteínas, 0 g; Gorduras, 0 g (0% cal.); Colesterol, 0 mg; Carboidratos, 4 g; Fibras, 0 g; Sódio, 90 mg.

Modo de preparo

1. Ferva a água com o sal em um caldeirão.
2. Bem devagar, polvilhe o fubá na água fervente, mexendo sem parar. Isso deve ser feito devagar e com cuidado para evitar a formação de grumos (ver Figura 19.3).
3. Cozinhe em fogo baixo, mexendo quase que sem parar. A polenta engrossa à medida que cozinha e, ao final, começa a soltar das laterais da panela. Isso leva aproximadamente 20 a 30 minutos.
4. Umedeça ligeiramente uma superfície grande e plana, como uma tábua de madeira ou travessa.
5. Despeje a polenta nessa superfície. Sirva imediatamente, quente, ou deixe esfriar e use de várias formas, incluindo as variações abaixo.

VARIAÇÕES

A polenta quente recém-preparada vai bem com muitos tipos de ensopados e outros pratos braseados com molhos saborosos para misturar com a polenta. Ela também é servida com pratos grelhados.

Polenta *con sugo di pomodoro*
Sirva a polenta quente com molho de tomate com ou sem carne (p. 639).

Polenta *con salsicce*
Sirva a polenta quente com linguiça de porco cozida com tomate ou molho de tomate.

Polenta *al burro e formaggio*
Incorpore 175 g de manteiga crua e 60 a 90 g de queijo parmesão ralado à polenta quente, logo depois de cozida.

Polenta frita ou *grigliata*
Deixe a polenta esfriar e corte-a em fatias de 1 cm de espessura. Frite em óleo até formar uma crosta fina. Outra opção é aquecer as fatias em uma grelha ou dourador até ficarem quentes e ligeiramente tostadas.

Polenta *grassa*
Esta receita pode ser preparada de duas formas.
1. Despeje uma camada de polenta quente em um refratário untado com manteiga. Cubra com queijo *fontina* fatiado e salpique com manteiga. Cubra com outra camada de polenta e depois outra camada de queijo e manteiga. Asse até ficar bem quente.
2. Prepare como no primeiro método, mas, em vez da polenta quente recém-preparada, use a polenta fria cortada em fatias finas.

Polenta *pasticciata*
Prepare um molho de carne (p. 639) com linguiça de porco, além da carne de vaca. Além disso, adicione ao molho cogumelos fatiados e salteados. Corte a polenta fria em fatias finas. Forre uma assadeira com camadas alternadas de fatias de polenta, molho de carne e queijo parmesão. Asse até ficar quente.

Polenta *Pasticciata*

Cereais 633

Figura 19.3. Como preparar polenta.

(a) Despeje lentamente o fubá em água fervente, mexendo constantemente para não formar grumos.

(b) Cozinhe, enquanto mexe, até a polenta ficar com a textura desejada. Sirva imediatamente ou vá para a etapa seguinte.

(c) Despeje a polenta em uma assadeira rasa e deixe esfriar.

(d) Corte no formato desejado.

Grits com queijo *cheddar*

Porções: 12 Tamanho da porção: 170 g
Quantidade Ingredientes

500 mL	Hominy grits (fubá grosso feito de milho de canjica branco)
2 L	Água
1 colher (chá)	Sal
250 g	Queijo *cheddar* ralado

Por porção:
Calorias, 170; Proteínas, 7 g; Gorduras, 7 g (35% cal.); Colesterol, 20 mg; Carboidratos, 22 g; Fibras, 1 g; Sódio, 310 mg.

■ **M o d o d e p r e p a r o**

1. Coloque os *hominy grits* em uma panela funda com a água e mexa.
2. Se estiver usando *grits* moídos na pedra, espere assentar e escume a casca que sobe para a superfície.
3. Aqueça a mistura até ferver, mexendo sempre.
4. Cozinhe em fogo brando, mexendo a cada 5 ou 10 minutos. Se estiver usando *grits* pré-cozidos (semelhantes aos flocos de milho pré-cozidos, mas brancos), eles ficarão cozidos em aproximadamente 7 a 10 minutos, mas podem ser cozidos por mais tempo, caso você deseje um mingau mais espesso. Se estiver usando *grits* comuns, o tempo de cozimento é de aproximadamente 45 minutos, e pode ser que você tenha que adicionar água à medida que eles forem engrossando. De qualquer forma, continue cozinhando até ficarem cremosos, adicionando água se necessário.
5. Coloque sal a gosto.
6. Adicione o queijo e mexa até ele derreter.

V A R I A Ç Õ E S

Para *grits* comuns, exclua o queijo. Sirva com um pouquinho de manteiga. Se desejar, substitua um terço da água por leite.

Grits

634　Capítulo 19 • Leguminosas, grãos, massas e outros amidos

Farrotto com queijo *pecorino*

Porções: 10　　Tamanho da porção: 1.150 g

Quantidade	Ingredientes
450 g	Trigo-espelta (*farro*)
60 mL	Azeite de oliva
30 g	Cebola bem picada
1,5 L (aproximadamente)	Fundo de vegetais, quente
30 g	Manteiga
120 g	Queijo *pecorino* ralado

■ Modo de preparo

1. Deixe o trigo de molho em água fria por 45 minutos. Escorra.
2. Cozinhe em água fervente com sal por 20 minutos. Escorra. Neste ponto, o trigo deve estar parcialmente cozido.
3. Aqueça o azeite em uma frigideira em fogo médio.
4. Refogue a cebola até ficar macia, sem dourar.
5. Adicione o trigo. Mexa e cozinhe em fogo médio por 2 minutos.
6. Coloque 125 mL de fundo. Mexa em fogo médio até o fundo ser absorvido e o trigo ficar quase seco.
7. Acrescente outra concha de fundo e repita o procedimento.
8. Pare de adicionar fundo quando o trigo estiver macio.
9. Coloque a manteiga e o queijo e mexa. Sirva imediatamente.

Por porção:
Calorias, 260; Proteínas, 8 g; Gorduras, 12 g (39% cal.); Colesterol, 15 mg; Carboidratos, 34 g; Fibras, 0 g; Sódio, 102,7 mg.

Farrotto com queijo *pecorino*

Pilaf de *kasha* com ovos

Porções: 10　　Tamanho da porção: 125 g

Quantidade	Ingredientes
250 mL	*Kasha* (trigo-sarraceno partido e torrado)
2	Ovos ligeiramente batidos
60 g	Manteiga ou gordura de frango
1 L	Água ou fundo de frango
2 colheres (chá)	Sal
½ colher (chá)	Pimenta-do-reino

■ Modo de preparo

1. Coloque o trigo-sarraceno em uma frigideira em fogo médio.
2. Adicione os ovos e mexa vigorosamente para que todos os grãos fiquem envoltos no ovo.
3. Continue cozinhando, mexendo, até os grãos secarem.
4. Adicione a gordura e mexa.
5. Adicione água ou fundo, o sal e a pimenta-do-reino. Aqueça até ferver, tampe e coloque em fogo baixo para cozinhar por 10 minutos, até o líquido ser absorvido.

Por porção:
Calorias, 180; Proteínas, 5 g; Gorduras, 7 g (35% cal.); Colesterol, 50 mg; Carboidratos, 24 g; Fibras, 2 g; Sódio, 480 mg.

MACARRÕES E OUTRAS MASSAS SECAS E FRESCAS

Os macarrões e outras massas frescas e secas são alternativas populares para substituir os demais tipos de amidos. A palavra **pasta** é o termo italiano para "massa", assim chamada porque a *pasta* é feita de uma mistura de farinha de trigo, água e, às vezes, ovos.

Não muitos anos atrás, muitos norte-americanos conheciam apenas o espaguete com molho de tomate e o *macaroni* usado para fazer o tradicional *mac and cheese* (massa curta seca assada com molho cremoso de queijo). Hoje em dia, graças à influência dos cozinheiros italianos, uma grande variedade de pratos de massa pode ser encontrada nas cozinhas do mundo todo.

Além disso, o macarrão tem um papel importante em outras cozinhas, notadamente nas asiáticas. Elas incluem não só o macarrão feito de trigo, mas também o de arroz e de outros amidos em seu cardápio. Embora a nossa atenção aqui esteja em grande parte voltada para as massas ao estilo italiano, iremos discutir brevemente esses outros produtos também.

MASSAS ITALIANAS

As massas italianas difundiram-se além de suas fronteiras originais e tornaram-se um dos alimentos mais populares no mundo. Note que quando utilizamos o termo massa italiana estamos nos referindo somente aos macarrões em si, e não aos pratos preparados com eles. Nos cardápios, aparecem muitos pratos preparados com massas italianas, mas que não são reconhecidamente italianos, pois contêm ingredientes de outras cozinhas, como as da Ásia e da América Latina. Adotadas por *chefs* de muitas culturas, as massas italianas passaram a ser cidadãs do mundo.

Tipos, características e fatores de qualidade

O **macarrão seco** é feito de uma massa cortada em formatos diferentes e desidratada. Para nos referirmos a essa categoria de alimento, às vezes usamos o termo **macarrão**, que significa a massa seca de farinha e água. Entre elas estão o espaguete, a massa de lasanha, o parafuso e muitos outros formatos.

As melhores massas secas são feitas de **semolina**, uma farinha rica em proteínas proveniente da parte interna do grão de trigo da variedade *durum*. Os produtos de qualidade inferior são feitos de *farina*, uma farinha mais fraca, isto é, com menos glúten.

As massas especiais incluem ingredientes além da semolina e da água. As massas de trigo integral podem ser preparadas inteiramente com farinha de trigo integral ou com uma mistura de semolina e trigo integral. Outras farinhas, como a de trigo-sarraceno e a de trigo-espelta, são usadas em outros itens especiais.

A massa de espinafre talvez seja a mais popular entre as que contêm purê de vegetais. Outras incluem pimentão vermelho, pimenta fresca, alga, beterraba, tomate e abóbora.

As massas que contêm a tinta de lula são pretas e combinam bem com molhos de frutos do mar.

Ao comprar macarrão branco (sem sabor), procure por uma cor amarela bonita, e não esbranquiçada ou acinzentada. O produto deve ser bem duro, quebradiço e flexível, e deve quebrar em pedaços limpos e pontudos. Quando cozido, deve ser firme e conservar seu formato. As massas de baixa qualidade ficam moles e pastosas quando cozidas.

Além das massas feitas de farinha e água, há também as **massas secas feitas com ovos**. Elas contêm pelo menos 5,5% de ovo, além da farinha e da água. Em geral, são vendidas na forma de macarrão chato de várias larguras.

A massa fresca de ovos é preparada com farinha, ovo e, algumas vezes, uma pequena quantidade de água e/ou óleo. Use uma farinha de uso geral ou especial para pães. A farinha de semolina de *grano durum*, usada no espaguete e em outros macarrões industrializados, não é adequada para fazer massa fresca de ovos. Uma farinha com menos glúten resulta em uma massa mais macia. Macarrões macios com ovos também estão disponíveis na versão fresca e congelada em alguns fabricantes. Levam menos tempo para cozinhar do que o macarrão seco.

Outras farinhas, como a farinha de trigo integral, podem ser utilizadas para preparar macarrão fresco. Ao prepará-lo você mesmo, experimente vários ingredientes. Tenha em mente que outras farinhas que não a farinha de trigo não têm muito glúten (ver p. 895), portanto, devem ser misturadas com um pouco de farinha de trigo. A farinha de trigo-sarraceno adicionada à farinha branca resulta em macarrões especialmente saborosos, presentes em um clássico da culinária do norte da Itália chamado *Pizzoccheri* (p. 648).

Os purês de vegetais e outros ingredientes de sabor em geral são adicionados à massa fresca de ovos. Espinafre, tomate, beterraba, cogumelo, ervas frescas, pimenta vermelha seca, raspas de limão, açafrão e tinta de lula estão entre as inúmeras possibilidades.

Formatos e usos

A massa é feita em centenas de formatos e tamanhos. Cada formato é apropriado para diferentes preparos, por causa da forma como os diferentes tipos de molhos se ligam à massa ou da forma como sua textura complementa a textura do molho. A ilustração mostra alguns tipos populares. A Tabela 19.2 descreve alguns formatos comuns e dá sugestões de uso.

Lembre-se de que a massa fresca de ovos e os macarrões industrializados secos, curtos ou longos, são produtos diferentes. Não faz sentido dizer que um tipo é melhor do que outro. Os cozinheiros italianos utilizam a massa fresca e a seca de diferentes formas, com receitas distintas para cada tipo. A massa industrializada tem uma textura mais robusta e pesada, boa para molhos encorpados, enquanto a massa fresca com ovos é macia e mais delicada. A massa fresca com ovos absorve mais os molhos do que as massas industrializadas. Em geral, as massas industrializadas são ideais para molhos à base de azeite de oliva, e as massas caseiras ficam melhores com molhos à base de manteiga e creme de leite.

Em cima: *cornetti* (*elbow* em inglês), *pepe bucato, radiatore, ziti, conchiglie*.
No meio: *fettuccine; spaghettini;* fusilli; (três montes menores, de cima para baixo) *orzo, stelline* e *ditalini*; massa para lasanha; espaguete; (duas pilhas menores, de cima para baixo) *gemelli* e *rigatoni*.
Embaixo: *farfalle, penne, manicotti*.

OUTROS TIPOS DE MACARRÃO

Os países asiáticos possuem uma grande variedade de macarrões. Podemos dividi-los em duas categorias: macarrões de trigo e macarrões feitos de outros amidos.

Macarrões feitos de trigo

A maior parte dos macarrões de trigo originários da Ásia que são conhecidos no Ocidente vem da China e do Japão.

O **macarrão chinês** é feito tanto de farinha e água quanto de farinha, água e ovos. Quando contém ovos, normalmente é rotulado de macarrão com ovos. O macarrão chato tem várias larguras, desde muito finas até quase 2,5 cm de largura. O macarrão tubular tem várias espessuras, desde o *vermicelli* fino até um macarrão mais grosso, parecido com o espaguete.

Tabela 19.2
Formatos e usos das massas industrializadas

Nome	Descrição	Usos sugeridos
Espaguete	Longo, tubular	Com uma grande variedade de molhos, principalmente de tomate
Spaghettini	Fino, longo, tubular	Como o espaguete, principalmente com molhos de azeite de oliva e frutos do mar
Vermicelli	Espaguete bem fino	Com molhos leves e delicados, e quebrado, em sopas
Linguine	Parece o espaguete, ligeiramente mais chato	Como o espaguete; popular com molho de marisco
Perciatelli ou bucattini	Parece um espaguete grosso e oco	Como o espaguete, mas pode ser servido com molhos pesados e espessos
Fusilli ou parafuso	Longo, com formato de saca-rolhas	Molhos grossos e cremosos
Macaroni	Tubos longos, ocos	Especialmente bom com molhos de carne encorpados
Cornetti/elbow	Tubos curtos, ocos e curvados	Frio, em saladas; cozido, em massas ao forno
Penne ou mostaccioli	Tubos ocos, cortados na diagonal; podem ser lisos ou com ranhuras	Assado, com molho de carne ou molho de tomate e queijo; cozido na hora, com molho de tomate
Ziti	Tubos curtos e ocos, cortados retos	
Rigatoni	Tubos maiores, com ranhuras	
Manicotti (às vezes chamado de cannelloni, que, na verdade, é feito de massa fresca à base de ovos)	Tubos ocos e grandes, às vezes com ranhuras	Com recheio de queijo ou carne
Orecchiette	Pequenas orelhas	Molhos com pedaços maiores de vegetais
Rotelle ou ruote	Rodas	Molhos encorpados de tomate, carne ou vegetais; em sopas
Radiatore	Radiadores; formatos encaracolados, ondulados	Frio, em saladas; quente, com molhos encorpados
Fettuccine	Macarrão chato de ovos	Molhos cremosos encorpados ou molhos de carne
Tagliatelle	Macarrão de ovos, chato e largo	
Lasagna ou macarrão para lasanha	Macarrão largo, chato, em geral com bordas onduladas	Assado com recheio de carne, queijo ou vegetais
Conchiglie	Conchas	Com molhos de frutos do mar ou carne; os menores podem ser usados em saladas
Farfalle ou gravatinha	Formato de gravata borboleta	Com molhos contendo pedaços de carne, linguiça ou vegetais
Pastina (massa pequena)		Em sopas; frio, em saladas; na manteiga, como acompanhamento
Ditalini	Tubos ocos, muito curtos	
Orzo	Formato de arroz	
Stelline	Pequenas estrelas	
Acini di pepe	"Grãos de pimenta"	
Pepe bucato	Acini di pepe perfurados	
Rotelline	Pequenas rodas	
Semi di melone	Sementes de melão	

O **macarrão cantonês** é um tipo especial de macarrão chinês à base de trigo, feito esticando-se um único pedaço grande de massa no comprimento até ela ficar tão fina quanto o espaguete. Em alguns restaurantes, os cozinheiros especializados preparam esse macarrão no salão, para os comensais assistirem. O macarrão cantonês está disponível nas formas fresca e seca.

O macarrão de trigo japonês tem muitas variedades. O **udon** é um macarrão grosso e branco feito de farinha de trigo. Está disponível fresco, em embalagens a vácuo, ou seco. O **somen** é um macarrão fino e branco feito de trigo, normalmente embalado em feixes menores. O *tamago somen* é feito com ovos além de farinha de trigo e água (*tamago* significa "ovo").

Soba é um macarrão fino feito de trigo-sarraceno além de farinha de trigo. Uma variedade especial de macarrão de trigo-sarraceno é o **chasoba**, feito com chá verde em pó além do trigo-sarraceno.

Apesar de ter *soba* no nome, o **chukasoba** não contém trigo-sarraceno. É um macarrão de trigo, feito de farinha e água, com um produto alcalino, como o carbonato de sódio, adicionado à água. O macarrão é amarelo, levando algumas pessoas a pensarem que é feito de ovos, mas ele não contém ovos. Esse macarrão é usado no *lamen*, conhecido no Ocidente por suas embalagens individuais de macarrão instantâneo com fundo em pó para o caldo, encontradas em quase todos supermercados.

Macarrões feitos de outros amidos

Com o aumento da popularidade das cozinhas chinesa e do sudeste asiático no Ocidente, os **macarrões de arroz** tornaram-se bastante conhecidos. Os macarrões de arroz estão disponíveis em uma espessura muito fina, quase como um fio de cabelo, chamados **vermicelli de arroz**, e como macarrão chato de várias espessuras. Às vezes, são chamados de **bifum**.

O *vermicelli* de arroz seco normalmente é cozido pela fritura por imersão, sem o uso de água. O macarrão estufa e fica crocante e macio. Esse tipo de macarrão é muito fino para ser reconstituído com água, pois se torna uma massa grudenta com facilidade. O *vermicelli* de arroz também pode ser separado e refogado à chinesa.

Os macarrões de arroz chatos normalmente não são cozidos em água, pois a fervura ou o cozimento lento os deixam muito macios e grudentos. Em vez disso, são cobertos de água fervente e deixados de molho até ficarem macios. Isso pode levar até 20 minutos, dependendo da espessura do macarrão e da temperatura da água. O macarrão é escorrido e adicionado a pratos refogados à chinesa e a sopas, no último minuto de cozimento.

O **macarrão feito de feijão**, também chamado **macarrão celofane**, é feito com o amido do feijão-mungo (o mesmo do broto de feijão). Os fios são muito finos, lembrando o *vermicelli* de arroz. Assim como o macarrão de arroz, é frito por imersão ou deixado de molho em água quente até ficar macio, e depois adicionado a sopas e pratos braseados.

COMO COZINHAR MASSAS

Ponto de cozimento

As massas devem ser cozidas **al dente**, ou "ao dente". Isso significa que o cozimento deve ser interrompido quando a massa ainda está firme, não macia e mole. Muito do prazer de comer a massa é devido à sua textura (por esse motivo existem tantos formatos), e isso se perde com o excesso de cozimento.

Como testar o ponto de cozimento e servir

Muitas sugestões foram dadas para testar o ponto de cozimento das massas, mas nenhuma é mais confiável do que quebrar um pedaço pequeno e experimentá-lo. O cozimento deve ser interrompido tão logo a massa esteja *al dente*. Meio minuto a mais é suficiente para que passe do ponto.

Os tempos de cozimento variam conforme o formato e o tamanho da massa. O tempo também depende do tipo de farinha utilizada e do teor de umidade. Em geral, os tempos indicados nas embalagens são muito longos.

A massa fresca de ovos, caso não tenha secado, leva apenas de 1 minuto a 1 minuto e meio para cozinhar depois que a água volta a ferver.

A prática italiana é misturar a massa com o molho no minuto em que é escorrida. O molho recobre imediatamente toda a superfície da massa, e o queijo, se houver, derrete com o calor do macarrão quente. Caso esteja tentando servir um autêntico prato de massa italiana, siga essa prática em vez de simplesmente jogar o molho sobre a massa.

A massa fica melhor se cozida e servida imediatamente. Quando possível, cozinhe a massa de acordo com o pedido. A massa fresca, em especial, cozinha tão rapidamente que há poucas razões para cozinhá-la com antecedência. Entretanto, em operações de grande volume, a massa seca às vezes tem de ser cozida com antecedência. Os procedimentos a seguir podem ser utilizados no cozimento de grandes quantidades.

Rendimentos

Uma quantidade de 500 g de massa seca crua rende aproximadamente 1,5 kg de massa cozida. Isso é o suficiente para quatro a seis porções de um prato principal ou oito a dez porções de um acompanhamento ou primeiro prato.

Uma quantidade de 500 g de massa fresca crua rende aproximadamente 1 a 1,2 kg de massa cozida.

Macarrões e outras massas secas e frescas 639

Procedimento para cozinhar massas em grandes quantidades

1. Use pelo menos 4 L de água fervente com sal para cada 500 g de massa. Use aproximadamente 1 ½ colher de sopa (25 g) de sal para cada 4 L de água.
2. Espere a água atingir o ponto de fervura rápida e coloque a massa. À medida que ela cozinha, mexa delicadamente para impedir que grude.
3. Continue fervendo, mexendo de vez em quando.
4. Quando estiver *al dente*, escorra imediatamente e enxágue em água fria corrente até a massa ficar totalmente fria. Caso contrário, ela continuará a cozinhar e ficará mole demais (caso esteja cozinhando apenas algumas porções para servir imediatamente, apenas escorra bem e não enxágue; coloque o molho e sirva em seguida).

   Se for utilizar a massa fria em uma salada, ela estará pronta para ser incorporada à receita tão logo esteja fria.
5. Se for guardar a massa para uso futuro, misture-a delicadamente com uma pequena quantidade de óleo para impedir que grude.
6. Meça porções e arrume-as em montinhos em cubas gastronômicas. Tampe com filme plástico e leve à geladeira até a hora de servir (não armazene a massa em água fria; a massa absorve a água e fica mole, como se tivesse sido cozida demais).
7. Para servir, coloque o número de porções desejado em um coador cônico e mergulhe em água fervente até reaquecer. Escorra, coloque no prato e adicione o molho.

Método alternativo: como servir em balcão térmico

A massa fica gradualmente macia e mole quando conservada quente para servir, mas nos primeiros 30 minutos se manterá razoavelmente bem. No entanto, não será tão boa quanto a massa cozida na hora. Esse método somente deve ser utilizado caso não seja possível fazer o cozimento de acordo com o pedido em algum estabelecimento específico.

1. Siga as etapas 1 a 3 acima.
2. Escorra a massa enquanto ainda está um pouco dura. Lave brevemente em água fria suficiente para interromper o cozimento e retirar o amido, mas não o suficiente para esfriar a massa. A massa ainda deve permanecer morna.
3. Transfira para uma cuba gastronômica e misture com um pouco de óleo para impedir que grude.
4. Mantenha no balcão térmico por, no máximo, 30 minutos.

Molho de tomate para massas

Rendimento: 3 L
Porções: 32   *Tamanho da porção: 90 mL*

Quantidade	Ingredientes
500 mL	Azeite de oliva (ver Observação)
225 g	Cebola bem picada
225 g	Cenoura bem picada
225 g	Salsão bem picado
3 kg	Tomate em lata, inteiro
2	Dentes de alho picados
30 g	Sal
1 colher (sopa)	Açúcar

Modo de preparo

1. Aqueça o azeite em uma caçarola funda e grande. Junte a cebola, a cenoura e o salsão e salteie ligeiramente por alguns minutos. Não deixe dourar.
2. Acrescente os outros ingredientes (ver no Apêndice 2 os tamanhos de latas norte-americanas e possíveis substituições). Cozinhe em fogo brando, com a panela destampada, por aproximadamente 45 minutos, até reduzir e engrossar.
3. Passe por um passador de legumes. Prove e acerte o tempero.

Por porção:
Calorias, 190; Proteínas, 1 g; Gorduras, 18 g (82% cal.); Colesterol, 0 mg; Carboidratos, 8 g; Fibras, 2 g; Sódio, 660 mg.

Observação: a quantidade de azeite pode parecer grande, mas é apenas 1 colher de sopa por porção (15 mL para 90 g). Essas são as proporções comuns dos molhos de tomate básicos da Itália, onde não são usados em quantidade tão grande quanto nos Estados Unidos. Caso deseje um molho de baixo teor de gordura, reduza a quantidade de azeite pela metade. Com exceção do molho de carne, a maior parte dos molhos italianos é cozida por menos tempo do que os molhos norte-americanos, além de terem menos ingredientes. Como resultado, têm um sabor mais pronunciado de tomate fresco.

VARIAÇÕES

Exclua a cebola, a cenoura e o salsão. Reduza o azeite para 250 mL. Adicione salsinha e manjericão frescos picados a gosto.

Molho de carne
Doure 1 kg de carne bovina ou suína moída, ou uma mistura das duas, em óleo ou gordura de porco derretida. Acrescente 250 mL de vinho tinto, 2 L de molho de tomate, 1 L de fundo de carne ou de porco e salsinha, manjericão e orégano a gosto. Cozinhe em fogo brando por 1 hora, com a panela destampada.

Molho rosé
Utilize manteiga em vez do azeite de oliva da receita básica. Na hora de servir, adicione 1 xícara (250 mL) de creme de leite fresco para cada litro de molho de tomate. Deixe levantar fervura e sirva.

Molho de tomate com linguiça
Fatie 1,4 kg de linguiça italiana fresca e doure em óleo. Escorra e adicione ao molho de tomate básico. Cozinhe em fogo brando por 20 minutos.

Molho de tomate com linguiça e berinjela
Prepare da mesma forma que o molho de tomate com linguiça, mas com 700 g de linguiça e 700 g de berinjela sem casca, em cubos.

Molho de tomate com presunto e alecrim
Cozinhe 450 g de presunto em cubos pequenos e 2 colheres (sopa) de folhas secas de alecrim em um pouco de azeite por alguns minutos. Adicione ao molho de tomate básico (depois de passá-lo pelo passador de legumes) e cozinhe em fogo brando por 5 minutos.

Massa fresca com ovos

Rendimento: 700 g

Quantidade	Ingredientes
450 g	Farinha de trigo especial para pão
5	Ovos
1 colher (sopa)	Azeite de oliva
1 pitada	Sal

Por 30 gramas:
Calorias, 90; Proteínas, 4 g; Gorduras, 2 g (20% cal.); Colesterol, 45 mg; Carboidratos, 14 g; Fibras, 0 g; Sódio, 20 mg.

Modo de preparo

1. Faça um monte com farinha em uma superfície de trabalho. Abra uma cova no centro e acrescente os ovos, o azeite e o sal.
2. Trabalhando do centro para fora, misture gradualmente a farinha e os ovos, para formar uma massa.
3. Quando a massa estiver firme o suficiente, comece a amassá-la, incorporando mais farinha. Se a massa ainda estiver pegajosa, mesmo depois de ter sido colocada toda a farinha, adicione mais farinha, um pouco por vez. Amasse bem por, pelo menos, 15 minutos.
4. Cubra a massa e deixe descansar por, pelo menos, 30 minutos.
5. Corte a massa em 3 a 5 pedaços. Ajuste os rolos da máquina de macarrão na abertura mais larga. Passe cada pedaço de massa pela máquina e dobre em três após cada passada, polvilhando ligeiramente a parte de fora com farinha para evitar que grude nos rolos. Continue passando os pedaços pela máquina até ficarem homogêneos (ver Figura 19.4).
6. Trabalhando com um pedaço por vez, diminua a largura entre os rolos da máquina e passe a massa por ela novamente. Em seguida, diminua mais um pouco a largura, polvilhe a massa com farinha e passe pela máquina mais uma vez. Continue até a massa ficar na espessura desejada. Ao fim, a massa estará pronta para ser cortada no formato desejado e cozida. Veja abaixo as instruções de corte.

VARIAÇÕES

Instruções de corte
Fettuccine ou *tagliatelle*: passe a massa pelos rolos até ela ficar fina e corte-a no cortador largo.
Taglierini ou talharim: passe a massa pelos rolos até ela ficar fina e corte-a no cortador estreito.
Papardelle: corte à mão, com o cortador de massa, em fitas de aproximadamente 2 cm de largura.
Tonnarelli: passe a massa pelos rolos até ela ficar na espessura equivalente à largura do cortador estreito (para talharim). Corte no cortador estreito. O resultado é parecido com um espaguete quadrado.
Farfalle: corte em retângulos de aproximadamente 4 x 8 cm. Aperte no meio para fazer uma gravata borboleta.
Lasagna: corte à mão em tiras largas de aproximadamente 20 a 30 cm de comprimento.

Massa de espinafre
Limpe 450 g (PB) de espinafre, descartando os talos. Cozinhe em fogo brando por 5 minutos em água com sal. Escorra, enxágue em água fria e esprema para secar. Pique o mais fino possível. Incorpore na receita básica de massa, adicionando-o à farinha ao mesmo tempo que juntar os ovos. Reduza os ovos para 4 unidades.

Outras massas coloridas
Outros vegetais coloridos, em pequenas quantidades, cozidos até ficarem macios e amassados ou bem picados, podem substituir o espinafre para dar cor à massa. Por exemplo, experimente usar beterraba, pimentão vermelho e cenoura.

Macarrão de trigo integral
Substitua metade da farinha branca por farinha integral.

Massa de trigo-sarraceno
Em vez de 450 g de farinha de trigo comum, use 280 g de trigo-sarraceno e 180 g de farinha de trigo comum. Exclua o azeite de oliva.

Figura 19.4. Como trabalhar com massa fresca de ovos.

(a) Ajuste os rolos paralelos da máquina na abertura mais larga. Passe o pedaço de massa entre eles, dobre em três partes e repita até a massa ficar homogênea.

(b) Diminua o espaço entre os rolos (um grau por vez) e passe a massa entre eles até obter a espessura desejada.

(c) Passe a massa aberta pelos cortadores para obter o tamanho e formato desejados.

Macarrões e outras massas secas e frescas 641

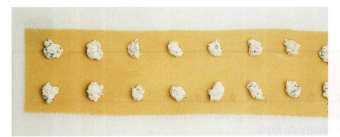

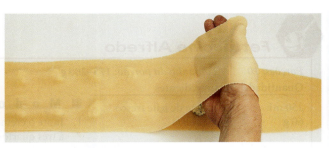

(d) Para fazer raviólis, coloque uma folha fina de massa sobre uma superfície de trabalho. Coloque porções de recheio sobre a massa com uma colher, colher com extrator pequena ou saco de confeiteiro.

(e) Cubra com outra folha de massa.

(f) Pressione a massa ao redor dos montinhos de recheio para grudar bem, eliminando as bolhas de ar que se formarem entre as camadas.

(g) Corte o ravióli usando um molde ou cortador de massa.

 ### Ravióli com recheio de queijo

Porções: 25 Tamanho da porção: 150 g cru ou aproximadamente 200 g cozido

Quantidade	Ingredientes
1,5 kg	Ricota
250 g	Queijo parmesão ralado
5	Gemas
50 g (¾ de xícara de chá)	Salsinha picada
½ colher (chá)	Noz-moscada
a gosto	Sal
a gosto	Pimenta-do--reino branca
2 kg	Massa fresca

Por porção:
Calorias, 410; Proteínas, 21 g; Gorduras, 17 g (38% cal.); Colesterol, 205 mg; Carboidratos, 42 g; Fibras, 1 g; Sódio, 270 mg.

■ **Modo de preparo**

1. Misture a ricota, o parmesão, as gemas, a salsinha e os temperos.
2. Passe a massa entre os rolos até obter uma folha fina.
3. Sobre metade da massa, faça pequenos montinhos com aproximadamente 1 colher (chá) do recheio de queijo, arrumando-os a 4 a 5 cm de distância uns dos outros.
4. Coloque a outra lâmina de massa sobre o recheio e pressione entre os montinhos para a massa grudar bem (ver Figura 19.4). Enquanto isso, tente evitar a formação de bolhas de ar dentro do ravióli. É importante observar que, caso a massa esteja fresca e úmida, as camadas grudarão se forem bem pressionadas. Se a massa estiver seca, umedeça um pouco a camada de baixo entre os montinhos de recheio usando um pincel com água. Não deixe a massa ficar muito molhada.
5. Separe os pedaços de ravióli com um cortador de massa. Verifique cada um para ver se estão bem vedados.
6. O recheio não se mantém por muito tempo, portanto, o ravióli deve ser cozido no mesmo dia em que for feito. Ele pode ser mantido por um tempo curto em assadeiras cobertas com panos secos e limpos; vire-os de tempos em tempos para não grudarem. Outra alternativa é cozinhá-los imediatamente em água fervente com sal e deixá-los parcialmente cozidos. Escorra e enxágue em água fria; escorra e misture com óleo ou manteiga derretida. Espalhe em uma única camada em uma assadeira e leve à geladeira. Assim, ele pode ser reaquecido de acordo com o pedido e salteado brevemente na manteiga ou no óleo, ou mergulhado em água fervente.
7. Sirva com a sua opção de molho, tal como: molho de tomate, molho de carne, molho rosé ou simplesmente manteiga derretida e queijo parmesão.

Fettuccine Alfredo

Porções: 10 Tamanho da porção: 175–200 g

Quantidade	Ingredientes
250 mL	Creme de leite fresco
60 g	Manteiga
700 g	*Fettuccine* fresco
250 mL	Creme de leite fresco
175 g	Queijo parmesão ralado na hora
a gosto	Sal
a gosto	Pimenta-do-reino

Por porção:
Calorias, 500; Proteínas, 17 g;
Gorduras, 32 g (56% cal.); Colesterol, 195 mg;
Carboidratos, 35 g; Fibras, 1 g; Sódio, 430 mg.

■ Modo de preparo

1. Junte o creme de leite e a manteiga em uma frigideira. Deixe ferver, reduza a três quartos e retire do fogo.
2. Coloque o macarrão em água fervente com sal, espere ferver novamente e escorra. O macarrão deve ficar parcialmente cozido, pois depois irá cozinhar mais com o creme de leite.
3. Coloque o macarrão escorrido na frigideira com a redução quente de creme de leite e manteiga. Em fogo baixo, mexa o macarrão com dois garfos até misturar bem com o creme de leite.
4. Adicione o restante do creme de leite e o queijo e misture bem (se o macarrão parecer seco, acrescente um pouco mais de creme de leite).
5. Acrescente sal e pimenta-do-reino a gosto.
6. Coloque no prato e sirva imediatamente. Ofereça mais queijo ralado ao servir.

VARIAÇÕES

Fettuccine com vegetais I (*fettuccine* primavera)

Vegetais frescos e ligeiramente cozidos podem ser adicionados ao *fettuccine* para preparar uma grande variedade de pratos. Na receita básica, use aproximadamente metade da quantidade de creme de leite. Selecione 4 a 6 vegetais frescos, cozinhe-os *al dente*, corte-os em pedaços e formatos pequenos e adicione-os à massa ao misturá-la com o creme de leite. Exemplos de vegetais:

Cogumelo	Vagem
Ervilha	Aspargo
Brócolis	Coração de alcachofra
Pimentão verde ou vermelho	Abobrinha

Pequenas quantidades de presunto em cubos pequenos, *prosciutto* ou bacon também podem ser adicionadas para agregar sabor.

Fettuccine com vegetais II

Prepare como o *Fettuccine* com vegetais I, mas exclua a manteiga e o creme de leite. Misture o *fettuccine* cozido na hora e os vegetais cozidos com azeite de oliva. Coloque queijo parmesão a gosto.

Fettuccine com frutos do mar

Na receita básica, use aproximadamente metade da quantidade de creme de leite e queijo. Prepare como o *Fettuccine* com vegetais I, adicionando somente 1 a 3 tipos de vegetais. Ao mesmo tempo, adicione a quantidade desejada de frutos do mar cozidos, como camarão, vieira, siri ou lagosta. Para um sabor mais encorpado, reduza uma pequena quantidade de fundo de peixe e vinho branco com o creme de leite na primeira etapa.

Fettuccine com gorgonzola

Prepare como na receita básica, mas use creme de leite *light* em vez de creme de leite fresco normal na primeira etapa. Omita a segunda quantidade de creme de leite fresco e, no lugar, adicione 175 g de queijo gorgonzola. Reduza a quantidade de queijo parmesão para 60 g.

Fettuccine com vegetais II

Macarrões e outras massas secas e frescas 643

Spaghettini a puttanesca

Porções: 10 Tamanho da porção: aproximadamente 350 g

Quantidade	Ingredientes
1,6 kg	Tomate, de preferência fresco
60 mL	Azeite de oliva
5	Dentes de alho picados
15	Filés de anchova, picados
30 g (3 colheres de sopa)	Alcaparra escorrida
150 g	Azeitona preta, sem caroço, fatiada
½ colher (chá)	Orégano seco
3 colheres (sopa)	Salsinha picada
30 mL	Azeite de oliva
a gosto	Sal
a gosto	Pimenta-do-reino
900 g	Spaghettini

Modo de preparo

1. Tire a pele e a semente do tomate, corte em cubos e deixe escorrer numa peneira. Se estiver utilizando tomate em lata, escorra e pique grosseiramente.
2. Aqueça o azeite em uma frigideira em fogo médio. Adicione o alho e refogue por 1 minuto.
3. Acrescente os filés de anchova e refogue por alguns segundos.
4. Acrescente o tomate, a alcaparra e a azeitona. Aqueça até ferver. Cozinhe por 2 a 3 minutos.
5. Retire do fogo. Adicione o orégano, a salsinha e a segunda quantidade de azeite. Tempere a gosto com sal e pimenta-do-reino.
6. Cozinhe o *spaghettini* em água fervente com sal, escorra, misture com o molho e sirva imediatamente. Normalmente, não se serve queijo ralado com este prato.

Por porção:
Calorias, 500; Proteínas, 16 g; Gorduras, 13 g (23% cal.); Colesterol, 5 mg; Carboidratos, 80 g; Fibras, 9 g; Sódio, 460 mg.

Linguine com molho branco de mariscos

Porções: 10 Tamanho da porção: aproximadamente 350 g

Quantidade	Ingredientes
4 dúzias	Mariscos médios, como o tipo *cherrystone*
250 mL	Azeite de oliva
4–6	Dentes de alho, fatiados bem fino
½ colher (chá)	Pimenta vermelha em flocos
125 mL	Vinho branco seco (opcional)
2 colheres (chá)	Orégano seco
900 g	Linguine
4 colheres (sopa)	Salsinha picada
a gosto	Pimenta-do-reino

Modo de preparo

1. Abra os mariscos. Escorra e reserve 500 mL de seu suco. Pique grosseiramente.
2. Aqueça o azeite de oliva em uma frigideira grande própria para saltear. Acrescente o alho e deixe dourar ligeiramente. Não deixe dourar demais, senão ficará amargo.
3. Adicione a pimenta vermelha e, com muito cuidado, o vinho (se a frigideira estiver muito quente, você pode esfriá-la um pouco para evitar que espirre quando o líquido for adicionado). Reduza o vinho à metade.
4. Adicione o caldo do marisco reservado e reduza à metade.
5. Junte o orégano.
6. Coloque o *linguine* em água fervente com sal e cozinhe até ficar *al dente*. Escorra e coloque no prato.
7. Enquanto o *linguine* ferve, adicione os mariscos picados e a salsinha ao refogado. Aqueça um pouco até os mariscos ficarem quentes. Não deixe cozinhar demais, senão ficarão duros.
8. Adicione pimenta-do-reino a gosto (como os mariscos são salgados, provavelmente o molho não precisará de sal, mas experimente para ter certeza).
9. Coloque uma colherada de molho sobre o *linguine* e sirva imediatamente.
10. Muitas pessoas preferem este prato sem parmesão, mas deixe-o na mesa para aqueles que desejarem acrescentar.

Por porção:
Calorias, 600; Proteínas, 21 g; Gorduras, 24 g (36% cal.); Colesterol, 25 mg; Carboidratos, 74 g; Fibras, 7 g; Sódio, 40 mg.

Lasanha de ricota

Porções: 24 *Tamanho da porção:* 225 g

Quantidade	Ingredientes
700 g	Ricota
60 g	Queijo parmesão ralado
2	Ovos
a gosto	Sal
a gosto	Pimenta-do-reino
900 g	Massa fresca ou massa de espinafre
3 L	Molho de carne (p. 639)
700 g	Queijo mussarela ralado no ralo grosso
125 g	Queijo parmesão ralado

Por porção:
Calorias, 450; Proteínas, 26 g;
Gorduras, 25 g (50% cal.); Colesterol, 150 mg;
Carboidratos, 29 g; Fibras, 2 g; Sódio, 590 mg.

Modo de preparo

1. Misture a ricota, o parmesão e os ovos. Tempere a gosto com sal e pimenta-do-reino.
2. Corte a massa fresca em pedaços para a lasanha. Cozinhe-os em água fervente com sal, escorra e passe na água fria. Disponha os pedaços, em uma única camada, em uma assadeira untada com óleo.
3. Coloque uma concha de molho de carne em uma cuba gastronômica padrão (20 x 50 cm). Espalhe bem no fundo da assadeira.
4. Coloque uma camada de massa sobre o molho. Em seguida, adicione uma camada da mistura de ricota, uma camada de massa, uma camada de molho e uma camada de mussarela.
5. Continue fazendo as camadas de massa, ricota, molho e mussarela até usar todos os ingredientes. Cubra com queijo parmesão ralado.
6. Asse a 190°C por aproximadamente 45 minutos. Cubra com papel-alumínio para evitar que resseque, retirando-o nos últimos 15 minutos de forno.

VARIAÇÕES

Outros ingredientes podem ser adicionados à lasanha, como almôndega cozida fatiada, linguiça, abobrinha, berinjela etc. É melhor adicionar apenas um ou dois ingredientes para que a lasanha não fique parecendo um monte de sobras. Caso adicione itens de carne à lasanha, use o molho de tomate em vez do molho de carne. A mistura de ricota também pode ser excluída, principalmente se outros itens de proteína forem adicionados ou se a quantidade de mussarela for aumentada.

Pesto (molho de manjericão fresco)

Rendimento: aproximadamente 750 mL
Porções: 12 *Tamanho da porção:* 60 mL

Quantidade	Ingredientes
2 L	Folhas de manjericão fresco
375 mL	Azeite de oliva
60 g	Nozes ou pinhole
6	Dentes de alho
1½ colher (chá)	Sal
150 g	Queijo parmesão ralado
50 g	Queijo *pecorino* romano ralado

Por 30 gramas:
Calorias, 350; Proteínas, 8 g; Gorduras, 35 g (88% cal.);
Colesterol, 15 mg; Carboidratos, 3 g; Fibras, 1 g; Sódio, 550 mg.

Modo de preparo

1. Lave as folhas de manjericão e escorra bem.
2. Coloque o manjericão, o azeite, as nozes, o alho e o sal em um liquidificador ou processador. Bata até formar uma pasta, mas não deixe ficar muito homogêneo. A textura deve ser ligeiramente grossa.
3. Transfira a mistura para uma tigela e incorpore os queijos.
4. Para servir, cozinhe a massa de acordo com o pedido, seguindo o procedimento básico. Antes de a massa ficar pronta, junte um pouco da água quente do cozimento ao *pesto* e mexa, para afiná-lo, se desejar. Misture a massa escorrida com o *pesto* e sirva imediatamente. Ofereça mais queijo ralado à parte.

Ravióli de vegetais em caldo de capim-limão

Porções: 12 Tamanho da porção: 125 g (peso antes do cozimento)

Quantidade	Ingredientes
500 g	Acelga
6	Cebolinhas
175 g	Ervilha-torta
125 g	Cenoura
125 g	Cogumelo limpo
60 mL	Óleo vegetal
30 mL	Molho de soja
1 colher (chá)	Óleo de gergelim
2 colheres (sopa)	Coentro picado
a gosto	Sal
750 g	Massa fresca
conforme necessário	Água ou ovo batido
4 talos	Capim-limão
30 g	Gengibre fatiado
4	Cebolinha fatiada
1 L	Água
a gosto	Sal
conforme necessário	Folhas de coentro para guarnecer

Por porção:
Calorias, 250; Proteínas, 9 g; Gorduras, 9 g (33% cal.); Colesterol, 90 mg; Carboidratos, 32 g; Fibras, 3 g; Sódio, 190 mg.

Modo de preparo

1. Corte a acelga em tiras finas.
2. Limpe e fatie a cebolinha.
3. Limpe a ervilha-torta e corte-a na diagonal em *julienne* fina.
4. Limpe, descasque e rale a cenoura.
5. Pique os cogumelos grosseiramente.
6. Aqueça o óleo em uma frigideira grande para saltear. Acrescente os vegetais e refogue até murcharem.
7. Acrescente o molho de soja. Abaixe o fogo para médio e continue cozinhando até os vegetais ficarem macios e o líquido evaporar.
8. Retire do fogo e deixe esfriar. Adicione o óleo de gergelim e o coentro. Acerte o tempero com sal.
9. Passe a massa entre os rolos até obter folhas finas. Estenda metade das folhas em uma superfície de trabalho.
10. Coloque montinhos da mistura de vegetais sobre a massa, a aproximadamente 8 a 10 cm de distância uns dos outros, usando aproximadamente 15 g do refogado em cada. Essa quantidade rende em torno de 60 raviólis, ou 5 por porção.
11. Pincele a massa exposta com água ou ovo batido. Cubra com o restante da massa. Pressione as camadas para que grudem e, ao mesmo tempo, aperte ao redor dos montinhos, eliminando as bolhas de ar. Corte os raviólis redondos ou quadrados.
12. Limpe e descarte a ponta verde dos talos de capim-limão. Amasse as bases e pique grosseiramente.
13. Coloque o capim-limão, o gengibre, a cebolinha e a água em uma panela funda. Cozinhe em fogo brando por 10 a 15 minutos, até a água ficar ligeiramente saborizada. Coe e tempere a gosto com sal.
14. Coloque o ravióli em água fervente com sal. Reduza o fogo e cozinhe por aproximadamente 3 minutos, até a massa ficar cozida.
15. Retire o ravióli com uma escumadeira e escorra bem.
16. Arrume a massa em pratos de sopa grandes e despeje o caldo de capim-limão por cima. Guarneça com algumas folhas de coentro.

Rigatoni ou *penne* com linguiça e mariscos

Porções: 8 Tamanho da porção: aproximadamente 300 g de massa e molho, mais 3 mariscos

Quantidade	Ingredientes
30 mL	Azeite de oliva
250 g	Linguiça italiana cortada em rodelas de 1 cm
125 g	Cebola picada
125 g	Pimentão verde em cubos
125 g	Pimentão vermelho em cubos
180 g	Tomate, sem pele e sem semente, picado
1 pitada	Açafrão espanhol
a gosto	Pimenta vermelha em flocos
500 g	*Rigatoni* ou *penne*
24	Marisco miúdo do tipo *littleneck*, bem escovado
a gosto	Sal
a gosto	Pimenta-do-reino
8 colheres (chá)	Salsinha picada

Por porção:
Calorias, 340; Proteínas, 18 g; Gorduras, 9 g (24% cal.); Colesterol, 30 mg; Carboidratos, 47 g; Fibras, 6 g; Sódio, 170 mg.

■ **M o d o   d e   p r e p a r o**

1. Aqueça o azeite em uma frigideira. Adicione a linguiça e refogue até que esteja cozida. Retire da panela com uma escumadeira.
2. Junte a cebola e o pimentão em cubos à gordura da frigideira. Refogue rapidamente até começarem a amaciar.
3. Acrescente o tomate, o açafrão e a pimenta vermelha. Cozinhe em fogo baixo por 5 minutos.
4. Enquanto isso, adicione o *penne* ou *rigatoni* à água fervente com sal e cozinhe até ficar *al dente*.
5. Quando a massa estiver quase *al dente*, coloque a linguiça de volta na frigideira. Aqueça em fogo médio-alto. Acrescente os mariscos e tampe a frigideira. Cozinhe até que os mariscos se abram. Não deixe cozinhar demais, senão ficarão duros. Tempere com sal e pimenta-do-reino.
6. Escorra a massa e transfira-a imediatamente para os pratos onde será servida.
7. Cubra com os itens da frigideira, dividindo os mariscos, a linguiça e os vegetais uniformemente entre as porções.
8. Salpique com a salsinha picada. Sirva imediatamente.

V A R I A Ç Õ E S

Os mariscos podem ser substituídos por mexilhões. Ajuste a quantidade como desejar. Se não houver mariscos nem mexilhões à disposição, o prato pode ser feito com camarão, embora o sabor e a aparência fiquem um pouco diferentes.

Rigatoni ou *penne* com linguiça, pimenta e tomate
Exclua os frutos do mar da receita e dobre a quantidade de linguiça.

Macaroni and cheese (macarrão assado com molho de queijo)

Porções: 15 Tamanho da porção: 175 g

Quantidade	Ingredientes
450 g	Macarrão *cornetti* (*elbow*)
1 L	Molho *béchamel* médio, quente (p. 171)
1 colher (chá)	Mostarda em pó
algumas gotas	Tabasco
450 g	Queijo *cheddar* ralado
	Guarnição:
conforme necessário	Farinha de rosca grossa
conforme necessário	Páprica

■ **M o d o   d e   p r e p a r o**

1. Cozinhe o macarrão de acordo com o método básico. Escorra e enxágue em água fria.
2. Junte a mostarda em pó e o tabasco ao molho branco.
3. Misture o macarrão com o queijo. Acrescente o *béchamel* e mexa bem.
4. Despeje em uma assadeira média untada com manteiga. Polvilhe com a farinha de rosca e a páprica.
5. Asse a 175ºC até borbulhar, aproximadamente 30 minutos.

Por porção:
Calorias, 330; Proteínas, 14 g; Gorduras, 17 g (46% cal.); Colesterol, 50 mg; Carboidratos, 31 g; Fibras, 1 g; Sódio, 290 mg.

Observação: pode-se utilizar molho de queijo *cheddar* em vez de *béchamel*. Nesse caso, reduza o *cheddar* ralado para 100 g ou exclua-o.

Fettuccine com *chiles* e frango grelhado

Porções: 8 Tamanho da porção: aproximadamente 360 g

Quantidade	Ingredientes
450 g	Peito de frango sem pele e sem osso
a gosto	Pó para *chili*
a gosto	Sal
conforme necessário	Azeite de oliva ou óleo de milho
120 mL	Creme de leite azedo
30 mL	Suco de limão
360 g	Tomate, sem pele e sem semente, picado
1 colher (chá)	Alho picado
60 mL	Azeite de oliva ou óleo de milho
120 g	Pimentas-verdes frescas suaves (ver Observação), assadas, sem pele (p. 530) e cortadas em tirinhas
a gosto	Sal
300–360 g	*Fettuccine* fresco (ver Observação)
240 g	Queijo *Monterey Jack* ralado
180 g	Abacate em fatias

Por porção:
Calorias, 440; Proteínas, 24 g; Gorduras, 27 g (55% cal.); Colesterol, 65 mg; Carboidratos, 25 g; Fibras, 3 g; Sódio, 260 mg.

Observação: a pimenta-verde fresca pode ser substituída por pimentão verde.
Para dar mais personalidade ao prato, prepare uma massa fresca com ovos de acordo com a receita da página 640 acrescentando 75 mL de pó para *chili* para cada 450 g de farinha.

Modo de preparo

1. Tempere ligeiramente o peito de frango com pó para *chili* e sal. Besunte com azeite ou óleo. Deixe marinar na geladeira até o momento de cozinhar.
2. Misture o creme de leite azedo e o suco de limão. Mantenha na geladeira até o momento de servir.
3. Aqueça ligeiramente o tomate e o alho no azeite ou óleo. Adicione a pimenta fresca. Tempere com sal a gosto.
4. Grelhe o frango.
5. Cozinhe a massa em água fervente. Escorra e junte imediatamente ao refogado de tomate.
6. Acrescente o queijo e misture ligeiramente. Verifique o tempero e adicione mais sal, se necessário. Despeje em tigelas ou pratos.
7. Fatie o frango grelhado. Arrume as fatias de frango e abacate sobre a massa.
8. Regue com a mistura de creme de leite azedo. Sirva em seguida.

VARIAÇÃO

Para servir como prato principal, aumente a quantidade de frango como quiser.

Pizzoccheri

Porções: 12
Tamanho da porção: 240 g

Quantidade	Ingredientes
700 g	Massa de trigo-sarraceno (p. 640)
120 g	Manteiga
60 g	Alho amassado
450 g	Batata cerosa pequena em rodelas de 0,5 cm
900 g	Acelga suíça, apenas as hastes, cortadas em pedaços de 5 cm
240 g	Queijo *taleggio*, cortado em pedaços pequenos
120 g	Queijo parmesão ralado

Por porção:
Calorias, 380; Proteínas, 18 g; Gorduras, 18 g (42% cal.); Colesterol, 135 mg; Carboidratos, 38 g; Fibras, 4 g; Sódio, 610 mg.

Modo de preparo

1. Prepare a massa: abra a massa de trigo-sarraceno em lâminas um pouco mais grossas do que para *fettuccine*. Corte em tiras de 2,5 cm de largura e, em seguida, corte as tiras, na diagonal, em pedaços de aproximadamente 8 cm de comprimento.
2. Prepare a manteiga de alho: aqueça a manteiga em uma panela pequena e adicione o alho. Cozinhe até o alho dourar, em seguida, coe a manteiga e descarte o alho.
3. Coloque a batata e a acelga em uma caçarola grande com água fervente com sal. Cozinhe em fogo brando até a batata ficar macia.
4. Quando a batata estiver cozida, coloque o macarrão na água, junto com a batata e a acelga. Cozinhe até a massa ficar *al dente*. Escorra em seguida no escorredor de macarrão.
5. Transfira para uma travessa grande ou várias travessas pequenas para gratinar untadas com manteiga.
6. Despeje a manteiga de alho por cima e misture delicadamente para cobrir bem o macarrão, a batata e a acelga.
7. Acrescente os queijos *taleggio* e parmesão e misture ligeiramente.
8. Asse a 200°C até borbulhar e até que a superfície doure ligeiramente (aproximadamente 10 minutos).

Pizzoccheri

Maltagliate de trigo integral com *porcini* e ervilha fresca

Porções: 8 Tamanho da porção: 240 g

Quantidade	Ingredientes
700 g	Macarrão de trigo integral (p. 640)
60 g	Cogumelo *porcini* seco
180 mL	Azeite de oliva
1 colher (sopa)	Alho bem picado
4 colheres (sopa)	Salsinha fresca picada
450 g	Ervilha fresca ou congelada
60 g	Manteiga
a gosto	Pimenta-do-reino
120 g	Queijo parmesão ralado

Por porção:
Calorias, 600; Proteínas, 23 g; Gorduras, 36 g (53% cal.); Colesterol, 160 mg; Carboidratos, 50 g; Fibras, 7 g; Sódio, 360 mg.

■ Modo de preparo

1. Prepare a massa: abra em lâminas como para o *fettuccine*. Usando uma faca, corte a massa em triângulos de aproximadamente 8 cm de lado.
2. Coloque o cogumelo seco em uma tigela e cubra com água quente. Deixe descansar por 30 minutos.
3. Retire o cogumelo da água, espremendo bem e reservando a água na tigela.
4. Corte o cogumelo em pedaços de 1 cm.
5. Coe o líquido reservado em um filtro de papel para descartar a terra e outros resíduos.
6. Aqueça o azeite em uma frigideira. Acrescente o alho. Cozinhe até o alho ficar macio.
7. Adicione o cogumelo. Mexa para misturar com o azeite.
8. Acrescente o líquido do cogumelo, a salsinha e a ervilha. Cozinhe em fogo brando até todo o líquido evaporar.
9. Em uma outra caçarola, cozinhe a massa em água salgada fervente até ficar *al dente*.
10. Escorra e acrescente imediatamente ao refogado de ervilha.
11. Adicione a manteiga e a pimenta. Mexa para misturar bem o macarrão com o azeite e a manteiga.
12. Acrescente o queijo ralado e mexa.
13. Sirva imediatamente.

Maltagliate de trigo integral com *porcini* e ervilha fresca

Macarrão de arroz de Cingapura

Rendimento: 2 L
Porções: 10   Tamanho da porção: 225 g
Quantidade   Ingredientes

Quantidade	Ingredientes
30 g	Cogumelo *shiitake* seco
1 colher (sopa)	Molho de soja
120 mL	Água ou fundo de frango
75 mL	*Curry* estilo *madras** em pó
450 g	Macarrão fino de arroz
1 colher (sopa)	Óleo vegetal
3	Ovos, batidos
60 mL	Óleo vegetal
4	Cebolinhas, cortadas na diagonal em fatias finas
1 colher (sopa)	Alho bem picado
1 colher (sopa)	Gengibre fresco bem picado
1 colher (chá)	Sal
225 g	Camarão pequeno limpo
225 g	Broto de feijão
110 g	Pimentão vermelho cortado em *julienne*
110 g	Carne cozida de porco ou frango, cortada em *julienne*

Por porção:
Calorias, 320; Proteínas, 13 g; Gorduras, 10 g (28% cal.); Colesterol, 115 mg; Carboidratos, 45 g; Fibras, 3 g; Sódio, 500 mg.

■ Modo de preparo

1. Deixe o cogumelo de molho em água morna até ficar macio.
2. Retire o cogumelo da água e esprema bem. Corte e descarte os cabos.
3. Corte os chapéus em *julienne*.
4. Misture o molho de soja, a água ou fundo e o *curry* em pó.
5. Deixe o macarrão de molho em água morna, até ficar macio, aproximadamente 20 minutos. Escorra.
6. Aqueça o óleo em uma frigideira grande ou *wok*. Adicione o ovo e gire a panela no ar para cobrir o fundo da frigideira com uma fina camada.
7. Assim que o ovo estiver firme, retire da frigideira e coloque em uma tábua de cortar. Corte-o em tiras finas.
8. Aqueça o restante do óleo na mesma frigideira ou *wok* até ficar bem quente.
9. Acrescente a cebolinha, o alho, o gengibre e o sal. Refogue por 1 minuto.
10. Acrescente o camarão e refogue até ficar parcialmente cozido.
11. Adicione o broto de feijão, o pimentão, o cogumelo e a carne. Continue refogando até que o broto de feijão e o pimentão estejam cozidos, mas ainda ligeiramente crocantes.
12. Adicione o macarrão e continue refogando até os itens ficarem bem misturados e quentes.
13. Acrescente a mistura de *curry*. Mexa rapidamente para distribuí-la de maneira uniforme. Continue refogando até o líquido ser absorvido.
14. Coloque as fatias de omelete de volta na panela e mexa.
15. Sirva imediatamente.

*N.R.: Versão mais picante do *curry*, típica do sul da Índia. Se não encontrar, use *curry* comum e acrescente pimenta-caiena a gosto.

Macarrão de Cingapura

A cidade-nação de Cingapura localiza-se no topo da Península da Malásia, que se projeta sobre o Oceano Índico. Situada entre a Índia e a China, Cingapura tem sido uma importante parada de rotas comerciais entre o leste e o oeste. Portanto, não é de surpreender que sua culinária exiba as influências de várias regiões, como o *curry* da Índia e o macarrão de arroz do sul da China.

Esta é uma história interessante, porém, não há muitas evidências de que o prato chamado Macarrão de arroz de Cingapura, ou Macarrão de Cingapura, tenha sido inventado em Cingapura. É provável que tenha sido inventado nos restaurantes chineses da Europa nos anos 1970 e, rapidamente, tenha se tornado popular pelo mundo. Hoje, é um dos pratos mais populares nos restaurantes chineses, de Hong Kong a Londres.

Utilize uma marca boa de *curry madras* para criar o verdadeiro sabor deste prato.

Macarrão de arroz de Cingapura

OUTRAS MASSAS FRESCAS

Outras massas frescas, como o *gnocchi*, os **dumplings** e o *spätzle*, são produtos de amido feitos com massa fermentada macia ou massa mole, preparados com cozimento lento ou no vapor. São servidos como acompanhamento em sopas e ensopados. Muitas cozinhas nacionais possuem sua versão própria (para conhecer a massa fresca chinesa recheada, ou *Wontons*, ver p. 328).

Dumplings de batata

Porções: 10 *Tamanho da porção: 150 g*

Quantidade	Ingredientes
1,1 kg	Batata cozida inteira, sem casca, fria
350 g	Farinha
2 colheres (chá)	Sal
2	Ovos
125 g	Manteiga
125 g	Farinha de rosca

Modo de preparo

1. Rale a batata em uma tigela.
2. Adicione a farinha e o sal e mexa ligeiramente, só até misturar.
3. Adicione os ovos e misture bem até obter uma massa bem firme. Coloque mais farinha, se necessário.
4. Divida a massa em 20 porções iguais. Enrole cada uma formando uma bola. Leve à geladeira por 1 hora. Os *dumplings* podem ser feitos com antecedência até este ponto.
5. Leve a manteiga ao fogo em uma frigideira e acrescente a farinha de rosca. Salteie por alguns minutos, até ficar dourada. Reserve.
6. Cozinhe os bolinhos em uma caçarola com água fervente e sal. Mexa para que subam para a superfície e não grudem no fundo da panela. Cozinhe em fogo brando por 10 minutos.
7. Retire da água com uma escumadeira e coloque em uma única camada em uma cuba gastronômica (ou travessa para servir).
8. Cubra com a farinha de rosca dourada na manteiga. Sirva 2 unidades por pedido (os *dumplings* também podem ser servidos com manteiga derretida ou com o caldo do cozimento de carnes).

VARIAÇÕES

Um ou mais dos itens a seguir podem ser adicionados à massa: ¼ xícara de salsinha picada; 125 g de bacon crocante em cubos; 60 g de cebola bem picada e salteada na manteiga ou gordura de bacon.

Por porção:
Calorias, 360; Proteínas, 8 g; Gorduras, 11 g (28% cal.); Colesterol, 65 mg; Carboidratos, 57 g; Fibras, 3 g; Sódio, 680 mg.

Spätzle

Porções: 15 *Tamanho da porção: 125 g*

Quantidade	Ingredientes
6	Ovos
375 mL	Leite ou água
1 colher (chá)	Sal
⅛ de colher (chá)	Noz-moscada
⅛ de colher (chá)	Pimenta-do-reino branca
450 g ou mais conforme necessário	Farinha
	Manteiga, para servir

Modo de preparo

1. Bata os ovos em uma tigela e adicione o leite ou a água, o sal, a noz-moscada e a pimenta.
2. Adicione a farinha e bata até obter uma massa lisa. A massa deve ficar espessa. Se ela ficar muito líquida, coloque mais farinha.
3. Deixe a massa descansar por 1 hora antes de cozinhá-la para que o glúten relaxe.
4. Coloque um escorredor de macarrão ou uma panela perfurada (ou máquina de *spätzle*, se disponível) sobre uma caçarola grande com água fervente e sal. O escorredor deve ficar alto o bastante para que o vapor não cozinhe a massa.
5. Coloque a massa no escorredor e force-a, aos poucos, através dos orifícios usando uma colher.
6. Quando o *spätzle* subir para a superfície, deixe-o cozinhar lentamente por mais 1 a 2 minutos, e então retire da panela com uma escumadeira. Resfrie rapidamente em água fria e escorra bem.
7. Tampe e conserve em geladeira até servir.
8. Salteie as porções na manteiga, de acordo com o pedido, até ficarem quentes. Sirva imediatamente.

Por porção:
Calorias, 260; Proteínas, 7 g; Gorduras, 15 g (52% cal.); Colesterol, 120 mg; Carboidratos, 24 g; Fibras, 1 g; Sódio, 310 mg.

Gnocchi de batata com molho de tomate

Porções: 16　　*Tamanho da porção:* 140 g

Quantidade	Ingredientes
2 kg	Batata
500 g	Farinha
1,5 L	Molho de tomate para massas (p. 639)
350 mL	Queijo parmesão ralado

Por porção:
Calorias, 380; Proteínas, 10 g; Gorduras, 17 g (40% cal.); Colesterol, 5 mg; Carboidratos, 47 g; Fibras, 4 g; Sódio, 680 mg.

■ **Modo de preparo**

1. Lave a batata com a casca. Cozinhe em água fervente até ficar macia.
2. Descasque enquanto ainda está quente e passe por um espremedor de batata.
3. Adicione aproximadamente três quartos da farinha à batata e sove até obter uma mistura homogênea e grudenta. Continue colocando mais farinha até formar uma massa macia e homogênea. Ela ainda deve estar um pouco grudenta. Pode não ser necessário usar toda a farinha.
4. Divida a massa em partes menores. Enrole cada uma em forma de um cordão de aproximadamente 1,5 cm de espessura. Corte em pedaços de aproximadamente 2 cm de comprimento.
5. Para obter o formato tradicional de *gnocchi*, pegue um pedaço de massa e pressione com a ponta do dedo contra os dentes de um garfo, fazendo um movimento para frente, no sentido dos dentes. Em seguida vire o pedaço com o dedo e deixe cair sobre a superfície de trabalho. Isso fará com que ele fique com ranhuras de um lado e ligeiramente côncavo do outro.
6. Cozinhe os *gnocchi* em uma grande quantidade de água fervente com sal. Quando subirem para a superfície, deixe ferver por mais 10 a 15 segundos e retire-os da água com uma escumadeira ou colher perfurada.
7. Coloque os *gnocchi* no prato. Cubra cada porção com 60 mL de molho de tomate e 1 colher de sopa de queijo parmesão ralado.

V A R I A Ç Õ E S

Os *gnocchi* podem ser servidos com outros molhos, como o *pesto*, ou simplesmente com manteiga derretida e queijo ralado.

Macarrões e outras massas secas e frescas **653**

■ TERMOS PARA REVISÃO

leguminosa
haricot
lentilha
dal
endosperma
farelo
germe
arroz branco comum
arroz enriquecido
arroz de grão curto
arroz de grão médio
arroz de grão longo
arroz parboilizado
arroz instantâneo
arroz integral
arroz arbóreo
arroz *basmati*
arroz-de-jasmim

arroz-vermelho
arroz-selvagem pecã
arroz glutinoso
milho
fubá
polenta
canjica
grits
pozole
milho-azul
germe de trigo
farelo de trigo
trigo partido
trigo em grão
triguilho
trigo verde
cuscuz marroquino
arroz-selvagem

trigo-espelta
kamut
trigo-sarraceno
kasha
cevada
aveia
aveia em flocos
aveia instantânea
milheto
quinoa
triticale
amaranto
pasta
macarrão seco
macarrão
semolina
massa seca feita com ovos
macarrão chinês

macarrão cantonês
udon
somen
soba
chasoba
chukasoba
macarrão de arroz
vermicelli de arroz
bifum
macarrão de feijão
macarrão celofane
al dente
dumpling

■ QUESTÕES PARA DISCUSSÃO

1. Descreva como pré-preparar feijões, lentilhas e ervilhas secos para cozinhar.

2. Qual é a principal diferença entre cozinhar feijão seco e lentilha seca?

3. Descreva os três métodos básicos para cozinhar grãos.

4. O arroz deve ser lavado antes do cozimento? Sempre, às vezes ou nunca? Discuta.

5. O arroz-selvagem e o arroz de grão longo podem ser cozidos juntos para reduzir o custo da porção de arroz-selvagem? Explique.

6. Quais fatores determinam a quantidade de água necessária para cozinhar arroz?

7. Descreva duas maneiras de preparar ou cozinhar o macarrão de arroz.

8. Descreva o procedimento para preparar ravióli de queijo, começando pelo preparo da massa fresca.

CAPÍTULO 20

CAPÍTULO 20

Preparo de receitas vegetarianas

Clientes vegetarianos constituem um segmento importante que está crescendo entre os frequentadores de restaurantes. Nos Estados Unidos, por exemplo, estima-se que cerca de 15 milhões de pessoas se consideram vegetarianas. Os jovens, em especial, adotam muitas formas de vegetarianismo. Nos refeitórios das universidades, a proporção de comensais que escolhem opções vegetarianas chega a ser de 40%. Obviamente, o setor de serviços alimentícios não pode ignorar esse segmento.

É importante que os cozinheiros e *chefs* que queiram agradar seus clientes conheçam um pouco das necessidades dos clientes vegetarianos. Além dos benefícios financeiros de servir refeições que agradam a um grande número de pessoas, os *chefs* acreditam que haja outros benefícios também. Os vegetarianos, em geral, são mais conhecedores e entusiasmados a respeito de suas escolhas porque se preocupam mais com este assunto. *Chefs* talentosos dizem que abraçar o desafio de cozinhar para clientes bem informados é um dos aspectos mais satisfatórios de seu trabalho e que os menus vegetarianos lhes dão novas oportunidades para a criatividade.

Além das pessoas que têm um forte compromisso com o vegetarianismo, outras comem carne em certas ocasiões, mas escolhem pratos vegetarianos simplesmente porque as opções são muito atraentes em determinados restaurantes. Os *chefs* que criam opções satisfatórias e inovadoras para vegetarianos afirmam que criar um bom menu de opções vegetarianas é uma das melhores oportunidades de desafio profissional.

INTRODUÇÃO ÀS DIETAS VEGETARIANAS

Preparar alimentos para qualquer pessoa que siga uma dieta restrita exige compreensão da natureza e das limitações da dieta. Dietas vegetarianas apresentam desafios porque existem vários tipos de vegetarianismo.

TIPOS DE VEGETARIANISMO

Dieta vegetariana é aquela que consiste completa ou principalmente em alimentos derivados de plantas. Os vegetarianos declarados se enquadram em uma das categorias relacionadas abaixo.

O **veganismo** é a forma mais restritiva de vegetarianismo. Os veganos comem apenas produtos derivados de plantas. Todos os produtos de origem animal, inclusive laticínios e ovos, ficam fora da dieta. Até alimentos que parecem inócuos não são consumidos por veganos mais restritivos. Exemplos de tais alimentos incluem o mel, porque ele vem das abelhas, e o açúcar da cana, porque pode ter sido refinado com o uso de produtos animais (veja mais a respeito deste assunto na p. 661). Ao preparar um cardápio vegetariano, o *chef* deve ter em mente que um cardápio apropriado para uma dieta vegana tem maior apelo porque pode ser consumido por todas as categorias de vegetarianos.

Lactovegetarianos comem laticínios além de produtos vegetais, mas não comem outros produtos de origem animal.

Ovovegetarianos comem ovos, além de produtos de origem vegetais.

Ovolactovegetarianos comem laticínios e ovos, bem como produtos de origem vegetal.

Pescovegetarianos comem peixes e produtos de origem vegetal, mas não comem carnes nem aves. Podem ou não comer produtos derivados do leite e ovos.

O vegetarianismo pode ser baseado em firmes crenças éticas ou morais ou em preocupações com a saúde. Naturalmente, o *chef* que se importa com seus clientes está pronto para respeitar essas crenças e preocupações. Os vegetarianos podem ter escolhido sua dieta devido a crenças éticas ou religiosas profundamente arraigadas e estão muito dispostos a segui-la com rigor.

Além disso, muitas pessoas escolhem o vegetarianismo por razões de saúde. As dietas vegetarianas costumam ter baixo teor de gorduras e colesterol e, além disso, são livres dos hormônios e drogas usados na criação de animais. Preocupações com o meio ambiente também levam algumas pessoas a serem adeptas do vegetarianismo. A produção de alimentos provenientes de plantas requer menos recursos naturais do que a criação de animais para corte. Fatores econômicos representam também outra consideração importante, já que vegetais e grãos são, em média, muito menos dispendiosos do que a carne vermelha, as aves e os peixes e frutos do mar. Por fim, algumas pessoas são vegetarianos ocasionais, simplesmente porque apreciam os pratos.

CONSIDERAÇÕES NUTRICIONAIS

Como os vegetarianos eliminam categorias de alimentos importantes de sua dieta, quaisquer nutrientes obtidos de produtos derivados de animais não podem ser utilizados e precisam ser obtidos de outros ingredientes. Veja a Pirâmide Alimentar da página 123. Observe que apesar dos laticínios, carnes, peixes e ovos não fazerem parte das porções maiores da pirâmide, eles formam uma parte importante. Quando esses alimentos são eliminados da dieta, a pirâmide precisa ser reconstruída, como na Figura 20.1, para garantir uma nutrição adequada.

Proteínas

O tópico sobre proteínas completas e complementares foi introduzido no Capítulo 6 (ver p. 121). Como este assunto é muito importante para dietas vegetarianas, será discutido novamente aqui, com mais detalhes.

A maior preocupação nutricional de uma dieta vegetariana é ingerir uma quantidade suficiente de proteínas. Laticínios, ovos e peixes suprem quantidades suficientes de proteínas de boa qualidade, mas os veganos precisam planejar sua dieta com cuidado para obter a quantidade adequada de proteínas de outros alimentos. Alguns produtos vegetais, como os

---

Após ler este capítulo, você deverá ser capaz de:

1. Descrever os tipos principais de dietas vegetarianas.
2. Descrever o que são proteínas complementares e como incluí-las na dieta.
3. Enumerar três nutrientes diferentes advindos de proteínas que os não vegetarianos obtêm principalmente de produtos animais e descrever como os vegetarianos podem incluir esses nutrientes em sua dieta.
4. Nomear e descrever cinco tipos de alimentos derivados da soja.
5. Explicar por que o açúcar refinado não é permitido em uma dieta vegetariana estrita.
6. Enumerar cinco diretrizes para construir um menu vegetariano.

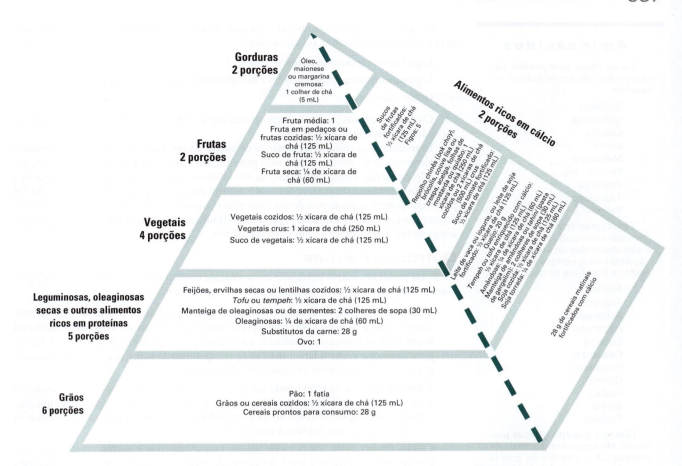

Figura 20.1
Pirâmide alimentar vegetariana.
Reproduzida do *Journal of the American Dietetic Program*, Volume 103, Messina, Virginia; Melina, Vesanto e Mangels, Ann Reed. "A new food guide for North American vegetarians", páginas 771–775, Copyright 2003, com a permissão da American Dietetic Association.

grãos, as oleaginosas secas e as leguminosas contêm proteínas. Observe que, na Pirâmide Alimentar padrão da página 123, as leguminosas e as oleaginosas secas estão incluídas no grupo das carnes. No entanto, com a exceção importante da soja e dos produtos derivados da soja, como o *tofu*, a maior parte desses alimentos que contêm proteínas não são adequados para a absorção humana *quando ingeridos em separado*.

As proteínas consistem em longas cadeias de componentes menores chamados **aminoácidos**. Existem, no total, 20 aminoácidos que, agrupados em diversas combinações, produzem mais de 100.000 proteínas no corpo humano. Onze desses aminoácidos podem ser produzidos no corpo, portanto, não é necessário incluí-los na dieta. Os outros nove precisam ser incluídos, para que o corpo produza todas as proteínas de que precisa; são os chamados **aminoácidos essenciais**. Uma proteína alimentar que contenha os nove aminoácidos essenciais é chamada de **proteína completa**. As proteínas encontradas em carnes, aves, frutos do mar, leite e derivados e ovos são proteínas completas.

Alguns alimentos vegetais, especialmente leguminosas secas, grãos, oleaginosas secas e sementes, contêm **proteínas incompletas**. Isso significa que um ou mais aminoácidos essenciais estão faltando ou não estão presentes em concentração suficiente. Soja, quinoa e amaranto são incomuns entre os grãos e as leguminosas porque contêm proteínas completas.

A chave para ingerir uma quantidade suficiente de proteínas em uma dieta só de produtos vegetais é ingerir, durante cada dia, uma porção equilibrada desses alimentos, para que os aminoácidos que estiverem faltando em alguns sejam supridos por outros alimentos que os contêm. Estas proteínas são chamadas **proteínas complementares.** Por exemplo, o feijão é rico em aminoácidos isoleucina e lisina, mas pobre em outros. O milheto é pobre em lisina, mas rico em aminoácidos inexistentes no feijão. Portanto, se o feijão e o milheto forem consumidos durante o dia, todos os aminoácidos essenciais estarão incluídos na dieta.*

*N.R.: O arroz e o feijão são proteínas complementares – quando ingeridos juntos, têm os mesmos aminoácidos de uma proteína completa.

Como incluir proteínas complementares na dieta

Ao contrário do que você possa pensar depois de ler a discussão anterior, não é preciso ser um bioquímico para preparar cardápios vegetarianos. Um conhecimento básico de quais alimentos podem ser combinados para suprir as proteínas completas é o primeiro passo para se iniciar e poderá levá-lo longe.

Aminoácidos

Estes nove compostos são chamados de aminoácidos essenciais:

Histidina
Isoleucina
Leucina
Lisina
Metionina
Fenilalanina
Treonina
Triptofano
Valina

Estes onze aminoácidos podem ser produzidos pelo corpo e são chamados de aminoácidos não essenciais, portanto não é necessário incluí-los na dieta:

Alanina
Arginina
Asparagina
Aspartato
Cisteína
Glutamato
Glutamina
Glicina
Prolina
Serina
Tirosina

Quando o corpo produz proteínas, ele agrupa uma cadeia de aminoácidos usando os que já possui, como uma fábrica montando um aparelho com peças. Se sente que uma das peças – no caso, aminoácidos – está ausente, coloca de lado a proteína parcial que já montou e manda as peças de volta para o armazém de suprimentos – a corrente sanguínea.

Isso significa que, se um aminoácido está em falta, ele limita a utilidade até daqueles que existem em abundância. Um aminoácido em falta, que limita a utilidade dos outros, é chamado de **aminoácido limitante**.

Os pares de categorias alimentares a seguir são as proteínas complementares mais úteis para o planejamento de dietas vegetarianas:

Leguminosas secas com grãos

Leguminosas secas com sementes e oleaginosas secas

Grãos e laticínios

Os dois primeiros pares são importantes em dietas veganas. O terceiro par pode ser incluído nas dietas lactovegetarianas.

Examinando as culturas e culinárias de outros países, vemos que esses agrupamentos complementares de proteínas têm sido parte da dieta básica de pessoas com suprimento limitado de carnes. Pense, por exemplo, nos feijões e *tortillas* de milho (leguminosa seca com grãos) do México e no arroz com *dal* (também grão com leguminosa seca) da Índia. Os povos que sempre dependeram desses alimentos encontraram maneiras saborosas e variadas de prepará-los. Estudar culinárias vegetarianas tradicionais é uma maneira útil de aprender como incluir esses elementos em novos cardápios.

Outros nutrientes

Além das proteínas, outros nutrientes normalmente encontrados em produtos animais precisam ser supridos de outra maneira em dietas vegetarianas.

Vitamina B_{12}. Esta vitamina é encontrada somente em alimentos de origem animal, como o leite e os ovos. Os veganos precisam obtê-la de cereais fortalecidos com esta vitamina, como os cereais matinais, ou então ingerir suplementos vitamínicos. Os vegetarianos que comem laticínios e ovos em quantidade suficiente geralmente conseguem obter a quantidade necessária de vitamina B_{12}.

Vitamina D. Esta vitamina pode ser encontrada no leite fortificado com vitamina D e é produzida na pele sob exposição solar. Um vegano ou outro vegetariano que não consegue exposição adequada ao sol pode obter este nutriente de cereais acrescidos de vitaminas ou algumas bebidas à base de soja.

Cálcio. Os laticínios são ricos em cálcio, mas os veganos e outros vegetarianos que não consomem laticínios precisam conseguir o cálcio de outras fontes, entre as quais, vegetais de folhas verdes e leguminosas secas. Suplementos de cálcio ou bebidas fortificadas com cálcio podem ser necessários em dietas de veganos.

MENUS PARA DIETAS VEGETARIANAS

Para um carnívoro, a ideia de uma dieta vegetariana pode parecer monótona ou entediante, mas isso está longe de ser verdade. Uma dieta típica baseada em carnes apresenta, quase sempre, poucos tipos de carnes – de boi, de porco, de frango e, de vez em quando, peixe – repetidas vezes, acompanhada pelos mesmos vegetais preparados de forma simples e batatas ou outros amidos. Em comparação, uma dieta na qual os vegetais são o foco, e não o acompanhamento rotineiro, pode apresentar dezenas de vegetais, uma grande variedade de grãos e leguminosas, pelo menos alguns produtos vegetarianos ou derivados do leite e, possivelmente, ovos para completar a seleção.

Menus vegetarianos atrativos podem ser vistos em muitos restaurantes finos que apresentam menus-degustação (ver p. 90). Em restaurantes desse tipo, o cardápio do jantar de cada noite pode oferecer um menu vegetariano com vários pratos, além das opções de carnes e frutos do mar. É prática comum entre pares de comensais, mesmo que não sejam vegetarianos, pedirem um menu vegetariano e um menu não vegetariano para provarem todas as criações do *chef*.

INGREDIENTES

Como a proteína animal está excluída das dietas vegetarianas, alguns ingredientes recebem mais atenção do que receberiam em dietas à base de carne. Muitas categorias de ingredientes de origem vegetal assumem o papel de prato principal.

Leguminosas secas

Feijões, ervilhas e lentilhas secos são algumas das fontes de proteínas mais importantes para veganos e outros vegetarianos. Essas leguminosas estão relacionadas e discutidas detalhadamente no Capítulo 19. Se necessário, recorra a essas informações durante o planejamento de seu cardápio.

Uma leguminosa que não foi mencionada ainda é o amendoim, que não é uma oleaginosa, mas sim um legume com uma forma de crescimento incomum. À medida que a planta cresce, os galhos que sustentam as vagens vergam até o chão para permitir que as vagens se desenvolvam sob a terra. Embora os amendoins sejam usados na culinária como outras oleaginosas secas, em termos nutricionais, são similares aos legumes. Tenha isso em mente ao planejar as proteínas complementares.

O feijão-soja seco contém um alto teor de proteína, mas em raros casos são cozidos e servidos como outros feijões secos. São muito duros e levam bastante tempo para cozinhar quando estão inteiros, e depois de cozidos não agradam muito ao paladar de algumas pessoas. Além disso, a proteína da soja não é tão utilizável como a proteína existente nos produtos derivados da soja, tais como o leite de soja e o *tofu*. Esses produtos são tão importantes que serão discutidos separadamente, logo abaixo.

Grãos

Assim como as leguminosas, os grãos foram discutidos detalhadamente no Capítulo 19. São fonte de proteínas complementares quando ingeridos com leguminosas ou laticínios. Entre os grãos descritos, o arroz, sem dúvida, é o mais importante no mundo inteiro. Muitos veganos e outros vegetarianos usam o arroz integral em vez do branco para aproveitarem as vitaminas e as fibras. O trigo e o milho também são alimentos importantes que contêm proteínas. Na forma de pães, macarrão e outras preparações, esses grãos são muito versáteis.

Não menospreze os outros grãos. Produtos como o trigo-espelta, a cevada, o milheto e o triticale acrescentam variedade ao cardápio. A *quinoa* e o amaranto são muito valiosos para as dietas dos veganos porque contêm proteínas completas.

Oleaginosas secas e sementes

As oleaginosas secas e sementes são ricas em proteínas, portanto, amêndoas, castanhas, avelãs, nozes-pecã, nozes comuns, pistache, sementes de abóbora, sementes de gergelim e sementes de girassol são úteis em dietas vegetarianas. Porém, contêm alto teor de gordura, por isso não se pode contar tanto com elas quanto com as outras proteínas vegetais.

Manteigas de oleaginosas, como a manteiga de avelã e a manteiga de amêndoa, são simplesmente oleaginosas ou sementes que foram torradas e moídas até virarem uma pasta. É uma maneira saborosa e atraente de incluir esses alimentos em uma dieta. A pasta de gergelim, ou *tahini*, é bastante proeminente nas dietas do Mediterrâneo e é usada em muitas receitas. Veja, for exemplo, a receita de *Homus* na página 762, que usa leguminosas (grão-de-bico) e sementes (*tahini*) para fornecer proteínas complementares.

Produtos derivados da soja

Trazidos das culinárias asiáticas, os derivados da soja, como o *tofu*, são conhecidos no Ocidente há muito tempo e têm sido fontes importantes de proteína para muitas pessoas.

Para se obter o **leite de soja** é preciso colocar de molho os feijões secos, escorrer, moer, misturar com água, ferver e depois coar o líquido leitoso que se forma.

O leite de soja puro pode ser usado como ingrediente na culinária e como bebida. Existem muitas marcas de bebidas à base de soja com sabores diversos, adoçados ou não, que podem ser usados no preparo de bebidas que contêm café e em sobremesas.

O **tofu**, ou **queijo de soja**, é feito por meio da coagulação do leite de soja, do mesmo modo que se faz queijos, colocando-se coalho no leite. O resultado é um queijo branco mole, com sabor suave que lembra o do feijão e pode ser adaptado a muitos molhos e acompanhamentos.

Existem muitas variedades de *tofu*, aqui descritas. Muitos tipos vêm embalados com água em sacos plásticos vedados. Duram bastante, contanto que não sejam abertos, mas após a abertura da embalagem devem ser usados dentro de um ou dois dias.

O tipo mais macio é chamado de **silken tofu** (*silken,* em inglês, significa seda). Ao contrário de outras variedades, a coalhada desse tofu não é espremida para remover o líquido. Ele tem uma textura muito delicada e um sabor muito suave também. No Japão, costuma ser consumido frio com um molho leve, ou cortado em cubos e acrescido como guarnição ao *Misoshiru* (p. 250).

O **tofu firme**, ou **cotton tofu** (*cotton,* em inglês, significa algodão), é mais firme do que a variedade *silken* e pode ser mais trabalhado. Geralmente é frito por imersão ou acrescentado a pratos fritos.

O **tofu extrafirme** é o mais firme de todos e o que tem textura mais granulosa. Pode ser frito, grelhado, assado com outros ingredientes e molho, cozido dentro de ensopados e colocado em espetinhos.

***Silken* tofu**

Tofu firme

Quando for marinar, fritar ou ensopar o *tofu*, ele absorverá os temperos adicionados mais facilmente se o excesso de umidade for retirado antes. Coloque os pedaços de *tofu* em várias camadas de papel-toalha ou em um recipiente raso perfurado, cubra com várias camadas de papel-toalha, coloque uma bandeja pesada em cima e deixe assim por aproximadamente 15 minutos.

Para tornar o *tofu* ainda mais firme e menos sujeito a se desfazer quando cozido, pressione como indicado acima e depois frite por imersão até ficar levemente dourado. Ou cozinhe em fogo brando em água por 5 minutos. O pré-cozimento coagula as proteínas tornando-as mais firmes.

Tempeh é um produto fermentado de soja que se originou na Indonésia. Além das versões originais feitas com soja, também é produzido com soja acrescido de grãos como a cevada, o milheto e o arroz. O *tempeh* é vendido em pedaços e possui uma textura densa, encorpada e consistente. Pode ser fatiado ou cortado em cubos e braseado, salteado, refogado, assado e adicionado a cozidos e caçarolas.

O **missô**, também chamado de **pasta de soja**, é uma pasta feita de soja fermentada que pode ser acrescida de trigo, arroz ou cevada, dependendo da variedade. Existem vários tipos de missô, variando de claro, doce e suave a escuro, salgado e robusto. O missô mais claro, chamado de *missô branco* (*shiromiso,* em japonês), é amarelo, com sabor doce e textura macia e úmida. É sempre usado em sopas (p. 250) e em molhos cremosos ou vinagretes para vegetais (p. 550). Outros tipos leves de missô podem ser amarelo mais escuro e mais salgados. O *missô vermelho* (*akamiso,* em japonês) é marrom ou marrom-avermelhado, salgado e mais rico em sabor. Pode ser liso ou apresentar grumos. O missô vermelho é mais usado em sopas e em pratos cozidos do que crus. O missô mais grosso, mais escuro e com sabor mais forte é o *missô hacho*. É marrom-escuro e suficientemente espesso para ser cortado, quase como um *fudge*. É usado em sopas e pratos cozidos.

A **proteína vegetal texturizada (PVT)**, ou **carne de soja**, é feita com farinha de soja desengordurada, processada e desidratada para conferir-lhe uma textura esponjosa. Pode ser comprada nas versões sem sabor e temperada, imitando vários tipos de carne. Para preparar PVT, misture com água, deixe descansar até ficar macia e depois adicione às receitas em que você usaria carnes. Como não tem o mesmo sabor da carne, é melhor usá-la em pratos bem condimentados ou temperados, como o *chili*. A PVT é rica em proteínas e fibras e livre de colesterol. É útil em alguns menus por seu valor nutricional, mas alguns vegetarianos a evitam porque não apreciam alimentos muito processados que imitam carne.

Laticínios e ovos

Para os ovolactovegetarianos, os laticínios e os ovos são fontes valiosas de proteína, vitamina D, cálcio e outros nutrientes. No entanto, queijos e ovos são ricos em gorduras e colesterol, por isso não é uma boa ideia contar com eles como a única fonte de proteína.

Os produtos derivados do leite e os ovos serão discutidos mais adiante em outros capítulos.

COMO MODIFICAR AS RECEITAS

Você provavelmente já deve ter notado que muitas receitas deste livro são etiquetadas com um pequeno ícone indicando que são vegetarianas. São receitas para ovolactovegetarianos e veganos. A presença de ovos ou laticínios indica que a receita não pode ser usada em um cardápio vegano, embora seja apropriada para outros vegetarianos. Antes de usar uma receita em menus vegetarianos, observe a discussão sobre o açúcar a seguir.

Outras receitas, neste livro ou em outras fontes, podem ser modificadas para dietas vegetarianas. Leia sempre a lista de ingredientes para certificar-se de que são todos permitidos. Se algum dos ingredientes for um alimento manufaturado ou empacotado, leia a lista de ingredientes da embalagem também. Lembre-se de que:

- Nenhum produto animal de nenhuma natureza pode ser usado como ingrediente em uma receita para veganos.
- Laticínios (como leite, creme de leite, manteiga e queijo) e ovos podem ser incluídos como ingredientes em receitas para ovolactovegetarianos e, portanto, podem ser etiquetadas como vegetarianas. No entanto, não serão consumidas por veganos.
- Os funcionários que atendem ao público precisam estar adequadamente treinados para responder com exatidão às perguntas dos clientes a respeito do cardápio.

Pode acontecer de a receita de uma sopa, salada ou acompanhamento consistir primariamente de produtos derivados de plantas, mas conter um ou mais produtos de origem animal, como um fundo. Os seguintes métodos podem ser úteis para modificar as receitas existentes a fim de adaptá-las para menus vegetarianos:

1. Tire fundos de carne, aves e peixes das receitas e substitua por uma quantidade igual de água ou fundo de vegetais.
2. Exclua molhos baseados em fundos de carnes, aves ou peixes e, para veganos, exclua molhos que levam laticínios ou ovos. Substitua por outro molho apropriado. Vinagretes, *salsas*, *coulis* de vegetais e óleos condimentados são sempre bons molhos para pratos vegetarianos.
3. Para veganos, substitua a manteiga por óleo. Substitua os laticínios por leite de soja ou derivados da soja.

O açúcar em receitas vegetarianas

O açúcar branco refinado e o açúcar mascavo são processados a partir da cana-de-açúcar ou do açúcar de beterraba. As refinarias que processam o açúcar da cana-de-açúcar geralmente usam carvão feito de ossos de animais como um filtro. O açúcar feito da beterraba, porém, não é refinado com carvão de ossos. Os veganos e muitos outros vegetarianos costumam evitar qualquer açúcar refinado por causa da dificuldade de se determinar a origem do açúcar. Para uso caseiro, podem usar açúcar não refinado ou açúcar de beterraba, mas fora de casa, é mais fácil evitar qualquer tipo de açúcar.

Algumas das receitas deste livro etiquetadas como vegetarianas podem conter açúcar como ingrediente. *Se você usar quaisquer destas receitas em um menu vegetariano, certifique-se de usar açúcar de uma fonte absolutamente vegetariana, como açúcar de beterraba ou açúcar não refinado.*

Algumas receitas deste livro podem parecer vegetarianas, mas não estão etiquetadas como tal. Por exemplo, a receita de Molho *cocktail* (p. 201) contém apenas produtos vegetais, e o açúcar não está na lista de ingredientes. No entanto, dois dos ingredientes, *ketchup* e molho de pimenta vermelha, contêm açúcar. Como não existe uma maneira de saber a fonte do açúcar desses ingredientes, a receita não pode ser facilmente adaptada a um menu vegetariano. Neste livro, não existe nenhuma receita etiquetada como vegetariana se um dos ingredientes for um produto manufaturado que contenha açúcar ou outro ingrediente não permitido.

O CENTRO DO PRATO

No mundo do setor de serviços alimentícios, a expressão "centro do prato" é sempre usada para descrever carnes, aves, peixes ou outro item importante que seja o foco do prato principal. Para menus vegetarianos, precisamos repensar um pouco o conceito de centro do prato.

Um dos problemas para desenvolver sugestões em um cardápio vegetariano é construir um prato que satisfaça como prato principal. Antepastos ou entrada não apresentam problemas. Tanto vegetarianos quanto não vegetarianos apreciam sopas, saladas e pratos com vegetais como entrada. Da mesma forma, uma sucessão de quatro a seis pequenos pratos em um menu-degustação pode ser agradável e satisfatória. Um prato principal, por outro lado, precisa dar a sensação de uma refeição completa por si só, e uma seleção de vegetais cozidos no vapor amontoados no centro de um prato geralmente não satisfaz.

Comece pensando sobre as categorias de alimentos com os quais podemos contar em termos de proteínas complementares: leguminosas, grãos, sementes e oleaginosas, laticínios e, se for apropriado, derivados da soja, como o *tofu*. Pratos preparados com esses ingredientes tendem a ser mais substanciosos do que legumes e verduras e, por isso, são muito apropriados como prato principal, sobretudo quando combinados com vegetais com a adição de um molho ou um condimento.

Pratos complexos – pratos que apresentam alguma elaboração além do simples cozimento em água ou no vapor – são pratos vegetarianos principais que estimulam o apetite. Por exemplo, uma abóbora assada recheada com grãos e uma mistura de vegetais bem temperados causam uma boa impressão no centro do prato. As culinárias regionais nos dão outros exemplos, como a *enchilada* recheada com feijão e um molho de tomate condimentado, da culinária mexicana.

Algumas preparações funcionam como prato principal, quer sejam ou não feitas com carne. Veja os exemplos abaixo. Estes tipos de prato podem ser preparados de várias maneiras usando apenas produtos vegetais, com ou sem o uso de laticínios ou ovos.

Ensopados

Curries

Chili

Refogados servidos com arroz ou macarrão

Risotos

Massas

Pizzas

Empadões, ou ingredientes servidos dentro de massas ou folhados

Assados e enformados

Pratos gratinados

As informações sobre os ingredientes e os procedimentos de preparação em outros capítulos deste livro, especialmente nos capítulos sobre vegetais; batatas; leguminosas, grãos, massas e outros amidos; e saladas, podem lhe oferecer ferramentas que você pode usar para criar menus vegetarianos satisfatórios. Muitas receitas desses capítulos podem ser usadas para cardápios vegetarianos sem modificações. Além disso, há exemplos de outros itens vegetarianos neste capítulo.

Diretrizes para construir um menu vegetariano

1. Ofereça pratos que não contenham nenhum ingrediente de origem animal, para atrair veganos, e ofereça pratos que contenham laticínios e ovos, para atrair vegetarianos que consumam esses alimentos.

2. Selecione uma variedade de leguminosas, grãos e sementes e use-os em combinações que forneçam proteínas complementares.

3. As proteínas complementares não precisam estar no mesmo prato. Por exemplo, você pode oferecer uma salada de cereal como primeiro prato e um cozido de vegetais com feijões como prato principal.

4. Use bastante variedade de vegetais.

5. Ofereça pratos preparados com *tofu* e outros derivados da soja.

6. A fim de limitar as gorduras e o colesterol, lembre-se de usar produtos derivados de leite magro e restrinja o uso de ovos .

7. Ofereça alimentos que contenham nutrientes como as vitaminas B_{12}, que são de grande importância para os vegetarianos (ver p. 658).

8. Leia as etiquetas dos ingredientes de todos os produtos alimentícios embalados para certificar-se de que não contêm nenhum ingrediente de origem animal.

Curry de ervilha amarela e vegetais com arroz de especiarias e *raita* de pepino

Porções: 12 Tamanho da porção: 100 g de arroz
 180 g de curry
 60 mL de raita

Quantidade	Ingredientes
	Arroz de especiarias:
500 g	Arroz integral de grão longo, de preferência *basmati*
60 mL	Óleo vegetal
125 g	Cebola picada
1 colher (chá)	Alho bem picado
1 colher (chá)	Gengibre fresco bem picado
¼ de colher (chá)	Cardamomo em pó
¼ de colher (chá)	Canela em pó
⅛ de colher (chá)	Cominho em pó
⅛ de colher (chá)	Cravo-da-índia em pó
⅛ de colher (chá)	Noz-moscada ralada
⅛ de colher (chá)	Pimenta-caiena
1 L	Água ou fundo de vegetais, quente
2 colheres (chá)	Sal
250 g	Ervilha seca amarela
1 L	Água
60 mL	Óleo vegetal
250 g	Cebola em cubos médios
2 colheres (chá)	Alho bem picado
2 colheres (sopa)	*Curry* em pó
2 colheres (chá)	Sal
250 g	Cenoura em rodelas grossas
180 g	Pastinaca em cubos grandes
180 g	Berinjela, sem casca, em cubos grandes
250 g	Couve-flor, separada em floretes pequenos
250 g	Brócolis, separado em floretes pequenos
250 mL	Iogurte natural
60 mL	Suco de limão
750 mL	*Raita* de pepino (p. 193)
conforme necessário	Folhas de coentro fresco
conforme necessário	Páprica

Por porção (sem a *raita*):
Calorias, 370; Proteínas, 12 g; Gorduras, 13 g (30% cal.);
Colesterol, 5 mg; Carboidratos, 55 g; Fibras, 6 g;
Sódio, 1.030 mg.

Por porção (só a *raita*):
Calorias, 15; Proteínas, 1 g; Gorduras, 1 g (53% cal.);
Colesterol, 0 mg; Carboidratos, 1 g; Fibras, 0 g; Sódio, 105 mg.

■ Modo de preparo

1. Lave o arroz várias vezes em água fria. Escorra. Adicione água fria até atingir 3 a 5 cm acima do nível do arroz e deixe de molho por 1 hora ou mais.
2. Aqueça o óleo em uma panela funda e pesada.
3. Junte a cebola, o alho e o gengibre. Refogue até a cebola ficar levemente dourada.
4. Adicione as especiarias.
5. Escorra o arroz e coloque na panela. Mexa para misturar os grãos no óleo.
6. Adicione a água ou fundo e o sal. Aqueça até ferver.
7. Tampe e cozinhe em fogo brando por aproximadamente 40 minutos, até o arroz ficar macio. Depois de aproximadamente 30 minutos, verifique se o líquido não foi absorvido antes de o arroz ficar cozido. Se isso acontecer, adicione mais um pouco de água quente.
8. Escolha a ervilha retirando pedras e outras sujeiras. Lave e escorra.
9. Cozinhe as ervilhas na água, em fogo brando, até ficarem bem macias e começarem a desmanchar. Não escorra.
10. Aqueça o óleo em uma panela funda e pesada.
11. Adicione a cebola e o alho. Refogue até ficarem levemente dourados.
12. Adicione o pó de *curry* e o sal e mexa.
13. Adicione a cenoura, a pastinaca e a berinjela. Refogue por 2 a 3 minutos em fogo médio.
14. Acrescente a couve-flor. Refogue por mais 1 minuto.
15. Adicione a ervilha cozida. Cozinhe em fogo brando por 15 a 20 minutos, até que os vegetais fiquem quase macios.
16. Adicione mais água se a mistura ficar muito grossa. As ervilhas precisam ficar com a consistência de um molho.
17. Adicione o brócolis e continue cozinhando em fogo brando até que todos os vegetais estejam macios. Prove e adicione mais sal se necessário.
18. Junte o iogurte e o suco de limão e mexa bem.
19. Para cada porção, coloque uma porção de arroz suficiente para cobrir aproximadamente dois terços do prato, deixando um espaço de um lado. Abra um buraco no centro do arroz. Coloque aí uma colherada de *curry* de vegetais.
20. Ao lado do arroz, coloque uma colherada de *raita*.
21. Decore com algumas folhas de coentro fresco.
22. Salpique o centro da *raita* com páprica.

VARIAÇÃO

***Curry* vegano de ervilha seca e vegetais**
Exclua o iogurte. Aumente o suco de limão a gosto.

Macarrão com vegetais salteados, *tofu* e amendoim

Porções: 12 *Tamanho da porção:* 125 g de macarrão, 180 g de vegetais

Quantidade	Ingredientes
60 mL	Óleo vegetal
4	Cebolinhas, picadas
2	Dentes de alho, picados
1 colher (chá)	Gengibre fresco bem picado
180 g	Cenoura cortada em *julienne*
180 g	Pimentão vermelho em *batonnet*
250 g	Chapéu de cogumelo *shiitake* em *batonnet*
500 g	Repolho chinês (*bok choy*), cortado em pedaços de 2,5 cm
125 g	Broto de feijão
250 g	Ervilha-torta, limpa
625 g	*Tofu* firme, espremido (p. 660), cortado em cubos de 1 cm
180 g	Amendoim torrado, sem casca e sem pele
90 mL	Molho de soja
60 mL	Molho *hoisin**
125 mL	Fundo de vegetais ou água
15 mL	Óleo de gergelim ou de pimenta vermelha
1,5 kg	Macarrão chinês de trigo ou com ovos, cozido, quente

Modo de preparo

1. Aqueça o óleo em uma frigideira de saltear ou *wok* em fogo bem alto.
2. Adicione a cebolinha, o alho e o gengibre. Refogue por 1 minuto.
3. Junte a cenoura, o pimentão e o cogumelo. Continue refogando por mais 1 minuto.
4. Junte o repolho chinês e o broto de feijão. Refogue até os vegetais ficarem murchos, mas ainda crocantes.
5. Junte a ervilha-torta e continue cozinhando por aproximadamente 30 segundos.
6. Junte o *tofu* e o amendoim. Mexa bem para misturar e cozinhe até o *tofu* ficar bem quente.
7. Acrescente o molho de soja, o molho *hoisin*, o fundo ou água e o óleo. Agite a frigideira para misturar.
8. Coloque o macarrão em tigelas individuais e cubra com a mistura de vegetais, acompanhada do líquido.

Por porção:
Calorias, 400; Proteínas, 19 g; Gorduras, 18 g (39% cal.); Colesterol, 0 mg; Carboidratos, 45 g; Fibras, 6 g; Sódio, 830 mg.

Macarrão com vegetais salteados, *tofu* e amendoim

*N.R.: Molho espesso, marrom-avermelhado, de sabor adocicado e picante, feito de soja, alho, pimenta vermelha e várias especiarias. Muito usado na culinária chinesa, especialmente na região de Pequim.

Lasanha de abobrinha e berinjela

Porções: 12 *Tamanho da porção: 250 g*

Quantidade	Ingredientes
750 g	Berinjela
750 g	Abobrinha-italiana
conforme necessário	Sal
conforme necessário	Azeite de oliva
375 g	Ricota cremosa*
30 g	Queijo parmesão ralado
1	Ovo, batido
2 colheres (sopa)	Salsinha picada
a gosto	Sal
a gosto	Pimenta-do-reino
1,5 L	Molho de tomate para massas (p. 639), preparado sem açúcar
500 g	Queijo mussarela fatiado
2 colheres (sopa)	Manjericão fresco em *chiffonade*
60 g	Queijo parmesão ralado

Por porção:
Calorias, 410; Proteínas, 15 g; Gorduras, 34 g (73% cal.); Colesterol, 65 mg; Carboidratos, 14 g; Fibras, 4 g; Sódio, 1.030 mg.

■ Modo de preparo

1. Limpe e descasque a berinjela.
2. Descarte a ponta com o cabo das abobrinhas.
3. Corte a abobrinha e a berinjela no sentido do comprimento em fatias de aproximadamente 8 mm de espessura.
4. Salgue ligeiramente as fatias de ambos os lados e deixe descansar por 15 minutos.
5. Seque. Pincele ambos os lados de cada fatia com um pouco de azeite.
6. Arrume a berinjela e a abobrinha em assadeiras separadas.
7. Asse a berinjela no forno a 200°C até o fundo dourar. Vire e asse por mais 15 minutos.
8. Ao mesmo tempo, asse a abobrinha-italiana até ficar macia, mas ainda um pouco crocante, aproximadamente por 5 a 10 minutos.
9. Retire os vegetais do forno e deixe esfriar. Essas fatias vão fazer as vezes do macarrão para a lasanha.
10. Misture a ricota, o queijo parmesão, o ovo, a salsinha, o sal e a pimenta-do-reino.
11. Coloque uma concha de molho de tomate em uma assadeira padrão (25 x 30 cm). Espalhe bem.
12. Coloque as fatias de berinjela em uma só camada sobre o molho.
13. Adicione a mistura de ricota, espalhando cuidadosamente em uma camada lisa sobre a berinjela.
14. Disponha a abobrinha-italiana em uma só camada.
15. Cubra com metade do molho restante.
16. Arrume as fatias de mussarela por cima de tudo. Salpique a mussarela com um pouco de manjericão.
17. Cubra com o restante do molho.
18. Polvilhe com a segunda quantidade de queijo parmesão.
19. Asse a 190°C até ficar bem quente e começar a borbulhar.

*N.R.: Nos Estados Unidos, a ricota mais comumente encontrada nos supermercados tem uma consistência bem mais cremosa que a ricota vendida no Brasil. Para obter uma consistência semelhante, acrescente um pouco de leite ou creme de leite à ricota já amassada e bata até que fique homogêneo.

Enchiladas de feijão

Porções: 12 *Tamanho da porção:* 2 enchiladas

Quantidade	Ingredientes
conforme necessário	Óleo vegetal
24	*Tortillas* de milho
2 L	Molho de *chile ancho* (feito com água), ou a variação com tomate (p. 191), ou *Salsa roja* (p. 190)
1,1 kg	*Frijoles de la olla* (p. 611), versão vegetariana, quente
1 kg	Queijo *Monterey Jack*, ralado

■ Modo de preparo

1. Aqueça uma camada fina de óleo vegetal em uma frigideira, em fogo médio.
2. Coloque as *tortillas* no óleo quente, uma de cada vez, e frite por alguns segundos de um lado, depois do outro, só até ficarem macias. O objetivo é amaciá-las, e não fritar até ficarem crocantes. Escorra e coloque sobre uma superfície de trabalho ou assadeira.
3. Coloque 1 a 2 xícaras de chá (250 a 500 mL) de molho em uma assadeira rasa.
4. Mergulhe as *tortillas* no molho, uma de cada vez, para embebê-las de ambos os lados, escorrendo o excesso. Coloque as *tortillas* na superfície de trabalho. Coloque 45 g de feijão e 15 g de queijo ralado no centro de cada uma e enrole.
5. Acrescente mais molho à assadeira conforme for sendo usado. Será necessário aproximadamente 1 L do molho para embeber as *tortillas*.
6. Arrume as *tortillas* enroladas uma do lado da outra em uma assadeira, com as pontas soltas viradas para baixo. Outra possibilidade é colocá-las em refratários individuais, com duas unidades por porção.
7. Coloque o restante do molho sobre as *tortillas*, cobrindo bem as pontas para não queimarem.
8. Cubra com o restante do queijo.
9. Leve ao forno a 190°C por aproximadamente 20 minutos, até ficarem bem quentes.

Quantidade	Ingredientes
1,5 kg	Arroz verde mexicano ou Arroz mexicano (p. 629), feito com água em vez de fundo
a gosto	Guacamole (p. 763)
a gosto	*Salsa cruda* (p. 191)
a gosto	Creme de leite azedo

10. Sirva 2 *enchiladas* por porção, com 125 g de arroz.
11. Guarneça com guacamole, *salsa cruda* e creme de leite azedo, a gosto.

Por porção:
Calorias, 830; Proteínas, 35 g; Gorduras, 41 g (43% cal.); Colesterol, 70 mg; Carboidratos, 89 g; Fibras, 17 g; Sódio, 1.040 mg.

Enchiladas de feijão

Enchiladas

A palavra *enchilar* em espanhol significa colocar *chile* (pimentas e pimentões do gênero *capsicum* e molhos feitos com essas pimentas) em alguma coisa. A palavra *enchilada* é a forma curta de *tortilla enchilada*, que significa uma *tortilla* coberta com molho *chili*. No contexto não hispânico, uma enchilada é uma *tortilla* de milho enrolada com um recheio dentro. Contudo, mais especificamente, a *tortilla* precisa primeiro ser mergulhada no molho *chili* antes de ser enrolada. Uma *tortilla* simples, seca e com recheio seria chamada mais precisamente de *taco macio*.

Existem dois métodos básicos para se fazer *enchiladas*. Em ambos os métodos, parte da técnica de preparo é amolecer a *tortilla* para que fique macia e enrole sem quebrar.

Frite a *tortilla* apenas o suficiente para ficar macia, depois mergulhe-a no molho, recheie e enrole.

Mergulhe a *tortilla* em molho *chili*, depois frite rapidamente, recheie e enrole.

Assim que a *tortilla* for recheada, pode ser servida imediatamente. Para o paladar norte-americano, no entanto, ela costuma ser assada com mais molho e, às vezes, com cobertura de queijo.

Menus para dietas vegetarianas 667

Chili de três feijões com *tostaditas*

Rendimento: 2,7 kg
Porções: 12
Tamanho da porção: 250 g

Quantidade	Ingredientes
250 g	Feijão-preto
250 g	Feijão-branco
1	Folha de louro
250 g	Feijão *kidney*, ou outro feijão marrom-escuro
1	Folha de louro
60 mL	Óleo vegetal
2 colheres (sopa)	Sementes de cominho
180 g	Cebola em cubos médios
30 g	Alho picado
¼ de xícara (chá)	Pó para *chili*
1 ½ colher (chá)	Pimenta chipotle em pó
1 colher (sopa)	Páprica
2 colheres (sopa)	Orégano seco
1 kg	Tomate, em lata, picado, com o suco
1 colher (chá)	Sal
24	Tortillas
180 mL	*Salsa cruda* (p. 191)

■ Modo de preparo

1. Escolha, lave e escorra o feijão-preto. Deixe de molho em água fria de um dia para o outro.
2. Escorra. Coloque em uma caçarola funda e pesada com água suficiente para cobrir os grãos (2,5 cm acima deles).
3. Aqueça até ferver, reduza o fogo e cozinhe até o feijão ficar parcialmente macio.
4. Observe o feijão e acrescente um pouco mais de água quando necessário, para manter os grãos sempre cobertos com água.
5. Repita as etapas 1 a 4 para o feijão-branco. É necessário cozinhar os feijões separadamente porque eles podem ter tempos de cozimento diferentes.
6. Repita as etapas 1 a 4 para o feijão *kidney*.
7. Aqueça o óleo em uma frigideira em fogo médio.
8. Coloque o cominho na frigideira e frite até ficar aromático.
9. Junte a cebola, o alho e as especiarias. Refogue até a cebola ficar levemente dourada.
10. Adicione o tomate e o sal. Cozinhe em fogo brando por 15 minutos.
11. Misture todos os feijões em um caldeirão grande e junte a mistura de tomate e especiarias. Continue o cozimento até os feijões ficarem bem macios. Como antes, adicione água se o caldo secar.
12. Prove e adicione mais sal, se necessário.
13. Para fazer as *tostaditas*, corte as *tortillas* em oito, como uma pizza.
14. Frite as *tortillas* por imersão até ficarem crocantes. Escorra bem.
15. Para servir, coloque o *chili* em tigelas.
16. Coloque as tigelas sobre pratos rasos grandes. Arrume as *tostaditas* em volta das tigelas, no prato raso.
17. Coloque 1 colher (sopa) (15 mL) de *salsa cruda* no centro de cada porção de *chili*.

Por porção:
Calorias, 400; Proteínas, 17 g; Gorduras, 10 g (22% cal.);
Colesterol, 0 mg; Carboidratos, 65 g; Fibras, 16 g;
Sódio, 580 mg.

Chili* de três feijões com *tostaditas

Arroz com feijão *azuki*, espinafre com molho de *tofu* e *dengaku* de berinjela

Porções: 10   *Tamanho da porção:* aproximadamente 150 g de arroz, 90 g de espinafre, 90 g de berinjela

Quantidade	Ingredientes
¾ de xícara (chá)	Feijão *azuki*
1,1 L	Água
4 xícaras (chá)	Arroz glutinoso (ver p. 618)

Modo de preparo

1. Lave o feijão e escorra.
2. Coloque o feijão e a água em uma panela funda e aqueça até ferver. Cozinhe por 10 minutos ou até que o feijão esteja macio o suficiente, mas não completamente cozido, para ser esmagado entre os dedos.
3. Escorra. Esfrie à temperatura ambiente o feijão e a água escorrida. Mantenha-os na geladeira.
4. Lave o arroz várias vezes com água fria, sempre trocando a água. Escorra.
5. Adicione a água escorrida do feijão ao arroz e deixe de molho por uma noite.
6. No dia seguinte, escorra o arroz e misture-o ao feijão.
7. Cubra a parte de cima de uma panela de cozimento a vapor com várias camadas de panos limpos.
8. Faça uma camada, de não mais que 4 cm de altura, com a mistura de arroz e feijão sobre o pano.
9. Cozinhe no vapor até que o arroz e o feijão estejam macios, cerca de 40 minutos.

Quantidade	Ingredientes
280 g	*Tofu* firme
2 colheres (sopa)	Semente de gergelim
2 colheres (chá)	Molho de soja
1 colher (chá)	Saquê *mirin*
1 colher (sopa)	Açúcar
850 g	Espinafre fresco, cozido e ligeiramente espremido (ver p. 547)
a gosto	Sal

10. Cozinhe o *tofu* em água por 2 minutos. Escorra.
11. Embrulhe o *tofu* em um pano limpo e use um prato como peso sobre ele por 30 a 60 minutos para remover o excesso de umidade.
12. Torre levemente as sementes de gergelim em uma frigideira seca e então moa-as grosseiramente em um pilão ou em um moedor de pimenta.
13. Esfregue o *tofu* em uma peneira fina.
14. Misture o purê de *tofu* com as sementes de gergelim, o molho de soja, o saquê e o açúcar.
15. Pique o espinafre em pedaços grandes e adicione à mistura de *tofu*.
16. Coloque sal a gosto.

Quantidade	Ingredientes
180 g	Missô branco
1	Gema
1 colher (sopa)	Saquê comum
1 colher (sopa)	Saquê *mirin*
1 colher (sopa)	Açúcar
60 mL	*Dashi* vegetariano (p. 195)
900 g	Berinjela

17. Em uma tigela de aço inoxidável, coloque o missô e as gemas e mexa até ficar homogêneo.
18. Adicione os saquês, o açúcar e o *dashi*.
19. Coloque a tigela em uma panela com água fervente e mexa até engrossar.
20. Esfrie.
21. Retire as extremidades da berinjela. Corte em rodelas de 2,5 cm de espessura.
22. Passe óleo nos lados da rodela que foram cortados.
23. Grelhe, ou frite em uma frigideira com pouco óleo, as berinjelas até ficarem macias.
24. Passe uma camada da mistura de missô em cima de cada rodela.
25. Passe por um grelhador ou salamandra apenas até a mistura de missô ficar levemente dourada.

Quantidade	Ingredientes
conforme necessário	Gomashio (ver Observação)

26. Sirva cada um dos itens em tigelas separadas, um de cada por cliente. Salpique o arroz com um pouco de *gomashio* como guarnição

Por porção:
Calorias, 430; Proteínas, 16 g; Gorduras, 4,5 g (9% cal.); Colesterol, 20 mg; Carboidratos, 81 g; Fibras, 10 g; Sódio, 770 mg.

Observação: gomashio, ou *gersal* (sal de gergelim), é uma mistura de sementes de gergelim preto tostadas e sal grosso. Se não houver disponível, toste sementes de gergelim e misture com um pouco de sal marinho.

Arroz com feijão *azuki*, espinafre com molho de *tofu* e *dengaku* de berinjela

Panqueca vietnamita de vegetais

Porções: 6 *Tamanho da porção: 1 panqueca*

Quantidade	Ingredientes
	Molho de mesa:
125 mL	Molho de soja
1 colher (chá)	Alho bem picado
2 colheres (chá)	Açúcar
½ colher (chá)	Pimenta-do-reino preta
1 colher (sopa)	Pimenta vermelha fresca picada
2 colheres (sopa)	Amendoim picado
1 colher (sopa)	Suco de limão
½ xícara (chá)	Farinha de arroz
3	Ovos batidos
270 mL	Água
⅛ de colher (chá)	Sal
125 g	Chapéu de cogumelo *shiitake* em *batonnet*
1 colher (sopa)	Óleo vegetal
60 mL	Óleo vegetal
180 g	Ervilha-torta, limpa
180 g	Broto de feijão
60 g	Cebolinha em fatias finas

Por porção:
Calorias, 400; Proteínas, 17 g; Gorduras, 10 g (22% cal.); Colesterol, 0 mg; Carboidratos, 65 g; Fibras, 16 g; Sódio, 580 mg.

Modo de preparo

1. Misture os ingredientes para o molho de acompanhamento e mexa até o açúcar dissolver.
2. Reserve.
3. Misture a farinha de arroz, os ovos, a água e o sal e bata até obter uma massa fina. Deixe descansar por 10 minutos.
4. Coe para eliminar quaisquer grumos que tenham se formado.
5. Salteie o cogumelo em óleo quente até ficar macio. Deixe esfriar.
6. Leve ao fogo uma frigideira para saltear bem temperada de 25 cm de diâmetro ou, de preferência, uma frigideira antiaderente, com 2 colheres de chá (10 mL) de óleo. Aqueça até ficar bem quente.
7. Coloque aproximadamente 75 mL da massa na frigideira e espalhe bem, cobrindo todo o fundo.
8. Junte um sexto dos cogumelos e da ervilha-torta. Tampe e cozinhe por 1 minuto.
9. Retire a tampa e junte um sexto do broto de feijão e da cebolinha.
10. Cozinhe sem tampar até a panqueca ficar crocante.
11. Deslize a panqueca para um prato raso.
12. Repita o procedimento com a massa e os vegetais restantes.
13. Sirva-as acompanhadas do molho.

VARIAÇÃO

Para uma versão não vegetariana, sirva a panqueca acompanhada de *Nuoc cham* (p. 193) em vez do molho de soja.

Panqueca vietnamita de vegetais

Gratinado de vegetais com queijo *feta* e *pilaf* de triguilho

Porções: 10   Tamanho da porção: 185 g de vegetais
                                 90 g de pilaf

Quantidade	Ingredientes
300 g	Nabo-roxo descascado
300 g	Pastinaca descascada
300 g	Cenoura descascada
300 g	Couve-flor limpa
180 g	Couve-de-bruxelas limpa
125 g	Cebola-pérola descascada
90 g	Azeite de oliva ou manteiga derretida
1 colher (chá)	Sal
½ colher (chá)	Pimenta-do-reino
1 colher (chá)	Tomilho seco
1 colher (chá)	Orégano seco
375 g	Queijo *feta* esmigalhado
125 g	Azeite de oliva ou manteiga derretida
250 g	Pão fresco esmigalhado
900 g (1 receita)	*Pilaf* de triguilho com limão-siciliano (p. 628), feito com fundo de vegetais

Por porção:
Calorias, 490; Proteínas, 12 g; Gorduras, 31 g (55% cal.); Colesterol, 35 mg; Carboidratos, 44 g; Fibras, 9 g; Sódio, 830 mg.

Modo de preparo

1. Corte o nabo-roxo, a pastinaca e a cenoura em pedaços de 4 cm.
2. Quebre ou corte a couve-flor em floretes pequenos.
3. Corte as couves-de-bruxelas ao meio no sentido do comprimento.
4. Em uma tigela grande, misture todos os vegetais, inclusive a cebola, com o óleo, o sal, a pimenta-do-reino e as ervas, cobrindo-os bem com os temperos.
5. Transfira para uma cuba gastronômica média, de 25 x 30 cm, ou um refratário com a mesma capacidade. Outra possibilidade é assar em refratários individuais.
6. Asse a 200°C até os vegetais ficarem levemente dourados e macios. Mexa-os de vez em quando durante o cozimento para que dourem por igual.
7. Retire a assadeira do forno e espalhe o queijo *feta* sobre os vegetais.
8. Misture muito bem o óleo ou manteiga com o pão esmigalhado.
9. Polvilhe essa farofa sobre os vegetais, formando uma camada uniforme.
10. Coloque novamente no forno e asse até a superfície ficar dourada. Se necessário, coloque sob um dourador ou salamandra para dourar melhor.
11. Sirva com o *pilaf* de triguilho.

Gratinado de vegetais com queijo *feta* e *pilaf* de triguilho

Menus para dietas vegetarianas **671**

 *Falafel*

Rendimento: aproximadamente 1,1 kg

Quantidade	Ingredientes
1 kg	Grão-de-bico, cozido e sem o caldo
30 g	Alho bem picado
125 g	Cebolinha bem picada
3 colheres (sopa)	Salsinha picada
2 colheres (chá)	Cominho em pó
2 colheres (chá)	Sementes de coentro moídas
¼ de colher (chá)	Pimenta-caiena
2 colheres (chá)	Sal
1 colher (chá)	Pimenta-do-reino preta
30 g	*Tahini* (pasta de gergelim)
2	Ovos batidos
60 g	Pão fresco esmigalhado

Por porção:
Calorias, 70; Proteínas, 3 g; Gorduras, 3 g (36% cal.); Colesterol, 10 mg; Carboidratos, 9 g; Fibras, 2 g; Sódio, 150 mg.

■ Modo de preparo

1. Bata o grão-de-bico em um processador até ficar bem picado, mas não completamente liso.
2. Acrescente os demais ingredientes e misture bem.
3. Para fazer um *falafel* grande, use uma colher com extrator grande para medir as porções. Enrole cada porção em forma de bola e depois achate ligeiramente, como uma broinha grossa. Manipule as porções rapidamente e com leveza. Se forem muito manipuladas, pode se formar uma casca durante o processo de fritar, que se solta depois.
4. Para fazer um *falafel* pequeno, próprio para antepasto, use uma colher com extrator pequena para porcionar a mistura e enrolar as bolinhas.
5. Frite em bastante gordura a 190°C até ficarem dourados e crocantes.

■ TERMOS PARA REVISÃO

dieta vegetariana	aminoácido	leite de soja	*tofu* extrafirme
veganismo	aminoácido essencial	*tofu*	*tempeh*
lactovegetariano	proteína completa	queijo de soja	missô
ovovegetariano	proteína incompleta	*silken tofu*	pasta de soja
ovolactovegetariano	proteína complementar	*tofu* firme	proteína vegetal texturizada (PVT)
pescovegetariano	aminoácido limitante	*cotton tofu*	carne de soja

■ QUESTÕES PARA DISCUSSÃO

1. Explique como as proteínas complementares ajudam os veganos a obterem proteínas suficientes em sua dieta sem consumir produtos animais.
2. Qual vitamina é mais difícil para os veganos obterem em sua dieta? Por que? Quais são as fontes alternativas para esta vitamina?
3. Considerando a soja, o amaranto e a *quinoa* como fontes de proteínas, o que os torna únicos entre os alimentos provenientes de plantas?
4. Cite e descreva os três tipos principais de *tofu*.
5. O que é PVT? Descreva como se pré-prepara esse ingrediente para ser usado em receitas.
6. Explique por que alguns açúcares refinados não são adequados para uso em receitas vegetarianas. Quais açúcares não são adequados e quais açúcares podem ser usados?

CAPÍTULO 21

CAPÍTULO 21

Saladas e molhos para salada

Antes do advento da refrigeração, a despensa era o local de armazenamento onde os produtos alimentícios eram mantidos antes de serem trazidos para a cozinha. Por ser mais fresca que a cozinha, era particularmente conveniente como área de trabalho para a produção de alimentos frios, em especial *aspics*, *chaud-froids* e outras preparações elaboradas para bufês. Em muitas cozinhas ao redor do mundo, esse departamento geralmente é conhecido pelo seu nome em francês, *garde manger*.

Hoje, o *garde manger* é o departamento responsável pelos alimentos frios e por outros itens relacionados. Isso não significa que nada seja cozido na praça do *garde manger*. Pelo contrário, os *chefs* de *garde manger* devem ser mestres em uma ampla variedade de técnicas de cozimento. Além disso, devem ter aptidão artística, bem como paciência e destreza para executar muitas operações manuais de maneira rápida e eficiente.

Este capítulo trata de dois grupos de itens preparados na praça *garde manger*: as saladas e os molhos para salada.

SALADAS

A quantidade e a variedade de combinações de ingredientes para salada é quase interminável, por isso é bom dividir as saladas em categorias para que se possa compreender como são produzidas. Para o *chef* de *garde manger*, a melhor maneira de classificar as saladas é pelos ingredientes: saladas de folhas, saladas de vegetais, saladas de frutas e assim por diante. Isso porque as técnicas de produção são ligeiramente diferentes para cada tipo. Essa classificação será utilizada na discussão das receitas específicas descrita mais adiante neste capítulo.

Antes que o *chef* de *garde manger* possa produzir as saladas, primeiro precisa decidir exatamente que saladas devem ser feitas. Portanto, você deve saber que tipos de salada são melhores para determinadas finalidades. Por isso, as saladas são também classificadas de acordo com a sua função na refeição. Tenha em mente que não existem linhas divisórias exatas entre os tipos de saladas discutidos abaixo. Por exemplo, uma salada adequada para ser servida como primeiro prato de um jantar pode também ser um excelente prato principal em um menu de almoço.

Após ler este capítulo, você deverá ser capaz de:

1. Identificar e descrever cinco tipos diferentes de saladas e selecionar receitas apropriadas para servir como entrada, acompanhamento, prato principal, entre um prato e outro e como sobremesa.
2. Identificar uma variedade de folhas para salada mais comuns; relacionar seis categorias de outros ingredientes para salada; e reconhecer diversos exemplos de cada uma dessas categorias.
3. Avaliar a qualidade das frutas e executar os procedimentos de seu pré-preparo.
4. Identificar as quatro partes básicas de uma salada.
5. Preparar e montar saladas que apresentem um grande apelo visual.
6. Montar um sistema eficiente para produzir saladas em grande quantidade.
7. Preparar os seguintes tipos de saladas: de folhas, de vegetais, ligadas, com frutas, compostas, com gelatina.
8. Montar um bufê de saladas eficiente.
9. Identificar os principais ingredientes dos molhos para salada.
10. Preparar molhos com óleo e vinagre, maioneses e molhos à base de maionese, molhos cozidos e molhos típicos.

TIPOS DE SALADAS

Hoje, a variedade de saladas oferecidas parece ser maior que nunca. Restaurantes que antigamente relacionavam não mais que duas ou três saladas em seu menu, agora dedicam uma página inteira a essa categoria. Novos tipos de salada preenchem diversos compartimentos nas seções de alimentos prontos em supermercados e lojas especializadas.

Ao mesmo tempo, saladas mais tradicionais não perderam sua importância. Em escolas, hospitais, casas de repouso, restaurantes de bairro e restaurantes familiares, cozinheiros que talvez nunca tenham ouvido falar da endívia precisam saber como limpar um pé de alface e como preparar uma salada de maionese.

A classificação dos tipos de salada a seguir descreve seu papel nos menus modernos. Essas categorias se aplicam tanto para receitas atuais quanto tradicionais. Exemplos desses dois tipos de salada são incluídos mais adiante neste capítulo.

SALADA COMO ENTRADA

Muitos estabelecimentos servem saladas como primeiro prato, geralmente substituindo um primeiro prato mais elaborado. Isso não apenas diminui a pressão na cozinha durante o atendimento, mas também oferece ao cliente um alimento para degustar enquanto o jantar está sendo preparado.

Além disso, saladas de composição mais elaborada são comuns como entrada (e também como prato principal no almoço) em muitos restaurantes elegantes. Geralmente são compostas por um item de ave, carne ou peixe, além de uma variedade de vegetais e outras guarnições, arrumadas de maneira atraente sobre uma base de folhas.

As **saladas servidas como entrada** devem estimular o apetite. Isso significa que devem conter ingredientes frescos e crocantes, um molho com sabor acentuado e uma aparência apetitosa.

Saladas servidas já montadas no prato não devem ser tão grandes a ponto de satisfazer o apetite, mas devem ser substanciais o suficiente a ponto de ter a função de um prato completo (bufês de saladas certamente evitam esse problema). Saladas de folhas variadas são especialmente comuns por essa razão, pois são volumosas, mas não satisfazem o apetite.

A combinação de ingredientes deve ser interessante, não pode ser insossa nem trivial. Alimentos saborosos como queijo, presunto, salame, camarão e siri, mesmo em pequenas quantidades, são atraentes. Da mesma maneira, vegetais crus e crocantes ou levemente cozidos também são atraentes. Um prato de alface mal escorrida com um molho insosso raramente é a maneira mais estimulante de começar uma refeição.

A aparência e o uso de guarnições atraentes são importantes porque o apelo visual estimula o apetite. Quando o primeiro prato de uma refeição é interessante e gratificante, o cliente fica animado para o restante da refeição.

SALADA COMO ACOMPANHAMENTO

As saladas também podem ser servidas com o prato principal. Desempenham a mesma função de outros acompanhamentos (vegetais e amidos).

As **saladas para acompanhamento** devem se equilibrar e harmonizar com o restante da refeição, como qualquer outro acompanhamento. Por exemplo, não sirva salada de batata na mesma refeição em que estiver servindo batata frita ou qualquer outro amido. Saladas de frutas doces raramente são adequadas como acompanhamento, exceto com itens como presunto defumado ou carne de porco.

As saladas para acompanhamento devem ser leves e saborosas, mas não muito ricas. Saladas de vegetais geralmente são boas opções. Saladas mais pesadas, por exemplo, de macarrão, ou altamente proteicas (que contenham carne, frutos do mar, queijo ou algo semelhante), são menos apropriadas, a não ser que o prato principal seja leve. Saladas mistas com diversos elementos são um acompanhamento adequado para sanduíches.

SALADA COMO PRATO PRINCIPAL

Pratos frios de saladas têm se tornado comuns em menus de refeições leves, especialmente entre as pessoas mais conscientes em relação a dietas e fatores nutricionais. O atrativo dessas saladas está na variedade e no frescor dos ingredientes.

As **saladas como prato principal** devem ser suficientemente grandes para servir como refeição completa e devem conter uma porção substancial de proteína. Saladas com carne, aves, peixes e frutos do mar, bem como saladas com ovos e queijos, são opções comuns.

As saladas como prato principal devem compor um prato bastante variado para proporcionar uma refeição balanceada, tanto do ponto de vista nutricional quanto em relação a sabores e texturas. Além das proteínas, um prato de salada deve oferecer diversos vegetais, folhas e/ou frutas. Exemplos: uma mistura de folhas, vegetais crus e tiras de carne e queijo (chamada de *chef's salad* nos Estados Unidos), salada de camarão ou siri com tomate em cunhas e fatias de abacate sobre uma cama de folhas, ou queijo *cottage* com frutas frescas variadas.

O tamanho da porção e a variedade dos ingredientes dão ao *chef* ótima oportunidade para usar a imaginação e a criatividade, pois ele poderá produzir pratos de salada apetitosos e atraentes. A disposição atraente dos itens no prato e o bom equilíbrio entre as cores são importantes.

SALADA SERVIDA ENTRE UM PRATO E OUTRO

Muitos restaurantes finos servem uma salada leve e refrescante após o prato principal. A finalidade é limpar o paladar depois de um jantar muito forte e renovar o apetite, fornecendo uma pausa agradável antes da sobremesa.

A salada servida depois do prato principal era a regra, e não a exceção, há muitos anos, e essa prática merece ser mais difundida. Uma pessoa que está satisfeita depois de uma refeição pesada geralmente sente-se renovada e pronta para a sobremesa após uma salada leve e estimulante.

As **saladas servidas entre um prato e outro** devem ser muito leves e não têm, de maneira alguma, a função de satisfazer. Molhos muito fortes e pesados, como os feitos com creme de leite azedo e maionese, devem ser evitados. Talvez, a melhor opção seja algumas folhas delicadas, como alface ou endívia, ligeiramente temperadas com *vinaigrette*. Saladas com frutas também são uma boa opção.

SALADA COMO SOBREMESA

As **saladas como sobremesa** com frequência são doces e podem conter itens como frutas, gelatina, oleaginosas secas e creme de leite. Geralmente são muito adocicadas para serem servidas como entrada ou acompanhamento, sendo mais adequadas para servir como sobremesa ou como parte de um menu de festa ou bufê.

INGREDIENTES

O frescor e a variedade dos ingredientes são essenciais para produzir saladas de boa qualidade. A alface certamente é a primeira opção para a maioria das pessoas, mas muitos outros alimentos podem compor uma salada.

As listas a seguir relacionam, por categoria, a maioria dos ingredientes usados em saladas. Você será capaz de pensar em outras opções. Acrescente-as às listas conforme for lembrando ou à medida que forem sendo sugeridas pelo seu instrutor. As listas serão úteis quando você estiver criando suas próprias saladas.

Logo abaixo das listas são apresentadas descrições detalhadas de dois grupos de alimentos que não foram apresentados nos capítulos anteriores e que pertencem especialmente ao *garde manger*: folhas para saladas e frutas frescas.

FOLHAS PARA SALADA

Acelga ou couve chinesa	Escarola ou chicória-crespa
Agrião	Escarola ou chicória-lisa
Alface-mimosa	Espinafre
Alface-americana	Flores comestíveis
Alface-crespa	*Frisée*
Alface-de-cordeiro (*mâche*)	Microfolhas
Alface-lisa	*Mix* de alfaces (*mesclun*)
Alface-romana	*Radicchio*
Brotos	Rúcula
Dente-de-leão	*Tatsoi*
Endívia	

VEGETAIS CRUS

Aipo-rábano	Couve-flor
Alcachofra-de-jerusalém ou tupinambo	Couve-rábano
	Pepino
Brócolis	Pimentão, vermelho, verde e amarelo
Broto de feijão	Rabanete
Cebola e cebolinha	Repolho, branco, verde e roxo
Cenoura	Salsão
Cogumelo	Tomate

VEGETAIS COZIDOS, EM CONSERVA OU EM LATA

Alho-poró	Couve-flor
Aspargo	Ervilha
Azeitona	Milho
Batata	Palmito
Beterraba	Picles de pepino (com endro, adocicado etc.)
Castanha-d'água	Pimentão, assado e em conserva
Cenoura	*Pimiento* (pimentão doce)
Coração de alcachofra	Vagem (todos os tipos)

AMIDOS

Batata	Massas
Feijão (cozido ou em lata)	Pão (*croûtons*)
Grãos	

FRUTAS FRESCAS, COZIDAS, EM CALDA OU CONGELADAS

Abacate	Laranjinha *kinkan*
Abacaxi	Maçã

Ameixa fresca
Ameixa seca
Banana
Caqui
Cereja
Coco
Damasco
Figo
Figo-da-índia
Frutas vermelhas
Grapefruit
Kiwi
Laranja
Mamão
Manga
Melão
Nectarina
Pera
Pêssego
Romã
Tâmara
Tangerina
Uva
Uva-passa

ALIMENTOS PROTEICOS

Aves (frango, peru)
Bacon
Carnes (de vaca, de porco)
Ovos, cozidos
Peixes e frutos do mar (atum, siri, camarão, lagosta, salmão, sardinha, anchova, arenque, qualquer peixe fresco cozido)
Queijo, tipo *cottage*
Queijo, tipo curado
Salame, presunto cru, embutidos etc.

OUTROS ALIMENTOS

Gelatina (básica ou com sabor)
Oleaginosas secas

ALFACE E OUTRAS FOLHAS PARA SALADA

Acelga

Também chamada de couve chinesa, é um maço alongado, de coloração verde-clara, com talos largos e brancos. Disponível em dois formatos: maço estreito e alongado, de folhas de um verde mais escuro e talos bem brancos e mais roliços, e maço mais arredondado e compacto, de folhas bem claras e enrugadas. Tenro, mas crocante, com suave sabor de repolho. Acrescenta excelente sabor a uma salada mista de folhas. Também é muito usada na culinária chinesa.

Acelga ou couve chinesa

Agrião

Mais comumente usado como guarnição nos Estados Unidos, o agrião também fica excelente em saladas. Folhas ovais, pequenas e escuras, com sabor acre e picante. Retire os talos mais grossos antes de adicionar o agrião à salada.

Agrião

Alface *bibb* ou *limestone*

Parecida com a alface-lisa, mas de tamanho menor e mais delicada. Um pé inteiro pode ter apenas alguns centímetros de diâmetro (menos que 10 cm). A cor varia de verde-escuro na parte externa a amarelo-claro no centro. Sua maciez, sabor delicado e preço elevado fazem desse tipo de alface um luxo em muitos mercados. As folhas pequenas inteiras em geral são servidas separadamente com um molho *vinaigrette* leve, como salada após o jantar.

Alface *bibb* ou *limestone*

Alface-americana*

Também chamada de alface repolhuda, é um dos ingredientes mais comuns em saladas. Tem pé firme, compacto com folhas crocantes, de coloração verde-clara e sabor suave. Apreciada porque sua textura permanece crocante por mais tempo que outros tipos de alface. Pode ser utilizada separadamente, mas é melhor se misturada com outras folhas mais saborosas, como a alface-romana, por não possuir muito gosto. Conserva-se bem.

Alface-americana

*N.R.: Algumas variedades de alface tipo americana no Brasil: Salinas, Tainá e Great Lakes.

Alface-crespa

Alface-de-cordeiro (*mâche*)

Alface-lisa (manteiga)

Alface-romana

Chicória ou escarola-crespa

Chicória ou escarola-lisa

Endívia

Endívia-roxa

Alface-crespa*

Tem o formato de maço e não de repolho. Folhas macias, frágeis e com as bordas crespas. Pode ser totalmente verde ou com tons de roxo. Murcha com facilidade e não se conserva bem, mas tem baixo custo, proporciona sabor e variedade, tornando as saladas interessantes.

Alface-de-cordeiro (*mâche*)

Folha em formato de colher, pequena e muito macia. Tem sabor delicado e amendoado.

Alface-lisa**

Pé de alface pequeno e redondo, com folhas macias e frágeis. De coloração verde-escura por fora chegando a quase branca no centro. As folhas apresentam um sabor suave e delicado, com textura amanteigada – daí ser chamada também de alface-manteiga. As folhas se machucam com facilidade e não se conservam bem. Folhas em forma de concha, excelentes para serem usadas como base para saladas.

Alface-romana

Pé de alface alongado, com folhas soltas e rústicas, de coloração verde-escura. Textura crocante, com sabor adocicado e pronunciado. Conserva-se bem e é de fácil manuseio. Essencial para a salada Caesar. Para ocasiões mais elegantes, geralmente o talo é removido.

Brotos

Os brotos são plantas jovens que acabaram se nascer das sementes, antes que suas verdadeiras folhas se desenvolvam. Os brotos do feijão-mungo são muito usados na culinária chinesa. Os brotos de alfafa, nabo japonês e mostarda são frequentemente usados em saladas delicadas. Os brotos de alfafa possuem sabor suave, ao passo que os brotos de nabo e mostarda têm sabor picante.

Chicória ou escarola-crespa

Folhas estreitas, crespas e retorcidas, com textura firme e sabor amargo. As folhas externas são de coloração verde-escura, e a parte central é amarela ou branca. Atraente quando misturada a outras folhas ou usada como base ou guarnição, mas pode ser muito amarga se usada sozinha.

Chicória ou escarola-lisa

Folhas largas e grossas no formato de maço. Sua textura é rústica e ligeiramente dura, e seu sabor é um pouco amargo. Misture-a com folhas mais adocicadas para variar o sabor e a textura, e não a use sozinha por causa do sabor amargo. A escarola é frequentemente braseada com azeite de oliva e alho e servida como vegetal na culinária italiana.

Dente-de-leão

A conhecida planta ornamental é também cultivada para uso na culinária. Somente as folhas novas e macias podem ser usadas. As folhas mais velhas são grossas e amargas, embora as variedades cultivadas sejam mais suaves que o dente-de-leão silvestre. Nas regiões de clima temperado, é melhor na primavera.

Endívia

Maços estreitos e pontiagudos, pouco comprimidos e em formato de lança, com 10 a 15 cm de comprimento. Coloração que varia do amarelo-esverdeado claro ao branco. As folhas são crocantes, com textura cerosa e sabor amargo agradável. Geralmente tem preço elevado. Com frequência é servida sozinha, cortada ao meio, em cunhas ou com as folhas soltas, acompanhada de molho *vinaigrette* de mostarda.

Endívia-roxa

A endívia-roxa, ou *radicchio de Treviso*, é um vegetal de folhas vermelhas, parecida com o *radicchio*, mas com folhas alongadas como as da endívia. Como o *radicchio* e a endívia, pertence à família das chicórias e apresenta sabor levemente amargo.

---

*N.R.: Algumas variedades de alface tipo crespa no Brasil: Elisa, Áurea, Aurora, Floresta, Lolla e Regina.
**N.R.: Algumas variedades de alface tipo lisa no Brasil: Elisa, Áurea, Aurora, Floresta e Regina.

Espinafre

As folhas pequenas e tenras de algumas variedades de espinafre são excelentes para saladas de folha, tanto sozinhas quanto misturadas a outras folhas*. Uma salada comum nos Estados Unidos é constituída de folhas de espinafre guarnecidas com fatias cruas de cogumelos e bacon torrado e esfarelado. O espinafre deve ser muito bem lavado, e os talos grossos devem ser retirados.

Espinafre japonês ou gigante

Folhas para salada pré-lavadas e cortadas

Folhas pré-cortadas são vendidas em embalagens plásticas bem vedadas. Elas eliminam os custos com a mão de obra em estabelecimentos de grande porte, mas são mais perecíveis que as folhas não processadas. Mantenha-as sob refrigeração e não abra a embalagem até o momento de usar. As embalagens não abertas duram dois ou três dias. Prove antes de servir para ter certeza de que as folhas não contêm muito antioxidante, o que as torna amargas.

Frisée

Frisée

A *frisée* é a mesma planta que a chicória ou escarola-crespa, mas cultivada de maneira a torná-la mais tenra e menos amarga. Exceto pelas camadas externas, as folhas possuem um formato de pena, são delgadas e apresentam coloração amarelo-clara, com um sabor distinto, mas suave.

Microfolhas

Microfolhas

As primeiras folhas que se desenvolvem na planta depois que a semente brota. São folhas muito pequenas de ervas, alface e outros vegetais para salada, mais precoces e menores que as minialfaces. Usadas principalmente para guarnecer outros pratos tanto quentes quanto frios.

Mix de alfaces

Minialfaces

Folhas precoces e macias que compõem o *mix* de alface também estão disponíveis separadamente. Incluem variedades de folhas lisas e crespas, macias e crocantes, em cores e formatos variados.

Mix de alfaces (*mesclun*)

Mistura de folhas de alface precoces e tenras. Podem ser encontradas já mescladas, mas alguns *chefs* preferem comprar as folhas individualmente e fazer a sua própria combinação.

Mizuna

A *mizuna*, também conhecida como mostarda japonesa, é uma folha de coloração verde-escura com bordas irregulares, que lembra o dente-de-leão. Tem sabor suave de mostarda.

Mizuna

Radicchio

O *radicchio* é uma variedade italiana da chicória, com folhas vermelhas e talos ou veios esbranquiçados e geralmente formato pequeno e arredondado. Apresenta textura crocante e sabor levemente amargo. O *radicchio* tem preço elevado, mas apenas uma ou duas folhas são necessárias para acrescentar cor e sabor à salada.

Radicchio

Rúcula

Estas folhas de sabor distinto e pronunciado têm relação com a mostarda e o agrião. São tenras e perecíveis e, geralmente, vêm com muita terra, por isso devem ser lavadas cuidadosamente. Há algum tempo, a rúcula era encontrada apenas em restaurantes italianos nos Estados Unidos, mas hoje em dia pode ser encontrada com mais facilidade e está se tornando cada vez mais comum.

Tatsoi

Folha pequena, redonda e de coloração verde-escura. Seu sabor é agradável e semelhante ao da rúcula, do agrião e de outros membros da família da mostarda. Às vezes entra no *mix* de alfaces, embora não seja realmente uma alface.

Rúcula

Tatsoi

---

*N.R.: Espinafre é o nome dado a duas hortaliças distintas. O chamado "verdadeiro" (o mais consumido nos EUA) é originário da Ásia e pertence à família *Chenopodiaceae*. O outro, mais popular no Brasil, é originário da Nova Zelândia e pertence à família *Aizoaceae*. Suas folhas são triangulares, carnudas e de um verde mais escuro, e seus talos são mais frondosos.

Abacaxi

Ameixa-preta

Ameixa-vermelha

Banana

Caqui guiombo

Carambola

Cereja

Coco seco

FRUTAS FRESCAS: AVALIAÇÃO E PREPARO

A seguir será apresentado um resumo das frutas frescas mais comumente disponíveis. Serão enfatizados os atributos que devem ser observados ao comprá-las e a sua preparação para o uso. Além disso, serão incluídas informações para a identificação de algumas frutas exóticas. Quase todo mundo sabe o que são maçãs, bananas e morangos, mas nem todos podem identificar uma nectarina ou um marmelo. Também será fornecida a porcentagem de rendimento das frutas depois do pré-preparo. Na página 513 há uma explicação de como usar essas porcentagens.

Abacaxi. O abacaxi deve ser roliço e com aparência de fresco, com coloração amarelo-alaranjada e bem perfumado. Evite partes moles, machucadas, escuras e úmidas.

Armazene em temperatura ambiente por um dia ou dois para que perca o azedo, depois mantenha sob refrigeração. O abacaxi pode ser cortado de diversas maneiras. Para cortar em fatias, pedaços ou cubos, corte a parte superior e a parte inferior e retire a casca grossa das laterais, usando uma faca de inox. Retire todos os olhos. Corte em quatro no sentido da altura e retire a parte central. Fatie ou corte como desejar.

Porcentagem de rendimento: 50%

Ameixa. As ameixas devem ser roliças e firmes, mas não muito duras, com boa coloração e nenhuma mancha.

Lave, corte ao meio, retire o caroço ou sirva inteira.

Porcentagem de rendimento: 95% (apenas sem o caroço)

Banana. Escolha bananas roliças e lisas, sem machucados nem partes deterioradas. Todas as bananas são colhidas ainda verdes, portanto, não é preciso evitar as frutas não maduras. No entanto, evite as bananas muito maduras.

As bananas amadurecem em temperatura ambiente em 3 a 5 dias. Uma banana totalmente madura é toda amarela, com pequenas pintas marrons e nenhuma parte verde. Não armazene em geladeira ou ela escurecerá. Descasque e mergulhe em suco de fruta ácida para evitar que escureça.

Porcentagem de rendimento: 70%

Caqui. O caqui é um fruto vermelho-alaranjado cujas variedades podem ser divididas em dois grandes grupos. Os caquis taninosos, como o Taubaté, em geral têm polpa firme quando não maduros. Extremamente taninosos quando verdes, são praticamente incomíveis até que amadureçam, quando ficam macios, com textura gelatinosa. O caqui maduro é doce, suculento e saboroso, mas suave. A outra variedade inclui os caquis não taninosos, ou doces, como o *fuyu*, que é menor e com formato mais achatado. Não têm o mesmo teor de tanino e podem ser ingeridos até mesmo quando não estão maduros por completo. Selecione caquis roliços com boa coloração e com a extremidade da haste ainda presa à fruta.

Deixe amadurecer em temperatura ambiente até que estejam bem macios, depois conserve em geladeira. Retire o cabinho, corte como desejar e retire as sementes, se houver.

Porcentagem de rendimento: 80%

Carambola. A carambola é uma fruta brilhante, amarela, alongada, com cinco sulcos longitudinais de maneira a formar uma estrela quando cortada em fatias. É perfumada, variando de azeda a doce, com textura crocante. Procure frutas firmes e suculentas. Evite as frutas com extremidades escuras ou murchas.

Lave e corte no sentido da largura.

Porcentagem de rendimento: 99%

Cereja. Escolha frutas roliças, firmes, doces e suculentas. A cereja preta e a cereja *Bing* devem apresentar coloração escura e uniforme, quase preta.

Mantenha sob refrigeração, na embalagem original, até o momento de usar. Imediatamente antes de usar, retire o cabinho e descarte as frutas danificadas. Lave e escorra bem. Retire o caroço com um descaroçador.

Porcentagem de rendimento: 82% (sem caroço)

Coco. Sacuda-o para verificar se tem água dentro. Frutas sem água são secas demais. Evite cocos rachados ou com os olhos úmidos.

Fure um dos olhos do coco com um quebrador de gelo e retire a água. Quebre com um martelo e retire a polpa da casca (para facilitar, antes de quebrar o coco, coloque-o no forno a 175° por 10 a 15 minutos). Retire a película marrom aderida à carne branca com uma faca para legumes ou descascador.

Porcentagem de rendimento: 50%

Damasco. Somente os damascos amadurecidos no pé têm sabor suficiente. Eles se mantêm por uma semana ou menos sob refrigeração. Devem apresentar coloração amarelo-dourada e ser firmes e roliços, não moles. Evite as frutas muito moles, manchadas ou deterioradas.

Lave, corte ao meio e retire o caroço. Para muitas finalidades não é necessário descascar.

Porcentagem de rendimento: 94%

Figo. O figo *Calimyrna*, também chamado de figo *Smyrna*, é verde-claro por fora. O figo-roxo é conhecido em inglês por *mission* ou espanhol. Todos os figos são doces quando maduros, e a sua textura é macia e delicada. Devem ser roliços e macios, sem deterioração nem cheiro azedo.

Figo-roxo

Mantenha sob refrigeração (embora figos firmes não maduros possam ser deixados em temperatura ambiente por alguns dias, arrumados em uma só camada, até que amadureçam um pouco). Lave e escorra, manuseando com cuidado. Corte as pontas duras dos cabinhos.

Porcentagem de rendimento: 95% (80 a 85% se descascados)

Figo-da-índia. Este fruto em formato de gota tem o tamanho de um ovo grande. A coloração da casca varia do púrpura ao vermelho-esverdeado, e o interior esponjoso é de um vermelho-rosado brilhante, com sementes pretas. A polpa é doce e perfumada, mas o sabor é suave. Frutos de boa qualidade são macios, mas não moles, com boa coloração na casca, não esmaecida. Evite frutas com partes estragadas.

Figo-da-índia

Se a fruta estiver firme, deixe amadurecer em temperatura ambiente, depois mantenha sob refrigeração. Por ser fruto de um cacto, a casca é recoberta de espinhos, que são retirados antes do transporte, mas alguns menores, mais difíceis de ver, podem permanecer. Para evitar tocar nos espinhos, segure o fruto com um garfo enquanto corta a parte superior e a inferior. Ainda segurando com um garfo, descasque as laterais com a faca e descarte-as, sem tocá-las. Corte ou fatie a polpa como desejar, ou passe por uma peneira para fazer um purê e retirar as sementes.

Porcentagem de rendimento: 70%

Frutas vermelhas. Esta categoria inclui amoras, mirtilo (*blueberry*), oxicoco (*cranberry*), groselha-preta (*cassis*), groselha-vermelha, groselha-branca (*white currants*), airela vermelha (*lingonberry*), framboesa e morango. As frutas vermelhas devem ser suculentas, roliças e sem manchas, com coloração brilhante quando totalmente maduras. Preste atenção às frutas emboloradas ou estragadas. Partes úmidas na embalagem indicam frutas estragadas.

Mantenha-as sob refrigeração na embalagem original até o momento de usar, evitando o manuseio. Com exceção do oxicoco, as frutas vermelhas não se conservam bem. Descarte as frutas estragadas e qualquer material estranho. Lave com jato suave e escorra bem. Retire as hastes dos morangos. Geralmente são deixados os cabinhos na groselha para decoração. Manuseie as frutas vermelhas com cuidado para evitar machucá-las.

Porcentagem de rendimento: 92–95%

Grapefruit*. Selecione as frutas mais pesadas em relação ao tamanho e as que apresentam a casca firme e lisa. Evite as frutas moles e fofas, ou as que têm as extremidades pontudas, pois rendem menos e têm muita casca. Corte e prove para ver se estão doces.

*N.R.: Também comercializada no Brasil com o nome de toranja, embora tecnicamente a toranja seja uma espécie híbrida com a laranja-da-china.

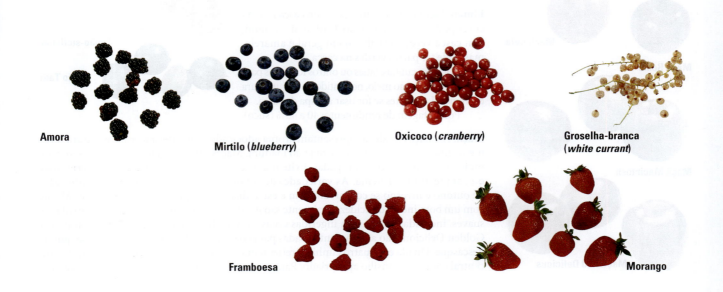

Amora — Mirtilo (*blueberry*) — Oxicoco (*cranberry*) — Groselha-branca (*white currant*) — Framboesa — Morango

Grapefruit

Kiwi

Para dividir em gomos ou cortar rodelas, descasque com uma faca de *chef*, retirando toda a parte branca (ver p. 139). Separe os gomos das membranas com uma faca pequena.

Porcentagem de rendimento: 45 a 50% (polpa sem as membranas); 40 a 45% (suco)

Kiwi. O kiwi é firme quando não está maduro. Torna-se ligeiramente mais mole quando maduro, mas não muda de cor de forma significativa. O kiwi comum tem a polpa verde. Também existem kiwis de polpa amarela. Deixe que amadureça em temperatura ambiente. Evite kiwis machucados ou com partes moles.

Retire a casca fina externa. Corte em rodelas.
Porcentagem de rendimento: 80%

Laranjas e tangerinas. Para comprar laranjas de boa qualidade, use as mesmas instruções dadas para a *grapefruit*. A tangerina, também chamada de mexerica e bergamota, pode parecer fofa, mas deve ser pesada em relação ao seu tamanho. Variedades incomuns incluem laranja-de-sangue (ou sanguínea), com polpa de coloração vermelho-escura e sabor intenso, e laranja-da-terra, com polpa azeda, apreciada no preparo de geleias.

Laranja

Tangerina

Descasque a tangerina à mão e separe os gomos. Para obter o suco, corte as laranjas ao meio no sentido da largura. Para obter os gomos, consulte *grapefruit*.

Porcentagem de rendimento: 60 a 65% (gomos sem as membranas); 50% (suco)

Laranjinha *kinkan*. Elas se parecem com laranjinhas alongadas, aproximadamente do tamanho de uma azeitona média. A casca e até mesmo as sementes são comestíveis. Na realidade, a casca é doce, enquanto a polpa e o suco são azedos. Evite as frutas moles ou murchas. A laranjinha *kinkan* se conserva bem e em geral pode ser encontrada em boas condições no mercado.

Laranjinha kinkan

Lave, escorra bem e corte como desejar.
Porcentagem de rendimento: 95 a 100%

Lichia. Esta fruta chinesa tem aproximadamente o tamanho de uma noz ou uma bolinha de pingue-pongue. A sua casca áspera, com textura de couro, possui coloração que varia do rosa-avermelhado ao marrom e é facilmente descascada, revelando uma polpa branca suculenta e aromática que envolve o caroço não comestível. Escolha as frutas mais roliças, pesadas e com boa coloração.

Lichia

Limão-siciliano

Limão Taiti

Descasque, corte ao meio e retire a semente.
Porcentagem de rendimento: 50%

Limão. Escolha limões firmes e com casca lisa. As cores podem variar: o limão Taiti, mais comum, tem casca verde; o siciliano em geral é amarelo, mas pode ter partes verdes na casca.

Corte em cunhas, fatias ou outros formatos para decorar, ou corte ao meio, no sentido da largura, para espremer. Lave antes se for usar a raspa da casca.

Porcentagem de rendimento: 40 a 45% (suco)

Maçã Golden Delicious

Maçã Granny Smith

Maçã Gala

Maçã Rome

Maçã Macintosh

Maçã Red Delicious

Maçã. As maçãs maduras apresentam aroma adocicado, sementes marrons e textura levemente mais macia do que a da fruta não madura. Maçãs muito maduras ou velhas são mais moles e, algumas vezes, enrugadas. Evite maçãs com machucados, manchas, deterioradas ou com textura macilenta. As variedades de verão não se conservam bem. As variedades de outono e inverno se conservam bem e estão disponíveis por um período maior. Maçãs com um bom índice de acidez geralmente são melhores para o cozimento do que variedades suaves, indicadas para serem ingeridas cruas, como a Red Delicious. A Granny Smith e a Golden Delicious são amplamente usadas para cozimento. Para preparar, lave e, se quiser, descasque. Divida em quatro cunhas e retire o miolo, ou deixe a fruta inteira e retire a parte central com um utensílio apropriado. Para cortar, use uma faca de inox. Depois de descascar, mergulhe em uma solução com suco de limão (ou outro suco de fruta ácida) ou ácido ascórbico para evitar que escureça.

Porcentagem de rendimento: 75%

Mamão. O mamão papaia é um fruto tropical em formato de pera com sabor suave e doce e aroma levemente floral. A polpa é amarela ou rosada, dependendo da variedade, e a cavidade central contém uma grande quantidade de sementes pretas arredondadas. Cada mamão papaia pode pesar menos de 500 g até mais de 1 kg. A casca é verde quando não maduro, tornando-se amarela à medida que amadurece. Para frutos de melhor qualidade selecione os firmes e simétricos, sem machucados ou partes estragadas. Evite os de coloração verde--escura que podem não amadurecer adequadamente.

Deixe amadurecer em temperatura ambiente até que esteja levemente macio e quase todo amarelo, com muito pouco verde. Lave. Corte ao meio no sentido do comprimento e retire as sementes. Descasque, se quiser, ou sirva na casca cortado ao meio.

Porcentagem de rendimento: 65%

Manga. Nos Estados Unidos, são dois os principais tipos dessa fruta tropical: oval, cuja coloração da casca varia do verde ao laranja ou vermelho, e em formato de rim, cuja casca é mais uniformemente amarela quando madura. A manga apresenta casca fina, mas dura, e a polpa, que varia do amarelo ao amarelo-alaranjado, é suculenta e perfumada. A manga deve ser roliça e firme, de cor clara e sem manchas. Evite mangas muito duras, que podem não amadurecer adequadamente.

Deixe amadurecer em temperatura ambiente até que esteja ligeiramente macia. Descasque e retire a polpa do caroço central, ou corte ao meio antes de descascar, usando uma faca com lâmina fina para separar a polpa ao redor das laterais do caroço.

Porcentagem de rendimento: 75%

Maracujá. É uma fruta tropical, que tem aproximadamente o tamanho de uma laranja, com a casca amarelo-clara que se torna enrugada quando madura (existe também uma variedade de marrom-arroxeada). Geralmente é meio oco quando maduro, com sumo, sementes e um pouco de polpa. O suco azedo apresenta sabor exótico intenso e aroma muito apreciado. Selecione os frutos grandes e pesados em relação ao tamanho. Se eles estiverem lisos, deixe que amadureçam em temperatura ambiente até que a casca fique ligeiramente enrugada.

Para usar, corte ao meio com cuidado para não perder o suco. Retire as sementes, o suco e a polpa, descartando a parte branca e esponjosa. As sementes podem ser ingeridas, portanto, não as descarte. Se precisar somente do suco, é mais econômico comprá-lo já pronto para o uso.

Porcentagem de rendimento: 40 a 45%

Marmelo. O marmelo cresce em climas temperados e já foi muito popular na Europa e na América do Norte. Existem muitos pés de marmelo antigos e negligenciados na região da Nova Inglaterra e em muitas outras regiões norte-americanas. A fruta se assemelha a uma pera grande e volumosa, amarela, com casca lisa ou ligeiramente felpuda. O fruto nunca é ingerido cru, pois é seco e duro. Quando cozido (geralmente em fogo baixo ou escalfado em calda de açúcar), torna-se perfumado, saboroso e doce, e a cor da polpa torna-se ligeiramente rosada. O fruto se conserva bem. Selecione os de boa coloração e sem machucados ou manchas.

Corte, descasque e retire as sementes como com a maçã ou a pera, depois cozinhe.

Porcentagem de rendimento: 75%

Melão e melancia. Observe as seguintes características ao selecionar um melão. Melão cantalupo: cicatriz lisa na extremidade do pedúnculo, sem sinal do pedúnculo (**maturação completa**, o que quer dizer que o melão foi colhido maduro). Casca amarela com pouca ou nenhuma coloração verde. Pesado, com bom aroma. Melão *honeydew*: bom aroma, levemente macio, pesado, casca de coloração branco-leitosa a amarelada, não muito verde. Os maiores são de melhor qualidade. Melão do tipo *crenshaw*, *casaba*, persa e amarelo: pesado, com aroma forte e levemente macio na extremidade oposta à do cabo. Melancia: parte interna vermelha, não branca. Firme e simétrica. As maiores rendem mais. Superfície aveludada, não muito brilhante. Ao cortar, observe se as sementes são duras, com coloração marrom-escura, e se a parte central não é branca.

Para preparar o melão, lave-o, corte ao meio e retire as sementes e fibras. Corte em cunhas e retire a casca, ou faça bolinhas com um boleador. Para a melancia, lave, corte-a ao meio ou em pedaços e faça bolinhas com um boleador, ou separe a polpa da casca e retire as sementes.

Porcentagem de rendimento:

Melancia: 45%; outros: 50 a 55%

Nectarina. Ver Pêssegos e nectarinas.

Mamão papaia

Manga

Maracujá-roxo

Marmelo

Melão cantalupo

Melão *honeydew*

Melão amarelo

Nectarina

Pera bartlett

Pera bosc

Pêssego

Romã

Ruibarbo

Uva

Pera. A pera deve ser limpa, firme e brilhante, sem manchas ou machucados.

Para ser ingerida crua, deve estar totalmente madura e perfumada. Para ser cozida, é melhor que não esteja totalmente madura, pois peras muito maduras são muito moles para serem cozidas. Lave, descasque, corte ao meio ou em quatro e retire as sementes. Para evitar que escureça, mergulhe em suco de fruta ácida.

Porcentagem de rendimento: 75% (descascada e sem sementes)

Pêssegos e nectarinas. Os pêssegos devem ser roliços e firmes, sem machucados ou manchas. Evite as frutas verde-escuras, que são prematuras e não amadurecerão. Evite também as que foram conservadas sob refrigeração antes de amadurecer, pois se tornam farinhentas. Selecione os pêssegos cujo caroço se solta com facilidade. As variedades cujo caroço adere à polpa requerem muito trabalho (são usadas principalmente para fazer doces).

Deixe amadurecer em temperatura ambiente, depois leve à geladeira. Descasque o pêssego branqueando-o em água fervente por 10 a 20 segundos, até que a casca saia com facilidade, e depois mergulhe-o em água gelada. A nectarina não precisa ser descascada. Corte ao meio, retire o caroço e mergulhe-a em suco de fruta, calda de açúcar ou em solução de ácido ascórbico para evitar que escureça.

Porcentagem de rendimento: 75%

Romã. A romã é um fruto subtropical, cujo tamanho assemelha-se ao de uma maçã grande. Possui casca seca de coloração vermelha que abriga uma grande quantidade de sementes. Cada uma das sementes é envolta por uma pequena esfera de polpa suculenta de coloração vermelho-brilhante. A romã é muito usada por causa do seu suco vermelho, azedo e adocicado. As sementes com a polpa que as envolve também podem ser usadas como enfeite em sobremesas e até pratos a base de carne. Procure frutos pesados, sem machucados. Quando pressionada, deve ceder levemente à pressão; se estiver muito dura, pode estar seca.

Para prepará-las, abra delicadamente a casca sem machucar as sementes e quebre com cuidado a fruta em pedaços. Separe as sementes das membranas que as envolvem. Extrair o suco é difícil. Alguns métodos esmagam as sementes, tornando o suco amargo. O método a seguir faz um suco melhor: com a palma da mão, role a romã inteira sobre o balcão, para quebrar os glóbulos de suco que envolvem as sementes. Depois, faça um furo na lateral da fruta e esprema o suco.

Porcentagem de rendimento: 55%

Ruibarbo. O ruibarbo é um caule, não um fruto, mas é usado como fruta. Procure ruibarbos firmes, crocantes e tenros, de talos grossos, e não finos ou murchos.

Descarte as folhas, que são tóxicas. Apare a extremidade da raiz, se necessário. Descasque com um descascador de legumes, se quiser, ou elimine essa etapa se o talo não for muito fibroso. Corte no tamanho desejado.

Porcentagem de rendimento: 85 a 90% (se comprado sem as folhas)

Uva. Escolha frutas firmes, maduras com boa coloração e cachos completos. As uvas devem estar firmes no cacho e não devem cair se balançadas. Preste atenção aos bagos deteriorados ou murchos perto das extremidades dos cabos.

Mantenha sob refrigeração na embalagem original. Lave e escorra. Com exceção das variedades sem sementes, corte ao meio e retire as sementes com a ponta de uma faca para legumes.

Porcentagem de rendimento: 90%

MONTAGEM E APRESENTAÇÃO

ESTRUTURA DA SALADA

Uma salada empratada pode ter até quatro partes: base, corpo, molho e guarnição. Todas as saladas apresentam uma parte principal, mas a base e a guarnição fazem parte de apenas algumas saladas, conforme será possível observar na discussão a seguir.

Logicamente, essa discussão se refere apenas a saladas individuais empratadas. Quando usamos o termo salada para nos referirmos a uma mistura de ingredientes, como em "1 kg de salada de batatas", as **quatro partes de uma salada** não se aplicam.

Base

Uma colherada de salada de batata parece nua se servida sozinha como acompanhamento em um prato de salada. Colocá-la sobre uma base de alface torna-a mais atraente e também identifica-a como salada. Embora a maioria das saladas de folhas verdes e muitas saladas compostas sejam apresentadas sem uma base, saladas com maionese e outros molhos espessos e outras saladas de vegetais podem ficar mais atraentes e apetitosas quando servidas sobre uma camada de folhas verdes.

Saladas 685

Folhas de alface-americana em formato de concha ou de alface-manteiga são bases bastante atraentes. Dão altura às saladas e ajudam a agrupar porções isoladas de alimentos.

Uma camada de folhas planas e soltas (como de alface-romana, alface-crespa ou chicória), ou de folhas de alface rasgadas, também pode ser usada como base. Este tipo de base envolve menos trabalho e custo, pois não é necessário separar folhas inteiras, em forma de concha, de um pé de alface.

Corpo

O corpo é a parte principal da salada e a que recebe maior atenção neste capítulo.

Guarnição

Uma guarnição é um item decorativo comestível acrescentado a uma salada para atrair o olhar, embora geralmente também acrescente sabor. Não deve ser complicado nem dominar a salada. Lembre-se do princípio básico da guarnição: simplicidade.

A guarnição deve harmonizar com o restante dos ingredientes da salada e, logicamente, ser comestível. Pode ser misturada aos outros ingredientes da salada (por exemplo, tiras de repolho-roxo misturadas a uma salada de folhas verdes), ou pode ser acrescentada no final.

Geralmente, os principais ingredientes de uma salada formam um padrão atraente por si só, e nenhuma guarnição é necessária. No caso de determinadas saladas mistas e outras saladas com muitos ingredientes ou componentes, pode não haver uma distinção clara entre a guarnição e um ingrediente atraente que faça parte do corpo da salada. Em geral, se a salada é atraente e balanceada sem o acréscimo de uma guarnição, não adicione mais nada.

Quase todos os vegetais, frutas e alimentos proteicos relacionados nas páginas 676-677, cortados em formatos simples e adequados, podem ser usados como guarnição.

Molho

O molho consiste em uma preparação líquida ou semilíquida temperada que é adicionada ao corpo da salada para acrescentar mais sabor, acidez, tempero e umidade.

O molho deve harmonizar com os ingredientes da salada. Em geral, use molhos ácidos para saladas verdes e de vegetais, e use molhos levemente adocicados para saladas com frutas. Folhas verdes delicadas, como alface-lisa ou mimosa, pedem um molho leve. Um molho espesso e pesado amolecerá as folhas.

O molho pode ser acrescentado na hora de servir (em saladas verdes), pode ser servido separado para que o cliente se sirva, ou pode ser misturado aos ingredientes antecipadamente (como na salada de batata, salada de atum, salada de ovos, etc). Saladas misturadas a um molho espesso e pesado, como a maionese, para ligar os ingredientes, são chamadas de **bound salads** (saladas ligadas) em inglês.

Lembre-se: O molho é um *tempero* para os ingredientes principais. Deve acentuar o sabor desses alimentos, e não encobri-los, ou encharcá-los. Revise as regras de uso dos temperos no Capítulo 4.

Orientações para a montagem de saladas

1. **Mantenha a salada longe da borda do prato.**

   Pense na borda do prato como a moldura de um quadro e arrume a salada dentro desta moldura. Selecione o prato adequado para o tamanho da porção, nem muito grande nem muito pequeno.

2. **Busque um equilíbrio de cores.**

   A alface-americana por si só parece pálida, mas pode ser revigorada ao ser misturada com folhas mais escuras e, talvez, tiras de cenoura, repolho-roxo ou outros vegetais coloridos. Por outro lado, não exagere. Às vezes, apenas uns tons diferentes de verde criam um efeito bonito. Muitas cores podem dar a impressão de desordem.

3. **A altura torna a salada mais atraente.**

   Ingredientes dispostos de maneira a acrescentar altura ao prato são mais interessantes do que se forem espalhados e planos. Se usadas como base, folhas de alface em forma de concha acrescentam altura. Geralmente, apenas um pouco de altura é suficiente. Arrume os ingredientes, como pedaços de fruta ou fatias de tomate, de maneira a ficarem sobrepostos ou encostados uns aos outros, e não deitados sobre o prato.

4. **Corte os ingredientes com cuidado.**

   O corte com bordas irregulares, ou de maneira desleixada, faz com que toda a salada pareça ter sido feita com desleixo, de qualquer jeito.

5. **Preserve a identidade dos ingredientes.**

   Corte cada um dos ingredientes em pedaços suficientemente grandes para que o cliente possa identificá-los de imediato. Não passe nada pelo processador. Pedaços que podem ser colocados inteiros na boca são a regra geral em termos de tamanho, a menos que o ingrediente possa ser facilmente cortado com um garfo, como rodelas de tomate. Ingredientes do tempero, como cebola, podem ser bem picados.

6. **Simplicidade.**

   Uma montagem simples e natural é mais agradável. Um *design* elaborado, pretensioso e artificial ou, ainda, um prato caótico ou muito cheio não são agradáveis. Além disso, um *design* superelaborado toma muito tempo.

MONTANDO A SALADA

Talvez até mais do que para a maioria dos outros alimentos, a aparência e a arrumação de uma salada é essencial para a sua qualidade. A variação de cores dos ingredientes da salada dá ao *chef* a oportunidade de criar pequenas obras de arte no prato.

Infelizmente é praticamente impossível apresentar regras para montar saladas, da mesma maneira que é impossível ensinar como se pinta um quadro, porque os princípios de composição, equilíbrio e simetria são os mesmos para as duas artes. É algo que você precisa desenvolver por meio da experiência e estudando bons exemplos.

Procedimento para a produção de saladas em grande quantidade

Quando as saladas são preparadas em grande quantidade, um sistema de linha de produção é mais eficiente. A Figura 21.1 ilustra esta técnica.

Lembre-se das regras para a manipulação segura dos alimentos. Quase todos os ingredientes da salada são ingeridos sem serem cozidos, por isso é essencial evitar contaminação cruzada. Use superfícies de trabalho e utensílios higienizados. Lave bem as mãos antes de iniciar o trabalho. Em determinados locais, as leis sanitárias exigem o uso de luvas sempre que o cozinheiro estiver manuseando alimentos prontos para o consumo.

Figura 21.1
Produção eficiente de saladas em grande quantidade.

(a) Prepare todos os ingredientes antecipadamente. Arrume os pratos gelados de salada em bandejas para facilitar a refrigeração.

(b) Disponha a base de alface em todos os pratos.

(c) Disponha o corpo da salada (neste caso, salada de batata) em todos os pratos.

(d) Enfeite todas as saladas. Mantenha sob refrigeração até o momento de servir.

1. Prepare todos os ingredientes. Lave e corte as folhas. Prepare os vegetais que devem ser cozidos. Corte todas as frutas, vegetais e guarnições. Misture as saladas marinadas e as saladas à base de maionese e outros molhos espessos (salada de ovos, salada de batata, salada de feijões etc.). Mantenha todos os ingredientes sob refrigeração.
2. Arrume os pratos de salada nas mesas de trabalho. Coloque-os em assadeiras para facilitar a transferência para o refrigerador.
3. Disponha a base em todos os pratos.
4. Disponha o corpo da salada em todos os pratos.
5. Enfeite todas as saladas.
6. Mantenha sob refrigeração até o momento de servir. Não reserve por muitas horas, ou a salada poderá murchar. As geladeiras devem apresentar umidade alta.
7. Só adicione o molho às saladas verdes no momento de servir, senão elas murcharão.

RECEITAS E TÉCNICAS

O pré-preparo meticuloso é extremamente importante para as saladas. As saladas envolvem pouco cozimento, mas muito trabalho manual demorado. A salada pode ser preparada de maneira rápida e eficiente somente se a praça for montada de maneira adequada.

SALADAS VERDES

Princípios

A saladas verdes devem ser frescas, limpas, crocantes, frias e bem escorridas, ou a salada será de baixa qualidade. Boas folhas verdes dependem de um preparo adequado.

É necessário umidade e ar para manter as folhas crocantes.

1. As folhas murcham porque perdem umidade. O efeito crocante pode ser restaurado com a lavagem e o resfriamento. A umidade que adere às folhas depois de serem bem lavadas geralmente é suficiente. Muita água pode encharcá-las e dilui o sabor e os nutrientes.

2. A circulação de ar é essencial para que as folhas respirem. Não retire muito o ar das folhas lavadas, nem embale-as muito apertadas. Mantenha-as sob refrigeração, cobertas com toalhas limpas e umedecidas ou em recipientes plásticos perfurados elaborados especificamente para essa finalidade. Isso evita que sequem ao mesmo tempo em que permite a circulação de ar.

As folhas podem escurecer ou manchar se, depois de cortadas, forem guardadas por muito tempo. Isso pode ser parcialmente evitado se forem lavadas com um antioxidante suave e cortadas com facas de inox. Melhor ainda, planeje a compra e a produção de maneira que elas não precisem ser guardadas por muito tempo.

Procedimento básico de preparo para saladas verdes

1. **Lave bem as folhas.**

   Retire o miolo central dos pés de alface repolhudas batendo a base delicadamente contra uma superfície plana, como uma tábua de cortar ou a lateral da pia, e depois torcendo-a para acabar de arrancar. Não amasse o pé de alface ou ele ficará todo machucado. Corte o miolo dos demais tipos de alface com uma faca, ou separe as folhas para remover toda a terra. Lave bem, trocando a água fria diversas vezes até que as folhas estejam completamente limpas. Para a alface-americana, depois de retirar o miolo, coloque o pé de alface sob o jato da torneira e deixe a água escorrer pelo buraco deixado pelo talo. Depois, vire-a para baixo para escorrer.

2. **Escorra bem as folhas.**

   Tire as folhas da água e coloque-as em um escorredor. Existem máquinas e utensílios que secam rapidamente as folhas por centrifugação. Se a água não for escorrida o molho ficará aguado e a salada encharcada.

3. **Resfrie as folhas para que fiquem crocantes.**

   Leve as folhas à geladeira em um escorredor coberto com toalhas umedecidas, ou em um compartimento perfurado, para possibilitar que o ar circule e que água escorra completamente.

4. **Corte ou rasgue em pedaços do tamanho de uma mordida.**

   Muitas pessoas insistem em rasgar as folhas em vez de cortá-las, mas se a quantidade a ser preparada é grande, esse método é demorado. Além disso, é muito provável que você amasse ou machuque as folhas.

   Use facas de inox bem amoladas para cortar. Pedaços que podem ser colocados inteiros na boca são importantes para a comodidade do cliente. É difícil comer ou cortar folhas grandes com um garfo de salada.

5. **Misture as folhas.**

   Misture as folhas delicadamente até obter uma salada uniforme. A guarnição composta de vegetais crus mais secos, como tiras de pimentão verde ou cenoura, pode ser misturada neste momento. Apenas certifique-se de que os vegetais, ao serem cortados, não ficaram unidos, e nem permita que assentem no fundo do recipiente. Fitas largas e delgadas ou vegetais cortados em tiras misturam-se melhor.

   Quando as saladas verdes forem ser servidas imediatamente, acrescente o molho às folhas ainda no recipiente onde foram misturadas. Misture bem para envolvê-las bem no molho. Disponha nos pratos (etapa 6) e sirva imediatamente. Para saladas que podem ser preparadas com antecedência, continue com as etapas 6 a 9.

6. **Monte a salada (inclusive a base, se for utilizá-la).**

   Use pratos gelados. Não use pratos que acabaram de sair da lava-louças.

   Evite empratar as saladas mais de 1 ou 2 horas antes de servi-las, pois podem murchar ou secar.

7. **Guarneça ou decore**

   Exceções: (a) guarnições acrescentadas às folhas na etapa 5. (b) Guarnições que não se conservam bem (*croûtons* ficam ensopados, abacate escurece, etc.). Acrescente esses ingredientes somente no momento de servir.

8. **Mantenha sob refrigeração.**

9. **Acrescente o molho imediatamente antes de servir ou sirva-o à parte.**

   As folhas murcham rapidamente depois que o molho é acrescentado.

Salada verde mista

Porções: 25 **Tamanho da porção: 70 a 90 g**

Quantidade	Ingredientes
2 kg	Folhas verdes variadas
500-750 mL	*Vinaigrette* básico ou variação (p. 723)

Por porção:
Calorias, 130; Proteínas, 1 g; Gorduras, 13 g (91% cal.); Colesterol, 0 mg; Carboidratos, 2 g; Fibras, 2 g; Sódio, 160 mg.

■ **Modo de preparo**

1. Revise as orientações e os procedimentos básicos para o preparo de saladas verdes (p. 687).
2. Lave bem e escorra completamente as folhas. Mantenha no refrigerador.
3. Corte ou rasgue as folhas em pedaços que possam ser colocados inteiros na boca.
4. Disponha as folhas em uma tigela e mexa-as delicadamente até obter uma mistura uniforme.
5. Imediatamente antes de servir, acrescente o molho e misture para envolver bem as folhas.
6. Disponha em pratos de salada gelados e sirva imediatamente.

Variações

É possível usar qualquer combinação de folhas verdes. Ao usar pés de alface, conte com variações no rendimento ao limpar e cortar. Planeje o PL de 70 a 90 g por porção.

Vegetais não suculentos podem ser misturados às folhas. Consulte na página 676 a relação dos vegetais. Cenoura ralada e repolho-roxo em tirinhas são úteis, pois uma pequena porção acrescenta um toque colorido atraente.

A guarnição pode ser acrescentada depois que as saladas estiverem empratadas, por exemplo:

| Cunhas de tomate | Pepino fatiado | Rodelas de pimentão | *Croûtons* |
| Tomate-cereja | Rabanete | Rodelas de cebola-roxa | Ovo cozido em rodelas ou em cunhas |

Variação ao servir: em vez de misturar a salada com o molho, disponha as folhas no prato e reserve-as até o momento de servir. Imediatamente antes de servir, despeje o molho sobre a salada ou sirva-o à parte.

Salada de espinafre

Porções: 25 **Tamanho da porção: 90 g**

Quantidade	Ingredientes
1,4 kg	Folhas de espinafre "verdadeiro" (ver p. 679) sem o talo
350 g	Bacon
450 g	Cogumelo-paris fresco
6	Ovos bem cozidos

Por porção:
Calorias, 60; Proteínas, 5 g; Gorduras, 3,5 g (50% cal.); Colesterol, 55 mg; Carboidratos, 3 g; Fibras, 2 g; Sódio, 130 mg.

Observação: o bacon pode ser acrescentado quando a salada é montada (etapa 9). Contudo, é menos apetitoso, pois a gordura endurece no refrigerador. Para obter uma salada de melhor qualidade, frite o bacon o mais perto possível do momento de servir.

■ **Modo de preparo**

1. Lave o espinafre trocando a água diversas vezes até sair toda a sujeira. Escorra bem. Coloque no refrigerador.
2. Frite o bacon em uma chapa ou coloque no forno em uma assadeira rasa até que fique crocante. Escorra e deixe esfriar.
3. Esmigalhe o bacon.
4. Lave os cogumelos e escorra bem. Corte as pontas dos talos. Corte em fatias finas.
5. Pique os ovos grosseiramente.
6. Coloque o espinafre em uma tigela grande. Rasgue as folhas maiores em pedaços menores. As folhas menores podem ficar inteiras.
7. Adicione os cogumelos. Misture bem.
8. Disponha a salada em pratos gelados.
9. Salpique os ovos por cima.
10. Mantenha sob refrigeração até o momento de servir.
11. Na hora de servir, salpique com o bacon esmigalhado.
12. Sirva com uma das variações do *vinaigrette* ou com o molho francês para salada (p. 729).

Salada *Caesar* (método 1: preparada na frente do cliente)

Porções: 8 Tamanho da porção: 125 g, mais o molho

Quantidade	Ingredientes
1 kg	Folha de alface-romana
125 g	Pão branco
30-45 mL	Azeite de oliva
1-2	Dente de alho
4-8	Filés de anchova
250 mL	Azeite de oliva
2	Ovos pasteurizados
75 mL	Suco de limão-siciliano
30 g	Queijo parmesão ralado
a gosto	Sal

Por porção:
Calorias, 370; Proteínas, 6 g; Gorduras, 33 g (80% cal.);
Colesterol, 55 mg; Carboidratos, 12 g; Fibras, 2 g;
Sódio, 270 mg.

Salada *Caesar*

■ Modo de preparo

1. Lave bem e escorra completamente as folhas. Coloque no refrigerador.
2. Corte a casca do pão. Corte o pão em pequenos cubos de aproximadamente 1 cm de lado.
3. Aqueça uma camada fina de azeite de oliva em uma frigideira em fogo moderadamente alto. Acrescente os cubos de pão e salteie-os no azeite até que fiquem dourados e crocantes. Adicione mais azeite, se necessário.
4. Retire os *croûtons* da frigideira e reserve até o momento de servir. Não leve à geladeira.
5. Prepare todos os ingredientes com antecedência e arrume-os em um carrinho no salão de jantar.
6. Pergunte ao cliente quanto alho deseja. Dependendo da resposta, esfregue na tigela um dente de alho cortado e retire-o, ou deixe-o na tigela para amassá-lo juntamente com as anchovas.
7. Pergunte ao cliente quantas anchovas prefere, caso queira anchova.
8. Amasse o alho com a anchova na tigela até formar uma pasta.
9. Aos poucos, incorpore cerca de metade do azeite de oliva à mistura, batendo bem.
10. Acrescente as folhas verdes e misture para envolvê-las na mistura de azeite.
11. Quebre o ovo na beirada da tigela e acrescente-o à salada. Misture bem à alface.
12. Acrescente o suco de limão e o azeite restante, o queijo parmesão e um pouco de sal. Misture bem.
13. Acrescente os *croûtons* e misture uma última vez.
14. Arrume no prato e sirva.

VARIAÇÕES

Salada *Caesar* (método 2: preparada na praça de *garde manger*)
Prepare os *croûtons* e as folhas verdes como na receita básica. Misture o molho Caesar pronto (p. 729) às folhas. Disponha no prato e acrescente os *croûtons*.

Salada *Caesar* com frango grelhado
Coloque sobre a salada *Caesar* fatias de peito de frango grelhado.

Salada da horta

Porções: 25   *Tamanho da porção: 90 g, mais a guarnição*

Quantidade	Ingredientes
1,6 kg	Folhas verdes variadas
250 g	Pepino
125 g	Salsão
125 g	Rabanete
125 g	Cebolinha
125 g	Cenoura
700 g	Tomate

Por porção:
Calorias, 25; Proteínas, 2 g; Gorduras, 0,5 g (14% cal.); Colesterol, 0 mg; Carboidratos, 5 g; Fibras, 2 g; Sódio, 25 mg.

■ **Modo de preparo**

1. Inclua algum tipo de alface crocante com textura firme entre as folhas verdes, como a alface-romana ou a americana.
2. Lave bem e escorra completamente as folhas. Coloque no refrigerador.
3. Sulque os pepinos no sentido do comprimento com os dentes de um garfo (ver p. 529). Descasque-os se tiverem sido parafinados. Corte em fatias finas.
4. Corte o salsão em fatias finas na diagonal.
5. Limpe os rabanetes e corte-os em fatias finas.
6. Corte as raízes e as extremidades murchas da cebolinha. Corte ao meio no sentido da largura. Depois corte em tiras finas no sentido do comprimento.
7. Limpe a cenoura. Rale-a no ralador médio.
8. Retire o umbigo dos tomates. Corte em cunhas, 8 a 10 por tomate, dependendo do tamanho.
9. Corte ou rasgue a alface em pedaços que possam ser colocados inteiros na boca.
10. Coloque todos os ingredientes, exceto os tomates, em uma tigela grande. Misture bem.
11. Disponha a salada em pratos ou tigelinhas gelados.
12. Enfeite com as cunhas de tomate.
13. Mantenha sob refrigeração até o momento de servir.
14. Sirva com um molho apropriado.

SALADAS DE LEGUMES, GRÃOS, LEGUMINOSAS E MASSAS

Princípios

Saladas de legumes são saladas cujo principal ingrediente são outros vegetais além da alface e de outras verduras de folha. Alguns legumes são usados crus, como o salsão, o pepino, o rabanete, o tomate e o pimentão verde. Outros são cozidos e resfriados antes de serem incluídos na salada, como a alcachofra, a vagem, a beterraba e o aspargo. Consulte na p. 676 uma relação dos vegetais que podem ser usados.

Ingredientes ricos em amido como grãos, massas e leguminosas secas também podem compor o corpo de uma salada. Esses ingredientes geralmente apresentam sabor insípido, sem graça, que deve ser acentuado com um molho azedo bem temperado. É comum os vegetais crus ou cozidos serem adicionados aos ingredientes ricos em amido para acrescentar cor e sabor e proporcionar equilíbrio nutricional à salada. Dependendo da proporção de vegetais e ingredientes ricos em amido, nem sempre é possível classificar a salada como uma salada de legumes ou rica em amido. Contudo, as instruções abaixo se aplicam à preparação de todas essas saladas.

Além disso, ingredientes proteicos como aves, carnes, peixes e frutos do mar e queijos podem ser acrescentados às saladas de legumes ou às ricas em amido.

Algumas saladas à base de maionese e outros molhos espessos, discutidas na página 702, podem ser consideradas uma subcategoria das saladas de legumes ou das ricas em amido. Entretanto, muitas saladas à base de maionese e outros molhos espessos contêm um item proteico como ingrediente principal, por isso são discutidas em uma categoria separada. Não existe uma linha divisória exata entre esses tipos. Uma salada de repolho com molho à base de maionese, como a *coleslaw*, por exemplo, pode ser considerada como pertencente a qualquer uma das duas categorias.

Saladas

Orientações para preparar saladas de legumes, grãos, leguminosas e massas

1. O corte perfeito e preciso dos ingredientes é importante porque o formato dos vegetais acrescenta apelo visual. O *design* da montagem de uma salada de vegetais geralmente tem como base formatos diferentes, como vagens e aspargos longos e finos, cunhas de tomate, fatias de pepino, tiras ou rodelas de pimentão verde e flores de rabanete.
2. Corte os vegetais o mais perto possível do momento de servir, pois podem secar, ou as bordas podem encolher.
3. Vegetais cozidos devem apresentar textura firme, crocante e boa coloração. Vegetais muito cozidos e moles não são atraentes em uma salada. Ver no Capítulo 16 os princípios do cozimento de vegetais.
4. Depois de cozidos, os vegetais devem ser bem escorridos e resfriados antes de serem acrescentados à salada.
5. Ingredientes ricos em amido, massas e leguminosas devem ser cozidos até que fiquem tenros, mas não cozidos em excesso. Os ingredientes ricos em amido absorvem líquido do molho da salada, portanto, podem ficar moles se forem muito cozidos. Grãos e feijões pouco cozidos podem apresentar uma textura rija e desagradável quando resfriados.
6. Os vegetais são, às vezes, embebidos ou marinados em tempero antes de serem colocados na salada, como na salada de feijões e na salada de cogumelos *à la grecque*. A marinada é geralmente um tipo de molho feito de óleo e vinagre que também serve como molho para salada. Não emprate as saladas marinadas muito antes da hora de servir, pois a base de alface pode murchar. Use folhas firmes e crocantes (como a alface-americana, a romana ou a chicória) para a base, pois elas não murcham tão rapidamente.
7. Grãos e massas podem também ser marinados por um período curto, mas evite mariná-los por mais do que algumas horas, pois é provável que absorvam muito líquido e amoleçam. Isso acontece muito com massas cozidas. As leguminosas não devem ser marinadas por muito tempo também, mas pelo motivo contrário. O ácido da marinada pode enrijecer as proteínas dos feijões ou das lentilhas.

Coleslaw (salada de repolho)

Porções: 25
Tamanho da porção: 100 g

Quantidade	Ingredientes
750 mL	Maionese
60 mL	Vinagre
30 g	Açúcar (opcional)
2 colheres (chá)	Sal
½ colher (chá)	Pimenta-do-reino branca
2 kg (PL)	Repolho, em tiras finas
25	Folhas de alface em concha

Por porção:
Calorias, 230; Proteínas, 2 g; Gorduras, 24 g (89% cal.); Colesterol, 25 mg; Carboidratos, 5 g; Fibras, 5 g; Sódio, 270 mg

Modo de preparo

1. Misture a maionese, o vinagre, o açúcar, o sal e a pimenta em uma tigela de inox. Mexa até obter uma mistura homogênea.
2. Acrescente o repolho e misture bem.
3. Prove e, se necessário, acrescente mais sal e/ou vinagre.
4. Arrume as folhas de alface em pratos gelados para servirem de base.
5. Usando uma colher com extrator, coloque uma porção de salada de repolho no centro de cada prato.
6. Mantenha sob refrigeração até o momento de servir.

VARIAÇÕES

1. Molho cozido para salada (p. 730) em vez de maionese. Reduza ou omita o vinagre.
2. Substitua metade da maionese por creme de leite azedo.
3. Substitua 1 xícara (250 mL) de maionese por creme de leite fresco.
4. Substitua o vinagre por suco de limão-siciliano.
5. Use 500 mL de *vinaigrette* básico e omita a maionese e o vinagre. Tempere com 2 colheres (chá) de semente de aipo e 1 colher chá (5 mL) de mostarda em pó.
6. Acrescente 2 colheres (chá) de semente de aipo ao molho básico de maionese.

Coleslaw de repolho-verde e roxo
Use metade de repolho-roxo e metade de repolho-verde.

Coleslaw com cenoura
Acrescente 500 g de cenoura ralada à receita básica. Reduza o repolho para 1,7 kg.

Garden slaw
Acrescente os seguintes ingredientes à receita básica: 250 g de cenoura ralada; 125 g de salsão picado ou cortado em *julienne*; 125 g de pimentão verde picado ou cortado em *julienne*; 60 g de cebolinha picada. Reduza o repolho para 1,7 kg.

Coleslaw com frutas
Acrescente os seguintes ingredientes à receita básica: 125 g de uva-passa, deixada de molho em água quente e escorrida; 250 g de maçã com casca cortada em cubos pequenos; 250 g de abacaxi cortado em cubos pequenos. Use molho de creme de leite azedo (variação 2 do molho ao lado) e use suco de limão-siciliano em vez de vinagre.

Salada de repolhos variados e maçã

Rendimento: 3,5 kg

Porções: 24 *Tamanho da porção: 150 g*

Quantidade	Ingredientes
900 g	Repolho-roxo
900 g	Repolho-verde
800 g	Maçã Granny Smith
45 mL	Suco de limão-siciliano
600 mL	Vinagre de maçã
125 mL	Creme de leite
250 mL	Óleo para salada
a gosto	Sal
a gosto	Pimenta-do-reino branca
50 g	Cebolinha-francesa picada

Por porção:
Calorias, 140; Proteínas, 1 g; Gorduras, 12 g (69% cal.); Colesterol, 5 mg; Carboidratos, 11 g; Fibras, 3 g; Sódio, 15 mg.

■ **M o d o   d e   p r e p a r o**

1. Pique os repolhos em tiras finas, usando um *mandoline*, um fatiador de frios ou a lâmina de fatiar do processador de alimentos.
2. Descasque e retire as sementes das maçãs, corte-as em *julienne* fino. Misture com o suco de limão-siciliano.
3. Para fazer o *vinaigrette*, misture o vinagre e o creme de leite com um batedor, depois incorpore o óleo. Tempere a gosto.
4. Misture o repolho e a maçã e tempere com o *vinaigrette*. Deixe marinar por 2-3 horas.
5. Antes de servir, junte a cebolinha-francesa picada e misture.

Salada de pimentão à moda basca

Porções: 16 *Tamanho da porção: 175 g*

Quantidade	Ingredientes
1,2 kg	Pimentão vermelho (aproximadamente 5 pimentões médios)
1,2 kg	Pimentão verde ou amarelo
500 mL	Azeite de oliva
125 mL	Vinagre de vinho branco
a gosto	Sal
a gosto	Pimenta-do-reino
75 g	Folhas de manjericão fresco

Por porção:
Calorias, 280; Proteínas, 1 g; Gorduras, 27 g (86% cal.); Colesterol, 0 mg; Carboidratos, 9 g; Fibras, 3 g; Sódio, 5 mg.

■ **M o d o   d e   p r e p a r o**

1. Asse os pimentões e retire a pele, como mostrado na Figura 16.12 (p. 530). Retire a parte central e as sementes.
2. Corte os pimentões em tiras de 1 cm de largura e no sentido do comprimento.
3. Misture o azeite, o vinagre, o sal e a pimenta-do-reino para fazer o molho. Coloque sobre os pimentões em uma tigela e deixe marinar por, pelo menos, 2 a 3 horas.
4. Imediatamente antes de servir, pique bem a maioria das folhas de manjericão e misture aos pimentões, reservando algumas inteiras para enfeitar.
5. Se desejar, sirva a salada acompanhada de pão, para comer com o molho.

Saladas 693

Salada de pepino com endro e iogurte

Porções: 10   *Tamanho da porção: 100 g*

Quantidade	Ingredientes
750 g	Pepino
15 g	Sal
500 g	Iogurte natural
50 g	Folha de endro fresco, picada
a gosto	Pimenta-do-reino moída na hora

Por porção:
Calorias, 40; Proteínas, 2 g; Gorduras, 1,5 g (36% cal.);
Colesterol, 5 mg; Carboidratos, 4 g; Fibras, 1 g; Sódio, 570 mg.

Modo de preparo

1. Corte os pepinos ao meio no sentido do comprimento. Retire as sementes com uma colher e descarte-as. Corte no formato de meia-lua, com ½ cm de espessura.
2. Coloque em um escorredor, polvilhe com sal e reserve por 30 minutos.
3. Lave o sal sob água corrente, escorra e seque com uma toalha.
4. Misture com o iogurte e com o endro, depois tempere a gosto com pimenta-do-reino.

Salada de feijão-branco

Porções: 12   *Tamanho da porção: 175 g*

Quantidade	Ingredientes
500 g	Feijão-branco
1	Cenoura
1	Cebola
2	Cravos-da-índia
1	*Bouquet garni* (ver p. 152)
a gosto	Sal
80 mL	Vinagre
a gosto	Sal
a gosto	Pimenta-do-reino
6	Chalotas, bem picadas
60 g	Ervas frescas variadas (cebolinha-francesa, salsinha, cerefólio), picadas
325 mL	Óleo
750 g	Tomate
125 g	Cenoura
2 pés	*Radicchio*

Por porção:
Calorias, 380; Proteínas, 10 g; Gorduras, 27 g (62% cal.);
Colesterol, 0 mg; Carboidratos, 28 g; Fibras, 7 g; Sódio, 20 mg.

Modo de preparo

1. Deixe o feijão de molho de um dia para o outro em água fria.
2. Enxágue e coloque em uma panela com 6 L de água. Acrescente a cenoura, a cebola espetada com os cravos-da-índia e o *bouquet garni*. Aqueça até ferver e então cozinhe em fogo brando por 1 a 2 horas, ou até que os grãos estejam macios (depois de cozinhar por 45 minutos, acrescente o sal). Escorra e deixe esfriar por 10 minutos. Descarte a cenoura, a cebola com os cravos-da-índia e o *bouquet garni*.
3. Com um batedor de arame, misture o vinagre, o sal e a pimenta-do-reino a gosto, a chalota e as ervas picadas.
4. Junte o óleo aos poucos, batendo sempre.
5. Tire a pele e as sementes do tomate e corte em cubos. Junte ao *vinaigrette*.
6. Assim que o feijão estiver morno, misture-o no *vinaigrette* e coloque-o no refrigerador para esfriar completamente.
7. Rale a cenoura e esprema para retirar o suco. Descarte o suco ou reserve para outro uso. Misture a cenoura à salada de feijão.
8. Corte o *radicchio* em tiras. Use-o para forrar os pratos. Distribua a salada de feijão por cima.

Cogumelos *à la grecque*

Porções: 25 *Tamanho da porção:* 75 g

Quantidade	Ingredientes
2 kg	Cogumelo pequeno, inteiro
1 L	Água
500 mL	Azeite de oliva
175 mL	Suco de limão-siciliano
1	Talo de salsão
2 colheres (chá)	Sal
	Sachê:
2	Dentes de alho amassados
1 ½ colher (chá)	Grãos de pimenta-do-reino, levemente triturados
2 colheres (chá)	Sementes de coentro
1	Folha de louro
1 colher (chá)	Tomilho seco
25	Folhas de alface em concha
¼ de xícara (chá)	Salsinha picada

Por porção:
Calorias, 180; Proteínas, 3 g; Gorduras, 19 g (88% cal.); Colesterol, 0 mg; Carboidratos, 3 g; Fibras, 1 g; Sódio, 190 mg.

■ Modo de preparo

1. Lave e seque os cogumelos. Corte as pontas dos talos. Deixe os cogumelos inteiros (se todos forem grandes, corte-os em quatro).
2. Coloque a água, o azeite de oliva, o suco de limão-siciliano, o salsão e o sal em uma panela de inox. Feche os ingredientes do sachê em um pano fino e coloque na panela.
3. Aqueça até levantar fervura. E então cozinhe em fogo brando por 15 minutos para extrair o aroma das especiarias.
4. Adicione os cogumelos. Cozinhe em fogo brando por mais 5 minutos.
5. Retire do fogo. Deixe os cogumelos esfriarem no líquido.
6. Descarte o salsão e o sachê. Deixe os cogumelos marinando de um dia para o outro no refrigerador (eles se conservam por vários dias na marinada).
7. Arrume a base de folhas de alface em pratos gelados.
8. Imediatamente antes de servir, coloque uma porção de 75 g de cogumelos sobre cada folha de alface, usando uma colher perfurada.
9. Salpique com a salsinha picada.

Variações

Outros vegetais podem ser preparados *à la grecque* usando esta receita. Aumente o tempo de cozimento conforme necessário, mas deixe os vegetais ainda crocantes.

- Coração de alcachofra
- Cenoura, em rodelas ou cubos
- Couve-flor em pequenos buquês
- Alho-poró
- Cebola-pérola

Salada de cenoura ralada com maionese

Porções: 25 *Tamanho da porção:* 100 g

Quantidade	Ingredientes
2,5 kg	Cenoura
375 mL	Maionese
250 mL	*Vinaigrette*
a gosto	Sal
25	Folhas de alface em concha
13	Azeitonas pretas sem caroço

■ Modo de preparo

1. Descasque a cenoura. Rale-a no ralo grosso.
2. Misture a maionese e o *vinaigrette*. Mexa até obter uma mistura homogênea.
3. Acrescente a cenoura e misture bem. Tempere com sal a gosto.
4. Arrume as bases de conchas de alface em pratos gelados.
5. Usando uma colher com extrator, coloque uma porção de salada de cenoura sobre cada folha de alface.
6. Corte as azeitonas ao meio no sentido do comprimento. Coloque uma metade de azeitona no topo de cada salada.

VARIAÇÕES

Salada de cenoura com uva-passa branca
Cozinhe 250 g de uva-passa branca em água, em fogo brando, por 2 minutos. Deixe esfriar e escorra. Misture as passas com a cenoura.

Salada de cenoura com abacaxi
Misture 375 g de abacaxi em calda, escorrido e bem picado, com a cenoura.

Salada de cenoura com salsão
Reduza a quantidade de cenoura para 1,7 kg. Misture 750 g de salsão (cortado em *julienne*) ou aipo-rábano (ralado) à cenoura.

Salada de salsão
Use salsão ou aipo-rábano em vez de cenoura na receita básica. Corte os talos em fatias finas em vez de ralar. Acrescente 2 colheres de sopa (30 mL) de mostarda tipo francesa ou Dijon ao molho.

Por porção:
Calorias, 200; Proteínas, 1 g; Gorduras, 18 g (79% cal.); Colesterol, 10 mg; Carboidratos, 10 g; Fibras, 3 g; Sódio, 20 mg.

Salada de cenoura com uva-passa branca

Salada de rosbife da Costa do Pacífico

Porções: 25 *Tamanho da porção:* 150 g

Quantidade	Ingredientes
900 g	Broto de feijão
450 g	Ervilha-torta, limpa e branqueada
225 g	Cenoura, cortada em *julienne*
350 g	Castanha-d'água, fatiada
125 g	Cebolinha, picada
125 g	Amêndoas laminadas, torradas
700 g	Rosbife, frio
800 mL	*Vinaigrette* oriental (p. 725)
700 g	Acelga, cortada em tiras
50	Gomos de laranja sem pele

Por porção:

Calorias, 330; Proteínas, 11 g; Gorduras, 27 g (72% cal.); Colesterol, 25 mg; Carboidratos, 13 g; Fibras, 4 g; Sódio, 200 mg.

■ Modo de preparo

1. Misture o broto de feijão, a ervilha-torta, a cenoura, a castanha-d'água, a cebolinha e as amêndoas. Mantenha sob refrigeração.
2. Corte a carne em fatias de 6 mm de espessura, depois corte em tiras finas.
3. Cerca de 2 horas antes de servir, deixe a carne marinando no *vinaigrette* por 30 a 60 minutos.
4. Acrescente a combinação de vegetais à mistura de carne e *vinaigrette*. Misture bem.
5. Forre os pratos de salada com a acelga cortada em tiras.
6. Distribua a salada nos pratos.
7. Enfeite cada prato com 2 gomos de laranja sem pele.

VARIAÇÕES

Substitua o rosbife por frango, peru, pernil ou pato.

Salada de rosbife da Costa do Pacífico

Saladas 697

Salada de macarrão com legumes

Porções: 25 Tamanho da porção: 125 g

Quantidade	Ingredientes
700 g	Macarrão *ditaline* (ave-maria) cozido, frio
450 g	Grão-de-bico cozido, ou outro tipo de leguminosa, frio
350 g	Abobrinha, cortada em cubos médios, crua ou branqueada
350 g	Vagem, cozida, cortada em rodelas de 1 cm
250 g	Cebola-roxa, em cubos
175 g	Azeitona preta pequena, sem caroço
175 g	Salsão, em cubos
125 g	Pimentão verde, em cubos
125 g	Pimentão vermelho, em cubos
¼ de xícara (chá)	Alcaparra, escorrida
125 g	Queijo parmesão, ralado
700 mL	Molho italiano para salada (p. 723)
25	Folhas de alface para a base
25	Cunhas de tomate ou tomates-cereja

Por porção:
Calorias, 290; Proteínas, 6 g; Gorduras, 22 g (67% cal.); Colesterol, 5 mg; Carboidratos, 18 g; Fibras, 4 g; Sódio, 420 mg.

■ **M o d o   d e   p r e p a r o**

1. Misture o macarrão, o grão-de-bico, os legumes e o queijo em uma tigela grande. Misture bem.
2. Não mais do que 1 a 2 horas antes de servir, adicione o molho e misture.
3. Arrume as folhas de alface em pratos gelados.
4. Imediatamente antes de servir, coloque uma porção de 125 g de salada sobre cada folha de alface.
5. Enfeite cada salada com uma cunha de tomate.

V A R I A Ç Õ E S

Acrescente à mistura da salada 450 g de salame, *pepperoni* ou queijo mussarela em cubos ou fatiados.

Salada de tomate *heirloom**

Porções: 12 Tamanho da porção: 125 g

Quantidade	Ingredientes
1,5 kg	Tomate *heirloom* maduro, 3 a 4 variedades (ver Modo de preparo)
12 punhados	Minifolhas verdes variadas
180 mL	Azeite de oliva extravirgem
90 mL	Vinagre balsâmico
a gosto	Sal grosso moído
a gosto	Pimenta-do-reino

Por porção:
Calorias, 150; Proteínas, 1 g; Gorduras, 14 g (82% cal.); Colesterol, 0 mg; Carboidratos, 6 g; Fibras, 1 g; Sódio, 100 mg.

*N.R.: Tomates não manipulados geneticamente. Apresentam-se, por esse motivo, em vários formatos, tamanhos e cores. São muito apreciados por seu sabor e suculência inigualáveis, além de terem um forte apelo visual.

■ **M o d o   d e   p r e p a r o**

1. Selecione os tomates: use 3 a 4 variedades, bem maduros e saborosos, de diversas cores (amarelo, verde, laranja, diferentes tons de vermelho), dependendo da disponibilidade. Inclua pelo menos um tipo de tomate pequeno, como o tomate-cereja.
2. Prepare os tomates: tire a pele dos tomates branqueando-os por 10 segundos em água fervente, corte a parte do cabo com uma faca e puxe a pele. Não é necessário tirar a pele de tomates pequenos que tenham a pele fina. Corte os tomates grandes em rodelas. Corte os tomates pequenos em quatro ou ao meio, ou deixe-os inteiros, dependendo do tamanho.
3. Arrume os tomates de maneira atrativa sobre pratos grandes para salada.
4. Coloque um pequeno punhado de folhas sobre cada prato.
5. Regue os tomates com um pouco de azeite de oliva e depois um pouco de vinagre balsâmico.
6. Salpique com um pouco de sal e pimenta-do-reino.

V A R I A Ç Õ E S

Em vez de azeite de oliva e vinagre, regue a salada com *Vinaigrette* balsâmico (p. 723) ou *Vinaigrette* de mostarda (p. 723).

Insalata caprese
Use somente uma variedade de tomate grande e vermelho. Tire a pele e fatie. Alterne sobrepondo rodelas de tomate e mussarela fresca sobre um prato ou travessa. Salpique com manjericão fresco cortado em *chiffonade*, sal grosso moído e pimenta-do-reino. Regue com azeite de oliva.

Salada de vegetais com feijão e provolone

Porções: 12 *Tamanho da porção:* 175 g

Quantidade	Ingredientes
360 g	Tomate italiano, sem miolo e sem sementes
360 g	Alface-americana
240 g	Queijo provolone
240 g	Abacate, sem o caroço e sem casca
60 g	Cebolinha limpa
175 g	Azeitona verde, picada
240 g	Milho-verde em grão, cozido
360 g	Feijão *kidney* (ou outro feijão marrom grande e firme) cozido, sem o caldo
240 mL	Molho italiano para salada (p. 723)
12	Folhas de alface

Por porção:
Calorias, 290; Proteínas, 9 g; Gorduras, 23 g (68% cal.); Colesterol, 15 mg; Carboidratos, 15 g; Fibras, 5 g; Sódio, 660 mg.

■ Modo de preparo

1. Pique os tomates em pedaços de aproximadamente 0,5 cm.
2. Corte a alface em pedaços pequenos.
3. Corte o queijo em cubos pequenos.
4. Corte o abacate em cubos pequenos e ligeiramente irregulares.
5. Corte a cebolinha em fatias finas.
6. Misture o tomate, a alface, o queijo, o abacate, a cebolinha, a azeitona, o milho e o feijão.
7. Acrescente o molho e misture bem.
8. Arrume as folhas de alface em pratos gelados.
9. Coloque uma porção de salada sobre cada folha de alface.

Variações

Quase todas as combinações de ingredientes, inclusive carnes cozidas, aves e frutos do mar podem ser transformados em uma salada picada. Por exemplo, a receita acima pode ser transformada em uma salada mais substancial para ser servida como prato principal adicionando-se frango cozido, peru ou presunto defumado picados, na base de 60 g por porção.

Para uma versão vegana da receita acima, elimine o queijo. Se quiser uma salada com proteína, adicione *tofu* firme, branqueado, espremido (ver p. 659) e picado.

Salada de feijões com azeitonas e tomate

Porções: 12 *Tamanho da porção:* 125 g

Quantidade	Ingredientes
250 g	Grão-de-bico cozido, sem o caldo
250 g	Feijão *kidney* (ou outro feijão marrom grande e firme) cozido, sem o caldo
250 g	Feijão-branco cozido, sem o caldo
300 g	Tomate, sem pele e sem semente, em cubos pequenos
60 g	Azeitona verde sem caroço, fatiada
60 g	Azeitona preta sem caroço, fatiada
60 g	Cebola-roxa, bem picada
250 mL	*Vinaigrette* de mostarda (p. 723)
2 colheres (sopa)	Salsinha picada
12	Folhas de alface

■ Modo de preparo

1. Misture o grão-de-bico e os feijões em uma tigela. Acrescente o tomate, as azeitonas e a cebola. Misture delicadamente.
2. Acrescente o *vinaigrette*. Misture.
3. Tampe e mantenha sob refrigeração por 2 a 4 horas.
4. Antes de servir, junte a salsinha picada.
5. Arrume as folhas de alface em pratos gelados.
6. Coloque uma porção da salada sobre cada folha.

Por porção:
Calorias, 220; Proteínas, 5 g; Gorduras, 16 g (62% cal.); Colesterol, 0 mg; Carboidratos, 17 g; Fibras, 6 g; Sódio, 320 mg.

Salada de feijões com azeitonas e tomate

Saladas 699

Salada de quinoa com pimentão

Porções: 12 *Tamanho da porção: 135 g*
Quantidade   Ingredientes

275 g	Quinoa
750 mL	Água
¼ de colher (chá)	Sal

125 g	Pimentão vermelho, em cubos pequenos
125 g	Pimentão verde, em cubos pequenos
60 g	Cebolinha, bem picada
180 g	Pepino, sem casca e sem semente, em cubos pequenos
90 g	Damasco seco, bem picado
250 mL	Molho italiano para salada (p. 723)
a gosto	Sal

12	Folhas de alface ou *radicchio*

■ Modo de preparo

1. Lave bem a quinoa em água corrente. Escorra.
2. Misture com a água e o sal. Aqueça até ferver. Abaixe o fogo, tampe e cozinhe em fogo brando até que os grãos estejam cozidos, aproximadamente 15 minutos.
3. Espalhe os grãos cozidos em uma panela rasa para esfriarem.

4. Misture em uma tigela a quinoa já fria, os pimentões, a cebolinha, o pepino e o damasco.
5. Acrescente o molho e misture bem.
6. Tempere com sal a gosto.

7. Arrume as folhas de alface em pratos gelados.
8. Coloque uma porção da salada sobre cada folha.

VARIAÇÕES

Esta salada também pode ser feita com arroz integral, trigo-espelta ou *couscous* marroquino.

Por porção:
Calorias, 220; Proteínas, 4 g; Gorduras, 14 g (56% cal.); Colesterol, 0 mg; Carboidratos, 21 g; Fibras, 2 g; Sódio, 200 mg.

Salada de quinoa com pimentão

Panzanella

Porções: 10 *Tamanho da porção: 125 g*
Quantidade   Ingredientes

375 g	Pão italiano rústico
750 g	Tomate maduro, sem pele
45 g	Cebola-roxa, bem picada
15 g	Manjericão fresco rasgado em pedaços pequenos
125 mL	Azeite de oliva
60 mL	Vinagre de vinho tinto
⅛ de colher (chá)	Pimenta vermelha em flocos
a gosto	Sal
a gosto	Pimenta-do-reino

Por porção:
Calorias, 200; Proteínas, 4 g; Gorduras, 12 g (53% cal.); Colesterol, 0 mg; Carboidratos, 20 g; Fibras, 2 g; Sódio, 200 mg.

■ Modo de preparo

1. Use um pão firme para esta receita. Se necessário, deixe-o desembrulhado por algumas horas para que seque, ou seque-o ligeiramente no forno.
2. Pique o pão em bocados. Coloque em uma tigela grande.
3. Pique os tomates grosseiramente em pedaços de 1 cm. Coloque na tigela.
4. Acrescente os outros ingredientes. Misture bem.
5. Reserve por aproximadamente 1 hora, até que o pão tenha absorvido os sucos e esteja amolecido.

VARIAÇÕES

Acrescente qualquer um dos ingredientes abaixo à mistura: 250 g de pepino sem casca e sem semente picado; 125 g de talos tenros de salsão.

Salada de lentilha

Porções: 10   *Tamanho da porção:* 125 g

Quantidade	Ingredientes
375 g	Lentilha francesa (*du Puy*)
1 L	Água
125 g	Salsão, cortado em *brunoise*
125 g	Cenoura, cortada em *brunoise*
45 g	Cebola-roxa, cortada em *brunoise*
30 g	Salsinha, picada
145 mL	Azeite de oliva
60 mL	Suco de limão
a gosto	Sal
a gosto	Pimenta-do-reino
12	Folhas de alface

Modo de preparo

1. Escolha, lave e escorra a lentilha.
2. Coloque em uma panela funda com água. Aqueça até ferver. Reduza o fogo e deixe cozinhar por aproximadamente 25 minutos até que esteja macia, mas não desmanchando.
3. Escorra a lentilha e coloque em uma tigela.
4. Enquanto a lentilha ainda estiver morna, acrescente o salsão, a cenoura, a cebola, a salsinha, o azeite e o suco de limão. Misture bem.
5. Tempere a gosto com sal e pimenta-do-reino.
6. Arrume as folhas de alface em pratos de salada.
7. Sirva a salada morna ou fria. Coloque uma porção de salada sobre cada folha de alface.

Por porção:
Calorias, 200; Proteínas, 9 g; Gorduras, 11 g (44% cal.); Colesterol, 0 mg; Carboidratos, 23 g; Fibras, 6 g; Sódio, 35 mg.

Salada de brócolis, presunto cru e semente de girassol

Porções: 12   *Tamanho da porção:* 140 g

Quantidade	Ingredientes
125 g	Uva-passa
1 kg	Floretes de brócolis
125 g	Presunto cru, fatiado fino e depois picado
90 g	Sementes de girassol (sem casca), torradas
90 g	Chalota ou cebola-roxa, bem picada
180 mL	Molho francês para salada (p. 729)
125 mL	Creme de leite fresco

Modo de preparo

1. Coloque as passas em uma tigela e acrescente água até cobri-las. Reserve por 1 hora.
2. Escorra.
3. Coloque as passas, o brócolis, o presunto cru, as sementes de girassol e a chalota em uma tigela. Misture bem.
4. Misture o molho com o creme de leite. Acrescente à salada e misture bem.

Por porção:
Calorias, 240; Proteínas, 7 g; Gorduras, 19 g (67% cal.); Colesterol, 15 mg; Carboidratos, 14 g; Fibras, 3 g; Sódio, 280 mg.

Salada de brócolis, presunto cru e semente de girassol

Saladas 701

Tabule

Porções: 12 *Tamanho da porção:* 125 g

Quantidade	Ingredientes
375 g	Trigo para quibe, de textura fina ou média
500 g	Pepino
1 ½ colher (chá)	Sal grosso moído
45 g	Salsinha picada
45 g	Cebolinha em fatias finas
180 g	Tomate, sem pele e sem semente, picado
90 mL	Suco de limão
90 mL	Azeite de oliva
a gosto	Sal
a gosto	Pimenta-do-reino
12	Folhas de alface

■ Modo de preparo

1. Coloque o trigo em uma tigela. Cubra com água fervente na proporção de 2 vezes o seu volume.
2. Tampe e reserve até que esteja completamente frio. O trigo deve ter absorvido a maior parte da água e deve estar macio o suficiente para ser ingerido. Se restar algum líquido, escorra e esprema os grãos delicadamente. Afofe com um garfo e reserve.
3. Descasque o pepino e corte-o em quatro no sentido do comprimento. Tire as sementes com uma colher e descarte-as. Corte em fatias de 0,5 cm de espessura.
4. Misture o pepino com o sal grosso em uma tigela e reserve por 30 minutos.
5. Enxágue, escorra e seque com uma toalha.
6. Misture o trigo, o pepino, a salsinha, a cebolinha, o tomate, o suco de limão e o azeite.
7. Acrescente sal e pimenta-do-reino a gosto.
8. Arrume as folhas de alface em pratos gelados.
9. Coloque uma porção de tabule sobre cada folha.

Por porção:
Calorias, 170; Proteínas, 4 g; Gorduras, 7 g (36% cal.); Colesterol, 0 mg; Carboidratos, 24 g; Fibras, 6 g; Sódio, 240 mg.

Salada de grãos de trigo com hortelã

Porções: 16 *Tamanho da porção:* 90 g da mistura de grão de trigo, mais 15 g de rúcula

Quantidade	Ingredientes
225 g	Trigo em grão
700 mL	Água
450 g	Tomate, sem pele e sem semente, picado
60 g	Cebolinha em fatias finas
30 g	Salsinha picada
45 g	Hortelã picada
115 g	Azeitona preta sem caroço, picada grosseiramente
175 mL	*Vinaigrette* de limão (p. 723)
a gosto	Sal
350 g	Rúcula, lavada e aparada

■ Modo de preparo

1. Lave e escorra os grãos de trigo.
2. Coloque em uma panela funda com a água. Aqueça até ferver, abaixe o fogo e deixe cozinhar, com a panela parcialmente tampada, até que os grãos fiquem macios, por aproximadamente 1 hora. Verifique constantemente se não está secando. Acrescente mais água, se necessário.
3. Quando o trigo estiver macio, escorra e transfira para uma panela rasa para esfriar.
4. Misture o trigo, o tomate, a cebolinha, a salsinha, a hortelã e a azeitona. Misture bem.
5. Acrescente o *vinaigrette*. Misture.
6. Prove e adicione mais sal, se necessário.
7. Leve à geladeira por 1 hora, ou até o momento de servir.
8. Arrume a rúcula em pratos de salada gelados.
9. Coloque uma porção da mistura de trigo sobre a rúcula.

Por porção:
Calorias, 140; Proteínas, 2 g; Gorduras, 9 g (39% cal.); Colesterol, 0 mg; Carboidratos, 14 g; Fibras, 3 g; Sódio, 150 mg.

SALADAS LIGADAS

Princípios

Estas saladas consistem em misturas de alimentos unidos ou ligados com um molho, geralmente um molho espesso como a maionese. O termo *bound salad* ("salada ligada" em inglês) é mais comumente usado na América do Norte para se referir a misturas tradicionais de maionese com itens proteicos cozidos, amidos e vegetais, tais como as tradicionais saladas *chicken salad* (de frango), *tuna salad* (de atum), *egg salad* (de ovos cozidos) e *potato salad* (de batata).

Conforme observado na discussão das saladas de vegetais e amidos, na página 690, não há uma linha limítrofe entre aquela categoria e esta, de saladas à base de maionese e outros molhos espessos. Portanto, você deve ter em mente as orientações para o preparo dos dois tipos de salada ao preparar as saladas ligadas.

Algumas dessas saladas, principalmente as que são feitas com itens proteicos, são também usadas como recheios para sanduíches. Os ingredientes para recheio de sanduíche devem sempre ser bem picados ou cortados em cubos pequenos para serem adequados para esse uso. As saladas empratadas ou montadas, ao contrário, podem conter pedaços maiores, se desejado.

Alguns itens cozidos usados para compor saladas ligadas:

Frango	Lagosta
Peru	Ovo
Presunto	Batata
Atum	Macarrão
Salmão	Arroz
Siri	Vegetais
Camarão	

Orientações para o preparo de saladas ligadas

1. Os ingredientes cozidos devem estar totalmente frios antes de serem misturados à maionese, e a mistura final deve ser mantida sempre sob refrigeração. As saladas à base de maionese são o local propício para a proliferação de bactérias que causam intoxicação alimentar.

2. Este tipo de salada é muito bom para aproveitar as sobras de frango, carne ou peixe, mas os ingredientes devem ter sido manipulados de acordo com as regras de boas práticas na manipulação de alimentos. Lembre-se de que o produto não será cozido novamente para destruir quaisquer bactérias que possam contaminar a salada e causar problemas.

3. Batatas para salada devem ser cozidas inteiras, depois descascadas e cortadas, para que os nutrientes sejam preservados.

4. Exceto no caso de recheios para sanduíche, não corte os ingredientes em pedaços muito pequenos, ou o produto final ficará semelhante a um mingau ou pasta, e não terá textura alguma.

5. Vegetais crocantes geralmente são adicionados por causa da textura. O salsão é o mais comum, outras opções são: pimentão verde, cenoura crua, picles picados, cebola, castanha-d'água e maçã. Mas certifique-se de combinar bem os sabores.

6. Ingredientes principais suaves, como batata e frutos do mar, podem ser marinados em tempero, como um *vinaigrette*, antes de serem misturados à maionese e aos outros ingredientes. Qualquer marinada não absorvida deve ser bem escorrida para evitar que a salada fique aguada.

7. Incorpore os molhos espessos delicadamente, para evitar amassar ou quebrar os ingredientes principais.

8. As saladas ligadas geralmente são colocadas em porção com uma colher-medida com extrator. Isso tem duas vantagens: (a) proporciona o controle da porção; (b) dá altura e forma à salada.

9. Para saladas empratadas, sirva sobre uma base de folhas e escolha guarnições atraentes e coloridas quando apropriado. Uma porção de salada de batata ou frango tem uma aparência pálida e sem graça quando empratada sem uma base ou guarnição.

Maionese de legumes com nabo

Porções: 25 *Tamanho da porção: 125 g*

Quantidade	Ingredientes
1 kg	Cenoura cozida, em cubos de 0,5 cm
1 kg	Nabo cozido, em cubos de 0,5 cm
500 g	Vagem cozida, em rodelas de 0,5 cm
500 g	Ervilha fresca cozida ou em lata
500 mL, ou conforme necessário	Maionese
a gosto	Sal
a gosto	Pimenta-do-reino branca
25	Folhas de alface em concha
25	Cunhas de tomate

■ Modo de preparo

1. Resfrie todos os ingredientes antes de misturá-los.
2. Coloque os vegetais e a maionese em uma tigela e misture bem. Use apenas a quantidade de maionese necessária para dar liga. Tempere a gosto com sal e pimenta-do-reino branca.
3. Coloque a base de alface em pratos de salada gelados.
4. Usando uma colher com extrator, coloque uma porção de salada em cada prato. Enfeite com 1 cunha de tomate.

Por porção:
Calorias, 180; Proteínas, 3 g; Gorduras, 14 g (68% cal.); Colesterol, 10 mg; Carboidratos, 12 g; Fibras, 4 g; Sódio, 150 mg.

Salada de frango ou peru com maionese

Porções: 25 *Tamanho da porção: 100 g*

Quantidade	Ingredientes
1,4 kg	Frango ou peru cozidos, em cubos de 1 cm
700 g	Salsão, em cubos de 0,5 cm
500 mL	Maionese
60 mL	Suco de limão
a gosto	Sal
a gosto	Pimenta-do-reino branca
25	Folhas de alface em concha
conforme necessário	Ramos de salsinha ou agrião

■ Modo de preparo

1. Coloque todos os ingredientes em uma tigela. Misture delicadamente até obter uma mistura bem homogênea.
2. Arrume a base de alface em pratos de salada gelados.
3. Usando uma colher com extrator, coloque uma porção de salada de frango em cada prato. Enfeite com a salsinha ou agrião.
4. Mantenha sob refrigeração até o momento de servir.

Por porção:
Calorias, 200; Proteínas, 15 g; Gorduras, 22 g (74% cal.); Colesterol, 60 mg; Carboidratos, 2 g; Fibras, 1 g; Sódio, 170 mg.

V A R I A Ç Õ E S

Adicione qualquer um dos seguintes ingredientes à receita básica:

- 175 g de noz-pecã ou noz comum, picadas grosseiramente
- 6 ovos cozidos, picados
- 225 g de uva-passa sem semente, cortadas ao meio, e 90 g de amêndoas picadas ou laminadas
- 225 g de abacaxi em calda, escorrido, em cubos
- 225 g de abacate em cubos
- 450 g de pepino descascado, sem sementes, em cubos, podem substituir as 450 g de salsão
- 225 g de castanha-d'água fatiada

Salada de ovo cozido
Substitua o frango da receita básica por 28 ovos cozidos cortados em cubos.

Salada de atum ou salmão
Substitua o frango da receita básica por 1,4 kg de salmão ou atum em lata, ralado e escorrido. Adicione 60 g de cebola picada. Ingrediente opcional: 100 g de picles picado, ou alcaparras escorridas.

Salada de batata

Porções: 25
Tamanho da porção: 125 g

Quantidade	Ingredientes
2,5 kg (PB)	Batata cerosa (ver Observação)
375 mL	*Vinaigrette* básico (p. 723)
1 ½ colher (chá)	Sal
¼ de colher (chá)	Pimenta-do-reino branca
375 g	Salsão, em cubos pequenos
125 g	Cebola, bem picada (Ingredientes opcionais — ver Variações a seguir)
500 mL	Maionese
25	Folhas de alface em concha
50	Tirinhas de *pimiento* (pimentão doce)

Por porção:
Calorias, 290; Proteínas, 2 g; Gorduras, 24 g (74% cal.); Colesterol, 10 mg; Carboidratos, 17 g; Fibras, 2 g; Sódio, 360 mg.

Observação: ver páginas 582 a 584 para informações sobre os tipos de batata. Não use batatas farinhentas para saladas porque elas não conservam o formato.

■ Modo de preparo

1. Escove as batatas. Cozinhe no vapor ou em água fervente até que fiquem macias, mas não cozinhe demais.
2. Escorra. Deixe no escorredor ou espalhe em uma assadeira rasa até que estejam suficientemente frias para serem manuseadas.
3. Descasque as batatas ainda mornas. Corte em cubos de 1 cm.
4. Misture o molho, o sal e a pimenta-do-reino. Acrescente as batatas e misture cuidadosamente para evitar que quebrem ou amassem.
5. Deixe marinando até que esfriem. Por razões de segurança alimentar, conserve sob refrigeração até iniciar a próxima etapa.
6. Se ainda houver *vinaigrette* que não tenha sido absorvido pela batata, escorra.
7. Acrescente o salsão, a cebola e, se desejar, qualquer um dos itens opcionais relacionados abaixo. Misture delicadamente.
8. Acrescente a maionese. Misture cuidadosamente até obter uma mistura homogênea.
9. Mantenha sob refrigeração até o momento de servir.
10. Arrume a base de alface em pratos de salada gelados.
11. Usando uma colher com extrator, coloque uma porção de 125 g de salada de batata em cada prato.
12. Enfeite cada prato colocando duas tirinhas de *pimiento* em forma de cruz sobre a salada.
13. Mantenha sob refrigeração até o momento de servir.

VARIAÇÕES

Ingredientes opcionais que podem ser acrescentados na etapa 7:

   4-6 ovos cozidos, em cubos
   60 g de pimentão verde, em cubos pequenos
   60 g de *pimiento*, em cubos pequenos
   125 g de picles picados, alcaparras ou azeitonas fatiadas
   ¼ de xícara (chá) de salsinha picada

As etapas em que a batata é marinada no *vinaigrette* (4 e 5) podem ser omitidas, se necessário. Neste caso, resfrie as batatas antes de misturá-las à maionese. Acrescente 60 mL de vinagre à maionese e verifique cuidadosamente os temperos. Leve à geladeira por pelo menos 2 horas antes de servir.

Saladas 705

Salada de batata à francesa

Porções: 25 *Tamanho da porção: 125 g*

Quantidade	Ingredientes
3,5 kg	Batata cerosa
250 mL	Óleo para salada
200 mL	Vinagre de vinho (branco ou tinto)
125 g	Cebola ou chalota, bem picadas
¼ de colher (chá)	Alho, bem picado
¼ de xícara (chá)	Salsinha picada
1 colher (sopa)	Estragão seco
a gosto	Sal
a gosto	Pimenta-do-reino

Por porção:
Calorias, 180; Proteínas, 2 g; Gorduras, 9 g (46% cal.); Colesterol, 0 mg; Carboidratos, 22 g; Fibras, 2 g; Sódio, 5 mg.

■ Modo de preparo

1. Escove as batatas. Cozinhe no vapor ou em água fervente até que estejam macias, mas não cozinhe demais.
2. Escorra. Deixe no escorredor ou espalhe em uma assadeira rasa até que estejam suficientemente frias para serem manuseadas.
3. Descasque as batatas ainda quentes. Corte-as em rodelas de 0,5 cm de espessura, ou em cubos de 1 cm.
4. Misture a batata com os demais ingredientes. Reserve por 15 minutos para que as batatas absorvam o molho.
5. Sirva morna ou fria. Esta salada é um acompanhamento tradicional para salsichões cozidos e servidos quentes.

VARIAÇÃO

Salada quente de batata à moda alemã
Elimine o óleo e o estragão da receita básica. Frite 250 g de bacon em cubos em sua própria gordura até que esteja crocante. Acrescente o bacon, a gordura do bacon e 1 xícara (250 mL) de fundo de galinha quente aos ingredientes do molho (pode ser necessário usar mais caldo, se as batatas absorverem muito). Coloque a salada já misturada em um refratário, tampe e aqueça a 150°C no forno por aproximadamente 30 minutos. Sirva quente.

Salada de camarão e endro com maionese

Porções: 25 *Tamanho da porção: 100 g*

Quantidade	Ingredientes
1,4 kg	Camarão sem casca, limpo, cozido
700 g	Salsão, em cubos pequenos
500 mL	Maionese
2 colheres (sopa)	Suco de limão
2 colheres (chá)	Endro seco (ou 2 colheres de sopa de endro fresco picado)
½ colher (chá)	Sal
25	Folhas de alface em concha
50	Cunhas de tomate

Por porção:
Calorias, 200; Proteínas, 12 g; Gorduras, 15 g (67% cal.); Colesterol, 115 mg; Carboidratos, 5 g; Fibras, 1 g; Sódio, 300 mg.

■ Modo de preparo

1. Corte o camarão em pedaços de 1 cm (se o camarão for muito pequeno, deixe-o inteiro).
2. Misture o salsão e o camarão em uma tigela.
3. Misture a maionese com o suco de limão, o endro e o sal.
4. Adicione o molho à mistura de camarão. Mexa bem.
5. Arrume a base de folha de alface em pratos gelados.
6. Usando uma colher com extrator, coloque uma porção de salada em cada prato.
7. Enfeite cada salada com 2 cunhas de tomate.

VARIAÇÕES

Salada de lagosta ou siri com maionese
Prepare como na receita básica, usando carne de siri ou lagosta em vez de camarão.

Siri, camarão ou lagosta com molho Louis
Use o molho Louis para salada (p. 728) em vez da mistura de maionese, suco de limão e endro. Sirva com alface cortada em tirinhas. Se o custo dos alimentos permitir, elimine o salsão e aumente a quantidade dos frutos do mar para 2 kg.

Salada de arroz e camarão com maionese
Reduza a quantidade do camarão na receita básica para 450 g e adicione 900 g de arroz cozido.

Salada de arroz, *curry* e camarão com maionese
Prepare a salada de arroz e camarão, mas omita o endro. Tempere o molho com 1 colher (chá) de *curry* em pó aquecido ligeiramente em 1 colher de chá (5 mL) de óleo (deixe esfriar). Opcional: substitua metade do salsão por pimentão verde cortado em cubos.

706 Capítulo 21 • Saladas e molhos para salada

SALADAS COM FRUTAS

Princípios

Como o próprio nome indica, as **saladas com frutas**, ou de frutas, podem ser servidas como entrada, sobremesa e como parte de um menu com muitos pratos, e geralmente são acompanhadas por uma porção de queijo *cottage* ou outro alimento proteico de sabor suave.

Orientações para o preparo de saladas com frutas

1. Saladas com frutas geralmente são arrumadas no prato e não misturadas, pois quase todas são delicadas e se quebram e amassam com facilidade. Uma exceção é a salada Waldorf, feita de maçãs firmes misturadas com nozes, salsão e um molho à base de maionese.

2. Os pedaços mais feios ou quebrados devem ser colocados na parte de baixo da salada, deixando os pedaços de frutas mais bonitos para serem dispostos por cima.

3. Algumas frutas escurecem ao serem cortadas, portanto devem ser imersas em suco de fruta ácido. Veja nas páginas 680 a 684 as orientações de pré-preparo de cada uma das frutas.

4. Depois de cortadas, as frutas não se conservam tão bem quanto os vegetais. Se estiver preparando saladas de vegetais e de frutas para uma mesma refeição, as saladas de vegetais devem ser sempre preparadas primeiro.

5. Escorra bem as frutas em calda antes de colocá-las na salada, ou ela ficará aguada e mal feita. O líquido das frutas em calda pode ser reservado para o preparo de molhos para saladas com frutas ou outros usos.

6. Os molhos para saladas com frutas são em geral levemente adocicadas, mas um pouco de acidez também é desejável. Os sucos de frutas com frequência são usados no preparo de caldas para esse tipo de salada.

Salada Waldorf

Porções: 25	Tamanho da porção: 90 g
Quantidade	Ingredientes
350 mL	Molho chantili para salada (p. 728)
1,8 kg (PB)	Maçã vermelha crocante
450 g	Salsão, cortados em cubos pequenos
100 g	Nozes, picadas grosseiramente
25	Folhas de alface em concha
	Enfeite opcional:
60 g	Nozes picadas

Por porção:
Calorias, 150; Proteínas, 1 g; Gorduras, 12 g (69% cal.); Colesterol, 10 mg; Carboidratos, 11 g; Fibras, 2 g; Sódio, 40 mg.

Observação: em vez de molho chantili, pode ser usada maionese pura.

■ Modo de preparo

1. Prepare o molho. Coloque em uma tigela de inox e deixe pronto para o uso no refrigerador (ver Observação).

2. Tire as sementes da maçã e corte-a em cubos de 1 cm, sem descascar.
3. Junte a maçã cortada ao molho imediatamente e misture bem, para evitar que escureça.
4. Adicione o salsão e as nozes à tigela. Misture muito bem.
5. Arrume a base de alface em pratos de salada gelados.
6. Usando uma colher com extrator, coloque uma porção de salada em cada prato.
7. Se quiser enfeitar, polvilhe cada salada com aproximadamente 1 colher (chá) de nozes picadas.
8. Mantenha sob refrigeração até o momento de servir.

VARIAÇÕES

Qualquer um dos ingredientes a seguir podem ser acrescentados à mistura básica da salada Waldorf. Se qualquer uma dessas mudanças for feita, a salada não poderá mais ser chamada simplesmente de salada Waldorf. Troque o nome no cardápio para indicar que o prato contém outros ingredientes. Por exemplo: salada Waldorf com abacaxi ou salada de maçã com tâmaras.

225 g de abacaxi em cubos

100 g de tâmara picada *em vez* das nozes

100 g de uva-passa, deixada de molho em água quente e escorrida

450 g de repolho ou acelga em tiras finas *em vez* do salsão

Saladas 707

Salada de rúcula, cítricos e erva-doce

Porções: 12 Tamanho da porção: 125 g

Quantidade	Ingredientes
30 mL	Suco de limão
60 mL	Suco de laranja
15 g	Chalota, bem picada
1 colher (chá)	Gengibre fresco ralado
2 colheres (chá)	Raspa de limão
90 mL	Azeite de oliva
a gosto	Sal
1 kg	*Grapefruit*
500 g	Bulbo de erva-doce, aparado
180 g	Rúcula

■ **Modo de preparo**

1. Misture o suco de limão, o suco de laranja, a chalota, o gengibre e a raspa de limão.
2. Incorpore aos poucos o azeite com um batedor de arame para fazer um *vinaigrette*.
3. Acrescente sal a gosto.
4. Descasque a *grapefruit* e separe-a em gomos, de acordo com o procedimento ilustrado na página 139. Você precisará de 500 g de gomos limpos.
5. Corte o bulbo da erva-doce ao meio no sentido da altura. Coloque as metades viradas para baixo na tábua, e corte no sentido da largura em fatias finas.
6. Descarte os talos da rúcula. Rasgue em bocados.
7. Imediatamente antes de servir, misture a *grapefruit*, a erva-doce e a rúcula.
8. Coloque as porções em pratos de salada gelados.
9. Regue cada porção com 1 colher (sopa) do *vinaigrette*

Por porção:
Calorias, 90; Proteínas, 1 g; Gorduras, 7 g (66% cal.); Colesterol, 0 mg; Carboidratos, 7 g; Fibras, 2 g; Sódio, 25 mg.

Salada de rúcula, cítricos e erva-doce

Salada tailandesa de papaia e manga

Porções: 12 Tamanho da porção: 125 g

Quantidade	Ingredientes
180 mL	Suco de limão
30 mL	*Nam pla* (molho de peixe tailandês) ou *nuoc nam* (molho de peixe vietnamita)
2	Pimenta-verde fresca, sem as sementes, bem picada
2	Cebolinha, bem picada
30 g	Açúcar mascavo ou cristal
750 g	Manga, em cubos médios
750 g	Papaia, em cubos médios
360 g	Acelga, em tiras finas
4 colheres (sopa)	Amendoim picado

■ **Modo de preparo**

1. Misture o suco de limão, o molho de peixe, a pimenta, a cebolinha e o açúcar. Mexa até que o açúcar se dissolva.
2. Misture a manga com a papaia.
3. Arrume 30 g de acelga em cada prato de salada.
4. Coloque uma porção da mistura de frutas no centro.
5. Regue cada porção com 4 colheres de chá (20 mL) de molho.
6. Salpique com 1 colher (chá) de amendoim picado.

Por porção:
Calorias, 100; Proteínas, 2 g; Gorduras, 1,5 g (13% cal.); Colesterol, 0 mg; Carboidratos, 21 g; Fibras, 3 g; Sódio, 240 mg.

Salada tailandesa de papaia e manga

SALADAS COMPOSTAS

Princípios

As **saladas compostas** são saladas nas quais dois ou mais elementos são arrumados em um prato de maneira atraente. Elas são chamadas de saladas *compostas* porque os componentes são dispostos separadamente em um prato, e não misturados. Um ou mais desses elementos podem ser saladas misturadas, mas para a apresentação final, a salada misturada é arrumada em um prato junto a outros componentes.

Por ser mais elaborada e mais substancial quanto ao tamanho, a salada composta geralmente é servida como prato principal ou primeiro prato, e não como acompanhamento.

Existem tantos tipos de saladas compostas que as orientações para o preparo dessa categoria de saladas são muito gerais.

Orientações para o preparo de saladas compostas

1. Siga as orientações para o preparo de cada um dos componentes da salada. Por exemplo, se um dos componentes é uma salada de folhas, siga as orientações para o preparo de saladas verdes.
2. Prepare e tempere cada componente separadamente e avalie o sabor e a qualidade. Se um ou mais componentes for uma salada, o molho pode ser adicionado a cada um dos componentes da salada por vez ou, em alguns casos, o molho pode ser acrescentado à salada toda imediatamente antes de servir.
3. Os componentes podem ser empratados com antecedência somente se conservarem bem. Acrescente os itens delicados imediatamente antes de servir.
4. Se um dos componentes da salada precisar ser servido quente ou morno, prepare e adicione esse item imediatamente antes de servir.
5. Os sabores e as texturas de todos os componentes devem harmonizar e proporcionar um contraste agradável. Veja a discussão sobre a construção de perfis de sabor no Capítulo 4.
6. Observe os conceitos gerais para montagem e apresentação de pratos discutidos no Capítulo 28.

Chef's salad

Porções: 25

Quantidade	Ingredientes
3 kg	Folhas verdes variadas, lavadas, aparadas e resfriadas
700 g	Peito de peru, cortado em tiras finas
700 g	Presunto cozido ou apresuntado, cortados em tiras finas
700 g	Queijo suíço, cortado em tiras finas
50	Cunhas de tomate, ou tomates-cereja inteiros
25	Ovos cozidos, cortados em quatro
25	Rabanetes
225 g	Cenoura, cortada em *batonnet*
25	Anéis de pimentão verde

Modo de preparo

1. Coloque as folhas em tigelas individuais para salada geladas (aproximadamente 125 g por porção).
2. Arrume as tiras de peru, presunto e queijo sobre as folhas. Deixe os itens separados — não misture com as folhas.
3. Disponha os itens restantes de maneira atraente sobre a salada.
4. Reserve até o momento de servir. Se for reservar as saladas por mais de 1 hora, é preciso cobri-las, para que as carnes e o queijo não ressequem.
5. Sirva acompanhado de qualquer molho para salada apropriado, colocado em um recipiente separado.

VARIAÇÕES

Outras guarnições de vegetais podem ser usadas além das incluídas na receita básica, ou mesmo no lugar desses itens. Veja as listas nas páginas 676 e 677.

Por porção:
Calorias, 400; Proteínas, 37 g; Gorduras, 25 g (54% cal.); Colesterol, 485 mg; Carboidratos, 10 g; Fibras, 3 g; Sódio, 570 mg.

Rohkostsalatteller (salada alemã de vegetais crus)

Porções: 16   Tamanho da porção: ver Modo de preparo

Quantidade	Ingredientes
175 mL	Vinagre de vinho branco
500 mL	Creme de leite azedo
2 colheres (chá)	Sal
½ colher (chá)	Açúcar
2 colheres (sopa)	Cebolinha-francesa picada
450 g	Cenoura
2 colheres (sopa)	Raiz-forte ralada, bem escorrida
a gosto	Sal
625 g	Pepino
1 colher (sopa)	Sal grosso moído
60 mL	Vinagre de vinho branco
90 mL	Água
1 colher (sopa)	Açúcar
2 colheres (chá)	Endro fresco, picado
uma pitada	Pimenta-do-reino branca
575 g	Aipo-rábano
50 mL	Suco de limão
150 mL	Creme de leite fresco
a gosto	Sal
a gosto	Pimenta-do-reino branca
900 g	Folha de alface-lisa, em forma de concha ou não
16	Cunhas de tomate

Por porção:
Calorias, 140; Proteínas, 3 g; Gorduras, 10 g (58% cal.); Colesterol, 25 mg; Carboidratos, 13 g; Fibras, 3 g; Sódio, 730 mg.

Modo de preparo

1. Prepare um molho misturando o vinagre, o creme de leite azedo, o sal, o açúcar e a cebolinha-francesa. Reserve.
2. Descasque a cenoura. Rale no ralo grosso.
3. Misture a cenoura com a raiz-forte, depois junte 175 mL do molho de creme de leite azedo, ou o suficiente para dar liga. Tempere com sal a gosto.
4. Descasque o pepino. Corte em rodelas finas. Misture com o sal grosso e deixe descansar por 1 a 2 horas.
5. Esprema o pepino para descartar o suco. Enxágue o excesso de sal e escorra bem.
6. Misture o vinagre, a água, o açúcar, o endro e a pimenta-do-reino branca.
7. Misture este molho com o pepino. Prove e adicione sal, se necessário.
8. Descasque o aipo-rábano. Rale no ralo grosso. Misture imediatamente com o suco de limão.
9. Junte o creme de leite e misture. Tempere com sal e pimenta-do-reino branca.
10. Se necessário, afine o restante do molho de creme de leite azedo com um pouco de água até obter uma consistência de creme de leite fresco.
11. Misture as folhas com o molho, misturando bem. Disponha no centro de pratos grandes para salada.
12. Ao redor da parte interna da borda de cada prato, arrume uma cunha de tomate e aproximadamente 30 g de cada uma das saladas de cenoura, pepino e aipo-rábano.

Salada de beterraba assada com gorgonzola

Porções: 12   *Tamanho da porção:* 150 g

Quantidade	Ingredientes
750 g	Beterraba vermelha, média a grande
750 g	Beterraba amarela, pequena
375 g	*Mix* de alfaces
375 mL	*Vinaigrette* de mostarda (p. 723)
180 g	Queijo gorgonzola, esmigalhado

Por porção:
Calorias, 290; Proteínas, 6 g; Gorduras, 26 g (76% cal.);
Colesterol, 15 mg; Carboidratos, 12 g; Fibras, 3 g; Sódio, 590 mg.

Modo de preparo

1. Enrole as beterrabas vermelhas em papel-alumínio. Enrole as beterrabas amarelas em papel-alumínio, num pacote separado.
2. Asse a 200°C, por aproximadamente 1 hora até que estejam macias.
3. Deixe as beterrabas esfriarem um pouco. Corte as extremidades da raiz e do caule e puxe a casca.
4. Corte a beterraba vermelha em rodelas finas.
5. Corte a beterraba amarela em quatro cunhas.
6. Disponha a beterraba fatiada em pratos de salada gelados formando um círculo.
7. Misture a alface com metade do *vinaigrette*.
8. Use o restante do *vinaigrette* para regar a beterraba fatiada.
9. Coloque uma pequena quantidade de folhas no centro de cada prato.
10. Disponha a beterraba amarela cortada em quatro ao redor das folhas.
11. Salpique o gorgonzola sobre a salada.

Salada de beterraba assada com gorgonzola

Salada *niçoise*

Porções: 25

Quantidade	Ingredientes
1,4 kg	Batata cerosa, escovada
1,4 kg	Vagem, lavada e aparada
900 g	Folhas verdes variadas, lavadas, limpas e resfriadas
1,7 kg	Atum em lata, sólido ou em lascas
25	Filé de anchova
50	Azeitona, preta ou verde
25	Ovos cozidos, cortados em quatro
100	Cunhas de tomate
½ xícara (chá)	Salsinha picada
	Vinaigrette:
1 L	Azeite de oliva
250 mL	Vinagre de vinho
1 colher (chá)	Alho, bem picado
1 colher (sopa)	Sal
½ colher (chá)	Pimenta-do-reino

Por porção:
Calorias, 710; Proteínas, 37 g; Gorduras, 53 g (67% cal.); Colesterol, 440 mg; Carboidratos, 22 g; Fibras, 5 g; Sódio, 890 mg.

Observação: a salada *niçoise* pode ser montada em pratos grandes ou em travessas para servir 2 a 6 porções.

■ Modo de preparo

1. Cozinhe a batata em água salgada até que fique macia. Escorra e deixe esfriar. Descasque. Corte em rodelas finas. Mantenha sob refrigeração, coberta.
2. Cozinhe a vagem em água fervente salgada. Escorra e resfrie sob água fria corrente. Corte em pedaços de 5 cm. Mantenha sob refrigeração.
3. Forre as tigelas ou pratos para salada, já gelados, com as folhas de alface (ver Observação).
4. Misture a batata com a vagem. Divida a mistura entre os pratos de salada, aproximadamente 90 g por porção.
5. Escorra o atum e quebre em lascas. Coloque uma porção de 50 g no centro de cada prato.
6. Disponha os filés de anchova, as azeitonas, os ovos cortados em quatro e as cunhas de tomate de maneira atraente sobre as saladas.
7. Salpique com a salsinha picada.
8. Mantenha sob refrigeração até o momento de servir.
9. Misture todos os ingredientes do molho. Ao servir, misture muito bem novamente e coloque 50 mL sobre cada salada.

Salada *niçoise*

Salada de peito de frango com nozes e queijo roquefort

Porções: 10

Quantidade	Ingredientes
10	Metades de peito de frango, sem pele e sem osso de aproximadamente 125 g cada
conforme necessário	Fundo de frango
450 g	Cogumelo-paris fresco
500 mL	*Vinaigrette* de mostarda, feito com azeite de oliva
2 colheres (sopa)	Salsinha picada
575 g	Folhas verdes variadas
2-3 pés	Endívias
90 g	Nozes, picadas grosseiramente
90 g	Queijo roquefort, ou outro queijo azul, esmigalhado

Por porção:
Calorias, 530; Proteínas, 31 g; Gorduras, 43 g (72% cal.); Colesterol, 75 mg; Carboidratos, 7 g; Fibras, 3 g; Sódio, 570 mg.

■ Modo de preparo

1. Escalfe o peito de frango no fundo de frango, temperado e saboroso, usando apenas o suficiente para cobrir a carne (ver Capítulo 13 para informações de como escalfar frango). Quando estiver cozido, mas ainda suculento, retire do fogo e deixe esfriar no líquido em que foi cozido.
2. Um pouco antes de servir, fatie os cogumelos. Misture com aproximadamente 125 mL de *vinaigrette* e a salsinha, para que fiquem ligeiramente cobertos de molho.
3. Disponha as folhas em pratos de salada grandes ou pratos de jantar.
4. Corte as metades de peito de frango no sentido contrário ao das fibras, com a faca ligeiramente angulada, em fatias de aproximadamente 0,5 cm de espessura. Em um dos lados de cada prato de salada, disponha um peito fatiado, em forma de leque.
5. Separe as folhas da endívia. Disponha algumas folhas na outra metade de cada prato.
6. Coloque uma pequena porção de cogumelos fatiados sobre a endívia.
7. Salpique as saladas com as nozes e o queijo esmigalhado.
8. Imediatamente antes de servir, regue cada salada com aproximadamente 2 colheres (sopa) de molho.

VARIAÇÃO

Ao empratar um pedido de salada, misture as folhas verdes com um pouco do molho da salada em vez de despejá-lo ao final.

Salada de peito de frango com nozes e queijo roquefort

Saladas 713

Salada de vieiras grelhadas com *vinaigrette* oriental

Porções: 10 Tamanho da porção: 90 g de vieiras
45 g de folhas
45 mL de vinaigrette

Quantidade	Ingredientes
500 g	*Mix* de alfaces ou outras folhas verdes delicadas variadas
500 mL	*Vinaigrette* oriental (p. 725)
1 kg	Vieiras
conforme necessário	Manteiga
30	Gomos de laranja (sem a pele)

Por porção:
Calorias, 360; Proteínas, 9 g; Gorduras, 33 g (80% cal.); Colesterol, 20 mg; Carboidratos, 9 g; Fibras, 2 g; Sódio, 460 mg.

Modo de preparo
1. Lave e escorra as folhas verdes.
2. Prepare o *vinaigrette*.
3. Limpe as vieiras, retirando o pequeno músculo lateral duro. Se alguma vieira for muito grande, corte ao meio no sentido da largura. Escorra bem.
4. Aqueça um pouco de manteiga em uma frigideira antiaderente. Salteie algumas vieiras de cada vez até que estejam douradas dos dois lados.
5. Misture as folhas com metade do *vinaigrette*.
6. Coloque no centro dos pratos.
7. Disponha os gomos de laranja de maneira que fiquem apoiados nas folhas. Use 3 por porção.
8. Disponha as vieiras ao redor da salada.
9. Regue as vieiras com o restante do *vinaigrette*.

Salada de vieiras grelhadas com *vinaigrette* oriental

Salada de endívia e frango defumado com *vinaigrette* de mostarda

Porções: 10 Tamanho da porção: 250 g

Quantidade	Ingredientes
10 pés	Endívia
2 pés pequenos	*Frisée* ou escarola-crespa, lavadas
60 mL	Vinagre de vinho branco
300 mL	Óleo para salada
60 mL	Molho de mostarda em grãos
a gosto	Sal
a gosto	Pimenta-do-reino
1 kg	Frango defumado, sem osso, com ou sem pele

Por porção:
Calorias, 410; Proteínas, 15 g; Gorduras, 34 g (75% cal.); Colesterol, 40 mg; Carboidratos, 10 g; Fibras, 9 g; Sódio, 180 mg.

Modo de preparo
1. Destaque as folhas externas da endívia. Para serviço empratado, corte a base de cada folha em forma de seta para que se encaixem bem e possam ser dispostas radialmente nos pratos. Para apresentação em bufê, não é necessário fazer os cortes nos talos – use as folhas para forrar a travessa. Corte o restante da endívia em *julienne*.
2. Rasgue a *frisée* em bocados e misture delicadamente com a endívia cortada em *julienne*.
3. Misture bem o vinagre de vinho branco, o óleo para salada e o molho de mostarda em grãos com sal e pimenta-do-reino a gosto.
4. Misture a *frisée* e a endívia com o *vinaigrette* e coloque sobre os pratos já arrumados.
5. Corte o frango defumado em cubos e salpique-os sobre a salada.

Salada de endívia, vieiras e nozes

Porções: 8   Tamanho da porção: 3 a 4 vieiras (90 g)
150 g de salada

Quantidade	Ingredientes
400 g	Endívia
300 g	*Radicchio*
200 g	Cenoura
30 g	Cebolinha-francesa
100 g	Nozes
100 mL	Vinagre balsâmico
a gosto	Sal
a gosto	Pimenta-do-reino branca
150 mL	Óleo de amendoim
150 mL	Óleo de nozes
725 g	Vieiras
a gosto	Sal
a gosto	Pimenta-do-reino branca
100 mL	Azeite de oliva

■ **M o d o   d e   p r e p a r o**

1. Retire todas as folhas externas danificadas da endívia. Depois, destaque as folhas maiores não danificadas e reserve-as para montar o prato (etapa 8).
2. Fatie o restante da endívia bem fino. Fatie o *radicchio* também bem fino. Descasque e apare a cenoura, corte em *julienne* fino.
3. Separe um pouco da cebolinha-francesa inteira e pique o restante bem miúdo.
4. Pique as nozes.
5. Faça o *vinaigrette*. Bata o vinagre com o sal e a pimenta-do-reino branca a gosto. Junte os dois tipos de óleo, aos poucos e batendo sempre, até que o molho esteja firme e bem emulsificado.
6. Misture a endívia, o *radicchio*, a cenoura, a cebolinha-francesa e as nozes com um pouco do *vinaigrette*.
7. Tempere as vieiras e doure-as em azeite quente.
8. Arrume a salada em forma de cúpula no centro do prato. Disponha 3 a 4 vieiras ao redor da salada. Entre as vieiras, coloque uma folha de endívia cortada ao meio no sentido do comprimento, e coloque um raminho de cebolinha-francesa em cima. Regue cada vieira com um pouco do *vinaigrette* e sirva.

Por porção:
Calorias, 590; Proteínas, 11 g; Gorduras, 57 g (85% cal.); Colesterol, 15 mg; Carboidratos, 11 g; Fibras, 4 g; Sódio, 220 mg.

Salada com queijo de cabra morno

Porções: 12

Quantidade	Ingredientes
12 fatias	Pão de forma branco quadrado
12	Queijos de cabra pequenos de aproximadamente 75 g cada (ver Observação)
250 g	*Frisée*
250 g	*Radicchio*
125 g	Alface-de-cordeiro (mâche)
400 mL	*Vinaigrette* de ervas e nozes (p. 724)
45 g	Nozes picadas
a gosto	Nozes, em metades
a gosto	Ramos de cerefólio

■ **M o d o   d e   p r e p a r o**

1. Corte o pão de forma em fatias de 0,5 cm. Torre, depois corte cada fatia em quatro triângulos.
2. Corte o queijo de cabra ao meio no sentido do comprimento. Coloque debaixo de um dourador ou salamandra até que comece a derreter e fique levemente corado.
3. Lave e escorra as folhas de *frisée*, *radicchio* e alface-de-cordeiro. Rasgue as folhas de *frisée* e de *radicchio* em pedaços.
4. Misture as folhas com o *vinaigrette* e as nozes picadas.
5. Coloque uma pequena porção das folhas no centro do prato e arrume 4 torradas por cima, perto umas das outras. Coloque 2 pedaços do queijo derretido sobre as torradas. Decore com as metades de nozes e ramos de cerefólio.

Por porção:
Calorias, 800; Proteínas, 20 g; Gorduras, 50 g (73% cal.); Colesterol, 55 mg; Carboidratos, 22 g; Fibras, 2 g; Sódio, 540 mg.

Observação: o queijo usado no teste desta receita foi o Crottin de Chavignol, um queijo de cabra pequeno, ligeiramente maturado. Se nem este queijo nem outro queijo pequeno de cabra estiverem disponíveis, substitua por um queijo de cabra em outro formato, cortando-o em porções menores.

Saladas 715

Tomate recheado à chinoise

Porções: 12   *Tamanho da porção: 1 tomate com 100 g de recheio*

Quantidade	Ingredientes
12	Tomates de aproximadamente 200-250 g cada
a gosto	Sal
40 g	Gengibre, ralado
60 mL	Vinagre de arroz
60 mL	Óleo de gergelim
30 mL	Óleo de soja ou outro óleo vegetal
30 mL	Molho de soja
a gosto	Açúcar
200 g	Cenoura
100 g	Salsão
100 g	Cebola
500 g	Broto de feijão
500 g	Camarão pequeno, sem casca, cozido
3 colheres (sopa)	Coentro, picado
2	Pepinos

■ Modo de preparo

1. Retire o cabinho dos tomates. Corte uma tampa no terço superior e reserve. Retire as sementes e o miolo da parte de baixo. Tempere por dentro com sal e vire de cabeça para baixo sobre uma toalha de papel. Deixe descansar no refrigerador por pelo menos 30 minutos.
2. Coloque no liquidificador o gengibre ralado, o vinagre de arroz, o óleo de gergelim, o óleo de soja, o molho de soja e o açúcar. Bata até misturar bem.
3. Coe o *vinaigrette* em uma tigela pequena. Reserve.
4. Corte a cenoura, o salsão e a cebola em *julienne* fino.
5. Branqueie os vegetais em água fervente salgada por 30 segundos, depois resfrie em água com gelo. Coe e tire todo o excesso de água. Espalhe-os sobre toalhas de papel e mantenha-os sob refrigeração até o momento de usá-los.
6. Repita o procedimento com o broto de feijão.
7. Misture os vegetais, o camarão e o coentro picado em uma tigela. Adicione o *vinaigrette* e misture bem.
8. Sulque a casca do pepino (ver Fig. 16.11), depois corte em fatias finas.
9. Disponha as fatias de pepino em círculos sobre os pratos.
10. Encha os tomates com a mistura de vegetais e camarão. Coloque no centro do círculo de rodelas de pepino e coloque a tampa de volta no tomate.

Por porção:
Calorias, 170; Proteínas, 12 g; Gorduras, 8 g (39% cal.); Colesterol, 75 mg; Carboidratos, 16 g; Fibras, 4 g; Sódio, 250 mg.

Tomate recheado à *chinoise*

Salada com *tacos*

Porções: 12 Tamanho da porção: aproximadamente 300 g

Quantidade	Ingredientes
12	*Tortillas* de farinha de trigo
2 colheres (sopa)	Pó para *chili*
2 colheres (chá)	Cominho em pó
2 colheres (chá)	Orégano seco
1 colher (sopa)	Amido de milho
½ colher (chá)	Canela em pó
½ colher (chá)	Pimenta-do-reino
360 mL	Água fria
2 colheres (sopa)	Óleo vegetal
90 g	Cebola, cortada em cubos pequenos
2 colheres (chá)	Alho, bem picado
1 kg	Carne moída
360 mL	Polpa de tomate
a gosto	Sal
500 mL	Molho *ranch* para salada (p. 728)
250 mL	*Salsa cruda* (p. 191)
750 g	Alface, romana ou americana, em tirinhas
750 g	Feijão marrom ou preto, cozido e sem o caldo
375 g	Queijo *Monterey Jack* ou *cheddar* suave, ralado
550 g	Tomate, cortado em cubos médios
180 g	Azeitona, verde ou preta, sem caroço, fatiada
90 g	Cebolinha, em fatias finas
180 g	Abacate, em cubos médios

Modo de preparo

1. Coloque a *tortilla* em uma fritadeira para fazer a cestinha para taco, fritando por imersão até que esteja crocante.* Escorra e deixe esfriar de cabeça para baixo.
2. Misture o pó para *chili*, o cominho, o orégano, o amido de milho, a canela e a pimenta-do-reino.
3. Acrescente a água fria e mexa bem.
4. Aqueça o óleo em uma frigideira, em fogo médio.
5. Adicione a cebola e o alho e refogue até ficarem ligeiramente dourados.
6. Junte a carne moída. Desmanche os grumos com uma colher, fritando até que não haja mais nenhum e a carne tenha perdido a cor vermelha.
7. Escorra o excesso de gordura da panela.
8. Adicione a mistura de temperos à carne e aqueça até ferver.
9. Adicione a polpa de tomate. Aqueça até ferver novamente.
10. Abaixe o fogo e cozinhe até que a mistura não esteja mais líquida.
11. Tempere com sal a gosto.
12. Mantenha a carne aquecida ou leve à geladeira e reaqueça no momento de servir. Dependendo da quantidade de gordura escorrida na etapa 7, você terá aproximadamente 45 g de carne por porção.
13. Misture o molho da salada com a *salsa cruda*. Mantenha sob refrigeração até o momento de servir (ver a segunda variação abaixo).
14. Arrume um pouco de alface no fundo da cestinha de *tortilla*.
15. Coloque por cima uma camada de feijão e, em seguida, uma camada de carne.
16. Salpique com queijo, tomate, azeitona, cebolinha e, por fim, alguns cubinhos de abacate.
17. Regue tudo com a mistura de molho e *salsa cruda*. Sirva imediatamente.

VARIAÇÕES

No lugar das cestinhas de *tortilla*, forre uma tigela individual de salada com *tortilla* frita quebrada grosseiramente.

No lugar da mistura de molho com *salsa cruda*, sirva a salada acompanhada de potinhos separados com creme de leite azedo e com *salsa cruda*.

Por porção:
Calorias, 1.120; Proteínas, 40 g; Gorduras, 66 g (53%); Colesterol, 115 mg; Carboidratos, 94 g; Fibras, 13 g; Sódio, 1.390 mg.

*N.R.: O *taco*, da culinária mexicana, consiste em uma *tortilla* geralmente frita por imersão (há tacos não fritos) com a ajuda de uma colher ou forma própria que a mantém mergulhada no óleo enquanto frita, de modo que seu formato final seja semelhante a uma calha, na qual são colocados os acompanhamentos.

SALADAS COM GELATINA

Princípios

A **salada com gelatina** tem um passado distinto. Seu ancestral é o *aspic*, uma entrada ricamente enfeitada, item elaborado de bufês, feita com fundos de carnes e peixes, ricos em gelatina natural extraída de ossos e tecidos conjuntivos. O *aspic* faz parte da gloriosa culinária clássica francesa e ainda é parte importante do trabalho moderno de bufê.

Não é mais necessário extrair a gelatina de ossos na sua cozinha. Gelatina purificada em pó ou em folhas há muito estão disponíveis para uso no setor de *garde manger*. Muitas saladas excelentes à base de gelatina podem ser feitas com pouco trabalho usando esses produtos. Contudo, muitos produtos à base de gelatina são feitos, atualmente, com misturas preparadas e adoçadas de alto teor de açúcar e uso indiscriminado de corantes e sabores artificiais, o que torna a adequação de uso em saladas um tanto questionável. Nos Estados Unidos, geralmente é possível encontrar, na seção de saladas de bufês de restaurantes, pequenos quadrados de gelatina sobre uma folha de alface e com uma pelotinha de maionese por cima, e, na seção de sobremesas, um produto idêntico, mas sem a alface e com uma colherada de chantili no lugar da maionese.

Ainda assim, como profissional da área de culinária, você precisa saber como preparar saladas que usam esse tipo de gelatina porque há clientes que contam com eles. Você também precisa saber como preparar saladas usando gelatina sem sabor, fazendo uso de sucos de frutas e outros ingredientes para a obtenção do sabor. A gelatina sem sabor é especialmente valiosa para preparar saladas de vegetais moldadas, porque repolho fatiado, por exemplo, e outros vegetais não combinam muito com a gelatina doce usada para sobremesas.

Orientações para o preparo de saladas com gelatina

1. É importante usar a quantidade correta de gelatina em relação ao volume de líquido da receita. Muita gelatina torna o produto duro e borrachudo. Pouca gelatina torna o produto muito mole, incapaz de manter o formato.

   A proporção básica para gelatina sem sabor é 19 g de gelatina desidratada por litro de líquido, *mas* quase sempre é preciso mais do que isso por causa dos ácidos e outros ingredientes da receita. A proporção básica para gelatina com sabor, adoçada, é de 180 g por litro de líquido.

   Ácidos, como sucos de frutas e vinagre, diminuem o poder de gelificação da gelatina, portanto, é necessária uma maior proporção de gelatina em relação ao líquido, podendo chegar a 30 g por litro. O poder de gelificação também diminui quando o produto é batido e quando se acrescenta uma grande quantidade de alimentos picados. É impossível indicar uma fórmula precisa para a quantidade de gelatina a ser usada, uma vez que a quantidade irá variar conforme a receita. Experimente cada receita antes de produzi-la comercialmente.

2. A gelatina se dissolve a aproximadamente 38°C, mas dissolve mais rapidamente em temperaturas mais altas.

   Para dissolver gelatina sem sabor, coloque-a no líquido frio, a fim de evitar que empelote, e deixe descansar por 5 minutos, para que absorva a água. Depois aqueça até que esteja completamente dissolvida, ou adicione líquido quente e mexa até dissolver totalmente.

   Para dissolver gelatina com sabor e adoçada, misture com água fervente. Ela não empelota porque os grânulos da gelatina são separados pelos de açúcar, da mesma maneira que a gordura separa os grânulos de farinha em um *roux*.

3. Para tornar a gelificação mais rápida, dissolva a gelatina em até metade do líquido quente e acrescente o restante do líquido frio para diminuir a temperatura. Para gelificação ainda mais rápida, acrescente gelo picado na mesma proporção, em peso, da água fria. Mexa até o gelo derreter.

4. Não acrescente mamão nem abacaxi crus a saladas com gelatina. Essas frutas contêm enzimas que liquefazem a gelatina. Se cozidas ou em conserva, contudo, podem ser incluídas.

5. Acrescente ingredientes sólidos quando a gelatina estiver parcialmente firme – isto é, quando estiver com uma consistência de xarope. Isso contribuirá para uma mistura uniforme, evitando que os ingredientes boiem ou desçam para o fundo.

6. Frutas em conserva e outros itens suculentos devem ser bem escorridos antes de serem adicionados, ou diluirão a gelatina, enfraquecendo-a.

7. Para servir, coloque em moldes e corte em porções iguais depois de firmes, ou coloque em formas individuais.

8. Para desenformar a gelatina:

   - Passe a lâmina de uma faca fina ao redor das bordas da forma para soltar.
   - Mergulhe a forma em água quente por 1 ou 2 segundos.
   - Seque rapidamente a parte externa da forma e vire-a sobre o prato de salada (ou coloque o prato de salada invertido sobre a forma e vire o prato e a forma ao mesmo tempo). Não mantenha em água quente por mais do que alguns segundos ou a gelatina começará a derreter.
   - Se a gelatina não soltar mesmo depois de ter sido sacudida ligeiramente, repita o procedimento. Você pode também enrolar uma toalha quente (imersa em água quente e torcida) ao redor da forma até que a gelatina solte, mas isso demora mais.

9. Mantenha as saladas de gelatina sob refrigeração até o momento de servir, para que se mantenham firmes.

Salada colorida de frutas com gelatina

Porções: 25
Tamanho da porção: 125 g

Quantidade	Ingredientes
600 g	Abacaxi em calda, em cubos
250 g	Gomo de *grapefruit*, sem a pele
375 g	Gomo de laranja, sem a pele
250 g	Bago de uva
60 g	Gelatina sem sabor
250 mL	Água fria
conforme necessário	Suco de fruta: *grapefruit*, laranja ou abacaxi
175 g	Açúcar
¼ de colher (chá)	Sal
90 mL	Suco de limão-siciliano
25	Folhas de alface para a base
400 mL	Molho chantili para salada (p. 728)

Por porção:
Calorias, 170; Proteínas, 3 g; Gorduras, 10 g (49% cal.); Colesterol, 15 mg; Carboidratos, 20 g; Fibras, 1 g; Sódio, 55 mg.

Modo de preparo

1. Escorra o abacaxi, reservando a calda. Você precisará de aproximadamente 350 g de abacaxi escorrido.
2. Corte os gomos de *grapefruit* e laranja em pedaços de 1 cm (ver p. 139 para instruções de como cortar gomos de cítricos).
3. Corte as uvas ao meio. Retire as sementes, se houver.
4. Coloque as frutas em um escorredor ou peneira sobre uma tigela e mantenha sob refrigeração.
5. Misture a gelatina em água fria e reserve por, pelo menos, 5 minutos.
6. Adicione suco de fruta suficiente (ou parte suco e parte água) à calda do abacaxi até obter 1,75 L.
7. Em uma panela de inox, aqueça o suco até levantar fervura. Retire do fogo.
8. Adicione o açúcar, o sal e a gelatina hidratada. Mexa até que a gelatina e o açúcar tenham dissolvido.
9. Deixe esfriar. Acrescente o suco de limão-siciliano.
10. Leve à geladeira até que comece a firmar e adquira uma consistência de xarope, mas não deixe que fique totalmente gelificada.
11. Adicione as frutas escorridas à mistura de gelatina.
12. Divida em formas individuais ou em cubas gastronômicas médias. Leve à geladeira até que estejam firmes.
13. Forre pratos de salada gelados com as folhas de alface.
14. Desenforme as gelatinas individuais ou, se foram usadas cubas, desenforme e corte em 25 porções (5 x 5).
15. Coloque uma gelatina em cada prato. Mantenha sob refrigeração até o momento de servir.
16. No momento de servir, coloque sobre cada salada 1 colher (sopa) do molho.

Gelatina com frutas básica

Porções: 25 Tamanho da porção: 125 g

Quantidade	Ingredientes
375 g	Gelatina em pó com sabor
1 L	Água fervente
1 L	Água, ou suco de fruta, fria
1 kg	Fruta, bem escorrida

Por porção:
Calorias, 70; Proteínas, 1 g; Gorduras, 0 g (0% cal.); Colesterol, 0 mg; Carboidratos, 18 g; Fibras, 0 g; Sódio, 40 mg.

■ Modo de preparo

1. Coloque o pó para gelatina em uma tigela.
2. Junte a água fervente. Mexa até dissolver.
3. Adicione a água fria ou suco.
4. Leve à geladeira até que adquira uma consistência de xarope, mas não deixe endurecer demais.
5. Misture a fruta à gelatina.
6. Coloque em formas ou em cubas gastronômicas médias.
7. Leve à geladeira até que esteja firme.
8. Desenforme. Se estiver usando cubas, corte em 25 porções (5 x 5).

Variações

O número de combinações de frutas e gelatina com sabor é quase ilimitado. As sugestões a seguir são apenas algumas possibilidades. *Observação*: ao usar frutas em calda, reserve a calda para usar como parte do líquido na etapa 3.

Gelatina sabor cereja; cereja Bing.
Gelatina sabor framboesa; pêssego em fatias ou cortados ao meio.
Gelatina sabor morango, framboesa ou cereja; salada de frutas em calda.
Gelatina sabor laranja; partes iguais de pêssego e pera, em fatias.
Gelatina sabor cereja; partes iguais de abacaxi amassado e cereja *Bing*.
Gelatina sabor limão; gomos de *grapefruit*, ou pera fatiada ou cortada ao meio.

BUFÊS DE SALADAS

Os bufês de saladas são comuns em muitos restaurantes e apreciados tanto pelos clientes quanto pelos proprietários. O cliente gosta da possibilidade de montar a sua própria salada com opções dispostas em grandes tigelas de folhas, recipientes menores com condimentos variados e diversos molhos. Os proprietários gostam dos bufês porque eliminam parte da pressão exercida sobre a equipe durante o serviço. Muitos restaurantes elaboraram bufês de saladas exclusivos que se tornaram marca registrada. Outros podem não oferecer bufês de saladas como parte do serviço normal, mas contam com eles para melhor eficiência em determinados momentos, como para o *brunch* nos finais de semana.

Para que o bufê de saladas seja bem-sucedido é importante ter em mente alguns pontos:

1. Mantenha o bufê de salada atraente e bem abastecido desde o princípio até o final do serviço. Reponha os recipientes antes que pareçam vazios, limpe as bordas das vasilhas de molhos e retire tudo o que os clientes possam ter derrubado.
2. Ofereça opções simples, mas atraentes. Tigelas de saladas muito elaboradas perdem o seu efeito assim que dois ou três clientes tiverem se servido.
3. Selecione diversos condimentos para agradar a todos os gostos. Experimente itens conhecidos e incomuns para que o seu bufê de saladas se sobressaia. Não há razão para apresentar sempre as mesmas opções que todo mundo serve.

Existem dois tipos básicos de opções para um bufê de saladas:

- **Ingredientes simples.** Quase todos os itens da relação de ingredientes nas páginas 676 e 677 podem ser selecionados. A sua escolha dependerá do equilíbrio de sabores e de cores, preferência dos clientes e custos.
- **Saladas preparadas.** Saladas de vegetais marinados, como a salada com três tipos de feijão, e saladas cozidas, como a salada de macarrão, são bastante adequadas. As opções são muitas.

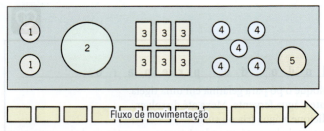

Figura 21.2
Sugestão de montagem de um bufê de saladas.
Diagrama: (1) pratos; (2) tigela grande de folhas verdes; (3) opções de complementos; (4) molhos; (5) torradas, pães, etc.

4. Disponha o bufê de saladas na seguinte ordem (ver Figura 21.2):
   - Pratos.
   - Folhas variadas.
   - Opções de complementos (coloque os mais caros no final).
   - Molhos.
   - Torradas, pães etc., se desejar.
5. Certifique-se de que a a organização do bufê cumpre todas as normas sanitárias a que o estabelecimento está sujeito.
6. As porções podem ser controladas ao selecionar pelo tamanho adequado dos pratos, dos utensílios para servir os complementos e das colheres utilizadas para os molhos.

MOLHOS PARA SALADA

Molhos para saladas são líquidos ou semilíquidos usados para temperar saladas. Às vezes são considerados molhos frios e têm a mesma função dos molhos quentes – isto é, temperam, umedecem e enriquecem.

A maioria dos molhos básicos para salada usados hoje em dia pode ser dividida em três categorias:

1. Molhos à base de óleo e vinagre (a maioria dos molhos não espessos).
2. Molhos à base de maionese (a maioria dos molhos espessos).
3. Molhos cozidos (de aparência semelhante à dos molhos à base de maionese, porém mais ácidos e com pouco ou nenhum de óleo).

Diversos molhos têm como ingrediente principal produtos como creme de leite azedo, iogurte ou sucos de frutas. Muitos deles são elaborados especificamente para saladas de frutas ou dietas de baixa caloria.

INGREDIENTES

Como a maioria dos molhos para salada não é modificado pelo cozimento, a sua qualidade depende diretamente da qualidade dos ingredientes.

Em sua maioria, são feitos principalmente de um óleo e um ácido, com outros ingredientes acrescentados para modificar o sabor ou a textura.

ÓLEOS

Tipos

O *óleo de milho* é amplamente utilizado em molhos para salada. Apresenta coloração dourada esmaecida e é quase insípido, a não ser por um sabor muito suave que lembra o do fubá.

O *óleo de semente de algodão*, o *óleo de soja*, o *óleo de canola* e o *óleo de semente de girassol* são suaves, quase sem sabor. Nos Estados Unidos, há também o *vegetable* ou *salad oil* – uma mistura de vários tipos de óleo apreciada por causa do sabor neutro e custo relativamente baixo.

O *óleo de amendoim* apresenta sabor suave, mas característico, e pode ser usado em molhos apropriados. É um pouco mais caro.

O *azeite de oliva* possui aroma e sabor frutado característicos e coloração esverdeada. Os melhores azeites de oliva são denominados *virgem* e *extravirgem*, o que significa que são feitos da primeira prensagem das azeitonas. Por causa do sabor, o azeite de oliva não é um óleo adequado para todas as preparações, mas pode ser usado em saladas especiais, como a *Caesar*.

O *óleo de nozes* possui sabor característico e custo alto. É usado em alguns restaurantes finos que servem saladas especiais. Outros óleos de sementes, como o *óleo de avelã* e o *óleo de semente de uva*, às vezes são usados também.

Fatores de qualidade

Óleos vegetais usados em molhos para saladas devem ter sabor suave e adocicado. Óleos com sabor acentuado podem render excelentes molhos para saladas, mas não são adequados para todos os tipos de alimentos.

Óleos "winterizados" devem ser usados em molhos que precisam ser refrigerados. Esses óleos são tratados para que continuem a ter a aparência de líquido transparente quando mantidos sob refrigeração.

O ranço é um problema sério com relação aos óleos porque um sabor rançoso, por mais sutil que seja, pode estragar um lote inteiro de molho. Uma película fina de óleo deixada nos recipientes, como resultado de uma lavagem descuidada, torna-se rançosa muito rapidamente. Limpe bem todos os recipientes usados para molhos e nunca coloque um lote fresco em um vidro que ainda contenha o molho anterior.

VINAGRE

Tipos

O *vinagre de maçã* é feito de maçãs. Apresenta coloração amarronzada e possui um sabor leve e adocicado de maçã.

O *vinagre branco* ou *vinagre destilado* é destilado e purificado para que se obtenha um sabor neutro.

O *vinagre de vinho* pode ser de vinho branco ou tinto e, naturalmente, tem sabor de vinho.

Os *vinagres condimentados* são acrescidos de outros produtos, como estragão, alho ou framboesa.

O *vinagre de xerez* é feito do vinho xerez e, consequentemente, apresenta sabor característico desse vinho.

O *vinagre balsâmico* é um vinagre especial, envelhecido em tonéis de madeira. Apresenta coloração marrom bem escura e possui sabor adocicado distinto.

Outros vinagres especiais são o vinagre de malte, o vinagre de arroz e vinagres com sabor de frutas como a framboesa.

Fatores de qualidade

Os vinagres devem apresentar sabor acentuado, agradável e límpido, característico do seu tipo.

O **teor de acidez** determina a acidez do vinagre – e do molho com ele produzido. A maioria dos vinagres para salada tem 5% de acidez, mas alguns atingem 7 a 8%. Veja essa informação no rótulo. Vinagres muito fortes devem ser diluídos com um pouco de água antes de serem medidos para uma receita.

O vinagre branco é usado quando se deseja um sabor completamente neutro em um molho. Outros vinagres são usados em razão do seu sabor característico. Os vinagres de vinho são geralmente preferidos para produzir molhos à base de óleo e vinagre de melhor qualidade.

SUCO DE LIMÃO

Pode ser usado suco de limão fresco no lugar de, ou junto com o vinagre em algumas preparações nas quais se deseja esse sabor.

GEMA DE OVO

A gema é um ingrediente essencial na maionese e em outros molhos para salada emulsificados. Por segurança, devem ser usados ovos pasteurizados (ver p. 788 e 1030), e o produto acabado deve ser refrigerado para se evitar que estrague.

TEMPEROS E CONDIMENTOS

Quase todas as ervas e especiarias podem ser usadas em molhos para saladas. É preferível usar as ervas frescas como condimentos, especialmente quando os molhos forem usados para

---

Balsamico Tradizionale (vinagre balsâmico tradicional)

O verdadeiro *aceto balsamico* é feito por pequenos produtores artesanais, ao contrário dos produtos industrializados encontrados na maioria das cozinhas e supermercados. É produzido não a partir de vinho ou vinagre de vinho, mas do suco de uva, geralmente de uvas brancas Trebbiano, embora a legislação italiana permita que seja feito de outros quatro tipos de uva. O balsâmico tradicional é envelhecido em pequenos tonéis de madeira por no mínimo 10 anos, podendo chegar a 50. O resultado é um líquido marrom escuro, grosso, quase na consistência de xarope, de sabor intenso.

Por causa da pequena produção e do longo período de envelhecimento, o verdadeiro vinagre balsâmico é muito caro – as garrafas mais antigas estão entre os alimentos mais caros do mundo.

Os balsâmicos comuns e de preço acessível que a maioria de nós conhece são produzidos em grande escala a partir de vinagre de vinho e caramelizados com açúcar, às vezes com a adição de um pouco de balsâmico envelhecido. A qualidade dos vinagres balsâmicos de preço acessível varia de péssima a boa. Os melhores podem ser excelentes ingredientes para saladas. O verdadeiro balsâmico tradicional é muito caro para ser misturado a molhos para saladas. É geralmente utilizado sozinho, como condimento, medido gota a gota.

saladas de folhas verdes variadas, simples e leves. Lembre-se de que ervas secas e especiarias precisam de mais tempo para liberar o sabor se não forem aquecidas junto com o produto. É por isso que a maioria dos molhos deve ser feita pelo menos duas a três horas antes de ser servida. Reveja o Capítulo 4 para recapitular o uso de ervas e especiarias.

Outros ingredientes adicionados por causa do sabor são: mostarda, *ketchup*, molho inglês e diversos tipos de queijos.

Observação sobre queijos azuis e verdes (como o queijo **roquefort**): muitos restaurantes vendem o que chamam de "molho roquefort" para salada quando, na realidade, é um molho feito de outro tipo de queijo azul. Roquefort é um nome comercial para um tipo especial de queijo azul feito em Roquefort, na França. É feito de leite de cabra, possui sabor característico e é muito caro. Não use o termo *Roquefort* para descrever molhos para salada, a menos que você esteja realmente usando essa marca de queijo.

EMULSÕES EM MOLHOS PARA SALADA

Como você sabe, óleo e água normalmente não se misturam, mas permanecem separados em camadas. Um molho para salada, no entanto, deve estar misturado de maneira homogênea para um bom serviço, mesmo que seja feito principalmente de óleo e vinagre. Uma mistura uniforme de dois líquidos que não se misturam é chamada de **emulsão**. Diz-se que um líquido está em *suspensão* no outro.

EMULSÕES TEMPORÁRIAS

Um molho simples de óleo e vinagre é chamado de **emulsão temporária** porque os dois líquidos sempre se separam depois de batidos.

Quanto mais forte a mistura é batida ou agitada, mais tempo leva para essa separação ocorrer. Isso acontece porque o óleo e a água são quebrados em gotículas, que demoram mais para se recombinarem umas às outras para que o óleo e a água possam se separar. Quando a mistura de óleo e vinagre é batida no liquidificador, a mistura resultante permanece como emulsão por um tempo consideravelmente mais longo.

Alguns ingredientes agem como emulsificadores fracos. Por exemplo, quando a mostarda é acrescentada à mistura, o *vinaigrette* permanece emulsificado por mais tempo. Outros ingredientes que funcionam dessa maneira são os purês de vegetais e os fundos com bom teor de gelatina. Mesmo essas misturas, contudo, vão se separar depois de um tempo mais longo. Devem ser batidas novamente antes de serem usadas.

EMULSÕES PERMANENTES

A maionese também é uma mistura de óleo e vinagre, mas os dois líquidos não se separam. Isso porque a fórmula também contém gema de ovo, que é um forte emulsificador. A gema forma uma película ao redor de cada gotícula, mantendo-as em suspensão.

Quanto mais a maionese é batida para quebrar essas gotículas, mais estável se torna a emulsão. Todas as emulsões, quer permanentes ou temporárias, são formadas mais facilmente à temperatura ambiente, pois o óleo refrigerado é mais difícil de ser quebrado em gotículas.

Outros estabilizadores são usados em algumas preparações. Molhos para salada que são cozidos usam amido, além dos ovos. Molhos para salada industrializados podem usar gomas, amidos e gelatina como emulsificadores.

MOLHOS PARA SALADA À BASE DE ÓLEO E VINAGRE

O **vinaigrette** básico, a primeira receita nesta seção, é uma mistura simples de óleo, vinagre e temperos. Pode ser usado dessa maneira, mas geralmente serve de base para outros molhos para salada, como as variações que são apresentadas a seguir.

A proporção de óleo e vinagre em um *vinaigrette* básico é de três partes de óleo para uma parte de vinagre. Contudo, isso não é uma regra, e as proporções podem ser alteradas conforme a preferência. Alguns *chefs* preferem a proporção 2:1, enquanto outros preferem uma proporção 4:1 ou até mesmo 5:1. Menos óleo torna o molho mais azedo, ao passo que mais óleo torna-o mais suave e gorduroso.

Um vinagre muito forte, com mais de 5% de acidez, pode precisar ser diluído com água antes de ser medido e acrescentado à receita.

Para obter instruções quanto ao preparo de *vinaigrettes*, revise a discussão sobre emulsões temporárias acima.

Vinaigrette básico

Rendimento: 1 L

Quantidade	Ingredientes
250 mL	Vinagre de vinho
1 colher (sopa)	Sal
1 colher (chá)	Pimenta-do-reino branca
750 mL	Óleo para salada, azeite de oliva ou uma parte de óleo para salada e outra de azeite de oliva

Modo de preparo

1. Misture o vinagre, o sal e a pimenta-do-reino branca até que o sal tenha dissolvido.
2. Usando um batedor de arame manual, um *mixer* ou liquidificador, incorpore aos poucos o óleo (ver discussão sobre emulsões temporárias na p. 722).
3. Bata ou misture novamente antes de servir.

Em 30 mL:
Calorias, 180; Proteínas, 0 g; Gorduras, 21 g (100% cal.); Colesterol, 0 mg; Carboidratos, 0 g; Fibras, 0 g; Sódio, 220 mg.

VARIAÇÕES

Vinaigrette de mostarda
Acrescente 30 a 60 g de mostarda preparada (tipo francesa ou Dijon) à receita básica. Misture com o vinagre na etapa 1.

Vinaigrette com ervas
Acrescente à receita básica ou ao *vinaigrette* de mostarda: 30 g de salsinha picada, 1 colher (chá) de manjericão fresco picado, 1 colher (chá) de manjerona ou orégano frescos picados e 2 colheres (chá) de cebolinha-francesa picada. Se as ervas frescas não estiverem disponíveis, use metade do volume em ervas secas.

Vinaigrette de limão
No lugar do vinagre de vinho na receita básica ou na variação *vinaigrette* de mostarda, use 75 mL de vinagre de vinho e 175 mL de suco de limão espremido na hora.

Vinaigrette balsâmico
Use vinagre balsâmico no lugar da metade ou de ¾ do vinagre de vinho na receita básica.

Molho italiano para salada
Use apenas azeite de oliva, ou parte azeite de oliva. Acrescente à receita básica 1½ colher (chá) de alho bem picado, 1 colher (sopa) de orégano seco, ¼ de xícara (chá) de salsinha picada.

Molho *piquant* para salada
Acrescente à receita básica 2 colheres (chá) de mostarda em pó, 2 colheres (sopa) de cebola bem picada, 2 colheres (chá) de páprica.

Molho *chiffonade* para salada
Acrescente os seguintes ingredientes à receita básica, todos bem picados: 2 ovos cozidos, 125 g de beterraba cozida e escorrida, 2 colheres (sopa) de salsinha picada, 30 g de cebola ou cebolinha.

Molho de abacate para salada
Acrescente 500 g de abacate em purê à receita básica ou à receita de *vinaigrette* com ervas. Bata até que fique homogêneo. Acrescente mais sal a gosto.

Vinaigrette de queijo azul ou roquefort
Misture 125 g de queijo azul ou roquefort esmigalhado e 125 mL de creme de leite fresco em uma batedeira com o batedor raquete, ou bata à mão em uma tigela de inox. Vá acrescentando, aos poucos, 750 mL de *vinaigrette* básico.

Vinaigrette de ervas e nozes

Rendimento: 400 mL

Quantidade	Ingredientes
100 mL	Vinagre de maçã
a gosto	Sal
a gosto	Pimenta-do-reino
150 mL	Óleo de nozes
150 mL	Óleo de amendoim
12 g (1 ½ colher de chá)	Cebolinha-francesa picada
12 g (1 ½ colher de chá)	Cerefólio picado
12 g (1 ½ colher de chá)	Salsinha picada

Modo de preparo

1. Tempere o vinagre com sal e pimenta-do-reino.
2. Acrescente os óleos aos poucos, batendo.
3. Misture as ervas. Verifique o tempero e ajuste, se necessário.

Em 30 mL:
Calorias, 180; Proteínas, 0 g; Gorduras, 20 g (98% cal.); Colesterol, 0 mg; Carboidratos, 1 g; Fibras, 0 g; Sódio, 0 mg.

Molho *gribiche*

Rendimento: 750 mL

Quantidade	Ingredientes
6	Gemas cozidas
45 mL	Mostarda preparada, tipo francesa ou Dijon
a gosto	Sal
a gosto	Pimenta-do-reino
475 mL	Azeite de oliva
conforme necessário	Vinagre de vinho ou água
2 colheres (sopa)	Salsinha picada
2 colheres (sopa)	Cerefólio fresco picado
2 colheres (sopa)	Estragão fresco picado
2 colheres (sopa)	Alcaparras
2 colheres (sopa)	Picles de pepino picado
6	Claras cozidas, cortadas em *julienne*

Modo de preparo

1. Amasse as gemas ou passe-as por uma peneira para dentro de uma tigela.
2. Acrescente a mostarda, o sal e a pimenta e mexa bem.
3. Utilizando a mesma técnica usada para bater maionese (ver p. 727), incorpore gradualmente o azeite, algumas gotas por vez no início, depois em fio fino.
4. Ao contrário das gemas cruas, as gemas cozidas não possibilitam uma emulsão estável, e a mistura talha com muita facilidade. Caso isso aconteça, acrescente um pouco de água quente e bata, alternando o óleo com a água quente.
5. A mistura deve ter a consistência de uma maionese rala.
6. Adicione apenas vinagre o suficiente para dar um sabor levemente ácido.
7. Junte as ervas, as alcaparras, os picles e as claras.
8. Prove e adicione mais sal, se necessário.

Em 30 mL:
Calorias, 180; Proteínas, 2 g; Gorduras, 19 g (96% cal.); Colesterol, 50 mg; Carboidratos, 0 g; Fibras, 0 g; Sódio, 70 mg.

Molho de *ketchup* para salada

Rendimento: 2 L

Quantidade	Ingredientes
125 g	Cebola
1 L	Óleo para salada
375 mL	Vinagre de maçã
625 mL	*Ketchup*
125 g	Açúcar
1 colher (chá)	Alho amassado
1 colher (sopa)	Molho inglês
1 colher (chá)	Páprica
¼ de colher (chá)	Molho de pimenta vermelha forte
½ colher (chá)	Pimenta-do-reino branca

Em 30 mL:
Calorias, 140; Proteínas, 0 g; Gorduras, 14 g (86% cal.);
Colesterol, 0 mg; Carboidratos, 5 g; Fibras, 0 g; Sódio, 115 mg.

Modo de preparo

1. Rale a cebola manualmente ou bata em um processador de alimentos.
2. Misture todos os ingredientes em uma tigela de inox.
3. Bata com um batedor de arame até que estejam bem misturados e o açúcar tenha dissolvido. Leve à geladeira.
4. Bata ou misture novamente antes de servir.

Vinaigrette oriental

Rendimento: 750 mL

Quantidade	Ingredientes
200 mL	Vinagre de arroz ou vinagre branco
60 mL	Molho de soja
425 mL	Óleo para salada
60 mL	Óleo de gergelim
1 colher (sopa)	Gengibre fresco ralado
2 colheres (chá)	Pimenta-do-reino
¼ de colher (chá)	Alho amassado
½ colher (chá)	Molho de pimenta vermelha
conforme necessário	Sal

Em 30 mL:
Calorias, 160; Proteínas, 0 g; Gorduras, 18 g (100% cal.);
Colesterol, 0 mg; Carboidratos, 0 g; Fibras, 0 g; Sódio, 150 mg.

Modo de preparo

1. Em uma tigela, misture bem todos os ingredientes, exceto o sal.
2. Prove o molho e adicione sal, se necessário (o molho de soja pode conter sal suficiente).
3. Bata ou misture novamente antes de servir.

Vinaigrette com baixo teor de gordura

Rendimento: 1 L

Quantidade	Ingredientes
250 mL	Vinagre de vinho
500 mL	*Fond lié* (p. 174) feito com fundo claro, fundo de vegetais ou suco de vegetais
1 colher (sopa)	Sal
1 colher (chá)	Pimenta-do-reino branca
250 mL	Óleo para salada, azeite de oliva, ou uma parte óleo para salada, outra azeite de oliva

Modo de preparo

1. Misture o vinagre, o *fond lié*, o sal e a pimenta-do-reino branca e mexa até que o sal tenha se dissolvido.
2. Com um batedor de arame ou *mixer*, incorpore aos poucos o óleo.
3. Bata ou misture novamente antes de servir.

Em 30 mL:
Calorias, 60; Proteínas, 0 g; Gorduras, 7 g (100% cal.); Colesterol, 0 mg; Carboidratos, 0 g; Fibras, 0 g; Sódio, 220 mg.

Vinaigrette sem gordura

Rendimento: 300 mL

Quantidade	Ingredientes
250 g	Cebola, inteira, sem descascar
2 colheres (sopa)	Mostarda preparada, tipo francesa ou Dijon
60 mL	Vinagre de vinho
125 mL	Fundo ou suco de vegetais
2 colheres (sopa)	Salsinha picada
a gosto	Sal
a gosto	Pimenta-do-reino

Modo de preparo

1. Asse a cebola a 175°C até que esteja totalmente macia, aproximadamente 45 a 60 minutos.
2. Deixe esfriar até que possa ser manuseada. Descasque.
3. Bata a cebola no liquidificador ou no processador de alimentos.
4. Acrescente a mostarda, o vinagre e o fundo. Bata para misturar bem.
5. Junte a salsinha picada.
6. Tempere a gosto com sal e pimenta-do-reino.

Variações

Substitua o fundo de vegetais por fundo de galinha.

Vinaigrette **sem gordura com alho assado**
Substitua a cebola assada da receita básica por alho assado. Veja as variações do *vinaigrette* básico para outras opções de condimentos.

Em 30 mL:
Calorias, 15; Proteínas, 0 g; Gorduras, 0 g (0% cal.); Colesterol, 0 mg; Carboidratos, 3 g; Fibras, 0 g; Sódio, 80 mg.

MOLHOS PARA SALADA EMULSIFICADOS

A maionese é o molho emulsificado mais importante. Às vezes, ela é usada sozinha como molho para saladas, mas com mais frequência serve como base para diversos outros molhos. Os molhos à base de maionese geralmente são espessos e cremosos. Nos Estados Unidos, muitos deles são feitos com a adição de creme de leite azedo.

O molho francês para salada é semelhante ao molho de *ketchup*, exceto pela adição da gema de ovo para evitar que o óleo e o vinagre se separem. A sua preparação é semelhante à da maionese. O molho francês para salada ganha coloração vermelho-alaranjada e sabor diferenciado por meio da adição de páprica espanhola.

PREPARO DE MAIONESE

Maioneses preparadas de boa qualidade estão disponíveis no mercado e poucos estabelecimentos fazem sua própria maionese. Mas é uma preparação muito básica e, como os outros molhos-mãe que você estudou no Capítulo 8, ela serve de base para muitos outros molhos para salada. Por isso é importante saber como prepará-la.

A maionese feita em casa não é tão estável quanto o produto industrializado, que é preparado com equipamento especial para criar uma emulsão mais fina, e ao qual podem ser acrescentados estabilizantes para aumentar a validade do produto. Além disso, o produto industrializado em geral é mais barato. Mas o preparo da maionese leva apenas alguns minutos em uma batedeira potente, e se os ingredientes forem selecionados cuidadosamente, é possível fazer um produto com sabor excelente.

Ao preparar a maionese, você precisa observar algumas condições necessárias para de obter uma emulsão. Estude essas orientações antes de continuar com as receitas:

Orientações para o preparo de maionese

1. **Use ingredientes bem suaves se a maionese for usada como base para outros molhos.**

    A maionese será mais versátil como base se não tiver nenhum sabor acentuado. O azeite de oliva e outros ingredientes com sabores característicos podem ser usados para preparações especiais.

2. **Use os ovos mais frescos possíveis para uma melhor emulsificação.** Por razões de segurança, use ovos pasteurizados (ver p. 788 e 1030).

3. **Todos os ingredientes devem estar em temperatura ambiente.**

    Um óleo gelado não se quebra facilmente em gotículas; portanto, é mais difícil obter uma emulsão.

4. **Bata bem as gemas em uma tigela.**

    É importante bater bem as gemas para conseguir uma boa emulsão.

5. **Junte os temperos.**

    É bom acrescentar um pouco do vinagre também neste momento. A emulsão se formará mais facilmente porque a acidez do vinagre ajuda a evitar que as proteínas da gema se coagulem e talhem. Além disso, o vinagre ajuda a dispersar os condimentos e a dissolver o sal.

6. **Comece a adicionar o óleo bem devagar, batendo constantemente.**

    É essencial adicionar o óleo bem devagar no começo, ou a emulsão pode desandar. Quando a emulsão começar a ser formar, o óleo pode ser adicionado mais rapidamente. Mas nunca adicione, de uma só vez, mais óleo do que a quantidade de maionese que já se formou na tigela, ou a emulsão pode desandar.

7. **Gradualmente e batendo sempre, incorpore o restante do óleo, alternando com o vinagre.**

    Quanto mais óleo for adicionado, mais firme ficará a maionese. O vinagre deixa a maionese mais rala. Adicione mais vinagre sempre que a maionese ficar muito dura para bater.

    Bater na batedeira usando o batedor globo torna a emulsão mais estável do que bater à mão.

8. **Não adicione mais do que 240 mL de óleo por gema de ovo grande, ou não mais do que 950 mL para cada 4 gemas.**

    A emulsão pode desandar se for acrescentado mais óleo do que as gemas podem aguentar.

9. **Prove e corrija os temperos.**

    A maionese acabada deve ter sabor homogêneo e distinto, mas neutro, e com acidez agradável. A textura deve ser homogênea e acetinada, e ela deve ser firme o suficiente para manter a forma.

10. **Mesmo que a maionese desande, ela pode ser recuperada.**

    Em uma tigela, bata uma ou duas gemas, ou uma boa maionese preparada, e bem devagar vá acrescentando a maionese que desandou, como na etapa 6. Continue batendo até que toda a maionese desandada tenha sido acrescentada e esteja firme.

Figura 21.3
Como bater maionese à mão.

(a) Bata as gemas até que fiquem mais claras. Acrescente a primeira quantidade de vinagre e os temperos.

(b) Vá acrescentando o óleo devagar, em fio fino, batendo constantemente.

(c) A maionese finalizada deve ser firme o suficiente para manter a forma.

Maionese

Rendimento: 2 L

Quantidade	Ingredientes
8	Gemas, de preferência de ovos pasteurizados
2 colheres (sopa)	Vinagre
2 colheres (chá)	Sal
2 colheres (chá)	Mostarda em pó
uma pitada	Pimenta-caiena
1,7 L	Óleo para salada
60 mL	Vinagre
50–60 mL	Suco de limão

Em 30 mL:
Calorias, 220; Proteínas, 0 g;
Gorduras, 25 g (100% cal.); Colesterol, 25 mg;
Carboidratos, 0 g; Fibras, 0 g; Sódios, 75 mg.

Modo de preparo

1. Revise as orientações para o preparo de maionese na página 727.
2. Coloque as gemas na tigela da batedeira e bata com o batedor globo até que estejam bem batidas.
3. Adicione 2 colheres de sopa (30 mL) de vinagre e bata bem.
4. Misture os ingredientes secos e adicione-os à tigela. Bata bem.
5. Coloque a batedeira na velocidade máxima. Bem devagar, quase gota a gota, comece a adicionar o óleo. Quando a emulsão se formar, é possível adicionar o óleo em fio fino.
6. Se a maionese ficar muito espessa, dilua com um pouco de vinagre.
7. Gradualmente, incorpore o restante do óleo alternando com o vinagre.
8. Ajuste a acidez e a consistência, incorporando um pouco de suco de limão.

Molhos para salada à base de maionese

Para cada um dos molhos a seguir, acrescente os ingredientes relacionados a *2 L de maionese*, conforme indicado.

Molho *thousand island* para salada
500 mL de molho de pimenta vermelha suave, 60 g de cebola ralada, 125 g de pimentão verde bem picado, 125 g de *pimiento* (pimentão doce) em conserva, escorrido e picado, e 3 ovos cozidos picados (ingrediente opcional).

Molho Louis para salada
Prepare o molho *thousand island* sem os ovos picados. Adicione 500 mL de creme de leite fresco.

Molho russo para salada
500 mL de molho de pimenta vermelha suave ou *ketchup*, ½ xícara de raiz forte preparada escorrida, 60 g de cebola ralada e 1 xícara (250 mL) de caviar de lumpo ou corégono (ingrediente opcional).

Molho chantili para salada
500 mL de creme de leite fresco batido. Incorpore cuidadosamente o creme de leite batido à maionese para manter o volume. Faça isso o mais perto possível da hora de servir.

Molho de queijo azul para salada
½ xícara (125 mL) de vinagre branco, 2 colheres de chá (10 mL) de molho inglês, algumas gotas de molho de pimenta vermelha e 500 g de queijo azul. Deixe na consistência desejada usando 1 a 2 xícaras (250-500 mL) de creme de leite fresco ou metade creme de leite, metade leite. *Variação:* Substitua metade da maionese por creme de leite azedo.

Molho *ranch* para salada
1,5 L de creme de leite azedo, 1,25 L de *buttermilk**, 250 mL de vinagre de vinho, 175 mL de suco de limão, 175 mL de molho inglês, 6 colheres (sopa) de salsinha picada, 4 colheres (sopa) de cebolinha-francesa picada, 6 dentes de alho amassados, 4 ramos de cebolinha picados, 60 mL de mostarda preparada, 1 colher (sopa) de semente de aipo.

Aïoli II
Amasse 60-125 g de alho com o sal na receita básica. Adicione-o às gemas. Use azeite de oliva, ou metade azeite e metade óleo para salada. Para outra versão de *aïoli*, veja a página 201.

---

*N.R.: Originalmente – e daí seu nome em inglês – o soro liberado pela nata ao ser transformada em manteiga. Produzido atualmente em escala comercial, o *buttermilk* consiste em leite fresco, em geral magro, acidulado pela adição de bactérias lácticas. Uma mistura de sabor semelhante pode ser obtida combinando-se 1 colher (sopa) de vinagre ou suco de limão para cada xícara de leite – deixe repousar por pelo menos 10 minutos.

Molho para salada *Caesar*

Rendimento: 1 L

Quantidade	Ingredientes
25	Filés de anchova (ver Observação)
2 colheres (chá)	Alho amassado
4	Ovos pasteurizados
90 mL	Suco de limão-siciliano
600 mL	Azeite de oliva
90 mL	Suco de limão-siciliano
60 g	Queijo parmesão ralado
a gosto	Sal

Em 30 mL:
Calorias, 170; Proteínas, 2 g; Gorduras, 18 g (93% cal.); Colesterol, 30 mg; Carboidratos, 1 g; Fibras, 0 g; Sódio, 160 mg.

Observação: a anchova é o principal ingrediente da salada *Caesar* tradicional, mas pode ser omitida, de acordo com as preferências individuais.

■ Modo de preparo

1. Amasse as anchovas e o alho juntos até obter uma pasta.
2. Coloque os ovos na tigela da batedeira e bata bem com o batedor globo.
3. Adicione a pasta de alho e anchova e a primeira quantidade de suco de limão. Bata até que estejam bem misturados.
4. Com a batedeira na velocidade máxima, comece a adicionar o azeite muito lentamente, como no preparo da maionese.
5. Quando o molho estiver consistente, acrescente um pouco do suco de limão-siciliano restante.
6. Junte aos poucos o restante do azeite, alternando com o restante do suco de limão.
7. Adicione o queijo parmesão e o sal.

Molho francês para salada

Rendimento: 2 L

Quantidade	Ingredientes
2	Ovos, de preferência pasteurizados
1 colher (sopa)	Sal
1 colher (sopa)	Páprica
1 colher (sopa)	Mostarda em pó
½ colher (chá)	Pimenta-do-reino branca
1,4 L	Óleo para salada
250 mL	Vinagre de maçã
125 mL	Suco de limão
conforme necessário	Vinagre, suco de limão ou água

Em 30 mL:
Calorias, 190; Proteínas, 0 g; Gorduras, 21 g (100% cal.); Colesterol, 5 mg; Carboidratos, 0 g; Fibras, 0 g; Sódio, 110 mg.

■ Modo de preparo

1. Coloque os ovos na tigela da batedeira e bata bem com o batedor globo.
2. Misture os ingredientes secos e adicione-os à tigela da batedeira. Bata bem.
3. Coloque a batedeira na velocidade máxima. Muito lentamente, comece a adicionar o óleo, como no preparo da maionese.
4. Quando o molho ficar bem consistente, dilua com um pouco do vinagre.
5. Aos poucos, incorpore o restante do óleo, alternando com o vinagre.
6. Acrescente o suco de limão e bata.
7. O molho deve ficar mais ralo, e não tão espesso quanto uma maionese. Se estiver muito espesso, prove primeiramente o tempero. Se não estiver muito azedo, dilua com um pouco de vinagre ou suco de limão. Se já estiver ácido o bastante, dilua com água.

OUTROS MOLHOS

Molhos cozidos para salada têm aparência semelhante à da maionese, mas seu sabor é mais ácido, ao passo que a maionese tem um sabor mais suave e untuoso. Eles são feitos com pouco ou nenhum óleo e usam um amido como espessante. Podem ser feitos na cozinha ou comprados já prontos. Eram pouco usados nas cozinhas comerciais por causa de seu sabor forte e de sua acidez, mas atualmente são mais populares que a maionese em algumas regiões.

É possível encontrar em muitos livros de culinária uma grande variedade de molhos que não têm como base a maionese nem o óleo e o vinagre. Entre eles estão os molhos à base de creme de leite azedo e de suco de fruta e iogurte (para saladas com frutas), e os molhos de baixa caloria, que agradam aqueles que fazem dieta. O mais importante a lembrar é que esses molhos devem ter sabor bem balanceado, com acidez agradável, e devem harmonizar com a salada com a qual estão sendo servidos, complementando-a.

Molho de creme de leite azedo para saladas com frutas

Rendimento: aproximadamente 1,25 L

Quantidade	Ingredientes
125 g	Geleia de groselha (sem pedaços)
125 mL	Suco de limão-siciliano
1 L	Creme de leite azedo

Em 30 mL:
Calorias, 60; Proteínas, 1 g; Gorduras, 5 g (74% cal.); Colesterol, 10 mg; Carboidratos, 3 g; Fibras, 0 g; Sódio, 15 mg.

Modo de preparo
1. Coloque a geleia e o suco de limão em uma tigela de inox. Coloque em banho-maria ou em fogo baixo, mexendo até que fique líquida.
2. Retire do fogo e acrescente o creme de leite azedo aos poucos, mexendo sempre. Leve à geladeira.

VARIAÇÃO

Molho de iogurte para saladas com frutas
Prepare como na receita básica, usando 1 xícara (250 mL) de creme de leite azedo e 3 xícaras (750 mL) de iogurte natural.

Molho cozido para salada

Rendimento: 2 L

Quantidade	Ingredientes
125 g	Açúcar
125 g	Farinha
2 colheres (sopa)	Sal
2 colheres (sopa)	Mostarda em pó
¼ de colher (chá)	Pimenta-caiena
4	Ovos
4	Gemas
1,5 L	Leite
125 g	Manteiga
375 mL	Vinagre de maçã

Em 30 mL:
Calorias, 50; Proteínas, 2 g; Gorduras, 3 g (49% cal.); Colesterol, 35 mg; Carboidratos, 5 g; Fibras, 0 g; Sódio, 250 mg.

Modo de preparo
1. Misture o açúcar, a farinha, o sal, a mostarda e a pimenta-caiena em uma tigela de inox.
2. Adicione os ovos e as gemas e bata até obter uma mistura homogênea.
3. Coloque o leite em uma panela funda e aqueça-o em fogo brando. Tome cuidado para não derramar.
4. Acrescente, aos poucos, metade do leite à mistura de ovos, batendo sempre. Depois, junte essa mistura à panela com o leite restante.
5. Cozinhe em fogo baixo, mexendo sem parar, até obter uma mistura bem consistente e sem sabor de farinha crua.
6. Retire do fogo e junte a manteiga.
7. Quando a manteiga derreter e estiver bem misturada, acrescente o vinagre.
8. Transfira o molho imediatamente para um recipiente de inox. Cubra e leve à geladeira.

Molho de mel e limão para salada

Rendimento: 500 mL

Quantidade	Ingredientes
250 mL	Mel
250 mL	Suco de limão-siciliano

Em 30 mL:
Calorias, 70; Proteínas, 0 g; Gorduras, 0 g (0% cal.); Colesterol, 0 mg; Carboidratos, 19 g; Fibras, 0 g; Sódio, 0 mg.

■ Modo de preparo

1. Misture bem o mel e o suco de limão-siciliano.
2. Sirva com saladas contendo frutas.

VARIAÇÕES

Molho cremoso de mel para salada
Misture 1 xícara (250 mL) de creme de leite fresco com o mel antes de adicionar o suco de limão-siciliano.

Molho de mel e limão Taiti para salada
Use suco de limão Taiti em vez de limão-siciliano.

Molho cremoso para salada de fruta

Rendimento: 1 L

Quantidade	Ingredientes
175 g	Açúcar
30 g	Amido de milho
4	Ovos
250 mL	Suco de abacaxi
250 mL	Suco de laranja
125 mL	Suco de limão-siciliano
250 mL	Creme de leite azedo

■ Modo de preparo

1. Misture o açúcar e o amido de milho em uma tigela de inox.
2. Adicione os ovos e bata até que a mistura fique homogênea.
3. Aqueça os sucos de frutas em uma panela funda até o líquido levantar fervura.
4. Junte os sucos quentes, aos poucos, à mistura de ovos.
5. Retorne a mistura à panela e aqueça até ferver novamente, mexendo sem parar.
6. Quando a mistura tiver engrossado, transfira imediatamente para uma tigela de inox ou molheira de inox e leve à geladeira para esfriá-la.
7. Incorpore o creme de leite azedo à mistura gelada batendo bem.

Em 30 mL:
Calorias, 60; Proteínas, 1 g; Gorduras, 2 g (31% cal.); Colesterol, 30 mg; Carboidratos, 9 g; Fibras, 0 g; Sódio, 10 mg.

Molho *light* de iogurte para salada

Rendimento: 850 mL

Quantidade	Ingredientes
500 mL	Iogurte natural desnatado ou semidesnatado
250 mL	Buttermilk*
1 colher (sopa)	Mostarda preparada, tipo francesa ou Dijon
2 colheres (sopa)	Vinagre de vinho
2 colheres (sopa)	Suco de limão
2 colheres (sopa)	Molho inglês
1 ½ colher (sopa)	Salsinha picada
1 colher (chá)	Alho bem picado
15 g	Chalota bem picada
½ colher (chá)	Semente de aipo
4 colheres (chá)	Açúcar
a gosto	Sal
a gosto	Pimenta-do-reino

Modo de preparo

1. Misture bem todos os ingredientes até ficar homogêneo.

Em 30 mL:
Calorias, 15; Proteínas, 1 g; Gorduras, 0 g (0% cal.);
Colesterol, 0 mg; Carboidratos, 3 g; Fibras, 0 g; Sódio, 45 mg.

*N.R.: Ver nota da página 728.

■ TERMOS PARA REVISÃO

salada servida como entrada	salada como sobremesa	salada com frutas	roquefort
salada para acompanhamento	maturação completa	salada composta	emulsão
salada como prato principal	quatro partes de uma salada	salada com gelatina	emulsão temporária
salada servida entre um prato e outro	*bound salad*	óleo "winterizado"	*vinaigrette*
	salada de legumes	teor de acidez	

■ QUESTÕES PARA DISCUSSÃO

1. Relacione três ou quatro saladas que podem ser servidas como entrada, como acompanhamento, como prato principal, entre um prato e outro e como sobremesa. Justifique suas escolhas.

2. Qual é o efeito dos molhos para salada sobre a crocância das folhas verdes e quais as maneiras de resolver esse problema?

3. Você precisa preparar 250 saladas Waldorf para um banquete. Explique o procedimento que usará para o preparo. Relacione cada etapa, desde os ingredientes crus até as saladas empratadas (você pode consultar a receita na p. 706).

4. Como é possível assegurar que as folhas verdes fiquem crocantes?

5. Você está preparando saladas verdes mistas e pode escolher entre os ingredientes a seguir. Quais deles você pode misturar e quais você adiciona depois de empratar as saladas, ou na hora de servir? Por quê?

Alface-americana	Chicória
Repolho-roxo em tiras finas	Fatias de abacate
Cenoura ralada ou em tiras finas	Cunhas de tomate
Agrião	Alface-romana
Salsão fatiado	

6. Você está preparando salada de folhas variadas, salada de batata e salada de *grapefruit* com abacate para o almoço. Como você planeja o preparo (o que você faz em primeiro lugar, em segundo lugar e assim por diante)?

7. Você está testando uma nova receita para uma salada enformada de vegetais usando gelatina sem sabor. Depois de provar, você acha que não está suficientemente azeda e que mais vinagre deve ser acrescentado. Você precisa fazer algum outro ajuste?

8. Quando se está preparando maionese, é preciso tomar diversas precauções para assegurar a formação de uma boa emulsão. Indique todas as que você puder. Se você se esquecer de uma delas e a maionese desandar, o que pode ser feito para recuperá-la?

CAPÍTULO 22

CAPÍTULO 22
Sanduíches

O sanduíche é um alimento muito apreciado e conveniente. É rápido de preparar e servir e de fácil adaptação para muitas variações, satisfazendo a quase todos os gostos e necessidades nutricionais.

Há muito tempo os sanduíches constituem uma especialidade da praça de *garde manger*, juntamente com as saladas e outros pratos frios. No entanto, ao se considerar que um dos sanduíches mais comuns hoje é o hambúrguer, percebe-se que a preparação de sanduíches é tanto responsabilidade do cozinheiro de pratos rápidos quanto do cozinheiro *garde manger*.

O preparo dos pedidos de sanduíches frios e quentes é uma das habilidades necessárias no setor de serviços alimentícios moderno. Neste capítulo, começaremos abordando os princípios da preparação de sanduíches, os ingredientes básicos e os tipos básicos de sanduíches. Depois analisaremos a montagem de uma praça de trabalho para o preparo de sanduíches e os métodos para garantir uma produção eficiente.

PÃES

Uma das funções do pão em um sanduíche é proporcionar um envoltório comestível para os alimentos colocados dentro dele. Teoricamente, no entanto, o pão deve fazer mais do que apenas isso. Pães de boa qualidade fornecem variedade, textura, sabor e apelo visual para sanduíches, além de dar volume e fornecer nutrientes.

TIPOS

O **pão de forma** branco para sanduíche é frequentemente usado para sanduíches simples. São pães compridos e retangulares, cortados em fatias quadradas de cerca de 1,5 cm de espessura.

O pão industrializado para sanduíche deve ter textura fina e ser suficientemente firme para ser besuntado com manteiga, patês etc. O pão de forma branco comprado em supermercado não é apropriado porque é muito macio para ser besuntado ou para segurar a maioria dos recheios, além de ficar muito pastoso na boca.

Por causa do seu sabor neutro, o pão de forma branco é apropriado para a maioria dos recheios.

Outros tipos de pão acrescentam variedade e beleza, contanto que se harmonizem com o recheio. Eis algumas possibilidades:

- Pãezinhos em geral, inclusive os macios e firmes, como o pão de hambúrguer e de cachorro-quente e outros pães de massa sovada
- Pães grandes e pãezinhos do tipo italiano, francês e *ciabatta*, cortados no sentido do comprimento
- Pão integral
- Pão preto
- Pão de centeio e de centeio integral
- Pão sírio
- Pão com passas
- Pão com canela
- Pão com frutas secas e nozes
- *Focaccia*

ARMAZENAMENTO

Pão fresco é essencial para a produção de sanduíches de qualidade. Pão velho ou seco é inaceitável. As medidas a seguir podem ser utilizadas para assegurar seu frescor.

1. A entrega deve ser diária, ou a mais frequente possível, dependendo da sua localização. O pão fica velho com muita rapidez, e pão amanhecido perde grande parte do seu frescor.
2. Mantenha os pães em embalagem hermeticamente fechada e à prova de umidade até o momento de usar. Isso evita que ressequem e absorvam odores.
3. Pão francês e outros pães com casca dura não devem ser embalados, pois a casca amolece. Esses tipos de pães ficam velhos muito rapidamente e devem ser usados no dia em que são assados.
4. Armazene os pães em temperatura ambiente, longe do forno ou de equipamentos que transmitam calor. Não armazene sob refrigeração, pois o pão fica velho mais rapidamente na geladeira.
5. Se for preciso armazenar o pão por mais de um dia, ele pode ser congelado. Descongele-o sem retirar da embalagem original.
6. Pães amanhecidos podem ser usados para fazer torrada, sem perda de qualidade.

MANTEIGA, MAIONESE, PATÊS E OUTRAS PASTAS

FUNÇÕES NO SANDUÍCHE

1. Evitar que o pão absorva a umidade do recheio.
2. Adicionar sabor.
3. Adicionar umidade ou proporcionar sensação agradável à boca.

Após ler este capítulo, você deverá ser capaz de:

1. Selecionar, armazenar e servir pães frescos e de boa qualidade para sanduíches.
2. Escolher corretamente o que passar no pão para sanduíche – manteiga, maionese, patês etc.
3. Identificar os tipos de recheio mais comuns para sanduíches.
4. Montar uma praça de trabalho eficiente para o preparo de sanduíches.
5. Preparar os principais tipos de sanduíches.
6. Preparar sanduíches em grande quantidade.

MANTEIGA

A manteiga deve estar mole o suficiente para ser espalhada com facilidade sem danificar o pão. Para amolecer a manteiga, pode-se batê-la na batedeira ou simplesmente deixá-la em temperatura ambiente por 30 minutos.

Bater na batedeira dá à manteiga mais volume, o que reduz custos. No entanto, a manteiga batida não se conserva bem porque o ar a ela incorporado faz com que fique rançosa mais rapidamente.

Alguns profissionais batem a manteiga com uma pequena quantidade de água ou leite. Isso aumenta o volume e facilita o processo de espalhar. No entanto, não acrescenta nada à qualidade do sanduíche, e aumenta a possibilidade de o pão encharcar.

Às vezes, usa-se margarina em vez de manteiga, por causa de custos ou por exigência do cliente.

Manteigas condimentadas, como as que estão relacionadas na página 179, podem ser usadas com recheios apropriados.

MAIONESE

Geralmente, a maionese é preferida à manteiga porque oferece mais sabor. No entanto, não protege o pão de umidade tão bem quanto a manteiga.

Por causa do perigo de intoxicação alimentar, os sanduíches feitos com maionese devem ser servidos imediatamente ou mantidos sob refrigeração até o momento de servir.

PATÊS E OUTRAS PASTAS

Embora a manteiga e a maionese sejam as mais utilizadas, praticamente qualquer tipo de alimento com consistência própria para espalhar pode ser usado para adicionar sabor aos sanduíches, tais como: *Pesto* (p. 644), *tapenade* (p. 774), Patê de fígado de frango (p. 778), *Homus* (p. 762), *Babaganouj* (p. 762), *Guacamole* (p. 763) e Molho *romesco* (p. 762). Observe, contudo, que a maioria dessas pastas não evita que o pão fique encharcado com o recheio. Pastas úmidas devem ser passadas no pão imediatamente antes de servir.

RECHEIOS

O recheio é a alma do sanduíche. Como mencionado anteriormente, quase qualquer tipo de alimento pode ser servido entre duas fatias de pão. A seguir são relacionados alguns recheios que podem ser usados separadamente ou combinados.

CARNES E AVES

A maioria das carnes para sanduíche é pré-cozida, embora algumas sejam cozidas assim que o pedido é feito. As carnes fatiadas ficam secas e perdem sabor, portanto, evite fatiá-las com muita antecedência e mantenha-as cobertas ou embaladas.

Podem ser usadas sobras de alimentos, mas apenas se forem de boa qualidade e se tiverem sido manipuladas e armazenadas adequadamente para evitar contaminação.

Fatias finas são mais macias, e os sanduíches feitos com elas são mais fáceis de comer. Além disso, muitas fatias finas tornam o sanduíche maior do que uma ou duas fatias grossas, totalizando o mesmo peso.

1. Carne bovina	2. Carne de porco	3. Aves	4. Linguiças, salsichas e outros embutidos
Rosbife fatiado, frio ou quente	Carne de porco assada	Peito de peru	Salame
Hambúrguer	Carne de porco grelhada	Peito de frango	Salsicha e salsichões
Filés pequenos	Presunto, todos os tipos		Mortadela
Carne em conserva	Bacon		Linguiças
Pastrami	Lombinho canadense		Frios fatiados
Língua, fresca ou defumada			*Coppa*

QUEIJO

Da mesma maneira que as carnes, o queijo fica seco muito rapidamente quando fatiado e mantido fora da embalagem. Se for fatiado com antecedência, as fatias devem permanecer embaladas até a hora de servir. Ver no Capítulo 25 um resumo das variedades de queijos.

Alguns dos queijos mais apreciados para sanduíches são:

Mussarela	Requeijão
Cheddar	Queijo branco
Suíço	Pastas à base de ricota
Provolone	*Cream cheese*
mascarpone	

PEIXES E FRUTOS DO MAR

Os recheios de frutos do mar para sanduíche, em sua maioria, são altamente perecíveis e devem ser mantidos sempre sob refrigeração.

Alguns recheios de frutos do mar comuns são:

Atum	Anchovas
Sardinha	Porções de peixe frito
Salmão defumado e curado	Filés de peixe grelhados ou fritos em pouco óleo
Camarão	

SALADAS À BASE DE MAIONESE

Consulte na página 702 o preparo de saladas à base de maionese e outros molhos espessos. Nos Estados Unidos, as saladas à base de maionese mais apreciadas para rechear sanduíches são a salada de atum, a de ovos, a de frango ou de peru e a de presunto.

VEGETAIS

Alface, tomate e cebola são indispensáveis na produção de sanduíches. Além disso, quase todos os vegetais usados em saladas podem também ser incluídos em sanduíches. Ver relação de vegetais na página 702. Vegetais grelhados são apreciados não apenas em sanduíches vegetarianos, mas também como parte do recheio de sanduíches com carne.

OUTROS ITENS

Pasta de amendoim	Frutas, frescas ou secas
Geleias	Oleaginosas (p. ex., amêndoas laminadas)
Ovos	

TIPOS DE SANDUÍCHES

SANDUÍCHES FRIOS

1. **Sanduíches frios simples** são aqueles feitos com duas fatias de pão ou duas metades de um pãozinho besuntados com uma pasta e um recheio. São denominados sanduíches simples porque são feitos com apenas duas fatias de pão, e não necessariamente porque sua montagem é simples. Sanduíches frios simples variam de uma única fatia de queijo ou carne entre duas fatias de pão com manteiga a montagens complexas como o tradicional sanduíche norte-americano *submarine* (também conhecido por *hero sandwich*, *grinder*, *hoagie* e *poor boy* – ou *po'boy*). Esse sanduíche consiste em um pão de aparência semelhante à do pão francês, mas mais alongado e de casca macia, geralmente recheado com salame, presunto, *capocollo* (semelhante à *coppa*), mortadela, queijo provolone, pimentão, cebola, azeitona e tomate, entre outros itens.

   A maioria dos sanduíches comuns está incluída nesta categoria.

2. **Sanduíches com várias camadas** são feitos com mais de duas fatias de pão (ou pãezinhos abertos em mais de duas partes) e diversos ingredientes no recheio.

   O **club sandwich** é um sanduíche com diversas camadas, feito com três fatias de pão tostado recheado com peito de peru ou frango fatiados, maionese, alface, tomate e bacon. É cortado em quatro triângulos, como mostra a Figura 22.1.

Figura 22.1
Como cortar um *club sandwich* ou sanduíche com muitas camadas.

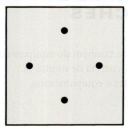

(a) Coloque quatro palitos no sanduíche, nos locais indicados pelos pontos na ilustração.

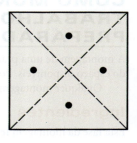

(b) Corte o sanduíche em quatro, de um canto a outro. Coloque o sanduíche no prato com as pontas viradas para cima.

3. **Sanduíches abertos** são feitos com uma única fatia de pão, como se fossem grandes canapés, o que são na realidade. Como nos canapés, o recheio, ou cobertura, deve ser arrumado de maneira atraente e deve ser enfeitado. Os ingredientes dos canapés e o seu método de preparo são discutidos no Capítulo 23.
4. **Sanduíches para aperitivo** são sanduíches pequenos e elegantes, em geral feitos com ingredientes delicados e leves e pães sem casca. Geralmente são cortados em formatos diferentes. Os recheios e as pastas podem ser os mesmos usados para canapés.
5. **Wraps** são sanduíches cujo recheio vem enrolado, como uma panqueca, em uma *tortilla* de farinha de trigo grande, ou outro pão chato. Podem ser servidos inteiros ou, se forem grandes, cortados ao meio.

SANDUÍCHES QUENTES

1. **Sanduíches quentes simples** consistem em recheios quentes, geralmente carnes, mas às vezes peixe, vegetais grelhados ou outros itens, entre duas fatias de pão ou duas metades de um pãozinho. Podem também conter itens que não são quentes, como fatias de tomate ou cebola crua em um hambúrguer.

   O hambúrguer e o cachorro-quente, e todas as suas variações, são os sanduíches quentes mais populares nos Estados Unidos.
2. Para fazer sanduíches quentes abertos, coloca-se o pão com ou sem manteiga sobre um prato, põe-se uma carne ou outro recheio quente por cima e cobre-se com um molho, queijo ou outra cobertura. Algumas versões são gratinadas sob a salamandra antes de serem servidas. Esse tipo de sanduíche é feito para ser comido com garfo e faca.
3. **Sanduíches grelhados**, também chamados de *panini*, são sanduíches simples cuja casca é besuntada com manteiga antes de serem colocados na chapa, em forno quente ou em uma grelha para *panini* (ver figura ao lado). Sanduíches que contêm queijo são muito apreciados para grelhar.
4. **Sanduíches fritos** são passados no ovo batido e, às vezes, na farinha de rosca e depois fritos por imersão. Esse tipo de sanduíche também pode ser feito na chapa ou no forno quente, porque fritar o torna muito gorduroso.
5. Se o *wrap* é considerado um sanduíche frio, então, os *burritos*, as *quesadillas* e as *enchiladas* recheadas quentes podem ser considerados sanduíches quentes. **Pizzas** podem ser consideradas sanduíches quentes abertos e podem ser definidas como lâminas finas de massa de pão assadas com uma cobertura. Na realidade, é possível classificar como sanduíche qualquer alimento feito com massa recheada ou coberta com outro produto alimentício. Produtos feitos com massa, sejam pães, massas folhadas, *tortillas* ou massa para rolinho primavera, tornam-se bases ou invólucros versáteis para alimentos, independentemente se o resultado se assemelha a algo que possa ser chamado de sanduíche ou não. Diversos desses itens (*enchilada*, *quesadilla* e rolinho primavera) são mencionados em outros capítulos deste livro. As pizzas são incluídas neste capítulo, por conveniência. A receita da página 752 mostra o procedimento básico para preparar pizzas. Para outros sabores, varie as coberturas conforme desejado, usando a mesma técnica.

Chapa para *panini*

Panini

O significado básico da palavra italiana *panino* (plural: *panini*) é "pãozinho". Por extensão, **panini** são sanduíches feitos com pequenos pães mais um recheio. O recheio para um *panino* típico é composto por uma ou duas fatias de carne curada, como salame, mortadela ou *prosciutto*. Queijo também pode ser usado, assim como diversos outros itens, como tomate fatiado ou atum em conserva. Em resumo, os *panini* italianos em geral são sanduíches frios simples e pequenos.

Fora da Itália, o *panino* passou a significar algo um pouco diferente. Em geral, é um sanduíche grelhado quente, muitas vezes com um recheio razoavelmente substancial. O que distingue os *panini* de outros sanduíches grelhados é que eles são feitos em uma chapa especial denominada chapa para *panini*, ou prensa para *panini*, que tosta o sanduíche dos dois lados de uma só vez, ao mesmo tempo em que comprime ou aperta o pão e o recheio juntos. A superfície da chapa pode ser lisa ou frisada. As chapas frisadas deixam marcas no pão, dando a eles o típico visual dos *panini*.

Os *panini* grelhados geralmente contêm queijo como um dos ingredientes do recheio. O queijo derretido e a casca torrada são parte do atrativo desse tipo de sanduíche.

Se não houver uma prensa de sanduíche disponível, é possível criar um tipo de sanduíche semelhante tostando o pão em uma chapa plana padrão ou chapa frisada colocando um peso sobre o sanduíche para prensá-lo e virando-o no meio do cozimento para tostar os dois lados.

Para sanduíches prensados, evite recheios muito volumosos. Ao contrário dos sanduíches grelhados, para os *panini* nem sempre é necessário passar manteiga ou óleo nas cascas do pão. A umidade e a gordura do recheio podem ser suficientes para umedecer o pão à medida que é tostado. Adicionar mais, às vezes, torna o sanduíche muito gorduroso.

COMO PREPARAR SANDUÍCHES

A preparação de sanduíches exige muito trabalho manual. Podem ser necessários muitos movimentos individuais, especialmente se os sanduíches tiverem diversas camadas ou ingredientes. Quer você esteja fazendo sanduíches em quantidade ou um só pedido, o seu objetivo deve ser reduzir os movimentos para tornar a produção o mais eficiente e o mais rápida possível.

COMO MONTAR UMA PRAÇA DE TRABALHO PARA SANDUÍCHES PREPARADOS NA HORA

A montagem de uma praça de trabalho depende do cardápio e também do equipamento e do espaço disponíveis. Portanto, não há apenas uma maneira correta de montá-la.

Qualquer montagem envolve dois elementos: ingredientes e equipamentos.

Ingredientes

Esta fase da montagem tem duas partes:

1. **Pré-preparo dos ingredientes.**
   Misture os recheios para os sanduíches, prepare as pastas, fatie as carnes e os queijos, separe as folhas verdes, fatie os tomates, prepare as guarnições e assim por diante. Em outras palavras, prepare tudo de antemão para que nada precise ser feito além da montagem do sanduíche.

2. **Arrumação ou armazenamento dos ingredientes para máxima eficiência.**
   Para reduzir os seus movimentos ao mínimo, a montagem ideal deve ter tudo o que você precisa ao alcance de qualquer uma das duas mãos. Dependendo da disposição da cozinha, isso pode não ser possível, especialmente se o cardápio de sanduíches for muito extenso. Mas tente chegar o mais próximo disso possível.

   Disponha os ingredientes de maneira que você possa usar as duas mãos. Por exemplo, enquanto a mão esquerda alcança o pão, a direita alcança a espátula de manteiga. Depois, enquanto a mão direita coloca a espátula de volta, a esquerda alcança o presunto fatiado. A mão direita, no caminho de volta após deixar a espátula, pega uma fatia de queijo e assim por diante. Em uma praça de sanduíches movimentada, cada segundo é importante.

Duas outras considerações são importantes quando se fala de ingredientes:

1. **Higiene.**
   Os sanduíches frios estão sujeitos a muita manipulação e não são cozidos, por isso é especialmente importante que os ingredientes sejam refrigerados de maneira adequada e bem protegidos. Em geral é usado um balcão refrigerado – a versão fria de um balcão térmico. Gavetas refrigeradas ou prateleiras debaixo do balcão são úteis para armazenar os itens usados com menos frequência.

   Lave cuidadosamente as mãos antes de começar a trabalhar. Além disso, preste atenção às exigências legais de higiene. Em alguns locais, a lei exige que os trabalhadores usem luvas e/ou máscaras ao manipular alimentos prontos para consumo (ver p. 26).

2. **Controle da porção.**
   Os itens fatiados são divididos em porções por unidade e por peso. Se a divisão em porções for por unidade, é preciso tomar cuidado durante o pré-preparo para fatiar na espessura adequada. Se for feita por peso, as porções podem ser intercaladas com quadrados de papel-manteiga e empilhadas dentro de um recipiente.

Equipamentos

Os equipamentos necessários para a praça de sanduíches dependem, logicamente, do cardápio e do tamanho do estabelecimento.

1. *Equipamentos para armazenamento* dos ingredientes incluem equipamentos para refrigeração dos ingredientes frios e um balcão térmico para armazenar ingredientes quentes como, por exemplo, carnes assadas.

2. *Instrumentos manuais* são equipamentos básicos para o preparo de sanduíches e, de modo geral, os únicos instrumentos necessários. Isso inclui espátulas e facas, inclusive uma faca de serra e uma faca de *chef* afiada para cortar os sanduíches prontos. Obviamente, uma tábua para cortar também é necessária. Um fatiador de frios elétrico pode ser necessário para tudo o que não é fatiado com antecedência.

3. *Equipamentos para o controle de porções* incluem colheres-medida com extrator para recheios úmidos e balanças para medir outros ingredientes.

4. *Equipamentos para cozinhar* são necessários para a maioria dos sanduíches quentes. Chapa, grelha, salamandra e fritadeira são usados para cozinhar os ingredientes de um pedido de sanduíche. O forno de micro-ondas é algumas vezes usado para aquecer os ingredientes ou o sanduíche acabado.

COMO PREPARAR E MONTAR SANDUÍCHES EM GRANDE QUANTIDADE

Com os ingredientes preparados e os utensílios manuais montados, tudo o que é necessário para completar uma praça de sanduíches é uma mesa grande.

A produção em linha de montagem é o método mais eficiente porque simplifica os movimentos. Esse método é o mesmo aplicado na produção de saladas em grande quantidade apresentada no Capítulo 21.

Instruções para o preparo de sanduíches frios simples em grande quantidade

1. Pré-prepare e organize todos os ingredientes.
2. Monte os equipamentos necessários, inclusive materiais para embalagem.
3. Arrume as fatias de pão em fileiras sobre o balcão.
4. Espalhe a manteiga, maionese ou qualquer outro patê ou pasta que estiver usando em cada uma das fatias.
5. Distribua os recheios de maneira uniforme e ordenada sobre fatias alternadas, sempre deixando uma fatia sem nada ao lado de uma recheada. Os recheios não devem ultrapassar as bordas do pão. Se o recheio tiver que ser espalhado, espalhe-o de maneira uniforme até as bordas. A Figura 22.2 mostra a técnica usada para espalhar.
6. Coloque as fatias besuntadas sobre as fatias que contêm os recheios.
7. Empilhe dois ou três sanduíches e corte-os com uma faca afiada.
8. Para embalar, escolha uma das opções abaixo:
   - Embale separadamente com plástico, papel-manteiga ou sacos para sanduíche.
   - Coloque em recipientes para armazenar, cubra bem com filme plástico e depois com toalhas limpas e úmidas. As toalhas não devem encostar nos sanduíches; a sua finalidade é fornecer uma barreira de umidade para evitar que os sanduíches ressequem.
9. Coloque imediatamente na geladeira e mantenha sob refrigeração até a hora de servir.

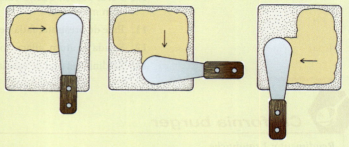

Figura 22.2
Espalhe um produto de maneira eficiente em um sanduíche, com três movimentos rápidos, como mostra a figura.

SERVIÇO

Com algumas exceções, como hambúrguer e cachorro-quente, os sanduíches são cortados antes de serem servidos. Cortar tem duas finalidades: facilitar o manuseio ao comer o sanduíche e possibilitar uma apresentação mais atraente.

Em geral, a primeira finalidade é alcançada simplesmente cortando-se o sanduíche ao meio ou, se for muito grande ou grosso, em três ou quatro pedaços.

A segunda finalidade é alcançada ao se colocar as partes cortadas (e não as partes das bordas) voltadas para fora. Se o sanduíche tiver sido feito com cuidado, com bons ingredientes e guarnições saborosas, parecerá atraente e apetitoso. Cortar e arrumar o sanduíche de maneira complicada no prato não têm sentido algum.

O hambúrguer e outros tipos de sanduíches que não são cortados podem ser apresentados abertos para mostrar os ingredientes atraentes. Por exemplo, nos Estados Unidos, uma versão do hambúrguer geralmente denominada *California burger* (ver p. 742) é apresentada com a carne sobre a parte inferior do pão, e ao lado, a outra metade do pão com uma folha de alface e uma fatia de tomate por cima.

Sanduíches quentes preparados conforme o pedido oferecem os mesmos desafios para uma apresentação criativa e atraente que outros alimentos quentes, conforme será discutido no Capítulo 28. Os fatores mais importantes relacionados à apresentação são usar ingredientes bons e frescos e preparar os sanduíches com cuidado, usando técnicas apropriadas para o cozimento de carnes, aves, peixes, vegetais e quaisquer outros componentes do sanduíche.

SUGESTÕES DE COMBINAÇÃO PARA SANDUÍCHES FRIOS

As sugestões a seguir são apenas algumas entre os muitos sanduíches que podem ser feitos com os ingredientes relacionados na primeira parte deste capítulo.

1. Rosbife em pão de centeio e pasta de *cream cheese* com raiz-forte.
2. Língua de vaca, alface e tomate em um pãozinho de cebola com maionese.
3. Mortadela, queijo provolone, tomate e *pimiento* (pimentão doce) picado em um pãozinho firme com maionese.
4. Salsichão com fatias de cebola e picles em pão preto com maionese ou manteiga.
5. Carne em conserva ou presunto, queijo suíço, mostarda e rodelas de pepino em conserva de endro em pão de centeio com maionese ou manteiga.
6. Carne em conserva, *coleslaw* (bem escorrida) e queijo suíço em pão de centeio com maionese ou manteiga.
7. Presunto, salame, rodelas de tomate, molho russo e alface em torrada de centeio.
8. Frango ou peru, presunto, queijo suíço e alface em torrada de pão branco ou de trigo integral com maionese.
9. Frango e rodelas de pepino em pão de trigo integral com maionese.
10. Peru, bacon, queijo suíço e alface em torrada de pão branco ou de trigo integral com maionese.
11. Patê de presunto, fatia de abacaxi e alface em torrada de pão branco.
12. Salada de atum, alface, tomate e queijo *cheddar* ralado em torrada de pão branco.
13. Sardinha e fatias de cebola em pão de centeio escuro com *cream cheese*, servido aberto.

California burger

Rendimento: 1 sanduíche

Quantidade	Ingredientes
1	Hambúrguer (125 g)
1	Pão de hambúrguer
conforme necessário	Manteiga
2 colheres (chá)	Maionese
1	Folha de alface
1	Rodela fina de cebola (opcional)
1	Rodela de tomate

Por porção:
Calorias, 480; Proteínas, 24 g; Gorduras, 32 g (61% cal.); Colesterol, 85 mg; Carboidratos, 23 g; Fibras, 2 g; Sódio, 370 mg.

California burger

■ **Modo de preparo**

1. Prepare a carne na chapa ou grelha no ponto desejado.
2. Enquanto a carne é grelhada, prepare o pão. Espalhe um pouco de manteiga na metade de baixo do pão. Espalhe maionese na metade de cima.
3. Coloque o pão aberto sobre um prato.
4. Na parte de cima do pão, coloque a folha de alface, a rodela de cebola (opcional) e a de tomate.
5. Quando a carne estiver pronta, coloque-a sobre a parte de baixo do pão. Sirva imediatamente, aberto.

VARIAÇÕES

California cheeseburger
Prepare a receita básica, mas coloque uma fatia de queijo *cheddar* ou queijo prato sobre o hambúrguer 1 minuto antes de terminar de grelhar. Cozinhe até o queijo derreter.

Cheeseburger (básico)
Elimine a maionese, a alface, a cebola e o tomate, mas acrescente a fatia de queijo como no *Cheeseburger California*.

Cheeseburger com bacon
Prepare o *cheeseburger* básico, mas coloque uma fatia de bacon cortada ao meio sobre o queijo.

California cheeseburger deluxe
Prepare o *Cheeseburger California*, mas coloque uma fatia de bacon cortada ao meio sobre o queijo.

Submarine sandwich*

Rendimento: 1 sanduíche

Quantidade	Ingredientes
1	Baguete de casca macia
2 colheres (sopa)	Maionese
30 g	Salame cortado em fatias finas
30 g	Presunto cortado em fatias finas
30 g	Mortadela cortada em fatias finas
30 g	Queijo provolone cortado em fatias finas
2	Rodelas de tomate
2	Rodelas bem finas de cebola
3	Rodelas de pimentão verde

Por porção:
Calorias, 770; Proteínas, 28 g; Gorduras, 51 g (60% cal.); Colesterol, 85 mg; Carboidratos, 50 g; Fibras, 5 g; Sódio, 1.650 mg.

Modo de preparo

1. Abra o pão no sentido do comprimento sem separar as duas partes.
2. Espalhe maionese nas duas metades.
3. Disponha as carnes e o queijo em camadas no sanduíche. Se as fatias dos frios forem muito grandes, dobre-as ao meio.
4. Coloque as rodelas de tomate, cebola e pimentão sobre os frios e o queijo.
5. Feche o sanduíche. Deixe inteiro ou corte ao meio para servir.
6. Sirva o sanduíche acompanhado de mostarda e azeitonas ou picles.

*N.R: Para mais informações sobre este sanduíche tradicional norte-americano, ver página 738.

Club sandwich

Rendimento: 1 sanduíche

Quantidade	Ingredientes
3 fatias	Pão branco tostado
conforme necessário	Maionese
2	Folhas de alface
2	Rodelas de tomate de aproximadamente ½ cm de espessura
3	Fatias de bacon frito
60 g	Peito de frango ou peru fatiados

Por porção:
Calorias, 580; Proteínas, 32 g; Gorduras, 25 g (40% cal.); Colesterol, 75 mg; Carboidratos, 53 g; Fibras, 3 g; Sódio, 910 mg.

Modo de preparo

1. Coloque as 3 fatias de pão sobre uma superfície limpa. Espalhe maionese em um dos lados de cada uma delas.
2. Na primeira fatia, coloque 1 folha de alface, depois 2 rodelas de tomate e 3 fatias de bacon.
3. Coloque a segunda fatia de pão por cima, deixando o lado com maionese virado para baixo.
4. Espalhe maionese na parte de cima.
5. Sobre essa fatia, coloque o peru ou frango e por cima a outra folha de alface.
6. Cubra com a terceira fatia de pão, com o lado da maionese virado para baixo.
7. Espete palitos enfeitados nas quatro partes do sanduíche, como mostra a Figura 22.1.
8. Corte o sanduíche de um canto a outro em 4 triângulos. Cada triângulo estará preso por um palito no centro.
9. Coloque os triângulos num prato, com as pontas viradas para cima. O centro do prato pode ser preenchido com batata frita em palitos ou *chips*, ou outras guarnições ou acompanhamentos.

VARIAÇÃO

BLT* (sanduíche de bacon, alface e tomate)
Usando apenas 2 fatias de pão, prepare a receita básica até a etapa 3. Elimine o restante dos ingredientes. Corte o sanduíche ao meio na diagonal para servir.

Club sandwich

*N.R: As letras BLT representam os três ingredientes principais deste tradicional sanduíche norte-americano – *bacon*, *lettuce* e *tomato*.

Sanduíche de queijo quente

Rendimento: 1 sanduíche

Quantidade	Ingredientes
30 g	Queijo prato ou *cheddar* em 1 única fatia, do tamanho do pão
2 fatias	Pão branco
conforme necessário	Manteiga

Modo de preparo

1. Coloque a fatia de queijo entre as 2 fatias de pão.
2. Espalhe manteiga nas partes externas do sanduíche e coloque sobre uma chapa bifeteira preaquecida entre 175 e 190°C.
3. Deixe na chapa até que um lado esteja dourado. Vire e deixe até dourar do outro lado e o queijo começar a derreter.
4. Retire o sanduíche da chapa. Corte ao meio, na diagonal, e sirva imediatamente.

VARIAÇÕES

Sanduíche quente de presunto e queijo suíço
Faça o sanduíche com 1 fatia de 15 g de queijo suíço e 30 g de presunto. Aqueça na chapa, como na receita básica.

Sanduíche quente de bacon e queijo
Faça o sanduíche com 30 g de queijo prato ou *cheddar* e 2 fatias de bacon frito. Aqueça na chapa, como na receita básica.

Por porção:
Calorias, 360; Proteínas, 13 g; Gorduras, 20 g (49% cal.); Colesterol, 55 mg; Carboidratos, 34 g; Fibras, 1 g; Sódio, 580 mg.

Reuben *sandwich*

Rendimento: 1 sanduíche

Quantidade	Ingredientes
2 fatias	Pão de centeio escuro
4 colheres (chá)	Molho russo ou *Thousand Island*
60 g	*Corned beef**, em fatias finas
30 g	Chucrute bem escorrido
30 g	Queijo suíço (1 ou 2 fatias)
conforme necessário	Manteiga

Modo de preparo

1. Coloque as fatias de pão sobre uma superfície limpa.
2. Espalhe aproximadamente 2 colheres (chá) de molho em cada uma.
3. Em uma das fatias coloque o *corned beef*, o chucrute e o queijo.
4. Coloque a segunda fatia de pão por cima, deixando o lado com a manteiga virado para baixo.
5. Espalhe manteiga na parte de cima do sanduíche e coloque-o na chapa preaquecida com a parte da manteiga virada para baixo. Espalhe manteiga sobre a outra superfície do sanduíche, que agora está virada para cima (esse método faz menos sujeira do que quando se passa manteiga dos dois lados do sanduíche antes de colocá-lo na chapa).
6. Aqueça o sanduíche, virando uma vez, até que ambos os lados estejam dourados e o recheio esteja aquecido.
7. Corte o sanduíche ao meio e sirva imediatamente.

Por porção:
Calorias, 590; Proteínas, 25 g; Gorduras, 39 g (59% cal.); Colesterol, 105 mg; Carboidratos, 35 g; Fibras, 4 g; Sódio, 1.580 mg.

*N.R.: Carne bovina, em geral peito, curada em salmoura com especiarias e depois cozida. O termo *corned* refere-se aos grãos de sal grosso usados na marinada, grandes como grãos de milho (*corn*, em inglês).

Sanduíche Monte Cristo

Rendimento: 1 sanduíche

Quantidade	Ingredientes
2 fatias	Pão branco
conforme necessário	Manteiga
30 g	Peito de frango ou de peru fatiados
30 g	Presunto fatiado
30 g	Queijo suíço fatiado
1	Ovo batido
2 colheres (sopa)	Leite

Por porção:
Calorias, 570; Proteínas, 35 g; Gorduras, 30 g (48% cal.); Colesterol, 285 mg; Carboidratos, 37 g; Fibras, 1 g; Sódio, 650 mg.

Modo de preparo

1. Coloque o pão sobre uma superfície limpa. Espalhe manteiga de um dos lados de cada fatia.
2. Coloque o peru, o presunto e as fatias de queijo em uma das fatias. Cubra com a outra, deixando o lado da manteiga virado para baixo.
3. Prenda o sanduíche com dois palitos, colocados em cantos opostos.
4. Bata o ovo com o leite.
5. Passe o sanduíche nessa mistura até que esteja completamente coberto e o líquido tenha sido parcialmente absorvido pelo pão.
6. Frite o sanduíche por imersão a 190°C até que esteja dourado.
7. Corte ao meio e sirva imediatamente.

Método alternativo: Retire os palitos e coloque na chapa até que os dois lados estejam dourados.

Sanduíche Monte Cristo

Sanduíche de carne fatiada com molho *barbecue*

Porções: 20 — Tamanho da porção: 1 sanduíche com 115 g de recheio

Quantidade	Ingredientes
1,3 kg	Carne de vaca ou de porco cozidas
1 L	Molho barbecue (p. 198)
20	Pão de hambúrguer
conforme necessário	Manteiga

Por porção:
Calorias, 400; Proteínas, 20 g; Gorduras, 24 g (54% cal.); Colesterol, 65 mg; Carboidratos, 26 g; Fibras, 2 g; Sódio, 300 mg.

Modo de preparo

1. Usando um fatiador de frios ou uma faca de *chef*, corte a carne em fatias bem finas.
2. Misture a carne e o molho em uma panela funda. Cozinhe em fogo brando por 10 a 15 minutos, até que a carne tenha absorvido um pouco do sabor do molho e o líquido tenha reduzido e engrossado um pouco.
3. Mantenha a carne aquecida até o momento de servir.
4. Para cada pedido, espalhe manteiga em um pão de hambúrguer cortado. Coloque 115 g da mistura de carne e molho na parte de baixo do pão. Cubra com a parte de cima e sirva imediatamente.

Wrap de peito de peru com bacon, alface e tomate

Rendimento: 1 sanduíche

Quantidade	Ingredientes
1	Tortilla de farinha de trigo de 25 cm de diâmetro
15 g	Maionese
15-30 g	Folha de alface
3	Rodelas finas de tomate
30 g	Bacon frito ou assado esfarelado
60 g	Peito de peru cortado em fatias finas

Por porção:
Calorias, 810; Proteínas, 32 g; Gorduras, 35 g (52% cal.); Colesterol, 75 mg; Carboidratos, 42 g; Fibras, 3 g; Sódio, 920 mg.

■ **Modo de preparo**

1. Passe maionese na *tortilla*, deixando uma borda de 1,5 cm na parte externa sem maionese (para um sanduíche mais untuoso e úmido, dobre a quantidade de maionese).
2. Arrume as folhas de alface no centro da *tortilla* (em relação aos lados), deixando livre uma borda de aproximadamente 5 cm acima ou abaixo.
3. Arrume o tomate, o bacon e o peito de peru sobre a alface.
4. Para enrolar a *tortilla*, primeiro dobre as bordas laterais sem recheio em direção ao centro da *tortilla*. Isso fechará as pontas do sanduíche, segurando o recheio. Depois enrole a *tortilla* firmemente como um charuto. A maionese das bordas ajudará a mantê-lo fechado.
5. Sirva inteiro ou cortado ao meio na diagonal.

Figura 22.3
Como fazer um *wrap*.

(a) Espalhe maionese ou o patê ou pasta desejados na *tortilla*. Arrume o recheio na parte inferior ou superior.

(b) Dobre as laterais da *tortilla* para fechar as pontas do *wrap*.

(c) Enrole.

(d) O *wrap* de peru, bacon, alface e tomate finalizado e cortado.

Wrap vegetariano com feijão-branco

Rendimento: 1 sanduíche

Quantidade	Ingredientes
1	Tortilla de farinha de trigo de 25 cm de diâmetro
conforme necessário	Azeite de oliva
15-30 g	Folha de alface
90 g	Salada de feijão-branco (p. 693)
45 g	Arroz cozido, branco ou integral, frio
15 g	Pimentão verde cortado em cubos pequenos

Por porção:
Calorias, 510; Proteínas, 13 g; Gorduras, 21 g (38% cal.); Colesterol, 0 mg; Carboidratos, 65 g; Fibras, 6 g; Sódio, 360 mg.

■ **Modo de preparo**

1. Coloque a *tortilla* sobre a superfície de trabalho. Besunte com um pouco de azeite de oliva.
2. Arrume as folhas de alface no centro da *tortilla*, deixando livre uma borda de aproximadamente 5 cm acima ou abaixo.
3. Coloque a salada de feijão em uma peneira para escorrer o excesso de molho, reservando-o. Misture a salada de feijão com o arroz. Se a mistura estiver seca, acrescente o molho reservado na quantidade suficiente para que fique úmida.
4. Adicione o pimentão em cubos.
5. Coloque a mistura sobre a *tortilla* formando um retângulo. Enrole a *tortilla* firmemente, envolvendo o recheio, como mostra a Figura 22.3.

Como preparar sanduíches 747

 ### *Falafel* com vegetais assados no pão sírio

Rendimento: 1 sanduíche

Quantidade	Ingredientes
1	Pão sírio
2 colheres (sopa)	Molho de iogurte com *tahini* (abaixo)
60 g	*Falafel* (p. 671), em bolinhos de 30 g, quentes
60 g	Vegetais da horta assados (p. 567), quentes

Por porção:
Calorias, 350; Proteínas, 12 g; Gorduras, 11 g (28% cal.); Colesterol, 20 mg; Carboidratos, 53 g; Fibras, 5 g; Sódio, 660 mg.

■ **M o d o   d e   p r e p a r o**

1. Para fazer o sanduíche, abra o pão sírio formando uma bolsa ou enrole-o inteiro em volta do recheio. Se preferir abrir o pão sírio, espalhe 1 colher de sopa (15 mL) do molho dentro.
2. Recheie com o *falafel* e os vegetais.
3. Regue o recheio com o molho restante.
4. Sirva imediatamente.

V A R I A Ç Ã O

Falafel **tradicional no pão sírio**
Omita os vegetais assados. Use dois disquinhos de 60 g de *falafel* ou 4 bolinhas de 30 g. Coloque no pão sírio o *falafel*, 15 g de alface cortada em tiras finas, 15 a 30 g de tomate cortado em cubos e o molho de iogurte com *tahini*.

Falafel tradicional no pão sírio

 ### Molho de iogurte com *tahini*

Rendimento: 300 mL

Quantidade	Ingredientes
240 g	Iogurte natural
30 g	*Tahini* (pasta de gergelim)
2 colheres (sopa)	Suco de limão

Por 2 colheres (sopa):
Calorias, 30; Proteínas, 1 g; Gorduras, 2 g (60% cal.); Colesterol, 5 mg; Carboidratos, 2 g; Fibras, 0 g; Sódio, 10 mg.

■ **M o d o   d e   p r e p a r o**

1. Misture bem todos os ingredientes.
2. Mantenha sob refrigeração até o momento de servir.

Sanduíche de salmão grelhado com abacate e tomate

Rendimento: 1 sanduíche

Quantidade	Ingredientes
1	Filé de salmão de aproximadamente 120 g
1 colher (sopa)	Marinada de *chili* (abaixo)
1	Pão *ciabatta* ou baguete de 13 cm de comprimento
2	Rodelas de tomate
45 g	Abacate cortado em fatias
1–2	Folhas de alface-lisa

Por porção:
Calorias, 650; Proteínas, 39 g; Gorduras, 21 g (29% cal.); Colesterol, 80 mg; Carboidratos, 75 g; Fibras, 8 g; Sódio, 1.210 mg.

■ Modo de preparo

1. Esfregue a marinada em ambos os lados do salmão. Deixe tomar gosto por 10 minutos.
2. Grelhe o salmão até que esteja cozido.
3. Abra o pão ou a baguete ao meio.
4. Coloque o salmão na parte de baixo.
5. Cubra com as rodelas de tomate e o abacate fatiado.
6. Cubra com uma folha de alface e termine com a parte de cima do pão.
7. Para servir, deixe o sanduíche inteiro, ou corte-o ao meio.

Sanduíche de salmão grelhado com abacate e tomate

Marinada de *chili*

Rendimento: aproximadamente 180 g

Quantidade	Ingredientes
60 g	Pó para *chili*
1 colher (sopa)	Orégano seco
½ colher (chá)	Cravo-da-índia em pó
30 g	Alho amassado
2 colheres (chá)	Sal
30 g	Açúcar mascavo
120 mL	Vinagre de vinho tinto

Por 30 g:
Calorias, 60; Proteínas, 2 g; Gorduras, 1,5 g (19% cal.); Colesterol, 0 mg; Carboidratos, 12 g; Fibras, 4 g; Sódio, 870 mg.

■ Modo de preparo

1. Misture todos os ingredientes, exceto o vinagre, e triture tudo, formando uma mistura homogênea.
2. Acrescente o vinagre e misture bem.
3. Mantenha sob refrigeração até o momento de servir.

Panini de presunto defumado e queijo *taleggio*

Rendimento: 1 sanduíche

Quantidade	Ingredientes
2 colheres (sopa)	Maionese
1 colher (chá)	Suco de limão
¼ de colher (chá)	Raspas de limão
2	Fatias de pão rústico
2	Fatias finas de presunto defumado
2	Rodelas de tomate
2	Fatias de queijo *taleggio*
3–4	Folhas de rúcula

Por porção:
Calorias, 770; Proteínas, 30 g; Gorduras, 42 g (50% cal.);
Colesterol, 65 mg; Carboidratos, 66 g; Fibras, 3 g; Sódio, 2.030 mg.

■ Modo de preparo

1. Misture a maionese, o suco e as raspas de limão.
2. Coloque o pão sobre a superfície de trabalho.
3. Passe maionese nas 2 fatias de pão.
4. Coloque o presunto sobre uma delas.
5. Coloque as rodelas de tomate sobre o presunto.
6. Coloque o queijo por cima.
7. Coloque as folhas de rúcula sobre o queijo.
8. Cubra o sanduíche com a outra fatia de pão, deixando o lado da maionese virado para baixo. Pressione-o firmemente.
9. Toste em uma prensa para *panini* ou chapa até que o queijo esteja derretido. Se estiver usando uma chapa, coloque um peso sobre o sanduíche e vire-o na metade do cozimento.
10. Corte ao meio para servir.

Panini de presunto defumado e queijo *taleggio*

Panini de berinjela, pimentão assado e queijo Fontina

Rendimento: 1 sanduíche

Quantidade	Ingredientes
2	Rodelas de berinjela descascada de aproximadamente 1 cm de espessura
conforme necessário	Azeite de oliva
½	Pimentão vermelho, assado e sem pele (p. 530)
1	Pão *ciabatta* ou outro pão grande e achatado
conforme necessário	Azeite de oliva
2	Fatias de queijo Fontina

Por porção:
Calorias, 640; Proteínas, 27 g; Gorduras, 26 g (36% cal.); Colesterol, 65 mg; Carboidratos, 75 g; Fibras, 8 g; Sódio, 1.210 mg.

Modo de preparo

1. Passe azeite nos dois lados das rodelas de berinjela.
2. Cozinhe-as em uma grelha, chapa ou frigideira até que estejam macias.
3. Retire as sementes, o cabo e as membranas internas do pimentão. Corte-o em 2 pedaços no sentido da largura.
4. Corte o pão ao meio.
5. Espalhe azeite de oliva nas duas metades.
6. Coloque a berinjela na metade de baixo.
7. Cubra com o pimentão e depois com o queijo Fontina.
8. Finalize com a parte de cima do pão. Aperte bem.
9. Toste em uma prensa para *panini* ou chapa até que o queijo esteja derretido. Se estiver usando uma chapa, coloque um peso sobre o sanduíche e vire-o na metade do cozimento.
10. Corte ao meio para servir.

Sanduíche de vegetais grelhados com queijo de cabra e tomate seco

Rendimento: 8 sanduíches

Quantidade	Ingredientes
250 g	Abobrinha limpa
250 g	Berinjela limpa
250 g	Pimentão, de qualquer cor
250 g	Cebola grande
conforme necessário	Azeite de oliva
conforme necessário	Sal
conforme necessário	Vinagre balsâmico
(ver etapa 8)	*Focaccia*
125–180 g	Tomate seco conservado em óleo, escorrido e cortado em *julienne*
250 g	Queijo de cabra macio fresco, fatiado

Por porção:
Calorias, 180; Proteínas, 8 g; Gorduras, 10 g (47% cal.); Colesterol, 15 mg; Carboidratos, 17 g; Fibras, 3 g; Sódio, 640 mg.

Modo de preparo

1. Corte a abobrinha no sentido do comprimento em fatias de aproximadamente 0,5 cm de espessura.
2. Se a berinjela for grande e de casca grossa, descasque-a. Corte as berinjelas grandes em rodelas de 0,5 cm de espessura. Corte as berinjelas pequenas no sentido do comprimento para obter fatias maiores.
3. Abra o pimentão e descarte as sementes. Corte em quatro no sentido do comprimento.
4. Corte a cebola em rodelas de aproximadamente 8 mm de espessura. Prenda os anéis juntos com um espeto de churrasco.
5. Pincele os vegetais com azeite e polvilhe com sal.
6. Grelhe os vegetais em fogo médio, virando-os conforme necessário, até que estejam macios e com marcas leves da grelha. O tempo de cozimento varia dependendo do vegetal. Regule o calor ou a distância da chama para que cozinhem sem dourar muito.
7. Retire da grelha e pincele com um pouco de vinagre balsâmico.
8. Corte a *focaccia* em retângulos de 9 x 13 cm. Se a *focaccia* for alta, divida os retângulos ao meio na horizontal. Se for fina, use dois retângulos por porção.
9. Arrume os vegetais grelhados em metade dos retângulos.
10. Coloque o tomate seco sobre os vegetais.
11. Cubra com o queijo de cabra e finalize com os retângulos de *foccacia* restantes.
12. Sirva inteiro ou corte ao meio na diagonal.

Como preparar sanduíches 751

Sanduíche de *portobello* grelhado e *boursin*

Rendimento: 1 sanduíche

Quantidade	Ingredientes
1 colher (sopa)	Azeite de oliva
1 ½ colher (chá)	Vinagre balsâmico
¼ de colher (chá)	Mostarda preparada, tipo francesa ou Dijon
1 pitada	Sal
1	Cogumelo *portobello* grande
30 g	Queijo *boursin*, ou outro queijo cremoso
1	Pãozinho integral, ou outro pãozinho cortado ao meio
6–8	Folhas de rúcula, rasgadas

Por porção:
Calorias, 390; Proteínas, 7 g; Gorduras, 28 g (64% cal.); Colesterol, 35 mg; Carboidratos, 28 g; Fibras, 4 g; Sódio, 560 mg.

■ Modo de preparo

1. Com um batedor de arame, misture o azeite, o vinagre, a mostarda e o sal para fazer o *vinaigrette*.
2. Use aproximadamente dois terços para pincelar o cogumelo. Reserve o restante para a etapa 6.
3. Grelhe o cogumelo com o lado do cabo virado para baixo até metade do cozimento.
4. Vire o cogumelo para que a parte de baixo do chapéu fique virada para cima. Cubra com o queijo.
5. Grelhe até que o cogumelo esteja macio e o queijo, parcialmente derretido.
6. Misture a rúcula com o restante do *vinaigrette*.
7. Coloque o cogumelo, com a parte do queijo virada para cima, sobre a base do pão.
8. Coloque a rúcula por cima e termine com a parte de cima do pão.

VARIAÇÃO

Sanduíche de *portobello* grelhado com tomate
Elimine o queijo. Espalhe maionese no pão e coloque o cogumelo grelhado, 2 rodelas de tomate e a rúcula.

Sanduíche de frango grelhado com *aïoli*, tomate e abacate

Rendimento: 1 sanduíche

Quantidade	Ingredientes
1	Filé de peito de frango sem pele e sem osso de aproximadamente 150 g
¼ de colher (chá)	Alho bem picado
1 pitada	Sal
1 pitada	Pimenta-do-reino
1 ½ colher (chá)	Suco de limão
1 ½ colher (chá)	Azeite de oliva
2	Fatias de pão integral rústico de 1 cm de espessura
1 colher (sopa)	*Aïoli* (p. 201 ou p. 728)
2	Rodelas de tomate
30 g	Abacate cortado em fatias
1–2	Folhas de alface-lisa

Por porção:
Calorias, 690; Proteínas, 38 g; Gorduras, 31 g (41% cal.); Colesterol, 100 mg; Carboidratos, 64 g; Fibras, 5 g; Sódio, 810 mg.

■ Modo de preparo

1. Coloque o peito de frango entre dois pedaços de filme plástico. Com um martelo de carne, bata o frango delicadamente até obter uma espessura uniforme de cerca de 0,5 cm.
2. Misture o alho, o sal, a pimenta-do-reino, o suco de limão e o azeite de oliva.
3. Cubra o frango ligeiramente com essa mistura. Deixe marinar por aproximadamente 2 horas na geladeira.
4. Preaqueça a grelha ou dourador na temperatura máxima.
5. Grelhe o frango até que esteja cozido por dentro.
6. Espalhe o *aïoli* nas fatias de pão.
7. Coloque o frango sobre uma das fatias de pão e por cima o tomate, o abacate e a alface. Cubra com a outra fatia.
8. Para servir, corte ao meio.

Sanduíche de frango grelhado com *aïoli*, tomate e abacate

Pizza Margherita

Rendimento: uma pizza de 30 cm de diâmetro

Quantidade	Ingredientes
360 g	Tomate italiano maduro, fresco ou enlatado
1 colher (sopa)	Azeite de oliva
a gosto	Sal
360 g	Massa de pão francês (p. 917), crua, já fermentada
6	Folhas de manjericão fresco, rasgadas ao meio
120 g	Queijo mussarela fresco, de preferência mussarela de búfala, fatiado
1 colher (sopa)	Queijo parmesão (opcional)
1 ½ colher (sopa)	Azeite de oliva

Por pizza:
Calorias, 1.450; Proteínas, 49 g; Gorduras, 63 g (39% cal.); Colesterol, 90 mg; Carboidratos, 170 g; Fibras, 9 g; Sódio, 1.880 mg.

Modo de preparo

1. Se estiver usando tomate fresco, retire a pele, as sementes e então pique. Se estiver usando tomate em lata, escorra e pique.
2. Misture o tomate e o azeite em uma panela funda. Cozinhe sem tampar, em fogo médio, até que os tomates não estejam mais aguacentos.
3. Acrescente sal a gosto.
4. Deixe esfriar.
5. Abra a massa fazendo um círculo. Coloque-a sobre o dorso das mãos e estique, cuidadosamente, até o círculo ficar com cerca de 30 cm de diâmetro. Deixe a massa mais grossa nas bordas do que no centro.
6. Polvilhe uma pá de pizza com farinha para que a massa não grude. Coloque a massa sobre a pá.
7. Espalhe o molho de tomate sobre a massa, deixando a borda descoberta.
8. Distribua o manjericão e a mussarela por cima.
9. Se estiver usando parmesão, polvilhe a pizza com ele.
10. Regue com azeite de oliva.
11. Coloque diretamente sobre o lastro do forno preaquecido a 260°C. Asse até que a massa esteja dourada e o queijo, derretido.
12. Usando a pá, retire a pizza do forno e sirva imediatamente.

VARIAÇÃO

Pizza Marinara

Elimine a mussarela e o manjericão. Aumente a quantidade de tomate para 900 g. Aumente a primeira quantidade de azeite de oliva para 1 ½ colher (sopa). Na etapa 2, cozinhe os tomates com 3 dentes de alho fatiados bem finos e ½ colher (chá) de orégano fresco picado ou ¼ de colher (chá) de orégano seco.

Pizza Margherita antes de assar

Pizza Margherita depois de assar

Associazione Verace Pizza Napoletana

A cidade de Nápoles, na Itália, sente orgulho de ser o local de origem da pizza. Hoje, a Associazione Verace Pizza Napoletana estabelece as regras a serem seguidas pelos membros que desejam afirmar servir a autêntica pizza napolitana. As regras dizem que a massa deve conter apenas farinha, água, sal e fermento natural e deve ser feita à mão ou em uma batedeira aprovada. A pizza deve ser moldada à mão e assada em forno a lenha. As coberturas estão limitadas a uma lista de ingredientes aprovados.

Duas pizzas – a Margherita, coberta com tomate, manjericão e mussarela de búfala, e a Marinara, coberta com tomate, alho, orégano e azeite de oliva – são consideradas as pizzas napolitanas verdadeiras e originais.

A pizza cresceu além de suas origens para se tornar uma preferência internacional. Na América do Norte, a maioria das pizzas servidas não pretende ser autenticamente italiana – ao contrário, usam coberturas como frango *barbecue*, carne com pimentão e temperos para taco e salmão defumado com alcachofra, além das favoritas: de linguiça e pepperoni.

■ TERMOS PARA REVISÃO

pão de forma	*club sandwich*	sanduíche para aperitivo	pizza
sanduíche simples (quente ou frio)	sanduíche aberto (quente ou frio)	sanduíche grelhado	*panini*
sanduíche com várias camadas	*wrap*	sanduíche frito	

■ QUESTÕES PARA DISCUSSÃO

1. Caso você não consiga receber pão diariamente, que medidas pode tomar para assegurar que o pão para sanduíches que você serve esteja sempre fresco?

2. Que precauções você deve tomar quando usa maionese nos sanduíches?

3. Descreva rapidamente a montagem de uma praça de trabalho para sanduíches preparados na hora.

4. Qual a diferença entre a montagem de uma praça para preparar sanduíches em grande quantidade e a para preparar sanduíches na hora?

5. Por que a maioria dos sanduíches é cortada antes de servir?

CAPÍTULO 23

CAPÍTULO 23

Hors d'oeuvre

Além das saladas e dos molhos para salada, o setor de *garde manger* muitas vezes é responsável pelos pequenos itens alimentícios conhecidos por vários nomes, tais como petiscos, antepastos, tira-gostos, aperitivos, acepipes ou, em francês, *hors d'oeuvre*. A função desses alimentos é abrir o apetite antes do jantar, geralmente acompanhados de bebidas, e por isso são pequenos e condimentados, ou de sabor picante.

Existe certa confusão em relação à diferença, se é que há alguma, entre os termos *antepasto e hors d'oeuvre*. Em uma refeição composta por muitos pratos, em geral o primeiro é chamado de antepasto, enquanto as preparações servidas em recepções, acompanhadas de coquetéis, são chamadas de hors d'oeuvre. Em alguns contextos, contudo, o uso de todos esses termos é intercambiável.

Este capítulo não trata da entrada de uma refeição, mas sobretudo de tipos especiais de alimentos geralmente servidos fora da mesa de jantar — preparações que são o domínio específico do *chef* de *garde manger*. Isso inclui todo tipo de petisco, como canapés e picles, acompanhamentos indispensáveis em recepções e festas.

COMO SERVIR HORS D'OEUVRE

Este capítulo enfoca alimentos que não fazem parte de um cardápio normal de almoço ou jantar. Esses alimentos são geralmente pequenos itens que podem ser servidos em uma recepção formal que antecede uma refeição, como parte de um evento separado sem relação com uma refeição (coquetéis), ou simplesmente acompanhando bebidas em uma reunião informal.

As duas maneiras mais comuns de servir *hors d'oeuvre* são com serviço de garçons ou com serviço de bufê.

No **serviço de garçons**, a seleção de *hors d'oeuvre* é oferecida aos convidados pelos garçons, que carregam pequenas bandejas à medida que passam entre as pessoas reunidas. É preciso ter em mente diversos pontos ao planejar esse tipo de serviço:

- Todos os itens precisam ser suficientemente pequenos para que possam ser ingeridos com uma ou duas mordidas.
- Todos os itens precisam ser de manuseio fácil para o convidado. O ideal é que os canapés ou outros alimentos possam ser apanhados sem que a pessoa suje os dedos. Para os alimentos cuja superfície é úmida ou oleosa, deve-se oferecer palitos, para que o convidado pegue o alimento sem precisar tocá-lo. Guardanapos de papel devem sempre ser oferecidos. Alimentos que requerem pratos devem ser dispostos em uma mesa-bufê.
- Faça o possível para arrumar as bandejas de maneira simples e atraente. Os alimentos devem parecer apetitosos mesmo que restem apenas alguns na bandeja. Bandejas que não tenham mais uma aparência convidativa devem ser levadas de volta à cozinha ou ao setor de *garde manger* para que sejam renovadas e preenchidas.
- Cada bandeja deve, de preferência, conter apenas um tipo de alimento. Se os itens forem simples, dois ou três tipos podem ser apresentados em uma única bandeja, mas evite arrumar a bandeja de maneira muito complexa ou deixá-la sobrecarregada.
- Evite apresentar itens frios e quentes na mesma bandeja. Os itens frios são mais fáceis de servir. Os itens quentes devem ser levados de volta à cozinha ou ao setor de *garde manger* assim que esfriarem.
- Para os itens acompanhados de patês, uma pequena vasilha com o patê pode ser colocada na mesma bandeja que o *hors d'oeuvre*.

No **serviço de bufê**, os *hors d'oeuvre* são arrumados de maneira atraente em uma ou mais mesas, e os convidados se servem. Podem ser colocados pratos pequenos nas mesas do bufê para que as pessoas se sirvam, portanto, não é necessário selecionar apenas petiscos. *Hors d'oeuvre* frios geralmente são arrumados em bandejas que podem ser facilmente substituídas tão logo comecem a ficar vazias. Os canapés e outros itens semelhantes devem ser organizados em fileiras, círculos ou outro tipo de disposição. Os vegetais crus podem ser dispostos em pilhas organizadas, com as vasilhas de patês colocadas entre eles. Os itens quentes devem ser colocados em *réchauds* para que mantenham-se aquecidos.

A apresentação de bufês será discutida com mais detalhes no Capítulo 28.

Por fim, o *hors d'oeuvre* também pode ser servido informalmente como acompanhamento para bebidas. Em geral, essa categoria é conhecida em bares como petiscos ou tiragostos, e os itens podem ser servidos individualmente a pedido do cliente ou serem apresentados em um bufê. As *tapas*, alimentos tipicamente servidos em bares na Espanha, serão apresentadas na página 764.

Após ler este capítulo, você deverá ser capaz de:

1. Indicar e descrever os dois métodos principais para servir *hors d'oeuvre* em uma recepção.
2. Preparar canapés.
3. Preparar diferentes tipos de picles e outros aperitivos à base de vegetais crus, frutas e frutos do mar.
4. Preparar patês.
5. Preparar diversos tipos de *hors d'oeuvre* típicos, como *antipasti*, *bruschette* e *tapas*.
6. Indicar e descrever os três tipos de caviar de esturjão e indicar e descrever três outros tipos de ovas de peixe.

CANAPÉS

Os **canapés** podem ser definidos como sanduíches abertos que são ingeridos com uma só mordida.

Os canapés são, talvez, o tipo de *hors d'oeuvre* mais tradicional e também o mais moderno. Isso se deve, sem dúvida, ao fato de serem muito variados e versáteis. Por serem pequenas porções de alimento apresentadas sobre uma base de pão, torrada ou outra massa, são petiscos perfeitos para serem manuseados e ingeridos com facilidade. Quase todos os alimentos servidos em pequenas porções podem ser servidos sobre canapés. A variedade de combinações é quase ilimitada.

A maioria dos canapés é composta por três partes: uma base, uma pasta e uma guarnição.

BASE

A base do canapé pode ser feita com diversos alimentos. A seguir estão algumas sugestões:

- Pão cortado em diversos formatos
- Pão cortado torrado
- Biscoito salgado
- Torradas de pães diversos
- Casquinha de massa salgada (massa podre, massa filo ou outros tipos de massas)
- Minicarolina salgada (p. 996)
- Triângulo de pão sírio torrado
- *Tortilla* em triângulos ou cestas
- Minipão, cortado ao meio se necessário
- Polenta em pedaços
- Minipanqueca

Muitos desses itens podem ser comprados prontos, como o biscoito salgado e as torradas. No entanto, apesar de darem mais trabalho, os pães cortados em formatos, frescos ou torrados, são os mais usados e de mais baixo custo.

Para canapés, os pães que não são torrados devem ser suficientemente firmes para permitir que o produto final seja manuseado com facilidade. Podem ser cortados em pedaços grossos e ligeiramente achatados com um rolo de massa para que fiquem mais firmes. A torrada, logicamente, é mais firme e dá uma textura agradável aos canapés.

"Fora do serviço"

A expressão em francês *hors d'oeuvre* pode ser traduzida literalmente como "fora do serviço", que quer dizer "fora da refeição principal ou da parte principal da refeição". Em francês, o termo não é escrito nem pronunciado com "s" no final para torná-lo plural, escrito da mesma maneira que o singular. Contudo, o termo foi adotado e incorporado ao inglês, e nos dicionários desta língua o plural é escrito e pronunciado com "s" no final.

Procedimento para o preparo de canapés com torradas

Método 1

1. Você pode usar pão já cortado (sem a casca), mas geralmente é mais eficiente usar pão de forma não fatiado. Corte a casca de todos os lados (reserve para fazer farinha de rosca). Corte o pão na horizontal em fatias de 0,5 cm de espessura, como mostra a Figura 23.1.
2. Toste as fatias no forno ou em uma torradeira grande.
3. Deixe esfriar.
4. Espalhe uma camada fina e uniforme da pasta escolhida na superfície e corte no formato desejado com uma faca (ver Fig. 23.2). Faça cortes precisos e uniformes.

   Outra possibilidade é cortar as torradas no formato desejado usando cortadores pequenos, reservando as sobras para fazer farinha de rosca, e espalhar a pasta desejada em cada um dos canapés. Este método é mais demorado, mas pode ser usado para formatos redondos ou irregulares, se o intuito for economizar nos custos, evitando o desperdício de pasta nas sobras de pão não utilizadas.
5. Guarneça os canapés como desejar.

Método 2

1. Corte as fatias de pão como na etapa 1 acima.
2. Corte no formato desejado. Espalhe manteiga derretida em ambos os lados dos recortes de pão e arrume em assadeiras. Coloque no forno quente a 230°C até que estejam dourados e crocantes, aproximadamente 6 a 8 minutos.
3. Deixe esfriar.
4. Monte os canapés.

   Este método é mais caro, mas a base fica mais crocante e dá mais sustentação para uma pasta úmida.

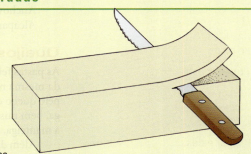

Figura 23.1
Para preparar canapés, retire a casca de um pão de forma inteiro. Com uma faca serrilhada, corte o pão na horizontal em fatias finas.

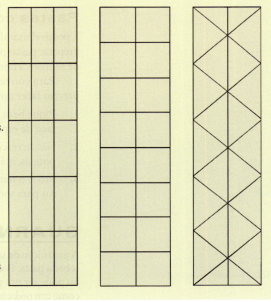

Figura 23.2
As fatias de pão podem ser cortadas em diversos formatos básicos sem que haja desperdício.

PASTAS

As pastas para canapés podem ser muito simples, como manteiga ou queijo cremoso, mas é melhor usar uma pasta mais condimentada porque esses sabores estimulam mais o apetite.

A pasta deve ser suficientemente espessa para aderir à base e para que a decoração não se desprenda.

As pastas podem ser divididas em três categorias básicas:

Manteigas aromatizadas

O procedimento básico para o preparo de manteiga aromatizada ou composta foi explicado no Capítulo 8 (ver receitas na p. 179). A maioria das manteigas aromatizadas é feita simplesmente misturando-se bem os condimentos à manteiga amolecida. Os ingredientes sólidos devem ser transformados em purê ou bem picados para que a manteiga possa ser espalhada de maneira uniforme.

A proporção dos condimentos em relação à quantidade de manteiga pode variar bastante, de acordo com o paladar. Por exemplo, para fazer manteiga de anchova, é possível dobrar a quantidade de anchova indicada na receita da página 179 se um sabor mais forte for preferido, ou pode-se diminuir a quantidade para se obter um sabor mais suave. Por causa dessa variação, e pelo fato de o procedimento ser tão simples, é possível preparar diversos tipos de manteigas compostas sem a necessidade de receitas específicas. Use as receitas do Capítulo 8 e a lista a seguir como orientação. Sabores apreciados e versáteis para pastas à base de manteiga são:

Limão	Caviar	Camarão
Salsinha	Mostarda	Azeitona
Estragão	Raiz-forte	Chalota
Cebolinha-francesa	Pimentão vermelho assado	Cebolinha
Anchova	Queijo de veio azul ou verde	*Curry*
Alcaparra		

Queijos cremosos aromatizados

As pastas feitas com queijos cremosos, como o *cream cheese*, aromatizados são preparadas da mesma maneira que as manteigas aromatizadas, exceto pela substituição da manteiga pelo queijo cremoso. Outra possibilidade é usar uma mistura de queijo cremoso e manteiga, bem misturados. As variações de sabor são as mesmas que as relacionadas acima para a manteiga.

Além disso, os queijos cremosos geralmente são misturados com queijos mais saborosos e fortes amassados ou ralados. Adicionar queijos cremosos a outros queijos mais firmes ajuda a formar uma textura mais fácil de espalhar. Um líquido, como leite, creme de leite ou vinho do porto, pode ser adicionado à mistura para torná-la mais macia. Essas pastas são geralmente aromatizadas com condimentos e ervas como a páprica, o cominho, a mostarda em pó, a salsinha ou o estragão.

Pastas com carnes ou pescados

É possível usar diversas misturas com carne fria ou pescados, como saladas de maionese, para preparar pastas para canapés. Exemplos de pastas bastante apreciadas são: salada de atum, salada de salmão defumado, salada de camarão, salada de frango, patê de presunto e patê de fígado.

Para converter uma receita de salada (ver pp. 703 e 705) em uma receita de pasta, é preciso fazer uma ou mais das modificações a seguir:

1. Pique bem, moa ou faça um purê com os ingredientes sólidos para que a mistura seja fácil de espalhar e não contenha pedaços grandes.

2. Não acrescente os ingredientes líquidos e a maionese de uma só vez. Adicione-os aos poucos, até que a mistura adquira uma consistência firme, ideal para espalhar.

3. Prove o tempero com cuidado. Pode ser preciso aumentar a quantidade de condimentos para tornar a pasta mais apetitosa.

GUARNIÇÃO

A guarnição de um canapé é feita de qualquer alimento ou uma combinação de itens colocados sobre a pasta. Pode ser uma parte importante do canapé, como uma fatia de presunto ou queijo, ou pode ser um pequeno detalhe selecionado por causa de sua cor, desenho, textura ou sabor, como um pedacinho de pimentão, uma fatia de rabanete, uma alcaparra ou um pouquinho de caviar. Até mesmo a pasta pode ser usada como guarnição. Por exemplo, é possível fazer um canapé

Canapés 759

Orientações para a montagem de canapés

1. **Execute um bom *mise en place*.**

   Preparar milhares de canapés para grandes eventos pode ser um trabalho tedioso, por isso é essencial que todas as bases, pastas e guarnições sejam preparadas com antecedência para que a montagem final possa ser feita com rapidez e eficiência.

2. **Monte os canapés o mais próximo possível da hora de servir.**

   As bases ficam encharcadas rapidamente, e as pastas e as guarnições secam com facilidade. Conforme as bandejas forem preenchidas, podem ser cobertas delicadamente com filme plástico e mantidas por pouco tempo sob refrigeração. Lembre-se de seguir todas as regras para garantir a manipulação e o armazenamento seguro dos alimentos, conforme descrito no Capítulo 2.

3. **Selecione combinações de sabores harmoniosos para as pastas e guarnições.**

   Por exemplo, caviar com *chutney* ou anchovas com presunto não são combinações apetitosas, ao contrário das combinações a seguir:

   Manteiga com mostarda e presunto

   Manteiga com limão e caviar

   Cream cheese com pimentão vermelho assado e sardinha

   Manteiga com raiz-forte e salmão ou língua defumados

   Salada de atum e alcaparras

   Manteiga com anchova, ovo cozido fatiado e azeitona

4. **Certifique-se de que pelo menos um dos ingredientes seja condimentado ou de sabor pronunciado.**

   Um canapé sem graça tem pouco valor como aperitivo.

5. **Use ingredientes de qualidade.**

   Preparar canapés é uma boa maneira de utilizar sobras, mas somente se tiverem sido cuidadosamente manipuladas e armazenadas para manter o frescor.

6. **Faça montagens simples.**

   Montagens elegantes e simples são mais atraentes que desenhos muito elaborados e complicados. Além disso, não há tempo suficiente para ser muito exagerado. Certifique-se de que os canapés sejam firmes o suficiente para não despedaçarem na mão do convidado.

7. **Disponha os canapés com cuidado e de maneira atraente nas bandejas.**

   O que mais atrai nos canapés é o seu visual, e o convidado não observa um por um, e sim a bandeja inteira. Cada bandeja deve conter diversos sabores e texturas para agradar a todos os gostos.

   A Figura 23.3 mostra uma bandeja de canapés simples e atraentes.

Figura 23.3
Canapés variados, a partir da esquerda: *gravlax* e *cream cheese* com mostarda; patê de frango, manteiga com mostarda e azeitona preta; caviar, cebola-roxa e creme de leite azedo em batata-bolinha rosada; queijo *boursin* com ervas e amêndoa; filé-mignon, *cream cheese* com raiz-forte e alcaparra.

com uma pasta de manteiga com mostarda e uma fatia de presunto, depois decorar o presunto com uma borda feita com a mesma pasta de mostarda modelada com um cone de papel.

A seguir apresentamos uma relação dos diversos alimentos que podem ser usados separadamente ou combinados na guarnição de canapés:

Vegetais, picles e outras conservas

Fatias de rabanete	Cebola em conserva	Rodelas ou metades de tomate-cereja
Azeitonas	*Chutney*	Folhas de agrião
Picles	Pontas de aspargos	Cogumelos marinados
Alcaparras	Rodelas de pepino	Salsinha
Pimentão vermelho assado		

Pescados

Ostras ou mariscos defumados	Caviar
Salmão defumado	Lascas de salmão ou atum cozidos
Truta defumada	Carne de siri
Arenque	Pedaços ou fatias de lagosta
Camarão	Sardinha
Rolinhos de filé de anchova	

Carnes

Presunto	Língua defumada
Salame	Carne assada
Peito de frango ou peru	

Outros

Queijo

Rodelas de ovo cozido

COCKTAILS

O termo **cocktail** não é usado em inglês apenas para designar bebidas alcoólicas e sucos de vegetais e frutas ("coquetéis" em português), mas também para dar nome a um grupo de antepastos feitos de frutos do mar ou frutas, geralmente servidos com um molho ácido ou forte. Esses *cocktails* são sempre servidos bem gelados, geralmente sobre uma base de gelo picado.

Ostras ou mariscos servidos sobre metade da própria concha, frutos do mar bastante apreciados, estão incluídos nesta categoria, da mesma maneira que o camarão, a carne de siri, a lagosta e peixes brancos de lascas firmes, acrescidos de molhos adequados. Receitas básicas de molho para *cocktail* e um molho mais leve chamado *mignonette* foram incluídas no Capítulo 8.

Ostras e mariscos frescos sobre metade da concha devem ser abertos imediatamente antes de serem servidos (ver pp. 442 e 443) e dispostos em pratos rasos, preferencialmente sobre uma camada de gelo. Sirva o molho em uma pequena taça no centro ou ao lado do prato. Cunhas de limão devem também ser servidas.

O *cocktail* de camarão e de outros frutos do mar cozidos é geralmente servido em uma taça alta ou em uma pequena tigela em forma de taça colocada sobre uma camada de gelo. O molho pode ser posto na taça primeiro, com os frutos do mar dispostos por cima, parcialmente imersos no molho. Ou o molho pode ser adicionado por cima dos frutos do mar. Uma terceira alternativa é servir o molho separadamente em uma pequena taça, assim como é feito para as ostras frescas. Decore o prato de maneira atraente com alface ou outra folha para salada e cunhas de limão.

Taças de frutas servidas como *cocktail* devem ser ligeiramente ácidas e não muito doces. Muitas saladas com frutas (ver Cap. 21) podem ser servidas nesta categoria de *cocktail*. Acrescentar suco fresco de limão-siciliano ou Taiti às combinações de frutas, ou servi-las com cunhas de limão, proporciona a acidez necessária. Uma simples fatia de melão com limão Taiti é considerada um *cocktail* refrescante.

Algumas gotas de um licor saboroso também podem ser usadas para ressaltar o sabor das frutas.

RELISHES

O termo **relish** abrange duas categorias de alimentos: vegetais crus e picles.

VEGETAIS CRUS

Também são conhecidos como **crudités** ("legume cru", em francês).

Qualquer vegetal que pode ser consumido cru pode ser cortado em palitos ou outros formatos atraentes para serem servidos. Os mais apreciados são o salsão, a cenoura e o rabanete. Outras boas opções são pimentão verde e vermelho, abobrinha, pepino, cebolinha, buquês de couve-flor e brócolis, talos descascados de brócolis, tomates-cereja e folhas de endívia. Os vegetais crus são frequentemente servidos com um patê adequado (ver a próxima seção).

Os vegetais crus devem ser servidos crocantes e bem gelados, da mesma maneira que são servidos em saladas. Use os vegetais mais frescos e mais atraentes possíveis. Se estiverem um pouco murchos, podem ficar crocantes novamente se colocados por alguns minutos em água gelada. Servir os vegetais encaixados em gelo picado os mantém crocantes.

Um *chef* de *garde manger* criativo pode montar um buquê colorido e atraente de vegetais crus.

PICLES

Uma ampla variedade de itens como picles de pepino comum, de minipepinos (*gherkins*), de couve-flor, de brócolis, de cenoura, bem como azeitona, berinjela e outros vegetais e frutas em conserva podem ser servidos como antepasto. Raramente esses itens são preparados no estabelecimento; é comum que sejam comprados já prontos. Da mesma maneira que os vegetais crus, eles devem ser servidos gelados.

PATÊS

Patês saborosos são acompanhamentos apreciados para batata *chips*, biscoitos salgados e vegetais crus.

A consistência apropriada é importante para qualquer patê preparado. Não pode ser muito espesso, a ponto de não poder ser coletado sem quebrar o alimento nele mergulhado, mas deve ser suficientemente firme para aderir ao item usado. A consistência apropriada se refere à consistência em temperatura ambiente. Quase todos os patês ficam mais firmes quando mantidos sob refrigeração.

Muitas misturas usadas como pastas (ver a seção "Canapés") também podem ser usadas como patês. Deixe-as mais ralas ou macias adicionando um pouco de maionese, creme de leite ou outro líquido apropriado.

As receitas a seguir são exemplos de patês mais conhecidos. Muitos outros molhos, inclusive para salada, podem ser usados como patê. *Salsas* (pp. 191 e 199) e *aïoli* (pp. 201 e 728) são exemplos típicos.

Patê de queijo azul

Rendimento: 1 L

Quantidade	Ingredientes
375 g	*Cream cheese*
150 mL	Leite
175 g	Maionese
30 mL	Suco de limão-siciliano
30 g	Cebola ralada
½ colher (chá)	Molho de pimenta vermelha
½ colher (chá)	Molho inglês
300 g	Queijo azul, esfarelado

Por 30 mL:
Calorias, 110; Proteínas, 3 g; Gorduras, 11 g (86% cal.); Colesterol, 20 mg; Carboidratos, 1 g; Fibras, 0 g; Sódio, 190 mg.

Modo de preparo

1. Em uma batedeira com o batedor raquete, bata o *cream cheese* na velocidade baixa até que fique macio e liso.
2. Com a batedeira ligada, adicione o leite lentamente.
3. Adicione o restante dos ingredientes e bata bem.
4. Prove e acerte o tempero. Mantenha sob refrigeração.

VARIAÇÕES

Patê de queijo *cheddar*
Substitua o queijo azul por queijo *sharp cheddar* ralado. Se desejar, acrescente cebolinha-francesa picada.

Patê de queijo e alho
Acrescente alho amassado a gosto ao Patê de queijo *cheddar*.

Patê de queijo e bacon
Acrescente bacon frito esfarelado ao Patê de queijo *cheddar*.

Patê de queijo e pimenta
Tempere o Patê de queijo *cheddar* com pimenta-verde em conserva picada.

Molho *romesco*

Rendimento: 500 mL

Quantidade	Ingredientes
30 g	Pão branco
1 colher (sopa)	Azeite de oliva
90 g	Amêndoas branqueadas
2 colheres (chá)	Alho picado
300 g	Tomate sem pele
2 colheres (chá)	Páprica picante
1/8 de colher (chá)	Pimenta-caiena
45 mL	Vinagre de vinho tinto
90–120 mL	Azeite de oliva
a gosto	Sal
a gosto	Pimenta-do-reino

■ Modo de preparo

1. Frite o pão no azeite de oliva até dourar.
2. Torre as amêndoas no forno a 175°C por aproximadamente 15 minutos, ou em uma frigideira em fogo médio-baixo, até que fiquem levemente douradas, mas não muito escuras. Retire assim que estiverem douradas para que não escureçam ainda mais.
3. Bata o pão, as amêndoas e o alho em um processador. Processe tudo muito bem.
4. Acrescente o tomate, a páprica e a pimenta-caiena. Processe até obter uma pasta.
5. Com o processador ligado, acrescente aos poucos o vinagre e depois o azeite em fio, bem devagar.
6. Ajuste o tempero com sal e pimenta-do-reino. Acrescente mais vinagre, se necessário. O molho não deve ficar muito azedo, mas deve ter uma acidez bem definida.

Por 30 mL:
Calorias, 100; Proteínas, 2 g; Gorduras, 9 g (80% cal.);
Colesterol, 0 mg; Carboidratos, 3 g; Fibras, 1 g; Sódio, 15 mg.

Homus (patê de grão-de-bico)

Rendimento: 1 L

Quantidade	Ingredientes
500 g	Grão-de-bico cozido, sem o caldo
250 g	*Tahini* (pasta de gergelim)
8 g	Alho amassado
125 mL	Suco de limão
30 mL	Azeite de oliva
a gosto	Sal
1 pitada	Pimenta-caiena
30–50 mL	Azeite de oliva

Por 30 mL:
Calorias, 80; Proteínas, 3 g; Gorduras, 6 g (63% cal.);
Colesterol, 0 mg; Carboidratos, 5 g; Fibras, 2 g;
Sódio, 0 mg.

■ Modo de preparo

1. Faça um purê com o grão-de-bico, o *tahini*, o alho, o suco de limão e o azeite de oliva.
2. Se necessário, afine a consistência com um pouco de água ou mais suco de limão, dependendo do sabor.
3. Tempere a gosto com sal e pimenta-caiena.
4. Leve à geladeira por, no mínimo, 1 hora para os sabores se misturarem bem.
5. Coloque em tigelas. Regue cada tigela com um pouco de azeite de oliva antes de servir.

VARIAÇÃO

Babaganouj
Substitua o grão-de-bico por purê de berinjela. Prepare o purê da seguinte maneira: asse a berinjela inteira no dourador, no queimador do fogão ou na chapa até que a casca esteja toda chamuscada e a polpa da berinjela macia. Tire a casca chamuscada sob água corrente e corte as extremidades. Descarte os agrupamentos de sementes, se desejar. Deixe descansar em um coador cônico ou peneira para que o excesso de água escorra, depois faça um purê com a polpa. Reduza o suco de limão para 60 a 90 mL e o *tahini* para 125 g. Dobre a quantidade de azeite de oliva.

Homus

Guacamole

Rendimento: aproximadamente 1 L

Quantidade	Ingredientes
4	Abacate maduro, de tamanho médio
60 g	Cebola ralada
1	Pimenta-verde fresca pequena, como *jalapeño*, bem picada
30 mL	Suco de limão
30 mL	Azeite de oliva
a gosto	Sal
375 g	Tomate (opcional)

Por porção:
Calorias, 45; Proteínas, 1 g; Gorduras, 4 g (75% cal.); Colesterol, 0 mg; Carboidratos, 2 g; Fibras, 2 g; Sódio, 0 mg.

Modo de preparo

1. Descarte o caroço do abacate e retire a polpa. Amasse grosseiramente. O purê deve ficar levemente empelotado e não homogêneo.
2. Junte a cebola, a pimenta fresca, o suco de limão, o azeite de oliva e o sal a gosto.
3. Se for usar o tomate, tire a pele, as sementes e corte em cubos. Adicione ao abacate.
4. Cubra bem a superfície da *guacamole* com filme plástico para evitar a entrada de ar, senão pode escurecer. Pela mesma razão, ela não deve ser preparada com muita antecedência. Mantenha sob refrigeração até o momento de servir.

VARIAÇÃO

Patê de abacate e creme de leite azedo
Use 30 g de cebola. Elimine o azeite de oliva e o tomate. Amasse o abacate até obter um purê homogêneo. Acrescente 250 a 375 mL de creme de leite azedo.

Observação: se não for possível usar pimenta fresca, use pimenta em conserva ou algumas gotas de molho de pimenta.

Guacamole

HORS D'OEUVRE VARIADOS

Uma ampla variedade de alimentos frios e quentes pode ser servida como *hors d'oeuvre*. Se não forem servidos à mesa, é melhor que possam ser apanhados com os dedos ou com palitos. Em uma recepção na qual são servidos muitos tipos de *hors d'oeuvre*, é natural que alguns sejam servidos em pratos pequenos para serem comidos com um garfo, mas petiscos são muito mais fáceis para os convidados, pois eles podem ficar de pé segurando um copo de vinho ou de coquetel enquanto comem.

Logicamente, existem milhares de receitas de *hors d'oeuvre*, inclusive muitas que foram adaptadas da culinária de outros países. As receitas incluídas aqui são uma amostra dos tipos mais apreciados.

Muitas receitas apresentadas em outras partes deste livro podem ser adaptadas para serem usadas como *hors d'oeuvre*. Na maioria dos casos, o tamanho da unidade ou da porção deve ser diminuído. Por exemplo, as almôndegas podem ser menores para que possam ser degustadas em uma ou duas mordidas. Entre os mais fáceis de adaptar estão os itens a seguir (consulte o Índice de receitas ou o Sumário para verificar o número das páginas):

Costelinha de porco com molho *barbecue*

Shish kebab

Frango frito por imersão

Mariscos *oreganata* ao forno

Camarão grelhado ao alho e limão

Vieiras ao forno

Mariscos, ostras, camarões
e vieiras à milanesa

Moules marinière (servidos em
uma das metades da concha, com molho)

Bolinhos de bacalhau ou de outro peixe

Tartar de robalo e salmão

Ceviche de vieiras

Bolinhos fritos de vegetais

Saladas diversas

Quiche

Biscoitos e palitos de queijo

Sushi

Gravlax

Salmão defumado

Truta defumada

Pato defumado

Patês, terrinas e galantinas

Musse salgada de presunto

Musse e patê de *foie gras*

Além dos *hors d'oeuvre* apresentados até agora, outros termos merecem uma breve explicação.

ANTEPASTO

A culinária italiana é particularmente rica em *hors d'oeuvre*, ou *antipasti*, como são chamados (singular: **antipasto**). Muitos livros de culinária em língua inglesa apresentam a receita de uma mistura de saladas chamada *antipasto*. Isso é um equívoco, porque o termo em italiano não se refere a uma receita específica, mas a qualquer *hors d'oeuvre* frio ou quente tipicamente italiano.

Muitos cardápios de restaurantes típicos da culinária italiana oferecem um prato ou travessa de *antipasto* frio que é composto por diversos petiscos saborosos. Os componentes típicos incluem:

Carnes curadas, como salame, *prosciutto crudo*, mortadela e presunto cozido.

Frutos do mar, especialmente os em conserva como a sardinha, a anchova ou o atum.

Queijos, como o provolone e a mussarela.

Ovos cozidos recheados.

Vegetais crus como cenoura, salsão, erva-doce em bulbo, rabanete, couve-flor e tomate, e itens cozidos ou em conserva como azeitona, coração de alcachofra, pimentas e cebola.

Cogumelos e outros vegetais preparados *à la grecque* (p. 694)

Feijões cozidos e outros vegetais com *vinaigrette picquant*.

BRUSCHETTA

Atualmente, um tipo de *hors d'oeuvre* muito apreciado é o pão com alho romano chamado **bruschetta** (plural: *bruschette*). A *bruschetta*, na sua forma mais básica, é uma fatia de pão italiano tostado coberta com alho amassado e azeite de oliva. Quando preparado com pão e azeite de oliva extravirgem de boa qualidade, esse *hors d'oeuvre* é bom por si só. Mas, sem dúvida, a variedade de coberturas que podem ser servidas sobre essa base é o que conta para a sua popularidade.

A cobertura mais conhecida talvez seja uma mistura temperada de tomate fresco e azeite de oliva, mas não é nem de longe a única possibilidade. Carnes, queijos, feijões cozidos e vegetais crus e cozidos são guarnições apropriadas. Na realidade, a *bruschetta* é um tipo de antepasto, e muitos dos itens relacionados na seção anterior podem também ser servidos como cobertura para a *bruschetta*. Diversas variações são incluídas entre as receitas deste capítulo.

A *bruschetta* é semelhante ao canapé pelo fato de ambos serem uma torrada com uma cobertura. No entanto, é maior e mais substancial que um canapé típico e pode ser servida como entrada para um jantar.

TAPAS

Outro tipo de *hors d'oeuvre* que se tornou bastante apreciado são as **tapas** da Espanha. A variedade de *tapas* é tão grande que é difícil apresentar uma definição, exceto que são pequenos itens alimentícios elaborados para serem ingeridos com vinho ou outras bebidas, geralmente em tabernas ou bares. O termo em espanhol significa "tampa", e originalmente era um pedaço de alimento, às vezes uma fatia de presunto curado, servido sobre um cálice de xerez.

Apesar da sua variedade, as *tapas* apresentam alguns pontos em comum. São servidas em pequenas porções e devem ser ingeridas imediatamente e de uma só vez. Na maioria dos casos, são servidas em pequenos pratos. Muitas podem ser comidas com a mão, mas outras, especialmente as que são servidas com molho, são consumidas com garfo. Frequentemente, é o mesmo tipo de alimento que pode ser servido como entrada em um jantar, mas apresentado em porções menores.

CAVIAR

Caviar são ovas salgadas de esturjão. Qualquer produto rotulado simplesmente de "caviar" deve vir do esturjão. Ovas de qualquer outro peixe devem ser rotuladas como tal (p. ex., caviar de corégono).

Os mais importantes países produtores de caviar são tradicionalmente a Rússia e o Irã, ambos às margens do Mar Cáspio, onde o esturjão é pescado. O esturjão habita outras águas também, inclusive na América do Norte. A produção de caviar na América do Norte tem crescido nos últimos anos, em parte por causa das dificuldades de se obter o caviar no Mar Cáspio.

Para uma melhor classificação, o caviar recebe o nome da espécie de esturjão da qual é retirado. O *beluga* é o maior esturjão, o mais escasso e o que rende as ovas maiores e mais caras. Os que vêm em segundo lugar em tamanho são o *osetra* e, em terceiro, o *sevruga*.

Embora as ovas maiores sejam as mais caras, tamanho e preço, apenas, não indicam necessariamente boa qualidade. Os três tipos de caviar variam consideravelmente nesse quesito. A única maneira de se determinar a qualidade de uma embalagem específica de caviar é experimentando.

Um caviar de boa qualidade deve ser composto de ovas grandes e brilhantes com poucas ovas quebradas. Não deve apresentar odor forte de peixe e não deve parecer aguado nem oleoso.

O caviar elaborado com uma quantidade relativamente pequena de sal é denominado *malassol*, que significa "pouco sal". O caviar *malassol* é considerado de melhor qualidade que as variedades mais salgadas. No entanto, para as pessoas em dieta restrita de consumo de sal, não existe caviar com baixo teor. Mesmo o caviar *malassol* é salgado.

O caviar pode ser fresco ou pasteurizado. O caviar fresco em embalagem fechada pode ser conservado por algumas semanas, contanto que seja mantido sob refrigeração. Uma vez aberto, começa a se deteriorar rapidamente e deve ser consumido no mesmo dia, se possível. O caviar pasteurizado é de qualidade inferior porque passou por tratamento térmico. Sem abrir, pode ser conservado por mais tempo que o caviar fresco, mas quando aberto deve ser consumido o mais rápido possível ou no prazo de alguns dias.

Outros tipos de caviar

Ovas de outros peixes, como a truta, o salmão, o corégono e o lumpo (ou peixe-lapa), também são salgadas para fazer caviar. Novamente, a qualidade varia consideravelmente, de boa a quase impossível de se comer. Um caviar de melhor qualidade é uma boa alternativa para substituir o caviar de esturjão. Três tipos apreciados são o caviar de salmão, de ovas vermelhas grandes, frequentemente servido com salmão defumado ou outros produtos à base de salmão como antepasto; ovas de *Coregonus albula*, um peixe nativo do mar Báltico, pequenas, de sabor suave e cor de laranja; e ovas de *tobiko*, de um peixe voador japonês, introduzido no Ocidente pelos restaurantes de *sushi*, pequenas e cor de laranja.

Como servir caviar

O bom caviar deve ser servido bem gelado e da maneira mais simples possível. Acompanhamentos tradicionais para caviar, como cebola picada, limão, ovos picados e creme de leite azedo podem ser servidos com ovas não muito caras, mas se sobrepõem ao sabor delicado do caviar de melhor qualidade, como o *beluga*, o *osetra* e o *sevruga*. A colher para comer caviar deve ser feita de osso, porcelana, madrepérola ou até mesmo plástico, mas não de metal, que reage com o caviar, dando a ele um sabor desagradável.

Para apresentações mais elaboradas, o caviar de qualidade um pouco menor é uma opção mais econômica. Outros alimentos servidos com caviar, tais como salmão defumado, ostras e batatas, devem ter sabor razoavelmente suave ou delicado.

AMUSE BOUCHE

Amuse bouche é um pequeno antepasto ou *hors d'oeuvre* oferecido como cortesia do *chef*, geralmente em restaurantes mais caros, aos clientes sentados às mesas, antes ou depois de

---

A tradição das *tapas* na Espanha

O horário normal do almoço na Espanha é entre 14 e 15 horas, ao passo que o jantar não acontece antes das 22 horas. Qual a melhor maneira de passar essas longas horas depois do trabalho e antes do jantar do que junto dos amigos em uma taberna local apreciando um ou dois copos de xerez? As pessoas vão para os bares onde as *tapas* são servidas, nem tanto para comer, mas para conversar e aproveitar a companhia dos outros. Mas, logicamente, o almoço aconteceu horas antes, e o jantar será dali a algumas horas, então, comer alguma coisa com o vinho é quase uma necessidade.

Um desses hábitos tradicionais acabou se transformando no costume das *tapas*, que se espalhou pelo mundo.

terem feito o pedido. É uma oportunidade para o *chef* mostrar seu talento e algum aspecto de seu estilo e saudar os clientes.

Quase tudo que pode ser servido em pequenas porções pode ser servido como *amuse bouche*, inclusive saladas, sopas (em pequenas xícaras de café), canapés e pequenas porções de carne, peixe ou vegetais com algumas gotas de molho e guarnição. Geralmente os *chefs* não usam uma categoria de receita separada para esses itens, mas usam uma receita do cardápio regular, preferencialmente uma que não esteja no cardápio daquele dia, alterando a apresentação, o molho ou a guarnição.

Börek de espinafre

Rendimento: 50 unidades

Quantidade	Ingredientes
900 g	Espinafre
100 g	Manteiga
100 g	Cebola bem picada
30 g	Cebolinha bem picada
30 g	Endro fresco picado
450 g	Queijo *feta*, esfarelado
a gosto	Sal
a gosto	Pimenta-do-reino
25 folhas	Massa filo (aproximadamente 450 g)
225 g aproximadamente	Manteiga derretida

Por unidade:
Calorias, 110; Proteínas, 2 g; Gorduras, 8 g (69% cal.); Colesterol, 25 mg; Carboidratos, 6 g; Fibras, 1 g; Sódio, 210 mg.

Modo de preparo

1. Apare o espinafre, lave e cozinhe no vapor, ou ferva até que tenha murchado completamente.
2. Escorra e resfrie sob água corrente fria, apertando em seguida para escorrer bem. Pique bem.
3. Aqueça a manteiga em uma frigideira. Salteie a cebola e a cebolinha em fogo baixo até que estejam macias.
4. Retire do fogo e acrescente o espinafre e o endro. Misture bem para envolver o espinafre na manteiga.
5. Junte o queijo.
6. Tempere a gosto com sal e pimenta-do-reino.
7. Descongele a massa se estiver congelada. Tire as folhas da embalagem, desdobre-as e corte-as ao meio no sentido do comprimento. Mantenha-as cobertas para evitar que ressequem.
8. Trabalhando com uma folha por vez, pincele levemente a superfície com manteiga derretida. Dobre a folha ao meio no sentido do comprimento e pincele novamente.
9. Coloque uma pequena porção (aproximadamente 15 a 20 g) da mistura de espinafre na parte inferior da tira, perto de uma das laterais, como mostra a Figura 23.4.
10. Dobre os pasteizinhos em formato triangular, como indicado na ilustração.
11. Disponha em assadeiras, com a ponta solta da massa voltada para baixo. Pincele a parte de cima com manteiga derretida.
12. Asse a 190°C até que fiquem dourados e crocantes, aproximadamente 20 a 25 minutos.
13. Sirva quente.

VARIAÇÕES

Muitos outros recheios podem ser enrolados e assados em massa filo, contanto que não tenham muito caldo. A seguir algumas sugestões:
Presunto e queijo *cheddar* em cubos com mostarda preparada
Queijo *gruyère*, queijo azul e nozes
Queijo *feta* e *cream cheese* (2 partes de *feta* para 1 parte de *cream cheese*) misturados, mais 1 gema para cada 350 g de queijo
Cogumelos salteados com cebola, bacon esfarelado, salsinha e queijo parmesão
Frango cozido em cubinhos, queijo mussarela, tomate seco e manjericão
Carne de siri, frutos do mar de concha (sem a concha) salteados, *cream cheese* e molho de pimenta vermelha
Ratatouille (p. 563)

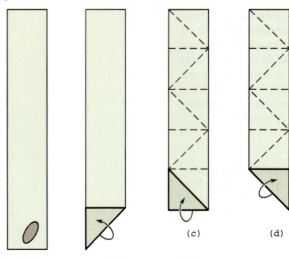

Figura 23.4 Como dobrar triângulos de massa filo.

(a) Coloque o recheio na extremidade inferior da tira de massa filo pincelada com manteiga e ligeiramente na lateral.
(b) Dobre o canto inferior sobre o recheio em ângulo de 45° formando um triângulo.
(c, d) Continue dobrando o triângulo como mostra a figura.

Hors d'oeuvre variados 767

 ## Cogumelo recheado com queijo

Rendimento: 36 unidades

Quantidade	Ingredientes
425 g	Cebola
60 g	Chalota
20 g	Alho
10 g	Salsinha (não use a variedade crespa)
45 g	Cebolinha-francesa
150 mL	Azeite de oliva
90 g	Pão branco esmigalhado
36	Cogumelos grandes
90 mL	Suco de limão
30 mL	Manteiga
conforme necessário	Sal marinho ou *kosher*
150 g	Queijo suíço, ralado

Por unidade:
Calorias, 70; Proteínas, 2 g; Gorduras, 6 g (69% cal.); Colesterol, 5 mg; Carboidratos, 4 g; Fibras, 1 g; Sódio, 25 mg.

■ **M o d o   d e   p r e p a r o**

1. Pique bem a cebola, a chalota, o alho, a salsinha e a cebolinha.
2. Refogue a cebola, a chalota e o alho no azeite, sem dourar. Depois de cozidos, acrescente as ervas e o pão branco esmigalhado. Tempere a gosto.
3. Retire os cabinhos dos cogumelos e reserve-os para outras receitas, como fundos ou *duxelles* (outra possibilidade é picar e saltear junto com os ingredientes da etapa 2). Coloque os cogumelos em uma panela com água e acrescente o suco de limão, a manteiga e o sal. Aqueça até ferver e cozinhe por alguns minutos. Retire a panela do fogo e deixe os cogumelos no líquido quente para que terminem de cozinhar.
4. Quando estiverem frios o suficiente para serem manipulados, escorra. Disponha os cogumelos em uma assadeira rasa, com a parte côncava virada para cima. Recheie com o refogado de cebola e depois salpique com o queijo suíço ralado. Coloque para dourar em uma salamandra ou dourador até que os cogumelos estejam quentes e o queijo tenha derretido.

 ## Rolinhos de salmão defumado

Rendimento: aproximadamente 2 kg

Quantidade	Ingredientes
125 g	Cenoura cortada em *brunoise*
250 g	Salsão cortado em *brunoise*
150 g	Camarão cozido
90 g	Carne de siri
700 g	Broto de feijão
15 g	Cebolinha-francesa
2 colheres (chá)	Raspas de limão-siciliano
175 g	Maionese
2 ½ colheres (chá)	Molho inglês
a gosto	Sal
a gosto	Pimenta-do-reino
600 g	Salmão defumado (aproximadamente 14 fatias, de 40 a 50 g cada)
conforme necessário	*Vinaigrette* oriental (p. 725)

Por 30 g:
Calorias, 120; Proteínas, 3 g; Gorduras, 12 g (87% cal.); Colesterol, 10 mg; Carboidratos, 11 g; Fibras, 0 g; Sódio, 290 mg.

■ **M o d o   d e   p r e p a r o**

1. Branqueie rapidamente a cenoura e o salsão em água fervente com sal.
2. Pique bem o camarão e a carne de siri cozidos.
3. Branqueie o broto de feijão.
4. Espalhe os vegetais branqueados em papel-toalha para retirar ao máximo o excesso de umidade.
5. Misture os vegetais, a carne de siri, o camarão, a cebolinha-francesa, as raspas de limão e a maionese. Acrescente o molho inglês. Tempere a gosto.
6. Estenda 2 fatias de salmão defumado, sobrepondo-as ligeiramente, sobre um pedaço de filme plástico. Coloque um pouco do recheio por cima, enrole e aperte bem as pontas para firmar o recheio. Na hora de servir, corte no tamanho desejado e retire o plástico.
7. Para servir como *hors d'oeuvre*, sirva com palitos e acompanhado de mais *vinaigrette* oriental para mergulhar.

Asas de frango empanadas fritas

Rendimento: 72 unidades

Quantidade	Ingredientes
36	Asas de frango com coxinha da asa, ou meio da asa
60 mL	Óleo
90 mL	Molho de soja
30 g	Gengibre ralado
15 g	Alho picado
conforme necessário	Procedimento padrão para empanar alimentos
conforme necessário	Molho de tomate (p. 176)

Modo de preparo

1. Prepare as asas de frango. Corte a ponta de cada asa, inclusive a junta que a conecta ao restante da peça, de modo que as pontas dos dois ossos da parte mais carnuda fiquem separadas. Descarte as pontas das asas, ou reserve para preparar fundos. Separe as peças pelas juntas. Solte a pele da ponta mais descarnada da coxinha e limpe, empurrando a pele e a carne no sentido da outra junta. O resultado deve ter a aparência de um pirulito. Faça o mesmo com a parte carnuda da asa, mas solte o osso mais fino e descarte, ou reserve para preparar fundos.
2. Com um batedor de arame, misture o óleo, o molho de soja, o gengibre e o alho amassado.
3. Coloque as asinhas de molho nessa marinada e deixe tomar gosto de um dia para o outro, mexendo de vez em quando.
4. Empane as asinhas. Frite por imersão a 160°C.
5. Sirva com molho de tomate.

Por unidade:
Calorias, 90; Proteínas, 5 g; Gorduras, 6 g (63% cal.);
Colesterol, 20 mg; Carboidratos, 3 g; Fibras, 0 g; Sódio, 40 mg.

Caviar de berinjela

Rendimento: aproximadamente 1,2 kg

Quantidade	Ingredientes
1,7 kg	Berinjela
a gosto	Sal
300 mL	Azeite de oliva
100 g	Azeitona preta sem caroço, picada
2	Dente de alho, amassado
30 g	Cebolinha-francesa bem picada
5 g (2 colheres de chá)	Páprica
conforme necessário	Azeitona picada e cebolinha-francesa, para guarnecer

Modo de preparo

1. Corte a berinjela ao meio no sentido do comprimento e tempere. Pincele com o azeite (reservando o restante para a etapa 4) e asse por 25 minutos a 200°C, ou até que a polpa esteja macia.
2. Escorra a berinjela para tirar o excesso de líquido e raspe o miolo. Amasse com um garfo.
3. Adicione a azeitona, o alho e a cebolinha-francesa.
4. Incorpore o azeite de oliva aos poucos, juntamente com a páprica. Tempere a gosto. Mantenha sob refrigeração por 1 hora antes de servir.
5. Para servir, coloque o caviar em uma tigela gelada. Decore com azeitonas e cebolinha-francesa. Sirva com torradas.

Por 30 g:
Calorias, 80; Proteínas, 0 g; Gorduras, 7 g (84% cal.);
Colesterol, 0 mg; Carboidratos, 3 g; Fibras, 1 g; Sódio, 25 mg.

Hors d'oeuvre variados 769

Bolinha de melão e presunto cru

Rendimento: como desejar

Quantidade	Ingredientes
conforme necessário	Melão (*cantaloupe, honeydew, crenshaw* etc.)
a gosto	Suco de limão
conforme necessário	Presunto cru

Por porção:
Calorias, 20; Proteínas, 2 g; Gorduras, 1 g (43% cal.); Colesterol, 5 mg; Carboidratos, 1 g; Fibras, 0 g; Sódio, 175 mg.

Uma porção é igual a 15 g de melão e 7 g de presunto cru.

■ Modo de preparo

1. Usando um boleador, corte o melão em bolinhas.
2. Borrife com o suco de limão e reserve por 10 minutos.
3. Corte o presunto cru em fatias bem finas em um fatiador de frios. Corte as fatias muito grandes ao meio, no sentido da largura.
4. Imediatamente antes de servir, embrulhe cada bolinha em uma fatia de presunto e prenda com um palito.

VARIAÇÕES

Outras frutas podem substituir o melão, como palitos ou pedaços de abacaxi, figo fresco (inteiro, ao meio ou cortado em quatro) e fatias de pera ou pêssego frescos. A pera e o pêssego devem ser passados no suco de limão para se evitar que escureçam.

Fatias de maçã com *curry* de frango e manga

Rendimento: 36–40 unidades, aproximadamente 50–60 g cada

Quantidade	Ingredientes
500 g	Maçã
45 mL	Suco de limão
250 g	Manga (PL)
750 g	Peito de frango cozido, frio
15 g (2 colheres de sopa)	Coentro picado
500 mL	Maionese
2 colheres (chá)	*Curry* em pó
3–4	Maçãs
conforme necessário	Suco de limão
conforme necessário	Páprica
conforme necessário	Folhas de coentro

Por unidade:
Calorias, 60; Proteínas, 6 g; Gorduras, 2 g (29% cal.); Colesterol, 15 mg; Carboidratos, 5 g; Fibras, 1 g; Sódio, 15 mg.

■ Modo de preparo

1. Descasque as maçãs e tire as sementes. Corte em *brunoise*. Misture bem com o suco de limão.
2. Corte a manga em *brunoise*. Misture com a maçã.
3. Corte o peito de frango em cubos pequenos. Misture com a manga e a maçã. Acrescente o coentro picado.
4. Tempere a maionese com o *curry* em pó.
5. Adicione maionese suficiente à mistura de frango até obter uma consistência adequada (pode ser que sobre maionese). Mantenha sob refrigeração até o momento de servir.
6. Lave a maçã. Sulque a casca (ver Fig. 16.11, p. 529) de cima para baixo a intervalos de 1 cm. Corte a maçã ao meio no sentido da altura e descarte as sementes, depois corte no sentido da largura em fatias de 0,5 cm de espessura. Esfregue o suco de limão por toda a superfície da polpa.
7. Molde *quenelles* (ver Fig. 13.5, p. 393) com a mistura de frango e coloque por cima de cada fatia de maçã. Decore com páprica e coentro.

VARIAÇÕES

A mistura de frango também pode ser usada para encher barquetes de massa ou vegetais, como folhas de endívia e copinhos de pepino.

Trouxinhas de frango defumado com tomate seco

Rendimento: 36 unidades, aproximadamente 22 g cada

Quantidade	Ingredientes
100 mL	Azeite de oliva ou o óleo do tomate seco
25 g	Tomate seco conservado em óleo, escorrido
1	Gema de ovo
1 pitada	Sal
1 pitada	Pimenta-do-reino
1 colher (sopa)	Mostarda Dijon
200 g	Peito de frango defumado
60 g	Tomate seco conservado em óleo, escorrido
30 g	Manjericão picado
36	Crepes (receita abaixo)
1–2 maços	Cebolinha-francesa

Modo de preparo

1. Coloque o óleo e o tomate seco em um liquidificador. Bata bem. Passe por um coador de malha fina.
2. Em uma tigela de inox, bata a gema, o sal, a pimenta-do-reino e a mostarda. Aos poucos, adicione o óleo com tomate seco em um fio contínuo, batendo sem parar, até obter uma maionese firme.
3. Pique grosseiramente o frango defumado e o tomate seco.
4. Misture o frango com o tomate, o manjericão picado e a maionese da etapa 2. Prove o tempero e ajuste, se necessário.
5. Usando um cortador redondo de 10 cm de diâmetro, corte um círculo no centro de cada crepe.
6. Coloque 2 colheres de chá (10 a 12 g) da mistura de frango no centro de cada círculo. Prenda com um ramo de cebolinha-francesa, como uma trouxinha.

Por unidade:
Calorias, 110; Proteínas, 5 g; Gorduras, 7 g (57% cal.); Colesterol, 50 mg; Carboidratos, 7 g; Fibras, 0 g; Sódio, 125 mg.

Observação: as informações nutricionais têm como base peito de peru defumado, já que as informações sobre frango defumado não estavam disponíveis.

Crepes

Rendimento: aproximadamente 36 crepes

Quantidade	Ingredientes
250 g	Farinha
5 g (1 colher de chá)	Sal
6	Ovos
500 mL	Leite
50 g	Manteiga *noisette*
conforme necessário	Óleo

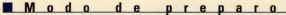

Modo de preparo

1. Com um batedor de arame, misture a farinha, o sal e os ovos. Aos poucos, junte o leite para fazer uma massa fina, com consistência de creme de leite.
2. Passe a massa por uma peneira fina e acrescente a manteiga *noisette*, misturando bem.
3. Cubra com filme plástico e deixe descansar por pelo menos 30 minutos em temperatura ambiente.
4. Aqueça uma frigideira para crepe de 14 cm de diâmetro em fogo médio. Unte ligeiramente a frigideira com óleo. Acrescente 2 a 3 colheres de sopa (30 a 45 mL) de massa e gire a frigideira para cobrir todo o fundo com uma camada fina. Devolva o excesso de massa à tigela. Cozinhe até que as bordas e a parte de baixo estejam douradas. Vire e cozinhe o outro lado.
5. Coloque o crepe sobre uma grade para esfriar. Repita o procedimento para fazer os outros crepes, sobrepondo-os na grade, sem empilhar.

Por crepe:
Calorias, 70; Proteínas, 2 g; Gorduras, 4 g (53% cal.); Colesterol, 40 mg; Carboidratos, 6 g; Fibras, 0 g; Sódio, 90 mg.

Satay de frango

Rendimento: 36 unidades de aproximadamente 25 g cada

Quantidade	Ingredientes
2	Dentes de alho, amassados
60 g	Gengibre fresco ralado
60 g	Açúcar mascavo
90 mL	Óleo de gergelim
30 mL	Molho de soja
900 g	Peito de frango sem pele e sem osso
125 mL	Água
3	Dentes de alho, bem picados
250 g	Pasta de amendoim
125 mL	Leite de coco
40 mL	Mel
40 mL	Suco de limão
40 mL	Molho de soja
a gosto	Molho de pimenta vermelha

Por unidade:
Calorias, 80; Proteínas, 4 g; Gorduras, 5 g (58% cal.);
Colesterol, 5 mg; Carboidratos, 4 g; Fibras, 0 g; Sódio, 125 mg.

■ Modo de preparo

1. Coloque 36 espetos de bambu de 15 cm de comprimento de molho em água fria de um dia para o outro (para evitar que queimem ao grelhar).
2. Coloque o alho, o gengibre, o açúcar mascavo, o óleo de gergelim e o molho de soja em um liquidificador e bata bem.
3. Corte o frango em tiras finas no sentido do comprimento. Coloque em uma tigela. Cubra com a marinada (da etapa 2) e mexa para misturar bem. Tampe e deixe na geladeira por, pelo menos, 2 horas.
4. Prepare o molho: coloque a água para ferver e acrescente o alho picado. Cozinhe em fogo brando por 1 minuto.
5. Acrescente a pasta de amendoim e o leite de coco. Cozinhe em fogo médio por 2 a 3 minutos, até obter uma consistência homogênea e espessa.
6. Adicione o mel, o suco de limão, o molho de soja e o molho de pimenta vermelha. Retire do fogo. Deixe esfriar.
7. Arrume as tiras de frango marinado nos espetos deixados de molho.
8. Asse sob a salamandra ou na grelha por aproximadamente 2 minutos de cada lado, pincelando com a marinada.
9. Sirva acompanhado do molho.

Espetos de carne *teriyaki*

Rendimento: 36 unidades de aproximadamente 12–13 g cada

Quantidade	Ingredientes
45 mL	Óleo vegetal
45 mL	Molho de soja
30 g	Gengibre fresco ralado
2	Dentes de alho, picados
500 g	Filé-mignon

Por unidade:
Calorias, 30; Proteínas, 3 g; Gorduras, 2 g (60% cal.);
Colesterol, 10 mg; Carboidratos, 0 g; Fibras, 0 g; Sódio, 75 mg.

■ Modo de preparo

1. Misture o óleo, o molho de soja, o gengibre e o alho.
2. Corte a carne em cubos de aproximadamente 2 cm de lado. Deixe a carne marinar na mistura de molho de soja por 2 a 3 horas, sob refrigeração.
3. Espete cada cubo de carne em um espeto de madeira para coquetel. Cozinhe rapidamente em uma salamandra ou dourador. Sirva quente.

Rolinhos de truta e salmão defumado em pão *pumpernickel*

Rendimento: 36 unidades de aproximadamente 8–10 g cada

Quantidade	Ingredientes
90 g	Truta defumada
90 g	*Cream cheese*
a gosto	Sal
a gosto	Pimenta-do-reino
20 g	Cebolinha-francesa, picada
9 fatias	*Pumpernickel* (pão preto alemão)
200–250 g conforme necessário	Salmão defumado, fatiado
	Cerefólio ou salsinha para guarnecer

Modo de preparo

1. Retire a pele e as espinhas da truta defumada.
2. Coloque a truta e o *cream cheese* no processador de alimentos. Bata até obter uma pasta homogênea. Tempere com sal e pimenta-do-reino, se necessário. Acrescente a cebolinha-francesa.
3. Transfira para uma tigela e leve à geladeira até o momento de usar.
4. Bata a pasta de truta para que fique macia. Espalhe uma camada fina sobre as fatias de pão.
5. Disponha as fatias de salmão defumado em fileiras sobre um pedaço de filme plástico, sobrepondo-as ligeiramente.
6. Bata o restante da mistura de truta e espalhe sobre o salmão defumado. Enrole formando um rolinho, torça as pontas do filme plástico e dê um nó, ou amarre com um pedaço de barbante culinário. Coloque no congelador por 10 a 15 minutos, ou até que esteja firme. Corte em fatias de 1 cm de espessura.
7. Descarte as cascas do pão e corte cada fatia em quatro triângulos.
8. Coloque uma fatia do rolinho de truta sobre cada triângulo de pão, com o lado cortado virado para cima. Decore com um raminho de cerefólio ou uma folha de salsinha.

Por unidade:
Calorias, 35; Proteínas, 2 g; Gorduras, 1,5 g (40% cal.); Colesterol, 5 mg; Carboidratos, 3 g; Fibras, 0 g; Sódio, 100 mg.

Pacotinhos de presunto cru, queijo azul e nozes

Rendimento: 36 unidades de aproximadamente 18–20 g cada

Quantidade	Ingredientes
200 g	Queijo azul
60 g	Manteiga
60 g	Nozes bem picadas
9 fatias	Pão integral, tostado
12 fatias finas	Presunto cru
conforme necessário	Cerefólio ou salsinha para guarnecer

Modo de preparo

1. Misture o queijo azul e a manteiga em um processador de alimentos até obter uma mistura homogênea. Transfira para uma tigela e adicione as nozes.
2. Descarte a casca do pão e espalhe um pouco da mistura de queijo sobre as fatias. Corte cada uma em quatro quadrados.
3. Corte cada fatia de presunto cru em 3 quadrados de 7 a 8 cm.
4. Usando um saco de confeiteiro, coloque ½ colher de sopa (8 g) da pasta de queijo no centro de cada quadrado. Dobre as pontas em direção ao centro formando um pacotinho quadrado.
5. Coloque sobre os quadradinhos de pão preparados e decore com um raminho de cerefólio ou uma folha de salsinha.

Por unidade:
Calorias, 70; Proteínas, 3 g; Gorduras, 5 g (65% cal.); Colesterol, 10 mg; Carboidratos, 3 g; Fibras, 0 g; Sódio, 240 mg.

Rodelas de pepino com patê de truta defumada

Rendimento: 36 unidades de aproximadamente 30 g cada

Quantidade	Ingredientes
2 (aproximadamente)	Pepinos
175 g	Filé de truta defumada
175 g	*Cream cheese*
a gosto	Sal
a gosto	Pimenta-do-reino
a gosto	Suco de limão
12–15	Azeitona preta sem caroço, em rodelas
conforme necessário	Cerefólio ou salsinha para guarnecer

Por unidade:
Calorias, 30; Proteínas, 1 g; Gorduras, 2 g (69% cal.); Colesterol, 10 mg; Carboidratos, 1 g; Fibras, 0 g; Sódio, 50 mg.

Modo de preparo

1. Sulque os pepinos (ver Fig. 16.11, p. 529). Descarte as pontas e corte em fatias de 1 cm de espessura. Você precisará de uma quantidade de pepino suficiente para fazer 36 fatias.
2. Usando um boleador, retire parte das sementes formando uma depressão no centro, com cuidado para não chegar até o outro lado.
3. Bata a truta e o *cream cheese* no processador até obter uma consistência homogênea. Tempere a gosto com sal, pimenta-do-reino e suco de limão.
4. Transfira a mistura para um saco de confeiteiro com um bico pitanga médio. Salpique o pepino ligeiramente com sal e encha a cavidade com o patê de truta (aproximadamente 2 colheres de chá por unidade).
5. Decore com uma fatia de azeitona e um raminho de cerefólio ou uma folha de salsinha.

Chorizo feuilleté

Rendimento: 72 unidades, aproximadamente 9–10 g cada

Quantidade	Ingredientes
600 g	Massa folhada
250 g	*Chorizo* espanhol, ou outra linguiça condimentada
1	Ovo
1 pitada	Sal

Por unidade:
Calorias, 60; Proteínas, 1 g; Gorduras, 4,5 g (67% cal.); Colesterol, 5 mg; Carboidratos, 4 g; Fibras, 0 g; Sódio, 60 mg.

Modo de preparo

1. Abra a massa folhada com aproximadamente 2 mm de espessura. Corte 72 quadrados de 5 cm. Mantenha sob refrigeração.
2. Retire a pele do *chorizo*. Passe por uma máquina de moer carne usando o disco médio.
3. Bata o ovo com a pitada de sal.
4. Pincele cada quadrado de massa com o ovo batido e coloque no centro uma pequena porção (aproximadamente ½ colher de chá – 3 g) de *chorizo* moído. Dobre, formando um triângulo. Aperte as bordas para selar.
5. Coloque em uma assadeira e pincele com ovo batido. Deixe descansar por 15 minutos, depois pincele novamente com mais ovo batido.
6. Asse a 180°C ou até que fiquem levemente dourados, aproximadamente 8 a 10 minutos.

Beignet de siri com *chutney* de limão e gengibre

Rendimento: 36 unidades de aproximadamente 20–22 g cada

Quantidade	Ingredientes
90 g	Farinha de trigo
70 g	Fécula de batata
6 g	Fermento em pó químico
1 pitada	Sal
2 colheres (chá)	Óleo
150 mL	Água
50 g	Cebola bem picada
1 colher (sopa)	Azeite de oliva
50 g	Pimentão vermelho cortado em *brunoise*
1	Ovo
50 mL	Creme de leite fresco
15 g	Cebolinha-francesa bem picada
175 g	Carne de siri
175 g	Pão branco esmigalhado
250 g	*Chutney* de limão e gengibre (p. 202)

Por unidade:
Calorias, 60; Proteínas, 2 g; Gorduras, 2 g (33% cal.); Colesterol, 10 mg; Carboidratos, 7 g; Fibras, 0 g; Sódio, 65 mg.

Modo de preparo

1. Peneire a farinha, a fécula de batata, o fermento e o sal em uma tigela. Com um batedor de arame, incorpore o óleo e, em seguida, a água.
2. Passe por uma peneira. Deixe descansar por pelo menos 30 minutos.
3. Refogue a cebola no azeite sem dourar.
4. Acrescente o pimentão vermelho e refogue até que a cebola esteja macia.
5. Transfira para uma tigela grande para esfriar.
6. Bata o ovo com o creme de leite e acrescente ao refogado frio de cebola e pimentão. Adicione a cebolinha-francesa e misture bem.
7. Adicione a carne de siri, depois o pão esmigalhado. Misture bem e tempere a gosto.
8. Faça bolinhas de aproximadamente 18 g cada com a mistura, apertando bem.
9. Passe na massa de fécula de batata e frite por imersão a 200°C até dourarem, aproximadamente 2 a 3 minutos. Coloque sobre papel-toalha para escorrer.
10. Sirva os *beignets* acompanhados do *chutney* de limão e gengibre.

Cogumelo recheado com *tapenade*

Rendimento: 50 unidades

Quantidade	Ingredientes
250 g	Azeitona preta temperada, sem caroço
30 g	Alcaparra, escorrida
30 g	Anchova, escorrida
30 g	Atum, escorrido
1 colher (chá)	Mostarda Dijon
75 mL	Azeite de oliva
1 colher (chá)	Suco de limão
2 colheres (sopa)	Salsinha picada
1 pitada	Tomilho seco
a gosto	Sal
a gosto	Pimenta-do-reino
50	Cogumelo-paris fresco, pequeno ou médio
conforme necessário	*Pimiento* (pimentão doce)

Por unidade:
Calorias, 30; Proteínas, 1 g; Gorduras, 25 g (74% cal.); Colesterol, 0 mg; Carboidratos, 1 g; Fibras, 0 g; Sódio, 110 mg.

Modo de preparo

1. Em um liquidificador ou processador de alimentos, faça um purê com as azeitonas, as alcaparras, as anchovas, o atum, a mostarda, o azeite, o suco de limão e as ervas. Tempere a gosto.
2. Mantenha a mistura sob refrigeração por algumas horas para combinar bem os sabores.
3. Retire os cabinhos dos cogumelos e limpe-os bem.
4. Recheie cada cogumelo com uma colherada de *tapenade*.
5. Decore cada um com um pedacinho de pimentão doce.

Hors d'oeuvre variados 775

Ovos à la diable*

Rendimento: 50 unidades

Quantidade	Ingredientes
25	Ovos cozidos
250 mL	Maionese
30 mL	Suco de limão-siciliano ou vinagre
1 colher (chá)	Mostarda em pó
1 colher (chá)	Molho inglês
a gosto	Sal
a gosto	Pimenta-do-reino branca
a gosto	Pimenta-caiena
conforme necessário	Guarnições variadas:
	Salsinha picada
	Raminhos de endro
	Alcaparras
	Pimiento (pimentão doce) em cubos
	Azeitonas recheadas fatiadas
	Páprica
	Caviar preto ou vermelho

Modo de preparo

1. Corte os ovos ao meio no sentido do comprimento e retire as gemas.
2. Amasse as gemas ou passe-as por uma peneira.
3. Adicione o restante dos ingredientes (exceto os ingredientes para guarnição) e misture até obter uma pasta homogênea.
4. Usando um saco de confeiteiro com o bico pitanga, recheie as metades das claras.
5. Decore cada ovo com um dos diversos itens para guarnição.

VARIAÇÕES

Varie o sabor dos ovos recheados acrescentando qualquer um dos seguintes ingredientes à mistura de gemas da receita básica.

Anchova: 60 a 90 g de pasta de anchova.
Curry: 2 colheres de sopa de *curry* em pó, ligeiramente aquecido em um pouco de óleo e resfriado.
Queijo azul: 175 g de queijo azul amassado.
Parmesão: 90 g de queijo parmesão ralado.
Estragão: use vinagre de estragão no recheio e acrescente 2 colheres de chá de estragão seco.
Atum: 175 g de atum escorrido, bem amassado.

Por unidade:
Calorias, 70; Proteínas, 3 g; Gorduras, 7 g (84% cal.);
Colesterol, 110 mg; Carboidratos, 0 g; Fibras, 0 g; Sódio, 45 mg.

*N.R.: Prato muito difundido nos Estados Unidos, onde é conhecido por *deviled eggs*.

Como rechear os ovos *à la diable* com um saco de confeiteiro.

Gougère (minicarolina de queijo)

Rendimento: aproximadamente 160 unidades

Quantidade	Ingredientes
1,1 kg	Patê à choux (massa de bomba, p. 998)
225 g	Queijo *gruyère* ralado
conforme necessário	Ovo batido

Modo de preparo

1. Misture a massa de bomba com o queijo.
2. Usando um saco de confeiteiro com um bico liso estreito, forme bolinhas de aproximadamente 1 colher (sopa) cada em uma assadeira forrada com papel-manteiga. Consulte a página 998 para ver como fazer minicarolinas ou *profiteroles*.
3. Asse a 200°C até que estejam crescidas e douradas, aproximadamente 20 a 30 minutos.
4. Faça um pequeno corte na lateral de cada uma para que o vapor escape. Coloque-as em forno aquecido até que sequem.
5. Sirva quente ou em temperatura ambiente.

Por unidade:
Calorias, 25; Proteínas, 1 g; Gorduras, 1,5 g (63% cal.);
Colesterol, 15 mg; Carboidratos, 1 g; Fibras, 0 g;
Sódio, 25 mg.

Rolinho primavera

Rendimento: 16 unidades

Quantidade	Ingredientes
30 mL	Óleo
175 g	Carne ou frango cozidos, cortados em *julienne*
175 g	Acelga cortada em tiras finas
3 ramos	Cebolinha, cortada em tiras finas
175 g	Broto de feijão
5	Cogumelo *shiitake* seco (sem os cabinhos), demolhado em água fervente, cortado em *julienne*
60 g	Broto de bambu cortado em *julienne*
45 g	Camarão cru picado
2 colheres (chá)	Molho de soja
1 colher (chá)	Xerez ou vinho Shaoxing*
100 mL	Fundo de frango
1 ½ colher (chá)	Amido de milho
1 colher (sopa)	Água fria
16	Massa para rolinho primavera
conforme necessário	Ovo batido

Por rolinho:
Calorias, 180; Proteínas, 8 g; Gorduras, 8 g (38% cal.); Colesterol, 25 mg; Carboidratos, 21 g; Fibras, 1 g; Sódio, 240 mg.

*N.R.: Vinho de arroz chinês original da região de Shaoxing.

Modo de preparo

1. Aqueça o óleo em uma *wok* ou frigideira. Refogue à chinesa a carne, a acelga, a cebolinha, o broto de feijão, o cogumelo, o broto de bambu e o camarão.
2. Adicione o molho de soja, o xerez e o fundo. Continue mexendo e cozinhando por mais 1 a 2 minutos.
3. Misture o amido de milho com a água fria. Acrescente à mistura de vegetais e cozinhe até que reduza e engrosse.
4. Retire do fogo e ajuste os temperos. Espere até que esfrie completamente.
5. Estenda uma massa de rolinho primavera na superfície de trabalho com uma das pontas viradas para você. Coloque aproximadamente 45 g de recheio na parte inferior da massa, formando um cilindro (ver Fig. 23.5).
6. Dobre o canto inferior da massa (apontando para você) sobre o recheio para cobri-lo. Em seguida, comece a enrolar, fazendo a metade de uma volta.
7. Pincele os cantos da direita e da esquerda com ovo batido. Dobre um canto sobre o recheio, depois o outro, apertando bem para selar. Nesse ponto, o rolinho deve ter a aparência de um envelope aberto.
8. Pincele o canto superior com ovo batido. Termine de enrolar, formando um cilindro compacto. Certifique-se de que a ponta está bem selada.
9. Repita o procedimento com as outras massas e o recheio restante.
10. Frite os rolinhos por imersão até que a massa fique crocante e dourada. *Observação:* há dois tipos de massa para rolinho primavera: a chamada massa para *egg roll* é mais pesada que a massa para *spring roll*. Devem ser bem fritas, senão ficam empapadas. Escorra e sirva imediatamente, acompanhados de um pouco de mostarda condimentada ou molho agridoce para mergulhar.

Hors d'oeuvre variados 777

Figura 23.5 Como enrolar rolinho primavera.

(a) Coloque uma massa de rolinho primavera na superfície de trabalho com uma das pontas viradas para você. Coloque o recheio como mostra a figura.

(b) Dobre a ponta inferior da massa sobre o recheio e enrole até atingir aproximadamente um terço do comprimento da massa.

(c) Pincele as pontas da esquerda e da direita com ovo batido.

(d) Dobre sobre o recheio de maneira que a massa fique parecendo um envelope aberto.

(e) Pincele a ponta superior com ovo batido e enrole firmemente.

(f) Depois de enrolado, o rolinho primavera está pronto para ser frito.

Patê de fígado de frango

Rendimento: 1,2 kg

Quantidade	Ingredientes
1 kg	Fígado de frango
a gosto	Sal
conforme necessário	Leite
125 g	Cebola picada
90 g	Manteiga
½ colher (chá)	Orégano seco
¼ de colher (chá)	Pimenta-do-reino branca
1 pitada	Noz-moscada
1 pitada	Gengibre em pó
1 pitada	Cravo-da-índia em pó
1 colher (chá)	Sal
375 g	*Cream cheese*
30–60 mL	Conhaque, vinho Madeira ou do Porto (opcional)
a gosto	Sal

Por 30 g:
Calorias, 60; Proteínas, 3 g; Gorduras, 5 g (74% cal.); Colesterol, 75 mg; Carboidratos, 1 g; Fibras, 0 g; Sódio, 105 mg.

Modo de preparo

1. Retire a gordura e as veias dos fígados.
2. Salpique com um pouco de sal. Adicione leite até cobrir e reserve de um dia para o outro, sob refrigeração. Esta etapa é opcional, mas o resultado é um sabor ligeiramente mais suave e uma cor mais clara.
3. Refogue a cebola ligeiramente na manteiga até que esteja macia, mas não dourada.
4. Acrescente o fígado (escorrido e enxaguado), as ervas e os condimentos. Doure ligeiramente o fígado e cozinhe até que esteja cozido, mas ainda um pouco rosado no centro. Retire do fogo e deixe esfriar.
5. Moa o fígado com a cebola em um moedor de carne ou processador de alimentos.
6. Adicione o *cream cheese* e continue processando até obter uma pasta bem uniforme.
7. Adicione o conhaque ou vinho a gosto. Acrescente sal, se necessário.
8. Coloque a mistura em vasilhas, compactando bem, e mantenha sob refrigeração de um dia para o outro.

Quesadillas de feijão-preto

Rendimento: 48 unidades

Quantidade	Ingredientes
360 g	Feijão-preto cozido, sem o caldo
30–60 mL	Água ou caldo do cozimento do feijão
a gosto	Sal
a gosto	Pimenta-caiena ou pimenta *chipotle* moída
12	*Tortillas* de milho ou farinha de trigo
90 mL	*Salsa Cruda* (p. 191)
1 colher (sopa)	Pimentas, *jalapeño* ou *serrano*, frescas, sem semente, bem picadas
2 colheres (sopa)	Coentro picado
120 g	Queijo *Monterey Jack* ou *cheddar* suave, ralados

Por unidade:
Calorias, 110; Proteínas, 4 g; Gorduras, 4 g (30% cal.); Colesterol, 0 mg; Carboidratos, 17 g; Fibras, 2,4 g; Sódio, 210 mg.

Modo de preparo

1. Amasse o feijão grosseiramente.
2. Adicione uma quantidade suficiente de água ou de caldo de feijão para umedecer levemente a pasta. Ela não deve ficar seca.
3. Adicione sal e pimenta-caiena ou *chipotle* a gosto.
4. Coloque aproximadamente 60 g dessa mistura em cada *tortilla* e espalhe para cobrir a superfície. Repita o processo até cobrir 6 *tortillas*.
5. Para cada *tortilla*, espalhe 1 colher (sopa) (15 mL) de *Salsa Cruda* sobre o feijão, depois ½ colher (chá) de pimenta fresca picada e 1 colher (chá) de coentro.
6. Unte ligeiramente uma chapa ou frigideira quentes e coloque a *tortilla*.
7. Salpique aproximadamente 20 g de queijo sobre o recheio de cada *tortilla* e cubra com uma das *tortillas* restantes.
8. Quando o queijo estiver derretido, vire o sanduíche de *tortilla* e aqueça do outro lado.
9. Retire do fogo e corte em 8 pedaços, como uma pizza.

Brandade de Morue

Rendimento: aproximadamente 1,25 kg

Quantidade	Ingredientes
1 kg	Bacalhau
1–2	Dente de alho, em pasta
250 mL	Azeite de oliva
250 mL	Leite, creme de leite, ou metade de cada
a gosto	Pimenta-do-reino branca
a gosto	Sal
conforme necessário	Triângulo de pão branco frito em azeite de oliva

Por 30 g:
Calorias, 80; Proteínas, 6 g; Gorduras, 6 g (69% cal.); Colesterol, 20 mg; Carboidratos, 0 g; Fibras, 0 g; Sódio, 175 mg.

■ Modo de preparo

1. Coloque o bacalhau de molho em água fria por 24 horas, trocando a água diversas vezes.
2. Coloque o bacalhau em uma panela com água fria suficiente para cobri-lo. Aqueça até ferver, reduza o fogo e cozinhe em fogo brando por 5 a 10 minutos, apenas o suficiente para que o bacalhau esteja cozido e se separe em lascas. Não cozinhe demais, senão ele não absorverá bem o líquido nas próximas etapas. Retire o peixe da água e separe em lascas, descartando a pele e as espinhas.
3. Amasse o peixe ainda quente com o alho até formar uma pasta homogênea. Isso pode ser feito à mão, em uma tigela, usando uma colher de pau, ou em uma batedeira com o batedor raquete. Um processador de alimentos também pode ser usado, mas cuidado para não processar demais o peixe a ponto de transformá-lo num purê.
4. Aqueça o azeite e o leite, ou creme de leite, em panelas separadas.
5. Vá acrescentando o azeite à pasta de bacalhau, alternando com o leite, adicionando apenas um pouco de cada vez, até que a mistura obtenha a consistência de um purê de batata.
6. Adicione pimenta-do-reino branca a gosto. Talvez não seja necessário adicionar sal, pois o bacalhau já é salgado.
7. Sirva quente, acompanhado das torradas.

Variações

A *brandade* pode ser reaquecida lentamente em fogo baixo, mexendo-se com frequência.

A *brandade* pode ser misturada a um purê de batata em proporções variadas.

Se você acrescentar muito azeite de oliva ou creme de leite na etapa 5, ou se acrescentá-los muito rapidamente, a *brandade* pode talhar. É possível recuperá-la batendo-a vigorosamente. Se não der certo, acrescente um pouco de purê de batata.

Bruschetta

Rendimento: 24 unidades

Quantidade	Ingredientes
24 fatias	Pão italiano ou francês, com aproximadamente 8–10 cm de largura e 0,5 cm de espessura
4–6	Dentes de alho, cortados ao meio
240–360 mL	Azeite de oliva extravirgem
a gosto	Sal
a gosto	Pimenta-do-reino

Por porção:
Calorias, 140; Proteínas, 2 g; Gorduras, 10 g (65% cal.); Colesterol, 0 mg; Carboidratos, 10 g; Fibras, 1 g; Sódio, 115 mg.

■ Modo de preparo

1. Toste o pão em uma grelha ou dourador até que esteja dourado.
2. Com o pão ainda quente, esfregue o lado cortado de um dente de alho em um dos lados.
3. Pincele ou regue cada fatia com bastante azeite de oliva. A torrada deve ficar ligeiramente encharcada de azeite.
4. Acrescente sal e pimenta-do-reino a gosto.
5. Sirva quente.

VARIAÇÕES

Bruschetta **com tomate e manjericão**
Toste o pão e esfregue o alho como na receita básica. Corte 1 kg de tomate maduro ao meio e retire as sementes. Corte em cubos médios. Rasgue 16 folhas de manjericão em pequenos pedaços e misture com os tomates. Coloque sobre as torradas. Regue com azeite de oliva e adicione sal e pimenta-do-reino a gosto.

Bruschetta **com queijo parmesão**
Toste o pão e esfregue o alho como na receita básica. Usando um descascador de legumes, corte o queijo, preferencialmente *Parmigiano-Reggiano* de boa qualidade, em lascas finas. Cubra a torrada ainda quente com aproximadamente 7 g de queijo e regue com azeite. Salpique com pimenta-do-reino.

Bruschetta **com feijão-branco e *prosciutto***
Toste o pão e esfregue o alho como na receita básica. Misture 600 g de feijão-branco cozido sem o caldo, 60 g de cebola-roxa em cubos pequenos, 180 g de *prosciutto crudo* em fatias finas, picado, e 120 mL de azeite. Acrescente sal e pimenta-do-reino a gosto. Coloque a mistura sobre as torradas.

Bruschette, no sentido horário, a partir da esquerda: *bruschetta* com feijão-branco e *prosciutto*, *bruschetta* com queijo parmesão, *bruschetta* com tomate e manjericão

Empanadas de carne

Rendimento: 24 unidades

Quantidade	Ingredientes
240 g	Farinha de trigo especial para pão
120 g	Farinha de trigo especial para bolo
45 g	Banha ou gordura hidrogenada
¾ de colher (chá)	Sal
180 mL	Água morna
480 g	*Picadillo* (p. 328)

Por unidade:
Calorias, 130; Proteínas, 6 g; Gorduras, 6 g (43% cal.); Colesterol, 15 mg; Carboidratos, 12 g; Fibras, 1 g; Sódio, 140 mg.

Modo de preparo

1. Peneire as duas farinhas juntas em uma tigela.
2. Adicione a banha ou gordura hidrogenada e misture bem.
3. Dissolva o sal na água e acrescente o líquido à tigela. Misture, formando uma massa moderadamente firme. Sove por alguns minutos, até que esteja homogênea.
4. Deixe descansar por 30 minutos.
5. Divida em 24 partes – faça um rolo comprido e corte em partes iguais.
6. Faça uma bola com cada pedaço de massa. Cubra e deixe descansar por 15 a 30 minutos.
7. Para cada empanada, achate a bola de massa e abra com um rolo até obter um círculo de 10 cm de diâmetro
8. Pincele a borda do círculo levemente com água.
9. Coloque aproximadamente 20 g de *picadillo* em um dos lados do círculo. Dobre o outro lado sobre o recheio formando um pastel. Aperte a massa ao redor do recheio para tirar o ar. Sele bem as bordas, apertando-as com os dentes de um garfo.
10. Frite por imersão a 190°C até que estejam douradas.
11. Sirva imediatamente. Se desejar, guarneça com *Guacamole* (p. 763) ou *Salsa Cruda* (p. 191)

VARIAÇÃO

Empanadas com pimentão *poblano* assado e queijo
Asse o pimentão *poblano* e tire a pele, conforme mostra a figura da página 530. Corte em cubos. Em vez de *picadillo*, recheie as empanadas com o pimentão misturado com queijo *monterey jack* ou *cheddar* suave ralados.

Pakoras de couve-flor

Rendimento: 30–40 unidades

Quantidade	Ingredientes
240 g	Farinha de grão-de-bico
¼ de colher (chá)	Pimenta-do-reino
¼ de colher (chá)	Pimenta-caiena
½ colher (chá)	Cominho em pó
¼ de colher (chá)	Cúrcuma
½ colher (chá)	Fermento em pó químico
½ colher (chá)	Sal
360 mL	Água
720 g	Couve-flor, aparada

Por porção:
Calorias, 50; Proteínas, 2 g; Gorduras, 3 g (49% cal.); Colesterol, 0 mg; Carboidratos, 5 g; Fibras, 1 g; Sódio, 45 mg.

Modo de preparo

1. Peneire em uma tigela a farinha de grão-de-bico, a pimenta-do-reino, a pimenta-caiena, o cominho, a cúrcuma, o fermento em pó e o sal.
2. Acrescente a água aos poucos, misturando até que a mistura se torne uma massa espessa, com consistência de *ketchup*. Pode não ser preciso adicionar toda a água.
3. Divida a couve-flor em buquês de até 2,5 cm de largura.
4. Passe os buquês na massa e frite por imersão, a 180°C, até que estejam ligeiramente dourados e a couve-flor esteja macia.

VARIAÇÕES

Outros vegetais como pimentão, rodelas de cebola, batata (rodelas finas), brócolis, berinjela e quiabo podem substituir a couve-flor.

Pakoras de couve-flor

Hors d'oeuvre variados 783

■ TERMOS PARA REVISÃO

antepasto	canapé	patê	*tapa*
hors d'oeuvre	*cocktail*	*antipasto*	caviar
serviço de garçons	*relish*	*bruschetta*	*amuse bouche*
serviço de bufê	*crudité*		

■ QUESTÕES PARA DISCUSSÃO

1. Como funciona um coquetel com serviço de garçons? Descreva pelo menos cinco orientações que devem ser lembradas ao se planejar o serviço de *hors d'oeuvre* com garçons.

2. Como é possível evitar que as bases dos canapés fiquem encharcadas?

3. Para se usar uma receita de salada de maionese com presunto para fazer uma pasta pode ser necessário alterar um pouco a receita. Quais são as três modificações que você talvez precise fazer?

4. Qual a diferença entre uma salada com fruta e um *cocktail* de fruta?

5. Qual é a consistência correta de um patê?

6. Relacione pelo menos seis itens que podem aparecer em um prato frio de *antipasto*.

7. Descreva como preparar o tipo mais simples de *bruschetta*.

8. Descreva a melhor maneira de servir o caviar de melhor qualidade.

CAPÍTULO 24

CAPÍTULO 24

Café da manhã e *brunch*

Quando se fala de *breakfast cookery** em língua inglesa, não se está falando somente de uma determinada refeição, mas sim de um grupo de alimentos específicos que aparece, provavelmente, em todos os menus de refeições matinais das culturas de língua inglesa.** Esses itens estão presentes não apenas no menu do café da manhã, mas também são comuns em *brunches*, lanches rápidos e ceias. Nos Estados Unidos, por exemplo, muitos estabelecimentos oferecem um menu de *breakfast* ao longo de todo o dia.

Os ovos são um alimento muito comum no café da manhã e o assunto principal deste capítulo, que também analisa a preparação de outras receitas típicas do café da manhã norte-americano, como *pancakes* (panquecas americanas), *waffles*, *French toast* (torrada francesa, semelhante a uma rabanada) e carnes como a linguiça e o bacon.

---

*N.R.: Culinária para o café da manhã.
**N.R.: O café da manhã dos países de língua inglesa é conhecido também como *British breakfast*, e se contrapõe ao "café da manhã continental" (com café, leite, chá, pães, sucos, frutas, geleias etc.) especialmente por servir carnes (como bacon e linguiça) e outros itens mais pesados, como caçarolas e *frittatas*.

OVOS

Ao contrário da opinião popular, não há regra que diga que uma pessoa deva comer ovos, cereais, panquecas, pães e bolos no café da manhã e não deva comer camarão ao *curry*, pimenta, espaguete ou almôndegas. Para muitos de nós essas últimas sugestões podem parecer estranhas para uma refeição matinal, mas é provável que não exista um único alimento que não seja apreciado por alguém, em algum lugar, no café da manhã. Muitos japoneses, que tomam sopa de missô e comem picles e arroz na primeira refeição do dia, certamente estranham os hábitos ocidentais no café da manhã.

Os ovos são um dos alimentos preferidos no café da manhã, mesmo quando nos aventuramos a explorar culinárias mais exóticas. Aparentemente simples, os ovos são usados de diversas maneiras na culinária e exigem um estudo especial. Analisamos não apenas a sua preparação para o café da manhã, mas também a de outros pratos como suflês e cremes salgados à base de ovos.

Após ler este capítulo, você deverá ser capaz de:

1. Descrever a composição dos ovos e as principais diferenças entre as suas categorias.
2. Armazenar ovos adequadamente.
3. Preparar os seguintes itens com ovos: ovo cozido (duro, parcialmente cozido e mole), ovo pochê, ovo frito, ovo quente, ovo mexido, omelete, suflês e cremes salgados à base de ovos.
4. Indicar as principais diferenças entre a massa de *waffle* e a massa de *pancake* e preparar cada uma delas.
5. Preparar *French toast* e identificar as variações mais comuns, quando os ingredientes básicos são substituídos.
6. Preparar dois tipos básicos de cereal matinal.
7. Identificar as três carnes mais comuns no café da manhã dos países de língua inglesa e prepará-las.

INTRODUÇÃO AOS OVOS

COMPOSIÇÃO

Um ovo inteiro é composto por gema, clara e casca. Além disso, contém uma membrana que reveste internamente a casca, formando uma câmara de ar na ponta mais larga, e dois pequenos filamentos brancos chamados calazas, que mantém a gema no centro. A Figura 24.1 é um diagrama de um ovo cortado ao meio que mostra a localização das respectivas partes.

1. A **gema** é rica em gordura e proteína e contém ferro e diversas vitaminas. Sua cor varia do amarelo-claro ao escuro, dependendo da dieta da galinha.
2. A **clara** é composta principalmente de albumina, que é transparente e solúvel quando crua, mas branca e firme quando coagulada. Contém enxofre e é formada por duas partes: uma mais espessa, que envolve a gema, e uma mais fina e líquida, que fica ao redor da parte mais espessa.
3. A **casca** não é um invólucro perfeito, apesar de ser comum ouvirmos isso. Além de frágil, é também porosa, permitindo que odores e sabores sejam absorvidos pelo ovo e fazendo com que ele perca umidade mesmo quando intacto.

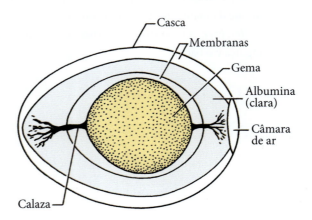

Figura 24.1
Partes do ovo. A figura mostra, de maneira simplificada, a localização das partes de um ovo inteiro, conforme descrito no texto.

CLASSIFICAÇÃO E QUALIDADE

Classificação

Nos Estados Unidos, os ovos são classificados pelo *Departament of Agriculture* de acordo com a qualidade. As três categorias são AA, A e B*.

A melhor categoria (AA) apresenta gema e clara firmes, que assim permanecem quando o ovo é quebrado sobre uma superfície plana, não se espalhando em uma área grande. Na casca, a gema é bem centralizada e a câmara de ar é pequena.

À medida que os ovos envelhecem, perdem densidade. A parte mais fina da clara aumenta e, quando o ovo é quebrado, espalha-se sobre uma área maior. Além disso, a câmara de ar aumenta e o ovo perde umidade através da casca. A Figura 24.2 mostra as diferenças entre as categorias de ovos AA, A e B.

*N.R.: No Brasil, a legislação classifica os ovos em seis categorias de acordo com a qualidade e o peso, simultaneamente (da melhor para a pior): extra, especial, primeira qualidade, segunda qualidade, terceira qualidade e fabrico.

Figura 24.2
Classificação dos ovos nos Estados Unidos.
Cortesia do USDA (United States Department of Agriculture).

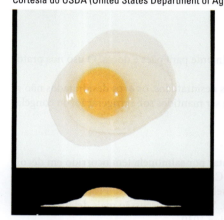
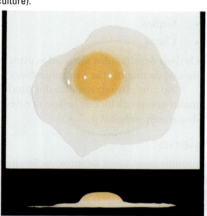
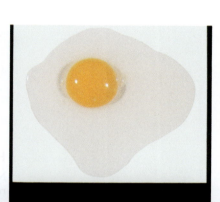

(a) Categoria AA,

(b) Categoria A e

(c) Categoria B, vistos de cima e pela lateral. Observe como a clara e a gema perdem densidade e se espalham mais nas categorias com classificação mais baixa (ovos mais velhos).

Como manter a qualidade

O armazenamento adequado é essencial para manter a qualidade dos ovos. Eles duram algumas semanas se refrigerados a 2°C, mas perdem qualidade rapidamente se mantidos em temperatura ambiente. Na realidade, podem passar de uma categoria a outra, em termos de qualidade, de um dia para o outro, se mantidos em temperaturas altas na cozinha. Não há razão para comprar ovos da melhor qualidade se quando for utilizá-los tiverem a mesma qualidade de ovos de classificações inferiores e mais baratos.

Armazene os ovos longe de alimentos que possam impregná-los de sabores e odores indesejáveis.

Categorias e uso

A simples observação da Figura 24.2 mostra por que o ovo da categoria AA é o melhor para ser usado na preparação de ovos fritos ou pochê. Os ovos das outras categorias se espalham muito, impedindo a elaboração de um produto de qualidade.

Para ovos cozidos, use ovos de boa qualidade, mas que tenham ficado na geladeira por alguns dias. É difícil descascar ovos cozidos se estiverem muito frescos.

Ovos mais velhos são mais adequados para a preparação de receitas cozidas e assadas. Se tiver certeza de que não estão impregnados de sabores fortes, podem ser usados em ovos mexidos, para os quais é menos importante a firmeza do ovo inteiro.

TAMANHO

Os ovos também são classificados por tamanho*. A Tabela 24.1 mostra o peso mínimo por dúzia (incluindo a casca) de acordo com a classificação por tamanho. Observe que a diferença entre um tamanho e outro é de 85 gramas.

O setor de serviços alimentícios, em sua maioria, usa ovos grandes, e as receitas na maior parte dos livros têm esse tamanho como base.

Tabela 24.1
Classificação dos ovos por tamanho

Tamanho	Peso mínimo por dúzia (com casca)
Jumbo	850 g
Extragrande	765 g
Grande	680 g
Médio	595 g
Pequeno	510 g
Industrial	425 g

*N.R.: No Brasil, outra classificação corrente, mais referente ao tamanho dos ovos, divide-os em seis categorias: jumbo, extra, grande, médio, pequeno e industrial.

FORMAS DE COMERCIALIZAÇÃO

1. **Ovos frescos ou ovos na casca.**
   São os mais usados em pratos do café da manhã e o assunto principal desta seção.

2. **Ovos congelados.**
   - Ovos inteiros
   - Claras
   - Gemas
   - Ovos inteiros com gemas extras

   Os ovos congelados são geralmente produzidos com ovos frescos de boa qualidade e são excelentes para ovo mexido, omelete, torrada francesa, pães e doces. São pasteurizados e levam pelo menos dois dias para descongelar na geladeira.

3. **Ovos desidratados.**
   - Ovos inteiros
   - Gemas
   - Claras

   Os ovos desidratados são usados principalmente para pães e doces. O uso nos pratos do café da manhã não é recomendado.

   Ao contrário da maioria dos produtos desidratados, os ovos desidratados não se mantêm estáveis fora da geladeira e devem ser mantidos sob refrigeração, ou congelados, e bem embalados.

Higiene

Nos últimos anos, casos de intoxicação alimentar por salmonela têm ocorrido em decorrência do uso de ovos crus ou pouco cozidos. Consequentemente, os cozinheiros têm se preocupado mais com problemas de higiene relacionados aos ovos. Produtos com ovos pasteurizados são usados em muitas operações. Veja uma discussão mais detalhada sobre ovos e segurança alimentar no Apêndice 5, página 1030.

SUBSTITUTO DO OVO

Além de apresentar alto teor de gordura, a gema do ovo é também rica em colesterol. Os esforços para a redução do colesterol na dieta levaram ao desenvolvimento de produtos comerciais para substituir o ovo. Esses produtos são de dois tipos:

1. O substituto do ovo, que pode ser usado para preparar pratos como ovos mexidos, omeletes e cremes, é feito de claras de ovos, às quais é acrescentada uma mistura de ingredientes que substituem as gemas, como óleo vegetal, sólidos lácteos, gomas vegetais, sal, emulsificantes e aditivos vitamínicos. Vendido na forma líquida, a granel e geralmente congelado, pode substituir o ovo inteiro líquido na proporção de 1:1 na maioria das preparações com ovos.

2. O substituto do ovo sem a adição de ovos não contém nenhum subproduto do ovo. É feito a partir de farinha e outros amidos, gomas vegetais, estabilizadores e, às vezes, proteína de soja. Só deve ser usado para o preparo de pães e doces e não é adequado para o preparo de receitas à base de ovos para o café da manhã, nem de cremes. Se não contiver produtos lácteos (leia a relação de ingredientes em cada produto), pode ser usado para dietas veganas.

PRINCÍPIOS GERAIS DE COZIMENTO

A regra mais importante para o cozimento do ovo é simples: evite temperaturas altas e tempo de cozimento muito longo. Em outras palavras, não cozinhe demais. A esta altura, você já deve conhecer essa regra.

Cozinhar demais deixa os ovos rijos, causa descoloração e afeta o sabor.

Coagulação

Os ovos são em grande parte proteína, por isso é preciso levar em consideração o princípio da coagulação (p. 65).

Os ovos coagulam às seguintes temperaturas:

Ovos inteiros, batidos	aproximadamente 69°C
Claras	60 a 65°C
Gemas	62 a 70°C
Cremes à base de ovos (ovos inteiros, mais líquido)	79 a 85°C

Observe que as claras cozinham antes das gemas. Por isso é possível cozinhar ovos com claras firmes e gemas moles.

Quando os ovos são misturados a um líquido, tornam-se firmes a uma temperatura mais alta. No entanto, 85°C ainda é uma temperatura muito mais baixa que a de uma frigideira em fogo alto. Quando a temperatura de coagulação é alcançada, os ovos mudam do estado semilíquido para o estado sólido e se tornam opacos. Se a temperatura continuar a subir, tornam-se ainda mais firmes. Um ovo muito cozido é rijo e borrachudo. Temperaturas baixas produzem ovos cozidos melhores.

Se uma mistura de ovo com líquido, como cremes salgados à base de ovos e ovos mexidos, for cozida em demasia, os sólidos do ovo se separam dos líquidos, ou **talham**. Geralmente, os ovos mexidos cozidos desse modo ficam duros e aguacentos.

Enxofre

A conhecida camada esverdeada que geralmente se vê ao redor da gema de ovos cozidos é resultante do cozimento em temperatura alta ou por tempo excessivo. A mesma cor esverdeada aparece em ovos mexidos que são cozidos demais ou mantidos por muito tempo no balcão térmico.

Essa camada resulta do enxofre contido na clara que reage com o ferro contido na gema formando o sulfeto de ferro, um composto de coloração esverdeada e odor e sabor fortes. A melhor maneira de evitar a coloração verde nos ovos é usar temperatura baixa, cozimento curto e não manter aquecido por muito tempo.

Clara em neve

As claras batidas em neve são usadas para dar leveza e força de crescimento para suflês, omeletes de forno, bolos, algumas panquecas, *waffles* e outros produtos. As orientações a seguir o ajudarão a manipular as claras batidas de maneira adequada (ver Fig. 24.3).

1. **Gordura inibe a formação de espuma.**
   Ao separar os ovos, tome cuidado para não deixar nem um pouco de gema cair nas claras. A gema contém gordura. Use equipamentos bem limpos ao bater as claras em neve.

2. **Ácidos suaves ajudam na formação de espuma.**
   Uma pequena quantidade de suco de limão ou cremor tártaro dá mais volume e estabilidade às claras batidas. Use aproximadamente 4 colheres de chá de cremor tártaro por quilo de claras.

3. **Claras formam mais espuma em temperatura ambiente.**
   Retire a clara da geladeira 1 hora antes de bater.

4. **Não bata demais.**
   As claras batidas devem ter uma aparência úmida e brilhante. Claras batidas em excesso ficam secas e quebradiças, perdendo grande parte de sua capacidade de fazer suflês e bolos crescerem.

5. **O açúcar torna a clara em neve mais estável.**
   Ao fazer omeletes de forno e suflês doces, adicione um pouco do açúcar às claras parcialmente batidas e continue batendo até adquirirem consistência desejada (este método leva mais tempo do que quando não se acrescenta açúcar). O suflê ficará mais estável antes e depois de assado.

Figura 24.3
Como bater claras em neve.

(a) As claras começam a espumar.

(b) As claras atingiram o estágio de picos moles.

(c) As claras atingiram o estágio de picos firmes. Observe a textura homogênea. Bater além desse estágio fará com que a clara em neve se quebre.

COMO PREPARAR OVOS

OVO COZIDO

A expressão inglesa para ovo cozido, *hard-boiled egg*, não é totalmente correta, pois os ovos devem ser cozidos lentamente (*simmer*), e não em água borbulhante (*boiled*).

Os ovos podem ser cozidos em fogo brando na água até ficarem moles, parcialmente cozidos ou duros, de acordo com os seguintes métodos.

Procedimento para cozimento lento de ovos na casca

Método 1

1. Separe os equipamentos e ingredientes.

2. Para deixar os ovos em temperatura ambiente, (a) retire-os da geladeira 1 hora antes de cozinhá-los ou (b) coloque-os em água morna por 5 minutos e escorra. Ovos gelados podem quebrar mais facilmente se colocados em água fervente.

3. Coloque os ovos em água fervente e abaixe o fogo para o mínimo.

4. Cozinhe em fogo brando, sem ferver, pelo tempo necessário:

Ovo mole	3 a 4 minutos
Ovo parcialmente cozido	5 a 7 minutos
Ovo duro	12 a 15 minutos

   O tempo exato de cozimento depende da temperatura, do tamanho dos ovos e da quantidade de água utilizada.

5. Escorra imediatamente e coloque o ovo sob água corrente fria para interromper o cozimento. Esfrie por apenas alguns segundos, caso tenha que ser servido quente. Esfrie mais, caso tenha que reservar para uso posterior.

6. Para descascar o ovo, quebre a casca e puxe, começando pela ponta mais larga do ovo (onde a câmara de ar está localizada). Para facilitar, descasque ainda quente, mantendo sob água corrente para facilitar o trabalho de retirar a casca. Ovos muito frescos são mais difíceis de descascar. Ovos para serem cozidos na casca devem ser previamente armazenados por alguns dias na geladeira.

Método 2

1. Separe os equipamentos e ingredientes.

2. Coloque os ovos em uma panela com água fria.

3. Aqueça a água em fogo forte até levantar fervura.

4. Abaixe o fogo e cozinhe em fogo brando pelo tempo necessário:

Ovo mole	1 minuto
Ovo parcialmente cozido	3 a 5 minutos
Ovo duro	9 a 10 minutos

Método 3 (apenas para ovos duros)

Proceda como no Método 2, mas retire a panela do fogo e tampe-a assim que levantar fervura. Deixe fora do fogo por 20 minutos.

OVO ESCALFADO OU POCHÊ

Os princípios do cozimento do ovo na casca podem ser aplicados ao ovo pochê. A única diferença entre os dois itens é a casca.

Essa diferença, é lógico, complica o processo de cozimento, conforme pode ser visto no procedimento a seguir. O objetivo é manter o formato original dos ovos, isto é, arredondado, e não espalhado por toda a panela.

Padrões de qualidade para ovos pochê

1. Aparência clara e brilhante.
2. Formato compacto, arredondado, e não espalhado ou achatado.
3. Clara firme, mas macia; gema quente e líquida.

Procedimento para fazer ovo pochê

1. Separe os equipamentos e ingredientes.
2. Use os ovos mais frescos possíveis para um melhor resultado. Isso ajuda a manter seu formato original, porque a gema e a clara são mais firmes.
3. Se os ovos não estiverem muito frescos, adicione 1 colher (chá) de sal e 2 colheres (chá) de vinagre destilado para cada litro de água. O vinagre ajuda a coagular a clara do ovo mais rapidamente para que mantenha o formato.

   Não é necessário vinagre se forem utilizados ovos bem frescos. Nesse caso, omita o vinagre, porque a clara ficará dura e opaca se cozida com ele.
4. Aqueça a água até quase ferver.

   Se a água chegar a ferver e borbulhar, os ovos ficarão duros e poderão quebrar com o movimento da água.

   Se a água não estiver suficientemente quente, os ovos não cozinharão tão rapidamente, se espalhando pela água.
5. Quebre os ovos, um a um, em uma tigelinha ou prato e deixe escorrer para dentro da água aquecida. O ovo manterá melhor o seu formato se escorregar para dentro da água, próximo à lateral da panela.
6. Cozinhe em fogo brando por 3 a 5 minutos, até que a clara fique coagulada, mas a gema ainda esteja mole.
7. Retire os ovos da panela com uma colher perfurada ou escumadeira.
8. Para servir imediatamente, escorra bem. Para obter uma aparência melhor, apare as bordas irregulares.
9. Para reservar e servir mais tarde, mergulhe imediatamente em água gelada para interromper o cozimento. Na hora de servir, reaqueça rapidamente em água quente.

Ovos *benedict*

Rendimento: 1 porção (ver Observação)

Quantidade	Ingredientes
1	Metade de *English muffin**
conforme necessário	Manteiga
1	Ovo, bem fresco e da melhor qualidade
1 fatia	Lombinho canadense ou presunto cozido (aproximadamente 60 g)
50 mL	Molho *hollandaise* (p. 182)

Por porção:
Calorias, 660; Proteínas, 19 g; Gorduras, 58 g (79%); Colesterol, 480 mg; Carboidratos, 15 g; Fibras, 1 g; Sódio, 1.260 mg.

Observação: para preparar ovos *Benedict* em grande quantidade, cozinhe os ovos pochê com antecedência, resfrie-os em água gelada e mantenha-os na geladeira. Na hora de servir, reaqueça os ovos na água, em fogo brando, por 30 a 60 segundos. Escorra, empratar e sirva.

Modo de preparo

1. Toste a metade de *muffin*. Passe manteiga e coloque no prato que vai servir.
2. Prepare o ovo pochê de acordo com o procedimento básico indicado nesta seção.
3. Enquanto o ovo cozinha, aqueça o lombinho canadense ou presunto por 1 minuto em uma chapa ou frigideira quentes. Coloque sobre o *muffin* tostado.
4. Escorra bem o ovo pochê e coloque-o sobre o lombinho ou presunto.
5. Cubra com o molho *hollandaise*. Sirva imediatamente.

VARIAÇÕES

Ovos *florentine*
Em vez do *muffin* e do lombinho ou presunto, coloque o ovo sobre uma camada de espinafre passado na manteiga (aproximadamente 60 g). Cubra com molho Mornay em vez de molho *hollandaise*. Opcional: polvilhe com queijo parmesão e gratine sob uma salamandra ou dourador.

Ovos Bombay
Em vez do *muffin* e do lombinho ou presunto, coloque o ovo sobre uma camada de arroz *pilaf* quente (aproximadamente 60 g). Cubra com molho *curry* em vez de *hollandaise*.

*N.R.: Pão redondo e achatado de cerca de 10 cm de diâmetro 2,5 cm de altura, é feito de massa fermentada e tem textura porosa e casca macia. Se não encontrar, use outro tipo de pão de textura firme.

OVO FRITO

O ovo frito é muito apreciado no café da manhã por algumas pessoas. Deve ser sempre frito na hora e servido imediatamente. Para uma melhor qualidade, observe cada uma das etapas no procedimento abaixo.

A escolha da gordura para o cozimento é questão de gosto e orçamento. A manteiga dá um sabor melhor, mas margarina e óleo podem sem usados também. Use a gordura do bacon apenas se este sabor for pedido pelo cliente.

Procedimento para fritar ovos na hora

1. Separe os equipamentos e ingredientes.
   Os ovos podem ser fritos em frigideiras pequenas e individuais (frigideira para omelete) ou na chapa. Os ovos feitos na chapa não são tão atraentes porque tendem a se espalhar mais. Consulte na página 795 o procedimento para preparar a frigideira a fim de evitar que os alimentos grudem.
2. Selecione ovos frescos da melhor qualidade para obter um resultado melhor.
3. Adicione uma camada de aproximadamente 2 mm de gordura à frigideira e leve-a ao fogo médio, ou preaqueça a chapa a 165°C e acrescente uma pequena quantidade de gordura. Muita gordura deixa os ovos engordurados. Pouca gordura fará com que grudem na frigideira, a menos que a frigideira seja antiaderente.
4. Quebre os ovos em um prato. Isso diminui a possibilidade de a gema vazar.
5. Quando a gordura estiver quente o bastante para fazer uma gota de água chiar, faça com que o ovo escorregue dentro da frigideira (ou chapa). Se a frigideira não estiver suficientemente quente, o ovo poderá se espalhar demais e grudar. Se estiver muito quente, poderá ficar duro ou até mesmo crocante.*
6. Reduza o fogo para o mínimo (se estiver usando uma frigideira) e frite os ovos conforme o pedido do cliente (veja vocabulário abaixo). Veja nas Figuras 24.4 e 24.5 as técnicas usadas para virar o ovo.

Figura 24.4
Como virar o ovo em uma frigideira.

(a) Incline ligeiramente o cabo fazendo com que o ovo deslize a borda oposta com uma leve sacudida.

(b) Com um movimento rápido do pulso, no sentido indicado pela seta, lance os ovos no ar, virando-os. Não use muita força, senão as gemas podem estourar ao caírem de volta na frigideira.

Figura 24.5

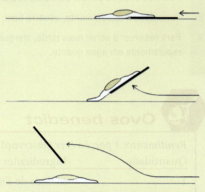

Se estiver fritando os ovos em uma chapa, vire-os com um movimento suave da espátula, como mostra a figura. A lateral esquerda do ovo, na realidade, não chega a perder contato com a superfície da chapa.

Terminologia para os pontos de cozimento dos ovos em língua inglesa

- **Sunny side up**** (estrelado, mas sem dourar). Cozinhe devagar, sem virar o ovo, até que a clara esteja completamente firme, mas a gema ainda esteja mole. O fogo deve ser baixo, para que a parte de baixo não fique dura nem doure antes que a parte de cima esteja completamente firme.
- **Basted** (regado). Não vire. Adicione algumas gotas de água à frigideira e tampe para que o vapor cozinhe a parte de cima. Uma película fina de clara coagulada cobrirá a gema, que deve permanecer mole. Observação: este tipo de preparo às vezes é chamado de *country style* (à moda do campo). O termo *basted* é usado porque o mesmo efeito pode ser obtido quando se rega o ovo com gordura quente à medida que frita. Mas esse método pode tornar o ovo muito gorduroso.
- **Over easy**† (virado, com gema mole). Frite o ovo e vire. Cozinhe até que a clara esteja firme, mas a gema ainda esteja líquida.
- **Over medium** (virado, com gema parcialmente cozida). Frite o ovo e vire. Cozinhe até que a gema esteja parcialmente cozida.
- **Over hard** (virado, com gema dura). Frite o ovo e vire. Cozinhe até que a gema esteja completamente firme.

*N.R.: A cultura norte-americana não aprecia a formação de crosta crocante ou dourada na gema ou na clara do ovo.
**N.R.: O termo *sunny side up* (lado ensolarado para cima) faz referência à gema do ovo, amarela e redonda como o sol.
†N.R.: A palavra *over*, usada nos três últimos termos, é uma abreviação de *flipped over* (virado).

Padrões de qualidade para ovos fritos

1. A clara deve ser brilhante, uniformemente cozida e firme, e não dourada, com bolhas ou crocante nas bordas.
2. A gema deve estar firme na medida certa, de acordo com o ponto de cozimento desejado. A gema do ovo *sunny side up* deve ser bem amarela e redonda. Nos outros pontos de cocção, a gema fica coberta por uma fina camada de clara coagulada.
3. O ovo deve estar relativamente compacto, alto, não espalhado ou fino.

Huevos rancheros

Rendimento: 1 porção

Quantidade	Ingredientes
Conforme necessário	Óleo vegetal
1	*Tortilla* de milho
2	Ovos
125 mL	Salsa roja (p. 190)
30 g	Queijo *Monterey Jack*, ou queijo branco mexicano, ralado ou esfarelado

Modo de preparo

1. Aqueça uma camada fina de óleo em uma frigideira.
2. Frite a *tortilla* rapidamente, virando-a uma vez, até que esteja macia.
3. Retire da frigideira e seque com papel-toalha.
4. Frite os ovos *sunny side up* ou *basted* (ver procedimento da p. 792) até que a clara esteja cozida mas a gema, mole.
5. Coloque a *tortilla* em um prato grande aquecido.
6. Coloque os ovos por cima.
7. Despeje a *salsa roja* sobre as claras, sem cobrir as gemas.
8. Polvilhe com o queijo ralado.
9. Se desejar, adicione uma porção de *Frijoles refritos* (p. 611) ao prato.

Por porção:
Calorias, 400; Proteínas, 22 g; Gorduras, 27 g (60% cal.); Colesterol, 450 mg; Carboidratos, 19 g; Fibras, 3 g; Sódio, 340 mg.

Huevos rancheros

OVO ASSADO OU EN COCOTTE

Ovos *en cocotte* são ovos assados em recipientes refratários individuais, ou ramequins, onde são servidos.

Eles também podem ser assados ou guarnecidos com diversos tipos de carnes e molhos, como indicam as variações a seguir.

VARIAÇÕES PARA O PREPARO DE OVOS EN COCOTTE

Qualquer um dos ingredientes a seguir pode ser colocado em tigelinhas refratárias untadas com manteiga antes da adição do ovo:

- Presunto ou lombinho canadense em fatias finas, ligeiramente dourados na chapa ou em uma frigideira
- Bacon fatiado crocante, 3 ou 4 metades
- Refogado de batata em cubinhos com carne ou presunto picados
- Queijos, como *cheddar*, suíço ou *gruyère*, ralados
- Cubos de frango ao molho *crème*
- Tomate *concassé* salteado na manteiga

Procedimento para preparar ovos assados ou *en cocotte*

1. Separe os equipamentos e ingredientes.
2. Unte os recipientes refratários individuais com manteiga.
3. Quebre os ovos dentro dos recipientes.
4. Coloque sobre uma chapa francesa aquecida até que os ovos comecem a coagular no fundo.
5. Coloque no forno a 175°C e cozinhe até o ponto de cocção desejado.
6. Sirva no próprio recipiente em que foram assados.

Qualquer um dos ingredientes a seguir pode ser adicionado aos ovos *en cocotte* depois de assados. Coloque uma guarnição sólida em uma das laterais. Coloque molhos nas bordas. Não cubra a gema.

- Creme de leite quente
- Molhos à base de molho *espagnole*, como o *bordelaise*, o *madeira* ou o *demi-glace*
- Molho de tomate
- Molho *soubise*
- Fígado de frango salteado com molho *espagnole*

Capítulo 24 • Café da manhã e *brunch*

Linguiça grelhada
Cogumelos salteados na manteiga ou em molho *crème*
Pontas de aspargos

OVOS MEXIDOS

Assim como as demais preparações com ovos, o ovo mexido fica melhor se preparado na hora. No entanto, podem ser preparados em grande quantidade. Não devem ser totalmente cozidos caso queira mantê-los aquecidos para o serviço em grande quantidade, pois cozinharão mais no balcão térmico.

Se for necessário manter o ovo mexido quente por mais de 30 minutos, ele ficará mais estável se um molho branco de consistência média (como o *béchamel*) for misturado ao ovo antes de ele ser cozido. Use aproximadamente 250 mL de molho para cada litro de ovo batido.

Não cozinhe o ovo mexido demais nem mantenha quente por muito tempo. Ovos cozidos em excesso são duros, soltam água e podem ficar esverdeados na mesa de vapor.

O ovo mexido deve ser macio e úmido, a menos que o cliente solicite que o ovo mexido seja bem cozido.

Procedimento para preparar ovos mexidos

1. Separe os equipamentos e ingredientes.

2. Quebre os ovos em uma tigela de inox e bata até que estejam bem misturados. Tempere com sal e pimenta-do-reino branca. Não use alumínio, pois ele pode descolorir os ovos.

3. Se desejar, adicione uma pequena quantidade de leite ou creme de leite, aproximadamente 1 a 1 ½ colher de sopa (15 a 20 mL) para cada dois ovos, ou 250 a 375 mL por litro de ovo batido.

   A adição de muito líquido pode tornar os ovos aguados e diluir o sabor. Creme de leite fresco enriquece, mas é mais caro.

4. Aqueça a manteiga em uma frigideira pequena (para pedido feito na hora) ou em uma frigideira grande.

   Observação: pode-se usar o caldeirão a vapor ou a frigideira basculante para preparar ovos mexidos em grande quantidade.

5. Quando a gordura estiver quente o bastante para fazer uma gota de água chiar, coloque os ovos.

6. Cozinhe em fogo baixo, mexendo de vez em quando e delicadamente à medida que os ovos se coagulam. Levante as partes coaguladas para que as partes não cozidas possam ocupar seu espaço.

   Mexer demais quebra os ovos em partículas muito pequenas.

   Não deixe que os ovos dourem. Mantenha o fogo baixo.

7. Quando os ovos estiverem firmes, mas macios e úmidos, retire do fogo. Coloque em um prato ou no balcão térmico.

Itens que podem ser adicionados aos ovos mexidos

É possível criar variações de sabor adicionando qualquer um dos ingredientes a seguir antes de servir os ovos.

Salsinha picada e/ou outras ervas
Queijo ralado (*cheddar*, suíço, parmesão)
Presunto em cubos
Bacon esfarelado
Cebola e pimentão verde em cubos, salteados
Salmão defumado, em cubos
Linguiça fatiada

OMELETES

Fazer uma omelete é como andar de bicicleta. Quando você está aprendendo, parece difícil e não dá para imaginar como as pessoas o fazem. Mas assim que você aprende a técnica, parece fácil, e você não consegue entender como pode existir alguém que não consiga fazer.

Estamos falando da omelete clássica francesa. Existem diversos tipos, conforme indicado a seguir, mas a omelete francesa é a mais comum. O preparo da omelete é uma técnica que deve ser aprendida.

Omelete francesa

É possível descrever a omelete como um ovo mexido sofisticado. A primeira parte da técnica é semelhante à do ovo mexido. Mas as semelhanças param aí, e a omelete surge da panela não como uma porção de ovo coagulado, e sim no atraente formato oval, com uma textura suave e delicada.

São necessários dois elementos para o preparo de omeletes:

1. Fogo alto. O que parece uma contradição ao nosso princípio básico de temperaturas baixas para o cozimento de ovos. Mas a omelete cozinha tão rapidamente que a temperatura interna nunca tem tempo para ficar muito alta.
2. Uma frigideira para omelete, de metal bem "temperado". Primeiro, a frigideira deve ter bordas inclinadas e ser do tamanho certo para que a omelete tenha o formato apropriado. Segundo, deve ser bem untada, para evitar que a omelete grude.

Procedimento para "temperar" uma frigideira para omeletes

O método a seguir é apenas um entre muitos outros. O seu instrutor pode lhe ensinar outros. O propósito é selar a superfície do metal com uma camada de óleo que adere à frigideira.

1. Espalhe uma camada fina de óleo vegetal na frigideira limpa.
2. Coloque a frigideira em fogo moderadamente alto até que esteja bem quente.
3. Retire do fogo e deixe esfriar.
4. Não areie a panela nem lave com detergente após o uso. Esfregue com sal para limpar a panela sem danificar a superfície. Enxágue apenas depois que a frigideira esfriar, ou limpe com uma toalha.
5. Repita a operação quando necessário, ou no final de um dia de uso.

Procedimento para preparar omelete francesa

Ver a ilustração da técnica na Figura 24.6.

1. Separe todos os equipamentos e ingredientes.
2. Bata 2 ou 3 ovos em uma tigela pequena apenas até misturá-los bem. Não bata até que espumem. Tempere com sal e pimenta-do-reino.

   Se desejar, acrescente uma colher de sopa (15 mL) de água para deixar a omelete mais leve.

   Para serviço em grande quantidade, bata vários ovos. Meça cada porção com uma concha.
3. Coloque a frigideira para omelete em fogo alto.
4. Quando a frigideira estiver quente, adicione 1 colher de sopa (15 mL) de manteiga clarificada e incline a frigideira para cobrir todo o fundo. Espere 1 segundo, até esquentar.

   Pode-se utilizar manteiga crua, mas é preciso mais cuidado para evitar que queime.
5. Adicione o ovo à frigideira. Ele deve começar a coagular nas bordas e no fundo em alguns segundos.
6. Com uma das mãos (a esquerda, se você for destro), sacuda vigorosamente a frigideira para frente e para trás. Ao mesmo tempo, mexa os ovos com um movimento circular usando as costas de um garfo, mas não deixe que o garfo raspe a frigideira.

   Esta é a parte mais difícil. Os erros mais comuns são não mexer nem sacudir com força suficiente e usar fogo muito baixo. A finalidade dessa ação é manter os ovos em movimento para que coagulem uniformemente.
7. Pare de sacudir e mexer quando os ovos estiverem quase firmes, mas ainda úmidos. Se você continuar a mexer, terá ovos mexidos e não uma omelete.
8. Incline o cabo para cima e sacuda a frigideira para que a omelete escorregue para o lado oposto até começar a subir na borda.
9. Para fazer uma omelete recheada, coloque o recheio no centro, no sentido perpendicular ao cabo.
10. Com um garfo, dobre as bordas da omelete em direção o centro. A omelete deve estar encostada na borda da frigideira e ter um formato aproximadamente oval.
11. Segure o cabo da frigideira com a palma da mão virada para cima, incline a omelete sobre um prato para que vire e caia, mantendo o formato oval.

    Todo o procedimento deve levar menos de 1 minuto.

    A omelete deve estar úmida por dentro, macia por fora e amarela, ou ligeiramente dourada.

Figura 24.6
Como fazer uma omelete francesa. No texto ao lado, leia a descrição completa das etapas mostradas aqui.

(a) Assim que os ovos forem adicionados à frigideira quente, sacuda a panela para a frente e para trás com uma das mãos e mexa os ovos com um movimento circular usando um garfo.

(b) Quando os ovos estiverem quase firmes, incline o cabo da frigideira para cima e faça a omelete escorregar para a borda oposta. Dar umas pancadinhas no cabo ajuda a soltar a omelete.

(c) Coloque o recheio, caso vá utilizá-lo, no centro da omelete.

(d) Dobre as laterais da omelete criando um formato oval.

(e) Segure o cabo da frigideira com a palma da mão virada para cima e vire a omelete sobre um prato.

(f) A omelete deve apresentar um formato oval homogêneo. Alguns chefs preferem uma omelete levemente dourada. Outros acham que ela não deve dourar de forma alguma.

Sugestões de recheio para omeletes

Queijo

Cogumelos salteados ou ao molho *crème*

Frango ao *curry* ou ao molho *crème*

Espinafre na manteiga ou ao molho *crème*

Cebolas salteadas, com ou sem bacon

Cebolas ou batatas em cubos salteadas

Frutos do mar à *Newburg* ou em molho à base de creme de leite

Caviar vermelho

Molho *espagnole* espesso (p. 176)

Ratatouille (p. 563)

Omelete dobrada

Essa omelete é frequentemente chamada, em inglês, de *French omelet* (omelete francesa), mas não é uma omelete francesa. Provavelmente foi inventada por cozinheiros que hesitavam em lidar com o método francês.

É parecida com a omelete francesa, exceto pelo fato de que é usado fogo baixo e os ovos não são mexidos nem sacudidos. Ao contrário, as bordas da parte cozida são levantadas com um garfo ou espátula, permitindo que a parte não cozida flua para baixo. A omelete pode ser dobrada ao meio ou em formato oval, como a omelete francesa.

A vantagem deste método é que é mais fácil de aprender.

As desvantagens são que a omelete não apresenta uma textura tão leve ou delicada e que o método é muito mais lento.

Omelete ao forno ou omelete-suflê

Estas omeletes são feitas batendo-se as claras separadamente e adicionando-as às gemas batidas, às quais pode-se acrescentar leite. A mistura é despejada em uma frigideira quente, untada com manteiga, e a omelete é finalizada no forno. É dobrada ao meio ao ser servida.

As omeletes ao forno geralmente não são preparadas no setor de serviços alimentícios por causa do tempo que levam para serem feitas.

Frittatas e outras omeletes planas

Uma **frittata** é uma omelete plana que tem a sua origem na Itália. As mesmas técnicas básicas podem ser usadas no preparo de muitas variações. As omeletes planas são feitas misturando-se os ovos batidos com diversos ingredientes, como vegetais, carnes ou queijo, e cozinhando a mistura em fogo baixo sem mexer. Ao final, a omelete é virada, ou colocada sob o dourador ou no forno, até que a parte de cima esteja firme.

Uma espécie de *frittata* muito difundida nos Estados Unidos (na realidade, derivada do prato chinês *egg foo yung*) é a *Western omelet*, que contém cebola salteada, pimentão verde e presunto em cubos.

SUFLÊS

Os **suflês** normalmente não são apresentados nos menus de café da manhã. No entanto, são preparações básicas importantes que você deve conhecer.

Em geral, os cozinheiros amadores consideram o suflê muito difícil de ser preparado. É relativamente simples, na realidade. Muitos restaurantes não acham difícil produzir uma grande quantidade de suflês de acordo com o pedido. A única parte difícil é ter certeza de que o garçom levará o pedido à mesa assim que estiver pronto.

Um suflê salgado padrão é composto por três elementos:

1. Uma base – geralmente um molho *béchamel* consistente.

2. Um ingrediente de sabor – queijo, vegetais, frutos do mar etc.

3. Claras de ovos batidas em neve.

Ovos 797

Procedimento geral para o preparo de suflês salgados

1. Prepare um molho *béchamel* consistente.
2. Misture o molho com as gemas.
3. Prepare o ingrediente de sabor – rale o queijo, cozinhe e pique os vegetais e assim por diante.
4. Misture a base e o ingrediente de sabor.
5. Bata as claras em neve e incorpore-as à mistura.
6. Asse em um recipiente próprio para suflê, untado e polvilhado com queijo parmesão.
7. Sirva imediatamente.

Serviço *à la carte*

Prepare até a etapa 4 e mantenha sob refrigeração.

Se forem oferecidos diversos sabores, prepare um lote grande e único de base e mantenha os ingredientes de sabor separados.

Para cada pedido, bata as claras em neve e misture com porções medidas de base.

Frittata de abobrinha, espinafre e alho-poró

Rendimento: 4 porções

Quantidade	Ingredientes
125 g	Alho-poró, apenas a parte branca e um pouco da verde, aparado e limpo
300 g	Abobrinha verde ou amarela
30 g	Manteiga
250 g	Folha de espinafre (sem o talo)

Modo de preparo

1. Divida o alho-poró ao meio no sentido do comprimento e depois corte em rodelas finas.
2. Limpe a abobrinha e corte em rodelas.
3. Aqueça a manteiga em uma frigideira em fogo médio.
4. Adicione o alho-poró e salteie até que murche.
5. Adicione a abobrinha e salteie até que esteja macia.
6. Retire da panela e deixe esfriar.
7. Branqueie o espinafre em água fervente até murchar.
8. Escorra e mergulhe em água gelada. Escorra novamente e aperte bem para retirar todo o líquido.
9. Pique o espinafre grosseiramente e misture com a abobrinha.

6	Ovos
a gosto	Sal
a gosto	Pimenta-do-reino
15 g	Manteiga

10. Bata os ovos e adicione aos vegetais.
11. Acrescente sal e pimenta-do-reino a gosto.
12. Aqueça a manteiga em fogo médio em uma frigideira bem temperada ou, de preferência, antiaderente, de 25 cm de diâmetro (ver Observação).
13. Adicione a mistura de ovos. Imediatamente, abaixe o fogo para o mínimo. Tampe a frigideira parcialmente.
14. Cozinhe lentamente até que os ovos estejam quase firmes, mas cremosos no centro.
15. Coloque a frigideira sob um dourador até que os ovos estejam firmes.
16. Deslize a *frittata* da frigideira para o prato.
17. Corte em 4 triângulos. Sirva imediatamente.

Por porção:

Calorias, 230; Proteínas, 12 g; Gorduras, 17 g (65% cal.); Colesterol, 340 mg; Carboidratos, 9 g; Fibras, 3 g; Sódio, 220 mg.

Observação: para preparar porções individuais na hora, cozinhe um quarto da mistura de ovos em uma frigideira de 15 cm de diâmetro.

Frittata **de abobrinha, espinafre e alho-poró**

Suflê de queijo

Porções: 12
Tamanho da porção: 125 g

Quantidade	Ingredientes
conforme necessário	Manteiga
conforme necessário	Queijo parmesão ou farinha de rosca
	Roux:
75 g	Manteiga
75 g	Farinha
750 mL	Leite quente
1 ½ colher (chá)	Sal
1 colher (chá)	Pimenta-do-reino branca
1 pitada	Pimenta-caiena
1 pitada	Noz-moscada
12	Gemas
300 g	Queijo *gruyère* ralado no ralo grosso (ver Observação)
12–15	Claras
¼ de colher (chá)	Sal

Modo de preparo

1. Separe três refratários para suflê de 1,5 L de capacidade (4 porções cada) ou dois de 2 L (6 porções cada). Unte bem com manteiga. Polvilhe com queijo ralado ou farinha de rosca, cobrindo bem o fundo e as laterais.
2. Faça um *roux* claro com a manteiga e a farinha. Cozinhe por alguns minutos.
3. Junte o leite quente, batendo. Aqueça até ferver, mexendo sem parar. Abaixe o fogo e cozinhe, mexendo de vez em quando, até que esteja grosso e homogêneo.
4. Retire do fogo. Adicione o sal, a pimenta-do-reino, a pimenta-caiena e a noz-moscada.
5. Adicione as gemas ao molho quente e mexa rapidamente com um batedor de arame.
6. Adicione o queijo.
7. Bata as claras em neve com o sal até que formem picos firmes (quanto maior o número de claras, mais leve o suflê).
8. Incorpore as claras ao creme de queijo.
9. Coloque a mistura nas tigelas de suflê já untadas.
10. Leve ao forno preaquecido a 190°C. Asse por 40 minutos sem abrir a porta do forno. Em seguida, verifique o ponto de cocção sacudindo levemente a tigela. Se o centro estiver firme e não se mexer, o suflê está pronto. Se necessário, asse por mais 5 a 10 minutos.
11. Retire do forno e sirva imediatamente.

Por porção:
Calorias, 270; Proteínas, 17 g; Gorduras, 21 g (65% cal.); Colesterol, 265 mg; Carboidratos, 8 g; Fibras, 0 g; Sódio, 600 mg.

Observação: outros queijos podem ser usados: *sharp cheddar*, suíço, uma mistura de suíço e *gruyère* ou uma mistura de suíço ou *gruyère* e parmesão.

VARIAÇÕES

Serviço à la carte: Prepare a receita básica até a etapa 6. Esfrie a mistura rapidamente e mantenha sob refrigeração. Para cada pedido, meça 100 g da mistura. Bata 1 clara de ovo em neve e incorpore à mistura. Asse em um refratário individual para suflê por aproximadamente 20 a 30 minutos.

Suflê de espinafre
Reduza o queijo para 150 g. Acrescente 150 g de espinafre cozido, picado e bem escorrido.

Suflê de presunto e espinafre
Adicione 60 g de presunto moído ou bem picado ao suflê de espinafre.

Suflê de cogumelo
Reduza o queijo para 150 g. Acrescente 125 g de cogumelos picados cozidos.

Suflês de outros vegetais
Siga o procedimento para o suflê de espinafre usando outros vegetais picados cozidos como brócolis, aspargos ou cenoura.

Suflê de salmão em conserva
Faça o molho-base com leite mais o líquido da lata de salmão em conserva. Acrescente 45 g de massa de tomate à base. Reduza o queijo para 125 g e acrescente 250 g de salmão em conserva em lascas.

CREMES À BASE DE OVOS

Um **creme à base de ovos** é um líquido que engrossa ou fica firme pela coagulação da proteína do ovo.

Existem dois tipos básicos de cremes à base de ovos:

1. O creme mole, que é mexido enquanto cozinha e tem consitência semilíquida quando pronto.
2. O creme firme, que não é mexido, e sim assado.

Há uma regra básica que rege a preparação dos dois tipos de creme à base de ovos: não os aqueça a uma temperatura interna superior a 85°C.

Essa temperatura, como você já sabe, é o ponto em que uma mistura líquida à base de ovos coagula. Se forem aquecidas a uma temperatura superior, tendem a talhar. Um creme à base de ovos assado em demasia solta água, porque o líquido se separa da proteína que endureceu.

A maioria dos cremes à base de ovos é doce. Essas receitas são apresentadas na seção de pães, doces e sobremesas deste livro. Você já deve ter visto um exemplo de creme salgado à base de ovos na receita de *Timbale* de espinafre (p. 568).

A **quiche**, que é um creme assado dentro de uma massa de torta, é provavelmente o tipo mais conhecido de creme salgado à base de ovos. A receita a seguir ilustra a técnica de preparo de cremes salgados.

 ## Quiche au fromage (torta de queijo)

Rendimento: 4 tortas de 20 cm de diâmetro
Porções: 24   Tamanho da porção: ⅙ de torta
         16   ¼ de torta

Quantidade	Ingredientes
900 g	Massa arenosa para torta (p. 980)
450 g	Queijo suíço ou *gruyère* ralados
12	Ovos batidos
500 mL	Creme de leite fresco
950 mL	Leite
2 colheres (chá)	Sal
¼ de colher (chá)	Pimenta-do-reino branca
⅛ de colher (chá)	Noz-moscada

Modo de preparo

1. Divida a massa em 4 partes de 225 g cada.
2. Abra cada porção em um círculo de 3 mm de espessura.
3. Use os discos de massa para forrar 4 formas para quiche de 20 cm de diâmetro.
4. Mantenha a base da torta na geladeira até a hora de usar (ver Observação).
5. Polvilhe 110 g de queijo no fundo de cada base.
6. Bata os ovos com o creme de leite, o leite e os condimentos. Despeje sobre o queijo.
7. Coloque as tortas na prateleira mais baixa do forno prequecido a 190°C ou, se estiver usando um forno com módulos independentes, diretamente no lastro do forno.
8. Asse até que o recheio esteja firme, aproximadamente 20 a 30 minutos.
9. Sirva quente ou fria. Corte as porções no tamanho que desejar.

Por porção:
Calorias, 370; Proteínas, 12 g; Gorduras, 30 g (69% cal.); Colesterol, 155 mg; Carboidratos, 18 g; Fibras, 3 g; Sódio, 450 mg.

Observação: a base da torta pode ser parcialmente assada antes da adição do recheio se você estiver tendo problemas com bases que ficam cruas mesmo depois de assadas. Isso pode ocorrer quando se usa formas de alumínio brilhante, ou se o calor da parte de baixo do forno não for suficientemente forte. Veja o procedimento correto na página 982.

VARIAÇÕES

Quiche Lorraine
Pique 450 g de fatias de bacon em cubos e cozinhe até que estejam crocantes. Escorra e adicione à base da torta na etapa 5. Se preferir, elimine o queijo. Originalmente, a *quiche* Lorraine era preparada sem queijo.

Quiche de cebola
Salteie bem lentamente 900 g de cebola fatiada em 60 g de manteiga até que esteja macia e dourada. Deixe esfriar e adicione à base da torta. Reduza o queijo para 225 g.

Quiche de espinafre
Salteie 90 g de cebola picada em 90 g de manteiga até que esteja macia. Adicione 700 g de espinafre cozido, espremido e picado. Salteie até que a maior parte do líquido tenha evaporado. Deixe esfriar e adicione à base da torta. Elimine o queijo.

Quiche de cogumelo
Salteie 900 g de cogumelos fatiados e 90 g de cebola picada em 90 g de manteiga. Adicione 1 colher de sopa (15 mL) de suco de limão para que os cogumelos não escureçam. Cozinhe até que o caldo tenha evaporado. Deixe esfriar e adicione à base da torta. Elimine o queijo.

Quiche de frutos do mar
Substitua o queijo por 225 g de camarão cozido em cubos e 225 g de carne de siri cozida em cubos. Adicione 90 mL de xerez e 60 g de massa de tomate à mistura de ovos.

PÃES, CEREAIS E CARNES NO CAFÉ DA MANHÃ OU BRUNCH

*N.R.: O tipo de café da manhã mais difundido no Brasil.

Os pães talvez tenham um papel até mais importante do que os ovos no café da manhã. Dificilmente é feito um pedido de ovos sem um pedido de algum tipo de pão para acompanhar. E para os clientes que preferem o café da manhã continental*, uma xícara de café e um tipo de pão, como um pão francês ou um *croissant*, compõem todo o café da manhã.

Exceto pela torrada, poucos tipos de pão para o café da manhã são preparados no momento em que o cliente faz o pedido. A maioria dos estabelecimentos compra esses itens já prontos. Nos Estados Unidos, esses produtos incluem *muffins*, *donuts*, folhados, pãezinhos doces e preferências regionais como os *bagels* e o *corn bread* (um tipo de pão de milho).

**N.R.: As *pancakes* são mais grossas, menores e de textura mais macia e menos maleável que as panquecas (chamadas de *crêpe*, em inglês).

Nesta seção, consideramos três itens que são preparados a pedido do cliente: *pancakes*** (panquecas americanas), *waffles* e torrada francesa. Você pode não considerar as panquecas e os *waffles* como pães, mas na realidade são um tipo de pão rápido, categoria de alimentos que apresentaremos mais detalhadamente na seção de pães e doces deste livro.

PANQUECAS AMERICANAS E WAFFLES

Os *waffles* e as panquecas americanas (*pancakes*) são feitos de massas semilíquidas. As panquecas são feitas em uma chapa, e os *waffles* são feitos em um equipamento com uma chapa especial em formato de *waffle*.

Os dois produtos devem ser feitos a pedido do cliente e servidos quentes. O *waffle* perde a crocância muito rapidamente, e a panqueca fica dura se não for servida logo. No entanto, a massa pode ser preparada com antecedência e, com frequência, é misturada na noite anterior.

Sirva com manteiga e xarope de bordo (*maple syrup*), ou uma mistura de xaropes (o xarope de bordo puro é muito caro). Outros acompanhamentos para esses itens são caldas de frutas, geleias, frutas frescas e em calda, como o morango e o mirtilo (*blueberry*).

INGREDIENTES E PROCEDIMENTOS

Compare as receitas básicas de panqueca americana e *waffle* e observe como as massas são semelhantes, com algumas exceções importantes:

1. A massa de *waffle* tem mais gordura.
2. A massa de *waffle* contém menos líquido, portanto, é ligeiramente mais espessa.
3. O *waffle* fica mais leve quando as claras são batidas em neve separadamente e incorporadas à massa (algumas receitas eliminam esta etapa).

Uma panqueca americana de tamanho médio usa ¼ de xícara (60 mL) de massa. A quantidade de massa necessária para o *waffle* depende do tamanho da chapa de *waffle*.

PRÉ-PREPARO PARA SERVIÇO EM GRANDE QUANTIDADE

As massas de panqueca americana e *waffle* que contêm apenas fermento em pó químico podem ser preparadas na noite anterior e armazenadas na geladeira. Um pouco da força fermentativa pode se perder, e, portanto, pode ser necessário aumentar a quantidade de fermento em pó.

As massas que contêm bicarbonato de sódio não devem ser preparadas com muita antecedência porque o bicarbonato perde a sua força. Misture os ingredientes secos e os ingredientes líquidos separadamente com antecedência e junte-os imediatamente antes de preparar os itens.

As massas que usam claras batidas em neve e fermento em pó químico podem ser parcialmente preparadas com antecedência, mas as claras devem ser incorporadas imediatamente antes do preparo.

Panquecas americanas de *buttermilk*

Rendimento: 1,75 L de massa, suficiente para 25–30 panquecas grandes ou 50 panquecas médias

Quantidade	Ingredientes
500 g	Farinha de trigo especial para biscoito ou comum
60 g	Açúcar
1 colher (chá)	Sal
1 colher (sopa)	Fermento em pó químico
1 ½ colher (chá)	Bicarbonato de sódio
4	Ovos batidos
1 L	Buttermilk*
125 mL	Manteiga derretida ou óleo

Por panqueca de 50 g:
Calorias, 120; Proteínas, 4 g; Gorduras, 5 g (36% cal.);
Colesterol, 40 mg; Carboidratos, 16 g; Fibras, 0 g; Sódio, 250 mg.

Modo de preparo

1. Peneire juntos a farinha, o açúcar, o sal, o fermento em pó e o bicarbonato de sódio.
2. Numa tigela à parte, misture os ovos batidos, o *buttermilk* e a manteiga.
3. Adicione os ingredientes líquidos aos ingredientes secos. Misture até que os secos estejam bem umedecidos. Não misture demais. *Observação*: o *buttermilk* produz uma massa espessa. Se a massa estiver muito grossa, use leite desnatado ou água para deixá-la mais fina.
4. Dependendo do tamanho desejado da panqueca, meça porções de 30 a 60 mL de massa e coloque em uma chapa untada e preaquecida a 190°C, deixando espaço entre elas para que espalhem.
5. Cozinhe até que a parte de cima esteja cheia de bolhas e comece a ficar seca, e a parte de baixo esteja dourada. Vire e doure do outro lado.
6. Retire da chapa e sirva.

*N.R.: Originalmente – e daí seu nome em inglês – o soro liberado pela nata ao ser transformada em manteiga. Produzido atualmente em escala comercial, o *buttermilk* consiste em leite fresco, geralmente magro, acidulado pela adição de bactérias lácticas. Uma mistura de sabor semelhante pode ser obtida combinando-se 1 colher de sopa de vinagre ou suco de limão para cada xícara de leite – deixe repousar por pelo menos 10 minutos.

Waffles

Rendimento: 1,75 L de massa

Quantidade	Ingredientes
625 g	Farinha de trigo especial para biscoito ou comum
1 colher (chá)	Sal
2 colheres (sopa)	Fermento em pó químico
6	Gemas batidas
750 mL	Leite
250 mL	Manteiga derretida ou óleo
6	Claras de ovo
60 g	Açúcar

Por 30 g de massa:
Calorias, 80; Proteínas, 2 g; Gorduras, 4 g (45% cal.);
Colesterol, 30 mg; Carboidratos, 9 g; Fibras, 0 g; Sódio, 100 mg.

Modo de preparo

1. Peneire juntos a farinha, o sal e o fermento em pó.
2. Numa tigela à parte, misture as gemas, o leite e a manteiga.
3. Adicione os ingredientes líquidos aos ingredientes secos. Misture até que os secos estejam bem umedecidos. Não misture demais.
4. Bata as claras em neve até que se formem picos moles. Adicione o açúcar e bata até que se formem picos firmes.
5. Incorpore as claras à massa.
6. Coloque quantidade suficiente de massa sobre uma chapa de *waffle* levemente untada e preaquecida, até quase cobrir a superfície com uma camada fina. Feche a tampa.
7. Cozinhe até que o sinal luminoso indique que está pronto, ou até que não esteja mais soltando vapor.
8. Retire da chapa e sirva.

Panqueca americana de trigo-sarraceno

Rendimento: 2 L de massa, suficiente para 30 panquecas grandes ou 50 panquecas médias

Quantidade	Ingredientes
180 g	Farinha de trigo-sarraceno
240 g	Farinha de trigo especial para biscoito ou comum
4 colheres (chá)	Fermento em pó químico
1 colher (chá)	Sal
4	Gemas batidas
1 L	Leite
120 g	Manteiga derretida
150 mL	Mel
4	Claras

Por panqueca de 50 g:
Calorias, 120; Proteínas, 3 g; Gorduras, 4,5 g (35% cal.); Colesterol, 35 mg; Carboidratos, 16 g; Fibras, 1 g; Sódio, 140 mg.

Modo de preparo

1. Peneire juntos as farinhas, o fermento em pó e o sal.
2. Em uma tigela à parte, misture as gemas, o leite, a manteiga derretida e o mel.
3. Adicione os ingredientes líquidos aos ingredientes secos. Misture até que os secos estejam bem umedecidos. Não misture demais.
4. Bata as claras em neve até que se formem picos moles.
5. Incorpore as claras à massa.
6. Dependendo do tamanho desejado da panqueca, meça porções de 30 a 60 g de massa e coloque em uma chapa untada e preaquecida a 190°C, deixando espaço entre elas para que possam se espalhar.
7. Cozinhe até que a parte de cima esteja cheia de bolhas e comece a ficar seca, e a parte de baixo esteja dourada. Vire e doure do outro lado.
8. Retire da chapa e sirva.

TORRADA FRANCESA

As diversas versões da torrada francesa (*French toast*, em inglês), uma espécie de rabanada, são conhecidas em muitas regiões do mundo e têm a vantagem de ser uma excelente maneira de usar pão amanhecido.

A torrada francesa básica consiste em fatias de pão passadas em uma mistura de ovos, leite, um pouco de açúcar e condimentos. A torrada francesa é cozida em uma chapa como a panqueca americana.

Outras variações podem ser criadas alterando os ingredientes básicos:

Pão. O pão de forma branco é o mais usado. Versões especiais podem ser feitas com pães rústicos, pão enriquecido com ovos ou pães integrais.

Massa. O leite é o líquido usual, misturado aos ovos em diversas proporções. Versões especiais podem incluir creme de leite ou creme de leite azedo.

Condimentos. Baunilha, canela e noz-moscada são opções mais comuns. Outras possibilidades são raspas de limão e laranja, erva-doce moída, rum e conhaque.

O erro mais comum no preparo da torrada francesa é não umedecer o pão o suficiente, para que os ingredientes penetrem. Se o pão for apenas passado rapidamente na mistura líquida, o produto final é um pão seco com um pouco de ovo por fora.

A torrada francesa é polvilhada com açúcar de confeiteiro e servida como a panqueca americana, acompanhada de manteiga, xarope de bordo (*maple syrup*), caldas e geleia de frutas, frutas frescas ou em calda.

Cinnamon raisin french toast (torrada francesa de pão com passas e canela)

Porções: 6   Tamanho da porção: 2 fatias

Quantidade	Ingredientes
6	Ovos
375 mL	Leite
125 mL	Creme de leite fresco
125 g	Açúcar
1 colher (sopa)	Essência de baunilha
1 colher (chá)	Canela em pó
⅛ de colher (chá)	Noz-moscada ralada
⅛ de colher (chá)	Sal
12 fatias	*Cinnamon raisin bread** (pão com passas e canela) de 2 cm de espessura
45 g	Manteiga
conforme necessário	Açúcar de confeiteiro

Por porção:
Calorias, 470; Proteínas, 15 g; Gorduras, 23 g (43% cal.); Colesterol, 260 mg; Carboidratos, 51 g; Fibra, 2 g; Sódio, 400 mg.

Modo de preparo

1. Bata os ovos, o leite, o creme de leite, o açúcar, a essência de baunilha, a canela, a noz-moscada e o sal até que o açúcar esteja dissolvido.
2. Mergulhe o pão nessa mistura e reserve até que esteja bem molhado, mas não deixe muito tempo, para que não se desfaça.
3. Para cada porção, aqueça 1½ colher (chá) de manteiga em uma frigideira suficientemente grande para acomodar duas fatias de pão.
4. Coloque duas fatias de pão na frigideira e doure um dos lados.
5. Vire e deixe cozinhar por 30 segundos.
6. Transfira a frigideira para o forno preaquecido a 190°C. Asse por 10 minutos. O pão deve estar cozido por dentro e ligeiramente inchado.
7. Coloque no prato, polvilhe açúcar de confeiteiro e sirva imediatamente.

Variação

A mistura de ovos desta receita é suficiente para umedecer aproximadamente 24 fatias finas de pão de forma. Fatias de pão de forma comum são finas o bastante para serem preparadas do início ao fim em uma chapa ou frigideira.

Cinnamon raisin french toast

*N.R.: O pão com passas e canela (*cinnamon raisin bread*) é muito comum nos Estados Unidos. Não é necessariamente doce. Em geral, é um pão branco comum cuja massa é estendida, polvilhada com canela e passas e enrolada antes de ser colocada na forma de bolo inglês (o que dá um efeito de espiral ao miolo).

CEREAIS

CEREAIS COZIDOS SERVIDOS QUENTES

Os cereais cozidos são de dois tipos:

1. Cereais integrais, em forma de farelo ou flocos, como flocos de aveia, farelo de aveia e triguilho. As partículas são grandes e podem ser adicionadas à água fervente sem que empelotem.

2. Cereais em forma de farinha, como as féculas e o fubá. As partículas são muito pequenas e tendem a empelotar quando adicionadas diretamente à água fervente.

Veja mais informações sobre o cozimento de cereais no Capítulo 19.

Procedimento para cozinhar cereais integrais, em forma de farelo ou flocos

1. Separe os equipamentos e ingredientes.

2. Meça a quantidade correta de água e sal em uma panela e aqueça até ferver. Leia as instruções da embalagem para verificar as quantidades.

   Usar leite ou uma parte de leite enriquece o cereal, mas fica mais caro. Cuidado para não queimar o leite, caso venha a usá-lo.

3. Meça a quantidade correta de cereal.

4. Adicione o cereal devagar, mexendo sem parar.

5. Mexa até que comece a engrossar, depois pare de mexer. Mexer demais faz com que o cereal fique grudento.

6. Abaixe o fogo e cozinhe em fogo brando, com a panela tampada, até obter a consistência e ponto de cozimento desejados. O tempo de cozimento varia muito.

7. Mantenha tampado até a hora de servir, para evitar que resseque.

Procedimento para cozinhar cereais em forma de farinha

O procedimento é o mesmo do descrito acima, exceto pelo fato de que o cereal é misturado a um pouco de água fria antes de ser adicionado à água fervente. Isso separa os grãos e evita que empelotem. A água fria deve ser calculada como parte da quantidade total de líquido.

CEREAIS FRIOS

O cereal seco frio é comprado pronto e não precisa ser preparado na cozinha. Como os cereais quentes, eles são servidos acompanhados de leite ou iogurte e, às vezes, frutas vermelhas ou banana fatiada.

CARNES NO CAFÉ DA MANHÃ

As carnes e os métodos de cozimento das carnes foram abordados nos capítulos anteriores, mas as mencionaremos novamente aqui porque três tipos de carne em especial (bacon, linguiça e presunto) aparecem na maioria dos menus de café da manhã dos países de língua inglesa.

BACON

O bacon é um produto de porco defumado e curado. Está disponível em pedaços inteiros, mas quase sempre é comprado em fatias. A espessura das fatias é especificada pelo número de fatias por quilo, geralmente 40 a 48 fatias.

Pães, cereais e carnes no café da manhã ou *brunch* **805**

O *cozimento em temperaturas baixas* se aplica ao bacon, da mesma maneira que às outras carnes. O bacon é composto de aproximadamente 70% de gordura e encolhe bastante. No entanto, cozinhar em temperatura baixa reduz esse encolhimento. O forno é geralmente usado para cozinhar o bacon em grande quantidade, embora uma chapa ou frigideira possam ser usadas.

Para cozinhar no forno, disponha as fatias de bacon em uma só camada em assadeiras ou, melhor ainda, em grades posicionadas sobre assadeiras. (Nos EUA, o bacon pode ser comprado já espalhado sobre papel-vegetal, pronto para ser assado.) Asse em forno preaquecido entre 150 a 175°C até que tenham atingido três quartos do tempo de cozimento. Retire do forno com cuidado para não se queimar com a gordura quente. Prepare as porções individuais na chapa ou no forno, finalizando o cozimento até que estejam crocantes.

PRESUNTO*

O presunto para o serviço de café da manhã é quase sempre pré-cozido. Fatias em porções de 90 a 115 g precisam apenas ser aquecidas e douradas de leve em uma chapa ou dourador.

O lombinho canadense é o lombo de porco sem osso, curado e defumado como o presunto. Na cozinha é preparado como o presunto.

LINGUIÇA

A **breakfast sausage**, tipo de linguiça servida no café da manhã tradicional dos países de língua inglesa, é simplesmente carne de porco fresca moída e temperada. Está disponível em três formas nos Estados Unidos: na forma de linguiça normal, de pequenos hambúrgueres (*patties*) e a granel (apenas a carne moída e temperada, sem a pele).

Por ser uma carne de porco fresca, a linguiça deve ser bem cozida. Isso não significa, no entanto, que deva ser cozida até ficar dura, seca e esturricada.

A maioria das cozinhas prepara a linguiça com os mesmos métodos usados para o bacon. Para serviço em grande quantidade, a linguiça é parcialmente cozida no forno e, em seguida, finalizada de acordo com o pedido do cliente. A linguiça se mantém melhor que a carne moldada em forma de hambúrguer, pois o envoltório evita que a carne resseque.

*N.R.: O tipo de presunto mais consumido nos Estados Unidos é o que no Brasil recebe o nome de tênder – o pernil defumado do porco, com ou sem osso. O presunto cozido em forma de embutido (conhecido por *pullman ham*, em inglês, por causa de seu formato de pão de forma) não é muito comum.

■ TERMOS PARA REVISÃO

gema	*sunny side up*	*over hard*	creme à base de ovos
clara	*basted*	*en cocotte*	*quiche*
casca	*over easy*	*frittata*	*breakfast sausage*
talhar	*over medium*	suflê	

■ QUESTÕES PARA DISCUSSÃO

1. Que tipo de ovo você escolheria para preparar ovo *pochê*? E para ovo cozido, frito e mexido? Por quê?

2. Ao separar as gemas das claras, muitos *chefs* aconselham que os ovos sejam quebrados um a um em uma tigelinha à parte e transferidos depois para uma tigela maior, à medida que são separados. Qual a justificativa desse conselho?

3. Dê duas razões para se evitar a adição excessiva de vinagre à água do ovo *pochê*.

4. Na receita de *waffles*, qual a finalidade de acrescentar o açúcar às claras em neve em vez de misturá-lo aos outros ingredientes secos?

5. Que precauções especiais você deve tomar se estiver preparando torrada francesa com fatias grossas de pão?

CAPÍTULO 25

25

CAPÍTULO

Laticínios e bebidas

O leite é um dos alimentos mais versáteis, não apenas como bebida, mas de forma ainda mais importante como ingrediente para cozinhar e assar pães e doces e como matéria-prima para a produção de uma grande variedade de outros alimentos, inclusive creme de leite, manteiga e centenas de tipos de queijo.

Este capítulo identifica e descreve os vários derivados do leite usados regularmente na cozinha e orienta como manipulá-los, armazená-los e preparar receitas com eles. A seção mais longa deste capítulo descreve os diferentes tipos de queijos produzidos na América do Norte e na Europa com exemplos de cada um desses tipos.

O capítulo é concluído com uma discussão sobre o café e os chás, inclusive com orientações para a sua produção.

LATICÍNIOS

LEITE E CREME DE LEITE

CATEGORIAS E DEFINIÇÕES

Quando falamos de leite e creme de leite no setor de serviços alimentícios, estamos quase sempre falando de leite de vaca. O leite de outros animais, como a cabra, a ovelha e a búfala, é usado no preparo de alguns queijos, mas a maior parte do leite encontrado na forma líquida, exceto uma pequena quantidade de leite de cabra, é produzido por gado leiteiro bovino.

Além de ser usado como bebida, o leite também é usado para cozinhar. De maneira semelhante, outros derivados do leite, como o creme de leite, a manteiga e o queijo, são comprados prontos e também usados na culinária.

Pasteurização

O leite na forma líquida, do modo como é tirado da vaca e antes de sofrer qualquer alteração, é chamado de leite cru. Por conter bactérias que podem causar doenças e outros organismos, o leite cru é quase sempre **pasteurizado** antes de ser vendido ou antes de ser transformado em outros produtos. O processo de pasteurização do leite é feito da seguinte forma: o leite é aquecido a 72°C, mantido nessa temperatura por 15 segundos, para eliminar os organismos que causam doenças, e depois rapidamente resfriado. Por lei, todo leite tipo A e cremes de leite devem ser pasteurizados (nos Estados Unidos, os tipos B e C, usados no processamento de alimentos e para fins industriais, raramente são encontrados no setor de serviços alimentícios ou no varejo).

Mesmo depois de pasteurizado, o leite e o creme de leite são produtos extremamente perecíveis. Alguns produtos feitos com creme de leite são **ultrapasteurizados** para estender o seu prazo de validade. Aquecer o produto a uma temperatura muito alta (135°C) por 4 segundos mata não somente as bactérias que causam doenças, mas também quase todos os organismos que causam a sua decomposição. Produtos ultrapasteurizados, ainda assim, devem ser refrigerados tanto antes quanto depois de abertos.

A **pasteurização por ultra-alta temperatura (UAT)**, ou UHT (do inglês *Ultra-High-Temperature*), envolve o uso de temperaturas ainda mais altas. O produto resultante é embalado em caixas estéreis. O leite na embalagem fechada se mantém por até dez meses em temperatura ambiente. Quando aberto, o leite deve ser refrigerado como o leite pasteurizado comum. O leite UAT, ou longa vida, apresenta um sabor de cozido que, para alguns, o torna mais apropriado para cozinhar do que para ser bebido.

Derivados do leite fresco

O **leite integral** é o leite fresco do modo como é tirado da vaca, sem que nada tenha sido retirado ou adicionado (exceto vitamina D). Contém aproximadamente 3,5% de gordura (conhecida como **nata**), 8,5% de sólidos lácteos não gordurosos e 88% de água.

O **leite desnatado**, ou **magro**, tem toda ou quase toda a sua gordura retirada. O teor de gordura é de, no máximo, 0,5%.

O **leite semidesnatado**, ou parcialmente desnatado, tem teor de gordura entre 0,5 e 2%*. O teor de gordura é geralmente indicado na embalagem, ficando entre 1 e 2%.

Ao leite desnatado ou semidesnatado fortificado são acrescentadas substâncias para aumentar seu valor nutricional, geralmente vitaminas A e D e outros sólidos lácteos não gordurosos.

As **bebidas lácteas não fermentadas**, como o leite com sabor chocolate, são acrescidas de ingredientes que lhes dão sabor. Um rótulo que especifique uma bebida à base de leite e chocolate, ou achocolatado, pode indicar que o produto não atende aos padrões mínimos do leite comum. Leia os ingredientes no rótulo.

Exceto, logicamente, no caso do leite desnatado, o leite líquido natural contém gordura que, por ser mais leve que a água, irá gradualmente se separar e flutuar na parte superior na forma de nata. O **leite homogeneizado** é processado para que a nata não se separe. Isso é feito forçando a passagem do leite por orifícios pequenos, quebrando a gordura em partículas mínimas que se distribuem no leite. Quase todo leite líquido disponível no mercado é homogeneizado.

---

*N.R.: Na legislação brasileira, o leite semidesnatado deve ter um teor de gordura entre 0,6 a 2,9%.

Após ler este capítulo, você deverá ser capaz de:

1. Descrever os principais produtos feitos com leite, creme de leite e manteiga.
2. Explicar por que o leite talha e por que queima, bem como identificar as etapas necessárias para evitar esses problemas.
3. Bater creme de leite.
4. Descrever os tipos de queijo mais importantes usados na culinária.
5. Armazenar e servir os queijos da maneira apropriada.
6. Cozinhar com queijos.
7. Preparar café e chá.

Laticínios 809

Derivados do creme de leite fresco

O **creme de leite** fresco tem teor de gordura entre 30 e 40%. Dentro dessa categoria é possível encontrar cremes de leite de teor mais baixo de gordura (30 a 35%), chamados de *light whipping cream* em inglês, e cremes de leite mais gordurosos, como o creme de leite para bater (com 36 a 40% de gordura) – *heavy whipping cream,* em inglês. O creme de leite ultrapasteurizado, também chamado de UHT e longa vida, se mantém por mais tempo do que o creme de leite simplesmente pasteurizado. O creme de leite puro ultrapasteurizado não se transforma em chantili tão bem quanto o creme de leite pasteurizado; portanto, para que possa ser batido com mais facilidade, são adicionados aditivos como gomas vegetais.

O **creme de leite light** (*light cream,* em inglês) pode conter de 18 a 30% de gordura, mas geralmente fica por volta de 18%.

O creme de leite chamado de **half-and-half** em inglês (meio a meio), tem um teor de gordura entre 10 e 18%, muito baixo para ser chamado de creme de leite.

Derivados do creme de leite e do leite fermentados

O **creme de leite azedo** é fermentado pela adição de bactérias do ácido lático que o tornam mais espesso e com um leve sabor ácido. Tem aproximadamente 18% de gordura.*

O **crème fraîche** é um creme de leite fresco levemente maturado e fermentado. Na Europa, é muito utilizado para molhos em razão de seu sabor agradável e levemente ácido e de sua capacidade de se misturar com facilidade aos molhos. Ao contrário do creme de leite fresco, em geral não necessita passar por temperagem e pode ser adicionado diretamente aos molhos quentes. Está disponível em algumas lojas especializadas, mas é caro. Uma mistura semelhante pode ser obtida assim: aqueça 1 L de creme de leite azedo a cerca de 38°C, acrescente 50 mL de *buttermilk* e deixe descansar em local aquecido até que a mistura fique ligeiramente espessa, de 6 a 24 horas.

O **buttermilk** é leite líquido fresco, na maior parte das vezes desnatado, fermentado pela ação de bactérias. Em geral, é chamado em inglês de *cultured buttermilk* para distingui-lo do *buttermilk* original, que é o soro resultante do processo de fabrico da manteiga. O *buttermilk* é usado em receitas que pedem o uso de leite acidulado.**

O **iogurte** é o leite (integral ou semidesnatado) fermentado com uma bactéria especial. Apresenta consistência cremosa. À maioria dos iogurtes são acrescentados sólidos lácteos, e alguns têm sabor e são adoçados.

* N.R.: Se não encontrar, use coalhada seca, ou junte 1 colher (sopa) de suco de limão a cada 150 mL de creme de leite fresco, mexa bem e deixe repousar até engrossar.

**N.R.: Uma mistura de sabor semelhante pode ser obtida combinando-se 1 colher (sopa) de vinagre ou suco de limão para cada xícara de leite – deixe repousar por, pelo menos, 10 minutos.

Derivados do leite cuja água foi retirada

O **leite evaporado** é o leite, tanto integral quanto desnatado, do qual se retira 60% da água. Depois, é esterilizado e enlatado. O leite evaporado apresenta um leve sabor de leite cozido.

O **leite condensado** é o leite integral do qual se retira 60% da água e ao qual se adiciona açúcar em grande quantidade. Está disponível enlatado e em embalagens longa vida.

O **leite em pó integral** é o leite integral desidratado até obter a consistência de pó. O **leite em pó desnatado** é o leite desnatado desidratado da mesma maneira. Ambos estão disponíveis nas formas comum e instantânea, que se dissolve em água com mais facilidade.

PRODUTOS LÁCTEOS ARTIFICIAIS

Uma grande variedade de imitações do creme de leite e de produtos para cobertura de sobremesas é produzida a partir de diversos tipos de gorduras e produtos químicos especificados nos rótulos. São usados em alguns estabelecimentos porque se mantêm por mais tempo e, geralmente, por serem mais baratos que os derivados do leite. Algumas pessoas os consideram aceitáveis, mas muitas acham o seu sabor inaceitável.

PROBLEMAS AO COZINHAR DERIVADOS DO LEITE

Coagulação

A **coagulação** é um processo pelo qual as proteínas do leite se solidificam e se separam do soro, fazendo com que talhe. A coagulação geralmente é causada por ácidos, taninos, sal e calor. Os ácidos brandos de muitos vegetais e os taninos da batata geralmente são suficientes para talhar o leite.

Os amidos estabilizam parcialmente o leite e o creme de leite. Por isso é possível preparar sopas e molhos, tanto com leite quanto com creme de leite, juntamente com ingredientes ácidos. Evite misturar leite ou creme de leite a ácidos fortes, a menos que um amido esteja presente.

Figura 25.1
Como bater chantili.

(a) O creme de leite começa a ficar espesso.

(b) O creme de leite atinge o ponto de picos moles. Pare neste ponto se o creme de leite for adicionado a uma massa ou a outras misturas.

(c) O creme de leite atinge o ponto de picos firmes. Bater além deste ponto faz com que o creme de leite fique granulado ou se separe.

*N.R.: No Brasil, o teor mínimo de gordura da manteiga deve ser de 82% para a manteiga sem sal e 80% para a manteiga com sal.

**N.R.: No Brasil, as manteigas são classificadas em (da melhor para a pior qualidade): "extra", "de primeira qualidade", "comum" (também chamada de "de segunda qualidade") e "de cozinha".

Reduzir a temperatura e o tempo de cozimento também ajuda. A coagulação ocorre mais facilmente em temperaturas altas ou quando o tempo de cozimento é muito longo.

Adicione um pouco de sal, a menos que o leite tenha sido estabilizado com um amido.

Ao adicionar leite ou creme de leite a um líquido quente, aqueça-o primeiro em uma panela separada ou faça a temperagem juntando um pouco do líquido quente no leite antes de juntá-lo à panela.

O leite desidratado reconstituído talha mais facilmente do que o leite fresco.

Formação de crosta

O leite **forma uma crosta** quando talha no fundo da panela por causa da temperatura alta. Esse depósito pode queimar se o cozimento continuar.

Para que o leite não grude no fundo, aqueça-o em uma panela em banho-maria ou em um caldeirão a vapor, em vez de aquecê-lo diretamente sobre a chama.

Formação de película

A formação de espuma ou película na superfície do leite quente, ou de molhos à base de leite, é decorrente da coagulação das proteínas em contato com o ar. Para evitar isso, tampe a panela ou cubra a superfície com uma camada de gordura derretida.

COMO BATER CHANTILI

Os cremes de leite frescos com teor de gordura acima de 30% podem ser transformados em chantili (ver Fig. 25.1). Um litro de creme de leite produz até 2 litros de chantili.

Para obter um resultado melhor, siga as orientações abaixo:

1. Resfrie o creme de leite e todos os equipamentos.
2. Não adicione açúcar até que o creme de leite tenha virado chantili. O açúcar diminui a estabilidade e dificulta o processo de bater. Para uma melhor estabilidade, use açúcar de confeiteiro e não açúcar comum.
3. Não bata demais. Pare de bater quando o creme de leite formar picos firmes. Se for batido por mais tempo, primeiro fica granulado e depois se separa em manteiga e soro.
4. Deve-se bater menos o creme de leite que será adicionado a outros ingredientes, visto que será batido mais um pouco durante a incorporação, o que pode ser em demasia.

MANTEIGA

CLASSIFICAÇÕES E CARACTERÍSTICAS DA MANTEIGA

Nos Estados Unidos e no Canadá, a **manteiga** fresca é composta por 80% de gordura de leite. O restante é composto por sólidos lácteos e água.

Na Europa, a manteiga apresenta teor de gordura mais alto, geralmente ao redor de 82%*. Alguns fabricantes norte-americanos começaram a processar e vender manteiga no estilo europeu, com um teor de gordura mais alto. Isso tem como finalidade reproduzir a qualidade das manteigas europeias para cozinhar e assar pães e doces.

Nos Estados Unidos, a manteiga é classificada de acordo com os padrões do USDA (United States Department of Agriculture) para sabor, corpo, cor e teor de sal, embora essa classificação não seja obrigatória. Os tipos são AA, A, B e C**. A maioria dos estabelecimentos usa os tipos AA e A porque os tipos inferiores podem não ter o mesmo sabor.

A maioria das manteigas disponíveis no mercado é levemente salgada. O teor máximo permitido de sal é de 2%. A manteiga sem sal é mais perecível, mas tem sabor mais doce e fresco.

Por causa do sabor, manteiga é a gordura preferida para cozinhar quase todos os tipos de receita. Não tem ingrediente igual no preparo de molhos, e também é usada sozinha como molho, conforme discutimos no Capítulo 8.

A **manteiga clarificada** (ver o procedimento na p. 178) é mais usada como gordura para cozinhar do que a manteiga integral porque os sólidos lácteos da manteiga integral se queimam com facilidade.

O ponto de combustão da gordura da manteiga é de meros 150 a 175°C, portanto é necessário usar outro produto, como o óleo vegetal, para cozinhar em temperaturas altas.

Laticínios 811

ARMAZENAMENTO

Já serviram a você uma manteiga com gosto de cebola? A manteiga absorve odores e sabores com facilidade, por isso deve ser bem embalada e armazenada na geladeira longe de outros alimentos que podem exalar odores.

A melhor temperatura de armazenamento é de 2°C.

MARGARINA

A **margarina** é um produto produzido para ser semelhante à manteiga em sabor, textura e aparência. É feita de gorduras vegetais e animais, saborizantes, emulsificantes, corantes, conservantes e vitaminas. Assim como a manteiga, possui aproximadamente 80% de gordura. Margarinas *diet* e *light* possuem menos gordura e um teor de água muito mais alto, por isso não podem ser usadas para cozinhar como a manteiga e a margarina comuns.

Os sabores de diferentes marcas devem ser cuidadosamente avaliados porque variam de forma considerável. A margarina deve apresentar um sabor razoavelmente puro e fresco, embora não se deva esperar que, nem as melhores, tenham o sabor da manteiga de boa qualidade.

Quando aquecidas, as margarinas que contêm um emulsificante chamado lecitina espumam e escurecem como a manteiga, ao contrário das que não contêm lecitina. Em todos os outros quesitos, a margarina é manipulada e estocada como a manteiga.

QUEIJO

COMPOSIÇÃO

O queijo é produzido quando os sólidos lácteos se separam do soro do leite coalhado. Essa coagulação acontece quando são introduzidas no leite determinadas bactérias ou uma enzima chamada renina. Os coalhos resultantes são dessorados, processados e curados, ou maturados, de diversas maneiras.

As técnicas de processamento são tão numerosas que de um único ingrediente básico (leite de vaca, ovelha ou cabra) é possível produzir centenas de tipos de queijo, do queijo tipo *cottage* ao parmesão, do *cheddar* ao suíço, do queijo azul ao Limburger. As variáveis que resultam nessas diferenças incluem o tipo de leite usado, o agente de coagulação e as temperaturas atingidas durante a coagulação, o método de corte e dessoragem da massa coalhada, a maneira como são aquecidas, prensadas ou manipuladas e todas as condições de maturação e conservação.

A **maturação** é o processo que converte a massa de queijos recém-produzidos em queijos saborosos e distintos. A maturação é feita pela introdução de determinadas bactérias ou mofos durante a fabricação. Muito da personalidade final do queijo é determinada pelo tipo de agente de maturação e pela maneira como ele age no queijo.

Os queijos podem ser classificados pela maneira como são maturados.

Maturados por meio de bactérias que agem a partir de dentro, como o *cheddar*, o suíço, o *gouda* e o parmesão. Esta categoria inclui a maioria dos queijos maturados e os queijos duros para ralar. Eles maturam de maneira uniforme por todo o seu interior.

Queijos de casca lavada, como o Limburger e Liederkranz. São chamados de queijos de casca lavada porque a superfície de cada queijo é periodicamente lavada com uma solução de salmoura durante os primeiros estágios da maturação. Os queijos de casca lavada geralmente têm casca de cor alaranjada ou avermelhada mais fina que a casca de queijos maturados com mofo. Ficam mais macios à medida que maturam. Muitos queijos de casca lavada apresentam um aroma forte depois de maturados.

Queijos de veios azuis, ou queijos azuis, como o roquefort e Stilton. Contêm culturas de mofos que se espalham pelo interior do queijo.

Queijos de casca mofada, como o Brie, o Camembert e St. André. Possuem casca mofada branca e aveludada quando o queijo é jovem, que pode escurecer ou apresentar tons de laranja ou marrom à medida que maturam.

Queijos não maturados, como o *cottage*, o *cream cheese* e o queijo branco.

Os três componentes principais do queijo são água, gordura e proteína. O teor de água do queijo varia de 80% nos queijos frescos e cremosos, como o *cottage*, a aproximadamente 30% em um queijo duro e maturado como o parmesão.

Quando indicado no rótulo, o teor de gordura do queijo geralmente se refere à porcentagem de sólidos. Em outras palavras, se um queijo *cheddar* tem teor de gordura de 50%,

Mussarela de búfala

Queijo *feta*

Port Salut

Brie

isso significa que teria 50% de gordura se fosse retirada toda a sua água. Na realidade, o queijo pode ter um teor de água de aproximadamente 40% e o seu teor real de gordura ser de aproximadamente 30% do total.

O **duplo creme**, *double-crème* em francês (no mínimo 60% de gordura), e o **triple-crème** (no mínimo 75% de gordura, peso seco) são queijos bem fortes. A maioria desses tipos de queijo tem a sua origem na França, mas tornaram-se bastante populares e agora são produzidos em diversos países. Muitos podem ser classificados como frescos, macios ou azuis, conforme a discussão abaixo.

VARIEDADES

Centenas e, possivelmente, milhares de queijos são produzidos em todo o mundo. A seguir, apresentaremos uma amostra representativa de alguns tipos de queijos mais comuns. Veja também as fotos que acompanham a discussão.

Queijos frescos e queijos moles

São queijos macios ou moles, brancos e frescos, de umidade alta ou muito alta.

O *queijo cottage* é um queijo com grânulos soltos e úmidos aos quais pode ser adicionado creme de leite. O *baker's cheese*, um tipo de queijo branco, é semelhante, mas mais seco, muito usado em *cheesecakes* e folhados.

A *ricota* é mais homogênea, e pode ser mais úmida e mais adocicada que o queijo *cottage*.

O *cream cheese* é um queijo homogêneo e suave, com alto teor de gordura. É muito usado no preparo de sanduíches, canapés, *hors d'oeuvre*, pães e doces.

O *neufchâtel* é semelhante ao *cream cheese*, mas tem menos gordura. A versão italiana do *cream cheese*, chamada de *mascarpone*, é bem macia e gordurosa, quase como um chantili. Tem um sabor levemente ácido que combina bem com frutas para sobremesa.

A *mussarela* é um queijo macio e suave feito de leite integral puro ou misturado com leite desnatado. A sua textura fibrosa é proveniente do fato de que é puxada e esticada durante a produção. É muito usada em pizzas e pratos italianos. A mussarela fresca é mais úmida e mais macia que as variedades usadas para fatiar e ralar.

A *mussarela de búfala*, feita de leite de búfala, tem um preço elevado. É muito mais macia e de textura mais delicada que a mussarela comum e tem um sabor refrescante, ligeiramente mais ácido.

O *queijo feta* é um queijo quebradiço originário da Grécia e de outros países dos Bálcãs. Em vez de ser maturado ou curado, é conservado em salmoura. Isso, e mais o fato de geralmente ser feito de leite de cabra ou ovelha, dão a ele um sabor distinto e salgado.

Queijos semiduros

O *Bel Paese* e o *Fontina*, da Itália, o *Port Salut*, da França, e os americanos *Muenster* e *Brick* são os mais conhecidos dentre esse grupo grande de queijos que variam de suaves e amanteigados quando jovens a mais fortes, e de sabor acentuado, quando maturados. Geralmente, são usados para sobremesa e *hors d'oeuvre*.

A França produz diversos queijos macios de casca lavada de cor alaranjada e sabores que variam do suave ao acre. Entre os mais conhecidos estão o *Pont l'Evêque* e o *Livarot*, da Normandia, e o *Muenster*, da Alsácia. Esses queijos podem também ser incluídos na categoria de queijos macios, a seguir, embora não sejam tão macios e cremosos quanto os queijos de casca lavada que serão discutidos na próxima seção.

Queijos macios

Esses queijos maturam de fora para dentro. Quando bem jovens, são firmes e apresentam pouco sabor. À medida que maturam, vão ficando mais macios, e quando estão totalmente maturados, podem até se tornar cremosos. A maturação começa a partir da parte interna da casca, espalhando-se até o centro.

Os queijos macios incluem duas categorias: maturados por mofo e maturados por casca lavada ou bactéria.

O *brie* e o *camembert*, da França, são maturados por mofo. Têm formato achatado e circular e são cobertos por uma casca que varia de branca a cor de palha. Quando maturados, são cremosos e saborosos, mas desenvolvem um odor forte de amônia se passarem do ponto.

Muitos queijos duplo creme (*double-crème*) e *triple-crème* são incluídos nesta categoria, inclusive *Explorateur*, *Brillat-Savarin*, *St. André*, *Boursault* e *Boursin* (que podem ser temperados com pimenta ou com alho e ervas). O *Chaource* é semelhante em textura e aparência ao queijo duplo creme, mas quanto à composição, é mais parecido com o *brie*, apresentando teor de gordura entre 45 e 50%.

O *Liederkranz*, produzido nos Estados Unidos, e o seu primo belga, o *Limburger*, são maturados por bactéria e não mofo, mas também se tornam mais macios quando maturados. Eles são muito mal-interpretados por causa de seu aroma. Na realidade, quando esses queijos não passam do ponto de maturação, não são nem um pouco fortes, como a maioria das pessoas espera, e apresentam textura homogênea e agradável.

O *Epoisse* da Borgonha, França, é um dos queijos macios grandes de casca lavada. Os queijos pequenos são embalados individualmente em caixas redondas de madeira. Eles são tão macios quando maturados que permanecem na caixa e são servidos com uma colher.

Cheddar

Queijos duros

Estes são queijos maturados de baixa umidade e textura firme, que variam de suaves a fortes e têm diversas graduações, dependendo da idade.

O *cheddar* é uma invenção inglesa, mas as versões americanas são tão populares nos Estados Unidos que são geralmente consideradas um queijo distinto. O seu sabor varia de suave a forte e a sua cor, de amarelo-claro a laranja. O *cheddar* é servido puro e também muito utilizado na culinária. O *Colby* e o *Monterey Jack* são semelhantes ao *cheddar* suave. O *Monterey Jack* geralmente é vendido quando ainda bem jovem. Neste caso, assemelha-se mais ao *Muenster* americano e pertence à categoria dos queijos semiduros.

Os queijos do tipo suíço são também muito comuns. São produzidos em muitos países, mas o *emmental*, o queijo original da Suíça, é talvez o mais saboroso. São queijos firmes, levemente borrachudos e com sabor de nozes. Os grandes buracos são causados por gases que se formam durante a maturação. O *gruyère* é um outro queijo tipo suíço produzido tanto na Suíça quanto na França. Apresenta buracos menores e um sabor mais acentuado e terroso. O *gruyère* é importante na culinária e, juntamente com o *emmental*, é muito usado para molhos, suflês, *fondue* e pratos gratinados. Outros queijos da família do suíço são o *Comté*, da França, o *Appenzeller* e o *Raclette*, da Suíça, e o *Jarlsberg*, da Noruega.

O *Edam* e o *Gouda* são os conhecidos queijos alemães de casca amarela ou vermelha de parafina. Com textura dura e sabor suave de nozes, são geralmente encontrados nos pratos de bufês e entre os queijos de sobremesa.

O provolone é um queijo italiano que se assemelha à mussarela quando bem jovem, mas fica mais picante à medida que matura. Pode também ser defumado.

Sentido horário, a partir de cima: *emmental*, gorgonzola, provolone, *gruyère*, gouda, locatelli romano, pont l'evêque, baby gouda. **No centro, embaixo:** *livarot*.

Queijos azuis e verdes

Estes queijos devem o seu sabor e aparência ao mofo azul ou verde que colore o seu interior. O mais famoso dos queijos azuis é o *roquefort*, produzido na França com leite de cabra e curado em grutas de pedra calcária perto da cidade de Roquefort. O *Stilton* da Inglaterra é um queijo azul, mais firme e mais suave, que os ingleses denominam "roquefort com formação universitária". O italiano gorgonzola é um queijo macio e cremoso de sabor forte inconfundível. O espanhol *Cabrales* é um queijo azul mais suave, mas muito saboroso. Os queijos azuis produzidos na Dinamarca e nos Estados Unidos são também muito utilizados.

Entre os menos conhecidos, mas que merecem ser explorados, estão os inúmeros queijos azuis especiais, como o *Bleu de Bresse*, o *Fourme d'Ambert* e o *Pipo Crem'*, da França, o *Saga*, da Dinamarca, e o *Bavarian Blue* e o *Blue Castello*, da Alemanha. Os últimos quatro queijos mencionados acima são duplo creme (*double-crème*) ou *triple-crème*.

Jarlsberg

Edam

Blue Stilton

Gorgonzola

Chèvre

Queijos de cabra

Os queijos feitos com leite de cabra são produzidos em dezenas de variedades na França, onde esse tipo de queijo, chamado **chèvre**, é muito comum. Tornou-se também bastante conhecido nos Estados Unidos, que agora possui diversos produtores. Com algumas exceções, a maioria dos queijos de cabra são pequenos, variando do tamanho de um botão até cones e pirâmides com 140 a 170 g.

Os queijos de cabra frescos e não maturados são os mais comuns e os que apresentam sabor mais suave. A massa é bem branca, com textura macia e, o que é mais interessante, seca. Apresenta sabor picante, levemente ácido. O *chèvre* francês mais comum é provavelmente o *Montrachet*, queijo cilíndrico, que tanto pode ser simples quanto coberto por uma camada de cinzas. Outros queijos de cabra frescos, sejam nacionais ou importados, estão disponíveis em diferentes localidades, e muitos não têm outro nome a não ser *chèvre* ou queijo de cabra.

À medida que o queijo de cabra matura, torna-se mais firme e o sabor picante e ácido se acentua. Os queijos com dois ou três meses podem ser bem fortes, enquanto os mais jovens chegam a ter o sabor da versão fresca. Alguns nomes de queijos de cabra ou *chèvres* são: *Boucheron*, *Banon* (envolto em folhas de castanheira), *Pyramide*, *Crottin de Chavignol*, *Chabis* e *Rocamadour*. O *Saint-Marcellin* é feito com parte leite de cabra e parte leite de vaca. Moldado no formato de pequenos discos, fica mais macio em vez de endurecer à medida que matura.

Queijos duros para ralar

Os queijos duros para ralar, dentre os quais destaca-se o italiano parmesão, são chamados queijos *grana*, referindo-se à sua textura granular. O melhor de todos os *granas* é chamado *Parmigiano-Reggiano*. É o verdadeiro parmesão, envelhecido por no mínimo dois anos e muito caro. É muito imitado ao redor do mundo, e essas imitações variam de ruins a muito boas. Outro *grana* italiano é o *Romano*. Os queijos *Romanos* italianos são feitos de leite de ovelha, mas as versões americanas geralmente são feitas de leite de vaca. O *Romano* é mais forte e mais salgado que o parmesão.

Esses queijos são geralmente vendidos já ralados. Logicamente, isso é muito conveniente para as cozinhas industriais, embora, infelizmente, o queijo já ralado tenha muito menos sabor do que o queijo ralado na hora. Certa vez, um comerciante foi preso por vender o que dizia ser queijo parmesão ralado, mas que na verdade era cabo de guarda-chuva ralado. Hoje, grande parte dos queijos vendidos já ralados se assemelha a cabo de guarda-chuva ralado quanto ao sabor.

Queijos processados

Até agora falamos dos queijos chamados naturais, produzidos a partir da coagulação do leite e da maturação da massa coalhada. O **queijo processado**, ao contrário, é feito a partir da trituração de um ou mais queijos naturais que são, então, aquecidos e combinados com emulsificantes e outros ingredientes. Essa mistura é colocada em formas para que se solidifique. O queijo processado é um produto uniforme que não é maturado como o queijo natural. Portanto, se conserva muito bem. Geralmente tem sabor suave e textura pegajosa.

Pelo fato de derreter bem e seu custo ser baixo, é muito usado na culinária. No entanto, não tem o valor que o seu preço sugere. Por ser relativamente sem sabor, é preciso que se use uma quantidade muito maior para se obter o mesmo sabor que uma quantidade menor de um queijo como o *sharp cheddar*.

Além de ter bom preço e de manter suas qualidades por mais tempo, as principais vantagens são que o queijo processado derrete com facilidade e sua falta de sabor agrada a muitas pessoas que não gostam de queijos mais saborosos.

O *American cheese*, comercializado no Brasil como queijo prato, geralmente é um queijo processado, embora algumas pessoas usem esse nome em inglês para se referir ao queijo *cheddar*. Nos Estados Unidos, a maioria dos queijos processados é feita de *cheddar*, ao passo que os queijos processados europeus contêm, com mais frequência, queijos tipo suíço. Entre eles está o queijo processado chamado de *gruyère* que apresenta pouca semelhança com o verdadeiro *gruyère*.

Alimentos à base de queijo processado e pastas de queijo processado contêm porcentagem mais baixa de queijo e mais umidade do que um produto rotulado simplesmente de queijo processado. O queijo fundido, por outro lado, não é aquecido nem pasteurizado como o queijo processado, mas simplesmente triturado e misturado a outros condimentos e temperos para chegar a uma consistência de espalhar. Algumas marcas são bastante saborosas.

Queijos artesanais norte-americanos

Muitos queijos finos da França, da Itália e de outros países europeus, inclusive muitos dos queijos mencionados anteriormente, são produzidos de forma artesanal em pequenos lotes. Ao contrário, até pouco tempo, muitos queijos produzidos na América do Norte eram feitos por grandes indústrias.

Nos últimos anos, a produção de queijos artesanais em pequenos lotes na América do Norte aumentou vertiginosamente. Esse desenvolvimento tem sido estimulado, sem dúvida, pela adoção da prática europeia de oferecer queijos como sobremesa em estabelecimentos finos. O maior interesse por queijos especiais criou um novo mercado para esses produtos. Os *chefs* norte-americanos transformaram seus cardápios de queijos em vitrines para os queijos finos locais.

A *American Cheese Society* (Sociedade Norte-americana de Queijos) oferece as seguintes definições para os queijos de produção limitada:

Queijo especial (*specialty cheese*) é o queijo de produção limitada, com atenção particular ao sabor natural e à textura característicos. Os queijos especiais podem ser feitos a partir de todos os tipos de leite e podem incluir condimentos.

Queijo artesanal (*artisan* ou *artisanal cheese*) é o queijo produzido manualmente em pequenos lotes, com atenção particular à tradição da arte de fazer queijos, usando o mínimo possível de mecanização.

Queijo de fazenda (*farmstead cheese*) é o queijo feito com leite do rebanho do fazendeiro na própria fazenda onde os animais são criados. Não pode ser usado outro leite além daquele produzido naquela fazenda.

Os queijos europeus são produto de centenas de anos de tradição e incluem quase todos os tipos de queijos que se pode imaginar, por isso é natural que os produtores norte-americanos tenham como modelo os queijos europeus. Ao mesmo tempo, os melhores produtores também tentam desenvolver produtos distintos que estabeleçam novos padrões de qualidade. Hoje, os produtores de queijo no Canadá e nos Estados Unidos produzem queijos que podem ser comparados, em qualidade, aos melhores queijos europeus.

É impossível, em pouco espaço, enumerar todos os queijos finos artesanais produzidos na América do Norte. A seguir são apresentados alguns exemplos aleatórios entre as centenas de variedades de muitas regiões.

Queijos frescos não maturados
> *Mascarpone* da Mozzarella Company, Texas
>
> Ricota (de leite de ovelha) da Shepherd's Way, Minnesota
>
> Ricota da Silani Sweet Cheese, Ontário

Queijos macios de casca lavada (empresas)
> Harvest Moon, Colorado
>
> Cowgirl Creamery Red Hawk, Califórnia
>
> Le Douanier, Quebec
>
> Colo Rouge, Colorado

Queijos macios de casca mofada
> *Brie* e *camembert* da Blythedale Farm, Vermont
>
> *Triple Crème* do Groupe Fromage Côté, Quebec
>
> *Fleur-de-Teche Triple Crème* da Bittersweet Plantation, Louisiana
>
> Sweet Grass Dairy, Georgia

Queijos duros
> *Gruyère* da Roth Kase, Wisconsin
>
> *Gouda* da Gort's, British Columbia
>
> *Gouda* da Sylvan Star, Alberta
>
> *Romano* da Belle Gioioso, Wisconsin
>
> *Canaria* da Carr Valley, Wisconsin
>
> *Mona* (mistura de leite de vaca e de ovelha), Wisconsin
>
> *Cheddar* da McCadam, Nova York

Queijos azuis
> Rogue River, Oregon
>
> Point Reyes, California
>
> Dragon's Breath, Nova Scotia

Mountain Top Blue da Firefly Farms, Maryland

Hubbardston Blue, Massachusetts

Queijos de cabra, frescos e maturados

Vermont Butter and Cheese Company, Vermont

Humboldt Fog, Califórnia

Patte Blanche da Fromagerie Bergeron, Quebec

Pyramid da Capriole Pipers, Indiana

COMO ARMAZENAR E SERVIR

Como armazenar

As condições para que a qualidade dos queijos seja mantida variam consideravelmente. Em geral, quanto mais firme e maturado o queijo, por mais tempo poderá ser conservado. O queijo *cottage* deve ser usado em até uma semana, ao passo que o queijo parmesão inteiro, sem cortar, pode durar até um ano ou mais.

Os queijos macios, como o Brie, o Camembert e o Liederkranz, se deterioram rapidamente quando alcançam o nível de maturação. São queijos mais difíceis de comprar porque, ao longo de toda a sua vida útil, pode ser que apenas durante uma semana eles estejam no ponto – nem pouco, nem muito maturados.

Outros queijos maturados não são tão exigentes, contanto que sejam armazenados sob refrigeração e bem embalados, para evitar o ressecamento. Os queijos cortados ressecam muito rapidamente, por isso precisam ser sempre embalados com plástico.

Como servir

Sirva os queijos em temperatura ambiente. Essa é a única regra mais importante no que diz respeito a servir os queijos. Somente em temperatura ambiente é que todos os sabores se revelam (isso não se aplica a queijos não maturados como o *cottage*).

Corte os queijos imediatamente antes de servir para evitar que ressequem. Melhor ainda, apresente os queijos inteiros ou, quando possível, em pedaços grandes, para que as porções possam ser cortadas pelo cliente ou pelo pessoal de serviço.

COMO COZINHAR COM QUEIJOS

Três variedades de queijo estão entre os queijos mais usados na culinária. O *cheddar* é o mais usado nas receitas norte-americanas, especialmente em molhos, como ingrediente de alimentos que vão ao forno e como cobertura derretida ou gratinada. O queijo tipo suíço é usado com maior frequência em pratos ao estilo europeu. O Emmental e o Gruyère são ingredientes essenciais em *fondues*, molho Mornay, pratos gratinados, suflês e quiches. Queijos tipo parmesão são usados na forma ralada em coberturas e como condimento ou tempero.

Muitas outras variedades são indicadas em receitas especiais, como a mussarela e a ricota em pratos italianos.

Orientações para cozinhar com queijos

1. Use temperaturas baixas. O queijo contém alto teor de proteínas, que endurecem e se tornam fibrosas quando aquecidas em excesso. Os molhos que contêm queijo não devem ferver.

2. Cozinhe por pouco tempo, pelas mesmas razões. O queijo deve ser adicionado ao molho no final do cozimento. Misturar ao molho fora do fogo geralmente é suficiente para que derreta.

3. Rale o queijo para que derreta mais rapidamente e de maneira mais uniforme.

4. Queijos com tempo maior de maturação derretem e se misturam aos alimentos com mais facilidade do que queijos mais jovens.

5. Queijos com tempo maior de maturação dão mais sabor aos alimentos do que os queijos mais jovens e de sabor mais suave, por isso é necessária uma quantidade menor.

Laticínios 817

Welsh rabbit (torrada com creme de cheddar e cerveja)

Porções: 25
Tamanho da porção: 125 g

Quantidade	Ingredientes
3 colheres (sopa)	Molho inglês
2 colheres (chá)	Mostarda em pó
1 pitada	Pimenta-caiena
625 mL	Cerveja clara forte
2,5 kg	Queijo *sharp cheddar*, ralado

■ Modo de preparo

1. Misture o molho inglês e os condimentos em uma panela pesada.
2. Adicione a cerveja. Aqueça até começar a formar bolhas nas laterais da panela.
3. Abaixe o fogo para o mínimo. Adicione o queijo ralado aos poucos, mexendo sem parar. Continue cozinhando em fogo baixo e mexendo até que a mistura esteja homogênea e espessa.
4. Retire do fogo. A mistura pode ser mantida aquecida em um balcão térmico ou em banho-maria, mas é melhor que seja servida imediatamente.

| 25 fatias | Pão branco |

5. Toste o pão.
6. Para cada porção, coloque uma fatia de pão tostado sobre o prato. Espalhe 125 mL do creme de queijo por cima e sirva.

Por porção:
Calorias, 470; Proteínas, 26 g; Gorduras, 31 g (60% cal.); Colesterol, 95 mg; Carboidratos, 19 g; Fibras, 1 g; Sódio, 750 mg.

Observação: este prato é às vezes chamado de Welsh "*rarebit*", embora "*rabbit*" seja o nome original.

Sirniki (bolinhos russos de queijo)

Porções: 25
Tamanho da porção: 100 g

Quantidade	Ingredientes
2,3 kg	Queijo *cottage* em pasta ou *quark*

■ Modo de preparo

1. Coloque o queijo branco em um coador forrado com pano fino. Dobre o pano sobre a parte de cima do queijo para cobri-lo. Apoie sobre uma tigela e leve à geladeira por 24 horas, para que o queijo dessore.

175 g	Farinha de trigo especial para pão
8	Gemas
½ colher (chá)	Sal
60 g	Açúcar
conforme necessário	Manteiga, para fritar

2. Passe o queijo por uma peneira ou espremedor de batata para dentro da tigela da batedeira.
3. Adicione a farinha, as gemas, o sal e o açúcar.
4. Com o batedor raquete, bata até obter uma massa homogênea.
5. Divida a massa em três partes iguais. Faça um cilindro de 7,5 cm de espessura com cada uma delas. Enrole em filme plástico. Leve à geladeira por no mínimo 2 horas.
6. Na hora de servir, corte os cilindros de queijo em rodelas de 2 cm de espessura.
7. Aqueça aproximadamente 3 mm de manteiga em uma frigideira pesada. Frite as rodelas em fogo baixo até que os dois lados estejam dourados, virando cuidadosamente com uma espátula.

| conforme necessário | Açúcar de confeiteiro |
| 1,2 L | Creme de leite azedo |

8. Coloque cada rodela em um prato e polvilhe com um pouco de açúcar de confeiteiro. Guarneça com aproximadamente 1½ colher de sopa de creme de leite azedo. Sirva imediatamente.

Por porção:
Calorias, 350; Proteínas, 18 g; Gorduras, 23 g (63% cal.); Colesterol, 130 mg; Carboidratos, 12 g; Fibras, 0 g; Sódio, 480 mg.

Observação: esta receita é geralmente servida como prato principal para o *brunch* ou almoço. Neste caso, o tamanho das porções pode ser maior. O *sirniki* pode também ser servido com geleia de morango ou de outras frutas.

Fondue de queijo

Porções: 4 *Tamanho da porção:* 250 g

Quantidade	Ingredientes
1	Dente de alho
500 mL	Vinho branco seco
500 g	Queijo *emmental* suíço ou metade *emmental* e metade *gruyère*, ralados
1 colher (chá)	Amido de milho
3 colheres (sopa)	*Kirsch* (ver Observação)
a gosto	Sal
a gosto	Pimenta-do-reino branca
a gosto	Noz-moscada
2	Pães rústicos, cortados em pedaços pequenos

Por porção:
Calorias, 870; Proteínas, 43 g; Gorduras, 35 g (36% cal.); Colesterol, 105 mg; Carboidratos, 70 g; Fibras, 3 g; Sódio, 1.000 mg.

Modo de preparo

1. Corte o dente de alho ao meio. Esfregue o lado cortado na superfície interna de uma panela de *fondue* com capacidade para 1,5 L.
2. Adicione o vinho à panela e leve ao fogo médio. Aqueça até que esteja quente, mas não deixe começar a borbulhar.
3. Adicione o queijo ao vinho (aproximadamente ¼ por vez). Mexa bem após cada adição.
4. Dissolva o amido de milho no *kirsch*. Adicione à mistura de queijo. Continue mexendo em fogo baixo até que a mistura esteja homogênea e ligeiramente espessa.
5. Tempere a gosto com sal, pimenta-do-reino branca e uma pitada de noz-moscada.
6. Coloque a panela sobre o *réchaud* para servir. Arrume os cubos de pão em cestinhas. Para comer o *fondue*, o cliente deve espetar um cubo de pão em um garfo especial para *fondue* e mergulhá-lo na mistura de queijo, que é mantida aquecida sobre a chama do *réchaud*.

Observação: o *kirsch* é uma bebida alcoólica destilada, incolor, feita de cereja. Embora seja tradicional no *fondue*, pode ser omitido se não estiver disponível. Neste caso, dissolva o amido de milho em água fria ou misture-o ao queijo ralado.

Biscoito salgado de queijo

Rendimento: aproximadamente 150 unidades

Quantidade	Ingredientes
500 g	Queijo *sharp cheddar*, ralado
250 g	Manteiga amolecida
375 g	Farinha de trigo especial para pão
½ colher (chá)	Sal
¼ de colher (chá)	Pimenta-do-reino branca

Por unidade:
Calorias, 30; Proteínas, 1 g; Gorduras, 2,5 g (65% cal.); Colesterol, 5 mg; Carboidratos, 2 g; Fibras, 0 g; Sódio, 40 mg.

Modo de preparo

1. Coloque todos os ingredientes na tigela da batedeira. Com o batedor raquete e na velocidade mínima, misture até formar uma massa.
2. Retire da batedeira e amasse levemente em uma superfície enfarinhada até que a massa esteja firme.
3. Divida a massa em quatro ou cinco partes iguais. Faça um cilindro de 2,5 cm de diâmetro com cada uma. Enrole em papel-manteiga ou filme plástico e leve à geladeira.
4. Corte a massa em rodelas finas de no máximo 0,5 cm de espessura. Disponha em assadeiras untadas.
5. Asse a 230°C por cerca de 10 minutos, até que estejam crocantes e levemente douradas.
6. Sirva quentes ou frias como *hors d'oeuvre* ou como acompanhamento para sopas.

VARIAÇÃO

Palitos de queijo
Abra a massa com o rolo numa espessura de no máximo 0,5 cm. Corte em tiras de 0,5 cm x 7,5 cm. Asse como na receita básica.

CAFÉ E CHÁ

CAFÉ

Muitas pessoas julgam um restaurante pelo café que serve. Sem levar em consideração a qualidade da comida, uma das coisas que mais pode fazer uma pessoa se lembrar de um estabelecimento é seu café, bom ou ruim.

Embora isso possa não parecer justo, pelo menos é um sinal claro de que é preciso aprender a fazer café de forma correta. O preparo do café é basicamente um procedimento simples. Tudo se resume a passar água quente pelo pó de café. O cuidado com que você executa essa operação, dando atenção a todos os detalhes, faz a diferença entre uma bebida saborosa, aromática e gratificante e um líquido amargo e desagradável.

VARIEDADES, TORREFAÇÃO E COMBINAÇÕES

Os grãos de café são pequenos frutos vermelhos colhidos de um arbusto tropical. Duas espécies de café são responsáveis por quase todos os grãos cultivados ao redor do mundo. O café *Arabica* é uma planta delicada e difícil de ser cultivada. No entanto, fornece de 65 a 75% de todo o café do mundo. A maioria dos melhores cafés é proveniente de grãos de café *Arabica*. As plantas do café *Robusta* são mais resistentes e fáceis de cultivar. A maioria dos cafés comuns adquiridos em supermercados é feita a partir de grãos do café *Robusta*, que também podem produzir grãos de boa qualidade.

Cada fruto de café contém duas sementes. Depois de colhidos, os frutos são fermentados e descascados, produzindo grãos de café verdes ou cinza-esverdeados. Os grãos são torrados para revelar o seu sabor. O grau de torra – clara, média ou escura – afeta o sabor. A maioria dos americanos bebe o café de torrefação média, que é, às vezes, denominada *city roast* (*torra urbana*). A torra escura, também conhecida como *Viennese roast* (meio escura) e *French roast* (bem escura) em inglês, é comum na Europa e cada vez mais comum na América do Norte. A torrefação mais escura, conhecida como *espresso roast*, é quase preta e preparada por meio de um processo especial que será discutido mais adiante.

O café é cultivado em muitos países tropicais, e cada área produtora é conhecida por determinadas qualidades e sabor característico. Cafés excelentes são cultivados em países como Colômbia, Brasil, Venezuela, México, Jamaica, Havaí, Indonésia e países da África e do Oriente Médio.

A maioria dos cafés moídos é uma mistura de diversas variedades. A mistura permite ao processador combinar as quantidades desejadas de diversos grãos para produzir uma bebida bem equilibrada.

O café pode ser comprado em grãos inteiros ou já moídos. Os grãos inteiros permanecem mais frescos por mais tempo, mas embalagens de café moído fechadas a vácuo se conservam bem por uma ou duas semanas e, para muitos estabelecimentos, é a maneira mais fácil e mais econômica de comprar café. O café moído, quando aberto, deve ser guardado em recipiente hermeticamente fechado e usado no prazo de alguns dias. Melhor ainda é comprar café moído em embalagens individuais adequadas para a sua máquina de café. Os grãos inteiros se conservam por várias semanas, depois que a embalagem é aberta, e alguns meses se mantidos no congelador. No entanto, o melhor a fazer é receber pequenas quantidades com frequência para que o café seja sempre o mais fresco possível.

Os procedimentos para o preparo de café fresco serão discutidos abaixo.

Além do café normal ou "de coador", às vezes são servidas as bebidas mencionadas a seguir.

1. **Café instantâneo.** É um pó solúvel extraído dos grãos de café. Para simplificar, o café instantâneo é feito a partir do preparo normal do café e da sua desidratação. No processo, o café perde parte do seu sabor e aroma. A maioria dos apaixonados por café concorda que o café instantâneo não tem um sabor tão bom quanto o do café fresco. O café instantâneo raramente é usado no setor de serviços alimentícios.

2. **Café descafeinado**. A cafeína é um estimulante químico que ocorre naturalmente no café, no chá e no chocolate. O café descafeinado é um café do qual foi retirada a cafeína, com a ajuda de solventes. Com frequência, é pedido por alguns clientes. Antigamente, muitos

restaurantes dos Estados Unidos ofereciam o café descafeinado apenas na forma instantânea. Agora, no entanto, quase todos o servem preparado na hora.

3. **Espresso**. É um café escuro e forte feito de grãos torrados até ficarem quase pretos e depois moídos. O *espresso* é servido em xícaras pequenas como bebida após as refeições. Além disso, diversas bebidas quentes e geladas contendo café são preparadas com o café *espresso*, conforme discutido na próxima seção.

4. **Café gelado**. É feito com café preparado bem forte para compensar a sua diluição ao ser acrescido de gelo.

Bebidas com café espresso

Nos Estados Unidos, o café *espresso* e as bebidas com café *espresso* cresceram em popularidade nos últimos anos e, da mesma maneira, cafés especializados apareceram repentinamente em quase todas as esquinas.

O *espresso* é uma bebida concentrada preparada em máquinas especiais (ver ilustração) a partir de grãos moídos de torra bem escura. Para cada xícara, o café moído é prensado em um pequeno filtro de metal que é preso firmemente à máquina. A água é forçada a passar pelo pó sob alta pressão de vapor, preparando uma pequena xícara de bebida forte com uma espessa camada de espuma no topo, chamada *crema*. Um *espresso* contém cerca de 55 mL de café e geralmente é servido em uma xícara pequena ou em dose dupla, numa xícara de chá.

Além do *espresso* puro, as seguintes bebidas são feitas com ele:

Cappuccino: partes iguais de *espresso* e leite vaporizado.

Latte: abreviação de *caffe latte*, ou "café com leite". Uma parte de *espresso* e duas (ou mais) partes de leite vaporizado, sem a camada de espuma encontrada no *cappuccino*. O **café au lait**, em francês, que também significa "café com leite", é basicamente o mesmo que o *caffe latte*, mas pode ser feito com café forte normal em vez de café *espresso*.

Macchiato: espresso com uma camada pequena de espuma de leite vaporizado.

Americano*: *espresso* diluído com água quente.

Breve: *espresso* com *half-and-half* (creme de leite com 10 a 18% de gordura) vaporizado.

Mocha: *espresso* misturado com cacau ou chocolate quente, coberto com creme chantili.

Algumas cafeterias especializadas também vendem uma grande variedade de bebidas à base de café *espresso*, quentes e frias, usando xaropes com sabor de caramelo, baunilha e menta.

Máquina de café *espresso*
Cortesia de Cecilware

*N.E.: No Brasil, é popularmente conhecido como "carioca".

Princípios básicos para o preparo de café

O café é feito por meio da extração dos sabores dos grãos de café moído dissolvendo-os em água quente. O essencial para se preparar um bom café é extrair uma quantidade suficiente desses sólidos para fazer uma bebida saborosa, mas sem extrair os sólidos que tornam o café amargo.

Com esse princípio em mente, estude as orientações a seguir para o preparo de um bom café. A relação é longa, e cada um dos itens é importante.

1. **Use café fresco.**

Assim que o café é moído, ele perde rapidamente o sabor e o aroma. Para conservá-lo fresco, armazene-o em um recipiente hermeticamente fechado, em local seco e arejado. Mesmo armazenando-o da melhor maneira possível, o café não deve ser usado depois de uma semana após ser aberto. O café embalado a vácuo conserva-se por mais tempo, mas também se deteriora assim que é aberto. Caso você não possa moer o seu próprio café diariamente (alguns restaurantes fazem isso), você pode fazer com que a entrega seja frequente.

2. **Use a moagem correta e o tempo correto de preparo.**

Uma moagem mais rústica exige mais tempo para a extração do café que uma moagem mais fina. É preciso usar a moagem adequada para o seu equipamento.

Moagem	Tempo de extração
Fina ou a vácuo	2 a 4 minutos
Gotejamento ou urna	4 a 6 minutos
Normal (coador)	6 a 8 minutos

3. **Use as proporções corretas.**

Meça sempre. A proporção recomendada é de 500 g de café para 7,5 a 10 litros de água, dependendo da concentração do café.

Para fazer um café mais fraco, acrescente mais água quente ao café pronto. Juntar mais água enquanto o café está sendo coado estende o tempo de preparo, o que resulta em extração excessiva e amargor. Na realidade, muitos especialistas consideram que passar, no máximo, 8 litros de água por 500 g de café e depois diluir a gosto é a maneira mais certa de evitar que fique amargo.

A concentração do café é questão de preferência e varia conforme a região. Por exemplo, as pessoas de Nova York geralmente preferem café mais forte que as pessoas de Chicago. Em algumas áreas, a proporção preferida é de 500 g de café para cada 12 litros de água.

4. Use água fresca.

Água fresca e fria colocada para ferver contém partículas de ar. Já a água que é mantida aquecida por muito tempo não contém, isso deixa o café insípido.

A água encanada é geralmente a melhor. Existem sistemas especiais de filtração para água encanada muito clorada ou com algum tipo de sabor. Não use água quimicamente tratada.

5. Use água na temperatura correta para o preparo do café: entre 90 e 93°C.

Água muito quente extrai os sólidos amargos. Água muito fria não extrai sabor suficiente e produz um café muito frio para ser servido.

6. Use um bom procedimento para preparar o café.

A maioria dos estabelecimentos usa máquinas de café para grandes quantidades ou máquinas automáticas de gotejamento que preparam uma determinada quantidade por vez, como mostra a figura. Essas máquinas podem fazer um café excelente, porque a água passa pelo pó uma única vez.

Cafeteiras que fervem o café à medida que é preparado, passando-o pelo pó repetidas vezes não devem ser usadas.

7. Use equipamentos limpos.

Todas as partes das cafeteiras devem ser limpas diariamente. O café deixa depósitos oleosos que ficam rançosos muito rapidamente, podendo estragar o próximo lote de café.

8. Use filtros bons.

A única maneira de assegurar um café límpido e brilhante é usando filtros bons. A maioria dos estabelecimentos usa filtros de papel que são descartados após o uso. Se forem usados filtros de pano, eles devem estar perfeitamente limpos e sem cheiro.

Cafeteira automática por gotejamento com decantador
Cortesia de Cecilware

9. Use procedimentos adequados para conservar o café.

A temperatura adequada para conservar o café é de 85 a 88°C. Temperaturas mais altas decompõem o café rapidamente. Temperaturas mais baixas significam que o cliente receberá o café frio.

O café preparado em cafeteiras que utilizam jarras de vidro (ver foto) geralmente é mantido aquecido sobre queimadores elétricos. Não mantenha o café preparado sobre a chapa aquecida por mais de 30 minutos. Depois disso, a perda de qualidade é considerável. Se for necessário mantê-lo por mais tempo, transfira-o imediatamente para garrafas térmicas preaquecidas após o preparo. Planeje a produção de maneira que o café esteja sempre fresco. Jogue fora o café velho.

Procedimento para o preparo de café em máquinas para café

1. Conheça o seu equipamento. Os modelos têm detalhes diferentes.
2. Verifique se a máquina tem água fresca suficiente e em temperatura adequada para o preparo.
3. Fixe bem o filtro no lugar.
4. Coloque no filtro uma medida de café de maneira uniforme. Uma camada uniforme é necessária para a extração correta.
5. Passe a quantia correta de água pelo pó de café. Se a máquina for manual, coloque a água devagar em movimentos circulares. Se for automática, tudo o que você precisa fazer é verificar se o bocal está no lugar.
6. Mantenha a parte de cima tampada durante o preparo, para conservar o calor.
7. Retire o filtro com o pó usado assim que o preparo for finalizado. Deixar o pó na máquina resulta em extração exagerada e amargor.
8. Mexa o café. Como o café é mais forte no fundo, você deve retirar um pouco dele, aproximadamente 4 litros por 500 g de café, e derramá-lo de novo no topo da urna.
9. Conserve entre 85 e 88°C por aproximadamente 1 hora.
10. Limpe bem a máquina após o uso.

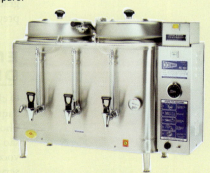

Máquina para café com dois reservatórios
Cortesia de Cecilware

Usando escovas especiais, limpe o interior da máquina, as torneiras e os indicadores de vidro. Enxágue, encha com vários litros de água fresca e deixe na máquina por um tempo. Esvazie e enxágue com água quente antes do próximo uso.

Duas vezes por semana limpe bem com o composto de limpeza indicado nas instruções do fabricante.

CHÁ

O chá é uma das bebidas mais comuns no mundo e é amplamente consumido até em países onde se toma muito café. Em muitas regiões, o chá é uma bebida muito mais comum em casa do que nos restaurantes. Parte da diferença pode ser resultado do manuseio incorreto dos restaurantes e da indiferença de parte dos estabelecimentos.

Os profissionais do setor de serviços alimentícios deveriam prestar mais atenção ao chá. Em primeiro lugar, é muito menos oneroso para servir do que o café. Aproximadamente 200 porções são preparadas com 500 g de chá, se comparado a 40 porções feitas com 500 g de café. Além disso, o chá é uma das bebidas mais simples de servir e não exige equipamento especial nem mão de obra especializada para servir como o café.

VARIEDADES

Todas as variedades de chá-da-índia do mundo são produzidas a partir de uma espécie de arbusto perene (*Thea sinensis*). A maioria das diferenças entre as variedades resulta de condições de cultivo e modificações nas técnicas de processamento.

Como no caso do café, diferentes regiões produzem chás de diferentes qualidades e sabor característico. A maior parte do chá consumido na América do Norte é importada da Índia e do Sri Lanka (Ceilão).

As variações no processamento produzem três categorias de chá. O chá preto é fermentado quando as folhas colhidas frescas são deixadas em um local úmido para oxidar. O chá verde é desidratado sem fermentar. O chá *oolong* é parcialmente fermentado e tem coloração marrom-esverdeada. Também estão disponíveis chás especiais e chás com sabor.

O chá preto é classificado pelo tamanho da folha, de acordo com um sistema bem complicado. Isso é importante lembrar porque a maioria das pessoas considera o chá *orange pekoe* uma variedade de chá, mas na realidade é um tamanho específico de folha de qualquer variedade de chá preto.

Depois de classificado, o chá é misturado para assegurar consistência e uniformidade. Uma mistura pode conter até 30 safras de chá.

Muitos fornecedores distribuem diversas misturas excelentes. Um proprietário inteligente do setor de serviços alimentícios deve pesquisar no mercado e não servir a mesma mistura medíocre servida pela concorrência.

Chás de ervas e outras bebidas especiais

Os **chás de ervas** são bebidas preparadas como o chá-da-índia, mas que são feitas com ervas, especiarias, frutas desidratadas e outros ingredientes vegetais no lugar das folhas de chá-da-índia ou, às vezes, junto com essas folhas. Em outras palavras, a maioria dos chás de ervas não contém realmente "chá", isto é, folhas da planta chá-da-índia. Centenas de sabores e misturas estão disponíveis – muitas para serem relacionadas –, e muitos fabricantes possuem misturas exclusivas. Menta e camomila estão entre os chás de ervas mais comuns.

O **chai** é uma mistura de leite com chá de especiarias originário da Índia que se tornou popular no Ocidente. *Chai* é a palavra para chá em diversos idiomas. A mistura de bebida chamada *chai* é feita de chá preto, leite, especiarias como cardamomo, canela, gengibre e grãos de pimenta-do-reino e açúcar ou outro adoçante. No Ocidente, o *chai* é geralmente preparado com misturas comercializadas prontas.

EMBALAGEM E FORMAS DE COMERCIALIZAÇÃO

O chá é embalado a granel em folhas soltas e em saquinhos de chá de diversos tamanhos. Saquinhos de tamanho padrão para uma xícara são embalados na quantidade de 200 saquinhos para 500 g de chá, ao passo que saquinhos para um bule (bule de porção individual) são embalados na quantidade de 150 para cada 500 g de chá. Isso é importante saber caso você esteja comprando chá, pois os saquinhos maiores não são econômicos, caso você vá servir chá por xícara no seu estabelecimento.

Os saquinhos maiores, que contêm de 30 a 60 g de chá, estão disponíveis para o preparo de quantidades maiores, especialmente para chá gelado.

O chá instantâneo é um extrato solúvel feito de chá forte de qualidade inferior desidratado para se obter um pó. Esse produto é usado principalmente para chá gelado, porque esse processo resulta em muita perda de sabor e aroma, essenciais para um bom chá quente.

COMO PREPARAR O CHÁ

Parece que, na maioria dos restaurantes, quando uma pessoa pede um chá, recebe uma xícara fria, um saquinho de chá embalado e um pote de água quente que está no reservatório da máquina de café há horas. Essa é realmente a pior maneira possível de servir um chá, ficando atrás apenas do preparo do chá em grande quantidade que é mantido aquecido ao longo do dia. Não é de se estranhar que a maioria das pessoas não peça chá.

A maneira correta de preparar o chá é a seguinte:

Procedimento para o preparo de chás quentes

1. Use as proporções adequadas de chá e água. Geralmente, 1 colher (chá) de folhas de chá ou um saquinho individual faz uma xícara de 200 mL.

2. Passe água quente no bule para aquecê-lo. Use porcelana, vidro ou inox. Outros materiais podem alterar o sabor.

3. Coloque água fria e fresca para ferver. A água que é mantida aquecida por algum tempo deixa o chá insípido.

4. Coloque as folhas de chá ou o saquinho no bule e despeje a água diretamente sobre ele.

5. Deixe o chá tomar gosto por 3 a 5 minutos. Retire o saquinho de chá ou coe as folhas.

   Estabelecimentos especializados em chá apresentam ao cliente o bule de chá e um bule de água quente para que possa ser diluído a gosto.

6. Sirva imediatamente. O chá não se conserva bem.

Procedimento para o preparo de chá gelado

O método a seguir rende 4 L. Faz-se um chá mais forte para permitir a diluição com gelo.

1. Coloque 60 g de chá em uma jarra.

2. Coloque 1 L de água para ferver e despeje sobre o chá.

3. Deixe tomar gosto por 5 minutos. Retire os saquinhos de chá ou coe as folhas.

4. Adicione 3 L de água fria.

5. Mantenha em temperatura ambiente por até 4 horas. Se refrigerado, pode ficar turvo.

6. Sirva com gelo.

■ TERMOS PARA REVISÃO

pasteurizado	creme de leite *light*	manteiga	café descafeinado
ultrapasteurizado	*half-and-half*	manteiga clarificada	*espresso*
pasteurização por ultra-alta temperatura	creme de leite azedo	margarina	café gelado
	crème fraîche	maturação	*cappuccino*
leite integral	*buttermilk*	duplo creme	*latte*
nata	iogurte	*triple-crème*	*café au lait*
leite desnatado	leite evaporado	*chèvre*	*macchiato*
leite magro	leite condensado	queijo processado	*americano*
leite semidesnatado	leite em pó integral	queijo especial	*breve*
bebida láctea não fermentada	leite em pó desnatado	queijo artesanal	*mocha*
leite homogeneizado	coagulação	queijo de fazenda	chá de ervas
creme de leite	formar crosta	café instantâneo	*chai*

■ QUESTÕES PARA DISCUSSÃO

1. O que significa dizer que o leite "talhou" e como é possível evitar que isso aconteça quando se está cozinhando com leite?

2. O que é queijo de casca lavada? Descreva a aparência típica de um queijo de casca lavada e compare-o com um queijo de casca mofada.

3. Por que o queijo se mistura de maneira mais homogênea a um molho em fogo baixo do que em fogo alto?

4. Por que é importante usar a moagem adequada dos grãos ao fazer um café?

5. Descreva o procedimento para o preparo de café em uma máquina para café.

6. Descreva o método apropriado para o preparo de chá.

CAPÍTULO 26

CAPÍTULO 26

Embutidos e outros alimentos curados

Os embutidos são conhecidos há muito tempo. No início, eram utilizados para conservar aparas e cortes menos apreciados de carne. Em inglês, tornou-se popular a expressão "*to use every part of the hog except the squeal*" ("usar todas as partes do porco, exceto o guincho"). O preparo de embutidos é parte importante desse processo.

Em francês, o termo **charcutier**, feminino *charcutière*, denomina a pessoa que prepara e vende produtos feitos com carne de porco. A arte do *charcutier* é chamada **charcuterie** (salsicharia ou charcutaria, em português). Usamos esse termo de forma mais geral para nos referirmos à produção de linguiças, patês, presunto e outros produtos curados e defumados.

A parte principal deste capítulo é dedicada à produção de linguiças frescas, que podem ser preparadas com facilidade em qualquer cozinha usando equipamentos relativamente simples. Também apresentaremos embutidos curados e defumados, com uma visão geral de como curar e defumar. Preparar presunto defumado e produtos de carne por cura a seco é um tema mais avançado que está além do escopo deste livro. No entanto, ler a primeira parte deste capítulo permite compreender como esses itens são produzidos. Uma pequena amostra de receitas trará alguma experiência em curar e defumar alimentos antes de prosseguir para a seção principal sobre embutidos.

CURA E DEFUMAÇÃO

Desde os tempos pré-históricos, a cura e a defumação têm sido métodos importantes para a conservação de alimentos, especialmente alimentos proteicos. Antes das técnicas modernas de conservação de alimentos (como os processos de enlatar, congelar e refrigerar), a cura e a defumação, assim como a desidratação, permitiam às pessoas armazenar alimentos em tempos de abundância para serem usados em tempos de escassez. Hoje, usamos essas técnicas mais por causa de sua contribuição para o sabor do que por suas qualidades de conservação. Defumamos os alimentos porque gostamos do sabor, não porque precisamos conservá-los.

No entanto, é importante compreender como a cura funciona para a conservação dos alimentos, para evitar a deterioração e a intoxicação alimentar que podem ser resultantes de cura ou manuseio inadequados dos alimentos curados.

INGREDIENTES PARA CURAR ALIMENTOS

Os ingredientes usados nas curas têm duas funções: conservar os alimentos e alterar o seu sabor e textura. A discussão a seguir sobre os ingredientes e processos de cura é um pouco simplificada, mas apresenta os princípios mais importantes.

Sal

O sal tem sido um dos mais importantes conservantes de alimentos ao longo da maior parte da história humana. Quando um alimento entra em contato direto com o sal, ocorre um processo bidirecional para fazer com que as concentrações de sal sejam semelhantes dentro e fora do alimento. A umidade da parte interna das paredes das células do alimento sai e dilui o sal usado na cura. Ao mesmo tempo, o sal dissolvido é absorvido pelas células para ali aumentar a concentração de sal. O resultado é um alimento com menos umidade e mais salgado. Tanto a redução da umidade quanto o teor de sal mais alto tornam o alimento menos suscetível às bactérias que causam deterioração e intoxicação.

No sentido horário, a partir de cima: sal de cozinha, sal de cura e sal *kosher*

Certamente, a umidade reduzida e o maior teor de sal também mudam o sabor e a textura do alimento.

Nitritos e nitratos

Alguns alimentos, especialmente as carnes, são suscetíveis à contaminação pela bactéria que causa o botulismo (ver p. 20). Os nitritos e os nitratos são adicionados à cura desses alimentos para evitar a infecção por botulismo. O **nitrito de sódio** ($NaNO_2$) é o mais importante dos dois produtos químicos. Mesmo em quantidades muito pequenas, o nitrito de sódio apresenta grande poder de conservação. Além disso, mantém a carne avermelhada ou rosada, e é por isso que produtos como o tênder, a carne em conserva e determinadas linguiças apresentam cor característica.

Os nitritos são quebrados de forma gradual dentro dos alimentos curados, mas no momento em que perdem a sua eficácia, os procedimentos de cura e, às vezes, de defumação, já foram finalizados, o alimento é cozido ou refrigerado e continua seguro. Por outro lado, quando o alimento cru é submetido a cura a seco, como no caso do presunto cru e de vários salames, é usado um produto químico mais forte, o **nitrato de sódio** ($NaNO_3$). Os nitratos são quebrados mais lentamente que os nitritos e, portanto, são eficazes por um período maior. O nitrato de potássio, ou salitre, é usado às vezes para curar alimentos, mas não é tão seguro e é muito regulamentado. Deve ser evitado.

Os nitratos e nitritos estão sujeitos a controvérsias em relação à sua segurança. Substâncias chamadas **nitrosaminas** se formam quando os alimentos que contêm nitratos ou nitritos são submetidos a temperaturas muito altas, como ao fritar o bacon. As nitrosaminas são conhecidas por causar câncer. Usar apenas nitritos para curar os alimentos em geral

---

Após ler este capítulo, você deverá ser capaz de:

1. Preparar alimentos curados simples usando cura a seco e com salmoura.
2. Preparar alimentos defumados simples.
3. Preparar embutidos frescos, curados e defumados.

evita esse problema, porque os nitritos se quebram rapidamente e não são problemáticos quando o alimento é cozido. Por outro lado, os nitratos, por permanecerem mais tempo no alimento, não devem ser usados para curar bacon.

Algumas pessoas acham que todo uso de nitritos e nitratos deve ser evitado por causa do fator nitrosamina. No entanto, se forem usados somente nitritos, e não nitratos, em alimentos expostos a temperaturas extremas, o risco é baixo – muito mais baixo que o risco de botulismo. Até agora, não conhecemos nada que substitua adequadamente esses produtos químicos na cura de carne de porco e de outras carnes.

Duas misturas são usadas para facilitar a adição de nitritos e nitratos em concentrações bem baixas, mas suficientes:

1. O **sal de cura nº 1**, também chamado de *pó húngaro* e *pó Prague*, é uma mistura de 6% de nitrito de sódio e 94% de cloreto de sódio, ou sal de cozinha comum. Tem coloração rosa para que não seja confundido com o sal comum e, portanto, é frequentemente chamado de **tinted curing mix** (TCM), em inglês. É, também, vendido com diversos nomes comerciais.

2. O **sal de cura nº 2** é semelhante ao sal de cura nº 1, exceto pelo fato de conter nitratos além de nitritos. É usado na cura de produtos que têm longo período de cura e secagem, conforme explicado anteriormente. O sal de cura nº 2 não é usado em nenhuma das receitas deste capítulo. Carnes submetidas a cura a seco requerem procedimentos avançados que estão fora do escopo deste livro.

Peixe e frutos do mar são geralmente curados sem o uso de nitritos. Os peixes são geralmente curados sob refrigeração, e a cura com sal é suficiente para protegê-los, mesmo quando defumados a frio (p. 828).

A quantidade de nitrito a ser adicionada às carnes depende de diversos fatores, como: o tipo de carne, o tipo de cura e o tempo de cura. Para linguiças cozidas, o USDA (Departamento Norte-americano de Agricultura) recomenda 156 partes de nitrito por 1 milhão de partes de carne. Isso equivale a 30 g de nitrito por 192 kg de carne. Para transformar isso em quantidades semelhantes às usadas neste capítulo, 4,5 kg de linguiça fresca precisam de aproximadamente 0,7 g de nitrito. Essa é, geralmente, a quantidade de nitrito presente em 2 colheres de chá (11 g) de sal de cura nº 1 norte-americano.

Lembre-se, contudo, de que nem todo o nitrito especificado em uma receita pode ser absorvido pela carne. No caso de curas a seco e curas com salmoura básica (descritas abaixo), o meio de cura é descartado depois que o processo é concluído. Portanto, deve ser usado nitrito suficiente para que a porção absorvida seja adequada à cura. A única exceção são as linguiças, nas quais todo o meio de cura é misturado diretamente à carne. As receitas deste livro contêm as quantidades apropriadas de nitrito para curar o produto.

Açúcar

O açúcar branco comum (sacarose) e outros tipos de açúcar, como xarope de glucose de milho, mel e xarope de bordo (*maple syrup*), são usados em algumas curas. O açúcar modifica o sabor do alimento e neutraliza parte do sabor pungente da alta concentração de sal da cura. Além disso, o sal extrai muita umidade, e o açúcar aumenta a sensação de umidade no produto curado. O uso de açúcares menos doces, como o xarope de glucose de milho e a dextrose, proporciona as vantagens do açúcar sem adoçar muito o produto.

Ervas, especiarias e outros condimentos

Quase qualquer especiaria ou condimento usado para cozinhar pode ser usado em produtos curados. Receitas tradicionais, logicamente, usam temperos tradicionais. Por exemplo, a maioria das linguiças curadas mais conhecidas é de origem europeia e usa temperos como alho, pimenta, coentro, alcaravia, noz-moscada e mostarda em pó. Além disso, atualmente muitos *chefs* estão experimentando ingredientes incomuns para adicionar um toque moderno às carnes, linguiças, frangos e peixes curados.

MÉTODOS DE CURA

Os dois tipos básicos de cura são **cura a seco** e **cura com salmoura**. Nesses dois métodos, o alimento permanece em contato com a mistura de cura (que contém sal e qualquer um dos outros ingredientes discutidos acima), até que o meio de cura penetre uniformemente no alimento. A diferença entre os métodos é que, na salmoura, o sal é dissolvido em água, ao contrário da cura a seco.

Cura a seco

Em uma cura a seco, os ingredientes da cura (sal, temperos e, em muitos casos, açúcar e sal de cura) são misturados e compactados ou esfregados sobre o alimento, cobrindo-o completamente. O intervalo de tempo necessário para curar uma carne a seco depende da sua espessura. Carnes magras com 2,5 cm de espessura requerem de 3 a 8 horas, ao passo que um presunto com osso inteiro precisa de 45 dias. Durante uma cura longa, o alimento é virado e esfregado várias vezes com a mistura de cura para que o contato com a carne seja uniforme. É importante que toda a superfície seja coberta.

O procedimento de cura para linguiças pode ser considerado uma cura a seco. No entanto, nesse caso, a mistura de cura é incorporada a toda a carne. Como não é necessário tempo para que a mistura de cura penetre no centro da carne, o processo de cura é rápido, embora os produtos possam ser secos ao ar ou defumados por um período mais longo antes de serem consumidos.

Cura com salmoura

Uma salmoura é uma solução em água que contém sal e outros ingredientes para curar. A maneira mais simples de usar uma salmoura é colocar a carne na solução, e deixá-la de molho até que a cura seja concluída. Comparada com a cura a seco, a salmoura é especialmente útil para aves, visto que seu formato dificulta o processo de envolvê-las de maneira uniforme com uma cura a seco. Os itens que flutuam, como as aves, devem ser mantidos completamente submersos na salmoura com auxílio de um peso.

A imersão simples em salmoura é usada para pequenos pedaços de carne, mas como a salmoura leva tempo para penetrar até o centro de peças grandes, como presuntos, outro método é usado para acelerar o processo. A salmoura é bombeada ou injetada na carne para garantir que penetre de maneira uniforme. Depois disso, a carne pode também ser imersa na salmoura. Operações industriais usam diversos equipamentos de alta velocidade para injetar salmouras. Além disso, bombas pequenas estão disponíveis para injetar salmoura manualmente.

O tempo necessário para a cura depende do tamanho e da espessura do item. Logicamente, as carnes injetadas com salmoura precisam permanecer menos tempo imersas na solução.

Para cada lote de carne curada, deve ser preparada uma mistura fresca de salmoura. Não reutilize as salmouras, porque elas são diluídas e contaminadas pelos sucos do lote de carnes anterior.

DEFUMAÇÃO

A defumação tem sido usada para secar e preservar os alimentos desde os tempos pré-históricos. A defumação possui alguns efeitos de conservação, mas é mais importante na culinária moderna por causa do sabor que acrescenta às carnes, aves, peixes e frutos do mar. Até mesmo queijos e vegetais defumados são apreciados por seu sabor especial.

A primeira regra para produzir alimentos defumados é *não defumar carnes, aves e peixes que não tenham sido curados*. A razão dessa regra é a segurança alimentar. Durante a defumação, os alimentos passam um período na Zona de Perigo (p. 18) – isto é, uma temperatura favorável para o crescimento de bactérias. Sem os efeitos conservantes da cura, a defumação pode não ser segura. (Essa regra não se aplica aos processos de *assar por defumação* e *assar em churrasqueira*, p. 71, que mais precisamente são considerados métodos de cozimento, e não de defumação, pois são realizados em temperaturas mais altas.)

Depois que as carnes, aves e peixes são curados, é preciso que eles descansem até ficarem ligeiramente secos antes de serem defumados. Para que o ar circule completamente ao redor dos alimentos, devem ser colocados em grades ou pendurados em ganchos sob refrigeração, até que a superfície esteja seca ao toque. Essa secagem preliminar permite que a fumaça penetre nos alimentos de maneira mais eficaz.

Os dois tipos básicos de defumação são **defumação a frio** e **defumação a quente**. Na defumação a frio, a temperatura dentro do defumador é mantida igual à ou abaixo de 30°C. Nessa temperatura, os alimentos absorvem o sabor da fumaça, mas não são cozidos.

Na defumação a quente, a temperatura dentro do defumador pode chegar a 74°C para linguiças e carnes, e a 93°C para peixes e aves. Essas temperaturas são suficientemente altas para cozinhar os alimentos que estão sendo defumados. Em geral, evitam-se temperaturas mais altas, pois isso pode resultar em diminuição excessiva de volume. Os alimentos podem ser defumados a quente até atingirem temperaturas internas de 65 a 74°C, garantindo que estejam completamente cozidos. Outra possibilidade é defumar a quente por um período curto e depois escalfar até que essa temperatura interna seja atingida. Esse segundo método é usado quando se deseja um sabor de fumaça menos intenso. Sem levar em consideração o método utilizado, os alimentos defumados a quente são sempre vendidos totalmente cozidos.

Um defumador comum é formado pelos seguintes elementos:

- uma câmara fechada onde são colocados os alimentos a serem defumados;
- uma fonte de fumaça;
- um sistema que faz a fumaça circular ao redor do alimento e depois realiza a exaustão;
- um mecanismo que controla a temperatura dentro da câmara.

A fonte de fumaça contém um receptáculo para pedaços de madeira ou serragem e um elemento aquecedor, geralmente elétrico. Se o defumador for usado para a defumação a frio, o gerador de fumaça deve ficar fora da câmara principal onde o alimento é colocado. Se o gerador de fumaça ficar dentro da câmara onde o alimento é colocado, como em defumadores mais econômicos, a temperatura sobe muito para realizar uma defumação a frio. Esse tipo de defumador é usado somente para a defumação a quente. Os alimentos a serem defumados devem ser dispostos em grades ou pendurados de maneira que o espaço entre eles permita a livre circulação da fumaça ao redor de todas as superfícies. Defumadores industrializados são mais seguros, pois os defumadores artesanais podem apresentar risco de incêndio. Se um defumador for usado dentro de um recinto fechado, é essencial providenciar ventilação adequada para que a fumaça seja expelida para fora do recinto.

A nogueira é talvez a madeira mais usada para defumação nos Estados Unidos, mas outras madeiras duras também podem ser usadas, como carvalho, algarobeira e madeiras de árvores frutíferas, como a macieira e a cerejeira. Madeiras moles, como o pinho, não são usadas porque liberam componentes amargos, com gosto de alcatrão, quando queimados. É importante usar madeiras de uma fonte confiável. Madeiras tratadas jamais devem ser usadas, pois contêm produtos químicos tóxicos, como o arsênico.

Resumindo, o processo de defumação abrange as seguintes etapas:

1. Cura (a seco ou com salmoura)
2. Secagem ao ar
3. Defumação (a frio ou a quente)

Gravlax

Rendimento: 850 g, sem a pele

Quantidade	Ingredientes
1,2 kg	Filé de salmão, com a pele
125 g	Sal grosso
125 g	Açúcar
¼ de colher (chá)	Pimenta-do-reino branca
60 g	Ramos de endro fresco

Por 30 g:
Calorias, 70; Proteínas, 8 g; Gorduras, 4 g (50% cal.);
Colesterol, 20 mg; Carboidratos, 1 g; Fibras, 0 g; Sódio, 240 mg.

Figura 26.1
Fatie *gravlax* e salmão defumado sempre em ângulo agudo, em fatias finas como papel. Corte começando na extremidade da cabeça e vá em direção ao rabo.

Modo de preparo

1. Passe os dedos pela superfície do filé de salmão para localizar as espinhas. Puxe-as com uma pinça.
2. Misture o sal, o açúcar e a pimenta-do-reino.
3. Separe uma forma de inox, vidro, cerâmica ou outro tipo de recipiente não corrosivo para colocar o salmão para curar. Salpique um pouco da mistura de sal no fundo da forma e coloque o salmão com a pele virada para baixo. Cubra o filé completamente com uma camada da mistura de sal. Espalhe o endro sobre toda a superfície.
4. Caso esteja dobrando a receita e curando dois filés, salgue o segundo filé da mesma maneira e coloque-o com a pele virada para cima sobre o primeiro filé, de modo que o endro fique no meio dos dois filés e as peles de cada um fiquem voltadas para fora.
5. Cubra bem a forma e leve à geladeira de um dia para o outro. Vire o(s) filé(s) e mantenha sob refrigeração por mais 1 dia (2 dias no total). *Observação:* algumas receitas sugerem colocar um peso sobre o peixe durante a cura. Isso é opcional. Colocar o peso resulta em um produto levemente mais seco e firme.
6. Depois de 2 dias, escorra todo o líquido que se acumular na forma. Cuidadosamente, raspe todo o endro e a mistura de sal da superfície do peixe.
7. Para servir, corte em ângulo agudo – isto é, com a faca quase paralela à mesa – em fatias largas, mas finas como papel (Fig. 26.1).

Salmão defumado

Rendimento: 850 g, sem a pele

Quantidade	Ingredientes
1,2 kg	Filé de salmão, com a pele
180 g	Sal grosso
90 g	Açúcar
2 colheres (chá)	Pimenta-do-reino preta moída grosseiramente
1 colher (chá)	Mostarda em pó
½ colher (chá)	Pimenta-da-jamaica em pó
¼ de colher (chá)	Pimenta-caiena
60 g	Cebola bem picada

Por 30 g:
Calorias, 70; Proteínas, 8 g; Gorduras, 4 g (53% cal.); Colesterol, 25 mg; Carboidratos, 0 g; Fibras, 0 g; Sódio, 240 mg.

Modo de preparo

1. Passe os dedos pela superfície do filé de salmão para localizar as espinhas. Puxe-as com uma pinça.
2. Misture o sal, o açúcar, a pimenta-do-reino, a mostarda em pó, a pimenta-da-jamaica e a pimenta-caiena.
3. Separe uma forma de inox, vidro, cerâmica ou outro tipo de recipiente não corrosivo para colocar o salmão para curar. Salpique um pouco da mistura de sal no fundo da forma e coloque o salmão, com a pele virada para baixo. Cubra o filé completamente com uma camada da mistura de sal. Depois, cubra com a cebola picada, distribuindo-a de maneira uniforme sobre o filé.
4. Caso esteja dobrando a receita e curando dois filés, salgue o segundo filé da mesma maneira e coloque-o, com a pele virada para cima, sobre o primeiro filé, de modo que a cebola fique no meio dos dois filés e a pele de cada um fique virada para fora.
5. Cubra bem a forma e leve à geladeira por 12 a 24 horas.
6. Retire o(s) filé(s) da forma e enxágue para retirar a mistura de sal e a cebola. Coloque, com a pele virada para baixo, sobre uma grade em uma assadeira rasa e deixe secar na geladeira, descoberto, até que uma película fina e seca tenha se formado na superfície da carne.
7. Defume a frio, a 30°C.
8. Para servir, corte em ângulo bem agudo – isto é, com a faca quase paralela à mesa – em fatias largas, mas finas como papel.

Truta defumada

Rendimento: 10 filés, 180–200 g cada

Quantidade	Ingredientes
2 L	Água
250 g	Sal
60 g	Açúcar mascavo claro
4	Folhas de louro
2 colheres (chá)	Grãos de pimenta-do-reino preta
1 colher (chá)	Sementes de coentro
½ colher (chá)	Grãos de pimenta-da-jamaica
½ colher (chá)	Mostarda em pó
10	Filés de truta de aproximadamente 250 g cada

Por porção:
Calorias, 320; Proteínas, 47 g; Gorduras, 12 g (36% cal.); Colesterol, 135 mg; Carboidratos, 2 g; Fibras, 0 g; Sódio, 3.420 mg.

Modo de preparo

1. Prepare a salmoura. Em uma panela, misture a água, o sal, o açúcar, as folhas de louro, a pimenta-do-reino, as sementes de coentro, a pimenta-da-jamaica e a mostarda em pó. Aqueça até ferver, mexendo até que o sal e o açúcar estejam dissolvidos.
2. Deixe a salmoura esfriar e leve à geladeira.
3. Coloque os filés de truta em uma forma de inox, plástico ou outro material não corrosivo, em uma só camada. Adicione uma quantidade suficiente de salmoura fria para cobrir completamente os filés. Coloque um peso leve sobre o peixe para mantê-lo submerso.
4. Leve à geladeira por 6 a 8 horas.
5. Retire os filés da salmoura e enxágue-os em água fria. Seque com papel-toalha.
6. Arrume os filés sobre uma grade e deixe secar por algumas horas na geladeira.
7. Defume a quente a 85°C até que a temperatura interna do peixe chegue a 63°C, aproximadamente 1 hora e 30 minutos. Deixe esfriar e depois mantenha sob refrigeração.

Pato defumado

Rendimento: 2 patos defumados

Quantidade	Ingredientes
6 L	Água
360 g	Sal
180 g	Açúcar
90 g, ou conforme indicação do fabricante	Sal de cura nº 1
3	Folhas de louro
2 colheres (chá)	Cebola desidratada em pó
2	Patos pequenos de aproximadamente 1,8 kg cada

■ Modo de preparo

1. Prepare a salmoura. Aqueça a água em uma panela até ficar morna. Adicione o sal, o açúcar e o sal de cura e mexa até que tenham dissolvido. Acrescente as folhas de louro e a cebola em pó.
2. Deixe a salmoura esfriar e leve à geladeira.
3. Coloque os patos em um recipiente de inox, plástico ou outro material não corrosivo. Coloque uma quantidade suficiente de salmoura para cobri-los completamente. Coloque um peso sobre eles para que fiquem submersos.
4. Deixe curar na geladeira por 2 dias. (*Observação:* patos grandes levam de 3 a 4 dias para curar.)
5. Retire os patos da salmoura e enxágue bem.
6. Coloque sobre uma grade e deixe secar na geladeira por no mínimo 8 horas.
7. Faça a defumação a quente a 85°C até que a temperatura interna do pato chegue a 74°C.

V A R I A Ç Õ E S

Peru ou frango defumado
Deixe o peru ou frango em salmoura, como na receita básica. O peru precisa curar por 4 a 6 dias na salmoura, dependendo do tamanho. O frango precisa de 2 a 4 dias, dependendo do tamanho.

Por pato, sem a pele:
Calorias, 510; Proteínas, 79 g; Gorduras, 17 g (32% cal.); Colesterol, 305 mg; Carboidratos, 4 g; Fibras, 0 g; Sódio, 4.330 mg.

EMBUTIDOS

Os **embutidos** são uma mistura de carne moída, geralmente de porco, e temperos embutidos em um envoltório. Em inglês, o termo *sausage* (que é usado tanto para linguiças quanto para salsichas e outros embutidos) pode ser usado até para se referir à mistura de carne em si, sem o envoltório. Ou seja, *sausage* pode ser nada mais do que uma carne de porco moída e temperada com sal.

Embora existam centenas ou até milhares de tipos de embutidos, a maioria tem como base alguns princípios elementares. Esses princípios são tão simples que tornam possível a fabricação de uma grande variedade de embutidos na cozinha, dispensando o uso exclusivo de produtos industrializados. Além disso, não é necessário ater-se às receitas tradicionais. Muitos *chefs* estão experimentando novos ingredientes e temperos para tornar o cardápio mais variado.

CATEGORIAS DE EMBUTIDOS

Os embutidos podem ser classificados em três grupos básicos:

Embutidos frescos
Embutidos curados
Embutidos defumados

Um **embutido fresco**, de acordo com a definição do USDA, não contém nitratos nem nitritos. É basicamente uma mistura de carne moída, temperos e condimentos, que em geral chamamos de linguiça. Embora muitas vezes sejam cruas, as linguiças frescas podem conter

Capítulo 26 • Embutidos e outros alimentos curados

ingredientes cozidos, ou podem até ser totalmente cozidas antes de serem comercializadas. Qualquer linguiça crua fresca que contenha carne de porco deve ser cozida por completo antes de ser servida e consumida.

Um **embutido curado** é aquele que contém nitritos ou nitratos de sódio. Esses produtos químicos ajudam a evitar a deterioração e a intoxicação alimentar, conforme explicado na primeira parte deste capítulo. Além disso, também mantêm a carne avermelhada ou rosada, mesmo depois de cozida. Os embutidos curados podem ser vendidos crus ou cozidos, macios e úmidos como a linguiça fresca, parcialmente secos e firmes, ou secos e duros como o salame. Os salames de porco, originários da Itália, e outros embutidos curados e secos semelhantes são crus, mas os processos de cura, maturação e secagem os tornam seguros para o consumo. Conforme explicado na página 826, os embutidos de cura a seco para serem consumidos crus são feitos com nitratos, além de nitritos, para uma cura mais prolongada.

Os **embutidos defumados** podem ser defumados a quente e, portanto, cozidos, ou a frio. A defumação pode ser leve ou forte, dependendo do embutido. Assim como outras carnes defumadas, os embutidos são curados antes de serem defumados. A mistura de cura é adicionada diretamente à carne do embutido.

INGREDIENTES BÁSICOS DOS EMBUTIDOS

Os ingredientes básicos dos embutidos, em especial a linguiça, são:

Carne de porco magra

Gordura de porco, preferencialmente toucinho firme, moído com a carne

Sal

Especiarias, ervas e outros temperos e condimentos

No caso dos embutidos curados, as misturas de cura que contêm nitritos ou nitratos são adicionadas à lista anterior.

A carne

A carne de porco é a mais usada na fabricação de embutidos, mas podem ser usadas outras carnes ou misturas de carnes. Carne de vaca, vitela, cordeiro, frango, peru, pato, fígado, coelho e cervo podem ser encontradas em embutidos. Com frequência, são usadas misturas de carne de porco e mais uma dessas carnes. Embutidos mais exóticos podem incluir ingredientes como timo e miolo.

Carne de porco certificada – isto é, com ausência de triquinose atestada – é usada em embutidos curados a seco e consumidos sem cozimento.

A gordura

A gordura de porco, ou outro tipo de gordura, como a gordura de vaca usada em linguiças de carne de vaca, é um ingrediente importante. A impressão de suculência em qualquer carne cozida é proveniente, em grande parte, do seu teor de gordura; por isso, um pouco de gordura é sempre incluído nas misturas para embutidos. Sem ela, a linguiça cozida teria uma textura muito seca.

Na maioria dos embutidos tradicionais, a gordura chega a ser de 25 a 50% do peso total, mas o mais comum é 33% de gordura.* Em outras palavras, a porcentagem de gordura em relação à carne magra varia de três partes de carne magra para uma parte de gordura, em embutidos mais magros, a uma parte de carne magra para uma parte de gordura, em embutidos mais fortes e gordurosos. A variação dessas porcentagens altera a identidade da linguiça.

Para os embutidos de carne de porco, é preferível usar toucinho firme a outras gorduras. Gorduras mais macias têm maior probabilidade de derreter e escorrer para fora da linguiça durante o cozimento. Uma maneira mais fácil e rápida de preparar embutidos de porco sem ter que se preocupar com a porcentagem de gordura em relação à carne magra é usar o pernil inteiro. Nesse corte, a porcentagem de gordura em relação à carne magra é muito boa para o preparo de embutidos.

No mundo de hoje, tão consciente em relação às dietas, faz sentido tentar fazer linguiças com baixo teor de gordura. Mas saiba que é preciso tomar mais cuidado ao preparar linguiças com menos de 25% de gordura. As linguiças magras jamais devem ser cozidas em excesso, pois isso pode ressecá-las. Mantenha a mistura de carne resfriada para evitar danos à textura da carne e da gordura. Com cuidado, é possível preparar linguiças saborosas com um teor

*N.R.: Por lei, os teores máximos de gordura para linguiças produzidas no Brasil são: 30% para as frescais e dessecadas e 35% para as cozidas.

de gordura de até 10 ou 15%. Mas não se pode esperar, contudo, que a característica das linguiças magras seja a mesma das linguiças mais gordurosas.

Para reduzir o teor de gordura, podem ser usados outros ingredientes para enchimento, como cereais (arroz, cevada, farinha de rosca etc.). Esses amidos absorvem e retêm umidade e, portanto, aumentam o teor total de umidade das linguiças com baixo teor de gordura.

Temperos

Ervas, especiarias e outros condimentos são responsáveis pelas principais diferenças entre as linguiças. Muitas, senão a maioria das linguiças frescas do mundo, são feitas com nada mais que carne de porco moída e temperos. São os temperos que dão a elas seu sabor característico. Um exame das receitas desta seção confirmará isso.

Alguns dos principais condimentos e ervas usados na fabricação de linguiças são:

Pimenta-da-jamaica	Macis
Semente de alcaravia	Manjerona
Pimenta-caiena ou pimenta vermelha em flocos	Mostarda
	Noz-moscada
Canela	Páprica
Cravo-da-índia	Salsinha
Semente de coentro	Pimenta-do-reino, preta e branca
Cominho	Sálvia
Semente de erva-doce	Estragão
Gengibre	Tomilho

Outros ingredientes importantes:

Alho	Vinho, branco e tinto
Cebola	Vinagre
Chalota	Ovos
Cebolinha-francesa	

Misturas padronizadas de condimentos são geralmente usadas para temperar linguiças, patês e outros itens semelhantes. Uma das mais comuns é a mistura chamada **quatre épices** (quatro especiarias), que pode ser encontrada em muitas versões. Geralmente pode ser comprada pronta, ou pode ser feita em casa usando receitas como as da página 839.

Misturas para cura

Os embutidos de cura a seco são curados com nitrato e nitrito (ver explicação na p. 826). Para outros embutidos curados, geralmente só se usa o nitrito, contido no sal de cura nº 1. Outros ingredientes, como glicose e sal extra, podem ser combinados com o sal de cura para complementar a mistura. A mistura para cura pode ser incorporada ao embutido de duas maneiras:

1. Pode ser misturada à carne depois que ela estiver cortada em cubos. A carne em cubos é completamente resfriada antes de ser moída.
2. Pode ser misturada aos demais condimentos e temperos e incorporada à carne já moída.

Consulte as receitas para obter instruções mais detalhadas sobre como preparar e incorporar as misturas com sal de cura.

Outros ingredientes

Diversos embutidos se distinguem por seus ingredientes incomuns ou exóticos. Alguns deles são adições tradicionais e respeitadas por sua antiguidade, como as trufas negras incorporadas a algumas linguiças regionais francesas, ou as castanhas e passas, acrescentadas a outras linguiças típicas.

Outros embutidos incomuns são inovações modernas de *chefs* criativos. Não é mais tão raro encontrar nos cardápios dos restaurantes atualmente linguiças com ingredientes como tomate seco, ou vegetais frescos, como pimentão e espinafre. Teoricamente, não há limites para o que pode ser embutido nos envoltórios. A principal exigência é que os ingredientes se complementem, da mesma maneira que a carne, os temperos e os vegetais devem se complementar em um prato de jantar.

ENVOLTÓRIOS

Os **envoltórios naturais** são feitos de intestinos de animais de corte. As *tripas de ovinos* são as mais delgadas, variando de 1,8 a 2,5 cm de diâmetro. São usadas para preparar vários tipos de linguiças, salsichas e outros embutidos semelhantes. As *tripas de porco* são de tamanho médio (aproximadamente 3 a 4 cm de diâmetro), dependendo da parte do intestino da qual é tirada. São usadas para preparar diversas linguiças frescas, como a linguiça calabresa e salsichões de carne de porco. O calibre das *tripas de boi* é variado: as menores possuem aproximadamente 4,5 cm de diâmetro, *as de tamanho médio* possuem aproximadamente 6,3 cm, e, *as maiores*, aproximadamente 10 cm.

Os envoltórios naturais são geralmente vendidos embalados em sal. Por causa do efeito conservante do sal, os envoltórios podem ser mantidos por tempo indeterminado, contanto que sejam refrigerados. Os envoltórios naturais são fáceis de usar, se forem manipulados de forma correta. Antes de serem usados para embutidos, devem ser desembaraçados, lavados, enxaguados e examinados para ver se não têm furos, de acordo com o procedimento a seguir.

Procedimento para preparar envoltórios naturais

1. Cuidadosamente, retire os envoltórios um a um de dentro da embalagem com sal e separe-os. Como um único envoltório pode ter 4 m de comprimento, é mais fácil fazer isso em uma bancada grande. Separe os diferentes comprimentos e mantenha-os em pilhas separadas na bancada. Ao desembaraçá-los, não puxe com força para não formar nós.

   Separe mais envoltórios do que você acha que precisará. É mais fácil devolver os envoltórios não usados à embalagem com sal do que separar e lavar outros envoltórios quando estes acabam antes de você ter embutido todo o lote de carne.

2. Encha parcialmente uma tigela grande com água limpa e coloque-a na pia debaixo da torneira. Pegue uma das extremidades de um envoltório e deixe o restante dele na tigela com água. Abra a extremidade e deixe água fria correr dentro dele, até encher aproximadamente 30 cm. Segurando as duas extremidades do envoltório, como se fosse uma "linguiça de água", deixe que a água flua de uma extremidade à outra.

   Isso tem duas finalidades: lavar o interior do envoltório e identificar possíveis furos. Pontinhos pequenos não constituem um problema, mas caso apareça um furo maior, simplesmente corte o envoltório em duas partes naquele ponto. Pedaços pequenos podem ser descartados, para maior eficiência.

3. Se você estiver fazendo uma pequena quantidade de linguiça e for embuti-las imediatamente, cada um dos envoltórios pode ser colocado no funil para embutir assim que for lavado. Caso contrário, o envoltório pode ser armazenado para uso posterior. Selecione um recipiente com tampa e coloque água fria até atingir ¾ da capacidade. Coloque o envoltório dentro e deixe uma das extremidades pendurada sobre a borda.

   Repita essa operação com os outros envoltórios. Complete o recipiente até o topo com água fria, tampe e mantenha sob refrigeração até o momento de usar. Deixar as extremidades dos envoltórios penduradas para fora da borda permite que você retire um de cada vez sem embaraçá-los. Se a extremidade do envoltório ressecar, simplesmente corte-a fora.

A oferta de envoltório natural não é nem de perto suficiente para suprir a produção de linguiças, por isso outros tipos de envoltórios passaram a ser muito utilizados. Os **envoltórios de colágeno** são moldados a partir de material animal e totalmente comestíveis, da mesma maneira que os envoltórios naturais. Mas, diferente dos naturais, seu tamanho é uniforme, o que facilita o controle da porção. Diversos tipos são fabricados para diferentes usos. Alguns são usados apenas para linguiças frescas, pois não são suficientemente fortes para suportar o peso das linguiças caso tenham que ser penduradas para a defumação. Outros tipos são mais fortes e elaborados para serem usados em linguiças defumadas. A maioria dos envoltórios deve ser mantida sob refrigeração para evitar que ressequem ou que fique quebradiça. Para usá-los, mergulhe-os em água por alguns segundos para torná-los maleáveis, caso estejam secos, e depois coloque-os no funil para embutir.

Os envoltórios sintéticos fibrosos são feitos de material plástico e não são comestíveis. Amplamente utilizados para salames e outros frios, o envoltório é retirado antes ou depois do produto ser fatiado. Esses envoltórios não são perecíveis e não precisam de refrigeração. Devem ser imersos em água antes de serem usados, para que fiquem flexíveis. O tempo de imersão varia, e o fabricante deve especificar o tempo recomendado.

EQUIPAMENTO

A maioria das linguiças frescas pode ser feita sem nenhum outro equipamento especial além do moedor de carne e um dispositivo para embutir a carne nos envoltórios.

As peças móveis de um moedor de carne são uma lâmina giratória e um conjunto de discos com furos de vários tamanhos. O tamanho dos furos do disco determina a granulometria da moagem. Uma rosca força a carne do tubo de alimentação até a lâmina, e ela pica a carne à medida que a força a passar pelos orifícios do disco.

Antes de moer a carne é importante verificar os dois pontos a seguir:

1. O equipamento deve estar completamente limpo e higienizado. Certifique-se de que não há nenhum vestígio de alimento de trabalhos anteriores nos diversos buracos e fendas do moedor, lâminas e discos.

2. O equipamento deve estar gelado para que a carne não sofra aquecimento. Coloque todas as peças do moedor na geladeira ou mergulhe-as em água gelada antes de usar.

A máquina para embutir linguiças é o segundo equipamento necessário para a fabricação. O mais simples desses equipamentos parece muito com um funil comum. O envoltório é colocado ao redor do bico do funil e a carne é empurrada pela extremidade mais larga com os dedos ou com um êmbolo de madeira. Isso é suficiente para preparar alguns quilos de linguiça, mas não para grandes lotes.

Dispositivos maiores possuem bocais removíveis para diferentes tamanhos de envoltórios. O bocal é anexado ao canhão, reservatório cilíndrico que suporta a carne enquanto ela é empurrada em direção ao bocal com a ajuda de um pistão. Em máquinas menores, o pistão é empurrado manualmente. Essas máquinas são apropriadas para a produção em pequena escala, como a de um restaurante de pequeno ou médio porte. Para produções industriais em grande escala, são usadas máquinas maiores, em que o pistão é operado por uma manivela e uma sequência de engrenagens.

A MOAGEM

A moagem da carne determina a textura do embutido. A carne para embutido pode ser dividida em duas categorias com base na moagem. As linguiças mais comuns são feitas simplesmente de carne e gordura moídas em diversas granulometrias, misturadas aos temperos e depois embutidas em envoltórios. Esses são os **embutidos de moagem simples**. Outros, como a salsicha e a mortadela, são feitos de carne e gordura moídas até que seja obtido um purê homogêneo, que é misturado com um pouco de líquido, como água ou leite. Esses são os **embutidos emulsionados**, que se distinguem por seu conteúdo líquido e pela emulsificação da gordura com a carne e o líquido.

Moagem simples

A granulometria da moagem é uma característica importante de qualquer linguiça. Por exemplo, uma característica distinta das linguiças de Toulouse (p. 839) é a sua textura rústica. A carne é picada à mão, e não moída. Por outro lado, as *breakfast sausages* (linguiças norte-americanas servidas no café da manhã) apresentam granulometria fina.

Para moer a carne, corte-a em pedaços suficientemente pequenos para que caibam no tubo do moedor e mantenha-a bem refrigerada. Controle a granulometria da moagem selecionando o disco adequado, conforme indicação da receita. Em alguns casos, as moagens finas são feitas moendo-se a carne uma vez com o disco de orifícios mais largos e uma segunda vez com o disco de orifícios mais finos. Conforme indicado no procedimento a seguir, a carne, a gordura e os temperos são misturados de maneira uniforme depois que a carne é moída.

A mistura de carne deve ser mantida fria durante a moagem. Quando a mistura esquenta, a gordura amolece e começa a perder textura. Como consequência, pode derreter muito rapidamente quando a linguiça é cozida, o que resulta em grande diminuição de volume, textura ruim e ressecamento. Se a cozinha for quente, coloque a carne de volta na geladeira para que fique completamente resfriada depois de cortada e antes de moer. Se tiver que ser moída diversas vezes, coloque-a na geladeira entre as moagens.

Outra variação na textura das linguiças de moagem básica pode ser obtida ao se misturar pedaços ou cubos de carne ou outros ingredientes à carne já moída, como é feito, por exemplo, na mortadela.

Em qualquer receita de embutido, siga fielmente as instruções de moagem e processamento, a fim de obter a textura e as características apropriadas.

Moagem com emulsificação

Nos embutidos de textura mais fina, a carne, na realidade, é transformada em uma pasta homogênea. A carne crua transformada em purê consegue absorver bastante umidade, e geralmente é acrescida de água ou leite para melhorar sua textura. Nos embutidos que levam leite, a receita pode indicar leite líquido, ou leite em pó diluído em água. O leite em pó é acrescentado ao mesmo tempo em que a mistura de temperos.

Moer a carne até obter a textura de pasta gera calor; por isso, a água é acrescentada na forma de gelo, para manter a temperatura baixa. Caso a receita indique leite, congele-o em cubos.

Procedimento para preparar embutidos de moagem básica, frescos e curados

1. Pese as carnes e a gordura. Corte em pedaços suficientemente pequenos para caber no moedor.
2. Se as linguiças serão curadas, acrescente neste ponto a mistura de cura à carne em cubos. Outra possibilidade é acrescentar a mistura de cura junto com o sal e os temperos na etapa 4.
3. Resfrie bem a carne antes de prosseguir.
4. Pese o sal e os temperos.
5. Moa a carne e a gordura, seguindo as instruções da receita até obter a granulometria de moagem adequada.
6. Resfrie bem a carne. Preferencialmente, a carne deve ser resfriada até atingir 0 a 2°C antes de ser misturada e embutida.
7. Misture bem a carne, o sal e os temperos. É melhor que isso seja feito manualmente em um recipiente grande. Mas pode ser feito também em uma batedeira com o batedor raquete.

   Se a receita indicar a adição de água fria ou outro líquido, primeiro acrescente o sal e os temperos à água, depois misture tudo à carne. Isso facilita a distribuição dos temperos; melhor do que se fossem misturados a seco.

   Muitas receitas dizem que a carne, depois de misturada, deve ser refrigerada de um dia para o outro para que absorva bem os temperos e sabores. No entanto, é mais fácil embutir as linguiças imediatamente após misturar a carne. Se a mistura de carne salgada for refrigerada de um dia para o outro, ficará mais firme e, portanto, mais difícil de passar pelo funil para embutir. Embutir imediatamente resulta em envoltórios embutidos de maneira mais uniforme e com menos bolhas. Além disso, a carne terá tempo para absorver os temperos dentro dos envoltórios da mesma maneira.

8. Prove o tempero, mas não prove a carne crua. De preferência, faça um bolinho achatado e cozinhe em uma frigideira ou escalfe em água. Deixe esfriar e prove. Se for necessário, acrescente mais sal ou outro tempero à mistura da linguiça.
9. Coloque a mistura no canhão, um pouco de cada vez. Aperte com firmeza dentro da máquina para eliminar bolhas de ar.
10. Coloque o envoltório no bocal. Para fazer com que deslize com facilidade, molhe o envoltório e o bocal do funil com água.
11. Encha as linguiças seguindo as instruções do equipamento (ver Fig. 26.2). A carne faz o envoltório deslizar para fora do bocal à medida que é introduzida, mas é melhor segurar a extremidade do bocal, pois isso ajuda a controlar a velocidade com que o envoltório é empurrado para fora. De vez em quando, à medida que o envoltório for ficando cheio, é preciso empurrar o envoltório vazio em direção à ponta do funil, para que deslize com mais facilidade. Não encha muito os envoltórios, pois se a carne for muito prensada, será difícil enrolar a linguiça.
12. Depois de embutir a carne nos envoltórios, retire quaisquer bolhas existentes perfurando o envoltório com uma agulha e pressionando a superfície para expelir o ar.
13. Enrole a linguiça de maneira uniforme.

Figura 26.2
Como encher embutidos.

(a) Máquina pequena para encher embutidos com bocal de tamanho médio. Esta máquina tem capacidade para 2,3 kg de carne por vez.

(b) Lave os envoltórios com água fresca e fria, verificando se não apresentam furos.

(d) Ao encher os envoltórios, use uma das mãos para guiar o embutido à medida que ele desliza para fora.

(c) Coloque o envoltório em um bocal de tamanho adequado.

(e) Amarre a linguiça em gomos do tamanho desejado e enrole.

Um moedor de carne não consegue moer a carne nessa textura; por isso, o procedimento de moagem é feito em dois estágios. Primeiro, moa a carne e a gordura separadamente, usando o disco mais fino do moedor de carne. Mantenha a carne e a gordura separadas e leve-as à geladeira depois de moídas. Depois, usando um processador de alimentos, moa a carne até obter uma pasta homogênea – coloque a carne magra na tigela do processador e bata por alguns segundos. Adicione o gelo e continue moendo até ficar homogênea. Controle cuidadosamente a temperatura para que não ultrapasse 10°C. Adicione a gordura e continue moendo até que estejam bem misturadas. Continue controlando a temperatura, não deixe que ultrapasse 14°C.

Os embutidos emulsionados geralmente são cozidos em água e resfriados em água fria depois de embutidos. Se forem defumados, primeiro passam pela defumação, depois são cozidos.

Procedimento para preparar embutidos emulsionados, frescos e curados

1. Moa a carne e a gordura separadamente, usando o disco com orifícios pequenos do moedor de carne. Siga as etapas 1 a 6 do procedimento básico para preparo de embutidos, apresentado anteriormente. Resfrie bem.
2. Se a receita indicar, misture os temperos à carne magra (outra possibilidade é adicionar os temperos juntamente com o gelo, na etapa 3).
3. Coloque a carne magra na tigela de um processador de alimentos. Ligue o processador por alguns segundos e adicione o gelo. Continue moendo até obter uma pasta fina. Não deixe que a temperatura ultrapasse 10°C.
4. Adicione a gordura e continue moendo até que esteja bem misturada à carne. Continue controlando a temperatura para que não ultrapasse 14°C.
5. Siga as etapas 8 a 12 do procedimento anterior para verificar o tempero e encha os envoltórios.

COMO DEFUMAR EMBUTIDOS

O procedimento para defumar embutidos é o mesmo usado para defumar outras carnes (ver Fig. 26.3). Consulte a página 828 para obter informações básicas sobre defumação e siga as instruções das receitas. Observe principalmente os seguintes pontos:

1. Somente embutidos curados devem ser defumados.
2. Os embutidos devem estar ligeiramente secos antes de serem defumados, da mesma forma que outros alimentos submetidos à defumação (ver p. 828). Pendure-os de maneira que o ar circule ao seu redor e deixe que sequem por aproximadamente 1 hora e 30 minutos, ou conforme indicação da receita.
3. Faça a defumação a quente ou a frio, conforme indicação da receita. Embutidos de cura a seco para serem ingeridos crus são defumados a frio. Embutidos comercializados cozidos são geralmente defumados a quente. Depois de defumados, eles geralmente são escalfados até que a temperatura interna atinja 71 a 74°C, depois são resfriados rapidamente em água gelada e secos com uma toalha.

Figure 26.3
Linguiças prontas antes de serem retiradas do defumador.

COMO COZINHAR EMBUTIDOS

Embora os embutidos, em especial as linguiças, sejam algumas vezes ingredientes ou componentes de pratos mais elaborados, muitas vezes também são servidos separadamente, assim como outras carnes. O preparo de linguiças antes de cozinhá-las é mínimo. Na maioria dos casos, elas podem ser consideradas prontas para serem cozidas – ou, no caso de linguiças completamente cozidas, prontas para serem aquecidas. Linguiças frescas cruas que contenham carne de porco devem ser totalmente cozidas antes de serem servidas, assim como outros produtos frescos de carne de porco. Se uma linguiça fresca não contiver carne de porco, como a linguiça de cordeiro da página 841, pode ser servida um pouco mais malpassada. Retirar a linguiça do fogo quando ainda está rosada por dentro ajuda a reter os sucos.

Linguiças previamente cozidas só precisam ser bem aquecidas antes de serem servidas. No entanto, o tempo de cozimento é quase o mesmo que o das linguiças cruas. Em outras palavras, o tempo que leva para o calor chegar ao centro é praticamente igual.

Os métodos de cozimento a seguir são, em geral, usados para linguiças.

Cozimento em fogo brando

Coloque as linguiças em uma panela com água salgada suficiente para cobri-las. Cozinhe em fogo brando até ficarem completamente cozidas. Não deixe a água ferver. Isso pode fazer com que a linguiça estoure ou diminua muito o seu volume.

O tempo depende da espessura da linguiça. As linguiças em envoltórios de porco levam aproximadamente 20 minutos para cozinhar; as menores podem levar apenas 10 minutos, e as maiores 30 minutos ou mais.

As linguiças cruas podem ser cozidas em fogo brando até ficarem completamente cozidas; em seguida, um dos métodos a seguir podem ser usado para finalizá-las.

Saltear e fritar em pouco óleo

As linguiças são salteadas ou fritas em pouco óleo por meio das mesmas técnicas utilizadas para outras carnes. Para muitos tipos de linguiças, o dourado resultante as torna mais apetitosas do que as cozidas em fogo brando.

Se as linguiças não estiverem cruas, é necessário apenas cozinhá-las até que estejam levemente douradas e bem quentes. Se estiverem cruas, é necessário que o fogo seja baixo, para que estejam completamente cozidas quando estiverem douradas.

Saltear e fritar em pouco óleo são métodos usados não somente para linguiças, mas também para hambúrguer de carne de linguiça e *crêpinettes*, que é um hambúrguer de linguiça envolto em peritônio suíno (ver p. 281). Não aperte o hambúrguer com a espátula ao cozinhar. Isso força a saída dos sucos, deixando-o ressecado.

Brasear

As linguiças frescas cruas podem precisar de mais tempo para cozinhar, por isso brasear é o método de cozimento preferido. As linguiças são refogadas em fogo médio por até 5 minutos, depois finalizadas com o método de cozimento em calor úmido. O cozimento em calor úmido pode acontecer de diversas formas, como nos quatro métodos relacionados a seguir. Estes métodos são apropriados não somente para linguiças frescas, mas também para linguiças totalmente cozidas e defumadas servidas quentes.

- Tampar a panela para reter o vapor.
- Adicionar uma pequena quantidade de líquido (água, fundo, vinho etc.), tampar a panela e cozinhar até o ponto desejado.
- Glacear, isto é, adicionar uma pequena quantidade de fundo e continuar a cozinhar. A panela pode ser tampada ou deixada sem a tampa no início, mas a última parte do cozimento acontece com a panela destampada. As linguiças são regadas com o fundo à medida que este é reduzido, deixando-as glaceadas. O fundo que restar na panela depois que as linguiças forem cozidas será reduzido e engrossado e poderá ser servido com a linguiça, como um molho. Esse método de cozimento é especialmente adequado para hambúrguer de linguiça e *crêpinettes*.
- Cozinhar as linguiças com outros ingredientes em um ensopado, depois que forem douradas. Chucrute, pratos com feijão e refogados são exemplos.

Grelhar e assar no dourador

Pincele as linguiças com óleo para evitar que grudem e doure ou grelhe como outras carnes. Geralmente, é melhor usar fogo médio. O fogo alto pode dourar demais a linguiça antes que esteja completamente cozida, aumentando a probabilidade de se abrirem.

SOBRE AS RECEITAS DE EMBUTIDOS

Antes de prosseguir com as receitas de embutidos, observe os seguintes pontos.

1. Consulte os procedimentos gerais para o preparo de embutidos nas páginas 836 e 837. Alguns desses pontos não são repetidos nas receitas.
2. A proporção de gordura e carne magra não é especificada na maioria das receitas. Consulte a explicação sobre a proporção de gordura e carne magra na página 832 e ajuste as quantidades nas receitas conforme desejado.

Quatre épices I

Rendimento: 37 g

Quantidade	Ingredientes
4 colheres (sopa)	Pimenta-do-reino, branca ou preta, moída
2 colheres (chá)	Noz-moscada ralada
2 colheres (chá)	Cravo-da-índia em pó
2 colheres (chá)	Canela em pó

Por 30 g:
Calorias, 90; Proteínas, 3 g; Gorduras, 2 g (13% cal.); Colesterol, 0 mg; Carboidratos, 19 g; Fibras, 8 g; Sódio, 10 mg.

Modo de preparo
1. Misture bem todos os ingredientes.
2. Reserve em um recipiente hermeticamente fechado.

Quatre épices II

Rendimento: 34 g

Quantidade	Ingredientes
10 colheres (chá)	Pimenta-do-reino branca moída
3 colheres (chá)	Noz-moscada ralada
3 colheres (chá)	Gengibre em pó
1 colher (chá)	Cravo-da-índia em pó

Por 30 g:
Calorias, 100; Proteínas, 3 g; Gorduras, 3 g (21% cal.); Colesterol, 0 mg; Carboidratos, 18 g; Fibras, 7 g; Sódio, 5 mg.

Modo de preparo
1. Misture bem todos os ingredientes.
2. Reserve em um recipiente hermeticamente fechado.

Linguiça de porco

Rendimento: 3 kg

Quantidade	Ingredientes
3 kg	Carne e gordura de porco
2 colheres (sopa)	Sal
2 colheres (chá)	*Quatre épices*
200 mL	Água fria

Por 30 g:
Calorias, 70; Proteínas, 5 g; Gorduras, 5 g (69% cal.); Colesterol, 20 mg; Carboidratos, 0 g; Fibras, 0 g; Sódio, 160 mg.

Modo de preparo
1. Corte a carne e a gordura em cubos suficientemente pequenos para que caibam no tubo do moedor de carne. Resfrie bem.
2. Moa a carne e a gordura uma vez com o disco de orifícios grandes e novamente com o disco de orifícios pequenos. Se necessário, resfrie a carne entre as moagens.
3. Misture o sal e o *quatre épices* com a água. Adicione à carne moída e misture bem com as mãos.
4. Coloque em envoltórios de porco ou cordeiro.

VARIAÇÕES

Linguiça Toulouse
Use os ingredientes especificados na receita, mas moa a carne grosseiramente. Isso pode ser feito de três maneiras, com resultados ligeiramente diferentes em cada método:
1. Pique a carne grosseiramente com uma faca.
2. Moa apenas uma vez com o disco de orifícios grandes do moedor de carne.
3. Pulse rapidamente em um processador de alimentos, apenas até atingir uma textura rústica.

Coloque em envoltórios de porco.

As linguiças Toulouse devem ter um teor de gordura de pelo menos 33% – isto é, uma parte de gordura para duas partes de carne magra.

Crêpinettes
Pese porções de 100 g de carne de linguiça. Faça hambúrgueres ovais. Corte quadrados de peritônio de porco (p. 281) e enrole as porções de carne nesses quadrados. Frite em pouco óleo, glaceie (ver p. 838) ou grelhe.

Outros ingredientes geralmente são misturados à carne de linguiça. Algumas adições clássicas incluem pistache descascado e branqueado (125 a 175 g por kg de linguiça); castanha-portuguesa cozida e picada (250 g por kg de carne); ou trufa fresca em cubos (a quantidade que couber no orçamento).

Outras misturas de linguiça, como as das outras receitas desta seção, podem ser usadas para fazer *crêpinettes*.

Linguiça francesa de alho

Rendimento: 3,5 kg

Quantidade	Ingredientes
3 kg	Carne e gordura de porco
500 g	Toucinho
2 colheres (sopa)	Sal
1 ½ colher (chá)	Pimenta-do-reino preta
2 colheres (chá)	Alho amassado
½ colher (chá)	Sálvia moída
½ colher (chá)	Manjerona seca
½ colher (chá)	Tomilho seco
125 mL	Vinho branco seco

Por 30 g:
Calorias, 70; Proteínas, 5 g; Gorduras, 5 g (69% cal.); Colesterol, 20 mg; Carboidratos, 0 g; Fibras, 0 g; Sódio, 150 mg.

Modo de preparo

1. Corte a carne e a gordura em cubos suficientemente pequenos para que caibam no tubo do moedor de carne. Resfrie bem.
2. Cozinhe o toucinho em água e sal, em fogo brando, por no mínimo 2 horas, até que esteja macio. Resfrie bem.
3. Moa a carne uma vez com o disco de orifícios grandes e novamente com o disco de orifícios médios. Se necessário, resfrie a carne entre as moagens.
4. Repita o procedimento de moagem com o toucinho. Misture a carne e o toucinho moídos.
5. Misture o sal e os temperos com o vinho. Adicione à carne moída e misture bem com as mãos.
6. Coloque em envoltórios de porco.

Linguiça italiana picante

Rendimento: 3 kg

Quantidade	Ingredientes
3 kg	Carne e gordura de porco
2 colheres (sopa)	Sal
2 colheres (chá)	Pimenta-do-reino preta
2 colheres (chá)	Sementes de erva-doce
4 colheres (chá)	Páprica
2 colheres (chá)	Pimenta vermelha em flocos
1 colher (chá)	Sementes de coentro moídas
2 colheres (chá)	Açúcar
200 mL	Água fria

Por 30 g:
Calorias, 70; Proteínas, 5 g; Gorduras, 5 g (69% cal.); Colesterol, 20 mg; Carboidratos, 0 g; Fibras, 0 g; Sódio, 160 mg.

Modo de preparo

1. Corte a carne e a gordura em cubos suficientemente pequenos para que caibam no tubo do moedor de carne. Resfrie bem.
2. Moa uma vez com o disco de orifícios médios.
3. Misture o sal e os temperos com a água fria. Adicione à carne moída e misture bem com as mãos.
4. Coloque em envoltórios de porco.

VARIAÇÕES

Linguiça italiana suave
Omita a páprica, a pimenta vermelha em flocos e a semente de coentro.

Linguiça de alho condimentada
Omita as sementes de erva-doce e as de coentro. Adicione 2 colheres (chá) de orégano seco e 1 a 2 colheres (chá) de alho picado.

Linguiça de vitela ou carne bovina

Rendimento: 3 kg

Quantidade	Ingredientes
2 kg	Carne e gordura de porco
1 kg	Vitela ou carne bovina, magra
2 colheres (sopa)	Sal
2 colheres (chá)	*Quatre épices*
200 mL	Água fria

Por 30 g:
Calorias, 60; Proteínas, 5 g; Gorduras, 4 g (64% cal.); Colesterol, 20 mg; Carboidratos, 0 g; Fibras, 0 g; Sódio, 170 mg.

Modo de preparo

1. Corte as carnes e a gordura em cubos suficientemente pequenos para que caibam no tubo do moedor de carne. Resfrie bem.
2. Moa a carne uma vez no disco de orifícios grandes ou médios para uma linguiça mais rústica. Para uma textura mais fina, moa mais uma vez com o disco de orifícios pequenos. Se necessário, resfrie a carne entre as moagens.
3. Misture o sal e o *quatre épices* com a água. Adicione à carne moída e misture bem com as mãos.
4. Coloque em envoltórios de porco.

VARIAÇÕES

Em vez de seguir as quantidades de carne indicadas na receita principal, use 1,5 kg de carne e gordura de porco e 1,5 kg de carne de vitela ou bovina. Essas quantidades produzem uma linguiça mais magra, com mais sabor de vitela, ou carne bovina.

Linguiça de cervo
Prepare como a receita básica ou como a primeira variação à esquerda, substituindo a vitela ou carne bovina pelo cervo. Acrescente 4 bagas de zimbro trituradas à mistura de temperos. Substitua a água fria por vinho tinto gelado.

Embutidos 841

Bratwurst fresca

Rendimento: 3 kg

Quantidade	Ingredientes
3 kg	Carne e gordura de porco
2 colheres (sopa)	Sal
3 colheres (chá)	Pimenta-do-reino branca
¼ de colher (chá)	Macis
1 colher (chá)	Sementes de coentro moídas
½ colher (chá)	Gengibre em pó
200 mL	Água fria

Por 30 g:
Calorias, 70; Proteínas, 5 g; Gorduras, 5 g (69% cal.); Colesterol, 20 mg; Carboidratos, 0 g; Fibras, 0 g; Sódio, 160 mg.

■ Modo de preparo

1. Corte a carne e a gordura em cubos suficientemente pequenos para que caibam no tubo do moedor de carne. Resfrie bem.
2. Moa a carne uma vez com o disco de orifícios grandes e novamente com o disco de orifícios pequenos. Se necessário, resfrie a carne entre as moagens.
3. Misture o sal e os temperos com a água. Adicione à carne moída e misture bem com as mãos.
4. Coloque em envoltórios de porco.

VARIAÇÃO

Seguindo o procedimento da página 837, faça uma moagem com emulsificação em vez da moagem básica. Omita a água indicada na receita e adicione 400 g de gelo, conforme indicado no procedimento.

Linguiça de cordeiro

Rendimento: 3 kg

Quantidade	Ingredientes
3 kg	Paleta de cordeiro (ver Observação)
2 colheres (sopa)	Sal
4 colheres (chá)	Alho picado
2 colheres (sopa)	Páprica
1 colher (chá)	Pimenta-caiena
1 colher (chá)	Pimenta-do-reino preta
2 colheres (sopa)	Cominho em pó
2 colheres (chá)	Orégano seco
1 colher (chá)	Canela em pó
4 colheres (sopa)	Coentro picado
200 mL	Água fria

Por 30 g:
Calorias, 80; Proteínas, 5 g; Gorduras, 6 g (73% cal.); Colesterol, 20 mg; Carboidratos, 0 g; Fibras, 0 g; Sódio, 160 mg.

Observação: junte um pouco de gordura à carne magra ou, se preferir, inclua um pouco de gordura de porco. Se usar a gordura de porco, a linguiça finalizada deve ser cozida até que esteja bem-passada. Se usar apenas cordeiro, a linguiça pode ser servida levemente malpassada.

■ Modo de preparo

1. Corte a carne em cubos suficientemente pequenos para que caibam no tubo do moedor de carne. Resfrie bem.
2. Moa a carne uma vez com o disco de orifícios médios.
3. Misture o sal e os temperos com a água. Adicione à carne moída e misture bem com as mãos.
4. Coloque em envoltórios de porco.

VARIAÇÕES

Para obter um sabor mais simples e natural, omita o orégano, a canela e o coentro.

Linguiça de cordeiro com ervas
O sabor das linguiças feitas a partir da receita principal é característico do Oriente Médio e de regiões do Norte da África. Para obter uma linguiça de cordeiro mais europeia ou norte-americana, omita a páprica, o cominho, o orégano, a canela e o coentro. Adicione 2 colheres (chá) de tomilho seco, 2 colheres (chá) de alecrim seco e 30 g de chalota picada.

Linguiça de pato

Rendimento: 3 kg

Quantidade	Ingredientes
3 kg	Gordura e carne de pato desossada
2 colheres (sopa)	Sal
2 colheres (chá)	*Quatre épices*
185 g	Pinhole torrado ou pistache branqueado e sem pele
185 g	Tomate seco em conserva, escorrido e picado
½ colher (chá)	Tomilho seco

Por 30 g:
Calorias, 160; Proteínas, 3 g; Gorduras, 17 g (91% cal.); Colesterol, 25 mg; Carboidratos, 1 g; Fibras, 0 g; Sódio, 160 mg.

■ Modo de preparo

1. Corte a carne e a gordura em cubos suficientemente pequenos para que caibam no tubo do moedor de carne. Resfrie bem.
2. Moa a carne uma vez com o disco de orifícios médios.
3. Misture o sal, o *quatre épices*, o pinhole, o tomate seco e o tomilho. Adicione à carne moída e misture bem com as mãos.
4. Coloque em envoltórios estreitos de porco.

Boudin blanc (salsicha branca francesa)

Rendimento: 3,6 kg

Quantidade	Ingredientes
750 g	Peito de frango, sem pele e sem osso
1 kg	Carne de porco branca magra
750 g	Gordura de porco
375 g	Cebola picada
500 mL	Leite
250 g	Pão branco esmigalhado
4	Ovos
3 colheres (sopa)	Sal
2 colheres (chá)	Pimenta-do-reino branca
½ colher (chá)	Macis
30 g	Salsinha picada (opcional)

Por 30 g:
Calorias, 90; Proteínas, 4 g; Gorduras, 7 g (72% cal.); Colesterol, 25 mg; Carboidratos, 2 g; Fibras, 0 g; Sódio, 210 mg.

Modo de preparo

1. Corte o frango, a carne de porco e a gordura em cubos suficientemente pequenos para que caibam no tubo do moedor de carne. Misture o frango com a carne de porco magra, mas reserve a gordura de porco.
2. Moa a carne uma vez com o disco de orifícios grandes e uma vez com o disco de orifícios pequenos. Resfrie.
3. Moa a gordura uma vez com o disco de orifícios grandes e uma vez com o disco de orifícios pequenos. Resfrie.
4. Cozinhe a cebola no leite em fogo brando até que esteja macia. Despeje essa mistura sobre o pão esmigalhado em uma tigela. Resfrie e depois coloque no congelador até que a mistura esteja parcialmente congelada.
5. Coloque a carne moída no processador de alimentos. Pulse por alguns segundos e acrescente a mistura de leite parcialmente congelada. Moa até obter uma mistura homogênea.
6. Bata os ovos com o sal, a pimenta, o macis e a salsinha (se for usá-la). Acrescente à carne no processador e continue batendo até obter uma pasta homogênea. Verifique a temperatura para que não ultrapasse 10°C. Se necessário, resfrie antes de continuar.
7. Adicione a gordura ao processador e continue batendo até que a mistura esteja homogênea e uniforme. Não deixe que a temperatura ultrapasse 14°C.
8. Coloque em envoltórios de porco.
9. Escalfe as linguiças lentamente em água, em fogo brando, até que estejam completamente cozidas, aproximadamente 20 minutos. Escorra e mergulhe-as em água gelada. Escorra novamente e leve à geladeira.

VARIAÇÕES

Podem ser usadas outras carnes brancas, como vitela ou coelho, no lugar do frango.

Mortadela

Rendimento: 2,4 kg

Quantidade	Ingredientes
1,2 kg	Carne de porco magra
1 colher (chá), ou conforme indicação do fabricante	Sal de cura nº 1
5 colheres (chá)	Sal
45 mL	Vinho branco seco
660 g	Gordura de porco firme, como toucinho
	Guarnição:
180 g	Toucinho
60 g	Pistache descascado, branqueado e sem pele
400 g	Gelo
1 ½ colher (chá)	Pimenta-do-reino branca
1 ½ colher (chá)	Páprica
1 colher (chá)	Macis
1 colher (chá)	*Quatre épices*
1 colher (chá)	Sementes de coentro moídas
¼ de colher (chá)	Cravo-da-índia em pó
60 g	Leite em pó desnatado

Por 30 g:
Calorias, 110; Proteínas, 4 g; Gorduras, 10 g (82% cal.); Colesterol, 15 mg; Carboidratos, 1 g; Fibras, 0 g; Sódio, 190 mg.

Modo de preparo

1. Corte a carne de porco em cubos suficientemente pequenos para que caibam no tubo do moedor de carne.
2. Misture a carne com o sal de cura, o sal e o vinho e resfrie por algumas horas, ou de um dia para o outro.
3. Corte a gordura de porco em cubos. Resfrie por diversas horas, ou de um dia para o outro.
4. Prepare a guarnição. Corte o toucinho em cubos pequenos. Branqueie em água fervente por 2 minutos. Escorra. Resfrie.
5. Certifique-se de que todos os pistaches estão bons e sem pele.
6. Moa a carne de porco magra usando o disco com orifícios pequenos. Coloque-a em um processador de alimentos.
7. Moa a gordura da etapa 3 (não a da guarnição) com o disco de orifícios pequenos e reserve. Se a cozinha for quente, resfrie a gordura, mesmo que vá ser utilizada em alguns minutos.
8. Ligue o processador de alimentos e bata a carne por alguns segundos. Acrescente o gelo, os temperos e o leite desnatado e continue batendo até obter uma pasta lisa. Verifique a temperatura da carne, não deixe que ultrapasse 10°C.
9. Adicione a gordura moída e continue processando. Desligue o processador de vez em quando e mexa com uma espátula, se necessário, para obter uma mistura mais uniforme. Processe até obter uma pasta lisa e homogênea. Não deixe que a temperatura ultrapasse 14°C.
10. Retire a mistura do processador e coloque em uma tigela de inox; coloque a tigela sobre gelo. Adicione a guarnição (gordura de porco em cubos e pistache) e misture bem ao purê de carne.
11. Coloque em envoltórios grandes, bovinos ou artificiais.
12. Deixe secar por algumas horas na geladeira. Esta etapa não é essencial, mas é o tempo necessário para que a carne adquira uma coloração rosada.
13. Escalfe a mortadela em água, em fogo bem baixo, usando um termômetro para assegurar que a temperatura da água permaneça a 74°C. Cozinhe até que a temperatura interna da mortadela chegue a 67°C.
14. Retire da água do cozimento e deixe esfriar em duas etapas. Primeiro, mergulhe-a em água em temperatura ambiente por 5 a 10 minutos. Em seguida, coloque-a em uma vasilha sob água corrente fria até que esteja completamente fria.
15. Leve à geladeira.

VARIAÇÃO

Bologna
Elimine a guarnição de gordura em cubos e o pistache. Elimine o vinho. Depois de encher os envoltórios e secar a mortadela, faça defumação a quente a 74°C por 1 hora. Retire do defumador e escalfe imediatamente, como na receita básica.

Linguiça defumada à moda *cajun**

Rendimento: 3 kg

Quantidade	Ingredientes
3 kg	Carne e gordura de porco
1 ¼ de colher (chá), ou conforme indicação do fabricante	Sal de cura nº 1
2 colheres (chá)	Sal
1 colher (chá)	Açúcar
125 mL	Água fria
4 colheres (chá)	Sal
4 colheres (chá)	Alho amassado
1 colher (sopa)	Pimenta-do-reino preta
1 colher (chá)	Pimenta-caiena
1 colher (chá)	Louro em pó
½ colher (chá)	Cominho em pó
1 colher (chá)	Pó para *chili*
1 colher (sopa)	Páprica

Por 30 g:
Calorias, 70; Proteínas, 5 g; Gorduras, 5 g (69% cal.); Colesterol, 20 mg; Carboidratos, 0 g; Fibras, 0 g; Sódio, 190 mg.

*N.R.: Estilo culinário norte-americano típico da região da Louisiana, de forte influência francesa.

■ Modo de preparo

1. Corte a carne e a gordura de porco em cubos.
2. Misture o sal de cura com o sal e o açúcar.
3. Adicione a mistura dissolvida na água à carne e à gordura e mexa bem. Resfrie por diversas horas.
4. Moa a mistura usando o disco de orifícios grandes.
5. Adicione os ingredientes restantes à carne e misture bem.
6. Coloque em envoltórios grandes de porco.
7. Pendure as linguiças na geladeira, se possível, ou disponha-as em assadeiras cobertas com uma toalha, de modo que não fiquem grudadas umas às outras. Leve à geladeira por 24 horas para secar antes de defumar.
8. Defume a frio, a 27°C, por 4 horas.
9. Neste ponto, as linguiças ainda estarão cruas e devem ser tratadas como linguiças frescas. Podem ser comercializadas dessa maneira, mas precisam ser cozidas (escalfar, saltear, grelhar etc.) antes de serem ingeridas. Outra possibilidade é escalfar até que atinjam a temperatura interna de 67°C imediatamente depois de defumá-las.

VARIAÇÃO

Andouille

Prepare a carne da linguiça como na receita básica, mas omita os temperos adicionados na etapa 5, substituindo-os pelos temperos e quantidades indicados abaixo. Faça defumação a frio por 12 horas. Depois de defumar, pendure as linguiças novamente na geladeira, se possível, ou disponha-as em assadeiras cobertas com uma toalha, de modo que não fiquem grudadas umas às outras. Deixe curar por mais 24 horas na geladeira.

4 colheres (chá)	Sal
3 colheres (sopa)	Alho amassado
1 colher (chá)	Pimenta-do-reino preta
1 colher (sopa)	Pimenta-caiena
¼ de colher (chá)	Louro em pó
1 colher (chá)	Páprica
½ colher (chá)	Tomilho seco
½ colher (chá)	Sálvia seca moída
½ colher (chá)	Macis
½ colher (chá)	Pimenta-da-jamaica moída

Linguiça de alho defumada

Rendimento: 2,75 kg

Quantidade	Ingredientes
3 kg	Carne e gordura de porco
1 ¼ de colher (chá), ou conforme indicação do fabricante	Sal de cura nº 1
5 colheres (chá)	Sal
1 colher (chá)	Açúcar
1 colher (chá)	Pimenta-do-reino branca
1 colher (chá)	*Quatre épices*
2 colheres (chá)	Alho amassado
180 mL	Vinho branco seco ou água

Por 30 g:
Calorias, 70; Proteínas, 5 g; Gorduras, 5 g (68% cal.); Colesterol, 20 mg; Carboidratos, 0 g; Fibras, 0 g; Sódio, 170 mg.

Modo de preparo

1. Corte a carne e a gordura de porco em cubos.
2. Misture o sal de cura com o sal e o açúcar.
3. Adicione essa mistura à carne e mexa bem. Resfrie por diversas horas.
4. Moa a mistura de carne usando o disco de orifícios médios.
5. Adicione os ingredientes restantes à carne e misture bem.
6. Coloque em envoltórios grandes de porco.
7. Pendure as linguiças na geladeira, se possível, ou disponha-as em assadeiras cobertas com uma toalha, de modo que não fiquem grudadas umas às outras. Resfrie por 24 horas para secar antes de defumar.
8. Defume a quente a 71°C por 1 hora e 30 minutos, depois escalfe em água a 74°C até que a temperatura interna chegue a 67°C.
9. Resfrie as linguiças em água fria, escorra, seque e leve à geladeira.

Variações

Para obter uma coloração mais escura e um sabor defumado mais acentuado, deixe as linguiças na defumação a quente até que a temperatura interna chegue a 67°C; não escalfe. Borrife com água fria depois de retirá-las do defumador, para evitar que murchem.

Linguiça curada com alho
Seque as linguiças por 24 a 48 horas (etapa 7). Elimine a defumação a quente e simplesmente escalfe; resfrie e leve à geladeira, conforme indicado nas etapas 8 e 9.

TERMOS PARA REVISÃO

charcutier
charcuterie
nitrito de sódio
nitrato de sódio
nitrosamina
sal de cura nº 1

tinted curing mix
sal de cura nº 2
cura a seco
cura com salmoura
defumação a frio
defumação a quente

embutido
embutido fresco
embutido curado
embutido defumado
carne de porco certificada
quatre épices

envoltório natural
envoltório de colágeno
embutido de moagem simples
embutido emulsionado

QUESTÕES PARA DISCUSSÃO

1. Explique como o sal ajuda a conservar as carnes.
2. Os nitritos e nitratos são usados para curar carnes. Explique qual a diferença de uso entre eles. Eles são importantes para proteger os alimentos curados de que tipo de intoxicação alimentar?
3. Explique por que as carnes defumadas são previamente curadas.
4. Descreva as diferenças básicas entre embutidos frescos, curados e defumados.
5. Quais são os quatro tipos básicos de ingredientes da carne de embutidos? Indique como essa fórmula básica pode ser alterada para criar diferentes tipos de embutidos.
6. Por que a carne de embutidos deve ser mantida fria ao ser moída e processada?
7. Descreva o procedimento para preparar os envoltórios naturais para embutidos.

CAPÍTULO 27

CAPÍTULO 27

Patês, terrinas e outros alimentos frios

As técnicas e procedimentos apresentados neste capítulo pertencem ao setor de culinária conhecido como **garde manger**, termo cujo significado básico é "despensa" ou "local para armazenamento de alimentos". Conforme explicado no Capítulo 21 (p. 673), em razão da temperatura mais baixa, essa área era tradicionalmente usada para o preparo de alimentos frios. Por isso o trabalho executado no setor de armazenamento, ou *garde manger*, ficou conhecido pelo mesmo nome.

A arte do *garde manger* inclui técnicas de decoração de alimentos frios, montagem e apresentação de pratos frios e planejamento e montagem de bufês. *Garde manger* é uma disciplina complexa e elaborada, matéria de livros inteiros e de cursos extensos.

Este livro se dedica principalmente à culinária *à la carte*. O serviço de bufê está além de seu escopo. No entanto, os restaurantes que servem *à la carte* herdaram do clássico setor de *garde manger* uma série de preparações especiais que podem ser servidas em porções individuais ou em pratos de bufê. Patês, terrinas, galantinas e musses salgados, além de serem ideais para bufês, são também apreciados em muitos restaurantes *à la carte*. Este capítulo serve de introdução ao preparo dessas receitas.

PREPARO E SERVIÇO DE PRATOS FRIOS

Os pratos apresentados neste capítulo são servidos frios, por isso vários fatores relacionados ao preparo e serviço desses pratos exigem atenção. Esses fatores dizem respeito à higiene e à apresentação.

HIGIENE E ARMAZENAMENTO

Pratos quentes manipulados com higiene e servidos acima de uma temperatura que elimina os micro-organismos geralmente podem ser considerados seguros e saudáveis para serem ingeridos. Por outro lado, os alimentos frios apresentam problemas especiais por terem sido armazenados e manipulados depois de cozidos. Durante esse tempo, podem ter sido expostos a organismos que causam doenças. Como esses alimentos não serão cozidos posteriormente, esses organismos não serão destruídos.

Por isso, é particularmente importante seguir as normas de segurança para manipulação de alimentos. Certifique-se de que vasilhas, superfícies de trabalho e instrumentos estejam limpos e higienizados. Mantenha os ingredientes refrigerados enquanto não estiverem sendo usados e mantenha o produto final refrigerado até o momento de servir. Observe sempre a regra das quatro horas, conforme explicado na página 26.

O período durante o qual as terrinas e outros alimentos frios podem ser armazenados na geladeira depende dos ingredientes utilizados, do tipo de produto e do método de preparo. Terrinas de carne ainda não cortadas e seladas com uma camada de gordura (ver p. 860) podem ser conservadas por diversas semanas (embora ocorra perda de qualidade depois de aproximadamente uma semana), ao passo que terrinas de frutos do mar e de vegetais não se conservam bem por mais de dois ou três dias, ou até menos. *Pâtés en croûte* (ver p. 857) não se conservam tão bem quanto terrinas porque a massa perde frescor. Os *aspics* devem ser mantidos tampados ou embalados para se evitar que ressequem.

APRESENTAÇÃO

Logicamente, empratar ou apresentar os alimentos de maneira atraente é sempre importante, mas isso talvez possa ser considerado ainda mais importante para alimentos frios do que para alimentos quentes. Os alimentos servidos ainda quentes ou fumegando, que saem diretamente de uma frigideira ou grelha, atraem de imediato o olfato e o olhar, mas os alimentos frios devem contar totalmente com a atração visual para a primeira impressão.

Além disso, pelo fato de não haver urgência para que o prato frio vá da cozinha para a sala de jantar antes que o alimento esfrie, o cozinheiro tem mais tempo para dispor os alimentos frios no prato com cuidado. Isso não significa, contudo, que a apresentação mais elaborada e mais complicada seja a melhor. "Simplicidade" é o princípio básico. A manipulação excessiva não torna o alimento mais apetitoso.

A disposição deve ser perfeita, mas isso não significa que precise ser sempre simétrica ou regular. Como no caso das saladas, um pouco de informalidade deliberada na disposição pode torná-la mais apetitosa quando isso sugerir que o prato foi arrumado há pouco tempo, com o mínimo de manipulação, e levado à mesa imediatamente.

No caso dos patês e terrinas, é necessária uma manipulação cuidadosa para uma boa apresentação. Fatie esses itens cuidadosamente e coloque o melhor lado da fatia virado para cima. Para fazer fatias perfeitas, use facas afiadas de lâmina fina. Antes de cortar cada fatia, limpe os resíduos do corte anterior e mergulhe a lâmina em água quente. Fatie o patê com um movimento suave de serrar, usando o comprimento total da lâmina. Não force a faca diretamente para baixo nem faça cortes irregulares, pois isso fará com que a superfície de corte fique desigual e desnivelada.

Se a extremidade cortada do patê tiver perdido um pouco da cor por causa da exposição ao ar, coloque a primeira fatia com esse lado virado para baixo. Ao contrário dos patês servidos em bufês, as fatias de patê para o serviço *à la carte* são geralmente decoradas com folhas verdes ou outros itens coloridos, o que aviva a aparência sombria de um patê de carne comum. Além disso, as folhas e outros vegetais acrescentam um sabor agradável que contrasta com o sabor forte e processado do patê ou da terrina.

Guarnições e acompanhamentos picantes ou ácidos, bem como molhos ácidos como *vinaigrette* e variações da maionese, ajudam no contraste com o sabor forte dos patês que, geralmente, são bastante gordurosos. É por isso que picles e mostarda são acompanhamentos clássicos para esses alimentos.

Após ler este capítulo, você deverá ser capaz de:

1. Preparar e usar *aspic*.
2. Preparar e usar *chaud-froid* clássico e *mayonnaise collée*.
3. Preparar fígados para serem usados em *forcemeats*.
4. Preparar *forcemeats* básicas de carnes e aves.
5. Preparar patês e terrinas usando *forcemeats* básicas.
6. Preparar galantinas.
7. Preparar *mousseline* de *forcemeat* e fazer terrinas com essa base.
8. Preparar terrinas especiais e outros pratos enformados à base de *aspics* e musses salgados.
9. Manipular *foie gras* cru e preparar terrinas de *foie gras*.
10. Preparar terrinas de fígado assadas.
11. Preparar *rillettes*.

Deve ser dada atenção especial à temperatura na qual são servidos os alimentos frios como *aspics*, patês e terrinas. Um erro comum é servir esses itens gelados demais. Se servidos na temperatura da geladeira, seus sabores são mascarados. Além disso, a sua textura torna-se muito firme, pois a gordura dos patês e a gelatina dos *aspics* se solidifica. É necessário que estejam a uma temperatura um pouco mais alta para que derretam de forma agradável na boca.

Para deixá-los na temperatura apropriada para servir, retire porções individuais da geladeira e reserve em temperatura ambiente por cerca de 5 a 10 minutos, não mais que isso. Lembre-se das normas de higiene discutidas anteriormente. Esse tempo é longo o suficiente para que degelem um pouco, mas não a ponto de permitir que os micro-organismos comecem a se multiplicar. Tenha em mente que esse período curto de degelo se aplica apenas às porções que serão servidas de imediato. Terrinas inteiras, das quais foram tiradas algumas porções, por exemplo, devem ser colocadas imediatamente de volta na geladeira. Mais uma vez, lembre-se da regra das quatro horas.

ASPIC E CHAUD-FROID

A gelatina *aspic*, ou simplesmente **aspic** (*gelée*, em francês), é um fundo clarificado que contém gelatina suficiente para se solidificar quando gelado. A gelatina pode ser extraída naturalmente de ossos ou pode-se adicionar gelatina industrializada. Um fundo bom contém naturalmente uma determinada quantidade de gelatina, mas em muitos casos é preciso adicionar mais gelatina industrializada sem sabor para que se solidifique.

O *aspic* pode ser quase incolor (*aspic* claro) ou apresentar vários tons de âmbar. No entanto, na maioria das vezes deve ser cristalino. Isso se obtém clarificando-se o *aspic* como se faz com um consomê. O *aspic* claro é usado quando as cores naturais do alimento e da decoração precisam aparecer. O *aspic* dourado, ou cor de âmbar, intensifica a coloração marrom de certos alimentos, como carnes ou aves assadas.

O *aspic* é usado como cobertura para alimentos e como ingrediente aglutinante. Quando usado como cobertura, tem três finalidades principais:

1. Proteger os alimentos da exposição ao ar, que pode ressecá-los e descolori-los.
2. Melhorar a aparência e dar brilho.
3. Adicionar sabor. Logicamente, isso é obtido se o fundo for de excelente qualidade.

Como ingrediente aglutinante, o *aspic* é usado em musses salgadas, terrinas e *aspics* enformados, conforme discussão posterior neste capítulo. É também o agente aglutinante do molho *chaud-froid* (ver p. 850). *Observação:* quando o *aspic* é usado como agente aglutinante, não precisa ser perfeitamente clarificado.

Além disso, quando solidificada e picada ou cortada em diferentes formatos, a gelatina *aspic* é usada na decoração de pratos ou porções de patês, terrinas e outros itens frios.

COMO PREPARAR GELATINA ASPIC

O melhor *aspic* é feito de um fundo naturalmente gelatinoso e bem-feito. Apresenta textura e sabor excelentes, mas é trabalhoso, pois é preciso fazer um lote separado de fundo, além da produção normal. Consequentemente, a maioria dos *aspics* é feita reforçando-se o fundo normal com mais gelatina. Podem ser encontradas misturas prontas e pós para o preparo de *aspics*, mas o sabor do *aspic* preparado com essas misturas não se compara ao do que é feito a partir de um bom fundo. Mas, podem ser úteis em uma emergência, ou para pratos preparados unicamente para exibição ou decoração.

Gelatina *aspic* clássica

Prepare a gelatina *aspic* clássica da mesma maneira que você prepararia um fundo de vitela claro ou escuro, mas com a adição de produtos que liberam uma boa quantidade de gelatina, como pés de vitela ou pés de porco cortados ao meio, couro de porco e ossos de articulações de vitela. Se for usada uma quantidade suficiente desses itens, o fundo terá gelatina natural suficiente para ser usado como *aspic*.

Siga os procedimentos para o preparo de fundo básico, mas não doure o pé e o couro do porco ao preparar o fundo escuro. Depois do preparo do fundo, use o procedimento a seguir para transformá-lo em *aspic*.

850 Capítulo 27 • Patês, terrinas e outros alimentos frios

Procedimento para preparar *aspic* clássico

1. Teste o fundo para verificar o teor de gelatina. Com uma concha, coloque uma pequena quantidade de fundo frio em um prato pequeno ou pires e leve à geladeira.

   - Se o fundo ficar firme, não é necessário adicionar mais gelatina.

   - Se não ficar muito firme, adicione aproximadamente 2 colheres de sopa (15 g) de gelatina em pó para cada litro de fundo.

   - Se o fundo não ficar nada firme, somente um pouco mais espesso (o que é improvável, se o fundo tiver sido preparado adequadamente), adicione aproximadamente 4 colheres de sopa (30 g) de gelatina em pó para cada litro. Neste caso, você estará preparando, na realidade, um *aspic comum* (ver próxima seção) em vez do *aspic* clássico.

   Primeiro adicione gradualmente a gelatina a um pouco de água fria, mexendo até amolecer, para que não empelote. Depois adicione a gelatina amolecida ao fundo.

2. Clarifique o fundo da mesma forma que se faz para o consomê. Para preparar *aspic* claro (feito com fundo claro), elimine a cenoura do *mirepoix*.

3. Depois de clarificado, retire qualquer vestígio de gordura do fundo. O *aspic* clássico está pronto para ser usado.

Gelatina *aspic* comum

É um fundo de carne, ave ou peixe reforçado com gelatina e clarificado. O fundo normal raramente contém gelatina natural suficiente para possibilitar que seja usado como gelatina, por isso é preciso adicionar mais gelatina. Para testar o teor de gelatina do fundo e convertê-lo em *aspic*, siga o mesmo procedimento do *aspic* clássico descrito anteriormente. Mas observe que, se o fundo tiver pouca gelatina e continuar aguado depois de gelado, pode ser necessário acrescentar mais do que 30 g de gelatina (4 colheres de sopa) para cada litro de fundo.

Pó para *aspic*

O **pó para aspic** é a gelatina sem sabor misturada a um preparado em pó para fundo. Para prepará-lo, siga as instruções da embalagem. Pode ser necessário acrescentar mais gelatina sem sabor para determinadas finalidades.

Os procedimentos para o uso de gelatina *aspic* serão discutidos depois de uma breve consideração sobre um tópico relacionado, o molho *chaud-froid*.

CHAUD-FROID

Em termos simples, o **molho chaud-froid** é um molho branco que contém uma quantidade suficiente de gelatina para que fique firme como um *aspic*. O termo *chaud-froid* em francês quer dizer "quente-frio". O molho é assim chamado porque a versão clássica é preparada quente, mas servida fria.

Hoje em dia, o molho *chaud-froid* é usado em raros casos, como itens para exposição em bufês. A sua principal finalidade é fornecer um pano de fundo liso e uniformemente branco para servir de base para decorações coloridas. Pelo fato de não ser ingerido, nesses casos, não precisa necessariamente ter um bom sabor, e pode ser feito com um molho *béchamel* simples encorpado com um *roux* preparado com gordura hidrogenada.

No entanto, o molho *chaud-froid* é às vezes usado em pratos frios, por exemplo, como componente de terrinas e *aspics* enformados. Apresentamos aqui uma breve discussão, sem entrar nos tipos de detalhes encontrados em livros de *garde manger*.

Muitos tipos de molho branco podem ser usados como base para o *chaud-froid*, inclusive molhos à base de creme de leite, fundos claros enriquecidos com creme de leite ou creme de leite e gemas, *veloutés* e maionese. Também existem molhos *chaud-froid* coloridos, que não são muito usados. O molho vermelho pode ser feito com a adição de massa de tomate e, às vezes, páprica. O molho verde é colorido com espinafre e agrião, que é transformado em purê com algum molho quente e peneirado. O *chaud-froid* marrom pode ser feito misturando-se *glace de viande*, molho de tomate e gelatina *aspic* em proporções iguais.

Como preparar molho *chaud-froid*

Dois tipos básicos de molho *chaud-froid* são descritos aqui, um à base de um fundo claro com creme de leite e o outro à base de maionese. Os dois são de boa qualidade para serem ingeridos e podem ser usados para preparar excelentes alimentos frios. Tipos mais pesados à base de molhos encorpados com *roux* podem ser econômicos, mas são mais apropriados para peças não comestíveis destinadas à exposição.

Duas receitas de *chaud-froid* são apresentadas aqui. O *chaud-froid clássico* é essencialmente um *aspic* com a adição de creme de leite ou *liaison* (liga fina) de creme de leite e gemas. Na realidade, ele pode ser feito misturando-se gelatina *aspic* e creme de leite, mas essa mistura precisa ser reforçada com mais gelatina por causa da quantidade de creme de leite.

A **mayonnaise collée**, ou maionese *chaud-froid*, que quer dizer algo como "maionese colada", é simplesmente uma mistura de *aspic* e maionese. É fácil de fazer e, se os dois ingredientes forem de boa qualidade, é um *chaud-froid* saboroso e útil.

A proporção básica é de partes iguais de gelatina *aspic* e maionese. A proporção pode variar a gosto, de uma parte de *aspic* e duas partes de maionese até uma parte de maionese e duas partes *aspic*.

Recomenda-se usar maionese industrializada. Se você estiver usando maionese produzida no estabelecimento, é melhor preparar o *chaud-froid* imediatamente antes de usá-lo. Reaquecer para derreter pode fazer a maionese desandar. A maionese industrializada geralmente pode ser derretida sem problemas, mas de qualquer maneira é melhor usar o molho assim que for preparado.

Chaud-froid clássico

Rendimento: 2 L

Quantidade	Ingredientes
15-30 g	Gelatina em pó sem sabor (ver Observação)
250 mL	Creme de leite fresco gordo
1 L	Fundo claro (de vitela, frango ou peixe)
2-4	Gemas (opcional)
750 mL	Creme de leite fresco gordo

Por 30 g:
Calorias, 50; Proteínas, 1 g; Gorduras, 5 g (69% cal.); Colesterol, 20 mg; Carboidratos, 0 g; Fibras, 0 g; Sódio, 5 mg.

Observação: se o fundo estiver bem firme quando frio, use a quantidade menor de gelatina. Se não estiver tão firme, use a quantidade maior.

Modo de preparo

1. Amoleça a gelatina no creme de leite fresco.
2. Aqueça o fundo em fogo brando.
3. Adicione a mistura de gelatina ao fundo e aqueça até que a gelatina esteja dissolvida. Não deixe ferver.
4. Se forem usadas gemas, bata-as com o restante do creme de leite para fazer a *liaison*. Adicione um pouco da mistura do fundo para fazer a temperagem, depois adicione ao fundo quente. Aqueça a mistura cuidadosamente para cozinhar as gemas, mas não deixe levantar fervura, senão as gemas coagularão.
5. Se não forem usadas gemas, simplesmente aqueça o restante do creme com um pouco do fundo quente, depois adicione ao restante do fundo.
6. Coe em um pano fino.

Mayonnaise collée

Rendimento: 1 L

Quantidade	Ingredientes
500 mL	Maionese
500 mL	Gelatina *aspic*

Por 30 g:
Calorias, 100; Proteínas, 0 g; Gorduras, 11 g (100% cal.); Colesterol, 10 mg; Carboidratos, 0 g; Fibras, 0 g; Sódio, 80 mg.

Modo de preparo

1. Bata a maionese, se necessário, para que fique lisa. Se tiver acabado de retirá-la da geladeira, deixe degelar em temperatura ambiente. Se estiver muito gelada, as primeiras gotas de *aspic* podem se solidificar assim que forem adicionadas, formando grumos.
2. Derreta o *aspic* em banho-maria. Deixe esfriar para engrossar levemente (ver como resfriar *aspic* na p. 852). Deve estar na temperatura aproximada da maionese, ou ligeiramente mais quente.
3. Usando um *fouet* (batedor de arame duro, não o flexível, que é usado para aerar), misture o *aspic* à maionese. Mexa delicadamente para evitar a formação de bolhas. Se a gelatina começar a ficar firme antes de terminar de misturar, derreta de novo, cuidadosamente, em banho-maria.
4. Coloque o *chaud-froid* sobre gelo para se solidificar (ver p. 852). A *mayonnaise collée* está pronta para ser usada quando tiver a consistência de creme de leite fresco. Use imediatamente.

COMO USAR ASPIC E MOLHO CHAUD-FROID

Conforme discussão anterior, o *aspic* e o molho *chaud-froid* são usados para melhorar tanto a aparência quanto o sabor de alimentos frios. Para melhores resultados, o *aspic* e o *chaud-froid*, bem como os alimentos a serem envoltos, devem ser preparados e manipulados de maneira específica. As seções a seguir apresentam procedimentos gerais para a manipulação desses produtos. Aplicações específicas, como receitas para terrinas enformadas à base de *aspic*, foram incluídas mais adiante neste capítulo.

O *aspic* deve ser resfriado até quase atingir a temperatura de gelificação antes de ser usado para envolver os alimentos. Se estiver muito quente, não estará suficientemente encorpado para envolver o alimento e escorrerá.

Procedimento para resfriar *aspic*

O procedimento a seguir é usado para *aspic* e para *chaud-froid*.

1. Se a gelatina estiver solidificada, precisa antes ser derretida. Coloque a panela ou o recipiente com a gelatina em banho-maria. Mexa delicadamente, de vez em quando, até que esteja derretida por completo.
2. Coloque a gelatina *aspic* morna em uma tigela de inox.
3. Tome cuidado durante todo o tempo para não deixar que se formem bolhas. As bolhas na gelatina podem aparecer na superfície do alimento e prejudicar a aparência.
4. Selecione uma concha que se encaixe bem na curva da tigela. Coloque a tigela sobre gelo picado, empurrando bem para que fique imersa no gelo. Com a borda da concha encostada na parte interna da tigela, gire a tigela para que a concha raspe constantemente a tigela. Esse método evita a formação de grumos, que ocorrem quando a gelatina encosta na superfície gelada da tigela e se solidifica rapidamente.
5. Continue girando a tigela até que a gelatina esteja grossa, na consistência de um xarope, mas não completamente firme. A gelatina agora está pronta para ser usada. Retire do banho de gelo e trabalhe depressa, pois ela ficará firme muito rapidamente.
6. Derreta e resfrie a gelatina conforme a necessidade.

Procedimento para cobrir alimentos com *aspic*

1. Resfrie o alimento a ser coberto com o *aspic*. Para obter um resultado melhor, a superfície do item não deve ter gordura e deve estar bem lisa.
2. Coloque o item em uma grade apoiada sobre uma cuba gastronômica ou assadeira rasa. O excesso de *aspic* que cair na bandeja pode ser derretido e reutilizado.
3. Resfrie a gelatina *aspic* conforme o procedimento acima.
4. Use o *aspic* imediatamente, assim que ficar pronto. Diversos métodos podem ser usados para envolver alimentos com *aspic*, dependendo do tamanho e do formato do item.
   - Para itens com superfície lisa e regular, use uma concha grande e cubra-os de uma só vez, conforme ilustra a Figura 27.1. Trabalhar muito devagar resulta em uma superfície irregular e empelotada.
   - Itens grandes e itens com bordas inclinadas ou superfícies irregulares são mais difíceis de serem cobertos. Para obter um melhor resultado, use uma concha e cubra primeiro as laterais, depois a parte de cima.
   - Para itens pequenos, pode ser mais fácil usar uma colher de cozinha do que uma concha.
   - Um pincel para massas pode ser usado para cobrir itens pequenos. O pincel é geralmente usado para pequenas porções, como canapés, que precisam apenas de um leve brilho e não de uma camada perfeitamente lisa de *aspic*.
5. Resfrie os itens até que o *aspic* esteja completamente firme.
6. Faça outras camadas, se necessário, até que esteja na espessura desejada.
7. Para decorar, mergulhe os itens de decoração em *aspic* líquido e coloque no produto conforme o desenho desejado. Alguns itens apropriados para usar na decoração com *aspic* são:

   Folhas de alho-poró   Azeitonas pretas   Cascas de tomate
   Ervas frescas, especialmente folhas chatas, como a salsinha e o estragão   Trufas, verdadeiras ou artificiais   Cenouras

   Se apropriado, corte os itens de decoração em fatias bem finas e depois nos formatos desejados. Para a maioria dos vegetais para decoração, como cenoura e folhas de alho-poró, branqueie-os para torná-los mais flexíveis e para intensificar a cor.
8. Se for utilizada decoração, cubra o item decorado com uma camada final de *aspic* para protegê-lo.

Figura 27.1
Um item liso, de formato regular, pode ser recoberto com uma camada uniforme de *aspic* de uma só vez, usando uma concha.

Como cobrir com *chaud-froid*

Aplique o molho *chaud-froid* seguindo o mesmo procedimento usado para o *aspic*. O *chaud-froid* é mais grosso que o *aspic*, por isso geralmente é mantido um pouco mais quente para que possa ser derramado.

Se a primeira camada do *chaud-froid* for muito transparente ou não for suficientemente grossa, aplique mais uma ou duas camadas.

Depois que o *chaud-froid* esfriar e ficar firme, coloque a decoração desejada. Finalize com uma camada de *aspic* para obter uma aparência melhor.

Procedimento para forrar um recipiente com *aspic*

Muitas orientações para forrar recipientes com *aspic* recomendam resfriar o molde, depois despejar um pouco de gelatina *aspic* líquida dentro e girar até que o fundo e as laterais estejam cobertos. Esse método funciona e é adequado para algumas finalidades, mas não resulta em uma camada de *aspic* lisa e uniforme.

Nem sempre é necessário forrar uma forma com *aspic*. Muitos *aspics* enformados são feitos colocando-se primeiramente uma camada fina da gelatina no fundo do molde, que é então resfriado antes de serem adicionadas outras camadas de ingredientes (vegetais, carnes, musses etc.) e de *aspic*. A forma é resfriada depois que cada camada de gelatina é adicionada, para que o *aspic* fique firme. Contanto que as camadas de ingredientes sólidos não toquem as laterais da forma, o *aspic* líquido preencherá os espaços vazios, preenchendo-a toda.

Se precisar cobrir todo o interior de um recipiente com uma camada perfeitamente uniforme de *aspic*, use o método a seguir (ver Fig. 27.2):

1. Mergulhe a forma no centro de uma camada de gelo picado de maneira que o gelo chegue até a borda do recipiente pelo lado de fora.

2. Encha a forma com gelatina *aspic* líquida resfriada. Deixe descansar por 10 segundos. Retire a forma do gelo e despeje imediatamente a gelatina que ainda estiver líquida, de uma só vez. Se a camada de gelatina que restar no interior da forma for muito fina, repita a operação. Se estiver muito grossa, retire-a, limpe o molde e repita o procedimento, deixando por menos tempo no gelo.

3. Decore o interior da forma como desejar, mergulhando a decoração em *aspic* líquido e posicionando-a no lugar desejado. Leve à geladeira. Em seguida, encha o molde com o alimento selecionado.

Figura 27.2
Como forrar o interior de um recipiente com *aspic*.

(a) Mergulhe a forma em gelo picado, até atingir a borda superior.

(b) Encha a forma com *aspic* líquido.

(c) Depois de 10 segundos, despeje imediatamente, mas com cuidado, o *aspic* que ainda estiver líquido.

(d) Uma camada uniforme de gelatina *aspic* aderirá ao molde, como é possível ver em comparação com o molde vazio.

(e) Neste ponto, você pode decorar o recipiente mergulhando pedaços de vegetais em *aspic* líquido e dispondo-os cuidadosamente no interior do molde.

PRATOS ESPECIAIS COM FORCEMEAT

Esta seção é dedicada aos pratos clássicos de carne e frango chamados **patês**, **terrinas** e **galantinas**. Algumas terrinas não têm como base carnes, e sim outros itens, como vegetais, mas essas são apresentadas em uma seção posterior. Os principais ingredientes desses pratos discutidos aqui são **forcemeat** e, geralmente, mas nem sempre, uma **guarnição**.

O termo *forcemeat* pode ser definido como uma mistura de carnes temperadas moídas usadas para rechear. O nome, um empréstimo do inglês, é proveniente da palavra francesa *farce*, que significa recheio.

A guarnição de um patê ou terrina não tem a simples função de decorar, mas é um ingrediente importante, que acrescenta corpo, sabor, valor nutricional e aparência. A guarnição consiste em carnes e outros alimentos cortados em cubos, tiras e outros formatos ou, se pequenos, colocados inteiros. Guarnições clássicas para patês incluem:

Presunto	Carnes de caça
Vitela	Toucinho fresco
Peito de frango, pato ou peru	Língua
Fígado de frango, pato ou ganso	Pistache
Foie gras	Trufas

TIPOS DE FORCEMEAT

A seguir, são apresentados três tipos básicos de *forcemeat*:

1. **Forcemeat simples (inclusive *forcemeat de campagne*).**
   É uma mistura de carnes moídas e temperadas, parecida com o recheio de linguiça, exceto pelo fato de que a moagem é geralmente, mas nem sempre, mais fina. Como consequência, muitas das orientações para o preparo e manuseio de recheios para embutidos, discutidas no Capítulo 26, aplicam-se aqui também. É interessante ler ou revisar as páginas 832 a 837 juntamente com esta discussão. A *forcemeat* simples é a base dos patês e terrinas mais tradicionais, o foco principal deste capítulo.

   A *forcemeat de campagne* (do campo, ou rústica) é feita da mesma maneira, exceto pelo fato de que a moagem é de granularidade mais grossa. A maior parte das *forcemeats* rústicas é feita de carne e gordura de porco, além de um pouco de fígado.

2. **Forcemeat gratin.**
   Este tipo de *forcemeat* difere da *forcemeat* simples porque uma parte da carne é dourada e, portanto, parcialmente cozida e resfriada antes de ser moída. O cozimento elimina parte do poder aglutinante da proteína da carne. As *forcemeats gratin* geralmente contém um amido aglutinante chamado *panada* (ou *panade*). Esse tipo de *forcemeat* não é usado com tanta frequência quanto a *forcemeat* básica e a *mousseline*, por isso não é descrita neste livro.

3. **Forcemeat mousseline.**
   Este tipo de *forcemeat* consiste em carne branca (geralmente ave ou vitela) ou frutos do mar processados até se transformarem em um purê e misturados com creme de leite e ovos (ver discussão na p. 863).

FORCEMEATS SIMPLES

Uma *forcemeat* simples básica consiste em:

50 a 65% de carne magra

35 a 50% de gordura

Temperos

As diversas variações desta fórmula básica dependem dos ingredientes usados e da maneira pela qual são combinados.

Carne

A carne de porco é o ingrediente básico, mas muitas outras carnes podem ser incluídas além da carne de porco, ou em seu lugar, como vitela, frango, peru, presunto, pato, coelho e todos os tipos de carne de caça.

Fígado

Fígado de frango, ganso, pato ou porco são geralmente incluídos nas *forcemeats*. O fígado dá sabor e também age como aglutinante.

Gordura

A proporção clássica em uma *forcemeat* é de partes iguais de carne e gordura. Muitas *forcemeats*, no entanto, contêm menos de 50% de gordura, especialmente hoje em dia, que as pessoas estão mais atentas em relação à nutrição e às dietas (ver discussão sobre teor de gordura em linguiças na p. 832). Mas uma determinada quantidade de gordura é necessária para adicionar tanto umidade quanto sabor. Um patê com uma quantidade muito pequena de gordura fica seco. Gordura firme, como o toucinho, dá um resultado melhor. Às vezes, o creme de leite fresco é usado para adicionar gordura e umidade a uma *forcemeat*.

Observe que essa discussão sobre teor de gordura refere-se somente à gordura sólida adicionada como ingrediente. Há, logicamente, um pouco de gordura na carne magra também.

Outros ingredientes

Ovos inteiros ou claras podem ser adicionados como aglutinantes. Farinha e outros amidos podem ser adicionados pelo mesmo motivo. Não é necessário adicionar aglutinantes mais fortes a *forcemeats* feitas puramente de carne e gordura porque as proteínas da carne são suficientes para ligar o produto quando cozido. Por outro lado, quando se adiciona conhaque, creme de leite e outros líquidos à *forcemeat*, pode ser necessário acrescentar aglutinantes mais fortes ou, pelo menos, mais eficazes.

Moagem

A moagem da *forcemeat* pode ser rústica, média ou fina. O **pâté de campagne** (patê do campo, ou rústico) é caracterizado por sua textura grossa. As galantinas, por outro lado, são geralmente feitas com *forcemeat* moída bem fina.

Como preparar *forcemeats* simples

Muitas, senão todas as *forcemeats* para terrinas e patês contêm fígado. Fígado de galinha ou de outras aves, de baixo custo e fáceis de encontrar, são os mais usados. Para obter um resultado melhor, o fígado deve ficar de molho no leite e deve ser limpo de acordo com os procedimentos a seguir. Fígado de porco e outros fígados maiores podem ser cortados em pedaços e preparados da mesma maneira.

Procedimento para preparar fígado de aves para *forcemeats*

1. Enxágue os fígados em água fria, escorra e deixe de molho por 24 horas em leite suficiente para cobri-los.
2. Escorra e enxágue bem em água fria. Escorra novamente.
3. Retire toda a gordura e tecidos conjuntivos. Neste ponto, os fígados estão prontos para serem usados inteiros como guarnição de patês e terrinas. Se forem acrescentados à *forcemeat*, continue com as etapas 4 e 5.
4. Bata no liquidificador até que estejam líquidos.
5. Passe por uma peneira ou *chinois* fino para remover todos os vestígios de tecido conjuntivo.

A receita a seguir pode ser usada com diversos tipos de guarnição para preparar uma grande variedade de patês, terrinas e galantinas. Pode também ser alterada de acordo com uma das variações relacionadas, usando carnes diferentes. Uma vez compreendida a técnica básica, é possível produzir qualquer tipo de patê.

A receita deve ser considerada um procedimento básico que pode ser alterado de outras maneiras além das indicadas após a receita, da mesma forma que os recheios para linguiça podem ser variados. Os tipos e as quantidades de condimentos podem ser alterados. Além disso, a granulometria da moagem pode ser mudada para preparar pâtés com diversas texturas.

A proporção de gordura pode ser aumentada ou reduzida, mas lembre-se que fazer uma *forcemeat* muito magra reduz a sua qualidade. Embora à primeira vista a receita pareça pedir 50% de gordura, isso não acontece porque o fígado deve ser considerado como parte da carne. A proporção de gordura é, portanto, de 44%. Pegando como exemplo a primeira coluna das quantidades de ingredientes, se usarmos 500 g de carne de porco magra, 340 g de gordura e 100 g de fígado, a proporção de gordura cai para 38% (sem contar, logicamente, a pequena quantidade de gordura incluída nas carnes). Se usarmos 340 g de carne de porco magra, 500 g de gordura e 100 g de fígado, a proporção de gordura sobe para 50%.

Forcemeat de porco básica

Rendimento: 900 g

Quantidade	Ingredientes
400 g	Carne de porco magra
400 g	Gordura de porco
	Marinada:
45 g	Chalota moída
15 g	Manteiga
60 mL	Vinho branco
2	Folhas de louro
30 mL	Conhaque
2 ½ colheres (chá)	Sal
½ colher (chá)	Mistura de condimentos para patês ou *quatre épices* (ver Observação)
¼ de colher (chá)	Pimenta-do-reino branca
100 g	Fígado de frango, demolhado, limpo e reduzido a purê (ver p. 855)
2	Ovos (ver etapa 7)

Por 30 g:
Calorias, 150; Proteínas, 3 g; Gorduras, 14 g (89% cal.); Colesterol, 54 mg; Carboidratos, 0 g; Fibras, 0 g; Sódio, 200 mg.

Modo de preparo

1. Antes de começar, certifique-se de que todos os equipamentos e ingredientes estejam bem gelados. A *forcemeat* deve ser mantida em temperatura bem baixa durante todo o tempo para evitar que a gordura amoleça ou derreta.
2. Corte a carne e a gordura em cubos pequenos.
3. Refogue a chalota moída na manteiga até que esteja macia, sem dourar. Adicione metade do vinho branco e reduza à metade. Deixe esfriar completamente.
4. Misture a carne e a gordura com a chalota, o restante do vinho, as folhas de louro, o conhaque, o sal, a mistura de condimentos e a pimenta. Misture bem. Cubra e leve à geladeira de um dia para o outro.
5. Retire as folhas de louro. Moa a carne e a gordura duas vezes com o disco de orifícios pequenos do moedor.
6. Misture a carne moída e o purê de fígado.
7. Bata os ovos ligeiramente e acrescente à carne, misturando bem. (*Observação*: os ovos são opcionais e são omitidos em muitos patês.)
8. Faça uma *quenelle* (bolinho oval feito usando duas colheres) de *forcemeat* e escalfe em água, em fogo brando. Deixe esfriar. Prove e corrija o tempero.
9. Mantenha a *forcemeat* resfriada até o momento de usar.

Observação: as misturas de condimentos para patês podem ser compradas em diversas combinações, ou você pode fazer a sua própria mistura. Esses condimentos geralmente contêm pimenta-do-reino preta ou branca, cravo-da-índia, noz-moscada, gengibre em pó, pimenta-caiena, folha de louro, tomilho e manjerona. Moa bem e passe tudo por uma peneira. Para a receita de *quatre épices*, veja a página 839.

VARIAÇÕES

Omita a carne de porco, a gordura, o fígado e os ovos da receita básica. Acrescente os ingredientes nas quantidades a seguir. Varie os condimentos a gosto.

Forcemeat de vitela

250 g	Carne de porco magra
250 g	Carne de vitela magra
400 g	Gordura de porco fresca
3	Ovos

Forcemeat de frango I

250 g	Carne de porco magra
250 g	Frango
400 g	Gordura de porco fresca
3	Ovos

Forcemeat de frango II

500 g	Frango
400 g	Gordura de porco fresca
3	Ovos

Forcemeat de pato, faisão ou outra caça

200 g	Carne de porco, ou uma mistura de porco e vitela
200 g	Pato, faisão ou outra caça
400 g	Gordura de porco fresca
100 g	Fígado, demolhado, limpo e reduzido a purê
1	Ovo

TERRINAS E PATÊS

Terrinas e patês são *forcemeats* assadas com, geralmente, um ou mais tipos de guarnição. No sentido exato, a diferença entre os dois tipos consiste na maneira como são assados. Por definição, uma terrina é assada em um recipiente de cerâmica. O próprio prato é chamado terrina, termo derivado da palavra francesa *terre*, que significa terra. Hoje, outros materiais além da cerâmica podem ser usados para as terrinas, como vidro ou metal. As terrinas são apresentadas no próprio recipiente onde são assadas ou podem ser desenformadas.

Um patê, por definição, é assado dentro de uma massa. A palavra francesa **pâté** é derivada da palavra *pâte*, que significa massa. Hoje, no entanto, a palavra patê é geralmente usada para se referir a terrinas assadas sem a massa. Para evitar confusão, o termo **pâté en croûte** é usado para especificar um patê assado dentro de uma massa. Neste livro, os termos *terrina* e *patê* serão usados no seu sentido literal tradicional.

Deve ser observado que muitos tipos de produtos são chamados terrinas porque são preparados em formas do tipo terrina. As terrinas discutidas nesta seção têm como base as *forcemeats* simples, apresentadas anteriormente. Outros tipos de terrinas serão discutidos em uma seção posterior.

Como preparar patês

A diferença essencial entre um patê e uma terrina é a massa. Embora uma massa pesada não seja apropriada para todos os tipos de misturas para terrina, o tipo comum de *forcemeat* assada para terrina considerado aqui pode, geralmente, ser usado com ou sem a massa.

Esta seção concentra-se em procedimentos específicos para o preparo da massa e para a finalização da montagem do patê. O preparo do recheio de carne é o mesmo das terrinas e não será repetido aqui. Para fazer um *pâté en croûte*, use o procedimento da Terrina de vitela e presunto e de qualquer uma das variações que seguem a receita básica (ver p. 861).

As massas para envolver os patês são de diversos tipos, mas as mais usadas são semelhantes às massas de torta, mas mais firmes. Uma receita para esse tipo de *pâte à pâté*, ou massa para patê, é apresentada aqui. A sua vantagem em relação aos diversos outros tipos de massas para patê é que essa é relativamente saborosa. Alguns especialistas argumentam que a massa que envolve o *pâté en croûte* não deve ser consumida. Mas como os clientes não conhecem necessariamente esse argumento, é melhor usar uma massa que seja razoavelmente agradável ao paladar.

Os patês ingleses tradicionais, ou tortas altas de carne, usam uma massa feita com água quente que pode ser modelada como argila e que fica bem dura depois de assada. Massas usadas para exposição, isto é, para travessas de exposição elaboradas para não serem consumidas, são também feitas para serem firmes e fáceis de manipular. Essas massas não são consideradas aqui.

O procedimento para a montagem do *pâté en croûte* está após a receita da massa (Fig. 27.3).

Pâte à pâté

Rendimento: 900 g

Quantidade	Ingredientes
500 g	Farinha
125 g	Manteiga
100 g	Banha
1	Ovo
100 mL	Água fria
1 ¼ de colher (chá)	Sal

Por 30 g:
Calorias, 120; Proteínas, 2 g; Gorduras, 7 g (53% cal.); Colesterol, 20 mg; Carboidratos, 20 g; Fibras, 0 g; Sódio, 140 mg.

Modo de preparo

1. Coloque a farinha em uma tigela grande. Adicione a manteiga e a banha. Misture bem até que não reste nenhuma pelota de gordura.
2. Bata os ovos com a água e o sal até que o sal esteja dissolvido.
3. Adicione o líquido à mistura de farinha. Misture delicadamente até que esteja totalmente incorporado.
4. Faça uma bola com a massa. Sove sobre uma superfície de trabalho por alguns minutos, até que esteja homogênea.
5. Coloque a massa em uma tigela e cubra com filme plástico. Leve à geladeira até o momento de usar ou, no mínimo, por 4 horas.

Figura 27.3
Como fazer *pâté en croûte*.

(a) Formas desmontáveis são usadas para fazer *pâté en croûte* porque ele pode ser retirado da forma sem ser danificado. Monte a forma e unte bem a parte interna.

(b) Abra um retângulo com a massa, deixando-a bem grossa.

(c) Trabalhe a massa até ficar com um formato ovalado. Polvilhe com bastante farinha e dobre-a ao meio, no sentido do comprimento.

(d) Abra com o rolo até obter um retângulo do tamanho da forma. Desdobre a massa.

(e) Estenda a massa dentro da forma. Com cuidado, ajeite-a, sem esticar, para ajustá-la à forma. Uma bola de massa enfarinhada pode ser usada para ajustar a massa nos cantos sem rasgá-la.

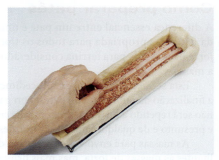

(f) Preencha parcialmente a forma com a *forcemeat* e arrume a guarnição de acordo com as instruções específicas da receita.

(g) Termine de preencher e finalize moldando a *forcemeat* para que fique levemente abaulada na parte central.

(h) Dobre as extremidades e as laterais da massa sobre a parte de cima da *forcemeat*, cortando-a para que se una no meio. Pincele a massa com ovo batido.

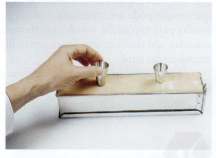

(i) Abra a massa que será colocada por cima com um rolo e corte-a para que se encaixe perfeitamente na superfície, certificando-se de que esteja bem selada à massa de baixo. Pincele com ovo. Faça furos na parte de cima da massa para encaixar bicos de saco de confeiteiro, que servirão de chaminé, liberando vapor e evitando que a gordura derretida borbulhe para o topo da massa à medida que o *pâté* é assado.

(j) Depois que o *pâté en croûte* estiver assado e frio, derrame *aspic* líquido pelas chaminés para preencher os espaços vazios deixados pela *forcemeat*, que encolhe ao ser assada.

Pratos especiais com *forcemeat* 859

Procedimento para forrar, rechear e finalizar formas de *pâtés en croûte*

1. Prepare a massa com antecedência para deixar que descanse por tempo suficiente. Retire da geladeira um pouco antes de usar, para degelar um pouco.

2. Prepare as formas untando-as bem na parte interna. As instruções aqui se referem a formas retangulares para *pâté en croûte* de tamanho-padrão. Geralmente, essas formas são desmontáveis para que os patês sejam retirados sem danificá-los. Se estiver usando aros de metal, unte também a assadeira na qual serão apoiados. Para formas de outros formatos, modifique o procedimento para abrir a massa e encaixá-la na forma.

3. Para obter um resultado melhor, abra a massa de maneira que a espessura seja uniforme, sem dobras, e se encaixe perfeitamente na forma. Primeiro, trabalhe a massa com as mãos por alguns segundos para deixá-la flexível. Em seguida, faça um retângulo e abra com um rolo para achatá-la, deixando-a bem grossa.

4. Com os dedos, faça uma reentrância no centro da massa, de cima a baixo. Gradualmente, abra a massa em formato ovalado. Polvilhe a superfície da massa com bastante farinha (para evitar que as duas camadas grudem) e dobre-a ao meio no sentido da largura, formando um bolso comprido e estreito.

5. Delicadamente, abra a massa com o rolo até obter um retângulo do tamanho da forma. Cuidado para não deixar a massa muito fina, o que a tornaria frágil. Desdobre a massa.

6. Encaixe a massa aberta na forma. Com cuidado, ajuste a massa no formato da forma, sem esticar, pressionando a massa com os dedos. Certifique--se de que não há bolhas de ar entre a massa e a forma. Uma bola de massa enfarinhada pode ajudar a ajustar a massa nos cantos sem rasgá-la.

7. Caso o patê vá ser preparado sem massa na parte de cima, deixe uma borda de massa de aproximadamente 0,5 cm acima da borda da forma. Dobre a beirada, fazendo uma borda decorativa. Se o patê tiver massa na parte de cima, deixe uma borda equivalente à metade da largura da forma, deixando-a cair dos lados (se quiser usar um método alternativo, veja a etapa 10.)

8. A forma agora está pronta para receber o recheio. Para peças de exposição, é comum forrar a parte interna da massa com fatias finas de toucinho. No entanto, o patê preparado para ser consumido fica mais apetitoso sem essa camada. Recheie a forma com a *forcemeat* deseja-da e coloque a guarnição, como nas terrinas (ver p. 860). Molde o recheio para que a camada superior de massa, se estiver usando-a, tenha um formato de cúpula bonito. A massa deve manter esse formato mesmo que a *forcemeat* encolha e abaixe depois de assada.

   Se o patê não tiver a camada superior de massa, está pronto para ser assado. Pule para a etapa 12. Assar sem a camada superior de mas-sa é mais fácil e permite que seja feito um *aspic* brilhante e atraente para decorar a parte de cima.

9. Dobre as bordas de massa sobre a parte de cima do recheio, se for usar uma camada superior de massa.
   - Abra uma segunda lâmina de massa.
   - Coloque na parte de cima da forma, corte do tamanho apropriado e retire.
   - Pincele a superfície da massa que está na forma com ovo batido.
   - Coloque a lâmina de massa cortada por cima e vede bem, selando delicadamente à massa pincelada com ovo batido.

10. Método alternativo para encaixar a parte de cima da massa:
    - Deixe uma borda de massa de 0,5 cm, como na etapa 7.
    - Pincele a parte interna dessa borda com ovo batido.
    - Abra uma lâmina de massa e corte-a num tamanho um pouco maior que a parte de cima da forma. Coloque sobre a forma já recheada.
    - Dobre, ou pressione com os dedos, unindo as duas camadas de massa para selar bem.

11. Se desejar, decore a parte de cima com pedaços decorativos de massa. Cole a decoração à massa com ovo batido. Faça um ou dois orifícios no topo da massa, para que o vapor escape. Encaixe bicos de saco de confeiteiro nesses orifícios, formando chaminés, que evitam que os sucos escorram na parte de cima da massa, prejudicando a aparência do patê.

12. Para assar:
    - Preaqueça o forno a 200°C. Coloque o patê em uma assadeira (se você estiver usando aros de metal, logicamente já estarão em uma assadeira) e coloque no forno.
    - Depois de 10 minutos, reduza o forno para 175°C. A temperatura alta inicial ajuda a dourar a massa. Asse nessa temperatura baixa até que a temperatura interna atinja 72°C.
    - Para uma forma retangular média, o tempo será de 1 a 2 horas. Formas pequenas que comportam de 1 a 4 porções levarão 45 minutos ou menos. Para formas muito grandes, asse a 160°C, para que cozinhem de maneira uniforme. Aumente o tempo no forno proporcionalmente.

13. Retire o patê do forno. Deixe esfriar em temperatura ambiente, na forma. Para um patê sem a massa superior, primeiro deixe esfriar até que esteja morno. Depois termine de esfriar com um peso no topo, para dar ao patê uma textura mais firme. O peso deve ser suficientemente grande para co-brir toda a superfície da carne, mas pequeno o bastante para não tocar a borda de massa. Isso pode ser feito cortando-se uma tábua no tamanho apropriado, encaixando-a no lugar e colocando pesos sobre ela (obviamente, isso não pode ser feito se houver uma camada superior de massa).

14. Quando o patê estiver frio, prepare uma gelatina *aspic*. Derreta o *aspic* e acrescente um sabor, se desejar, com um pouco de xerez, vinho do Porto ou Madeira. Deixe esfriar conforme o procedimento na página 852. Preencha o patê com o *aspic*.
    - Se o patê tiver uma camada superior de massa, insira o *aspic* pelos orifícios, usando um funil, até que o patê esteja completamente cheio.
    - Se o patê não tiver uma camada superior de massa, coloque *aspic* suficiente para cobrir completamente a parte de cima da carne.
    Leve à geladeira até que o *aspic* fique firme.

15. Retire o patê da forma com cuidado.

16. Se desejar, patês sem a parte superior de massa podem ser decorados e recobertos com *aspic* neste momento. Decore a gosto (com os itens sugeridos na p. 852), mergulhando a decoração em *aspic* líquido e colocando-a no lugar. Leve à geladeira por algum tempo, depois aplique um pouco mais de *aspic* para cobrir toda a parte de cima.

17. Para armazenar, manipular e apresentar, veja a página 848.

860 Capítulo 27 • Patês, terrinas e outros alimentos frios

Como preparar terrinas de *forcemeat*

As terrinas, da mesma maneira que os patês, podem ser assadas em formas de diversos formatos e tamanhos. Formas ovais tradicionais, por exemplo, são comuns há muito tempo. Para facilitar o controle da porção, no entanto, as formas retangulares são as mais apropriadas.

A forma da terrina pode ser forrada com fatias finas de toucinho, embora isso seja opcional. A camada de gordura não contribui significativamente, como muitos acreditam, para manter a carne úmida enquanto é assada; afinal, a forma da terrina por si só retém mais umidade do que a camada de gordura. Embora a camada de gordura seja tradicional, as pessoas hoje estão mais propensas a não gostar dessa borda de gordura. Logicamente, ela pode ser removida antes de servir. Outra possibilidade é forrar a forma com peritônio de porco*, que é bem mais fino que uma fatia de toucinho.

*N.R.: Também chamado de véu e renda (*crépine*, em francês).

Procedimento para preparar terrinas de *forcemeat*

1. Prepare a *forcemeat* desejada (ver p. 856).

2. Prepare a guarnição selecionada. Guarnições de carne são geralmente cortadas em tiras, do tamanho do comprimento da forma.

3. Deixe a guarnição marinar a gosto. Esta etapa é opcional, mas acrescenta sabor.

4. Prepare a forma. Não use uma forma desmontável que não possa ser colocada em banho-maria. Se quiser, forre a forma com fatias finas de toucinho (cortadas num fatiador de frios) ou com peritônio de porco, deixando o excesso cair para fora nas laterais. Use fatias de gordura compridas o bastante para serem depois dobradas sobre o recheio, cobrindo-o totalmente. Se a forma não for forrada com gordura, unte bem.

5. Coloque uma camada de *forcemeat* no fundo da forma. Se não for usar guarnição, simplesmente encha a forma. Espalhe a *forcemeat* de maneira uniforme e bata a forma com vigor sobre a superfície de trabalho para que saiam todas as bolhas de ar.

6. Arrume uma camada de guarnição sobre a *forcemeat*.

7. Continue acrescentando a *forcemeat* e a guarnição até completar. Finalize com uma camada de *forcemeat*. Duas ou três camadas de guarnição geralmente são suficientes.

8. Se a forma for forrada com gordura, dobre as beiradas salientes sobre a parte de cima da *forcemeat* para cobri-la.

9. Cubra a parte de cima com uma folha de papel-alumínio. Faça alguns furos no alumínio para permitir que o vapor escape.

10. Coloque a forma para assar em banho-maria. Certifique-se de que o volume de água é suficiente para atingir a metade das laterais da forma. Asse a 175°C até que a temperatura interna atinja 74°C.

11. Retire a terrina do banho-maria e coloque sobre uma grade para esfriar. Quando tiver esfriado um pouco, mas ainda estiver morna, coloque um peso por cima, conforme explicação no procedimento para o preparo de patês, e deixe que termine de esfriar. O peso não deve ser colocado sobre a terrina ainda quente porque ela estará muito frágil e pode quebrar ou rachar, e o peso pode forçar a saída de muito líquido. Se desejar uma textura mais leve, deixe a terrina esfriar sem o peso.

12. Quando a terrina estiver completamente fria, cubra e leve à geladeira.

13. A terrina pode ser selada com uma camada de gordura ou *aspic*. Isso a protege do contato com o ar, ajudando a conservá-la.

   - Para adicionar uma camada de gordura, derreta a banha (gordura de pato derretida ou outra gordura apropriada para terrinas) e reserve até que esfrie, mas ainda esteja líquida. A terrina deve estar fria (aproximadamente 10°C). Coloque gordura suficiente para cobrir totalmente a carne. Reserve até que a gordura tenha ficado firme, depois cubra e mantenha sob refrigeração. A finalidade dessa gordura é simplesmente preservar a qualidade da terrina por mais tempo. Deve ser retirada antes de servir.

   - Adicione *aspic* a uma terrina da mesma maneira que a camada de gordura é adicionada; veja também o procedimento para adicionar *aspic* a um patê, na página 859. Ao contrário da gordura derretida, o *aspic* preserva a qualidade da terrina por apenas alguns dias, porque o próprio *aspic* resseca. Por outro lado, o *aspic* contribui tanto para o sabor quanto para a aparência. Se desejar, decore a parte de cima da terrina e acrescente outra camada de *aspic* para deixá-la brilhante.

Terrina de vitela e presunto

Rendimento: aproximadamente 1 kg

Quantidade	Ingredientes
1 kg	*Forcemeat* de vitela (p. 856)
	Guarnição:
125 g	Vitela magra, limpa
125 g	Presunto defumado
30 g	Toucinho fresco
60 mL	Conhaque
conforme necessário	Toucinho fresco ou peritônio de porco para forrar as formas (opcional)

Por 30 g:
Calorias, 170; Proteínas, 5 g; Gorduras, 15 g (83% cal.); Colesterol, 50 mg; Carboidratos, 0 g; Fibras, 0 g; Sódio, 250 mg.

■ Modo de preparo

1. Prepare a *forcemeat* de acordo com a receita da página 856. Refrigere até que esteja bem fria.
2. Corte a vitela, o presunto e o toucinho para a guarnição em tiras de aproximadamente 0,5 cm de espessura. Misture ao conhaque e deixe marinar na geladeira por, no mínimo, 1 hora.
3. Prepare uma forma retangular para terrina com capacidade para 2 L.
4. Se for usar toucinho para forrar a forma, deixe a gordura bem fria. Em um fatiador de frios, corte o toucinho em tiras finas e largas com menos de 3 mm de espessura. Forre a forma com essas fatias, sobrepondo-as umas às outras em aproximadamente 0,5 cm. Deixe as extremidades das fatias penduradas para fora das bordas.
Se for usar o peritônio, forre a forma com um pedaço grande, deixando as bordas penduradas para fora.
Se não for usar nenhum dos dois, unte bem a forma.
5. Coloque camadas alternadas de *forcemeat* e guarnição, começando e finalizando com *forcemeat* e dispondo as tiras de guarnição no sentido do comprimento da terrina. Pressione a carne com firmeza para que não reste nenhuma bolha de ar.
6. Se estiver usando fatias de gordura ou peritônio para forrar a forma, dobre as pontas penduradas sobre a parte de cima da *forcemeat* para cobri-la.
7. Cubra com papel-alumínio.
8. Coloque em banho-maria. Asse a 175°C até que a temperatura interna atinja 74°C.
9. Retire do forno e deixe esfriar até que esteja morna. Coloque um peso por cima e continue esfriando, seguindo o procedimento básico da página 860. Finalize, se desejar, com uma camada de gordura derretida ou *aspic*, conforme descrito no procedimento básico.

Variações

Terrina de vitela e presunto com *foie gras*
Prepare como na receita básica, mas coloque uma camada de *foie gras* cozido e fatiado no centro da terrina. Use fatias de Patê de *foie gras* (p. 873) ou patê de *foie gras* em lata. Uma fileira de trufas fatiadas pode ser colocada por cima da camada de *foie gras*.

Terrina de vitela e língua
Use língua de boi curada cozida no lugar do presunto.

Terrina de coelho
Desosse o coelho, deixando a carne do lombo em duas tiras longas. Faça a *forcemeat* de coelho seguindo a receita da *forcemeat* de vitela, mas substitua toda a carne de vitela, ou parte dela, pela carne das pernas do coelho. Deixe o fígado do coelho de molho, limpe e bata no liquidificador, conforme indicado no procedimento da página 855. Acrescente à *forcemeat*. Omita a guarnição da receita básica, substituindo pelas tiras de lombo do coelho marinadas em conhaque. Dobre a parte mais fina do lombo sobre si mesma para obter uma espessura uniforme. Ao encher a terrina, coloque metade da *forcemeat* na forma, arrume os lombos de ponta a ponta, no centro da terrina, e depois cubra com o restante da *forcemeat*.

Etapa opcional: Faça um fundo com os ossos do coelho. Reduza o fundo até obter um *glacé*, esfrie e misture à *forcemeat*.

Etapa opcional: Adicione uma pequena quantidade de oleaginosas, como pistache sem pele, à *forcemeat*.

Terrina de caça
Prepare como na receita básica, usando a *forcemeat* de caça (p. 856) e, como guarnição, use tiras de carne de caça em vez da vitela e do presunto. Opcional: adicione à *forcemeat* uma pequena quantidade de grãos de pimenta-do-reino verde, lavada e seca.

Terrina de pato
Desosse o pato. Use a carne das coxas, as aparas e o fígado para fazer a *forcemeat* de pato (p. 856). Tempere a *forcemeat* com um pouco de raspas de laranja, usando ½ laranja para cada quilo de *forcemeat*. Se desejar, tempere a *forcemeat* com fundo de pato reduzido a *glacé* e resfriado. Use a carne do peito como guarnição, omitindo a vitela e o presunto da receita básica, mas mantendo o toucinho. Corte a carne do peito em tiras e deixe marinar em conhaque junto com as fatias de toucinho.

Terrina campestre
Use *forcemeat* de carne de porco, fazendo uma moagem bem rústica. Pique a guarnição grosseiramente e misture à *forcemeat*.

GALANTINAS

Uma galantina é uma mistura de carne moída, isto é, uma *forcemeat* enrolada na pele do animal do qual é feita, como frango ou pato. É quase sempre escalfada, embora algumas vezes seja assada.

A galantina é feita enrolando-se uma *forcemeat* em um pedaço grande de pele em formato cilíndrico, ou de linguiça, de modo que renda fatias redondas. Consequentemente, o nome galantina é também dado a *forcemeats* ou outras misturas (como *mousselines*) enroladas em forma de cilindro em um pedaço de papel-vegetal, filme plástico ou outro material.

A galantina é geralmente servida inteira, decorada e coberta com *aspic*, com algumas fatias cortadas para mostrar o interior. Para serviço *à la carte*, fatias de galantina são servidas da mesma maneira que fatias de patê e terrina.

A seguir apresentamos uma receita-padrão de galantina. O procedimento é ilustrado na Figura 27.4.

Galantina de frango

Rendimento: 1,25 kg

Quantidade	Ingredientes
1	Frango de aproximadamente 2,25 kg
a gosto	Sal
a gosto	Pimenta-do-reino branca
125 mL	Conhaque
450 g	*Forcemeat* de frango I (p. 856), preparada com parte da carne da coxa e sobrecoxa (ver etapa 3)
1	Fígado do frango
	Guarnição:
225 g	Carne restante da coxa e sobrecoxa do frango (da etapa 4)
60 g	Presunto defumado
60 g	Língua de boi curada, cozida
30 g	*Pimiento* (pimentão vermelho doce), lavado e seco
30 g	Trufa (opcional)
60 g	Pistache sem casca, branqueado e sem pele
conforme necessário	Fundo de frango

Por 30 g:
Calorias, 90; Proteínas, 5 g;
Gorduras, 7 g (70% cal.); Colesterol, 30 mg;
Carboidratos, 0 g; Fibras, 0 g; Sódio, 100 mg.

Modo de preparo

1. Prepare o frango um dia antes. Corte as asas na segunda junta (a coxinha da asa que fica presa ao corpo do frango). Corte a pele do frango de cima a baixo, ao longo da espinha dorsal e, com cuidado, retire-a em uma só peça. Retire o peito, mantendo-o numa peça só. Retire a carne das coxas e das asas e reserve para preparar a *forcemeat*.
2. Estenda a pele sobre uma superfície, com a parte interna voltada para cima, e corte um retângulo perfeito. Retire toda a gordura e tecidos conjuntivos. Estenda um pedaço de pano fino sobre uma assadeira rasa e coloque a pele no centro.
3. Abra o peito ao meio, cortando cada metade do centro para fora (borboleta), e bata com o martelo de carne para achatar, de maneira que os dois peitos juntos formem um retângulo. Estenda no centro da pele, com a parte cortada virada para cima. Devem sobrar pelo menos 2 a 5 cm de pele ao redor do retângulo de carne. Salpique com sal, pimenta-do-reino branca e metade do conhaque. Cubra com filme plástico e leve à geladeira de um dia para o outro.
4. Retire toda a gordura e tecido conjuntivo da carne das pernas e da coxinha da asa e separe 250 g para o preparo da *forcemeat*. Pese mais 225 g para a guarnição e misture ao conhaque restante. Reserve toda a carne que sobrar para outro uso.
5. Use a carcaça e os miúdos para o preparo do fundo.
6. Prepare a *forcemeat*, moendo-a bem fina em um processador de alimentos ou passando-a três vezes pelo disco de orifícios pequenos de um moedor. Mantenha a carne sempre resfriada.
7. Deixe o fígado de molho, limpe e bata no liquidificador, conforme o procedimento descrito na página 855. Misture o purê de fígado à *forcemeat*.
8. Corte a carne da coxa do frango, o presunto, a língua, o *pimiento* e a trufa em cubos pequenos.
9. Misture bem a guarnição em cubos e o pistache à *forcemeat*.
10. Escorra o conhaque do peito de frango e seque com uma toalha limpa.
11. Faça um cilindro com a *forcemeat* do comprimento do retângulo de peito. Coloque a *forcemeat* sobre o peito e enrole junto com a pele, com a ajuda do pano.
12. Enrole a galantina no pano e amarre as pontas. Depois enrole em uma folha de papel-manteiga fazendo com que o rolo fique o mais uniforme possível. Amarre o rolo a intervalos de 5 cm sem apertar (esse método é usado quando a galantina precisa ficar com uma espessura totalmente uniforme, sem marcas da amarração. Um método mais simples é amarrar o rolo do pano fino em 3 ou 4 lugares e nas extremidades).
13. Escalfe a galantina lentamente no fundo de frango até que a temperatura interna atinja 71°C. Isso levará aproximadamente 45 a 60 minutos. Amarre novamente a galantina, que deve ter encolhido, e deixe no fundo até esfriar completamente.
14. Retire do fundo, desamarre e decore a gosto.

Figura 27.4
Como fazer galantina de frango.

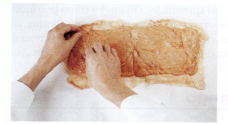

(a) Coloque a carne do peito achatada no centro da pele, deixando 3 a 5 cm de pele ao redor das bordas.

(b) Faça um cilindro com a *forcemeat* e coloque-o perto de uma das bordas do retângulo de carne, como mostra a figura.

(c) Com a ajuda do pano fino que está embaixo, enrole a *forcemeat* na pele do frango. Não enrole o pano junto com o frango.

TERRINAS À BASE DE MOUSSELINE

O interior da maior parte das terrinas de peixe, bem como de algumas terrinas de vegetais e outros itens especiais, consiste em uma *forcemeat* do tipo *mousseline*. As terrinas à base de *mousseline* são preparadas como as terrinas tradicionais, exceto pelo fato de que uma *mousseline* substitui a *forcemeat* básica.

A **forcemeat mousseline** consiste em peixe, aves ou carnes cruas em forma de purê, misturadas com creme de leite fresco e, geralmente, ovos inteiros ou claras. Por não levarem amido ou outro aglutinante, e por causa da grande quantidade de creme de leite que contêm, as *mousselines* são as *forcemeats* mais delicadas. O procedimento para o preparo de uma *forcemeat mousseline* é detalhado na receita básica abaixo.

(d) Embrulhe o rolo pronto no pano e amarre bem as pontas. Continue a receita conforme indicado.

A proporção dos ingredientes da *forcemeat mousseline* depende das características da carne ou peixe que está sendo usado. A albumina das claras dos ovos deixa a *mousseline* firme depois de cozida. Se a carne ou peixe tiverem alto teor de albumina, no entanto, você pode reduzir a quantidade de claras. Em alguns casos, pode não ser necessário usar ovos. Da mesma forma, a quantidade de creme de leite depende da consistência do peixe e da finalidade da *forcemeat*. Se for utilizada como base para uma terrina a ser fatiada, uma quantidade excessiva de creme de leite a deixará muito delicada. Por outro lado, para pequenos moldes de *timbale* e outros itens semelhantes, que não precisam ser firmes, a quantidade de creme de leite pode ser maior que a quantidade indicada na receita abaixo.

Assim como no caso das *forcemeats* básicas, é importante manter os ingredientes sempre gelados.

Forcemeat mousseline básica

Rendimento: aproximadamente 750 g

Quantidade	Ingredientes
500 g	Frango, vitela magra, peixe ou frutos do mar (ver Observação)
2	Claras
375 mL	Creme de leite fresco
1 colher (chá), ou a gosto	Sal
a gosto	Pimenta-do-reino branca
a gosto	Pimenta-caiena
a gosto	Noz-moscada

Modo de preparo

1. Corte a carne em cubos e coloque no recipiente do processador de alimentos. Processe até obter um purê.
2. Adicione as claras e processe até que estejam bem misturadas.
3. Passe o purê por uma peneira para retirar nervos e outros tecidos conjuntivos.
4. Coloque o purê em uma tigela de inox imersa em gelo picado. Deixe gelar bem.
5. Junte o creme de leite aos poucos, mexendo com a mão.
6. Tempere com o sal, a pimenta-do-reino, a pimenta-caiena e uma pitada de noz-moscada.
7. Para provar o tempero e a consistência, escalfe uma *quenelle*, deixe esfriar e prove. Acerte o tempero, se necessário.

Por 30 g:
Calorias, 70; Proteínas, 5 g; Gorduras, 6 g (73% cal.); Colesterol, 35 mg; Carboidratos, 0 g; Fibras, 0 g; Sódio, 120 mg.

Observação: use frango sem pele, vitela magra, filés de peixe de carne branca e magra ou frutos do mar, tais como vieira, camarão ou lagosta

O procedimento para montar e cozinhar uma terrina de *mousseline* é o mesmo de uma terrina de *forcemeat* normal (ver p. 860), exceto pelo fato de que a temperatura interna do prato pronto é ligeiramente mais baixa, aproximadamente 70°C.

Filés de peixes, vegetais cozidos e outros itens apropriados são usados como guarnição. Para fazer terrinas multicoloridas, é possível colocar duas ou mais *mousselines* na forma, em camadas. Outra possibilidade é espalhar uma *forcemeat mousseline* no fundo e nas laterais da forma, e preenchê-la com uma *mousseline* de cor diferente mais a guarnição, depois finalizar com uma camada da primeira *mousseline*.

Terrina de vegetais com *mousseline* de frango

Rendimento: 1 kg

Quantidade	Ingredientes
750 g	*Forcemeat mousseline* de frango (p. 863)
2 colheres (sopa)	Salsinha picada
1 colher (chá)	Estragão fresco picado
15 g	*Glace de volaille*, derretido (opcional)
60 g	Abobrinha-italiana, pequena, aparada
60 g	Pimentão vermelho, sem sementes e sem filamentos
60 g	Cenoura, aparada e descascada
60 g	Vagem, limpa
60 g	Chapéu de cogumelo *shiitake*

Por 30 g:
Calorias, 60; Proteínas, 4 g; Gorduras, 5 g (67% cal.); Colesterol, 25 mg; Carboidratos, 1 g; Fibras, 0 g; Sódio, 90 mg.

■ **Modo de preparo**

1. Misture a *mousseline* de frango com as ervas picadas e o *glace de volaille*, se for usar.
2. Corte a abobrinha em palitos de aproximadamente 1 cm de espessura. Branqueie por 2 minutos em água com sal, escorra e resfrie.
3. Chamusque e tire a pele do pimentão vermelho (ver p. 530). Corte em tiras.
4. Corte a cenoura em palitos, como a abobrinha. Branqueie por 3 minutos, escorra e resfrie.
5. Branqueie a vagem por 1 a 2 minutos, dependendo da maciez.
6. Corte os chapéus de *shiitake* ao meio. Branqueie por 30 segundos, escorra e seque com uma toalha para retirar o excesso de umidade.
7. Unte bem o fundo e as laterais de uma forma para terrina com capacidade de 1,5 L.
8. Espalhe um terço da *mousseline* no fundo da terrina, certificando-se de que todas as bolhas de ar foram eliminadas.
9. Arrume a cenoura e a vagem no sentido do comprimento da forma, mergulhando-as ligeiramente na *mousseline*. Mantenha os vegetais pelo menos 0,5 cm longe das bordas da forma (ver Fig. 27.5).
10. Espalhe uma camada fina de *mousseline* sobre os vegetais. Arrume os cogumelos no centro e depois cubra com outra camada fina de *mousseline*. Deve restar um terço da *mousseline*.
11. Arrume o pimentão e os palitos de abobrinha-italiana no sentido do comprimento, adicionando um pouco mais de *mousseline*, se necessário.
12. Cubra com o restante da *mousseline*, espalhando-a com cuidado, para evitar bolhas de ar. Bata a terrina vigorosamente contra a superfície de trabalho para eliminar qualquer bolha que tenha restado. Alise a parte de cima da *mousseline* com uma espátula.
13. Cubra bem com papel-alumínio. Coloque em banho-maria e asse no forno aquecido a 165°C, até que esteja firme, por aproximadamente 1 hora e 15 minutos.
14. Deixe esfriar bem e coloque na geladeira.
15. Desenforme. Fatie cuidadosamente usando uma faca mergulhada em água quente antes de cada fatia. Sirva decorada com algumas folhas verdes e um molho frio apropriado.

VARIAÇÕES

Em vez de colocar os vegetais indicados, selecione vegetais da estação.

Para uma terrina mais requintada, inclua fatias finas de trufas à guarnição ou elimine a salsinha e acrescente trufas moídas à *mousseline*.

Terrina de frutos do mar com vegetais

Use uma *mousseline* de peixe ou frutos do mar em vez da *mousseline* de frango. Reduza o número e a quantidade de vegetais. Acrescente algumas fatias de salmão defumado à guarnição.

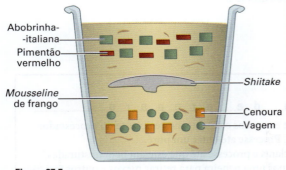

Figura 27.5
Corte transversal da Terrina de vegetais com *mousseline* de frango

TERRINAS E OUTROS ENFORMADOS À BASE DE GELATINA

Todas as terrinas que discutimos até agora são terrinas tradicionais cozidas, isto é, uma *forcemeat* crua é cozida em uma forma chamada terrina. Existem também diversos tipos de terrinas não cozidas. Não vão ao fogo depois de montadas, são levadas à geladeira até que fiquem firmes. Se um ingrediente precisa ser cozido, isso é feito antes da montagem. As terrinas que discutiremos nesta seção possuem gelatina como base de sua estrutura.

Preparar esses itens em terrinas permite que sejam cortadas em fatias apropriadas para servir, da mesma maneira que as terrinas tradicionais de *forcemeat*. Elas também podem ser feitas em formas de qualquer outro formato, inclusive moldes individuais, que podem simplesmente ser desenformadas e decoradas antes de servir. Por outro lado, as terrinas cozidas ficam melhores se preparadas em formas simétricas, pois cozinham de maneira mais uniforme.

Os enformados à base de gelatina, em geral, são divididos em duas categorias: os que têm como base o *aspic* e os que têm como base uma musse.

ENFORMADOS À BASE DE ASPIC

As terrinas à base de *aspic* são uma versão salgada e mais requintada das gelatinas enformadas, isto é, são feitas de ingredientes sólidos unidos por *aspic*.

A proporção de *aspic* em relação aos ingredientes sólidos pode variar muito. Em um extremo, pode haver *aspic* suficiente apenas para manter os ingredientes unidos, de maneira que a gelatina *aspic* em si não seja evidente. No outro extremo, o *aspic* pode predominar, com os ingredientes sólidos em suspensão. Para que este último tipo tenha sucesso, a gelatina *aspic* deve ser de excelente qualidade, ter bom sabor, textura não muito firme e totalmente transparente.

A maioria das terrinas de *aspic* fica entre esses dois extremos.

O procedimento a seguir se aplica à produção da maioria das terrinas de *aspic* e outros enformados à base de *aspic*:

1. Forre a forma com *aspic*, seguindo o procedimento da página 853, ou coloque uma camada de *aspic* no fundo da forma. Leve à geladeira até que esteja firme.

2. Arrume uma camada de guarnição na forma.

3. Acrescente uma quantidade de *aspic* suficiente apenas para cobrir a guarnição sólida. Leve à geladeira até que esteja firme.

4. Repita as etapas 2 e 3 até encher a forma.

5. Para uma melhor conservação, deixe o *aspic* na forma, bem coberto com filme plástico, até o momento de servir.

As terrinas preparadas desse modo dependem de uma gelatina *aspic* extremamente transparente para terem uma boa aparência e, geralmente, são muito elegantes. Outro método é simplesmente misturar a gelatina com uma combinação de ingredientes e encher a terrina com essa mistura. Não é preciso utilizar um *aspic* clarificado neste método. As terrinas feitas dessa maneira variam de rústicas até preparações mais elaboradas, como a Terrina de lentilha e alho-poró da página 868.

O queijo de cabeça (*fromage de tête*, em francês; *headcheese*, em inglês - um enformado de pedaços da cabeça do porco suspensos em *aspic*) e diversos outros frios industrializados são exemplos desse tipo de terrina. O prato *Tripes à la mode de Caen* (p. 327), quando feito de maneira adequada, pode também ser gelado até que fique sólido e depois desenformado, porque contém gelatina natural de pé de vitelo suficiente, e outros ingredientes. O *Jambon persillé*, um presunto com salsinha em *aspic* (p. 866), é outro exemplo de uma terrina à moda do campo à base de *aspic* feita com gelatina não clarificada.

MUSSES

Uma **musse** salgada fria, como as usadas como base de uma terrina, é preparada com carnes, aves, pescados, vegetais ou outros tipos de alimentos em forma de purê ligados com gelatina. Geralmente, leva creme de leite fresco parcialmente batido para torná-la mais leve. (É verdade que os termos musse e *mousseline* são muitas vezes usados como sinônimos, mas aqui são empregados de maneira distinta para evitar confusão.)

A gelatina usada para ligar ou firmar a musse pode ser adicionada na forma de gelatina *aspic* ou de gelatina em pó, amolecida e dissolvida em outro ingrediente líquido.

Como os *aspics*, as musses não são cozidas depois de montadas, mas simplesmente geladas, por isso são preparadas não somente em terrinas, mas também em moldes decorativos de formatos irregulares. A produção de musses é relativamente simples. O procedimento consiste em quatro etapas básicas:

1. Transforme o ingrediente principal em purê.
2. Acrescente a gelatina *aspic* ou a gelatina dissolvida.
3. Incorpore o creme de leite fresco levemente batido e tempere a gosto.
4. Coloque na forma preparada.

As formas geralmente são forradas com gelatina *aspic* e decoradas de acordo com os procedimentos descritos na página 853. Como ocorre com os outros tipos de terrina, a guarnição, se houver, pode ser misturada à musse ou arrumada na forma à medida que a musse é acrescentada.

Embora esse método consista em nada mais do que misturar os ingredientes em uma determinada ordem, duas precauções devem ser tomadas:

1. **Execute todo o procedimento, inclusive a colocação da mistura na forma, de maneira rápida e ininterrupta.**
   Se o procedimento for interrompido, a gelatina pode se solidificar, e o resultado será um produto empelotado e mal misturado.

2. **Não bata demais o creme de leite.**
   Bata apenas até formar picos moles. Quando o creme é batido em excesso, quebra e fica granulado. Este mesmo efeito pode ocorrer quando se bate o creme de leite ainda mais ao incorporá-lo à mistura da musse. Uma musse preparada com creme de leite muito batido fica seca e granulada, e não homogênea e cremosa.

As musses também podem ser feitas sem gelatina ou outros aglutinantes. Uma musse leve é simplesmente um alimento moído ou em purê com a adição de creme de leite fresco levemente batido. Embora essas musses sejam leves demais para serem colocadas em formas para terrinas, podem ser moldadas no formato de *quenelles*, com o auxílio de duas colheres, e colocadas em pratos de salada decorados de maneira atraente, para serem servidos como uma entrada elegante.

Jambon persillé (presunto com salsinha em *aspic*)

Rendimento: aproximadamente 1 kg

Quantidade	Ingredientes
2	Pés de porco, cortados
1	Cebola
1	Cravo-da-índia
	Sachê:
1	Dente de alho
1	Folha de louro
½ colher (chá)	Tomilho seco
½ colher (chá)	Estragão seco
350 mL	Vinho branco
conforme necessário	Fundo claro
750 g	Pernil de cura suave, em um ou mais pedaços grandes
½ xícara	Salsinha picada
15 ml	Vinagre de vinho
se necessário	Sal
se necessário	Pimenta-do-reino

Por 30 g:
Calorias, 96; Proteínas, 10 g; Gorduras, 6 g (49% cal.); Colesterol, 34 mg; Carboidratos 1 g; Fibras 0 g; Sódio, 385 mg.

Modo de preparo

1. Coloque o pé de porco, a cebola espetada com o cravo-da-índia, o sachê e o vinho em uma panela pesada. Acrescente fundo claro suficiente para cobrir. Cozinhe em fogo brando, adicionando mais fundo ou água, conforme necessário.
2. Adicione o pernil à panela. Adicione mais fundo, se necessário. Cozinhe em fogo brando até que o pernil esteja macio. O tempo de cozimento varia bastante, dependendo do pernil.
3. Retire o pernil da panela. Descarte toda a gordura e a pele. Corte em cubos grandes. Retire toda a carne do pé do porco, pique e misture com o pernil (a pele do pé também pode ser adicionada, se desejar). Leve a carne à geladeira.
4. Escume e coe o líquido do cozimento. O fundo pode ser clarificado, se desejar, mas isso não é necessário, se desejar uma aparência rústica tradicional. O pé de porco deve ter liberado uma quantidade suficiente de gelatina, mas teste e adicione mais gelatina se quiser um *aspic* bem firme (ver o procedimento na p. 850).
5. Derreta o *aspic* (se estiver gelatinizado) e adicione a salsinha e o vinagre. Prove e adicione sal e pimenta-do-reino, se necessário.
6. Selecione as formas desejadas; tigelas grandes e fundas são as mais tradicionais. Forre o fundo com uma camada fina do *aspic* com salsinha. Leve à geladeira até que esteja firme.
7. Misture o presunto com o *aspic* restante e despeje no recipiente. Leve à geladeira até que fique firme.
8. Para servir, desenforme e fatie. Sirva sem guarnição, ou acompanhado de folhas verdes e *vinaigrette*.

Terrina de vegetais e frango em *aspic*

Rendimento: aproximadamente 1,1 kg

Quantidade	Ingredientes
175 g	Peito de frango cozido, sem pele e sem osso
100 g	*Mayonnaise collée* (p. 851)
	Guarnição de vegetais (PB):
115 g	Cenoura
2	Alcachofras médias
1	Limão-siciliano
225 g	Espinafre
115 g	Tomate, fresco
90 g	Vagem
175 g	Aspargo
500 mL (aproximadamente)	Gelatina *aspic*

Por 30 g:
Calorias, 20; Proteínas, 2 g;
Gorduras, 1 g (36% cal.); Colesterol, 5 mg;
Carboidratos, 2 g; Fibras, 1 g; Sódio, 20 mg.

■ Modo de preparo

1. Se os pedaços de frango forem grandes, corte-os ao meio no sentido do comprimento. Eles não devem ter mais do que cerca de 5 a 6 cm de diâmetro. Arrume-os sobre uma grade de metal com o melhor lado virado para cima. Cubra-os com uma camada fina de *mayonnaise collée*. Leve à geladeira até que firme.
2. Limpe a cenoura. Corte em *batonnet* longo. Cozinhe até que esteja macia, mas ainda firme. Leve à geladeira.
3. Limpe as alcachofras até ficar só com os fundos e esfregue-os com o limão cortado para evitar que escureçam. Cozinhe em água com um pouco de suco de limão até que estejam macios. Escorra e leve à geladeira. Corte em tiras de aproximadamente 6 mm de espessura.
4. Descarte os talos do espinafre e lave, trocando a água diversas vezes. Branqueie, escorra, enxágue em água fria e esprema bem para retirar o excesso de umidade. Pique grosseiramente.
5. Tire a pele dos tomates, corte-os ao meio no sentido vertical e retire as sementes e o suco. Coloque-os em uma tábua, com a parte cortada virada para baixo, e corte em fatias de aproximadamente 0,5 cm de espessura. Polvilhe com um pouco de sal e deixe escorrer. Seque ligeiramente com uma toalha limpa.
6. Limpe a vagem e cozinhe até que esteja macia, mas ainda firme. Leve à geladeira.
7. Descarte a parte mais dura dos talos dos aspargos. Descasque a parte de baixo. Cozinhe até que estejam macios, mas ainda firmes. Leve à geladeira.
8. Derreta e resfrie a gelatina *aspic* de acordo com o procedimento descrito na página 852.
9. Forre uma forma de terrina de 1,4 L de capacidade com uma camada de *aspic*, de acordo com o procedimento descrito na página 853, ou despeje uma camada de *aspic* de 0,5 cm de espessura no fundo da forma usando uma concha. Leve à geladeira até que fique firme.
10. Arrume a cenoura e, depois, o espinafre na forma. Acrescente *aspic* suficiente para cobrir (ver Fig. 27.6; observe que esse diagrama mostra somente as posições relativas dos ingredientes. A proporção real dos vegetais é maior que a mostrada). Leve à geladeira até que fique firme.
11. Arrume metade dos pedaços de frango no centro da forma, deixando a parte com a *mayonnaise collée* virada para baixo. Coloque as alcachofras e a vagem ao lado do frango. Acrescente *aspic* suficiente para cobrir tudo. Leve à geladeira até que fique firme.
12. Arrume o restante do frango, o tomate e os aspargos na forma. Acrescente *aspic* suficiente para cobrir. Leve à geladeira de um dia para o outro, até que esteja firme.
13. Para servir, desenforme e fatie cuidadosamente com uma faca bem afiada mergulhada em água quente. Sirva com um *vinaigrette*.

VARIAÇÕES

Substitua os vegetais por outros da estação. Utilize outros itens, como peru, coelho, peixe fresco ou defumado e frutos do mar, que podem substituir o frango, ou elimine totalmente o ingrediente proteico e aumente a quantidade de vegetais.

Terrina de vegetais com *foie gras* em *aspic*
Substitua o frango por fatias de Patê de *foie gras* (p. 873). Elimine a *mayonnaise collée*.

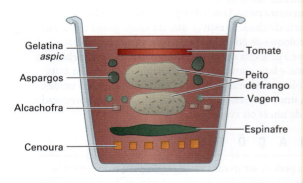

Figura 27.6
Corte transversal da Terrina de vegetais e frango em *aspic*

Terrina de lentilha e alho-poró com peru defumado e presunto cru

Rendimento: aproximadamente 1 kg

Quantidade	Ingredientes
150 g	Lentilha, preferencialmente a variedade francesa *du Puy* (ver Observação)
60 g	Cenoura cortada em *brunoise*
1	Cebola média, inteira, descascada
2	Cravos-da-índia
1	Folha de louro
1 kg	Alho-poró, pequeno (ver Observação)
185 g	Peru defumado
60 g	Presunto cru, em fatias finas como papel
15 g	Gelatina em pó
150 mL	Fundo de frango
a gosto	Sal

Por 30 g:
Calorias, 40; Proteínas, 4 g; Gorduras, 1 g (11% cal.); Colesterol, 5 mg; Carboidratos, 5 g; Fibras, 1 g; Sódio, 60 mg.

Observação: as lentilhas francesas *du Puy* (também chamadas de lentilhas beluga) dão o melhor resultado, pois conservam bem o formato e têm uma aparência melhor. A quantidade de alho-poró necessária depende do seu rendimento depois de limpo, o que pode variar bastante. Serão necessários alhos-porós, limpos e cozidos, em quantidade suficiente para forrar a parte superior e inferior da forma de terrina. É preferível usar alhos-porós bem pequenos para que se possa cobrir todo o fundo e a parte de cima da terrina sem encher muito. Os maiores podem ser cortados ao meio no sentido do comprimento.

Modo de preparo

1. Deixe a lentilha de molho por diversas horas ou de um dia para o outro. Escorra e, em uma panela pesada, misture-a com a cenoura, a cebola espetada com o cravo-da-índia e o louro. Acrescente água suficiente para cobrir pelo menos 5 cm acima do nível das lentilhas. Cozinhe em fogo baixo até que estejam macias, mas ainda firmes e inteiras. Lentilhas francesas deixadas de molho levam menos de 10 minutos para cozinhar. Passe por uma peneira fina. Descarte a cebola, os cravos-da-índia e a folha de louro. Deixe esfriar.
2. Descarte a raiz e as folhas mais duras e verdes do alho-poró, deixando as folhas mais claras unidas, de maneira que o alho-poró fique o mais longo possível. Lave bem. Cozinhe em fogo baixo ou no vapor, até que esteja macio. Leve à geladeira.
3. Corte o peru em tiras longas de aproximadamente 1,2 cm de espessura. Enrole cada uma em uma fatia de presunto cru.
4. Amoleça a gelatina no fundo, depois aqueça para dissolvê-la. Deixe o *aspic* esfriar um pouco. Por ser um *aspic* muito forte, deve ser mantido aquecido, senão irá se solidificar muito rapidamente quando misturado à lentilha.
5. Misture o *aspic* com a lentilha. Acrescente sal a gosto. A partir deste ponto a terrina deve ser montada rapidamente, antes que o *aspic* fique firme.
6. Forre uma terrina de 1,25 L de capacidade com filme plástico para facilitar o processo de desenformar. Cubra o fundo com uma camada de alho-poró, arrumados no sentido do comprimento, de ponta a ponta. Coloque-os bem juntinhos para que não restem espaços vazios (ver Fig. 27.7). Se os alhos-porós forem grandes, corte-os ao meio no sentido do comprimento e arrume na forma com a parte cortada virada para cima.
7. Coloque o *aspic* de lentilha na terrina alternando com as tiras de peru. Arrume as tiras no sentido do comprimento e a intervalos regulares, distribuindo-as de maneira uniforme no *aspic* de lentilha.
8. Cubra com outra camada de alho-poró, apertando bem e nivelando a parte de cima. Se estiver usando alhos-porós cortados ao meio, coloque-os com a parte cortada virada para baixo.
9. Cubra e leve à geladeira de um dia para o outro, até que esteja firme.
10. Desenforme e fatie com uma faca afiada mergulhada em água quente. Coloque no prato e decore com algumas folhas verdes. Sirva com um *vinaigrette*, de preferência um que seja preparado com óleo de nozes ou avelãs.

VARIAÇÕES

Diversos itens podem ser usados no lugar do peru e do presunto cru, como presunto, peito de pato malpassado ou lombo de coelho.

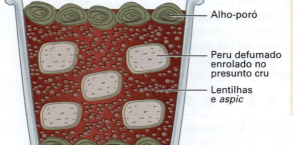

Figura 27.7
Corte transversal da terrina de lentilha e alho-poró com peru defumado e presunto cru

Terrina tricolor de vegetais

Rendimento: aproximadamente 800 g

Quantidade	Ingredientes
450 g	Espinafre
7 g	Chalota moída
7 g	Manteiga
1 colher (chá)	Gelatina em pó
30 mL	Fundo de frango ou de vegetais, ou água fria
a gosto	Sal
60 mL	Creme de leite fresco
150 g	Couve flor limpa
60 g	Nabo-roxo descascado
1 colher (chá)	Gelatina em pó
30 mL	Fundo de frango ou de vegetais, ou água fria
a gosto	Sal
60 mL	Creme de leite fresco
200 g	Cenoura, aparada e descascada
1 colher (chá)	Gelatina em pó
30 mL	Fundo de frango ou de vegetais, ou água fria
a gosto	Sal
60 mL	Creme de leite fresco

Por 30 g:
Calorias, 30; Proteínas, 1 g; Gorduras, 3 g (65% cal.); Colesterol, 10 mg; Carboidratos, 2 g; Fibra, 1 g; Sódio, 20 mg.

Modo de preparo

1. Prepare uma forma para terrina de 1 L de capacidade. Para facilitar o processo de desenformar, forre com filme plástico.
2. Descarte os talos do espinafre e lave bem, trocando a água diversas vezes. Cozinhe em água fervente com sal até que esteja cozido, por aproximadamente 2 minutos, e escorra. Enxágue em água fria para resfriar. Escorra. Aperte para retirar todo o líquido.
3. Pique bem o espinafre, à mão ou no processador de alimentos.
4. Abafe a chalota na manteiga até que esteja macia. Acrescente o espinafre e cozinhe em fogo baixo até que esteja quase seco. Deixe esfriar bem, mas não leve à geladeira.
5. Amoleça a gelatina no fundo, depois aqueça para dissolver. Deixe esfriar e junte ao espinafre. Acrescente sal a gosto.
6. Bata o creme de leite rapidamente até que forme picos moles. Incorpore imediatamente à mistura de espinafre. Coloque na forma e nivele com uma espátula. Leve à geladeira até que fique firme.
7. Cozinhe a couve-flor e o nabo no vapor até que estejam macios. Bata no processador até obter um purê. Para uma textura mais fina, passe o purê por uma peneira. Aqueça lentamente em uma frigideira grande para secar um pouco o purê. Deixe esfriar bem, mas não leve à geladeira.
8. Repita as etapas 5 e 6 para fazer uma musse branca. Coloque na forma, por cima da musse verde. Leve à geladeira.
9. Cozinhe a cenoura e transforme em purê, secando um pouco, da mesma maneira. Repita as etapas 5 e 6 para fazer uma musse cor de laranja e adicione-a à terrina (ver Fig. 27.8). Leve à geladeira até que esteja firme.
10. Desenforme a terrina e fatie para servir. Decore como desejar e sirva acompanhada de um molho frio apropriado.

VARIAÇÕES

Outros purês de vegetais podem substituir os da receita básica.

Para uma versão com baixo teor de gordura, elimine a gelatina em pó, o fundo e o creme de leite fresco. Para substituir o fundo e o creme de leite, use a mesma quantidade de um *aspic* forte. Misture-o aos vegetais em purê.

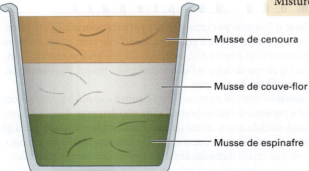

Figura 27.8
Corte transversal da Terrina tricolor de vegetais

Musse salgada de presunto

Rendimento: 1 kg

Quantidade	Ingredientes
500 g	Presunto cozido defumado, magro
150 mL	*Velouté* de frango
1 colher (sopa)	Vinho Madeira
a gosto	Pimenta-do-reino branca
a gosto	Mostarda em pó
a gosto	Sal
7 g	Gelatina em pó
125 mL	Fundo de frango, frio
250 mL	Creme de leite fresco

Por 30 g:
Calorias, 50; Proteínas, 3 g; Gorduras, 4 g (69% cal.); Colesterol, 20 mg; Carboidratos, 1 g; Fibras, 0 g; Sódio, 190 mg.

■ Modo de preparo

1. Selecione uma ou mais formas totalizando 1 L de capacidade. Se desejar, forre as formas com *aspic* e decore-as de acordo com o procedimento da página 853. Mantenha resfriado até o momento de usar.
2. Moa o presunto até que esteja bem fino.
3. Misture o *velouté* com o purê de presunto. Acrescente o vinho Madeira e tempere a gosto com pimenta-do-reino branca, mostarda em pó e sal. Pode não ser necessário acrescentar sal, se o presunto for bem salgado.
4. Amoleça a gelatina no fundo. Aqueça até que a gelatina se dissolva, depois deixe esfriar, mas não deixe que se solidifique.
5. Bata o creme de leite até que forme picos moles.
6. Acrescente a gelatina *aspic* à mistura de presunto e mexa até que estejam bem misturadas.
7. Rapidamente, incorpore o creme de leite à mistura de presunto, misturando bem. Prove e ajuste o tempero, se necessário.
8. Encha as formas já preparadas. Deixe gelar por diversas horas, ou de um dia para o outro, até que a musse esteja firme. Desenforme imediatamente antes de servir.

VARIAÇÕES

Para uma musse mais densa, mas não untuosa, reduza a quantidade de creme de leite, se desejar.

Substitua ⅛ ou ¼ do presunto cozido por presunto cru.

Em vez de *velouté*, use maionese afinada com um pouco de creme de leite até ficar na mesma consistência do *velouté*.

Musses feitas com outras carnes, aves e pescados podem ser preparadas de acordo com o mesmo procedimento, acrescentando um fundo apropriado (como fundo de peixe para musse de pescados) e usando os temperos apropriados no lugar da mostarda e do vinho Madeira (p. ex., musse de salmão temperada com endro, pimenta-caiena e vinho branco).

Musse de *foie gras*

Rendimento: 500 g

Quantidade	Ingredientes
250 g	*Foie gras* (ver Observação)
125 mL	Gelatina *aspic*
125 mL	Creme de leite fresco
a gosto	Sal
a gosto	Pimenta-do-reino branca

Por 30 g:
Calorias, 50; Proteínas, 3 g; Gorduras, 4 g (66% cal.); Colesterol, 95 mg; Carboidratos, 1 g; Fibras, 0 g; Sódio, 85 mg.

Observação: veja uma discussão sobre *foie gras* na página 871. Esta receita pede *foie gras* cozido, não cru. Pode ser usado o Patê de *foie gras* (p. 873). Se produtos de *foie gras* fresco não estiverem disponíveis, pode ser usado *foie gras* em conserva.

■ Modo de preparo

1. Passe o *foie gras* por uma peneira para transformá-lo em purê.
2. Derreta o *aspic* e leve à geladeira, de acordo com o procedimento descrito na página 852. Adicione ao *foie gras*, mexendo bem.
3. Bata o creme de leite até que forme picos moles. Rapidamente, misture bem ao *foie gras*.
4. Enquanto mistura o creme de leite, prove e ajuste o tempero com sal e pimenta-do-reino branca. Para não demorar, é melhor fazer isso à medida que o creme de leite é misturado, evitando que a gelatina se solidifique e que o creme de leite seja batido em excesso.
5. Coloque imediatamente em uma terrina ou outro tipo de forma. Cubra bem e leve à geladeira por pelo menos um dia.
6. Este prato é muito forte e deve ser servido em pequenas quantidades (aproximadamente 60 g por porção). Para servir, mergulhe uma colher em água quente e depois raspe a superfície da terrina, como se estivesse servindo sorvete. Coloque a colherada de musse no centro de um prato e sirva com torradas finas e crocantes, decorando com vegetais crus ou folhas verdes.

FOIE GRAS, PATÊS DE FÍGADO E RILLETTES

Ao fim do capítulo, são apresentadas três terrinas tradicionais que exigem técnicas diferentes das que já foram discutidas aqui. Deve-se observar que, embora esses itens tenham um alto teor de gordura e colesterol, eles são sempre muito populares, mesmo nos dias de hoje, quando todos estão preocupados com dietas.

PATÊ OU TERRINA DE FOIE GRAS

Na gastronomia clássica, o mais valorizado e, talvez, o mais famoso ingrediente para patês e terrinas é o **foie gras**. Este termo francês significa "fígado gordo". *Foie gras* é o fígado gordo de variedades de patos e gansos especialmente alimentados para esse fim. Até recentemente, apenas produtos em conserva ou processados estavam disponíveis nos Estados Unidos. Agora, no entanto, a raça de patos própria para produzir o *foie gras* (chamada *mullard* ou *moulard*, cruzamento entre o pato Almiscarado e o pato-de-pequim) é criada em fazendas norte-americanas. Consequentemente, o *foie gras* cru fresco agora é vendido no país. A sua disponibilidade gerou muito entusiasmo entre os *chefs* norte-americanos, embora o preço seja alto.

A alimentação especial dos patos geralmente aumenta o tamanho dos fígados em mais de 500 g, deixando-os com alto teor de gordura. Um *foie gras* fresco de boa qualidade apresenta coloração bege-amarelada clara e textura macia como veludo, quase como uma manteiga. O fígado tem dois lóbulos, um grande e um pequeno.

É importante saber que o *foie gras* é composto basicamente de gordura. Sem dúvida, o sabor forte da gordura é a principal razão para o *foie gras* ser tão valorizado. Toda a gordura resultante do seu preparo é cuidadosamente reservada e usada para outras finalidades. As pessoas que precisam evitar gorduras, especialmente a gordura animal, devem ficar longe dessa iguaria. Para o restante de nós, o alto preço do *foie gras* ajuda a proteger a nossa saúde, tornando improvável o consumo excessivo.

Existem duas categorias de *foie gras* produzidas nos Estados Unidos. O tipo A é maior, geralmente pesa mais de 600 g, e tem poucas manchas e marcas de sangue. O tipo B é menor e tem mais marcas de sangue e veias.

Como fazer o pré-preparo do *foie gras*

Independentemente da maneira como o *foie gras* é preparado, primeiro deve ser lavado em água fria e examinado com cuidado para detectar manchas verdes. Essas manchas são causadas pela bile e devem ser cortadas ou raspadas, pois a bile tem um sabor amargo forte. Além disso, deve-se retirar qualquer pedaço de gordura externa.

Em seguida, o fígado deve ficar de molho (esta etapa não é obrigatória, mas melhora o produto). Cubra o fígado com água ou leite gelados e levemente salgados. Reserve por até duas horas, no máximo. Retire o fígado do líquido salgado e enxágue em água fria corrente.

Para preparações frias, como terrinas e musses, o fígado precisa ser limpo previamente. Primeiro, espere que atinja a temperatura ambiente. O teor de gordura do fígado frio dificulta limpá-lo sem que quebre demais, o que resultaria em perdas durante o cozimento. Quando o fígado está na temperatura ambiente, até mesmo o calor das mãos derrete a gordura, por isso é importante lidar com ele com delicadeza e trabalhar rapidamente.

Comece separando os dois lóbulos e colocando-os sobre uma superfície limpa com a parte lisa virada para baixo. Com cuidado, retire quaisquer manchas de sangue. Segure o lóbulo posicionando os polegares nas laterais e os outros dedos por baixo, no centro, e vergue o lóbulo com cuidado no sentido do comprimento. A superfície rugosa deve se abrir ligeiramente, revelando uma veia grande que corre de uma ponta a outra do fígado. Caso a superfície não ceda, faça uma incisão rasa com a ponta de uma faca de legumes. Com cuidado, puxe essa veia, assim como outras veias grossas que estiverem ligadas a ela, sempre tomando cuidado para deixar o fígado o mais intacto possível. Repita a operação com o outro lóbulo. O *foie gras* agora está pronto para ser transformado em terrina.

Independentemente da maneira como o *foie gras* é preparado, é essencial evitar até mesmo o mínimo cozimento em excesso. O fígado é delicado e a gordura cozinha muito rapidamente. Apenas alguns segundos a mais em uma frigideira podem reduzir uma fatia de *foie gras* a alguns pedacinhos de tecido conjuntivo boiando em uma poça de gordura bem cara.

TERRINAS OU PATÊS DE FÍGADO

Terrinas de fígado, frequentemente chamadas de patê de fígado, são entradas conhecidas e econômicas, exceto, logicamente, as que são feitas com *foie gras*. A terrina de fígado clássica é uma mistura de fígados liquefeitos, isto é, limpos, deixados de molho, batidos no liquidificador e peneirados, de acordo com o procedimento descrito na página 855, à qual se adicionam ovos e temperos; a mistura é assada em uma terrina até que fique firme. Um exemplo desse tipo de receita pode ser encontrado na página 874.

Esse tipo de terrina de fígado geralmente contém farinha como estabilizante. A *forcemeat* de fígado é líquida, por isso a farinha melhora a textura do produto cozido, ajudando a dar liga à umidade. O creme de leite fresco também é incluído como fonte de gordura na maioria das receitas. Outras fontes de gordura às vezes usadas além do creme de leite ou em seu lugar são: gordura de porco moída, bacon moído, tutano e gordura derretida de *foie gras,* que sobrou do preparo de terrinas.

Outro tipo de terrina de fígado consiste em uma *forcemeat* básica de porco com teor de fígado suficientemente alto para que o sabor do fígado predomine. Para preparar esse tipo de terrina, prepare a *forcemeat* da página 856, mas use seis vezes mais a quantidade de fígado. A *forcemeat* ficará bem líquida. Siga o procedimento básico para fazer terrinas de *forcemeat* (ver p. 860), usando como guarnição fígados de frango inteiros e limpos, marinados em conhaque.

Um substituto rápido e simples para essas terrinas mais elaboradas pode ser um tipo de *rillettes* (ver a próxima seção), que consiste em uma mistura temperada de carne cozida (fígado, neste caso) e gordura. Este é o tipo de patê de fígado de frango encontrado nos cardápios de algumas *delicatessen* e bistrôs. Para fazer esse tipo de patê, salteie o fígado de frango, amasse ou faça um purê e misture com aproximadamente ⅛ do seu peso de gordura derretida de frango ou porco, manteiga amolecida ou outro tipo de gordura, ou ainda com um quarto do seu peso de *cream cheese*. Tempere a gosto com sal, pimenta-do-reino, ervas, conhaque ou xerez e/ou cebola ralada salteada.

RILLETTES

No Vale do Loire, na França, é provável que a primeira coisa servida em um restaurante típico simples, quer tenha sido pedido ou não, seja um pratinho de *rillettes* para passar no pão. Variações desse prato despretensioso tornaram-se bastante populares e são servidas até mesmo em restaurantes norte-americanos elegantes.

Rillettes é um prato feito de carne de porco cozida lentamente até que esteja bem macia, desfiada, misturada à sua própria gordura, temperada e arrumada em um recipiente de barro ou terrina.

Variações do prato clássico podem ser feitas com outras carnes adicionadas à carne de porco ou substituindo-a. Carnes ricas em gordura, como pato e ganso, são especialmente apropriadas. É possível preparar *rillettes* com frango, peru e coelho, mas é preciso adicionar um pouco de carne de porco ou outro tipo de gordura quando estiverem cozinhando.

Alguns *chefs* até servem *rillettes* de peixes como o salmão e o bacalhau. O procedimento básico é o mesmo, exceto pelo tempo de cozimento que, logicamente, é mais curto. O peixe cozido é desfiado, misturado com manteiga ou outro tipo de gordura suficientes para render uma textura agradável e bem temperada.

Uma receita típica da clássica *rillettes* de porco pode ser encontrada na página 875. Siga o mesmo procedimento básico para fazer *rillettes* de pato e outras variações. Uma receita de *rillettes* feita de peixe pode ser vista na página 874.

Patê de *foie gras*

Rendimento: variável, dependendo do tamanho do fígado

Quantidade	Ingredientes
1	*Foie gras* fresco tipo A de aproximadamente 700 g
1 colher (chá)	Sal
¼ de colher (chá)	Pimenta-do-reino branca
15–30 mL	Vinho ou outra bebida a escolher: vinhos do Porto, Madeira, Sauternes, conhaque ou Armagnac

Por 30 g:
Calorias, 50; Proteínas, 6 g; Gorduras, 2 g (32% cal.); Colesterol, 165 mg; Carboidratos, 1 g; Fibras 0 g; Sódio, 160 mg.

Modo de preparo

1. Deixe o *foie gras* de molho, enxágue e limpe conforme procedimento descrito na página 871.
2. Coloque o fígado em uma tigela e tempere com sal e pimenta-do-reino branca. Acrescente o vinho ou a bebida escolhida, usando uma quantidade menor para conhaque ou Armagnac; se usar um vinho doce, use no máximo a quantidade maior indicada. Vire o fígado lentamente de maneira que todos os lados fiquem umedecidos.
3. Cubra e leve à geladeira. Deixe marinar por 24 horas.
4. Retire os fígados da geladeira aproximadamente 1 a 2 horas antes de cozinhar e deixe na temperatura ambiente. Isso é essencial para o cozimento apropriado da terrina.
5. Coloque o lóbulo maior (ou os pedaços do lóbulo maior, se tiver quebrado ao limpar) na terrina escolhida, com o lado liso virado para baixo. Cubra com o lóbulo menor, com o lado liso virado para cima. Pressione firmemente o fígado para eliminar espaços vazios. Cubra com papel-alumínio.
6. Coloque diversos panos de prato dobrados no fundo de uma assadeira funda, ou em outro tipo de recipiente apropriado para banho-maria (isto ajudará a isolar a terrina do calor forte da parte de baixo da forma). Coloque a terrina na assadeira sobre os panos e acrescente água morna, não quente, até atingir a metade das laterais da terrina.
7. Leve ao forno preaquecido a 100°C. Asse até o ponto de cozimento desejado, determinado por um termômetro de leitura instantânea (ver o parágrafo a seguir). Isso levará de 45 minutos a pouco mais de 1 hora.

    O patê estará pronto quando o termômetro mostrar 45 a 54°C. No limite mais baixo dessa variação, o patê frio terá coloração bem rosada no centro e textura macia cremosa. No limite mais alto, ficará mais firme e menos rosado, e uma quantidade maior de gordura será liberada, resultando em menor rendimento. O ponto de cozimento correto é questão de preferência.
8. Retire a terrina do banho-maria e coloque sobre uma grade de metal para esfriar. Depois de 10 minutos, coloque um pedaço de madeira que caiba sobre a superfície do patê, ou outra terrina vazia, e alguns quilos de peso por cima. Quando o patê estiver quase frio, mas com a gordura ainda líquida, escorra toda a gordura e líquidos. Separe e descarte os líquidos. Reserve a gordura. Coloque os pesos de volta sobre o patê e deixe esfriar mais.
9. Quando o patê estiver completamente frio, desenforme, retire e descarte quaisquer vestígios de sangue ou sucos que tenham ficado no fundo da terrina. Limpe a terrina e coloque o patê de volta. Aqueça a gordura reservada até que derreta e coloque sobre o patê. Leve à geladeira até que esteja frio, cubra bem e deixe na geladeira por 3 a 5 dias, para que os sabores se acentuem.
10. Para desenformar, mergulhe a terrina em água morna por alguns segundos e vire sobre um prato ou tábua de cortar. Fatie com uma faca afiada, mergulhando-a em água quente antes de fatiar cada pedaço. Sirva com um pouco de *aspic* picado e brioche torrado, ou com folhas verdes e um *vinaigrette* suave feito com óleo de nozes.

Patê de fígado de frango

Rendimento: 1 kg

Quantidade	Ingredientes
50 g	Fígado de frango
250 mL	Creme de leite fresco
5	Ovos, ligeiramente batidos
60 g	Farinha
2 colheres (chá)	Sal
½ colher (chá)	Pimenta-do-reino branca
50 mL	Conhaque
conforme necessário	Peritônio de porco ou fatias finas de toucinho para forrar a forma (opcional)

Por 30 g:
Calorias, 60; Proteínas, 4 g; Gorduras, 4 g (57% cal.); Colesterol, 105 mg; Carboidratos, 2 g; Fibras, 0 g; Sódio, 170 mg.

Modo de preparo

1. Deixe o fígado de molho, bata no liquidificador e passe pela peneira, seguindo o procedimento descrito na página 855.
2. Misture aos demais ingredientes, exceto o peritônio ou toucinho, até que estejam homogêneos. Se necessário, passe por uma peneira para eliminar grumos.
3. Se possível, cubra e leve à geladeira de um dia para o outro. Isso ajuda a eliminar bolhas de ar que possam ter se formado e permite que a farinha absorva a umidade.
4. Forre uma forma de terrina com o peritônio ou toucinho, ou unte generosamente com manteiga ou banha. Despeje a mistura de fígado dentro da terrina.
5. Cubra com papel-alumínio. Asse em banho-maria a 150°C até que esteja firme. A água do banho-maria deve chegar até o nível da mistura de fígado pelo lado de fora. O tempo de cozimento depende do tamanho e do formato da terrina; o tempo aproximado é de 2 horas. Verifique periodicamente depois de cerca de 1 hora e 30 minutos, para que não asse demais.
6. Retire do banho-maria e deixe esfriar sobre uma grade de metal. Leve à geladeira de um dia para o outro ou por mais tempo. Desenforme e fatie, ou sirva diretamente na terrina.

V A R I A Ç Õ E S

Substitua o fígado de frango por fígado de vitela ou porco.

Rillettes de salmão, hadoque ou hadoque defumado

Rendimento: 600 g

Quantidade	Ingredientes
500 g	Salmão, hadoque ou hadoque defumado, sem pele e sem espinhas
250 mL	Vinho branco
125 g	Manteiga sem sal
2 colheres (chá)	Suco de limão
a gosto	Sal
a gosto	Pimenta-do-reino branca
a gosto	Molho de pimenta
a gosto	Caviar, para guarnição

Por 30 g:
Calorias, 70; Proteínas, 59 g; Gorduras, 6 g (72% cal.); Colesterol, 25 mg; Carboidratos, 0 g; Fibras, 0 g; Sódio, 55 mg.

Modo de preparo

1. Misture o peixe e o vinho em uma panela funda ou frigideira. Escalfe o peixe em fogo bem lento só até que esteja cozido. Como o vinho não é suficiente para cobrir todo o peixe, vire-o ocasionalmente durante o cozimento, para que cozinhe de maneira uniforme.
2. Escorra o peixe e deixe esfriar bem.
3. Divida o peixe em pedaços pequenos, depois amasse com um garfo até que fique homogêneo.
4. Amoleça a manteiga e misture bem com o peixe. Tempere a gosto com suco de limão, sal, pimenta-do-reino branca e molho de pimenta.
5. Coloque a mistura em pequenos ramequins ou tigelinhas de barro para servir individualmente. Leve à geladeira.
6. Cubra cada porção com uma colherinha de caviar imediatamente antes de servir. Use caviar de salmão para *rillettes* de salmão ou qualquer outro tipo de caviar para *rillettes* de hadoque ou hadoque defumado.
7. Para servir, coloque o ramequim sobre um prato pequeno forrado com um guardanapo dobrado ou uma toalhinha. Arrume fatias de torrada ou pão sobre o guardanapo, ao redor do ramequim, ou sirva com as torradas num recipiente à parte.

Foie gras, patês de fígado e *rillettes* 875

Rillettes de carne de porco

Rendimento: aproximadamente 500 g

Quantidade	Ingredientes
1 kg	Sobrepaleta ou paleta de porco, com a gordura, mas sem pele e sem osso
1	Cebola pequena
2	Cravos-da-índia
2	Folhas de louro
1 pitada	Tomilho seco
60 mL	Água
1 ½ colher (chá)	Sal

Por 30 g:
Calorias, 110; Proteínas, 9 g; Gorduras, 8 g (67% cal.); Colesterol, 35 mg; Carboidratos, 2 g; Fibras, 0 g; Sódio, 240 mg.

Modo de preparo

1. Corte a carne, com toda a gordura, em cubos grandes.
2. Separe 30 a 60 g de gordura e derreta lentamente em uma panela grande e pesada. Adicione a carne e doure ligeiramente em fogo médio.
3. Espete os cravos-da-índia na cebola. Junte a cebola e os demais ingredientes à panela. Tampe e leve ao forno baixo, ou cozinhe no fogão em fogo bem baixo, até que a carne esteja muito macia. Isso levará algumas horas. Verifique periodicamente para ver se a carne não secou. Caso tenha secado, acrescente 30 a 60 mL de água.
4. Descarte as folhas de louro, a cebola e os cravos-da-índia. Despeje o conteúdo da panela em um escorredor apoiado sobre uma tigela grande. Pressione firmemente a carne, deixando escorrer toda a gordura e os sucos na tigela. Separe a gordura dos sucos e reserve-os.
5. Bata a carne com um martelo ou socador grande, depois desfie com dois garfos até que fique totalmente desfiada, sem nenhum pedaço maior. Outra possibilidade é colocar a carne na tigela da batedeira e bater com o batedor raquete na velocidade baixa até que esteja completamente desfiada.
6. Adicione a quantidade desejada de gordura derretida à carne desfiada e misture bem. Prove e ajuste o tempero. Deve estar bem temperada, pois será servida fria. Se a mistura parecer seca, adicione parte dos sucos reservados para obter a consistência desejada. A mistura deve ser espessa, mas fácil de espalhar, nem muito seca, nem muito mole.
7. Coloque em tigelas de barro ou terrinas e nivele a parte de cima. Se as *rillettes* forem armazenadas por mais de 1 ou 2 dias, sele a superfície cobrindo com uma camada de gordura derretida. Leve à geladeira de um dia para o outro ou por mais tempo. Retire a camada de gordura antes de servir.
8. Sirva com pão rústico e picles.

VARIAÇÕES

Rillettes de pato, ganso, coelho, peru ou frango
Substitua a carne de porco ou parte dela por qualquer uma dessas carnes. As carnes magras devem ser cozidas com mais gordura de porco para que tenham gordura derretida suficiente para misturar à carne desfiada.

■ TERMOS PARA REVISÃO

garde manger	patê	*pâté de campagne*	musse
aspic	terrina	*pâté*	*foie gras*
pó para *aspic*	galantina	*pâté en croûte*	*rillettes*
molho *chaud-froid*	forcemeat	*pâte à pâté*	
mayonnaise collée	guarnição	*forcemeat mousseline*	

■ QUESTÕES PARA DISCUSSÃO

1. Explique como fatiar uma terrina de carne.
2. Por que as terrinas e os patês são geralmente servidos com mostarda e *vinaigrette*?
3. Quais os três motivos para usar *aspic* como cobertura ou para dar brilho a alimentos frios?
4. Descreva como fazer *mayonnaise collée*.
5. Descreva como derreter e esfriar uma gelatina *aspic*.
6. Quais são os ingredientes básicos de uma típica *forcemeat* de porco?
7. Como são preparados os fígados crus para serem usados em *forcemeats*?
8. Qual é a finalidade de se colocar uma camada de gordura sobre uma terrina ou patê depois de assados?
9. Qual a diferença entre os termos *mousseline* e musse, conforme foram usados neste capítulo?
10. Quais são as quatro etapas básicas da produção de uma musse enformada? Por que é importante executar essas etapas rapidamente?
11. Por que é importante não cozinhar demais o *foie gras*?

CAPÍTULO 28

CAPÍTULO 28

Apresentação e decoração do prato

Até este ponto, o foco principal deste livro tem sido a preparação dos alimentos, desde a seleção dos ingredientes, passando pelo *mise en place* até o seu preparo. No entanto, ainda não atingimos a nossa meta final. O propósito de aprender e praticar os procedimentos necessários para o preparo de alimentos de qualidade é assegurar que eles sejam consumidos e apreciados.

Em outras palavras, o nosso trabalho não é finalizado até que o alimento que preparamos seja arrumado em pratos ou travessas e esteja pronto para ser apresentado ao cliente.

Na culinária clássica tradicional, até depois da metade do século XX, a prática normal nos estabelecimentos finos era enviar os alimentos para a mesa em travessas e outros recipientes para servir, de onde eram transferidos aos pratos de jantar pela equipe de garçons, às vezes depois de trinchar ou cortar o alimento em porções. No entanto, os *chefs* que desenvolveram a *nouvelle cuisine* queriam controlar a aparência dos alimentos até o último detalhe, e começaram, ainda na cozinha, a dispor os alimentos nos pratos de jantar. Desde então, muitos estilos de empratamento surgiram e desapareceram à medida que os *chefs* dedicavam mais atenção à aparência e à disposição dos alimentos nos pratos de jantar.

Ao longo deste livro enfatizamos a preparação do alimento em favor da boa aparência além do sabor agradável. Falamos sobre o corte preciso e perfeito de vegetais e frutas, o corte adequado de carnes, aves e pescados, as marcas da grelha nos filés, a preservação das cores nos vegetais cozidos e a montagem atraente das saladas. Neste capítulo, continuaremos a discutir maneiras de tornar os alimentos atraentes.

APRESENTAÇÃO DE PRATOS QUENTES

Quando comemos, buscamos prazer, além de nutrição e subsistência. Cozinhar não é somente um negócio, mas uma arte que atrai os sentidos do paladar, do olfato e da visão.

Um ditado conhecido diz que "come-se primeiro com os olhos". A nossa primeira impressão de um prato de alimento estabelece as nossas expectativas. A visão do alimento estimula o apetite, ativa o fluxo dos sucos gástricos e nos anima a comer. A refeição se torna interessante e estimulante.

Por outro lado, se o alimento parece ser servido com descuido e jogado no prato de maneira negligente, presumimos que tenha sido preparado com a mesma falta de cuidado. Se as cores são pálidas e desbotadas, esperamos um sabor insosso e sem graça. Se o tamanho do prato faz o filé parecer pequeno (mesmo que não seja), saímos insatisfeitos.

O seu trabalho como cozinheiro e *chef* é fazer com que o cliente se interesse pelo seu prato, ou melhor, seja estimulado por ele. Você não pode permitir que o cliente se desaponte antes mesmo de ter provado o prato. O seu sucesso depende de sua capacidade de deixar os clientes felizes.

Após ler este capítulo, você deverá ser capaz de:

1. Explicar por que a apresentação atraente dos alimentos é importante.
2. Servir alimentos dispostos de maneira atraente no prato ou na travessa, buscando equilíbrio adequado de cor, formato e textura.
3. Identificar os termos comuns da guarnição clássica que, em geral, ainda são usados atualmente.
4. Decorar uma travessa de banquete com vegetais de acompanhamento apropriados e atraentes.
5. Planejar e montar travessas atraentes para bufês.

PRINCÍPIOS BÁSICOS DA APRESENTAÇÃO DE PRATOS

Ao planejar um prato novo, o *chef* deve considerar tanto a aparência quanto o sabor. Vá à página 76 e revise a seção intitulada "A construção de perfis de sabor". Lembre-se que os sentidos da visão, do paladar, do olfato e do tato entram em jogo quando avaliamos e apreciamos um alimento. A aparência de um prato faz parte de sua identidade, da mesma maneira que o seu gosto, seu cheiro e a sensação que provoca na boca.

Em outras palavras, a aparência de um prato não é algo sobre o qual você pensa apenas depois de ter preparado o alimento. É algo que você precisa ter em mente desde o início do preparo. Lembrar disso ajuda a criar apresentações com uma aparência natural, para que o alimento pareça o que realmente é, em vez de se tornar uma construção artificial de montagem complicada.

TRÊS PRINCÍPIOS BÁSICOS DA APRESENTAÇÃO DE ALIMENTOS

Fazer com que os alimentos tenham boa aparência exige atenção cuidadosa a todas as tarefas da cozinha. Os três princípios a seguir devem ser observados para criar um alimento atraente. Observe que somente um deles diz respeito à disposição dos alimentos no prato.

Pré-preparo cuidadoso e técnicas adequadas de cozimento

Se os vegetais forem cortados inadequadamente durante o preparo, a apresentação do prato parecerá inadequada. Se a carne não estiver bem limpa antes de ser cozida, uma disposição elegante no prato não corrigirá isso. Se um peixe estiver cozido em demasia e seco, ou se um vegetal estiver feio ou mole, não há nada que você possa fazer para torná-los atraentes no prato.

Bons hábitos profissionais

Em grande parte, servir alimentos atraentes é uma questão de organização, cuidado e bom-senso. Esse é um aspecto do profissionalismo que discutimos no Capítulo 1. Os bons profissionais se orgulham de seu trabalho e da comida que servem. Eles não enviam para a mesa um prato que tenha molho acidentalmente escorrido ou impressões digitais na borda pelo fato de terem sido aconselhados pelos supervisores, ou por seguirem alguma regra de livro, mas porque seu orgulho profissional os impede de fazê-lo.

Percepção visual

Além de parecer simples e cuidadosa, a apresentação eficaz dos alimentos depende da compreensão das técnicas que envolvem equilíbrio, disposição dos alimentos e decoração, ou guarnição. Esses são os assuntos das próximas seções.

EQUILÍBRIO

Equilíbrio é um termo que já usamos quando mencionamos o planejamento de menus no Capítulo 5. As regras para obter equilíbrio em menus também se aplicam ao empratamento. Selecione alimentos e guarnições que ofereçam variedade e contraste, evitando, ao mesmo tempo, combinações estranhas e dissonantes.

Cores

Em geral, é mais interessante colocar duas ou três cores em um prato do que apenas uma. Visualize esta combinação: peito de frango escalfado com molho *suprême*, purê de batata e couve-flor no vapor. Saboroso? Ou que tal frango frito, batata frita e milho? Não tão ruim, mas um pouco monótono.

Muitos alimentos quentes, especialmente carnes, aves e peixes, não apresentam outras cores além de tons de marrom, dourado e branco. É bom selecionar vegetais ou acompanhamentos que acrescentem cor — uma das razões para a popularidade dos vegetais verdes.

A decoração nem sempre é necessária, especialmente se os acompanhamentos apresentarem cor, mas é muito importante em alguns casos. A combinação clássica de filé grelhado (marrom) e purê de batata parece um pouco mais alegre quando acompanhada de aspargos frescos ou até mesmo com a simples adição de um ramo fresco de agrião.

Formatos

Planeje diversidade de formatos, além das cores. Por exemplo, você provavelmente não irá servir couve-de-bruxelas, almôndegas e batatas-bolinha. Muitos itens do mesmo formato, neste caso redondos, parecem monótonos ou até mesmo estranhos. Vagem e purê de batata podem ser um acompanhamento melhor. Tente diversos formatos que funcionem bem juntos.

Cortar vegetais em formatos diferentes possibilita grande flexibilidade. A cenoura, por exemplo, que pode ser cortada em cubos, rodelas ou palitos (*batonnet*, *julienne* etc.), pode ser adaptada para quase todos os pratos.

Texturas

As texturas não são estritamente considerações visuais, mas são importantes na montagem dos pratos e no planejamento do menu (ver Cap. 5). O equilíbrio exige diversas texturas no prato. Talvez, o erro mais comum seja servir muitos alimentos moles ou em purê, como um bolo salgado de salmão com purê de batata e abóbora amassada.

Sabores

Você também não pode ver os sabores, mas esse é outro fator a ser considerado ao equilibrar cores, formatos e texturas no prato. Consulte as diretrizes para planejamento de menus no Capítulo 5.

TAMANHO DA PORÇÃO

O tamanho das porções é tão importante para a apresentação do prato quanto para os custos.

Adeque o tamanho da porção ao tamanho do prato

Selecione pratos suficientemente grandes para que todos os itens possam ser colocados sem ser amontoados. Um prato muito pequeno dá uma aparência de amontoamento, confusão e bagunça.

Por outro lado, um prato muito grande pode fazer com que as porções pareçam reduzidas. Se um prato não parecer suficientemente cheio, os clientes podem achar que não estão recebendo o valor pelo qual estão pagando.

Equilibre o tamanho da porção dos itens no prato

Um item, em geral uma carne, ave ou peixe, normalmente é considerado o item principal do prato. É o centro das atenções e maior que os acompanhamentos. Não deixe que o item principal se perca no meio de muita decoração e porções enormes de vegetais e alimentos ricos em amido.

Quando não há um item principal, como em alguns pratos de vegetais, faça o possível para conseguir um equilíbrio lógico entre as porções.

A disposição no prato

Até recentemente, os pratos principais seguiam um padrão: um item de carne ou pescado na frente do prato (mais perto do cliente), vegetais e itens com amido na parte de trás, ou de cima.

Essa montagem ainda é a mais usada, por ser uma das mais simples e convenientes. Entretanto, muitos *chefs* gostam de demonstrar a sua criatividade com disposições diferentes.

Um estilo comum entre os *chefs* de hoje é empilhar tudo no centro do prato em diversas camadas, no formato de torre. Se usado com moderação, isso pode tornar o empratamento eficaz e chamativo. Contudo, esse estilo é geralmente levado a extremos, e os clientes precisam encarar o trabalho de cuidadosamente desconstruir a pirâmide de alimentos e dispor novamente os itens no prato para que possam começar a comer. Alguns *chefs* gostam tanto desse estilo que o usam para quase todos os itens do menu. Talvez funcione melhor para pratos pequenos, como algumas entradas e porções pequenas de um menu-degustação. É importante levar em consideração a comodidade e o conforto do cliente ao montar o prato.

Atualmente, os estilos de empratamento são muitos e variados. As descrições a seguir são exemplos de estilos de empratamento comuns e servem de ponto inicial para inúmeras variações. As fotos ao lado, bem como as outras fotos que acompanham as receitas ao longo do livro, mostram outras variações e interpretações de estilos.

- A montagem clássica: item principal na frente, vegetais, itens com amido e decoração na parte posterior.

- Item principal sozinho no centro do prato, às vezes com um molho ou uma guarnição simples.

- Item principal no centro, com os vegetais distribuídos aleatoriamente ao seu redor, às vezes com um molho por baixo.

- Item principal no centro, com pilhas perfeitas de vegetais cuidadosamente dispostas ao redor, seguindo um determinado padrão.

- Item com amido ou um vegetal empilhado no centro; o item principal fatiado e apoiado nos vegetais; outros vegetais, decoração e/ou molho ao redor dos itens do centro do prato.

- Item principal, acompanhamentos de vegetais ou amido e outros tipos de decoração empilhados perfeitamente no centro do prato. Molhos ou outro tipo de decoração podem ser colocados ao redor.

- Vegetais no centro do prato, às vezes com molho; itens principais (em fatias, medalhões, pedaços pequenos etc.) arrumados ao redor, na borda do prato.

- Fatias do item principal sobre uma base de vegetais ou um purê de vegetais ou amido e, possivelmente, outro tipo de decoração em um dos lados ou ao redor.

- Montagens assimétricas ou de aparência aleatória que não parecem seguir nenhum padrão, em geral, dão a impressão de que os alimentos foram enviados rapidamente para a mesa logo depois de preparados, sem muita consideração com a montagem. É lógico que, para que essas disposições sejam eficazes, devem ser cuidadosamente elaboradas com antecedência.

As diretrizes a seguir ajudarão na montagem de pratos atraentes e apetitosos, qualquer que seja o estilo usado.

1. **Mantenha o alimento longe da borda do prato.**

    Esta orientação significa, em parte, selecionar um prato suficientemente grande para colocar o alimento sem que este invada o perímetro da borda. Em geral, a borda deve ser considerada a moldura de apresentação do alimento.

    Alguns *chefs* gostam de decorar a borda do prato salpicando-a com temperos, ervas picadas ou molho. Quando isso é feito com gosto, pode tornar o prato mais convidativo, mas, se exagerado, pode fazer com que o prato fique pouco atraente. Por exemplo: alguns restaurantes adquiriram o hábito de jogar salsinha mal picada sobre todos os pratos que saem da cozinha. Com o passar dos anos, essa prática de decorar as bordas foi sendo feita com tanto descuido e, o que é pior, tantos clientes sujaram suas mangas nas bordas que a decoração desta parte do prato está agora caindo em desuso.

2. **Arrume os itens pensando na conveniência do cliente.**

    Coloque a melhor parte da carne na frente. O cliente não deve ter que virar o prato para começar a comer. A parte do filé com osso ou gordura, a parte posterior do pato cortado ao meio, as partes do frango com mais ossos e assim por diante devem ficar mais distantes do cliente.

    Geralmente, as montagens mais criativas são as mais inconvenientes. Pirâmides altas, com estabilidade precária, são difíceis de comer, e o cliente pode ter de arrumar novamente o alimento antes de comer.

3. **Deixe espaço entre os itens, a menos, logicamente, que estejam empilhados.**

    Não coloque tudo junto em uma pilha desorganizada. Cada item deve ter a sua própria identidade. Isso, logicamente, tem relação com a seleção do tamanho correto do prato.

    Mesmo quando os itens são empilhados, isso deve ser feito de maneira perfeita, para que cada item possa ser identificado.

4. **Mantenha a unidade.**

    Basicamente, existe unidade quando o prato parece ser uma refeição composta por diversos itens em vez de diversos itens não relacionados que, por acaso, foram colocados no mesmo prato.

    Crie um centro de atenção e relacione tudo a ele. A carne geralmente é o foco das atenções e, muitas vezes, é colocada na frente ou no centro. Outros itens são colocados ao redor e na parte de trás, para equilibrar e manter os olhos do cliente centrados e não desviados para a borda do prato.

    O equilíbrio visual é semelhante ao equilíbrio dos sabores discutido na página 77. Naquela discussão apresentamos o conceito de sabores primários e sabores secundários. Os sabores primários, você se recorda, são aqueles sabores dos ingredientes principais, e os sabores de apoio ou sabores secundários são os dos outros ingredientes, selecionados para aumentar, harmonizar ou contrastar com os sabores primários. A montagem visual também funciona de maneira semelhante. O item principal do prato é o elemento principal da montagem. Outros itens, inclusive acompanhamentos e decoração, são elementos de apoio à montagem. Cada item deve melhorar, harmonizar ou contrastar com o elemento principal e uns com os outros de maneira agradável.

5. **Faça com que cada componente tenha destaque.**

    A decoração não é acrescentada apenas por causa da cor. Às vezes é necessária para equilibrar um prato com a adição de um outro elemento. Um prato com apenas dois itens geralmente parece desequilibrado, mas a adição de um simples raminho de salsinha completa o cenário.

    Por outro lado, não acrescente elementos desnecessários, especialmente decoração não comestível. Muitas vezes, ou na maioria delas, o alimento é atraente e colorido sem o acréscimo de nenhuma decoração, e adicionar elementos desnecessários entulha demais o prato, além de também aumentar o custo do alimento.

    De qualquer modo, normalmente é melhor não adicionar nada que não tenha por finalidade ser ingerido. Antes de colocar a salsinha no filé de peixe ou de espetar um ramo de alecrim no purê de batata, pense se o prato precisa daquele item extra.

    Caso precise, pense se não seria melhor colocar algo comestível, para realçar o sabor e a textura dos outros alimentos, além da aparência.

6. **Ao usar um molho, adicione-o de maneira atraente.**
   Os molhos são parte essencial de muitos pratos, mas, às vezes, colocar um molho sobre todo o item esconde sua cor e seu formato. Se o item for, por si só, atraente, deixe que o cliente o veja. Coloque o molho por baixo ou ao redor do item, ou possivelmente cubra apenas parte dele, como, por exemplo, uma faixa de molho no centro. Sempre pense no molho como parte da montagem do prato em geral.

7. **Mantenha a simplicidade.**
   Como já falamos anteriormente, a simplicidade é mais atraente que montagens exageradas, disposições muito elaboradas e arranjos complicados. Padrões incomuns às vezes são eficazes, mas evite fazer com que o alimento pareça muito engraçadinho ou muito complexo.
   Um estilo de empratamento mais simples pode também ser um dos mais atraentes se for feito com cuidado, ou seja, colocar apenas a carne ou o peixe e, possivelmente, o seu molho no centro do prato, e servir vegetais em pratos separados como acompanhamento. Em restaurantes, esse método é geralmente usado para simplificar o serviço na cozinha. No entanto, é melhor usar esse método apenas para alguns itens do menu, para evitar a monotonia.

TEMPERATURA

Os alimentos quentes devem ser servidos quentes, em pratos quentes.
Os alimentos frios devem ser servidos frios, em pratos frios.

A montagem de um prato bonito não terá um bom efeito final se você se esquecer desta regra.

GUARNIÇÃO

O QUE É GUARNIÇÃO?

A palavra **guarnição** é derivada da palavra francesa *garnir* que significa "adornar" ou "enfeitar". Assim, um dos sentidos de guarnecer é "decorar ou embelezar um item alimentício pela adição de outros itens". A palavra guarnição é usada para designar os itens usados nessa decoração*.

Essa definição, a princípio, pode parecer vaga, porque inclui quase qualquer coisa. Para muitas pessoas, a palavra guarnição significa um ramo de salsinha colocado de forma aleatória no prato. Igualmente comum é a prática, em muitos restaurantes, de adotar um único tipo de guarnição e usá-lo rotineiramente em todos os pratos, desde uma bisteca até um camarão empanado. Uma única guarnição não é apropriada para todos os pratos, da mesma maneira que um único acompanhamento não é apropriado para todos os pratos.

Na realidade, o termo guarnição tem sido usado para uma grande variedade de preparações e técnicas ao longo da história da culinária clássica e moderna. Hoje em dia, o uso de ramos de salsinha em todos os pratos tornou-se raro, e estamos novamente usando o termo guarnição em seu sentido mais tradicional.

*N.R.: Em português, os termos "guarnecer" e "guarnição" também são usados para se referir a alimentos servidos em porções maiores como acompanhamento para um item principal (vide discussão a seguir sobre o significado do termo na culinária clássica).

GUARNIÇÃO CLÁSSICA

Na culinária clássica, os termos **decoração** e guarnição têm sido usados da mesma maneira que usamos o termo acompanhamento. Em outras palavras, guarnição é qualquer item colocado na travessa ou prato, além do item principal. Acontece que esses acompanhamentos também fazem com que o alimento fique mais atraente, mas essa não é a razão principal.

O *chef* francês tradicional tinha um repertório imenso de itens decorativos simples e elaborados, e todos tinham nomes específicos. Um *chef* treinado, ou um cliente bem informado sobre o assunto, sabia que a palavra *Rachel* no menu significava que o prato era servido com fundos de alcachofra recheados com tutano escalfado e que *Portugaise* significava uma guarnição de tomates recheados.

No entanto, existiam tantos nomes como esses que ninguém conseguia se lembrar de todos. Eles foram, então, catalogados em manuais usados pelos *chefs*. O *Répertoire de la Cuisine*, publicado pela primeira vez em 1914, é um desses manuais, com 209 itens apenas na seção de guarnições, sem mencionar outras quase 7.000 preparações, cada uma com o seu respectivo nome. A decoração pode ser tão simples quanto a denominada *Concorde* ou tão complexa quanto a *Tortue*, mencionadas aqui só para dar uma ideia da complexidade e do nível de elaboração da guarnição clássica.

Concorde (para assados grandes com osso) – ervilhas, cenoura glaçada, purê de batata.

Tortue (para pratos principais) – *quenelles*, *champignon*, pepininhos em conserva, alho, escalopes de língua e miolo de vitela, pequenos ovos fritos, *croûtons* em formato de coração, lagostins, fatias de trufas. Molho *tortue*.

Termos clássicos na culinária moderna

Muitos desses nomes clássicos para itens decorativos ainda são usados na culinária moderna, embora tenham perdido o significado preciso que tinham anteriormente. Você pode encontrar esses termos com frequência, por isso é bom aprender sobre eles.

Lembre-se de que as definições a seguir não são as definições clássicas, mas simplesmente a guarnição ou o acompanhamento geralmente indicados por esses termos na culinária atual.

Bouquetière: buquê de vegetais

Printanière: vegetais de primavera

Jardinière: vegetais frescos

Primeurs: primeiros vegetais da primavera

Esses quatro termos referem-se a diversos vegetais frescos, inclusive cenoura, nabo, ervilha, cebola-pérola, vagem, couve-flor e, algumas vezes, aspargos e alcachofra.

Clamart: ervilha

Crécy: cenoura

Doria: pepino (cozido na manteiga)

Dubarry: couve-flor

Fermière: cenoura, nabo, cebola e salsão, cortados em fatias uniformes

Florentine: espinafre

Forestière: cogumelos

Judic: alface braseada

Lyonnaise: cebola

Niçoise: tomates *concassé* cozidos com alho

Parmentier: batata

Princesse: aspargos

Provençale: tomate com alho, salsinha e, algumas vezes, cogumelos e/ou azeitonas

Vichy: cenoura (especialmente cenoura glaçada, p. 554)

ATUAL GUARNIÇÃO DE TRAVESSAS QUENTES

Na culinária clássica, o alimento era quase sempre trazido à sala de jantar em grandes travessas e depois servido, em vez de ser empratado na cozinha, como é comumente feito hoje.

Essa prática ainda é usada, às vezes, em serviços de banquetes, e nada estimula mais o apetite do que um assado suculento em uma bandeja de prata, suntuosamente guarnecida com uma variedade colorida de vegetais.

As guarnições clássicas comumente adaptadas à apresentação moderna dos pratos são as denominadas *bouquetière*, *jardinière* e *printanière*. Em um dado momento, estas eram uma mistura de vegetais específicos cortados de uma determinada maneira. Hoje, os termos são usados de maneira mais geral, indicando uma mistura colorida de diversos vegetais frescos.

A decoração da travessa não precisa ser elaborada nem difícil de preparar. Uma mistura simples de vegetais coloridos, cuidadosamente cortados e cozidos de maneira adequada para reter cor e textura, é apropriada para a maior parte das apresentações elegantes. Vegetais recheados, como tomates cortados ao meio recheados com ervilha, são um pouco mais elaborados, mas fáceis de preparar. Bordas de batatas *duchesse* também são comuns (ver p. 590).

Muitas dessas regras adequadas de empratamento se aplicam também à montagem das travessas, como as regras que pedem organização, equilíbrio de cores e formatos, unidade e preservação da individualidade dos itens. A seguir apresentamos algumas outras diretrizes que se aplicam à apresentação e decoração de travessas quentes.

1. **Os vegetais devem ser unidades fáceis de servir.**

   Em outras palavras, não amontoe ervilhas ou purê de batata em um canto da travessa. Os vegetais mais adequados são couve-flor, brócolis, tomates cozidos, aspargos, vagem inteira, cogumelos ou qualquer item que venha em pedaços grandes ou fáceis de manusear. Vegetais pequenos, como ervilhas, podem ser servidos com facilidade se forem usados para rechear fundos de alcachofra, tomates cortados ao meio ou barquinhas.

2. **Tenha o número correto de porções de cada item.**

   Vegetais como couve-de-bruxelas e cenoura *tournéed* podem ser facilmente divididos em porções na hora de servir, se forem dispostos em pequenas pilhas do tamanho da porção.

3. **Arrume a decoração ao redor da travessa para obter o melhor efeito das diferentes cores e formatos.**

   Carnes, aves ou pescados são geralmente colocados no centro da travessa ou em fileiras, e os itens decorativos são dispostos ao redor.

4. **Evite montar pratos muito elaborados.**

   Embora seja às vezes desejável montar travessas elaboradas, a simplicidade é geralmente preferível a uma aparência exagerada. Deixe que o alimento fale por si só. A decoração nunca deve dominar ou esconder a carne, que é o foco das atenções.

5. **Sirva mais molho em uma molheira.**

   Se for apropriado, acrescente um pouco do molho à carne ou peixe, mas não inunde a travessa inteira.

6. **Os alimentos quentes devem ser servidos quentes, em travessas quentes.**

   Não gaste muito tempo arrumando os alimentos, pois estarão frios ao chegar à mesa.

APRESENTAÇÃO DE PRATOS FRIOS E SERVIÇO DE BUFÊ

O bufê é uma forma comum e rentável de apresentar alimentos, encontrado em quase todos os tipos de estabelecimentos do setor de serviços alimentícios. Existem pelo menos três razões para essa popularidade:

1. **Apelo visual.**

   Uma apresentação atraente dos alimentos produz um efeito de fartura e grande quantidade, e a montagem cuidadosa e a decoração sugerem também qualidade.

2. **Eficiência.**
   O bufê permite que o restaurante sirva um grande número de pessoas em um curto espaço de tempo, com relativamente pouco pessoal.

3. **Adaptabilidade.**
   O serviço de bufê pode ser adaptado a quase todos os tipos de alimentos (exceto itens que devem ser cozidos mediante pedido, como alimentos grelhados e fritos) e a todas as faixas de preço, ocasiões, estilos de restaurante e hábitos alimentícios locais.

ORGANIZAÇÃO E APARÊNCIA DO BUFÊ

O apelo visual do bufê é, talvez, a sua maior atração para o cliente. O apelo visual dos alimentos é sempre importante, mas no bufê é ainda mais, porque a aparência vende o alimento. Um bufê não tem por objetivo apenas servir os alimentos, mas exibi-los.

FARTURA E ABUNDÂNCIA

Um bufê deve mostrar, acima de tudo, fartura e abundância. A aparência de abundância de alimentos arrumados de maneira elegante desperta interesse e estimula o apetite. Existem muitas maneiras de criar essa aparência.

1. **Cor.**
   Uma variedade de cores é vital, tanto em um bufê quanto em um prato individual. Planeje os menus e a guarnição para obter cores suficientes.

2. **Altura.**
   Alimentos planos em travessas planas sobre mesas planas não atraem o olhar.
   Uma peça central é um recurso importante que acrescenta altura e foco para o bufê. Esculturas de gelo ou de gordura animal e arranjos de flores ou de frutas são algumas possibilidades que devem ser colocadas em uma mesa separada, atrás da mesa dos alimentos.
   Peças centrais em bandejas individuais também acrescentam altura. Alimentos grandes, como queijos e assados inteiros cortados na mesa, também são eficazes. Para um bom efeito, são usadas, quando possível, mesas com diversos níveis.

3. **Travessas e tigelas cheias.**
   Reponha os itens assim que forem acabando. Uma travessa quase vazia não é tão apetitosa quanto uma repleta.
   Arrume as travessas de maneira que ainda chamem a atenção depois que as porções começarem a ser retiradas (discutiremos isso mais adiante).

4. **Espaçamento adequado.**
   Embora você não possa amontoar os itens, não os disponha muito distantes uns dos outros a ponto de fazer com que a mesa pareça vazia.

SIMPLICIDADE

Parece contradizer o princípio de fartura, mas não. Você precisa conseguir um bom equilíbrio entre os dois. Fartura não é o mesmo que desordem.

1. **Alimentos elaborados e decorados de maneira exagerada afastam as pessoas.**
   Quantas vezes você já não ouviu alguém dizer: "Ah, é tão bonito que eu não tenho coragem de comer!" Mesmo que não digam nada, pensarão assim.

   Muita elaboração distrai a atenção do alimento. Às vezes, o alimento é tão decorado que não parece mais algo de comer. Isso destrói completamente a sua finalidade. O cliente deve ser capaz de, pelo menos, identificar o alimento que está prestes a comer.

2. **A decoração em excesso é rapidamente destruída à medida que os clientes se servem.**

ORGANIZAÇÃO

Um bufê deve ter uma aparência de que foi planejado, e não que simplesmente aconteceu. Os clientes preferem que os alimentos pareçam ter sido cuidadosamente preparados, não simplesmente jogados no prato.

1. É mais fácil manter montagens simples arrumadas e organizadas do que montagens complicadas.

2. Cores e formatos devem parecer alegres e variados, mas certifique-se de que combinam e não destoam.

3. Mantenha o estilo consistente. Se for formal, tudo precisa ser formal. Se for casual ou rústico, todas as partes da apresentação devem parecer casuais e rústicas. Se o estilo for mexicano, não inclua chucrute simplesmente porque a sua especialidade é chucrute.

   Isso vale não apenas para os alimentos, mas também para os pratos e demais utensílios de servir. Por exemplo, os utensílios de servir não devem ser de prata se o tema é *country*.

MENU E SEQUÊNCIA DE SERVIÇO

Razões práticas, tanto quanto o apelo visual, determinam a ordem na qual os alimentos devem ser dispostos no bufê. Na medida do possível, é bom que os itens sejam dispostos na mesma ordem do menu (p. ex., primeiro as entradas, depois o prato principal e por último a sobremesa), no mínimo, para evitar confundir os clientes, que podem ficar imaginando qual é o tipo de alimento e que quantidade devem pegar. Mas existem muitas razões para mudar a ordem. Na arrumação de um bufê, deve-se levar em consideração o seguinte:

1. Os alimentos quentes devem ser servidos por último. Se servidos primeiro, esses alimentos esfriam no prato enquanto os clientes escolhem os alimentos frios. Além disso, visualmente é mais eficaz colocar as travessas frias decorativas primeiro e os *réchauds*, menos atraentes, por último.

2. Os alimentos mais caros são geralmente colocados depois dos itens menos caros. Isso ajuda a controlar os custos, pois o prato do cliente estará quase cheio de outros alimentos atraentes na hora que ele chegar aos alimentos mais dispendiosos.

3. Os molhos devem ser colocados próximo aos itens com os quais devem ser servidos, senão o cliente pode combiná-los com alimentos inadequados.

4. Uma mesa separada de sobremesas geralmente é uma boa ideia. Isso permite que os clientes se sirvam posteriormente, sem interferir na fila principal. Se o menu for grande, também pode-se ter uma mesa separada para as entradas.

5. Os pratos, logicamente, devem ser os primeiros itens da mesa. Os talheres, guardanapos e outros itens não são necessários até que o cliente se sente à mesa, por isso devem ficar no final da mesa do bufê ou serem colocados nas próprias mesas.

BUFÊ DE COQUETEL — UMA EXCEÇÃO

Esse tipo de bufê não acompanha o padrão que segue a ordem do menu. O bufê de coquetel dispõe aperitivos elaborados para acompanhar bebidas alcoólicas e não alcoólicas em recepções, coquetéis e reuniões que antecedem banquetes e jantares. Não há uma ordem correta para se servir ou, se considerarmos de outra maneira, cada item do bufê terá sua fila individual.

1. Somente são servidos alimentos do tipo aperitivo: alimentos saborosos, bem temperados e em porções pequenas.

2. Pratos pequenos são empilhados ao lado de cada item e não no início da mesa.

3. A mesa, ou mesas, devem ser de fácil acesso de todos os lados do recinto e não devem bloquear o fluxo de pessoas. Não as coloque perto da entrada, pois os convidados se reunirão ao seu redor bloqueando a entrada ou saída da sala.

APRESENTAÇÃO DE PRATOS FRIOS

O prato frio é a base do bufê, e é o que oferece a maior oportunidade para a criatividade visual. Pode ser também uma das formas mais exigentes de apresentação de alimentos, particularmente no caso de travessas para exposição, que exigem grande precisão, paciência e senso artístico.

Os pratos frios podem variar de simples bandejas de frios a construções elaboradas de patês, carnes, aves ou pescados, decoradas com *aspic*, trufas e flores de legumes. Neste capítulo, temos espaço apenas para uma discussão sobre as diretrizes gerais que podem ser aplicadas tanto para travessas de um bufê formal quanto para arranjos de alimentos frios simples. Para conhecer técnicas mais detalhadas e complexas, é preciso consultar instrutores ou profissionais experientes, ou frequentar outros cursos mais avançados. Mas esta seção deve ajudá-lo a usar os alimentos disponíveis em qualquer cozinha em que você trabalhe para produzir um bufê atraente e apetitoso.

PRINCÍPIOS BÁSICOS DA APRESENTAÇÃO DE TRAVESSAS FRIAS

1. Os três elementos de uma travessa de bufê são:
   - Peça central ou **grosse pièce**. Pode ser uma porção sem cortar de um item alimentício principal, como um patê ou um assado frio, decorado e apresentado inteiro. Pode ser um item separado, mas relacionado, como uma musse enformada de salmão em uma travessa de fatias de salmão escalfado em *aspic*. Pode ser algo tão simples quanto uma tigela ou **ravier** (petisqueira oval) de molho ou condimento. Ou pode ser um item estritamente para decoração, como uma escultura de manteiga ou um vaso de abóbora com flores de vegetais. Quer seja elaborada para ser consumida ou não, a *grosse pièce* deve ser feita de materiais comestíveis.
   - Fatias ou porções do alimento principal, arrumadas decorativamente.
   - Decoração, disposta artisticamente, de maneira proporcional às fatias cortadas.

2. O alimento deve ser fácil de manusear e de servir, de maneira que uma porção possa ser retirada sem prejudicar a montagem.

3. Um desenho simples é melhor. Arranjos simples são mais fáceis de servir, mais apetitosos que alimentos muito elaborados, e têm maior probabilidade de ainda se mostrarem atraentes quando já estiverem meio desmontados pelos convidados.

   Os arranjos simples podem ser os mais difíceis de produzir. Tudo precisa ser perfeito, porque há menos itens ali para dividir a atenção.

4. Travessas apresentadas de maneira atraente podem ser de prata ou de outros metais, assim como espelho, porcelana, plástico, madeira e diversos outros materiais, contanto que sejam apresentáveis e adequadas para o uso com alimentos. Travessas de metal, que podem causar descoloração ou sabores metálicos, são geralmente cobertas com uma camada fina de *aspic* antes que os alimentos sejam colocados.

5. Quando um pedaço do alimento tiver tocado a travessa, não o mude mais de lugar. Bandejas de prata ou de espelho mancham com facilidade e você precisará lavá-las bem e começar tudo de novo. Isso mostra a importância do bom planejamento.

   Seguir essa regra também evita a manipulação excessiva dos alimentos, que não é uma boa prática de higiene.

6. Pense na travessa como parte de todo o bufê. Deve parecer atraente e apropriada não apenas por si só, mas entre os outros itens da mesa. A montagem deve ser sempre planejada a partir do mesmo ângulo que será visualizado no bufê.

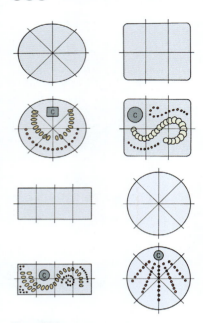

Figura 28.1
Comece o esquema do planejamento de uma travessa de bufê dividindo a bandeja em seis ou oito seções. Isso ajuda a fazer um desenho equilibrado e simétrico. Os exemplos mostrados aqui indicam o local dos itens principais (geralmente fatias de alimentos), da peça central (indicada pela letra C) e da decoração (indicada por pequenos círculos).

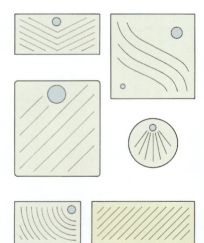

Figura 28.2
Dispor as fileiras de alimento em curvas ou linhas anguladas dá movimento ao desenho.

DESENHO DAS TRAVESSAS

1. **Planeje com antecedência.**
   Desenhar um esquema é uma boa ideia, senão existe a possibilidade de você já ter colocado metade do alimento na travessa e, de repente, perceber que precisa começar tudo de novo porque não cabe da maneira que você esperava. O resultado é tempo perdido e manipulação excessiva do alimento.

   Uma maneira de começar o esquema é dividir a travessa em seis ou oito partes iguais, como mostra a Figura 28.1. Isso ajuda a evitar montagens tortas ou assimétricas, pois as linhas servem de marcadores igualmente espaçados. Assim, fica relativamente fácil esquematizar um desenho equilibrado e simétrico, como mostram os exemplos.

2. **Planeje movimento no seu desenho.**
   Isso não significa que você deve montar o alimento sobre pequenas rodas. Significa que um bom desenho faz o olho se mover pela travessa, seguindo as linhas que você estabelece.

   A maior parte dos alimentos para bandejas consiste em pequenas porções individuais dispostas em fileiras ou linhas. O truque é colocar movimento nessas linhas usando curvas e ângulos, como mostra a Figura 28.2. Em geral, diz-se que curvas e ângulos têm movimento. Cantos quadrados não.

3. **Defina um centro de atenção no desenho.**
   Esta é a função da peça central, que enfatiza e fortalece o desenho dando a ele direção e altura. Isso pode ser feito diretamente, fazendo com que os ângulos das extremidades apontem para ela ou passem por ela em curvas graciosas. Novamente, veja as Figuras 28.1 e 28.2.

   Observe que, apesar do nome, a peça central nem sempre está no centro. Por causa da altura, deve ficar na parte posterior ou em um dos lados, evitando esconder os alimentos. Lembre-se que você está desenhando uma travessa a partir do ponto de vista do cliente.

   Não é necessário que todas as travessas do bufê tenham uma peça central. Mas algumas delas sim, senão faltará altura ao bufê, tornando-o menos interessante para o olhar.

4. **Mantenha a proporcionalidade.**
   Os itens principais da travessa – as fatias de carne, o patê ou qualquer outra coisa servida – devem parecer os itens principais. A peça central não deve ser tão grande nem tão alta que domine totalmente a travessa. A decoração deve melhorar e não sobrepujar o item principal em tamanho, altura ou quantidade. O número de porções de guarnição deve ser proporcional à quantidade do item principal.

   O tamanho da travessa deve ser proporcional à quantidade de alimento. Não escolha uma travessa muito pequena para não ficar abarrotada, nem tão grande que pareça vazia antes que o primeiro convidado tenha se servido.

   Deixe espaço suficiente entre os itens, ou entre as fileiras, para que a travessa não pareça cheia demais ou desorganizada.

   A Figura 28.1 indica a colocação da decoração e do item principal. Observe como a disposição da decoração reflete ou acentua o padrão estabelecido pelos alimentos fatiados.

5. **Ofereça o melhor ângulo de tudo para o convidado.**
   Disponha as fatias sobrepostas umas sobre as outras e os pedaços em forma de triângulo apontando para o cliente. Certifique-se de que o melhor lado de cada fatia esteja para cima.

TÁBUAS DE QUEIJO

Tábuas de queijo são comuns tanto em bufês de almoço, de jantar e sobremesa quanto como prato principal. Os queijos são apresentados de maneira bem diferente dos outros alimentos frios de bufê dos quais estamos falando.

Primeiro, queijos inteiros ou pedaços grandes de queijo são geralmente mais atraentes do que um arranjo de fatias. Isso também facilita a identificação das variedades pelo cliente. Certifique-se de fornecer diversas facas para que os convidados possam cortar as suas próprias porções.

Segundo, uma variedade de frutas frescas geralmente é incluída na tábua de queijos. Isso melhora muito a aparência, e os sabores combinam bem com os queijos. A foto da página 889 mostra um exemplo de uma montagem de tábua de queijos e frutas.

Apresentação de pratos frios e serviço de bufê **889**

OBSERVAÇÃO SOBRE A HIGIENE

Os alimentos frios para bufês apresentam um problema especial de higiene. Isso acontece porque o alimento passa um longo tempo sem refrigeração enquanto está sendo montado e decorado e, novamente, enquanto fica no bufê. Por isso, é particularmente importante seguir as boas práticas de manipulação de alimentos. Mantenha os alimentos refrigerados sempre que não estiverem sendo usados. Além disso, mantenha-os na geladeira até o último minuto antes de servir.

Para um serviço de bufê que dura muito tempo, é melhor arrumar cada um dos pratos ou itens em diversas travessas pequenas do que em uma única travessa grande. As reposições podem ser mantidas sob refrigeração até que sejam necessárias.

PRATOS QUENTES PARA BUFÊS

Tudo o que aprendemos sobre o preparo e a manutenção de alimentos quentes em grande quantidade se aplica aos alimentos quentes para bufês. Os itens quentes são quase sempre servidos em *réchauds*, que podem ser ricas peças de prata ou simples cubas gastronômicas mantidas aquecidas sobre água quente. Esses alimentos não podem ser decorados de maneira elaborada da mesma maneira que os alimentos frios. Por outro lado, a aparência brilhante, fresca e apetitosa, bem como o bom aroma dos alimentos quentes cozidos de maneira adequada são geralmente suficientes para abrir o apetite.

Os alimentos quentes a serem servidos em *réchauds* devem ser fáceis de colocar em porções (p. ex., uma colherada grande de vegetais) ou já devem estar divididos na bandeja (p. ex., bistecas de porco cozidas, pernil assado fatiado ou filés de peixe escalfados). Itens menos apropriados para bufês são aqueles que devem ser cozidos mediante pedido e servidos imediatamente, como a maioria dos alimentos grelhados e fritos.

Assados inteiros são itens comuns em bufês, e são cortados por um integrante da equipe mediante pedido do cliente. Especialmente atraentes são assados grandes como o tênder ou o pernil, peru e cortes grandes de carne de vaca, como o assado de coxão bola.

Conforme observado anteriormente, é melhor colocar os alimentos quentes no final do bufê para evitar que esfriem no prato do cliente antes que ele se sente, e para que os pratos frios decorados possam roubar a cena.

Um exemplo de apresentação de queijo e frutas para serviço de bufê.

■ TERMOS PARA REVISÃO

decoração	*jardinière*	*florentine*	*parmentier*
guarnição	*clamart*	*forestière*	*grosse pièce*
bouquetière	*dubarry*	*lyonnaise*	*ravier*
printanière	*fermière*		

■ QUESTÕES PARA DISCUSSÃO

1. Discuta a ideia de profissionalismo e como ela se aplica à apresentação dos alimentos.

2. A seguir são apresentadas diversas combinações de alimentos comuns. Descreva os possíveis problemas para arrumá-los nos pratos e como você pode solucionar esses problemas de maneira eficiente e econômica.

   Peixe com fritas (filé de peixe frito e batata frita)

   Contrafilé bovino e batata assada

   Bolo de carne, purê de batata e molho

   Sanduíche quente de peru aberto no prato

   Estrogonofe de carne e macarrão

   Torta aberta de frango ao molho branco

3. O que significa empratar os alimentos pensando na comodidade do cliente e como isso afeta as outras regras de empratamento?

4. Qual a diferença entre um bufê de coquetel e de almoço ou jantar?

5. Clientes gostam de ver muitos alimentos em um bufê. É correto dizer, então, que a melhor maneira de agradar os clientes é colocar o máximo possível de alimentos? Explique a sua resposta.

6. Ao preparar uma travessa de bufê frio, por que é uma boa ideia planejar o esquema com antecedência? O que você incluiria no esquema? O que os termos *movimento* e *peça central* significam na montagem da travessa?

CAPÍTULO 29

CAPÍTULO 29

Panificação e confeitaria: princípios básicos e ingredientes

Antigamente era comum os estabelecimentos de serviços alimentícios produzirem seus próprios pães, sobremesas e outros itens assados. Hoje, muitos consideram mais econômico comprar esses produtos de padarias e fornecedores. Entretanto, muitos proprietários e *chefs* descobriram que oferecer pães e sobremesas "caseiros" e frescos atrai clientes e aumenta os lucros. Com basicamente um forno e uma batedeira, preparam itens assados atraentes que os diferenciam dos concorrentes.

Por isso, é importante ter em mente os princípios básicos da panificação, mesmo que você tenha a intenção de ser um cozinheiro, e não um padeiro ou confeiteiro. Os próximos capítulos não farão de você um padeiro ou confeiteiro profissional. Para tanto é necessário muito mais informações técnicas e especializadas do que é possível apresentar neste curto espaço. Mas você aprenderá os métodos básicos para a produção de uma grande variedade de pães e sobremesas usando apenas os recursos mais simples.

Neste capítulo apresentaremos a panificação e a confeitaria* com uma discussão sobre os ingredientes e processos básicos comuns a quase todos os produtos assados. Isso dará a você o conhecimento necessário para, nos próximos capítulos, prosseguir com a produção de fato.

---

*N.E.: Consulte também o livro *Panificação e Confeitaria Profissionais*, de Wayne Gisslen, publicado pela Editora Manole.

PRINCÍPIOS BÁSICOS DA PANIFICAÇÃO

Se você considerar que a maioria dos produtos de padaria é preparada com os mesmos poucos ingredientes — farinha de trigo, gordura, açúcar, ovos, água ou leite e fermento — não terá dificuldade para entender a importância da precisão na panificação, onde pequenas diferenças nas proporções ou nos procedimentos podem significar grandes diferenças no produto final.

Caso tenha iniciado seus estudos culinários no laboratório de produção de uma cozinha, com certeza já ouviu falar muitas vezes da importância das medidas, não apenas para o controle das porções e dos custos, mas também para a consistência na qualidade do produto final. No entanto, sem dúvida você também aprendeu que existe uma grande margem de erro e que é possível (se não desejável) cozinhar muitos alimentos sem medir nada. Entrar em uma padaria, onde as medidas são absolutamente essenciais, pode ser um choque para você depois de alguma experiência na cozinha. Porém, isso deve reforçar seus hábitos relativos à precisão que talvez tenham sido deixados de lado.

Se, por outro lado, você está iniciando seus estudos práticos na padaria, é importante prestar bastante atenção aos princípios de medidas apresentados aqui. Eles serão muito valiosos ao longo da sua carreira.

Após ler este capítulo, você deverá ser capaz de:

1. Explicar por que é importante pesar os ingredientes da panificação.
2. Determinar a tara de uma balança.
3. Calcular fórmulas usando o método de porcentagens.
4. Explicar os fatores que controlam o desenvolvimento do glúten nos produtos de panificação.
5. Explicar as mudanças que ocorrem em uma massa de fermentação biológica ou química à medida que assa.
6. Impedir ou retardar o envelhecimento de itens de panificação.
7. Descrever os principais ingredientes dos produtos de panificação e as suas funções e características.

FÓRMULAS E MEDIDAS

Geralmente, os padeiros e confeiteiro falam mais de fórmulas do que de receitas. Com razão, isso soa mais como um laboratório de química do que uma cozinha. A padaria tem muito de laboratório de química, tanto na precisão científica de todos os procedimentos quanto nas reações complexas que ocorrem ao se misturar ingredientes e assar os alimentos.

MEDIDAS

Todos os ingredientes devem ser pesados. Como já dissemos diversas vezes, a precisão das medidas é fundamental na panificação e na confeitaria. As medidas são feitas por peso e não por volume, uma vez que o peso é muito mais preciso. Ao contrário das receitas para massas caseiras, você não verá em uma fórmula da padaria profissional a medida "6 xícaras de farinha".

Para perceber a importância de se pesar em vez de medir por volume, meça uma xícara de farinha de duas formas. (1) Peneire um pouco de farinha e meça usando uma colher para colocar a farinha na xícara-medida. Nivele a superfície e pese. (2) Coloque um pouco de farinha não peneirada na mesma xícara e aperte ligeiramente. Nivele a superfície e pese a farinha. Observe a diferença. Não é à toa que as receitas caseiras são tão inconsistentes!

Balança digital profissional
Cortesia de Cardinal Detecto

Procedimento para determinar a tara de uma balança

O princípio para determinar a tara de uma balança é simples: isso deve ser feito antes da pesagem de cada ingrediente. A tara é feita conforme o tipo de balança, mas os passos a seguir descrevem um procedimento que pode ser usado em praticamente todas elas.

1. Posicione sobre a balança o recipiente que será usado para pesar os ingredientes; no caso da balança de dois pratos, posicione-o sobre o prato *esquerdo*.
2. Aperte o botão da tara para zerar o peso ou, no caso da balança de dois pratos, faça os ajustes colocando os pesos no prato *direito* e/ou ajustando o peso da barra horizontal.
3. Coloque o primeiro ingrediente a ser medido, até atingir o peso desejado.
4. Repita toda operação para cada ingrediente acrescentado.

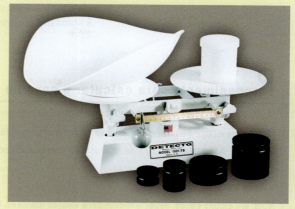

Balança de dois pratos
Cortesia de Cardinal Detecto

Os ingredientes a seguir podem ser medidos por volume, pois pesam 1 quilograma por litro:

Água   Leite   Ovos

Portanto, se uma fórmula pede 2 quilos de ovos, você pode medir 2 litros. (Ingredientes líquidos de sabor, como essência de baunilha, normalmente medidos em quantidades muito pequenas, também podem ser medidos por volume: 1 colher de sopa equivale a 15 gramas.) Todos os demais ingredientes líquidos (como xarope de glucose de milho e melado) e todos os ingredientes secos normalmente são pesados.

MÉTODO DE PORCENTAGENS

Os padeiros utilizam um sistema de porcentagem simples, porém versátil, para expressar as fórmulas. Essas porcentagens expressam a quantidade de cada ingrediente utilizado como uma porcentagem da quantidade de farinha utilizada na receita.

Explicando de outra forma, a porcentagem de cada ingrediente é o seu peso total dividido pelo peso da farinha e multiplicado por 100%, ou

$$\frac{\text{peso do ingrediente}}{\text{peso da farinha}} \times 100\% = \% \text{ do ingrediente}$$

Assim, a farinha é sempre 100%. (Se forem usados dois tipos de farinha, seu total será 100%.) Qualquer ingrediente que tenha o mesmo peso da farinha também deve ser considerado 100%. Os ingredientes a seguir, de uma fórmula de bolo, ilustram como essas porcentagens são utilizadas. (Os números podem ser arredondados para facilitar.) Verifique os números utilizando a equação acima para confirmar se entendeu.

Ingrediente	Peso	Porcentagem
Farinha especial para bolo	2.500 g	100%
Açúcar	2.500 g	100%
Fermento em pó químico	125 g	5%
Sal	60 g	2,5%
Gordura emulsificada	1.250 g	50%
Leite desnatado	1.500 g	60%
Clara de ovo	1.500 g	60%
	9.435 g	377,5%

A vantagem de se utilizar o método de porcentagens é que a fórmula pode ser facilmente adaptada para qualquer rendimento, e os ingredientes podem ser variados sem alterar toda a fórmula. Lembre-se que esses números não se referem à porcentagem do rendimento total. São simplesmente uma forma de expressar a *proporção dos ingredientes* em relação à farinha. A soma das porcentagens dos ingredientes sempre será maior que 100%.

Procedimento para calcular o peso de um ingrediente se o peso da farinha for conhecido

1. Mude a porcentagem do ingrediente para a forma decimal movendo a vírgula duas casas para a esquerda.

2. Multiplique o peso da farinha por esse valor decimal para obter o peso do ingrediente.

   Exemplo 1: A fórmula pede 20% de açúcar e você está utilizando 10 kg de farinha. Qual a quantidade de açúcar necessária?

   20% = 0,20

   10 kg x 0,20 = 2 kg de açúcar

   Nota: em alguns casos, especialmente para valores menores, fica mais fácil expressar o peso em gramas, como mostra o exemplo a seguir.

   Exemplo 2: A fórmula pede 2,5% de açúcar e você está utilizando 5 kg (5.000 g) de farinha. Qual a quantidade de açúcar necessária?

   2,5% = 0,025

   5.000 g x 0,025 = 125 g de açúcar (= 0,125 kg)

Procedimento para converter uma fórmula para um novo rendimento

1. Mude a porcentagem total da receita para a forma decimal movendo a vírgula duas casas para a esquerda.

2. Divida o rendimento desejado por esse valor decimal para obter o peso da farinha.

3. Se necessário, arredonde o número para cima. Isso faz com que as perdas na mistura, no preparo da receita e no preparo da forma sejam levadas em conta, e facilita os cálculos.

4. Use o peso da farinha e as porcentagens dos demais ingredientes para calcular o peso dos outros ingredientes, como no procedimento anterior.

   Exemplo: Na fórmula de bolo que usamos como exemplo, qual é a quantidade de farinha necessária se você estiver preparando 3 kg de massa de bolo?

   3 kg = 3.000 g

   377,5% = 3,775

   3.000/3,775 = 794,7 g

   ou, arredondando, 800 g

O sistema de porcentagem que discutimos até aqui é utilizado apenas quando a farinha é o principal ingrediente, como em pães, bolos e biscoitos. Para essas fórmulas, utilizamos um formato diferente do que vem sendo usado nas receitas deste livro.

Nessas fórmulas, o rendimento indicado equivale ao peso total dos ingredientes. Esse número indica o peso da massa pronta, antes de assar. É o número que precisamos saber para dividir a massa em formas ou assadeiras. O peso final do produto assado será inferior, pois há perda de umidade durante o cozimento.

Além disso, note que todos os rendimentos, incluindo as porcentagens totais, foram arredondados para o próximo número inteiro abaixo. Isso elimina frações sem importância e facilita a leitura e o cálculo.

SELEÇÃO DE INGREDIENTES

Além da medida, há outra regra básica de precisão na panificação e na confeitaria: *utilize exatamente os ingredientes especificados na fórmula.*

Como você verá neste capítulo, diferentes tipos de farinhas, gorduras e outros ingredientes não funcionam da mesma forma. As fórmulas são balanceadas tendo em mente ingredientes específicos. Não substitua farinha especial para pão por farinha especial para bolo, ou gordura hidrogenada comum por gordura emulsificada, por exemplo. Elas não funcionam da mesma forma.

Ocasionalmente, uma substituição pode ser feita, como fermento seco ativo por fermento fresco (ver p. 904), mas não sem ajustar as quantidades ou a fórmula como um todo.

MÉTODOS DE MISTURA E DESENVOLVIMENTO DO GLÚTEN

O QUE É GLÚTEN?

Glúten é uma substância feita das proteínas presentes na farinha de trigo que dá textura e sustentação a massas.

Para que o glúten seja desenvolvido, primeiro as proteínas devem absorver água. Assim, à medida que a massa é misturada ou trabalhada, o glúten forma fibras longas e elásticas. Enquanto a massa fermenta, esse emaranhado de fibras encapsula os gases liberados pela massa em minúsculas bolsas ou células, e dizemos que o produto "cresceu". Quando o item é assado, o glúten, como todas as demais proteínas (ver p. 65), coagula ou se solidifica e dá estrutura ao produto.

COMO O PADEIRO CONTROLA O GLÚTEN?

A farinha é composta basicamente de amido, mas seu conteúdo de proteína ou glúten, e não seu amido, é o que mais preocupa o padeiro. Sem as proteínas do glúten para dar estrutura, os produtos assados não se sustentariam.

No entanto, o padeiro precisa controlar a formação de glúten. Por exemplo, queremos que o pão francês fique firme e elástico, o que requer muito glúten. Por outro lado, queremos que os bolos fiquem fofos, o que significa que queremos um desenvolvimento menor de glúten.

A proporção dos ingredientes e os métodos de mistura são determinados, em parte, pela forma como afetam o desenvolvimento do glúten. O padeiro possui várias maneiras de ajustar a formação do glúten.

1. **Escolha da farinha.**

    As farinhas de trigo são classificadas como *fortes* ou *fracas*, dependendo de seu teor de proteína.

    Farinhas fortes vêm do *trigo de grão duro* e têm alto teor proteico.

    Farinhas fracas vêm do *trigo de grão macio* e têm baixo teor proteico.

    Portanto, utilizamos farinhas fortes para pães e farinhas fracas para bolos.
    Somente a farinha de trigo desenvolve o glúten. Para fazer pão com centeio e outros grãos, a fórmula deve ser balanceada com alguma farinha de trigo com alto teor de glúten, senão o pão ficará pesado.

2. **Gordura.**

    Nos Estados Unidos, qualquer gordura utilizada em produtos assados é chamada de **shortening** porque encurta (*shorten*) as fibras de glúten. A gordura envolve e lubrifica essas fibras, de modo que não grudam umas nas outras. Portanto, gorduras são amaciadoras. Um biscoito ou um folhado muito quebradiço, em razão do alto teor de gordura, é chamado em inglês de *short**. *N.T.: No Brasil, um termo equivalente seria "amanteigado".

    É possível perceber por que o pão francês tem pouca ou nenhuma gordura, enquanto os bolos contêm muita gordura.

3. **Líquido.**

    Como as proteínas do glúten precisam absorver água antes de se desenvolverem, a quantidade de água em uma fórmula pode afetar a rigidez ou maciez do produto final. As massas de tortas e os biscoitos crocantes são feitos com uma quantidade muito pequena de líquido para manterem a maciez.

4. **Métodos de mistura.**

   Em geral, quanto mais uma massa é misturada, mais o glúten se desenvolve. Dessa forma, as massas de pão são misturadas ou trabalhadas por um longo período para desenvolver bem o glúten. Bolos, massas de torta, *muffins* e outros produtos que devem ser macios são misturados por pouco tempo.

   Contudo, a massa de pão pode ser, sim, misturada em excesso. As fibras de glúten se esticam até certo ponto. Se a massa for misturada em excesso, elas se romperão.

O PROCESSO DE ASSAR

As alterações pelas quais passam uma massa à medida que assa são basicamente as mesmas para todas as massas, de pães a biscoitos e bolos. Você deve saber quais são essas alterações para aprender a controlá-las.

Os estágios do processo de assar são os seguintes:

1. **Formação e expansão de gases.**

   Alguns gases já estão presentes na massa, como na massa de pão fermentada e na massa de pão de ló. À medida que são aquecidos, os gases se expandem e fazem o produto crescer.

   Alguns gases não se formam até que haja aplicação de calor. Os fermentos biológico e químico formam gases rapidamente assim que são colocados no forno. O vapor também se forma à medida que a umidade da massa é aquecida.

   A fermentação e os agentes da fermentação são discutidos em mais detalhes a partir da página 903.

2. **Retenção de gases em células de ar.**

   Quando os gases se formam e se expandem, são retidos em uma rede elástica formada pelas proteínas da massa. Essas proteínas são primordialmente de glúten e, algumas vezes, de proteínas do ovo.

   Sem a proteína do glúten ou do ovo, os gases escapariam e o produto não cresceria. Os pães sem glúten suficiente são pesados.

3. **Coagulação das proteínas.**

   Como todas as proteínas, as proteínas do glúten e do ovo coagulam-se ou se solidificam quando alcançam temperaturas suficientemente altas. Esse é o processo que dá estrutura aos produtos assados.

   A temperatura correta para assar é importante. Se a temperatura for muito alta, a coagulação começa muito cedo, antes que a expansão dos gases atinja o seu pico. O produto terá pouco volume ou uma casca rachada. Se a temperatura for muito baixa, as proteínas não coagularão a tempo e o produto poderá abaixar.

4. **Gelatinização de amidos.**

   Os amidos absorvem a umidade, expandem-se e ficam mais firmes.

5. **Evaporação de parte da água.**

   Ocorre ao longo de todo o processo de assar.

6. **Derretimento de gorduras.**

   Gorduras diferentes derretem — e liberam gases retidos — a diferentes temperaturas, por isso é necessário escolher uma gordura apropriada para cada produto.

   À medida que a gordura derrete, circunda as células de ar, deixando o produto mais macio.

7. **Formação da casca e douramento.**

   O douramento ocorre quando os açúcares se caramelizam e os amidos e as proteínas passam por algumas mudanças. Isso contribui para o sabor. Leite, açúcar e ovo aumentam o douramento.

   Uma casca se forma à medida que a água evapora da superfície, deixando-a seca.

ENVELHECIMENTO

O **envelhecimento** é uma mudança na textura e no aroma dos produtos assados provocada por alterações na estrutura e perda de umidade pelos grânulos de amido. Massas envelhecidas perdem o aroma fresco e são mais firmes, secas e mais quebradiças do que os produtos recém-assados.

Evitar o envelhecimento é uma grande preocupação para o padeiro, uma vez que grande parte dos pães e outros produtos assados perde a qualidade rapidamente.

O envelhecimento pode ser retardado usando as seguintes técnicas:

1. **Proteger o produto do contato com o ar.**
   Embalar o pão em plástico e cobrir bolos com glacê são dois exemplos.

   Infelizmente, os pães de casca dura, que envelhecem rapidamente, não devem ser embalados, senão a casca amolece. Esses pães devem ser servidos sempre frescos.

2. **Adicionar à fórmula produtos que retêm umidade.**
   Gorduras e açúcares são bons retentores de umidade, e os produtos com maior quantidade desses ingredientes conservam-se melhor.

   Alguns dos melhores pães franceses não têm gordura nenhuma e, se não forem servidos em algumas horas depois de assados, começam a ficar velhos. Nos Estados Unidos, é comum os padeiros adicionarem uma quantidade bem pequena de gordura e/ou açúcar à fórmula para conservá-los por mais tempo.

3. **Congelamento.**
   Pães e outros itens assados que são congelados *antes* de envelhecer preservam a qualidade por mais tempo. Devem ser servidos logo depois de descongelados. Os pães congelados podem ser reaquecidos com excelentes resultados, se forem servidos imediatamente.

   Na verdade, a refrigeração parece acelerar o envelhecimento em vez de retardá-lo. Somente os pães e outros assados que podem apresentar perigos à saúde, como os que têm recheio de creme, são refrigerados.

A *perda da crocância* é causada pela absorção de umidade — de certa forma, o oposto do envelhecimento. Esse é um problema para os produtos de pouca umidade, como biscoitos e massas de torta. O problema é normalmente solucionado com o armazenamento adequado em embalagens ou recipientes a vácuo para proteger os produtos da umidade do ar. Massas de torta pré-assadas devem ser recheadas o mais próximo possível da hora de servir.

INGREDIENTES

A apresentação dos ingredientes para assar que se segue foi necessariamente simplificada. Caso decida seguir carreira como padeiro ou confeiteiro, precisará aprender uma grande quantidade de informações técnicas. Entretanto, as informações básicas apresentadas aqui são suficientes para que você possa produzir uma ampla gama de itens assados em uma padaria pequena ou na cozinha de um restaurante.

FARINHAS E AMIDOS

FARINHA DE TRIGO BRANCA

A farinha de trigo branca é beneficiada a partir dos grãos do trigo depois que a camada externa, chamada farelo, e o germe são retirados. A farinha de trigo contém aproximadamente 63 a 73% de amido e 7 a 15% de proteína. O restante é umidade, gordura, açúcar e minerais.

A farinha de trigo é a fonte da proteína chamada glúten que, você deve se lembrar, é um dos elementos essenciais das massas de pães doces e salgados. Os padeiros selecionam a farinha com base no seu teor de glúten. As farinhas ricas em proteínas são chamadas *fortes*, e as que têm menos proteínas são chamadas *fracas*. (Observação: centeio, cevada, aveia e alguns outros grãos também contêm glúten, mas essas proteínas não se transformam em uma estrutura como as proteínas da farinha de trigo. Dessa forma, para o padeiro, esses outros grãos na realidade não contêm glúten, mas as pessoas que apresentam intolerância a essa substância ainda podem ter de evitá-los na dieta.)

Para o nosso propósito, é preciso conhecer três tipos de farinha de trigo numa padaria pequena.

1. **Farinha de trigo especial para pão**, ou para panificação, é uma farinha forte utilizada para preparar todos os tipos de pães e quaisquer produtos que requeiram alto conteúdo de glúten. As melhores farinhas especiais para pão são chamadas em inglês de *patent flour*. Farinhas chamadas *straight* também são fortes.

2. **Farinha de trigo especial para bolo**, também comercializada como farinha de trigo especial, é uma farinha fraca, ou com baixo teor de glúten, produzida a partir do trigo macio. Possui uma textura suave e macia e uma cor branca pura. A farinha de bolo é utilizada em bolos e outras massas delicadas que requerem baixo teor de glúten.

3. **Farinha de trigo especial para biscoito** tem teor de glúten inferior ao da farinha especial para pão e superior ao da farinha especial para bolo. Possui a mesma cor bege claro da farinha de pão, e não o branco puro da farinha especial para bolo. A farinha especial para biscoito é utilizada no preparo de biscoitos, massas de torta, algumas massas fermentadas doces e *muffins*.

Saber identificar essas três farinhas pelo olhar e o tato é uma habilidade importante, pois, mais cedo ou mais tarde, alguém vai despejar um saco de farinha na lata errada e você terá de reconhecer o problema.

A *farinha especial para pão* parece ser ligeiramente rústica quando a esfregamos entre os dedos. Se a espremermos na palma da mão, ela se separa tão logo abrimos a mão. Tem cor bege bem clara.

A *farinha especial para bolo* parece ser mais macia e fina. Ela permanece compactada quando a espremermos na palma da mão. Tem cor branca pura.

A *farinha especial para confeitaria* parece com a farinha especial para bolo, mas tem a cor creme da farinha especial para pão.

A *farinha de trigo comum*, encontrada no varejo, nem sempre é encontrada nas padarias. Essa farinha é formulada para ser um pouco mais fraca do que a farinha especial para pão, para que possa ser utilizada também em outros tipos de massa. Um padeiro profissional, entretanto, prefere utilizar farinhas formuladas para fins específicos, pois proporcionam melhores resultados.

FARINHA DE TRIGO INTEGRAL

A **farinha de trigo integral** é obtida a partir da moagem do grão de trigo inteiro, incluindo o farelo e o germe. O germe, que é o embrião de uma nova planta de trigo, é rico em gordura, que pode ficar rançosa. É por isso que a farinha de trigo integral não se conserva tão bem quanto a farinha branca.

Como é feita de trigo, a farinha de trigo integral contém glúten, portanto, pode ser utilizada sozinha no preparo de pães. Contudo, um pão feito com 100% de trigo integral será pesado, pois as fibras de glúten são cortadas pelas pontas afiadas dos flocos do farelo. Além disso, a gordura do germe de trigo contribui um pouco com o encurtamento (*shortening*) das fibras de glúten. É por isso que a maioria dos pães de trigo integral contém farinha de pão branca.

A *farinha de trigo com farelo* é uma farinha à qual são adicionados flocos de farelo de trigo. O farelo pode ser rústico ou fino, dependendo das especificações.

FARINHA DE CENTEIO

Ao lado da farinha de trigo branca e integral, a farinha de centeio é a mais popular no preparo de pães. Como ela não forma muito glúten, os pães feitos com essa farinha são pesados, a menos que seja adicionada um pouco de farinha de trigo forte.

A farinha de centeio está disponível em três tons: *clara, média* e *escura*. A **farinha de centeio integral grossa** (*rye meal* ou *pumpernickel flour*, em inglês) é uma farinha rústica feita com grão de centeio integral. Parece-se um pouco com a aveia.

Mix de farinhas de centeio e de trigo (*rye blend*, em inglês) é uma mistura de farinha de centeio e farinha de trigo forte.

OUTRAS FARINHAS

Produtos beneficiados a partir de outros grãos são ocasionalmente utilizados para agregar variedade às massas de pão e outros produtos. Entre eles estão o fubá, a farinha de trigo-sarraceno, a farinha de soja, a fécula de batata, a farinha de aveia e a farinha de cevada. Em inglês, o termo *meal* é utilizado para designar produtos que não são moídos tão fino quanto a farinha.

Normalmente, todos esses produtos devem ser utilizados em combinação com a farinha de trigo, pois eles não formam glúten.

AMIDOS

Além das farinhas, outros produtos ricos em amido também são utilizados na panificação e na confeitaria. Ao contrário da farinha, são utilizados principalmente para engrossar cremes, recheios de tortas e produtos similares. Os princípios para engrossar misturas usando amidos foram abordados no Capítulo 8.

Os amidos mais importantes nos pães doces e sobremesas são:

1. *Amido de milho* tem uma propriedade especial que o torna valioso para determinados fins. Produtos engrossados com amido de milho quando refrigerados ficam firmes quase como uma gelatina. Por isso é utilizado para engrossar tortas cremosas e outros produtos que devem manter a forma.

2. *Amidos modificados*, de milho ceroso ou outros, também possuem propriedades valiosas. Eles não separam quando congelados, portanto, são utilizados em produtos que devem ser congelados. Além disso, ficam transparentes quando cozidos, proporcionando uma aparência vitrificada e brilhante às frutas utilizadas em recheios de tortas.

   O amido de milho modificado não fica firme como o amido de milho comum, mas produz uma pasta macia que tem a mesma consistência, quer ela esteja quente ou fria. Portanto, não é adequado para recheios cremosos de torta.

3. *Amidos pré-gelatinizados* são pré-cozidos ou pré-gelatinizados, por isso engrossam líquidos frios sem a necessidade de cozimento. São úteis quando o calor interfere no sabor do produto, como em geléias de brilho de frutas frescas (como morango).

GORDURAS

Já dissemos que uma das principais funções das gorduras nas massas é encurtar as fibras de glúten e deixar o produto mais macio. Podemos resumir as razões para se usar gorduras em massas de fermentação biológica e química como:

- Amaciar o produto e suavizar a textura.
- Adicionar umidade e riqueza.
- Aumentar a validade.
- Adicionar sabor.
- Auxiliar na fermentação, quando utilizada no método cremoso, ou conferir textura quebradiça a massas folhadas, massas de torta e produtos similares.

GORDURAS HIDROGENADAS

Qualquer gordura age como um *shortening* numa massa, isto é, encurta as fibras de glúten e amacia o produto. No entanto, em inglês utiliza-se a palavra *shortening* mais frequentemente para designar quaisquer gorduras hidrogenadas sólidas, em geral brancas e sem sabor, especialmente formuladas para o preparo de massas.

Como são utilizadas para vários fins, os fabricantes formularam tipos diferentes de gorduras hidrogenadas com diferentes propriedades. A seguir são apresentados os três tipos principais.

Gordura hidrogenada comum

Apresenta textura dura e cerosa, e pequenas partículas da gordura tendem a manter seu formato em uma massa. Esse tipo de gordura hidrogenada não derrete até que atinja uma temperatura alta.

A **gordura hidrogenada comum**, ou banha vegetal, forma um bom creme. Isso significa que uma grande quantidade de ar pode ser incorporada a ela, dando leveza e poder de fermentação à massa. Por isso é utilizada em produtos misturados pelo método cremoso, como certos biscoitos doces.

Por sua textura, esse tipo de gordura hidrogenada é utilizado em produtos folhados, como massas de torta e de biscoitos. Também é utilizada em pães salgados e doces. A menos que outra gordura hidrogenada seja especificada, geralmente utiliza-se a gordura hidrogenada comum.

Gorduras emulsificadas

São gorduras hidrogenadas macias que se espalham facilmente por toda a massa e revestem rapidamente as partículas de açúcar e farinha. Por se espalharem com facilidade, proporcionam textura mais fina e fofa aos bolos, tornando-os mais úmidos.

A **gordura emulsificada** e a gordura hidrogenada de alta plasticidade são utilizadas quando o peso do açúcar na massa de bolo é maior do que o peso da farinha. Por se espalharem bem, um método mais simples de mistura pode ser usado, conforme explicação no Capítulo 32. Esses bolos, de massa densa e amanteigada, são chamados em inglês de bolos *high-ratio*, portanto a gordura emulsificada é às vezes chamada, em inglês, de *high-ratio shortening*.

Além disso, a gordura emulsificada é utilizada em algumas coberturas para bolo, pois consegue absorver mais açúcar e líquido sem separar.

Gordura hidrogenada especial para folhados

A gordura hidrogenada especial para massas folhadas é firme como a comum. É especialmente formulada para massas folhadas e outras massas que formam camadas, como os folhados doces.

MANTEIGA E MARGARINA

As gorduras vegetais são fabricadas para terem determinadas texturas e consistências. A manteiga, por outro lado, é um produto natural que não possui essas vantagens. É dura e quebradiça quando gelada, é macia à temperatura ambiente e derrete com facilidade. Consequentemente, as massas feitas com manteiga são difíceis de manipular. A margarina é um pouco mais fácil de lidar, porém, possui muitas das mesmas desvantagens.

Por outro lado, a manteiga e a margarina possuem duas vantagens importantes.

1. **Sabor.**
   As gorduras vegetais são intencionalmente insípidas, mas a manteiga tem um sabor altamente desejável.

2. **Qualidade de derretimento.**
   A manteiga derrete na boca. A gordura hidrogenada não. Depois de comer massas folhadas ou coberturas para bolo feitas com gordura hidrogenada, é comum ficarmos com uma camada indesejada de gordura hidrogenada na boca.

Por essas razões, muitos padeiros e confeiteiros consideram que as vantagens da manteiga superam suas desvantagens em algumas aplicações.

ÓLEOS

Os óleos são gorduras líquidas. Nem sempre são utilizados como gordura na panificação e na confeitaria porque se espalham muito por toda a massa, reduzindo as fibras de glúten em demasia. Sua utilidade na padaria limita-se principalmente a untar assadeiras e impermeabilizar tigelas, fritar itens por imersão e pincelar alguns tipos de pães. Alguns pães rápidos e bolos utilizam o óleo como gordura vegetal.

BANHA ANIMAL

Banha é gordura de porco derretida. Por sua qualidade plástica, foi muito valorizada para preparar massas de torta e folhados. Desde a introdução das gorduras hidrogenadas modernas, a banha não é mais usada com tanta frequência na panificação.

AÇÚCAR

Os açúcares ou agentes adoçantes são utilizados na panificação e na confeitaria para:

- Agregar doçura e sabor.
- Criar uma textura macia e delicada, enfraquecendo a estrutura do glúten.
- Proporcionar uma cor dourada.
- Aumentar as qualidades de conservação pela retenção de umidade.
- Agir na incorporação de ar à massa no método cremoso, juntamente com as gorduras.

Geralmente utilizamos o termo *açúcar* para o açúcar refinado comum derivado da cana-de-açúcar ou da beterraba. O nome químico para esses açúcares é **sacarose**. No entanto, outros açúcares de diferentes estruturas químicas também são utilizados na panificação e na confeitaria. A seguir estão descritos os açúcares mais importantes:

AÇÚCAR REFINADO COMUM OU SACAROSE

Os açúcares refinados são classificados de acordo com o tamanho dos grãos.

1. **Açúcar comum.**

   O *açúcar cristal*, de largo uso, possui os maiores grãos. [N.T.: Nos EUA, o açúcar denominado *granulated sugar*, cujo tamanho do grão está entre o do açúcar cristal e do refinado brasileiros, é o tipo mais comumente usado – daí sua outra denominação corrente no inglês, *table sugar* (açúcar de mesa).]

   O *açúcar refinado* tem grãos menores do que o açúcar cristal. É valorizado no preparo de bolos e biscoitos, pois forma uma massa mais uniforme e consegue incorporar grandes quantidades de gordura.

   O *açúcar granulado* é o mais grosso e é utilizado para decorar biscoitos, bolos e outros produtos.

2. **Açúcar de confeiteiro**

   O **açúcar de confeiteiro**, também chamado de açúcar em pó e açúcar glacê, é um açúcar moído até formar um pó fino, que é misturado com uma pequena quantidade de amido para evitar que empedre. Os tipos são classificados pela espessura do grão.

   O *açúcar impalpável* é o mais fino de todos. Proporciona textura mais macia aos glacês.

   O *açúcar de confeiteiro padrão* é chamado de *6X sugar* em inglês (o impalpável é *10X sugar*). É utilizado em glacês, coberturas e recheios cremosos.

   Os tipos mais grossos (chamados *4X* e *XX sugar*) são utilizados para polvilhar ou para quaisquer finalidades em que os açúcares de confeiteiro *6X* e o *10X* sejam muito finos.

MELAÇO, MELADO E AÇÚCAR MASCAVO

Tanto o *melaço* quanto o *melado* são subprodutos da cana-de-açúcar. O *melaço* é um subproduto do refino do açúcar. É o líquido que sobra depois que a maior parte do açúcar foi extraída do suco da cana. Já o *melado* não é um subproduto, mas um produto especialmente manufaturado a partir do açúcar. Seu sabor é menos amargo do que o do melaço.

O melaço e o melado contêm grandes quantidades de sacarose, além de outros açúcares, ácidos e impurezas.

O *açúcar mascavo* é primordialmente sacarose, mas também contém quantidades variadas de melaço e outras impurezas. Os mais escuros contêm mais melaço.

Como o melaço, o melado e o açúcar mascavo contêm *ácidos*, podem ser utilizados juntamente com o bicarbonato de sódio para fermentar massas (ver p. 904).

O melaço e o melado retêm a umidade nas massas assadas, prolongando seu frescor. Entretanto, biscoitos crocantes feitos com melaço ou melado ficam murchos rapidamente, pelo mesmo motivo.

XAROPE DE GLUCOSE DE MILHO

O *xarope de glucose de milho* é um adoçante líquido que consiste principalmente de um açúcar chamado glucose. É feito convertendo-se o amido de milho em compostos de açúcar mais simples com o uso de enzimas.

O xarope de glucose de milho ajuda a reter a umidade e é utilizado em alguns tipos de cobertura e no preparo de balas.

XAROPE DE GLUCOSE

Como o xarope de glucose de milho contém outros açúcares além da glucose, pode-se usar o xarope de glucose puro. Ele lembra o xarope de glucose de milho, mas é incolor e praticamente insípido. Se uma receita pedir xarope de glucose e você não encontrar, substitua pelo xarope glucose de milho *light*.

MEL

O *mel* é um xarope de açúcar natural que consiste em grande parte de glicose e frutose, além de outros compostos que lhe dão sabor. O mel varia consideravelmente de sabor e cor, dependendo da origem. O sabor é a principal razão da utilização do mel, especialmente porque pode ser um produto caro.

O mel contém açúcar invertido, o que significa que se mantém homogêneo, resistindo à cristalização. Assim como o melaço e o melado, ele contém ácidos, o que permite que seja utilizado juntamente com o bicarbonato de sódio na fermentação de massas.

EXTRATO DE MALTE

O extrato de malte, também conhecido como xarope de malte, é usado principalmente em pães de fermentação biológica. Serve de alimento para o fermento e agrega sabor e cor dourada aos pães.

LÍQUIDOS

O glúten não pode se desenvolver sem umidade, por isso os líquidos são essenciais no processo de panificação e confeitaria.

As massas de torta são uma boa ilustração de como os líquidos funcionam nesse processo. Se você coloca muita água em uma massa de torta, desenvolve-se muito glúten e a massa fica dura. Se você não usa água nenhuma, o glúten não se desenvolve e a massa não fica firme, mas esfarelenta.

Parte da umidade das massas se transforma em vapor durante o cozimento. Isso contribui para a fermentação.

ÁGUA

A água é o líquido básico na panificação e na confeitaria, principalmente para os pães.

Em geral, a água da torneira é adequada para diversos fins. Contudo, em algumas localidades, a água pode ser muito "dura", o que significa que contém muitos minerais nela dissolvidos. Esses minerais interferem no desenvolvimento adequado do glúten. Nessas áreas, talvez a água precise ser tratada antes de ser utilizada na panificação e na confeitaria.

LEITE E CREME DE LEITE

Conforme descritos no Capítulo 25, os laticínios são importantes na panificação e na confeitaria. Entre esses produtos estão o leite integral e o desnatado, o *buttermilk*** e o leite em pó.

O leite contribui para a textura, o sabor e o valor nutricional, mantendo a qualidade e a cor dourada das massas.

1. O leite integral contém gordura que deve ser calculada como parte da gordura em uma massa. Por essa razão, o leite integral e o desnatado não podem substituir um ao outro nas fórmulas, a menos que sejam feitos ajustes para levar em conta a gordura.

2. O *buttermilk*, ligeiramente ácido, é sempre usado com o bicarbonato de sódio como agente de fermentação em pães rápidos.

3. O creme de leite nem sempre é usado como líquido em massas, exceto em alguns produtos especiais. Nessas situações, ele é utilizado como gordura e como líquido simultaneamente, em razão do seu teor de gordura.

   O creme de leite é mais importante no preparo de recheios e coberturas.

4. O leite em pó é utilizado com frequência por sua conveniência e seu baixo custo. Em algumas fórmulas, não é necessário reconstituí-lo. O leite em pó é adicionado aos ingredientes secos, e a água é usada como líquido.

OUTRAS FONTES DE LÍQUIDO

Ovos, mel, melado e até manteiga (aproximadamente 15% de água) contribuem com a umidade das massas assadas. Em muitos biscoitos, por exemplo, os ovos são o único líquido da fórmula.

---

*N.R.: Originalmente – e daí seu nome em inglês – o soro liberado pela nata ao ser transformada em manteiga. Produzido atualmente em escala comercial, o *buttermilk* consiste em leite fresco, geralmente magro, acidulado pela adição de bactérias lácticas.

OVOS

FORMAS

Conforme discutido no Capítulo 24, os ovos podem ser adquiridos nas seguintes formas:

1. Ovos inteiros na casca.
2. Congelados: claras, gemas, inteiros e inteiros com gemas extras.
3. Desidratados: inteiros, claras, gemas.

FUNÇÕES

Os ovos têm as seguintes funções na panificação e na confeitaria.

1. **Estrutura.**

   Assim como a proteína do glúten, a proteína do ovo coagula dando estrutura às massas. Isso é especialmente importante em bolos nos quais altos teores de açúcar e gordura enfraquecem o glúten.

   Se utilizados em grande quantidade, os ovos deixam os produtos duros ou borrachudos, a menos que balanceados com gordura e açúcar, que os amaciam.

2. **Emulsificação de gorduras.**

   As gemas do ovo contêm emulsificantes, que auxiliam na produção de massas homogêneas. Isso contribui para o volume e a textura.

3. **Fermentação.**

   Os ovos batidos incorporam ar em minúsculas células ou bolhas. Em uma massa, esse ar preso se expande quando aquecido, auxiliando no crescimento.

4. **Ação encurtadora.**

   A gordura da gema do ovo age como as demais gorduras no encurtamento das fibras de glúten. Essa é uma função importante em produtos que contêm outras gorduras em pequenas quantidades.

5. **Umidade.**

   O ovo inteiro tem aproximadamente 70% de água, a clara tem aproximadamente 86% e a gema tem aproximadamente 49%. Essa umidade deve ser calculada como parte do líquido total da fórmula.

6. **Sabor.**

7. **Valor nutricional.**

8. **Cor.**

   A gema proporciona uma cor amarelada às massas. Além disso, os ovos douram com facilidade, contribuindo para a cor dourada da casca.

AGENTES DE FERMENTAÇÃO

Fermentação é a produção ou incorporação de gases em uma massa para aumentar seu volume, dar-lhe forma e textura. Esses gases devem ser retidos no produto até que a estrutura esteja firme o suficiente (pela coagulação do glúten e da proteína do ovo) para manter a forma.

A medida exata dos agentes de fermentação é importante porque pequenas mudanças podem gerar defeitos significativos nos produtos.

FERMENTOS BIOLÓGICOS

Levedação ou fermentação é o processo que permite ao fermento biológico (levedo) agir sobre os carboidratos para transformá-los em gás carbônico e álcool. Essa liberação de gás resulta na ação de crescimento nos produtos fermentados. O álcool evapora por completo durante o assamento ou imediatamente após.

O fermento biológico, também chamado de levedo ou levedura, é uma planta microscópica. Como organismo vivo, é sensível à variação de temperatura.

1°C (34°F)	Inativo; temperatura de armazenamento.
15 a 20°C (60 a 70°F)	Atividade lenta.
20 a 32°C (70 a 90°F)	Pico de atividade; temperatura de crescimento para massas de pão.
Acima de 38°C (100°F)	A atividade diminui.
60°C (140°F)	A levedura morre.

O fermento biológico está disponível em três formas:

1. **Fermento fresco**, também chamado de *fermento para pão*, é úmido e perecível, e é o preferido dos padeiros profissionais. Normalmente é comprado em embalagens de 2 kg.

2. **Fermento seco ativo**, uma forma seca e granulosa do fermento. Antes de ser usado, deve ser reidratado em quatro vezes o seu peso em água morna (em torno de 43ºC). Ao utilizar fermento seco ativo em uma fórmula de pão, utilize parte da água da fórmula para dissolvê-lo. Não acrescente água a mais.

3. **Fermento seco instantâneo** é também um tipo granuloso de fermento, mas não precisa ser dissolvido em água antes de ser usado. Pode ser adicionado em sua forma seca porque absorve água muito mais rapidamente do que o fermento seco comum. Também produz mais gás do que o fermento seco comum, portanto, uma quantidade menor é necessária. Às vezes, o fermento seco instantâneo é chamado de *fermento de crescimento rápido*.

Neste livro, quando se pedir fermento biológico em uma fórmula, o fermento a ser usado é o fresco. Para substituir o fermento fresco por seco, siga as orientações a seguir.

Para converter a quantidade de fermento fresco em fermento seco ativo, multiplique por 0,5. Por exemplo, se a fórmula pedir 30 g de fermento fresco, multiplique por 0,5 para obter 15 g de fermento seco ativo.

Para converter a quantidade de fermento fresco em fermento seco instantâneo, multiplique por 0,35. Por exemplo, se a fórmula pedir 30 g de fermento fresco, multiplique por 0,35 para obter 10,5 g de fermento instantâneo.

O fermento também contribui para o sabor, além da ação fermentativa.

FERMENTOS QUÍMICOS

Fermentos químicos são aqueles que liberam gases produzidos por reações químicas.

Bicarbonato de sódio

O bicarbonato de sódio, se há umidade e algum ácido presentes, libera gás carbônico, que fermenta o produto.

Não é necessário calor para que essa reação ocorra (embora o gás seja liberado mais rapidamente a temperaturas mais altas). Por essa razão, os produtos fermentados com bicarbonato de sódio devem ser assados imediatamente, senão os gases escapam e o poder de fermentação é perdido.

Os ácidos que reagem com o bicarbonato em uma massa incluem mel, melaço, melado, *buttermilk**, frutas, cacau e chocolate. Algumas vezes, usa-se cremor tártaro como ácido. A quantidade de bicarbonato utilizada em uma fórmula geralmente é a quantidade necessária para equilibrar o ácido. Caso seja necessário um maior poder de fermentação, utiliza-se fermento químico em pó em vez de mais bicarbonato.

Fermento em pó químico

Os fermentos em pó químicos são misturas de bicarbonato de sódio e um ácido para reagir com ele.

Como os fermentos em pó não dependem de ingredientes ácidos em uma fórmula para desencadear seu poder de fermentação, são mais versáteis.

O **fermento químico comum** requer apenas umidade para liberar gás. Assim como o bicarbonato de sódio, pode ser usado apenas se o produto for assado imediatamente após ser misturado à massa.

*N.R.: Ver nota da página 902.

O **fermento químico de ação dupla** libera gás quando frio, mas precisa de calor para completar sua reação. Portanto, massas de bolo feitas com esse fermento podem incorporá-lo nos estágios iniciais de mistura da massa, além de poderem ficar em repouso por algum tempo antes de serem assadas.

Não inclua mais fermento em pó do que é necessário, pois isso pode ocasionar sabores indesejados.

Sal amoníaco

O sal amoníaco é uma mistura de carbonato, bicarbonato e carbamato de amônia. Ele decompõe-se durante o cozimento, formando gás carbônico e gás amoníaco. Apenas calor e umidade são necessários para que essa reação ocorra. Nenhum ácido é necessário.

Como ele se decompõe completamente, não deixa resíduos que poderiam afetar o sabor. No entanto, pode ser utilizado somente em produtos pequenos, como biscoitos, que permitem que o gás amoníaco seja totalmente liberado.

O sal amoníaco libera gases com rapidez, portanto, às vezes, é utilizado em produtos como carolinas, nos quais a fermentação rápida é desejada.

AR

O ar é incorporado à massa principalmente por meio de dois métodos, o método cremoso e o método espumoso. O ar se expande durante o cozimento e faz o produto crescer.

1. O **método cremoso** consiste em bater gordura e açúcar juntos para incorporar o ar. É uma técnica importante no preparo de bolos e biscoitos. Alguns biscoitos e bolos do tipo inglês são fermentados quase que inteiramente pelo ar incorporado usando este método.

2. O **método espumoso** consiste em bater ovos, com ou sem açúcar, para a incorporação de ar. Espumas feitas com ovos inteiros são usadas para fermentar pães-de-ló; já os merengues, suflês e outros itens aerados assados são fermentados com uma espuma de claras de ovo.

VAPOR

Quando a água evapora, se expande em até 1.600 vezes o seu volume original. Como todos os produtos assados contêm um pouco de umidade, o vapor é um importante agente de crescimento.

Massas folhadas, carolinas, bombas e massas de torta utilizam o vapor como principal ou único agente de crescimento.

Se a temperatura inicial para assar esses produtos for alta, a transformação da água em vapor é rápida e o crescimento será maior.

SAL, CONDIMENTOS E ESPECIARIAS

SAL

O sal tem um papel importante na panificação e na confeitaria. É mais do que apenas um tempero ou um item para realçar o sabor. Tem também as seguintes funções:

1. Fortalece a estrutura de glúten e a torna mais elástica. Portanto, melhora a textura dos pães.

2. Inibe o crescimento dos levedos. Por isso, é importante para controlar a fermentação nas massas de pão e impedir o crescimento descontrolado das leveduras.

Por essas razões, a quantidade de sal em uma fórmula deve ser cuidadosamente controlada.

CHOCOLATE EM BARRA E EM PÓ

O chocolate em barra e o chocolate ou cacau em pó são derivados do cacau, ou mais precisamente, de suas sementes. Quando essas sementes são torradas e moídas, o produto resultante é chamado de massa/pasta de cacau, ou *liquor*. Esse produto contém uma gordura branca ou amarelada chamada de *manteiga de cacau*.

O chocolate ou *cacau em pó* é a substância seca que sobra depois que parte da manteiga de cacau é extraída do liquor de chocolate.

Capítulo 29 • Panificação e confeitaria: princípios básicos e ingredientes

O *chocolate em pó solúvel* é processado com álcalis para diminuir sua acidez. Ele é levemente mais escuro, tem sabor mais suave e é mais facilmente dissolvido em líquidos do que o cacau em pó comum.

O *chocolate amargo ou puro* é o liquor de chocolate puro. Em algumas marcas mais baratas, um pouco da manteiga de cacau pode ser substituída por outra gordura.

Os *chocolates adoçados* consistem de chocolate amargo com adição de açúcar em quantidades variadas. Se a porcentagem de açúcar for baixa, o chocolate é, às vezes, chamado de *chocolate meio-amargo*.

O *chocolate ao leite* é um chocolate adoçado com a adição de sólidos lácteos. É utilizado principalmente no preparo de bombons (nenhuma das receitas deste livro contém chocolate ao leite).

Os chocolates em barra e em pó são ricos em amido. Quando o chocolate ou cacau em pó é adicionado a uma fórmula de bolo, às vezes é considerado como parte da farinha por essa razão.

ESPECIARIAS

As especiarias são apresentadas em detalhe no Capítulo 4. As mais importantes na padaria são a canela, a noz-moscada, o macis (arilo da noz-moscada), o cravo-da-índia, o gengibre, a alcaravia, o cardamomo, a pimenta-da-jamaica, a erva-doce, o anis-estrelado e a semente de papoula.

Como as especiarias são utilizadas em pequenas quantidades, não fica muito mais caro utilizar produtos de melhor qualidade, e os resultados serão superiores.

As especiarias devem ser medidas por peso, a menos que a quantidade seja tão pequena a ponto de ser necessário usar colheres de medida.

EXTRATOS, ESSÊNCIAS E EMULSÕES

Essências e **extratos** são óleos saborosos e outras substâncias dissolvidas em álcool. Entre elas estão a de baunilha, a de limão e a de amêndoas amargas.

Nos EUA, é possível encontrar essências na forma de **emulsões**, que são óleos saborosos misturados à água com o auxílio de emulsificantes, como gomas vegetais. As de limão e laranja são as mais utilizadas.

O sabor dos extratos, essências e emulsões pode ser natural ou artificial. O sabor natural rende os melhores resultados, porém costuma ser caro. Os sabores artificiais devem ser utilizados com moderação para evitar sabores fortes e indesejados nos produtos.

■ TERMOS PARA REVISÃO

glúten
farinha forte
farinha fraca
shortening
envelhecimento
farinha de trigo especial para pão
farinha de trigo especial para bolo

farinha de trigo especial para biscoito
farinha de trigo integral
farinha de centeio integral grossa
mix de farinhas de centeio e de trigo
gordura hidrogenada comum
gordura emulsificada

sacarose
açúcar de confeiteiro
fermentação
levedação
fermento fresco
fermento seco ativo
fermento seco instantâneo
fermentos químicos

fermento químico comum e de ação dupla
método cremoso
método espumoso
essência
extrato
emulsões

■ QUESTÕES PARA DISCUSSÃO

1. Abaixo são descritos os ingredientes de um bolo branco. O peso da farinha é fornecido e as proporções dos outros ingredientes são indicadas em porcentagens. Calcule as quantidades necessárias para cada ingrediente.

Farinha especial para bolo	1.500 g (100%)
Fermento em pó químico	4%
Gordura hidrogenada	50%
Açúcar	100%
Sal	1%
Leite	75%
Clara de ovo	33%
Essência de baunilha	2%

2. Discuta os quatro fatores que afetam o desenvolvimento do glúten nas massas.

3. Por que alguns bolos abaixam se retirados do forno cedo demais?

4. Que tipo de bolo você acha que se conserva melhor: um pão de ló, que tem pouca gordura, ou um bolo inglês?

5. Por que a farinha de trigo branca é utilizada no pão de centeio? E no pão de trigo integral? Algumas padarias da Europa produzem um tipo de pão preto com 100% de farinha de centeio. Como você acha que é sua textura?

6. Descreva como distinguir as farinhas especiais para pão, para biscoitos e para bolo pelo toque e pela visão.

7. Qual é a diferença entre gordura hidrogenada comum e a emulsificada?

8. Um amanteigado é um tipo de biscoito feito com farinha, manteiga e açúcar, sem adição de líquido. Como você espera que seja sua textura? Por quê?

CAPÍTULO 30

30

CAPÍTULO

Produtos levedados

Em sua forma mais simples, o pão nada mais é que uma massa de farinha e água, levedada por um fermento biológico e assada. Na verdade, alguns pães franceses de casca dura contêm apenas esses ingredientes e sal. Outros tipos de pão contêm ingredientes adicionais, como açúcar, gordura, leite, ovos e outros itens para dar sabor. Mas a farinha, a água e o fermento biológico ainda são os itens estruturais básicos de todos os tipos de pães.

Mesmo assim, para algo que parece ser tão simples, o pão pode ser um dos produtos mais árduos e complexos de se preparar. O sucesso na produção do pão depende, em grande parte, da compreensão de dois princípios básicos: o desenvolvimento de glúten, que foi discutido no capítulo anterior, e a fermentação do levedo, que já foi mencionada antes e será estudada mais detalhadamente neste capítulo.

Este capítulo enfoca a produção de muitos tipos de produtos levedados, como pães e folhados salgados e doces de todos os tipos.

Após ler este capítulo, você deverá ser capaz de:

1. Preparar pães salgados.
2. Preparar pães doces.
3. Preparar folhados doces e salgados.

INTRODUÇÃO AOS PRODUTOS LEVEDADOS

TIPOS DE PRODUTOS LEVEDADOS

Embora todas as massas fermentadas sejam feitas de acordo com os mesmos princípios básicos essenciais, é útil dividir os produtos levedados em categorias como as que se seguem:

PRODUTOS LEVEDADOS COMUNS

Produtos de massa magra

Uma **massa magra** é uma massa com pouca gordura e pouco açúcar.

- Pães de casca seca e crocante, como o pão francês e o italiano, a pizza, a baguete e outros pães de casca dura. Esses são os pães mais magros.
- Outros pães brancos, de forma ou não. Têm alto teor de gordura e açúcar e, às vezes, também contêm ovos e leite em pó. Como são ligeiramente mais gordurosos, em geral têm casca macia.
- Pães integrais. Os pães de trigo e centeio integrais estão entre os mais comuns. Muitas variedades de pão de centeio são produzidas nos Estados Unidos, com farinha clara ou escura ou com farinha de centeio integral e vários agentes de sabor, principalmente melado e semente de alcaravia.

Produtos de massa rica

Não existe uma linha divisória exata entre massas leves e ricas, mas, em geral, as massas ricas contêm maior quantidade de gordura, açúcar e, algumas vezes, ovos.

- Pães salgados de massa densa, como pãezinhos amanteigados e brioches. Possuem alto teor de gordura, mas têm pouco açúcar e podem ser servidos como acompanhamento para uma refeição. A massa do brioche, feita com uma alta proporção de manteiga e ovos, é especialmente rica.
- Pães doces incluindo roscas e pãezinhos doces de todos os tipos. São ricos em gordura, açúcar e, com frequência, ovos. Normalmente são feitos com um recheio ou uma cobertura doce.

PRODUTOS LEVEDADOS LAMINADOS

Massas levedadas laminadas são aquelas em que a gordura é incorporada em várias camadas, usando-se o procedimento de abrir com o rolo e dobrar. As camadas alternadas de gordura e massa proporcionam ao produto assado uma textura folhada.

- Massas laminadas neutras: p. ex., *croissants*.
- Massas laminadas doces: p. ex., folhado de creme.

MÉTODOS DE MISTURA

A mistura e o amassamento das massas levedadas têm três objetivos:

1. Misturar todos os ingredientes em uma massa uniforme e homogênea.
2. Distribuir o fermento de maneira uniforme por toda a massa.
3. Desenvolver o glúten.

Três métodos principais de mistura são usados para massas fermentadas: **método direto**, **método direto modificado** e **método indireto**.

MÉTODO DIRETO

Há somente uma etapa neste método, utilizado por muitos padeiros.

Alguns padeiros dissolvem o fermento fresco em um pouco de água antes de adicionar os outros ingredientes. Outros omitem essa etapa. O fermento seco ativo, por outro lado, deve ser reidratado antes de ser misturado.

A vantagem de se dissolver o fermento na água previamente é assegurar-se de que ele será distribuído uniformemente pela massa.

Procedimento: método de mistura direto

Junte todos os ingredientes na tigela da batedeira e misture.

MÉTODO DIRETO MODIFICADO (PARA MASSAS RICAS)

Para massas doces e ricas, o método é modificado para garantir a distribuição uniforme da gordura e do açúcar.

Procedimento: método direto modificado

1. Dissolva o fermento em parte da água.
2. Junte a gordura, o açúcar, o sal, os sólidos lácteos e os ingredientes de sabor e bata em velocidade baixa até adquirir uma mistura homogênea, mas não bata a ponto da mistura ficar leve e fofa.
3. Adicione os ovos aos poucos, à medida que vão sendo incorporados.
4. Adicione o líquido e misture rapidamente.
5. Adicione a farinha e o fermento. Amasse até formar uma massa homogênea.

Procedimento: método indireto

1. Junte o líquido (ou parte do líquido), o fermento e parte da farinha (e, às vezes, parte do açúcar). Misture até obter uma massa densa, mas bem mole. Deixe fermentar até dobrar de volume.
2. Abaixe a massa para expelir os gases aprisionados e, em seguida, adicione o restante da farinha e demais ingredientes. Amasse até obter uma massa uniforme e homogênea.

MÉTODO INDIRETO

As massas levedadas feitas pelo método indireto são preparadas em dois estágios.

ETAPAS DE PRODUÇÃO DA MASSA LEVEDADA

A produção de pães levedados envolve 12 etapas básicas. Essas etapas são aplicadas aos produtos de fermentação biológica em geral, com algumas variações para produtos específicos.

1. Pesagem dos ingredientes
2. Mistura ou amassamento
3. Fermentação de piso ou inicial
4. Abaixamento da massa
5. Divisão e pesagem
6. Boleamento
7. Descanso de mesa ou intermediário
8. Modelagem
9. Crescimento ou fermentação final
10. Assamento ou forneamento
11. Esfriamento
12. Armazenamento

Como pode ser observado, misturar os ingredientes para formar uma massa é apenas parte de um procedimento complexo.

COMO PESAR OS INGREDIENTES

Todos os ingredientes devem ser pesados com precisão. Os únicos itens que podem ser medidos em volume são a água, o leite na forma líquida e os ovos, que podem ser pesados na proporção de 1 litro por quilo.

COMO MISTURAR

Utilize o *batedor gancho* se estiver usando uma batedeira vertical. Misture pelo tempo especificado.

Os dois primeiros objetivos de misturar — juntar os ingredientes em uma massa e distribuir o fermento — são realizados na primeira fase do processo de mistura. O tempo restante é necessário para desenvolver o glúten. Massas amassadas ou sovadas em excesso ou de forma insuficiente têm volume e textura ruins (rever "Métodos de mistura e desenvolvimento do glúten", p. 895).

É necessário que você aprenda a reconhecer pelo olhar e pelo toque se a massa está bem misturada. Isso só se consegue com experiência e orientação do instrutor. Uma massa bem desenvolvida é homogênea e elástica. Uma massa magra não deve ser pegajosa.

Algumas vezes é preciso adicionar um pouco mais de farinha se a massa continuar pegajosa mesmo depois que grande parte do procedimento de mistura tenha sido realizado.

Massas ricas geralmente não são muito amassadas, pois uma maciez maior é desejada nesses produtos.

Observação: a velocidade e o tempo de mistura nas fórmulas de pão deste livro são apenas diretrizes. Batedeiras pequenas podem se quebrar se funcionarem em velocidades altas demais para uma massa rígida. Nesses casos, use uma velocidade mais baixa e estenda o tempo de mistura, se necessário. Dependendo da batedeira, sovar uma massa na velocidade 1 (mais lenta) requer um tempo de mistura duas vezes maior do que na velocidade 2. Siga as recomendações do fabricante.

COMO FAZER A FERMENTAÇÃO DE PISO OU INICIAL

Fermentação é o processo pelo qual o levedo atua nos açúcares e amidos da massa, produzindo gás carbônico e álcool.

Procedimento para fermentar massas levedadas

1. Coloque a massa em um recipiente ligeiramente untado com óleo e passe óleo na superfície para evitar a formação de película (pode não ser necessário, se a umidade for alta — em torno de 75%).

2. Cubra o recipiente e deixe a massa crescer a uma temperatura de aproximadamente 27ºC.

3. A fermentação termina quando a massa dobra de volume. Se a fermentação estiver concluída, uma marca permanecerá na superfície da massa se ela for pressionada de leve com a mão.

O glúten fica mais macio e elástico durante a fermentação. Uma massa pouco fermentada não desenvolve volume adequado e sua textura fica grosseira. Uma massa que fermenta por muito tempo ou a uma temperatura muito alta fica pegajosa, difícil de trabalhar e um pouco azeda.

Uma massa que não fermentou o suficiente é chamada em inglês de *young dough* (**massa jovem**). Uma massa muito fermentada é denominada *old dough* (**massa velha**).

Massas com pouco glúten, como as massas de centeio e as ricas, normalmente fermentam por menos tempo, ou são "tiradas do descanso ainda jovens".

COMO ABAIXAR A MASSA

Abaixar a massa não consiste em golpeá-la com o punho. Trata-se de um método usado para retirar o ar aprisionado, *expelindo o gás carbônico* e *redistribuindo o fermento*, para que a massa cresça mais, o *glúten relaxe* e a temperatura se iguale.

Procedimento para abaixar massas levedadas

Puxe todos os lados da massa para cima, dobrando-os em direção ao centro e pressionando-os para baixo. Vire a massa na tigela.

Uma segunda fermentação de piso e abaixamento podem ser necessários, dependendo do produto.

COMO DIVIDIR E PESAR

Usando uma balança, divida a massa em pedaços de tamanho uniforme, de acordo com o produto a ser preparado.

Ao pesar, são feitos descontos para a perda de peso em decorrência da evaporação da umidade ocorrida no forno. Essa perda é de aproximadamente 10 a 13% do peso da massa crua. Desconte de 50 a 65 g extras para cada 500 g de massa.

COMO BOLEAR

Depois de pesar, os pedaços de massa são enrolados em bolas lisas e arredondadas. Esse procedimento cria um tipo de pele ao esticar o glúten do lado de fora da massa em uma camada homogênea. O ato de bolear simplifica o processo posterior de moldar a massa e também ajuda a reter os gases produzidos pelo fermento.

Seu instrutor irá demonstrar as técnicas de boleamento. Existem máquinas que dividem e enrolam porções de massa automaticamente. A Figura 30.1 ilustra um pedaço de massa sendo boleado à mão.

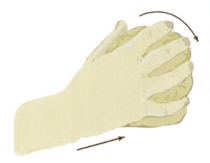

Figura 30.1
Para bolear um pedaço de massa, role-a sobre a superfície de trabalho usando a palma da mão. Enquanto gira a massa, use a base da mão para apertar a massa contra a bancada. Esse movimento estica a superfície da massa até que fique completamente lisa, exceto por uma emenda na parte de baixo, onde a massa foi apertada.

COMO FAZER O DESCANSO DE MESA OU INTERMEDIÁRIO

Porções boleadas de massa devem descansar por 10 a 15 minutos. Isso permite que o glúten relaxe, facilitando o processo de dar forma à massa. Além disso, a *fermentação* continua nesse período.

COMO MODELAR E ENFORMAR

A massa é moldada em unidades — filões, bisnagas etc. — e colocada em assadeiras. Para todos os tipos de pães, a emenda deve ficar centralizada na parte inferior da massa, para não abrir ao assar.

Pães podem ser modelados de inúmeras formas. Diversos formatos e técnicas são apresentadas na próxima seção.

COMO PROMOVER O CRESCIMENTO

O **crescimento ou fermentação final** é uma continuação do processo de fermentação em que o volume da massa, já na forma final, aumenta ainda mais. Os padeiros utilizam termos diferentes para fazer a distinção entre a fermentação da massa recém-misturada e a fermentação do produto já modelado, antes de assar. Em geral, a temperatura da fermentação final (crescimento) é mais alta do que a temperatura da fermentação de piso ou inicial.

Procedimento para promover o crescimento em produtos de massa levedada

Coloque o produto já na assadeira em uma câmara de fermentação entre 27 e 30°C e aproximadamente 70 a 80% de umidade, conforme indicado na fórmula. Deixe crescer até dobrar de volume.

Se não houver uma câmara de fermentação disponível, procure chegar o mais próximo possível dessas condições, cobrindo os produtos para que retenham umidade e colocando-os em um local aquecido.

Menos tempo de fermentação resulta em pouco volume e textura densa. Muito tempo de fermentação resulta em textura grosseira e perda de sabor.

COMO ASSAR

Como você deve se lembrar do capítulo anterior, muitas mudanças ocorrem em uma massa enquanto ela assa. As mudanças mais importantes são:

1. **Expansão dos gases** aprisionados na massa, também chamada de "último crescimento", é o crescimento rápido da massa pela produção e expansão de gases retidos em resposta ao calor do forno. A levedura se torna muito ativa no início, mas morre quando a temperatura dentro da massa atinge 60°C.

2. Coagulação de proteínas e gelatinização de amidos. Em outras palavras, o produto fica firme e mantém o formato.

3. Formação e douramento da casca.

Coloque o produto no forno com cuidado, pois as massas que passaram pelo crescimento são frágeis até que o assamento as torne firmes.

A temperatura do forno deve ser ajustada para o produto a ser assado. Pãezinhos, que ficam separados uns dos outros, são assados a uma temperatura superior à dos pães maiores, para que dourem no curto espaço de tempo que levam para assar. Em geral, os pães de massa magra são assados entre 200 e 220ºC, enquanto os pães mais rústicos e de massa um pouco mais rica são assados entre 220 e 245ºC. As massas mais ricas e as doces são assadas a uma temperatura inferior, entre 175 e 200ºC, pois os teores de gordura, açúcar e leite fazem com que a casca doure mais rápido.

Os pães de casca dura são assados com vapor injetado dentro do forno durante a primeira parte do cozimento, ajudando a formar uma casca crocante e fina.

Os pães de centeio também se beneficiam do processo de assar com vapor nos primeiros 10 minutos.

Um pão racha do lado quando continua crescendo depois da formação da casca. Para permitir essa expansão final, são feitos talhos rasos na parte superior com uma navalha, um bisturi, estilete ou faca afiada.

Pães pequenos assam por completo sem rachar, portanto, normalmente não são marcados com um talho.

O tempo para assar varia consideravelmente, dependendo do produto. A casca bem dourada é a indicação usual de que o produto está no ponto. Pães que estão no ponto parecem ocos ao serem golpeados com os nós dos dedos.

COMO FAZER O ESFRIAMENTO

Depois de assar, o pão deve ser retirado da assadeira e colocado em grades de metal para esfriar rapidamente, permitindo que o excesso de umidade e o álcool produzidos durante a fermentação sejam liberados.

Pães menores, assados com uma distância entre um e outro, podem ser deixados na própria assadeira, pois haverá circulação de ar adequada.

Para obter uma casca macia, os pães podem ser pincelados com gordura hidrogenada derretida antes de esfriarem.

Não deixe que os pães esfriem sob corrente de ar, senão a casca pode rachar.

COMO ARMAZENAR

Os pães que serão servidos em até 8 horas podem ser deixados na prateleira. Para armazená-los por mais tempo, embale-os depois de frios em sacos hermeticamente fechados, para retardar o envelhecimento. O pão deve esfriar bem antes de ser embalado, senão a umidade permanecerá dentro da embalagem.

Embalar e congelar mantém a qualidade por mais tempo. A refrigeração, por outro lado, acelera o envelhecimento.

Pães de casca crocante não devem ser embalados (a menos que sejam congelados), pois a casca amolece.

Pela complexidade da panificação, muitas coisas podem dar errado. Para consertar falhas comuns, verifique as possíveis causas na Tabela 30.1 e corrija os procedimentos.

Tabela 30.1
Falhas no processo de panificação e suas possíveis causas

Falha	Causas
Formato	
Pouco volume	Muito sal
	Pouco fermento
	Farinha fraca
	Tempo de mistura incorreto
	Fermentação ou crescimento inadequados
	Forno muito quente
Muito volume	Pouco sal
	Muito fermento
	Excesso de massa por unidade
	Excesso de tempo para o crescimento
Formato ruim	Muito líquido
	Modelagem ou boleamento inadequados
	Tempo de crescimento excessivo
	Muito vapor no forno
Casca rachada ou estourada	Tempo de mistura incorreto
	Pouco tempo de crescimento
	Modelagem inadequada — a emenda não foi posicionada na parte inferior
	Forno muito quente
	Vapor insuficiente no forno
Textura e miolo	
Muito densa e fechada	Pouco fermento
	Fermentação insuficiente
	Muito sal
	Pouco líquido
Muito grosseira ou porosa	Muito fermento
	Muito líquido
	Tempo de mistura incorreto
	Fermentação inadequada
	Tempo de crescimento excessivo
	Assadeira muito grande
Miolo estriado	Procedimento de mistura inadequado
	Técnicas de modelagem e de boleamento incorretas
	Uso excessivo de farinha para polvilhar
Textura quebradiça ou esfarelenta	Tempo de fermentação inadequado
	Tempo de crescimento excessivo
	Temperatura do forno muito baixa
	Farinha muito fraca
	Pouco sal
Miolo acinzentado	Tempo de fermentação muito longo ou sob temperatura muito alta
Casca	
Muito escura	Muito açúcar ou leite
	Pouca fermentação (massa jovem)
	Temperatura do forno muito alta
	Tempo de cozimento muito longo
	Vapor insuficiente no início do cozimento
Muito pálida	Pouco açúcar ou leite
	Muita fermentação (massa velha)
	Tempo de crescimento excessivo
	Temperatura do forno muito baixa
	Tempo de cozimento muito curto
	Muito vapor no forno
Muito grossa	Pouco açúcar ou gordura
	Muita fermentação (massa velha)
	Assado por muito tempo e/ou sob temperatura muito baixa
	Pouco vapor no forno
Bolhas na casca	Muito líquido
	Fermentação inadequada
	Modelagem inadequada
Sabor	
Sem sabor	Pouco sal
Sabor ruim	Ingredientes ruins, estragados ou rançosos
	Condições de higiene e limpeza ruins
	Pouca ou muita fermentação

FÓRMULAS E TÉCNICAS

FÓRMULAS DE PÃO

Os métodos básicos para misturar e assar massas levedadas discutidos anteriormente neste capítulo se aplicam às fórmulas a seguir. Portanto, os métodos não são repetidos em detalhes para cada fórmula. Os procedimentos básicos são indicados e é preciso consultar a primeira parte deste capítulo caso seja preciso lembrar de algum detalhe.

As técnicas de modelagem de vários tipos de pães são descritas e ilustradas após esta seção de receitas.

 ### Pãozinho de casca crocante

Ingredientes	Quantidade	Porcentagem
Água	700 g	55%
Fermento fresco	45 g	3,5%
Farinha especial para pão	1.250 g	100%
Sal	30 g	2,25%
Açúcar	30 g	2,25%
Gordura hidrogenada	30 g	2,25%
Clara de ovo	30 g	2,25%
Rendimento:	2.115 g	167%

Por unidade:
Calorias, 90; Proteínas, 3 g; Gorduras, 1 g (10% cal.); Colesterol, 0 mg; Carboidratos, 17 g; Fibras, 1 g; Sódio, 200 mg.

■ Modo de preparo

Mistura:
Método direto.
10 minutos na velocidade 2 (ver Observação, p. 912).

Fermentação:
Em torno de 1 hora a 27°C.

Pesagem e modelagem:
Pãezinhos — 500 g por dúzia.
Bâtard – 550 g por unidade.
Ver técnicas de modelagem após receitas.
Faça os cortes na massa com um bisturi ou estilete depois do crescimento. Pincele com água.

Assamento:
220°C. Vapor nos primeiros 10 minutos.

 ### Pãozinho de casca macia

Ingredientes	Quantidade	Porcentagem
Água	720 g	57%
Fermento fresco	44 g	3,5%
Farinha especial para pão	1.250 g	100%
Sal	24 g	2,25%
Açúcar	125 g	9%
Leite em pó desnatado	60 g	4,75%
Gordura hidrogenada	60 g	4,75%
Manteiga ou margarina	60 g	4,75%
Rendimento:	2.343 g	186%

Por unidade:
Calorias, 120; Proteínas, 3 g; Gorduras, 2,5 g (20% cal.); Colesterol, 0 mg; Carboidratos, 20 g; Fibras, 0,5 g; Sódio, 190 mg.

■ Modo de preparo

Mistura:
Método direto.
10 a 12 minutos na velocidade 2 (ver Observação, p. 912).

Fermentação:
1 hora e 30 minutos a 27°C.

Pesagem e modelagem:
450 a 600 g por dúzia.
Ver técnicas de modelagem após as receitas.

Assamento:
200°C.

Fórmulas e técnicas 917

 ## Pão francês

Ingredientes	Quantidade	Porcentagem
Água	875 g	58%
Fermento fresco	45 g	3%
Farinha especial para pão	1.500 g	100%
Sal	30 g	2%
Rendimento:	*2.450 g*	*163%*

Por 30 g:
Calorias, 60; Proteínas, 2 g; Gorduras, 0,5 g (7% cal.);
Colesterol, 0 mg; Carboidratos, 13 g; Fibras, 0 g; Sódio, 140 mg.

■ **Modo de preparo**

Mistura:
Método direto. Dissolver o fermento em água antes de adicionar a farinha e o sal.
3 minutos na velocidade 2; descanso de 2 minutos; mais 3 minutos na velocidade 2 (ver Observação, p. 912).

Fermentação:
1 hora e 30 minutos a 27°C.

Abaixar a massa.

1 hora a 27°C.

Pesagem e modelagem:
Baguete – 350 g.
Boule (redondo) — 550 g.
Pão francês pequeno — 450 a 600 g por dúzia.
Ver técnicas de modelagem após as receitas.

Assamento:
200°C. Vapor nos primeiros 10 minutos.

 ## Pão de forma branco

Ingredientes	Quantidade	Porcentagem
Água	750 g	60%
Fermento fresco	45 g	3,75%
Farinha especial para pão	1.250 g	100%
Sal	30 g	2,5%
Açúcar	45 g	3,75%
Leite em pó desnatado	60 g	5%
Gordura hidrogenada	45 g	3,75%
Rendimento:	*2.225 g*	*178%*

Por 30 g:
Calorias, 70; Proteínas, 2 g; Gorduras, 1 g (13% cal.); Colesterol, 0 mg;
Carboidratos, 13 g; Fibras, 0 g; Sódio, 160 mg.

■ **Modo de preparo**

Mistura:
Método direto.
10 minutos na velocidade 2 (ver Observação, p. 912).

Fermentação:
1 hora a 27°C.

Modelagem:
Pão de forma. Ver técnicas de modelagem após as receitas.

Assamento:
200°C.

V A R I A Ç Ã O

Pão de trigo integral
Preparar o pão de forma branco básico utilizando:

Farinha especial para pão	500 g	40%
Farinha de trigo integral	750 g	60%

Pão de centeio

Ingredientes	Quantidade	Porcentagem
Água	750 g	60%
Fermento fresco	45 g	3,75%
Farinha de centeio	500 g	40%
Farinha especial para pão	750 g	60%
Sal	30 g	2,5%
Gordura hidrogenada	30 g	2,5%
Melado	30 g	2,5%
Semente de alcaravia	15 g	1,25%
Rendimento:	*2.150 g*	*172%*

Por 30 g:
Calorias, 60; Proteínas, 2 g; Gorduras, 1 g (14% cal.); Colesterol, 0 mg; Carboidratos, 12 g; Fibras, 2 g; Sódio, 160 mg.

■ Modo de preparo

Mistura:
Método direto. 5 a 6 minutos na velocidade 2 (ver Observação, p. 912).

Fermentação:
1 hora a 27°C.

Pesagem e modelagem:
500 g por pão de forma.
500 g por dúzia de pãezinhos.
Ver técnicas de modelagem após as receitas.

Assamento:
200°C. Vapor nos primeiros 10 minutos.

Focaccia

Ingredientes	Quantidade	Porcentagem
Água	750 g	60%
Fermento fresco	35 g	2,75%
Farinha especial para pão	1.250 g	100%
Sal	20 g	1,75%
Açúcar	6 g	0,5%
Azeite de oliva	60 g	5%
Rendimento:	*2.121 g*	*170%*

Por 30 g:
Calorias, 70; Proteínas, 2 g; Gorduras, 1 g (13% cal.); Colesterol, 0 mg; Carboidratos, 12 g; Fibras, 1 g; Sódio, 115 mg.

■ Modo de preparo

Mistura:
Método direto.
8 minutos na velocidade 1 (ver Observação, p. 912).

Fermentação:
1 hora e 30 minutos a 27°C ou 2 horas a 24°C.

Modelagem:
Unte as assadeiras com azeite. Abra a massa até ficar com aproximadamente 2 cm de espessura e coloque-a nas assadeiras (Fig. 30.2). Pincele a superfície com bastante azeite de oliva. Depois do crescimento, faça indentações na massa a intervalos de aproximadamente 8 cm.

Assamento:
220°C. Vapor nos primeiros 10 minutos.

VARIAÇÕES

Focaccia **de alecrim**
Depois de fazer os orifícios, polvilhe a superfície com alecrim (de preferência fresco) e sal grosso.

Focaccia **de azeitona**
Misture à massa 30% (375 g) de azeitona preta conservada em azeite, sem caroço e picada.

Figura 30.2 *Focaccia*.

(a) Abra a massa até obter um retângulo grande o suficiente para preencher uma assadeira.

(b) Coloque a massa na assadeira untada. Espalhe azeite de oliva por cima.

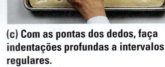

(c) Com as pontas dos dedos, faça indentações profundas a intervalos regulares.

(d) Polvilhe com a cobertura desejada, como ervas frescas e sal grosso.

Fórmulas e técnicas 919

Brioche

Ingredientes	Quantidade	Porcentagem
Leite	250 g	20%
Fermento fresco	60 g	5%
Farinha especial para pão	250 g	20%
Ovos	625 g	50%
Farinha especial para pão	1.000 g	80%
Açúcar	60 g	5%
Sal	15 g	1,25%
Manteiga amolecida	750 g	60%
Rendimento:	3.010 g	241%

Por unidade:
Calorias, 160; Proteínas, 4 g; Gorduras, 10 g (56% cal.); Colesterol, 60 mg; Carboidratos, 14 g; Fibras, 0 g; Sódio, 190 mg.

V A R I A Ç Ã O

Para deixar a massa menos pegajosa e mais fácil de manipular, reduza a quantidade de manteiga para 35 a 50% (450 a 625 g). Esse ajuste também reduz o custo. Porém, o brioche não será tão rico e delicado.

■ M o d o   d e   p r e p a r o

Mistura:
Método indireto:
1. Ferva o leite e deixe esfriar até ficar morno. Dissolva nele o fermento. Adicione a farinha e misture até formar uma massa mole. Deixe crescer até dobrar de volume.
2. Junte os ovos gradualmente e, em seguida, os ingredientes secos (usando o batedor raquete), batendo até formar uma massa macia.
3. Incorpore a manteiga aos poucos, batendo até que seja completamente absorvida e que a massa esteja homogênea. A massa ficará bem macia e pegajosa.

Fermentação:
Cubra com filme plástico e deixe descansar na câmara fria de um dia para o outro.

Modelagem:
50 g por pãozinho.
Ver técnicas de modelagem após as receitas. A massa é bem macia e fica mais fácil de modelar quando gelada.
Pincele com ovo batido após o crescimento.

Assamento:
200°C.

Massa de pãozinho doce

Ingredientes	Quantidade	Porcentagem
Leite	500 g	40%
Fermento fresco	100 g	7,5%
Manteiga/margarina/ gordura hidrogenada (ver Observação)	250 g	20%
Açúcar	250 g	20%
Sal	15 g	1,25%
Ovos	175 g	15%
Farinha especial para pão	1.000 g	80%
Farinha especial para bolo	250 g	20%
Rendimento:	2.540 g	203%

Por 30 g:
Calorias, 90; Proteínas, 2 g; Gorduras, 3 g (31% cal.); Colesterol, 15 mg; Carboidratos, 13 g; Fibras, 0,5 g; Sódio, 90 mg.

Observação: qualquer uma das gorduras mencionadas pode ser usada sozinha ou em combinação com as outras.

■ M o d o   d e   p r e p a r o

Mistura:
Método direto modificado:
1. Ferva o leite. Deixe esfriar até ficar morno. Dissolva nele o fermento.
2. Misture a gordura, o açúcar e o sal com o batedor raquete até a mistura ficar homogênea. Junte os ovos, batendo bem.
3. Adicione o leite e as farinhas. Com o batedor gancho, misture por 4 minutos na velocidade 2.

Fermentação:
1 hora e 30 minutos a 27°C.

Modelagem:
Ver técnicas de modelagem após as receitas.

Assamento:
190°C.

V A R I A Ç Ã O

Donuts
Prepare a massa básica de pão doce, mas reduza a gordura e o açúcar pela metade. Macis, noz-moscada ou outras especiarias podem ser adicionadas.
Pesagem: 50 g cada.
Deixe crescer completamente (até dobrar de volume).
Fritura: 182°C.
Escorra o excesso de óleo. Passe os *donuts* em açúcar com canela, ou em açúcar impalpável, quando estiverem frios.

MASSAS LAMINADAS: FOLHADOS E CROISSANTS

As massas laminadas contêm várias camadas de gordura entremeadas com camadas de massa. Essas camadas criam a textura flocada que você já conhece nos produtos folhados. Dois tipos básicos de massa laminada levedada são preparados na padaria:

- doce: folhados doces
- salgada: folhados salgados, como os *croissants*

As massas laminadas não são muito misturadas, pois o procedimento de laminação continua desenvolvendo o glúten.

A manteiga é a gordura preferida para proporcionar o sabor e a qualidade das massas folhadas que derretem na boca. Gorduras vegetais especialmente formuladas estão disponíveis, caso o baixo custo e a facilidade de manipulação sejam pontos mais importantes.

Folhado doce

Ingredientes	Quantidade	Porcentagem
Leite	400 g	40%
Fermento fresco	65 g	6,25%
Manteiga	125 g	12,5%
Açúcar	150 g	15%
Sal	12 g	1,25%
Cardamomo (opcional)	2 g	0,2%
Ovos	200 g	20%
Gemas	50 g	5%
Farinha especial para pão	800 g	80%
Farinha especial para bolo	200 g	20%
Manteiga	500 g	50%
Rendimento:	2.499 g	250%

Por 30 g:
Calorias, 110; Proteínas, 2 g: Gorduras, 6 g (53% cal.); Colesterol, 35 mg; Carboidratos, 10 g; Fibras, 0 g; Sódio, 120 mg.

■ Modo de preparo

Mistura:
Método direto modificado:
1. Ferva o leite. Deixe esfriar até ficar morno. Dissolva nele o fermento.
2. Misture a manteiga, o açúcar, o sal e o cardamomo com o batedor raquete até a mistura ficar homogênea. Acrescente os ovos e as gemas.
3. Adicione o leite (da etapa 1) e a farinha. Com o batedor gancho, misture por 3 a 4 minutos na velocidade 2.
4. Deixe descansar por 20 a 30 minutos na câmara fria.
5. Use a manteiga restante para laminar. Dê três voltas simples na massa, como mostra a Figura 30.3.

Modelagem:
Ver técnicas de modelagem após as receitas.

Crescimento:
A 32°C com pouca umidade. Pincele com ovo batido antes de assar.

Assamento:
190°C.

Croissants

Ingredientes	Quantidade	Porcentagem
Leite	450 g	57%
Fermento fresco	30 g	4%
Açúcar	30 g	4%
Sal	15 g	2%
Manteiga amolecida	80 g	10%
Farinha especial para pão	800 g	100%
Manteiga	450 g	57%
Rendimento:	1.855 g	234%

Por 30 g:
Calorias, 110; Proteínas, 2 g; Gorduras, 7 g (57% cal.); Colesterol, 20 mg; Carboidratos, 10 g; Fibras, 0 g; Sódio, 160 mg.

■ Modo de preparo

Mistura:
Método direto.
Ferva o leite, deixe esfriar até ficar morno e dissolva nele o fermento. Adicione os demais ingredientes, exceto os 450 g de manteiga. Misture até formar uma massa homogênea. Não misture demais.

Fermentação:
1 hora a 27°C.
Abaixe a massa, abra com a mão em uma assadeira e deixe descansar na câmara fria por 30 minutos.
Use a manteiga reservada para laminar. Dê três voltas simples na massa (Fig. 30.3). Deixe descansar de um dia para o outro na câmara fria.

Modelagem:
Ver Figura 30.19 na página 929.

Crescimento:
A 27°C. Pincele o ovo batido antes de assar.

Assamento:
200°C.

Procedimento para laminar massas folhadas levedadas

O procedimento de laminação possui duas partes.

1. Encapsular a gordura na massa.

No método ilustrado na Figura 30.3, a gordura é espalhada nos dois terços inferiores da massa, que é então dobrada em três, como uma carta comercial (primeiro a parte de cima, sem gordura). Isso resulta em cinco camadas: três de massa e duas de gordura.

2. Abrir e dobrar a massa para aumentar o número de camadas.

Nesse tipo de massa, utilizamos uma "dobra simples", que significa dobrar a massa em três partes iguais. Cada etapa completa de abrir e dobrar a massa em três é chamada de volta. Damos três voltas na massa, criando mais de 100 camadas de massa e gordura.

Figura 30.3 Procedimento para laminar massas folhadas levedadas.

(a, b) Abra a massa em um retângulo cujo comprimento seja aproximadamente 3 vezes a largura, com 1 a 2 cm de espessura. Espalhe a manteiga sobre dois terços do comprimento da massa, deixando uma margem nas extremidades.

(c) Dobre o terço da massa sem manteiga em direção ao centro.

(d) Dobre o terço inferior por cima. Deixe a massa descansar (sob refrigeração) por 20 a 30 minutos, para permitir que o glúten relaxe.

(e) Coloque a massa sobre a superfície de trabalho com um dos lados menores do retângulo apontando para você. Faça isso sempre antes de abrir a massa para que o glúten se expanda em todas as direções, e não apenas no sentido do comprimento. Abra a massa novamente em forma de retângulo.

(f) Dobre-a em três partes mais uma vez, primeiro dobrando o terço superior em direção ao centro. Lembre-se de retirar o excesso de farinha entre as dobras.

(g) Dobre o terço inferior sobre as outras duas camadas. Você concluiu a primeira volta. A incorporação da manteiga não conta como uma volta. Pressione um dedo na massa próximo ao canto para fazer uma indentação. Isso indica "1 volta", caso alguém assuma o trabalho depois de você, ou no caso de você estar preparando vários lotes ao mesmo tempo. Deixe a massa na geladeira por 20 a 30 minutos, para relaxar o glúten. Repita o procedimento acima (de abrir e dobrar em três) mais 2 vezes, deixando a massa descansar entre as voltas. Marque o número de voltas no canto da massa, fazendo duas ou três indentações com o dedo. Após a terceira volta, deixe a massa descansar na câmara fria por várias horas, ou de um dia para o outro. Cubra sempre com filme plástico para evitar a formação de película. Em seguida, a massa estará pronta para ser modelada.

No Capítulo 34, você aprenderá um procedimento ainda mais complexo de laminação utilizado na massa folhada tradicional, que é fermentada apenas pelo vapor, e não por leveduras. Esse procedimento produz mais de 1.000 camadas na massa!

RECHEIOS E COBERTURAS PARA FOLHADOS

Açúcar e canela

Rendimento: aproximadamente 500 g

Quantidade	Ingredientes
500 g	Açúcar
15 g	Canela

Por 30 g:
Calorias, 110; Proteínas, 0 g; Gorduras, 0 g (0% cal.);
Colesterol, 0 mg; Carboidratos, 0 g; Fibras, 0 g; Sódio, 0 mg.

■ **Modo de preparo**
Misture bem os ingredientes.

Streusel (cobertura crocante)

Rendimento: 1 kg

Quantidade	Ingredientes
250 g	Manteiga e/ou gordura hidrogenada
150 g	Açúcar cristal
120 g	Açúcar mascavo
½ a 1 colher (chá)	Canela ou macis
½ colher (chá)	Sal
500 g	Farinha especial para biscoito

Por 30 g:
Calorias, 130; Proteínas, 1 g; Gorduras, 6 g (40% cal.);
Colesterol, 15 mg; Carboidratos, 19 g; Fibras, 2 g; Sódio, 85 mg.

■ **Modo de preparo**
Misture todos os ingredientes com as pontas dos dedos até obter uma farofa úmida.

V A R I A Ç Ã O

Streusel de nozes
Adicione 125 g de nozes bem picadas à mistura básica.

Geleia de brilho para folhados e outros itens doces

Rendimento: 1 kg

Quantidade	Ingredientes
250 mL	Água
500 g	Xarope de glucose de milho *light*
250 g	Açúcar cristal

Por 30 g:
Calorias, 70; Proteínas, 0 g; Gorduras, 0 g (0% cal.);
Colesterol, 0 mg; Carboidratos, 18 g; Fibras, 0 g; Sódio, 15 mg.

■ **Modo de preparo**
1. Misture tudo e aqueça até ferver. Mexa bem, até dissolver todo o açúcar.
2. Use ainda quente para pincelar os produtos.

Fórmulas e técnicas 923

Recheio de tâmara, ameixa ou damasco

Rendimento: 1,5 kg

Quantidade	Ingredientes
1 kg	Tâmara, ameixa ou damasco secos, sem caroço
200 g	Açúcar
500 mL	Água

Por 30 g:
Calorias, 65; Proteínas, 0 g; Gorduras, 0 g (0% cal.);
Colesterol, 0 mg; Carboidratos, 17 g; Fibras, 1 g; Sódio, 0 mg.

■ Modo de preparo

1. Pique bem a fruta seca, ou passe-a num moedor.
2. Junte todos os ingredientes em uma panela funda. Leve ao fogo até ferver. Cozinhe em fogo brando, mexendo até engrossar e ficar homogêneo (cerca de 10 minutos).
3. Deixe esfriar antes de usar.

Recheio de amêndoa

Rendimento: 1,5 kg

Quantidade	Ingredientes
500 g	Pasta de amêndoa
500 g	Açúcar
250 g	Manteiga e/ou gordura hidrogenada
125 g	Farinha especial para bolo ou para biscoito
125 g	Ovo

Por 30 g:
Calorias, 130; Proteínas, 1 g; Gorduras, 7 g (48% cal.);
Colesterol, 20 mg; Carboidratos, 16 g; Fibras, 1 g; Sódio, 45 mg.

■ Modo de preparo

1. Com o batedor raquete, misture a pasta de amêndoa e o açúcar em velocidade baixa até formar uma mistura uniforme.
2. Junte a gordura e a farinha, batendo até a massa ficar homogênea.
3. Acrescente os ovos aos poucos, batendo até a mistura ficar homogênea.

Recheio de ricota

Rendimento: 1.125 g

Quantidade	Ingredientes
500 g	Ricota sem sal
150 g	Açúcar
⅝ de colher (chá)	Sal
100 g	Ovo
100 g	Manteiga e/ou gordura hidrogenada, amolecida
1 ½ colher (chá)	Essência de baunilha
50 g	Farinha especial para bolo
100–150 g	Leite
125 g	Uva-passa (opcional)

Por 30 g:
Calorias, 60; Proteínas, 3 g; Gorduras, 2,5 g (38% cal.);
Colesterol, 20 mg; Carboidratos, 6 g; Fibras, 0 g; Sódio, 70 mg.

■ Modo de preparo

1. Com o batedor raquete, misture a ricota, o açúcar e o sal até formar um creme homogêneo.
2. Acrescente os ovos, a manteiga e a baunilha. Misture bem.
3. Adicione a farinha. Bata até que seja absorvida.
4. Acrescente o leite aos poucos, usando apenas o suficiente para que a mistura fique com uma consistência macia e lisa, fácil de espalhar.
5. Acrescente as uvas-passas, se estiver usando.

Figura 30.4.
Como modelar pãezinhos redondos.

(a) Mantendo a palma da mão quase plana, enrole a massa fazendo movimentos circulares curtos, pressionando-a contra a superfície de trabalho. Não use muita farinha para polvilhar, pois é preciso que a massa grude um pouco na bancada para que a técnica funcione.

(b) À medida que a massa for adquirindo um formato arredondado, vá fechando a mão gradualmente até ela ficar em formato de concha.

(c) A massa final deve ter uma superfície lisa, exceto por uma pequena emenda na parte de baixo.

Figura 30.5
Como modelar pãezinhos retangulares.

TÉCNICAS DE MODELAGEM

O objetivo das técnicas de modelagem de massas levedadas é dar a elas o formato de pão desejado para que assem corretamente e tenham uma aparência atraente. Quando se dá a forma correta a um pão, as redes de glúten são esticadas na superfície formando um tipo de pele lisa. Essa película esticada de glúten mantém o formato do pão. Isso é importante em especial para os pães assados diretamente no lastro, sem assadeiras.

As unidades que não são moldadas corretamente desenvolvem formatos irregulares e podem rachar ou ficar achatadas.

A seguir são descritas algumas das inúmeras técnicas de modelagem de massas levedadas.

PÃES DE CASCA CROCANTE

Pãozinho redondo

1. Pese a massa conforme indicado nas receitas (normalmente 450 g por dúzia).
2. Enrole cada unidade como mostra a Figura 30.4.
3. Disponha os pãezinhos a 5 cm de distância um do outro, em assadeiras polvilhadas com fubá.

Pão redondo grande (*boule*)

1. Abra a massa boleada e descansada na superfície de trabalho até obter um círculo. Dobre as bordas em direção ao centro, em seguida boleie novamente.
2. Coloque-a em assadeiras polvilhadas de fubá, com a emenda virada para baixo.

Pão francês e minibaguete

1. Molde como mostra a Figura 30.5.
2. Disponha os pãezinhos a 5 cm de distância um do outro em assadeiras polvilhadas com fubá.

Meia-lua

1. Pese a massa em unidades de 600 g.
2. Depois de bolear e descansar a massa, abra com o rolo até obter um círculo de 30 cm.
3. Com um cortador de massa, divida-a em 12 fatias ou triângulos iguais, como uma pizza (método alternativo: para quantidades grandes de massa, abra-a formando um retângulo e corte como o *croissant* – ver Fig. 30.19, na p. 929).
4. Enrole cada triângulo em forma de meia-lua usando a mesma técnica do *croissant* (ver Fig. 30.19, na p. 929).

   Observação: caso esteja usando uma massa para pães de casca macia, pincele-a com manteiga antes de cortá-la em triângulos. Não utilize qualquer tipo de gordura na modelagem ou no acabamento de pães de casca crocante.

(a) Abra o pedaço de massa até obter um formato retangular.

(b) Comece a enrolar a massa pela parte de cima do retângulo. Pressione a emenda firmemente com a ponta dos dedos.

(c) Continue enrolando a massa e pressionando a emenda firmemente depois de cada volta. Conforme for enrolando a massa, a ponta de baixo parecerá encolher. Estique os cantos para fora, como mostram as setas, para manter uma largura uniforme.

(d) Quando terminar de enrolar, aperte muito bem a emenda e deixe-a virada para baixo.

(e) Depois que os pães passarem pelo crescimento final, faça um único corte na parte de cima, no sentido do comprimento, para que depois de assados eles tenham esta aparência.

Baguetes e *bâtards*

1. Pese a massa em unidades de 350 a 500 g.
2. Modele como mostra a Figura 30.6.

Figura 30.6
Como modelar baguetes.

(a) Achate a massa boleada e descansada usando as mãos ou com um rolo.

(b) Abra a massa em formato oval com as mãos, deixando-a mais comprida.

(c) Enrole a massa pressionando firmemente.

(d) Aperte bem a emenda. Se desejar um filão longo e fino, deixe as unidades descansarem de novo por alguns minutos. Achate-as com a palma das mãos e estique ligeiramente, para aumentar seu comprimento. Mais uma vez, enrole-a bem apertada e sele a emenda. Role o filão sob a palma das mãos na bancada para deixá-lo uniforme e esticá-lo ainda mais, até que fique no formato e comprimento desejados.

(e) Coloque os pães, com a emenda virada para baixo, em uma assadeira polvilhada com fubá. Coloque os pães em assadeiras especiais durante a fermentação final para manter seu formato. Deixe crescer. Pincele com água. Faça cortes diagonais ou apenas um corte no sentido do comprimento; isso pode ser feito antes ou depois da fermentação final.

PÃES DE CASCA MACIA

Pão em forma de nó

1. Pese a massa, de 450 a 600 g por dúzia.
2. Com a palma da mão, abra cada unidade na superfície de trabalho até obter um cordão de massa.
3. Enrole como mostra a figura:
   Um nó: Figura 30.7
   Nó duplo: Figura 30.8
   Trança: Figura 30.9
   Em forma de oito: Figura 30.10
4. Coloque em assadeiras untadas, a uma distância de 5 cm uns dos outros.
5. Pincele com ovo batido após a fermentação final.

PÃEZINHOS REDONDOS

1. Pese a massa, de 450 a 600 g por dúzia.
2. Modele como o pãozinho redondo de casca crocante.
3. Disponha em assadeiras untadas, a uma distância de 1 cm uns dos outros.

Figura 30.7.
Como modelar um pãozinho de um único nó.

Figure 30.8.
Como modelar um pãozinho de nó duplo.

Figura 30.9.
Como modelar um pãozinho trançado.

Figura 30.10.
Como modelar um pãozinho em forma de oito.

Figura 30.11.
Como fazer *parker house rolls* (pãezinhos dobrados).

(a) Boleie o pedaço de massa pesado.

(b) Faça uma depressão no centro da massa usando um rolo de massa estreito, como mostra a figura.

(c) Dobre a massa ao meio e pressione a ponta dobrada, formando uma indentação.

(d) O pãozinho assado fica com este formato.

Pãezinhos dobrados

1. Pese a massa, de 450 a 600 g por dúzia.
2. Modele como mostra a Figura 30.11.
3. Coloque-os a uma distância de 1 cm uns dos outros em assadeiras untadas.

Pãezinhos trevo

1. Pese a massa, de 450 a 600 g por dúzia.
2. Modele e disponha nas forminhas de *muffin* como mostra a Figura 30.12.

Pãezinhos em camadas

Modele como mostra a Figura 30.13.

PÃO DE FORMA

Veja na Figura 30.14 como se deve modelar a massa para assar em assadeiras para pão de forma.

Figura 30.12.
Pãozinho trevo.

(a) Divida cada pedaço de massa em três partes iguais. Boleie. Disponha as três bolas em uma forminha de *muffin* untada.

(b) O pãozinho assado tem esta aparência.

Figura 30.13.
Pãozinho em camadas.

(a) Abra a massa em forma de retângulo. Pincele com manteiga derretida. Corte em tiras de 2,5 cm de largura.

(b) Faça uma pilha com 6 tiras. Corte em pedaços de 3,5 cm de comprimento.

(c) Disponha os pedaços com o lado que mostra as camadas virado para cima em formas de *muffin* untadas. Deixe crescer.

(d) O pãozinho assado tem esta aparência.

Figura 30.14.
Pão de forma.

(a) Comece com a massa boleada e descansada. Achate-a com a palma das mãos.

(b) Abra a massa formando um retângulo comprido.

(c, d) Dobre o retângulo em três partes.

(e) Enrole a massa bem apertado formando um cilindro do mesmo comprimento da forma onde será assada. Aperte bem a emenda e coloque o pão na assadeira untada, com a emenda virada para baixo.

BRIOCHE

A massa de brioche pode ser feita em vários formatos. O formato tradicional está ilustrado na Figura 30.15.

Figura 30.15.
Como modelar brioche.

  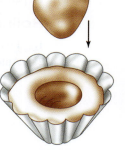 

(a) Para fazer um brioche pequeno, enrole a massa formando uma bola.

(b) Com o lado externo da palma da mão, faça uma depressão na massa a cerca de um quarto de uma das pontas. Role a massa na bancada para que as duas partes fiquem arredondadas.

(c) Disponha a massa em forminhas de brioche, colocando a parte maior primeiro. Com a ponta dos dedos, afunde a bola pequena para dentro da bola grande sem achatá-las, como ilustrado.

(d) Para fazer brioches grandes, separe as duas partes da massa. Coloque a bola grande na forma e faça uma depressão no centro. Modele a bola menor em formato de gota e encaixe-a dentro do orifício.

(e) Brioche grande assado.

PRODUTOS DE MASSA DOCE

Observação: muitas massas doces podem ser glaçadas com Geleia de brilho (p. 922) e/ou com Glacê simples de açúcar e água (p. 956) após o assamento. O glacê simples é despejado sobre os produtos frios, sem cobri-los totalmente.

Cinnamon roll (rolinho de canela)

1. Pese a massa em unidades de 600 g. Em uma superfície enfarinhada, abra cada pedaço formando um retângulo de 23 x 30 x 0,5 cm.
2. Pincele com manteiga e polvilhe com 60 g de açúcar com canela (ver p. 922).
3. Enrole como um rocambole de 30 cm de comprimento, como mostra a ilustração.
4. Corte em rodelas de 2,5 cm.
5. Disponha, com o lado cortado para baixo, em formas de *muffin* ou assadeiras untadas. Uma assadeira grande (46 x 66 cm) acomoda 48 rolos dispostos em 6 fileiras de 8 linhas.

   Para ver variações de formato para o *cinnamon roll* básico, veja a Figura 30.16.

Figura 30.16.
O rolo de massa laminada levedada doce é o ponto de partida de uma variedade de produtos folhados.

(a) Abra a massa em forma de retângulo. Pincele com manteiga e polvilhe com açúcar com canela, ou espalhe o recheio desejado.

(b) Enrole como um rocambole.

(c) Para rolinhos, corte em rodelas de 2,5 cm.

(d) Para pente ou pata de urso, faça um rolo mais estreito e corte em segmentos mais longos. Achate ligeiramente e faça cortes parciais em cada pedaço, em 3 a 6 lugares, como mostra a figura. Deixe reto ou ligeiramente curvado, abrindo os cortes.

(e) Para rolinhos em forma de 8, divida-os ao meio até quase separá-los, como mostra a figura. Então abra e disponha, com a emenda virada para cima, em uma assadeira.

(f) Para preparar uma coroa recheada, una as pontas do rolo de massa formando um círculo.

(g) Faça cortes na parte externa do aro a intervalos de 2,5 cm, como mostra a figura.

(h) Torça cada segmento ligeiramente para fora, abrindo os cortes.

Cinnamon roll com passas

Prepare como os *cinnamon rolls* e acrescente 60 g de uva-passa ao recheio.

Rolinhos caramelizados

1. Prepare como o *cinnamon roll*.
2. Antes de colocar na assadeira, espalhe a seguinte mistura no fundo da assadeira ou da forma de *muffin* (use aproximadamente 30 g de mistura por rolinho):

   1 kg de açúcar mascavo
   250 g de xarope de glucose de milho
   300 g de manteiga
   125 mL de água

   Bata o açúcar, o xarope de glucose de milho e a manteiga na batedeira até obter uma mistura homogênea. Junte a água, batendo.

   As quantidades fornecidas são suficientes para uma assadeira de 48 rolinhos.

Rolinhos caramelizados com nozes ou pecãs

Prepare como os rolinhos caramelizados, mas polvilhe a mistura de açúcar e manteiga das assadeiras com nozes ou nozes-pecãs trituradas antes de colocar os rolinhos.

Coroa doce recheada

1. Faça um rolo de massa recheada, como se fosse fazer um *cinnamon roll*, mas não corte em fatias. Outros recheios, como o de ameixa seca ou tâmara (ver p. 923), podem ser utilizados em vez de manteiga, açúcar e canela.
2. Junte as pontas do rolo formando um círculo, conforme mostra a Figura 30.16 (f-h). Coloque em assadeiras untadas. Corte e modele como mostra a ilustração.
3. Pincele com ovo batido após o crescimento.

Quadrado coberto com farofa

1. Pese a massa em unidades de 350 g.
2. Abra cada unidade formando um retângulo de 23 x 46 cm.
3. Espalhe o recheio desejado em metade de cada retângulo, utilizando aproximadamente 175 g de recheio.
4. Dobre a metade sem recheio sobre a metade com recheio, formando um quadrado de 23 cm de lado.
5. Disponha em assadeiras quadradas de 23 cm, untadas.
6. Polvilhe com farofa doce (*Streusel*, p. 922), aproximadamente 125 g por assadeira.
7. Deixe crescer e asse.

PRODUTOS DE MASSA LEVEDADA LAMINADA

Folhados e outros pãezinhos doces recheados

Grande parte das técnicas demonstradas na seção anterior para produtos de massa doce pode ser utilizada para as massas folhadas levedadas.

Outros dois métodos tradicionais são ilustrados nas Figuras 30.17 e 30.18.

Figura 30.17.
Folhado levedado em espiral.

(a) Abra a massa em forma de retângulo de 40 cm de largura e menos de 0,5 cm de espessura (o comprimento do retângulo dependerá da quantidade de massa). Pincele a massa com manteiga derretida. Polvilhe metade da massa com açúcar com canela, conforme mostra a figura.

(b) Dobre a metade sem açúcar sobre a metade com açúcar. Agora você terá um retângulo de 20 cm de largura. Abra a massa gentilmente com um rolo de massa para juntar as camadas.

(c) Corte a massa em tiras de 1 cm de largura.

(d) Coloque uma tira na superfície de trabalho, na sua frente, na horizontal.

(e) Com a palma de cada mão em uma das pontas da tira, torça-a rolando uma ponta na sua direção e a outra na direção oposta. Vá esticando ligeiramente a tira à medida que torce.

(f) Forme uma espiral com a tira torcida na assadeira. Coloque a ponta por baixo e aperte-a contra a base para grudar bem. Se desejar, faça uma depressão no centro do item e coloque uma colherada de recheio (p. ex., recheio de frutas).

Figura 30.18 Trouxinhas de massa folhada.

(a) Abra a massa até que fique com menos de 0,5 cm de espessura e corte-a em quadrados de 13 cm de lado. Coloque o recheio desejado no centro de cada quadrado. Pincele os cantos ligeiramente com água — isso ajuda a selar a massa, quando forem pressionados juntos.

(b) Dobre dois cantos opostos em direção ao centro. Pressione firmemente para selá-los (se desejar, os pãezinhos podem ficar com este formato).

(c) Dobre as outras duas pontas em direção ao centro e, novamente, pressione-as firmemente.

As massas folhadas doces são geralmente glaçadas com geleia de brilho (p. 922) e/ou Glacê simples de açúcar e água (p. 956) depois de assadas.

Croissants

O método para preparar *croissants* está ilustrado na Figura 30.19.

Figura 30.19. Como preparar *croissants*.

(a) Abra a massa em forma de um retângulo de 26 cm de largura e 3 mm de espessura (o comprimento depende da quantidade de massa utilizada).

(b) Corte em triângulos, como mostra a ilustração. Existem cortadores especiais que fazem o trabalho mais rapidamente.

(c) Coloque um triângulo de massa na superfície de trabalho. Estique os cantos da parte de cima para fora, como mostram as setas.

(d) Comece a enrolar a massa em direção à ponta do triângulo.

(e) Estique ligeiramente a ponta à medida que for enrolando a massa.

(f) Termine de enrolar.

(g) Curve ligeiramente o pãozinho formando uma meia-lua. A ponta do triângulo deve estar voltada para a parte de dentro da meia-lua, para não abrir ao assar.

■ TERMOS PARA REVISÃO

massa magra	método direto modificado	massa jovem	crescimento ou fermentação
massa levedada laminada	método indireto	massa velha	final
método direto	fermentação	abaixar a massa	expansão dos gases

■ QUESTÕES PARA DISCUSSÃO

1. Quais são os três principais objetivos ao se misturar massas fermentadas?
2. Explique a diferença de procedimento entre o método direto e o método indireto. Como o método direto é, às vezes, modificado para massas doces, e por que isso é necessário?
3. Quais são as doze etapas de produção de produtos fermentados? Explique brevemente cada uma delas.
4. A julgar pelo que você sabe sobre fermentação de massas, você acha que pode ser necessário que os padeiros modifiquem os procedimentos no inverno e no verão? De que maneira?
5. Como você sabe, a manteiga é muito dura quando fria e derrete com facilidade em temperaturas mais altas. Que precauções você deve tomar ao utilizar manteiga para laminar massa de folhados?

CAPÍTULO 31

CAPÍTULO 31
Pães rápidos

Os pães rápidos ou pães de minuto são a solução perfeita para os estabelecimentos que querem oferecer pães frescos e caseiros aos clientes, mas não têm como justificar o custo da mão de obra necessária para a produção de pães levedados. Além disso, os pães rápidos têm a vantagem de poder ser preparados com facilidade e em variedades praticamente ilimitadas, utilizando-se ingredientes como farinha de trigo integral, farinha de centeio, fubá, aveia e muitos tipos de frutas, oleaginosas e especiarias.

Como o próprio nome diz, os pães rápidos são de preparo rápido. Como seu crescimento é promovido por fermentos químicos e vapor, e não por leveduras, não é necessário deixá-los fermentar. E, como normalmente são produtos macios, com pouca formação de glúten, sua mistura leva apenas alguns minutos.

Embora existam misturas prontas para *biscuits** e *muffins***, o único trabalho extra necessário para preparar esses produtos é o tempo de pesar os ingredientes. Com uma seleção cuidadosa e criativa de ingredientes e uma compreensão dos métodos básicos de mistura, é possível criar produtos de qualidade superior.

Você já deve ter estudado dois tipos de "pão rápido" no capítulo sobre café da manhã: as *pancakes* e os *waffles*. Neste capítulo, apresentaremos dois métodos de mistura básicos e os aplicaremos no preparo de *biscuits*, *muffins* e outros pães rápidos. Além disso, discutiremos o preparo dos *popovers* – um pão rápido, semelhante a uma grande carolina de massa salgada, fermentado apenas pelo vapor.

---

*N.R.: Pão rápido típico da cultura dos países de língua inglesa.
**N.R.: Em língua inglesa, o que diferencia um pão rápido doce (*quick bread*), como o *muffin*, de um bolo (*cake*) é a quantidade de ovos e gordura e o tipo de fermento usados na receita – no caso dos pães de minuto, usam-se sempre menos ovos e gordura, e o bicarbonato de sódio costuma ser o agente de crescimento principal. Com isso, o produto final fica mais pesado e com uma textura mais rústica.

Após ler este capítulo, você deverá ser capaz de:

1. Preparar *biscuits* com fermento em pó químico e suas variações.
2. Preparar *muffins* e outros pães rápidos enformados.
3. Preparar *popovers*.

MÉTODOS DE MISTURA E PRODUÇÃO

TIPOS DE MASSA

As massas para pães rápidos geralmente são de dois tipos:

1. Massas macias são utilizadas no preparo de *biscuits*. A massa desses produtos é aberta e cortada nos formatos desejados. São misturados pelo método *biscuit*.
2. **Massas moles**, que são líquidas o suficiente para serem despejadas, ou **semilíquidas**, que podem ser pingadas com uma colher.

A maioria das massas de pão rápido é misturada pelo **método muffin**, exceto os *biscuits*, que são misturados pelo **método biscuit**, e alguns *muffins* de massa rica, semelhantes a bolos, e outros tipos de bolo denso, como os *coffee cakes*, que são misturados por um método de mistura de bolo chamado método cremoso. Os métodos *biscuit* e *muffin* são apresentados neste capítulo. O método cremoso é apresentado no Capítulo 32, juntamente com outros métodos usados no preparo de bolos.

Os *muffins* e outros bolos de massa densa deste capítulo devem ser considerados como pães, e não como bolos. Sua massa tem bem menos gordura e açúcar do a maioria dos *muffins* de massa mais rica que se tornaram populares.

FORMAÇÃO DE GLÚTEN EM PÃES RÁPIDOS

Apenas uma leve formação de glúten é desejada na maioria dos pães rápidos. A maciez é a qualidade desejada, diferente da qualidade pegajosa dos pães fermentados. Além disso, os fermentos químicos não criam o mesmo tipo de textura que a levedura e não são fortes o suficiente para criar produtos leves e macios se o glúten ficar muito forte.

1. Massas de *muffin*, de pães rápidos de massa mole e de panqueca são misturadas o mínimo possível, apenas até os ingredientes secos ficarem umedecidos. Isso, além da presença de gordura e açúcar, contribui para uma baixa formação de glúten.

    Misturar *muffins* em excesso gera não só rigidez, mas também formatos irregulares e orifícios grandes e alongados dentro do produto. Em inglês, dá-se o nome de **tunneling** (*tunnel* = túnel) a esse fenômeno.

2. A massa de *biscuit* em geral é ligeiramente trabalhada, apenas o suficiente para desenvolver uma estrutura flocada, mas não ao ponto de endurecer o produto.

3. *Popovers* são uma exceção entre os pães rápidos. São feitos com uma massa bem líquida e fermentados apenas pelo vapor. Grandes orifícios se desenvolvem dentro do produto quando ele é assado, e a estrutura deve ser forte o suficiente para se manter firme, sem desmoronar. Portanto, a farinha de trigo especial para pão é utilizada, e a massa é bem batida para formar mais glúten. A alta porcentagem de ovos nos *popovers* também ajuda a dar estrutura.

MÉTODO BISCUIT

Procedimento: método *biscuit*

1. Pese todos os ingredientes acuradamente.
2. Peneire os ingredientes secos juntos na tigela da batedeira.
3. Junte a gordura e misture usando o batedor raquete ou outro acessório adequado para esse fim. Se preferir, faça isso manualmente usando um misturador de massas ou a ponta dos dedos. Vá misturando até a farinha ficar com uma textura de fubá grosso.
4. Misture os ingredientes líquidos. Os *biscuits* podem ser preparados com antecedência até este ponto. Porções das misturas seca e líquida podem ser pesadas e misturadas imediatamente antes de assar.
5. Adicione o líquido aos ingredientes secos. Misture apenas até os ingredientes se combinarem e formarem uma massa macia. Não misture demais.
6. Vire a massa sobre a superfície de trabalho e amasse-a ligeiramente, pressionando do centro para fora e dobrando de volta em direção ao centro. Gire a massa em 90º após cada dobra.
7. Repita esse procedimento de 5 a 10 vezes, ou por aproximadamente 30 segundos. A massa deve ficar macia e levemente elástica, mas não pegajosa. Se a massa for trabalhada em excesso, os *biscuits* ficarão duros. A massa está pronta para ser modelada.

Variações no procedimento básico geram características diferentes no produto final.

1. Utilizar um pouco mais de gordura e misturá-la apenas até que fique em pedaços um pouco maiores – do tamanho de ervilhas – resulta em um *biscuit* de massa mais flocada.
2. Se a etapa de trabalhar a massa for omitida, será produzido um *biscuit* mais macio e de casca mais crocante, mas com menos volume.

MODELAGEM DE BISCUITS

1. Abra a massa de *biscuit* até obter uma lâmina de 1 cm de espessura, tomando cuidado para manter uma altura uniforme.
   Os *biscuits* praticamente dobram em altura durante o assamento.
2. Corte no formato desejado.
   Quando estiver utilizando cortadores manuais, o corte direto de cima para baixo produz o melhor formato depois de assado. Não gire o cortador. Deixe espaços pequenos entre um corte e outro para minimizar as sobras.
   O corte em quadrados ou triângulos com cortador de massa ou faca elimina as sobras, que precisariam ser trabalhadas novamente. Cortadores especiais também eliminam ou reduzem essas sobras. Essas porções de massa precisam ser retrabalhadas e, por isso, ficam mais duras.
3. Coloque os *biscuits* na assadeira a uma distância de 1 cm uns dos outros, se quiser *biscuits* crocantes, ou deixe que encostem uns nos outros, se quiser *biscuits* mais macios. Leve ao forno o mais breve possível.
   Se desejar, pincele a superfície dos *biscuits* com ovo batido ou leite antes de assar, para ficar mais dourada.

MÉTODO MUFFIN

Este método de mistura é utilizado não só para *muffins*, mas também para panquecas, *waffles*, bem como alguns tipos de pão rápido doce. Algumas massas têm um conteúdo de gordura e açúcar mais alto do que os *muffins*, portanto, suportam mais tempo de mistura sem endurecer.

O método *muffin* não é tão adequado para fórmulas ricas em gordura e açúcar, ao contrário do método de mistura de bolo chamado método cremoso, discutido no Capítulo 32. Consequentemente, os pães rápidos doces misturados pelo método *muffin* não ficam tão ricos e parecidos com bolos quanto os *muffins* que se tornaram mais populares atualmente (que se parecem mais com bolos do que os *muffins* originais). Tenha isso em mente quando estiver praticando o método *muffin* com as receitas deste capítulo.

Procedimento: método *muffin*

1. Peneire os ingredientes secos juntos (ver Fig. 31.1).
2. Misture todos os ingredientes líquidos, inclusive a gordura derretida ou o óleo.
3. Adicione os ingredientes líquidos aos secos e misture até toda a farinha ficar umedecida. A massa parecerá empelotada, mas não misture mais.
4. Coloque na assadeira e leve ao forno imediatamente. As misturas de ingredientes secos e líquidos podem ser preparadas com antecedência. Depois de combinadas, a massa deve ser assada sem demora, senão pode haver perda de volume. Ao porcionar a massa para distribuí-la entre as forminhas, tenha cuidado para não mexer demais e torná-la dura. Vá pegando a massa pela beirada para ter melhores resultados.

Figura 31.1
Método *muffin*.

(a) Peneire os ingredientes secos.

(b) Adicione os ingredientes líquidos aos ingredientes secos e misture só até a farinha ficar umedecida.

(c) Coloque nas forminhas e asse imediatamente. Vá pegando a massa da beirada ao fazer as porções, para evitar misturar mais.

RESUMO: MÉTODOS BISCUIT E MUFFIN

Método *biscuit*

1. Misture os ingredientes secos com a gordura, cortando-a.
2. Misture os ingredientes líquidos.
3. Adicione os ingredientes líquidos aos secos e misture até se combinarem.
4. Se necessário, trabalhe a massa ligeiramente.

Método *muffin*

1. Misture os ingredientes secos.
2. Misture os ingredientes líquidos, inclusive a gordura derretida.
3. Adicione os ingredientes líquidos aos secos e misture apenas até se combinarem.

FÓRMULAS

 ## Biscuits

Ingredientes	Quantidade	Porcentagem
Farinha de trigo especial para pão	600 g	50%
Farinha de trigo especial para biscoito	600 g	50%
Sal	25 g	2%
Açúcar	60 g	5%
Fermento em pó químico	75 g	6%
Gordura hidrogenada (comum) e/ou manteiga	425 g	35%
Leite	775 g	65%
Rendimento:	2.560 g	213%

Por *biscuit*:
Calorias, 130; Proteínas, 2 g; Gorduras, 7 g (48% cal.); Colesterol, 0 mg; Carboidratos, 15 g; Fibras, 1 g; Sódio, 260 mg.

■ Modo de preparo

Mistura e modelagem:
Método *biscuit*.

Pesagem:
Aproximadamente 500 g por dúzia de *biscuits* de 5 cm.

Assamento:
220°C, por aproximadamente 15 minutos.

VARIAÇÕES

*Biscuit de buttermilk**
Use *buttermilk* em vez de leite comum.

Biscuit de queijo
Adicione 30% (360 g) de queijo *cheddar* ralado aos ingredientes secos.

Biscuit de uva-passa de Corinto
Adicione 15% (180 g) de uva-passa de Corinto aos ingredientes secos. Aumente o açúcar para 10% (125 g). Polvilhe a superfície com açúcar e canela antes de assar.

Biscuit de ervas
Adicione 5% (60 g) de salsinha fresca picada aos ingredientes secos.

*N.R.: Originalmente – e daí seu nome em inglês – o soro liberado pela nata ao ser transformada em manteiga. Produzido atualmente em escala comercial, o *buttermilk* consiste em leite fresco, geralmente magro, acidulado pela adição de bactérias lácticas. Uma mistura de sabor semelhante pode ser obtida misturando-se 1 colher de sopa de vinagre ou suco de limão para cada xícara de leite – deixe repousar por pelo menos 10 minutos.

 ## Pão rápido de banana

Ingredientes	Quantidade	Porcentagem
Farinha de trigo especial para biscoito	700 g	100%
Açúcar	275 g	40%
Fermento em pó químico	35 g	5%
Bicarbonato de sódio	3,5 g (1 colher de chá)	0,5%
Sal	9 g (2 colheres de chá)	1,25%
Noz picada	175 g	25%
Ovo	275 g	40%
Banana madura, bem amassada	700 g	100%
Óleo, gordura hidrogenada derretida ou manteiga	225 g	33%
Rendimento:	2.397 g	344%

Por 30 g:
Calorias, 90; Proteínas, 2 g; Gorduras, 4,5 g (41% cal.); Colesterol, 15 mg; Carboidratos, 12 g; Fibras, 1 g; Sódio, 120 mg.

■ Modo de preparo

Mistura:
Método *muffin*.

Peso:
750 g por forma de bolo inglês de 22 x 11 cm.

Assamento:
190°C, por aproximadamente 50 minutos.

Muffin simples

Ingredientes	Quantidade	Porcentagem
Farinha de trigo especial para biscoito	1.200 g	100%
Açúcar	600 g	50%
Fermento em pó químico	72 g	6%
Sal	15 g	1,25%
Ovo, batido	360 g	30%
Leite	840 g	70%
Essência de baunilha	30 g	2,5%
Manteiga ou gordura hidrogenada derretida	480 g	40%
Rendimento:	3.591 g	299%

Por *muffin*:
Calorias, 170; Proteínas, 3 g; Gorduras, 7 g (36% cal.); Colesterol, 40 mg; Carboidratos, 25 g; Fibras, 3 g; Sódio, 230 mg.

Modo de preparo

Mistura:
Método *muffin*.

Pesagem e preparo da forma:
Unte e enfarinhe as formas de *muffin* ou forre-as com forminhas de papel.
Meça porções de 60 g da massa por unidade usando uma colher com extrator.

Assamento:
200°C, por aproximadamente 20 minutos.

VARIAÇÕES

Muffin de especiarias e uva-passa
Acrescente 20% de uva-passa (250 g), 2 ½ colheres de chá de canela e 1 colher de chá de noz-moscada aos ingredientes secos.

Muffin de nozes e tâmaras
Acrescente 15% (185 g) de tâmaras picadas e 15% (185 g) de nozes picadas aos ingredientes secos.

Muffin de mirtilo
Incorpore delicadamente 40% (480 g) de mirtilos (*blueberries*) bem escorridos à massa pronta.

Muffin de trigo integral
Use 70% (840 g) de farinha de trigo especial para biscoito e 30% (360 g) de farinha de trigo integral. Reduza o fermento em pó para 4% (50 g) e adicione 0,75% (2 colheres de chá) de bicarbonato de sódio. Adicione 10% (120 g) de melado aos ingredientes líquidos.

Muffin de milho
Use 65% (800 g) de farinha de trigo especial para biscoito e 35% (400 g) de fubá mimoso (ver também a fórmula de *corn bread* – pãozinho de milho).

Muffin de farelo de trigo
Use 30% (360 g) de farelo de trigo, 40% (480 g) de farinha de trigo especial para pão e 30% (360 g) de farinha de trigo especial para biscoito. Acrescente 15% (180 g) de uva-passa aos ingredientes secos. Adicione 15% (180 g) de melado aos ingredientes líquidos.

Pão rápido doce com farofa crocante
Aumente a gordura para 50% (600 g). Despeje em assadeiras untadas e forradas com papel-manteiga, espalhando em uma camada uniforme. Cubra com 80% (1 kg) de *Streusel* (p. 922). Asse a 180°C, por aproximadamente 30 minutos.

Muffins, no sentido horário, de cima para baixo: de mirtilo, de milho, de farelo de trigo

Popovers

Ingredientes	Quantidade	Porcentagem
Ovo	625 g	125%
Leite	1 L	200%
Sal	8 g (1 ¼ de colher de chá)	1,5%
Manteiga ou gordura hidrogenada derretida	60 g	12,5%
Farinha de trigo especial para pão	500 g	100%
Rendimento:	2.193 g	439%

Por *popover*:
Calorias, 70; Proteínas, 3 g; Gorduras, 3 g (38% cal.);
Colesterol, 60 mg; Carboidratos, 8 g; Fibras, 0 g; Sódio, 95 mg.

Modo de preparo

Mistura:
1. Bata os ovos, o leite e o sal na batedeira com o batedor globo até ficarem bem misturados. Acrescente a gordura derretida.
2. Substitua o batedor globo pelo raquete. Junte a farinha e bata até que a massa esteja completamente homogênea.

Pesagem e preparo da forma:
Use formas especiais para *popover* ou unte cavidades intercaladas de uma forma de *muffin* – os *popovers* precisam de muito espaço para crescer. Encha cerca de dois terços das forminhas (aproximadamente 50 g de massa por unidade).

Assamento:
230°C por 10 minutos. Reduza o forno para 190ºC e asse por mais 20 a 30 minutos.

Antes de retirar a assadeira do forno, verifique se os *popovers* estão secos e firmes o suficiente para não se desmancharem. Retire-os das forminhas imediatamente.

Fórmulas 937

Massa de *corn bread*

Ingredientes	Quantidade	Porcentagem
Farinha de trigo especial para biscoito	600 g	50%
Fubá mimoso	600 g	50%
Açúcar	175 g	15%
Fermento em pó químico	60 g	5%
Sal	25 g	2%
Ovo, batido	250 g	20%
Leite	1 L	85%
Xarope de glucose de milho	60 g	5%
Manteiga ou gordura hidrogenada derretida	350 g	30%
Rendimento:	3.120 g	262%

Por *muffin*:
Calorias, 160; Proteínas, 3 g; Gorduras, 7 g (39% cal.); Colesterol, 35 mg; Carboidratos, 22 g; Fibras, 2 g; Sódio, 290 mg.

Modo de preparo

Mistura:
Método *muffin*.

Pesagem:
1,7 kg por assadeira de 33 x 46 cm.
725 g por assadeira quadrada de 23 cm ou por dúzia de *muffins*.
300 g por dúzia de *corn sticks* (tipo bisnaga).
Unte e enfarinhe bem as assadeiras.

Assamento:
200°C para pão grande, por 25 a 30 minutos. 220°C para *muffins* ou *corn sticks*, por 15 a 20 minutos.

Pão rápido de laranja e nozes

Ingredientes	Quantidade	Porcentagem
Açúcar	350 g	50%
Raspas de laranja	30 g	4%
Farinha de trigo especial para biscoito	700 g	100%
Leite em pó desnatado	60 g	8%
Fermento em pó químico	30 g	4%
Bicarbonato de sódio	10 g	1,4%
Sal	2 colheres (chá)	1,4%
Noz picada	350 g	50%
Ovo	150 g	20%
Suco de laranja	175 g	25%
Água	450 g	65%
Óleo, manteiga ou gordura hidrogenada derretida	175 g	25%
Rendimento:	2.490 g	344%

Modo de preparo

Mistura:
Método *muffin*.
Misture bem o açúcar e as raspas de laranja antes de adicionar os demais ingredientes secos, para distribuí-los uniformemente.

Pesagem:
750 g por forma de bolo inglês de 22 x 11 cm.

Assamento:
190°C, por aproximadamente 50 minutos.

Por 30 g:
Calorias, 80; Proteínas, 2 g; Gorduras, 4 g (39% cal.); Colesterol, 5 mg; Carboidratos, 12 g; Fibras, 1 g; Sódio, 130 mg.

■ TERMOS PARA REVISÃO

massa mole
massa semilíquida

método *muffin*
método *biscuit*

tunneling

■ QUESTÕES PARA DISCUSSÃO

1. Imagine que você fez um lote de *muffins* e eles saíram do forno com formatos estranhos. Por que você acha que isso aconteceu?

2. Qual é a diferença mais importante entre os métodos *biscuit* e *muffin*?

3. Por que os *popovers* precisam de mais tempo de mistura do que outros pães rápidos?

CAPÍTULO 32

32

CAPÍTULO

Bolos, coberturas e recheios

Os bolos são os produtos assados mais ricos e doces entre os estudados até agora. Do ponto de vista da produção, o preparo de bolos requer tanta precisão quanto o de pães, porém, por razões totalmente opostas. Os pães são produtos magros que requerem a formação de bastante glúten e um controle cuidadoso da ação das leveduras durante os longos períodos de fermentação e crescimento. Os bolos, por outro lado, são ricos em gordura e açúcar. O trabalho do confeiteiro é criar uma estrutura que dê suporte a esses ingredientes, mantendo o máximo de leveza e delicadeza possíveis. Felizmente, a produção de bolos em quantidade é relativamente fácil, se o confeiteiro tiver fórmulas boas e bem balanceadas, pesar os ingredientes com precisão e compreender bem os métodos básicos de mistura.

A popularidade dos bolos se deve não apenas à sua consistência e sabor, mas também à sua versatilidade. Podem ser apresentados de várias formas, desde o bolo simples de assadeira para acompanhar um café até obras de arte decoradas e elaboradas para casamentos e outras ocasiões especiais. Com apenas algumas fórmulas básicas e uma variedade de coberturas e recheios, o *chef*, padeiro ou confeiteiro pode desenvolver o bolo perfeito para qualquer ocasião.

INTRODUÇÃO AO PREPARO DE BOLOS

MÉTODOS BÁSICOS DE MISTURA

Os métodos básicos de mistura apresentados neste capítulo são usados para a maioria dos bolos preparados numa padaria moderna. Cada um desses métodos é usado em tipos específicos de fórmulas.

Bolos com alto teor de gordura, ou amanteigados
- Método cremoso
- Método cremoso para massas úmidas

Bolos com baixo teor de gordura ou aerados
- Método pão de ló ou espumoso
- Método para massas merengadas
- Método *chiffon*

Discutiremos os tipos de bolo detalhadamente depois que você tiver a chance de estudar os procedimentos usados para prepará-los.

MÉTODO CREMOSO

O **método cremoso**, também chamado método convencional, por um longo período, foi o método padrão de mistura para bolos amanteigados. Recentemente, o desenvolvimento das gorduras emulsificadas e de alta plasticidade levou à criação de métodos de mistura mais simples para os bolos amanteigados. Mas o método cremoso ainda é utilizado em vários tipos de bolos amanteigados.

Procedimento: método cremoso

1. Pese os ingredientes com precisão. Todos os ingredientes devem estar em temperatura ambiente.
2. Coloque a manteiga ou gordura hidrogenada na tigela da batedeira. Com o batedor raquete, bata lentamente até obter um creme liso e homogêneo.
3. Adicione o açúcar. Bata em velocidade moderada até que a mistura fique leve e fofa.

    Alguns padeiros preferem adicionar sal e ingredientes que dão sabor juntamente com o açúcar, para garantir a distribuição uniforme.

    Se estiver utilizando chocolate derretido, ele deve ser adicionado nesta etapa.

4. Acrescente os ovos um a um. Após cada adição, bata até que o ovo seja totalmente absorvido antes de adicionar o próximo. A mistura deve ficar ainda mais leve e fofa depois da adição dos ovos.
5. Vá raspando as laterais da tigela para que a mistura fique uniforme.
6. Adicione os ingredientes secos peneirados (incluindo as especiarias, caso não tenham sido adicionadas na etapa 3), alternando com os líquidos. Faça isso da seguinte forma:
    - Acrescente um quarto dos ingredientes secos. Misture apenas até estarem combinados.
    - Adicione um terço do líquido. Misture apenas até estarem combinados.
    - Repita até usar todos os ingredientes. Raspe os lados da tigela de vez em quando para que a mistura fique uniforme.

    A razão para adicionar ingredientes secos e líquidos alternadamente é que a massa pode não ser capaz de absorver todo o líquido sem a presença da farinha.

    Se for utilizar cacau ou chocolate em pó, ele deve ser misturado com a farinha.

MÉTODO CREMOSO PARA MASSAS ÚMIDAS

O **método cremoso para massas úmidas**, também chamado de **método de duas etapas**, foi desenvolvido para ser usado com as gorduras emulsificada e hidrogenada de alta plasticidade (ver Cap. 29). Apesar de ser mais simples do que o método cremoso, produz uma massa bastante homogênea que, ao ser assada, rende um bolo úmido e de textura delicada. É chamado de *método de duas etapas* porque os líquidos são adicionados em duas etapas.

Após ler este capítulo, você deverá ser capaz de:

1. Demonstrar os cinco métodos básicos de mistura de bolos.
2. Descrever as características dos bolos com alto e baixo teor de gordura.
3. Preparar bolos com alto teor de gordura, ou amanteigados, e bolos com baixo teor de gordura, ou aerados.
4. Preparar os seis tipos básicos de cobertura/recheio.
5. Montar e cobrir bolos com mais de uma camada, bolos de uma camada só e bolos de assadeira.

Introdução ao preparo de bolos 941

Procedimento: método cremoso para massas úmidas

1. Pese os ingredientes com precisão. Todos os ingredientes devem estar em temperatura ambiente.
2. Peneire a farinha, o fermento em pó químico, o bicarbonato de sódio e o sal na tigela e adicione a gordura hidrogenada. Com o batedor raquete, misture em velocidade baixa por 2 minutos. Desligue a batedeira, raspe as laterais da tigela e o batedor e misture por mais 2 minutos.
   Se for utilizar chocolate derretido, adicione-o nesta etapa.
   Se for utilizar cacau ou chocolate em pó, peneire-o com a farinha nesta etapa, ou com o açúcar na etapa 3.
3. Peneire os demais ingredientes secos na tigela e acrescente parte da água ou leite. Misture em baixa velocidade por 3 a 5 minutos. Raspe as laterais da tigela e o batedor várias vezes para que a mistura fique uniforme.
4. Misture os líquidos restantes com os ovos ligeiramente batidos. Com a batedeira ligada, acrescente essa mistura à massa em três etapas. Depois de cada uma, desligue a batedeira e raspe as laterais da tigela.
   Continue batendo até totalizar 5 minutos nesta etapa.
   A massa pronta normalmente fica um pouco líquida.

Variação

Esta variação combina as etapas 2 e 3 acima em apenas uma etapa.

1. Pese os ingredientes como no método básico.
2. Peneire os ingredientes secos juntos na tigela da batedeira. Acrescente a gordura hidrogenada e parte do líquido. Misture em baixa velocidade por 7 a 8 minutos. Raspe as laterais da tigela e o batedor várias vezes.
3. Continue com a etapa 4 do procedimento básico.

MÉTODO PÃO DE LÓ OU ESPUMOSO

Todos os pães de ló são semelhantes, pois não contêm, ou contêm pouca gordura hidrogenada, e grande parte da fermentação ou toda ela depende do ar que fica retido na espuma formada por ovos batidos (daí seu outro nome - método espumoso).

Normalmente, um método de mistura é apresentado como método básico para todos os tipos de massa aerada. No entanto, como a espuma do ovo inteiro e da gema são manipuladas de forma diferente da espuma das claras quando batidas em neve, discutiremos aqui dois métodos separados, embora similares: o **método pão de ló** ou espumoso e o **método para massas merengadas**. Um terceiro método, o **chiffon**, é um pouco diferente. Combina as claras em neve com uma massa de alto teor de gordura, preparada com óleo.

Primeiro, o método para pães de ló:

Procedimento: método pão de ló

1. Pese os ingredientes com precisão. Todos os ingredientes devem estar em temperatura ambiente.
   Se for utilizar manteiga, ela deve ser derretida.
   Se for utilizar um líquido e manteiga, aqueça-os juntos até a manteiga derreter.
2. Misture os ovos e o açúcar e aqueça até aproximadamente 43°C. Isso pode ser feito de uma das duas formas a seguir.
   - Bata a mistura de ovos e açúcar e aqueça em banho-maria.
   - Aqueça o açúcar em uma assadeira no forno (não aqueça demais) e junte-o gradualmente aos ovos.
   A razão para esta etapa é que a espuma fica com mais volume quando aquecida.
3. Com o batedor globo, bata os ovos em alta velocidade até ficarem leves e encorpados. Isso pode levar de 10 a 15 minutos.
   Esta etapa é importante. Uma das causas mais frequentes de falha no método esponja é não bater os ovos e o açúcar o suficiente. A espuma deve ficar bem espessa. Quando o batedor for retirado da tigela, ela deve cair lentamente, formando um fio que afunda lentamente na massa da tigela (ver Fig. 32.1).
4. Incorpore a farinha peneirada, com cuidado para a espuma não murchar. Vários confeiteiros fazem isso à mão.
   Se for utilizar outros ingredientes secos, como amido de milho ou fermento em pó químico, eles devem ser previamente peneirados com a farinha.
5. Caso esteja utilizando manteiga derretida ou uma mistura de manteiga e líquido, incorpore-os neste ponto. Tome cuidado para não misturar demais, senão o bolo ficará duro (por causa da formação de glúten).
6. Coloque na assadeira e asse imediatamente. A demora pode levar à perda de volume.

Variações

Algumas fórmulas contêm água ou algum outro líquido, mas não contêm manteiga (portanto, você não pode aquecer o líquido e a manteiga juntos, como no procedimento básico). Nesse caso, o líquido normalmente é adicionado após a etapa 3, antes de incorporar a farinha. Você pode juntá-lo despejando lentamente, ao mesmo tempo em que bate ou mistura, ou conforme a receita indicar.

Em algumas fórmulas, a gema e a clara do ovo são separadas. Use a gema e parte do açúcar para fazer a espuma nas etapas 2 e 3. Use o restante do açúcar para bater com a clara. Incorpore a clara em neve à massa após a etapa 5.

Figura 32.1

(a) Com um batedor de arame ou o batedor globo da batedeira, bata os ovos ou a clara até ficarem bem encorpados e leves.

(b) Incorpore a farinha peneirada em três ou quatro etapas.

942 Capítulo 32 • Bolos, coberturas e recheios

MÉTODO PARA MASSAS MERENGADAS

Os bolos de massa merengada, chamados de *angel food* ou *angel cake* em inglês, têm como base claras em neve, e não contêm nenhuma gordura. Para saber como bater as claras em neve, reveja os princípios básicos no Capítulo 24.

Procedimento: método para massas merengadas

1. Pese os ingredientes com precisão. Todos os ingredientes devem estar em temperatura ambiente. Para obter mais volume, aqueça a clara ligeiramente.

2. Peneire a farinha com metade do açúcar. Esta etapa ajuda a misturar a farinha mais uniformemente à clara em neve.

3. Bata as claras em neve até que formem picos moles.

   Adicione sal e cremor tártaro imediatamente antes de começar a bater as claras.

4. Junte gradualmente o açúcar que não foi misturado à farinha, batendo sem parar. Continue batendo até as claras formarem picos moles e brilhantes. Não bata demais.

5. Incorpore a mistura de farinha e açúcar apenas até que seja bem absorvida, não mais que isso.

6. Coloque na assadeira e asse imediatamente.

MÉTODO CHIFFON

Os bolos *chiffon* e os bolos de massa merengada têm como base as claras em neve. Contudo, suas similaridades terminam aí. Nos bolos de massa merengada, uma mistura seca de farinha e açúcar é incorporada às claras em neve. Nos bolos *chiffon*, uma massa com farinha, gema de ovo, óleo vegetal e água é incorporada às claras.

Para preparar bolos *chiffon*, bata as claras até ficarem um pouco mais firmes do que as claras em neve dos bolos de massa merengada, mas não deixe que fiquem secas. Os bolos *chiffon* contêm fermento em pó químico, portanto, não dependem da clara em neve para toda a fermentação.

Procedimento: método *chiffon*

1. Pese todos os ingredientes com precisão. Todos os ingredientes devem estar em temperatura ambiente. Utilize um óleo vegetal sem sabor e de boa qualidade.

2. Peneire os ingredientes secos, inclusive parte do açúcar, na tigela.

3. Misturando com o batedor raquete na segunda velocidade, adicione lenta e gradualmente o óleo e depois as gemas, a água e os saborizantes líquidos. Enquanto adiciona os ingredientes líquidos, desligue a batedeira várias vezes e raspe as laterais da tigela e o batedor. Misture até a massa ficar homogênea, mas não misture demais.

4. Bata as claras até que formem picos moles. Despeje o cremor tártaro e o açúcar lenta e continuamente e bata até formar picos firmes e úmidos.

5. Incorpore as claras em neve à mistura de farinha e líquidos.

6. Coloque a massa imediatamente em formas de buraco no meio* não untadas, ou em assadeiras com o fundo, mas não as laterais, untado e polvilhado com farinha (para fazer bolos em camadas).

*N.R.: As formas de buraco no meio usadas para o *angel food cake*, chamadas em inglês de *tube pan*, são diferentes da forma de buraco comum: são mais altas, seu tubo é mais estreito e, em geral, têm fundo desmontável e três pequenas protuberâncias presas à borda que funcionam como pés quando a forma é deixada emborcada durante o esfriamento.

MISTURAS PRONTAS PARA BOLO

Várias misturas prontas para bolo contêm todos os ingredientes, exceto água e, algumas vezes, ovo. Esses produtos também contêm emulsificantes para assegurar uma mistura homogênea dos ingredientes. Para utilizá-las, siga à risca as instruções da embalagem.

A maior parte das misturas produz bolos com volume, textura e consistência excelentes. Se são ou não saborosas é uma questão de opinião. Por outro lado, os bolos feitos da maneira convencional não são necessariamente melhores. Ficam melhores apenas se misturados e assados com cuidado, e se preparados com fórmulas boas e testadas, e com ingredientes de boa qualidade.

TIPOS DE FÓRMULA DE BOLO

O método de mistura adequado para uma fórmula específica depende do equilíbrio dos ingredientes. Um confeiteiro é capaz de ler os ingredientes da fórmula e saber imediatamente qual método de mistura utilizar.

- Caso o *teor de gordura seja alto*, utilize o método cremoso ou o método cremoso para massas úmidas.

  O método cremoso para massas úmidas pode ser utilizado se a porcentagem de açúcar for superior a 100% e se a gordura usada for a gordura emulsificada.

  Em outros casos, utiliza-se o método cremoso.

- Se o *teor de gordura for baixo* e o *teor de ovo e de açúcar forem altos*, utilize o método pão de ló.

BOLOS DE MASSA RICA

A principal desvantagem do método cremoso é a mão de obra que requer. O método cremoso para massas úmidas é mais rápido, mas como a farinha é misturada por um período longo, duas condições são necessárias para evitar que o glúten deixe o bolo duro.

1. Maior porcentagem de açúcar (o açúcar amacia).
2. Gordura emulsificada, que se mistura bem, evitando que o bolo fique duro.

Os bolos feitos com o método cremoso para massas úmidas têm bom volume e leveza, textura fina e aveludada, e são bem fofos. A textura dos bolos amanteigados preparados pelo método cremoso simples é mais rústica e, em geral, os bolos são um pouco mais densos.

No entanto, um fator parece ser negligenciado na avaliação dos bolos — o sabor. A gordura hidrogenada não contribui para o sabor dos bolos, apenas para a textura. A manteiga, por outro lado, é altamente valorizada por seu sabor. Também influencia na textura porque derrete na boca, e a gordura hidrogenada não. Dessa forma, os bolos amanteigados são e sempre serão mais procurados. Por isso é tão importante que você conheça o método cremoso.

BOLOS DE MASSA MAGRA OU AERADA

Os bolos de massa rica dependem do ar incorporado ao creme formado pela gordura e pelo açúcar para parte de sua fermentação e grande parte de sua textura. Obviamente, isso não acontece com os bolos contendo pouca ou nenhuma gordura. Eles dependem da espuma formada pelos ovos.

Os bolos aerados possuem uma textura flexível e são mais duros e secos do que os bolos de massa rica. Isso os torna valiosos para o preparo de muitos tipos de sobremesa que precisam ser montadas à mão. Por exemplo, vários bolos ou tortas de estilo europeu são preparados cortando-se camadas de bolo aerado horizontalmente em camadas finas e empilhando-as com vários recheios, cremes, glacês e frutas.

Mesmo que um bolo de massa rica sobrevivesse a tudo isso sem se quebrar, provavelmente se desintegraria quando absorvesse a umidade dos recheios. As camadas de bolo aerado desse tipo de produto normalmente são umedecidas com um xarope de açúcar saborizado para compensar a falta de umidade.

A *torta de frutas* (ilustrada na foto) é um exemplo desse tipo de produto. Camadas de *génoise* são cortadas, umedecidas com uma calda, sobrepostas, cobertas com creme de leite batido e pedaços de frutas dispostos de maneira decorativa. Em seguida, a fruta é coberta com geleia de brilho (p. 957) para protegê-la e deixá-la com uma aparência mais atraente.

Torta de frutas

Lâminas de pão de ló para rocamboles e outros bolos enrolados são feitas sem gordura, portanto, não se quebram quando enroladas.

A farinha especial para os bolos aerados deve ser fraca, isto é, com baixo teor de glúten, para evitar que o bolo fique duro. Com frequência, adiciona-se amido de milho à farinha especial para bolo para esse tipo de massa, para deixar a farinha ainda mais fraca.

COMO PESAR E ENFORMAR

COMO PREPARAR A FORMA

Prepare a assadeira ou forma antes de misturar a massa do bolo, assim ele pode ser assado sem demora.

1. Para bolos de massa rica, o fundo das assadeiras deve ser untado, de preferência com um preparado comercial especial para untar assadeiras. Caso não esteja disponível, polvilhe a assadeira untada com farinha e retire o excesso.

944 **Capítulo 32 • Bolos, coberturas e recheios**

2. Para bolos em camadas, revista a assadeira com papel-manteiga.

3. Para bolos de massa merengada, não unte a forma de buraco ou assadeira. A massa deve aderir às laterais para crescer.

4. Para assadeiras de massa aerada contendo uma pequena porcentagem de gordura, unte o fundo, mas não as laterais.

Procedimento para pesar massas feitas pelo método cremoso

Essas massas são espessas e não derramam facilmente. Pese os bolos assim:

1. Coloque a assadeira preparada na balança.

2. Ajuste a tara para que o peso da assadeira seja desconsiderado.

3. Adicione massa na assadeira até atingir o peso desejado.

4. Retire a assadeira da balança e espalhe a massa na forma com uma espátula, nivelando a superfície.

5. Repita o processo nas demais assadeiras.

6. Bata a assadeira na bancada várias vezes para liberar bolhas de ar grandes. Asse imediatamente.

Procedimento para pesar massas úmidas

Essas massas são mais líquidas do que as massas feitas pelo método cremoso. Elas podem ser pesadas como as massas feitas pelo método cremoso ou usando-se um método mais rápido:

1. Coloque um medidor de volume vazio na balança.

2. Ajuste a tara para que o peso do recipiente seja desconsiderado.

3. Despeje a massa no recipiente até atingir o peso desejado.

4. Observe o volume que a massa ocupa no medidor.

5. Despeje a massa medida em uma assadeira preparada, raspando rapidamente o medidor para coletar toda a massa.

6. Meça a massa para os bolos restantes enchendo o medidor de volume até atingir a marca anotada na etapa 4.

7. Bata a assadeira na bancada várias vezes para liberar bolhas de ar grandes. Asse imediatamente.

Procedimento para pesar massas aeradas

A massa de pão de ló deve ser manipulada o mínimo possível e assada imediatamente, para evitar que os ovos batidos percam o volume. Embora possam ser pesadas como as massas de bolo preparadas pelo método cremoso, muitos padeiros preferem calcular a quantidade a olho para diminuir a manipulação.

1. Deixe todas as assadeiras preparadas na bancada.

2. Pese a massa para a primeira assadeira como no método cremoso.

3. Preencha rapidamente as demais assadeiras até atingirem o mesmo nível de massa da primeira, julgando a medida visualmente.

4. Nivele a superfície da massa e asse imediatamente.

Veja na Tabela 32.1 os pesos, as temperaturas e os tempos médios de cozimento para os bolos.

COMO ASSAR E RESFRIAR

COMO ASSAR

A estrutura do bolo é frágil, portanto, condições adequadas de assamento são essenciais para se obter um produto de alta qualidade. As orientações a seguir irão ajudá-lo a evitar falhas.

1. Preaqueça o forno (mas, para evitar o desperdício de energia, não preaqueça por mais tempo do que o necessário).

2. Verifique se o forno e as prateleiras estão nivelados.

Introdução ao preparo de bolos 945

Tabela 32.1.
Pesos, temperaturas e tempos de assamento médios

Tipo e tamanho da assadeira	Peso	Temperatura	Tempo de assamento aproximado em minutos
Bolos de massa rica			
Assadeiras redondas (diâmetro)			
15 cm	230-285 g	190°C (375°F)	18
20 cm	400-510 g	190°C (375°F)	25
25 cm	680-800 g	180°C (360°F)	35
30 cm	900-1.100 g	180°C (360°F)	35
Assadeiras retangulares e quadradas			
46 x 66 cm	3,2-3,6 kg	180°C (360°F)	35
46 x 33 cm	1,6-1,8 kg	180°C (360°F)	35
23 x 23 cm	680 g	180°C (360°F)	30-35
Forma de bolo inglês			
6 x 9 x 20 cm	450-500 g	175°C (350°F)	50-60
7 x 11 x 22 cm	680-765 g	175°C (350°F)	55-65
Forminhas			
Por dúzia	510 g	195°C (385°F)	18-20
Bolos de massa aerada			
Assadeiras redondas (diâmetro)			
15 cm	140-170 g	190°C (375°F)	20
20 cm	280 g	190°C (375°F)	20
25 cm	450 g	180°C (360°F)	25-30
30 cm	700 g	180°C (360°F)	25-30
Assadeiras retangulares (para rocamboles)			
46 x 66 x 1,2 cm	1,2 kg	190°C (375°F)	15-20
46 x 66 x 0,6 cm	800 g	200°C (400°F)	7-10
Forma de buraco no meio* (massa merengada e *chiffon*)			
20 cm	340-400 g	180°C (360°F)	30
25 cm	700-900 g	175°C (350°F)	50
Forminhas			
por dúzia	280 g	190°C (375°F)	18-20

Observação: os pesos fornecidos são uma média. O peso pode ser aumentado em até 25% caso se deseje camadas mais grossas. Pode também ser necessário aumentar um pouco o tempo de assamento.

*N.R.: Vide nota de revisão na página 942.

---

3. Não deixe as assadeiras encostarem umas nas outras dentro do forno. Quando isso ocorre, a circulação de ar é interrompida e os bolos não crescem de maneira uniforme.

4. Asse à temperatura correta.

Com o forno muito quente, o bolo não tem um crescimento uniforme ou fica firme antes de crescer totalmente. A superfície fica muito escura.

Com o forno muito lento, o volume e a textura ficam ruins, pois o bolo não fica firme rápido o suficiente e pode abaixar.

5. Não abra o forno ou mexa no bolo até que tenha terminado de crescer e esteja parcialmente dourado. Mexer no bolo antes que se acomode pode fazer com que abaixe.

6. Caso haja vapor disponível no forno, utilize-o nas massas preparadas pelo método cremoso e pelo método cremoso para massas úmidas. Esses bolos ficam com uma superfície mais nivelada se assados com vapor, pois este retarda a formação da crosta.

7. Testes para verificar o ponto de cozimento:

- Os bolos amanteigados soltam-se ligeiramente das laterais da assadeira.

Capítulo 32 • Bolos, coberturas e recheios

Tabela 32.2.
Falhas comuns em bolos e suas causas

Falha	Causas
Volume e formato	
Pouco volume	Pouca farinha
	Muito líquido
	Pouca fermentação
	Forno muito quente
Formato irregular	Mistura inadequada
	Massa espalhada de maneira não uniforme
	Calor irregular no forno
	Prateleira do forno desnivelada
	Assadeira deformada
Superfície	
Muito escura	Muito açúcar
	Forno muito quente
Muito clara	Pouco açúcar
	Forno abaixo da temperatura ideal
Queimada ou quebrada	Muita farinha ou farinha muito forte
	Pouco líquido
	Mistura inadequada
	Forno muito quente
Úmida	Tempo insuficiente de assamento
	Resfriamento na assadeira ou sem ventilação suficiente
	Embalado antes de esfriar
Textura	
Densa ou pesada	Pouca fermentação
	Muito líquido
	Muito açúcar
	Muita gordura
	Forno abaixo da temperatura ideal
Rústica ou irregular	Muita fermentação
	Pouco ovo
	Mistura inadequada
Quebradiça	Muita fermentação
	Muita gordura
	Muito açúcar
	Tipo errado de farinha
	Mistura inadequada
Dura	Farinha muito forte
	Muita farinha
	Pouco açúcar ou gordura
	Mistura em excesso
Sabor ruim	
	Ingredientes de baixa qualidade
	Armazenamento ou higiene inadequados
	Fórmula não equilibrada

- Os bolos ficam flexíveis. O centro da superfície não afunda quando ligeiramente pressionado.
- Um palito inserido no centro do bolo sai limpo da massa.

COMO RESFRIAR E DESENFORMAR

1. Os bolos baixos devem esfriar por 15 minutos na assadeira e ser desenformados ainda mornos. Eles são muito frágeis para serem desenformados ainda quentes e podem quebrar-se.

2. Desenforme os bolos baixos sobre grades para terminarem de resfriar.

3. Para desenformar bolos baixos:
   - Polvilhe um pouco de açúcar cristal na superfície.
   - Coloque uma assadeira vazia por cima, com o fundo voltado para o bolo.
   - Inverta as duas assadeiras.
   - Retire a assadeira de cima.
   - Retire o papel-vegetal do bolo.

4. Resfrie os bolos de massa merengada de ponta-cabeça, dentro da forma de buraco. Se não estiver usando uma *tube pan**, apoie a borda da forma sobre uma grade ou use alguma outra técnica para que a superfície do bolo não toque a superfície de trabalho. Quando o bolo esfriar, solte a massa das laterais da forma com uma faca ou espátula e retire-o, puxando com cuidado.

FALHAS COMUNS EM BOLOS E SUAS CAUSAS

Erros na mistura, na pesagem, no assamento e no resfriamento de bolos causam muitos tipos de defeitos e falhas. Para facilitar a consulta, essas falhas e suas possíveis causas estão resumidas no guia de solução de problemas da Tabela 32.2.

AJUSTES DE ALTITUDE

Em grandes altitudes, a pressão atmosférica é muito inferior à do nível do mar. Esse fator deve ser levado em consideração ao se assar um bolo. As fórmulas devem ser ajustadas para as diferentes condições vigentes acima de 600 ou 900 metros do nível do mar.

Embora orientações gerais possam ser fornecidas, os ajustes exatos necessários variam para diferentes tipos de bolo. Muitos fabricantes de farinha, gordura hidrogenada e outros ingredientes de confeitaria fornecem informações detalhadas e fórmulas ajustadas para qualquer localidade.

Em geral, os ajustes a seguir devem ser feitos para altitudes acima de 600 ou 900 metros. Consulte a Tabela 32.3 para informações mais específicas.

Fermentação

Os gases da fermentação se expandem mais quando a pressão do ar é menor, portanto, o fermento em pó químico e o bicarbonato de sódio devem ser *reduzidos*.

Os procedimentos dos métodos cremoso e pão de ló também devem ter seu tempo reduzido de forma que incorporem menos ar.

---

*N.R.: Vide comentário na página 942.

Tabela 32.3.
Ajuste aproximado da fórmula de bolos amanteigados para grandes altitudes

Ingrediente	Aumentar ou diminuir	Ajuste da porcentagem		
		750 m	1.500 m	2.300 m
Fermento em pó químico	Diminuir	20%	40%	60%
Farinha	Aumentar	—	4%	9%
Ovos	Aumentar	2,5%	9%	15%
Açúcar	Diminuir	3%	6%	9%
Gordura	Diminuir	—	—	9%
Líquido	Aumentar	9%	15%	22%

Para fazer os ajustes, multiplique a porcentagem indicada pela quantidade do ingrediente e adicione ou subtraia, conforme indicado.

Exemplo: Para ajustar 450 g de ovo para 2.300 metros:

0,15 x 450 g = 67,50 g

450 g + 67,50 g = 517,50 g

Ingredientes que enrijecem a estrutura: farinha e ovos

Os bolos precisam de uma estrutura mais firme em altitudes altas. O ovo e a farinha devem ser aumentados para fornecer mais proteínas à estrutura.

Ingredientes que amaciam a estrutura: gordura hidrogenada e açúcar

A gordura hidrogenada e o açúcar devem ser reduzidos para que a estrutura do bolo fique mais firme.

Líquidos

Em altitudes altas, a água ferve a uma temperatura menor e evapora com mais facilidade. Os líquidos devem ser *aumentados* para evitar o excesso de ressecamento durante e após o assamento. Isso também ajuda a compensar a redução dos ingredientes que proporcionam umidade (açúcar e gordura) e o aumento da farinha, que absorve umidade.

Temperaturas de assamento

Aumente a temperatura de assamento em aproximadamente 14ºC acima de 1.000 metros de altitude.

Como untar a assadeira

Bolos de massa rica tendem a grudar mais em altitudes altas. Unte mais a assadeira. Retire o bolo assado da assadeira o quanto antes.

Como armazenar

Embale o bolo ou mantenha-o sob refrigeração assim que esfriar, para evitar que resseque.

FÓRMULAS DE BOLO

MÉTODO CREMOSO

Bolo amarelo amanteigado

Ingredientes	Quantidade	Porcentagem
Manteiga	720 g	80%
Açúcar	780 g	87%
Sal	7 g (1 ¼ de colher de chá)	1%
Ovos	450 g	50%
Farinha especial para bolo	900 g	100%
Fermento em pó químico	35 g	4%
Leite	900 g	100%
Essência de baunilha	15 mL	1,5%
Rendimento:	3.810 g	423%

Por 30 g:
Calorias, 90; Proteínas, 1 g; Gorduras, 5 g (48% cal.); Colesterol, 25 mg; Carboidratos, 11 g; Fibras, 0 g; Sódio, 80 mg.

■ **Modo de preparo**

Mistura:
Método cremoso.

Pesagem e assamento:
Ver Tabela 32.1.

Bolo de açúcar mascavo e especiarias

Ingredientes	Quantidade	Porcentagem
Manteiga	400 g	80%
Açúcar mascavo	500 g	100%
Sal	8 g	1,5%
Ovos	300 g	60%
Farinha especial para bolo	500 g	100%
Fermento em pó químico	15 g	3%
Bicarbonato de sódio	1,5 g	0,3%
Canela	2,5 g	0,5%
Cravo-da-índia em pó	1,5 g	0,3%
Noz-moscada	1 g	0,2%
Leite	500 g	100%
Rendimento:	2.229 g	445%

Por 30 g:
Calorias, 90; Proteínas, 1 g; Gorduras, 5 g (46% cal.); Colesterol, 30 mg; Carboidratos, 12 g; Fibras, 0 g; Sódio, 105 mg.

■ **Modo de preparo**

Mistura:
Método cremoso.

Pesagem e assamento:
Ver Tabela 32.1.

VARIAÇÃO

Bolo de cenoura e nozes
Reduza o leite para 90% (450 g). Adicione 40% (200 g) de cenoura fresca ralada, 20% (100 g) de nozes bem picadas e 0,5% (3 g ou 1 colher de chá) de raspas de laranja depois que os ovos forem incorporados. Omita o cravo-da-índia.

Fórmulas de bolo 949

Bolo de chocolate amanteigado

Ingredientes	Quantidade	Porcentagem
Manteiga	280 g	75%
Açúcar	470 g	125%
Sal	6 g	1,5%
Chocolate meio amargo derretido	188 g	50%
Ovos	250 g	67%
Farinha especial para bolo	250 g	100%
Fermento em pó químico	15 g	4%
Leite	439 g	115%
Essência de baunilha	8 mL	2%
Rendimento:	*1.906 g*	*539%*

Por 30 g:
Calorias, 90; Proteínas, 1 g; Gorduras, 5 g (46% cal.); Colesterol, 25 mg; Carboidratos, 12 g; Fibras, 0,5 g; Sódio, 80 mg.

■ Modo de preparo

Mistura:
Método cremoso. Misture o chocolate derretido depois que a mistura de gordura e açúcar estiver bem cremosa.

Pesagem e assamento:
Ver Tabela 32.1.

Bolo quatro quartos tradicional

Ingredientes	Quantidade	Porcentagem
Manteiga, ou manteiga e gordura hidrogenada combinadas (ver Observação)	500 g	100%
Açúcar	500 g	100%
Essência de baunilha	10 mL	2%
Ovos	500 g	100%
Farinha especial para bolo	500 g	100%
Rendimento:	*2.000 g*	*402%*

Por 30 g:
Calorias, 110; Proteínas, 2 g; Gorduras, 7 g (51% cal.); Colesterol, 45 mg; Carboidratos, 13 g; Fibras, 0 g; Sódio, 70 mg.

Observação: se estiver utilizando manteiga sem sal ou gordura hidrogenada, adicione 1,5% (1 ¼ de colher de chá) de sal no primeiro estágio da mistura.

■ Modo de preparo

Mistura:
Método cremoso. Adicione os ovos e a farinha alternadamente, para não talhar a mistura.

Pesagem e assamento:
Ver Tabela 32.1.

V A R I A Ç Õ E S

Macis ou raspas de limão ou laranja também podem ser usados para dar sabor ao bolo quatro quartos.

Bolo quatro quartos com uva-passa
Adicione 25% (125 g) de uva-passa ou uva-passa de Corinto demolhadas em água fervente e bem escorridas.

Bolo quatro quartos de chocolate
Adicione 25% (125 g) de chocolate meio amargo à manteiga e ao açúcar após a etapa de formação do creme.

Bolo quatro quartos marmorizado
Preencha um terço da assadeira com massa amarela básica. Adicione uma camada de massa de chocolate, depois finalize com a massa branca. Passe a espátula para misturar ligeiramente as camadas, criando o efeito marmorizado.

MÉTODO CREMOSO PARA MASSAS ÚMIDAS

 Bolo branco

Ingredientes	Quantidade	Porcentagem
Farinha especial para bolo	700 g	100%
Fermento em pó químico	45 g	6,25%
Sal	15 g	2%
Gordura emulsificada	350 g	50%
Açúcar	875 g	125%
Leite desnatado	350 g	50%
Essência de baunilha	10 mL (2 colheres de chá)	1,5%
Essência de amêndoa	5 mL (1 colher de chá)	0,75%
Leite desnatado	350 g	50%
Claras	475 g	67%
Rendimento:	3.175 g	452%

Por 30 g:
Calorias, 90; Proteínas, 1 g; Gorduras, 3 g (33% cal.);
Colesterol, 0 mg; Carboidratos, 13 g; Fibras, 0 g; Sódio, 105 mg.

■ **M o d o d e p r e p a r o**

Mistura:
Método cremoso para massas úmidas.

Pesagem e assamento:
Ver Tabela 32.1.

V A R I A Ç Õ E S

Use água em vez de leite e adicione 10% (70 g) de leite em pó desnatado aos ingredientes secos.

Acrescente essência ou emulsão de limão em vez de baunilha e da amêndoa para dar sabor.

Bolo amarelo
Reduza a gordura emulsificada para 45% (325 g). Substitua a clara por ovo inteiro, usando o mesmo peso total (67%). Use 2% de baunilha (15 g) e omita a essência de amêndoa.

 Devil's food cake

Ingredientes	Quantidade	Porcentagem
Farinha especial para bolo	700 g	100%
Cacau em pó	125 g	17%
Sal	15 g	2%
Fermento em pó químico	20 g	3%
Bicarbonato de sódio	15 g	2%
Gordura emulsificada	400 g	58%
Açúcar	925 g	133%
Leite desnatado	475 g	67%
Essência de baunilha	10 mL	1,5%
Leite desnatado	350 g	50%
Ovos	475 g	67%
Rendimento:	3.500 g	500%

Por 30 g:
Calorias, 90; Proteínas, 1 g; Gorduras, 4 g (39% cal.);
Colesterol, 15 mg; Carboidratos, 13 g; Fibras, 1 g; Sódio, 105 mg.

■ **M o d o d e p r e p a r o**

Mistura:
Método cremoso para massas úmidas.

Pesagem e assamento:
Ver Tabela 32.1.

MÉTODO PÃO DE LÓ

 ### *Génoise*

Ingredientes	Quantidade	Porcentagem
Ovos	1.050 g	150%
Açúcar	700 g	100%
Farinha especial para bolo	700 g	100%
Manteiga derretida	225 g	33%
Essência de baunilha (ou de limão)	15 mL	2%
Rendimento:	2.690 g	385%

Por 30 g:
Calorias, 90; Proteínas, 2 g; Gorduras, 3 g (31% cal.); Colesterol, 55 mg; Carboidratos, 13 g; Fibras, 0 g; Sódio, 35 mg.

■ **M o d o   d e   p r e p a r o**

Mistura:
Método pão de ló.

Pesagem e assamento:
Ver Tabela 32.1.

V A R I A Ç Õ E S

Génoise de chocolate
Substitua 125 g da farinha por 125 g de cacau em pó. Utilize a essência de baunilha e não a de limão.

Rocambole
Prepare a fórmula básica, excluindo a manteiga. Adicione a baunilha aos ovos batidos antes de incorporar a farinha. Espalhe uniformemente em assadeiras forradas com papel-manteiga. Depois de assar e esfriar, apare as bordas. Corte na metade ou em quatro partes. Espalhe o recheio desejado em cada retângulo (geleia, creme de manteiga etc.) e enrole de forma que o lado maior do retângulo se torne o comprimento do rolo. Passe cobertura ou polvilhe com açúcar de confeiteiro (6X).

 ### Pão de ló com leite e manteiga

Ingredientes	Quantidade	Porcentagem
Açúcar	625 g	125%
Ovos	375 g	75%
Gemas	125 g	25%
Sal	7 g (1 ¼ de colher de chá)	1,5%
Farinha especial para bolo	500 g	100%
Fermento em pó químico	15 g	3%
Leite desnatado	250 g	50%
Manteiga	125 g	25%
Essência de baunilha	15 mL (1 colher de sopa)	3%
Rendimento:	2.037 g	407%

Por 30 g:
Calorias, 90; Proteínas, 2 g; Gorduras, 2,5 g (25% cal.); Colesterol, 50 mg; Carboidratos, 15 g; Fibras, 0 g; Sódio, 90 mg.

■ **M o d o   d e   p r e p a r o**

Mistura:
Método pão de ló. Aqueça o leite e a manteiga até a manteiga derreter; incorpore à massa (etapa 5 do procedimento básico).

Pesagem e assamento:
Faça bolos baixos; ver Tabela 32.1.

Pão de ló para rocambole

Ingredientes	Quantidade	Porcentagem
Açúcar	325 g	100%
Ovos	300 g	90%
Gemas	65 g	20%
Sal	7 g (1 ½ colher de chá)	2%
Xarope de glucose de milho	45 g	14%
Água	30 g	10%
Essência de baunilha	5 mL (1 colher de chá)	1,5%
Água quente	125 g	36%
Farinha especial para bolo	325 g	100%
Fermento em pó químico	5 g (1 colher de chá)	1,5%
Rendimento:	1.232 g	375%

Por 30 g:
Calorias, 80; Proteínas, 2 g; Gorduras, 1 g (12% cal.); Colesterol, 50 mg; Carboidratos, 15 g; Fibras, 0 g; Sódio, 40 mg.

■ **Modo de preparo**

Mistura:
Método pão de ló. Adicione o xarope, a primeira quantidade de água e a baunilha ao açúcar e aos ovos no primeiro estágio de mistura. Quando a espuma estiver completamente formada, acrescente a segunda quantidade de água.

Pesagem e assamento:
Ver Tabela 32.1. Uma receita rende 1 assadeira. Forre a assadeira com papel-manteiga. Imediatamente após assar, desenforme em uma outra folha de papel-manteiga e retire o papel grudado no fundo do bolo. Espalhe o recheio e enrole bem apertado. Depois que esfriar, polvilhe açúcar de confeiteiro.

Bolo *chiffon* branco

Ingredientes	Quantidade	Porcentagem
Farinha especial para bolo	500 g	100%
Açúcar	400 g	80%
Sal	12 g	2,5%
Fermento em pó químico	25 g	5%
Óleo vegetal	250 g	50%
Gemas	250 g	50%
Água	375 g	75%
Essência de baunilha	12 mL	2,5%
Claras	500 g	100%
Açúcar	250 g	50%
Cremor tártaro	2,5 g (1 ¼ de colher de chá)	0,5%
Rendimento:	2.576 g	515%

Por 30 g:
Calorias, 90; Proteínas, 1 g; Gorduras, 3,5 g (38% cal.); Colesterol, 35 mg; Carboidratos, 12 g; Fibras, 0 g; Sódio, 95 mg.

■ **Modo de preparo**

Mistura:
Método *chiffon*.

Pesagem e assamento:
Ver Tabela 32.1.

V A R I A Ç Ã O

Bolo *chiffon* de chocolate
Adicione 20% de cacau em pó (100 g); peneire-o junto com a farinha. Aumente as gemas para 60% (300 g). Aumente a água para 90% (450 g).

Angel food cake (bolo de massa merengada)

Ingredientes	Quantidade	Porcentagem
Claras	1 kg	267%
Cremor tártaro	8 g (1 colher de sopa)	2%
Sal	5 g (1 colher de chá)	1,5%
Açúcar	500 g	133%
Essência de baunilha	10 mL	2,5%
Essência de amêndoa	5 mL	1,25%
Açúcar	500 g	133%
Farinha especial para bolo	375 g	100%
Rendimento:	2.403 g	640%

Por 30 g:
Calorias, 70; Proteínas, 2 g; Gorduras, 0 g (0% cal.); Colesterol, 0 mg; Carboidratos, 16 g; Fibras, 0 g; Sódio, 50 mg.

■ **Modo de preparo**

Mistura:
Método para massas merengadas.

Pesagem e assamento:
Ver Tabela 32.1.

V A R I A Ç Ã O

Angel food cake de chocolate
Substitua 90 g de farinha por 90 g de cacau em pó.

COBERTURAS: PRODUÇÃO E APLICAÇÃO

COMO PRODUZIR E MANIPULAR OS TIPOS BÁSICOS

Coberturas, também chamadas genericamente de glacê (embora o termo tenha um sentido mais restrito, conforme descrito mais adiante), são revestimentos doces para bolos e outros confeitos. As coberturas têm três funções importantes:

1. Melhoram a qualidade de conservação do bolo, formando uma proteção ao seu redor.

2. Contribuem com sabor e consistência.

3. Melhoram a aparência.

   Existem seis tipos básicos de cobertura:

Cobertura *fondant*	Cobertura *fudge*
Creme de manteiga	Glacê simples
Coberturas aeradas	Glacê real

   Além disso, consideramos dois outros produtos usados no preparo de bolos:

Geleias de brilho	Recheios

   Utilize sempre ingredientes de qualidade no preparo de coberturas para lhes dar sabor e, assim, realçar o bolo. Tenha cautela ao adicionar saborizantes e corantes. Os sabores devem ser leves e delicados. As cores devem ser delicadas, em tons pastéis — exceto o chocolate, é claro.

FONDANT

O **fondant** é um xarope de açúcar que é cristalizado até formar uma massa branca, cremosa e homogênea. É a cobertura que costumamos ver em mil-folhas, bombas, *donuts* e outros artigos de confeitaria. Quando aplicado, forma uma cobertura brilhante e seca.

Como é difícil preparar, o *fondant* é quase sempre adquirido já pronto, seja na forma úmida, pronta para uso, ou na forma seca, que requer apenas adição de água.

CREME DE MANTEIGA

O **creme de manteiga** é uma mistura leve e homogênea de gordura e açúcar de confeiteiro. Também pode conter ovos, para aumentar a cremosidade ou dar mais leveza. Essa cobertura é utilizada em vários tipos de bolos. Seu sabor e sua cor podem ser alterados com facilidade para se adequar a diferentes propósitos.

Há três tipos básicos de creme de manteiga:

1. O *creme de manteiga simples* é feito batendo-se a gordura e o açúcar até se obter a consistência e a leveza desejadas. Uma pequena quantidade de clara de ovo pode ser batida junto.

   O *creme de manteiga para confeitar* é um creme de manteiga simples utilizado para fazer flores e outras decorações para bolos. Ele é batido por pouco tempo, pois não consegue manter formatos delicados se incorporar muito ar.

2. O *creme de manteiga merengado* é preparado batendo-se primeiro as claras em neve e adicionando-se calda fervente ou apenas açúcar. Em seguida, mistura-se manteiga amolecida ao merengue. É uma cobertura muito leve e suave.

Orientações para utilizar o *fondant*

1. Aqueça em banho-maria morno, mexendo constantemente, até que fique fino o bastante para ser despejado. *Não aqueça acima de 38ºC*, senão ele perderá o brilho.

2. Se ainda estiver muito grosso, dilua com um pouco de calda simples de açúcar ou água (a calda simples se mistura com mais facilidade).

3. Adicione saborizantes e corantes, se desejar.

4. Para fazer um *fondant de chocolate*, adicione chocolate meio amargo derretido ao *fondant* morno até obter a cor e o sabor desejados. Como o chocolate engrossa o *fondant*, pode ser necessário diluir o glacê com mais calda simples.

5. Aplique o *fondant* despejando-o sobre os itens ou mergulhando os itens nele.

3. O *creme de manteiga francês* é semelhante ao merengado, mas a espuma é feita com gema de ovo (e, às vezes, ovos inteiros) e calda fervente. É um glacê muito untuoso e leve.

A manteiga, especialmente a manteiga sem sal, é a gordura preferida no preparo de creme de manteiga, pelo sabor e por sua qualidade de derreter na boca. Os cremes preparados com gordura hidrogenada são desagradáveis, pois a gordura se gelifica, gruda na boca e não derrete. Contudo, a manteiga resulta em um glacê menos estável, por derreter com tanta facilidade. Há duas formas de solucionar esse problema:

1. Utilize o creme de manteiga somente em dias frescos.
2. Misture uma pequena quantidade de gordura emulsificada à manteiga para estabilizá-la.

Creme de manteiga simples

Rendimento: 1.850 g

Quantidade	Ingredientes
500 g	Manteiga
250 g	Gordura hidrogenada
1 kg	Açúcar de confeiteiro (10X – bem fino)
75 g	Claras pasteurizadas
5 mL (1 colher de chá)	Suco de limão
15 mL (1 colher de sopa)	Essência de baunilha

Por 30 g:
Calorias, 150; Proteínas, 0 g; Gorduras, 10 g (58% cal.); Colesterol, 15 mg; Carboidratos, 16 g; Fibras, 0 g; Sódio, 65 mg.

■ Modo de preparo

1. Misture bem a manteiga, a gordura hidrogenada e o açúcar até formarem um creme, utilizando o batedor raquete.
2. Acrescente a clara, o suco de limão e a baunilha. Bata em velocidade média. Em seguida, bata em velocidade alta até o creme ficar leve e fofo.

VARIAÇÕES

Creme de manteiga para confeitar
Utilize 750 g de gordura hidrogenada comum em vez de manteiga. Omita o suco de limão e a baunilha. Reduza as claras para 60 g. Misture em baixa velocidade até ficar homogêneo; não bata.

Cobertura de *cream cheese*
Substitua a manteiga e a gordura hidrogenada por *cream cheese*. Omita as claras. Se necessário, dilua o glacê com creme de leite ou leite. Se desejar, agregue sabor com raspas de limão ou laranja em vez de baunilha.

Creme de manteiga merengado

Rendimento: 2.900 g

Quantidade	Ingredientes
1 kg	Açúcar
250 mL	Água
500 g	Claras
1 kg	Manteiga amolecida
250 g	Gordura emulsificada
10 mL (2 colheres de chá)	Suco de limão
15 mL (1 colher de sopa)	Essência de baunilha

Por 30 g:
Calorias, 130; Proteínas, 1 g; Gorduras, 10 g (67% cal.); Colesterol, 20 mg; Carboidratos, 10 g; Fibras, 0 g; Sódio, 90 mg.

■ Modo de preparo

1. Misture o açúcar e a água em uma panela funda. Aqueça até ferver, mexendo para dissolver o açúcar.
2. Continue fervendo até a calda atingir a temperatura de 115ºC, o chamado "ponto de bala".
3. Enquanto a calda ferve, bata as claras em uma tigela limpa e sem gordura utilizando o batedor globo até formar picos firmes e úmidos. Não bata demais.
4. Assim que a calda atingir os 115ºC, despeje-a bem lentamente sobre a clara em neve, com a batedeira funcionando em velocidade média.
5. Continue batendo até o merengue esfriar e formar picos firmes (você acabou de preparar um merengue italiano; para mais informações, consulte o Cap. 34).
6. Com a batedeira em velocidade média, comece a adicionar a manteiga aos poucos. Vá acrescentando mais à medida que for sendo absorvida pelo merengue.
7. Quando toda a manteiga tiver sido incorporada, acrescente a gordura emulsificada da mesma forma.
8. Incorpore o suco de limão e a baunilha.

Creme de manteiga francês

Rendimento: 2.750 g

Quantidade	Ingredientes
1 kg	Açúcar
250 mL	Água
375 g	Gemas
1,25 kg	Manteiga amolecida
15 mL (1 colher de sopa)	Essência de baunilha

Por 30 g:
Calorias, 150; Proteínas, 1 g; Gorduras, 12 g (71% cal.); Colesterol, 80 mg; Carboidratos, 10 g; Fibras, 0 g; Sódio, 110 mg.

■ Modo de preparo

1. Misture o açúcar e a água em uma panela funda. Aqueça até ferver, mexendo para dissolver o açúcar.
2. Continue fervendo até a calda atingir a temperatura de 115ºC, o chamado "ponto de bala".
3. Enquanto a calda ferve, bata as gemas com o batedor globo até ficar consistente e leve.
4. Assim que a calda atingir os 115ºC, despeje-o bem lentamente sobre as gemas batidas, com a batedeira na velocidade 2 (média).
5. Continue batendo até a mistura esfriar e o creme ficar bem leve e consistente.
6. Com a batedeira ainda em funcionamento, adicione a manteiga aos poucos. Vá acrescentando mais à medida que for sendo absorvida pela mistura.
7. Coloque a baunilha. Se o glacê estiver muito mole, leve-o à geladeira até ficar firme o suficiente para espalhar.

V A R I A Ç Õ E S

Os cremes de manteiga saborizados são feitos adicionando-se o sabor desejado a qualquer uma das receitas básicas. Além das duas variações fornecidas abaixo, podem ser utilizadas essências líquidas e emulsificadas, como as de limão, laranja e amêndoa.

Creme de manteiga sabor chocolate
Adicione 125 a 150 g de chocolate derretido e resfriado para cada 500 g de creme de manteiga.

Creme de manteiga sabor café
Para cada 500 g de creme de manteiga, adicione 1 ½ colher (sopa) de café solúvel dissolvido em 2 colheres de chá (10 mL) de água quente.

COBERTURAS AERADAS

A **cobertura aerada**, às vezes chamada de *glacê* e *merengue*, é simplesmente um merengue preparado com calda fervente. Alguns tipos também contêm ingredientes estabilizadores, como a gelatina.

A cobertura aerada deve ser aplicada nos bolos em camadas grossas e rústicas, em forma de pontas ou espiral.

Esse tipo de glacê não é estável. Deve ser utilizado no dia em que é preparado. O merengue italiano, discutido no Capítulo 34, é o tipo mais simples de cobertura aerada. Siga a receita da página 1000, adicionando 250 g de xarope de glucose de milho ao açúcar e à água para obter a calda fervente. Em geral, o merengue é saborizado com baunilha.

GLACÊ SIMPLES

O **glacê simples de açúcar e água**, também chamado simplesmente de *glacê de açúcar*, é meramente uma mistura de açúcar de confeiteiro bem fino (10X), água e, algumas vezes, xarope de glucose de milho e um ingrediente de sabor. São utilizados principalmente em bolos de frutas, folhados, rocamboles e outros pães doces. Os glacês simples são aquecidos até atingirem 38ºC antes de serem aplicados e são manipulados como o *fondant*.

COBERTURA FUDGE

A **cobertura fudge** é uma mistura rica e consistente. Muitas coberturas desse tipo são preparadas como as balas. São pesadas e densas, e podem ter vários sabores. São utilizadas para cobrir bolos de todos os tamanhos.

A cobertura *fudge* é estável e se conserva bem antes de depois de ser aplicadas em bolos. Quando armazenadas, devem estar bem tampadas para não ressecarem e formarem crostas.

Para utilizar a cobertura *fudge* armazenada, aqueça-a em banho-maria até ficar mole o suficiente para espalhar.

As coberturas *fudge* não necessariamente contêm chocolate. Um *fudge* branco simples pode ser feito com sabor de baunilha, amêndoa, *maple* (bordo), café ou outro sabor desejado.

Glacê simples de açúcar e água

Rendimento: 1.250 g

Quantidade	Ingredientes
1 kg	Açúcar de confeiteiro (10X ou 6X)
180 g	Água quente
60 g	Xarope de glucose de milho
8 mL (1 ½ colher de chá)	Essência de baunilha

Por 30 g:
Calorias, 90; Proteínas, 0 g; Gorduras, 0 g (0% cal.); Colesterol, 0 mg; Carboidratos, 24 g; Fibras, 0 g; Sódio, 0 mg.

Modo de preparo

1. Misture todos os ingredientes até ficarem homogêneos.
2. Para usar, coloque a quantidade desejada em uma panela. Aqueça em banho-maria até atingir 38ºC e aplique no produto a ser coberto.

Cobertura *fudge* sabor caramelo

Rendimento: 2 kg

Quantidade	Ingredientes
1,5 kg	Açúcar mascavo
750 mL	Leite
375 g	Manteiga ou gordura hidrogenada
1 mL (¼ de colher de chá)	Sal
15 mL (1 colher de sopa)	Essência de baunilha

Por 30 g:
Calorias, 130; Proteínas, 0 g; Gorduras, 4,5 g (33% cal.); Colesterol, 15 mg; Carboidratos, 21 g; Fibras, 0 g; Sódio, 65 mg.

Modo de preparo

1. Misture o açúcar e o leite em uma panela funda. Aqueça a mistura até ferver, mexendo para dissolver o açúcar. Com um pincel mergulhado em água, vá pincelando as laterais da panela para evitar a formação de cristais de açúcar (ver "O cozimento do açúcar", Cap. 35).
2. Ferva a mistura em fogo brando, sem mexer, até ela atingir a temperatura de 115ºC, o chamado "ponto de bala".
3. Despeje na tigela da batedeira. Junte a manteiga e o sal. Misture com o batedor raquete.
4. Desligue a batedeira. Deixe a mistura esfriar até atingir 43ºC.
5. Adicione a baunilha e ligue a batedeira em velocidade baixa. Bata a mistura até ficar lisa e cremosa. Se ficar muito espessa, dilua com um pouco de creme de leite ou leite.
6. Espalhe sobre o bolo frio enquanto a cobertura ainda está morna, ou reaqueça em banho-maria.

Fudge branco rápido

Rendimento: 2.600 g

Quantidade	Ingredientes
250 mL	Água
125 g	Manteiga
125 g	Gordura emulsificada
90 g	Xarope de glucose de milho
2 mL (½ colher de chá)	Sal
2 kg	Açúcar de confeiteiro (10X ou 6X)
15 mL (1 colher de sopa)	Essência de baunilha

Por 30 g:
Calorias, 110; Proteínas, 0 g; Gorduras, 2,5 g (20% cal.); Colesterol, 5 mg; Carboidratos, 23 g; Fibras, 0 g; Sódio, 25 mg.

Modo de preparo

1. Misture a água, a manteiga, a gordura emulsificada, o xarope de glucose de milho e o sal em uma panela. Aqueça até ferver.
2. Peneire o açúcar na tigela da batedeira.
3. Com o batedor raquete e a batedeira ligada na velocidade baixa, adicione a calda fervente. Bata bem, até ficar liso. Quanto mais batido, mais leve ficará o glacê.
4. Junte a baunilha, batendo.
5. Utilize a cobertura enquanto ainda está morna, ou reaqueça em banho-maria. Se necessário, dilua com água quente.

VARIAÇÃO

Fudge rápido de chocolate
Omita a manteiga da receita básica. Incorpore 375 g de chocolate meio amargo derretido depois de adicionar a água fervente. Dilua com mais água quente, se necessário.

Fudge de cacau em pó

Rendimento: 2.375 g

Quantidade	Ingredientes
1 kg	Açúcar cristal
300 g	Xarope de glucose de milho
250 mL	Água
5 mL (1 colher de chá)	Sal
250 g	Manteiga, ou parte manteiga e parte gordura emulsificada
500 g	Açúcar de confeiteiro (10X ou 6X)
175 g	Cacau em pó
a gosto	Essência de baunilha
conforme necessário	Água quente

Por 30 g:
Calorias, 110; Proteínas, 0 g; Gorduras, 2,5 g (20% cal.); Colesterol, 5 mg; Carboidratos, 22 g; Fibras, 1 g; Sódio, 60 mg.

■ **M o d o   d e   p r e p a r o**

1. Misture o açúcar cristal, o xarope de glucose de milho, a água e o sal em uma panela. Aqueça até ferver, mexendo para dissolver o açúcar. Cozinhe até a mistura atingir a temperatura de 115ºC (ver "O cozimento do açúcar", Cap. 35).
2. Enquanto a calda está cozinhando, misture a gordura, o açúcar de confeiteiro e o cacau em pó na batedeira, usando o batedor raquete, até obter uma mistura uniforme.
3. Com a batedeira em velocidade baixa, despeje a calda quente bem lentamente.
4. Junte a baunilha. Continue batendo até o glacê ficar liso, cremoso e com uma consistência boa para espalhar. Se necessário, dilua com um pouco de água quente.
5. Utilize a cobertura enquanto ainda está morna, ou reaqueça em banho-maria.

V A R I A Ç Ã O

Cobertura *fudge* sabor baunilha
Use leite evaporado ou creme de leite *light* em vez de água no preparo da calda. Omita o cacau. Ajuste a consistência da cobertura com mais açúcar de confeiteiro (para firmar) ou água (para diluir). Outros sabores podem ser utilizados no lugar da baunilha, como, por exemplo, amêndoa, *maple* (bordo), menta ou café.

GLACÊ REAL

Glacê real, também chamado de *glacê para confeitar*, é similar ao glacês simples de açúcar e água, exceto pelo fato de ser muito mais espesso e levar claras na composição, o que o torna duro e quebradiço depois de seco. É utilizado quase que exclusivamente para trabalhos decorativos.

Como preparar glacê real:

1. Coloque a quantidade desejada de açúcar de confeiteiro fino (10X) em uma tigela. Adicione uma pequena quantidade de cremor tártaro (para ficar mais branco) — aproximadamente 1 grama para cada quilo de açúcar.
2. Junte a clara aos poucos, batendo até o açúcar formar uma pasta homogênea. Você precisará de 125 g de clara por quilo de açúcar.
3. Mantenha o glacê sempre coberto com um pano úmido, para não endurecer.

GELEIAS DE BRILHO

As **geleias de brilho**, ou caldas de brilho, são coberturas ralas, brilhantes e transparentes que dão um aspecto vitrificado aos produtos e ajudam a impedir que ressequem.

A geleia de brilho mais simples consiste em calda de açúcar ou xarope de glucose de milho diluídos, e é pincelada em folhados e outros pães doces enquanto ainda estão quentes. Veja a receita no Capítulo 30 (p. 922). As geleias de brilho feitas a partir de caldas e xaropes podem conter gelatina ou amido de milho modificado. Geleias de brilho feitas de frutas, sendo a geleia de brilho de damasco a mais popular, estão disponíveis comercialmente. São derretidas, diluídas com um pouco de água e pinceladas no produto ainda quentes.

As geleias de brilho de frutas também podem ser preparadas derretendo-se geleia de damasco ou de outras frutas e passando-a por uma peneira.

Um dos usos mais comuns das geleias de brilho no preparo de bolos é para revestir as frutas que ornamentam a superfície de um bolo ou torta de frutas (ver p. 943).

RECHEIOS

Às vezes, algumas preparações são usadas como recheio, entre as camadas do bolo, em vez de se usar a mesma mistura usada para cobertura. Recheios também são utilizados em produtos como rocamboles, folhados doces e outros.

1. **Recheios de frutas.**
   Os recheios de frutas podem ser cozidos ou não.

   Recheios de frutas cozidas consistem em frutas picadas ou amassadas, ou sucos de frutas engrossados com amidos ou ovos. Seu preparo é parecido com o dos recheios de tortas fechadas (ver Cap. 34).

   Outros recheios de frutas, que não precisam cozidos, incluem geleias e compotas de frutas e frutas secas moídas (ver receitas no Cap. 30). Frutas frescas cruas, como o morango, por exemplo, também são utilizadas.

   Existem vários recheios de frutas prontos no mercado.

2. **Recheios de creme.**
   Os recheios de creme incluem o creme de confeiteiro (receitas no Capítulo 35) e vários outros cremes à base de ovos.

   As sobremesas com recheios de creme devem ser montadas o mais próximo possível do momento de servir e mantidas sob refrigeração, para evitar riscos à saúde.

3. **Creme de leite batido.**
   O creme de leite batido ou chantili é utilizado como cobertura, recheio ou elemento decorativo em sobremesas. Veja na página 810 instruções sobre como bater e manipular o creme de leite fresco.

   As coberturas artificiais do tipo chantili lembram, em aparência, o creme de leite batido. Devem ser utilizadas apenas se os clientes realmente as apreciarem.

COMO MONTAR E COBRIR BOLOS

COMO ESCOLHER A COBERTURA

O sabor, a textura e a cor da cobertura devem ser compatíveis com o bolo.

1. **Em geral, utilize coberturas densas para bolos densos e coberturas leves para bolos leves.**
   Por exemplo, cubra os bolos de massa merengada com glacê simples básico, *fondant* ou um merengue simples, leve e fofo.

   Bolos de massa rica combinam com creme de manteiga e cobertura *fudge*.

   Bolos de massa aerada que levam gordura em sua composição (como o *génoise*), em geral, combinam com frutas ou recheios de frutas, creme de manteiga francês leve ou merengado, creme de leite batido ou cobertura *fondant* saborizada.

2. **Utilize ingredientes saborizantes da melhor qualidade e com moderação. O sabor do glacê não deve ser mais forte que o sabor do bolo.**
   O *fudge* pode ter um sabor mais forte, desde que seja de boa qualidade.

3. **Use cores com moderação. Tons pastéis leves são mais apetitosos do que cores berrantes.**
   As cores em tons pastéis dão os melhores resultados. Misture um pouco de corante a uma pequena porção da cobertura, em seguida utilize essa mistura para dar cor ao restante da cobertura.

BOLOS PEQUENOS

1. Os *cupcakes*, bolinhos assados em forminhas de papel, são glaçados mergulhando-se sua superfície em uma cobertura não muito consistente. Gire-os ligeiramente dentro da cobertura e levante rapidamente, com um movimento contínuo.

   Os *cupcakes* também podem ser glaçados espalhando-se a cobertura na parte de cima com uma espátula. É necessário prática para fazer isso com rapidez e eficiência.

2. Em inglês, o termo *petits fours* é usado para se referir a pequenas porções de bolo recheado com camadas bem finas. Para glaçar esse tipo de bolo, escolha os tipos que não esfarelam com facilidade. Corte-os cuidadosamente no formato desejado. Retire todas as migalhas soltas e coloque os pedaços sobre uma grade, dentro de uma assadeira. Glace despejando *fondant* ou o glacê simples até cobrir completamente.

Coberturas: produção e aplicação 959

Procedimento para montar bolos com camadas

1. Deixe as camadas de bolo esfriarem completamente antes de rechear e cobrir.
2. Apare as camadas, se necessário.
   - Descarte arestas e cantos irregulares.
   - Superfícies ligeiramente abauladas podem ser facilmente disfarçadas com a cobertura, mas elevações muito grandes devem ser aplanadas.
   - Se desejar, as camadas podem ser divididas ao meio, na horizontal. Isso torna o bolo mais alto e aumenta a proporção de recheio (ver Fig. 32.2)
3. Retire todas as migalhas soltas da superfície do bolo com um pincel. Migalhas soltas dificultam a aplicação de recheio e cobertura.
4. Coloque a camada inferior com a parte de baixo do bolo virada para cima (proporcionando uma superfície plana para o recheio) sobre um círculo de papelão com o mesmo diâmetro. Coloque sobre uma bailarina (prato giratório apoiado sobre um pedestal).

   Caso não disponha de uma bailarina, coloque o bolo em uma bandeja e insira tiras de papel-vegetal ou papel-manteiga sob toda a volta do bolo para manter a bandeja limpa.
5. Espalhe o recheio sobre a camada inferior, trabalhando do centro em direção às beiradas. Se o recheio for diferente da cobertura, tenha o cuidado de não deixar o recheio chegar muito até as bordas.

   Utilize uma quantidade adequada de recheio. Se for aplicado recheio em excesso, ele irá vazar quando a camada seguinte for colocada sobre ele.
6. Coloque a camada final com o lado certo virado para cima.
7. Cubra o bolo:
   - Caso esteja utilizando uma cobertura rala ou leve, despeje-a ou deposite-a no centro do bolo. Em seguida, vá espalhando com uma espátula em direção às beiradas e, depois, descendo pelas laterais.
   - Caso esteja utilizando uma cobertura muito densa, pode ser necessário espalhar nas laterais primeiro e, em seguida, colocar uma boa quantidade no centro da parte superior e ir espalhando em direção às beiradas com a espátula.

   Empurrar a cobertura em direção às beiradas em vez de puxá-la ou esfregá-la com a espátula evita que migalhas se misturem a ela.

   Utilize cobertura suficiente para cobrir todo o bolo de forma generosa e uniforme, mas não em excesso, de modo que seja uma camada fina.

   Alise o glacê com a espátula ou crie texturas formando picos ou outras formas, se desejar.

   O bolo coberto pronto deve ter uma superfície perfeitamente nivelada e lados perfeitamente retos e uniformes.

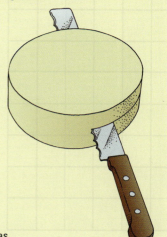

Figura 32.2

As camadas podem ser divididas ao meio, no sentido horizontal, com uma faca serrilhada de lâmina longa.

BOLOS DE UMA CAMADA SÓ

Esse tipo de bolo é ideal para produzir em grandes quantidades, pois exige pouco trabalho para assar, cobrir e decorar. Além disso, se mantêm em bom estado enquanto não são cortados.

Em ocasiões especiais, os bolos de uma camada só podem ser decorados usando-se um desenho ou imagem em glacê colorido, uma mensagem escrita, etc. É mais comum, entretanto, decorá-los para serem servidos em pedaços individuais, como descrito no procedimento a seguir.

Procedimento para cobrir bolos de uma camada só

1. Vire o bolo sobre o fundo de outra assadeira ou bandeja, conforme procedimento descrito na página 946. Deixe esfriar bem.
2. Apare as laterais com uma faca serrilhada.
3. Retire todas as migalhas soltas da superfície do bolo.
4. Coloque uma quantidade de cobertura no centro do bolo. Com uma espátula, vá empurrando o glacê em direção às beiradas, deixando toda a superfície do bolo com uma camada uniforme de glacê.
5. Com uma faca de lâmina longa ou uma espátula, marque todo o bolo em porções individuais, como mostra a Figura 32.3, marcando de leve a cobertura com a parte de trás da lâmina da faca. Não corte o bolo.
6. Com um cone de papel ou saco de confeiteiro com o bico pitanga, faça uma roseta ou uma espiral no centro de cada porção marcada, ou, se desejar, escolha outra decoração. Qualquer que seja a decoração utilizada, mantenha-a simples e igual em todas as porções. O bolo pronto se parece com o exibido na Figura 32.4.
7. Mantenha resfriado. Corte o mais próximo possível do momento de servir para evitar que o bolo resseque.

Capítulo 32 • Bolos, coberturas e recheios

assadeiras de 45 x 65 cm

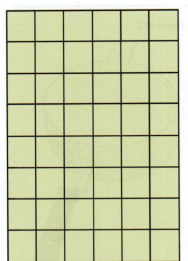

6 x 8 = 48 porções

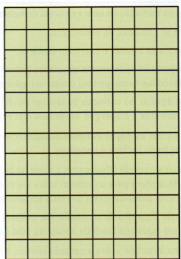

8 x 8 = 64 porções

8 x 12 = 96 porções

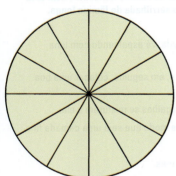

de 20-25 cm de diâmetro
12 porções

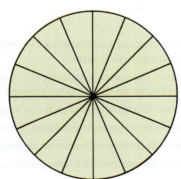

de 25-30 cm de diâmetro
16 porções

Figura 32.3
Orientações para cortar bolos quadrados e redondos. Para assadeiras de 33 x 46 cm, simplesmente divida os diagramas acima ao meio.

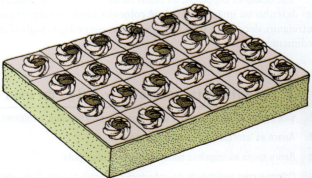

Figura 32.4
O bolo de uma camada só, com as porções marcadas e decorado de forma que as porções fiquem idênticas.

Coberturas: produção e aplicação 961

■ TERMOS PARA REVISÃO

método cremoso
método cremoso para
   massas úmidas
método de duas etapas
método pão de ló

método para massas
   merengadas
método *chiffon*
bolos de massa rica
bolos de massa magra

fondant
creme de manteiga
cobertura aerada
glacê simples de açúcar e água
cobertura *fudge*

glacê real
geleia de brilho

■ QUESTÕES PARA DISCUSSÃO

1. Faça uma lista breve das etapas de cada um dos quatro métodos básicos de mistura de bolo apresentados neste capítulo.

2. Quais são as razões, no método cremoso, para se bater a manteiga e o açúcar até formarem um creme leve e fofo?

3. No método cremoso e no método cremoso para massas úmidas, o ato de raspar as laterais da tigela é enfatizado. Por que isso é necessário?

4. Como ficaria o produto final se você tentasse misturar um bolo de massa magra usando o método cremoso para massas úmidas? Explique.

5. Examine as seguintes fórmulas de bolo e indique qual método de mistura você utilizaria para cada uma.

6. Qual é a regra mais importante a se considerar ao se utilizar a cobertura *fondant*?

7. Compare as qualidades de conservação dos cremes de manteiga simples e dos cremes de manteiga merengados.

8. Cite as etapas que devem ser seguidas para rechear e cobrir um bolo de três camadas.

Bolo 1	
Farinha especial para bolo	1 kg
Gordura emulsificada	525 g
Sal	30 g
Fermento em pó químico	45 g
Açúcar refinado	1.250 g
Leite desnatado	500 g
Ovo	650 g
Leite desnatado	300 g

Bolo 2	
Ovo	1,5 kg
Gema de ovo	500 g
Açúcar	1.125 g
Farinha especial para bolo	1 kg
Amido de milho	175 g
Manteiga derretida	175 g

Bolo 3	
Manteiga	500 g
Gordura hidrogenada	250 g
Açúcar	2 kg
Essência de baunilha	30 g
Ovo	625 g
Farinha especial para bolo	1.750 g
Cacau em pó	300 g
Bicarbonato de sódio	45 g
Buttermilk	1,5 kg
Água	750 g

CAPÍTULO 33

CAPÍTULO 33

Biscoitos e *cookies*

O termo *cookie* significa "bolinho", e ele é mais ou menos isso. Na verdade, alguns deles são feitos com massa de bolo. Em alguns casos, é difícil saber quando classificar um produto como um tipo de bolo ou biscoito, como, por exemplo, as brevidades, ou certos tipos de *brownies* de massa menos densa.

Entretanto, a maioria das fórmulas de biscoito leva menos líquido do que as fórmulas de bolo. As massas de biscoito variam de macias a muito firmes, ao contrário das massas de bolos, geralmente mais moles. Essa diferença no conteúdo de umidade se traduz em algumas diferenças nos métodos de mistura, embora os procedimentos básicos sejam essencialmente os mesmos dos bolos.

As diferenças mais aparentes entre bolos e biscoitos estão na modelagem. Como a maioria dos biscoitos é moldada individualmente, isso envolve mais mão de obra. Aprender os métodos corretos e praticá-los diligentemente é essencial para se alcançar eficiência.

CARACTERÍSTICAS DOS BISCOITOS E SUAS CAUSAS

Os biscoitos têm uma variedade infinita de formas, tamanhos, sabores e texturas. As características desejáveis em alguns não são desejáveis em outros. Por exemplo, queremos que alguns biscoitos fiquem crocantes e outros, macios. Queremos que alguns preservem o formato e outros se espalhem ao assar. Para produzir as características desejadas e corrigir as falhas, é útil saber o que está por trás dessas características.

CROCÂNCIA

Os biscoitos ficam crocantes quando têm pouca umidade. Os seguintes fatores contribuem para a crocância:

1. Baixa proporção de líquido na mistura. A maioria dos biscoitos crocantes é feita com uma massa firme.
2. Alto teor de açúcar e gordura.
3. Evaporação da umidade ao assar, em razão de altas temperaturas e/ou de maior tempo de cozimento.
4. Itens pequenos ou delgados, que secam rapidamente ao assar.
5. Armazenamento adequado. Biscoitos crocantes podem ficar macios se absorverem umidade.

MACIEZ

A maciez é o oposto da crocância, portanto, suas causas são opostas:

1. Alta proporção de líquido na mistura.
2. Baixo teor de açúcar e gordura.
3. Mel, melado ou xarope de glucose de milho nas fórmulas. Esses açúcares são **higroscópicos**, o que significa que absorvem a umidade do ar ou do ambiente rapidamente.
4. Pouco tempo de assamento.
5. Biscoitos grandes ou altos. Isso aumenta a retenção de umidade.
6. Armazenamento adequado. Os biscoitos macios podem ficar duros e secos se não forem bem tampados ou embalados.

MASTIGABILIDADE

A umidade é necessária para se obter mastigabilidade, porém, outros fatores também são necessários. Em outras palavras, todos os produtos com textura "boa de mastigar" (*chewy*, em inglês) são macios, mas nem todos os produtos macios têm esta característica.

1. Alto teor de açúcar e líquido, mas baixo teor de gordura.
2. Alta proporção de ovos.
3. Farinha forte ou formação de glúten durante a mistura.

ESPALHAMENTO

O **espalhamento** é desejável em alguns biscoitos, enquanto outros devem preservar seu formato. Vários fatores contribuem para o espalhamento ou não de um item.

1. Açúcar.
   Altos teores de açúcar aumentam o crescimento. O açúcar cristal aumenta o espalhamento, enquanto o açúcar refinado ou de confeiteiro o reduzem.
2. Crescimento.
   Grandes quantidades de bicarbonato de sódio ou de sal amoníaco estimulam o espalhamento. Do mesmo modo, o ato de misturar a gordura e o açúcar até formarem um creme contribui para a expansão da massa, pois incorpora ar a ela.

Após ler este capítulo, você deverá ser capaz de:

1. Descrever os fatores responsáveis pela crocância, maciez, mastigabilidade e espalhamento nos biscoitos.
2. Demonstrar os três métodos básicos de mistura de biscoitos.
3. Preparar os sete tipos básicos de biscoito: de pingar com a colher, de pingar com o saco de confeiteiro, de cortar com cortador, de modelar, de cortar pouco antes de assar, de cortar depois de assar e de espalhar na assadeira.
4. Preparar assadeiras para biscoitos, assá-los e resfriá-los.

Métodos de mistura 965

3. **Temperatura.**
   Forno em temperatura baixa aumenta o espalhamento. A temperatura alta tem efeito contrário, porque o biscoito adquire o seu formato antes de ter a chance de crescer demais.

4. **Líquido.**
   Massas moles – ou seja, com alto teor de líquido – se espalham mais do que massas firmes.

5. **Farinha de trigo.**
   O uso de farinha de trigo forte ou a ativação do glúten diminuem o espalhamento.

6. **Assadeira untada.**
   Os biscoitos se espalham mais quando assados em assadeiras bem untadas.

MÉTODOS DE MISTURA

Os métodos de mistura para *cookies* e biscoitos se parecem muito com os métodos de mistura de bolos. A maior diferença é que, normalmente, incorpora-se menos líquido, o que facilita o processo de misturar.

Uma quantidade menor de líquido significa um desenvolvimento menor do glúten. Além disso, é mais fácil obter uma mistura homogênea e uniforme.

Existem três métodos básicos de mistura para biscoitos:

1. Método direto seco
2. Método cremoso
3. Método pão de ló

Esses métodos estão sujeitos a muitas variações por causa das diferenças nas fórmulas. Os procedimentos gerais são descritos a seguir. Contudo, siga as instruções exatas quando uma fórmula indicar uma variação no método básico.

MÉTODO DIRETO SECO

O **método direto seco** é a contrapartida do método cremoso para massa úmida de bolo discutido no capítulo anterior. As massas de bolo têm mais líquido, portanto, ele deve ser adicionado em duas ou mais etapas para ser misturado uniformemente. Os biscoitos de baixa umidade, por outro lado, podem ser misturados em uma etapa apenas.

MÉTODO CREMOSO

O **método cremoso** para biscoitos é praticamente idêntico ao método cremoso para bolos. Como os biscoitos requerem menos líquido, não é necessário adicionar o líquido alternadamente com a farinha. Ele pode ser adicionado de uma só vez.

MÉTODO PÃO DE LÓ

O **método pão de ló** para biscoitos é essencialmente o mesmo que o método pão de ló para bolos. O procedimento varia consideravelmente, dependendo dos ingredientes. Os lotes devem ser pequenos porque a massa é delicada.

Procedimento para o método direto seco

1. Pese os ingredientes com precisão. Todos os ingredientes devem estar em temperatura ambiente.
2. Coloque todos os ingredientes na batedeira. Com o batedor raquete, misture em velocidade baixa até a mistura ficar uniforme. Raspe os lados da tigela, se necessário.

Procedimento para o método cremoso

1. Pese os ingredientes com precisão. Todos os ingredientes devem estar em temperatura ambiente.
2. Coloque a gordura, o açúcar, o sal e as especiarias na tigela. Com o batedor raquete, bata esses ingredientes em velocidade baixa até formar um creme.

   Para biscoitos leves, bata o creme até a mistura ficar leve e fofa, incorporando mais ar para a fermentação.

   Para obter um biscoito denso e de boa mastigabilidade, bata apenas ligeiramente.
3. Adicione os ovos e o líquido, se houver, e bata em velocidade baixa.
4. Peneire a farinha e o fermento na mistura. Misture até combinar tudo.

Procedimento para o método pão de ló

1. Pese todos os ingredientes com precisão. Todos os ingredientes devem estar em temperatura ambiente; caso contrário, aqueça um pouco os ovos para obter mais volume, como no preparo de bolos de massa aerada.
2. Seguindo o procedimento da fórmula utilizada, bata os ovos (inteiros, gemas ou claras) e o açúcar até o ponto necessário: picos moles para as claras, creme claro e fofo para ovos inteiros ou gemas.
3. Incorpore os demais ingredientes, conforme especificado na receita. Tome cuidado para não misturar demais ou expelir o ar aprisionado pelos ovos.

TIPOS E MÉTODOS DE MODELAGEM

Podemos classificar os *cookies* e biscoitos pelo método de modelagem e pelo método de mistura. Agrupá-los pelo método de modelagem talvez seja mais útil do ponto de vista da produção, pois os métodos de mistura são relativamente simples, enquanto os procedimentos de modelagem variam consideravelmente.

Nesta seção, apresentaremos os procedimentos básicos de produção de sete tipos de biscoitos:

1. De pingar com a colher
2. De pingar com o saco de confeiteiro
3. De cortar com o cortador
4. De modelar
5. De cortar pouco antes de assar
6. De cortar depois de assar
7. De espalhar na assadeira

Independentemente do método de preparo utilizado, siga uma regra importante: faça todos os biscoitos com tamanho e espessura homogêneos. Isso é fundamental para o cozimento uniforme. Como o tempo de cozimento é muito curto, os biscoitos pequenos podem queimar antes que os grandes fiquem prontos.

BISCOITO DE PINGAR COM A COLHER

Os **biscoitos de pingar com a colher** são feitos com uma massa mole. São fáceis e rápidos de preparar. Várias massas aeradas, como a de pão de ló, são usadas para fazer biscoito pingado com a colher.

> *N.R.: Em casas especializadas, é possível adquirir colheres boleadoras de vários tamanhos – assim como alguns modelos de pá para sorvete, elas possuem uma alavanca extratora que libera a massa da cavidade da colher.

1. Escolha uma colher adequada para fazer as porções exatas.*
   Uma colher com extrator de nº 30 produz itens grandes, de aproximadamente 30 g.
   Uma colher com extrator de nº 40 produz itens médios.
   Uma colher com extrator de nº 50, 60 ou menores produzem itens pequenos.
2. Pingue os biscoitos em assadeiras preparadas para assar. Deixe espaço suficiente entre eles para que possam espalhar.
3. Biscoitos de massa rica espalham por si sós. Entretanto, se a fórmula pedir, achate ligeiramente as porções de massa com um peso passado no açúcar.

BISCOITO DE PINGAR COM O SACO DE CONFEITEIRO

Os **biscoitos de pingar com o saco de confeiteiro** também são feitos com massa mole. A massa deve ser mole o suficiente para passar pelo bico do saco de confeiteiro, porém, firme o suficiente para manter o formato.

1. Coloque no saco de confeiteiro o bico do tamanho e formato desejados. Preencha o saco com a massa de biscoito. A Figura 18.1 (p. 591) apresenta dicas sobre como utilizar o saco de confeiteiro.
2. Esprema a massa de biscoitos para fora, no tamanho e formato desejados, pingando-a diretamente em assadeiras preparadas.

BISCOITO DE CORTAR COM O CORTADOR

Os **biscoitos de cortar com o cortador**, que são recortados a partir de uma lâmina de massa firme, nem sempre são feitos em estabelecimentos comerciais, pois exigem muita mão de obra. Além disso, há sempre sobras de massa após o corte. Quando reaproveitadas, essas sobras resultam em biscoitos duros e de qualidade inferior.

1. Leve a massa pronta à geladeira até esfriar completamente.
2. Abra a massa até obter uma espessura de 3 mm, sobre uma lona ou bancada enfarinhadas. Use o mínimo de farinha possível para polvilhar, pois ela pode enrijecer os biscoitos.
3. Corte os biscoitos com o cortador escolhido e disponha-os em assadeiras preparadas. Corte-os o mais próximo possível uns dos outros para minimizar as sobras de massa.

Tipos e métodos de modelagem **967**

BISCOITO DE MODELAR

A primeira parte do procedimento de preparo de **biscoitos de modelar** (etapas 1 e 2 abaixo) é simplesmente uma forma rápida e praticamente exata de dividir a massa em porções iguais. Cada pedaço é então moldado na forma desejada. Em alguns casos, isso consiste simplesmente em amassar cada porção de massa com um peso ou outro objeto que lhes dê forma (como o garfo, que é usado para amassar e marcar a superfície dos sequilhos). Para alguns biscoitos típicos, são usados moldes especiais que prensam a massa e, ao mesmo tempo, a estampam com um desenho.

Os pedaços também podem ser moldados à mão em forma de meia-lua, rosquinha ou outros formatos.

1. Abra a massa formando um cilindro longo de aproximadamente 2,5 cm de espessura ou do tamanho desejado (leve a massa à geladeira, caso esteja muito mole para ser manipulada).

2. Com uma faca ou espátula, corte o rolo em porções de 30 g, ou do tamanho desejado.

3. Disponha os pedaços em assadeiras preparadas, deixando 5 cm de espaço entre eles.

4. Amasse os biscoitos com um peso (p. ex., uma lata), mergulhando-o no açúcar após prensar cada biscoito.

   Às vezes, utiliza-se um garfo para amassar a massa, como no caso dos sequilhos e dos *cookies* de manteiga de amendoim.

5. Método alternativo: após a etapa 2, modele a massa com as mãos no formato desejado.

BISCOITO DE CORTAR POUCO ANTES DE ASSAR

Os **biscoitos de cortar pouco antes de assar** são ideais para estabelecimentos que querem ter sempre à mão biscoitos assados na hora. Os rolos de massa podem ser preparados com antecedência e mantidos sob refrigeração. Os biscoitos podem, então, ser facilmente cortados e assados, conforme a necessidade.

1. Pese a massa em porções uniformes de 700 g, caso esteja preparando biscoitos pequenos, ou até 1.400 g, caso esteja preparando biscoitos grandes.

2. Faça cilindros de 2,5 a 5 cm de diâmetro, dependendo do tamanho de biscoito desejado.

   Para porções exatas, é importante fazer todos os cilindros de massa da mesma espessura e comprimento.

3. Embale os cilindros em papel-vegetal ou papel-manteiga, coloque-os em assadeiras e leve-os à geladeira de um dia para o outro.

4. Desembale a massa e corte-a em fatias de espessura uniforme. A espessura exata depende do tamanho do biscoito e de quanto a massa espalha ao assar. Isso pode variar de 3 a 12 mm.

   Recomenda-se o uso de uma máquina de fatiar frios para garantir uma espessura uniforme. As massas que contêm nozes ou frutas devem ser fatiadas à mão, com uma faca.

5. Disponha as fatias em assadeiras preparadas, deixando 5 cm de espaço entre elas.

BISCOITO DE CORTAR DEPOIS DE ASSAR

A massa de **biscoitos de cortar depois de assar** é moldada em barras longas, que são assadas e depois cortadas. Depois de cortadas elas podem ser assadas de novo, como no caso do *biscotti*, que significa "assado duas vezes". Não confunda esses biscoitos com os de espalhar na assadeira (ver abaixo), que também podem ter a forma de barras.

1. Pese a massa em porções de 800 g (porções de 500 g podem ser usadas para biscoitos menores).

2. Forme cilindros do comprimento da assadeira. Coloque três cilindros em cada assadeira untada, deixando espaço entre um e outro.

3. Amasse os cilindros com os dedos, formando retângulos de aproximadamente 8 a 10 cm de largura e 6 mm de espessura.

4. Se solicitado pela receita, pincele com ovo batido.

5. Asse como manda a fórmula.

6. Depois de assar, enquanto os biscoitos ainda estão quentes, corte cada retângulo em barrinhas de aproximadamente 4,5 cm de largura.

BISCOITO DE ESPALHAR NA ASSADEIRA

Os **biscoitos de espalhar na assadeira** variam tanto que é praticamente impossível fornecer um único procedimento para todos eles. Alguns deles são quase como bolos, apenas mais densos e ricos. Podem até ser levados à geladeira, como alguns bolos de uma camada só. Outros consistem em duas ou três camadas assadas em estágios separados. O procedimento a seguir é apenas uma orientação geral.

1. Espalhe a mistura em assadeiras preparadas. Verifique se a espessura está uniforme.
2. Se necessário, adicione uma cobertura ou pincele com ovo batido.
3. Asse como manda a fórmula. Deixe esfriar.
4. Coloque glacê ou cobertura, se estiver usando.
5. Corte em porções individuais quadradas ou retangulares.

COMO PREPARAR A FORMA, ASSAR E RESFRIAR

COMO PREPARAR A FORMA

1. Utilize assadeiras limpas e sem deformações.
2. Forre as assadeiras com papel-manteiga ou tapete de silicone – é um processo rápido e elimina a necessidade de untá-las.
3. Uma assadeira muito untada faz com que o biscoito espalhe mais. Uma assadeira untada e enfarinhada diminui o espalhamento.
4. Alguns biscoitos de massa rica podem ser assados em assadeiras não untadas.

COMO ASSAR

1. A maior parte dos biscoitos é assada em temperatura relativamente alta por um período curto.
2. Uma temperatura muito baixa aumenta o espalhamento e pode resultar em biscoitos duros, secos e pálidos.
3. Uma temperatura muito alta diminui o espalhamento e pode queimar as bordas ou a parte de baixo.
4. Até mesmo um minuto a mais no forno pode queimar os biscoitos, portanto, observe- -os de perto. O calor da assadeira continua assando-os até mesmo depois de terem sido retirados do forno.
5. O ponto de cozimento é indicado pela cor. As bordas e a parte de baixo devem estar começando a adquirir uma coloração dourada clara.
6. Alguns biscoitos de massa rica queimam com mais facilidade na parte de baixo. Nesse caso, coloque a assadeira com os biscoitos dentro de outra assadeira vazia do mesmo tamanho.

COMO RESFRIAR

1. Retire os biscoitos das assadeiras ainda quentes, senão podem grudar.
2. Se os biscoitos estiverem muito macios, deixe-os na assadeira até que estejam frios e firmes o suficiente para serem manuseados. Os biscoitos podem estar macios quando quentes, mas ficam crocantes quando esfriam.
3. Não deixe que esfriem muito rapidamente ou sob corrente de ar frio, pois podem rachar.
4. Espere que esfriem completamente antes de armazená-los.

Chocolate chip cookies (biscoito com gotas de chocolate)

Ingredientes	Quantidade	Porcentagem
Manteiga e/ou gordura hidrogenada	300 g	50%
Açúcar cristal	240 g	40%
Açúcar mascavo	240 g	40%
Sal	8 g (1 ½ colher de chá)	1,25%
Ovo	175 g	30%
Essência de baunilha	10 mL (2 colheres de chá)	1,5%
Farinha especial para biscoito	600 g	100%
Bicarbonato de sódio	8 g (1 ½ colher de chá)	1,25%
Gotas de chocolate	600 g	100%
Noz comum ou pecã picada	240 g	40%
Rendimento:	*2.421 g*	*404%*

Por 30 g:
Calorias, 130; Proteínas, 2 g; Gorduras, 7 g (47% cal.); Colesterol, 15 mg; Carboidratos, 16 g; Fibras, 2 g; Sódio, 85 mg.

■ **Modo de preparo**

Mistura:
Método cremoso. Junte as gotas de chocolate e as nozes por último.

Modelagem:
Método de pingar com a colher. Use assadeiras untadas ou forradas com papel-manteiga.

Assamento:
190°C por 8 a 12 minutos, dependendo do tamanho.

V A R I A Ç Ã O

Cookie **de açúcar mascavo e nozes**
Elimine o açúcar cristal e utilize 100% (600 g) de açúcar mascavo. Elimine as gotas de chocolate e aumente as nozes para 100% (600 g).

Cookies de aveia e uva-passa

Ingredientes	Quantidade	Porcentagem
Manteiga e/ou gordura hidrogenada	250 g	67%
Açúcar mascavo	500 g	133%
Sal	5 g (1 colher de chá)	1,5%
Ovo	125 g	33%
Essência de baunilha	10 mL (2 colheres de chá)	3%
Leite	30 g	8%
Farinha especial para biscoito	375 g	100%
Fermento em pó químico	15 g (1 colher de sopa)	4%
Bicarbonato de sódio	8 g (1 ½ colher de chá)	2%
Aveia em flocos instantânea	300 g	83%
Uva-passa (ver Observação)	250 g	67%
Rendimento:	*1.858 g*	*500%*

Por 30 g:
Calorias, 110; Proteínas, 2 g; Gorduras, 4 g (31% cal.); Colesterol, 15 mg; Carboidratos, 18 g; Fibras, 1 g; Sódio, 135 mg.

Observação: se a uva-passa estiver dura e seca, deixe-a de molho em água quente por 30 minutos, escorra e seque bem antes de adicioná-la à massa de biscoito.

■ **Modo de preparo**

Mistura:
Método cremoso. Junte a aveia aos outros ingredientes secos depois de peneirá-los. Misture a uva-passa à massa por último.

Modelagem:
Método de pingar com a colher. Use assadeiras untadas ou forradas com papel-manteiga.

Assamento:
190°C por 10 a 12 minutos, dependendo do tamanho.

Biscoitinhos amanteigados de pingar

Ingredientes	Quantidade	Porcentagem
Manteiga ou parte manteiga e parte gordura hidrogenada	500 g	67%
Açúcar cristal	250 g	33%
Açúcar de confeiteiro	125 g	17%
Ovo	175 g	25%
Essência de baunilha (ou essência de amêndoa)	8 mL (1 ½ colher de chá)	1%
Farinha especial para bolo	750 g	100%
Rendimento:	*1.823 g*	*243%*

Por 30 g:
Calorias, 130; Proteínas, 1 g; Gorduras, 7 g (50% cal.);
Colesterol, 30 mg; Carboidratos, 15 g; Fibras, 0 g; Sódio, 70 mg.

■ Modo de preparo

Mistura:
Método cremoso.

Modelagem:
Método de pingar com o saco de confeiteiro. Faça biscoitos pequenos de aproximadamente 2,5 cm de diâmetro, utilizando um bico pitanga ou perlê (liso). Pingue em assadeiras forradas com papel-manteiga ou não untadas.

Assamento:
190°C por aproximadamente 10 minutos.

V A R I A Ç Õ E S

Biscoitinho amanteigado de amêndoa
Adicione 17% (125 g) de pasta de amêndoa. Misture-a muito bem com o açúcar antes de adicionar a manteiga.

Biscoitinho amanteigado recheado
Use biscoitinhos do mesmo tamanho e formato. Vire metade deles e deposite uma pequena quantidade de geleia ou *fudge* no centro de cada um. Cubra com os biscoitos restantes.

Biscoitinho amanteigado de chocolate (de pingar)
Substitua 175 g da farinha por 175 g de cacau em pó.

Biscoito champanhe

Ingredientes	Quantidade	Porcentagem
Gema de ovo	180 g	60%
Açúcar	90 g	30%
Clara de ovo	270 g	90%
Açúcar	150 g	50%
Suco de limão	1 mL (½ colher de chá)	0,4%
Farinha especial para biscoito	300 g	100%
Rendimento:	*990 g*	*340%*

(suficiente para aproximadamente 6 dúzias de biscoitos)

Por biscoito:
Calorias, 35; Proteínas, 1 g; Gorduras, 1 g (24% cal.);
Colesterol, 30 mg; Carboidratos, 6 g; Fibras, 1 g; Sódio, 5 mg.

■ Modo de preparo

Mistura:
Método pão de ló.
1. Bata as gemas por 1 minuto, em velocidade média, com o batedor raquete. Com a batedeira funcionando, adicione gradualmente a primeira quantidade de açúcar. Continue batendo até a mistura ficar leve e fofa.
2. Bata as claras em neve até que formem picos moles. Adicione o açúcar e o suco de limão e bata até obter picos firmes, mas ainda úmidos.
3. Peneire a farinha e incorpore à gema batida.
4. Incorpore a clara batida à massa.

Modelagem:
Método de pingar com o saco de confeiteiro. Use o bico perlê (liso). Faça palitos de 7,5 x 2 cm nas assadeiras forradas com papel-manteiga ou untadas e enfarinhadas.

Assamento:
190°C por aproximadamente 10 minutos.

Como preparar a forma, assar e resfriar 971

 ## Macaroons de coco

Ingredientes	Quantidade
Clara de ovo	250 g
Cremor tártaro	2 g (1 colher de chá)
Açúcar	625 g
Essência de baunilha (ou essência de rum)	15 mL (1 colher de sopa)
Coco seco ralado bem fino	500 g
Rendimento:	*1.392 g*

Por 30 g:
Calorias, 120; Proteínas, 1 g; Gorduras, 7 g (48% cal.); Colesterol, 0 mg; Carboidratos, 16 g; Fibras, 2 g; Sódio, 15 mg.

■ **M o d o   d e   p r e p a r o**

Mistura:
Método pão de ló.
1. Bata as claras e o cremor tártaro até formarem picos moles. Incorpore o açúcar gradualmente. Adicione a baunilha. Continue batendo até a mistura ficar firme e brilhante.
2. Junte o coco mexendo delicadamente.

Modelagem:
Método de pingar com o saco de confeiteiro. Use o bico pitanga e disponha a massa em assadeiras forradas com papel-manteiga.

Assamento:
150°C por aproximadamente 30 minutos.

 ## Biscoito doce simples

Ingredientes	Quantidade	Porcentagem
Manteiga e/ou gordura hidrogenada	500 g	40%
Açúcar	625 g	50%
Sal	10 g (2 colheres de chá)	0,9%
Ovo	125 g	10%
Leite	125 g	10%
Essência de baunilha	15 mL (1 colher de sopa)	1,25%
Farinha especial para bolo	1.250 g	100%
Fermento em pó químico	35 g	3%
Rendimento:	*2.685 g*	*215%*

Por 30 g:
Calorias, 120; Proteínas, 1 g; Gorduras, 4,5 g (36% cal.); Colesterol, 15 mg; Carboidratos, 17 g; Fibras, 0 g; Sódio, 150 mg.

■ **M o d o   d e   p r e p a r o**

Mistura:
Método cremoso.

Modelagem:
Método de cortar com o cortador. Antes de cortar a massa aberta, pincele-a com leite e polvilhe-a com açúcar. Use assadeiras untadas ou forradas com papel-manteiga.

Assamento:
190°C por 8 a 10 minutos.

V A R I A Ç Õ E S

Pode-se utilizar raspas, essência comum ou emulsificada de limão no lugar da baunilha.

Biscoito de açúcar mascavo
Aumente a manteiga para 50% (625 g). Omita o açúcar branco e utilize 60% (750 g) de açúcar mascavo.

Biscoito de chocolate
Substitua 125 g da farinha por 125 g de cacau em pó.

 ## Biscoito amanteigado

Ingredientes	Quantidade	Porcentagem
Manteiga	750 g	75%
Açúcar	500 g	50%
Sal	8 g (1 ½ colher de chá)	0,75%
Gema de ovo (ver Observação)	250 g	25%
Saborizante (opcional; ver Observação)		
Farinha especial para biscoito	1.000 g	100%
Rendimento:	*2.508 g*	*250%*

Por 30 g:
Calorias, 130; Proteínas, 2 g; Gorduras, 8 g (53% cal.); Colesterol, 55 mg; Carboidratos, 14 g; Fibras, 2 g; Sódio, 105 mg.

■ **M o d o   d e   p r e p a r o**

Mistura:
Método cremoso.

Modelagem:
Método de cortar com o cortador. Abra a massa até ela ficar com 0,5 cm de espessura (mais espessa do que a maioria dos biscoitos cortados). Use assadeiras untadas ou forradas com papel-manteiga.

Assamento:
175°C por aproximadamente 15 minutos.

Observação: o biscoito amanteigado escocês tradicional é feito com manteiga, farinha e açúcar – sem ovo, ingredientes para dar sabor ou qualquer líquido. Como a massa é quebradiça, não é aberta com o rolo, e sim prensada diretamente nas assadeiras ou em moldes, e depois assada. Na receita apresentada aqui, você pode fazer os biscoitos sem adicionar nenhum saborizante, ou juntar essência de baunilha, amêndoa ou limão.

Biscoito de canela

Ingredientes	Quantidade	Porcentagem
Manteiga e/ou gordura hidrogenada	500 g	80%
	250 g	40%
Açúcar cristal	250 g	40%
Açúcar mascavo	5 g	0,9%
Sal	(1 colher de chá)	
Canela	10 g	1,7%
	(1 ½ colher de sopa)	
Ovo	90 g	15%
Leite	30 g	5%
Farinha especial para biscoito	625 g	100%
Rendimento:	1.760 g	282%

Por 30 g:
Calorias, 130; Proteínas, 1 g; Gorduras, 7 g (48% cal.);
Colesterol, 25 mg; Carboidratos, 16 g; Fibras, 1 g; Sódio, 110 mg.

■ Modo de preparo

Mistura:
Método cremoso.

Modelagem:
Método de modelar. Passe os pedaços moldados em açúcar e canela antes de colocá-los em assadeiras untadas e achatá-los.

Assamento:
190°C por aproximadamente 10 minutos.

VARIAÇÃO

Biscoito de chocolate e canela
Substitua 125 g da farinha por 125 g de cacau em pó.

Biscoito de especiarias e uva-passa

Ingredientes	Quantidade	Porcentagem
Açúcar	700 g	100%
Manteiga e/ou gordura hidrogenada	225 g	33%
Ovo	225 g	33%
Melado	125 g	17%
Farinha especial para biscoito	700 g	100%
	3 g (2 colheres de chá)	0,5%
Canela em pó	1 g (½ colher de chá)	0,16%
Cravo-da-índia em pó	2 g (1 colher de chá)	0,3%
Gengibre em pó	3 g (¾ de colher de chá)	0,5%
Bicarbonato de sódio	5 g (1 colher de chá)	0,75%
Sal	470 g	67%
Uva-passa (ver Observação)		
Rendimento:	2.459 g	352%

Por 30 g:
Calorias, 100; Proteínas, 1 g; Gorduras, 2,5 g (21% cal.);
Colesterol, 15 mg; Carboidratos, 20 g; Fibras, 1 g; Sódio, 65 mg.

Observação: se a uva-passa estiver dura e seca, deixa-a de molho em água quente por 30 minutos, escorra e seque bem antes de adicionar à mistura.

■ Modo de preparo

Mistura:
Método direto seco.

Modelagem:
Método de cortar depois de assar. Pincele com ovos inteiros ou claras.

Assamento:
175°C por aproximadamente 15 minutos.

Como preparar a forma, assar e resfriar 973

Biscoito de manteiga de amendoim

Ingredientes	Quantidade	Porcentagem
Manteiga e/ou gordura hidrogenada	375 g	75%
Açúcar mascavo	250 g	50%
Açúcar cristal	250 g	50%
Sal	5 g (1 colher de chá)	1%
Manteiga de amendoim	375 g	75%
Ovo	125 g	25%
Farinha especial para biscoito	500 g	100%
Bicarbonato de sódio	5 g (1 colher de chá)	1%
Rendimento:	*1.885 g*	*377%*

Por 30 g:
Calorias, 130; Proteínas, 2 g; Gorduras, 8 g (53% cal.); Colesterol, 20 mg; Carboidratos, 14 g; Fibras, 1 g; Sódio, 135 mg.

■ Modo de preparo

Mistura:
Método cremoso. Faça um creme com a manteiga de amendoim, a gordura e o açúcar.

Modelagem:
Método de modelar. Use um garfo em vez de um peso para achatar os biscoitos. Use assadeiras untadas ou forradas com papel-manteiga.

Assamento:
190°C por 8 a 12 minutos, dependendo do tamanho.

Biscoito amanteigado de massa gelada

Ingredientes	Quantidade	Porcentagem
Manteiga e/ou gordura hidrogenada	1.000 g	67%
Açúcar cristal	500 g	33%
Açúcar de confeiteiro	500 g	33%
Sal	15 g	1%
Ovo	250 g	17%
Essência de baunilha	15 mL	1%
Farinha especial para biscoito	1.500 g	100%
Rendimento:	*3.780 g*	*252%*

Por 30 g:
Calorias, 120; Proteínas, 1 g; Gorduras, 6 g (44% cal.); Colesterol, 25 mg; Carboidratos, 16 g; Fibras, 1 g; Sódio, 110 mg.

■ Modo de preparo

Mistura:
Método cremoso.

Modelagem:
Método de cortar pouco antes de assar. Pese porções de massa de 750 g e molde em cilindros ou tiras. Fatie os biscoitos com 0,5 cm de espessura. Asse em assadeiras sem untar.

Assamento:
190°C por aproximadamente 12 minutos.

Variações

Para reduzir o espalhamento, substitua o açúcar cristal por açúcar de confeiteiro.

Biscoito amanteigado de caramelo
No lugar dos dois tipos de açúcar da receita básica, use 67% (1 kg) de açúcar mascavo e use apenas manteiga. Aumente os ovos para 25% (375 g). Adicione 1 colher de chá (5 g) de bicarbonato de sódio à farinha.

Biscoito amanteigado de chocolate (de massa gelada)
Adicione 17% (250 g) de chocolate meio amargo derretido ao creme de manteiga e açúcar.

Biscoito amanteigado de nozes
Adicione 25% (375 g) de nozes bem picadas à farinha peneirada da receita básica ou das receitas de biscoito de chocolate ou de biscoito de caramelo.

Brownies

Ingredientes	Quantidade	Porcentagem
Chocolate meio amargo	450 g	100%
Manteiga	675 g	150%
Ovo	675 g	150%
Açúcar	1.350 g	300%
Sal	7 g	1,5%
Essência de baunilha	(1 ½ colher de chá) 30 mL	6%
Farinha especial para bolo	450 g	100%
Nozes ou pecãs picadas	450 g	100%
Rendimento:	4.087 g	907%

Por brownie:
Calorias, 190; Proteínas, 3 g; Gorduras, 12 g (54% cal.); Colesterol, 45 mg; Carboidratos, 20 g; Fibras, 1 g; Sódio, 95 mg.

■ Modo de preparo

Mistura:
Método pão de ló.
1. Derreta o chocolate e a manteiga juntos em uma panela em banho-maria. Mexa até a mistura ficar homogênea. Deixe resfriar até atingir a temperatura ambiente.
2. Misture bem os ovos, o açúcar e o sal, mas não bata. Acrescente a baunilha.
3. Acrescente a mistura de chocolate e misture.
4. Peneire a farinha e incorpore-a delicadamente à massa.
5. Incorpore as nozes delicadamente.

Modelagem:
Método de espalhar na assadeira. Unte e enfarinhe a assadeira ou forre com papel-manteiga. A quantidade desta receita básica é suficiente para uma assadeira de 46 x 66 cm, 2 assadeiras com a metade desse tamanho, 4 assadeiras de 23 x 33 cm ou 6 assadeiras quadradas de 23 cm de lado.

Se desejar, a massa pode ser polvilhada com mais 50% (255 g) de nozes picadas depois de colocada na assadeira.

Assamento:
165°C por aproximadamente 60 minutos. Para *brownies* quadrados de 5 cm, corte os que forem assados em assadeiras retangulares grandes em 8 x 12 para obter cerca de 96 pedaços no total.

VARIAÇÃO

Brownies de caramelo ou *blondies*
Exclua o chocolate. Utilize açúcar mascavo em vez de açúcar branco. Aumente a quantidade de farinha para 600 g.

Biscotti de amêndoa

Ingredientes	Quantidade	Porcentagem
Ovo	300 g	35%
Açúcar	550 g	65%
Sal	12 g (2 colheres de chá)	2%
Essência de baunilha	8 mL (2 colheres de chá)	1%
Raspas de laranja	3 g (1 ¼ colher de chá)	0,5%
Farinha especial para biscoito	850 g	100%
Fermento em pó químico	20 g	2,5%
Amêndoa inteira branqueada (sem pele)	300 g	35%
Rendimento:	*2.047 g*	*241%*

Por 30 g:
Calorias, 110; Proteínas, 3 g; Gorduras, 4,5 g (36% cal.); Colesterol, 15 mg; Carboidratos, 15 g; Fibras, 2 g; Sódio, 110 mg.

■ **Modo de preparo**

Mistura:
Método pão de ló.
1. Misture os ovos, o açúcar e o sal. Mexa sobre água quente para aquecer a mistura. Bata até ficar leve e fofa.
2. Incorpore a baunilha e as raspas de laranja.
3. Peneire a farinha e o fermento em pó. Incorpore à mistura de ovos.
4. Junte as amêndoas e mexa.

Modelagem:
Método de cortar depois de assar. Faça retângulos de aproximadamente 6 cm de espessura. Polvilhe suas mãos e a bancada com farinha. A massa ficará mole, pegajosa e difícil de manipular, mas os pedaços não precisam ficar com o formato perfeito. Pincele com ovo.

Assamento:
160°C por aproximadamente 30 a 40 minutos, até ficar dourado claro.

Finalização:
Deixe esfriar um pouco. Corte na diagonal em fatias de aproximadamente 1,2 cm de espessura. Coloque as fatias na assadeira com o lado cortado para baixo. Asse a 135°C até que fiquem douradas e tostadas (aproximadamente 30 minutos).

■ TERMOS PARA REVISÃO

- higroscópico
- espalhamento
- método direto seco
- método cremoso
- método pão de ló
- biscoito de pingar com a colher
- biscoito de pingar com o saco de confeiteiro
- biscoito de cortar com o cortador
- biscoito de modelar
- biscoito de cortar pouco antes de assar
- biscoito de cortar depois de assar
- biscoito de espalhar na assadeira

■ QUESTÕES PARA DISCUSSÃO

1. O que faz com que os biscoitos fiquem crocantes? E como é possível mantê-los crocantes depois de assados?
2. Se você assou alguns biscoitos e eles ficaram com uma textura grudenta indesejável, como você pode corrigi-los no próximo lote?
3. Descreva brevemente a diferença entre o método cremoso e o método direto seco.
4. Além do controle de custo, por que é importante pesar os biscoitos com exatidão e modelá-los em tamanhos uniformes?

CAPÍTULO 34

CAPÍTULO 34

Tortas e massas

Nas terras colonizadas da América do Norte, não era incomum que a dona de casa pioneira assasse 21 tortas por semana — uma para cada refeição. As tortas eram tão importantes para os colonizadores que, no inverno, quando as frutas não estavam disponíveis, os cozinheiros preparavam tortas para sobremesa com quaisquer ingredientes disponíveis, como batatas, vinagre e até biscoito de água e sal.

Atualmente, poucos norte-americanos comem torta em todas as refeições. No entanto, elas ainda são uma sobremesa importante. Muitos clientes pedem e pagam mais caro por um pedaço de torta-creme de chocolate do que pagariam por um pudim de chocolate, mesmo que o recheio da torta seja o próprio pudim e que deixem toda a massa da torta no prato.

Neste capítulo, apresentaremos o preparo das massas e dos recheios de tortas. Além disso, discutiremos a produção de massa folhada, massa de bomba, merengues e sobremesas com frutas.

Após ler este capítulo, você deverá ser capaz de:

1. Preparar massa de torta crocante e massa de torta arenosa.
2. Preparar massas de torta de biscoito moído e massas de torta amanteigadas.
3. Montar e assar tortas.
4. Preparar os seguintes recheios de tortas: recheios de frutas que usam o método com suco pré-cozido, o método com fruta pré-cozida e o método tradicional; recheios à base de ovos; recheios cremosos e recheios gelados à base de *chiffon*.
5. Preparar massa folhada e produtos com massa folhada.
6. Preparar massa de bomba e produtos com massa de bomba.
7. Preparar merengue padrão e sobremesas com merengue.
8. Preparar sobremesas com frutas.

TORTAS

MASSAS PARA TORTA

Antes de começar a estudar esta seção, é melhor você revisar a seção sobre desenvolvimento do glúten no Capítulo 29. A massa para torta é um produto simples no que diz respeito aos ingredientes: farinha, gordura hidrogenada, água e sal. No entanto, o seu sucesso ou fracasso depende da maneira como a gordura hidrogenada e a farinha são misturadas e da formação do glúten. Para fazer uma massa de torta, é essencial que você utilize a técnica apropriada, e será mais fácil memorizar as técnicas se você compreender como funcionam.

INGREDIENTES

Farinha

A farinha especial para biscoito é a melhor para preparar massas de torta. Possui um teor de glúten suficiente para produzir a estrutura e a consistência necessárias, mas baixo o bastante para se obter uma massa macia, se manipulada adequadamente.

Se forem utilizadas farinhas mais fortes, isto é, com mais glúten, a porcentagem de gordura hidrogenada deve ser maior para fornecer mais maciez ao produto.

Gordura

A gordura hidrogenada normal é a gordura mais utilizada para massas de torta fechada, porque possui a consistência flexível correta para produzir uma massa flocosa. É firme e suficientemente moldável, produzindo uma massa fácil de trabalhar. Não se deve usar a gordura emulsificada, porque ela se mistura muito rapidamente com a farinha, dificultando a obtenção de uma massa flocosa.

A manteiga dá um sabor excelente à massa de torta, mas não é frequentemente usada na produção de larga escala por dois motivos: é cara e derrete com muita facilidade, dificultando o trabalho com a massa.

É bom, se os custos permitirem, misturar uma determinada quantidade de manteiga à gordura hidrogenada usada nas massas de torta para melhorar o sabor. A quantidade de massa de torta que vai para o lixo depois que os clientes consomem o recheio é prova de que muitas pessoas não ficam satisfeitas com o sabor das massas de torta feitas com gordura hidrogenada.

Se for usada somente manteiga em vez de gordura hidrogenada, a porcentagem de gordura na fórmula deve ser aumentada em aproximadamente um quarto (se a receita pedir 500 g de gordura hidrogenada, use 625 g de manteiga). A quantidade de líquido deve ser um pouco reduzida, já que a manteiga contém umidade.

A banha de porco é um tipo excelente de gordura para tortas, porque é consistente e flexível. Algumas pessoas não gostam do sabor, por isso não é muito utilizada no setor de serviços alimentícios.

Líquido

A água é necessária para a formação de glúten na farinha e para dar textura e flocosidade à massa. Se for usada muita água, a massa se torna dura por causa da alta formação de glúten. Se não for usada água suficiente, a massa desmancha.

O leite enriquece a massa, que fica dourada rapidamente. No entanto, ela fica menos crocante e o custo de produção é mais alto.

Quer se adicione leite ou água, devem estar frios (abaixo de 4°C) para manter a temperatura adequada da massa.

Sal

O sal amacia e condiciona o glúten. No entanto, a sua principal contribuição está relacionada ao sabor.

O sal deve ser dissolvido no líquido antes de ser acrescentado à mistura para que ocorra uma distribuição uniforme.

TEMPERATURA

A massa de torta deve ser mantida fria, aproximadamente a 15°C, durante os estágios de mistura e modelagem, por dois motivos:

1. A consistência da gordura hidrogenada é melhor quando fria. Quando aquecida, se mistura muito rapidamente com a farinha. Se estiver muito gelada, fica muito firme para se trabalhar com facilidade.

2. O glúten se forma mais lentamente em temperaturas mais baixas do que em temperaturas mais altas.

TIPOS DE MASSA DE TORTA

Existem dois tipos básicos de massa de torta: crocante e arenosa, também chamada de "massa podre".

A diferença entre as duas é a maneira como a gordura é misturada à farinha. Os procedimentos completos de mistura são apresentados mais adiante. É importante, primeiro, compreender a diferença básica entre os dois tipos.

Massa crocante para torta

Na **massa crocante**, a gordura é cortada e esfregada na farinha até que as partículas fiquem do tamanho de ervilhas ou avelãs. Ou seja, na verdade a farinha não é misturada completamente à gordura, mas sim reduzida a pedaços do tamanho de uma ervilha. (Muitos profissionais fazem uma distinção entre esse tipo de massa, denominada *short-flake* em inglês, e a massa *long-flake*, na qual a gordura é deixada em pedaços do tamanho de uma noz, quando a farinha é ainda menos incorporada à gordura hidrogenada.)

Quando se acrescenta água, a farinha absorve a água e ocorre a formação do glúten. Quando a massa é aberta, os pedacinhos de gordura e farinha umedecida são achatados e se transformam em lâminas de massa separadas por camadas de gordura.

Massa arenosa para torta

Na **massa arenosa** ou podre, a gordura é mais misturada à farinha, até que esta se assemelhe a um fubá grosso. A farinha é mais envolta na gordura, por isso:

- A massa fica bastante amanteigada e macia, em decorrência da menor formação de glúten.
- Menos água é necessária na mistura, porque a farinha não absorverá tanta água como na massa crocante.
- A massa assada provavelmente absorverá menos umidade do recheio e não ficará encharcada.

A massa arenosa é usada para fundos de tortas assadas com frutas e tortas com recheios à base de creme de ovos, por não ficarem encharcadas. A massa crocante é usada na parte de cima de tortas fechadas e para preparar massas de torta pré-assadas.

Sobras de massa

As sobras de massa retrabalhadas ficam mais duras do que a massa original. Podem ser misturados a massas arenosas e usados apenas para preparar fundos de tortas.

COMO MISTURAR MASSAS DE TORTA

Para quantidades pequenas, é melhor misturar com a mão, especialmente massas crocantes, para que haja um controle melhor da mistura. Quantidades até 5 kg podem ser misturadas com a mesma rapidez do que se fossem misturadas em uma batedeira.

Se for utilizar a batedeira, use um misturador próprio para massa de torta e bata em velocidade baixa.

Os procedimentos para abrir massas de torta e forrar formas de torta são discutidos na próxima seção, "Como montar e assar".

Massa crocante para torta
Massa arenosa para torta

Ingredientes	Massa crocante Quantidade	Porcentagem	Massa arenosa (podre) Quantidade	Porcentagem
Farinha especial para biscoito	1.000 g	100%	1.000 g	100%
Gordura hidrogenada	700 g	70%	650 g	65%
Sal	20 g	2%	20 g	2%
Água	300 g	30%	250 g	25%
Rendimento:	2.020 g	202%	1.920 g	192%

Por 30 g:
Calorias, 130; Proteínas, 1 g; Gorduras, 10 g (65% cal.);
Colesterol, 0 mg; Carboidratos, 11 g; Fibras, 20 g; Sódio, 105 mg.

Modo de preparo

Mistura:
1. Separe todos os equipamentos.
2. Separe e pese os ingredientes.
3. Dissolva o sal na água. Reserve.
4. Coloque a farinha e a gordura hidrogenada na tigela da batedeira.
5. Corte ou esfregue a gordura hidrogenada na farinha até o ponto desejado:
   Massa arenosa — até que a mistura se assemelhe a um fubá grosso.
   Massa crocante — até que as partículas de gordura fiquem do tamanho de ervilhas ou avelãs.
6. Acrescente a água com sal. Misture delicadamente até que a água seja absorvida. Não trabalhe demais a massa.
7. Coloque a massa em formas, cubra com filme plástico e leve à geladeira ou à câmara fria por algumas horas.

OUTRAS MASSAS DE TORTA

Massa de biscoito moído

Massas de biscoito moído são populares por seu sabor agradável e pela facilidade de preparo em relação aos outros tipos de massa de torta. Para variar, pode-se usar biscoito do tipo *wafer* esfarelado nos sabores baunilha ou chocolate, ou biscoitos de gengibre, em vez de biscoito do tipo maisena. Podem ser acrescentadas nozes moídas para sobremesas especiais.

A **massa de biscoito moído** só é usada em tortas não assadas, como a torta *chiffon* ou tortas cremosas. Lembre-se de combinar o sabor da massa com o sabor do recheio. Uma torta *chiffon* de limão com massa de biscoito sabor chocolate não é uma combinação apetitosa. Alguns recheios cremosos são tão delicados que seriam anulados com uma massa que tivesse muito sabor.

Assar a massa de biscoito moído a torna mais firme e menos quebradiça, além de acentuar o sabor.

Massas amanteigadas

A massa amanteigada é, na realidade, uma massa de biscoito doce. É mais rica que a massa de torta coberta e contém manteiga, açúcar e ovos. Como a **massa amanteigada** é mais difícil de ser manipulada, é usada principalmente para *tartelettes* e outras tortinhas de fruta.

Tortas 981

Massa de biscoito moído para tortas

Rendimento: 900 g
Massa para: 4 tortas de 23 cm de diâmetro
5 tortas de 20 cm de diâmetro

Quantidade	Ingredientes
450 g	Biscoito doce moído
225 g	Açúcar
225 g	Manteiga derretida

Por 30 g:
Calorias, 140; Proteínas, 1 g; Gorduras, 7 g (45% cal.); Colesterol, 15 mg; Carboidratos, 18 g; Fibras, 0 g; Sódio, 140 mg.

■ Modo de preparo

1. Misture o biscoito moído e o açúcar na tigela da batedeira.
2. Acrescente a manteiga e bata até obter uma consistência uniforme e até que a mistura seca tenha sido umedecida pela manteiga.
3. Pese a mistura nas formas: 225 g para formas de 23 cm; 175 g para formas de 20 cm.
4. Espalhe a mistura de maneira uniforme no fundo e nas laterais da forma. Posicione outra forma vazia por cima e pressione para compactar e nivelar a farinha de biscoito de maneira uniforme*.
5. Asse a 175°C por 10 minutos.
6. Deixe esfriar completamente antes de colocar o recheio.

VARIAÇÕES

Substitua o biscoito tipo maisena por biscoito *wafer* sabor chocolate ou baunilha, ou biscoito de gengibre.

*N.R.: As tortas norte-americanas tradicionais (*pies* em inglês) geralmente são assadas em refratários redondos cujas laterais são um pouco mais altas e ligeiramente anguladas para fora, de modo que se pode usar o fundo de uma forma vazia para dar forma à farofa úmida de biscoito moído.

Massa amanteigada para torta doce

Ingredientes	Quantidade	Porcentagem
Manteiga ou manteiga e gordura hidrogenada	500 g	67%
Açúcar	180 g	25%
Sal	4 g (¼ de colher de chá)	0,5%
Ovo	140 g	19%
Farinha especial para biscoito	750 g	100%
Rendimento:	1.574 g	211%

Por 30 g:
Calorias, 130; Proteínas, 2 g; Gorduras, 8 g (53% cal.); Colesterol, 30 mg; Carboidratos, 14 g; Fibras, 2 g; Sódio, 100 mg.

■ Modo de preparo

1. Usando o misturador raquete, bata a manteiga, o açúcar e o sal em velocidade baixa até obter uma consistência uniforme e macia.
2. Adicione os ovos e misture até que tenham sido absorvidos.
3. Peneire a farinha e acrescente à mistura. Misture até formar uma massa homogênea.
4. Leve à geladeira por algumas horas antes de usar.

Procedimento para preparar *tartelettes*

1. Abra a massa amanteigada gelada sobre uma superfície enfarinhada até que fique com um pouco menos de 0,5 cm de espessura.
2. Corte círculos com um cortador redondo aproximadamente 1 cm maior que o diâmetro da borda das forminhas.
3. Para cada *tartelette*, forre uma forminha com a massa, pressionando bem as laterais e o fundo. Se estiver usando formas com bordas caneladas, deixe a massa mais grossa nas laterais para que não quebre.
4. Cubra a massa com discos de papel e coloque grãos de feijão sobre o papel para evitar que a massa forme bolhas ao assar.
5. Asse a 200°C por aproximadamente 15 minutos ou até que a massa esteja totalmente assada. Retire o papel e os grãos de feijão.
6. Deixe a massa esfriar completamente e retire das formas.
7. Encha cada uma com Creme de confeiteiro sabor baunilha (ver Cap. 35) até a metade.
8. Cubra o creme com frutas bem escorridas, frescas, cozidas ou em calda.
9. Pincele a superfície com geleia de brilho de damasco, geleia de groselha derretida ou outra geleia de brilho (ver Cap. 32).
10. Mantenha sob refrigeração até o momento de servir.

COMO MONTAR E ASSAR

TIPOS DE TORTAS

As tortas podem ser classificadas em dois grupos com base nos métodos de montar e assar.

1. **Tortas assadas.**
   O recheio é colocado sobre a massa crua, que depois é assada. As **tortas de frutas** geralmente levam recheio de frutas e são cobertas com massa. As **tortas com recheio à base de ovos** são aquelas com recheios líquidos do tipo pudim que ficam firmes quando o conteúdo, composto por ovos, se coagula dentro do forno. Geralmente levam massa apenas no fundo e nas laterais, não em cima.

2. **Tortas frias.**
   Depois que o recheio é colocado sobre a massa, ela é levada à geladeira e servida quando o recheio está suficientemente firme para ser cortado. **Tortas cremosas** são feitas com recheios do tipo creme de gemas previamente cozidos. **Tortas à base de chiffon** são feitas com recheios que ficam leves com a adição de claras em neve.

Procedimento para abrir massas de torta e forrar formas

1. Pese a massa.

   225 g para forrar formas de 23 cm   175 g para forrar formas de 20 cm

   175 g para cobrir formas de 23 cm   150 g para cobrir formas de 20 cm

   Profissionais experientes conseguem usar menos massa para abrir os discos de massa porque, quando são exatamente do tamanho necessário, há menos desperdício de massa.

2. Polvilhe a bancada e o rolo com farinha.

   Muita farinha endurece a massa. Use o suficiente para a massa não grudar.

3. Abra a massa.

   Achate levemente a bola de massa e abra-a com o rolo de maneira que fique com uma espessura de 3 mm. Com movimentos uniformes, abra a partir do centro em todas as direções. Levante a massa com frequência para que não grude. A massa finalizada deve formar um círculo perfeito.

4. Coloque a massa sobre uma forma.

   Para levantar a massa sem quebrá-la, enrole-a de leve no rolo. Deixe a massa cair dentro da forma e pressione as laterais para dentro sem esticar muito. As massas esticadas encolhem ao assar. Não devem restar bolhas entre a massa e a forma.

5. Para tortas abertas, trabalhe a borda da massa decorativamente, se desejar, e corte o excesso.

   Alguns profissionais acreditam que bordas trabalhadas melhoram a aparência do produto. Outros acham que se perde muito tempo fazendo as dobrinhas, que resultam em uma crosta de massa pesada, em geral deixada nos pratos pelos clientes.

6. Para tortas fechadas:

   Coloque o recheio frio sobre a base de massa, cubra com a parte de cima e sele as bordas. Trabalhe a borda, se desejar, e corte o excesso de massa. Pincele a parte superior com ovos ou geleia de brilho.

7. Asse conforme instruções da receita.

FUNDO ENCHARCADO

Uma falha comum em tortas é ficarem com o fundo cru ou encharcado com o líquido do recheio. É possível evitar que os fundos fiquem encharcados de diversas maneiras.

1. Use massa arenosa para os fundos de tortas. A massa arenosa absorve menos líquido que a massa crocante.
2. Use fogo alto na parte de baixo da torta, pelo menos no início, para fazer com que a massa fique firme rapidamente. Asse a torta na parte de baixo do forno.
3. Não coloque recheios quentes em massas cruas.
4. Use formas de metal escuro para tortas, pois absorvem mais calor (se usar formas de alumínio descartáveis, escolha as que têm fundo preto, ver Fig. 34.1a).

Procedimento para preparar tortas assadas

Observação: para tortas abertas, exclua as etapas 3 a 7.

1. Forre a forma com a massa, como descrito no procedimento básico (Fig. 34.1).
2. Despeje o recheio *frio* dentro da forma forrada de massa. Veja a Tabela 34.1 para obter instruções sobre a quantidade de recheio. Não derrame recheio nas bordas, pois isso dificulta na hora de selar a massa com a da parte de cima. Para evitar entornar recheios líquidos de tortas abertas, coloque a forma forrada na grade do forno e despeje dentro o recheio.
3. Abra a massa para cobrir a torta.
4. Perfure para que o vapor escape ao assar.
5. Umedeça a borda da base da torta para ajudar a selá-la na parte de cima.
6. Coloque a massa de cima no lugar. Sele as bordas firmemente, cortando o excesso de massa. Uma maneira fácil de fazer isso é pressionando a borda com os dentes de um garfo. Outra possibilidade é trabalhar as bordas decorativamente com os dedos. Uma maneira eficiente de cortar o excesso de massa é ir girando a forma enquanto pressiona firmemente a borda de massa contra a forma com a palma da mão.
7. Pincele a superfície com o ingrediente desejado: leite, creme de leite, ovos com leite ou água. Polvilhe com açúcar granulado, se quiser.
8. Coloque a forma na grade mais baixa do forno preaquecido entre 220 e 230°C. A temperatura inicial alta ajuda a firmar rapidamente o fundo da torta, evitando que a massa fique encharcada. Geralmente, as tortas de frutas são assadas em temperatura alta até o final. Para tortas com recheios cremosos, reduza a temperatura para 165 a 175°C após 10 minutos, para evitar de cozinhar o creme em excesso e talhá-lo. As tortas com recheios cremosos incluem as que contém grande quantidade de ovos, como a *Pumpkin pie* (p. 991) e a *Pecan pie* (p. 991).

Tabela 34.1
Instruções sobre a quantidade de recheio para tortas assadas

Diâmetro da torta	Peso do recheio
20 cm	750-850 g
23 cm	900-1.150 g
25 cm	1.150-1.400 g

Observação: os pesos aqui servem apenas como orientação. Pesos exatos podem variar dependendo do recheio e da profundidade da forma.

Figura 34.1
Como preparar tortas para assar.

(a) Forre a forma de torta com a massa.

(b) Encha com o recheio frio.

(c) Cubra com a massa da parte de cima.

(d) Sele as bordas, cortando o excesso de massa.

Procedimento para preparar bases para tortas frias

1. Forre uma forma com a massa da torta como indicado no procedimento básico.
2. Perfure bem a massa com um garfo para evitar a formação de bolhas.
3. Coloque outra forma dentro da primeira de maneira que a massa fique entre as duas formas. Isso é chamado de *double-panning* em inglês.
4. Coloque as formas de cabeça para baixo no forno preaquecido a 230°C. Assar a massa de cabeça para baixo evita que ela encolha dentro da forma. Alguns profissionais preferem resfriar a massa antes de assá-la para relaxar o glúten e ajudar a diminuir o encolhimento.
5. Asse a 230°C por 10 a 15 minutos. A forma de cima pode ser retirada durante a última parte do cozimento para que a massa fique dourada.
6. Deixe a massa assada esfriar completamente.
7. Encha com o recheio cremoso pronto ou *chiffon*. Coloque o recheio na massa o mais próximo possível do momento de servir, para ela não encharcar.
8. Coloque para gelar até que esteja firme o bastante para fatiar.

RECHEIOS

AMIDOS PARA RECHEIOS

Muitos tipos de recheios de tortas, especialmente os recheios de frutas e cremosos, dependem do amido para adquirir sua textura encorpada.

Tipos

O amido de milho é usado para tortas cremosas porque torna o recheio firme, mantendo o formato quando cortado. O amido de milho pode também ser usado para tortas de frutas.

O amido de milho ceroso e outros amidos modificados são melhores para tortas de frutas, pois ficam transparentes quando firmes, formando uma pasta macia, e não um gel firme. O amido de milho modificado deve ser usado para tortas que serão congeladas porque não se decompõe ao ser congelado.

Farinha, tapioca e outros amidos são usados com menos frequência. A farinha possui menor poder espessante que outros amidos e torna o produto mais opaco.

O **amido pré-gelatinizado** já vem cozido. Quando usado com determinados recheios de frutas, elimina a necessidade de cozinhar o recheio antes de preparar a torta. Não apresenta vantagem alguma se o recheio contiver ingredientes como frutas cruas ou ovos crus, que precisam ser cozidos.

Os amidos diferem quanto ao poder espessante, por isso, siga as fórmulas à risca.

Como cozinhar amidos

Para evitar que empelotem, os amidos devem ser misturados com um líquido frio ou açúcar antes de serem adicionados a um líquido quente.

O *açúcar* e os *ácidos fortes* reduzem o poder espessante do amido. Quando possível, parte do açúcar (ou todo ele) e ácidos fortes como suco de limão devem ser adicionados *depois que o amido engrossar*.

RECHEIOS DE FRUTAS

Recheios de frutas para tortas consistem em frutas e sucos de frutas, açúcar, especiarias e um amido espessante.

Frutas para recheios de tortas

Frutas frescas produzem tortas excelentes se forem da estação. Maçãs frescas são muito usadas para produzir boas tortas. Mas a qualidade das frutas frescas pode variar consideravelmente, e as tortas de frutas frescas exigem muito trabalho.

As *frutas congeladas* são amplamente usadas em tortas, pois apresentam qualidade consistente e estão disponíveis para uso imediato.

Frutas em conserva também podem ser de boa qualidade. As conservadas em seu próprio suco rendem mais fruta por embalagem do que as conservadas com calda ou água.

Frutas secas devem ser reidratadas. Isso pode ser feito deixando-as de molho e, geralmente, cozinhando-as em fogo brando antes de serem acrescentadas ao recheio.

As frutas devem apresentar acidez suficiente para dar sabor aos recheios. Na falta de acidez natural, é possível acrescentar suco de limão, laranja ou abacaxi.

Método com suco pré-cozido

A vantagem do **método com suco pré-cozido** é que apenas o suco da fruta é cozido. A fruta retém melhor o formato e o sabor porque fica sujeita a menos calor e manipulação. Este método é usado quando a fruta não requer ou requer pouco cozimento antes de ser usada para rechear a torta (p. ex.: cereja, pêssego e a maioria das frutas congeladas ou em conserva). As frutas vermelhas frescas também podem ser preparadas por este método. Uma parte das frutas é cozida ou transformada em purê para que forneçam o suco. As frutas vermelhas restantes são misturadas com o gel finalizado.

Método com fruta pré-cozida

O **método com fruta pré-cozida** é usado quando a fruta precisa ser cozida ou quando não há líquido suficiente para se utilizar o método de calda pré-cozida. Exemplos de frutas preparadas assim: maçã fresca, uva-passa e ruibarbo.

Tortas 985

Procedimento: método com suco pré-cozido

1. Escorra o suco da fruta em um recipiente.
2. Meça o suco obtido e, se necessário, adicione água ou outro suco de fruta para obter o volume desejado.
3. Aqueça o suco até levantar fervura.
4. Dissolva o amido em água fria e misture ao suco fervente. Aqueça até ferver novamente e cozinhe até que esteja transparente e tenha engrossado.
5. Adicione o açúcar, o sal e outros ingredientes de sabor e mexa até que estejam bem dissolvidos.
6. Despeje o suco engrossado quente sobre a fruta escorrida e misture delicadamente. Cuidado para não quebrar ou amassar as frutas.
7. Deixe esfriar.

Procedimento: método com fruta pré-cozida

1. Aqueça a fruta e seu suco ou água até levantarem fervura. Pode-se acrescentar um pouco de açúcar à fruta para facilitar a extração dos sucos.
2. Dissolva o amido em água fria e adicione à fruta. Aqueça, mexendo, até ferver novamente e cozinhe até que o suco esteja transparente e tenha engrossado.
3. Adicione o açúcar, o sal e os ingredientes de sabor, além dos demais ingredientes, e mexa até que estejam bem dissolvidos.
4. Resfrie o mais rapidamente possível.

Variação

Algumas frutas, como maçãs frescas, podem ser cozidas na manteiga e não em água para se obter um sabor melhor.

Método tradicional

Este método se adapta melhor às tortas preparadas com maçã ou pêssego frescos. Não é tão utilizado no setor de serviços alimentícios quanto os outros métodos pois é mais difícil controlar o espessamento dos sucos por este método.

Procedimento: método tradicional

1. Misture muito bem o amido e as especiarias com o açúcar.
2. Junte essa mistura à fruta.
3. Despeje na massa de torta não assada.
4. Coloque pedaços de manteiga sobre o recheio.
5. Cubra com a massa de cima ou com *Streusel* (p. 922) e asse.

MÉTODO COM SUCO PRÉ-COZIDO

 Recheio para torta de maçã (fruta em conserva)

Rendimento: aproximadamente 4,5 kg
cinco tortas de 20 cm
quatro tortas de 23 cm
três tortas de 25 cm

Quantidade	Ingredientes
3 kg	Maçãs conservadas em água
conforme necessário	Água
250 mL	Água fria
90 g	Amido de milho ou amido de milho modificado
575 g	Açúcar
7 g (1 ¼ de colher de chá)	Sal
7 g (4 ¼ colheres de chá)	Canela
2 g (1 colher de chá)	Noz-moscada
90 g	Manteiga

Por 30 g:
Calorias, 30; Proteínas, 0 g; Gorduras, 0,5 g (14% cal.); Colesterol, 0 mg; Carboidratos, 7 g; Fibras, 0 g; Sódio, 25 mg.

Modo de preparo

1. Escorra as maçãs, reservando o suco.
2. Adicione água suficiente ao suco para obter 750 mL.
3. Misture a água fria e o amido.
4. Aqueça a mistura de suco e água até levantar fervura.
5. Acrescente a mistura de amido e água e deixe levantar fervura novamente.
6. Acrescente os ingredientes restantes (exceto as maçãs). Cozinhe em fogo brando até que o açúcar dissolva.
7. Despeje a calda sobre as maçãs e misture delicadamente. Deixe esfriar bem.
8. Despeje o recheio nas formas forradas de massa. Asse a 220°C por aproximadamente 30 a 40 minutos.

VARIAÇÕES

Recheio para torta de maçã holandesa
Cozinhe 250 g de passas em água, em fogo brando. Escorra e adicione ao recheio de maçã.

Recheio para torta de cereja
Use 3 kg de cerejas ácidas conservadas em água em vez das maçãs. Aumente o amido para 125 g. Adicione 45 mL de suco de limão na etapa 6. Aumente o açúcar para 800 g. Exclua a canela e a noz-moscada. Adicione extrato de amêndoa a gosto (opcional). Se quiser, adicione 2 a 3 gotas de anilina vermelha.

Recheio para torta de pêssego
Em vez de maçãs, use pêssegos fatiados, preferencialmente conservados sem água. Exclua a canela e a noz-moscada.

Recheio para torta de abacaxi
Em vez de maçãs, use 3 kg de abacaxi moído em conserva. Na etapa 1, aumente o líquido para 1 L. Aumente o amido para 125 g. Use 700 g de açúcar e 250 g de xarope de glucose de milho. Exclua a canela e a noz-moscada.

Torta de maçã com cobertura *Streusel*.

Tortas 987

 ### Recheio para torta de mirtilo (fruta congelada)

Rendimento: aproximadamente 3.375 g
quatro tortas de 20 cm
três tortas de 23 cm

Por 30 g:
Calorias, 30; Proteínas, 0 g; Gorduras, 0 g (0% cal.); Colesterol, 0 mg; Carboidratos, 8 g; Fibras, 1 g; Sódio, 20 mg.

Quantidade	Ingredientes
2.250 g	Mirtilo (*blueberry*) congelado sem açúcar
conforme necessário	Água
175 g	Açúcar
190 mL	Água fria
90 g	Amido de milho ou amido de milho modificado
412 g	Açúcar
8 g (1 ¼ colher de chá)	Sal
4 g (2 ⅛ colheres de chá)	Canela
45 mL	Suco de limão

■ Modo de preparo

1. Descongele os mirtilos na embalagem original, sem abrir.
2. Escorra, reservando o suco. Adicione água suficiente ao suco para obter 250 mL. Acrescente o açúcar.
3. Misture a água fria e o amido.
4. Aqueça a mistura de suco e água até levantar fervura. Junte o amido. Deixe levantar fervura novamente para engrossar.
5. Acrescente o açúcar, o sal, a canela e o suco de limão. Leve ao fogo e mexa até o açúcar dissolver.
6. Despeje o suco engrossado sobre os mirtilos escorridos. Misture delicadamente. Deixe esfriar bem.
7. Despeje o recheio nas formas forradas de massa. Asse a 220°C durante aproximadamente 30 minutos.

V A R I A Ç Õ E S

Recheio para torta de maçã congelada
Use 2,25 kg de maçã congelada em vez de mirtilos. Reduza a segunda quantidade de açúcar para 225 g. Reduza o amido para 45 g. Acrescente ½ colher (chá) de noz-moscada e 90 g de manteiga na etapa 5.

Recheio para torta de cereja congelada
Use 2,25 kg de cereja congelada em vez de mirtilos. Aumente o líquido da etapa 2 para 500 mL. Reduza o amido para 75 g. Reduza a segunda quantidade de açúcar para 285 g. Exclua a canela e reduza o suco de limão para 20 mL.

 ### Recheio para torta de morango fresco

Rendimento: aproximadamente 2,75 kg
três tortas de 20 cm
duas tortas de 25 cm

Quantidade	Ingredientes
2.050 g	Morangos frescos inteiros
250 mL	Água fria
400 g	Açúcar
60 g	Amido de milho ou amido de milho modificado
½ colher (chá)	Sal
30 mL	Suco de limão

■ Modo de preparo

1. Apare, lave e escorra os morangos. Reserve 1,6 kg. Caso sejam pequenos, deixe-os inteiros, ou corte-os ao meio ou em quatro se forem grandes.
2. Amasse ou faça um purê com os 400 g restantes de morango. Misture com a água (se desejar um recheio de suco transparente, essa mistura pode ser peneirada.)
3. Misture o açúcar, o amido e o sal. Acrescente essa mistura à mistura de suco frio e água e mexa até dissolver tudo muito bem.
4. Leve ao fogo até ferver, mexendo sem parar. Cozinhe até engrossar.
5. Retire do fogo e junte o suco de limão.
6. Deixe esfriar até atingir a temperatura ambiente, mas não leve à geladeira.
7. Mexa para alisar a mistura. Misture aos morangos reservados.
8. Coloque o recheio nas massas já assadas e leve à geladeira (não asse).

Por 30 g:
Calorias, 25; Proteínas, 0 g; Gorduras, 0 g (0% cal.); Colesterol, 0 mg; Carboidratos, 6 g; Fibras, 0 g; Sódio, 10 mg.

MÉTODO COM FRUTA PRÉ-COZIDA

Recheio para torta de ruibarbo

Rendimento: aproximadamente 2,5 kg
três tortas de 20 cm
duas tortas de 25 cm

Quantidade	Ingredientes
1,6 kg	Ruibarbo fresco
250 mL	Água
225 g	Açúcar
125 mL	Água
75 g	Amido de milho
225 g	Açúcar
1 colher (chá)	Sal
30 g	Manteiga

Por 30 g:
Calorias, 30; Proteínas, 0 g; Gorduras, 5 g (14% cal.);
Colesterol, 0 mg; Carboidratos, 7 g; Fibras, 0 g; Sódio, 30 mg.

Modo de preparo

1. Corte o ruibarbo em pedaços de 2,5 cm.
2. Misture o ruibarbo, a água e o açúcar em uma panela funda. Aqueça até ferver e, então, cozinhe em fogo brando por 2 minutos.
3. Misture a água fria e o amido. Acrescente ao ruibarbo e deixe ferver até que o líquido engrosse e fique transparente.
4. Acrescente os outros ingredientes à panela. Mexa delicadamente até que o açúcar esteja dissolvido e a manteiga derretida.
5. Deixe esfriar bem.
6. Despeje o recheio nas formas forradas de massa. Asse a 220°C por aproximadamente 30 a 40 minutos.

VARIAÇÃO

Recheio para torta de maçã fresca
Use 2,25 kg de maçãs frescas descascadas e fatiadas em vez de ruibarbo. Acrescente 1 ½ colher (chá) de canela, ½ colher (chá) de noz-moscada e 15 a 30 mL de suco de limão na etapa 4.

Recheio para torta de uva-passa

Rendimento: aproximadamente 1 kg
Uma torta de 23 cm

Quantidade	Ingredientes
360 g	Uva-passa
400 mL	Água
50 mL	Água fria
15 g	Amido de milho ou amido de milho modificado
115 g	Açúcar
½ colher (chá)	Sal
3 ½ colheres (chá)	Suco de limão
½ colher (chá)	Raspas de limão
⅕ de colher (chá)	Canela
20 g	Manteiga

Por 30 g:
Calorias, 50; Proteínas, 0 g; Gorduras, 0 g (0% cal.);
Colesterol, 0 mg; Carboidratos, 12 g; Fibras, 5 g; Sódio, 35 mg.

Modo de preparo

1. Misture as passas e a água em uma panela funda. Cozinhe em fogo brando por 5 minutos.
2. Misture a água fria e o amido. Acrescente às passas e cozinhe em fogo brando até que o líquido engrosse.
3. Acrescente os outros ingredientes. Mexa até que o açúcar tenha dissolvido e a mistura esteja homogênea.
4. Deixe esfriar completamente.
5. Despeje o recheio nas formas forradas de massa. Asse a 220°C por aproximadamente 30 a 40 minutos.

MÉTODO TRADICIONAL

 Recheio tradicional para torta de maçã

Rendimento: aproximadamente 5 kg
seis tortas de 20 cm
cinco tortas de 23 cm
quatro tortas de 25 cm

Quantidade	Ingredientes
4,1 kg (PL)	Maçã fresca, descascada e fatiada
60 mL	Suco de limão
900 g	Açúcar
90 g	Amido de milho
7 g (1 ¼ colher de chá)	Sal
7 g (4 ¼ colheres de chá)	Canela
1 colher (chá)	Noz-moscada
90 g	Manteiga

Modo de preparo

1. Selecione maçãs firmes e ácidas.
2. Misture as fatias de maçã ao suco de limão em uma tigela grande, mexendo para cobrir as maçãs com o suco.
3. Misture o açúcar com o amido de milho, o sal e as especiarias.
4. Acrescente às maçãs e misture delicadamente até que os ingredientes estejam bem misturados.
5. Coloque o recheio nas formas forradas. Coloque pedaços de manteiga sobre o recheio antes de cobrir com a parte de cima da massa. Asse a 200°C por aproximadamente 45 minutos.

Por 30 g:
Calorias, 40; Proteínas, 0 g; Gorduras, 0,5 g (11% cal.); Colesterol, 0 mg; Carboidratos, 9 g; Fibras, 0 g; Sódio, 20 mg.

RECHEIOS À BASE DE OVOS E CREMOSOS

Tortas com recheios à base de ovos, como a *pumpkin pie* (de abóbora), a *pecan pie* (de noz-pecã) ou outras tortas semelhantes são preparadas com um recheio líquido não cozido que contém ovos. Os ovos coagulam quando a torta é assada, tornando o recheio firme.

A maior dificuldade ao preparar esse tipo de torta é assar a massa completamente sem assar demais o recheio. Comece a assar a torta na parte de baixo do forno a 220-230°C nos primeiros 10 minutos, para que a massa fique firme. Depois, reduza a temperatura para 165 a 175°C para cozinhar o recheio lentamente.

Para verificar se a torta já está assada:

1. Sacuda delicadamente a torta. Se o recheio já não estiver líquido, está assada. O centro ainda estará ligeiramente mole, mas continuará a assar em seu próprio calor depois que a torta for retirada do forno.
2. Insira uma faca de lâmina fina a 2,5 cm do centro. Sairá limpa se a torta estiver assada.

Recheio para torta à base de ovos e leite

Rendimento: 3,6 kg
 cinco tortas de 20 cm
 quatro tortas de 23 cm
 três tortas de 25 cm

Quantidade	Ingredientes
900 g	Ovo
450 g	Açúcar
1 colher (chá)	Sal
30 mL	Essência de baunilha
2,5 L	Leite (ver Observação)
1 a 1 ½ colher (chá)	Noz-moscada

Por 30 g:
Calorias, 35; Proteínas, 2 g; Gorduras, 1,5 g (33% cal.); Colesterol, 35 mg; Carboidratos, 5 g; Fibras, 0 g; Sódio, 35 mg.

Observação: para um creme mais substancioso, use parte leite e parte creme de leite.

Modo de preparo

1. Bata ligeiramente os ovos. Acrescente o açúcar, o sal e a baunilha. Bata bem, até ficarem homogêneos, mas não incorpore ar à mistura.
2. Adicione o leite. Retire qualquer espuma que se formar na superfície.
3. Despeje nas formas forradas de massa crua.
4. Polvilhe com a noz-moscada.
5. Asse a 230°C por 15 minutos. Reduza o forno para 165°C e asse até que o recheio fique firme, aproximadamente 20 a 30 minutos.

VARIAÇÃO

Recheio para torta cremosa de coco
Use 275 g de coco ralado sem açúcar. Polvilhe o coco sobre a massa antes de despejar o recheio. Se quiser, o coco pode ser ligeiramente tostado no forno antes de ser adicionado à massa. Exclua a noz-moscada.

Tortas 991

Pumpkin pie (recheio para torta de abóbora-moranga)

Rendimento: 2 kg
 duas tortas de 23 cm

Quantidade	Ingredientes
750 g	Purê de abóbora-moranga
30 g	Farinha de trigo especial
2 colheres (chá)	Canela
¼ de colher (chá)	Noz-moscada
¼ de colher (chá)	Gengibre ralado
⅛ de colher (chá)	Cravo-da-índia em pó
⅝ de colher (chá)	Sal
290 g	Açúcar mascavo
300 g	Ovo
60 g	Xarope de glucose de milho ou metade xarope de glucose de milho e metade melado
600 mL	Leite

Por 30 g:
Calorias, 30; Proteínas, 1 g; Gorduras, 0,5 g (14% cal.); Colesterol, 10 mg; Carboidratos, 6 g; Fibras, 0 g; Sódio, 45 mg.

■ Modo de preparo

1. Coloque o purê de abóbora na tigela da batedeira, com o misturador raquete.
2. Peneire juntos a farinha, as especiarias e o sal.
3. Acrescente a mistura de farinha e o açúcar à abóbora. Misture na velocidade 2 até a mistura ficar lisa e homogênea.
4. Adicione os ovos. Raspe os lados da tigela.
5. Coloque a batedeira na velocidade baixa. Aos poucos, adicione o xarope de glucose de milho e o melado (se estiver usando) e depois o leite. Bata até que a mistura esteja homogênea.
6. Despeje o recheio nas formas forradas de massa. Asse a 230°C por 15 minutos. Reduza o forno para 175°C e asse até que o recheio fique firme, aproximadamente 30 a 40 minutos.

VARIAÇÕES

Recheio de batata-doce para torta
Substitua a abóbora por batata-doce em conserva, escorrida e em purê.

Recheio de abóbora para torta
Substitua a abóbora-moranga por outras qualidades de abóbora.

Pecan pie (recheio para torta de noz-pecã)

Rendimento: 1.640 g de recheio, mais 285 g de noz-pecã
 duas tortas de 23 cm

Quantidade	Ingredientes
400 g	Açúcar (ver Observação)
120 g	Manteiga
½ colher (chá)	Sal
400 g	Ovo
700 g (aproximadamente 500 mL)	Xarope de glucose de milho escuro
15 mL	Essência de baunilha
285 g	Noz-pecã

Por 30 g:
Calorias, 120; Proteínas, 1 g; Gorduras, 5 g (38% cal.); Colesterol, 35 mg; Carboidratos, 17 g; Fibras, 0 g; Sódio, 70 mg.

Observação: utilize açúcar mascavo se quiser uma coloração mais escura e um sabor mais forte.

■ Modo de preparo

1. Misture o açúcar, a manteiga e o sal na batedeira com o misturador raquete, em velocidade baixa, até obter uma mistura homogênea.
2. Com a batedeira ligada, acrescente os ovos, um a um, batendo até que sejam absorvidos após cada adição.
3. Adicione o xarope de glucose de milho e a baunilha. Misture bem.
4. Para montar as tortas, espalhe as nozes uniformemente sobre o fundo da massa. Despeje a mistura de ovos por cima.
5. Asse a 230°C por 10 minutos. Diminua a temperatura para 165°C. Asse por aproximadamente 40 minutos, até o recheio ficar firme.

RECHEIOS CREMOSOS

Os recheios cremosos são semelhantes a pudins que, por sua vez, são semelhantes a cremes de confeiteiro acrescidos de sabores como baunilha, chocolate e coco. O recheio cremoso de limão é feito da mesma maneira, usando-se água e suco de limão em vez de leite.

A única diferença a ser notada entre os pudins e os *recheios cremosos de torta* é que os últimos *são feitos com amido de milho* para que as fatias mantenham o formato quando cortadas. Os pudins podem ser feitos com farinha, amido de milho ou outros amidos.

As técnicas e as receitas para o preparo desses recheios foram incluídas no Capítulo 35, juntamente com outros cremes e pudins básicos.

TORTAS CHIFFON

Os recheios de torta gelada à base de *chiffon* são preparados adicionando-se gelatina a um recheio cremoso ou a uma mistura engrossada de suco e frutas e, depois, claras de ovos e/ ou creme de leite batido. A mistura é colocada dentro da massa pronta e levada à geladeira até que fique firme.

Essas preparações são semelhantes a sobremesas *chiffon*, *bavaroises* e algumas musses e suflês frios. Para evitar repetições desnecessárias, as técnicas e receitas para esses produtos foram incluídas no Capítulo 35, juntamente com outros pudins e cremes.

FOLHADOS, MERENGUES E SOBREMESAS DE FRUTAS

Além da massa de torta, duas outras massas são muito importantes na confeitaria e nas cozinhas: a massa folhada usada para produtos como *napoleons* e pastéis doces e a massa de bomba ou *pâte a choux*, usada para preparar bombas e carolinas. Esses produtos também são usados em pratos quentes e no setor de *garde manger* para a preparação de diversos aperitivos, pratos principais e acompanhamentos.

Merengues e sobremesas com frutas também serão apresentados nesta seção. O merengue não é importante apenas como cobertura, mas também pode ser preparado, assado até ficar crocante e usado de diversas maneiras, por exemplo, como base para sobremesas.

MASSA FOLHADA

A **massa folhada clássica** ou tradicional é um dos produtos mais surpreendentes da confeitaria. Embora não inclua nenhum agente de fermentação, pode aumentar em até 8 vezes a sua altura original quando assada.

A massa folhada clássica é uma massa laminada com o rolo, assim como as massas folhadas levedadas. Isso significa que é composta por diversas camadas de gordura intercaladas com camadas de massa. Diferentemente da massa folhada levedada, no entanto, a massa folhada clássica não contém fermento. O vapor gerado pela umidade das camadas de massa ao ser aquecida é responsável pelo crescimento espetacular da massa folhada clássica.

A massa folhada clássica é um dos produtos mais difíceis de se preparar em toda a confeitaria. Como é composta por mais de 1.000 camadas, muitas mais do que na massa folhada levedada, o procedimento para abrir a massa exige muito tempo e cuidado.

Da mesma maneira que muitos outros produtos, existem quase tantas versões de massa folhada clássica quanto há confeiteiros. Tanto as fórmulas quanto as técnicas para abrir a massa variam. A fórmula apresentada aqui não contém ovos, por exemplo, embora alguns profissionais prefiram incluí-los na massa.

A técnica que apresentamos para dobrar a massa difere um pouco da usada pelos confeiteiros europeus, embora seja muito utilizada pelos profissionais norte-americanos (ver Fig. 34.2).

A manteiga é a gordura preferida para laminar a massa, por seu sabor e pelo fato de que derrete na boca. Gorduras vegetais especialmente formuladas para o preparo de massas folhadas, como a margarina para folhados, também podem ser encontradas. Elas são muito mais fáceis de trabalhar do que a manteiga, por não serem tão duras quando geladas e por não amolecerem e derreterem tão facilmente quanto a manteiga em temperaturas mais altas. Também são mais econômicas. No entanto, podem ser desagradáveis ao paladar, pois tendem a se solidificar, deixando uma camada de gordura no interior da boca.

A habilidade de produzir massa folhada clássica exige o máximo de atenção ao trabalho do seu instrutor e muita prática. Observe atentamente quaisquer métodos alternativos apresentados por ele.

Massa folhada clássica

Ingredientes	Quantidade	Porcentagem
Farinha especial para pão	750 g	75%
Farinha especial para bolo	250 g	25%
Manteiga amolecida	125 g	12,5%
Sal	15 g	1,5%
Água gelada	560 g	56%
Manteiga	1.000 g	100%
Farinha especial para pão (ver Observação)	125 g	12,5%
Rendimento:	2.825 g	282,5%

Por 30 g:
Calorias, 120; Proteínas, 1 g; Gorduras, 9 g (69% cal.); Colesterol, 25 mg; Carboidratos, 8 g; Fibras, 0 g; Sódio, 150 mg.

Observação: a finalidade dos 125 g de farinha especial para pão é absorver parte da umidade da manteiga. Exclua essa farinha se for usar margarina para folhados no lugar da manteiga.

Modo de preparo

Mistura:
1. Coloque as primeiras quantidades de farinha e manteiga na tigela da batedeira. Com o misturador raquete, bata em velocidade baixa até a mistura ficar uniforme.
2. Dissolva o sal na água gelada.
3. Adicione a água com sal à farinha e misture em velocidade baixa até formar uma massa macia. Não misture demais.
4. Retire a massa da tigela da batedeira e deixe descansar na geladeira por 20 minutos.
5. Enquanto isso, bata a manteiga e a farinha restantes na velocidade baixa até que a mistura tenha a mesma consistência que a massa, nem muito dura, nem muito mole.
6. Incorpore a manteiga na massa seguindo o procedimento mostrado na Figura 34.2. Repita a dobra de livro quatro vezes ou a dobra envelope cinco vezes.

Figura 34.2
Procedimento para laminar massa folhada.

(a) Polvilhe farinha sobre a bancada. Abra a massa em um retângulo com o comprimento aproximadamente 3 vezes maior que a largura e com aproximadamente 1 a 1,5 cm de espessura. Deixe os cantos bem retos. Faça um retângulo do tamanho de dois terços da massa com a mistura de manteiga e farinha, deixando um espaço nas bordas, e coloque-a sobre a massa, como mostra a figura.

(b) Dobre a parte sem manteiga em direção ao centro.

(c) Dobre o terço inferior por cima. Certifique-se de que os cantos e bordas estão retos e bem alinhados. Esse procedimento, que consiste em inserir a manteiga na massa, não conta como uma dobra. O procedimento de dobrar começa na próxima etapa.

(d) Gire a massa em 90 graus sobre a bancada para que o comprimento fique no lugar da largura. Isso deve ser feito antes de abrir a massa com o rolo a cada dobra, para que o glúten seja esticado em todas as direções, não apenas no sentido do comprimento. Omitir esse procedimento resulta em produtos que se deformam ou encolhem irregularmente quando assados. Antes de abrir com o rolo, bata a massa de leve com o rolo, como mostra a figura, para que a manteiga fique mais bem distribuída. Abra novamente a massa em um retângulo. Deixe os cantos retos. Procure obter uma lâmina plana e uniforme. Não pressione a massa ao abrir, senão as camadas podem grudar umas às outras e o produto pode ter seu crescimento comprometido.

(e) Retire o excesso de farinha da superfície da massa.

(f) Dobre a parte de cima da massa em direção ao centro. Lembre-se de deixar os cantos retos e alinhados. Novamente, retire o excesso de farinha.

(g) Dobre a parte de baixo em direção do centro.

(h) Dobre a massa ao meio, como se estivesse fechando um livro. Já foram feitas quatro dobras. Leve a massa à geladeira por 15 a 20 minutos para relaxar o glúten. Não deixe por muito tempo, senão a manteiga pode endurecer demais (caso isso aconteça, deixe amolecer por alguns minutos em temperatura ambiente antes de prosseguir).

(i) Repita as quatro dobras (dobra de livro) mais três vezes, seguindo as etapas f a h. Depois de deixar a massa descansar novamente, ela está pronta para ser aberta e transformada nos produtos desejados. Método alternativo: em vez de se fazer a dobra de livro (*quatro dobras*) quatro vezes, pode ser feita a dobra envelope (*três dobras*) cinco vezes. Veja na Figura 30.3 (p. 921) como fazer o método de três dobras.

FOLHADO RÁPIDO

O **folhado rápido** é uma massa muito mais fácil e rápida de fazer do que a massa folhada clássica (em inglês esta massa recebe o nome de *blitz puff pastry* – *blitz* é o termo alemão para "relâmpago"). Esta massa não cresce tanto quanto a massa folhada clássica, por isso não é adequada para produtos que precisam de uma massa leve e bem crescida. No entanto, fica sequinha e bem laminada e é perfeitamente adequada para preparar *napoleons* e outras sobremesas semelhantes montadas em camadas intercaladas com recheios cremosos.

O folhado rápido, como você verá, é na realidade uma massa de torta crocante que é aberta e dobrada como a massa folhada clássica.

Folhado rápido

Ingredientes	Quantidade	Porcentagem
Farinha especial para pão	500 g	50%
Farinha especial para biscoito	500 g	50%
Manteiga, ligeiramente amolecida	1.000 g	100%
Sal	15 g	1,5%
Água fria	500 g	50%
Rendimento:	2.515 g	251,5%

Por 30 g:
Calorias, 120; Proteínas, 1 g; Gorduras, 9 g (69% cal.); Colesterol, 25 mg; Carboidratos, 8 g; Fibras, 1 g; Sódio, 160 mg.

■ Modo de preparo

Mistura:
1. Peneire as duas farinhas junto em uma tigela.
2. Incorpore a manteiga à farinha como se faz para a massa de torta, deixando a gordura em pedaços bem maiores, de aproximadamente 2,5 cm de diâmetro.
3. Dissolva o sal na água.
4. Adicione a água à mistura de farinha e manteiga. Misture até que a água seja absorvida.
5. Deixe a massa descansar por 15 minutos. Leve à geladeira, se o ambiente for quente.
6. Polvilhe a superfície de trabalho com farinha e abra a massa em um retângulo. Faça a dobra livro (quatro dobras) três vezes.

VARIAÇÃO

Reduza a manteiga para 75% (750 g).

Orientações gerais para o preparo de produtos com massa folhada

1. A massa deve estar fria e firme ao ser aberta e cortada. Se estiver muito macia, as camadas podem grudar umas nas outras ao serem cortadas, impedindo o crescimento adequado.
2. Faça cortes retos, uniformes e firmes. Use uma ferramenta afiada para cortar.
3. Evite tocar as bordas cortadas com os dedos, o que pode fazer com que as camadas grudem.
4. Para que cresçam melhor, coloque as unidades de cabeça para baixo nas assadeiras. Até mesmo ferramentas bem afiadas podem unir as camadas superiores da massa. Assar de cabeça para baixo faz com que as camadas que grudaram fiquem na parte de baixo.
5. Evite que o ovo batido escorra pelas laterais do item. O ovo pode fazer com que as camadas grudem.
6. Antes de assar, deixe os produtos prontos descansarem por 30 minutos em local fresco ou na geladeira. Isso relaxa o glúten e reduz o encolhimento.
7. Pressione os retalhos juntos, mantendo as camadas na mesma direção. Depois de abrir e fazer as três dobras mais uma vez, eles podem ser usados novamente, embora não cresçam tanto.
8. Uma temperatura entre 200 e 220°C é a melhor para a maioria dos produtos feitos com massa folhada não levedada. Temperaturas mais baixas não geram vapor suficiente nos produtos para que cresçam bem. Temperaturas mais altas tornam a casca muito firme muito rapidamente.

Procedimento para fazer pastéis folhados

Ver Figura 34.3.

1. Abra a massa folhada, deixando-a numa espessura de 3 mm.
2. Corte a massa em quadrados de 10 cm de lado. Pincele as bordas com água.
3. Distribua o recheio escolhido no centro de cada quadrado.
4. Dobre na diagonal e pressione as bordas juntas para selar.
5. Fure a superfície com uma faca em dois ou três lugares, para que o vapor escape. Deixe descansar por 30 minutos.
6. Pincele a superfície com ovo batido, se desejar, ou com leite ou água, e polvilhe açúcar.
7. Asse a 200°C até que os pastéis fiquem dourados e crocantes.

Figura 34.3
Como fazer pastéis folhados

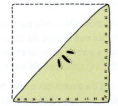

(a) Corte a massa em quadrados de 10 cm de lado. Pincele as bordas com água e coloque o recheio no centro.

(b) Dobre na diagonal e pressione as bordas. Faça dois ou três furos na superfície para deixar o vapor escapar.

Procedimento para fazer cata-ventos folhados

Ver Figura 34.4.

1. Abra a massa folhada, deixando-a numa espessura de 3 mm.
2. Corte a massa em quadrados de 12 cm de lado.
3. Pincele o centro com água.
4. Faça cortes na diagonal, partindo dos cantos até chegar a 2,5 cm do centro.
5. Dobre cada canto em direção ao centro e pressione para fixar.
6. Asse a 200°C.
7. Deixe esfriar. Coloque colheradas do recheio de frutas escolhido no centro. Polvilhe com um pouco de açúcar de confeiteiro. Os cata-ventos também podem ser recheados antes de assar, se o recheio for firme e não queimar com facilidade.

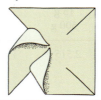
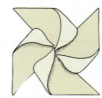

Figura 34.4 Como fazer cata-ventos folhados.
(a) Corte a massa em quadrados de 12 cm de lado. Pincele o centro com água. Faça cortes na diagonal, dos cantos até 2,5 cm do centro.

(b, c, d) Dobre cada canto em direção ao centro e pressione para fixar. Coloque o recheio de frutas no centro antes ou depois de assar.

Procedimento para fazer *vol-au-vent*

Ver Figura 34.5.

1. Abra a massa folhada, deixando-a numa espessura de 3 mm.
2. Abra outra lâmina de massa com 6 mm de espessura.
3. Com um cortador de 7,5 cm de diâmetro, corte o mesmo número de círculos em cada pedaço de massa.
4. Usando um cortador de 5 cm de diâmetro, recorte o centro de cada círculo de massa mais grossa.
5. Pincele os círculos de massa mais fina com água ou ovo batido e coloque um aro de massa mais grossa sobre cada um. Pincele a superfície cuidadosamente com ovo batido (não derrame ovo nas laterais). Deixe descansar por 30 minutos.
6. Coloque uma folha de papel-manteiga untada sobre os *vol-au-vent* para evitar que entortem ao assar.
7. Asse a 200°C até que estejam dourados e sequinhos.

Figura 34.5 Como fazer *vol-au-vent*.

(a) Abra uma lâmina de massa folhada com 3 mm de espessura e outra com 6 mm. Corte uma quantidade igual de círculos com 7,5 cm de diâmetro em cada uma. Recorte o centro dos círculos de massa mais grossa com um cortador de 5 cm de diâmetro.

(b) Pincele os círculos mais delgados com água ou ovo batido e coloque os aros de massa mais grossa por cima.

Procedimento para fazer canudos de creme

Ver Figura 34.6.

1. Abra a massa folhada, deixando-a numa espessura de 3 mm e com aproximadamente 38 cm de largura.
2. Corte tiras de 3 cm de largura por 38 cm de comprimento.
3. Pincele as tiras com água.
4. Com a parte molhada virada para fora, enrole as tiras diagonalmente nas formas de canudo, formando uma espiral. Sobreponha a borda sobre a volta anterior em aproximadamente 1 cm. Se estiver usando formas cônicas, comece pela extremidade mais fina.
5. O final da tira de massa deve ficar na parte de baixo, para que não abra ao assar. Deixe descansar por 30 minutos.
6. Asse a 200°C até ficarem dourados e sequinhos.
7. Retire das formas ainda quentes.
8. Imediatamente antes de servir, recheie com chantili ou creme de confeiteiro pelas duas extremidades, usando um saco de confeitaria com o bico pitanga. Polvilhe com açúcar de confeiteiro.

Figura 34.6 Como fazer canudos de creme.

(a) Abra a massa folhada com 3 mm de espessura e corte em tiras de 3 cm de largura e 38 cm de comprimento. Pincele as tiras com água e pressione uma das bordas (com a parte molhada virada para fora) na forma de canudo, como mostra a figura.

(b) Enrole a tira de massa em espiral, girando a forma. Sobreponha a borda sobre a volta anterior em aproximadamente 1 cm. Não estique a massa.

(c) Enrole a tira inteira e pressione a ponta ao final, para selar.

Procedimento para fazer *napoleons*

1. Abra a massa folhada bem fina no tamanho aproximado de uma assadeira. Podem ser usados retalhos retrabalhados de massa de folhado rápido.
2. Coloque na assadeira e deixe descansar por 30 minutos.
3. Fure com um garfo para evitar bolhas.
4. Asse a 200°C até a massa ficar dourada e crocante.
5. Apare as bordas da massa e corte com uma faca de serra em tiras iguais de 10 cm de largura. Separe a melhor tira para a camada de cima. Se uma das tiras se quebrar, não tem importância. Ela pode ser usada como camada do meio.
6. Espalhe Creme de confeiteiro sabor baunilha (p. 1009) em um dos retângulos, ou uma mistura de creme de confeiteiro e creme de leite batido.
7. Cubra com uma segunda camada de massa.
8. Espalhe outra camada de creme.
9. Coloque outro retângulo de massa por cima, com a parte mais uniforme virada para cima.
10. Cubra com *fondant* (p. 953).
11. Para decorar a superfície como um mil-folhas, faça quatro listras de *fondant* de chocolate no sentido longitudinal sobre o *fondant* branco. Passe uma espátula ou o lado cego de uma faca na superfície, em direções opostas, a cada 2,5 cm, como mostra a Figura 34.7.
12. Corte em tiras de 5 cm de largura.

Figura 34.7
Como decorar *napoleons* (mil-folhas de creme).

(a) Cubra a superfície do *napoleon* montado com o fondant branco. Com um cone de papel, faça 4 listras de *fondant* de chocolate.

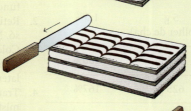

(b) Passe uma espátula ou o lado cego de uma faca sobre a cobertura numa direção a intervalos de 5 cm.

(c) Passe a espátula na direção oposta no centro desses intervalos de 5 cm, como mostra a figura.

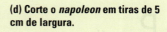

(d) Corte o *napoleon* em tiras de 5 cm de largura.

MASSA DE BOMBA

As bombas e carolinas são feitas de uma massa chamada em francês de **pâte à choux,** que significa "massa de repolho", uma referência ao fato de as carolinas parecerem pequenos repolhos.

Diferentemente da massa folhada, a **massa de bomba** é extremamente fácil de fazer. A massa em si pode ser preparada em apenas alguns minutos. O que é muito bom, pois para se obter melhores resultados, a massa não deve ser preparada com antecedência.

Em princípio, a massa de bomba é semelhante à uma massa de *popover* (ver p. 932 e 936), embora tenha uma consistência mais espessa. Os dois produtos crescem com o vapor, que expande a massa rapidamente formando grandes bolhas ocas no interior. O calor do forno, então, coagula o glúten e as proteínas do ovo, resultando em um produto com textura firme. É preciso usar uma farinha forte para adquirir a estrutura necessária.

A massa de bomba deve ser firme o suficiente para manter seu formato ao ser pingada com o saco de confeiteiro. Às vezes encontramos uma fórmula que resulta em uma massa muito mole. Corrija a fórmula reduzindo um pouco a quantidade de água e/ou leite.

As temperaturas apropriadas para assar são importantes. Comece em temperatura alta (215 a 245°C) nos primeiros 10 minutos, para gerar vapor. Depois reduza a temperatura para 190 a 215°C, para terminar de assar e firmar a textura. Os produtos devem estar firmes e secos antes de serem retirados do forno. Se forem tirados do forno antes da hora ou resfriados muito rapidamente, podem murchar. Alguns profissionais gostam de deixá-los dentro do forno desligado com a porta aberta. No entanto, se o forno precisar ser aquecido novamente para outros produtos, isso pode não ser uma boa ideia, especialmente nos dias de hoje, com os altos custos de energia. É melhor assar os produtos por completo, retirá-los do forno com cuidado e deixar que esfriem lentamente, em local aquecido.

Pâte à choux (massa de bomba)

Ingredientes	Quantidade	Porcentagem
Água, leite ou metade água e metade leite	500 g	133%
Manteiga ou gordura hidrogenada comum	250 g	67%
Sal	5 g (1 colher de chá)	1,5%
Farinha especial para pão	375 g	100%
Ovo	625 g	167%
Rendimento:	*1.755 g*	*468,5%*

Por 30 g:
Calorias, 70; Proteínas, 2 g; Gorduras, 4 g (56% cal.);
Colesterol, 35 mg; Carboidratos, 5 g; Fibras, 0 g; Sódio, 90 mg.

■ Modo de preparo

Mistura:

1. Misture o líquido, a manteiga e o sal em uma panela funda e grossa e aqueça até levantar fervura.
2. Retire a panela do fogo e adicione a farinha de uma vez só. Mexa rapidamente.
3. Coloque a panela de volta no fogo médio e mexa vigorosamente até que a massa forme uma bola e solte das laterais da panela.
4. Transfira a massa para a tigela da batedeira. Se quiser misturar manualmente, deixe a massa na panela.
5. Usando o misturador raquete, bata na velocidade baixa até que a massa esfrie um pouco. Deve chegar a aproximadamente 60°C, que ainda é bastante quente, mas não tão quente que não se possa tocar com a mão.
6. Na velocidade média, acrescente os ovos, aos poucos. Não acrescente mais do que um quarto dos ovos de cada vez, e espere até que sejam absorvidos antes de adicionar mais. Quando todos os ovos tiverem sido incorporados, a massa estará pronta para ser usada.

Procedimento para preparar carolinas

1. Forre assadeiras com papel siliconado ou unte-as ligeiramente.
2. Coloque um bico perle (liso) em um saco de confeiteiro grande. Coloque a massa de bomba no saco.
3. Faça bolinhas de massa de aproximadamente 4 cm de diâmetro diretamente nas assadeiras preparadas (ver Fig. 34.8). Se preferir, pingue a massa com uma colher.
4. Asse a 215°C por 10 minutos. Abaixe o forno para 190°C e asse até que as carolinas estejam douradas e bem sequinhas.
5. Retire do forno e deixe esfriar lentamente em local aquecido.
6. Quando estiverem frias, corte uma tampa em cada carolina. Recheie com chantili, creme de confeiteiro (p. 1009) ou com o recheio desejado, usando um saco de confeiteiro com o bico pitanga.
7. Recoloque as tampas e polvilhe açúcar de confeiteiro.
8. Recheie as carolinas o mais próximo possível do momento de servir. Se precisar rechear com antecedência, mantenha-as na geladeira.
9. Carolinas sem rechear e sem cortar, se estiverem bem secas, podem ser conservadas em saco plástico na geladeira por uma semana. Coloque-as no forno por alguns minutos para que fiquem novamente crocantes antes de usar.

Figura 34.8
Para carolinas ou profiteroles, use massa de bomba e um saco de confeiteiro para fazer bolinhas do tamanho desejado em assadeiras untadas ou forradas com papel siliconado.

Procedimento para fazer bombas ou *éclairs*

1. Siga o mesmo procedimento usado para fazer carolinas, mas molde a massa em cilindros de aproximadamente 2 cm de espessura por 8 a 10 cm de comprimento (ver Fig. 34.9) Asse como as carolinas.
2. Recheie as bombas assadas com creme de confeiteiro. Os dois métodos a seguir podem ser usados:
   - Faça um furo em uma das extremidades da bomba e recheie usando um saco de confeiteiro ou um equipamento próprio para rechear.
   - Corte uma tampa na parte superior da bomba e recheie usando um saco de confeiteiro.
3. Mergulhe a parte de cima da bomba em *fondant* de chocolate (p. 953).
4. Para instruções de como servir e armazenar, ver carolinas.

Variação: Bombas ou profiteroles de sorvete

1. Recheie as bombas ou **profiteroles** (minicarolinas) com sorvete. Mantenha-os no congelador até o momento de servir.
2. Na hora de servir, cubra com calda de chocolate.

Figura 34.9
Para produzir bombas, pingue a massa de bomba com um saco de confeiteiro em cilindros do tamanho desejado sobre assadeiras untadas ou forradas com papel siliconado.

Procedimento para fazer *beignets soufflés* (*donut* francês)

1. Corte folhas de papel-manteiga da largura da sua fritadeira.

2. Usando um saco de confeiteiro com o bico pitanga e a massa de bomba, molde aros de aproximadamente 5 cm de diâmetro (no formato de um *donut*) sobre o papel.

3. Escorregue o papel com os aros de massa dentro da fritadeira preaquecida a 190°C. Retire o papel assim que os sonhos se soltarem e começarem a boiar.

4. Frite dos dois lados até que fiquem dourados. Os *beignets soufflés* devem ficar totalmente fritos e cozidos por dentro, ou podem murchar ao esfriar. Retire da fritadeira e escorra sobre toalha de papel.

5. Quando estiverem frios, cubra com *fondant*.

MERENGUE

O merengue é preparado com claras de ovos batidas com açúcar. O seu uso mais comum é na decoração de tortas e bolos (quando é chamado de glacê cozido). O merengue também pode ser usado para dar volume e leveza a coberturas feitas com creme de manteiga e a musses e alguns suflês doces.

Outro uso excelente para o merengue é assá-lo em forno baixo até que fique crocante — produto conhecido como "suspiro". Dessa maneira, pode ser usado como camada de bolos ou base para a preparação de sobremesas leves e elegantes. Nozes picadas podem ser misturadas ao merengue antes de ser pingado ou moldado e assado para o preparo de sobremesas mais saborosas.

As regras básicas para bater claras em neve estão no Capítulo 24, na página 789. Revise essa seção antes de iniciar qualquer um dos procedimentos a seguir. Repetimos aqui uma regra por ser extremamente importante:

Tenha certeza de que todos os equipamentos estejam livres de qualquer vestígio de gordura e que as claras não contenham qualquer vestígio de gema. Mesmo que mínima, a gordura impede que as claras adquiram um volume adequado.

Merengues leves, usados para decorar tortas e bolos, podem ser feitos com 500 g de açúcar para cada 500 g de claras. **Merengues espessos**, assados como suspiro para ficarem crocantes, são feitos com até o dobro de açúcar para a mesma quantidade de claras.

MERENGUES BÁSICOS

A consistência dos merengues pode variar bastante, contanto que não sejam batidos até ficarem muito duros e secos. Para a maioria das finalidades, são batidos até formarem picos firmes, ou quase firmes, e úmidos.

1. O **merengue comum**, também chamado de merengue francês, é feito com claras de ovos em temperatura ambiente batidas com açúcar. É o mais fácil de fazer e é razoavelmente estável por causa da grande porcentagem de açúcar.

2. O **merengue suíço** é feito com claras de ovos e açúcar aquecidos em banho-maria enquanto são batidos. O fato de aquecer a mistura dá ao merengue mais volume e estabilidade.

3. O **merengue italiano** é feito incorporando-se uma calda quente de açúcar às claras em neve. Este merengue é o mais estável dos três porque, na realidade, as claras são cozidas com o calor da calda. Quando saborizado com baunilha, esse merengue é conhecido como *boiled icing* (glacê cozido) em inglês. É também usado em cremes de manteiga merengados.

Merengue

Ingredientes	Merengue comum	Merengue suíço	Merengue italiano
Clara de ovo	500 g	500 g	500 g
Açúcar	1 kg	1 kg	1 kg
Água	—	—	250 mL

Por 30 g:
Calorias, 80; Proteínas, 1 g; Gorduras, 0 g (0% cal.);
Colesterol, 0 mg; Carboidratos, 19 g; Fibras, 0 g; Sódio, 15 mg.

Observação: para preparar merengues leves para cobrir bolos e tortas, use metade da quantidade de açúcar.

Procedimento para fazer merengue comum

1. Com o misturador globo, bata as claras em velocidade alta até que formem picos moles.
2. Acrescente o açúcar aos poucos, com a batedeira em movimento.
3. Continue batendo até que o merengue forme picos firmes, mas brilhantes.

Procedimento para fazer merengue suíço

1. Coloque as claras e o açúcar em uma tigela de inox ou na parte de cima de uma panela para banho-maria. Com o batedor de arame, bata a mistura sobre água quente até que esteja aquecida (aproximadamente 50°C).
2. Transfira a mistura para a tigela da batedeira e bata na velocidade alta, com o batedor globo, até que forme picos firmes.

Procedimento para fazer merengue italiano

1. Aqueça o açúcar e a água em uma panela funda até que o açúcar dissolva e a mistura ferva. Deixe cozinhar em fogo alto até que o termômetro de açúcar registre 115°C (ponto de bala).
2. Enquanto a calda ferve, bata as claras na batedeira até que formem picos moles.
3. Com a batedeira em movimento, acrescente a calda quente às claras em fio, bem devagar.
4. Continue batendo até que o merengue forme picos firmes.

SOBREMESAS COM MERENGUE

Procedimento para fazer cobertura de merengue para tortas

1. Prepare um merengue comum ou suíço usando partes iguais de açúcar e claras. Bata o suficiente para ficar firme.
2. Espalhe uma quantidade generosa (500 a 700 mL) de merengue sobre a torta ainda quente. Deixe a camada ligeiramente mais alta no centro e certifique-se de que cobrem toda a superfície até encostarem nas laterais ao redor de toda a massa. Se isso não for feito, o merengue pode encolher depois que a torta estiver pronta. Faça picos ou ondas na superfície do merengue.
3. Asse a 200°C até que a a parte de cima esteja dourada e atraente.
4. Retire do forno e deixe esfriar.

Procedimento para fazer bases de suspiro

1. Bata um merengue comum ou suíço até ficar firme.
2. Usando o saco de confeiteiro ou uma colher, modele o merengue no formato de pequenos cestos em uma assadeira forrada com papel-manteiga.
3. Asse no forno a 100°C até que estejam crocantes, mas não dourados. Isso deve levar ente 1 e 3 horas.
4. Deixe esfriar e retire do papel-manteiga. Mas tome cuidado, porque são frágeis.
5. Use para preparar tortinhas de frutas, recheie com chantili e framboesas ou morangos frescos, ou recheie com uma colher de sorvete e decore com calda de chocolate ou framboesa. Suspiro com sorvete é uma sobremesa chamada **meringue glacée**.

Procedimento para fazer merengue *japonaise*

O merengue *japonaise* é usado como camada para montar bolos e tortas geladas. Pode ser recheado e decorado com creme de manteiga leve, musse de chocolate, chantili ou coberturas e cremes semelhantes.

1. Prepare uma receita (500 g de claras de ovos e 1 kg de açúcar) de merengue suíço.
2. Rapidamente, mas com cuidado, acrescente 500 g de avelãs bem moídas.
3. Com um saco de confeiteiro, modele círculos do tamanho que quiser, com 1,5 cm de espessura, sobre assadeiras forradas com papel-manteiga, como mostra a Figura 34.10.
4. Asse como as bases de suspiro.

Figura 34.10. Para fazer camadas de merengue, marque um círculo em uma folha de papel-manteiga e modele o merengue em espiral, preenchendo o círculo.

Folhados, merengues e sobremesas de frutas · 1001

Procedimento para fazer *baked Alaska*

1. Encha uma forma em forma de abóbada do tamanho desejado com sorvete amolecido, apertando bem. Congele até endurecer.
2. Prepare uma camada de pão de ló com aproximadamente 1,5 cm de espessura e do mesmo tamanho da parte de cima da forma (que se transformará na base da sobremesa).
3. Desenforme o sorvete congelado sobre a camada de bolo.
4. Com uma espátula, cubra toda a sobremesa com uma camada espessa de merengue. Se desejar, decore com mais merengue, usando um saco de confeiteiro.
5. Asse a 230°C até que o merengue esteja dourado.
6. Sirva imediatamente.

SOBREMESAS COM FRUTAS

As sobremesas com frutas são incluídas aqui porque muitas são semelhantes a tortas ou recheios de tortas. Uma das sobremesas favoritas entre os norte-americanos são os *cobblers*, que são tortas de frutas muito parecidas com tortas de frutas tradicionais, mas feitas em grandes assadeiras sem a base de massa; os *crisps* (que significa "crocantes"), muito parecidos com os *cobblers*, mas com *streusel* de açúcar mascavo em vez de massa por cima; e *bettys*, montadas com camadas alternadas de bolo esfarelado e frutas. Além disso, não se pode ignorar as frutas frescas para sobremesa, servidas *in natura*, levemente adoçadas ou acompanhadas de creme de leite.

Cobbler de frutas

Rendimento: 1 assadeira de 30 x 50 cm
Porções: 48
Tamanho da porção: 150 g

Quantidade	Ingredientes
5,5–7 kg	Recheio de torta de fruta (maçã, cereja, mirtilo, pêssego etc.)
1 kg	Massa crocante para torta

Por porção:
Calorias, 200; Proteínas, 1 g; Gorduras, 7 g (29% cal.); Colesterol, 0 mg; Carboidratos, 37 g; Fibras, 2 g; Sódio, 115 mg.

Observação: se possível, use assadeiras de inox em vez de alumínio. A acidez das frutas reage com o alumínio, causando um sabor indesejável.

■ Modo de preparo

1. Coloque o recheio de fruta em uma assadeira de 30 x 50 cm (ver Observação).
2. Abra a massa em um retângulo que cubra a superfície da assadeira. Coloque a massa sobre o recheio e sele as bordas, prendendo-as nas laterais da assadeira. Faça pequenos orifícios na massa para liberar o vapor.
3. Asse a 220°C por aproximadamente 30 minutos, até que a superfície esteja dourada.
4. Corte a sobremesa em 48 porções (6 x 8 fileiras). Sirva quente ou frio.

Betty de maçã

Rendimento: 1 assadeira de 30 x 50 cm
Porções: 48
Tamanho da porção: 125 g

Quantidade	Ingredientes
4 kg (PL)	Maçã descascada e fatiada
750 g	Açúcar
1 ½ colher (chá)	Sal
1 colher (chá)	Noz-moscada
1 colher (chá)	Raspas de limão
60 mL	Suco de limão
1 kg	Bolo branco ou amarelo esmigalhado
250 g	Manteiga derretida

Por porção:
Calorias, 200; Proteínas, 1 g; Gorduras, 7 g (30% cal.); Colesterol, 20 mg; Carboidratos, 36 g; Fibras, 2 g; Sódio, 180 mg.

■ Modo de preparo

1. Coloque as maçãs, o açúcar, o sal, a noz-moscada, as raspas de limão e o suco de limão em uma tigela. Misture bem, mas delicadamente.
2. Faça uma camada uniforme com ⅓ da mistura em uma assadeira de 30 x 50 cm bem untada com manteiga.
3. Cubra com ⅓ do bolo.
4. Continue montando as camadas até que toda a maçã e todo o bolo tenham sido usados. Você terá três camadas de frutas e três camadas de bolo.
5. Despeje a manteiga derretida de maneira uniforme sobre a superfície.
6. Asse a 175°C por aproximadamente 1 hora, até que a fruta esteja macia.

Crisp de maçã

Rendimento: 1 assadeira de 30 x 50 cm
Porções: 48
Tamanho da porção: 125 g

Quantidade	Ingredientes
4 kg (PL)	Maçã descascada e fatiada
125 g	Açúcar cristal
60 mL	Suco de limão
500 g	Manteiga
750 g	Açúcar mascavo
2 colheres (chá)	Canela em pó
750 g	Farinha especial para biscoito

Por porção:
Calorias, 180; Proteínas, 2 g; Gorduras, 8 g (37% cal.); Colesterol, 20 mg; Carboidratos, 28 g; Fibras, 2 g; Sódio, 85 mg.

Observação: se possível, use uma assadeira de inox em vez de alumínio. A acidez das frutas reage com o alumínio, causando um sabor indesejável.

■ Modo de preparo

1. Misture a maçã delicadamente com o açúcar e o suco de limão.
2. Espalhe uma camada uniforme em uma assadeira de 30 x 50 cm (ver Observação).
3. Misture a manteiga, o açúcar mascavo, a canela e a farinha até que estejam bem misturados e esfarelentos.
4. Espalhe essa farofa de maneira uniforme sobre as maçãs.
5. Asse a 175°C por aproximadamente 45 minutos, até que a superfície esteja dourada e as maçãs macias.

VARIAÇÃO

Crisp de pêssego, cereja ou ruibarbo
Substitua as maçãs pelas frutas indicadas. Se for usado somente ruibarbo, aumente o açúcar da etapa 1 para 350 g.

Peras escalfadas

Porções: 24
Tamanho da porção: 2 metades de pera

Quantidade	Ingredientes
2 L	Água
1,5 kg	Açúcar
20 mL (4 colheres de chá)	Essência de baunilha
24	Peras

Por porção:
Calorias, 320; Proteínas, 1 g; Gorduras, 0,5 g (1% cal.); Colesterol, 0 mg; Carboidratos, 82 g; Fibras, 4 g; Sódio, 5 mg.

■ Modo de preparo

1. Misture a água e o açúcar em um caldeirão ou caçarola grandes e fundos. Aqueça até ferver, mexendo até que o açúcar esteja dissolvido.
2. Retire do fogo e adicione a baunilha.
3. Descasque as peras. Corte-as ao meio e retire as sementes e o miolo com um boleador de melão.
4. Adicione à calda e cozinhe em fogo brando até que estejam macias.
5. Deixe as peras esfriarem dentro da calda. Quando estiverem frias, leve à geladeira até o momento de servir.

VARIAÇÕES

Pera ao vinho
Substitua a água por vinho tinto ou branco. Exclua a baunilha. Adicione um limão fatiado à calda. Descasque as peras, mas deixe-as inteiras.

Pêssegos escalfados
Na receita básica, substitua as peras por pêssegos.

Pêssegos ao vinho
Substitua as peras por pêssegos na receita de Pera ao vinho.

Framboesa ou cereja *au gratin*

Porções: 1

Quantidade	Ingredientes
90 g	Framboesas ou cerejas doces sem caroço
1	Camada *génoise* (pão de ló - ver etapa 2)
60 g	Creme de confeiteiro
30 g	Chantili
a gosto	Flavorizante (opcional): *kirsch*, licor de laranja, framboesa ou cereja
7 g	Amêndoas laminadas
7 g	Manteiga derretida
conforme necessário	Açúcar de confeiteiro

Por porção:
Calorias, 480; Proteínas, 7 g; Gorduras, 27 g (50% cal.); Colesterol, 165 mg; Carboidratos, 53 g; Fibras, 7 g; Sódio, 145 mg.

Modo de preparo

1. Selecione um recipiente raso próprio para gratinar ou outro tipo de refratário suficientemente grande para colocar as frutas em uma camada fina.
2. Corte uma fatia fina de *génoise* (pão de ló) com aproximadamente 1 cm de espessura, para cobrir o fundo do prato.
3. Arrume as frutas sobre o bolo.
4. Misture o creme de confeiteiro, o chantili e o saborizante escolhido. Espalhe sobre a fruta, cobrindo completamente.
5. Misture as amêndoas e a manteiga e polvilhe sobre a mistura de creme de confeiteiro. Cubra totalmente a superfície com açúcar de confeiteiro.
6. Coloque sob o dourador, ou na parte superior do forno quente por alguns minutos para dourar. Sirva quente.

■ TERMOS PARA REVISÃO

- massa crocante
- massa arenosa
- massa de biscoito moído
- massa amanteigada
- torta de frutas
- torta com recheio à base de ovos
- torta cremosa
- torta à base de *chiffon*
- amido pré-gelatinizado
- método com suco pré-cozido
- método com fruta pré-cozida
- massa folhada clássica
- folhado rápido
- *pâte à choux*
- massa de bomba
- profiterole
- merengue leve
- merengue espesso
- merengue comum
- merengue suíço
- merengue italiano
- *meringue glacée*
- baked Alaska

■ QUESTÕES PARA DISCUSSÃO

1. Discuta os fatores que afetam a maciez, a textura e a flocosidade de uma massa de torta. Por que a gordura emulsificada não deve ser usada para massas de torta?
2. Que tipo de massa ou massas você usaria para a torta *pumpkin pie*? E para uma torta de maçã? E para uma torta de banana?
3. O que aconteceria com uma massa crocante para torta se você a misturasse por muito tempo antes de adicionar a água? E por muito depois de adicionar a água?
4. Como você pode evitar o encolhimento ao assar massas de torta?
5. O que é possível fazer para solucionar o problema de massas de torta encharcadas ou malcozidas?
6. Que amido você usaria para engrossar um recheio de torta de maçã? Um recheio de torta de chocolate? Um recheio de torta de limão? Um recheio de torta de pêssego?
7. Por que o suco de limão é acrescentado ao recheio de limão depois que o amido já engrossou a água? Isso não dilui o recheio?
8. Por que é importante assar bem as carolinas e as bombas e resfriá-las lentamente?
9. Descreva brevemente a diferença entre merengue comum, suíço e italiano.

CAPÍTULO 35

CAPÍTULO 35

Cremes, pudins, sobremesas geladas e caldas

Uma rápida olhada neste último capítulo pode dar a impressão de que você ficará confuso com a grande quantidade de receitas e técnicas apresentadas nestas poucas páginas. Entre os assuntos apresentados estão: creme de confeiteiro, pudins e outros cremes à base de gemas, musses, *bavaroises*, suflês doces, sorvetes e caldas.

É tudo muito mais simples do que parece. Quando você tiver aprendido três preparações básicas – *crème anglaise* (ou creme inglês), creme de confeiteiro e pudim de leite –, você terá aprendido quase todo o conteúdo restante. O creme inglês com baunilha é a base para *bavaroises*, sorvetes e alguns molhos doces para sobremesa. O creme de confeiteiro, em diversos sabores, também é usado para rechear tortas e preparar outras sobremesas, além de ser a base para alguns suflês. Muitos pudins assados são variações do pudim de leite com o acréscimo de amidos ou frutas.

Não faz sentido apresentar receitas de recheios para torta à base de gemas e ovos na seção de tortas, uma receita de creme de confeiteiro para *napoleons* na seção de massa folhada e receitas de pudins de leite na seção de ovos e nunca dizer que todos são preparados basicamente da mesma maneira. Você não está apenas aprendendo uma coleção de receitas não relacionadas, está aprendendo a cozinhar e a compreender o que está cozinhando.

1005

O COZIMENTO DO AÇÚCAR

É importante compreender o cozimento do açúcar para o preparo de sobremesas e doces, pois geralmente são necessárias caldas em diversas consistências para seu preparo (ver, por exemplo, Merengue italiano, p. 1000).

PRINCÍPIOS BÁSICOS

O princípio do cozimento do açúcar é bem simples. Uma solução ou calda de açúcar e água é fervida até que parte da água evapore. À medida que a água evapora, a temperatura da água aumenta gradualmente. Quando toda a água tiver evaporado, o que resta é o açúcar derretido. O açúcar, então, começa a caramelizar, ou dourar, e mudar de sabor. Se o aquecimento continua, o açúcar vai escurecendo cada vez mais e, por fim, queima.

Uma calda cozida até atingir uma temperatura alta fica mais dura quando esfria do que uma calda cozida até uma temperatura mais baixa. Por exemplo, uma calda cozida até atingir 115°C (230°F) forma uma bola macia quando esfria. Uma calda cozida a 150°C (300°F) fica dura e quebradiça quando esfria.

Uma parte de água (por peso) é suficiente para dissolver e cozinhar 3 a 4 partes de açúcar. Não tem sentido acrescentar mais água que o necessário, pois você teria que esperar ela evaporar.

CALDA SIMPLES

A **calda simples** é uma solução de quantidades iguais de açúcar e água. Misture quantidades iguais de água e açúcar cristal em uma panela funda, mexa e deixe levantar fervura até o açúcar dissolver. Desligue e deixe a calda esfriar.

A **calda saborizada** é uma calda simples com sabor, para umedecer e dar sabor a alguns bolos (ver p. 943). (Muitos *chefs* usam 2 ou 3 partes de água para 1 parte de açúcar quando desejam uma calda menos doce.) Os sabores podem vir de essências, como a baunilha, ou licores, como o rum e o kirsch. Adicione o sabor depois que a calda tiver esfriado, pois ele pode desaparecer se for adicionado à calda quente. As caldas podem também ter sabor de limão ou laranja se raspas dessas frutas forem adicionadas durante o cozimento.

CRISTALIZAÇÃO

Uma falha comum em muitos doces e sobremesas é apresentarem uma textura granulosa. Essa textura resulta do cozimento inadequado do açúcar, que se **cristaliza**, formando pequenas partículas que não se dissolvem na calda. Se um único cristal de açúcar entrar em contato com a calda cozida, pode provocar uma reação em cadeia que transforma tudo em uma massa de açúcar cristalizado.

Para evitar a cristalização nos primeiros estágios da fervura, use uma das técnicas a seguir:

1. Vá pincelando as laterais da panela com água. Isso dissolve os cristais que poderiam provocar a cristalização de toda a calda.
2. Quando levar a calda ao fogo, tampe a panela e deixe ferver por alguns minutos. O vapor condensado limpa as laterais da panela. Destampe a panela e continue fervendo, sem mexer.

Às vezes, um ácido como o cremor tártaro é adicionado à calda antes de ser levada ao fogo. Os ácidos transformam parte do açúcar em *açúcar invertido*, que resiste à cristalização. O xarope de glucose de milho também é usado pelo mesmo motivo.

PONTOS DA CALDA DE AÇÚCAR

Testar a temperatura com um termômetro de açúcar é a maneira mais precisa de determinar o ponto de uma calda de açúcar e a respectiva consistência.

Antes da popularização dos termômetros, o ponto era testado pingando-se um pouco da calda em um pires com água gelada e verificando-se sua consistência depois de fria. Os pontos de calda eram nomeados de acordo com a firmeza da bola de açúcar. A Tabela 35.1 relaciona esses pontos de cozimento do açúcar.

Após ler este capítulo, você deverá ser capaz de:

1. Preparar caldas de açúcar nos sete pontos de cozimento.
2. Preparar creme inglês, creme de confeiteiro e pudim de leite.
3. Preparar *flans* e pudins assados à base de gemas.
4. Preparar *bavaroises*, *chiffons*, musses e suflês doces.
5. Montar sobremesas geladas.
6. Preparar caldas e molhos doces para sobremesas.

Tabela 35.1		
Pontos de cozimento da calda de açúcar		
	Temperatura	
Estágio	**°C**	**°F**
Ponto de fio grosso	110	230
Ponto de bala mole	115	240
Ponto de bala firme	118	245
Ponto de bala dura	122-127	250-260
Ponto de quebrar ligeiro	130-132	265-270
Ponto de quebrar	135-138	275-280
Ponto de quebrar duro	143-155	290-310
Ponto de caramelo	160-170	320-340

CREMES À BASE DE GEMAS

As três receitas apresentadas nesta seção estão entre os preparos mais úteis e básicos da confeitaria. Os três preparos podem ser classificados como cremes, pois são compostos por um líquido engrossado por meio da coagulação de ovos.

O **crème anglaise**, ou creme de baunilha, é uma espécie de pudim ralo preparado na chama do fogão. É composto por leite, açúcar e gemas (e baunilha) cozidos em fogo bem baixo, mexendo sempre, até que engrosse levemente.

O **creme de confeiteiro** é engrossado com amidos, além das gemas, o que resulta em um produto mais espesso e mais estável. É usado como recheio para bolos, folhados e tortas cremosas, e servido como creme ou *flan*. Quando preparado com mais líquido, é usado como creme para sobremesas.

Os pudins de leite são compostos por leite, açúcar, ovos e um saborizante (geralmente são usados ovos inteiros para um maior poder espessante), mas, ao contrário do creme de baunilha, são assados, e não cozidos na chama do fogão, por isso ficam firmes. Cremes à base de gemas cozidos no forno são usados para rechear tortas, podem ser servidos como sobremesa por si sós (como é o caso do *crème brûlée*) ou servir de base para muitos tipos de pudins e sobremesas cremosas.

Todas essas receitas possuem diversas variações. Como têm como base os ovos, é aconselhável revisar os princípios básicos do cozimento de ovos discutidos no Capítulo 24.

CRÈME ANGLAISE

A receita a seguir apresenta o método de preparo do *crème anglaise* ou creme inglês. É preciso cuidado especial no preparo desse creme porque os ovos podem talhar com facilidade se cozidos em excesso. As orientações a seguir irão ajudá-lo a obter sucesso.

1. Use equipamentos limpos e higienizados e siga à risca as boas práticas de fabricação. As misturas de ovos são um excelente campo para proliferação de bactérias que causam intoxicação alimentar.

2. Ao misturar as gemas dos ovos e o açúcar, bata a mistura assim que o açúcar for acrescentado. Deixar o açúcar e as gemas parados, sem mexer, forma grumos que não podem ser dissolvidos. Usar uma tigela de aço inoxidável nesta etapa facilita o processo de cozinhar e mexer a mistura na etapa 5.

3. Aqueça o leite até quase ferver (assim que formar as primeiras bolhinhas nas laterais), antes de acrescentar as gemas. Isso encurta o cozimento final. Para que o leite não derrame ou forme uma crosta no fundo do recipiente, aqueça-o em banho-maria. Isso leva mais tempo do que se ele fosse aquecido em fogo direto, mas permite que você tire sua atenção da panela por alguns minutos enquanto executa outras tarefas.

4. *Aos poucos* e batendo sem parar, acrescente o leite quente aos ovos batidos com açúcar. Isso aumenta a temperatura dos ovos aos poucos e ajuda a evitar que talhem.

5. Coloque a tigela com a mistura de ovos e leite sobre uma panela com água fervente em fogo bem brando e mexa constantemente para evitar que talhe.

6. Existem dois métodos para testar o ponto de cocção. Tenha em mente que esse creme é bem leve, por isso não espere que engrosse muito.
   - Verifique a temperatura com um termômetro. Quando atingir 85ºC (185ºF), o creme está cozido. Nunca deixe que a temperatura ultrapasse 87ºC (190ºF).
   - Quando a mistura cobrir levemente as costas de uma colher sem escorrer como leite, o creme está cozido.
7. Resfrie o creme *imediatamente* mergulhando o fundo da panela ou tigela em água gelada. Mexa de vez em quando para que esfrie de maneira uniforme.
8. Se o creme talhar, às vezes é possível recuperá-lo. Acrescente imediatamente 30 a 60 mL de leite frio, transfira para o liquidificador e bata na velocidade alta.

Crème anglaise (creme inglês ou creme de baunilha)

Rendimento: aproximadamente 1,25 L

Quantidade	Ingredientes
12	Gema de ovo
250 g	Açúcar
1 L	Leite
15 mL (1 colher de sopa)	Essência de baunilha

Por 30 g:
Calorias, 60; Proteínas, 2 g;
Gorduras, 2,5 g (38% cal.); Colesterol, 65 mg;
Carboidratos, 7 g; Fibras, 0 g; Sódio, 15 mg.

■ Modo de preparo

1. Revise as orientações para o preparo do creme inglês que precede esta receita.
2. Misture a gema e o açúcar em uma tigela de inox. Bata até obter um creme leve e fofo.
3. Aqueça o leite em banho-maria ou diretamente sobre o fogo.
4. Aos poucos, acrescente o leite quente à mistura de gema e açúcar, mexendo sem parar com um batedor de arame.
5. Coloque a tigela sobre uma panela de água fervente em fogo baixo. Aqueça lentamente, mexendo sempre, até que engrosse o suficiente para cobrir as costas de uma colher (ou até que atinja 85ºC).
6. Retire do fogo imediatamente e mergulhe o fundo da tigela em água fria. Acrescente a baunilha. Mexa de vez em quando à medida que esfria.

VARIAÇÃO

Crème anglaise de chocolate
Derreta 175 g de chocolate ao leite. Acrescente ao *crème anglaise* ainda morno (não quente).

CREME DE CONFEITEIRO

Embora o creme de confeiteiro precise de mais ingredientes e etapas de preparo, é mais fácil de fazer que o *crème anglaise* porque tem menos probabilidade de talhar. O creme de confeiteiro contém amido como agente espessante, que estabiliza os ovos. Pode ser fervido sem que talhe. Na realidade, é *preciso* deixar levantar fervura, senão o amido não fica totalmente cozido e o creme fica com sabor de amido cru.

É essencial o cumprimento à risca de todas as normas de higiene ao preparar o *creme de confeiteiro*, por causa do perigo de contaminação bacteriana. Use equipamentos limpos e higienizados. Não coloque os dedos no creme, e só prove com uma colher limpa. Leve o creme finalizado imediatamente à geladeira em recipientes rasos. Mantenha o creme e os produtos recheados com creme sempre refrigerados.

O procedimento para preparo de creme de confeiteiro é apresentado na receita a seguir. Observe que as etapas básicas são semelhantes às do *crème anglaise*. Neste caso, entretanto, um amido é misturado aos ovos e à metade do açúcar até formarem uma pasta homogênea (em algumas receitas com menos ovos, é necessário acrescentar um pouco de leite frio para que haja líquido suficiente para formar uma pasta). Enquanto isso, o leite é aquecido com a outra metade do açúcar (o açúcar ajuda a evitar que o leite queime no fundo da panela).

Um pouco do leite quente é acrescentado à mistura de ovos, que é levada novamente ao fogo até levantar fervura. Alguns *chefs* preferem acrescentar a pasta fria gradualmente ao leite quente, mas o procedimento apresentado aqui para dissolver a mistura parece melhor para evitar que o creme talhe.

Variações do creme de confeiteiro

Recheios de creme para tortas e *flans* são, na realidade, creme de confeiteiro acrescido de diferentes ingredientes de sabor.

Deve ser usado amido de milho como agente espessante quando o creme for usado como recheio de torta, para que as fatias cortadas mantenham o formato. Para outros usos, pode ser usado amido de milho ou farinha de trigo. Lembre-se que é preciso duas vezes mais farinha que amido de milho para obter o mesmo poder espessante. Outras variações são possíveis, como você verá nas receitas a seguir. Às vezes é acrescentado creme de leite batido ao creme de confeiteiro frio para deixá-lo mais leve e cremoso.

O recheio de algumas tortas de limão é também uma variação do creme de confeiteiro. É feito com água em vez de leite e são acrescentados suco e raspas de limão para dar sabor.

Creme de confeiteiro sabor baunilha

Rendimento: aproximadamente 2,25 L

Quantidade	Ingredientes
250 g	Açúcar
2 L	Leite
8	Gemas
4	Ovos
150 g	Amido de milho
250 g	Açúcar
125 g	Manteiga
30 mL	Essência de baunilha

Por 30 g:
Calorias, 70; Proteínas, 2 g;
Gorduras, 3 g (38% cal.); Colesterol, 45 mg;
Carboidratos, 9 g; Fibras, 0 g; Sódio, 30 mg.

■ **Modo de preparo**

1. Em uma panela funda, dissolva o açúcar no leite e aqueça até levantar fervura.
2. Com um batedor de arame, bata as gemas e os ovos inteiros em uma tigela de inox.
3. Peneire o amido de milho e o açúcar sobre os ovos. Bata com o batedor de arame até a mistura ficar homogênea.
4. Adicione bem lentamente o leite quente (em fio), batendo para misturá-lo bem aos ovos.
5. Coloque a mistura de volta no fogo e aqueça até levantar fervura, mexendo sem parar.
6. Quando a mistura ferver e engrossar, retire do fogo.
7. Acrescente a manteiga e a baunilha. Misture até a manteiga derreter e ser totalmente incorporada ao creme.
8. Coloque em uma cuba gastronômica ou outro recipiente raso. Polvilhe com um pouco de açúcar e cubra com papel-manteiga para evitar que se forme uma película. Deixe esfriar e leve à geladeira o mais rápido possível.
9. Para rechear sobremesas como bombas e folhados, bata o creme de confeiteiro gelado antes de usar até que fique homogêneo.

VARIAÇÕES

Para obter um creme de confeiteiro mais leve, incorpore creme de leite batido ao creme de confeiteiro gelado. As quantidades variam conforme o gosto. Para cada 2 L de creme de confeiteiro, incorpore 1 a 2 xícaras (250 a 500 mL) de creme de leite fresco batido.

Creme de confeiteiro sabor chocolate
Derreta 125 g de chocolate ao leite e 125 g de chocolate amargo. Acrescente ao creme de confeiteiro quente.

Creme de confeiteiro sabor café
Adicione 4 colheres de sopa (60 mL) de café instantâneo ao leite na etapa 1.

RECHEIOS PARA TORTA
Quantidade para quatro tortas de 20 cm de diâmetro.

Recheio cremoso de baunilha
Use o creme de confeiteiro sabor baunilha. Coloque o creme de confeiteiro frio, mas não gelado, sobre a massa de torta.

Recheio cremoso de coco
Acrescente 250 g de coco tostado, não adoçado, ao creme de confeiteiro sabor baunilha.

Recheio cremoso de banana
Usando o recheio cremoso sabor baunilha, coloque metade do creme sobre a massa da torta, cubra com rodelas de banana e coloque o restante do recheio por cima. (As bananas podem ser imersas em suco de limão para evitar que escureçam.)

Recheio cremoso de chocolate I
Use o creme de confeiteiro sabor chocolate mencionado anteriormente.

Recheio cremoso de chocolate II
Na etapa 1, use apenas 1,75 L de leite. Acrescente 90 g de cacau em pó aos ingredientes secos (açúcar e amido de milho) da receita básica de creme de confeiteiro com baunilha. Adicione 250 mL de leite frio aos ovos.

Recheio cremoso sabor caramelo
Misture 900 g de açúcar mascavo e 300 g de manteiga em uma panela funda em fogo baixo. Aqueça, mexendo, até que a manteiga derreta e os ingredientes se misturem. Omita o açúcar da receita básica de creme de confeiteiro sabor baunilha (etapas 1 e 3). Aumente o amido de milho para 175 g. Quando a mistura estiver quase fervendo na etapa 5, junte aos poucos a calda de açúcar mascavo. Finalize como na receita básica.

Recheio à base de ovos para torta de limão-siciliano
Siga o procedimento para o creme de confeiteiro com baunilha, mas modifique os seguintes ingredientes:
1. Use água em vez de leite.
2. Aumente o açúcar na etapa 1 para 450 g.
3. Aumente o amido de milho para 175 g.
4. Adicione as raspas de dois limões-sicilianos à mistura de ovos.
5. Adicione 250 mL de suco de limão-siciliano ao creme finalizado quente em vez da baunilha.

FLANS

Flan de baunilha
Flan de coco
Flan de banana
Flan de chocolate I e II
Flan de caramelo

Para cada um destes *flans*, prepare o recheio de torta correspondente, mas use apenas metade do amido de milho.

PUDIM DE LEITE

O pudim de leite, ou pudim de gemas, é uma mistura de ovos, leite, açúcar e flavorizantes assada até que os ovos coagulem e a mistura fique firme. Um pudim bem feito mantém a forma ao ser cortado.

A receita a seguir mostra o procedimento para fazer pudim de leite. Observe principalmente os pontos a seguir:

1. Esquente o leite antes de incorporá-lo lentamente aos ovos. Isso reduz o tempo de preparo e ajuda o produto a cozinhar de maneira mais uniforme.
2. Retire qualquer espuma da superfície que possa prejudicar a aparência do produto acabado.
3. Asse a 165°C. Altas temperaturas aumentam o risco de cozinhar o pudim em excesso e talhá-lo.
4. Asse em banho-maria para que as porções externas não cozinhem demais antes que o interior esteja firme.
5. Para verificar o ponto de cozimento, insira a lâmina fina de uma faca a aproximadamente 3 a 5 cm do centro. Se sair limpa, o pudim está pronto. O centro pode não estar completamente firme, mas o creme continuará a cozinhar em seu próprio calor depois de retirado do forno.

Pudim de leite

Porções: 12   Tamanho da porção: 150 g

Quantidade	Ingredientes
500 g	Ovo
250 g	Açúcar
½ colher (chá)	Sal
15 mL	Essência de baunilha
1,25 L	Leite

Por porção:
Calorias, 190; Proteínas, 8 g; Gorduras, 7 g (33% cal.); Colesterol, 175 mg; Carboidratos, 24 g; Fibras, 0 g; Sódio, 190 mg.

Modo de preparo

1. Coloque os ovos, o açúcar, o sal e a baunilha em uma tigela. Misture bem, mas sem bater.
2. Esquente o leite em banho-maria ou em uma panela funda em fogo baixo.
3. Aos poucos, adicione o leite à mistura de ovos, mexendo sem parar.
4. Retire a espuma que se formar na superfície do líquido.
5. Disponha forminhas ou uma forma de pudim em uma assadeira (unte com manteiga se não for usar calda).
6. Despeje a mistura nas forminhas com cuidado. Se aparecerem bolhas na superfície durante esta etapa, retire-as.
7. Coloque a assadeira na prateleira do forno. Coloque uma quantidade suficiente de água quente ao redor das forminhas de modo que atinja o nível do pudim.
8. Asse a 165°C até firmar, aproximadamente 45 minutos.
9. Retire do forno com cuidado e deixe esfriar. Mantenha os pudins cobertos, sob refrigeração.

VARIAÇÃO

Pudim de leite com calda de caramelo (*crème caramel*)
Cozinhe 375 g de açúcar e 60 mL de água até obter um caramelo (veja a seção sobre cozimento do açúcar no início deste capítulo). Cubra o fundo de forminhas com o caramelo quente (certifique-se de que as forminhas estão limpas e secas). Encha com a mistura de pudim e asse como na receita básica.

PUDINS

É difícil dar uma definição de pudim que inclua todos os produtos que recebem este nome, especialmente em língua inglesa. O termo *pudding* é usado nessa língua para designar as mais diversas preparações, como *chocolate pudding* (pudim de chocolate), *blood pudding* (um tipo de linguiça feita de sangue) e *steak-and-kidney pudding* (um tipo de torta salgada recheada com carne e rim). Neste capítulo, contudo, são apresentados apenas os pudins mais conhecidos para sobremesa.

Dois tipos de pudins, engrossado com amido e assado, são os mais preparados no setor de serviços alimentícios. Esses serão os dois tipos apresentados aqui. Um terceiro tipo, o pudim cozido no vapor (*steamed pudding*), é menos comum, mais servido em climas bem frios, pois geralmente é bem pesado.

PUDINS ENGROSSADOS COM AMIDO

Também são chamados de *pudins cozidos* porque é preciso que o amido seja cozido para engrossar.

1. **Manjar branco** ou *blancmange*.

    O manjar branco é composto por leite, açúcar e flavorizantes e engrossado com amido de milho (ou, às vezes, outro amido). Se for usado amido de milho suficiente, a mistura quente pode ser colocada em formas, gelada e desenformada antes de servir.

2. **Flans**.

    O *flan*, conforme você aprendeu na seção anterior, é um creme de confeiteiro. No entanto, os *flans* geralmente são feitos com menos amido e podem conter diversos ingredientes para dar gosto, como coco ou chocolate. O pudim de caramelo, por exemplo, tem esse sabor porque se adiciona açúcar mascavo em vez de açúcar branco.

    Se você analisar novamente a receita do Creme de confeiteiro sabor baunilha (p. 1009), verá que a única diferença entre um manjar e um *flan* é que este último contém ovos. Na realidade, os *flans* podem ser feitos misturando-se o manjar branco, ainda quente, a ovos batidos e depois aquecendo-se até quase começar a ferver. Se este método for usado, é preciso muito cuidado para evitar que os ovos talhem.

A seguir é apresentada uma receita básica de manjar branco. Receitas para *flans* foram incluídas nas variações que seguem a receita de Creme de confeiteiro sabor baunilha.

Manjar branco à moda inglesa

Porções: 12   Tamanho da porção: 125 g

Quantidade	Ingredientes
1 L	Leite
190 g	Açúcar
¼ de colher (chá)	Sal
125 g	Amido de milho
250 mL	Leite frio
1 ½ colher (chá)	Essência de amêndoa ou baunilha

Por porção:
Calorias, 150; Proteínas, 3 g; Gorduras, 3,5 g (20% cal.); Colesterol, 15 mg; Carboidratos, 28 g; Fibras, 0 g; Sódio, 100 mg.

Observação: o manjar branco francês (*blancmange*) é muito diferente do inglês. É feito com leite de amêndoa e gelatina.

Modo de preparo

1. Misture o leite, o açúcar e o sal em uma panela funda e grossa e leve ao fogo brando até começar a fever.
2. Junte o amido de milho ao leite frio e mexa até que a mistura fique perfeitamente homogênea.
3. Despeje em fio aproximadamente 1 xícara (250 mL) de leite quente à mistura de amido de milho.
4. Adicione essa mistura ao leite quente.
5. Mexa, cozinhando em fogo baixo, até que a mistura engrosse e ferva.
6. Retire do fogo e adicione o saborizante desejado.
7. Coloque em formas de 125 mL. Deixe esfriar, depois leve à geladeira. Desenforme antes de servir.

VARIAÇÕES

Podem ser acrescentados sabores ao manjar branco da mesma maneira que aos *flans*. Veja as variações da receita de creme de confeiteiro com baunilha para sugestões.

CREMES E PUDINS ASSADOS

Cremes e pudins assados são sobremesas cremosas que contêm ingredientes adicionais, geralmente em grandes quantidades. O pudim de pão, por exemplo, é feito adicionando-se uma mistura à base de ovos sobre pedaços de pão em uma assadeira e levando-se ao forno. O *rice pudding* é outro exemplo, feito com arroz cozido e creme à base de gemas.

O procedimento para fazer cremes e pudins à base de gema assados é o mesmo usado para fazer pudim de leite. Pode não ser necessário usar banho-maria se o teor de amido for alto.

Recheios cremosos para torta, como o da *Pumpkin pie* (p. 991) podem também ser considerados um tipo de pudim assado.

Rice pudding (arroz-doce de forno)

Porções: 12   Tamanho da porção: 150 g

Quantidade	Ingredientes
225 g	Arroz (grão médio ou longo)
1,5 L	Leite
1 colher (chá)	Essência de baunilha
¼ de colher (chá)	Sal
1	Ovo
2	Gemas
250 g	Açúcar
250 mL	Creme de leite *light*
conforme necessário	Canela

Por porção:
Calorias, 270; Proteínas, 7 g; Gorduras, 9 g (30% cal.); Colesterol, 80 mg; Carboidratos, 40 g; Fibras, 0 g; Sódio, 120 mg.

■ Modo de preparo

1. Lave bem o arroz. Escorra.
2. Misture o arroz, o leite, a baunilha e o sal em uma panela funda e grossa. Tampe e cozinhe em fogo bem baixo até que o arroz esteja macio, aproximadamente 30 minutos. Mexa de vez em quando para que a mistura não grude no fundo. Retire do fogo.
3. Coloque o ovo, as gemas, o açúcar e o creme de leite em uma tigela. Misture até que tudo fique bem incorporado.
4. Usando uma concha, acrescente um pouco do leite quente do arroz cozido a essa mistura e mexa bem. Depois, acrescente a mistura de ovos lentamente ao arroz quente.
5. Coloque em uma assadeira untada de 30 x 50 cm. Polvilhe a superfície com canela.
6. Asse em banho-maria a 175°C por 30 a 40 minutos, até que esteja firme. Sirva morno ou frio.

VARIAÇÕES

Rice pudding com passas
Acrescente 250 g de passas à mistura de arroz e leite.

Pudim de pão amanteigado

Porções: 12   Tamanho da porção: 200 g

Quantidade	Ingredientes
500 g	Pão branco, em fatias finas
125 g	Manteiga derretida
500 g	Ovo
250 g	Açúcar
½ colher (chá)	Sal
15 mL	Essência de baunilha
1,25 L	Leite
conforme necessário	Canela
conforme necessário	Noz-moscada

Por porção:
Calorias, 350; Proteínas, 11 g; Gorduras, 16 g (41% cal.); Colesterol, 190 mg; Carboidratos, 41 g; Fibras, 1 g; Sódio, 440 mg.

■ Modo de preparo

1. Corte cada fatia de pão ao meio. Pincele os dois lados com manteiga derretida.
2. Arrume o pão em uma assadeira untada de 30 x 50 cm sobrepondo as fatias ligeiramente.
3. Misture os ovos, o açúcar, o sal e a baunilha até que estejam bem homogêneos.
4. Aos poucos, junte o leite à mistura.
5. Despeje a mistura sobre as fatias de pão na assadeira. Leve à geladeira por pelo menos 1 hora, ou até que o pão tenha absorvido a mistura de leite e ovos.
6. Polvilhe a superfície com um pouco de canela e noz-moscada.
7. Coloque a assadeira dentro de uma assadeira maior contendo aproximadamente 3 cm de água quente.
8. Coloque no forno preaquecido a 175°C. Asse por aproximadamente 1 hora, até que esteja firme.
9. Sirva quente ou frio com chantili ou *crème anglaise* ou polvilhado com açúcar de confeiteiro.

VARIAÇÃO

Cabinet pudding
Prepare em forminhas individuais em vez de uma forma grande. Substitua o pão por pão de ló em cubos e omita a manteiga derretida. Acrescente 1 colher (sopa) de passas a cada forminha antes de colocar a mistura de leite e ovos.

BAVAROISES, CHIFFONS, MUSSES E SUFLÊS DOCES

As receitas desta seção possuem uma coisa em comum: todas apresentam textura leve e aerada, criada pela adição de creme de leite batido e/ou claras em neve.

Embora estes produtos, especificamente, possam parecer novos, você não terá problemas em prepará-los se já tiver estudado o capítulo anterior e a primeira parte deste capítulo. Quando tiver aprendido a preparar *crème anglaise*, creme de confeiteiro, recheios engrossados com amido, merengues e creme de leite batido, e tiver aprendido a trabalhar com gelatina (leia p. 717, se ainda não tiver aprendido sobre gelatina), tudo o que você tem a fazer é combinar esses produtos de maneiras diferentes para preparar *bavaroises*, *chiffons*, musses e suflês doces.

Vamos examinar esses quatro itens separadamente para ver do que são feitos. Depois, veremos os procedimentos para montá-los.

BAVAROISES

Uma **bavaroise**, também conhecida como creme bávaro, é composta de três elementos básicos: *crème anglaise* (com o sabor desejado), gelatina e creme de leite batido.

Isso é tudo. A gelatina é amolecida em um líquido frio, acrescentada ao *crème anglaise* quente até dissolver e refrigerada até ficar quase firme. Depois, adiciona-se creme de leite batido, e a mistura é colocada em uma forma até ficar firme. Desenforma-se antes de servir.

A medida exata da gelatina é importante. Se a quantidade de gelatina não for suficiente, a sobremesa ficará muito mole e não sustentará o formato. Se for usada muita gelatina, ficará muito dura e borrachuda.

CHIFFONS

Os cremes do tipo **chiffon** são mais conhecidos como recheio de tortas *chiffon*, mas podem também ser servidos de maneira mais simples, como sobremesas geladas.

A maior diferença entre o *chiffon* e a *bavaroise* é que são usadas claras em neve além do creme de leite batido ou em seu lugar. Em outras palavras, o *chiffon* é feito com uma base, gelatina e claras em neve. (Alguns *chiffons* também contêm creme de leite batido.)

A seguir são apresentados os três principais tipos de bases para creme *chiffon*.

1. **Engrossada com amido.**
   O procedimento é o mesmo usado em recheios para tortas de frutas pelo método de suco pré-cozido ou pelo método de fruta pré-cozida, exceto pelo fato de que a fruta deve ser bem picada ou estar na forma de purê. A maioria dos cremes de fruta do tipo *chiffons* é feito desta maneira.

2. **Engrossada com ovos.**
   O procedimento é o mesmo usado para o preparo de *crème anglaise*. Muitos *chiffons* de chocolate são feitos desta maneira, assim como o *chiffon* de abóbora.

3. **Engrossada com ovos e amido.**
   O procedimento é o mesmo usado para creme de confeiteiro. O *chiffon* de limão geralmente é feito desta maneira.

MUSSES

Existem tantos tipos de musse que é impossível estabelecer uma regra que se aplique a todos eles. Em geral, define-se **musse** como uma sobremesa cremosa leve e fofa resultante da adição de creme de leite batido e/ou claras em neve a uma base. Observe que a *bavaroise* e o *chiffon* também se encaixam nessa descrição. Na realidade, muitas vezes eles são servidos como musse, mas com gelatina em menor quantidade ou sem gelatina, para que fique mais leve.

São usadas diversas bases para a produção das musses. Ela pode consistir apenas em chocolate derretido ou frutas frescas em purê, ou pode ser uma base mais complexa, como as bases usadas para cremes *chiffon*.

Algumas musses contêm claras em neve e creme de leite batido. Neste caso, a maioria dos *chefs* prefere acrescentar primeiro as claras em neve, mesmo que um pouco do volume seja perdido. A razão para isso é que, acrescentando primeiro o creme de leite batido,

1014 Capítulo 35 • Cremes, pudins, sobremesas geladas e caldas

corre-se um risco maior de batê-lo em demasia, fazendo com que a mistura vire manteiga durante o procedimento de bater e misturar.

Se as claras em neve forem acrescentadas a uma base *quente*, irão cozinhar ou coagular, e a musse ficará mais firme e mais estável. Não se deve jamais misturar creme de leite batido a misturas quentes, pois ele derrete e perde volume.

SUFLÊS DOCES

Suflês doces são misturas acrescidas de claras em neve e assadas. Ao assar, o suflê cresce como um bolo porque o ar preso nas claras em neve se expande quando aquecido.

Para compreender a estrutura dos suflês doces, podemos dividir o seu preparo em quatro estágios:

1. **Preparo da base.**
   São usados muitos tipos de base para o preparo de suflês doces. A maioria é pesada e engrossada com amido, como creme de confeiteiro ou um molho branco doce.

2. **Acréscimo de gemas.**
   Quando usadas, são acrescentadas à base.

3. **Acréscimo de claras em neve.**
   Quando possível, as claras em neve devem ser batidas com um pouco de açúcar. Isso torna o suflê doce mais estável que os suflês salgados.

4. **Assamento.**
   Revise a seção sobre suflês salgados (pp. 796-797) para compreender os princípios gerais do assamento de suflês.

RESUMO COMPARATIVO

1. *Bavaroise.*
   Base: *crème anglaise*
   Gelatina
   Creme de leite batido

2. *Chiffon.*
   Base: engrossada com amido
      (como um recheio de fruta para torta)
      Engrossada com ovos
         (como o *crème anglaise*)
      Engrossado com amido e ovos
         (como o creme de confeiteiro)
   Gelatina
   Claras em neve
   (Creme de leite batido opcional)

3. **Musse.**
   Base: diversas
   Pouca ou nenhuma gelatina
   Claras em neve e/ou creme de leite batido

4. **Suflê doce.**
   Base: diversas, geralmente
      com gemas de ovos.
   Claras em neve
   Assado

Procedimento geral

A seguir, é apresentado apenas um procedimento geral. Não é um método detalhado para o preparo de uma sobremesa específica, mas uma explicação básica que o ajudará a lidar com diversas receitas. Essas etapas fundamentais se aplicam à maioria das *bavaroises*, *chiffons*, musses e suflês.

1. Prepare a base.

2. Se for usada gelatina, deixe amolecer em um líquido frio e adicione à base quente, misturando até que tenha dissolvido. Leve à geladeira até quase ficar firme.

3. Adicione as claras em neve e/ou creme de leite batido.

4. Coloque para gelar (*bavaroises*, *chiffons* e musses) ou asse (suflês).

Bavaroise

Porções: 24   Tamanho da porção: 90 g

Quantidade	Ingredientes
45 g	Gelatina sem sabor incolor
300 mL	Água fria
	Crème anglaise:
12	Gema de ovo
250 g	Açúcar
1 L	Leite
15 mL	Essência de baunilha
1 L	Creme de leite fresco

Por porção:
Calorias, 240; Proteínas, 5 g; Gorduras, 19 g (70% cal.); Colesterol, 165 mg; Carboidratos, 13 g; Fibras, 0 g; Sódio, 45 mg.

■ Modo de preparo

1. Coloque a gelatina de molho na água fria.
2. Prepare o creme inglês. Bata as gemas e o açúcar até que fiquem leves e fofas. Aqueça o leite e acrescente à mistura de gemas aos poucos, batendo sempre. Adicione a baunilha. Cozinhe em banho-maria, mexendo sem parar até que engrosse ligeiramente (revise a p. 1007 para mais detalhes sobre o preparo do *crème anglaise*).
3. Acrescente a gelatina amolecida ao creme ainda quente. Mexa até que tenha dissolvido bem.
4. Deixe esfriar na geladeira ou sobre gelo moído, mexendo de vez em quando para esfriar de maneira homogênea.
5. Enquanto isso, bata o creme de leite até formar picos moles, não firmes. Não bata demais.
6. Quando o *crème anglaise* estiver bem espesso, mas não totalmente firme, acrescente o creme de leite batido.
7. Coloque em formas ou diretamente no recipiente em que irá servir.
8. Leve à geladeira até que esteja totalmente firme. Se for o caso, desenforme antes de servir.

VARIAÇÕES

Bavaroise de chocolate
Acrescente 350 g de chocolate meio amargo, picado ou ralado, ao creme inglês quente. Mexa até que esteja totalmente derretido e incorporado.

Bavaroise de café
Adicione 3 colheres de sopa de café instantâneo ao creme inglês quente.

Bavaroise de morango
Reduza o leite para 500 mL e o açúcar para 175 g ao preparar o creme inglês. Amasse 500 g de morangos com 175 g de açúcar, ou bata 700 g de morangos congelados adoçados. Acrescente ao creme inglês antes de adicionar o creme de leite batido.

Bavaroise de framboesa
Prepare da mesma maneira que a *Bavaroise* de morango, mas usando framboesas.

Sobremesa ou recheio *chiffon* de morango

Rendimento: 3 kg
seis tortas de 20 cm de diâmetro
cinco tortas de 23 cm
quatro tortas de 25 cm

Quantidade	Ingredientes
1.800 g	Morango congelado adoçado (ver Observação)
1 colher (chá)	Sal
30 g	Amido de milho
125 mL	Água
30 g	Gelatina
250 mL	Água fria
30 mL	Suco de limão
450 g	Clara de ovo
350 g	Açúcar

Por 30 g:
Calorias, 40; Proteínas, 1 g; Gorduras, 0 g (0% cal.);
Colesterol, 0 mg; Carboidratos, 9 g; Fibras, 0 g;
Sódio, 30 mg.

Observação: se forem usados morangos frescos, fatie ou corte em pedaços 1,4 kg de morangos frescos e limpos e misture com 450 g de açúcar. Reserve por 2 horas na geladeira. Escorra, reservando o suco. Proceda como na receita básica.

Modo de preparo

1. Descongele e escorra os morangos, reservando o suco. Pique grosseiramente.
2. Coloque o suco reservado e o sal em uma panela funda. Aqueça até levantar fervura.
3. Dissolva o amido de milho na água e acrescente ao suco do morango. Cozinhe até engrossar. Retire do fogo.
4. Amoleça a gelatina na água. Adicione ao suco da fruta engrossado quente e mexa até que tenha dissolvido completamente.
5. Acrescente o suco de limão e os morangos escorridos.
6. Leve a mistura à geladeira até que engrosse, mas não deixe ficar firme.
7. Bata as claras em neve até formarem picos moles.
8. Acrescente aos poucos o açúcar e continue batendo até que se forme um merengue firme e brilhante.
9. Incorpore o merengue à mistura de fruta.
10. Despeje em recipientes individuais ou use para rechear massas de torta pré-assadas.
11. Leve à geladeira até firmar.

VARIAÇÕES

Para obter um *chiffon* mais cremoso, reduza as claras para 350 g. Bata 500 mL de creme de leite fresco e acrescente à mistura depois de juntar o merengue.

Sobremesa ou recheio *chiffon* de framboesa
Substitua o morango da receita básica por framboesa.

Sobremesa ou recheio *chiffon* de abacaxi
Use 1,4 kg de abacaxi em calda amassado. Misture o suco escorrido com mais 500 mL de suco de abacaxi e acrescente 225 g de açúcar.

Musse nevada de morango ou framboesa
Omita a gelatina e a segunda quantidade de açúcar da receita básica ou da variação de framboesa. Reduza as claras para 225 g. Bata 750 mL de creme de leite fresco e acrescente à mistura depois de juntar o merengue. Coloque em forminhas individuais ou outros recipientes e leve ao congelador.

Sobremesa ou recheio *chiffon* de chocolate

Rendimento: 3,2 kg
seis tortas de 20 cm de diâmetro
cinco tortas de 23 cm
quatro tortas de 25 cm

Quantidade	Ingredientes
300 g	Chocolate amargo
750 mL	Água
450 g	Gema de ovo
450 g	Açúcar
30 g	Gelatina
250 mL	Água fria
575 g	Clara de ovo
700 g	Açúcar

Por 30 g:
Calorias, 70; Proteínas, 2 g; Gorduras, 2,5 g (30% cal.);
Colesterol, 50 mg; Carboidratos, 11 g; Fibras, 0 g;
Sódio, 10 mg.

Modo de preparo

1. Misture o chocolate e a água em uma panela funda e grossa. Leve ao fogo brando, mexendo sem parar até obter uma mistura homogênea.
2. Bata as gemas com o açúcar na batedeira usando o misturador globo até obter um creme leve e fofo.
3. Com a batedeira funcionando, despeje aos poucos o chocolate derretido com água.
4. Coloque a mistura de volta na panela e leve ao fogo bem baixo até que engrosse. Retire do fogo.
5. Amoleça a gelatina na água. Acrescente à mistura de chocolate ainda quente e mexa até que a gelatina esteja totalmente dissolvida.
6. Resfrie até o creme engrossar, mas não deixe que fique totalmente firme.
7. Bata as claras em neve até que formem picos moles.
8. Acrescente aos poucos o açúcar. Continue batendo até obter um merengue firme e brilhante.
9. Adicione à mistura de chocolate.
10. Coloque no recipiente em que irá servir ou despeje dentro de uma massa de torta pré-assada. Leve à geladeira até que fique firme.

VARIAÇÃO

Recheio *chiffon* cremoso para torta de chocolate
Para obter um *chiffon* mais cremoso, reduza as claras para 450 g. Bata 500 mL de creme de leite fresco e acrescente à mistura depois de juntar o merengue.

Sobremesa ou recheio *chiffon* de limão-siciliano

Rendimento: 3,2 kg
seis tortas de 20 cm de diâmetro
cinco tortas de 23 cm
quatro tortas de 25 cm

Quantidade	Ingredientes
750 mL	Água
250 g	Açúcar
375 g	Gema de ovo
125 mL	Água fria
90 g	Amido de milho
250 g	Açúcar
	Raspas da casca de 4 limões-sicilianos
30 g	Gelatina
250 mL	Água fria
350 mL	Suco de limão
450 g	Clara de ovo
450 g	Açúcar

Por 30 g:
Calorias, 50; Proteínas, 1 g; Gorduras, 1 g (18% cal.); Colesterol, 40 mg; Carboidratos, 9 g; Fibras, 0 g; Sódio, 10 mg.

■ Modo de preparo

1. Dissolva o açúcar na água e leve ao fogo até ferver.
2. Bata as gemas, a água, o amido de milho, o açúcar e as raspas de limão até obter uma mistura homogênea.
3. Acrescente a água fervente em fio à mistura de gemas, mexendo.
4. Coloque a mistura de volta no fogo e aqueça até levantar fervura, batendo sem parar com um batedor de arame.
5. Quando a mistura ferver e engrossar, retire do fogo.
6. Amoleça a gelatina na água fria.
7. Acrescente a gelatina à mistura quente de gemas. Mexa até dissolver bem.
8. Junte o suco de limão.
9. Leve à geladeira até engrossar, mas não deixe que fique totalmente firme.
10. Bata as claras em neve até que formem picos moles.
11. Acrescente aos poucos o açúcar e continue batendo até obter um merengue firme e brilhante.
12. Incorpore o merengue à mistura de limão-siciliano.
13. Coloque em recipientes individuais para servir ou use para rechear massas de torta pré-assadas.
14. Leve à geladeira até firmar.

VARIAÇÕES

Sobremesa ou recheio *chiffon* de limão Taiti
Substitua o limão-siciliano por suco e raspas de limão Taiti.

Sobremesa ou recheio *chiffon* de laranja
Use suco de laranja em vez de água na etapa 1 e omita a primeira quantidade de açúcar. Substitua as raspas de limão por raspas de laranja. Reduza o suco de limão para 125 mL.

Musse gelada de limão
Omita a gelatina e a água usada para dissolvê-la. Reduza as claras para 350 g. Bata 1 L de creme de leite fresco e acrescente à mistura depois de juntar o merengue. Coloque em forminhas individuais ou outros recipientes e congele.

Sobremesa ou recheio *chiffon* de abóbora

Rendimento: 3,4 kg
seis tortas de 20 cm de diâmetro
cinco tortas de 23 cm
quatro tortas de 25 cm

Quantidade	Ingredientes
1,2 kg	Purê de abóbora
600 g	Açúcar mascavo
350 g	Leite
350 g	Gema, batida
1 colher (chá)	Sal
4 colheres (chá)	Canela em pó
2 colheres (chá)	Noz-moscada ralada
1 colher (chá)	Gengibre em pó
30 g	Gelatina
250 mL	Água fria
450 g	Clara de ovo
450 g	Açúcar

Por 30 g:
Calorias, 50; Proteínas, 1 g; Gorduras, 1 g (18% cal.);
Colesterol, 35 mg; Carboidratos, 9 g; Fibras, 0 g;
Sódio, 30 mg.

■ Modo de preparo

1. Misture a abóbora com o açúcar mascavo, o leite, as gemas, o sal e as especiarias. Mexa até obter uma mistura homogênea e uniforme.
2. Coloque em banho-maria, no fogão. Cozinhe, mexendo com frequência, até engrossar ou até que a temperatura da mistura chegue a 85°C. Retire do fogo.
3. Amoleça a gelatina na água.
4. Acrescente à mistura quente de abóbora e mexa até dissolver bem.
5. Leve à geladeira até a mistura ficar encorpada, mas não firme.
6. Bata as claras em neve até obter picos moles.
7. Acrescente o açúcar aos poucos e continue batendo até que forme um merengue firme.
8. Incorpore o merengue à mistura de abóbora.
9. Despeje em recipientes individuais ou use para rechear massas de torta pré-assadas. Leve à geladeira até ficar firme.

V a r i a ç ã o

Creme *chiffon* de abóbora
Reduza as claras para 350 g. Bata 500 mL de creme de leite fresco e acrescente à mistura depois de juntar o merengue

Suflê doce de baunilha

Porções: 10   Tamanho da porção: 125 g

Quantidade	Ingredientes
90 g	Farinha de trigo
90 g	Manteiga
125 g	Açúcar
500 mL	Leite
conforme necessário	Manteiga
conforme necessário	Açúcar
8	Gema de ovo
10 mL (2 colheres de chá)	Essência de baunilha
8–10	Clara de ovo
60 g	Açúcar

Por porção:
Calorias, 270; Proteínas, 8 g; Gorduras, 13 g (44% cal.); Colesterol, 195 mg; Carboidratos, 29 g; Fibras, 0 g; Sódio, 150 mg.

■ Modo de preparo

1. Amasse a farinha com a manteiga até formar uma pasta homogênea.
2. Dissolva o açúcar no leite e aqueça até ferver. Retire do fogo.
3. Usando um batedor de arame, incorpore a pasta de farinha ao leite fervido. Bata vigorosamente para deixar a mistura bem homogênea.
4. Coloque a mistura de volta no fogo e aqueça até levantar fervura, mexendo sem parar. Cozinhe em fogo brando por alguns minutos, até que esteja bem grossa e o gosto de farinha crua tenha desaparecido.
5. Transfira para a tigela da batedeira. Tampe e deixe descansar por 5 a 10 minutos.
6. Enquanto a mistura esfria, unte bem as formas de suflê com manteiga e polvilhe com açúcar. Para uma receita, use um recipiente de 25 cm de diâmetro, dois recipientes de 18 cm de diâmetro ou 10 recipientes individuais.
7. Junte a baunilha e as gemas à mistura de leite e bata rapidamente.
8. Bata as claras em neve até que formem picos moles. Acrescente o açúcar e bata até obter picos firmes e brilhantes.
9. Incorpore as claras em neve à base do suflê.
10. Coloque a mistura nos recipientes untados e nivele a superfície.
11. Asse a 190°C. O tempo aproximado de forno é de 45 a 50 minutos para um recipiente de 25 cm, 30 a 40 minutos para recipientes de 18 cm e 15 minutos para recipientes individuais.

VARIAÇÕES

Suflê de chocolate
Acrescente 90 g de chocolate amargo e 30 g de chocolate ao leite derretidos à base depois da etapa 5.

Suflê de limão
Em vez de baunilha, use raspas de dois limões para dar sabor à mistura.

Suflê de licor
Adicione 60 a 90 mL de licor, como *kirsch* ou *Grand Marnier*, depois da etapa 5.

Suflê de café
Adicione 2 colheres de sopa de café instantâneo ao leite na etapa 2.

Musse de chocolate

Rendimento: 1,25 kg ou 1,25 L Porções: 12 Tamanho da porção: 145 mL

Quantidade	Ingredientes
500 g	Chocolate meio amargo
125 g	Manteiga
180 g	Gema de ovo
250 g	Clara de ovo
75 g	Açúcar
250 mL	Creme de leite fresco

Por porção:
Calorias, 380; Proteínas, 6 g; Gorduras, 29 g (64% cal.); Colesterol, 220 mg; Carboidratos, 30 g; Fibras, 2 g; Sódio, 120 mg.

■ Modo de preparo

1. Derreta o chocolate em banho-maria.
2. Retire do fogo e acrescente a manteiga. Misture até a manteiga derreter e ficar totalmente incorporada.
3. Acrescente as gemas, uma a uma. Bata bem após cada adição.
4. Bata as claras em neve até que formem picos moles. Adicione o açúcar e bata até obter picos firmes e brilhantes. Não bata demais.
5 Incorpore as claras à mistura de chocolate.
6. Bata o creme de leite até que forme picos moles. Adicione à mistura de chocolate.
7. Com uma colher, coloque a musse no recipiente onde será servida, ou use um saco de confeiteiro com o bico pitanga para pingá-la.
8. Leve à geladeira até que esteja bem gelada antes de servir.

Observação: essa mistura também pode ser usada para rechear bolos, folhados e bases de merengue assado. Para outra musse de chocolate, totalmente diferente, veja a variação que segue a receita de *Chiffon* de chocolate, descrita anteriormente neste capítulo.

SOBREMESAS GELADAS

A popularidade do sorvete dispensa explicação. Quer seja uma simples bola de sorvete de creme em um prato ou uma montagem elaborada com frutas, caldas, coberturas e diversos sabores de sorvete, as sobremesas geladas agradam a todos.

CLASSIFICAÇÃO

1. **Sorvete.**
   O **sorvete** é uma mistura gelada de leite, creme de leite, açúcar, flavorizantes e, às vezes, ovos. Nos Estados Unidos, os sorvetes são classificados em vários subtipos. O **Philadelphia-style ice cream** não contém ovos, ao passo que o **French-style** contém gemas. Os ovos enriquecem o sorvete e ajudam a tornar o produto mais cremoso por causa das propriedades emulsificantes das gemas.
   O **sherbet** é como sorvete, mas com menor teor de creme de leite.
   O **sorvete de iogurte** ou *frozen yogurt* contém iogurte além dos ingredientes normais do sorvete ou *sorbet*.

2. **Sorbet.**
   O **sorbet** é feito de sucos de frutas, água e açúcar. Nos EUA, os *sorbets* geralmente contêm leite ou creme de leite e, às vezes, claras de ovos. As claras aumentam a cremosidade e o volume. Os sorvetes de frutas contêm somente suco de fruta, água, açúcar e, às vezes, claras em neve. Não contêm laticínios. A palavra francesa *sorbet*, às vezes, é usada para esses produtos. **Granité** é um sorvete rústico e cristalino, feito sem claras de ovos.

3. **Outras sobremesas congeladas.**
   O sorvete e o *sorbet* são batidos durante o congelamento, o que significa que são constantemente misturados enquanto resfriam. Se não fossem batidos, congelariam em blocos sólidos de gelo. O misturador conserva os cristais de gelo pequenos e incorpora ar ao sorvete.
   Suflês congelados e *musses congeladas* são feitos da mesma maneira que as musses e *bavaroises* geladas, isto é, creme de leite batido ou claras em neve, ou ambos, são incorporados à mistura para dar leveza. Isso permite que sejam congeladas sem serem batidos.

1022 **Capítulo 35 • Cremes, pudins, sobremesas geladas e caldas**

PRODUÇÃO E QUALIDADE

Até recentemente, poucos estabelecimentos faziam o seu próprio sorvete por causa do trabalho que isso envolve, do equipamento necessário e da facilidade de se adquirir o mesmo produto industrializado. Além disso, em algumas áreas, as normas de higiene rígidas dificultavam a produção de sorvete, reservando essa tarefa somente para grandes produtores. Atualmente, os restaurantes estão cada vez mais preparando o seu próprio sorvete.

Uma mistura básica de sorvete consiste basicamente num *crème anglaise* misturado com 1 ou 2 partes de creme de leite fresco para cada 4 partes de leite usado no preparo do creme. Esta base recebe o sabor desejado por meio da adição de baunilha, chocolate derretido, café solúvel, morangos triturados etc. Em seguida, é gelado até resfriar bem e depois congelado de acordo com as instruções do equipamento usado.

Depois que a mistura congela, é transferida para recipientes e colocada em um congelador que a mantém a uma temperatura abaixo de –18°C, para endurecer. (Sorvetes que devem ser servidos ainda macios saem diretamente do misturador e são servidos sem endurecer.)

Quer você prepare ou compre o seu sorvete, deve estar atento aos seguintes fatores de qualidade:

1. A *maciez* está relacionada ao tamanho dos cristais de gelo no produto. O sorvete deve ser congelado rapidamente e bem batido durante o congelamento para que não se formem cristais grandes.

    O fato de endurecer rapidamente ajuda a manter os cristais pequenos. O mesmo acontece com os ovos, emulsificantes ou estabilizantes adicionados à mistura.

    Cristais grandes podem se formar se o sorvete não for armazenado em temperatura suficientemente baixa (abaixo de –18°C).

2. **Expansão** é o aumento de volume resultante da incorporação de ar ao sorvete durante o batimento. É expressa em termos de uma porcentagem do volume original da mistura. Por exemplo, se o sorvete dobra de volume, a quantidade que aumentou é igual ao volume original, portanto a expansão é de 100%.

    É necessário que ocorra certa expansão para se obter uma textura leve e macia. O sorvete com muita expansão é muito aerado e espumoso, com pouco sabor. Pensava--se que o sorvete deveria ter de 80 a 100% de expansão, e que menos que isso tornaria o produto pesado e pastoso. Isso pode acontecer com sorvetes que contêm gomas e outros estabilizantes. No entanto, alguns fabricantes de produtos de alta qualidade são capazes de produzir um sorvete saboroso (e caro) com até 20% de expansão apenas.

3. A *textura* do sorvete e a *sensação* que causa na boca dependem, em parte, da maciez e da expansão, além de outras qualidades. Um sorvete bom derrete na boca, formando um líquido macio, não muito pesado. Alguns sorvetes carregam tantos estabilizantes que nunca derretem ao ponto de ficarem líquidos. Infelizmente, muitas pessoas estão tão acostumadas com esses produtos que um sorvete que realmente derrete na boca não lhes parece suficientemente encorpado.

COMO ARMAZENAR E SERVIR

1. Armazene sorvetes e *sorbets* a –18°C ou em temperaturas inferiores. A temperatura baixa ajuda a evitar a formação de grandes cristais de gelo.

2. Antes de servir, reduza a temperatura das sobremesas geladas para –13 a –9°C por 24 horas para que fiquem suficientemente macias.

3. No momento de servir, evite pressionar o sorvete. A melhor maneira é raspar a concha para sorvete sobre a superfície do produto de maneira que forme uma bola na cavidade.

4. Use uma concha de sorvete apropriada para fazer as porções. Porções padrão para algumas sobremesas conhecidas são:

Parfait	3 bolas de 30 g
Banana split	3 bolas de 30 g
Acompanhamento para tortas ou bolos	1 bola de 50 g
Sundae	2 bolas de 50 g
Taça simples de sorvete	1 bola 60 a 90 g

5. Meça as caldas, coberturas e guarnições para controlar o tamanho das porções. Para as caldas, use bombas que medem a quantidade dispensada de calda, ou use conchas de tamanho padrão.

SOBREMESAS À BASE DE SORVETE

1. **Parfaits** são camadas alternadas de sorvete e frutas ou caldas em uma taça alta e estreita. Geralmente recebem o nome da calda ou cobertura. Por exemplo, o *parfait* de chocolate é composto por três bolas de sorvete de creme ou chocolate alternadas com camadas de calda de chocolate e chantili e, por cima, raspas de chocolate.

2. **Sundaes** ou **coupes** consistem em uma ou duas bolas de sorvete ou *sorbet* em um prato ou taça, com caldas, frutas, coberturas e/ou guarnições. São rápidos de preparar, com inúmeras variedades, e tão simples ou elegantes quanto se desejar – podem ser servidos em taça comum, taça de prata ou taça de cristal para champanhe.

    Duas receitas de *sundae* se tornaram clássicas:

    Pêssegos Melba. Sorvete de creme com uma metade de pêssego escalfado ou em calda, cobertos com purê de framboesa adoçado (calda Melba) e enfeitados com amêndoas em lâminas.

    Pera Belle Hélène. Sorvete de creme com metade de uma pera escalfada ou em calda, cobertos com calda de chocolate e enfeitados com lâminas de amêndoas torradas.

3. **Bombes** são enformados de sorvete preparados forrando-se um molde gelado com sorvete amolecido que é, então, levado ao congelador e depois recheado com outro sabor de sorvete ou *sorbet* e congelado novamente. (É possível usar mais de dois sabores no recheio.) A sobremesa é desenformada em um prato frio para ser servida decorada a gosto com chantili, frutas e/ou outros itens doces.

4. *Merengue glacée*. Ver explicação dos merengues na página 1000.

5. *Baked Alaska*. Ver explicação na página 1001.

6. Bombas (ou *éclairs*) e carolinas (ou profiteroles) geladas. Ver explicação das massas de bomba na página 998.

CALDAS E CREMES PARA SOBREMESAS

A maioria das caldas e cremes é dividida em três categorias.

1. **Cremes.**

    O *crème anglaise* ou creme inglês foi apresentado anteriormente neste capítulo. Está entre as receitas mais básicas do preparo de sobremesas. É possível acrescentar chocolate ou outros sabores para diversificar. Veja a receita na página 1008.

2. **Purês de frutas.**

    São simplesmente frutas frescas ou cozidas batidas e adoçadas. Às vezes, são acrescentados outros sabores e especiarias. Alguns purês de frutas são engrossados com amido de milho ou outro tipo de amido.

    As caldas de framboesa e morango, duas receitas conhecidas, podem ser feitas simplesmente transformando em purê as frutas congeladas adoçadas ou frescas com açúcar a gosto. Veja também a receita de Compota de maçã, na página 198.

3. **Caldas.**

    Esta categoria é ampla e pode incluir produtos como calda de chocolate e calda de caramelo. É preciso compreender o cozimento do açúcar para produzir muitas dessas caldas.

    As receitas a seguir são exemplos conhecidos desta categoria de caldas.

Calda de chocolate

Rendimento: 1 L

Quantidade	Ingredientes
500 mL	Água
1 kg	Açúcar
190 g	Xarope de glucose de milho
250 g	Chocolate amargo, derretido
60 g	Manteiga

Por 30 g:
Calorias, 170; Proteínas, 1 g; Gorduras, 5 g (24% cal.); Colesterol, 5 mg; Carboidratos, 34 g; Fibras, 1 g; Sódio, 25 mg.

Modo de preparo

1. Misture a água, o açúcar e o xarope de glucose de milho e aqueça até ferver, mexendo para dissolver o açúcar.
2. Deixe ferver por 1 minuto e retire do fogo. Deixe esfriar por 1 a 2 minutos.
3. Derreta o chocolate e a manteiga em fogo baixo. Mexa até ficarem misturados.
4. Bem lentamente, acrescente a calda quente ao chocolate.
5. Leve ao fogo médio e espere levantar fervura. Cozinhe por 4 minutos.
6. Retire do fogo e deixe esfriar.

Calda de caramelo

Rendimento: 1,5 L

Quantidade	Ingredientes
500 g	Açúcar
125 g	Água
1 ½ colher (chá)	Suco de limão
375 mL	Creme de leite fresco
250 mL	Leite

Por 30 g:
Calorias, 130; Proteínas, 1 g; Gorduras, 6 g (39% cal.); Colesterol, 20 mg; Carboidratos, 20 g; Fibras, 0 g; Sódio, 10 mg.

Modo de preparo

1. Misture o açúcar, a água e o suco de limão em uma panela funda e grossa. Aqueça até ferver, mexendo para dissolver o açúcar.
2. Quando o açúcar tiver dissolvido, tampe a panela e deixe ferver por 2 minutos.
3. Destampe e cozinhe até o ponto de caramelo (ver pp. 1006–1007). Perto do final do cozimento, deixe o fogo bem baixo para que o açúcar não queime nem escureça demais. A calda deve ficar com uma coloração dourada.
4. Retire do fogo e deixe esfriar por 5 minutos.
5. Aqueça o creme de leite até levantar fervura. Acrescente entre 50 e 100 mL ao caramelo.
6. Mexa e continue a acrescentar o creme de leite restante devagar.
7. Volte ao fogo e mexa até que todo o caramelo tenha dissolvido.
8. Deixe esfriar completamente.
9. Acrescente o leite à calda de caramelo fria para afiná-la.

VARIAÇÕES

Calda quente de caramelo
Prepare conforme instruções até a etapa 7. Elimine o leite.

Calda de caramelo transparente
Substitua o creme de leite fresco por 150 a 175 mL de água e omita o leite. Se a calda estiver muito grossa depois de fria, acrescente mais água.

Caldas e cremes para sobremesas 1025

■ TERMOS PARA REVISÃO

calda simples	cremes e pudins assados	*sorbet*	*sundae*
calda saborizada	*bavaroise*	sorvete de iogurte	*coupe*
cristalizar	*chiffon*	*sherbet*	pêssegos Melba
crème anglaise	musse	*granité*	Pera Belle Hélène
creme de confeiteiro	sorvete	expansão	*bombe*
manjar branco	*Philadelphia-style ice cream*	*parfait*	
flan	*French-style ice cream*		

■ QUESTÕES PARA DISCUSSÃO

1. Como é possível evitar a cristalização indesejável ao cozinhar caldas de açúcar?

2. O *crème anglaise* e o creme de confeiteiro contêm ovos. Por que é possível ferver o creme de confeiteiro e não o *crème anglaise*?

3. Explique a importância da higiene na produção do creme de confeiteiro. Que medidas específicas devem ser tomadas para garantir a segurança do produto?

4. O *crème anglaise*, o creme de confeiteiro e o pudim de leite são feitos usando-se técnicas básicas que também são usadas para as receitas a seguir. Identifique quais das três técnicas são usadas para cada uma delas.

   Torta cremosa de coco

   Rice pudding

   Pudim de leite com calda de caramelo

   Bavaroise de chocolate

   Sorvete *french-style*

   Pumpkin pie

   Torta merengue de limão

5. Descreva rapidamente as diferenças entre *bavaroise*, *chiffon*, musse e suflê doce.

6. Ao preparar suflês para sobremesa, qual é a vantagem de bater as claras em neve com uma parte do açúcar?

7. Com que dificuldades você se depararia ao preparar uma *bavaroise* ou um *chiffon* se deixasse a gelatina refrigerar durante muito tempo antes de adicionar o creme de leite batido ou as claras?

APÊNDICE 1

Fatores de conversão métrica

Peso

1 onça (*ounce – oz*) = 28,35 gramas

1 grama = 0,035 onça (*ounce – oz*)

1 libra (*pound – lb*) = 454 gramas

1 quilo = 2,2 libras (*pounds – lb*)

Volume

1 onça líquida (*fluid ounce – fl oz*) = 29,57 mililitros

1 mililitro = 0,034 onça (*ounce – oz*)

1 xícara de chá = 237 mililitros

1 quarto de galão (*quart – qt*) = 946 mililitros

1 litro = 33,8 onça líquida (*fluid ounces – fl oz*)

Extensão

1 polegada (*inch – in*) = 25,4 milímetros

1 centímetro = 0,39 polegada (*inch – in*)

1 metro = 39,4 polegadas (*inches – in*)

Temperatura

Para converter Fahrenheit em Celsius:

Subtraia 32 e multiplique o resultado por $5/9$.

Exemplo: para converter 140°F em Celsius.

$$140 - 32 = 108$$

$$108 \times 5/9 = 60°C$$

Para converter Celsius em Fahrenheit:

Multiplique por $5/9$ e some 32 ao resultado.

Exemplo: para converter 150°C em Fahrenheit.

$$150 \times 9/5 = 270$$

$$270 + 32 = 302°F$$

Nota: siga apenas um sistema de medidas ao usar livros em que as fórmulas são dadas em dois ou mais sistemas simultaneamente. Ver páginas 101 a 102 para uma explicação completa.

APÊNDICE 2

Tamanhos–padrão das latas norte–americanas

Nome da lata	Volume		Peso aproximado[a]	
	Sistema de medidas norte-americano	Sistema Internacional de Unidades	Sistema de medidas norte-americano	Sistema Internacional de Unidades
6 oz	5.75 fl oz	170 mL	6 oz	170 g
8 oz	8.3 fl oz	245 mL	8 oz	227 g
No. 1 picnic	10.5 fl oz	311 mL	10½ oz	298 g
No. 211 cylinder	12 fl oz	355 mL	12 oz	340 g
No. 300	13.5 fl oz	399 mL	14 oz	397 g
No. 303	15.6 fl oz	461 mL	16–17 oz	454–482 g
No. 2	20 fl oz	591 mL	1 lb 4 oz	567 g
No. 2½	28.5 fl oz	843 mL	1 lb 13 oz	822 g
No. 3 cylinder	46 fl oz	1.360 mL	3 lb	1.360 g
No. 5	56 fl oz	1.656 mL	3 lb 8 oz	1.588 g
No. 10	103.7 fl oz	3.067 mL	6½–7 lb	2.722–2.948 g

[a]Como a densidade dos alimentos varia, o mesmo ocorre com qualquer peso líquido impresso no rótulo das latas.

APÊNDICE 3

Valor aproximado em volume para ingredientes secos

As equivalências são apenas aproximadas. O peso exato varia consideravelmente. Para uma medição exata, todos os ingredientes devem ser pesados.

Farinha de trigo especial para pão, peneirada

1 kg = 9 xícaras
1 xícara = 115 g

Farinha de trigo especial para pão, não peneirada

1 kg = 7½ xícaras
1 xícara = 135 g

Farinha de trigo especial para bolo, peneirada

1 kg = 9½ xícaras
1 xícara = 105 g

Farinha de trigo especial para bolo, não peneirada

1 kg = 7¾ xícaras
1 xícara = 130 g

Açúcar comum

1 kg = 5 xícaras
1 xícara = 200 g

Açúcar de confeiteiro, peneirado

1 kg = 9 xícaras
1 xícara = 115 g

Açúcar de confeiteiro, não peneirado

1 kg = 7¾ xícaras
1 xícara = 130 g

Amido de milho, peneirado

1 kg = 9 xícaras
1 xícara = 115 g
30 g = 4 colheres de sopa = ¼ de xícara
1 colher de sopa = 7,1 g

Amido de milho, não peneirado

1 kg = 7¾ xícaras
1 xícara = 130 g

1 colher de chá = 2,5 g
1 colher de sopa = 8,2 g

Chocolate em pó, não peneirado

1 kg = 11 xícaras
1 xícara = 90 g
30 g = 5 colheres de sopa
1 colher de sopa = 6 g

Gelatina incolor sem sabor

1 colher de sopa = 9,3 g
1 colher de chá = 3,1 g

Bicarbonato de sódio e fermento em pó químico (à base de fosfato ou sulfato de alumínio e sódio)

1 colher de sopa = 14,2 g
1 colher de chá = 4,8 g

Cremor tártaro

7,1 g = 1 colher de sopa
2,3 g = 1 colher de chá

Sal

15 g = 1 colher de sopa
5 g = 1 colher de chá

Canela em pó

8 g = 1 colher de sopa
2 g = 1 colher de chá

Outras especiarias moídas

8 a 10 g = 1 colher de sopa
2 a 2,5 g = 1 colher de chá

Raspas de cítricos

7,1 g = 1 colher de sopa
1 colher de chá = 2,3 g

Feijões secos

1 xícara = 190 g
1 kg = 5 xícaras

Arroz, grão longo

1 xícara = 200 g
1 kg = 4½ xícaras

APÊNDICE 4

Exemplos de cálculos matemáticos na cozinha

Este apêndice inclui exemplos de cálculos de medidas, conforme tamanho e número de porções, cálculo de rendimentos e de custos.

Exemplos das páginas 104 e 105

Ponta de filé-mignon ao molho cremoso de cogumelos

Porções: 8
Tamanho da porção: 250 g

Manteiga	60 g
Cebola	125 g
Farinha	15 mL
Cogumelos	250 g
Filé-mignon	1.250 g
Vinho branco	125 mL
Mostarda preparada	10 mL
Molho escuro	750 mL
Creme de leite sem soro	250 mL
Sal	a gosto
Pimenta-do-reino	a gosto

Para definir as quantidades para 18 porções, divida o novo rendimento pelo rendimento da receita original para descobrir o fator de conversão:

$$\frac{\text{novo rendimento}}{\text{rendimento da receita original}} = \frac{18}{8} = 2,25$$

Exemplo 1

Ingrediente	Quantidade	Vezes	Fator de conversão	Igual	Nova quantidade (arredondada)
Manteiga	60 g	×	2,25	=	135 g
Cebola	125 g	×	2,25	=	280 g
Farinha	15 mL	×	2,25	=	35 mL
Cogumelo	250 g	×	2,25	=	560 g
Filé-mignon	1.250 g	×	2,25	=	2.800 g
Vinho branco	125 mL	×	2,25	=	275 mL
Mostarda preparada	10 mL	×	2,25	=	22,5 mL
Molho escuro	750 mL	×	2,25	=	1.700 mL
Creme de leite sem soro	250 mL	×	2,25	=	560 mL

Para definir as quantidades para 40 porções de 175 gramas cada, primeiro descubra o rendimento total da receita original. Multiplique as porções pelo tamanho da porção:

$$8 \text{ (porções)} \times 250 \text{ g} = 2.000 \text{ g}$$

Faça o mesmo cálculo para o rendimento desejado:

$$40 \text{ (porções)} \times 175 \text{ g} = 7.000 \text{ g}$$

Divida o rendimento desejado pelo rendimento da receita original para descobrir o fator de conversão:

$$7.000 \div 2.000 = 3,5$$

Exemplo 2

Ingrediente	Quantidade	Vezes	Fator de conversão	Igual	Nova quantidade (arredondada)
Manteiga	60 g	×	3,5	=	210 g
Cebola	125 g	×	3,5	=	440 g
Farinha	15 mL	×	3,5	=	50 mL
Cogumelo	250 g	×	3,5	=	875 g
Filé-mignon	1.250 g	×	3,5	=	4.375 g
Vinho branco	125 mL	×	3,5	=	450 mL
Mostarda preparada	10 mL	×	3,5	=	35 mL
Molho escuro	750 mL	×	3,5	=	2.600 mL
Creme de leite sem soro	250 mL	×	3,5	=	900 mL

1028

Exemplos de cálculos matemáticos na cozinha **1029**

Formulário de teste de rendimento cru preenchido, página 109

Item .... perna de vitela para escalope .. Número do teste .... 3 .... Data 6/5/02
Fornecedor .... ABC Carnes .... Preço por kg .... R$ 10,00 .... Custo total .... R$ 150,00
Peso bruto (1) .... 15 kg .... Preço kg (2) .... R$ 10,00 .... Custo total (3) ...... R$ 150,00

Limpeza, aproveitamento e perda:

Item	Peso	Valor/kg	Valor total (kg × valor)
(4) gordura	1,25 kg	R$ 0,24	R$ 0,30
(5) osso	1,65 kg	R$ 0,76	R$ 1,25
(6) carne de vitela moída	1,06 kg	R$ 9,78	R$ 10,36
(7) carne para ensopado	1,50 kg	R$ 10,58	R$ 15,87
(8) retalho não aproveitado	0,40 kg	0	0
(9) perda no corte	0,90 kg	0	0
(10)			

Peso total (4 a 10) (11) .... 5,950 kg   Valor total (4 a 10) (12) .... R$ 27,78

Rendimento total do item (13) .... 9,050 kg

Custo do peso limpo (3 menos 12) (14) .... R$ 122,22

Custo por kg (14 dividido por 13) (15) .... R$ 13,50

Fator de correção (15 dividido por 2) (16) 1,35 (135%)

Formulário de cálculo do índice de cocção preenchido, página 111

Item .... pernil fresco assado .... Número do teste .... 2 .... Data ... 6/5/02

Preço bruto por kg .... R$ 6,98

Temperatura de cozimento .... 190°C

Peso do alimento cru limpo (1) .... 6 kg

Custo por kg limpo (2) .... R$ 7,86

Custo do peso limpo total (3) .... R$ 47,16

Peso ao servir (4) .... 3,85 kg

Custo do alimento cozido por kg (3 dividido por 4) (5) .... R$ 12,25

Perda (1 menos 4) (6) .... 2,15 kg

Índice de cocção (6 dividido por 1) (7) 36%

Porcentagem total de aumento de custo (5 dividido pelo preço de PB por kg) (8) 175%

Exemplo: Como definir o custo de uma receita, página 112
Item: Arroz cozido

Ingrediente	Quantidade	Quantidade da receita	Preço	Total
Arroz, grão longo	2 kg	2 kg	R$ 1,24/kg	R$ 2,48
Manteiga	350 g	350 g	R$ 3,94/kg	R$ 1,38
Cebolas	0,5 kg	0,5 kg	R$ 0,72/kg	R$ 0,36
Fundo de galinha	4 L	4 L	R$ 0,25/L	R$ 1,00
Sal	30 g	30 g	R$ 0,30/kg	R$ 0,01
		Custo total:		R$ 5,23
		Número de porções:		50
		Custo por porção:		R$ 0,105

Observação: o custo do fundo de galinha é determinado pela receita de fundo de galinha do estabelecimento.

APÊNDICE 5

Ovos e segurança alimentar

Ovos e produtos à base de ovos

Casos de salmonelose têm sido associados ao uso de ovos limpos e intactos contaminados com a *Salmonella enteritidis*. Por essa razão, os ovos são agora classificados como alimentos potencialmente perigosos pelo Food and Drug Administration (FDA).

As diretrizes a seguir devem ser seguidas durante o armazenamento, o manuseio, o preparo e a apresentação de ovos e produtos à base de ovos para prevenir a propagação de doenças alimentares:

- Mantenha os ovos refrigerados a 7°C ou menos até o momento da utilização. Não congele os ovos na casca.

- Cozinhe bem os ovos até que a clara e a gema estejam firmes, não mais líquidas. Em geral, os ovos devem ser cozidos a 63°C ou mais por pelo menos 15 segundos.

- Para manter ovos cozidos que serão servidos posteriormente, cozinhe-os a 63°C ou mais por 15 segundos, depois mantenha-os a 57°C.

- Evite quebrar vários ovos ao mesmo tempo e mantê-los para uso posterior. Os ovos devem ser quebrados em pequenas quantidades, para cozimento e consumo imediatos.

- Para itens que levam ovos ligeiramente cozidos, como cremes à base de gemas, rabanadas, musses e merengues, deve-se usar ovos pasteurizados.

- Evite receitas que usam ovos crus. Reveja menus, receitas e procedimentos de preparo que utilizam ovos crus. Ovos pasteurizados podem ser substituídos em molhos de salada *Caesar*, *hollandaise* e *béarnaise*, sorvete e bebidas fortificadas com ovos, como *eggnog*.

- Ovos pasteurizados requerem as mesmas condições de tempo e temperatura de outros alimentos potencialmente perigosos.

- Lave as mãos com água quente e sabão antes e depois de manusear ovos e produtos à base de ovos.

- Lave e higienize os utensílios, os equipamentos e a área de trabalho após manusear ovos e produtos à base de ovos.

- Não reutilize um recipiente que tenha sido usado para uma mistura contendo ovos crus. Use um recipiente limpo e higienizado para preparar cada nova porção.

Fonte: National Restaurant Association Educational Foundation, *ServSafe Coursebook, 3rd Edition.*

Bibliografia

A

Amendola, Joseph. *The Baker's Manual for Quantity Baking and Pastry Making*, 5th ed. Hoboken, New Jersey: John Wiley & Sons, 2002.

Anderson, Jean. *The Food of Portugal*. New York: Morrow, 1986.

Anderson, Jean, and Hedy Wurz. *The New German Cookbook*. New York: HarperCollins, 1993.

Andoh, Elizabeth. *At Home with Japanese Cooking*. New York: Knopf, 1980.

B

Bayless, Rick. *Authentic Mexican*. New York: Morrow, 1987.

Bertolli, Paul, and Alice Waters. *Chez Panisse Cooking*. New York: Random House, 1988.

Bickel, Walter, ed. *Hering's Dictionary of Classical and Modern Cookery*. London: Virtue, 1991.

Bissel, Frances. *The Book of Food*. New York: Henry Holt, 1994.

Bocuse, Paul. *Paul Bocuse's French Cooking*. New York: Pantheon, 1977.

Boni, Ada. *Italian Regional Cooking*. New York: Bonanza, 1969.

Bugialli, Giuliano. *Classic Techniques of Italian Cooking*. New York: Simon & Schuster, 1982.

———. *The Fine Art of Italian Cooking*. New York: Times Books, 1977.

C

Casas, Penelope. *The Foods and Wines of Spain*. New York: Knopf, 1987.

Claiborne, Craig, and Virginia Lee. *The Chinese Cookbook*. Philadelphia: Lippincott, 1972.

Cordon Bleu, Le. *Kitchen Essentials*. Hoboken, New Jersey: John Wiley & Sons, 2001.

Cox, Beverly. *Cooking Techniques*. Boston: Little, Brown, 1981.

Culinary Institute of America. *Garde Manger: The Art and Craft of the Cold Kitchen*, 2nd ed. New Jersey: John Wiley & Sons, 2004.

———. *The Professional Chef*, 7th ed. Hoboken, New Jersey: John Wiley & Sons, 2002.

———. *The Professional Chef's Knife Kit*. Hoboken, New Jersey: John Wiley & Sons, 2000.

———. *Techniques of Healthy Cooking*, 2nd ed. Hoboken, New Jersey: John Wiley & Sons, 2000.

D

David, Elizabeth. *French Provincial Cooking*. Harmondsworth, England: Penguin, 1960.

———. *Italian Food*. Harmondsworth, England: Penguin, 1954.

Davidson, Alan. *The Oxford Companion to Food*. Oxford: Oxford University Press, 1999.

D'Ermo, Dominique. *The Modern Pastry Chef's Guide to Professional Baking*. New York: Harper & Row, 1962.

Dornenberg, Andrew, and Karen Page. *Culinary Artistry*. Hoboken, New Jersey: John Wiley & Sons, 1996.

E

Egan, Maureen, and Susan Davis Allen. *Healthful Quantity Baking*. Hoboken, New Jersey: John Wiley & Sons, 1992.

Escoffier, A. *The Escoffier Cook Book*. New York: Crown, 1969.

F

Feinstein, Andrew Hale, and John M. Stefanelli. *Purchasing: Selection and Procurement for the Hospitality Industry*, 6th ed. New Jersey: John Wiley & Sons, 2005.

Friberg, Bo. *The Professional Pastry Chef*, 4th ed. Hoboken, New Jersey: John Wiley & Sons, 2002.

G

Gisslen, Wayne. *Advanced Professional Cooking*. Hoboken, New Jersey: John Wiley & Sons, 1992.

———. *Professional Baking*, 4th ed. New Jersey: John Wiley & Sons, 2005.

Graham, Kevin. *Grains, Rice, and Beans*. New York: Artisan Books, 1995.

Grausman, Richard. *At Home with the French Classics*. New York: Workman, 1988.

H

Hazan, Marcella. *The Classic Italian Cookbook*. New York: Knopf, 1976.

———. *More Classic Italian Cooking*. New York: Knopf, 1978.

Hom, Ken. *Chinese Technique*. New York: Simon & Schuster, 1981.

K

Kapoor, Sandy. *Professional Healthy Cooking*. Hoboken, New Jersey: John Wiley & Sons, 1995.

Katsigris, Costas, and Chris Thomas. *Design and Equipment for Restaurants and Foodservice*, 2nd ed. New Jersey: John Wiley & Sons, 2005.

Kennedy, Diana. *The Cuisines of Mexico*, 2nd ed. New York: Harper & Row, 1986.

1032 Bibliografia

——. *Mexican Regional Cooking*. New York: Harper & Row, 1978.

Kinsella, John, and David T. Harvey. *Professional Charcuterie*. Hoboken, New Jersey: John Wiley & Sons, 1996.

Knight, John B., and Lendel H. Kotschevar. *Quantity Food Production, Planning, and Management*, 3rd ed. Hoboken, New Jersey: John Wiley & Sons, 2000.

L

Lang, George. *The Cuisine of Hungary*. New York: Bonanza, 1971.

Larousse, David Paul. *The Professional Garde Manger*. Hoboken, New Jersey: John Wiley & Sons, 1996.

——. *The Sauce Bible*. Hoboken, New Jersey: John Wiley & Sons, 1993.

Librairie Larousse. *Larousse Gastronomique*. New York: Clarkson Potter, 2001.

Loken, Joan K. *The HACCP Food Safety Manual*. Hoboken, New Jersey: John Wiley & Sons, 1995.

M

McClane, A.J. *The Encyclopedia of Fish*. New York: Holt, Rinehart & Winston, 1977.

McGee, Harold. *The Curious Cook*. San Francisco: North Point Press, 1990.

——. *On Food and Cooking*. New York: Scribner, 2004.

Madison, Deborah. *The Greens Cookbook*. New York: Broadway Books, 1987.

——. *Vegetarian Cooking for Everyone*. New York: Broadway Books, 1997.

Miller, Gloria Bley. *The Thousand Recipe Chinese Cookbook*. New York: Grosset & Dunlap, 1970.

Mizer, David A., Mary Porter, Beth Sonnier, and Karen Eich Drummond. *Food Preparation for the Professional*, 3rd ed. New York: Wiley, 2000.

N

National Association of Meat Processors. *Meat Buyers Guide*. Reston, Va., 1997.

National Restaurant Association Educational Foundation. *ServSafe Coursebook*, 3rd ed. Chicago, 2004.

P

Pauli, Eugen. *Classical Cooking the Modern Way: Recipes*, 3rd ed. Arno Schmidt, trans., and Margaret Schmidt, ed. Hoboken, New Jersey: John Wiley & Sons, 1997.

——. *Classical Cooking the Modern Way: Methods and Techniques*, 3rd ed. Arno Schmidt, trans., and Margaret Schmidt, ed. Hoboken, New Jersey: John Wiley & Sons, 1999.

Pepin, Jacques. *The Art of Cooking*. New York: Knopf, 1987.

——. *La Technique: The Fundamental Techniques of Cooking: An Illustrated Guide*. New York: Quadrangle/Times Books, 1976.

Peterson, James. *Fish and Shellfish*. New York: Morrow, 1996.

——. *Sauces*, 2nd ed. Hoboken, New Jersey: John Wiley & Sons, 1997.

——. *Splendid Soups: Recipes and Master Techniques for Making the World's Best Soups*. Hoboken, New Jersey: John Wiley & Sons, 2001.

S

Saulnier, L. *La Répertoire de la Cuisine*. Woodbury, N.Y.: Barron's, 1976.

Schmidt, Arno, and Inja Nam. *The Book of Hors d'Oeuvres and Canapés*. Hoboken, New Jersey: John Wiley & Sons, 1996.

Schneider, Elizabeth. *Uncommon Fruits and Vegetables: A Commonsense Guide*. New York: Harper & Row, 1986.

——. *Vegetables from Amaranth to Zucchini*. New York: William Morrow, 2001.

Sheraton, Mimi. *The German Cookbook*. New York: Random House, 1965.

Shugart, Grace, and Mary K.Molt. *Food for Fifty*, 9th ed. New York: Macmillan, 1992.

Somerville, Annie. *Field of Greens*. New York: Bantam, 1993.

Sonnenschmidt, Frederic H., and Jean F. Nicolas. *The Professional Chef's Art of Garde Manger*, 5th ed. Hoboken, New Jersey: John Wiley & Sons, 1993.

Sultan, William J. *Practical Baking*, 5th ed. Hoboken, New Jersey: John Wiley & Sons, 1990.

T

Torres, Marimar. *The Spanish Table*. Garden City, N.Y.: Doubleday, 1986.

Tsuji, Shizuo. *Japanese Cooking: A Simple Art*. Tokyo: Kodansha, 1980.

W

Waters, Alice. *Chez Panisse Vegetables*. New York: HarperCollins, 1996.

Willan, Anne. *La Varenne Pratique*. New York: Crown, 1989.

Glossário

A

À *la carte*: (1) refere-se ao cardápio no qual cada item do menu é relacionado separadamente com seu respectivo preço; (2) refere-se à culinária preparada de acordo com o pedido do cliente, em oposição ao preparo antecipado em grandes quantidades de alimentos.

Aboyeur: encarregado de cozinha que recebe e transmite as comandas dos garçons, acompanha o andamento dos pedidos, inspeciona os pedidos prontos para serem levados à mesa e passa-os para os garçons serviram no salão de refeições. O mesmo que "rodeiro".

Ácido graxo essencial: ácido graxo que precisa ser consumido na dieta porque não pode ser produzido pelo corpo humano.

Aeróbico: qualidade daquele que necessita de oxigênio para viver e crescer; relativo às bactérias.

Al dente: resistente à mordida, e não mole ou pastoso, usado para vegetais e massas.

Alimento semipronto: qualquer produto alimentício que tenha sido parcial ou totalmente preparado ou processado pelo fabricante.

Alimentos potencialmente perigosos: alimentos que oferecem um ambiente propício para o crescimento de bactérias perigosas.

Allemande: (1) à moda alemã. (2) molho feito de *velouté* (geralmente de vitela), liga fina e suco de limão.

Allumette: corte em forma de palitos; em geral, refere-se a batatas.

Amanteigado: produto com alto teor de manteiga (como massa salgada ou doce), que o torna esfarelento e macio.

Americano: café *espresso* diluído com água quente.

Anádromo: refere-se a peixes que vivem em água salgada, mas desovam em água doce.

Anaeróbico: qualidade daquele que não necessita de oxigênio para viver e crescer; relativo às bactérias.

Antepasto: aperitivo em italiano.

Antocianina: pigmento vermelho ou roxo encontrado em vegetais ou frutas.

APPCC: Análise de Perigos e Pontos Críticos de Controle é um sistema de segurança alimentar, destinado a apontar alimentos potencialmente perigosos e controlar a manipulação de alimentos para evitar riscos à saúde. O mesmo que HACCP.

Argenteuil: guarnecido com aspargos.

Arroz arbóreo: uma variedade de arroz de grão curto, proveniente da Itália.

Arroz *basmati*: variedade de arroz de grão longo, proveniente da Índia.

Arroz-de-jasmim: espécie de arroz aromático, proveniente do sudeste da Ásia.

Arroz glutinoso: tipo de arroz de grão curto que fica pegajoso e borrachudo ao ser cozido.

Aspic: caldo de carne clarificado com consistência gelatinosa que se solidifica ao esfriar.

***Aspic* em pó**: gelatina sem sabor misturada com caldo de carne em pó.

Assar: (1) preparar alimentos usando calor seco; esse método de preparo se aplica a pães, massas, vegetais e peixes; (2) preparar alimentos envolvendo-os com ar quente e seco, em um forno ou em um espeto diretamente sobre o fogo.

Assar no dourador: cozinhar sob calor intenso irradiado de cima.

Assar/grelhar na churrasqueira: assar sob calor seco gerado pela queima de madeira apropriada ou carvão.

***Au gratin* (gratinado)**: pratos com superfície dourada ou em crostas, feita com uma cobertura de farelo de pão, queijo e/ou um molho cremoso, colocados sob um dourador ou uma salamandra.

Au jus: servido com os sucos naturais do alimento, em geral gorduras e caldo que se desprenderam da carne, não engrossados.

Au sec: até secar.

Avgolemono: sopa grega feita de fundo de galinha, ovos e suco de limão.

B

Bactérias: organismos microscópicos que podem causar doenças, inclusive intoxicações alimentares.

***Bain-marie* (banho-maria)**: recipiente com água quente usado para manter alimentos aquecidos ou cozinhá-los lentamente.

Baked Alaska: sobremesa que consiste em sorvete sobre uma base de pão de ló coberto com merengue e dourado no forno.

Banha: gordura animal, geralmente de porco.

Bardear: prender tiras finas de gordura, como toucinho, sobre carnes que não possuem cobertura natural de gordura para protegê-las enquanto estão assando.

Batata cerosa: batata nova, com alto teor de açúcar e baixo teor de amido.

Batatas *rösti*: batatas cozidas, raladas, compactadas em forma de bolinhos e fritas até ficarem crocantes.

Batatas *russet*: batata com grande quantidade de amido, muito usada para assar e fritar.

Batonnet: corte em forma de bastão com 0,6 cm x 0,6 cm x 6–7,5 cm.

Bavaroise: sobremesa feita com creme de gemas, gelatina e chantili.

Béarnaise: molho preparado com manteiga e gemas de ovos, temperado com uma redução de vinagre, cebolinha verde, estragão e grãos de pimenta.

Béchamel: molho feito com leite engrossado com *roux*.

Beigneet: fritura doce semelhante a um sonho.

Beurre manié: mistura em partes iguais de manteiga e farinha em forma de pasta homogênea.

Beurre noir: manteiga derretida e aquecida até ficar bem escura, temperada então com vinagre.

Beurre noisette: manteiga aquecida até ficar levemente dourada.

Bisque: sopa cremosa feita com crustáceos.

Bivalve: molusco com um par de conchas articuladas, como vieiras e ostras.

Blancmange: (1) manjar inglês engrossado com amido de milho. (2) manjar francês com sabor de amêndoa feito de gelatina e leite.

Blanquette: cozido de canes brancas ou aves feito em fogo baixo, sem dourar a carne, servido com um molho branco.

Boeuf à la mode: prato clássico francês de carne braseada.

Bombe: sobremesa de sorvete ou *sorbet* enformado em camadas.

1033

1034 Glossário

Bordelaise: molho *espagnole* temperado com uma redução de vinho tinto, chalota, pimenta-do-reino e ervas guarnecido com tutano.

Botulismo: intoxicação alimentar grave que costuma estar associada a alimentos envasados de maneira inadequada.

Bouquet garni **(amarrado de ervas aromáticas)**: combinação de ervas frescas amarradas juntas, usada para aromatizar preparações.

Bouquetière: guarnecido com uma variedade ou buquê de vegetais frescos, como alcachofra, cenoura, nabo, vagem, ervilha, couve-flor e batata.

Branquear: cozinhar parcialmente e por pouco tempo em água fervente ou em gordura quente. Técnica de pré-preparo geralmente usada para retirar a pele de vegetais, frutas e oleaginosas, pré-cozer batatas fritas ou outros alimentos antes de servi-los, preparar alimentos para o congelamento ou eliminar sabores indesejáveis.

Brasear: (1) cozinhar com pouco líquido, com a panela tampada, em geral depois de pré-dourar. (2) cozinhar (certos vegetais) lentamente com pouco líquido sem dourar previamente.

Breve: mistura de espresso e espuma de leite gordo (10-12% de gordura) vaporizado.

Brioche: massa rica levedada contendo grande quantidade de ovos e manteiga ou o produto feito com esta massa.

Brunoise: (1) cortado em cubos bem pequenos (3 mm). (2) guarnecido com vegetais cortados dessa maneira.

Bruschetta: fatia de pão italiano torrada, servida como tira-gosto, em geral temperada com alho e umedecida com azeite; muitas vezes servida com outros ingredientes.

Bucho: revestimento muscular do estômago de bois ou outros animais de abate.

C

Caça: carne de mamíferos e aves selvagens; muitos animais de caça são produzidos em fazendas hoje em dia.

Caipira: relativo a animais, em geral aves, que são criados soltos e podem movimentar-se livremente.

Calamari: termo italiano para "lula" (plural).

Caldeirão basculante: caldeirão que pode ser inclinado para verter seu conteúdo.

Caldo: líquido saboroso obtido do cozimento lento de carnes e/ou vegetais.

Caloria: quantidade de calor necessária para aumentar a temperatura de 1 kg de água em 1°C. É usada para medir a energia dos alimentos. É mais corretamente chamada de quilocaloria.

Caloria vazia: alimento que fornece poucos nutrientes por caloria.

Canapé: pequeno sanduíche aberto servido como aperitivo.

Capão: frango castrado.

Capim-limão: capim tropical com aroma de limão, usado para dar sabor. O mesmo que capim-santo, capim-cidreira e erva-cidreira.

Cappuccino: mistura em partes iguais de espresso e espuma de leite vaporizado.

Caramelizar: cobrir um recipiente ou alimento com calda de açúcar.

Carboidratos: grupo de elementos compostos, incluindo amidos e açúcares, que fornecem energia ao corpo humano.

Cardápio cíclico: cardápio que muda todos os dias por um período e depois repete os mesmos itens diários na mesma ordem.

Cardápio fixo: cardápio que oferece os mesmos pratos todos os dias.

Carême, Marie-Antoine: famoso chefe de cozinha francês do século XIX, considerado o fundador da cozinha clássica.

Carne de panela: pedaço grande de carne braseado, isto é, dourado e cozido com pouco líquido na panela tampada.

Carne de porco certificada: carne de porco garantida ou certificada como livre de triquinose.

Carne verde: carne que ainda não teve tempo de desenvolver maciez e sabor após o abate.

Carotenoide: pigmento amarelo ou alaranjado em vegetais e frutas.

Carpaccio: fatias bem finas de carne ou peixe, servidas cruas.

Catádromo: refere-se a peixes que vivem em água doce, mas desovam em água salgada.

Caviar: (1) ovas salgadas do esturjão. (2) ovas salgadas de outros peixes, como salmão ou peixes brancos comestíveis, se este peixe for designado pelo nome, por exemplo, caviar de salmão.

Cefalópode: membro da classe dos moluscos, tal como o polvo e a lula.

Cetose: condição em que o sangue não consegue transportar oxigênio; às vezes é o resultado do consumo insuficiente de carboidratos.

Chai: mistura adocicada de leite com especiarias e chá.

Charcuterie **(charcutaria)**: a arte de preparar produtos de porco frescos e curados, como embutidos e patês.

Charcutier **(charcuteiro)**: aquele que prepara e vende produtos derivados do porco, como embutidos e patês.

Chasseur: "à caçadora", em geral relativo a carnes servidas com um molho escuro de cogumelos, tomate e vinho branco.

Chaud-froid: molho opaco que contém gelatina, usado para cobrir alguns pratos frios.

Chef: pessoa encarregada da cozinha ou de um setor da cozinha.

Chef **de partida**: cozinheiro responsável por um determinado setor em uma cozinha ou dependência de produção de alimentos. O mesmo que "chefe de praça".

Chef **executivo**: gerente de uma cozinha de grandes dimensões ou de um departamento de produção de alimentos.

Chèvre: queijo feito com leite de cabra.

Chiffon: (1) sobremesa, ou recheio de torta, leve e aerada, feita com gelatina e claras de ovo batidas. (2) tipo de bolo feito com claras em neve e óleo no lugar da gordura hidrogenada.

Chiffonade: cortado em tiras bem finas; em geral refere-se a verduras de folha e ervas.

Chinois: coador em forma de cone. Também chamado de "chinês".

Choucroute **(chucrute)**: repolho fermentado. Também chamado de *sauerkraut*.

Choucroute garni: chucrute cozido com salsicha, carne de porco e, às vezes, produtos de aves. É uma especialidade da Alsácia, França.

Chowder: sopa norte-americana substanciosa, feita de peixes, crustáceos e/ou vegetais, geralmente contém leite e batatas.

Chutney: diversos tipos de condimentos ou conservas picantes.

Clamart: guarnecido com ou contendo ervilhas.

Clearmeat: (1) mistura de carne moída, claras de ovo e temperos usada para clarificar consomês; (2) impurezas coaguladas que ficam suspensas no caldo quando ele é clarificado.

Clorofila: pigmentação verde em vegetais e frutas.

Club sandwich: sanduíche com três fatias de pão tostado intercaladas com frango ou peru fatiado, alface, tomate e bacon.

Coagulação: processo que torna as proteínas firmes ao serem aquecidas.

Cocktail: espécie de entrada típica norte-americana geralmente consistindo de frutos do mar ou frutas servidos com molho ácido e/ou forte.

Codorna: pequeno pássaro considerado uma caça de pena, que agora está sendo criado domesticamente, tem cerca de 175 g.

Colágeno: tecido conjuntivo nas carnes que se dissolve quando elas são preparadas por métodos que usam calor úmido.

Colesterol: substância gordurosa encontrada em alimentos derivados de produtos animais e no corpo humano; tem sido relacionado a doenças do coração.

Concasser: picar grosseiramente.

Condimento: qualquer parte de uma planta que não seja as folhas, usada para temperar pratos.

Condução: transferência do calor de um item para algum produto que está em contato direto com ele.

Consommé (consomê): caldo de carne ou caldo previamente clarificado substancioso e perfumado, bem claro e transparente.

Contaminação cruzada: transferência de bactérias de um alimento para outro ou de equipamentos para superfícies de trabalho.

Controle da porção: medição das porções para garantir que a quantidade correta seja servida.

Convecção: transferência de calor pela agitação de um líquido ou gás.

Coq au vin: prato francês de frango ensopado com vinho.

Coral: ovas de certos crustáceos.

Corpos cetônicos: combinação tóxica que pode se formar no sangue se as gorduras forem queimadas sem a presença de carboidratos.

Cortar borboleta: cortar parcialmente, geralmente carnes, e abrir de maneira que aumente a superfície.

Cortes primários: uma das divisões primárias dos quartos dianteiro, traseiro e carcaças, quando eles vão ser divididos em cortes menores.

Coulis: purê de vegetais ou frutas usado como molho.

Coupe: sobremesa que consiste em uma ou duas bolas de sorvete ou *sorbet* em um prato ou taça, coberta por caldas, frutas e/ou guarnições; o mesmo que *sundae*.

Course: prato ou grupo de pratos servidos juntos ou destinados a serem saboreados ao mesmo tempo.

Court bouillon: caldo com temperos, ervas e, normalmente, vinho ou vinagre, usado para cozinhar peixes.

Couscous marroquino: espécie de pasta granular do norte da África cozido como um cereal.

Cozimento em calor seco: método em que o calor é conduzido até os alimentos sem o uso de umidade.

Cozimento residual: o aumento de temperatura interior do alimento depois de ser retirado do forno.

Cozinhar em fogo brando: cozinhar em água ou outro líquido em fervura branda, a aproximadamente 85-93°C.

Cozinhar no vapor: cozinhar pelo contato direto com vapor.

Crècy: guarnecido com ou contendo cenouras.

Crème anglaise (creme inglês): creme leve aromatizado com baunilha feito de leite, açúcar e gemas.

Creme de confeiteiro: creme espesso que contém ovos e amido.

Creme de gemas: líquido que engrossa ou fica firme pela coagulação de proteínas do ovo.

Creme de manteiga: cobertura para bolo feita de manteiga e/ou gordura hidrogenada batida com açúcar de confeiteiro ou calda de açúcar e, às vezes, outros ingredientes.

Crème fraîche: tipo de creme de leite francês espesso e gorduroso, levemente fermentado.

Crépinette: hambúrguer de carne de linguiça envolvido em peritônio (renda de gordura que envolve o fígado do porco).

Croissant: pãozinho enrolado em forma de meia-lua feito com uma massa laminada fermentada muito substanciosa.

Croquette (croquete): ingrediente amassado ou ligado com um molho espesso, modelado em forma de bolinhos, passado no ovo e na farinha de rosca e depois frito.

Crudité: vegetais crus servidos como petisco.

Crustáceo: animal marinho com crosta segmentada e pernas articuladas, como a lagosta e o camarão.

Cura a seco: método de cura no qual os ingredientes de cura são polvilhados ou esfregados no alimento.

Cura com salmoura: método de preservação no qual o alimento é imerso em uma solução (salmoura) feita com os ingredientes de cura dissolvidos em água.

D

Danish: massa rica levedada folhada com várias camadas de manteiga.

Defumação a frio: método de defumação no qual os alimentos são defumados em uma temperatura baixa, a 85°F (30°C) menos, de modo que o alimento não cozinhe durante a defumação.

Defumação a quente: método de defumação no qual os alimentos são defumados a uma temperatura que promove seu cozimento total ou parcial.

Defumar a quente: cozinhar em calor seco na presença de fumaça de madeira.

Deglacear: agitar um líquido em uma panela ou assadeira para desprender os resíduos caramelizados pelo cozimento.

Demi-glace: molho *espagnole* substancioso reduzido pela metade.

Demitasse: literalmente, "meia xícara". Termo fancês para designar o café puro e forte servido em pequenas xícaras depois do jantar.

Densidade nutricional: quantidade de nutrientes por caloria em um alimento.

Desfiar: separar alimento, em geral carnes, em tiras finas e irregulares.

Desnaturar: mudar a textura das moléculas da proteína por aquecimento ou por meios químicos.

Diagrama de fluxo: caminho pelo qual passa o alimento em um estabelecimento de serviço alimentício do momento em que é recebido ao momento em que é servido.

Dobradinha: tripa bovina de textura lisa.

Doria: guarnecido com pepinos passados na manteiga.

Dubarry: guarnecido com ou contendo couve-flor.

Duchesse potatoes: purê de batata misturado com manteiga e gemas.

Dumpling: bolinhos de amido feitos de massa fermentada macia ou massa mole preparados por cozimento lento em líquido ou no vapor.

Duxelles: pasta grossa ou picadinho fino de cogumelos passados na manteiga com chalotas.

E

Egg wash: termo em inglês para desginar uma mistura de ovo e leite ou água usada para pincelar pães e outras massas assadas.

Elastina: tecido conjuntivo presente nas carnes que não se dissolve quando é cozido.

Embutidos emulsionados: fabricados pelo processamento da carne e da gordura em forma de purê, com a adição de água ou outro líquido.

Emincer: cortar em fatias bem finas.

Emulsão: mistura uniforme de dois líquidos que não se misturam.

En cocotte, ovos: ovos cozidos em banho-maria em formas rasas, untadas com manteiga.

En papillote: embrulhado em papel-manteiga ou papel-alumínio antes de cozinhar para que o ingrediente cozinhe no vapor de seu próprio líquido.

Ensopado: prato cozido usando o método de "ensopar", em geral com os ingredientes principais cortados em pedaços pequenos. O mesmo que "cozido".

Ensopar: cozinhar um ou vários alimentos em fogo brando e em uma quantidade pequena de líquido, o qual é depois servido com o alimento como molho.

1036 Glossário

Entremetier: cozinheiro que prepara vegetais, amidos, sopas e ovos.

Envelhecimento: mudança na textura e no aroma de artigos de panificação assados por causa da perda de umidade dos grânulos de amido.

Erva-de-santa-maria: erva picante, usada na cozinha mexicana. O mesmo que *epazote*.

Ervas: folhas de certas plantas usadas como aromatizantes.

Escala Celsius: sistema de medição da temperatura do SI em que 0°C corresponde ao ponto de congelamento da água e 100°C ao ponto de ebulição da água.

Escaldar: cozinhar parcialmente em líquido fervente.

Escalfar: cozinhar em água ou outro líquido quente, mas não borbulhante, entre aproximadamente 71 e 82°C.

Escoffier, Georges Auguste: grande *chef* do início do século XIX, o pai da cozinha moderna.

Espagnole (molho espanhol): molho feito de caldo de carne escuro e ingredientes aromáticos, engrossado com *roux* escuro.

Espiga: porção da lâmina de uma faca de metal que fica dentro do cabo.

Espresso: café escuro e forte, feito com grãos torrados até ficarem quase pretos, com moagem bem fina e coado sob pressão do vapor.

Estafilococo: bactéria que causa intoxicação alimentar produzindo uma toxina em alimentos armazenados de maneira imprópria.

Estoque mínimo: inventário de mercadorias que é preciso ter em mãos para continuar operando entre uma entrega de produto e outra.

Étuver: cozinhar um ingrediente em seu próprio líquido; abafar.

Eviscerado: com as vísceras removidas.

F

Facultativas: relativo a bactérias que conseguem viver e crescer sem a presença do oxigênio.

Farinha forte: farinha com alto teor de proteína ou glúten.

Farinha fraca: farinha com baixo teor de proteína ou glúten.

Farm cheese: queijo feito com leite do rebanho do fazendeiro, na própria fazenda onde os animais são criados.

Fermentação: (1) processo que permite às leveduras agir sobre os carboidratos para transformá-los em gás carbônico e álcool; (2) produção ou incorporação de gases em uma massa para aumentar seu volume, dar-lhe forma e textura.

Fermière: guarnecido com cenoura, nabo, cebola e salsão cortados em fatias uniformes.

Ferver: cozinhar em água borbulhante ou outro líquido a 100°C, ao nível do mar e sob pressão normal.

Fettuccine: macarrão chato feito com ovos.

Fibra: grupo de carboidratos indigeríveis encontrados em grãos, frutas e vegetais.

Filé: (1) carne: filé-mignon sem osso; (2) peixe: lateral do peixe sem espinhas; (3) frango: peito sem pele e sem osso.

Flavona: pigmentação branca em vegetais e frutas.

Florentine (à fiorentina): guarnecido com ou contendo espinafre.

Fogão de indução: tipo de fogão que funciona com o uso de energia magnética, ele aquece as panelas sem ficar quente.

Foie gras: fígado de gansos e patos superalimentados.

Fond lié: molho feito engrossando-se fundo de carne escuro com amido de milho ou similar.

Fondant: cobertura para bolo ou doces, branca, homogênea e cremosa que consiste em uma calda de açúcar bem rala cristalizada.

Fondue: iguaria suíça que consiste em queijo *gruyère* e *emmenthal* derretidos com vinho branco no qual se mergulham cubos de pão para comer. Essa palavra é francesa e significa "derretida".

Forcemeat: mistura temperada de carne moída e outros ingredientes usada para encher ou rechear um produto, ou como base para terrinas e patês.

Forcemeat mousseline: recheio feito de peixes, aves ou carne bovina ou suína, creme de leite fresco e, em geral, claras em neve.

Forestière: guarnecido com cogumelos.

Forno combinado: forno que opera no sistema convencional, por convecção e a vapor.

Forno de convecção: forno em que um ventilador faz o ar quente circular.

French-style ice cream: sorvete que contém gemas.

Fricassée: ensopado branco no qual a carne é refogada em óleo sem dourar antes da adição de líquidos.

Frisée: variedade de escarola ou chicória-crespa mais macia e de cor mais clara do que a comum.

Fritar em pouca gordura: cozinhar em quantidade moderada de óleo em uma panela sem tampa. O mesmo que "frigir".

Fritar por imersão (deep-fry): fritar alimento submerso em bastante óleo quente.

Frittata: omelete aberta, sem dobra.

Fumet: fundo condimentado, geralmente de peixe.

Fundo: líquido transparente e ralo – isto é, não engrossado – temperado com condimentos e substâncias solúveis extraídas de carnes (bovina, suína, de aves, peixes etc) e seus ossos, ou de vegetais.

G

Galantine: recheio de carne moída enrolado na pele do animal que foi usado para o preparo, como frango ou pato, ou enrolado em forma de cilindro sem a pele.

Galinha d'angola: ave da família do faisão criada domesticamente.

Garde manger: (1) cozinheiro responsável pela produção de alimentos frios, como saladas e itens de bufê; (2) o setor da cozinha no qual esses alimentos são preparados.

Garni: guarnecido; com a adição de guarnições.

Garniture: (1) guarnição, em francês; (2) acompanhamento, em francês.

Gastrique: mistura de açúcar caramelizado e vinagre, usada para saborizar molhos.

Gazpacho: sopa fria espanhola feita de vegetais crus triturados.

Gelatinização: processo pelo qual grãos de amido absorvem água e aumentam de tamanho.

Gelée: gelatina *aspic*.

Geleia de brilho: cobertura brilhante, como uma calda, aplicada a um prato.

Génoise: tipo de pão de ló francês.

Glace: fundo de carne reduzido ao ponto de cobrir as costas de uma colher.

Glace de Viande: *glace* de carne; redução do caldo de carne escuro.

Glacê real: cobertura para bolo feita com açúcar de confeiteiro e claras de ovos, usada para decorar.

Glacear: tornar um alimento brilhante ou vitrificado cobrindo-o com um *glace* e assando-o sob um dourador ou no forno quente.

Glúten: substância feita de proteínas presente na farinha de trigo que dá textura e sustentação às massas assadas.

Gordura hidrogenada: gordura branca, insípida e sólida formulada para ser usada em massas de pães e tortas ou frituras.

Gordura insaturada: gordura normalmente líquida em temperatura ambiente.

Gordura saturada: gordura normalmente sólida em temperatura ambiente.

Glossário 1037

Gordura trans: gordura sólida, em geral manufaturada por hidrogenação, que limita a habilidade do corpo de se livrar do colesterol.

Goulash: cozido húngaro temperado com páprica.

Granité: sobremesa congelada rústica e cristalina feita de açúcar e suco de frutas ou outro sabor.

Grelhar: cozinhar em uma grade aberta sobre uma fonte de aquecimento.

Grelhar na chapa: grelhar em uma superfície plana e sólida, chamada de chapa bifeteira.

Grelhar na frigideira: cozinhar sem gordura em uma frigideira sem tampa.

Grillardin: cozinheiro que fica na grelha. O mesmo que "grelhador".

Gross pièce: elemento decorativo no centro de uma travessa de bufê.

Guarnecer: acrescentar uma decoração ou alimento adicional ao prato.

Guarnição (1) item comestível decorativo usado para ornamentar ou realçar o apelo visual de um prato; (2) acompanhamento.

H

HACCP: sigla em inglês para Hazard Analysis Critical Control Point. Ver APPCC.

Hash: (1) prato feito com ingredientes picadinhos; (2) picar, em inglês.

Higroscópico: que absorve umidade.

Hollandaise **(molho holandês)**: molho feito de manteiga, gemas e condimentos (especialmente suco de limão).

Hominy **(canjica)**: milho de canjica previamente tratado com soda cáustica, típico da culinária mexicana.

Hongroise: à moda húngara.

I

Infecção: doença causada pela presença de bactérias no corpo humano que também pode ser gerada pela ingestão de alimentos contaminados.

Intoxicação: doença causada pelas toxinas que as bactérias produzem enquanto estão se multiplicando nos alimentos.

Invólucro de colágeno: membrana artificial comestível feita de materiais de origem animal e usada para preparar embutidos.

Invólucro natural: intestinos de animais usados para a produção de embutidos.

J

Jardinière: guarnecido com vegetais frescos, como cenoura, nabo, vagem, ervilha e couve-flor.

Javali: porco selvagem ou a carne deste animal.

Judic: guarnecido com alface cozida.

Julienne: (1) cortado em tirinhas pequenas e finas de aproximadamente 0,3 cm x 0,3 cm x 6,5 cm; (2) guarnecido com ingredientes cortados desta maneira.

Jus: sucos não engrossados de um assado.

Jus lié: sucos engrossados de um assado.

K

Kani-kama: produto processado de frutos do mar imitando a cor e a textura da carne de siri. O mesmo que "*kani*".

Kasha: trigo-sarraceno integral partido e torrado.

L

Lactovegetariana: relativo à dieta vegetariana que inclui leite e seus derivados.

Lardear: inserir tiras de gordura com uma agulha de lardear nas carnes com pouco marmoreio.

Latte: abreviação de *caffe latte* – mistura de uma parte de *espresso* com duas ou mais partes de leite vaporizado.

Lebre: animal de caça semelhante ao coelho, de carne vermelha escura e magra.

Leite homogeneizado: leite processado para que a nata não se separe.

Liaison **(liga fina)**: agente de liga que costuma ser feito com creme de leite e gemas, usado para engrossar molhos e sopas.

Ligação de farinha: mistura rala de farinha de trigo e água fria.

Linguiça curada: linguiça que contém nitritos ou nitratos.

Linguiça fresca: linguiça que não contém nitritos nem nitratos.

Lipídios: grupo de elementos compostos que inclui as gorduras e o colesterol.

London broil: fraldinha ou outro corte de carne bovina grelhada, malpassada e cortada em tiras finas.

Lyonnaise **(à moda de Lyon)**: que contém ou guarnecido com cebolas.

M

Macaroni: massa seca feita com farinha e água.

Macchiato: *espresso* coberto com espuma de leite vaporizado.

Mâche: pequenas folhas verdes macias com um sabor delicado. O mesmo que alface-de-cordeiro.

Magret: peito de pato da raça *moulard*, com pele e sem osso.

Manteiga clarificada: gordura de manteiga purificada pela remoção da água e dos elementos sólidos do leite.

Manteiga composta: mistura de manteiga com diversos condimentos.

Manteiga *maître d'hôtel*: mistura de manteiga com salsinha e suco de limão.

Marinar: colocar de molho em líquido temperado.

Marmoreio: gordura depositada dentro do tecido muscular.

Marsala: saboroso vinho doce para semisseco da Sicília.

Massa (de pão) laminada: massa levedada à qual se incorpora gordura hidrogenada ou manteiga intercalando-se camadas de massa e gordura, que vão sendo dobradas ou enroladas formando várias lâminas.

Massa de pingar: massa mole que é espessa demais para ser despejada, mas que cai da colher em porções que mantêm a forma.

Massa folhada: massa leve e flocada, feita com várias camadas de massa e gordura, que cresce pela ação do vapor.

Massa mole: mistura semilíquida que contém farinha ou outro amido, usada para produzir bolos e pães e para cobrir produtos a serem fritos.

Maturação: conservação de carnes sob refrigeração controlada para permitir o amaciamento natural.

Mayonnaise chaud-froid: mistura de gelatina *aspic* e maionese, usada como um *chaud-froid* comum.

Menu-degustação: espécie de cardápio de preço fixo destinado a servir de amostra da arte do *chef* por meio da apresentação de uma série de pequenos pratos.

Merengue: espuma feita com claras de ovos batidas com açúcar.

Meringue glacée: conchas de suspiro servidas com sorvete.

Mesclun: mistura de alfaces novas e tenras.

Métodos de cozimento com calor úmido: métodos em que o calor é conduzido até os alimentos pela água ou por outro líquido ou vapor.

Meunière: relativo a peixes empanados com farinha, salteados e servidos com *beurre noisette*, suco de limão e salsinha.

Minestrone: sopa italiana de vegetais.

Mirepoix: mistura de vegetais, ervas e temperos cortados grosseiramente em cubos, usada para dar sabor.

1038 Glossário

Mise en place: expressão francesa que significa "tudo no lugar". Organização para a produção de alimentos. Toda a organização e preparação que precisam ser feitas antes de iniciar a produção propriamente dita.

Missô: pasta feita de soja fermentada, também pode conter outros cereais. Também chamado de "pasta de soja".

Miúdos: vários órgãos internos, glândulas e outras vísceras que são retiradas do animal abatido.

Moagem básica: relativo a embutidos feitos simplesmente moendo-se carnes em vários graus de espessura.

Mocha: (1) variedade de café arábico; (2) mistura de *espresso* e chocolate quente em barra ou em pó; (3) saborizante de café com chocolate.

Molho derivado: molho feito acrescentando-se um ou mais ingredientes a um molho-mãe ou básico. O mesmo que "molho composto".

Molho-mãe: molho básico usado na produção de outros molhos. Os cinco molhos-mãe quentes são: *béchamel*, *velouté*, *espagnole*, *hollandaise* e molho de tomate. Maionese e *vinaigrette* são considerados os principais molhos frios.

Molho *suprême*: molho feito de *velouté* de frango e creme de leite fresco.

Molusco: animal marinho invertebrado, em geral envolto por um par de conchas articuladas, como as ostras e as vieiras.

Monter au beurre: terminar um molho ou sopa adicionando manteiga crua e mexendo até derreter.

Mornay: molho feito de *béchamel* e queijo *gruyère*.

Moulard: raça de pato com peito largo e carnudo, criado por causa de seu fígado grande e gorduroso.

Músculo adutor: o músculo que fecha a concha dos moluscos. No caso de vieiras americanas e canadenses, essa é a única parte consumida.

Mussarela: queijo macio não curado usado em pizzas e muitos outros pratos italianos.

Musse: prato cremoso e suave, doce ou salgado, leve por causa da adição de creme de leite e/ou claras batidos.

N

Navarin: cozido escuro de carneiro.

New England *boiled dinner*: prato que consiste em um cozido de carne conservada em salmoura, com vegetais preparados em fogo baixo e servidos juntos.

Niçoise: (1) preparado ao estilo de Nice, França; (2) guarnecido com ou contendo tomate *concassé* refogado com alho.

Nitrato de sódio: composto NaNO$_3$, usado para curar carnes.

Nitrito de sódio: composto NaNO$_2$, usado para curar alguns tipos de carne, especialmente carnes mais secas.

Nitrosamina: combinação cancerígena que acontece quando carnes que contêm nitrato de sódio são submetidas a altas temperaturas.

Nouvelle Cuisine: estilo moderno de cozinhar que enfatiza a leveza do molho e dos temperos, o tempo de preparo abreviado e as novas, e muitas vezes surpreendentes, combinações de alimentos.

O

Óleo "winterizado": óleo vegetal que permanece cristalino e líquido quando refrigerado.

Oolong: chá parcialmente fermentado de coloração marrom-esverdeada.

Ovas: ovos de peixes.

Oven spring: termo em inglês usado para se referir ao crescimento rápido de massas levedadas no forno em decorrência da produção e expansão de gases encapsulados, resultante do aquecimento .

Overrun: termo em inglês usado para se referir ao aumento de volume em sorvetes ou sobremesas congeladas por causa da incorporação de ar durante o congelamento.

Ovolactovegetariana: relativo à dieta vegetariana que inclui laticínios e ovos.

P

Panino: (1) originalmente, pequeno sanduíche italiano feito na baguete ou no pão francês; (2) sanduíche quente feito em uma sanduicheira que tosta ambos os lados do pão ao mesmo tempo.

Panko: farinha de rosca grossa ao estilo japonês.

Pão rápido: pão cuja massa leva fermento químico ou vapor, em vez de levedura, para que cresça.

Parfait: sobremesa que consiste em camadas alternadas de sorvete e frutas ou caldas em uma taça alta e estreita.

Parmentier: guarnecido com ou contendo batatas.

Pasta de soja: Ver Missô.

Pasteurizado: submetido a aquecimento para eliminar bactérias que podem causar doenças ou estragar o alimento.

Pâté: prato feito com recheio de carne, geralmente assado dentro de uma massa.

Pâte à choux: massa delicada usada para fazer bombas e carolinas. Também chamada de "massa de bomba".

Pâte à pâté: massa fermentada ou folhada usada para envolver *pâté*.

Pâté de campagne: patê ou terrina que se caracteriza por uma textura grossa.

Pâté en croûte: patê assado dentro de uma massa.

Pâtissier: confeiteiro.

Pato-de-pequim branco: a raça mais comum de pato doméstico nos Estados Unidos.

Patógeno: micro-organismo causador de doenças.

Pensão completa estendida: serviço de refeições no qual os clientes comem em horários diferentes.

Perfil de sabor: combinação de sabores e aromas que compõem a impressão completa do sabor de um prato.

Persillade: mistura de farelo de pão, salsinha e alho usada para cobrir carnes assadas, geralmente carneiro.

Pescovegetariana: relativo à dieta vegetariana que inclui peixes.

Peso bruto: no estado em que é comprado; o peso de um item antes de ser limpo.

Peso limpo: quantidade consumível; o peso de uma porção após a limpeza e o pré-preparo.

Peso líquido: no estado em que é servido; peso de um item no estado em que é vendido ou servido, depois de ter sido processado ou preparado.

Pêssegos Melba: *sundae* que consiste em um sorvete de baunilha, metade de um pêssego e calda Melba (framboesa).

Picar: cortar em pedaços irregulares.

Pigmento: qualquer substância que dá cor a um ingrediente.

Pilaf: arroz ou outro cereal que é primeiramente refogado em óleo, depois cozido em fogo baixo em um caldo de carne ou outro líquido, em geral com cebolas, temperos ou outros ingredientes.

Pó húngaro: Ver Sal de cura nº 1.

Poissonier: cozinheiro de peixes.

Polenta: prato à moda italiana feito com fubá.

Ponto Crítico de Controle: cuidados a serem tomados para eliminar ou minimizar os riscos para a segurança alimentar.

Poulette: molho *allemande* temperado com cogumelos, salsinha e suco de limão.

Poussin: frango novo, com cerca de 500 g. O mesmo que "galeto".

Pozole: termo do espanhol mexicano para designar o milho de canjica inteiro.

Pré-preparo: processamento preliminar dos ingredientes para deixá-los prontos para o uso em receitas.

Primeur: guarnecido com vegetais frescos, como cenoura, nabo, vagem, ervilha, couve-flor e batatas pequenas.

Princesse: guarnecido com aspargos.

Printanière: guarnecido com vegetais frescos como cenoura, nabo, cebolinha-pérola, ervilha, vagem e aspargo.

Prix fixe: termo francês que significa "preço fixo", relativo a um cardápio que oferece uma refeição completa, com diversas opções de pratos, por um determinado preço.

Procedimento padrão para empanar alimentos: processo que consiste em empanar alimentos passando-os primeiramente em farinha de trigo, depois em ovo batido com água ou leite e, por fim, farinha de rosca.

Produtos orgânicos: produtos cultivados ou criados sem o uso de medicamentos ou ativadores químicos de crescimento ou, no caso de plantas, sem fertilizantes ou pesticidas artificiais.

Profiterole: bolinha feita de massa de bomba e recheada com pastas salgadas e servida como aperitivo, ou recheada com sorvete e servida como sobremesa.

Proteína complementar: proteína encontrada em alimentos que, se forem consumidos juntos, suprem todos os aminoácidos necessários para a dieta humana.

Proteína completa: proteína que supre todos os aminoácidos necessários para a dieta humana.

Proteína vegetal texturizada (PVT): produto de alto teor de proteína, feito de farinha de soja desengordurada e processada de modo a adquirir uma textura esponjosa, semelhante à de vários tipos de carne.

Provençale: guarnecido com ou contendo tomate, alho, salsinha, e, às vezes, cogumelo e azeitona.

Pullman loaf: termo em inglês para designar o pão de forma.

Pumpernickel: (1) farinha de centeio moída grosseiramente; (2) pão feito com esta farinha.

Purê: alimento espremido ou peneirado para se transformar em uma polpa homogênea.

PVT: Ver Proteína vegetal texturizada (PVT)

Q

Quatre épices: "quatro especiarias" em francês, é uma mistura de condimentos muito usada para temperar alguns tipos de linguiça e recheios de carne.

Queijo artesanal: queijo produzido manualmente, em pequenas quantidades, dando prioridade à tradição da arte de fazer queijos e usando o mínimo de mecanização possível.

Queijo de soja: Ver *Tofu*.

Queijo processado: produto lácteo feito pela moagem e derretimento de um ou mais queijos que são misturados com outros ingredientes e colocados em formas para solidificarem-se.

Quiche: preparação salgada que consiste em um recheio à base de gemas assado dentro de uma massa de torta.

R

Ratatouille: cozido de vegetais como cebola, tomate, abobrinha, berinjela e pimentão verde; originário do sul da França.

Ravióli: pastelzinho recheado feito de massa de macarrão com ovos.

Receita-padrão: conjunto de instruções que descreve a maneira como um determinado estabelecimento prepara um certo prato. O mesmo que "ficha técnica".

Redução: (1) líquido concentrado por meio da cocção para evaporar uma parte da água; (2) o processo de preparo deste líquido.

Reduzir: cozinhar lentamente ou ferver até diminuir a quantidade; preparo usado para concentrar o sabor.

Regra das quatro horas: prática sanitária de permitir que alimentos permaneçam na Zona de Perigo por no máximo quatro horas desde o recebimento até o momento de servir.

Relish: (1) tipo de aperitivo composto de vegetais crus ou em conserva; (2) mistura de vegetais picados e, às vezes, frutas, contendo pelo menos um em conserva de vinagre ou de sal.

Resfriar: colocar uma panela com alimento quente em banho-maria gelado para que a água possa circular em volta da panela e esfriar o alimento.

Ricota: queijo italiano semelhante ao queijo *cottage*, porém mais homogêneo e mais doce.

Rillettes: mistura temperada de carnes, como a de porco, e gordura, amassadas até virar uma pasta; servida como petisco.

Risoto: prato italiano de arroz úmido, cozido em manteiga e fundo.

Rissolé: coradas. Refere-se a batatas cortadas em formas pequenas, aferventadas e douradas em óleo quente.

Rodeiro: Ver *Aboyeur*.

Roquefort: queijo de veios azuis feito de leite de ovelha, em Roquefort, na França.

Rotisserie: equipamento de cozinha que gira carne ou outros alimentos lentamente na frente de uma fonte de aquecimento.

Rôtisseur: cozinheiro que prepara carnes assadas no forno, na panela e grelhadas.

Roux: mistura cozida preparada com partes iguais de farinha e manteiga.

Rye blend: mistura de farinhas de centeio e de trigo duro (para panificação).

S

Sabor primário: sabor básico de um prato ou ingrediente principal; um dos componentes do perfil do sabor.

Sabor secundário: sabor advindo de temperos e condimentos ou outros ingredientes secundários de um prato que dão sustentação e realçam os sabores primários.

Sachet: mistura de ervas e condimentos amarrados em um sachê.

Sal de cura nº 1: mistura de 6% de nitrito de sódio e 94% de cloreto de sódio (sal de cozinha), usado para curar carnes; também chamado de "pó húngaro" e "pó *Prague*".

Sal de cura nº 2: mistura para cura semelhante ao sal de cura nº 1, mas que contém nitrato de sódio além do nitrito.

Salamandra: dourador de pequeno porte usado para dourar ou glacear as superfícies de certos pratos.

Salmonelose: intoxicação alimentar muito comum, causada pela manipulação imprópria de alimentos ou falta de higiene.

Sanitizar: eliminar bactérias que causam doenças por meio da aplicação de calor ou de desinfetantes químicos.

Saucier: cozinheiro que prepara molhos e ensopados, além de saltear os alimentos que fazem parte de um pedido. O mesmo que "*chef* de molhos" ou "molheiro".

Sauerbraten: prato alemão que contém carne bovina marinada cozida em vinagre e outros ingredientes.

Sauté (saltear): cozinhar rapidamente em uma pequena quantidade de manteiga.

Scampi: espécie de crustáceo semelhante a um camarão grande. Nos Estados Unidos, o termo é muito usado para referir-se a camarões grandes, especialmente se forem assados no dourador com alho e manteiga.

Semolina: farinha com alto teor de proteína usada para preparar massas frescas e macarrões de alta qualidade.

Sépia: cefaloide semelhante à lula, mas com uma concha interna e um corpo mais curto e roliço.

Serviço de refeições fixas: serviço de refeições no qual os clientes comem no mesmo horário.

Siri-mole: siri que acabou de mudar de casca e esta ainda não endureceu.

Sirniki: bolinhos de queijo russos fritos em pouca gordura.

Slurry: termo em inglês para designar uma mistura de amido cru e um líquido frio, usada para engrossar. O mesmo que "ligação de amido".

Solanina: substância venenosa encontrada em batatas cujas cascas tornaram-se esverdeadas.

Sopa-creme: sopa engrossada com *roux* ou outro agente que contenha leite e/ou creme de leite.

Sorbet: sorvete geralmente feito sem a adição de produtos derivados do leite.

Soufflé: palavra francesa para "suflê", prato leve e aerado feito de ovos e assado; consiste em uma base (como um molho branco bem espesso) que é misturada com gemas e ingredientes de sabor e acrescida, por último, de claras em neve. Pode ser doce ou salgado.

Sous chef: cozinheiro que supervisiona a produção dos pratos e que se reporta ao *chef* executivo. O mesmo que "subchefe".

Spaetzle: bolinhos ou tiras feitos de massa mole e fina de farinha e ovos.

Squab: termo em inglês para designar um pombo jovem, criado domesticamente para ser consumido.

Streusel: cobertura quebradiça para pães e bolos que consiste em uma mistura de gordura, açúcar e farinha.

Suar: cozinhar em pequena quantidade de gordura sob fogo baixo, às vezes com a panela tampada.

Swiss steak: termo em inglês para designar bifes de coxão bola refogados na panela em molho escuro.

T

Table d'hôte: (1) relativo a um cardápio fixo, sem escolhas; (2) relativo a um cardápio em que os preços são para refeições completas em vez de pratos separados.

Tapa: variedade de petiscos ao estilo espanhol servidos acompanhados de vinho ou outras bebidas.

Tatsoi: verdura oriental de folha verde da família da mostarda e do agrião.

Tempeh: produto de soja fermentada com uma textura densa, semelhante à da carne.

Temperagem: procedimento usado para elevar a temperatura de um líquido frio incorporando gradualmente a ele um líquido quente.

Temperatura interna mínima: a temperatura mais baixa que um alimento pode chegar, para ser considerado seguro, quando é aquecido e mantido quente por um determinado tempo.

Teriyaki: alimento grelhado ou chapeado servido com um molho brilhante à base de molho de soja.

Tofu: alimento branco de sabor suave feito de leite de soja coagulado. Também chamado de "queijo de soja".

Tomalley: termo em inglês para designar o fígado de lagostas e de outros crustáceos.

Tostar: dourar a superfície de um alimento rapidamente a uma temperatura elevada.

Tournant: cozinheiro que substitui cozinheiros de outros setores. O mesmo que "cozinheiro folguista" ou "cozinheiro tornante".

Tournedos: medalhão de filé-mignon.

Treviso: termo em italiano para designar a endívia-roxa.

Trigo-espelta: tipo de trigo semelhante ao farro, ancestral do trigo moderno.

Triguilho: tipo de trigo quebrado e parcialmente cozido.

Triquinose: doença alimentar parasitária que pode ser contraída pelo consumo de carne de porco malcozida.

Truit au bleu: truta escalfada, mantida viva até o momento do preparo, que fica azul ao ser cozida em *court bouillon*.

Truss: termo em inglês para designar o procedimento de amarrar aves em formato compacto para cozer.

Tunneling: termo em inglês para designar a formação indesejável de "túneis" nas massas de bolo de consistência mais firme, como a de *muffin*, quando são batidas em excesso.

U

Univalve: molusco com uma única concha, como o abalone.

V

Veganismo: dieta vegetariana que omite todos os produtos de origem animal, inclusive laticínios e ovos.

Velouté: molho que consiste em molho branco engrossado com *roux*.

Venison: termo em inglês para designar a carne de veado selvagem ou criado em fazendas.

Véu: membrana gordurosa que recobre o estômago de suínos (peritônio); usada para envolver carnes para cozinhar ou para forrar terrinas. Também chamada de "renda".

Viande: termo francês para "carne".

Vichyssoise: sopa cremosa fria de alho-poró e batata com creme de leite.

Vin: vinho, em francês.

Vin blanc: vinho branco, em francês.

Vin rouge: vinho tinto, em francês.

Vinaigrette: molho de salada feito de azeite, vinagre e temperos.

Vísceras: ver Miúdos.

Vitaminas: cada um dos compostos presentes nos alimentos em quantidades bem pequenas e que são necessários para regular as funções do organismo.

Volátil: substância que evapora rapidamente quando aquecida.

W

Welsh rabbit: prato feito com queijo derretido e, geralmente, cerveja. Pode ser chamado também de *Welsh rarebit*.

Wrap: sanduíche cujo recheio vem enrolado, como uma panqueca, em uma tortilha grande ou outro pão chato.

Z

Zona de Perigo: faixa de temperatura, de 5 a 57°C, na qual as bactérias crescem rapidamente.

Vocabulário de culinária francês–português

A

Abaisser: abrir uma massa na espessura desejada com a ajuda de um rolo.

Abats: vísceras; miúdos; órgãos internos de animais abatidos vendidos principalmente em açougues especializados. São considerados vísceras brancas: o timo, os pés e o cérebro. Coração, pulmões e fígado são considerados vísceras vermelhas.

Abattis: miúdos das aves (pés, pescoço, cabeça, pontas das asas, fígado, moela e coração).

Accommoder: pré-preparar e temperar um ingrediente para cozinhar.

Acidifier: adicionar suco de limão ou vinagre a frutas, vegetais e peixes para prevenir a oxidação.

Aciduler: tornar uma mistura ligeiramente ácida ou bem azeda pela adição de suco de limão ou vinagre.

Affuter: afiar o corte de uma faca usando uma chaira ou pedra de amolar.

Aiguillette: fatia de carne estreita e comprida cortada do peito de aves domésticas (especialmente pato) e de caça.

Aiguiser: Ver *Affuter*.

Allumettes: (1) tipo de *petits fours* salgado, coberto com queijo ou recheado com anchovas; (2) batata frita cortada em palitos, ou batata palha; *pommes allumettes*.

Anglaise: (1) mistura de ovos inteiros, óleo, água, sal e pimenta-do-reino, usada no procedimento para empanar alimentos em farinha de trigo e farinha de rosca; (2) ingrediente cozido em água fervente (p. ex., batatas).

Aplatir: bater um pedaço de carne para amaciá-lo e para facilitar o cozimento.

Appareil: mistura dos elementos principais de uma receita (geralmente uma que contenha ovos como base).

Aromate: condimento ou vegetal com cheiro ou gosto característico (temperos e ervas). Geralmente usado referindo-se a uma combinação de vegetais aromatizantes, como cenoura, cebola, alho-poró e salsão.

Arroser: regar; embeber a carne com um líquido ou gordura durante ou depois do cozimento.

Aspic: prato composto de carne, vegetais e/ou peixes que são cozidos, resfriados e enformados com gelatina.

Assaisonner: temperar; adicionar ingredientes que ajudam a realçar o sabor do alimento.

Attendrir: permitir a maturação de um pedaço de carne sob refrigeração durante alguns dias, para torná-la mais macia; (2) envelhecer.

Au jus: servido com os sucos naturais do cozimento.

B

Bain-marie: banho-maria; maneira de cozinhar ou aquecer alimentos colocando-se o recipiente dentro de uma panela com água bem quente. Usado para preparos em que não se deve cozinhar diretamente sobre a fonte de calor, para manter molhos delicados aquecidos e para derreter chocolate.

Ballotine: pedaço grande de carne ou ave inteira desossado e recheado.

Barder: cobrir ou embrulhar um pedaço de carne e, ocasionalmente, massa de torta com um pedaço bem fino de toucinho para proteger e umedecer o alimento durante o cozimento, prevenindo o ressecamento.

Barquette: forma pequena, oblonga e ovalada usada para preparar barquetes de massa para canapés.

Basquaise: à maneira basca; geralmente indica a presença de pimentão vermelho no prato.

Bâtonnet: pequeno bastão; refere-se a um tipo de corte de vegetais.

Batterie: bateria; conjunto completo de utensílios de cozinha.

Bavarois: creme bávaro; sobremesa fria feita com *crème anglaise*, firmada com gelatina e creme de leite batido.

Béchamel: molho branco feito com leite e *roux* branco.

Beignet: alimento mergulhado em uma massa crua fina e frito por imersão.

Bercy: molho clássico com uma base de vinho branco, usado para peixes.

Beurre: manteiga.

Beurre blanc: molho à base de manteiga feito com uma redução de vinho branco seco, vinagre e chalota. Servido principalmente com peixe cozido ou grelhado.

Beurre clarifié: manteiga clarificada; manteiga derretida lentamente para remover as impurezas que flutuam na superfície e o soro que se deposita no fundo.

Beurre composé: manteiga misturada com um ou mais ingredientes, como a manteiga de anchovas.

Beurre demi sel: manteiga levemente salgada, contendo até 5% de sal.

Beurre en pommade: manteiga amolecida (não derretida).

Beurre fermier: manteiga fresca, recém batida.

Beurre laitier: manteiga produzida por laticínios.

Beurre manié: manteiga misturada com farinha em partes iguais, usada para engrossar molhos.

Beurre noisette: manteiga corada; manteiga que é dourada até adquirir uma cor marrom-clara (ver também *Noisette*).

Beurre pasteurisé: manteiga produzida e pasteurizada em grande escala.

Beurre salé: manteiga salgada, com até 10% de sal.

Beurre sec: manteiga "seca"; manteiga com um conteúdo mínimo de água. A porcentagem de água pode variar de 5 a 8%, dependendo da qualidade da manteiga.

Beurrer: (1) untar ligeiramente uma vasilha com manteiga para evitar que o alimento grude; (2) adicionar manteiga a um molho ou massa.

Biscuit: (1) bolo pequeno ou biscoito doce; (2) tipo específico de pão de ló, semelhante à *génoise*.

Bisque: tipo de sopa em geral feita com uma base de crustáceos engrossada.

Blanc: (1) branco; (2) mistura de farinha e água fria que é acrescentada à água acidulada (geralmente suco de limão) para evitar que certos alimentos percam a cor durante o cozimento.

1041

1042 Vocabulário de culinária francês-português

Blanchir: (1) branquear; colocar vegetais ou carnes em água fria e ferver (ou mergulhar em água fervente) para pré-cozer, amolecer ou remover o excesso de sabor (acidez, sal ou amargor); (2) bater açúcar e ovos juntos até ficarem esbranquiçados; (3) colocar carne de molho em água fria para remover o excesso de sangue, sal e/ou impurezas.

Blondir: cozinhar em gordura para pegar um pouco de cor.

Bouchée: pequeno folheado redondo que pode ser recheado com várias misturas.

Bouillir: ferver; aquecer um líquido até o ponto de fervura.

Boulangère: preparado com fundo de carne de vitela, cebola e batatas; um modo de preparar carnes.

Bouquet garni: mistura de ervas embrulhadas na parte verde de um alho-poró usada para aromatizar pratos durante o cozimento.

Braiser: refogar; cozinhar uma carne em um recipiente tampado no forno ou no fogão, em fogo baixo, com pouco líquido e, geralmente, sobre vegetais bem picados.

Brider: amarrar uma ave para que mantenha sua forma durante o cozimento.

Brochette: (1) espeto feito de madeira ou bambu; (2) pequenos pedaços de alimento espetados em uma haste longa de metal ou de madeira e grelhados.

Broyer: triturar ou moer bem fino.

Brunoise: vegetais cortados em cubos bem pequenos e uniformes.

C

Cacao: cacau.

Calvados: bebida alcoólica destilada de maçã, feita exclusivamente na região da Normandia.

Canapé: minifatia de pão de forma ou outro tipo de pão, torrada ou não, guarnecida com vários tipos de ingredientes.

Canard: pato ou marreco.

Caneton: pato macho.

Canette: pata.

Canneller: sulcar, estriar, vincar.

Capre: alcaparra.

Caraméliser: caramelizar; cobrir uma forma com açúcar queimado; queimar o açúcar até ficar dourado para utilização em outras preparações (para cobrir pratos ou fazer molhos).

Cêpe: cogumelo do tipo *porcini*.

Champignon: cogumelo comum, ou cogumelo-paris.

Champvallon: costeletas de carneiro assadas no forno com batatas e cebolas.

Chantilly: creme de leite batido com açúcar e baunilha.

Chapelure: farinha de rosca feita com a casca e o miolo do pão seco. Usada para empanar.

Charlotte: (1) sobremesa feita em uma forma especial; (2) prato salgado feito na mesma forma.

Chaud-froid: prato preparado quente, mas servido frio e coberto com um molho específico (molho *chaud-froid*, feito com ⅓ de *velouté*, ⅓ de gelatina e ⅓ de creme de leite).

Chemiser: forrar o interior de uma forma antes de preenchê-la.

Chèvre: cabra.

Chiffonade: ervas e folhas verdes cortadas em tiras bem finas.

Chinois: coador fino em forma de cone.

Chiqueter: sulcar levemente as bordas cortadas da massa folhada para garantir que ela cresça de maneira uniforme.

Cidre: sidra (bebida fermentada de maçã)

Ciseler: (1) sulcar; fazer incisões em alguns peixes para facilitar a cocção; (2) cortar bem fino; maneira de cortar cebola, cebolinha e alho, bem fino.

Citronner: (1) esfregar alimentos com limão para evitar que escureçam; (2) adicionar suco de limão.

Clarifier: (1) clarificar; clarear um líquido turvo coando-o e levando-o ao fogo baixo para que cozinhe lentamente depois de misturado com claras de ovos; (2) processo usado para separar os sólidos lácteos da manteiga.

Clouter: espetar; inserir pedaços de trufa em língua curada; espetar cravos em uma cebola.

Coller: engrossar um líquido ou torná-lo sólido com o uso de gelatina, como quando se faz *aspic* ou musse de frutas.

Concassé (de tomates): tomates sem pele e sem sementes cortados em cubos.

Concasser: picar grosseiramente usando uma faca ou pilão.

Confit: alimento conservado imerso em uma das seguintes substâncias: vinagre (para vegetais); açúcar (para frutas); álcool (para frutas); gordura (para aves).

Consommé: *bouillon* transparente feito com carne, peixe ou vegetais; servido quente ou frio.

Contiser: soltar a pele de aves, carnes de caça e alguns peixes para inserir uma fatia fina de trufa.

Coquille: concha.

Cordée: referente a uma massa ou purê de batata que se tornam elásticos pelo excesso de manuseio.

Coriandre: (1) folhas de coentro fresco; (2) sementes de coentro.

Corne: instrumento de plástico usado para raspar as sobras nos recipientes.

Corser: dar força ou corpo ao tempero de uma preparação.

Coucher: (1) colocar, deitar; pôr um pedaço de massa aberta em uma assadeira; (2) espalhar; espalhar uma camada de creme ou outra guarnição; (3) confeitar; cobrir com uma camada, usando um saco de confeiteiro.

Coulis: purê homogêneo de vegetais ou frutas usado como molho.

Coupe: xícara.

Couper: cortar.

Court bouillon: molho composto de água, vegetais aromáticos, e, às vezes, vinagre de vinho branco, no qual peixes e algumas carnes são cozidos.

Crècy: refere-se a pratos que contêm cenoura. Nome de uma região conhecida por sua produção de cenouras.

Crème anglaise: creme aromatizado com baunilha feito de ovos, açúcar e leite cozidos a 85°C.

Crème fouettée: creme de leite batido; creme de leite batido para incorporar ar.

Crème fraîche: tipo de creme de leite fermentado de consistência firme.

Crème pâtissière: creme de confeiteiro; leite engrossado com farinha ou pó para pudim, usado para rechear doces de massas folhadas e tortas.

Crème renversée: pudim de leite; mistura de açúcar, leite e ovos colocada em uma forma, geralmente caramelizada, e assado em forno médio, em banho-maria.

Crème de riz: fécula de arroz; pó feito de arroz bem moído, usado em massas de tortas e folhados ou para engrossar molhos.

Crémer: (1) bater açúcar com manteiga; (2) adicionar creme de leite.

Crêpe: panqueca bem fina.

Crépine: peritônio de suíno; véu; renda; coifa.

Crever: branquear arroz colocando-o em água fria e depois fervendo-o por alguns minutos. Geralmente é o primeiro passo antes de fazer uma sobremesa de arroz.

Vocabulário de culinária francês-português 1043

Croquette: bolinho empanado e frito que consiste em uma mistura de frutas, peixes ou vegetais. Pode ser salgado ou doce e apresentar vários formatos.

Croustade: (1) preparação envolta em massa frita crocante; (2) massa de torta sem recheio.

Croûte: casca (do pão). Carnes ou peixes *en croûte* são envoltas em uma crosta de massa.

Croûton: fatia ou pedaço de pão torrado.

Crudité: vegetais crus fatiados servidos como entrada, acompanhados de um molho ou maionese.

Cuisson: cocção, cozimento; o ato e a maneira de cozinhar um alimento.

D

Dariole: forminha em formato de dedal.

Darne: fatia grossa, contendo a espinha central, cortada de peixes redondos.

Daube: cozido de carne braseada em vinho tinto.

Décanter: (1) deixar as impurezas de um líquido afundarem para que o líquido possa ser despejado com cuidado em outro recipiente, sem os resíduos; (2) separar a carne do líquido em que foi preparada para finalizar o molho.

Décortiquer: retirar a casca de moluscos e crustáceos.

Découper: recortar; cortar usando tesoura, faca ou carretilha.

Déglacer: deglacear; dissolver com líquido os resíduos grudados no fundo de uma panela ou assadeira.

Dégorger: colocar um ingrediente de molho em água fria para remover o sangue, o sal ou as impurezas; salgar levemente vegetais a fim de extrair o máximo possível de água.

Dégraisser: desengordurar; remover o excesso de gordura da superfície de alimentos ou molhos.

Délayer: (1) diluir com água; (2) dissolver em líquido.

Demi-glace: fundo de carne, peixe ou frango reduzidos.

Démouler: desenformar; retirar cuidadosamente um alimento preparado do recipiente em que foi colocado.

Dénerver: remover os tendões de carnes e aves.

Dénoyauter: descaroçar; retirar a semente ou o caroço de frutas e azeitonas com uma faca ou um descaroçador.

Dépouiller: (1) retirar a película que se forma na superfície de um molho ou sopa; (2) tirar a pele de um animal pequeno, peixe etc.

Dés: cubos; quadrados pequenos e uniformes.

Désosser: desossar; tirar os ossos de carnes e aves.

Dessècher: secar; remover a umidade por meio do aquecimento.

Détailler: retalhar; cortar em pedaços.

Détendre: tornar mais ralo (em consistência); adicionar um líquido a uma preparação, como a um molho.

Détrempe: massa feita de farinha e água, usada para fazer massa folhada.

Détremper: umedecer com um líquido.

Dorer: pincelar com ovos batidos ou gema de ovo para dar um tom mais forte e brilhante.

Dorure: mistura de ovos ou gemas batidas com água e/ou sal usada para pincelar massas antes de assá-las para que fiquem mais coradas.

Douille: bico de confeitar; peça em forma de cone feita de metal ou plástico, usada para decorar com a ajuda de um saco de confeiteiro.

Dresser: arrumar; ajeitar o alimento preparado em um prato ou travessa antes de servir.

Duchesse: purê de batatas com gemas de ovos.

Dugléré: preparo clássico para peixe contendo vinho branco e tomate; nomeado por um *chef* do século XIX.

Duroc: preparação clássica de carne cortada em pedaços pequenos, servida com batatas fritas, molho de tomate e molho *chasseur*. Nomeado em homenagem ao *chef* Marshall Duroc, do século XIX.

Duxelles: cogumelos bem picados, passados na manteiga com chalota picada; usados como guarnição ou recheio.

E

Ébarber: limpar as "barbas"; retirar as barbatanas e espinhas de peixes; descartar os filamentos de ovos pochés.

Ébouillanter: mergulhar em água fervente; escaldar.

Ébullition: ponto de ebulição; aparecimento de bolhas em um líquido que está sendo aquecido (98 a 100°C).

Écailler: escamar; retirar as escamas de peixes.

Écailles: escamas (de peixes, cobras etc.).

Écaler: descascar ovos cozidos duros ou moles.

Écumer: escumar; retirar a espuma da superfície de um líquido fervente.

Effiler: fatiar bem fino, laminar (p. ex., amêndoas).

Égoutter: coar; retirar o líquido do cozimento passando-o por um coador.

Émietter: esmigalhar; partir em pedacinhos.

Émincer: cortar em fatias finas.

Émonder: tirar a pele de frutas e vegetais pelo aquecimento.

En croûte: enrolado em massa.

En robe: envolto ou coberto.

Enrober: envolver; cobrir completamente com ingredientes variados, como chocolate ou massa.

Entremet: literalmente, "entre pratos"; originalmente um prato servido entre o assado e a sobremesa. Hoje o termo dá nome a um bolo à base de musse.

Éplucher: descascar; descartar a parte não comestível de frutas e vegetais.

Éponger: absorver; retirar o excesso de líquido ou gordura com um papel-toalha.

Escaloper: cortar vieiras; cortar carnes ou peixes em ângulo, formando escalopes.

Essence: essência; extrato concentrado usado como aromatizante (p. ex., essência de café).

Étuver: cozinhar lentamente; cozinhar em fogo brando, coberto de gordura e um pouco de água sem mudar a cor dos ingredientes.

Évider: esvaziar, estripar; retirar o miolo ou a parte de dentro de um ingrediente (aves, frutas, vegetais).

F

Farce: recheio de carne moída; mistura de vários ingredientes moídos (carne, ervas, vegetais) usada para rechear aves, peixes, vegetais etc.

Farcir: rechear; colocar um recheio de carne moída em aves, peixes ou pedaços de carnes.

Fariner: enfarinhar, empanar; polvilhar farinha em peixes ou carnes ou polvilhar uma forma com farinha e retirar o excesso.

Fermière: produzido em fazenda ou criado em fazenda.

Ficeler: amarrar com barbante.

Filet: filé.

Fines Herbes: ervas finas; mistura de plantas aromáticas usadas como tempero (salsinha, estragão, cebolinha-francesa).

Flamber: flambar; (1) usar uma chama para remover as penas das aves; (2) atear fogo a uma preparação contendo bebida alcoólica (p. ex., *crêpes suzette*).

Flan: (1) massa de torta pré-assada; (2) torta aberta com recheio cremoso.

Fleuron: massa folhada cortada em forma de meia-lua, usada para decorar pratos de peixe.

1044 **Vocabulário de culinária francês-português**

Foie gras: fígado de pato ou ganso superalimentado.

Foncer: forrar o fundo e as laterais de uma forma ou assadeira com massa.

Fond: fundo.

Fondant: (1) cobertura à base de açúcar para glacear massas doces; (2) relativo a algo que derrete na boca (literalmente, "derretendo").

Fondre: derreter; transformar um sólido em líquido pelo aquecimento (p. ex., manteiga); (2) cozer certos vegetais na água e na manteiga, tampados (p. ex., cogumelos), até que o líquido evapore completamente, sem mudar a cor dos ingredientes.

Fondu: derretido.

Fontaine: buraco; abrir uma cova no meio do monte de farinha para adicionar outros ingredientes e fazer uma massa.

Fraiser: misturar uma massa por igual espalmando-a.

Frémir: cozinhar em fogo brando; aquecer um líquido até o ponto de fervura, mas sem deixar borbulhar.

Fricassée: (1) modo de cortar o frango em oito pedaços; (2) preparo em que carnes ou aves são cortadas em pedaços antes de serem refogadas.

Frire: fritar por imersão.

Friture: (1) fritadeira; (2) alimentos fritos.

Fumet: (1) aroma do preparo de um alimento; (2) molho feito com o caldo do cozimento; (3) fundo básico feito de peixe e usado para preparar molhos.

Fusil: fuzil, chaira; haste de metal longa e roliça usada para manter a lâmina de uma faca afiada.

G

Galantine: carne recheada, lardeada, cozida e servida fria com gelatina preparada com o líquido em que foi cozida.

Garniture: guarnição; servida como acompanhamento de um prato (geralmente vegetais).

Gastrique: açúcar caramelizado dissolvido com vinagre, usado como base para preparar molhos agridoces (como o que se usa no pato *à l'orange*).

Gaufrette: *waffle*.

Gelée: gelatina, *aspic*; fundo de carne ou de peixe clarificado e depois solidificado com gelatina. Usado em várias preparações para dar brilho aos pratos e protegê-los do ressecamento.

Génoise: pão de ló genovês.

Glaçage: glacê; mistura de ingredientes com consistência de calda rala, doce ou salgada, usada para cobrir folhados, doces e alguns pratos salgados.

Glace: (1) sorvete; (2) fundo de carne reduzido até ficar espesso como uma calda.

Glacé: (1) glaceado (geralmente se refere a vegetais); (2) congelado; (3) servido com sorvete (p. ex., merengue *glacée*).

Glacer: glacear; pincelar massas assadas com geleia de brilho.

Goujonnettes: pedaços de peixe empanados e fritos.

Graisser: untar; envolver ou cobrir com gordura antes de assar.

Grandmère: guarnição clássica preparada com bacon, cogumelos passados na manteiga e cebolas-pérola glaceadas.

Gratiner: (1) dourar sob o dourador ou salamandra; (2) glacear.

Grecque, (à la): refere-se a um preparo de vegetais cozidos em vinho branco.

Griller: grelhar; assar em uma grelha.

H

Habiller: arrumar; preparar um prato, como peixe ou carne, para cozinhar.

Hacher: picar; reduzir a pedaços pequenos usando uma faca.

Hareng: arenque.

Haricot: feijão.

Haricot blanc: feijão-branco.

Haricot vert: vagem.

Historié: decorado.

Hollandaise: molho quente emulsionado preparado com gemas de ovo e manteiga clarificada e temperado com suco de limão.

Homard: lagosta.

Huile: óleo.

Huile d'arachide: óleo de amendoim.

Huile d'olive: azeite de oliva.

Huile de noix: óleo de nozes.

I

Imbiber: embeber; molhar ou colocar de molho um ingrediente em fundo ou calda.

Inciser: entalhar; fazer pequenos cortes rasos para apressar o cozimento.

Incorporer: incorporar; misturar ingredientes aos poucos, mexendo cuidadosamente.

Infuser: colocar um ingrediente em cozimento lento na água e deixá-lo em infusão para que aromatize a água (p. ex., chá).

J

Jambon: presunto, pernil.

Jambonnette: coxa e sobrecoxa de frango recheada com a aparência de um pequeno pernil.

Jardinière: literalmente, "pertencente ao jardim"; mistura de cenoura, nabo cortado em bastões, vagem e ervilha. Todos são cozidos separadamente e depois servidos juntos como acompanhamento.

Jarret: jarrete; junta (de porco) ou ponta de paleta de cordeiro ou vitela.

Jet: algumas gotas de líquido.

Joue: bochecha (de boi ou porco).

Julienne: cortado em tiras bem finas.

Jus: suco; líquido que se obtém ao se espremer uma fruta ou vegetal ou ao se cozinhar uma carne.

L

Lait: leite.

Langoustine: lagostim.

Lard: toucinho. O *lard gras* contém apenas banha, enquanto o *lard maigre* (bacon) contém carne também.

Larder: lardear; inserir tiras de toucinho em carnes magras, usando uma agulha de lardear, para evitar que a carne resseque durante o cozimento.

Lardon: pedaço pequeno ou tira de manta de toucinho defumado.

Légume: legume.

Lentille: lentilha.

Levain: pré-fermento; massa feita com levedura e farinha, usada para fazer pães.

Lever: crescer; deixar uma massa levedada crescer (como em brioche, pão francês, *croissant*).

Lever les filets: tirar filés; retirar filés de um peixe usando uma faca.

Levure: levedura.

Levure chimique: fermento químico em pó; agente de crescimento sem odor e sem sabor feito com bicarbonato de sódio e cremor tártaro.

Liaison: liga fina; ingrediente ou mistura usada para engrossar um líquido ou um molho.

Lier: engrossar; mudar a consistência de um líquido com o acréscimo de *roux*, amido, ovos, farinha ou *beurre manié*.

Lotte: tamboril.

Vocabulário de culinária francês-português 1045

M

Macédoine: mistura de vegetais ou frutas, cortados em cubinhos.

Macérer: macerar; colocar um ingrediente de molho no álcool para aromatizá-lo (geralmente frutas secas usadas em massas doces).

Magret: peito de pato cevado.

Manchonner: retirar a carne que cobre a ponta de um osso, como o da coxa e sobrecoxa de frango, ou de uma costela, para conseguir uma boa apresentação.

Mandoline: cortador manual com vários tipos de lâmina que permite cortar frutas e vegetais em várias espessuras e formatos.

Mange tout: ervilha-torta.

Manier: amassar, misturar.

Mariner: marinar; colocar um pedaço de carne ou peixe de molho em um líquido com ingredientes aromáticos para amaciar, temperar e conservar. Também pode ser usado para suavizar cheiros fortes de carnes de caça.

Médaillon: medalhão; fatia redonda de carne (bovina, suína, de aves, peixes ou crustáceos), servida quente ou fria.

Meringue: mistura de claras de ovo batidas em neve com açúcar.

Meringue glacée: o mesmo que *vacherin* (torta de camadas alternadas de merengue e creme chantili).

Mie de pain: migalhas de pão fresco.

Mijoter: cozinhar em fogo brando.

Mirepoix: (1) vegetais cortados em cubos, cujo tamanho depende do tempo de cozimento; (2) combinação de vegetais aromáticos (cebola, cenoura e salsão).

Monder: tirar a pele de certas frutas ou vegetais (p. ex., pêssegos, tomates), mergulhando-os em água fervente.

Monter: (1) bater vigorosamente (claras, creme de leite) para incorporar ar e aumentar o volume; (2) acrescentar manteiga a um molho em pequenos pedaços.

Morille: cogumelo Morel.

Mouiller: umedecer, molhar; acrescentar um líquido a uma preparação antes de levá-la ao fogo.

Mouler: enformar; preencher uma forma antes ou depois de cozinhar um alimento.

Moulu: triturado; moído.

N

Napper: cobrir um prato, salgado ou doce, com uma camada fina de molho, *aspic* ou geleia.

Navarin: cozido escuro de carneiro que contém tomate.

Nem: rolinho primavera à moda vietnamita.

Noircir: escurecer (certas frutas e vegetais) quando expostos ao ar.

Noisette: avelã. Ver também *Beurre noisette*.

O

Oeuf: ovo.

Oie: ganso.

Graisse d'oie: gordura de ganso.

Os: osso.

Ôter: retirar.

Ouvrir: abrir.

P

Paner: envolver um alimento com migalhas de pão fresco ou seco depois de mergulhá-lo em uma massa mole para fritura (ver *Anglaise*) e depois fritar.

Panier: (1) cesto de fritura, usado com uma fritadeira para mergulhar e retirar os alimentos com facilidade do óleo quente; (2) cesta de vapor usada para colocar alimentos a serem cozidos no vapor; (3) equipamento de fritura com dois cestos em formato de concha, um ligeiramente menor que o outro, usado para fazer ninhos de batata palha para decorar alguns tipos de pratos.

Papillote: (1) papel-manteiga usado para embrulhar frutas, carnes, peixes etc. para cozinhar; (2) "botinhas" decorativas de papel usadas para esconder a ponta de ossos de aves e carnes assadas.

Parer: limpar, aparar; retirar os nervos ou excessos de gordura de carnes ou peixes; retirar as porções estragadas ou não comestíveis de frutas e vegetais antes de preparar ou servir.

Parfait: sobremesa gelada feita de gema de ovo batida com açúcar e creme de leite.

Parfumer: aromatizar.

Passer: coar, peneirar, geralmente usando um coador ou uma peneira em forma de cone.

Pâte: massa levedada ou massa crua.

Pâté: carne (bovina, suína, de aves, peixes etc.) picada, assada e envolvida por uma massa. Hoje em dia esse prato é considerado quase um sinônimo de *terrine*.

Pâtissier: *chef* confeiteiro.

Pâton: pedaço grande e quadrado de massa (folhada ou de pão) antes de ser assada.

Paupiette: pedaço fino de carne ou peixe recheado, enrolado, amarrado e cozido.

Pavé: fatias grossas transversais de filés de peixe.

Paysanne: vegetais cortados em pequenos triângulos ou quadrados.

Persillade: mistura de salsinha e alho bem picado.

Pétrir: amassar; trabalhar uma massa.

Piler: socar (p. ex., em um pilão); reduzir a pó ou pasta.

Pilon: (1) almofariz; ferramenta usada para triturar e moer; (2) coxa de frango.

Piment: pimenta (do gênero *capsicum*).

Pincée: pitada; pequena quantidade de ingrediente seco medida com a união do polegar com o dedo indicador.

Pincer: apertar; usar um equipamento adequado (como um garfo ou carretilha) para apertar as bordas de uma massa antes de assá-la ou fritá-la.

Pintade: galinha d'angola.

Piquer: (1) furar; inserir toucinho em uma peça de carne usando uma agulha de lardear para protegê-la do ressecamento ao assar; (2) fazer pequenos buracos na massa, usando um garfo, para evitar que forme bolhas.

Pluche: raminho; folhas destacadas de seu talo (p. ex., raminho de cerefólio).

Pocher: escalfar; cozinhar lentamente em fogo bem baixo.

Poêler: refogar; cozinhar um alimento em uma panela em fogo alto com uma quantidade mínima de óleo.

Pointe: ponta (de uma faca); (1) pequena quantidade de ingrediente (p. ex., pimenta-caiena) medida usando-se a ponta de uma faca; (2) a extremidade de alguma coisa (p. ex., ponta de aspargo).

Poivron: pimentão.

Poulet: frango.

Pousser: crescer (literalmente, "empurrar"); (1) deixar uma massa levedada aumentar de volume; (2) colocar carne no tubo de um moedor.

Poussin: galeto da raça *cornish* com menos de 1 quilo e até 5 semanas de vida.

Praline: pasta homogênea de açúcar caramelizado com amêndoas e avelãs trituradas, usada para aromatizar e decorar massas doces e sobremesas.

Primeur: vegetais e frutas jovens.

1046 Vocabulário de culinária francês-português

Profiterole: (1) bola de massa de bomba com recheio doce ou salgado; (2) sobremesa que consiste em bolinhas de massa de bomba recheadas com sorvete de baunilha e servidas com calda de chocolate.

Provençale: à moda provençal; refere-se a pratos que contêm um ou todos os ingredientes a seguir: azeite, tomate, alho, pimentão e azeitona.

Q

Quadriller: (1) marcar quadrados ou losangos na superfície da carne usando uma grelha; (2) riscar quadrados usando uma faca.

Quatre épices: quatro condimentos; uma mistura de pimenta-do-reino preta, canela, noz-moscada e cravo-da-índia moídos. Muito usada para temperar recheios de carne.

Quenelle: (1) bolinho feito de carne (de aves, peixes, bovina etc.) moída misturada com claras de ovos e creme de leite. Geralmente moldado com duas colheres, em formato ovalado; (2) formato ovalado com três lados feito com o auxílio de duas colheres grandes.

Quiche: torta salgada com uma recheio cremoso à base de ovos (p. ex., *quiche* Lorraine: torta cremosa de queijo e bacon).

R

Rafraîchir: refrescar, resfriar, gelar rapidamente em água fria um alimento que foi branqueado.

Raidir: fritar (especialmente em gordura bem quente); pré-cozer sem dourar.

Râper: ralar; reduzir a partículas pequenas ou a pó usando um ralador (p. ex., queijo).

Rassis: velho, rançoso, não fresco.

Ratatouille: prato feito com pimentão vermelho, cebola, tomate, abobrinha, berinjela e, com frequência, azeitona.

Rectifier: ajustar, corrigir o tempero de um prato.

Réduire: reduzir; esquentar um líquido ou reduzir seu volume pela fervura.

Relever: reforçar o sabor com o uso de condimentos.

Remonter: reformar; consertar um molho ou creme que talhou para fazê-lo retornar à sua aparência ou textura adequadas.

Revenir: corar um alimento rapidamente em gordura ou óleo quente.

Rissoler: fritar um alimento em gordura ou óleo quente até ficar bem dourado.

Rondelle: pequena fatia redonda.

Roux: mistura de quantidades iguais de farinha e gordura (geralmente manteiga) cozida. Os três tipos de roux – claro (ou branco), amarelo e escuro (ou marrom) – variam de cor dependendo do tempo de cozimento.

S

Sabayon: molho espesso e espumante, salgado ou doce, que se faz batendo gemas de ovo com um líquido em fogo brando. Semelhante ao *zabaglione* italiano.

Saisir: dourar; corar rapidamente em fogo alto no início do cozimento.

Salamandre: salamandra ou dourador; aquecimento que vem de cima em um forno ou um equipamento profissional usado para dourar alimentos.

Saupoudrer: polvilhar; distribuir por igual um pó sobre a superfície de uma preparação.

Sauter: saltear (literalmente "saltar"); cozinhar em fogo alto, mexendo constantemente para evitar que o alimento grude na panela.

Singer: polvilhar alimento com farinha no início do preparo para dar um pouco de consistência ao molho no final do cozimento.

Siroper: acrescentar calda a massas doces. Ver também *Imbiber*.

Sorbet: água saborizada congelada; preparo feito com suco ou polpa de frutas e calda de açúcar.

Sous chef: subchefe. Segundo no comando depois do *chef*.

Suer: suar, abafar; cozinhar vegetais em pouca gordura e fogo baixo, sem dourar, para realçar o sabor.

Suprême: (1) peito de aves; (2) filé de peixe.

Suprême sauce: molho clássico feito com *velouté* enriquecido com creme de leite.

T

Tailler: cortar com precisão.

Tamis: peneira circular.

Tamiser: peneirar; passar por uma peneira circular de malha fina.

Tapenade: azeitonas pretas amassadas com anchovas e azeite.

Terrine: (1) forma retangular e funda, tradicionalmente feita de porcelana branca, usada para o preparo de patês de carne (de peixe, aves, bovina etc.) moída; (2) alimentos preparados nessa forma.

Timbale: (1) forma no formato de um dedal grande; (2) tipo de massa pré-assada no formato de um recipiente e recheada com diversos tipos de recheio.

Tourer: virar; abrir e dobrar uma massa para laminá-la com manteiga (p. ex., massa folhada, *croissants*).

Tourner: tornear; (1) cortar vegetais com faca em formato oblongo e regular; (2) mexer ingredientes com movimentos circulares.

Travailler: trabalhar; sovar, misturar, amassar uma massa.

Tremper: colocar de molho; demolhar; umedecer.

Truffer: acrescentar trufa picada a um prato, recheio ou patê de fígado. Introduzir uma fatia fina de trufa sob a pele de aves.

Turban: (1) tipo de forma redonda com buraco no meio; (2) alimentos preparados nessa forma.

V

Vallée d'Auge: à moda de uma região da Normandia; refere-se a um prato preparado com sidra (bebida fermentada de maçã), maçãs e creme de leite.

Vanner: mexer um creme ou molho enquanto está esfriando para evitar que empelote ou forme uma película na superfície.

Vapeur: cozinhar no vapor.

Velouté: molho engrossado feito com fundo de carne branca e *roux*.

Vinaigre: vinagre.

Vinaigrette: molho feito de vinagre, óleo e temperos.

Volaille: aves.

    Blanc de volaille: peito de frango.

    Cuisse de volaille: coxa e sobrecoxa de frango.

Z

Zester: raspar; retirar a parte pigmentada da casca de frutas cítricas (p. ex., raspas de laranja, limão).

Índice remissivo

A

Ácido(s)
- e coagulação do leite, 809
- e crescimento bacteriano, 18
- e fibras, 506
- e formação de espuma (clara em neve), 789
- e pigmentos, 508-510
- e tecido conjuntivo, 65
- em fundos, 151
- em marinadas, 141
- graxos, 121
- no preparo de consomês, 211

Açúcar
- caldas de, 1006-1007
- como nutriente, 119
- em produtos de panificação e confeitaria, 900-902

Aferventar. *Ver* Cozinhar em água fervente; Branquear

Água
- como componente dos alimentos, 66
- como nutriente, 122
- em produtos de panificação e confeitaria, 902

Alce, 283, 312
Alérgeno, 24
Alface. *Ver* Saladas
Alimento(s)
- em conserva, 825-831
- potencialmente perigosos, 18
- semiprontos, 144-146, 159

Amaranto, 620
Amido
- como nutriente, 119
- em produtos de panificação e confeitaria, 899
- em recheios de tortas, 984
- em vegetais, 5
- para engrossar, 161-165
- pré-gelatinizado, 165, 899, 984

Amido de milho, 164
- modificado, 164, 899

Aminoácido, 657-658
Amuse bouche, 765-766
Antepasto, 764
Antílope, 283
Aperitivos. *Ver* Hors d'oeuvre
APPCC, Sistema, 16, 33-34, 97
Apresentação de alimentos. *Ver* Guarnição; Empratamento
Araruta, 164
Armazenamento, 26-28, 114
- de alimentos semiprontos, 145
- de arroz, 620
- de aves, 358
- de batatas, 584
- de carnes, 284-285
- de manteiga, 810
- de ovos, 787
- de pães, 736, 914
- de peixes e frutos do mar, 439-440, 442, 444-445, 449, 451-452
- de queijos, 816
- de sorvetes, 1022
- de vegetais, 540

Arroz, 618-619. *Ver também* Risoto; Pilaf
- como preparar, 621-628
- selvagem, 619-620

Aspic, 849-850, 852-853, 865-867
Assadores, 47
Assar, 70-71
- aves, 366-375
- batatas, 592-597
- biscoitos e *cookies*, 968
- bolos, 944-946
- carnes, 288-305
- pães, 914
- peixes, 458-463
- vegetais, 565-562

Aveia, 620
Aves, 351-424. *Ver também* Pato; Peru
- como amarrar, 359
- como cozinhar em fogo brando e escalfar, 399-409
- composição e estrutura, 352-353
- de caça, 356-358
- em sanduíches, 737
- formas de comercialização, 354-358
- inspeção e classificação, 354
- manipulação e armazenamento, 358, 359-363
- métodos de preparo, 366-411
- ponto de cozimento de, 358

Avestruz, 357-358, 381

B

Bacon, 804-805
Bactérias, 16-19, 20-21
Baked Alaska, 1001
Balança, 56, 99, 893
Balcão térmico, 53
Banha, 900
Barbecue, 71
Bardear, 258, 273
Batata, 508-509, 530, 581-605
- armazenamento e manuseio, 584
- como assar, 592-597
- como cozinhar na água e no vapor, 585-591
- como preparar purê de, 588
- como fritar por imersão, 602-605
- como saltear e fritar em pouca gordura, 598-601
- *duchesse*, 590-591
- em saladas, 676, 702, 704, 705
- formas de comercialização, 584-585
- qualidade, 584
- tipos, 582-584

Batedeiras, 50
Batonnet, 134
Bavaroise, 1013
Beurre
- *blanc*, 178-180
- *manié*, 164
- *noir*, 177
- *noisette*, 177

Bicarbonato de sódio, 904
- e preparo de vegetais, 507, 510
- efeito sobre as fibras, 65

Bisão, 283
Biscoitos e *cookies*, 963-975
- características, 964-965
- como preparar a forma, assar e resfriar, 968
- métodos de mistura, 965
- tipos e métodos de modelagem, 966-968

Biscuit, 933-935
Bisque, 207, 237
Blancmange. *Ver* Manjar branco
Blanquette, 326, 331, 403
Bolos, 939-960
- ajustes de altitude, 946-947
- coberturas, 953-957
- como assar e resfriar, 944-946
- como cortar, 960
- como montar e cobrir, 958-959
- como pesar e enformar, 943-944
- falhas comuns, 946
- métodos básicos de mistura, 940-942
- tipos de fórmula, 942-943

Bomba, 997-999
Boulanger, M., 4
Bouquet garni, 152
Branquear, 69, 140-141
- resfriar, 539

Brasear, 70
- aves, 410-422
- carnes, 331-348

- linguiças, 838
- peixes, 458
- vegetais, 559-565

Brunoise, 134
Bruschetta, 764, 780
Búfalo, 283

C

Café, 819-821
Café da manhã. *Ver* Preparo de itens para o café da manhã
Caldas, 1007-1008, 1023-1024
Caldeirão a vapor, 48-49
Caldos, 185, 209-210
Calor, efeito do, sobre os alimentos, 64-66
Calorias, 118
Camarão, 450-451
Canapés, 756-760
Caramelização, 64
Carboidratos
- como nutrientes, 119, 120, 125
- efeito do calor sobre, 64
- em carnes, 258-259

Carême, Marie-Antoine, 4-5
Caribu, 283
Carne. *Ver também* Cordeiro; Miúdos; Vitela
- armazenamento de, 284-285
- bovina
  - categorias, 261
  - cortes, 264-265, 268
  - métodos de preparo, 272, 273
- como escolher, 270-271
- composição de, 258-259
- cortes, 262-271
- de caça de pelo e outras carnes especiais, 281-284
- de frango, 352-363
  - caipira, 352
  - como assar, 366-374
  - como brasear, 410-421
  - como cortar, 360-363
  - como cozinhar em fogo brando e escalfar, 399-407
  - como grelhar e assar no dourador, 376-380
  - como saltear e fritar em pouca gordura e fritar por imersão, 383-398
- de porco
  - categorias de, 261
  - cortes, 266, 270
  - maturação de, 261
  - métodos de preparo, 272, 273
  - pontos de cozimento, 275-276
  - rendimento, 260
- em canapés, 760
- em embutidos, 832
- em fundos, 150-151
- em saladas, 677
- em sanduíches, 737
- especificações, 271
- estrutura óssea, 267
- inspeção e classificação, 260-261
- maturação, 261-262
- métodos de preparo, 271-275, 288-348
- no café da manhã, 804-805
- ponto de cozimento, 275-278

Carpaccio de peixe, 498, 503
Caviar, 765
Cereais, 804
Cervo, 282, 304, 312, 322
Cevada, 620
Ceviche, 498, 502
Chá, 822-823
Chapa bifeteira, 47
Chapear, 71-72, 313
- carnes, 305-307

Chaud-froid, 850-853
Chef, 9, 10

Chiffonade, 139
Choco. *Ver* Sépia
Chocolate, 905-906
Chowders. *Ver* Sopa
Chutney, 187, 192, 193, 202
Classificação e rendimento (carnes), 260
Coagulação, 65, 258
- das proteínas ao assar, 896
- do ovo, 788-789

Coberturas, 953-957
Cocktail, 760
Codorna, 357
Coelho, 283-284, 305, 344
Cogumelos, 534-536
Coifa. *Ver* Peritônio de porco
Colesterol, 121
- HDL, 122
- LDL, 122

Colher-medida com extrator, 56-57
Condimentos, 78-84
- e suas combinações com vegetais, 579
- em molhos para salada, 721-722
- para carnes ensopadas, 324
- para produtos de panificação e confeitaria, 905-906

Condução, 66
Confit de pato, 422
Consomê, 206, 210-214
Contaminação cruzada, 25, 28
Controle de porção, 100-101
- em sanduíches, 740

Controle de pragas, 32
Convecção, 44, 66-67
Coração (miúdo), 280
Cordeiro
- categorias, 261
- como preparar o *carré*, 297
- como preparar o pernil, 295
- como trinchar um pernil, 295
- cortes, 266, 269
- métodos de preparo, 271-275

Cortar
- em *allumette*, 136
- em *batonnet*, 136
- em *brunoise*, 136
- em cubos, 136
- em *julienne*, 136
- em *losanges*, 136
- em *paysanne*, 136

Court bouillon, 482-483, 484
Cuscuz marroquino, 619
Cozinha *fusion*, 8
Cozinhar em água fervente, 68-69
- arroz, 621-622
- batatas, 585-591
- massas, 638-639
- vegetais, 544-555

Cozinhar em fogo brando, 68, 69
- aves, 399-409
- carnes, 324-330
- linguiças, 838
- ovos, 790
- peixes, 482-491

Cozinhar em grande quantidade, 539
Cozinhar no vapor, 69
- batatas, 585-591
- peixes, 489, 492-493
- vegetais, 544-555

Creme
- à base de gemas, 799, 1007-1008, 1010
- bávaro, 1013-1015
- *chiffon*, 1013, 1016-1019
- de confeiteiro, 1008-1009
- de manteiga (para bolos), 953-955

Creme de leite, 808-809
- em molhos, 167, 186
- em produtos de panificação e confeitaria, 902
- em sopas, 221

1048 Índice remissivo

Crème anglaise, 1007-1008
Crepe, 770
Crêpinette, 281, 838-839
Croissant, 910, 920, 929
Croquette, 575, 604, 605
Crudité, 760
Cryovac®, 262
Cuisson, 483
Custo
  da porção, 112
  do alimento, 107-114

D
Defumar
  a frio, 828-831, 837
  no fogão, 71, 298, 374, 462
Deglacear, 167, 313
Demi-glace, 168, 169, 175
Densidade de nutrientes, 118
Dieta vegetariana, 656-671
  considerações nutricionais, 656-658
  menus, 658-662
  tipos, 656
Douradores, 46
Dumplings, 651

E
Elastina, 260
Ema, 357-358, 381
Embutidos, 831-845
  categorias, 831-832
  como defumar, 837
  envoltórios, 834
  ingredientes, 832-833
  no café da manhã, 805
  preparo, 837-838
Empanar, 142-143
Empratamento, 878-882
Emulsão
  em molhos, 165, 180
  em molhos para salada, 722, 726-729
En papilote, 69, 495
Ensopar, 70, 324
Entradas. *Ver Hors d'ouevre*
Envelhecimento de produtos de panificação,
  896-897
Envoltório para embutidos, 834
Equipamentos, 41-61. *Ver também* Facas;
    Panelas, frigideiras e recipientes
  de grande porte, 43-49
  de higienização, 30
  de medição, 56-57
  e conversão de receitas, 106
  limitações dos, 93
  limpeza e higienização de, 30-31, 42
  para conservação e armazenamento, 52-53
  para preparo de embutidos, 834-835
  para preparo de sanduíches, 740-741
  para processamento de alimentos, 50-52
  pequenos, 57-61
Ervas, 80-84, 137
  em fundos, 152
Escabeche, 467
Escalfar, 68, 69
  aves, 399, 401
  ovos, 790-791
  peixes, 482-491
Escargot, 454
Escoffier, Georges-Auguste, 5
Espaguete. *Ver Massas frescas e secas*
Especiarias, 80-84
  em alimentos em conserva, 833
  em fundos, 152
  em produtos de panificação e confeitaria,
    906
Espessantes, 161-165
Essências e extratos, 906
Extrato de malte, 902

F
Facas, 57-58
  como afiar, 133
  manuseio e utilização, 133-140
  tipos, 57-58
Faisão, 357, 415
Farinha
  como recobrir alimentos com, 144
  em massas de torta, 978
  em molhos, 162
  teores de glúten da, 895
  tipos, 897-898
Farofa doce. *Ver Streusel*
Farofas, virados e recheios (para aves
    inteiras), 423-424
Farro. *Ver Trigo-espelta*
Fase de latência, 18

Fatiador, 51
Feijões secos. *Ver Leguminosas*
Fermento
  biológico, 903-904. *Ver também* Levedura
  em pó, 904
Ferramentas manuais, 57-61
Fibras, 64-65, 506-507
Fígado, 278, 321
Filé-mignon, 317
Fitoquímicos, 122
Fluxo do alimento, 33
Fogões industriais, 43-44
Foie gras, 870, 871, 873
Folhados. *Ver Massa, folhada*
Fond lié, 174
Fondant, 953
Forcemeat, 854-856
Fórmulas para produtos de panificação,
  892-895
Forno, 44-46
  combinado, 45, 49
Frango *tandoori*, 381
French toast. Ver Torrada francesa
Fricassée, 331, 342, 410, 416
Frigideira basculante, 48
Fritadeiras, 47-48
Fritar em pouca gordura, 72, 313-314, 395,
  559
  aves, 383-397
  batatas, 598-601
  carnes, 313-323
  linguiças, 838
  peixes, 470-478
  vegetais, 556-557
Fritar por imersão, 73
  aves, 383-384, 386, 394
  batatas, 602-605
  peixes, 479-481
  preparação para, 142-144
  vegetais, 575-578
Frutas, 677, 680-684
  em sobremesas assadas, 1001-1003
  em tortas, 984
Fubá, 619
Fumet, 158
Fundo(s), 150-159
  claro, 154-155
  dashi, 195
  de peixe, 158
  de vegetais, 153, 155
  em molhos, 160
  escuro, 156-157
  espagnole, 168, 174
  industrializados, 159
  ingredientes, 150-153
Fungos, 16, 22

G
Galantina, 862-863
Galeto, 356
Galinha-d'angola, 355,356
Ganso, 355, 356
Garde manger, 673, 847
Gastrique, 174
Gelatina, 717-719
  aspic, 849-850
  em fundos, 150
Gelatinização, 64, 161
  em produtos de panificação, 896
Geleia de frutas
  para bolos, 957
  para folhados, 922
Glacê. Ver Coberturas
Glacê, receita. Ver Índice de receitas
Glacear
  peixes, 484
  vegetais, 554
Glaces, 158-159
Glicose, 901
Glutamato monossódico, 83
Glúten, 895-896, 897-898, 902
  em massa de bomba, 997
  em massa de torta, 978
  em pães rápidos, 932
Gnocchi, 652
Gordura(s)
  como nutrientes, 119-121, 125
  efeito do calor sobre as, 65
  em animais de caça, 282
  em carnes, 258
  em embutidos, 832
  em *forcemeat*, 855
  em produtos assados, 899-900
  em *roux*, 161-162
  ponto de fumaça das, 65
Gordura hidrogenada, 899-900

Gordura trans, 122
Grãos e cereais, 617-634
  armazenamento e manuseio, 620-621
  na dieta vegetariana, 659
  preparo de, 621
  tipos, 617-620
Gravlax, 829
Grelhar, 71-72
  aves, 376-382
  carnes, 305-312
  linguiças, 838
  peixes, 464-470
  vegetais, 573-574
Grelhas, 46-47
Guarnição, 882-885
  para canapés, 758-760
  para patês e terrinas, 854
  para saladas, 684-685
  para sopas, 208-209

H
Higiene e segurança, 16-34, 182
  e creme de confeiteiro, 1008
  e ovos, 788, 1030
  para pratos frios, 848, 889
Hollandaise. Ver Molho(s)
Hors d'oeuvre, 755-782
  adaptados de outras receitas, 763-764
  canapés, 756-760
  cocktail, 760
  como servir, 756
  conservas de legumes, 760-761
  molhos de mesa, 761-763

I
Inspeção
  de carnes, 260
  de frutos do mar, 439
Intestino. *Ver Tripa*
Iogurte, 809

J
Javali, 283, 298, 322
Julienne, 134
Jus, 184, 185-186, 290, 291-292
Jus lié, 174

K
Kamut, 620
Kani-kama, 454
Kasha. Ver Trigo-sarraceno, partido e torrado

L
Lagosta, 447-450
Lagostim, 454
Lagouste, lagoustine 450
Lardear, 273-274
Laticínios, 807-818. *Ver também* Manteiga;
    Queijos; Creme de leite
Lebre, 294
Leguminosas, 608-617
  como preparar, 610
  na dieta vegetariana, 659
  tipos, 608-610
Leite, 808-809. *Ver também* Laticínios
  em produtos de panificação e confeitaria,
    902
  na dieta vegetariana, 656, 658, 661
Levedura, 903-905
Liaison, 165, 167
Liga fina. *Ver Liaison*
Ligação de água, 164
Língua, 280
Lula, 446
Luvas descartáveis, 26

M
Macarrão. *Ver também* Massas frescas e secas
  de arroz, 638, 650
Magret, 356
Maionese, 726-728
  chaud-froid, 851
  em sanduíches, 737
Manjar branco, 1011
Manteiga, 810
  clarificada, 177, 178
  composta, 178, 179
  em molhos, 161, 167, 177-183
  em produtos de panificação e confeitaria,
    900
  em sanduíches, 737
Margarina, 811
  em molhos, 161
  em produtos de panificação e confeitaria,
    900
  em sanduíches, 737

Marinar, 141-142
  animais de caça, 282
  aves, 376
Massa
  de bomba, 997-999. *Ver também* Bomba
  de torta, 978-981
    ingredientes, 978
    tipos, 979
  folhada, 992-999
    canudos de creme, 996
    cata-ventos, 996
    com geleias de frutas, 910, 920-929
    doce, 910, 920-929
    napoleon ou mil-folhas, 997
    pastéis, 995
    vol-au-vents, 996
  mole (para empanar), 144, 576
Massas frescas e secas, 635-650
  formatos e usos, 636, 637
  preparo, 638-639
  tipos, características e fatores de
    qualidade, 635-638
Maturação da carne, 261-262
Medici, Catarina de, 8-9
Medidas, 99-102, 105, 114, 1027
  e sistemas de medida, 101-102, 1026
  em produtos de panificação e confeitaria,
    892-894
  equipamentos, 56-57
Mel, 901-902
Melado, 901
Menus, 87-95
  à la carte e *table d'hôte*, 89-90
  clássicos, 90-91
  com estratégia de giro fixa e cíclica, 89
  de degustação, 90
  e controle de custos, 94
  fixos, 90
  modernos, 91-92
  planejamento, 112-113
  precisão, 94-95
  tipos, 89-90
  variedade e equilíbrio, 92-93
Merengue, 999-1001
Mesclun. Ver Mix de alfaces
Métodos de cozimento. *Ver também* Assar;
    Cozinhar em água fervente; Brasear;
    Fritar em pouca gordura; Grelhar;
    Fritar por imersão; Escalfar; Saltear;
    Cozinhar em fogo brando; Cozinhar
    no vapor
  de calor seco, 70-75
  de calor úmido, 68-70
Meunière, 177, 470-472
Mexilhões, 444-445
Micro-ondas, 46, 67, 74-75
Milheto, 620
Milho, 619
  azul, 619
  de canjica, 619
Minerais, 65, 120, 122
Miolos, 280
Mirepoix, 137
  em carnes assadas, 289-290
  em fundos, 151, 152
  no preparo de consomês, 211
Mise en place, 129-146, 512-534
Missô, 660
Miúdos, 278-281
Mix de alfaces, 679
Moedor, 51
Moleja, 277-278, 322, 346
Molho(s), 159-202
  à base de manteiga, 177-183
  asiáticos, 187, 193-196
  au jus, 183-184, 290, 292
  básico, 160, 167-169
  béchamel, 168, 171
  de tomate, 168, 169, 176-177
  derivado, 168-169
  espagnole, 168, 169, 174
  estrutura, 160-161
  famílias, 167-170
  fond lié, 168, 174
  funções, 160
  hollandaise, 168-170, 180-183
  integral, 183
  óleos aromáticos, 188, 200
  padrão de qualidade, 170
  para carne assada, 307
  para salada. *Ver Saladas, molhos*
  para sobremesa. *Ver Caldas*
  técnicas de finalização, 166-167
  velouté, 168, 169, 172
Moluscos, 441-445
Mousseline, 863-864, 854

Muffin, 933-934, 936-937
Musses,
    doces, 1013-1014, 1016, 1018, 1021
    salgados, 865-866, 870

N

Nhoque. *Ver* Gnocchi
Nitratos, 826-827
Nitritos, 826-827
Nutrição, 117-127
    na dieta vegetariana, 656-658

O

Óleos e azeites
    aromáticos, 188
    condimentados, 188, 200
    em molhos para salada, 720-721
    em produtos de panificação e confeitaria, 900
Omeletes, 794-796
Organização da cozinha moderna, 8-11
Ossos
    em carnes, 267-270
    em fundos, 150, 152, 153, 156
Ostras, 441-442
Ovos, 786-799
    canapés, 775
    claras em neve, 789
    classificação e qualidade, 787
    como agente espessante, 165
    composição, 786
    em cremes, 799
    em molhos, 165-166
    em molhos para salada, 721
    em produtos assados, 903
    em suflês, 796-797, 798, 1014, 1020
    formação de espuma, 789, 941, 999-1001
    formas de comercialização dos, 787
    na dieta vegetariana, 656, 661
    no preparo de *consomês*, 211
    para empanar, 142-143
    preparo, 790-799
    substitutos de, 788
    tamanho, 787

P

Pães
    armazenamento, 736, 914
    falhas, 915
    métodos de mistura, 910-914, 924-926
    para sanduíche, 736
    rápidos, 931-937
    tipos, 910
Panelas, frigideiras e recipientes, 53-56
Panini, 740, 749, 750
Panquecas americanas, 800-802
Parasitas, 17, 19, 23
Pastas
    para canapés, 758
    para sanduíches, 736-737
Patês, 761-763
Pato, 353, 355, 356
    selvagem, 357
Patógeno, 16
PB (peso bruto), 100, 108
PC (porção comestível). *Ver* PL (peso limpo)
Pé, 281
Peixes, 427-503
    assar no dourador e grelhar, 464-470
    como assar, 458-463
    como cortar, 429-431
    como limpar, 430
    como verificar o frescor, 439
    composição e estrutura, 428
    cozinhar no vapor, 489, 492-493
    de carne gorda e magra, 428-429
    em canapés, 759
    em sanduíches, 738
    escalfar e cozinhar em fogo brando, 482-491
    formas de comercialização, 429
    fritar por imersão, 479-481
    inspeção de, 439
    manuseio e armazenamento, 439-440
    métodos de preparo de, 429, 458-493
    ponto de cozimento, 428
    saltear e fritar em pouca gordura, 470-478
    servidos crus, 498-503
    técnicas mistas de preparo, 492-498
    variedades e características, 432-438
Perda no corte, 110
Perdiz, 357, 419
Perfil de sabor, construção de, 76-78
Perigo
    alimentar, 16
    físico, 24-25
    químico, 16, 24-25

Peritônio de porco, 281
Persillade, 296
Peru, 355, 356
    assar, 366-367, 370
    brasear, 410
    como trinchar, 371
    cozinhar em fogo brando e escalfar, 399, 409
    quantidade para servir, 371
    saltear, 383, 387
Pigmentos, 508-510
Pilaf, 623, 624, 625
Pimenta-do-reino preta e branca, 82
Pimenta vermelha, 82-83
Pizza, 739, 752-753
PL (peso limpo), 100, 108
Pó húngaro. *Ver* Sal, de cura
Pó Prague. *Ver* Sal, de cura
Point, Fernand, 7
Polenta
    como preparar, 632-633
Polvo, 446
Pombo, 355-356
Pontos Críticos de Controle (PCC), 33-34
Popover, 932, 936
Porco. *Ver* Carne, de porco
Pozole, 619
Preparo de itens para o café da manhã, 785-805
Procedimento básico para empanar, 142-143
Produtos levedados, 909-929
Produtos orgânicos, 352, 512
Profissionalismo, 11-13
Proteínas
    como nutrientes, 120, 121
    complementares, 121, 657-658
    efeito do calor sobre as, 65
    em carnes, 258
    na dieta vegetariana, 656-658
    vegetal texturizada (PVT), 660
Pudins, 1010-1021. *Ver também* Creme; Musses

Q

Quatre épices, 833, 839
Queijos, 811-818
    artesanais, 814-816
    como armazenar e servir, 816
    composição, 811-812
    cozinhar com, 816-818
    em bufês, 888
    em recheio de folhados, 923
    em sanduíches, 738
    variedades, 812-816
Quenelle, 393
Quiche, 799
Quinoa, 620

R

Rã, 454
Rabo, 219, 280, 335
Radiação, 67
Radicchio, 679
Raspas de frutas cítricas, 140
Ratitas, 357. *Ver também* Avestruz; Ema
Ravióli, 641, 645
Reação de Maillard, 65
Receitas, 95-112
    conversão, 103-107
    instrucionais, 97
    na panificação e confeitaria, 892-895
    padronizadas, 96-97
    usos e limitações, 95-96
Recheios de torta
    à base de creme de leite, 992, 1009
    à base de creme de ovos, 990-991
    de frutas, 984-989
Recipientes. *Ver* Panelas, frigideiras e recipientes
Reduções, 158, 165-166
Regar carnes, 289, 376
Regra das quatro horas, 26
Relish, 187, 192
Remouillage, 157
Renda. *Ver* Peritônio de porco
Rillettes, 872, 874-875
Rim, 279, 312
Risoto, 623-624, 626-627
Roux, 161-164

S

Sachê, 152
Saco de confeiteiro, 591
Sal, 82
    amoníaco, 905
    de cura, 826-827

em fundos, 151-152
em produtos de panificação e confeitaria, 905
Saladas, 673-732
    à base de maionese, 702-705
    com frutas, 706-707
    com gelatina, 717-719
    compostas, 708-716
    estrutura, 684-685
    ingredientes, 675-684
    legumes, grãos, leguminosas e massas, 690-701
    molhos, 685, 720-732
    montagem e apresentação, 684-685
    produção em grande quantidade, 686
    tipos, 674-675
    verdes, 687-690
Salamandra, 46, 71
Salsa, 187, 191, 199
Saltear, 72
    aves, 383-398
    batatas, 598-601
    carnes, 313-323
    linguiças, 838
    peixes, 470-477
    vegetais, 556-559
Sanduíches, 735-753
    ingredientes básicos, 736-738
    preparo, 740-752
    tipos, 738-739
Scaloppine de vitela, como cortar, 316
Segurança, 35-38, 42
Sépia, 446
Serviço de bufê, 884-889, 719-720
Seviche. Ver Ceviche
Sherbet, 1021
Siri, 451-454
Sistema
    APPCC, 16, 33-34, 97
    de medidas norte-americano, 101-102, 1026
    Internacional de Unidades, 101-102, 1026
Sobremesas
    à base de frutas assadas, 1001
    com frutas, 1001-1003. *Ver também* Tortas
    geladas, 1021-1023
Solanina, 584
Sopa, 205-255
    bisque, 207, 237
    caldos, 209-210
    chowders, 207, 238-240
    clarificada, 206, 209-220
    como servir, 207-209
    consomê, 206, 210-214
    em purê, 206-207, 229-236
    especiais e típicas, 207, 241-255
    espessa, 206-207, 221-228
    leve (com baixo teor de gordura), 207
    vegetariana, 207
Sorbet, 1021
Sorvete, 1021-1023
Spätzle, 651-652
Streusel, 922
Suflê
    doce, 1014, 1020
    gelado, 1021
    salgado, 796-798
Sushi, 499-501

T

Taillevent, 6
Tapas, 764-765
Tartar, 498-499
Tecido conjuntivo, 65
    em aves, 352, 353
    em carnes, 259-260, 272-273
    em peixes, 428
Técnicas de corte, 135-140
Tempeh, 660
Temperagem de *liaison*, 165
Temperatura
    crescimento bacteriano, 18
    interna mínima de segurança, 29
Temperos, 78-84
    em embutidos, 833
    em molhos, 167
    em molhos para salada, 721-722
    em vegetais, 579
    para aves, 366
    para carne grelhada, 306
    para carnes, 288
Tempura, 481
Teriyaki, 396
Terrinas e patês, 857-859, 863-869, 871-874
    de fígado de frango, 778
Tofu, 659-660, 664, 668
Tomate *concassé*, 533
Torrada francesa, 802-803

Tortas, 978-992
    chiffon, 992, 1013-1014, 1016-1019
    como montar e assar, 982-983
    de frutas, 984
    recheios, 984-992
Tourné, 138
Toxina
    de frutos do mar, 24
    de plantas, 22
    química, 24-25
Trigo, 619
Trigo-espelta, 620, 634
Trigo para quibe. *Ver* Triguilho
Trigo-sarraceno, 620
    partido e torrado, 620, 634
Trigo-vermelho. *Ver* Trigo-espelta
Triguilho, 619
Trinchar aves, 369, 371
Tripa, 281, 327
    de porco, 281
Triticale, 620
Truit au bleu, 482

V

Varenne, La, 6
Vegetais, 506-605
    armazenagem, 540
    assar, 565-572
    avaliação e preparação, 514-534
    brasear, 559-565
    classificação, 514
    cozinhar em água e no vapor, 544-555
    desidratados, 538, 585, 608-610
    em canapés, 759
    em saladas, 676, 690-701
    em sanduíches, 738
    empanados em massa mole, 575-577
    fritar por imersão, 575-577
    grelhar e assar no dourador, 573-574
    manipulação de, 512-513
    mise en place de, 512-534
    mudanças de cor em, 508-510
    mudanças de sabor, 507-508
    mudanças de textura, 506-507
    padrões de qualidade, 512
    perda de nutrientes, 510-511
    ponto de cozimento de, 507
    preparo de grandes quantidades, 539
    processados, 536-538, 540
    purê de, 545
    regras gerais para o preparo, 511
    saltear e fritar em pouca gordura, 556-559
Véu. *Ver* Peritônio de porco
Vieiras, 445
Vinagre, 721
Vinaigrette, 723-726
Vírus, 16, 19, 22
Vitaminas, 65-66, 120, 121-122
Vitela
    cortes, 265, 269
    grau de qualidade, 261
    maturação, 261
    métodos de cozimento, 272-273
    ponto de cozimento, 275
    scaloppine, 316

W

Waffles, 800-801
Waters, Alice, 7

X

Xarope
    de glucose, 901
    de glucose de milho, 901
    preparo de, 1006-1007

Z

Zona de Perigo, 18, 26, 27, 28, 130

Índice de receitas

A

Abóbora
    assada, 566
    com gengibre, 566
Abobrinha
    com creme de leite, 557
    com tomate, 557
    ralada com chalota, 557
    salteada *provençale*, 557
Açúcar e canela, 922
Aïoli I, 201
Aïoli II, 728
Aipo-rábano braseado, 562
Alcachofra
    Clamart, 553
    gribiche, 553
Alface braseada, 562
Alho assado, 567
Almôndegas
    ao forno, 303
    suecas, 346
Amandine, 546
Andouille, 844
Anéis de cebola, 576
    massa com *buttermilk*, 576
    massa com cerveja, 576
    outros vegetais fritos, 576
Angel food cake (bolo de massa
    merengada), 952
    de chocolate, 952
Arroz
    com feijão *azuki*, espinafre com
        molho de *tofu* e *dengaku* de
        berinjela, 668
    con pollo (arroz com frango à
        espanhola), 421
    cozido em água e no vapor, 622
    espanhol, 625
    integral com noz-pecã e pimentão
        poblano, 630
    mexicano, 629
    oriental básico, 628
    para *sushi*, 500
    pilaf, 625
    verde mexicano, 629
Asas de frango empanadas fritas, 768
Assado
    de costela bovina *au jus*, 291
    de filezinho de porco com alho-poró
        e molho de mostarda em grão,
        300
    de milho e feijão-rajado à moda
        Southwestern, 569
    de paleta de cordeiro recheada, 294
Atum grelhado com molho *vierge* e
    espinafre, 465
Avestruz grelhado com especiarias,
    381

B

Babaganouj, 762
Bacalhau fresco assado *à la portugaise*,
    459

Bagre frito em pouca gordura com
    etouffée de camarão, 478
Baked beans de Michigan, 611
Baked potato (batata assada), 592
    recheada, 593
Ballotine de poulet grandmère (coxa
        de frango desossada recheada
        com cogumelo, cebola e
        bacon), 418
Batata(s)
    à la boulangère, 596
    allumette (batata palito), 603
    Anna, 597
    ao creme, 586
    ao forno, 593
    au gratin, 596
    Berny, 604
    bouillon, 587
    château, 599
    chips, 603
    cocotte, 599
    com grão-de-bico e *jalapeño*, 601
    com salsinha, 586
    cozida no vapor (*pommes vapeurs*),
        586
    cozidas (*pommes natures*), 586
    Dauphine, 604
    duchesse, 590
    frita, 603
        à americana ou à moda da casa,
        599
        steakhouse, 603
    gaufrette, 603
    gratinada, 595
        com cebola, 595
        com presunto, 595
        com queijo, 595
    húngara, 587
    Lorette, 604
    lyonnaise, 599
    macaire, 593
    noisette e *parisienne*, 599
    novas, 586
    novas ao forno com ervas e alho,
        594
    O'Brien, 599
    palha, 603
    pont-neuf, 603
    rissolé, 599
    Rösti, 598
    savoyarde, 595
    voisin, 597
    waffle, 603
Batata-doce glaçada, 568
Bavaroise, 1015
    de café, 1015
    de chocolate, 1015
    de framboesa, 1015
    de morango, 1015
Beignet de siri com *chutney* de limão e
    gengibre, 774
Berinjela
    ao estilo de Sichuan, 564

    Bayaldi, 570
    com molho de tomate, 557
    frita à moda *creole*, 557
    parmigiana, 557
Betty de maçã, 1001
Beurre
    blanc, 180
    rouge (molho de manteiga
        vermelho), 180
Bife de panela, 335
    ao molho de tomate, 335
    ao molho de vinho tinto, 335
    com creme de leite azedo, 335
"Bifinhos" grelhados
    de carne bovina moída com
        manjerona, 311
    de cordeiro moído com alecrim
        e pinhole, 311
Biscoitinho amanteigado
    de amêndoa, 970
    de chocolate (de pingar), 970
    de pingar, 970
    recheado, 970
Biscoito
    amanteigado, 971
        de caramelo, 973
        de chocolate (de massa gelada),
        973
        de massa gelada, 973
        de nozes, 973
    champanhe, 970
    de açúcar mascavo, 971
    de canela, 972
    de chocolate, 971
    de chocolate e canela, 972
    de especiarias e uva-passa, 972
    de manteiga de amendoim, 973
    doce simples, 971
    salgado de queijo, 818
Biscotti
    de amêndoa, 975
    de *buttermilk*, 935
    de ervas, 935
    de queijo, 935
    de uva-passa de Corinto, 935
Biscuits, 935
Bisque
    de camarão, 237
    de lagosta, 237
Bisteca
    de cordeiro assada no dourador, 307
    de porco ao forno recheada com
        ameixa, 301
    de porco *charcutière*, 318
    de porco defumada com feijão-
        -branco e rúcula abafada, 309
    de porco picante, 318
    de porco Robert, 318
    de vitela, 318
Blanquette
    de cordeiro, 326
    de frango I, 403
    de frango II, 403

    de frango à *l'ancienne* (à moda
        antiga), 403
    de frango Argenteuil, 403
    de frango *brunoise*, 403
    de porco, 326
    de vitela, 326
BLT (sanduíche de bacon, alface e
    tomate), 743
Boeuf
    à la mode, 337
    bourguignon, 336
Bolinha(s)
    de batata com pimentón, 605
    de melão e presunto cru, 769
Bolinho(s)
    de bacalhau fresco, 480
    de ervilha com gergelim, 577
    de feijão-preto com *salsa*, 612
    de frutas, 577
    de salmão ou atum, 480
    de siri com *rémoulade* de pimentão
        assado, 474
    de vegetais, 577
    frito de carne de porco, 328
Bolo
    amarelo, 950
    amarelo amanteigado, 948
    branco, 950
    chiffon branco, 952
    chiffon de chocolate, 952
    de açúcar mascavo e especiarias, 948
    de carne à moda italiana, 303
    de carne bovina estilo caseiro, 303
    de carne estilo caseiro, 303
    de cenoura e nozes, 948
    de chocolate amanteigado, 949
    quatro quartos
        com uva-passa, 949
        de chocolate, 949
        marmorizado, 949
        tradicional, 949
Bologna, 843
Börek de espinafre, 766
Borscht, 243
    frio, 243
Boudin blanc (salsicha branca
    francesa), 842
Bouillon
    de frango e tomate com arroz, 218
    de frango e tomate com pesto, 218
    frio de frango e tomate, 218
Bourride de tamboril, 490
Brandade de Morue, 779
Bratwurst fresca, 841
Brioche, 919
Brochete de camarão, 469
Brócolis
    com molho *cheddar*, 548
    Mornay, 548
Brownies, 974
    de caramelo ou *blondies*, 974
Bruschetta, 780
    com feijão-branco e *prosciutto*, 780

1050

Índice de receitas 1051

com queijo parmesão, 780
com tomate e manjericão, 780
Bulbo de salsão braseado, 562

C
Cabinet pudding, 1012
Caçarola
de frutos do mar *au gratin*, 498
de salmão ou atum, 498
Calda
de caramelo, 1024
de caramelo transparente, 1024
de chocolate, 1024
quente de caramelo, 1024
Caldeirada do pescador, 497
Caldo
de carne, 210
de tomate para *chiles rellenos*, 190
de vegetais à moda vienense, 242
escocês, 253
verde, 251
California burger, 742
California cheeseburger, 742
California cheeseburger deluxe, 742
Camarão
à l'americaine, 493
à milanesa, 479
com molho Louis, 705
e pepino ao *curry* vermelho
tailandês, 477
grelhado ao alho e limão, 469
Newburg, 493
picante, 476
salteado, 473
Canja, 215
Capão assado, 370
com molho cremoso, 370
Carbonnade à la flammande, 348
Carne
assada com molho integral, 291
braseada, 334
braseada com *chili ancho*, 340
braseada *jardinière*, 334
ensopada, 336
ensopada com cenouras, 337
ensopada com vinho tinto, 336
Carnitas (carne de porco desfiada), 328
Carpaccio de atum com queijo de
ovelha, 503
Carré
de cordeiro assado, 296
de cordeiro *aux primeurs* (com
legumes da primavera), 296
de cordeiro *persillé*, 296
de porco assado com sálvia e maçãs,
293
de vitela assado com sálvia e maçã,
293
Cauda de lagosta assada, 468
Cavala
en papillote, 495
recheada ao forno, 461
Caviar de berinjela, 768
Cebola assada, 567
Cenoura(s)
com laranja e cominho, 563
glaçadas (cenouras *vichy*), 554
Cereja *au gratin*, 1003
Cervo grelhado com manteiga de
limão, 312
Cevada
com cogumelo selvagem e presunto,
629
com noz-pecã e pimentão *poblano*,
630
Ceviche de vieiras, 502
Chaud-froid clássico, 851
Cheeseburger (básico), 742
Cheeseburger com bacon, 742

Chef's salad, 708
Chiles rellenos, 578
Chili
com carne, 339
com feijão, 339
de carne de caça, 339
de três feijões com *tostaditas*, 667
Chirashizushi (*sushi* espalhado), 500
Chocolate chip cookies (biscoito com
gotas de chocolate), 969
Chorizo feuilleté, 773
Choucroute Garni, 561
Chowder
de batata, 238
de milho, 238
de peixe de New England, 240
de siri e milho com manjericão,
239
Chucrute, 561
Chutney
de abacaxi, 193
de limão e gengibre, 202
de tomate e uva-passa, 192
Cinnamon raisin french toast (torrada
francesa de pão com passas e
canela), 803
Cipolline in agrodolce, 555
Clam chowder
de Manhattan, 240
de New England, 240
Club sandwich, 743
Cobbler de frutas, 1001
Cobertura
de *cream cheese*, 954
fudge sabor baunilha, 957
fudge sabor caramelo, 956
Codorna
assada com *prosciutto* e ervas, 375
com mistura de especiarias *creole*,
389
glaceada no balsâmico, 388
grelhada marinada em molho
barbecue de *shoyu*, 381
Coelho com mostarda, 344
Cogumelo(s)
à la grecque, 694
ao creme, 558
recheado com queijo, 767
recheado com *tapenade*, 774
salteado, 558
Colcannon, 587
Coleslaw (salada de repolho), 691
com cenoura, 691
com frutas, 691
de repolho-verde e roxo, 691
Compota
de cenoura e cebola, 551
de figo, 202
de maçã, 198
Confit
de pato, 422
de vegetais provençais, 569
Consomê, 212
ao Porto, 213
de frango, 213
de frango e salsão, 214
duplo, 213
essência de salsão, 213
frio gelatinizado, 213
madrilène, 213
xerez, 213
Consomês guarnecidos, 213
brunoise, 213
com sagu, 213
julienne, 213
paysanne, 213
printanière, 213
vermicelli, 213
Contrafilé grelhado à *maître d'hôtel*, 307

Cookie(s)
de açúcar mascavo e nozes, 969
de aveia e uva-passa, 969
Coq au vin, 420
Cordeiro ao *curry*, 347
Costela
à moda do Texas, 339
braseada, 335
Costelinha de porco com molho
barbecue, 299
Costolette
alla milanese, 323
di vitello ripiene alla valdostana, 323
Côte de veau grandmère (bistecas de
vitela com bacon, cogumelo e
cebola), 319
Coulis
de pimentão, 189
de pimentão e tomate, 189
de tomate fresco com alho, 177
Court-bouillon para peixe, 484
Couve com joelho de porco defumado,
552
Couve-de-bruxelas *paysanne*, 552
Couve-flor gratinada, 549
Creme(s)
chiffon de abóbora, 1019
de agrião, 223, 224
de aspargo, 223, 224
de brócolis, 223, 224
de cenoura, 223, 224
de cogumelo, 223
de confeiteiro
sabor baunilha, 1009
sabor café, 1009
sabor chocolate, 1009
de couve-flor, 223, 224
de ervilha, 223, 224
de espinafre, 223, 224
de frango, 223, 224
de manteiga
francês, 955
merengado, 954
para confeitar, 954
sabor café, 955
sabor chocolate, 955
simples, 954
de milho, 223, 224
de pepino, 223, 224
de salsão, 224
frios, 223
Crème anglaise (creme inglês ou creme
de baunilha), 1008
de chocolate, 1008
Crepes, 770
Crêpinettes, 839
Crisp
de maçã, 1002
de pêssego, cereja ou ruibarbo,
1002
Croissants, 920
Croquete de batata, 604
Curry
de ervilha amarela e vegetais com
arroz de especiarias e *raita* de
pepino, 663
vegano de ervilha seca e vegetais, 663
verde tailandês, 195
verde tailandês com carne de porco e
vegetais, 318
vermelho tailandês, 194

D
Dashi, 195
vegetariano, 195
Daube d'agneau provençale (cordeiro
braseado à provençal), 342
Demi-glace, 175
Devil's food cake, 950

Dillkött (cozido sueco de carne com
endro), 329
Dillkött på Lamm, 329
Donuts, 919
Dourado grelhado com *salsa* de frutas,
466
Dumplings de batata, 651
Duxelles, 558

E
Elote con queso, 571
Ema grelhada com especiarias, 381
Empanadas
com pimentão *poblano* assado e
queijo, 781
de carne, 781
Enchiladas de feijão, 666
Ensopado
de batata e berinjela com coentro,
588
de cordeiro à moda irlandesa, 327
de frango com azedinha, 405
de frango ou peru, 402
Entrecôte sauté bordelaise (contrafilé da
costela com vinho tinto e molho
de chalota), 319
Erva-doce braseada, 565
Ervilha, cenoura e cebola-pérola com
manteiga de estragão, 546
Escabeche de salmão assado, 467
Escalope
de peru com *shiitake* e chalota
caramelizada, 387
de salmão com azedinha, 473
Espetinhos de vegetais grelhados, 574
Espetos de carne *teriyaki*, 771
Espinafre ao creme, 547

F
Faisão *en cocotte*, 415
Fajitas de carne, 309
Falafel, 671
com vegetais assados no pão sírio,
747
tradicional no pão sírio, 747
Farofa úmida de pão, 424
com castanha-portuguesa, 424
com cogumelo, 424
com linguiça, 424
com miúdos, 424
de milho, 424
Farrotto com queijo *pecorino*, 634
Fatias de maçã com *curry* de frango e
manga, 769
Feijão
com aspargo, 616
com rúcula, 613
Feijão-branco ao estilo Bretão, 612
Fettuccine
Alfredo, 642
com *chiles* e frango grelhado, 647
com frutos do mar, 642
com gorgonzola, 642
com vegetais I (*fettuccine* primavera),
642
com vegetais II, 642
Fígado de vitela *lyonnaise*, 321
Filé
de cordeiro com *jus* de hortelã e
coentro, 321
de costela, coxão mole, alcatra
completa (com picanha e
maminha) ou contrafilé assado,
291
de linguado à *la meunière*, 472
de linguado cozido no vapor de
Beaujolais, 489
de peixe a dorê, 472
de peixe à milanesa, 479

1052 Índice de receitas

de peixe assado com alho e limão, 469
de salmão defumado e assado com salada de pimentão, 462
Filé-mignon
  escalfado com ravióli de costeleta bovina em consomê de cogumelo Morel, 330
  suíno grelhado com purê de batata--doce e molho quente de chipotle, 310
Flan
  de banana, 1009
  de baunilha, 1009
  de caramelo, 1009
  de chocolate I e II, 1009
  de coco, 1009
Focaccia, 918
  de alecrim, 918
  de azeitona, 918
Folhado
  doce, 920
  rápido, 995
Folhas de salsão empanadas, 576
Fond lié, 174
Fondue de queijo, 818
Forcemeat
  de frango I, 856
  de frango II, 856
  de pato, faisão ou outra caça, 856
  de porco básica, 856
  de vitela, 856
  mousseline básica, 863
Framboesa *au gratin*, 1003
Frango
  assado
    au jus, 368
    com alecrim, 367
    com ervas, 367, 368
    com molho, 368
    com molho cremoso, 368, 370
    com parmesão, 367
    em pedaços, 367
  bercy, 411
  chasseur, 411
  com páprica, 413
  cozido à moda chinesa, 407
  cozido em fogo brando, 400
  defumado, 831
  en cocotte com Côte du Rhône, 417
  frito
    à moda *country*, 384
    em pouca gordura, 384
    Maryland, 386
    por imersão, 386
  grande assado, 370
  grelhado, 377
    ao estilo oriental, 380
    com alho e gengibre, 380
    com estragão, 377
    condimentado ao estilo *barbecue*, 380
    marinado em iogurte e especiarias, 380
    Southwestern, 380
    método para grandes quantidades, 377
  hongroise, 411
  Pojarski Princesse, 393
  portugaise, 411
  refogado à chinesa com nozes, 395
  salteado com tomate e cogumelo, 390
  teriyaki, 396
Fricassée
  à *l'ancienne*, 410
  Argenteuil, 410
  Brunoise, 410
  de asa de peru, 410
  de carne de porco, 342, 410

de frango, 410
  à *l'indienne*, 410
  com estragão, 410
de vitela, 342, 410
de volaille Vallée d'Auge (*fricassée* de frango com maçãs e sidra), 416
Frijoles
  de la olla (feijão ao estilo mexicano), 611
  refritos, 611
Frittata de abobrinha, espinafre e alho--poró, 797
Frutos do mar
  à *la nage*, 487
  ao *curry*, 496
  escalfados (lagosta, siri, camarão), 485
  Newburg, 496
Fudge
  branco rápido, 956
  de cacau em pó, 957
  rápido de chocolate, 956
Fumet de peixe, 158
Fundo
  claro básico, 155
  de vegetais, 155
  escuro básico, 157

G

Galantina de frango, 862
Galeto
  às especiarias grelhado, 379
  grelhado, 377
  grelhado com crosta de mostarda, 378
Galinha cozida, 400
Garden slaw, 691
Gazpacho, 254
Gelatina com frutas básica, 719
Geleia de brilho para folhados e outros itens doces, 922
Génoise, 951
  de chocolate, 951
Glacê simples de açúcar e água, 956
Gnocchi de batata com molho de tomate, 652
Gougère (minicarolina de queijo), 775
Goujons de frango ao gergelim com alface e cenoura glaceada, 394
Goulash húngaro (de vitela, vaca ou porco), 344
Grão-de-bico em molho de tomate condimentado, 617
Gratin dauphinoise I, 594
Gratin dauphinoise II, 595
Gratinado
  de milho e pimentão *poblano*, 558
  de vegetais com queijo *feta* e *pilaf* de triguilho, 670
Gravlax, 829
Grits com queijo *cheddar*, 633
Guacamole, 763
Gulyas, 243
Gumbo
  de frango e linguiça *andouille*, 244
  de frutos do mar, 244

H

Hadoque em crosta de pimenta com purê de batata ao alho e molho de salsinha, 475
  com purê de feijão, 475
Hambúrguer
  à Salisbury, 303
  de peru com especiarias, 382
Hash browns, 598
  lyonnaise, 598
Hollandaise, 546
Homus (patê de grão-de-bico), 762

Hoppin' John (arroz com feijão), 615
Huevos rancheros, 793

I

Insalata caprese, 697
Iscas de salmão e pregado escalfadas com açafrão e *julienne* de vegetais, 488

J

Jambon persillé (presunto com salsinha em *aspic*), 866
Jus de cogumelo, 188
Jus lié, 292

K

Kappa-maki (rolinho de pepino), 500

L

Lagosta
  à *l'americaine*, 493
  com molho Louis, 705
  grelhada, 468
  Newburg, 493
Lasanha
  de abobrinha e berinjela, 665
  de ricota, 644
Lecsó, 564
Lentilhas ao molho cremoso, 613
Linguado *vin blanc* (filé de linguado escalfado em molho de vinho branco), 486
Linguiça
  curada com alho, 845
  de alho condimentada, 840
  de alho defumada, 845
  de cervo, 840
  de cordeiro, 841
  de cordeiro com ervas, 841
  de pato, 841
  de porco, 839
  de vitela ou carne bovina, 840
  defumada à moda *cajun*, 844
  francesa de alho, 840
  italiana picante, 840
  italiana suave, 840
  Toulouse, 839
Linguine com molho branco de mariscos, 643
Lombatine di maiale alla napoletana, 338
Lombo
  assado com sálvia e maçã, 293
  de alce grelhado, 312
  de coelho assado com risoto, 305
  de porco assado com gengibre, 300
  de porco braseado com azeitona, 341
  ou *carré* de cervo *grand veneur*, 304
London broil, 308
  ao estilo *teriyaki*, 308
Lula frita com molho de tomate picante e *aïoli*, 480

M

Macaroni and cheese (macarrão assado com molho de queijo), 646
Macaroons de coco, 971
Macarrão
  com vegetais salteados, *tofu* e amendoim, 664
  de arroz de Cingapura, 650
Maionese, 728
  de legumes com nabo, 703
Maltagliate de trigo integral com *porcini* e ervilha fresca, 649
Manjar branco à moda inglesa, 1011
Manteiga *maître d'hôtel*, 179
  de alho, 179
  de anchova, 179

de camarão, 179
de cebolinha ou chalota, 179
de *curry*, 179
de ervas, 179
de mostarda, 179
para *escargot*, 179
Marinada
  de *chili*, 748
  de vinho tinto para caça de pelo, 304
Mariscos
  casino, 470
  fritos, 479
  oreganata ao forno, 461
Masoor Dal (lentilha laranja com especiarias), 615
Massa
  amanteigada para torta doce, 981
  arenosa para torta, 980
  crocante para torta, 980
  de biscoito moído para tortas, 981
  de *corn bread*, 937
  de pãozinho doce, 919
  folhada clássica, 993
Massa fresca com ovos, 640
  macarrão de trigo integral, 640
  massa de espinafre, 640
  massa de trigo-sarraceno, 640
  outras massas coloridas, 640
Mayonnaise collée, 851
Medalhão
  de cervo *poivrade* com cassis, 322
  de cordeiro com creme de tomilho e alho, 320
  de javali *poivrade* com cassis, 322
Merengue, 1000
Mexilhões
  ao creme de leite, 494
  cozidos sem vinho, 494
Milho
  com pimentão *poblano*, 558
  e pimentão *poblano* ao creme de leite, 558
Minestrone, 253
Miscelânea de vegetais
  com ervas, 550
  grelhados, 574
Misoshiru, 250
Mistura de especiarias I, 298
Mistura de especiarias II, 299
Mole poblano de *pollo* ou de guajolote, 409
Moleja
  braseada, 346
  de vitela salteada com *shiitake* e molho de vinho do porto, 322
Molho(s)
  allemande, 173
  au vin blanc, 172
  barbecue, 198
    de *shoyu*, 199
    picante, 199
  béarnaise, 183
  béchamel, 171
    leve, 171
    grosso, 171
  chantili para salada, 728
  chiffonade para salada, 723
  chimichurri, 191
  cocktail, 201
  cozido para salada, 730
  cremoso
    de *chipotle*, 190
    de ervas, 190
    de mel para salada, 731
    de vinho branco para peixe, 197
    para salada de fruta, 731
  de abacate para salada, 723
  de carne assada, 292
  de *chile ancho*, 191

Índice de receitas 1053

de creme de leite azedo
  e iogurte, 197
  para saladas com frutas, 730
de *curry*
  verde tailandês, 194
  vermelho tailandês, 194
de iogurte
  com *tahini*, 747
  para saladas com frutas, 730
de *ketchup* para salada, 725
de manteiga
  com ervas, 180
  e vinho tinto para peixe, 180
de mel e limão para salada, 731
de mel e limão Taiti para salada, 731
de missô e gergelim, 196, 550
de queijo azul para salada, 728
de raiz-forte, 201
de tomate I, 176
de tomate II (vegetariano), 176
de tomate III, 176
de tomate para massas, 639
  de carne, 639
  rosé, 639
  de tomate com linguiça, 639
  de tomate com linguiça e berinjela, 639
  de tomate com presunto e alecrim, 639
de vinho do Porto, 198
espagnole ou espanhol, 174
francês para salada, 729
gribiche, 724
hollandaise I, 182
hollandaise II, 182
indonésio de amendoim, 195
italiano para salada, 723
light de iogurte para salada, 732
Louis para salada, 728
mignonette, 202
para salada à base de maionese, 728
para salada *Caesar*, 729
piquant para salada, 723
ponzu, 196
ranch para salada, 728
rémoulade, 200
romesco, 762
russo para salada, 728
suprême, 172
tártaro, 200
thousand island para salada, 728
velouté (vitela, frango ou peixe), 172
vierge, 197
yakitori, 196
Molhos semiderivados, 171
Albufera, 173
anchova, 173
aurore, 173
bercy, 173, 175
bigarade, 175
bordelaise, 175
camarão, 173
champignon, 173, 175
charcutière, 175
Chasseur, 175
choron, 183
crème, 171
creole, 176
curry, 173
de mostarda, 171
de queijo *cheddar*, 171
diable (*deviled*), 175
ervas, 173
espagnole (espanhol), 176
foyot, 183
hongroise, 173
italiano, 175
lyonnaise, 175
madeira, 175

Maltaise, 183
marchand de vin, 175
Mornay, 171
Mornay para glacear ou gratinar, 171
mousseline, 183
nantua, 171
normande, 173
perigueux, 175
piquante, 175
poivrade, 175
portugaise (português), 176
Poulette, 173
raiz-forte, 173
Robert, 175
soubise, 171
soubise com tomate, 171
veneziano, 173
vinho do Porto, 175
Mortadela, 843
Moules marinière (mexilhões cozidos), 494
Moussaka, 572
Muffin
de especiarias e uva-passa, 936
de farelo de trigo, 936
de milho, 936
de mirtilo, 936
de nozes e tâmaras, 936
de trigo integral, 936
simples, 936
Músculo de cordeiro braseado, 335
Musse
de chocolate, 1021
de *foie gras*, 870
gelada de limão, 1018
nevada de morango ou framboesa, 1016
salgada de presunto, 870

N
Navarin de cordeiro (ensopado escuro de cordeiro), 336
New England
baked beans (feijão cozido no forno), 611
boiled dinner (cozido de carne da Nova Inglaterra), 325
Nigirizushi, 500
Nuoc cham (molho de mesa vietnamita), 193

O
Óleo
de alecrim, de sálvia, de tomilho ou de orégano, 200
de canela, de cominho, de *curry*, de gengibre em pó ou de páprica, 200
de chalota, 200
de gengibre fresco, de raiz-forte ou de alho, 200
de limão ou laranja, 200
de manjericão, de salsinha, de cerefólio ou de coentro, 200
Ossobuco de vitela com laranja, 343
Ostras
assadas com vinagre balsâmico, rúcula e pinhole, 463
casino, 470
fritas, 479
Ovos
à la diable, 775
benedict, 791
Bombay, 791
florentine, 791
Oyako donburi, 406

P
Pacotinhos de presunto cru, queijo azul e nozes, 772

Paella espanhola, 631
Paillard de frango com vegetais grelhados, 377
Pakoras de couve-flor, 782
Paleta
de cordeiro braseada, 334
de cordeiro desossada assada, 294
de javali defumada e assada, 298
de porco cozida em fogo brando com repolho, 325
de porco defumada e assada, 298
Palitos de queijo, 818
Panini
de berinjela, pimentão assado e queijo Fontina, 750
de presunto defumado e queijo *taleggio*, 749
Panqueca(s)
americana de trigo-sarraceno, 802
americanas de *buttermilk*, 801
de batata, 600
vietnamita de vegetais, 669
Panzanella, 699
Pão
de centeio, 918
de forma branco, 917
de trigo integral, 917
francês, 917
rápido de banana, 935
rápido de laranja e nozes, 937
rápido doce com farofa crocante, 936
Pão de ló
com leite e manteiga, 951
para rocambole, 952
Pãozinho
de casca crocante, 916
de casca macia, 916
Pasta e *fagioli*, 614
Pâte
à choux (massa de bomba), 998
à pâté, 857
Patê
de abacate e creme de leite azedo, 763
de fígado de frango, 778, 874
de *foie gras*, 873
de queijo
  azul, 761
  cheddar, 761
  e alho, 761
  e bacon, 761
  e pimenta, 761
Pato
braseado
  com chucrute, 412
  com repolho, 412
crocante, 408
defumado, 831
no chá, 408
jovem
  assado com maçã caramelizada, 372
  com páprica, 373
Pecan pie (recheio para torta de noz--pecã), 991
Peito bovino cozido em fogo brando (*boiled beef*), 325
Peito de frango
ao parmesão, 397
defumado e assado com *salsa* de frutas, 374
escalfado
  florentine, 401
  princesse, 401
recheado Doria, 404
salteado
  com capim-limão e três pimentões, 392
  com molho de cogumelos, 385

Peito de pato marinado em suco de tangerina, 391
Peixe
ao forno com tomates e cogumelos, 460
assado *à la menagère*, 460
escalfado
  bonne femme, 487
  Dugléré, 487
  florentine, 487
  Mornay, 487
glaceado escalfado, 487
inteiro escalfado, 485
salteado
  a *amandine*, 472
  a *grenobloise*, 472
Penne
com linguiça, pimenta e tomate, 646
com linguiça e mariscos, 646
Pera(s)
ao vinho, 1002
escalfadas, 1002
Pernil
de cervo *grand veneur*, 304
de cordeiro assado, 294
de cordeiro assado *à la boulangère*, 294
Pérolas chinesas, 328
Persillade, 296
Peru
assado com molho cremoso, 370
assado com molho integral de miúdos, 370
cozido em fogo brando, 400
defumado, 831
Pesce con salsa verde, 489
Pêssegos
ao vinho, 1002
escalfados, 1002
Pesto (molho de manjericão fresco), 644
Petits poas à la Française, 562
Pho Bo (sopa vietnamita de carne e macarrão de arroz), 245
Picadillo, 328
simplificado, 328
Pilaf
de cevada, 625
de *kasha* com ovos, 634
de *orzo*, 625
de tomate, 625
de trigo partido, 625
de triguilho com limão-siciliano, 628
turco, 625
Pizza
Margherita, 752
Marinara, 752
Pizzoccheri, 648
Polenta, 632
al burro e formaggio, 632
con salsicce, 632
con sugo di pomodoro, 632
frita ou *grigliata*, 632
grassa, 632
pasticciata, 632
Pollo con peperoni all'abruzzese, 338
Polonaise, 546
Pombo
às especiarias grelhado com cuscuz marroquino e compota de figo, 379
assado com ervas, 373
Popovers, 936
Posta
assada com alho e limão, 469
de peixe *à maitre d'hôtel*, 465
de peixe escalfada, 485
de tubarão assada com vinagrete de alho dourado, 466

1054 Índice de receitas

Pot pie
de carne, 336
de frango ou peru, 402
Potage solferino, 230
Poulet
sauté au vinaigre (frango estilo
lyonnaise com tomate e
vinagre), 414
sauté basquaise (frango à moda
basca), 414
Pudim
de leite, 1010
de leite com calda de caramelo
(*crème caramel*), 1010
de pão amanteigado, 1012
Pumpkin pie (recheio para torta de
abóbora-moranga), 991
Purê
de abóbora, 547, 566
de batata, 589
com alho, 589
com pimenta *ancho*, 589
de cenoura com laranja e cominho,
563
de feijão com alho, 613
de feijão-branco, 189
de milho-verde e pimenta fresca, 189
de rutabaga ou nabo amarelo, 547
Mongole, 231

Q

Quatre épices I, 839
Quatre épices II, 839
Quesadillas de feijão-preto, 778
Quiche
au fromage (torta de queijo), 799
de cebola, 799
de cogumelo, 799
de espinafre, 799
de frutos do mar, 799
Lorraine, 799

R

Rabada braseada, 335
Raia com manteiga de alcaparra, 477
Raita de pepino, 193
Ratatouille, 563
Ravióli
com recheio de queijo, 641
de vegetais em caldo de capim-limão,
645
Recheio
à base de ovos para torta de limão-
-siciliano, 1009
chiffon
cremoso para torta de chocolate,
1017
de abacaxi, 1016
de abóbora, 1019
de chocolate, 1017
de framboesa, 1016
de laranja, 1018
de limão Taiti, 1018
de limão-siciliano, 1018
de morango, 1016
cremoso
de banana, 1009
de baunilha, 1009
de chocolate I, 1009
de chocolate II, 1009
de coco, 1009
sabor caramelo, 1009
de abóbora para torta, 991
de ameixa, 923
de amêndoa, 923
de batata-doce para torta, 991
de damasco, 923
de ricota, 923
de tâmara, 923

para torta
à base de ovos e leite, 990
cremosa de coco, 990
de abacaxi, 986
de cereja, 986
de cereja congelada, 987
de maçã (fruta em conserva), 986
de maçã congelada, 987
de maçã fresca, 988
de maçã holandesa, 986
de mirtilo (fruta congelada), 987
de morango fresco, 987
de pêssego, 986
de ruibarbo, 988
de uva-passa, 988
tradicional para torta de maçã, 989
Refogado
chinês de carne com pimentão verde,
323
vietnamita de frango com pimenta
fresca, 398
Relish de vegetais e alcaparras, 192
Repolho-roxo braseado, 560
Repolho-verde ou branco braseado,
560
Reuben *sandwich*, 744
Rice pudding (arroz-doce de forno),
1012
com passas, 1012
Rigatoni
com linguiça, pimenta e tomate, 646
com linguiça e mariscos, 646
Rillettes
de carne de porco, 875
de coelho, 875
de frango, 875
de ganso, 875
de pato, 875
de peru, 875
de salmão, hadoque ou hadoque
defumado, 874
Rim de cordeiro grelhado com bacon,
312
Risi bisi, 626
Risoto de cogumelos, 626
Risotto
alla Parmigiana, 626
Milanese, 626
Robalo cozido no vapor com alho e
gengibre, 496
Rocambole, 951
Rodelas
de pepino com patê de truta
defumada, 773
de tomate assadas, 573
Rohkostsalatteller (salada alemã de
vegetais crus), 709
Rolinho(s)
de salmão defumado, 767
de tamboril com presunto cru, 463
de truta e salmão defumado em pão
pumpernickel, 772
primavera, 776

S

Salada
Caesar
com frango grelhado, 689
método 1: preparada na frente do
cliente, 689
método 2: preparada na praça de
garde manger, 689
colorida de frutas com gelatina, 718
com queijo de cabra morno, 714
com *tacos*, 716
da horta, 690
de arroz, *curry* e camarão com
maionese, 705
de arroz e camarão com maionese, 705

de atum ou salmão, 703
de batata, 704
de batata à francesa, 705
de beterraba assada com gorgonzola,
710
de brócolis, presunto cru e semente
de girassol, 700
de camarão e endro com maionese,
705
de cenoura
com abacaxi, 695
com salsão, 695
com uva-passa branca, 695
ralada com maionese, 695
de endívia, vieiras e nozes, 714
de endívia e frango defumado com
vinaigrette de mostarda, 713
de espinafre, 688
de feijão-branco, 693
de feijões com azeitonas e tomate,
698
de frango ou peru com maionese,
703
de grãos de trigo com hortelã, 701
de lagosta ou siri com maionese, 705
de lentilha, 700
de macarrão com legumes, 697
de ovo cozido, 703
de peito de frango com nozes e
queijo roquefort, 712
de pepino com endro e iogurte, 693
de pimentão à moda basca, 692
de quinoa com pimentão, 699
de repolhos variados e maçã, 692
de rosbife da Costa do Pacífico, 696
de rúcula, cítricos e erva-doce, 707
de salsão, 695
de tomate *heirloom*, 697
de vegetais com feijão e provolone,
698
de vieiras grelhadas com *vinaigrette*
oriental, 713
niçoise, 711
quente de batata à moda alemã, 705
tailandesa de papaia e manga, 707
verde mista, 688
Waldorf, 706
Salmão
com crosta de amêndoas, 474
defumado, 830
escalfado com lentilha ao molho
cremoso, 488
Salmis de perdiz, 419
Salsa
cruda, 191
de frutas, 199
roja, 190
verde cocida, 190
Salsão braseado, 562
com molho *espagnole*, 562
Saltimbocca alla romana, 348
Sanduíche
de carne fatiada com molho
barbecue, 745
de frango grelhado com *aïoli*, tomate
e abacate, 751
de *portobello* grelhado
com tomate, 751
e *boursin*, 751
de queijo quente, 744
de salmão grelhado com abacate e
tomate, 748
de vegetais grelhados com queijo de
cabra e tomate seco, 750
Monte Cristo, 745
quente
de bacon e queijo, 744
de presunto e queijo suíço, 744
Satay de frango, 771

Sauerbraten, 345
com molho de creme de leite azedo,
345
Sauerkraut, 561
Scaloppine
de porco à milanesa, 315
de vitela
à la crème, 316
à milanesa, 315
à vienense (*wiener schnitzel*), 315
alla Marsala, 316
com cogumelo e creme de leite,
316
com limão-siciliano, 316
com xerez, 316
salteado com *gruyère*, 315
Schnitzel à la holstein, 315
Shish kebab, 311
Siri com molho Louis, 705
Siri mole
com crosta de fubá, panqueca alta de
fubá e tomate assado, 475
salteado, 472
Sirniki (bolinhos russos de queijo),
817
Sobremesa
de abacaxi, 1016
de abóbora, 1019
de chocolate, 1017
de framboesa, 1016
de laranja, 1018
de limão Taiti, 1018
de limão-siciliano, 1018
de morango, 1016
Sopa
asiática de camarão com flor de ovos,
220
Brunswick, 217
chinesa azedinha e picante, 246
clara de vegetais, 215
clara japonesa com camarão, 250
de abóbora com maçãs
caramelizadas, 232
de alho assado com *crostini* de
azeitona preta, 242
de arroz e vegetais, 215
de arroz-selvagem e cogumelo, 227
de batata e alho-poró com azedinha,
235
de brócolis e *cheddar* de Wisconsin,
228
de carne, vegetais e cevada, 215
de carne com macarrão, 217
de carne e vegetais, 215
de cevada e cogumelo, 216
de ervilha fresca com creme de
hortelã, 229
de feijão-branco, 234
de feijão em grão, 231
de frango com macarrão, 217
de frango ou carne com macarrão
e vegetais, 217
de lentilha vermelha e damasco,
249
de maçã e pastinaca com creme de
Calvados, 234
de mexilhão com leve toque de
açafrão, 251
de rabo de boi, 219
de *tortilla*, 248
de vegetais e tomate defumado, 249
equatoriana de amendoim e quinoa,
247
fria de batata e alho-poró com
saladinha de camarão e erva-
-doce, 236
fria de tomate e manjericão, 247
gelada de melões e hortelã, 255
picante de feijão-preto, 235

Índice de receitas 1055

picante de vegetais com grão-de-bico, 216
picante de vegetais e alho assado, 216
Sopa-creme
de brócolis (sopa-creme, método 3), 225
de cogumelo (sopa-creme, método 2), 224
de salsão (sopa-creme, método 1), 223
de tomate, 226
Sopa em purê
de agrião, 230
de agrião (*potage cressonière*), 233
de alcachofra-de-jerusalém, 230
de batata (*potage parmentier*), 230
de batata e alho-poró, 230
de cenoura (*potage crècy*), 230
de couve-flor (*purée dubarry*), 230
de ervilha seca, 231
de ervilha seca amarela, 231
de feijão-branco, 231
de feijão escuro, 231
de feijão-preto, 231
de lentilha, 231
de nabo, 230
de salsão ou aipo-rábano, 230
de vegetais, 230
de vegetais da primavera, 233
Soupe à l'ognion (sopa francesa de cebola gratinada), 241
Spaghettini a puttanesca, 643
Spätzle, 651
Spinaci
alla piemontese, 555
alla romana, 555
Streusel (cobertura crocante), 922
de nozes, 922
Submarine sandwich, 743
Suflê
de café, 1020
de chocolate, 1020
de cogumelo, 798
de espinafre, 798
de licor, 1020

de limão, 1020
de outros vegetais, 798
de presunto e espinafre, 798
de queijo, 798
de salmão em conserva, 798
doce de baunilha, 1020

T

Tabule, 701
Tagliatelle de vegetais, 548
Tajine de cordeiro com grão-de-bico, 329
Tartar de robalo e salmão, 499
Tekka-maki (rolinho de atum), 500
Tempura de camarão e vegetais, 481
Tênder
com molho *espagnole* de sidra, 302
glaceado com frutas, 302
glaceado com molho de sidra, 302
Tendon, 406
Terrina
campestre, 861
de caça, 861
de coelho, 861
de frutos do mar com vegetais, 864
de pato, 861
de vegetais
com *foie gras* em *aspic*, 867
com *mousseline* de frango, 864
e frango em *aspic*, 867
de vitela
e língua, 861
e presunto, 861
e presunto com *foie gras*, 861
lentilha e alho-poró com peru defumado e presunto cru, 868
tricolor de vegetais, 869
Texas *red* (*chili* à moda texana), 339
Tian de tomate e abobrinha, 571
Timbale de espinafre, 568
Tiras de peito de frango fritas, 386
Tomate
assado
com ervas, 573
com parmesão, 573
recheado *à chinoise*, 715

Tournedos
béarnaise, 317
bordelaise, 317
chasseur, 317
rossini, 317
Vert-Pré, 317
Trigo em grão com noz-pecã e pimentão *poblano*, 630
Trigo-espelta com noz-pecã e pimentão *poblano*, 630
Triguilho com noz-pecã e pimentão *poblano*, 630
Tripes à la mode de Caen, 327
Trouxinhas de frango defumado com tomate seco, 770
Truta
à la meunière, 472
defumada, 830
Tubérculos glaçados, 554

V

Vagem
basquaise, 549
com molho de gergelim, 550
com noz-pecã e chalota dourada, 551
com pimentão assado e bacon, 551
Vegetais
ao creme, 547
assados, 567
com ervas, 546
da horta assados, 567
na manteiga, 546
variados refogados à chinesa, 559
Velouté Agnes Sorel (sopa de frango e alho-poró), 252
Versão vegetariana, 611
Vichyssoise, 236
Vieiras
à milanesa, 479
ao forno, 469
picante, 476
salteadas com tomate, alho e salsinha, 473
Vinaigrette
balsâmico, 723

básico, 723
com baixo teor de gordura, 726
com ervas, 723
de ervas e nozes, 724
de limão, 723
de mostarda, 723
de queijo azul ou roquefort, 723
oriental, 725
sem gordura, 726
sem gordura com alho assado, 726
Vitela
alla parmigiana, 315
ao *curry* com manga e castanha-de-caju, 347
cordon bleu, 315
ensopada em fundo escuro, 336
ensopada em fundo escuro e vinho branco, 336

W

Waffles, 801
Welsh rabbit (torrada com creme de *cheddar* e cerveja), 817
Wontons, 328
Wrap
de peito de peru com bacon, alface e tomate, 746
vegetariano com feijão-branco, 746

Z

Zuppa
di ceci e riso (sopa de grão-de-bico e arroz), 252
di cozze, 491
di frutti di mare, 491
di pesce, 491
di vongole, 491